THE NAUTICAL ALMANAC 1990

LIST OF CONTENTS

A2 ALTITUDE CORRECTION TABLES 10°-90°—SUN, STARS, PLANETS

SUN (OCT.—MAR. / APR.—SEPT.)

App. Alt. (Oct.–Mar.)	Lower Limb	Upper Limb	App. Alt. (Apr.–Sept.)	Lower Limb	Upper Limb
° ′	′	′	° ′	′	′
9 34			9 39		
	+10.8	-21.5		+10.6	-21.2
9 45			9 51		
	+10.9	-21.4		+10.7	-21.1
9 56			10 03		
	+11.0	-21.3		+10.8	-21.0
10 08			10 15		
	+11.1	-21.2		+10.9	-20.9
10 21			10 27		
	+11.2	-21.1		+11.0	-20.8
10 34			10 40		
	+11.3	-21.0		+11.1	-20.7
10 47			10 54		
	+11.4	-20.9		+11.2	-20.6
11 01			11 08		
	+11.5	-20.8		+11.3	-20.5
11 15			11 23		
	+11.6	-20.7		+11.4	-20.4
11 30			11 38		
	+11.7	-20.6		+11.5	-20.3
11 46			11 54		
	+11.8	-20.5		+11.6	-20.2
12 02			12 10		
	+11.9	-20.4		+11.7	-20.1
12 19			12 28		
	+12.0	-20.3		+11.8	-20.0
12 37			12 46		
	+12.1	-20.2		+11.9	-19.9
12 55			13 05		
	+12.2	-20.1		+12.0	-19.8
13 14			13 24		
	+12.3	-20.0		+12.1	-19.7
13 35			13 45		
	+12.4	-19.9		+12.2	-19.6
13 56			14 07		
	+12.5	-19.8		+12.3	-19.5
14 18			14 30		
	+12.6	-19.7		+12.4	-19.4
14 42			14 54		
	+12.7	-19.6		+12.5	-19.3
15 06			15 19		
	+12.8	-19.5		+12.6	-19.2
15 32			15 46		
	+12.9	-19.4		+12.7	-19.1
15 59			16 14		
	+13.0	-19.3		+12.8	-19.0
16 28			16 44		
	+13.1	-19.2		+12.9	-18.9
16 59			17 15		
	+13.2	-19.1		+13.0	-18.8
17 32			17 48		
	+13.3	-19.0		+13.1	-18.7
18 06			18 24		
	+13.4	-18.9		+13.2	-18.6
18 42			19 01		
	+13.5	-18.8		+13.3	-18.5
19 21			19 42		
	+13.6	-18.7		+13.4	-18.4
20 03			20 25		
	+13.7	-18.6		+13.5	-18.3
20 48			21 11		
	+13.8	-18.5		+13.6	-18.2
21 35			22 00		
	+13.9	-18.4		+13.7	-18.1
22 26			22 54		
	+14.0	-18.3		+13.8	-18.0
23 22			23 51		
	+14.1	-18.2		+13.9	-17.9
24 21			24 53		
	+14.2	-18.1		+14.0	-17.8
25 26			26 00		
	+14.3	-18.0		+14.1	-17.7
26 36			27 13		
	+14.4	-17.9		+14.2	-17.6
27 52			28 33		
	+14.5	-17.8		+14.3	-17.5
29 15			30 00		
	+14.6	-17.7		+14.4	-17.4
30 46			31 35		
	+14.7	-17.6		+14.5	-17.3
32 26			33 20		
	+14.8	-17.5		+14.6	-17.2
34 17			35 17		
	+14.9	-17.4		+14.7	-17.1
36 20			37 26		
	+15.0	-17.3		+14.8	-17.0
38 36			39 50		
	+15.1	-17.2		+14.9	-16.9
41 08			42 31		
	+15.2	-17.1		+15.0	-16.8
43 59			45 31		
	+15.3	-17.0		+15.1	-16.7
47 10			48 55		
	+15.4	-16.9		+15.2	-16.6
50 46			52 44		
	+15.5	-16.8		+15.3	-16.5
54 49			57 02		
	+15.6	-16.7		+15.4	-16.4
59 23			61 51		
	+15.7	-16.6		+15.5	-16.3
64 30			67 17		
	+15.8	-16.5		+15.6	-16.2
70 12			73 16		
	+15.9	-16.4		+15.7	-16.1
76 26			79 43		
	+16.0	-16.3		+15.8	-16.0
83 05			86 32		
	+16.1	-16.2		+15.9	-15.9
90 00			90 00		

STARS AND PLANETS

App. Alt.	Corrⁿ
° ′	′
9 56	
	-5.3
10 08	
	-5.2
10 20	
	-5.1
10 33	
	-5.0
10 46	
	-4.9
11 00	
	-4.8
11 14	
	-4.7
11 29	
	-4.6
11 45	
	-4.5
12 01	
	-4.4
12 18	
	-4.3
12 35	
	-4.2
12 54	
	-4.1
13 13	
	-4.0
13 33	
	-3.9
13 54	
	-3.8
14 16	
	-3.7
14 40	
	-3.6
15 04	
	-3.5
15 30	
	-3.4
15 57	
	-3.3
16 26	
	-3.2
16 56	
	-3.1
17 28	
	-3.0
18 02	
	-2.9
18 38	
	-2.8
19 17	
	-2.7
19 58	
	-2.6
20 42	
	-2.5
21 28	
	-2.4
22 19	
	-2.3
23 13	
	-2.2
24 11	
	-2.1
25 14	
	-2.0
26 22	
	-1.9
27 36	
	-1.8
28 56	
	-1.7
30 24	
	-1.6
32 00	
	-1.5
33 45	
	-1.4
35 40	
	-1.3
37 48	
	-1.2
40 08	
	-1.1
42 44	
	-1.0
45 36	
	-0.9
48 47	
	-0.8
52 18	
	-0.7
56 11	
	-0.6
60 28	
	-0.5
65 08	
	-0.4
70 11	
	-0.3
75 34	
	-0.2
81 13	
	-0.1
87 03	
	0.0
90 00	

Additional Corrⁿ — 1990

App. Alt.	Additional Corrⁿ
VENUS	
Jan. 1–Feb. 8	
°	′
0	
	+ 0.5
26	
	+ 0.4
46	
	+ 0.3
60	
	+ 0.2
73	
	+ 0.1
84	
Feb. 9–Feb. 23	
0	
	+ 0.4
29	
	+ 0.3
51	
	+ 0.2
68	
	+ 0.1
83	
Feb. 24–Mar. 18	
0	
	+ 0.3
34	
	+ 0.2
60	
	+ 0.1
80	
Mar. 19–May 7	
0	
	+ 0.2
41	
	+ 0.1
76	
May 8–Dec. 31	
0	
	+ 0.1
60	
MARS	
Jan. 1–Aug. 9	
0	
	+ 0.1
60	
Aug. 10–Oct. 21	
0	
	+ 0.2
41	
	+ 0.1
76	
Oct. 22–Dec. 17	
0	
	+ 0.3
34	
	+ 0.2
60	
	+ 0.1
80	
Dec. 18–Dec. 31	
0	
	+ 0.2
41	
	+ 0.1
76	

DIP

Ht. of Eye	Corrⁿ	Ht. of Eye
m	′	ft.
2.4		8.0
	-2.8	
2.6		8.6
	-2.9	
2.8		9.2
	-3.0	
3.0		9.8
	-3.1	
3.2		10.5
	-3.2	
3.4		11.2
	-3.3	
3.6		11.9
	-3.4	
3.8		12.6
	-3.5	
4.0		13.3
	-3.6	
4.3		14.1
	-3.7	
4.5		14.9
	-3.8	
4.7		15.7
	-3.9	
5.0		16.5
	-4.0	
5.2		17.4
	-4.1	
5.5		18.3
	-4.2	
5.8		19.1
	-4.3	
6.1		20.1
	-4.4	
6.3		21.0
	-4.5	
6.6		22.0
	-4.6	
6.9		22.9
	-4.7	
7.2		23.9
	-4.8	
7.5		24.9
	-4.9	
7.9		26.0
	-5.0	
8.2		27.1
	-5.1	
8.5		28.1
	-5.2	
8.8		29.2
	-5.3	
9.2		30.4
	-5.4	
9.5		31.5
	-5.5	
9.9		32.7
	-5.6	
10.3		33.9
	-5.7	
10.6		35.1
	-5.8	
11.0		36.3
	-5.9	
11.4		37.6
	-6.0	
11.8		38.9
	-6.1	
12.2		40.1
	-6.2	
12.6		41.5
	-6.3	
13.0		42.8
	-6.4	
13.4		44.2
	-6.5	
13.8		45.5
	-6.6	
14.2		46.9
	-6.7	
14.7		48.4
	-6.8	
15.1		49.8
	-6.9	
15.5		51.3
	-7.0	
16.0		52.8
	-7.1	
16.5		54.3
	-7.2	
16.9		55.8
	-7.3	
17.4		57.4
	-7.4	
17.9		58.9
	-7.5	
18.4		60.5
	-7.6	
18.8		62.1
	-7.7	
19.3		63.8
	-7.8	
19.8		65.4
	-7.9	
20.4		67.1
	-8.0	
20.9		68.8
	-8.1	
21.4		70.5

Ht. of Eye	Corrⁿ
m	′
1.0	- 1.8
1.5	- 2.2
2.0	- 2.5
2.5	- 2.8
3.0	- 3.0
See table ←	
m	′
20	- 7.9
22	- 8.3
24	- 8.6
26	- 9.0
28	- 9.3
30	- 9.6
32	-10.0
34	-10.3
36	-10.6
38	-10.8
40	-11.1
42	-11.4
44	-11.7
46	-11.9
48	-12.2
ft.	′
2	- 1.4
4	- 1.9
6	- 2.4
8	- 2.7
10	- 3.1
See table ←	
ft.	′
70	- 8.1
75	- 8.4
80	- 8.7
85	- 8.9
90	- 9.2
95	- 9.5
100	- 9.7
105	- 9.9
110	-10.2
115	-10.4
120	-10.6
125	-10.8
130	-11.1
135	-11.3
140	-11.5
145	-11.7
150	-11.9
155	-12.1

App. Alt. = Apparent altitude = Sextant altitude corrected for index error and dip.

ALTITUDE CORRECTION TABLES 0°–10°—SUN, STARS, PLANETS A3

App. Alt.	OCT.–MAR. SUN Lower Limb	OCT.–MAR. SUN Upper Limb	APR.–SEPT. SUN Lower Limb	APR.–SEPT. SUN Upper Limb	STARS PLANETS
° ′	′	′	′	′	′
0 00	−18·2	−50·5	−18·4	−50·2	−34·5
03	17·5	49·8	17·8	49·6	33·8
06	16·9	49·2	17·1	48·9	33·2
09	16·3	48·6	16·5	48·3	32·6
12	15·7	48·0	15·9	47·7	32·0
15	15·1	47·4	15·3	47·1	31·4
0 18	−14·5	−46·8	−14·8	−46·6	−30·8
21	14·0	46·3	14·2	46·0	30·3
24	13·5	45·8	13·7	45·5	29·8
27	12·9	45·2	13·2	45·0	29·2
30	12·4	44·7	12·7	44·5	28·7
33	11·9	44·2	12·2	44·0	28·2
0 36	−11·5	−43·8	−11·7	−43·5	−27·8
39	11·0	43·3	11·2	43·0	27·3
42	10·5	42·8	10·8	42·6	26·8
45	10·1	42·4	10·3	42·1	26·4
48	9·6	41·9	9·9	41·7	25·9
51	9·2	41·5	9·5	41·3	25·5
0 54	− 8·8	−41·1	− 9·1	−40·9	−25·1
0 57	8·4	40·7	8·7	40·5	24·7
1 00	8·0	40·3	8·3	40·1	24·3
03	7·7	40·0	7·9	39·7	24·0
06	7·3	39·6	7·5	39·3	23·6
09	6·9	39·2	7·2	39·0	23·2
1 12	− 6·6	−38·9	− 6·8	−38·6	−22·9
15	6·2	38·5	6·5	38·3	22·5
18	5·9	38·2	6·2	38·0	22·2
21	5·6	37·9	5·8	37·6	21·9
24	5·3	37·6	5·5	37·3	21·6
27	4·9	37·2	5·2	37·0	21·2
1 30	− 4·6	−36·9	− 4·9	−36·7	−20·9
35	4·2	36·5	4·4	36·2	20·5
40	3·7	36·0	4·0	35·8	20·0
45	3·2	35·5	3·5	35·3	19·5
50	2·8	35·1	3·1	34·9	19·1
1 55	2·4	34·7	2·6	34·4	18·7
2 00	− 2·0	−34·3	− 2·2	−34·0	−18·3
05	1·6	33·9	1·8	33·6	17·9
10	1·2	33·5	1·5	33·3	17·5
15	0·9	33·2	1·1	32·9	17·2
20	0·5	32·8	0·8	32·6	16·8
25	− 0·2	32·5	0·4	32·2	16·5
2 30	+ 0·2	−32·1	− 0·1	−31·9	−16·1
35	0·5	31·8	+ 0·2	31·6	15·8
40	0·8	31·5	0·5	31·3	15·5
45	1·1	31·2	0·8	31·0	15·2
50	1·4	30·9	1·1	30·7	14·9
2 55	1·6	30·7	1·4	30·4	14·7
3 00	+ 1·9	−30·4	+ 1·7	−30·1	−14·4
05	2·2	30·1	1·9	29·9	14·1
10	2·4	29·9	2·1	29·7	13·9
15	2·6	29·7	2·4	29·4	13·7
20	2·9	29·4	2·6	29·2	13·4
25	3·1	29·2	2·9	28·9	13·2
3 30	+ 3·3	−29·0	+ 3·1	−28·7	−13·0

App. Alt.	OCT.–MAR. SUN Lower Limb	OCT.–MAR. SUN Upper Limb	APR.–SEPT. SUN Lower Limb	APR.–SEPT. SUN Upper Limb	STARS PLANETS
° ′	′	′	′	′	′
3 30	+ 3·3	−29·0	+ 3·1	−28·7	−13·0
35	3·6	28·7	3·3	28·5	12·7
40	3·8	28·5	3·5	28·3	12·5
45	4·0	28·3	3·7	28·1	12·3
50	4·2	28·1	3·9	27·9	12·1
3 55	4·4	27·9	4·1	27·7	11·9
4 00	+ 4·5	−27·8	+ 4·3	−27·5	−11·8
05	4·7	27·6	4·5	27·3	11·6
10	4·9	27·4	4·6	27·2	11·4
15	5·1	27·2	4·8	27·0	11·2
20	5·2	27·1	5·0	26·8	11·1
25	5·4	26·9	5·1	26·7	10·9
4 30	+ 5·6	−26·7	+ 5·3	−26·5	−10·7
35	5·7	26·6	5·5	26·3	10·6
40	5·9	26·4	5·6	26·2	10·4
45	6·0	26·3	5·8	26·0	10·3
50	6·2	26·1	5·9	25·9	10·1
4 55	6·3	26·0	6·0	25·8	10·0
5 00	+ 6·4	−25·9	+ 6·2	−25·6	− 9·9
05	6·6	25·7	6·3	25·5	9·7
10	6·7	25·6	6·4	25·4	9·6
15	6·8	25·5	6·6	25·2	9·5
20	6·9	25·4	6·7	25·1	9·4
25	7·1	25·2	6·8	25·0	9·2
5 30	+ 7·2	−25·1	+ 6·9	−24·9	− 9·1
35	7·3	25·0	7·0	24·8	9·0
40	7·4	24·9	7·2	24·6	8·9
45	7·5	24·8	7·3	24·5	8·8
50	7·6	24·7	7·4	24·4	8·7
5 55	7·7	24·6	7·5	24·3	8·6
6 00	+ 7·8	−24·5	+ 7·6	−24·2	− 8·5
10	8·0	24·3	7·8	24·0	8·3
20	8·2	24·1	8·0	23·8	8·1
30	8·4	23·9	8·1	23·7	7·9
40	8·6	23·7	8·3	23·5	7·7
6 50	8·7	23·6	8·5	23·3	7·6
7 00	+ 8·9	−23·4	+ 8·6	−23·2	− 7·4
10	9·1	23·2	8·8	23·0	7·2
20	9·2	23·1	9·0	22·8	7·1
30	9·3	23·0	9·1	22·7	7·0
40	9·5	22·8	9·2	22·6	6·8
7 50	9·6	22·7	9·4	22·4	6·7
8 00	+ 9·7	−22·6	+ 9·5	−22·3	− 6·6
10	9·9	22·4	9·6	22·2	6·4
20	10·0	22·3	9·7	22·1	6·3
30	10·1	22·2	9·8	22·0	6·2
40	10·2	22·1	10·0	21·8	6·1
8 50	10·3	22·0	10·1	21·7	6·0
9 00	+10·4	−21·9	+10·2	−21·6	− 5·9
10	10·5	21·8	10·3	21·5	5·8
20	10·6	21·7	10·4	21·4	5·7
30	10·7	21·6	10·5	21·3	5·6
40	10·8	21·5	10·6	21·2	5·5
9 50	10·9	21·4	10·6	21·2	5·4
10 00	+11·0	−21·3	+10·7	−21·1	− 5·3

Additional corrections for temperature and pressure are given on the following page.

For bubble sextant observations ignore dip and use the star corrections for Sun, planets, and stars.

ADDITIONAL REFRACTION CORRECTIONS FOR NON-STANDARD CONDITIONS

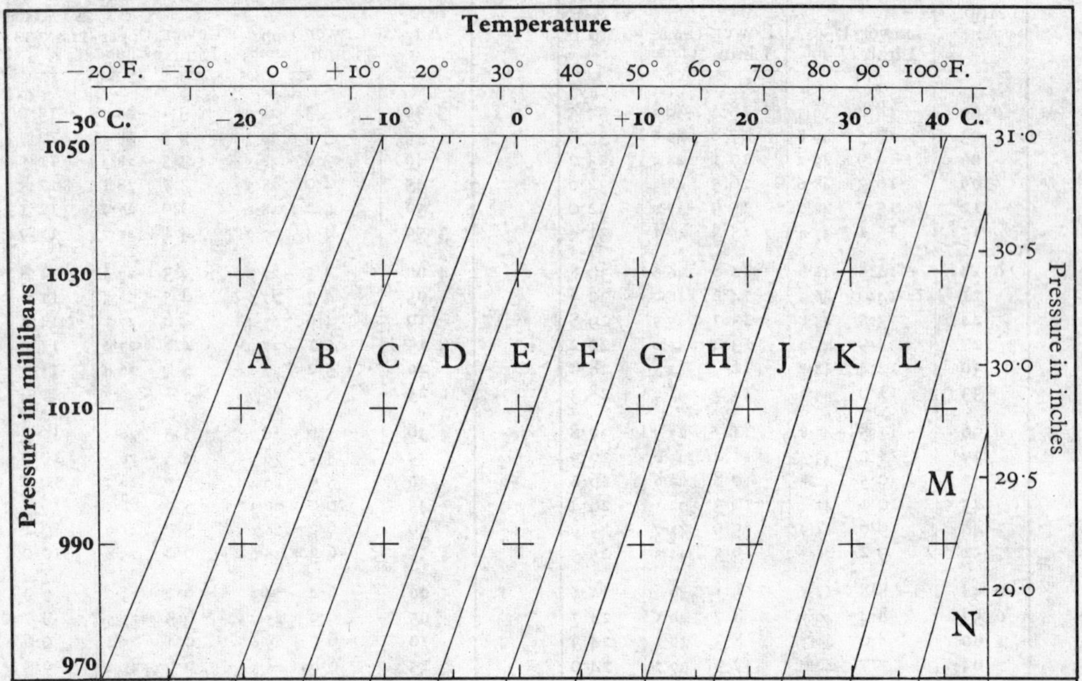

App. Alt.	A	B	C	D	E	F	G	H	J	K	L	M	N	App. Alt.
° ′	′	′	′	′	′	′	′	′	′	′	′	′	′	° ′
0 00	−6·9	−5·7	−4·6	−3·4	−2·3	−1·1	0·0	+1·1	+2·3	+3·4	+4·6	+5·7	+6·9	0 00
0 30	5·2	4·4	3·5	2·6	1·7	0·9	0·0	0·9	1·7	2·6	3·5	4·4	5·2	0 30
1 00	4·3	3·5	2·8	2·1	1·4	0·7	0·0	0·7	1·4	2·1	2·8	3·5	4·3	1 00
1 30	3·5	2·9	2·4	1·8	1·2	0·6	0·0	0·6	1·2	1·8	2·4	2·9	3·5	1 30
2 00	3·0	2·5	2·0	1·5	1·0	0·5	0·0	0·5	1·0	1·5	2·0	2·5	3·0	2 00
2 30	−2·5	−2·1	−1·6	−1·2	−0·8	−0·4	0·0	+0·4	+0·8	+1·2	+1·6	+2·1	+2·5	2 30
3 00	2·2	1·8	1·5	1·1	0·7	0·4	0·0	0·4	0·7	1·1	1·5	1·8	2·2	3 00
3 30	2·0	1·6	1·3	1·0	0·7	0·3	0·0	0·3	0·7	1·0	1·3	1·6	2·0	3 30
4 00	1·8	1·5	1·2	0·9	0·6	0·3	0·0	0·3	0·6	0·9	1·2	1·5	1·8	4 00
4 30	1·6	1·4	1·1	0·8	0·5	0·3	0·0	0·3	0·5	0·8	1·1	1·4	1·6	4 30
5 00	−1·5	−1·3	−1·0	−0·8	−0·5	−0·2	0·0	+0·2	+0·5	+0·8	+1·0	+1·3	+1·5	5 00
6	1·3	1·1	0·9	0·6	0·4	0·2	0·0	0·2	0·4	0·6	0·9	1·1	1·3	6
7	1·1	0·9	0·7	0·6	0·4	0·2	0·0	0·2	0·4	0·6	0·7	0·9	1·1	7
8	1·0	0·8	0·7	0·5	0·3	0·2	0·0	0·2	0·3	0·5	0·7	0·8	1·0	8
9	0·9	0·7	0·6	0·4	0·3	0·1	0·0	0·1	0·3	0·4	0·6	0·7	0·9	9
10 00	−0·8	−0·7	−0·5	−0·4	−0·3	−0·1	0·0	+0·1	+0·3	+0·4	+0·5	+0·7	+0·8	10 00
12	0·7	0·6	0·5	0·3	0·2	0·1	0·0	0·1	0·2	0·3	0·5	0·6	0·7	12
14	0·6	0·5	0·4	0·3	0·2	0·1	0·0	0·1	0·2	0·3	0·4	0·5	0·6	14
16	0·5	0·4	0·3	0·3	0·2	0·1	0·0	0·1	0·2	0·3	0·3	0·4	0·5	16
18	0·4	0·4	0·3	0·2	0·2	0·1	0·0	0·1	0·2	0·2	0·3	0·4	0·4	18
20 00	−0·4	−0·3	−0·3	−0·2	−0·1	−0·1	0·0	+0·1	+0·1	+0·2	+0·3	+0·3	+0·4	20 00
25	0·3	0·3	0·2	0·2	0·1	−0·1	0·0	+0·1	0·1	0·2	0·2	0·3	0·3	25
30	0·3	0·2	0·2	0·1	0·1	0·0	0·0	0·0	0·1	0·1	0·2	0·2	0·3	30
35	0·2	0·2	0·1	0·1	0·1	0·0	0·0	0·0	0·1	0·1	0·1	0·2	0·2	35
40	0·2	0·1	0·1	0·1	−0·1	0·0	0·0	0·0	+0·1	0·1	0·1	0·1	0·2	40
50 00	−0·1	−0·1	−0·1	−0·1	0·0	0·0	0·0	0·0	0·0	+0·1	+0·1	+0·1	+0·1	50 00

The graph is entered with arguments temperature and pressure to find a zone letter; using as arguments this zone letter and apparent altitude (sextant altitude corrected for dip), a correction is taken from the table. This correction is to be applied to the sextant altitude in addition to the corrections for standard conditions (for the Sun, stars and planets from page A2 and for the Moon from pages xxxiv and xxxv).

THE NAUTICAL ALMANAC

FOR THE YEAR

1990

LONDON	*WASHINGTON*
Issued by Her Majesty's Nautical Almanac Office by order of the Secretary of State for Defence	Issued by the Nautical Almanac Office United States Naval Observatory under the authority of the Secretary of the Navy

LONDON: HER MAJESTY'S STATIONERY OFFICE

1989

First published 1989

ISBN 0 11 772372 X

NOTE

Every care is taken to prevent errors in the production of this publication. As a final precaution it is recommended that the sequence of pages in this copy be examined on receipt. If faulty, it should be returned for replacement.

Printed in the United Kingdom by Her Majesty's Stationery Office at Edinburgh Press
Dd 738215 C205 4/89 (264918)

PREFACE

The British and American editions of *The Nautical Almanac*, which are identical in content, are produced jointly by H. M. Nautical Almanac Office, Royal Greenwich Observatory, under the supervision of the Superintendent, and by the Nautical Almanac Office, United States Naval Observatory, under the supervision of P. K. Seidelmann and P. M. Janiczek, to the general requirements of the Royal Navy and of the United States Navy. The Almanac is printed separately in the United Kingdom and in the United States of America.

The data in this Almanac can be made available, in a form suitable for direct photographic reproduction, to the appropriate almanac-producing agency in any country; language changes in the headings of the ephemeral pages can be introduced, if desired, during reproduction. Under this arrangement, this Almanac, with minor modifications and changes of language, has been adopted for the Brazilian, Chilean, Danish, Greek, Indian, Indonesian, Italian, Korean, Mexican and Norwegian almanacs.

ALEXANDER BOKSENBERG,
Director,
Royal Greenwich Observatory,
Herstmonceux Castle, East Sussex,
BN27 1RP, England

R.A. ANAWALT,
Captain, U.S. Navy,
Superintendent, U.S. Naval Observatory,
Washington, D.C. 20390,
U.S.A.

April 1988

CALENDAR, 1990

RELIGIOUS CALENDARS

Epiphany	Jan. 6	Low Sunday	Apr. 22
Septuagesima Sunday	Feb. 11	Rogation Sunday	May 20
Quinquagesima Sunday	Feb. 25	Ascension Day—Holy Thursday	May 24
Ash Wednesday	Feb. 28	Whit Sunday—Pentecost	June 3
Quadragesima Sunday	Mar. 4	Trinity Sunday	June 10
Palm Sunday	Apr. 8	Corpus Christi	June 14
Good Friday	Apr. 13	First Sunday in Advent	Dec. 2
Easter Day	Apr. 15	Christmas Day	Dec. 25

Passover, First day of (Pesach)	Apr. 10	Day of Atonement (Yom Kippur)	Sept. 29
Feast of Weeks (Shavuot)	May 30	Tabernacles, First day of (Succoth)	Oct. 4
Jewish New Year 5751 (Rosh Hashanah)	Sept. 20		

Islamic New Year (1411)	July 24	Ramadân, First day of (tabular)	Mar. 28

The Jewish and Islamic dates above are tabular dates, which begin at sunset on the previous evening and end at sunset on the date tabulated. In practice, the dates of Islamic fasts and festivals are determined by an actual sighting of the appropriate new moon.

CIVIL CALENDAR—UNITED KINGDOM

Accession of Queen Elizabeth II	Feb. 6	The Queen's Official Birthday	June 9
St. David (Wales)	Mar. 1	Birthday of Prince Philip, Duke of Edinburgh	June 10
Commonwealth Day	Mar. 12	Remembrance Sunday	Nov. 11
St. Patrick (Ireland)	Mar. 17	Birthday of the Prince of Wales	Nov. 14
Birthday of Queen Elizabeth II	Apr. 21	St. Andrew (Scotland)	Nov. 30
St. George (England)	Apr. 23		
Coronation Day	June 2		

Bank Holidays in England and Wales—Jan. 1, Apr. 16, May 7, May 28, Aug. 27, Dec. 26
Northern Ireland—Jan. 1, Mar. 17, Apr. 16, May 7, May 28, July 12, Aug. 27, Dec. 26
Scotland—Jan. 1, Jan. 2, Apr. 13, May 7, May 28, Aug. 6, Dec. 25, Dec. 26

CIVIL CALENDAR—UNITED STATES OF AMERICA

New Year's Day	Jan. 1	Labor Day	Sept. 3
Martin Luther King's Birthday	Jan. 15	Columbus Day	Oct. 8
Lincoln's Birthday	Feb. 12	General Election Day	Nov. 6
Washington's Birthday	Feb. 19	Veterans Day	Nov. 11
Memorial Day	May 28	Thanksgiving Day	Nov. 22
Independence Day	July 4		

PHASES OF THE MOON

New Moon d h m	First Quarter d h m	Full Moon d h m	Last Quarter d h m
	Jan. 4 10 40	Jan. 11 04 57	Jan. 18 21 17
Jan. 26 19 20	Feb. 2 18 32	Feb. 9 19 16	Feb. 17 18 48
Feb. 25 08 54	Mar. 4 02 05	Mar. 11 10 58	Mar. 19 14 30
Mar. 26 19 48	Apr. 2 10 24	Apr. 10 03 18	Apr. 18 07 02
Apr. 25 04 27	May 1 20 18	May 9 19 31	May 17 19 45
May 24 11 47	May 31 08 11	June 8 11 01	June 16 04 48
June 22 18 55	June 29 22 07	July 8 01 23	July 15 11 04
July 22 02 54	July 29 14 01	Aug. 6 14 19	Aug. 13 15 54
Aug. 20 12 39	Aug. 28 07 34	Sept. 5 01 46	Sept. 11 20 53
Sept. 19 00 46	Sept. 27 02 06	Oct. 4 12 02	Oct. 11 03 31
Oct. 18 15 37	Oct. 26 20 26	Nov. 2 21 48	Nov. 9 13 02
Nov. 17 09 05	Nov. 25 13 11	Dec. 2 07 50	Dec. 9 02 04
Dec. 17 04 22	Dec. 25 03 16	Dec. 31 18 35	

DAYS OF THE WEEK AND DAYS OF THE YEAR

Day of Month	JAN.		FEB.		MAR.		APR.		MAY		JUNE		JULY		AUG.		SEPT.		OCT.		NOV.		DEC.	
	Week	Year	Week	Year	Week	Year	Week	Year	Week	Year	Week	Year	Week	Year	Week	Year	Week	Year	Week	Year	Week	Year	Week	Year
1	M.	1	Th.	32	Th.	60	Su.	91	Tu.	121	F.	152	Su.	182	W.	213	Sa.	244	M.	274	Th.	305	Sa.	335
2	Tu.	2	F.	33	F.	61	M.	92	W.	122	Sa.	153	M.	183	Th.	214	Su.	245	Tu.	275	F.	306	Su.	336
3	W.	3	Sa.	34	Sa.	62	Tu.	93	Th.	123	Su.	154	Tu.	184	F.	215	M.	246	W.	276	Sa.	307	M.	337
4	Th.	4	Su.	35	Su.	63	W.	94	F.	124	M.	155	W.	185	Sa.	216	Tu.	247	Th.	277	Su.	308	Tu.	338
5	F.	5	M.	36	M.	64	Th.	95	Sa.	125	Tu.	156	Th.	186	Su.	217	W.	248	F.	278	M.	309	W.	339
6	Sa.	6	Tu.	37	Tu.	65	F.	96	Su.	126	W.	157	F.	187	M.	218	Th.	249	Sa.	279	Tu.	310	Th.	340
7	Su.	7	W.	38	W.	66	Sa.	97	M.	127	Th.	158	Sa.	188	Tu.	219	F.	250	Su.	280	W.	311	F.	341
8	M.	8	Th.	39	Th.	67	Su.	98	Tu.	128	F.	159	Su.	189	W.	220	Sa.	251	M.	281	Th.	312	Sa.	342
9	Tu.	9	F.	40	F.	68	M.	99	W.	129	Sa.	160	M.	190	Th.	221	Su.	252	Tu.	282	F.	313	Su.	343
10	W.	10	Sa.	41	Sa.	69	Tu.	100	Th.	130	Su.	161	Tu.	191	F.	222	M.	253	W.	283	Sa.	314	M.	344
11	Th.	11	Su.	42	Su.	70	W.	101	F.	131	M.	162	W.	192	Sa.	223	Tu.	254	Th.	284	Su.	315	Tu.	345
12	F.	12	M.	43	M.	71	Th.	102	Sa.	132	Tu.	163	Th.	193	Su.	224	W.	255	F.	285	M.	316	W.	346
13	Sa.	13	Tu.	44	Tu.	72	F.	103	Su.	133	W.	164	F.	194	M.	225	Th.	256	Sa.	286	Tu.	317	Th.	347
14	Su.	14	W.	45	W.	73	Sa.	104	M.	134	Th.	165	Sa.	195	Tu.	226	F.	257	Su.	287	W.	318	F.	348
15	M.	15	Th.	46	Th.	74	Su.	105	Tu.	135	F.	166	Su.	196	W.	227	Sa.	258	M.	288	Th.	319	Sa.	349
16	Tu.	16	F.	47	F.	75	M.	106	W.	136	Sa.	167	M.	197	Th.	228	Su.	259	Tu.	289	F.	320	Su.	350
17	W.	17	Sa.	48	Sa.	76	Tu.	107	Th.	137	Su.	168	Tu.	198	F.	229	M.	260	W.	290	Sa.	321	M.	351
18	Th.	18	Su.	49	Su.	77	W.	108	F.	138	M.	169	W.	199	Sa.	230	Tu.	261	Th.	291	Su.	322	Tu.	352
19	F.	19	M.	50	M.	78	Th.	109	Sa.	139	Tu.	170	Th.	200	Su.	231	W.	262	F.	292	M.	323	W.	353
20	Sa.	20	Tu.	51	Tu.	79	F.	110	Su.	140	W.	171	F.	201	M.	232	Th.	263	Sa.	293	Tu.	324	Th.	354
21	Su.	21	W.	52	W.	80	Sa.	111	M.	141	Th.	172	Sa.	202	Tu.	233	F.	264	Su.	294	W.	325	F.	355
22	M.	22	Th.	53	Th.	81	Su.	112	Tu.	142	F.	173	Su.	203	W.	234	Sa.	265	M.	295	Th.	326	Sa.	356
23	Tu.	23	F.	54	F.	82	M.	113	W.	143	Sa.	174	M.	204	Th.	235	Su.	266	Tu.	296	F.	327	Su.	357
24	W.	24	Sa.	55	Sa.	83	Tu.	114	Th.	144	Su.	175	Tu.	205	F.	236	M.	267	W.	297	Sa.	328	M.	358
25	Th.	25	Su.	56	Su.	84	W.	115	F.	145	M.	176	W.	206	Sa.	237	Tu.	268	Th.	298	Su.	329	Tu.	359
26	F.	26	M.	57	M.	85	Th.	116	Sa.	146	Tu.	177	Th.	207	Su.	238	W.	269	F.	299	M.	330	W.	360
27	Sa.	27	Tu.	58	Tu.	86	F.	117	Su.	147	W.	178	F.	208	M.	239	Th.	270	Sa.	300	Tu.	331	Th.	361
28	Su.	28	W.	59	W.	87	Sa.	118	M.	148	Th.	179	Sa.	209	Tu.	240	F.	271	Su.	301	W.	332	F.	362
29	M.	29			Th.	88	Su.	119	Tu.	149	F.	180	Su.	210	W.	241	Sa.	272	M.	302	Th.	333	Sa.	363
30	Tu.	30			F.	89	M.	120	W.	150	Sa.	181	M.	211	Th.	242	Su.	273	Tu.	303	F.	334	Su.	364
31	W.	31			Sa.	90			Th.	151			Tu.	212	F.	243			W.	304			M.	365

ECLIPSES

There are four eclipses, two of the Sun and two of the Moon.

1. *An Annular Eclipse of the Sun*, January 26. See map on page 6. The eclipse begins at $17^h\ 13^m$ and ends at $21^h\ 48^m$; the annular phase begins at $18^h\ 55^m$ and ends at $20^h\ 06^m$. The maximum duration of the annular phase is $2^m\ 03^s$.

2. *A Total Eclipse of the Moon*, February 9. The eclipse begins at $17^h\ 30^m$ and ends at $20^h\ 54^m$. It is visible from north-west Alaska, the arctic regions, north Pacific Ocean, Australasia, Asia, the Indian Ocean, part of Antarctica, Africa, Europe including the British Isles, the north-east Atlantic Ocean, Iceland and Greenland.

3. *A Total Eclipse of the Sun*, July 22. See map on page 7. The eclipse begins at $00^h\ 40^m$ and ends at $05^h\ 24^m$. The maximum duration of the total phase is $2^m\ 33^s$.

4. *A Partial Eclipse of the Moon*, August 6. The eclipse begins at $12^h\ 43^m$ and ends at $15^h\ 39^m$. It is visible from south-west Alaska, the Pacific Ocean except the extreme eastern part, Antarctica, Australasia, the south and eastern parts of Asia and the eastern part of the Indian Ocean. At the time of maximum eclipse 0·68 of the Moon's diameter is obscured.

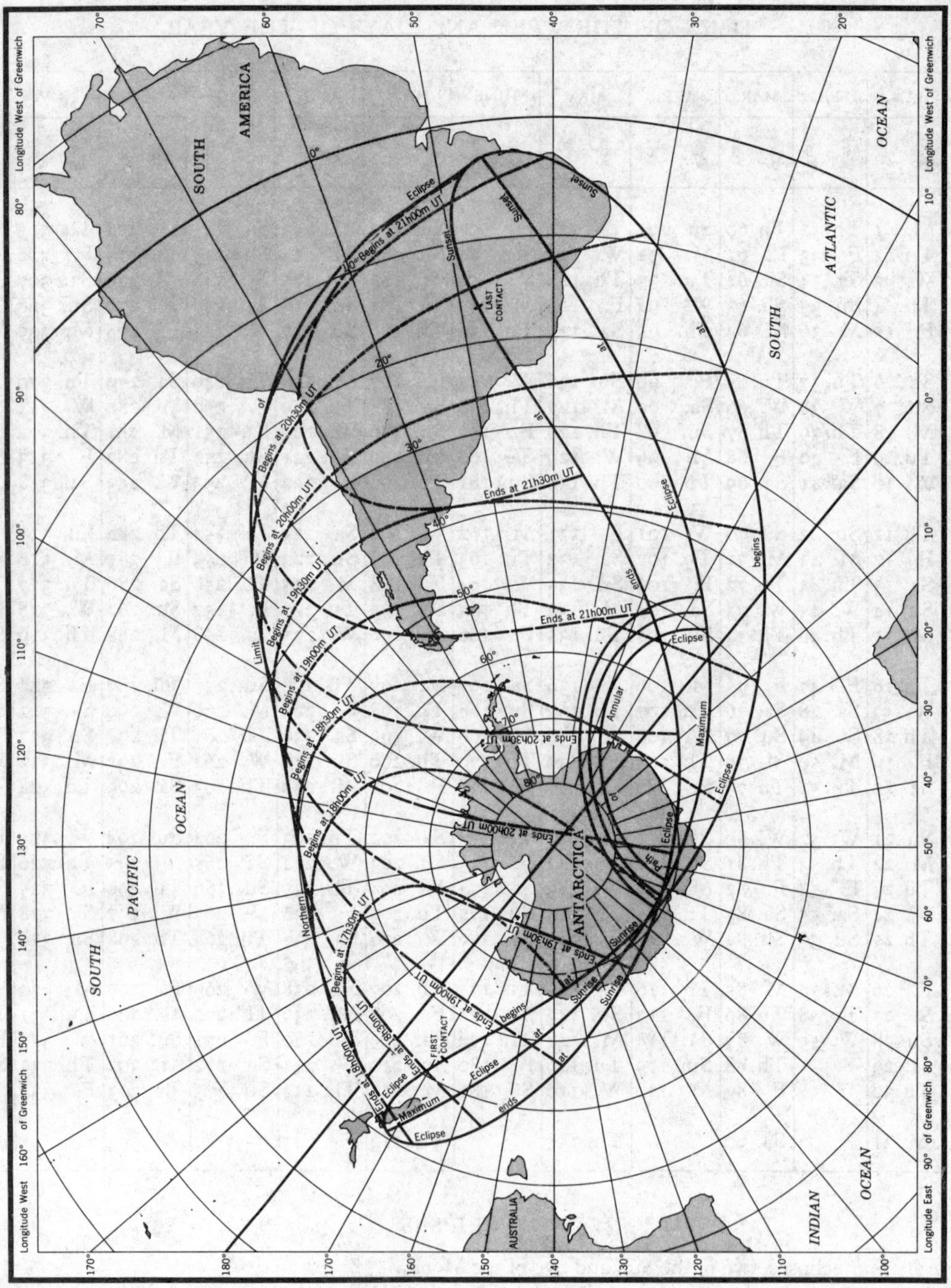

SOLAR ECLIPSE DIAGRAMS

The principal features shown on the above diagrams are: the paths of total and annular eclipses; the northern and southern limits of partial eclipse; the sunrise and sunset curves; dashed lines which show the times of beginning and end of partial eclipse at half-hourly intervals.

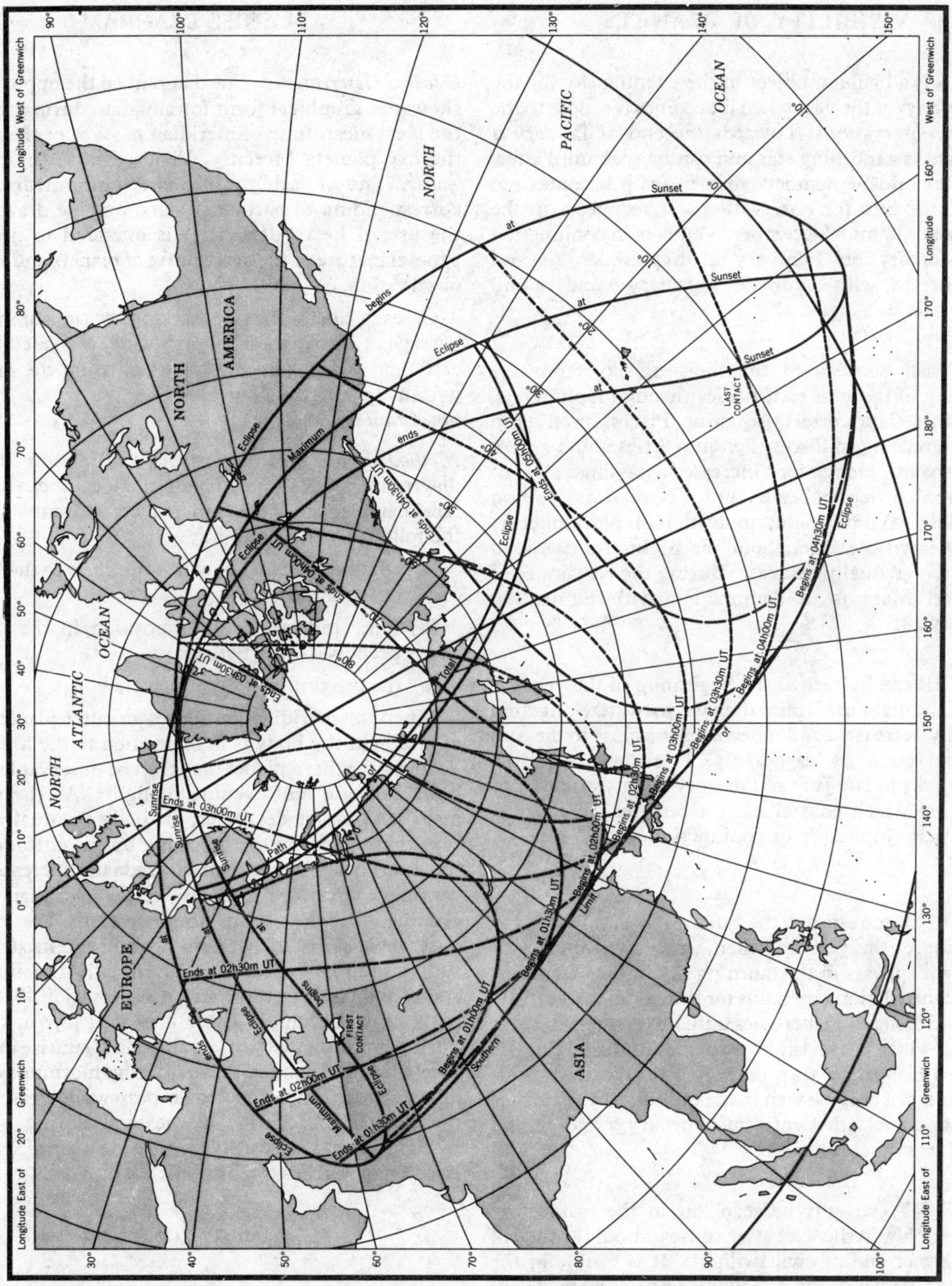

SOLAR ECLIPSE DIAGRAMS

Further details of the paths and times of central eclipse are given in the *Astronomical Almanac*.

VISIBILITY OF PLANETS

VENUS is a brilliant object in the evening sky for the first few days of the year when it becomes too close to the Sun for observations. Towards the end of January it reappears as a morning star and can be seen until a few days after mid-September when it again becomes too close to the Sun for observations. It reappears in the evening sky in mid-December. Venus is in conjunction with Mercury on February 4, September 14 and December 18, with Saturn on February 7 and 14 and with Jupiter on August 12.

MARS can be seen in the morning sky from the beginning of the year as it passes through Ophuichus, Sagittarius, Capricornus, Aquarius, Pisces, briefly into Cetus, returning to Pisces then into Aries and Taurus. Its westward elongation increases (passing 4°N of *Aldebaran* on September 25 and 6°N of *Aldebaran* on November 13) until it is at opposition on November 27 when it is visible throughout the night. Its eastward elongation gradually decreases during the remainder of the year. Mars is in conjunction with Saturn on February 28.

JUPITER can be seen at the beginning of the year for most of the night in Gemini then its eastward elongation gradually decreases until it becomes too close to the Sun for observation by early July. It reappears in the morning sky in late July and in early August passes into Cancer, in which constellation it remains for the rest of the year. Jupiter is in conjunction with Venus on August 12.

SATURN is too close to the Sun for observation at the beginning of the year and then a few days after mid-January it appears in the morning sky in Sagittarius, in which constellation it remains for the rest of the year. Its westward elongation increases until it is at opposition on July 14 when it is visible throughout the night. Its eastward elongation then decreases so that from mid-October it can only be seen in the evening sky. Saturn is in conjunction with Venus on February 7 and 14 and with Mars on February 28.

MERCURY can only be seen low in the east before sunrise, or low in the west after sunset (about the time of beginning or end of civil twilight). It is visible in the mornings between the following approximate dates: January 15 (+1·8) to March 9 (−0·9); May 13 (+3·0) to June 25 (−1·4); September 16 (+1·7) to October 10 (−1·2); December 30 (+1·7) to December 31 (+1·4); the planet is brighter at the end of each period. It is visible in the evenings between the following approximate dates: January 1 (+0·7) to January 3 (+1·5); March 28 (−1·5) to April 25 (+2·6); July 11 (−1·2) to September 1 (+2·5); November 7 (−0·6) to December 18 (+1·4); the planet is brighter at the beginning of each period. The figures in parentheses are the magnitudes.

PLANET DIAGRAM

General Description. The diagram on the opposite page shows, in graphical form for any date during the year, the local mean time of meridian passage of the Sun, of the five planets Mercury, Venus, Mars, Jupiter, and Saturn, and of each 30° of S.H.A.; intermediate lines, corresponding to particular stars, may be drawn in by the user if he so desires. It is intended to provide a general picture of the availability of planets and stars for observation.

On each side of the line marking the time of meridian passage of the Sun a band, 45^m wide, is shaded to indicate that planets and most stars crossing the meridian within 45^m of the Sun are too close to the Sun for observation.

Method of use and interpretation. For any date the diagram provides immediately the local mean times of meridian passage of the Sun, planets and stars, and thus the following information:

(a) whether a planet or star is too close to the Sun for observation;

(b) some indication of its position in the sky, especially during twilight;

(c) the proximity of other planets.

When the meridian passage of an outer planet occurs at midnight the body is in opposition to the Sun and is visible all night; a planet may then be observable during both morning and evening twilights. As the time of meridian passage decreases, the body eventually ceases to be observable in the morning, but its altitude above the eastern horizon at sunset gradually increases; this continues until the body is on the meridian during evening twilight. From then onwards the body is observable above the western horizon and its altitude at sunset gradually decreases; eventually the body becomes too close to the Sun for observation. When the body again becomes visible it is seen low in the east during morning twilight; its altitude at sunrise increases until meridian passage occurs during morning twilight. Then, as the time of meridian passage decreases to 0^h, the body is observable in the west during morning twilight with a gradually decreasing altitude, until it once again reaches opposition.

DO NOT CONFUSE

Mercury with Saturn at the end of January and early February when Mercury is the brighter object.

Mars with Saturn in late February and early March when Mars is the fainter object. The reddish tint of Mars should assist in its identification.

Venus with Jupiter around mid-August, with Mercury around mid-September, the second week in October and in mid-December, and with Saturn at the end of December, on all occasions Venus is the brighter object.

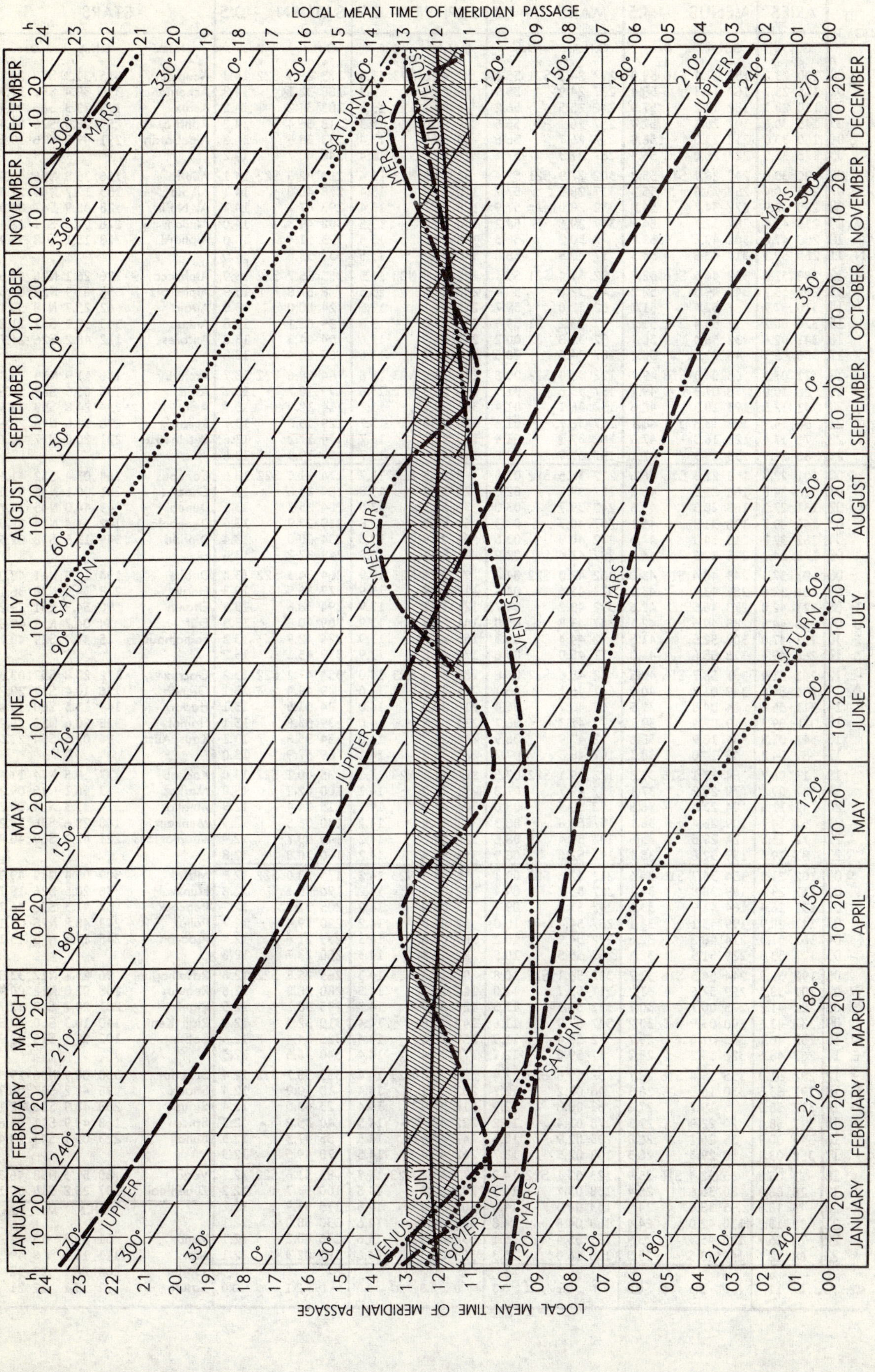
LOCAL MEAN TIME OF MERIDIAN PASSAGE
JANUARY
FEBRUARY
MARCH
APRIL
MAY
JUNE
JULY
AUGUST
SEPTEMBER
OCTOBER
NOVEMBER
DECEMBER
SUN
VENUS
MERCURY
MARS
JUPITER
SATURN
LOCAL MEAN TIME OF MERIDIAN PASSAGE

UT (GMT)	ARIES	VENUS −4.5		MARS +1.5		JUPITER −2.7		SATURN +0.5		STARS		
d h	G.H.A. ° ′	G.H.A. ° ′	Dec. ° ′	G.H.A. ° ′	Dec. ° ′	G.H.A. ° ′	Dec. ° ′	G.H.A. ° ′	Dec. ° ′	Name	S.H.A. ° ′	Dec. ° ′
1 00	100 23.2	152 11.4	S16 59.0	212 24.3	S21 55.6	4 42.6	N23 13.3	173 29.9	S22 14.3	Acamar	315 31.3	S40 20.7
01	115 25.7	167 14.3	58.4	227 24.9	55.9	19 45.4	13.3	188 32.1	14.3	Achernar	335 39.4	S57 17.4
02	130 28.1	182 17.2	57.9	242 25.5	56.2	34 48.2	13.3	203 34.2	14.2	Acrux	173 29.3	S63 02.4
03	145 30.6	197 20.1	· · 57.4	257 26.1	· · 56.5	49 51.0	· · 13.3	218 36.4	· · 14.2	Adhara	255 26.0	S28 57.4
04	160 33.0	212 23.0	56.9	272 26.7	56.8	64 53.9	13.4	233 38.5	14.2	Aldebaran	291 09.3	N16 29.5
05	175 35.5	227 26.0	56.4	287 27.3	57.1	79 56.7	13.4	248 40.7	14.2			
06	190 38.0	242 28.9	S16 55.8	302 27.9	S21 57.4	94 59.5	N23 13.4	263 42.8	S22 14.1	Alioth	166 35.8	N56 00.4
07	205 40.4	257 31.8	55.3	317 28.5	57.7	110 02.4	13.4	278 45.0	14.1	Alkaid	153 12.7	N49 21.4
08	220 42.9	272 34.7	54.8	332 29.0	57.9	125 05.2	13.4	293 47.1	14.1	Al Na'ir	28 05.9	S47 00.8
M 09	235 45.4	287 37.7	· · 54.3	347 29.6	· · 58.2	140 08.0	· · 13.5	308 49.3	· · 14.0	Alnilam	276 03.9	S 1 12.4
O 10	250 47.8	302 40.6	53.8	2 30.2	58.5	155 10.8	13.5	323 51.4	14.0	Alphard	218 13.1	S 8 36.9
N 11	265 50.3	317 43.6	53.3	17 30.8	58.8	170 13.7	13.5	338 53.6	14.0			
D 12	280 52.8	332 46.5	S16 52.7	32 31.4	S21 59.1	185 16.5	N23 13.5	353 55.7	S22 13.9	Alphecca	126 26.1	N26 44.6
A 13	295 55.2	347 49.5	52.2	47 32.0	59.4	200 19.3	13.5	8 57.8	13.9	Alpheratz	358 01.9	N29 02.3
Y 14	310 57.7	2 52.4	51.7	62 32.6	59.7	215 22.2	13.5	24 00.0	13.9	Altair	62 25.7	N 8 50.4
15	326 00.2	17 55.4	· · 51.2	77 33.2	21 59.9	230 25.0	· · 13.6	39 02.1	· · 13.8	Ankaa	353 32.9	S42 21.8
16	341 02.6	32 58.4	50.7	92 33.8	22 00.2	245 27.8	13.6	54 04.3	13.8	Antares	112 48.2	S26 24.7
17	356 05.1	48 01.3	50.2	107 34.4	00.5	260 30.7	13.6	69 06.4	13.8			
18	11 07.5	63 04.3	S16 49.7	122 35.0	S22 00.8	275 33.5	N23 13.6	84 08.6	S22 13.7	Arcturus	146 11.9	N19 13.8
19	26 10.0	78 07.3	49.1	137 35.6	01.1	290 36.3	13.6	99 10.7	13.7	Atria	108 06.5	S69 00.6
20	41 12.5	93 10.3	48.6	152 36.1	01.4	305 39.1	13.7	114 12.9	13.7	Avior	234 24.8	S59 28.5
21	56 14.9	108 13.3	· · 48.1	167 36.7	· · 01.6	320 42.0	· · 13.7	129 15.0	· · 13.7	Bellatrix	278 50.6	N 6 20.6
22	71 17.4	123 16.3	47.6	182 37.3	01.9	335 44.8	13.7	144 17.2	13.6	Betelgeuse	271 20.0	N 7 24.4
23	86 19.9	138 19.3	47.1	197 37.9	02.2	350 47.6	13.7	159 19.3	13.6			
2 00	101 22.3	153 22.3	S16 46.6	212 38.5	S22 02.5	5 50.5	N23 13.7	174 21.5	S22 13.6	Canopus	264 03.4	S52 41.3
01	116 24.8	168 25.3	46.1	227 39.1	02.8	20 53.3	13.8	189 23.6	13.5	Capella	281 00.1	N45 59.5
02	131 27.3	183 28.3	45.6	242 39.7	03.0	35 56.1	13.8	204 25.7	13.5	Deneb	49 44.0	N45 14.7
03	146 29.7	198 31.3	· · 45.1	257 40.3	· · 03.3	50 58.9	· · 13.8	219 27.9	· · 13.5	Denebola	182 51.4	N14 37.5
04	161 32.2	213 34.3	44.6	272 40.9	03.6	66 01.8	13.8	234 30.0	13.4	Diphda	349 13.5	S18 02.5
05	176 34.7	228 37.3	44.1	287 41.4	03.9	81 04.6	13.8	249 32.2	13.4			
06	191 37.1	243 40.4	S16 43.6	302 42.0	S22 04.2	96 07.4	N23 13.9	264 34.3	S22 13.4	Dubhe	194 12.5	N61 48.0
07	206 39.6	258 43.4	43.1	317 42.6	04.4	111 10.2	13.9	279 36.5	13.3	Elnath	278 34.5	N28 36.1
T 08	221 42.0	273 46.5	42.6	332 43.2	04.7	126 13.1	13.9	294 38.6	13.3	Eltanin	90 54.9	N51 29.2
U 09	236 44.5	288 49.5	· · 42.1	347 43.8	· · 05.0	141 15.9	· · 13.9	309 40.8	· · 13.3	Enif	34 04.7	N 9 49.8
E 10	251 47.0	303 52.5	41.5	2 44.4	05.3	156 18.7	13.9	324 42.9	13.2	Fomalhaut	15 43.4	S29 40.7
S 11	266 49.4	318 55.6	41.0	17 45.0	05.6	171 21.6	13.9	339 45.1	13.2			
D 12	281 51.9	333 58.7	S16 40.5	32 45.6	S22 05.8	186 24.4	N23 14.0	354 47.2	S22 13.2	Gacrux	172 20.8	S57 03.3
A 13	296 54.4	349 01.7	40.0	47 46.1	06.1	201 27.2	14.0	9 49.4	13.1	Gienah	176 10.4	S17 29.2
Y 14	311 56.8	4 04.8	39.5	62 46.7	06.4	216 30.0	14.0	24 51.5	13.1	Hadar	149 13.5	S60 19.4
15	326 59.3	19 07.9	· · 39.1	77 47.3	· · 06.7	231 32.9	· · 14.0	39 53.6	· · 13.1	Hamal	328 20.6	N23 25.2
16	342 01.8	34 10.9	38.6	92 47.9	06.9	246 35.7	14.0	54 55.8	13.1	Kaus Aust.	84 07.5	S34 23.5
17	357 04.2	49 14.0	38.1	107 48.5	07.2	261 38.5	14.1	69 57.9	13.0			
18	12 06.7	64 17.1	S16 37.6	122 49.1	S22 07.5	276 41.4	N23 14.1	85 00.1	S22 13.0	Kochab	137 19.5	N74 11.4
19	27 09.1	79 20.2	37.1	137 49.7	07.8	291 44.2	14.1	100 02.2	13.0	Markab	13 56.1	N15 09.2
20	42 11.6	94 23.3	36.6	152 50.3	08.0	306 47.0	14.1	115 04.4	12.9	Menkar	314 33.3	N 4 03.2
21	57 14.1	109 26.4	· · 36.1	167 50.8	· · 08.3	321 49.8	· · 14.1	130 06.5	· · 12.9	Menkent	148 28.6	S36 19.2
22	72 16.5	124 29.5	35.6	182 51.4	08.6	336 52.7	14.2	145 08.7	12.9	Miaplacidus	221 42.9	S69 40.4
23	87 19.0	139 32.6	35.1	197 52.0	08.9	351 55.5	14.2	160 10.8	12.8			
3 00	102 21.5	154 35.7	S16 34.6	212 52.6	S22 09.1	6 58.3	N23 14.2	175 13.0	S22 12.8	Mirfak	309 05.4	N49 49.9
01	117 23.9	169 38.8	34.1	227 53.2	09.4	22 01.1	14.2	190 15.1	12.8	Nunki	76 20.5	S26 18.7
02	132 26.4	184 41.9	33.6	242 53.8	09.7	37 04.0	14.2	205 17.3	12.7	Peacock	53 47.3	S56 46.2
03	147 28.9	199 45.1	· · 33.1	257 54.4	· · 10.0	52 06.8	· · 14.2	220 19.4	· · 12.7	Pollux	243 48.8	N28 03.1
04	162 31.3	214 48.2	32.6	272 54.9	10.2	67 09.6	14.3	235 21.6	12.7	Procyon	245 17.8	N 5 15.1
05	177 33.8	229 51.3	32.1	287 55.5	10.5	82 12.4	14.3	250 23.7	12.6			
06	192 36.3	244 54.5	S16 31.7	302 56.1	S22 10.8	97 15.3	N23 14.3	265 25.8	S22 12.6	Rasalhague	96 23.1	N12 33.8
W 07	207 38.7	259 57.6	31.2	317 56.7	11.0	112 18.1	14.3	280 28.0	12.6	Regulus	208 02.0	N12 00.9
E 08	222 41.2	275 00.7	30.7	332 57.3	11.3	127 20.9	14.3	295 30.1	12.5	Rigel	281 28.7	S 8 12.7
D 09	237 43.6	290 03.9	· · 30.2	347 57.9	· · 11.6	142 23.8	· · 14.4	310 32.3	· · 12.5	Rigil Kent.	140 16.3	S60 47.5
N 10	252 46.1	305 07.0	29.7	2 58.4	11.9	157 26.6	14.4	325 34.4	12.5	Sabik	102 33.1	S15 42.9
E 11	267 48.6	320 10.2	29.2	17 59.0	12.1	172 29.4	14.4	340 36.6	12.5			
S 12	282 51.0	335 13.4	S16 28.7	32 59.6	S22 12.4	187 32.2	N23 14.4	355 38.7	S22 12.4	Schedar	350 00.9	N56 29.3
D 13	297 53.5	350 16.5	28.3	48 00.2	12.7	202 35.1	14.4	10 40.9	12.4	Shaula	96 46.2	S37 05.9
A 14	312 56.0	5 19.7	27.8	63 00.8	12.9	217 37.9	14.4	25 43.0	12.4	Sirius	258 48.9	S16 42.1
Y 15	327 58.4	20 22.9	· · 27.3	78 01.4	· · 13.2	232 40.7	· · 14.5	40 45.2	· · 12.3	Spica	158 49.9	S11 06.6
16	343 00.9	35 26.1	26.8	93 01.9	13.5	247 43.5	14.5	55 47.3	12.3	Suhail	223 05.1	S43 23.4
17	358 03.4	50 29.3	26.3	108 02.5	13.7	262 46.4	14.5	70 49.5	12.3			
18	13 05.8	65 32.4	S16 25.9	123 03.1	S22 14.0	277 49.2	N23 14.5	85 51.6	S22 12.2	Vega	80 51.3	N38 46.3
19	28 08.3	80 35.6	25.4	138 03.7	14.3	292 52.0	14.5	100 53.7	12.2	Zuben'ubi	137 25.2	S16 00.1
20	43 10.8	95 38.8	24.9	153 04.3	14.5	307 54.8	14.6	115 55.9	12.2		S.H.A.	Mer. Pass.
21	58 13.2	110 42.0	· · 24.4	168 04.8	· · 14.8	322 57.7	· · 14.6	130 58.0	· · 12.1		° ′	h m
22	73 15.7	125 45.3	23.9	183 05.4	15.1	338 00.5	14.6	146 00.2	12.1	Venus	51 59.9	13 44
23	88 18.1	140 48.5	23.5	198 06.0	15.3	353 03.3	14.6	161 02.3	12.1	Mars	111 16.2	9 49
Mer. Pass.	h m 17 11.7	v 3.1	d 0.5	v 0.6	d 0.3	v 2.8	d 0.0	v 2.1	d 0.0	Jupiter	264 28.1	23 32
										Saturn	72 59.1	12 21

UT (GMT) d	h	SUN G.H.A. ° ′	SUN Dec. ° ′	MOON G.H.A. ° ′	*v* ′	MOON Dec. ° ′	*d* ′	H.P. ′
1	00	179 10.5	S23 02.5	131 54.3	12.4	S11 50.4	14.2	57.6
	01	194 10.2	02.3	146 25.7	12.4	11 36.2	14.3	57.6
	02	209 09.9	02.1	160 57.1	12.4	11 21.9	14.3	57.6
	03	224 09.6	. . 01.9	175 28.5	12.5	11 07.6	14.3	57.7
	04	239 09.3	01.7	190 00.0	12.6	10 53.3	14.5	57.7
	05	254 09.0	01.5	204 31.6	12.5	10 38.8	14.5	57.7
	06	269 08.7	S23 01.3	219 03.1	12.6	S10 24.3	14.5	57.7
	07	284 08.4	01.1	233 34.7	12.6	10 09.8	14.6	57.7
	08	299 08.1	00.9	248 06.3	12.7	9 55.2	14.7	57.7
MONDAY	09	314 07.8	. . 00.7	262 38.0	12.6	9 40.5	14.7	57.8
	10	329 07.5	00.5	277 09.6	12.7	9 25.8	14.8	57.8
	11	344 07.2	00.3	291 41.3	12.8	9 11.0	14.8	57.8
	12	359 06.9	S23 00.1	306 13.1	12.7	S 8 56.2	14.9	57.8
	13	14 06.7	22 59.9	320 44.8	12.8	8 41.3	14.9	57.8
	14	29 06.4	59.7	335 16.6	12.8	8 26.4	15.0	57.9
	15	44 06.1	. . 59.5	349 48.4	12.8	8 11.4	15.0	57.9
	16	59 05.8	59.3	4 20.2	12.8	7 56.4	15.0	57.9
	17	74 05.5	59.1	18 52.0	12.9	7 41.4	15.2	57.9
	18	89 05.2	S22 58.9	33 23.9	12.9	S 7 26.2	15.1	57.9
	19	104 04.9	58.6	47 55.8	12.8	7 11.1	15.2	58.0
	20	119 04.6	58.4	62 27.6	12.9	6 55.9	15.2	58.0
	21	134 04.3	. . 58.2	76 59.5	13.0	6 40.7	15.3	58.0
	22	149 04.0	58.0	91 31.5	12.9	6 25.4	15.3	58.0
	23	164 03.7	57.8	106 03.4	12.9	6 10.1	15.4	58.0
2	00	179 03.4	S22 57.6	120 35.3	13.0	S 5 54.7	15.4	58.0
	01	194 03.1	57.4	135 07.3	13.0	5 39.3	15.4	58.1
	02	209 02.8	57.1	149 39.3	12.9	5 23.9	15.5	58.1
	03	224 02.5	. . 56.9	164 11.2	13.0	5 08.4	15.5	58.1
	04	239 02.2	56.7	178 43.2	13.0	4 52.9	15.5	58.1
	05	254 01.9	56.5	193 15.2	13.0	4 37.4	15.5	58.1
	06	269 01.7	S22 56.3	207 47.2	13.0	S 4 21.9	15.6	58.2
	07	284 01.4	56.0	222 19.2	13.0	4 06.3	15.6	58.2
TUESDAY	08	299 01.1	55.8	236 51.2	13.0	3 50.7	15.7	58.2
	09	314 00.8	. . 55.6	251 23.2	13.0	3 35.0	15.6	58.2
	10	329 00.5	55.4	265 55.2	13.0	3 19.4	15.7	58.2
	11	344 00.2	55.1	280 27.2	13.0	3 03.7	15.7	58.2
	12	358 59.9	S22 54.9	294 59.2	13.0	S 2 48.0	15.8	58.3
	13	13 59.6	54.7	309 31.2	13.0	2 32.2	15.7	58.3
	14	28 59.3	54.5	324 03.2	13.0	2 16.5	15.8	58.3
	15	43 59.0	. . 54.2	338 35.2	13.0	2 00.7	15.8	58.3
	16	58 58.7	54.0	353 07.2	12.9	1 44.9	15.8	58.3
	17	73 58.4	53.8	7 39.1	13.0	1 29.1	15.8	58.4
	18	88 58.2	S22 53.6	22 11.1	12.9	S 1 13.3	15.9	58.4
	19	103 57.9	53.3	36 43.0	13.0	0 57.4	15.8	58.4
	20	118 57.6	53.1	51 15.0	12.9	0 41.6	15.9	58.4
	21	133 57.3	. . 52.9	65 46.9	12.9	0 25.7	15.9	58.4
	22	148 57.0	52.6	80 18.8	12.9	S 0 09.8	15.8	58.4
	23	163 56.7	52.4	94 50.7	12.9	N 0 06.0	15.9	58.5
3	00	178 56.4	S22 52.2	109 22.6	12.9	N 0 21.9	15.9	58.5
	01	193 56.1	51.9	123 54.5	12.8	0 37.8	15.9	58.5
	02	208 55.8	51.7	138 26.3	12.8	0 53.7	16.0	58.5
	03	223 55.5	. . 51.4	152 58.1	12.8	1 09.7	15.9	58.5
	04	238 55.3	51.2	167 29.9	12.8	1 25.6	15.9	58.5
	05	253 55.0	51.0	182 01.7	12.7	1 41.5	15.9	58.6
	06	268 54.7	S22 50.7	196 33.4	12.8	N 1 57.4	15.9	58.6
WEDNESDAY	07	283 54.4	50.5	211 05.2	12.6	2 13.3	15.9	58.6
	08	298 54.1	50.2	225 36.8	12.7	2 29.2	15.9	58.6
	09	313 53.8	. . 50.0	240 08.5	12.6	2 45.1	16.0	58.6
	10	328 53.5	49.8	254 40.1	12.7	3 01.1	15.9	58.6
	11	343 53.2	49.5	269 11.8	12.5	3 17.0	15.8	58.7
	12	358 52.9	S22 49.3	283 43.3	12.6	N 3 32.8	15.9	58.7
	13	13 52.7	49.0	298 14.9	12.5	3 48.7	15.9	58.7
	14	28 52.4	48.8	312 46.4	12.4	4 04.6	15.9	58.7
	15	43 52.1	. . 48.5	327 17.8	12.4	4 20.5	15.8	58.7
	16	58 51.8	48.3	341 49.2	12.4	4 36.3	15.9	58.7
	17	73 51.5	48.0	356 20.6	12.4	4 52.2	15.8	58.8
	18	88 51.2	S22 47.8	10 52.0	12.3	N 5 08.0	15.8	58.8
	19	103 50.9	47.5	25 23.3	12.2	5 23.8	15.8	58.8
	20	118 50.7	47.3	39 54.5	12.2	5 39.6	15.7	58.8
	21	133 50.4	. . 47.0	54 25.7	12.2	5 55.3	15.8	58.8
	22	148 50.1	46.8	68 56.9	12.1	6 11.1	15.7	58.8
	23	163 49.8	46.5	83 28.0	12.1	6 26.8	15.7	58.9
		S.D. 16.3	*d* 0.2	S.D. 15.8		15.9		16.0

Lat. °	Twilight Naut. h m	Twilight Civil h m	Sunrise h m	Moonrise 1 h m	Moonrise 2 h m	Moonrise 3 h m	Moonrise 4 h m
N 72	08 23	10 40	▬	11 34	10 58	10 25	09 49
N 70	08 05	09 48	▬	11 20	10 54	10 29	10 03
68	07 49	09 16	▬	11 09	10 50	10 32	10 13
66	07 37	08 53	10 26	11 00	10 47	10 35	10 23
64	07 26	08 34	09 49	10 52	10 45	10 38	10 30
62	07 17	08 18	09 22	10 45	10 43	10 40	10 37
60	07 09	08 05	09 02	10 39	10 41	10 42	10 43
N 58	07 02	07 54	08 45	10 34	10 39	10 43	10 48
56	06 56	07 44	08 31	10 30	10 37	10 45	10 53
54	06 50	07 36	08 19	10 25	10 36	10 46	10 57
52	06 44	07 28	08 08	10 22	10 35	10 47	11 01
50	06 39	07 20	07 59	10 18	10 33	10 48	11 04
45	06 28	07 05	07 38	10 11	10 31	10 51	11 12
N 40	06 18	06 52	07 22	10 04	10 29	10 53	11 18
35	06 09	06 40	07 08	09 59	10 27	10 55	11 24
30	06 00	06 30	06 56	09 54	10 25	10 56	11 29
20	05 44	06 12	06 35	09 45	10 22	10 59	11 37
N 10	05 28	05 55	06 17	09 38	10 20	11 02	11 45
0	05 12	05 38	06 00	09 31	10 17	11 04	11 52
S 10	04 53	05 20	05 43	09 24	10 15	11 06	11 59
20	04 31	05 00	05 25	09 16	10 13	11 09	12 07
30	04 02	04 36	05 03	09 08	10 10	11 12	12 16
35	03 44	04 21	04 50	09 03	10 08	11 14	12 21
40	03 22	04 03	04 36	08 57	10 06	11 16	12 27
45	02 52	03 41	04 18	08 51	10 04	11 18	12 34
S 50	02 08	03 12	03 56	08 43	10 01	11 21	12 42
52	01 42	02 58	03 46	08 39	10 00	11 22	12 46
54	01 03	02 40	03 34	08 35	09 59	11 24	12 51
56	////	02 19	03 20	08 30	09 57	11 25	12 55
58	////	01 51	03 04	08 25	09 56	11 27	13 01
S 60	////	01 08	02 44	08 19	09 54	11 29	13 07

Lat. °	Sunset h m	Twilight Civil h m	Twilight Naut. h m	Moonset 1 h m	Moonset 2 h m	Moonset 3 h m	Moonset 4 h m
N 72	▬	13 28	15 45	20 22	22 38	24 56	00 56
N 70	▬	14 20	16 04	20 33	22 38	24 45	00 45
68	▬	14 52	16 19	20 42	22 38	24 37	00 37
66	13 42	15 16	16 31	20 49	22 39	24 30	00 30
64	14 20	15 34	16 42	20 55	22 39	24 24	00 24
62	14 46	15 50	16 51	21 00	22 39	24 19	00 19
60	15 06	16 03	16 59	21 04	22 39	24 15	00 15
N 58	15 23	16 14	17 06	21 08	22 39	24 11	00 11
56	15 37	16 24	17 13	21 12	22 39	24 08	00 08
54	15 49	16 33	17 19	21 15	22 39	24 05	00 05
52	16 00	16 41	17 24	21 18	22 39	24 02	00 02
50	16 10	16 48	17 29	21 20	22 39	23 59	25 22
45	16 30	17 03	17 40	21 26	22 39	23 54	25 11
N 40	16 46	17 16	17 50	21 30	22 39	23 49	25 02
35	17 00	17 28	17 59	21 34	22 39	23 46	24 54
30	17 12	17 38	18 08	21 37	22 39	23 42	24 47
20	17 33	17 57	18 24	21 43	22 39	23 36	24 35
N 10	17 51	18 13	18 40	21 48	22 39	23 31	24 25
0	18 08	18 30	18 56	21 53	22 39	23 26	24 15
S 10	18 25	18 48	19 15	21 58	22 39	23 22	24 06
20	18 43	19 08	19 37	22 03	22 39	23 16	23 56
30	19 05	19 32	20 05	22 08	22 39	23 11	23 44
35	19 18	19 47	20 23	22 12	22 39	23 07	23 38
40	19 32	20 05	20 46	22 15	22 39	23 04	23 30
45	19 50	20 27	21 15	22 19	22 39	22 59	23 21
S 50	20 12	20 55	21 59	22 24	22 39	22 54	23 11
52	20 22	21 10	22 24	22 26	22 39	22 52	23 06
54	20 34	21 27	23 03	22 29	22 39	22 49	23 01
56	20 48	21 48	////	22 31	22 39	22 46	22 55
58	21 04	22 15	////	22 34	22 39	22 43	22 49
S 60	21 23	22 57	////	22 38	22 39	22 40	22 41

Day	SUN Eqn. of Time 00 h (m s)	SUN Eqn. of Time 12 h (m s)	SUN Mer. Pass. (h m)	MOON Mer. Pass. Upper (h m)	MOON Mer. Pass. Lower (h m)	MOON Age (d)	MOON Phase
1	03 17	03 32	12 04	15 42	03 19	04	
2	03 46	04 00	12 04	16 28	04 05	05	
3	04 14	04 28	12 04	17 15	04 52	06	

UT (GMT) d h	ARIES G.H.A. ° ′	VENUS −4.4 G.H.A. ° ′	VENUS Dec. ° ′	MARS +1.5 G.H.A. ° ′	MARS Dec. ° ′	JUPITER −2.7 G.H.A. ° ′	JUPITER Dec. ° ′	SATURN +0.5 G.H.A. ° ′	SATURN Dec. ° ′	STARS Name	S.H.A. ° ′	Dec. ° ′
4 00	103 20.6	155 51.7	S16 23.0	213 06.6	S22 15.6	8 06.1	N23 14.6	176 04.5	S22 12.0	Acamar	315 31.3	S40 20.8
01	118 23.1	170 54.9	22.5	228 07.2	15.9	23 09.0	14.6	191 06.6	12.0	Achernar	335 39.4	S57 17.4
02	133 25.5	185 58.1	22.0	243 07.7	16.1	38 11.8	14.7	206 08.8	12.0	Acrux	173 29.3	S63 02.4
03	148 28.0	201 01.4	· · 21.6	258 08.3	· · 16.4	53 14.6	· · 14.7	221 10.9	· · 11.9	Adhara	255 26.0	S28 57.4
04	163 30.5	216 04.6	21.1	273 08.9	16.6	68 17.4	14.7	236 13.1	11.9	Aldebaran	291 09.3	N16 29.5
05	178 32.9	231 07.8	20.6	288 09.5	16.9	83 20.3	14.7	251 15.2	11.9			
06	193 35.4	246 11.1	S16 20.2	303 10.1	S22 17.2	98 23.1	N23 14.7	266 17.4	S22 11.8	Alioth	166 35.8	N56 00.4
07	208 37.9	261 14.3	19.7	318 10.6	17.4	113 25.9	14.8	281 19.5	11.8	Alkaid	153 12.7	N49 21.4
T 08	223 40.3	276 17.6	19.2	333 11.2	17.7	128 28.7	14.8	296 21.6	11.8	Al Na'ir	28 05.9	S47 00.8
H 09	238 42.8	291 20.8	· · 18.8	348 11.8	· · 18.0	143 31.6	· · 14.8	311 23.8	· · 11.7	Alnilam	276 03.9	S 1 12.4
U 10	253 45.2	306 24.1	18.3	3 12.4	18.2	158 34.4	14.8	326 25.9	11.7	Alphard	218 13.1	S 8 36.9
R 11	268 47.7	321 27.4	17.8	18 13.0	18.5	173 37.2	14.8	341 28.1	11.7			
S 12	283 50.2	336 30.6	S16 17.4	33 13.5	S22 18.7	188 40.0	N23 14.8	356 30.2	S22 11.6	Alphecca	126 26.1	N26 44.6
D 13	298 52.6	351 33.9	16.9	48 14.1	19.0	203 42.8	14.9	11 32.4	11.6	Alpheratz	358 01.9	N29 02.3
A 14	313 55.1	6 37.2	16.4	63 14.7	19.3	218 45.7	14.9	26 34.5	11.6	Altair	62 25.7	N 8 50.4
Y 15	328 57.6	21 40.5	· · 16.0	78 15.3	· · 19.5	233 48.5	· · 14.9	41 36.7	· · 11.6	Ankaa	353 32.9	S42 21.8
16	344 00.0	36 43.7	15.5	93 15.9	19.8	248 51.3	14.9	56 38.8	11.5	Antares	112 48.2	S26 24.7
17	359 02.5	51 47.0	15.0	108 16.4	20.0	263 54.1	14.9	71 41.0	11.5			
18	14 05.0	66 50.3	S16 14.6	123 17.0	S22 20.3	278 57.0	N23 14.9	86 43.1	S22 11.5	Arcturus	146 11.8	N19 13.8
19	29 07.4	81 53.6	14.1	138 17.6	20.6	293 59.8	15.0	101 45.2	11.4	Atria	108 06.5	S69 00.6
20	44 09.9	96 56.9	13.6	153 18.2	20.8	309 02.6	15.0	116 47.4	11.4	Avior	234 24.7	S59 28.5
21	59 12.4	112 00.2	· · 13.2	168 18.7	· · 21.1	324 05.4	· · 15.0	131 49.5	· · 11.4	Bellatrix	278 50.6	N 6 20.6
22	74 14.8	127 03.6	12.7	183 19.3	21.3	339 08.3	15.0	146 51.7	11.3	Betelgeuse	271 20.0	N 7 24.4
23	89 17.3	142 06.9	12.3	198 19.9	21.6	354 11.1	15.0	161 53.8	11.3			
5 00	104 19.7	157 10.2	S16 11.8	213 20.5	S22 21.8	9 13.9	N23 15.1	176 56.0	S22 11.3	Canopus	264 03.4	S52 41.4
01	119 22.2	172 13.5	11.4	228 21.0	22.1	24 16.7	15.1	191 58.1	11.2	Capella	281 00.1	N45 59.5
02	134 24.7	187 16.8	10.9	243 21.6	22.4	39 19.5	15.1	207 00.3	11.2	Deneb	49 44.0	N45 14.7
03	149 27.1	202 20.2	· · 10.4	258 22.2	· · 22.6	54 22.4	· · 15.1	222 02.4	· · 11.2	Denebola	182 51.4	N14 37.5
04	164 29.6	217 23.5	10.0	273 22.8	22.9	69 25.2	15.1	237 04.6	11.1	Diphda	349 13.5	S18 02.5
05	179 32.1	232 26.9	09.5	288 23.4	23.1	84 28.0	15.1	252 06.7	11.1			
06	194 34.5	247 30.2	S16 09.1	303 23.9	S22 23.4	99 30.8	N23 15.2	267 08.9	S22 11.1	Dubhe	194 12.5	N61 48.0
07	209 37.0	262 33.6	08.6	318 24.5	23.6	114 33.7	15.2	282 11.0	11.0	Elnath	278 34.5	N28 36.1
08	224 39.5	277 36.9	08.2	333 25.1	23.9	129 36.5	15.2	297 13.1	11.0	Eltanin	90 54.8	N51 29.2
F 09	239 41.9	292 40.3	· · 07.7	348 25.7	· · 24.1	144 39.3	· · 15.2	312 15.3	· · 11.0	Enif	34 04.7	N 9 49.7
R 10	254 44.4	307 43.6	07.3	3 26.2	24.4	159 42.1	15.2	327 17.4	10.9	Fomalhaut	15 43.4	S29 40.7
I 11	269 46.9	322 47.0	06.8	18 26.8	24.6	174 44.9	15.3	342 19.6	10.9			
D 12	284 49.3	337 50.4	S16 06.4	33 27.4	S22 24.9	189 47.8	N23 15.3	357 21.7	S22 10.9	Gacrux	172 20.8	S57 03.3
A 13	299 51.8	352 53.7	05.9	48 28.0	25.2	204 50.6	15.3	12 23.9	10.8	Gienah	176 10.4	S17 29.2
Y 14	314 54.2	7 57.1	05.5	63 28.5	25.4	219 53.4	15.3	27 26.0	10.8	Hadar	149 13.4	S60 19.4
15	329 56.7	23 00.5	· · 05.1	78 29.1	· · 25.7	234 56.2	· · 15.3	42 28.2	· · 10.8	Hamal	328 20.6	N23 25.2
16	344 59.2	38 03.9	04.6	93 29.7	25.9	249 59.0	15.3	57 30.3	10.7	Kaus Aust.	84 07.5	S34 23.5
17	0 01.6	53 07.3	04.2	108 30.2	26.2	265 01.9	15.4	72 32.5	10.7			
18	15 04.1	68 10.7	S16 03.7	123 30.8	S22 26.4	280 04.7	N23 15.4	87 34.6	S22 10.7	Kochab	137 19.4	N74 11.4
19	30 06.6	83 14.1	03.3	138 31.4	26.7	295 07.5	15.4	102 36.8	10.6	Markab	13 56.1	N15 09.2
20	45 09.0	98 17.5	02.8	153 32.0	26.9	310 10.3	15.4	117 38.9	10.6	Menkar	314 33.3	N 4 03.2
21	60 11.5	113 20.9	· · 02.4	168 32.5	· · 27.2	325 13.1	· · 15.4	132 41.0	· · 10.6	Menkent	148 28.6	S36 19.2
22	75 14.0	128 24.3	02.0	183 33.1	27.4	340 16.0	15.4	147 43.2	10.5	Miaplacidus	221 42.9	S69 40.4
23	90 16.4	143 27.7	01.5	198 33.7	27.7	355 18.8	15.5	162 45.3	10.5			
6 00	105 18.9	158 31.2	S16 01.1	213 34.3	S22 27.9	10 21.6	N23 15.5	177 47.5	S22 10.5	Mirfak	309 05.4	N49 49.9
01	120 21.4	173 34.6	00.6	228 34.8	28.1	25 24.4	15.5	192 49.6	10.5	Nunki	76 20.5	S26 18.7
02	135 23.8	188 38.0	16 00.2	243 35.4	28.4	40 27.2	15.5	207 51.8	10.4	Peacock	53 47.3	S56 46.2
03	150 26.3	203 41.4	15 59.8	258 36.0	· · 28.6	55 30.1	· · 15.5	222 53.9	· · 10.4	Pollux	243 48.8	N28 03.0
04	165 28.7	218 44.9	59.3	273 36.5	28.9	70 32.9	15.5	237 56.1	10.4	Procyon	245 17.8	N 5 15.1
05	180 31.2	233 48.3	58.9	288 37.1	29.1	85 35.7	15.6	252 58.2	10.3			
06	195 33.7	248 51.8	S15 58.5	303 37.7	S22 29.4	100 38.5	N23 15.6	268 00.4	S22 10.3	Rasalhague	96 23.1	N12 33.8
07	210 36.1	263 55.2	58.0	318 38.3	29.6	115 41.3	15.6	283 02.5	10.3	Regulus	208 01.9	N12 00.9
S 08	225 38.6	278 58.7	57.6	333 38.8	29.9	130 44.2	15.6	298 04.7	10.2	Rigel	281 28.7	S 8 12.7
A 09	240 41.1	294 02.1	· · 57.2	348 39.4	· · 30.1	145 47.0	· · 15.6	313 06.8	· · 10.2	Rigil Kent.	140 16.3	S60 47.5
T 10	255 43.5	309 05.6	56.7	3 40.0	30.4	160 49.8	15.6	328 08.9	10.2	Sabik	102 33.1	S15 42.9
U 11	270 46.0	324 09.1	56.3	18 40.5	30.6	175 52.6	15.7	343 11.1	10.1			
R 12	285 48.5	339 12.5	S15 55.9	33 41.1	S22 30.9	190 55.4	N23 15.7	358 13.2	S22 10.1	Schedar	350 01.0	N56 29.3
D 13	300 50.9	354 16.0	55.4	48 41.7	31.1	205 58.3	15.7	13 15.4	10.1	Shaula	96 46.2	S37 05.9
A 14	315 53.4	9 19.5	55.0	63 42.2	31.3	221 01.1	15.7	28 17.5	10.0	Sirius	258 48.9	S16 42.1
Y 15	330 55.8	24 23.0	· · 54.6	78 42.8	· · 31.6	236 03.9	· · 15.7	43 19.7	· · 10.0	Spica	158 49.9	S11 06.6
16	345 58.3	39 26.5	54.2	93 43.4	31.8	251 06.7	15.8	58 21.8	10.0	Suhail	223 05.1	S43 23.4
17	1 00.8	54 30.0	53.7	108 44.0	32.1	266 09.5	15.8	73 24.0	09.9			
18	16 03.2	69 33.4	S15 53.3	123 44.5	S22 32.3	281 12.3	N23 15.8	88 26.1	S22 09.9	Vega	80 51.3	N38 46.3
19	31 05.7	84 36.9	52.9	138 45.1	32.5	296 15.2	15.8	103 28.3	09.9	Zuben'ubi	137 25.1	S16 00.1
20	46 08.2	99 40.4	52.5	153 45.7	32.8	311 18.0	15.8	118 30.4	09.8			
21	61 10.6	114 44.0	· · 52.1	168 46.2	· · 33.0	326 20.8	· · 15.8	133 32.5	· · 09.8			
22	76 13.1	129 47.5	51.6	183 46.8	33.3	341 23.6	15.9	148 34.7	09.8			
23	91 15.6	144 51.0	51.2	198 47.4	33.5	356 26.4	15.9	163 36.8	09.7			
Mer. Pass. (h m)	16 59.9	v 3.4	d 0.4	v 0.6	d 0.3	v 2.8	d 0.0	v 2.1	d 0.0			

	S.H.A. ° ′	Mer. Pass. h m
Venus	52 50.4	13 28
Mars	109 00.7	9 46
Jupiter	264 54.2	23 19
Saturn	72 36.2	12 11

UT (GMT)	SUN G.H.A.	SUN Dec.	MOON G.H.A.	MOON v	MOON Dec.	MOON d	MOON H.P.
d h	° ′	° ′	° ′	′	° ′	′	′
4 00	178 49.5	S22 46.3	97 59.1	12.0	N 6 42.5	15.7	58.9
01	193 49.2	46.0	112 30.1	12.0	6 58.2	15.6	58.9
02	208 48.9	45.8	127 01.1	11.9	7 13.8	15.7	58.9
03	223 48.7	. . 45.5	141 32.0	11.9	7 29.5	15.6	58.9
04	238 48.4	45.3	156 02.9	11.8	7 45.1	15.5	58.9
05	253 48.1	45.0	170 33.7	11.7	8 00.6	15.5	59.0
06	268 47.8	S22 44.7	185 04.4	11.7	N 8 16.1	15.5	59.0
07	283 47.5	44.5	199 35.1	11.7	8 31.6	15.5	59.0
T 08	298 47.2	44.2	214 05.8	11.5	8 47.1	15.4	59.0
H 09	313 46.9	. . 44.0	228 36.3	11.5	9 02.5	15.4	59.0
U 10	328 46.7	43.7	243 06.8	11.5	9 17.9	15.4	59.0
R 11	343 46.4	43.4	257 37.3	11.4	9 33.3	15.3	59.0
S 12	358 46.1	S22 43.2	272 07.7	11.3	N 9 48.6	15.2	59.1
D 13	13 45.8	42.9	286 38.0	11.2	10 03.8	15.2	59.1
A 14	28 45.5	42.7	301 08.2	11.2	10 19.0	15.2	59.1
Y 15	43 45.2	. . 42.4	315 38.4	11.1	10 34.2	15.1	59.1
16	58 45.0	42.1	330 08.5	11.1	10 49.3	15.1	59.1
17	73 44.7	41.9	344 38.6	10.9	11 04.4	15.0	59.1
18	88 44.4	S22 41.6	359 08.5	10.9	N11 19.4	15.0	59.2
19	103 44.1	41.3	13 38.4	10.9	11 34.4	14.9	59.2
20	118 43.8	41.0	28 08.3	10.7	11 49.3	14.9	59.2
21	133 43.6	. . 40.8	42 38.0	10.7	12 04.2	14.8	59.2
22	148 43.3	40.5	57 07.7	10.6	12 19.0	14.8	59.2
23	163 43.0	40.2	71 37.3	10.5	12 33.8	14.7	59.2
5 00	178 42.7	S22 40.0	86 06.8	10.4	N12 48.5	14.6	59.2
01	193 42.4	39.7	100 36.2	10.4	13 03.1	14.6	59.2
02	208 42.1	39.4	115 05.6	10.2	13 17.7	14.5	59.3
03	223 41.9	. . 39.1	129 34.8	10.2	13 32.2	14.4	59.3
04	238 41.6	38.9	144 04.0	10.1	13 46.6	14.4	59.3
05	253 41.3	38.6	158 33.1	10.1	14 01.0	14.3	59.3
06	268 41.0	S22 38.3	173 02.2	9.9	N14 15.3	14.2	59.3
07	283 40.7	38.0	187 31.1	9.8	14 29.5	14.1	59.3
08	298 40.5	37.8	201 59.9	9.8	14 43.6	14.1	59.3
F 09	313 40.2	. . 37.5	216 28.7	9.7	14 57.7	14.0	59.4
R 10	328 39.9	37.2	230 57.4	9.6	15 11.7	13.9	59.4
I 11	343 39.6	36.9	245 26.0	9.4	15 25.6	13.9	59.4
D 12	358 39.4	S22 36.6	259 54.4	9.4	N15 39.5	13.8	59.4
A 13	13 39.1	36.4	274 22.8	9.4	15 53.3	13.6	59.4
Y 14	28 38.8	36.1	288 51.2	9.2	16 06.9	13.6	59.4
15	43 38.5	. . 35.8	303 19.4	9.1	16 20.5	13.5	59.4
16	58 38.2	35.5	317 47.5	9.0	16 34.0	13.5	59.4
17	73 38.0	35.2	332 15.5	8.9	16 47.5	13.3	59.4
18	88 37.7	S22 34.9	346 43.4	8.9	N17 00.8	13.2	59.5
19	103 37.4	34.6	1 11.3	8.7	17 14.0	13.2	59.5
20	118 37.1	34.4	15 39.0	8.6	17 27.2	13.0	59.5
21	133 36.8	. . 34.1	30 06.6	8.6	17 40.2	13.0	59.5
22	148 36.6	33.8	44 34.2	8.4	17 53.2	12.8	59.5
23	163 36.3	33.5	59 01.6	8.4	18 06.0	12.8	59.5
6 00	178 36.0	S22 33.2	73 29.0	8.2	N18 18.8	12.6	59.5
01	193 35.7	32.9	87 56.2	8.1	18 31.4	12.6	59.5
02	208 35.5	32.6	102 23.3	8.1	18 44.0	12.4	59.5
03	223 35.2	. . 32.3	116 50.4	7.9	18 56.4	12.3	59.5
04	238 34.9	32.0	131 17.3	7.9	19 08.7	12.3	59.6
05	253 34.6	31.7	145 44.2	7.7	19 21.0	12.1	59.6
06	268 34.4	S22 31.4	160 10.9	7.6	N19 33.1	12.0	59.6
07	283 34.1	31.1	174 37.5	7.6	19 45.1	11.9	59.6
S 08	298 33.8	30.8	189 04.1	7.4	19 57.0	11.7	59.6
A 09	313 33.5	. . 30.5	203 30.5	7.3	20 08.7	11.7	59.6
T 10	328 33.3	30.2	217 56.8	7.3	20 20.4	11.5	59.6
U 11	343 33.0	29.9	232 23.1	7.1	20 31.9	11.4	59.6
R 12	358 32.7	S22 29.6	246 49.2	7.0	N20 43.3	11.3	59.6
D 13	13 32.4	29.3	261 15.2	6.9	20 54.6	11.1	59.6
A 14	28 32.2	29.0	275 41.1	6.8	21 05.7	11.1	59.6
Y 15	43 31.9	. . 28.7	290 06.9	6.8	21 16.8	10.9	59.6
16	58 31.6	28.4	304 32.7	6.6	21 27.7	10.7	59.7
17	73 31.4	28.1	318 58.3	6.5	21 38.4	10.7	59.7
18	88 31.1	S22 27.8	333 23.8	6.4	N21 49.1	10.5	59.7
19	103 30.8	27.5	347 49.2	6.3	21 59.6	10.3	59.7
20	118 30.5	27.2	2 14.5	6.2	22 09.9	10.2	59.7
21	133 30.3	. . 26.9	16 39.7	6.1	22 20.1	10.1	59.7
22	148 30.0	26.6	31 04.8	6.0	22 30.2	10.0	59.7
23	163 29.7	26.3	45 29.8	5.9	22 40.2	9.8	59.7
	S.D. 16.3	d 0.3	S.D. 16.1		16.2		16.2

Lat.	Twilight Naut.	Twilight Civil	Sunrise	Moonrise 4	5	6	7
°	h m	h m	h m	h m	h m	h m	h m
N 72	08 20	10 31	▬	09 49	08 57	▭	▭
N 70	08 02	09 43	▬	10 03	09 27	07 58	▭
68	07 47	09 13	11 31	10 13	09 50	09 09	▭
66	07 35	08 50	10 20	10 23	10 08	09 46	08 33
64	07 25	08 32	09 45	10 30	10 22	10 13	09 56
62	07 16	08 17	09 20	10 37	10 35	10 33	10 34
60	07 08	08 04	09 00	10 43	10 45	10 50	11 01
N 58	07 01	07 53	08 44	10 48	10 55	11 05	11 22
56	06 55	07 44	08 30	10 53	11 03	11 17	11 39
54	06 49	07 35	08 18	10 57	11 10	11 28	11 54
52	06 44	07 27	08 07	11 01	11 17	11 38	12 07
50	06 39	07 20	07 58	11 04	11 23	11 46	12 18
45	06 28	07 05	07 38	11 12	11 36	12 05	12 42
N 40	06 18	06 52	07 22	11 18	11 47	12 20	13 01
35	06 09	06 41	07 09	11 24	11 56	12 33	13 18
30	06 01	06 31	06 57	11 29	12 04	12 44	13 32
20	05 45	06 12	06 36	11 37	12 18	13 04	13 56
N 10	05 30	05 56	06 18	11 45	12 31	13 21	14 16
0	05 13	05 39	06 02	11 52	12 43	13 37	14 36
S 10	04 55	05 22	05 45	11 59	12 54	13 53	14 56
20	04 33	05 02	05 26	12 07	13 07	14 11	15 17
30	04 05	04 38	05 05	12 16	13 22	14 31	15 41
35	03 47	04 23	04 53	12 21	13 31	14 43	15 56
40	03 25	04 06	04 38	12 27	13 41	14 57	16 13
45	02 56	03 44	04 21	12 34	13 52	15 13	16 33
S 50	02 13	03 16	03 59	12 42	14 07	15 33	16 59
52	01 48	03 02	03 49	12 46	14 13	15 43	17 11
54	01 12	02 45	03 37	12 51	14 21	15 54	17 26
56	////	02 24	03 24	12 55	14 29	16 06	17 43
58	////	01 58	03 08	13 01	14 39	16 21	18 03
S 60	////	01 18	02 49	13 07	14 50	16 38	18 28

Lat.	Sunset	Twilight Civil	Twilight Naut.	Moonset 4	5	6	7
°	h m	h m	h m	h m	h m	h m	h m
N 72	▬	13 41	15 51	00 56	03 34	▭	▭
N 70	▬	14 28	16 09	00 45	03 05	06 26	▭
68	12 40	14 59	16 24	00 37	02 45	05 17	▭
66	13 51	15 21	16 36	00 30	02 28	04 41	07 55
64	14 26	15 39	16 46	00 24	02 15	04 15	06 32
62	14 51	15 54	16 55	00 19	02 04	03 56	05 55
60	15 11	16 07	17 03	00 15	01 55	03 40	05 29
N 58	15 27	16 18	17 10	00 11	01 46	03 26	05 08
56	15 41	16 28	17 16	00 08	01 39	03 15	04 52
54	15 53	16 36	17 22	00 05	01 33	03 04	04 37
52	16 04	16 44	17 27	00 02	01 27	02 55	04 25
50	16 13	16 51	17 32	25 22	01 22	02 47	04 14
45	16 33	17 06	17 43	25 11	01 11	02 30	03 51
N 40	16 49	17 19	17 53	25 02	01 02	02 17	03 33
35	17 02	17 30	18 02	24 54	00 54	02 05	03 18
30	17 14	17 40	18 10	24 47	00 47	01 55	03 04
20	17 35	17 58	18 26	24 35	00 35	01 37	02 42
N 10	17 52	18 15	18 41	24 25	00 25	01 22	02 23
0	18 09	18 31	18 58	24 15	00 15	01 08	02 05
S 10	18 26	18 49	19 16	24 06	00 06	00 54	01 47
20	18 44	19 09	19 38	23 56	24 39	00 39	01 27
30	19 05	19 33	20 06	23 44	24 22	00 22	01 05
35	19 18	19 47	20 23	23 38	24 12	00 12	00 52
40	19 32	20 05	20 45	23 30	24 01	00 01	00 38
45	19 49	20 26	21 14	23 21	23 48	24 20	00 20
S 50	20 11	20 54	21 56	23 11	23 32	23 59	24 36
52	20 21	21 08	22 21	23 06	23 24	23 48	24 23
54	20 33	21 25	22 56	23 01	23 16	23 37	24 09
56	20 46	21 45	////	22 55	23 07	23 24	23 51
58	21 02	22 11	////	22 49	22 56	23 09	23 31
S 60	21 20	22 50	////	22 41	22 44	22 51	23 05

Day	SUN Eqn. of Time 00h	SUN Eqn. of Time 12h	SUN Mer. Pass.	MOON Mer. Pass. Upper	MOON Mer. Pass. Lower	MOON Age	MOON Phase
	m s	m s	h m	h m	h m	d	
4	04 41	04 55	12 05	18 04	05 39	07	◐
5	05 09	05 22	12 05	18 55	06 29	08	
6	05 35	05 49	12 06	19 51	07 22	09	

	UT (GMT) d h	ARIES G.H.A. ° ′	VENUS −4.4 G.H.A. ° ′	Dec. ° ′	MARS +1.5 G.H.A. ° ′	Dec. ° ′	JUPITER −2.7 G.H.A. ° ′	Dec. ° ′	SATURN +0.5 G.H.A. ° ′	Dec. ° ′	STARS Name	S.H.A. ° ′	Dec. ° ′
	7 00	106 18.0	159 54.5	S15 50.8	213 47.9	S22 33.8	11 29.3	N23 15.9	178 39.0	S22 09.7	Acamar	315 31.3	S40 20.8
	01	121 20.5	174 58.0	50.4	228 48.5	34.0	26 32.1	15.9	193 41.1	09.7	Achernar	335 39.5	S57 17.4
	02	136 23.0	190 01.6	50.0	243 49.1	34.2	41 34.9	15.9	208 43.3	09.6	Acrux	173 29.2	S63 02.4
	03	151 25.4	205 05.1	· · 49.5	258 49.6	· · 34.5	56 37.7	· · 15.9	223 45.4	· · 09.6	Adhara	255 26.0	S28 57.4
	04	166 27.9	220 08.6	49.1	273 50.2	34.7	71 40.5	16.0	238 47.6	09.6	Aldebaran	291 09.3	N16 29.5
	05	181 30.3	235 12.2	48.7	288 50.8	34.9	86 43.3	16.0	253 49.7	09.5			
	06	196 32.8	250 15.7	S15 48.3	303 51.3	S22 35.2	101 46.2	N23 16.0	268 51.9	S22 09.5	Alioth	166 35.8	N56 00.4
	07	211 35.3	265 19.2	47.9	318 51.9	35.4	116 49.0	16.0	283 54.0	09.5	Alkaid	153 12.6	N49 21.4
	08	226 37.7	280 22.8	47.5	333 52.5	35.7	131 51.8	16.0	298 56.2	09.4	Al Na'ir	28 05.9	S47 00.8
S	09	241 40.2	295 26.4	· · 47.1	348 53.0	· · 35.9	146 54.6	· · 16.0	313 58.3	· · 09.4	Alnilam	276 03.9	S 1 12.4
U	10	256 42.7	310 29.9	46.6	3 53.6	36.1	161 57.4	16.1	329 00.4	09.4	Alphard	218 13.1	S 8 36.9
N	11	271 45.1	325 33.5	46.2	18 54.2	36.4	177 00.2	16.1	344 02.6	09.3			
D	12	286 47.6	340 37.0	S15 45.8	33 54.7	S22 36.6	192 03.0	N23 16.1	359 04.7	S22 09.3	Alphecca	126 26.1	N26 44.6
A	13	301 50.1	355 40.6	45.4	48 55.3	36.8	207 05.9	16.1	14 06.9	09.3	Alpheratz	358 01.9	N29 02.3
Y	14	316 52.5	10 44.2	45.0	63 55.9	37.1	222 08.7	16.1	29 09.0	09.2	Altair	62 25.7	N 8 50.4
	15	331 55.0	25 47.8	· · 44.6	78 56.4	· · 37.3	237 11.5	· · 16.1	44 11.2	· · 09.2	Ankaa	353 32.9	S42 21.8
	16	346 57.5	40 51.3	44.2	93 57.0	37.5	252 14.3	16.2	59 13.3	09.2	Antares	112 48.2	S26 24.7
	17	1 59.9	55 54.9	43.8	108 57.6	37.8	267 17.1	16.2	74 15.5	09.1			
	18	17 02.4	70 58.5	S15 43.4	123 58.1	S22 38.0	282 19.9	N23 16.2	89 17.6	S22 09.1	Arcturus	146 11.8	N19 13.8
	19	32 04.8	86 02.1	43.0	138 58.7	38.2	297 22.8	16.2	104 19.8	09.1	Atria	108 06.4	S69 00.6
	20	47 07.3	101 05.7	42.6	153 59.3	38.5	312 25.6	16.2	119 21.9	09.0	Avior	234 24.7	S59 28.5
	21	62 09.8	116 09.3	· · 42.2	168 59.8	· · 38.7	327 28.4	· · 16.2	134 24.1	· · 09.0	Bellatrix	278 50.6	N 6 20.6
	22	77 12.2	131 12.9	41.8	184 00.4	38.9	342 31.2	16.3	149 26.2	09.0	Betelgeuse	271 20.0	N 7 24.4
	23	92 14.7	146 16.5	41.4	199 00.9	39.2	357 34.0	16.3	164 28.3	08.9			
	8 00	107 17.2	161 20.1	S15 41.0	214 01.5	S22 39.4	12 36.8	N23 16.3	179 30.5	S22 08.9	Canopus	264 03.4	S52 41.4
	01	122 19.6	176 23.8	40.6	229 02.1	39.6	27 39.6	16.3	194 32.6	08.9	Capella	281 00.1	N45 59.5
	02	137 22.1	191 27.4	40.2	244 02.6	39.9	42 42.5	16.3	209 34.8	08.8	Deneb	49 44.0	N45 14.7
	03	152 24.6	206 31.0	· · 39.8	259 03.2	· · 40.1	57 45.3	· · 16.3	224 36.9	· · 08.8	Denebola	182 51.4	N14 37.5
	04	167 27.0	221 34.6	39.4	274 03.8	40.3	72 48.1	16.4	239 39.1	08.8	Diphda	349 13.5	S18 02.5
	05	182 29.5	236 38.3	39.0	289 04.3	40.5	87 50.9	16.4	254 41.2	08.7			
	06	197 31.9	251 41.9	S15 38.6	304 04.9	S22 40.8	102 53.7	N23 16.4	269 43.4	S22 08.7	Dubhe	194 12.4	N61 48.0
	07	212 34.4	266 45.5	38.2	319 05.5	41.0	117 56.5	16.4	284 45.5	08.7	Elnath	278 34.5	N28 36.1
	08	227 36.9	281 49.2	37.8	334 06.0	41.2	132 59.3	16.4	299 47.7	08.6	Eltanin	90 54.8	N51 29.2
M	09	242 39.3	296 52.8	· · 37.4	349 06.6	· · 41.5	148 02.1	· · 16.4	314 49.8	· · 08.6	Enif	34 04.7	N 9 49.7
O	10	257 41.8	311 56.5	37.0	4 07.1	41.7	163 05.0	16.5	329 52.0	08.6	Fomalhaut	15 43.4	S29 40.7
N	11	272 44.3	327 00.1	36.6	19 07.7	41.9	178 07.8	16.5	344 54.1	08.5			
D	12	287 46.7	342 03.8	S15 36.3	34 08.3	S22 42.1	193 10.6	N23 16.5	359 56.2	S22 08.5	Gacrux	172 20.7	S57 03.3
A	13	302 49.2	357 07.4	35.9	49 08.8	42.4	208 13.4	16.5	14 58.4	08.5	Gienah	176 10.4	S17 29.2
Y	14	317 51.7	12 11.1	35.5	64 09.4	42.6	223 16.2	16.5	30 00.5	08.4	Hadar	149 13.4	S60 19.4
	15	332 54.1	27 14.8	· · 35.1	79 09.9	· · 42.8	238 19.0	· · 16.5	45 02.7	· · 08.4	Hamal	328 20.6	N23 25.1
	16	347 56.6	42 18.4	34.7	94 10.5	43.0	253 21.8	16.6	60 04.8	08.4	Kaus Aust.	84 07.5	S34 23.5
	17	2 59.1	57 22.1	34.3	109 11.1	43.3	268 24.6	16.6	75 07.0	08.3			
	18	18 01.5	72 25.8	S15 33.9	124 11.6	S22 43.5	283 27.5	N23 16.6	90 09.1	S22 08.3	Kochab	137 19.4	N74 11.3
	19	33 04.0	87 29.5	33.6	139 12.2	43.7	298 30.3	16.6	105 11.3	08.3	Markab	13 56.1	N15 09.2
	20	48 06.4	102 33.2	33.2	154 12.8	43.9	313 33.1	16.6	120 13.4	08.2	Menkar	314 33.3	N 4 03.2
	21	63 08.9	117 36.8	· · 32.8	169 13.3	· · 44.2	328 35.9	· · 16.6	135 15.6	· · 08.2	Menkent	148 28.6	S36 19.2
	22	78 11.4	132 40.5	32.4	184 13.9	44.4	343 38.7	16.7	150 17.7	08.2	Miaplacidus	221 42.9	S69 40.4
	23	93 13.8	147 44.2	32.0	199 14.4	44.6	358 41.5	16.7	165 19.9	08.1			
	9 00	108 16.3	162 47.9	S15 31.7	214 15.0	S22 44.8	13 44.3	N23 16.7	180 22.0	S22 08.1	Mirfak	309 05.4	N49 49.9
	01	123 18.8	177 51.6	31.3	229 15.6	45.1	28 47.1	16.7	195 24.1	08.1	Nunki	76 20.4	S26 18.7
	02	138 21.2	192 55.3	30.9	244 16.1	45.3	43 49.9	16.7	210 26.3	08.0	Peacock	53 47.3	S56 46.2
	03	153 23.7	207 59.1	· · 30.5	259 16.7	· · 45.5	58 52.8	· · 16.7	225 28.4	· · 08.0	Pollux	243 48.8	N28 03.0
	04	168 26.2	223 02.8	30.2	274 17.2	45.7	73 55.6	16.7	240 30.6	08.0	Procyon	245 17.8	N 5 15.1
	05	183 28.6	238 06.5	29.8	289 17.8	45.9	88 58.4	16.8	255 32.7	07.9			
	06	198 31.1	253 10.2	S15 29.4	304 18.3	S22 46.2	104 01.2	N23 16.8	270 34.9	S22 07.9	Rasalhague	96 23.1	N12 33.8
	07	213 33.6	268 13.9	29.0	319 18.9	46.4	119 04.0	16.8	285 37.0	07.9	Regulus	208 01.9	N12 00.9
T	08	228 36.0	283 17.7	28.7	334 19.5	46.6	134 06.8	16.8	300 39.2	07.8	Rigel	281 28.7	S 8 12.7
U	09	243 38.5	298 21.4	· · 28.3	349 20.0	· · 46.8	149 09.6	· · 16.8	315 41.3	· · 07.8	Rigil Kent.	140 16.3	S60 47.5
E	10	258 40.9	313 25.1	27.9	4 20.6	47.0	164 12.4	16.8	330 43.5	07.8	Sabik	102 33.0	S15 42.9
S	11	273 43.4	328 28.9	27.6	19 21.1	47.3	179 15.2	16.9	345 45.6	07.7			
D	12	288 45.9	343 32.6	S15 27.2	34 21.7	S22 47.5	194 18.0	N23 16.9	0 47.8	S22 07.7	Schedar	350 01.0	N56 29.3
A	13	303 48.3	358 36.3	26.8	49 22.3	47.7	209 20.8	16.9	15 49.9	07.7	Shaula	96 46.2	S37 05.9
Y	14	318 50.8	13 40.1	26.5	64 22.8	47.9	224 23.7	16.9	30 52.1	07.6	Sirius	258 48.9	S16 42.1
	15	333 53.3	28 43.8	· · 26.1	79 23.4	· · 48.1	239 26.5	· · 16.9	45 54.2	· · 07.6	Spica	158 49.9	S11 06.7
	16	348 55.7	43 47.6	25.7	94 23.9	48.3	254 29.3	16.9	60 56.3	07.6	Suhail	223 05.1	S43 23.4
	17	3 58.2	58 51.4	25.4	109 24.5	48.6	269 32.1	17.0	75 58.5	07.5			
	18	19 00.7	73 55.1	S15 25.0	124 25.0	S22 48.8	284 34.9	N23 17.0	91 00.6	S22 07.5	Vega	80 51.3	N38 46.3
	19	34 03.1	88 58.9	24.6	139 25.6	49.0	299 37.7	17.0	106 02.8	07.5	Zuben'ubi	137 25.1	S16 00.1
	20	49 05.6	104 02.6	24.3	154 26.1	49.2	314 40.5	17.0	121 04.9	07.4			
	21	64 08.1	119 06.4	· · 23.9	169 26.7	· · 49.4	329 43.3	· · 17.0	136 07.1	· · 07.4			
	22	79 10.5	134 10.2	23.6	184 27.3	49.6	344 46.1	17.0	151 09.2	07.4			
	23	94 13.0	149 14.0	23.2	199 27.8	49.8	359 48.9	17.0	166 11.4	07.3			
	Mer. Pass.	h m 16 48.1	v 3.7	d 0.4	v 0.6	d 0.2	v 2.8	d 0.0	v 2.1	d 0.0			

	S.H.A. ° ′	Mer. Pass. h m
Venus	54 03.0	13 11
Mars	106 44.3	9 44
Jupiter	265 19.7	23 05
Saturn	72 13.3	12 00

UT (GMT) d h	SUN G.H.A. ° ′	SUN Dec. ° ′	MOON G.H.A. ° ′	v ′	MOON Dec. ° ′	d ′	H.P. ′
7 00	178 29.4	S22 26.0	59 54.7	5.8	N22 50.0	9.6	59.7
01	193 29.2	25.7	74 19.5	5.8	22 59.6	9.5	59.7
02	208 28.9	25.4	88 44.3	5.6	23 09.1	9.4	59.7
03	223 28.6	. . 25.0	103 08.9	5.5	23 18.5	9.2	59.7
04	238 28.4	24.7	117 33.4	5.4	23 27.7	9.1	59.7
05	253 28.1	24.4	131 57.8	5.3	23 36.8	8.9	59.7
06	268 27.8	S22 24.1	146 22.1	5.3	N23 45.7	8.7	59.7
07	283 27.6	23.8	160 46.4	5.1	23 54.4	8.6	59.7
08	298 27.3	23.5	175 10.5	5.1	24 03.0	8.5	59.7
S 09	313 27.0	. . 23.2	189 34.6	4.9	24 11.5	8.2	59.7
U 10	328 26.7	22.8	203 58.5	4.9	24 19.7	8.1	59.7
N 11	343 26.5	22.5	218 22.4	4.8	24 27.8	8.0	59.7
D 12	358 26.2	S22 22.2	232 46.2	4.7	N24 35.8	7.8	59.7
A 13	13 25.9	21.9	247 09.9	4.6	24 43.6	7.6	59.7
Y 14	28 25.7	21.6	261 33.5	4.5	24 51.2	7.5	59.7
15	43 25.4	. . 21.2	275 57.0	4.5	24 58.7	7.3	59.7
16	58 25.1	20.9	290 20.5	4.3	25 06.0	7.1	59.8
17	73 24.9	20.6	304 43.8	4.3	25 13.1	6.9	59.8
18	88 24.6	S22 20.3	319 07.1	4.2	N25 20.0	6.8	59.8
19	103 24.3	20.0	333 30.3	4.1	25 26.8	6.6	59.8
20	118 24.1	19.6	347 53.4	4.1	25 33.4	6.4	59.8
21	133 23.8	. . 19.3	2 16.5	4.0	25 39.8	6.3	59.8
22	148 23.5	19.0	16 39.5	3.9	25 46.1	6.0	59.8
23	163 23.3	18.6	31 02.4	3.8	25 52.1	5.9	59.7
8 00	178 23.0	S22 18.3	45 25.2	3.8	N25 58.0	5.7	59.7
01	193 22.7	18.0	59 48.0	3.7	26 03.7	5.6	59.7
02	208 22.5	17.7	74 10.7	3.7	26 09.3	5.3	59.7
03	223 22.2	. . 17.3	88 33.4	3.6	26 14.6	5.2	59.7
04	238 21.9	17.0	102 56.0	3.5	26 19.8	5.0	59.7
05	253 21.7	16.7	117 18.5	3.5	26 24.8	4.8	59.7
06	268 21.4	S22 16.3	131 41.0	3.4	N26 29.6	4.6	59.7
07	283 21.1	16.0	146 03.4	3.4	26 34.2	4.4	59.7
08	298 20.9	15.7	160 25.8	3.3	26 38.6	4.2	59.7
M 09	313 20.6	. . 15.3	174 48.1	3.3	26 42.8	4.1	59.7
O 10	328 20.3	15.0	189 10.4	3.3	26 46.9	3.8	59.7
N 11	343 20.1	14.7	203 32.7	3.2	26 50.7	3.7	59.7
D 12	358 19.8	S22 14.3	217 54.9	3.1	N26 54.4	3.5	59.7
A 13	13 19.6	14.0	232 17.0	3.1	26 57.9	3.2	59.7
Y 14	28 19.3	13.7	246 39.1	3.1	27 01.1	3.1	59.7
15	43 19.0	. . 13.3	261 01.2	3.1	27 04.2	2.9	59.7
16	58 18.8	13.0	275 23.3	3.0	27 07.1	2.7	59.7
17	73 18.5	12.6	289 45.3	3.0	27 09.8	2.5	59.7
18	88 18.2	S22 12.3	304 07.3	3.0	N27 12.3	2.4	59.7
19	103 18.0	11.9	318 29.3	3.0	27 14.7	2.1	59.7
20	118 17.7	11.6	332 51.3	2.9	27 16.8	1.9	59.7
21	133 17.5	. . 11.3	347 13.2	2.9	27 18.7	1.7	59.7
22	148 17.2	10.9	1 35.1	3.0	27 20.4	1.6	59.6
23	163 16.9	10.6	15 57.1	2.9	27 22.0	1.3	59.6
9 00	178 16.7	S22 10.2	30 19.0	2.9	N27 23.3	1.1	59.6
01	193 16.4	09.9	44 40.9	2.9	27 24.4	1.0	59.6
02	208 16.2	09.5	59 02.8	2.9	27 25.4	0.7	59.6
03	223 15.9	. . 09.2	73 24.7	2.9	27 26.1	0.6	59.6
04	238 15.6	08.8	87 46.6	2.9	27 26.7	0.4	59.6
05	253 15.4	08.5	102 08.5	2.9	27 27.1	0.1	59.6
06	268 15.1	S22 08.1	116 30.4	3.0	N27 27.2	0.0	59.6
07	283 14.9	07.8	130 52.4	2.9	27 27.2	0.2	59.6
T 08	298 14.6	07.4	145 14.3	3.0	27 27.0	0.5	59.5
U 09	313 14.3	. . 07.1	159 36.3	3.0	27 26.5	0.6	59.5
E 10	328 14.1	06.7	173 58.3	3.0	27 25.9	0.8	59.5
S 11	343 13.8	06.4	188 20.3	3.0	27 25.1	1.0	59.5
D 12	358 13.6	S22 06.0	202 42.3	3.1	N27 24.1	1.2	59.5
A 13	13 13.3	05.7	217 04.4	3.1	27 22.9	1.4	59.5
Y 14	28 13.1	05.3	231 26.5	3.1	27 21.5	1.6	59.5
15	43 12.8	. . 04.9	245 48.6	3.1	27 19.9	1.8	59.5
16	58 12.5	04.6	260 10.7	3.2	27 18.1	1.9	59.4
17	73 12.3	04.2	274 32.9	3.3	27 16.2	2.2	59.4
18	88 12.0	S22 03.9	288 55.2	3.3	N27 14.0	2.4	59.4
19	103 11.8	03.5	303 17.5	3.3	27 11.6	2.5	59.4
20	118 11.5	03.1	317 39.8	3.4	27 09.1	2.7	59.4
21	133 11.3	. . 02.8	332 02.2	3.4	27 06.4	3.0	59.4
22	148 11.0	02.4	346 24.6	3.5	27 03.4	3.1	59.4
23	163 10.7	02.1	0 47.1	3.6	27 00.3	3.3	59.3
	S.D. 16.3	*d* 0.3	S.D. 16.3		16.3		16.2

Lat. °	Twilight Naut. h m	Twilight Civil h m	Sunrise h m	Moonrise 7 h m	Moonrise 8 h m	Moonrise 9 h m	Moonrise 10 h m
N 72	08 15	10 20	■	□	□	□	□
N 70	07 58	09 37	■	□	□	□	□
68	07 44	09 08	11 11	□	□	□	□
66	07 33	08 46	10 13	08 33	□	□	□
64	07 23	08 29	09 40	09 56	□	□	11 47
62	07 14	08 14	09 16	10 34	10 42	11 25	13 10
60	07 07	08 02	08 57	11 01	11 24	12 18	13 47
N 58	07 00	07 52	08 41	11 22	11 53	12 50	14 13
56	06 54	07 42	08 28	11 39	12 16	13 14	14 34
54	06 48	07 34	08 16	11 54	12 34	13 33	14 51
52	06 43	07 26	08 06	12 07	12 50	13 49	15 05
50	06 38	07 19	07 57	12 18	13 03	14 03	15 18
45	06 28	07 04	07 38	12 42	13 31	14 32	15 44
N 40	06 18	06 52	07 22	13 01	13 53	14 55	16 05
35	06 09	06 41	07 09	13 18	14 11	15 13	16 22
30	06 01	06 31	06 57	13 32	14 27	15 29	16 37
20	05 46	06 13	06 37	13 56	14 54	15 57	17 02
N 10	05 31	05 57	06 19	14 16	15 17	16 20	17 23
0	05 15	05 41	06 03	14 36	15 38	16 42	17 43
S 10	04 57	05 23	05 46	14 56	16 00	17 04	18 04
20	04 35	05 04	05 28	15 17	16 23	17 27	18 25
30	04 08	04 40	05 08	15 41	16 50	17 54	18 50
35	03 50	04 26	04 55	15 56	17 06	18 10	19 04
40	03 28	04 09	04 41	16 13	17 25	18 29	19 21
45	03 00	03 48	04 24	16 33	17 48	18 51	19 41
S 50	02 19	03 20	04 03	16 59	18 17	19 20	20 06
52	01 55	03 06	03 53	17 11	18 31	19 34	20 18
54	01 22	02 50	03 42	17 26	18 48	19 50	20 32
56	////	02 30	03 29	17 43	19 07	20 10	20 48
58	////	02 05	03 13	18 03	19 32	20 33	21 07
S 60	////	01 29	02 55	18 28	20 05	21 05	21 30

Lat. °	Sunset h m	Twilight Civil h m	Twilight Naut. h m	Moonset 7 h m	Moonset 8 h m	Moonset 9 h m	Moonset 10 h m
N 72	■	13 54	15 59	□	□	□	□
N 70	■	14 37	16 16	□	□	□	□
68	13 03	15 06	16 30	□	□	□	□
66	14 01	15 28	16 41	07 55	□	□	□
64	14 33	15 45	16 51	06 32	□	□	11 16
62	14 58	15 59	16 59	05 55	07 56	09 26	09 52
60	15 17	16 12	17 07	05 29	07 14	08 34	09 15
N 58	15 32	16 22	17 14	05 08	06 45	08 02	08 49
56	15 46	16 32	17 20	04 52	06 23	07 38	08 28
54	15 57	16 40	17 25	04 37	06 05	07 18	08 10
52	16 07	16 47	17 30	04 25	05 50	07 02	07 55
50	16 17	16 54	17 35	04 14	05 36	06 48	07 42
45	16 36	17 09	17 46	03 51	05 09	06 19	07 16
N 40	16 52	17 22	17 55	03 33	04 48	05 56	06 54
35	17 05	17 33	18 04	03 18	04 30	05 37	06 37
30	17 16	17 43	18 12	03 04	04 14	05 21	06 21
20	17 36	18 00	18 28	02 42	03 49	04 54	05 55
N 10	17 54	18 17	18 43	02 23	03 26	04 30	05 33
0	18 10	18 33	18 59	02 05	03 05	04 09	05 12
S 10	18 27	18 50	19 17	01 47	02 44	03 47	04 50
20	18 45	19 09	19 38	01 27	02 22	03 23	04 28
30	19 06	19 33	20 05	01 05	01 56	02 56	04 01
35	19 18	19 47	20 23	00 52	01 41	02 39	03 45
40	19 32	20 04	20 45	00 38	01 24	02 20	03 27
45	19 49	20 25	21 13	00 20	01 03	01 58	03 05
S 50	20 10	20 53	21 53	24 36	00 36	01 28	02 37
52	20 20	21 06	22 17	24 23	00 23	01 14	02 23
54	20 31	21 22	22 49	24 09	00 09	00 57	02 07
56	20 44	21 42	////	23 51	24 37	00 37	01 47
58	20 59	22 07	////	23 31	24 13	00 13	01 24
S 60	21 17	22 42	////	23 05	23 40	24 53	00 53

Day	SUN Eqn. of Time 00ʰ m s	SUN Eqn. of Time 12ʰ m s	SUN Mer. Pass. h m	MOON Mer. Pass. Upper h m	MOON Mer. Pass. Lower h m	MOON Age d	MOON Phase
7	06 02	06 15	12 06	20 51	08 20	10	
8	06 27	06 40	12 07	21 53	09 22	11	◐
9	06 53	07 05	12 07	22 57	10 25	12	

Day	UT (GMT) d h	ARIES G.H.A.	VENUS −4.3 G.H.A.	VENUS Dec.	MARS +1.5 G.H.A.	MARS Dec.	JUPITER −2.7 G.H.A.	JUPITER Dec.	SATURN +0.5 G.H.A.	SATURN Dec.	STARS Name	S.H.A.	Dec.
		° ′	° ′	° ′	° ′	° ′	° ′	° ′	° ′	° ′		° ′	° ′
	10 00	109 15.4	164 17.8	S15 22.8	214 28.4	S22 50.1	14 51.7	N23 17.1	181 13.5	S22 07.3	Acamar	315 31.4	S40 20.8
	01	124 17.9	179 21.5	22.5	229 28.9	50.3	29 54.5	17.1	196 15.7	07.3	Achernar	335 39.5	S57 17.4
	02	139 20.4	194 25.3	22.1	244 29.5	50.5	44 57.3	17.1	211 17.8	07.2	Acrux	173 29.2	S63 02.5
	03	154 22.8	209 29.1	· · 21.8	259 30.0	· · 50.7	60 00.2	· · 17.1	226 20.0	· · 07.2	Adhara	255 26.0	S28 57.5
	04	169 25.3	224 32.9	21.4	274 30.6	50.9	75 03.0	17.1	241 22.1	07.2	Aldebaran	291 09.3	N16 29.5
	05	184 27.8	239 36.7	21.1	289 31.1	51.1	90 05.8	17.1	256 24.2	07.1			
	06	199 30.2	254 40.5	S15 20.7	304 31.7	S22 51.3	105 08.6	N23 17.2	271 26.4	S22 07.1	Alioth	166 35.7	N56 00.4
W	07	214 32.7	269 44.3	20.4	319 32.3	51.5	120 11.4	17.2	286 28.5	07.1	Alkaid	153 12.6	N49 21.4
E	08	229 35.2	284 48.1	20.0	334 32.8	51.8	135 14.2	17.2	301 30.7	07.0	Al Na'ir	28 05.9	S47 00.8
D	09	244 37.6	299 51.9	· · 19.7	349 33.4	· · 52.0	150 17.0	· · 17.2	316 32.8	· · 07.0	Alnilam	276 03.9	S 1 12.4
N	10	259 40.1	314 55.7	19.3	4 33.9	52.2	165 19.8	17.2	331 35.0	07.0	Alphard	218 13.1	S 8 36.9
E	11	274 42.5	329 59.6	19.0	19 34.5	52.4	180 22.6	17.2	346 37.1	06.9			
S	12	289 45.0	345 03.4	S15 18.6	34 35.0	S22 52.6	195 25.4	N23 17.3	1 39.3	S22 06.9	Alphecca	126 26.0	N26 44.6
D	13	304 47.5	0 07.2	18.3	49 35.6	52.8	210 28.2	17.3	16 41.4	06.9	Alpheratz	358 01.9	N29 02.3
A	14	319 49.9	15 11.0	17.9	64 36.1	53.0	225 31.0	17.3	31 43.6	06.8	Altair	62 25.7	N 8 50.4
Y	15	334 52.4	30 14.8	· · 17.6	79 36.7	· · 53.2	240 33.8	· · 17.3	46 45.7	· · 06.8	Ankaa	353 32.9	S42 21.8
	16	349 54.9	45 18.7	17.2	94 37.2	53.4	255 36.6	17.3	61 47.9	06.8	Antares	112 48.2	S26 24.7
	17	4 57.3	60 22.5	16.9	109 37.8	53.6	270 39.4	17.3	76 50.0	06.7			
	18	19 59.8	75 26.3	S15 16 6	124 38.3	S22 53.8	285 42.2	N23 17.3	91 52.2	S22 06.7	Arcturus	146 11.8	N19 13.8
	19	35 02.3	90 30.2	16.2	139 38.9	54.1	300 45.0	17.4	106 54.3	06.7	Atria	108 06.4	S69 00.6
	20	50 04.7	105 34.0	15.9	154 39.5	54.3	315 47.8	17.4	121 56.4	06.6	Avior	234 24.7	S59 28.5
	21	65 07.2	120 37.9	· · 15.5	169 40.0	· · 54.5	330 50.6	· · 17.4	136 58.6	· · 06.6	Bellatrix	278 50.6	N 6 20.6
	22	80 09.7	135 41.7	15.2	184 40.6	54.7	345 53.5	17.4	152 00.7	06.6	Betelgeuse	271 20.0	N 7 24.4
	23	95 12.1	150 45.6	14.9	199 41.1	54.9	0 56.3	17.4	167 02.9	06.5			
	11 00	110 14.6	165 49.4	S15 14.5	214 41.7	S22 55.1	15 59.1	N23 17.4	182 05.0	S22 06.5	Canopus	264 03.4	S52 41.4
	01	125 17.0	180 53.3	14.2	229 42.2	55.3	31 01.9	17.5	197 07.2	06.5	Capella	281 00.0	N45 59.5
	02	140 19.5	195 57.1	13.9	244 42.8	55.5	46 04.7	17.5	212 09.3	06.4	Deneb	49 44.0	N45 14.7
	03	155 22.0	211 01.0	· · 13.5	259 43.3	· · 55.7	61 07.5	· · 17.5	227 11.5	· · 06.4	Denebola	182 51.4	N14 37.5
	04	170 24.4	226 04.9	13.2	274 43.9	55.9	76 10.3	17.5	242 13.6	06.4	Diphda	349 13.5	S18 02.5
	05	185 26.9	241 08.7	12.9	289 44.4	56.1	91 13.1	17.5	257 15.8	06.3			
	06	200 29.4	256 12.6	S15 12.5	304 45.0	S22 56.3	106 15.9	N23 17.5	272 17.9	S22 06.3	Dubhe	194 12.4	N61 48.0
	07	215 31.8	271 16.5	12.2	319 45.5	56.5	121 18.7	17.5	287 20.1	06.3	Elnath	278 34.5	N28 36.1
T	08	230 34.3	286 20.4	11.9	334 46.1	56.7	136 21.5	17.6	302 22.2	06.2	Eltanin	90 54.8	N51 29.2
H	09	245 36.8	301 24.3	· · 11.6	349 46.6	· · 56.9	151 24.3	· · 17.6	317 24.4	· · 06.2	Enif	34 04.7	N 9 49.7
U	10	260 39.2	316 28.1	11.2	4 47.2	57.1	166 27.1	17.6	332 26.5	06.2	Fomalhaut	15 43.4	S29 40.6
R	11	275 41.7	331 32.0	10.9	19 47.7	57.3	181 29.9	17.6	347 28.6	06.1			
S	12	290 44.2	346 35.9	S15 10.6	34 48.3	S22 57.5	196 32.7	N23 17.6	2 30.8	S22 06.1	Gacrux	172 20.7	S57 03.3
D	13	305 46.6	1 39.8	10.3	49 48.8	57.7	211 35.5	17.6	17 32.9	06.1	Gienah	176 10.4	S17 29.2
A	14	320 49.1	16 43.7	09.9	64 49.4	57.9	226 38.3	17.7	32 35.1	06.0	Hadar	149 13.3	S60 19.4
Y	15	335 51.5	31 47.6	· · 09.6	79 49.9	· · 58.1	241 41.1	· · 17.7	47 37.2	· · 06.0	Hamal	328 20.6	N23 25.2
	16	350 54.0	46 51.5	09.3	94 50.5	58.3	256 43.9	17.7	62 39.4	06.0	Kaus Aust.	84 07.5	S34 23.5
	17	5 56.5	61 55.4	09.0	109 51.0	58.5	271 46.7	17.7	77 41.5	05.9			
	18	20 58.9	76 59.3	S15 08.7	124 51.6	S22 58.7	286 49.5	N23 17.7	92 43.7	S22 05.9	Kochab	137 19.3	N74 11.3
	19	36 01.4	92 03.2	08.3	139 52.1	58.9	301 52.3	17.7	107 45.8	05.9	Markab	13 56.1	N15 09.2
	20	51 03.9	107 07.1	08.0	154 52.7	59.1	316 55.1	17.7	122 48.0	05.8	Menkar	314 33.3	N 4 03.2
	21	66 06.3	122 11.0	· · 07.7	169 53.2	· · 59.3	331 57.9	· · 17.8	137 50.1	· · 05.8	Menkent	148 28.5	S36 19.2
	22	81 08.8	137 14.9	07.4	184 53.8	59.5	347 00.7	17.8	152 52.3	05.8	Miaplacidus	221 42.9	S69 40.4
	23	96 11.3	152 18.9	07.1	199 54.3	59.7	2 03.5	17.8	167 54.4	05.7			
	12 00	111 13.7	167 22.8	S15 06.8	214 54.8	S22 59.9	17 06.3	N23 17.8	182 56.6	S22 05.7	Mirfak	309 05.4	N49 49.9
	01	126 16.2	182 26.7	06.5	229 55.4	23 00.1	32 09.1	17.8	197 58.7	05.6	Nunki	76 20.4	S26 18.7
	02	141 18.7	197 30.6	06.1	244 55.9	00.3	47 11.9	17.8	213 00.9	05.6	Peacock	53 47.2	S56 46.2
	03	156 21.1	212 34.6	· · 05.8	259 56.5	· · 00.5	62 14.7	· · 17.8	228 03.0	· · 05.6	Pollux	243 48.8	N28 03.0
	04	171 23.6	227 38.5	05.5	274 57.0	00.7	77 17.5	17.9	243 05.1	05.5	Procyon	245 17.7	N 5 15.1
	05	186 26.0	242 42.4	05.2	289 57.6	00.9	92 20.3	17.9	258 07.3	05.5			
	06	201 28.5	257 46.4	S15 04.9	304 58.1	S23 01.1	107 23.1	N23 17.9	273 09.4	S22 05.5	Rasalhague	96 23.1	N12 33.8
	07	216 31.0	272 50.3	04.6	319 58.7	01.2	122 25.9	17.9	288 11.6	05.4	Regulus	208 01.9	N12 00.9
	08	231 33.4	287 54.2	04.3	334 59.2	01.4	137 28.7	17.9	303 13.7	05.4	Rigel	281 28.6	S 8 12.7
F	09	246 35.9	302 58.2	· · 04.0	349 59.8	· · 01.6	152 31.5	· · 17.9	318 15.9	· · 05.4	Rigil Kent.	140 16.2	S60 47.5
R	10	261 38.4	318 02.1	03.7	5 00.3	01.8	167 34.3	18.0	333 18.0	05.3	Sabik	102 33.0	S15 42.9
I	11	276 40.8	333 06.1	03.4	20 00.9	02.0	182 37.1	18.0	348 20.2	05.3			
D	12	291 43.3	348 10.0	S15 03.1	35 01.4	S23 02.2	197 39.9	N23 18.0	3 22.3	S22 05.3	Schedar	350 01.0	N56 29.3
A	13	306 45.8	3 14.0	02.8	50 02.0	02.4	212 42.7	18.0	18 24.5	05.2	Shaula	96 46.2	S37 05.9
Y	14	321 48.2	18 17.9	02.5	65 02.5	02.6	227 45.5	18.0	33 26.6	05.2	Sirius	258 48.8	S16 42.1
	15	336 50.7	33 21.9	· · 02.2	80 03.0	· · 02.8	242 48.3	· · 18.0	48 28.8	· · 05.2	Spica	158 49.8	S11 06.7
	16	351 53.1	48 25.9	01.9	95 03.6	03.0	257 51.1	18.0	63 30.9	05.1	Suhail	223 05.1	S43 23.4
	17	6 55.6	63 29.8	01.6	110 04.1	03.2	272 53.9	18.1	78 33.1	05.1			
	18	21 58.1	78 33.8	S15 01.3	125 04.7	S23 03.3	287 56.6	N23 18.1	93 35.2	S22 05.1	Vega	80 51.3	N38 46.3
	19	37 00.5	93 37.7	01.0	140 05.2	03.5	302 59.4	18.1	108 37.4	05.0	Zuben'ubi	137 25.1	S16 00.1
	20	52 03.0	108 41.7	00.7	155 05.8	03.7	318 02.2	18.1	123 39.5	05.0			
	21	67 05.5	123 45.7	· · 00.4	170 06.3	· · 03.9	333 05.0	· · 18.1	138 41.6	· · 05.0			
	22	82 07.9	138 49.7	15 00.1	185 06.9	04.1	348 07.8	18.1	153 43.8	04.9			
	23	97 10.4	153 53.6	14 59.8	200 07.4	04.3	3 10.6	18.1	168 45.9	04.9			
	Mer. Pass.	h m 16 36.3	v 3.9	d 0.3	v 0.5	d 0.2	v 2.8	d 0.0	v 2.1	d 0.0			

	S.H.A. ° ′	Mer. Pass. h m
Venus	55 34.8	12 53
Mars	104 27.1	9 41
Jupiter	265 44.5	22 52
Saturn	71 50.5	11 50

UT (GMT)	SUN G.H.A.	SUN Dec.	MOON G.H.A.	v	MOON Dec.	d	H.P.
d h	° ′	° ′	° ′	′	° ′	′	′
10 00 (WEDNESDAY)	178 10.5	S22 01.7	15 09.7	3.6	N26 57.0	3.4	59.3
01	193 10.2	01.3	29 32.3	3.7	26 53.6	3.7	59.3
02	208 10.0	01.0	43 55.0	3.7	26 49.9	3.9	59.3
03	223 09.7	. . 00.6	58 17.7	3.9	26 46.0	4.0	59.3
04	238 09.5	22 00.2	72 40.6	3.8	26 42.0	4.2	59.3
05	253 09.2	21 59.9	87 03.4	4.0	26 37.8	4.4	59.2
06	268 09.0	S21 59.5	101 26.4	4.0	N26 33.4	4.6	59.2
07	283 08.7	59.1	115 49.4	4.1	26 28.8	4.7	59.2
08	298 08.5	58.8	130 12.5	4.2	26 24.1	4.9	59.2
09	313 08.2	. . 58.4	144 35.7	4.3	26 19.2	5.1	59.2
10	328 08.0	58.0	158 59.0	4.3	26 14.1	5.3	59.1
11	343 07.7	57.6	173 22.3	4.5	26 08.8	5.5	59.1
12	358 07.4	S21 57.3	187 45.8	4.5	N26 03.3	5.6	59.1
13	13 07.2	56.9	202 09.3	4.6	25 57.7	5.8	59.1
14	28 06.9	56.5	216 32.9	4.7	25 51.9	5.9	59.1
15	43 06.7	. . 56.1	230 56.6	4.8	25 46.0	6.1	59.0
16	58 06.4	55.8	245 20.4	4.9	25 39.9	6.3	59.0
17	73 06.2	55.4	259 44.3	4.9	25 33.6	6.5	59.0
18	88 05.9	S21 55.0	274 08.2	5.1	N25 27.1	6.6	59.0
19	103 05.7	54.6	288 32.3	5.2	25 20.5	6.8	59.0
20	118 05.4	54.3	302 56.5	5.3	25 13.7	6.9	58.9
21	133 05.2	. . 53.9	317 20.8	5.3	25 06.8	7.1	58.9
22	148 04.9	53.5	331 45.1	5.5	24 59.7	7.2	58.9
23	163 04.7	53.1	346 09.6	5.6	24 52.5	7.4	58.9
11 00 (THURSDAY)	178 04.4	S21 52.7	0 34.2	5.7	N24 45.1	7.6	58.8
01	193 04.2	52.4	14 58.9	5.8	24 37.5	7.7	58.8
02	208 03.9	52.0	29 23.7	5.9	24 29.8	7.8	58.8
03	223 03.7	. . 51.6	43 48.6	6.0	24 22.0	8.0	58.8
04	238 03.5	51.2	58 13.6	6.1	24 14.0	8.2	58.7
05	253 03.2	50.8	72 38.7	6.3	24 05.8	8.3	58.7
06	268 03.0	S21 50.4	87 04.0	6.3	N23 57.5	8.4	58.7
07	283 02.7	50.0	101 29.3	6.5	23 49.1	8.6	58.7
08	298 02.5	49.7	115 54.8	6.6	23 40.5	8.7	58.6
09	313 02.2	. . 49.3	130 20.4	6.7	23 31.8	8.8	58.6
10	328 02.0	48.9	144 46.1	6.8	23 23.0	9.0	58.6
11	343 01.7	48.5	159 11.9	6.9	23 14.0	9.1	58.6
12	358 01.5	S21 48.1	173 37.8	7.0	N23 04.9	9.3	58.5
13	13 01.2	47.7	188 03.8	7.2	22 55.6	9.4	58.5
14	28 01.0	47.3	202 30.0	7.2	22 46.2	9.5	58.5
15	43 00.7	. . 46.9	216 56.2	7.4	22 36.7	9.6	58.5
16	58 00.5	46.5	231 22.6	7.5	22 27.1	9.8	58.4
17	73 00.2	46.1	245 49.1	7.6	22 17.3	9.8	58.4
18	88 00.0	S21 45.7	260 15.7	7.8	N22 07.5	10.0	58.4
19	102 59.8	45.3	274 42.5	7.8	21 57.5	10.2	58.4
20	117 59.5	44.9	289 09.3	8.0	21 47.3	10.2	58.3
21	132 59.3	. . 44.5	303 36.3	8.1	21 37.1	10.4	58.3
22	147 59.0	44.1	318 03.4	8.2	21 26.7	10.4	58.3
23	162 58.8	43.7	332 30.6	8.3	21 16.3	10.6	58.2
12 00 (FRIDAY)	177 58.5	S21 43.3	346 57.9	8.5	N21 05.7	10.7	58.2
01	192 58.3	42.9	1 25.4	8.6	20 55.0	10.8	58.2
02	207 58.1	42.5	15 53.0	8.7	20 44.2	10.9	58.2
03	222 57.8	. . 42.1	30 20.7	8.8	20 33.3	11.0	58.1
04	237 57.6	41.7	44 48.5	8.9	20 22.3	11.1	58.1
05	252 57.3	41.3	59 16.4	9.0	20 11.2	11.2	58.1
06	267 57.1	S21 40.9	73 44.4	9.2	N20 00.0	11.3	58.0
07	282 56.8	40.5	88 12.6	9.3	19 48.7	11.4	58.0
08	297 56.6	40.1	102 40.9	9.4	19 37.3	11.5	58.0
09	312 56.4	. . 39.7	117 09.3	9.5	19 25.8	11.6	58.0
10	327 56.1	39.3	131 37.8	9.6	19 14.2	11.7	57.9
11	342 55.9	38.9	146 06.4	9.8	19 02.5	11.8	57.9
12	357 55.6	S21 38.5	160 35.2	9.8	N18 50.7	11.8	57.9
13	12 55.4	38.1	175 04.0	10.0	18 38.9	12.0	57.8
14	27 55.2	37.7	189 33.0	10.1	18 26.9	12.0	57.8
15	42 54.9	. . 37.3	204 02.1	10.2	18 14.9	12.1	57.8
16	57 54.7	36.9	218 31.3	10.3	18 02.8	12.2	57.7
17	72 54.5	36.4	233 00.6	10.4	17 50.6	12.3	57.7
18	87 54.2	S21 36.0	247 30.0	10.6	N17 38.3	12.4	57.7
19	102 54.0	35.6	261 59.6	10.6	17 25.9	12.4	57.7
20	117 53.7	35.2	276 29.2	10.8	17 13.5	12.5	57.6
21	132 53.5	. . 34.8	290 59.0	10.9	17 01.0	12.6	57.6
22	147 53.3	34.4	305 28.9	11.0	16 48.4	12.6	57.6
23	162 53.0	34.0	319 58.9	11.0	16 35.8	12.7	57.5
	S.D. 16.3	d 0.4	S.D. 16.1		16.0		15.8

Lat.	Twilight Naut.	Twilight Civil	Sunrise	Moonrise 10	Moonrise 11	Moonrise 12	Moonrise 13
°	h m	h m	h m	h m	h m	h m	h m
N 72	08 10	10 09	■	□	□	□	17 25
N 70	07 54	09 30	■	□	□	15 09	17 49
68	07 41	09 03	10 54	□	□	15 53	18 07
66	07 30	08 42	10 05	□	13 51	16 22	18 21
64	07 20	08 25	09 35	11 47	14 39	16 43	18 33
62	07 12	08 11	09 12	13 10	15 09	17 00	18 43
60	07 05	08 00	08 54	13 47	15 31	17 15	18 51
N 58	06 58	07 49	08 39	14 13	15 50	17 27	18 59
56	06 52	07 40	08 26	14 34	16 05	17 37	19 05
54	06 47	07 32	08 14	14 51	16 18	17 46	19 11
52	06 42	07 25	08 04	15 05	16 30	17 55	19 16
50	06 37	07 18	07 56	15 18	16 40	18 02	19 21
45	06 27	07 04	07 37	15 44	17 01	18 18	19 31
N 40	06 18	06 51	07 21	16 05	17 18	18 30	19 39
35	06 09	06 41	07 08	16 22	17 32	18 41	19 47
30	06 02	06 31	06 57	16 37	17 45	18 51	19 53
20	05 47	06 14	06 37	17 02	18 06	19 07	20 04
N 10	05 32	05 58	06 20	17 23	18 24	19 21	20 13
0	05 16	05 42	06 04	17 43	18 41	19 34	20 22
S 10	04 58	05 25	05 48	18 04	18 58	19 47	20 30
20	04 37	05 06	05 30	18 25	19 16	20 01	20 40
30	04 10	04 43	05 10	18 50	19 37	20 16	20 50
35	03 53	04 29	04 58	19 04	19 49	20 25	20 56
40	03 32	04 12	04 44	19 21	20 03	20 36	21 03
45	03 04	03 51	04 28	19 41	20 19	20 48	21 11
S 50	02 25	03 25	04 07	20 06	20 39	21 03	21 21
52	02 02	03 11	03 57	20 18	20 48	21 09	21 25
54	01 32	02 56	03 46	20 32	20 59	21 17	21 30
56	00 28	02 37	03 34	20 48	21 11	21 25	21 35
58	////	02 13	03 19	21 07	21 25	21 35	21 41
S 60	////	01 40	03 01	21 30	21 41	21 46	21 48

Lat.	Sunset	Twilight Civil	Twilight Naut.	Moonset 10	Moonset 11	Moonset 12	Moonset 13
°	h m	h m	h m	h m	h m	h m	h m
N 72	■	14 08	16 07	□	□	□	11 20
N 70	■	14 47	16 23	□	□	11 52	10 54
68	13 22	15 14	16 36	□	□	11 07	10 34
66	14 11	15 35	16 47	□	11 15	10 37	10 18
64	14 42	15 51	16 56	11 16	10 27	10 14	10 05
62	15 04	16 05	17 04	09 52	09 56	09 56	09 54
60	15 23	16 17	17 12	09 15	09 33	09 41	09 44
N 58	15 38	16 27	17 18	08 49	09 14	09 28	09 36
56	15 51	16 36	17 24	08 28	08 58	09 16	09 29
54	16 02	16 44	17 29	08 10	08 44	09 07	09 22
52	16 12	16 51	17 34	07 55	08 32	08 58	09 16
50	16 21	16 58	17 39	07 42	08 22	08 50	09 10
45	16 39	17 12	17 49	07 16	07 59	08 33	08 59
N 40	16 55	17 25	17 58	06 54	07 41	08 19	08 49
35	17 08	17 35	18 07	06 37	07 26	08 07	08 40
30	17 19	17 45	18 14	06 21	07 13	07 56	08 33
20	17 38	18 02	18 29	05 55	06 50	07 38	08 20
N 10	17 55	18 18	18 44	05 33	06 30	07 22	08 08
0	18 12	18 34	19 00	05 12	06 12	07 07	07 57
S 10	18 28	18 51	19 17	04 50	05 53	06 52	07 46
20	18 45	19 09	19 38	04 28	05 33	06 35	07 34
30	19 06	19 32	20 05	04 01	05 09	06 17	07 21
35	19 17	19 47	20 22	03 45	04 55	06 05	07 13
40	19 31	20 03	20 43	03 27	04 39	05 53	07 04
45	19 48	20 24	21 11	03 05	04 20	05 38	06 53
S 50	20 08	20 50	21 50	02 37	03 56	05 19	06 40
52	20 18	21 04	22 12	02 23	03 44	05 10	06 34
54	20 29	21 19	22 41	02 07	03 31	05 00	06 27
56	20 41	21 38	23 37	01 47	03 15	04 49	06 20
58	20 56	22 01	////	01 24	02 57	04 36	06 11
S 60	21 13	22 33	////	00 53	02 34	04 21	06 01

Day	SUN Eqn. of Time 00ʰ	SUN Eqn. of Time 12ʰ	SUN Mer. Pass.	MOON Mer. Pass. Upper	MOON Mer. Pass. Lower	Age	Phase
	m s	m s	h m	h m	h m	d	
10	07 18	07 30	12 07	23 58	11 28	13	
11	07 42	07 54	12 08	24 54	12 26	14	○
12	08 05	08 17	12 08	00 54	13 20	15	

	UT (GMT) d h	ARIES G.H.A. ° ′	VENUS −4.2 G.H.A. ° ′	VENUS Dec. ° ′	MARS +1.5 G.H.A. ° ′	MARS Dec. ° ′	JUPITER −2.7 G.H.A. ° ′	JUPITER Dec. ° ′	SATURN +0.5 G.H.A. ° ′	SATURN Dec. ° ′
	13 00	112 12.9	168 57.6	S14 59.5	215 07.9	S23 04.5	18 13.4	N23 18.2	183 48.1	S22 04.9
	01	127 15.3	184 01.6	59.2	230 08.5	04.7	33 16.2	18.2	198 50.2	04.8
	02	142 17.8	199 05.6	58.9	245 09.0	04.9	48 19.0	18.2	213 52.4	04.8
	03	157 20.3	214 09.6	· · 58.7	260 09.6	· · 05.0	63 21.8	· · 18.2	228 54.5	· · 04.8
	04	172 22.7	229 13.5	58.4	275 10.1	05.2	78 24.6	18.2	243 56.7	04.7
	05	187 25.2	244 17.5	58.1	290 10.7	05.4	93 27.4	18.2	258 58.8	04.7
	06	202 27.6	259 21.5	S14 57.8	305 11.2	S23 05.6	108 30.2	N23 18.2	274 01.0	S22 04.7
	07	217 30.1	274 25.5	57.5	320 11.7	05.8	123 33.0	18.3	289 03.1	04.6
S	08	232 32.6	289 29.5	57.2	335 12.3	06.0	138 35.8	18.3	304 05.3	04.6
A	09	247 35.0	304 33.5	· · 56.9	350 12.8	· · 06.1	153 38.6	· · 18.3	319 07.4	· · 04.6
T	10	262 37.5	319 37.5	56.7	5 13.4	06.3	168 41.4	18.3	334 09.6	04.5
U	11	277 40.0	334 41.5	56.4	20 13.9	06.5	183 44.2	18.3	349 11.7	04.5
R	12	292 42.4	349 45.5	S14 56.1	35 14.5	S23 06.7	198 46.9	N23 18.3	4 13.9	S22 04.4
D	13	307 44.9	4 49.5	55.8	50 15.0	06.9	213 49.7	18.3	19 16.0	04.4
A	14	322 47.4	19 53.5	55.5	65 15.5	07.1	228 52.5	18.4	34 18.2	04.4
Y	15	337 49.8	34 57.5	· · 55.3	80 16.1	· · 07.2	243 55.3	· · 18.4	49 20.3	· · 04.3
	16	352 52.3	50 01.5	55.0	95 16.6	07.4	258 58.1	18.4	64 22.5	04.3
	17	7 54.8	65 05.6	54.7	110 17.2	07.6	274 00.9	18.4	79 24.6	04.3
	18	22 57.2	80 09.6	S14 54.4	125 17.7	S23 07.8	289 03.7	N23 18.4	94 26.7	S22 04.2
	19	37 59.7	95 13.6	54.2	140 18.3	08.0	304 06.5	18.4	109 28.9	04.2
	20	53 02.1	110 17.6	53.9	155 18.8	08.1	319 09.3	18.4	124 31.0	04.2
	21	68 04.6	125 21.6	· · 53.6	170 19.3	· · 08.3	334 12.1	· · 18.5	139 33.2	· · 04.1
	22	83 07.1	140 25.6	53.4	185 19.9	08.5	349 14.9	18.5	154 35.3	04.1
	23	98 09.5	155 29.7	53.1	200 20.4	08.7	4 17.7	18.5	169 37.5	04.1
	14 00	113 12.0	170 33.7	S14 52.8	215 21.0	S23 08.9	19 20.4	N23 18.5	184 39.6	S22 04.0
	01	128 14.5	185 37.7	52.6	230 21.5	09.0	34 23.2	18.5	199 41.8	04.0
	02	143 16.9	200 41.7	52.3	245 22.0	09.2	49 26.0	18.5	214 43.9	04.0
	03	158 19.4	215 45.8	· · 52.0	260 22.6	· · 09.4	64 28.8	· · 18.5	229 46.1	· · 03.9
	04	173 21.9	230 49.8	51.8	275 23.1	09.6	79 31.6	18.6	244 48.2	03.9
	05	188 24.3	245 53.8	51.5	290 23.7	09.7	94 34.4	18.6	259 50.4	03.9
	06	203 26.8	260 57.9	S14 51.2	305 24.2	S23 09.9	109 37.2	N23 18.6	274 52.5	S22 03.8
	07	218 29.2	276 01.9	51.0	320 24.7	10.1	124 40.0	18.6	289 54.7	03.8
	08	233 31.7	291 06.0	50.7	335 25.3	10.3	139 42.8	18.6	304 56.8	03.8
S	09	248 34.2	306 10.0	· · 50.5	350 25.8	· · 10.4	154 45.6	· · 18.6	319 59.0	· · 03.7
U	10	263 36.6	321 14.0	50.2	5 26.3	10.6	169 48.3	18.6	335 01.1	03.7
N	11	278 39.1	336 18.1	49.9	20 26.9	10.8	184 51.1	18.7	350 03.3	03.7
D	12	293 41.6	351 22.1	S14 49.7	35 27.4	S23 11.0	199 53.9	N23 18.7	5 05.4	S22 03.6
A	13	308 44.0	6 26.2	49.4	50 28.0	11.1	214 56.7	18.7	20 07.6	03.6
Y	14	323 46.5	21 30.2	49.2	65 28.5	11.3	229 59.5	18.7	35 09.7	03.6
	15	338 49.0	36 34.3	· · 48.9	80 29.0	· · 11.5	245 02.3	· · 18.7	50 11.9	· · 03.5
	16	353 51.4	51 38.3	48.7	95 29.6	11.7	260 05.1	18.7	65 14.0	03.5
	17	8 53.9	66 42.4	48.4	110 30.1	11.8	275 07.9	18.7	80 16.1	03.4
	18	23 56.4	81 46.4	S14 48.2	125 30.7	S23 12.0	290 10.6	N23 18.8	95 18.3	S22 03.4
	19	38 58.8	96 50.5	47.9	140 31.2	12.2	305 13.4	18.8	110 20.4	03.4
	20	54 01.3	111 54.5	47.7	155 31.7	12.3	320 16.2	18.8	125 22.6	03.3
	21	69 03.7	126 58.6	· · 47.4	170 32.3	· · 12.5	335 19.0	· · 18.8	140 24.7	· · 03.3
	22	84 06.2	142 02.7	47.2	185 32.8	12.7	350 21.8	18.8	155 26.9	03.3
	23	99 08.7	157 06.7	46.9	200 33.3	12.8	5 24.6	18.8	170 29.0	03.2
	15 00	114 11.1	172 10.8	S14 46.7	215 33.9	S23 13.0	20 27.4	N23 18.8	185 31.2	S22 03.2
	01	129 13.6	187 14.8	46.4	230 34.4	13.2	35 30.1	18.9	200 33.3	03.2
	02	144 16.1	202 18.9	46.2	245 34.9	13.4	50 32.9	18.9	215 35.5	03.1
	03	159 18.5	217 23.0	· · 45.9	260 35.5	· · 13.5	65 35.7	· · 18.9	230 37.6	· · 03.1
	04	174 21.0	232 27.0	45.7	275 36.0	13.7	80 38.5	18.9	245 39.8	03.1
	05	189 23.5	247 31.1	45.5	290 36.6	13.9	95 41.3	18.9	260 41.9	03.0
	06	204 25.9	262 35.2	S14 45.2	305 37.1	S23 14.0	110 44.1	N23 18.9	275 44.1	S22 03.0
	07	219 28.4	277 39.3	45.0	320 37.6	14.2	125 46.9	18.9	290 46.2	03.0
	08	234 30.9	292 43.3	44.7	335 38.2	14.4	140 49.6	18.9	305 48.4	02.9
M	09	249 33.3	307 47.4	· · 44.5	350 38.7	· · 14.5	155 52.4	· · 19.0	320 50.5	· · 02.9
O	10	264 35.8	322 51.5	44.3	5 39.2	14.7	170 55.2	19.0	335 52.7	02.9
N	11	279 38.2	337 55.6	44.0	20 39.8	14.8	185 58.0	19.0	350 54.8	02.8
D	12	294 40.7	352 59.6	S14 43.8	35 40.3	S23 15.0	201 00.8	N23 19.0	5 57.0	S22 02.8
A	13	309 43.2	8 03.7	43.6	50 40.8	15.2	216 03.6	19.0	20 59.1	02.8
Y	14	324 45.6	23 07.8	43.3	65 41.4	15.3	231 06.3	19.0	36 01.3	02.7
	15	339 48.1	38 11.9	· · 43.1	80 41.9	· · 15.5	246 09.1	· · 19.0	51 03.4	· · 02.7
	16	354 50.6	53 16.0	42.9	95 42.4	15.7	261 11.9	19.1	66 05.6	02.6
	17	9 53.0	68 20.0	42.6	110 43.0	15.8	276 14.7	19.1	81 07.7	02.6
	18	24 55.5	83 24.1	S14 42.4	125 43.5	S23 16.0	291 17.5	N23 19.1	96 09.9	S22 02.6
	19	39 58.0	98 28.2	42.2	140 44.0	16.2	306 20.2	19.1	111 12.0	02.5
	20	55 00.4	113 32.3	42.0	155 44.6	16.3	321 23.0	19.1	126 14.2	02.5
	21	70 02.9	128 36.4	· · 41.7	170 45.1	· · 16.5	336 25.8	· · 19.1	141 16.3	· · 02.5
	22	85 05.3	143 40.5	41.5	185 45.6	16.6	351 28.6	19.1	156 18.4	02.4
	23	100 07.8	158 44.5	41.3	200 46.2	16.8	6 31.4	19.2	171 20.6	02.4
	Mer. Pass.	h m 16 24.5	v 4.0	d 0.3	v 0.5	d 0.2	v 2.8	d 0.0	v 2.1	d 0.0

STARS

Name	S.H.A. ° ′	Dec. ° ′
Acamar	315 31.4	S40 20.8
Achernar	335 39.5	S57 17.4
Acrux	173 29.1	S63 02.5
Adhara	255 26.0	S28 57.5
Aldebaran	291 09.3	N16 29.5
Alioth	166 35.7	N56 00.4
Alkaid	153 12.6	N49 21.4
Al Na'ir	28 05.9	S47 00.8
Alnilam	276 03.9	S 1 12.4
Alphard	218 13.1	S 8 36.9
Alphecca	126 26.0	N26 44.6
Alpheratz	358 01.9	N29 02.3
Altair	62 25.7	N 8 50.4
Ankaa	353 32.9	S42 21.8
Antares	112 48.1	S26 24.7
Arcturus	146 11.8	N19 13.7
Atria	108 06.3	S69 00.6
Avior	234 24.7	S59 28.6
Bellatrix	278 50.6	N 6 20.6
Betelgeuse	271 20.0	N 7 24.4
Canopus	264 03.4	S52 41.4
Capella	281 00.1	N45 59.5
Deneb	49 44.0	N45 14.7
Denebola	182 51.3	N14 37.5
Diphda	349 13.5	S18 02.5
Dubhe	194 12.4	N61 48.0
Elnath	278 34.5	N28 36.1
Eltanin	90 54.8	N51 29.1
Enif	34 04.7	N 9 49.7
Fomalhaut	15 43.4	S29 40.6
Gacrux	172 20.7	S57 03.3
Gienah	176 10.3	S17 29.2
Hadar	149 13.3	S60 19.4
Hamal	328 20.6	N23 25.1
Kaus Aust.	84 07.5	S34 23.5
Kochab	137 19.3	N74 11.3
Markab	13 56.1	N15 09.2
Menkar	314 33.3	N 4 03.2
Menkent	148 28.5	S36 19.3
Miaplacidus	221 42.8	S69 40.4
Mirfak	309 05.4	N49 49.9
Nunki	76 20.4	S26 18.7
Peacock	53 47.2	S56 46.2
Pollux	243 48.7	N28 03.1
Procyon	245 17.7	N 5 15.1
Rasalhague	96 23.1	N12 33.8
Regulus	208 01.9	N12 00.8
Rigel	281 28.6	S 8 12.7
Rigil Kent.	140 16.2	S60 47.5
Sabik	102 33.0	S15 42.9
Schedar	350 01.0	N56 29.3
Shaula	96 46.2	S37 05.9
Sirius	258 48.8	S16 42.1
Spica	158 49.8	S11 06.7
Suhail	223 05.1	S43 23.5
Vega	80 51.3	N38 46.3
Zuben'ubi	137 25.0	S16 00.1

	S.H.A. ° ′	Mer. Pass. h m
Venus	57 21.7	12 34
Mars	102 09.0	9 38
Jupiter	266 08.4	22 38
Saturn	71 27.6	11 40

UT (GMT) d	h	SUN G.H.A.	SUN Dec.	MOON G.H.A.	v	MOON Dec.	d	H.P.
d	h	° ′	° ′	° ′	′	° ′	′	′
13	00	177 52.8	S21 33.5	334 28.9	11.2	N16 23.1	12.8	57.5
	01	192 52.6	33.1	348 59.1	11.3	16 10.3	12.9	57.5
	02	207 52.3	32.7	3 29.4	11.5	15 57.4	12.9	57.4
	03	222 52.1	. . 32.3	17 59.9	11.5	15 44.5	13.0	57.4
	04	237 51.8	31.9	32 30.4	11.6	15 31.5	13.0	57.4
	05	252 51.6	31.4	47 01.0	11.7	15 18.5	13.1	57.3
	06	267 51.4	S21 31.0	61 31.7	11.8	N15 05.4	13.2	57.3
	07	282 51.1	30.6	76 02.5	12.0	14 52.2	13.2	57.3
S	08	297 50.9	30.2	90 33.5	12.0	14 39.0	13.3	57.2
A	09	312 50.7	. . 29.8	105 04.5	12.1	14 25.7	13.3	57.2
T	10	327 50.4	29.3	119 35.6	12.2	14 12.4	13.4	57.2
U	11	342 50.2	28.9	134 06.8	12.4	13 59.0	13.4	57.2
R	12	357 50.0	S21 28.5	148 38.2	12.4	N13 45.6	13.5	57.1
D	13	12 49.7	28.1	163 09.6	12.5	13 32.1	13.5	57.1
A	14	27 49.5	27.6	177 41.1	12.6	13 18.6	13.6	57.1
Y	15	42 49.3	. . 27.2	192 12.7	12.7	13 05.0	13.6	57.0
	16	57 49.0	26.8	206 44.4	12.8	12 51.4	13.7	57.0
	17	72 48.8	26.3	221 16.2	12.9	12 37.7	13.7	57.0
	18	87 48.6	S21 25.9	235 48.1	12.9	N12 24.0	13.7	56.9
	19	102 48.3	25.5	250 20.0	13.1	12 10.3	13.8	56.9
	20	117 48.1	25.0	264 52.1	13.2	11 56.5	13.8	56.9
	21	132 47.9	. . 24.6	279 24.3	13.2	11 42.7	13.9	56.8
	22	147 47.7	24.2	293 56.5	13.3	11 28.8	13.9	56.8
	23	162 47.4	23.7	308 28.8	13.4	11 14.9	13.9	56.8
14	00	177 47.2	S21 23.3	323 01.2	13.5	N11 01.0	14.0	56.7
	01	192 47.0	22.9	337 33.7	13.6	10 47.0	13.9	56.7
	02	207 46.7	22.4	352 06.3	13.6	10 33.1	14.1	56.7
	03	222 46.5	. . 22.0	6 38.9	13.7	10 19.0	14.0	56.7
	04	237 46.3	21.6	21 11.6	13.9	10 05.0	14.1	56.6
	05	252 46.0	21.1	35 44.5	13.8	9 50.9	14.1	56.6
	06	267 45.8	S21 20.7	50 17.3	14.0	N 9 36.8	14.1	56.6
	07	282 45.6	20.3	64 50.3	14.0	9 22.7	14.2	56.5
	08	297 45.4	19.8	79 23.3	14.1	9 08.5	14.2	56.5
S	09	312 45.1	. . 19.4	93 56.4	14.2	8 54.3	14.2	56.5
U	10	327 44.9	18.9	108 29.6	14.3	8 40.1	14.2	56.4
N	11	342 44.7	18.5	123 02.9	14.3	8 25.9	14.2	56.4
D	12	357 44.5	S21 18.0	137 36.2	14.4	N 8 11.7	14.3	56.4
A	13	12 44.2	17.6	152 09.6	14.5	7 57.4	14.3	56.3
Y	14	27 44.0	17.2	166 43.1	14.5	7 43.1	14.3	56.3
	15	42 43.8	. . 16.7	181 16.6	14.6	7 28.8	14.3	56.3
	16	57 43.5	16.3	195 50.2	14.6	7 14.5	14.3	56.3
	17	72 43.3	15.8	210 23.8	14.7	7 00.2	14.3	56.2
	18	87 43.1	S21 15.4	224 57.5	14.8	N 6 45.9	14.4	56.2
	19	102 42.9	14.9	239 31.3	14.9	6 31.5	14.3	56.2
	20	117 42.6	14.5	254 05.2	14.9	6 17.2	14.4	56.1
	21	132 42.4	. . 14.0	268 39.1	14.9	6 02.8	14.4	56.1
	22	147 42.2	13.6	283 13.0	15.0	5 48.4	14.3	56.1
	23	162 42.0	13.1	297 47.0	15.1	5 34.1	14.4	56.0
15	00	177 41.8	S21 12.7	312 21.1	15.1	N 5 19.7	14.4	56.0
	01	192 41.5	12.2	326 55.2	15.2	5 05.3	14.4	56.0
	02	207 41.3	11.8	341 29.4	15.2	4 50.9	14.4	56.0
	03	222 41.1	. . 11.3	356 03.6	15.3	4 36.5	14.4	55.9
	04	237 40.9	10.9	10 37.9	15.3	4 22.1	14.4	55.9
	05	252 40.6	10.4	25 12.2	15.4	4 07.7	14.4	55.9
	06	267 40.4	S21 10.0	39 46.6	15.4	N 3 53.3	14.5	55.8
	07	282 40.2	09.5	54 21.0	15.5	3 38.8	14.4	55.8
	08	297 40.0	09.0	68 55.5	15.5	3 24.4	14.4	55.8
M	09	312 39.8	. . 08.6	83 30.0	15.5	3 10.0	14.4	55.8
O	10	327 39.5	08.1	98 04.5	15.6	2 55.6	14.4	55.7
N	11	342 39.3	07.7	112 39.1	15.7	2 41.2	14.3	55.7
D	12	357 39.1	S21 07.2	127 13.8	15.7	N 2 26.9	14.4	55.7
A	13	12 38.9	06.7	141 48.5	15.7	2 12.5	14.4	55.6
Y	14	27 38.7	06.3	156 23.2	15.7	1 58.1	14.4	55.6
	15	42 38.4	. . 05.8	170 57.9	15.8	1 43.7	14.4	55.6
	16	57 38.2	05.4	185 32.7	15.8	1 29.3	14.3	55.6
	17	72 38.0	04.9	200 07.5	15.9	1 15.0	14.4	55.5
	18	87 37.8	S21 04.4	214 42.4	15.9	N 1 00.6	14.3	55.5
	19	102 37.6	04.0	229 17.3	15.9	0 46.3	14.3	55.5
	20	117 37.3	03.5	243 52.2	16.0	0 32.0	14.3	55.5
	21	132 37.1	. . 03.0	258 27.2	15.9	0 17.7	14.3	55.4
	22	147 36.9	02.6	273 02.1	16.0	N 0 03.4	14.3	55.4
	23	162 36.7	02.1	287 37.1	16.1	S 0 10.9	14.3	55.4
		S.D. 16.3	d 0.4	S.D. 15.6		15.4		15.2

Lat.	Twilight Naut.	Twilight Civil	Sunrise	Moonrise 13	Moonrise 14	Moonrise 15	Moonrise 16
°	h m	h m	h m	h m	h m	h m	h m
N 72	08 04	09 57	▬	17 25	19 45	21 48	23 47
N 70	07 48	09 21	▬	17 49	19 54	21 48	23 38
68	07 36	08 56	10 39	18 07	20 02	21 48	23 30
66	07 26	08 37	09 57	18 21	20 08	21 48	23 24
64	07 17	08 21	09 28	18 33	20 13	21 48	23 19
62	07 09	08 08	09 07	18 43	20 18	21 48	23 15
60	07 02	07 56	08 50	18 51	20 22	21 48	23 11
N 58	06 56	07 47	08 35	18 59	20 25	21 48	23 08
56	06 50	07 38	08 23	19 05	20 28	21 48	23 05
54	06 45	07 30	08 12	19 11	20 31	21 48	23 02
52	06 41	07 23	08 02	19 16	20 34	21 48	23 00
50	06 36	07 17	07 54	19 21	20 36	21 48	22 57
45	06 26	07 03	07 35	19 31	20 41	21 48	22 53
N 40	06 17	06 51	07 21	19 39	20 45	21 48	22 49
35	06 09	06 40	07 08	19 47	20 48	21 48	22 45
30	06 02	06 31	06 57	19 53	20 52	21 48	22 42
20	05 47	06 14	06 38	20 04	20 57	21 48	22 37
N 10	05 33	05 59	06 21	20 13	21 02	21 48	22 33
0	05 17	05 43	06 05	20 22	21 06	21 48	22 29
S 10	05 00	05 27	05 49	20 30	21 10	21 48	22 25
20	04 40	05 08	05 32	20 40	21 15	21 48	22 20
30	04 13	04 46	05 13	20 50	21 20	21 48	22 15
35	03 56	04 32	05 01	20 56	21 23	21 48	22 13
40	03 36	04 16	04 47	21 03	21 27	21 48	22 09
45	03 09	03 55	04 31	21 11	21 31	21 49	22 06
S 50	02 31	03 30	04 11	21 21	21 35	21 49	22 01
52	02 10	03 17	04 02	21 25	21 38	21 49	22 00
54	01 42	03 02	03 51	21 30	21 40	21 49	21 57
56	00 55	02 44	03 39	21 35	21 43	21 49	21 55
58	////	02 21	03 25	21 41	21 45	21 49	21 52
S 60	////	01 51	03 08	21 48	21 49	21 49	21 49

Lat.	Sunset	Twilight Civil	Twilight Naut.	Moonset 13	Moonset 14	Moonset 15	Moonset 16
°	h m	h m	h m	h m	h m	h m	h m
N 72	▬	14 22	16 15	11 20	10 35	10 02	09 33
N 70	▬	14 57	16 30	10 54	10 23	09 59	09 36
68	13 40	15 23	16 43	10 34	10 13	09 56	09 39
66	14 22	15 42	16 53	10 18	10 05	09 53	09 42
64	14 50	15 58	17 02	10 05	09 58	09 51	09 44
62	15 12	16 11	17 10	09 54	09 52	09 49	09 46
60	15 29	16 22	17 16	09 44	09 46	09 47	09 48
N 58	15 43	16 32	17 23	09 36	09 42	09 46	09 49
56	15 56	16 41	17 28	09 29	09 37	09 44	09 50
54	16 07	16 48	17 33	09 22	09 33	09 43	09 52
52	16 16	16 55	17 38	09 16	09 30	09 42	09 53
50	16 25	17 02	17 42	09 10	09 27	09 41	09 54
45	16 43	17 16	17 52	08 59	09 20	09 39	09 56
N 40	16 58	17 28	18 01	08 49	09 14	09 37	09 58
35	17 10	17 38	18 09	08 40	09 09	09 35	09 59
30	17 21	17 47	18 17	08 33	09 05	09 33	10 01
20	17 40	18 04	18 31	08 20	08 57	09 31	10 03
N 10	17 57	18 20	18 45	08 08	08 50	09 29	10 06
0	18 13	18 35	19 01	07 57	08 43	09 26	10 08
S 10	18 28	18 51	19 18	07 46	08 37	09 24	10 10
20	18 46	19 10	19 38	07 34	08 30	09 22	10 12
30	19 05	19 32	20 04	07 21	08 21	09 19	10 14
35	19 17	19 46	20 21	07 13	08 17	09 17	10 16
40	19 30	20 02	20 42	07 04	08 11	09 15	10 17
45	19 46	20 22	21 08	06 53	08 05	09 13	10 19
S 50	20 06	20 48	21 46	06 40	07 57	09 11	10 21
52	20 15	21 00	22 06	06 34	07 54	09 10	10 22
54	20 26	21 15	22 33	06 27	07 50	09 08	10 24
56	20 38	21 33	23 17	06 20	07 46	09 07	10 25
58	20 52	21 55	////	06 11	07 41	09 05	10 26
S 60	21 08	22 24	////	06 01	07 35	09 03	10 28

Day	SUN Eqn. of Time 00ʰ	SUN Eqn. of Time 12ʰ	SUN Mer. Pass.	MOON Mer. Pass. Upper	MOON Mer. Pass. Lower	Age	Phase
	m s	m s	h m	h m	h m	d	
13	08 28	08 40	12 09	01 46	14 10	16	
14	08 51	09 02	12 09	02 33	14 55	17	◐
15	09 13	09 23	12 09	03 16	15 37	18	

UT (GMT) d h	ARIES G.H.A. ° ′	VENUS −4.1 G.H.A. ° ′	VENUS Dec. ° ′	MARS +1.5 G.H.A. ° ′	MARS Dec. ° ′	JUPITER −2.7 G.H.A. ° ′	JUPITER Dec. ° ′	SATURN +0.5 G.H.A. ° ′	SATURN Dec. ° ′
16 00	115 10.3	173 48.6	S14 41.1	215 46.7	S23 17.0	21 34.2	N23 19.2	186 22.7	S22 02.4
01	130 12.7	188 52.7	40.8	230 47.2	17.1	36 36.9	19.2	201 24.9	02.3
02	145 15.2	203 56.8	40.6	245 47.8	17.3	51 39.7	19.2	216 27.0	02.3
03	160 17.7	219 00.9	· · 40.4	260 48.3	· · 17.4	66 42.5	· · 19.2	231 29.2	· · 02.3
04	175 20.1	234 05.0	40.2	275 48.8	17.6	81 45.3	19.2	246 31.3	02.2
05	190 22.6	249 09.1	40.0	290 49.4	17.8	96 48.1	19.2	261 33.5	02.2
06	205 25.1	264 13.2	S14 39.8	305 49.9	S23 17.9	111 50.8	N23 19.2	276 35.6	S22 02.2
07	220 27.5	279 17.3	39.5	320 50.4	18.1	126 53.6	19.3	291 37.8	02.1
T 08	235 30.0	294 21.4	39.3	335 51.0	18.2	141 56.4	19.3	306 39.9	02.1
U 09	250 32.5	309 25.5	· · 39.1	350 51.5	· · 18.4	156 59.2	· · 19.3	321 42.1	· · 02.1
E 10	265 34.9	324 29.6	38.9	5 52.0	18.5	172 01.9	19.3	336 44.2	02.0
S 11	280 37.4	339 33.7	38.7	20 52.6	18.7	187 04.7	19.3	351 46.4	02.0
D 12	295 39.8	354 37.8	S14 38.5	35 53.1	S23 18.8	202 07.5	N23 19.3	6 48.5	S22 01.9
A 13	310 42.3	9 41.9	38.3	50 53.6	19.0	217 10.3	19.3	21 50.7	01.9
Y 14	325 44.8	24 46.0	38.0	65 54.2	19.2	232 13.1	19.4	36 52.8	01.9
15	340 47.2	39 50.1	· · 37.8	80 54.7	· · 19.3	247 15.8	· · 19.4	51 55.0	· · 01.8
16	355 49.7	54 54.2	37.6	95 55.2	19.5	262 18.6	19.4	66 57.1	01.8
17	10 52.2	69 58.3	37.4	110 55.7	19.6	277 21.4	19.4	81 59.3	01.8
18	25 54.6	85 02.4	S14 37.2	125 56.3	S23 19.8	292 24.2	N23 19.4	97 01.4	S22 01.7
19	40 57.1	100 06.5	37.0	140 56.8	19.9	307 26.9	19.4	112 03.6	01.7
20	55 59.6	115 10.6	36.8	155 57.3	20.1	322 29.7	19.4	127 05.7	01.7
21	71 02.0	130 14.7	· · 36.6	170 57.9	· · 20.2	337 32.5	· · 19.4	142 07.9	· · 01.6
22	86 04.5	145 18.8	36.4	185 58.4	20.4	352 35.3	19.5	157 10.0	01.6
23	101 07.0	160 22.9	36.2	200 58.9	20.5	7 38.0	19.5	172 12.2	01.6
17 00	116 09.4	175 27.0	S14 36.0	215 59.5	S23 20.7	22 40.8	N23 19.5	187 14.3	S22 01.5
01	131 11.9	190 31.1	35.8	231 00.0	20.8	37 43.6	19.5	202 16.5	01.5
02	146 14.3	205 35.2	35.6	246 00.5	21.0	52 46.4	19.5	217 18.6	01.5
03	161 16.8	220 39.3	· · 35.4	261 01.0	· · 21.1	67 49.1	· · 19.5	232 20.8	· · 01.4
04	176 19.3	235 43.4	35.2	276 01.6	21.3	82 51.9	19.5	247 22.9	01.4
05	191 21.7	250 47.5	35.0	291 02.1	21.4	97 54.7	19.6	262 25.1	01.4
06	206 24.2	265 51.6	S14 34.8	306 02.6	S23 21.6	112 57.5	N23 19.6	277 27.2	S22 01.3
W 07	221 26.7	280 55.7	34.6	321 03.2	21.7	128 00.2	19.6	292 29.4	01.3
E 08	236 29.1	295 59.8	34.4	336 03.7	21.9	143 03.0	19.6	307 31.5	01.2
D 09	251 31.6	311 03.9	· · 34.2	351 04.2	· · 22.0	158 05.8	· · 19.6	322 33.7	· · 01.2
N 10	266 34.1	326 08.1	34.0	6 04.7	22.2	173 08.6	19.6	337 35.8	01.2
E 11	281 36.5	341 12.2	33.9	21 05.3	22.3	188 11.3	19.6	352 38.0	01.1
S 12	296 39.0	356 16.3	S14 33.7	36 05.8	S23 22.5	203 14.1	N23 19.6	7 40.1	S22 01.1
D 13	311 41.5	11 20.4	33.5	51 06.3	22.6	218 16.9	19.7	22 42.3	01.1
A 14	326 43.9	26 24.5	33.3	66 06.9	22.7	233 19.7	19.7	37 44.4	01.0
Y 15	341 46.4	41 28.6	· · 33.1	81 07.4	· · 22.9	248 22.4	· · 19.7	52 46.6	· · 01.0
16	356 48.8	56 32.7	32.9	96 07.9	23.0	263 25.2	19.7	67 48.7	01.0
17	11 51.3	71 36.8	32.7	111 08.4	23.2	278 28.0	19.7	82 50.9	00.9
18	26 53.8	86 40.9	S14 32.6	126 09.0	S23 23.3	293 30.7	N23 19.7	97 53.0	S22 00.9
19	41 56.2	101 45.0	32.4	141 09.5	23.5	308 33.5	19.7	112 55.2	00.9
20	56 58.7	116 49.1	32.2	156 10.0	23.6	323 36.3	19.7	127 57.3	00.8
21	72 01.2	131 53.2	· · 32.0	171 10.5	· · 23.8	338 39.1	· · 19.8	142 59.5	· · 00.8
22	87 03.6	146 57.4	31.8	186 11.1	23.9	353 41.8	19.8	158 01.6	00.8
23	102 06.1	162 01.5	31.6	201 11.6	24.0	8 44.6	19.8	173 03.8	00.7
18 00	117 08.6	177 05.6	S14 31.5	216 12.1	S23 24.2	23 47.4	N23 19.8	188 05.9	S22 00.7
01	132 11.0	192 09.7	31.3	231 12.7	24.3	38 50.1	19.8	203 08.1	00.6
02	147 13.5	207 13.8	31.1	246 13.2	24.5	53 52.9	19.8	218 10.2	00.6
03	162 15.9	222 17.9	· · 30.9	261 13.7	· · 24.6	68 55.7	· · 19.8	233 12.4	· · 00.6
04	177 18.4	237 22.0	30.8	276 14.2	24.7	83 58.4	19.8	248 14.5	00.5
05	192 20.9	252 26.1	30.6	291 14.8	24.9	99 01.2	19.9	263 16.7	00.5
06	207 23.3	267 30.2	S14 30.4	306 15.3	S23 25.0	114 04.0	N23 19.9	278 18.8	S22 00.5
07	222 25.8	282 34.3	30.2	321 15.8	25.2	129 06.7	19.9	293 21.0	00.4
T 08	237 28.3	297 38.4	30.1	336 16.3	25.3	144 09.5	19.9	308 23.1	00.4
H 09	252 30.7	312 42.6	· · 29.9	351 16.9	· · 25.4	159 12.3	· · 19.9	323 25.3	· · 00.4
U 10	267 33.2	327 46.7	29.7	6 17.4	25.6	174 15.1	19.9	338 27.4	00.3
R 11	282 35.7	342 50.8	29.6	21 17.9	25.7	189 17.8	19.9	353 29.6	00.3
S 12	297 38.1	357 54.9	S14 29.4	36 18.4	S23 25.8	204 20.6	N23 19.9	8 31.7	S22 00.3
D 13	312 40.6	12 59.0	29.2	51 19.0	26.0	219 23.4	20.0	23 33.9	00.2
A 14	327 43.1	28 03.1	29.1	66 19.5	26.1	234 26.1	20.0	38 36.0	00.2
Y 15	342 45.5	43 07.2	· · 28.9	81 20.0	· · 26.3	249 28.9	· · 20.0	53 38.2	· · 00.2
16	357 48.0	58 11.3	28.7	96 20.5	26.4	264 31.7	20.0	68 40.3	00.1
17	12 50.4	73 15.4	28.6	111 21.1	26.5	279 34.4	20.0	83 42.5	00.1
18	27 52.9	88 19.5	S14 28.4	126 21.6	S23 26.7	294 37.2	N23 20.0	98 44.6	S22 00.0
19	42 55.4	103 23.6	28.2	141 22.1	26.8	309 39.9	20.0	113 46.8	00.0
20	57 57.8	118 27.7	28.1	156 22.6	26.9	324 42.7	20.0	128 48.9	22 00.0
21	73 00.3	133 31.8	· · 27.9	171 23.2	· · 27.1	339 45.5	· · 20.1	143 51.1	21 59.9
22	88 02.8	148 35.9	27.8	186 23.7	27.2	354 48.2	20.1	158 53.2	59.9
23	103 05.2	163 40.1	27.6	201 24.2	27.3	9 51.0	20.1	173 55.4	59.9
Mer. Pass.	h m 16 12.7	*v* 4.1	*d* 0.2	*v* 0.5	*d* 0.1	*v* 2.8	*d* 0.0	*v* 2.1	*d* 0.0

STARS

Name	S.H.A. ° ′	Dec. ° ′
Acamar	315 31.4	S40 20.8
Achernar	335 39.5	S57 17.4
Acrux	173 29.1	S63 02.5
Adhara	255 26.0	S28 57.5
Aldebaran	291 09.3	N16 29.5
Alioth	166 35.7	N56 00.4
Alkaid	153 12.5	N49 21.3
Al Na'ir	28 05.9	S47 00.7
Alnilam	276 03.9	S 1 12.4
Alphard	218 13.0	S 8 36.9
Alphecca	126 26.0	N26 44.5
Alpheratz	358 01.9	N29 02.3
Altair	62 25.7	N 8 50.4
Ankaa	353 33.0	S42 21.8
Antares	112 48.1	S26 24.7
Arcturus	146 11.7	N19 13.7
Atria	108 06.3	S69 00.6
Avior	234 24.7	S59 28.6
Bellatrix	278 50.6	N 6 20.6
Betelgeuse	271 20.0	N 7 24.4
Canopus	264 03.4	S52 41.4
Capella	281 00.1	N45 59.5
Deneb	49 44.0	N45 14.7
Denebola	182 51.3	N14 37.4
Diphda	349 13.5	S18 02.5
Dubhe	194 12.3	N61 48.0
Elnath	278 34.5	N28 36.1
Eltanin	90 54.8	N51 29.1
Enif	34 04.7	N 9 49.7
Fomalhaut	15 43.5	S29 40.6
Gacrux	172 20.6	S57 03.3
Gienah	176 10.3	S17 29.3
Hadar	149 13.2	S60 19.4
Hamal	328 20.6	N23 25.1
Kaus Aust.	84 07.5	S34 23.5
Kochab	137 19.2	N74 11.3
Markab	13 56.1	N15 09.2
Menkar	314 33.3	N 4 03.2
Menkent	148 28.5	S36 19.3
Miaplacidus	221 42.8	S69 40.5
Mirfak	309 05.5	N49 49.9
Nunki	76 20.4	S26 18.7
Peacock	53 47.2	S56 46.2
Pollux	243 48.7	N28 03.1
Procyon	245 17.7	N 5 15.1
Rasalhague	96 23.0	N12 33.8
Regulus	208 01.9	N12 00.8
Rigel	281 28.7	S 8 12.7
Rigil Kent.	140 16.1	S60 47.5
Sabik	102 33.0	S15 42.9
Schedar	350 01.0	N56 29.3
Shaula	96 46.1	S37 05.9
Sirius	258 48.8	S16 42.1
Spica	158 49.8	S11 06.7
Suhail	223 05.1	S43 23.5
Vega	80 51.3	N38 46.2
Zuben'ubi	137 25.0	S16 00.2

	S.H.A. ° ′	Mer. Pass. h m
Venus	59 17.6	12 15
Mars	99 50.0	9 36
Jupiter	266 31.4	22 25
Saturn	71 04.9	11 29

Day	UT (GMT) d h	SUN G.H.A. ° ′	SUN Dec. ° ′	MOON G.H.A. ° ′	MOON v ′	MOON Dec. ° ′	MOON d ′	MOON H.P. ′
TUESDAY	16 00	177 36.5	S21 01.6	302 12.2	16.0	S 0 25.2	14.2	55.4
	01	192 36.3	01.2	316 47.2	16.1	0 39.4	14.3	55.3
	02	207 36.0	00.7	331 22.3	16.1	0 53.7	14.2	55.3
	03	222 35.8	21 00.2	345 57.4	16.1	1 07.9	14.2	55.3
	04	237 35.6	20 59.7	0 32.5	16.2	1 22.1	14.2	55.3
	05	252 35.4	59.3	15 07.7	16.2	1 36.3	14.1	55.2
	06	267 35.2	S20 58.8	29 42.9	16.1	S 1 50.4	14.2	55.2
	07	282 35.0	58.3	44 18.0	16.2	2 04.6	14.1	55.2
	08	297 34.8	57.9	58 53.2	16.3	2 18.7	14.1	55.2
	09	312 34.5	.. 57.4	73 28.5	16.2	2 32.8	14.1	55.1
	10	327 34.3	56.9	88 03.7	16.2	2 46.9	14.0	55.1
	11	342 34.1	56.4	102 38.9	16.3	3 00.9	14.1	55.1
	12	357 33.9	S20 56.0	117 14.2	16.3	S 3 15.0	14.0	55.1
	13	12 33.7	55.5	131 49.5	16.2	3 29.0	14.0	55.1
	14	27 33.5	55.0	146 24.7	16.3	3 43.0	13.9	55.0
	15	42 33.3	.. 54.5	161 00.0	16.3	3 56.9	14.0	55.0
	16	57 33.1	54.0	175 35.3	16.3	4 10.9	13.9	55.0
	17	72 32.8	53.6	190 10.6	16.3	4 24.8	13.8	55.0
	18	87 32.6	S20 53.1	204 45.9	16.4	S 4 38.6	13.9	55.0
	19	102 32.4	52.6	219 21.3	16.3	4 52.5	13.8	54.9
	20	117 32.2	52.1	233 56.6	16.3	5 06.3	13.8	54.9
	21	132 32.0	.. 51.6	248 31.9	16.3	5 20.1	13.8	54.9
	22	147 31.8	51.1	263 07.2	16.3	5 33.9	13.7	54.9
	23	162 31.6	50.7	277 42.5	16.3	5 47.6	13.7	54.9
WEDNESDAY	17 00	177 31.4	S20 50.2	292 17.8	16.4	S 6 01.3	13.6	54.8
	01	192 31.2	49.7	306 53.2	16.3	6 14.9	13.7	54.8
	02	207 31.0	49.2	321 28.5	16.3	6 28.6	13.6	54.8
	03	222 30.7	.. 48.7	336 03.8	16.3	6 42.2	13.5	54.8
	04	237 30.5	48.2	350 39.1	16.3	6 55.7	13.6	54.8
	05	252 30.3	47.7	5 14.4	16.3	7 09.3	13.4	54.7
	06	267 30.1	S20 47.3	19 49.7	16.3	S 7 22.7	13.5	54.7
	07	282 29.9	46.8	34 25.0	16.2	7 36.2	13.4	54.7
	08	297 29.7	46.3	49 00.2	16.3	7 49.6	13.4	54.7
	09	312 29.5	.. 45.8	63 35.5	16.2	8 03.0	13.3	54.7
	10	327 29.3	45.3	78 10.7	16.3	8 16.3	13.3	54.7
	11	342 29.1	44.8	92 46.0	16.2	8 29.6	13.3	54.6
	12	357 28.9	S20 44.3	107 21.2	16.2	S 8 42.9	13.2	54.6
	13	12 28.7	43.8	121 56.4	16.2	8 56.1	13.2	54.6
	14	27 28.5	43.3	136 31.6	16.1	9 09.3	13.1	54.6
	15	42 28.3	.. 42.8	151 06.7	16.2	9 22.4	13.1	54.6
	16	57 28.1	42.3	165 41.9	16.1	9 35.5	13.1	54.6
	17	72 27.9	41.8	180 17.0	16.1	9 48.6	13.0	54.5
	18	87 27.6	S20 41.3	194 52.1	16.1	S10 01.6	12.9	54.5
	19	102 27.4	40.8	209 27.2	16.1	10 14.5	12.9	54.5
	20	117 27.2	40.3	224 02.3	16.1	10 27.4	12.9	54.5
	21	132 27.0	.. 39.8	238 37.4	16.0	10 40.3	12.8	54.5
	22	147 26.8	39.3	253 12.4	16.0	10 53.1	12.8	54.5
	23	162 26.6	38.8	267 47.4	15.9	11 05.9	12.7	54.5
THURSDAY	18 00	177 26.4	S20 38.3	282 22.3	16.0	S11 18.6	12.7	54.5
	01	192 26.2	37.8	296 57.3	15.9	11 31.3	12.7	54.4
	02	207 26.0	37.3	311 32.2	15.9	11 44.0	12.5	54.4
	03	222 25.8	.. 36.8	326 07.1	15.8	11 56.5	12.6	54.4
	04	237 25.6	36.3	340 41.9	15.9	12 09.1	12.5	54.4
	05	252 25.4	35.8	355 16.8	15.8	12 21.6	12.4	54.4
	06	267 25.2	S20 35.3	9 51.6	15.7	S12 34.0	12.4	54.4
	07	282 25.0	34.8	24 26.3	15.7	12 46.4	12.3	54.4
	08	297 24.8	34.3	39 01.0	15.7	12 58.7	12.3	54.4
	09	312 24.6	.. 33.8	53 35.7	15.7	13 11.0	12.2	54.4
	10	327 24.4	33.3	68 10.4	15.6	13 23.2	12.1	54.3
	11	342 24.2	32.8	82 45.0	15.6	13 35.3	12.1	54.3
	12	357 24.0	S20 32.3	97 19.6	15.5	S13 47.4	12.1	54.3
	13	12 23.8	31.8	111 54.1	15.5	13 59.5	12.0	54.3
	14	27 23.6	31.2	126 28.6	15.5	14 11.5	11.9	54.3
	15	42 23.4	.. 30.7	141 03.1	15.4	14 23.4	11.9	54.3
	16	57 23.2	30.2	155 37.5	15.4	14 35.3	11.8	54.3
	17	72 23.0	29.7	170 11.9	15.3	14 47.1	11.8	54.3
	18	87 22.8	S20 29.2	184 46.2	15.3	S14 58.9	11.6	54.3
	19	102 22.6	28.7	199 20.5	15.2	15 10.5	11.7	54.3
	20	117 22.4	28.2	213 54.7	15.2	15 22.2	11.6	54.3
	21	132 22.3	.. 27.6	228 28.9	15.2	15 33.8	11.5	54.3
	22	147 22.1	27.1	243 03.1	15.1	15 45.3	11.4	54.3
	23	162 21.9	26.6	257 37.2	15.0	15 56.7	11.4	54.3
		S.D. 16.3	d 0.5	S.D. 15.0		14.9		14.8

Lat. °	Twilight Naut. h m	Twilight Civil h m	Sunrise h m	Moonrise 16 h m	Moonrise 17 h m	Moonrise 18 h m	Moonrise 19 h m
N 72	07 56	09 44	▬	23 47	25 54	01 54	04 45
N 70	07 42	09 13	11 47	23 38	25 32	01 32	03 45
68	07 31	08 49	10 25	23 30	25 16	01 16	03 11
66	07 21	08 31	09 48	23 24	25 02	01 02	02 46
64	07 13	08 16	09 22	23 19	24 51	00 51	02 27
62	07 06	08 04	09 01	23 15	24 42	00 42	02 12
60	06 59	07 53	08 45	23 11	24 34	00 34	01 59
N 58	06 53	07 43	08 31	23 08	24 27	00 27	01 48
56	06 48	07 35	08 19	23 05	24 21	00 21	01 39
54	06 43	07 28	08 09	23 02	24 16	00 16	01 30
52	06 39	07 21	08 00	23 00	24 11	00 11	01 23
50	06 34	07 15	07 51	22 57	24 07	00 07	01 16
45	06 25	07 01	07 34	22 53	23 57	25 02	01 02
N 40	06 16	06 50	07 19	22 49	23 49	24 50	00 50
35	06 09	06 40	07 07	22 45	23 43	24 40	00 40
30	06 01	06 31	06 56	22 42	23 37	24 31	00 31
20	05 47	06 14	06 38	22 37	23 27	24 16	00 16
N 10	05 33	05 59	06 22	22 33	23 18	24 03	00 03
0	05 19	05 44	06 06	22 29	23 09	23 51	24 35
S 10	05 02	05 28	05 51	22 25	23 01	23 39	24 20
20	04 42	05 10	05 34	22 20	22 53	23 27	24 03
30	04 16	04 48	05 15	22 15	22 43	23 12	23 45
35	04 00	04 35	05 04	22 13	22 37	23 04	23 34
40	03 40	04 19	04 51	22 09	22 31	22 54	23 21
45	03 14	04 00	04 35	22 06	22 24	22 43	23 07
S 50	02 38	03 35	04 16	22 01	22 15	22 30	22 49
52	02 18	03 22	04 07	22 00	22 11	22 24	22 40
54	01 52	03 08	03 57	21 57	22 06	22 17	22 31
56	01 14	02 51	03 45	21 55	22 02	22 10	22 20
58	////	02 30	03 32	21 52	21 56	22 01	22 09
S 60	////	02 02	03 16	21 49	21 50	21 52	21 55

Lat. °	Sunset h m	Twilight Civil h m	Twilight Naut. h m	Moonset 16 h m	Moonset 17 h m	Moonset 18 h m	Moonset 19 h m
N 72	▬	14 37	16 25	09 33	09 01	08 21	06 58
N 70	12 34	15 08	16 39	09 36	09 13	08 44	08 00
68	13 56	15 32	16 50	09 39	09 22	09 03	08 36
66	14 33	15 50	17 00	09 42	09 30	09 17	09 01
64	14 59	16 05	17 08	09 44	09 37	09 30	09 21
62	15 19	16 17	17 15	09 46	09 43	09 40	09 37
60	15 36	16 28	17 22	09 48	09 48	09 49	09 51
N 58	15 50	16 37	17 27	09 49	09 53	09 57	10 03
56	16 01	16 46	17 33	09 50	09 57	10 04	10 13
54	16 12	16 53	17 38	09 52	10 00	10 10	10 22
52	16 21	17 00	17 42	09 53	10 04	10 16	10 30
50	16 29	17 06	17 46	09 54	10 07	10 21	10 38
45	16 47	17 19	17 56	09 56	10 13	10 32	10 53
N 40	17 01	17 31	18 04	09 58	10 19	10 41	11 06
35	17 13	17 41	18 12	09 59	10 24	10 49	11 17
30	17 24	17 50	18 19	10 01	10 28	10 56	11 27
20	17 42	18 06	18 33	10 03	10 36	11 09	11 44
N 10	17 59	18 21	18 47	10 06	10 42	11 19	11 58
0	18 14	18 36	19 02	10 08	10 48	11 29	12 12
S 10	18 29	18 52	19 18	10 10	10 54	11 40	12 26
20	18 46	19 10	19 38	10 12	11 01	11 50	12 41
30	19 05	19 31	20 03	10 14	11 09	12 03	12 58
35	19 16	19 45	20 20	10 16	11 13	12 10	13 08
40	19 29	20 00	20 40	10 17	11 18	12 18	13 20
45	19 44	20 20	21 05	10 19	11 24	12 28	13 33
S 50	20 03	20 44	21 41	10 21	11 31	12 40	13 50
52	20 12	20 57	22 00	10 22	11 34	12 45	13 58
54	20 22	21 11	22 25	10 24	11 38	12 52	14 06
56	20 34	21 28	23 02	10 25	11 41	12 58	14 16
58	20 47	21 48	////	10 26	11 46	13 06	14 27
S 60	21 03	22 15	////	10 28	11 51	13 15	14 41

Day	SUN Eqn. of Time 00h m s	SUN Eqn. of Time 12h m s	SUN Mer. Pass. h m	MOON Mer. Pass. Upper h m	MOON Mer. Pass. Lower h m	MOON Age d	MOON Phase
16	09 34	09 44	12 10	03 58	16 18	19	◑
17	09 54	10 04	12 10	04 38	16 59	20	
18	10 14	10 23	12 10	05 19	17 40	21	

UT (GMT) d h	ARIES G.H.A. ° ′	VENUS −4.1 G.H.A. ° ′	Dec. ° ′	MARS +1.5 G.H.A. ° ′	Dec. ° ′	JUPITER −2.7 G.H.A. ° ′	Dec. ° ′	SATURN +0.5 G.H.A. ° ′	Dec. ° ′
19 00 FRIDAY	118 07.7	178 44.2	S14 27.4	216 24.7	S23 27.5	24 53.8	N23 20.1	188 57.5	S21 59.8
01	133 10.2	193 48.3	27.3	231 25.2	27.6	39 56.5	20.1	203 59.7	59.8
02	148 12.6	208 52.4	27.1	246 25.8	27.7	54 59.3	20.1	219 01.8	59.8
03	163 15.1	223 56.5	· · 27.0	261 26.3	· · 27.9	70 02.1	· · 20.1	234 04.0	· · 59.7
04	178 17.6	239 00.6	26.8	276 26.8	28.0	85 04.8	20.1	249 06.1	59.7
05	193 20.0	254 04.7	26.7	291 27.3	28.1	100 07.6	20.2	264 08.3	59.7
06	208 22.5	269 08.8	S14 26.5	306 27.9	S23 28.2	115 10.4	N23 20.2	279 10.4	S21 59.6
07	223 24.9	284 12.9	26.4	321 28.4	28.4	130 13.1	20.2	294 12.6	59.6
08	238 27.4	299 17.0	26.2	336 28.9	28.5	145 15.9	20.2	309 14.7	59.6
09	253 29.9	314 21.1	· · 26.1	351 29.4	· · 28.6	160 18.6	· · 20.2	324 16.9	· · 59.5
10	268 32.3	329 25.2	25.9	6 29.9	28.8	175 21.4	20.2	339 19.0	59.5
11	283 34.8	344 29.3	25.8	21 30.5	28.9	190 24.2	20.2	354 21.2	59.4
12	298 37.3	359 33.4	S14 25.6	36 31.0	S23 29.0	205 26.9	N23 20.2	9 23.3	S21 59.4
13	313 39.7	14 37.5	25.5	51 31.5	29.1	220 29.7	20.3	24 25.5	59.4
14	328 42.2	29 41.6	25.3	66 32.0	29.3	235 32.4	20.3	39 27.6	59.3
15	343 44.7	44 45.7	· · 25.2	81 32.6	· · 29.4	250 35.2	· · 20.3	54 29.8	· · 59.3
16	358 47.1	59 49.8	25.0	96 33.1	29.5	265 38.0	20.3	69 31.9	59.3
17	13 49.6	74 53.8	24.9	111 33.6	29.6	280 40.7	20.3	84 34.1	59.2
18	28 52.0	89 57.9	S14 24.8	126 34.1	S23 29.8	295 43.5	N23 20.3	99 36.2	S21 59.2
19	43 54.5	105 02.0	24.6	141 34.6	29.9	310 46.2	20.3	114 38.4	59.2
20	58 57.0	120 06.1	24.5	156 35.2	30.0	325 49.0	20.3	129 40.5	59.1
21	73 59.4	135 10.2	· · 24.3	171 35.7	· · 30.1	340 51.8	· · 20.4	144 42.7	· · 59.1
22	89 01.9	150 14.3	24.2	186 36.2	30.3	355 54.5	20.4	159 44.8	59.1
23	104 04.4	165 18.4	24.1	201 36.7	30.4	10 57.3	20.4	174 47.0	59.0
20 00 SATURDAY	119 06.8	180 22.5	S14 23.9	216 37.2	S23 30.5	26 00.0	N23 20.4	189 49.1	S21 59.0
01	134 09.3	195 26.6	23.8	231 37.8	30.6	41 02.8	20.4	204 51.3	58.9
02	149 11.8	210 30.7	23.7	246 38.3	30.8	56 05.6	20.4	219 53.4	58.9
03	164 14.2	225 34.7	· · 23.5	261 38.8	· · 30.9	71 08.3	· · 20.4	234 55.6	· · 58.9
04	179 16.7	240 38.8	23.4	276 39.3	31.0	86 11.1	20.4	249 57.7	58.8
05	194 19.2	255 42.9	23.3	291 39.8	31.1	101 13.8	20.4	264 59.9	58.8
06	209 21.6	270 47.0	S14 23.1	306 40.4	S23 31.2	116 16.6	N23 20.5	280 02.0	S21 58.8
07	224 24.1	285 51.1	23.0	321 40.9	31.4	131 19.3	20.5	295 04.2	58.7
08	239 26.5	300 55.2	22.9	336 41.4	31.5	146 22.1	20.5	310 06.3	58.7
09	254 29.0	315 59.2	· · 22.7	351 41.9	· · 31.6	161 24.9	· · 20.5	325 08.5	· · 58.7
10	269 31.5	331 03.3	22.6	6 42.4	31.7	176 27.6	20.5	340 10.7	58.6
11	284 33.9	346 07.4	22.5	21 42.9	31.8	191 30.4	20.5	355 12.8	58.6
12	299 36.4	1 11.5	S14 22.4	36 43.5	S23 32.0	206 33.1	N23 20.5	10 15.0	S21 58.6
13	314 38.9	16 15.6	22.2	51 44.0	32.1	221 35.9	20.5	25 17.1	58.5
14	329 41.3	31 19.6	22.1	66 44.5	32.2	236 38.6	20.6	40 19.3	58.5
15	344 43.8	46 23.7	· · 22.0	81 45.0	· · 32.3	251 41.4	· · 20.6	55 21.4	· · 58.4
16	359 46.3	61 27.8	21.9	96 45.5	32.4	266 44.1	20.6	70 23.6	58.4
17	14 48.7	76 31.9	21.7	111 46.1	32.5	281 46.9	20.6	85 25.7	58.4
18	29 51.2	91 35.9	S14 21.6	126 46.6	S23 32.7	296 49.7	N23 20.6	100 27.9	S21 58.3
19	44 53.7	106 40.0	21.5	141 47.1	32.8	311 52.4	20.6	115 30.0	58.3
20	59 56.1	121 44.1	21.4	156 47.6	32.9	326 55.2	20.6	130 32.2	58.3
21	74 58.6	136 48.1	· · 21.3	171 48.1	· · 33.0	341 57.9	· · 20.6	145 34.3	· · 58.2
22	90 01.0	151 52.2	21.2	186 48.6	33.1	357 00.7	20.6	160 36.5	58.2
23	105 03.5	166 56.3	21.0	201 49.2	33.2	12 03.4	20.7	175 38.6	58.2
21 00 SUNDAY	120 06.0	182 00.3	S14 20.9	216 49.7	S23 33.3	27 06.2	N23 20.7	190 40.8	S21 58.1
01	135 08.4	197 04.4	20.8	231 50.2	33.5	42 08.9	20.7	205 42.9	58.1
02	150 10.9	212 08.4	20.7	246 50.7	33.6	57 11.7	20.7	220 45.1	58.1
03	165 13.4	227 12.5	· · 20.6	261 51.2	· · 33.7	72 14.4	· · 20.7	235 47.2	· · 58.0
04	180 15.8	242 16.6	20.5	276 51.7	33.8	87 17.2	20.7	250 49.4	58.0
05	195 18.3	257 20.6	20.4	291 52.3	33.9	102 19.9	20.7	265 51.5	57.9
06	210 20.8	272 24.7	S14 20.3	306 52.8	S23 34.0	117 22.7	N23 20.7	280 53.7	S21 57.9
07	225 23.2	287 28.7	20.1	321 53.3	34.1	132 25.4	20.8	295 55.8	57.9
08	240 25.7	302 32.8	20.0	336 53.8	34.2	147 28.2	20.8	310 58.0	57.8
09	255 28.2	317 36.8	· · 19.9	351 54.3	· · 34.4	162 30.9	· · 20.8	326 00.1	· · 57.8
10	270 30.6	332 40.9	19.8	6 54.8	34.5	177 33.7	20.8	341 02.3	57.8
11	285 33.1	347 44.9	19.7	21 55.4	34.6	192 36.4	20.8	356 04.5	57.7
12	300 35.5	2 49.0	S14 19.6	36 55.9	S23 34.7	207 39.2	N23 20.8	11 06.6	S21 57.7
13	315 38.0	17 53.0	19.5	51 56.4	34.8	222 41.9	20.8	26 08.8	57.7
14	330 40.5	32 57.1	19.4	66 56.9	34.9	237 44.7	20.8	41 10.9	57.6
15	345 42.9	48 01.1	· · 19.3	81 57.4	· · 35.0	252 47.4	· · 20.8	56 13.1	· · 57.6
16	0 45.4	63 05.2	19.2	96 57.9	35.1	267 50.2	20.9	71 15.2	57.5
17	15 47.9	78 09.2	19.1	111 58.5	35.2	282 52.9	20.9	86 17.4	57.5
18	30 50.3	93 13.2	S14 19.0	126 59.0	S23 35.3	297 55.7	N23 20.9	101 19.5	S21 57.5
19	45 52.8	108 17.3	18.9	141 59.5	35.4	312 58.4	20.9	116 21.7	57.4
20	60 55.3	123 21.3	18.8	157 00.0	35.5	328 01.2	20.9	131 23.8	57.4
21	75 57.7	138 25.3	· · 18.7	172 00.5	· · 35.6	343 03.9	· · 20.9	146 26.0	· · 57.4
22	91 00.2	153 29.4	18.6	187 01.0	35.7	358 06.7	20.9	161 28.1	57.3
23	106 02.6	168 33.4	18.5	202 01.5	35.9	13 09.4	20.9	176 30.3	57.3
Mer. Pass.	h m 16 00.9	*v* 4.1	*d* 0.1	*v* 0.5	*d* 0.1	*v* 2.8	*d* 0.0	*v* 2.2	*d* 0.0

STARS

Name	S.H.A. ° ′	Dec. ° ′
Acamar	315 31.4	S40 20.8
Achernar	335 39.6	S57 17.4
Acrux	173 29.1	S63 02.5
Adhara	255 26.0	S28 57.5
Aldebaran	291 09.3	N16 29.5
Alioth	166 35.6	N56 00.4
Alkaid	153 12.5	N49 21.3
Al Na'ir	28 05.9	S47 00.7
Alnilam	276 03.9	S 1 12.4
Alphard	218 13.0	S 8 37.0
Alphecca	126 26.0	N26 44.5
Alpheratz	358 02.0	N29 02.3
Altair	62 25.7	N 8 50.4
Ankaa	353 33.0	S42 21.8
Antares	112 48.1	S26 24.7
Arcturus	146 11.7	N19 13.7
Atria	108 06.2	S69 00.6
Avior	234 24.7	S59 28.6
Bellatrix	278 50.6	N 6 20.5
Betelgeuse	271 20.0	N 7 24.4
Canopus	264 03.4	S52 41.4
Capella	281 00.1	N45 59.6
Deneb	49 44.0	N45 14.6
Denebola	182 51.3	N14 37.4
Diphda	349 13.5	S18 02.5
Dubhe	194 12.3	N61 48.0
Elnath	278 34.5	N28 36.1
Eltanin	90 54.8	N51 29.1
Enif	34 04.7	N 9 49.7
Fomalhaut	15 43.5	S29 40.6
Gacrux	172 20.6	S57 03.3
Gienah	176 10.3	S17 29.3
Hadar	149 13.2	S60 19.4
Hamal	328 20.6	N23 25.1
Kaus Aust.	84 07.4	S34 23.5
Kochab	137 19.1	N74 11.3
Markab	13 56.1	N15 09.1
Menkar	314 33.3	N 4 03.2
Menkent	148 28.5	S36 19.3
Miaplacidus	221 42.8	S69 40.5
Mirfak	309 05.5	N49 49.9
Nunki	76 20.4	S26 18.7
Peacock	53 47.2	S56 46.2
Pollux	243 48.7	N28 03.1
Procyon	245 17.7	N 5 15.1
Rasalhague	96 23.0	N12 33.8
Regulus	208 01.8	N12 00.8
Rigel	281 28.7	S 8 12.7
Rigil Kent.	140 16.1	S60 47.5
Sabik	102 33.0	S15 42.9
Schedar	350 01.1	N56 29.3
Shaula	96 46.1	S37 05.9
Sirius	258 48.8	S16 42.1
Spica	158 49.8	S11 06.7
Suhail	223 05.0	S43 23.5
Vega	80 51.3	N38 46.2
Zuben'ubi	137 25.0	S16 00.2

	S.H.A. ° ′	Mer. Pass. h m
Venus	61 15.7	11 55
Mars	97 30.4	9 33
Jupiter	266 53.2	22 12
Saturn	70 42.3	11 19

UT (GMT) d h		SUN G.H.A. ° ′	SUN Dec. ° ′	MOON G.H.A. ° ′	v ′	MOON Dec. ° ′	d ′	H.P. ′
19 00		177 21.7	S20 26.1	272 11.2	15.0	S16 08.1	11.3	54.2
01		192 21.5	25.6	286 45.2	15.0	16 19.4	11.3	54.2
02		207 21.3	25.1	301 19.2	14.9	16 30.7	11.1	54.2
03		222 21.1	. . 24.5	315 53.1	14.8	16 41.8	11.2	54.2
04		237 20.9	24.0	330 26.9	14.8	16 53.0	11.0	54.2
05		252 20.7	23.5	345 00.7	14.8	17 04.0	11.0	54.2
06		267 20.5	S20 23.0	359 34.5	14.7	S17 15.0	10.9	54.2
07		282 20.3	22.5	14 08.2	14.6	17 25.9	10.9	54.2
08		297 20.1	21.9	28 41.8	14.6	17 36.8	10.7	54.2
09	F	312 19.9	. . 21.4	43 15.4	14.5	17 47.5	10.7	54.2
10	R	327 19.7	20.9	57 48.9	14.5	17 58.2	10.7	54.2
11	I	342 19.5	20.4	72 22.4	14.4	18 08.9	10.5	54.2
12	D	357 19.4	S20 19.8	86 55.8	14.3	S18 19.4	10.5	54.2
13	A	12 19.2	19.3	101 29.1	14.3	18 29.9	10.4	54.2
14	Y	27 19.0	18.8	116 02.4	14.3	18 40.3	10.3	54.2
15		42 18.8	. . 18.3	130 35.7	14.1	18 50.6	10.3	54.2
16		57 18.6	17.7	145 08.8	14.1	19 00.9	10.2	54.2
17		72 18.4	17.2	159 41.9	14.1	19 11.1	10.1	54.2
18		87 18.2	S20 16.7	174 15.0	14.0	S19 21.2	10.0	54.2
19		102 18.0	16.1	188 48.0	13.9	19 31.2	9.9	54.2
20		117 17.8	15.6	203 20.9	13.9	19 41.1	9.9	54.2
21		132 17.6	. . 15.1	217 53.8	13.8	19 51.0	9.8	54.2
22		147 17.5	14.5	232 26.6	13.7	20 00.8	9.7	54.2
23		162 17.3	14.0	246 59.3	13.7	20 10.5	9.6	54.2
20 00		177 17.1	S20 13.5	261 32.0	13.6	S20 20.1	9.5	54.2
01		192 16.9	12.9	276 04.6	13.5	20 29.6	9.5	54.2
02		207 16.7	12.4	290 37.1	13.5	20 39.1	9.4	54.2
03		222 16.5	. . 11.9	305 09.6	13.4	20 48.5	9.2	54.2
04		237 16.3	11.3	319 42.0	13.3	20 57.7	9.2	54.2
05		252 16.1	10.8	334 14.3	13.3	21 06.9	9.2	54.2
06		267 16.0	S20 10.3	348 46.6	13.2	S21 16.1	9.0	54.2
07		282 15.8	09.7	3 18.8	13.1	21 25.1	8.9	54.2
08	S	297 15.6	09.2	17 50.9	13.1	21 34.0	8.9	54.2
09	A	312 15.4	. . 08.6	32 23.0	13.0	21 42.9	8.7	54.3
10	T	327 15.2	08.1	46 55.0	12.9	21 51.6	8.7	54.3
11	U	342 15.0	07.6	61 26.9	12.9	22 00.3	8.5	54.3
12	R	357 14.9	S20 07.0	75 58.8	12.8	S22 08.8	8.5	54.3
13	D	12 14.7	06.5	90 30.6	12.7	22 17.3	8.4	54.3
14	A	27 14.5	05.9	105 02.3	12.6	22 25.7	8.3	54.3
15	Y	42 14.3	. . 05.4	119 33.9	12.6	22 34.0	8.2	54.3
16		57 14.1	04.8	134 05.5	12.5	22 42.2	8.1	54.3
17		72 13.9	04.3	148 37.0	12.4	22 50.3	8.0	54.3
18		87 13.8	S20 03.8	163 08.4	12.4	S22 58.3	7.9	54.3
19		102 13.6	03.2	177 39.8	12.3	23 06.2	7.8	54.3
20		117 13.4	02.7	192 11.1	12.2	23 14.0	7.7	54.3
21		132 13.2	. . 02.1	206 42.3	12.1	23 21.7	7.6	54.3
22		147 13.0	01.6	221 13.4	12.1	23 29.3	7.5	54.3
23		162 12.9	01.0	235 44.5	12.0	23 36.8	7.3	54.4
21 00		177 12.7	S20 00.5	250 15.5	11.9	S23 44.1	7.3	54.4
01		192 12.5	19 59.9	264 46.4	11.9	23 51.4	7.2	54.4
02		207 12.3	59.4	279 17.3	11.8	23 58.6	7.1	54.4
03		222 12.1	. . 58.8	293 48.1	11.7	24 05.7	7.0	54.4
04		237 12.0	58.3	308 18.8	11.6	24 12.7	6.9	54.4
05		252 11.8	57.7	322 49.4	11.6	24 19.6	6.7	54.4
06		267 11.6	S19 57.2	337 20.0	11.5	S24 26.3	6.7	54.4
07		282 11.4	56.6	351 50.5	11.4	24 33.0	6.5	54.4
08		297 11.3	56.1	6 20.9	11.3	24 39.5	6.4	54.4
09	S	312 11.1	. . 55.5	20 51.2	11.3	24 45.9	6.4	54.5
10	U	327 10.9	54.9	35 21.5	11.2	24 52.3	6.2	54.5
11	N	342 10.7	54.4	49 51.7	11.1	24 58.5	6.1	54.5
12	D	357 10.5	S19 53.8	64 21.8	11.1	S25 04.6	6.0	54.5
13	A	12 10.4	53.3	78 51.9	11.0	25 10.6	5.8	54.5
14	Y	27 10.2	52.7	93 21.9	10.9	25 16.4	5.8	54.5
15		42 10.0	. . 52.2	107 51.8	10.9	25 22.2	5.6	54.5
16		57 09.8	51.6	122 21.7	10.8	25 27.8	5.5	54.5
17		72 09.7	51.0	136 51.5	10.7	25 33.3	5.4	54.6
18		87 09.5	S19 50.5	151 21.2	10.6	S25 38.7	5.3	54.6
19		102 09.3	49.9	165 50.8	10.6	25 44.0	5.2	54.6
20		117 09.1	49.3	180 20.4	10.5	25 49.2	5.0	54.6
21		132 09.0	. . 48.8	194 49.9	10.5	25 54.2	5.0	54.6
22		147 08.8	48.2	209 19.4	10.3	25 59.2	4.8	54.6
23		162 08.6	47.7	223 48.7	10.3	26 04.0	4.6	54.7
		S.D. 16.3	*d* 0.5	S.D. 14.8		14.8		14.8

Lat. °	Twilight Naut. h m	Twilight Civil h m	Sunrise h m	Moonrise 19 h m	Moonrise 20 h m	Moonrise 21 h m	Moonrise 22 h m
N 72	07 49	09 32	▬	04 45	▬	▬	▬
N 70	07 36	09 03	11 07	03 45	▬	▬	▬
68	07 25	08 42	10 11	03 11	05 44	▬	▬
66	07 16	08 25	09 38	02 46	04 44	▬	▬
64	07 08	08 11	09 14	02 27	04 10	06 09	▬
62	07 01	07 59	08 55	02 12	03 46	05 25	07 07
60	06 55	07 49	08 40	01 59	03 27	04 56	06 22
N 58	06 50	07 40	08 27	01 48	03 11	04 34	05 53
56	06 45	07 32	08 15	01 39	02 57	04 16	05 30
54	06 41	07 25	08 05	01 30	02 46	04 01	05 12
52	06 36	07 18	07 57	01 23	02 35	03 48	04 56
50	06 32	07 12	07 49	01 16	02 26	03 36	04 43
45	06 23	06 59	07 32	01 02	02 07	03 12	04 16
N 40	06 15	06 48	07 18	00 50	01 51	02 53	03 54
35	06 08	06 39	07 06	00 40	01 38	02 37	03 36
30	06 01	06 30	06 56	00 31	01 27	02 24	03 21
20	05 48	06 14	06 38	00 16	01 08	02 01	02 55
N 10	05 34	06 00	06 22	00 03	00 51	01 41	02 32
0	05 20	05 45	06 07	24 35	00 35	01 22	02 12
S 10	05 04	05 30	05 52	24 20	00 20	01 04	01 51
20	04 44	05 12	05 36	24 03	00 03	00 44	01 29
30	04 19	04 51	05 18	23 45	24 21	00 21	01 03
35	04 03	04 38	05 07	23 34	24 08	00 08	00 48
40	03 44	04 23	04 54	23 21	23 53	24 31	00 31
45	03 19	04 04	04 39	23 07	23 35	24 10	00 10
S 50	02 45	03 40	04 21	22 49	23 12	23 44	24 27
52	02 26	03 28	04 12	22 40	23 02	23 31	24 13
54	02 03	03 15	04 02	22 31	22 50	23 17	23 56
56	01 29	02 58	03 51	22 20	22 36	23 00	23 37
58	////	02 39	03 38	22 09	22 20	22 40	23 14
S 60	////	02 14	03 23	21 55	22 01	22 14	22 42

Lat. °	Sunset h m	Twilight Civil h m	Twilight Naut. h m	Moonset 19 h m	Moonset 20 h m	Moonset 21 h m	Moonset 22 h m
N 72	▬	14 51	16 35	06 58	▬	▬	▬
N 70	13 16	15 20	16 47	08 00	▬	▬	▬
68	14 12	15 41	16 58	08 36	07 34	▬	▬
66	14 45	15 58	17 07	09 01	08 35	▬	▬
64	15 09	16 12	17 15	09 21	09 10	08 50	▬
62	15 27	16 24	17 21	09 37	09 35	09 34	09 37
60	15 43	16 34	17 27	09 51	09 55	10 04	10 22
N 58	15 56	16 43	17 33	10 03	10 12	10 26	10 51
56	16 07	16 51	17 38	10 13	10 26	10 45	11 14
54	16 17	16 58	17 42	10 22	10 38	11 00	11 33
52	16 26	17 04	17 46	10 30	10 49	11 14	11 48
50	16 34	17 10	17 50	10 38	10 58	11 25	12 02
45	16 51	17 23	17 59	10 53	11 19	11 50	12 30
N 40	17 05	17 34	18 07	11 06	11 35	12 10	12 52
35	17 16	17 44	18 14	11 17	11 49	12 26	13 10
30	17 27	17 52	18 21	11 27	12 01	12 41	13 26
20	17 44	18 08	18 35	11 44	12 22	13 05	13 52
N 10	18 00	18 22	18 48	11 58	12 40	13 26	14 15
0	18 15	18 37	19 02	12 12	12 57	13 46	14 37
S 10	18 29	18 52	19 18	12 26	13 15	14 05	14 58
20	18 45	19 09	19 38	12 41	13 33	14 27	15 21
30	19 04	19 30	20 02	12 58	13 54	14 51	15 48
35	19 15	19 43	20 18	13 08	14 07	15 06	16 04
40	19 27	19 58	20 37	13 20	14 21	15 23	16 22
45	19 42	20 17	21 02	13 33	14 38	15 43	16 44
S 50	20 00	20 41	21 36	13 50	15 00	16 08	17 12
52	20 09	20 53	21 54	13 58	15 10	16 21	17 26
54	20 19	21 06	22 17	14 06	15 22	16 35	17 42
56	20 30	21 22	22 49	14 16	15 35	16 52	18 01
58	20 42	21 41	////	14 27	15 50	17 12	18 25
S 60	20 57	22 06	////	14 41	16 09	17 37	18 56

Day	SUN Eqn. of Time 00 h m s	SUN Eqn. of Time 12 h m s	SUN Mer. Pass. h m	MOON Mer. Pass. Upper h m	MOON Mer. Pass. Lower h m	MOON Age d	MOON Phase
19	10 33	10 42	12 11	06 02	18 24	22	◐
20	10 51	11 00	12 11	06 46	19 10	23	
21	11 09	11 17	12 11	07 34	19 59	24	

UT (GMT) d	h	ARIES G.H.A.	VENUS −4.2 G.H.A.	VENUS Dec.	MARS +1.4 G.H.A.	MARS Dec.	JUPITER −2.6 G.H.A.	JUPITER Dec.	SATURN +0.5 G.H.A.	SATURN Dec.	STARS Name	S.H.A.	Dec.
		° ′	° ′	° ′	° ′	° ′	° ′	° ′	° ′	° ′		° ′	° ′
22	00	121 05.1	183 37.4	S14 18.4	217 02.1	S23 36.0	28 12.1	N23 20.9	191 32.4	S21 57.3	Acamar	315 31.4	S40 20.8
	01	136 07.6	198 41.4	18.3	232 02.6	36.1	43 14.9	21.0	206 34.6	57.2	Achernar	335 39.6	S57 17.4
	02	151 10.0	213 45.5	18.3	247 03.1	36.2	58 17.6	21.0	221 36.7	57.2	Acrux	173 29.0	S63 02.5
	03	166 12.5	228 49.5	· · 18.2	262 03.6	· · 36.3	73 20.4	· · 21.0	236 38.9	· · 57.2	Adhara	255 26.0	S28 57.5
	04	181 15.0	243 53.5	18.1	277 04.1	36.4	88 23.1	21.0	251 41.0	57.1	Aldebaran	291 09.3	N16 29.5
	05	196 17.4	258 57.5	18.0	292 04.6	36.5	103 25.9	21.0	266 43.2	57.1			
	06	211 19.9	274 01.5	S14 17.9	307 05.1	S23 36.6	118 28.6	N23 21.0	281 45.4	S21 57.0	Alioth	166 35.6	N56 00.4
	07	226 22.4	289 05.6	17.8	322 05.7	36.7	133 31.4	21.0	296 47.5	57.0	Alkaid	153 12.5	N49 21.3
	08	241 24.8	304 09.6	17.7	337 06.2	36.8	148 34.1	21.0	311 49.7	57.0	Al Na'ir	28 05.9	S47 00.7
M	09	256 27.3	319 13.6	· · 17.6	352 06.7	· · 36.9	163 36.8	· · 21.1	326 51.8	· · 56.9	Alnilam	276 03.9	S 1 12.4
O	10	271 29.8	334 17.6	17.6	7 07.2	37.0	178 39.6	21.1	341 54.0	56.9	Alphard	218 13.0	S 8 37.0
N	11	286 32.2	349 21.6	17.5	22 07.7	37.1	193 42.3	21.1	356 56.1	56.9			
D	12	301 34.7	4 25.6	S14 17.4	37 08.2	S23 37.2	208 45.1	N23 21.1	11 58.3	S21 56.8	Alphecca	126 25.9	N26 44.5
A	13	316 37.1	19 29.6	17.3	52 08.7	37.3	223 47.8	21.1	27 00.4	56.8	Alpheratz	358 02.0	N29 02.3
Y	14	331 39.6	34 33.6	17.2	67 09.2	37.4	238 50.6	21.1	42 02.6	56.8	Altair	62 25.7	N 8 50.4
	15	346 42.1	49 37.6	· · 17.2	82 09.8	· · 37.5	253 53.3	· · 21.1	57 04.7	· · 56.7	Ankaa	353 33.0	S42 21.8
	16	1 44.5	64 41.6	17.1	97 10.3	37.6	268 56.0	21.1	72 06.9	56.7	Antares	112 48.1	S26 24.7
	17	16 47.0	79 45.6	17.0	112 10.8	37.7	283 58.8	21.1	87 09.0	56.6			
	18	31 49.5	94 49.6	S14 16.9	127 11.3	S23 37.8	299 01.5	N23 21.2	102 11.2	S21 56.6	Arcturus	146 11.7	N19 13.7
	19	46 51.9	109 53.6	16.8	142 11.8	37.9	314 04.3	21.2	117 13.3	56.6	Atria	108 06.2	S69 00.5
	20	61 54.4	124 57.6	16.8	157 12.3	38.0	329 07.0	21.2	132 15.5	56.5	Avior	234 24.7	S59 28.6
	21	76 56.9	140 01.6	· · 16.7	172 12.8	· · 38.0	344 09.7	· · 21.2	147 17.7	· · 56.5	Bellatrix	278 50.6	N 6 20.5
	22	91 59.3	155 05.6	16.6	187 13.3	38.1	359 12.5	21.2	162 19.8	56.5	Betelgeuse	271 20.0	N 7 24.4
	23	107 01.8	170 09.5	16.5	202 13.9	38.2	14 15.2	21.2	177 22.0	56.4			
23	00	122 04.3	185 13.5	S14 16.5	217 14.4	S23 38.3	29 18.0	N23 21.2	192 24.1	S21 56.4	Canopus	264 03.4	S52 41.5
	01	137 06.7	200 17.5	16.4	232 14.9	38.4	44 20.7	21.2	207 26.3	56.4	Capella	281 00.1	N45 59.6
	02	152 09.2	215 21.5	16.3	247 15.4	38.5	59 23.4	21.2	222 28.4	56.3	Deneb	49 44.0	N45 14.6
	03	167 11.6	230 25.4	· · 16.3	262 15.9	· · 38.6	74 26.2	· · 21.2	237 30.6	· · 56.3	Denebola	182 51.3	N14 37.4
	04	182 14.1	245 29.4	16.2	277 16.4	38.7	89 28.9	21.3	252 32.7	56.3	Diphda	349 13.5	S18 02.5
	05	197 16.6	260 33.4	16.1	292 16.9	38.8	104 31.7	21.3	267 34.9	56.2			
	06	212 19.0	275 37.4	S14 16.1	307 17.4	S23 38.9	119 34.4	N23 21.3	282 37.0	S21 56.2	Dubhe	194 12.3	N61 48.0
	07	227 21.5	290 41.3	16.0	322 17.9	39.0	134 37.1	21.3	297 39.2	56.1	Elnath	278 34.5	N28 36.1
T	08	242 24.0	305 45.3	15.9	337 18.5	39.1	149 39.9	21.3	312 41.3	56.1	Eltanin	90 54.7	N51 29.1
U	09	257 26.4	320 49.2	· · 15.9	352 19.0	· · 39.2	164 42.6	· · 21.3	327 43.5	· · 56.1	Enif	34 04.7	N 9 49.7
E	10	272 28.9	335 53.2	15.8	7 19.5	39.3	179 45.3	21.3	342 45.7	56.0	Fomalhaut	15 43.5	S29 40.6
S	11	287 31.4	350 57.2	15.7	22 20.0	39.3	194 48.1	21.3	357 47.8	56.0			
D	12	302 33.8	6 01.1	S14 15.7	37 20.5	S23 39.4	209 50.8	N23 21.3	12 50.0	S21 56.0	Gacrux	172 20.6	S57 03.3
A	13	317 36.3	21 05.1	15.6	52 21.0	39.5	224 53.6	21.4	27 52.1	55.9	Gienah	176 10.3	S17 29.3
Y	14	332 38.7	36 09.0	15.6	67 21.5	39.6	239 56.3	21.4	42 54.3	55.9	Hadar	149 13.1	S60 19.4
	15	347 41.2	51 13.0	· · 15.5	82 22.0	· · 39.7	254 59.0	· · 21.4	57 56.4	· · 55.9	Hamal	328 20.7	N23 25.1
	16	2 43.7	66 16.9	15.4	97 22.5	39.8	270 01.8	21.4	72 58.6	55.8	Kaus Aust.	84 07.4	S34 23.5
	17	17 46.1	81 20.9	15.4	112 23.0	39.9	285 04.5	21.4	88 00.7	55.8			
	18	32 48.6	96 24.8	S14 15.3	127 23.6	S23 40.0	300 07.2	N23 21.4	103 02.9	S21 55.7	Kochab	137 19.1	N74 11.3
	19	47 51.1	111 28.7	15.3	142 24.1	40.1	315 10.0	21.4	118 05.0	55.7	Markab	13 56.1	N15 09.1
	20	62 53.5	126 32.7	15.2	157 24.6	40.1	330 12.7	21.4	133 07.2	55.7	Menkar	314 33.3	N 4 03.2
	21	77 56.0	141 36.6	· · 15.2	172 25.1	· · 40.2	345 15.4	· · 21.4	148 09.3	· · 55.6	Menkent	148 28.4	S36 19.3
	22	92 58.5	156 40.5	15.1	187 25.6	40.3	0 18.2	21.5	163 11.5	55.6	Miaplacidus	221 42.8	S69 40.5
	23	108 00.9	171 44.5	15.1	202 26.1	40.4	15 20.9	21.5	178 13.7	55.6			
24	00	123 03.4	186 48.4	S14 15.0	217 26.6	S23 40.5	30 23.6	N23 21.5	193 15.8	S21 55.5	Mirfak	309 05.5	N49 49.9
	01	138 05.9	201 52.3	15.0	232 27.1	40.6	45 26.4	21.5	208 18.0	55.5	Nunki	76 20.4	S26 18.7
	02	153 08.3	216 56.2	14.9	247 27.6	40.7	60 29.1	21.5	223 20.1	55.5	Peacock	53 47.2	S56 46.2
	03	168 10.8	232 00.1	· · 14.9	262 28.1	· · 40.7	75 31.8	· · 21.5	238 22.3	· · 55.4	Pollux	243 48.7	N28 03.1
	04	183 13.2	247 04.1	14.8	277 28.6	40.8	90 34.6	21.5	253 24.4	55.4	Procyon	245 17.7	N 5 15.0
	05	198 15.7	262 08.0	14.8	292 29.2	40.9	105 37.3	21.5	268 26.6	55.3			
	06	213 18.2	277 11.9	S14 14.7	307 29.7	S23 41.0	120 40.0	N23 21.5	283 28.7	S21 55.3	Rasalhague	96 23.0	N12 33.8
W	07	228 20.6	292 15.8	14.7	322 30.2	41.1	135 42.8	21.6	298 30.9	55.3	Regulus	208 01.8	N12 00.8
E	08	243 23.1	307 19.7	14.6	337 30.7	41.2	150 45.5	21.6	313 33.1	55.2	Rigel	281 28.7	S 8 12.7
D	09	258 25.6	322 23.6	· · 14.6	352 31.2	· · 41.2	165 48.2	· · 21.6	328 35.2	· · 55.2	Rigil Kent.	140 16.0	S60 47.5
N	10	273 28.0	337 27.5	14.5	7 31.7	41.3	180 50.9	21.6	343 37.4	55.2	Sabik	102 32.9	S15 42.9
E	11	288 30.5	352 31.4	14.5	22 32.2	41.4	195 53.7	21.6	358 39.5	55.1			
S	12	303 33.0	7 35.3	S14 14.5	37 32.7	S23 41.5	210 56.4	N23 21.6	13 41.7	S21 55.1	Schedar	350 01.1	N56 29.3
D	13	318 35.4	22 39.2	14.4	52 33.2	41.6	225 59.1	21.6	28 43.8	55.1	Shaula	96 46.1	S37 05.9
A	14	333 37.9	37 43.1	14.4	67 33.7	41.6	241 01.9	21.6	43 46.0	55.0	Sirius	258 48.8	S16 42.2
Y	15	348 40.4	52 47.0	· · 14.3	82 34.2	· · 41.7	256 04.6	· · 21.6	58 48.1	· · 55.0	Spica	158 49.7	S11 06.7
	16	3 42.8	67 50.8	14.3	97 34.7	41.8	271 07.3	21.6	73 50.3	54.9	Suhail	223 05.0	S43 23.5
	17	18 45.3	82 54.7	14.3	112 35.2	41.9	286 10.0	21.7	88 52.4	54.9			
	18	33 47.7	97 58.6	S14 14.2	127 35.8	S23 41.9	301 12.8	N23 21.7	103 54.6	S21 54.9	Vega	80 51.3	N38 46.2
	19	48 50.2	113 02.5	14.2	142 36.3	42.0	316 15.5	21.7	118 56.8	54.8	Zuben'ubi	137 25.0	S16 00.2
	20	63 52.7	128 06.3	14.2	157 36.8	42.1	331 18.2	21.7	133 58.9	54.8			
	21	78 55.1	143 10.2	· · 14.1	172 37.3	· · 42.2	346 21.0	· · 21.7	149 01.1	· · 54.8			
	22	93 57.6	158 14.1	14.1	187 37.8	42.3	1 23.7	21.7	164 03.2	54.7			
	23	109 00.1	173 17.9	14.1	202 38.3	42.3	16 26.4	21.7	179 05.4	54.7			
Mer. Pass.		h m 15 49.1	v 4.0	d 0.1	v 0.5	d 0.1	v 2.7	d 0.0	v 2.2	d 0.0			

	S.H.A.	Mer. Pass.
	° ′	h m
Venus	63 09.3	11 36
Mars	95 10.1	9 31
Jupiter	267 13.7	21 59
Saturn	70 19.9	11 09

UT (GMT) d h	SUN G.H.A. ° ′	SUN Dec. ° ′	MOON G.H.A. ° ′	v ′	MOON Dec. ° ′	d ′	H.P. ′
22 00	177 08.5	S19 47.1	238 18.0	10.3	S26 08.6	4.6	54.7
01	192 08.3	46.5	252 47.3	10.2	26 13.2	4.4	54.7
02	207 08.1	46.0	267 16.5	10.1	26 17.6	4.3	54.7
03	222 07.9	. . 45.4	281 45.6	10.0	26 21.9	4.2	54.7
04	237 07.8	44.8	296 14.6	10.0	26 26.1	4.0	54.7
05	252 07.6	44.3	310 43.6	10.0	26 30.1	4.0	54.7
06	267 07.4	S19 43.7	325 12.6	9.8	S26 34.1	3.8	54.8
07	282 07.3	43.1	339 41.4	9.8	26 37.9	3.6	54.8
08	297 07.1	42.6	354 10.2	9.8	26 41.5	3.6	54.8
MONDAY 09	312 06.9	. . 42.0	8 39.0	9.6	26 45.1	3.4	54.8
10	327 06.8	41.4	23 07.6	9.7	26 48.5	3.2	54.8
11	342 06.6	40.8	37 36.3	9.5	26 51.7	3.2	54.9
12	357 06.4	S19 40.3	52 04.8	9.6	S26 54.9	3.0	54.9
13	12 06.3	39.7	66 33.4	9.4	26 57.9	2.9	54.9
14	27 06.1	39.1	81 01.8	9.4	27 00.8	2.7	54.9
15	42 05.9	. . 38.5	95 30.2	9.4	27 03.5	2.6	54.9
16	57 05.8	38.0	109 58.6	9.3	27 06.1	2.5	54.9
17	72 05.6	37.4	124 26.9	9.2	27 08.6	2.3	55.0
18	87 05.4	S19 36.8	138 55.1	9.2	S27 10.9	2.2	55.0
19	102 05.3	36.2	153 23.3	9.1	27 13.1	2.1	55.0
20	117 05.1	35.7	167 51.4	9.1	27 15.2	1.9	55.0
21	132 04.9	. . 35.1	182 19.5	9.1	27 17.1	1.8	55.0
22	147 04.8	34.5	196 47.6	9.0	27 18.9	1.6	55.1
23	162 04.6	33.9	211 15.6	8.9	27 20.5	1.5	55.1
23 00	177 04.4	S19 33.3	225 43.5	9.0	S27 22.0	1.4	55.1
01	192 04.3	32.8	240 11.5	8.8	27 23.4	1.2	55.1
02	207 04.1	32.2	254 39.3	8.8	27 24.6	1.1	55.1
03	222 03.9	. . 31.6	269 07.1	8.8	27 25.7	0.9	55.2
04	237 03.8	31.0	283 34.9	8.8	27 26.6	0.8	55.2
05	252 03.6	30.4	298 02.7	8.7	27 27.4	0.6	55.2
06	267 03.5	S19 29.9	312 30.4	8.7	S27 28.0	0.6	55.2
07	282 03.3	29.3	326 58.1	8.6	27 28.6	0.3	55.3
TUESDAY 08	297 03.1	28.7	341 25.7	8.6	27 28.9	0.2	55.3
09	312 03.0	. . 28.1	355 53.3	8.6	27 29.1	0.1	55.3
10	327 02.8	27.5	10 20.9	8.5	27 29.2	0.1	55.3
11	342 02.6	26.9	24 48.4	8.5	27 29.1	0.2	55.3
12	357 02.5	S19 26.3	39 15.9	8.5	S27 28.9	0.3	55.4
13	12 02.3	25.7	53 43.4	8.5	27 28.6	0.5	55.4
14	27 02.2	25.2	68 10.9	8.4	27 28.1	0.7	55.4
15	42 02.0	. . 24.6	82 38.3	8.4	27 27.4	0.8	55.4
16	57 01.8	24.0	97 05.7	8.4	27 26.6	0.9	55.5
17	72 01.7	23.4	111 33.1	8.3	27 25.7	1.1	55.5
18	87 01.5	S19 22.8	126 00.4	8.4	S27 24.6	1.3	55.5
19	102 01.4	22.2	140 27.8	8.3	27 23.3	1.4	55.5
20	117 01.2	21.6	154 55.1	8.3	27 21.9	1.5	55.6
21	132 01.1	. . 21.0	169 22.4	8.3	27 20.4	1.7	55.6
22	147 00.9	20.4	183 49.7	8.3	27 18.7	1.8	55.6
23	162 00.7	19.8	198 17.0	8.2	27 16.9	2.0	55.6
24 00	177 00.6	S19 19.2	212 44.2	8.3	S27 14.9	2.2	55.6
01	192 00.4	18.6	227 11.5	8.2	27 12.7	2.3	55.7
02	207 00.3	18.0	241 38.7	8.2	27 10.4	2.4	55.7
03	222 00.1	. . 17.4	256 05.9	8.2	27 08.0	2.6	55.7
04	237 00.0	16.9	270 33.1	8.3	27 05.4	2.7	55.7
05	251 59.8	16.3	285 00.4	8.2	27 02.7	2.9	55.8
06	266 59.7	S19 15.7	299 27.6	8.2	S26 59.8	3.0	55.8
WEDNESDAY 07	281 59.5	15.1	313 54.8	8.2	26 56.8	3.2	55.8
08	296 59.4	14.5	328 22.0	8.2	26 53.6	3.3	55.8
09	311 59.2	. . 13.9	342 49.2	8.2	26 50.3	3.5	55.9
10	326 59.0	13.3	357 16.4	8.2	26 46.8	3.6	55.9
11	341 58.9	12.7	11 43.6	8.2	26 43.2	3.8	55.9
12	356 58.7	S19 12.0	26 10.8	8.2	S26 39.4	3.9	55.9
13	11 58.6	11.4	40 38.0	8.2	26 35.5	4.1	56.0
14	26 58.4	10.8	55 05.2	8.3	26 31.4	4.2	56.0
15	41 58.3	. . 10.2	69 32.5	8.2	26 27.2	4.4	56.0
16	56 58.1	09.6	83 59.7	8.3	26 22.8	4.5	56.0
17	71 58.0	09.0	98 27.0	8.2	26 18.3	4.7	56.1
18	86 57.8	S19 08.4	112 54.2	8.3	S26 13.6	4.8	56.1
19	101 57.7	07.8	127 21.5	8.3	26 08.8	4.9	56.1
20	116 57.5	07.2	141 48.8	8.3	26 03.9	5.1	56.2
21	131 57.4	. . 06.6	156 16.1	8.3	25 58.8	5.3	56.2
22	146 57.2	06.0	170 43.4	8.4	25 53.5	5.4	56.2
23	161 57.1	05.4	185 10.8	8.3	25 48.1	5.5	56.2
	S.D. 16.3	*d* 0.6	S.D.		15.0	15.1	15.2

Lat. °	Twilight Naut. h m	Twilight Civil h m	Sunrise h m	Moonrise 22 h m	23 h m	24 h m	25 h m
N 72	07 40	09 19	■	■	■	■	■
N 70	07 28	08 53	10 43	■	■	■	■
68	07 18	08 33	09 58	■	■	■	■
66	07 10	08 18	09 28	■	■	■	■
64	07 03	08 05	09 06	■	■	■	09 48
62	06 57	07 53	08 49	07 07	08 33	09 01	09 04
60	06 51	07 44	08 34	06 22	07 33	08 15	08 35
N 58	06 46	07 35	08 22	05 53	06 59	07 45	08 12
56	06 42	07 28	08 11	05 30	06 34	07 22	07 54
54	06 37	07 21	08 01	05 12	06 14	07 03	07 38
52	06 34	07 15	07 53	04 56	05 58	06 47	07 25
50	06 30	07 09	07 45	04 43	05 43	06 34	07 13
45	06 21	06 57	07 29	04 16	05 14	06 06	06 48
N 40	06 14	06 47	07 16	03 54	04 52	05 44	06 29
35	06 07	06 38	07 05	03 36	04 33	05 25	06 12
30	06 00	06 29	06 55	03 21	04 17	05 09	05 58
20	05 47	06 14	06 38	02 55	03 49	04 43	05 33
N 10	05 35	06 00	06 22	02 32	03 26	04 20	05 12
0	05 21	05 46	06 08	02 12	03 04	03 58	04 53
S 10	05 05	05 31	05 54	01 51	02 42	03 37	04 33
20	04 46	05 15	05 38	01 29	02 19	03 14	04 12
30	04 22	04 54	05 20	01 03	01 52	02 47	03 47
35	04 07	04 42	05 10	00 48	01 36	02 31	03 32
40	03 48	04 27	04 58	00 31	01 17	02 13	03 15
45	03 25	04 09	04 43	00 10	00 55	01 50	02 55
S 50	02 52	03 46	04 26	24 27	00 27	01 22	02 30
52	02 34	03 34	04 17	24 13	00 13	01 08	02 17
54	02 13	03 21	04 08	23 56	24 52	00 52	02 03
56	01 44	03 06	03 57	23 37	24 33	00 33	01 46
58	00 52	02 48	03 45	23 14	24 09	00 09	01 26
S 60	////	02 25	03 31	22 42	23 38	25 01	01 01

Lat. °	Sunset h m	Twilight Civil h m	Twilight Naut. h m	Moonset 22 h m	23 h m	24 h m	25 h m
N 72	■	15 06	16 45	■	■	■	■
N 70	13 42	15 32	16 57	■	■	■	■
68	14 27	15 51	17 06	■	■	■	■
66	14 56	16 07	17 14	■	■	■	■
64	15 18	16 20	17 21	■	■	■	12 33
62	15 36	16 31	17 28	09 37	10 01	11 27	13 16
60	15 50	16 41	17 33	10 22	11 01	12 12	13 45
N 58	16 03	16 49	17 38	10 51	11 35	12 42	14 07
56	16 13	16 56	17 43	11 14	12 00	13 05	14 25
54	16 23	17 03	17 47	11 33	12 20	13 23	14 40
52	16 31	17 09	17 51	11 48	12 36	13 39	14 53
50	16 39	17 15	17 54	12 02	12 51	13 52	15 05
45	16 55	17 27	18 03	12 30	13 20	14 20	15 28
N 40	17 08	17 37	18 10	12 52	13 42	14 42	15 47
35	17 19	17 46	18 17	13 10	14 01	15 00	16 03
30	17 29	17 55	18 24	13 26	14 17	15 15	16 17
20	17 46	18 10	18 36	13 52	14 45	15 41	16 40
N 10	18 01	18 23	18 49	14 15	15 08	16 04	17 00
0	18 15	18 37	19 03	14 37	15 30	16 24	17 18
S 10	18 30	18 52	19 18	14 58	15 52	16 45	17 37
20	18 45	19 09	19 37	15 21	16 15	17 07	17 56
30	19 03	19 29	20 01	15 48	16 42	17 33	18 19
35	19 13	19 42	20 16	16 04	16 58	17 48	18 32
40	19 25	19 56	20 34	16 22	17 17	18 05	18 47
45	19 40	20 14	20 58	16 44	17 39	18 26	19 05
S 50	19 57	20 37	21 30	17 12	18 08	18 53	19 27
52	20 05	20 48	21 47	17 26	18 22	19 05	19 37
54	20 15	21 01	22 08	17 42	18 38	19 20	19 49
56	20 25	21 16	22 36	18 01	18 57	19 37	20 03
58	20 37	21 34	23 23	18 25	19 21	19 57	20 18
S 60	20 51	21 56	////	18 56	19 53	20 23	20 37

Day	SUN Eqn. of Time 00ʰ m s	SUN Eqn. of Time 12ʰ m s	SUN Mer. Pass. h m	MOON Mer. Pass. Upper h m	MOON Mer. Pass. Lower h m	Age d	Phase
22	11 26	11 34	12 12	08 24	20 50	25	
23	11 42	11 50	12 12	09 17	21 44	26	◐
24	11 57	12 05	12 12	10 11	22 39	27	

UT (GMT) d h		ARIES G.H.A. ° ′	VENUS −4.3 G.H.A. ° ′	VENUS Dec. ° ′	MARS +1.4 G.H.A. ° ′	MARS Dec. ° ′	JUPITER −2.6 G.H.A. ° ′	JUPITER Dec. ° ′	SATURN +0.6 G.H.A. ° ′	SATURN Dec. ° ′	STARS Name	S.H.A. ° ′	Dec. ° ′
25 00		124 02.5	188 21.8	S14 14.0	217 38.8	S23 42.4	31 29.1	N23 21.7	194 07.5	S21 54.7	Acamar	315 31.4	S40 20.8
01		139 05.0	203 25.7	14.0	232 39.3	42.5	46 31.9	21.7	209 09.7	54.6	Achernar	335 39.6	S57 17.4
02		154 07.5	218 29.5	14.0	247 39.8	42.6	61 34.6	21.8	224 11.8	54.6	Acrux	173 29.0	S63 02.5
03		169 09.9	233 33.4	· · 13.9	262 40.3	· · 42.6	76 37.3	· · 21.8	239 14.0	· · 54.5	Adhara	255 26.0	S28 57.5
04		184 12.4	248 37.2	13.9	277 40.8	42.7	91 40.0	21.8	254 16.2	54.5	Aldebaran	291 09.3	N16 29.5
05		199 14.9	263 41.1	13.9	292 41.3	42.8	106 42.8	21.8	269 18.3	54.5			
06		214 17.3	278 44.9	S14 13.9	307 41.8	S23 42.9	121 45.5	N23 21.8	284 20.5	S21 54.4	Alioth	166 35.5	N56 00.4
07		229 19.8	293 48.8	13.8	322 42.3	42.9	136 48.2	21.8	299 22.6	54.4	Alkaid	153 12.4	N49 21.3
08	T	244 22.2	308 52.6	13.8	337 42.8	43.0	151 50.9	21.8	314 24.8	54.4	Al Na'ir	28 05.9	S47 00.7
09	H	259 24.7	323 56.4	· · 13.8	352 43.3	· · 43.1	166 53.6	· · 21.8	329 26.9	· · 54.3	Alnilam	276 03.9	S 1 12.4
10	U	274 27.2	339 00.3	13.8	7 43.9	43.1	181 56.4	21.8	344 29.1	54.3	Alphard	218 13.0	S 8 37.0
11	R	289 29.6	354 04.1	13.7	22 44.4	43.2	196 59.1	21.8	359 31.2	54.3			
12	S	304 32.1	9 07.9	S14 13.7	37 44.9	S23 43.3	212 01.8	N23 21.9	14 33.4	S21 54.2	Alphecca	126 25.9	N26 44.5
13	D	319 34.6	24 11.7	13.7	52 45.4	43.4	227 04.5	21.9	29 35.6	54.2	Alpheratz	358 02.0	N29 02.3
14	A	334 37.0	39 15.6	13.7	67 45.9	43.4	242 07.3	21.9	44 37.7	54.1	Altair	62 25.7	N 8 50.4
15	Y	349 39.5	54 19.4	· · 13.7	82 46.4	· · 43.5	257 10.0	· · 21.9	59 39.9	· · 54.1	Ankaa	353 33.0	S42 21.8
16		4 42.0	69 23.2	13.6	97 46.9	43.6	272 12.7	21.9	74 42.0	54.1	Antares	112 48.0	S26 24.7
17		19 44.4	84 27.0	13.6	112 47.4	43.6	287 15.4	21.9	89 44.2	54.0			
18		34 46.9	99 30.8	S14 13.6	127 47.9	S23 43.7	302 18.1	N23 21.9	104 46.3	S21 54.0	Arcturus	146 11.7	N19 13.7
19		49 49.3	114 34.6	13.6	142 48.4	43.8	317 20.9	21.9	119 48.5	54.0	Atria	108 06.1	S69 00.5
20		64 51.8	129 38.4	13.6	157 48.9	43.8	332 23.6	21.9	134 50.7	53.9	Avior	234 24.7	S59 28.6
21		79 54.3	144 42.2	· · 13.6	172 49.4	· · 43.9	347 26.3	· · 21.9	149 52.8	· · 53.9	Bellatrix	278 50.6	N 6 20.5
22		94 56.7	159 46.0	13.6	187 49.9	44.0	2 29.0	22.0	164 55.0	53.9	Betelgeuse	271 20.0	N 7 24.4
23		109 59.2	174 49.8	13.5	202 50.4	44.0	17 31.7	22.0	179 57.1	53.8			
26 00		125 01.7	189 53.6	S14 13.5	217 50.9	S23 44.1	32 34.5	N23 22.0	194 59.3	S21 53.8	Canopus	264 03.4	S52 41.5
01		140 04.1	204 57.4	13.5	232 51.4	44.2	47 37.2	22.0	210 01.4	53.7	Capella	281 00.1	N45 59.6
02		155 06.6	220 01.2	13.5	247 51.9	44.2	62 39.9	22.0	225 03.6	53.7	Deneb	49 44.0	N45 14.6
03		170 09.1	235 04.9	· · 13.5	262 52.4	· · 44.3	77 42.6	· · 22.0	240 05.8	· · 53.7	Denebola	182 51.3	N14 37.4
04		185 11.5	250 08.7	13.5	277 52.9	44.4	92 45.3	22.0	255 07.9	53.6	Diphda	349 13.5	S18 02.5
05		200 14.0	265 12.5	13.5	292 53.4	44.4	107 48.1	22.0	270 10.1	53.6			
06		215 16.5	280 16.2	S14 13.5	307 53.9	S23 44.5	122 50.8	N23 22.0	285 12.2	S21 53.6	Dubhe	194 12.2	N61 48.0
07		230 18.9	295 20.0	13.5	322 54.4	44.6	137 53.5	22.0	300 14.4	53.5	Elnath	278 34.5	N28 36.1
08		245 21.4	310 23.8	13.5	337 54.9	44.6	152 56.2	22.1	315 16.5	53.5	Eltanin	90 54.7	N51 29.1
09	F	260 23.8	325 27.5	· · 13.5	352 55.5	· · 44.7	167 58.9	· · 22.1	330 18.7	· · 53.5	Enif	34 04.7	N 9 49.7
10	R	275 26.3	340 31.3	13.5	7 56.0	44.7	183 01.6	22.1	345 20.8	53.4	Fomalhaut	15 43.5	S29 40.6
11	I	290 28.8	355 35.0	13.5	22 56.5	44.8	198 04.4	22.1	0 23.0	53.4			
12	D	305 31.2	10 38.8	S14 13.5	37 57.0	S23 44.9	213 07.1	N23 22.1	15 25.2	S21 53.3	Gacrux	172 20.5	S57 03.4
13	A	320 33.7	25 42.5	13.4	52 57.5	44.9	228 09.8	22.1	30 27.3	53.3	Gienah	176 10.2	S17 29.3
14	Y	335 36.2	40 46.3	13.4	67 58.0	45.0	243 12.5	22.1	45 29.5	53.3	Hadar	149 13.1	S60 19.4
15		350 38.6	55 50.0	· · 13.4	82 58.5	· · 45.0	258 15.2	· · 22.1	60 31.6	· · 53.2	Hamal	328 20.7	N23 25.1
16		5 41.1	70 53.8	13.4	97 59.0	45.1	273 17.9	22.1	75 33.8	53.2	Kaus Aust.	84 07.4	S34 23.5
17		20 43.6	85 57.5	13.4	112 59.5	45.2	288 20.6	22.1	90 36.0	53.2			
18		35 46.0	101 01.2	S14 13.5	128 00.0	S23 45.2	303 23.4	N23 22.2	105 38.1	S21 53.1	Kochab	137 19.0	N74 11.3
19		50 48.5	116 05.0	13.5	143 00.5	45.3	318 26.1	22.2	120 40.3	53.1	Markab	13 56.1	N15 09.1
20		65 51.0	131 08.7	13.5	158 01.0	45.3	333 28.8	22.2	135 42.4	53.0	Menkar	314 33.3	N 4 03.2
21		80 53.4	146 12.4	· · 13.5	173 01.5	· · 45.4	348 31.5	· · 22.2	150 44.6	· · 53.0	Menkent	148 28.4	S36 19.3
22		95 55.9	161 16.1	13.5	188 02.0	45.4	3 34.2	22.2	165 46.7	53.0	Miaplacidus	221 42.8	S69 40.5
23		110 58.3	176 19.8	13.5	203 02.5	45.5	18 36.9	22.2	180 48.9	52.9			
27 00		126 00.8	191 23.5	S14 13.5	218 03.0	S23 45.6	33 39.6	N23 22.2	195 51.1	S21 52.9	Mirfak	309 05.5	N49 49.9
01		141 03.3	206 27.2	13.5	233 03.5	45.6	48 42.3	22.2	210 53.2	52.9	Nunki	76 20.3	S26 18.7
02		156 05.7	221 30.9	13.5	248 04.0	45.7	63 45.0	22.2	225 55.4	52.8	Peacock	53 47.2	S56 46.1
03		171 08.2	236 34.6	· · 13.5	263 04.5	· · 45.7	78 47.8	· · 22.2	240 57.5	· · 52.8	Pollux	243 48.7	N28 03.1
04		186 10.7	251 38.3	13.5	278 05.0	45.8	93 50.5	22.3	255 59.7	52.8	Procyon	245 17.7	N 5 15.0
05		201 13.1	266 42.0	13.5	293 05.5	45.8	108 53.2	22.3	271 01.8	52.7			
06		216 15.6	281 45.7	S14 13.5	308 06.0	S23 45.9	123 55.9	N23 22.3	286 04.0	S21 52.7	Rasalhague	96 23.0	N12 33.8
07		231 18.1	296 49.4	13.5	323 06.5	45.9	138 58.6	22.3	301 06.2	52.6	Regulus	208 01.8	N12 00.8
08	S	246 20.5	311 53.1	13.6	338 07.0	46.0	154 01.3	22.3	316 08.3	52.6	Rigel	281 28.7	S 8 12.7
09	A	261 23.0	326 56.8	· · 13.6	353 07.5	· · 46.1	169 04.0	· · 22.3	331 10.5	· · 52.6	Rigil Kent.	140 16.0	S60 47.5
10	T	276 25.4	342 00.4	13.6	8 08.0	46.1	184 06.7	22.3	346 12.6	52.5	Sabik	102 32.9	S15 42.9
11	U	291 27.9	357 04.1	13.6	23 08.5	46.2	199 09.4	22.3	1 14.8	52.5			
12	R	306 30.4	12 07.8	S14 13.6	38 09.0	S23 46.2	214 12.1	N23 22.3	16 16.9	S21 52.5	Schedar	350 01.1	N56 29.3
13	D	321 32.8	27 11.4	13.6	53 09.5	46.3	229 14.8	22.3	31 19.1	52.4	Shaula	96 46.1	S37 05.9
14	A	336 35.3	42 15.1	13.6	68 10.0	46.3	244 17.6	22.4	46 21.3	52.4	Sirius	258 48.8	S16 42.2
15	Y	351 37.8	57 18.8	· · 13.7	83 10.5	· · 46.4	259 20.3	· · 22.4	61 23.4	· · 52.4	Spica	158 49.7	S11 06.7
16		6 40.2	72 22.4	13.7	98 11.0	46.4	274 23.0	22.4	76 25.6	52.3	Suhail	223 05.0	S43 23.5
17		21 42.7	87 26.1	13.7	113 11.5	46.5	289 25.7	22.4	91 27.7	52.3			
18		36 45.2	102 29.7	S14 13.7	128 12.0	S23 46.5	304 28.4	N23 22.4	106 29.9	S21 52.2	Vega	80 51.2	N38 46.2
19		51 47.6	117 33.3	13.7	143 12.5	46.6	319 31.1	22.4	121 32.1	52.2	Zuben'ubi	137 24.9	S16 00.2
20		66 50.1	132 37.0	13.8	158 13.0	46.6	334 33.8	22.4	136 34.2	52.2		S.H.A.	Mer. Pass.
21		81 52.6	147 40.6	· · 13.8	173 13.5	· · 46.7	349 36.5	· · 22.4	151 36.4	· · 52.1		° ′	h m
22		96 55.0	162 44.2	13.8	188 14.0	46.7	4 39.2	22.4	166 38.5	52.1	Venus	64 51.9	11 18
23		111 57.5	177 47.9	13.8	203 14.5	46.7	19 41.9	22.4	181 40.7	52.1	Mars	92 49.2	9 28
											Jupiter	267 32.8	21 46
Mer. Pass.		h m 15 37.3	v 3.7	d 0.0	v 0.5	d 0.1	v 2.7	d 0.0	v 2.2	d 0.0	Saturn	69 57.6	10 58

UT (GMT) d	h	SUN G.H.A. ° ′	SUN Dec. ° ′	MOON G.H.A. ° ′	v ′	MOON Dec. ° ′	d ′	H.P. ′
25	00	176 56.9	S19 04.8	199 38.1	8.4	S25 42.6	5.7	56.3
	01	191 56.8	04.2	214 05.5	8.4	25 36.9	5.9	56.3
	02	206 56.7	03.6	228 32.9	8.4	25 31.0	6.0	56.3
	03	221 56.5	. . 02.9	243 00.3	8.5	25 25.0	6.1	56.3
	04	236 56.4	02.3	257 27.8	8.5	25 18.9	6.3	56.4
	05	251 56.2	01.7	271 55.3	8.5	25 12.6	6.4	56.4
	06	266 56.1	S19 01.1	286 22.8	8.5	S25 06.2	6.5	56.4
	07	281 55.9	19 00.5	300 50.3	8.5	24 59.7	6.7	56.4
T	08	296 55.8	18 59.9	315 17.8	8.6	24 53.0	6.9	56.5
H	09	311 55.6	. . 59.3	329 45.4	8.6	24 46.1	7.0	56.5
U	10	326 55.5	58.6	344 13.0	8.7	24 39.1	7.1	56.5
R	11	341 55.3	58.0	358 40.7	8.7	24 32.0	7.2	56.5
S	12	356 55.2	S18 57.4	13 08.4	8.7	S24 24.8	7.4	56.6
D	13	11 55.1	56.8	27 36.1	8.8	24 17.4	7.6	56.6
A	14	26 54.9	56.2	42 03.9	8.7	24 09.8	7.7	56.6
Y	15	41 54.8	. . 55.6	56 31.6	8.9	24 02.1	7.8	56.6
	16	56 54.6	54.9	70 59.5	8.8	23 54.3	7.9	56.7
	17	71 54.5	54.3	85 27.3	8.9	23 46.4	8.1	56.7
	18	86 54.3	S18 53.7	99 55.2	9.0	S23 38.3	8.3	56.7
	19	101 54.2	53.1	114 23.2	8.9	23 30.0	8.3	56.8
	20	116 54.1	52.5	128 51.1	9.0	23 21.7	8.5	56.8
	21	131 53.9	. . 51.8	143 19.1	9.1	23 13.2	8.6	56.8
	22	146 53.8	51.2	157 47.2	9.1	23 04.6	8.8	56.8
	23	161 53.6	50.6	172 15.3	9.1	22 55.8	8.9	56.9
26	00	176 53.5	S18 50.0	186 43.4	9.2	S22 46.9	9.0	56.9
	01	191 53.4	49.3	201 11.6	9.3	22 37.9	9.2	56.9
	02	206 53.2	48.7	215 39.9	9.2	22 28.7	9.2	56.9
	03	221 53.1	. . 48.1	230 08.1	9.3	22 19.5	9.4	57.0
	04	236 52.9	47.5	244 36.4	9.4	22 10.1	9.6	57.0
	05	251 52.8	46.8	259 04.8	9.4	22 00.5	9.6	57.0
	06	266 52.7	S18 46.2	273 33.2	9.5	S21 50.9	9.8	57.0
	07	281 52.5	45.6	288 01.7	9.5	21 41.1	9.9	57.1
	08	296 52.4	44.9	302 30.2	9.5	21 31.2	10.1	57.1
F	09	311 52.3	. . 44.3	316 58.7	9.6	21 21.1	10.1	57.1
R	10	326 52.1	43.7	331 27.3	9.7	21 11.0	10.3	57.1
I	11	341 52.0	43.1	345 56.0	9.6	21 00.7	10.4	57.2
D	12	356 51.9	S18 42.4	0 24.6	9.8	S20 50.3	10.5	57.2
A	13	11 51.7	41.8	14 53.4	9.8	20 39.8	10.7	57.2
Y	14	26 51.6	41.2	29 22.2	9.8	20 29.1	10.7	57.2
	15	41 51.4	. . 40.5	43 51.0	9.9	20 18.4	10.9	57.3
	16	56 51.3	39.9	58 19.9	9.9	20 07.5	11.0	57.3
	17	71 51.2	39.3	72 48.8	10.0	S19 56.5	11.1	57.3
	18	86 51.0	S18 38.6					
	19	101 50.9	38.0					
	20	116 50.8	37.3					
	21	131 50.6	. . 36.7					
	22	146 50.5	36.1					
	23	161 50.4	35.4					
27	00	176 50.3	S18 34.8	174 12.7	10.3	S18 36.4	11.8	57.5
	01	191 50.1	34.2	188 42.0	10.4	18 24.6	12.0	57.5
	02	206 50.0	33.5	203 11.4	10.5	18 12.6	12.1	57.5
	03	221 49.9	. . 32.9	217 40.9	10.4	18 00.5	12.2	57.6
	04	236 49.7	32.2	232 10.3	10.5	17 48.3	12.3	57.6
	05	251 49.6	31.6	246 39.8	10.6	17 36.0	12.3	57.6
	06	266 49.5	S18 31.0	261 09.4	10.6	S17 23.7	12.5	57.6
	07	281 49.3	30.3	275 39.0	10.7	17 11.2	12.6	57.6
S	08	296 49.2	29.7	290 08.7	10.7	16 58.6	12.7	57.7
A	09	311 49.1	. . 29.0	304 38.4	10.8	16 45.9	12.8	57.7
T	10	326 49.0	28.4	319 08.2	10.8	16 33.1	12.9	57.7
U	11	341 48.8	27.7	333 38.0	10.9	16 20.2	12.9	57.7
R	12	356 48.7	S18 27.1	348 07.9	10.9	S16 07.3	13.1	57.8
D	13	11 48.6	26.4	2 37.8	10.9	15 54.2	13.1	57.8
A	14	26 48.5	25.8	17 07.7	11.0	15 41.1	13.3	57.8
Y	15	41 48.3	. . 25.2	31 37.7	11.1	15 27.8	13.3	57.8
	16	56 48.2	24.5	46 07.8	11.0	15 14.5	13.4	57.9
	17	71 48.1	23.9	60 37.8	11.2	15 01.1	13.5	57.9
	18	86 48.0	S18 23.2	75 08.0	11.2	S14 47.6	13.6	57.9
	19	101 47.8	22.6	89 38.2	11.2	14 34.0	13.7	57.9
	20	116 47.7	21.9	104 08.4	11.2	14 20.3	13.7	57.9
	21	131 47.6	. . 21.3	118 38.6	11.3	14 06.6	13.9	58.0
	22	146 47.5	20.6	133 08.9	11.4	13 52.7	13.9	58.0
	23	161 47.3	20.0	147 39.3	11.4	13 38.8	14.0	58.0
		S.D. 16.3	*d* 0.6	S.D. 15.4		15.6		15.7

An Annular Eclipse of the Sun occurs on this date. See page 5.

Lat. °	Twilight Naut. h m	Twilight Civil h m	Sunrise h m	Moonrise 25 h m	Moonrise 26 h m	Moonrise 27 h m	Moonrise 28 h m
N 72	07 31	09 06	11 45	■	■	11 07	10 00
N 70	07 20	08 43	10 22	■	■	10 24	09 43
68	07 11	08 25	09 44	■	10 50	09 55	09 28
66	07 04	08 10	09 18	■	09 59	09 33	09 17
64	06 58	07 58	08 58	09 48	09 27	09 16	09 07
62	06 52	07 48	08 42	09 04	09 03	09 01	08 58
60	06 47	07 39	08 28	08 35	08 44	08 49	08 51
N 58	06 42	07 31	08 16	08 12	08 28	08 38	08 44
56	06 38	07 24	08 06	07 54	08 14	08 28	08 39
54	06 34	07 17	07 57	07 38	08 03	08 20	08 33
52	06 30	07 12	07 49	07 25	07 52	08 13	08 29
50	06 27	07 06	07 42	07 13	07 43	08 06	08 24
45	06 19	06 55	07 27	06 48	07 23	07 51	08 15
N 40	06 12	06 45	07 14	06 29	07 07	07 39	08 07
35	06 06	06 36	07 03	06 12	06 53	07 29	08 01
30	05 59	06 28	06 54	05 58	06 41	07 20	07 55
20	05 47	06 14	06 37	05 33	06 21	07 04	07 44
N 10	05 35	06 01	06 23	05 12	06 03	06 50	07 35
0	05 22	05 47	06 09	04 53	05 46	06 37	07 27
S 10	05 07	05 33	05 55	04 33	05 29	06 24	07 18
20	04 49	05 17	05 40	04 12	05 11	06 10	07 09
30	04 26	04 57	05 23	03 47	04 50	05 54	06 58
35	04 11	04 45	05 13	03 32	04 38	05 45	06 52
40	03 53	04 31	05 01	03 15	04 23	05 34	06 45
45	03 30	04 13	04 48	02 55	04 07	05 21	06 37
S 50	02 59	03 51	04 31	02 30	03 46	05 06	06 27
52	02 43	03 41	04 23	02 17	03 36	04 58	06 22
54	02 23	03 28	04 14	02 03	03 24	04 50	06 17
56	01 57	03 14	04 04	01 46	03 11	04 41	06 11
58	01 18	02 57	03 52	01 26	02 56	04 31	06 05
S 60	////	02 36	03 39	01 01	02 38	04 19	05 58

Lat. °	Sunset h m	Twilight Civil h m	Twilight Naut. h m	Moonset 25 h m	Moonset 26 h m	Moonset 27 h m	Moonset 28 h m
N 72	12 41	15 20	16 56	■	■	14 56	17 46
N 70	14 04	15 43	17 06	■	■	15 37	18 01
68	14 42	16 01	17 15	■	13 23	16 04	18 13
66	15 08	16 16	17 22	■	14 13	16 25	18 23
64	15 28	16 28	17 28	12 33	14 44	16 41	18 31
62	15 44	16 38	17 34	13 16	15 07	16 55	18 38
60	15 58	16 47	17 39	13 45	15 25	17 06	18 44
N 58	16 10	16 55	17 44	14 07	15 41	17 16	18 50
56	16 20	17 02	17 48	14 25	15 54	17 24	18 54
54	16 28	17 08	17 52	14 40	16 05	17 32	18 58
52	16 36	17 14	17 55	14 53	16 15	17 38	19 02
50	16 44	17 19	17 59	15 05	16 23	17 44	19 05
45	16 59	17 31	18 06	15 28	16 42	17 57	19 13
N 40	17 12	17 41	18 13	15 47	16 57	18 08	19 19
35	17 22	17 49	18 20	16 03	17 10	18 17	19 24
30	17 32	17 57	18 26	16 17	17 21	18 25	19 29
20	17 48	18 11	18 38	16 40	17 39	18 38	19 36
N 10	18 03	18 25	18 50	17 00	17 56	18 50	19 43
0	18 16	18 38	19 03	17 18	18 11	19 01	19 49
S 10	18 30	18 52	19 18	17 37	18 26	19 12	19 56
20	18 45	19 08	19 36	17 56	18 41	19 23	20 02
30	19 02	19 28	19 59	18 19	19 00	19 36	20 10
35	19 12	19 40	20 14	18 32	19 10	19 44	20 14
40	19 23	19 54	20 31	18 47	19 22	19 52	20 19
45	19 37	20 11	20 54	19 05	19 36	20 02	20 24
S 50	19 53	20 32	21 24	19 27	19 53	20 14	20 31
52	20 01	20 43	21 40	19 37	20 01	20 19	20 34
54	20 10	20 55	22 00	19 49	20 10	20 25	20 37
56	20 20	21 09	22 25	20 03	20 20	20 32	20 41
58	20 31	21 26	23 02	20 18	20 31	20 39	20 45
S 60	20 44	21 47	////	20 37	20 44	20 47	20 49

Day	SUN Eqn. of Time 00^h m s	SUN Eqn. of Time 12^h m s	SUN Mer. Pass. h m	MOON Mer. Pass. Upper h m	MOON Mer. Pass. Lower h m	Age d	Phase
25	12 12	12 19	12 12	11 05	23 32	28	
26	12 26	12 32	12 13	11 58	24 24	29	●
27	12 39	12 45	12 13	12 49	00 24	01	

UT (GMT)	ARIES	VENUS −4.4		MARS +1.4		JUPITER −2.6		SATURN +0.6		STARS		
d h	G.H.A. ° ′	G.H.A. ° ′	Dec. ° ′	G.H.A. ° ′	Dec. ° ′	G.H.A. ° ′	Dec. ° ′	G.H.A. ° ′	Dec. ° ′	Name	S.H.A. ° ′	Dec. ° ′
28 00	126 59.9	192 51.5	S14 13.9	218 15.0	S23 46.8	34 44.6	N23 22.4	196 42.9	S21 52.0	Acamar	315 31.5	S40 20.8
01	142 02.4	207 55.1	13.9	233 15.5	46.8	49 47.3	22.5	211 45.0	52.0	Achernar	335 39.6	S57 17.4
02	157 04.9	222 58.7	13.9	248 16.0	46.9	64 50.0	22.5	226 47.2	51.9	Acrux	173 28.9	S63 02.5
03	172 07.3	238 02.3	· · 13.9	263 16.5	· · 46.9	79 52.7	· · 22.5	241 49.3	· · 51.9	Adhara	255 26.0	S28 57.5
04	187 09.8	253 06.0	14.0	278 17.0	47.0	94 55.4	22.5	256 51.5	51.9	Aldebaran	291 09.3	N16 29.5
05	202 12.3	268 09.6	14.0	293 17.5	47.0	109 58.1	22.5	271 53.6	51.8			
06	217 14.7	283 13.2	S14 14.0	308 18.0	S23 47.1	125 00.8	N23 22.5	286 55.8	S21 51.8	Alioth	166 35.5	N56 00.4
07	232 17.2	298 16.8	14.0	323 18.5	47.1	140 03.5	22.5	301 58.0	51.8	Alkaid	153 12.4	N49 21.3
08	247 19.7	313 20.4	14.1	338 19.0	47.2	155 06.2	22.5	317 00.1	51.7	Al Na'ir	28 05.9	S47 00.7
S 09	262 22.1	328 23.9	· · 14.1	353 19.5	· · 47.2	170 08.9	· · 22.5	332 02.3	· · 51.7	Alnilam	276 03.9	S 1 12.4
U 10	277 24.6	343 27.5	14.1	8 20.0	47.2	185 11.6	22.5	347 04.4	51.7	Alphard	218 13.0	S 8 37.0
N 11	292 27.1	358 31.1	14.2	23 20.5	47.3	200 14.3	22.5	2 06.6	51.6			
D 12	307 29.5	13 34.7	S14 14.2	38 21.0	S23 47.3	215 17.0	N23 22.6	17 08.8	S21 51.6	Alphecca	126 25.9	N26 44.5
A 13	322 32.0	28 38.3	14.2	53 21.5	47.4	230 19.7	22.6	32 10.9	51.5	Alpheratz	358 02.0	N29 02.3
Y 14	337 34.4	43 41.8	14.3	68 22.0	47.4	245 22.4	22.6	47 13.1	51.5	Altair	62 25.7	N 8 50.3
15	352 36.9	58 45.4	· · 14.3	83 22.5	· · 47.4	260 25.1	· · 22.6	62 15.2	· · 51.5	Ankaa	353 33.0	S42 21.8
16	7 39.4	73 49.0	14.3	98 23.0	47.5	275 27.8	22.6	77 17.4	51.4	Antares	112 48.0	S26 24.7
17	22 41.8	88 52.5	14.4	113 23.5	47.5	290 30.5	22.6	92 19.6	51.4			
18	37 44.3	103 56.1	S14 14.4	128 24.0	S23 47.6	305 33.2	N23 22.6	107 21.7	S21 51.4	Arcturus	146 11.6	N19 13.7
19	52 46.8	118 59.6	14.5	143 24.5	47.6	320 35.9	22.6	122 23.9	51.3	Atria	108 06.1	S69 00.5
20	67 49.2	134 03.2	14.5	158 25.0	47.6	335 38.6	22.6	137 26.0	51.3	Avior	234 24.7	S59 28.7
21	82 51.7	149 06.7	· · 14.5	173 25.5	· · 47.7	350 41.3	· · 22.6	152 28.2	· · 51.3	Bellatrix	278 50.6	N 6 20.5
22	97 54.2	164 10.3	14.6	188 26.0	47.7	5 44.0	22.7	167 30.4	51.2	Betelgeuse	271 20.0	N 7 24.4
23	112 56.6	179 13.8	14.6	203 26.5	47.8	20 46.7	22.7	182 32.5	51.2			
29 00	127 59.1	194 17.3	S14 14.6	218 27.0	S23 47.8	35 49.4	N23 22.7	197 34.7	S21 51.1	Canopus	264 03.5	S52 41.5
01	143 01.6	209 20.9	14.7	233 27.5	47.8	50 52.1	22.7	212 36.8	51.1	Capella	281 00.1	N45 59.6
02	158 04.0	224 24.4	14.7	248 28.0	47.9	65 54.8	22.7	227 39.0	51.1	Deneb	49 44.0	N45 14.6
03	173 06.5	239 27.9	· · 14.8	263 28.5	· · 47.9	80 57.5	· · 22.7	242 41.2	· · 51.0	Denebola	182 51.2	N14 37.4
04	188 08.9	254 31.4	14.8	278 29.0	47.9	96 00.2	22.7	257 43.3	51.0	Diphda	349 13.5	S18 02.5
05	203 11.4	269 34.9	14.9	293 29.5	48.0	111 02.9	22.7	272 45.5	51.0			
06	218 13.9	284 38.5	S14 14.9	308 30.0	S23 48.0	126 05.6	N23 22.7	287 47.6	S21 50.9	Dubhe	194 12.2	N61 48.0
07	233 16.3	299 42.0	15.0	323 30.5	48.0	141 08.3	22.7	302 49.8	50.9	Elnath	278 34.5	N28 36.1
08	248 18.8	314 45.5	15.0	338 31.0	48.1	156 11.0	22.7	317 52.0	50.8	Eltanin	90 54.7	N51 29.1
M 09	263 21.3	329 49.0	· · 15.0	353 31.5	· · 48.1	171 13.7	· · 22.8	332 54.1	· · 50.8	Enif	34 04.7	N 9 49.7
O 10	278 23.7	344 52.4	15.1	8 32.0	48.1	186 16.4	22.8	347 56.3	50.8	Fomalhaut	15 43.5	S29 40.6
N 11	293 26.2	359 55.9	15.1	23 32.5	48.2	201 19.1	22.8	2 58.4	50.7			
D 12	308 28.7	14 59.4	S14 15.2	38 33.0	S23 48.2	216 21.8	N23 22.8	18 00.6	S21 50.7	Gacrux	172 20.5	S57 03.4
A 13	323 31.1	30 02.9	15.2	53 33.4	48.2	231 24.4	22.8	33 02.8	50.7	Gienah	176 10.2	S17 29.3
Y 14	338 33.6	45 06.4	15.3	68 33.9	48.3	246 27.1	22.8	48 04.9	50.6	Hadar	149 13.1	S60 19.4
15	353 36.0	60 09.9	· · 15.3	83 34.4	· · 48.3	261 29.8	· · 22.8	63 07.1	· · 50.6	Hamal	328 20.7	N23 25.1
16	8 38.5	75 13.3	15.4	98 34.9	48.3	276 32.5	22.8	78 09.2	50.6	Kaus Aust.	84 07.4	S34 23.5
17	23 41.0	90 16.8	15.4	113 35.4	48.4	291 35.2	22.8	93 11.4	50.5			
18	38 43.4	105 20.2	S14 15.5	128 35.9	S23 48.4	306 37.9	N23 22.8	108 13.6	S21 50.5	Kochab	137 18.9	N74 11.3
19	53 45.9	120 23.7	15.5	143 36.4	48.4	321 40.6	22.8	123 15.7	50.4	Markab	13 56.1	N15 09.1
20	68 48.4	135 27.2	15.6	158 36.9	48.4	336 43.3	22.9	138 17.9	50.4	Menkar	314 33.4	N 4 03.2
21	83 50.8	150 30.6	· · 15.7	173 37.4	· · 48.5	351 46.0	· · 22.9	153 20.0	· · 50.4	Menkent	148 28.4	S36 19.3
22	98 53.3	165 34.1	15.7	188 37.9	48.5	6 48.7	22.9	168 22.2	50.3	Miaplacidus	221 42.8	S69 40.5
23	113 55.8	180 37.5	15.8	203 38.4	48.5	21 51.4	22.9	183 24.4	50.3			
30 00	128 58.2	195 40.9	S14 15.8	218 38.9	S23 48.6	36 54.0	N23 22.9	198 26.5	S21 50.3	Mirfak	309 05.5	N49 49.9
01	144 00.7	210 44.4	15.9	233 39.4	48.6	51 56.7	22.9	213 28.7	50.2	Nunki	76 20.3	S26 18.7
02	159 03.2	225 47.8	15.9	248 39.9	48.6	66 59.4	22.9	228 30.9	50.2	Peacock	53 47.2	S56 46.1
03	174 05.6	240 51.2	· · 16.0	263 40.4	· · 48.6	82 02.1	· · 22.9	243 33.0	· · 50.1	Pollux	243 48.7	N28 03.1
04	189 08.1	255 54.6	16.1	278 40.9	48.7	97 04.8	22.9	258 35.2	50.1	Procyon	245 17.7	N 5 15.0
05	204 10.5	270 58.1	16.1	293 41.4	48.7	112 07.5	22.9	273 37.3	50.1			
06	219 13.0	286 01.5	S14 16.2	308 41.9	S23 48.7	127 10.2	N23 22.9	288 39.5	S21 50.0	Rasalhague	96 23.0	N12 33.8
07	234 15.5	301 04.9	16.2	323 42.4	48.7	142 12.9	23.0	303 41.7	50.0	Regulus	208 01.8	N12 00.8
T 08	249 17.9	316 08.3	16.3	338 42.9	48.8	157 15.5	23.0	318 43.8	50.0	Rigel	281 28.7	S 8 12.8
U 09	264 20.4	331 11.7	· · 16.4	353 43.4	· · 48.8	172 18.2	· · 23.0	333 46.0	· · 49.9	Rigil Kent.	140 15.9	S60 47.5
E 10	279 22.9	346 15.1	16.4	8 43.9	48.8	187 20.9	23.0	348 48.1	49.9	Sabik	102 32.9	S15 42.9
S 11	294 25.3	1 18.5	16.5	23 44.4	48.8	202 23.6	23.0	3 50.3	49.8			
D 12	309 27.8	16 21.9	S14 16.5	38 44.9	S23 48.9	217 26.3	N23 23.0	18 52.5	S21 49.8	Schedar	350 01.1	N56 29.3
A 13	324 30.3	31 25.2	16.6	53 45.4	48.9	232 29.0	23.0	33 54.6	49.8	Shaula	96 46.0	S37 05.9
Y 14	339 32.7	46 28.6	16.7	68 45.8	48.9	247 31.7	23.0	48 56.8	49.7	Sirius	258 48.8	S16 42.2
15	354 35.2	61 32.0	· · 16.7	83 46.3	· · 48.9	262 34.3	· · 23.0	63 59.0	· · 49.7	Spica	158 49.7	S11 06.7
16	9 37.7	76 35.4	16.8	98 46.8	48.9	277 37.0	23.0	79 01.1	49.7	Suhail	223 05.0	S43 23.5
17	24 40.1	91 38.7	16.9	113 47.3	49.0	292 39.7	23.0	94 03.3	49.6			
18	39 42.6	106 42.1	S14 16.9	128 47.8	S23 49.0	307 42.4	N23 23.0	109 05.4	S21 49.6	Vega	80 51.2	N38 46.2
19	54 45.0	121 45.4	17.0	143 48.3	49.0	322 45.1	23.1	124 07.6	49.6	Zuben'ubi	137 24.9	S16 00.2
20	69 47.5	136 48.8	17.1	158 48.8	49.0	337 47.8	23.1	139 09.8	49.5			
21	84 50.0	151 52.2	· · 17.1	173 49.3	· · 49.0	352 50.4	· · 23.1	154 11.9	· · 49.5			
22	99 52.4	166 55.5	17.2	188 49.8	49.1	7 53.1	23.1	169 14.1	49.4			
23	114 54.9	181 58.8	17.3	203 50.3	49.1	22 55.8	23.1	184 16.2	49.4			
Mer. Pass.	h m 15 25.5	v 3.5	d 0.0	v 0.5	d 0.0	v 2.7	d 0.0	v 2.2	d 0.0			

	S.H.A. ° ′	Mer. Pass. h m
Venus	66 18.3	11 00
Mars	90 27.9	9 26
Jupiter	267 50.3	21 33
Saturn	69 35.6	10 48

UT (GMT) d h	SUN G.H.A. ° ′	SUN Dec. ° ′	MOON G.H.A. ° ′	v ′	MOON Dec. ° ′	d ′	H.P. ′
28 00	176 47.2	S18 19.3	162 09.7	11.4	S13 24.8	14.0	58.0
01	191 47.1	18.7	176 40.1	11.5	13 10.8	14.2	58.0
02	206 47.0	18.0	191 10.6	11.5	12 56.6	14.2	58.1
03	221 46.8	. . 17.3	205 41.1	11.6	12 42.4	14.3	58.1
04	236 46.7	16.7	220 11.7	11.5	12 28.1	14.4	58.1
05	251 46.6	16.0	234 42.2	11.7	12 13.7	14.4	58.1
06	266 46.5	S18 15.4	249 12.9	11.6	S11 59.3	14.5	58.1
07	281 46.4	14.7	263 43.5	11.7	11 44.8	14.6	58.2
08	296 46.2	14.1	278 14.2	11.8	11 30.2	14.6	58.2
S 09	311 46.1	. . 13.4	292 45.0	11.7	11 15.6	14.7	58.2
U 10	326 46.0	12.7	307 15.7	11.8	11 00.9	14.8	58.2
N 11	341 45.9	12.1	321 46.5	11.9	10 46.1	14.8	58.2
D 12	356 45.8	S18 11.4	336 17.4	11.8	S10 31.3	14.9	58.3
A 13	11 45.6	10.8	350 48.2	11.9	10 16.4	14.9	58.3
Y 14	26 45.5	10.1	5 19.1	12.0	10 01.5	15.0	58.3
15	41 45.4	. . 09.5	19 50.1	11.9	9 46.5	15.1	58.3
16	56 45.3	08.8	34 21.0	12.0	9 31.4	15.1	58.3
17	71 45.2	08.1	48 52.0	12.0	9 16.3	15.2	58.3
18	86 45.1	S18 07.5	63 23.0	12.1	S 9 01.1	15.2	58.4
19	101 44.9	06.8	77 54.1	12.0	8 45.9	15.3	58.4
20	116 44.8	06.1	92 25.1	12.1	8 30.6	15.3	58.4
21	131 44.7	. . 05.5	106 56.2	12.1	8 15.3	15.4	58.4
22	146 44.6	04.8	121 27.3	12.2	7 59.9	15.4	58.4
23	161 44.5	04.1	135 58.5	12.1	7 44.5	15.5	58.5
29 00	176 44.4	S18 03.5	150 29.6	12.2	S 7 29.0	15.5	58.5
01	191 44.3	02.8	165 00.8	12.2	7 13.5	15.6	58.5
02	206 44.1	02.1	179 32.0	12.3	6 57.9	15.6	58.5
03	221 44.0	. . 01.5	194 03.3	12.2	6 42.3	15.6	58.5
04	236 43.9	00.8	208 34.5	12.3	6 26.7	15.7	58.5
05	251 43.8	18 00.1	223 05.8	12.2	6 11.0	15.7	58.6
06	266 43.7	S17 59.5	237 37.0	12.3	S 5 55.3	15.7	58.6
07	281 43.6	58.8	252 08.3	12.3	5 39.6	15.8	58.6
08	296 43.5	58.1	266 39.6	12.4	5 23.8	15.8	58.6
M 09	311 43.4	. . 57.5	281 11.0	12.3	5 08.0	15.9	58.6
O 10	326 43.2	56.8	295 42.3	12.3	4 52.1	15.9	58.6
N 11	341 43.1	56.1	310 13.6	12.4	4 36.2	15.9	58.6
D 12	356 43.0	S17 55.4	324 45.0	12.4	S 4 20.3	15.9	58.7
A 13	11 42.9	54.8	339 16.4	12.3	4 04.4	16.0	58.7
Y 14	26 42.8	54.1	353 47.7	12.4	3 48.4	16.0	58.7
15	41 42.7	. . 53.4	8 19.1	12.4	3 32.4	16.0	58.7
16	56 42.6	52.7	22 50.5	12.4	3 16.4	16.0	58.7
17	71 42.5	52.1	37 21.9	12.4	3 00.4	16.1	58.7
18	86 42.4	S17 51.4	51 53.3	12.4	S 2 44.3	16.1	58.7
19	101 42.3	50.7	66 24.7	12.4	2 28.2	16.1	58.8
20	116 42.2	50.0	80 56.1	12.4	2 12.1	16.1	58.8
21	131 42.0	. . 49.4	95 27.5	12.4	1 56.0	16.1	58.8
22	146 41.9	48.7	109 58.9	12.3	1 39.9	16.2	58.8
23	161 41.8	48.0	124 30.2	12.4	1 23.7	16.1	58.8
30 00	176 41.7	S17 47.3	139 01.6	12.4	S 1 07.6	16.2	58.8
01	191 41.6	46.6	153 33.0	12.4	0 51.4	16.2	58.8
02	206 41.5	46.0	168 04.4	12.4	0 35.2	16.1	58.8
03	221 41.4	. . 45.3	182 35.8	12.3	0 19.1	16.2	58.8
04	236 41.3	44.6	197 07.1	12.4	S 0 02.9	16.2	58.9
05	251 41.2	43.9	211 38.5	12.3	N 0 13.3	16.2	58.9
06	266 41.1	S17 43.2	226 09.8	12.4	N 0 29.5	16.2	58.9
07	281 41.0	42.6	240 41.2	12.3	0 45.7	16.2	58.9
T 08	296 40.9	41.9	255 12.5	12.3	1 01.9	16.2	58.9
U 09	311 40.8	. . 41.2	269 43.8	12.3	1 18.1	16.2	58.9
E 10	326 40.7	40.5	284 15.1	12.3	1 34.3	16.2	58.9
S 11	341 40.6	39.8	298 46.4	12.2	1 50.5	16.2	58.9
D 12	356 40.5	S17 39.1	313 17.6	12.3	N 2 06.7	16.2	58.9
A 13	11 40.4	38.4	327 48.9	12.2	2 22.9	16.2	59.0
Y 14	26 40.3	37.8	342 20.1	12.2	2 39.1	16.1	59.0
15	41 40.2	. . 37.1	356 51.3	12.1	2 55.2	16.2	59.0
16	56 40.1	36.4	11 22.4	12.2	3 11.4	16.1	59.0
17	71 40.0	35.7	25 53.6	12.1	3 27.5	16.2	59.0
18	86 39.9	S17 35.0	40 24.7	12.1	N 3 43.7	16.1	59.0
19	101 39.8	34.3	54 55.8	12.1	3 59.8	16.1	59.0
20	116 39.7	33.6	69 26.9	12.0	4 15.9	16.1	59.0
21	131 39.6	. . 32.9	83 57.9	12.1	4 32.0	16.0	59.0
22	146 39.5	32.2	98 29.0	11.9	4 48.0	16.1	59.0
23	161 39.4	31.6	112 59.9	12.0	5 04.1	16.0	59.0
	S.D. 16.3	d 0.7	S.D. 15.9		16.0		16.1

Lat. °	Twilight Naut. h m	Twilight Civil h m	Sunrise h m	Moonrise 28 h m	Moonrise 29 h m	Moonrise 30 h m	Moonrise 31 h m
N 72	07 21	08 53	10 58	10 00	09 21	08 47	08 12
N 70	07 12	08 32	10 04	09 43	09 14	08 49	08 23
68	07 04	08 16	09 31	09 28	09 08	08 50	08 31
66	06 57	08 02	09 08	09 17	09 03	08 51	08 38
64	06 52	07 51	08 49	09 07	08 59	08 52	08 44
62	06 46	07 41	08 34	08 58	08 55	08 53	08 50
60	06 42	07 33	08 21	08 51	08 52	08 53	08 54
N 58	06 38	07 26	08 10	08 44	08 49	08 54	08 59
56	06 34	07 19	08 01	08 39	08 47	08 54	09 02
54	06 30	07 13	07 53	08 33	08 45	08 55	09 06
52	06 27	07 08	07 45	08 29	08 42	08 55	09 09
50	06 24	07 03	07 38	08 24	08 41	08 56	09 11
45	06 17	06 52	07 24	08 15	08 36	08 57	09 17
N 40	06 10	06 43	07 12	08 07	08 33	08 57	09 23
35	06 04	06 34	07 01	08 01	08 30	08 58	09 27
30	05 58	06 27	06 52	07 55	08 27	08 59	09 31
20	05 47	06 13	06 36	07 44	08 22	09 00	09 38
N 10	05 35	06 01	06 23	07 35	08 18	09 01	09 44
0	05 23	05 48	06 10	07 27	08 14	09 02	09 50
S 10	05 08	05 34	05 56	07 18	08 10	09 03	09 56
20	04 51	05 19	05 42	07 09	08 06	09 04	10 02
30	04 29	05 00	05 26	06 58	08 02	09 05	10 09
35	04 15	04 48	05 16	06 52	07 59	09 06	10 13
40	03 57	04 35	05 05	06 45	07 56	09 07	10 18
45	03 36	04 18	04 52	06 37	07 52	09 08	10 24
S 50	03 06	03 57	04 36	06 27	07 48	09 09	10 31
52	02 51	03 47	04 28	06 22	07 46	09 09	10 34
54	02 33	03 35	04 20	06 17	07 44	09 10	10 37
56	02 09	03 22	04 11	06 11	07 41	09 10	10 41
58	01 37	03 06	04 00	06 05	07 38	09 11	10 45
S 60	////	02 47	03 47	05 58	07 35	09 12	10 50

Lat. °	Sunset h m	Twilight Civil h m	Twilight Naut. h m	Moonset 28 h m	Moonset 29 h m	Moonset 30 h m	Moonset 31 h m
N 72	13 29	15 35	17 07	17 46	20 08	22 26	24 57
N 70	14 23	15 55	17 16	18 01	20 11	22 19	24 35
68	14 56	16 12	17 24	18 13	20 14	22 13	24 19
66	15 19	16 25	17 30	18 23	20 16	22 09	24 05
64	15 38	16 36	17 36	18 31	20 18	22 05	23 55
62	15 53	16 46	17 41	18 38	20 20	22 01	23 45
60	16 06	16 54	17 45	18 44	20 21	21 58	23 38
N 58	16 17	17 01	17 49	18 50	20 22	21 56	23 31
56	16 26	17 08	17 53	18 54	20 24	21 53	23 25
54	16 34	17 14	17 57	18 58	20 25	21 51	23 19
52	16 42	17 19	18 00	19 02	20 25	21 49	23 14
50	16 49	17 24	18 03	19 05	20 26	21 47	23 10
45	17 03	17 35	18 10	19 13	20 28	21 44	23 01
N 40	17 15	17 44	18 17	19 19	20 29	21 41	22 53
35	17 25	17 52	18 23	19 24	20 31	21 38	22 46
30	17 34	18 00	18 28	19 29	20 32	21 35	22 40
20	17 50	18 13	18 40	19 36	20 34	21 31	22 30
N 10	18 04	18 26	18 51	19 43	20 35	21 28	22 21
0	18 17	18 38	19 04	19 49	20 37	21 24	22 13
S 10	18 30	18 52	19 18	19 56	20 38	21 21	22 05
20	18 44	19 07	19 35	20 02	20 40	21 17	21 56
30	19 00	19 26	19 57	20 10	20 42	21 13	21 46
35	19 10	19 37	20 11	20 14	20 43	21 11	21 41
40	19 21	19 51	20 28	20 19	20 44	21 08	21 34
45	19 34	20 07	20 50	20 24	20 45	21 05	21 27
S 50	19 49	20 28	21 18	20 31	20 46	21 02	21 18
52	19 57	20 38	21 33	20 34	20 47	21 00	21 14
54	20 05	20 49	21 51	20 37	20 48	20 58	21 09
56	20 14	21 02	22 14	20 41	20 49	20 56	21 04
58	20 25	21 18	22 44	20 45	20 49	20 54	20 59
S 60	20 37	21 37	23 45	20 49	20 50	20 51	20 53

Day	SUN Eqn. of Time 00 h m s	SUN Eqn. of Time 12 h m s	SUN Mer. Pass. h m	MOON Mer. Pass. Upper h m	MOON Mer. Pass. Lower h m	MOON Age d	MOON Phase
28	12 51	12 57	12 13	13 38	01 14	02	
29	13 02	13 08	12 13	14 26	02 02	03	◐
30	13 13	13 18	12 13	15 13	02 49	04	

1990 JAN. 31, FEB. 1, 2 (WED., THURS., FRI.)

UT (GMT) d h	ARIES G.H.A. ° ′	VENUS −4.4 G.H.A. ° ′	VENUS Dec. ° ′	MARS +1.4 G.H.A. ° ′	MARS Dec. ° ′	JUPITER −2.6 G.H.A. ° ′	JUPITER Dec. ° ′	SATURN +0.6 G.H.A. ° ′	SATURN Dec. ° ′
31 00	129 57.4	197 02.2	S14 17.4	218 50.8	S23 49.1	37 58.5	N23 23.1	199 18.4	S21 49.4
01	144 59.8	212 05.5	17.4	233 51.3	49.1	53 01.2	23.1	214 20.6	49.3
02	160 02.3	227 08.8	17.5	248 51.8	49.1	68 03.8	23.1	229 22.7	49.3
03	175 04.8	242 12.2	· · 17.6	263 52.3	· · 49.1	83 06.5	· · 23.1	244 24.9	· · 49.3
04	190 07.2	257 15.5	17.6	278 52.8	49.2	98 09.2	23.1	259 27.1	49.2
05	205 09.7	272 18.8	17.7	293 53.3	49.2	113 11.9	23.1	274 29.2	49.2
06	220 12.1	287 22.1	S14 17.8	308 53.8	S23 49.2	128 14.6	N23 23.2	289 31.4	S21 49.1
W 07	235 14.6	302 25.4	17.9	323 54.3	49.2	143 17.2	23.2	304 33.6	49.1
E 08	250 17.1	317 28.7	17.9	338 54.7	49.2	158 19.9	23.2	319 35.7	49.1
D 09	265 19.5	332 32.0	· · 18.0	353 55.2	· · 49.2	173 22.6	· · 23.2	334 37.9	· · 49.0
N 10	280 22.0	347 35.3	18.1	8 55.7	49.2	188 25.3	23.2	349 40.0	49.0
E 11	295 24.5	2 38.6	18.2	23 56.2	49.3	203 28.0	23.2	4 42.2	49.0
S 12	310 26.9	17 41.9	S14 18.3	38 56.7	S23 49.3	218 30.6	N23 23.2	19 44.4	S21 48.9
D 13	325 29.4	32 45.2	18.3	53 57.2	49.3	233 33.3	23.2	34 46.5	48.9
A 14	340 31.9	47 48.5	18.4	68 57.7	49.3	248 36.0	23.2	49 48.7	48.9
Y 15	355 34.3	62 51.7	· · 18.5	83 58.2	· · 49.3	263 38.7	· · 23.2	64 50.9	· · 48.8
16	10 36.8	77 55.0	18.6	98 58.7	49.3	278 41.3	23.2	79 53.0	48.8
17	25 39.3	92 58.3	18.6	113 59.2	49.3	293 44.0	23.2	94 55.2	48.7
18	40 41.7	108 01.5	S14 18.7	128 59.7	S23 49.3	308 46.7	N23 23.3	109 57.3	S21 48.7
19	55 44.2	123 04.8	18.8	144 00.2	49.3	323 49.4	23.3	124 59.5	48.7
20	70 46.6	138 08.0	18.9	159 00.7	49.4	338 52.0	23.3	140 01.7	48.6
21	85 49.1	153 11.3	· · 19.0	174 01.2	· · 49.4	353 54.7	· · 23.3	155 03.8	· · 48.6
22	100 51.6	168 14.5	19.1	189 01.7	49.4	8 57.4	23.3	170 06.0	48.6
23	115 54.0	183 17.8	19.1	204 02.1	49.4	24 00.1	23.3	185 08.2	48.5
1 00	130 56.5	198 21.0	S14 19.2	219 02.6	S23 49.4	39 02.7	N23 23.3	200 10.3	S21 48.5
01	145 59.0	213 24.2	19.3	234 03.1	49.4	54 05.4	23.3	215 12.5	48.4
02	161 01.4	228 27.5	19.4	249 03.6	49.4	69 08.1	23.3	230 14.7	48.4
03	176 03.9	243 30.7	· · 19.5	264 04.1	· · 49.4	84 10.8	· · 23.3	245 16.8	· · 48.4
04	191 06.4	258 33.9	19.6	279 04.6	49.4	99 13.4	23.3	260 19.0	48.3
05	206 08.8	273 37.1	19.7	294 05.1	49.4	114 16.1	23.3	275 21.1	48.3
06	221 11.3	288 40.3	S14 19.7	309 05.6	S23 49.4	129 18.8	N23 23.4	290 23.3	S21 48.3
07	236 13.8	303 43.5	19.8	324 06.1	49.4	144 21.4	23.4	305 25.5	48.2
T 08	251 16.2	318 46.7	19.9	339 06.6	49.4	159 24.1	23.4	320 27.6	48.2
H 09	266 18.7	333 49.9	· · 20.0	354 07.1	· · 49.4	174 26.8	· · 23.4	335 29.8	· · 48.1
U 10	281 21.1	348 53.1	20.1	9 07.6	49.4	189 29.5	23.4	350 32.0	48.1
R 11	296 23.6	3 56.3	20.2	24 08.1	49.4	204 32.1	23.4	5 34.1	48.1
S 12	311 26.1	18 59.5	S14 20.3	39 08.5	S23 49.4	219 34.8	N23 23.4	20 36.3	S21 48.0
D 13	326 28.5	34 02.6	20.4	54 09.0	49.4	234 37.5	23.4	35 38.5	48.0
A 14	341 31.0	49 05.8	20.5	69 09.5	49.5	249 40.1	23.4	50 40.6	48.0
Y 15	356 33.5	64 09.0	· · 20.6	84 10.0	· · 49.5	264 42.8	· · 23.4	65 42.8	· · 47.9
16	11 35.9	79 12.2	20.6	99 10.5	49.5	279 45.5	23.4	80 45.0	47.9
17	26 38.4	94 15.3	20.7	114 11.0	49.5	294 48.1	23.5	95 47.1	47.9
18	41 40.9	109 18.5	S14 20.8	129 11.5	S23 49.5	309 50.8	N23 23.5	110 49.3	S21 47.8
19	56 43.3	124 21.6	20.9	144 12.0	49.5	324 53.5	23.5	125 51.4	47.8
20	71 45.8	139 24.8	21.0	159 12.5	49.5	339 56.1	23.5	140 53.6	47.7
21	86 48.3	154 27.9	· · 21.1	174 13.0	· · 49.5	354 58.8	· · 23.5	155 55.8	· · 47.7
22	101 50.7	169 31.1	21.2	189 13.5	49.5	10 01.5	23.5	170 57.9	47.7
23	116 53.2	184 34.2	21.3	204 14.0	49.5	25 04.1	23.5	186 00.1	47.6
2 00	131 55.6	199 37.3	S14 21.4	219 14.4	S23 49.4	40 06.8	N23 23.5	201 02.3	S21 47.6
01	146 58.1	214 40.4	21.5	234 14.9	49.4	55 09.5	23.5	216 04.4	47.6
02	162 00.6	229 43.6	21.6	249 15.4	49.4	70 12.1	23.5	231 06.6	47.5
03	177 03.0	244 46.7	· · 21.7	264 15.9	· · 49.4	85 14.8	· · 23.5	246 08.8	· · 47.5
04	192 05.5	259 49.8	21.8	279 16.4	49.4	100 17.5	23.5	261 10.9	47.4
05	207 08.0	274 52.9	21.9	294 16.9	49.4	115 20.1	23.5	276 13.1	47.4
06	222 10.4	289 56.0	S14 22.0	309 17.4	S23 49.4	130 22.8	N23 23.6	291 15.3	S21 47.4
07	237 12.9	304 59.1	22.1	324 17.9	49.4	145 25.4	23.6	306 17.4	47.3
08	252 15.4	320 02.2	22.2	339 18.4	49.4	160 28.1	23.6	321 19.6	47.3
F 09	267 17.8	335 05.3	· · 22.3	354 18.9	· · 49.4	175 30.8	· · 23.6	336 21.8	· · 47.3
R 10	282 20.3	350 08.4	22.4	9 19.4	49.4	190 33.4	23.6	351 23.9	47.2
I 11	297 22.7	5 11.5	22.5	24 19.8	49.4	205 36.1	23.6	6 26.1	47.2
D 12	312 25.2	20 14.5	S14 22.6	39 20.3	S23 49.4	220 38.8	N23 23.6	21 28.3	S21 47.1
A 13	327 27.7	35 17.6	22.7	54 20.8	49.4	235 41.4	23.6	36 30.4	47.1
Y 14	342 30.1	50 20.7	22.8	69 21.3	49.4	250 44.1	23.6	51 32.6	47.1
15	357 32.6	65 23.7	· · 22.9	84 21.8	· · 49.4	265 46.7	· · 23.6	66 34.8	· · 47.0
16	12 35.1	80 26.8	23.0	99 22.3	49.4	280 49.4	23.6	81 36.9	47.0
17	27 37.5	95 29.8	23.1	114 22.8	49.4	295 52.1	23.6	96 39.1	47.0
18	42 40.0	110 32.9	S14 23.2	129 23.3	S23 49.3	310 54.7	N23 23.7	111 41.3	S21 46.9
19	57 42.5	125 35.9	23.3	144 23.8	49.3	325 57.4	23.7	126 43.4	46.9
20	72 44.9	140 39.0	23.4	159 24.3	49.3	341 00.0	23.7	141 45.6	46.8
21	87 47.4	155 42.0	· · 23.5	174 24.7	· · 49.3	356 02.7	· · 23.7	156 47.8	· · 46.8
22	102 49.9	170 45.0	23.7	189 25.2	49.3	11 05.4	23.7	171 49.9	46.8
23	117 52.3	185 48.1	23.8	204 25.7	49.3	26 08.0	23.7	186 52.1	46.7
Mer. Pass. (h m)	15 13.7	*v* 3.2	*d* 0.1	*v* 0.5	*d* 0.0	*v* 2.7	*d* 0.0	*v* 2.2	*d* 0.0

STARS

Name	S.H.A. ° ′	Dec. ° ′
Acamar	315 31.5	S40 20.8
Achernar	335 39.7	S57 17.4
Acrux	173 28.9	S63 02.5
Adhara	255 26.0	S28 57.6
Aldebaran	291 09.4	N16 29.5
Alioth	166 35.5	N56 00.4
Alkaid	153 12.4	N49 21.3
Al Na'ir	28 05.9	S47 00.7
Alnilam	276 03.9	S 1 12.4
Alphard	218 13.0	S 8 37.0
Alphecca	126 25.9	N26 44.5
Alpheratz	358 02.0	N29 02.3
Altair	62 25.7	N 8 50.3
Ankaa	353 33.0	S42 21.7
Antares	112 48.0	S26 24.7
Arcturus	146 11.6	N19 13.7
Atria	108 06.0	S69 00.5
Avior	234 24.7	S59 28.7
Bellatrix	278 50.6	N 6 20.5
Betelgeuse	271 20.0	N 7 24.4
Canopus	264 03.5	S52 41.5
Capella	281 00.1	N45 59.6
Deneb	49 44.0	N45 14.6
Denebola	182 51.2	N14 37.4
Diphda	349 13.6	S18 02.5
Dubhe	194 12.2	N61 48.0
Elnath	278 34.5	N28 36.1
Eltanin	90 54.7	N51 29.1
Enif	34 04.7	N 9 49.7
Fomalhaut	15 43.5	S29 40.6
Gacrux	172 20.5	S57 03.4
Gienah	176 10.2	S17 29.3
Hadar	149 13.0	S60 19.4
Hamal	328 20.7	N23 25.1
Kaus Aust.	84 07.4	S34 23.5
Kochab	137 18.9	N74 11.3
Markab	13 56.1	N15 09.1
Menkar	314 33.4	N 4 03.1
Menkent	148 28.3	S36 19.3
Miaplacidus	221 42.8	S69 40.6
Mirfak	309 05.5	N49 49.9
Nunki	76 20.3	S26 18.7
Peacock	53 47.2	S56 46.1
Pollux	243 48.7	N28 03.1
Procyon	245 17.7	N 5 15.0
Rasalhague	96 22.9	N12 33.7
Regulus	208 01.8	N12 00.8
Rigel	281 28.7	S 8 12.8
Rigil Kent.	140 15.9	S60 47.5
Sabik	102 32.9	S15 42.9
Schedar	350 01.1	N56 29.3
Shaula	96 46.0	S37 05.9
Sirius	258 48.9	S16 42.2
Spica	158 49.7	S11 06.7
Suhail	223 05.0	S43 23.6
Vega	80 51.2	N38 46.2
Zuben'ubi	137 24.9	S16 00.2

	S.H.A. ° ′	Mer. Pass. h m
Venus	67 24.5	10 44
Mars	88 06.1	9 24
Jupiter	268 06.2	21 20
Saturn	69 13.8	10 38

UT (GMT) d h	SUN G.H.A. ° ′	SUN Dec. ° ′	MOON G.H.A. ° ′	MOON *v* ′	MOON Dec. ° ′	MOON *d* ′	MOON H.P. ′
31 00	176 39.3	S17 30.9	127 30.9	11.9	N 5 20.1	16.0	59.0
01	191 39.2	30.2	142 01.8	11.9	5 36.1	16.0	59.1
02	206 39.1	29.5	156 32.7	11.8	5 52.1	15.9	59.1
03	221 39.0	. . 28.8	171 03.5	11.9	6 08.0	15.9	59.1
04	236 38.9	28.1	185 34.4	11.7	6 23.9	15.9	59.1
05	251 38.8	27.4	200 05.1	11.8	6 39.8	15.8	59.1
06	266 38.7	S17 26.7	214 35.9	11.7	N 6 55.6	15.9	59.1
WEDNESDAY 07	281 38.6	26.0	229 06.6	11.6	7 11.5	15.8	59.1
08	296 38.5	25.3	243 37.2	11.6	7 27.3	15.7	59.1
09	311 38.4	. . 24.6	258 07.8	11.6	7 43.0	15.7	59.1
10	326 38.3	23.9	272 38.4	11.5	7 58.7	15.7	59.1
11	341 38.3	23.2	287 08.9	11.5	8 14.4	15.6	59.1
12	356 38.2	S17 22.5	301 39.4	11.4	N 8 30.0	15.6	59.1
13	11 38.1	21.8	316 09.8	11.4	8 45.6	15.6	59.1
14	26 38.0	21.1	330 40.2	11.3	9 01.2	15.5	59.1
15	41 37.9	. . 20.4	345 10.5	11.3	9 16.7	15.4	59.1
16	56 37.8	19.7	359 40.8	11.2	9 32.1	15.5	59.2
17	71 37.7	19.0	14 11.0	11.2	9 47.6	15.3	59.2
18	86 37.6	S17 18.3	28 41.2	11.1	N10 02.9	15.3	59.2
19	101 37.5	17.6	43 11.3	11.1	10 18.2	15.3	59.2
20	116 37.4	16.9	57 41.4	11.0	10 33.5	15.2	59.2
21	131 37.3	. . 16.2	72 11.4	10.9	10 48.7	15.2	59.2
22	146 37.3	15.5	86 41.3	10.9	11 03.9	15.1	59.2
23	161 37.2	14.8	101 11.2	10.9	11 19.0	15.0	59.2
1 00	176 37.1	S17 14.1	115 41.1	10.7	N11 34.0	15.0	59.2
01	191 37.0	13.4	130 10.8	10.7	11 49.0	14.9	59.2
02	206 36.9	12.7	144 40.5	10.7	12 03.9	14.8	59.2
03	221 36.8	. . 12.0	159 10.2	10.6	12 18.7	14.8	59.2
04	236 36.7	11.3	173 39.8	10.5	12 33.5	14.7	59.2
05	251 36.6	10.6	188 09.3	10.4	12 48.2	14.7	59.2
06	266 36.6	S17 09.8	202 38.7	10.4	N13 02.9	14.6	59.2
07	281 36.5	09.1	217 08.1	10.3	13 17.5	14.5	59.2
THURSDAY 08	296 36.4	08.4	231 37.4	10.3	13 32.0	14.4	59.2
09	311 36.3	. . 07.7	246 06.7	10.2	13 46.4	14.4	59.2
10	326 36.2	07.0	260 35.9	10.1	14 00.8	14.3	59.2
11	341 36.1	06.3	275 05.0	10.0	14 15.1	14.2	59.2
12	356 36.0	S17 05.6	289 34.0	10.0	N14 29.3	14.1	59.2
13	11 36.0	04.9	304 03.0	9.9	14 43.4	14.1	59.2
14	26 35.9	04.2	318 31.9	9.8	14 57.5	14.0	59.2
15	41 35.8	. . 03.4	333 00.7	9.7	15 11.5	13.9	59.2
16	56 35.7	02.7	347 29.4	9.7	15 25.4	13.8	59.2
17	71 35.6	02.0	1 58.1	9.6	15 39.2	13.7	59.2
18	86 35.5	S17 01.3	16 26.7	9.5	N15 52.9	13.6	59.2
19	101 35.5	17 00.6	30 55.2	9.5	16 06.5	13.6	59.2
20	116 35.4	16 59.9	45 23.7	9.3	16 20.1	13.4	59.2
21	131 35.3	. . 59.2	59 52.0	9.3	16 33.5	13.4	59.2
22	146 35.2	58.4	74 20.3	9.2	16 46.9	13.3	59.2
23	161 35.1	57.7	88 48.5	9.1	17 00.2	13.1	59.2
2 00	176 35.1	S16 57.0	103 16.6	9.1	N17 13.3	13.1	59.2
01	191 35.0	56.3	117 44.7	8.9	17 26.4	13.0	59.2
02	206 34.9	55.6	132 12.6	8.9	17 39.4	12.8	59.2
03	221 34.8	. . 54.9	146 40.5	8.8	17 52.2	12.8	59.2
04	236 34.7	54.1	161 08.3	8.7	18 05.0	12.7	59.2
05	251 34.7	53.4	175 36.0	8.6	18 17.7	12.5	59.2
06	266 34.6	S16 52.7	190 03.6	8.6	N18 30.2	12.5	59.2
07	281 34.5	52.0	204 31.2	8.4	18 42.7	12.3	59.2
08	296 34.4	51.2	218 58.6	8.4	18 55.0	12.3	59.2
FRIDAY 09	311 34.4	. . 50.5	233 26.0	8.3	19 07.3	12.1	59.2
10	326 34.3	49.8	247 53.3	8.2	19 19.4	12.0	59.2
11	341 34.2	49.1	262 20.5	8.1	19 31.4	11.9	59.2
12	356 34.1	S16 48.4	276 47.6	8.1	N19 43.3	11.8	59.2
13	11 34.1	47.6	291 14.7	7.9	19 55.1	11.6	59.2
14	26 34.0	46.9	305 41.6	7.9	20 06.7	11.6	59.2
15	41 33.9	. . 46.2	320 08.5	7.8	20 18.3	11.4	59.2
16	56 33.8	45.5	334 35.3	7.7	20 29.7	11.3	59.2
17	71 33.8	44.7	349 02.0	7.6	20 41.0	11.2	59.2
18	86 33.7	S16 44.0	3 28.6	7.5	N20 52.2	11.0	59.2
19	101 33.6	43.3	17 55.1	7.4	21 03.2	11.0	59.2
20	116 33.5	42.5	32 21.5	7.4	21 14.2	10.7	59.2
21	131 33.5	. . 41.8	46 47.9	7.2	21 24.9	10.7	59.2
22	146 33.4	41.1	61 14.1	7.2	21 35.6	10.5	59.2
23	161 33.3	40.4	75 40.3	7.1	21 46.1	10.4	59.2
	S.D. 16.3	*d* 0.7	S.D.	16.1		16.1	16.1

Lat. °	Twilight Naut. h m	Twilight Civil h m	Sunrise h m	Moonrise 31 h m	Moonrise 1 h m	Moonrise 2 h m	Moonrise 3 h m
N 72	07 10	08 40	10 29	08 12	07 27	▭	▭
N 70	07 02	08 21	09 47	08 23	07 51	06 53	▭
68	06 56	08 06	09 18	08 31	08 09	07 36	▭
66	06 50	07 54	08 57	08 38	08 24	08 05	07 27
64	06 45	07 44	08 40	08 44	08 37	08 27	08 14
62	06 40	07 35	08 26	08 50	08 47	08 45	08 45
60	06 36	07 27	08 15	08 54	08 56	09 00	09 08
N 58	06 33	07 20	08 04	08 59	09 04	09 13	09 27
56	06 29	07 14	07 55	09 02	09 12	09 24	09 43
54	06 26	07 09	07 48	09 06	09 18	09 34	09 56
52	06 23	07 04	07 40	09 09	09 24	09 43	10 08
50	06 20	06 59	07 34	09 11	09 29	09 51	10 19
45	06 14	06 49	07 20	09 17	09 40	10 07	10 41
N 40	06 08	06 40	07 09	09 23	09 50	10 21	10 59
35	06 02	06 33	06 59	09 27	09 58	10 33	11 15
30	05 57	06 25	06 51	09 31	10 05	10 44	11 28
20	05 46	06 13	06 36	09 38	10 18	11 02	11 51
N 10	05 35	06 01	06 23	09 44	10 29	11 18	12 10
0	05 23	05 48	06 10	09 50	10 40	11 32	12 29
S 10	05 10	05 35	05 58	09 56	10 50	11 47	12 48
20	04 53	05 21	05 44	10 02	11 02	12 04	13 08
30	04 32	05 03	05 28	10 09	11 15	12 22	13 31
35	04 18	04 52	05 19	10 13	11 22	12 33	13 45
40	04 02	04 39	05 09	10 18	11 31	12 46	14 01
45	03 41	04 23	04 56	10 24	11 42	13 01	14 20
S 50	03 13	04 03	04 41	10 31	11 54	13 20	14 44
52	02 59	03 54	04 34	10 34	12 00	13 28	14 56
54	02 42	03 43	04 26	10 37	12 07	13 38	15 09
56	02 21	03 30	04 17	10 41	12 14	13 49	15 25
58	01 53	03 15	04 07	10 45	12 22	14 02	15 43
S 60	01 08	02 57	03 56	10 50	12 32	14 18	16 06

Lat. °	Sunset h m	Twilight Civil h m	Twilight Naut. h m	Moonset 31 h m	Moonset 1 h m	Moonset 2 h m	Moonset 3 h m
N 72	13 59	15 49	17 18	24 57	00 57	▭	▭
N 70	14 42	16 08	17 26	24 35	00 35	03 21	▭
68	15 10	16 22	17 33	24 19	00 19	02 40	▭
66	15 31	16 34	17 38	24 05	00 05	02 13	04 47
64	15 48	16 45	17 43	23 55	25 52	01 52	04 00
62	16 02	16 53	17 48	23 45	25 35	01 35	03 30
60	16 13	17 01	17 52	23 38	25 21	01 21	03 08
N 58	16 24	17 08	17 55	23 31	25 09	01 09	02 50
56	16 32	17 14	17 59	23 25	24 59	00 59	02 34
54	16 40	17 19	18 02	23 19	24 50	00 50	02 21
52	16 47	17 24	18 05	23 14	24 42	00 42	02 10
50	16 54	17 29	18 08	23 10	24 34	00 34	02 00
45	17 07	17 39	18 14	23 01	24 19	00 19	01 39
N 40	17 19	17 47	18 20	22 53	24 07	00 07	01 22
35	17 28	17 55	18 25	22 46	23 56	25 07	01 07
30	17 37	18 02	18 31	22 40	23 47	24 55	00 55
20	17 52	18 15	18 41	22 30	23 31	24 34	00 34
N 10	18 05	18 27	18 52	22 21	23 17	24 16	00 16
0	18 17	18 39	19 04	22 13	23 04	23 59	24 57
S 10	18 30	18 52	19 17	22 05	22 51	23 42	24 37
20	18 43	19 06	19 34	21 56	22 38	23 24	24 16
30	18 58	19 24	19 55	21 46	22 22	23 03	23 51
35	19 07	19 35	20 08	21 41	22 13	22 51	23 36
40	19 18	19 48	20 24	21 34	22 03	22 38	23 19
45	19 30	20 03	20 45	21 27	21 51	22 21	22 59
S 50	19 45	20 23	21 12	21 18	21 37	22 01	22 34
52	19 52	20 32	21 26	21 14	21 30	21 52	22 22
54	20 00	20 43	21 42	21 09	21 23	21 41	22 08
56	20 08	20 55	22 03	21 04	21 15	21 30	21 52
58	20 18	21 10	22 30	20 59	21 06	21 16	21 34
S 60	20 30	21 27	23 11	20 53	20 55	21 00	21 10

Day	SUN Eqn. of Time 00h m s	SUN Eqn. of Time 12h m s	SUN Mer. Pass. h m	MOON Mer. Pass. Upper h m	MOON Mer. Pass. Lower h m	MOON Age d	MOON Phase
31	13 23	13 27	12 13	16 01	03 37	05	
1	13 32	13 36	12 14	16 52	04 26	06	☽
2	13 40	13 43	12 14	17 46	05 18	07	

UT (GMT)	ARIES	VENUS −4.5		MARS +1.4		JUPITER −2.6		SATURN +0.6		STARS		
d h	G.H.A.	G.H.A.	Dec.	G.H.A.	Dec.	G.H.A.	Dec.	G.H.A.	Dec.	Name	S.H.A.	Dec.
	° ′	° ′	° ′	° ′	° ′	° ′	° ′	° ′	° ′		° ′	° ′
3 00	132 54.8	200 51.1	S14 23.9	219 26.2	S23 49.3	41 10.7	N23 23.7	201 54.3	S21 46.7	Acamar	315 31.5	S40 20.8
01	147 57.2	215 54.1	24.0	234 26.7	49.3	56 13.3	23.7	216 56.4	46.7	Achernar	335 39.7	S57 17.4
02	162 59.7	230 57.1	24.1	249 27.2	49.3	71 16.0	23.7	231 58.6	46.6	Acrux	173 28.9	S63 02.6
03	178 02.2	246 00.1	· · 24.2	264 27.7	· · 49.2	86 18.6	· · 23.7	247 00.8	· · 46.6	Adhara	255 26.0	S28 57.6
04	193 04.6	261 03.1	24.3	279 28.2	49.2	101 21.3	23.7	262 02.9	46.6	Aldebaran	291 09.4	N16 29.5
05	208 07.1	276 06.1	24.4	294 28.7	49.2	116 23.9	23.7	277 05.1	46.5			
06	223 09.6	291 09.1	S14 24.5	309 29.2	S23 49.2	131 26.6	N23 23.8	292 07.3	S21 46.5	Alioth	166 35.5	N56 00.4
07	238 12.0	306 12.1	24.6	324 29.6	49.2	146 29.3	23.8	307 09.4	46.4	Alkaid	153 12.3	N49 21.3
S 08	253 14.5	321 15.1	24.7	339 30.1	49.2	161 31.9	23.8	322 11.6	46.4	Al Na'ir	28 05.9	S47 00.7
A 09	268 17.0	336 18.1	· · 24.9	354 30.6	· · 49.2	176 34.6	· · 23.8	337 13.8	· · 46.4	Alnilam	276 03.9	S 1 12.4
T 10	283 19.4	351 21.1	25.0	9 31.1	49.1	191 37.2	23.8	352 15.9	46.3	Alphard	218 13.0	S 8 37.0
U 11	298 21.9	6 24.1	25.1	24 31.6	49.1	206 39.9	23.8	7 18.1	46.3			
R 12	313 24.4	21 27.0	S14 25.2	39 32.1	S23 49.1	221 42.5	N23 23.8	22 20.3	S21 46.3	Alphecca	126 25.8	N26 44.5
D 13	328 26.8	36 30.0	25.3	54 32.6	49.1	236 45.2	23.8	37 22.4	46.2	Alpheratz	358 02.0	N29 02.3
A 14	343 29.3	51 33.0	25.4	69 33.1	49.1	251 47.8	23.8	52 24.6	46.2	Altair	62 25.6	N 8 50.3
Y 15	358 31.7	66 35.9	· · 25.5	84 33.6	· · 49.1	266 50.5	· · 23.8	67 26.8	· · 46.1	Ankaa	353 33.0	S42 21.7
16	13 34.2	81 38.9	25.6	99 34.1	49.0	281 53.1	23.8	82 28.9	46.1	Antares	112 48.0	S26 24.7
17	28 36.7	96 41.8	25.8	114 34.5	49.0	296 55.8	23.8	97 31.1	46.1			
18	43 39.1	111 44.7	S14 25.9	129 35.0	S23 49.0	311 58.4	N23 23.8	112 33.3	S21 46.0	Arcturus	146 11.6	N19 13.7
19	58 41.6	126 47.7	26.0	144 35.5	49.0	327 01.1	23.9	127 35.4	46.0	Atria	108 06.0	S69 00.5
20	73 44.1	141 50.6	26.1	159 36.0	49.0	342 03.7	23.9	142 37.6	46.0	Avior	234 24.7	S59 28.7
21	88 46.5	156 53.5	· · 26.2	174 36.5	· · 48.9	357 06.4	· · 23.9	157 39.8	· · 45.9	Bellatrix	278 50.6	N 6 20.5
22	103 49.0	171 56.5	26.3	189 37.0	48.9	12 09.0	23.9	172 41.9	45.9	Betelgeuse	271 20.0	N 7 24.4
23	118 51.5	186 59.4	26.5	204 37.5	48.9	27 11.7	23.9	187 44.1	45.8			
4 00	133 53.9	202 02.3	S14 26.6	219 38.0	S23 48.9	42 14.3	N23 23.9	202 46.3	S21 45.8	Canopus	264 03.5	S52 41.5
01	148 56.4	217 05.2	26.7	234 38.5	48.8	57 17.0	23.9	217 48.4	45.8	Capella	281 00.1	N45 59.6
02	163 58.8	232 08.1	26.8	249 38.9	48.8	72 19.6	23.9	232 50.6	45.7	Deneb	49 44.0	N45 14.6
03	179 01.3	247 11.0	· · 26.9	264 39.4	· · 48.8	87 22.3	· · 23.9	247 52.8	· · 45.7	Denebola	182 51.2	N14 37.4
04	194 03.8	262 13.9	27.1	279 39.9	48.8	102 24.9	23.9	262 54.9	45.7	Diphda	349 13.6	S18 02.5
05	209 06.2	277 16.8	27.2	294 40.4	48.8	117 27.6	23.9	277 57.1	45.6			
06	224 08.7	292 19.7	S14 27.3	309 40.9	S23 48.7	132 30.2	N23 23.9	292 59.3	S21 45.6	Dubhe	194 12.1	N61 48.0
07	239 11.2	307 22.6	27.4	324 41.4	48.7	147 32.9	23.9	308 01.4	45.5	Elnath	278 34.6	N28 36.1
08	254 13.6	322 25.5	27.5	339 41.9	48.7	162 35.5	24.0	323 03.6	45.5	Eltanin	90 54.7	N51 29.0
S 09	269 16.1	337 28.3	· · 27.7	354 42.4	· · 48.7	177 38.2	· · 24.0	338 05.8	· · 45.5	Enif	34 04.7	N 9 49.7
U 10	284 18.6	352 31.2	27.8	9 42.8	48.6	192 40.8	24.0	353 08.0	45.4	Fomalhaut	15 43.5	S29 40.6
N 11	299 21.0	7 34.1	27.9	24 43.3	48.6	207 43.4	24.0	8 10.1	45.4			
D 12	314 23.5	22 36.9	S14 28.0	39 43.8	S23 48.6	222 46.1	N23 24.0	23 12.3	S21 45.4	Gacrux	172 20.4	S57 03.4
A 13	329 26.0	37 39.8	28.1	54 44.3	48.6	237 48.7	24.0	38 14.5	45.3	Gienah	176 10.2	S17 29.3
Y 14	344 28.4	52 42.7	28.3	69 44.8	48.5	252 51.4	24.0	53 16.6	45.3	Hadar	149 13.0	S60 19.4
15	359 30.9	67 45.5	· · 28.4	84 45.3	· · 48.5	267 54.0	· · 24.0	68 18.8	· · 45.2	Hamal	328 20.7	N23 25.1
16	14 33.3	82 48.3	28.5	99 45.8	48.5	282 56.7	24.0	83 21.0	45.2	Kaus Aust.	84 07.3	S34 23.5
17	29 35.8	97 51.2	28.6	114 46.3	48.4	297 59.3	24.0	98 23.1	45.2			
18	44 38.3	112 54.0	S14 28.8	129 46.8	S23 48.4	313 02.0	N23 24.0	113 25.3	S21 45.1	Kochab	137 18.8	N74 11.3
19	59 40.7	127 56.8	28.9	144 47.2	48.4	328 04.6	24.0	128 27.5	45.1	Markab	13 56.1	N15 09.1
20	74 43.2	142 59.7	29.0	159 47.7	48.4	343 07.2	24.0	143 29.6	45.1	Menkar	314 33.4	N 4 03.1
21	89 45.7	158 02.5	· · 29.1	174 48.2	· · 48.3	358 09.9	· · 24.1	158 31.8	· · 45.0	Menkent	148 28.3	S36 19.3
22	104 48.1	173 05.3	29.3	189 48.7	48.3	13 12.5	24.1	173 34.0	45.0	Miaplacidus	221 42.8	S69 40.6
23	119 50.6	188 08.1	29.4	204 49.2	48.3	28 15.2	24.1	188 36.2	45.0			
5 00	134 53.1	203 10.9	S14 29.5	219 49.7	S23 48.2	43 17.8	N23 24.1	203 38.3	S21 44.9	Mirfak	309 05.6	N49 49.9
01	149 55.5	218 13.7	29.6	234 50.2	48.2	58 20.4	24.1	218 40.5	44.9	Nunki	76 20.3	S26 18.7
02	164 58.0	233 16.5	29.8	249 50.7	48.2	73 23.1	24.1	233 42.7	44.8	Peacock	53 47.2	S56 46.1
03	180 00.5	248 19.3	· · 29.9	264 51.1	· · 48.1	88 25.7	· · 24.1	248 44.8	· · 44.8	Pollux	243 48.7	N28 03.1
04	195 02.9	263 22.1	30.0	279 51.6	48.1	103 28.4	24.1	263 47.0	44.8	Procyon	245 17.7	N 5 15.0
05	210 05.4	278 24.9	30.2	294 52.1	48.1	118 31.0	24.1	278 49.2	44.7			
06	225 07.8	293 27.7	S14 30.3	309 52.6	S23 48.0	133 33.6	N23 24.1	293 51.3	S21 44.7	Rasalhague	96 22.9	N12 33.7
07	240 10.3	308 30.5	30.4	324 53.1	48.0	148 36.3	24.1	308 53.5	44.7	Regulus	208 01.8	N12 00.8
08	255 12.8	323 33.2	30.5	339 53.6	48.0	163 38.9	24.1	323 55.7	44.6	Rigel	281 28.7	S 8 12.8
M 09	270 15.2	338 36.0	· · 30.7	354 54.1	· · 47.9	178 41.6	· · 24.1	338 57.8	· · 44.6	Rigil Kent.	140 15.8	S60 47.5
O 10	285 17.7	353 38.8	30.8	9 54.5	47.9	193 44.2	24.2	354 00.0	44.5	Sabik	102 32.8	S15 42.9
N 11	300 20.2	8 41.5	30.9	24 55.0	47.9	208 46.8	24.2	9 02.2	44.5			
D 12	315 22.6	23 44.3	S14 31.1	39 55.5	S23 47.8	223 49.5	N23 24.2	24 04.4	S21 44.5	Schedar	350 01.2	N56 29.3
A 13	330 25.1	38 47.0	31.2	54 56.0	47.8	238 52.1	24.2	39 06.5	44.4	Shaula	96 46.0	S37 05.9
Y 14	345 27.6	53 49.8	31.3	69 56.5	47.7	253 54.7	24.2	54 08.7	44.4	Sirius	258 48.9	S16 42.2
15	0 30.0	68 52.5	· · 31.5	84 57.0	· · 47.7	268 57.4	· · 24.2	69 10.9	· · 44.4	Spica	158 49.6	S11 06.7
16	15 32.5	83 55.2	31.6	99 57.5	47.7	284 00.0	24.2	84 13.0	44.3	Suhail	223 05.0	S43 23.6
17	30 35.0	98 58.0	31.7	114 58.0	47.6	299 02.6	24.2	99 15.2	44.3			
18	45 37.4	114 00.7	S14 31.8	129 58.4	S23 47.6	314 05.3	N23 24.2	114 17.4	S21 44.2	Vega	80 51.2	N38 46.2
19	60 39.9	129 03.4	32.0	144 58.9	47.6	329 07.9	24.2	129 19.6	44.2	Zuben'ubi	137 24.9	S16 00.2
20	75 42.3	144 06.1	32.1	159 59.4	47.5	344 10.5	24.2	144 21.7	44.2		S.H.A.	Mer. Pass.
21	90 44.8	159 08.8	· · 32.2	174 59.9	· · 47.5	359 13.2	· · 24.2	159 23.9	· · 44.1		° ′	h m
22	105 47.3	174 11.5	32.4	190 00.4	47.4	14 15.8	24.2	174 26.1	44.1	Venus	68 08.4	10 30
23	120 49.7	189 14.3	32.5	205 00.9	47.4	29 18.4	24.3	189 28.2	44.1	Mars	85 44.0	9 21
Mer. Pass.	h m 15 01.9	v 2.9	d 0.1	v 0.5	d 0.0	v 2.6	d 0.0	v 2.2	d 0.0	Jupiter	268 20.4	21 07
										Saturn	68 52.3	10 27

UT (GMT)		SUN		MOON				
d	h	G.H.A. ° ′	Dec. ° ′	G.H.A. ° ′	*v* ′	Dec. ° ′	*d* ′	H.P. ′
3	00	176 33.3	S16 39.6	90 06.4	7.0	N21 56.5	10.3	59.2
	01	191 33.2	38.9	104 32.4	6.9	22 06.8	10.1	59.2
	02	206 33.1	38.2	118 58.3	6.9	22 16.9	10.0	59.2
	03	221 33.0	.. 37.4	133 24.2	6.7	22 26.9	9.9	59.2
	04	236 33.0	36.7	147 49.9	6.7	22 36.8	9.7	59.2
	05	251 32.9	36.0	162 15.6	6.6	22 46.5	9.6	59.2
	06	266 32.8	S16 35.2	176 41.2	6.5	N22 56.1	9.4	59.2
	07	281 32.8	34.5	191 06.7	6.4	23 05.5	9.3	59.2
SATURDAY	08	296 32.7	33.8	205 32.1	6.3	23 14.8	9.1	59.2
	09	311 32.6	.. 33.0	219 57.4	6.3	23 23.9	9.0	59.2
	10	326 32.6	32.3	234 22.7	6.2	23 32.9	8.8	59.2
	11	341 32.5	31.6	248 47.9	6.1	23 41.7	8.7	59.2
	12	356 32.4	S16 30.8	263 13.0	6.0	N23 50.4	8.6	59.2
	13	11 32.4	30.1	277 38.0	5.9	23 59.0	8.3	59.2
	14	26 32.3	29.4	292 02.9	5.9	24 07.3	8.3	59.2
	15	41 32.2	.. 28.6	306 27.8	5.8	24 15.6	8.0	59.2
	16	56 32.2	27.9	320 52.6	5.7	24 23.6	8.0	59.1
	17	71 32.1	27.1	335 17.3	5.6	24 31.6	7.7	59.1
	18	86 32.0	S16 26.4	349 41.9	5.6	N24 39.3	7.6	59.1
	19	101 32.0	25.7	4 06.5	5.5	24 46.9	7.5	59.1
	20	116 31.9	24.9	18 31.0	5.4	24 54.4	7.3	59.1
	21	131 31.8	.. 24.2	32 55.4	5.4	25 01.7	7.1	59.1
	22	146 31.8	23.4	47 19.8	5.3	25 08.8	6.9	59.1
	23	161 31.7	22.7	61 44.1	5.2	25 15.7	6.8	59.1
4	00	176 31.7	S16 22.0	76 08.3	5.2	N25 22.5	6.6	59.1
	01	191 31.6	21.2	90 32.5	5.1	25 29.1	6.5	59.1
	02	206 31.5	20.5	104 56.6	5.0	25 35.6	6.3	59.1
	03	221 31.5	.. 19.7	119 20.6	5.0	25 41.9	6.1	59.1
	04	236 31.4	19.0	133 44.6	4.9	25 48.0	5.9	59.1
	05	251 31.3	18.2	148 08.5	4.8	25 53.9	5.8	59.1
	06	266 31.3	S16 17.5	162 32.3	4.8	N25 59.7	5.6	59.1
	07	281 31.2	16.8	176 56.1	4.8	26 05.3	5.5	59.1
	08	296 31.2	16.0	191 19.9	4.7	26 10.8	5.2	59.1
SUNDAY	09	311 31.1	.. 15.3	205 43.6	4.6	26 16.0	5.1	59.0
	10	326 31.0	14.5	220 07.2	4.6	26 21.1	4.9	59.0
	11	341 31.0	13.8	234 30.8	4.6	26 26.0	4.7	59.0
	12	356 30.9	S16 13.0	248 54.4	4.5	N26 30.7	4.6	59.0
	13	11 30.9	12.3	263 17.9	4.4	26 35.3	4.4	59.0
	14	26 30.8	11.5	277 41.3	4.4	26 39.7	4.2	59.0
	15	41 30.8	.. 10.8	292 04.7	4.4	26 43.9	4.0	59.0
	16	56 30.7	10.0	306 28.1	4.4	26 47.9	3.8	59.0
	17	71 30.6	09.3	320 51.5	4.3	26 51.7	3.7	59.0
	18	86 30.6	S16 08.5	335 14.8	4.2	N26 55.4	3.5	59.0
	19	101 30.5	07.8	349 38.0	4.3	26 58.9	3.3	59.0
	20	116 30.5	07.0	4 01.3	4.2	27 02.2	3.1	59.0
	21	131 30.4	.. 06.3	18 24.5	4.2	27 05.3	2.9	59.0
	22	146 30.4	05.5	32 47.7	4.2	27 08.2	2.8	58.9
	23	161 30.3	04.8	47 10.9	4.1	27 11.0	2.5	58.9
5	00	176 30.3	S16 04.0	61 34.0	4.1	N27 13.5	2.4	58.9
	01	191 30.2	03.3	75 57.1	4.1	27 15.9	2.2	58.9
	02	206 30.2	02.5	90 20.2	4.1	27 18.1	2.0	58.9
	03	221 30.1	.. 01.8	104 43.3	4.1	27 20.1	1.9	58.9
	04	236 30.0	01.0	119 06.4	4.0	27 22.0	1.6	58.9
	05	251 30.0	16 00.2	133 29.4	4.1	27 23.6	1.5	58.9
	06	266 29.9	S15 59.5	147 52.5	4.0	N27 25.1	1.2	58.9
	07	281 29.9	58.7	162 15.5	4.1	27 26.3	1.1	58.9
	08	296 29.8	58.0	176 38.6	4.0	27 27.4	0.9	58.9
MONDAY	09	311 29.8	.. 57.2	191 01.6	4.1	27 28.3	0.8	58.8
	10	326 29.7	56.5	205 24.7	4.0	27 29.1	0.5	58.8
	11	341 29.7	55.7	219 47.7	4.1	27 29.6	0.3	58.8
	12	356 29.6	S15 54.9	234 10.8	4.0	N27 29.9	0.2	58.8
	13	11 29.6	54.2	248 33.8	4.1	27 30.1	0.0	58.8
	14	26 29.5	53.4	262 56.9	4.1	27 30.1	0.2	58.8
	15	41 29.5	.. 52.7	277 20.0	4.1	27 29.9	0.4	58.8
	16	56 29.4	51.9	291 43.1	4.1	27 29.5	0.6	58.8
	17	71 29.4	51.1	306 06.2	4.2	27 28.9	0.7	58.8
	18	86 29.3	S15 50.4	320 29.4	4.1	N27 28.2	1.0	58.7
	19	101 29.3	49.6	334 52.5	4.2	27 27.2	1.1	58.7
	20	116 29.3	48.8	349 15.7	4.2	27 26.1	1.3	58.7
	21	131 29.2	.. 48.1	3 38.9	4.3	27 24.8	1.5	58.7
	22	146 29.2	47.3	18 02.2	4.2	27 23.3	1.7	58.7
	23	161 29.1	46.6	32 25.4	4.3	27 21.6	1.8	58.7
		S.D. 16.3	*d* 0.7	S.D. 16.1		16.1		16.0

Lat.	Twilight Naut.	Twilight Civil	Sunrise	Moonrise 3	4	5	6
°	h m	h m	h m	h m	h m	h m	h m
N 72	07 00	08 26	10 06	▭	▭	▭	▭
N 70	06 53	08 10	09 31	▭	▭	▭	▭
68	06 47	07 56	09 06	▭	▭	▭	▭
66	06 42	07 45	08 47	07 27	▭	▭	▭
64	06 38	07 36	08 31	08 14	07 24	▭	▭
62	06 34	07 28	08 18	08 45	08 48	09 11	10 35
60	06 31	07 21	08 07	09 08	09 25	10 04	11 19
N 58	06 27	07 15	07 58	09 27	09 52	10 37	11 49
56	06 24	07 09	07 50	09 43	10 13	11 01	12 11
54	06 22	07 04	07 42	09 56	10 30	11 20	12 29
52	06 19	06 59	07 36	10 08	10 45	11 37	12 45
50	06 16	06 55	07 30	10 19	10 58	11 51	12 58
45	06 11	06 46	07 17	10 41	11 25	12 20	13 26
N 40	06 05	06 38	07 06	10 59	11 46	12 42	13 48
35	06 00	06 30	06 57	11 15	12 04	13 01	14 06
30	05 55	06 24	06 49	11 28	12 19	13 17	14 21
20	05 45	06 12	06 35	11 51	12 45	13 45	14 47
N 10	05 35	06 00	06 22	12 10	13 08	14 08	15 10
0	05 24	05 49	06 10	12 29	13 29	14 30	15 31
S 10	05 11	05 37	05 59	12 48	13 50	14 52	15 52
20	04 55	05 23	05 46	13 08	14 13	15 16	16 14
30	04 35	05 05	05 31	13 31	14 39	15 43	16 40
35	04 22	04 55	05 22	13 45	14 55	15 59	16 56
40	04 06	04 43	05 12	14 01	15 13	16 18	17 13
45	03 47	04 28	05 01	14 20	15 35	16 41	17 35
S 50	03 21	04 09	04 46	14 44	16 04	17 11	18 02
52	03 07	04 00	04 40	14 56	16 18	17 25	18 15
54	02 52	03 50	04 32	15 09	16 34	17 42	18 30
56	02 33	03 38	04 24	15 25	16 53	18 02	18 47
58	02 08	03 24	04 15	15 43	17 16	18 27	19 08
S 60	01 33	03 08	04 04	16 06	17 47	19 00	19 35

Lat.	Sunset	Twilight Civil	Twilight Naut.	Moonset 3	4	5	6
°	h m	h m	h m	h m	h m	h m	h m
N 72	14 24	16 03	17 30	▭	▭	▭	▭
N 70	14 59	16 20	17 37	▭	▭	▭	▭
68	15 23	16 33	17 42	▭	▭	▭	▭
66	15 42	16 44	17 47	04 47	▭	▭	▭
64	15 58	16 53	17 51	04 00	06 54	▭	▭
62	16 11	17 01	17 55	03 30	05 30	07 16	08 00
60	16 21	17 08	17 58	03 08	04 54	06 22	07 16
N 58	16 31	17 14	18 01	02 50	04 27	05 50	06 46
56	16 39	17 20	18 04	02 34	04 07	05 26	06 24
54	16 46	17 25	18 07	02 21	03 50	05 07	06 05
52	16 53	17 29	18 10	02 10	03 35	04 50	05 49
50	16 59	17 33	18 12	02 00	03 23	04 36	05 35
45	17 12	17 43	18 18	01 39	02 56	04 07	05 07
N 40	17 22	17 51	18 23	01 22	02 36	03 45	04 45
35	17 31	17 58	18 28	01 07	02 19	03 26	04 27
30	17 40	18 04	18 33	00 55	02 04	03 10	04 11
20	17 53	18 16	18 43	00 34	01 39	02 43	03 44
N 10	18 06	18 28	18 53	00 16	01 17	02 20	03 21
0	18 17	18 39	19 04	24 57	00 57	01 58	02 59
S 10	18 29	18 51	19 17	24 37	00 37	01 36	02 38
20	18 42	19 05	19 32	24 16	00 16	01 13	02 14
30	18 56	19 22	19 52	23 51	24 46	00 46	01 47
35	19 05	19 32	20 05	23 36	24 30	00 30	01 31
40	19 15	19 44	20 21	23 19	24 11	00 11	01 12
45	19 26	19 59	20 40	22 59	23 48	24 49	00 49
S 50	19 40	20 18	21 06	22 34	23 20	24 20	00 20
52	19 47	20 26	21 19	22 22	23 06	24 06	00 06
54	19 54	20 37	21 34	22 08	22 49	23 49	25 07
56	20 02	20 48	21 52	21 52	22 30	23 29	24 49
58	20 12	21 01	22 16	21 34	22 06	23 05	24 29
S 60	20 22	21 17	22 49	21 10	21 35	22 31	24 02

Day	SUN Eqn. of Time 00^h	SUN Eqn. of Time 12^h	SUN Mer. Pass.	MOON Mer. Pass. Upper	MOON Mer. Pass. Lower	Age	Phase
	m s	m s	h m	h m	h m	d	
3	13 47	13 50	12 14	18 43	06 14	08	
4	13 53	13 56	12 14	19 43	07 13	09	
5	13 59	14 01	12 14	20 45	08 14	10	

UT (GMT)	ARIES	VENUS −4.6		MARS +1.4		JUPITER −2.6		SATURN +0.6		STARS		
d h	G.H.A. ° ′	G.H.A. ° ′	Dec. ° ′	G.H.A. ° ′	Dec. ° ′	G.H.A. ° ′	Dec. ° ′	G.H.A. ° ′	Dec. ° ′	Name	S.H.A. ° ′	Dec. ° ′
6 00	135 52.2	204 17.0	S14 32.6	220 01.4	S23 47.3	44 21.1	N23 24.3	204 30.4	S21 44.0	Acamar	315 31.5	S40 20.8
01	150 54.7	219 19.6	32.8	235 01.9	47.3	59 23.7	24.3	219 32.6	44.0	Achernar	335 39.7	S57 17.4
02	165 57.1	234 22.3	32.9	250 02.3	47.3	74 26.3	24.3	234 34.8	43.9	Acrux	173 28.8	S63 02.6
03	180 59.6	249 25.0	· · 33.0	265 02.8	· · 47.2	89 29.0	· · 24.3	249 36.9	· · 43.9	Adhara	255 26.0	S28 57.6
04	196 02.1	264 27.7	33.2	280 03.3	47.2	104 31.6	24.3	264 39.1	43.9	Aldebaran	291 09.4	N16 29.5
05	211 04.5	279 30.4	33.3	295 03.8	47.1	119 34.2	24.3	279 41.3	43.8			
06	226 07.0	294 33.1	S14 33.5	310 04.3	S23 47.1	134 36.9	N23 24.3	294 43.4	S21 43.8	Alioth	166 35.4	N56 00.4
07	241 09.4	309 35.7	33.6	325 04.8	47.0	149 39.5	24.3	309 45.6	43.8	Alkaid	153 12.3	N49 21.3
T 08	256 11.9	324 38.4	33.7	340 05.3	47.0	164 42.1	24.3	324 47.8	43.7	Al Na'ir	28 05.9	S47 00.7
U 09	271 14.4	339 41.0	· · 33.9	355 05.7	· · 47.0	179 44.7	· · 24.3	339 50.0	· · 43.7	Alnilam	276 03.9	S 1 12.5
E 10	286 16.8	354 43.7	34.0	10 06.2	46.9	194 47.4	24.3	354 52.1	43.6	Alphard	218 13.0	S 8 37.0
S 11	301 19.3	9 46.3	34.1	25 06.7	46.9	209 50.0	24.3	9 54.3	43.6			
D 12	316 21.8	24 49.0	S14 34.3	40 07.2	S23 46.8	224 52.6	N23 24.3	24 56.5	S21 43.6	Alphecca	126 25.8	N26 44.5
A 13	331 24.2	39 51.6	34.4	55 07.7	46.8	239 55.3	24.4	39 58.6	43.5	Alpheratz	358 02.0	N29 02.3
Y 14	346 26.7	54 54.3	34.5	70 08.2	46.7	254 57.9	24.4	55 00.8	43.5	Altair	62 25.6	N 8 50.3
15	1 29.2	69 56.9	· · 34.7	85 08.7	· · 46.7	270 00.5	· · 24.4	70 03.0	· · 43.5	Ankaa	353 33.0	S42 21.7
16	16 31.6	84 59.5	34.8	100 09.1	46.6	285 03.1	24.4	85 05.2	43.4	Antares	112 47.9	S26 24.7
17	31 34.1	100 02.2	35.0	115 09.6	46.6	300 05.8	24.4	100 07.3	43.4			
18	46 36.6	115 04.8	S14 35.1	130 10.1	S23 46.5	315 08.4	N23 24.4	115 09.5	S21 43.4	Arcturus	146 11.6	N19 13.7
19	61 39.0	130 07.4	35.2	145 10.6	46.5	330 11.0	24.4	130 11.7	43.3	Atria	108 05.9	S69 00.5
20	76 41.5	145 10.0	35.4	160 11.1	46.4	345 13.6	24.4	145 13.8	43.3	Avior	234 24.7	S59 28.7
21	91 43.9	160 12.6	· · 35.5	175 11.6	· · 46.4	0 16.3	· · 24.4	160 16.0	· · 43.2	Bellatrix	278 50.6	N 6 20.5
22	106 46.4	175 15.2	35.7	190 12.1	46.3	15 18.9	24.4	175 18.2	43.2	Betelgeuse	271 20.0	N 7 24.4
23	121 48.9	190 17.8	35.8	205 12.5	46.3	30 21.5	24.4	190 20.4	43.2			
7 00	136 51.3	205 20.4	S14 35.9	220 13.0	S23 46.2	45 24.1	N23 24.4	205 22.5	S21 43.1	Canopus	264 03.5	S52 41.5
01	151 53.8	220 23.0	36.1	235 13.5	46.2	60 26.8	24.4	220 24.7	43.1	Capella	281 00.1	N45 59.6
02	166 56.3	235 25.6	36.2	250 14.0	46.1	75 29.4	24.4	235 26.9	43.1	Deneb	49 44.0	N45 14.6
03	181 58.7	250 28.1	· · 36.4	265 14.5	· · 46.1	90 32.0	· · 24.5	250 29.1	· · 43.0	Denebola	182 51.2	N14 37.4
04	197 01.2	265 30.7	36.5	280 15.0	46.0	105 34.6	24.5	265 31.2	43.0	Diphda	349 13.6	S18 02.5
05	212 03.7	280 33.3	36.6	295 15.5	46.0	120 37.2	24.5	280 33.4	42.9			
06	227 06.1	295 35.8	S14 36.8	310 15.9	S23 45.9	135 39.9	N23 24.5	295 35.6	S21 42.9	Dubhe	194 12.1	N61 48.0
W 07	242 08.6	310 38.4	36.9	325 16.4	45.9	150 42.5	24.5	310 37.7	42.9	Elnath	278 34.6	N28 36.1
E 08	257 11.1	325 41.0	37.1	340 16.9	45.8	165 45.1	24.5	325 39.9	42.8	Eltanin	90 54.6	N51 29.0
D 09	272 13.5	340 43.5	· · 37.2	355 17.4	· · 45.8	180 47.7	· · 24.5	340 42.1	· · 42.8	Enif	34 04.7	N 9 49.7
N 10	287 16.0	355 46.1	37.4	10 17.9	45.7	195 50.4	24.5	355 44.3	42.8	Fomalhaut	15 43.5	S29 40.6
E 11	302 18.4	10 48.6	37.5	25 18.4	45.6	210 53.0	24.5	10 46.4	42.7			
S 12	317 20.9	25 51.1	S14 37.6	40 18.9	S23 45.6	225 55.6	N23 24.5	25 48.6	S21 42.7	Gacrux	172 20.4	S57 03.4
D 13	332 23.4	40 53.7	37.8	55 19.3	45.5	240 58.2	24.5	40 50.8	42.6	Gienah	176 10.2	S17 29.3
A 14	347 25.8	55 56.2	37.9	70 19.8	45.5	256 00.8	24.5	55 53.0	42.6	Hadar	149 12.9	S60 19.4
Y 15	2 28.3	70 58.7	· · 38.1	85 20.3	· · 45.4	271 03.4	· · 24.5	70 55.1	· · 42.6	Hamal	328 20.7	N23 25.1
16	17 30.8	86 01.2	38.2	100 20.8	45.4	286 06.1	24.5	85 57.3	42.5	Kaus Aust.	84 07.3	S34 23.5
17	32 33.2	101 03.8	38.4	115 21.3	45.3	301 08.7	24.6	100 59.5	42.5			
18	47 35.7	116 06.3	S14 38.5	130 21.8	S23 45.2	316 11.3	N23 24.6	116 01.7	S21 42.5	Kochab	137 18.8	N74 11.3
19	62 38.2	131 08.8	38.6	145 22.3	45.2	331 13.9	24.6	131 03.8	42.4	Markab	13 56.1	N15 09.1
20	77 40.6	146 11.3	38.8	160 22.7	45.1	346 16.5	24.6	146 06.0	42.4	Menkar	314 33.4	N 4 03.1
21	92 43.1	161 13.8	· · 38.9	175 23.2	· · 45.1	1 19.1	· · 24.6	161 08.2	· · 42.3	Menkent	148 28.3	S36 19.3
22	107 45.5	176 16.3	39.1	190 23.7	45.0	16 21.8	24.6	176 10.4	42.3	Miaplacidus	221 42.8	S69 40.6
23	122 48.0	191 18.8	39.2	205 24.2	44.9	31 24.4	24.6	191 12.5	42.3			
8 00	137 50.5	206 21.3	S14 39.4	220 24.7	S23 44.9	46 27.0	N23 24.6	206 14.7	S21 42.2	Mirfak	309 05.6	N49 49.9
01	152 52.9	221 23.7	39.5	235 25.2	44.8	61 29.6	24.6	221 16.9	42.2	Nunki	76 20.3	S26 18.7
02	167 55.4	236 26.2	39.7	250 25.6	44.8	76 32.2	24.6	236 19.0	42.2	Peacock	53 47.1	S56 46.1
03	182 57.9	251 28.7	· · 39.8	265 26.1	· · 44.7	91 34.8	· · 24.6	251 21.2	· · 42.1	Pollux	243 48.7	N28 03.1
04	198 00.3	266 31.1	39.9	280 26.6	44.6	106 37.5	24.6	266 23.4	42.1	Procyon	245 17.7	N 5 15.0
05	213 02.8	281 33.6	40.1	295 27.1	44.6	121 40.1	24.6	281 25.6	42.0			
06	228 05.3	296 36.1	S14 40.2	310 27.6	S23 44.5	136 42.7	N23 24.6	296 27.7	S21 42.0	Rasalhague	96 22.9	N12 33.7
07	243 07.7	311 38.5	40.4	325 28.1	44.4	151 45.3	24.7	311 29.9	42.0	Regulus	208 01.8	N12 00.8
T 08	258 10.2	326 41.0	40.5	340 28.6	44.4	166 47.9	24.7	326 32.1	41.9	Rigel	281 28.7	S 8 12.8
H 09	273 12.7	341 43.4	· · 40.7	355 29.0	· · 44.3	181 50.5	· · 24.7	341 34.3	· · 41.9	Rigil Kent.	140 15.8	S60 47.5
U 10	288 15.1	356 45.9	40.8	10 29.5	44.2	196 53.1	24.7	356 36.4	41.9	Sabik	102 32.8	S15 42.9
R 11	303 17.6	11 48.3	41.0	25 30.0	44.2	211 55.7	24.7	11 38.6	41.8			
S 12	318 20.0	26 50.7	S14 41.1	40 30.5	S23 44.1	226 58.3	N23 24.7	26 40.8	S21 41.8	Schedar	350 01.2	N56 29.3
D 13	333 22.5	41 53.2	41.3	55 31.0	44.0	242 01.0	24.7	41 43.0	41.7	Shaula	96 45.9	S37 05.9
A 14	348 25.0	56 55.6	41.4	70 31.5	44.0	257 03.6	24.7	56 45.1	41.7	Sirius	258 48.9	S16 42.2
Y 15	3 27.4	71 58.0	· · 41.6	85 31.9	· · 43.9	272 06.2	· · 24.7	71 47.3	· · 41.7	Spica	158 49.6	S11 06.8
16	18 29.9	87 00.4	41.7	100 32.4	43.8	287 08.8	24.7	86 49.5	41.6	Suhail	223 05.0	S43 23.6
17	33 32.4	102 02.8	41.9	115 32.9	43.8	302 11.4	24.7	101 51.7	41.6			
18	48 34.8	117 05.2	S14 42.0	130 33.4	S23 43.7	317 14.0	N23 24.7	116 53.9	S21 41.6	Vega	80 51.2	N38 46.1
19	63 37.3	132 07.6	42.2	145 33.9	43.6	332 16.6	24.7	131 56.0	41.5	Zuben'ubi	137 24.8	S16 00.2
20	78 39.8	147 10.0	42.3	160 34.4	43.6	347 19.2	24.7	146 58.2	41.5		S.H.A.	Mer. Pass.
21	93 42.2	162 12.4	· · 42.5	175 34.9	· · 43.5	2 21.8	· · 24.8	162 00.4	· · 41.5		° ′	h m
22	108 44.7	177 14.8	42.6	190 35.3	43.4	17 24.4	24.8	177 02.6	41.4	Venus	68 29.0	10 17
23	123 47.2	192 17.2	42.7	205 35.8	43.4	32 27.0	24.8	192 04.7	41.4	Mars	83 21.7	9 19
Mer. Pass. (h m)	14 50.1	*v* 2.5	*d* 0.1	*v* 0.5	*d* 0.1	*v* 2.6	*d* 0.0	*v* 2.2	*d* 0.0	Jupiter	268 32.8	20 55
										Saturn	68 31.2	10 17

UT (GMT) d h	SUN G.H.A. ° ′	SUN Dec. ° ′	MOON G.H.A. ° ′	v ′	MOON Dec. ° ′	d ′	H.P. ′
6 00 (TUESDAY)	176 29.1	S15 45.8	46 48.7	4.4	N27 19.8	2.1	58.7
01	191 29.0	45.0	61 12.1	4.4	27 17.7	2.2	58.7
02	206 29.0	44.3	75 35.5	4.4	27 15.5	2.4	58.7
03	221 28.9	. . 43.5	89 58.9	4.5	27 13.1	2.6	58.6
04	236 28.9	42.7	104 22.4	4.5	27 10.5	2.7	58.6
05	251 28.9	42.0	118 45.9	4.5	27 07.8	2.9	58.6
06	266 28.8	S15 41.2	133 09.4	4.6	N27 04.9	3.2	58.6
07	281 28.8	40.4	147 33.0	4.7	27 01.7	3.2	58.6
08	296 28.7	39.7	161 56.7	4.7	26 58.5	3.5	58.6
09	311 28.7	. . 38.9	176 20.4	4.8	26 55.0	3.6	58.6
10	326 28.6	38.1	190 44.2	4.8	26 51.4	3.9	58.5
11	341 28.6	37.3	205 08.0	4.9	26 47.5	3.9	58.5
12	356 28.6	S15 36.6	219 31.9	4.9	N26 43.6	4.2	58.5
13	11 28.5	35.8	233 55.8	5.0	26 39.4	4.3	58.5
14	26 28.5	35.0	248 19.8	5.1	26 35.1	4.5	58.5
15	41 28.4	. . 34.3	262 43.9	5.2	26 30.6	4.7	58.5
16	56 28.4	33.5	277 08.1	5.2	26 25.9	4.8	58.5
17	71 28.4	32.7	291 32.3	5.2	26 21.1	5.0	58.4
18	86 28.3	S15 31.9	305 56.5	5.4	N26 16.1	5.2	58.4
19	101 28.3	31.2	320 20.9	5.4	26 10.9	5.3	58.4
20	116 28.2	30.4	334 45.3	5.5	26 05.6	5.5	58.4
21	131 28.2	. . 29.6	349 09.8	5.6	26 00.1	5.7	58.4
22	146 28.2	28.8	3 34.4	5.7	25 54.4	5.8	58.4
23	161 28.1	28.1	17 59.1	5.7	25 48.6	5.9	58.4
7 00 (WEDNESDAY)	176 28.1	S15 27.3	32 23.8	5.8	N25 42.7	6.2	58.3
01	191 28.1	26.5	46 48.6	5.9	25 36.5	6.3	58.3
02	206 28.0	25.7	61 13.5	6.0	25 30.2	6.4	58.3
03	221 28.0	. . 25.0	75 38.5	6.1	25 23.8	6.6	58.3
04	236 27.9	24.2	90 03.6	6.2	25 17.2	6.8	58.3
05	251 27.9	23.4	104 28.8	6.2	25 10.4	6.9	58.3
06	266 27.9	S15 22.6	118 54.0	6.3	N25 03.5	7.0	58.2
07	281 27.8	21.8	133 19.3	6.5	24 56.5	7.3	58.2
08	296 27.8	21.1	147 44.8	6.5	24 49.2	7.3	58.2
09	311 27.8	. . 20.3	162 10.3	6.6	24 41.9	7.5	58.2
10	326 27.7	19.5	176 35.9	6.7	24 34.4	7.7	58.2
11	341 27.7	18.7	191 01.6	6.8	24 26.7	7.8	58.2
12	356 27.7	S15 17.9	205 27.4	6.9	N24 18.9	7.9	58.1
13	11 27.6	17.2	219 53.3	7.0	24 11.0	8.1	58.1
14	26 27.6	16.4	234 19.3	7.1	24 02.9	8.2	58.1
15	41 27.6	. . 15.6	248 45.4	7.2	23 54.7	8.3	58.1
16	56 27.5	14.8	263 11.6	7.3	23 46.4	8.5	58.1
17	71 27.5	14.0	277 37.9	7.3	23 37.9	8.6	58.0
18	86 27.5	S15 13.2	292 04.2	7.5	N23 29.3	8.8	58.0
19	101 27.5	12.5	306 30.7	7.6	23 20.5	8.9	58.0
20	116 27.4	11.7	320 57.3	7.7	23 11.6	9.0	58.0
21	131 27.4	. . 10.9	335 24.0	7.8	23 02.6	9.1	58.0
22	146 27.4	10.1	349 50.8	7.9	22 53.5	9.3	58.0
23	161 27.3	09.3	4 17.7	8.0	22 44.2	9.4	57.9
8 00 (THURSDAY)	176 27.3	S15 08.5	18 44.7	8.1	N22 34.8	9.5	57.9
01	191 27.3	07.7	33 11.8	8.2	22 25.3	9.7	57.9
02	206 27.3	07.0	47 39.0	8.3	22 15.6	9.7	57.9
03	221 27.2	. . 06.2	62 06.3	8.4	22 05.9	9.9	57.9
04	236 27.2	05.4	76 33.7	8.5	21 56.0	10.0	57.8
05	251 27.2	04.6	91 01.2	8.6	21 46.0	10.1	57.8
06	266 27.1	S15 03.8	105 28.8	8.7	N21 35.9	10.3	57.8
07	281 27.1	03.0	119 56.5	8.8	21 25.6	10.3	57.8
08	296 27.1	02.2	134 24.3	8.9	21 15.3	10.4	57.8
09	311 27.1	. . 01.4	148 52.2	9.1	21 04.9	10.6	57.7
10	326 27.0	15 00.6	163 20.3	9.1	20 54.3	10.7	57.7
11	341 27.0	14 59.9	177 48.4	9.2	20 43.6	10.7	57.7
12	356 27.0	S14 59.1	192 16.6	9.4	N20 32.9	10.9	57.7
13	11 27.0	58.3	206 45.0	9.4	20 22.0	11.0	57.7
14	26 27.0	57.5	221 13.4	9.6	20 11.0	11.1	57.6
15	41 26.9	. . 56.7	235 42.0	9.6	19 59.9	11.2	57.6
16	56 26.9	55.9	250 10.6	9.8	19 48.7	11.2	57.6
17	71 26.9	55.1	264 39.4	9.8	19 37.5	11.4	57.6
18	86 26.9	S14 54.3	279 08.2	10.0	N19 26.1	11.5	57.5
19	101 26.8	53.5	293 37.2	10.1	19 14.6	11.6	57.5
20	116 26.8	52.7	308 06.3	10.1	19 03.0	11.6	57.5
21	131 26.8	. . 51.9	322 35.4	10.3	18 51.4	11.8	57.5
22	146 26.8	51.1	337 04.7	10.4	18 39.6	11.8	57.5
23	161 26.8	50.3	351 34.1	10.4	18 27.8	11.9	57.4
	S.D. 16.2	d 0.8	S.D. 15.9		15.8		15.7

Lat. °	Twilight Naut. h m	Twilight Civil h m	Sunrise h m	Moonrise 6 h m	Moonrise 7 h m	Moonrise 8 h m	Moonrise 9 h m
N 72	06 48	08 13	09 45	□	□	□	14 18
N 70	06 43	07 58	09 15	□	□	□	14 55
68	06 38	07 46	08 53	□	□	12 48	15 21
66	06 34	07 36	08 36	□	□	13 32	15 41
64	06 31	07 28	08 22	□	11 49	14 02	15 56
62	06 27	07 21	08 10	10 35	12 30	14 23	16 09
60	06 24	07 14	08 00	11 19	12 58	14 41	16 20
N 58	06 22	07 09	07 51	11 49	13 20	14 56	16 29
56	06 19	07 03	07 44	12 11	13 37	15 08	16 38
54	06 17	06 59	07 37	12 29	13 52	15 19	16 45
52	06 15	06 55	07 30	12 45	14 05	15 29	16 51
50	06 12	06 51	07 25	12 58	14 16	15 37	16 57
45	06 07	06 42	07 13	13 26	14 40	15 55	17 10
N 40	06 03	06 35	07 03	13 48	14 58	16 10	17 20
35	05 58	06 28	06 54	14 06	15 14	16 23	17 29
30	05 53	06 22	06 47	14 21	15 28	16 33	17 37
20	05 44	06 11	06 33	14 47	15 51	16 52	17 50
N 10	05 35	06 00	06 22	15 10	16 10	17 08	18 01
0	05 24	05 49	06 11	15 31	16 29	17 23	18 12
S 10	05 12	05 38	06 00	15 52	16 47	17 38	18 23
20	04 57	05 24	05 47	16 14	17 07	17 53	18 34
30	04 38	05 08	05 34	16 40	17 30	18 11	18 47
35	04 26	04 58	05 25	16 56	17 43	18 22	18 55
40	04 11	04 47	05 16	17 13	17 58	18 34	19 03
45	03 52	04 33	05 05	17 35	18 16	18 48	19 13
S 50	03 28	04 15	04 52	18 02	18 38	19 05	19 25
52	03 15	04 06	04 46	18 15	18 49	19 13	19 30
54	03 01	03 57	04 39	18 30	19 01	19 22	19 36
56	02 44	03 46	04 31	18 47	19 15	19 32	19 43
58	02 22	03 33	04 22	19 08	19 31	19 43	19 50
S 60	01 52	03 18	04 12	19 35	19 50	19 56	19 59

Lat. °	Sunset h m	Twilight Civil h m	Twilight Naut. h m	Moonset 6 h m	Moonset 7 h m	Moonset 8 h m	Moonset 9 h m
N 72	14 45	16 17	17 42	□	□	□	10 05
N 70	15 15	16 32	17 47	□	□	□	09 26
68	15 37	16 44	17 52	□	□	09 47	08 59
66	15 54	16 53	17 55	□	□	09 02	08 38
64	16 08	17 02	17 59	□	08 50	08 32	08 21
62	16 19	17 09	18 02	08 00	08 08	08 09	08 07
60	16 29	17 15	18 05	07 16	07 40	07 50	07 55
N 58	16 38	17 21	18 08	06 46	07 18	07 35	07 45
56	16 46	17 26	18 10	06 24	07 00	07 22	07 36
54	16 52	17 30	18 12	06 05	06 44	07 10	07 28
52	16 59	17 34	18 15	05 49	06 31	07 00	07 20
50	17 04	17 38	18 17	05 35	06 19	06 51	07 14
45	17 16	17 47	18 22	05 07	05 55	06 31	06 59
N 40	17 26	17 54	18 26	04 45	05 35	06 15	06 48
35	17 35	18 01	18 31	04 27	05 19	06 02	06 38
30	17 42	18 07	18 35	04 11	05 04	05 50	06 29
20	17 55	18 18	18 44	03 44	04 40	05 30	06 13
N 10	18 07	18 28	18 54	03 21	04 19	05 12	06 00
0	18 18	18 39	19 04	02 59	03 59	04 55	05 47
S 10	18 29	18 51	19 16	02 38	03 39	04 38	05 34
20	18 41	19 04	19 31	02 14	03 18	04 20	05 20
30	18 54	19 20	19 50	01 47	02 53	03 59	05 04
35	19 02	19 29	20 02	01 31	02 38	03 47	04 55
40	19 12	19 41	20 17	01 12	02 21	03 33	04 44
45	19 22	19 55	20 35	00 49	02 00	03 16	04 31
S 50	19 35	20 12	20 59	00 20	01 34	02 54	04 16
52	19 42	20 20	21 11	00 06	01 21	02 44	04 08
54	19 48	20 30	21 25	25 07	01 07	02 33	04 00
56	19 56	20 41	21 42	24 49	00 49	02 20	03 51
58	20 05	20 53	22 03	24 29	00 29	02 05	03 41
S 60	20 14	21 08	22 31	24 02	00 02	01 46	03 29

Day	SUN Eqn. of Time 00ʰ m s	SUN Eqn. of Time 12ʰ m s	SUN Mer. Pass. h m	MOON Mer. Pass. Upper h m	MOON Mer. Pass. Lower h m	Age d	Phase
6	14 04	14 06	12 14	21 45	09 15	11	
7	14 08	14 09	12 14	22 42	10 14	12	○
8	14 11	14 12	12 14	23 35	11 09	13	

	UT (GMT)	ARIES	VENUS −4.6		MARS +1.3		JUPITER −2.5		SATURN +0.6		STARS		
		G.H.A.	G.H.A.	Dec.	G.H.A.	Dec.	G.H.A.	Dec.	G.H.A.	Dec.	Name	S.H.A.	Dec.
	d h	° ′	° ′	° ′	° ′	° ′	° ′	° ′	° ′	° ′		° ′	° ′
	9 00	138 49.6	207 19.6	S14 42.9	220 36.3	S23 43.3	47 29.6	N23 24.8	207 06.9	S21 41.3	Acamar	315 31.5	S40 20.8
	01	153 52.1	222 22.0	43.0	235 36.8	43.2	62 32.3	24.8	222 09.1	41.3	Achernar	335 39.7	S57 17.4
	02	168 54.5	237 24.3	43.2	250 37.3	43.1	77 34.9	24.8	237 11.3	41.3	Acrux	173 28.8	S63 02.6
	03	183 57.0	252 26.7	· · 43.3	265 37.8	· · 43.1	92 37.5	· · 24.8	252 13.4	· · 41.2	Adhara	255 26.0	S28 57.6
	04	198 59.5	267 29.1	43.5	280 38.2	43.0	107 40.1	24.8	267 15.6	41.2	Aldebaran	291 09.4	N16 29.5
	05	214 01.9	282 31.4	43.6	295 38.7	42.9	122 42.7	24.8	282 17.8	41.2			
	06	229 04.4	297 33.8	S14 43.8	310 39.2	S23 42.9	137 45.3	N23 24.8	297 20.0	S21 41.1	Alioth	166 35.4	N56 00.4
	07	244 06.9	312 36.1	43.9	325 39.7	42.8	152 47.9	24.8	312 22.1	41.1	Alkaid	153 12.3	N49 21.3
	08	259 09.3	327 38.5	44.1	340 40.2	42.7	167 50.5	24.8	327 24.3	41.0	Al Na'ir	28 05.9	S47 00.7
F	09	274 11.8	342 40.8	· · 44.2	355 40.7	· · 42.6	182 53.1	· · 24.8	342 26.5	· · 41.0	Alnilam	276 03.9	S 1 12.5
R	10	289 14.3	357 43.1	44.4	10 41.1	42.6	197 55.7	24.8	357 28.7	41.0	Alphard	218 13.0	S 8 37.0
I	11	304 16.7	12 45.5	44.5	25 41.6	42.5	212 58.3	24.8	12 30.8	40.9			
D	12	319 19.2	27 47.8	S14 44.7	40 42.1	S23 42.4	228 00.9	N23 24.9	27 33.0	S21 40.9	Alphecca	126 25.8	N26 44.5
A	13	334 21.7	42 50.1	44.8	55 42.6	42.3	243 03.5	24.9	42 35.2	40.9	Alpheratz	358 02.0	N29 02.3
Y	14	349 24.1	57 52.4	45.0	70 43.1	42.3	258 06.1	24.9	57 37.4	40.8	Altair	62 25.6	N 8 50.3
	15	4 26.6	72 54.8	· · 45.1	85 43.6	· · 42.2	273 08.7	· · 24.9	72 39.6	· · 40.8	Ankaa	353 33.0	S42 21.7
	16	19 29.0	87 57.1	45.3	100 44.1	42.1	288 11.3	24.9	87 41.7	40.7	Antares	112 47.9	S26 24.7
	17	34 31.5	102 59.4	45.4	115 44.5	42.0	303 13.9	24.9	102 43.9	40.7			
	18	49 34.0	118 01.7	S14 45.6	130 45.0	S23 41.9	318 16.5	N23 24.9	117 46.1	S21 40.7	Arcturus	146 11.5	N19 13.7
	19	64 36.4	133 04.0	45.7	145 45.5	41.9	333 19.1	24.9	132 48.3	40.6	Atria	108 05.8	S69 00.5
	20	79 38.9	148 06.3	45.9	160 46.0	41.8	348 21.7	24.9	147 50.4	40.6	Avior	234 24.7	S59 28.7
	21	94 41.4	163 08.5	· · 46.0	175 46.5	· · 41.7	3 24.3	· · 24.9	162 52.6	· · 40.6	Bellatrix	278 50.6	N 6 20.5
	22	109 43.8	178 10.8	46.2	190 47.0	41.6	18 26.9	24.9	177 54.8	40.5	Betelgeuse	271 20.0	N 7 24.4
	23	124 46.3	193 13.1	46.4	205 47.4	41.5	33 29.5	24.9	192 57.0	40.5			
	10 00	139 48.8	208 15.4	S14 46.5	220 47.9	S23 41.5	48 32.1	N23 24.9	207 59.2	S21 40.4	Canopus	264 03.5	S52 41.5
	01	154 51.2	223 17.7	46.7	235 48.4	41.4	63 34.7	24.9	223 01.3	40.4	Capella	281 00.1	N45 59.6
	02	169 53.7	238 19.9	46.8	250 48.9	41.3	78 37.3	24.9	238 03.5	40.4	Deneb	49 44.0	N45 14.5
	03	184 56.1	253 22.2	· · 47.0	265 49.4	· · 41.2	93 39.9	· · 25.0	253 05.7	· · 40.3	Denebola	182 51.2	N14 37.4
	04	199 58.6	268 24.5	47.1	280 49.9	41.1	108 42.5	25.0	268 07.9	40.3	Diphda	349 13.6	S18 02.5
	05	215 01.1	283 26.7	47.3	295 50.3	41.1	123 45.1	25.0	283 10.0	40.3			
	06	230 03.5	298 29.0	S14 47.4	310 50.8	S23 41.0	138 47.7	N23 25.0	298 12.2	S21 40.2	Dubhe	194 12.1	N61 48.0
	07	245 06.0	313 31.2	47.6	325 51.3	40.9	153 50.3	25.0	313 14.4	40.2	Elnath	278 34.6	N28 36.1
S	08	260 08.5	328 33.4	47.7	340 51.8	40.8	168 52.9	25.0	328 16.6	40.1	Eltanin	90 54.6	N51 29.0
A	09	275 10.9	343 35.7	· · 47.9	355 52.3	· · 40.7	183 55.4	· · 25.0	343 18.8	· · 40.1	Enif	34 04.6	N 9 49.7
T	10	290 13.4	358 37.9	48.0	10 52.8	40.6	198 58.0	25.0	358 20.9	40.1	Fomalhaut	15 43.5	S29 40.6
U	11	305 15.9	13 40.1	48.2	25 53.2	40.6	214 00.6	25.0	13 23.1	40.0			
R	12	320 18.3	28 42.4	S14 48.3	40 53.7	S23 40.5	229 03.2	N23 25.0	28 25.3	S21 40.0	Gacrux	172 20.4	S57 03.4
D	13	335 20.8	43 44.6	48.5	55 54.2	40.4	244 05.8	25.0	43 27.5	40.0	Gienah	176 10.1	S17 29.4
A	14	350 23.3	58 46.8	48.6	70 54.7	40.3	259 08.4	25.0	58 29.7	39.9	Hadar	149 12.9	S60 19.5
Y	15	5 25.7	73 49.0	· · 48.8	85 55.2	· · 40.2	274 11.0	· · 25.0	73 31.8	· · 39.9	Hamal	328 20.7	N23 25.1
	16	20 28.2	88 51.2	48.9	100 55.7	40.1	289 13.6	25.0	88 34.0	39.9	Kaus Aust.	84 07.3	S34 23.5
	17	35 30.6	103 53.4	49.1	115 56.1	40.0	304 16.2	25.0	103 36.2	39.8			
	18	50 33.1	118 55.6	S14 49.2	130 56.6	S23 39.9	319 18.8	N23 25.1	118 38.4	S21 39.8	Kochab	137 18.7	N74 11.3
	19	65 35.6	133 57.8	49.4	145 57.1	39.9	334 21.4	25.1	133 40.5	39.7	Markab	13 56.1	N15 09.1
	20	80 38.0	149 00.0	49.5	160 57.6	39.8	349 24.0	25.1	148 42.7	39.7	Menkar	314 33.4	N 4 03.1
	21	95 40.5	164 02.2	· · 49.7	175 58.1	· · 39.7	4 26.6	· · 25.1	163 44.9	· · 39.7	Menkent	148 28.2	S36 19.3
	22	110 43.0	179 04.4	49.8	190 58.6	39.6	19 29.1	25.1	178 47.1	39.6	Miaplacidus	221 42.8	S69 40.6
	23	125 45.4	194 06.6	50.0	205 59.0	39.5	34 31.7	25.1	193 49.3	39.6			
	11 00	140 47.9	209 08.7	S14 50.1	220 59.5	S23 39.4	49 34.3	N23 25.1	208 51.4	S21 39.6	Mirfak	309 05.6	N49 49.9
	01	155 50.4	224 10.9	50.3	236 00.0	39.3	64 36.9	25.1	223 53.6	39.5	Nunki	76 20.3	S26 18.7
	02	170 52.8	239 13.1	50.5	251 00.5	39.2	79 39.5	25.1	238 55.8	39.5	Peacock	53 47.1	S56 46.1
	03	185 55.3	254 15.2	· · 50.6	266 01.0	· · 39.1	94 42.1	· · 25.1	253 58.0	· · 39.4	Pollux	243 48.7	N28 03.1
	04	200 57.8	269 17.4	50.8	281 01.5	39.0	109 44.7	25.1	269 00.2	39.4	Procyon	245 17.7	N 5 15.0
	05	216 00.2	284 19.5	50.9	296 01.9	38.9	124 47.3	25.1	284 02.3	39.4			
	06	231 02.7	299 21.7	S14 51.1	311 02.4	S23 38.9	139 49.8	N23 25.1	299 04.5	S21 39.3	Rasalhague	96 22.9	N12 33.7
	07	246 05.1	314 23.8	51.2	326 02.9	38.8	154 52.4	25.1	314 06.7	39.3	Regulus	208 01.7	N12 00.8
	08	261 07.6	329 26.0	51.4	341 03.4	38.7	169 55.0	25.1	329 08.9	39.3	Rigel	281 28.7	S 8 12.8
S	09	276 10.1	344 28.1	· · 51.5	356 03.9	· · 38.6	184 57.6	· · 25.2	344 11.1	· · 39.2	Rigil Kent.	140 15.8	S60 47.6
U	10	291 12.5	359 30.2	51.7	11 04.4	38.5	200 00.2	25.2	359 13.2	39.2	Sabik	102 32.8	S15 42.9
N	11	306 15.0	14 32.4	51.8	26 04.8	38.4	215 02.8	25.2	14 15.4	39.1			
D	12	321 17.5	29 34.5	S14 52.0	41 05.3	S23 38.3	230 05.4	N23 25.2	29 17.6	S21 39.1	Schedar	350 01.2	N56 29.3
A	13	336 19.9	44 36.6	52.1	56 05.8	38.2	245 07.9	25.2	44 19.8	39.1	Shaula	96 45.9	S37 05.9
Y	14	351 22.4	59 38.7	52.3	71 06.3	38.1	260 10.5	25.2	59 22.0	39.0	Sirius	258 48.9	S16 42.2
	15	6 24.9	74 40.8	· · 52.4	86 06.8	· · 38.0	275 13.1	· · 25.2	74 24.1	· · 39.0	Spica	158 49.6	S11 06.8
	16	21 27.3	89 43.0	52.6	101 07.3	37.9	290 15.7	25.2	89 26.3	39.0	Suhail	223 05.0	S43 23.6
	17	36 29.8	104 45.1	52.7	116 07.7	37.8	305 18.3	25.2	104 28.5	38.9			
	18	51 32.2	119 47.2	S14 52.9	131 08.2	S23 37.7	320 20.9	N23 25.2	119 30.7	S21 38.9	Vega	80 51.1	N38 46.1
	19	66 34.7	134 49.3	53.0	146 08.7	37.6	335 23.4	25.2	134 32.9	38.8	Zuben'ubi	137 24.8	S16 00.2
	20	81 37.2	149 51.3	53.2	161 09.2	37.5	350 26.0	25.2	149 35.1	38.8		S.H.A.	Mer. Pass.
	21	96 39.6	164 53.4	· · 53.4	176 09.7	· · 37.4	5 28.6	· · 25.2	164 37.2	· · 38.8		° ′	h m
	22	111 42.1	179 55.5	53.5	191 10.2	37.3	20 31.2	25.2	179 39.4	38.7	Venus	68 26.6	10 05
	23	126 44.6	194 57.6	53.7	206 10.6	37.2	35 33.8	25.2	194 41.6	38.7	Mars	80 59.2	9 17
											Jupiter	268 43.3	20 42
	Mer. Pass.	h m 14 38.3	v 2.2	d 0.2	v 0.5	d 0.1	v 2.6	d 0.0	v 2.2	d 0.0	Saturn	68 10.4	10 07

UT (GMT) d	h	SUN G.H.A.	SUN Dec.	MOON G.H.A.	v	MOON Dec.	d	H.P.
		° ′	° ′	° ′	′	° ′	′	′
9	00	176 26.7	S14 49.5	6 03.5	10.6	N18 15.9	12.0	57.4
	01	191 26.7	48.7	20 33.1	10.7	18 03.9	12.1	57.4
	02	206 26.7	47.9	35 02.8	10.7	17 51.8	12.2	57.4
	03	221 26.7	. . 47.1	49 32.5	10.9	17 39.6	12.2	57.3
	04	236 26.7	46.3	64 02.4	11.0	17 27.4	12.3	57.3
	05	251 26.6	45.5	78 32.4	11.0	17 15.1	12.4	57.3
	06	266 26.6	S14 44.7	93 02.4	11.2	N17 02.7	12.5	57.3
	07	281 26.6	43.9	107 32.6	11.2	16 50.2	12.6	57.3
	08	296 26.6	43.1	122 02.8	11.4	16 37.6	12.6	57.2
F	09	311 26.6	. . 42.3	136 33.2	11.4	16 25.0	12.7	57.2
R	10	326 26.6	41.5	151 03.6	11.6	16 12.3	12.8	57.2
I	11	341 26.5	40.7	165 34.2	11.6	15 59.5	12.8	57.2
D	12	356 26.5	S14 39.9	180 04.8	11.7	N15 46.7	12.9	57.1
A	13	11 26.5	39.1	194 35.5	11.8	15 33.8	13.0	57.1
Y	14	26 26.5	38.3	209 06.3	11.9	15 20.8	13.0	57.1
	15	41 26.5	. . 37.5	223 37.2	12.0	15 07.8	13.1	57.1
	16	56 26.5	36.7	238 08.2	12.1	14 54.7	13.2	57.0
	17	71 26.4	35.9	252 39.3	12.2	14 41.5	13.2	57.0
	18	86 26.4	S14 35.1	267 10.5	12.3	N14 28.3	13.2	57.0
	19	101 26.4	34.3	281 41.8	12.3	14 15.1	13.4	57.0
	20	116 26.4	33.5	296 13.1	12.5	14 01.7	13.4	57.0
	21	131 26.4	. . 32.7	310 44.6	12.5	13 48.3	13.4	56.9
	22	146 26.4	31.9	325 16.1	12.6	13 34.9	13.5	56.9
	23	161 26.4	31.1	339 47.7	12.7	13 21.4	13.5	56.9
10	00	176 26.4	S14 30.3	354 19.4	12.8	N13 07.9	13.6	56.9
	01	191 26.3	29.5	8 51.2	12.8	12 54.3	13.6	56.8
	02	206 26.3	28.6	23 23.0	13.0	12 40.7	13.7	56.8
	03	221 26.3	. . 27.8	37 55.0	13.0	12 27.0	13.7	56.8
	04	236 26.3	27.0	52 27.0	13.1	12 13.3	13.8	56.8
	05	251 26.3	26.2	66 59.1	13.1	11 59.5	13.8	56.7
	06	266 26.3	S14 25.4	81 31.2	13.3	N11 45.7	13.9	56.7
	07	281 26.3	24.6	96 03.5	13.3	11 31.8	13.9	56.7
S	08	296 26.3	23.8	110 35.8	13.4	11 17.9	13.9	56.7
A	09	311 26.3	. . 23.0	125 08.2	13.5	11 04.0	14.0	56.6
T	10	326 26.3	22.2	139 40.7	13.6	10 50.0	14.0	56.6
U	11	341 26.2	21.4	154 13.3	13.6	10 36.0	14.0	56.6
R	12	356 26.2	S14 20.5	168 45.9	13.7	N10 22.0	14.1	56.6
D	13	11 26.2	19.7	183 18.6	13.7	10 07.9	14.1	56.5
A	14	26 26.2	18.9	197 51.3	13.9	9 53.8	14.1	56.5
Y	15	41 26.2	. . 18.1	212 24.2	13.9	9 39.7	14.2	56.5
	16	56 26.2	17.3	226 57.1	13.9	9 25.5	14.2	56.5
	17	71 26.2	16.5	241 30.0	14.1	9 11.3	14.2	56.4
	18	86 26.2	S14 15.7	256 03.1	14.1	N 8 57.1	14.2	56.4
	19	101 26.2	14.8	270 36.2	14.1	8 42.9	14.3	56.4
	20	116 26.2	14.0	285 09.3	14.3	8 28.6	14.3	56.4
	21	131 26.2	. . 13.2	299 42.6	14.3	8 14.3	14.3	56.3
	22	146 26.2	12.4	314 15.9	14.3	8 00.0	14.4	56.3
	23	161 26.2	11.6	328 49.2	14.4	7 45.6	14.3	56.3
11	00	176 26.2	S14 10.8	343 22.6	14.5	N 7 31.3	14.4	56.3
	01	191 26.2	09.9	357 56.1	14.5	7 16.9	14.4	56.2
	02	206 26.2	09.1	12 29.6	14.6	7 02.5	14.4	56.2
	03	221 26.2	. . 08.3	27 03.2	14.6	6 48.1	14.4	56.2
	04	236 26.2	07.5	41 36.8	14.7	6 33.7	14.4	56.2
	05	251 26.2	06.7	56 10.5	14.7	6 19.3	14.5	56.2
	06	266 26.2	S14 05.8	70 44.2	14.8	N 6 04.8	14.5	56.1
	07	281 26.2	05.0	85 18.0	14.9	5 50.3	14.4	56.1
	08	296 26.2	04.2	99 51.9	14.9	5 35.9	14.5	56.1
S	09	311 26.2	. . 03.4	114 25.8	14.9	5 21.4	14.5	56.1
U	10	326 26.2	02.6	128 59.7	15.0	5 06.9	14.5	56.0
N	11	341 26.2	01.7	143 33.7	15.0	4 52.4	14.5	56.0
D	12	356 26.2	S14 00.9	158 07.7	15.1	N 4 37.9	14.5	56.0
A	13	11 26.2	14 00.1	172 41.8	15.1	4 23.4	14.5	56.0
Y	14	26 26.2	13 59.3	187 15.9	15.2	4 08.9	14.6	55.9
	15	41 26.2	. . 58.4	201 50.1	15.2	3 54.3	14.5	55.9
	16	56 26.2	57.6	216 24.3	15.3	3 39.8	14.5	55.9
	17	71 26.2	56.8	230 58.6	15.3	3 25.3	14.5	55.9
	18	86 26.2	S13 56.0	245 32.9	15.3	N 3 10.8	14.6	55.8
	19	101 26.2	55.1	260 07.2	15.4	2 56.2	14.5	55.8
	20	116 26.2	54.3	274 41.6	15.4	2 41.7	14.5	55.8
	21	131 26.2	. . 53.5	289 16.0	15.4	2 27.2	14.5	55.8
	22	146 26.2	52.7	303 50.4	15.5	2 12.7	14.5	55.7
	23	161 26.2	51.8	318 24.9	15.5	1 58.2	14.5	55.7
		S.D. 16.2	d 0.8	S.D.	15.6	15.4		15.3

Lat.	Twilight Naut.	Twilight Civil	Sunrise	Moonrise 9	Moonrise 10	Moonrise 11	Moonrise 12
°	h m	h m	h m	h m	h m	h m	h m
N 72	06 36	07 59	09 25	14 18	16 56	19 05	21 06
N 70	06 32	07 46	09 00	14 55	17 11	19 09	21 01
68	06 29	07 36	08 40	15 21	17 23	19 12	20 57
66	06 26	07 27	08 25	15 41	17 32	19 15	20 54
64	06 23	07 19	08 12	15 56	17 40	19 17	20 51
62	06 20	07 13	08 01	16 09	17 47	19 19	20 48
60	06 18	07 07	07 52	16 20	17 53	19 21	20 46
N 58	06 16	07 02	07 44	16 29	17 58	19 23	20 44
56	06 14	06 58	07 37	16 38	18 03	19 24	20 43
54	06 12	06 53	07 31	16 45	18 07	19 25	20 41
52	06 10	06 50	07 25	16 51	18 11	19 26	20 40
50	06 08	06 46	07 20	16 57	18 14	19 28	20 39
45	06 04	06 38	07 09	17 10	18 21	19 30	20 36
N 40	05 59	06 31	06 59	17 20	18 27	19 32	20 34
35	05 55	06 25	06 51	17 29	18 32	19 33	20 32
30	05 51	06 20	06 44	17 37	18 37	19 35	20 30
20	05 43	06 09	06 32	17 50	18 45	19 37	20 27
N 10	05 34	06 00	06 21	18 01	18 52	19 39	20 25
0	05 25	05 49	06 11	18 12	18 58	19 41	20 23
S 10	05 13	05 39	06 00	18 23	19 04	19 43	20 20
20	04 59	05 26	05 49	18 34	19 11	19 45	20 18
30	04 41	05 11	05 36	18 47	19 19	19 48	20 15
35	04 29	05 02	05 28	18 55	19 23	19 49	20 14
40	04 15	04 51	05 20	19 03	19 28	19 51	20 12
45	03 58	04 37	05 10	19 13	19 34	19 53	20 10
S 50	03 35	04 21	04 57	19 25	19 41	19 55	20 08
52	03 23	04 13	04 51	19 30	19 44	19 56	20 07
54	03 10	04 04	04 45	19 36	19 47	19 57	20 05
56	02 54	03 54	04 38	19 43	19 51	19 58	20 04
58	02 35	03 42	04 30	19 50	19 55	19 59	20 03
S 60	02 09	03 28	04 20	19 59	20 00	20 01	20 01

Lat.	Sunset	Twilight Civil	Twilight Naut.	Moonset 9	Moonset 10	Moonset 11	Moonset 12
°	h m	h m	h m	h m	h m	h m	h m
N 72	15 05	16 31	17 54	10 05	09 05	08 29	07 58
N 70	15 30	16 44	17 58	09 26	08 48	08 21	07 58
68	15 50	16 54	18 01	08 59	08 34	08 15	07 58
66	16 05	17 03	18 04	08 38	08 23	08 10	07 59
64	16 17	17 10	18 07	08 21	08 13	08 06	07 59
62	16 28	17 17	18 09	08 07	08 05	08 02	07 59
60	16 37	17 22	18 12	07 55	07 58	07 59	07 59
N 58	16 45	17 27	18 14	07 45	07 51	07 56	07 59
56	16 52	17 32	18 16	07 36	07 46	07 53	08 00
54	16 58	17 36	18 18	07 28	07 40	07 51	08 00
52	17 04	17 40	18 20	07 20	07 36	07 49	08 00
50	17 09	17 43	18 21	07 14	07 32	07 47	08 00
45	17 20	17 51	18 26	06 59	07 22	07 42	08 00
N 40	17 30	17 58	18 30	06 48	07 15	07 38	08 00
35	17 37	18 04	18 34	06 38	07 08	07 35	08 00
30	17 45	18 09	18 37	06 29	07 02	07 32	08 01
20	17 57	18 19	18 45	06 13	06 52	07 27	08 01
N 10	18 07	18 29	18 54	06 00	06 43	07 23	08 01
0	18 18	18 39	19 04	05 47	06 34	07 19	08 01
S 10	18 28	18 50	19 15	05 34	06 26	07 15	08 01
20	18 39	19 02	19 29	05 20	06 17	07 10	08 01
30	18 52	19 17	19 47	05 04	06 06	07 05	08 02
35	18 59	19 26	19 59	04 55	06 00	07 02	08 02
40	19 08	19 37	20 12	04 44	05 53	06 58	08 02
45	19 18	19 50	20 30	04 31	05 44	06 54	08 02
S 50	19 30	20 06	20 52	04 16	05 34	06 50	08 02
52	19 36	20 14	21 03	04 08	05 30	06 47	08 02
54	19 42	20 23	21 16	04 00	05 25	06 45	08 02
56	19 49	20 33	21 32	03 51	05 19	06 42	08 02
58	19 57	20 44	21 51	03 41	05 12	06 39	08 02
S 60	20 06	20 58	22 15	03 29	05 05	06 36	08 02

Day	SUN Eqn. of Time 00 h	SUN Eqn. of Time 12 h	SUN Mer. Pass.	MOON Mer. Pass. Upper	MOON Mer. Pass. Lower	Age	Phase
	m s	m s	h m	h m	h m	d	
9	14 13	14 14	12 14	24 23	12 00	14	
10	14 15	14 15	12 14	00 23	12 46	15	○
11	14 15	14 15	12 14	01 09	13 30	16	

UT (GMT) d h	ARIES G.H.A. ° ′	VENUS −4.6 G.H.A. ° ′	Dec. ° ′	MARS +1.3 G.H.A. ° ′	Dec. ° ′	JUPITER −2.5 G.H.A. ° ′	Dec. ° ′	SATURN +0.6 G.H.A. ° ′	Dec. ° ′
12 00	141 47.0	209 59.7	S14 53.8	221 11.1	S23 37.1	50 36.3	N23 25.3	209 43.8	S21 38.7
01	156 49.5	225 01.7	54.0	236 11.6	37.0	65 38.9	25.3	224 46.0	38.6
02	171 52.0	240 03.8	54.1	251 12.1	36.9	80 41.5	25.3	239 48.1	38.6
03	186 54.4	255 05.9	54.3	266 12.6	36.8	95 44.1	25.3	254 50.3	38.6
04	201 56.9	270 07.9	54.4	281 13.1	36.7	110 46.7	25.3	269 52.5	38.5
05	216 59.4	285 10.0	54.6	296 13.5	36.6	125 49.2	25.3	284 54.7	38.5
06	232 01.8	300 12.0	S14 54.7	311 14.0	S23 36.5	140 51.8	N23 25.3	299 56.9	S21 38.4
07	247 04.3	315 14.1	54.9	326 14.5	36.4	155 54.4	25.3	314 59.1	38.4
08	262 06.7	330 16.1	55.0	341 15.0	36.3	170 57.0	25.3	330 01.2	38.4
M 09	277 09.2	345 18.2	55.2	356 15.5	36.2	185 59.5	25.3	345 03.4	38.3
O 10	292 11.7	0 20.2	55.3	11 15.9	36.1	201 02.1	25.3	0 05.6	38.3
N 11	307 14.1	15 22.2	55.5	26 16.4	36.0	216 04.7	25.3	15 07.8	38.3
D 12	322 16.6	30 24.2	S14 55.6	41 16.9	S23 35.9	231 07.3	N23 25.3	30 10.0	S21 38.2
A 13	337 19.1	45 26.3	55.8	56 17.4	35.8	246 09.8	25.3	45 12.1	38.2
Y 14	352 21.5	60 28.3	55.9	71 17.9	35.7	261 12.4	25.3	60 14.3	38.1
15	7 24.0	75 30.3	56.1	86 18.4	35.6	276 15.0	25.3	75 16.5	38.1
16	22 26.5	90 32.3	56.2	101 18.8	35.4	291 17.6	25.4	90 18.7	38.1
17	37 28.9	105 34.3	56.4	116 19.3	35.3	306 20.1	25.4	105 20.9	38.0
18	52 31.4	120 36.3	S14 56.5	131 19.8	S23 35.2	321 22.7	N23 25.4	120 23.1	S21 38.0
19	67 33.9	135 38.3	56.7	146 20.3	35.1	336 25.3	25.4	135 25.2	38.0
20	82 36.3	150 40.3	56.9	161 20.8	35.0	351 27.9	25.4	150 27.4	37.9
21	97 38.8	165 42.3	57.0	176 21.3	34.9	6 30.4	25.4	165 29.6	37.9
22	112 41.2	180 44.3	57.2	191 21.7	34.8	21 33.0	25.4	180 31.8	37.8
23	127 43.7	195 46.3	57.3	206 22.2	34.7	36 35.6	25.4	195 34.0	37.8
13 00	142 46.2	210 48.2	S14 57.5	221 22.7	S23 34.6	51 38.1	N23 25.4	210 36.2	S21 37.8
01	157 48.6	225 50.2	57.6	236 23.2	34.5	66 40.7	25.4	225 38.3	37.7
02	172 51.1	240 52.2	57.8	251 23.7	34.4	81 43.3	25.4	240 40.5	37.7
03	187 53.6	255 54.1	57.9	266 24.2	34.2	96 45.9	25.4	255 42.7	37.7
04	202 56.0	270 56.1	58.1	281 24.6	34.1	111 48.4	25.4	270 44.9	37.6
05	217 58.5	285 58.1	58.2	296 25.1	34.0	126 51.0	25.4	285 47.1	37.6
06	233 01.0	301 00.0	S14 58.4	311 25.6	S23 33.9	141 53.6	N23 25.4	300 49.3	S21 37.6
07	248 03.4	316 02.0	58.5	326 26.1	33.8	156 56.1	25.4	315 51.4	37.5
T 08	263 05.9	331 03.9	58.7	341 26.6	33.7	171 58.7	25.5	330 53.6	37.5
U 09	278 08.4	346 05.8	58.8	356 27.1	33.6	187 01.3	25.5	345 55.8	37.4
E 10	293 10.8	1 07.8	59.0	11 27.5	33.4	202 03.8	25.5	0 58.0	37.4
S 11	308 13.3	16 09.7	59.1	26 28.0	33.3	217 06.4	25.5	16 00.2	37.4
D 12	323 15.7	31 11.6	S14 59.3	41 28.5	S23 33.2	232 09.0	N23 25.5	31 02.4	S21 37.3
A 13	338 18.2	46 13.6	59.4	56 29.0	33.1	247 11.5	25.5	46 04.6	37.3
Y 14	353 20.7	61 15.5	59.6	71 29.5	33.0	262 14.1	25.5	61 06.7	37.3
15	8 23.1	76 17.4	59.7	86 29.9	32.9	277 16.7	25.5	76 08.9	37.2
16	23 25.6	91 19.3	14 59.9	101 30.4	32.8	292 19.2	25.5	91 11.1	37.2
17	38 28.1	106 21.2	15 00.0	116 30.9	32.6	307 21.8	25.5	106 13.3	37.1
18	53 30.5	121 23.1	S15 00.2	131 31.4	S23 32.5	322 24.4	N23 25.5	121 15.5	S21 37.1
19	68 33.0	136 25.0	00.3	146 31.9	32.4	337 26.9	25.5	136 17.7	37.1
20	83 35.5	151 26.9	00.5	161 32.4	32.3	352 29.5	25.5	151 19.8	37.0
21	98 37.9	166 28.8	00.6	176 32.8	32.2	7 32.1	25.5	166 22.0	37.0
22	113 40.4	181 30.7	00.8	191 33.3	32.0	22 34.6	25.5	181 24.2	37.0
23	128 42.8	196 32.6	00.9	206 33.8	31.9	37 37.2	25.5	196 26.4	36.9
14 00	143 45.3	211 34.5	S15 01.1	221 34.3	S23 31.8	52 39.7	N23 25.6	211 28.6	S21 36.9
01	158 47.8	226 36.4	01.2	236 34.8	31.7	67 42.3	25.6	226 30.8	36.8
02	173 50.2	241 38.2	01.4	251 35.3	31.6	82 44.9	25.6	241 33.0	36.8
03	188 52.7	256 40.1	01.5	266 35.7	31.4	97 47.4	25.6	256 35.1	36.8
04	203 55.2	271 42.0	01.7	281 36.2	31.3	112 50.0	25.6	271 37.3	36.7
05	218 57.6	286 43.8	01.8	296 36.7	31.2	127 52.5	25.6	286 39.5	36.7
06	234 00.1	301 45.7	S15 02.0	311 37.2	S23 31.1	142 55.1	N23 25.6	301 41.7	S21 36.7
W 07	249 02.6	316 47.6	02.1	326 37.7	31.0	157 57.7	25.6	316 43.9	36.6
E 08	264 05.0	331 49.4	02.2	341 38.2	30.8	173 00.2	25.6	331 46.1	36.6
D 09	279 07.5	346 51.3	02.4	356 38.6	30.7	188 02.8	25.6	346 48.3	36.6
N 10	294 10.0	1 53.1	02.5	11 39.1	30.6	203 05.3	25.6	1 50.4	36.5
E 11	309 12.4	16 54.9	02.7	26 39.6	30.5	218 07.9	25.6	16 52.6	36.5
S 12	324 14.9	31 56.8	S15 02.8	41 40.1	S23 30.3	233 10.5	N23 25.6	31 54.8	S21 36.4
D 13	339 17.3	46 58.6	03.0	56 40.6	30.2	248 13.0	25.6	46 57.0	36.4
A 14	354 19.8	62 00.4	03.1	71 41.1	30.1	263 15.6	25.6	61 59.2	36.4
Y 15	9 22.3	77 02.3	03.3	86 41.5	30.0	278 18.1	25.6	77 01.4	36.3
16	24 24.7	92 04.1	03.4	101 42.0	29.8	293 20.7	25.7	92 03.6	36.3
17	39 27.2	107 05.9	03.6	116 42.5	29.7	308 23.2	25.7	107 05.8	36.3
18	54 29.7	122 07.7	S15 03.7	131 43.0	S23 29.6	323 25.8	N23 25.7	122 07.9	S21 36.2
19	69 32.1	137 09.5	03.9	146 43.5	29.4	338 28.4	25.7	137 10.1	36.2
20	84 34.6	152 11.3	04.0	161 43.9	29.3	353 30.9	25.7	152 12.3	36.1
21	99 37.1	167 13.1	04.2	176 44.4	29.2	8 33.5	25.7	167 14.5	36.1
22	114 39.5	182 14.9	04.3	191 44.9	29.1	23 36.0	25.7	182 16.7	36.1
23	129 42.0	197 16.7	04.5	206 45.4	28.9	38 38.6	25.7	197 18.9	36.0
Mer. Pass. h m 14 26.5		v 1.9	d 0.2	v 0.5	d 0.1	v 2.6	d 0.0	v 2.2	d 0.0

STARS

Name	S.H.A. ° ′	Dec. ° ′
Acamar	315 31.5	S40 20.8
Achernar	335 39.7	S57 17.4
Acrux	173 28.8	S63 02.6
Adhara	255 26.0	S28 57.6
Aldebaran	291 09.4	N16 29.5
Alioth	166 35.4	N56 00.4
Alkaid	153 12.2	N49 21.3
Al Na'ir	28 05.9	S47 00.6
Alnilam	276 04.0	S 1 12.5
Alphard	218 13.0	S 8 37.0
Alphecca	126 25.8	N26 44.5
Alpheratz	358 02.0	N29 02.3
Altair	62 25.6	N 8 50.3
Ankaa	353 33.1	S42 21.7
Antares	112 47.9	S26 24.7
Arcturus	146 11.5	N19 13.7
Atria	108 05.8	S69 00.5
Avior	234 24.7	S59 28.7
Bellatrix	278 50.6	N 6 20.5
Betelgeuse	271 20.0	N 7 24.4
Canopus	264 03.5	S52 41.5
Capella	281 00.1	N45 59.6
Deneb	49 44.0	N45 14.5
Denebola	182 51.2	N14 37.4
Diphda	349 13.6	S18 02.5
Dubhe	194 12.1	N61 48.0
Elnath	278 34.6	N28 36.2
Eltanin	90 54.6	N51 29.0
Enif	34 04.6	N 9 49.7
Fomalhaut	15 43.5	S29 40.6
Gacrux	172 20.3	S57 03.4
Gienah	176 10.1	S17 29.4
Hadar	149 12.8	S60 19.5
Hamal	328 20.7	N23 25.1
Kaus Aust.	84 07.3	S34 23.5
Kochab	137 18.6	N74 11.3
Markab	13 56.1	N15 09.1
Menkar	314 33.4	N 4 03.1
Menkent	148 28.2	S36 19.3
Miaplacidus	221 42.8	S69 40.6
Mirfak	309 05.6	N49 49.9
Nunki	76 20.2	S26 18.7
Peacock	53 47.1	S56 46.1
Pollux	243 48.7	N28 03.1
Procyon	245 17.7	N 5 15.0
Rasalhague	96 22.9	N12 33.7
Regulus	208 01.7	N12 00.8
Rigel	281 28.7	S 8 12.8
Rigil Kent.	140 15.7	S60 47.6
Sabik	102 32.8	S15 43.0
Schedar	350 01.2	N56 29.2
Shaula	96 45.9	S37 05.9
Sirius	258 48.9	S16 42.2
Spica	158 49.6	S11 06.8
Suhail	223 05.0	S43 23.6
Vega	80 51.1	N38 46.1
Zuben'ubi	137 24.8	S16 00.2

	S.H.A. ° ′	Mer. Pass. h m
Venus	68 02.1	9 55
Mars	78 36.5	9 14
Jupiter	268 52.0	20 30
Saturn	67 50.0	9 56

UT (GMT) d	h	SUN G.H.A.	Dec.	MOON G.H.A.	v	Dec.	d	H.P.
		° ′	° ′	° ′	′	° ′	′	′
12	00	176 26.2	S13 51.0	332 59.4	15.6	N 1 43.7	14.5	55.7
	01	191 26.2	50.2	347 34.0	15.5	1 29.2	14.5	55.7
	02	206 26.2	49.4	2 08.5	15.6	1 14.7	14.5	55.7
	03	221 26.2	. . 48.5	16 43.1	15.7	1 00.2	14.5	55.6
	04	236 26.2	47.7	31 17.8	15.6	0 45.7	14.5	55.6
	05	251 26.2	46.9	45 52.4	15.7	0 31.2	14.4	55.6
	06	266 26.2	S13 46.0	60 27.1	15.7	N 0 16.8	14.4	55.6
	07	281 26.2	45.2	75 01.8	15.8	N 0 02.4	14.5	55.5
	08	296 26.2	44.4	89 36.6	15.7	S 0 12.1	14.4	55.5
MONDAY	09	311 26.2	. . 43.6	104 11.3	15.8	0 26.5	14.4	55.5
	10	326 26.2	42.7	118 46.1	15.8	0 40.9	14.4	55.5
	11	341 26.3	41.9	133 20.9	15.9	0 55.3	14.4	55.4
	12	356 26.3	S13 41.1	147 55.8	15.8	S 1 09.7	14.3	55.4
	13	11 26.3	40.2	162 30.6	15.9	1 24.0	14.3	55.4
	14	26 26.3	39.4	177 05.5	15.9	1 38.3	14.4	55.4
	15	41 26.3	. . 38.6	191 40.4	15.8	1 52.7	14.3	55.4
	16	56 26.3	37.7	206 15.2	16.0	2 07.0	14.2	55.3
	17	71 26.3	36.9	220 50.2	15.9	2 21.2	14.3	55.3
	18	86 26.3	S13 36.1	235 25.1	15.9	S 2 35.5	14.2	55.3
	19	101 26.3	35.2	250 00.0	16.0	2 49.7	14.2	55.3
	20	116 26.3	34.4	264 35.0	16.0	3 03.9	14.2	55.3
	21	131 26.3	. . 33.6	279 10.0	15.9	3 18.1	14.2	55.2
	22	146 26.4	32.7	293 44.9	16.0	3 32.3	14.1	55.2
	23	161 26.4	31.9	308 19.9	16.0	3 46.4	14.1	55.2
13	00	176 26.4	S13 31.0	322 54.9	16.0	S 4 00.5	14.1	55.2
	01	191 26.4	30.2	337 29.9	16.0	4 14.6	14.1	55.1
	02	206 26.4	29.4	352 04.9	16.0	4 28.7	14.0	55.1
	03	221 26.4	. . 28.5	6 39.9	16.0	4 42.7	14.0	55.1
	04	236 26.4	27.7	21 14.9	16.0	4 56.7	13.9	55.1
	05	251 26.5	26.9	35 49.9	16.1	5 10.6	14.0	55.1
	06	266 26.5	S13 26.0	50 25.0	16.0	S 5 24.6	13.9	55.0
	07	281 26.5	25.2	65 00.0	16.0	5 38.5	13.9	55.0
TUESDAY	08	296 26.5	24.3	79 35.0	16.0	5 52.4	13.8	55.0
	09	311 26.5	. . 23.5	94 10.0	16.0	6 06.2	13.8	55.0
	10	326 26.5	22.7	108 45.0	16.0	6 20.0	13.8	55.0
	11	341 26.5	21.8	123 20.0	16.1	6 33.8	13.7	55.0
	12	356 26.6	S13 21.0	137 55.1	16.0	S 6 47.5	13.7	54.9
	13	11 26.6	20.1	152 30.1	16.0	7 01.2	13.7	54.9
	14	26 26.6	19.3	167 05.1	15.9	7 14.9	13.6	54.9
	15	41 26.6	. . 18.5	181 40.0	16.0	7 28.5	13.6	54.9
	16	56 26.6	17.6	196 15.0	16.0	7 42.1	13.5	54.9
	17	71 26.6	16.8	210 50.0	16.0	7 55.6	13.5	54.8
	18	86 26.7	S13 15.9	225 25.0	15.9	S 8 09.1	13.5	54.8
	19	101 26.7	15.1	239 59.9	16.0	8 22.6	13.4	54.8
	20	116 26.7	14.2	254 34.9	15.9	8 36.0	13.4	54.8
	21	131 26.7	. . 13.4	269 09.8	15.9	8 49.4	13.3	54.8
	22	146 26.7	12.6	283 44.7	15.9	9 02.7	13.3	54.8
	23	161 26.8	11.7	298 19.6	15.9	9 16.0	13.3	54.7
14	00	176 26.8	S13 10.9	312 54.5	15.8	S 9 29.3	13.2	54.7
	01	191 26.8	10.0	327 29.3	15.9	9 42.5	13.1	54.7
	02	206 26.8	09.2	342 04.2	15.8	9 55.6	13.1	54.7
	03	221 26.8	. . 08.3	356 39.0	15.8	10 08.7	13.1	54.7
	04	236 26.9	07.5	11 13.8	15.8	10 21.8	13.0	54.7
	05	251 26.9	06.6	25 48.6	15.8	10 34.8	13.0	54.6
	06	266 26.9	S13 05.8	40 23.4	15.7	S10 47.8	12.9	54.6
WEDNESDAY	07	281 26.9	04.9	54 58.1	15.7	11 00.7	12.9	54.6
	08	296 26.9	04.1	69 32.8	15.7	11 13.6	12.8	54.6
	09	311 27.0	. . 03.2	84 07.5	15.7	11 26.4	12.8	54.6
	10	326 27.0	02.4	98 42.2	15.6	11 39.2	12.7	54.6
	11	341 27.0	01.5	113 16.8	15.7	11 51.9	12.7	54.6
	12	356 27.0	S13 00.7	127 51.5	15.6	S12 04.6	12.6	54.5
	13	11 27.1	12 59.8	142 26.1	15.5	12 17.2	12.5	54.5
	14	26 27.1	59.0	157 00.6	15.5	12 29.7	12.5	54.5
	15	41 27.1	. . 58.1	171 35.1	15.6	12 42.2	12.5	54.5
	16	56 27.1	57.3	186 09.7	15.4	12 54.7	12.4	54.5
	17	71 27.2	56.4	200 44.1	15.5	13 07.1	12.3	54.5
	18	86 27.2	S12 55.6	215 18.6	15.4	S13 19.4	12.3	54.5
	19	101 27.2	54.7	229 53.0	15.3	13 31.7	12.2	54.5
	20	116 27.2	53.9	244 27.3	15.4	13 43.9	12.1	54.5
	21	131 27.3	. . 53.0	259 01.7	15.3	13 56.0	12.1	54.4
	22	146 27.3	52.2	273 36.0	15.2	14 08.1	12.1	54.4
	23	161 27.3	51.3	288 10.2	15.3	14 20.2	11.9	54.4
		S.D. 16.2	*d* 0.8	S.D.	15.1	15.0		14.9

Lat.	Twilight Naut.	Twilight Civil	Sunrise	Moonrise 12	Moonrise 13	Moonrise 14	Moonrise 15
°	h m	h m	h m	h m	h m	h m	h m
N 72	06 24	07 45	09 07	21 06	23 10	25 32	01 32
N 70	06 21	07 34	08 45	21 01	22 54	24 57	00 57
68	06 19	07 25	08 28	20 57	22 42	24 32	00 32
66	06 17	07 17	08 14	20 54	22 32	24 14	00 14
64	06 15	07 11	08 02	20 51	22 24	23 58	25 38
62	06 13	07 05	07 53	20 48	22 17	23 46	25 18
60	06 11	07 00	07 44	20 46	22 10	23 35	25 02
N 58	06 09	06 55	07 37	20 44	22 05	23 26	24 48
56	06 08	06 51	07 31	20 43	22 00	23 18	24 37
54	06 06	06 48	07 25	20 41	21 56	23 11	24 26
52	06 05	06 44	07 20	20 40	21 52	23 05	24 17
50	06 03	06 41	07 15	20 39	21 49	22 59	24 09
45	06 00	06 34	07 04	20 36	21 41	22 47	23 52
N 40	05 56	06 28	06 56	20 34	21 35	22 36	23 38
35	05 53	06 22	06 48	20 32	21 30	22 28	23 26
30	05 49	06 17	06 42	20 30	21 25	22 20	23 16
20	05 42	06 08	06 31	20 27	21 17	22 07	22 58
N 10	05 34	05 59	06 20	20 25	21 10	21 56	22 43
0	05 25	05 50	06 11	20 23	21 04	21 46	22 29
S 10	05 14	05 39	06 01	20 20	20 57	21 35	22 15
20	05 01	05 28	05 51	20 18	20 51	21 24	22 00
30	04 44	05 13	05 39	20 15	20 43	21 12	21 43
35	04 33	05 05	05 31	20 14	20 39	21 04	21 33
40	04 20	04 54	05 23	20 12	20 34	20 56	21 22
45	04 03	04 42	05 14	20 10	20 28	20 47	21 08
S 50	03 42	04 27	05 02	20 08	20 21	20 35	20 53
52	03 31	04 19	04 57	20 07	20 18	20 30	20 45
54	03 19	04 11	04 51	20 05	20 14	20 24	20 37
56	03 04	04 02	04 45	20 04	20 11	20 18	20 28
58	02 47	03 51	04 37	20 03	20 06	20 11	20 17
S 60	02 24	03 38	04 29	20 01	20 02	20 03	20 05

Lat.	Sunset	Twilight Civil	Twilight Naut.	Moonset 12	Moonset 13	Moonset 14	Moonset 15
°	h m	h m	h m	h m	h m	h m	h m
N 72	15 23	16 45	18 06	07 58	07 27	06 52	05 57
N 70	15 45	16 56	18 09	07 58	07 35	07 09	06 34
68	16 02	17 05	18 11	07 58	07 42	07 23	07 00
66	16 16	17 13	18 13	07 59	07 47	07 35	07 21
64	16 27	17 19	18 15	07 59	07 52	07 45	07 37
62	16 37	17 25	18 17	07 59	07 56	07 53	07 50
60	16 45	17 30	18 19	07 59	08 00	08 01	08 02
N 58	16 52	17 34	18 20	07 59	08 03	08 07	08 12
56	16 59	17 38	18 22	08 00	08 06	08 13	08 21
54	17 05	17 42	18 23	08 00	08 08	08 18	08 29
52	17 10	17 45	18 25	08 00	08 11	08 22	08 36
50	17 14	17 48	18 26	08 00	08 13	08 27	08 42
45	17 25	17 55	18 29	08 00	08 18	08 36	08 56
N 40	17 33	18 01	18 33	08 00	08 22	08 44	09 07
35	17 40	18 06	18 36	08 00	08 25	08 50	09 17
30	17 47	18 11	18 40	08 01	08 28	08 56	09 26
20	17 58	18 21	18 47	08 01	08 33	09 06	09 41
N 10	18 08	18 30	18 55	08 01	08 38	09 15	09 54
0	18 18	18 39	19 04	08 01	08 42	09 24	10 06
S 10	18 27	18 49	19 14	08 01	08 47	09 32	10 19
20	18 38	19 00	19 27	08 01	08 52	09 41	10 32
30	18 49	19 14	19 44	08 02	08 57	09 52	10 47
35	18 56	19 23	19 55	08 02	09 00	09 58	10 56
40	19 04	19 33	20 08	08 02	09 04	10 05	11 06
45	19 14	19 45	20 24	08 02	09 08	10 13	11 18
S 50	19 25	20 01	20 45	08 02	09 13	10 23	11 33
52	19 30	20 08	20 56	08 02	09 15	10 27	11 39
54	19 36	20 16	21 08	08 02	09 17	10 32	11 47
56	19 42	20 25	21 22	08 02	09 20	10 38	11 56
58	19 50	20 36	21 39	08 02	09 23	10 44	12 05
S 60	19 58	20 48	22 00	08 02	09 27	10 51	12 16

Day	SUN Eqn. of Time 00 h	SUN Eqn. of Time 12 h	SUN Mer. Pass.	MOON Mer. Pass. Upper	MOON Mer. Pass. Lower	Age	Phase
	m s	m s	h m	h m	h m	d	
12	14 15	14 15	12 14	01 51	14 12	17	
13	14 14	14 14	12 14	02 33	14 53	18	◐
14	14 13	14 12	12 14	03 14	15 35	19	

	UT (GMT)	ARIES	VENUS −4.6		MARS +1.3		JUPITER −2.5		SATURN +0.6	
	d h	G.H.A. ° ′	G.H.A. ° ′	Dec. ° ′	G.H.A. ° ′	Dec. ° ′	G.H.A. ° ′	Dec. ° ′	G.H.A. ° ′	Dec. ° ′
	15 00	144 44.5	212 18.5	S15 04.6	221 45.9	S23 28.8	53 41.1	N23 25.7	212 21.1	S21 36.0
	01	159 46.9	227 20.3	04.7	236 46.4	28.7	68 43.7	25.7	227 23.2	36.0
	02	174 49.4	242 22.1	04.9	251 46.8	28.5	83 46.2	25.7	242 25.4	35.9
	03	189 51.8	257 23.9	· · 05.0	266 47.3	· · 28.4	98 48.8	· · 25.7	257 27.6	· · 35.9
	04	204 54.3	272 25.6	05.2	281 47.8	28.3	113 51.3	25.7	272 29.8	35.8
	05	219 56.8	287 27.4	05.3	296 48.3	28.1	128 53.9	25.7	287 32.0	35.8
	06	234 59.2	302 29.2	S15 05.5	311 48.8	S23 28.0	143 56.4	N23 25.7	302 34.2	S21 35.8
	07	250 01.7	317 30.9	05.6	326 49.3	27.9	158 59.0	25.7	317 36.4	35.7
T	08	265 04.2	332 32.7	05.8	341 49.7	27.7	174 01.5	25.8	332 38.6	35.7
H	09	280 06.6	347 34.4	· · 05.9	356 50.2	· · 27.6	189 04.1	· · 25.8	347 40.8	· · 35.7
U	10	295 09.1	2 36.2	06.0	11 50.7	27.5	204 06.6	25.8	2 42.9	35.6
R	11	310 11.6	17 37.9	06.2	26 51.2	27.3	219 09.2	25.8	17 45.1	35.6
S	12	325 14.0	32 39.7	S15 06.3	41 51.7	S23 27.2	234 11.7	N23 25.8	32 47.3	S21 35.6
D	13	340 16.5	47 41.4	06.5	56 52.2	27.1	249 14.3	25.8	47 49.5	35.5
A	14	355 18.9	62 43.2	06.6	71 52.6	26.9	264 16.8	25.8	62 51.7	35.5
Y	15	10 21.4	77 44.9	· · 06.8	86 53.1	· · 26.8	279 19.4	· · 25.8	77 53.9	· · 35.4
	16	25 23.9	92 46.6	06.9	101 53.6	26.7	294 21.9	25.8	92 56.1	35.4
	17	40 26.3	107 48.4	07.0	116 54.1	26.5	309 24.5	25.8	107 58.3	35.4
	18	55 28.8	122 50.1	S15 07.2	131 54.6	S23 26.4	324 27.0	N23 25.8	123 00.4	S21 35.3
	19	70 31.3	137 51.8	07.3	146 55.1	26.3	339 29.6	25.8	138 02.6	35.3
	20	85 33.7	152 53.5	07.5	161 55.5	26.1	354 32.1	25.8	153 04.8	35.3
	21	100 36.2	167 55.2	· · 07.6	176 56.0	· · 26.0	9 34.7	· · 25.8	168 07.0	· · 35.2
	22	115 38.7	182 56.9	07.8	191 56.5	25.8	24 37.2	25.8	183 09.2	35.2
	23	130 41.1	197 58.6	07.9	206 57.0	25.7	39 39.7	25.8	198 11.4	35.1
	16 00	145 43.6	213 00.3	S15 08.0	221 57.5	S23 25.6	54 42.3	N23 25.8	213 13.6	S21 35.1
	01	160 46.1	228 02.0	08.2	236 57.9	25.4	69 44.8	25.9	228 15.8	35.1
	02	175 48.5	243 03.7	08.3	251 58.4	25.3	84 47.4	25.9	243 18.0	35.0
	03	190 51.0	258 05.4	· · 08.5	266 58.9	· · 25.1	99 49.9	· · 25.9	258 20.2	· · 35.0
	04	205 53.4	273 07.1	08.6	281 59.4	25.0	114 52.5	25.9	273 22.3	35.0
	05	220 55.9	288 08.8	08.7	296 59.9	24.9	129 55.0	25.9	288 24.5	34.9
	06	235 58.4	303 10.5	S15 08.9	312 00.4	S23 24.7	144 57.5	N23 25.9	303 26.7	S21 34.9
	07	251 00.8	318 12.1	09.0	327 00.8	24.6	160 00.1	25.9	318 28.9	34.9
	08	266 03.3	333 13.8	09.2	342 01.3	24.4	175 02.6	25.9	333 31.1	34.8
F	09	281 05.8	348 15.5	· · 09.3	357 01.8	· · 24.3	190 05.2	· · 25.9	348 33.3	· · 34.8
R	10	296 08.2	3 17.2	09.4	12 02.3	24.1	205 07.7	25.9	3 35.5	34.7
I	11	311 10.7	18 18.8	09.6	27 02.8	24.0	220 10.2	25.9	18 37.7	34.7
D	12	326 13.2	33 20.5	S15 09.7	42 03.3	S23 23.8	235 12.8	N23 25.9	33 39.9	S21 34.7
A	13	341 15.6	48 22.1	09.8	57 03.7	23.7	250 15.3	25.9	48 42.1	34.6
Y	14	356 18.1	63 23.8	10.0	72 04.2	23.6	265 17.9	25.9	63 44.2	34.6
	15	11 20.6	78 25.4	· · 10.1	87 04.7	· · 23.4	280 20.4	· · 25.9	78 46.4	· · 34.6
	16	26 23.0	93 27.1	10.3	102 05.2	23.3	295 22.9	25.9	93 48.6	34.5
	17	41 25.5	108 28.7	10.4	117 05.7	23.1	310 25.5	25.9	108 50.8	34.5
	18	56 27.9	123 30.3	S15 10.5	132 06.2	S23 23.0	325 28.0	N23 26.0	123 53.0	S21 34.4
	19	71 30.4	138 32.0	10.7	147 06.6	22.8	340 30.6	26.0	138 55.2	34.4
	20	86 32.9	153 33.6	10.8	162 07.1	22.7	355 33.1	26.0	153 57.4	34.4
	21	101 35.3	168 35.2	· · 10.9	177 07.6	· · 22.5	10 35.6	· · 26.0	168 59.6	· · 34.3
	22	116 37.8	183 36.8	11.1	192 08.1	22.4	25 38.2	26.0	184 01.8	34.3
	23	131 40.3	198 38.5	11.2	207 08.6	22.2	40 40.7	26.0	199 04.0	34.3
	17 00	146 42.7	213 40.1	S15 11.3	222 09.1	S23 22.1	55 43.2	N23 26.0	214 06.2	S21 34.2
	01	161 45.2	228 41.7	11.5	237 09.5	21.9	70 45.8	26.0	229 08.3	34.2
	02	176 47.7	243 43.3	11.6	252 10.0	21.8	85 48.3	26.0	244 10.5	34.2
	03	191 50.1	258 44.9	· · 11.8	267 10.5	· · 21.6	100 50.8	· · 26.0	259 12.7	· · 34.1
	04	206 52.6	273 46.5	11.9	282 11.0	21.5	115 53.4	26.0	274 14.9	34.1
	05	221 55.0	288 48.1	12.0	297 11.5	21.3	130 55.9	26.0	289 17.1	34.0
	06	236 57.5	303 49.7	S15 12.2	312 12.0	S23 21.2	145 58.4	N23 26.0	304 19.3	S21 34.0
	07	252 00.0	318 51.3	12.3	327 12.4	21.0	161 01.0	26.0	319 21.5	34.0
S	08	267 02.4	333 52.9	12.4	342 12.9	20.9	176 03.5	26.0	334 23.7	33.9
A	09	282 04.9	348 54.4	· · 12.6	357 13.4	· · 20.7	191 06.0	· · 26.0	349 25.9	· · 33.9
T	10	297 07.4	3 56.0	12.7	12 13.9	20.6	206 08.6	26.0	4 28.1	33.9
U	11	312 09.8	18 57.6	12.8	27 14.4	20.4	221 11.1	26.1	19 30.3	33.8
R	12	327 12.3	33 59.2	S15 13.0	42 14.9	S23 20.3	236 13.6	N23 26.1	34 32.5	S21 33.8
D	13	342 14.8	49 00.7	13.1	57 15.3	20.1	251 16.2	26.1	49 34.7	33.8
A	14	357 17.2	64 02.3	13.2	72 15.8	19.9	266 18.7	26.1	64 36.8	33.7
Y	15	12 19.7	79 03.9	· · 13.3	87 16.3	· · 19.8	281 21.2	· · 26.1	79 39.0	· · 33.7
	16	27 22.2	94 05.4	13.5	102 16.8	19.6	296 23.7	26.1	94 41.2	33.6
	17	42 24.6	109 07.0	13.6	117 17.3	19.5	311 26.3	26.1	109 43.4	33.6
	18	57 27.1	124 08.5	S15 13.7	132 17.8	S23 19.3	326 28.8	N23 26.1	124 45.6	S21 33.6
	19	72 29.5	139 10.1	13.9	147 18.2	19.2	341 31.3	26.1	139 47.8	33.5
	20	87 32.0	154 11.6	14.0	162 18.7	19.0	356 33.9	26.1	154 50.0	33.5
	21	102 34.5	169 13.2	· · 14.1	177 19.2	· · 18.8	11 36.4	· · 26.1	169 52.2	· · 33.5
	22	117 36.9	184 14.7	14.3	192 19.7	18.7	26 38.9	26.1	184 54.4	33.4
	23	132 39.4	199 16.2	14.4	207 20.2	18.5	41 41.4	26.1	199 56.6	33.4
	Mer. Pass.	h m 14 14.8	*v* 1.7	*d* 0.1	*v* 0.5	*d* 0.1	*v* 2.5	*d* 0.0	*v* 2.2	*d* 0.0

STARS

Name	S.H.A. ° ′	Dec. ° ′
Acamar	315 31.6	S40 20.8
Achernar	335 39.8	S57 17.4
Acrux	173 28.7	S63 02.6
Adhara	255 26.0	S28 57.6
Aldebaran	291 09.4	N16 29.5
Alioth	166 35.3	N56 00.4
Alkaid	153 12.2	N49 21.3
Al Na'ir	28 05.9	S47 00.6
Alnilam	276 04.0	S 1 12.5
Alphard	218 13.0	S 8 37.0
Alphecca	126 25.7	N26 44.5
Alpheratz	358 02.0	N29 02.2
Altair	62 25.6	N 8 50.3
Ankaa	353 33.1	S42 21.7
Antares	112 47.9	S26 24.7
Arcturus	146 11.5	N19 13.7
Atria	108 05.7	S69 00.5
Avior	234 24.7	S59 28.8
Bellatrix	278 50.6	N 6 20.5
Betelgeuse	271 20.1	N 7 24.4
Canopus	264 03.6	S52 41.6
Capella	281 00.2	N45 59.6
Deneb	49 44.0	N45 14.5
Denebola	182 51.1	N14 37.4
Diphda	349 13.6	S18 02.5
Dubhe	194 12.0	N61 48.1
Elnath	278 34.6	N28 36.1
Eltanin	90 54.6	N51 29.0
Enif	34 04.6	N 9 49.7
Fomalhaut	15 43.5	S29 40.6
Gacrux	172 20.3	S57 03.5
Gienah	176 10.1	S17 29.4
Hadar	149 12.8	S60 19.5
Hamal	328 20.7	N23 25.1
Kaus Aust.	84 07.2	S34 23.5
Kochab	137 18.6	N74 11.3
Markab	13 56.1	N15 09.1
Menkar	314 33.4	N 4 03.1
Menkent	148 28.2	S36 19.4
Miaplacidus	221 42.8	S69 40.7
Mirfak	309 05.6	N49 49.9
Nunki	76 20.2	S26 18.7
Peacock	53 47.1	S56 46.1
Pollux	243 48.7	N28 03.1
Procyon	245 17.7	N 5 15.0
Rasalhague	96 22.8	N12 33.7
Regulus	208 01.7	N12 00.8
Rigel	281 28.7	S 8 12.8
Rigil Kent.	140 15.7	S60 47.6
Sabik	102 32.7	S15 43.0
Schedar	350 01.2	N56 29.2
Shaula	96 45.9	S37 05.9
Sirius	258 48.9	S16 42.2
Spica	158 49.6	S11 06.8
Suhail	223 05.0	S43 23.6
Vega	80 51.1	N38 46.1
Zuben'ubi	137 24.8	S16 00.2

	S.H.A. ° ′	Mer. Pass. h m
Venus	67 16.8	9 47
Mars	76 13.9	9 12
Jupiter	268 58.7	20 18
Saturn	67 30.0	9 46

	UT (GMT) d h	SUN G.H.A. ° ′	SUN Dec. ° ′	MOON G.H.A. ° ′	MOON *v* ′	MOON Dec. ° ′	MOON *d* ′	MOON H.P. ′
	15 00	176 27.3	S12 50.5	302 44.5	15.2	S14 32.1	11.9	54.4
	01	191 27.4	49.6	317 18.7	15.1	14 44.0	11.9	54.4
	02	206 27.4	48.7	331 52.8	15.1	14 55.9	11.8	54.4
	03	221 27.4	. . 47.9	346 26.9	15.1	15 07.7	11.7	54.4
	04	236 27.5	47.0	1 01.0	15.0	15 19.4	11.7	54.4
	05	251 27.5	46.2	15 35.0	15.0	15 31.1	11.6	54.4
	06	266 27.5	S12 45.3	30 09.0	15.0	S15 42.7	11.5	54.3
	07	281 27.5	44.5	44 43.0	14.9	15 54.2	11.4	54.3
T	08	296 27.6	43.6	59 16.9	14.8	16 05.6	11.4	54.3
H	09	311 27.6	. . 42.8	73 50.7	14.9	16 17.0	11.3	54.3
U	10	326 27.6	41.9	88 24.6	14.7	16 28.3	11.3	54.3
R	11	341 27.7	41.0	102 58.3	14.8	16 39.6	11.2	54.3
S	12	356 27.7	S12 40.2	117 32.1	14.6	S16 50.8	11.1	54.3
D	13	11 27.7	39.3	132 05.7	14.7	17 01.9	11.0	54.3
A	14	26 27.8	38.5	146 39.4	14.6	17 12.9	11.0	54.3
Y	15	41 27.8	. . 37.6	161 13.0	14.5	17 23.9	10.9	54.3
	16	56 27.8	36.7	175 46.5	14.5	17 34.8	10.8	54.3
	17	71 27.9	35.9	190 20.0	14.4	17 45.6	10.8	54.3
	18	86 27.9	S12 35.0	204 53.4	14.4	S17 56.4	10.7	54.3
	19	101 27.9	34.2	219 26.8	14.3	18 07.1	10.6	54.3
	20	116 28.0	33.3	234 00.1	14.3	18 17.7	10.5	54.3
	21	131 28.0	. . 32.4	248 33.4	14.2	18 28.2	10.4	54.2
	22	146 28.0	31.6	263 06.6	14.2	18 38.6	10.4	54.2
	23	161 28.1	30.7	277 39.8	14.1	18 49.0	10.3	54.2
	16 00	176 28.1	S12 29.8	292 12.9	14.1	S18 59.3	10.2	54.2
	01	191 28.1	29.0	306 46.0	14.0	19 09.5	10.1	54.2
	02	206 28.2	28.1	321 19.0	14.0	19 19.6	10.1	54.2
	03	221 28.2	. . 27.3	335 52.0	13.9	19 29.7	9.9	54.2
	04	236 28.2	26.4	350 24.9	13.8	19 39.6	9.9	54.2
	05	251 28.3	25.5	4 57.7	13.8	19 49.5	9.8	54.2
	06	266 28.3	S12 24.7	19 30.5	13.7	S19 59.3	9.7	54.2
	07	281 28.3	23.8	34 03.2	13.7	20 09.0	9.7	54.2
	08	296 28.4	22.9	48 35.9	13.6	20 18.7	9.5	54.2
F	09	311 28.4	. . 22.1	63 08.5	13.6	20 28.2	9.5	54.2
R	10	326 28.5	21.2	77 41.1	13.4	20 37.7	9.4	54.2
I	11	341 28.5	20.3	92 13.5	13.5	20 47.1	9.2	54.2
D	12	356 28.5	S12 19.5	106 46.0	13.4	S20 56.3	9.2	54.2
A	13	11 28.6	18.6	121 18.4	13.3	21 05.5	9.2	54.2
Y	14	26 28.6	17.7	135 50.7	13.2	21 14.7	9.0	54.2
	15	41 28.7	. . 16.9	150 22.9	13.2	21 23.7	8.9	54.2
	16	56 28.7	16.0	164 55.1	13.1	21 32.6	8.8	54.2
	17	71 28.7	15.1	179 27.2	13.1	21 41.4	8.8	54.2
	18	86 28.8	S12 14.3	193 59.3	13.0	S21 50.2	8.6	54.2
	19	101 28.8	13.4	208 31.3	13.0	21 58.8	8.6	54.2
	20	116 28.9	12.5	223 03.3	12.8	22 07.4	8.5	54.2
	21	131 28.9	. . 11.6	237 35.1	12.9	22 15.9	8.3	54.2
	22	146 28.9	10.8	252 07.0	12.7	22 24.2	8.3	54.2
	23	161 29.0	09.9	266 38.7	12.7	22 32.5	8.2	54.2
	17 00	176 29.0	S12 09.0	281 10.4	12.6	S22 40.7	8.1	54.2
	01	191 29.1	08.2	295 42.0	12.6	22 48.8	8.0	54.2
	02	206 29.1	07.3	310 13.6	12.5	22 56.8	7.8	54.2
	03	221 29.1	. . 06.4	324 45.1	12.4	23 04.6	7.8	54.2
	04	236 29.2	05.5	339 16.5	12.4	23 12.4	7.7	54.2
	05	251 29.2	04.7	353 47.9	12.3	23 20.1	7.6	54.2
	06	266 29.3	S12 03.8	8 19.2	12.2	S23 27.7	7.5	54.3
	07	281 29.3	02.9	22 50.4	12.2	23 35.2	7.4	54.3
S	08	296 29.4	02.1	37 21.6	12.1	23 42.6	7.2	54.3
A	09	311 29.4	. . 01.2	51 52.7	12.1	23 49.8	7.2	54.3
T	10	326 29.5	12 00.3	66 23.8	11.9	23 57.0	7.1	54.3
U	11	341 29.5	11 59.4	80 54.7	12.0	24 04.1	6.9	54.3
R	12	356 29.5	S11 58.6	95 25.7	11.8	S24 11.0	6.9	54.3
D	13	11 29.6	57.7	109 56.5	11.8	24 17.9	6.7	54.3
A	14	26 29.6	56.8	124 27.3	11.7	24 24.6	6.7	54.3
Y	15	41 29.7	. . 55.9	138 58.0	11.7	24 31.3	6.5	54.3
	16	56 29.7	55.0	153 28.7	11.6	24 37.8	6.4	54.3
	17	71 29.8	54.2	167 59.3	11.5	24 44.2	6.3	54.3
	18	86 29.8	S11 53.3	182 29.8	11.5	S24 50.5	6.2	54.3
	19	101 29.9	52.4	197 00.3	11.4	24 56.7	6.1	54.3
	20	116 29.9	51.5	211 30.7	11.3	25 02.8	6.0	54.4
	21	131 30.0	. . 50.7	226 01.0	11.3	25 08.8	5.8	54.4
	22	146 30.0	49.8	240 31.3	11.2	25 14.6	5.8	54.4
	23	161 30.1	48.9	255 01.5	11.1	25 20.4	5.6	54.4
		S.D. 16.2	*d* 0.9	S.D. 14.8		14.8		14.8

Lat. °	Twilight Naut. h m	Twilight Civil h m	Sunrise h m	Moonrise 15 h m	Moonrise 16 h m	Moonrise 17 h m	Moonrise 18 h m
N 72	06 11	07 31	08 49	01 32	■	■	■
N 70	06 10	07 22	08 30	00 57	04 01	■	■
68	06 09	07 14	08 15	00 32	02 42	■	■
66	06 07	07 07	08 03	00 14	02 05	04 27	■
64	06 06	07 02	07 52	25 38	01 38	03 29	■
62	06 05	06 57	07 44	25 18	01 18	02 55	04 36
60	06 04	06 52	07 36	25 02	01 02	02 31	03 59
N 58	06 03	06 49	07 30	24 48	00 48	02 11	03 32
56	06 02	06 45	07 24	24 37	00 37	01 55	03 12
54	06 01	06 42	07 18	24 26	00 26	01 42	02 55
52	05 59	06 39	07 14	24 17	00 17	01 30	02 40
50	05 58	06 36	07 09	24 09	00 09	01 19	02 27
45	05 56	06 30	07 00	23 52	24 57	00 57	02 01
N 40	05 53	06 24	06 52	23 38	24 40	00 40	01 41
35	05 50	06 19	06 45	23 26	24 25	00 25	01 23
30	05 47	06 15	06 39	23 16	24 12	00 12	01 09
20	05 40	06 06	06 29	22 58	23 50	24 44	00 44
N 10	05 33	05 58	06 20	22 43	23 32	24 22	00 22
0	05 25	05 50	06 11	22 29	23 14	24 02	00 02
S 10	05 15	05 40	06 02	22 15	22 57	23 43	24 32
20	05 03	05 29	05 52	22 00	22 38	23 21	24 09
30	04 46	05 16	05 41	21 43	22 17	22 57	23 42
35	04 36	05 08	05 34	21 33	22 05	22 42	23 26
40	04 24	04 58	05 27	21 22	21 51	22 26	23 08
45	04 08	04 47	05 18	21 08	21 34	22 06	22 46
S 50	03 48	04 32	05 08	20 53	21 14	21 42	22 19
52	03 38	04 26	05 03	20 45	21 04	21 30	22 05
54	03 27	04 18	04 57	20 37	20 53	21 16	21 49
56	03 14	04 09	04 51	20 28	20 41	21 01	21 31
58	02 58	03 59	04 45	20 17	20 27	20 42	21 09
S 60	02 38	03 48	04 37	20 05	20 10	20 19	20 39

Lat. °	Sunset h m	Twilight Civil h m	Twilight Naut. h m	Moonset 15 h m	Moonset 16 h m	Moonset 17 h m	Moonset 18 h m
N 72	15 40	16 59	18 19	05 57	■	■	■
N 70	16 00	17 08	18 20	06 34	05 02	■	■
68	16 15	17 16	18 21	07 00	06 22	■	■
66	16 27	17 22	18 22	07 21	07 00	06 13	■
64	16 37	17 28	18 23	07 37	07 27	07 12	■
62	16 46	17 33	18 24	07 50	07 48	07 46	07 47
60	16 53	17 37	18 26	08 02	08 05	08 11	08 24
N 58	17 00	17 41	18 27	08 12	08 20	08 31	08 51
56	17 05	17 44	18 28	08 21	08 32	08 48	09 12
54	17 11	17 47	18 29	08 29	08 43	09 02	09 29
52	17 15	17 50	18 30	08 36	08 52	09 14	09 44
50	17 20	17 53	18 31	08 42	09 01	09 25	09 57
45	17 29	17 59	18 33	08 56	09 20	09 48	10 24
N 40	17 37	18 04	18 36	09 07	09 35	10 06	10 45
35	17 43	18 09	18 39	09 17	09 47	10 22	11 02
30	17 49	18 14	18 42	09 26	09 59	10 35	11 18
20	18 00	18 22	18 48	09 41	10 18	10 58	11 43
N 10	18 09	18 30	18 55	09 54	10 35	11 18	12 06
0	18 17	18 39	19 03	10 06	10 50	11 37	12 27
S 10	18 26	18 48	19 13	10 19	11 06	11 56	12 47
20	18 36	18 59	19 25	10 32	11 23	12 16	13 10
30	18 47	19 12	19 41	10 47	11 43	12 39	13 36
35	18 53	19 20	19 51	10 56	11 54	12 53	13 51
40	19 01	19 29	20 03	11 06	12 08	13 09	14 09
45	19 09	19 40	20 19	11 18	12 23	13 28	14 31
S 50	19 19	19 54	20 38	11 33	12 43	13 52	14 58
52	19 24	20 01	20 48	11 39	12 52	14 04	15 11
54	19 30	20 09	20 59	11 47	13 02	14 17	15 27
56	19 35	20 17	21 12	11 56	13 14	14 32	15 45
58	19 42	20 27	21 27	12 05	13 28	14 50	16 07
S 60	19 50	20 38	21 46	12 16	13 44	15 12	16 36

Day	SUN Eqn. of Time 00ʰ m s	SUN Eqn. of Time 12ʰ m s	SUN Mer. Pass. h m	MOON Mer. Pass. Upper h m	MOON Mer. Pass. Lower h m	MOON Age d	MOON Phase
15	14 11	14 09	12 14	03 56	16 17	20	
16	14 08	14 06	12 14	04 40	17 02	21	◑
17	14 04	14 02	12 14	05 26	17 50	22	

	UT (GMT)	ARIES	VENUS −4.6		MARS +1.3		JUPITER −2.5		SATURN +0.6	
	d h	G.H.A.	G.H.A.	Dec.	G.H.A.	Dec.	G.H.A.	Dec.	G.H.A.	Dec.
		° ′	° ′	° ′	° ′	° ′	° ′	° ′	° ′	° ′
	18 00	147 41.9	214 17.8	S15 14.5	222 20.7	S23 18.4	56 44.0	N23 26.1	214 58.8	S21 33.3
	01	162 44.3	229 19.3	14.6	237 21.1	18.2	71 46.5	26.1	230 01.0	33.3
	02	177 46.8	244 20.8	14.8	252 21.6	18.0	86 49.0	26.1	245 03.2	33.3
	03	192 49.3	259 22.3	·· 14.9	267 22.1	·· 17.9	101 51.5	·· 26.1	260 05.4	·· 33.2
	04	207 51.7	274 23.9	15.0	282 22.6	17.7	116 54.1	26.2	275 07.6	33.2
	05	222 54.2	289 25.4	15.2	297 23.1	17.6	131 56.6	26.2	290 09.7	33.2
	06	237 56.7	304 26.9	S15 15.3	312 23.6	S23 17.4	146 59.1	N23 26.2	305 11.9	S21 33.1
	07	252 59.1	319 28.4	15.4	327 24.0	17.2	162 01.6	26.2	320 14.1	33.1
	08	268 01.6	334 29.9	15.5	342 24.5	17.1	177 04.2	26.2	335 16.3	33.1
S	09	283 04.0	349 31.4	·· 15.7	357 25.0	·· 16.9	192 06.7	·· 26.2	350 18.5	·· 33.0
U	10	298 06.5	4 32.9	15.8	12 25.5	16.8	207 09.2	26.2	5 20.7	33.0
N	11	313 09.0	19 34.4	15.9	27 26.0	16.6	222 11.7	26.2	20 22.9	32.9
D	12	328 11.4	34 35.9	S15 16.0	42 26.5	S23 16.4	237 14.3	N23 26.2	35 25.1	S21 32.9
A	13	343 13.9	49 37.4	16.2	57 26.9	16.3	252 16.8	26.2	50 27.3	32.9
Y	14	358 16.4	64 38.8	16.3	72 27.4	16.1	267 19.3	26.2	65 29.5	32.8
	15	13 18.8	79 40.3	·· 16.4	87 27.9	·· 15.9	282 21.8	·· 26.2	80 31.7	·· 32.8
	16	28 21.3	94 41.8	16.5	102 28.4	15.8	297 24.3	26.2	95 33.9	32.8
	17	43 23.8	109 43.3	16.7	117 28.9	15.6	312 26.9	26.2	110 36.1	32.7
	18	58 26.2	124 44.7	S15 16.8	132 29.4	S23 15.4	327 29.4	N23 26.2	125 38.3	S21 32.7
	19	73 28.7	139 46.2	16.9	147 29.8	15.3	342 31.9	26.2	140 40.5	32.7
	20	88 31.2	154 47.7	17.0	162 30.3	15.1	357 34.4	26.2	155 42.7	32.6
	21	103 33.6	169 49.1	·· 17.2	177 30.8	·· 14.9	12 36.9	·· 26.2	170 44.9	·· 32.6
	22	118 36.1	184 50.6	17.3	192 31.3	14.8	27 39.4	26.3	185 47.1	32.5
	23	133 38.5	199 52.0	17.4	207 31.8	14.6	42 42.0	26.3	200 49.3	32.5
	19 00	148 41.0	214 53.5	S15 17.5	222 32.3	S23 14.4	57 44.5	N23 26.3	215 51.5	S21 32.5
	01	163 43.5	229 54.9	17.6	237 32.8	14.3	72 47.0	26.3	230 53.7	32.4
	02	178 45.9	244 56.4	17.8	252 33.2	14.1	87 49.5	26.3	245 55.8	32.4
	03	193 48.4	259 57.8	·· 17.9	267 33.7	·· 13.9	102 52.0	·· 26.3	260 58.0	·· 32.4
	04	208 50.9	274 59.3	18.0	282 34.2	13.7	117 54.5	26.3	276 00.2	32.3
	05	223 53.3	290 00.7	18.1	297 34.7	13.6	132 57.1	26.3	291 02.4	32.3
	06	238 55.8	305 02.1	S15 18.2	312 35.2	S23 13.4	147 59.6	N23 26.3	306 04.6	S21 32.3
	07	253 58.3	320 03.5	18.4	327 35.7	13.2	163 02.1	26.3	321 06.8	32.2
	08	269 00.7	335 05.0	18.5	342 36.1	13.1	178 04.6	26.3	336 09.0	32.2
M	09	284 03.2	350 06.4	·· 18.6	357 36.6	·· 12.9	193 07.1	·· 26.3	351 11.2	·· 32.1
O	10	299 05.6	5 07.8	18.7	12 37.1	12.7	208 09.6	26.3	6 13.4	32.1
N	11	314 08.1	20 09.2	18.8	27 37.6	12.5	223 12.1	26.3	21 15.6	32.1
D	12	329 10.6	35 10.6	S15 18.9	42 38.1	S23 12.4	238 14.7	N23 26.3	36 17.8	S21 32.0
A	13	344 13.0	50 12.0	19.1	57 38.6	12.2	253 17.2	26.3	51 20.0	32.0
Y	14	359 15.5	65 13.4	19.2	72 39.0	12.0	268 19.7	26.3	66 22.2	32.0
	15	14 18.0	80 14.8	·· 19.3	87 39.5	·· 11.8	283 22.2	·· 26.3	81 24.4	·· 31.9
	16	29 20.4	95 16.2	19.4	102 40.0	11.7	298 24.7	26.4	96 26.6	31.9
	17	44 22.9	110 17.6	19.5	117 40.5	11.5	313 27.2	26.4	111 28.8	31.9
	18	59 25.4	125 19.0	S15 19.6	132 41.0	S23 11.3	328 29.7	N23 26.4	126 31.0	S21 31.8
	19	74 27.8	140 20.4	19.8	147 41.5	11.1	343 32.2	26.4	141 33.2	31.8
	20	89 30.3	155 21.8	19.9	162 42.0	11.0	358 34.7	26.4	156 35.4	31.7
	21	104 32.8	170 23.2	·· 20.0	177 42.4	·· 10.8	13 37.3	·· 26.4	171 37.6	·· 31.7
	22	119 35.2	185 24.6	20.1	192 42.9	10.6	28 39.8	26.4	186 39.8	31.7
	23	134 37.7	200 25.9	20.2	207 43.4	10.4	43 42.3	26.4	201 42.0	31.6
	20 00	149 40.1	215 27.3	S15 20.3	222 43.9	S23 10.2	58 44.8	N23 26.4	216 44.2	S21 31.6
	01	164 42.6	230 28.7	20.4	237 44.4	10.1	73 47.3	26.4	231 46.4	31.6
	02	179 45.1	245 30.0	20.5	252 44.9	09.9	88 49.8	26.4	246 48.6	31.5
	03	194 47.5	260 31.4	·· 20.7	267 45.4	·· 09.7	103 52.3	·· 26.4	261 50.8	·· 31.5
	04	209 50.0	275 32.8	20.8	282 45.8	09.5	118 54.8	26.4	276 53.0	31.5
	05	224 52.5	290 34.1	20.9	297 46.3	09.3	133 57.3	26.4	291 55.2	31.4
	06	239 54.9	305 35.5	S15 21.0	312 46.8	S23 09.2	148 59.8	N23 26.4	306 57.4	S21 31.4
	07	254 57.4	320 36.8	21.1	327 47.3	09.0	164 02.3	26.4	321 59.6	31.3
T	08	269 59.9	335 38.2	21.2	342 47.8	08.8	179 04.8	26.4	337 01.8	31.3
U	09	285 02.3	350 39.5	·· 21.3	357 48.3	·· 08.6	194 07.3	·· 26.4	352 04.0	·· 31.3
E	10	300 04.8	5 40.9	21.4	12 48.7	08.4	209 09.8	26.5	7 06.2	31.2
S	11	315 07.3	20 42.2	21.5	27 49.2	08.3	224 12.3	26.5	22 08.4	31.2
D	12	330 09.7	35 43.5	S15 21.6	42 49.7	S23 08.1	239 14.8	N23 26.5	37 10.6	S21 31.2
A	13	345 12.2	50 44.9	21.8	57 50.2	07.9	254 17.3	26.5	52 12.8	31.1
Y	14	0 14.6	65 46.2	21.9	72 50.7	07.7	269 19.8	26.5	67 15.0	31.1
	15	15 17.1	80 47.5	·· 22.0	87 51.2	·· 07.5	284 22.4	·· 26.5	82 17.2	·· 31.1
	16	30 19.6	95 48.8	22.1	102 51.7	07.3	299 24.9	26.5	97 19.4	31.0
	17	45 22.0	110 50.2	22.2	117 52.1	07.1	314 27.4	26.5	112 21.6	31.0
	18	60 24.5	125 51.5	S15 22.3	132 52.6	S23 07.0	329 29.9	N23 26.5	127 23.8	S21 30.9
	19	75 27.0	140 52.8	22.4	147 53.1	06.8	344 32.4	26.5	142 26.0	30.9
	20	90 29.4	155 54.1	22.5	162 53.6	06.6	359 34.9	26.5	157 28.2	30.9
	21	105 31.9	170 55.4	·· 22.6	177 54.1	·· 06.4	14 37.4	·· 26.5	172 30.4	·· 30.8
	22	120 34.4	185 56.7	22.7	192 54.6	06.2	29 39.9	26.5	187 32.6	30.8
	23	135 36.8	200 58.0	22.8	207 55.1	06.0	44 42.4	26.5	202 34.8	30.8
	Mer. Pass.	h m 14 03.0	v 1.4	d 0.1	v 0.5	d 0.2	v 2.5	d 0.0	v 2.2	d 0.0

STARS		
Name	S.H.A.	Dec.
	° ′	° ′
Acamar	315 31.6	S40 20.8
Achernar	335 39.8	S57 17.4
Acrux	173 28.7	S63 02.6
Adhara	255 26.0	S28 57.6
Aldebaran	291 09.4	N16 29.5
Alioth	166 35.3	N56 00.4
Alkaid	153 12.2	N49 21.3
Al Na'ir	28 05.9	S47 00.6
Alnilam	276 04.0	S 1 12.5
Alphard	218 13.0	S 8 37.1
Alphecca	126 25.7	N26 44.5
Alpheratz	358 02.0	N29 02.2
Altair	62 25.6	N 8 50.3
Ankaa	353 33.1	S42 21.7
Antares	112 47.8	S26 24.7
Arcturus	146 11.5	N19 13.7
Atria	108 05.7	S69 00.5
Avior	234 24.7	S59 28.8
Bellatrix	278 50.6	N 6 20.5
Betelgeuse	271 20.1	N 7 24.4
Canopus	264 03.6	S52 41.6
Capella	281 00.2	N45 59.6
Deneb	49 43.9	N45 14.5
Denebola	182 51.1	N14 37.4
Diphda	349 13.6	S18 02.5
Dubhe	194 12.0	N61 48.1
Elnath	278 34.6	N28 36.1
Eltanin	90 54.5	N51 29.0
Enif	34 04.6	N 9 49.7
Fomalhaut	15 43.5	S29 40.6
Gacrux	172 20.3	S57 03.5
Gienah	176 10.1	S17 29.4
Hadar	149 12.8	S60 19.5
Hamal	328 20.7	N23 25.1
Kaus Aust.	84 07.2	S34 23.5
Kochab	137 18.5	N74 11.3
Markab	13 56.1	N15 09.1
Menkar	314 33.4	N 4 03.1
Menkent	148 28.2	S36 19.4
Miaplacidus	221 42.8	S69 40.7
Mirfak	309 05.6	N49 49.9
Nunki	76 20.2	S26 18.7
Peacock	53 47.1	S56 46.0
Pollux	243 48.7	N28 03.1
Procyon	245 17.7	N 5 15.0
Rasalhague	96 22.8	N12 33.7
Regulus	208 01.7	N12 00.8
Rigel	281 28.7	S 8 12.8
Rigil Kent.	140 15.6	S60 47.6
Sabik	102 32.7	S15 43.0
Schedar	350 01.2	N56 29.2
Shaula	96 45.8	S37 05.9
Sirius	258 48.9	S16 42.2
Spica	158 49.5	S11 06.8
Suhail	223 05.0	S43 23.7
Vega	80 51.1	N38 46.1
Zuben'ubi	137 24.7	S16 00.2
	S.H.A.	Mer. Pass.
	° ′	h m
Venus	66 12.5	9 39
Mars	73 51.3	9 10
Jupiter	269 03.5	20 06
Saturn	67 10.4	9 35

UT (GMT) d h	SUN G.H.A. ° ′	SUN Dec. ° ′	MOON G.H.A. ° ′	MOON *v* ′	MOON Dec. ° ′	MOON *d* ′	MOON H.P. ′
18 00 (SUNDAY)	176 30.1	S11 48.0	269 31.6	11.1	S25 26.0	5.5	54.4
01	191 30.2	47.1	284 01.7	11.0	25 31.5	5.4	54.4
02	206 30.2	46.3	298 31.7	11.0	25 36.9	5.3	54.4
03	221 30.3	. . 45.4	313 01.7	10.9	25 42.2	5.1	54.4
04	236 30.3	44.5	327 31.6	10.8	25 47.3	5.1	54.4
05	251 30.4	43.6	342 01.4	10.8	25 52.4	4.9	54.4
06	266 30.4	S11 42.7	356 31.2	10.7	S25 57.3	4.8	54.5
07	281 30.5	41.9	11 00.9	10.7	26 02.1	4.7	54.5
08	296 30.5	41.0	25 30.6	10.6	26 06.8	4.5	54.5
09	311 30.6	. . 40.1	40 00.2	10.5	26 11.3	4.5	54.5
10	326 30.6	39.2	54 29.7	10.5	26 15.8	4.3	54.5
11	341 30.7	38.3	68 59.2	10.4	26 20.1	4.2	54.5
12	356 30.7	S11 37.5	83 28.6	10.4	S26 24.3	4.0	54.5
13	11 30.8	36.6	97 58.0	10.3	26 28.3	4.0	54.6
14	26 30.8	35.7	112 27.3	10.2	26 32.3	3.8	54.6
15	41 30.9	. . 34.8	126 56.5	10.2	26 36.1	3.7	54.6
16	56 30.9	33.9	141 25.7	10.1	26 39.8	3.5	54.6
17	71 31.0	33.0	155 54.8	10.1	26 43.3	3.5	54.6
18	86 31.0	S11 32.1	170 23.9	10.1	S26 46.8	3.3	54.6
19	101 31.1	31.3	184 53.0	9.9	26 50.1	3.1	54.6
20	116 31.2	30.4	199 21.9	10.0	26 53.2	3.1	54.7
21	131 31.2	. . 29.5	213 50.9	9.8	26 56.3	2.9	54.7
22	146 31.3	28.6	228 19.7	9.8	26 59.2	2.8	54.7
23	161 31.3	27.7	242 48.5	9.8	27 02.0	2.6	54.7
19 00 (MONDAY)	176 31.4	S11 26.8	257 17.3	9.7	S27 04.6	2.5	54.7
01	191 31.4	25.9	271 46.0	9.7	27 07.1	2.4	54.8
02	206 31.5	25.1	286 14.7	9.6	27 09.5	2.3	54.8
03	221 31.6	. . 24.2	300 43.3	9.6	27 11.8	2.1	54.8
04	236 31.6	23.3	315 11.9	9.6	27 13.9	2.0	54.8
05	251 31.7	22.4	329 40.5	9.5	27 15.9	1.8	54.8
06	266 31.7	S11 21.5	344 09.0	9.4	S27 17.7	1.8	54.8
07	281 31.8	20.6	358 37.4	9.4	27 19.5	1.5	54.9
08	296 31.8	19.7	13 05.8	9.4	27 21.0	1.5	54.9
09	311 31.9	. . 18.8	27 34.2	9.3	27 22.5	1.3	54.9
10	326 32.0	17.9	42 02.5	9.3	27 23.8	1.1	54.9
11	341 32.0	17.1	56 30.8	9.2	27 24.9	1.1	54.9
12	356 32.1	S11 16.2	70 59.0	9.2	S27 26.0	0.9	55.0
13	11 32.1	15.3	85 27.2	9.2	27 26.9	0.7	55.0
14	26 32.2	14.4	99 55.4	9.1	27 27.6	0.6	55.0
15	41 32.3	. . 13.5	114 23.5	9.1	27 28.2	0.5	55.0
16	56 32.3	12.6	128 51.6	9.1	27 28.7	0.3	55.1
17	71 32.4	11.7	143 19.7	9.0	27 29.0	0.2	55.1
18	86 32.4	S11 10.8	157 47.7	9.0	S27 29.2	0.1	55.1
19	101 32.5	09.9	172 15.7	9.0	27 29.3	0.1	55.1
20	116 32.6	09.0	186 43.7	8.9	27 29.2	0.3	55.1
21	131 32.6	. . 08.1	201 11.6	8.9	27 28.9	0.3	55.2
22	146 32.7	07.2	215 39.5	8.9	27 28.6	0.6	55.2
23	161 32.8	06.3	230 07.4	8.8	27 28.0	0.6	55.2
20 00 (TUESDAY)	176 32.8	S11 05.5	244 35.2	8.9	S27 27.4	0.8	55.2
01	191 32.9	04.6	259 03.1	8.8	27 26.6	1.0	55.3
02	206 32.9	03.7	273 30.9	8.8	27 25.6	1.1	55.3
03	221 33.0	. . 02.8	287 58.7	8.7	27 24.5	1.2	55.3
04	236 33.1	01.9	302 26.4	8.8	27 23.3	1.4	55.3
05	251 33.1	01.0	316 54.2	8.7	27 21.9	1.5	55.4
06	266 33.2	S11 00.1	331 21.9	8.7	S27 20.4	1.7	55.4
07	281 33.3	10 59.2	345 49.6	8.7	27 18.7	1.8	55.4
08	296 33.3	58.3	0 17.3	8.7	27 16.9	2.0	55.4
09	311 33.4	. . 57.4	14 45.0	8.6	27 14.9	2.1	55.5
10	326 33.5	56.5	29 12.6	8.7	27 12.8	2.2	55.5
11	341 33.5	55.6	43 40.3	8.6	27 10.6	2.4	55.5
12	356 33.6	S10 54.7	58 07.9	8.7	S27 08.2	2.6	55.5
13	11 33.7	53.8	72 35.6	8.6	27 05.6	2.7	55.6
14	26 33.7	52.9	87 03.2	8.6	27 02.9	2.8	55.6
15	41 33.8	. . 52.0	101 30.8	8.6	27 00.1	3.0	55.6
16	56 33.9	51.1	115 58.4	8.6	26 57.1	3.1	55.7
17	71 33.9	50.2	130 26.0	8.6	26 54.0	3.3	55.7
18	86 34.0	S10 49.3	144 53.6	8.6	S26 50.7	3.4	55.7
19	101 34.1	48.4	159 21.2	8.5	26 47.3	3.6	55.7
20	116 34.1	47.5	173 48.7	8.6	26 43.7	3.7	55.8
21	131 34.2	. . 46.6	188 16.3	8.6	26 40.0	3.8	55.8
22	146 34.3	45.7	202 43.9	8.6	26 36.2	4.0	55.8
23	161 34.3	44.8	217 11.5	8.6	26 32.2	4.2	55.8
	S.D. 16.2	*d* 0.9	S.D. 14.9		15.0		15.1

Lat. °	Twilight Naut. h m	Twilight Civil h m	Sunrise h m	Moonrise 18 h m	Moonrise 19 h m	Moonrise 20 h m	Moonrise 21 h m
N 72	05 58	07 17	08 32	■	■	■	■
N 70	05 58	07 09	08 16	■	■	■	■
68	05 58	07 03	08 02	■	■	■	■
66	05 58	06 57	07 52	■	■	■	■
64	05 57	06 53	07 42	■	■	■	08 30
62	05 57	06 48	07 35	04 36	06 12	07 06	07 15
60	05 56	06 45	07 28	03 59	05 17	06 11	06 39
N 58	05 56	06 41	07 22	03 32	04 44	05 39	06 13
56	05 55	06 38	07 17	03 12	04 20	05 15	05 53
54	05 55	06 36	07 12	02 55	04 01	04 55	05 36
52	05 54	06 33	07 08	02 40	03 44	04 39	05 21
50	05 53	06 31	07 04	02 27	03 30	04 24	05 08
45	05 51	06 25	06 55	02 01	03 02	03 56	04 42
N 40	05 49	06 21	06 48	01 41	02 39	03 33	04 21
35	05 47	06 16	06 42	01 23	02 21	03 14	04 03
30	05 44	06 12	06 37	01 09	02 05	02 58	03 48
20	05 39	06 05	06 27	00 44	01 38	02 31	03 23
N 10	05 32	05 57	06 19	00 22	01 15	02 08	03 00
0	05 25	05 49	06 10	00 02	00 53	01 46	02 40
S 10	05 16	05 41	06 02	24 32	00 32	01 24	02 19
20	05 04	05 31	05 53	24 09	00 09	01 01	01 57
30	04 49	05 19	05 43	23 42	24 34	00 34	01 31
35	04 40	05 11	05 37	23 26	24 18	00 18	01 15
40	04 28	05 02	05 31	23 08	23 59	24 58	00 58
45	04 14	04 51	05 23	22 46	23 36	24 36	00 36
S 50	03 55	04 38	05 13	22 19	23 08	24 09	00 09
52	03 46	04 32	05 08	22 05	22 53	23 56	25 10
54	03 35	04 25	05 04	21 49	22 37	23 41	24 57
56	03 23	04 17	04 58	21 31	22 18	23 23	24 43
58	03 09	04 08	04 52	21 09	21 53	23 01	24 25
S 60	02 51	03 57	04 45	20 39	21 21	22 32	24 04

Lat. °	Sunset h m	Twilight Civil h m	Twilight Naut. h m	Moonset 18 h m	Moonset 19 h m	Moonset 20 h m	Moonset 21 h m
N 72	15 57	17 13	18 32	■	■	■	■
N 70	16 14	17 20	18 32	■	■	■	■
68	16 27	17 26	18 31	■	■	■	■
66	16 37	17 32	18 32	■	■	■	■
64	16 46	17 36	18 32	■	■	■	09 23
62	16 54	17 41	18 32	07 47	07 57	08 54	10 37
60	17 01	17 44	18 33	08 24	08 52	09 49	11 13
N 58	17 07	17 47	18 33	08 51	09 25	10 21	11 38
56	17 12	17 50	18 34	09 12	09 49	10 45	11 58
54	17 17	17 53	18 34	09 29	10 09	11 05	12 15
52	17 21	17 56	18 35	09 44	10 25	11 21	12 30
50	17 25	17 58	18 35	09 57	10 40	11 35	12 42
45	17 33	18 03	18 37	10 24	11 09	12 03	13 08
N 40	17 40	18 08	18 39	10 45	11 31	12 26	13 28
35	17 46	18 12	18 42	11 02	11 50	12 44	13 45
30	17 52	18 16	18 44	11 18	12 06	13 00	14 00
20	18 01	18 23	18 49	11 43	12 33	13 27	14 24
N 10	18 09	18 31	18 55	12 06	12 57	13 50	14 46
0	18 17	18 38	19 03	12 27	13 18	14 12	15 05
S 10	18 25	18 47	19 12	12 47	13 40	14 33	15 25
20	18 34	18 57	19 23	13 10	14 04	14 56	15 46
30	18 44	19 09	19 38	13 36	14 31	15 23	16 10
35	18 50	19 16	19 47	13 51	14 47	15 38	16 24
40	18 56	19 25	19 59	14 09	15 05	15 56	16 41
45	19 04	19 35	20 13	14 31	15 28	16 18	17 00
S 50	19 14	19 48	20 31	14 58	15 57	16 46	17 24
52	19 18	19 55	20 40	15 11	16 11	16 59	17 36
54	19 23	20 01	20 50	15 27	16 27	17 15	17 49
56	19 28	20 09	21 02	15 45	16 47	17 33	18 04
58	19 34	20 18	21 16	16 07	17 11	17 55	18 22
S 60	19 41	20 28	21 33	16 36	17 43	18 24	18 44

Day	SUN Eqn. of Time 00ʰ m s	SUN Eqn. of Time 12ʰ m s	SUN Mer. Pass. h m	MOON Mer. Pass. Upper h m	MOON Mer. Pass. Lower h m	MOON Age d	MOON Phase
18	14 00	13 57	12 14	06 14	18 40	23	◐
19	13 55	13 52	12 14	07 06	19 32	24	
20	13 49	13 46	12 14	07 59	20 26	25	

UT (GMT) d h	ARIES G.H.A. ° ′	VENUS −4.6 G.H.A. ° ′	Dec. ° ′	MARS +1.3 G.H.A. ° ′	Dec. ° ′	JUPITER −2.4 G.H.A. ° ′	Dec. ° ′	SATURN +0.6 G.H.A. ° ′	Dec. ° ′	STARS Name	S.H.A. ° ′	Dec. ° ′
21 00	150 39.3	215 59.3	S15 22.9	222 55.5	S23 05.8	59 44.9	N23 26.5	217 37.0	S21 30.7	Acamar	315 31.6	S40 20.8
01	165 41.7	231 00.6	23.0	237 56.0	05.6	74 47.4	26.5	232 39.2	30.7	Achernar	335 39.8	S57 17.4
02	180 44.2	246 01.9	23.1	252 56.5	05.5	89 49.9	26.5	247 41.4	30.7	Acrux	173 28.7	S63 02.7
03	195 46.7	261 03.2	· · 23.2	267 57.0	· · 05.3	104 52.3	· · 26.5	262 43.6	· · 30.6	Adhara	255 26.0	S28 57.6
04	210 49.1	276 04.5	23.3	282 57.5	05.1	119 54.8	26.6	277 45.8	30.6	Aldebaran	291 09.4	N16 29.5
05	225 51.6	291 05.7	23.4	297 58.0	04.9	134 57.3	26.6	292 48.0	30.5			
06	240 54.1	306 07.0	S15 23.5	312 58.5	S23 04.7	149 59.8	N23 26.6	307 50.2	S21 30.5	Alioth	166 35.3	N56 00.4
W 07	255 56.5	321 08.3	23.6	327 58.9	04.5	165 02.3	26.6	322 52.4	30.5	Alkaid	153 12.2	N49 21.3
E 08	270 59.0	336 09.6	23.7	342 59.4	04.3	180 04.8	26.6	337 54.6	30.4	Al Na'ir	28 05.9	S47 00.6
D 09	286 01.5	351 10.8	· · 23.8	357 59.9	· · 04.1	195 07.3	· · 26.6	352 56.8	· · 30.4	Alnilam	276 04.0	S 1 12.5
N 10	301 03.9	6 12.1	23.9	13 00.4	03.9	210 09.8	26.6	7 59.0	30.4	Alphard	218 13.0	S 8 37.1
E 11	316 06.4	21 13.4	24.0	28 00.9	03.7	225 12.3	26.6	23 01.2	30.3			
S 12	331 08.9	36 14.6	S15 24.1	43 01.4	S23 03.5	240 14.8	N23 26.6	38 03.4	S21 30.3	Alphecca	126 25.7	N26 44.5
D 13	346 11.3	51 15.9	24.2	58 01.9	03.3	255 17.3	26.6	53 05.6	30.3	Alpheratz	358 02.0	N29 02.2
A 14	1 13.8	66 17.2	24.3	73 02.3	03.2	270 19.8	26.6	68 07.8	30.2	Altair	62 25.6	N 8 50.3
Y 15	16 16.2	81 18.4	· · 24.4	88 02.8	· · 03.0	285 22.3	· · 26.6	83 10.0	· · 30.2	Ankaa	353 33.1	S42 21.7
16	31 18.7	96 19.7	24.5	103 03.3	02.8	300 24.8	26.6	98 12.2	30.1	Antares	112 47.8	S26 24.8
17	46 21.2	111 20.9	24.6	118 03.8	02.6	315 27.3	26.6	113 14.4	30.1			
18	61 23.6	126 22.1	S15 24.7	133 04.3	S23 02.4	330 29.8	N23 26.6	128 16.6	S21 30.1	Arcturus	146 11.5	N19 13.7
19	76 26.1	141 23.4	24.8	148 04.8	02.2	345 32.3	26.6	143 18.8	30.0	Atria	108 05.6	S69 00.5
20	91 28.6	156 24.6	24.9	163 05.3	02.0	0 34.8	26.6	158 21.0	30.0	Avior	234 24.8	S59 28.8
21	106 31.0	171 25.9	· · 25.0	178 05.7	· · 01.8	15 37.2	· · 26.6	173 23.2	· · 30.0	Bellatrix	278 50.7	N 6 20.5
22	121 33.5	186 27.1	25.1	193 06.2	01.6	30 39.7	26.7	188 25.4	29.9	Betelgeuse	271 20.1	N 7 24.4
23	136 36.0	201 28.3	25.2	208 06.7	01.4	45 42.2	26.7	203 27.6	29.9			
22 00	151 38.4	216 29.5	S15 25.3	223 07.2	S23 01.2	60 44.7	N23 26.7	218 29.8	S21 29.9	Canopus	264 03.6	S52 41.6
01	166 40.9	231 30.8	25.4	238 07.7	01.0	75 47.2	26.7	233 32.0	29.8	Capella	281 00.2	N45 59.6
02	181 43.4	246 32.0	25.5	253 08.2	00.8	90 49.7	26.7	248 34.2	29.8	Deneb	49 43.9	N45 14.5
03	196 45.8	261 33.2	· · 25.6	268 08.7	· · 00.6	105 52.2	· · 26.7	263 36.4	· · 29.7	Denebola	182 51.1	N14 37.4
04	211 48.3	276 34.4	25.6	283 09.2	00.4	120 54.7	26.7	278 38.6	29.7	Diphda	349 13.6	S18 02.5
05	226 50.7	291 35.6	25.7	298 09.6	00.2	135 57.2	26.7	293 40.8	29.7			
06	241 53.2	306 36.8	S15 25.8	313 10.1	S23 00.0	150 59.6	N23 26.7	308 43.0	S21 29.6	Dubhe	194 12.0	N61 48.1
07	256 55.7	321 38.0	25.9	328 10.6	22 59.8	166 02.1	26.7	323 45.2	29.6	Elnath	278 34.6	N28 36.1
T 08	271 58.1	336 39.2	26.0	343 11.1	59.6	181 04.6	26.7	338 47.4	29.6	Eltanin	90 54.5	N51 29.0
H 09	287 00.6	351 40.4	· · 26.1	358 11.6	· · 59.4	196 07.1	· · 26.7	353 49.6	· · 29.5	Enif	34 04.6	N 9 49.7
U 10	302 03.1	6 41.6	26.2	13 12.1	59.2	211 09.6	26.7	8 51.8	29.5	Fomalhaut	15 43.5	S29 40.6
R 11	317 05.5	21 42.8	26.3	28 12.6	59.0	226 12.1	26.7	23 54.0	29.5			
S 12	332 08.0	36 44.0	S15 26.4	43 13.0	S22 58.8	241 14.6	N23 26.7	38 56.2	S21 29.4	Gacrux	172 20.3	S57 03.5
D 13	347 10.5	51 45.2	26.4	58 13.5	58.6	256 17.0	26.7	53 58.4	29.4	Gienah	176 10.1	S17 29.4
A 14	2 12.9	66 46.4	26.5	73 14.0	58.4	271 19.5	26.7	69 00.7	29.4	Hadar	149 12.7	S60 19.5
Y 15	17 15.4	81 47.6	· · 26.6	88 14.5	· · 58.2	286 22.0	· · 26.7	84 02.9	· · 29.3	Hamal	328 20.8	N23 25.1
16	32 17.9	96 48.8	26.7	103 15.0	58.0	301 24.5	26.7	99 05.1	29.3	Kaus Aust.	84 07.2	S34 23.5
17	47 20.3	111 49.9	26.8	118 15.5	57.8	316 27.0	26.8	114 07.3	29.2			
18	62 22.8	126 51.1	S15 26.9	133 16.0	S22 57.6	331 29.5	N23 26.8	129 09.5	S21 29.2	Kochab	137 18.4	N74 11.3
19	77 25.2	141 52.3	27.0	148 16.5	57.4	346 31.9	26.8	144 11.7	29.2	Markab	13 56.1	N15 09.1
20	92 27.7	156 53.5	27.1	163 16.9	57.1	1 34.4	26.8	159 13.9	29.1	Menkar	314 33.4	N 4 03.1
21	107 30.2	171 54.6	· · 27.1	178 17.4	· · 56.9	16 36.9	· · 26.8	174 16.1	· · 29.1	Menkent	148 28.1	S36 19.4
22	122 32.6	186 55.8	27.2	193 17.9	56.7	31 39.4	26.8	189 18.3	29.1	Miaplacidus	221 42.8	S69 40.7
23	137 35.1	201 56.9	27.3	208 18.4	56.5	46 41.9	26.8	204 20.5	29.0			
23 00	152 37.6	216 58.1	S15 27.4	223 18.9	S22 56.3	61 44.4	N23 26.8	219 22.7	S21 29.0	Mirfak	309 05.7	N49 49.9
01	167 40.0	231 59.3	27.5	238 19.4	56.1	76 46.8	26.8	234 24.9	29.0	Nunki	76 20.2	S26 18.7
02	182 42.5	247 00.4	27.5	253 19.9	55.9	91 49.3	26.8	249 27.1	28.9	Peacock	53 47.0	S56 46.0
03	197 45.0	262 01.6	· · 27.6	268 20.4	· · 55.7	106 51.8	· · 26.8	264 29.3	· · 28.9	Pollux	243 48.7	N28 03.1
04	212 47.4	277 02.7	27.7	283 20.8	55.5	121 54.3	26.8	279 31.5	28.9	Procyon	245 17.7	N 5 15.0
05	227 49.9	292 03.8	27.8	298 21.3	55.3	136 56.8	26.8	294 33.7	28.8			
06	242 52.3	307 05.0	S15 27.9	313 21.8	S22 55.1	151 59.2	N23 26.8	309 35.9	S21 28.8	Rasalhague	96 22.8	N12 33.7
07	257 54.8	322 06.1	27.9	328 22.3	54.9	167 01.7	26.8	324 38.1	28.7	Regulus	208 01.7	N12 00.8
08	272 57.3	337 07.3	28.0	343 22.8	54.6	182 04.2	26.8	339 40.3	28.7	Rigel	281 28.8	S 8 12.8
F 09	287 59.7	352 08.4	· · 28.1	358 23.3	· · 54.4	197 06.7	· · 26.8	354 42.5	· · 28.7	Rigil Kent.	140 15.6	S60 47.6
R 10	303 02.2	7 09.5	28.2	13 23.8	54.2	212 09.1	26.8	9 44.8	28.6	Sabik	102 32.7	S15 43.0
I 11	318 04.7	22 10.6.	28.3	28 24.3	54.0	227 11.6	26.9	24 47.0	28.6			
D 12	333 07.1	37 11.8	S15 28.3	43 24.7	S22 53.8	242 14.1	N23 26.9	39 49.2	S21 28.6	Schedar	350 01.2	N56 29.2
A 13	348 09.6	52 12.9	28.4	58 25.2	53.6	257 16.6	26.9	54 51.4	28.5	Shaula	96 45.8	S37 05.9
Y 14	3 12.1	67 14.0	28.5	73 25.7	53.4	272 19.0	26.9	69 53.6	28.5	Sirius	258 48.9	S16 42.2
15	18 14.5	82 15.1	· · 28.6	88 26.2	· · 53.2	287 21.5	· · 26.9	84 55.8	· · 28.5	Spica	158 49.5	S11 06.8
16	33 17.0	97 16.2	28.6	103 26.7	52.9	302 24.0	26.9	99 58.0	28.4	Suhail	223 05.0	S43 23.7
17	48 19.5	112 17.3	28.7	118 27.2	52.7	317 26.5	26.9	115 00.2	28.4			
18	63 21.9	127 18.5	S15 28.8	133 27.7	S22 52.5	332 28.9	N23 26.9	130 02.4	S21 28.3	Vega	80 51.1	N38 46.1
19	78 24.4	142 19.6	28.9	148 28.2	52.3	347 31.4	26.9	145 04.6	28.3	Zuben'ubi	137 24.7	S16 00.3
20	93 26.8	157 20.7	28.9	163 28.7	52.1	2 33.9	26.9	160 06.8	28.3			
21	108 29.3	172 21.8	· · 29.0	178 29.1	· · 51.9	17 36.4	· · 26.9	175 09.0	· · 28.2			
22	123 31.8	187 22.9	29.1	193 29.6	51.6	32 38.8	26.9	190 11.2	28.2			
23	138 34.2	202 24.0	29.2	208 30.1	51.4	47 41.3	26.9	205 13.4	28.2			
Mer. Pass.	13 51.2 (h m)	*v* 1.2	*d* 0.1	*v* 0.5	*d* 0.2	*v* 2.5	*d* 0.0	*v* 2.2	*d* 0.0			

	S.H.A. ° ′	Mer. Pass. h m
Venus	64 51.1	9 33
Mars	71 28.8	9 07
Jupiter	269 06.3	19 54
Saturn	66 51.4	9 25

UT (GMT) d h		SUN G.H.A. ° ′	SUN Dec. ° ′	MOON G.H.A. ° ′	v ′	MOON Dec. ° ′	d ′	H.P. ′
21 00		176 34.4	S10 43.9	231 39.1	8.6	S26 28.0	4.3	55.9
01		191 34.5	43.0	246 06.7	8.6	26 23.7	4.4	55.9
02		206 34.5	42.1	260 34.3	8.6	26 19.3	4.6	55.9
03		221 34.6	. . 41.2	275 01.9	8.6	26 14.7	4.7	56.0
04		236 34.7	40.3	289 29.5	8.6	26 10.0	4.9	56.0
05		251 34.8	39.4	303 57.1	8.6	26 05.1	5.0	56.0
06		266 34.8	S10 38.5	318 24.7	8.7	S26 00.1	5.2	56.1
07	W	281 34.9	37.6	332 52.4	8.6	25 54.9	5.3	56.1
08	E	296 35.0	36.7	347 20.0	8.7	25 49.6	5.5	56.1
09	D	311 35.0	. . 35.8	1 47.7	8.7	25 44.1	5.6	56.1
10	N	326 35.1	34.9	16 15.4	8.6	25 38.5	5.7	56.2
11	E	341 35.2	34.0	30 43.0	8.7	25 32.8	5.9	56.2
12	S	356 35.3	S10 33.1	45 10.7	8.8	S25 26.9	6.0	56.2
13	D	11 35.3	32.2	59 38.5	8.7	25 20.9	6.2	56.3
14	A	26 35.4	31.3	74 06.2	8.8	25 14.7	6.3	56.3
15	Y	41 35.5	. . 30.4	88 34.0	8.7	25 08.4	6.5	56.3
16		56 35.6	29.4	103 01.7	8.8	25 01.9	6.6	56.4
17		71 35.6	28.5	117 29.5	8.8	24 55.3	6.7	56.4
18		86 35.7	S10 27.6	131 57.3	8.9	S24 48.6	6.9	56.4
19		101 35.8	26.7	146 25.2	8.8	24 41.7	7.0	56.5
20		116 35.9	25.8	160 53.0	8.9	24 34.7	7.2	56.5
21		131 35.9	. . 24.9	175 20.9	8.9	24 27.5	7.3	56.5
22		146 36.0	24.0	189 48.8	9.0	24 20.2	7.5	56.6
23		161 36.1	23.1	204 16.8	8.9	24 12.7	7.5	56.6
22 00		176 36.2	S10 22.2	218 44.7	9.0	S24 05.2	7.8	56.6
01		191 36.2	21.3	233 12.7	9.0	23 57.4	7.8	56.6
02		206 36.3	20.4	247 40.7	9.0	23 49.6	8.0	56.7
03		221 36.4	. . 19.5	262 08.7	9.1	23 41.6	8.1	56.7
04		236 36.5	18.6	276 36.8	9.1	23 33.5	8.3	56.7
05		251 36.5	17.6	291 04.9	9.1	23 25.2	8.4	56.8
06		266 36.6	S10 16.7	305 33.0	9.2	S23 16.8	8.6	56.8
07		281 36.7	15.8	320 01.2	9.2	23 08.2	8.6	56.8
08	T	296 36.8	14.9	334 29.4	9.2	22 59.6	8.8	56.9
09	H	311 36.9	. . 14.0	348 57.6	9.2	22 50.8	9.0	56.9
10	U	326 36.9	13.1	3 25.8	9.3	22 41.8	9.0	56.9
11	R	341 37.0	12.2	17 54.1	9.4	22 32.8	9.2	57.0
12	S	356 37.1	S10 11.3	32 22.5	9.3	S22 23.6	9.4	57.0
13	D	11 37.2	10.4	46 50.8	9.4	22 14.2	9.4	57.0
14	A	26 37.2	09.4	61 19.2	9.4	22 04.8	9.6	57.1
15	Y	41 37.3	. . 08.5	75 47.6	9.5	21 55.2	9.7	57.1
16		56 37.4	07.6	90 16.1	9.5	21 45.5	9.9	57.1
17		71 37.5	06.7	104 44.6	9.5	21 35.6	10.0	57.2
18		86 37.6	S10 05.8	119 13.1	9.5	S21 25.6	10.1	57.2
19		101 37.7	04.9	133 41.6	9.6	21 15.5	10.2	57.2
20		116 37.7	04.0	148 10.2	9.7	21 05.3	10.3	57.3
21		131 37.8	. . 03.1	162 38.9	9.7	20 55.0	10.5	57.3
22		146 37.9	02.1	177 07.6	9.7	20 44.5	10.6	57.3
23		161 38.0	01.2	191 36.3	9.7	20 33.9	10.7	57.4
23 00		176 38.1	S10 00.3	206 05.0	9.8	S20 23.2	10.9	57.4
01		191 38.1	9 59.4	220 33.8	9.8	20 12.3	10.9	57.4
02		206 38.2	58.5	235 02.6	9.9	20 01.4	11.1	57.5
03		221 38.3	. . 57.6	249 31.5	9.9	19 50.3	11.2	57.5
04		236 38.4	56.6	264 00.4	9.9	19 39.1	11.3	57.5
05		251 38.5	55.7	278 29.3	10.0	19 27.8	11.4	57.6
06		266 38.6	S 9 54.8	292 58.3	10.0	S19 16.4	11.6	57.6
07		281 38.6	53.9	307 27.3	10.1	19 04.8	11.6	57.6
08		296 38.7	53.0	321 56.4	10.0	18 53.2	11.8	57.7
09	F	311 38.8	. . 52.1	336 25.4	10.2	18 41.4	11.9	57.7
10	R	326 38.9	51.1	350 54.6	10.1	18 29.5	12.0	57.7
11	I	341 39.0	50.2	5 23.7	10.2	18 17.5	12.1	57.8
12	D	356 39.1	S 9 49.3	19 52.9	10.3	S18 05.4	12.2	57.8
13	A	11 39.2	48.4	34 22.2	10.3	17 53.2	12.3	57.8
14	Y	26 39.2	47.5	48 51.5	10.3	17 40.9	12.4	57.9
15		41 39.3	. . 46.6	63 20.8	10.3	17 28.5	12.6	57.9
16		56 39.4	45.6	77 50.1	10.4	17 15.9	12.6	57.9
17		71 39.5	44.7	92 19.5	10.4	17 03.3	12.8	58.0
18		86 39.6	S 9 43.8	106 48.9	10.5	S16 50.5	12.8	58.0
19		101 39.7	42.9	121 18.4	10.5	16 37.7	12.9	58.0
20		116 39.8	42.0	135 47.9	10.5	16 24.8	13.1	58.0
21		131 39.9	. . 41.0	150 17.4	10.6	16 11.7	13.1	58.1
22		146 39.9	40.1	164 47.0	10.6	15 58.6	13.3	58.1
23		161 40.0	39.2	179 16.6	10.6	15 45.3	13.3	58.1
		S.D. 16.2	d 0.9	S.D. 15.3		15.5		15.7

Lat. °	Twilight Naut. h m	Twilight Civil h m	Sunrise h m	Moonrise 21 h m	Moonrise 22 h m	Moonrise 23 h m	Moonrise 24 h m
N 72	05 45	07 03	08 16	▬	▬	▬	08 37
N 70	05 46	06 57	08 01	▬	▬	09 11	08 11
68	05 47	06 51	07 50	▬	▬	08 26	07 52
66	05 48	06 47	07 40	▬	08 34	07 55	07 36
64	05 48	06 43	07 32	08 30	07 47	07 32	07 23
62	05 49	06 40	07 26	07 15	07 16	07 14	07 12
60	05 49	06 37	07 20	06 39	06 52	06 59	07 02
N 58	05 49	06 34	07 14	06 13	06 34	06 46	06 54
56	05 49	06 32	07 10	05 53	06 18	06 35	06 46
54	05 48	06 29	07 05	05 36	06 04	06 25	06 40
52	05 48	06 27	07 02	05 21	05 52	06 16	06 34
50	05 48	06 25	06 58	05 08	05 42	06 08	06 28
45	05 47	06 21	06 50	04 42	05 20	05 51	06 17
N 40	05 45	06 17	06 44	04 21	05 02	05 37	06 07
35	05 43	06 13	06 39	04 03	04 47	05 25	05 58
30	05 42	06 09	06 34	03 48	04 33	05 14	05 51
20	05 37	06 03	06 25	03 23	04 11	04 56	05 38
N 10	05 31	05 56	06 17	03 00	03 51	04 40	05 27
0	05 25	05 49	06 10	02 40	03 33	04 25	05 16
S 10	05 16	05 41	06 03	02 19	03 15	04 10	05 05
20	05 06	05 32	05 55	01 57	02 55	03 54	04 54
30	04 52	05 21	05 46	01 31	02 32	03 36	04 41
35	04 43	05 14	05 40	01 15	02 19	03 25	04 33
40	04 32	05 06	05 34	00 58	02 03	03 13	04 24
45	04 19	04 56	05 27	00 36	01 45	02 58	04 14
S 50	04 01	04 44	05 18	00 09	01 21	02 40	04 02
52	03 53	04 38	05 14	25 10	01 10	02 31	03 56
54	03 43	04 31	05 10	24 57	00 57	02 22	03 49
56	03 32	04 24	05 05	24 43	00 43	02 11	03 42
58	03 19	04 16	04 59	24 25	00 25	01 58	03 34
S 60	03 03	04 06	04 53	24 04	00 04	01 44	03 24

Lat. °	Sunset h m	Twilight Civil h m	Twilight Naut. h m	Moonset 21 h m	Moonset 22 h m	Moonset 23 h m	Moonset 24 h m
N 72	16 13	17 26	18 45	▬	▬	▬	14 47
N 70	16 27	17 32	18 43	▬	▬	12 25	15 11
68	16 39	17 37	18 42	▬	▬	13 09	15 28
66	16 48	17 42	18 41	▬	11 11	13 38	15 42
64	16 56	17 45	18 40	09 23	11 57	14 00	15 54
62	17 03	17 49	18 40	10 37	12 27	14 17	16 04
60	17 09	17 51	18 40	11 13	12 50	14 31	16 12
N 58	17 14	17 54	18 40	11 38	13 08	14 43	16 19
56	17 18	17 56	18 40	11 58	13 24	14 54	16 25
54	17 23	17 59	18 40	12 15	13 37	15 03	16 31
52	17 26	18 01	18 40	12 30	13 48	15 11	16 36
50	17 30	18 03	18 40	12 42	13 58	15 19	16 41
45	17 37	18 07	18 41	13 08	14 19	15 34	16 51
N 40	17 44	18 11	18 43	13 28	14 36	15 47	16 59
35	17 49	18 15	18 44	13 45	14 50	15 58	17 06
30	17 54	18 18	18 46	14 00	15 03	16 07	17 12
20	18 02	18 25	18 50	14 24	15 23	16 23	17 22
N 10	18 10	18 31	18 56	14 46	15 42	16 37	17 31
0	18 17	18 38	19 02	15 05	15 58	16 50	17 40
S 10	18 24	18 45	19 10	15 25	16 15	17 03	17 48
20	18 32	18 54	19 21	15 46	16 33	17 16	17 57
30	18 41	19 06	19 35	16 10	16 53	17 32	18 07
35	18 46	19 12	19 43	16 24	17 05	17 41	18 13
40	18 52	19 20	19 54	16 41	17 18	17 51	18 19
45	18 59	19 30	20 07	17 00	17 34	18 02	18 27
S 50	19 08	19 42	20 24	17 24	17 54	18 17	18 35
52	19 12	19 48	20 32	17 36	18 03	18 23	18 40
54	19 16	19 54	20 42	17 49	18 13	18 30	18 44
56	19 21	20 01	20 53	18 04	18 25	18 39	18 49
58	19 26	20 09	21 06	18 22	18 38	18 48	18 54
S 60	19 32	20 19	21 21	18 44	18 53	18 58	19 01

Day	SUN Eqn. of Time 00ʰ m s	SUN Eqn. of Time 12ʰ m s	SUN Mer. Pass. h m	MOON Mer. Pass. Upper h m	MOON Mer. Pass. Lower h m	MOON Age d	MOON Phase
21	13 43	13 39	12 14	08 53	21 19	26	
22	13 36	13 32	12 14	09 46	22 12	27	◐
23	13 28	13 24	12 13	10 38	23 03	28	

UT (GMT) d	h	ARIES G.H.A.	VENUS −4.6 G.H.A.	VENUS Dec.	MARS +1.3 G.H.A.	MARS Dec.	JUPITER −2.4 G.H.A.	JUPITER Dec.	SATURN +0.6 G.H.A.	SATURN Dec.
		° ′	° ′	° ′	° ′	° ′	° ′	° ′	° ′	° ′
24	00	153 36.7	217 25.0	S15 29.2	223 30.6	S22 51.2	62 43.8	N23 26.9	220 15.7	S21 28.1
	01	168 39.2	232 26.1	29.3	238 31.1	51.0	77 46.2	26.9	235 17.9	28.1
	02	183 41.6	247 27.2	29.4	253 31.6	50.8	92 48.7	26.9	250 20.1	28.1
	03	198 44.1	262 28.3	· · 29.4	268 32.1	· · 50.6	107 51.2	· · 26.9	265 22.3	· · 28.0
	04	213 46.6	277 29.4	29.5	283 32.6	50.3	122 53.7	26.9	280 24.5	28.0
	05	228 49.0	292 30.5	29.6	298 33.1	50.1	137 56.1	26.9	295 26.7	28.0
	06	243 51.5	307 31.5	S15 29.6	313 33.5	S22 49.9	152 58.6	N23 27.0	310 28.9	S21 27.9
	07	258 54.0	322 32.6	29.7	328 34.0	49.7	168 01.1	27.0	325 31.1	27.9
S	08	273 56.4	337 33.7	29.8	343 34.5	49.5	183 03.5	27.0	340 33.3	27.8
A	09	288 58.9	352 34.7	· · 29.8	358 35.0	· · 49.2	198 06.0	· · 27.0	355 35.5	· · 27.8
T	10	304 01.3	7 35.8	29.9	13 35.5	49.0	213 08.5	27.0	10 37.7	27.8
U	11	319 03.8	22 36.9	30.0	28 36.0	48.8	228 10.9	27.0	25 39.9	27.7
R	12	334 06.3	37 37.9	S15 30.0	43 36.5	S22 48.6	243 13.4	N23 27.0	40 42.1	S21 27.7
D	13	349 08.7	52 39.0	30.1	58 37.0	48.4	258 15.9	27.0	55 44.4	27.7
A	14	4 11.2	67 40.0	30.2	73 37.5	48.1	273 18.3	27.0	70 46.6	27.6
Y	15	19 13.7	82 41.1	· · 30.2	88 37.9	· · 47.9	288 20.8	· · 27.0	85 48.8	· · 27.6
	16	34 16.1	97 42.1	30.3	103 38.4	47.7	303 23.3	27.0	100 51.0	27.6
	17	49 18.6	112 43.2	30.4	118 38.9	47.5	318 25.7	27.0	115 53.2	27.5
	18	64 21.1	127 44.2	S15 30.4	133 39.4	S22 47.2	333 28.2	N23 27.0	130 55.4	S21 27.5
	19	79 23.5	142 45.3	30.5	148 39.9	47.0	348 30.7	27.0	145 57.6	27.5
	20	94 26.0	157 46.3	30.5	163 40.4	46.8	3 33.1	27.0	160 59.8	27.4
	21	109 28.4	172 47.3	· · 30.6	178 40.9	· · 46.6	18 35.6	· · 27.0	176 02.0	· · 27.4
	22	124 30.9	187 48.4	30.7	193 41.4	46.3	33 38.1	27.0	191 04.2	27.4
	23	139 33.4	202 49.4	30.7	208 41.9	46.1	48 40.5	27.0	206 06.5	27.3
25	00	154 35.8	217 50.4	S15 30.8	223 42.4	S22 45.9	63 43.0	N23 27.0	221 08.7	S21 27.3
	01	169 38.3	232 51.5	30.8	238 42.8	45.7	78 45.4	27.1	236 10.9	27.2
	02	184 40.8	247 52.5	30.9	253 43.3	45.4	93 47.9	27.1	251 13.1	27.2
	03	199 43.2	262 53.5	· · 30.9	268 43.8	· · 45.2	108 50.4	· · 27.1	266 15.3	· · 27.2
	04	214 45.7	277 54.5	31.0	283 44.3	45.0	123 52.8	27.1	281 17.5	27.1
	05	229 48.2	292 55.5	31.1	298 44.8	44.7	138 55.3	27.1	296 19.7	27.1
	06	244 50.6	307 56.5	S15 31.1	313 45.3	S22 44.5	153 57.7	N23 27.1	311 21.9	S21 27.1
	07	259 53.1	322 57.5	31.2	328 45.8	44.3	169 00.2	27.1	326 24.1	27.0
	08	274 55.6	337 58.6	31.2	343 46.3	44.1	184 02.7	27.1	341 26.3	27.0
S	09	289 58.0	352 59.6	· · 31.3	358 46.8	· · 43.8	199 05.1	· · 27.1	356 28.6	· · 27.0
U	10	305 00.5	8 00.6	31.3	13 47.3	43.6	214 07.6	27.1	11 30.8	26.9
N	11	320 02.9	23 01.6	31.4	28 47.7	43.4	229 10.0	27.1	26 33.0	26.9
D	12	335 05.4	38 02.6	S15 31.4	43 48.2	S22 43.1	244 12.5	N23 27.1	41 35.2	S21 26.9
A	13	350 07.9	53 03.6	31.5	58 48.7	42.9	259 15.0	27.1	56 37.4	26.8
Y	14	5 10.3	68 04.5	31.5	73 49.2	42.7	274 17.4	27.1	71 39.6	26.8
	15	20 12.8	83 05.5	· · 31.6	88 49.7	· · 42.4	289 19.9	· · 27.1	86 41.8	· · 26.7
	16	35 15.3	98 06.5	31.6	103 50.2	42.2	304 22.3	27.1	101 44.0	26.7
	17	50 17.7	113 07.5	31.7	118 50.7	42.0	319 24.8	27.1	116 46.2	26.7
	18	65 20.2	128 08.5	S15 31.7	133 51.2	S22 41.7	334 27.2	N23 27.1	131 48.5	S21 26.6
	19	80 22.7	143 09.5	31.8	148 51.7	41.5	349 29.7	27.1	146 50.7	26.6
	20	95 25.1	158 10.4	31.8	163 52.2	41.3	4 32.1	27.1	161 52.9	26.6
	21	110 27.6	173 11.4	· · 31.9	178 52.7	· · 41.0	19 34.6	· · 27.2	176 55.1	· · 26.5
	22	125 30.1	188 12.4	31.9	193 53.1	40.8	34 37.1	27.2	191 57.3	26.5
	23	140 32.5	203 13.4	32.0	208 53.6	40.6	49 39.5	27.2	206 59.5	26.5
26	00	155 35.0	218 14.3	S15 32.0	223 54.1	S22 40.3	64 42.0	N23 27.2	222 01.7	S21 26.4
	01	170 37.4	233 15.3	32.1	238 54.6	40.1	79 44.4	27.2	237 03.9	26.4
	02	185 39.9	248 16.3	32.1	253 55.1	39.8	94 46.9	27.2	252 06.2	26.4
	03	200 42.4	263 17.2	· · 32.2	268 55.6	· · 39.6	109 49.3	· · 27.2	267 08.4	· · 26.3
	04	215 44.8	278 18.2	32.2	283 56.1	39.4	124 51.8	27.2	282 10.6	26.3
	05	230 47.3	293 19.1	32.2	298 56.6	39.1	139 54.2	27.2	297 12.8	26.3
	06	245 49.8	308 20.1	S15 32.3	313 57.1	S22 38.9	154 56.7	N23 27.2	312 15.0	S21 26.2
	07	260 52.2	323 21.0	32.3	328 57.6	38.7	169 59.1	27.2	327 17.2	26.2
	08	275 54.7	338 22.0	32.4	343 58.1	38.4	185 01.6	27.2	342 19.4	26.1
M	09	290 57.2	353 22.9	· · 32.4	358 58.6	· · 38.2	200 04.0	· · 27.2	357 21.6	· · 26.1
O	10	305 59.6	8 23.9	32.4	13 59.0	37.9	215 06.5	27.2	12 23.9	26.1
N	11	321 02.1	23 24.8	32.5	28 59.5	37.7	230 08.9	27.2	27 26.1	26.0
D	12	336 04.5	38 25.7	S15 32.5	44 00.0	S22 37.5	245 11.4	N23 27.2	42 28.3	S21 26.0
A	13	351 07.0	53 26.7	32.6	59 00.5	37.2	260 13.8	27.2	57 30.5	26.0
Y	14	6 09.5	68 27.6	32.6	74 01.0	37.0	275 16.3	27.2	72 32.7	25.9
	15	21 11.9	83 28.5	· · 32.6	89 01.5	· · 36.7	290 18.7	· · 27.2	87 34.9	· · 25.9
	16	36 14.4	98 29.5	32.7	104 02.0	36.5	305 21.2	27.3	102 37.1	25.9
	17	51 16.9	113 30.4	32.7	119 02.5	36.2	320 23.6	27.3	117 39.4	25.8
	18	66 19.3	128 31.3	S15 32.8	134 03.0	S22 36.0	335 26.1	N23 27.3	132 41.6	S21 25.8
	19	81 21.8	143 32.2	32.8	149 03.5	35.8	350 28.5	27.3	147 43.8	25.8
	20	96 24.3	158 33.2	32.8	164 04.0	35.5	5 31.0	27.3	162 46.0	25.7
	21	111 26.7	173 34.1	· · 32.9	179 04.5	· · 35.3	20 33.4	· · 27.3	177 48.2	· · 25.7
	22	126 29.2	188 35.0	32.9	194 05.0	35.0	35 35.8	27.3	192 50.4	25.7
	23	141 31.7	203 35.9	32.9	209 05.5	34.8	50 38.3	27.3	207 52.6	25.6
Mer. Pass.		h m 13 39.4	*v* 1.0	*d* 0.1	*v* 0.5	*d* 0.2	*v* 2.5	*d* 0.0	*v* 2.2	*d* 0.0

STARS

Name	S.H.A.	Dec.
	° ′	° ′
Acamar	315 31.6	S40 20.8
Achernar	335 39.8	S57 17.3
Acrux	173 28.7	S63 02.7
Adhara	255 26.0	S28 57.6
Aldebaran	291 09.4	N16 29.5
Alioth	166 35.2	N56 00.4
Alkaid	153 12.1	N49 21.3
Al Na'ir	28 05.9	S47 00.6
Alnilam	276 04.0	S 1 12.5
Alphard	218 13.0	S 8 37.1
Alphecca	126 25.7	N26 44.4
Alpheratz	358 02.0	N29 02.2
Altair	62 25.5	N 8 50.3
Ankaa	353 33.1	S42 21.7
Antares	112 47.8	S26 24.8
Arcturus	146 11.4	N19 13.7
Atria	108 05.5	S69 00.5
Avior	234 24.8	S59 28.8
Bellatrix	278 50.7	N 6 20.5
Betelgeuse	271 20.1	N 7 24.4
Canopus	264 03.6	S52 41.6
Capella	281 00.2	N45 59.6
Deneb	49 43.9	N45 14.5
Denebola	182 51.1	N14 37.4
Diphda	349 13.6	S18 02.5
Dubhe	194 12.0	N61 48.1
Elnath	278 34.6	N28 36.2
Eltanin	90 54.5	N51 29.0
Enif	34 04.6	N 9 49.6
Fomalhaut	15 43.5	S29 40.6
Gacrux	172 20.2	S57 03.5
Gienah	176 10.1	S17 29.4
Hadar	149 12.7	S60 19.5
Hamal	328 20.8	N23 25.1
Kaus Aust.	84 07.1	S34 23.5
Kochab	137 18.4	N74 11.3
Markab	13 56.1	N15 09.1
Menkar	314 33.4	N 4 03.1
Menkent	148 28.1	S36 19.4
Miaplacidus	221 42.8	S69 40.7
Mirfak	309 05.7	N49 49.9
Nunki	76 20.1	S26 18.7
Peacock	53 47.0	S56 46.0
Pollux	243 48.7	N28 03.1
Procyon	245 17.7	N 5 15.0
Rasalhague	96 22.8	N12 33.7
Regulus	208 01.7	N12 00.8
Rigel	281 28.8	S 8 12.8
Rigil Kent.	140 15.6	S60 47.6
Sabik	102 32.7	S15 43.0
Schedar	350 01.3	N56 29.2
Shaula	96 45.8	S37 05.9
Sirius	258 48.9	S16 42.2
Spica	158 49.5	S11 06.8
Suhail	223 05.0	S43 23.7
Vega	80 51.0	N38 46.1
Zuben'ubi	137 24.7	S16 00.3

	S.H.A.	Mer. Pass.
	° ′	h m
Venus	63 14.6	9 28
Mars	69 06.5	9 05
Jupiter	269 07.1	19 42
Saturn	66 32.8	9 14

UT (GMT) d	h	SUN G.H.A. ° ′	SUN Dec. ° ′	MOON G.H.A. ° ′	MOON v ′	MOON Dec. ° ′	MOON d ′	MOON H.P. ′
24	00	176 40.1	S 9 38.3	193 46.2	10.7	S15 32.0	13.4	58.2
	01	191 40.2	37.4	208 15.9	10.7	15 18.6	13.6	58.2
	02	206 40.3	36.4	222 45.6	10.8	15 05.0	13.6	58.2
	03	221 40.4	. . 35.5	237 15.4	10.8	14 51.4	13.7	58.3
	04	236 40.5	34.6	251 45.2	10.8	14 37.7	13.8	58.3
	05	251 40.6	33.7	266 15.0	10.8	14 23.9	13.9	58.3
	06	266 40.7	S 9 32.7	280 44.8	10.9	S14 10.0	14.0	58.4
	07	281 40.7	31.8	295 14.7	10.9	13 56.0	14.1	58.4
S	08	296 40.8	30.9	309 44.6	10.9	13 41.9	14.1	58.4
A	09	311 40.9	. . 30.0	324 14.5	11.0	13 27.8	14.3	58.4
T	10	326 41.0	29.1	338 44.5	11.0	13 13.5	14.3	58.5
U	11	341 41.1	28.1	353 14.5	11.0	12 59.2	14.4	58.5
R	12	356 41.2	S 9 27.2	7 44.5	11.1	S12 44.8	14.5	58.5
D	13	11 41.3	26.3	22 14.6	11.1	12 30.3	14.5	58.6
A	14	26 41.4	25.4	36 44.7	11.1	12 15.8	14.7	58.6
Y	15	41 41.5	. . 24.4	51 14.8	11.1	12 01.1	14.7	58.6
	16	56 41.6	23.5	65 44.9	11.2	11 46.4	14.8	58.6
	17	71 41.7	22.6	80 15.1	11.2	11 31.6	14.8	58.7
	18	86 41.8	S 9 21.7	94 45.3	11.2	S11 16.8	15.0	58.7
	19	101 41.8	20.7	109 15.5	11.2	11 01.8	15.0	58.7
	20	116 41.9	19.8	123 45.7	11.3	10 46.8	15.1	58.8
	21	131 42.0	. . 18.9	138 16.0	11.2	10 31.7	15.1	58.8
	22	146 42.1	18.0	152 46.2	11.3	10 16.6	15.2	58.8
	23	161 42.2	17.0	167 16.5	11.4	10 01.4	15.3	58.8
25	00	176 42.3	S 9 16.1	181 46.9	11.3	S 9 46.1	15.3	58.9
	01	191 42.4	15.2	196 17.2	11.4	9 30.8	15.4	58.9
	02	206 42.5	14.2	210 47.6	11.4	9 15.4	15.5	58.9
	03	221 42.6	. . 13.3	225 18.0	11.4	8 59.9	15.5	58.9
	04	236 42.7	12.4	239 48.4	11.4	8 44.4	15.6	59.0
	05	251 42.8	11.5	254 18.8	11.4	8 28.8	15.7	59.0
	06	266 42.9	S 9 10.5	268 49.2	11.5	S 8 13.1	15.6	59.0
	07	281 43.0	09.6	283 19.7	11.4	7 57.5	15.8	59.0
	08	296 43.1	08.7	297 50.1	11.5	7 41.7	15.8	59.1
S	09	311 43.2	. . 07.7	312 20.6	11.5	7 25.9	15.8	59.1
U	10	326 43.3	06.8	326 51.1	11.5	7 10.1	15.9	59.1
N	11	341 43.4	05.9	341 21.6	11.5	6 54.2	16.0	59.1
D	12	356 43.5	S 9 05.0	355 52.1	11.5	S 6 38.2	16.0	59.2
A	13	11 43.6	04.0	10 22.6	11.6	6 22.2	16.0	59.2
Y	14	26 43.7	03.1	24 53.2	11.5	6 06.2	16.1	59.2
	15	41 43.8	. . 02.2	39 23.7	11.6	5 50.1	16.1	59.2
	16	56 43.9	01.2	53 54.3	11.5	5 34.0	16.2	59.2
	17	71 44.0	9 00.3	68 24.8	11.6	5 17.8	16.2	59.3
	18	86 44.1	S 8 59.4	82 55.4	11.5	S 5 01.6	16.2	59.3
	19	101 44.2	58.4	97 25.9	11.6	4 45.4	16.3	59.3
	20	116 44.3	57.5	111 56.5	11.6	4 29.1	16.3	59.3
	21	131 44.4	. . 56.6	126 27.1	11.5	4 12.8	16.4	59.4
	22	146 44.5	55.6	140 57.6	11.6	3 56.4	16.3	59.4
	23	161 44.6	54.7	155 28.2	11.6	3 40.1	16.4	59.4
26	00	176 44.7	S 8 53.8	169 58.8	11.5	S 3 23.7	16.5	59.4
	01	191 44.8	52.8	184 29.3	11.6	3 07.2	16.4	59.4
	02	206 44.9	51.9	198 59.9	11.5	2 50.8	16.5	59.4
	03	221 45.0	. . 51.0	213 30.4	11.6	2 34.3	16.5	59.5
	04	236 45.1	50.0	228 01.0	11.5	2 17.8	16.5	59.5
	05	251 45.2	49.1	242 31.5	11.6	2 01.3	16.6	59.5
	06	266 45.3	S 8 48.2	257 02.1	11.5	S 1 44.7	16.5	59.5
	07	281 45.4	47.2	271 32.6	11.5	1 28.2	16.6	59.5
	08	296 45.5	46.3	286 03.1	11.5	1 11.6	16.6	59.6
M	09	311 45.6	. . 45.4	300 33.6	11.5	0 55.0	16.6	59.6
O	10	326 45.7	44.4	315 04.1	11.5	0 38.4	16.6	59.6
N	11	341 45.8	43.5	329 34.6	11.5	0 21.8	16.7	59.6
D	12	356 45.9	S 8 42.6	344 05.1	11.4	S 0 05.1	16.6	59.6
A	13	11 46.0	41.6	358 35.5	11.5	N 0 11.5	16.6	59.6
Y	14	26 46.1	40.7	13 06.0	11.4	0 28.1	16.7	59.6
	15	41 46.2	. . 39.8	27 36.4	11.4	0 44.8	16.6	59.7
	16	56 46.3	38.8	42 06.8	11.4	1 01.4	16.7	59.7
	17	71 46.4	37.9	56 37.2	11.4	1 18.1	16.6	59.7
	18	86 46.5	S 8 37.0	71 07.6	11.3	N 1 34.7	16.7	59.7
	19	101 46.6	36.0	85 37.9	11.3	1 51.4	16.6	59.7
	20	116 46.7	35.1	100 08.2	11.3	2 08.0	16.7	59.7
	21	131 46.8	. . 34.1	114 38.5	11.3	2 24.7	16.6	59.7
	22	146 46.9	33.2	129 08.8	11.3	2 41.3	16.6	59.8
	23	161 47.1	32.3	143 39.1	11.2	2 57.9	16.7	59.8
		S.D. 16.2	*d* 0.9	S.D. 15.9		16.1		16.2

Lat. °	Twilight Naut. h m	Twilight Civil h m	Sunrise h m	Moonrise 24 h m	Moonrise 25 h m	Moonrise 26 h m	Moonrise 27 h m
N 72	05 31	06 49	08 00	08 37	07 49	07 14	06 39
N 70	05 34	06 44	07 47	08 11	07 38	07 12	06 46
68	05 36	06 40	07 37	07 52	07 29	07 10	06 51
66	05 38	06 37	07 29	07 36	07 21	07 08	06 56
64	05 39	06 34	07 22	07 23	07 15	07 07	07 00
62	05 40	06 31	07 16	07 12	07 09	07 06	07 03
60	05 41	06 29	07 11	07 02	07 04	07 05	07 07
N 58	05 41	06 27	07 06	06 54	07 00	07 04	07 09
56	05 42	06 25	07 02	06 46	06 56	07 04	07 12
54	05 42	06 23	06 59	06 40	06 52	07 03	07 14
52	05 42	06 21	06 55	06 34	06 49	07 02	07 16
50	05 42	06 19	06 52	06 28	06 46	07 02	07 18
45	05 42	06 16	06 45	06 17	06 39	07 01	07 22
N 40	05 41	06 13	06 40	06 07	06 34	07 00	07 25
35	05 40	06 09	06 35	05 58	06 29	06 59	07 28
30	05 39	06 06	06 31	05 51	06 25	06 58	07 31
20	05 35	06 01	06 23	05 38	06 18	06 57	07 35
N 10	05 30	05 55	06 16	05 27	06 12	06 55	07 40
0	05 25	05 49	06 10	05 16	06 06	06 54	07 43
S 10	05 17	05 42	06 03	05 05	05 59	06 53	07 47
20	05 07	05 34	05 56	04 54	05 53	06 52	07 52
30	04 54	05 23	05 48	04 41	05 46	06 51	07 57
35	04 46	05 17	05 43	04 33	05 41	06 50	07 59
40	04 36	05 10	05 38	04 24	05 37	06 49	08 03
45	04 24	05 01	05 31	04 14	05 31	06 48	08 06
S 50	04 08	04 49	05 23	04 02	05 24	06 47	08 11
52	04 00	04 44	05 20	03 56	05 21	06 47	08 13
54	03 51	04 38	05 16	03 49	05 17	06 46	08 16
56	03 41	04 31	05 11	03 42	05 14	06 45	08 18
58	03 29	04 24	05 07	03 34	05 09	06 45	08 21
S 60	03 15	04 15	05 01	03 24	05 04	06 44	08 24

Lat. °	Sunset h m	Twilight Civil h m	Twilight Naut. h m	Moonset 24 h m	Moonset 25 h m	Moonset 26 h m	Moonset 27 h m
N 72	16 29	17 40	18 58	14 47	17 20	19 42	22 10
N 70	16 41	17 44	18 55	15 11	17 28	19 39	21 55
68	16 50	17 48	18 52	15 28	17 34	19 37	21 43
66	16 58	17 51	18 51	15 42	17 40	19 35	21 34
64	17 05	17 54	18 49	15 54	17 44	19 34	21 25
62	17 11	17 57	18 48	16 04	17 48	19 32	21 19
60	17 16	17 59	18 47	16 12	17 51	19 31	21 13
N 58	17 21	18 01	18 46	16 19	17 54	19 30	21 07
56	17 25	18 03	18 46	16 25	17 57	19 29	21 03
54	17 29	18 04	18 45	16 31	17 59	19 28	20 59
52	17 32	18 06	18 45	16 36	18 02	19 28	20 55
50	17 35	18 08	18 45	16 41	18 03	19 27	20 51
45	17 41	18 11	18 45	16 51	18 08	19 25	20 44
N 40	17 47	18 14	18 46	16 59	18 11	19 24	20 38
35	17 52	18 17	18 47	17 06	18 14	19 23	20 33
30	17 56	18 20	18 48	17 12	18 17	19 22	20 28
20	18 03	18 26	18 51	17 22	18 21	19 20	20 20
N 10	18 10	18 31	18 56	17 31	18 25	19 19	20 14
0	18 16	18 37	19 02	17 40	18 29	19 17	20 07
S 10	18 23	18 44	19 09	17 48	18 32	19 16	20 01
20	18 30	18 52	19 18	17 57	18 36	19 14	19 54
30	18 38	19 02	19 31	18 07	18 40	19 13	19 46
35	18 43	19 09	19 39	18 13	18 43	19 12	19 42
40	18 48	19 16	19 49	18 19	18 45	19 11	19 37
45	18 54	19 25	20 01	18 27	18 48	19 09	19 31
S 50	19 02	19 36	20 17	18 35	18 52	19 08	19 24
52	19 05	19 41	20 25	18 40	18 54	19 07	19 21
54	19 09	19 47	20 33	18 44	18 55	19 06	19 17
56	19 13	19 53	20 43	18 49	18 57	19 05	19 14
58	19 18	20 01	20 55	18 54	19 00	19 04	19 09
S 60	19 24	20 09	21 09	19 01	19 02	19 03	19 05

Day	SUN Eqn. of Time 00^h m s	SUN Eqn. of Time 12^h m s	SUN Mer. Pass. h m	MOON Mer. Pass. Upper h m	MOON Mer. Pass. Lower h m	MOON Age d	MOON Phase
24	13 20	13 15	12 13	11 28	23 53	29	
25	13 11	13 06	12 13	12 17	24 41	00	●
26	13 02	12 57	12 13	13 06	00 41	01	

	UT (GMT) d h	ARIES G.H.A. ° ′	VENUS −4.6 G.H.A. ° ′	VENUS Dec. ° ′	MARS +1.2 G.H.A. ° ′	MARS Dec. ° ′	JUPITER −2.4 G.H.A. ° ′	JUPITER Dec. ° ′	SATURN +0.6 G.H.A. ° ′	SATURN Dec. ° ′
	27 00	156 34.1	218 36.8	S15 33.0	224 05.9	S22 34.5	65 40.7	N23 27.3	222 54.9	S21 25.6
	01	171 36.6	233 37.7	33.0	239 06.4	34.3	80 43.2	27.3	237 57.1	25.6
	02	186 39.0	248 38.6	33.0	254 06.9	34.0	95 45.6	27.3	252 59.3	25.5
	03	201 41.5	263 39.5	· · 33.0	269 07.4	· · 33.8	110 48.1	· · 27.3	268 01.5	· · 25.5
	04	216 44.0	278 40.4	33.1	284 07.9	33.5	125 50.5	27.3	283 03.7	25.4
	05	231 46.4	293 41.3	33.1	299 08.4	33.3	140 52.9	27.3	298 05.9	25.4
	06	246 48.9	308 42.2	S15 33.1	314 08.9	S22 33.1	155 55.4	N23 27.3	313 08.2	S21 25.4
	07	261 51.4	323 43.1	33.2	329 09.4	32.8	170 57.8	27.3	328 10.4	25.3
T	08	276 53.8	338 44.0	33.2	344 09.9	32.6	186 00.3	27.3	343 12.6	25.3
U	09	291 56.3	353 44.9	· · 33.2	359 10.4	· · 32.3	201 02.7	· · 27.3	358 14.8	· · 25.3
E	10	306 58.8	8 45.8	33.2	14 10.9	32.1	216 05.2	27.3	13 17.0	25.2
S	11	322 01.2	23 46.6	33.3	29 11.4	31.8	231 07.6	27.3	28 19.2	25.2
D	12	337 03.7	38 47.5	S15 33.3	44 11.9	S22 31.6	246 10.0	N23 27.4	43 21.5	S21 25.2
A	13	352 06.2	53 48.4	33.3	59 12.4	31.3	261 12.5	27.4	58 23.7	25.1
Y	14	7 08.6	68 49.3	33.3	74 12.9	31.1	276 14.9	27.4	73 25.9	25.1
	15	22 11.1	83 50.1	· · 33.4	89 13.3	· · 30.8	291 17.4	· · 27.4	88 28.1	· · 25.1
	16	37 13.5	98 51.0	33.4	104 13.8	30.5	306 19.8	27.4	103 30.3	25.0
	17	52 16.0	113 51.9	33.4	119 14.3	30.3	321 22.2	27.4	118 32.5	25.0
	18	67 18.5	128 52.8	S15 33.4	134 14.8	S22 30.0	336 24.7	N23 27.4	133 34.8	S21 25.0
	19	82 20.9	143 53.6	33.5	149 15.3	29.8	351 27.1	27.4	148 37.0	24.9
	20	97 23.4	158 54.5	33.5	164 15.8	29.5	6 29.5	27.4	163 39.2	24.9
	21	112 25.9	173 55.3	· · 33.5	179 16.3	· · 29.3	21 32.0	· · 27.4	178 41.4	· · 24.9
	22	127 28.3	188 56.2	33.5	194 16.8	29.0	36 34.4	27.4	193 43.6	24.8
	23	142 30.8	203 57.1	33.5	209 17.3	28.8	51 36.8	27.4	208 45.8	24.8
	28 00	157 33.3	218 57.9	S15 33.6	224 17.8	S22 28.5	66 39.3	N23 27.4	223 48.1	S21 24.7
	01	172 35.7	233 58.8	33.6	239 18.3	28.3	81 41.7	27.4	238 50.3	24.7
	02	187 38.2	248 59.6	33.6	254 18.8	28.0	96 44.2	27.4	253 52.5	24.7
	03	202 40.7	264 00.5	· · 33.6	269 19.3	· · 27.7	111 46.6	· · 27.4	268 54.7	· · 24.6
	04	217 43.1	279 01.3	33.6	284 19.8	27.5	126 49.0	27.4	283 56.9	24.6
	05	232 45.6	294 02.1	33.6	299 20.3	27.2	141 51.5	27.4	298 59.1	24.6
	06	247 48.0	309 03.0	S15 33.6	314 20.8	S22 27.0	156 53.9	N23 27.4	314 01.4	S21 24.5
W	07	262 50.5	324 03.8	33.7	329 21.3	26.7	171 56.3	27.4	329 03.6	24.5
E	08	277 53.0	339 04.6	33.7	344 21.8	26.5	186 58.7	27.5	344 05.8	24.5
D	09	292 55.4	354 05.5	· · 33.7	359 22.3	· · 26.2	202 01.2	· · 27.5	359 08.0	· · 24.4
N	10	307 57.9	9 06.3	33.7	14 22.8	25.9	217 03.6	27.5	14 10.2	24.4
E	11	323 00.4	24 07.1	33.7	29 23.2	25.7	232 06.0	27.5	29 12.5	24.4
S	12	338 02.8	39 08.0	S15 33.7	44 23.7	S22 25.4	247 08.5	N23 27.5	44 14.7	S21 24.3
D	13	353 05.3	54 08.8	33.7	59 24.2	25.2	262 10.9	27.5	59 16.9	24.3
A	14	8 07.8	69 09.6	33.7	74 24.7	24.9	277 13.3	27.5	74 19.1	24.3
Y	15	23 10.2	84 10.4	· · 33.8	89 25.2	· · 24.6	292 15.8	· · 27.5	89 21.3	· · 24.2
	16	38 12.7	99 11.2	33.8	104 25.7	24.4	307 18.2	27.5	104 23.6	24.2
	17	53 15.1	114 12.1	33.8	119 26.2	24.1	322 20.6	27.5	119 25.8	24.2
	18	68 17.6	129 12.9	S15 33.8	134 26.7	S22 23.9	337 23.0	N23 27.5	134 28.0	S21 24.1
	19	83 20.1	144 13.7	33.8	149 27.2	23.6	352 25.5	27.5	149 30.2	24.1
	20	98 22.5	159 14.5	33.8	164 27.7	23.3	7 27.9	27.5	164 32.4	24.1
	21	113 25.0	174 15.3	· · 33.8	179 28.2	· · 23.1	22 30.3	· · 27.5	179 34.7	· · 24.0
	22	128 27.5	189 16.1	33.8	194 28.7	22.8	37 32.8	27.5	194 36.9	24.0
	23	143 29.9	204 16.9	33.8	209 29.2	22.5	52 35.2	27.5	209 39.1	23.9
	1 00	158 32.4	219 17.7	S15 33.8	224 29.7	S22 22.3	67 37.6	N23 27.5	224 41.3	S21 23.9
	01	173 34.9	234 18.5	33.8	239 30.2	22.0	82 40.0	27.5	239 43.5	23.9
	02	188 37.3	249 19.3	33.8	254 30.7	21.7	97 42.5	27.5	254 45.8	23.8
	03	203 39.8	264 20.1	· · 33.8	269 31.2	· · 21.5	112 44.9	· · 27.5	269 48.0	· · 23.8
	04	218 42.3	279 20.9	33.8	284 31.7	21.2	127 47.3	27.5	284 50.2	23.8
	05	233 44.7	294 21.7	33.8	299 32.2	20.9	142 49.7	27.6	299 52.4	23.7
	06	248 47.2	309 22.5	S15 33.8	314 32.7	S22 20.7	157 52.2	N23 27.6	314 54.6	S21 23.7
	07	263 49.6	324 23.2	33.8	329 33.2	20.4	172 54.6	27.6	329 56.9	23.7
T	08	278 52.1	339 24.0	33.8	344 33.7	20.1	187 57.0	27.6	344 59.1	23.6
H	09	293 54.6	354 24.8	· · 33.8	359 34.2	· · 19.9	202 59.4	· · 27.6	0 01.3	· · 23.6
U	10	308 57.0	9 25.6	33.8	14 34.7	19.6	218 01.9	27.6	15 03.5	23.6
R	11	323 59.5	24 26.4	33.8	29 35.2	19.3	233 04.3	27.6	30 05.7	23.5
S	12	339 02.0	39 27.1	S15 33.8	44 35.7	S22 19.1	248 06.7	N23 27.6	45 08.0	S21 23.5
D	13	354 04.4	54 27.9	33.8	59 36.2	18.8	263 09.1	27.6	60 10.2	23.5
A	14	9 06.9	69 28.7	33.8	74 36.7	18.5	278 11.5	27.6	75 12.4	23.4
Y	15	24 09.4	84 29.4	· · 33.8	89 37.2	· · 18.3	293 14.0	· · 27.6	90 14.6	· · 23.4
	16	39 11.8	99 30.2	33.8	104 37.6	18.0	308 16.4	27.6	105 16.9	23.4
	17	54 14.3	114 31.0	33.8	119 38.1	17.7	323 18.8	27.6	120 19.1	23.3
	18	69 16.8	129 31.7	S15 33.8	134 38.6	S22 17.5	338 21.2	N23 27.6	135 21.3	S21 23.3
	19	84 19.2	144 32.5	33.8	149 39.1	17.2	353 23.6	27.6	150 23.5	23.3
	20	99 21.7	159 33.2	33.7	164 39.6	16.9	8 26.1	27.6	165 25.7	23.2
	21	114 24.1	174 34.0	· · 33.7	179 40.1	· · 16.6	23 28.5	· · 27.6	180 28.0	· · 23.2
	22	129 26.6	189 34.7	33.7	194 40.6	16.4	38 30.9	27.6	195 30.2	23.2
	23	144 29.1	204 35.5	33.7	209 41.1	16.1	53 33.3	27.6	210 32.4	23.1
	Mer. Pass.	h m 13 27.6	v 0.8	d 0.0	v 0.5	d 0.3	v 2.4	d 0.0	v 2.2	d 0.0

STARS

Name	S.H.A. ° ′	Dec. ° ′
Acamar	315 31.6	S40 20.8
Achernar	335 39.8	S57 17.3
Acrux	173 28.6	S63 02.7
Adhara	255 26.1	S28 57.6
Aldebaran	291 09.5	N16 29.5
Alioth	166 35.2	N56 00.5
Alkaid	153 12.1	N49 21.3
Al Na'ir	28 05.9	S47 00.6
Alnilam	276 04.0	S 1 12.5
Alphard	218 13.0	S 8 37.1
Alphecca	126 25.7	N26 44.4
Alpheratz	358 02.0	N29 02.2
Altair	62 25.5	N 8 50.3
Ankaa	353 33.1	S42 21.7
Antares	112 47.7	S26 24.8
Arcturus	146 11.4	N19 13.7
Atria	108 05.5	S69 00.5
Avior	234 24.8	S59 28.8
Bellatrix	278 50.7	N 6 20.5
Betelgeuse	271 20.1	N 7 24.4
Canopus	264 03.7	S52 41.6
Capella	281 00.2	N45 59.6
Deneb	49 43.9	N45 14.5
Denebola	182 51.1	N14 37.4
Diphda	349 13.6	S18 02.5
Dubhe	194 12.0	N61 48.1
Elnath	278 34.6	N28 36.2
Eltanin	90 54.4	N51 29.0
Enif	34 04.6	N 9 49.6
Fomalhaut	15 43.5	S29 40.6
Gacrux	172 20.2	S57 03.5
Gienah	176 10.1	S17 29.4
Hadar	149 12.7	S60 19.5
Hamal	328 20.8	N23 25.1
Kaus Aust.	84 07.1	S34 23.5
Kochab	137 18.3	N74 11.3
Markab	13 56.1	N15 09.1
Menkar	314 33.5	N 4 03.1
Menkent	148 28.1	S36 19.4
Miaplacidus	221 42.9	S69 40.7
Mirfak	309 05.7	N49 49.9
Nunki	76 20.1	S26 18.7
Peacock	53 47.0	S56 46.0
Pollux	243 48.7	N28 03.1
Procyon	245 17.8	N 5 15.0
Rasalhague	96 22.7	N12 33.7
Regulus	208 01.7	N12 00.8
Rigel	281 28.8	S 8 12.8
Rigil Kent.	140 15.5	S60 47.6
Sabik	102 32.7	S15 43.0
Schedar	350 01.3	N56 29.2
Shaula	96 45.8	S37 05.9
Sirius	258 48.9	S16 42.3
Spica	158 49.5	S11 06.8
Suhail	223 05.0	S43 23.7
Vega	80 51.0	N38 46.1
Zuben'ubi	137 24.7	S16 00.3

	S.H.A. ° ′	Mer. Pass. h m
Venus	61 24.6	9 24
Mars	66 44.5	9 03
Jupiter	269 06.0	19 30
Saturn	66 14.8	9 03

Day	UT (GMT) d h	SUN G.H.A. ° ′	SUN Dec. ° ′	MOON G.H.A. ° ′	MOON *v* ′	MOON Dec. ° ′	MOON *d* ′	MOON H.P. ′
	27 00	176 47.2	S 8 31.3	158 09.3	11.2	N 3 14.6	16.6	59.8
	01	191 47.3	30.4	172 39.5	11.1	3 31.2	16.6	59.8
	02	206 47.4	29.5	187 09.6	11.2	3 47.8	16.5	59.8
	03	221 47.5	. . 28.5	201 39.8	11.1	4 04.3	16.6	59.8
	04	236 47.6	27.6	216 09.9	11.0	4 20.9	16.5	59.8
	05	251 47.7	26.6	230 39.9	11.1	4 37.4	16.5	59.8
	06	266 47.8	S 8 25.7	245 10.0	11.0	N 4 53.9	16.5	59.8
	07	281 47.9	24.8	259 40.0	10.9	5 10.4	16.5	59.8
T	08	296 48.0	23.8	274 09.9	11.0	5 26.9	16.5	59.9
U	09	311 48.1	. . 22.9	288 39.9	10.9	5 43.4	16.4	59.9
E	10	326 48.2	21.9	303 09.8	10.8	5 59.8	16.4	59.9
S	11	341 48.3	21.0	317 39.6	10.8	6 16.2	16.3	59.9
D	12	356 48.5	S 8 20.1	332 09.4	10.8	N 6 32.5	16.4	59.9
A	13	11 48.6	19.1	346 39.2	10.7	6 48.9	16.3	59.9
Y	14	26 48.7	18.2	1 08.9	10.7	7 05.2	16.2	59.9
	15	41 48.8	. . 17.2	15 38.6	10.6	7 21.4	16.2	59.9
	16	56 48.9	16.3	30 08.2	10.6	7 37.6	16.2	59.9
	17	71 49.0	15.4	44 37.8	10.6	7 53.8	16.1	59.9
	18	86 49.1	S 8 14.4	59 07.4	10.5	N 8 09.9	16.1	59.9
	19	101 49.2	13.5	73 36.9	10.4	8 26.0	16.1	59.9
	20	116 49.3	12.5	88 06.3	10.4	8 42.1	16.0	59.9
	21	131 49.5	. . 11.6	102 35.7	10.4	8 58.1	15.9	59.9
	22	146 49.6	10.6	117 05.1	10.3	9 14.0	16.0	59.9
	23	161 49.7	09.7	131 34.4	10.2	9 30.0	15.8	59.9
	28 00	176 49.8	S 8 08.8	146 03.6	10.2	N 9 45.8	15.8	59.9
	01	191 49.9	07.8	160 32.8	10.2	10 01.6	15.8	59.9
	02	206 50.0	06.9	175 02.0	10.1	10 17.4	15.6	59.9
	03	221 50.1	. . 05.9	189 31.1	10.0	10 33.0	15.7	60.0
	04	236 50.2	05.0	204 00.1	10.0	10 48.7	15.5	60.0
	05	251 50.4	04.0	218 29.1	9.9	11 04.2	15.5	60.0
	06	266 50.5	S 8 03.1	232 58.0	9.8	N11 19.7	15.5	60.0
W	07	281 50.6	02.1	247 26.8	9.8	11 35.2	15.4	60.0
E	08	296 50.7	01.2	261 55.6	9.8	11 50.6	15.3	60.0
D	09	311 50.8	8 00.3	276 24.4	9.7	12 05.9	15.2	60.0
N	10	326 50.9	7 59.3	290 53.1	9.6	12 21.1	15.2	60.0
E	11	341 51.0	58.4	305 21.7	9.5	12 36.3	15.1	60.0
S	12	356 51.2	S 7 57.4	319 50.2	9.5	N12 51.4	15.0	60.0
D	13	11 51.3	56.5	334 18.7	9.4	13 06.4	14.9	60.0
A	14	26 51.4	55.5	348 47.1	9.4	13 21.3	14.9	59.9
Y	15	41 51.5	. . 54.6	3 15.5	9.3	13 36.2	14.8	59.9
	16	56 51.6	53.6	17 43.8	9.2	13 51.0	14.7	59.9
	17	71 51.7	52.7	32 12.0	9.1	14 05.7	14.6	59.9
	18	86 51.8	S 7 51.7	46 40.1	9.1	N14 20.3	14.5	59.9
	19	101 52.0	50.8	61 08.2	9.0	14 34.8	14.5	59.9
	20	116 52.1	49.8	75 36.2	9.0	14 49.3	14.4	59.9
	21	131 52.2	. . 48.9	90 04.2	8.9	15 03.7	14.2	59.9
	22	146 52.3	48.0	104 32.1	8.8	15 17.9	14.2	59.9
	23	161 52.4	47.0	118 59.9	8.7	15 32.1	14.1	59.9
	1 00	176 52.6	S 7 46.1	133 27.6	8.7	N15 46.2	14.0	59.9
	01	191 52.7	45.1	147 55.3	8.6	16 00.2	13.9	59.9
	02	206 52.8	44.2	162 22.9	8.5	16 14.1	13.8	59.9
	03	221 52.9	. . 43.2	176 50.4	8.4	16 27.9	13.7	59.9
	04	236 53.0	42.3	191 17.8	8.4	16 41.6	13.5	59.9
	05	251 53.1	41.3	205 45.2	8.3	16 55.1	13.5	59.9
	06	266 53.3	S 7 40.4	220 12.5	8.2	N17 08.6	13.4	59.9
	07	281 53.4	39.4	234 39.7	8.1	17 22.0	13.3	59.9
T	08	296 53.5	38.5	249 06.8	8.1	17 35.3	13.2	59.9
H	09	311 53.6	. . 37.5	263 33.9	8.0	17 48.5	13.0	59.9
U	10	326 53.7	36.6	278 00.9	7.9	18 01.5	12.9	59.9
R	11	341 53.9	35.6	292 27.8	7.9	18 14.4	12.9	59.8
S	12	356 54.0	S 7 34.7	306 54.7	7.7	N18 27.3	12.7	59.8
D	13	11 54.1	33.7	321 21.4	7.7	18 40.0	12.6	59.8
A	14	26 54.2	32.8	335 48.1	7.7	18 52.6	12.5	59.8
Y	15	41 54.3	. . 31.8	350 14.8	7.5	19 05.1	12.3	59.8
	16	56 54.5	30.9	4 41.3	7.5	19 17.4	12.2	59.8
	17	71 54.6	29.9	19 07.8	7.3	19 29.6	12.2	59.8
	18	86 54.7	S 7 29.0	33 34.1	7.3	N19 41.8	11.9	59.8
	19	101 54.8	28.0	48 00.4	7.3	19 53.7	11.9	59.8
	20	116 55.0	27.1	62 26.7	7.1	20 05.6	11.7	59.8
	21	131 55.1	. . 26.1	76 52.8	7.1	20 17.3	11.6	59.8
	22	146 55.2	25.2	91 18.9	7.0	20 28.9	11.5	59.7
	23	161 55.3	24.2	105 44.9	6.9	20 40.4	11.3	59.7
		S.D. 16.2	*d* 0.9	S.D. 16.3		16.3		16.3

Lat. °	Twilight Naut. h m	Twilight Civil h m	Sunrise h m	Moonrise 27 h m	Moonrise 28 h m	Moonrise 1 h m	Moonrise 2 h m
N 72	05 16	06 34	07 44	06 39	05 59	04 47	▭
N 70	05 21	06 31	07 33	06 46	06 16	05 32	▭
68	05 24	06 28	07 25	06 51	06 31	06 03	04 56
66	05 27	06 26	07 18	06 56	06 43	06 26	05 58
64	05 29	06 24	07 12	07 00	06 52	06 44	06 33
62	05 31	06 22	07 07	07 03	07 01	06 59	06 58
60	05 32	06 20	07 02	07 07	07 08	07 12	07 18
N 58	05 34	06 19	06 58	07 09	07 15	07 23	07 35
56	05 35	06 17	06 55	07 12	07 21	07 33	07 49
54	05 35	06 16	06 52	07 14	07 26	07 41	08 02
52	05 36	06 15	06 49	07 16	07 31	07 49	08 13
50	05 36	06 14	06 46	07 18	07 35	07 56	08 22
45	05 37	06 11	06 40	07 22	07 45	08 11	08 43
N 40	05 37	06 08	06 35	07 25	07 52	08 23	09 00
35	05 36	06 06	06 31	07 28	07 59	08 34	09 14
30	05 36	06 03	06 27	07 31	08 05	08 43	09 26
20	05 33	05 59	06 21	07 35	08 16	09 00	09 48
N 10	05 29	05 54	06 15	07 40	08 25	09 14	10 06
0	05 24	05 48	06 09	07 43	08 34	09 27	10 24
S 10	05 18	05 42	06 04	07 47	08 43	09 41	10 42
20	05 09	05 35	05 57	07 52	08 53	09 56	11 01
30	04 57	05 26	05 50	07 57	09 04	10 13	11 23
35	04 49	05 20	05 46	07 59	09 10	10 23	11 36
40	04 40	05 13	05 41	08 03	09 18	10 34	11 51
45	04 29	05 05	05 35	08 06	09 26	10 47	12 09
S 50	04 14	04 55	05 28	08 11	09 37	11 04	12 31
52	04 07	04 50	05 25	08 13	09 42	11 12	12 42
54	03 58	04 45	05 22	08 16	09 47	11 21	12 54
56	03 49	04 39	05 18	08 18	09 53	11 30	13 08
58	03 38	04 32	05 14	08 21	10 00	11 42	13 25
S 60	03 26	04 24	05 09	08 24	10 08	11 55	13 45

Lat. °	Sunset h m	Twilight Civil h m	Twilight Naut. h m	Moonset 27 h m	Moonset 28 h m	Moonset 1 h m	Moonset 2 h m
N 72	16 44	17 53	19 12	22 10	25 14	01 14	▭
N 70	16 54	17 56	19 07	21 55	24 30	00 30	▭
68	17 02	17 59	19 03	21 43	24 01	00 01	03 04
66	17 09	18 01	19 00	21 34	23 40	26 04	02 04
64	17 15	18 03	18 58	21 25	23 23	25 30	01 30
62	17 20	18 05	18 56	21 19	23 09	25 05	01 05
60	17 24	18 06	18 54	21 13	22 57	24 46	00 46
N 58	17 28	18 08	18 53	21 07	22 47	24 30	00 30
56	17 31	18 09	18 52	21 03	22 39	24 16	00 16
54	17 35	18 10	18 51	20 59	22 31	24 05	00 05
52	17 37	18 11	18 50	20 55	22 24	23 54	25 23
50	17 40	18 12	18 50	20 51	22 18	23 45	25 11
45	17 46	18 15	18 49	20 44	22 05	23 26	24 46
N 40	17 50	18 18	18 49	20 38	21 54	23 10	24 26
35	17 54	18 20	18 49	20 33	21 44	22 57	24 10
30	17 58	18 22	18 50	20 28	21 36	22 46	23 56
20	18 05	18 27	18 52	20 20	21 22	22 26	23 32
N 10	18 10	18 32	18 56	20 14	21 10	22 10	23 11
0	18 16	18 37	19 01	20 07	20 59	21 54	22 52
S 10	18 22	18 43	19 07	20 01	20 48	21 38	22 33
20	18 28	18 50	19 16	19 54	20 36	21 22	22 12
30	18 35	18 59	19 28	19 46	20 22	21 02	21 49
35	18 39	19 05	19 35	19 42	20 14	20 51	21 35
40	18 44	19 11	19 44	19 37	20 05	20 39	21 19
45	18 49	19 19	19 56	19 31	19 55	20 24	21 00
S 50	18 56	19 29	20 10	19 24	19 43	20 06	20 36
52	18 59	19 34	20 17	19 21	19 37	19 57	20 25
54	19 02	19 39	20 25	19 17	19 31	19 48	20 12
56	19 06	19 45	20 34	19 14	19 24	19 37	19 58
58	19 10	19 52	20 45	19 09	19 16	19 25	19 40
S 60	19 15	19 59	20 57	19 05	19 07	19 11	19 20

Day	SUN Eqn. of Time 00^h m s	SUN Eqn. of Time 12^h m s	SUN Mer. Pass. h m	MOON Mer. Pass. Upper h m	MOON Mer. Pass. Lower h m	MOON Age d	MOON Phase
27	12 52	12 46	12 13	13 55	01 30	02	
28	12 41	12 36	12 13	14 46	02 21	03	
1	12 30	12 24	12 12	15 41	03 13	04	

UT (GMT) d	h	ARIES G.H.A. ° ′	VENUS −4.6 G.H.A. ° ′	Dec. ° ′	MARS +1.2 G.H.A. ° ′	Dec. ° ′	JUPITER −2.4 G.H.A. ° ′	Dec. ° ′	SATURN +0.6 G.H.A. ° ′	Dec. ° ′
2	00	159 31.5	219 36.2	S15 33.7	224 41.6	S22 15.8	68 35.7	N23 27.6	225 34.6	S21 23.1
	01	174 34.0	234 37.0	33.7	239 42.1	15.5	83 38.1	27.7	240 36.9	23.0
	02	189 36.5	249 37.7	33.7	254 42.6	15.3	98 40.6	27.7	255 39.1	23.0
	03	204 38.9	264 38.5	· · 33.7	269 43.1	· · 15.0	113 43.0	· · 27.7	270 41.3	· · 23.0
	04	219 41.4	279 39.2	33.7	284 43.6	14.7	128 45.4	27.7	285 43.5	22.9
	05	234 43.9	294 40.0	33.6	299 44.1	14.4	143 47.8	27.7	300 45.7	22.9
	06	249 46.3	309 40.7	S15 33.6	314 44.6	S22 14.2	158 50.2	N23 27.7	315 48.0	S21 22.9
	07	264 48.8	324 41.4	33.6	329 45.1	13.9	173 52.6	27.7	330 50.2	22.8
	08	279 51.2	339 42.2	33.6	344 45.6	13.6	188 55.0	27.7	345 52.4	22.8
F	09	294 53.7	354 42.9	· · 33.6	359 46.1	· · 13.3	203 57.5	· · 27.7	0 54.6	· · 22.8
R	10	309 56.2	9 43.6	33.6	14 46.6	13.1	218 59.9	27.7	15 56.9	22.7
I	11	324 58.6	24 44.3	33.5	29 47.1	12.8	234 02.3	27.7	30 59.1	22.7
D	12	340 01.1	39 45.1	S15 33.5	44 47.6	S22 12.5	249 04.7	N23 27.7	46 01.3	S21 22.7
A	13	355 03.6	54 45.8	33.5	59 48.1	12.2	264 07.1	27.7	61 03.5	22.6
Y	14	10 06.0	69 46.5	33.5	74 48.6	11.9	279 09.5	27.7	76 05.8	22.6
	15	25 08.5	84 47.2	· · 33.5	89 49.1	· · 11.7	294 11.9	· · 27.7	91 08.0	· · 22.6
	16	40 11.0	99 47.9	33.4	104 49.6	11.4	309 14.3	27.7	106 10.2	22.5
	17	55 13.4	114 48.6	33.4	119 50.1	11.1	324 16.8	27.7	121 12.4	22.5
	18	70 15.9	129 49.4	S15 33.4	134 50.6	S22 10.8	339 19.2	N23 27.7	136 14.7	S21 22.5
	19	85 18.4	144 50.1	33.4	149 51.1	10.5	354 21.6	27.7	151 16.9	22.4
	20	100 20.8	159 50.8	33.3	164 51.6	10.3	9 24.0	27.7	166 19.1	22.4
	21	115 23.3	174 51.5	· · 33.3	179 52.1	· · 10.0	24 26.4	· · 27.7	181 21.3	· · 22.4
	22	130 25.7	189 52.2	33.3	194 52.6	09.7	39 28.8	27.8	196 23.6	22.3
	23	145 28.2	204 52.9	33.3	209 53.1	09.4	54 31.2	27.8	211 25.8	22.3
3	00	160 30.7	219 53.6	S15 33.2	224 53.6	S22 09.1	69 33.6	N23 27.8	226 28.0	S21 22.3
	01	175 33.1	234 54.3	33.2	239 54.1	08.8	84 36.0	27.8	241 30.2	22.2
	02	190 35.6	249 55.0	33.2	254 54.6	08.6	99 38.4	27.8	256 32.5	22.2
	03	205 38.1	264 55.7	· · 33.1	269 55.1	· · 08.3	114 40.8	· · 27.8	271 34.7	· · 22.2
	04	220 40.5	279 56.4	33.1	284 55.6	08.0	129 43.3	27.8	286 36.9	22.1
	05	235 43.0	294 57.0	33.1	299 56.1	07.7	144 45.7	27.8	301 39.1	22.1
	06	250 45.5	309 57.7	S15 33.1	314 56.6	S22 07.4	159 48.1	N23 27.8	316 41.4	S21 22.1
	07	265 47.9	324 58.4	33.0	329 57.1	07.1	174 50.5	27.8	331 43.6	22.0
S	08	280 50.4	339 59.1	33.0	344 57.6	06.8	189 52.9	27.8	346 45.8	22.0
A	09	295 52.9	354 59.8	· · 33.0	359 58.1	· · 06.6	204 55.3	· · 27.8	1 48.1	· · 22.0
T	10	310 55.3	10 00.5	32.9	14 58.6	06.3	219 57.7	27.8	16 50.3	21.9
U	11	325 57.8	25 01.1	32.9	29 59.1	06.0	235 00.1	27.8	31 52.5	21.9
R	12	341 00.2	40 01.8	S15 32.9	44 59.6	S22 05.7	250 02.5	N23 27.8	46 54.7	S21 21.9
D	13	356 02.7	55 02.5	32.8	60 00.1	05.4	265 04.9	27.8	61 57.0	21.8
A	14	11 05.2	70 03.2	32.8	75 00.6	05.1	280 07.3	27.8	76 59.2	21.8
Y	15	26 07.6	85 03.8	· · 32.7	90 01.1	· · 04.8	295 09.7	· · 27.8	92 01.4	· · 21.8
	16	41 10.1	100 04.5	32.7	105 01.6	04.5	310 12.1	27.8	107 03.6	21.7
	17	56 12.6	115 05.2	32.7	120 02.1	04.3	325 14.5	27.8	122 05.9	21.7
	18	71 15.0	130 05.8	S15 32.6	135 02.6	S22 04.0	340 16.9	N23 27.8	137 08.1	S21 21.7
	19	86 17.5	145 06.5	32.6	150 03.1	03.7	355 19.3	27.9	152 10.3	21.6
	20	101 20.0	160 07.1	32.5	165 03.6	03.4	10 21.7	27.9	167 12.6	21.6
	21	116 22.4	175 07.8	· · 32.5	180 04.2	· · 03.1	25 24.1	· · 27.9	182 14.8	· · 21.5
	22	131 24.9	190 08.5	32.5	195 04.7	02.8	40 26.5	27.9	197 17.0	21.5
	23	146 27.4	205 09.1	32.4	210 05.2	02.5	55 28.9	27.9	212 19.2	21.5
4	00	161 29.8	220 09.8	S15 32.4	225 05.7	S22 02.2	70 31.3	N23 27.9	227 21.5	S21 21.4
	01	176 32.3	235 10.4	32.3	240 06.2	01.9	85 33.7	27.9	242 23.7	21.4
	02	191 34.7	250 11.1	32.3	255 06.7	01.6	100 36.1	27.9	257 25.9	21.4
	03	206 37.2	265 11.7	· · 32.2	270 07.2	· · 01.3	115 38.5	· · 27.9	272 28.2	· · 21.3
	04	221 39.7	280 12.4	32.2	285 07.7	01.0	130 40.9	27.9	287 30.4	21.3
	05	236 42.1	295 13.0	32.1	300 08.2	00.8	145 43.3	27.9	302 32.6	21.3
	06	251 44.6	310 13.6	S15 32.1	315 08.7	S22 00.5	160 45.7	N23 27.9	317 34.8	S21 21.2
	07	266 47.1	325 14.3	32.1	330 09.2	22 00.2	175 48.1	27.9	332 37.1	21.2
	08	281 49.5	340 14.9	32.0	345 09.7	21 59.9	190 50.5	27.9	347 39.3	21.2
S	09	296 52.0	355 15.6	· · 32.0	0 10.2	· · 59.6	205 52.9	· · 27.9	2 41.5	· · 21.1
U	10	311 54.5	10 16.2	31.9	15 10.7	59.3	220 55.3	27.9	17 43.8	21.1
N	11	326 56.9	25 16.8	31.9	30 11.2	59.0	235 57.7	27.9	32 46.0	21.1
D	12	341 59.4	40 17.4	S15 31.8	45 11.7	S21 58.7	251 00.1	N23 27.9	47 48.2	S21 21.0
A	13	357 01.8	55 18.1	31.7	60 12.2	58.4	266 02.5	27.9	62 50.5	21.0
Y	14	12 04.3	70 18.7	31.7	75 12.7	58.1	281 04.9	27.9	77 52.7	21.0
	15	27 06.8	85 19.3	· · 31.6	90 13.2	· · 57.8	296 07.3	· · 27.9	92 54.9	· · 20.9
	16	42 09.2	100 19.9	31.6	105 13.7	57.5	311 09.6	27.9	107 57.1	20.9
	17	57 11.7	115 20.6	31.5	120 14.2	57.2	326 12.0	28.0	122 59.4	20.9
	18	72 14.2	130 21.2	S15 31.5	135 14.7	S21 56.9	341 14.4	N23 28.0	138 01.6	S21 20.8
	19	87 16.6	145 21.8	31.4	150 15.2	56.6	356 16.8	28.0	153 03.8	20.8
	20	102 19.1	160 22.4	31.4	165 15.7	56.3	11 19.2	28.0	168 06.1	20.8
	21	117 21.6	175 23.0	· · 31.3	180 16.2	· · 56.0	26 21.6	· · 28.0	183 08.3	· · 20.7
	22	132 24.0	190 23.6	31.2	195 16.7	55.7	41 24.0	28.0	198 10.5	20.7
	23	147 26.5	205 24.3	31.2	210 17.2	55.4	56 26.4	28.0	213 12.8	20.7
Mer. Pass.		h m 13 15.8	*v* 0.7	*d* 0.0	*v* 0.5	*d* 0.3	*v* 2.4	*d* 0.0	*v* 2.2	*d* 0.0

STARS

Name	S.H.A. ° ′	Dec. ° ′
Acamar	315 31.6	S40 20.8
Achernar	335 39.9	S57 17.3
Acrux	173 28.6	S63 02.7
Adhara	255 26.1	S28 57.6
Aldebaran	291 09.5	N16 29.5
Alioth	166 35.2	N56 00.5
Alkaid	153 12.1	N49 21.3
Al Na'ir	28 05.9	S47 00.6
Alnilam	276 04.0	S 1 12.5
Alphard	218 13.0	S 8 37.1
Alphecca	126 25.6	N26 44.4
Alpheratz	358 02.0	N29 02.2
Altair	62 25.5	N 8 50.3
Ankaa	353 33.1	S42 21.7
Antares	112 47.7	S26 24.8
Arcturus	146 11.4	N19 13.7
Atria	108 05.4	S69 00.5
Avior	234 24.8	S59 28.8
Bellatrix	278 50.7	N 6 20.5
Betelgeuse	271 20.1	N 7 24.4
Canopus	264 03.7	S52 41.6
Capella	281 00.3	N45 59.6
Deneb	49 43.9	N45 14.5
Denebola	182 51.1	N14 37.4
Diphda	349 13.6	S18 02.5
Dubhe	194 12.0	N61 48.1
Elnath	278 34.7	N28 36.1
Eltanin	90 54.4	N51 29.0
Enif	34 04.6	N 9 49.6
Fomalhaut	15 43.5	S29 40.5
Gacrux	172 20.2	S57 03.5
Gienah	176 10.0	S17 29.4
Hadar	149 12.6	S60 19.5
Hamal	328 20.8	N23 25.1
Kaus Aust.	84 07.1	S34 23.5
Kochab	137 18.3	N74 11.3
Markab	13 56.1	N15 09.1
Menkar	314 33.5	N 4 03.1
Menkent	148 28.1	S36 19.4
Miaplacidus	221 42.9	S69 40.7
Mirfak	309 05.7	N49 49.9
Nunki	76 20.1	S26 18.7
Peacock	53 47.0	S56 46.0
Pollux	243 48.8	N28 03.1
Procyon	245 17.8	N 5 15.0
Rasalhague	96 22.7	N12 33.7
Regulus	208 01.7	N12 00.8
Rigel	281 28.8	S 8 12.8
Rigil Kent.	140 15.5	S60 47.6
Sabik	102 32.6	S15 43.0
Schedar	350 01.3	N56 29.2
Shaula	96 45.7	S37 05.9
Sirius	258 48.9	S16 42.3
Spica	158 49.5	S11 06.8
Suhail	223 05.0	S43 23.7
Vega	80 51.0	N38 46.1
Zuben'ubi	137 24.7	S16 00.3
	S.H.A. ° ′	**Mer. Pass.** h m
Venus	59 22.9	9 20
Mars	64 22.9	9 00
Jupiter	269 02.9	19 19
Saturn	65 57.3	8 53

UT (GMT) d h	SUN G.H.A. ° ′	SUN Dec. ° ′	MOON G.H.A. ° ′	v ′	Dec. ° ′	d ′	H.P. ′
2 00	176 55.4	S 7 23.2	120 10.8	6.9	N20 51.7	11.2	59.7
01	191 55.6	22.3	134 36.7	6.8	21 02.9	11.1	59.7
02	206 55.7	21.3	149 02.5	6.7	21 14.0	10.9	59.7
03	221 55.8	.. 20.4	163 28.2	6.6	21 24.9	10.8	59.7
04	236 55.9	19.4	177 53.8	6.6	21 35.7	10.7	59.7
05	251 56.1	18.5	192 19.4	6.4	21 46.4	10.5	59.7
06	266 56.2	S 7 17.5	206 44.8	6.4	N21 56.9	10.3	59.6
07	281 56.3	16.6	221 10.2	6.4	22 07.2	10.3	59.6
08	296 56.4	15.6	235 35.6	6.2	22 17.5	10.0	59.6
F 09	311 56.6	.. 14.7	250 00.8	6.2	22 27.5	10.0	59.6
R 10	326 56.7	13.7	264 26.0	6.1	22 37.5	9.7	59.6
I 11	341 56.8	12.8	278 51.1	6.1	22 47.2	9.7	59.6
D 12	356 56.9	S 7 11.8	293 16.2	6.0	N22 56.9	9.4	59.6
A 13	11 57.1	10.9	307 41.2	5.9	23 06.3	9.4	59.6
Y 14	26 57.2	09.9	322 06.1	5.8	23 15.7	9.1	59.5
15	41 57.3	.. 08.9	336 30.9	5.8	23 24.8	9.0	59.5
16	56 57.5	08.0	350 55.7	5.7	23 33.8	8.9	59.5
17	71 57.6	07.0	5 20.4	5.7	23 42.7	8.7	59.5
18	86 57.7	S 7 06.1	19 45.1	5.6	N23 51.4	8.5	59.5
19	101 57.8	05.1	34 09.7	5.5	23 59.9	8.4	59.5
20	116 58.0	04.2	48 34.2	5.4	24 08.3	8.2	59.5
21	131 58.1	.. 03.2	62 58.6	5.4	24 16.5	8.1	59.4
22	146 58.2	02.2	77 23.0	5.4	24 24.6	7.9	59.4
23	161 58.3	01.3	91 47.4	5.2	24 32.5	7.7	59.4
3 00	176 58.5	S 7 00.3	106 11.6	5.3	N24 40.2	7.6	59.4
01	191 58.6	6 59.4	120 35.9	5.1	24 47.8	7.4	59.4
02	206 58.7	58.4	135 00.0	5.2	24 55.2	7.2	59.4
03	221 58.9	.. 57.5	149 24.2	5.0	25 02.4	7.1	59.4
04	236 59.0	56.5	163 48.2	5.0	25 09.5	6.9	59.3
05	251 59.1	55.6	178 12.2	5.0	25 16.4	6.7	59.3
06	266 59.3	S 6 54.6	192 36.2	4.9	N25 23.1	6.5	59.3
07	281 59.4	53.6	207 00.1	4.9	25 29.6	6.4	59.3
S 08	296 59.5	52.7	221 24.0	4.8	25 36.0	6.2	59.3
A 09	311 59.6	.. 51.7	235 47.8	4.8	25 42.2	6.1	59.3
T 10	326 59.8	50.8	250 11.6	4.7	25 48.3	5.8	59.2
U 11	341 59.9	49.8	264 35.3	4.7	25 54.1	5.7	59.2
R 12	357 00.0	S 6 48.8	278 59.0	4.6	N25 59.8	5.5	59.2
D 13	12 00.2	47.9	293 22.6	4.7	26 05.3	5.3	59.2
A 14	27 00.3	46.9	307 46.3	4.5	26 10.6	5.2	59.2
Y 15	42 00.4	.. 46.0	322 09.8	4.6	26 15.8	5.0	59.2
16	57 00.6	45.0	336 33.4	4.5	26 20.8	4.8	59.1
17	72 00.7	44.0	350 56.9	4.5	26 25.6	4.6	59.1
18	87 00.8	S 6 43.1	5 20.4	4.5	N26 30.2	4.4	59.1
19	102 01.0	42.1	19 43.9	4.4	26 34.6	4.3	59.1
20	117 01.1	41.2	34 07.3	4.4	26 38.9	4.1	59.1
21	132 01.2	.. 40.2	48 30.7	4.4	26 43.0	3.9	59.0
22	147 01.4	39.2	62 54.1	4.4	26 46.9	3.7	59.0
23	162 01.5	38.3	77 17.5	4.3	26 50.6	3.5	59.0
4 00	177 01.6	S 6 37.3	91 40.8	4.4	N26 54.1	3.4	59.0
01	192 01.8	36.4	106 04.2	4.3	26 57.5	3.2	59.0
02	207 01.9	35.4	120 27.5	4.3	27 00.7	2.9	59.0
03	222 02.0	.. 34.4	134 50.8	4.3	27 03.6	2.9	58.9
04	237 02.2	33.5	149 14.1	4.3	27 06.5	2.6	58.9
05	252 02.3	32.5	163 37.4	4.3	27 09.1	2.4	58.9
06	267 02.4	S 6 31.6	178 00.7	4.3	N27 11.5	2.3	58.9
07	282 02.6	30.6	192 24.0	4.3	27 13.8	2.1	58.9
08	297 02.7	29.6	206 47.3	4.3	27 15.9	1.9	58.8
S 09	312 02.8	.. 28.7	221 10.6	4.3	27 17.8	1.7	58.8
U 10	327 03.0	27.7	235 33.9	4.3	27 19.5	1.5	58.8
N 11	342 03.1	26.7	249 57.2	4.3	27 21.0	1.3	58.8
D 12	357 03.2	S 6 25.8	264 20.5	4.3	N27 22.3	1.2	58.8
A 13	12 03.4	24.8	278 43.8	4.3	27 23.5	1.0	58.7
Y 14	27 03.5	23.9	293 07.1	4.4	27 24.5	0.8	58.7
15	42 03.7	.. 22.9	307 30.5	4.3	27 25.3	0.6	58.7
16	57 03.8	21.9	321 53.8	4.4	27 25.9	0.4	58.7
17	72 03.9	21.0	336 17.2	4.4	27 26.3	0.3	58.7
18	87 04.1	S 6 20.0	350 40.6	4.4	N27 26.6	0.0	58.7
19	102 04.2	19.0	5 04.0	4.5	27 26.6	0.1	58.6
20	117 04.3	18.1	19 27.5	4.5	27 26.5	0.3	58.6
21	132 04.5	.. 17.1	33 51.0	4.5	27 26.2	0.4	58.6
22	147 04.6	16.2	48 14.5	4.5	27 25.8	0.7	58.6
23	162 04.8	15.2	62 38.0	4.6	27 25.1	0.8	58.6
	S.D. 16.2	d 1.0	S.D.	16.2	16.1		16.0

Lat. °	Twilight Naut. h m	Twilight Civil h m	Sunrise h m	Moonrise 2 h m	Moonrise 3 h m	Moonrise 4 h m	Moonrise 5 h m
N 72	05 01	06 19	07 28	□	□	□	□
N 70	05 07	06 18	07 19	□	□	□	□
68	05 12	06 16	07 12	04 56	□	□	□
66	05 16	06 15	07 07	05 58	□	□	□
64	05 19	06 14	07 02	06 33	06 09	□	□
62	05 22	06 13	06 57	06 58	07 00	07 14	08 17
60	05 24	06 12	06 54	07 18	07 32	08 03	09 06
N 58	05 26	06 11	06 50	07 35	07 56	08 34	09 37
56	05 27	06 10	06 47	07 49	08 15	08 57	10 00
54	05 28	06 09	06 45	08 02	08 32	09 16	10 19
52	05 29	06 08	06 42	08 13	08 46	09 33	10 35
50	05 30	06 08	06 40	08 22	08 58	09 47	10 49
45	05 32	06 06	06 35	08 43	09 24	10 15	11 17
N 40	05 33	06 04	06 31	09 00	09 44	10 37	11 40
35	05 33	06 02	06 27	09 14	10 01	10 56	11 58
30	05 32	06 00	06 24	09 26	10 16	11 12	12 14
20	05 31	05 56	06 19	09 48	10 41	11 39	12 40
N 10	05 28	05 52	06 14	10 06	11 03	12 02	13 03
0	05 24	05 48	06 09	10 24	11 23	12 24	13 25
S 10	05 18	05 43	06 04	10 42	11 44	12 46	13 46
20	05 10	05 36	05 58	11 01	12 06	13 10	14 09
30	04 59	05 28	05 52	11 23	12 32	13 37	14 36
35	04 52	05 23	05 48	11 36	12 47	13 53	14 51
40	04 44	05 17	05 44	11 51	13 05	14 12	15 10
45	04 33	05 09	05 39	12 09	13 26	14 35	15 32
S 50	04 20	05 00	05 34	12 31	13 53	15 04	15 59
52	04 13	04 56	05 31	12 42	14 07	15 19	16 13
54	04 06	04 51	05 28	12 54	14 22	15 35	16 29
56	03 57	04 46	05 24	13 08	14 40	15 55	16 47
58	03 47	04 39	05 21	13 25	15 02	16 20	17 10
S 60	03 36	04 32	05 17	13 45	15 31	16 54	17 39

Lat. °	Sunset h m	Twilight Civil h m	Twilight Naut. h m	Moonset 2 h m	Moonset 3 h m	Moonset 4 h m	Moonset 5 h m
N 72	16 58	18 07	19 26	□	□	□	□
N 70	17 07	18 08	19 19	□	□	□	□
68	17 13	18 10	19 14	03 04	□	□	□
66	17 19	18 11	19 10	02 04	□	□	□
64	17 24	18 12	19 07	01 30	03 56	□	□
62	17 28	18 13	19 04	01 05	03 06	04 59	06 04
60	17 32	18 13	19 02	00 46	02 34	04 11	05 15
N 58	17 35	18 14	19 00	00 30	02 11	03 40	04 44
56	17 38	18 15	18 58	00 16	01 52	03 17	04 20
54	17 40	18 16	18 57	00 05	01 36	02 58	04 01
52	17 43	18 17	18 56	25 23	01 23	02 42	03 45
50	17 45	18 17	18 55	25 11	01 11	02 28	03 31
45	17 50	18 19	18 53	24 46	00 46	02 00	03 03
N 40	17 54	18 21	18 52	24 26	00 26	01 37	02 40
35	17 57	18 23	18 52	24 10	00 10	01 19	02 22
30	18 00	18 24	18 52	23 56	25 03	01 03	02 06
20	18 06	18 28	18 53	23 32	24 37	00 37	01 39
N 10	18 11	18 32	18 56	23 11	24 14	00 14	01 15
0	18 15	18 36	19 00	22 52	23 52	24 53	00 53
S 10	18 20	18 41	19 06	22 33	23 31	24 32	00 32
20	18 25	18 48	19 14	22 12	23 08	24 08	00 08
30	18 31	18 56	19 24	21 49	22 41	23 41	24 44
35	18 35	19 01	19 31	21 35	22 26	23 24	24 29
40	18 39	19 07	19 39	21 19	22 07	23 06	24 11
45	18 44	19 14	19 50	21 00	21 46	22 43	23 50
S 50	18 49	19 23	20 03	20 36	21 18	22 13	23 23
52	18 52	19 27	20 09	20 25	21 04	21 59	23 09
54	18 55	19 32	20 17	20 12	20 49	21 42	22 54
56	18 58	19 37	20 25	19 58	20 30	21 22	22 36
58	19 02	19 43	20 34	19 40	20 08	20 58	22 13
S 60	19 06	19 50	20 46	19 20	19 39	20 24	21 45

Day	SUN Eqn. of Time 00ʰ m s	SUN Eqn. of Time 12ʰ m s	SUN Mer. Pass. h m	MOON Mer. Pass. Upper h m	MOON Mer. Pass. Lower h m	Age d	Phase
2	12 18	12 12	12 12	16 38	04 09	05	
3	12 06	12 00	12 12	17 38	05 07	06	◐
4	11 54	11 47	12 12	18 39	06 08	07	

UT (GMT) d	h	ARIES G.H.A.	VENUS −4.6 G.H.A.	VENUS Dec.	MARS +1.2 G.H.A.	MARS Dec.	JUPITER −2.4 G.H.A.	JUPITER Dec.	SATURN +0.6 G.H.A.	SATURN Dec.	STARS Name	S.H.A.	Dec.
		° ′	° ′	° ′	° ′	° ′	° ′	° ′	° ′	° ′		° ′	° ′
5	00	162 29.0	220 24.9	S15 31.1	225 17.7	S21 55.1	71 28.8	N23 28.0	228 15.0	S21 20.6	Acamar	315 31.7	S40 20.8
	01	177 31.4	235 25.5	31.1	240 18.3	54.8	86 31.2	28.0	243 17.2	20.6	Achernar	335 39.9	S57 17.3
	02	192 33.9	250 26.1	31.0	255 18.8	54.5	101 33.6	28.0	258 19.5	20.6	Acrux	173 28.6	S63 02.7
	03	207 36.3	265 26.7	· · 30.9	270 19.3	· · 54.2	116 35.9	· · 28.0	273 21.7	· · 20.5	Adhara	255 26.1	S28 57.7
	04	222 38.8	280 27.3	30.9	285 19.8	53.9	131 38.3	28.0	288 23.9	20.5	Aldebaran	291 09.5	N16 29.5
	05	237 41.3	295 27.9	30.8	300 20.3	53.6	146 40.7	28.0	303 26.1	20.5			
	06	252 43.7	310 28.5	S15 30.8	315 20.8	S21 53.3	161 43.1	N23 28.0	318 28.4	S21 20.4	Alioth	166 35.2	N56 00.5
	07	267 46.2	325 29.1	30.7	330 21.3	53.0	176 45.5	28.0	333 30.6	20.4	Alkaid	153 12.1	N49 21.4
	08	282 48.7	340 29.7	30.6	345 21.8	52.7	191 47.9	28.0	348 32.8	20.4	Al Na'ir	28 05.8	S47 00.6
M	09	297 51.1	355 30.2	· · 30.6	0 22.3	· · 52.4	206 50.3	· · 28.0	3 35.1	· · 20.3	Alnilam	276 04.0	S 1 12.5
O	10	312 53.6	10 30.8	30.5	15 22.8	52.1	221 52.7	28.0	18 37.3	20.3	Alphard	218 13.0	S 8 37.1
N	11	327 56.1	25 31.4	30.4	30 23.3	51.8	236 55.0	28.0	33 39.5	20.3			
D	12	342 58.5	40 32.0	S15 30.4	45 23.8	S21 51.4	251 57.4	N23 28.0	48 41.8	S21 20.2	Alphecca	126 25.6	N26 44.4
A	13	358 01.0	55 32.6	30.3	60 24.3	51.1	266 59.8	28.0	63 44.0	20.2	Alpheratz	358 02.0	N29 02.2
Y	14	13 03.5	70 33.2	30.2	75 24.8	50.8	282 02.2	28.0	78 46.2	20.2	Altair	62 25.5	N 8 50.3
	15	28 05.9	85 33.8	· · 30.1	90 25.3	· · 50.5	297 04.6	· · 28.1	93 48.5	· · 20.1	Ankaa	353 33.1	S42 21.6
	16	43 08.4	100 34.3	30.1	105 25.8	50.2	312 07.0	28.1	108 50.7	20.1	Antares	112 47.7	S26 24.8
	17	58 10.8	115 34.9	30.0	120 26.3	49.9	327 09.4	28.1	123 52.9	20.1			
	18	73 13.3	130 35.5	S15 29.9	135 26.9	S21 49.6	342 11.7	N23 28.1	138 55.2	S21 20.0	Arcturus	146 11.4	N19 13.7
	19	88 15.8	145 36.1	29.9	150 27.4	49.3	357 14.1	28.1	153 57.4	20.0	Atria	108 05.3	S69 00.5
	20	103 18.2	160 36.6	29.8	165 27.9	49.0	12 16.5	28.1	168 59.6	20.0	Avior	234 24.8	S59 28.9
	21	118 20.7	175 37.2	· · 29.7	180 28.4	· · 48.7	27 18.9	· · 28.1	184 01.9	· · 19.9	Bellatrix	278 50.7	N 6 20.5
	22	133 23.2	190 37.8	29.6	195 28.9	48.4	42 21.3	28.1	199 04.1	19.9	Betelgeuse	271 20.1	N 7 24.4
	23	148 25.6	205 38.3	29.6	210 29.4	48.1	57 23.7	28.1	214 06.3	19.9			
6	00	163 28.1	220 38.9	S15 29.5	225 29.9	S21 47.7	72 26.0	N23 28.1	229 08.6	S21 19.8	Canopus	264 03.7	S52 41.6
	01	178 30.6	235 39.5	29.4	240 30.4	47.4	87 28.4	28.1	244 10.8	19.8	Capella	281 00.3	N45 59.6
	02	193 33.0	250 40.0	29.3	255 30.9	47.1	102 30.8	28.1	259 13.0	19.8	Deneb	49 43.9	N45 14.4
	03	208 35.5	265 40.6	· · 29.2	270 31.4	· · 46.8	117 33.2	· · 28.1	274 15.3	· · 19.7	Denebola	182 51.1	N14 37.4
	04	223 37.9	280 41.1	29.2	285 31.9	46.5	132 35.6	28.1	289 17.5	19.7	Diphda	349 13.6	S18 02.5
	05	238 40.4	295 41.7	29.1	300 32.4	46.2	147 37.9	28.1	304 19.7	19.7			
	06	253 42.9	310 42.2	S15 29.0	315 32.9	S21 45.9	162 40.3	N23 28.1	319 22.0	S21 19.6	Dubhe	194 12.0	N61 48.1
	07	268 45.3	325 42.8	28.9	330 33.4	45.6	177 42.7	28.1	334 24.2	19.6	Elnath	278 34.7	N28 36.1
T	08	283 47.8	340 43.4	28.8	345 34.0	45.3	192 45.1	28.1	349 26.5	19.6	Eltanin	90 54.4	N51 29.0
U	09	298 50.3	355 43.9	· · 28.8	0 34.5	· · 44.9	207 47.5	· · 28.1	4 28.7	· · 19.5	Enif	34 04.6	N 9 49.6
E	10	313 52.7	10 44.4	28.7	15 35.0	44.6	222 49.8	28.1	19 30.9	19.5	Fomalhaut	15 43.4	S29 40.5
S	11	328 55.2	25 45.0	28.6	30 35.5	44.3	237 52.2	28.1	34 33.2	19.5			
D	12	343 57.7	40 45.5	S15 28.5	45 36.0	S21 44.0	252 54.6	N23 28.1	49 35.4	S21 19.4	Gacrux	172 20.2	S57 03.6
A	13	359 00.1	55 46.1	28.4	60 36.5	43.7	267 57.0	28.1	64 37.6	19.4	Gienah	176 10.0	S17 29.4
Y	14	14 02.6	70 46.6	28.3	75 37.0	43.4	282 59.3	28.2	79 39.9	19.4	Hadar	149 12.6	S60 19.6
	15	29 05.1	85 47.2	· · 28.2	90 37.5	· · 43.0	298 01.7	· · 28.2	94 42.1	· · 19.3	Hamal	328 20.8	N23 25.1
	16	44 07.5	100 47.7	28.1	105 38.0	42.7	313 04.1	28.2	109 44.3	19.3	Kaus Aust.	84 07.1	S34 23.5
	17	59 10.0	115 48.2	28.1	120 38.5	42.4	328 06.5	28.2	124 46.6	19.3			
	18	74 12.4	130 48.8	S15 28.0	135 39.0	S21 42.1	343 08.8	N23 28.2	139 48.8	S21 19.2	Kochab	137 18.2	N74 11.3
	19	89 14.9	145 49.3	27.9	150 39.5	41.8	358 11.2	28.2	154 51.0	19.2	Markab	13 56.1	N15 09.1
	20	104 17.4	160 49.8	27.8	165 40.1	41.5	13 13.6	28.2	169 53.3	19.2	Menkar	314 33.5	N 4 03.1
	21	119 19.8	175 50.4	· · 27.7	180 40.6	· · 41.1	28 16.0	· · 28.2	184 55.5	· · 19.1	Menkent	148 28.0	S36 19.4
	22	134 22.3	190 50.9	27.6	195 41.1	40.8	43 18.3	28.2	199 57.8	19.1	Miaplacidus	221 42.9	S69 40.8
	23	149 24.8	205 51.4	27.5	210 41.6	40.5	58 20.7	28.2	215 00.0	19.1			
7	00	164 27.2	220 51.9	S15 27.4	225 42.1	S21 40.2	73 23.1	N23 28.2	230 02.2	S21 19.0	Mirfak	309 05.7	N49 49.9
	01	179 29.7	235 52.5	27.3	240 42.6	39.9	88 25.5	28.2	245 04.5	19.0	Nunki	76 20.1	S26 18.7
	02	194 32.2	250 53.0	27.2	255 43.1	39.5	103 27.8	28.2	260 06.7	19.0	Peacock	53 46.9	S56 46.0
	03	209 34.6	265 53.5	· · 27.1	270 43.6	· · 39.2	118 30.2	· · 28.2	275 08.9	· · 18.9	Pollux	243 48.8	N28 03.1
	04	224 37.1	280 54.0	27.0	285 44.1	38.9	133 32.6	28.2	290 11.2	18.9	Procyon	245 17.8	N 5 15.0
	05	239 39.6	295 54.5	26.9	300 44.6	38.6	148 34.9	28.2	305 13.4	18.9			
	06	254 42.0	310 55.0	S15 26.8	315 45.1	S21 38.3	163 37.3	N23 28.2	320 15.7	S21 18.8	Rasalhague	96 22.7	N12 33.7
W	07	269 44.5	325 55.6	26.7	330 45.7	37.9	178 39.7	28.2	335 17.9	18.8	Regulus	208 01.7	N12 00.8
E	08	284 46.9	340 56.1	26.6	345 46.2	37.6	193 42.0	28.2	350 20.1	18.8	Rigel	281 28.8	S 8 12.8
D	09	299 49.4	355 56.6	· · 26.5	0 46.7	· · 37.3	208 44.4	· · 28.2	5 22.4	· · 18.8	Rigil Kent.	140 15.4	S60 47.6
N	10	314 51.9	10 57.1	26.4	15 47.2	37.0	223 46.8	28.2	20 24.6	18.7	Sabik	102 32.6	S15 43.0
E	11	329 54.3	25 57.6	26.3	30 47.7	36.6	238 49.2	28.2	35 26.8	18.7			
S	12	344 56.8	40 58.1	S15 26.2	45 48.2	S21 36.3	253 51.5	N23 28.2	50 29.1	S21 18.7	Schedar	350 01.3	N56 29.2
D	13	359 59.3	55 58.6	26.1	60 48.7	36.0	268 53.9	28.3	65 31.3	18.6	Shaula	96 45.7	S37 05.9
A	14	15 01.7	70 59.1	26.0	75 49.2	35.7	283 56.3	28.3	80 33.6	18.6	Sirius	258 48.9	S16 42.3
Y	15	30 04.2	85 59.6	· · 25.9	90 49.7	· · 35.3	298 58.6	· · 28.3	95 35.8	· · 18.6	Spica	158 49.4	S11 06.8
	16	45 06.7	101 00.1	25.8	105 50.3	35.0	314 01.0	28.3	110 38.0	18.5	Suhail	223 05.0	S43 23.7
	17	60 09.1	116 00.6	25.7	120 50.8	34.7	329 03.4	28.3	125 40.3	18.5			
	18	75 11.6	131 01.1	S15 25.6	135 51.3	S21 34.4	344 05.7	N23 28.3	140 42.5	S21 18.5	Vega	80 51.0	N38 46.1
	19	90 14.0	146 01.6	25.5	150 51.8	34.0	359 08.1	28.3	155 44.8	18.4	Zuben'ubi	137 24.6	S16 00.3
	20	105 16.5	161 02.1	25.4	165 52.3	33.7	14 10.5	28.3	170 47.0	18.4		S.H.A.	Mer. Pass.
	21	120 19.0	176 02.6	· · 25.3	180 52.8	· · 33.4	29 12.8	· · 28.3	185 49.2	· · 18.4		° ′	h m
	22	135 21.4	191 03.0	25.1	195 53.3	33.1	44 15.2	28.3	200 51.5	18.3	Venus	57 10.8	9 17
	23	150 23.9	206 03.5	25.0	210 53.8	32.7	59 17.6	28.3	215 53.7	18.3	Mars	62 01.8	8 58
Mer. Pass.		h m 13 04.0	*v* 0.5	*d* 0.1	*v* 0.5	*d* 0.3	*v* 2.4	*d* 0.0	*v* 2.2	*d* 0.0	Jupiter	268 57.9	19 07
											Saturn	65 40.5	8 42

UT (GMT) d h	SUN G.H.A. ° ′	SUN Dec. ° ′	MOON G.H.A. ° ′	v ′	Dec. ° ′	d ′	H.P. ′
5 MONDAY 00	177 04.9	S 6 14.2	77 01.6	4.6	N27 24.3	1.0	58.5
01	192 05.0	13.3	91 25.2	4.6	27 23.3	1.2	58.5
02	207 05.2	12.3	105 48.8	4.7	27 22.1	1.4	58.5
03	222 05.3	. . 11.3	120 12.5	4.7	27 20.7	1.5	58.5
04	237 05.5	10.4	134 36.2	4.8	27 19.2	1.8	58.5
05	252 05.6	09.4	149 00.0	4.8	27 17.4	1.9	58.4
06	267 05.7	S 6 08.4	163 23.8	4.9	N27 15.5	2.0	58.4
07	282 05.9	07.5	177 47.7	4.9	27 13.5	2.3	58.4
08	297 06.0	06.5	192 11.6	5.0	27 11.2	2.4	58.4
09	312 06.2	. . 05.5	206 35.6	5.0	27 08.8	2.6	58.4
10	327 06.3	04.6	220 59.6	5.1	27 06.2	2.8	58.3
11	342 06.4	03.6	235 23.7	5.1	27 03.4	2.9	58.3
12	357 06.6	S 6 02.6	249 47.8	5.2	N27 00.5	3.1	58.3
13	12 06.7	01.7	264 12.0	5.2	26 57.4	3.3	58.3
14	27 06.9	6 00.7	278 36.2	5.4	26 54.1	3.4	58.3
15	42 07.0	5 59.7	293 00.6	5.3	26 50.7	3.6	58.2
16	57 07.1	58.8	307 24.9	5.5	26 47.1	3.8	58.2
17	72 07.3	57.8	321 49.4	5.5	26 43.3	4.0	58.2
18	87 07.4	S 5 56.8	336 13.9	5.6	N26 39.3	4.1	58.2
19	102 07.6	55.9	350 38.5	5.6	26 35.2	4.3	58.2
20	117 07.7	54.9	5 03.1	5.7	26 30.9	4.4	58.1
21	132 07.9	. . 53.9	19 27.8	5.8	26 26.5	4.6	58.1
22	147 08.0	53.0	33 52.6	5.9	26 21.9	4.8	58.1
23	162 08.1	52.0	48 17.5	5.9	26 17.1	4.9	58.1
6 TUESDAY 00	177 08.3	S 5 51.0	62 42.4	6.1	N26 12.2	5.1	58.1
01	192 08.4	50.1	77 07.5	6.1	26 07.1	5.2	58.0
02	207 08.6	49.1	91 32.6	6.2	26 01.9	5.4	58.0
03	222 08.7	. . 48.1	105 57.8	6.2	25 56.5	5.6	58.0
04	237 08.9	47.2	120 23.0	6.4	25 50.9	5.7	58.0
05	252 09.0	46.2	134 48.4	6.4	25 45.2	5.8	57.9
06	267 09.2	S 5 45.2	149 13.8	6.5	N25 39.4	6.0	57.9
07	282 09.3	44.3	163 39.3	6.6	25 33.4	6.2	57.9
08	297 09.4	43.3	178 04.9	6.7	25 27.2	6.3	57.9
09	312 09.6	. . 42.3	192 30.6	6.8	25 20.9	6.5	57.9
10	327 09.7	41.3	206 56.4	6.9	25 14.4	6.6	57.8
11	342 09.9	40.4	221 22.3	6.9	25 07.8	6.7	57.8
12	357 10.0	S 5 39.4	235 48.2	7.1	N25 01.1	6.9	57.8
13	12 10.2	38.4	250 14.3	7.1	24 54.2	7.0	57.8
14	27 10.3	37.5	264 40.4	7.2	24 47.2	7.2	57.8
15	42 10.5	. . 36.5	279 06.6	7.3	24 40.0	7.3	57.7
16	57 10.6	35.5	293 32.9	7.5	24 32.7	7.5	57.7
17	72 10.8	34.6	307 59.4	7.5	24 25.2	7.6	57.7
18	87 10.9	S 5 33.6	322 25.9	7.6	N24 17.6	7.7	57.7
19	102 11.1	32.6	336 52.5	7.7	24 09.9	7.9	57.7
20	117 11.2	31.7	351 19.2	7.8	24 02.0	7.9	57.6
21	132 11.3	. . 30.7	5 46.0	7.9	23 54.1	8.2	57.6
22	147 11.5	29.7	20 12.9	8.0	23 45.9	8.2	57.6
23	162 11.6	28.7	34 39.9	8.1	23 37.7	8.4	57.6
7 WEDNESDAY 00	177 11.8	S 5 27.8	49 07.0	8.2	N23 29.3	8.5	57.6
01	192 11.9	26.8	63 34.2	8.2	23 20.8	8.6	57.5
02	207 12.1	25.8	78 01.4	8.4	23 12.2	8.8	57.5
03	222 12.2	. . 24.9	92 28.8	8.5	23 03.4	8.9	57.5
04	237 12.4	23.9	106 56.3	8.6	22 54.5	9.0	57.5
05	252 12.5	22.9	121 23.9	8.7	22 45.5	9.1	57.5
06	267 12.7	S 5 21.9	135 51.6	8.8	N22 36.4	9.3	57.4
07	282 12.8	21.0	150 19.4	8.8	22 27.1	9.3	57.4
08	297 13.0	20.0	164 47.2	9.0	22 17.8	9.5	57.4
09	312 13.1	. . 19.0	179 15.2	9.1	22 08.3	9.6	57.4
10	327 13.3	18.1	193 43.3	9.2	21 58.7	9.7	57.4
11	342 13.4	17.1	208 11.5	9.2	21 49.0	9.8	57.3
12	357 13.6	S 5 16.1	222 39.7	9.4	N21 39.2	9.9	57.3
13	12 13.7	15.1	237 08.1	9.5	21 29.3	10.0	57.3
14	27 13.9	14.2	251 36.6	9.6	21 19.3	10.2	57.3
15	42 14.0	. . 13.2	266 05.2	9.7	21 09.1	10.2	57.3
16	57 14.2	12.2	280 33.9	9.7	20 58.9	10.4	57.2
17	72 14.3	11.2	295 02.6	9.9	20 48.5	10.4	57.2
18	87 14.5	S 5 10.3	309 31.5	10.0	N20 38.1	10.6	57.2
19	102 14.6	09.3	324 00.5	10.0	20 27.5	10.6	57.2
20	117 14.8	08.3	338 29.5	10.2	20 16.9	10.8	57.1
21	132 14.9	. . 07.4	352 58.7	10.3	20 06.1	10.8	57.1
22	147 15.1	06.4	7 28.0	10.3	19 55.3	11.0	57.1
23	162 15.2	05.4	21 57.3	10.5	19 44.3	11.0	57.1
	S.D. 16.1	*d* 1.0	S.D. 15.9		15.8		15.6

Lat. °	Twilight Naut. h m	Twilight Civil h m	Sunrise h m	Moonrise 5 h m	Moonrise 6 h m	Moonrise 7 h m	Moonrise 8 h m
N 72	04 46	06 05	07 12	□	□	□	11 02
N 70	04 54	06 04	07 05	□	□	□	12 08
68	05 00	06 04	07 00	□	□	□	12 43
66	05 05	06 04	06 55	□	□	10 54	13 09
64	05 09	06 04	06 51	□	09 12	11 31	13 28
62	05 12	06 04	06 48	08 17	10 06	11 58	13 44
60	05 15	06 03	06 45	09 06	10 38	12 18	13 57
N 58	05 18	06 03	06 42	09 37	11 02	12 35	14 08
56	05 20	06 03	06 40	10 00	11 21	12 49	14 17
54	05 21	06 02	06 37	10 19	11 37	13 01	14 26
52	05 23	06 02	06 35	10 35	11 51	13 12	14 34
50	05 24	06 01	06 34	10 49	12 03	13 22	14 40
45	05 27	06 00	06 30	11 17	12 28	13 42	14 55
N 40	05 28	05 59	06 26	11 40	12 48	13 58	15 07
35	05 29	05 58	06 23	11 58	13 04	14 11	15 17
30	05 29	05 57	06 21	12 14	13 18	14 23	15 26
20	05 29	05 54	06 16	12 40	13 43	14 43	15 41
N 10	05 27	05 51	06 12	13 03	14 03	15 01	15 54
0	05 23	05 47	06 08	13 25	14 23	15 17	16 07
S 10	05 18	05 43	06 04	13 46	14 42	15 33	16 19
20	05 11	05 37	05 59	14 09	15 03	15 50	16 32
30	05 02	05 30	05 54	14 36	15 27	16 10	16 47
35	04 55	05 26	05 51	14 51	15 41	16 21	16 55
40	04 48	05 20	05 48	15 10	15 57	16 34	17 05
45	04 38	05 14	05 43	15 32	16 16	16 50	17 17
S 50	04 26	05 05	05 39	15 59	16 40	17 09	17 30
52	04 20	05 02	05 36	16 13	16 51	17 18	17 37
54	04 13	04 57	05 34	16 29	17 04	17 27	17 44
56	04 05	04 52	05 31	16 47	17 19	17 39	17 51
58	03 56	04 47	05 28	17 10	17 37	17 51	18 00
S 60	03 46	04 41	05 24	17 39	17 58	18 06	18 10

Lat. °	Sunset h m	Twilight Civil h m	Twilight Naut. h m	Moonset 5 h m	Moonset 6 h m	Moonset 7 h m	Moonset 8 h m
N 72	17 13	18 21	19 40	□	□	□	09 08
N 70	17 19	18 20	19 32	□	□	□	08 01
68	17 25	18 20	19 25	□	□	□	07 24
66	17 29	18 20	19 20	□	□	07 27	06 57
64	17 33	18 20	19 16	□	07 13	06 48	06 37
62	17 36	18 21	19 12	06 04	06 19	06 21	06 20
60	17 39	18 21	19 09	05 15	05 46	06 00	06 06
N 58	17 42	18 21	19 07	04 44	05 22	05 42	05 54
56	17 44	18 21	19 04	04 20	05 02	05 27	05 43
54	17 46	18 22	19 03	04 01	04 45	05 15	05 34
52	17 48	18 22	19 01	03 45	04 31	05 03	05 26
50	17 50	18 22	19 00	03 31	04 19	04 53	05 18
45	17 54	18 23	18 57	03 03	03 53	04 32	05 02
N 40	17 57	18 24	18 55	02 40	03 33	04 15	04 49
35	18 00	18 25	18 54	02 22	03 16	04 00	04 38
30	18 02	18 26	18 54	02 06	03 01	03 48	04 28
20	18 07	18 29	18 54	01 39	02 35	03 26	04 11
N 10	18 11	18 32	18 56	01 15	02 13	03 07	03 55
0	18 15	18 35	18 59	00 53	01 53	02 49	03 41
S 10	18 19	18 40	19 04	00 32	01 32	02 31	03 27
20	18 23	18 45	19 11	00 08	01 10	02 12	03 11
30	18 28	18 52	19 20	24 44	00 44	01 49	02 54
35	18 31	18 57	19 27	24 29	00 29	01 36	02 43
40	18 34	19 02	19 34	24 11	00 11	01 21	02 31
45	18 38	19 08	19 44	23 50	25 03	01 03	02 17
S 50	18 43	19 16	19 56	23 23	24 40	00 40	01 59
52	18 45	19 20	20 02	23 09	24 29	00 29	01 51
54	18 48	19 24	20 08	22 54	24 16	00 16	01 42
56	18 50	19 29	20 16	22 36	24 02	00 02	01 31
58	18 53	19 34	20 24	22 13	23 45	25 19	01 19
S 60	18 57	19 40	20 34	21 45	23 24	25 05	01 05

Day	SUN Eqn. of Time 00ʰ m s	SUN Eqn. of Time 12ʰ m s	SUN Mer. Pass. h m	MOON Mer. Pass. Upper h m	MOON Mer. Pass. Lower h m	MOON Age d	MOON Phase
5	11 41	11 34	12 12	19 39	07 09	08	◐
6	11 27	11 20	12 11	20 36	08 08	09	
7	11 13	11 06	12 11	21 29	09 03	10	

UT (GMT)	ARIES	VENUS −4.5		MARS +1.2		JUPITER −2.3		SATURN +0.6		STARS		
d h	G.H.A.	G.H.A.	Dec.	G.H.A.	Dec.	G.H.A.	Dec.	G.H.A.	Dec.	Name	S.H.A.	Dec.
	° ′	° ′	° ′	° ′	° ′	° ′	° ′	° ′	° ′		° ′	° ′
8 00	165 26.4	221 04.0	S15 24.9	225 54.3	S21 32.4	74 19.9	N23 28.3	230 56.0	S21 18.3	Acamar	315 31.7	S40 20.8
01	180 28.8	236 04.5	24.8	240 54.9	32.1	89 22.3	28.3	245 58.2	18.2	Achernar	335 39.9	S57 17.3
02	195 31.3	251 05.0	24.7	255 55.4	31.7	104 24.6	28.3	261 00.4	18.2	Acrux	173 28.6	S63 02.8
03	210 33.8	266 05.5	· · 24.6	270 55.9	· · 31.4	119 27.0	· · 28.3	276 02.7	· · 18.2	Adhara	255 26.1	S28 57.7
04	225 36.2	281 05.9	24.5	285 56.4	31.1	134 29.4	28.3	291 04.9	18.1	Aldebaran	291 09.5	N16 29.5
05	240 38.7	296 06.4	24.4	300 56.9	30.8	149 31.7	28.3	306 07.2	18.1			
06	255 41.2	311 06.9	S15 24.2	315 57.4	S21 30.4	164 34.1	N23 28.3	321 09.4	S21 18.1	Alioth	166 35.2	N56 00.5
07	270 43.6	326 07.4	24.1	330 57.9	30.1	179 36.5	28.3	336 11.6	18.0	Alkaid	153 12.0	N49 21.4
T 08	285 46.1	341 07.8	24.0	345 58.4	29.8	194 38.8	28.3	351 13.9	18.0	Al Na'ir	28 05.8	S47 00.5
H 09	300 48.5	356 08.3	· · 23.9	0 59.0	· · 29.4	209 41.2	· · 28.3	6 16.1	· · 18.0	Alnilam	276 04.0	S 1 12.5
U 10	315 51.0	11 08.8	23.8	15 59.5	29.1	224 43.5	28.3	21 18.4	17.9	Alphard	218 13.0	S 8 37.1
R 11	330 53.5	26 09.2	23.6	31 00.0	28.8	239 45.9	28.3	36 20.6	17.9			
S 12	345 55.9	41 09.7	S15 23.5	46 00.5	S21 28.4	254 48.3	N23 28.4	51 22.8	S21 17.9	Alphecca	126 25.6	N26 44.4
D 13	0 58.4	56 10.2	23.4	61 01.0	28.1	269 50.6	28.4	66 25.1	17.8	Alpheratz	358 02.0	N29 02.2
A 14	16 00.9	71 10.6	23.3	76 01.5	27.8	284 53.0	28.4	81 27.3	17.8	Altair	62 25.5	N 8 50.3
Y 15	31 03.3	86 11.1	· · 23.1	91 02.0	· · 27.4	299 55.3	· · 28.4	96 29.6	· · 17.8	Ankaa	353 33.1	S42 21.6
16	46 05.8	101 11.6	23.0	106 02.6	27.1	314 57.7	28.4	111 31.8	17.7	Antares	112 47.7	S26 24.8
17	61 08.3	116 12.0	22.9	121 03.1	26.8	330 00.0	28.4	126 34.1	17.7			
18	76 10.7	131 12.5	S15 22.8	136 03.6	S21 26.4	345 02.4	N23 28.4	141 36.3	S21 17.7	Arcturus	146 11.4	N19 13.7
19	91 13.2	146 12.9	22.6	151 04.1	26.1	0 04.8	28.4	156 38.5	17.6	Atria	108 05.3	S69 00.5
20	106 15.7	161 13.4	22.5	166 04.6	25.8	15 07.1	28.4	171 40.8	17.6	Avior	234 24.9	S59 28.9
21	121 18.1	176 13.8	· · 22.4	181 05.1	· · 25.4	30 09.5	· · 28.4	186 43.0	· · 17.6	Bellatrix	278 50.7	N 6 20.5
22	136 20.6	191 14.3	22.3	196 05.6	25.1	45 11.8	28.4	201 45.3	17.5	Betelgeuse	271 20.1	N 7 24.4
23	151 23.0	206 14.7	22.1	211 06.1	24.8	60 14.2	28.4	216 47.5	17.5			
9 00	166 25.5	221 15.2	S15 22.0	226 06.7	S21 24.4	75 16.5	N23 28.4	231 49.8	S21 17.5	Canopus	264 03.7	S52 41.6
01	181 28.0	236 15.6	21.9	241 07.2	24.1	90 18.9	28.4	246 52.0	17.5	Capella	281 00.3	N45 59.6
02	196 30.4	251 16.1	21.7	256 07.7	23.7	105 21.3	28.4	261 54.2	17.4	Deneb	49 43.8	N45 14.4
03	211 32.9	266 16.5	· · 21.6	271 08.2	· · 23.4	120 23.6	· · 28.4	276 56.5	· · 17.4	Denebola	182 51.1	N14 37.4
04	226 35.4	281 17.0	21.5	286 08.7	23.1	135 26.0	28.4	291 58.7	17.4	Diphda	349 13.6	S18 02.5
05	241 37.8	296 17.4	21.3	301 09.2	22.7	150 28.3	28.4	307 01.0	17.3			
06	256 40.3	311 17.8	S15 21.2	316 09.8	S21 22.4	165 30.7	N23 28.4	322 03.2	S21 17.3	Dubhe	194 12.0	N61 48.1
07	271 42.8	326 18.3	21.1	331 10.3	22.0	180 33.0	28.4	337 05.5	17.3	Elnath	278 34.7	N28 36.2
08	286 45.2	341 18.7	20.9	346 10.8	21.7	195 35.4	28.4	352 07.7	17.2	Eltanin	90 54.3	N51 28.9
F 09	301 47.7	356 19.1	· · 20.8	1 11.3	· · 21.4	210 37.7	· · 28.4	7 09.9	· · 17.2	Enif	34 04.6	N 9 49.6
R 10	316 50.2	11 19.6	20.7	16 11.8	21.0	225 40.1	28.4	22 12.2	17.2	Fomalhaut	15 43.4	S29 40.5
I 11	331 52.6	26 20.0	20.5	31 12.3	20.7	240 42.4	28.4	37 14.4	17.1			
D 12	346 55.1	41 20.4	S15 20.4	46 12.8	S21 20.3	255 44.8	N23 28.4	52 16.7	S21 17.1	Gacrux	172 20.2	S57 03.6
A 13	1 57.5	56 20.9	20.2	61 13.4	20.0	270 47.1	28.5	67 18.9	17.1	Gienah	176 10.0	S17 29.4
Y 14	17 00.0	71 21.3	20.1	76 13.9	19.7	285 49.5	28.5	82 21.2	17.0	Hadar	149 12.6	S60 19.6
15	32 02.5	86 21.7	· · 20.0	91 14.4	· · 19.3	300 51.8	· · 28.5	97 23.4	· · 17.0	Hamal	328 20.8	N23 25.1
16	47 04.9	101 22.1	19.8	106 14.9	19.0	315 54.2	28.5	112 25.7	17.0	Kaus Aust.	84 07.0	S34 23.5
17	62 07.4	116 22.6	19.7	121 15.4	18.6	330 56.5	28.5	127 27.9	16.9			
18	77 09.9	131 23.0	S15 19.5	136 15.9	S21 18.3	345 58.9	N23 28.5	142 30.2	S21 16.9	Kochab	137 18.1	N74 11.3
19	92 12.3	146 23.4	19.4	151 16.5	17.9	1 01.2	28.5	157 32.4	16.9	Markab	13 56.1	N15 09.1
20	107 14.8	161 23.8	19.2	166 17.0	17.6	16 03.6	28.5	172 34.6	16.8	Menkar	314 33.5	N 4 03.1
21	122 17.3	176 24.2	· · 19.1	181 17.5	· · 17.2	31 05.9	· · 28.5	187 36.9	· · 16.8	Menkent	148 28.0	S36 19.4
22	137 19.7	191 24.6	18.9	196 18.0	16.9	46 08.3	28.5	202 39.1	16.8	Miaplacidus	221 42.9	S69 40.8
23	152 22.2	206 25.1	18.8	211 18.5	16.6	61 10.6	28.5	217 41.4	16.7			
10 00	167 24.6	221 25.5	S15 18.6	226 19.0	S21 16.2	76 13.0	N23 28.5	232 43.6	S21 16.7	Mirfak	309 05.8	N49 49.9
01	182 27.1	236 25.9	18.5	241 19.6	15.9	91 15.3	28.5	247 45.9	16.7	Nunki	76 20.0	S26 18.7
02	197 29.6	251 26.3	18.3	256 20.1	15.5	106 17.7	28.5	262 48.1	16.7	Peacock	53 46.9	S56 46.0
03	212 32.0	266 26.7	· · 18.2	271 20.6	· · 15.2	121 20.0	· · 28.5	277 50.4	· · 16.6	Pollux	243 48.8	N28 03.1
04	227 34.5	281 27.1	18.0	286 21.1	14.8	136 22.3	28.5	292 52.6	16.6	Procyon	245 17.8	N 5 15.0
05	242 37.0	296 27.5	17.9	301 21.6	14.5	151 24.7	28.5	307 54.9	16.6			
06	257 39.4	311 27.9	S15 17.7	316 22.1	S21 14.1	166 27.0	N23 28.5	322 57.1	S21 16.5	Rasalhague	96 22.7	N12 33.7
07	272 41.9	326 28.3	17.6	331 22.7	13.8	181 29.4	28.5	337 59.4	16.5	Regulus	208 01.7	N12 00.8
S 08	287 44.4	341 28.7	17.4	346 23.2	13.4	196 31.7	28.5	353 01.6	16.5	Rigel	281 28.8	S 8 12.8
A 09	302 46.8	356 29.1	· · 17.3	1 23.7	· · 13.1	211 34.1	· · 28.5	8 03.8	· · 16.4	Rigil Kent.	140 15.4	S60 47.7
T 10	317 49.3	11 29.5	17.1	16 24.2	12.7	226 36.4	28.5	23 06.1	16.4	Sabik	102 32.6	S15 43.0
U 11	332 51.8	26 29.9	17.0	31 24.7	12.4	241 38.8	28.5	38 08.3	16.4			
R 12	347 54.2	41 30.3	S15 16.8	46 25.2	S21 12.0	256 41.1	N23 28.5	53 10.6	S21 16.3	Schedar	350 01.3	N56 29.2
D 13	2 56.7	56 30.7	16.6	61 25.8	11.7	271 43.4	28.5	68 12.8	16.3	Shaula	96 45.7	S37 05.9
A 14	17 59.1	71 31.1	16.5	76 26.3	11.3	286 45.8	28.6	83 15.1	16.3	Sirius	258 49.0	S16 42.3
Y 15	33 01.6	86 31.5	· · 16.3	91 26.8	· · 11.0	301 48.1	· · 28.6	98 17.3	· · 16.2	Spica	158 49.4	S11 06.8
16	48 04.1	101 31.9	16.2	106 27.3	10.6	316 50.5	28.6	113 19.6	16.2	Suhail	223 05.0	S43 23.7
17	63 06.5	116 32.3	16.0	121 27.8	10.3	331 52.8	28.6	128 21.8	16.2			
18	78 09.0	131 32.6	S15 15.8	136 28.4	S21 09.9	346 55.1	N23 28.6	143 24.1	S21 16.1	Vega	80 50.9	N38 46.1
19	93 11.5	146 33.0	15.7	151 28.9	09.6	1 57.5	28.6	158 26.3	16.1	Zuben'ubi	137 24.6	S16 00.3
20	108 13.9	161 33.4	15.5	166 29.4	09.2	16 59.8	28.6	173 28.6	16.1		S.H.A.	Mer. Pass.
21	123 16.4	176 33.8	· · 15.3	181 29.9	· · 08.9	32 02.2	· · 28.6	188 30.8	· · 16.1		° ′	h m
22	138 18.9	191 34.2	15.2	196 30.4	08.5	47 04.5	28.6	203 33.1	16.0	Venus	54 49.7	9 15
23	153 21.3	206 34.6	15.0	211 31.0	08.2	62 06.8	28.6	218 35.3	16.0	Mars	59 41.2	8 55
Mer. Pass.	h m 12 52.2	v 0.4	d 0.1	v 0.5	d 0.3	v 2.4	d 0.0	v 2.2	d 0.0	Jupiter	268 51.0	18 56
										Saturn	65 24.2	8 31

UT (GMT) d h		SUN G.H.A. ° ′	SUN Dec. ° ′	MOON G.H.A. ° ′	v ′	MOON Dec. ° ′	d ′	H.P. ′
8 00		177 15.4	S 5 04.4	36 26.8	10.6	N19 33.3	11.1	57.1
01		192 15.6	03.5	50 56.4	10.6	19 22.2	11.2	57.0
02		207 15.7	02.5	65 26.0	10.7	19 11.0	11.3	57.0
03		222 15.9	. . 01.5	79 55.7	10.9	18 59.7	11.4	57.0
04		237 16.0	5 00.5	94 25.6	10.9	18 48.3	11.5	57.0
05		252 16.2	4 59.6	108 55.5	11.1	18 36.8	11.6	57.0
06		267 16.3	S 4 58.6	123 25.6	11.1	N18 25.2	11.6	56.9
07		282 16.5	57.6	137 55.7	11.2	18 13.6	11.8	56.9
08	T	297 16.6	56.6	152 25.9	11.3	18 01.8	11.8	56.9
09	H	312 16.8	. . 55.7	166 56.2	11.4	17 50.0	11.9	56.9
10	U	327 16.9	54.7	181 26.6	11.5	17 38.1	12.0	56.9
11	R	342 17.1	53.7	195 57.1	11.6	17 26.1	12.0	56.8
12	S	357 17.2	S 4 52.7	210 27.7	11.7	N17 14.1	12.1	56.8
13	D	12 17.4	51.8	224 58.4	11.7	17 02.0	12.2	56.8
14	A	27 17.6	50.8	239 29.1	11.9	16 49.8	12.3	56.8
15	Y	42 17.7	. . 49.8	254 00.0	11.9	16 37.5	12.4	56.8
16		57 17.9	48.8	268 30.9	12.0	16 25.1	12.4	56.7
17		72 18.0	47.9	283 01.9	12.1	16 12.7	12.4	56.7
18		87 18.2	S 4 46.9	297 33.0	12.2	N16 00.3	12.6	56.7
19		102 18.3	45.9	312 04.2	12.3	15 47.7	12.6	56.7
20		117 18.5	44.9	326 35.5	12.4	15 35.1	12.7	56.7
21		132 18.6	. . 44.0	341 06.9	12.4	15 22.4	12.7	56.6
22		147 18.8	43.0	355 38.3	12.6	15 09.7	12.8	56.6
23		162 19.0	42.0	10 09.9	12.6	14 56.9	12.9	56.6
9 00		177 19.1	S 4 41.0	24 41.5	12.7	N14 44.0	12.9	56.6
01		192 19.3	40.1	39 13.2	12.8	14 31.1	13.0	56.6
02		207 19.4	39.1	53 45.0	12.8	14 18.1	13.1	56.5
03		222 19.6	. . 38.1	68 16.8	12.9	14 05.0	13.0	56.5
04		237 19.7	37.1	82 48.7	13.0	13 52.0	13.2	56.5
05		252 19.9	36.2	97 20.7	13.1	13 38.8	13.2	56.5
06		267 20.1	S 4 35.2	111 52.8	13.2	N13 25.6	13.3	56.5
07		282 20.2	34.2	126 25.0	13.2	13 12.3	13.3	56.4
08		297 20.4	33.2	140 57.2	13.3	12 59.0	13.3	56.4
09	F	312 20.5	. . 32.2	155 29.5	13.4	12 45.7	13.4	56.4
10	R	327 20.7	31.3	170 01.9	13.5	12 32.3	13.5	56.4
11	I	342 20.8	30.3	184 34.4	13.5	12 18.8	13.5	56.4
12	D	357 21.0	S 4 29.3	199 06.9	13.6	N12 05.3	13.5	56.3
13	A	12 21.2	28.3	213 39.5	13.6	11 51.8	13.6	56.3
14	Y	27 21.3	27.4	228 12.1	13.8	11 38.2	13.6	56.3
15		42 21.5	. . 26.4	242 44.9	13.8	11 24.6	13.7	56.3
16		57 21.6	25.4	257 17.7	13.8	11 10.9	13.7	56.3
17		72 21.8	24.4	271 50.5	14.0	10 57.2	13.7	56.2
18		87 22.0	S 4 23.4	286 23.5	13.9	N10 43.5	13.8	56.2
19		102 22.1	22.5	300 56.4	14.1	10 29.7	13.8	56.2
20		117 22.3	21.5	315 29.5	14.1	10 15.9	13.8	56.2
21		132 22.4	. . 20.5	330 02.6	14.2	10 02.1	13.9	56.2
22		147 22.6	19.5	344 35.8	14.2	9 48.2	13.9	56.1
23		162 22.8	18.6	359 09.0	14.3	9 34.3	14.0	56.1
10 00		177 22.9	S 4 17.6	13 42.3	14.4	N 9 20.3	13.9	56.1
01		192 23.1	16.6	28 15.7	14.4	9 06.4	14.1	56.1
02		207 23.2	15.6	42 49.1	14.5	8 52.3	14.0	56.1
03		222 23.4	. . 14.6	57 22.6	14.5	8 38.3	14.0	56.0
04		237 23.6	13.7	71 56.1	14.6	8 24.3	14.1	56.0
05		252 23.7	12.7	86 29.7	14.6	8 10.2	14.1	56.0
06		267 23.9	S 4 11.7	101 03.3	14.7	N 7 56.1	14.2	56.0
07		282 24.0	10.7	115 37.0	14.7	7 41.9	14.1	56.0
08	S	297 24.2	09.7	130 10.7	14.8	7 27.8	14.2	55.9
09	A	312 24.4	. . 08.8	144 44.5	14.8	7 13.6	14.2	55.9
10	T	327 24.5	07.8	159 18.3	14.9	6 59.4	14.2	55.9
11	U	342 24.7	06.8	173 52.2	15.0	6 45.2	14.2	55.9
12	R	357 24.8	S 4 05.8	188 26.2	14.9	N 6 31.0	14.3	55.9
13	D	12 25.0	04.8	203 00.1	15.1	6 16.7	14.2	55.8
14	A	27 25.2	03.9	217 34.2	15.0	6 02.5	14.3	55.8
15	Y	42 25.3	. . 02.9	232 08.2	15.1	5 48.2	14.3	55.8
16		57 25.5	01.9	246 42.3	15.2	5 33.9	14.3	55.8
17		72 25.7	00.9	261 16.5	15.2	5 19.6	14.3	55.8
18		87 25.8	S 4 00.0	275 50.7	15.2	N 5 05.3	14.4	55.7
19		102 26.0	3 59.0	290 24.9	15.3	4 50.9	14.3	55.7
20		117 26.2	58.0	304 59.2	15.3	4 36.6	14.4	55.7
21		132 26.3	. . 57.0	319 33.5	15.3	4 22.2	14.3	55.7
22		147 26.5	56.0	334 07.8	15.4	4 07.9	14.4	55.7
23		162 26.6	55.0	348 42.2	15.4	3 53.5	14.3	55.6
		S.D. 16.1	d 1.0	S.D. 15.5		15.3		15.2

Lat. °	Twilight Naut. h m	Twilight Civil h m	Sunrise h m	Moonrise 8 h m	Moonrise 9 h m	Moonrise 10 h m	Moonrise 11 h m
N 72	04 30	05 49	06 57	11 02	14 13	16 27	18 29
N 70	04 39	05 51	06 51	12 08	14 34	16 35	18 28
68	04 47	05 52	06 47	12 43	14 50	16 41	18 27
66	04 53	05 53	06 44	13 09	15 03	16 47	18 26
64	04 58	05 54	06 41	13 28	15 13	16 51	18 25
62	05 03	05 54	06 38	13 44	15 22	16 55	18 25
60	05 06	05 54	06 36	13 57	15 30	16 59	18 24
N 58	05 09	05 55	06 34	14 08	15 37	17 02	18 24
56	05 12	05 55	06 32	14 17	15 43	17 04	18 23
54	05 14	05 55	06 30	14 26	15 48	17 07	18 23
52	05 16	05 55	06 29	14 34	15 53	17 09	18 22
50	05 18	05 55	06 27	14 40	15 57	17 11	18 22
45	05 21	05 55	06 24	14 55	16 06	17 15	18 21
N 40	05 23	05 55	06 22	15 07	16 14	17 18	18 21
35	05 25	05 54	06 19	15 17	16 20	17 21	18 20
30	05 26	05 54	06 17	15 26	16 26	17 24	18 20
20	05 26	05 52	06 14	15 41	16 36	17 29	18 19
N 10	05 25	05 49	06 11	15 54	16 45	17 33	18 19
0	05 23	05 47	06 07	16 07	16 53	17 36	18 18
S 10	05 18	05 43	06 04	16 19	17 01	17 40	18 18
20	05 12	05 38	06 00	16 32	17 10	17 44	18 17
30	05 04	05 32	05 56	16 47	17 19	17 49	18 17
35	04 58	05 28	05 54	16 55	17 25	17 51	18 16
40	04 51	05 24	05 51	17 05	17 31	17 54	18 16
45	04 42	05 18	05 48	17 17	17 38	17 58	18 15
S 50	04 31	05 11	05 43	17 30	17 47	18 02	18 15
52	04 26	05 07	05 42	17 37	17 51	18 04	18 15
54	04 20	05 03	05 40	17 44	17 56	18 06	18 14
56	04 13	04 59	05 37	17 51	18 01	18 08	18 14
58	04 05	04 54	05 35	18 00	18 06	18 10	18 14
S 60	03 55	04 49	05 32	18 10	18 12	18 13	18 14

Lat. °	Sunset h m	Twilight Civil h m	Twilight Naut. h m	Moonset 8 h m	Moonset 9 h m	Moonset 10 h m	Moonset 11 h m
N 72	17 27	18 34	19 55	09 08	07 36	06 54	06 23
N 70	17 32	18 33	19 45	08 01	07 13	06 44	06 20
68	17 36	18 31	19 37	07 24	06 55	06 35	06 18
66	17 39	18 30	19 30	06 57	06 40	06 27	06 16
64	17 42	18 29	19 25	06 37	06 28	06 21	06 14
62	17 44	18 29	19 20	06 20	06 18	06 16	06 13
60	17 47	18 28	19 17	06 06	06 09	06 11	06 12
N 58	17 49	18 28	19 13	05 54	06 01	06 06	06 10
56	17 50	18 27	19 11	05 43	05 54	06 03	06 10
54	17 52	18 27	19 08	05 34	05 48	05 59	06 09
52	17 53	18 27	19 06	05 26	05 43	05 56	06 08
50	17 55	18 27	19 04	05 18	05 38	05 53	06 07
45	17 58	18 27	19 01	05 02	05 27	05 47	06 05
N 40	18 00	18 27	18 59	04 49	05 17	05 42	06 04
35	18 02	18 28	18 57	04 38	05 09	05 37	06 03
30	18 04	18 28	18 56	04 28	05 02	05 33	06 02
20	18 08	18 30	18 55	04 11	04 50	05 26	06 00
N 10	18 11	18 32	18 56	03 55	04 39	05 20	05 58
0	18 14	18 35	18 59	03 41	04 29	05 14	05 57
S 10	18 17	18 38	19 03	03 27	04 19	05 08	05 55
20	18 20	18 43	19 08	03 11	04 08	05 02	05 53
30	18 25	18 49	19 17	02 54	03 55	04 54	05 51
35	18 27	18 52	19 22	02 43	03 48	04 50	05 50
40	18 30	18 57	19 29	02 31	03 39	04 45	05 49
45	18 33	19 02	19 38	02 17	03 29	04 39	05 47
S 50	18 37	19 09	19 49	01 59	03 17	04 33	05 45
52	18 39	19 13	19 54	01 51	03 12	04 29	05 44
54	18 40	19 16	20 00	01 42	03 05	04 26	05 43
56	18 43	19 21	20 07	01 31	02 59	04 22	05 42
58	18 45	19 25	20 15	01 19	02 51	04 18	05 41
S 60	18 48	19 30	20 24	01 05	02 42	04 13	05 40

Day	SUN Eqn. of Time 00 h (m s)	SUN Eqn. of Time 12 h (m s)	SUN Mer. Pass. (h m)	MOON Mer. Pass. Upper (h m)	MOON Mer. Pass. Lower (h m)	Age (d)	Phase
8	10 59	10 51	12 11	22 18	09 54	11	
9	10 44	10 36	12 11	23 04	10 41	12	○
10	10 29	10 21	12 10	23 47	11 25	13	

	UT (GMT) d h	ARIES G.H.A. ° ′	VENUS −4.5 G.H.A. ° ′	VENUS Dec. ° ′	MARS +1.2 G.H.A. ° ′	MARS Dec. ° ′	JUPITER −2.3 G.H.A. ° ′	JUPITER Dec. ° ′	SATURN +0.6 G.H.A. ° ′	SATURN Dec. ° ′
	11 00	168 23.8	221 34.9	S15 14.8	226 31.5	S21 07.8	77 09.2	N23 28.6	233 37.6	S21 16.0
	01	183 26.3	236 35.3	14.7	241 32.0	07.4	92 11.5	28.6	248 39.8	15.9
	02	198 28.7	251 35.7	14.5	256 32.5	07.1	107 13.9	28.6	263 42.1	15.9
	03	213 31.2	266 36.1	· · 14.3	271 33.0	· · 06.7	122 16.2	· · 28.6	278 44.3	· · 15.9
	04	228 33.6	281 36.4	14.2	286 33.6	06.4	137 18.5	28.6	293 46.6	15.8
	05	243 36.1	296 36.8	14.0	301 34.1	06.0	152 20.9	28.6	308 48.8	15.8
	06	258 38.6	311 37.2	S15 13.8	316 34.6	S21 05.7	167 23.2	N23 28.6	323 51.1	S21 15.8
	07	273 41.0	326 37.5	13.6	331 35.1	05.3	182 25.5	28.6	338 53.3	15.7
	08	288 43.5	341 37.9	13.5	346 35.6	04.9	197 27.9	28.6	353 55.6	15.7
S	09	303 46.0	356 38.3	· · 13.3	1 36.2	· · 04.6	212 30.2	· · 28.6	8 57.8	· · 15.7
U	10	318 48.4	11 38.6	13.1	16 36.7	04.2	227 32.5	28.6	24 00.1	15.6
N	11	333 50.9	26 39.0	12.9	31 37.2	03.9	242 34.9	28.6	39 02.3	15.6
D	12	348 53.4	41 39.4	S15 12.8	46 37.7	S21 03.5	257 37.2	N23 28.6	54 04.6	S21 15.6
A	13	3 55.8	56 39.7	12.6	61 38.2	03.2	272 39.5	28.6	69 06.8	15.5
Y	14	18 58.3	71 40.1	12.4	76 38.8	02.8	287 41.9	28.6	84 09.1	15.5
	15	34 00.7	86 40.4	· · 12.2	91 39.3	· · 02.4	302 44.2	· · 28.6	99 11.3	· · 15.5
	16	49 03.2	101 40.8	12.0	106 39.8	02.1	317 46.5	28.7	114 13.6	15.5
	17	64 05.7	116 41.2	11.9	121 40.3	01.7	332 48.9	28.7	129 15.8	15.4
	18	79 08.1	131 41.5	S15 11.7	136 40.8	S21 01.4	347 51.2	N23 28.7	144 18.1	S21 15.4
	19	94 10.6	146 41.9	11.5	151 41.4	01.0	2 53.5	28.7	159 20.3	15.4
	20	109 13.1	161 42.2	11.3	166 41.9	00.6	17 55.9	28.7	174 22.6	15.3
	21	124 15.5	176 42.6	· · 11.1	181 42.4	21 00.3	32 58.2	· · 28.7	189 24.8	· · 15.3
	22	139 18.0	191 42.9	10.9	196 42.9	20 59.9	48 00.5	28.7	204 27.1	15.3
	23	154 20.5	206 43.3	10.8	211 43.5	59.5	63 02.9	28.7	219 29.3	15.2
	12 00	169 22.9	221 43.6	S15 10.6	226 44.0	S20 59.2	78 05.2	N23 28.7	234 31.6	S21 15.2
	01	184 25.4	236 43.9	10.4	241 44.5	58.8	93 07.5	28.7	249 33.8	15.2
	02	199 27.9	251 44.3	10.2	256 45.0	58.4	108 09.9	28.7	264 36.1	15.1
	03	214 30.3	266 44.6	· · 10.0	271 45.5	· · 58.1	123 12.2	· · 28.7	279 38.3	· · 15.1
	04	229 32.8	281 45.0	09.8	286 46.1	57.7	138 14.5	28.7	294 40.6	15.1
	05	244 35.2	296 45.3	09.6	301 46.6	57.4	153 16.8	28.7	309 42.8	15.1
	06	259 37.7	311 45.6	S15 09.4	316 47.1	S20 57.0	168 19.2	N23 28.7	324 45.1	S21 15.0
	07	274 40.2	326 46.0	09.2	331 47.6	56.6	183 21.5	28.7	339 47.4	15.0
	08	289 42.6	341 46.3	09.0	346 48.2	56.3	198 23.8	28.7	354 49.6	15.0
M	09	304 45.1	356 46.7	· · 08.9	1 48.7	· · 55.9	213 26.2	· · 28.7	9 51.9	· · 14.9
O	10	319 47.6	11 47.0	08.7	16 49.2	55.5	228 28.5	28.7	24 54.1	14.9
N	11	334 50.0	26 47.3	08.5	31 49.7	55.2	243 30.8	28.7	39 56.4	14.9
D	12	349 52.5	41 47.6	S15 08.3	46 50.2	S20 54.8	258 33.1	N23 28.7	54 58.6	S21 14.8
A	13	4 55.0	56 48.0	08.1	61 50.8	54.4	273 35.5	28.7	70 00.9	14.8
Y	14	19 57.4	71 48.3	07.9	76 51.3	54.1	288 37.8	28.7	85 03.1	14.8
	15	34 59.9	86 48.6	· · 07.7	91 51.8	· · 53.7	303 40.1	· · 28.7	100 05.4	· · 14.7
	16	50 02.4	101 49.0	07.5	106 52.3	53.3	318 42.4	28.7	115 07.6	14.7
	17	65 04.8	116 49.3	07.3	121 52.9	52.9	333 44.8	28.7	130 09.9	14.7
	18	80 07.3	131 49.6	S15 07.1	136 53.4	S20 52.6	348 47.1	N23 28.7	145 12.1	S21 14.7
	19	95 09.7	146 49.9	06.9	151 53.9	52.2	3 49.4	28.7	160 14.4	14.6
	20	110 12.2	161 50.2	06.7	166 54.4	51.8	18 51.7	28.8	175 16.7	14.6
	21	125 14.7	176 50.6	· · 06.5	181 55.0	· · 51.5	33 54.0	· · 28.8	190 18.9	· · 14.6
	22	140 17.1	191 50.9	06.3	196 55.5	51.1	48 56.4	28.8	205 21.2	14.5
	23	155 19.6	206 51.2	06.1	211 56.0	50.7	63 58.7	28.8	220 23.4	14.5
	13 00	170 22.1	221 51.5	S15 05.8	226 56.5	S20 50.3	79 01.0	N23 28.8	235 25.7	S21 14.5
	01	185 24.5	236 51.8	05.6	241 57.1	50.0	94 03.3	28.8	250 27.9	14.4
	02	200 27.0	251 52.1	05.4	256 57.6	49.6	109 05.7	28.8	265 30.2	14.4
	03	215 29.5	266 52.4	· · 05.2	271 58.1	· · 49.2	124 08.0	· · 28.8	280 32.4	· · 14.4
	04	230 31.9	281 52.8	05.0	286 58.6	48.9	139 10.3	28.8	295 34.7	14.3
	05	245 34.4	296 53.1	04.8	301 59.2	48.5	154 12.6	28.8	310 37.0	14.3
	06	260 36.9	311 53.4	S15 04.6	316 59.7	S20 48.1	169 14.9	N23 28.8	325 39.2	S21 14.3
	07	275 39.3	326 53.7	04.4	332 00.2	47.7	184 17.3	28.8	340 41.5	14.3
T	08	290 41.8	341 54.0	04.2	347 00.7	47.4	199 19.6	28.8	355 43.7	14.2
U	09	305 44.2	356 54.3	· · 04.0	2 01.3	· · 47.0	214 21.9	· · 28.8	10 46.0	· · 14.2
E	10	320 46.7	11 54.6	03.7	17 01.8	46.6	229 24.2	28.8	25 48.2	14.2
S	11	335 49.2	26 54.9	03.5	32 02.3	46.2	244 26.5	28.8	40 50.5	14.1
D	12	350 51.6	41 55.2	S15 03.3	47 02.8	S20 45.9	259 28.8	N23 28.8	55 52.8	S21 14.1
A	13	5 54.1	56 55.5	03.1	62 03.4	45.5	274 31.2	28.8	70 55.0	14.1
Y	14	20 56.6	71 55.8	02.9	77 03.9	45.1	289 33.5	28.8	85 57.3	14.0
	15	35 59.0	86 56.1	· · 02.7	92 04.4	· · 44.7	304 35.8	· · 28.8	100 59.5	· · 14.0
	16	51 01.5	101 56.4	02.4	107 04.9	44.3	319 38.1	28.8	116 01.8	14.0
	17	66 04.0	116 56.7	02.2	122 05.5	44.0	334 40.4	28.8	131 04.0	13.9
	18	81 06.4	131 57.0	S15 02.0	137 06.0	S20 43.6	349 42.7	N23 28.8	146 06.3	S21 13.9
	19	96 08.9	146 57.3	01.8	152 06.5	43.2	4 45.1	28.8	161 08.6	13.9
	20	111 11.3	161 57.5	01.6	167 07.0	42.8	19 47.4	28.8	176 10.8	13.9
	21	126 13.8	176 57.8	· · 01.3	182 07.6	· · 42.5	34 49.7	· · 28.8	191 13.1	· · 13.8
	22	141 16.3	191 58.1	01.1	197 08.1	42.1	49 52.0	28.8	206 15.3	13.8
	23	156 18.7	206 58.4	00.9	212 08.6	41.7	64 54.3	28.8	221 17.6	13.8
	Mer. Pass.	h m 12 40.4	*v* 0.3	*d* 0.2	*v* 0.5	*d* 0.4	*v* 2.3	*d* 0.0	*v* 2.3	*d* 0.0

STARS

Name	S.H.A. ° ′	Dec. ° ′
Acamar	315 31.7	S40 20.7
Achernar	335 39.9	S57 17.3
Acrux	173 28.6	S63 02.8
Adhara	255 26.1	S28 57.7
Aldebaran	291 09.5	N16 29.5
Alioth	166 35.1	N56 00.5
Alkaid	153 12.0	N49 21.4
Al Na'ir	28 05.8	S47 00.5
Alnilam	276 04.1	S 1 12.5
Alphard	218 13.0	S 8 37.1
Alphecca	126 25.6	N26 44.4
Alpheratz	358 02.0	N29 02.2
Altair	62 25.4	N 8 50.3
Ankaa	353 33.1	S42 21.6
Antares	112 47.6	S26 24.8
Arcturus	146 11.3	N19 13.7
Atria	108 05.2	S69 00.5
Avior	234 24.9	S59 28.9
Bellatrix	278 50.7	N 6 20.5
Betelgeuse	271 20.1	N 7 24.4
Canopus	264 03.8	S52 41.6
Capella	281 00.3	N45 59.6
Deneb	49 43.8	N45 14.4
Denebola	182 51.1	N14 37.4
Diphda	349 13.6	S18 02.5
Dubhe	194 12.0	N61 48.1
Elnath	278 34.7	N28 36.2
Eltanin	90 54.3	N51 28.9
Enif	34 04.6	N 9 49.6
Fomalhaut	15 43.4	S29 40.5
Gacrux	172 20.2	S57 03.6
Gienah	176 10.0	S17 29.4
Hadar	149 12.5	S60 19.6
Hamal	328 20.8	N23 25.1
Kaus Aust.	84 07.0	S34 23.5
Kochab	137 18.1	N74 11.3
Markab	13 56.1	N15 09.1
Menkar	314 33.5	N 4 03.1
Menkent	148 28.0	S36 19.4
Miaplacidus	221 43.0	S69 40.8
Mirfak	309 05.8	N49 49.9
Nunki	76 20.0	S26 18.7
Peacock	53 46.9	S56 46.0
Pollux	243 48.8	N28 03.1
Procyon	245 17.8	N 5 15.0
Rasalhague	96 22.7	N12 33.7
Regulus	208 01.7	N12 00.8
Rigel	281 28.8	S 8 12.8
Rigil Kent.	140 15.4	S60 47.7
Sabik	102 32.6	S15 43.0
Schedar	350 01.3	N56 29.1
Shaula	96 45.6	S37 05.9
Sirius	258 49.0	S16 42.3
Spica	158 49.4	S11 06.8
Suhail	223 05.1	S43 23.8
Vega	80 50.9	N38 46.1
Zuben'ubi	137 24.6	S16 00.3

	S.H.A. ° ′	Mer. Pass. h m
Venus	52 20.7	9 13
Mars	57 21.0	8 53
Jupiter	268 42.3	18 45
Saturn	65 08.7	8 21

Day	UT (GMT) d h	SUN G.H.A. ° ′	SUN Dec. ° ′	MOON G.H.A. ° ′	v ′	MOON Dec. ° ′	d ′	H.P. ′
	11 00	177 26.8	S 3 54.1	3 16.6	15.4	N 3 39.2	14.4	55.6
	01	192 27.0	53.1	17 51.0	15.5	3 24.8	14.4	55.6
	02	207 27.1	52.1	32 25.5	15.5	3 10.4	14.4	55.6
	03	222 27.3	. . 51.1	47 00.0	15.6	2 56.0	14.3	55.6
	04	237 27.5	50.1	61 34.6	15.5	2 41.7	14.4	55.5
	05	252 27.6	49.2	76 09.1	15.6	2 27.3	14.4	55.5
	06	267 27.8	S 3 48.2	90 43.7	15.7	N 2 12.9	14.4	55.5
	07	282 28.0	47.2	105 18.4	15.6	1 58.5	14.4	55.5
	08	297 28.1	46.2	119 53.0	15.7	1 44.1	14.3	55.5
SUNDAY	09	312 28.3	. . 45.2	134 27.7	15.7	1 29.8	14.4	55.5
	10	327 28.5	44.3	149 02.4	15.7	1 15.4	14.4	55.4
	11	342 28.6	43.3	163 37.1	15.8	1 01.0	14.3	55.4
	12	357 28.8	S 3 42.3	178 11.9	15.7	N 0 46.7	14.4	55.4
	13	12 28.9	41.3	192 46.6	15.8	0 32.3	14.3	55.4
	14	27 29.1	40.3	207 21.4	15.8	0 18.0	14.4	55.4
	15	42 29.3	. . 39.4	221 56.2	15.9	N 0 03.6	14.3	55.3
	16	57 29.4	38.4	236 31.1	15.8	S 0 10.7	14.3	55.3
	17	72 29.6	37.4	251 05.9	15.9	0 25.0	14.3	55.3
	18	87 29.8	S 3 36.4	265 40.8	15.9	S 0 39.3	14.3	55.3
	19	102 29.9	35.4	280 15.7	15.9	0 53.6	14.3	55.3
	20	117 30.1	34.4	294 50.6	15.9	1 07.9	14.2	55.3
	21	132 30.3	. . 33.5	309 25.5	15.9	1 22.1	14.3	55.2
	22	147 30.4	32.5	324 00.4	15.9	1 36.4	14.2	55.2
	23	162 30.6	31.5	338 35.3	16.0	1 50.6	14.2	55.2
	12 00	177 30.8	S 3 30.5	353 10.3	15.9	S 2 04.8	14.2	55.2
	01	192 30.9	29.5	7 45.2	16.0	2 19.0	14.2	55.2
	02	207 31.1	28.6	22 20.2	15.9	2 33.2	14.2	55.1
	03	222 31.3	. . 27.6	36 55.1	16.0	2 47.4	14.1	55.1
	04	237 31.4	26.6	51 30.1	16.0	3 01.5	14.2	55.1
	05	252 31.6	25.6	66 05.1	16.0	3 15.7	14.1	55.1
	06	267 31.8	S 3 24.6	80 40.1	16.0	S 3 29.8	14.0	55.1
	07	282 31.9	23.6	95 15.1	15.9	3 43.8	14.1	55.1
	08	297 32.1	22.7	109 50.0	16.0	3 57.9	14.0	55.0
MONDAY	09	312 32.3	. . 21.7	124 25.0	16.0	4 11.9	14.0	55.0
	10	327 32.5	20.7	139 00.0	16.0	4 25.9	14.0	55.0
	11	342 32.6	19.7	153 35.0	16.0	4 39.9	13.9	55.0
	12	357 32.8	S 3 18.7	168 10.0	16.0	S 4 53.8	14.0	55.0
	13	12 33.0	17.7	182 45.0	16.0	5 07.8	13.9	55.0
	14	27 33.1	16.8	197 20.0	16.0	5 21.7	13.8	54.9
	15	42 33.3	. . 15.8	211 55.0	16.0	5 35.5	13.9	54.9
	16	57 33.5	14.8	226 30.0	15.9	5 49.4	13.8	54.9
	17	72 33.6	13.8	241 04.9	16.0	6 03.2	13.7	54.9
	18	87 33.8	S 3 12.8	255 39.9	16.0	S 6 16.9	13.8	54.9
	19	102 34.0	11.8	270 14.9	15.9	6 30.7	13.7	54.9
	20	117 34.1	10.9	284 49.8	16.0	6 44.4	13.7	54.9
	21	132 34.3	. . 09.9	299 24.8	15.9	6 58.1	13.6	54.8
	22	147 34.5	08.9	313 59.7	15.9	7 11.7	13.6	54.8
	23	162 34.7	07.9	328 34.6	15.9	7 25.3	13.6	54.8
	13 00	177 34.8	S 3 06.9	343 09.5	15.9	S 7 38.9	13.5	54.8
	01	192 35.0	05.9	357 44.4	15.9	7 52.4	13.5	54.8
	02	207 35.2	05.0	12 19.3	15.9	8 05.9	13.4	54.8
	03	222 35.3	. . 04.0	26 54.2	15.8	8 19.3	13.4	54.7
	04	237 35.5	03.0	41 29.0	15.9	8 32.7	13.4	54.7
	05	252 35.7	02.0	56 03.9	15.8	8 46.1	13.3	54.7
	06	267 35.8	S 3 01.0	70 38.7	15.8	S 8 59.4	13.3	54.7
	07	282 36.0	3 00.0	85 13.5	15.8	9 12.7	13.2	54.7
TUESDAY	08	297 36.2	2 59.1	99 48.3	15.8	9 25.9	13.2	54.7
	09	312 36.4	. . 58.1	114 23.1	15.7	9 39.1	13.2	54.7
	10	327 36.5	57.1	128 57.8	15.7	9 52.3	13.1	54.6
	11	342 36.7	56.1	143 32.5	15.7	10 05.4	13.1	54.6
	12	357 36.9	S 2 55.1	158 07.2	15.7	S10 18.5	13.0	54.6
	13	12 37.0	54.1	172 41.9	15.7	10 31.5	12.9	54.6
	14	27 37.2	53.1	187 16.6	15.6	10 44.4	13.0	54.6
	15	42 37.4	. . 52.2	201 51.2	15.6	10 57.4	12.8	54.6
	16	57 37.6	51.2	216 25.8	15.6	11 10.2	12.8	54.6
	17	72 37.7	50.2	231 00.4	15.5	11 23.0	12.8	54.6
	18	87 37.9	S 2 49.2	245 34.9	15.6	S11 35.8	12.7	54.5
	19	102 38.1	48.2	260 09.5	15.5	11 48.5	12.7	54.5
	20	117 38.2	47.2	274 44.0	15.4	12 01.2	12.6	54.5
	21	132 38.4	. . 46.3	289 18.4	15.5	12 13.8	12.5	54.5
	22	147 38.6	45.3	303 52.9	15.4	12 26.3	12.5	54.5
	23	162 38.8	44.3	318 27.3	15.4	12 38.8	12.5	54.5
		S.D. 16.1	d 1.0	S.D.	15.1	15.0		14.9

Lat. °	Twilight Naut. h m	Twilight Civil h m	Sunrise h m	Moonrise 11 h m	Moonrise 12 h m	Moonrise 13 h m	Moonrise 14 h m
N 72	04 13	05 34	06 41	18 29	20 30	22 41	▬
N 70	04 24	05 37	06 38	18 28	20 19	22 16	24 36
68	04 34	05 40	06 35	18 27	20 11	21 58	23 57
66	04 41	05 42	06 32	18 26	20 03	21 43	23 29
64	04 47	05 43	06 30	18 25	19 58	21 31	23 09
62	04 53	05 44	06 28	18 25	19 52	21 21	22 52
60	04 57	05 46	06 27	18 24	19 48	21 12	22 38
N 58	05 01	05 46	06 25	18 24	19 44	21 05	22 27
56	05 04	05 47	06 24	18 23	19 41	20 58	22 17
54	05 07	05 48	06 23	18 23	19 38	20 53	22 08
52	05 09	05 48	06 22	18 22	19 35	20 47	22 00
50	05 11	05 49	06 21	18 22	19 32	20 42	21 53
45	05 16	05 50	06 19	18 21	19 27	20 32	21 38
N 40	05 19	05 50	06 17	18 21	19 22	20 24	21 25
35	05 21	05 50	06 15	18 20	19 19	20 16	21 15
30	05 22	05 50	06 14	18 20	19 15	20 10	21 06
20	05 24	05 49	06 11	18 19	19 09	19 59	20 50
N 10	05 24	05 48	06 09	18 19	19 04	19 50	20 36
0	05 22	05 46	06 07	18 18	18 59	19 41	20 24
S 10	05 19	05 43	06 04	18 18	18 55	19 32	20 11
20	05 14	05 39	06 01	18 17	18 50	19 23	19 58
30	05 06	05 34	05 58	18 17	18 44	19 12	19 43
35	05 01	05 31	05 56	18 16	18 41	19 06	19 34
40	04 55	05 27	05 54	18 16	18 37	18 59	19 24
45	04 47	05 22	05 51	18 15	18 33	18 52	19 12
S 50	04 37	05 16	05 48	18 15	18 28	18 42	18 58
52	04 32	05 13	05 47	18 15	18 26	18 38	18 52
54	04 26	05 09	05 45	18 14	18 23	18 33	18 44
56	04 20	05 06	05 44	18 14	18 21	18 28	18 36
58	04 13	05 02	05 42	18 14	18 18	18 22	18 27
S 60	04 04	04 57	05 39	18 14	18 14	18 15	18 17

Lat. °	Sunset h m	Twilight Civil h m	Twilight Naut. h m	Moonset 11 h m	Moonset 12 h m	Moonset 13 h m	Moonset 14 h m
N 72	17 41	18 48	20 11	06 23	05 53	05 20	04 37
N 70	17 44	18 45	19 58	06 20	05 58	05 34	05 04
68	17 47	18 42	19 49	06 18	06 01	05 44	05 24
66	17 49	18 40	19 41	06 16	06 05	05 53	05 40
64	17 51	18 38	19 34	06 14	06 08	06 01	05 53
62	17 53	18 37	19 29	06 13	06 10	06 07	06 05
60	17 54	18 36	19 24	06 12	06 12	06 13	06 14
N 58	17 55	18 35	19 20	06 10	06 14	06 18	06 23
56	17 57	18 34	19 17	06 10	06 16	06 23	06 30
54	17 58	18 33	19 14	06 09	06 17	06 27	06 37
52	17 59	18 32	19 12	06 08	06 19	06 30	06 43
50	18 00	18 32	19 09	06 07	06 20	06 34	06 49
45	18 02	18 31	19 05	06 05	06 23	06 41	07 00
N 40	18 03	18 30	19 02	06 04	06 25	06 47	07 10
35	18 05	18 30	18 59	06 03	06 27	06 52	07 19
30	18 06	18 30	18 58	06 02	06 29	06 57	07 26
20	18 09	18 31	18 56	06 00	06 33	07 05	07 39
N 10	18 11	18 32	18 56	05 58	06 35	07 12	07 51
0	18 13	18 34	18 58	05 57	06 38	07 19	08 01
S 10	18 15	18 36	19 01	05 55	06 41	07 26	08 12
20	18 18	18 40	19 06	05 53	06 43	07 33	08 24
30	18 21	18 45	19 13	05 51	06 47	07 42	08 37
35	18 23	18 48	19 18	05 50	06 49	07 46	08 45
40	18 25	18 52	19 24	05 49	06 51	07 52	08 53
45	18 27	18 57	19 32	05 47	06 53	07 58	09 04
S 50	18 30	19 03	19 42	05 45	06 56	08 06	09 16
52	18 32	19 06	19 46	05 44	06 57	08 10	09 22
54	18 33	19 09	19 52	05 43	06 59	08 14	09 29
56	18 35	19 12	19 58	05 42	07 00	08 18	09 36
58	18 37	19 16	20 05	05 41	07 02	08 23	09 44
S 60	18 39	19 21	20 13	05 40	07 04	08 28	09 53

Day	SUN Eqn. of Time 00h m s	SUN Eqn. of Time 12h m s	SUN Mer. Pass. h m	MOON Mer. Pass. Upper h m	MOON Mer. Pass. Lower h m	Age d	Phase
11	10 13	10 05	12 10	24 28	12 07	14	
12	09 57	09 49	12 10	00 28	12 49	15	○
13	09 41	09 33	12 10	01 09	13 30	16	

UT (GMT) d h	ARIES G.H.A. ° ′	VENUS −4.5 G.H.A. ° ′	VENUS Dec. ° ′	MARS +1.1 G.H.A. ° ′	MARS Dec. ° ′	JUPITER −2.3 G.H.A. ° ′	JUPITER Dec. ° ′	SATURN +0.6 G.H.A. ° ′	SATURN Dec. ° ′
14 00	171 21.2	221 58.7	S15 00.7	227 09.2	S20 41.3	79 56.6	N23 28.8	236 19.8	S21 13.7
01	186 23.7	236 59.0	00.4	242 09.7	40.9	94 58.9	28.9	251 22.1	13.7
02	201 26.1	251 59.3	00.2	257 10.2	40.6	110 01.3	28.9	266 24.4	13.7
03	216 28.6	266 59.5	15 00.0	272 10.7	· · 40.2	125 03.6	· · 28.9	281 26.6	· · 13.6
04	231 31.1	281 59.8	14 59.7	287 11.3	39.8	140 05.9	28.9	296 28.9	13.6
05	246 33.5	297 00.1	59.5	302 11.8	39.4	155 08.2	28.9	311 31.1	13.6
06	261 36.0	312 00.4	S14 59.3	317 12.3	S20 39.0	170 10.5	N23 28.9	326 33.4	S21 13.6
W 07	276 38.5	327 00.7	59.1	332 12.9	38.6	185 12.8	28.9	341 35.7	13.5
E 08	291 40.9	342 00.9	58.8	347 13.4	38.3	200 15.1	28.9	356 37.9	13.5
D 09	306 43.4	357 01.2	· · 58.6	2 13.9	· · 37.9	215 17.4	· · 28.9	11 40.2	· · 13.5
N 10	321 45.8	12 01.5	58.4	17 14.4	37.5	230 19.7	28.9	26 42.4	13.4
E 11	336 48.3	27 01.8	58.1	32 15.0	37.1	245 22.0	28.9	41 44.7	13.4
S 12	351 50.8	42 02.0	S14 57.9	47 15.5	S20 36.7	260 24.4	N23 28.9	56 47.0	S21 13.4
D 13	6 53.2	57 02.3	57.6	62 16.0	36.3	275 26.7	28.9	71 49.2	13.3
A 14	21 55.7	72 02.6	57.4	77 16.6	36.0	290 29.0	28.9	86 51.5	13.3
Y 15	36 58.2	87 02.8	· · 57.2	92 17.1	· · 35.6	305 31.3	· · 28.9	101 53.7	· · 13.3
16	52 00.6	102 03.1	56.9	107 17.6	35.2	320 33.6	28.9	116 56.0	13.3
17	67 03.1	117 03.4	56.7	122 18.1	34.8	335 35.9	28.9	131 58.3	13.2
18	82 05.6	132 03.6	S14 56.5	137 18.7	S20 34.4	350 38.2	N23 28.9	147 00.5	S21 13.2
19	97 08.0	147 03.9	56.2	152 19.2	34.0	5 40.5	28.9	162 02.8	13.2
20	112 10.5	162 04.2	56.0	167 19.7	33.6	20 42.8	28.9	177 05.0	13.1
21	127 13.0	177 04.4	· · 55.7	182 20.3	· · 33.2	35 45.1	· · 28.9	192 07.3	· · 13.1
22	142 15.4	192 04.7	55.5	197 20.8	32.9	50 47.4	28.9	207 09.6	13.1
23	157 17.9	207 04.9	55.2	212 21.3	32.5	65 49.7	28.9	222 11.8	13.0
15 00	172 20.3	222 05.2	S14 55.0	227 21.8	S20 32.1	80 52.0	N23 28.9	237 14.1	S21 13.0
01	187 22.8	237 05.4	54.7	242 22.4	31.7	95 54.3	28.9	252 16.4	13.0
02	202 25.3	252 05.7	54.5	257 22.9	31.3	110 56.7	28.9	267 18.6	13.0
03	217 27.7	267 06.0	· · 54.3	272 23.4	· · 30.9	125 59.0	· · 28.9	282 20.9	· · 12.9
04	232 30.2	282 06.2	54.0	287 24.0	30.5	141 01.3	28.9	297 23.1	12.9
05	247 32.7	297 06.5	53.8	302 24.5	30.1	156 03.6	28.9	312 25.4	12.9
06	262 35.1	312 06.7	S14 53.5	317 25.0	S20 29.7	171 05.9	N23 28.9	327 27.7	S21 12.8
07	277 37.6	327 07.0	53.3	332 25.6	29.3	186 08.2	28.9	342 29.9	12.8
T 08	292 40.1	342 07.2	53.0	347 26.1	29.0	201 10.5	28.9	357 32.2	12.8
H 09	307 42.5	357 07.5	· · 52.7	2 26.6	· · 28.6	216 12.8	· · 29.0	12 34.5	· · 12.7
U 10	322 45.0	12 07.7	52.5	17 27.2	28.2	231 15.1	29.0	27 36.7	12.7
R 11	337 47.4	27 07.9	52.2	32 27.7	27.8	246 17.4	29.0	42 39.0	12.7
S 12	352 49.9	42 08.2	S14 52.0	47 28.2	S20 27.4	261 19.7	N23 29.0	57 41.2	S21 12.7
D 13	7 52.4	57 08.4	51.7	62 28.7	27.0	276 22.0	29.0	72 43.5	12.6
A 14	22 54.8	72 08.7	51.5	77 29.3	26.6	291 24.3	29.0	87 45.8	12.6
Y 15	37 57.3	87 08.9	· · 51.2	92 29.8	· · 26.2	306 26.6	· · 29.0	102 48.0	· · 12.6
16	52 59.8	102 09.2	51.0	107 30.3	25.8	321 28.9	29.0	117 50.3	12.5
17	68 02.2	117 09.4	50.7	122 30.9	25.4	336 31.2	29.0	132 52.6	12.5
18	83 04.7	132 09.6	S14 50.4	137 31.4	S20 25.0	351 33.5	N23 29.0	147 54.8	S21 12.5
19	98 07.2	147 09.9	50.2	152 31.9	24.6	6 35.8	29.0	162 57.1	12.5
20	113 09.6	162 10.1	49.9	167 32.5	24.2	21 38.1	29.0	177 59.4	12.4
21	128 12.1	177 10.3	· · 49.7	182 33.0	· · 23.8	36 40.4	· · 29.0	193 01.6	· · 12.4
22	143 14.6	192 10.6	49.4	197 33.5	23.4	51 42.7	29.0	208 03.9	12.4
23	158 17.0	207 10.8	49.1	212 34.1	23.0	66 45.0	29.0	223 06.2	12.3
16 00	173 19.5	222 11.0	S14 48.9	227 34.6	S20 22.6	81 47.3	N23 29.0	238 08.4	S21 12.3
01	188 21.9	237 11.3	48.6	242 35.1	22.2	96 49.6	29.0	253 10.7	12.3
02	203 24.4	252 11.5	48.3	257 35.7	21.8	111 51.9	29.0	268 12.9	12.2
03	218 26.9	267 11.7	· · 48.1	272 36.2	· · 21.4	126 54.2	· · 29.0	283 15.2	· · 12.2
04	233 29.3	282 11.9	47.8	287 36.7	21.0	141 56.4	29.0	298 17.5	12.2
05	248 31.8	297 12.2	47.5	302 37.3	20.6	156 58.7	29.0	313 19.7	12.2
06	263 34.3	312 12.4	S14 47.3	317 37.8	S20 20.2	172 01.0	N23 29.0	328 22.0	S21 12.1
07	278 36.7	327 12.6	47.0	332 38.3	19.8	187 03.3	29.0	343 24.3	12.1
08	293 39.2	342 12.8	46.7	347 38.9	19.4	202 05.6	29.0	358 26.5	12.1
F 09	308 41.7	357 13.1	· · 46.4	2 39.4	· · 19.0	217 07.9	· · 29.0	13 28.8	· · 12.0
R 10	323 44.1	12 13.3	46.2	17 39.9	18.6	232 10.2	29.0	28 31.1	12.0
I 11	338 46.6	27 13.5	45.9	32 40.5	18.2	247 12.5	29.0	43 33.3	12.0
D 12	353 49.1	42 13.7	S14 45.6	47 41.0	S20 17.8	262 14.8	N23 29.0	58 35.6	S21 12.0
A 13	8 51.5	57 13.9	45.3	62 41.5	17.4	277 17.1	29.0	73 37.9	11.9
Y 14	23 54.0	72 14.2	45.1	77 42.1	17.0	292 19.4	29.0	88 40.1	11.9
15	38 56.4	87 14.4	· · 44.8	92 42.6	· · 16.6	307 21.7	· · 29.0	103 42.4	· · 11.9
16	53 58.9	102 14.6	44.5	107 43.1	16.2	322 24.0	29.0	118 44.7	11.8
17	69 01.4	117 14.8	44.2	122 43.7	15.8	337 26.3	29.0	133 46.9	11.8
18	84 03.8	132 15.0	S14 43.9	137 44.2	S20 15.4	352 28.6	N23 29.0	148 49.2	S21 11.8
19	99 06.3	147 15.2	43.7	152 44.7	15.0	7 30.8	29.0	163 51.5	11.8
20	114 08.8	162 15.4	43.4	167 45.3	14.6	22 33.1	29.0	178 53.7	11.7
21	129 11.2	177 15.6	· · 43.1	182 45.8	· · 14.2	37 35.4	· · 29.1	193 56.0	· · 11.7
22	144 13.7	192 15.9	42.8	197 46.4	13.8	52 37.7	29.1	208 58.3	11.7
23	159 16.2	207 16.1	42.5	212 46.9	13.4	67 40.0	29.1	224 00.6	11.6
Mer. Pass.	h m 12 28.6	v 0.2	d 0.3	v 0.5	d 0.4	v 2.3	d 0.0	v 2.3	d 0.0

STARS

Name	S.H.A. ° ′	Dec. ° ′
Acamar	315 31.7	S40 20.7
Achernar	335 39.9	S57 17.3
Acrux	173 28.6	S63 02.8
Adhara	255 26.1	S28 57.7
Aldebaran	291 09.5	N16 29.5
Alioth	166 35.1	N56 00.5
Alkaid	153 12.0	N49 21.4
Al Na'ir	28 05.8	S47 00.5
Alnilam	276 04.1	S 1 12.5
Alphard	218 13.0	S 8 37.1
Alphecca	126 25.5	N26 44.5
Alpheratz	358 02.0	N29 02.2
Altair	62 25.4	N 8 50.3
Ankaa	353 33.1	S42 21.6
Antares	112 47.6	S26 24.8
Arcturus	146 11.3	N19 13.7
Atria	108 05.2	S69 00.5
Avior	234 24.9	S59 28.9
Bellatrix	278 50.7	N 6 20.5
Betelgeuse	271 20.2	N 7 24.4
Canopus	264 03.8	S52 41.6
Capella	281 00.3	N45 59.6
Deneb	49 43.8	N45 14.4
Denebola	182 51.1	N14 37.4
Diphda	349 13.6	S18 02.5
Dubhe	194 12.0	N61 48.2
Elnath	278 34.7	N28 36.1
Eltanin	90 54.3	N51 28.9
Enif	34 04.6	N 9 49.6
Fomalhaut	15 43.4	S29 40.5
Gacrux	172 20.1	S57 03.6
Gienah	176 10.0	S17 29.5
Hadar	149 12.5	S60 19.6
Hamal	328 20.8	N23 25.1
Kaus Aust.	84 07.0	S34 23.4
Kochab	137 18.1	N74 11.3
Markab	13 56.1	N15 09.1
Menkar	314 33.5	N 4 03.1
Menkent	148 28.0	S36 19.5
Miaplacidus	221 43.0	S69 40.8
Mirfak	309 05.8	N49 49.9
Nunki	76 20.0	S26 18.7
Peacock	53 46.8	S56 46.0
Pollux	243 48.8	N28 03.1
Procyon	245 17.8	N 5 15.0
Rasalhague	96 22.6	N12 33.7
Regulus	208 01.7	N12 00.8
Rigel	281 28.9	S 8 12.8
Rigil Kent.	140 15.4	S60 47.7
Sabik	102 32.5	S15 43.0
Schedar	350 01.3	N56 29.1
Shaula	96 45.6	S37 05.9
Sirius	258 49.0	S16 42.3
Spica	158 49.4	S11 06.8
Suhail	223 05.1	S43 23.8
Vega	80 50.9	N38 46.1
Zuben'ubi	137 24.6	S16 00.3

	S.H.A. ° ′	Mer. Pass. h m
Venus	49 44.8	9 11
Mars	55 01.5	8 50
Jupiter	268 31.7	18 34
Saturn	64 53.7	8 10

UT (GMT)		SUN G.H.A.	SUN Dec.	MOON G.H.A.	v	MOON Dec.	d	H.P.
d	h	° ′	° ′	° ′	′	° ′	′	′
14	00	177 38.9	S 2 43.3	333 01.7	15.3	S12 51.3	12.4	54.5
	01	192 39.1	42.3	347 36.0	15.3	13 03.7	12.3	54.5
	02	207 39.3	41.3	2 10.3	15.3	13 16.0	12.3	54.4
	03	222 39.5	. . 40.3	16 44.6	15.2	13 28.3	12.2	54.4
	04	237 39.6	39.4	31 18.8	15.2	13 40.5	12.1	54.4
	05	252 39.8	38.4	45 53.0	15.2	13 52.6	12.1	54.4
	06	267 40.0	S 2 37.4	60 27.2	15.2	S14 04.7	12.1	54.4
W	07	282 40.1	36.4	75 01.4	15.1	14 16.8	11.9	54.4
E	08	297 40.3	35.4	89 35.5	15.0	14 28.7	12.0	54.4
D	09	312 40.5	. . 34.4	104 09.5	15.0	14 40.7	11.8	54.4
N	10	327 40.7	33.4	118 43.5	15.0	14 52.5	11.8	54.4
E	11	342 40.8	32.5	133 17.5	15.0	15 04.3	11.7	54.3
S	12	357 41.0	S 2 31.5	147 51.5	14.9	S15 16.0	11.7	54.3
D	13	12 41.2	30.5	162 25.4	14.8	15 27.7	11.5	54.3
A	14	27 41.4	29.5	176 59.2	14.8	15 39.2	11.6	54.3
Y	15	42 41.5	. . 28.5	191 33.0	14.8	15 50.8	11.4	54.3
	16	57 41.7	27.5	206 06.8	14.8	16 02.2	11.4	54.3
	17	72 41.9	26.5	220 40.6	14.7	16 13.6	11.3	54.3
	18	87 42.1	S 2 25.6	235 14.3	14.6	S16 24.9	11.2	54.3
	19	102 42.2	24.6	249 47.9	14.6	16 36.1	11.2	54.3
	20	117 42.4	23.6	264 21.5	14.6	16 47.3	11.1	54.3
	21	132 42.6	. . 22.6	278 55.1	14.5	16 58.4	11.0	54.3
	22	147 42.8	21.6	293 28.6	14.4	17 09.4	11.0	54.2
	23	162 42.9	20.6	308 02.0	14.4	17 20.4	10.9	54.2
15	00	177 43.1	S 2 19.6	322 35.4	14.4	S17 31.3	10.8	54.2
	01	192 43.3	18.7	337 08.8	14.3	17 42.1	10.7	54.2
	02	207 43.5	17.7	351 42.1	14.3	17 52.8	10.7	54.2
	03	222 43.6	. . 16.7	6 15.4	14.2	18 03.5	10.5	54.2
	04	237 43.8	15.7	20 48.6	14.2	18 14.0	10.5	54.2
	05	252 44.0	14.7	35 21.8	14.1	18 24.5	10.5	54.2
	06	267 44.2	S 2 13.7	49 54.9	14.1	S18 35.0	10.3	54.2
	07	282 44.3	12.7	64 28.0	14.0	18 45.3	10.3	54.2
T	08	297 44.5	11.8	79 01.0	14.0	18 55.6	10.2	54.2
H	09	312 44.7	. . 10.8	93 34.0	13.9	19 05.8	10.1	54.2
U	10	327 44.9	09.8	108 06.9	13.9	19 15.9	10.0	54.2
R	11	342 45.0	08.8	122 39.8	13.8	19 25.9	9.9	54.2
S	12	357 45.2	S 2 07.8	137 12.6	13.8	S19 35.8	9.9	54.2
D	13	12 45.4	06.8	151 45.4	13.7	19 45.7	9.7	54.2
A	14	27 45.6	05.8	166 18.1	13.6	19 55.4	9.7	54.2
Y	15	42 45.7	. . 04.8	180 50.7	13.6	20 05.1	9.6	54.1
	16	57 45.9	03.9	195 23.3	13.6	20 14.7	9.5	54.1
	17	72 46.1	02.9	209 55.9	13.5	20 24.2	9.4	54.1
	18	87 46.3	S 2 01.9	224 28.4	13.4	S20 33.6	9.4	54.1
	19	102 46.4	2 00.9	239 00.8	13.4	20 43.0	9.2	54.1
	20	117 46.6	1 59.9	253 33.2	13.3	20 52.2	9.1	54.1
	21	132 46.8	. . 58.9	268 05.5	13.3	21 01.3	9.1	54.1
	22	147 47.0	57.9	282 37.8	13.2	21 10.4	9.0	54.1
	23	162 47.2	56.9	297 10.0	13.1	21 19.4	8.9	54.1
16	00	177 47.3	S 1 56.0	311 42.1	13.1	S21 28.3	8.7	54.1
	01	192 47.5	55.0	326 14.2	13.1	21 37.0	8.7	54.1
	02	207 47.7	54.0	340 46.3	13.0	21 45.7	8.6	54.1
	03	222 47.9	. . 53.0	355 18.3	12.9	21 54.3	8.5	54.1
	04	237 48.0	52.0	9 50.2	12.9	22 02.8	8.5	54.1
	05	252 48.2	51.0	24 22.1	12.8	22 11.3	8.3	54.1
	06	267 48.4	S 1 50.0	38 53.9	12.7	S22 19.6	8.2	54.1
	07	282 48.6	49.1	53 25.6	12.7	22 27.8	8.1	54.1
	08	297 48.7	48.1	67 57.3	12.7	22 35.9	8.0	54.1
F	09	312 48.9	. . 47.1	82 29.0	12.6	22 43.9	7.9	54.1
R	10	327 49.1	46.1	97 00.6	12.5	22 51.8	7.8	54.1
I	11	342 49.3	45.1	111 32.1	12.5	22 59.6	7.8	54.1
D	12	357 49.5	S 1 44.1	126 03.6	12.4	S23 07.4	7.6	54.1
A	13	12 49.6	43.1	140 35.0	12.3	23 15.0	7.5	54.1
Y	14	27 49.8	42.1	155 06.3	12.3	23 22.5	7.4	54.1
	15	42 50.0	. . 41.2	169 37.6	12.3	23 29.9	7.3	54.1
	16	57 50.2	40.2	184 08.9	12.2	23 37.2	7.2	54.1
	17	72 50.3	39.2	198 40.1	12.1	23 44.4	7.1	54.1
	18	87 50.5	S 1 38.2	213 11.2	12.0	S23 51.5	7.0	54.1
	19	102 50.7	37.2	227 42.2	12.1	23 58.5	6.9	54.1
	20	117 50.9	36.2	242 13.3	11.9	24 05.4	6.8	54.1
	21	132 51.1	. . 35.2	256 44.2	11.9	24 12.2	6.6	54.1
	22	147 51.2	34.2	271 15.1	11.8	24 18.8	6.6	54.1
	23	162 51.4	33.2	285 45.9	11.8	24 25.4	6.4	54.1
		S.D. 16.1	d 1.0	S.D.	14.8	14.8		14.7

Lat.	Twilight Naut.	Twilight Civil	Sunrise	Moonrise 14	Moonrise 15	Moonrise 16	Moonrise 17
°	h m	h m	h m	h m	h m	h m	h m
N 72	03 55	05 19	06 26	▬	▬	▬	▬
N 70	04 09	05 23	06 24	24 36	00 36	▬	▬
68	04 20	05 27	06 22	23 57	▬	▬	▬
66	04 29	05 30	06 21	23 29	25 31	01 31	▬
64	04 36	05 33	06 20	23 09	24 53	00 53	02 54
62	04 42	05 35	06 19	22 52	24 27	00 27	02 05
60	04 48	05 37	06 18	22 38	24 06	00 06	01 34
N 58	04 52	05 38	06 17	22 27	23 50	25 11	01 11
56	04 56	05 39	06 16	22 17	23 35	24 53	00 53
54	04 59	05 41	06 16	22 08	23 23	24 37	00 37
52	05 02	05 42	06 15	22 00	23 13	24 24	00 24
50	05 05	05 42	06 14	21 53	23 03	24 12	00 12
45	05 10	05 44	06 13	21 38	22 43	23 48	24 49
N 40	05 14	05 45	06 12	21 25	22 27	23 28	24 27
35	05 17	05 46	06 11	21 15	22 13	23 12	24 09
30	05 19	05 47	06 10	21 06	22 02	22 58	23 54
20	05 21	05 47	06 09	20 50	21 42	22 35	23 28
N 10	05 22	05 46	06 07	20 36	21 24	22 14	23 05
0	05 21	05 45	06 06	20 24	21 08	21 55	22 45
S 10	05 19	05 43	06 04	20 11	20 52	21 36	22 24
20	05 15	05 40	06 02	19 58	20 35	21 16	22 01
30	05 08	05 36	06 00	19 43	20 16	20 53	21 36
35	05 04	05 33	05 59	19 34	20 04	20 40	21 21
40	04 58	05 30	05 57	19 24	19 52	20 24	21 03
45	04 51	05 26	05 55	19 12	19 36	20 06	20 42
S 50	04 42	05 21	05 53	18 58	19 18	19 43	20 16
52	04 38	05 18	05 52	18 52	19 09	19 32	20 03
54	04 33	05 15	05 51	18 44	18 59	19 19	19 48
56	04 27	05 12	05 50	18 36	18 48	19 05	19 31
58	04 21	05 09	05 48	18 27	18 36	18 49	19 10
S 60	04 13	05 05	05 47	18 17	18 21	18 29	18 44

Lat.	Sunset	Twilight Civil	Twilight Naut.	Moonset 14	Moonset 15	Moonset 16	Moonset 17
°	h m	h m	h m	h m	h m	h m	h m
N 72	17 55	19 02	20 27	04 37	▬	▬	▬
N 70	17 56	18 57	20 12	05 04	04 14	▬	▬
68	17 58	18 53	20 01	05 24	04 55	▬	▬
66	17 59	18 50	19 52	05 40	05 23	04 55	▬
64	18 00	18 47	19 44	05 53	05 45	05 34	05 12
62	18 01	18 45	19 38	06 05	06 02	06 01	06 01
60	18 02	18 43	19 32	06 14	06 17	06 22	06 32
N 58	18 02	18 41	19 28	06 23	06 29	06 39	06 56
56	18 03	18 40	19 24	06 30	06 40	06 54	07 15
54	18 03	18 39	19 20	06 37	06 50	07 07	07 31
52	18 04	18 38	19 17	06 43	06 58	07 18	07 44
50	18 04	18 37	19 14	06 49	07 06	07 28	07 56
45	18 06	18 35	19 09	07 00	07 23	07 49	08 22
N 40	18 06	18 33	19 05	07 10	07 36	08 06	08 42
35	18 07	18 33	19 02	07 19	07 48	08 20	08 58
30	18 08	18 32	19 00	07 26	07 58	08 33	09 13
20	18 10	18 32	18 57	07 39	08 15	08 54	09 37
N 10	18 11	18 32	18 56	07 51	08 31	09 13	09 59
0	18 12	18 33	18 57	08 01	08 45	09 31	10 19
S 10	18 14	18 35	18 59	08 12	08 59	09 48	10 39
20	18 15	18 37	19 03	08 24	09 15	10 07	11 00
30	18 17	18 41	19 09	08 37	09 33	10 29	11 25
35	18 19	18 44	19 14	08 45	09 43	10 42	11 40
40	18 20	18 47	19 19	08 53	09 55	10 57	11 57
45	18 22	18 51	19 26	09 04	10 09	11 14	12 18
S 50	18 24	18 56	19 35	09 16	10 27	11 36	12 43
52	18 25	18 59	19 39	09 22	10 35	11 47	12 56
54	18 26	19 01	19 44	09 29	10 44	11 59	13 11
56	18 27	19 04	19 49	09 36	10 54	12 13	13 27
58	18 28	19 08	19 55	09 44	11 06	12 29	13 48
S 60	18 30	19 12	20 03	09 53	11 20	12 48	14 14

Day	SUN Eqn. of Time 00h	SUN Eqn. of Time 12h	SUN Mer. Pass.	MOON Mer. Pass. Upper	MOON Mer. Pass. Lower	Age	Phase
	m s	m s	h m	h m	h m	d	
14	09 25	09 16	12 09	01 51	14 12	17	
15	09 08	09 00	12 09	02 34	14 57	18	◑
16	08 51	08 43	12 09	03 19	15 43	19	

UT (GMT)	ARIES	VENUS −4.5		MARS +1.1		JUPITER −2.3		SATURN +0.6		STARS		
	G.H.A.	G.H.A.	Dec.	G.H.A.	Dec.	G.H.A.	Dec.	G.H.A.	Dec.	Name	S.H.A.	Dec.
d h	° ′	° ′	° ′	° ′	° ′	° ′	° ′	° ′	° ′		° ′	° ′
17 00	174 18.6	222 16.3	S14 42.3	227 47.4	S20 13.0	82 42.3	N23 29.1	239 02.8	S21 11.6	Acamar	315 31.7	S40 20.7
01	189 21.1	237 16.5	42.0	242 48.0	12.6	97 44.6	29.1	254 05.1	11.6	Achernar	335 39.9	S57 17.3
02	204 23.5	252 16.7	41.7	257 48.5	12.2	112 46.9	29.1	269 07.4	11.5	Acrux	173 28.5	S63 02.8
03	219 26.0	267 16.9	· · 41.4	272 49.0	· · 11.8	127 49.2	· · 29.1	284 09.6	· · 11.5	Adhara	255 26.1	S28 57.7
04	234 28.5	282 17.1	41.1	287 49.6	11.4	142 51.4	29.1	299 11.9	11.5	Aldebaran	291 09.5	N16 29.5
05	249 30.9	297 17.3	40.8	302 50.1	11.0	157 53.7	29.1	314 14.2	11.5			
06	264 33.4	312 17.5	S14 40.5	317 50.6	S20 10.6	172 56.0	N23 29.1	329 16.4	S21 11.4	Alioth	166 35.1	N56 00.5
07	279 35.9	327 17.7	40.2	332 51.2	10.2	187 58.3	29.1	344 18.7	11.4	Alkaid	153 12.0	N49 21.4
S 08	294 38.3	342 17.9	39.9	347 51.7	09.7	203 00.6	29.1	359 21.0	11.4	Al Na'ir	28 05.8	S47 00.5
A 09	309 40.8	357 18.1	· · 39.7	2 52.3	· · 09.3	218 02.9	· · 29.1	14 23.2	· · 11.3	Alnilam	276 04.1	S 1 12.5
T 10	324 43.3	12 18.3	39.4	17 52.8	08.9	233 05.2	29.1	29 25.5	11.3	Alphard	218 13.0	S 8 37.1
U 11	339 45.7	27 18.5	39.1	32 53.3	08.5	248 07.4	29.1	44 27.8	11.3			
R 12	354 48.2	42 18.7	S14 38.8	47 53.9	S20 08.1	263 09.7	N23 29.1	59 30.1	S21 11.3	Alphecca	126 25.5	N26 44.5
D 13	9 50.7	57 18.9	38.5	62 54.4	07.7	278 12.0	29.1	74 32.3	11.2	Alpheratz	358 02.0	N29 02.2
A 14	24 53.1	72 19.1	38.2	77 54.9	07.3	293 14.3	29.1	89 34.6	11.2	Altair	62 25.4	N 8 50.3
Y 15	39 55.6	87 19.2	· · 37.9	92 55.5	· · 06.9	308 16.6	· · 29.1	104 36.9	· · 11.2	Ankaa	353 33.1	S42 21.6
16	54 58.0	102 19.4	37.6	107 56.0	06.5	323 18.9	29.1	119 39.1	11.1	Antares	112 47.6	S26 24.8
17	70 00.5	117 19.6	37.3	122 56.5	06.1	338 21.1	29.1	134 41.4	11.1			
18	85 03.0	132 19.8	S14 37.0	137 57.1	S20 05.6	353 23.4	N23 29.1	149 43.7	S21 11.1	Arcturus	146 11.3	N19 13.7
19	100 05.4	147 20.0	36.7	152 57.6	05.2	8 25.7	29.1	164 45.9	11.1	Atria	108 05.1	S69 00.5
20	115 07.9	162 20.2	36.4	167 58.2	04.8	23 28.0	29.1	179 48.2	11.0	Avior	234 24.9	S59 28.9
21	130 10.4	177 20.4	· · 36.1	182 58.7	· · 04.4	38 30.3	· · 29.1	194 50.5	· · 11.0	Bellatrix	278 50.8	N 6 20.5
22	145 12.8	192 20.6	35.8	197 59.2	04.0	53 32.6	29.1	209 52.8	11.0	Betelgeuse	271 20.2	N 7 24.4
23	160 15.3	207 20.7	35.5	212 59.8	03.6	68 34.8	29.1	224 55.0	10.9			
18 00	175 17.8	222 20.9	S14 35.2	228 00.3	S20 03.2	83 37.1	N23 29.1	239 57.3	S21 10.9	Canopus	264 03.8	S52 41.6
01	190 20.2	237 21.1	34.9	243 00.9	02.8	98 39.4	29.1	254 59.6	10.9	Capella	281 00.3	N45 59.6
02	205 22.7	252 21.3	34.6	258 01.4	02.3	113 41.7	29.1	270 01.8	10.9	Deneb	49 43.8	N45 14.4
03	220 25.2	267 21.5	· · 34.3	273 01.9	· · 01.9	128 44.0	· · 29.1	285 04.1	· · 10.8	Denebola	182 51.0	N14 37.4
04	235 27.6	282 21.7	33.9	288 02.5	01.5	143 46.2	29.1	300 06.4	10.8	Diphda	349 13.6	S18 02.5
05	250 30.1	297 21.8	33.6	303 03.0	01.1	158 48.5	29.1	315 08.7	10.8			
06	265 32.5	312 22.0	S14 33.3	318 03.6	S20 00.7	173 50.8	N23 29.1	330 10.9	S21 10.7	Dubhe	194 12.0	N61 48.2
07	280 35.0	327 22.2	33.0	333 04.1	20 00.3	188 53.1	29.1	345 13.2	10.7	Elnath	278 34.7	N28 36.1
08	295 37.5	342 22.4	32.7	348 04.6	19 59.8	203 55.4	29.1	0 15.5	10.7	Eltanin	90 54.3	N51 28.9
S 09	310 39.9	357 22.5	· · 32.4	3 05.2	· · 59.4	218 57.6	· · 29.1	15 17.8	· · 10.7	Enif	34 04.5	N 9 49.6
U 10	325 42.4	12 22.7	32.1	18 05.7	59.0	233 59.9	29.1	30 20.0	10.6	Fomalhaut	15 43.4	S29 40.5
N 11	340 44.9	27 22.9	31.8	33 06.3	58.6	249 02.2	29.1	45 22.3	10.6			
D 12	355 47.3	42 23.1	S14 31.5	48 06.8	S19 58.2	264 04.5	N23 29.1	60 24.6	S21 10.6	Gacrux	172 20.1	S57 03.6
A 13	10 49.8	57 23.2	31.1	63 07.3	57.8	279 06.7	29.1	75 26.8	10.6	Gienah	176 10.0	S17 29.5
Y 14	25 52.3	72 23.4	30.8	78 07.9	57.3	294 09.0	29.1	90 29.1	10.5	Hadar	149 12.5	S60 19.6
15	40 54.7	87 23.6	· · 30.5	93 08.4	· · 56.9	309 11.3	· · 29.2	105 31.4	· · 10.5	Hamal	328 20.8	N23 25.1
16	55 57.2	102 23.7	30.2	108 09.0	56.5	324 13.6	29.2	120 33.7	10.5	Kaus Aust.	84 07.0	S34 23.4
17	70 59.7	117 23.9	29.9	123 09.5	56.1	339 15.8	29.2	135 35.9	10.4			
18	86 02.1	132 24.1	S14 29.6	138 10.0	S19 55.7	354 18.1	N23 29.2	150 38.2	S21 10.4	Kochab	137 18.0	N74 11.3
19	101 04.6	147 24.2	29.2	153 10.6	55.2	9 20.4	29.2	165 40.5	10.4	Markab	13 56.1	N15 09.1
20	116 07.0	162 24.4	28.9	168 11.1	54.8	24 22.7	29.2	180 42.8	10.4	Menkar	314 33.5	N 4 03.1
21	131 09.5	177 24.6	· · 28.6	183 11.7	· · 54.4	39 24.9	· · 29.2	195 45.0	· · 10.3	Menkent	148 28.0	S36 19.5
22	146 12.0	192 24.7	28.3	198 12.2	54.0	54 27.2	29.2	210 47.3	10.3	Miaplacidus	221 43.0	S69 40.8
23	161 14.4	207 24.9	27.9	213 12.7	53.6	69 29.5	29.2	225 49.6	10.3			
19 00	176 16.9	222 25.1	S14 27.6	228 13.3	S19 53.1	84 31.8	N23 29.2	240 51.9	S21 10.2	Mirfak	309 05.8	N49 49.9
01	191 19.4	237 25.2	27.3	243 13.8	52.7	99 34.0	29.2	255 54.1	10.2	Nunki	76 20.0	S26 18.7
02	206 21.8	252 25.4	27.0	258 14.4	52.3	114 36.3	29.2	270 56.4	10.2	Peacock	53 46.8	S56 45.9
03	221 24.3	267 25.5	· · 26.6	273 14.9	· · 51.9	129 38.6	· · 29.2	285 58.7	· · 10.2	Pollux	243 48.8	N28 03.1
04	236 26.8	282 25.7	26.3	288 15.5	51.5	144 40.8	29.2	301 01.0	10.1	Procyon	245 17.8	N 5 15.0
05	251 29.2	297 25.8	26.0	303 16.0	51.0	159 43.1	29.2	316 03.2	10.1			
06	266 31.7	312 26.0	S14 25.7	318 16.5	S19 50.6	174 45.4	N23 29.2	331 05.5	S21 10.1	Rasalhague	96 22.6	N12 33.7
07	281 34.1	327 26.2	25.3	333 17.1	50.2	189 47.6	29.2	346 07.8	10.0	Regulus	208 01.7	N12 00.8
08	296 36.6	342 26.3	25.0	348 17.6	49.8	204 49.9	29.2	1 10.1	10.0	Rigel	281 28.9	S 8 12.8
M 09	311 39.1	357 26.5	· · 24.7	3 18.2	· · 49.3	219 52.2	· · 29.2	16 12.3	· · 10.0	Rigil Kent.	140 15.3	S60 47.7
O 10	326 41.5	12 26.6	24.3	18 18.7	48.9	234 54.5	29.2	31 14.6	10.0	Sabik	102 32.5	S15 43.0
N 11	341 44.0	27 26.8	24.0	33 19.3	48.5	249 56.7	29.2	46 16.9	09.9			
D 12	356 46.5	42 26.9	S14 23.7	48 19.8	S19 48.1	264 59.0	N23 29.2	61 19.2	S21 09.9	Schedar	350 01.3	N56 29.1
A 13	11 48.9	57 27.1	23.3	63 20.3	47.6	280 01.3	29.2	76 21.5	09.9	Shaula	96 45.6	S37 05.9
Y 14	26 51.4	72 27.2	23.0	78 20.9	47.2	295 03.5	29.2	91 23.7	09.9	Sirius	258 49.0	S16 42.3
15	41 53.9	87 27.4	· · 22.7	93 21.4	· · 46.8	310 05.8	· · 29.2	106 26.0	· · 09.8	Spica	158 49.4	S11 06.9
16	56 56.3	102 27.5	22.3	108 22.0	46.3	325 08.1	29.2	121 28.3	09.8	Suhail	223 05.1	S43 23.8
17	71 58.8	117 27.6	22.0	123 22.5	45.9	340 10.3	29.2	136 30.6	09.8			
18	87 01.3	132 27.8	S14 21.6	138 23.1	S19 45.5	355 12.6	N23 29.2	151 32.8	S21 09.7	Vega	80 50.9	N38 46.0
19	102 03.7	147 27.9	21.3	153 23.6	45.1	10 14.9	29.2	166 35.1	09.7	Zuben'ubi	137 24.6	S16 00.3
20	117 06.2	162 28.1	21.0	168 24.2	44.6	25 17.1	29.2	181 37.4	09.7		S.H.A.	Mer. Pass.
21	132 08.6	177 28.2	· · 20.6	183 24.7	· · 44.2	40 19.4	· · 29.2	196 39.7	· · 09.7		° ′	h m
22	147 11.1	192 28.4	20.3	198 25.2	43.8	55 21.7	29.2	211 42.0	09.6	Venus	47 03.2	9 10
23	162 13.6	207 28.5	19.9	213 25.8	43.4	70 23.9	29.2	226 44.2	09.6	Mars	52 42.6	8 48
	h m									Jupiter	268 19.4	18 23
Mer. Pass.	12 16.8	*v* 0.2	*d* 0.3	*v* 0.5	*d* 0.4	*v* 2.3	*d* 0.0	*v* 2.3	*d* 0.0	Saturn	64 39.5	7 59

UT (GMT) d h	SUN G.H.A. ° ′	SUN Dec. ° ′	MOON G.H.A. ° ′	v ′	MOON Dec. ° ′	d ′	H.P. ′
17 SATURDAY 00	177 51.6	S 1 32.3	300 16.7	11.7	S24 31.8	6.4	54.1
01	192 51.8	31.3	314 47.4	11.7	24 38.2	6.2	54.2
02	207 52.0	30.3	329 18.1	11.6	24 44.4	6.1	54.2
03	222 52.1	. . 29.3	343 48.7	11.6	24 50.5	6.0	54.2
04	237 52.3	28.3	358 19.3	11.5	24 56.5	5.9	54.2
05	252 52.5	27.3	12 49.8	11.4	25 02.4	5.8	54.2
06	267 52.7	S 1 26.3	27 20.2	11.4	S25 08.2	5.7	54.2
07	282 52.9	25.3	41 50.6	11.4	25 13.9	5.5	54.2
08	297 53.0	24.4	56 21.0	11.2	25 19.4	5.5	54.2
09	312 53.2	. . 23.4	70 51.2	11.3	25 24.9	5.3	54.2
10	327 53.4	22.4	85 21.5	11.1	25 30.2	5.2	54.2
11	342 53.6	21.4	99 51.6	11.2	25 35.4	5.1	54.2
12	357 53.8	S 1 20.4	114 21.8	11.0	S25 40.5	4.9	54.2
13	12 53.9	19.4	128 51.8	11.1	25 45.4	4.9	54.2
14	27 54.1	18.4	143 21.9	10.9	25 50.3	4.7	54.2
15	42 54.3	. . 17.4	157 51.8	10.9	25 55.0	4.6	54.2
16	57 54.5	16.5	172 21.7	10.9	25 59.6	4.5	54.3
17	72 54.7	15.5	186 51.6	10.8	26 04.1	4.4	54.3
18	87 54.8	S 1 14.5	201 21.4	10.8	S26 08.5	4.2	54.3
19	102 55.0	13.5	215 51.2	10.7	26 12.7	4.1	54.3
20	117 55.2	12.5	230 20.9	10.7	26 16.8	4.0	54.3
21	132 55.4	. . 11.5	244 50.6	10.6	26 20.8	3.9	54.3
22	147 55.6	10.5	259 20.2	10.6	26 24.7	3.8	54.3
23	162 55.7	09.5	273 49.8	10.5	26 28.5	3.6	54.3
18 SUNDAY 00	177 55.9	S 1 08.5	288 19.3	10.5	S26 32.1	3.5	54.3
01	192 56.1	07.6	302 48.8	10.4	26 35.6	3.4	54.3
02	207 56.3	06.6	317 18.2	10.4	26 39.0	3.2	54.4
03	222 56.5	. . 05.6	331 47.6	10.3	26 42.2	3.2	54.4
04	237 56.7	04.6	346 16.9	10.3	26 45.4	3.0	54.4
05	252 56.8	03.6	0 46.2	10.3	26 48.4	2.8	54.4
06	267 57.0	S 1 02.6	15 15.5	10.2	S26 51.2	2.8	54.4
07	282 57.2	01.6	29 44.7	10.2	26 54.0	2.6	54.4
08	297 57.4	1 00.6	44 13.9	10.1	26 56.6	2.5	54.4
09	312 57.6	0 59.6	58 43.0	10.1	26 59.1	2.3	54.4
10	327 57.7	58.7	73 12.1	10.1	27 01.4	2.2	54.5
11	342 57.9	57.7	87 41.2	10.0	27 03.6	2.1	54.5
12	357 58.1	S 0 56.7	102 10.2	10.0	S27 05.7	2.0	54.5
13	12 58.3	55.7	116 39.2	10.0	27 07.7	1.8	54.5
14	27 58.5	54.7	131 08.2	9.9	27 09.5	1.7	54.5
15	42 58.7	. . 53.7	145 37.1	9.9	27 11.2	1.6	54.5
16	57 58.8	52.7	160 06.0	9.8	27 12.8	1.4	54.5
17	72 59.0	51.7	174 34.8	9.8	27 14.2	1.3	54.6
18	87 59.2	S 0 50.7	189 03.6	9.8	S27 15.5	1.2	54.6
19	102 59.4	49.8	203 32.4	9.8	27 16.7	1.0	54.6
20	117 59.6	48.8	218 01.2	9.7	27 17.7	0.9	54.6
21	132 59.8	. . 47.8	232 29.9	9.7	27 18.6	0.8	54.6
22	147 59.9	46.8	246 58.6	9.7	27 19.4	0.6	54.6
23	163 00.1	45.8	261 27.3	9.6	27 20.0	0.5	54.7
19 MONDAY 00	178 00.3	S 0 44.8	275 55.9	9.6	S27 20.5	0.4	54.7
01	193 00.5	43.8	290 24.5	9.6	27 20.9	0.2	54.7
02	208 00.7	42.8	304 53.1	9.6	27 21.1	0.1	54.7
03	223 00.9	. . 41.8	319 21.7	9.5	27 21.2	0.1	54.7
04	238 01.0	40.9	333 50.2	9.5	27 21.1	0.2	54.8
05	253 01.2	39.9	348 18.7	9.5	27 20.9	0.3	54.8
06	268 01.4	S 0 38.9	2 47.2	9.5	S27 20.6	0.5	54.8
07	283 01.6	37.9	17 15.7	9.5	27 20.1	0.6	54.8
08	298 01.8	36.9	31 44.2	9.4	27 19.5	0.7	54.8
09	313 02.0	. . 35.9	46 12.6	9.4	27 18.8	0.9	54.9
10	328 02.1	34.9	60 41.0	9.4	27 17.9	1.0	54.9
11	343 02.3	33.9	75 09.4	9.4	27 16.9	1.1	54.9
12	358 02.5	S 0 32.9	89 37.8	9.4	S27 15.8	1.3	54.9
13	13 02.7	31.9	104 06.2	9.4	27 14.5	1.5	54.9
14	28 02.9	31.0	118 34.6	9.3	27 13.0	1.5	55.0
15	43 03.1	. . 30.0	133 02.9	9.4	27 11.5	1.7	55.0
16	58 03.3	29.0	147 31.3	9.3	27 09.8	1.9	55.0
17	73 03.4	28.0	161 59.6	9.3	27 07.9	2.0	55.0
18	88 03.6	S 0 27.0	176 27.9	9.3	S27 05.9	2.1	55.1
19	103 03.8	26.0	190 56.2	9.3	27 03.8	2.3	55.1
20	118 04.0	25.0	205 24.5	9.3	27 01.5	2.4	55.1
21	133 04.2	. . 24.0	219 52.8	9.3	26 59.1	2.5	55.1
22	148 04.4	23.0	234 21.1	9.3	26 56.6	2.7	55.1
23	163 04.6	22.0	248 49.4	9.3	26 53.9	2.8	55.2
	S.D. 16.1	*d* 1.0	S.D. 14.8		14.8		15.0

Lat. °	Twilight Naut. h m	Twilight Civil h m	Sunrise h m	Moonrise 17 h m	Moonrise 18 h m	Moonrise 19 h m	Moonrise 20 h m
N 72	03 36	05 03	06 10	■	■	■	■
N 70	03 53	05 09	06 10	■	■	■	■
68	04 06	05 14	06 10	■	■	■	■
66	04 16	05 18	06 09	■	■	■	■
64	04 25	05 22	06 09	02 54	■	■	■
62	04 32	05 25	06 09	02 05	03 43	04 57	05 21
60	04 38	05 27	06 09	01 34	02 57	04 01	04 39
N 58	04 43	05 30	06 09	01 11	02 27	03 29	04 11
56	04 48	05 31	06 08	00 53	02 04	03 04	03 48
54	04 52	05 33	06 08	00 37	01 46	02 45	03 30
52	04 55	05 35	06 08	00 24	01 30	02 28	03 15
50	04 58	05 36	06 08	00 12	01 17	02 14	03 01
45	05 04	05 38	06 08	24 49	00 49	01 45	02 34
N 40	05 09	05 40	06 07	24 27	00 27	01 23	02 12
35	05 12	05 42	06 07	24 09	00 09	01 04	01 54
30	05 15	05 43	06 07	23 54	24 48	00 48	01 39
20	05 19	05 44	06 06	23 28	24 21	00 21	01 12
N 10	05 20	05 45	06 06	23 05	23 58	24 49	00 49
0	05 20	05 44	06 05	22 45	23 36	24 28	00 28
S 10	05 19	05 43	06 04	22 24	23 14	24 07	00 07
20	05 15	05 41	06 03	22 01	22 51	23 44	24 40
30	05 10	05 38	06 02	21 36	22 24	23 18	24 16
35	05 06	05 36	06 01	21 21	22 08	23 02	24 02
40	05 02	05 33	06 00	21 03	21 50	22 44	23 45
45	04 55	05 30	05 59	20 42	21 27	22 22	23 25
S 50	04 47	05 26	05 58	20 16	20 59	21 54	23 00
52	04 43	05 24	05 57	20 03	20 45	21 40	22 48
54	04 39	05 21	05 57	19 48	20 29	21 25	22 34
56	04 34	05 19	05 56	19 31	20 10	21 06	22 18
58	04 28	05 16	05 55	19 10	19 46	20 43	21 59
S 60	04 22	05 12	05 54	18 44	19 15	20 13	21 35

Lat. °	Sunset h m	Twilight Civil h m	Twilight Naut. h m	Moonset 17 h m	Moonset 18 h m	Moonset 19 h m	Moonset 20 h m
N 72	18 08	19 16	20 44	■	■	■	■
N 70	18 09	19 10	20 27	■	■	■	■
68	18 09	19 04	20 13	■	■	■	■
66	18 09	19 00	20 03	■	■	■	■
64	18 09	18 56	19 54	05 12	■	■	■
62	18 09	18 53	19 46	06 01	06 07	06 40	08 05
60	18 09	18 50	19 40	06 32	06 53	07 36	08 47
N 58	18 09	18 48	19 35	06 56	07 23	08 09	09 16
56	18 09	18 46	19 30	07 15	07 46	08 33	09 38
54	18 09	18 44	19 26	07 31	08 05	08 53	09 56
52	18 09	18 43	19 23	07 44	08 20	09 09	10 11
50	18 09	18 41	19 19	07 56	08 34	09 23	10 24
45	18 09	18 39	19 13	08 22	09 02	09 52	10 51
N 40	18 10	18 37	19 08	08 42	09 24	10 14	11 12
35	18 10	18 35	19 04	08 58	09 42	10 33	11 30
30	18 10	18 34	19 02	09 13	09 58	10 49	11 45
20	18 10	18 32	18 58	09 37	10 25	11 16	12 11
N 10	18 11	18 32	18 56	09 59	10 48	11 39	12 33
0	18 11	18 32	18 56	10 19	11 09	12 01	12 54
S 10	18 12	18 33	18 57	10 39	11 31	12 23	13 14
20	18 13	18 35	19 00	11 00	11 54	12 46	13 36
30	18 14	18 38	19 06	11 25	12 20	13 13	14 01
35	18 14	18 40	19 09	11 40	12 36	13 28	14 16
40	18 15	18 42	19 14	11 57	12 54	13 47	14 33
45	18 16	18 45	19 20	12 18	13 17	14 09	14 54
S 50	18 17	18 50	19 28	12 43	13 45	14 37	15 19
52	18 18	18 51	19 31	12 56	13 59	14 51	15 32
54	18 18	18 54	19 36	13 11	14 15	15 07	15 46
56	18 19	18 56	19 41	13 27	14 34	15 26	16 02
58	18 20	18 59	19 46	13 48	14 57	15 49	16 22
S 60	18 21	19 02	19 53	14 14	15 28	16 19	16 47

Day	SUN Eqn. of Time 00ʰ m s	SUN Eqn. of Time 12ʰ m s	SUN Mer. Pass. h m	MOON Mer. Pass. Upper h m	MOON Mer. Pass. Lower h m	MOON Age d	MOON Phase
17	08 34	08 25	12 08	04 07	16 32	20	◑
18	08 17	08 08	12 08	04 57	17 22	21	
19	07 59	07 50	12 08	05 48	18 15	22	

UT (GMT)	ARIES	VENUS −4.5		MARS +1.1		JUPITER −2.3		SATURN +0.6		STARS		
	G.H.A.	G.H.A.	Dec.	G.H.A.	Dec.	G.H.A.	Dec.	G.H.A.	Dec.	Name	S.H.A.	Dec.
d h	° ′	° ′	° ′	° ′	° ′	° ′	° ′	° ′	° ′		° ′	° ′
20 00	177 16.0	222 28.6	S14 19.6	228 26.3	S19 42.9	85 26.2	N23 29.3	241 46.5	S21 09.6	Acamar	315 31.7	S40 20.7
01	192 18.5	237 28.8	19.2	243 26.9	42.5	100 28.4	29.3	256 48.8	09.5	Achernar	335 39.9	S57 17.2
02	207 21.0	252 28.9	18.9	258 27.4	42.1	115 30.7	29.3	271 51.0	09.5	Acrux	173 28.5	S63 02.8
03	222 23.4	267 29.0	· · 18.5	273 28.0	· · 41.6	130 33.0	· · 29.3	286 53.3	· · 09.5	Adhara	255 26.2	S28 57.7
04	237 25.9	282 29.2	18.2	288 28.5	41.2	145 35.2	29.3	301 55.6	09.4	Aldebaran	291 09.5	N16 29.5
05	252 28.4	297 29.3	17.8	303 29.1	40.8	160 37.5	29.3	316 57.9	09.4			
06	267 30.8	312 29.5	S14 17.5	318 29.6	S19 40.3	175 39.8	N23 29.3	332 00.2	S21 09.4	Alioth	166 35.1	N56 00.5
07	282 33.3	327 29.6	17.1	333 30.1	39.9	190 42.0	29.3	347 02.4	09.4	Alkaid	153 12.0	N49 21.4
T 08	297 35.8	342 29.7	16.8	348 30.7	39.5	205 44.3	29.3	2 04.7	09.3	Al Na'ir	28 05.8	S47 00.5
U 09	312 38.2	357 29.9	· · 16.4	3 31.2	· · 39.0	220 46.6	· · 29.3	17 07.0	· · 09.3	Alnilam	276 04.1	S 1 12.5
E 10	327 40.7	12 30.0	16.1	18 31.8	38.6	235 48.8	29.3	32 09.3	09.3	Alphard	218 13.0	S 8 37.1
S 11	342 43.1	27 30.1	15.7	33 32.3	38.2	250 51.1	29.3	47 11.6	09.3			
D 12	357 45.6	42 30.2	S14 15.4	48 32.9	S19 37.7	265 53.3	N23 29.3	62 13.8	S21 09.2	Alphecca	126 25.5	N26 44.5
A 13	12 48.1	57 30.4	15.0	63 33.4	37.3	280 55.6	29.3	77 16.1	09.2	Alpheratz	358 02.0	N29 02.2
Y 14	27 50.5	72 30.5	14.7	78 34.0	36.9	295 57.9	29.3	92 18.4	09.2	Altair	62 25.4	N 8 50.3
15	42 53.0	87 30.6	· · 14.3	93 34.5	· · 36.4	311 00.1	· · 29.3	107 20.7	· · 09.1	Ankaa	353 33.1	S42 21.6
16	57 55.5	102 30.8	14.0	108 35.1	36.0	326 02.4	29.3	122 23.0	09.1	Antares	112 47.6	S26 24.8
17	72 57.9	117 30.9	13.6	123 35.6	35.6	341 04.6	29.3	137 25.2	09.1			
18	88 00.4	132 31.0	S14 13.3	138 36.2	S19 35.1	356 06.9	N23 29.3	152 27.5	S21 09.1	Arcturus	146 11.3	N19 13.7
19	103 02.9	147 31.1	12.9	153 36.7	34.7	11 09.2	29.3	167 29.8	09.0	Atria	108 05.1	S69 00.6
20	118 05.3	162 31.3	12.5	168 37.3	34.2	26 11.4	29.3	182 32.1	09.0	Avior	234 25.0	S59 28.9
21	133 07.8	177 31.4	· · 12.2	183 37.8	· · 33.8	41 13.7	· · 29.3	197 34.4	· · 09.0	Bellatrix	278 50.8	N 6 20.5
22	148 10.2	192 31.5	11.8	198 38.4	33.4	56 15.9	29.3	212 36.7	09.0	Betelgeuse	271 20.2	N 7 24.4
23	163 12.7	207 31.6	11.4	213 38.9	32.9	71 18.2	29.3	227 38.9	08.9			
21 00	178 15.2	222 31.7	S14 11.1	228 39.4	S19 32.5	86 20.4	N23 29.3	242 41.2	S21 08.9	Canopus	264 03.8	S52 41.6
01	193 17.6	237 31.9	10.7	243 40.0	32.1	101 22.7	29.3	257 43.5	08.9	Capella	281 00.4	N45 59.6
02	208 20.1	252 32.0	10.4	258 40.5	31.6	116 25.0	29.3	272 45.8	08.8	Deneb	49 43.8	N45 14.4
03	223 22.6	267 32.1	· · 10.0	273 41.1	· · 31.2	131 27.2	· · 29.3	287 48.1	· · 08.8	Denebola	182 51.0	N14 37.4
04	238 25.0	282 32.2	09.6	288 41.6	30.7	146 29.5	29.3	302 50.3	08.8	Diphda	349 13.6	S18 02.5
05	253 27.5	297 32.3	09.3	303 42.2	30.3	161 31.7	29.3	317 52.6	08.8			
06	268 30.0	312 32.4	S14 08.9	318 42.7	S19 29.9	176 34.0	N23 29.3	332 54.9	S21 08.7	Dubhe	194 12.0	N61 48.2
W 07	283 32.4	327 32.6	08.5	333 43.3	29.4	191 36.2	29.3	347 57.2	08.7	Elnath	278 34.7	N28 36.1
E 08	298 34.9	342 32.7	08.1	348 43.8	29.0	206 38.5	29.3	2 59.5	08.7	Eltanin	90 54.2	N51 28.9
D 09	313 37.4	357 32.8	· · 07.8	3 44.4	· · 28.5	221 40.7	· · 29.3	18 01.8	· · 08.7	Enif	34 04.5	N 9 49.6
N 10	328 39.8	12 32.9	07.4	18 44.9	28.1	236 43.0	29.3	33 04.0	08.6	Fomalhaut	15 43.4	S29 40.5
E 11	343 42.3	27 33.0	07.0	33 45.5	27.7	251 45.3	29.3	48 06.3	08.6			
S 12	358 44.7	42 33.1	S14 06.7	48 46.0	S19 27.2	266 47.5	N23 29.3	63 08.6	S21 08.6	Gacrux	172 20.1	S57 03.6
D 13	13 47.2	57 33.2	06.3	63 46.6	26.8	281 49.8	29.3	78 10.9	08.6	Gienah	176 10.0	S17 29.5
A 14	28 49.7	72 33.3	05.9	78 47.1	26.3	296 52.0	29.3	93 13.2	08.5	Hadar	149 12.4	S60 19.6
Y 15	43 52.1	87 33.5	· · 05.5	93 47.7	· · 25.9	311 54.3	· · 29.3	108 15.5	· · 08.5	Hamal	328 20.8	N23 25.1
16	58 54.6	102 33.6	05.2	108 48.2	25.4	326 56.5	29.3	123 17.8	08.5	Kaus Aust.	84 06.9	S34 23.4
17	73 57.1	117 33.7	04.8	123 48.8	25.0	341 58.8	29.3	138 20.0	08.4			
18	88 59.5	132 33.8	S14 04.4	138 49.3	S19 24.6	357 01.0	N23 29.3	153 22.3	S21 08.4	Kochab	137 18.0	N74 11.3
19	104 02.0	147 33.9	04.0	153 49.9	24.1	12 03.3	29.3	168 24.6	08.4	Markab	13 56.1	N15 09.1
20	119 04.5	162 34.0	03.6	168 50.4	23.7	27 05.5	29.3	183 26.9	08.4	Menkar	314 33.5	N 4 03.1
21	134 06.9	177 34.1	· · 03.3	183 51.0	· · 23.2	42 07.8	· · 29.3	198 29.2	· · 08.3	Menkent	148 28.0	S36 19.5
22	149 09.4	192 34.2	02.9	198 51.5	22.8	57 10.0	29.3	213 31.5	08.3	Miaplacidus	221 43.0	S69 40.8
23	164 11.9	207 34.3	02.5	213 52.1	22.3	72 12.3	29.3	228 33.7	08.3			
22 00	179 14.3	222 34.4	S14 02.1	228 52.6	S19 21.9	87 14.5	N23 29.3	243 36.0	S21 08.3	Mirfak	309 05.8	N49 49.9
01	194 16.8	237 34.5	01.7	243 53.2	21.4	102 16.8	29.3	258 38.3	08.2	Nunki	76 20.0	S26 18.7
02	209 19.2	252 34.6	01.3	258 53.8	21.0	117 19.0	29.3	273 40.6	08.2	Peacock	53 46.8	S56 45.9
03	224 21.7	267 34.7	· · 01.0	273 54.3	· · 20.5	132 21.3	· · 29.3	288 42.9	· · 08.2	Pollux	243 48.8	N28 03.1
04	239 24.2	282 34.8	00.6	288 54.9	20.1	147 23.5	29.3	303 45.2	08.2	Procyon	245 17.8	N 5 15.0
05	254 26.6	297 34.9	14 00.2	303 55.4	19.7	162 25.8	29.3	318 47.5	08.1			
06	269 29.1	312 35.0	S13 59.8	318 56.0	S19 19.2	177 28.0	N23 29.3	333 49.7	S21 08.1	Rasalhague	96 22.6	N12 33.7
07	284 31.6	327 35.1	59.4	333 56.5	18.8	192 30.2	29.3	348 52.0	08.1	Regulus	208 01.7	N12 00.8
T 08	299 34.0	342 35.2	59.0	348 57.1	18.3	207 32.5	29.3	3 54.3	08.0	Rigel	281 28.9	S 8 12.8
H 09	314 36.5	357 35.3	· · 58.6	3 57.6	· · 17.9	222 34.7	· · 29.3	18 56.6	· · 08.0	Rigil Kent.	140 15.3	S60 47.7
U 10	329 39.0	12 35.4	58.2	18 58.2	17.4	237 37.0	29.3	33 58.9	08.0	Sabik	102 32.5	S15 43.0
R 11	344 41.4	27 35.5	57.8	33 58.7	17.0	252 39.2	29.3	49 01.2	08.0			
S 12	359 43.9	42 35.6	S13 57.4	48 59.3	S19 16.5	267 41.5	N23 29.3	64 03.5	S21 07.9	Schedar	350 01.3	N56 29.1
D 13	14 46.4	57 35.6	57.0	63 59.8	16.1	282 43.7	29.3	79 05.8	07.9	Shaula	96 45.6	S37 05.9
A 14	29 48.8	72 35.7	56.6	79 00.4	15.6	297 46.0	29.3	94 08.0	07.9	Sirius	258 49.0	S16 42.3
Y 15	44 51.3	87 35.8	· · 56.2	94 00.9	· · 15.2	312 48.2	· · 29.3	109 10.3	· · 07.9	Spica	158 49.4	S11 06.9
16	59 53.7	102 35.9	55.9	109 01.5	14.7	327 50.5	29.3	124 12.6	07.8	Suhail	223 05.1	S43 23.8
17	74 56.2	117 36.0	55.5	124 02.0	14.3	342 52.7	29.3	139 14.9	07.8			
18	89 58.7	132 36.1	S13 55.1	139 02.6	S19 13.8	357 54.9	N23 29.3	154 17.2	S21 07.8	Vega	80 50.8	N38 46.0
19	105 01.1	147 36.2	54.7	154 03.1	13.4	12 57.2	29.3	169 19.5	07.8	Zuben'ubi	137 24.5	S16 00.3
20	120 03.6	162 36.3	54.3	169 03.7	12.9	27 59.4	29.3	184 21.8	07.7		S.H.A.	Mer. Pass.
21	135 06.1	177 36.4	· · 53.9	184 04.3	· · 12.4	43 01.7	· · 29.3	199 24.1	· · 07.7		° ′	h m
22	150 08.5	192 36.4	53.4	199 04.8	12.0	58 03.9	29.4	214 26.4	07.7	Venus	44 16.6	9 10
23	165 11.0	207 36.5	53.0	214 05.4	11.5	73 06.2	29.4	229 28.6	07.7	Mars	50 24.3	8 45
Mer. Pass.	h m 12 05.0	v 0.1	d 0.4	v 0.5	d 0.4	v 2.3	d 0.0	v 2.3	d 0.0	Jupiter	268 05.3	18 12
										Saturn	64 26.0	7 48

UT (GMT) d	h	SUN G.H.A. ° ′	SUN Dec. ° ′	MOON G.H.A. ° ′	v ′	MOON Dec. ° ′	d ′	H.P. ′
20	00	178 04.7	S 0 21.1	263 17.7	9.3	S26 51.1	3.0	55.2
	01	193 04.9	20.1	277 46.0	9.3	26 48.1	3.1	55.2
	02	208 05.1	19.1	292 14.3	9.3	26 45.0	3.2	55.2
	03	223 05.3	. . 18.1	306 42.6	9.3	26 41.8	3.4	55.3
	04	238 05.5	17.1	321 10.9	9.3	26 38.4	3.5	55.3
	05	253 05.7	16.1	335 39.2	9.2	26 34.9	3.7	55.3
	06	268 05.8	S 0 15.1	350 07.4	9.3	S26 31.2	3.8	55.4
	07	283 06.0	14.2	4 35.7	9.3	26 27.4	3.9	55.4
T	08	298 06.2	13.2	19 04.0	9.3	26 23.5	4.1	55.4
U	09	313 06.4	. . 12.2	33 32.3	9.3	26 19.4	4.2	55.4
E	10	328 06.6	11.2	48 00.6	9.4	26 15.2	4.4	55.5
S	11	343 06.8	10.2	62 29.0	9.3	26 10.8	4.5	55.5
D	12	358 06.9	S 0 09.2	76 57.3	9.3	S26 06.3	4.6	55.5
A	13	13 07.1	08.2	91 25.6	9.4	26 01.7	4.8	55.5
Y	14	28 07.3	07.2	105 54.0	9.3	25 56.9	4.9	55.6
	15	43 07.5	. . 06.3	120 22.3	9.4	25 52.0	5.0	55.6
	16	58 07.7	05.3	134 50.7	9.4	25 47.0	5.2	55.6
	17	73 07.9	04.3	149 19.1	9.3	25 41.8	5.3	55.7
	18	88 08.0	S 0 03.3	163 47.4	9.5	S25 36.5	5.5	55.7
	19	103 08.2	02.3	178 15.9	9.4	25 31.0	5.6	55.7
	20	118 08.4	01.3	192 44.3	9.4	25 25.4	5.7	55.7
	21	133 08.6	S 0 00.3	207 12.7	9.5	25 19.7	5.9	55.8
	22	148 08.8	N 0 00.7	221 41.2	9.4	25 13.8	6.0	55.8
	23	163 09.0	01.7	236 09.6	9.5	25 07.8	6.1	55.8
21	00	178 09.2	N 0 02.6	250 38.1	9.5	S25 01.7	6.3	55.9
	01	193 09.3	03.6	265 06.6	9.5	24 55.4	6.4	55.9
	02	208 09.5	04.6	279 35.1	9.6	24 49.0	6.6	55.9
	03	223 09.7	. . 05.6	294 03.7	9.5	24 42.4	6.7	56.0
	04	238 09.9	06.6	308 32.2	9.6	24 35.7	6.8	56.0
	05	253 10.1	07.6	323 00.8	9.6	24 28.9	6.9	56.0
	06	268 10.3	N 0 08.6	337 29.4	9.6	S24 22.0	7.1	56.1
W	07	283 10.5	09.6	351 58.0	9.7	24 14.9	7.2	56.1
E	08	298 10.6	10.5	6 26.7	9.6	24 07.7	7.4	56.1
D	09	313 10.8	. . 11.5	20 55.3	9.7	24 00.3	7.5	56.2
N	10	328 11.0	12.5	35 24.0	9.7	23 52.8	7.6	56.2
E	11	343 11.2	13.5	49 52.7	9.8	23 45.2	7.7	56.2
S	12	358 11.4	N 0 14.5	64 21.5	9.8	S23 37.5	7.9	56.3
D	13	13 11.6	15.5	78 50.3	9.7	23 29.6	8.0	56.3
A	14	28 11.8	16.5	93 19.0	9.9	23 21.6	8.2	56.3
Y	15	43 11.9	. . 17.5	107 47.9	9.8	23 13.4	8.2	56.4
	16	58 12.1	18.4	122 16.7	9.9	23 05.2	8.4	56.4
	17	73 12.3	19.4	136 45.6	9.9	22 56.8	8.6	56.4
	18	88 12.5	N 0 20.4	151 14.5	9.9	S22 48.2	8.6	56.5
	19	103 12.7	21.4	165 43.4	9.9	22 39.6	8.8	56.5
	20	118 12.9	22.4	180 12.3	10.0	22 30.8	8.9	56.5
	21	133 13.1	. . 23.4	194 41.3	10.0	22 21.9	9.0	56.6
	22	148 13.2	24.4	209 10.3	10.1	22 12.9	9.2	56.6
	23	163 13.4	25.4	223 39.4	10.0	22 03.7	9.3	56.6
22	00	178 13.6	N 0 26.3	238 08.4	10.1	S21 54.4	9.4	56.7
	01	193 13.8	27.3	252 37.5	10.1	21 45.0	9.5	56.7
	02	208 14.0	28.3	267 06.6	10.2	21 35.5	9.7	56.7
	03	223 14.2	. . 29.3	281 35.8	10.2	21 25.8	9.8	56.8
	04	238 14.4	30.3	296 05.0	10.2	21 16.0	9.9	56.8
	05	253 14.6	31.3	310 34.2	10.2	21 06.1	10.0	56.9
	06	268 14.7	N 0 32.3	325 03.4	10.3	S20 56.1	10.2	56.9
	07	283 14.9	33.3	339 32.7	10.3	20 45.9	10.2	56.9
T	08	298 15.1	34.2	354 02.0	10.3	20 35.7	10.4	57.0
H	09	313 15.3	. . 35.2	8 31.3	10.3	20 25.3	10.5	57.0
U	10	328 15.5	36.2	23 00.6	10.4	20 14.8	10.6	57.0
R	11	343 15.7	37.2	37 30.0	10.4	20 04.2	10.8	57.1
S	12	358 15.9	N 0 38.2	51 59.4	10.5	S19 53.4	10.8	57.1
D	13	13 16.1	39.2	66 28.9	10.5	19 42.6	11.0	57.1
A	14	28 16.2	40.2	80 58.4	10.5	19 31.6	11.1	57.2
Y	15	43 16.4	. . 41.2	95 27.9	10.5	19 20.5	11.2	57.2
	16	58 16.6	42.1	109 57.4	10.6	19 09.3	11.3	57.3
	17	73 16.8	43.1	124 27.0	10.6	18 58.0	11.4	57.3
	18	88 17.0	N 0 44.1	138 56.6	10.6	S18 46.6	11.5	57.3
	19	103 17.2	45.1	153 26.2	10.6	18 35.1	11.7	57.4
	20	118 17.4	46.1	167 55.8	10.7	18 23.4	11.7	57.4
	21	133 17.6	. . 47.1	182 25.5	10.7	18 11.7	11.9	57.4
	22	148 17.7	48.1	196 55.2	10.7	17 59.8	12.0	57.5
	23	163 17.9	49.0	211 24.9	10.8	17 47.8	12.0	57.5
		S.D. 16.1	d 1.0	S.D. 15.1		15.3		15.6

Lat. °	Twilight Naut. h m	Twilight Civil h m	Sunrise h m	Moonrise 20 h m	Moonrise 21 h m	Moonrise 22 h m	Moonrise 23 h m
N 72	03 17	04 47	05 55	■	■	■	07 24
N 70	03 36	04 55	05 56	■	■	■	06 44
68	03 51	05 01	05 57	■	■	07 05	06 16
66	04 03	05 07	05 58	■	■	06 19	05 55
64	04 13	05 11	05 59	■	06 06	05 48	05 38
62	04 21	05 15	05 59	05 21	05 26	05 25	05 24
60	04 28	05 18	06 00	04 39	04 58	05 07	05 12
N 58	04 34	05 21	06 00	04 11	04 36	04 51	05 01
56	04 39	05 23	06 01	03 48	04 18	04 38	04 52
54	04 44	05 26	06 01	03 30	04 03	04 27	04 44
52	04 48	05 28	06 01	03 15	03 50	04 16	04 37
50	04 51	05 29	06 01	03 01	03 39	04 07	04 30
45	04 58	05 33	06 02	02 34	03 14	03 48	04 16
N 40	05 04	05 35	06 02	02 12	02 55	03 32	04 04
35	05 08	05 38	06 03	01 54	02 39	03 19	03 54
30	05 11	05 39	06 03	01 39	02 25	03 07	03 45
20	05 16	05 42	06 04	01 12	02 01	02 47	03 29
N 10	05 18	05 43	06 04	00 49	01 40	02 29	03 16
0	05 19	05 43	06 04	00 28	01 21	02 13	03 03
S 10	05 19	05 43	06 04	00 07	01 01	01 56	02 50
20	05 16	05 42	06 04	24 40	00 40	01 38	02 37
30	05 12	05 40	06 04	24 16	00 16	01 18	02 21
35	05 09	05 38	06 04	24 02	00 02	01 06	02 12
40	05 05	05 36	06 03	23 45	24 52	00 52	02 01
45	04 59	05 34	06 03	23 25	24 35	00 35	01 49
S 50	04 52	05 31	06 03	23 00	24 15	00 15	01 33
52	04 49	05 29	06 03	22 48	24 05	00 05	01 26
54	04 45	05 27	06 02	22 34	23 54	25 18	01 18
56	04 41	05 25	06 02	22 18	23 41	25 09	01 09
58	04 36	05 23	06 02	21 59	23 26	24 59	00 59
S 60	04 30	05 20	06 02	21 35	23 09	24 47	00 47

Lat. °	Sunset h m	Twilight Civil h m	Twilight Naut. h m	Moonset 20 h m	Moonset 21 h m	Moonset 22 h m	Moonset 23 h m
N 72	18 22	19 31	21 03	■	■	■	11 30
N 70	18 21	19 23	20 42	■	■	■	12 08
68	18 19	19 16	20 27	■	■	10 01	12 35
66	18 18	19 10	20 14	■	■	10 46	12 54
64	18 18	19 05	20 04	■	09 11	11 15	13 10
62	18 17	19 01	19 55	08 05	09 50	11 37	13 23
60	18 16	18 58	19 48	08 47	10 18	11 55	13 34
N 58	18 16	18 55	19 42	09 16	10 39	12 10	13 44
56	18 15	18 52	19 37	09 38	10 56	12 22	13 52
54	18 15	18 50	19 32	09 56	11 11	12 33	13 59
52	18 14	18 48	19 28	10 11	11 24	12 43	14 06
50	18 14	18 46	19 24	10 24	11 35	12 52	14 12
45	18 13	18 43	19 17	10 51	11 58	13 10	14 24
N 40	18 13	18 40	19 11	11 12	12 16	13 24	14 35
35	18 12	18 37	19 07	11 30	12 32	13 37	14 44
30	18 12	18 36	19 04	11 45	12 45	13 48	14 51
20	18 11	18 33	18 59	12 11	13 08	14 06	15 05
N 10	18 11	18 32	18 56	12 33	13 28	14 22	15 16
0	18 11	18 31	18 55	12 54	13 46	14 37	15 27
S 10	18 10	18 31	18 56	13 14	14 04	14 52	15 37
20	18 10	18 32	18 58	13 36	14 23	15 07	15 49
30	18 10	18 34	19 02	14 01	14 45	15 25	16 01
35	18 10	18 36	19 05	14 16	14 58	15 35	16 09
40	18 10	18 37	19 09	14 33	15 13	15 47	16 17
45	18 11	18 40	19 14	14 54	15 30	16 01	16 26
S 50	18 11	18 43	19 21	15 19	15 52	16 17	16 38
52	18 11	18 44	19 24	15 32	16 02	16 25	16 43
54	18 11	18 46	19 28	15 46	16 14	16 34	16 49
56	18 11	18 48	19 32	16 02	16 27	16 43	16 55
58	18 11	18 50	19 37	16 22	16 42	16 54	17 03
S 60	18 11	18 53	19 43	16 47	17 00	17 07	17 11

Day	SUN Eqn. of Time 00h m s	SUN Eqn. of Time 12h m s	SUN Mer. Pass. h m	MOON Mer. Pass. Upper h m	MOON Mer. Pass. Lower h m	Age d	Phase
20	07 41	07 33	12 08	06 41	19 07	23	
21	07 24	07 15	12 07	07 33	19 59	24	◐
22	07 06	06 57	12 07	08 25	20 50	25	

Day	UT (GMT) d h	ARIES G.H.A. ° ′	VENUS −4.4 G.H.A. ° ′	Dec. ° ′	MARS +1.1 G.H.A. ° ′	Dec. ° ′	JUPITER −2.2 G.H.A. ° ′	Dec. ° ′	SATURN +0.6 G.H.A. ° ′	Dec. ° ′
	23 00	180 13.5	222 36.6	S13 52.6	229 05.9	S19 11.1	88 08.4	N23 29.4	244 30.9	S21 07.6
	01	195 15.9	237 36.7	52.2	244 06.5	10.6	103 10.6	29.4	259 33.2	07.6
	02	210 18.4	252 36.8	51.8	259 07.0	10.2	118 12.9	29.4	274 35.5	07.6
	03	225 20.8	267 36.9	· · 51.4	274 07.6	· · 09.7	133 15.1	· · 29.4	289 37.8	· · 07.5
	04	240 23.3	282 36.9	51.0	289 08.1	09.3	148 17.4	29.4	304 40.1	07.5
	05	255 25.8	297 37.0	50.6	304 08.7	08.8	163 19.6	29.4	319 42.4	07.5
	06	270 28.2	312 37.1	S13 50.2	319 09.3	S19 08.4	178 21.8	N23 29.4	334 44.7	S21 07.5
	07	285 30.7	327 37.2	49.8	334 09.8	07.9	193 24.1	29.4	349 47.0	07.4
	08	300 33.2	342 37.3	49.4	349 10.4	07.5	208 26.3	29.4	4 49.2	07.4
F	09	315 35.6	357 37.3	· · 49.0	4 10.9	· · 07.0	223 28.6	· · 29.4	19 51.5	· · 07.4
R	10	330 38.1	12 37.4	48.6	19 11.5	06.5	238 30.8	29.4	34 53.8	07.4
I	11	345 40.6	27 37.5	48.1	34 12.0	06.1	253 33.0	29.4	49 56.1	07.3
D	12	0 43.0	42 37.6	S13 47.7	49 12.6	S19 05.6	268 35.3	N23 29.4	64 58.4	S21 07.3
A	13	15 45.5	57 37.6	47.3	64 13.1	05.2	283 37.5	29.4	80 00.7	07.3
Y	14	30 48.0	72 37.7	46.9	79 13.7	04.7	298 39.7	29.4	95 03.0	07.3
	15	45 50.4	87 37.8	· · 46.5	94 14.3	· · 04.3	313 42.0	· · 29.4	110 05.3	· · 07.2
	16	60 52.9	102 37.9	46.1	109 14.8	03.8	328 44.2	29.4	125 07.6	07.2
	17	75 55.3	117 37.9	45.7	124 15.4	03.3	343 46.4	29.4	140 09.9	07.2
	18	90 57.8	132 38.0	S13 45.2	139 15.9	S19 02.9	358 48.7	N23 29.4	155 12.2	S21 07.2
	19	106 00.3	147 38.1	44.8	154 16.5	02.4	13 50.9	29.4	170 14.4	07.1
	20	121 02.7	162 38.1	44.4	169 17.0	02.0	28 53.2	29.4	185 16.7	07.1
	21	136 05.2	177 38.2	· · 44.0	184 17.6	· · 01.5	43 55.4	· · 29.4	200 19.0	· · 07.1
	22	151 07.7	192 38.3	43.5	199 18.2	01.0	58 57.6	29.4	215 21.3	07.1
	23	166 10.1	207 38.4	43.1	214 18.7	00.6	73 59.9	29.4	230 23.6	07.0
	24 00	181 12.6	222 38.4	S13 42.7	229 19.3	S19 00.1	89 02.1	N23 29.4	245 25.9	S21 07.0
	01	196 15.1	237 38.5	42.3	244 19.8	18 59.7	104 04.3	29.4	260 28.2	07.0
	02	211 17.5	252 38.6	41.9	259 20.4	59.2	119 06.6	29.4	275 30.5	07.0
	03	226 20.0	267 38.6	· · 41.4	274 21.0	· · 58.7	134 08.8	· · 29.4	290 32.8	· · 06.9
	04	241 22.5	282 38.7	41.0	289 21.5	58.3	149 11.0	29.4	305 35.1	06.9
	05	256 24.9	297 38.7	40.6	304 22.1	57.8	164 13.3	29.4	320 37.4	06.9
	06	271 27.4	312 38.8	S13 40.1	319 22.6	S18 57.3	179 15.5	N23 29.4	335 39.7	S21 06.9
	07	286 29.8	327 38.9	39.7	334 23.2	56.9	194 17.7	29.4	350 42.0	06.8
S	08	301 32.3	342 38.9	39.3	349 23.7	56.4	209 19.9	29.4	5 44.3	06.8
A	09	316 34.8	357 39.0	· · 38.9	4 24.3	· · 55.9	224 22.2	· · 29.4	20 46.5	· · 06.8
T	10	331 37.2	12 39.1	38.4	19 24.9	55.5	239 24.4	29.4	35 48.8	06.8
U	11	346 39.7	27 39.1	38.0	34 25.4	55.0	254 26.6	29.4	50 51.1	06.7
R	12	1 42.2	42 39.2	S13 37.6	49 26.0	S18 54.6	269 28.9	N23 29.4	65 53.4	S21 06.7
D	13	16 44.6	57 39.2	37.1	64 26.5	54.1	284 31.1	29.4	80 55.7	06.7
A	14	31 47.1	72 39.3	36.7	79 27.1	53.6	299 33.3	29.4	95 58.0	06.6
Y	15	46 49.6	87 39.4	· · 36.3	94 27.7	· · 53.2	314 35.6	· · 29.4	111 00.3	· · 06.6
	16	61 52.0	102 39.4	35.8	109 28.2	52.7	329 37.8	29.4	126 02.6	06.6
	17	76 54.5	117 39.5	35.4	124 28.8	52.2	344 40.0	29.4	141 04.9	06.6
	18	91 56.9	132 39.5	S13 34.9	139 29.3	S18 51.8	359 42.2	N23 29.4	156 07.2	S21 06.5
	19	106 59.4	147 39.6	34.5	154 29.9	51.3	14 44.5	29.4	171 09.5	06.5
	20	122 01.9	162 39.6	34.1	169 30.5	50.8	29 46.7	29.4	186 11.8	06.5
	21	137 04.3	177 39.7	· · 33.6	184 31.0	· · 50.4	44 48.9	· · 29.4	201 14.1	· · 06.5
	22	152 06.8	192 39.7	33.2	199 31.6	49.9	59 51.1	29.4	216 16.4	06.4
	23	167 09.3	207 39.8	32.7	214 32.2	49.4	74 53.4	29.4	231 18.7	06.4
	25 00	182 11.7	222 39.9	S13 32.3	229 32.7	S18 49.0	89 55.6	N23 29.4	246 21.0	S21 06.4
	01	197 14.2	237 39.9	31.8	244 33.3	48.5	104 57.8	29.4	261 23.3	06.4
	02	212 16.7	252 40.0	31.4	259 33.8	48.0	120 00.0	29.4	276 25.6	06.3
	03	227 19.1	267 40.0	· · 31.0	274 34.4	· · 47.5	135 02.3	· · 29.4	291 27.9	· · 06.3
	04	242 21.6	282 40.1	30.5	289 35.0	47.1	150 04.5	29.4	306 30.2	06.3
	05	257 24.1	297 40.1	30.1	304 35.5	46.6	165 06.7	29.4	321 32.5	06.3
	06	272 26.5	312 40.2	S13 29.6	319 36.1	S18 46.1	180 08.9	N23 29.4	336 34.8	S21 06.2
	07	287 29.0	327 40.2	29.2	334 36.6	45.7	195 11.2	29.4	351 37.1	06.2
	08	302 31.4	342 40.3	28.7	349 37.2	45.2	210 13.4	29.4	6 39.3	06.2
S	09	317 33.9	357 40.3	· · 28.3	4 37.8	· · 44.7	225 15.6	· · 29.4	21 41.6	· · 06.2
U	10	332 36.4	12 40.3	27.8	19 38.3	44.3	240 17.8	29.4	36 43.9	06.1
N	11	347 38.8	27 40.4	27.4	34 38.9	43.8	255 20.1	29.4	51 46.2	06.1
D	12	2 41.3	42 40.4	S13 26.9	49 39.5	S18 43.3	270 22.3	N23 29.4	66 48.5	S21 06.1
A	13	17 43.8	57 40.5	26.5	64 40.0	42.8	285 24.5	29.4	81 50.8	06.1
Y	14	32 46.2	72 40.5	26.0	79 40.6	42.4	300 26.7	29.4	96 53.1	06.0
	15	47 48.7	87 40.6	· · 25.5	94 41.2	· · 41.9	315 28.9	· · 29.4	111 55.4	· · 06.0
	16	62 51.2	102 40.6	25.1	109 41.7	41.4	330 31.2	29.4	126 57.7	06.0
	17	77 53.6	117 40.7	24.6	124 42.3	40.9	345 33.4	29.4	142 00.0	06.0
	18	92 56.1	132 40.7	S13 24.2	139 42.8	S18 40.5	0 35.6	N23 29.4	157 02.3	S21 05.9
	19	107 58.6	147 40.7	23.7	154 43.4	40.0	15 37.8	29.4	172 04.6	05.9
	20	123 01.0	162 40.8	23.3	169 44.0	39.5	30 40.1	29.4	187 06.9	05.9
	21	138 03.5	177 40.8	· · 22.8	184 44.5	· · 39.0	45 42.3	· · 29.4	202 09.2	· · 05.9
	22	153 05.9	192 40.9	22.3	199 45.1	38.6	60 44.5	29.4	217 11.5	05.8
	23	168 08.4	207 40.9	21.9	214 45.7	38.1	75 46.7	29.4	232 13.8	05.8
	Mer. Pass. h m	11 53.2	*v* 0.1	*d* 0.4	*v* 0.6	*d* 0.5	*v* 2.2	*d* 0.0	*v* 2.3	*d* 0.0

STARS

Name	S.H.A. ° ′	Dec. ° ′
Acamar	315 31.7	S40 20.7
Achernar	335 39.9	S57 17.2
Acrux	173 28.5	S63 02.8
Adhara	255 26.2	S28 57.7
Aldebaran	291 09.6	N16 29.5
Alioth	166 35.1	N56 00.5
Alkaid	153 11.9	N49 21.4
Al Na'ir	28 05.7	S47 00.5
Alnilam	276 04.1	S 1 12.5
Alphard	218 13.0	S 8 37.1
Alphecca	126 25.5	N26 44.5
Alpheratz	358 02.0	N29 02.2
Altair	62 25.4	N 8 50.3
Ankaa	353 33.1	S42 21.6
Antares	112 47.5	S26 24.8
Arcturus	146 11.3	N19 13.7
Atria	108 05.0	S69 00.6
Avior	234 25.0	S59 28.9
Bellatrix	278 50.8	N 6 20.5
Betelgeuse	271 20.2	N 7 24.4
Canopus	264 03.9	S52 41.6
Capella	281 00.4	N45 59.6
Deneb	49 43.7	N45 14.4
Denebola	182 51.0	N14 37.4
Diphda	349 13.6	S18 02.5
Dubhe	194 12.0	N61 48.2
Elnath	278 34.7	N28 36.1
Eltanin	90 54.2	N51 28.9
Enif	34 04.5	N 9 49.6
Fomalhaut	15 43.4	S29 40.5
Gacrux	172 20.1	S57 03.7
Gienah	176 10.0	S17 29.5
Hadar	149 12.4	S60 19.6
Hamal	328 20.8	N23 25.1
Kaus Aust.	84 06.9	S34 23.4
Kochab	137 17.9	N74 11.4
Markab	13 56.1	N15 09.0
Menkar	314 33.5	N 4 03.1
Menkent	148 27.9	S36 19.5
Miaplacidus	221 43.1	S69 40.9
Mirfak	309 05.8	N49 49.9
Nunki	76 19.9	S26 18.7
Peacock	53 46.7	S56 45.9
Pollux	243 48.8	N28 03.1
Procyon	245 17.8	N 5 15.0
Rasalhague	96 22.6	N12 33.7
Regulus	208 01.7	N12 00.8
Rigel	281 28.9	S 8 12.8
Rigil Kent.	140 15.3	S60 47.7
Sabik	102 32.5	S15 43.0
Schedar	350 01.3	N56 29.1
Shaula	96 45.5	S37 05.9
Sirius	258 49.0	S16 42.3
Spica	158 49.4	S11 06.9
Suhail	223 05.1	S43 23.8
Vega	80 50.8	N38 46.0
Zuben'ubi	137 24.5	S16 00.3

	S.H.A. ° ′	Mer. Pass. h m
Venus	41 25.8	9 09
Mars	48 06.7	8 42
Jupiter	267 49.5	18 01
Saturn	64 13.3	7 37

UT (GMT)		SUN G.H.A.	SUN Dec.	MOON G.H.A.	v	MOON Dec.	d	H.P.
d	h	° ′	° ′	° ′	′	° ′	′	′
23	00	178 18.1	N 0 50.0	225 54.7	10.8	S17 35.8	12.2	57.6
	01	193 18.3	51.0	240 24.5	10.8	17 23.6	12.3	57.6
	02	208 18.5	52.0	254 54.3	10.8	17 11.3	12.4	57.6
	03	223 18.7	.. 53.0	269 24.1	10.9	16 58.9	12.5	57.7
	04	238 18.9	54.0	283 54.0	10.9	16 46.4	12.6	57.7
	05	253 19.1	55.0	298 23.9	10.9	16 33.8	12.7	57.8
	06	268 19.2	N 0 56.0	312 53.8	11.0	S16 21.1	12.8	57.8
	07	283 19.4	56.9	327 23.8	10.9	16 08.3	12.9	57.8
	08	298 19.6	57.9	341 53.7	11.0	15 55.4	13.0	57.9
F	09	313 19.8	.. 58.9	356 23.7	11.0	15 42.4	13.1	57.9
R	10	328 20.0	0 59.9	10 53.7	11.1	15 29.3	13.2	57.9
I	11	343 20.2	1 00.9	25 23.8	11.0	15 16.1	13.3	58.0
D	12	358 20.4	N 1 01.9	39 53.8	11.1	S15 02.8	13.4	58.0
A	13	13 20.6	02.9	54 23.9	11.1	14 49.4	13.5	58.1
Y	14	28 20.7	03.8	68 54.0	11.2	14 35.9	13.6	58.1
	15	43 20.9	.. 04.8	83 24.2	11.1	14 22.3	13.6	58.1
	16	58 21.1	05.8	97 54.3	11.2	14 08.7	13.8	58.2
	17	73 21.3	06.8	112 24.5	11.2	13 54.9	13.8	58.2
	18	88 21.5	N 1 07.8	126 54.7	11.2	S13 41.1	14.0	58.3
	19	103 21.7	08.8	141 24.9	11.2	13 27.1	14.0	58.3
	20	118 21.9	09.8	155 55.1	11.2	13 13.1	14.1	58.3
	21	133 22.1	.. 10.7	170 25.3	11.3	12 59.0	14.2	58.4
	22	148 22.3	11.7	184 55.6	11.3	12 44.8	14.3	58.4
	23	163 22.4	12.7	199 25.9	11.3	12 30.5	14.3	58.4
24	00	178 22.6	N 1 13.7	213 56.2	11.3	S12 16.2	14.5	58.5
	01	193 22.8	14.7	228 26.5	11.3	12 01.7	14.5	58.5
	02	208 23.0	15.7	242 56.8	11.3	11 47.2	14.6	58.6
	03	223 23.2	.. 16.7	257 27.1	11.4	11 32.6	14.7	58.6
	04	238 23.4	17.6	271 57.5	11.3	11 17.9	14.7	58.6
	05	253 23.6	18.6	286 27.8	11.4	11 03.2	14.9	58.7
	06	268 23.8	N 1 19.6	300 58.2	11.4	S10 48.3	14.9	58.7
	07	283 23.9	20.6	315 28.6	11.4	10 33.4	15.0	58.7
S	08	298 24.1	21.6	329 59.0	11.4	10 18.4	15.0	58.8
A	09	313 24.3	.. 22.6	344 29.4	11.4	10 03.4	15.1	58.8
T	10	328 24.5	23.6	358 59.8	11.4	9 48.3	15.2	58.8
U	11	343 24.7	24.5	13 30.2	11.4	9 33.1	15.3	58.9
R	12	358 24.9	N 1 25.5	28 00.6	11.4	S 9 17.8	15.3	58.9
D	13	13 25.1	26.5	42 31.0	11.5	9 02.5	15.4	59.0
A	14	28 25.3	27.5	57 01.5	11.4	8 47.1	15.5	59.0
Y	15	43 25.5	.. 28.5	71 31.9	11.4	8 31.6	15.5	59.0
	16	58 25.6	29.5	86 02.3	11.5	8 16.1	15.6	59.1
	17	73 25.8	30.5	100 32.8	11.4	8 00.5	15.6	59.1
	18	88 26.0	N 1 31.4	115 03.2	11.4	S 7 44.9	15.7	59.1
	19	103 26.2	32.4	129 33.6	11.5	7 29.2	15.8	59.2
	20	118 26.4	33.4	144 04.1	11.4	7 13.4	15.8	59.2
	21	133 26.6	.. 34.4	158 34.5	11.4	6 57.6	15.9	59.2
	22	148 26.8	35.4	173 04.9	11.5	6 41.7	15.9	59.3
	23	163 27.0	36.4	187 35.4	11.4	6 25.8	16.0	59.3
25	00	178 27.2	N 1 37.3	202 05.8	11.4	S 6 09.8	16.0	59.3
	01	193 27.3	38.3	216 36.2	11.4	5 53.8	16.1	59.4
	02	208 27.5	39.3	231 06.6	11.4	5 37.7	16.1	59.4
	03	223 27.7	.. 40.3	245 37.0	11.4	5 21.6	16.2	59.4
	04	238 27.9	41.3	260 07.4	11.4	5 05.4	16.2	59.5
	05	253 28.1	42.3	274 37.8	11.4	4 49.2	16.3	59.5
	06	268 28.3	N 1 43.2	289 08.2	11.3	S 4 32.9	16.3	59.5
	07	283 28.5	44.2	303 38.5	11.4	4 16.6	16.3	59.6
	08	298 28.7	45.2	318 08.9	11.3	4 00.3	16.4	59.6
S	09	313 28.9	.. 46.2	332 39.2	11.3	3 43.9	16.4	59.6
U	10	328 29.0	47.2	347 09.5	11.3	3 27.5	16.5	59.7
N	11	343 29.2	48.2	1 39.8	11.3	3 11.0	16.5	59.7
D	12	358 29.4	N 1 49.1	16 10.1	11.3	S 2 54.5	16.5	59.7
A	13	13 29.6	50.1	30 40.4	11.2	2 38.0	16.5	59.7
Y	14	28 29.8	51.1	45 10.6	11.2	2 21.5	16.6	59.8
	15	43 30.0	.. 52.1	59 40.8	11.2	2 04.9	16.6	59.8
	16	58 30.2	53.1	74 11.0	11.2	1 48.3	16.7	59.8
	17	73 30.4	54.1	88 41.2	11.2	1 31.6	16.6	59.9
	18	88 30.5	N 1 55.0	103 11.4	11.1	S 1 15.0	16.7	59.9
	19	103 30.7	56.0	117 41.5	11.1	0 58.3	16.7	59.9
	20	118 30.9	57.0	132 11.6	11.1	0 41.6	16.7	59.9
	21	133 31.1	.. 58.0	146 41.7	11.1	0 24.9	16.8	60.0
	22	148 31.3	1 59.0	161 11.8	11.0	S 0 08.1	16.7	60.0
	23	163 31.5	2 00.0	175 41.8	11.0	N 0 08.6	16.8	60.0
		S.D. 16.1	*d* 1.0	S.D. 15.8		16.1		16.3

Lat.	Twilight Naut.	Twilight Civil	Sunrise	Moonrise 23	Moonrise 24	Moonrise 25	Moonrise 26
°	h m	h m	h m	h m	h m	h m	h m
N 72	02 55	04 30	05 39	07 24	06 22	05 43	05 09
N 70	03 18	04 40	05 42	06 44	06 05	05 36	05 11
68	03 36	04 48	05 44	06 16	05 51	05 31	05 13
66	03 50	04 55	05 46	05 55	05 39	05 26	05 14
64	04 01	05 00	05 48	05 38	05 30	05 23	05 16
62	04 10	05 05	05 49	05 24	05 22	05 19	05 17
60	04 18	05 09	05 51	05 12	05 15	05 16	05 18
N 58	04 25	05 12	05 52	05 01	05 08	05 14	05 19
56	04 31	05 15	05 53	04 52	05 03	05 11	05 20
54	04 36	05 18	05 53	04 44	04 58	05 09	05 20
52	04 40	05 20	05 54	04 37	04 53	05 07	05 21
50	04 44	05 23	05 55	04 30	04 49	05 06	05 22
45	04 53	05 27	05 56	04 16	04 40	05 02	05 23
N 40	04 59	05 31	05 58	04 04	04 32	04 58	05 24
35	05 04	05 33	05 59	03 54	04 26	04 56	05 25
30	05 08	05 36	06 00	03 45	04 20	04 53	05 26
20	05 13	05 39	06 01	03 29	04 10	04 49	05 28
N 10	05 17	05 41	06 02	03 16	04 01	04 45	05 30
0	05 18	05 42	06 03	03 03	03 53	04 41	05 31
S 10	05 19	05 43	06 04	02 50	03 44	04 38	05 32
20	05 17	05 43	06 05	02 37	03 35	04 34	05 34
30	05 14	05 42	06 06	02 21	03 25	04 30	05 36
35	05 11	05 41	06 06	02 12	03 19	04 27	05 37
40	05 08	05 40	06 07	02 01	03 12	04 24	05 38
45	05 03	05 38	06 07	01 49	03 04	04 21	05 40
S 50	04 57	05 35	06 08	01 33	02 54	04 17	05 41
52	04 55	05 34	06 08	01 26	02 50	04 15	05 42
54	04 51	05 33	06 08	01 18	02 45	04 13	05 43
56	04 47	05 31	06 08	01 09	02 40	04 11	05 44
58	04 43	05 29	06 09	00 59	02 33	04 08	05 45
S 60	04 38	05 27	06 09	00 47	02 26	04 06	05 46

Lat.	Sunset	Twilight Civil	Twilight Naut.	Moonset 23	Moonset 24	Moonset 25	Moonset 26
°	h m	h m	h m	h m	h m	h m	h m
N 72	18 36	19 46	21 23	11 30	14 18	16 43	19 08
N 70	18 33	19 36	20 59	12 08	14 32	16 45	19 00
68	18 30	19 27	20 40	12 35	14 44	16 47	18 53
66	18 28	19 20	20 26	12 54	14 53	16 49	18 47
64	18 26	19 15	20 14	13 10	15 01	16 51	18 42
62	18 25	19 10	20 05	13 23	15 08	16 52	18 38
60	18 24	19 06	19 57	13 34	15 13	16 53	18 35
N 58	18 22	19 02	19 50	13 44	15 18	16 54	18 32
56	18 21	18 59	19 44	13 52	15 23	16 55	18 29
54	18 20	18 56	19 38	13 59	15 27	16 55	18 26
52	18 20	18 53	19 34	14 06	15 30	16 56	18 24
50	18 19	18 51	19 30	14 12	15 34	16 57	18 22
45	18 17	18 47	19 21	14 24	15 41	16 58	18 18
N 40	18 16	18 43	19 15	14 35	15 46	16 59	18 14
35	18 15	18 40	19 10	14 44	15 51	17 00	18 11
30	18 14	18 38	19 06	14 51	15 56	17 01	18 08
20	18 12	18 34	19 00	15 05	16 03	17 02	18 03
N 10	18 11	18 32	18 56	15 16	16 10	17 04	17 59
0	18 10	18 30	18 54	15 27	16 16	17 05	17 55
S 10	18 09	18 30	18 54	15 37	16 22	17 06	17 51
20	18 08	18 30	18 55	15 49	16 28	17 07	17 47
30	18 07	18 30	18 58	16 01	16 35	17 08	17 42
35	18 06	18 31	19 01	16 09	16 39	17 09	17 39
40	18 06	18 32	19 04	16 17	16 44	17 10	17 36
45	18 05	18 34	19 08	16 26	16 49	17 11	17 32
S 50	18 04	18 36	19 14	16 38	16 55	17 12	17 28
52	18 04	18 37	19 17	16 43	16 58	17 12	17 26
54	18 04	18 39	19 20	16 49	17 01	17 13	17 24
56	18 03	18 40	19 24	16 55	17 05	17 13	17 22
58	18 03	18 42	19 28	17 03	17 09	17 14	17 19
S 60	18 02	18 44	19 33	17 11	17 13	17 15	17 16

Day	SUN Eqn. of Time 00ʰ	SUN Eqn. of Time 12ʰ	SUN Mer. Pass.	MOON Mer. Pass. Upper	MOON Mer. Pass. Lower	Age	Phase
	m s	m s	h m	h m	h m	d	
23	06 48	06 39	12 07	09 15	21 40	26	
24	06 30	06 21	12 06	10 04	22 29	27	◐
25	06 12	06 03	12 06	10 53	23 18	28	

UT (GMT) d	h	ARIES G.H.A. ° ′	VENUS −4.4 G.H.A. ° ′	VENUS Dec. ° ′	MARS +1.1 G.H.A. ° ′	MARS Dec. ° ′	JUPITER −2.2 G.H.A. ° ′	JUPITER Dec. ° ′	SATURN +0.6 G.H.A. ° ′	SATURN Dec. ° ′
26	00	183 10.9	222 40.9	S13 21.4	229 46.2	S18 37.6	90 48.9	N23 29.4	247 16.1	S21 05.8
	01	198 13.3	237 41.0	21.0	244 46.8	37.1	105 51.1	29.4	262 18.4	05.8
	02	213 15.8	252 41.0	20.5	259 47.4	36.7	120 53.4	29.4	277 20.7	05.8
	03	228 18.3	267 41.0	· · 20.0	274 47.9	· · 36.2	135 55.6	· · 29.4	292 23.0	· · 05.7
	04	243 20.7	282 41.1	19.6	289 48.5	35.7	150 57.8	29.4	307 25.3	05.7
	05	258 23.2	297 41.1	19.1	304 49.1	35.2	166 00.0	29.4	322 27.6	05.7
	06	273 25.7	312 41.2	S13 18.6	319 49.6	S18 34.8	181 02.2	N23 29.4	337 29.9	S21 05.7
	07	288 28.1	327 41.2	18.2	334 50.2	34.3	196 04.4	29.4	352 32.2	05.6
	08	303 30.6	342 41.2	17.7	349 50.8	33.8	211 06.7	29.4	7 34.5	05.6
M	09	318 33.0	357 41.3	· · 17.2	4 51.3	· · 33.3	226 08.9	· · 29.4	22 36.8	· · 05.6
O	10	333 35.5	12 41.3	16.7	19 51.9	32.8	241 11.1	29.4	37 39.1	05.6
N	11	348 38.0	27 41.3	16.3	34 52.5	32.4	256 13.3	29.4	52 41.4	05.5
D	12	3 40.4	42 41.4	S13 15.8	49 53.0	S18 31.9	271 15.5	N23 29.4	67 43.7	S21 05.5
A	13	18 42.9	57 41.4	15.3	64 53.6	31.4	286 17.7	29.4	82 46.0	05.5
Y	14	33 45.4	72 41.4	14.9	79 54.2	30.9	301 20.0	29.4	97 48.3	05.5
	15	48 47.8	87 41.4	· · 14.4	94 54.7	· · 30.4	316 22.2	· · 29.4	112 50.6	· · 05.4
	16	63 50.3	102 41.5	13.9	109 55.3	30.0	331 24.4	29.4	127 52.9	05.4
	17	78 52.8	117 41.5	13.4	124 55.9	29.5	346 26.6	29.4	142 55.2	05.4
	18	93 55.2	132 41.5	S13 13.0	139 56.4	S18 29.0	1 28.8	N23 29.4	157 57.5	S21 05.4
	19	108 57.7	147 41.6	12.5	154 57.0	28.5	16 31.0	29.4	172 59.8	05.3
	20	124 00.2	162 41.6	12.0	169 57.6	28.0	31 33.2	29.4	188 02.2	05.3
	21	139 02.6	177 41.6	· · 11.5	184 58.1	· · 27.6	46 35.4	· · 29.4	203 04.5	· · 05.3
	22	154 05.1	192 41.6	11.0	199 58.7	27.1	61 37.7	29.4	218 06.8	05.3
	23	169 07.5	207 41.7	10.6	214 59.3	26.6	76 39.9	29.4	233 09.1	05.2
27	00	184 10.0	222 41.7	S13 10.1	229 59.8	S18 26.1	91 42.1	N23 29.4	248 11.4	S21 05.2
	01	199 12.5	237 41.7	09.6	245 00.4	25.6	106 44.3	29.4	263 13.7	05.2
	02	214 14.9	252 41.7	09.1	260 01.0	25.1	121 46.5	29.4	278 16.0	05.2
	03	229 17.4	267 41.8	· · 08.6	275 01.5	· · 24.7	136 48.7	· · 29.4	293 18.3	· · 05.1
	04	244 19.9	282 41.8	08.1	290 02.1	24.2	151 50.9	29.4	308 20.6	05.1
	05	259 22.3	297 41.8	07.7	305 02.7	23.7	166 53.1	29.4	323 22.9	05.1
	06	274 24.8	312 41.8	S13 07.2	320 03.3	S18 23.2	181 55.3	N23 29.4	338 25.2	S21 05.1
	07	289 27.3	327 41.9	06.7	335 03.8	22.7	196 57.5	29.4	353 27.5	05.0
T	08	304 29.7	342 41.9	06.2	350 04.4	22.2	211 59.8	29.4	8 29.8	05.0
U	09	319 32.2	357 41.9	· · 05.7	5 05.0	· · 21.7	227 02.0	· · 29.4	23 32.1	· · 05.0
E	10	334 34.7	12 41.9	05.2	20 05.5	21.3	242 04.2	29.4	38 34.4	05.0
S	11	349 37.1	27 41.9	04.7	35 06.1	20.8	257 06.4	29.4	53 36.7	05.0
D	12	4 39.6	42 42.0	S13 04.2	50 06.7	S18 20.3	272 08.6	N23 29.4	68 39.0	S21 04.9
A	13	19 42.0	57 42.0	03.8	65 07.2	19.8	287 10.8	29.4	83 41.3	04.9
Y	14	34 44.5	72 42.0	03.3	80 07.8	19.3	302 13.0	29.4	98 43.6	04.9
	15	49 47.0	87 42.0	· · 02.8	95 08.4	· · 18.8	317 15.2	· · 29.4	113 45.9	· · 04.9
	16	64 49.4	102 42.0	02.3	110 09.0	18.3	332 17.4	29.4	128 48.2	04.8
	17	79 51.9	117 42.0	01.8	125 09.5	17.8	347 19.6	29.4	143 50.5	04.8
	18	94 54.4	132 42.1	S13 01.3	140 10.1	S18 17.4	2 21.8	N23 29.4	158 52.8	S21 04.8
	19	109 56.8	147 42.1	00.8	155 10.7	16.9	17 24.0	29.4	173 55.2	04.8
	20	124 59.3	162 42.1	13 00.3	170 11.2	16.4	32 26.2	29.4	188 57.5	04.7
	21	140 01.8	177 42.1	12 59.8	185 11.8	· · 15.9	47 28.4	· · 29.4	203 59.8	· · 04.7
	22	155 04.2	192 42.1	59.3	200 12.4	15.4	62 30.6	29.4	219 02.1	04.7
	23	170 06.7	207 42.1	58.8	215 13.0	14.9	77 32.8	29.4	234 04.4	04.7
28	00	185 09.2	222 42.1	S12 58.3	230 13.5	S18 14.4	92 35.0	N23 29.4	249 06.7	S21 04.6
	01	200 11.6	237 42.2	57.8	245 14.1	13.9	107 37.3	29.4	264 09.0	04.6
	02	215 14.1	252 42.2	57.3	260 14.7	13.4	122 39.5	29.4	279 11.3	04.6
	03	230 16.5	267 42.2	· · 56.8	275 15.3	· · 12.9	137 41.7	· · 29.4	294 13.6	· · 04.6
	04	245 19.0	282 42.2	56.3	290 15.8	12.5	152 43.9	29.4	309 15.9	04.5
	05	260 21.5	297 42.2	55.8	305 16.4	12.0	167 46.1	29.4	324 18.2	04.5
	06	275 23.9	312 42.2	S12 55.3	320 17.0	S18 11.5	182 48.3	N23 29.4	339 20.5	S21 04.5
W	07	290 26.4	327 42.2	54.8	335 17.5	11.0	197 50.5	29.4	354 22.8	04.5
E	08	305 28.9	342 42.2	54.3	350 18.1	10.5	212 52.7	29.4	9 25.2	04.5
D	09	320 31.3	357 42.2	· · 53.8	5 18.7	· · 10.0	227 54.9	· · 29.4	24 27.5	· · 04.4
N	10	335 33.8	12 42.2	53.2	20 19.3	09.5	242 57.1	29.4	39 29.8	04.4
E	11	350 36.3	27 42.3	52.7	35 19.8	09.0	257 59.3	29.4	54 32.1	04.4
S	12	5 38.7	42 42.3	S12 52.2	50 20.4	S18 08.5	273 01.5	N23 29.4	69 34.4	S21 04.4
D	13	20 41.2	57 42.3	51.7	65 21.0	08.0	288 03.7	29.4	84 36.7	04.3
A	14	35 43.6	72 42.3	51.2	80 21.6	07.5	303 05.9	29.4	99 39.0	04.3
Y	15	50 46.1	87 42.3	· · 50.7	95 22.1	· · 07.0	318 08.1	· · 29.4	114 41.3	· · 04.3
	16	65 48.6	102 42.3	50.2	110 22.7	06.5	333 10.3	29.4	129 43.6	04.3
	17	80 51.0	117 42.3	49.7	125 23.3	06.0	348 12.5	29.4	144 45.9	04.2
	18	95 53.5	132 42.3	S12 49.2	140 23.9	S18 05.5	3 14.7	N23 29.4	159 48.2	S21 04.2
	19	110 56.0	147 42.3	48.6	155 24.4	05.0	18 16.9	29.4	174 50.6	04.2
	20	125 58.4	162 42.3	48.1	170 25.0	04.6	33 19.1	29.4	189 52.9	04.2
	21	141 00.9	177 42.3	· · 47.6	185 25.6	· · 04.1	48 21.3	· · 29.4	204 55.2	· · 04.2
	22	156 03.4	192 42.3	47.1	200 26.2	03.6	63 23.5	29.4	219 57.5	04.1
	23	171 05.8	207 42.3	46.6	215 26.7	03.1	78 25.6	29.4	234 59.8	04.1
Mer. Pass.		h m 11 41.4	v 0.0	d 0.5	v 0.6	d 0.5	v 2.2	d 0.0	v 2.3	d 0.0

STARS Name	S.H.A. ° ′	Dec. ° ′
Acamar	315 31.8	S40 20.7
Achernar	335 40.0	S57 17.2
Acrux	173 28.5	S63 02.9
Adhara	255 26.2	S28 57.7
Aldebaran	291 09.6	N16 29.5
Alioth	166 35.1	N56 00.6
Alkaid	153 11.9	N49 21.4
Al Na'ir	28 05.7	S47 00.5
Alnilam	276 04.1	S 1 12.5
Alphard	218 13.0	S 8 37.1
Alphecca	126 25.5	N26 44.5
Alpheratz	358 02.0	N29 02.1
Altair	62 25.3	N 8 50.3
Ankaa	353 33.1	S42 21.5
Antares	112 47.5	S26 24.8
Arcturus	146 11.3	N19 13.7
Atria	108 05.0	S69 00.6
Avior	234 25.0	S59 28.9
Bellatrix	278 50.8	N 6 20.5
Betelgeuse	271 20.2	N 7 24.4
Canopus	264 03.9	S52 41.6
Capella	281 00.4	N45 59.6
Deneb	49 43.7	N45 14.4
Denebola	182 51.0	N14 37.4
Diphda	349 13.6	S18 02.4
Dubhe	194 12.0	N61 48.2
Elnath	278 34.8	N28 36.1
Eltanin	90 54.2	N51 28.9
Enif	34 04.5	N 9 49.6
Fomalhaut	15 43.4	S29 40.5
Gacrux	172 20.1	S57 03.7
Gienah	176 10.0	S17 29.5
Hadar	149 12.4	S60 19.7
Hamal	328 20.8	N23 25.1
Kaus Aust.	84 06.9	S34 23.4
Kochab	137 17.9	N74 11.4
Markab	13 56.0	N15 09.0
Menkar	314 33.5	N 4 03.1
Menkent	148 27.9	S36 19.5
Miaplacidus	221 43.1	S69 40.9
Mirfak	309 05.9	N49 49.8
Nunki	76 19.9	S26 18.6
Peacock	53 46.7	S56 45.9
Pollux	243 48.8	N28 03.1
Procyon	245 17.8	N 5 15.0
Rasalhague	96 22.5	N12 33.7
Regulus	208 01.7	N12 00.8
Rigel	281 28.9	S 8 12.8
Rigil Kent.	140 15.2	S60 47.7
Sabik	102 32.4	S15 43.0
Schedar	350 01.3	N56 29.1
Shaula	96 45.5	S37 05.9
Sirius	258 49.1	S16 42.3
Spica	158 49.4	S11 06.9
Suhail	223 05.1	S43 23.8
Vega	80 50.8	N38 46.0
Zuben'ubi	137 24.5	S16 00.3
	S.H.A. ° ′	**Mer. Pass.** h m
Venus	38 31.7	9 09
Mars	45 49.8	8 40
Jupiter	267 32.1	17 51
Saturn	64 01.4	7 26

1990 MARCH 26, 27, 28 (MON., TUES., WED.)

UT (GMT) d	h	SUN G.H.A. ° ′	SUN Dec. ° ′	MOON G.H.A. ° ′	v ′	MOON Dec. ° ′	d ′	H.P. ′
26 (MONDAY)	00	178 31.7	N 2 00.9	190 11.8	10.9	N 0 25.4	16.8	60.1
	01	193 31.9	01.9	204 41.7	11.0	0 42.2	16.7	60.1
	02	208 32.1	02.9	219 11.7	10.9	0 58.9	16.8	60.1
	03	223 32.2	. . 03.9	233 41.6	10.8	1 15.7	16.8	60.1
	04	238 32.4	04.9	248 11.4	10.8	1 32.5	16.9	60.2
	05	253 32.6	05.9	262 41.2	10.8	1 49.4	16.8	60.2
	06	268 32.8	N 2 06.8	277 11.0	10.8	N 2 06.2	16.8	60.2
	07	283 33.0	07.8	291 40.8	10.7	2 23.0	16.8	60.2
	08	298 33.2	08.8	306 10.5	10.6	2 39.8	16.8	60.3
	09	313 33.4	. . 09.8	320 40.1	10.7	2 56.6	16.8	60.3
	10	328 33.6	10.8	335 09.8	10.6	3 13.4	16.8	60.3
	11	343 33.8	11.7	349 39.4	10.5	3 30.2	16.8	60.3
	12	358 33.9	N 2 12.7	4 08.9	10.5	N 3 47.0	16.8	60.3
	13	13 34.1	13.7	18 38.4	10.4	4 03.8	16.8	60.4
	14	28 34.3	14.7	33 07.8	10.4	4 20.6	16.8	60.4
	15	43 34.5	. . 15.7	47 37.2	10.4	4 37.4	16.7	60.4
	16	58 34.7	16.6	62 06.6	10.3	4 54.1	16.8	60.4
	17	73 34.9	17.6	76 35.9	10.3	5 10.9	16.7	60.4
	18	88 35.1	N 2 18.6	91 05.2	10.2	N 5 27.6	16.7	60.5
	19	103 35.3	19.6	105 34.4	10.1	5 44.3	16.6	60.5
	20	118 35.5	20.6	120 03.5	10.1	6 00.9	16.7	60.5
	21	133 35.6	. . 21.6	134 32.6	10.0	6 17.6	16.6	60.5
	22	148 35.8	22.5	149 01.6	10.0	6 34.2	16.6	60.5
	23	163 36.0	23.5	163 30.6	10.0	6 50.8	16.6	60.5
27 (TUESDAY)	00	178 36.2	N 2 24.5	177 59.6	9.8	N 7 07.4	16.5	60.6
	01	193 36.4	25.5	192 28.4	9.8	7 23.9	16.5	60.6
	02	208 36.6	26.5	206 57.2	9.8	7 40.4	16.5	60.6
	03	223 36.8	. . 27.4	221 26.0	9.7	7 56.9	16.4	60.6
	04	238 37.0	28.4	235 54.7	9.6	8 13.3	16.4	60.6
	05	253 37.2	29.4	250 23.3	9.6	8 29.7	16.3	60.6
	06	268 37.3	N 2 30.4	264 51.9	9.5	N 8 46.0	16.3	60.6
	07	283 37.5	31.4	279 20.4	9.4	9 02.3	16.3	60.7
	08	298 37.7	32.3	293 48.8	9.4	9 18.6	16.2	60.7
	09	313 37.9	. . 33.3	308 17.2	9.3	9 34.8	16.1	60.7
	10	328 38.1	34.3	322 45.5	9.3	9 50.9	16.1	60.7
	11	343 38.3	35.3	337 13.8	9.1	10 07.0	16.1	60.7
	12	358 38.5	N 2 36.3	351 41.9	9.1	N10 23.1	16.0	60.7
	13	13 38.7	37.2	6 10.0	9.1	10 39.1	15.9	60.7
	14	28 38.8	38.2	20 38.1	8.9	10 55.0	15.9	60.7
	15	43 39.0	. . 39.2	35 06.0	8.9	11 10.9	15.8	60.7
	16	58 39.2	40.2	49 33.9	8.8	11 26.7	15.7	60.8
	17	73 39.4	41.1	64 01.7	8.8	11 42.4	15.7	60.8
	18	88 39.6	N 2 42.1	78 29.5	8.6	N11 58.1	15.6	60.8
	19	103 39.8	43.1	92 57.1	8.6	12 13.7	15.5	60.8
	20	118 40.0	44.1	107 24.7	8.5	12 29.2	15.5	60.8
	21	133 40.2	. . 45.1	121 52.2	8.5	12 44.7	15.4	60.8
	22	148 40.4	46.0	136 19.7	8.4	13 00.1	15.3	60.8
	23	163 40.5	47.0	150 47.1	8.2	13 15.4	15.2	60.8
28 (WEDNESDAY)	00	178 40.7	N 2 48.0	165 14.3	8.3	N13 30.6	15.2	60.8
	01	193 40.9	49.0	179 41.6	8.1	13 45.8	15.1	60.8
	02	208 41.1	50.0	194 08.7	8.0	14 00.9	15.0	60.8
	03	223 41.3	. . 50.9	208 35.7	8.0	14 15.9	14.9	60.8
	04	238 41.5	51.9	223 02.7	7.9	14 30.8	14.8	60.8
	05	253 41.7	52.9	237 29.6	7.8	14 45.6	14.7	60.8
	06	268 41.9	N 2 53.9	251 56.4	7.7	N15 00.3	14.6	60.8
	07	283 42.1	54.8	266 23.1	7.7	15 14.9	14.6	60.8
	08	298 42.2	55.8	280 49.8	7.5	15 29.5	14.4	60.8
	09	313 42.4	. . 56.8	295 16.3	7.5	15 43.9	14.3	60.8
	10	328 42.6	57.8	309 42.8	7.4	15 58.2	14.3	60.8
	11	343 42.8	58.7	324 09.2	7.3	16 12.5	14.1	60.8
	12	358 43.0	N 2 59.7	338 35.5	7.3	N16 26.6	14.0	60.8
	13	13 43.2	3 00.7	353 01.8	7.1	16 40.6	13.9	60.8
	14	28 43.4	01.7	7 27.9	7.1	16 54.5	13.8	60.8
	15	43 43.6	. . 02.7	21 54.0	7.0	17 08.3	13.7	60.8
	16	58 43.7	03.6	36 20.0	6.9	17 22.0	13.6	60.8
	17	73 43.9	04.6	50 45.9	6.8	17 35.6	13.5	60.8
	18	88 44.1	N 3 05.6	65 11.7	6.7	N17 49.1	13.3	60.8
	19	103 44.3	06.6	79 37.4	6.7	18 02.4	13.3	60.8
	20	118 44.5	07.5	94 03.1	6.5	18 15.7	13.1	60.8
	21	133 44.7	. . 08.5	108 28.6	6.5	18 28.8	13.0	60.8
	22	148 44.9	09.5	122 54.1	6.4	18 41.8	12.8	60.8
	23	163 45.1	10.5	137 19.5	6.3	18 54.6	12.8	60.8
		S.D. 16.1	*d* 1.0	S.D. 16.4		16.5		16.6

Lat. °	Twilight Naut. h m	Twilight Civil h m	Sunrise h m	Moonrise 26 h m	Moonrise 27 h m	Moonrise 28 h m	Moonrise 29 h m
N 72	02 31	04 13	05 24	05 09	04 32	03 41	▭
N 70	02 59	04 25	05 28	05 11	04 44	04 09	02 51
68	03 20	04 35	05 32	05 13	04 54	04 30	03 51
66	03 36	04 42	05 35	05 14	05 02	04 47	04 26
64	03 48	04 49	05 37	05 16	05 09	05 01	04 52
62	03 59	04 55	05 40	05 17	05 15	05 13	05 12
60	04 08	04 59	05 41	05 18	05 20	05 23	05 29
N 58	04 15	05 04	05 43	05 19	05 25	05 32	05 43
56	04 22	05 07	05 45	05 20	05 29	05 40	05 55
54	04 28	05 10	05 46	05 20	05 32	05 47	06 06
52	04 33	05 13	05 47	05 21	05 36	05 53	06 15
50	04 37	05 16	05 48	05 22	05 39	05 59	06 24
45	04 47	05 21	05 51	05 23	05 46	06 11	06 42
N 40	04 54	05 26	05 53	05 24	05 52	06 22	06 57
35	04 59	05 29	05 54	05 25	05 57	06 31	07 10
30	05 04	05 32	05 56	05 26	06 01	06 38	07 21
20	05 11	05 36	05 58	05 28	06 09	06 52	07 40
N 10	05 15	05 39	06 00	05 30	06 15	07 04	07 57
0	05 17	05 41	06 02	05 31	06 22	07 16	08 13
S 10	05 19	05 43	06 04	05 32	06 29	07 27	08 29
20	05 18	05 44	06 06	05 34	06 36	07 40	08 46
30	05 16	05 44	06 07	05 36	06 44	07 54	09 06
35	05 14	05 43	06 08	05 37	06 49	08 02	09 18
40	05 11	05 43	06 10	05 38	06 54	08 12	09 32
45	05 07	05 42	06 11	05 40	07 00	08 23	09 48
S 50	05 02	05 40	06 12	05 41	07 08	08 37	10 08
52	05 00	05 39	06 13	05 42	07 11	08 44	10 17
54	04 57	05 38	06 14	05 43	07 15	08 51	10 28
56	04 54	05 37	06 14	05 44	07 20	08 59	10 40
58	04 50	05 36	06 15	05 45	07 25	09 08	10 55
S 60	04 46	05 35	06 16	05 46	07 30	09 19	11 12

Lat. °	Sunset h m	Twilight Civil h m	Twilight Naut. h m	Moonset 26 h m	Moonset 27 h m	Moonset 28 h m	Moonset 29 h m
N 72	18 50	20 02	21 47	19 08	21 52	▭	▭
N 70	18 45	19 49	21 17	19 00	21 26	24 43	00 43
68	18 41	19 39	20 55	18 53	21 07	23 44	▭
66	18 38	19 31	20 38	18 47	20 52	23 10	26 15
64	18 35	19 24	20 25	18 42	20 40	22 46	25 05
62	18 33	19 18	20 14	18 38	20 29	22 27	24 29
60	18 31	19 13	20 05	18 35	20 20	22 11	24 04
N 58	18 29	19 09	19 57	18 32	20 13	21 58	23 44
56	18 27	19 05	19 51	18 29	20 06	21 46	23 27
54	18 26	19 02	19 45	18 26	20 00	21 37	23 13
52	18 25	18 59	19 39	18 24	19 55	21 28	23 00
50	18 23	18 56	19 35	18 22	19 50	21 20	22 50
45	18 21	18 50	19 25	18 18	19 39	21 03	22 27
N 40	18 19	18 46	19 18	18 14	19 31	20 50	22 09
35	18 17	18 42	19 12	18 11	19 23	20 38	21 54
30	18 15	18 39	19 07	18 08	19 17	20 28	21 41
20	18 13	18 35	19 01	18 03	19 06	20 11	21 18
N 10	18 11	18 32	18 56	17 59	18 56	19 56	20 59
0	18 09	18 29	18 53	17 55	18 47	19 42	20 41
S 10	18 07	18 28	18 52	17 51	18 38	19 29	20 23
20	18 05	18 27	18 52	17 47	18 28	19 14	20 04
30	18 03	18 27	18 55	17 42	18 18	18 57	19 43
35	18 02	18 27	18 56	17 39	18 11	18 48	19 30
40	18 01	18 28	18 59	17 36	18 04	18 37	19 15
45	17 59	18 28	19 03	17 32	17 56	18 24	18 58
S 50	17 58	18 30	19 07	17 28	17 46	18 08	18 36
52	17 57	18 30	19 10	17 26	17 42	18 01	18 26
54	17 56	18 31	19 12	17 24	17 37	17 53	18 15
56	17 55	18 32	19 16	17 22	17 31	17 44	18 02
58	17 54	18 33	19 19	17 19	17 25	17 34	17 47
S 60	17 53	18 35	19 23	17 16	17 18	17 22	17 29

Day	SUN Eqn. of Time 00 h (m s)	SUN Eqn. of Time 12 h (m s)	SUN Mer. Pass. (h m)	MOON Mer. Pass. Upper (h m)	MOON Mer. Pass. Lower (h m)	Age (d)	Phase
26	05 54	05 45	12 06	11 43	24 08	29	
27	05 36	05 26	12 05	12 34	00 08	01	●
28	05 17	05 08	12 05	13 29	01 01	02	

UT (GMT) d	h	ARIES G.H.A.	VENUS −4.4 G.H.A.	VENUS Dec.	MARS +1.0 G.H.A.	MARS Dec.	JUPITER −2.2 G.H.A.	JUPITER Dec.	SATURN +0.6 G.H.A.	SATURN Dec.	STARS Name	S.H.A.	Dec.
		° ′	° ′	° ′	° ′	° ′	° ′	° ′	° ′	° ′		° ′	° ′
29	00	186 08.3	222 42.3	S12 46.0	230 27.3	S18 02.6	93 27.8	N23 29.4	250 02.1	S21 04.1	Acamar	315 31.8	S40 20.7
	01	201 10.8	237 42.3	45.5	245 27.9	02.1	108 30.0	29.4	265 04.4	04.1	Achernar	335 40.0	S57 17.2
	02	216 13.2	252 42.3	45.0	260 28.5	01.6	123 32.2	29.4	280 06.7	04.0	Acrux	173 28.5	S63 02.9
	03	231 15.7	267 42.3	· · 44.5	275 29.0	· · 01.1	138 34.4	· · 29.4	295 09.0	· · 04.0	Adhara	255 26.2	S28 57.7
	04	246 18.1	282 42.3	44.0	290 29.6	00.6	153 36.6	29.4	310 11.3	04.0	Aldebaran	291 09.6	N16 29.5
	05	261 20.6	297 42.3	43.4	305 30.2	18 00.1	168 38.8	29.4	325 13.7	04.0			
	06	276 23.1	312 42.3	S12 42.9	320 30.8	S17 59.6	183 41.0	N23 29.4	340 16.0	S21 03.9	Alioth	166 35.1	N56 00.6
	07	291 25.5	327 42.3	42.4	335 31.4	59.1	198 43.2	29.4	355 18.3	03.9	Alkaid	153 11.9	N49 21.4
T	08	306 28.0	342 42.3	41.9	350 31.9	58.6	213 45.4	29.4	10 20.6	03.9	Al Na'ir	28 05.7	S47 00.5
H	09	321 30.5	357 42.3	· · 41.3	5 32.5	· · 58.1	228 47.6	· · 29.4	25 22.9	· · 03.9	Alnilam	276 04.1	S 1 12.5
U	10	336 32.9	12 42.3	40.8	20 33.1	57.6	243 49.8	29.4	40 25.2	03.9	Alphard	218 13.0	S 8 37.1
R	11	351 35.4	27 42.3	40.3	35 33.7	57.1	258 52.0	29.4	55 27.5	03.8			
S	12	6 37.9	42 42.3	S12 39.8	50 34.2	S17 56.6	273 54.2	N23 29.4	70 29.8	S21 03.8	Alphecca	126 25.4	N26 44.5
D	13	21 40.3	57 42.3	39.2	65 34.8	56.1	288 56.4	29.4	85 32.2	03.8	Alpheratz	358 02.0	N29 02.1
A	14	36 42.8	72 42.3	38.7	80 35.4	55.6	303 58.6	29.4	100 34.5	03.8	Altair	62 25.3	N 8 50.3
Y	15	51 45.3	87 42.3	· · 38.2	95 36.0	· · 55.1	319 00.8	· · 29.4	115 36.8	· · 03.7	Ankaa	353 33.1	S42 21.5
	16	66 47.7	102 42.3	37.6	110 36.6	54.6	334 02.9	29.4	130 39.1	03.7	Antares	112 47.5	S26 24.8
	17	81 50.2	117 42.3	37.1	125 37.1	54.1	349 05.1	29.4	145 41.4	03.7			
	18	96 52.6	132 42.3	S12 36.6	140 37.7	S17 53.6	4 07.3	N23 29.4	160 43.7	S21 03.7	Arcturus	146 11.3	N19 13.7
	19	111 55.1	147 42.2	36.0	155 38.3	53.1	19 09.5	29.4	175 46.0	03.7	Atria	108 04.9	S69 00.6
	20	126 57.6	162 42.2	35.5	170 38.9	52.6	34 11.7	29.4	190 48.4	03.6	Avior	234 25.0	S59 28.9
	21	142 00.0	177 42.2	· · 35.0	185 39.4	· · 52.1	49 13.9	· · 29.4	205 50.7	· · 03.6	Bellatrix	278 50.8	N 6 20.5
	22	157 02.5	192 42.2	34.4	200 40.0	51.5	64 16.1	29.4	220 53.0	03.6	Betelgeuse	271 20.2	N 7 24.4
	23	172 05.0	207 42.2	33.9	215 40.6	51.0	79 18.3	29.4	235 55.3	03.6			
30	00	187 07.4	222 42.2	S12 33.4	230 41.2	S17 50.5	94 20.5	N23 29.4	250 57.6	S21 03.5	Canopus	264 03.9	S52 41.6
	01	202 09.9	237 42.2	32.8	245 41.8	50.0	109 22.7	29.4	265 59.9	03.5	Capella	281 00.4	N45 59.6
	02	217 12.4	252 42.2	32.3	260 42.3	49.5	124 24.8	29.4	281 02.2	03.5	Deneb	49 43.7	N45 14.4
	03	232 14.8	267 42.2	· · 31.7	275 42.9	· · 49.0	139 27.0	· · 29.4	296 04.6	· · 03.5	Denebola	182 51.0	N14 37.4
	04	247 17.3	282 42.2	31.2	290 43.5	48.5	154 29.2	29.4	311 06.9	03.4	Diphda	349 13.6	S18 02.4
	05	262 19.7	297 42.2	30.7	305 44.1	48.0	169 31.4	29.4	326 09.2	03.4			
	06	277 22.2	312 42.1	S12 30.1	320 44.7	S17 47.5	184 33.6	N23 29.4	341 11.5	S21 03.4	Dubhe	194 12.0	N61 48.2
	07	292 24.7	327 42.1	29.6	335 45.2	47.0	199 35.8	29.4	356 13.8	03.4	Elnath	278 34.8	N28 36.1
	08	307 27.1	342 42.1	29.0	350 45.8	46.5	214 38.0	29.4	11 16.1	03.4	Eltanin	90 54.1	N51 28.9
F	09	322 29.6	357 42.1	· · 28.5	5 46.4	· · 46.0	229 40.2	· · 29.4	26 18.4	· · 03.3	Enif	34 04.5	N 9 49.6
R	10	337 32.1	12 42.1	27.9	20 47.0	45.5	244 42.3	29.4	41 20.8	03.3	Fomalhaut	15 43.4	S29 40.5
I	11	352 34.5	27 42.1	27.4	35 47.6	45.0	259 44.5	29.4	56 23.1	03.3			
D	12	7 37.0	42 42.1	S12 26.8	50 48.2	S17 44.5	274 46.7	N23 29.4	71 25.4	S21 03.3	Gacrux	172 20.1	S57 03.7
A	13	22 39.5	57 42.0	26.3	65 48.7	44.0	289 48.9	29.4	86 27.7	03.2	Gienah	176 10.0	S17 29.5
Y	14	37 41.9	72 42.0	25.8	80 49.3	43.4	304 51.1	29.4	101 30.0	03.2	Hadar	149 12.4	S60 19.7
	15	52 44.4	87 42.0	· · 25.2	95 49.9	· · 42.9	319 53.3	· · 29.4	116 32.3	· · 03.2	Hamal	328 20.8	N23 25.0
	16	67 46.9	102 42.0	24.7	110 50.5	42.4	334 55.5	29.4	131 34.7	03.2	Kaus Aust.	84 06.9	S34 23.4
	17	82 49.3	117 42.0	24.1	125 51.1	41.9	349 57.6	29.4	146 37.0	03.2			
	18	97 51.8	132 42.0	S12 23.6	140 51.6	S17 41.4	4 59.8	N23 29.4	161 39.3	S21 03.1	Kochab	137 17.8	N74 11.4
	19	112 54.2	147 41.9	23.0	155 52.2	40.9	20 02.0	29.4	176 41.6	03.1	Markab	13 56.0	N15 09.0
	20	127 56.7	162 41.9	22.4	170 52.8	40.4	35 04.2	29.4	191 43.9	03.1	Menkar	314 33.5	N 4 03.1
	21	142 59.2	177 41.9	· · 21.9	185 53.4	· · 39.9	50 06.4	· · 29.4	206 46.2	· · 03.1	Menkent	148 27.9	S36 19.5
	22	158 01.6	192 41.9	21.3	200 54.0	39.4	65 08.6	29.4	221 48.6	03.1	Miaplacidus	221 43.1	S69 40.9
	23	173 04.1	207 41.9	20.8	215 54.6	38.9	80 10.7	29.4	236 50.9	03.0			
31	00	188 06.6	222 41.9	S12 20.2	230 55.1	S17 38.3	95 12.9	N23 29.4	251 53.2	S21 03.0	Mirfak	309 05.9	N49 49.8
	01	203 09.0	237 41.8	19.7	245 55.7	37.8	110 15.1	29.4	266 55.5	03.0	Nunki	76 19.9	S26 18.6
	02	218 11.5	252 41.8	19.1	260 56.3	37.3	125 17.3	29.4	281 57.8	03.0	Peacock	53 46.7	S56 45.9
	03	233 14.0	267 41.8	· · 18.6	275 56.9	· · 36.8	140 19.5	· · 29.4	297 00.2	· · 02.9	Pollux	243 48.9	N28 03.1
	04	248 16.4	282 41.8	18.0	290 57.5	36.3	155 21.7	29.4	312 02.5	02.9	Procyon	245 17.9	N 5 15.0
	05	263 18.9	297 41.8	17.4	305 58.1	35.8	170 23.8	29.4	327 04.8	02.9			
	06	278 21.4	312 41.7	S12 16.9	320 58.7	S17 35.3	185 26.0	N23 29.4	342 07.1	S21 02.9	Rasalhague	96 22.5	N12 33.7
	07	293 23.8	327 41.7	16.3	335 59.2	34.8	200 28.2	29.4	357 09.4	02.9	Regulus	208 01.7	N12 00.8
S	08	308 26.3	342 41.7	15.8	350 59.8	34.2	215 30.4	29.4	12 11.8	02.8	Rigel	281 28.9	S 8 12.8
A	09	323 28.7	357 41.7	· · 15.2	6 00.4	· · 33.7	230 32.6	· · 29.4	27 14.1	· · 02.8	Rigil Kent.	140 15.2	S60 47.7
T	10	338 31.2	12 41.6	14.6	21 01.0	33.2	245 34.7	29.4	42 16.4	02.8	Sabik	102 32.4	S15 43.0
U	11	353 33.7	27 41.6	14.1	36 01.6	32.7	260 36.9	29.4	57 18.7	02.8			
R	12	8 36.1	42 41.6	S12 13.5	51 02.2	S17 32.2	275 39.1	N23 29.4	72 21.0	S21 02.7	Schedar	350 01.3	N56 29.1
D	13	23 38.6	57 41.6	12.9	66 02.7	31.7	290 41.3	29.4	87 23.4	02.7	Shaula	96 45.5	S37 05.9
A	14	38 41.1	72 41.5	12.4	81 03.3	31.2	305 43.4	29.4	102 25.7	02.7	Sirius	258 49.1	S16 42.3
Y	15	53 43.5	87 41.5	· · 11.8	96 03.9	· · 30.6	320 45.6	· · 29.4	117 28.0	· · 02.7	Spica	158 49.4	S11 06.9
	16	68 46.0	102 41.5	11.2	111 04.5	30.1	335 47.8	29.4	132 30.3	02.7	Suhail	223 05.1	S43 23.8
	17	83 48.5	117 41.5	10.7	126 05.1	29.6	350 50.0	29.4	147 32.6	02.6			
	18	98 50.9	132 41.4	S12 10.1	141 05.7	S17 29.1	5 52.2	N23 29.4	162 35.0	S21 02.6	Vega	80 50.8	N38 46.0
	19	113 53.4	147 41.4	09.5	156 06.3	28.6	20 54.3	29.4	177 37.3	02.6	Zuben'ubi	137 24.5	S16 00.3
	20	128 55.8	162 41.4	08.9	171 06.8	28.1	35 56.5	29.4	192 39.6	02.6			
	21	143 58.3	177 41.4	· · 08.4	186 07.4	· · 27.5	50 58.7	· · 29.4	207 41.9	· · 02.6			
	22	159 00.8	192 41.3	07.8	201 08.0	27.0	66 00.9	29.4	222 44.2	02.5			
	23	174 03.2	207 41.3	07.2	216 08.6	26.5	81 03.0	29.4	237 46.6	02.5			
Mer. Pass.		h m 11 29.6	v 0.0	d 0.5	v 0.6	d 0.5	v 2.2	d 0.0	v 2.3	d 0.0			

	S.H.A.	Mer. Pass.
	° ′	h m
Venus	35 34.8	9 09
Mars	43 33.8	8 37
Jupiter	267 13.0	17 40
Saturn	63 50.2	7 15

UT (GMT) d	h	SUN G.H.A.	SUN Dec.	MOON G.H.A.	v	MOON Dec.	d	H.P.
		° ′	° ′	° ′	′	° ′	′	′
29	00	178 45.3	N 3 11.4	151 44.8	6.2	N19 07.4	12.6	60.8
	01	193 45.4	12.4	166 10.0	6.1	19 20.0	12.5	60.7
	02	208 45.6	13.4	180 35.1	6.1	19 32.5	12.3	60.7
	03	223 45.8	. . 14.4	195 00.2	6.0	19 44.8	12.2	60.7
	04	238 46.0	15.3	209 25.2	5.9	19 57.0	12.1	60.7
	05	253 46.2	16.3	223 50.1	5.8	20 09.1	11.9	60.7
	06	268 46.4	N 3 17.3	238 14.9	5.7	N20 21.0	11.8	60.7
	07	283 46.6	18.3	252 39.6	5.7	20 32.8	11.7	60.7
THURSDAY	08	298 46.8	19.2	267 04.3	5.5	20 44.5	11.5	60.7
	09	313 46.9	. . 20.2	281 28.8	5.5	20 56.0	11.3	60.7
	10	328 47.1	21.2	295 53.3	5.4	21 07.3	11.3	60.7
	11	343 47.3	22.2	310 17.7	5.3	21 18.6	11.0	60.6
	12	358 47.5	N 3 23.1	324 42.0	5.3	N21 29.6	11.0	60.6
	13	13 47.7	24.1	339 06.3	5.2	21 40.6	10.7	60.6
	14	28 47.9	25.1	353 30.5	5.1	21 51.3	10.6	60.6
	15	43 48.1	. . 26.1	7 54.6	5.0	22 01.9	10.5	60.6
	16	58 48.3	27.0	22 18.6	5.0	22 12.4	10.3	60.6
	17	73 48.4	28.0	36 42.6	4.8	22 22.7	10.1	60.6
	18	88 48.6	N 3 29.0	51 06.4	4.8	N22 32.8	10.0	60.5
	19	103 48.8	30.0	65 30.2	4.8	22 42.8	9.9	60.5
	20	118 49.0	30.9	79 54.0	4.6	22 52.7	9.6	60.5
	21	133 49.2	. . 31.9	94 17.6	4.6	23 02.3	9.5	60.5
	22	148 49.4	32.9	108 41.2	4.6	23 11.8	9.3	60.5
	23	163 49.6	33.8	123 04.8	4.4	23 21.1	9.2	60.5
30	00	178 49.8	N 3 34.8	137 28.2	4.4	N23 30.3	9.0	60.5
	01	193 50.0	35.8	151 51.6	4.4	23 39.3	8.8	60.4
	02	208 50.1	36.8	166 15.0	4.2	23 48.1	8.7	60.4
	03	223 50.3	. . 37.7	180 38.2	4.2	23 56.8	8.5	60.4
	04	238 50.5	38.7	195 01.4	4.2	24 05.3	8.3	60.4
	05	253 50.7	39.7	209 24.6	4.1	24 13.6	8.1	60.4
	06	268 50.9	N 3 40.7	223 47.7	4.0	N24 21.7	8.0	60.3
	07	283 51.1	41.6	238 10.7	4.0	24 29.7	7.8	60.3
	08	298 51.3	42.6	252 33.7	4.0	24 37.5	7.6	60.3
FRIDAY	09	313 51.5	. . 43.6	266 56.7	3.9	24 45.1	7.4	60.3
	10	328 51.6	44.5	281 19.6	3.8	24 52.5	7.2	60.3
	11	343 51.8	45.5	295 42.4	3.8	24 59.7	7.1	60.2
	12	358 52.0	N 3 46.5	310 05.2	3.7	N25 06.8	6.9	60.2
	13	13 52.2	47.5	324 27.9	3.7	25 13.7	6.7	60.2
	14	28 52.4	48.4	338 50.6	3.7	25 20.4	6.5	60.2
	15	43 52.6	. . 49.4	353 13.3	3.6	25 26.9	6.4	60.2
	16	58 52.8	50.4	7 35.9	3.6	25 33.3	6.1	60.1
	17	73 53.0	51.3	21 58.5	3.6	25 39.4	6.0	60.1
	18	88 53.1	N 3 52.3	36 21.1	3.5	N25 45.4	5.7	60.1
	19	103 53.3	53.3	50 43.6	3.5	25 51.1	5.6	60.1
	20	118 53.5	54.2	65 06.1	3.4	25 56.7	5.4	60.0
	21	133 53.7	. . 55.2	79 28.5	3.5	26 02.1	5.2	60.0
	22	148 53.9	56.2	93 51.0	3.4	26 07.3	5.1	60.0
	23	163 54.1	57.2	108 13.4	3.4	26 12.4	4.8	60.0
31	00	178 54.3	N 3 58.1	122 35.8	3.4	N26 17.2	4.6	59.9
	01	193 54.4	3 59.1	136 58.2	3.3	26 21.8	4.5	59.9
	02	208 54.6	4 00.1	151 20.5	3.4	26 26.3	4.3	59.9
	03	223 54.8	. . 01.0	165 42.9	3.3	26 30.6	4.0	59.9
	04	238 55.0	02.0	180 05.2	3.3	26 34.6	3.9	59.8
	05	253 55.2	03.0	194 27.5	3.3	26 38.5	3.7	59.8
	06	268 55.4	N 4 03.9	208 49.8	3.3	N26 42.2	3.5	59.8
	07	283 55.6	04.9	223 12.1	3.3	26 45.7	3.3	59.8
	08	298 55.8	05.9	237 34.4	3.3	26 49.0	3.1	59.7
SATURDAY	09	313 55.9	. . 06.9	251 56.7	3.3	26 52.1	2.9	59.7
	10	328 56.1	07.8	266 19.0	3.3	26 55.0	2.8	59.7
	11	343 56.3	08.8	280 41.3	3.3	26 57.8	2.5	59.7
	12	358 56.5	N 4 09.8	295 03.6	3.4	N27 00.3	2.4	59.6
	13	13 56.7	10.7	309 26.0	3.3	27 02.7	2.1	59.6
	14	28 56.9	11.7	323 48.3	3.4	27 04.8	2.0	59.6
	15	43 57.1	. . 12.7	338 10.7	3.3	27 06.8	1.7	59.6
	16	58 57.3	13.6	352 33.0	3.4	27 08.5	1.6	59.5
	17	73 57.4	14.6	6 55.4	3.4	27 10.1	1.4	59.5
	18	88 57.6	N 4 15.6	21 17.8	3.5	N27 11.5	1.2	59.5
	19	103 57.8	16.5	35 40.3	3.4	27 12.7	1.0	59.4
	20	118 58.0	17.5	50 02.7	3.5	27 13.7	0.8	59.4
	21	133 58.2	. . 18.5	64 25.2	3.5	27 14.5	0.6	59.4
	22	148 58.4	19.4	78 47.7	3.6	27 15.1	0.5	59.4
	23	163 58.6	20.4	93 10.3	3.6	27 15.6	0.2	59.3
		S.D. 16.0	*d* 1.0	S.D.	16.5	16.4		16.2

Lat.	Twilight Naut.	Twilight Civil	Sunrise	Moonrise 29	Moonrise 30	Moonrise 31	Moonrise 1
°	h m	h m	h m	h m	h m	h m	h m
N 72	02 04	03 55	05 08	□	□	□	□
N 70	02 38	04 10	05 14	02 51	□	□	□
68	03 03	04 21	05 19	03 51	□	□	□
66	03 21	04 30	05 23	04 26	03 26	□	□
64	03 36	04 38	05 27	04 52	04 38	□	□
62	03 47	04 44	05 30	05 12	05 14	05 24	06 09
60	03 57	04 50	05 32	05 29	05 40	06 05	06 58
N 58	04 06	04 55	05 35	05 43	06 01	06 33	07 29
56	04 13	04 59	05 37	05 55	06 18	06 55	07 53
54	04 20	05 03	05 39	06 06	06 33	07 13	08 12
52	04 25	05 06	05 40	06 15	06 46	07 29	08 28
50	04 30	05 09	05 42	06 24	06 57	07 42	08 42
45	04 41	05 16	05 45	06 42	07 21	08 10	09 10
N 40	04 49	05 21	05 48	06 57	07 40	08 32	09 32
35	04 55	05 25	05 50	07 10	07 56	08 50	09 51
30	05 00	05 28	05 52	07 21	08 10	09 05	10 07
20	05 08	05 34	05 56	07 40	08 33	09 32	10 34
N 10	05 13	05 38	05 59	07 57	08 54	09 55	10 57
0	05 17	05 41	06 01	08 13	09 14	10 16	11 18
S 10	05 18	05 43	06 04	08 29	09 33	10 38	11 40
20	05 19	05 44	06 06	08 46	09 54	11 01	12 03
30	05 18	05 45	06 09	09 06	10 19	11 28	12 30
35	05 16	05 46	06 11	09 18	10 33	11 44	12 46
40	05 14	05 46	06 13	09 32	10 50	12 02	13 04
45	05 11	05 45	06 15	09 48	11 10	12 25	13 27
S 50	05 07	05 45	06 17	10 08	11 35	12 53	13 55
52	05 05	05 44	06 18	10 17	11 48	13 07	14 09
54	05 03	05 44	06 19	10 28	12 02	13 24	14 25
56	05 00	05 43	06 21	10 40	12 19	13 43	14 44
58	04 57	05 43	06 22	10 55	12 39	14 07	15 07
S 60	04 53	05 42	06 24	11 12	13 04	14 39	15 38

Lat.	Sunset	Twilight Civil	Twilight Naut.	Moonset 29	Moonset 30	Moonset 31	Moonset 1
°	h m	h m	h m	h m	h m	h m	h m
N 72	19 04	20 18	22 14	□	□	□	□
N 70	18 57	20 03	21 36	00 43	□	□	□
68	18 52	19 51	21 11	□	□	□	□
66	18 48	19 41	20 52	26 15	02 15	□	□
64	18 44	19 33	20 36	25 05	01 05	□	□
62	18 41	19 27	20 24	24 29	00 29	02 30	03 56
60	18 38	19 21	20 14	24 04	00 04	01 49	03 07
N 58	18 36	19 16	20 05	23 44	25 21	01 21	02 36
56	18 34	19 11	19 58	23 27	24 59	00 59	02 13
54	18 32	19 08	19 51	23 13	24 42	00 42	01 54
52	18 30	19 04	19 45	23 00	24 26	00 26	01 37
50	18 28	19 01	19 40	22 50	24 13	00 13	01 23
45	18 25	18 54	19 30	22 27	23 46	24 55	00 55
N 40	18 22	18 49	19 21	22 09	23 25	24 33	00 33
35	18 19	18 45	19 15	21 54	23 07	24 14	00 14
30	18 17	18 41	19 09	21 41	22 52	23 58	24 57
20	18 14	18 36	19 02	21 18	22 26	23 31	24 31
N 10	18 11	18 32	18 56	20 59	22 04	23 08	24 08
0	18 08	18 29	18 53	20 41	21 43	22 46	23 47
S 10	18 05	18 26	18 51	20 23	21 23	22 24	23 26
20	18 02	18 24	18 50	20 04	21 00	22 01	23 04
30	17 59	18 23	18 51	19 43	20 35	21 34	22 37
35	17 58	18 23	18 52	19 30	20 20	21 18	22 22
40	17 56	18 23	18 54	19 15	20 02	20 59	22 04
45	17 54	18 23	18 57	18 58	19 41	20 36	21 42
S 50	17 51	18 23	19 01	18 36	19 15	20 07	21 14
52	17 50	18 24	19 03	18 26	19 02	19 53	21 00
54	17 49	18 24	19 05	18 15	18 48	19 37	20 44
56	17 47	18 24	19 08	18 02	18 31	19 17	20 26
58	17 46	18 25	19 11	17 47	18 10	18 53	20 03
S 60	17 44	18 26	19 14	17 29	17 45	18 21	19 32

Day	SUN Eqn. of Time 00 h	SUN Eqn. of Time 12 h	SUN Mer. Pass.	MOON Mer. Pass. Upper	MOON Mer. Pass. Lower	MOON Age	MOON Phase
	m s	m s	h m	h m	h m	d	
29	04 59	04 50	12 05	14 27	01 58	03	
30	04 41	04 32	12 05	15 28	02 57	04	
31	04 23	04 14	12 04	16 31	04 00	05	

	UT (GMT) d h	ARIES G.H.A. ° ′	VENUS −4.4 G.H.A. ° ′	VENUS Dec. ° ′	MARS +1.0 G.H.A. ° ′	MARS Dec. ° ′	JUPITER −2.2 G.H.A. ° ′	JUPITER Dec. ° ′	SATURN +0.6 G.H.A. ° ′	SATURN Dec. ° ′
	1 00	189 05.7	222 41.3	S12 06.7	231 09.2	S17 26.0	96 05.2	N23 29.4	252 48.9	S21 02.5
	01	204 08.2	237 41.2	06.1	246 09.8	25.5	111 07.4	29.4	267 51.2	02.5
	02	219 10.6	252 41.2	05.5	261 10.4	25.0	126 09.6	29.4	282 53.5	02.4
	03	234 13.1	267 41.2	· · 04.9	276 11.0	· · 24.4	141 11.7	· · 29.4	297 55.9	· · 02.4
	04	249 15.6	282 41.2	04.3	291 11.5	23.9	156 13.9	29.4	312 58.2	02.4
	05	264 18.0	297 41.1	03.8	306 12.1	23.4	171 16.1	29.4	328 00.5	02.4
	06	279 20.5	312 41.1	S12 03.2	321 12.7	S17 22.9	186 18.3	N23 29.4	343 02.8	S21 02.4
	07	294 23.0	327 41.1	02.6	336 13.3	22.4	201 20.4	29.4	358 05.1	02.3
	08	309 25.4	342 41.0	02.0	351 13.9	21.8	216 22.6	29.3	13 07.5	02.3
S	09	324 27.9	357 41.0	· · 01.5	6 14.5	· · 21.3	231 24.8	· · 29.3	28 09.8	· · 02.3
U	10	339 30.3	12 41.0	00.9	21 15.1	20.8	246 26.9	29.3	43 12.1	02.3
N	11	354 32.8	27 40.9	12 00.3	36 15.7	20.3	261 29.1	29.3	58 14.4	02.3
D	12	9 35.3	42 40.9	S11 59.7	51 16.3	S17 19.7	276 31.3	N23 29.3	73 16.8	S21 02.2
A	13	24 37.7	57 40.9	59.1	66 16.8	19.2	291 33.5	29.3	88 19.1	02.2
Y	14	39 40.2	72 40.8	58.5	81 17.4	18.7	306 35.6	29.3	103 21.4	02.2
	15	54 42.7	87 40.8	· · 57.9	96 18.0	· · 18.2	321 37.8	· · 29.3	118 23.7	· · 02.2
	16	69 45.1	102 40.8	57.4	111 18.6	17.7	336 40.0	29.3	133 26.1	02.2
	17	84 47.6	117 40.7	56.8	126 19.2	17.1	351 42.1	29.3	148 28.4	02.1
	18	99 50.1	132 40.7	S11 56.2	141 19.8	S17 16.6	6 44.3	N23 29.3	163 30.7	S21 02.1
	19	114 52.5	147 40.7	55.6	156 20.4	16.1	21 46.5	29.3	178 33.0	02.1
	20	129 55.0	162 40.6	55.0	171 21.0	15.6	36 48.7	29.3	193 35.4	02.1
	21	144 57.5	177 40.6	· · 54.4	186 21.6	· · 15.0	51 50.8	· · 29.3	208 37.7	· · 02.0
	22	159 59.9	192 40.6	53.8	201 22.2	14.5	66 53.0	29.3	223 40.0	02.0
	23	175 02.4	207 40.5	53.2	216 22.7	14.0	81 55.2	29.3	238 42.3	02.0
	2 00	190 04.8	222 40.5	S11 52.6	231 23.3	S17 13.5	96 57.3	N23 29.3	253 44.7	S21 02.0
	01	205 07.3	237 40.4	52.1	246 23.9	12.9	111 59.5	29.3	268 47.0	02.0
	02	220 09.8	252 40.4	51.5	261 24.5	12.4	127 01.7	29.3	283 49.3	01.9
	03	235 12.2	267 40.4	· · 50.9	276 25.1	· · 11.9	142 03.8	· · 29.3	298 51.6	· · 01.9
	04	250 14.7	282 40.3	50.3	291 25.7	11.4	157 06.0	29.3	313 54.0	01.9
	05	265 17.2	297 40.3	49.7	306 26.3	10.8	172 08.2	29.3	328 56.3	01.9
	06	280 19.6	312 40.2	S11 49.1	321 26.9	S17 10.3	187 10.3	N23 29.3	343 58.6	S21 01.9
	07	295 22.1	327 40.2	48.5	336 27.5	09.8	202 12.5	29.3	359 01.0	01.8
	08	310 24.6	342 40.2	47.9	351 28.1	09.3	217 14.7	29.3	14 03.3	01.8
M	09	325 27.0	357 40.1	· · 47.3	6 28.7	· · 08.7	232 16.8	· · 29.3	29 05.6	· · 01.8
O	10	340 29.5	12 40.1	46.7	21 29.3	08.2	247 19.0	29.3	44 07.9	01.8
N	11	355 32.0	27 40.0	46.1	36 29.8	07.7	262 21.2	29.3	59 10.3	01.8
D	12	10 34.4	42 40.0	S11 45.5	51 30.4	S17 07.2	277 23.3	N23 29.3	74 12.6	S21 01.7
A	13	25 36.9	57 40.0	44.9	66 31.0	06.6	292 25.5	29.3	89 14.9	01.7
Y	14	40 39.3	72 39.9	44.3	81 31.6	06.1	307 27.7	29.3	104 17.2	01.7
	15	55 41.8	87 39.9	· · 43.7	96 32.2	· · 05.6	322 29.8	· · 29.3	119 19.6	· · 01.7
	16	70 44.3	102 39.8	43.1	111 32.8	05.0	337 32.0	29.3	134 21.9	01.7
	17	85 46.7	117 39.8	42.5	126 33.4	04.5	352 34.2	29.3	149 24.2	01.6
	18	100 49.2	132 39.8	S11 41.9	141 34.0	S17 04.0	7 36.3	N23 29.3	164 26.6	S21 01.6
	19	115 51.7	147 39.7	41.2	156 34.6	03.4	22 38.5	29.3	179 28.9	01.6
	20	130 54.1	162 39.7	40.6	171 35.2	02.9	37 40.6	29.3	194 31.2	01.6
	21	145 56.6	177 39.6	· · 40.0	186 35.8	· · 02.4	52 42.8	· · 29.3	209 33.5	· · 01.6
	22	160 59.1	192 39.6	39.4	201 36.4	01.9	67 45.0	29.3	224 35.9	01.5
	23	176 01.5	207 39.5	38.8	216 37.0	01.3	82 47.1	29.3	239 38.2	01.5
	3 00	191 04.0	222 39.5	S11 38.2	231 37.6	S17 00.8	97 49.3	N23 29.3	254 40.5	S21 01.5
	01	206 06.4	237 39.4	37.6	246 38.2	17 00.3	112 51.5	29.3	269 42.9	01.5
	02	221 08.9	252 39.4	37.0	261 38.8	16 59.7	127 53.6	29.3	284 45.2	01.5
	03	236 11.4	267 39.3	· · 36.4	276 39.3	· · 59.2	142 55.8	· · 29.3	299 47.5	· · 01.4
	04	251 13.8	282 39.3	35.8	291 39.9	58.7	157 57.9	29.3	314 49.9	01.4
	05	266 16.3	297 39.3	35.1	306 40.5	58.1	173 00.1	29.3	329 52.2	01.4
	06	281 18.8	312 39.2	S11 34.5	321 41.1	S16 57.6	188 02.3	N23 29.3	344 54.5	S21 01.4
	07	296 21.2	327 39.2	33.9	336 41.7	57.1	203 04.4	29.3	359 56.8	01.4
T	08	311 23.7	342 39.1	33.3	351 42.3	56.5	218 06.6	29.3	14 59.2	01.3
U	09	326 26.2	357 39.1	· · 32.7	6 42.9	· · 56.0	233 08.7	· · 29.3	30 01.5	· · 01.3
E	10	341 28.6	12 39.0	32.1	21 43.5	55.5	248 10.9	29.3	45 03.8	01.3
S	11	356 31.1	27 39.0	31.4	36 44.1	54.9	263 13.1	29.3	60 06.2	01.3
D	12	11 33.6	42 38.9	S11 30.8	51 44.7	S16 54.4	278 15.2	N23 29.3	75 08.5	S21 01.3
A	13	26 36.0	57 38.9	30.2	66 45.3	53.9	293 17.4	29.3	90 10.8	01.2
Y	14	41 38.5	72 38.8	29.6	81 45.9	53.3	308 19.5	29.2	105 13.2	01.2
	15	56 40.9	87 38.8	· · 29.0	96 46.5	· · 52.8	323 21.7	· · 29.2	120 15.5	· · 01.2
	16	71 43.4	102 38.7	28.3	111 47.1	52.3	338 23.8	29.2	135 17.8	01.2
	17	86 45.9	117 38.7	27.7	126 47.7	51.7	353 26.0	29.2	150 20.2	01.2
	18	101 48.3	132 38.6	S11 27.1	141 48.3	S16 51.2	8 28.2	N23 29.2	165 22.5	S21 01.1
	19	116 50.8	147 38.6	26.5	156 48.9	50.6	23 30.3	29.2	180 24.8	01.1
	20	131 53.3	162 38.5	25.8	171 49.5	50.1	38 32.5	29.2	195 27.2	01.1
	21	146 55.7	177 38.5	· · 25.2	186 50.1	· · 49.6	53 34.6	· · 29.2	210 29.5	· · 01.1
	22	161 58.2	192 38.4	24.6	201 50.7	49.0	68 36.8	29.2	225 31.8	01.1
	23	177 00.7	207 38.4	24.0	216 51.3	48.5	83 38.9	29.2	240 34.2	01.0
	Mer. Pass.	h m 11 17.8	v 0.0	d 0.6	v 0.6	d 0.5	v 2.2	d 0.0	v 2.3	d 0.0

STARS

Name	S.H.A. ° ′	Dec. ° ′
Acamar	315 31.8	S40 20.7
Achernar	335 40.0	S57 17.2
Acrux	173 28.5	S63 02.9
Adhara	255 26.2	S28 57.7
Aldebaran	291 09.6	N16 29.5
Alioth	166 35.1	N56 00.6
Alkaid	153 11.9	N49 21.4
Al Na'ir	28 05.7	S47 00.4
Alnilam	276 04.1	S 1 12.5
Alphard	218 13.0	S 8 37.1
Alphecca	126 25.4	N26 44.5
Alpheratz	358 02.0	N29 02.1
Altair	62 25.3	N 8 50.3
Ankaa	353 33.1	S42 21.5
Antares	112 47.5	S26 24.8
Arcturus	146 11.2	N19 13.7
Atria	108 04.8	S69 00.6
Avior	234 25.1	S59 28.9
Bellatrix	278 50.8	N 6 20.5
Betelgeuse	271 20.2	N 7 24.4
Canopus	264 03.9	S52 41.6
Capella	281 00.4	N45 59.6
Deneb	49 43.7	N45 14.4
Denebola	182 51.0	N14 37.4
Diphda	349 13.6	S18 02.4
Dubhe	194 12.0	N61 48.2
Elnath	278 34.8	N28 36.1
Eltanin	90 54.1	N51 29.0
Enif	34 04.4	N 9 49.6
Fomalhaut	15 43.3	S29 40.4
Gacrux	172 20.1	S57 03.7
Gienah	176 10.0	S17 29.5
Hadar	149 12.4	S60 19.7
Hamal	328 20.8	N23 25.0
Kaus Aust.	84 06.8	S34 23.4
Kochab	137 17.8	N74 11.4
Markab	13 56.0	N15 09.0
Menkar	314 33.5	N 4 03.1
Menkent	148 27.9	S36 19.5
Miaplacidus	221 43.2	S69 40.9
Mirfak	309 05.9	N49 49.8
Nunki	76 19.8	S26 18.6
Peacock	53 46.6	S56 45.9
Pollux	243 48.9	N28 03.1
Procyon	245 17.9	N 5 15.0
Rasalhague	96 22.5	N12 33.7
Regulus	208 01.7	N12 00.8
Rigel	281 28.9	S 8 12.8
Rigil Kent.	140 15.2	S60 47.8
Sabik	102 32.4	S15 43.0
Schedar	350 01.3	N56 29.1
Shaula	96 45.4	S37 05.9
Sirius	258 49.1	S16 42.3
Spica	158 49.3	S11 06.9
Suhail	223 05.1	S43 23.8
Vega	80 50.7	N38 46.1
Zuben'ubi	137 24.5	S16 00.3

	S.H.A. ° ′	Mer. Pass. h m
Venus	32 35.6	9 09
Mars	41 18.5	8 34
Jupiter	266 52.5	17 30
Saturn	63 39.8	7 04

UT (GMT)		SUN G.H.A.	SUN Dec.	MOON G.H.A.	v	MOON Dec.	d	H.P.
d	h	° ′	° ′	° ′	′	° ′	′	′
1	00	178 58.7	N 4 21.4	107 32.9	3.6	N27 15.8	0.1	59.3
	01	193 58.9	22.3	121 55.5	3.7	27 15.9	0.2	59.3
	02	208 59.1	23.3	136 18.2	3.7	27 15.7	0.3	59.2
	03	223 59.3	. . 24.3	150 40.9	3.7	27 15.4	0.5	59.2
	04	238 59.5	25.2	165 03.6	3.9	27 14.9	0.7	59.2
	05	253 59.7	26.2	179 26.5	3.8	27 14.2	0.8	59.2
	06	268 59.9	N 4 27.2	193 49.3	3.9	N27 13.4	1.1	59.1
	07	284 00.0	28.1	208 12.2	4.0	27 12.3	1.2	59.1
	08	299 00.2	29.1	222 35.2	4.0	27 11.1	1.5	59.1
SUNDAY	09	314 00.4	. . 30.1	236 58.2	4.1	27 09.6	1.6	59.0
	10	329 00.6	31.0	251 21.3	4.1	27 08.0	1.8	59.0
	11	344 00.8	32.0	265 44.4	4.2	27 06.2	1.9	59.0
	12	359 01.0	N 4 32.9	280 07.6	4.3	N27 04.3	2.2	58.9
	13	14 01.2	33.9	294 30.9	4.3	27 02.1	2.3	58.9
	14	29 01.4	34.9	308 54.2	4.4	26 59.8	2.5	58.9
	15	44 01.5	. . 35.8	323 17.6	4.5	26 57.3	2.7	58.9
	16	59 01.7	36.8	337 41.1	4.5	26 54.6	2.9	58.8
	17	74 01.9	37.8	352 04.6	4.7	26 51.7	3.0	58.8
	18	89 02.1	N 4 38.7	6 28.3	4.6	N26 48.7	3.2	58.8
	19	104 02.3	39.7	20 51.9	4.8	26 45.5	3.4	58.7
	20	119 02.5	40.7	35 15.7	4.9	26 42.1	3.5	58.7
	21	134 02.7	. . 41.6	49 39.6	4.9	26 38.6	3.7	58.7
	22	149 02.8	42.6	64 03.5	5.0	26 34.9	3.9	58.7
	23	164 03.0	43.6	78 27.5	5.1	26 31.0	4.1	58.6
2	00	179 03.2	N 4 44.5	92 51.6	5.2	N26 26.9	4.2	58.6
	01	194 03.4	45.5	107 15.8	5.3	26 22.7	4.4	58.6
	02	209 03.6	46.4	121 40.1	5.3	26 18.3	4.5	58.5
	03	224 03.8	. . 47.4	136 04.4	5.5	26 13.8	4.7	58.5
	04	239 04.0	48.4	150 28.9	5.5	26 09.1	4.9	58.5
	05	254 04.1	49.3	164 53.4	5.7	26 04.2	5.0	58.4
	06	269 04.3	N 4 50.3	179 18.1	5.7	N25 59.2	5.2	58.4
	07	284 04.5	51.3	193 42.8	5.8	25 54.0	5.4	58.4
	08	299 04.7	52.2	208 07.6	6.0	25 48.6	5.5	58.3
MONDAY	09	314 04.9	. . 53.2	222 32.6	6.0	25 43.1	5.6	58.3
	10	329 05.1	54.1	236 57.6	6.1	25 37.5	5.8	58.3
	11	344 05.2	55.1	251 22.7	6.2	25 31.7	6.0	58.3
	12	359 05.4	N 4 56.1	265 47.9	6.3	N25 25.7	6.1	58.2
	13	14 05.6	57.0	280 13.2	6.5	25 19.6	6.3	58.2
	14	29 05.8	58.0	294 38.7	6.5	25 13.3	6.4	58.2
	15	44 06.0	. . 58.9	309 04.2	6.6	25 06.9	6.5	58.1
	16	59 06.2	4 59.9	323 29.8	6.7	25 00.4	6.7	58.1
	17	74 06.4	5 00.9	337 55.5	6.9	24 53.7	6.8	58.1
	18	89 06.5	N 5 01.8	352 21.4	6.9	N24 46.9	7.0	58.0
	19	104 06.7	02.8	6 47.3	7.1	24 39.9	7.1	58.0
	20	119 06.9	03.7	21 13.4	7.1	24 32.8	7.3	58.0
	21	134 07.1	. . 04.7	35 39.5	7.3	24 25.5	7.4	58.0
	22	149 07.3	05.7	50 05.8	7.3	24 18.1	7.5	57.9
	23	164 07.5	06.6	64 32.1	7.5	24 10.6	7.7	57.9
3	00	179 07.6	N 5 07.6	78 58.6	7.6	N24 02.9	7.7	57.9
	01	194 07.8	08.5	93 25.2	7.7	23 55.2	8.0	57.8
	02	209 08.0	09.5	107 51.9	7.8	23 47.2	8.0	57.8
	03	224 08.2	. . 10.5	122 18.7	7.9	23 39.2	8.2	57.8
	04	239 08.4	11.4	136 45.6	8.0	23 31.0	8.3	57.8
	05	254 08.6	12.4	151 12.6	8.1	23 22.7	8.4	57.7
	06	269 08.8	N 5 13.3	165 39.7	8.3	N23 14.3	8.6	57.7
	07	284 08.9	14.3	180 07.0	8.3	23 05.7	8.7	57.7
TUESDAY	08	299 09.1	15.2	194 34.3	8.5	22 57.0	8.7	57.6
	09	314 09.3	. . 16.2	209 01.8	8.5	22 48.3	9.0	57.6
	10	329 09.5	17.2	223 29.3	8.7	22 39.3	9.0	57.6
	11	344 09.7	18.1	237 57.0	8.8	22 30.3	9.1	57.5
	12	359 09.9	N 5 19.1	252 24.8	8.9	N22 21.2	9.3	57.5
	13	14 10.0	20.0	266 52.7	9.0	22 11.9	9.4	57.5
	14	29 10.2	21.0	281 20.7	9.1	22 02.5	9.4	57.5
	15	44 10.4	. . 22.0	295 48.8	9.2	21 53.1	9.6	57.4
	16	59 10.6	22.9	310 17.0	9.4	21 43.5	9.7	57.4
	17	74 10.8	23.9	324 45.4	9.4	21 33.8	9.8	57.4
	18	89 11.0	N 5 24.8	339 13.8	9.5	N21 24.0	9.9	57.3
	19	104 11.1	25.8	353 42.3	9.7	21 14.1	10.0	57.3
	20	119 11.3	26.7	8 11.0	9.8	21 04.1	10.1	57.3
	21	134 11.5	. . 27.7	22 39.8	9.8	20 54.0	10.3	57.3
	22	149 11.7	28.6	37 08.6	10.0	20 43.7	10.3	57.2
	23	164 11.9	29.6	51 37.6	10.1	20 33.4	10.4	57.2
		S.D. 16.0	d 1.0	S.D. 16.1		15.9		15.7

Lat.	Twilight Naut.	Twilight Civil	Sunrise	Moonrise 1	Moonrise 2	Moonrise 3	Moonrise 4
°	h m	h m	h m	h m	h m	h m	h m
N 72	01 29	03 37	04 52	□	□	□	□
N 70	02 15	03 54	05 00	□	□	□	09 26
68	02 44	04 07	05 06	□	□	□	10 15
66	03 06	04 18	05 12	□	□	08 20	10 46
64	03 22	04 26	05 16	□	06 35	09 09	11 08
62	03 36	04 34	05 20	06 09	07 48	09 40	11 26
60	03 47	04 40	05 23	06 58	08 24	10 03	11 41
N 58	03 56	04 46	05 26	07 29	08 49	10 21	11 54
56	04 04	04 51	05 29	07 53	09 10	10 37	12 04
54	04 11	04 55	05 31	08 12	09 27	10 50	12 14
52	04 18	04 59	05 33	08 28	09 41	11 01	12 22
50	04 23	05 03	05 35	08 42	09 54	11 11	12 30
45	04 35	05 10	05 40	09 10	10 19	11 33	12 46
N 40	04 43	05 16	05 43	09 32	10 40	11 50	12 59
35	04 51	05 21	05 46	09 51	10 57	12 04	13 10
30	04 56	05 25	05 49	10 07	11 12	12 17	13 20
20	05 05	05 31	05 53	10 34	11 37	12 38	13 37
N 10	05 11	05 36	05 57	10 57	11 58	12 56	13 51
0	05 16	05 40	06 00	11 18	12 18	13 14	14 04
S 10	05 18	05 43	06 04	11 40	12 38	13 31	14 18
20	05 20	05 45	06 07	12 03	12 59	13 49	14 32
30	05 19	05 47	06 11	12 30	13 24	14 10	14 48
35	05 19	05 48	06 13	12 46	13 39	14 22	14 58
40	05 17	05 49	06 16	13 04	13 55	14 36	15 08
45	05 15	05 49	06 18	13 27	14 15	14 52	15 21
S 50	05 12	05 49	06 22	13 55	14 40	15 12	15 36
52	05 10	05 49	06 23	14 09	14 52	15 22	15 43
54	05 08	05 49	06 25	14 25	15 06	15 33	15 51
56	05 06	05 49	06 27	14 44	15 22	15 45	15 59
58	05 04	05 49	06 29	15 07	15 41	15 59	16 09
S 60	05 01	05 49	06 31	15 38	16 04	16 15	16 20

Lat.	Sunset	Twilight Civil	Twilight Naut.	Moonset 1	Moonset 2	Moonset 3	Moonset 4
°	h m	h m	h m	h m	h m	h m	h m
N 72	19 18	20 35	22 51	□	□	□	□
N 70	19 10	20 17	21 59	□	□	□	06 36
68	19 03	20 03	21 28	□	□	□	05 46
66	18 58	19 52	21 05	□	□	05 51	05 14
64	18 53	19 43	20 48	□	05 38	05 02	04 50
62	18 49	19 35	20 34	03 56	04 25	04 31	04 31
60	18 46	19 29	20 23	03 07	03 49	04 07	04 15
N 58	18 42	19 23	20 13	02 36	03 22	03 48	04 02
56	18 40	19 18	20 05	02 13	03 02	03 32	03 51
54	18 37	19 13	19 58	01 54	02 45	03 18	03 40
52	18 35	19 09	19 51	01 37	02 30	03 06	03 31
50	18 33	19 06	19 45	01 23	02 17	02 55	03 23
45	18 29	18 58	19 34	00 55	01 50	02 33	03 06
N 40	18 25	18 52	19 25	00 33	01 29	02 15	02 51
35	18 22	18 47	19 17	00 14	01 12	02 00	02 39
30	18 19	18 43	19 11	24 57	00 57	01 46	02 28
20	18 14	18 37	19 02	24 31	00 31	01 24	02 10
N 10	18 11	18 32	18 56	24 08	00 08	01 04	01 54
0	18 07	18 28	18 52	23 47	24 45	00 45	01 38
S 10	18 03	18 24	18 49	23 26	24 26	00 26	01 23
20	18 00	18 22	18 47	23 04	24 06	00 06	01 06
30	17 56	18 20	18 47	22 37	23 43	24 47	00 47
35	17 54	18 19	18 48	22 22	23 29	24 36	00 36
40	17 51	18 18	18 49	22 04	23 13	24 23	00 23
45	17 48	18 17	18 51	21 42	22 54	24 08	00 08
S 50	17 45	18 17	18 54	21 14	22 30	23 49	25 07
52	17 43	18 17	18 56	21 00	22 18	23 40	25 00
54	17 41	18 17	18 58	20 44	22 05	23 30	24 53
56	17 40	18 17	19 00	20 26	21 49	23 18	24 45
58	17 38	18 17	19 02	20 03	21 31	23 05	24 36
S 60	17 35	18 17	19 05	19 32	21 08	22 49	24 26

Day	SUN Eqn. of Time 00ʰ	SUN Eqn. of Time 12ʰ	SUN Mer. Pass.	MOON Mer. Pass. Upper	MOON Mer. Pass. Lower	MOON Age	MOON Phase
	m s	m s	h m	h m	h m	d	
1	04 05	03 56	12 04	17 33	05 02	06	
2	03 48	03 39	12 04	18 32	06 03	07	◐
3	03 30	03 21	12 03	19 26	07 00	08	

	UT (GMT)	ARIES	VENUS −4.3		MARS +1.0		JUPITER −2.1		SATURN +0.6	
	d h	G.H.A. ° ′	G.H.A. ° ′	Dec. ° ′	G.H.A. ° ′	Dec. ° ′	G.H.A. ° ′	Dec. ° ′	G.H.A. ° ′	Dec. ° ′
	4 00	192 03.1	222 38.3	S11 23.3	231 51.9	S16 48.0	98 41.1	N23 29.2	255 36.5	S21 01.0
	01	207 05.6	237 38.2	22.7	246 52.5	47.4	113 43.2	29.2	270 38.8	01.0
	02	222 08.1	252 38.2	22.1	261 53.1	46.9	128 45.4	29.2	285 41.2	01.0
	03	237 10.5	267 38.1	· · 21.5	276 53.7	· · 46.3	143 47.6	· · 29.2	300 43.5	· · 01.0
	04	252 13.0	282 38.1	20.8	291 54.3	45.8	158 49.7	29.2	315 45.8	00.9
	05	267 15.4	297 38.0	20.2	306 54.9	45.3	173 51.9	29.2	330 48.2	00.9
	06	282 17.9	312 38.0	S11 19.6	321 55.5	S16 44.7	188 54.0	N23 29.2	345 50.5	S21 00.9
W	07	297 20.4	327 37.9	18.9	336 56.1	44.2	203 56.2	29.2	0 52.8	00.9
E	08	312 22.8	342 37.9	18.3	351 56.7	43.6	218 58.3	29.2	15 55.2	00.9
D	09	327 25.3	357 37.8	· · 17.7	6 57.3	· · 43.1	234 00.5	· · 29.2	30 57.5	· · 00.8
N	10	342 27.8	12 37.8	17.0	21 57.9	42.6	249 02.6	29.2	45 59.8	00.8
E	11	357 30.2	27 37.7	16.4	36 58.5	42.0	264 04.8	29.2	61 02.2	00.8
S	12	12 32.7	42 37.6	S11 15.7	51 59.1	S16 41.5	279 06.9	N23 29.2	76 04.5	S21 00.8
D	13	27 35.2	57 37.6	15.1	66 59.7	40.9	294 09.1	29.2	91 06.9	00.8
A	14	42 37.6	72 37.5	14.5	82 00.3	40.4	309 11.2	29.2	106 09.2	00.7
Y	15	57 40.1	87 37.5	· · 13.8	97 00.9	· · 39.9	324 13.4	· · 29.2	121 11.5	· · 00.7
	16	72 42.5	102 37.4	13.2	112 01.5	39.3	339 15.5	29.2	136 13.9	00.7
	17	87 45.0	117 37.4	12.6	127 02.1	38.8	354 17.7	29.2	151 16.2	00.7
	18	102 47.5	132 37.3	S11 11.9	142 02.7	S16 38.2	9 19.8	N23 29.2	166 18.5	S21 00.7
	19	117 49.9	147 37.2	11.3	157 03.3	37.7	24 22.0	29.2	181 20.9	00.7
	20	132 52.4	162 37.2	10.6	172 03.9	37.1	39 24.1	29.2	196 23.2	00.6
	21	147 54.9	177 37.1	· · 10.0	187 04.5	· · 36.6	54 26.3	· · 29.2	211 25.5	· · 00.6
	22	162 57.3	192 37.1	09.3	202 05.1	36.1	69 28.4	29.2	226 27.9	00.6
	23	177 59.8	207 37.0	08.7	217 05.7	35.5	84 30.6	29.2	241 30.2	00.6
	5 00	193 02.3	222 36.9	S11 08.1	232 06.3	S16 35.0	99 32.7	N23 29.2	256 32.6	S21 00.6
	01	208 04.7	237 36.9	07.4	247 06.9	34.4	114 34.9	29.2	271 34.9	00.5
	02	223 07.2	252 36.8	06.8	262 07.5	33.9	129 37.0	29.2	286 37.2	00.5
	03	238 09.7	267 36.8	· · 06.1	277 08.1	· · 33.3	144 39.2	· · 29.2	301 39.6	· · 00.5
	04	253 12.1	282 36.7	05.5	292 08.7	32.8	159 41.3	29.1	316 41.9	00.5
	05	268 14.6	297 36.6	04.8	307 09.3	32.2	174 43.5	29.1	331 44.2	00.5
	06	283 17.0	312 36.6	S11 04.2	322 09.9	S16 31.7	189 45.6	N23 29.1	346 46.6	S21 00.4
	07	298 19.5	327 36.5	03.5	337 10.5	31.1	204 47.8	29.1	1 48.9	00.4
T	08	313 22.0	342 36.4	02.9	352 11.1	30.6	219 49.9	29.1	16 51.3	00.4
H	09	328 24.4	357 36.4	· · 02.2	7 11.7	· · 30.1	234 52.0	· · 29.1	31 53.6	· · 00.4
U	10	343 26.9	12 36.3	01.6	22 12.3	29.5	249 54.2	29.1	46 55.9	00.4
R	11	358 29.4	27 36.3	00.9	37 12.9	29.0	264 56.3	29.1	61 58.3	00.4
S	12	13 31.8	42 36.2	S11 00.3	52 13.5	S16 28.4	279 58.5	N23 29.1	77 00.6	S21 00.3
D	13	28 34.3	57 36.1	10 59.6	67 14.1	27.9	295 00.6	29.1	92 03.0	00.3
A	14	43 36.8	72 36.1	58.9	82 14.7	27.3	310 02.8	29.1	107 05.3	00.3
Y	15	58 39.2	87 36.0	· · 58.3	97 15.3	· · 26.8	325 04.9	· · 29.1	122 07.6	· · 00.3
	16	73 41.7	102 35.9	57.6	112 15.9	26.2	340 07.1	29.1	137 10.0	00.3
	17	88 44.2	117 35.9	57.0	127 16.5	25.7	355 09.2	29.1	152 12.3	00.2
	18	103 46.6	132 35.8	S10 56.3	142 17.1	S16 25.1	10 11.3	N23 29.1	167 14.7	S21 00.2
	19	118 49.1	147 35.7	55.7	157 17.8	24.6	25 13.5	29.1	182 17.0	00.2
	20	133 51.5	162 35.7	55.0	172 18.4	24.0	40 15.6	29.1	197 19.3	00.2
	21	148 54.0	177 35.6	· · 54.3	187 19.0	· · 23.5	55 17.8	· · 29.1	212 21.7	· · 00.2
	22	163 56.5	192 35.5	53.7	202 19.6	22.9	70 19.9	29.1	227 24.0	00.2
	23	178 58.9	207 35.5	53.0	217 20.2	22.4	85 22.1	29.1	242 26.4	00.1
	6 00	194 01.4	222 35.4	S10 52.4	232 20.8	S16 21.8	100 24.2	N23 29.1	257 28.7	S21 00.1
	01	209 03.9	237 35.3	51.7	247 21.4	21.3	115 26.3	29.1	272 31.1	00.1
	02	224 06.3	252 35.3	51.0	262 22.0	20.7	130 28.5	29.1	287 33.4	00.1
	03	239 08.8	267 35.2	· · 50.4	277 22.6	· · 20.2	145 30.6	· · 29.1	302 35.7	· · 00.1
	04	254 11.3	282 35.1	49.7	292 23.2	19.6	160 32.8	29.1	317 38.1	00.0
	05	269 13.7	297 35.1	49.0	307 23.8	19.1	175 34.9	29.1	332 40.4	00.0
	06	284 16.2	312 35.0	S10 48.4	322 24.4	S16 18.5	190 37.0	N23 29.1	347 42.8	S21 00.0
	07	299 18.6	327 34.9	47.7	337 25.0	18.0	205 39.2	29.1	2 45.1	00.0
	08	314 21.1	342 34.9	47.0	352 25.6	17.4	220 41.3	29.1	17 47.4	00.0
F	09	329 23.6	357 34.8	· · 46.4	7 26.2	· · 16.9	235 43.5	· · 29.1	32 49.8	21 00.0
R	10	344 26.0	12 34.7	45.7	22 26.8	16.3	250 45.6	29.1	47 52.1	20 59.9
I	11	359 28.5	27 34.7	45.0	37 27.5	15.7	265 47.7	29.0	62 54.5	59.9
D	12	14 31.0	42 34.6	S10 44.3	52 28.1	S16 15.2	280 49.9	N23 29.0	77 56.8	S20 59.9
A	13	29 33.4	57 34.5	43.7	67 28.7	14.6	295 52.0	29.0	92 59.2	59.9
Y	14	44 35.9	72 34.5	43.0	82 29.3	14.1	310 54.2	29.0	108 01.5	59.9
	15	59 38.4	87 34.4	· · 42.3	97 29.9	· · 13.5	325 56.3	· · 29.0	123 03.9	· · 59.8
	16	74 40.8	102 34.3	41.7	112 30.5	13.0	340 58.4	29.0	138 06.2	59.8
	17	89 43.3	117 34.2	41.0	127 31.1	12.4	356 00.6	29.0	153 08.5	59.8
	18	104 45.8	132 34.2	S10 40.3	142 31.7	S16 11.9	11 02.7	N23 29.0	168 10.9	S20 59.8
	19	119 48.2	147 34.1	39.6	157 32.3	11.3	26 04.8	29.0	183 13.2	59.8
	20	134 50.7	162 34.0	39.0	172 32.9	10.8	41 07.0	29.0	198 15.6	59.8
	21	149 53.1	177 34.0	· · 38.3	187 33.5	· · 10.2	56 09.1	· · 29.0	213 17.9	· · 59.7
	22	164 55.6	192 33.9	37.6	202 34.1	09.6	71 11.3	29.0	228 20.3	59.7
	23	179 58.1	207 33.8	36.9	217 34.8	09.1	86 13.4	29.0	243 22.6	59.7
	Mer. Pass.	h m 11 06.0	v −0.1	d 0.7	v 0.6	d 0.5	v 2.1	d 0.0	v 2.3	d 0.0

STARS

Name	S.H.A. ° ′	Dec. ° ′
Acamar	315 31.8	S40 20.7
Achernar	335 40.0	S57 17.1
Acrux	173 28.5	S63 02.9
Adhara	255 26.2	S28 57.7
Aldebaran	291 09.6	N16 29.5
Alioth	166 35.1	N56 00.6
Alkaid	153 11.9	N49 21.5
Al Na'ir	28 05.7	S47 00.4
Alnilam	276 04.2	S 1 12.5
Alphard	218 13.0	S 8 37.1
Alphecca	126 25.4	N26 44.5
Alpheratz	358 02.0	N29 02.1
Altair	62 25.3	N 8 50.3
Ankaa	353 33.1	S42 21.5
Antares	112 47.4	S26 24.8
Arcturus	146 11.2	N19 13.7
Atria	108 04.8	S69 00.6
Avior	234 25.1	S59 29.0
Bellatrix	278 50.8	N 6 20.5
Betelgeuse	271 20.2	N 7 24.4
Canopus	264 04.0	S52 41.6
Capella	281 00.4	N45 59.6
Deneb	49 43.6	N45 14.4
Denebola	182 51.0	N14 37.4
Diphda	349 13.6	S18 02.4
Dubhe	194 12.0	N61 48.2
Elnath	278 34.8	N28 36.1
Eltanin	90 54.1	N51 29.0
Enif	34 04.4	N 9 49.6
Fomalhaut	15 43.3	S29 40.4
Gacrux	172 20.1	S57 03.7
Gienah	176 10.0	S17 29.5
Hadar	149 12.3	S60 19.7
Hamal	328 20.8	N23 25.0
Kaus Aust.	84 06.8	S34 23.4
Kochab	137 17.8	N74 11.4
Markab	13 56.0	N15 09.0
Menkar	314 33.6	N 4 03.1
Menkent	148 27.9	S36 19.5
Miaplacidus	221 43.2	S69 40.9
Mirfak	309 05.9	N49 49.8
Nunki	76 19.8	S26 18.6
Peacock	53 46.6	S56 45.9
Pollux	243 48.9	N28 03.1
Procyon	245 17.9	N 5 15.0
Rasalhague	96 22.5	N12 33.7
Regulus	208 01.7	N12 00.8
Rigel	281 28.9	S 8 12.8
Rigil Kent.	140 15.2	S60 47.8
Sabik	102 32.4	S15 43.0
Schedar	350 01.3	N56 29.0
Shaula	96 45.4	S37 05.9
Sirius	258 49.1	S16 42.3
Spica	158 49.3	S11 06.9
Suhail	223 05.2	S43 23.8
Vega	80 50.7	N38 46.1
Zuben'ubi	137 24.5	S16 00.3

	S.H.A. ° ′	Mer. Pass. h m
Venus	29 34.7	9 10
Mars	39 04.0	8 31
Jupiter	266 30.5	17 19
Saturn	63 30.3	6 53

	UT (GMT)	SUN G.H.A.	SUN Dec.	MOON G.H.A.	*v*	MOON Dec.	*d*	H.P.
	d h	° ′	° ′	° ′	′	° ′	′	′
	4 00	179 12.1	N 5 30.6	66 06.7	10.2	N20 23.0	10.5	57.2
	01	194 12.2	31.5	80 35.9	10.3	20 12.5	10.6	57.2
	02	209 12.4	32.5	95 05.2	10.4	20 01.9	10.7	57.1
	03	224 12.6	. . 33.4	109 34.6	10.5	19 51.2	10.7	57.1
	04	239 12.8	34.4	124 04.1	10.6	19 40.5	10.9	57.1
	05	254 13.0	35.3	138 33.7	10.7	19 29.6	11.0	57.0
	06	269 13.2	N 5 36.3	153 03.4	10.8	N19 18.6	11.0	57.0
W	07	284 13.3	37.2	167 33.2	10.9	19 07.6	11.2	57.0
E	08	299 13.5	38.2	182 03.1	11.1	18 56.4	11.2	57.0
D	09	314 13.7	. . 39.1	196 33.2	11.1	18 45.2	11.3	56.9
N	10	329 13.9	40.1	211 03.3	11.2	18 33.9	11.4	56.9
E	11	344 14.1	41.1	225 33.5	11.3	18 22.5	11.4	56.9
S	12	359 14.3	N 5 42.0	240 03.8	11.4	N18 11.1	11.6	56.9
D	13	14 14.4	43.0	254 34.2	11.6	17 59.5	11.6	56.8
A	14	29 14.6	43.9	269 04.8	11.6	17 47.9	11.7	56.8
Y	15	44 14.8	. . 44.9	283 35.4	11.7	17 36.2	11.7	56.8
	16	59 15.0	45.8	298 06.1	11.8	17 24.5	11.9	56.7
	17	74 15.2	46.8	312 36.9	11.9	17 12.6	11.9	56.7
	18	89 15.3	N 5 47.7	327 07.8	12.0	N17 00.7	12.0	56.7
	19	104 15.5	48.7	341 38.8	12.0	16 48.7	12.0	56.7
	20	119 15.7	49.6	356 09.8	12.2	16 36.7	12.1	56.6
	21	134 15.9	. . 50.6	10 41.0	12.3	16 24.6	12.2	56.6
	22	149 16.1	51.5	25 12.3	12.3	16 12.4	12.3	56.6
	23	164 16.3	52.5	39 43.6	12.5	16 00.1	12.3	56.6
	5 00	179 16.4	N 5 53.4	54 15.1	12.5	N15 47.8	12.4	56.5
	01	194 16.6	54.4	68 46.6	12.6	15 35.4	12.4	56.5
	02	209 16.8	55.3	83 18.2	12.7	15 23.0	12.5	56.5
	03	224 17.0	. . 56.3	97 49.9	12.8	15 10.5	12.6	56.5
	04	239 17.2	57.2	112 21.7	12.9	14 57.9	12.6	56.4
	05	254 17.3	58.2	126 53.6	13.0	14 45.3	12.7	56.4
	06	269 17.5	N 5 59.1	141 25.6	13.0	N14 32.6	12.7	56.4
	07	284 17.7	6 00.1	155 57.6	13.1	14 19.9	12.8	56.4
T	08	299 17.9	01.0	170 29.7	13.2	14 07.1	12.8	56.3
H	09	314 18.1	. . 02.0	185 01.9	13.3	13 54.3	12.9	56.3
U	10	329 18.3	02.9	199 34.2	13.4	13 41.4	13.0	56.3
R	11	344 18.4	03.9	214 06.6	13.4	13 28.4	13.0	56.3
S	12	359 18.6	N 6 04.8	228 39.0	13.5	N13 15.4	13.0	56.2
D	13	14 18.8	05.8	243 11.5	13.6	13 02.4	13.1	56.2
A	14	29 19.0	06.7	257 44.1	13.7	12 49.3	13.1	56.2
Y	15	44 19.2	. . 07.7	272 16.8	13.7	12 36.2	13.2	56.2
	16	59 19.3	08.6	286 49.5	13.8	12 23.0	13.2	56.2
	17	74 19.5	09.6	301 22.3	13.9	12 09.8	13.3	56.1
	18	89 19.7	N 6 10.5	315 55.2	14.0	N11 56.5	13.3	56.1
	19	104 19.9	11.5	330 28.2	14.0	11 43.2	13.3	56.1
	20	119 20.1	12.4	345 01.2	14.1	11 29.9	13.4	56.1
	21	134 20.2	. . 13.4	359 34.3	14.1	11 16.5	13.4	56.0
	22	149 20.4	14.3	14 07.4	14.2	11 03.1	13.5	56.0
	23	164 20.6	15.3	28 40.6	14.3	10 49.6	13.5	56.0
	6 00	179 20.8	N 6 16.2	43 13.9	14.4	N10 36.1	13.5	56.0
	01	194 21.0	17.2	57 47.3	14.4	10 22.6	13.6	56.0
	02	209 21.1	18.1	72 20.7	14.4	10 09.0	13.5	55.9
	03	224 21.3	. . 19.0	86 54.1	14.6	9 55.5	13.7	55.9
	04	239 21.5	20.0	101 27.7	14.6	9 41.8	13.6	55.9
	05	254 21.7	20.9	116 01.3	14.6	9 28.2	13.7	55.9
	06	269 21.9	N 6 21.9	130 34.9	14.7	N 9 14.5	13.7	55.8
	07	284 22.0	22.8	145 08.6	14.8	9 00.8	13.8	55.8
	08	299 22.2	23.8	159 42.4	14.8	8 47.0	13.7	55.8
F	09	314 22.4	. . 24.7	174 16.2	14.9	8 33.3	13.8	55.8
R	10	329 22.6	25.7	188 50.1	14.9	8 19.5	13.9	55.8
I	11	344 22.8	26.6	203 24.0	15.0	8 05.6	13.8	55.7
D	12	359 22.9	N 6 27.6	217 58.0	15.0	N 7 51.8	13.9	55.7
A	13	14 23.1	28.5	232 32.0	15.1	7 37.9	13.9	55.7
Y	14	29 23.3	29.4	247 06.1	15.1	7 24.0	13.9	55.7
	15	44 23.5	. . 30.4	261 40.2	15.2	7 10.1	13.9	55.7
	16	59 23.7	31.3	276 14.4	15.2	6 56.2	13.9	55.6
	17	74 23.8	32.3	290 48.6	15.2	6 42.3	14.0	55.6
	18	89 24.0	N 6 33.2	305 22.8	15.3	N 6 28.3	14.0	55.6
	19	104 24.2	34.2	319 57.1	15.4	6 14.3	14.0	55.6
	20	119 24.4	35.1	334 31.5	15.4	6 00.3	14.0	55.6
	21	134 24.5	. . 36.0	349 05.9	15.4	5 46.3	14.0	55.5
	22	149 24.7	37.0	3 40.3	15.5	5 32.3	14.0	55.5
	23	164 24.9	37.9	18 14.8	15.5	5 18.3	14.1	55.5
		S.D. 16.0	*d* 0.9	S.D.	15.5	15.3		15.2

Lat.	Twilight Naut.	Twilight Civil	Sunrise	Moonrise 4	Moonrise 5	Moonrise 6	Moonrise 7
°	h m	h m	h m	h m	h m	h m	h m
N 72	00 27	03 18	04 36	▭	11 40	13 59	16 01
N 70	01 48	03 37	04 46	09 26	12 06	14 10	16 03
68	02 25	03 53	04 54	10 15	12 26	14 19	16 04
66	02 49	04 05	05 00	10 46	12 42	14 27	16 05
64	03 08	04 15	05 05	11 08	12 55	14 33	16 06
62	03 23	04 23	05 10	11 26	13 05	14 38	16 07
60	03 36	04 31	05 14	11 41	13 15	14 43	16 08
N 58	03 46	04 37	05 18	11 54	13 22	14 47	16 08
56	03 55	04 43	05 21	12 04	13 29	14 51	16 09
54	04 03	04 48	05 24	12 14	13 36	14 54	16 10
52	04 10	04 52	05 27	12 22	13 41	14 57	16 10
50	04 16	04 56	05 29	12 30	13 46	15 00	16 11
45	04 29	05 04	05 34	12 46	13 57	15 05	16 11
N 40	04 38	05 11	05 38	12 59	14 06	15 10	16 12
35	04 46	05 16	05 42	13 10	14 14	15 14	16 13
30	04 53	05 21	05 45	13 20	14 20	15 18	16 14
20	05 02	05 28	05 51	13 37	14 32	15 24	16 15
N 10	05 09	05 34	05 55	13 51	14 42	15 30	16 16
0	05 15	05 39	05 59	14 04	14 51	15 35	16 16
S 10	05 18	05 43	06 04	14 18	15 00	15 40	16 17
20	05 20	05 46	06 08	14 32	15 10	15 45	16 18
30	05 21	05 49	06 13	14 48	15 22	15 51	16 19
35	05 21	05 50	06 16	14 58	15 28	15 55	16 20
40	05 20	05 52	06 19	15 08	15 35	15 59	16 21
45	05 19	05 53	06 22	15 21	15 44	16 04	16 22
S 50	05 17	05 54	06 26	15 36	15 54	16 09	16 23
52	05 15	05 54	06 28	15 43	15 59	16 12	16 23
54	05 14	05 55	06 30	15 51	16 04	16 14	16 24
56	05 12	05 55	06 33	15 59	16 10	16 17	16 24
58	05 10	05 56	06 35	16 09	16 16	16 21	16 25
S 60	05 08	05 56	06 38	16 20	16 23	16 25	16 26

Lat.	Sunset	Twilight Civil	Twilight Naut.	Moonset 4	Moonset 5	Moonset 6	Moonset 7
°	h m	h m	h m	h m	h m	h m	h m
N 72	19 32	20 53	////	▭	06 03	05 17	04 45
N 70	19 22	20 32	22 26	06 36	05 35	05 03	04 39
68	19 14	20 16	21 47	05 46	05 13	04 52	04 35
66	19 08	20 03	21 20	05 14	04 56	04 43	04 32
64	19 02	19 53	21 01	04 50	04 42	04 35	04 28
62	18 57	19 44	20 45	04 31	04 30	04 28	04 26
60	18 53	19 37	20 32	04 15	04 20	04 22	04 23
N 58	18 49	19 30	20 21	04 02	04 11	04 17	04 21
56	18 46	19 24	20 12	03 51	04 03	04 12	04 19
54	18 43	19 19	20 04	03 40	03 56	04 08	04 18
52	18 40	19 15	19 57	03 31	03 50	04 04	04 16
50	18 38	19 11	19 51	03 23	03 44	04 00	04 15
45	18 32	19 02	19 38	03 06	03 31	03 53	04 12
N 40	18 28	18 55	19 28	02 51	03 21	03 46	04 09
35	18 24	18 50	19 20	02 39	03 12	03 41	04 07
30	18 21	18 45	19 14	02 28	03 04	03 36	04 05
20	18 15	18 38	19 03	02 10	02 51	03 27	04 01
N 10	18 10	18 32	18 56	01 54	02 39	03 20	03 58
0	18 06	18 27	18 51	01 38	02 27	03 12	03 55
S 10	18 02	18 23	18 47	01 23	02 16	03 05	03 52
20	17 57	18 19	18 45	01 06	02 03	02 57	03 49
30	17 52	18 16	18 44	00 47	01 49	02 48	03 45
35	17 49	18 15	18 44	00 36	01 41	02 43	03 43
40	17 46	18 13	18 45	00 23	01 31	02 37	03 40
45	17 43	18 12	18 46	00 08	01 20	02 30	03 37
S 50	17 38	18 11	18 48	25 07	01 07	02 22	03 34
52	17 36	18 10	18 49	25 00	01 00	02 18	03 32
54	17 34	18 10	18 50	24 53	00 53	02 13	03 30
56	17 32	18 09	18 52	24 45	00 45	02 09	03 29
58	17 29	18 08	18 54	24 36	00 36	02 03	03 26
S 60	17 26	18 08	18 56	24 26	00 26	01 57	03 24

Day	SUN Eqn. of Time 00ʰ	SUN Eqn. of Time 12ʰ	SUN Mer. Pass.	MOON Mer. Pass. Upper	MOON Mer. Pass. Lower	MOON Age	MOON Phase
	m s	m s	h m	h m	h m	d	
4	03 12	03 03	12 03	20 16	07 52	09	
5	02 55	02 46	12 03	21 02	08 39	10	◐
6	02 37	02 29	12 02	21 45	09 24	11	

UT (GMT) d h	ARIES G.H.A. ° ′	VENUS −4.3 G.H.A. ° ′	Dec. ° ′	MARS +1.0 G.H.A. ° ′	Dec. ° ′	JUPITER −2.1 G.H.A. ° ′	Dec. ° ′	SATURN +0.6 G.H.A. ° ′	Dec. ° ′
7 00	195 00.5	222 33.7	S10 36.2	232 35.4	S16 08.5	101 15.5	N23 29.0	258 25.0	S20 59.7
01	210 03.0	237 33.7	35.6	247 36.0	08.0	116 17.7	29.0	273 27.3	59.7
02	225 05.5	252 33.6	34.9	262 36.6	07.4	131 19.8	29.0	288 29.6	59.6
03	240 07.9	267 33.5	· · 34.2	277 37.2	· · 06.9	146 21.9	· · 29.0	303 32.0	· · 59.6
04	255 10.4	282 33.4	33.5	292 37.8	06.3	161 24.1	29.0	318 34.3	59.6
05	270 12.9	297 33.4	32.8	307 38.4	05.7	176 26.2	29.0	333 36.7	59.6
06	285 15.3	312 33.3	S10 32.1	322 39.0	S16 05.2	191 28.3	N23 29.0	348 39.0	S20 59.6
07	300 17.8	327 33.2	31.5	337 39.6	04.6	206 30.5	29.0	3 41.4	59.6
S 08	315 20.3	342 33.1	30.8	352 40.2	04.1	221 32.6	29.0	18 43.7	59.5
A 09	330 22.7	357 33.1	· · 30.1	7 40.9	· · 03.5	236 34.7	· · 29.0	33 46.1	· · 59.5
T 10	345 25.2	12 33.0	29.4	22 41.5	02.9	251 36.9	29.0	48 48.4	59.5
U 11	0 27.6	27 32.9	28.7	37 42.1	02.4	266 39.0	29.0	63 50.8	59.5
R 12	15 30.1	42 32.8	S10 28.0	52 42.7	S16 01.8	281 41.1	N23 29.0	78 53.1	S20 59.5
D 13	30 32.6	57 32.8	27.3	67 43.3	01.3	296 43.3	29.0	93 55.5	59.5
A 14	45 35.0	72 32.7	26.7	82 43.9	00.7	311 45.4	28.9	108 57.8	59.4
Y 15	60 37.5	87 32.6	· · 26.0	97 44.5	16 00.1	326 47.5	· · 28.9	124 00.2	· · 59.4
16	75 40.0	102 32.5	25.3	112 45.1	15 59.6	341 49.7	28.9	139 02.5	59.4
17	90 42.4	117 32.5	24.6	127 45.7	59.0	356 51.8	28.9	154 04.9	59.4
18	105 44.9	132 32.4	S10 23.9	142 46.4	S15 58.5	11 53.9	N23 28.9	169 07.2	S20 59.4
19	120 47.4	147 32.3	23.2	157 47.0	57.9	26 56.0	28.9	184 09.6	59.4
20	135 49.8	162 32.2	22.5	172 47.6	57.3	41 58.2	28.9	199 11.9	59.3
21	150 52.3	177 32.1	· · 21.8	187 48.2	· · 56.8	57 00.3	· · 28.9	214 14.3	· · 59.3
22	165 54.8	192 32.1	21.1	202 48.8	56.2	72 02.4	28.9	229 16.6	59.3
23	180 57.2	207 32.0	20.4	217 49.4	55.7	87 04.6	28.9	244 18.9	59.3
8 00	195 59.7	222 31.9	S10 19.7	232 50.0	S15 55.1	102 06.7	N23 28.9	259 21.3	S20 59.3
01	211 02.1	237 31.8	19.0	247 50.6	54.5	117 08.8	28.9	274 23.6	59.3
02	226 04.6	252 31.8	18.3	262 51.3	54.0	132 11.0	28.9	289 26.0	59.2
03	241 07.1	267 31.7	· · 17.6	277 51.9	· · 53.4	147 13.1	· · 28.9	304 28.3	· · 59.2
04	256 09.5	282 31.6	16.9	292 52.5	52.8	162 15.2	28.9	319 30.7	59.2
05	271 12.0	297 31.5	16.2	307 53.1	52.3	177 17.3	28.9	334 33.0	59.2
06	286 14.5	312 31.4	S10 15.5	322 53.7	S15 51.7	192 19.5	N23 28.9	349 35.4	S20 59.2
07	301 16.9	327 31.4	14.8	337 54.3	51.1	207 21.6	28.9	4 37.7	59.2
08	316 19.4	342 31.3	14.1	352 54.9	50.6	222 23.7	28.9	19 40.1	59.1
S 09	331 21.9	357 31.2	· · 13.4	7 55.6	· · 50.0	237 25.8	· · 28.9	34 42.5	· · 59.1
U 10	346 24.3	12 31.1	12.7	22 56.2	49.4	252 28.0	28.9	49 44.8	59.1
N 11	1 26.8	27 31.0	12.0	37 56.8	48.9	267 30.1	28.9	64 47.2	59.1
D 12	16 29.2	42 31.0	S10 11.3	52 57.4	S15 48.3	282 32.2	N23 28.9	79 49.5	S20 59.1
A 13	31 31.7	57 30.9	10.6	67 58.0	47.7	297 34.3	28.9	94 51.9	59.1
Y 14	46 34.2	72 30.8	09.9	82 58.6	47.2	312 36.5	28.8	109 54.2	59.0
15	61 36.6	87 30.7	· · 09.2	97 59.2	· · 46.6	327 38.6	· · 28.8	124 56.6	· · 59.0
16	76 39.1	102 30.6	08.5	112 59.9	46.0	342 40.7	28.8	139 58.9	59.0
17	91 41.6	117 30.5	07.8	128 00.5	45.5	357 42.8	28.8	155 01.3	59.0
18	106 44.0	132 30.5	S10 07.1	143 01.1	S15 44.9	12 45.0	N23 28.8	170 03.6	S20 59.0
19	121 46.5	147 30.4	06.4	158 01.7	44.3	27 47.1	28.8	185 06.0	59.0
20	136 49.0	162 30.3	05.7	173 02.3	43.8	42 49.2	28.8	200 08.3	58.9
21	151 51.4	177 30.2	· · 05.0	188 02.9	· · 43.2	57 51.3	· · 28.8	215 10.7	· · 58.9
22	166 53.9	192 30.1	04.2	203 03.5	42.6	72 53.5	28.8	230 13.0	58.9
23	181 56.4	207 30.0	03.5	218 04.2	42.1	87 55.6	28.8	245 15.4	58.9
9 00	196 58.8	222 30.0	S10 02.8	233 04.8	S15 41.5	102 57.7	N23 28.8	260 17.7	S20 58.9
01	212 01.3	237 29.9	02.1	248 05.4	40.9	117 59.8	28.8	275 20.1	58.9
02	227 03.7	252 29.8	01.4	263 06.0	40.4	133 02.0	28.8	290 22.4	58.8
03	242 06.2	267 29.7	· · 00.7	278 06.6	· · 39.8	148 04.1	· · 28.8	305 24.8	· · 58.8
04	257 08.7	282 29.6	10 00.0	293 07.2	39.2	163 06.2	28.8	320 27.2	58.8
05	272 11.1	297 29.5	9 59.2	308 07.9	38.7	178 08.3	28.8	335 29.5	58.8
06	287 13.6	312 29.4	S 9 58.5	323 08.5	S15 38.1	193 10.4	N23 28.8	350 31.9	S20 58.8
07	302 16.1	327 29.4	57.8	338 09.1	37.5	208 12.6	28.8	5 34.2	58.8
08	317 18.5	342 29.3	57.1	353 09.7	36.9	223 14.7	28.8	20 36.6	58.7
M 09	332 21.0	357 29.2	· · 56.4	8 10.3	· · 36.4	238 16.8	· · 28.8	35 38.9	· · 58.7
O 10	347 23.5	12 29.1	55.7	23 11.0	35.8	253 18.9	28.8	50 41.3	58.7
N 11	2 25.9	27 29.0	54.9	38 11.6	35.2	268 21.0	28.7	65 43.6	58.7
D 12	17 28.4	42 28.9	S 9 54.2	53 12.2	S15 34.7	283 23.2	N23 28.7	80 46.0	S20 58.7
A 13	32 30.9	57 28.8	53.5	68 12.8	34.1	298 25.3	28.7	95 48.3	58.7
Y 14	47 33.3	72 28.8	52.8	83 13.4	33.5	313 27.4	28.7	110 50.7	58.6
15	62 35.8	87 28.7	· · 52.1	98 14.0	· · 32.9	328 29.5	· · 28.7	125 53.1	· · 58.6
16	77 38.2	102 28.6	51.3	113 14.7	32.4	343 31.6	28.7	140 55.4	58.6
17	92 40.7	117 28.5	50.6	128 15.3	31.8	358 33.8	28.7	155 57.8	58.6
18	107 43.2	132 28.4	S 9 49.9	143 15.9	S15 31.2	13 35.9	N23 28.7	171 00.1	S20 58.6
19	122 45.6	147 28.3	49.2	158 16.5	30.7	28 38.0	28.7	186 02.5	58.6
20	137 48.1	162 28.2	48.4	173 17.1	30.1	43 40.1	28.7	201 04.8	58.6
21	152 50.6	177 28.1	· · 47.7	188 17.8	· · 29.5	58 42.2	· · 28.7	216 07.2	· · 58.5
22	167 53.0	192 28.1	47.0	203 18.4	28.9	73 44.3	28.7	231 09.6	58.5
23	182 55.5	207 28.0	46.3	218 19.0	28.4	88 46.5	28.7	246 11.9	58.5
Mer. Pass. h m	10 54.2	v −0.1	d 0.7	v 0.6	d 0.6	v 2.1	d 0.0	v 2.4	d 0.0

STARS

Name	S.H.A. ° ′	Dec. ° ′
Acamar	315 31.8	S40 20.7
Achernar	335 40.0	S57 17.1
Acrux	173 28.5	S63 02.9
Adhara	255 26.3	S28 57.7
Aldebaran	291 09.6	N16 29.5
Alioth	166 35.1	N56 00.6
Alkaid	153 11.9	N49 21.5
Al Na'ir	28 05.6	S47 00.4
Alnilam	276 04.2	S 1 12.5
Alphard	218 13.0	S 8 37.1
Alphecca	126 25.4	N26 44.5
Alpheratz	358 02.0	N29 02.1
Altair	62 25.3	N 8 50.3
Ankaa	353 33.1	S42 21.5
Antares	112 47.4	S26 24.8
Arcturus	146 11.2	N19 13.7
Atria	108 04.7	S69 00.6
Avior	234 25.1	S59 29.0
Bellatrix	278 50.8	N 6 20.5
Betelgeuse	271 20.3	N 7 24.4
Canopus	264 04.0	S52 41.6
Capella	281 00.5	N45 59.6
Deneb	49 43.6	N45 14.4
Denebola	182 51.0	N14 37.4
Diphda	349 13.6	S18 02.4
Dubhe	194 12.0	N61 48.3
Elnath	278 34.8	N28 36.1
Eltanin	90 54.0	N51 29.0
Enif	34 04.4	N 9 49.6
Fomalhaut	15 43.3	S29 40.4
Gacrux	172 20.1	S57 03.7
Gienah	176 10.0	S17 29.5
Hadar	149 12.3	S60 19.7
Hamal	328 20.8	N23 25.0
Kaus Aust.	84 06.8	S34 23.4
Kochab	137 17.8	N74 11.4
Markab	13 56.0	N15 09.0
Menkar	314 33.6	N 4 03.1
Menkent	148 27.9	S36 19.5
Miaplacidus	221 43.3	S69 40.9
Mirfak	309 05.9	N49 49.8
Nunki	76 19.8	S26 18.6
Peacock	53 46.5	S56 45.9
Pollux	243 48.9	N28 03.1
Procyon	245 17.9	N 5 15.0
Rasalhague	96 22.5	N12 33.7
Regulus	208 01.8	N12 00.8
Rigel	281 28.9	S 8 12.8
Rigil Kent.	140 15.1	S60 47.8
Sabik	102 32.3	S15 43.0
Schedar	350 01.3	N56 29.0
Shaula	96 45.4	S37 05.9
Sirius	258 49.1	S16 42.3
Spica	158 49.3	S11 06.9
Suhail	223 05.2	S43 23.8
Vega	80 50.7	N38 46.1
Zuben'ubi	137 24.4	S16 00.3

	S.H.A. ° ′	Mer. Pass. h m
Venus	26 32.2	9 10
Mars	36 50.3	8 28
Jupiter	266 07.0	17 09
Saturn	63 21.6	6 42

Day	UT (GMT) h	SUN G.H.A. ° ′	SUN Dec. ° ′	MOON G.H.A. ° ′	MOON v ′	MOON Dec. ° ′	MOON d ′	MOON H.P. ′
7 SATURDAY	00	179 25.1	N 6 38.9	32 49.3	15.5	N 5 04.2	14.0	55.5
	01	194 25.3	39.8	47 23.8	15.6	4 50.2	14.1	55.5
	02	209 25.4	40.8	61 58.4	15.6	4 36.1	14.1	55.4
	03	224 25.6	. . 41.7	76 33.0	15.7	4 22.0	14.1	55.4
	04	239 25.8	42.6	91 07.7	15.6	4 07.9	14.1	55.4
	05	254 26.0	43.6	105 42.3	15.8	3 53.8	14.1	55.4
	06	269 26.1	N 6 44.5	120 17.1	15.7	N 3 39.7	14.1	55.4
	07	284 26.3	45.5	134 51.8	15.8	3 25.6	14.1	55.3
	08	299 26.5	46.4	149 26.6	15.8	3 11.5	14.1	55.3
	09	314 26.7	. . 47.3	164 01.4	15.8	2 57.4	14.1	55.3
	10	329 26.9	48.3	178 36.2	15.9	2 43.3	14.1	55.3
	11	344 27.0	49.2	193 11.1	15.9	2 29.2	14.2	55.3
	12	359 27.2	N 6 50.2	207 46.0	15.9	N 2 15.0	14.1	55.3
	13	14 27.4	51.1	222 20.9	15.9	2 00.9	14.1	55.2
	14	29 27.6	52.0	236 55.8	16.0	1 46.8	14.1	55.2
	15	44 27.7	. . 53.0	251 30.8	15.9	1 32.7	14.1	55.2
	16	59 27.9	53.9	266 05.7	16.0	1 18.6	14.2	55.2
	17	74 28.1	54.9	280 40.7	16.1	1 04.4	14.1	55.2
	18	89 28.3	N 6 55.8	295 15.8	16.0	N 0 50.3	14.1	55.1
	19	104 28.4	56.7	309 50.8	16.0	0 36.2	14.1	55.1
	20	119 28.6	57.7	324 25.8	16.1	0 22.1	14.1	55.1
	21	134 28.8	. . 58.6	339 00.9	16.1	N 0 08.0	14.0	55.1
	22	149 29.0	6 59.5	353 36.0	16.1	S 0 06.0	14.1	55.1
	23	164 29.1	7 00.5	8 11.1	16.1	0 20.1	14.1	55.1
8 SUNDAY	00	179 29.3	N 7 01.4	22 46.2	16.1	S 0 34.2	14.0	55.0
	01	194 29.5	02.4	37 21.3	16.2	0 48.2	14.1	55.0
	02	209 29.7	03.3	51 56.5	16.1	1 02.3	14.0	55.0
	03	224 29.9	. . 04.2	66 31.6	16.2	1 16.3	14.0	55.0
	04	239 30.0	05.2	81 06.8	16.1	1 30.3	14.0	55.0
	05	254 30.2	06.1	95 41.9	16.2	1 44.3	14.0	55.0
	06	269 30.4	N 7 07.0	110 17.1	16.2	S 1 58.3	14.0	54.9
	07	284 30.6	08.0	124 52.3	16.2	2 12.3	14.0	54.9
	08	299 30.7	08.9	139 27.5	16.1	2 26.3	13.9	54.9
	09	314 30.9	. . 09.8	154 02.6	16.2	2 40.2	14.0	54.9
	10	329 31.1	10.8	168 37.8	16.2	2 54.2	13.9	54.9
	11	344 31.3	11.7	183 13.0	16.2	3 08.1	13.9	54.9
	12	359 31.4	N 7 12.7	197 48.2	16.2	S 3 22.0	13.8	54.9
	13	14 31.6	13.6	212 23.4	16.2	3 35.8	13.9	54.8
	14	29 31.8	14.5	226 58.6	16.2	3 49.7	13.8	54.8
	15	44 32.0	. . 15.5	241 33.8	16.2	4 03.5	13.8	54.8
	16	59 32.1	16.4	256 09.0	16.2	4 17.3	13.8	54.8
	17	74 32.3	17.3	270 44.2	16.2	4 31.1	13.8	54.8
	18	89 32.5	N 7 18.3	285 19.4	16.1	S 4 44.9	13.7	54.8
	19	104 32.6	19.2	299 54.5	16.2	4 58.6	13.7	54.8
	20	119 32.8	20.1	314 29.7	16.2	5 12.3	13.7	54.7
	21	134 33.0	. . 21.1	329 04.9	16.1	5 26.0	13.6	54.7
	22	149 33.2	22.0	343 40.0	16.2	5 39.6	13.7	54.7
	23	164 33.3	22.9	358 15.2	16.1	5 53.3	13.6	54.7
9 MONDAY	00	179 33.5	N 7 23.9	12 50.3	16.1	S 6 06.9	13.5	54.7
	01	194 33.7	24.8	27 25.4	16.1	6 20.4	13.6	54.7
	02	209 33.9	25.7	42 00.5	16.1	6 34.0	13.5	54.7
	03	224 34.0	. . 26.6	56 35.6	16.1	6 47.5	13.5	54.6
	04	239 34.2	27.6	71 10.7	16.1	7 01.0	13.4	54.6
	05	254 34.4	28.5	85 45.8	16.1	7 14.4	13.4	54.6
	06	269 34.6	N 7 29.4	100 20.9	16.0	S 7 27.8	13.4	54.6
	07	284 34.7	30.4	114 55.9	16.0	7 41.2	13.3	54.6
	08	299 34.9	31.3	129 30.9	16.0	7 54.5	13.3	54.6
	09	314 35.1	. . 32.2	144 05.9	16.0	8 07.8	13.3	54.6
	10	329 35.2	33.2	158 40.9	16.0	8 21.1	13.2	54.6
	11	344 35.4	34.1	173 15.9	16.0	8 34.3	13.2	54.5
	12	359 35.6	N 7 35.0	187 50.9	15.9	S 8 47.5	13.2	54.5
	13	14 35.8	36.0	202 25.8	15.9	9 00.7	13.1	54.5
	14	29 35.9	36.9	217 00.7	15.9	9 13.8	13.0	54.5
	15	44 36.1	. . 37.8	231 35.6	15.8	9 26.8	13.1	54.5
	16	59 36.3	38.7	246 10.4	15.9	9 39.9	13.0	54.5
	17	74 36.4	39.7	260 45.3	15.8	9 52.9	12.9	54.5
	18	89 36.6	N 7 40.6	275 20.1	15.8	S10 05.8	12.9	54.5
	19	104 36.8	41.5	289 54.9	15.7	10 18.7	12.8	54.4
	20	119 37.0	42.5	304 29.6	15.8	10 31.5	12.9	54.4
	21	134 37.1	. . 43.4	319 04.4	15.7	10 44.4	12.7	54.4
	22	149 37.3	44.3	333 39.1	15.6	10 57.1	12.7	54.4
	23	164 37.5	45.2	348 13.7	15.7	11 09.8	12.7	54.4
		S.D. 16.0	*d* 0.9	S.D. 15.1		14.9		14.9

Lat. °	Twilight Naut. h m	Twilight Civil h m	Sunrise h m	Moonrise 7 h m	Moonrise 8 h m	Moonrise 9 h m	Moonrise 10 h m
N 72	////	02 57	04 20	16 01	17 59	20 03	22 35
N 70	01 13	03 20	04 31	16 03	17 52	19 45	21 51
68	02 02	03 38	04 41	16 04	17 46	19 31	21 23
66	02 32	03 52	04 48	16 05	17 42	19 19	21 01
64	02 54	04 03	04 55	16 06	17 37	19 09	20 45
62	03 11	04 13	05 00	16 07	17 34	19 01	20 31
60	03 25	04 21	05 05	16 08	17 31	18 54	20 19
N 58	03 36	04 28	05 09	16 08	17 28	18 48	20 09
56	03 46	04 34	05 13	16 09	17 26	18 43	20 00
54	03 55	04 40	05 17	16 10	17 24	18 38	19 53
52	04 02	04 45	05 20	16 10	17 22	18 34	19 46
50	04 09	04 49	05 23	16 11	17 20	18 30	19 39
45	04 22	04 58	05 29	16 11	17 16	18 21	19 26
N 40	04 33	05 06	05 34	16 12	17 13	18 14	19 15
35	04 42	05 12	05 38	16 13	17 11	18 08	19 06
30	04 49	05 17	05 42	16 14	17 08	18 03	18 58
20	05 00	05 26	05 48	16 15	17 04	17 54	18 44
N 10	05 08	05 32	05 54	16 16	17 01	17 46	18 32
0	05 14	05 38	05 59	16 16	16 57	17 38	18 21
S 10	05 18	05 42	06 04	16 17	16 54	17 31	18 09
20	05 21	05 47	06 09	16 18	16 51	17 23	17 58
30	05 23	05 51	06 15	16 19	16 47	17 15	17 44
35	05 23	05 53	06 18	16 20	16 45	17 10	17 36
40	05 23	05 54	06 22	16 21	16 42	17 04	17 27
45	05 22	05 56	06 26	16 22	16 39	16 57	17 17
S 50	05 21	05 59	06 31	16 23	16 36	16 50	17 05
52	05 20	05 59	06 33	16 23	16 34	16 46	16 59
54	05 19	06 00	06 36	16 24	16 33	16 42	16 53
56	05 18	06 01	06 39	16 24	16 31	16 38	16 46
58	05 17	06 02	06 42	16 25	16 29	16 33	16 38
S 60	05 15	06 03	06 45	16 26	16 26	16 28	16 29

Lat. °	Sunset h m	Twilight Civil h m	Twilight Naut. h m	Moonset 7 h m	Moonset 8 h m	Moonset 9 h m	Moonset 10 h m
N 72	19 47	21 12	////	04 45	04 15	03 45	03 08
N 70	19 35	20 48	23 05	04 39	04 18	03 55	03 29
68	19 26	20 29	22 08	04 35	04 19	04 03	03 45
66	19 18	20 15	21 36	04 32	04 21	04 10	03 58
64	19 11	20 03	21 14	04 28	04 22	04 16	04 09
62	19 05	19 53	20 56	04 26	04 23	04 21	04 19
60	19 00	19 45	20 42	04 23	04 24	04 25	04 27
N 58	18 56	19 37	20 30	04 21	04 25	04 29	04 34
56	18 52	19 31	20 20	04 19	04 26	04 33	04 40
54	18 48	19 25	20 11	04 18	04 27	04 36	04 46
52	18 45	19 20	20 03	04 16	04 27	04 39	04 51
50	18 42	19 16	19 56	04 15	04 28	04 41	04 56
45	18 36	19 06	19 42	04 12	04 29	04 47	05 06
N 40	18 31	18 59	19 32	04 09	04 30	04 52	05 14
35	18 27	18 52	19 23	04 07	04 31	04 56	05 22
30	18 23	18 47	19 16	04 05	04 32	05 00	05 28
20	18 16	18 38	19 04	04 01	04 34	05 06	05 39
N 10	18 10	18 32	18 56	03 58	04 35	05 12	05 49
0	18 05	18 26	18 50	03 55	04 36	05 17	05 59
S 10	18 00	18 21	18 46	03 52	04 37	05 22	06 08
20	17 55	18 17	18 42	03 49	04 39	05 28	06 18
30	17 49	18 13	18 41	03 45	04 40	05 35	06 29
35	17 45	18 11	18 40	03 43	04 41	05 38	06 36
40	17 42	18 09	18 40	03 40	04 42	05 43	06 44
45	17 37	18 07	18 41	03 37	04 43	05 48	06 52
S 50	17 32	18 04	18 42	03 34	04 44	05 54	07 03
52	17 30	18 03	18 42	03 32	04 45	05 56	07 08
54	17 27	18 02	18 43	03 30	04 45	05 59	07 14
56	17 24	18 01	18 44	03 29	04 46	06 03	07 20
58	17 21	18 00	18 46	03 26	04 47	06 07	07 27
S 60	17 17	17 59	18 47	03 24	04 48	06 11	07 35

Day	SUN Eqn. of Time 00ʰ m s	SUN Eqn. of Time 12ʰ m s	SUN Mer. Pass. h m	MOON Mer. Pass. Upper h m	MOON Mer. Pass. Lower h m	MOON Age d	MOON Phase
7	02 20	02 12	12 02	22 26	10 06	12	
8	02 03	01 55	12 02	23 07	10 47	13	○
9	01 46	01 38	12 02	23 48	11 28	14	

UT (GMT)	ARIES	VENUS −4.3		MARS +0.9		JUPITER −2.1		SATURN +0.6		STARS		
d h	G.H.A. ° ′	G.H.A. ° ′	Dec. ° ′	G.H.A. ° ′	Dec. ° ′	G.H.A. ° ′	Dec. ° ′	G.H.A. ° ′	Dec. ° ′	Name	S.H.A. ° ′	Dec. ° ′
10 00	197 58.0	222 27.9	S 9 45.5	233 19.6	S15 27.8	103 48.6	N23 28.7	261 14.3	S20 58.5	Acamar	315 31.8	S40 20.6
01	213 00.4	237 27.8	44.8	248 20.2	27.2	118 50.7	28.7	276 16.6	58.5	Achernar	335 40.0	S57 17.1
02	228 02.9	252 27.7	44.1	263 20.9	26.6	133 52.8	28.7	291 19.0	58.5	Acrux	173 28.5	S63 02.9
03	243 05.3	267 27.6	· · 43.3	278 21.5	· · 26.1	148 54.9	· · 28.7	306 21.3	· · 58.4	Adhara	255 26.3	S28 57.7
04	258 07.8	282 27.5	42.6	293 22.1	25.5	163 57.0	28.7	321 23.7	58.4	Aldebaran	291 09.6	N16 29.5
05	273 10.3	297 27.4	41.9	308 22.7	24.9	178 59.2	28.7	336 26.1	58.4			
06	288 12.7	312 27.3	S 9 41.1	323 23.3	S15 24.3	194 01.3	N23 28.7	351 28.4	S20 58.4	Alioth	166 35.1	N56 00.6
07	303 15.2	327 27.2	40.4	338 24.0	23.8	209 03.4	28.6	6 30.8	58.4	Alkaid	153 11.9	N49 21.5
T 08	318 17.7	342 27.2	39.7	353 24.6	23.2	224 05.5	28.6	21 33.1	58.4	Al Na'ir	28 05.6	S47 00.4
U 09	333 20.1	357 27.1	· · 38.9	8 25.2	· · 22.6	239 07.6	· · 28.6	36 35.5	· · 58.3	Alnilam	276 04.2	S 1 12.5
E 10	348 22.6	12 27.0	38.2	23 25.8	22.0	254 09.7	28.6	51 37.9	58.3	Alphard	218 13.0	S 8 37.1
S 11	3 25.1	27 26.9	37.5	38 26.5	21.4	269 11.8	28.6	66 40.2	58.3			
D 12	18 27.5	42 26.8	S 9 36.7	53 27.1	S15 20.9	284 14.0	N23 28.6	81 42.6	S20 58.3	Alphecca	126 25.4	N26 44.5
A 13	33 30.0	57 26.7	36.0	68 27.7	20.3	299 16.1	28.6	96 44.9	58.3	Alpheratz	358 02.0	N29 02.1
Y 14	48 32.5	72 26.6	35.3	83 28.3	19.7	314 18.2	28.6	111 47.3	58.3	Altair	62 25.2	N 8 50.3
15	63 34.9	87 26.5	· · 34.5	98 28.9	· · 19.1	329 20.3	· · 28.6	126 49.7	· · 58.3	Ankaa	353 33.1	S42 21.5
16	78 37.4	102 26.4	33.8	113 29.6	18.6	344 22.4	28.6	141 52.0	58.2	Antares	112 47.4	S26 24.8
17	93 39.8	117 26.3	33.0	128 30.2	18.0	359 24.5	28.6	156 54.4	58.2			
18	108 42.3	132 26.2	S 9 32.3	143 30.8	S15 17.4	14 26.6	N23 28.6	171 56.7	S20 58.2	Arcturus	146 11.2	N19 13.7
19	123 44.8	147 26.1	31.6	158 31.4	16.8	29 28.7	28.6	186 59.1	58.2	Atria	108 04.7	S69 00.6
20	138 47.2	162 26.1	30.8	173 32.1	16.2	44 30.9	28.6	202 01.5	58.2	Avior	234 25.2	S59 29.0
21	153 49.7	177 26.0	· · 30.1	188 32.7	· · 15.7	59 33.0	· · 28.6	217 03.8	· · 58.2	Bellatrix	278 50.9	N 6 20.5
22	168 52.2	192 25.9	29.3	203 33.3	15.1	74 35.1	28.6	232 06.2	58.2	Betelgeuse	271 20.3	N 7 24.4
23	183 54.6	207 25.8	28.6	218 33.9	14.5	89 37.2	28.6	247 08.5	58.1			
11 00	198 57.1	222 25.7	S 9 27.8	233 34.5	S15 13.9	104 39.3	N23 28.6	262 10.9	S20 58.1	Canopus	264 04.0	S52 41.6
01	213 59.6	237 25.6	27.1	248 35.2	13.3	119 41.4	28.5	277 13.3	58.1	Capella	281 00.5	N45 59.6
02	229 02.0	252 25.5	26.4	263 35.8	12.8	134 43.5	28.5	292 15.6	58.1	Deneb	49 43.6	N45 14.4
03	244 04.5	267 25.4	· · 25.6	278 36.4	· · 12.2	149 45.6	· · 28.5	307 18.0	· · 58.1	Denebola	182 51.0	N14 37.4
04	259 07.0	282 25.3	24.9	293 37.0	11.6	164 47.7	28.5	322 20.4	58.1	Diphda	349 13.6	S18 02.4
05	274 09.4	297 25.2	24.1	308 37.7	11.0	179 49.9	28.5	337 22.7	58.0			
06	289 11.9	312 25.1	S 9 23.4	323 38.3	S15 10.4	194 52.0	N23 28.5	352 25.1	S20 58.0	Dubhe	194 12.0	N61 48.3
W 07	304 14.3	327 25.0	22.6	338 38.9	09.8	209 54.1	28.5	7 27.4	58.0	Elnath	278 34.8	N28 36.1
E 08	319 16.8	342 24.9	21.9	353 39.5	09.3	224 56.2	28.5	22 29.8	58.0	Eltanin	90 54.0	N51 29.0
D 09	334 19.3	357 24.8	· · 21.1	8 40.2	· · 08.7	239 58.3	· · 28.5	37 32.2	· · 58.0	Enif	34 04.4	N 9 49.6
N 10	349 21.7	12 24.7	20.4	23 40.8	08.1	255 00.4	28.5	52 34.5	58.0	Fomalhaut	15 43.3	S29 40.4
E 11	4 24.2	27 24.6	19.6	38 41.4	07.5	270 02.5	28.5	67 36.9	58.0			
S 12	19 26.7	42 24.5	S 9 18.9	53 42.0	S15 06.9	285 04.6	N23 28.5	82 39.3	S20 57.9	Gacrux	172 20.1	S57 03.8
D 13	34 29.1	57 24.4	18.1	68 42.7	06.3	300 06.7	28.5	97 41.6	57.9	Gienah	176 10.0	S17 29.5
A 14	49 31.6	72 24.4	17.4	83 43.3	05.8	315 08.8	28.5	112 44.0	57.9	Hadar	149 12.3	S60 19.7
Y 15	64 34.1	87 24.3	· · 16.6	98 43.9	· · 05.2	330 10.9	· · 28.5	127 46.4	· · 57.9	Hamal	328 20.8	N23 25.0
16	79 36.5	102 24.2	15.9	113 44.5	04.6	345 13.0	28.5	142 48.7	57.9	Kaus Aust.	84 06.7	S34 23.4
17	94 39.0	117 24.1	15.1	128 45.2	04.0	0 15.1	28.5	157 51.1	57.9			
18	109 41.4	132 24.0	S 9 14.3	143 45.8	S15 03.4	15 17.2	N23 28.4	172 53.4	S20 57.9	Kochab	137 17.7	N74 11.4
19	124 43.9	147 23.9	13.6	158 46.4	02.8	30 19.4	28.4	187 55.8	57.8	Markab	13 56.0	N15 09.0
20	139 46.4	162 23.8	12.8	173 47.1	02.3	45 21.5	28.4	202 58.2	57.8	Menkar	314 33.6	N 4 03.1
21	154 48.8	177 23.7	· · 12.1	188 47.7	· · 01.7	60 23.6	· · 28.4	218 00.5	· · 57.8	Menkent	148 27.9	S36 19.5
22	169 51.3	192 23.6	11.3	203 48.3	01.1	75 25.7	28.4	233 02.9	57.8	Miaplacidus	221 43.3	S69 40.9
23	184 53.8	207 23.5	10.6	218 48.9	15 00.5	90 27.8	28.4	248 05.3	57.8			
12 00	199 56.2	222 23.4	S 9 09.8	233 49.6	S14 59.9	105 29.9	N23 28.4	263 07.6	S20 57.8	Mirfak	309 05.9	N49 49.8
01	214 58.7	237 23.3	09.0	248 50.2	59.3	120 32.0	28.4	278 10.0	57.8	Nunki	76 19.8	S26 18.6
02	230 01.2	252 23.2	08.3	263 50.8	58.7	135 34.1	28.4	293 12.4	57.7	Peacock	53 46.5	S56 45.9
03	245 03.6	267 23.1	· · 07.5	278 51.4	· · 58.2	150 36.2	· · 28.4	308 14.7	· · 57.7	Pollux	243 48.9	N28 03.1
04	260 06.1	282 23.0	06.8	293 52.1	57.6	165 38.3	28.4	323 17.1	57.7	Procyon	245 17.9	N 5 15.0
05	275 08.6	297 22.9	06.0	308 52.7	57.0	180 40.4	28.4	338 19.5	57.7			
06	290 11.0	312 22.8	S 9 05.2	323 53.3	S14 56.4	195 42.5	N23 28.4	353 21.8	S20 57.7	Rasalhague	96 22.4	N12 33.7
07	305 13.5	327 22.7	04.5	338 54.0	55.8	210 44.6	28.4	8 24.2	57.7	Regulus	208 01.8	N12 00.8
T 08	320 15.9	342 22.6	03.7	353 54.6	55.2	225 46.7	28.4	23 26.6	57.7	Rigel	281 29.0	S 8 12.8
H 09	335 18.4	357 22.5	· · 02.9	8 55.2	· · 54.6	240 48.8	· · 28.4	38 28.9	· · 57.6	Rigil Kent.	140 15.1	S60 47.8
U 10	350 20.9	12 22.4	02.2	23 55.8	54.0	255 50.9	28.3	53 31.3	57.6	Sabik	102 32.3	S15 43.0
R 11	5 23.3	27 22.3	01.4	38 56.5	53.5	270 53.0	28.3	68 33.7	57.6			
S 12	20 25.8	42 22.2	S 9 00.6	53 57.1	S14 52.9	285 55.1	N23 28.3	83 36.0	S20 57.6	Schedar	350 01.3	N56 29.0
D 13	35 28.3	57 22.1	8 59.9	68 57.7	52.3	300 57.2	28.3	98 38.4	57.6	Shaula	96 45.4	S37 05.9
A 14	50 30.7	72 22.0	59.1	83 58.4	51.7	315 59.3	28.3	113 40.8	57.6	Sirius	258 49.1	S16 42.3
Y 15	65 33.2	87 21.9	· · 58.3	98 59.0	· · 51.1	331 01.4	· · 28.3	128 43.1	· · 57.6	Spica	158 49.3	S11 06.9
16	80 35.7	102 21.8	57.6	113 59.6	50.5	346 03.5	28.3	143 45.5	57.5	Suhail	223 05.2	S43 23.8
17	95 38.1	117 21.7	56.8	129 00.2	49.9	1 05.6	28.3	158 47.9	57.5			
18	110 40.6	132 21.6	S 8 56.0	144 00.9	S14 49.3	16 07.7	N23 28.3	173 50.3	S20 57.5	Vega	80 50.7	N38 46.1
19	125 43.1	147 21.5	55.3	159 01.5	48.7	31 09.8	28.3	188 52.6	57.5	Zuben'ubi	137 24.4	S16 00.3
20	140 45.5	162 21.4	54.5	174 02.1	48.1	46 11.9	28.3	203 55.0	57.5		S.H.A.	Mer. Pass.
21	155 48.0	177 21.3	· · 53.7	189 02.8	· · 47.6	61 14.0	· · 28.3	218 57.4	· · 57.5		° ′	h m
22	170 50.4	192 21.2	52.9	204 03.4	47.0	76 16.1	28.3	233 59.7	57.5	Venus	23 28.6	9 10
23	185 52.9	207 21.1	52.2	219 04.0	46.4	91 18.2	28.3	249 02.1	57.5	Mars	34 37.5	8 25
	h m									Jupiter	265 42.2	16 59
Mer. Pass.	10 42.4	v −0.1	d 0.8	v 0.6	d 0.6	v 2.1	d 0.0	v 2.4	d 0.0	Saturn	63 13.8	6 30

	UT (GMT) d h	SUN G.H.A. ° ′	SUN Dec. ° ′	MOON G.H.A. ° ′	MOON *v* ′	MOON Dec. ° ′	MOON *d* ′	MOON H.P. ′
	10 00	179 37.6	N 7 46.2	2 48.4	15.6	S11 22.5	12.6	54.4
	01	194 37.8	47.1	17 23.0	15.6	11 35.1	12.6	54.4
	02	209 38.0	48.0	31 57.6	15.5	11 47.7	12.5	54.4
	03	224 38.2	. . 48.9	46 32.1	15.5	12 00.2	12.5	54.4
	04	239 38.3	49.9	61 06.6	15.5	12 12.7	12.4	54.4
	05	254 38.5	50.8	75 41.1	15.5	12 25.1	12.3	54.3
	06	269 38.7	N 7 51.7	90 15.6	15.4	S12 37.4	12.3	54.3
	07	284 38.8	52.6	104 50.0	15.4	12 49.7	12.3	54.3
T	08	299 39.0	53.6	119 24.4	15.3	13 02.0	12.2	54.3
U	09	314 39.2	. . 54.5	133 58.7	15.3	13 14.2	12.1	54.3
E	10	329 39.3	55.4	148 33.0	15.3	13 26.3	12.1	54.3
S	11	344 39.5	56.3	163 07.3	15.2	13 38.4	12.0	54.3
D	12	359 39.7	N 7 57.3	177 41.5	15.2	S13 50.4	12.0	54.3
A	13	14 39.9	58.2	192 15.7	15.2	14 02.4	11.9	54.3
Y	14	29 40.0	7 59.1	206 49.9	15.1	14 14.3	11.9	54.3
	15	44 40.2	8 00.0	221 24.0	15.0	14 26.2	11.8	54.2
	16	59 40.4	01.0	235 58.0	15.1	14 38.0	11.7	54.2
	17	74 40.5	01.9	250 32.1	15.0	14 49.7	11.6	54.2
	18	89 40.7	N 8 02.8	265 06.1	14.9	S15 01.3	11.6	54.2
	19	104 40.9	03.7	279 40.0	14.9	15 12.9	11.6	54.2
	20	119 41.0	04.6	294 13.9	14.9	15 24.5	11.5	54.2
	21	134 41.2	. . 05.6	308 47.8	14.8	15 36.0	11.4	54.2
	22	149 41.4	06.5	323 21.6	14.7	15 47.4	11.3	54.2
	23	164 41.5	07.4	337 55.3	14.8	15 58.7	11.3	54.2
	11 00	179 41.7	N 8 08.3	352 29.1	14.6	S16 10.0	11.2	54.2
	01	194 41.9	09.3	7 02.7	14.7	16 21.2	11.1	54.2
	02	209 42.0	10.2	21 36.4	14.6	16 32.3	11.1	54.2
	03	224 42.2	. . 11.1	36 10.0	14.5	16 43.4	11.0	54.2
	04	239 42.4	12.0	50 43.5	14.5	16 54.4	10.9	54.1
	05	254 42.6	12.9	65 17.0	14.4	17 05.3	10.8	54.1
	06	269 42.7	N 8 13.9	79 50.4	14.4	S17 16.1	10.8	54.1
W	07	284 42.9	14.8	94 23.8	14.3	17 26.9	10.7	54.1
E	08	299 43.1	15.7	108 57.1	14.3	17 37.6	10.7	54.1
D	09	314 43.2	. . 16.6	123 30.4	14.3	17 48.3	10.5	54.1
N	10	329 43.4	17.5	138 03.7	14.2	17 58.8	10.5	54.1
E	11	344 43.6	18.5	152 36.9	14.1	18 09.3	10.4	54.1
S	12	359 43.7	N 8 19.4	167 10.0	14.1	S18 19.7	10.3	54.1
D	13	14 43.9	20.3	181 43.1	14.0	18 30.0	10.3	54.1
A	14	29 44.1	21.2	196 16.1	14.0	18 40.3	10.1	54.1
Y	15	44 44.2	. . 22.1	210 49.1	13.9	18 50.4	10.1	54.1
	16	59 44.4	23.0	225 22.0	13.9	19 00.5	10.0	54.1
	17	74 44.5	24.0	239 54.9	13.8	19 10.5	9.9	54.1
	18	89 44.7	N 8 24.9	254 27.7	13.8	S19 20.4	9.9	54.1
	19	104 44.9	25.8	269 00.5	13.7	19 30.3	9.7	54.1
	20	119 45.0	26.7	283 33.2	13.7	19 40.0	9.7	54.1
	21	134 45.2	. . 27.6	298 05.9	13.6	19 49.7	9.6	54.1
	22	149 45.4	28.5	312 38.5	13.6	19 59.3	9.5	54.0
	23	164 45.5	29.5	327 11.1	13.5	20 08.8	9.4	54.0
	12 00	179 45.7	N 8 30.4	341 43.6	13.4	S20 18.2	9.3	54.0
	01	194 45.9	31.3	356 16.0	13.4	20 27.5	9.3	54.0
	02	209 46.0	32.2	10 48.4	13.3	20 36.8	9.1	54.0
	03	224 46.2	. . 33.1	25 20.7	13.3	20 45.9	9.1	54.0
	04	239 46.4	34.0	39 53.0	13.3	20 55.0	9.0	54.0
	05	254 46.5	35.0	54 25.3	13.1	21 04.0	8.8	54.0
	06	269 46.7	N 8 35.9	68 57.4	13.1	S21 12.8	8.8	54.0
	07	284 46.9	36.8	83 29.5	13.1	21 21.6	8.7	54.0
T	08	299 47.0	37.7	98 01.6	13.0	21 30.3	8.6	54.0
H	09	314 47.2	. . 38.6	112 33.6	12.9	21 38.9	8.5	54.0
U	10	329 47.3	39.5	127 05.5	12.9	21 47.4	8.4	54.0
R	11	344 47.5	40.4	141 37.4	12.9	21 55.8	8.3	54.0
S	12	359 47.7	N 8 41.3	156 09.3	12.7	S22 04.1	8.3	54.0
D	13	14 47.8	42.3	170 41.0	12.8	22 12.4	8.1	54.0
A	14	29 48.0	43.2	185 12.8	12.6	22 20.5	8.0	54.0
Y	15	44 48.2	. . 44.1	199 44.4	12.6	22 28.5	7.9	54.0
	16	59 48.3	45.0	214 16.0	12.6	22 36.4	7.9	54.0
	17	74 48.5	45.9	228 47.6	12.5	22 44.3	7.7	54.0
	18	89 48.6	N 8 46.8	243 19.1	12.4	S22 52.0	7.6	54.0
	19	104 48.8	47.7	257 50.5	12.4	22 59.6	7.5	54.0
	20	119 49.0	48.6	272 21.9	12.4	23 07.1	7.4	54.0
	21	134 49.1	. . 49.5	286 53.3	12.2	23 14.5	7.4	54.0
	22	149 49.3	50.5	301 24.5	12.3	23 21.9	7.2	54.0
	23	164 49.5	51.4	315 55.8	12.1	23 29.1	7.1	54.0
		S.D. 16.0	*d* 0.9	S.D. 14.8		14.7		14.7

Lat. °	Twilight Naut. h m	Twilight Civil h m	Sunrise h m	Moonrise 10 h m	Moonrise 11 h m	Moonrise 12 h m	Moonrise 13 h m
N 72	////	02 35	04 04	22 35	■	■	■
N 70	////	03 02	04 17	21 51	■	■	■
68	01 36	03 23	04 28	21 23	23 39	■	■
66	02 13	03 39	04 37	21 01	22 54	25 37	01 37
64	02 38	03 51	04 44	20 45	22 25	24 16	00 16
62	02 58	04 02	04 51	20 31	22 03	23 39	25 16
60	03 13	04 11	04 56	20 19	21 46	23 13	24 38
N 58	03 26	04 19	05 01	20 09	21 31	22 53	24 11
56	03 37	04 26	05 06	20 00	21 19	22 36	23 50
54	03 46	04 32	05 09	19 53	21 08	22 22	23 33
52	03 54	04 38	05 13	19 46	20 58	22 10	23 18
50	04 02	04 43	05 16	19 39	20 50	21 59	23 05
45	04 16	04 53	05 23	19 26	20 31	21 36	22 39
N 40	04 28	05 01	05 29	19 15	20 17	21 18	22 18
35	04 37	05 08	05 34	19 06	20 04	21 03	22 01
30	04 45	05 14	05 38	18 58	19 54	20 50	21 46
20	04 57	05 23	05 46	18 44	19 35	20 28	21 21
N 10	05 06	05 31	05 52	18 32	19 19	20 08	20 59
0	05 13	05 37	05 58	18 21	19 04	19 51	20 39
S 10	05 18	05 42	06 04	18 09	18 50	19 33	20 19
20	05 22	05 47	06 10	17 58	18 34	19 14	19 58
30	05 25	05 52	06 16	17 44	18 16	18 52	19 33
35	05 25	05 55	06 20	17 36	18 06	18 39	19 18
40	05 26	05 57	06 25	17 27	17 54	18 25	19 02
45	05 26	06 00	06 30	17 17	17 40	18 08	18 42
S 50	05 26	06 03	06 36	17 05	17 23	17 46	18 17
52	05 25	06 04	06 38	16 59	17 15	17 36	18 04
54	05 25	06 06	06 41	16 53	17 07	17 25	17 51
56	05 24	06 07	06 45	16 46	16 57	17 12	17 35
58	05 23	06 09	06 48	16 38	16 46	16 57	17 16
S 60	05 22	06 10	06 52	16 29	16 33	16 40	16 52

Lat. °	Sunset h m	Twilight Civil h m	Twilight Naut. h m	Moonset 10 h m	Moonset 11 h m	Moonset 12 h m	Moonset 13 h m
N 72	20 02	21 34	////	03 08	02 06	■	■
N 70	19 48	21 04	////	03 29	02 51	■	■
68	19 37	20 43	22 35	03 45	03 21	02 38	■
66	19 28	20 27	21 54	03 58	03 44	03 23	02 17
64	19 20	20 13	21 28	04 09	04 02	03 53	03 39
62	19 13	20 02	21 08	04 19	04 17	04 15	04 16
60	19 08	19 53	20 52	04 27	04 29	04 34	04 42
N 58	19 02	19 45	20 39	04 34	04 40	04 49	05 03
56	18 58	19 38	20 27	04 40	04 50	05 02	05 20
54	18 54	19 31	20 18	04 46	04 58	05 14	05 35
52	18 50	19 26	20 09	04 51	05 06	05 24	05 48
50	18 47	19 21	20 02	04 56	05 12	05 33	05 59
45	18 40	19 10	19 47	05 06	05 27	05 52	06 22
N 40	18 34	19 02	19 35	05 14	05 39	06 08	06 41
35	18 29	18 55	19 26	05 22	05 50	06 21	06 57
30	18 25	18 49	19 18	05 28	05 59	06 33	07 11
20	18 17	18 39	19 05	05 39	06 15	06 53	07 34
N 10	18 10	18 32	18 56	05 49	06 28	07 10	07 55
0	18 04	18 25	18 50	05 59	06 41	07 26	08 14
S 10	17 58	18 20	18 44	06 08	06 55	07 43	08 33
20	17 52	18 14	18 40	06 18	07 09	08 00	08 53
30	17 45	18 09	18 37	06 29	07 25	08 21	09 17
35	17 41	18 07	18 36	06 36	07 34	08 33	09 31
40	17 37	18 04	18 36	06 44	07 45	08 46	09 47
45	17 32	18 01	18 35	06 52	07 58	09 03	10 07
S 50	17 26	17 58	18 36	07 03	08 13	09 23	10 31
52	17 23	17 57	18 36	07 08	08 20	09 33	10 43
54	17 20	17 56	18 36	07 14	08 29	09 44	10 56
56	17 17	17 54	18 37	07 20	08 38	09 56	11 12
58	17 13	17 52	18 38	07 27	08 48	10 10	11 31
S 60	17 09	17 51	18 39	07 35	09 00	10 27	11 54

Day	SUN Eqn. of Time 00h m s	SUN Eqn. of Time 12h m s	SUN Mer. Pass. h m	MOON Mer. Pass. Upper h m	MOON Mer. Pass. Lower h m	MOON Age d	MOON Phase
10	01 30	01 22	12 01	24 31	12 10	15	○
11	01 13	01 05	12 01	00 31	12 53	16	
12	00 58	00 50	12 01	01 15	13 38	17	

UT (GMT)	ARIES	VENUS −4.3		MARS +0.9		JUPITER −2.1		SATURN +0.6		STARS		
d h	G.H.A. ° ′	G.H.A. ° ′	Dec. ° ′	G.H.A. ° ′	Dec. ° ′	G.H.A. ° ′	Dec. ° ′	G.H.A. ° ′	Dec. ° ′	Name	S.H.A. ° ′	Dec. ° ′
13 00	200 55.4	222 21.0	S 8 51.4	234 04.7	S14 45.8	106 20.3	N23 28.3	264 04.5	S20 57.4	Acamar	315 31.8	S40 20.6
01	215 57.8	237 20.9	50.6	249 05.3	45.2	121 22.4	28.2	279 06.8	57.4	Achernar	335 40.0	S57 17.1
02	231 00.3	252 20.8	49.8	264 05.9	44.6	136 24.5	28.2	294 09.2	57.4	Acrux	173 28.5	S63 03.0
03	246 02.8	267 20.7	· · 49.1	279 06.6	· · 44.0	151 26.6	· · 28.2	309 11.6	· · 57.4	Adhara	255 26.3	S28 57.7
04	261 05.2	282 20.6	48.3	294 07.2	43.4	166 28.7	28.2	324 14.0	57.4	Aldebaran	291 09.6	N16 29.5
05	276 07.7	297 20.5	47.5	309 07.8	42.8	181 30.8	28.2	339 16.3	57.4			
06	291 10.2	312 20.4	S 8 46.7	324 08.4	S14 42.2	196 32.9	N23 28.2	354 18.7	S20 57.4	Alioth	166 35.1	N56 00.6
07	306 12.6	327 20.3	46.0	339 09.1	41.6	211 35.0	28.2	9 21.1	57.3	Alkaid	153 11.9	N49 21.5
08	321 15.1	342 20.2	45.2	354 09.7	41.0	226 37.1	28.2	24 23.4	57.3	Al Na'ir	28 05.6	S47 00.4
F 09	336 17.6	357 20.0	· · 44.4	9 10.3	· · 40.4	241 39.2	· · 28.2	39 25.8	· · 57.3	Alnilam	276 04.2	S 1 12.5
R 10	351 20.0	12 19.9	43.6	24 11.0	39.9	256 41.3	28.2	54 28.2	57.3	Alphard	218 13.1	S 8 37.1
I 11	6 22.5	27 19.8	42.8	39 11.6	39.3	271 43.4	28.2	69 30.6	57.3			
D 12	21 24.9	42 19.7	S 8 42.0	54 12.2	S14 38.7	286 45.5	N23 28.2	84 32.9	S20 57.3	Alphecca	126 25.4	N26 44.5
A 13	36 27.4	57 19.6	41.3	69 12.9	38.1	301 47.6	28.2	99 35.3	57.3	Alpheratz	358 02.0	N29 02.1
Y 14	51 29.9	72 19.5	40.5	84 13.5	37.5	316 49.7	28.2	114 37.7	57.3	Altair	62 25.2	N 8 50.3
15	66 32.3	87 19.4	· · 39.7	99 14.1	· · 36.9	331 51.8	· · 28.2	129 40.0	· · 57.2	Ankaa	353 33.1	S42 21.5
16	81 34.8	102 19.3	38.9	114 14.8	36.3	346 53.9	28.1	144 42.4	57.2	Antares	112 47.4	S26 24.8
17	96 37.3	117 19.2	38.1	129 15.4	35.7	1 55.9	28.1	159 44.8	57.2			
18	111 39.7	132 19.1	S 8 37.3	144 16.0	S14 35.1	16 58.0	N23 28.1	174 47.2	S20 57.2	Arcturus	146 11.2	N19 13.7
19	126 42.2	147 19.0	36.6	159 16.7	34.5	32 00.1	28.1	189 49.5	57.2	Atria	108 04.6	S69 00.6
20	141 44.7	162 18.9	35.8	174 17.3	33.9	47 02.2	28.1	204 51.9	57.2	Avior	234 25.2	S59 29.0
21	156 47.1	177 18.8	· · 35.0	189 17.9	· · 33.3	62 04.3	· · 28.1	219 54.3	· · 57.2	Bellatrix	278 50.9	N 6 20.5
22	171 49.6	192 18.7	34.2	204 18.6	32.7	77 06.4	28.1	234 56.7	57.1	Betelgeuse	271 20.3	N 7 24.4
23	186 52.0	207 18.6	33.4	219 19.2	32.1	92 08.5	28.1	249 59.0	57.1			
14 00	201 54.5	222 18.5	S 8 32.6	234 19.8	S14 31.5	107 10.6	N23 28.1	265 01.4	S20 57.1	Canopus	264 04.1	S52 41.6
01	216 57.0	237 18.4	31.8	249 20.5	30.9	122 12.7	28.1	280 03.8	57.1	Capella	281 00.5	N45 59.6
02	231 59.4	252 18.3	31.0	264 21.1	30.3	137 14.8	28.1	295 06.1	57.1	Deneb	49 43.6	N45 14.4
03	247 01.9	267 18.2	· · 30.3	279 21.7	· · 29.7	152 16.9	· · 28.1	310 08.5	· · 57.1	Denebola	182 51.0	N14 37.4
04	262 04.4	282 18.1	29.5	294 22.4	29.1	167 19.0	28.1	325 10.9	57.1	Diphda	349 13.6	S18 02.4
05	277 06.8	297 17.9	28.7	309 23.0	28.5	182 21.1	28.0	340 13.3	57.1			
06	292 09.3	312 17.8	S 8 27.9	324 23.7	S14 27.9	197 23.2	N23 28.0	355 15.6	S20 57.0	Dubhe	194 12.1	N61 48.3
07	307 11.8	327 17.7	27.1	339 24.3	27.3	212 25.2	28.0	10 18.0	57.0	Elnath	278 34.8	N28 36.1
S 08	322 14.2	342 17.6	26.3	354 24.9	26.7	227 27.3	28.0	25 20.4	57.0	Eltanin	90 54.0	N51 29.0
A 09	337 16.7	357 17.5	· · 25.5	9 25.6	· · 26.1	242 29.4	· · 28.0	40 22.8	· · 57.0	Enif	34 04.4	N 9 49.6
T 10	352 19.2	12 17.4	24.7	24 26.2	25.5	257 31.5	28.0	55 25.1	57.0	Fomalhaut	15 43.3	S29 40.4
U 11	7 21.6	27 17.3	23.9	39 26.8	24.9	272 33.6	28.0	70 27.5	57.0			
R 12	22 24.1	42 17.2	S 8 23.1	54 27.5	S14 24.3	287 35.7	N23 28.0	85 29.9	S20 57.0	Gacrux	172 20.1	S57 03.8
D 13	37 26.5	57 17.1	22.3	69 28.1	23.7	302 37.8	28.0	100 32.3	57.0	Gienah	176 10.0	S17 29.5
A 14	52 29.0	72 17.0	21.5	84 28.7	23.1	317 39.9	28.0	115 34.7	56.9	Hadar	149 12.3	S60 19.7
Y 15	67 31.5	87 16.9	· · 20.7	99 29.4	· · 22.5	332 42.0	· · 28.0	130 37.0	· · 56.9	Hamal	328 20.8	N23 25.0
16	82 33.9	102 16.8	19.9	114 30.0	21.9	347 44.1	28.0	145 39.4	56.9	Kaus Aust.	84 06.7	S34 23.4
17	97 36.4	117 16.7	19.1	129 30.6	21.3	2 46.1	28.0	160 41.8	56.9			
18	112 38.9	132 16.5	S 8 18.3	144 31.3	S14 20.7	17 48.2	N23 28.0	175 44.2	S20 56.9	Kochab	137 17.7	N74 11.5
19	127 41.3	147 16.4	17.5	159 31.9	20.1	32 50.3	27.9	190 46.5	56.9	Markab	13 56.0	N15 09.0
20	142 43.8	162 16.3	16.7	174 32.6	19.5	47 52.4	27.9	205 48.9	56.9	Menkar	314 33.6	N 4 03.1
21	157 46.3	177 16.2	· · 15.9	189 33.2	· · 18.9	62 54.5	· · 27.9	220 51.3	· · 56.9	Menkent	148 27.9	S36 19.6
22	172 48.7	192 16.1	15.1	204 33.8	18.3	77 56.6	27.9	235 53.7	56.8	Miaplacidus	221 43.3	S69 40.9
23	187 51.2	207 16.0	14.3	219 34.5	17.7	92 58.7	27.9	250 56.1	56.8			
15 00	202 53.7	222 15.9	S 8 13.5	234 35.1	S14 17.1	108 00.8	N23 27.9	265 58.4	S20 56.8	Mirfak	309 05.9	N49 49.8
01	217 56.1	237 15.8	12.7	249 35.7	16.5	123 02.8	27.9	281 00.8	56.8	Nunki	76 19.8	S26 18.6
02	232 58.6	252 15.7	11.9	264 36.4	15.9	138 04.9	27.9	296 03.2	56.8	Peacock	53 46.5	S56 45.9
03	248 01.0	267 15.6	· · 11.1	279 37.0	· · 15.3	153 07.0	· · 27.9	311 05.6	· · 56.8	Pollux	243 48.9	N28 03.1
04	263 03.5	282 15.5	10.3	294 37.7	14.7	168 09.1	27.9	326 07.9	56.8	Procyon	245 17.9	N 5 15.0
05	278 06.0	297 15.3	09.5	309 38.3	14.1	183 11.2	27.9	341 10.3	56.8			
06	293 08.4	312 15.2	S 8 08.7	324 38.9	S14 13.5	198 13.3	N23 27.9	356 12.7	S20 56.7	Rasalhague	96 22.4	N12 33.7
07	308 10.9	327 15.1	07.9	339 39.6	12.9	213 15.4	27.8	11 15.1	56.7	Regulus	208 01.8	N12 00.8
08	323 13.4	342 15.0	07.1	354 40.2	12.3	228 17.4	27.8	26 17.5	56.7	Rigel	281 29.0	S 8 12.8
S 09	338 15.8	357 14.9	· · 06.3	9 40.9	· · 11.7	243 19.5	· · 27.8	41 19.8	· · 56.7	Rigil Kent.	140 15.1	S60 47.8
U 10	353 18.3	12 14.8	05.4	24 41.5	11.1	258 21.6	27.8	56 22.2	56.7	Sabik	102 32.3	S15 43.0
N 11	8 20.8	27 14.7	04.6	39 42.1	10.5	273 23.7	27.8	71 24.6	56.7			
D 12	23 23.2	42 14.6	S 8 03.8	54 42.8	S14 09.9	288 25.8	N23 27.8	86 27.0	S20 56.7	Schedar	350 01.2	N56 29.0
A 13	38 25.7	57 14.5	03.0	69 43.4	09.3	303 27.9	27.8	101 29.4	56.7	Shaula	96 45.3	S37 05.9
Y 14	53 28.1	72 14.3	02.2	84 44.1	08.7	318 29.9	27.8	116 31.7	56.7	Sirius	258 49.1	S16 42.3
15	68 30.6	87 14.2	· · 01.4	99 44.7	· · 08.1	333 32.0	· · 27.8	131 34.1	· · 56.6	Spica	158 49.3	S11 06.9
16	83 33.1	102 14.1	8 00.6	114 45.3	07.5	348 34.1	27.8	146 36.5	56.6	Suhail	223 05.2	S43 23.9
17	98 35.5	117 14.0	7 59.8	129 46.0	06.9	3 36.2	27.8	161 38.9	56.6			
18	113 38.0	132 13.9	S 7 59.0	144 46.6	S14 06.3	18 38.3	N23 27.8	176 41.3	S20 56.6	Vega	80 50.6	N38 46.1
19	128 40.5	147 13.8	58.1	159 47.3	05.6	33 40.4	27.8	191 43.6	56.6	Zuben'ubi	137 24.4	S16 00.3
20	143 42.9	162 13.7	57.3	174 47.9	05.0	48 42.4	27.7	206 46.0	56.6			
21	158 45.4	177 13.6	· · 56.5	189 48.5	· · 04.4	63 44.5	· · 27.7	221 48.4	· · 56.6			
22	173 47.9	192 13.5	55.7	204 49.2	03.8	78 46.6	27.7	236 50.8	56.6			
23	188 50.3	207 13.3	54.9	219 49.8	03.2	93 48.7	27.7	251 53.2	56.5			
Mer. Pass.	h m 10 30.6	*v* −0.1	*d* 0.8	*v* 0.6	*d* 0.6	*v* 2.1	*d* 0.0	*v* 2.4	*d* 0.0			

	S.H.A. ° ′	Mer. Pass. h m
Venus	20 24.0	9 11
Mars	32 25.3	8 22
Jupiter	265 16.1	16 49
Saturn	63 06.9	6 19

UT (GMT) d	h	SUN G.H.A. ° ′	SUN Dec. ° ′	MOON G.H.A. ° ′	v ′	MOON Dec. ° ′	d ′	H.P. ′
13 FRIDAY	00	179 49.6	N 8 52.3	330 26.9	12.1	S23 36.2	7.0	54.0
	01	194 49.8	53.2	344 58.0	12.1	23 43.2	6.9	54.0
	02	209 49.9	54.1	359 29.1	12.0	23 50.1	6.8	54.0
	03	224 50.1	. . 55.0	14 00.1	12.0	23 56.9	6.6	54.0
	04	239 50.3	55.9	28 31.1	11.9	24 03.5	6.6	54.0
	05	254 50.4	56.8	43 02.0	11.8	24 10.1	6.5	54.0
	06	269 50.6	N 8 57.7	57 32.8	11.8	S24 16.6	6.3	54.0
	07	284 50.7	58.6	72 03.6	11.7	24 22.9	6.3	54.0
	08	299 50.9	8 59.5	86 34.3	11.7	24 29.2	6.1	54.0
	09	314 51.1	9 00.5	101 05.0	11.7	24 35.3	6.0	54.0
	10	329 51.2	01.4	115 35.7	11.5	24 41.3	5.9	54.0
	11	344 51.4	02.3	130 06.2	11.6	24 47.2	5.8	54.0
	12	359 51.5	N 9 03.2	144 36.8	11.5	S24 53.0	5.7	54.0
	13	14 51.7	04.1	159 07.3	11.4	24 58.7	5.6	54.0
	14	29 51.9	05.0	173 37.7	11.4	25 04.3	5.4	54.0
	15	44 52.0	. . 05.9	188 08.1	11.3	25 09.7	5.4	54.0
	16	59 52.2	06.8	202 38.4	11.3	25 15.1	5.2	54.0
	17	74 52.3	07.7	217 08.7	11.2	25 20.3	5.1	54.0
	18	89 52.5	N 9 08.6	231 38.9	11.2	S25 25.4	5.0	54.0
	19	104 52.7	09.5	246 09.1	11.1	25 30.4	4.9	54.1
	20	119 52.8	10.4	260 39.2	11.1	25 35.3	4.7	54.1
	21	134 53.0	. . 11.3	275 09.3	11.1	25 40.0	4.7	54.1
	22	149 53.1	12.2	289 39.4	11.0	25 44.7	4.5	54.1
	23	164 53.3	13.1	304 09.4	11.0	25 49.2	4.4	54.1
14 SATURDAY	00	179 53.5	N 9 14.0	318 39.4	10.9	S25 53.6	4.2	54.1
	01	194 53.6	14.9	333 09.3	10.8	25 57.8	4.2	54.1
	02	209 53.8	15.8	347 39.1	10.9	26 02.0	4.0	54.1
	03	224 53.9	. . 16.7	2 09.0	10.8	26 06.0	3.9	54.1
	04	239 54.1	17.6	16 38.8	10.7	26 09.9	3.8	54.1
	05	254 54.2	18.5	31 08.5	10.7	26 13.7	3.7	54.1
	06	269 54.4	N 9 19.4	45 38.2	10.7	S26 17.4	3.5	54.1
	07	284 54.6	20.3	60 07.9	10.6	26 20.9	3.4	54.1
	08	299 54.7	21.3	74 37.5	10.6	26 24.3	3.3	54.1
	09	314 54.9	. . 22.2	89 07.1	10.6	26 27.6	3.2	54.1
	10	329 55.0	23.1	103 36.7	10.5	26 30.8	3.0	54.1
	11	344 55.2	24.0	118 06.2	10.5	26 33.8	2.9	54.2
	12	359 55.3	N 9 24.9	132 35.7	10.4	S26 36.7	2.8	54.2
	13	14 55.5	25.8	147 05.1	10.4	26 39.5	2.7	54.2
	14	29 55.6	26.7	161 34.5	10.4	26 42.2	2.5	54.2
	15	44 55.8	. . 27.6	176 03.9	10.4	26 44.7	2.4	54.2
	16	59 56.0	28.5	190 33.3	10.3	26 47.1	2.3	54.2
	17	74 56.1	29.4	205 02.6	10.3	26 49.4	2.1	54.2
	18	89 56.3	N 9 30.2	219 31.9	10.2	S26 51.5	2.0	54.2
	19	104 56.4	31.1	234 01.1	10.2	26 53.5	1.9	54.2
	20	119 56.6	32.0	248 30.3	10.2	26 55.4	1.8	54.2
	21	134 56.7	. . 32.9	262 59.5	10.2	26 57.2	1.6	54.2
	22	149 56.9	33.8	277 28.7	10.2	26 58.8	1.5	54.3
	23	164 57.0	34.7	291 57.9	10.1	27 00.3	1.4	54.3
15 SUNDAY	00	179 57.2	N 9 35.6	306 27.0	10.1	S27 01.7	1.2	54.3
	01	194 57.4	36.5	320 56.1	10.1	27 02.9	1.1	54.3
	02	209 57.5	37.4	335 25.2	10.0	27 04.0	1.0	54.3
	03	224 57.7	. . 38.3	349 54.2	10.0	27 05.0	0.8	54.3
	04	239 57.8	39.2	4 23.2	10.0	27 05.8	0.7	54.3
	05	254 58.0	40.1	18 52.2	10.0	27 06.5	0.6	54.3
	06	269 58.1	N 9 41.0	33 21.2	10.0	S27 07.1	0.5	54.4
	07	284 58.3	41.9	47 50.2	10.0	27 07.6	0.3	54.4
	08	299 58.4	42.8	62 19.2	9.9	27 07.9	0.2	54.4
	09	314 58.6	. . 43.7	76 48.1	9.9	27 08.1	0.0	54.4
	10	329 58.7	44.6	91 17.0	10.0	27 08.1	0.1	54.4
	11	344 58.9	45.5	105 46.0	9.8	27 08.0	0.2	54.4
	12	359 59.0	N 9 46.4	120 14.8	9.9	S27 07.8	0.3	54.4
	13	14 59.2	47.3	134 43.7	9.9	27 07.5	0.5	54.5
	14	29 59.3	48.2	149 12.6	9.9	27 07.0	0.6	54.5
	15	44 59.5	. . 49.1	163 41.5	9.8	27 06.4	0.8	54.5
	16	59 59.6	49.9	178 10.3	9.9	27 05.6	0.9	54.5
	17	74 59.8	50.8	192 39.2	9.8	27 04.7	1.0	54.5
	18	89 59.9	N 9 51.7	207 08.0	9.8	S27 03.7	1.2	54.5
	19	105 00.1	52.6	221 36.8	9.9	27 02.5	1.2	54.5
	20	120 00.3	53.5	236 05.7	9.8	27 01.3	1.5	54.6
	21	135 00.4	. . 54.4	250 34.5	9.8	26 59.8	1.5	54.6
	22	150 00.6	55.3	265 03.3	9.8	26 58.3	1.7	54.6
	23	165 00.7	56.2	279 32.1	9.9	26 56.6	1.8	54.6
		S.D. 16.0	d 0.9	S.D. 14.7		14.8		14.8

Lat. °	Twilight Naut. h m	Twilight Civil h m	Sunrise h m	Moonrise 13 h m	Moonrise 14 h m	Moonrise 15 h m	Moonrise 16 h m
N 72	////	02 10	03 47	■	■	■	■
N 70	////	02 43	04 02	■	■	■	■
68	01 01	03 07	04 15	■	■	■	■
66	01 52	03 25	04 25	01 37	■	■	■
64	02 22	03 39	04 34	00 16	■	■	■
62	02 44	03 51	04 41	25 16	01 16	02 39	03 21
60	03 01	04 02	04 47	24 38	00 38	01 49	02 36
N 58	03 15	04 10	04 53	24 11	00 11	01 17	02 06
56	03 27	04 18	04 58	23 50	24 54	00 54	01 43
54	03 38	04 25	05 02	23 33	24 35	00 35	01 25
52	03 47	04 31	05 06	23 18	24 19	00 19	01 09
50	03 54	04 36	05 10	23 05	24 05	00 05	00 55
45	04 10	04 47	05 18	22 39	23 37	24 28	00 28
N 40	04 23	04 56	05 24	22 18	23 15	24 06	00 06
35	04 33	05 04	05 30	22 01	22 56	23 47	24 33
30	04 41	05 10	05 35	21 46	22 40	23 32	24 19
20	04 54	05 21	05 43	21 21	22 14	23 05	23 54
N 10	05 04	05 29	05 50	20 59	21 51	22 42	23 33
0	05 12	05 36	05 57	20 39	21 29	22 21	23 13
S 10	05 18	05 42	06 04	20 19	21 08	22 00	22 52
20	05 23	05 48	06 10	19 58	20 45	21 37	22 31
30	05 26	05 54	06 18	19 33	20 19	21 10	22 06
35	05 28	05 57	06 23	19 18	20 03	20 54	21 51
40	05 29	06 00	06 28	19 02	19 45	20 36	21 34
45	05 30	06 04	06 33	18 42	19 23	20 14	21 13
S 50	05 30	06 07	06 40	18 17	18 56	19 46	20 47
52	05 30	06 09	06 43	18 04	18 42	19 32	20 35
54	05 30	06 11	06 47	17 51	18 27	19 17	20 20
56	05 30	06 13	06 51	17 35	18 09	18 58	20 03
58	05 29	06 15	06 55	17 16	17 46	18 35	19 43
S 60	05 29	06 17	07 00	16 52	17 17	18 05	19 17

Lat. °	Sunset h m	Twilight Civil h m	Twilight Naut. h m	Moonset 13 h m	Moonset 14 h m	Moonset 15 h m	Moonset 16 h m
N 72	20 18	21 58	////	■	■	■	■
N 70	20 01	21 22	////	■	■	■	■
68	19 48	20 58	23 15	■	■	■	■
66	19 38	20 39	22 15	02 17	■	■	■
64	19 29	20 24	21 43	03 39	■	■	■
62	19 21	20 11	21 20	04 16	04 21	04 43	05 49
60	19 15	20 01	21 02	04 42	05 00	05 34	06 34
N 58	19 09	19 52	20 48	05 03	05 27	06 05	07 04
56	19 04	19 44	20 35	05 20	05 48	06 29	07 26
54	19 00	19 37	20 25	05 35	06 05	06 48	07 45
52	18 55	19 31	20 16	05 48	06 20	07 04	08 00
50	18 52	19 26	20 08	05 59	06 33	07 18	08 14
45	18 44	19 14	19 51	06 22	07 00	07 46	08 41
N 40	18 37	19 05	19 39	06 41	07 21	08 09	09 03
35	18 31	18 57	19 28	06 57	07 39	08 27	09 21
30	18 26	18 51	19 20	07 11	07 54	08 43	09 36
20	18 18	18 40	19 07	07 34	08 20	09 10	10 03
N 10	18 10	18 32	18 57	07 55	08 42	09 33	10 25
0	18 04	18 25	18 49	08 14	09 03	09 54	10 46
S 10	17 57	18 18	18 43	08 33	09 24	10 16	11 07
20	17 50	18 12	18 38	08 53	09 46	10 39	11 29
30	17 42	18 06	18 34	09 17	10 12	11 05	11 55
35	17 37	18 03	18 32	09 31	10 28	11 21	12 10
40	17 32	18 00	18 31	09 47	10 46	11 40	12 27
45	17 27	17 56	18 30	10 07	11 07	12 02	12 48
S 50	17 20	17 52	18 30	10 31	11 34	12 30	13 15
52	17 16	17 51	18 30	10 43	11 48	12 44	13 28
54	17 13	17 49	18 30	10 56	12 03	12 59	13 43
56	17 09	17 47	18 30	11 12	12 21	13 18	14 00
58	17 05	17 45	18 30	11 31	12 43	13 41	14 21
S 60	17 00	17 42	18 30	11 54	13 12	14 12	14 47

Day	SUN Eqn. of Time 00ʰ m s	SUN Eqn. of Time 12ʰ m s	SUN Mer. Pass. h m	MOON Mer. Pass. Upper h m	MOON Mer. Pass. Lower h m	MOON Age d	MOON Phase
13	00 42	00 34	12 01	02 02	14 26	18	
14	00 27	00 19	12 00	02 51	15 16	19	
15	0012	0004	12 00	03 42	16 08	20	

UT (GMT) d h		ARIES G.H.A. ° ′	VENUS −4.2 G.H.A. ° ′	VENUS Dec. ° ′	MARS +0.9 G.H.A. ° ′	MARS Dec. ° ′	JUPITER −2.1 G.H.A. ° ′	JUPITER Dec. ° ′	SATURN +0.6 G.H.A. ° ′	SATURN Dec. ° ′	STARS Name	S.H.A. ° ′	Dec. ° ′
16 00		203 52.8	222 13.2	S 7 54.1	234 50.5	S14 02.6	108 50.8	N23 27.7	266 55.6	S20 56.5	Acamar	315 31.8	S40 20.6
01		218 55.3	237 13.1	53.2	249 51.1	02.0	123 52.9	27.7	281 57.9	56.5	Achernar	335 40.0	S57 17.1
02		233 57.7	252 13.0	52.4	264 51.7	01.4	138 54.9	27.7	297 00.3	56.5	Acrux	173 28.5	S63 03.0
03		249 00.2	267 12.9	· · 51.6	279 52.4	· · 00.8	153 57.0	· · 27.7	312 02.7	· · 56.5	Adhara	255 26.3	S28 57.7
04		264 02.6	282 12.8	50.8	294 53.0	14 00.2	168 59.1	27.7	327 05.1	56.5	Aldebaran	291 09.6	N16 29.5
05		279 05.1	297 12.7	50.0	309 53.7	13 59.6	184 01.2	27.7	342 07.5	56.5			
06		294 07.6	312 12.6	S 7 49.1	324 54.3	S13 59.0	199 03.3	N23 27.7	357 09.9	S20 56.5	Alioth	166 35.1	N56 00.6
07		309 10.0	327 12.4	48.3	339 55.0	58.4	214 05.3	27.7	12 12.2	56.5	Alkaid	153 11.9	N49 21.5
08		324 12.5	342 12.3	47.5	354 55.6	57.7	229 07.4	27.6	27 14.6	56.4	Al Na'ir	28 05.6	S47 00.4
09	M	339 15.0	357 12.2	· · 46.7	9 56.2	· · 57.1	244 09.5	· · 27.6	42 17.0	· · 56.4	Alnilam	276 04.2	S 1 12.5
10	O	354 17.4	12 12.1	45.9	24 56.9	56.5	259 11.6	27.6	57 19.4	56.4	Alphard	218 13.1	S 8 37.1
11	N	9 19.9	27 12.0	45.0	39 57.5	55.9	274 13.6	27.6	72 21.8	56.4			
12	D	24 22.4	42 11.9	S 7 44.2	54 58.2	S13 55.3	289 15.7	N23 27.6	87 24.2	S20 56.4	Alphecca	126 25.3	N26 44.5
13	A	39 24.8	57 11.8	43.4	69 58.8	54.7	304 17.8	27.6	102 26.5	56.4	Alpheratz	358 01.9	N29 02.1
14	Y	54 27.3	72 11.6	42.6	84 59.5	54.1	319 19.9	27.6	117 28.9	56.4	Altair	62 25.2	N 8 50.3
15		69 29.8	87 11.5	· · 41.7	100 00.1	· · 53.5	334 22.0	· · 27.6	132 31.3	· · 56.4	Ankaa	353 33.0	S42 21.4
16		84 32.2	102 11.4	40.9	115 00.7	52.9	349 24.0	27.6	147 33.7	56.4	Antares	112 47.4	S26 24.8
17		99 34.7	117 11.3	40.1	130 01.4	52.3	4 26.1	27.6	162 36.1	56.3			
18		114 37.1	132 11.2	S 7 39.3	145 02.0	S13 51.6	19 28.2	N23 27.6	177 38.5	S20 56.3	Arcturus	146 11.2	N19 13.7
19		129 39.6	147 11.1	38.4	160 02.7	51.0	34 30.3	27.5	192 40.9	56.3	Atria	108 04.6	S69 00.6
20		144 42.1	162 11.0	37.6	175 03.3	50.4	49 32.3	27.5	207 43.2	56.3	Avior	234 25.2	S59 29.0
21		159 44.5	177 10.8	· · 36.8	190 04.0	· · 49.8	64 34.4	· · 27.5	222 45.6	· · 56.3	Bellatrix	278 50.9	N 6 20.5
22		174 47.0	192 10.7	35.9	205 04.6	49.2	79 36.5	27.5	237 48.0	56.3	Betelgeuse	271 20.3	N 7 24.4
23		189 49.5	207 10.6	35.1	220 05.3	48.6	94 38.6	27.5	252 50.4	56.3			
17 00		204 51.9	222 10.5	S 7 34.3	235 05.9	S13 48.0	109 40.6	N23 27.5	267 52.8	S20 56.3	Canopus	264 04.1	S52 41.6
01		219 54.4	237 10.4	33.5	250 06.5	47.4	124 42.7	27.5	282 55.2	56.3	Capella	281 00.5	N45 59.6
02		234 56.9	252 10.3	32.6	265 07.2	46.8	139 44.8	27.5	297 57.6	56.3	Deneb	49 43.5	N45 14.4
03		249 59.3	267 10.1	· · 31.8	280 07.8	· · 46.1	154 46.9	· · 27.5	312 59.9	· · 56.2	Denebola	182 51.0	N14 37.4
04		265 01.8	282 10.0	31.0	295 08.5	45.5	169 48.9	27.5	328 02.3	56.2	Diphda	349 13.6	S18 02.4
05		280 04.2	297 09.9	30.1	310 09.1	44.9	184 51.0	27.5	343 04.7	56.2			
06		295 06.7	312 09.8	S 7 29.3	325 09.8	S13 44.3	199 53.1	N23 27.4	358 07.1	S20 56.2	Dubhe	194 12.1	N61 48.3
07		310 09.2	327 09.7	28.5	340 10.4	43.7	214 55.2	27.4	13 09.5	56.2	Elnath	278 34.8	N28 36.1
08	T	325 11.6	342 09.6	27.6	355 11.1	43.1	229 57.2	27.4	28 11.9	56.2	Eltanin	90 54.0	N51 29.0
09	U	340 14.1	357 09.4	· · 26.8	10 11.7	· · 42.5	244 59.3	· · 27.4	43 14.3	· · 56.2	Enif	34 04.4	N 9 49.6
10	E	355 16.6	12 09.3	26.0	25 12.4	41.8	260 01.4	27.4	58 16.7	56.2	Fomalhaut	15 43.3	S29 40.4
11	S	10 19.0	27 09.2	25.1	40 13.0	41.2	275 03.5	27.4	73 19.1	56.2			
12	D	25 21.5	42 09.1	S 7 24.3	55 13.7	S13 40.6	290 05.5	N23 27.4	88 21.4	S20 56.1	Gacrux	172 20.1	S57 03.8
13	A	40 24.0	57 09.0	23.4	70 14.3	40.0	305 07.6	27.4	103 23.8	56.1	Gienah	176 10.0	S17 29.5
14	Y	55 26.4	72 08.9	22.6	85 14.9	39.4	320 09.7	27.4	118 26.2	56.1	Hadar	149 12.3	S60 19.8
15		70 28.9	87 08.7	· · 21.8	100 15.6	· · 38.8	335 11.8	· · 27.4	133 28.6	· · 56.1	Hamal	328 20.8	N23 25.0
16		85 31.4	102 08.6	20.9	115 16.2	38.2	350 13.8	27.4	148 31.0	56.1	Kaus Aust.	84 06.7	S34 23.4
17		100 33.8	117 08.5	20.1	130 16.9	37.5	5 15.9	27.3	163 33.4	56.1			
18		115 36.3	132 08.4	S 7 19.2	145 17.5	S13 36.9	20 18.0	N23 27.3	178 35.8	S20 56.1	Kochab	137 17.7	N74 11.5
19		130 38.7	147 08.3	18.4	160 18.2	36.3	35 20.0	27.3	193 38.2	56.1	Markab	13 55.9	N15 09.0
20		145 41.2	162 08.2	17.6	175 18.8	35.7	50 22.1	27.3	208 40.6	56.1	Menkar	314 33.6	N 4 03.1
21		160 43.7	177 08.0	· · 16.7	190 19.5	· · 35.1	65 24.2	· · 27.3	223 42.9	· · 56.1	Menkent	148 27.8	S36 19.6
22		175 46.1	192 07.9	15.9	205 20.1	34.5	80 26.3	27.3	238 45.3	56.0	Miaplacidus	221 43.4	S69 40.9
23		190 48.6	207 07.8	15.0	220 20.8	33.8	95 28.3	27.3	253 47.7	56.0			
18 00		205 51.1	222 07.7	S 7 14.2	235 21.4	S13 33.2	110 30.4	N23 27.3	268 50.1	S20 56.0	Mirfak	309 05.9	N49 49.8
01		220 53.5	237 07.6	13.3	250 22.1	32.6	125 32.5	27.3	283 52.5	56.0	Nunki	76 19.7	S26 18.6
02		235 56.0	252 07.4	12.5	265 22.7	32.0	140 34.5	27.3	298 54.9	56.0	Peacock	53 46.4	S56 45.9
03		250 58.5	267 07.3	· · 11.7	280 23.4	· · 31.4	155 36.6	· · 27.2	313 57.3	· · 56.0	Pollux	243 48.9	N28 03.1
04		266 00.9	282 07.2	10.8	295 24.0	30.8	170 38.7	27.2	328 59.7	56.0	Procyon	245 17.9	N 5 15.0
05		281 03.4	297 07.1	10.0	310 24.7	30.1	185 40.7	27.2	344 02.1	56.0			
06		296 05.9	312 07.0	S 7 09.1	325 25.3	S13 29.5	200 42.8	N23 27.2	359 04.5	S20 56.0	Rasalhague	96 22.4	N12 33.7
07	W	311 08.3	327 06.8	08.3	340 26.0	28.9	215 44.9	27.2	14 06.9	56.0	Regulus	208 01.8	N12 00.8
08	E	326 10.8	342 06.7	07.4	355 26.6	28.3	230 46.9	27.2	29 09.3	55.9	Rigel	281 29.0	S 8 12.8
09	D	341 13.2	357 06.6	· · 06.6	10 27.3	· · 27.7	245 49.0	· · 27.2	44 11.6	· · 55.9	Rigil Kent.	140 15.1	S60 47.8
10	N	356 15.7	12 06.5	05.7	25 27.9	27.0	260 51.1	27.2	59 14.0	55.9	Sabik	102 32.3	S15 43.0
11	E	11 18.2	27 06.4	04.9	40 28.6	26.4	275 53.2	27.2	74 16.4	55.9			
12	S	26 20.6	42 06.3	S 7 04.0	55 29.2	S13 25.8	290 55.2	N23 27.2	89 18.8	S20 55.9	Schedar	350 01.2	N56 29.0
13	D	41 23.1	57 06.1	03.2	70 29.9	25.2	305 57.3	27.2	104 21.2	55.9	Shaula	96 45.3	S37 05.9
14	A	56 25.6	72 06.0	02.3	85 30.5	24.6	320 59.4	27.1	119 23.6	55.9	Sirius	258 49.1	S16 42.3
15	Y	71 28.0	87 05.9	· · 01.5	100 31.2	· · 23.9	336 01.4	· · 27.1	134 26.0	· · 55.9	Spica	158 49.3	S11 06.9
16		86 30.5	102 05.8	7 00.6	115 31.8	23.3	351 03.5	27.1	149 28.4	55.9	Suhail	223 05.2	S43 23.9
17		101 33.0	117 05.6	6 59.8	130 32.5	22.7	6 05.6	27.1	164 30.8	55.9			
18		116 35.4	132 05.5	S 6 58.9	145 33.1	S13 22.1	21 07.6	N23 27.1	179 33.2	S20 55.8	Vega	80 50.6	N38 46.1
19		131 37.9	147 05.4	58.1	160 33.8	21.5	36 09.7	27.1	194 35.6	55.8	Zuben'ubi	137 24.4	S16 00.3
20		146 40.4	162 05.3	57.2	175 34.4	20.8	51 11.7	27.1	209 38.0	55.8			
21		161 42.8	177 05.2	· · 56.4	190 35.1	· · 20.2	66 13.8	· · 27.1	224 40.4	· · 55.8			
22		176 45.3	192 05.0	55.5	205 35.7	19.6	81 15.9	27.1	239 42.8	55.8			
23		191 47.7	207 04.9	54.6	220 36.4	19.0	96 17.9	27.1	254 45.2	55.8			
Mer. Pass.		h m 10 18.8	v −0.1	d 0.8	v 0.6	d 0.6	v 2.1	d 0.0	v 2.4	d 0.0			

	S.H.A. ° ′	Mer. Pass. h m
Venus	17 18.6	9 11
Mars	30 14.0	8 19
Jupiter	264 48.7	16 39
Saturn	63 00.9	6 08

UT (GMT) d	h	SUN G.H.A.	SUN Dec.	MOON G.H.A.	v	MOON Dec.	d	H.P.
		° ′	° ′	° ′	′	° ′	′	′
16	00	180 00.9	N 9 57.1	294 01.0	9.8	S26 54.8	2.0	54.6
	01	195 01.0	58.0	308 29.8	9.8	26 52.8	2.1	54.6
	02	210 01.2	58.9	322 58.6	9.8	26 50.7	2.2	54.7
	03	225 01.3	9 59.7	337 27.4	9.8	26 48.5	2.4	54.7
	04	240 01.5	10 00.6	351 56.2	9.9	26 46.1	2.5	54.7
	05	255 01.6	01.5	6 25.1	9.8	26 43.6	2.6	54.7
	06	270 01.8	N10 02.4	20 53.9	9.8	S26 41.0	2.8	54.7
	07	285 01.9	03.3	35 22.7	9.9	26 38.2	2.9	54.8
	08	300 02.1	04.2	49 51.6	9.8	26 35.3	3.0	54.8
MONDAY	09	315 02.2	.. 05.1	64 20.4	9.9	26 32.3	3.2	54.8
	10	330 02.3	06.0	78 49.3	9.8	26 29.1	3.3	54.8
	11	345 02.5	06.9	93 18.1	9.9	26 25.8	3.4	54.8
	12	0 02.6	N10 07.7	107 47.0	9.9	S26 22.4	3.6	54.9
	13	15 02.8	08.6	122 15.9	9.9	26 18.8	3.7	54.9
	14	30 02.9	09.5	136 44.8	9.9	26 15.1	3.8	54.9
	15	45 03.1	.. 10.4	151 13.7	9.9	26 11.3	4.0	54.9
	16	60 03.2	11.3	165 42.6	9.9	26 07.3	4.0	54.9
	17	75 03.4	12.2	180 11.5	10.0	26 03.3	4.3	55.0
	18	90 03.5	N10 13.1	194 40.5	10.0	S25 59.0	4.3	55.0
	19	105 03.7	13.9	209 09.5	9.9	25 54.7	4.5	55.0
	20	120 03.8	14.8	223 38.4	10.0	25 50.2	4.7	55.0
	21	135 04.0	.. 15.7	238 07.4	10.0	25 45.5	4.7	55.1
	22	150 04.1	16.6	252 36.4	10.1	25 40.8	4.9	55.1
	23	165 04.3	17.5	267 05.5	10.0	25 35.9	5.0	55.1
17	00	180 04.4	N10 18.4	281 34.5	10.1	S25 30.9	5.2	55.1
	01	195 04.6	19.2	296 03.6	10.1	25 25.7	5.2	55.1
	02	210 04.7	20.1	310 32.7	10.1	25 20.5	5.4	55.2
	03	225 04.9	.. 21.0	325 01.8	10.2	25 15.1	5.6	55.2
	04	240 05.0	21.9	339 31.0	10.1	25 09.5	5.6	55.2
	05	255 05.1	22.8	354 00.1	10.2	25 03.9	5.8	55.2
	06	270 05.3	N10 23.7	8 29.3	10.2	S24 58.1	6.0	55.3
	07	285 05.4	24.5	22 58.5	10.2	24 52.1	6.0	55.3
	08	300 05.6	25.4	37 27.7	10.3	24 46.1	6.2	55.3
TUESDAY	09	315 05.7	.. 26.3	51 57.0	10.3	24 39.9	6.3	55.3
	10	330 05.9	27.2	66 26.3	10.3	24 33.6	6.4	55.4
	11	345 06.0	28.1	80 55.6	10.3	24 27.2	6.6	55.4
	12	0 06.2	N10 28.9	95 24.9	10.3	S24 20.6	6.7	55.4
	13	15 06.3	29.8	109 54.2	10.4	24 13.9	6.8	55.5
	14	30 06.4	30.7	124 23.6	10.4	24 07.1	6.9	55.5
	15	45 06.6	.. 31.6	138 53.0	10.5	24 00.2	7.1	55.5
	16	60 06.7	32.5	153 22.5	10.4	23 53.1	7.2	55.5
	17	75 06.9	33.3	167 51.9	10.5	23 45.9	7.3	55.6
	18	90 07.0	N10 34.2	182 21.4	10.6	S23 38.6	7.4	55.6
	19	105 07.2	35.1	196 51.0	10.5	23 31.2	7.6	55.6
	20	120 07.3	36.0	211 20.5	10.6	23 23.6	7.6	55.6
	21	135 07.4	.. 36.8	225 50.1	10.6	23 16.0	7.8	55.7
	22	150 07.6	37.7	240 19.7	10.6	23 08.2	8.0	55.7
	23	165 07.7	38.6	254 49.3	10.7	23 00.2	8.0	55.7
18	00	180 07.9	N10 39.5	269 19.0	10.7	S22 52.2	8.2	55.8
	01	195 08.0	40.3	283 48.7	10.7	22 44.0	8.3	55.8
	02	210 08.2	41.2	298 18.4	10.8	22 35.7	8.4	55.8
	03	225 08.3	.. 42.1	312 48.2	10.8	22 27.3	8.5	55.9
	04	240 08.4	43.0	327 18.0	10.8	22 18.8	8.6	55.9
	05	255 08.6	43.8	341 47.8	10.9	22 10.2	8.8	55.9
	06	270 08.7	N10 44.7	356 17.7	10.9	S22 01.4	8.9	56.0
	07	285 08.9	45.6	10 47.6	10.9	21 52.5	9.0	56.0
	08	300 09.0	46.5	25 17.5	10.9	21 43.5	9.1	56.0
WEDNESDAY	09	315 09.1	.. 47.3	39 47.4	11.0	21 34.4	9.2	56.0
	10	330 09.3	48.2	54 17.4	11.0	21 25.2	9.3	56.1
	11	345 09.4	49.1	68 47.4	11.1	21 15.9	9.5	56.1
	12	0 09.6	N10 50.0	83 17.5	11.0	S21 06.4	9.6	56.1
	13	15 09.7	50.8	97 47.5	11.1	20 56.8	9.6	56.2
	14	30 09.8	51.7	112 17.6	11.2	20 47.2	9.8	56.2
	15	45 10.0	.. 52.6	126 47.8	11.2	20 37.4	9.9	56.2
	16	60 10.1	53.4	141 18.0	11.2	20 27.5	10.0	56.3
	17	75 10.3	54.3	155 48.2	11.2	20 17.5	10.2	56.3
	18	90 10.4	N10 55.2	170 18.4	11.2	S20 07.3	10.2	56.3
	19	105 10.5	56.1	184 48.6	11.3	19 57.1	10.4	56.4
	20	120 10.7	56.9	199 18.9	11.3	19 46.7	10.4	56.4
	21	135 10.8	.. 57.8	213 49.2	11.4	19 36.3	10.6	56.4
	22	150 11.0	58.7	228 19.6	11.4	19 25.7	10.6	56.5
	23	165 11.1	59.5	242 50.0	11.4	19 15.1	10.8	56.5
		S.D. 16.0	*d* 0.9	S.D.	14.9	15.1		15.3

Lat.	Twilight Naut.	Twilight Civil	Sunrise	Moonrise 16	Moonrise 17	Moonrise 18	Moonrise 19
°	h m	h m	h m	h m	h m	h m	h m
N 72	////	01 40	03 29	■	■	■	06 44
N 70	////	02 23	03 47	■	■	■	05 20
68	////	02 50	04 02	■	■	■	04 40
66	01 27	03 11	04 13	■	■	04 41	04 13
64	02 04	03 27	04 23	■	04 23	04 02	03 51
62	02 30	03 41	04 31	03 21	03 32	03 34	03 34
60	02 49	03 52	04 39	02 36	03 01	03 13	03 20
N 58	03 05	04 01	04 45	02 06	02 37	02 56	03 07
56	03 18	04 10	04 50	01 43	02 18	02 41	02 57
54	03 29	04 17	04 55	01 25	02 02	02 28	02 47
52	03 39	04 24	05 00	01 09	01 48	02 17	02 39
50	03 47	04 29	05 04	00 55	01 36	02 07	02 31
45	04 04	04 42	05 13	00 28	01 10	01 46	02 15
N 40	04 18	04 52	05 20	00 06	00 50	01 28	02 01
35	04 29	05 00	05 26	24 33	00 33	01 14	01 50
30	04 38	05 07	05 31	24 19	00 19	01 01	01 40
20	04 52	05 18	05 41	23 54	24 40	00 40	01 22
N 10	05 02	05 27	05 49	23 33	24 21	00 21	01 07
0	05 11	05 35	05 56	23 13	24 03	00 03	00 53
S 10	05 18	05 42	06 04	22 52	23 46	24 39	00 39
20	05 23	05 49	06 11	22 31	23 27	24 23	00 23
30	05 28	05 56	06 20	22 06	23 05	24 05	00 05
35	05 30	05 59	06 25	21 51	22 52	23 55	25 00
40	05 32	06 03	06 31	21 34	22 37	23 43	24 51
45	05 33	06 07	06 37	21 13	22 19	23 29	24 41
S 50	05 34	06 12	06 45	20 47	21 57	23 12	24 29
52	05 35	06 14	06 48	20 35	21 46	23 04	24 24
54	05 35	06 16	06 52	20 20	21 34	22 54	24 18
56	05 35	06 18	06 57	20 03	21 20	22 44	24 11
58	05 35	06 21	07 01	19 43	21 04	22 32	24 03
S 60	05 35	06 24	07 07	19 17	20 45	22 18	23 54

Lat.	Sunset	Twilight Civil	Twilight Naut.	Moonset 16	Moonset 17	Moonset 18	Moonset 19
°	h m	h m	h m	h m	h m	h m	h m
N 72	20 34	22 28	////	■	■	■	07 46
N 70	20 15	21 42	////	■	■	■	09 09
68	20 00	21 13	////	■	■	■	09 47
66	19 48	20 52	22 41	■	■	08 02	10 14
64	19 38	20 35	22 00	■	06 35	08 41	10 34
62	19 30	20 21	21 33	05 49	07 25	09 08	10 50
60	19 22	20 09	21 13	06 34	07 56	09 28	11 03
N 58	19 16	20 00	20 57	07 04	08 20	09 45	11 15
56	19 10	19 51	20 43	07 26	08 38	09 59	11 25
54	19 05	19 44	20 32	07 45	08 54	10 12	11 34
52	19 01	19 37	20 22	08 00	09 08	10 23	11 41
50	18 56	19 31	20 14	08 14	09 20	10 32	11 48
45	18 47	19 18	19 56	08 41	09 44	10 52	12 03
N 40	18 40	19 08	19 42	09 03	10 04	11 08	12 16
35	18 34	19 00	19 31	09 21	10 20	11 22	12 26
30	18 28	18 53	19 22	09 36	10 34	11 34	12 35
20	18 19	18 41	19 08	10 03	10 58	11 54	12 50
N 10	18 11	18 32	18 57	10 25	11 18	12 11	13 04
0	18 03	18 24	18 48	10 46	11 37	12 27	13 16
S 10	17 55	18 17	18 41	11 07	11 56	12 43	13 28
20	17 48	18 10	18 36	11 29	12 16	13 00	13 42
30	17 39	18 03	18 31	11 55	12 39	13 20	13 56
35	17 34	17 59	18 29	12 10	12 53	13 31	14 05
40	17 28	17 55	18 27	12 27	13 09	13 44	14 15
45	17 21	17 51	18 25	12 48	13 27	13 59	14 26
S 50	17 14	17 46	18 24	13 15	13 50	14 18	14 40
52	17 10	17 44	18 24	13 28	14 01	14 27	14 46
54	17 06	17 42	18 23	13 43	14 14	14 36	14 53
56	17 02	17 40	18 23	14 00	14 28	14 47	15 01
58	16 57	17 37	18 23	14 21	14 45	15 00	15 10
S 60	16 51	17 34	18 22	14 47	15 05	15 14	15 19

Day	SUN Eqn. of Time 00 h	SUN Eqn. of Time 12 h	SUN Mer. Pass.	MOON Mer. Pass. Upper	MOON Mer. Pass. Lower	Age	Phase
	m s	m s	h m	h m	h m	d	
16	00 03	00 10	12 00	04 33	16 59	21	
17	00 17	00 24	12 00	05 25	17 50	22	◑
18	00 31	00 38	11 59	06 15	18 40	23	

UT (GMT) d	h	ARIES G.H.A. ° ′	VENUS −4.2 G.H.A. ° ′	Dec. ° ′	MARS +0.9 G.H.A. ° ′	Dec. ° ′	JUPITER −2.1 G.H.A. ° ′	Dec. ° ′	SATURN +0.6 G.H.A. ° ′	Dec. ° ′
19	00	206 50.2	222 04.8	S 6 53.8	235 37.0	S13 18.3	111 20.0	N23 27.0	269 47.5	S20 55.8
	01	221 52.7	237 04.7	52.9	250 37.7	17.7	126 22.1	27.0	284 49.9	55.8
	02	236 55.1	252 04.6	52.1	265 38.3	17.1	141 24.1	27.0	299 52.3	55.8
	03	251 57.6	267 04.4	· · 51.2	280 39.0	· · 16.5	156 26.2	· · 27.0	314 54.7	· · 55.8
	04	267 00.1	282 04.3	50.4	295 39.6	15.9	171 28.3	27.0	329 57.1	55.8
	05	282 02.5	297 04.2	49.5	310 40.3	15.2	186 30.3	27.0	344 59.5	55.7
	06	297 05.0	312 04.1	S 6 48.6	325 41.0	S13 14.6	201 32.4	N23 27.0	0 01.9	S20 55.7
	07	312 07.5	327 04.0	47.8	340 41.6	14.0	216 34.5	27.0	15 04.3	55.7
T	08	327 09.9	342 03.8	46.9	355 42.3	13.4	231 36.5	27.0	30 06.7	55.7
H	09	342 12.4	357 03.7	· · 46.1	10 42.9	· · 12.7	246 38.6	· · 26.9	45 09.1	· · 55.7
U	10	357 14.8	12 03.6	45.2	25 43.6	12.1	261 40.6	26.9	60 11.5	55.7
R	11	12 17.3	27 03.5	44.3	40 44.2	11.5	276 42.7	26.9	75 13.9	55.7
S	12	27 19.8	42 03.3	S 6 43.5	55 44.9	S13 10.9	291 44.8	N23 26.9	90 16.3	S20 55.7
D	13	42 22.2	57 03.2	42.6	70 45.5	10.2	306 46.8	26.9	105 18.7	55.7
A	14	57 24.7	72 03.1	41.8	85 46.2	09.6	321 48.9	26.9	120 21.1	55.7
Y	15	72 27.2	87 03.0	· · 40.9	100 46.8	· · 09.0	336 51.0	· · 26.9	135 23.5	· · 55.7
	16	87 29.6	102 02.9	40.0	115 47.5	08.4	351 53.0	26.9	150 25.9	55.6
	17	102 32.1	117 02.7	39.2	130 48.1	07.7	6 55.1	26.9	165 28.3	55.6
	18	117 34.6	132 02.6	S 6 38.3	145 48.8	S13 07.1	21 57.1	N23 26.9	180 30.7	S20 55.6
	19	132 37.0	147 02.5	37.4	160 49.5	06.5	36 59.2	26.8	195 33.1	55.6
	20	147 39.5	162 02.4	36.6	175 50.1	05.9	52 01.3	26.8	210 35.5	55.6
	21	162 42.0	177 02.2	· · 35.7	190 50.8	· · 05.2	67 03.3	· · 26.8	225 37.9	· · 55.6
	22	177 44.4	192 02.1	34.8	205 51.4	04.6	82 05.4	26.8	240 40.3	55.6
	23	192 46.9	207 02.0	34.0	220 52.1	04.0	97 07.4	26.8	255 42.7	55.6
20	00	207 49.3	222 01.9	S 6 33.1	235 52.7	S13 03.4	112 09.5	N23 26.8	270 45.1	S20 55.6
	01	222 51.8	237 01.7	32.2	250 53.4	02.7	127 11.6	26.8	285 47.5	55.6
	02	237 54.3	252 01.6	31.4	265 54.0	02.1	142 13.6	26.8	300 49.9	55.6
	03	252 56.7	267 01.5	· · 30.5	280 54.7	· · 01.5	157 15.7	· · 26.8	315 52.3	· · 55.6
	04	267 59.2	282 01.4	29.6	295 55.4	00.9	172 17.7	26.7	330 54.7	55.5
	05	283 01.7	297 01.3	28.7	310 56.0	13 00.2	187 19.8	26.7	345 57.1	55.5
	06	298 04.1	312 01.1	S 6 27.9	325 56.7	S12 59.6	202 21.8	N23 26.7	0 59.5	S20 55.5
	07	313 06.6	327 01.0	27.0	340 57.3	59.0	217 23.9	26.7	16 01.9	55.5
	08	328 09.1	342 00.9	26.1	355 58.0	58.3	232 26.0	26.7	31 04.3	55.5
F	09	343 11.5	357 00.8	· · 25.3	10 58.6	· · 57.7	247 28.0	· · 26.7	46 06.7	· · 55.5
R	10	358 14.0	12 00.6	24.4	25 59.3	57.1	262 30.1	26.7	61 09.1	55.5
I	11	13 16.5	27 00.5	23.5	41 00.0	56.5	277 32.1	26.7	76 11.5	55.5
D	12	28 18.9	42 00.4	S 6 22.6	56 00.6	S12 55.8	292 34.2	N23 26.7	91 13.9	S20 55.5
A	13	43 21.4	57 00.3	21.8	71 01.3	55.2	307 36.2	26.6	106 16.3	55.5
Y	14	58 23.8	72 00.1	20.9	86 01.9	54.6	322 38.3	26.6	121 18.7	55.5
	15	73 26.3	87 00.0	· · 20.0	101 02.6	· · 53.9	337 40.4	· · 26.6	136 21.1	· · 55.5
	16	88 28.8	101 59.9	19.1	116 03.2	53.3	352 42.4	26.6	151 23.5	55.4
	17	103 31.2	116 59.8	18.3	131 03.9	52.7	7 44.5	26.6	166 25.9	55.4
	18	118 33.7	131 59.6	S 6 17.4	146 04.6	S12 52.1	22 46.5	N23 26.6	181 28.3	S20 55.4
	19	133 36.2	146 59.5	16.5	161 05.2	51.4	37 48.6	26.6	196 30.7	55.4
	20	148 38.6	161 59.4	15.6	176 05.9	50.8	52 50.6	26.6	211 33.1	55.4
	21	163 41.1	176 59.3	· · 14.7	191 06.5	· · 50.2	67 52.7	· · 26.6	226 35.5	· · 55.4
	22	178 43.6	191 59.1	13.9	206 07.2	49.5	82 54.7	26.5	241 37.9	55.4
	23	193 46.0	206 59.0	13.0	221 07.9	48.9	97 56.8	26.5	256 40.3	55.4
21	00	208 48.5	221 58.9	S 6 12.1	236 08.5	S12 48.3	112 58.9	N23 26.5	271 42.7	S20 55.4
	01	223 50.9	236 58.8	11.2	251 09.2	47.6	128 00.9	26.5	286 45.1	55.4
	02	238 53.4	251 58.6	10.3	266 09.8	47.0	143 03.0	26.5	301 47.5	55.4
	03	253 55.9	266 58.5	· · 09.5	281 10.5	· · 46.4	158 05.0	· · 26.5	316 49.9	· · 55.4
	04	268 58.3	281 58.4	08.6	296 11.2	45.7	173 07.1	26.5	331 52.3	55.4
	05	284 00.8	296 58.2	07.7	311 11.8	45.1	188 09.1	26.5	346 54.7	55.3
	06	299 03.3	311 58.1	S 6 06.8	326 12.5	S12 44.5	203 11.2	N23 26.5	1 57.1	S20 55.3
	07	314 05.7	326 58.0	05.9	341 13.1	43.8	218 13.2	26.4	16 59.5	55.3
S	08	329 08.2	341 57.9	05.0	356 13.8	43.2	233 15.3	26.4	32 02.0	55.3
A	09	344 10.7	356 57.7	· · 04.2	11 14.5	· · 42.6	248 17.3	· · 26.4	47 04.4	· · 55.3
T	10	359 13.1	11 57.6	03.3	26 15.1	42.0	263 19.4	26.4	62 06.8	55.3
U	11	14 15.6	26 57.5	02.4	41 15.8	41.3	278 21.4	26.4	77 09.2	55.3
R	12	29 18.1	41 57.4	S 6 01.5	56 16.4	S12 40.7	293 23.5	N23 26.4	92 11.6	S20 55.3
D	13	44 20.5	56 57.2	6 00.6	71 17.1	40.1	308 25.5	26.4	107 14.0	55.3
A	14	59 23.0	71 57.1	5 59.7	86 17.8	39.4	323 27.6	26.4	122 16.4	55.3
Y	15	74 25.4	86 57.0	· · 58.8	101 18.4	· · 38.8	338 29.6	· · 26.3	137 18.8	· · 55.3
	16	89 27.9	101 56.9	58.0	116 19.1	38.2	353 31.7	26.3	152 21.2	55.3
	17	104 30.4	116 56.7	57.1	131 19.7	37.5	8 33.7	26.3	167 23.6	55.3
	18	119 32.8	131 56.6	S 5 56.2	146 20.4	S12 36.9	23 35.8	N23 26.3	182 26.0	S20 55.2
	19	134 35.3	146 56.5	55.3	161 21.1	36.2	38 37.8	26.3	197 28.4	55.2
	20	149 37.8	161 56.3	54.4	176 21.7	35.6	53 39.9	26.3	212 30.8	55.2
	21	164 40.2	176 56.2	· · 53.5	191 22.4	· · 35.0	68 41.9	· · 26.3	227 33.2	· · 55.2
	22	179 42.7	191 56.1	52.6	206 23.1	34.3	83 44.0	26.3	242 35.6	55.2
	23	194 45.2	206 56.0	51.7	221 23.7	33.7	98 46.0	26.2	257 38.0	55.2
Mer. Pass.		h m 10 07.0	v −0.1	d 0.9	v 0.7	d 0.6	v 2.1	d 0.0	v 2.4	d 0.0

STARS

Name	S.H.A. ° ′	Dec. ° ′
Acamar	315 31.8	S40 20.6
Achernar	335 40.0	S57 17.1
Acrux	173 28.5	S63 03.0
Adhara	255 26.3	S28 57.7
Aldebaran	291 09.6	N16 29.5
Alioth	166 35.1	N56 00.7
Alkaid	153 11.9	N49 21.5
Al Na'ir	28 05.5	S47 00.4
Alnilam	276 04.2	S 1 12.5
Alphard	218 13.1	S 8 37.1
Alphecca	126 25.3	N26 44.5
Alpheratz	358 01.9	N29 02.1
Altair	62 25.2	N 8 50.3
Ankaa	353 33.0	S42 21.4
Antares	112 47.3	S26 24.8
Arcturus	146 11.2	N19 13.7
Atria	108 04.5	S69 00.6
Avior	234 25.2	S59 29.0
Bellatrix	278 50.9	N 6 20.5
Betelgeuse	271 20.3	N 7 24.4
Canopus	264 04.1	S52 41.6
Capella	281 00.5	N45 59.5
Deneb	49 43.5	N45 14.4
Denebola	182 51.0	N14 37.4
Diphda	349 13.6	S18 02.4
Dubhe	194 12.1	N61 48.3
Elnath	278 34.9	N28 36.1
Eltanin	90 53.9	N51 29.0
Enif	34 04.3	N 9 49.7
Fomalhaut	15 43.2	S29 40.4
Gacrux	172 20.1	S57 03.8
Gienah	176 10.0	S17 29.5
Hadar	149 12.3	S60 19.8
Hamal	328 20.8	N23 25.0
Kaus Aust.	84 06.7	S34 23.4
Kochab	137 17.7	N74 11.5
Markab	13 55.9	N15 09.1
Menkar	314 33.6	N 4 03.1
Menkent	148 27.8	S36 19.6
Miaplacidus	221 43.4	S69 40.9
Mirfak	309 05.9	N49 49.8
Nunki	76 19.7	S26 18.6
Peacock	53 46.4	S56 45.9
Pollux	243 48.9	N28 03.1
Procyon	245 17.9	N 5 15.0
Rasalhague	96 22.4	N12 33.7
Regulus	208 01.8	N12 00.8
Rigel	281 29.0	S 8 12.8
Rigil Kent.	140 15.1	S60 47.8
Sabik	102 32.3	S15 43.0
Schedar	350 01.2	N56 29.0
Shaula	96 45.3	S37 05.9
Sirius	258 49.2	S16 42.3
Spica	158 49.3	S11 06.9
Suhail	223 05.2	S43 23.9
Vega	80 50.6	N38 46.1
Zuben'ubi	137 24.4	S16 00.3

	S.H.A. ° ′	Mer. Pass. h m
Venus	14 12.5	9 12
Mars	28 03.4	8 16
Jupiter	264 20.1	16 29
Saturn	62 55.7	5 56

UT (GMT) d h	SUN G.H.A. ° ′	SUN Dec. ° ′	MOON G.H.A. ° ′	v ′	MOON Dec. ° ′	d ′	H.P. ′
19 00	180 11.2	N11 00.4	257 20.4	11.4	S19 04.3	10.9	56.6
01	195 11.4	01.3	271 50.8	11.5	18 53.4	11.0	56.6
02	210 11.5	02.1	286 21.3	11.5	18 42.4	11.1	56.6
03	225 11.6	. . 03.0	300 51.8	11.5	18 31.3	11.2	56.7
04	240 11.8	03.9	315 22.3	11.6	18 20.1	11.3	56.7
05	255 11.9	04.7	329 52.9	11.5	18 08.8	11.4	56.7
06	270 12.1	N11 05.6	344 23.4	11.6	S17 57.4	11.5	56.8
07	285 12.2	06.5	358 54.0	11.7	17 45.9	11.6	56.8
T 08	300 12.3	07.3	13 24.7	11.6	17 34.3	11.7	56.8
H 09	315 12.5	. . 08.2	27 55.3	11.7	17 22.6	11.8	56.9
U 10	330 12.6	09.1	42 26.0	11.7	17 10.8	11.9	56.9
R 11	345 12.7	09.9	56 56.7	11.8	16 58.9	12.0	57.0
S 12	0 12.9	N11 10.8	71 27.5	11.7	S16 46.9	12.1	57.0
D 13	15 13.0	11.7	85 58.2	11.8	16 34.8	12.2	57.0
A 14	30 13.1	12.5	100 29.0	11.8	16 22.6	12.3	57.1
Y 15	45 13.3	. . 13.4	114 59.8	11.8	16 10.3	12.4	57.1
16	60 13.4	14.3	129 30.6	11.9	15 57.9	12.4	57.1
17	75 13.5	15.1	144 01.5	11.9	15 45.5	12.6	57.2
18	90 13.7	N11 16.0	158 32.4	11.8	S15 32.9	12.7	57.2
19	105 13.8	16.9	173 03.2	12.0	15 20.2	12.7	57.3
20	120 14.0	17.7	187 34.2	11.9	15 07.5	12.9	57.3
21	135 14.1	. . 18.6	202 05.1	11.9	14 54.6	12.9	57.3
22	150 14.2	19.4	216 36.0	12.0	14 41.7	13.0	57.4
23	165 14.4	20.3	231 07.0	12.0	14 28.7	13.2	57.4
20 00	180 14.5	N11 21.2	245 38.0	12.0	S14 15.5	13.1	57.4
01	195 14.6	22.0	260 09.0	12.0	14 02.4	13.3	57.5
02	210 14.8	22.9	274 40.0	12.0	13 49.1	13.4	57.5
03	225 14.9	. . 23.7	289 11.0	12.1	13 35.7	13.5	57.6
04	240 15.0	24.6	303 42.1	12.1	13 22.2	13.5	57.6
05	255 15.2	25.5	318 13.2	12.0	13 08.7	13.6	57.6
06	270 15.3	N11 26.3	332 44.2	12.1	S12 55.1	13.7	57.7
07	285 15.4	27.2	347 15.3	12.1	12 41.4	13.8	57.7
08	300 15.5	28.0	1 46.4	12.1	12 27.6	13.9	57.8
F 09	315 15.7	. . 28.9	16 17.5	12.1	12 13.7	13.9	57.8
R 10	330 15.8	29.8	30 48.6	12.2	11 59.8	14.0	57.8
I 11	345 15.9	30.6	45 19.8	12.1	11 45.8	14.1	57.9
D 12	0 16.1	N11 31.5	59 50.9	12.2	S11 31.7	14.2	57.9
A 13	15 16.2	32.3	74 22.1	12.1	11 17.5	14.3	58.0
Y 14	30 16.3	33.2	88 53.2	12.2	11 03.2	14.3	58.0
15	45 16.5	. . 34.0	103 24.4	12.1	10 48.9	14.4	58.0
16	60 16.6	34.9	117 55.5	12.2	10 34.5	14.4	58.1
17	75 16.7	35.7	132 26.7	12.2	10 20.1	14.6	58.1
18	90 16.9	N11 36.6	146 57.9	12.1	S10 05.5	14.6	58.2
19	105 17.0	37.5	161 29.0	12.2	9 50.9	14.7	58.2
20	120 17.1	38.3	176 00.2	12.2	9 36.2	14.7	58.2
21	135 17.2	. . 39.2	190 31.4	12.1	9 21.5	14.8	58.3
22	150 17.4	40.0	205 02.5	12.2	9 06.7	14.9	58.3
23	165 17.5	40.9	219 33.7	12.2	8 51.8	15.0	58.4
21 00	180 17.6	N11 41.7	234 04.9	12.1	S 8 36.8	15.0	58.4
01	195 17.8	42.6	248 36.0	12.2	8 21.8	15.0	58.4
02	210 17.9	43.4	263 07.2	12.1	8 06.8	15.2	58.5
03	225 18.0	. . 44.3	277 38.3	12.2	7 51.6	15.2	58.5
04	240 18.1	45.1	292 09.5	12.1	7 36.4	15.2	58.6
05	255 18.3	46.0	306 40.6	12.1	7 21.2	15.3	58.6
06	270 18.4	N11 46.8	321 11.7	12.1	S 7 05.9	15.4	58.6
07	285 18.5	47.7	335 42.8	12.1	6 50.5	15.4	58.7
S 08	300 18.7	48.5	350 13.9	12.1	6 35.1	15.5	58.7
A 09	315 18.8	. . 49.4	4 45.0	12.1	6 19.6	15.5	58.8
T 10	330 18.9	50.2	19 16.1	12.1	6 04.1	15.6	58.8
U 11	345 19.0	51.1	33 47.2	12.0	5 48.5	15.6	58.8
R 12	0 19.2	N11 51.9	48 18.2	12.1	S 5 32.9	15.7	58.9
D 13	15 19.3	52.8	62 49.3	12.0	5 17.2	15.7	58.9
A 14	30 19.4	53.6	77 20.3	12.0	5 01.5	15.8	59.0
Y 15	45 19.5	. . 54.5	91 51.3	11.9	4 45.7	15.8	59.0
16	60 19.7	55.3	106 22.2	12.0	4 29.9	15.9	59.0
17	75 19.8	56.2	120 53.2	11.9	4 14.0	15.9	59.1
18	90 19.9	N11 57.0	135 24.1	11.9	S 3 58.1	16.0	59.1
19	105 20.0	57.9	149 55.0	11.9	3 42.1	16.0	59.2
20	120 20.2	58.7	164 25.9	11.8	3 26.1	16.0	59.2
21	135 20.3	11 59.6	178 56.7	11.9	3 10.1	16.1	59.2
22	150 20.4	12 00.4	193 27.6	11.8	2 54.0	16.1	59.3
23	165 20.5	01.3	207 58.4	11.7	2 37.9	16.1	59.3
	S.D. 15.9	*d* 0.9	S.D. 15.5		15.8		16.0

Lat. °	Twilight Naut. h m	Twilight Civil h m	Sunrise h m	Moonrise 19 h m	Moonrise 20 h m	Moonrise 21 h m	Moonrise 22 h m
N 72	////	01 01	03 11	06 44	04 54	04 10	03 36
N 70	////	02 00	03 32	05 20	04 30	03 59	03 34
68	////	02 33	03 49	04 40	04 11	03 50	03 33
66	00 53	02 56	04 02	04 13	03 56	03 43	03 31
64	01 44	03 15	04 13	03 51	03 43	03 36	03 30
62	02 14	03 30	04 22	03 34	03 33	03 31	03 29
60	02 36	03 42	04 30	03 20	03 24	03 26	03 28
N 58	02 54	03 53	04 37	03 07	03 16	03 22	03 27
56	03 08	04 02	04 43	02 57	03 08	03 18	03 26
54	03 20	04 10	04 48	02 47	03 02	03 14	03 26
52	03 31	04 17	04 53	02 39	02 56	03 11	03 25
50	03 40	04 23	04 58	02 31	02 51	03 08	03 25
45	03 59	04 36	05 07	02 15	02 40	03 02	03 23
N 40	04 13	04 47	05 15	02 01	02 30	02 57	03 22
35	04 25	04 56	05 22	01 50	02 22	02 52	03 21
30	04 34	05 03	05 28	01 40	02 15	02 48	03 21
20	04 49	05 16	05 38	01 22	02 03	02 41	03 19
N 10	05 01	05 26	05 47	01 07	01 52	02 35	03 18
0	05 10	05 35	05 56	00 53	01 41	02 29	03 17
S 10	05 18	05 42	06 04	00 39	01 31	02 23	03 16
20	05 24	05 50	06 12	00 23	01 20	02 17	03 15
30	05 30	05 58	06 22	00 05	01 07	02 10	03 14
35	05 32	06 02	06 27	25 00	01 00	02 06	03 13
40	05 34	06 06	06 34	24 51	00 51	02 01	03 12
45	05 37	06 11	06 41	24 41	00 41	01 55	03 11
S 50	05 39	06 16	06 49	24 29	00 29	01 49	03 10
52	05 39	06 19	06 53	24 24	00 24	01 46	03 10
54	05 40	06 21	06 58	24 18	00 18	01 42	03 09
56	05 41	06 24	07 03	24 11	00 11	01 39	03 08
58	05 41	06 27	07 08	24 03	00 03	01 34	03 08
S 60	05 42	06 31	07 14	23 54	25 30	01 30	03 07

Lat. °	Sunset h m	Twilight Civil h m	Twilight Naut. h m	Moonset 19 h m	Moonset 20 h m	Moonset 21 h m	Moonset 22 h m
N 72	20 51	23 15	////	07 46	11 19	13 44	16 05
N 70	20 29	22 05	////	09 09	11 41	13 52	16 02
68	20 12	21 30	////	09 47	11 57	13 59	16 00
66	19 59	21 05	23 21	10 14	12 11	14 04	15 58
64	19 47	20 46	22 20	10 34	12 22	14 08	15 56
62	19 38	20 31	21 48	10 50	12 31	14 12	15 55
60	19 30	20 18	21 25	11 03	12 39	14 15	15 54
N 58	19 23	20 07	21 07	11 15	12 46	14 18	15 53
56	19 16	19 58	20 52	11 25	12 52	14 21	15 52
54	19 11	19 50	20 39	11 34	12 58	14 23	15 51
52	19 06	19 42	20 29	11 41	13 03	14 25	15 50
50	19 01	19 36	20 19	11 48	13 07	14 27	15 50
45	18 51	19 22	20 01	12 03	13 16	14 31	15 48
N 40	18 43	19 12	19 46	12 16	13 24	14 35	15 47
35	18 36	19 03	19 34	12 26	13 31	14 37	15 46
30	18 30	18 55	19 24	12 35	13 37	14 40	15 45
20	18 20	18 42	19 09	12 50	13 47	14 44	15 43
N 10	18 11	18 32	18 57	13 04	13 56	14 48	15 42
0	18 02	18 23	18 48	13 16	14 04	14 52	15 40
S 10	17 54	18 15	18 40	13 28	14 12	14 55	15 39
20	17 45	18 08	18 34	13 42	14 21	14 59	15 37
30	17 36	18 00	18 28	13 56	14 30	15 03	15 36
35	17 30	17 56	18 25	14 05	14 36	15 05	15 35
40	17 24	17 51	18 23	14 15	14 42	15 08	15 34
45	17 16	17 46	18 21	14 26	14 49	15 11	15 32
S 50	17 08	17 41	18 18	14 40	14 58	15 15	15 31
52	17 04	17 38	18 18	14 46	15 02	15 16	15 30
54	16 59	17 36	18 17	14 53	15 06	15 18	15 29
56	16 54	17 33	18 16	15 01	15 11	15 20	15 28
58	16 49	17 30	18 15	15 10	15 17	15 22	15 27
S 60	16 43	17 26	18 15	15 19	15 23	15 25	15 26

Day	SUN Eqn. of Time 00h m s	SUN Eqn. of Time 12h m s	SUN Mer. Pass. h m	MOON Mer. Pass. Upper h m	MOON Mer. Pass. Lower h m	Age d	Phase
19	00 45	00 51	11 59	07 05	19 29	24	
20	00 58	01 04	11 59	07 53	20 17	25	[moon phase symbol]
21	01 10	01 16	11 59	08 40	21 04	26	

	UT (GMT)	ARIES	VENUS −4.2		MARS +0.9		JUPITER −2.0		SATURN +0.5		STARS		
	d h	G.H.A.	G.H.A.	Dec.	G.H.A.	Dec.	G.H.A.	Dec.	G.H.A.	Dec.	Name	S.H.A.	Dec.
		° ′	° ′	° ′	° ′	° ′	° ′	° ′	° ′	° ′		° ′	° ′
	22 00	209 47.6	221 55.8	S 5 50.8	236 24.4	S12 33.1	113 48.1	N23 26.2	272 40.5	S20 55.2	Acamar	315 31.8	S40 20.6
	01	224 50.1	236 55.7	49.9	251 25.0	32.4	128 50.1	26.2	287 42.9	55.2	Achernar	335 40.0	S57 17.0
	02	239 52.6	251 55.6	49.0	266 25.7	31.8	143 52.2	26.2	302 45.3	55.2	Acrux	173 28.5	S63 03.0
	03	254 55.0	266 55.4	· · 48.2	281 26.4	· · 31.2	158 54.2	· · 26.2	317 47.7	· · 55.2	Adhara	255 26.3	S28 57.7
	04	269 57.5	281 55.3	47.3	296 27.0	30.5	173 56.3	26.2	332 50.1	55.2	Aldebaran	291 09.6	N16 29.5
	05	284 59.9	296 55.2	46.4	311 27.7	29.9	188 58.3	26.2	347 52.5	55.2			
	06	300 02.4	311 55.1	S 5 45.5	326 28.4	S12 29.3	204 00.4	N23 26.2	2 54.9	S20 55.2	Alioth	166 35.1	N56 00.7
	07	315 04.9	326 54.9	44.6	341 29.0	28.6	219 02.4	26.2	17 57.3	55.2	Alkaid	153 11.9	N49 21.5
	08	330 07.3	341 54.8	43.7	356 29.7	28.0	234 04.5	26.1	32 59.7	55.1	Al Na'ir	28 05.5	S47 00.4
S	09	345 09.8	356 54.7	· · 42.8	11 30.4	· · 27.3	249 06.5	· · 26.1	48 02.1	· · 55.1	Alnilam	276 04.2	S 1 12.5
U	10	0 12.3	11 54.5	41.9	26 31.0	26.7	264 08.6	26.1	63 04.5	55.1	Alphard	218 13.1	S 8 37.1
N	11	15 14.7	26 54.4	41.0	41 31.7	26.1	279 10.6	26.1	78 07.0	55.1			
D	12	30 17.2	41 54.3	S 5 40.1	56 32.3	S12 25.4	294 12.7	N23 26.1	93 09.4	S20 55.1	Alphecca	126 25.3	N26 44.5
A	13	45 19.7	56 54.2	39.2	71 33.0	24.8	309 14.7	26.1	108 11.8	55.1	Alpheratz	358 01.9	N29 02.1
Y	14	60 22.1	71 54.0	38.3	86 33.7	24.2	324 16.7	26.1	123 14.2	55.1	Altair	62 25.1	N 8 50.3
	15	75 24.6	86 53.9	· · 37.4	101 34.3	· · 23.5	339 18.8	· · 26.1	138 16.6	· · 55.1	Ankaa	353 33.0	S42 21.4
	16	90 27.0	101 53.8	36.5	116 35.0	22.9	354 20.8	26.0	153 19.0	55.1	Antares	112 47.3	S26 24.8
	17	105 29.5	116 53.6	35.6	131 35.7	22.2	9 22.9	26.0	168 21.4	55.1			
	18	120 32.0	131 53.5	S 5 34.7	146 36.3	S12 21.6	24 24.9	N23 26.0	183 23.8	S20 55.1	Arcturus	146 11.2	N19 13.7
	19	135 34.4	146 53.4	33.8	161 37.0	21.0	39 27.0	26.0	198 26.2	55.1	Atria	108 04.5	S69 00.6
	20	150 36.9	161 53.3	32.9	176 37.7	20.3	54 29.0	26.0	213 28.6	55.1	Avior	234 25.3	S59 29.0
	21	165 39.4	176 53.1	· · 32.0	191 38.3	· · 19.7	69 31.1	· · 26.0	228 31.1	· · 55.1	Bellatrix	278 50.9	N 6 20.5
	22	180 41.8	191 53.0	31.1	206 39.0	19.0	84 33.1	26.0	243 33.5	55.1	Betelgeuse	271 20.3	N 7 24.4
	23	195 44.3	206 52.9	30.2	221 39.7	18.4	99 35.2	26.0	258 35.9	55.0			
	23 00	210 46.8	221 52.7	S 5 29.3	236 40.3	S12 17.8	114 37.2	N23 25.9	273 38.3	S20 55.0	Canopus	264 04.1	S52 41.6
	01	225 49.2	236 52.6	28.4	251 41.0	17.1	129 39.2	25.9	288 40.7	55.0	Capella	281 00.5	N45 59.5
	02	240 51.7	251 52.5	27.5	266 41.7	16.5	144 41.3	25.9	303 43.1	55.0	Deneb	49 43.5	N45 14.4
	03	255 54.2	266 52.3	· · 26.6	281 42.3	· · 15.8	159 43.3	· · 25.9	318 45.5	· · 55.0	Denebola	182 51.0	N14 37.4
	04	270 56.6	281 52.2	25.7	296 43.0	15.2	174 45.4	25.9	333 47.9	55.0	Diphda	349 13.6	S18 02.4
	05	285 59.1	296 52.1	24.8	311 43.7	14.6	189 47.4	25.9	348 50.4	55.0			
	06	301 01.5	311 51.9	S 5 23.9	326 44.3	S12 13.9	204 49.5	N23 25.9	3 52.8	S20 55.0	Dubhe	194 12.1	N61 48.3
	07	316 04.0	326 51.8	23.0	341 45.0	13.3	219 51.5	25.8	18 55.2	55.0	Elnath	278 34.9	N28 36.1
	08	331 06.5	341 51.7	22.1	356 45.7	12.6	234 53.5	25.8	33 57.6	55.0	Eltanin	90 53.9	N51 29.0
M	09	346 08.9	356 51.6	· · 21.2	11 46.3	· · 12.0	249 55.6	· · 25.8	49 00.0	· · 55.0	Enif	34 04.3	N 9 49.7
O	10	1 11.4	11 51.4	20.2	26 47.0	11.4	264 57.6	25.8	64 02.4	55.0	Fomalhaut	15 43.2	S29 40.4
N	11	16 13.9	26 51.3	19.3	41 47.7	10.7	279 59.7	25.8	79 04.8	55.0			
D	12	31 16.3	41 51.2	S 5 18.4	56 48.3	S12 10.1	295 01.7	N23 25.8	94 07.3	S20 55.0	Gacrux	172 20.1	S57 03.8
A	13	46 18.8	56 51.0	17.5	71 49.0	09.4	310 03.7	25.8	109 09.7	55.0	Gienah	176 10.0	S17 29.5
Y	14	61 21.3	71 50.9	16.6	86 49.7	08.8	325 05.8	25.8	124 12.1	55.0	Hadar	149 12.3	S60 19.8
	15	76 23.7	86 50.8	· · 15.7	101 50.3	· · 08.2	340 07.8	· · 25.7	139 14.5	· · 54.9	Hamal	328 20.8	N23 25.0
	16	91 26.2	101 50.6	14.8	116 51.0	07.5	355 09.9	25.7	154 16.9	54.9	Kaus Aust.	84 06.6	S34 23.4
	17	106 28.7	116 50.5	13.9	131 51.7	06.9	10 11.9	25.7	169 19.3	54.9			
	18	121 31.1	131 50.4	S 5 13.0	146 52.4	S12 06.2	25 13.9	N23 25.7	184 21.7	S20 54.9	Kochab	137 17.7	N74 11.5
	19	136 33.6	146 50.2	12.1	161 53.0	05.6	40 16.0	25.7	199 24.2	54.9	Markab	13 55.9	N15 09.1
	20	151 36.0	161 50.1	11.1	176 53.7	04.9	55 18.0	25.7	214 26.6	54.9	Menkar	314 33.6	N 4 03.1
	21	166 38.5	176 50.0	· · 10.2	191 54.4	· · 04.3	70 20.1	· · 25.7	229 29.0	· · 54.9	Menkent	148 27.8	S36 19.6
	22	181 41.0	191 49.8	09.3	206 55.0	03.6	85 22.1	25.6	244 31.4	54.9	Miaplacidus	221 43.5	S69 40.9
	23	196 43.4	206 49.7	08.4	221 55.7	03.0	100 24.1	25.6	259 33.8	54.9			
	24 00	211 45.9	221 49.6	S 5 07.5	236 56.4	S12 02.4	115 26.2	N23 25.6	274 36.2	S20 54.9	Mirfak	309 05.9	N49 49.8
	01	226 48.4	236 49.4	06.6	251 57.0	01.7	130 28.2	25.6	289 38.7	54.9	Nunki	76 19.7	S26 18.6
	02	241 50.8	251 49.3	05.7	266 57.7	01.1	145 30.3	25.6	304 41.1	54.9	Peacock	53 46.4	S56 45.8
	03	256 53.3	266 49.2	· · 04.8	281 58.4	12 00.4	160 32.3	· · 25.6	319 43.5	· · 54.9	Pollux	243 49.0	N28 03.1
	04	271 55.8	281 49.1	03.8	296 59.1	11 59.8	175 34.3	25.6	334 45.9	54.9	Procyon	245 18.0	N 5 15.0
	05	286 58.2	296 48.9	02.9	311 59.7	59.1	190 36.4	25.6	349 48.3	54.9			
	06	302 00.7	311 48.8	S 5 02.0	327 00.4	S11 58.5	205 38.4	N23 25.5	4 50.7	S20 54.9	Rasalhague	96 22.4	N12 33.7
	07	317 03.2	326 48.7	01.1	342 01.1	57.9	220 40.4	25.5	19 53.2	54.9	Regulus	208 01.8	N12 00.8
T	08	332 05.6	341 48.5	5 00.2	357 01.7	57.2	235 42.5	25.5	34 55.6	54.9	Rigel	281 29.0	S 8 12.8
U	09	347 08.1	356 48.4	4 59.3	12 02.4	· · 56.6	250 44.5	· · 25.5	49 58.0	· · 54.8	Rigil Kent.	140 15.1	S60 47.9
E	10	2 10.5	11 48.3	58.3	27 03.1	55.9	265 46.6	25.5	65 00.4	54.8	Sabik	102 32.2	S15 43.0
S	11	17 13.0	26 48.1	57.4	42 03.8	55.3	280 48.6	25.5	80 02.8	54.8			
D	12	32 15.5	41 48.0	S 4 56.5	57 04.4	S11 54.6	295 50.6	N23 25.5	95 05.2	S20 54.8	Schedar	350 01.2	N56 29.0
A	13	47 17.9	56 47.9	55.6	72 05.1	54.0	310 52.7	25.4	110 07.7	54.8	Shaula	96 45.3	S37 05.9
Y	14	62 20.4	71 47.7	54.7	87 05.8	53.3	325 54.7	25.4	125 10.1	54.8	Sirius	258 49.2	S16 42.3
	15	77 22.9	86 47.6	· · 53.7	102 06.4	· · 52.7	340 56.7	· · 25.4	140 12.5	· · 54.8	Spica	158 49.3	S11 06.9
	16	92 25.3	101 47.5	52.8	117 07.1	52.0	355 58.8	25.4	155 14.9	54.8	Suhail	223 05.3	S43 23.9
	17	107 27.8	116 47.3	51.9	132 07.8	51.4	11 00.8	25.4	170 17.3	54.8			
	18	122 30.3	131 47.2	S 4 51.0	147 08.5	S11 50.7	26 02.8	N23 25.4	185 19.8	S20 54.8	Vega	80 50.6	N38 46.1
	19	137 32.7	146 47.1	50.1	162 09.1	50.1	41 04.9	25.4	200 22.2	54.8	Zuben'ubi	137 24.4	S16 00.3
	20	152 35.2	161 46.9	49.1	177 09.8	49.4	56 06.9	25.3	215 24.6	54.8		S.H.A.	Mer. Pass.
	21	167 37.6	176 46.8	· · 48.2	192 10.5	· · 48.8	71 09.0	· · 25.3	230 27.0	· · 54.8		° ′	h m
	22	182 40.1	191 46.7	47.3	207 11.1	48.2	86 11.0	25.3	245 29.4	54.8	Venus	11 06.0	9 13
	23	197 42.6	206 46.5	46.4	222 11.8	47.5	101 13.0	25.3	260 31.9	54.8	Mars	25 53.6	8 13
		h m									Jupiter	263 50.4	16 19
	Mer. Pass.	9 55.3	v −0.1	d 0.9	v 0.7	d 0.6	v 2.0	d 0.0	v 2.4	d 0.0	Saturn	62 51.5	5 45

	UT (GMT)	SUN G.H.A.	SUN Dec.	MOON G.H.A.	MOON *v*	MOON Dec.	MOON *d*	MOON H.P.
	d h	° ′	° ′	° ′	′	° ′	′	′
	22 00	180 20.7	N12 02.1	222 29.1	11.8	S 2 21.8	16.2	59.4
	01	195 20.8	03.0	236 59.9	11.7	2 05.6	16.2	59.4
	02	210 20.9	03.8	251 30.6	11.6	1 49.4	16.2	59.4
	03	225 21.0	. . 04.6	266 01.2	11.7	1 33.2	16.3	59.5
	04	240 21.2	05.5	280 31.9	11.6	1 16.9	16.3	59.5
	05	255 21.3	06.3	295 02.5	11.5	1 00.6	16.3	59.5
	06	270 21.4	N12 07.2	309 33.0	11.5	S 0 44.3	16.4	59.6
	07	285 21.5	08.0	324 03.5	11.5	0 27.9	16.3	59.6
	08	300 21.7	08.9	338 34.0	11.5	S 0 11.6	16.4	59.7
S	09	315 21.8	. . 09.7	353 04.5	11.4	N 0 04.8	16.4	59.7
U	10	330 21.9	10.5	7 34.9	11.3	0 21.2	16.5	59.7
N	11	345 22.0	11.4	22 05.2	11.4	0 37.7	16.4	59.8
D	12	0 22.1	N12 12.2	36 35.6	11.2	N 0 54.1	16.5	59.8
A	13	15 22.3	13.1	51 05.8	11.2	1 10.6	16.5	59.8
Y	14	30 22.4	13.9	65 36.0	11.2	1 27.1	16.5	59.9
	15	45 22.5	. . 14.7	80 06.2	11.1	1 43.6	16.5	59.9
	16	60 22.6	15.6	94 36.3	11.1	2 00.1	16.5	59.9
	17	75 22.8	16.4	109 06.4	11.0	2 16.6	16.5	60.0
	18	90 22.9	N12 17.3	123 36.4	11.0	N 2 33.1	16.5	60.0
	19	105 23.0	18.1	138 06.4	10.9	2 49.6	16.6	60.0
	20	120 23.1	18.9	152 36.3	10.9	3 06.2	16.5	60.1
	21	135 23.2	. . 19.8	167 06.2	10.8	3 22.7	16.5	60.1
	22	150 23.4	20.6	181 36.0	10.7	3 39.2	16.6	60.1
	23	165 23.5	21.4	196 05.7	10.7	3 55.8	16.5	60.2
	23 00	180 23.6	N12 22.3	210 35.4	10.6	N 4 12.3	16.5	60.2
	01	195 23.7	23.1	225 05.0	10.6	4 28.8	16.5	60.2
	02	210 23.8	24.0	239 34.6	10.5	4 45.3	16.5	60.3
	03	225 23.9	. . 24.8	254 04.1	10.4	5 01.8	16.5	60.3
	04	240 24.1	25.6	268 33.5	10.4	5 18.3	16.5	60.3
	05	255 24.2	26.5	283 02.9	10.3	5 34.8	16.5	60.4
	06	270 24.3	N12 27.3	297 32.2	10.3	N 5 51.3	16.5	60.4
	07	285 24.4	28.1	312 01.5	10.1	6 07.8	16.4	60.4
	08	300 24.5	29.0	326 30.6	10.1	6 24.2	16.4	60.4
M	09	315 24.7	. . 29.8	340 59.7	10.1	6 40.6	16.4	60.5
O	10	330 24.8	30.6	355 28.8	9.9	6 57.0	16.4	60.5
N	11	345 24.9	31.5	9 57.7	9.9	7 13.4	16.4	60.5
D	12	0 25.0	N12 32.3	24 26.6	9.8	N 7 29.8	16.3	60.6
A	13	15 25.1	33.1	38 55.4	9.7	7 46.1	16.3	60.6
Y	14	30 25.2	34.0	53 24.1	9.7	8 02.4	16.2	60.6
	15	45 25.4	. . 34.8	67 52.8	9.6	8 18.6	16.3	60.6
	16	60 25.5	35.6	82 21.4	9.4	8 34.9	16.2	60.7
	17	75 25.6	36.5	96 49.8	9.5	8 51.1	16.1	60.7
	18	90 25.7	N12 37.3	111 18.3	9.3	N 9 07.2	16.2	60.7
	19	105 25.8	38.1	125 46.6	9.2	9 23.4	16.0	60.7
	20	120 25.9	38.9	140 14.8	9.2	9 39.4	16.1	60.8
	21	135 26.1	. . 39.8	154 43.0	9.1	9 55.5	16.0	60.8
	22	150 26.2	40.6	169 11.1	9.0	10 11.5	15.9	60.8
	23	165 26.3	41.4	183 39.1	8.9	10 27.4	15.9	60.8
	24 00	180 26.4	N12 42.3	198 07.0	8.8	N10 43.3	15.8	60.9
	01	195 26.5	43.1	212 34.8	8.8	10 59.1	15.8	60.9
	02	210 26.6	43.9	227 02.6	8.6	11 14.9	15.8	60.9
	03	225 26.7	. . 44.7	241 30.2	8.6	11 30.7	15.6	60.9
	04	240 26.9	45.6	255 57.8	8.4	11 46.3	15.6	60.9
	05	255 27.0	46.4	270 25.2	8.4	12 01.9	15.6	61.0
	06	270 27.1	N12 47.2	284 52.6	8.3	N12 17.5	15.5	61.0
	07	285 27.2	48.0	299 19.9	8.2	12 33.0	15.4	61.0
T	08	300 27.3	48.9	313 47.1	8.1	12 48.4	15.4	61.0
U	09	315 27.4	. . 49.7	328 14.2	8.0	13 03.8	15.2	61.0
E	10	330 27.5	50.5	342 41.2	7.9	13 19.0	15.2	61.1
S	11	345 27.6	51.3	357 08.1	7.8	13 34.2	15.2	61.1
D	12	0 27.8	N12 52.2	11 34.9	7.7	N13 49.4	15.0	61.1
A	13	15 27.9	53.0	26 01.6	7.6	14 04.4	15.0	61.1
Y	14	30 28.0	53.8	40 28.2	7.5	14 19.4	14.9	61.1
	15	45 28.1	. . 54.6	54 54.7	7.4	14 34.3	14.8	61.1
	16	60 28.2	55.5	69 21.1	7.3	14 49.1	14.7	61.2
	17	75 28.3	56.3	83 47.4	7.3	15 03.8	14.6	61.2
	18	90 28.4	N12 57.1	98 13.7	7.1	N15 18.4	14.6	61.2
	19	105 28.5	57.9	112 39.8	7.0	15 33.0	14.4	61.2
	20	120 28.6	58.7	127 05.8	6.9	15 47.4	14.4	61.2
	21	135 28.8	12 59.6	141 31.7	6.8	16 01.8	14.2	61.2
	22	150 28.9	13 00.4	155 57.5	6.7	16 16.0	14.1	61.2
	23	165 29.0	01.2	170 23.2	6.6	16 30.1	14.1	61.2
		S.D. 15.9	*d* 0.8	S.D. 16.3		16.5		16.6

Lat.	Twilight Naut.	Twilight Civil	Sunrise	Moonrise 22	Moonrise 23	Moonrise 24	Moonrise 25
°	h m	h m	h m	h m	h m	h m	h m
N 72	////	////	02 52	03 36	03 03	02 23	01 09
N 70	////	01 33	03 17	03 34	03 10	02 41	01 57
68	////	02 14	03 35	03 33	03 15	02 55	02 28
66	////	02 41	03 50	03 31	03 20	03 07	02 51
64	01 21	03 02	04 02	03 30	03 24	03 17	03 10
62	01 58	03 19	04 12	03 29	03 27	03 25	03 25
60	02 23	03 32	04 21	03 28	03 30	03 33	03 38
N 58	02 43	03 44	04 29	03 27	03 33	03 40	03 49
56	02 58	03 54	04 36	03 26	03 35	03 45	03 59
54	03 12	04 02	04 42	03 26	03 37	03 51	04 08
52	03 23	04 10	04 47	03 25	03 39	03 55	04 15
50	03 33	04 17	04 52	03 25	03 41	04 00	04 22
45	03 53	04 31	05 02	03 23	03 45	04 09	04 38
N 40	04 08	04 43	05 11	03 22	03 49	04 17	04 50
35	04 21	04 52	05 19	03 21	03 51	04 24	05 01
30	04 31	05 00	05 25	03 21	03 54	04 30	05 11
20	04 47	05 14	05 36	03 19	03 59	04 41	05 27
N 10	04 59	05 24	05 46	03 18	04 03	04 50	05 42
0	05 09	05 34	05 55	03 17	04 07	04 59	05 55
S 10	05 18	05 42	06 04	03 16	04 11	05 08	06 09
20	05 25	05 51	06 13	03 15	04 15	05 18	06 24
30	05 31	05 59	06 24	03 14	04 20	05 29	06 41
35	05 34	06 04	06 30	03 13	04 23	05 35	06 51
40	05 37	06 09	06 37	03 12	04 26	05 43	07 03
45	05 40	06 14	06 45	03 11	04 30	05 51	07 16
S 50	05 43	06 21	06 54	03 10	04 34	06 02	07 33
52	05 44	06 23	06 58	03 10	04 36	06 07	07 41
54	05 45	06 26	07 03	03 09	04 39	06 12	07 50
56	05 46	06 30	07 09	03 08	04 41	06 18	08 00
58	05 47	06 33	07 14	03 08	04 44	06 25	08 12
S 60	05 48	06 37	07 21	03 07	04 47	06 33	08 25

Lat.	Sunset	Twilight Civil	Twilight Naut.	Moonset 22	Moonset 23	Moonset 24	Moonset 25
°	h m	h m	h m	h m	h m	h m	h m
N 72	21 09	////	////	16 05	18 34	21 44	▭
N 70	20 44	22 33	////	16 02	18 19	20 59	▭
68	20 24	21 48	////	16 00	18 07	20 29	23 47
66	20 09	21 19	////	15 58	17 57	20 08	22 39
64	19 57	20 58	22 44	15 56	17 49	19 51	22 04
62	19 46	20 41	22 03	15 55	17 42	19 37	21 38
60	19 37	20 27	21 37	15 54	17 36	19 25	21 19
N 58	19 29	20 15	21 17	15 53	17 31	19 15	21 02
56	19 22	20 05	21 01	15 52	17 26	19 06	20 48
54	19 16	19 56	20 47	15 51	17 22	18 58	20 36
52	19 11	19 48	20 36	15 50	17 19	18 51	20 26
50	19 06	19 41	20 25	15 50	17 15	18 45	20 17
45	18 55	19 27	20 05	15 48	17 08	18 31	19 57
N 40	18 46	19 15	19 49	15 47	17 02	18 20	19 41
35	18 39	19 05	19 37	15 46	16 57	18 11	19 28
30	18 32	18 57	19 27	15 45	16 52	18 03	19 16
20	18 21	18 43	19 10	15 43	16 44	17 49	18 56
N 10	18 11	18 32	18 58	15 42	16 37	17 36	18 39
0	18 02	18 23	18 47	15 40	16 31	17 25	18 23
S 10	17 53	18 14	18 39	15 39	16 25	17 14	18 07
20	17 43	18 06	18 32	15 37	16 18	17 02	17 51
30	17 33	17 57	18 25	15 36	16 10	16 48	17 31
35	17 26	17 52	18 22	15 35	16 06	16 40	17 20
40	17 20	17 47	18 19	15 34	16 01	16 31	17 07
45	17 12	17 42	18 16	15 32	15 55	16 21	16 52
S 50	17 02	17 35	18 13	15 31	15 48	16 08	16 34
52	16 58	17 32	18 12	15 30	15 45	16 02	16 25
54	16 53	17 29	18 11	15 29	15 41	15 56	16 15
56	16 47	17 26	18 10	15 28	15 37	15 49	16 04
58	16 41	17 22	18 08	15 27	15 33	15 41	15 52
S 60	16 35	17 18	18 07	15 26	15 28	15 32	15 38

Day	SUN Eqn. of Time 00h	SUN Eqn. of Time 12h	SUN Mer. Pass.	MOON Mer. Pass. Upper	MOON Mer. Pass. Lower	MOON Age	MOON Phase
	m s	m s	h m	h m	h m	d	
22	01 22	01 28	11 59	09 29	21 53	27	
23	01 34	01 40	11 58	10 19	22 45	28	●
24	01 45	01 51	11 58	11 12	23 40	29	

UT (GMT) d	h	ARIES G.H.A.	VENUS −4.2 G.H.A.	VENUS Dec.	MARS +0.8 G.H.A.	MARS Dec.	JUPITER −2.0 G.H.A.	JUPITER Dec.	SATURN +0.5 G.H.A.	SATURN Dec.	STARS Name	S.H.A.	Dec.
		° ′	° ′	° ′	° ′	° ′	° ′	° ′	° ′	° ′		° ′	° ′
25	00	212 45.0	221 46.4	S 4 45.5	237 12.5	S11 46.9	116 15.1	N23 25.3	275 34.3	S20 54.8	Acamar	315 31.8	S40 20.6
	01	227 47.5	236 46.3	44.5	252 13.2	46.2	131 17.1	25.3	290 36.7	54.8	Achernar	335 40.0	S57 17.0
	02	242 50.0	251 46.1	43.6	267 13.8	45.6	146 19.1	25.3	305 39.1	54.8	Acrux	173 28.5	S63 03.0
	03	257 52.4	266 46.0	· · 42.7	282 14.5	· · 44.9	161 21.2	· · 25.2	320 41.5	· · 54.8	Adhara	255 26.3	S28 57.7
	04	272 54.9	281 45.8	41.8	297 15.2	44.3	176 23.2	25.2	335 44.0	54.8	Aldebaran	291 09.6	N16 29.5
	05	287 57.4	296 45.7	40.8	312 15.9	43.6	191 25.2	25.2	350 46.4	54.7			
	06	302 59.8	311 45.6	S 4 39.9	327 16.5	S11 43.0	206 27.3	N23 25.2	5 48.8	S20 54.7	Alioth	166 35.1	N56 00.7
W	07	318 02.3	326 45.4	39.0	342 17.2	42.3	221 29.3	25.2	20 51.2	54.7	Alkaid	153 11.9	N49 21.5
E	08	333 04.8	341 45.3	38.1	357 17.9	41.7	236 31.3	25.2	35 53.7	54.7	Al Na'ir	28 05.5	S47 00.3
D	09	348 07.2	356 45.2	· · 37.1	12 18.6	· · 41.0	251 33.3	· · 25.2	50 56.1	· · 54.7	Alnilam	276 04.2	S 1 12.5
N	10	3 09.7	11 45.0	36.2	27 19.2	40.4	266 35.4	25.1	65 58.5	54.7	Alphard	218 13.1	S 8 37.1
E	11	18 12.1	26 44.9	35.3	42 19.9	39.7	281 37.4	25.1	81 00.9	54.7			
S	12	33 14.6	41 44.8	S 4 34.3	57 20.6	S11 39.1	296 39.4	N23 25.1	96 03.3	S20 54.7	Alphecca	126 25.3	N26 44.5
D	13	48 17.1	56 44.6	33.4	72 21.3	38.4	311 41.5	25.1	111 05.8	54.7	Alpheratz	358 01.9	N29 02.1
A	14	63 19.5	71 44.5	32.5	87 21.9	37.8	326 43.5	25.1	126 08.2	54.7	Altair	62 25.1	N 8 50.3
Y	15	78 22.0	86 44.4	· · 31.6	102 22.6	· · 37.1	341 45.5	· · 25.1	141 10.6	· · 54.7	Ankaa	353 33.0	S42 21.4
	16	93 24.5	101 44.2	30.6	117 23.3	36.5	356 47.6	25.1	156 13.0	54.7	Antares	112 47.3	S26 24.8
	17	108 26.9	116 44.1	29.7	132 24.0	35.8	11 49.6	25.0	171 15.5	54.7			
	18	123 29.4	131 44.0	S 4 28.8	147 24.6	S11 35.2	26 51.6	N23 25.0	186 17.9	S20 54.7	Arcturus	146 11.2	N19 13.7
	19	138 31.9	146 43.8	27.8	162 25.3	34.5	41 53.7	25.0	201 20.3	54.7	Atria	108 04.5	S69 00.7
	20	153 34.3	161 43.7	26.9	177 26.0	33.9	56 55.7	25.0	216 22.7	54.7	Avior	234 25.3	S59 29.0
	21	168 36.8	176 43.6	· · 26.0	192 26.7	· · 33.2	71 57.7	· · 25.0	231 25.2	· · 54.7	Bellatrix	278 50.9	N 6 20.5
	22	183 39.3	191 43.4	25.0	207 27.3	32.6	86 59.7	25.0	246 27.6	54.7	Betelgeuse	271 20.3	N 7 24.4
	23	198 41.7	206 43.3	24.1	222 28.0	31.9	102 01.8	25.0	261 30.0	54.7			
26	00	213 44.2	221 43.1	S 4 23.2	237 28.7	S11 31.3	117 03.8	N23 24.9	276 32.4	S20 54.7	Canopus	264 04.1	S52 41.6
	01	228 46.6	236 43.0	22.2	252 29.4	30.6	132 05.8	24.9	291 34.9	54.7	Capella	281 00.5	N45 59.5
	02	243 49.1	251 42.9	21.3	267 30.1	30.0	147 07.9	24.9	306 37.3	54.7	Deneb	49 43.4	N45 14.4
	03	258 51.6	266 42.7	· · 20.4	282 30.7	· · 29.3	162 09.9	· · 24.9	321 39.7	· · 54.7	Denebola	182 51.1	N14 37.4
	04	273 54.0	281 42.6	19.4	297 31.4	28.7	177 11.9	24.9	336 42.1	54.6	Diphda	349 13.5	S18 02.3
	05	288 56.5	296 42.5	18.5	312 32.1	28.0	192 13.9	24.9	351 44.6	54.6			
	06	303 59.0	311 42.3	S 4 17.6	327 32.8	S11 27.3	207 16.0	N23 24.9	6 47.0	S20 54.6	Dubhe	194 12.1	N61 48.3
	07	319 01.4	326 42.2	16.6	342 33.4	26.7	222 18.0	24.8	21 49.4	54.6	Elnath	278 34.9	N28 36.1
T	08	334 03.9	341 42.1	15.7	357 34.1	26.0	237 20.0	24.8	36 51.8	54.6	Eltanin	90 53.9	N51 29.0
H	09	349 06.4	356 41.9	· · 14.8	12 34.8	· · 25.4	252 22.1	· · 24.8	51 54.3	· · 54.6	Enif	34 04.3	N 9 49.7
U	10	4 08.8	11 41.8	13.8	27 35.5	24.7	267 24.1	24.8	66 56.7	54.6	Fomalhaut	15 43.2	S29 40.3
R	11	19 11.3	26 41.6	12.9	42 36.2	24.1	282 26.1	24.8	81 59.1	54.6			
S	12	34 13.7	41 41.5	S 4 11.9	57 36.8	S11 23.4	297 28.1	N23 24.8	97 01.5	S20 54.6	Gacrux	172 20.1	S57 03.8
D	13	49 16.2	56 41.4	11.0	72 37.5	22.8	312 30.2	24.7	112 04.0	54.6	Gienah	176 10.0	S17 29.5
A	14	64 18.7	71 41.2	10.1	87 38.2	22.1	327 32.2	24.7	127 06.4	54.6	Hadar	149 12.3	S60 19.8
Y	15	79 21.1	86 41.1	· · 09.1	102 38.9	· · 21.5	342 34.2	· · 24.7	142 08.8	· · 54.6	Hamal	328 20.8	N23 25.0
	16	94 23.6	101 41.0	08.2	117 39.5	20.8	357 36.2	24.7	157 11.3	54.6	Kaus Aust.	84 06.6	S34 23.4
	17	109 26.1	116 40.8	07.2	132 40.2	20.2	12 38.3	24.7	172 13.7	54.6			
	18	124 28.5	131 40.7	S 4 06.3	147 40.9	S11 19.5	27 40.3	N23 24.7	187 16.1	S20 54.6	Kochab	137 17.7	N74 11.5
	19	139 31.0	146 40.5	05.4	162 41.6	18.8	42 42.3	24.7	202 18.5	54.6	Markab	13 55.9	N15 09.1
	20	154 33.5	161 40.4	04.4	177 42.3	18.2	57 44.3	24.6	217 21.0	54.6	Menkar	314 33.6	N 4 03.1
	21	169 35.9	176 40.3	· · 03.5	192 42.9	· · 17.5	72 46.4	· · 24.6	232 23.4	· · 54.6	Menkent	148 27.8	S36 19.6
	22	184 38.4	191 40.1	02.5	207 43.6	16.9	87 48.4	24.6	247 25.8	54.6	Miaplacidus	221 43.5	S69 41.0
	23	199 40.9	206 40.0	01.6	222 44.3	16.2	102 50.4	24.6	262 28.3	54.6			
27	00	214 43.3	221 39.9	S 4 00.7	237 45.0	S11 15.6	117 52.4	N23 24.6	277 30.7	S20 54.6	Mirfak	309 05.9	N49 49.8
	01	229 45.8	236 39.7	3 59.7	252 45.7	14.9	132 54.5	24.6	292 33.1	54.6	Nunki	76 19.7	S26 18.6
	02	244 48.2	251 39.6	58.8	267 46.3	14.3	147 56.5	24.5	307 35.5	54.6	Peacock	53 46.3	S56 45.8
	03	259 50.7	266 39.4	· · 57.8	282 47.0	· · 13.6	162 58.5	· · 24.5	322 38.0	· · 54.6	Pollux	243 49.0	N28 03.1
	04	274 53.2	281 39.3	56.9	297 47.7	12.9	178 00.5	24.5	337 40.4	54.6	Procyon	245 18.0	N 5 15.0
	05	289 55.6	296 39.2	55.9	312 48.4	12.3	193 02.6	24.5	352 42.8	54.6			
	06	304 58.1	311 39.0	S 3 55.0	327 49.1	S11 11.6	208 04.6	N23 24.5	7 45.3	S20 54.6	Rasalhague	96 22.3	N12 33.7
	07	320 00.6	326 38.9	54.0	342 49.8	11.0	223 06.6	24.5	22 47.7	54.6	Regulus	208 01.8	N12 00.8
	08	335 03.0	341 38.7	53.1	357 50.4	10.3	238 08.6	24.5	37 50.1	54.6	Rigel	281 29.0	S 8 12.8
F	09	350 05.5	356 38.6	· · 52.2	12 51.1	· · 09.7	253 10.6	· · 24.4	52 52.6	· · 54.5	Rigil Kent.	140 15.1	S60 47.9
R	10	5 08.0	11 38.5	51.2	27 51.8	09.0	268 12.7	24.4	67 55.0	54.5	Sabik	102 32.2	S15 43.0
I	11	20 10.4	26 38.3	50.3	42 52.5	08.4	283 14.7	24.4	82 57.4	54.5			
D	12	35 12.9	41 38.2	S 3 49.3	57 53.2	S11 07.7	298 16.7	N23 24.4	97 59.8	S20 54.5	Schedar	350 01.2	N56 29.0
A	13	50 15.4	56 38.0	48.4	72 53.8	07.0	313 18.7	24.4	113 02.3	54.5	Shaula	96 45.2	S37 05.9
Y	14	65 17.8	71 37.9	47.4	87 54.5	06.4	328 20.8	24.4	128 04.7	54.5	Sirius	258 49.2	S16 42.3
	15	80 20.3	86 37.8	· · 46.5	102 55.2	· · 05.7	343 22.8	· · 24.3	143 07.1	· · 54.5	Spica	158 49.3	S11 06.9
	16	95 22.7	101 37.6	45.5	117 55.9	05.1	358 24.8	24.3	158 09.6	54.5	Suhail	223 05.3	S43 23.9
	17	110 25.2	116 37.5	44.6	132 56.6	04.4	13 26.8	24.3	173 12.0	54.5			
	18	125 27.7	131 37.4	S 3 43.6	147 57.3	S11 03.7	28 28.8	N23 24.3	188 14.4	S20 54.5	Vega	80 50.5	N38 46.1
	19	140 30.1	146 37.2	42.7	162 57.9	03.1	43 30.9	24.3	203 16.9	54.5	Zuben'ubi	137 24.4	S16 00.3
	20	155 32.6	161 37.1	41.7	177 58.6	02.4	58 32.9	24.3	218 19.3	54.5		S.H.A.	Mer. Pass.
	21	170 35.1	176 36.9	· · 40.8	192 59.3	· · 01.8	73 34.9	· · 24.2	233 21.7	· · 54.5		° ′	h m
	22	185 37.5	191 36.8	39.8	208 00.0	01.1	88 36.9	24.2	248 24.2	54.5	Venus	7 59.0	9 13
	23	200 40.0	206 36.7	38.9	223 00.7	00.5	103 38.9	24.2	263 26.6	54.5	Mars	23 44.5	8 10
		h m									Jupiter	263 19.6	16 10
Mer. Pass.		9 43.5	*v* −0.1	*d* 0.9	*v* 0.7	*d* 0.7	*v* 2.0	*d* 0.0	*v* 2.4	*d* 0.0	Saturn	62 48.3	5 33

	UT (GMT)	SUN G.H.A.	SUN Dec.	MOON G.H.A.	*v*	MOON Dec.	*d*	H.P.
	d h	° ′	° ′	° ′	′	° ′	′	′
	25 00	180 29.1	N13 02.0	184 48.8	6.5	N16 44.2	13.9	61.3
	01	195 29.2	02.8	199 14.3	6.4	16 58.1	13.9	61.3
	02	210 29.3	03.7	213 39.7	6.3	17 12.0	13.7	61.3
	03	225 29.4	. . 04.5	228 05.0	6.2	17 25.7	13.6	61.3
	04	240 29.5	05.3	242 30.2	6.1	17 39.3	13.5	61.3
	05	255 29.6	06.1	256 55.3	6.0	17 52.8	13.4	61.3
	06	270 29.7	N13 06.9	271 20.3	5.9	N18 06.2	13.2	61.3
W	07	285 29.9	07.8	285 45.2	5.8	18 19.4	13.2	61.3
E	08	300 30.0	08.6	300 10.0	5.6	18 32.6	13.0	61.3
D	09	315 30.1	. . 09.4	314 34.6	5.6	18 45.6	12.9	61.3
N	10	330 30.2	10.2	328 59.2	5.5	18 58.5	12.7	61.3
E	11	345 30.3	11.0	343 23.7	5.4	19 11.2	12.7	61.3
S	12	0 30.4	N13 11.8	357 48.1	5.2	N19 23.9	12.5	61.3
D	13	15 30.5	12.6	12 12.3	5.2	19 36.4	12.3	61.3
A	14	30 30.6	13.5	26 36.5	5.1	19 48.7	12.3	61.3
Y	15	45 30.7	. . 14.3	41 00.6	5.0	20 01.0	12.1	61.3
	16	60 30.8	15.1	55 24.6	4.8	20 13.1	11.9	61.3
	17	75 30.9	15.9	69 48.4	4.8	20 25.0	11.8	61.3
	18	90 31.0	N13 16.7	84 12.2	4.7	N20 36.8	11.7	61.3
	19	105 31.1	17.5	98 35.9	4.6	20 48.5	11.5	61.3
	20	120 31.2	18.3	112 59.5	4.4	21 00.0	11.4	61.3
	21	135 31.3	. . 19.1	127 22.9	4.4	21 11.4	11.2	61.3
	22	150 31.5	20.0	141 46.3	4.3	21 22.6	11.1	61.3
	23	165 31.6	20.8	156 09.6	4.2	21 33.7	10.9	61.3
	26 00	180 31.7	N13 21.6	170 32.8	4.1	N21 44.6	10.7	61.3
	01	195 31.8	22.4	184 55.9	4.0	21 55.3	10.6	61.3
	02	210 31.9	23.2	199 18.9	4.0	22 05.9	10.4	61.3
	03	225 32.0	. . 24.0	213 41.9	3.8	22 16.3	10.3	61.3
	04	240 32.1	24.8	228 04.7	3.7	22 26.6	10.1	61.3
	05	255 32.2	25.6	242 27.4	3.7	22 36.7	10.0	61.3
	06	270 32.3	N13 26.4	256 50.1	3.6	N22 46.7	9.7	61.3
	07	285 32.4	27.2	271 12.7	3.5	22 56.4	9.6	61.3
T	08	300 32.5	28.1	285 35.2	3.4	23 06.0	9.5	61.3
H	09	315 32.6	. . 28.9	299 57.6	3.3	23 15.5	9.2	61.3
U	10	330 32.7	29.7	314 19.9	3.3	23 24.7	9.1	61.3
R	11	345 32.8	30.5	328 42.2	3.1	23 33.8	8.9	61.2
S	12	0 32.9	N13 31.3	343 04.3	3.1	N23 42.7	8.7	61.2
D	13	15 33.0	32.1	357 26.4	3.1	23 51.4	8.6	61.2
A	14	30 33.1	32.9	11 48.5	2.9	24 00.0	8.4	61.2
Y	15	45 33.2	. . 33.7	26 10.4	2.9	24 08.4	8.1	61.2
	16	60 33.3	34.5	40 32.3	2.8	24 16.5	8.0	61.2
	17	75 33.4	35.3	54 54.1	2.8	24 24.5	7.9	61.2
	18	90 33.5	N13 36.1	69 15.9	2.7	N24 32.4	7.6	61.2
	19	105 33.6	36.9	83 37.6	2.6	24 40.0	7.4	61.1
	20	120 33.7	37.7	97 59.2	2.6	24 47.4	7.3	61.1
	21	135 33.8	. . 38.5	112 20.8	2.5	24 54.7	7.0	61.1
	22	150 33.9	39.3	126 42.3	2.4	25 01.7	6.9	61.1
	23	165 34.0	40.1	141 03.7	2.4	25 08.6	6.7	61.1
	27 00	180 34.1	N13 40.9	155 25.1	2.4	N25 15.3	6.5	61.1
	01	195 34.2	41.7	169 46.5	2.3	25 21.8	6.3	61.0
	02	210 34.3	42.5	184 07.8	2.3	25 28.1	6.1	61.0
	03	225 34.4	. . 43.3	198 29.1	2.2	25 34.2	5.8	61.0
	04	240 34.5	44.1	212 50.3	2.2	25 40.0	5.7	61.0
	05	255 34.6	44.9	227 11.5	2.2	25 45.7	5.5	61.0
	06	270 34.7	N13 45.7	241 32.7	2.1	N25 51.2	5.3	61.0
	07	285 34.8	46.5	255 53.8	2.1	25 56.5	5.1	60.9
	08	300 34.9	47.3	270 14.9	2.0	26 01.6	4.9	60.9
F	09	315 35.0	. . 48.1	284 35.9	2.1	26 06.5	4.7	60.9
R	10	330 35.1	48.9	298 57.0	2.0	26 11.2	4.5	60.9
I	11	345 35.2	49.7	313 18.0	2.0	26 15.7	4.3	60.8
D	12	0 35.3	N13 50.5	327 39.0	1.9	N26 20.0	4.1	60.8
A	13	15 35.4	51.3	341 59.9	2.0	26 24.1	3.9	60.8
Y	14	30 35.5	52.1	356 20.9	2.0	26 28.0	3.7	60.8
	15	45 35.6	. . 52.9	10 41.9	1.9	26 31.7	3.5	60.8
	16	60 35.7	53.7	25 02.8	1.9	26 35.2	3.3	60.7
	17	75 35.8	54.5	39 23.7	2.0	26 38.5	3.0	60.7
	18	90 35.9	N13 55.3	53 44.7	1.9	N26 41.5	2.9	60.7
	19	105 36.0	56.1	68 05.6	2.0	26 44.4	2.7	60.7
	20	120 36.1	56.9	82 26.6	1.9	26 47.1	2.4	60.6
	21	135 36.2	. . 57.6	96 47.5	2.0	26 49.5	2.3	60.6
	22	150 36.2	58.4	111 08.5	1.9	26 51.8	2.0	60.6
	23	165 36.3	59.2	125 29.4	2.0	26 53.8	1.9	60.6
		S.D. 15.9	*d* 0.8	S.D. 16.7		16.7		16.6

Lat.	Twilight Naut.	Twilight Civil	Sunrise	Moonrise 25	Moonrise 26	Moonrise 27	Moonrise 28
°	h m	h m	h m	h m	h m	h m	h m
N 72	////	////	02 32	01 09	□	□	□
N 70	////	00 57	03 01	01 57	□	□	□
68	////	01 53	03 22	02 28	01 14	□	□
66	////	02 26	03 38	02 51	02 23	□	□
64	00 49	02 49	03 52	03 10	03 00	02 40	□
62	01 40	03 07	04 03	03 25	03 26	03 33	04 02
60	02 09	03 22	04 13	03 38	03 47	04 06	04 48
N 58	02 31	03 35	04 21	03 49	04 04	04 31	05 18
56	02 49	03 46	04 28	03 59	04 19	04 50	05 41
54	03 03	03 55	04 35	04 08	04 31	05 07	05 59
52	03 15	04 03	04 41	04 15	04 42	05 21	06 15
50	03 26	04 11	04 46	04 22	04 52	05 33	06 29
45	03 47	04 26	04 58	04 38	05 13	05 59	06 57
N 40	04 03	04 38	05 07	04 50	05 30	06 20	07 19
35	04 17	04 48	05 15	05 01	05 45	06 37	07 38
30	04 27	04 57	05 22	05 11	05 57	06 52	07 53
20	04 45	05 11	05 34	05 27	06 19	07 17	08 20
N 10	04 58	05 23	05 45	05 42	06 38	07 39	08 43
0	05 08	05 33	05 54	05 55	06 56	08 00	09 05
S 10	05 18	05 42	06 04	06 09	07 14	08 20	09 27
20	05 26	05 52	06 14	06 24	07 33	08 43	09 50
30	05 33	06 01	06 26	06 41	07 55	09 09	10 17
35	05 36	06 06	06 32	06 51	08 09	09 24	10 33
40	05 40	06 12	06 40	07 03	08 24	09 42	10 51
45	05 43	06 18	06 48	07 16	08 42	10 03	11 14
S 50	05 47	06 25	06 59	07 33	09 05	10 31	11 42
52	05 48	06 28	07 03	07 41	09 16	10 44	11 56
54	05 50	06 31	07 09	07 50	09 29	11 00	12 12
56	05 51	06 35	07 14	08 00	09 43	11 18	12 32
58	05 53	06 39	07 21	08 12	10 00	11 40	12 55
S 60	05 55	06 44	07 28	08 25	10 21	12 09	13 27

Lat.	Sunset	Twilight Civil	Twilight Naut.	Moonset 25	Moonset 26	Moonset 27	Moonset 28
°	h m	h m	h m	h m	h m	h m	h m
N 72	21 29	////	////	□	□	□	□
N 70	20 59	23 15	////	□	□	□	□
68	20 37	22 09	////	23 47	□	□	□
66	20 20	21 34	////	22 39	□	□	□
64	20 06	21 10	23 21	22 04	24 37	00 37	□
62	19 55	20 51	22 21	21 38	23 44	25 32	01 32
60	19 45	20 36	21 50	21 19	23 11	24 46	00 46
N 58	19 36	20 23	21 27	21 02	22 47	24 17	00 17
56	19 29	20 12	21 10	20 48	22 28	23 54	24 55
54	19 22	20 02	20 55	20 36	22 12	23 35	24 37
52	19 16	19 54	20 42	20 26	21 58	23 19	24 21
50	19 10	19 46	20 32	20 17	21 46	23 06	24 08
45	18 59	19 31	20 10	19 57	21 21	22 38	23 41
N 40	18 49	19 18	19 53	19 41	21 01	22 16	23 19
35	18 41	19 08	19 40	19 28	20 45	21 57	23 01
30	18 34	18 59	19 29	19 16	20 30	21 42	22 46
20	18 22	18 45	19 11	18 56	20 06	21 15	22 20
N 10	18 11	18 33	18 58	18 39	19 45	20 52	21 57
0	18 01	18 22	18 47	18 23	19 26	20 31	21 35
S 10	17 51	18 13	18 38	18 07	19 06	20 09	21 14
20	17 41	18 04	18 30	17 51	18 46	19 46	20 51
30	17 30	17 54	18 22	17 31	18 22	19 20	20 24
35	17 23	17 49	18 19	17 20	18 08	19 04	20 09
40	17 16	17 43	18 15	17 07	17 51	18 46	19 50
45	17 07	17 37	18 12	16 52	17 32	18 24	19 28
S 50	16 56	17 30	18 08	16 34	17 08	17 56	19 00
52	16 52	17 27	18 06	16 25	16 57	17 43	18 46
54	16 46	17 23	18 05	16 15	16 44	17 27	18 30
56	16 40	17 20	18 03	16 04	16 29	17 08	18 10
58	16 34	17 15	18 02	15 52	16 11	16 46	17 47
S 60	16 26	17 11	18 00	15 38	15 50	16 17	17 16

Day	SUN Eqn. of Time 00 h	SUN Eqn. of Time 12 h	SUN Mer. Pass.	MOON Mer. Pass. Upper	MOON Mer. Pass. Lower	Age	Phase
	m s	m s	h m	h m	h m	d	
25	01 56	02 01	11 58	12 09	24 39	00	
26	02 06	02 11	11 58	13 11	00 39	01	●
27	02 16	02 21	11 58	14 15	01 43	02	

UT (GMT)		ARIES	VENUS −4.2		MARS +0.8		JUPITER −2.0		SATURN +0.5		STARS		
		G.H.A.	G.H.A.	Dec.	G.H.A.	Dec.	G.H.A.	Dec.	G.H.A.	Dec.	Name	S.H.A.	Dec.
d	h	° ′	° ′	° ′	° ′	° ′	° ′	° ′	° ′	° ′		° ′	° ′
28	00	215 42.5	221 36.5	S 3 37.9	238 01.4	S10 59.8	118 41.0	N23 24.2	278 29.0	S20 54.5	Acamar	315 31.8	S40 20.6
	01	230 44.9	236 36.4	37.0	253 02.0	59.1	133 43.0	24.2	293 31.5	54.5	Achernar	335 40.0	S57 17.0
	02	245 47.4	251 36.2	36.0	268 02.7	58.5	148 45.0	24.2	308 33.9	54.5	Acrux	173 28.5	S63 03.0
	03	260 49.8	266 36.1	· · 35.1	283 03.4	· · 57.8	163 47.0	· · 24.1	323 36.3	· · 54.5	Adhara	255 26.4	S28 57.7
	04	275 52.3	281 36.0	34.1	298 04.1	57.2	178 49.0	24.1	338 38.8	54.5	Aldebaran	291 09.6	N16 29.5
	05	290 54.8	296 35.8	33.2	313 04.8	56.5	193 51.1	24.1	353 41.2	54.5			
	06	305 57.2	311 35.7	S 3 32.2	328 05.5	S10 55.8	208 53.1	N23 24.1	8 43.6	S20 54.5	Alioth	166 35.1	N56 00.7
	07	320 59.7	326 35.5	31.3	343 06.2	55.2	223 55.1	24.1	23 46.1	54.5	Alkaid	153 11.9	N49 21.6
S	08	336 02.2	341 35.4	30.3	358 06.8	54.5	238 57.1	24.1	38 48.5	54.5	Al Na'ir	28 05.5	S47 00.3
A	09	351 04.6	356 35.3	· · 29.3	13 07.5	· · 53.9	253 59.1	· · 24.0	53 50.9	· · 54.5	Alnilam	276 04.2	S 1 12.5
T	10	6 07.1	11 35.1	28.4	28 08.2	53.2	269 01.1	24.0	68 53.4	54.5	Alphard	218 13.1	S 8 37.1
U	11	21 09.6	26 35.0	27.4	43 08.9	52.5	284 03.2	24.0	83 55.8	54.5			
R	12	36 12.0	41 34.8	S 3 26.5	58 09.6	S10 51.9	299 05.2	N23 24.0	98 58.3	S20 54.5	Alphecca	126 25.3	N26 44.6
D	13	51 14.5	56 34.7	25.5	73 10.3	51.2	314 07.2	24.0	114 00.7	54.5	Alpheratz	358 01.9	N29 02.1
A	14	66 17.0	71 34.5	24.6	88 10.9	50.5	329 09.2	24.0	129 03.1	54.5	Altair	62 25.1	N 8 50.3
Y	15	81 19.4	86 34.4	· · 23.6	103 11.6	· · 49.9	344 11.2	· · 23.9	144 05.6	· · 54.5	Ankaa	353 33.0	S42 21.4
	16	96 21.9	101 34.3	22.7	118 12.3	49.2	359 13.2	23.9	159 08.0	54.5	Antares	112 47.3	S26 24.8
	17	111 24.3	116 34.1	21.7	133 13.0	48.6	14 15.3	23.9	174 10.4	54.5			
	18	126 26.8	131 34.0	S 3 20.7	148 13.7	S10 47.9	29 17.3	N23 23.9	189 12.9	S20 54.5	Arcturus	146 11.2	N19 13.7
	19	141 29.3	146 33.8	19.8	163 14.4	47.2	44 19.3	23.9	204 15.3	54.5	Atria	108 04.4	S69 00.7
	20	156 31.7	161 33.7	18.8	178 15.1	46.6	59 21.3	23.9	219 17.7	54.5	Avior	234 25.3	S59 29.0
	21	171 34.2	176 33.6	· · 17.9	193 15.8	· · 45.9	74 23.3	· · 23.8	234 20.2	· · 54.5	Bellatrix	278 50.9	N 6 20.5
	22	186 36.7	191 33.4	16.9	208 16.4	45.3	89 25.3	23.8	249 22.6	54.5	Betelgeuse	271 20.3	N 7 24.4
	23	201 39.1	206 33.3	15.9	223 17.1	44.6	104 27.4	23.8	264 25.1	54.5			
29	00	216 41.6	221 33.1	S 3 15.0	238 17.8	S10 43.9	119 29.4	N23 23.8	279 27.5	S20 54.5	Canopus	264 04.2	S52 41.6
	01	231 44.1	236 33.0	14.0	253 18.5	43.3	134 31.4	23.8	294 29.9	54.5	Capella	281 00.5	N45 59.5
	02	246 46.5	251 32.8	13.1	268 19.2	42.6	149 33.4	23.8	309 32.4	54.4	Deneb	49 43.4	N45 14.4
	03	261 49.0	266 32.7	· · 12.1	283 19.9	· · 41.9	164 35.4	· · 23.7	324 34.8	· · 54.4	Denebola	182 51.1	N14 37.5
	04	276 51.5	281 32.6	11.1	298 20.6	41.3	179 37.4	23.7	339 37.2	54.4	Diphda	349 13.5	S18 02.3
	05	291 53.9	296 32.4	10.2	313 21.3	40.6	194 39.4	23.7	354 39.7	54.4			
	06	306 56.4	311 32.3	S 3 09.2	328 21.9	S10 39.9	209 41.5	N23 23.7	9 42.1	S20 54.4	Dubhe	194 12.2	N61 48.3
	07	321 58.8	326 32.1	08.3	343 22.6	39.3	224 43.5	23.7	24 44.6	54.4	Elnath	278 34.9	N28 36.1
	08	337 01.3	341 32.0	07.3	358 23.3	38.6	239 45.5	23.7	39 47.0	54.4	Eltanin	90 53.9	N51 29.0
S	09	352 03.8	356 31.8	· · 06.3	13 24.0	· · 38.0	254 47.5	· · 23.6	54 49.4	· · 54.4	Enif	34 04.3	N 9 49.7
U	10	7 06.2	11 31.7	05.4	28 24.7	37.3	269 49.5	23.6	69 51.9	54.4	Fomalhaut	15 43.2	S29 40.3
N	11	22 08.7	26 31.6	04.4	43 25.4	36.6	284 51.5	23.6	84 54.3	54.4			
D	12	37 11.2	41 31.4	S 3 03.4	58 26.1	S10 36.0	299 53.5	N23 23.6	99 56.8	S20 54.4	Gacrux	172 20.1	S57 03.8
A	13	52 13.6	56 31.3	02.5	73 26.8	35.3	314 55.6	23.6	114 59.2	54.4	Gienah	176 10.0	S17 29.5
Y	14	67 16.1	71 31.1	01.5	88 27.5	34.6	329 57.6	23.6	130 01.6	54.4	Hadar	149 12.2	S60 19.8
	15	82 18.6	86 31.0	3 00.5	103 28.1	· · 34.0	344 59.6	· · 23.5	145 04.1	· · 54.4	Hamal	328 20.8	N23 25.0
	16	97 21.0	101 30.8	2 59.6	118 28.8	33.3	0 01.6	23.5	160 06.5	54.4	Kaus Aust.	84 06.6	S34 23.4
	17	112 23.5	116 30.7	58.6	133 29.5	32.6	15 03.6	23.5	175 09.0	54.4			
	18	127 26.0	131 30.6	S 2 57.6	148 30.2	S10 32.0	30 05.6	N23 23.5	190 11.4	S20 54.4	Kochab	137 17.7	N74 11.5
	19	142 28.4	146 30.4	56.7	163 30.9	31.3	45 07.6	23.5	205 13.8	54.4	Markab	13 55.9	N15 09.1
	20	157 30.9	161 30.3	55.7	178 31.6	30.6	60 09.6	23.4	220 16.3	54.4	Menkar	314 33.6	N 4 03.2
	21	172 33.3	176 30.1	· · 54.7	193 32.3	· · 30.0	75 11.6	· · 23.4	235 18.7	· · 54.4	Menkent	148 27.8	S36 19.6
	22	187 35.8	191 30.0	53.8	208 33.0	29.3	90 13.7	23.4	250 21.2	54.4	Miaplacidus	221 43.6	S69 41.0
	23	202 38.3	206 29.8	52.8	223 33.7	28.6	105 15.7	23.4	265 23.6	54.4			
30	00	217 40.7	221 29.7	S 2 51.8	238 34.4	S10 28.0	120 17.7	N23 23.4	280 26.1	S20 54.4	Mirfak	309 05.9	N49 49.7
	01	232 43.2	236 29.6	50.9	253 35.0	27.3	135 19.7	23.4	295 28.5	54.4	Nunki	76 19.6	S26 18.6
	02	247 45.7	251 29.4	49.9	268 35.7	26.6	150 21.7	23.3	310 30.9	54.4	Peacock	53 46.3	S56 45.8
	03	262 48.1	266 29.3	· · 48.9	283 36.4	· · 26.0	165 23.7	· · 23.3	325 33.4	· · 54.4	Pollux	243 49.0	N28 03.1
	04	277 50.6	281 29.1	48.0	298 37.1	25.3	180 25.7	23.3	340 35.8	54.4	Procyon	245 18.0	N 5 15.0
	05	292 53.1	296 29.0	47.0	313 37.8	24.6	195 27.7	23.3	355 38.3	54.4			
	06	307 55.5	311 28.8	S 2 46.0	328 38.5	S10 24.0	210 29.7	N23 23.3	10 40.7	S20 54.4	Rasalhague	96 22.3	N12 33.7
	07	322 58.0	326 28.7	45.1	343 39.2	23.3	225 31.7	23.3	25 43.2	54.4	Regulus	208 01.8	N12 00.8
	08	338 00.4	341 28.5	44.1	358 39.9	22.6	240 33.8	23.2	40 45.6	54.4	Rigel	281 29.0	S 8 12.8
M	09	353 02.9	356 28.4	· · 43.1	13 40.6	· · 22.0	255 35.8	· · 23.2	55 48.0	· · 54.4	Rigil Kent.	140 15.0	S60 47.9
O	10	8 05.4	11 28.2	42.1	28 41.3	21.3	270 37.8	23.2	70 50.5	54.4	Sabik	102 32.2	S15 43.0
N	11	23 07.8	26 28.1	41.2	43 42.0	20.6	285 39.8	23.2	85 52.9	54.4			
D	12	38 10.3	41 28.0	S 2 40.2	58 42.6	S10 20.0	300 41.8	N23 23.2	100 55.4	S20 54.4	Schedar	350 01.1	N56 29.0
A	13	53 12.8	56 27.8	39.2	73 43.3	19.3	315 43.8	23.1	115 57.8	54.4	Shaula	96 45.2	S37 05.9
Y	14	68 15.2	71 27.7	38.3	88 44.0	18.6	330 45.8	23.1	131 00.3	54.4	Sirius	258 49.2	S16 42.3
	15	83 17.7	86 27.5	· · 37.3	103 44.7	· · 18.0	345 47.8	· · 23.1	146 02.7	· · 54.4	Spica	158 49.3	S11 06.9
	16	98 20.2	101 27.4	36.3	118 45.4	17.3	0 49.8	23.1	161 05.2	54.4	Suhail	223 05.3	S43 23.9
	17	113 22.6	116 27.2	35.3	133 46.1	16.6	15 51.8	23.1	176 07.6	54.4			
	18	128 25.1	131 27.1	S 2 34.4	148 46.8	S10 16.0	30 53.8	N23 23.1	191 10.0	S20 54.4	Vega	80 50.5	N38 46.1
	19	143 27.6	146 26.9	33.4	163 47.5	15.3	45 55.8	23.0	206 12.5	54.4	Zuben'ubi	137 24.4	S16 00.3
	20	158 30.0	161 26.8	32.4	178 48.2	14.6	60 57.8	23.0	221 14.9	54.4		S.H.A.	Mer. Pass.
	21	173 32.5	176 26.6	· · 31.4	193 48.9	· · 14.0	75 59.9	· · 23.0	236 17.4	· · 54.4		° ′	h m
	22	188 34.9	191 26.5	30.5	208 49.6	13.3	91 01.9	23.0	251 19.8	54.4	Venus	4 51.5	9 14
	23	203 37.4	206 26.4	29.5	223 50.3	12.6	106 03.9	23.0	266 22.3	54.4	Mars	21 36.2	8 06
		h m									Jupiter	262 47.8	16 00
Mer. Pass.		9 31.7	v −0.1	d 1.0	v 0.7	d 0.7	v 2.0	d 0.0	v 2.4	d 0.0	Saturn	62 45.9	5 21

UT (GMT) d	h	SUN G.H.A.	SUN Dec.	MOON G.H.A.	v	MOON Dec.	d	H.P.
		° ′	° ′	° ′	′	° ′	′	′
28	00	180 36.4	N14 00.0	139 50.4	2.0	N26 55.7	1.6	60.5
	01	195 36.5	00.8	154 11.4	2.1	26 57.3	1.5	60.5
	02	210 36.6	01.6	168 32.5	2.0	26 58.8	1.2	60.5
	03	225 36.7	. . 02.4	182 53.5	2.1	27 00.0	1.0	60.4
	04	240 36.8	03.2	197 14.6	2.1	27 01.0	0.9	60.4
	05	255 36.9	04.0	211 35.7	2.2	27 01.9	0.6	60.4
	06	270 37.0	N14 04.8	225 56.9	2.1	N27 02.5	0.4	60.4
	07	285 37.1	05.6	240 18.0	2.3	27 02.9	0.2	60.3
S	08	300 37.2	06.3	254 39.3	2.2	27 03.1	0.1	60.3
A	09	315 37.3	. . 07.1	269 00.5	2.3	27 03.2	0.2	60.3
T	10	330 37.4	07.9	283 21.8	2.4	27 03.0	0.4	60.2
U	11	345 37.5	08.7	297 43.2	2.4	27 02.6	0.6	60.2
R	12	0 37.6	N14 09.5	312 04.6	2.5	N27 02.0	0.7	60.2
D	13	15 37.6	10.3	326 26.1	2.5	27 01.3	1.0	60.1
A	14	30 37.7	11.1	340 47.6	2.6	27 00.3	1.2	60.1
Y	15	45 37.8	. . 11.8	355 09.2	2.6	26 59.1	1.3	60.1
	16	60 37.9	12.6	9 30.8	2.7	26 57.8	1.6	60.0
	17	75 38.0	13.4	23 52.5	2.8	26 56.2	1.7	60.0
	18	90 38.1	N14 14.2	38 14.3	2.8	N26 54.5	2.0	60.0
	19	105 38.2	15.0	52 36.1	2.9	26 52.5	2.1	59.9
	20	120 38.3	15.8	66 58.0	3.0	26 50.4	2.3	59.9
	21	135 38.4	. . 16.6	81 20.0	3.1	26 48.1	2.5	59.9
	22	150 38.5	17.3	95 42.1	3.1	26 45.6	2.7	59.8
	23	165 38.6	18.1	110 04.2	3.3	26 42.9	2.9	59.8
29	00	180 38.6	N14 18.9	124 26.5	3.3	N26 40.0	3.1	59.8
	01	195 38.7	19.7	138 48.8	3.4	26 36.9	3.2	59.7
	02	210 38.8	20.5	153 11.2	3.4	26 33.7	3.5	59.7
	03	225 38.9	. . 21.2	167 33.6	3.6	26 30.2	3.6	59.7
	04	240 39.0	22.0	181 56.2	3.7	26 26.6	3.8	59.6
	05	255 39.1	22.8	196 18.9	3.7	26 22.8	4.0	59.6
	06	270 39.2	N14 23.6	210 41.6	3.9	N26 18.8	4.1	59.6
	07	285 39.3	24.4	225 04.5	3.9	26 14.7	4.4	59.5
	08	300 39.3	25.1	239 27.4	4.1	26 10.3	4.5	59.5
S	09	315 39.4	. . 25.9	253 50.5	4.1	26 05.8	4.6	59.5
U	10	330 39.5	26.7	268 13.6	4.3	26 01.2	4.9	59.4
N	11	345 39.6	27.5	282 36.9	4.4	25 56.3	5.0	59.4
D	12	0 39.7	N14 28.2	297 00.3	4.4	N25 51.3	5.2	59.4
A	13	15 39.8	29.0	311 23.7	4.6	25 46.1	5.3	59.3
Y	14	30 39.9	29.8	325 47.3	4.7	25 40.8	5.5	59.3
	15	45 40.0	. . 30.6	340 11.0	4.8	25 35.3	5.7	59.2
	16	60 40.0	31.4	354 34.8	4.9	25 29.6	5.8	59.2
	17	75 40.1	32.1	8 58.7	5.0	25 23.8	6.0	59.2
	18	90 40.2	N14 32.9	23 22.7	5.1	N25 17.8	6.2	59.1
	19	105 40.3	33.7	37 46.8	5.3	25 11.6	6.3	59.1
	20	120 40.4	34.4	52 11.1	5.3	25 05.3	6.5	59.1
	21	135 40.5	. . 35.2	66 35.4	5.5	24 58.8	6.6	59.0
	22	150 40.6	36.0	80 59.9	5.6	24 52.2	6.8	59.0
	23	165 40.6	36.8	95 24.5	5.7	24 45.4	6.9	59.0
30	00	180 40.7	N14 37.5	109 49.2	5.8	N24 38.5	7.0	58.9
	01	195 40.8	38.3	124 14.0	6.0	24 31.5	7.3	58.9
	02	210 40.9	39.1	138 39.0	6.1	24 24.2	7.3	58.8
	03	225 41.0	. . 39.8	153 04.1	6.2	24 16.9	7.5	58.8
	04	240 41.1	40.6	167 29.3	6.3	24 09.4	7.7	58.8
	05	255 41.1	41.4	181 54.6	6.5	24 01.7	7.7	58.7
	06	270 41.2	N14 42.2	196 20.1	6.5	N23 54.0	7.9	58.7
	07	285 41.3	42.9	210 45.6	6.7	23 46.1	8.1	58.7
	08	300 41.4	43.7	225 11.3	6.8	23 38.0	8.2	58.6
M	09	315 41.5	. . 44.5	239 37.1	7.0	23 29.8	8.3	58.6
O	10	330 41.5	45.2	254 03.1	7.0	23 21.5	8.4	58.5
N	11	345 41.6	46.0	268 29.1	7.2	23 13.1	8.6	58.5
D	12	0 41.7	N14 46.8	282 55.3	7.4	N23 04.5	8.7	58.5
A	13	15 41.8	47.5	297 21.7	7.4	22 55.8	8.8	58.4
Y	14	30 41.9	48.3	311 48.1	7.6	22 47.0	9.0	58.4
	15	45 42.0	. . 49.1	326 14.7	7.7	22 38.0	9.0	58.4
	16	60 42.0	49.8	340 41.4	7.8	22 29.0	9.2	58.3
	17	75 42.1	50.6	355 08.2	7.9	22 19.8	9.3	58.3
	18	90 42.2	N14 51.4	9 35.1	8.1	N22 10.5	9.5	58.2
	19	105 42.3	52.1	24 02.2	8.2	22 01.0	9.5	58.2
	20	120 42.4	52.9	38 29.4	8.3	21 51.5	9.6	58.2
	21	135 42.4	. . 53.6	52 56.7	8.5	21 41.9	9.8	58.1
	22	150 42.5	54.4	67 24.2	8.5	21 32.1	9.8	58.1
	23	165 42.6	55.2	81 51.7	8.7	21 22.3	10.0	58.1
		S.D. 15.9	*d* 0.8	S.D. 16.4		16.2		15.9

Lat.	Twilight Naut.	Twilight Civil	Sunrise	Moonrise 28	29	30	1
°	h m	h m	h m	h m	h m	h m	h m
N 72	////	////	02 11	□	□	□	□
N 70	////	////	02 44	□	□	□	□
68	////	01 29	03 08	□	□	□	07 40
66	////	02 09	03 26	□	□	05 22	08 20
64	////	02 36	03 41	□	□	06 40	08 47
62	01 19	02 56	03 54	04 02	05 25	07 17	09 07
60	01 55	03 12	04 04	04 48	06 04	07 43	09 24
N 58	02 19	03 26	04 13	05 18	06 32	08 03	09 38
56	02 38	03 38	04 21	05 41	06 53	08 20	09 50
54	02 54	03 48	04 28	05 59	07 11	08 34	10 01
52	03 07	03 57	04 35	06 15	07 26	08 47	10 10
50	03 19	04 04	04 41	06 29	07 39	08 58	10 18
45	03 41	04 21	04 53	06 57	08 06	09 20	10 36
N 40	03 59	04 34	05 03	07 19	08 27	09 39	10 50
35	04 13	04 45	05 12	07 38	08 45	09 54	11 02
30	04 24	04 54	05 19	07 53	09 00	10 07	11 12
20	04 42	05 09	05 32	08 20	09 25	10 30	11 30
N 10	04 56	05 22	05 44	08 43	09 48	10 49	11 46
0	05 08	05 33	05 54	09 05	10 08	11 07	12 00
S 10	05 18	05 43	06 04	09 27	10 29	11 25	12 15
20	05 26	05 52	06 15	09 50	10 51	11 44	12 30
30	05 34	06 03	06 27	10 17	11 16	12 06	12 48
35	05 38	06 08	06 35	10 33	11 31	12 19	12 58
40	05 43	06 14	06 43	10 51	11 49	12 34	13 10
45	05 47	06 21	06 52	11 14	12 09	12 51	13 23
S 50	05 51	06 29	07 03	11 42	12 35	13 13	13 40
52	05 53	06 33	07 08	11 56	12 48	13 23	13 48
54	05 55	06 36	07 14	12 12	13 03	13 35	13 56
56	05 57	06 41	07 20	12 32	13 19	13 48	14 06
58	05 59	06 45	07 27	12 55	13 40	14 03	14 17
S 60	06 01	06 50	07 35	13 27	14 05	14 21	14 29

Lat.	Sunset	Twilight Civil	Twilight Naut.	Moonset 28	29	30	1
°	h m	h m	h m	h m	h m	h m	h m
N 72	21 50	////	////	□	□	□	□
N 70	21 15	////	////	□	□	□	□
68	20 50	22 33	////	□	□	□	04 10
66	20 31	21 50	////	□	□	04 34	03 30
64	20 16	21 22	////	□	□	03 14	03 02
62	20 03	21 01	22 43	01 32	02 24	02 37	02 40
60	19 52	20 45	22 04	00 46	01 44	02 11	02 23
N 58	19 43	20 31	21 39	00 17	01 16	01 50	02 08
56	19 35	20 19	21 19	24 55	00 55	01 32	01 55
54	19 27	20 08	21 03	24 37	00 37	01 18	01 44
52	19 21	19 59	20 49	24 21	00 21	01 05	01 34
50	19 15	19 51	20 38	24 08	00 08	00 53	01 25
45	19 03	19 35	20 15	23 41	24 30	00 30	01 07
N 40	18 52	19 21	19 57	23 19	24 11	00 11	00 51
35	18 44	19 10	19 43	23 01	23 55	24 38	00 38
30	18 36	19 01	19 31	22 46	23 41	24 27	00 27
20	18 23	18 46	19 13	22 20	23 17	24 07	00 07
N 10	18 11	18 33	18 59	21 57	22 56	23 49	24 37
0	18 01	18 22	18 47	21 35	22 37	23 33	24 24
S 10	17 50	18 12	18 37	21 14	22 17	23 17	24 12
20	17 39	18 02	18 28	20 51	21 56	22 59	23 58
30	17 27	17 52	18 20	20 24	21 32	22 39	23 43
35	17 20	17 46	18 16	20 09	21 17	22 27	23 34
40	17 12	17 40	18 12	19 50	21 01	22 13	23 23
45	17 02	17 33	18 07	19 28	20 41	21 56	23 11
S 50	16 51	17 25	18 03	19 00	20 15	21 36	22 56
52	16 46	17 21	18 01	18 46	20 03	21 26	22 49
54	16 40	17 17	17 59	18 30	19 49	21 15	22 41
56	16 34	17 13	17 57	18 10	19 32	21 02	22 32
58	16 26	17 09	17 55	17 47	19 12	20 48	22 22
S 60	16 18	17 03	17 53	17 16	18 47	20 30	22 10

Day	SUN Eqn. of Time 00 h	SUN Eqn. of Time 12 h	SUN Mer. Pass.	MOON Mer. Pass. Upper	MOON Mer. Pass. Lower	MOON Age	MOON Phase
	m s	m s	h m	h m	h m	d	
28	02 26	02 30	11 57	15 20	02 48	03	
29	02 34	02 39	11 57	16 23	03 52	04	◐
30	02 43	02 47	11 57	17 20	04 52	05	

UT (GMT)		ARIES	VENUS −4.1		MARS +0.8		JUPITER −2.0		SATURN +0.5		STARS		
d	h	G.H.A. ° ′	G.H.A. ° ′	Dec. ° ′	G.H.A. ° ′	Dec. ° ′	G.H.A. ° ′	Dec. ° ′	G.H.A. ° ′	Dec. ° ′	Name	S.H.A. ° ′	Dec. ° ′
1	00	218 39.9	221 26.2	S 2 28.5	238 51.0	S10 12.0	121 05.9	N23 22.9	281 24.7	S20 54.4	Acamar	315 31.8	S40 20.5
	01	233 42.3	236 26.1	27.5	253 51.7	11.3	136 07.9	22.9	296 27.2	54.4	Achernar	335 39.9	S57 17.0
	02	248 44.8	251 25.9	26.6	268 52.4	10.6	151 09.9	22.9	311 29.6	54.4	Acrux	173 28.5	S63 03.1
	03	263 47.3	266 25.8	· · 25.6	283 53.0	· · 09.9	166 11.9	· · 22.9	326 32.1	· · 54.4	Adhara	255 26.4	S28 57.7
	04	278 49.7	281 25.6	24.6	298 53.7	09.3	181 13.9	22.9	341 34.5	54.4	Aldebaran	291 09.6	N16 29.5
	05	293 52.2	296 25.5	23.6	313 54.4	08.6	196 15.9	22.8	356 37.0	54.4			
	06	308 54.7	311 25.3	S 2 22.7	328 55.1	S10 07.9	211 17.9	N23 22.8	11 39.4	S20 54.4	Alioth	166 35.1	N56 00.7
	07	323 57.1	326 25.2	21.7	343 55.8	07.3	226 19.9	22.8	26 41.8	54.4	Alkaid	153 11.9	N49 21.6
T	08	338 59.6	341 25.0	20.7	358 56.5	06.6	241 21.9	22.8	41 44.3	54.4	Al Na'ir	28 05.4	S47 00.3
U	09	354 02.1	356 24.9	· · 19.7	13 57.2	· · 05.9	256 23.9	· · 22.8	56 46.7	· · 54.4	Alnilam	276 04.2	S 1 12.4
E	10	9 04.5	11 24.7	18.7	28 57.9	05.3	271 25.9	22.8	71 49.2	54.4	Alphard	218 13.1	S 8 37.1
S	11	24 07.0	26 24.6	17.8	43 58.6	04.6	286 27.9	22.7	86 51.6	54.4			
D	12	39 09.4	41 24.4	S 2 16.8	58 59.3	S10 03.9	301 29.9	N23 22.7	101 54.1	S20 54.4	Alphecca	126 25.3	N26 44.6
A	13	54 11.9	56 24.3	15.8	74 00.0	03.2	316 31.9	22.7	116 56.5	54.4	Alpheratz	358 01.9	N29 02.1
Y	14	69 14.4	71 24.2	14.8	89 00.7	02.6	331 33.9	22.7	131 59.0	54.4	Altair	62 25.1	N 8 50.3
	15	84 16.8	86 24.0	· · 13.8	104 01.4	· · 01.9	346 35.9	· · 22.7	147 01.4	· · 54.4	Ankaa	353 33.0	S42 21.4
	16	99 19.3	101 23.9	12.9	119 02.1	01.2	1 37.9	22.6	162 03.9	54.4	Antares	112 47.3	S26 24.8
	17	114 21.8	116 23.7	11.9	134 02.8	10 00.6	16 39.9	22.6	177 06.3	54.4			
	18	129 24.2	131 23.6	S 2 10.9	149 03.5	S 9 59.9	31 41.9	N23 22.6	192 08.8	S20 54.4	Arcturus	146 11.2	N19 13.7
	19	144 26.7	146 23.4	09.9	164 04.2	59.2	46 43.9	22.6	207 11.2	54.4	Atria	108 04.4	S69 00.7
	20	159 29.2	161 23.3	08.9	179 04.9	58.5	61 46.0	22.6	222 13.7	54.4	Avior	234 25.4	S59 29.0
	21	174 31.6	176 23.1	· · 08.0	194 05.6	· · 57.9	76 48.0	· · 22.5	237 16.1	· · 54.4	Bellatrix	278 50.9	N 6 20.5
	22	189 34.1	191 23.0	07.0	209 06.3	57.2	91 50.0	22.5	252 18.6	54.4	Betelgeuse	271 20.3	N 7 24.4
	23	204 36.5	206 22.8	06.0	224 07.0	56.5	106 52.0	22.5	267 21.0	54.4			
2	00	219 39.0	221 22.7	S 2 05.0	239 07.7	S 9 55.8	121 54.0	N23 22.5	282 23.5	S20 54.4	Canopus	264 04.2	S52 41.6
	01	234 41.5	236 22.5	04.0	254 08.4	55.2	136 56.0	22.5	297 25.9	54.4	Capella	281 00.5	N45 59.5
	02	249 43.9	251 22.4	03.0	269 09.1	54.5	151 58.0	22.4	312 28.4	54.4	Deneb	49 43.4	N45 14.4
	03	264 46.4	266 22.2	· · 02.1	284 09.8	· · 53.8	167 00.0	· · 22.4	327 30.8	· · 54.4	Denebola	182 51.1	N14 37.5
	04	279 48.9	281 22.1	01.1	299 10.5	53.2	182 02.0	22.4	342 33.3	54.4	Diphda	349 13.5	S18 02.3
	05	294 51.3	296 21.9	2 00.1	314 11.2	52.5	197 04.0	22.4	357 35.7	54.4			
	06	309 53.8	311 21.8	S 1 59.1	329 11.8	S 9 51.8	212 06.0	N23 22.4	12 38.2	S20 54.4	Dubhe	194 12.2	N61 48.3
W	07	324 56.3	326 21.6	58.1	344 12.5	51.1	227 08.0	22.4	27 40.6	54.4	Elnath	278 34.9	N28 36.1
E	08	339 58.7	341 21.5	57.1	359 13.2	50.5	242 10.0	22.3	42 43.1	54.4	Eltanin	90 53.8	N51 29.0
D	09	355 01.2	356 21.3	· · 56.2	14 13.9	· · 49.8	257 12.0	· · 22.3	57 45.5	· · 54.4	Enif	34 04.2	N 9 49.7
N	10	10 03.7	11 21.2	55.2	29 14.6	49.1	272 14.0	22.3	72 48.0	54.4	Fomalhaut	15 43.2	S29 40.3
E	11	25 06.1	26 21.0	54.2	44 15.3	48.4	287 16.0	22.3	87 50.5	54.4			
S	12	40 08.6	41 20.9	S 1 53.2	59 16.0	S 9 47.8	302 18.0	N23 22.3	102 52.9	S20 54.4	Gacrux	172 20.1	S57 03.9
D	13	55 11.0	56 20.7	52.2	74 16.7	47.1	317 20.0	22.2	117 55.4	54.4	Gienah	176 10.0	S17 29.5
A	14	70 13.5	71 20.6	51.2	89 17.4	46.4	332 22.0	22.2	132 57.8	54.4	Hadar	149 12.2	S60 19.8
Y	15	85 16.0	86 20.4	· · 50.2	104 18.1	· · 45.7	347 24.0	· · 22.2	148 00.3	· · 54.4	Hamal	328 20.8	N23 25.0
	16	100 18.4	101 20.3	49.3	119 18.8	45.1	2 26.0	22.2	163 02.7	54.4	Kaus Aust.	84 06.6	S34 23.4
	17	115 20.9	116 20.1	48.3	134 19.5	44.4	17 28.0	22.2	178 05.2	54.4			
	18	130 23.4	131 20.0	S 1 47.3	149 20.2	S 9 43.7	32 30.0	N23 22.1	193 07.6	S20 54.4	Kochab	137 17.7	N74 11.6
	19	145 25.8	146 19.8	46.3	164 20.9	43.0	47 32.0	22.1	208 10.1	54.4	Markab	13 55.8	N15 09.1
	20	160 28.3	161 19.7	45.3	179 21.6	42.4	62 34.0	22.1	223 12.5	54.4	Menkar	314 33.5	N 4 03.2
	21	175 30.8	176 19.5	· · 44.3	194 22.3	· · 41.7	77 36.0	· · 22.1	238 15.0	· · 54.4	Menkent	148 27.8	S36 19.6
	22	190 33.2	191 19.4	43.3	209 23.0	41.0	92 37.9	22.1	253 17.4	54.4	Miaplacidus	221 43.6	S69 41.0
	23	205 35.7	206 19.2	42.3	224 23.7	40.3	107 39.9	22.0	268 19.9	54.4			
3	00	220 38.2	221 19.1	S 1 41.3	239 24.4	S 9 39.7	122 41.9	N23 22.0	283 22.4	S20 54.4	Mirfak	309 05.9	N49 49.7
	01	235 40.6	236 18.9	40.4	254 25.1	39.0	137 43.9	22.0	298 24.8	54.4	Nunki	76 19.6	S26 18.6
	02	250 43.1	251 18.8	39.4	269 25.8	38.3	152 45.9	22.0	313 27.3	54.4	Peacock	53 46.2	S56 45.8
	03	265 45.5	266 18.6	· · 38.4	284 26.5	· · 37.6	167 47.9	· · 22.0	328 29.7	· · 54.4	Pollux	243 49.0	N28 03.1
	04	280 48.0	281 18.5	37.4	299 27.2	37.0	182 49.9	21.9	343 32.2	54.4	Procyon	245 18.0	N 5 15.0
	05	295 50.5	296 18.3	36.4	314 27.9	36.3	197 51.9	21.9	358 34.6	54.4			
	06	310 52.9	311 18.2	S 1 35.4	329 28.6	S 9 35.6	212 53.9	N23 21.9	13 37.1	S20 54.4	Rasalhague	96 22.3	N12 33.7
	07	325 55.4	326 18.0	34.4	344 29.3	34.9	227 55.9	21.9	28 39.5	54.4	Regulus	208 01.8	N12 00.8
T	08	340 57.9	341 17.9	33.4	359 30.0	34.3	242 57.9	21.9	43 42.0	54.4	Rigel	281 29.0	S 8 12.7
H	09	356 00.3	356 17.7	· · 32.4	14 30.7	· · 33.6	257 59.9	· · 21.8	58 44.5	· · 54.4	Rigil Kent.	140 15.0	S60 47.9
U	10	11 02.8	11 17.6	31.4	29 31.4	32.9	273 01.9	21.8	73 46.9	54.4	Sabik	102 32.2	S15 43.0
R	11	26 05.3	26 17.4	30.4	44 32.1	32.2	288 03.9	21.8	88 49.4	54.4			
S	12	41 07.7	41 17.3	S 1 29.4	59 32.9	S 9 31.5	303 05.9	N23 21.8	103 51.8	S20 54.4	Schedar	350 01.1	N56 29.0
D	13	56 10.2	56 17.1	28.5	74 33.6	30.9	318 07.9	21.8	118 54.3	54.4	Shaula	96 45.2	S37 05.9
A	14	71 12.6	71 17.0	27.5	89 34.3	30.2	333 09.9	21.7	133 56.7	54.4	Sirius	258 49.2	S16 42.3
Y	15	86 15.1	86 16.8	· · 26.5	104 35.0	· · 29.5	348 11.9	· · 21.7	148 59.2	· · 54.4	Spica	158 49.3	S11 06.9
	16	101 17.6	101 16.6	25.5	119 35.7	28.8	3 13.9	21.7	164 01.7	54.4	Suhail	223 05.3	S43 23.9
	17	116 20.0	116 16.5	24.5	134 36.4	28.2	18 15.9	21.7	179 04.1	54.4			
	18	131 22.5	131 16.3	S 1 23.5	149 37.1	S 9 27.5	33 17.9	N23 21.6	194 06.6	S20 54.4	Vega	80 50.5	N38 46.1
	19	146 25.0	146 16.2	22.5	164 37.8	26.8	48 19.9	21.6	209 09.0	54.4	Zuben'ubi	137 24.4	S16 00.3
	20	161 27.4	161 16.0	21.5	179 38.5	26.1	63 21.9	21.6	224 11.5	54.5		S.H.A.	Mer. Pass.
	21	176 29.9	176 15.9	· · 20.5	194 39.2	· · 25.5	78 23.8	· · 21.6	239 14.0	· · 54.5		° ′	h m
	22	191 32.4	191 15.7	19.5	209 39.9	24.8	93 25.8	21.6	254 16.4	54.5	Venus	1 43.7	9 15
	23	206 34.8	206 15.6	18.5	224 40.6	24.1	108 27.8	21.5	269 18.9	54.5	Mars	19 28.6	8 03
Mer. Pass.		h m 9 19.9	v −0.1	d 1.0	v 0.7	d 0.7	v 2.0	d 0.0	v 2.5	d 0.0	Jupiter	262 14.9	15 50
											Saturn	62 44.5	5 10

UT (GMT) d	h	SUN G.H.A. ° ′	SUN Dec. ° ′	MOON G.H.A. ° ′	v ′	MOON Dec. ° ′	d ′	H.P. ′
1	00	180 42.7	N14 55.9	96 19.4	8.8	N21 12.3	10.1	58.0
	01	195 42.7	56.7	110 47.2	9.0	21 02.2	10.2	58.0
	02	210 42.8	57.5	125 15.2	9.0	20 52.0	10.3	57.9
	03	225 42.9	. . 58.2	139 43.2	9.2	20 41.7	10.3	57.9
	04	240 43.0	59.0	154 11.4	9.3	20 31.4	10.5	57.9
	05	255 43.1	14 59.7	168 39.7	9.5	20 20.9	10.6	57.8
	06	270 43.1	N15 00.5	183 08.2	9.5	N20 10.3	10.7	57.8
	07	285 43.2	01.3	197 36.7	9.7	19 59.6	10.7	57.8
T	08	300 43.3	02.0	212 05.4	9.8	19 48.9	10.9	57.7
U	09	315 43.4	. . 02.8	226 34.2	9.9	19 38.0	10.9	57.7
E	10	330 43.4	03.5	241 03.1	10.0	19 27.1	11.1	57.7
S	11	345 43.5	04.3	255 32.1	10.2	19 16.0	11.1	57.6
D	12	0 43.6	N15 05.0	270 01.3	10.2	N19 04.9	11.2	57.6
A	13	15 43.7	05.8	284 30.5	10.4	18 53.7	11.3	57.5
Y	14	30 43.7	06.6	298 59.9	10.5	18 42.4	11.4	57.5
	15	45 43.8	. . 07.3	313 29.4	10.6	18 31.0	11.4	57.5
	16	60 43.9	08.1	327 59.0	10.7	18 19.6	11.6	57.4
	17	75 44.0	08.8	342 28.7	10.8	18 08.0	11.6	57.4
	18	90 44.0	N15 09.6	356 58.5	11.0	N17 56.4	11.7	57.4
	19	105 44.1	10.3	11 28.5	11.0	17 44.7	11.7	57.3
	20	120 44.2	11.1	25 58.5	11.2	17 33.0	11.9	57.3
	21	135 44.3	. . 11.8	40 28.7	11.3	17 21.1	11.9	57.3
	22	150 44.3	12.6	54 59.0	11.4	17 09.2	11.9	57.2
	23	165 44.4	13.3	69 29.4	11.5	16 57.3	12.1	57.2
2	00	180 44.5	N15 14.1	83 59.9	11.5	N16 45.2	12.1	57.2
	01	195 44.6	14.8	98 30.4	11.7	16 33.1	12.2	57.1
	02	210 44.6	15.6	113 01.1	11.9	16 20.9	12.2	57.1
	03	225 44.7	. . 16.3	127 32.0	11.9	16 08.7	12.3	57.1
	04	240 44.8	17.1	142 02.9	12.0	15 56.4	12.4	57.0
	05	255 44.9	17.8	156 33.9	12.1	15 44.0	12.4	57.0
	06	270 44.9	N15 18.6	171 05.0	12.2	N15 31.6	12.5	57.0
W	07	285 45.0	19.3	185 36.2	12.3	15 19.1	12.6	56.9
E	08	300 45.1	20.1	200 07.5	12.4	15 06.5	12.6	56.9
D	09	315 45.1	. . 20.8	214 38.9	12.5	14 53.9	12.6	56.9
N	10	330 45.2	21.6	229 10.4	12.6	14 41.3	12.7	56.8
E	11	345 45.3	22.3	243 42.0	12.7	14 28.6	12.8	56.8
S	12	0 45.4	N15 23.1	258 13.7	12.8	N14 15.8	12.8	56.8
D	13	15 45.4	23.8	272 45.5	12.8	14 03.0	12.9	56.7
A	14	30 45.5	24.6	287 17.3	13.0	13 50.1	12.9	56.7
Y	15	45 45.6	. . 25.3	301 49.3	13.0	13 37.2	12.9	56.7
	16	60 45.6	26.0	316 21.3	13.2	13 24.3	13.0	56.6
	17	75 45.7	26.8	330 53.5	13.2	13 11.3	13.1	56.6
	18	90 45.8	N15 27.5	345 25.7	13.3	N12 58.2	13.1	56.6
	19	105 45.8	28.3	359 58.0	13.4	12 45.1	13.1	56.5
	20	120 45.9	29.0	14 30.4	13.5	12 32.0	13.2	56.5
	21	135 46.0	. . 29.8	29 02.9	13.6	12 18.8	13.2	56.5
	22	150 46.0	30.5	43 35.5	13.6	12 05.6	13.3	56.4
	23	165 46.1	31.2	58 08.1	13.7	11 52.3	13.3	56.4
3	00	180 46.2	N15 32.0	72 40.8	13.8	N11 39.0	13.3	56.4
	01	195 46.2	32.7	87 13.6	13.9	11 25.7	13.4	56.3
	02	210 46.3	33.5	101 46.5	14.0	11 12.3	13.4	56.3
	03	225 46.4	. . 34.2	116 19.5	14.0	10 58.9	13.4	56.3
	04	240 46.4	34.9	130 52.5	14.1	10 45.5	13.5	56.3
	05	255 46.5	35.7	145 25.6	14.2	10 32.0	13.5	56.2
	06	270 46.6	N15 36.4	159 58.8	14.2	N10 18.5	13.5	56.2
	07	285 46.6	37.2	174 32.0	14.3	10 05.0	13.6	56.2
T	08	300 46.7	37.9	189 05.3	14.4	9 51.4	13.6	56.1
H	09	315 46.8	. . 38.6	203 38.7	14.5	9 37.8	13.6	56.1
U	10	330 46.8	39.4	218 12.2	14.5	9 24.2	13.6	56.1
R	11	345 46.9	40.1	232 45.7	14.6	9 10.6	13.7	56.1
S	12	0 47.0	N15 40.8	247 19.3	14.6	N 8 56.9	13.7	56.0
D	13	15 47.0	41.6	261 52.9	14.7	8 43.2	13.7	56.0
A	14	30 47.1	42.3	276 26.6	14.8	8 29.5	13.7	56.0
Y	15	45 47.2	. . 43.0	291 00.4	14.8	8 15.8	13.8	55.9
	16	60 47.2	43.8	305 34.2	14.9	8 02.0	13.7	55.9
	17	75 47.3	44.5	320 08.1	15.0	7 48.3	13.8	55.9
	18	90 47.4	N15 45.2	334 42.1	15.0	N 7 34.5	13.8	55.9
	19	105 47.4	46.0	349 16.1	15.0	7 20.7	13.9	55.8
	20	120 47.5	46.7	3 50.1	15.1	7 06.8	13.8	55.8
	21	135 47.5	. . 47.4	18 24.2	15.2	6 53.0	13.9	55.8
	22	150 47.6	48.2	32 58.4	15.2	6 39.1	13.9	55.8
	23	165 47.7	48.9	47 32.6	15.3	6 25.2	13.8	55.7
		S.D. 15.9	d 0.7	S.D.	15.7		15.5	15.3

Lat. °	Twilight Naut. h m	Twilight Civil h m	Sunrise h m	Moonrise 1 h m	Moonrise 2 h m	Moonrise 3 h m	Moonrise 4 h m
N 72	////	////	01 46	▭	09 05	11 34	13 39
N 70	////	////	02 27	▭	09 39	11 49	13 43
68	////	00 59	02 54	07 40	10 04	12 00	13 46
66	////	01 51	03 15	08 20	10 22	12 10	13 49
64	////	02 22	03 31	08 47	10 37	12 18	13 52
62	00 52	02 45	03 45	09 07	10 50	12 24	13 54
60	01 39	03 03	03 56	09 24	11 00	12 30	13 55
N 58	02 07	03 17	04 06	09 38	11 09	12 35	13 57
56	02 28	03 30	04 15	09 50	11 17	12 40	13 59
54	02 45	03 41	04 22	10 01	11 24	12 44	14 00
52	02 59	03 50	04 29	10 10	11 30	12 47	14 01
50	03 12	03 59	04 35	10 18	11 36	12 51	14 02
45	03 36	04 16	04 48	10 36	11 48	12 58	14 04
N 40	03 54	04 30	04 59	10 50	11 58	13 04	14 06
35	04 09	04 41	05 09	11 02	12 07	13 09	14 08
30	04 21	04 51	05 17	11 12	12 14	13 13	14 09
20	04 40	05 07	05 30	11 30	12 27	13 21	14 12
N 10	04 55	05 21	05 42	11 46	12 39	13 28	14 14
0	05 07	05 32	05 54	12 00	12 49	13 34	14 16
S 10	05 18	05 43	06 05	12 15	13 00	13 40	14 18
20	05 27	05 53	06 16	12 30	13 11	13 47	14 20
30	05 36	06 05	06 29	12 48	13 23	13 54	14 23
35	05 41	06 11	06 37	12 58	13 31	13 59	14 24
40	05 45	06 17	06 46	13 10	13 39	14 04	14 26
45	05 50	06 25	06 56	13 23	13 48	14 09	14 28
S 50	05 55	06 33	07 08	13 40	14 00	14 16	14 30
52	05 57	06 37	07 13	13 48	14 05	14 19	14 31
54	05 59	06 41	07 19	13 56	14 11	14 23	14 32
56	06 02	06 46	07 26	14 06	14 18	14 26	14 34
58	06 04	06 51	07 34	14 17	14 25	14 31	14 35
S 60	06 07	06 57	07 43	14 29	14 33	14 35	14 36

Lat. °	Sunset h m	Twilight Civil h m	Twilight Naut. h m	Moonset 1 h m	Moonset 2 h m	Moonset 3 h m	Moonset 4 h m
N 72	22 15	////	////	▭	04 32	03 38	03 04
N 70	21 32	////	////	▭	03 56	03 22	02 57
68	21 03	23 08	////	04 10	03 30	03 08	02 51
66	20 42	22 08	////	03 30	03 10	02 57	02 46
64	20 25	21 36	////	03 02	02 54	02 47	02 41
62	20 11	21 12	23 13	02 40	02 41	02 39	02 37
60	20 00	20 54	22 20	02 23	02 29	02 32	02 34
N 58	19 50	20 39	21 50	02 08	02 19	02 26	02 31
56	19 41	20 26	21 28	01 55	02 10	02 20	02 29
54	19 33	20 15	21 11	01 44	02 02	02 15	02 26
52	19 26	20 05	20 56	01 34	01 55	02 11	02 24
50	19 20	19 57	20 44	01 25	01 49	02 07	02 22
45	19 06	19 39	20 19	01 07	01 35	01 58	02 18
N 40	18 55	19 25	20 01	00 51	01 23	01 50	02 14
35	18 46	19 13	19 46	00 38	01 14	01 44	02 11
30	18 38	19 03	19 34	00 27	01 05	01 38	02 08
20	18 24	18 47	19 14	00 07	00 50	01 28	02 03
N 10	18 12	18 34	18 59	24 37	00 37	01 19	01 59
0	18 00	18 22	18 47	24 24	00 24	01 11	01 54
S 10	17 49	18 11	18 36	24 12	00 12	01 03	01 50
20	17 38	18 00	18 27	23 58	24 53	00 53	01 46
30	17 24	17 49	18 17	23 43	24 43	00 43	01 40
35	17 17	17 43	18 13	23 34	24 37	00 37	01 37
40	17 08	17 36	18 08	23 23	24 30	00 30	01 34
45	16 58	17 29	18 03	23 11	24 22	00 22	01 30
S 50	16 46	17 20	17 58	22 56	24 12	00 12	01 25
52	16 40	17 16	17 56	22 49	24 08	00 08	01 23
54	16 34	17 12	17 54	22 41	24 03	00 03	01 21
56	16 27	17 07	17 51	22 32	23 57	25 18	01 18
58	16 19	17 02	17 49	22 22	23 51	25 15	01 15
S 60	16 10	16 56	17 46	22 10	23 44	25 11	01 11

Day	SUN Eqn. of Time 00h m s	SUN Eqn. of Time 12h m s	SUN Mer. Pass. h m	MOON Mer. Pass. Upper h m	MOON Mer. Pass. Lower h m	MOON Age d	MOON Phase
1	02 51	02 54	11 57	18 13	05 47	06	
2	02 58	03 01	11 57	19 00	06 37	07	◐
3	03 05	03 08	11 57	19 44	07 23	08	

1990 MAY 4, 5, 6 (FRI., SAT., SUN.)

	UT (GMT) d h	ARIES G.H.A. ° ′	VENUS −4.1 G.H.A. ° ′	VENUS Dec. ° ′	MARS +0.8 G.H.A. ° ′	MARS Dec. ° ′	JUPITER −2.0 G.H.A. ° ′	JUPITER Dec. ° ′	SATURN +0.5 G.H.A. ° ′	SATURN Dec. ° ′
	4 00	221 37.3	221 15.4	S 1 17.5	239 41.3	S 9 23.4	123 29.8	N23 21.5	284 21.3	S20 54.5
	01	236 39.8	236 15.3	16.5	254 42.0	22.7	138 31.8	21.5	299 23.8	54.5
	02	251 42.2	251 15.1	15.5	269 42.7	22.1	153 33.8	21.5	314 26.2	54.5
	03	266 44.7	266 15.0	· · 14.5	284 43.4	· · 21.4	168 35.8	· · 21.5	329 28.7	· · 54.5
	04	281 47.1	281 14.8	13.5	299 44.1	20.7	183 37.8	21.4	344 31.2	54.5
	05	296 49.6	296 14.7	12.5	314 44.8	20.0	198 39.8	21.4	359 33.6	54.5
	06	311 52.1	311 14.5	S 1 11.5	329 45.5	S 9 19.3	213 41.8	N23 21.4	14 36.1	S20 54.5
	07	326 54.5	326 14.3	10.5	344 46.2	18.7	228 43.8	21.4	29 38.6	54.5
	08	341 57.0	341 14.2	09.5	359 46.9	18.0	243 45.8	21.4	44 41.0	54.5
F	09	356 59.5	356 14.0	· · 08.5	14 47.6	· · 17.3	258 47.8	· · 21.3	59 43.5	· · 54.5
R	10	12 01.9	11 13.9	07.5	29 48.3	16.6	273 49.7	21.3	74 45.9	54.5
I	11	27 04.4	26 13.7	06.5	44 49.0	15.9	288 51.7	21.3	89 48.4	54.5
D	12	42 06.9	41 13.6	S 1 05.5	59 49.7	S 9 15.3	303 53.7	N23 21.3	104 50.9	S20 54.5
A	13	57 09.3	56 13.4	04.5	74 50.4	14.6	318 55.7	21.2	119 53.3	54.5
Y	14	72 11.8	71 13.3	03.5	89 51.1	13.9	333 57.7	21.2	134 55.8	54.5
	15	87 14.3	86 13.1	· · 02.5	104 51.9	· · 13.2	348 59.7	· · 21.2	149 58.2	· · 54.5
	16	102 16.7	101 13.0	01.5	119 52.6	12.5	4 01.7	21.2	165 00.7	54.5
	17	117 19.2	116 12.8	1 00.5	134 53.3	11.9	19 03.7	21.2	180 03.2	54.5
	18	132 21.6	131 12.6	S 0 59.5	149 54.0	S 9 11.2	34 05.7	N23 21.1	195 05.6	S20 54.5
	19	147 24.1	146 12.5	58.5	164 54.7	10.5	49 07.7	21.1	210 08.1	54.5
	20	162 26.6	161 12.3	57.5	179 55.4	09.8	64 09.7	21.1	225 10.6	54.5
	21	177 29.0	176 12.2	· · 56.5	194 56.1	· · 09.1	79 11.6	· · 21.1	240 13.0	· · 54.5
	22	192 31.5	191 12.0	55.5	209 56.8	08.5	94 13.6	21.1	255 15.5	54.5
	23	207 34.0	206 11.9	54.5	224 57.5	07.8	109 15.6	21.0	270 17.9	54.5
	5 00	222 36.4	221 11.7	S 0 53.5	239 58.2	S 9 07.1	124 17.6	N23 21.0	285 20.4	S20 54.5
	01	237 38.9	236 11.6	52.5	254 58.9	06.4	139 19.6	21.0	300 22.9	54.5
	02	252 41.4	251 11.4	51.5	269 59.6	05.7	154 21.6	21.0	315 25.3	54.5
	03	267 43.8	266 11.2	· · 50.5	285 00.3	· · 05.1	169 23.6	· · 20.9	330 27.8	· · 54.5
	04	282 46.3	281 11.1	49.5	300 01.0	04.4	184 25.6	20.9	345 30.3	54.5
	05	297 48.8	296 10.9	48.5	315 01.7	03.7	199 27.6	20.9	0 32.7	54.5
	06	312 51.2	311 10.8	S 0 47.5	330 02.5	S 9 03.0	214 29.5	N23 20.9	15 35.2	S20 54.5
	07	327 53.7	326 10.6	46.5	345 03.2	02.3	229 31.5	20.9	30 37.7	54.5
S	08	342 56.1	341 10.5	45.5	0 03.9	01.6	244 33.5	20.8	45 40.1	54.5
A	09	357 58.6	356 10.3	· · 44.5	15 04.6	· · 01.0	259 35.5	· · 20.8	60 42.6	· · 54.5
T	10	13 01.1	11 10.1	43.5	30 05.3	9 00.3	274 37.5	20.8	75 45.1	54.5
U	11	28 03.5	26 10.0	42.5	45 06.0	8 59.6	289 39.5	20.8	90 47.5	54.5
R	12	43 06.0	41 09.8	S 0 41.5	60 06.7	S 8 58.9	304 41.5	N23 20.8	105 50.0	S20 54.5
D	13	58 08.5	56 09.7	40.5	75 07.4	58.2	319 43.5	20.7	120 52.5	54.6
A	14	73 10.9	71 09.5	39.5	90 08.1	57.5	334 45.4	20.7	135 54.9	54.6
Y	15	88 13.4	86 09.4	· · 38.5	105 08.8	· · 56.9	349 47.4	· · 20.7	150 57.4	· · 54.6
	16	103 15.9	101 09.2	37.5	120 09.5	56.2	4 49.4	20.7	165 59.8	54.6
	17	118 18.3	116 09.0	36.5	135 10.2	55.5	19 51.4	20.6	181 02.3	54.6
	18	133 20.8	131 08.9	S 0 35.5	150 11.0	S 8 54.8	34 53.4	N23 20.6	196 04.8	S20 54.6
	19	148 23.2	146 08.7	34.5	165 11.7	54.1	49 55.4	20.6	211 07.3	54.6
	20	163 25.7	161 08.6	33.4	180 12.4	53.4	64 57.4	20.6	226 09.7	54.6
	21	178 28.2	176 08.4	· · 32.4	195 13.1	· · 52.8	79 59.3	· · 20.6	241 12.2	· · 54.6
	22	193 30.6	191 08.2	31.4	210 13.8	52.1	95 01.3	20.5	256 14.7	54.6
	23	208 33.1	206 08.1	30.4	225 14.5	51.4	110 03.3	20.5	271 17.1	54.6
	6 00	223 35.6	221 07.9	S 0 29.4	240 15.2	S 8 50.7	125 05.3	N23 20.5	286 19.6	S20 54.6
	01	238 38.0	236 07.8	28.4	255 15.9	50.0	140 07.3	20.5	301 22.1	54.6
	02	253 40.5	251 07.6	27.4	270 16.6	49.3	155 09.3	20.4	316 24.5	54.6
	03	268 43.0	266 07.5	· · 26.4	285 17.3	· · 48.7	170 11.3	· · 20.4	331 27.0	· · 54.6
	04	283 45.4	281 07.3	25.4	300 18.1	48.0	185 13.2	20.4	346 29.5	54.6
	05	298 47.9	296 07.1	24.4	315 18.8	47.3	200 15.2	20.4	1 31.9	54.6
	06	313 50.4	311 07.0	S 0 23.4	330 19.5	S 8 46.6	215 17.2	N23 20.3	16 34.4	S20 54.6
	07	328 52.8	326 06.8	22.4	345 20.2	45.9	230 19.2	20.3	31 36.9	54.6
	08	343 55.3	341 06.7	21.3	0 20.9	45.2	245 21.2	20.3	46 39.3	54.6
S	09	358 57.7	356 06.5	· · 20.3	15 21.6	· · 44.6	260 23.2	· · 20.3	61 41.8	· · 54.6
U	10	14 00.2	11 06.3	19.3	30 22.3	43.9	275 25.1	20.3	76 44.3	54.6
N	11	29 02.7	26 06.2	18.3	45 23.0	43.2	290 27.1	20.2	91 46.7	54.6
D	12	44 05.1	41 06.0	S 0 17.3	60 23.7	S 8 42.5	305 29.1	N23 20.2	106 49.2	S20 54.6
A	13	59 07.6	56 05.9	16.3	75 24.4	41.8	320 31.1	20.2	121 51.7	54.6
Y	14	74 10.1	71 05.7	15.3	90 25.2	41.1	335 33.1	20.2	136 54.2	54.6
	15	89 12.5	86 05.5	· · 14.3	105 25.9	· · 40.4	350 35.1	· · 20.1	151 56.6	· · 54.6
	16	104 15.0	101 05.4	13.3	120 26.6	39.8	5 37.0	20.1	166 59.1	54.6
	17	119 17.5	116 05.2	12.3	135 27.3	39.1	20 39.0	20.1	182 01.6	54.7
	18	134 19.9	131 05.0	S 0 11.2	150 28.0	S 8 38.4	35 41.0	N23 20.1	197 04.0	S20 54.7
	19	149 22.4	146 04.9	10.2	165 28.7	37.7	50 43.0	20.1	212 06.5	54.7
	20	164 24.9	161 04.7	09.2	180 29.4	37.0	65 45.0	20.0	227 09.0	54.7
	21	179 27.3	176 04.6	· · 08.2	195 30.1	· · 36.3	80 46.9	· · 20.0	242 11.5	· · 54.7
	22	194 29.8	191 04.4	07.2	210 30.9	35.6	95 48.9	20.0	257 13.9	54.7
	23	209 32.2	206 04.2	06.2	225 31.6	34.9	110 50.9	20.0	272 16.4	54.7
	Mer. Pass.	h m 9 08.1	v −0.2	d 1.0	v 0.7	d 0.7	v 2.0	d 0.0	v 2.5	d 0.0

STARS

Name	S.H.A. ° ′	Dec. ° ′
Acamar	315 31.8	S40 20.5
Achernar	335 39.9	S57 17.0
Acrux	173 28.6	S63 03.1
Adhara	255 26.4	S28 57.6
Aldebaran	291 09.6	N16 29.5
Alioth	166 35.1	N56 00.7
Alkaid	153 11.9	N49 21.6
Al Na'ir	28 05.4	S47 00.3
Alnilam	276 04.2	S 1 12.4
Alphard	218 13.1	S 8 37.1
Alphecca	126 25.3	N26 44.6
Alpheratz	358 01.8	N29 02.1
Altair	62 25.0	N 8 50.3
Ankaa	353 32.9	S42 21.3
Antares	112 47.3	S26 24.8
Arcturus	146 11.2	N19 13.8
Atria	108 04.3	S69 00.7
Avior	234 25.4	S59 29.0
Bellatrix	278 50.9	N 6 20.5
Betelgeuse	271 20.3	N 7 24.4
Canopus	264 04.2	S52 41.6
Capella	281 00.5	N45 59.5
Deneb	49 43.4	N45 14.4
Denebola	182 51.1	N14 37.5
Diphda	349 13.5	S18 02.3
Dubhe	194 12.2	N61 48.3
Elnath	278 34.9	N28 36.1
Eltanin	90 53.8	N51 29.1
Enif	34 04.2	N 9 49.7
Fomalhaut	15 43.1	S29 40.3
Gacrux	172 20.1	S57 03.9
Gienah	176 10.0	S17 29.5
Hadar	149 12.2	S60 19.9
Hamal	328 20.8	N23 25.0
Kaus Aust.	84 06.5	S34 23.4
Kochab	137 17.7	N74 11.6
Markab	13 55.8	N15 09.1
Menkar	314 33.5	N 4 03.2
Menkent	148 27.8	S36 19.6
Miaplacidus	221 43.6	S69 41.0
Mirfak	309 05.9	N49 49.7
Nunki	76 19.6	S26 18.6
Peacock	53 46.2	S56 45.8
Pollux	243 49.0	N28 03.1
Procyon	245 18.0	N 5 15.0
Rasalhague	96 22.3	N12 33.7
Regulus	208 01.8	N12 00.8
Rigel	281 29.0	S 8 12.7
Rigil Kent.	140 15.0	S60 47.9
Sabik	102 32.2	S15 43.0
Schedar	350 01.1	N56 28.9
Shaula	96 45.2	S37 05.9
Sirius	258 49.2	S16 42.2
Spica	158 49.3	S11 06.9
Suhail	223 05.3	S43 23.9
Vega	80 50.5	N38 46.1
Zuben'ubi	137 24.4	S16 00.4

	S.H.A. ° ′	Mer. Pass. h m
Venus	358 35.3	9 15
Mars	17 21.8	8 00
Jupiter	261 41.2	15 41
Saturn	62 44.0	4 58

UT (GMT) d h	SUN G.H.A. ° ′	SUN Dec. ° ′	MOON G.H.A. ° ′	v ′	MOON Dec. ° ′	d ′	H.P. ′
4 00	180 47.7	N15 49.6	62 06.9	15.3	N 6 11.4	13.9	55.7
01	195 47.8	50.4	76 41.2	15.4	5 57.5	14.0	55.7
02	210 47.9	51.1	91 15.6	15.4	5 43.5	13.9	55.6
03	225 47.9	. . 51.8	105 50.0	15.4	5 29.6	13.9	55.6
04	240 48.0	52.5	120 24.4	15.5	5 15.7	14.0	55.6
05	255 48.0	53.3	134 58.9	15.6	5 01.7	13.9	55.6
06	270 48.1	N15 54.0	149 33.5	15.6	N 4 47.8	14.0	55.5
07	285 48.2	54.7	164 08.1	15.6	4 33.8	13.9	55.5
08	300 48.2	55.4	178 42.7	15.6	4 19.9	14.0	55.5
F 09	315 48.3	. . 56.2	193 17.3	15.7	4 05.9	14.0	55.5
R 10	330 48.3	56.9	207 52.0	15.8	3 51.9	13.9	55.5
I 11	345 48.4	57.6	222 26.8	15.8	3 38.0	14.0	55.4
D 12	0 48.5	N15 58.3	237 01.6	15.8	N 3 24.0	14.0	55.4
A 13	15 48.5	59.1	251 36.4	15.8	3 10.0	14.0	55.4
Y 14	30 48.6	15 59.8	266 11.2	15.9	2 56.0	14.0	55.4
15	45 48.6	16 00.5	280 46.1	15.9	2 42.0	14.0	55.3
16	60 48.7	01.2	295 21.0	15.9	2 28.0	14.0	55.3
17	75 48.8	02.0	309 55.9	16.0	2 14.0	13.9	55.3
18	90 48.8	N16 02.7	324 30.9	16.0	N 2 00.1	14.0	55.3
19	105 48.9	03.4	339 05.9	16.0	1 46.1	14.0	55.2
20	120 48.9	04.1	353 40.9	16.0	1 32.1	14.0	55.2
21	135 49.0	. . 04.8	8 15.9	16.1	1 18.1	13.9	55.2
22	150 49.0	05.6	22 51.0	16.1	1 04.2	14.0	55.2
23	165 49.1	06.3	37 26.1	16.1	0 50.2	13.9	55.2
5 00	180 49.2	N16 07.0	52 01.2	16.1	N 0 36.3	14.0	55.1
01	195 49.2	07.7	66 36.3	16.2	0 22.3	13.9	55.1
02	210 49.3	08.4	81 11.5	16.2	N 0 08.4	14.0	55.1
03	225 49.3	. . 09.2	95 46.7	16.2	S 0 05.6	13.9	55.1
04	240 49.4	09.9	110 21.9	16.2	0 19.5	13.9	55.1
05	255 49.4	10.6	124 57.1	16.2	0 33.4	13.9	55.0
06	270 49.5	N16 11.3	139 32.3	16.2	S 0 47.3	13.9	55.0
07	285 49.5	12.0	154 07.5	16.3	1 01.2	13.9	55.0
S 08	300 49.6	12.7	168 42.8	16.2	1 15.1	13.8	55.0
A 09	315 49.7	. . 13.4	183 18.0	16.3	1 28.9	13.9	55.0
T 10	330 49.7	14.2	197 53.3	16.3	1 42.8	13.8	54.9
U 11	345 49.8	14.9	212 28.6	16.3	1 56.6	13.8	54.9
R 12	0 49.8	N16 15.6	227 03.9	16.3	S 2 10.4	13.8	54.9
D 13	15 49.9	16.3	241 39.2	16.3	2 24.2	13.8	54.9
A 14	30 49.9	17.0	256 14.5	16.3	2 38.0	13.7	54.9
Y 15	45 50.0	. . 17.7	270 49.8	16.3	2 51.7	13.8	54.8
16	60 50.0	18.4	285 25.1	16.3	3 05.5	13.7	54.8
17	75 50.1	19.1	300 00.4	16.3	3 19.2	13.7	54.8
18	90 50.1	N16 19.9	314 35.7	16.3	S 3 32.9	13.7	54.8
19	105 50.2	20.6	329 11.0	16.3	3 46.6	13.7	54.8
20	120 50.2	21.3	343 46.3	16.4	4 00.3	13.6	54.8
21	135 50.3	. . 22.0	358 21.7	16.3	4 13.9	13.6	54.7
22	150 50.3	22.7	12 57.0	16.3	4 27.5	13.6	54.7
23	165 50.4	23.4	27 32.3	16.3	4 41.1	13.6	54.7
6 00	180 50.4	N16 24.1	42 07.6	16.3	S 4 54.7	13.5	54.7
01	195 50.5	24.8	56 42.9	16.3	5 08.2	13.5	54.7
02	210 50.5	25.5	71 18.2	16.3	5 21.7	13.5	54.7
03	225 50.6	. . 26.2	85 53.5	16.3	5 35.2	13.5	54.6
04	240 50.6	26.9	100 28.8	16.3	5 48.7	13.4	54.6
05	255 50.7	27.6	115 04.1	16.2	6 02.1	13.4	54.6
06	270 50.7	N16 28.3	129 39.3	16.3	S 6 15.5	13.4	54.6
07	285 50.8	29.0	144 14.6	16.2	6 28.9	13.3	54.6
08	300 50.8	29.8	158 49.8	16.3	6 42.2	13.3	54.6
S 09	315 50.9	. . 30.5	173 25.1	16.2	6 55.5	13.3	54.6
U 10	330 50.9	31.2	188 00.3	16.2	7 08.8	13.3	54.5
N 11	345 51.0	31.9	202 35.5	16.2	7 22.1	13.2	54.5
D 12	0 51.0	N16 32.6	217 10.7	16.1	S 7 35.3	13.2	54.5
A 13	15 51.1	33.3	231 45.8	16.2	7 48.5	13.1	54.5
Y 14	30 51.1	34.0	246 21.0	16.1	8 01.6	13.1	54.5
15	45 51.2	. . 34.7	260 56.1	16.2	8 14.7	13.1	54.5
16	60 51.2	35.4	275 31.3	16.1	8 27.8	13.0	54.5
17	75 51.3	36.1	290 06.4	16.0	8 40.8	13.0	54.4
18	90 51.3	N16 36.8	304 41.4	16.1	S 8 53.8	13.0	54.4
19	105 51.4	37.5	319 16.5	16.0	9 06.8	12.9	54.4
20	120 51.4	38.2	333 51.5	16.0	9 19.7	12.9	54.4
21	135 51.5	. . 38.9	348 26.5	16.0	9 32.6	12.8	54.4
22	150 51.5	39.6	3 01.5	16.0	9 45.4	12.8	54.4
23	165 51.5	40.3	17 36.5	15.9	9 58.2	12.8	54.4
	S.D. 15.9	d 0.7	S.D.	15.1		15.0	14.9

Lat. °	Twilight Naut. h m	Twilight Civil h m	Sunrise h m	Moonrise 4 h m	Moonrise 5 h m	Moonrise 6 h m	Moonrise 7 h m
N 72	////	////	01 17	13 39	15 36	17 36	19 52
N 70	////	////	02 08	13 43	15 32	17 22	19 21
68	////	////	02 40	13 46	15 28	17 10	18 58
66	////	01 31	03 03	13 49	15 25	17 01	18 40
64	////	02 07	03 21	13 52	15 22	16 53	18 26
62	////	02 33	03 36	13 54	15 20	16 46	18 14
60	01 21	02 53	03 48	13 55	15 18	16 41	18 04
N 58	01 54	03 09	03 59	13 57	15 17	16 36	17 55
56	02 18	03 22	04 08	13 59	15 15	16 31	17 48
54	02 36	03 34	04 16	14 00	15 14	16 27	17 41
52	02 52	03 44	04 23	14 01	15 13	16 24	17 35
50	03 05	03 53	04 30	14 02	15 11	16 20	17 29
45	03 30	04 11	04 44	14 04	15 09	16 13	17 18
N 40	03 50	04 26	04 56	14 06	15 07	16 07	17 08
35	04 05	04 38	05 05	14 08	15 05	16 02	17 00
30	04 18	04 49	05 14	14 09	15 04	15 58	16 52
20	04 38	05 06	05 29	14 12	15 01	15 50	16 40
N 10	04 54	05 19	05 41	14 14	14 59	15 44	16 29
0	05 07	05 32	05 53	14 16	14 57	15 38	16 19
S 10	05 18	05 43	06 05	14 18	14 55	15 32	16 09
20	05 28	05 54	06 17	14 20	14 53	15 25	15 59
30	05 38	06 06	06 31	14 23	14 50	15 18	15 47
35	05 43	06 13	06 39	14 24	14 49	15 14	15 40
40	05 48	06 20	06 48	14 26	14 47	15 09	15 32
45	05 53	06 28	06 59	14 28	14 46	15 04	15 23
S 50	05 59	06 37	07 12	14 30	14 43	14 57	15 12
52	06 01	06 42	07 18	14 31	14 43	14 54	15 07
54	06 04	06 46	07 25	14 32	14 41	14 51	15 01
56	06 07	06 51	07 32	14 34	14 40	14 47	14 55
58	06 10	06 57	07 40	14 35	14 39	14 43	14 49
S 60	06 13	07 03	07 50	14 36	14 38	14 39	14 41

Lat. °	Sunset h m	Twilight Civil h m	Twilight Naut. h m	Moonset 4 h m	Moonset 5 h m	Moonset 6 h m	Moonset 7 h m
N 72	22 47	////	////	03 04	02 35	02 06	01 33
N 70	21 50	////	////	02 57	02 35	02 14	01 50
68	21 17	////	////	02 51	02 35	02 20	02 03
66	20 53	22 29	////	02 46	02 35	02 25	02 14
64	20 35	21 50	////	02 41	02 35	02 29	02 23
62	20 20	21 23	////	02 37	02 35	02 33	02 31
60	20 07	21 03	22 39	02 34	02 35	02 37	02 38
N 58	19 56	20 47	22 03	02 31	02 35	02 40	02 44
56	19 47	20 33	21 38	02 29	02 35	02 42	02 50
54	19 38	20 21	21 19	02 26	02 36	02 45	02 55
52	19 31	20 11	21 03	02 24	02 36	02 47	02 59
50	19 24	20 02	20 50	02 22	02 36	02 49	03 03
45	19 10	19 43	20 24	02 18	02 36	02 53	03 12
N 40	18 58	19 28	20 04	02 14	02 36	02 57	03 19
35	18 48	19 16	19 49	02 11	02 36	03 00	03 26
30	18 40	19 05	19 36	02 08	02 36	03 03	03 31
20	18 25	18 48	19 16	02 03	02 36	03 08	03 41
N 10	18 12	18 34	19 00	01 59	02 36	03 12	03 49
0	18 00	18 22	18 47	01 54	02 36	03 16	03 57
S 10	17 48	18 10	18 35	01 50	02 36	03 21	04 06
20	17 36	17 59	18 25	01 46	02 36	03 25	04 14
30	17 22	17 47	18 15	01 40	02 36	03 30	04 24
35	17 14	17 40	18 10	01 37	02 36	03 33	04 30
40	17 04	17 33	18 05	01 34	02 36	03 36	04 37
45	16 54	17 25	18 00	01 30	02 36	03 40	04 44
S 50	16 41	17 15	17 54	01 25	02 36	03 45	04 53
52	16 35	17 11	17 51	01 23	02 36	03 47	04 58
54	16 28	17 06	17 49	01 21	02 36	03 49	05 03
56	16 21	17 01	17 46	01 18	02 35	03 52	05 08
58	16 12	16 56	17 43	01 15	02 35	03 55	05 14
S 60	16 03	16 49	17 40	01 11	02 35	03 58	05 20

Day	SUN Eqn. of Time 00h m s	SUN Eqn. of Time 12h m s	SUN Mer. Pass. h m	MOON Mer. Pass. Upper h m	MOON Mer. Pass. Lower h m	MOON Age d	MOON Phase
4	03 11	03 14	11 57	20 26	08 05	09	
5	03 17	03 19	11 57	21 07	08 46	10	◐
6	03 22	03 24	11 57	21 48	09 27	11	

	UT (GMT) d h	ARIES G.H.A. ° ′	VENUS −4.1 G.H.A. ° ′	VENUS Dec. ° ′	MARS +0.7 G.H.A. ° ′	MARS Dec. ° ′	JUPITER −2.0 G.H.A. ° ′	JUPITER Dec. ° ′	SATURN +0.5 G.H.A. ° ′	SATURN Dec. ° ′
	7 00	224 34.7	221 04.1	S 0 05.2	240 32.3	S 8 34.3	125 52.9	N23 19.9	287 18.9	S20 54.7
	01	239 37.2	236 03.9	04.2	255 33.0	33.6	140 54.9	19.9	302 21.3	54.7
	02	254 39.6	251 03.8	03.1	270 33.7	32.9	155 56.8	19.9	317 23.8	54.7
	03	269 42.1	266 03.6	·· 02.1	285 34.4	·· 32.2	170 58.8	·· 19.9	332 26.3	·· 54.7
	04	284 44.6	281 03.4	01.1	300 35.1	31.5	186 00.8	19.8	347 28.8	54.7
	05	299 47.0	296 03.3	S 0 00.1	315 35.8	30.8	201 02.8	19.8	2 31.2	54.7
	06	314 49.5	311 03.1	N 0 00.9	330 36.6	S 8 30.1	216 04.8	N23 19.8	17 33.7	S20 54.7
	07	329 52.0	326 02.9	01.9	345 37.3	29.5	231 06.7	19.8	32 36.2	54.7
	08	344 54.4	341 02.8	02.9	0 38.0	28.8	246 08.7	19.7	47 38.7	54.7
M	09	359 56.9	356 02.6	·· 03.9	15 38.7	·· 28.1	261 10.7	·· 19.7	62 41.1	·· 54.7
O	10	14 59.3	11 02.5	05.0	30 39.4	27.4	276 12.7	19.7	77 43.6	54.7
N	11	30 01.8	26 02.3	06.0	45 40.1	26.7	291 14.7	19.7	92 46.1	54.7
D	12	45 04.3	41 02.1	N 0 07.0	60 40.8	S 8 26.0	306 16.6	N23 19.7	107 48.6	S20 54.7
A	13	60 06.7	56 02.0	08.0	75 41.6	25.3	321 18.6	19.6	122 51.0	54.7
Y	14	75 09.2	71 01.8	09.0	90 42.3	24.6	336 20.6	19.6	137 53.5	54.7
	15	90 11.7	86 01.6	·· 10.0	105 43.0	·· 24.0	351 22.6	·· 19.6	152 56.0	·· 54.7
	16	105 14.1	101 01.5	11.1	120 43.7	23.3	6 24.6	19.6	167 58.5	54.8
	17	120 16.6	116 01.3	12.1	135 44.4	22.6	21 26.5	19.5	183 00.9	54.8
	18	135 19.1	131 01.1	N 0 13.1	150 45.1	S 8 21.9	36 28.5	N23 19.5	198 03.4	S20 54.8
	19	150 21.5	146 01.0	14.1	165 45.8	21.2	51 30.5	19.5	213 05.9	54.8
	20	165 24.0	161 00.8	15.1	180 46.6	20.5	66 32.5	19.5	228 08.4	54.8
	21	180 26.5	176 00.6	·· 16.1	195 47.3	·· 19.8	81 34.5	·· 19.4	243 10.8	·· 54.8
	22	195 28.9	191 00.5	17.2	210 48.0	19.1	96 36.4	19.4	258 13.3	54.8
	23	210 31.4	206 00.3	18.2	225 48.7	18.4	111 38.4	19.4	273 15.8	54.8
	8 00	225 33.8	221 00.2	N 0 19.2	240 49.4	S 8 17.8	126 40.4	N23 19.4	288 18.3	S20 54.8
	01	240 36.3	236 00.0	20.2	255 50.1	17.1	141 42.4	19.3	303 20.7	54.8
	02	255 38.8	250 59.8	21.2	270 50.9	16.4	156 44.3	19.3	318 23.2	54.8
	03	270 41.2	265 59.7	·· 22.2	285 51.6	·· 15.7	171 46.3	·· 19.3	333 25.7	·· 54.8
	04	285 43.7	280 59.5	23.3	300 52.3	15.0	186 48.3	19.3	348 28.2	54.8
	05	300 46.2	295 59.3	24.3	315 53.0	14.3	201 50.3	19.2	3 30.6	54.8
	06	315 48.6	310 59.2	N 0 25.3	330 53.7	S 8 13.6	216 52.2	N23 19.2	18 33.1	S20 54.8
	07	330 51.1	325 59.0	26.3	345 54.4	12.9	231 54.2	19.2	33 35.6	54.8
T	08	345 53.6	340 58.8	27.3	0 55.2	12.2	246 56.2	19.2	48 38.1	54.8
U	09	0 56.0	355 58.7	·· 28.3	15 55.9	·· 11.6	261 58.2	·· 19.1	63 40.6	·· 54.8
E	10	15 58.5	10 58.5	29.4	30 56.6	10.9	277 00.1	19.1	78 43.0	54.8
S	11	31 01.0	25 58.3	30.4	45 57.3	10.2	292 02.1	19.1	93 45.5	54.8
D	12	46 03.4	40 58.2	N 0 31.4	60 58.0	S 8 09.5	307 04.1	N23 19.1	108 48.0	S20 54.9
A	13	61 05.9	55 58.0	32.4	75 58.7	08.8	322 06.1	19.0	123 50.5	54.9
Y	14	76 08.3	70 57.8	33.4	90 59.5	08.1	337 08.0	19.0	138 52.9	54.9
	15	91 10.8	85 57.7	·· 34.5	106 00.2	·· 07.4	352 10.0	·· 19.0	153 55.4	·· 54.9
	16	106 13.3	100 57.5	35.5	121 00.9	06.7	7 12.0	19.0	168 57.9	54.9
	17	121 15.7	115 57.3	36.5	136 01.6	06.0	22 14.0	19.0	184 00.4	54.9
	18	136 18.2	130 57.2	N 0 37.5	151 02.3	S 8 05.3	37 15.9	N23 18.9	199 02.9	S20 54.9
	19	151 20.7	145 57.0	38.5	166 03.1	04.6	52 17.9	18.9	214 05.3	54.9
	20	166 23.1	160 56.8	39.6	181 03.8	04.0	67 19.9	18.9	229 07.8	54.9
	21	181 25.6	175 56.7	·· 40.6	196 04.5	·· 03.3	82 21.9	·· 18.9	244 10.3	·· 54.9
	22	196 28.1	190 56.5	41.6	211 05.2	02.6	97 23.8	18.8	259 12.8	54.9
	23	211 30.5	205 56.3	42.6	226 05.9	01.9	112 25.8	18.8	274 15.3	54.9
	9 00	226 33.0	220 56.1	N 0 43.6	241 06.6	S 8 01.2	127 27.8	N23 18.8	289 17.7	S20 54.9
	01	241 35.4	235 56.0	44.7	256 07.4	8 00.5	142 29.8	18.8	304 20.2	54.9
	02	256 37.9	250 55.8	45.7	271 08.1	7 59.8	157 31.7	18.7	319 22.7	54.9
	03	271 40.4	265 55.6	·· 46.7	286 08.8	·· 59.1	172 33.7	·· 18.7	334 25.2	·· 54.9
	04	286 42.8	280 55.5	47.7	301 09.5	58.4	187 35.7	18.7	349 27.7	54.9
	05	301 45.3	295 55.3	48.8	316 10.2	57.7	202 37.6	18.7	4 30.2	54.9
	06	316 47.8	310 55.1	N 0 49.8	331 11.0	S 7 57.0	217 39.6	N23 18.6	19 32.6	S20 55.0
W	07	331 50.2	325 55.0	50.8	346 11.7	56.4	232 41.6	18.6	34 35.1	55.0
E	08	346 52.7	340 54.8	51.8	1 12.4	55.7	247 43.6	18.6	49 37.6	55.0
D	09	1 55.2	355 54.6	·· 52.8	16 13.1	·· 55.0	262 45.5	·· 18.6	64 40.1	·· 55.0
N	10	16 57.6	10 54.5	53.9	31 13.8	54.3	277 47.5	18.5	79 42.6	55.0
E	11	32 00.1	25 54.3	54.9	46 14.6	53.6	292 49.5	18.5	94 45.0	55.0
S	12	47 02.6	40 54.1	N 0 55.9	61 15.3	S 7 52.9	307 51.5	N23 18.5	109 47.5	S20 55.0
D	13	62 05.0	55 53.9	56.9	76 16.0	52.2	322 53.4	18.5	124 50.0	55.0
A	14	77 07.5	70 53.8	58.0	91 16.7	51.5	337 55.4	18.4	139 52.5	55.0
Y	15	92 09.9	85 53.6	0 59.0	106 17.4	·· 50.8	352 57.4	·· 18.4	154 55.0	·· 55.0
	16	107 12.4	100 53.4	1 00.0	121 18.2	50.1	7 59.3	18.4	169 57.5	55.0
	17	122 14.9	115 53.3	01.0	136 18.9	49.4	23 01.3	18.3	184 59.9	55.0
	18	137 17.3	130 53.1	N 1 02.1	151 19.6	S 7 48.7	38 03.3	N23 18.3	200 02.4	S20 55.0
	19	152 19.8	145 52.9	03.1	166 20.3	48.0	53 05.2	18.3	215 04.9	55.0
	20	167 22.3	160 52.7	04.1	181 21.0	47.3	68 07.2	18.3	230 07.4	55.0
	21	182 24.7	175 52.6	·· 05.1	196 21.8	·· 46.7	83 09.2	·· 18.2	245 09.9	·· 55.0
	22	197 27.2	190 52.4	06.2	211 22.5	46.0	98 11.2	18.2	260 12.4	55.1
	23	212 29.7	205 52.2	07.2	226 23.2	45.3	113 13.1	18.2	275 14.9	55.1
	Mer. Pass. h m	8 56.3	v −0.2	d 1.0	v 0.7	d 0.7	v 2.0	d 0.0	v 2.5	d 0.0

STARS

Name	S.H.A. ° ′	Dec. ° ′
Acamar	315 31.8	S40 20.5
Achernar	335 39.9	S57 17.0
Acrux	173 28.6	S63 03.1
Adhara	255 26.4	S28 57.6
Aldebaran	291 09.6	N16 29.5
Alioth	166 35.1	N56 00.7
Alkaid	153 11.9	N49 21.6
Al Na'ir	28 05.4	S47 00.3
Alnilam	276 04.2	S 1 12.4
Alphard	218 13.1	S 8 37.1
Alphecca	126 25.3	N26 44.6
Alpheratz	358 01.8	N29 02.1
Altair	62 25.0	N 8 50.4
Ankaa	353 32.9	S42 21.3
Antares	112 47.2	S26 24.8
Arcturus	146 11.2	N19 13.8
Atria	108 04.3	S69 00.7
Avior	234 25.4	S59 29.0
Bellatrix	278 50.9	N 6 20.5
Betelgeuse	271 20.3	N 7 24.4
Canopus	264 04.2	S52 41.6
Capella	281 00.6	N45 59.5
Deneb	49 43.3	N45 14.4
Denebola	182 51.1	N14 37.5
Diphda	349 13.5	S18 02.3
Dubhe	194 12.2	N61 48.4
Elnath	278 34.9	N28 36.1
Eltanin	90 53.8	N51 29.1
Enif	34 04.2	N 9 49.7
Fomalhaut	15 43.1	S29 40.3
Gacrux	172 20.1	S57 03.9
Gienah	176 10.0	S17 29.5
Hadar	149 12.2	S60 19.9
Hamal	328 20.8	N23 25.0
Kaus Aust.	84 06.5	S34 23.4
Kochab	137 17.7	N74 11.6
Markab	13 55.8	N15 09.1
Menkar	314 33.5	N 4 03.2
Menkent	148 27.8	S36 19.6
Miaplacidus	221 43.7	S69 41.0
Mirfak	309 05.9	N49 49.7
Nunki	76 19.6	S26 18.6
Peacock	53 46.2	S56 45.8
Pollux	243 49.0	N28 03.1
Procyon	245 18.0	N 5 15.0
Rasalhague	96 22.3	N12 33.8
Regulus	208 01.8	N12 00.8
Rigel	281 29.0	S 8 12.7
Rigil Kent.	140 15.0	S60 47.9
Sabik	102 32.2	S15 43.0
Schedar	350 01.1	N56 28.9
Shaula	96 45.1	S37 05.9
Sirius	258 49.2	S16 42.2
Spica	158 49.3	S11 06.9
Suhail	223 05.4	S43 23.9
Vega	80 50.4	N38 46.1
Zuben'ubi	137 24.3	S16 00.3

	S.H.A. ° ′	Mer. Pass. h m
Venus	355 26.3	9 16
Mars	15 15.6	7 56
Jupiter	261 06.5	15 31
Saturn	62 44.4	4 46

UT (GMT) d h		SUN G.H.A. ° ′	SUN Dec. ° ′	MOON G.H.A. ° ′	v ′	MOON Dec. ° ′	d ′	H.P. ′
7 00		180 51.6	N16 40.9	32 11.4	15.9	S10 11.0	12.7	54.4
01		195 51.6	41.6	46 46.3	15.9	10 23.7	12.6	54.4
02		210 51.7	42.3	61 21.2	15.8	10 36.3	12.6	54.3
03		225 51.7	. . 43.0	75 56.0	15.8	10 48.9	12.6	54.3
04		240 51.8	43.7	90 30.8	15.8	11 01.5	12.6	54.3
05		255 51.8	44.4	105 05.6	15.8	11 14.1	12.4	54.3
06		270 51.9	N16 45.1	119 40.4	15.7	S11 26.5	12.5	54.3
07		285 51.9	45.8	134 15.1	15.7	11 39.0	12.4	54.3
08		300 51.9	46.5	148 49.8	15.7	11 51.4	12.3	54.3
09	MONDAY	315 52.0	. . 47.2	163 24.5	15.6	12 03.7	12.3	54.3
10		330 52.0	47.9	177 59.1	15.6	12 16.0	12.2	54.3
11		345 52.1	48.6	192 33.7	15.5	12 28.2	12.2	54.2
12		0 52.1	N16 49.3	207 08.2	15.6	S12 40.4	12.1	54.2
13		15 52.2	50.0	221 42.8	15.4	12 52.5	12.1	54.2
14		30 52.2	50.6	236 17.2	15.5	13 04.6	12.0	54.2
15		45 52.2	. . 51.3	250 51.7	15.4	13 16.6	12.0	54.2
16		60 52.3	52.0	265 26.1	15.4	13 28.6	11.9	54.2
17		75 52.3	52.7	280 00.5	15.3	13 40.5	11.9	54.2
18		90 52.4	N16 53.4	294 34.8	15.3	S13 52.4	11.8	54.2
19		105 52.4	54.1	309 09.1	15.2	14 04.2	11.7	54.2
20		120 52.4	54.8	323 43.3	15.2	14 15.9	11.7	54.2
21		135 52.5	. . 55.5	338 17.5	15.2	14 27.6	11.6	54.2
22		150 52.5	56.1	352 51.7	15.1	14 39.2	11.6	54.1
23		165 52.6	56.8	7 25.8	15.0	14 50.8	11.5	54.1
8 00		180 52.6	N16 57.5	21 59.8	15.1	S15 02.3	11.4	54.1
01		195 52.6	58.2	36 33.9	14.9	15 13.7	11.4	54.1
02		210 52.7	58.9	51 07.8	15.0	15 25.1	11.3	54.1
03		225 52.7	16 59.6	65 41.8	14.9	15 36.4	11.3	54.1
04		240 52.8	17 00.2	80 15.7	14.8	15 47.7	11.1	54.1
05		255 52.8	00.9	94 49.5	14.8	15 58.8	11.2	54.1
06		270 52.8	N17 01.6	109 23.3	14.7	S16 10.0	11.0	54.1
07		285 52.9	02.3	123 57.0	14.7	16 21.0	11.0	54.1
08	TUESDAY	300 52.9	03.0	138 30.7	14.7	16 32.0	10.9	54.1
09		315 52.9	. . 03.6	153 04.4	14.6	16 42.9	10.9	54.1
10		330 53.0	04.3	167 38.0	14.5	16 53.8	10.7	54.1
11		345 53.0	05.0	182 11.5	14.5	17 04.5	10.7	54.1
12		0 53.0	N17 05.7	196 45.0	14.5	S17 15.2	10.7	54.1
13		15 53.1	06.4	211 18.5	14.4	17 25.9	10.5	54.0
14		30 53.1	07.0	225 51.9	14.3	17 36.4	10.5	54.0
15		45 53.2	. . 07.7	240 25.2	14.3	17 46.9	10.4	54.0
16		60 53.2	08.4	254 58.5	14.2	17 57.3	10.4	54.0
17		75 53.2	09.1	269 31.7	14.2	18 07.7	10.3	54.0
18		90 53.3	N17 09.7	284 04.9	14.1	S18 18.0	10.1	54.0
19		105 53.3	10.4	298 38.0	14.1	18 28.1	10.2	54.0
20		120 53.3	11.1	313 11.1	14.0	18 38.3	10.0	54.0
21		135 53.4	. . 11.8	327 44.1	14.0	18 48.3	10.0	54.0
22		150 53.4	12.4	342 17.1	13.9	18 58.3	9.8	54.0
23		165 53.4	13.1	356 50.0	13.9	19 08.1	9.8	54.0
9 00		180 53.5	N17 13.8	11 22.9	13.7	S19 17.9	9.7	54.0
01		195 53.5	14.5	25 55.6	13.8	19 27.6	9.7	54.0
02		210 53.5	15.1	40 28.4	13.7	19 37.3	9.5	54.0
03		225 53.6	. . 15.8	55 01.1	13.6	19 46.8	9.5	54.0
04		240 53.6	16.5	69 33.7	13.6	19 56.3	9.4	54.0
05		255 53.6	17.1	84 06.3	13.5	20 05.7	9.3	54.0
06		270 53.7	N17 17.8	98 38.8	13.5	S20 15.0	9.2	54.0
07	WEDNESDAY	285 53.7	18.5	113 11.3	13.4	20 24.2	9.1	54.0
08		300 53.7	19.1	127 43.7	13.3	20 33.3	9.0	54.0
09		315 53.8	. . 19.8	142 16.0	13.3	20 42.3	9.0	54.0
10		330 53.8	20.5	156 48.3	13.2	20 51.3	8.8	54.0
11		345 53.8	21.1	171 20.5	13.2	21 00.1	8.8	54.0
12		0 53.8	N17 21.8	185 52.7	13.1	S21 08.9	8.7	54.0
13		15 53.9	22.5	200 24.8	13.1	21 17.6	8.6	54.0
14		30 53.9	23.1	214 56.9	13.0	21 26.2	8.5	54.0
15		45 53.9	. . 23.8	229 28.9	12.9	21 34.7	8.4	54.0
16		60 54.0	24.5	244 00.8	12.9	21 43.1	8.3	54.0
17		75 54.0	25.1	258 32.7	12.8	21 51.4	8.2	54.0
18		90 54.0	N17 25.8	273 04.5	12.8	S21 59.6	8.1	54.0
19		105 54.0	26.5	287 36.3	12.7	22 07.7	8.0	54.0
20		120 54.1	27.1	302 08.0	12.6	22 15.7	7.9	54.0
21		135 54.1	. . 27.8	316 39.6	12.6	22 23.6	7.9	54.0
22		150 54.1	28.4	331 11.2	12.5	22 31.5	7.7	54.0
23		165 54.2	29.1	345 42.7	12.5	22 39.2	7.6	54.0
		S.D. 15.9	*d* 0.7	S.D. 14.8		14.7		14.7

Lat. °	Twilight Naut. h m	Twilight Civil h m	Sunrise h m	Moonrise 7 h m	Moonrise 8 h m	Moonrise 9 h m	Moonrise 10 h m
N 72	////	////	00 32	19 52	▬	▬	▬
N 70	////	////	01 48	19 21	21 57	▬	▬
68	////	////	02 25	18 58	21 01	▬	▬
66	////	01 06	02 51	18 40	20 28	22 36	▬
64	////	01 52	03 11	18 26	20 04	21 49	23 52
62	////	02 21	03 27	18 14	19 45	21 19	22 55
60	00 59	02 43	03 40	18 04	19 29	20 56	22 22
N 58	01 40	03 00	03 52	17 55	19 16	20 38	21 57
56	02 07	03 15	04 02	17 48	19 05	20 23	21 38
54	02 28	03 27	04 10	17 41	18 55	20 10	21 22
52	02 44	03 38	04 18	17 35	18 47	19 59	21 08
50	02 58	03 47	04 25	17 29	18 39	19 48	20 56
45	03 25	04 07	04 40	17 18	18 22	19 27	20 31
N 40	03 46	04 22	04 52	17 08	18 09	19 10	20 11
35	04 02	04 35	05 03	17 00	17 58	18 56	19 54
30	04 15	04 46	05 12	16 52	17 48	18 44	19 40
20	04 36	05 04	05 27	16 40	17 31	18 23	19 16
N 10	04 53	05 18	05 41	16 29	17 16	18 05	18 55
0	05 06	05 31	05 53	16 19	17 02	17 48	18 35
S 10	05 18	05 43	06 05	16 09	16 49	17 31	18 16
20	05 29	05 55	06 18	15 59	16 34	17 13	17 56
30	05 39	06 08	06 33	15 47	16 18	16 53	17 32
35	05 45	06 15	06 42	15 40	16 08	16 41	17 18
40	05 50	06 23	06 51	15 32	15 57	16 27	17 02
45	05 56	06 31	07 03	15 23	15 45	16 11	16 43
S 50	06 03	06 41	07 16	15 12	15 29	15 51	16 19
52	06 05	06 46	07 23	15 07	15 22	15 42	16 08
54	06 08	06 51	07 30	15 01	15 14	15 31	15 55
56	06 11	06 56	07 38	14 55	15 06	15 20	15 40
58	06 15	07 03	07 47	14 49	14 56	15 06	15 22
S 60	06 18	07 09	07 57	14 41	14 44	14 50	15 01

Lat. °	Sunset h m	Twilight Civil h m	Twilight Naut. h m	Moonset 7 h m	Moonset 8 h m	Moonset 9 h m	Moonset 10 h m
N 72	□	□	□	01 33	00 45	▬	▬
N 70	22 11	////	////	01 50	01 18	00 12	▬
68	21 32	////	////	02 03	01 42	01 10	▬
66	21 05	22 56	////	02 14	02 01	01 44	01 11
64	20 44	22 05	////	02 23	02 17	02 09	01 59
62	20 28	21 35	////	02 31	02 30	02 29	02 29
60	20 14	21 13	23 02	02 38	02 41	02 45	02 52
N 58	20 03	20 55	22 17	02 44	02 50	02 58	03 11
56	19 53	20 40	21 49	02 50	02 59	03 10	03 27
54	19 44	20 27	21 28	02 55	03 06	03 21	03 40
52	19 36	20 16	21 11	02 59	03 13	03 30	03 52
50	19 29	20 07	20 57	03 03	03 19	03 38	04 03
45	19 14	19 47	20 29	03 12	03 32	03 56	04 25
N 40	19 01	19 31	20 08	03 19	03 43	04 11	04 43
35	18 51	19 18	19 52	03 26	03 53	04 23	04 58
30	18 42	19 07	19 38	03 31	04 01	04 34	05 11
20	18 26	18 49	19 17	03 41	04 15	04 52	05 33
N 10	18 12	18 35	19 00	03 49	04 28	05 09	05 52
0	18 00	18 22	18 47	03 57	04 40	05 24	06 10
S 10	17 48	18 09	18 35	04 06	04 52	05 39	06 29
20	17 34	17 57	18 24	04 14	05 04	05 56	06 48
30	17 19	17 45	18 13	04 24	05 19	06 15	07 11
35	17 11	17 37	18 08	04 30	05 28	06 26	07 24
40	17 01	17 30	18 02	04 37	05 37	06 39	07 40
45	16 50	17 21	17 56	04 44	05 49	06 54	07 58
S 50	16 36	17 11	17 50	04 53	06 03	07 12	08 21
52	16 30	17 06	17 47	04 58	06 09	07 21	08 32
54	16 22	17 01	17 44	05 03	06 17	07 31	08 45
56	16 15	16 56	17 41	05 08	06 25	07 42	08 59
58	16 06	16 50	17 37	05 14	06 34	07 55	09 16
S 60	15 55	16 43	17 34	05 20	06 45	08 11	09 37

Day	SUN Eqn. of Time 00 h (m s)	SUN Eqn. of Time 12 h (m s)	SUN Mer. Pass. (h m)	MOON Mer. Pass. Upper (h m)	MOON Mer. Pass. Lower (h m)	Age (d)	Phase
7	03 26	03 28	11 57	22 29	10 08	12	
8	03 30	03 32	11 56	23 13	10 51	13	○
9	03 34	03 35	11 56	23 59	11 36	14	

UT (GMT)	ARIES	VENUS −4.1		MARS +0.7		JUPITER −2.0		SATURN +0.5	
d h	G.H.A. ° ′	G.H.A. ° ′	Dec. ° ′	G.H.A. ° ′	Dec. ° ′	G.H.A. ° ′	Dec. ° ′	G.H.A. ° ′	Dec. ° ′
10 00	227 32.1	220 52.1	N 1 08.2	241 23.9	S 7 44.6	128 15.1	N23 18.2	290 17.3	S20 55.1
01	242 34.6	235 51.9	09.2	256 24.6	43.9	143 17.1	18.1	305 19.8	55.1
02	257 37.1	250 51.7	10.3	271 25.4	43.2	158 19.0	18.1	320 22.3	55.1
03	272 39.5	265 51.5	· · 11.3	286 26.1	· · 42.5	173 21.0	· · 18.1	335 24.8	· · 55.1
04	287 42.0	280 51.4	12.3	301 26.8	41.8	188 23.0	18.1	350 27.3	55.1
05	302 44.4	295 51.2	13.3	316 27.5	41.1	203 24.9	18.0	5 29.8	55.1
06	317 46.9	310 51.0	N 1 14.4	331 28.3	S 7 40.4	218 26.9	N23 18.0	20 32.2	S20 55.1
07	332 49.4	325 50.8	15.4	346 29.0	39.7	233 28.9	18.0	35 34.7	55.1
T 08	347 51.8	340 50.7	16.4	1 29.7	39.0	248 30.8	18.0	50 37.2	55.1
H 09	2 54.3	355 50.5	· · 17.4	16 30.4	· · 38.3	263 32.8	· · 17.9	65 39.7	· · 55.1
U 10	17 56.8	10 50.3	18.5	31 31.1	37.6	278 34.8	17.9	80 42.2	55.1
R 11	32 59.2	25 50.2	19.5	46 31.9	36.9	293 36.8	17.9	95 44.7	55.1
S 12	48 01.7	40 50.0	N 1 20.5	61 32.6	S 7 36.2	308 38.7	N23 17.9	110 47.2	S20 55.1
D 13	63 04.2	55 49.8	21.5	76 33.3	35.6	323 40.7	17.8	125 49.7	55.2
A 14	78 06.6	70 49.6	22.6	91 34.0	34.9	338 42.7	17.8	140 52.1	55.2
Y 15	93 09.1	85 49.5	· · 23.6	106 34.8	· · 34.2	353 44.6	· · 17.8	155 54.6	· · 55.2
16	108 11.6	100 49.3	24.6	121 35.5	33.5	8 46.6	17.8	170 57.1	55.2
17	123 14.0	115 49.1	25.7	136 36.2	32.8	23 48.6	17.7	185 59.6	55.2
18	138 16.5	130 48.9	N 1 26.7	151 36.9	S 7 32.1	38 50.5	N23 17.7	201 02.1	S20 55.2
19	153 18.9	145 48.8	27.7	166 37.7	31.4	53 52.5	17.7	216 04.6	55.2
20	168 21.4	160 48.6	28.7	181 38.4	30.7	68 54.5	17.6	231 07.1	55.2
21	183 23.9	175 48.4	· · 29.8	196 39.1	· · 30.0	83 56.4	· · 17.6	246 09.6	· · 55.2
22	198 26.3	190 48.2	30.8	211 39.8	29.3	98 58.4	17.6	261 12.1	55.2
23	213 28.8	205 48.1	31.8	226 40.6	28.6	114 00.4	17.6	276 14.5	55.2
11 00	228 31.3	220 47.9	N 1 32.9	241 41.3	S 7 27.9	129 02.3	N23 17.5	291 17.0	S20 55.2
01	243 33.7	235 47.7	33.9	256 42.0	27.2	144 04.3	17.5	306 19.5	55.2
02	258 36.2	250 47.5	34.9	271 42.7	26.5	159 06.3	17.5	321 22.0	55.2
03	273 38.7	265 47.3	· · 35.9	286 43.5	· · 25.8	174 08.2	· · 17.5	336 24.5	· · 55.3
04	288 41.1	280 47.2	37.0	301 44.2	25.1	189 10.2	17.4	351 27.0	55.3
05	303 43.6	295 47.0	38.0	316 44.9	24.4	204 12.1	17.4	6 29.5	55.3
06	318 46.0	310 46.8	N 1 39.0	331 45.6	S 7 23.7	219 14.1	N23 17.4	21 32.0	S20 55.3
07	333 48.5	325 46.6	40.1	346 46.4	23.0	234 16.1	17.4	36 34.5	55.3
08	348 51.0	340 46.5	41.1	1 47.1	22.3	249 18.0	17.3	51 36.9	55.3
F 09	3 53.4	355 46.3	· · 42.1	16 47.8	· · 21.6	264 20.0	· · 17.3	66 39.4	· · 55.3
R 10	18 55.9	10 46.1	43.1	31 48.5	20.9	279 22.0	17.3	81 41.9	55.3
I 11	33 58.4	25 45.9	44.2	46 49.3	20.3	294 23.9	17.2	96 44.4	55.3
D 12	49 00.8	40 45.8	N 1 45.2	61 50.0	S 7 19.6	309 25.9	N23 17.2	111 46.9	S20 55.3
A 13	64 03.3	55 45.6	46.2	76 50.7	18.9	324 27.9	17.2	126 49.4	55.3
Y 14	79 05.8	70 45.4	47.3	91 51.4	18.2	339 29.8	17.2	141 51.9	55.3
15	94 08.2	85 45.2	· · 48.3	106 52.2	· · 17.5	354 31.8	· · 17.1	156 54.4	· · 55.3
16	109 10.7	100 45.0	49.3	121 52.9	16.8	9 33.8	17.1	171 56.9	55.3
17	124 13.2	115 44.9	50.4	136 53.6	16.1	24 35.7	17.1	186 59.4	55.4
18	139 15.6	130 44.7	N 1 51.4	151 54.3	S 7 15.4	39 37.7	N23 17.1	202 01.9	S20 55.4
19	154 18.1	145 44.5	52.4	166 55.1	14.7	54 39.6	17.0	217 04.4	55.4
20	169 20.5	160 44.3	53.4	181 55.8	14.0	69 41.6	17.0	232 06.8	55.4
21	184 23.0	175 44.1	· · 54.5	196 56.5	· · 13.3	84 43.6	· · 17.0	247 09.3	· · 55.4
22	199 25.5	190 44.0	55.5	211 57.2	12.6	99 45.5	16.9	262 11.8	55.4
23	214 27.9	205 43.8	56.5	226 58.0	11.9	114 47.5	16.9	277 14.3	55.4
12 00	229 30.4	220 43.6	N 1 57.6	241 58.7	S 7 11.2	129 49.5	N23 16.9	292 16.8	S20 55.4
01	244 32.9	235 43.4	58.6	256 59.4	10.5	144 51.4	16.9	307 19.3	55.4
02	259 35.3	250 43.2	1 59.6	272 00.2	09.8	159 53.4	16.8	322 21.8	55.4
03	274 37.8	265 43.1	· · 2 00.7	287 00.9	· · 09.1	174 55.3	· · 16.8	337 24.3	· · 55.4
04	289 40.3	280 42.9	01.7	302 01.6	08.4	189 57.3	16.8	352 26.8	55.4
05	304 42.7	295 42.7	02.7	317 02.3	07.7	204 59.3	16.8	7 29.3	55.5
06	319 45.2	310 42.5	N 2 03.8	332 03.1	S 7 07.0	220 01.2	N23 16.7	22 31.8	S20 55.5
07	334 47.7	325 42.3	04.8	347 03.8	06.3	235 03.2	16.7	37 34.3	55.5
S 08	349 50.1	340 42.2	05.8	2 04.5	05.6	250 05.2	16.7	52 36.8	55.5
A 09	4 52.6	355 42.0	· · 06.9	17 05.2	· · 04.9	265 07.1	· · 16.6	67 39.3	· · 55.5
T 10	19 55.0	10 41.8	07.9	32 06.0	04.2	280 09.1	16.6	82 41.8	55.5
U 11	34 57.5	25 41.6	08.9	47 06.7	03.5	295 11.0	16.6	97 44.3	55.5
R 12	50 00.0	40 41.4	N 2 10.0	62 07.4	S 7 02.8	310 13.0	N23 16.6	112 46.8	S20 55.5
D 13	65 02.4	55 41.2	11.0	77 08.2	02.1	325 15.0	16.5	127 49.3	55.5
A 14	80 04.9	70 41.1	12.0	92 08.9	01.4	340 16.9	16.5	142 51.7	55.5
Y 15	95 07.4	85 40.9	· · 13.1	107 09.6	· · 00.7	355 18.9	· · 16.5	157 54.2	· · 55.5
16	110 09.8	100 40.7	14.1	122 10.3	7 00.0	10 20.8	16.4	172 56.7	55.5
17	125 12.3	115 40.5	15.1	137 11.1	6 59.3	25 22.8	16.4	187 59.2	55.6
18	140 14.8	130 40.3	N 2 16.2	152 11.8	S 6 58.6	40 24.8	N23 16.4	203 01.7	S20 55.6
19	155 17.2	145 40.1	17.2	167 12.5	57.9	55 26.7	16.4	218 04.2	55.6
20	170 19.7	160 40.0	18.2	182 13.3	57.2	70 28.7	16.3	233 06.7	55.6
21	185 22.1	175 39.8	· · 19.3	197 14.0	· · 56.5	85 30.6	· · 16.3	248 09.2	· · 55.6
22	200 24.6	190 39.6	20.3	212 14.7	55.8	100 32.6	16.3	263 11.7	55.6
23	215 27.1	205 39.4	21.3	227 15.5	55.1	115 34.6	16.2	278 14.2	55.6
Mer. Pass.	h m 8 44.5	v −0.2	d 1.0	v 0.7	d 0.7	v 2.0	d 0.0	v 2.5	d 0.0

STARS

Name	S.H.A. ° ′	Dec. ° ′
Acamar	315 31.8	S40 20.5
Achernar	335 39.9	S57 16.9
Acrux	173 28.6	S63 03.1
Adhara	255 26.4	S28 57.6
Aldebaran	291 09.6	N16 29.5
Alioth	166 35.1	N56 00.8
Alkaid	153 11.9	N49 21.6
Al Na'ir	28 05.3	S47 00.3
Alnilam	276 04.3	S 1 12.4
Alphard	218 13.1	S 8 37.1
Alphecca	126 25.3	N26 44.6
Alpheratz	358 01.8	N29 02.1
Altair	62 25.0	N 8 50.4
Ankaa	353 32.9	S42 21.3
Antares	112 47.2	S26 24.8
Arcturus	146 11.2	N19 13.8
Atria	108 04.3	S69 00.7
Avior	234 25.5	S59 29.0
Bellatrix	278 50.9	N 6 20.5
Betelgeuse	271 20.3	N 7 24.4
Canopus	264 04.2	S52 41.6
Capella	281 00.6	N45 59.5
Deneb	49 43.3	N45 14.4
Denebola	182 51.1	N14 37.5
Diphda	349 13.5	S18 02.3
Dubhe	194 12.3	N61 48.4
Elnath	278 34.9	N28 36.1
Eltanin	90 53.8	N51 29.1
Enif	34 04.2	N 9 49.7
Fomalhaut	15 43.1	S29 40.3
Gacrux	172 20.1	S57 03.9
Gienah	176 10.0	S17 29.5
Hadar	149 12.2	S60 19.9
Hamal	328 20.8	N23 25.0
Kaus Aust.	84 06.5	S34 23.4
Kochab	137 17.7	N74 11.6
Markab	13 55.8	N15 09.1
Menkar	314 33.5	N 4 03.2
Menkent	148 27.8	S36 19.6
Miaplacidus	221 43.7	S69 41.0
Mirfak	309 05.9	N49 49.7
Nunki	76 19.5	S26 18.6
Peacock	53 46.1	S56 45.8
Pollux	243 49.0	N28 03.1
Procyon	245 18.0	N 5 15.0
Rasalhague	96 22.3	N12 33.8
Regulus	208 01.9	N12 00.8
Rigel	281 29.0	S 8 12.7
Rigil Kent.	140 15.0	S60 47.9
Sabik	102 32.1	S15 43.0
Schedar	350 01.1	N56 28.9
Shaula	96 45.1	S37 05.9
Sirius	258 49.2	S16 42.2
Spica	158 49.3	S11 06.9
Suhail	223 05.4	S43 23.9
Vega	80 50.4	N38 46.2
Zuben'ubi	137 24.3	S16 00.3

	S.H.A. ° ′	Mer. Pass. h m
Venus	352 16.6	9 17
Mars	13 10.0	7 53
Jupiter	260 31.1	15 22
Saturn	62 45.8	4 34

UT (GMT) d h	SUN G.H.A. ° ′	SUN Dec. ° ′	MOON G.H.A. ° ′	v ′	MOON Dec. ° ′	d ′	H.P. ′
10 00	180 54.2	N17 29.8	0 14.2	12.4	S22 46.8	7.5	54.0
01	195 54.2	30.4	14 45.6	12.4	22 54.3	7.5	54.0
02	210 54.2	31.1	29 17.0	12.3	23 01.8	7.3	54.0
03	225 54.3	. . 31.7	43 48.3	12.3	23 09.1	7.2	54.0
04	240 54.3	32.4	58 19.6	12.2	23 16.3	7.1	54.0
05	255 54.3	33.1	72 50.8	12.1	23 23.4	7.0	54.0
06	270 54.3	N17 33.7	87 21.9	12.1	S23 30.4	6.9	54.0
07	285 54.4	34.4	101 53.0	12.0	23 37.3	6.8	54.0
T 08	300 54.4	35.0	116 24.0	12.0	23 44.1	6.7	54.0
H 09	315 54.4	. . 35.7	130 55.0	11.9	23 50.8	6.6	54.0
U 10	330 54.4	36.3	145 25.9	11.8	23 57.4	6.5	54.0
R 11	345 54.5	37.0	159 56.7	11.8	24 03.9	6.4	54.0
S 12	0 54.5	N17 37.7	174 27.5	11.8	S24 10.3	6.2	54.0
D 13	15 54.5	38.3	188 58.3	11.7	24 16.5	6.2	54.0
A 14	30 54.5	39.0	203 29.0	11.6	24 22.7	6.0	54.0
Y 15	45 54.6	. . 39.6	217 59.6	11.6	24 28.7	5.9	54.0
16	60 54.6	40.3	232 30.2	11.6	24 34.6	5.9	54.0
17	75 54.6	40.9	247 00.8	11.5	24 40.5	5.7	54.0
18	90 54.6	N17 41.6	261 31.3	11.4	S24 46.2	5.6	54.0
19	105 54.7	42.2	276 01.7	11.4	24 51.8	5.4	54.0
20	120 54.7	42.9	290 32.1	11.3	24 57.2	5.4	54.0
21	135 54.7	. . 43.5	305 02.4	11.3	25 02.6	5.2	54.0
22	150 54.7	44.2	319 32.7	11.3	25 07.8	5.2	54.0
23	165 54.7	44.8	334 03.0	11.2	25 13.0	5.0	54.0
11 00	180 54.8	N17 45.5	348 33.2	11.1	S25 18.0	4.9	54.0
01	195 54.8	46.1	3 03.3	11.1	25 22.9	4.8	54.0
02	210 54.8	46.8	17 33.4	11.1	25 27.7	4.6	54.0
03	225 54.8	. . 47.4	32 03.5	11.0	25 32.3	4.6	54.0
04	240 54.9	48.0	46 33.5	10.9	25 36.9	4.4	54.0
05	255 54.9	48.7	61 03.4	10.9	25 41.3	4.3	54.0
06	270 54.9	N17 49.3	75 33.3	10.9	S25 45.6	4.2	54.0
07	285 54.9	50.0	90 03.2	10.9	25 49.8	4.0	54.0
08	300 54.9	50.6	104 33.1	10.7	25 53.8	4.0	54.0
F 09	315 55.0	. . 51.3	119 02.8	10.8	25 57.8	3.8	54.0
R 10	330 55.0	51.9	133 32.6	10.7	26 01.6	3.7	54.0
I 11	345 55.0	52.6	148 02.3	10.7	26 05.3	3.6	54.0
D 12	0 55.0	N17 53.2	162 32.0	10.6	S26 08.9	3.4	54.1
A 13	15 55.0	53.8	177 01.6	10.6	26 12.3	3.3	54.1
Y 14	30 55.0	54.5	191 31.2	10.6	26 15.6	3.2	54.1
15	45 55.1	. . 55.1	206 00.8	10.5	26 18.8	3.1	54.1
16	60 55.1	55.8	220 30.3	10.5	26 21.9	3.0	54.1
17	75 55.1	56.4	234 59.8	10.5	26 24.9	2.8	54.1
18	90 55.1	N17 57.0	249 29.3	10.4	S26 27.7	2.7	54.1
19	105 55.1	57.7	263 58.7	10.4	26 30.4	2.6	54.1
20	120 55.1	58.3	278 28.1	10.3	26 33.0	2.4	54.1
21	135 55.2	. . 59.0	292 57.4	10.4	26 35.4	2.3	54.1
22	150 55.2	17 59.6	307 26.8	10.3	26 37.7	2.2	54.1
23	165 55.2	18 00.2	321 56.1	10.2	26 39.9	2.1	54.1
12 00	180 55.2	N18 00.9	336 25.3	10.3	S26 42.0	1.9	54.1
01	195 55.2	01.5	350 54.6	10.2	26 43.9	1.8	54.1
02	210 55.2	02.1	5 23.8	10.2	26 45.7	1.7	54.1
03	225 55.3	. . 02.8	19 53.0	10.2	26 47.4	1.5	54.2
04	240 55.3	03.4	34 22.2	10.1	26 48.9	1.4	54.2
05	255 55.3	04.0	48 51.3	10.2	26 50.3	1.3	54.2
06	270 55.3	N18 04.7	63 20.5	10.1	S26 51.6	1.1	54.2
07	285 55.3	05.3	77 49.6	10.1	26 52.7	1.1	54.2
S 08	300 55.3	05.9	92 18.7	10.0	26 53.8	0.8	54.2
A 09	315 55.3	. . 06.6	106 47.7	10.1	26 54.6	0.8	54.2
T 10	330 55.3	07.2	121 16.8	10.0	26 55.4	0.6	54.2
U 11	345 55.4	07.8	135 45.8	10.1	26 56.0	0.5	54.2
R 12	0 55.4	N18 08.4	150 14.9	10.0	S26 56.5	0.4	54.2
D 13	15 55.4	09.1	164 43.9	10.0	26 56.9	0.2	54.2
A 14	30 55.4	09.7	179 12.9	10.0	26 57.1	0.1	54.3
Y 15	45 55.4	. . 10.3	193 41.9	9.9	26 57.2	0.0	54.3
16	60 55.4	11.0	208 10.8	10.0	26 57.2	0.2	54.3
17	75 55.4	11.6	222 39.8	10.0	26 57.0	0.3	54.3
18	90 55.4	N18 12.2	237 08.8	9.9	S26 56.7	0.4	54.3
19	105 55.4	12.8	251 37.7	9.9	26 56.3	0.6	54.3
20	120 55.5	13.5	266 06.6	10.0	26 55.7	0.7	54.3
21	135 55.5	. . 14.1	280 35.6	9.9	26 55.0	0.8	54.3
22	150 55.5	14.7	295 04.5	10.0	26 54.2	0.9	54.3
23	165 55.5	15.3	309 33.5	9.9	26 53.3	1.1	54.4
	S.D. 15.9	*d* 0.6	S.D. 14.7		14.7		14.8

Lat. °	Twilight Naut. h m	Twilight Civil h m	Sunrise h m	Moonrise 10 h m	Moonrise 11 h m	Moonrise 12 h m	Moonrise 13 h m
N 72	□	□	□	■	■	■	■
N 70	////	////	01 25	■	■	■	■
68	////	////	02 10	■	■	■	■
66	////	00 30	02 39	■	■	■	■
64	////	01 36	03 01	23 52	■	■	■
62	////	02 09	03 18	22 55	24 22	00 22	01 18
60	00 26	02 33	03 33	22 22	23 37	24 32	00 32
N 58	01 26	02 52	03 45	21 57	23 08	24 02	00 02
56	01 56	03 07	03 55	21 38	22 45	23 39	24 18
54	02 19	03 21	04 05	21 22	22 27	23 20	24 01
52	02 37	03 32	04 13	21 08	22 11	23 05	23 47
50	02 51	03 42	04 20	20 56	21 58	22 51	23 34
45	03 20	04 03	04 36	20 31	21 30	22 23	23 08
N 40	03 42	04 19	04 49	20 11	21 08	22 01	22 48
35	03 59	04 32	05 00	19 54	20 50	21 43	22 30
30	04 13	04 44	05 09	19 40	20 35	21 27	22 15
20	04 35	05 02	05 26	19 16	20 09	21 01	21 50
N 10	04 52	05 18	05 40	18 55	19 46	20 38	21 28
0	05 06	05 31	05 53	18 35	19 25	20 17	21 08
S 10	05 18	05 44	06 06	18 16	19 04	19 55	20 48
20	05 30	05 56	06 19	17 56	18 42	19 32	20 26
30	05 41	06 10	06 35	17 32	18 16	19 06	20 00
35	05 47	06 17	06 44	17 18	18 01	18 50	19 45
40	05 53	06 25	06 54	17 02	17 43	18 32	19 28
45	05 59	06 35	07 06	16 43	17 22	18 10	19 07
S 50	06 06	06 45	07 21	16 19	16 55	17 42	18 40
52	06 09	06 50	07 27	16 08	16 42	17 29	18 27
54	06 13	06 56	07 35	15 55	16 28	17 13	18 12
56	06 16	07 02	07 43	15 40	16 10	16 55	17 55
58	06 20	07 08	07 53	15 22	15 49	16 32	17 34
S 60	06 24	07 15	08 04	15 01	15 22	16 02	17 07

Lat. °	Sunset h m	Twilight Civil h m	Twilight Naut. h m	Moonset 10 h m	Moonset 11 h m	Moonset 12 h m	Moonset 13 h m
N 72	□	□	□	■	■	■	■
N 70	22 35	////	////	■	■	■	■
68	21 47	////	////	■	■	■	■
66	21 17	////	////	01 11	■	■	■
64	20 54	22 22	////	01 59	01 36	■	■
62	20 36	21 47	////	02 29	02 34	02 51	03 42
60	20 22	21 22	////	02 52	03 07	03 36	04 28
N 58	20 09	21 03	22 32	03 11	03 32	04 05	04 58
56	19 59	20 47	21 59	03 27	03 51	04 28	05 21
54	19 49	20 34	21 36	03 40	04 08	04 47	05 39
52	19 41	20 22	21 18	03 52	04 22	05 02	05 55
50	19 33	20 12	21 03	04 03	04 34	05 16	06 08
45	19 17	19 51	20 34	04 25	05 00	05 44	06 36
N 40	19 04	19 35	20 12	04 43	05 21	06 06	06 58
35	18 53	19 21	19 55	04 58	05 38	06 24	07 16
30	18 44	19 10	19 41	05 11	05 52	06 39	07 32
20	18 27	18 51	19 18	05 33	06 17	07 06	07 58
N 10	18 13	18 35	19 01	05 52	06 39	07 29	08 20
0	18 00	18 22	18 47	06 10	06 59	07 50	08 41
S 10	17 47	18 09	18 34	06 29	07 20	08 11	09 02
20	17 33	17 56	18 23	06 48	07 41	08 34	09 25
30	17 17	17 43	18 11	07 11	08 07	09 01	09 51
35	17 08	17 35	18 05	07 24	08 22	09 16	10 06
40	16 58	17 27	17 59	07 40	08 39	09 34	10 24
45	16 46	17 18	17 53	07 58	09 00	09 56	10 45
S 50	16 31	17 07	17 46	08 21	09 26	10 24	11 12
52	16 25	17 02	17 43	08 32	09 39	10 38	11 25
54	16 17	16 56	17 39	08 45	09 54	10 53	11 40
56	16 09	16 50	17 36	08 59	10 11	11 12	11 58
58	15 59	16 44	17 32	09 16	10 32	11 34	12 19
S 60	15 48	16 37	17 28	09 37	10 58	12 04	12 47

Day	SUN Eqn. of Time 00h m s	SUN Eqn. of Time 12h m s	SUN Mer. Pass. h m	MOON Mer. Pass. Upper h m	MOON Mer. Pass. Lower h m	Age d	Phase
10	03 37	03 38	11 56	24 47	12 23	15	
11	03 39	03 40	11 56	00 47	13 12	16	○
12	03 41	03 41	11 56	01 38	14 03	17	

UT (GMT) d	h	ARIES G.H.A. ° ′	VENUS −4.1 G.H.A. ° ′	VENUS Dec. ° ′	MARS +0.7 G.H.A. ° ′	MARS Dec. ° ′	JUPITER −1.9 G.H.A. ° ′	JUPITER Dec. ° ′	SATURN +0.4 G.H.A. ° ′	SATURN Dec. ° ′	STARS Name	S.H.A. ° ′	Dec. ° ′
13	00	230 29.5	220 39.2	N 2 22.4	242 16.2	S 6 54.4	130 36.5	N23 16.2	293 16.7	S20 55.6	Acamar	315 31.8	S40 20.5
	01	245 32.0	235 39.0	23.4	257 16.9	53.7	145 38.5	16.2	308 19.2	55.6	Achernar	335 39.9	S57 16.9
	02	260 34.5	250 38.9	24.4	272 17.6	53.0	160 40.4	16.2	323 21.7	55.6	Acrux	173 28.6	S63 03.1
	03	275 36.9	265 38.7	· · 25.5	287 18.4	· · 52.3	175 42.4	· · 16.1	338 24.2	· · 55.6	Adhara	255 26.4	S28 57.6
	04	290 39.4	280 38.5	26.5	302 19.1	51.6	190 44.3	16.1	353 26.7	55.6	Aldebaran	291 09.6	N16 29.5
	05	305 41.9	295 38.3	27.5	317 19.8	50.9	205 46.3	16.1	8 29.2	55.7			
	06	320 44.3	310 38.1	N 2 28.6	332 20.6	S 6 50.2	220 48.3	N23 16.1	23 31.7	S20 55.7	Alioth	166 35.2	N56 00.8
	07	335 46.8	325 37.9	29.6	347 21.3	49.5	235 50.2	16.0	38 34.2	55.7	Alkaid	153 11.9	N49 21.6
	08	350 49.3	340 37.7	30.6	2 22.0	48.8	250 52.2	16.0	53 36.7	55.7	Al Na'ir	28 05.3	S47 00.3
S	09	5 51.7	355 37.6	· · 31.7	17 22.8	· · 48.1	265 54.1	· · 16.0	68 39.2	· · 55.7	Alnilam	276 04.2	S 1 12.4
U	10	20 54.2	10 37.4	32.7	32 23.5	47.4	280 56.1	15.9	83 41.7	55.7	Alphard	218 13.2	S 8 37.1
N	11	35 56.6	25 37.2	33.7	47 24.2	46.7	295 58.0	15.9	98 44.2	55.7			
D	12	50 59.1	40 37.0	N 2 34.8	62 24.9	S 6 46.0	311 00.0	N23 15.9	113 46.7	S20 55.7	Alphecca	126 25.3	N26 44.6
A	13	66 01.6	55 36.8	35.8	77 25.7	45.3	326 02.0	15.8	128 49.2	55.7	Alpheratz	358 01.8	N29 02.1
Y	14	81 04.0	70 36.6	36.8	92 26.4	44.6	341 03.9	15.8	143 51.7	55.7	Altair	62 25.0	N 8 50.4
	15	96 06.5	85 36.4	· · 37.9	107 27.1	· · 43.9	356 05.9	· · 15.8	158 54.2	· · 55.7	Ankaa	353 32.9	S42 21.3
	16	111 09.0	100 36.3	38.9	122 27.9	43.2	11 07.8	15.8	173 56.7	55.8	Antares	112 47.2	S26 24.8
	17	126 11.4	115 36.1	39.9	137 28.6	42.5	26 09.8	15.7	188 59.2	55.8			
	18	141 13.9	130 35.9	N 2 41.0	152 29.3	S 6 41.8	41 11.7	N23 15.7	204 01.7	S20 55.8	Arcturus	146 11.2	N19 13.8
	19	156 16.4	145 35.7	42.0	167 30.1	41.1	56 13.7	15.7	219 04.2	55.8	Atria	108 04.2	S69 00.7
	20	171 18.8	160 35.5	43.0	182 30.8	40.4	71 15.7	15.6	234 06.7	55.8	Avior	234 25.5	S59 29.0
	21	186 21.3	175 35.3	· · 44.1	197 31.5	· · 39.7	86 17.6	· · 15.6	249 09.2	· · 55.8	Bellatrix	278 50.9	N 6 20.5
	22	201 23.8	190 35.1	45.1	212 32.3	39.0	101 19.6	15.6	264 11.7	55.8	Betelgeuse	271 20.3	N 7 24.4
	23	216 26.2	205 34.9	46.2	227 33.0	38.3	116 21.5	15.6	279 14.2	55.8			
14	00	231 28.7	220 34.8	N 2 47.2	242 33.7	S 6 37.6	131 23.5	N23 15.5	294 16.7	S20 55.8	Canopus	264 04.3	S52 41.5
	01	246 31.1	235 34.6	48.2	257 34.5	36.9	146 25.4	15.5	309 19.2	55.8	Capella	281 00.6	N45 59.5
	02	261 33.6	250 34.4	49.3	272 35.2	36.2	161 27.4	15.5	324 21.7	55.8	Deneb	49 43.3	N45 14.4
	03	276 36.1	265 34.2	· · 50.3	287 35.9	· · 35.5	176 29.3	· · 15.4	339 24.2	· · 55.9	Denebola	182 51.1	N14 37.5
	04	291 38.5	280 34.0	51.3	302 36.7	34.8	191 31.3	15.4	354 26.7	55.9	Diphda	349 13.4	S18 02.3
	05	306 41.0	295 33.8	52.4	317 37.4	34.1	206 33.3	15.4	9 29.2	55.9			
	06	321 43.5	310 33.6	N 2 53.4	332 38.1	S 6 33.4	221 35.2	N23 15.4	24 31.7	S20 55.9	Dubhe	194 12.3	N61 48.4
	07	336 45.9	325 33.4	54.4	347 38.9	32.7	236 37.2	15.3	39 34.2	55.9	Elnath	278 34.9	N28 36.1
	08	351 48.4	340 33.2	55.5	2 39.6	32.0	251 39.1	15.3	54 36.7	55.9	Eltanin	90 53.7	N51 29.1
M	09	6 50.9	355 33.0	· · 56.5	17 40.3	· · 31.3	266 41.1	· · 15.3	69 39.2	· · 55.9	Enif	34 04.2	N 9 49.7
O	10	21 53.3	10 32.9	57.5	32 41.1	30.6	281 43.0	15.2	84 41.7	55.9	Fomalhaut	15 43.1	S29 40.3
N	11	36 55.8	25 32.7	58.6	47 41.8	29.9	296 45.0	15.2	99 44.2	55.9			
D	12	51 58.2	40 32.5	N 2 59.6	62 42.5	S 6 29.2	311 46.9	N23 15.2	114 46.7	S20 55.9	Gacrux	172 20.1	S57 03.9
A	13	67 00.7	55 32.3	3 00.7	77 43.3	28.5	326 48.9	15.1	129 49.3	56.0	Gienah	176 10.0	S17 29.5
Y	14	82 03.2	70 32.1	01.7	92 44.0	27.8	341 50.8	15.1	144 51.8	56.0	Hadar	149 12.2	S60 19.9
	15	97 05.6	85 31.9	· · 02.7	107 44.7	· · 27.1	356 52.8	· · 15.1	159 54.3	· · 56.0	Hamal	328 20.7	N23 25.0
	16	112 08.1	100 31.7	03.8	122 45.5	26.4	11 54.7	15.1	174 56.8	56.0	Kaus Aust.	84 06.5	S34 23.4
	17	127 10.6	115 31.5	04.8	137 46.2	25.7	26 56.7	15.0	189 59.3	56.0			
	18	142 13.0	130 31.3	N 3 05.8	152 46.9	S 6 25.0	41 58.7	N23 15.0	205 01.8	S20 56.0	Kochab	137 17.7	N74 11.6
	19	157 15.5	145 31.1	06.9	167 47.7	24.3	57 00.6	15.0	220 04.3	56.0	Markab	13 55.8	N15 09.1
	20	172 18.0	160 30.9	07.9	182 48.4	23.6	72 02.6	14.9	235 06.8	56.0	Menkar	314 33.5	N 4 03.2
	21	187 20.4	175 30.7	· · 08.9	197 49.1	· · 22.9	87 04.5	· · 14.9	250 09.3	· · 56.0	Menkent	148 27.8	S36 19.6
	22	202 22.9	190 30.5	10.0	212 49.9	22.2	102 06.5	14.9	265 11.8	56.0	Miaplacidus	221 43.8	S69 41.0
	23	217 25.4	205 30.4	11.0	227 50.6	21.5	117 08.4	14.8	280 14.3	56.1			
15	00	232 27.8	220 30.2	N 3 12.1	242 51.3	S 6 20.8	132 10.4	N23 14.8	295 16.8	S20 56.1	Mirfak	309 05.9	N49 49.7
	01	247 30.3	235 30.0	13.1	257 52.1	20.1	147 12.3	14.8	310 19.3	56.1	Nunki	76 19.5	S26 18.6
	02	262 32.7	250 29.8	14.1	272 52.8	19.4	162 14.3	14.8	325 21.8	56.1	Peacock	53 46.1	S56 45.8
	03	277 35.2	265 29.6	· · 15.2	287 53.5	· · 18.7	177 16.2	· · 14.7	340 24.3	· · 56.1	Pollux	243 49.0	N28 03.1
	04	292 37.7	280 29.4	16.2	302 54.3	18.0	192 18.2	14.7	355 26.8	56.1	Procyon	245 18.0	N 5 15.0
	05	307 40.1	295 29.2	17.2	317 55.0	17.3	207 20.1	14.7	10 29.3	56.1			
	06	322 42.6	310 29.0	N 3 18.3	332 55.8	S 6 16.6	222 22.1	N23 14.6	25 31.8	S20 56.1	Rasalhague	96 22.2	N12 33.8
	07	337 45.1	325 28.8	19.3	347 56.5	15.9	237 24.0	14.6	40 34.4	56.1	Regulus	208 01.9	N12 00.8
T	08	352 47.5	340 28.6	20.4	2 57.2	15.2	252 26.0	14.6	55 36.9	56.1	Rigel	281 29.0	S 8 12.7
U	09	7 50.0	355 28.4	· · 21.4	17 58.0	· · 14.5	267 27.9	· · 14.5	70 39.4	· · 56.2	Rigil Kent.	140 15.0	S60 47.9
E	10	22 52.5	10 28.2	22.4	32 58.7	13.8	282 29.9	14.5	85 41.9	56.2	Sabik	102 32.1	S15 43.0
S	11	37 54.9	25 28.0	23.5	47 59.4	13.1	297 31.8	14.5	100 44.4	56.2			
D	12	52 57.4	40 27.8	N 3 24.5	63 00.2	S 6 12.4	312 33.8	N23 14.5	115 46.9	S20 56.2	Schedar	350 01.0	N56 28.9
A	13	67 59.9	55 27.6	25.5	78 00.9	11.6	327 35.7	14.4	130 49.4	56.2	Shaula	96 45.1	S37 05.9
Y	14	83 02.3	70 27.4	26.6	93 01.6	10.9	342 37.7	14.4	145 51.9	56.2	Sirius	258 49.2	S16 42.2
	15	98 04.8	85 27.2	· · 27.6	108 02.4	· · 10.2	357 39.6	· · 14.4	160 54.4	· · 56.2	Spica	158 49.3	S11 06.9
	16	113 07.2	100 27.0	28.7	123 03.1	09.5	12 41.6	14.3	175 56.9	56.2	Suhail	223 05.4	S43 23.9
	17	128 09.7	115 26.8	29.7	138 03.9	08.8	27 43.5	14.3	190 59.4	56.2			
	18	143 12.2	130 26.6	N 3 30.7	153 04.6	S 6 08.1	42 45.5	N23 14.3	206 01.9	S20 56.3	Vega	80 50.4	N38 46.2
	19	158 14.6	145 26.4	31.8	168 05.3	07.4	57 47.4	14.2	221 04.5	56.3	Zuben'ubi	137 24.3	S16 00.4
	20	173 17.1	160 26.2	32.8	183 06.1	06.7	72 49.4	14.2	236 07.0	56.3			
	21	188 19.6	175 26.1	· · 33.9	198 06.8	· · 06.0	87 51.3	· · 14.2	251 09.5	· · 56.3			
	22	203 22.0	190 25.9	34.9	213 07.5	05.3	102 53.3	14.1	266 12.0	56.3			
	23	218 24.5	205 25.7	35.9	228 08.3	04.6	117 55.2	14.1	281 14.5	56.3			
Mer. Pass.		h m 8 32.7	v −0.2	d 1.0	v 0.7	d 0.7	v 2.0	d 0.0	v 2.5	d 0.0			

	S.H.A. ° ′	Mer. Pass. h m
Venus	349 06.1	9 18
Mars	11 05.0	7 49
Jupiter	259 54.8	15 12
Saturn	62 48.0	4 22

UT (GMT) d	h	SUN G.H.A. ° ′	SUN Dec. ° ′	MOON G.H.A. ° ′	v ′	MOON Dec. ° ′	d ′	H.P. ′
13	00	180 55.5	N18 16.0	324 02.4	9.9	S26 52.2	1.3	54.4
	01	195 55.5	16.6	338 31.3	9.9	26 50.9	1.3	54.4
	02	210 55.5	17.2	353 00.2	10.0	26 49.6	1.5	54.4
	03	225 55.5	.. 17.8	7 29.2	9.9	26 48.1	1.6	54.4
	04	240 55.5	18.4	21 58.1	9.9	26 46.5	1.8	54.4
	05	255 55.5	19.1	36 27.0	10.0	26 44.7	1.9	54.4
	06	270 55.5	N18 19.7	50 56.0	9.9	S26 42.8	2.0	54.4
	07	285 55.6	20.3	65 24.9	10.0	26 40.8	2.1	54.5
	08	300 55.6	20.9	79 53.9	9.9	26 38.7	2.3	54.5
SUNDAY	09	315 55.6	.. 21.5	94 22.8	10.0	26 36.4	2.5	54.5
	10	330 55.6	22.2	108 51.8	10.0	26 33.9	2.5	54.5
	11	345 55.6	22.8	123 20.8	10.0	26 31.4	2.7	54.5
	12	0 55.6	N18 23.4	137 49.8	10.0	S26 28.7	2.8	54.5
	13	15 55.6	24.0	152 18.8	10.0	26 25.9	2.9	54.5
	14	30 55.6	24.6	166 47.8	10.0	26 23.0	3.1	54.6
	15	45 55.6	.. 25.2	181 16.8	10.1	26 19.9	3.2	54.6
	16	60 55.6	25.8	195 45.9	10.0	26 16.7	3.4	54.6
	17	75 55.6	26.5	210 14.9	10.1	26 13.3	3.4	54.6
	18	90 55.6	N18 27.1	224 44.0	10.1	S26 09.9	3.6	54.6
	19	105 55.6	27.7	239 13.1	10.1	26 06.3	3.7	54.6
	20	120 55.6	28.3	253 42.2	10.2	26 02.6	3.9	54.6
	21	135 55.6	.. 28.9	268 11.4	10.1	25 58.7	4.0	54.7
	22	150 55.6	29.5	282 40.5	10.2	25 54.7	4.1	54.7
	23	165 55.6	30.1	297 09.7	10.2	25 50.6	4.2	54.7
14	00	180 55.6	N18 30.7	311 38.9	10.2	S25 46.4	4.4	54.7
	01	195 55.6	31.3	326 08.1	10.2	25 42.0	4.5	54.7
	02	210 55.7	32.0	340 37.3	10.3	25 37.5	4.6	54.7
	03	225 55.7	.. 32.6	355 06.6	10.3	25 32.9	4.8	54.8
	04	240 55.7	33.2	9 35.9	10.3	25 28.1	4.9	54.8
	05	255 55.7	33.8	24 05.2	10.4	25 23.2	5.0	54.8
	06	270 55.7	N18 34.4	38 34.6	10.3	S25 18.2	5.1	54.8
	07	285 55.7	35.0	53 03.9	10.4	25 13.1	5.3	54.8
	08	300 55.7	35.6	67 33.3	10.5	25 07.8	5.4	54.9
MONDAY	09	315 55.7	.. 36.2	82 02.8	10.4	25 02.4	5.5	54.9
	10	330 55.7	36.8	96 32.2	10.5	24 56.9	5.6	54.9
	11	345 55.7	37.4	111 01.7	10.5	24 51.3	5.8	54.9
	12	0 55.7	N18 38.0	125 31.2	10.6	S24 45.5	5.9	54.9
	13	15 55.7	38.6	140 00.8	10.5	24 39.6	6.0	54.9
	14	30 55.7	39.2	154 30.3	10.7	24 33.6	6.1	55.0
	15	45 55.7	.. 39.8	169 00.0	10.6	24 27.5	6.3	55.0
	16	60 55.7	40.4	183 29.6	10.7	24 21.2	6.4	55.0
	17	75 55.7	41.0	197 59.3	10.7	24 14.8	6.5	55.0
	18	90 55.7	N18 41.6	212 29.0	10.7	S24 08.3	6.6	55.0
	19	105 55.7	42.2	226 58.7	10.8	24 01.7	6.7	55.1
	20	120 55.7	42.8	241 28.5	10.8	23 55.0	6.9	55.1
	21	135 55.7	.. 43.4	255 58.3	10.9	23 48.1	7.0	55.1
	22	150 55.7	44.0	270 28.2	10.9	23 41.1	7.1	55.1
	23	165 55.6	44.6	284 58.1	10.9	23 34.0	7.2	55.2
15	00	180 55.6	N18 45.2	299 28.0	11.0	S23 26.8	7.3	55.2
	01	195 55.6	45.8	313 58.0	11.0	23 19.5	7.5	55.2
	02	210 55.6	46.4	328 28.0	11.0	23 12.0	7.5	55.2
	03	225 55.6	.. 47.0	342 58.0	11.1	23 04.5	7.7	55.2
	04	240 55.6	47.6	357 28.1	11.1	22 56.8	7.8	55.3
	05	255 55.6	48.2	11 58.2	11.1	22 49.0	7.9	55.3
	06	270 55.6	N18 48.8	26 28.3	11.2	S22 41.1	8.1	55.3
	07	285 55.6	49.4	40 58.5	11.2	22 33.0	8.1	55.3
TUESDAY	08	300 55.6	50.0	55 28.7	11.3	22 24.9	8.3	55.4
	09	315 55.6	.. 50.6	69 59.0	11.3	22 16.6	8.3	55.4
	10	330 55.6	51.2	84 29.3	11.3	22 08.3	8.5	55.4
	11	345 55.6	51.7	98 59.6	11.4	21 59.8	8.6	55.4
	12	0 55.6	N18 52.3	113 30.0	11.4	S21 51.2	8.7	55.5
	13	15 55.6	52.9	128 00.4	11.5	21 42.5	8.8	55.5
	14	30 55.6	53.5	142 30.9	11.5	21 33.7	8.9	55.5
	15	45 55.6	.. 54.1	157 01.4	11.5	21 24.8	9.1	55.5
	16	60 55.6	54.7	171 31.9	11.6	21 15.7	9.1	55.6
	17	75 55.6	55.3	186 02.5	11.6	21 06.6	9.2	55.6
	18	90 55.5	N18 55.9	200 33.1	11.6	S20 57.4	9.4	55.6
	19	105 55.5	56.5	215 03.7	11.7	20 48.0	9.5	55.6
	20	120 55.5	57.0	229 34.4	11.7	20 38.5	9.5	55.7
	21	135 55.5	.. 57.6	244 05.1	11.8	20 29.0	9.7	55.7
	22	150 55.5	58.2	258 35.9	11.8	20 19.3	9.8	55.7
	23	165 55.5	58.8	273 06.7	11.8	20 09.5	9.8	55.7
		S.D. 15.8	d 0.6	S.D.	14.9		15.0	15.1

Lat. °	Twilight Naut. h m	Twilight Civil h m	Sunrise h m	Moonrise 13 h m	Moonrise 14 h m	Moonrise 15 h m	Moonrise 16 h m
N 72	□	□	□	■	■	■	■
N 70	////	////	00 57	■	■	■	04 00
68	////	////	01 54	■	■	■	03 03
66	////	////	02 27	■	■	03 04	02 28
64	////	01 17	02 51	■	02 40	02 14	02 03
62	////	01 57	03 10	01 18	01 37	01 43	01 44
60	////	02 23	03 25	00 32	01 03	01 19	01 27
N 58	01 09	02 44	03 38	00 02	00 38	01 00	01 14
56	01 45	03 00	03 50	24 18	00 18	00 44	01 02
54	02 10	03 14	03 59	24 01	00 01	00 30	00 51
52	02 29	03 26	04 08	23 47	24 18	00 18	00 42
50	02 45	03 37	04 16	23 34	24 08	00 08	00 34
45	03 15	03 59	04 33	23 08	23 45	24 16	00 16
N 40	03 38	04 16	04 46	22 48	23 27	24 01	00 01
35	03 56	04 30	04 57	22 30	23 12	23 49	24 21
30	04 10	04 41	05 07	22 15	22 59	23 38	24 13
20	04 33	05 01	05 24	21 50	22 36	23 19	23 59
N 10	04 51	05 17	05 39	21 28	22 17	23 03	23 47
0	05 06	05 31	05 53	21 08	21 59	22 48	23 35
S 10	05 19	05 44	06 06	20 48	21 40	22 32	23 23
20	05 31	05 57	06 21	20 26	21 20	22 16	23 11
30	05 43	06 12	06 37	20 00	20 58	21 57	22 56
35	05 49	06 19	06 46	19 45	20 44	21 45	22 48
40	05 55	06 28	06 57	19 28	20 29	21 33	22 38
45	06 02	06 38	07 10	19 07	20 10	21 17	22 27
S 50	06 10	06 49	07 25	18 40	19 47	20 59	22 13
52	06 13	06 54	07 32	18 27	19 35	20 50	22 07
54	06 17	07 00	07 40	18 12	19 23	20 40	22 00
56	06 21	07 06	07 49	17 55	19 08	20 28	21 52
58	06 25	07 13	07 59	17 34	18 51	20 15	21 43
S 60	06 29	07 21	08 10	17 07	18 30	20 00	21 32

Lat. °	Sunset h m	Twilight Civil h m	Twilight Naut. h m	Moonset 13 h m	Moonset 14 h m	Moonset 15 h m	Moonset 16 h m
N 72	□	□	□	■	■	■	■
N 70	23 07	////	////	■	■	■	06 16
68	22 03	////	////	■	■	■	07 12
66	21 29	////	////	■	■	05 28	07 45
64	21 04	22 42	////	■	04 07	06 17	08 09
62	20 45	21 59	////	03 42	05 09	06 48	08 28
60	20 29	21 32	////	04 28	05 43	07 12	08 44
N 58	20 16	21 11	22 49	04 58	06 08	07 30	08 57
56	20 04	20 54	22 11	05 21	06 28	07 45	09 08
54	19 54	20 40	21 45	05 39	06 44	07 59	09 18
52	19 45	20 28	21 25	05 55	06 59	08 10	09 26
50	19 38	20 17	21 09	06 08	07 11	08 20	09 34
45	19 21	19 55	20 38	06 36	07 36	08 42	09 51
N 40	19 07	19 38	20 16	06 58	07 56	08 59	10 04
35	18 56	19 24	19 58	07 16	08 13	09 13	10 15
30	18 46	19 12	19 43	07 32	08 27	09 26	10 25
20	18 28	18 52	19 20	07 58	08 52	09 47	10 42
N 10	18 14	18 36	19 02	08 20	09 13	10 05	10 57
0	18 00	18 22	18 47	08 41	09 32	10 22	11 11
S 10	17 46	18 08	18 34	09 02	09 52	10 39	11 24
20	17 32	17 55	18 22	09 25	10 13	10 57	11 39
30	17 15	17 41	18 10	09 51	10 37	11 18	11 55
35	17 06	17 33	18 03	10 06	10 51	11 30	12 04
40	16 55	17 24	17 57	10 24	11 07	11 44	12 15
45	16 43	17 14	17 50	10 45	11 26	12 00	12 28
S 50	16 27	17 03	17 42	11 12	11 50	12 20	12 43
52	16 20	16 58	17 39	11 25	12 02	12 29	12 50
54	16 12	16 52	17 35	11 40	12 15	12 40	12 58
56	16 03	16 46	17 31	11 58	12 30	12 52	13 07
58	15 53	16 39	17 27	12 19	12 48	13 05	13 16
S 60	15 42	16 31	17 23	12 47	13 09	13 21	13 28

Day	SUN Eqn. of Time 00 h m s	SUN Eqn. of Time 12 h m s	SUN Mer. Pass. h m	MOON Mer. Pass. Upper h m	MOON Mer. Pass. Lower h m	Age d	Phase
13	03 42	03 42	11 56	02 29	14 55	18	
14	03 43	03 43	11 56	03 20	15 46	19	◑
15	03 43	03 42	11 56	04 10	16 35	20	

	UT (GMT) d h	ARIES G.H.A. ° ′	VENUS −4.1 G.H.A. ° ′	VENUS Dec. ° ′	MARS +0.7 G.H.A. ° ′	MARS Dec. ° ′	JUPITER −1.9 G.H.A. ° ′	JUPITER Dec. ° ′	SATURN +0.4 G.H.A. ° ′	SATURN Dec. ° ′
	16 00	233 27.0	220 25.5	N 3 37.0	243 09.0	S 6 03.9	132 57.2	N23 14.1	296 17.0	S20 56.3
	01	248 29.4	235 25.3	38.0	258 09.8	03.2	147 59.1	14.1	311 19.5	56.3
	02	263 31.9	250 25.1	39.0	273 10.5	02.5	163 01.1	14.0	326 22.0	56.3
	03	278 34.4	265 24.9	· · 40.1	288 11.2	· · 01.8	178 03.0	· · 14.0	341 24.5	· · 56.3
	04	293 36.8	280 24.7	41.1	303 12.0	01.1	193 05.0	14.0	356 27.0	56.4
	05	308 39.3	295 24.5	42.2	318 12.7	6 00.4	208 06.9	13.9	11 29.6	56.4
	06	323 41.7	310 24.3	N 3 43.2	333 13.4	S 5 59.7	223 08.9	N23 13.9	26 32.1	S20 56.4
W	07	338 44.2	325 24.1	44.2	348 14.2	59.0	238 10.8	13.9	41 34.6	56.4
E	08	353 46.7	340 23.9	45.3	3 14.9	58.3	253 12.8	13.8	56 37.1	56.4
D	09	8 49.1	355 23.7	· · 46.3	18 15.7	· · 57.6	268 14.7	· · 13.8	71 39.6	· · 56.4
N	10	23 51.6	10 23.5	47.3	33 16.4	56.9	283 16.7	13.8	86 42.1	56.4
E	11	38 54.1	25 23.3	48.4	48 17.1	56.2	298 18.6	13.7	101 44.6	56.4
S	12	53 56.5	40 23.1	N 3 49.4	63 17.9	S 5 55.5	313 20.5	N23 13.7	116 47.1	S20 56.4
D	13	68 59.0	55 22.9	50.5	78 18.6	54.8	328 22.5	13.7	131 49.7	56.5
A	14	84 01.5	70 22.7	51.5	93 19.4	54.0	343 24.4	13.6	146 52.2	56.5
Y	15	99 03.9	85 22.5	· · 52.5	108 20.1	· · 53.3	358 26.4	· · 13.6	161 54.7	· · 56.5
	16	114 06.4	100 22.3	53.6	123 20.8	52.6	13 28.3	13.6	176 57.2	56.5
	17	129 08.8	115 22.1	54.6	138 21.6	51.9	28 30.3	13.6	191 59.7	56.5
	18	144 11.3	130 21.8	N 3 55.7	153 22.3	S 5 51.2	43 32.2	N23 13.5	207 02.2	S20 56.5
	19	159 13.8	145 21.6	56.7	168 23.1	50.5	58 34.2	13.5	222 04.7	56.5
	20	174 16.2	160 21.4	57.7	183 23.8	49.8	73 36.1	13.5	237 07.2	56.5
	21	189 18.7	175 21.2	· · 58.8	198 24.5	· · 49.1	88 38.1	· · 13.4	252 09.8	· · 56.6
	22	204 21.2	190 21.0	3 59.8	213 25.3	48.4	103 40.0	13.4	267 12.3	56.6
	23	219 23.6	205 20.8	4 00.9	228 26.0	47.7	118 42.0	13.4	282 14.8	56.6
	17 00	234 26.1	220 20.6	N 4 01.9	243 26.8	S 5 47.0	133 43.9	N23 13.3	297 17.3	S20 56.6
	01	249 28.6	235 20.4	02.9	258 27.5	46.3	148 45.8	13.3	312 19.8	56.6
	02	264 31.0	250 20.2	04.0	273 28.2	45.6	163 47.8	13.3	327 22.3	56.6
	03	279 33.5	265 20.0	· · 05.0	288 29.0	· · 44.9	178 49.7	· · 13.2	342 24.8	· · 56.6
	04	294 36.0	280 19.8	06.0	303 29.7	44.2	193 51.7	13.2	357 27.4	56.6
	05	309 38.4	295 19.6	07.1	318 30.5	43.5	208 53.6	13.2	12 29.9	56.6
	06	324 40.9	310 19.4	N 4 08.1	333 31.2	S 5 42.8	223 55.6	N23 13.1	27 32.4	S20 56.7
	07	339 43.3	325 19.2	09.2	348 31.9	42.1	238 57.5	13.1	42 34.9	56.7
T	08	354 45.8	340 19.0	10.2	3 32.7	41.4	253 59.5	13.1	57 37.4	56.7
H	09	9 48.3	355 18.8	· · 11.2	18 33.4	· · 40.7	269 01.4	· · 13.0	72 39.9	· · 56.7
U	10	24 50.7	10 18.6	12.3	33 34.2	39.9	284 03.3	13.0	87 42.5	56.7
R	11	39 53.2	25 18.4	13.3	48 34.9	39.2	299 05.3	13.0	102 45.0	56.7
S	12	54 55.7	40 18.2	N 4 14.4	63 35.6	S 5 38.5	314 07.2	N23 12.9	117 47.5	S20 56.7
D	13	69 58.1	55 18.0	15.4	78 36.4	37.8	329 09.2	12.9	132 50.0	56.7
A	14	85 00.6	70 17.8	16.4	93 37.1	37.1	344 11.1	12.9	147 52.5	56.7
Y	15	100 03.1	85 17.6	· · 17.5	108 37.9	· · 36.4	359 13.1	· · 12.8	162 55.0	· · 56.8
	16	115 05.5	100 17.3	18.5	123 38.6	35.7	14 15.0	12.8	177 57.6	56.8
	17	130 08.0	115 17.1	19.6	138 39.4	35.0	29 17.0	12.8	193 00.1	56.8
	18	145 10.5	130 16.9	N 4 20.6	153 40.1	S 5 34.3	44 18.9	N23 12.8	208 02.6	S20 56.8
	19	160 12.9	145 16.7	21.6	168 40.8	33.6	59 20.8	12.7	223 05.1	56.8
	20	175 15.4	160 16.5	22.7	183 41.6	32.9	74 22.8	12.7	238 07.6	56.8
	21	190 17.8	175 16.3	· · 23.7	198 42.3	· · 32.2	89 24.7	· · 12.7	253 10.1	· · 56.8
	22	205 20.3	190 16.1	24.7	213 43.1	31.5	104 26.7	12.6	268 12.7	56.8
	23	220 22.8	205 15.9	25.8	228 43.8	30.8	119 28.6	12.6	283 15.2	56.9
	18 00	235 25.2	220 15.7	N 4 26.8	243 44.6	S 5 30.1	134 30.6	N23 12.6	298 17.7	S20 56.9
	01	250 27.7	235 15.5	27.9	258 45.3	29.4	149 32.5	12.5	313 20.2	56.9
	02	265 30.2	250 15.3	28.9	273 46.0	28.6	164 34.4	12.5	328 22.7	56.9
	03	280 32.6	265 15.1	· · 29.9	288 46.8	· · 27.9	179 36.4	· · 12.5	343 25.3	· · 56.9
	04	295 35.1	280 14.8	31.0	303 47.5	27.2	194 38.3	12.4	358 27.8	56.9
	05	310 37.6	295 14.6	32.0	318 48.3	26.5	209 40.3	12.4	13 30.3	56.9
	06	325 40.0	310 14.4	N 4 33.1	333 49.0	S 5 25.8	224 42.2	N23 12.4	28 32.8	S20 56.9
	07	340 42.5	325 14.2	34.1	348 49.8	25.1	239 44.1	12.3	43 35.3	57.0
	08	355 44.9	340 14.0	35.1	3 50.5	24.4	254 46.1	12.3	58 37.8	57.0
F	09	10 47.4	355 13.8	· · 36.2	18 51.2	· · 23.7	269 48.0	· · 12.3	73 40.4	· · 57.0
R	10	25 49.9	10 13.6	37.2	33 52.0	23.0	284 50.0	12.2	88 42.9	57.0
I	11	40 52.3	25 13.4	38.3	48 52.7	22.3	299 51.9	12.2	103 45.4	57.0
D	12	55 54.8	40 13.2	N 4 39.3	63 53.5	S 5 21.6	314 53.9	N23 12.2	118 47.9	S20 57.0
A	13	70 57.3	55 12.9	40.3	78 54.2	20.9	329 55.8	12.1	133 50.4	57.0
Y	14	85 59.7	70 12.7	41.4	93 55.0	20.2	344 57.7	12.1	148 53.0	57.0
	15	101 02.2	85 12.5	· · 42.4	108 55.7	· · 19.5	359 59.7	· · 12.1	163 55.5	· · 57.1
	16	116 04.7	100 12.3	43.4	123 56.5	18.8	15 01.6	12.0	178 58.0	57.1
	17	131 07.1	115 12.1	44.5	138 57.2	18.0	30 03.6	12.0	194 00.5	57.1
	18	146 09.6	130 11.9	N 4 45.5	153 57.9	S 5 17.3	45 05.5	N23 12.0	209 03.1	S20 57.1
	19	161 12.1	145 11.7	46.6	168 58.7	16.6	60 07.4	11.9	224 05.6	57.1
	20	176 14.5	160 11.5	47.6	183 59.4	15.9	75 09.4	11.9	239 08.1	57.1
	21	191 17.0	175 11.2	· · 48.6	199 00.2	· · 15.2	90 11.3	· · 11.9	254 10.6	· · 57.1
	22	206 19.4	190 11.0	49.7	214 00.9	14.5	105 13.3	11.8	269 13.1	57.1
	23	221 21.9	205 10.8	50.7	229 01.7	13.8	120 15.2	11.8	284 15.7	57.2
	Mer. Pass.	h m 8 20.9	*v* −0.2	*d* 1.0	*v* 0.7	*d* 0.7	*v* 1.9	*d* 0.0	*v* 2.5	*d* 0.0

STARS

Name	S.H.A. ° ′	Dec. ° ′
Acamar	315 31.8	S40 20.5
Achernar	335 39.9	S57 16.9
Acrux	173 28.6	S63 03.1
Adhara	255 26.4	S28 57.6
Aldebaran	291 09.6	N16 29.5
Alioth	166 35.2	N56 00.8
Alkaid	153 11.9	N49 21.6
Al Na'ir	28 05.3	S47 00.3
Alnilam	276 04.2	S 1 12.4
Alphard	218 13.2	S 8 37.1
Alphecca	126 25.3	N26 44.6
Alpheratz	358 01.8	N29 02.1
Altair	62 25.0	N 8 50.4
Ankaa	353 32.9	S42 21.3
Antares	112 47.2	S26 24.8
Arcturus	146 11.2	N19 13.8
Atria	108 04.2	S69 00.7
Avior	234 25.5	S59 29.0
Bellatrix	278 50.9	N 6 20.5
Betelgeuse	271 20.3	N 7 24.4
Canopus	264 04.3	S52 41.5
Capella	281 00.5	N45 59.5
Deneb	49 43.2	N45 14.4
Denebola	182 51.1	N14 37.5
Diphda	349 13.4	S18 02.3
Dubhe	194 12.3	N61 48.4
Elnath	278 34.9	N28 36.1
Eltanin	90 53.7	N51 29.1
Enif	34 04.1	N 9 49.7
Fomalhaut	15 43.0	S29 40.3
Gacrux	172 20.1	S57 03.9
Gienah	176 10.0	S17 29.5
Hadar	149 12.2	S60 19.9
Hamal	328 20.7	N23 25.0
Kaus Aust.	84 06.4	S34 23.4
Kochab	137 17.7	N74 11.6
Markab	13 55.7	N15 09.1
Menkar	314 33.5	N 4 03.2
Menkent	148 27.8	S36 19.6
Miaplacidus	221 43.8	S69 41.0
Mirfak	309 05.9	N49 49.7
Nunki	76 19.5	S26 18.6
Peacock	53 46.0	S56 45.8
Pollux	243 49.0	N28 03.1
Procyon	245 18.0	N 5 15.0
Rasalhague	96 22.2	N12 33.8
Regulus	208 01.9	N12 00.8
Rigel	281 29.0	S 8 12.7
Rigil Kent.	140 15.0	S60 48.0
Sabik	102 32.1	S15 43.0
Schedar	350 01.0	N56 28.9
Shaula	96 45.1	S37 05.9
Sirius	258 49.2	S16 42.2
Spica	158 49.3	S11 06.9
Suhail	223 05.4	S43 23.9
Vega	80 50.4	N38 46.2
Zuben'ubi	137 24.3	S16 00.4

	S.H.A. ° ′	Mer. Pass. h m
Venus	345 54.5	9 19
Mars	9 00.7	7 46
Jupiter	259 17.8	15 03
Saturn	62 51.2	4 10

UT (GMT) d h	SUN G.H.A. ° ′	SUN Dec. ° ′	MOON G.H.A. ° ′	v ′	Dec. ° ′	d ′	H.P. ′
16 00	180 55.5	N18 59.4	287 37.5	11.9	S19 59.7	10.0	55.8
01	195 55.5	19 00.0	302 08.4	11.9	19 49.7	10.1	55.8
02	210 55.5	00.5	316 39.3	12.0	19 39.6	10.2	55.8
03	225 55.5	. . 01.1	331 10.3	12.0	19 29.4	10.2	55.8
04	240 55.5	01.7	345 41.3	12.0	19 19.2	10.4	55.9
05	255 55.5	02.3	0 12.3	12.1	19 08.8	10.5	55.9
06	270 55.4	N19 02.9	14 43.4	12.1	S18 58.3	10.6	55.9
W 07	285 55.4	03.4	29 14.5	12.1	18 47.7	10.7	56.0
E 08	300 55.4	04.0	43 45.6	12.2	18 37.0	10.7	56.0
D 09	315 55.4	. . 04.6	58 16.8	12.2	18 26.3	10.9	56.0
N 10	330 55.4	05.2	72 48.0	12.2	18 15.4	11.0	56.0
E 11	345 55.4	05.8	87 19.2	12.3	18 04.4	11.0	56.1
S 12	0 55.4	N19 06.3	101 50.5	12.3	S17 53.4	11.2	56.1
D 13	15 55.4	06.9	116 21.8	12.3	17 42.2	11.2	56.1
A 14	30 55.3	07.5	130 53.1	12.4	17 31.0	11.3	56.2
Y 15	45 55.3	. . 08.1	145 24.5	12.4	17 19.7	11.5	56.2
16	60 55.3	08.6	159 55.9	12.4	17 08.2	11.5	56.2
17	75 55.3	09.2	174 27.3	12.5	16 56.7	11.6	56.2
18	90 55.3	N19 09.8	188 58.8	12.5	S16 45.1	11.7	56.3
19	105 55.3	10.4	203 30.3	12.5	16 33.4	11.8	56.3
20	120 55.3	10.9	218 01.8	12.6	16 21.6	11.9	56.3
21	135 55.3	. . 11.5	232 33.4	12.6	16 09.7	11.9	56.4
22	150 55.2	12.1	247 05.0	12.6	15 57.8	12.1	56.4
23	165 55.2	12.6	261 36.6	12.6	15 45.7	12.1	56.4
17 00	180 55.2	N19 13.2	276 08.2	12.7	S15 33.6	12.2	56.5
01	195 55.2	13.8	290 39.9	12.7	15 21.4	12.3	56.5
02	210 55.2	14.4	305 11.6	12.7	15 09.1	12.4	56.5
03	225 55.2	. . 14.9	319 43.3	12.8	14 56.7	12.5	56.6
04	240 55.1	15.5	334 15.1	12.8	14 44.2	12.5	56.6
05	255 55.1	16.1	348 46.9	12.8	14 31.7	12.7	56.6
06	270 55.1	N19 16.6	3 18.7	12.8	S14 19.0	12.7	56.7
07	285 55.1	17.2	17 50.5	12.8	14 06.3	12.8	56.7
T 08	300 55.1	17.8	32 22.3	12.9	13 53.5	12.8	56.7
H 09	315 55.1	. . 18.3	46 54.2	12.9	13 40.7	13.0	56.8
U 10	330 55.0	18.9	61 26.1	12.9	13 27.7	13.0	56.8
R 11	345 55.0	19.4	75 58.0	12.9	13 14.7	13.1	56.8
S 12	0 55.0	N19 20.0	90 29.9	12.9	S13 01.6	13.2	56.9
D 13	15 55.0	20.6	105 01.8	13.0	12 48.4	13.2	56.9
A 14	30 55.0	21.1	119 33.8	12.9	12 35.2	13.4	56.9
Y 15	45 55.0	. . 21.7	134 05.7	13.0	12 21.8	13.4	57.0
16	60 54.9	22.3	148 37.7	13.0	12 08.4	13.6	57.0
17	75 54.9	22.8	163 09.7	13.0	11 55.0	13.6	57.0
18	90 54.9	N19 23.4	177 41.7	13.1	S11 41.4	13.6	57.1
19	105 54.9	23.9	192 13.8	13.0	11 27.8	13.6	57.1
20	120 54.9	24.5	206 45.8	13.1	11 14.2	13.8	57.1
21	135 54.8	. . 25.1	221 17.9	13.0	11 00.4	13.8	57.2
22	150 54.8	25.6	235 49.9	13.1	10 46.6	13.9	57.2
23	165 54.8	26.2	250 22.0	13.1	10 32.7	13.9	57.2
18 00	180 54.8	N19 26.7	264 54.1	13.1	S10 18.8	14.0	57.3
01	195 54.8	27.3	279 26.2	13.0	10 04.8	14.1	57.3
02	210 54.7	27.8	293 58.2	13.1	9 50.7	14.1	57.3
03	225 54.7	. . 28.4	308 30.3	13.1	9 36.6	14.2	57.4
04	240 54.7	28.9	323 02.4	13.1	9 22.4	14.3	57.4
05	255 54.7	29.5	337 34.5	13.1	9 08.1	14.3	57.5
06	270 54.6	N19 30.1	352 06.6	13.2	S 8 53.8	14.4	57.5
07	285 54.6	30.6	6 38.8	13.1	8 39.4	14.4	57.5
08	300 54.6	31.2	21 10.9	13.1	8 25.0	14.5	57.6
F 09	315 54.6	. . 31.7	35 43.0	13.1	8 10.5	14.6	57.6
R 10	330 54.6	32.3	50 15.1	13.1	7 55.9	14.6	57.6
I 11	345 54.5	32.8	64 47.2	13.1	7 41.3	14.6	57.7
D 12	0 54.5	N19 33.4	79 19.3	13.0	S 7 26.7	14.8	57.7
A 13	15 54.5	33.9	93 51.3	13.1	7 11.9	14.7	57.7
Y 14	30 54.5	34.5	108 23.4	13.1	6 57.2	14.8	57.8
15	45 54.4	. . 35.0	122 55.5	13.1	6 42.4	14.9	57.8
16	60 54.4	35.6	137 27.6	13.0	6 27.5	14.9	57.9
17	75 54.4	36.1	151 59.6	13.1	6 12.6	15.0	57.9
18	90 54.4	N19 36.6	166 31.7	13.0	S 5 57.6	15.0	57.9
19	105 54.3	37.2	181 03.7	13.0	5 42.6	15.1	58.0
20	120 54.3	37.7	195 35.7	13.0	5 27.5	15.1	58.0
21	135 54.3	. . 38.3	210 07.7	13.0	5 12.4	15.1	58.0
22	150 54.3	38.8	224 39.7	13.0	4 57.3	15.2	58.1
23	165 54.2	39.4	239 11.7	12.9	4 42.1	15.3	58.1
	S.D. 15.8	*d* 0.6	S.D.		15.3	15.5	15.7

Lat. °	Twilight Naut. h m	Twilight Civil h m	Sunrise h m	Moonrise 16 h m	Moonrise 17 h m	Moonrise 18 h m	Moonrise 19 h m
N 72	□	□	□	■	03 24	02 34	02 00
N 70	□	□	□	04 00	02 52	02 19	01 54
68	////	////	01 37	03 03	02 29	02 07	01 50
66	////	////	02 15	02 28	02 10	01 57	01 46
64	////	00 55	02 42	02 03	01 55	01 49	01 43
62	////	01 44	03 02	01 44	01 43	01 42	01 40
60	////	02 14	03 18	01 27	01 32	01 35	01 37
N 58	00 49	02 36	03 32	01 14	01 23	01 30	01 35
56	01 34	02 54	03 44	01 02	01 15	01 24	01 33
54	02 01	03 08	03 54	00 51	01 07	01 20	01 31
52	02 22	03 21	04 04	00 42	01 01	01 16	01 30
50	02 39	03 32	04 12	00 34	00 54	01 12	01 28
45	03 11	03 55	04 29	00 16	00 42	01 04	01 25
N 40	03 34	04 12	04 43	00 01	00 31	00 57	01 22
35	03 53	04 27	04 55	24 21	00 21	00 51	01 20
30	04 08	04 39	05 06	24 13	00 13	00 46	01 18
20	04 32	05 00	05 23	23 59	24 37	00 37	01 14
N 10	04 50	05 16	05 39	23 47	24 29	00 29	01 11
0	05 05	05 31	05 53	23 35	24 22	00 22	01 08
S 10	05 19	05 45	06 07	23 23	24 14	00 14	01 05
20	05 32	05 58	06 22	23 11	24 06	00 06	01 01
30	05 44	06 13	06 39	22 56	23 57	24 58	00 58
35	05 51	06 22	06 49	22 48	23 51	24 56	00 56
40	05 58	06 31	07 00	22 38	23 45	24 53	00 53
45	06 05	06 41	07 13	22 27	23 38	24 50	00 50
S 50	06 13	06 53	07 29	22 13	23 30	24 47	00 47
52	06 17	06 59	07 36	22 07	23 26	24 46	00 46
54	06 21	07 05	07 45	22 00	23 21	24 44	00 44
56	06 25	07 11	07 54	21 52	23 16	24 42	00 42
58	06 29	07 19	08 05	21 43	23 11	24 40	00 40
S 60	06 34	07 27	08 17	21 32	23 05	24 38	00 38

Lat. °	Sunset h m	Twilight Civil h m	Twilight Naut. h m	Moonset 16 h m	Moonset 17 h m	Moonset 18 h m	Moonset 19 h m
N 72	□	□	□	■	08 33	11 01	13 16
N 70	□	□	□	06 16	09 03	11 13	13 17
68	22 21	////	////	07 12	09 24	11 23	13 19
66	21 41	////	////	07 45	09 41	11 31	13 20
64	21 13	23 06	////	08 09	09 55	11 38	13 21
62	20 53	22 13	////	08 28	10 06	11 44	13 22
60	20 36	21 42	////	08 44	10 16	11 49	13 22
N 58	20 22	21 19	23 11	08 57	10 25	11 53	13 23
56	20 10	21 01	22 22	09 08	10 32	11 57	13 23
54	19 59	20 46	21 54	09 18	10 38	12 00	13 24
52	19 50	20 33	21 32	09 26	10 44	12 04	13 24
50	19 42	20 22	21 15	09 34	10 50	12 06	13 25
45	19 24	19 59	20 43	09 51	11 01	12 13	13 26
N 40	19 10	19 41	20 19	10 04	11 10	12 18	13 26
35	18 58	19 26	20 01	10 15	11 18	12 22	13 27
30	18 47	19 14	19 45	10 25	11 25	12 26	13 28
20	18 30	18 53	19 21	10 42	11 37	12 32	13 28
N 10	18 14	18 37	19 03	10 57	11 48	12 38	13 29
0	18 00	18 22	18 47	11 11	11 57	12 44	13 30
S 10	17 46	18 08	18 34	11 24	12 07	12 49	13 31
20	17 31	17 54	18 21	11 39	12 17	12 54	13 31
30	17 14	17 39	18 08	11 55	12 29	13 01	13 32
35	17 04	17 31	18 02	12 04	12 35	13 04	13 33
40	16 52	17 22	17 55	12 15	12 43	13 08	13 33
45	16 39	17 11	17 47	12 28	12 52	13 13	13 34
S 50	16 23	16 59	17 39	12 43	13 02	13 19	13 34
52	16 16	16 54	17 35	12 50	13 07	13 21	13 35
54	16 07	16 48	17 31	12 58	13 12	13 24	13 35
56	15 58	16 41	17 27	13 07	13 18	13 27	13 35
58	15 47	16 33	17 22	13 16	13 24	13 30	13 36
S 60	15 35	16 25	17 18	13 28	13 32	13 34	13 36

Day	SUN Eqn. of Time 00h m s	SUN Eqn. of Time 12h m s	SUN Mer. Pass. h m	MOON Mer. Pass. Upper h m	MOON Mer. Pass. Lower h m	MOON Age d	MOON Phase
16	03 42	03 42	11 56	04 59	17 23	21	
17	03 41	03 40	11 56	05 46	18 10	22	◑
18	03 39	03 38	11 56	06 33	18 56	23	

UT (GMT) d h		ARIES G.H.A.	VENUS −4.0 G.H.A.	VENUS Dec.	MARS +0.6 G.H.A.	MARS Dec.	JUPITER −1.9 G.H.A.	JUPITER Dec.	SATURN +0.4 G.H.A.	SATURN Dec.
		° ′	° ′	° ′	° ′	° ′	° ′	° ′	° ′	° ′
19 00		236 24.4	220 10.6	N 4 51.8	244 02.4	S 5 13.1	135 17.1	N23 11.8	299 18.2	S20 57.2
01		251 26.8	235 10.4	52.8	259 03.2	12.4	150 19.1	11.7	314 20.7	57.2
02		266 29.3	250 10.2	53.8	274 03.9	11.7	165 21.0	11.7	329 23.2	57.2
03		281 31.8	265 09.9	· · 54.9	289 04.6	· · 11.0	180 22.9	· · 11.7	344 25.8	· · 57.2
04		296 34.2	280 09.7	55.9	304 05.4	10.3	195 24.9	11.6	359 28.3	57.2
05		311 36.7	295 09.5	56.9	319 06.1	09.6	210 26.8	11.6	14 30.8	57.2
06		326 39.2	310 09.3	N 4 58.0	334 06.9	S 5 08.8	225 28.8	N23 11.6	29 33.3	S20 57.3
07		341 41.6	325 09.1	4 59.0	349 07.6	08.1	240 30.7	11.5	44 35.8	57.3
08	S	356 44.1	340 08.9	5 00.1	4 08.4	07.4	255 32.6	11.5	59 38.4	57.3
09	A	11 46.6	355 08.7	· · 01.1	19 09.1	· · 06.7	270 34.6	· · 11.5	74 40.9	· · 57.3
10	T	26 49.0	10 08.4	02.1	34 09.9	06.0	285 36.5	11.4	89 43.4	57.3
11	U	41 51.5	25 08.2	03.2	49 10.6	05.3	300 38.5	11.4	104 45.9	57.3
12	R	56 53.9	40 08.0	N 5 04.2	64 11.4	S 5 04.6	315 40.4	N23 11.4	119 48.5	S20 57.3
13	D	71 56.4	55 07.8	05.3	79 12.1	03.9	330 42.3	11.3	134 51.0	57.3
14	A	86 58.9	70 07.6	06.3	94 12.9	03.2	345 44.3	11.3	149 53.5	57.4
15	Y	102 01.3	85 07.3	· · 07.3	109 13.6	· · 02.5	0 46.2	· · 11.2	164 56.0	· · 57.4
16		117 03.8	100 07.1	08.4	124 14.4	01.8	15 48.1	11.2	179 58.6	57.4
17		132 06.3	115 06.9	09.4	139 15.1	01.1	30 50.1	11.2	195 01.1	57.4
18		147 08.7	130 06.7	N 5 10.4	154 15.8	S 5 00.4	45 52.0	N23 11.1	210 03.6	S20 57.4
19		162 11.2	145 06.5	11.5	169 16.6	4 59.6	60 54.0	11.1	225 06.1	57.4
20		177 13.7	160 06.3	12.5	184 17.3	58.9	75 55.9	11.1	240 08.7	57.4
21		192 16.1	175 06.0	· · 13.6	199 18.1	· · 58.2	90 57.8	· · 11.0	255 11.2	· · 57.5
22		207 18.6	190 05.8	14.6	214 18.8	57.5	105 59.8	11.0	270 13.7	57.5
23		222 21.0	205 05.6	15.6	229 19.6	56.8	121 01.7	11.0	285 16.3	57.5
20 00		237 23.5	220 05.4	N 5 16.7	244 20.3	S 4 56.1	136 03.6	N23 10.9	300 18.8	S20 57.5
01		252 26.0	235 05.2	17.7	259 21.1	55.4	151 05.6	10.9	315 21.3	57.5
02		267 28.4	250 04.9	18.7	274 21.8	54.7	166 07.5	10.9	330 23.8	57.5
03		282 30.9	265 04.7	· · 19.8	289 22.6	· · 54.0	181 09.4	· · 10.8	345 26.4	· · 57.5
04		297 33.4	280 04.5	20.8	304 23.3	53.3	196 11.4	10.8	0 28.9	57.6
05		312 35.8	295 04.3	21.9	319 24.1	52.6	211 13.3	10.8	15 31.4	57.6
06		327 38.3	310 04.0	N 5 22.9	334 24.8	S 4 51.9	226 15.3	N23 10.7	30 33.9	S20 57.6
07		342 40.8	325 03.8	23.9	349 25.6	51.1	241 17.2	10.7	45 36.5	57.6
08		357 43.2	340 03.6	25.0	4 26.3	50.4	256 19.1	10.7	60 39.0	57.6
09	S	12 45.7	355 03.4	· · 26.0	19 27.1	· · 49.7	271 21.1	· · 10.6	75 41.5	· · 57.6
10	U	27 48.2	10 03.2	27.0	34 27.8	49.0	286 23.0	10.6	90 44.1	57.6
11	N	42 50.6	25 02.9	28.1	49 28.6	48.3	301 24.9	10.6	105 46.6	57.6
12	D	57 53.1	40 02.7	N 5 29.1	64 29.3	S 4 47.6	316 26.9	N23 10.5	120 49.1	S20 57.7
13	A	72 55.5	55 02.5	30.2	79 30.1	46.9	331 28.8	10.5	135 51.6	57.7
14	Y	87 58.0	70 02.3	31.2	94 30.8	46.2	346 30.7	10.5	150 54.2	57.7
15		103 00.5	85 02.0	· · 32.2	109 31.6	· · 45.5	1 32.7	· · 10.4	165 56.7	· · 57.7
16		118 02.9	100 01.8	33.3	124 32.3	44.8	16 34.6	10.4	180 59.2	57.7
17		133 05.4	115 01.6	34.3	139 33.1	44.1	31 36.5	10.3	196 01.8	57.7
18		148 07.9	130 01.4	N 5 35.3	154 33.8	S 4 43.3	46 38.5	N23 10.3	211 04.3	S20 57.7
19		163 10.3	145 01.1	36.4	169 34.6	42.6	61 40.4	10.3	226 06.8	57.8
20		178 12.8	160 00.9	37.4	184 35.3	41.9	76 42.3	10.2	241 09.3	57.8
21		193 15.3	175 00.7	· · 38.4	199 36.1	· · 41.2	91 44.3	· · 10.2	256 11.9	· · 57.8
22		208 17.7	190 00.5	39.5	214 36.8	40.5	106 46.2	10.2	271 14.4	57.8
23		223 20.2	205 00.2	40.5	229 37.6	39.8	121 48.1	10.1	286 16.9	57.8
21 00		238 22.7	220 00.0	N 5 41.6	244 38.3	S 4 39.1	136 50.1	N23 10.1	301 19.5	S20 57.8
01		253 25.1	234 59.8	42.6	259 39.1	38.4	151 52.0	10.1	316 22.0	57.8
02		268 27.6	249 59.6	43.6	274 39.8	37.7	166 53.9	10.0	331 24.5	57.9
03		283 30.0	264 59.3	· · 44.7	289 40.6	· · 37.0	181 55.9	· · 10.0	346 27.1	· · 57.9
04		298 32.5	279 59.1	45.7	304 41.3	36.3	196 57.8	10.0	1 29.6	57.9
05		313 35.0	294 58.9	46.7	319 42.1	35.5	211 59.7	09.9	16 32.1	57.9
06		328 37.4	309 58.6	N 5 47.8	334 42.8	S 4 34.8	227 01.7	N23 09.9	31 34.7	S20 57.9
07		343 39.9	324 58.4	48.8	349 43.6	34.1	242 03.6	09.8	46 37.2	57.9
08		358 42.4	339 58.2	49.8	4 44.3	33.4	257 05.5	09.8	61 39.7	57.9
09	M	13 44.8	354 58.0	· · 50.9	19 45.1	· · 32.7	272 07.5	· · 09.8	76 42.2	· · 58.0
10	O	28 47.3	9 57.7	51.9	34 45.8	32.0	287 09.4	09.7	91 44.8	58.0
11	N	43 49.8	24 57.5	53.0	49 46.6	31.3	302 11.3	09.7	106 47.3	58.0
12	D	58 52.2	39 57.3	N 5 54.0	64 47.3	S 4 30.6	317 13.3	N23 09.7	121 49.8	S20 58.0
13	A	73 54.7	54 57.0	55.0	79 48.1	29.9	332 15.2	09.6	136 52.4	58.0
14	Y	88 57.1	69 56.8	56.1	94 48.8	29.2	347 17.1	09.6	151 54.9	58.0
15		103 59.6	84 56.6	· · 57.1	109 49.6	· · 28.5	2 19.1	· · 09.6	166 57.4	· · 58.1
16		119 02.1	99 56.4	58.1	124 50.3	27.7	17 21.0	09.5	182 00.0	58.1
17		134 04.5	114 56.1	5 59.2	139 51.1	27.0	32 22.9	09.5	197 02.5	58.1
18		149 07.0	129 55.9	N 6 00.2	154 51.8	S 4 26.3	47 24.8	N23 09.5	212 05.0	S20 58.1
19		164 09.5	144 55.7	01.2	169 52.6	25.6	62 26.8	09.4	227 07.6	58.1
20		179 11.9	159 55.4	02.3	184 53.3	24.9	77 28.7	09.4	242 10.1	58.1
21		194 14.4	174 55.2	· · 03.3	199 54.1	· · 24.2	92 30.6	· · 09.3	257 12.6	· · 58.1
22		209 16.9	189 55.0	04.3	214 54.8	23.5	107 32.6	09.3	272 15.2	58.2
23		224 19.3	204 54.7	05.4	229 55.6	22.8	122 34.5	09.3	287 17.7	58.2
Mer. Pass.		h m 8 09.1	v −0.2	d 1.0	v 0.7	d 0.7	v 1.9	d 0.0	v 2.5	d 0.0

STARS

Name	S.H.A.	Dec.
	° ′	° ′
Acamar	315 31.8	S40 20.4
Achernar	335 39.8	S57 16.9
Acrux	173 28.6	S63 03.1
Adhara	255 26.4	S28 57.6
Aldebaran	291 09.6	N16 29.5
Alioth	166 35.2	N56 00.8
Alkaid	153 11.9	N49 21.6
Al Na'ir	28 05.2	S47 00.3
Alnilam	276 04.3	S 1 12.4
Alphard	218 13.2	S 8 37.1
Alphecca	126 25.2	N26 44.6
Alpheratz	358 01.7	N29 02.1
Altair	62 24.9	N 8 50.4
Ankaa	353 32.8	S42 21.3
Antares	112 47.2	S26 24.8
Arcturus	146 11.2	N19 13.8
Atria	108 04.2	S69 00.7
Avior	234 25.5	S59 29.0
Bellatrix	278 50.9	N 6 20.5
Betelgeuse	271 20.3	N 7 24.4
Canopus	264 04.3	S52 41.5
Capella	281 00.6	N45 59.5
Deneb	49 43.2	N45 14.4
Denebola	182 51.1	N14 37.5
Diphda	349 13.4	S18 02.3
Dubhe	194 12.3	N61 48.4
Elnath	278 34.9	N28 36.1
Eltanin	90 53.7	N51 29.1
Enif	34 04.1	N 9 49.7
Fomalhaut	15 43.0	S29 40.3
Gacrux	172 20.2	S57 03.9
Gienah	176 10.0	S17 29.5
Hadar	149 12.2	S60 19.9
Hamal	328 20.7	N23 25.0
Kaus Aust.	84 06.4	S34 23.4
Kochab	137 17.7	N74 11.6
Markab	13 55.7	N15 09.1
Menkar	314 33.5	N 4 03.2
Menkent	148 27.8	S36 19.7
Miaplacidus	221 43.9	S69 41.0
Mirfak	309 05.8	N49 49.7
Nunki	76 19.5	S26 18.6
Peacock	53 46.0	S56 45.8
Pollux	243 49.1	N28 03.1
Procyon	245 18.0	N 5 15.0
Rasalhague	96 22.2	N12 33.8
Regulus	208 01.9	N12 00.8
Rigel	281 29.0	S 8 12.7
Rigil Kent.	140 15.0	S60 48.0
Sabik	102 32.1	S15 43.0
Schedar	350 01.0	N56 28.9
Shaula	96 45.1	S37 05.9
Sirius	258 49.2	S16 42.2
Spica	158 49.3	S11 06.9
Suhail	223 05.4	S43 23.9
Vega	80 50.4	N38 46.2
Zuben'ubi	137 24.3	S16 00.4

	S.H.A.	Mer. Pass.
	° ′	h m
Venus	342 41.9	9 20
Mars	6 56.8	7 42
Jupiter	258 40.1	14 54
Saturn	62 55.3	3 58

UT (GMT) d h	SUN G.H.A. ° ′	SUN Dec. ° ′	MOON G.H.A. ° ′	MOON v ′	MOON Dec. ° ′	MOON d ′	MOON H.P. ′
19 00	180 54.2	N19 39.9	253 43.6	12.9	S 4 26.8	15.2	58.2
01	195 54.2	40.4	268 15.5	12.9	4 11.6	15.4	58.2
02	210 54.1	41.0	282 47.4	12.9	3 56.2	15.3	58.2
03	225 54.1	. . 41.5	297 19.3	12.9	3 40.9	15.4	58.3
04	240 54.1	42.1	311 51.2	12.8	3 25.5	15.4	58.3
05	255 54.1	42.6	326 23.0	12.8	3 10.1	15.5	58.3
06	270 54.0	N19 43.2	340 54.8	12.8	S 2 54.6	15.5	58.4
07	285 54.0	43.7	355 26.6	12.8	2 39.1	15.5	58.4
S 08	300 54.0	44.2	9 58.4	12.7	2 23.6	15.6	58.5
A 09	315 53.9	. . 44.8	24 30.1	12.7	2 08.0	15.6	58.5
T 10	330 53.9	45.3	39 01.8	12.7	1 52.4	15.6	58.5
U 11	345 53.9	45.8	53 33.5	12.6	1 36.8	15.7	58.6
R 12	0 53.9	N19 46.4	68 05.1	12.6	S 1 21.1	15.7	58.6
D 13	15 53.8	46.9	82 36.7	12.5	1 05.4	15.7	58.7
A 14	30 53.8	47.4	97 08.2	12.6	0 49.7	15.7	58.7
Y 15	45 53.8	. . 48.0	111 39.8	12.4	0 34.0	15.8	58.7
16	60 53.7	48.5	126 11.2	12.5	0 18.2	15.8	58.8
17	75 53.7	49.0	140 42.7	12.4	S 0 02.4	15.8	58.8
18	90 53.7	N19 49.6	155 14.1	12.3	N 0 13.4	15.8	58.8
19	105 53.6	50.1	169 45.4	12.4	0 29.2	15.8	58.9
20	120 53.6	50.6	184 16.8	12.2	0 45.0	15.9	58.9
21	135 53.6	. . 51.2	198 48.0	12.2	1 00.9	15.9	59.0
22	150 53.5	51.7	213 19.2	12.2	1 16.8	15.9	59.0
23	165 53.5	52.2	227 50.4	12.1	1 32.7	15.9	59.0
20 00	180 53.5	N19 52.8	242 21.5	12.1	N 1 48.6	15.9	59.1
01	195 53.4	53.3	256 52.6	12.0	2 04.5	15.9	59.1
02	210 53.4	53.8	271 23.6	12.0	2 20.4	15.9	59.1
03	225 53.4	. . 54.3	285 54.6	11.9	2 36.3	16.0	59.2
04	240 53.3	54.9	300 25.5	11.9	2 52.3	15.9	59.2
05	255 53.3	55.4	314 56.4	11.8	3 08.2	16.0	59.3
06	270 53.3	N19 55.9	329 27.2	11.7	N 3 24.2	15.9	59.3
07	285 53.2	56.4	343 57.9	11.7	3 40.1	16.0	59.3
08	300 53.2	57.0	358 28.6	11.6	3 56.1	16.0	59.4
S 09	315 53.2	. . 57.5	12 59.2	11.5	4 12.1	15.9	59.4
U 10	330 53.1	58.0	27 29.7	11.5	4 28.0	16.0	59.4
N 11	345 53.1	58.5	42 00.2	11.5	4 44.0	15.9	59.5
D 12	0 53.1	N19 59.1	56 30.7	11.3	N 4 59.9	16.0	59.5
A 13	15 53.0	19 59.6	71 01.0	11.3	5 15.9	15.9	59.5
Y 14	30 53.0	20 00.1	85 31.3	11.2	5 31.8	15.9	59.6
15	45 53.0	. . 00.6	100 01.5	11.2	5 47.7	16.0	59.6
16	60 52.9	01.1	114 31.7	11.0	6 03.7	15.9	59.7
17	75 52.9	01.7	129 01.7	11.0	6 19.6	15.9	59.7
18	90 52.8	N20 02.2	143 31.7	11.0	N 6 35.5	15.8	59.7
19	105 52.8	02.7	158 01.7	10.8	6 51.3	15.9	59.8
20	120 52.8	03.2	172 31.5	10.8	7 07.2	15.8	59.8
21	135 52.7	. . 03.7	187 01.3	10.7	7 23.0	15.8	59.8
22	150 52.7	04.2	201 31.0	10.6	7 38.8	15.8	59.9
23	165 52.7	04.8	216 00.6	10.5	7 54.6	15.8	59.9
21 00	180 52.6	N20 05.3	230 30.1	10.5	N 8 10.4	15.8	59.9
01	195 52.6	05.8	244 59.6	10.3	8 26.2	15.7	60.0
02	210 52.5	06.3	259 28.9	10.3	8 41.9	15.7	60.0
03	225 52.5	. . 06.8	273 58.2	10.2	8 57.6	15.6	60.0
04	240 52.5	07.3	288 27.4	10.1	9 13.2	15.7	60.1
05	255 52.4	07.8	302 56.5	10.0	9 28.9	15.5	60.1
06	270 52.4	N20 08.3	317 25.5	10.0	N 9 44.4	15.6	60.1
07	285 52.3	08.9	331 54.5	9.8	10 00.0	15.5	60.2
08	300 52.3	09.4	346 23.3	9.7	10 15.5	15.5	60.2
M 09	315 52.3	. . 09.9	0 52.0	9.7	10 31.0	15.4	60.2
O 10	330 52.2	10.4	15 20.7	9.5	10 46.4	15.4	60.3
N 11	345 52.2	10.9	29 49.2	9.5	11 01.8	15.3	60.3
D 12	0 52.1	N20 11.4	44 17.7	9.3	N11 17.1	15.3	60.3
A 13	15 52.1	11.9	58 46.0	9.3	11 32.4	15.3	60.3
Y 14	30 52.1	12.4	73 14.3	9.1	11 47.7	15.2	60.4
15	45 52.0	. . 12.9	87 42.4	9.1	12 02.9	15.1	60.4
16	60 52.0	13.4	102 10.5	9.0	12 18.0	15.1	60.4
17	75 51.9	13.9	116 38.5	8.8	12 33.1	15.0	60.5
18	90 51.9	N20 14.4	131 06.3	8.8	N12 48.1	14.9	60.5
19	105 51.8	14.9	145 34.1	8.6	13 03.0	14.9	60.5
20	120 51.8	15.4	160 01.7	8.6	13 17.9	14.9	60.5
21	135 51.8	. . 15.9	174 29.3	8.4	13 32.8	14.7	60.6
22	150 51.7	16.4	188 56.7	8.3	13 47.5	14.7	60.6
23	165 51.7	16.9	203 24.0	8.2	14 02.2	14.6	60.6
	S.D. 15.8	d 0.5	S.D.	16.0		16.2	16.4

Lat. °	Twilight Naut. h m	Twilight Civil h m	Sunrise h m	Moonrise 19 h m	Moonrise 20 h m	Moonrise 21 h m	Moonrise 22 h m
N 72	▭	▭	▭	02 00	01 28	00 54	00 06
N 70	▭	▭	▭	01 54	01 31	01 06	00 33 / 23 22
68	////	////	01 18	01 50	01 33	01 16	00 54
66	////	////	02 03	01 46	01 35	01 24	01 10
64	////	00 19	02 32	01 43	01 37	01 31	01 24
62	////	01 30	02 54	01 40	01 38	01 37	01 36
60	////	02 04	03 12	01 37	01 39	01 42	01 46
N 58	00 17	02 28	03 26	01 35	01 40	01 47	01 55
56	01 22	02 47	03 39	01 33	01 41	01 51	02 02
54	01 53	03 03	03 50	01 31	01 42	01 55	02 09
52	02 15	03 16	03 59	01 30	01 43	01 58	02 16
50	02 33	03 28	04 08	01 28	01 44	02 01	02 21
45	03 07	03 51	04 26	01 25	01 46	02 08	02 34
N 40	03 31	04 10	04 41	01 22	01 47	02 14	02 44
35	03 50	04 25	04 53	01 20	01 48	02 19	02 53
30	04 06	04 38	05 04	01 18	01 49	02 23	03 00
20	04 30	04 58	05 22	01 14	01 51	02 31	03 14
N 10	04 49	05 16	05 38	01 11	01 53	02 38	03 26
0	05 05	05 31	05 53	01 08	01 55	02 44	03 37
S 10	05 19	05 45	06 08	01 05	01 57	02 51	03 49
20	05 33	06 00	06 23	01 01	01 58	02 58	04 01
30	05 46	06 15	06 41	00 58	02 01	03 06	04 15
35	05 53	06 24	06 51	00 56	02 02	03 11	04 23
40	06 00	06 33	07 03	00 53	02 03	03 16	04 33
45	06 08	06 44	07 16	00 50	02 05	03 23	04 44
S 50	06 17	06 57	07 33	00 47	02 07	03 30	04 58
52	06 21	07 02	07 41	00 46	02 08	03 34	05 04
54	06 25	07 09	07 49	00 44	02 09	03 38	05 11
56	06 29	07 16	07 59	00 42	02 10	03 42	05 19
58	06 34	07 24	08 10	00 40	02 11	03 47	05 28
S 60	06 39	07 32	08 23	00 38	02 13	03 52	05 39

Lat. °	Sunset h m	Twilight Civil h m	Twilight Naut. h m	Moonset 19 h m	Moonset 20 h m	Moonset 21 h m	Moonset 22 h m
N 72	▭	▭	▭	13 16	15 34	18 11	▭
N 70	▭	▭	▭	13 17	15 25	17 46	20 56
68	22 41	////	////	13 19	15 18	17 27	20 01
66	21 53	////	////	13 20	15 12	17 13	19 28
64	21 23	////	////	13 21	15 07	17 00	19 05
62	21 01	22 27	////	13 22	15 03	16 50	18 46
60	20 43	21 52	////	13 22	14 59	16 41	18 31
N 58	20 28	21 27	////	13 23	14 56	16 34	18 18
56	20 15	21 08	22 35	13 23	14 53	16 27	18 06
54	20 04	20 52	22 03	13 24	14 50	16 21	17 57
52	19 54	20 38	21 40	13 24	14 48	16 16	17 48
50	19 46	20 26	21 21	13 25	14 46	16 11	17 40
45	19 28	20 02	20 47	13 26	14 41	16 01	17 24
N 40	19 13	19 44	20 23	13 26	14 38	15 52	17 11
35	19 00	19 29	20 03	13 27	14 34	15 45	16 59
30	18 49	19 16	19 48	13 28	14 31	15 38	16 49
20	18 31	18 55	19 23	13 28	14 26	15 27	16 32
N 10	18 15	18 37	19 04	13 29	14 22	15 18	16 18
0	18 00	18 22	18 48	13 30	14 18	15 09	16 04
S 10	17 45	18 08	18 33	13 31	14 14	15 00	15 50
20	17 30	17 53	18 20	13 31	14 09	14 50	15 36
30	17 12	17 38	18 07	13 32	14 04	14 40	15 19
35	17 02	17 29	18 00	13 33	14 02	14 33	15 10
40	16 50	17 19	17 53	13 33	13 58	14 26	14 59
45	16 36	17 09	17 45	13 34	13 55	14 18	14 46
S 50	16 20	16 56	17 36	13 34	13 50	14 08	14 31
52	16 12	16 50	17 32	13 35	13 48	14 04	14 24
54	16 03	16 44	17 28	13 35	13 46	13 59	14 16
56	15 53	16 37	17 23	13 35	13 44	13 54	14 07
58	15 42	16 29	17 18	13 36	13 41	13 48	13 57
S 60	15 29	16 20	17 13	13 36	13 38	13 41	13 45

Day	SUN Eqn. of Time 00h m s	SUN Eqn. of Time 12h m s	SUN Mer. Pass. h m	MOON Mer. Pass. Upper h m	MOON Mer. Pass. Lower h m	MOON Age d	MOON Phase
19	03 37	03 35	11 56	07 19	19 42	24	
20	03 34	03 32	11 56	08 06	20 31	25	◐
21	03 31	03 29	11 57	08 56	21 23	26	

UT (GMT) d h	ARIES G.H.A. ° ′	VENUS −4.0 G.H.A. ° ′	VENUS Dec. ° ′	MARS +0.6 G.H.A. ° ′	MARS Dec. ° ′	JUPITER −1.9 G.H.A. ° ′	JUPITER Dec. ° ′	SATURN +0.4 G.H.A. ° ′	SATURN Dec. ° ′
22 00	239 21.8	219 54.5	N 6 06.4	244 56.4	S 4 22.1	137 36.4	N23 09.2	302 20.2	S20 58.2
01	254 24.3	234 54.3	07.4	259 57.1	21.4	152 38.4	09.2	317 22.8	58.2
02	269 26.7	249 54.0	08.5	274 57.9	20.6	167 40.3	09.2	332 25.3	58.2
03	284 29.2	264 53.8	· · 09.5	289 58.6	· · 19.9	182 42.2	· · 09.1	347 27.9	· · 58.2
04	299 31.6	279 53.6	10.5	304 59.4	19.2	197 44.2	09.1	2 30.4	58.2
05	314 34.1	294 53.3	11.6	320 00.1	18.5	212 46.1	09.1	17 32.9	58.3
06	329 36.6	309 53.1	N 6 12.6	335 00.9	S 4 17.8	227 48.0	N23 09.0	32 35.5	S20 58.3
07	344 39.0	324 52.9	13.7	350 01.6	17.1	242 49.9	09.0	47 38.0	58.3
T 08	359 41.5	339 52.6	14.7	5 02.4	16.4	257 51.9	08.9	62 40.5	58.3
U 09	14 44.0	354 52.4	· · 15.7	20 03.1	· · 15.7	272 53.8	· · 08.9	77 43.1	· · 58.3
E 10	29 46.4	9 52.2	16.8	35 03.9	15.0	287 55.7	08.9	92 45.6	58.3
S 11	44 48.9	24 51.9	17.8	50 04.6	14.3	302 57.7	08.8	107 48.1	58.4
D 12	59 51.4	39 51.7	N 6 18.8	65 05.4	S 4 13.5	317 59.6	N23 08.8	122 50.7	S20 58.4
A 13	74 53.8	54 51.4	19.9	80 06.1	12.8	333 01.5	08.8	137 53.2	58.4
Y 14	89 56.3	69 51.2	20.9	95 06.9	12.1	348 03.4	08.7	152 55.7	58.4
15	104 58.8	84 51.0	· · 21.9	110 07.7	· · 11.4	3 05.4	· · 08.7	167 58.3	· · 58.4
16	120 01.2	99 50.7	23.0	125 08.4	10.7	18 07.3	08.6	183 00.8	58.4
17	135 03.7	114 50.5	24.0	140 09.2	10.0	33 09.2	08.6	198 03.4	58.4
18	150 06.1	129 50.3	N 6 25.0	155 09.9	S 4 09.3	48 11.2	N23 08.6	213 05.9	S20 58.5
19	165 08.6	144 50.0	26.1	170 10.7	08.6	63 13.1	08.5	228 08.4	58.5
20	180 11.1	159 49.8	27.1	185 11.4	07.9	78 15.0	08.5	243 11.0	58.5
21	195 13.5	174 49.6	· · 28.1	200 12.2	· · 07.2	93 16.9	· · 08.5	258 13.5	· · 58.5
22	210 16.0	189 49.3	29.2	215 12.9	06.4	108 18.9	08.4	273 16.0	58.5
23	225 18.5	204 49.1	30.2	230 13.7	05.7	123 20.8	08.4	288 18.6	58.5
23 00	240 20.9	219 48.8	N 6 31.2	245 14.5	S 4 05.0	138 22.7	N23 08.3	303 21.1	S20 58.6
01	255 23.4	234 48.6	32.2	260 15.2	04.3	153 24.7	08.3	318 23.7	58.6
02	270 25.9	249 48.4	33.3	275 16.0	03.6	168 26.6	08.3	333 26.2	58.6
03	285 28.3	264 48.1	· · 34.3	290 16.7	· · 02.9	183 28.5	· · 08.2	348 28.7	· · 58.6
04	300 30.8	279 47.9	35.3	305 17.5	02.2	198 30.4	08.2	3 31.3	58.6
05	315 33.3	294 47.6	36.4	320 18.2	01.5	213 32.4	08.2	18 33.8	58.6
06	330 35.7	309 47.4	N 6 37.4	335 19.0	S 4 00.8	228 34.3	N23 08.1	33 36.4	S20 58.7
W 07	345 38.2	324 47.2	38.4	350 19.7	4 00.0	243 36.2	08.1	48 38.9	58.7
E 08	0 40.6	339 46.9	39.5	5 20.5	3 59.3	258 38.1	08.0	63 41.4	58.7
D 09	15 43.1	354 46.7	· · 40.5	20 21.3	· · 58.6	273 40.1	· · 08.0	78 44.0	· · 58.7
N 10	30 45.6	9 46.4	41.5	35 22.0	57.9	288 42.0	08.0	93 46.5	58.7
E 11	45 48.0	24 46.2	42.6	50 22.8	57.2	303 43.9	07.9	108 49.1	58.7
S 12	60 50.5	39 45.9	N 6 43.6	65 23.5	S 3 56.5	318 45.9	N23 07.9	123 51.6	S20 58.7
D 13	75 53.0	54 45.7	44.6	80 24.3	55.8	333 47.8	07.9	138 54.1	58.8
A 14	90 55.4	69 45.5	45.7	95 25.0	55.1	348 49.7	07.8	153 56.7	58.8
Y 15	105 57.9	84 45.2	· · 46.7	110 25.8	· · 54.4	3 51.6	· · 07.8	168 59.2	· · 58.8
16	121 00.4	99 45.0	47.7	125 26.5	53.7	18 53.6	07.7	184 01.8	58.8
17	136 02.8	114 44.7	48.7	140 27.3	52.9	33 55.5	07.7	199 04.3	58.8
18	151 05.3	129 44.5	N 6 49.8	155 28.1	S 3 52.2	48 57.4	N23 07.7	214 06.8	S20 58.8
19	166 07.7	144 44.2	50.8	170 28.8	51.5	63 59.3	07.6	229 09.4	58.9
20	181 10.2	159 44.0	51.8	185 29.6	50.8	79 01.3	07.6	244 11.9	58.9
21	196 12.7	174 43.7	· · 52.9	200 30.3	· · 50.1	94 03.2	· · 07.6	259 14.5	· · 58.9
22	211 15.1	189 43.5	53.9	215 31.1	49.4	109 05.1	07.5	274 17.0	58.9
23	226 17.6	204 43.3	54.9	230 31.8	48.7	124 07.0	07.5	289 19.6	58.9
24 00	241 20.1	219 43.0	N 6 56.0	245 32.6	S 3 48.0	139 09.0	N23 07.4	304 22.1	S20 58.9
01	256 22.5	234 42.8	57.0	260 33.4	47.3	154 10.9	07.4	319 24.6	59.0
02	271 25.0	249 42.5	58.0	275 34.1	46.5	169 12.8	07.4	334 27.2	59.0
03	286 27.5	264 42.3	6 59.0	290 34.9	· · 45.8	184 14.7	· · 07.3	349 29.7	· · 59.0
04	301 29.9	279 42.0	7 00.1	305 35.6	45.1	199 16.7	07.3	4 32.3	59.0
05	316 32.4	294 41.8	01.1	320 36.4	44.4	214 18.6	07.2	19 34.8	59.0
06	331 34.9	309 41.5	N 7 02.1	335 37.2	S 3 43.7	229 20.5	N23 07.2	34 37.4	S20 59.0
07	346 37.3	324 41.3	03.2	350 37.9	43.0	244 22.4	07.2	49 39.9	59.1
T 08	1 39.8	339 41.0	04.2	5 38.7	42.3	259 24.4	07.1	64 42.4	59.1
H 09	16 42.2	354 40.8	· · 05.2	20 39.4	· · 41.6	274 26.3	· · 07.1	79 45.0	· · 59.1
U 10	31 44.7	9 40.5	06.2	35 40.2	40.9	289 28.2	07.1	94 47.5	59.1
R 11	46 47.2	24 40.3	07.3	50 40.9	40.1	304 30.1	07.0	109 50.1	59.1
S 12	61 49.6	39 40.0	N 7 08.3	65 41.7	S 3 39.4	319 32.1	N23 07.0	124 52.6	S20 59.1
D 13	76 52.1	54 39.8	09.3	80 42.5	38.7	334 34.0	06.9	139 55.2	59.2
A 14	91 54.6	69 39.5	10.4	95 43.2	38.0	349 35.9	06.9	154 57.7	59.2
Y 15	106 57.0	84 39.3	· · 11.4	110 44.0	· · 37.3	4 37.8	· · 06.9	170 00.3	· · 59.2
16	121 59.5	99 39.0	12.4	125 44.7	36.6	19 39.7	06.8	185 02.8	59.2
17	137 02.0	114 38.8	13.4	140 45.5	35.9	34 41.7	06.8	200 05.3	59.2
18	152 04.4	129 38.5	N 7 14.5	155 46.3	S 3 35.2	49 43.6	N23 06.7	215 07.9	S20 59.2
19	167 06.9	144 38.3	15.5	170 47.0	34.5	64 45.5	06.7	230 10.4	59.3
20	182 09.4	159 38.0	16.5	185 47.8	33.7	79 47.4	06.7	245 13.0	59.3
21	197 11.8	174 37.8	· · 17.6	200 48.5	· · 33.0	94 49.4	· · 06.6	260 15.5	· · 59.3
22	212 14.3	189 37.5	18.6	215 49.3	32.3	109 51.3	06.6	275 18.1	59.3
23	227 16.7	204 37.3	19.6	230 50.1	31.6	124 53.2	06.5	290 20.6	59.3
Mer. Pass.	h m 7 57.3	v −0.2	d 1.0	v 0.8	d 0.7	v 1.9	d 0.0	v 2.5	d 0.0

STARS

Name	S.H.A. ° ′	Dec. ° ′
Acamar	315 31.8	S40 20.4
Achernar	335 39.8	S57 16.9
Acrux	173 28.6	S63 03.1
Adhara	255 26.4	S28 57.6
Aldebaran	291 09.6	N16 29.5
Alioth	166 35.2	N56 00.8
Alkaid	153 11.9	N49 21.7
Al Na'ir	28 05.2	S47 00.3
Alnilam	276 04.3	S 1 12.4
Alphard	218 13.2	S 8 37.1
Alphecca	126 25.2	N26 44.6
Alpheratz	358 01.7	N29 02.1
Altair	62 24.9	N 8 50.4
Ankaa	353 32.8	S42 21.3
Antares	112 47.2	S26 24.8
Arcturus	146 11.2	N19 13.8
Atria	108 04.1	S69 00.8
Avior	234 25.6	S59 29.0
Bellatrix	278 50.9	N 6 20.5
Betelgeuse	271 20.3	N 7 24.4
Canopus	264 04.3	S52 41.5
Capella	281 00.6	N45 59.5
Deneb	49 43.2	N45 14.5
Denebola	182 51.1	N14 37.5
Diphda	349 13.4	S18 02.2
Dubhe	194 12.4	N61 48.4
Elnath	278 34.9	N28 36.1
Eltanin	90 53.7	N51 29.1
Enif	34 04.1	N 9 49.7
Fomalhaut	15 43.0	S29 40.2
Gacrux	172 20.2	S57 03.9
Gienah	176 10.0	S17 29.5
Hadar	149 12.2	S60 19.9
Hamal	328 20.7	N23 25.0
Kaus Aust.	84 06.4	S34 23.4
Kochab	137 17.7	N74 11.7
Markab	13 55.7	N15 09.1
Menkar	314 33.5	N 4 03.2
Menkent	148 27.8	S36 19.7
Miaplacidus	221 43.9	S69 41.0
Mirfak	309 05.8	N49 49.7
Nunki	76 19.4	S26 18.6
Peacock	53 46.0	S56 45.8
Pollux	243 49.1	N28 03.1
Procyon	245 18.0	N 5 15.0
Rasalhague	96 22.2	N12 33.8
Regulus	208 01.9	N12 00.9
Rigel	281 29.0	S 8 12.7
Rigil Kent.	140 15.0	S60 48.0
Sabik	102 32.1	S15 43.0
Schedar	350 00.9	N56 28.9
Shaula	96 45.0	S37 05.9
Sirius	258 49.3	S16 42.2
Spica	158 49.3	S11 06.9
Suhail	223 05.4	S43 23.9
Vega	80 50.3	N38 46.2
Zuben'ubi	137 24.3	S16 00.4

	S.H.A. ° ′	Mer. Pass. h m
Venus	339 27.9	9 21
Mars	4 53.5	7 39
Jupiter	258 01.8	14 45
Saturn	63 00.2	3 46

UT (GMT) d	h	SUN G.H.A.	SUN Dec.	MOON G.H.A.	v	MOON Dec.	d	H.P.
		° ′	° ′	° ′	′	° ′	′	′
22	00	180 51.6	N20 17.4	217 51.2	8.1	N14 16.8	14.6	60.7
	01	195 51.6	17.9	232 18.3	8.0	14 31.4	14.5	60.7
	02	210 51.5	18.4	246 45.3	7.9	14 45.9	14.4	60.7
	03	225 51.5	.. 18.9	261 12.2	7.8	15 00.3	14.3	60.7
	04	240 51.4	19.4	275 39.0	7.7	15 14.6	14.2	60.8
	05	255 51.4	19.9	290 05.7	7.5	15 28.8	14.2	60.8
	06	270 51.3	N20 20.4	304 32.2	7.5	N15 43.0	14.0	60.8
	07	285 51.3	20.9	318 58.7	7.3	15 57.0	14.0	60.8
T	08	300 51.3	21.4	333 25.0	7.2	16 11.0	13.9	60.9
U	09	315 51.2	.. 21.9	347 51.2	7.1	16 24.9	13.8	60.9
E	10	330 51.2	22.4	2 17.3	7.0	16 38.7	13.7	60.9
S	11	345 51.1	22.9	16 43.3	6.8	16 52.4	13.6	60.9
D	12	0 51.1	N20 23.4	31 09.1	6.8	N17 06.0	13.4	60.9
A	13	15 51.0	23.9	45 34.9	6.6	17 19.4	13.4	61.0
Y	14	30 51.0	24.4	60 00.5	6.5	17 32.8	13.3	61.0
	15	45 50.9	.. 24.9	74 26.0	6.4	17 46.1	13.2	61.0
	16	60 50.9	25.4	88 51.4	6.3	17 59.3	13.1	61.0
	17	75 50.8	25.8	103 16.7	6.2	18 12.4	12.9	61.0
	18	90 50.8	N20 26.3	117 41.9	6.0	N18 25.3	12.9	61.1
	19	105 50.7	26.8	132 06.9	5.9	18 38.2	12.7	61.1
	20	120 50.7	27.3	146 31.8	5.8	18 50.9	12.6	61.1
	21	135 50.6	.. 27.8	160 56.6	5.7	19 03.5	12.5	61.1
	22	150 50.6	28.3	175 21.3	5.6	19 16.0	12.4	61.1
	23	165 50.5	28.8	189 45.9	5.5	19 28.4	12.2	61.1
23	00	180 50.5	N20 29.3	204 10.4	5.3	N19 40.6	12.2	61.2
	01	195 50.4	29.7	218 34.7	5.2	19 52.8	11.9	61.2
	02	210 50.4	30.2	232 58.9	5.1	20 04.7	11.9	61.2
	03	225 50.3	.. 30.7	247 23.0	5.0	20 16.6	11.7	61.2
	04	240 50.3	31.2	261 47.0	4.9	20 28.3	11.6	61.2
	05	255 50.2	31.7	276 10.9	4.7	20 39.9	11.4	61.2
	06	270 50.2	N20 32.2	290 34.6	4.7	N20 51.3	11.3	61.2
W	07	285 50.1	32.6	304 58.3	4.5	21 02.6	11.2	61.2
E	08	300 50.1	33.1	319 21.8	4.4	21 13.8	11.0	61.3
D	09	315 50.0	.. 33.6	333 45.2	4.3	21 24.8	10.9	61.3
N	10	330 50.0	34.1	348 08.5	4.2	21 35.7	10.7	61.3
E	11	345 49.9	34.6	2 31.7	4.1	21 46.4	10.6	61.3
S	12	0 49.9	N20 35.0	16 54.8	4.0	N21 57.0	10.4	61.3
D	13	15 49.8	35.5	31 17.8	3.9	22 07.4	10.2	61.3
A	14	30 49.8	36.0	45 40.7	3.7	22 17.6	10.1	61.3
Y	15	45 49.7	.. 36.5	60 03.4	3.7	22 27.7	10.0	61.3
	16	60 49.7	36.9	74 26.1	3.5	22 37.7	9.8	61.3
	17	75 49.6	37.4	88 48.6	3.5	22 47.5	9.6	61.3
	18	90 49.6	N20 37.9	103 11.1	3.3	N22 57.1	9.4	61.3
	19	105 49.5	38.4	117 33.4	3.2	23 06.5	9.3	61.3
	20	120 49.4	38.8	131 55.6	3.2	23 15.8	9.1	61.3
	21	135 49.4	.. 39.3	146 17.8	3.0	23 24.9	8.9	61.4
	22	150 49.3	39.8	160 39.8	3.0	23 33.8	8.8	61.4
	23	165 49.3	40.3	175 01.8	2.8	23 42.6	8.6	61.4
24	00	180 49.2	N20 40.7	189 23.6	2.8	N23 51.2	8.4	61.4
	01	195 49.2	41.2	203 45.4	2.7	23 59.6	8.2	61.4
	02	210 49.1	41.7	218 07.1	2.5	24 07.8	8.1	61.4
	03	225 49.1	.. 42.1	232 28.6	2.5	24 15.9	7.8	61.4
	04	240 49.0	42.6	246 50.1	2.5	24 23.7	7.7	61.4
	05	255 48.9	43.1	261 11.6	2.3	24 31.4	7.5	61.4
	06	270 48.9	N20 43.5	275 32.9	2.2	N24 38.9	7.3	61.4
	07	285 48.8	44.0	289 54.1	2.2	24 46.2	7.1	61.4
T	08	300 48.8	44.5	304 15.3	2.1	24 53.3	7.0	61.4
H	09	315 48.7	.. 44.9	318 36.4	2.1	25 00.3	6.7	61.4
U	10	330 48.7	45.4	332 57.5	1.9	25 07.0	6.5	61.3
R	11	345 48.6	45.9	347 18.4	1.9	25 13.5	6.4	61.3
S	12	0 48.5	N20 46.3	1 39.3	1.8	N25 19.9	6.1	61.3
D	13	15 48.5	46.8	16 00.1	1.8	25 26.0	6.0	61.3
A	14	30 48.4	47.3	30 20.9	1.7	25 32.0	5.7	61.3
Y	15	45 48.4	.. 47.7	44 41.6	1.7	25 37.7	5.6	61.3
	16	60 48.3	48.2	59 02.3	1.6	25 43.3	5.3	61.3
	17	75 48.2	48.6	73 22.9	1.5	25 48.6	5.2	61.3
	18	90 48.2	N20 49.1	87 43.4	1.5	N25 53.8	4.9	61.3
	19	105 48.1	49.6	102 03.9	1.5	25 58.7	4.8	61.3
	20	120 48.1	50.0	116 24.4	1.4	26 03.5	4.5	61.3
	21	135 48.0	.. 50.5	130 44.8	1.3	26 08.0	4.4	61.3
	22	150 48.0	50.9	145 05.1	1.4	26 12.4	4.1	61.3
	23	165 47.9	51.4	159 25.5	1.3	26 16.5	3.9	61.2
		S.D. 15.8	d 0.5	S.D. 16.6		16.7		16.7

Lat.	Twilight Naut.	Twilight Civil	Sunrise	Moonrise 22	23	24	25
°	h m	h m	h m	h m	h m	h m	h m
N 72	□	□	□	00 06	□	□	□
N 70	□	□	□	{00 33 / 23 22}	□	□	□
68	////	////	00 56	00 54	00 18	□	□
66	////	////	01 51	01 10	00 52	00 02	□
64	////	////	02 23	01 24	01 17	01 06	□
62	////	01 16	02 47	01 36	01 36	01 41	01 57
60	////	01 54	03 06	01 46	01 53	02 07	02 36
N 58	////	02 21	03 21	01 55	02 07	02 27	03 04
56	01 09	02 41	03 34	02 02	02 19	02 44	03 25
54	01 44	02 57	03 45	02 09	02 29	02 58	03 43
52	02 08	03 11	03 56	02 16	02 39	03 11	03 58
50	02 27	03 24	04 04	02 21	02 47	03 22	04 11
45	03 03	03 48	04 23	02 34	03 05	03 46	04 38
N 40	03 28	04 07	04 38	02 44	03 20	04 04	05 00
35	03 48	04 23	04 51	02 53	03 32	04 20	05 18
30	04 04	04 36	05 02	03 00	03 43	04 34	05 33
20	04 29	04 58	05 21	03 14	04 03	04 58	06 00
N 10	04 49	05 15	05 38	03 26	04 19	05 18	06 22
0	05 05	05 31	05 53	03 37	04 35	05 38	06 44
S 10	05 20	05 46	06 08	03 49	04 51	05 57	07 05
20	05 34	06 01	06 24	04 01	05 08	06 18	07 28
30	05 47	06 17	06 42	04 15	05 28	06 42	07 54
35	05 55	06 26	06 53	04 23	05 39	06 57	08 10
40	06 02	06 36	07 05	04 33	05 53	07 13	08 29
45	06 11	06 47	07 19	04 44	06 09	07 33	08 51
S 50	06 20	07 00	07 37	04 58	06 29	07 59	09 19
52	06 24	07 06	07 45	05 04	06 38	08 11	09 33
54	06 28	07 13	07 54	05 11	06 49	08 25	09 49
56	06 33	07 20	08 04	05 19	07 01	08 41	10 08
58	06 38	07 28	08 16	05 28	07 15	09 01	10 31
S 60	06 44	07 38	08 29	05 39	07 32	09 26	11 02

Lat.	Sunset	Twilight Civil	Twilight Naut.	Moonset 22	23	24	25
°	h m	h m	h m	h m	h m	h m	h m
N 72	□	□	□	□	□	□	□
N 70	□	□	□	20 56	□	□	□
68	23 06	////	////	20 01	□	□	□
66	22 06	////	////	19 28	22 26	□	□
64	21 33	////	////	19 05	21 24	□	□
62	21 08	22 42	////	18 46	20 49	22 50	24 13
60	20 49	22 02	////	18 31	20 24	22 11	23 29
N 58	20 34	21 35	////	18 18	20 04	21 44	23 00
56	20 20	21 14	22 49	18 06	19 48	21 23	22 38
54	20 09	20 57	22 12	17 57	19 34	21 05	22 19
52	19 59	20 43	21 47	17 48	19 22	20 50	22 04
50	19 50	20 31	21 27	17 40	19 11	20 37	21 50
45	19 31	20 06	20 52	17 24	18 49	20 11	21 22
N 40	19 15	19 47	20 26	17 11	18 31	19 50	21 00
35	19 02	19 31	20 06	16 59	18 16	19 32	20 42
30	18 51	19 18	19 50	16 49	18 03	19 17	20 26
20	18 32	18 56	19 24	16 32	17 41	18 51	20 00
N 10	18 16	18 38	19 05	16 18	17 22	18 29	19 37
0	18 00	18 22	18 48	16 04	17 04	18 09	19 15
S 10	17 45	18 07	18 33	15 50	16 46	17 48	18 54
20	17 29	17 53	18 20	15 36	16 28	17 26	18 31
30	17 11	17 36	18 06	15 19	16 06	17 01	18 04
35	17 00	17 27	17 58	15 10	15 53	16 46	17 48
40	16 48	17 18	17 51	14 59	15 39	16 28	17 29
45	16 34	17 06	17 42	14 46	15 21	16 08	17 07
S 50	16 16	16 53	17 33	14 31	15 00	15 42	16 39
52	16 08	16 47	17 29	14 24	14 50	15 29	16 25
54	15 59	16 40	17 24	14 16	14 39	15 15	16 09
56	15 49	16 33	17 20	14 07	14 26	14 58	15 50
58	15 37	16 25	17 14	13 57	14 11	14 38	15 26
S 60	15 23	16 15	17 09	13 45	13 54	14 13	14 55

Day	SUN Eqn. of Time 00h	SUN Eqn. of Time 12h	SUN Mer. Pass.	MOON Mer. Pass. Upper	MOON Mer. Pass. Lower	Age	Phase
	m s	m s	h m	h m	h m	d	
22	03 27	03 24	11 57	09 50	22 19	27	
23	03 22	03 20	11 57	10 49	23 21	28	●
24	03 17	03 14	11 57	11 53	24 26	00	

UT (GMT) d	h	ARIES G.H.A.	VENUS −4.0 G.H.A.	VENUS Dec.	MARS +0.6 G.H.A.	MARS Dec.	JUPITER −1.9 G.H.A.	JUPITER Dec.	SATURN +0.4 G.H.A.	SATURN Dec.
		° ′	° ′	° ′	° ′	° ′	° ′	° ′	° ′	° ′
25	00	242 19.2	219 37.0	N 7 20.6	245 50.8	S 3 30.9	139 55.1	N23 06.5	305 23.2	S20 59.3
	01	257 21.7	234 36.8	21.7	260 51.6	30.2	154 57.0	06.5	320 25.7	59.4
	02	272 24.1	249 36.5	22.7	275 52.3	29.5	169 59.0	06.4	335 28.3	59.4
	03	287 26.6	264 36.3	· · 23.7	290 53.1	· · 28.8	185 00.9	· · 06.4	350 30.8	· · 59.4
	04	302 29.1	279 36.0	24.7	305 53.9	28.1	200 02.8	06.4	5 33.4	59.4
	05	317 31.5	294 35.8	25.8	320 54.6	27.3	215 04.7	06.3	20 35.9	59.4
	06	332 34.0	309 35.5	N 7 26.8	335 55.4	S 3 26.6	230 06.7	N23 06.3	35 38.4	S20 59.4
	07	347 36.5	324 35.2	27.8	350 56.1	25.9	245 08.6	06.2	50 41.0	59.5
	08	2 38.9	339 35.0	28.8	5 56.9	25.2	260 10.5	06.2	65 43.5	59.5
F	09	17 41.4	354 34.7	· · 29.9	20 57.7	· · 24.5	275 12.4	· · 06.2	80 46.1	· · 59.5
R	10	32 43.8	9 34.5	30.9	35 58.4	23.8	290 14.3	06.1	95 48.6	59.5
I	11	47 46.3	24 34.2	31.9	50 59.2	23.1	305 16.3	06.1	110 51.2	59.5
D	12	62 48.8	39 34.0	N 7 32.9	66 00.0	S 3 22.4	320 18.2	N23 06.0	125 53.7	S20 59.6
A	13	77 51.2	54 33.7	34.0	81 00.7	21.7	335 20.1	06.0	140 56.3	59.6
Y	14	92 53.7	69 33.5	35.0	96 01.5	20.9	350 22.0	06.0	155 58.8	59.6
	15	107 56.2	84 33.2	· · 36.0	111 02.2	· · 20.2	5 23.9	· · 05.9	171 01.4	· · 59.6
	16	122 58.6	99 32.9	37.0	126 03.0	19.5	20 25.9	05.9	186 03.9	59.6
	17	138 01.1	114 32.7	38.1	141 03.8	18.8	35 27.8	05.8	201 06.5	59.6
	18	153 03.6	129 32.4	N 7 39.1	156 04.5	S 3 18.1	50 29.7	N23 05.8	216 09.0	S20 59.7
	19	168 06.0	144 32.2	40.1	171 05.3	17.4	65 31.6	05.8	231 11.6	59.7
	20	183 08.5	159 31.9	41.1	186 06.0	16.7	80 33.5	05.7	246 14.1	59.7
	21	198 11.0	174 31.6	· · 42.2	201 06.8	· · 16.0	95 35.5	· · 05.7	261 16.7	· · 59.7
	22	213 13.4	189 31.4	43.2	216 07.6	15.3	110 37.4	05.6	276 19.2	59.7
	23	228 15.9	204 31.1	44.2	231 08.3	14.5	125 39.3	05.6	291 21.8	59.7
26	00	243 18.3	219 30.9	N 7 45.2	246 09.1	S 3 13.8	140 41.2	N23 05.6	306 24.3	S20 59.8
	01	258 20.8	234 30.6	46.2	261 09.9	13.1	155 43.1	05.5	321 26.9	59.8
	02	273 23.3	249 30.3	47.3	276 10.6	12.4	170 45.1	05.5	336 29.4	59.8
	03	288 25.7	264 30.1	· · 48.3	291 11.4	· · 11.7	185 47.0	· · 05.4	351 32.0	· · 59.8
	04	303 28.2	279 29.8	49.3	306 12.1	11.0	200 48.9	05.4	6 34.5	59.8
	05	318 30.7	294 29.6	50.3	321 12.9	10.3	215 50.8	05.4	21 37.1	59.9
	06	333 33.1	309 29.3	N 7 51.4	336 13.7	S 3 09.6	230 52.7	N23 05.3	36 39.6	S20 59.9
	07	348 35.6	324 29.0	52.4	351 14.4	08.9	245 54.7	05.3	51 42.2	59.9
S	08	3 38.1	339 28.8	53.4	6 15.2	08.1	260 56.6	05.2	66 44.7	59.9
A	09	18 40.5	354 28.5	· · 54.4	21 16.0	· · 07.4	275 58.5	· · 05.2	81 47.3	· · 59.9
T	10	33 43.0	9 28.3	55.4	36 16.7	06.7	291 00.4	05.1	96 49.8	20 59.9
U	11	48 45.5	24 28.0	56.5	51 17.5	06.0	306 02.3	05.1	111 52.4	21 00.0
R	12	63 47.9	39 27.7	N 7 57.5	66 18.3	S 3 05.3	321 04.3	N23 05.1	126 54.9	S21 00.0
D	13	78 50.4	54 27.5	58.5	81 19.0	04.6	336 06.2	05.0	141 57.5	00.0
A	14	93 52.8	69 27.2	7 59.5	96 19.8	03.9	351 08.1	05.0	157 00.0	00.0
Y	15	108 55.3	84 26.9	8 00.5	111 20.5	· · 03.2	6 10.0	· · 04.9	172 02.6	· · 00.0
	16	123 57.8	99 26.7	01.6	126 21.3	02.5	21 11.9	04.9	187 05.2	00.1
	17	139 00.2	114 26.4	02.6	141 22.1	01.7	36 13.8	04.9	202 07.7	00.1
	18	154 02.7	129 26.1	N 8 03.6	156 22.8	S 3 01.0	51 15.8	N23 04.8	217 10.3	S21 00.1
	19	169 05.2	144 25.9	04.6	171 23.6	3 00.3	66 17.7	04.8	232 12.8	00.1
	20	184 07.6	159 25.6	05.6	186 24.4	2 59.6	81 19.6	04.7	247 15.4	00.1
	21	199 10.1	174 25.3	· · 06.7	201 25.1	· · 58.9	96 21.5	· · 04.7	262 17.9	· · 00.1
	22	214 12.6	189 25.1	07.7	216 25.9	58.2	111 23.4	04.7	277 20.5	00.2
	23	229 15.0	204 24.8	08.7	231 26.7	57.5	126 25.3	04.6	292 23.0	00.2
27	00	244 17.5	219 24.5	N 8 09.7	246 27.4	S 2 56.8	141 27.3	N23 04.6	307 25.6	S21 00.2
	01	259 19.9	234 24.3	10.7	261 28.2	56.1	156 29.2	04.5	322 28.1	00.2
	02	274 22.4	249 24.0	11.8	276 29.0	55.3	171 31.1	04.5	337 30.7	00.2
	03	289 24.9	264 23.7	· · 12.8	291 29.7	· · 54.6	186 33.0	· · 04.5	352 33.2	· · 00.3
	04	304 27.3	279 23.5	13.8	306 30.5	53.9	201 34.9	04.4	7 35.8	00.3
	05	319 29.8	294 23.2	14.8	321 31.3	53.2	216 36.9	04.4	22 38.4	00.3
	06	334 32.3	309 22.9	N 8 15.8	336 32.0	S 2 52.5	231 38.8	N23 04.3	37 40.9	S21 00.3
	07	349 34.7	324 22.7	16.8	351 32.8	51.8	246 40.7	04.3	52 43.5	00.3
	08	4 37.2	339 22.4	17.9	6 33.5	51.1	261 42.6	04.2	67 46.0	00.3
S	09	19 39.7	354 22.1	· · 18.9	21 34.3	· · 50.4	276 44.5	· · 04.2	82 48.6	· · 00.4
U	10	34 42.1	9 21.9	19.9	36 35.1	49.7	291 46.4	04.2	97 51.1	00.4
N	11	49 44.6	24 21.6	20.9	51 35.8	48.9	306 48.3	04.1	112 53.7	00.4
D	12	64 47.1	39 21.3	N 8 21.9	66 36.6	S 2 48.2	321 50.3	N23 04.1	127 56.2	S21 00.4
A	13	79 49.5	54 21.0	22.9	81 37.4	47.5	336 52.2	04.0	142 58.8	00.4
Y	14	94 52.0	69 20.8	24.0	96 38.1	46.8	351 54.1	04.0	158 01.4	00.5
	15	109 54.4	84 20.5	· · 25.0	111 38.9	· · 46.1	6 56.0	· · 04.0	173 03.9	· · 00.5
	16	124 56.9	99 20.2	26.0	126 39.7	45.4	21 57.9	03.9	188 06.5	00.5
	17	139 59.4	114 19.9	27.0	141 40.4	44.7	36 59.8	03.9	203 09.0	00.5
	18	155 01.8	129 19.7	N 8 28.0	156 41.2	S 2 44.0	52 01.8	N23 03.8	218 11.6	S21 00.5
	19	170 04.3	144 19.4	29.0	171 42.0	43.3	67 03.7	03.8	233 14.1	00.6
	20	185 06.8	159 19.1	30.1	186 42.7	42.5	82 05.6	03.7	248 16.7	00.6
	21	200 09.2	174 18.9	· · 31.1	201 43.5	· · 41.8	97 07.5	· · 03.7	263 19.2	· · 00.6
	22	215 11.7	189 18.6	32.1	216 44.3	41.1	112 09.4	03.7	278 21.8	00.6
	23	230 14.2	204 18.3	33.1	231 45.0	40.4	127 11.3	03.6	293 24.4	00.6
Mer. Pass.		h m 7 45.5	v −0.3	d 1.0	v 0.8	d 0.7	v 1.9	d 0.0	v 2.6	d 0.0

STARS

Name	S.H.A.	Dec.
	° ′	° ′
Acamar	315 31.8	S40 20.4
Achernar	335 39.8	S57 16.9
Acrux	173 28.7	S63 03.1
Adhara	255 26.4	S28 57.6
Aldebaran	291 09.6	N16 29.5
Alioth	166 35.2	N56 00.8
Alkaid	153 11.9	N49 21.7
Al Na'ir	28 05.2	S47 00.2
Alnilam	276 04.2	S 1 12.4
Alphard	218 13.2	S 8 37.1
Alphecca	126 25.2	N26 44.7
Alpheratz	358 01.7	N29 02.1
Altair	62 24.9	N 8 50.4
Ankaa	353 32.8	S42 21.2
Antares	112 47.2	S26 24.8
Arcturus	146 11.2	N19 13.8
Atria	108 04.1	S69 00.8
Avior	234 25.6	S59 29.0
Bellatrix	278 50.9	N 6 20.5
Betelgeuse	271 20.3	N 7 24.4
Canopus	264 04.3	S52 41.5
Capella	281 00.5	N45 59.5
Deneb	49 43.2	N45 14.5
Denebola	182 51.1	N14 37.5
Diphda	349 13.4	S18 02.2
Dubhe	194 12.4	N61 48.4
Elnath	278 34.9	N28 36.1
Eltanin	90 53.7	N51 29.2
Enif	34 04.1	N 9 49.7
Fomalhaut	15 43.0	S29 40.2
Gacrux	172 20.2	S57 03.9
Gienah	176 10.0	S17 29.6
Hadar	149 12.2	S60 19.9
Hamal	328 20.7	N23 25.0
Kaus Aust.	84 06.4	S34 23.4
Kochab	137 17.8	N74 11.7
Markab	13 55.7	N15 09.1
Menkar	314 33.5	N 4 03.2
Menkent	148 27.8	S36 19.7
Miaplacidus	221 43.9	S69 41.0
Mirfak	309 05.8	N49 49.7
Nunki	76 19.4	S26 18.6
Peacock	53 45.9	S56 45.8
Pollux	243 49.1	N28 03.1
Procyon	245 18.0	N 5 15.0
Rasalhague	96 22.2	N12 33.8
Regulus	208 01.9	N12 00.9
Rigel	281 29.0	S 8 12.7
Rigil Kent.	140 15.0	S60 48.0
Sabik	102 32.1	S15 43.0
Schedar	350 00.9	N56 28.9
Shaula	96 45.0	S37 05.9
Sirius	258 49.3	S16 42.2
Spica	158 49.3	S11 06.9
Suhail	223 05.4	S43 23.9
Vega	80 50.3	N38 46.2
Zuben'ubi	137 24.3	S16 00.4

	S.H.A.	Mer. Pass.
	° ′	h m
Venus	336 12.5	9 22
Mars	2 50.7	7 35
Jupiter	257 22.9	14 35
Saturn	63 06.0	3 34

UT (GMT) d h		SUN G.H.A.	SUN Dec.	MOON G.H.A.	MOON v	MOON Dec.	MOON d	MOON H.P.
		° ′	° ′	° ′	′	° ′	′	′
25 00		180 47.8	N20 51.8	173 45.8	1.3	N26 20.4	3.7	61.2
01		195 47.8	52.3	188 06.1	1.2	26 24.1	3.5	61.2
02		210 47.7	52.8	202 26.3	1.3	26 27.6	3.3	61.2
03		225 47.6	. . 53.2	216 46.6	1.2	26 30.9	3.1	61.2
04		240 47.6	53.7	231 06.8	1.2	26 34.0	2.9	61.2
05		255 47.5	54.1	245 27.0	1.1	26 36.9	2.7	61.2
06		270 47.5	N20 54.6	259 47.1	1.2	N26 39.6	2.4	61.2
07		285 47.4	55.0	274 07.3	1.2	26 42.0	2.3	61.1
08		300 47.3	55.5	288 27.5	1.1	26 44.3	2.0	61.1
09	F	315 47.3	. . 55.9	302 47.6	1.2	26 46.3	1.8	61.1
10	R	330 47.2	56.4	317 07.8	1.2	26 48.1	1.6	61.1
11	I	345 47.1	56.8	331 28.0	1.1	26 49.7	1.4	61.1
12	D	0 47.1	N20 57.3	345 48.1	1.2	N26 51.1	1.2	61.1
13	A	15 47.0	57.7	0 08.3	1.2	26 52.3	1.0	61.0
14	Y	30 47.0	58.2	14 28.5	1.2	26 53.3	0.8	61.0
15		45 46.9	. . 58.6	28 48.7	1.3	26 54.1	0.5	61.0
16		60 46.8	59.1	43 09.0	1.2	26 54.6	0.4	61.0
17		75 46.8	59.5	57 29.2	1.3	26 55.0	0.1	61.0
18		90 46.7	N20 59.9	71 49.5	1.4	N26 55.1	0.0	60.9
19		105 46.6	21 00.4	86 09.9	1.3	26 55.1	0.3	60.9
20		120 46.6	00.8	100 30.2	1.4	26 54.8	0.5	60.9
21		135 46.5	. . 01.3	114 50.6	1.4	26 54.3	0.7	60.9
22		150 46.4	01.7	129 11.0	1.5	26 53.6	0.9	60.8
23		165 46.4	02.2	143 31.5	1.5	26 52.7	1.1	60.8
26 00		180 46.3	N21 02.6	157 52.0	1.6	N26 51.6	1.3	60.8
01		195 46.2	03.0	172 12.6	1.6	26 50.3	1.5	60.8
02		210 46.2	03.5	186 33.2	1.7	26 48.8	1.7	60.7
03		225 46.1	. . 03.9	200 53.9	1.8	26 47.1	2.0	60.7
04		240 46.0	04.4	215 14.7	1.8	26 45.1	2.1	60.7
05		255 46.0	04.8	229 35.5	1.9	26 43.0	2.3	60.7
06		270 45.9	N21 05.2	243 56.4	1.9	N26 40.7	2.5	60.6
07		285 45.8	05.7	258 17.3	2.0	26 38.2	2.7	60.6
08	S	300 45.8	06.1	272 38.3	2.1	26 35.5	3.0	60.6
09	A	315 45.7	. . 06.5	286 59.4	2.2	26 32.5	3.1	60.6
10	T	330 45.6	07.0	301 20.6	2.2	26 29.4	3.3	60.5
11	U	345 45.6	07.4	315 41.8	2.3	26 26.1	3.5	60.5
12	R	0 45.5	N21 07.8	330 03.1	2.4	N26 22.6	3.7	60.5
13	D	15 45.4	08.3	344 24.5	2.5	26 18.9	3.9	60.4
14	A	30 45.4	08.7	358 46.0	2.6	26 15.0	4.0	60.4
15	Y	45 45.3	. . 09.1	13 07.6	2.7	26 11.0	4.3	60.4
16		60 45.2	09.6	27 29.3	2.8	26 06.7	4.5	60.4
17		75 45.2	10.0	41 51.1	2.9	26 02.2	4.6	60.3
18		90 45.1	N21 10.4	56 13.0	2.9	N25 57.6	4.8	60.3
19		105 45.0	10.9	70 34.9	3.1	25 52.8	5.0	60.3
20		120 45.0	11.3	84 57.0	3.2	25 47.8	5.2	60.2
21		135 44.9	. . 11.7	99 19.2	3.3	25 42.6	5.4	60.2
22		150 44.8	12.1	113 41.5	3.3	25 37.2	5.5	60.2
23		165 44.7	12.6	128 03.8	3.5	25 31.7	5.7	60.1
27 00		180 44.7	N21 13.0	142 26.3	3.7	N25 26.0	5.9	60.1
01		195 44.6	13.4	156 49.0	3.7	25 20.1	6.0	60.1
02		210 44.5	13.8	171 11.7	3.8	25 14.1	6.3	60.0
03		225 44.5	. . 14.3	185 34.5	4.0	25 07.8	6.4	60.0
04		240 44.4	14.7	199 57.5	4.0	25 01.4	6.5	60.0
05		255 44.3	15.1	214 20.5	4.2	24 54.9	6.7	59.9
06		270 44.2	N21 15.5	228 43.7	4.3	N24 48.2	6.9	59.9
07		285 44.2	16.0	243 07.0	4.5	24 41.3	7.1	59.9
08		300 44.1	16.4	257 30.5	4.5	24 34.2	7.2	59.8
09	S	315 44.0	. . 16.8	271 54.0	4.7	24 27.0	7.3	59.8
10	U	330 44.0	17.2	286 17.7	4.8	24 19.7	7.5	59.7
11	N	345 43.9	17.6	300 41.5	4.9	24 12.2	7.7	59.7
12	D	0 43.8	N21 18.1	315 05.4	5.1	N24 04.5	7.8	59.7
13	A	15 43.7	18.5	329 29.5	5.2	23 56.7	8.0	59.6
14	Y	30 43.7	18.9	343 53.7	5.3	23 48.7	8.1	59.6
15		45 43.6	. . 19.3	358 18.0	5.4	23 40.6	8.3	59.6
16		60 43.5	19.7	12 42.4	5.6	23 32.3	8.4	59.5
17		75 43.4	20.1	27 07.0	5.7	23 23.9	8.5	59.5
18		90 43.4	N21 20.5	41 31.7	5.9	N23 15.4	8.7	59.5
19		105 43.3	21.0	55 56.6	5.9	23 06.7	8.8	59.4
20		120 43.2	21.4	70 21.5	6.1	22 57.9	9.0	59.4
21		135 43.1	. . 21.8	84 46.6	6.3	22 48.9	9.0	59.3
22		150 43.1	22.2	99 11.9	6.3	22 39.9	9.3	59.3
23		165 43.0	22.6	113 37.2	6.5	22 30.6	9.3	59.3
		S.D. 15.8	d 0.4	S.D. 16.6		16.5		16.3

Lat.	Twilight Naut.	Twilight Civil	Sunrise	Moonrise 25	Moonrise 26	Moonrise 27	Moonrise 28
°	h m	h m	h m	h m	h m	h m	h m
N 72	□	□	□	□	□	□	□
N 70	□	□	□	□	□	□	□
68	////	////	00 22	□	□	□	04 31
66	////	////	01 39	□	□	□	05 36
64	////	////	02 15	□	□	03 52	06 11
62	////	01 00	02 40	01 57	02 54	04 41	06 36
60	////	01 45	03 00	02 36	03 38	05 12	06 56
N 58	////	02 14	03 16	03 04	04 07	05 35	07 12
56	00 54	02 35	03 30	03 25	04 29	05 53	07 26
54	01 36	02 52	03 42	03 43	04 47	06 09	07 38
52	02 02	03 07	03 52	03 58	05 03	06 23	07 48
50	02 22	03 20	04 01	04 11	05 16	06 35	07 58
45	02 59	03 45	04 21	04 38	05 44	06 59	08 17
N 40	03 25	04 05	04 37	05 00	06 06	07 19	08 33
35	03 46	04 21	04 50	05 18	06 24	07 35	08 46
30	04 02	04 35	05 01	05 33	06 39	07 49	08 58
20	04 28	04 57	05 21	06 00	07 06	08 13	09 18
N 10	04 48	05 15	05 38	06 22	07 29	08 34	09 35
0	05 05	05 31	05 53	06 44	07 50	08 53	09 51
S 10	05 21	05 46	06 09	07 05	08 11	09 12	10 06
20	05 35	06 02	06 25	07 28	08 34	09 32	10 23
30	05 49	06 18	06 44	07 54	09 00	09 56	10 43
35	05 56	06 28	06 55	08 10	09 16	10 10	10 54
40	06 04	06 38	07 08	08 29	09 34	10 26	11 07
45	06 13	06 49	07 22	08 51	09 55	10 45	11 22
S 50	06 23	07 03	07 40	09 19	10 23	11 08	11 40
52	06 27	07 10	07 49	09 33	10 36	11 20	11 49
54	06 32	07 17	07 58	09 49	10 51	11 32	11 59
56	06 37	07 24	08 09	10 08	11 09	11 47	12 09
58	06 42	07 33	08 21	10 31	11 31	12 04	12 22
S 60	06 48	07 42	08 35	11 02	12 00	12 25	12 36

Lat.	Sunset	Twilight Civil	Twilight Naut.	Moonset 25	Moonset 26	Moonset 27	Moonset 28
°	h m	h m	h m	h m	h m	h m	h m
N 72	□	□	□	□	□	□	□
N 70	□	□	□	□	□	□	□
68	□	□	□	□	□	□	02 57
66	22 19	////	////	□	□	□	01 50
64	21 42	////	////	□	□	01 30	01 14
62	21 16	22 59	////	24 13	00 13	00 41	00 48
60	20 56	22 12	////	23 29	24 10	00 10	00 28
N 58	20 39	21 42	////	23 00	23 46	24 11	00 11
56	20 25	21 20	23 05	22 38	23 27	23 57	24 15
54	20 13	21 03	22 21	22 19	23 11	23 44	24 06
52	20 03	20 48	21 54	22 04	22 57	23 33	23 58
50	19 53	20 35	21 33	21 50	22 45	23 23	23 51
45	19 34	20 09	20 56	21 22	22 19	23 02	23 35
N 40	19 18	19 50	20 29	21 00	21 59	22 46	23 22
35	19 05	19 33	20 09	20 42	21 42	22 31	23 11
30	18 53	19 20	19 52	20 26	21 27	22 19	23 02
20	18 33	18 57	19 26	20 00	21 02	21 57	22 45
N 10	18 16	18 39	19 06	19 37	20 41	21 39	22 30
0	18 01	18 23	18 49	19 15	20 20	21 21	22 16
S 10	17 45	18 07	18 33	18 54	20 00	21 03	22 02
20	17 28	17 52	18 19	18 31	19 38	20 44	21 47
30	17 10	17 35	18 05	18 04	19 12	20 22	21 30
35	16 59	17 26	17 57	17 48	18 57	20 09	21 20
40	16 46	17 16	17 49	17 29	18 40	19 54	21 08
45	16 31	17 04	17 40	17 07	18 18	19 36	20 54
S 50	16 13	16 50	17 31	16 39	17 51	19 13	20 37
52	16 05	16 44	17 26	16 25	17 38	19 03	20 29
54	15 55	16 37	17 22	16 09	17 23	18 50	20 20
56	15 45	16 29	17 17	15 50	17 05	18 36	20 10
58	15 32	16 21	17 11	15 26	16 44	18 20	19 58
S 60	15 18	16 11	17 05	14 55	16 16	17 59	19 45

Day	SUN Eqn. of Time 00 h	SUN Eqn. of Time 12 h	SUN Mer. Pass.	MOON Mer. Pass. Upper	MOON Mer. Pass. Lower	MOON Age	MOON Phase
	m s	m s	h m	h m	h m	d	
25	03 11	03 08	11 57	12 59	00 26	01	●
26	03 05	03 02	11 57	14 05	01 33	02	
27	02 59	02 55	11 57	15 07	02 37	03	

UT (GMT) d	h	ARIES G.H.A.	VENUS −4.0 G.H.A.	VENUS Dec.	MARS +0.6 G.H.A.	MARS Dec.	JUPITER −1.9 G.H.A.	JUPITER Dec.	SATURN +0.4 G.H.A.	SATURN Dec.	STARS Name	S.H.A.	Dec.
		° ′	° ′	° ′	° ′	° ′	° ′	° ′	° ′	° ′		° ′	° ′
28	00	245 16.6	219 18.0	N 8 34.1	246 45.8	S 2 39.7	142 13.2	N23 03.6	308 26.9	S21 00.6	Acamar	315 31.7	S40 20.4
	01	260 19.1	234 17.8	35.1	261 46.6	39.0	157 15.2	03.5	323 29.5	00.7	Achernar	335 39.8	S57 16.8
	02	275 21.6	249 17.5	36.1	276 47.3	38.3	172 17.1	03.5	338 32.0	00.7	Acrux	173 28.7	S63 03.1
	03	290 24.0	264 17.2	· · 37.2	291 48.1	· · 37.6	187 19.0	· · 03.5	353 34.6	· · 00.7	Adhara	255 26.4	S28 57.6
	04	305 26.5	279 16.9	38.2	306 48.9	36.8	202 20.9	03.4	8 37.2	00.7	Aldebaran	291 09.6	N16 29.5
	05	320 28.9	294 16.7	39.2	321 49.7	36.1	217 22.8	03.4	23 39.7	00.7			
	06	335 31.4	309 16.4	N 8 40.2	336 50.4	S 2 35.4	232 24.7	N23 03.3	38 42.3	S21 00.8	Alioth	166 35.2	N56 00.8
	07	350 33.9	324 16.1	41.2	351 51.2	34.7	247 26.6	03.3	53 44.8	00.8	Alkaid	153 11.9	N49 21.7
	08	5 36.3	339 15.8	42.2	6 52.0	34.0	262 28.6	03.2	68 47.4	00.8	Al Na'ir	28 05.1	S47 00.2
M	09	20 38.8	354 15.5	· · 43.2	21 52.7	· · 33.3	277 30.5	· · 03.2	83 49.9	· · 00.8	Alnilam	276 04.2	S 1 12.4
O	10	35 41.3	9 15.3	44.2	36 53.5	32.6	292 32.4	03.2	98 52.5	00.8	Alphard	218 13.2	S 8 37.1
N	11	50 43.7	24 15.0	45.3	51 54.3	31.9	307 34.3	03.1	113 55.1	00.9			
D	12	65 46.2	39 14.7	N 8 46.3	66 55.0	S 2 31.2	322 36.2	N23 03.1	128 57.6	S21 00.9	Alphecca	126 25.2	N26 44.7
A	13	80 48.7	54 14.4	47.3	81 55.8	30.4	337 38.1	03.0	144 00.2	00.9	Alpheratz	358 01.7	N29 02.1
Y	14	95 51.1	69 14.2	48.3	96 56.6	29.7	352 40.0	03.0	159 02.7	00.9	Altair	62 24.9	N 8 50.4
	15	110 53.6	84 13.9	· · 49.3	111 57.3	· · 29.0	7 42.0	· · 02.9	174 05.3	· · 00.9	Ankaa	353 32.8	S42 21.2
	16	125 56.1	99 13.6	50.3	126 58.1	28.3	22 43.9	02.9	189 07.9	01.0	Antares	112 47.1	S26 24.8
	17	140 58.5	114 13.3	51.3	141 58.9	27.6	37 45.8	02.9	204 10.4	01.0			
	18	156 01.0	129 13.0	N 8 52.3	156 59.6	S 2 26.9	52 47.7	N23 02.8	219 13.0	S21 01.0	Arcturus	146 11.2	N19 13.8
	19	171 03.4	144 12.7	53.3	172 00.4	26.2	67 49.6	02.8	234 15.6	01.0	Atria	108 04.1	S69 00.8
	20	186 05.9	159 12.5	54.4	187 01.2	25.5	82 51.5	02.7	249 18.1	01.0	Avior	234 25.6	S59 28.9
	21	201 08.4	174 12.2	· · 55.4	202 01.9	· · 24.8	97 53.4	· · 02.7	264 20.7	· · 01.1	Bellatrix	278 50.9	N 6 20.6
	22	216 10.8	189 11.9	56.4	217 02.7	24.0	112 55.3	02.6	279 23.2	01.1	Betelgeuse	271 20.3	N 7 24.4
	23	231 13.3	204 11.6	57.4	232 03.5	23.3	127 57.3	02.6	294 25.8	01.1			
29	00	246 15.8	219 11.3	N 8 58.4	247 04.3	S 2 22.6	142 59.2	N23 02.6	309 28.4	S21 01.1	Canopus	264 04.3	S52 41.5
	01	261 18.2	234 11.1	8 59.4	262 05.0	21.9	158 01.1	02.5	324 30.9	01.1	Capella	281 00.5	N45 59.5
	02	276 20.7	249 10.8	9 00.4	277 05.8	21.2	173 03.0	02.5	339 33.5	01.2	Deneb	49 43.1	N45 14.5
	03	291 23.2	264 10.5	· · 01.4	292 06.6	· · 20.5	188 04.9	· · 02.4	354 36.0	· · 01.2	Denebola	182 51.1	N14 37.5
	04	306 25.6	279 10.2	02.4	307 07.3	19.8	203 06.8	02.4	9 38.6	01.2	Diphda	349 13.3	S18 02.2
	05	321 28.1	294 09.9	03.4	322 08.1	19.1	218 08.7	02.3	24 41.2	01.2			
	06	336 30.5	309 09.6	N 9 04.4	337 08.9	S 2 18.4	233 10.6	N23 02.3	39 43.7	S21 01.2	Dubhe	194 12.4	N61 48.4
	07	351 33.0	324 09.4	05.4	352 09.6	17.6	248 12.6	02.3	54 46.3	01.3	Elnath	278 34.9	N28 36.1
T	08	6 35.5	339 09.1	06.5	7 10.4	16.9	263 14.5	02.2	69 48.9	01.3	Eltanin	90 53.7	N51 29.2
U	09	21 37.9	354 08.8	· · 07.5	22 11.2	· · 16.2	278 16.4	· · 02.2	84 51.4	· · 01.3	Enif	34 04.0	N 9 49.8
E	10	36 40.4	9 08.5	08.5	37 12.0	15.5	293 18.3	02.1	99 54.0	01.3	Fomalhaut	15 42.9	S29 40.2
S	11	51 42.9	24 08.2	09.5	52 12.7	14.8	308 20.2	02.1	114 56.5	01.3			
D	12	66 45.3	39 07.9	N 9 10.5	67 13.5	S 2 14.1	323 22.1	N23 02.0	129 59.1	S21 01.4	Gacrux	172 20.2	S57 03.9
A	13	81 47.8	54 07.6	11.5	82 14.3	13.4	338 24.0	02.0	145 01.7	01.4	Gienah	176 10.0	S17 29.6
Y	14	96 50.3	69 07.3	12.5	97 15.0	12.7	353 25.9	01.9	160 04.2	01.4	Hadar	149 12.2	S60 19.9
	15	111 52.7	84 07.1	· · 13.5	112 15.8	· · 12.0	8 27.8	· · 01.9	175 06.8	· · 01.4	Hamal	328 20.7	N23 25.0
	16	126 55.2	99 06.8	14.5	127 16.6	11.3	23 29.8	01.9	190 09.4	01.4	Kaus Aust.	84 06.3	S34 23.4
	17	141 57.7	114 06.5	15.5	142 17.4	10.5	38 31.7	01.8	205 11.9	01.5			
	18	157 00.1	129 06.2	N 9 16.5	157 18.1	S 2 09.8	53 33.6	N23 01.8	220 14.5	S21 01.5	Kochab	137 17.8	N74 11.7
	19	172 02.6	144 05.9	17.5	172 18.9	09.1	68 35.5	01.7	235 17.1	01.5	Markab	13 55.6	N15 09.1
	20	187 05.0	159 05.6	18.5	187 19.7	08.4	83 37.4	01.7	250 19.6	01.5	Menkar	314 33.5	N 4 03.2
	21	202 07.5	174 05.3	· · 19.5	202 20.4	· · 07.7	98 39.3	· · 01.6	265 22.2	· · 01.5	Menkent	148 27.8	S36 19.7
	22	217 10.0	189 05.0	20.5	217 21.2	07.0	113 41.2	01.6	280 24.7	01.6	Miaplacidus	221 44.0	S69 41.0
	23	232 12.4	204 04.7	21.5	232 22.0	06.3	128 43.1	01.6	295 27.3	01.6			
30	00	247 14.9	219 04.5	N 9 22.5	247 22.8	S 2 05.6	143 45.0	N23 01.5	310 29.9	S21 01.6	Mirfak	309 05.8	N49 49.7
	01	262 17.4	234 04.2	23.5	262 23.5	04.9	158 46.9	01.5	325 32.4	01.6	Nunki	76 19.4	S26 18.6
	02	277 19.8	249 03.9	24.5	277 24.3	04.1	173 48.9	01.4	340 35.0	01.6	Peacock	53 45.9	S56 45.8
	03	292 22.3	264 03.6	· · 25.5	292 25.1	· · 03.4	188 50.8	· · 01.4	355 37.6	· · 01.7	Pollux	243 49.1	N28 03.1
	04	307 24.8	279 03.3	26.5	307 25.8	02.7	203 52.7	01.3	10 40.1	01.7	Procyon	245 18.0	N 5 15.0
	05	322 27.2	294 03.0	27.5	322 26.6	02.0	218 54.6	01.3	25 42.7	01.7			
	06	337 29.7	309 02.7	N 9 28.6	337 27.4	S 2 01.3	233 56.5	N23 01.2	40 45.3	S21 01.7	Rasalhague	96 22.2	N12 33.8
W	07	352 32.2	324 02.4	29.6	352 28.2	2 00.6	248 58.4	01.2	55 47.8	01.7	Regulus	208 01.9	N12 00.9
E	08	7 34.6	339 02.1	30.6	7 28.9	1 59.9	264 00.3	01.2	70 50.4	01.8	Rigel	281 29.0	S 8 12.7
D	09	22 37.1	354 01.8	· · 31.6	22 29.7	· · 59.2	279 02.2	· · 01.1	85 53.0	· · 01.8	Rigil Kent.	140 15.0	S60 48.0
N	10	37 39.5	9 01.5	32.6	37 30.5	58.5	294 04.1	01.1	100 55.5	01.8	Sabik	102 32.0	S15 43.0
E	11	52 42.0	24 01.2	33.6	52 31.3	57.7	309 06.0	01.0	115 58.1	01.8			
S	12	67 44.5	39 00.9	N 9 34.6	67 32.0	S 1 57.0	324 07.9	N23 01.0	131 00.7	S21 01.8	Schedar	350 00.9	N56 28.9
D	13	82 46.9	54 00.6	35.6	82 32.8	56.3	339 09.9	00.9	146 03.2	01.9	Shaula	96 45.0	S37 05.9
A	14	97 49.4	69 00.3	36.6	97 33.6	55.6	354 11.8	00.9	161 05.8	01.9	Sirius	258 49.2	S16 42.2
Y	15	112 51.9	84 00.1	· · 37.6	112 34.3	· · 54.9	9 13.7	· · 00.8	176 08.4	· · 01.9	Spica	158 49.3	S11 06.9
	16	127 54.3	98 59.8	38.6	127 35.1	54.2	24 15.6	00.8	191 10.9	01.9	Suhail	223 05.5	S43 23.9
	17	142 56.8	113 59.5	39.6	142 35.9	53.5	39 17.5	00.8	206 13.5	01.9			
	18	157 59.3	128 59.2	N 9 40.6	157 36.7	S 1 52.8	54 19.4	N23 00.7	221 16.1	S21 02.0	Vega	80 50.3	N38 46.2
	19	173 01.7	143 58.9	41.6	172 37.4	52.1	69 21.3	00.7	236 18.6	02.0	Zuben'ubi	137 24.3	S16 00.4
	20	188 04.2	158 58.6	42.6	187 38.2	51.4	84 23.2	00.6	251 21.2	02.0		S.H.A.	Mer. Pass.
	21	203 06.6	173 58.3	· · 43.5	202 39.0	· · 50.6	99 25.1	· · 00.6	266 23.8	· · 02.0		° ′	h m
	22	218 09.1	188 58.0	44.5	217 39.8	49.9	114 27.0	00.5	281 26.4	02.0	Venus	332 55.6	9 23
	23	233 11.6	203 57.7	45.5	232 40.5	49.2	129 28.9	00.5	296 28.9	02.1	Mars	0 48.5	7 31
		h m									Jupiter	256 43.4	14 26
Mer. Pass.		7 33.7	v −0.3	d 1.0	v 0.8	d 0.7	v 1.9	d 0.0	v 2.6	d 0.0	Saturn	63 12.6	3 22

UT (GMT) d	h	SUN G.H.A. ° ′	SUN Dec. ° ′	MOON G.H.A. ° ′	v ′	MOON Dec. ° ′	d ′	H.P. ′
28	00	180 42.9	N21 23.0	128 02.7	6.7	N22 21.3	9.5	59.2
	01	195 42.8	23.4	142 28.4	6.7	22 11.8	9.6	59.2
	02	210 42.8	23.8	156 54.1	6.9	22 02.2	9.7	59.1
	03	225 42.7	. . 24.2	171 20.0	7.1	21 52.5	9.8	59.1
	04	240 42.6	24.7	185 46.1	7.2	21 42.7	10.0	59.1
	05	255 42.5	25.1	200 12.3	7.3	21 32.7	10.0	59.0
	06	270 42.5	N21 25.5	214 38.6	7.4	N21 22.7	10.2	59.0
	07	285 42.4	25.9	229 05.0	7.6	21 12.5	10.3	58.9
	08	300 42.3	26.3	243 31.6	7.7	21 02.2	10.4	58.9
MONDAY	09	315 42.2	. . 26.7	257 58.3	7.8	20 51.8	10.6	58.9
	10	330 42.1	27.1	272 25.1	8.0	20 41.2	10.6	58.8
	11	345 42.1	27.5	286 52.1	8.1	20 30.6	10.7	58.8
	12	0 42.0	N21 27.9	301 19.2	8.3	N20 19.9	10.8	58.8
	13	15 41.9	28.3	315 46.5	8.3	20 09.1	11.0	58.7
	14	30 41.8	28.7	330 13.8	8.5	19 58.1	11.0	58.7
	15	45 41.8	. . 29.1	344 41.3	8.7	19 47.1	11.1	58.6
	16	60 41.7	29.5	359 09.0	8.7	19 36.0	11.3	58.6
	17	75 41.6	29.9	13 36.7	8.9	19 24.7	11.3	58.6
	18	90 41.5	N21 30.3	28 04.6	9.0	N19 13.4	11.4	58.5
	19	105 41.4	30.7	42 32.6	9.2	19 02.0	11.5	58.5
	20	120 41.4	31.1	57 00.8	9.3	18 50.5	11.6	58.4
	21	135 41.3	. . 31.5	71 29.1	9.4	18 38.9	11.7	58.4
	22	150 41.2	31.9	85 57.5	9.5	18 27.2	11.7	58.4
	23	165 41.1	32.3	100 26.0	9.7	18 15.5	11.9	58.3
29	00	180 41.0	N21 32.7	114 54.7	9.7	N18 03.6	11.9	58.3
	01	195 41.0	33.1	129 23.4	10.0	17 51.7	12.0	58.2
	02	210 40.9	33.5	143 52.4	10.0	17 39.7	12.1	58.2
	03	225 40.8	. . 33.9	158 21.4	10.1	17 27.6	12.1	58.2
	04	240 40.7	34.2	172 50.5	10.3	17 15.5	12.2	58.1
	05	255 40.6	34.6	187 19.8	10.4	17 03.3	12.3	58.1
	06	270 40.6	N21 35.0	201 49.2	10.5	N16 51.0	12.4	58.0
	07	285 40.5	35.4	216 18.7	10.6	16 38.6	12.5	58.0
	08	300 40.4	35.8	230 48.3	10.8	16 26.1	12.5	58.0
TUESDAY	09	315 40.3	. . 36.2	245 18.1	10.8	16 13.6	12.5	57.9
	10	330 40.2	36.6	259 47.9	11.0	16 01.1	12.7	57.9
	11	345 40.1	37.0	274 17.9	11.1	15 48.4	12.7	57.8
	12	0 40.1	N21 37.4	288 48.0	11.2	N15 35.7	12.7	57.8
	13	15 40.0	37.8	303 18.2	11.3	15 23.0	12.8	57.8
	14	30 39.9	38.1	317 48.5	11.5	15 10.2	12.9	57.7
	15	45 39.8	. . 38.5	332 19.0	11.5	14 57.3	13.0	57.7
	16	60 39.7	38.9	346 49.5	11.6	14 44.3	12.9	57.6
	17	75 39.6	39.3	1 20.1	11.8	14 31.4	13.1	57.6
	18	90 39.6	N21 39.7	15 50.9	11.8	N14 18.3	13.1	57.6
	19	105 39.5	40.1	30 21.7	12.0	14 05.2	13.1	57.5
	20	120 39.4	40.4	44 52.7	12.1	13 52.1	13.2	57.5
	21	135 39.3	. . 40.8	59 23.8	12.1	13 38.9	13.2	57.4
	22	150 39.2	41.2	73 54.9	12.3	13 25.7	13.3	57.4
	23	165 39.1	41.6	88 26.2	12.4	13 12.4	13.3	57.4
30	00	180 39.1	N21 42.0	102 57.6	12.4	N12 59.1	13.4	57.3
	01	195 39.0	42.3	117 29.0	12.6	12 45.7	13.4	57.3
	02	210 38.9	42.7	132 00.6	12.7	12 32.3	13.5	57.2
	03	225 38.8	. . 43.1	146 32.3	12.7	12 18.8	13.5	57.2
	04	240 38.7	43.5	161 04.0	12.9	12 05.3	13.5	57.2
	05	255 38.6	43.8	175 35.9	12.9	11 51.8	13.6	57.1
	06	270 38.5	N21 44.2	190 07.8	13.0	N11 38.2	13.6	57.1
WEDNESDAY	07	285 38.5	44.6	204 39.8	13.1	11 24.6	13.6	57.1
	08	300 38.4	45.0	219 11.9	13.3	11 11.0	13.7	57.0
	09	315 38.3	. . 45.3	233 44.2	13.2	10 57.3	13.7	57.0
	10	330 38.2	45.7	248 16.4	13.4	10 43.6	13.7	56.9
	11	345 38.1	46.1	262 48.8	13.5	10 29.9	13.8	56.9
	12	0 38.0	N21 46.5	277 21.3	13.5	N10 16.1	13.7	56.9
	13	15 37.9	46.8	291 53.8	13.7	10 02.4	13.9	56.8
	14	30 37.9	47.2	306 26.5	13.7	9 48.5	13.8	56.8
	15	45 37.8	. . 47.6	320 59.2	13.8	9 34.7	13.9	56.8
	16	60 37.7	47.9	335 32.0	13.8	9 20.8	13.8	56.7
	17	75 37.6	48.3	350 04.8	14.0	9 07.0	14.0	56.7
	18	90 37.5	N21 48.7	4 37.8	14.0	N 8 53.0	13.9	56.7
	19	105 37.4	49.0	19 10.8	14.1	8 39.1	13.9	56.6
	20	120 37.3	49.4	33 43.9	14.1	8 25.2	14.0	56.6
	21	135 37.2	. . 49.8	48 17.0	14.3	8 11.2	14.0	56.6
	22	150 37.1	50.1	62 50.3	14.3	7 57.2	14.0	56.5
	23	165 37.1	50.5	77 23.6	14.3	7 43.2	14.0	56.5
		S.D. 15.8	d 0.4	S.D. 16.0		15.7		15.5

Lat. °	Twilight Naut. h m	Twilight Civil h m	Sunrise h m	Moonrise 28 h m	Moonrise 29 h m	Moonrise 30 h m	Moonrise 31 h m
N 72	□	□	□	□	06 03	09 01	11 13
N 70	□	□	□	□	06 56	09 20	11 20
68	□	□	□	04 31	07 29	09 35	11 25
66	////	////	01 26	05 36	07 52	09 47	11 30
64	////	////	02 06	06 11	08 10	09 56	11 34
62	////	00 41	02 34	06 36	08 25	10 05	11 38
60	////	01 36	02 54	06 56	08 38	10 12	11 40
N 58	////	02 07	03 11	07 12	08 48	10 18	11 43
56	00 37	02 30	03 26	07 26	08 58	10 24	11 45
54	01 27	02 48	03 38	07 38	09 06	10 29	11 48
52	01 56	03 03	03 49	07 48	09 13	10 33	11 49
50	02 17	03 16	03 58	07 58	09 20	10 37	11 51
45	02 56	03 43	04 19	08 17	09 34	10 46	11 55
N 40	03 23	04 03	04 35	08 33	09 45	10 53	11 58
35	03 44	04 19	04 48	08 46	09 55	11 00	12 01
30	04 01	04 33	05 00	08 58	10 03	11 05	12 03
20	04 27	04 56	05 20	09 18	10 18	11 14	12 07
N 10	04 48	05 15	05 38	09 35	10 31	11 23	12 11
0	05 06	05 31	05 54	09 51	10 43	11 30	12 14
S 10	05 21	05 47	06 10	10 06	10 55	11 38	12 17
20	05 36	06 03	06 27	10 23	11 07	11 46	12 21
30	05 50	06 20	06 46	10 43	11 22	11 55	12 25
35	05 58	06 29	06 57	10 54	11 30	12 00	12 27
40	06 06	06 40	07 10	11 07	11 39	12 06	12 30
45	06 16	06 52	07 25	11 22	11 50	12 13	12 33
S 50	06 26	07 06	07 44	11 40	12 03	12 21	12 37
52	06 30	07 13	07 52	11 49	12 10	12 25	12 38
54	06 35	07 20	08 02	11 59	12 16	12 29	12 40
56	06 40	07 28	08 13	12 09	12 24	12 34	12 42
58	06 46	07 37	08 26	12 22	12 32	12 39	12 44
S 60	06 52	07 47	08 41	12 36	12 42	12 45	12 47

Lat. °	Sunset h m	Twilight Civil h m	Twilight Naut. h m	Moonset 28 h m	Moonset 29 h m	Moonset 30 h m	Moonset 31 h m
N 72	□	□	□	□	03 19	02 02	01 24
N 70	□	□	□	□	02 24	01 41	01 14
68	□	□	□	02 57	01 50	01 24	01 06
66	22 32	////	////	01 50	01 26	01 11	00 59
64	21 51	////	////	01 14	01 06	00 59	00 53
62	21 23	23 22	////	00 48	00 50	00 50	00 48
60	21 02	22 22	////	00 28	00 37	00 41	00 44
N 58	20 44	21 50	////	00 11	00 25	00 34	00 40
56	20 30	21 26	23 25	24 15	00 15	00 27	00 36
54	20 17	21 08	22 30	24 06	00 06	00 21	00 33
52	20 07	20 52	22 00	23 58	24 16	00 16	00 30
50	19 57	20 39	21 39	23 51	24 11	00 11	00 28
45	19 37	20 13	21 00	23 35	24 01	00 01	00 22
N 40	19 20	19 52	20 32	23 22	23 52	24 17	00 17
35	19 07	19 36	20 11	23 11	23 44	24 13	00 13
30	18 55	19 22	19 54	23 02	23 38	24 09	00 09
20	18 34	18 59	19 27	22 45	23 26	24 03	00 03
N 10	18 17	18 40	19 07	22 30	23 16	23 57	24 35
0	18 01	18 23	18 49	22 16	23 06	23 51	24 34
S 10	17 45	18 07	18 34	22 02	22 56	23 46	24 33
20	17 28	17 52	18 19	21 47	22 46	23 40	24 32
30	17 09	17 35	18 04	21 30	22 33	23 33	24 30
35	16 57	17 25	17 56	21 20	22 26	23 29	24 29
40	16 44	17 14	17 48	21 08	22 18	23 25	24 28
45	16 29	17 02	17 39	20 54	22 09	23 19	24 27
S 50	16 11	16 48	17 29	20 37	21 57	23 13	24 25
52	16 02	16 41	17 24	20 29	21 52	23 10	24 25
54	15 52	16 34	17 19	20 20	21 46	23 07	24 24
56	15 41	16 26	17 14	20 10	21 39	23 03	24 23
58	15 28	16 17	17 08	19 58	21 32	22 59	24 22
S 60	15 13	16 07	17 02	19 45	21 23	22 55	24 21

Day	SUN Eqn. of Time 00ʰ m s	SUN Eqn. of Time 12ʰ m s	SUN Mer. Pass. h m	MOON Mer. Pass. Upper h m	MOON Mer. Pass. Lower h m	MOON Age d	MOON Phase
28	02 52	02 48	11 57	16 04	03 36	04	
29	02 44	02 40	11 57	16 54	04 30	05	◐
30	02 36	02 32	11 57	17 41	05 18	06	

UT (GMT)		ARIES	VENUS −4.0		MARS +0.5		JUPITER −1.9		SATURN +0.3		STARS		
d	h	G.H.A.	G.H.A.	Dec.	G.H.A.	Dec.	G.H.A.	Dec.	G.H.A.	Dec.	Name	S.H.A.	Dec.
		° ′	° ′	° ′	° ′	° ′	° ′	° ′	° ′	° ′		° ′	° ′
31	00	248 14.0	218 57.4	N 9 46.5	247 41.3	S 1 48.5	144 30.8	N23 00.4	311 31.5	S21 02.1	Acamar	315 31.7	S40 20.4
	01	263 16.5	233 57.1	47.5	262 42.1	47.8	159 32.8	00.4	326 34.1	02.1	Achernar	335 39.8	S57 16.8
	02	278 19.0	248 56.8	48.5	277 42.9	47.1	174 34.7	00.4	341 36.6	02.1	Acrux	173 28.7	S63 03.2
	03	293 21.4	263 56.5	· · 49.5	292 43.6	· · 46.4	189 36.6	· · 00.3	356 39.2	· · 02.1	Adhara	255 26.5	S28 57.6
	04	308 23.9	278 56.2	50.5	307 44.4	45.7	204 38.5	00.3	11 41.8	02.2	Aldebaran	291 09.6	N16 29.5
	05	323 26.4	293 55.9	51.5	322 45.2	45.0	219 40.4	00.2	26 44.3	02.2			
	06	338 28.8	308 55.6	N 9 52.5	337 46.0	S 1 44.3	234 42.3	N23 00.2	41 46.9	S21 02.2	Alioth	166 35.2	N56 00.8
	07	353 31.3	323 55.3	53.5	352 46.7	43.5	249 44.2	00.1	56 49.5	02.2	Alkaid	153 11.9	N49 21.7
T	08	8 33.8	338 55.0	54.5	7 47.5	42.8	264 46.1	00.1	71 52.0	02.3	Al Na'ir	28 05.1	S47 00.2
H	09	23 36.2	353 54.7	· · 55.5	22 48.3	· · 42.1	279 48.0	· · 00.0	86 54.6	· · 02.3	Alnilam	276 04.2	S 1 12.4
U	10	38 38.7	8 54.4	56.5	37 49.1	41.4	294 49.9	23 00.0	101 57.2	02.3	Alphard	218 13.2	S 8 37.1
R	11	53 41.1	23 54.1	57.5	52 49.8	40.7	309 51.8	22 59.9	116 59.8	02.3			
S	12	68 43.6	38 53.8	N 9 58.5	67 50.6	S 1 40.0	324 53.7	N22 59.9	132 02.3	S21 02.3	Alphecca	126 25.2	N26 44.7
D	13	83 46.1	53 53.5	9 59.5	82 51.4	39.3	339 55.6	59.9	147 04.9	02.4	Alpheratz	358 01.6	N29 02.1
A	14	98 48.5	68 53.2	10 00.5	97 52.2	38.6	354 57.5	59.8	162 07.5	02.4	Altair	62 24.9	N 8 50.4
Y	15	113 51.0	83 52.8	· · 01.5	112 52.9	· · 37.9	9 59.4	· · 59.8	177 10.0	· · 02.4	Ankaa	353 32.7	S42 21.2
	16	128 53.5	98 52.5	02.5	127 53.7	37.2	25 01.4	59.7	192 12.6	02.4	Antares	112 47.1	S26 24.9
	17	143 55.9	113 52.2	03.5	142 54.5	36.4	40 03.3	59.7	207 15.2	02.4			
	18	158 58.4	128 51.9	N10 04.4	157 55.3	S 1 35.7	55 05.2	N22 59.6	222 17.8	S21 02.5	Arcturus	146 11.2	N19 13.8
	19	174 00.9	143 51.6	05.4	172 56.0	35.0	70 07.1	59.6	237 20.3	02.5	Atria	108 04.1	S69 00.8
	20	189 03.3	158 51.3	06.4	187 56.8	34.3	85 09.0	59.5	252 22.9	02.5	Avior	234 25.6	S59 28.9
	21	204 05.8	173 51.0	· · 07.4	202 57.6	· · 33.6	100 10.9	· · 59.5	267 25.5	· · 02.5	Bellatrix	278 50.9	N 6 20.6
	22	219 08.3	188 50.7	08.4	217 58.4	32.9	115 12.8	59.4	282 28.0	02.6	Betelgeuse	271 20.3	N 7 24.4
	23	234 10.7	203 50.4	09.4	232 59.1	32.2	130 14.7	59.4	297 30.6	02.6			
1	00	249 13.2	218 50.1	N10 10.4	247 59.9	S 1 31.5	145 16.6	N22 59.3	312 33.2	S21 02.6	Canopus	264 04.3	S52 41.5
	01	264 15.6	233 49.8	11.4	263 00.7	30.8	160 18.5	59.3	327 35.8	02.6	Capella	281 00.5	N45 59.5
	02	279 18.1	248 49.5	12.4	278 01.5	30.1	175 20.4	59.3	342 38.3	02.6	Deneb	49 43.1	N45 14.5
	03	294 20.6	263 49.2	· · 13.4	293 02.2	· · 29.3	190 22.3	· · 59.2	357 40.9	· · 02.7	Denebola	182 51.1	N14 37.5
	04	309 23.0	278 48.9	14.4	308 03.0	28.6	205 24.2	59.2	12 43.5	02.7	Diphda	349 13.3	S18 02.2
	05	324 25.5	293 48.5	15.3	323 03.8	27.9	220 26.1	59.1	27 46.1	02.7			
	06	339 28.0	308 48.2	N10 16.3	338 04.6	S 1 27.2	235 28.0	N22 59.1	42 48.6	S21 02.7	Dubhe	194 12.4	N61 48.4
	07	354 30.4	323 47.9	17.3	353 05.4	26.5	250 29.9	59.0	57 51.2	02.7	Elnath	278 34.9	N28 36.1
	08	9 32.9	338 47.6	18.3	8 06.1	25.8	265 31.8	59.0	72 53.8	02.8	Eltanin	90 53.7	N51 29.2
F	09	24 35.4	353 47.3	· · 19.3	23 06.9	· · 25.1	280 33.7	· · 58.9	87 56.3	· · 02.8	Enif	34 04.0	N 9 49.8
R	10	39 37.8	8 47.0	20.3	38 07.7	24.4	295 35.7	58.9	102 58.9	02.8	Fomalhaut	15 42.9	S29 40.2
I	11	54 40.3	23 46.7	21.3	53 08.5	23.7	310 37.6	58.8	118 01.5	02.8			
D	12	69 42.7	38 46.4	N10 22.3	68 09.2	S 1 23.0	325 39.5	N22 58.8	133 04.1	S21 02.9	Gacrux	172 20.2	S57 03.9
A	13	84 45.2	53 46.1	23.3	83 10.0	22.3	340 41.4	58.7	148 06.6	02.9	Gienah	176 10.0	S17 29.6
Y	14	99 47.7	68 45.7	24.2	98 10.8	21.5	355 43.3	58.7	163 09.2	02.9	Hadar	149 12.2	S60 20.0
	15	114 50.1	83 45.4	· · 25.2	113 11.6	· · 20.8	10 45.2	· · 58.7	178 11.8	· · 02.9	Hamal	328 20.6	N23 25.0
	16	129 52.6	98 45.1	26.2	128 12.4	20.1	25 47.1	58.6	193 14.4	02.9	Kaus Aust.	84 06.3	S34 23.4
	17	144 55.1	113 44.8	27.2	143 13.1	19.4	40 49.0	58.6	208 16.9	03.0			
	18	159 57.5	128 44.5	N10 28.2	158 13.9	S 1 18.7	55 50.9	N22 58.5	223 19.5	S21 03.0	Kochab	137 17.8	N74 11.7
	19	175 00.0	143 44.2	29.2	173 14.7	18.0	70 52.8	58.5	238 22.1	03.0	Markab	13 55.6	N15 09.1
	20	190 02.5	158 43.9	30.2	188 15.5	17.3	85 54.7	58.4	253 24.7	03.0	Menkar	314 33.5	N 4 03.2
	21	205 04.9	173 43.5	· · 31.1	203 16.2	· · 16.6	100 56.6	· · 58.4	268 27.2	· · 03.1	Menkent	148 27.8	S36 19.7
	22	220 07.4	188 43.2	32.1	218 17.0	15.9	115 58.5	58.3	283 29.8	03.1	Miaplacidus	221 44.0	S69 41.0
	23	235 09.9	203 42.9	33.1	233 17.8	15.2	131 00.4	58.3	298 32.4	03.1			
2	00	250 12.3	218 42.6	N10 34.1	248 18.6	S 1 14.4	146 02.3	N22 58.2	313 35.0	S21 03.1	Mirfak	309 05.8	N49 49.7
	01	265 14.8	233 42.3	35.1	263 19.4	13.7	161 04.2	58.2	328 37.5	03.1	Nunki	76 19.4	S26 18.6
	02	280 17.2	248 42.0	36.1	278 20.1	13.0	176 06.1	58.1	343 40.1	03.2	Peacock	53 45.9	S56 45.8
	03	295 19.7	263 41.6	· · 37.0	293 20.9	· · 12.3	191 08.0	· · 58.1	358 42.7	· · 03.2	Pollux	243 49.1	N28 03.1
	04	310 22.2	278 41.3	38.0	308 21.7	11.6	206 09.9	58.0	13 45.3	03.2	Procyon	245 18.0	N 5 15.0
	05	325 24.6	293 41.0	39.0	323 22.5	10.9	221 11.8	58.0	28 47.9	03.2			
	06	340 27.1	308 40.7	N10 40.0	338 23.2	S 1 10.2	236 13.7	N22 57.9	43 50.4	S21 03.3	Rasalhague	96 22.2	N12 33.8
	07	355 29.6	323 40.4	41.0	353 24.0	09.5	251 15.6	57.9	58 53.0	03.3	Regulus	208 01.9	N12 00.9
S	08	10 32.0	338 40.1	42.0	8 24.8	08.8	266 17.5	57.9	73 55.6	03.3	Rigel	281 29.0	S 8 12.7
A	09	25 34.5	353 39.7	· · 42.9	23 25.6	· · 08.1	281 19.4	· · 57.8	88 58.2	· · 03.3	Rigil Kent.	140 15.0	S60 48.0
T	10	40 37.0	8 39.4	43.9	38 26.4	07.4	296 21.3	57.8	104 00.7	03.3	Sabik	102 32.0	S15 43.0
U	11	55 39.4	23 39.1	44.9	53 27.1	06.7	311 23.2	57.7	119 03.3	03.4			
R	12	70 41.9	38 38.8	N10 45.9	68 27.9	S 1 05.9	326 25.1	N22 57.7	134 05.9	S21 03.4	Schedar	350 00.8	N56 28.9
D	13	85 44.4	53 38.5	46.9	83 28.7	05.2	341 27.0	57.6	149 08.5	03.4	Shaula	96 45.0	S37 05.9
A	14	100 46.8	68 38.1	47.8	98 29.5	04.5	356 28.9	57.6	164 11.1	03.4	Sirius	258 49.3	S16 42.2
Y	15	115 49.3	83 37.8	· · 48.8	113 30.3	· · 03.8	11 30.8	· · 57.5	179 13.6	· · 03.5	Spica	158 49.3	S11 06.9
	16	130 51.7	98 37.5	49.8	128 31.0	03.1	26 32.7	57.5	194 16.2	03.5	Suhail	223 05.5	S43 23.9
	17	145 54.2	113 37.2	50.8	143 31.8	02.4	41 34.7	57.4	209 18.8	03.5			
	18	160 56.7	128 36.8	N10 51.7	158 32.6	S 1 01.7	56 36.6	N22 57.4	224 21.4	S21 03.5	Vega	80 50.3	N38 46.3
	19	175 59.1	143 36.5	52.7	173 33.4	01.0	71 38.5	57.3	239 23.9	03.5	Zuben'ubi	137 24.3	S16 00.4
	20	191 01.6	158 36.2	53.7	188 34.2	1 00.3	86 40.4	57.3	254 26.5	03.6		S.H.A.	Mer. Pass.
	21	206 04.1	173 35.9	· · 54.7	203 34.9	0 59.6	101 42.3	· · 57.2	269 29.1	· · 03.6		° ′	h m
	22	221 06.5	188 35.5	55.7	218 35.7	58.9	116 44.2	57.2	284 31.7	03.6	Venus	329 36.9	9 25
	23	236 09.0	203 35.2	56.6	233 36.5	58.2	131 46.1	57.1	299 34.3	03.6	Mars	358 46.7	7 28
		h m									Jupiter	256 03.4	14 17
Mer. Pass.		7 21.9	v −0.3	d 1.0	v 0.8	d 0.7	v 1.9	d 0.0	v 2.6	d 0.0	Saturn	63 20.0	3 09

UT (GMT) d	h	SUN G.H.A. ° ′	SUN Dec. ° ′	MOON G.H.A. ° ′	*v* ′	MOON Dec. ° ′	*d* ′	H.P. ′
31	00	180 37.0	N21 50.9	91 56.9	14.5	N 7 29.2	14.0	56.4
	01	195 36.9	51.2	106 30.4	14.5	7 15.2	14.1	56.4
	02	210 36.8	51.6	121 03.9	14.5	7 01.1	14.0	56.4
	03	225 36.7	. . 52.0	135 37.4	14.7	6 47.1	14.1	56.3
	04	240 36.6	52.3	150 11.1	14.6	6 33.0	14.1	56.3
	05	255 36.5	52.7	164 44.7	14.8	6 18.9	14.1	56.3
	06	270 36.4	N21 53.0	179 18.5	14.8	N 6 04.8	14.1	56.2
	07	285 36.3	53.4	193 52.3	14.9	5 50.7	14.1	56.2
T	08	300 36.3	53.8	208 26.2	14.9	5 36.6	14.1	56.2
H	09	315 36.2	. . 54.1	223 00.1	15.0	5 22.5	14.1	56.1
U	10	330 36.1	54.5	237 34.1	15.0	5 08.4	14.1	56.1
R	11	345 36.0	54.8	252 08.1	15.1	4 54.3	14.2	56.1
S	12	0 35.9	N21 55.2	266 42.2	15.1	N 4 40.1	14.1	56.1
D	13	15 35.8	55.5	281 16.3	15.2	4 26.0	14.1	56.0
A	14	30 35.7	55.9	295 50.5	15.2	4 11.9	14.2	56.0
Y	15	45 35.6	. . 56.2	310 24.7	15.3	3 57.7	14.1	56.0
	16	60 35.5	56.6	324 59.0	15.3	3 43.6	14.1	55.9
	17	75 35.4	56.9	339 33.3	15.4	3 29.5	14.2	55.9
	18	90 35.3	N21 57.3	354 07.7	15.4	N 3 15.3	14.1	55.9
	19	105 35.2	57.7	8 42.1	15.5	3 01.2	14.1	55.8
	20	120 35.2	58.0	23 16.6	15.5	2 47.1	14.1	55.8
	21	135 35.1	. . 58.4	37 51.1	15.5	2 33.0	14.1	55.8
	22	150 35.0	58.7	52 25.6	15.6	2 18.9	14.2	55.7
	23	165 34.9	59.0	67 00.2	15.6	2 04.7	14.1	55.7
1	00	180 34.8	N21 59.4	81 34.8	15.6	N 1 50.6	14.1	55.7
	01	195 34.7	21 59.7	96 09.4	15.7	1 36.5	14.1	55.7
	02	210 34.6	22 00.1	110 44.1	15.7	1 22.4	14.0	55.6
	03	225 34.5	. . 00.4	125 18.8	15.8	1 08.4	14.1	55.6
	04	240 34.4	00.8	139 53.6	15.8	0 54.3	14.1	55.6
	05	255 34.3	01.1	154 28.4	15.8	0 40.2	14.0	55.5
	06	270 34.2	N22 01.5	169 03.2	15.8	N 0 26.2	14.1	55.5
	07	285 34.1	01.8	183 38.0	15.9	N 0 12.1	14.0	55.5
	08	300 34.0	02.2	198 12.9	15.9	S 0 01.9	14.0	55.5
F	09	315 33.9	. . 02.5	212 47.8	15.9	0 15.9	14.0	55.4
R	10	330 33.8	02.8	227 22.7	15.9	0 29.9	14.0	55.4
I	11	345 33.7	03.2	241 57.6	16.0	0 43.9	14.0	55.4
D	12	0 33.7	N22 03.5	256 32.6	15.9	S 0 57.9	13.9	55.4
A	13	15 33.6	03.9	271 07.5	16.0	1 11.8	13.9	55.3
Y	14	30 33.5	04.2	285 42.5	16.1	1 25.7	14.0	55.3
	15	45 33.4	. . 04.5	300 17.6	16.0	1 39.7	13.9	55.3
	16	60 33.3	04.9	314 52.6	16.0	1 53.6	13.8	55.3
	17	75 33.2	05.2	329 27.6	16.1	2 07.4	13.9	55.2
	18	90 33.1	N22 05.5	344 02.7	16.1	S 2 21.3	13.8	55.2
	19	105 33.0	05.9	358 37.8	16.1	2 35.1	13.8	55.2
	20	120 32.9	06.2	13 12.9	16.1	2 48.9	13.8	55.2
	21	135 32.8	. . 06.5	27 48.0	16.1	3 02.7	13.8	55.1
	22	150 32.7	06.9	42 23.1	16.1	3 16.5	13.8	55.1
	23	165 32.6	07.2	56 58.2	16.2	3 30.3	13.7	55.1
2	00	180 32.5	N22 07.5	71 33.4	16.1	S 3 44.0	13.7	55.1
	01	195 32.4	07.9	86 08.5	16.1	3 57.7	13.7	55.0
	02	210 32.3	08.2	100 43.6	16.2	4 11.4	13.6	55.0
	03	225 32.2	. . 08.5	115 18.8	16.1	4 25.0	13.6	55.0
	04	240 32.1	08.9	129 53.9	16.2	4 38.6	13.6	55.0
	05	255 32.0	09.2	144 29.1	16.2	4 52.2	13.6	55.0
	06	270 31.9	N22 09.5	159 04.3	16.1	S 5 05.8	13.5	54.9
	07	285 31.8	09.8	173 39.4	16.2	5 19.3	13.5	54.9
S	08	300 31.7	10.2	188 14.6	16.1	5 32.8	13.5	54.9
A	09	315 31.6	. . 10.5	202 49.7	16.2	5 46.3	13.4	54.9
T	10	330 31.5	10.8	217 24.9	16.1	5 59.7	13.5	54.8
U	11	345 31.4	11.1	232 00.0	16.2	6 13.2	13.3	54.8
R	12	0 31.3	N22 11.5	246 35.2	16.1	S 6 26.5	13.4	54.8
D	13	15 31.2	11.8	261 10.3	16.2	6 39.9	13.3	54.8
A	14	30 31.1	12.1	275 45.5	16.1	6 53.2	13.3	54.8
Y	15	45 31.0	. . 12.4	290 20.6	16.1	7 06.5	13.2	54.7
	16	60 30.9	12.8	304 55.7	16.1	7 19.7	13.2	54.7
	17	75 30.8	13.1	319 30.8	16.1	7 32.9	13.2	54.7
	18	90 30.7	N22 13.4	334 05.9	16.1	S 7 46.1	13.1	54.7
	19	105 30.6	13.7	348 41.0	16.0	7 59.2	13.1	54.7
	20	120 30.5	14.0	3 16.0	16.1	8 12.3	13.1	54.7
	21	135 30.4	. . 14.3	17 51.1	16.0	8 25.4	13.0	54.6
	22	150 30.3	14.7	32 26.1	16.1	8 38.4	13.0	54.6
	23	165 30.2	15.0	47 01.2	16.0	8 51.4	12.9	54.6
		S.D. 15.8	*d* 0.3	S.D.	15.3	15.1		14.9

Lat. °	Twilight Naut. h m	Twilight Civil h m	Sunrise h m	Moonrise 31 h m	Moonrise 1 h m	Moonrise 2 h m	Moonrise 3 h m
N 72	□	□	□	11 13	13 13	15 11	17 20
N 70	□	□	□	11 20	13 11	15 00	16 55
68	□	□	□	11 25	13 09	14 51	16 36
66	////	////	01 13	11 30	13 08	14 44	16 22
64	////	////	01 59	11 34	13 07	14 37	16 09
62	////	00 04	02 28	11 38	13 06	14 32	15 59
60	////	01 27	02 50	11 40	13 05	14 28	15 50
N 58	////	02 01	03 07	11 43	13 04	14 24	15 43
56	00 03	02 25	03 22	11 45	13 04	14 20	15 36
54	01 19	02 44	03 35	11 48	13 03	14 17	15 30
52	01 50	03 00	03 46	11 49	13 02	14 14	15 25
50	02 13	03 13	03 56	11 51	13 02	14 11	15 20
45	02 53	03 40	04 17	11 55	13 01	14 06	15 10
N 40	03 21	04 01	04 33	11 58	13 00	14 01	15 01
35	03 42	04 18	04 47	12 01	12 59	13 57	14 54
30	04 00	04 32	04 59	12 03	12 59	13 53	14 47
20	04 27	04 56	05 20	12 07	12 58	13 47	14 36
N 10	04 48	05 15	05 38	12 11	12 57	13 42	14 27
0	05 06	05 32	05 54	12 14	12 56	13 37	14 18
S 10	05 22	05 48	06 10	12 17	12 55	13 32	14 09
20	05 37	06 04	06 28	12 21	12 54	13 27	14 00
30	05 52	06 21	06 47	12 25	12 53	13 21	13 49
35	06 00	06 31	06 59	12 27	12 53	13 17	13 43
40	06 08	06 42	07 12	12 30	12 52	13 14	13 36
45	06 18	06 54	07 28	12 33	12 51	13 09	13 28
S 50	06 28	07 09	07 47	12 37	12 50	13 04	13 18
52	06 33	07 16	07 56	12 38	12 50	13 02	13 14
54	06 38	07 23	08 06	12 40	12 50	12 59	13 09
56	06 44	07 32	08 17	12 42	12 49	12 56	13 04
58	06 50	07 41	08 30	12 44	12 49	12 53	12 58
S 60	06 56	07 51	08 46	12 47	12 48	12 49	12 51

Lat. °	Sunset h m	Twilight Civil h m	Twilight Naut. h m	Moonset 31 h m	Moonset 1 h m	Moonset 2 h m	Moonset 3 h m
N 72	□	□	□	01 24	00 54	{00 26 / 23 55}	23 13
N 70	□	□	□	01 14	00 52	00 31	{00 08 / 23 40}
68	□	□	□	01 06	00 50	00 35	00 19
66	22 46	////	////	00 59	00 49	00 39	00 28
64	21 59	////	////	00 53	00 48	00 42	00 36
62	21 29	////	////	00 48	00 47	00 45	00 43
60	21 07	22 31	////	00 44	00 46	00 47	00 49
N 58	20 49	21 57	////	00 40	00 45	00 49	00 54
56	20 34	21 32	////	00 36	00 44	00 51	00 58
54	20 21	21 13	22 39	00 33	00 43	00 53	01 03
52	20 10	20 57	22 07	00 30	00 43	00 54	01 06
50	20 00	20 43	21 44	00 28	00 42	00 56	01 10
45	19 39	20 16	21 03	00 22	00 41	00 59	01 17
N 40	19 22	19 55	20 35	00 17	00 40	01 02	01 24
35	19 08	19 38	20 14	00 13	00 39	01 04	01 29
30	18 56	19 23	19 56	00 09	00 38	01 06	01 34
20	18 36	19 00	19 29	00 03	00 37	01 09	01 42
N 10	18 18	18 41	19 07	24 35	00 35	01 13	01 50
0	18 01	18 24	18 50	24 34	00 34	01 15	01 56
S 10	17 45	18 08	18 34	24 33	00 33	01 18	02 03
20	17 28	17 51	18 19	24 32	00 32	01 21	02 11
30	17 08	17 34	18 03	24 30	00 30	01 25	02 19
35	16 56	17 24	17 55	24 29	00 29	01 27	02 24
40	16 43	17 13	17 47	24 28	00 28	01 29	02 30
45	16 28	17 01	17 37	24 27	00 27	01 32	02 36
S 50	16 08	16 46	17 27	24 25	00 25	01 35	02 44
52	15 59	16 39	17 22	24 25	00 25	01 37	02 48
54	15 49	16 32	17 17	24 24	00 24	01 38	02 52
56	15 38	16 24	17 12	24 23	00 23	01 40	02 57
58	15 25	16 14	17 06	24 22	00 22	01 42	03 02
S 60	15 09	16 04	16 59	24 21	00 21	01 45	03 07

Day	SUN Eqn. of Time 00ʰ m s	SUN Eqn. of Time 12ʰ m s	SUN Mer. Pass. h m	MOON Mer. Pass. Upper h m	MOON Mer. Pass. Lower h m	MOON Age d	MOON Phase
31	02 28	02 24	11 58	18 24	06 03	07	
1	02 19	02 15	11 58	19 06	06 45	08	◐
2	02 10	02 05	11 58	19 47	07 26	09	

UT (GMT)		ARIES	VENUS −4.0		MARS +0.5		JUPITER −1.9		SATURN +0.3	
d	h	G.H.A. ° ′	G.H.A. ° ′	Dec. ° ′	G.H.A. ° ′	Dec. ° ′	G.H.A. ° ′	Dec. ° ′	G.H.A. ° ′	Dec. ° ′
3	00	251 11.5	218 34.9	N10 57.6	248 37.3	S 0 57.4	146 48.0	N22 57.1	314 36.8	S21 03.7
	01	266 13.9	233 34.6	58.6	263 38.1	56.7	161 49.9	57.0	329 39.4	03.7
	02	281 16.4	248 34.2	10 59.6	278 38.8	56.0	176 51.8	57.0	344 42.0	03.7
	03	296 18.9	263 33.9	11 00.5	293 39.6	· · 55.3	191 53.7	· · 56.9	359 44.6	· · 03.7
	04	311 21.3	278 33.6	01.5	308 40.4	54.6	206 55.6	56.9	14 47.2	03.7
	05	326 23.8	293 33.3	02.5	323 41.2	53.9	221 57.5	56.9	29 49.7	03.8
	06	341 26.2	308 32.9	N11 03.5	338 42.0	S 0 53.2	236 59.4	N22 56.8	44 52.3	S21 03.8
	07	356 28.7	323 32.6	04.4	353 42.8	52.5	252 01.3	56.8	59 54.9	03.8
	08	11 31.2	338 32.3	05.4	8 43.5	51.8	267 03.2	56.7	74 57.5	03.8
S	09	26 33.6	353 32.0	· · 06.4	23 44.3	· · 51.1	282 05.1	· · 56.7	90 00.1	· · 03.9
U	10	41 36.1	8 31.6	07.4	38 45.1	50.4	297 07.0	56.6	105 02.6	03.9
N	11	56 38.6	23 31.3	08.3	53 45.9	49.7	312 08.9	56.6	120 05.2	03.9
D	12	71 41.0	38 31.0	N11 09.3	68 46.7	S 0 48.9	327 10.8	N22 56.5	135 07.8	S21 03.9
A	13	86 43.5	53 30.6	10.3	83 47.4	48.2	342 12.7	56.5	150 10.4	04.0
Y	14	101 46.0	68 30.3	11.2	98 48.2	47.5	357 14.6	56.4	165 13.0	04.0
	15	116 48.4	83 30.0	· · 12.2	113 49.0	· · 46.8	12 16.5	· · 56.4	180 15.6	· · 04.0
	16	131 50.9	98 29.6	13.2	128 49.8	46.1	27 18.4	56.3	195 18.1	04.0
	17	146 53.3	113 29.3	14.2	143 50.6	45.4	42 20.3	56.3	210 20.7	04.0
	18	161 55.8	128 29.0	N11 15.1	158 51.4	S 0 44.7	57 22.2	N22 56.2	225 23.3	S21 04.1
	19	176 58.3	143 28.6	16.1	173 52.1	44.0	72 24.1	56.2	240 25.9	04.1
	20	192 00.7	158 28.3	17.1	188 52.9	43.3	87 26.0	56.1	255 28.5	04.1
	21	207 03.2	173 28.0	· · 18.0	203 53.7	· · 42.6	102 27.9	· · 56.1	270 31.0	· · 04.1
	22	222 05.7	188 27.6	19.0	218 54.5	41.9	117 29.8	56.0	285 33.6	04.2
	23	237 08.1	203 27.3	20.0	233 55.3	41.2	132 31.7	56.0	300 36.2	04.2
4	00	252 10.6	218 27.0	N11 20.9	248 56.1	S 0 40.5	147 33.6	N22 55.9	315 38.8	S21 04.2
	01	267 13.1	233 26.6	21.9	263 56.8	39.7	162 35.5	55.9	330 41.4	04.2
	02	282 15.5	248 26.3	22.9	278 57.6	39.0	177 37.4	55.8	345 44.0	04.3
	03	297 18.0	263 26.0	· · 23.9	293 58.4	· · 38.3	192 39.3	· · 55.8	0 46.5	· · 04.3
	04	312 20.5	278 25.6	24.8	308 59.2	37.6	207 41.2	55.7	15 49.1	04.3
	05	327 22.9	293 25.3	25.8	324 00.0	36.9	222 43.1	55.7	30 51.7	04.3
	06	342 25.4	308 25.0	N11 26.8	339 00.7	S 0 36.2	237 45.0	N22 55.6	45 54.3	S21 04.3
	07	357 27.8	323 24.6	27.7	354 01.5	35.5	252 46.9	55.6	60 56.9	04.4
	08	12 30.3	338 24.3	28.7	9 02.3	34.8	267 48.8	55.5	75 59.5	04.4
M	09	27 32.8	353 23.9	· · 29.6	24 03.1	· · 34.1	282 50.7	· · 55.5	91 02.0	· · 04.4
O	10	42 35.2	8 23.6	30.6	39 03.9	33.4	297 52.6	55.4	106 04.6	04.4
N	11	57 37.7	23 23.3	31.6	54 04.7	32.7	312 54.5	55.4	121 07.2	04.5
D	12	72 40.2	38 22.9	N11 32.5	69 05.4	S 0 32.0	327 56.4	N22 55.3	136 09.8	S21 04.5
A	13	87 42.6	53 22.6	33.5	84 06.2	31.3	342 58.3	55.3	151 12.4	04.5
Y	14	102 45.1	68 22.2	34.5	99 07.0	30.6	358 00.1	55.2	166 15.0	04.5
	15	117 47.6	83 21.9	· · 35.4	114 07.8	· · 29.9	13 02.0	· · 55.2	181 17.6	· · 04.6
	16	132 50.0	98 21.6	36.4	129 08.6	29.1	28 03.9	55.1	196 20.1	04.6
	17	147 52.5	113 21.2	37.4	144 09.4	28.4	43 05.8	55.1	211 22.7	04.6
	18	162 55.0	128 20.9	N11 38.3	159 10.2	S 0 27.7	58 07.7	N22 55.0	226 25.3	S21 04.6
	19	177 57.4	143 20.5	39.3	174 10.9	27.0	73 09.6	55.0	241 27.9	04.7
	20	192 59.9	158 20.2	40.2	189 11.7	26.3	88 11.5	54.9	256 30.5	04.7
	21	208 02.3	173 19.9	· · 41.2	204 12.5	· · 25.6	103 13.4	· · 54.9	271 33.1	· · 04.7
	22	223 04.8	188 19.5	42.2	219 13.3	24.9	118 15.3	54.8	286 35.7	04.7
	23	238 07.3	203 19.2	43.1	234 14.1	24.2	133 17.2	54.8	301 38.2	04.7
5	00	253 09.7	218 18.8	N11 44.1	249 14.9	S 0 23.5	148 19.1	N22 54.7	316 40.8	S21 04.8
	01	268 12.2	233 18.5	45.0	264 15.6	22.8	163 21.0	54.7	331 43.4	04.8
	02	283 14.7	248 18.1	46.0	279 16.4	22.1	178 22.9	54.6	346 46.0	04.8
	03	298 17.1	263 17.8	· · 47.0	294 17.2	· · 21.4	193 24.8	· · 54.6	1 48.6	· · 04.8
	04	313 19.6	278 17.4	47.9	309 18.0	20.7	208 26.7	54.5	16 51.2	04.9
	05	328 22.1	293 17.1	48.9	324 18.8	20.0	223 28.6	54.5	31 53.8	04.9
	06	343 24.5	308 16.7	N11 49.8	339 19.6	S 0 19.3	238 30.5	N22 54.4	46 56.3	S21 04.9
	07	358 27.0	323 16.4	50.8	354 20.4	18.6	253 32.4	54.4	61 58.9	04.9
T	08	13 29.4	338 16.1	51.8	9 21.1	17.8	268 34.3	54.3	77 01.5	05.0
U	09	28 31.9	353 15.7	· · 52.7	24 21.9	· · 17.1	283 36.2	· · 54.3	92 04.1	· · 05.0
E	10	43 34.4	8 15.4	53.7	39 22.7	16.4	298 38.1	54.2	107 06.7	05.0
S	11	58 36.8	23 15.0	54.6	54 23.5	15.7	313 40.0	54.2	122 09.3	05.0
D	12	73 39.3	38 14.7	N11 55.6	69 24.3	S 0 15.0	328 41.9	N22 54.1	137 11.9	S21 05.1
A	13	88 41.8	53 14.3	56.5	84 25.1	14.3	343 43.8	54.1	152 14.5	05.1
Y	14	103 44.2	68 14.0	57.5	99 25.9	13.6	358 45.7	54.0	167 17.1	05.1
	15	118 46.7	83 13.6	· · 58.4	114 26.6	· · 12.9	13 47.6	· · 54.0	182 19.6	· · 05.1
	16	133 49.2	98 13.3	11 59.4	129 27.4	12.2	28 49.5	53.9	197 22.2	05.2
	17	148 51.6	113 12.9	12 00.4	144 28.2	11.5	43 51.4	53.9	212 24.8	05.2
	18	163 54.1	128 12.6	N12 01.3	159 29.0	S 0 10.8	58 53.3	N22 53.8	227 27.4	S21 05.2
	19	178 56.6	143 12.2	02.3	174 29.8	10.1	73 55.2	53.8	242 30.0	05.2
	20	193 59.0	158 11.9	03.2	189 30.6	09.4	88 57.1	53.7	257 32.6	05.3
	21	209 01.5	173 11.5	· · 04.2	204 31.4	· · 08.7	103 59.0	· · 53.7	272 35.2	· · 05.3
	22	224 03.9	188 11.1	05.1	219 32.1	08.0	119 00.8	53.6	287 37.8	05.3
	23	239 06.4	203 10.8	06.1	234 32.9	07.3	134 02.7	53.6	302 40.4	05.3
Mer. Pass.		h m 7 10.1	v −0.3	d 1.0	v 0.8	d 0.7	v 1.9	d 0.0	v 2.6	d 0.0

STARS

Name	S.H.A. ° ′	Dec. ° ′
Acamar	315 31.7	S40 20.4
Achernar	335 39.7	S57 16.8
Acrux	173 28.7	S63 03.2
Adhara	255 26.5	S28 57.6
Aldebaran	291 09.6	N16 29.5
Alioth	166 35.3	N56 00.8
Alkaid	153 12.0	N49 21.7
Al Na'ir	28 05.1	S47 00.2
Alnilam	276 04.2	S 1 12.4
Alphard	218 13.2	S 8 37.1
Alphecca	126 25.2	N26 44.7
Alpheratz	358 01.6	N29 02.2
Altair	62 24.8	N 8 50.4
Ankaa	353 32.7	S42 21.2
Antares	112 47.1	S26 24.9
Arcturus	146 11.2	N19 13.8
Atria	108 04.1	S69 00.8
Avior	234 25.7	S59 28.9
Bellatrix	278 50.9	N 6 20.6
Betelgeuse	271 20.3	N 7 24.4
Canopus	264 04.3	S52 41.4
Capella	281 00.5	N45 59.4
Deneb	49 43.1	N45 14.5
Denebola	182 51.1	N14 37.5
Diphda	349 13.3	S18 02.2
Dubhe	194 12.5	N61 48.4
Elnath	278 34.9	N28 36.1
Eltanin	90 53.6	N51 29.2
Enif	34 04.0	N 9 49.8
Fomalhaut	15 42.9	S29 40.2
Gacrux	172 20.2	S57 04.0
Gienah	176 10.0	S17 29.5
Hadar	149 12.3	S60 20.0
Hamal	328 20.6	N23 25.0
Kaus Aust.	84 06.3	S34 23.4
Kochab	137 17.8	N74 11.7
Markab	13 55.6	N15 09.1
Menkar	314 33.4	N 4 03.2
Menkent	148 27.8	S36 19.7
Miaplacidus	221 44.1	S69 41.0
Mirfak	309 05.8	N49 49.7
Nunki	76 19.4	S26 18.6
Peacock	53 45.8	S56 45.8
Pollux	243 49.1	N28 03.1
Procyon	245 18.0	N 5 15.0
Rasalhague	96 22.1	N12 33.8
Regulus	208 01.9	N12 00.9
Rigel	281 29.0	S 8 12.7
Rigil Kent.	140 15.0	S60 48.0
Sabik	102 32.0	S15 43.0
Schedar	350 00.8	N56 28.9
Shaula	96 45.0	S37 06.0
Sirius	258 49.3	S16 42.2
Spica	158 49.3	S11 06.9
Suhail	223 05.5	S43 23.8
Vega	80 50.3	N38 46.3
Zuben'ubi	137 24.3	S16 00.4

	S.H.A. ° ′	Mer. Pass. h m
Venus	326 16.4	9 26
Mars	356 45.5	7 24
Jupiter	255 23.0	14 08
Saturn	63 28.2	2 57

UT (GMT) d h	SUN G.H.A. ° ′	SUN Dec. ° ′	MOON G.H.A. ° ′	MOON v ′	MOON Dec. ° ′	MOON d ′	MOON H.P. ′
3 00	180 30.1	N22 15.3	61 36.2	15.9	S 9 04.3	12.9	54.6
01	195 30.0	15.6	76 11.1	16.0	9 17.2	12.9	54.6
02	210 29.9	15.9	90 46.1	16.0	9 30.1	12.8	54.6
03	225 29.8	.. 16.2	105 21.1	15.9	9 42.9	12.7	54.5
04	240 29.7	16.6	119 56.0	15.9	9 55.6	12.8	54.5
05	255 29.6	16.9	134 30.9	15.9	10 08.4	12.6	54.5
06	270 29.5	N22 17.2	149 05.8	15.8	S10 21.0	12.7	54.5
07	285 29.4	17.5	163 40.6	15.9	10 33.7	12.6	54.5
08	300 29.3	17.8	178 15.5	15.8	10 46.3	12.5	54.5
S 09	315 29.2	.. 18.1	192 50.3	15.8	10 58.8	12.5	54.4
U 10	330 29.1	18.4	207 25.1	15.7	11 11.3	12.4	54.4
N 11	345 29.0	18.7	221 59.8	15.7	11 23.7	12.4	54.4
D 12	0 28.9	N22 19.0	236 34.5	15.7	S11 36.1	12.4	54.4
A 13	15 28.8	19.3	251 09.2	15.7	11 48.5	12.3	54.4
Y 14	30 28.7	19.6	265 43.9	15.6	12 00.8	12.2	54.4
15	45 28.6	.. 19.9	280 18.5	15.6	12 13.0	12.2	54.4
16	60 28.5	20.3	294 53.1	15.6	12 25.2	12.1	54.4
17	75 28.4	20.6	309 27.7	15.5	12 37.3	12.1	54.3
18	90 28.3	N22 20.9	324 02.2	15.5	S12 49.4	12.1	54.3
19	105 28.2	21.2	338 36.7	15.5	13 01.5	11.9	54.3
20	120 28.1	21.5	353 11.2	15.4	13 13.4	12.0	54.3
21	135 28.0	.. 21.8	7 45.6	15.4	13 25.4	11.8	54.3
22	150 27.9	22.1	22 20.0	15.4	13 37.2	11.8	54.3
23	165 27.8	22.4	36 54.4	15.3	13 49.0	11.8	54.3
4 00	180 27.7	N22 22.7	51 28.7	15.3	S14 00.8	11.7	54.3
01	195 27.6	23.0	66 03.0	15.2	14 12.5	11.6	54.2
02	210 27.4	23.3	80 37.2	15.2	14 24.1	11.6	54.2
03	225 27.3	.. 23.6	95 11.4	15.2	14 35.7	11.5	54.2
04	240 27.2	23.9	109 45.6	15.1	14 47.2	11.5	54.2
05	255 27.1	24.2	124 19.7	15.1	14 58.7	11.4	54.2
06	270 27.0	N22 24.4	138 53.8	15.0	S15 10.1	11.3	54.2
07	285 26.9	24.7	153 27.8	15.0	15 21.4	11.3	54.2
08	300 26.8	25.0	168 01.8	14.9	15 32.7	11.2	54.2
M 09	315 26.7	.. 25.3	182 35.7	14.9	15 43.9	11.1	54.2
O 10	330 26.6	25.6	197 09.6	14.9	15 55.0	11.1	54.2
N 11	345 26.5	25.9	211 43.5	14.8	16 06.1	11.0	54.1
D 12	0 26.4	N22 26.2	226 17.3	14.7	S16 17.1	10.9	54.1
A 13	15 26.3	26.5	240 51.0	14.7	16 28.0	10.9	54.1
Y 14	30 26.2	26.8	255 24.7	14.7	16 38.9	10.8	54.1
15	45 26.1	.. 27.1	269 58.4	14.6	16 49.7	10.7	54.1
16	60 26.0	27.4	284 32.0	14.6	17 00.4	10.7	54.1
17	75 25.9	27.6	299 05.6	14.5	17 11.1	10.6	54.1
18	90 25.8	N22 27.9	313 39.1	14.4	S17 21.7	10.5	54.1
19	105 25.6	28.2	328 12.5	14.5	17 32.2	10.4	54.1
20	120 25.5	28.5	342 46.0	14.3	17 42.6	10.4	54.1
21	135 25.4	.. 28.8	357 19.3	14.3	17 53.0	10.3	54.1
22	150 25.3	29.1	11 52.6	14.3	18 03.3	10.3	54.1
23	165 25.2	29.4	26 25.9	14.2	18 13.6	10.1	54.1
5 00	180 25.1	N22 29.6	40 59.1	14.1	S18 23.7	10.1	54.1
01	195 25.0	29.9	55 32.2	14.1	18 33.8	10.0	54.1
02	210 24.9	30.2	70 05.3	14.0	18 43.8	9.9	54.0
03	225 24.8	.. 30.5	84 38.3	14.0	18 53.7	9.8	54.0
04	240 24.7	30.8	99 11.3	13.9	19 03.5	9.8	54.0
05	255 24.6	31.0	113 44.2	13.9	19 13.3	9.7	54.0
06	270 24.5	N22 31.3	128 17.1	13.8	S19 23.0	9.6	54.0
07	285 24.3	31.6	142 49.9	13.8	19 32.6	9.5	54.0
T 08	300 24.2	31.9	157 22.7	13.7	19 42.1	9.4	54.0
U 09	315 24.1	.. 32.2	171 55.4	13.6	19 51.5	9.4	54.0
E 10	330 24.0	32.4	186 28.0	13.6	20 00.9	9.3	54.0
S 11	345 23.9	32.7	201 00.6	13.5	20 10.2	9.1	54.0
D 12	0 23.8	N22 33.0	215 33.1	13.5	S20 19.3	9.1	54.0
A 13	15 23.7	33.3	230 05.6	13.4	20 28.4	9.1	54.0
Y 14	30 23.6	33.5	244 38.0	13.3	20 37.5	8.9	54.0
15	45 23.5	.. 33.8	259 10.3	13.3	20 46.4	8.8	54.0
16	60 23.4	34.1	273 42.6	13.3	20 55.2	8.8	54.0
17	75 23.3	34.3	288 14.9	13.1	21 04.0	8.6	54.0
18	90 23.1	N22 34.6	302 47.0	13.1	S21 12.6	8.6	54.0
19	105 23.0	34.9	317 19.1	13.1	21 21.2	8.5	54.0
20	120 22.9	35.2	331 51.2	13.0	21 29.7	8.4	54.0
21	135 22.8	.. 35.4	346 23.2	12.9	21 38.1	8.2	54.0
22	150 22.7	35.7	0 55.1	12.9	21 46.3	8.2	54.0
23	165 22.6	36.0	15 27.0	12.8	21 54.5	8.1	54.0
	S.D. 15.8	d 0.3	S.D. 14.8		14.8		14.7

Lat. °	Twilight Naut. h m	Twilight Civil h m	Sunrise h m	Moonrise 3 h m	Moonrise 4 h m	Moonrise 5 h m	Moonrise 6 h m
N 72	□	□	□	17 20	■	■	■
N 70	□	□	□	16 55	19 12	■	■
68	□	□	□	16 36	18 32	21 20	■
66	////	////	01 00	16 22	18 05	20 04	■
64	////	////	01 51	16 09	17 45	19 27	21 21
62	////	////	02 22	15 59	17 29	19 01	20 36
60	////	01 18	02 46	15 50	17 15	18 41	20 07
N 58	////	01 55	03 04	15 43	17 03	18 25	19 45
56	////	02 21	03 19	15 36	16 53	18 11	19 27
54	01 11	02 41	03 32	15 30	16 44	17 59	19 12
52	01 45	02 57	03 44	15 25	16 36	17 48	18 58
50	02 09	03 11	03 54	15 20	16 29	17 39	18 47
45	02 51	03 39	04 15	15 10	16 14	17 19	18 23
N 40	03 19	04 00	04 32	15 01	16 02	17 03	18 04
35	03 41	04 17	04 46	14 54	15 51	16 50	17 48
30	03 59	04 32	04 59	14 47	15 42	16 38	17 34
20	04 27	04 55	05 20	14 36	15 27	16 18	17 11
N 10	04 48	05 15	05 38	14 27	15 13	16 01	16 51
0	05 06	05 32	05 55	14 18	15 00	15 45	16 32
S 10	05 22	05 49	06 11	14 09	14 48	15 29	16 13
20	05 38	06 05	06 29	14 00	14 35	15 12	15 54
30	05 53	06 23	06 49	13 49	14 19	14 53	15 31
35	06 01	06 33	07 01	13 43	14 11	14 42	15 17
40	06 10	06 44	07 14	13 36	14 01	14 29	15 02
45	06 20	06 57	07 30	13 28	13 49	14 14	14 44
S 50	06 31	07 12	07 50	13 18	13 35	13 55	14 21
52	06 36	07 19	07 59	13 14	13 29	13 47	14 11
54	06 41	07 26	08 09	13 09	13 21	13 37	13 58
56	06 47	07 35	08 21	13 04	13 13	13 26	13 44
58	06 53	07 44	08 35	12 58	13 04	13 14	13 28
S 60	07 00	07 55	08 51	12 51	12 54	12 59	13 09

Lat. °	Sunset h m	Twilight Civil h m	Twilight Naut. h m	Moonset 3 h m	Moonset 4 h m	Moonset 5 h m	Moonset 6 h m
N 72	□	□	□	23 13	■	■	■
N 70	□	□	□	{00 08 / 23 40}	22 53	■	■
68	□	□	□	00 19	{00 00 / 23 33}	22 19	■
66	23 01	////	////	00 28	00 16	{00 01 / 23 37}	■
64	22 07	////	////	00 36	00 30	00 23	{00 14 / 23 59}
62	21 35	////	////	00 43	00 41	00 40	00 40
60	21 12	22 41	////	00 49	00 51	00 55	01 01
N 58	20 53	22 03	////	00 54	00 59	01 07	01 18
56	20 38	21 37	////	00 58	01 07	01 18	01 33
54	20 25	21 17	22 47	01 03	01 14	01 27	01 45
52	20 13	21 00	22 12	01 06	01 20	01 36	01 56
50	20 03	20 46	21 48	01 10	01 25	01 43	02 06
45	19 42	20 18	21 07	01 17	01 37	02 00	02 27
N 40	19 25	19 57	20 38	01 24	01 47	02 13	02 44
35	19 10	19 40	20 16	01 29	01 56	02 25	02 58
30	18 58	19 25	19 58	01 34	02 03	02 35	03 10
20	18 37	19 01	19 30	01 42	02 16	02 52	03 32
N 10	18 19	18 42	19 08	01 50	02 27	03 07	03 50
0	18 02	18 24	18 50	01 56	02 38	03 22	04 07
S 10	17 45	18 08	18 34	02 03	02 49	03 36	04 25
20	17 28	17 51	18 19	02 11	03 01	03 51	04 44
30	17 07	17 33	18 03	02 19	03 14	04 09	05 05
35	16 56	17 23	17 55	02 24	03 22	04 20	05 18
40	16 42	17 12	17 46	02 30	03 30	04 31	05 32
45	16 26	17 00	17 36	02 36	03 41	04 45	05 50
S 50	16 07	16 44	17 25	02 44	03 53	05 03	06 12
52	15 57	16 37	17 21	02 48	03 59	05 11	06 22
54	15 47	16 30	17 15	02 52	04 06	05 20	06 34
56	15 35	16 21	17 10	02 57	04 13	05 30	06 47
58	15 22	16 12	17 03	03 02	04 21	05 42	07 03
S 60	15 06	16 01	16 57	03 07	04 31	05 56	07 22

Day	SUN Eqn. of Time 00h m s	SUN Eqn. of Time 12h m s	SUN Mer. Pass. h m	MOON Mer. Pass. Upper h m	MOON Mer. Pass. Lower h m	MOON Age d	MOON Phase
3	02 01	01 56	11 58	20 28	08 07	10	◐
4	01 51	01 46	11 58	21 11	08 49	11	
5	01 41	01 35	11 58	21 56	09 33	12	

UT (GMT)	ARIES	VENUS −4.0		MARS +0.5		JUPITER −1.9		SATURN +0.3	
d h	G.H.A. ° ′	G.H.A. ° ′	Dec. ° ′	G.H.A. ° ′	Dec. ° ′	G.H.A. ° ′	Dec. ° ′	G.H.A. ° ′	Dec. ° ′
6 00	254 08.9	218 10.4	N12 07.0	249 33.7	S 0 06.6	149 04.6	N22 53.5	317 42.9	S21 05.3
01	269 11.3	233 10.1	08.0	264 34.5	05.9	164 06.5	53.5	332 45.5	05.4
02	284 13.8	248 09.7	08.9	279 35.3	05.1	179 08.4	53.4	347 48.1	05.4
03	299 16.3	263 09.4	· · 09.9	294 36.1	· · 04.4	194 10.3	· · 53.4	2 50.7	· · 05.4
04	314 18.7	278 09.0	10.8	309 36.9	03.7	209 12.2	53.3	17 53.3	05.4
05	329 21.2	293 08.7	11.8	324 37.7	03.0	224 14.1	53.3	32 55.9	05.5
06	344 23.7	308 08.3	N12 12.7	339 38.4	S 0 02.3	239 16.0	N22 53.2	47 58.5	S21 05.5
W 07	359 26.1	323 08.0	13.7	354 39.2	01.6	254 17.9	53.2	63 01.1	05.5
E 08	14 28.6	338 07.6	14.6	9 40.0	00.9	269 19.8	53.1	78 03.7	05.5
D 09	29 31.1	353 07.2	· · 15.6	24 40.8	S 0 00.2	284 21.7	· · 53.1	93 06.3	· · 05.6
N 10	44 33.5	8 06.9	16.5	39 41.6	N 0 00.5	299 23.6	53.0	108 08.8	05.6
E 11	59 36.0	23 06.5	17.5	54 42.4	01.2	314 25.5	53.0	123 11.4	05.6
S 12	74 38.4	38 06.2	N12 18.4	69 43.2	N 0 01.9	329 27.4	N22 52.9	138 14.0	S21 05.6
D 13	89 40.9	53 05.8	19.3	84 44.0	02.6	344 29.3	52.9	153 16.6	05.7
A 14	104 43.4	68 05.4	20.3	99 44.7	03.3	359 31.2	52.8	168 19.2	05.7
Y 15	119 45.8	83 05.1	· · 21.2	114 45.5	· · 04.0	14 33.1	· · 52.8	183 21.8	· · 05.7
16	134 48.3	98 04.7	22.2	129 46.3	04.7	29 35.0	52.7	198 24.4	05.7
17	149 50.8	113 04.4	23.1	144 47.1	05.4	44 36.8	52.7	213 27.0	05.8
18	164 53.2	128 04.0	N12 24.1	159 47.9	N 0 06.1	59 38.7	N22 52.6	228 29.6	S21 05.8
19	179 55.7	143 03.6	25.0	174 48.7	06.8	74 40.6	52.6	243 32.2	05.8
20	194 58.2	158 03.3	26.0	189 49.5	07.5	89 42.5	52.5	258 34.8	05.8
21	210 00.6	173 02.9	· · 26.9	204 50.3	· · 08.2	104 44.4	· · 52.5	273 37.4	· · 05.9
22	225 03.1	188 02.5	27.8	219 51.0	08.9	119 46.3	52.4	288 40.0	05.9
23	240 05.5	203 02.2	28.8	234 51.8	09.6	134 48.2	52.4	303 42.5	05.9
7 00	255 08.0	218 01.8	N12 29.7	249 52.6	N 0 10.3	149 50.1	N22 52.3	318 45.1	S21 05.9
01	270 10.5	233 01.5	30.7	264 53.4	11.1	164 52.0	52.2	333 47.7	06.0
02	285 12.9	248 01.1	31.6	279 54.2	11.8	179 53.9	52.2	348 50.3	06.0
03	300 15.4	263 00.7	· · 32.6	294 55.0	· · 12.5	194 55.8	· · 52.1	3 52.9	· · 06.0
04	315 17.9	278 00.4	33.5	309 55.8	13.2	209 57.7	52.1	18 55.5	06.0
05	330 20.3	293 00.0	34.4	324 56.6	13.9	224 59.6	52.0	33 58.1	06.1
06	345 22.8	307 59.6	N12 35.4	339 57.4	N 0 14.6	240 01.5	N22 52.0	49 00.7	S21 06.1
07	0 25.3	322 59.3	36.3	354 58.1	15.3	255 03.4	51.9	64 03.3	06.1
T 08	15 27.7	337 58.9	37.3	9 58.9	16.0	270 05.3	51.9	79 05.9	06.1
H 09	30 30.2	352 58.5	· · 38.2	24 59.7	· · 16.7	285 07.1	· · 51.8	94 08.5	· · 06.2
U 10	45 32.7	7 58.2	39.1	40 00.5	17.4	300 09.0	51.8	109 11.1	06.2
R 11	60 35.1	22 57.8	40.1	55 01.3	18.1	315 10.9	51.7	124 13.7	06.2
S 12	75 37.6	37 57.4	N12 41.0	70 02.1	N 0 18.8	330 12.8	N22 51.7	139 16.3	S21 06.2
D 13	90 40.0	52 57.1	41.9	85 02.9	19.5	345 14.7	51.6	154 18.9	06.3
A 14	105 42.5	67 56.7	42.9	100 03.7	20.2	0 16.6	51.6	169 21.5	06.3
Y 15	120 45.0	82 56.3	· · 43.8	115 04.5	· · 20.9	15 18.5	· · 51.5	184 24.0	· · 06.3
16	135 47.4	97 55.9	44.7	130 05.3	21.6	30 20.4	51.5	199 26.6	06.3
17	150 49.9	112 55.6	45.7	145 06.0	22.3	45 22.3	51.4	214 29.2	06.4
18	165 52.4	127 55.2	N12 46.6	160 06.8	N 0 23.0	60 24.2	N22 51.4	229 31.8	S21 06.4
19	180 54.8	142 54.8	47.6	175 07.6	23.7	75 26.1	51.3	244 34.4	06.4
20	195 57.3	157 54.5	48.5	190 08.4	24.4	90 28.0	51.3	259 37.0	06.4
21	210 59.8	172 54.1	· · 49.4	205 09.2	· · 25.1	105 29.9	· · 51.2	274 39.6	· · 06.5
22	226 02.2	187 53.7	50.4	220 10.0	25.8	120 31.7	51.1	289 42.2	06.5
23	241 04.7	202 53.3	51.3	235 10.8	26.5	135 33.6	51.1	304 44.8	06.5
8 00	256 07.2	217 53.0	N12 52.2	250 11.6	N 0 27.2	150 35.5	N22 51.0	319 47.4	S21 06.5
01	271 09.6	232 52.6	53.1	265 12.4	27.9	165 37.4	51.0	334 50.0	06.6
02	286 12.1	247 52.2	54.1	280 13.2	28.6	180 39.3	50.9	349 52.6	06.6
03	301 14.5	262 51.8	· · 55.0	295 13.9	· · 29.3	195 41.2	· · 50.9	4 55.2	· · 06.6
04	316 17.0	277 51.5	55.9	310 14.7	30.0	210 43.1	50.8	19 57.8	06.6
05	331 19.5	292 51.1	56.9	325 15.5	30.7	225 45.0	50.8	35 00.4	06.7
06	346 21.9	307 50.7	N12 57.8	340 16.3	N 0 31.4	240 46.9	N22 50.7	50 03.0	S21 06.7
07	1 24.4	322 50.3	58.7	355 17.1	32.1	255 48.8	50.7	65 05.6	06.7
08	16 26.9	337 49.9	12 59.7	10 17.9	32.8	270 50.7	50.6	80 08.2	06.7
F 09	31 29.3	352 49.6	13 00.6	25 18.7	· · 33.5	285 52.6	· · 50.6	95 10.8	· · 06.8
R 10	46 31.8	7 49.2	01.5	40 19.5	34.2	300 54.4	50.5	110 13.4	06.8
I 11	61 34.3	22 48.8	02.4	55 20.3	34.9	315 56.3	50.5	125 16.0	06.8
D 12	76 36.7	37 48.4	N13 03.4	70 21.1	N 0 35.7	330 58.2	N22 50.4	140 18.6	S21 06.8
A 13	91 39.2	52 48.1	04.3	85 21.9	36.4	346 00.1	50.3	155 21.2	06.9
Y 14	106 41.6	67 47.7	05.2	100 22.7	37.1	1 02.0	50.3	170 23.8	06.9
15	121 44.1	82 47.3	· · 06.1	115 23.4	· · 37.8	16 03.9	· · 50.2	185 26.4	· · 06.9
16	136 46.6	97 46.9	07.1	130 24.2	38.5	31 05.8	50.2	200 29.0	06.9
17	151 49.0	112 46.5	08.0	145 25.0	39.2	46 07.7	50.1	215 31.6	07.0
18	166 51.5	127 46.1	N13 08.9	160 25.8	N 0 39.9	61 09.6	N22 50.1	230 34.2	S21 07.0
19	181 54.0	142 45.8	09.8	175 26.6	40.6	76 11.5	50.0	245 36.8	07.0
20	196 56.4	157 45.4	10.8	190 27.4	41.3	91 13.4	50.0	260 39.4	07.1
21	211 58.9	172 45.0	· · 11.7	205 28.2	· · 42.0	106 15.2	· · 49.9	275 42.0	· · 07.1
22	227 01.4	187 44.6	12.6	220 29.0	42.7	121 17.1	49.9	290 44.6	07.1
23	242 03.8	202 44.2	13.5	235 29.8	43.4	136 19.0	49.8	305 47.2	07.1
Mer. Pass.	h m 6 58.3	v −0.4	d 0.9	v 0.8	d 0.7	v 1.9	d 0.1	v 2.6	d 0.0

STARS

Name	S.H.A. ° ′	Dec. ° ′
Acamar	315 31.7	S40 20.4
Achernar	335 39.7	S57 16.8
Acrux	173 28.7	S63 03.2
Adhara	255 26.5	S28 57.6
Aldebaran	291 09.6	N16 29.5
Alioth	166 35.3	N56 00.8
Alkaid	153 12.0	N49 21.7
Al Na'ir	28 05.0	S47 00.2
Alnilam	276 04.2	S 1 12.4
Alphard	218 13.2	S 8 37.1
Alphecca	126 25.2	N26 44.7
Alpheratz	358 01.6	N29 02.2
Altair	62 24.8	N 8 50.5
Ankaa	353 32.7	S42 21.2
Antares	112 47.1	S26 24.9
Arcturus	146 11.2	N19 13.8
Atria	108 04.0	S69 00.8
Avior	234 25.7	S59 28.9
Bellatrix	278 50.9	N 6 20.6
Betelgeuse	271 20.3	N 7 24.4
Canopus	264 04.3	S52 41.4
Capella	281 00.5	N45 59.4
Deneb	49 43.1	N45 14.5
Denebola	182 51.1	N14 37.5
Diphda	349 13.3	S18 02.2
Dubhe	194 12.5	N61 48.4
Elnath	278 34.9	N28 36.1
Eltanin	90 53.6	N51 29.2
Enif	34 04.0	N 9 49.8
Fomalhaut	15 42.9	S29 40.2
Gacrux	172 20.3	S57 04.0
Gienah	176 10.0	S17 29.5
Hadar	149 12.3	S60 20.0
Hamal	328 20.6	N23 25.0
Kaus Aust.	84 06.3	S34 23.4
Kochab	137 17.9	N74 11.7
Markab	13 55.6	N15 09.2
Menkar	314 33.4	N 4 03.2
Menkent	148 27.8	S36 19.7
Miaplacidus	221 44.1	S69 41.0
Mirfak	309 05.7	N49 49.7
Nunki	76 19.3	S26 18.6
Peacock	53 45.8	S56 45.8
Pollux	243 49.1	N28 03.1
Procyon	245 18.1	N 5 15.0
Rasalhague	96 22.1	N12 33.9
Regulus	208 01.9	N12 00.9
Rigel	281 29.0	S 8 12.7
Rigil Kent.	140 15.0	S60 48.0
Sabik	102 32.0	S15 43.0
Schedar	350 00.8	N56 28.9
Shaula	96 45.0	S37 06.0
Sirius	258 49.3	S16 42.2
Spica	158 49.3	S11 06.9
Suhail	223 05.5	S43 23.8
Vega	80 50.3	N38 46.3
Zuben'ubi	137 24.3	S16 00.3

	S.H.A. ° ′	Mer. Pass. h m
Venus	322 53.8	9 28
Mars	354 44.6	7 20
Jupiter	254 42.1	13 59
Saturn	63 37.1	2 45

	UT (GMT)	SUN G.H.A.	SUN Dec.	MOON G.H.A.	v	MOON Dec.	d	H.P.
	d h	° ′	° ′	° ′	′	° ′	′	′
	6 00	180 22.5	N22 36.2	29 58.8	12.8	S22 02.6	8.1	54.0
	01	195 22.4	36.5	44 30.6	12.7	22 10.7	7.9	54.0
	02	210 22.3	36.8	59 02.3	12.6	22 18.6	7.8	54.0
	03	225 22.1	. . 37.0	73 33.9	12.6	22 26.4	7.7	54.0
	04	240 22.0	37.3	88 05.5	12.5	22 34.1	7.6	54.0
	05	255 21.9	37.5	102 37.0	12.5	22 41.7	7.5	54.0
	06	270 21.8	N22 37.8	117 08.5	12.4	S22 49.2	7.5	54.0
W	07	285 21.7	38.1	131 39.9	12.3	22 56.7	7.3	54.0
E	08	300 21.6	38.3	146 11.2	12.3	23 04.0	7.2	54.0
D	09	315 21.5	. . 38.6	160 42.5	12.2	23 11.2	7.1	54.0
N	10	330 21.4	38.9	175 13.7	12.2	23 18.3	7.0	54.0
E	11	345 21.2	39.1	189 44.9	12.1	23 25.3	6.9	54.0
S	12	0 21.1	N22 39.4	204 16.0	12.1	S23 32.2	6.8	54.0
D	13	15 21.0	39.6	218 47.1	11.9	23 39.0	6.7	54.0
A	14	30 20.9	39.9	233 18.0	12.0	23 45.7	6.6	54.0
Y	15	45 20.8	. . 40.1	247 49.0	11.9	23 52.3	6.5	54.0
	16	60 20.7	40.4	262 19.9	11.8	23 58.8	6.4	54.0
	17	75 20.6	40.6	276 50.7	11.7	24 05.2	6.3	54.0
	18	90 20.5	N22 40.9	291 21.4	11.7	S24 11.5	6.1	54.0
	19	105 20.3	41.2	305 52.1	11.7	24 17.6	6.1	54.0
	20	120 20.2	41.4	320 22.8	11.6	24 23.7	5.9	54.0
	21	135 20.1	. . 41.7	334 53.4	11.5	24 29.6	5.9	54.0
	22	150 20.0	41.9	349 23.9	11.5	24 35.5	5.7	54.0
	23	165 19.9	42.2	3 54.4	11.5	24 41.2	5.6	54.0
	7 00	180 19.8	N22 42.4	18 24.9	11.3	S24 46.8	5.5	54.0
	01	195 19.7	42.7	32 55.2	11.4	24 52.3	5.4	54.0
	02	210 19.5	42.9	47 25.6	11.2	24 57.7	5.2	54.0
	03	225 19.4	. . 43.2	61 55.8	11.3	25 02.9	5.2	54.0
	04	240 19.3	43.4	76 26.1	11.1	25 08.1	5.0	54.0
	05	255 19.2	43.6	90 56.2	11.1	25 13.1	4.9	54.0
	06	270 19.1	N22 43.9	105 26.3	11.1	S25 18.0	4.8	54.0
	07	285 19.0	44.1	119 56.4	11.0	25 22.8	4.7	54.0
T	08	300 18.9	44.4	134 26.4	11.0	25 27.5	4.6	54.1
H	09	315 18.7	. . 44.6	148 56.4	10.9	25 32.1	4.4	54.1
U	10	330 18.6	44.9	163 26.3	10.9	25 36.5	4.4	54.1
R	11	345 18.5	45.1	177 56.2	10.8	25 40.9	4.2	54.1
S	12	0 18.4	N22 45.4	192 26.0	10.8	S25 45.1	4.1	54.1
D	13	15 18.3	45.6	206 55.8	10.8	25 49.2	3.9	54.1
A	14	30 18.2	45.8	221 25.6	10.7	25 53.1	3.9	54.1
Y	15	45 18.0	. . 46.1	235 55.3	10.6	25 57.0	3.7	54.1
	16	60 17.9	46.3	250 24.9	10.6	26 00.7	3.6	54.1
	17	75 17.8	46.6	264 54.5	10.6	26 04.3	3.5	54.1
	18	90 17.7	N22 46.8	279 24.1	10.5	S26 07.8	3.3	54.1
	19	105 17.6	47.0	293 53.6	10.5	26 11.1	3.2	54.1
	20	120 17.5	47.3	308 23.1	10.5	26 14.3	3.1	54.1
	21	135 17.4	. . 47.5	322 52.6	10.4	26 17.4	3.0	54.1
	22	150 17.2	47.7	337 22.0	10.4	26 20.4	2.9	54.1
	23	165 17.1	48.0	351 51.4	10.3	26 23.3	2.7	54.1
	8 00	180 17.0	N22 48.2	6 20.7	10.3	S26 26.0	2.6	54.1
	01	195 16.9	48.4	20 50.0	10.3	26 28.6	2.4	54.2
	02	210 16.8	48.7	35 19.3	10.2	26 31.0	2.4	54.2
	03	225 16.6	. . 48.9	49 48.5	10.2	26 33.4	2.2	54.2
	04	240 16.5	49.1	64 17.7	10.2	26 35.6	2.1	54.2
	05	255 16.4	49.4	78 46.9	10.2	26 37.7	1.9	54.2
	06	270 16.3	N22 49.6	93 16.1	10.1	S26 39.6	1.8	54.2
	07	285 16.2	49.8	107 45.2	10.1	26 41.4	1.7	54.2
	08	300 16.1	50.0	122 14.3	10.0	26 43.1	1.6	54.2
F	09	315 15.9	. . 50.3	136 43.3	10.1	26 44.7	1.4	54.2
R	10	330 15.8	50.5	151 12.4	10.0	26 46.1	1.3	54.2
I	11	345 15.7	50.7	165 41.4	10.0	26 47.4	1.2	54.2
D	12	0 15.6	N22 50.9	180 10.4	10.0	S26 48.6	1.1	54.2
A	13	15 15.5	51.2	194 39.4	9.9	26 49.7	0.9	54.3
Y	14	30 15.3	51.4	209 08.3	9.9	26 50.6	0.7	54.3
	15	45 15.2	. . 51.6	223 37.2	10.0	26 51.3	0.7	54.3
	16	60 15.1	51.8	238 06.2	9.9	26 52.0	0.5	54.3
	17	75 15.0	52.1	252 35.1	9.8	26 52.5	0.4	54.3
	18	90 14.9	N22 52.3	267 03.9	9.9	S26 52.9	0.2	54.3
	19	105 14.8	52.5	281 32.8	9.9	26 53.1	0.2	54.3
	20	120 14.6	52.7	296 01.7	9.8	26 53.3	0.1	54.3
	21	135 14.5	. . 52.9	310 30.5	9.8	26 53.2	0.1	54.3
	22	150 14.4	53.1	324 59.3	9.8	26 53.1	0.3	54.3
	23	165 14.3	53.4	339 28.1	9.8	26 52.8	0.4	54.4
		S.D. 15.8	d 0.2	S.D. 14.7		14.7		14.8

Lat.	Twilight Naut.	Twilight Civil	Sunrise	Moonrise 6	Moonrise 7	Moonrise 8	Moonrise 9
°	h m	h m	h m	h m	h m	h m	h m
N 72	□	□	□	■	■	■	■
N 70	□	□	□	■	■	■	■
68	□	□	□	■	■	■	■
66	////	////	00 46	■	■	■	■
64	////	////	01 45	21 21	■	■	■
62	////	////	02 18	20 36	22 08	23 15	23 43
60	////	01 10	02 42	20 07	21 27	22 28	23 06
N 58	////	01 50	03 01	19 45	20 59	21 58	22 39
56	////	02 17	03 17	19 27	20 37	21 35	22 18
54	01 04	02 38	03 30	19 12	20 19	21 17	22 01
52	01 41	02 54	03 42	18 58	20 04	21 01	21 46
50	02 06	03 09	03 52	18 47	19 51	20 47	21 33
45	02 49	03 37	04 14	18 23	19 24	20 19	21 07
N 40	03 18	03 59	04 31	18 04	19 03	19 57	20 46
35	03 40	04 16	04 46	17 48	18 45	19 39	20 28
30	03 58	04 31	04 58	17 34	18 30	19 23	20 13
20	04 26	04 55	05 20	17 11	18 04	18 57	19 47
N 10	04 48	05 15	05 38	16 51	17 42	18 34	19 25
0	05 07	05 33	05 55	16 32	17 21	18 13	19 04
S 10	05 23	05 49	06 12	16 13	17 01	17 51	18 44
20	05 39	06 06	06 30	15 54	16 39	17 29	18 21
30	05 55	06 24	06 50	15 31	16 14	17 02	17 55
35	06 03	06 34	07 02	15 17	15 59	16 47	17 40
40	06 12	06 46	07 16	15 02	15 42	16 29	17 23
45	06 22	06 59	07 32	14 44	15 21	16 07	17 01
S 50	06 33	07 14	07 52	14 21	14 55	15 39	16 34
52	06 38	07 21	08 02	14 11	14 43	15 26	16 21
54	06 43	07 29	08 12	13 58	14 28	15 10	16 06
56	06 49	07 38	08 24	13 44	14 12	14 52	15 48
58	06 56	07 47	08 38	13 28	13 52	14 29	15 26
S 60	07 03	07 59	08 55	13 09	13 26	14 00	14 58

Lat.	Sunset	Twilight Civil	Twilight Naut.	Moonset 6	Moonset 7	Moonset 8	Moonset 9
°	h m	h m	h m	h m	h m	h m	h m
N 72	□	□	□	■	■	■	■
N 70	□	□	□	■	■	■	■
68	□	□	□	■	■	■	■
66	23 16	////	////	■	■	■	■
64	22 14	////	////	{00 14 / 23 59}	■	■	■
62	21 41	////	////	00 40	00 44	00 56	01 36
60	21 16	22 50	////	01 01	01 14	01 37	02 22
N 58	20 57	22 09	////	01 18	01 36	02 06	02 53
56	20 41	21 42	////	01 33	01 55	02 28	03 15
54	20 28	21 21	22 56	01 45	02 10	02 46	03 34
52	20 16	21 04	22 18	01 56	02 24	03 01	03 50
50	20 06	20 49	21 52	02 06	02 36	03 14	04 04
45	19 44	20 21	21 09	02 27	03 00	03 41	04 31
N 40	19 26	19 59	20 40	02 44	03 20	04 03	04 53
35	19 12	19 41	20 18	02 58	03 36	04 21	05 12
30	18 59	19 27	20 00	03 10	03 51	04 36	05 27
20	18 38	19 02	19 31	03 32	04 15	05 02	05 54
N 10	18 19	18 42	19 09	03 50	04 36	05 25	06 16
0	18 02	18 25	18 51	04 07	04 56	05 46	06 38
S 10	17 46	18 08	18 34	04 25	05 15	06 07	06 59
20	17 28	17 51	18 19	04 44	05 37	06 30	07 21
30	17 07	17 33	18 03	05 05	06 01	06 56	07 48
35	16 55	17 23	17 55	05 18	06 16	07 11	08 03
40	16 41	17 12	17 46	05 32	06 32	07 29	08 21
45	16 25	16 59	17 36	05 50	06 53	07 51	08 43
S 50	16 05	16 43	17 24	06 12	07 18	08 18	09 10
52	15 56	16 36	17 19	06 22	07 30	08 32	09 23
54	15 45	16 28	17 14	06 34	07 44	08 47	09 38
56	15 33	16 20	17 08	06 47	08 01	09 06	09 56
58	15 19	16 10	17 02	07 03	08 21	09 28	10 18
S 60	15 03	15 59	16 55	07 22	08 45	09 57	10 47

Day	SUN Eqn. of Time 00 h	SUN Eqn. of Time 12 h	SUN Mer. Pass.	MOON Mer. Pass. Upper	MOON Mer. Pass. Lower	Age	Phase
	m s	m s	h m	h m	h m	d	
6	01 30	01 25	11 59	22 44	10 20	13	
7	01 19	01 14	11 59	23 34	11 09	14	○
8	01 08	01 03	11 59	24 25	11 59	15	

UT (GMT) d h	ARIES G.H.A. ° ′	VENUS −4.0 G.H.A. ° ′	VENUS Dec. ° ′	MARS +0.5 G.H.A. ° ′	MARS Dec. ° ′	JUPITER −1.9 G.H.A. ° ′	JUPITER Dec. ° ′	SATURN +0.3 G.H.A. ° ′	SATURN Dec. ° ′
9 00	257 06.3	217 43.8	N13 14.5	250 30.6	N 0 44.1	151 20.9	N22 49.8	320 49.8	S21 07.2
01	272 08.8	232 43.5	15.4	265 31.4	44.8	166 22.8	49.7	335 52.4	07.2
02	287 11.2	247 43.1	16.3	280 32.2	45.5	181 24.7	49.7	350 55.0	07.2
03	302 13.7	262 42.7	· · 17.2	295 32.9	· · 46.2	196 26.6	· · 49.6	5 57.6	· · 07.2
04	317 16.1	277 42.3	18.1	310 33.7	46.9	211 28.5	49.5	21 00.2	07.3
05	332 18.6	292 41.9	19.1	325 34.5	47.6	226 30.4	49.5	36 02.8	07.3
06	347 21.1	307 41.5	N13 20.0	340 35.3	N 0 48.3	241 32.3	N22 49.4	51 05.4	S21 07.3
07	2 23.5	322 41.1	20.9	355 36.1	49.0	256 34.1	49.4	66 08.0	07.3
S 08	17 26.0	337 40.8	21.8	10 36.9	49.7	271 36.0	49.3	81 10.6	07.4
A 09	32 28.5	352 40.4	· · 22.7	25 37.7	· · 50.4	286 37.9	· · 49.3	96 13.2	· · 07.4
T 10	47 30.9	7 40.0	23.6	40 38.5	51.1	301 39.8	49.2	111 15.8	07.4
U 11	62 33.4	22 39.6	24.6	55 39.3	51.8	316 41.7	49.2	126 18.4	07.4
R 12	77 35.9	37 39.2	N13 25.5	70 40.1	N 0 52.5	331 43.6	N22 49.1	141 21.0	S21 07.5
D 13	92 38.3	52 38.8	26.4	85 40.9	53.2	346 45.5	49.1	156 23.6	07.5
A 14	107 40.8	67 38.4	27.3	100 41.7	53.9	1 47.4	49.0	171 26.2	07.5
Y 15	122 43.3	82 38.0	· · 28.2	115 42.5	· · 54.6	16 49.3	· · 48.9	186 28.8	· · 07.5
16	137 45.7	97 37.6	29.1	130 43.3	55.3	31 51.2	48.9	201 31.4	07.6
17	152 48.2	112 37.2	30.1	145 44.1	56.0	46 53.0	48.8	216 34.0	07.6
18	167 50.6	127 36.8	N13 31.0	160 44.8	N 0 56.7	61 54.9	N22 48.8	231 36.6	S21 07.6
19	182 53.1	142 36.4	31.9	175 45.6	57.4	76 56.8	48.7	246 39.2	07.7
20	197 55.6	157 36.1	32.8	190 46.4	58.1	91 58.7	48.7	261 41.8	07.7
21	212 58.0	172 35.7	· · 33.7	205 47.2	· · 58.8	107 00.6	· · 48.6	276 44.4	· · 07.7
22	228 00.5	187 35.3	34.6	220 48.0	0 59.5	122 02.5	48.6	291 47.0	07.7
23	243 03.0	202 34.9	35.5	235 48.8	1 00.2	137 04.4	48.5	306 49.6	07.8
10 00	258 05.4	217 34.5	N13 36.4	250 49.6	N 1 00.9	152 06.3	N22 48.5	321 52.2	S21 07.8
01	273 07.9	232 34.1	37.4	265 50.4	01.6	167 08.2	48.4	336 54.8	07.8
02	288 10.4	247 33.7	38.3	280 51.2	02.3	182 10.0	48.3	351 57.4	07.8
03	303 12.8	262 33.3	· · 39.2	295 52.0	· · 03.0	197 11.9	· · 48.3	7 00.0	· · 07.9
04	318 15.3	277 32.9	40.1	310 52.8	03.7	212 13.8	48.2	22 02.6	07.9
05	333 17.8	292 32.5	41.0	325 53.6	04.4	227 15.7	48.2	37 05.2	07.9
06	348 20.2	307 32.1	N13 41.9	340 54.4	N 1 05.1	242 17.6	N22 48.1	52 07.8	S21 07.9
07	3 22.7	322 31.7	42.8	355 55.2	05.8	257 19.5	48.1	67 10.4	08.0
08	18 25.1	337 31.3	43.7	10 56.0	06.5	272 21.4	48.0	82 13.0	08.0
S 09	33 27.6	352 30.9	· · 44.6	25 56.8	· · 07.2	287 23.3	· · 48.0	97 15.6	· · 08.0
U 10	48 30.1	7 30.5	45.5	40 57.6	07.9	302 25.1	47.9	112 18.2	08.0
N 11	63 32.5	22 30.1	46.4	55 58.3	08.6	317 27.0	47.8	127 20.8	08.1
D 12	78 35.0	37 29.7	N13 47.3	70 59.1	N 1 09.3	332 28.9	N22 47.8	142 23.4	S21 08.1
A 13	93 37.5	52 29.3	48.2	85 59.9	10.0	347 30.8	47.7	157 26.0	08.1
Y 14	108 39.9	67 28.9	49.1	101 00.7	10.7	2 32.7	47.7	172 28.6	08.2
15	123 42.4	82 28.5	· · 50.1	116 01.5	· · 11.4	17 34.6	· · 47.6	187 31.2	· · 08.2
16	138 44.9	97 28.1	51.0	131 02.3	12.1	32 36.5	47.6	202 33.8	08.2
17	153 47.3	112 27.7	51.9	146 03.1	12.8	47 38.4	47.5	217 36.4	08.2
18	168 49.8	127 27.3	N13 52.8	161 03.9	N 1 13.5	62 40.2	N22 47.5	232 39.1	S21 08.3
19	183 52.2	142 26.9	53.7	176 04.7	14.1	77 42.1	47.4	247 41.7	08.3
20	198 54.7	157 26.5	54.6	191 05.5	14.8	92 44.0	47.3	262 44.3	08.3
21	213 57.2	172 26.1	· · 55.5	206 06.3	· · 15.5	107 45.9	· · 47.3	277 46.9	· · 08.3
22	228 59.6	187 25.7	56.4	221 07.1	16.2	122 47.8	47.2	292 49.5	08.4
23	244 02.1	202 25.3	57.3	236 07.9	16.9	137 49.7	47.2	307 52.1	08.4
11 00	259 04.6	217 24.8	N13 58.2	251 08.7	N 1 17.6	152 51.6	N22 47.1	322 54.7	S21 08.4
01	274 07.0	232 24.4	13 59.1	266 09.5	18.3	167 53.5	47.1	337 57.3	08.4
02	289 09.5	247 24.0	14 00.0	281 10.3	19.0	182 55.3	47.0	352 59.9	08.5
03	304 12.0	262 23.6	· · 00.9	296 11.1	· · 19.7	197 57.2	· · 47.0	8 02.5	· · 08.5
04	319 14.4	277 23.2	01.8	311 11.9	20.4	212 59.1	46.9	23 05.1	08.5
05	334 16.9	292 22.8	02.7	326 12.7	21.1	228 01.0	46.8	38 07.7	08.6
06	349 19.4	307 22.4	N14 03.6	341 13.5	N 1 21.8	243 02.9	N22 46.8	53 10.3	S21 08.6
07	4 21.8	322 22.0	04.5	356 14.3	22.5	258 04.8	46.7	68 12.9	08.6
08	19 24.3	337 21.6	05.3	11 15.1	23.2	273 06.7	46.7	83 15.5	08.6
M 09	34 26.7	352 21.2	· · 06.2	26 15.8	· · 23.9	288 08.5	· · 46.6	98 18.1	· · 08.7
O 10	49 29.2	7 20.8	07.1	41 16.6	24.6	303 10.4	46.6	113 20.7	08.7
N 11	64 31.7	22 20.3	08.0	56 17.4	25.3	318 12.3	46.5	128 23.4	08.7
D 12	79 34.1	37 19.9	N14 08.9	71 18.2	N 1 26.0	333 14.2	N22 46.4	143 26.0	S21 08.7
A 13	94 36.6	52 19.5	09.8	86 19.0	26.7	348 16.1	46.4	158 28.6	08.8
Y 14	109 39.1	67 19.1	10.7	101 19.8	27.4	3 18.0	46.3	173 31.2	08.8
15	124 41.5	82 18.7	· · 11.6	116 20.6	· · 28.1	18 19.9	· · 46.3	188 33.8	· · 08.8
16	139 44.0	97 18.3	12.5	131 21.4	28.8	33 21.8	46.2	203 36.4	08.9
17	154 46.5	112 17.9	13.4	146 22.2	29.5	48 23.6	46.2	218 39.0	08.9
18	169 48.9	127 17.5	N14 14.3	161 23.0	N 1 30.2	63 25.5	N22 46.1	233 41.6	S21 08.9
19	184 51.4	142 17.0	15.2	176 23.8	30.9	78 27.4	46.1	248 44.2	08.9
20	199 53.9	157 16.6	16.1	191 24.6	31.6	93 29.3	46.0	263 46.8	09.0
21	214 56.3	172 16.2	· · 17.0	206 25.4	· · 32.3	108 31.2	· · 45.9	278 49.4	· · 09.0
22	229 58.8	187 15.8	17.8	221 26.2	33.0	123 33.1	45.9	293 52.0	09.0
23	245 01.2	202 15.4	18.7	236 27.0	33.7	138 35.0	45.8	308 54.6	09.0
Mer. Pass.	h m 6 46.5	v −0.4	d 0.9	v 0.8	d 0.7	v 1.9	d 0.1	v 2.6	d 0.0

STARS

Name	S.H.A. ° ′	Dec. ° ′
Acamar	315 31.7	S40 20.3
Achernar	335 39.7	S57 16.8
Acrux	173 28.8	S63 03.2
Adhara	255 26.5	S28 57.5
Aldebaran	291 09.6	N16 29.5
Alioth	166 35.3	N56 00.8
Alkaid	153 12.0	N49 21.7
Al Na'ir	28 05.0	S47 00.2
Alnilam	276 04.2	S 1 12.4
Alphard	218 13.2	S 8 37.1
Alphecca	126 25.2	N26 44.7
Alpheratz	358 01.6	N29 02.2
Altair	62 24.8	N 8 50.5
Ankaa	353 32.7	S42 21.2
Antares	112 47.1	S26 24.9
Arcturus	146 11.2	N19 13.9
Atria	108 04.0	S69 00.8
Avior	234 25.7	S59 28.9
Bellatrix	278 50.9	N 6 20.6
Betelgeuse	271 20.3	N 7 24.4
Canopus	264 04.4	S52 41.4
Capella	281 00.5	N45 59.4
Deneb	49 43.0	N45 14.5
Denebola	182 51.2	N14 37.5
Diphda	349 13.3	S18 02.2
Dubhe	194 12.5	N61 48.4
Elnath	278 34.8	N28 36.1
Eltanin	90 53.6	N51 29.2
Enif	34 03.9	N 9 49.8
Fomalhaut	15 42.8	S29 40.2
Gacrux	172 20.3	S57 04.0
Gienah	176 10.0	S17 29.5
Hadar	149 12.3	S60 20.0
Hamal	328 20.6	N23 25.0
Kaus Aust.	84 06.3	S34 23.4
Kochab	137 17.9	N74 11.7
Markab	13 55.5	N15 09.2
Menkar	314 33.4	N 4 03.2
Menkent	148 27.8	S36 19.7
Miaplacidus	221 44.1	S69 40.9
Mirfak	309 05.7	N49 49.6
Nunki	76 19.3	S26 18.6
Peacock	53 45.8	S56 45.8
Pollux	243 49.1	N28 03.1
Procyon	245 18.0	N 5 15.0
Rasalhague	96 22.1	N12 33.9
Regulus	208 01.9	N12 00.9
Rigel	281 29.0	S 8 12.7
Rigil Kent.	140 15.0	S60 48.0
Sabik	102 32.0	S15 43.0
Schedar	350 00.7	N56 28.9
Shaula	96 44.9	S37 06.0
Sirius	258 49.3	S16 42.2
Spica	158 49.3	S11 06.9
Suhail	223 05.5	S43 23.8
Vega	80 50.3	N38 46.3
Zuben'ubi	137 24.3	S16 00.4

	S.H.A. ° ′	Mer. Pass. h m
Venus	319 29.0	9 30
Mars	352 44.2	7 16
Jupiter	254 00.8	13 50
Saturn	63 46.8	2 32

UT (GMT) d	h	SUN G.H.A. ° ′	SUN Dec. ° ′	MOON G.H.A. ° ′	MOON *v* ′	MOON Dec. ° ′	MOON *d* ′	MOON H.P. ′
9	00	180 14.2	N22 53.6	353 56.9	9.8	S26 52.4	0.6	54.4
	01	195 14.0	53.8	8 25.7	9.8	26 51.8	0.6	54.4
	02	210 13.9	54.0	22 54.5	9.8	26 51.2	0.9	54.4
	03	225 13.8	. . 54.2	37 23.3	9.8	26 50.3	0.9	54.4
	04	240 13.7	54.4	51 52.1	9.8	26 49.4	1.1	54.4
	05	255 13.6	54.7	66 20.9	9.8	26 48.3	1.2	54.4
	06	270 13.4	N22 54.9	80 49.7	9.7	S26 47.1	1.4	54.4
	07	285 13.3	55.1	95 18.4	9.8	26 45.7	1.4	54.4
S	08	300 13.2	55.3	109 47.2	9.8	26 44.3	1.7	54.4
A	09	315 13.1	. . 55.5	124 16.0	9.8	26 42.6	1.7	54.5
T	10	330 13.0	55.7	138 44.8	9.8	26 40.9	1.9	54.5
U	11	345 12.8	55.9	153 13.6	9.8	26 39.0	2.0	54.5
R	12	0 12.7	N22 56.1	167 42.4	9.8	S26 37.0	2.2	54.5
D	13	15 12.6	56.3	182 11.2	9.8	26 34.8	2.3	54.5
A	14	30 12.5	56.5	196 40.0	9.8	26 32.5	2.4	54.5
Y	15	45 12.3	. . 56.7	211 08.8	9.8	26 30.1	2.5	54.5
	16	60 12.2	57.0	225 37.6	9.9	26 27.6	2.7	54.5
	17	75 12.1	57.2	240 06.5	9.8	26 24.9	2.8	54.6
	18	90 12.0	N22 57.4	254 35.3	9.9	S26 22.1	3.0	54.6
	19	105 11.9	57.6	269 04.2	9.9	26 19.1	3.1	54.6
	20	120 11.7	57.8	283 33.1	9.8	26 16.0	3.2	54.6
	21	135 11.6	. . 58.0	298 01.9	10.0	26 12.8	3.3	54.6
	22	150 11.5	58.2	312 30.9	9.9	26 09.5	3.5	54.6
	23	165 11.4	58.4	326 59.8	9.9	26 06.0	3.6	54.6
10	00	180 11.2	N22 58.6	341 28.7	10.0	S26 02.4	3.7	54.7
	01	195 11.1	58.8	355 57.7	10.0	25 58.7	3.9	54.7
	02	210 11.0	59.0	10 26.7	10.0	25 54.8	4.0	54.7
	03	225 10.9	. . 59.2	24 55.7	10.0	25 50.8	4.1	54.7
	04	240 10.8	59.4	39 24.7	10.1	25 46.7	4.3	54.7
	05	255 10.6	59.6	53 53.8	10.1	25 42.4	4.4	54.7
	06	270 10.5	N22 59.7	68 22.9	10.1	S25 38.0	4.5	54.7
	07	285 10.4	22 59.9	82 52.0	10.1	25 33.5	4.6	54.8
	08	300 10.3	23 00.1	97 21.1	10.2	25 28.9	4.8	54.8
S	09	315 10.1	. . 00.3	111 50.3	10.1	25 24.1	4.9	54.8
U	10	330 10.0	00.5	126 19.4	10.3	25 19.2	5.0	54.8
N	11	345 09.9	00.7	140 48.7	10.2	25 14.2	5.2	54.8
D	12	0 09.8	N23 00.9	155 17.9	10.3	S25 09.0	5.3	54.8
A	13	15 09.6	01.1	169 47.2	10.3	25 03.7	5.4	54.8
Y	14	30 09.5	01.3	184 16.5	10.3	24 58.3	5.5	54.9
	15	45 09.4	. . 01.5	198 45.8	10.4	24 52.8	5.7	54.9
	16	60 09.3	01.7	213 15.2	10.4	24 47.1	5.7	54.9
	17	75 09.2	01.9	227 44.6	10.5	24 41.4	5.9	54.9
	18	90 09.0	N23 02.0	242 14.1	10.4	S24 35.5	6.1	54.9
	19	105 08.9	02.2	256 43.5	10.5	24 29.4	6.1	54.9
	20	120 08.8	02.4	271 13.0	10.6	24 23.3	6.3	55.0
	21	135 08.7	. . 02.6	285 42.6	10.6	24 17.0	6.4	55.0
	22	150 08.5	02.8	300 12.2	10.6	24 10.6	6.5	55.0
	23	165 08.4	03.0	314 41.8	10.7	24 04.1	6.6	55.0
11	00	180 08.3	N23 03.1	329 11.5	10.7	S23 57.5	6.8	55.0
	01	195 08.2	03.3	343 41.2	10.7	23 50.7	6.9	55.0
	02	210 08.0	03.5	358 10.9	10.8	23 43.8	7.0	55.1
	03	225 07.9	. . 03.7	12 40.7	10.8	23 36.8	7.1	55.1
	04	240 07.8	03.9	27 10.5	10.9	23 29.7	7.2	55.1
	05	255 07.7	04.0	41 40.4	10.9	23 22.5	7.4	55.1
	06	270 07.5	N23 04.2	56 10.3	10.9	S23 15.1	7.4	55.1
	07	285 07.4	04.4	70 40.2	11.0	23 07.7	7.6	55.1
	08	300 07.3	04.6	85 10.2	11.0	23 00.1	7.7	55.2
M	09	315 07.2	. . 04.8	99 40.2	11.1	22 52.4	7.8	55.2
O	10	330 07.0	04.9	114 10.3	11.1	22 44.6	7.9	55.2
N	11	345 06.9	05.1	128 40.4	11.2	22 36.7	8.1	55.2
D	12	0 06.8	N23 05.3	143 10.6	11.2	S22 28.6	8.1	55.2
A	13	15 06.7	05.5	157 40.8	11.2	22 20.5	8.3	55.3
Y	14	30 06.5	05.6	172 11.0	11.3	22 12.2	8.3	55.3
	15	45 06.4	. . 05.8	186 41.3	11.4	22 03.9	8.5	55.3
	16	60 06.3	06.0	201 11.7	11.3	21 55.4	8.6	55.3
	17	75 06.1	06.1	215 42.0	11.5	21 46.8	8.7	55.3
	18	90 06.0	N23 06.3	230 12.5	11.4	S21 38.1	8.8	55.3
	19	105 05.9	06.5	244 42.9	11.5	21 29.3	8.9	55.4
	20	120 05.8	06.7	259 13.4	11.6	21 20.4	9.0	55.4
	21	135 05.6	. . 06.8	273 44.0	11.6	21 11.4	9.1	55.4
	22	150 05.5	07.0	288 14.6	11.6	21 02.3	9.3	55.4
	23	165 05.4	07.2	302 45.2	11.7	20 53.0	9.3	55.4
		S.D. 15.8	*d* 0.2	S.D. 14.8		14.9		15.0

Lat. °	Twilight Naut. h m	Twilight Civil h m	Sunrise h m	Moonrise 9 h m	Moonrise 10 h m	Moonrise 11 h m	Moonrise 12 h m
N 72	□	□	□	■	■	■	■
N 70	□	□	□	■	■	■	■
68	□	□	□	■	■	■	01 28
66	////	////	00 30	■	■	01 41	00 45
64	////	////	01 40	■	■	00 28	00 16
62	////	////	02 14	23 43	23 52	23 54	23 54
60	////	01 03	02 39	23 06	23 26	23 36	23 42
N 58	////	01 46	02 59	22 39	23 05	23 21	23 31
56	////	02 14	03 15	22 18	22 48	23 08	23 22
54	00 58	02 35	03 29	22 01	22 33	22 57	23 14
52	01 37	02 53	03 41	21 46	22 21	22 47	23 06
50	02 03	03 07	03 51	21 33	22 10	22 38	23 00
45	02 47	03 36	04 13	21 07	21 46	22 19	22 45
N 40	03 17	03 58	04 31	20 46	21 27	22 03	22 34
35	03 40	04 16	04 46	20 28	21 12	21 50	22 23
30	03 58	04 31	04 58	20 13	20 58	21 38	22 14
20	04 26	04 55	05 20	19 47	20 35	21 19	21 59
N 10	04 48	05 15	05 38	19 25	20 14	21 01	21 46
0	05 07	05 33	05 56	19 04	19 55	20 45	21 33
S 10	05 24	05 50	06 13	18 44	19 36	20 29	21 20
20	05 40	06 07	06 31	18 21	19 16	20 11	21 06
30	05 56	06 25	06 52	17 55	18 52	19 51	20 51
35	06 04	06 36	07 04	17 40	18 38	19 39	20 41
40	06 13	06 47	07 18	17 23	18 22	19 26	20 31
45	06 23	07 01	07 34	17 01	18 03	19 10	20 18
S 50	06 35	07 16	07 54	16 34	17 39	18 50	20 03
52	06 40	07 23	08 04	16 21	17 27	18 40	19 56
54	06 45	07 31	08 15	16 06	17 14	18 29	19 48
56	06 51	07 40	08 27	15 48	16 58	18 17	19 39
58	06 58	07 50	08 41	15 26	16 40	18 03	19 29
S 60	07 05	08 01	08 58	14 58	16 17	17 46	19 18

Lat. °	Sunset h m	Twilight Civil h m	Twilight Naut. h m	Moonset 9 h m	Moonset 10 h m	Moonset 11 h m	Moonset 12 h m
N 72	□	□	□	■	■	■	■
N 70	□	□	□	■	■	■	■
68	□	□	□	■	■	■	04 41
66	23 36	////	////	■	■	02 44	05 23
64	22 21	////	////	■	■	03 57	05 51
62	21 45	////	////	01 36	02 55	04 32	06 12
60	21 20	22 58	////	02 22	03 32	04 58	06 29
N 58	21 01	22 14	////	02 53	03 59	05 18	06 44
56	20 44	21 45	////	03 15	04 19	05 35	06 56
54	20 30	21 24	23 03	03 34	04 36	05 49	07 07
52	20 18	21 07	22 22	03 50	04 51	06 01	07 16
50	20 08	20 52	21 56	04 04	05 04	06 12	07 25
45	19 46	20 23	21 12	04 31	05 30	06 34	07 42
N 40	19 28	20 01	20 42	04 53	05 51	06 52	07 57
35	19 13	19 43	20 19	05 12	06 08	07 07	08 09
30	19 01	19 28	20 01	05 27	06 22	07 20	08 20
20	18 39	19 03	19 33	05 54	06 48	07 43	08 38
N 10	18 20	18 43	19 10	06 16	07 09	08 02	08 54
0	18 03	18 25	18 52	06 38	07 29	08 20	09 08
S 10	17 46	18 09	18 35	06 59	07 49	08 37	09 23
20	17 28	17 52	18 19	07 21	08 10	08 56	09 38
30	17 07	17 33	18 03	07 48	08 35	09 18	09 56
35	16 55	17 23	17 54	08 03	08 49	09 30	10 06
40	16 41	17 11	17 45	08 21	09 06	09 45	10 18
45	16 24	16 58	17 35	08 43	09 26	10 02	10 31
S 50	16 04	16 42	17 24	09 10	09 51	10 23	10 48
52	15 54	16 35	17 19	09 23	10 03	10 33	10 55
54	15 44	16 27	17 13	09 38	10 17	10 44	11 04
56	15 31	16 18	17 07	09 56	10 32	10 57	11 13
58	15 17	16 08	17 01	10 18	10 51	11 11	11 24
S 60	15 00	15 57	16 53	10 47	11 14	11 29	11 37

Day	SUN Eqn. of Time 00 h (m s)	SUN Eqn. of Time 12 h (m s)	SUN Mer. Pass. (h m)	MOON Mer. Pass. Upper (h m)	MOON Mer. Pass. Lower (h m)	MOON Age (d)	MOON Phase
9	00 57	00 51	11 59	00 25	12 51	16	
10	00 45	00 39	11 59	01 17	13 42	17	○
11	00 33	00 27	12 00	02 08	14 32	18	

UT (GMT) d	h	ARIES G.H.A. ° ′	VENUS −4.0 G.H.A. ° ′	VENUS Dec. ° ′	MARS +0.4 G.H.A. ° ′	MARS Dec. ° ′	JUPITER −1.9 G.H.A. ° ′	JUPITER Dec. ° ′	SATURN +0.3 G.H.A. ° ′	SATURN Dec. ° ′
12	00	260 03.7	217 15.0	N14 19.6	251 27.8	N 1 34.4	153 36.8	N22 45.8	323 57.3	S21 09.1
	01	275 06.2	232 14.5	20.5	266 28.6	35.1	168 38.7	45.7	338 59.9	09.1
	02	290 08.6	247 14.1	21.4	281 29.4	35.8	183 40.6	45.7	354 02.5	09.1
	03	305 11.1	262 13.7	· · 22.3	296 30.2	· · 36.5	198 42.5	· · 45.6	9 05.1	· · 09.2
	04	320 13.6	277 13.3	23.2	311 31.0	37.1	213 44.4	45.5	24 07.7	09.2
	05	335 16.0	292 12.9	24.0	326 31.8	37.8	228 46.3	45.5	39 10.3	09.2
	06	350 18.5	307 12.4	N14 24.9	341 32.6	N 1 38.5	243 48.2	N22 45.4	54 12.9	S21 09.2
	07	5 21.0	322 12.0	25.8	356 33.4	39.2	258 50.0	45.4	69 15.5	09.3
T	08	20 23.4	337 11.6	26.7	11 34.2	39.9	273 51.9	45.3	84 18.1	09.3
U	09	35 25.9	352 11.2	· · 27.6	26 35.0	· · 40.6	288 53.8	· · 45.3	99 20.7	· · 09.3
E	10	50 28.3	7 10.8	28.5	41 35.8	41.3	303 55.7	45.2	114 23.3	09.3
S	11	65 30.8	22 10.3	29.4	56 36.6	42.0	318 57.6	45.1	129 26.0	09.4
D	12	80 33.3	37 09.9	N14 30.2	71 37.4	N 1 42.7	333 59.5	N22 45.1	144 28.6	S21 09.4
A	13	95 35.7	52 09.5	31.1	86 38.2	43.4	349 01.3	45.0	159 31.2	09.4
Y	14	110 38.2	67 09.1	32.0	101 39.0	44.1	4 03.2	45.0	174 33.8	09.5
	15	125 40.7	82 08.6	· · 32.9	116 39.8	· · 44.8	19 05.1	· · 44.9	189 36.4	· · 09.5
	16	140 43.1	97 08.2	33.8	131 40.6	45.5	34 07.0	44.9	204 39.0	09.5
	17	155 45.6	112 07.8	34.6	146 41.4	46.2	49 08.9	44.8	219 41.6	09.5
	18	170 48.1	127 07.4	N14 35.5	161 42.2	N 1 46.9	64 10.8	N22 44.7	234 44.2	S21 09.6
	19	185 50.5	142 06.9	36.4	176 43.0	47.6	79 12.7	44.7	249 46.8	09.6
	20	200 53.0	157 06.5	37.3	191 43.8	48.3	94 14.5	44.6	264 49.4	09.6
	21	215 55.5	172 06.1	· · 38.1	206 44.6	· · 49.0	109 16.4	· · 44.6	279 52.1	· · 09.6
	22	230 57.9	187 05.6	39.0	221 45.4	49.7	124 18.3	44.5	294 54.7	09.7
	23	246 00.4	202 05.2	39.9	236 46.2	50.4	139 20.2	44.4	309 57.3	09.7
13	00	261 02.8	217 04.8	N14 40.8	251 47.0	N 1 51.0	154 22.1	N22 44.4	324 59.9	S21 09.7
	01	276 05.3	232 04.4	41.7	266 47.8	51.7	169 24.0	44.3	340 02.5	09.8
	02	291 07.8	247 03.9	42.5	281 48.6	52.4	184 25.8	44.3	355 05.1	09.8
	03	306 10.2	262 03.5	· · 43.4	296 49.4	· · 53.1	199 27.7	· · 44.2	10 07.7	· · 09.8
	04	321 12.7	277 03.1	44.3	311 50.2	53.8	214 29.6	44.2	25 10.3	09.8
	05	336 15.2	292 02.6	45.1	326 51.0	54.5	229 31.5	44.1	40 13.0	09.9
	06	351 17.6	307 02.2	N14 46.0	341 51.8	N 1 55.2	244 33.4	N22 44.0	55 15.6	S21 09.9
W	07	6 20.1	322 01.8	46.9	356 52.6	55.9	259 35.3	44.0	70 18.2	09.9
E	08	21 22.6	337 01.3	47.8	11 53.4	56.6	274 37.1	43.9	85 20.8	10.0
D	09	36 25.0	352 00.9	· · 48.6	26 54.2	· · 57.3	289 39.0	· · 43.9	100 23.4	· · 10.0
N	10	51 27.5	7 00.5	49.5	41 55.0	58.0	304 40.9	43.8	115 26.0	10.0
E	11	66 30.0	22 00.0	50.4	56 55.8	58.7	319 42.8	43.8	130 28.6	10.0
S	12	81 32.4	36 59.6	N14 51.2	71 56.6	N 1 59.4	334 44.7	N22 43.7	145 31.2	S21 10.1
D	13	96 34.9	51 59.2	52.1	86 57.4	2 00.1	349 46.6	43.6	160 33.9	10.1
A	14	111 37.3	66 58.7	53.0	101 58.2	00.8	4 48.4	43.6	175 36.5	10.1
Y	15	126 39.8	81 58.3	· · 53.9	116 59.0	· · 01.4	19 50.3	· · 43.5	190 39.1	· · 10.1
	16	141 42.3	96 57.9	54.7	131 59.8	02.1	34 52.2	43.5	205 41.7	10.2
	17	156 44.7	111 57.4	55.6	147 00.6	02.8	49 54.1	43.4	220 44.3	10.2
	18	171 47.2	126 57.0	N14 56.5	162 01.4	N 2 03.5	64 56.0	N22 43.3	235 46.9	S21 10.2
	19	186 49.7	141 56.6	57.3	177 02.2	04.2	79 57.9	43.3	250 49.5	10.3
	20	201 52.1	156 56.1	58.2	192 03.0	04.9	94 59.7	43.2	265 52.1	10.3
	21	216 54.6	171 55.7	· · 59.0	207 03.8	· · 05.6	110 01.6	· · 43.2	280 54.8	· · 10.3
	22	231 57.1	186 55.2	14 59.9	222 04.6	06.3	125 03.5	43.1	295 57.4	10.3
	23	246 59.5	201 54.8	15 00.8	237 05.4	07.0	140 05.4	43.0	311 00.0	10.4
14	00	262 02.0	216 54.4	N15 01.6	252 06.2	N 2 07.7	155 07.3	N22 43.0	326 02.6	S21 10.4
	01	277 04.4	231 53.9	02.5	267 07.0	08.4	170 09.2	42.9	341 05.2	10.4
	02	292 06.9	246 53.5	03.4	282 07.8	09.1	185 11.0	42.9	356 07.8	10.5
	03	307 09.4	261 53.0	· · 04.2	297 08.6	· · 09.8	200 12.9	· · 42.8	11 10.4	· · 10.5
	04	322 11.8	276 52.6	05.1	312 09.4	10.4	215 14.8	42.8	26 13.1	10.5
	05	337 14.3	291 52.1	05.9	327 10.2	11.1	230 16.7	42.7	41 15.7	10.5
	06	352 16.8	306 51.7	N15 06.8	342 11.0	N 2 11.8	245 18.6	N22 42.6	56 18.3	S21 10.6
	07	7 19.2	321 51.3	07.7	357 11.8	12.5	260 20.5	42.6	71 20.9	10.6
T	08	22 21.7	336 50.8	08.5	12 12.6	13.2	275 22.3	42.5	86 23.5	10.6
H	09	37 24.2	351 50.4	· · 09.4	27 13.4	· · 13.9	290 24.2	· · 42.5	101 26.1	· · 10.7
U	10	52 26.6	6 49.9	10.2	42 14.2	14.6	305 26.1	42.4	116 28.8	10.7
R	11	67 29.1	21 49.5	11.1	57 15.0	15.3	320 28.0	42.3	131 31.4	10.7
S	12	82 31.6	36 49.0	N15 12.0	72 15.8	N 2 16.0	335 29.9	N22 42.3	146 34.0	S21 10.7
D	13	97 34.0	51 48.6	12.8	87 16.6	16.7	350 31.7	42.2	161 36.6	10.8
A	14	112 36.5	66 48.1	13.7	102 17.4	17.4	5 33.6	42.2	176 39.2	10.8
Y	15	127 38.9	81 47.7	· · 14.5	117 18.2	· · 18.0	20 35.5	· · 42.1	191 41.8	· · 10.8
	16	142 41.4	96 47.2	15.4	132 19.0	18.7	35 37.4	42.0	206 44.4	10.9
	17	157 43.9	111 46.8	16.2	147 19.8	19.4	50 39.3	42.0	221 47.1	10.9
	18	172 46.3	126 46.3	N15 17.1	162 20.6	N 2 20.1	65 41.2	N22 41.9	236 49.7	S21 10.9
	19	187 48.8	141 45.9	17.9	177 21.4	20.8	80 43.0	41.9	251 52.3	10.9
	20	202 51.3	156 45.4	18.8	192 22.2	21.5	95 44.9	41.8	266 54.9	11.0
	21	217 53.7	171 45.0	· · 19.6	207 23.0	· · 22.2	110 46.8	· · 41.7	281 57.5	· · 11.0
	22	232 56.2	186 44.5	20.5	222 23.8	22.9	125 48.7	41.7	297 00.1	11.0
	23	247 58.7	201 44.1	21.3	237 24.6	23.6	140 50.6	41.6	312 02.8	11.1
Mer. Pass.		h m 6 34.7	v −0.4	d 0.9	v 0.8	d 0.7	v 1.9	d 0.1	v 2.6	d 0.0

STARS

Name	S.H.A. ° ′	Dec. ° ′
Acamar	315 31.7	S40 20.3
Achernar	335 39.6	S57 16.8
Acrux	173 28.8	S63 03.2
Adhara	255 26.5	S28 57.5
Aldebaran	291 09.6	N16 29.5
Alioth	166 35.3	N56 00.8
Alkaid	153 12.0	N49 21.7
Al Na'ir	28 05.0	S47 00.2
Alnilam	276 04.2	S 1 12.4
Alphard	218 13.2	S 8 37.1
Alphecca	126 25.2	N26 44.7
Alpheratz	358 01.5	N29 02.2
Altair	62 24.8	N 8 50.5
Ankaa	353 32.6	S42 21.2
Antares	112 47.1	S26 24.9
Arcturus	146 11.2	N19 13.9
Atria	108 04.0	S69 00.8
Avior	234 25.7	S59 28.9
Bellatrix	278 50.9	N 6 20.6
Betelgeuse	271 20.3	N 7 24.4
Canopus	264 04.4	S52 41.4
Capella	281 00.5	N45 59.4
Deneb	49 43.0	N45 14.6
Denebola	182 51.2	N14 37.5
Diphda	349 13.2	S18 02.2
Dubhe	194 12.5	N61 48.4
Elnath	278 34.8	N28 36.1
Eltanin	90 53.6	N51 29.3
Enif	34 03.9	N 9 49.8
Fomalhaut	15 42.8	S29 40.2
Gacrux	172 20.3	S57 04.0
Gienah	176 10.1	S17 29.5
Hadar	149 12.3	S60 20.0
Hamal	328 20.5	N23 25.1
Kaus Aust.	84 06.3	S34 23.4
Kochab	137 17.9	N74 11.8
Markab	13 55.5	N15 09.2
Menkar	314 33.4	N 4 03.2
Menkent	148 27.8	S36 19.7
Miaplacidus	221 44.2	S69 40.9
Mirfak	309 05.7	N49 49.6
Nunki	76 19.3	S26 18.6
Peacock	53 45.7	S56 45.8
Pollux	243 49.1	N28 03.1
Procyon	245 18.0	N 5 15.0
Rasalhague	96 22.1	N12 33.9
Regulus	208 01.9	N12 00.9
Rigel	281 29.0	S 8 12.6
Rigil Kent.	140 15.0	S60 48.1
Sabik	102 32.0	S15 43.0
Schedar	350 00.7	N56 28.9
Shaula	96 44.9	S37 06.0
Sirius	258 49.3	S16 42.1
Spica	158 49.3	S11 06.9
Suhail	223 05.5	S43 23.8
Vega	80 50.2	N38 46.3
Zuben'ubi	137 24.3	S16 00.4

	S.H.A. ° ′	Mer. Pass. h m
Venus	316 01.9	9 32
Mars	350 44.1	7 12
Jupiter	253 19.2	13 41
Saturn	63 57.0	2 20

UT (GMT) d h	SUN G.H.A. ° ′	SUN Dec. ° ′	MOON G.H.A. ° ′	MOON v ′	MOON Dec. ° ′	MOON d ′	MOON H.P. ′
12 00	180 05.3	N23 07.3	317 15.9	11.8	S20 43.7	9.4	55.5
01	195 05.1	07.5	331 46.7	11.8	20 34.3	9.6	55.5
02	210 05.0	07.6	346 17.5	11.8	20 24.7	9.6	55.5
03	225 04.9	. . 07.8	0 48.3	11.9	20 15.1	9.8	55.5
04	240 04.7	08.0	15 19.2	11.9	20 05.3	9.8	55.5
05	255 04.6	08.1	29 50.1	12.0	19 55.5	9.9	55.6
06	270 04.5	N23 08.3	44 21.1	12.0	S19 45.6	10.1	55.6
07	285 04.4	08.5	58 52.1	12.0	19 35.5	10.1	55.6
T 08	300 04.2	08.6	73 23.1	12.1	19 25.4	10.3	55.6
U 09	315 04.1	. . 08.8	87 54.2	12.1	19 15.1	10.3	55.7
E 10	330 04.0	08.9	102 25.3	12.2	19 04.8	10.4	55.7
S 11	345 03.9	09.1	116 56.5	12.3	18 54.4	10.5	55.7
D 12	0 03.7	N23 09.3	131 27.8	12.2	S18 43.9	10.7	55.7
A 13	15 03.6	09.4	145 59.0	12.3	18 33.2	10.7	55.7
Y 14	30 03.5	09.6	160 30.3	12.4	18 22.5	10.8	55.8
15	45 03.3	. . 09.7	175 01.7	12.4	18 11.7	10.9	55.8
16	60 03.2	09.9	189 33.1	12.4	18 00.8	10.9	55.8
17	75 03.1	10.0	204 04.5	12.5	17 49.9	11.1	55.8
18	90 03.0	N23 10.2	218 36.0	12.5	S17 38.8	11.2	55.9
19	105 02.8	10.3	233 07.5	12.6	17 27.6	11.2	55.9
20	120 02.7	10.5	247 39.1	12.6	17 16.4	11.4	55.9
21	135 02.6	. . 10.6	262 10.7	12.7	17 05.0	11.4	55.9
22	150 02.4	10.8	276 42.4	12.6	16 53.6	11.5	55.9
23	165 02.3	10.9	291 14.0	12.8	16 42.1	11.6	56.0
13 00	180 02.2	N23 11.1	305 45.8	12.7	S16 30.5	11.7	56.0
01	195 02.1	11.2	320 17.5	12.8	16 18.8	11.7	56.0
02	210 01.9	11.4	334 49.3	12.9	16 07.1	11.9	56.0
03	225 01.8	. . 11.5	349 21.2	12.8	15 55.2	11.9	56.1
04	240 01.7	11.7	3 53.0	12.9	15 43.3	12.0	56.1
05	255 01.5	11.8	18 24.9	13.0	15 31.3	12.1	56.1
06	270 01.4	N23 12.0	32 56.9	13.0	S15 19.2	12.1	56.1
W 07	285 01.3	12.1	47 28.9	13.0	15 07.1	12.3	56.2
E 08	300 01.1	12.2	62 00.9	13.0	14 54.8	12.3	56.2
D 09	315 01.0	. . 12.4	76 32.9	13.1	14 42.5	12.4	56.2
N 10	330 00.9	12.5	91 05.0	13.1	14 30.1	12.5	56.2
E 11	345 00.8	12.7	105 37.1	13.1	14 17.6	12.5	56.3
S 12	0 00.6	N23 12.8	120 09.2	13.2	S14 05.1	12.6	56.3
D 13	15 00.5	13.0	134 41.4	13.2	13 52.5	12.7	56.3
A 14	30 00.4	13.1	149 13.6	13.3	13 39.8	12.8	56.3
Y 15	45 00.2	. . 13.2	163 45.9	13.2	13 27.0	12.8	56.4
16	60 00.1	13.4	178 18.1	13.3	13 14.2	12.9	56.4
17	75 00.0	13.5	192 50.4	13.3	13 01.3	13.0	56.4
18	89 59.8	N23 13.6	207 22.7	13.4	S12 48.3	13.0	56.4
19	104 59.7	13.8	221 55.1	13.3	12 35.3	13.1	56.5
20	119 59.6	13.9	236 27.4	13.4	12 22.2	13.2	56.5
21	134 59.5	. . 14.0	250 59.8	13.4	12 09.0	13.2	56.5
22	149 59.3	14.2	265 32.2	13.5	11 55.8	13.3	56.5
23	164 59.2	14.3	280 04.7	13.5	11 42.5	13.4	56.6
14 00	179 59.1	N23 14.4	294 37.2	13.4	S11 29.1	13.4	56.6
01	194 58.9	14.6	309 09.6	13.5	11 15.7	13.5	56.6
02	209 58.8	14.7	323 42.1	13.6	11 02.2	13.6	56.6
03	224 58.7	. . 14.8	338 14.7	13.5	10 48.6	13.6	56.7
04	239 58.5	15.0	352 47.2	13.6	10 35.0	13.7	56.7
05	254 58.4	15.1	7 19.8	13.5	10 21.3	13.7	56.7
06	269 58.3	N23 15.2	21 52.3	13.6	S10 07.6	13.8	56.8
07	284 58.1	15.3	36 24.9	13.6	9 53.8	13.8	56.8
T 08	299 58.0	15.5	50 57.5	13.7	9 40.0	13.9	56.8
H 09	314 57.9	. . 15.6	65 30.2	13.6	9 26.1	14.0	56.8
U 10	329 57.7	15.7	80 02.8	13.6	9 12.1	14.0	56.9
R 11	344 57.6	15.8	94 35.4	13.7	8 58.1	14.1	56.9
S 12	359 57.5	N23 16.0	109 08.1	13.6	S 8 44.0	14.1	56.9
D 13	14 57.4	16.1	123 40.7	13.7	8 29.9	14.2	57.0
A 14	29 57.2	16.2	138 13.4	13.7	8 15.7	14.2	57.0
Y 15	44 57.1	. . 16.3	152 46.1	13.7	8 01.5	14.2	57.0
16	59 57.0	16.4	167 18.8	13.7	7 47.3	14.4	57.0
17	74 56.8	16.6	181 51.5	13.7	7 32.9	14.3	57.1
18	89 56.7	N23 16.7	196 24.2	13.7	S 7 18.6	14.4	57.1
19	104 56.6	16.8	210 56.9	13.7	7 04.2	14.5	57.1
20	119 56.4	16.9	225 29.6	13.7	6 49.7	14.5	57.2
21	134 56.3	. . 17.0	240 02.3	13.7	6 35.2	14.5	57.2
22	149 56.2	17.2	254 35.0	13.7	6 20.7	14.6	57.2
23	164 56.0	17.3	269 07.7	13.7	6 06.1	14.6	57.2
	S.D. 15.8	*d* 0.1	S.D.	15.2	15.3		15.5

Lat. °	Twilight Naut. h m	Twilight Civil h m	Sunrise h m	Moonrise 12 h m	Moonrise 13 h m	Moonrise 14 h m	Moonrise 15 h m
N 72	□	□	□	■	01 56	00 57	{00 20 / 23 49}
N 70	□	□	□	■	01 15	00 38	{00 12 / 23 49}
68	□	□	□	01 28	00 47	00 23	{00 05 / 23 49}
66	□	□	□	00 45	00 25	00 11	{00 00 / 23 49}
64	////	////	01 35	00 16	00 08	{00 01 / 23 55}	23 49
62	////	////	02 12	23 54	23 53	23 51	23 49
60	////	00 57	02 37	23 42	23 45	23 47	23 49
N 58	////	01 43	02 57	23 31	23 38	23 44	23 49
56	////	02 12	03 14	23 22	23 32	23 41	23 49
54	00 52	02 34	03 28	23 14	23 27	23 38	23 49
52	01 35	02 51	03 40	23 06	23 22	23 36	23 49
50	02 02	03 06	03 50	23 00	23 18	23 34	23 49
45	02 46	03 35	04 13	22 45	23 08	23 29	23 49
N 40	03 16	03 58	04 30	22 34	23 00	23 25	23 49
35	03 39	04 16	04 45	22 23	22 54	23 22	23 49
30	03 58	04 31	04 58	22 14	22 47	23 19	23 49
20	04 26	04 56	05 20	21 59	22 37	23 13	23 49
N 10	04 49	05 16	05 39	21 46	22 28	23 09	23 49
0	05 08	05 34	05 56	21 33	22 19	23 04	23 49
S 10	05 24	05 51	06 14	21 20	22 10	23 00	23 50
20	05 40	06 08	06 32	21 06	22 01	22 55	23 50
30	05 57	06 27	06 53	20 51	21 50	22 50	23 50
35	06 05	06 37	07 05	20 41	21 44	22 46	23 50
40	06 15	06 49	07 19	20 31	21 37	22 43	23 50
45	06 25	07 02	07 36	20 18	21 28	22 39	23 50
S 50	06 36	07 18	07 56	20 03	21 18	22 34	23 50
52	06 42	07 25	08 06	19 56	21 14	22 31	23 50
54	06 47	07 33	08 17	19 48	21 08	22 29	23 51
56	06 53	07 42	08 29	19 39	21 03	22 26	23 51
58	07 00	07 52	08 44	19 29	20 56	22 23	23 51
S 60	07 07	08 04	09 01	19 18	20 49	22 19	23 51

Lat. °	Sunset h m	Twilight Civil h m	Twilight Naut. h m	Moonset 12 h m	Moonset 13 h m	Moonset 14 h m	Moonset 15 h m
N 72	□	□	□	■	05 55	08 31	10 43
N 70	□	□	□	■	06 34	08 47	10 48
68	□	□	□	04 41	07 01	08 59	10 52
66	□	□	□	05 23	07 21	09 10	10 55
64	22 26	////	////	05 51	07 37	09 18	10 58
62	21 49	////	////	06 12	07 50	09 26	11 01
60	21 23	23 05	////	06 29	08 01	09 32	11 03
N 58	21 03	22 18	////	06 44	08 11	09 37	11 05
56	20 47	21 49	////	06 56	08 19	09 42	11 06
54	20 33	21 27	23 10	07 07	08 26	09 47	11 08
52	20 20	21 09	22 26	07 16	08 33	09 51	11 09
50	20 10	20 54	21 59	07 25	08 39	09 54	11 10
45	19 47	20 25	21 14	07 42	08 52	10 02	11 13
N 40	19 30	20 02	20 44	07 57	09 02	10 08	11 15
35	19 15	19 44	20 21	08 09	09 11	10 14	11 17
30	19 02	19 29	20 02	08 20	09 19	10 19	11 18
20	18 40	19 04	19 34	08 38	09 33	10 27	11 21
N 10	18 21	18 44	19 11	08 54	09 44	10 34	11 23
0	18 04	18 26	18 52	09 08	09 55	10 41	11 26
S 10	17 46	18 09	18 35	09 23	10 06	10 47	11 28
20	17 28	17 52	18 19	09 38	10 17	10 54	11 30
30	17 07	17 33	18 03	09 56	10 30	11 02	11 33
35	16 55	17 23	17 54	10 06	10 38	11 07	11 34
40	16 41	17 11	17 45	10 18	10 46	11 12	11 36
45	16 24	16 58	17 35	10 31	10 56	11 17	11 38
S 50	16 03	16 42	17 23	10 48	11 08	11 24	11 40
52	15 54	16 34	17 18	10 55	11 13	11 28	11 41
54	15 43	16 26	17 13	11 04	11 19	11 31	11 42
56	15 30	16 17	17 06	11 13	11 26	11 35	11 43
58	15 16	16 07	17 00	11 24	11 33	11 39	11 45
S 60	14 59	15 56	16 52	11 37	11 41	11 44	11 46

Day	SUN Eqn. of Time 00h m s	SUN Eqn. of Time 12h m s	SUN Mer. Pass. h m	MOON Mer. Pass. Upper h m	MOON Mer. Pass. Lower h m	MOON Age d	MOON Phase
12	00 21	00 15	12 00	02 57	15 21	19	
13	00 09	00 03	12 00	03 44	16 07	20	◑
14	00 03	00 10	12 00	04 30	16 52	21	

UT (GMT) d	h	ARIES G.H.A. ° ′	VENUS −4.0 G.H.A. ° ′	VENUS Dec. ° ′	MARS +0.4 G.H.A. ° ′	MARS Dec. ° ′	JUPITER −1.9 G.H.A. ° ′	JUPITER Dec. ° ′	SATURN +0.2 G.H.A. ° ′	SATURN Dec. ° ′
15	00	263 01.1	216 43.6	N15 22.2	252 25.4	N 2 24.3	155 52.4	N22 41.6	327 05.4	S21 11.1
	01	278 03.6	231 43.2	23.0	267 26.2	25.0	170 54.3	41.5	342 08.0	11.1
	02	293 06.1	246 42.7	23.9	282 27.0	25.6	185 56.2	41.4	357 10.6	11.1
	03	308 08.5	261 42.3	· · 24.7	297 27.8	· · 26.3	200 58.1	· · 41.4	12 13.2	· · 11.2
	04	323 11.0	276 41.8	25.6	312 28.6	27.0	216 00.0	41.3	27 15.8	11.2
	05	338 13.4	291 41.4	26.4	327 29.4	27.7	231 01.8	41.3	42 18.5	11.2
	06	353 15.9	306 40.9	N15 27.3	342 30.2	N 2 28.4	246 03.7	N22 41.2	57 21.1	S21 11.3
	07	8 18.4	321 40.5	28.1	357 31.0	29.1	261 05.6	41.1	72 23.7	11.3
	08	23 20.8	336 40.0	29.0	12 31.8	29.8	276 07.5	41.1	87 26.3	11.3
F	09	38 23.3	351 39.6	· · 29.8	27 32.6	· · 30.5	291 09.4	· · 41.0	102 28.9	· · 11.3
R	10	53 25.8	6 39.1	30.7	42 33.4	31.2	306 11.3	41.0	117 31.6	11.4
I	11	68 28.2	21 38.6	31.5	57 34.2	31.8	321 13.1	40.9	132 34.2	11.4
D	12	83 30.7	36 38.2	N15 32.3	72 35.0	N 2 32.5	336 15.0	N22 40.8	147 36.8	S21 11.4
A	13	98 33.2	51 37.7	33.2	87 35.8	33.2	351 16.9	40.8	162 39.4	11.5
Y	14	113 35.6	66 37.3	34.0	102 36.6	33.9	6 18.8	40.7	177 42.0	11.5
	15	128 38.1	81 36.8	· · 34.9	117 37.4	· · 34.6	21 20.7	· · 40.7	192 44.6	· · 11.5
	16	143 40.6	96 36.3	35.7	132 38.3	35.3	36 22.5	40.6	207 47.3	11.5
	17	158 43.0	111 35.9	36.6	147 39.1	36.0	51 24.4	40.5	222 49.9	11.6
	18	173 45.5	126 35.4	N15 37.4	162 39.9	N 2 36.7	66 26.3	N22 40.5	237 52.5	S21 11.6
	19	188 47.9	141 35.0	38.2	177 40.7	37.4	81 28.2	40.4	252 55.1	11.6
	20	203 50.4	156 34.5	39.1	192 41.5	38.0	96 30.1	40.4	267 57.7	11.7
	21	218 52.9	171 34.0	· · 39.9	207 42.3	· · 38.7	111 31.9	· · 40.3	283 00.4	· · 11.7
	22	233 55.3	186 33.6	40.7	222 43.1	39.4	126 33.8	40.2	298 03.0	11.7
	23	248 57.8	201 33.1	41.6	237 43.9	40.1	141 35.7	40.2	313 05.6	11.7
16	00	264 00.3	216 32.6	N15 42.4	252 44.7	N 2 40.8	156 37.6	N22 40.1	328 08.2	S21 11.8
	01	279 02.7	231 32.2	43.3	267 45.5	41.5	171 39.5	40.0	343 10.8	11.8
	02	294 05.2	246 31.7	44.1	282 46.3	42.2	186 41.3	40.0	358 13.5	11.8
	03	309 07.7	261 31.3	· · 44.9	297 47.1	· · 42.9	201 43.2	· · 39.9	13 16.1	· · 11.9
	04	324 10.1	276 30.8	45.8	312 47.9	43.5	216 45.1	39.9	28 18.7	11.9
	05	339 12.6	291 30.3	46.6	327 48.7	44.2	231 47.0	39.8	43 21.3	11.9
	06	354 15.0	306 29.9	N15 47.4	342 49.5	N 2 44.9	246 48.9	N22 39.7	58 23.9	S21 11.9
	07	9 17.5	321 29.4	48.3	357 50.3	45.6	261 50.7	39.7	73 26.6	12.0
S	08	24 20.0	336 28.9	49.1	12 51.1	46.3	276 52.6	39.6	88 29.2	12.0
A	09	39 22.4	351 28.5	· · 49.9	27 51.9	· · 47.0	291 54.5	· · 39.6	103 31.8	· · 12.0
T	10	54 24.9	6 28.0	50.8	42 52.7	47.7	306 56.4	39.5	118 34.4	12.1
U	11	69 27.4	21 27.5	51.6	57 53.5	48.4	321 58.3	39.4	133 37.0	12.1
R	12	84 29.8	36 27.0	N15 52.4	72 54.3	N 2 49.0	337 00.1	N22 39.4	148 39.7	S21 12.1
D	13	99 32.3	51 26.6	53.2	87 55.1	49.7	352 02.0	39.3	163 42.3	12.2
A	14	114 34.8	66 26.1	54.1	102 55.9	50.4	7 03.9	39.3	178 44.9	12.2
Y	15	129 37.2	81 25.6	· · 54.9	117 56.8	· · 51.1	22 05.8	· · 39.2	193 47.5	· · 12.2
	16	144 39.7	96 25.2	55.7	132 57.6	51.8	37 07.7	39.1	208 50.2	12.2
	17	159 42.2	111 24.7	56.6	147 58.4	52.5	52 09.5	39.1	223 52.8	12.3
	18	174 44.6	126 24.2	N15 57.4	162 59.2	N 2 53.2	67 11.4	N22 39.0	238 55.4	S21 12.3
	19	189 47.1	141 23.7	58.2	178 00.0	53.8	82 13.3	38.9	253 58.0	12.3
	20	204 49.5	156 23.3	59.0	193 00.8	54.5	97 15.2	38.9	269 00.6	12.4
	21	219 52.0	171 22.8	15 59.8	208 01.6	· · 55.2	112 17.0	· · 38.8	284 03.3	· · 12.4
	22	234 54.5	186 22.3	16 00.7	223 02.4	55.9	127 18.9	38.8	299 05.9	12.4
	23	249 56.9	201 21.8	01.5	238 03.2	56.6	142 20.8	38.7	314 08.5	12.4
17	00	264 59.4	216 21.4	N16 02.3	253 04.0	N 2 57.3	157 22.7	N22 38.6	329 11.1	S21 12.5
	01	280 01.9	231 20.9	03.1	268 04.8	58.0	172 24.6	38.6	344 13.7	12.5
	02	295 04.3	246 20.4	04.0	283 05.6	58.6	187 26.4	38.5	359 16.4	12.5
	03	310 06.8	261 19.9	· · 04.8	298 06.4	2 59.3	202 28.3	· · 38.4	14 19.0	· · 12.6
	04	325 09.3	276 19.5	05.6	313 07.2	3 00.0	217 30.2	38.4	29 21.6	12.6
	05	340 11.7	291 19.0	06.4	328 08.0	00.7	232 32.1	38.3	44 24.2	12.6
	06	355 14.2	306 18.5	N16 07.2	343 08.8	N 3 01.4	247 34.0	N22 38.3	59 26.9	S21 12.6
	07	10 16.7	321 18.0	08.1	358 09.6	02.1	262 35.8	38.2	74 29.5	12.7
	08	25 19.1	336 17.6	08.9	13 10.5	02.8	277 37.7	38.1	89 32.1	12.7
S	09	40 21.6	351 17.1	· · 09.7	28 11.3	· · 03.4	292 39.6	· · 38.1	104 34.7	· · 12.7
U	10	55 24.0	6 16.6	10.5	43 12.1	04.1	307 41.5	38.0	119 37.4	12.8
N	11	70 26.5	21 16.1	11.3	58 12.9	04.8	322 43.3	38.0	134 40.0	12.8
D	12	85 29.0	36 15.6	N16 12.1	73 13.7	N 3 05.5	337 45.2	N22 37.9	149 42.6	S21 12.8
A	13	100 31.4	51 15.1	13.0	88 14.5	06.2	352 47.1	37.8	164 45.2	12.9
Y	14	115 33.9	66 14.7	13.8	103 15.3	06.9	7 49.0	37.8	179 47.8	12.9
	15	130 36.4	81 14.2	· · 14.6	118 16.1	· · 07.5	22 50.9	· · 37.7	194 50.5	· · 12.9
	16	145 38.8	96 13.7	15.4	133 16.9	08.2	37 52.7	37.6	209 53.1	12.9
	17	160 41.3	111 13.2	16.2	148 17.7	08.9	52 54.6	37.6	224 55.7	13.0
	18	175 43.8	126 12.7	N16 17.0	163 18.5	N 3 09.6	67 56.5	N22 37.5	239 58.3	S21 13.0
	19	190 46.2	141 12.2	17.8	178 19.3	10.3	82 58.4	37.5	255 01.0	13.0
	20	205 48.7	156 11.8	18.6	193 20.1	11.0	98 00.3	37.4	270 03.6	13.1
	21	220 51.1	171 11.3	· · 19.4	208 20.9	· · 11.6	113 02.1	· · 37.3	285 06.2	· · 13.1
	22	235 53.6	186 10.8	20.3	223 21.8	12.3	128 04.0	37.3	300 08.8	13.1
	23	250 56.1	201 10.3	21.1	238 22.6	13.0	143 05.9	37.2	315 11.5	13.2
Mer. Pass.		h m 6 22.9	v −0.5	d 0.8	v 0.8	d 0.7	v 1.9	d 0.1	v 2.6	d 0.0

STARS

Name	S.H.A. ° ′	Dec. ° ′
Acamar	315 31.6	S40 20.3
Achernar	335 39.6	S57 16.7
Acrux	173 28.8	S63 03.2
Adhara	255 26.5	S28 57.5
Aldebaran	291 09.5	N16 29.5
Alioth	166 35.3	N56 00.8
Alkaid	153 12.0	N49 21.7
Al Na'ir	28 04.9	S47 00.2
Alnilam	276 04.2	S 1 12.4
Alphard	218 13.2	S 8 37.1
Alphecca	126 25.2	N26 44.7
Alpheratz	358 01.5	N29 02.2
Altair	62 24.8	N 8 50.5
Ankaa	353 32.6	S42 21.2
Antares	112 47.1	S26 24.9
Arcturus	146 11.2	N19 13.9
Atria	108 04.0	S69 00.9
Avior	234 25.7	S59 28.9
Bellatrix	278 50.9	N 6 20.6
Betelgeuse	271 20.3	N 7 24.4
Canopus	264 04.4	S52 41.4
Capella	281 00.5	N45 59.4
Deneb	49 43.0	N45 14.6
Denebola	182 51.2	N14 37.5
Diphda	349 13.2	S18 02.1
Dubhe	194 12.5	N61 48.4
Elnath	278 34.8	N28 36.1
Eltanin	90 53.6	N51 29.3
Enif	34 03.9	N 9 49.8
Fomalhaut	15 42.8	S29 40.2
Gacrux	172 20.3	S57 04.0
Gienah	176 10.1	S17 29.5
Hadar	149 12.3	S60 20.0
Hamal	328 20.5	N23 25.1
Kaus Aust.	84 06.2	S34 23.5
Kochab	137 18.0	N74 11.8
Markab	13 55.5	N15 09.2
Menkar	314 33.4	N 4 03.3
Menkent	148 27.8	S36 19.7
Miaplacidus	221 44.2	S69 40.9
Mirfak	309 05.7	N49 49.6
Nunki	76 19.3	S26 18.6
Peacock	53 45.7	S56 45.8
Pollux	243 49.1	N28 03.1
Procyon	245 18.0	N 5 15.0
Rasalhague	96 22.1	N12 33.9
Regulus	208 01.9	N12 00.9
Rigel	281 29.0	S 8 12.6
Rigil Kent.	140 15.0	S60 48.1
Sabik	102 32.0	S15 43.0
Schedar	350 00.7	N56 28.9
Shaula	96 44.9	S37 06.0
Sirius	258 49.3	S16 42.1
Spica	158 49.3	S11 06.9
Suhail	223 05.5	S43 23.8
Vega	80 50.2	N38 46.3
Zuben'ubi	137 24.3	S16 00.4

	S.H.A. ° ′	Mer. Pass. h m
Venus	312 32.4	9 34
Mars	348 44.4	7 09
Jupiter	252 37.3	13 32
Saturn	64 08.0	2 07

1990 JUNE 15, 16, 17 (FRI., SAT., SUN.)

UT (GMT) d	h	SUN G.H.A. ° ′	SUN Dec. ° ′	MOON G.H.A. ° ′	v ′	Dec. ° ′	d ′	H.P. ′
15	00	179 55.9	N23 17.4	283 40.4	13.7	S 5 51.5	14.7	57.3
	01	194 55.8	17.5	298 13.1	13.7	5 36.8	14.7	57.3
	02	209 55.6	17.6	312 45.8	13.7	5 22.1	14.8	57.3
	03	224 55.5	.. 17.7	327 18.5	13.6	5 07.3	14.7	57.4
	04	239 55.4	17.8	341 51.1	13.7	4 52.6	14.9	57.4
	05	254 55.2	17.9	356 23.8	13.7	4 37.7	14.8	57.4
	06	269 55.1	N23 18.1	10 56.5	13.6	S 4 22.9	14.9	57.4
	07	284 55.0	18.2	25 29.1	13.7	4 08.0	14.9	57.5
	08	299 54.8	18.3	40 01.8	13.6	3 53.1	15.0	57.5
F	09	314 54.7	.. 18.4	54 34.4	13.6	3 38.1	15.0	57.5
R	10	329 54.6	18.5	69 07.0	13.6	3 23.1	15.0	57.6
I	11	344 54.4	18.6	83 39.6	13.6	3 08.1	15.1	57.6
D	12	359 54.3	N23 18.7	98 12.2	13.5	S 2 53.0	15.0	57.6
A	13	14 54.2	18.8	112 44.7	13.6	2 38.0	15.2	57.7
Y	14	29 54.0	18.9	127 17.3	13.5	2 22.8	15.1	57.7
	15	44 53.9	.. 19.0	141 49.8	13.5	2 07.7	15.1	57.7
	16	59 53.8	19.1	156 22.3	13.5	1 52.6	15.2	57.8
	17	74 53.6	19.2	170 54.8	13.4	1 37.4	15.2	57.8
	18	89 53.5	N23 19.3	185 27.2	13.5	S 1 22.2	15.3	57.8
	19	104 53.4	19.4	199 59.7	13.4	1 06.9	15.2	57.8
	20	119 53.2	19.5	214 32.1	13.3	0 51.7	15.3	57.9
	21	134 53.1	.. 19.6	229 04.4	13.4	0 36.4	15.3	57.9
	22	149 53.0	19.7	243 36.8	13.3	0 21.1	15.3	57.9
	23	164 52.8	19.8	258 09.1	13.3	S 0 05.8	15.3	58.0
16	00	179 52.7	N23 19.9	272 41.4	13.2	N 0 09.5	15.4	58.0
	01	194 52.6	20.0	287 13.6	13.3	0 24.9	15.3	58.0
	02	209 52.4	20.1	301 45.9	13.1	0 40.2	15.4	58.1
	03	224 52.3	.. 20.2	316 18.0	13.2	0 55.6	15.4	58.1
	04	239 52.2	20.3	330 50.2	13.1	1 11.0	15.4	58.1
	05	254 52.0	20.4	345 22.3	13.0	1 26.4	15.4	58.2
	06	269 51.9	N23 20.5	359 54.3	13.1	N 1 41.8	15.4	58.2
	07	284 51.8	20.6	14 26.4	13.0	1 57.2	15.4	58.2
S	08	299 51.6	20.7	28 58.4	12.9	2 12.6	15.4	58.3
A	09	314 51.5	.. 20.8	43 30.3	12.9	2 28.0	15.4	58.3
T	10	329 51.4	20.9	58 02.2	12.8	2 43.4	15.5	58.3
U	11	344 51.2	20.9	72 34.0	12.8	2 58.9	15.4	58.3
R	12	359 51.1	N23 21.0	87 05.8	12.8	N 3 14.3	15.4	58.4
D	13	14 50.9	21.1	101 37.6	12.7	3 29.7	15.5	58.4
A	14	29 50.8	21.2	116 09.3	12.6	3 45.2	15.4	58.4
Y	15	44 50.7	.. 21.3	130 40.9	12.6	4 00.6	15.5	58.5
	16	59 50.5	21.4	145 12.5	12.6	4 16.1	15.4	58.5
	17	74 50.4	21.5	159 44.1	12.4	4 31.5	15.4	58.5
	18	89 50.3	N23 21.6	174 15.5	12.5	N 4 46.9	15.4	58.6
	19	104 50.1	21.6	188 47.0	12.3	5 02.3	15.4	58.6
	20	119 50.0	21.7	203 18.3	12.3	5 17.7	15.4	58.6
	21	134 49.9	.. 21.8	217 49.6	12.3	5 33.1	15.4	58.7
	22	149 49.7	21.9	232 20.9	12.2	5 48.5	15.4	58.7
	23	164 49.6	22.0	246 52.1	12.1	6 03.9	15.4	58.7
17	00	179 49.5	N23 22.0	261 23.2	12.0	N 6 19.3	15.3	58.8
	01	194 49.3	22.1	275 54.2	12.0	6 34.6	15.4	58.8
	02	209 49.2	22.2	290 25.2	12.0	6 50.0	15.3	58.8
	03	224 49.1	.. 22.3	304 56.2	11.8	7 05.3	15.3	58.9
	04	239 48.9	22.4	319 27.0	11.8	7 20.6	15.3	58.9
	05	254 48.8	22.4	333 57.8	11.7	7 35.9	15.2	58.9
	06	269 48.6	N23 22.5	348 28.5	11.6	N 7 51.1	15.3	58.9
	07	284 48.5	22.6	2 59.1	11.6	8 06.4	15.2	59.0
	08	299 48.4	22.7	17 29.7	11.5	8 21.6	15.2	59.0
S	09	314 48.2	.. 22.7	32 00.2	11.4	8 36.8	15.1	59.0
U	10	329 48.1	22.8	46 30.6	11.3	8 51.9	15.2	59.1
N	11	344 48.0	22.9	61 00.9	11.2	9 07.1	15.0	59.1
D	12	359 47.8	N23 23.0	75 31.1	11.2	N 9 22.1	15.1	59.1
A	13	14 47.7	23.0	90 01.3	11.1	9 37.2	15.0	59.2
Y	14	29 47.6	23.1	104 31.4	11.0	9 52.2	15.0	59.2
	15	44 47.4	.. 23.2	119 01.4	10.9	10 07.2	15.0	59.2
	16	59 47.3	23.2	133 31.3	10.8	10 22.2	14.9	59.3
	17	74 47.2	23.3	148 01.1	10.8	10 37.1	14.9	59.3
	18	89 47.0	N23 23.4	162 30.9	10.6	N10 52.0	14.8	59.3
	19	104 46.9	23.4	177 00.5	10.6	11 06.8	14.8	59.3
	20	119 46.7	23.5	191 30.1	10.6	11 21.6	14.8	59.4
	21	134 46.6	.. 23.6	205 59.5	10.4	11 36.4	14.7	59.4
	22	149 46.5	23.6	220 28.9	10.3	11 51.1	14.6	59.4
	23	164 46.3	23.7	234 58.2	10.2	12 05.7	14.6	59.5
		S.D. 15.8	*d* 0.1	S.D. 15.7		15.9		16.1

Lat.	Twilight Naut. h m	Twilight Civil h m	Sunrise h m	Moonrise 15 h m	Moonrise 16 h m	Moonrise 17 h m	Moonrise 18 h m
N 72	□	□	□	{00 20 / 23 49}	23 18	22 39	21 22
N 70	□	□	□	{00 12 / 23 49}	23 26	22 58	22 14
68	□	□	□	{00 05 / 23 49}	23 33	23 14	22 47
66	□	□	□	{00 00 / 23 49}	23 38	23 27	23 11
64	////	////	01 32	23 49	23 43	23 37	23 31
62	////	////	02 10	23 49	23 48	23 47	23 46
60	////	00 52	02 36	23 49	23 51	23 54	24 00
N 58	////	01 41	02 56	23 49	23 55	24 01	00 01
56	////	02 11	03 13	23 49	23 58	24 08	00 08
54	00 48	02 33	03 27	23 49	24 00	00 00	00 13
52	01 33	02 51	03 39	23 49	24 03	00 03	00 18
50	02 00	03 06	03 50	23 49	24 05	00 05	00 23
45	02 46	03 35	04 13	23 49	24 10	00 10	00 33
N 40	03 16	03 58	04 31	23 49	24 14	00 14	00 42
35	03 39	04 16	04 46	23 49	24 18	00 18	00 49
30	03 58	04 31	04 58	23 49	24 21	00 21	00 55
20	04 27	04 56	05 20	23 49	24 27	00 27	01 06
N 10	04 49	05 16	05 39	23 49	24 31	00 31	01 16
0	05 08	05 34	05 57	23 49	24 36	00 36	01 26
S 10	05 25	05 51	06 14	23 50	24 41	00 41	01 35
20	05 41	06 09	06 33	23 50	24 46	00 46	01 45
30	05 58	06 28	06 54	23 50	24 52	00 52	01 57
35	06 06	06 38	07 06	23 50	24 55	00 55	02 04
40	06 16	06 50	07 20	23 50	24 59	00 59	02 12
45	06 26	07 03	07 37	23 50	25 04	01 04	02 21
S 50	06 38	07 19	07 58	23 50	25 09	01 09	02 32
52	06 43	07 27	08 08	23 50	25 12	01 12	02 37
54	06 49	07 35	08 19	23 51	25 15	01 15	02 43
56	06 55	07 44	08 31	23 51	25 18	01 18	02 49
58	07 02	07 54	08 46	23 51	25 21	01 21	02 57
S 60	07 09	08 06	09 03	23 51	25 25	01 25	03 05

Lat.	Sunset h m	Twilight Civil h m	Twilight Naut. h m	Moonset 15 h m	Moonset 16 h m	Moonset 17 h m	Moonset 18 h m
N 72	□	□	□	10 43	12 55	15 16	18 23
N 70	□	□	□	10 48	12 50	14 59	17 33
68	□	□	□	10 52	12 46	14 46	17 01
66	□	□	□	10 55	12 42	14 35	16 39
64	22 30	////	////	10 58	12 40	14 26	16 21
62	21 52	////	////	11 01	12 37	14 18	16 06
60	21 26	23 10	////	11 03	12 35	14 12	15 54
N 58	21 05	22 21	////	11 05	12 33	14 06	15 43
56	20 49	21 51	////	11 06	12 32	14 01	15 34
54	20 34	21 29	23 15	11 08	12 30	13 56	15 26
52	20 22	21 11	22 29	11 09	12 29	13 52	15 19
50	20 11	20 56	22 01	11 10	12 28	13 48	15 13
45	19 49	20 26	21 16	11 13	12 25	13 40	14 59
N 40	19 31	20 04	20 45	11 15	12 23	13 33	14 47
35	19 16	19 45	20 22	11 17	12 21	13 28	14 38
30	19 03	19 30	20 04	11 18	12 19	13 23	14 29
20	18 41	19 05	19 35	11 21	12 16	13 14	14 15
N 10	18 22	18 45	19 12	11 23	12 14	13 06	14 02
0	18 04	18 27	18 53	11 26	12 11	12 59	13 51
S 10	17 47	18 10	18 36	11 28	12 09	12 52	13 39
20	17 28	17 52	18 20	11 30	12 06	12 45	13 27
30	17 07	17 34	18 03	11 33	12 04	12 36	13 12
35	16 55	17 23	17 55	11 34	12 02	12 31	13 04
40	16 41	17 11	17 45	11 36	12 00	12 26	12 55
45	16 24	16 58	17 35	11 38	11 58	12 19	12 44
S 50	16 03	16 42	17 23	11 40	11 55	12 12	12 31
52	15 53	16 34	17 18	11 41	11 54	12 08	12 25
54	15 42	16 26	17 12	11 42	11 53	12 04	12 19
56	15 30	16 17	17 06	11 43	11 51	12 00	12 11
58	15 15	16 07	16 59	11 45	11 50	11 55	12 03
S 60	14 58	15 55	16 52	11 46	11 48	11 50	11 54

Day	SUN Eqn. of Time 00ʰ m s	SUN Eqn. of Time 12ʰ m s	SUN Mer. Pass. h m	MOON Mer. Pass. Upper h m	MOON Mer. Pass. Lower h m	Age d	Phase
15	00 16	00 23	12 00	05 15	17 37	22	
16	00 29	00 35	12 01	06 00	18 24	23	◑
17	00 42	00 48	12 01	06 48	19 12	24	

UT (GMT)		ARIES	VENUS −3.9		MARS +0.4		JUPITER −1.8		SATURN +0.2		STARS		
d	h	G.H.A. ° ′	G.H.A. ° ′	Dec. ° ′	G.H.A. ° ′	Dec. ° ′	G.H.A. ° ′	Dec. ° ′	G.H.A. ° ′	Dec. ° ′	Name	S.H.A. ° ′	Dec. ° ′
18	00	265 58.5	216 09.8	N16 21.9	253 23.4	N 3 13.7	158 07.8	N22 37.1	330 14.1	S21 13.2	Acamar	315 31.6	S40 20.3
	01	281 01.0	231 09.3	22.7	268 24.2	14.4	173 09.6	37.1	345 16.7	13.2	Achernar	335 39.6	S57 16.7
	02	296 03.5	246 08.8	23.5	283 25.0	15.1	188 11.5	37.0	0 19.3	13.2	Acrux	173 28.8	S63 03.2
	03	311 05.9	261 08.4	· · 24.3	298 25.8	· · 15.7	203 13.4	· · 36.9	15 22.0	· · 13.3	Adhara	255 26.5	S28 57.5
	04	326 08.4	276 07.9	25.1	313 26.6	16.4	218 15.3	36.9	30 24.6	13.3	Aldebaran	291 09.5	N16 29.5
	05	341 10.9	291 07.4	25.9	328 27.4	17.1	233 17.2	36.8	45 27.2	13.3			
	06	356 13.3	306 06.9	N16 26.7	343 28.2	N 3 17.8	248 19.0	N22 36.8	60 29.8	S21 13.4	Alioth	166 35.4	N56 00.9
	07	11 15.8	321 06.4	27.5	358 29.0	18.5	263 20.9	36.7	75 32.5	13.4	Alkaid	153 12.0	N49 21.7
	08	26 18.3	336 05.9	28.3	13 29.8	19.2	278 22.8	36.6	90 35.1	13.4	Al Na'ir	28 04.9	S47 00.2
M	09	41 20.7	351 05.4	· · 29.1	28 30.6	· · 19.8	293 24.7	· · 36.6	105 37.7	· · 13.5	Alnilam	276 04.2	S 1 12.4
O	10	56 23.2	6 04.9	29.9	43 31.4	20.5	308 26.5	36.5	120 40.3	13.5	Alphard	218 13.2	S 8 37.1
N	11	71 25.6	21 04.4	30.7	58 32.3	21.2	323 28.4	36.4	135 43.0	13.5			
D	12	86 28.1	36 03.9	N16 31.5	73 33.1	N 3 21.9	338 30.3	N22 36.4	150 45.6	S21 13.5	Alphecca	126 25.2	N26 44.7
A	13	101 30.6	51 03.4	32.3	88 33.9	22.6	353 32.2	36.3	165 48.2	13.6	Alpheratz	358 01.5	N29 02.2
Y	14	116 33.0	66 02.9	33.1	103 34.7	23.2	8 34.0	36.3	180 50.9	13.6	Altair	62 24.8	N 8 50.5
	15	131 35.5	81 02.5	· · 33.9	118 35.5	· · 23.9	23 35.9	· · 36.2	195 53.5	· · 13.6	Ankaa	353 32.6	S42 21.2
	16	146 38.0	96 02.0	34.7	133 36.3	24.6	38 37.8	36.1	210 56.1	13.7	Antares	112 47.1	S26 24.9
	17	161 40.4	111 01.5	35.5	148 37.1	25.3	53 39.7	36.1	225 58.7	13.7			
	18	176 42.9	126 01.0	N16 36.3	163 37.9	N 3 26.0	68 41.6	N22 36.0	241 01.4	S21 13.7	Arcturus	146 11.2	N19 13.9
	19	191 45.4	141 00.5	37.1	178 38.7	26.7	83 43.4	35.9	256 04.0	13.7	Atria	108 04.0	S69 00.9
	20	206 47.8	156 00.0	37.9	193 39.5	27.3	98 45.3	35.9	271 06.6	13.8	Avior	234 25.7	S59 28.9
	21	221 50.3	170 59.5	· · 38.7	208 40.3	· · 28.0	113 47.2	· · 35.8	286 09.2	· · 13.8	Bellatrix	278 50.9	N 6 20.6
	22	236 52.8	185 59.0	39.5	223 41.2	28.7	128 49.1	35.7	301 11.9	13.8	Betelgeuse	271 20.3	N 7 24.4
	23	251 55.2	200 58.5	40.3	238 42.0	29.4	143 50.9	35.7	316 14.5	13.9			
19	00	266 57.7	215 58.0	N16 41.1	253 42.8	N 3 30.1	158 52.8	N22 35.6	331 17.1	S21 13.9	Canopus	264 04.4	S52 41.4
	01	282 00.1	230 57.5	41.9	268 43.6	30.7	173 54.7	35.5	346 19.7	13.9	Capella	281 00.5	N45 59.4
	02	297 02.6	245 57.0	42.6	283 44.4	31.4	188 56.6	35.5	1 22.4	14.0	Deneb	49 43.0	N45 14.6
	03	312 05.1	260 56.5	· · 43.4	298 45.2	· · 32.1	203 58.4	· · 35.4	16 25.0	· · 14.0	Denebola	182 51.2	N14 37.5
	04	327 07.5	275 56.0	44.2	313 46.0	32.8	219 00.3	35.4	31 27.6	14.0	Diphda	349 13.2	S18 02.1
	05	342 10.0	290 55.5	45.0	328 46.8	33.5	234 02.2	35.3	46 30.3	14.1			
	06	357 12.5	305 55.0	N16 45.8	343 47.6	N 3 34.1	249 04.1	N22 35.2	61 32.9	S21 14.1	Dubhe	194 12.6	N61 48.4
	07	12 14.9	320 54.5	46.6	358 48.4	34.8	264 05.9	35.2	76 35.5	14.1	Elnath	278 34.8	N28 36.1
T	08	27 17.4	335 54.0	47.4	13 49.3	35.5	279 07.8	35.1	91 38.1	14.1	Eltanin	90 53.6	N51 29.3
U	09	42 19.9	350 53.5	· · 48.2	28 50.1	· · 36.2	294 09.7	· · 35.0	106 40.8	· · 14.2	Enif	34 03.9	N 9 49.8
E	10	57 22.3	5 53.0	48.9	43 50.9	36.9	309 11.6	35.0	121 43.4	14.2	Fomalhaut	15 42.8	S29 40.2
S	11	72 24.8	20 52.5	49.7	58 51.7	37.5	324 13.5	34.9	136 46.0	14.2			
D	12	87 27.2	35 52.0	N16 50.5	73 52.5	N 3 38.2	339 15.3	N22 34.8	151 48.7	S21 14.3	Gacrux	172 20.3	S57 04.0
A	13	102 29.7	50 51.4	51.3	88 53.3	38.9	354 17.2	34.8	166 51.3	14.3	Gienah	176 10.1	S17 29.5
Y	14	117 32.2	65 50.9	52.1	103 54.1	39.6	9 19.1	34.7	181 53.9	14.3	Hadar	149 12.3	S60 20.0
	15	132 34.6	80 50.4	· · 52.9	118 54.9	· · 40.2	24 21.0	· · 34.6	196 56.5	· · 14.4	Hamal	328 20.5	N23 25.1
	16	147 37.1	95 49.9	53.7	133 55.7	40.9	39 22.8	34.6	211 59.2	14.4	Kaus Aust.	84 06.2	S34 23.5
	17	162 39.6	110 49.4	54.4	148 56.5	41.6	54 24.7	34.5	227 01.8	14.4			
	18	177 42.0	125 48.9	N16 55.2	163 57.4	N 3 42.3	69 26.6	N22 34.5	242 04.4	S21 14.4	Kochab	137 18.0	N74 11.8
	19	192 44.5	140 48.4	56.0	178 58.2	43.0	84 28.5	34.4	257 07.1	14.5	Markab	13 55.5	N15 09.2
	20	207 47.0	155 47.9	56.8	193 59.0	43.6	99 30.3	34.3	272 09.7	14.5	Menkar	314 33.4	N 4 03.3
	21	222 49.4	170 47.4	· · 57.6	208 59.8	· · 44.3	114 32.2	· · 34.3	287 12.3	· · 14.5	Menkent	148 27.8	S36 19.7
	22	237 51.9	185 46.9	58.3	224 00.6	45.0	129 34.1	34.2	302 14.9	14.6	Miaplacidus	221 44.2	S69 40.9
	23	252 54.4	200 46.4	59.1	239 01.4	45.7	144 36.0	34.1	317 17.6	14.6			
20	00	267 56.8	215 45.9	N16 59.9	254 02.2	N 3 46.4	159 37.8	N22 34.1	332 20.2	S21 14.6	Mirfak	309 05.6	N49 49.6
	01	282 59.3	230 45.3	17 00.7	269 03.0	47.0	174 39.7	34.0	347 22.8	14.7	Nunki	76 19.3	S26 18.6
	02	298 01.7	245 44.8	01.4	284 03.9	47.7	189 41.6	33.9	2 25.5	14.7	Peacock	53 45.7	S56 45.8
	03	313 04.2	260 44.3	· · 02.2	299 04.7	· · 48.4	204 43.5	· · 33.9	17 28.1	· · 14.7	Pollux	243 49.1	N28 03.1
	04	328 06.7	275 43.8	03.0	314 05.5	49.1	219 45.3	33.8	32 30.7	14.7	Procyon	245 18.1	N 5 15.1
	05	343 09.1	290 43.3	03.8	329 06.3	49.7	234 47.2	33.7	47 33.4	14.8			
	06	358 11.6	305 42.8	N17 04.5	344 07.1	N 3 50.4	249 49.1	N22 33.7	62 36.0	S21 14.8	Rasalhague	96 22.1	N12 33.9
W	07	13 14.1	320 42.3	05.3	359 07.9	51.1	264 51.0	33.6	77 38.6	14.8	Regulus	208 02.0	N12 00.9
E	08	28 16.5	335 41.8	06.1	14 08.7	51.8	279 52.8	33.5	92 41.2	14.9	Rigel	281 29.0	S 8 12.6
D	09	43 19.0	350 41.2	· · 06.8	29 09.5	· · 52.4	294 54.7	· · 33.5	107 43.9	· · 14.9	Rigil Kent.	140 15.1	S60 48.1
N	10	58 21.5	5 40.7	07.6	44 10.3	53.1	309 56.6	33.4	122 46.5	14.9	Sabik	102 32.0	S15 42.9
E	11	73 23.9	20 40.2	08.4	59 11.2	53.8	324 58.5	33.3	137 49.1	15.0			
S	12	88 26.4	35 39.7	N17 09.2	74 12.0	N 3 54.5	340 00.3	N22 33.3	152 51.8	S21 15.0	Schedar	350 00.6	N56 28.9
D	13	103 28.9	50 39.2	09.9	89 12.8	55.2	355 02.2	33.2	167 54.4	15.0	Shaula	96 44.9	S37 06.0
A	14	118 31.3	65 38.7	10.7	104 13.6	55.8	10 04.1	33.2	182 57.0	15.1	Sirius	258 49.3	S16 42.1
Y	15	133 33.8	80 38.1	· · 11.5	119 14.4	· · 56.5	25 06.0	· · 33.1	197 59.7	· · 15.1	Spica	158 49.5	S11 06.9
	16	148 36.2	95 37.6	12.2	134 15.2	57.2	40 07.8	33.0	213 02.3	15.1	Suhail	223 05.5	S43 23.8
	17	163 38.7	110 37.1	13.0	149 16.0	57.9	55 09.7	33.0	228 04.9	15.1			
	18	178 41.2	125 36.6	N17 13.7	164 16.8	N 3 58.5	70 11.6	N22 32.9	243 07.6	S21 15.2	Vega	80 50.2	N38 46.3
	19	193 43.6	140 36.1	14.5	179 17.7	59.2	85 13.5	32.8	258 10.2	15.2	Zuben'ubi	137 24.3	S16 00.3
	20	208 46.1	155 35.5	15.3	194 18.5	3 59.9	100 15.3	32.8	273 12.8	15.2		S.H.A.	Mer. Pass.
	21	223 48.6	170 35.0	· · 16.0	209 19.3	4 00.6	115 17.2	· · 32.7	288 15.4	· · 15.3		° ′	h m
	22	238 51.0	185 34.5	16.8	224 20.1	01.2	130 19.1	32.6	303 18.1	15.3	Venus	309 00.3	9 36
	23	253 53.5	200 34.0	17.6	239 20.9	01.9	145 21.0	32.6	318 20.7	15.3	Mars	346 45.1	7 05
Mer. Pass.		h m 6 11.1	v −0.5	d 0.8	v 0.8	d 0.7	v 1.9	d 0.1	v 2.6	d 0.0	Jupiter	251 55.1	13 23
											Saturn	64 19.4	1 55

	UT (GMT) d h	SUN G.H.A. ° ′	SUN Dec. ° ′	MOON G.H.A. ° ′	*v* ′	MOON Dec. ° ′	*d* ′	H.P. ′
	18 00	179 46.2	N23 23.8	249 27.4	10.0	N12 20.3	14.6	59.5
	01	194 46.1	23.8	263 56.4	10.0	12 34.9	14.4	59.5
	02	209 45.9	23.9	278 25.4	9.9	12 49.3	14.5	59.5
	03	224 45.8	. . 23.9	292 54.3	9.8	13 03.8	14.4	59.6
	04	239 45.7	24.0	307 23.1	9.7	13 18.2	14.3	59.6
	05	254 45.5	24.1	321 51.8	9.6	13 32.5	14.2	59.6
	06	269 45.4	N23 24.1	336 20.4	9.5	N13 46.7	14.2	59.7
	07	284 45.2	24.2	350 48.9	9.4	14 00.9	14.2	59.7
	08	299 45.1	24.2	5 17.3	9.2	14 15.1	14.0	59.7
M	09	314 45.0	. . 24.3	19 45.5	9.2	14 29.1	14.0	59.7
O	10	329 44.8	24.4	34 13.7	9.1	14 43.1	13.9	59.8
N	11	344 44.7	24.4	48 41.8	8.9	14 57.0	13.9	59.8
D	12	359 44.6	N23 24.5	63 09.7	8.9	N15 10.9	13.8	59.8
A	13	14 44.4	24.5	77 37.6	8.7	15 24.7	13.7	59.9
Y	14	29 44.3	24.6	92 05.3	8.6	15 38.4	13.6	59.9
	15	44 44.2	. . 24.6	106 32.9	8.6	15 52.0	13.5	59.9
	16	59 44.0	24.7	121 00.5	8.4	16 05.5	13.5	59.9
	17	74 43.9	24.7	135 27.9	8.2	16 19.0	13.3	60.0
	18	89 43.7	N23 24.8	149 55.1	8.2	N16 32.3	13.3	60.0
	19	104 43.6	24.8	164 22.3	8.1	16 45.6	13.2	60.0
	20	119 43.5	24.9	178 49.4	7.9	16 58.8	13.1	60.0
	21	134 43.3	. . 24.9	193 16.3	7.9	17 11.9	13.1	60.1
	22	149 43.2	25.0	207 43.2	7.7	17 25.0	12.9	60.1
	23	164 43.1	25.0	222 09.9	7.6	17 37.9	12.8	60.1
	19 00	179 42.9	N23 25.1	236 36.5	7.5	N17 50.7	12.7	60.1
	01	194 42.8	25.1	251 03.0	7.3	18 03.4	12.6	60.2
	02	209 42.6	25.2	265 29.3	7.3	18 16.0	12.6	60.2
	03	224 42.5	. . 25.2	279 55.6	7.1	18 28.6	12.4	60.2
	04	239 42.4	25.2	294 21.7	7.0	18 41.0	12.3	60.2
	05	254 42.2	25.3	308 47.7	6.9	18 53.3	12.2	60.3
	06	269 42.1	N23 25.3	323 13.6	6.8	N19 05.5	12.1	60.3
	07	284 42.0	25.4	337 39.4	6.6	19 17.6	12.0	60.3
T	08	299 41.8	25.4	352 05.0	6.5	19 29.6	11.8	60.3
U	09	314 41.7	. . 25.4	6 30.5	6.4	19 41.4	11.8	60.3
E	10	329 41.5	25.5	20 55.9	6.3	19 53.2	11.6	60.4
S	11	344 41.4	25.5	35 21.2	6.2	20 04.8	11.5	60.4
D	12	359 41.3	N23 25.6	49 46.4	6.0	N20 16.3	11.4	60.4
A	13	14 41.1	25.6	64 11.4	6.0	20 27.7	11.2	60.4
Y	14	29 41.0	25.6	78 36.4	5.8	20 38.9	11.2	60.4
	15	44 40.9	. . 25.7	93 01.2	5.7	20 50.1	11.0	60.5
	16	59 40.7	25.7	107 25.9	5.6	21 01.1	10.8	60.5
	17	74 40.6	25.7	121 50.5	5.4	21 11.9	10.8	60.5
	18	89 40.4	N23 25.8	136 14.9	5.3	N21 22.7	10.6	60.5
	19	104 40.3	25.8	150 39.2	5.3	21 33.3	10.4	60.5
	20	119 40.2	25.8	165 03.5	5.1	21 43.7	10.3	60.6
	21	134 40.0	. . 25.9	179 27.6	4.9	21 54.0	10.2	60.6
	22	149 39.9	25.9	193 51.5	4.9	22 04.2	10.0	60.6
	23	164 39.8	25.9	208 15.4	4.8	22 14.2	9.9	60.6
	20 00	179 39.6	N23 26.0	222 39.2	4.6	N22 24.1	9.8	60.6
	01	194 39.5	26.0	237 02.8	4.5	22 33.9	9.5	60.6
	02	209 39.4	26.0	251 26.3	4.4	22 43.4	9.5	60.7
	03	224 39.2	. . 26.0	265 49.7	4.3	22 52.9	9.3	60.7
	04	239 39.1	26.1	280 13.0	4.2	23 02.2	9.1	60.7
	05	254 38.9	26.1	294 36.2	4.1	23 11.3	8.9	60.7
	06	269 38.8	N23 26.1	308 59.3	4.0	N23 20.2	8.8	60.7
W	07	284 38.7	26.1	323 22.3	3.8	23 29.0	8.7	60.7
E	08	299 38.5	26.2	337 45.1	3.8	23 37.7	8.5	60.7
D	09	314 38.4	. . 26.2	352 07.9	3.7	23 46.2	8.3	60.8
N	10	329 38.3	26.2	6 30.6	3.5	23 54.5	8.1	60.8
E	11	344 38.1	26.2	20 53.1	3.5	24 02.6	8.0	60.8
S	12	359 38.0	N23 26.2	35 15.6	3.3	N24 10.6	7.8	60.8
D	13	14 37.8	26.3	49 37.9	3.3	24 18.4	7.6	60.8
A	14	29 37.7	26.3	64 00.2	3.1	24 26.0	7.5	60.8
Y	15	44 37.6	. . 26.3	78 22.3	3.1	24 33.5	7.3	60.8
	16	59 37.4	26.3	92 44.4	3.0	24 40.8	7.1	60.8
	17	74 37.3	26.3	107 06.4	2.8	24 47.9	6.9	60.8
	18	89 37.2	N23 26.4	121 28.2	2.8	N24 54.8	6.7	60.8
	19	104 37.0	26.4	135 50.0	2.7	25 01.5	6.6	60.9
	20	119 36.9	26.4	150 11.7	2.7	25 08.1	6.3	60.9
	21	134 36.7	. . 26.4	164 33.4	2.5	25 14.4	6.2	60.9
	22	149 36.6	26.4	178 54.9	2.5	25 20.6	6.0	60.9
	23	164 36.5	26.4	193 16.4	2.4	25 26.6	5.8	60.9
		S.D. 15.8	*d* 0.0	S.D.	16.3	16.5		16.6

Lat.	Twilight Naut. h m	Twilight Civil h m	Sunrise h m	Moonrise 18 h m	Moonrise 19 h m	Moonrise 20 h m	Moonrise 21 h m
N 72	▭	▭	▭	21 22	▭	▭	▭
N 70	▭	▭	▭	22 14	▭	▭	▭
68	▭	▭	▭	22 47	21 34	▭	▭
66	▭	▭	▭	23 11	22 45	▭	▭
64	////	////	01 31	23 31	23 22	23 05	▭
62	////	////	02 09	23 46	23 48	23 57	24 29
60	////	00 49	02 35	24 00	00 00	00 09	00 29
N 58	////	01 40	02 56	00 01	00 11	00 26	00 53
56	////	02 10	03 13	00 08	00 21	00 41	01 13
54	00 45	02 32	03 27	00 13	00 30	00 54	01 29
52	01 32	02 50	03 39	00 18	00 38	01 05	01 43
50	02 00	03 06	03 50	00 23	00 45	01 15	01 56
45	02 46	03 35	04 13	00 33	01 01	01 36	02 21
N 40	03 16	03 58	04 31	00 42	01 14	01 53	02 42
35	03 39	04 16	04 46	00 49	01 25	02 07	02 59
30	03 58	04 31	04 59	00 55	01 34	02 20	03 14
20	04 27	04 56	05 21	01 06	01 51	02 41	03 39
N 10	04 50	05 17	05 40	01 16	02 06	03 00	04 01
0	05 09	05 35	05 58	01 26	02 19	03 18	04 22
S 10	05 26	05 52	06 15	01 35	02 33	03 36	04 42
20	05 42	06 10	06 34	01 45	02 48	03 55	05 04
30	05 59	06 28	06 55	01 57	03 06	04 18	05 30
35	06 07	06 39	07 07	02 04	03 16	04 31	05 45
40	06 17	06 51	07 21	02 12	03 28	04 46	06 03
45	06 27	07 04	07 38	02 21	03 42	05 04	06 25
S 50	06 39	07 20	07 59	02 32	03 59	05 27	06 52
52	06 44	07 28	08 09	02 37	04 07	05 38	07 05
54	06 50	07 36	08 20	02 43	04 16	05 51	07 20
56	06 56	07 45	08 33	02 49	04 26	06 05	07 38
58	07 03	07 56	08 47	02 57	04 38	06 22	08 00
S 60	07 10	08 07	09 05	03 05	04 51	06 43	08 29

Lat.	Sunset h m	Twilight Civil h m	Twilight Naut. h m	Moonset 18 h m	Moonset 19 h m	Moonset 20 h m	Moonset 21 h m
N 72	▭	▭	▭	18 23	▭	▭	▭
N 70	▭	▭	▭	17 33	▭	▭	▭
68	▭	▭	▭	17 01	20 14	▭	▭
66	▭	▭	▭	16 39	19 04	▭	▭
64	22 32	////	////	16 21	18 28	20 55	▭
62	21 54	////	////	16 06	18 03	20 04	21 50
60	21 27	23 14	////	15 54	17 43	19 32	21 06
N 58	21 07	22 23	////	15 43	17 26	19 08	20 37
56	20 50	21 53	////	15 34	17 12	18 49	20 14
54	20 36	21 30	23 18	15 26	17 00	18 33	19 56
52	20 23	21 12	22 31	15 19	16 50	18 20	19 40
50	20 12	20 57	22 03	15 13	16 40	18 08	19 27
45	19 50	20 27	21 17	14 59	16 21	17 43	18 59
N 40	19 32	20 05	20 46	14 47	16 05	17 23	18 37
35	19 17	19 46	20 23	14 38	15 51	17 06	18 19
30	19 04	19 31	20 04	14 29	15 40	16 52	18 03
20	18 42	19 06	19 35	14 15	15 20	16 28	17 37
N 10	18 23	18 46	19 13	14 02	15 03	16 07	17 14
0	18 05	18 27	18 54	13 51	14 47	15 48	16 53
S 10	17 47	18 10	18 37	13 39	14 31	15 28	16 32
20	17 29	17 53	18 20	13 27	14 14	15 08	16 09
30	17 08	17 34	18 04	13 12	13 54	14 44	15 42
35	16 55	17 23	17 55	13 04	13 43	14 30	15 27
40	16 41	17 12	17 46	12 55	13 30	14 14	15 08
45	16 24	16 58	17 35	12 44	13 15	13 55	14 47
S 50	16 03	16 42	17 24	12 31	12 56	13 31	14 19
52	15 54	16 35	17 18	12 25	12 48	13 19	14 05
54	15 42	16 26	17 13	12 19	12 38	13 06	13 50
56	15 30	16 17	17 06	12 11	12 27	12 51	13 32
58	15 15	16 07	17 00	12 03	12 14	12 34	13 09
S 60	14 57	15 55	16 52	11 54	12 00	12 13	12 41

Day	SUN Eqn. of Time 00 h m s	SUN Eqn. of Time 12 h m s	SUN Mer. Pass. h m	MOON Mer. Pass. Upper h m	MOON Mer. Pass. Lower h m	MOON Age d	MOON Phase
18	00 55	01 01	12 01	07 38	20 05	25	
19	01 08	01 15	12 01	08 33	21 02	26	◐
20	01 21	01 28	12 01	09 33	22 05	27	

UT (GMT) d h	ARIES G.H.A.	VENUS −3.9 G.H.A.	VENUS Dec.	MARS +0.4 G.H.A.	MARS Dec.	JUPITER −1.8 G.H.A.	JUPITER Dec.	SATURN +0.2 G.H.A.	SATURN Dec.
	° ′	° ′	° ′	° ′	° ′	° ′	° ′	° ′	° ′
21 00	268 56.0	215 33.5	N17 18.3	254 21.7	N 4 02.6	160 22.8	N22 32.5	333 23.3	S21 15.4
01	283 58.4	230 32.9	19.1	269 22.5	03.3	175 24.7	32.4	348 26.0	15.4
02	299 00.9	245 32.4	19.8	284 23.4	03.9	190 26.6	32.4	3 28.6	15.4
03	314 03.4	260 31.9	· · 20.6	299 24.2	· · 04.6	205 28.5	· · 32.3	18 31.2	· · 15.5
04	329 05.8	275 31.4	21.4	314 25.0	05.3	220 30.3	32.2	33 33.9	15.5
05	344 08.3	290 30.8	22.1	329 25.8	06.0	235 32.2	32.2	48 36.5	15.5
06	359 10.7	305 30.3	N17 22.9	344 26.6	N 4 06.6	250 34.1	N22 32.1	63 39.1	S21 15.5
07	14 13.2	320 29.8	23.6	359 27.4	07.3	265 36.0	32.0	78 41.8	15.6
T 08	29 15.7	335 29.3	24.4	14 28.2	08.0	280 37.8	32.0	93 44.4	15.6
H 09	44 18.1	350 28.7	· · 25.1	29 29.1	· · 08.7	295 39.7	· · 31.9	108 47.0	· · 15.6
U 10	59 20.6	5 28.2	25.9	44 29.9	09.3	310 41.6	31.8	123 49.7	15.7
R 11	74 23.1	20 27.7	26.6	59 30.7	10.0	325 43.5	31.8	138 52.3	15.7
S 12	89 25.5	35 27.1	N17 27.4	74 31.5	N 4 10.7	340 45.3	N22 31.7	153 54.9	S21 15.7
D 13	104 28.0	50 26.6	28.1	89 32.3	11.4	355 47.2	31.6	168 57.6	15.8
A 14	119 30.5	65 26.1	28.9	104 33.1	12.0	10 49.1	31.6	184 00.2	15.8
Y 15	134 32.9	80 25.6	· · 29.6	119 33.9	· · 12.7	25 51.0	· · 31.5	199 02.8	· · 15.8
16	149 35.4	95 25.0	30.4	134 34.8	13.4	40 52.8	31.4	214 05.5	15.9
17	164 37.8	110 24.5	31.1	149 35.6	14.0	55 54.7	31.4	229 08.1	15.9
18	179 40.3	125 24.0	N17 31.9	164 36.4	N 4 14.7	70 56.6	N22 31.3	244 10.7	S21 15.9
19	194 42.8	140 23.4	32.6	179 37.2	15.4	85 58.4	31.2	259 13.4	15.9
20	209 45.2	155 22.9	33.4	194 38.0	16.1	101 00.3	31.2	274 16.0	16.0
21	224 47.7	170 22.4	· · 34.1	209 38.8	· · 16.7	116 02.2	· · 31.1	289 18.6	· · 16.0
22	239 50.2	185 21.8	34.9	224 39.6	17.4	131 04.1	31.0	304 21.3	16.0
23	254 52.6	200 21.3	35.6	239 40.5	18.1	146 05.9	31.0	319 23.9	16.1
22 00	269 55.1	215 20.8	N17 36.4	254 41.3	N 4 18.7	161 07.8	N22 30.9	334 26.5	S21 16.1
01	284 57.6	230 20.2	37.1	269 42.1	19.4	176 09.7	30.8	349 29.2	16.1
02	300 00.0	245 19.7	37.9	284 42.9	20.1	191 11.6	30.8	4 31.8	16.2
03	315 02.5	260 19.2	· · 38.6	299 43.7	· · 20.8	206 13.4	· · 30.7	19 34.4	· · 16.2
04	330 05.0	275 18.6	39.3	314 44.5	21.4	221 15.3	30.6	34 37.1	16.2
05	345 07.4	290 18.1	40.1	329 45.4	22.1	236 17.2	30.6	49 39.7	16.3
06	0 09.9	305 17.6	N17 40.8	344 46.2	N 4 22.8	251 19.1	N22 30.5	64 42.3	S21 16.3
07	15 12.3	320 17.0	41.6	359 47.0	23.5	266 20.9	30.4	79 45.0	16.3
08	30 14.8	335 16.5	42.3	14 47.8	24.1	281 22.8	30.4	94 47.6	16.3
F 09	45 17.3	350 15.9	· · 43.0	29 48.6	· · 24.8	296 24.7	· · 30.3	109 50.2	· · 16.4
R 10	60 19.7	5 15.4	43.8	44 49.4	25.5	311 26.5	30.2	124 52.9	16.4
I 11	75 22.2	20 14.9	44.5	59 50.3	26.1	326 28.4	30.2	139 55.5	16.4
D 12	90 24.7	35 14.3	N17 45.2	74 51.1	N 4 26.8	341 30.3	N22 30.1	154 58.1	S21 16.5
A 13	105 27.1	50 13.8	46.0	89 51.9	27.5	356 32.2	30.0	170 00.8	16.5
Y 14	120 29.6	65 13.2	46.7	104 52.7	28.1	11 34.0	30.0	185 03.4	16.5
15	135 32.1	80 12.7	· · 47.4	119 53.5	· · 28.8	26 35.9	· · 29.9	200 06.1	· · 16.6
16	150 34.5	95 12.2	48.2	134 54.3	29.5	41 37.8	29.8	215 08.7	16.6
17	165 37.0	110 11.6	48.9	149 55.2	30.2	56 39.7	29.8	230 11.3	16.6
18	180 39.5	125 11.1	N17 49.6	164 56.0	N 4 30.8	71 41.5	N22 29.7	245 14.0	S21 16.7
19	195 41.9	140 10.5	50.4	179 56.8	31.5	86 43.4	29.6	260 16.6	16.7
20	210 44.4	155 10.0	51.1	194 57.6	32.2	101 45.3	29.5	275 19.2	16.7
21	225 46.8	170 09.4	· · 51.8	209 58.4	· · 32.8	116 47.2	· · 29.5	290 21.9	· · 16.8
22	240 49.3	185 08.9	52.6	224 59.2	33.5	131 49.0	29.4	305 24.5	16.8
23	255 51.8	200 08.4	53.3	240 00.1	34.2	146 50.9	29.3	320 27.1	16.8
23 00	270 54.2	215 07.8	N17 54.0	255 00.9	N 4 34.8	161 52.8	N22 29.3	335 29.8	S21 16.8
01	285 56.7	230 07.3	54.7	270 01.7	35.5	176 54.6	29.2	350 32.4	16.9
02	300 59.2	245 06.7	55.5	285 02.5	36.2	191 56.5	29.1	5 35.0	16.9
03	316 01.6	260 06.2	· · 56.2	300 03.3	· · 36.8	206 58.4	· · 29.1	20 37.7	· · 16.9
04	331 04.1	275 05.6	56.9	315 04.2	37.5	222 00.3	29.0	35 40.3	17.0
05	346 06.6	290 05.1	57.6	330 05.0	38.2	237 02.1	28.9	50 43.0	17.0
06	1 09.0	305 04.5	N17 58.4	345 05.8	N 4 38.9	252 04.0	N22 28.9	65 45.6	S21 17.0
07	16 11.5	320 04.0	59.1	0 06.6	39.5	267 05.9	28.8	80 48.2	17.1
S 08	31 13.9	335 03.4	17 59.8	15 07.4	40.2	282 07.7	28.7	95 50.9	17.1
A 09	46 16.4	350 02.9	18 00.5	30 08.2	· · 40.9	297 09.6	· · 28.7	110 53.5	· · 17.1
T 10	61 18.9	5 02.3	01.2	45 09.1	41.5	312 11.5	28.6	125 56.1	17.2
U 11	76 21.3	20 01.8	02.0	60 09.9	42.2	327 13.4	28.5	140 58.8	17.2
R 12	91 23.8	35 01.2	N18 02.7	75 10.7	N 4 42.9	342 15.2	N22 28.5	156 01.4	S21 17.2
D 13	106 26.3	50 00.7	03.4	90 11.5	43.5	357 17.1	28.4	171 04.1	17.3
A 14	121 28.7	65 00.1	04.1	105 12.3	44.2	12 19.0	28.3	186 06.7	17.3
Y 15	136 31.2	79 59.6	· · 04.8	120 13.2	· · 44.9	27 20.9	· · 28.3	201 09.3	· · 17.3
16	151 33.7	94 59.0	05.5	135 14.0	45.5	42 22.7	28.2	216 12.0	17.3
17	166 36.1	109 58.5	06.3	150 14.8	46.2	57 24.6	28.1	231 14.6	17.4
18	181 38.6	124 57.9	N18 07.0	165 15.6	N 4 46.9	72 26.5	N22 28.0	246 17.2	S21 17.4
19	196 41.1	139 57.4	07.7	180 16.4	47.5	87 28.3	28.0	261 19.9	17.4
20	211 43.5	154 56.8	08.4	195 17.3	48.2	102 30.2	27.9	276 22.5	17.5
21	226 46.0	169 56.2	· · 09.1	210 18.1	· · 48.9	117 32.1	· · 27.8	291 25.2	· · 17.5
22	241 48.4	184 55.7	09.8	225 18.9	49.5	132 34.0	27.8	306 27.8	17.5
23	256 50.9	199 55.1	10.5	240 19.7	50.2	147 35.8	27.7	321 30.4	17.6
Mer. Pass.	5 59.3 (h m)	v −0.5	d 0.7	v 0.8	d 0.7	v 1.9	d 0.1	v 2.6	d 0.0

STARS

Name	S.H.A.	Dec.
	° ′	° ′
Acamar	315 31.6	S40 20.3
Achernar	335 39.6	S57 16.7
Acrux	173 28.9	S63 03.2
Adhara	255 26.5	S28 57.5
Aldebaran	291 09.5	N16 29.5
Alioth	166 35.4	N56 00.9
Alkaid	153 12.0	N49 21.8
Al Na'ir	28 04.9	S47 00.2
Alnilam	276 04.2	S 1 12.4
Alphard	218 13.2	S 8 37.1
Alphecca	126 25.2	N26 44.8
Alpheratz	358 01.4	N29 02.2
Altair	62 24.7	N 8 50.5
Ankaa	353 32.5	S42 21.1
Antares	112 47.1	S26 24.9
Arcturus	146 11.2	N19 13.9
Atria	108 04.0	S69 00.9
Avior	234 25.8	S59 28.9
Bellatrix	278 50.8	N 6 20.6
Betelgeuse	271 20.3	N 7 24.4
Canopus	264 04.4	S52 41.4
Capella	281 00.4	N45 59.4
Deneb	49 42.9	N45 14.6
Denebola	182 51.2	N14 37.5
Diphda	349 13.2	S18 02.1
Dubhe	194 12.6	N61 48.4
Elnath	278 34.8	N28 36.1
Eltanin	90 53.6	N51 29.3
Enif	34 03.9	N 9 49.8
Fomalhaut	15 42.7	S29 40.2
Gacrux	172 20.3	S57 04.0
Gienah	176 10.1	S17 29.5
Hadar	149 12.3	S60 20.0
Hamal	328 20.5	N23 25.1
Kaus Aust.	84 06.2	S34 23.5
Kochab	137 18.1	N74 11.8
Markab	13 55.4	N15 09.2
Menkar	314 33.3	N 4 03.3
Menkent	148 27.8	S36 19.7
Miaplacidus	221 44.3	S69 40.9
Mirfak	309 05.6	N49 49.6
Nunki	76 19.3	S26 18.6
Peacock	53 45.6	S56 45.8
Pollux	243 49.1	N28 03.1
Procyon	245 18.0	N 5 15.1
Rasalhague	96 22.1	N12 33.9
Regulus	208 02.0	N12 00.9
Rigel	281 28.9	S 8 12.6
Rigil Kent.	140 15.1	S60 48.1
Sabik	102 32.0	S15 42.9
Schedar	350 00.6	N56 28.9
Shaula	96 44.9	S37 06.0
Sirius	258 49.2	S16 42.1
Spica	158 49.3	S11 06.9
Suhail	223 05.6	S43 23.8
Vega	80 50.2	N38 46.4
Zuben'ubi	137 24.3	S16 00.3

	S.H.A.	Mer. Pass.
	° ′	h m
Venus	305 25.7	9 39
Mars	344 46.2	7 01
Jupiter	251 12.7	13 14
Saturn	64 31.4	1 42

UT (GMT)		SUN G.H.A.	SUN Dec.	MOON G.H.A.	v	MOON Dec.	d	H.P.
d	h	° ′	° ′	° ′	′	° ′	′	′
21	00	179 36.3	N23 26.4	207 37.8	2.3	N25 32.4	5.7	60.9
	01	194 36.2	26.4	221 59.1	2.2	25 38.1	5.4	60.9
	02	209 36.1	26.5	236 20.3	2.2	25 43.5	5.2	60.9
	03	224 35.9	. . 26.5	250 41.5	2.1	25 48.7	5.1	60.9
	04	239 35.8	26.5	265 02.6	2.0	25 53.8	4.8	60.9
	05	254 35.6	26.5	279 23.6	2.0	25 58.6	4.6	60.9
	06	269 35.5	N23 26.5	293 44.6	1.9	N26 03.2	4.5	60.9
	07	284 35.4	26.5	308 05.5	1.8	26 07.7	4.3	60.9
T	08	299 35.2	26.5	322 26.3	1.9	26 12.0	4.0	60.9
H	09	314 35.1	. . 26.5	336 47.2	1.7	26 16.0	3.9	60.9
U	10	329 35.0	26.5	351 07.9	1.7	26 19.9	3.6	60.9
R	11	344 34.8	26.5	5 28.6	1.7	26 23.5	3.5	60.9
S	12	359 34.7	N23 26.5	19 49.3	1.6	N26 27.0	3.2	60.9
D	13	14 34.5	26.5	34 09.9	1.6	26 30.2	3.0	60.9
A	14	29 34.4	26.5	48 30.5	1.5	26 33.2	2.9	60.9
Y	15	44 34.3	. . 26.5	62 51.0	1.5	26 36.1	2.6	60.9
	16	59 34.1	26.5	77 11.5	1.5	26 38.7	2.4	60.9
	17	74 34.0	26.5	91 32.0	1.5	26 41.1	2.3	60.9
	18	89 33.9	N23 26.5	105 52.5	1.4	N26 43.4	2.0	60.9
	19	104 33.7	26.5	120 12.9	1.4	26 45.4	1.8	60.9
	20	119 33.6	26.5	134 33.3	1.4	26 47.2	1.6	60.9
	21	134 33.4	. . 26.5	148 53.7	1.4	26 48.8	1.4	60.9
	22	149 33.3	26.5	163 14.1	1.4	26 50.2	1.1	60.9
	23	164 33.2	26.5	177 34.5	1.4	26 51.3	1.0	60.9
22	00	179 33.0	N23 26.5	191 54.9	1.4	N26 52.3	0.8	60.9
	01	194 32.9	26.5	206 15.3	1.3	26 53.1	0.5	60.9
	02	209 32.8	26.5	220 35.6	1.4	26 53.6	0.4	60.9
	03	224 32.6	. . 26.5	234 56.0	1.4	26 54.0	0.1	60.9
	04	239 32.5	26.5	249 16.4	1.4	26 54.1	0.0	60.8
	05	254 32.3	26.5	263 36.8	1.4	26 54.1	0.3	60.8
	06	269 32.2	N23 26.5	277 57.2	1.4	N26 53.8	0.5	60.8
	07	284 32.1	26.4	292 17.6	1.5	26 53.3	0.7	60.8
	08	299 31.9	26.4	306 38.1	1.4	26 52.6	0.9	60.8
F	09	314 31.8	. . 26.4	320 58.5	1.5	26 51.7	1.1	60.8
R	10	329 31.7	26.4	335 19.0	1.6	26 50.6	1.3	60.8
I	11	344 31.5	26.4	349 39.6	1.5	26 49.3	1.5	60.8
D	12	359 31.4	N23 26.4	4 00.1	1.6	N26 47.8	1.7	60.8
A	13	14 31.2	26.4	18 20.7	1.7	26 46.1	1.9	60.7
Y	14	29 31.1	26.3	32 41.4	1.7	26 44.2	2.2	60.7
	15	44 31.0	. . 26.3	47 02.1	1.7	26 42.0	2.3	60.7
	16	59 30.8	26.3	61 22.8	1.8	26 39.7	2.5	60.7
	17	74 30.7	26.3	75 43.6	1.8	26 37.2	2.8	60.7
	18	89 30.6	N23 26.3	90 04.4	1.9	N26 34.4	2.9	60.7
	19	104 30.4	26.3	104 25.3	1.9	26 31.5	3.1	60.7
	20	119 30.3	26.2	118 46.2	2.0	26 28.4	3.4	60.6
	21	134 30.2	. . 26.2	133 07.2	2.1	26 25.0	3.5	60.6
	22	149 30.0	26.2	147 28.3	2.1	26 21.5	3.7	60.6
	23	164 29.9	26.2	161 49.4	2.2	26 17.8	3.9	60.6
23	00	179 29.7	N23 26.1	176 10.6	2.3	N26 13.9	4.1	60.6
	01	194 29.6	26.1	190 31.9	2.4	26 09.8	4.3	60.6
	02	209 29.5	26.1	204 53.3	2.4	26 05.5	4.5	60.5
	03	224 29.3	. . 26.1	219 14.7	2.5	26 01.0	4.7	60.5
	04	239 29.2	26.1	233 36.2	2.6	25 56.3	4.9	60.5
	05	254 29.1	26.0	247 57.8	2.7	25 51.4	5.1	60.5
	06	269 28.9	N23 26.0	262 19.5	2.8	N25 46.3	5.2	60.5
	07	284 28.8	26.0	276 41.3	2.9	25 41.1	5.4	60.4
S	08	299 28.7	25.9	291 03.2	2.9	25 35.7	5.7	60.4
A	09	314 28.5	. . 25.9	305 25.1	3.1	25 30.0	5.8	60.4
T	10	329 28.4	25.9	319 47.2	3.1	25 24.2	5.9	60.4
U	11	344 28.2	25.9	334 09.3	3.3	25 18.3	6.2	60.3
R	12	359 28.1	N23 25.8	348 31.6	3.3	N25 12.1	6.3	60.3
D	13	14 28.0	25.8	2 53.9	3.5	25 05.8	6.5	60.3
A	14	29 27.8	25.8	17 16.4	3.5	24 59.3	6.7	60.3
Y	15	44 27.7	. . 25.7	31 38.9	3.7	24 52.6	6.8	60.2
	16	59 27.6	25.7	46 01.6	3.7	24 45.8	7.1	60.2
	17	74 27.4	25.7	60 24.3	3.9	24 38.7	7.1	60.2
	18	89 27.3	N23 25.6	74 47.2	4.0	N24 31.6	7.4	60.2
	19	104 27.2	25.6	89 10.2	4.1	24 24.2	7.5	60.1
	20	119 27.0	25.5	103 33.3	4.2	24 16.7	7.7	60.1
	21	134 26.9	. . 25.5	117 56.5	4.4	24 09.0	7.8	60.1
	22	149 26.7	25.5	132 19.9	4.4	24 01.2	8.0	60.1
	23	164 26.6	25.4	146 43.3	4.6	23 53.2	8.1	60.0
		S.D. 15.8	d 0.0	S.D.	16.6	16.6		16.4

Lat.	Twilight Naut.	Twilight Civil	Sunrise	Moonrise 21	Moonrise 22	Moonrise 23	Moonrise 24
°	h m	h m	h m	h m	h m	h m	h m
N 72	□	□	□	□	□	□	□
N 70	□	□	□	□	□	□	□
68	□	□	□	□	□	□	□
66	□	□	□	□	□	□	02 22
64	////	////	01 31	□	□	□	03 19
62	////	////	02 09	24 29	00 29	01 56	03 52
60	////	00 49	02 36	00 29	01 13	02 33	04 17
N 58	////	01 40	02 56	00 53	01 42	03 00	04 36
56	////	02 10	03 13	01 13	02 05	03 21	04 52
54	00 45	02 33	03 27	01 29	02 23	03 38	05 06
52	01 32	02 51	03 40	01 43	02 39	03 53	05 18
50	02 00	03 06	03 51	01 56	02 53	04 06	05 29
45	02 46	03 36	04 13	02 21	03 20	04 32	05 51
N 40	03 17	03 58	04 31	02 42	03 42	04 53	06 08
35	03 40	04 17	04 46	02 59	04 01	05 10	06 23
30	03 59	04 32	05 00	03 14	04 16	05 25	06 36
20	04 28	04 57	05 22	03 39	04 43	05 51	06 58
N 10	04 50	05 18	05 41	04 01	05 06	06 12	07 17
0	05 09	05 36	05 58	04 22	05 28	06 33	07 34
S 10	05 26	05 53	06 16	04 42	05 49	06 53	07 52
20	05 43	06 10	06 34	05 04	06 12	07 15	08 11
30	05 59	06 29	06 56	05 30	06 39	07 40	08 32
35	06 08	06 40	07 08	05 45	06 55	07 55	08 45
40	06 17	06 52	07 22	06 03	07 13	08 12	08 59
45	06 28	07 05	07 39	06 25	07 35	08 33	09 16
S 50	06 40	07 21	08 00	06 52	08 04	08 58	09 37
52	06 45	07 29	08 10	07 05	08 18	09 11	09 47
54	06 51	07 37	08 21	07 20	08 34	09 25	09 58
56	06 57	07 46	08 34	07 38	08 53	09 41	10 10
58	07 04	07 56	08 48	08 00	09 16	10 01	10 25
S 60	07 11	08 08	09 06	08 29	09 46	10 25	10 42

Lat.	Sunset	Twilight Civil	Twilight Naut.	Moonset 21	Moonset 22	Moonset 23	Moonset 24
°	h m	h m	h m	h m	h m	h m	h m
N 72	□	□	□	□	□	□	□
N 70	□	□	□	□	□	□	□
68	□	□	□	□	□	□	□
66	□	□	□	□	□	□	{00 28 / 23 45}
64	22 33	////	////	□	□	23 30	23 20
62	21 54	////	////	21 50	22 41	22 56	23 00
60	21 28	23 15	////	21 06	22 04	22 31	22 44
N 58	21 07	22 23	////	20 37	21 37	22 11	22 30
56	20 51	21 53	////	20 14	21 16	21 54	22 18
54	20 36	21 31	23 19	19 56	20 58	21 40	22 07
52	20 24	21 13	22 31	19 40	20 43	21 28	21 58
50	20 13	20 58	22 03	19 27	20 30	21 17	21 49
45	19 50	20 28	21 18	18 59	20 03	20 53	21 31
N 40	19 32	20 05	20 47	18 37	19 42	20 35	21 17
35	19 17	19 47	20 24	18 19	19 24	20 19	21 04
30	19 04	19 32	20 05	18 03	19 09	20 05	20 53
20	18 42	19 07	19 36	17 37	18 43	19 42	20 34
N 10	18 23	18 46	19 13	17 14	18 20	19 22	20 17
0	18 06	18 28	18 54	16 53	17 59	19 03	20 02
S 10	17 48	18 11	18 37	16 32	17 38	18 44	19 46
20	17 30	17 54	18 21	16 09	17 15	18 23	19 29
30	17 08	17 35	18 05	15 42	16 48	17 59	19 09
35	16 56	17 24	17 56	15 27	16 33	17 45	18 58
40	16 42	17 12	17 46	15 08	16 14	17 28	18 44
45	16 25	16 59	17 36	14 47	15 52	17 08	18 29
S 50	16 04	16 43	17 24	14 19	15 24	16 44	18 09
52	15 54	16 35	17 19	14 05	15 10	16 31	18 00
54	15 43	16 27	17 13	13 50	14 55	16 18	17 49
56	15 30	16 18	17 07	13 32	14 36	16 02	17 37
58	15 16	16 08	17 00	13 09	14 13	15 42	17 23
S 60	14 58	15 56	16 53	12 41	13 42	15 19	17 07

Day	SUN Eqn. of Time 00ʰ	SUN Eqn. of Time 12ʰ	SUN Mer. Pass.	MOON Mer. Pass. Upper	MOON Mer. Pass. Lower	MOON Age	MOON Phase
	m s	m s	h m	h m	h m	d	
21	01 34	01 41	12 02	10 37	23 10	28	
22	01 48	01 54	12 02	11 43	24 16	29	●
23	02 01	02 07	12 02	12 48	00 16	01	

UT (GMT) d h	ARIES G.H.A. ° ′	VENUS −3.9 G.H.A. ° ′	VENUS Dec. ° ′	MARS +0.3 G.H.A. ° ′	MARS Dec. ° ′	JUPITER −1.8 G.H.A. ° ′	JUPITER Dec. ° ′	SATURN +0.2 G.H.A. ° ′	SATURN Dec. ° ′
24 00	271 53.4	214 54.6	N18 11.2	255 20.5	N 4 50.9	162 37.7	N22 27.6	336 33.1	S21 17.6
01	286 55.8	229 54.0	11.9	270 21.4	51.5	177 39.6	27.6	351 35.7	17.6
02	301 58.3	244 53.5	12.7	285 22.2	52.2	192 41.4	27.5	6 38.3	17.7
03	317 00.8	259 52.9	· · 13.4	300 23.0	· · 52.8	207 43.3	· · 27.4	21 41.0	· · 17.7
04	332 03.2	274 52.3	14.1	315 23.8	53.5	222 45.2	27.4	36 43.6	17.7
05	347 05.7	289 51.8	14.8	330 24.6	54.2	237 47.1	27.3	51 46.3	17.8
06	2 08.2	304 51.2	N18 15.5	345 25.5	N 4 54.8	252 48.9	N22 27.2	66 48.9	S21 17.8
07	17 10.6	319 50.7	16.2	0 26.3	55.5	267 50.8	27.1	81 51.5	17.8
08	32 13.1	334 50.1	16.9	15 27.1	56.2	282 52.7	27.1	96 54.2	17.9
S 09	47 15.6	349 49.5	· · 17.6	30 27.9	· · 56.8	297 54.5	· · 27.0	111 56.8	· · 17.9
U 10	62 18.0	4 49.0	18.3	45 28.7	57.5	312 56.4	26.9	126 59.5	17.9
N 11	77 20.5	19 48.4	19.0	60 29.6	58.2	327 58.3	26.9	142 02.1	17.9
D 12	92 22.9	34 47.8	N18 19.7	75 30.4	N 4 58.8	343 00.2	N22 26.8	157 04.7	S21 18.0
A 13	107 25.4	49 47.3	20.4	90 31.2	4 59.5	358 02.0	26.7	172 07.4	18.0
Y 14	122 27.9	64 46.7	21.1	105 32.0	5 00.2	13 03.9	26.7	187 10.0	18.0
15	137 30.3	79 46.2	· · 21.8	120 32.8	· · 00.8	28 05.8	· · 26.6	202 12.7	· · 18.1
16	152 32.8	94 45.6	22.5	135 33.7	01.5	43 07.6	26.5	217 15.3	18.1
17	167 35.3	109 45.0	23.2	150 34.5	02.1	58 09.5	26.5	232 17.9	18.1
18	182 37.7	124 44.5	N18 23.9	165 35.3	N 5 02.8	73 11.4	N22 26.4	247 20.6	S21 18.2
19	197 40.2	139 43.9	24.6	180 36.1	03.5	88 13.3	26.3	262 23.2	18.2
20	212 42.7	154 43.3	25.3	195 36.9	04.1	103 15.1	26.2	277 25.9	18.2
21	227 45.1	169 42.8	· · 26.0	210 37.8	· · 04.8	118 17.0	· · 26.2	292 28.5	· · 18.3
22	242 47.6	184 42.2	26.7	225 38.6	05.5	133 18.9	26.1	307 31.1	18.3
23	257 50.0	199 41.6	27.3	240 39.4	06.1	148 20.7	26.0	322 33.8	18.3
25 00	272 52.5	214 41.1	N18 28.0	255 40.2	N 5 06.8	163 22.6	N22 26.0	337 36.4	S21 18.4
01	287 55.0	229 40.5	28.7	270 41.1	07.4	178 24.5	25.9	352 39.1	18.4
02	302 57.4	244 39.9	29.4	285 41.9	08.1	193 26.4	25.8	7 41.7	18.4
03	317 59.9	259 39.3	· · 30.1	300 42.7	· · 08.8	208 28.2	· · 25.8	22 44.3	· · 18.5
04	333 02.4	274 38.8	30.8	315 43.5	09.4	223 30.1	25.7	37 47.0	18.5
05	348 04.8	289 38.2	31.5	330 44.3	10.1	238 32.0	25.6	52 49.6	18.5
06	3 07.3	304 37.6	N18 32.2	345 45.2	N 5 10.8	253 33.8	N22 25.5	67 52.3	S21 18.6
07	18 09.8	319 37.1	32.9	0 46.0	11.4	268 35.7	25.5	82 54.9	18.6
08	33 12.2	334 36.5	33.5	15 46.8	12.1	283 37.6	25.4	97 57.5	18.6
M 09	48 14.7	349 35.9	· · 34.2	30 47.6	· · 12.7	298 39.4	· · 25.3	113 00.2	· · 18.6
O 10	63 17.2	4 35.3	34.9	45 48.5	13.4	313 41.3	25.3	128 02.8	18.7
N 11	78 19.6	19 34.8	35.6	60 49.3	14.1	328 43.2	25.2	143 05.5	18.7
D 12	93 22.1	34 34.2	N18 36.3	75 50.1	N 5 14.7	343 45.1	N22 25.1	158 08.1	S21 18.7
A 13	108 24.5	49 33.6	37.0	90 50.9	15.4	358 46.9	25.1	173 10.7	18.8
Y 14	123 27.0	64 33.0	37.6	105 51.8	16.0	13 48.8	25.0	188 13.4	18.8
15	138 29.5	79 32.5	· · 38.3	120 52.6	· · 16.7	28 50.7	· · 24.9	203 16.0	· · 18.8
16	153 31.9	94 31.9	39.0	135 53.4	17.4	43 52.5	24.8	218 18.7	18.9
17	168 34.4	109 31.3	39.7	150 54.2	18.0	58 54.4	24.8	233 21.3	18.9
18	183 36.9	124 30.7	N18 40.4	165 55.0	N 5 18.7	73 56.3	N22 24.7	248 23.9	S21 18.9
19	198 39.3	139 30.2	41.0	180 55.9	19.3	88 58.2	24.6	263 26.6	19.0
20	213 41.8	154 29.6	41.7	195 56.7	20.0	104 00.0	24.6	278 29.2	19.0
21	228 44.3	169 29.0	· · 42.4	210 57.5	· · 20.7	119 01.9	· · 24.5	293 31.9	· · 19.0
22	243 46.7	184 28.4	43.1	225 58.3	21.3	134 03.8	24.4	308 34.5	19.1
23	258 49.2	199 27.8	43.7	240 59.2	22.0	149 05.6	24.3	323 37.2	19.1
26 00	273 51.7	214 27.3	N18 44.4	256 00.0	N 5 22.6	164 07.5	N22 24.3	338 39.8	S21 19.1
01	288 54.1	229 26.7	45.1	271 00.8	23.3	179 09.4	24.2	353 42.4	19.2
02	303 56.6	244 26.1	45.7	286 01.6	23.9	194 11.2	24.1	8 45.1	19.2
03	318 59.0	259 25.5	· · 46.4	301 02.5	· · 24.6	209 13.1	· · 24.1	23 47.7	· · 19.2
04	334 01.5	274 24.9	47.1	316 03.3	25.3	224 15.0	24.0	38 50.4	19.3
05	349 04.0	289 24.3	47.8	331 04.1	25.9	239 16.9	23.9	53 53.0	19.3
06	4 06.4	304 23.8	N18 48.4	346 04.9	N 5 26.6	254 18.7	N22 23.8	68 55.6	S21 19.3
07	19 08.9	319 23.2	49.1	1 05.8	27.2	269 20.6	23.8	83 58.3	19.4
T 08	34 11.4	334 22.6	49.8	16 06.6	27.9	284 22.5	23.7	99 00.9	19.4
U 09	49 13.8	349 22.0	· · 50.4	31 07.4	· · 28.6	299 24.3	· · 23.6	114 03.6	· · 19.4
E 10	64 16.3	4 21.4	51.1	46 08.2	29.2	314 26.2	23.6	129 06.2	19.4
S 11	79 18.8	19 20.8	51.7	61 09.1	29.9	329 28.1	23.5	144 08.9	19.5
D 12	94 21.2	34 20.2	N18 52.4	76 09.9	N 5 30.5	344 29.9	N22 23.4	159 11.5	S21 19.5
A 13	109 23.7	49 19.7	53.1	91 10.7	31.2	359 31.8	23.3	174 14.1	19.5
Y 14	124 26.1	64 19.1	53.7	106 11.5	31.8	14 33.7	23.3	189 16.8	19.6
15	139 28.6	79 18.5	· · 54.4	121 12.4	· · 32.5	29 35.5	· · 23.2	204 19.4	· · 19.6
16	154 31.1	94 17.9	55.1	136 13.2	33.1	44 37.4	23.1	219 22.1	19.6
17	169 33.5	109 17.3	55.7	151 14.0	33.8	59 39.3	23.1	234 24.7	19.7
18	184 36.0	124 16.7	N18 56.4	166 14.8	N 5 34.5	74 41.2	N22 23.0	249 27.4	S21 19.7
19	199 38.5	139 16.1	57.0	181 15.7	35.1	89 43.0	22.9	264 30.0	19.7
20	214 40.9	154 15.5	57.7	196 16.5	35.8	104 44.9	22.8	279 32.6	19.8
21	229 43.4	169 14.9	· · 58.3	211 17.3	· · 36.4	119 46.8	· · 22.8	294 35.3	· · 19.8
22	244 45.9	184 14.4	59.0	226 18.1	37.1	134 48.6	22.7	309 37.9	19.8
23	259 48.3	199 13.8	59.7	241 19.0	37.7	149 50.5	22.6	324 40.6	19.9
Mer. Pass.	h m 5 47.5	v −0.6	d 0.7	v 0.8	d 0.7	v 1.9	d 0.1	v 2.6	d 0.0

STARS

Name	S.H.A. ° ′	Dec. ° ′
Acamar	315 31.6	S40 20.3
Achernar	335 39.5	S57 16.7
Acrux	173 28.9	S63 03.2
Adhara	255 26.5	S28 57.5
Aldebaran	291 09.5	N16 29.5
Alioth	166 35.4	N56 00.9
Alkaid	153 12.0	N49 21.8
Al Na'ir	28 04.9	S47 00.2
Alnilam	276 04.2	S 1 12.3
Alphard	218 13.2	S 8 37.1
Alphecca	126 25.2	N26 44.8
Alpheratz	358 01.4	N29 02.2
Altair	62 24.7	N 8 50.5
Ankaa	353 32.5	S42 21.1
Antares	112 47.1	S26 24.9
Arcturus	146 11.2	N19 13.9
Atria	108 04.0	S69 00.9
Avior	234 25.8	S59 28.9
Bellatrix	278 50.8	N 6 20.6
Betelgeuse	271 20.3	N 7 24.4
Canopus	264 04.4	S52 41.3
Capella	281 00.4	N45 59.4
Deneb	49 42.9	N45 14.6
Denebola	182 51.2	N14 37.5
Diphda	349 13.1	S18 02.1
Dubhe	194 12.6	N61 48.4
Elnath	278 34.8	N28 36.1
Eltanin	90 53.6	N51 29.3
Enif	34 03.8	N 9 49.9
Fomalhaut	15 42.7	S29 40.1
Gacrux	172 20.4	S57 04.0
Gienah	176 10.1	S17 29.5
Hadar	149 12.3	S60 20.0
Hamal	328 20.5	N23 25.1
Kaus Aust.	84 06.2	S34 23.5
Kochab	137 18.1	N74 11.8
Markab	13 55.4	N15 09.2
Menkar	314 33.3	N 4 03.3
Menkent	148 27.8	S36 19.7
Miaplacidus	221 44.3	S69 40.9
Mirfak	309 05.6	N49 49.6
Nunki	76 19.2	S26 18.6
Peacock	53 45.6	S56 45.8
Pollux	243 49.1	N28 03.1
Procyon	245 18.0	N 5 15.1
Rasalhague	96 22.1	N12 33.9
Regulus	208 02.0	N12 00.9
Rigel	281 28.9	S 8 12.6
Rigil Kent.	140 15.1	S60 48.1
Sabik	102 32.0	S15 42.9
Schedar	350 00.5	N56 28.9
Shaula	96 44.9	S37 06.0
Sirius	258 49.2	S16 42.1
Spica	158 49.3	S11 06.9
Suhail	223 05.6	S43 23.8
Vega	80 50.2	N38 46.4
Zuben'ubi	137 24.3	S16 00.3

	S.H.A. ° ′	Mer. Pass. h m
Venus	301 48.5	9 42
Mars	342 47.7	6 57
Jupiter	250 30.1	13 05
Saturn	64 43.9	1 29

	UT (GMT) d h	SUN G.H.A. ° ′	SUN Dec. ° ′	MOON G.H.A. ° ′	v ′	Dec. ° ′	d ′	H.P. ′
	24 00	179 26.5	N23 25.4	161 06.9	4.7	N23 45.1	8.3	60.0
	01	194 26.3	25.3	175 30.6	4.8	23 36.8	8.5	60.0
	02	209 26.2	25.3	189 54.4	5.0	23 28.3	8.6	60.0
	03	224 26.1	. . 25.3	204 18.4	5.0	23 19.7	8.7	59.9
	04	239 25.9	25.2	218 42.4	5.2	23 11.0	8.9	59.9
	05	254 25.8	25.2	233 06.6	5.3	23 02.1	9.1	59.9
	06	269 25.7	N23 25.1	247 30.9	5.4	N22 53.0	9.2	59.8
	07	284 25.5	25.1	261 55.3	5.6	22 43.8	9.3	59.8
	08	299 25.4	25.0	276 19.9	5.7	22 34.5	9.4	59.8
S	09	314 25.3	. . 25.0	290 44.6	5.8	22 25.1	9.6	59.7
U	10	329 25.1	24.9	305 09.4	5.9	22 15.5	9.8	59.7
N	11	344 25.0	24.9	319 34.3	6.1	22 05.7	9.8	59.7
D	12	359 24.9	N23 24.8	333 59.4	6.2	N21 55.9	10.0	59.6
A	13	14 24.7	24.8	348 24.6	6.3	21 45.9	10.1	59.6
Y	14	29 24.6	24.7	2 49.9	6.5	21 35.8	10.3	59.6
	15	44 24.4	. . 24.7	17 15.4	6.6	21 25.5	10.3	59.5
	16	59 24.3	24.6	31 41.0	6.7	21 15.2	10.5	59.5
	17	74 24.2	24.6	46 06.7	6.8	21 04.7	10.6	59.5
	18	89 24.0	N23 24.5	60 32.5	7.0	N20 54.1	10.8	59.4
	19	104 23.9	24.5	74 58.5	7.1	20 43.3	10.8	59.4
	20	119 23.8	24.4	89 24.6	7.3	20 32.5	11.0	59.4
	21	134 23.6	. . 24.4	103 50.9	7.3	20 21.5	11.0	59.3
	22	149 23.5	24.3	118 17.2	7.5	20 10.5	11.2	59.3
	23	164 23.4	24.3	132 43.7	7.7	19 59.3	11.3	59.3
	25 00	179 23.2	N23 24.2	147 10.4	7.7	N19 48.0	11.3	59.2
	01	194 23.1	24.2	161 37.1	7.9	19 36.7	11.5	59.2
	02	209 23.0	24.1	176 04.0	8.0	19 25.2	11.6	59.2
	03	224 22.8	. . 24.0	190 31.0	8.2	19 13.6	11.7	59.1
	04	239 22.7	24.0	204 58.2	8.2	19 01.9	11.8	59.1
	05	254 22.6	23.9	219 25.4	8.4	18 50.1	11.9	59.1
	06	269 22.4	N23 23.8	233 52.8	8.5	N18 38.2	11.9	59.0
	07	284 22.3	23.8	248 20.3	8.7	18 26.3	12.1	59.0
	08	299 22.2	23.7	262 48.0	8.8	18 14.2	12.1	59.0
M	09	314 22.0	. . 23.7	277 15.8	8.9	18 02.1	12.3	58.9
O	10	329 21.9	23.6	291 43.7	9.0	17 49.8	12.3	58.9
N	11	344 21.8	23.5	306 11.7	9.2	17 37.5	12.4	58.8
D	12	359 21.6	N23 23.5	320 39.9	9.2	N17 25.1	12.5	58.8
A	13	14 21.5	23.4	335 08.1	9.4	17 12.6	12.5	58.8
Y	14	29 21.4	23.3	349 36.5	9.6	17 00.1	12.7	58.7
	15	44 21.2	. . 23.3	4 05.1	9.6	16 47.4	12.7	58.7
	16	59 21.1	23.2	18 33.7	9.8	16 34.7	12.8	58.7
	17	74 21.0	23.1	33 02.5	9.8	16 21.9	12.9	58.6
	18	89 20.8	N23 23.1	47 31.3	10.0	N16 09.0	12.9	58.6
	19	104 20.7	23.0	62 00.3	10.2	15 56.1	13.0	58.5
	20	119 20.6	22.9	76 29.5	10.2	15 43.1	13.1	58.5
	21	134 20.4	. . 22.8	90 58.7	10.3	15 30.0	13.1	58.5
	22	149 20.3	22.8	105 28.0	10.5	15 16.9	13.2	58.4
	23	164 20.2	22.7	119 57.5	10.6	15 03.7	13.2	58.4
	26 00	179 20.0	N23 22.6	134 27.1	10.7	N14 50.5	13.4	58.4
	01	194 19.9	22.5	148 56.8	10.8	14 37.1	13.3	58.3
	02	209 19.8	22.5	163 26.6	10.9	14 23.8	13.5	58.3
	03	224 19.6	. . 22.4	177 56.5	11.0	14 10.3	13.4	58.2
	04	239 19.5	22.3	192 26.5	11.1	13 56.9	13.6	58.2
	05	254 19.4	22.2	206 56.6	11.3	13 43.3	13.6	58.2
	06	269 19.2	N23 22.2	221 26.9	11.3	N13 29.7	13.6	58.1
	07	284 19.1	22.1	235 57.2	11.5	13 16.1	13.7	58.1
T	08	299 19.0	22.0	250 27.7	11.5	13 02.4	13.7	58.1
U	09	314 18.8	. . 21.9	264 58.2	11.7	12 48.7	13.8	58.0
E	10	329 18.7	21.8	279 28.9	11.7	12 34.9	13.8	58.0
S	11	344 18.6	21.7	293 59.6	11.9	12 21.1	13.9	57.9
D	12	359 18.4	N23 21.7	308 30.5	11.9	N12 07.2	13.9	57.9
A	13	14 18.3	21.6	323 01.4	12.1	11 53.3	13.9	57.9
Y	14	29 18.2	21.5	337 32.5	12.1	11 39.4	14.0	57.8
	15	44 18.0	. . 21.4	352 03.6	12.3	11 25.4	14.0	57.8
	16	59 17.9	21.3	6 34.9	12.3	11 11.4	14.0	57.7
	17	74 17.8	21.2	21 06.2	12.5	10 57.4	14.1	57.7
	18	89 17.6	N23 21.1	35 37.7	12.5	N10 43.3	14.1	57.7
	19	104 17.5	21.1	50 09.2	12.6	10 29.2	14.2	57.6
	20	119 17.4	21.0	64 40.8	12.7	10 15.0	14.1	57.6
	21	134 17.2	. . 20.9	79 12.5	12.8	10 00.9	14.2	57.6
	22	149 17.1	20.8	93 44.3	12.9	9 46.7	14.3	57.5
	23	164 17.0	20.7	108 16.2	12.9	9 32.4	14.2	57.5
		S.D. 15.8	*d* 0.1	S.D. 16.3		16.0		15.8

Lat. °	Twilight Naut. h m	Twilight Civil h m	Sunrise h m	Moonrise 24 h m	Moonrise 25 h m	Moonrise 26 h m	Moonrise 27 h m
N 72	□	□	□	□	□	06 07	08 34
N 70	□	□	□	□	03 37	06 35	08 45
68	□	□	□	□	04 32	06 55	08 54
66	□	□	□	02 22	05 05	07 11	09 01
64	////	////	01 33	03 19	05 29	07 24	09 07
62	////	////	02 11	03 52	05 48	07 35	09 13
60	////	00 51	02 37	04 17	06 03	07 44	09 17
N 58	////	01 42	02 57	04 36	06 16	07 52	09 21
56	////	02 12	03 14	04 52	06 27	07 59	09 25
54	00 47	02 34	03 28	05 06	06 37	08 05	09 28
52	01 34	02 52	03 41	05 18	06 46	08 11	09 31
50	02 01	03 07	03 52	05 29	06 54	08 16	09 33
45	02 47	03 37	04 14	05 51	07 10	08 27	09 39
N 40	03 18	03 59	04 32	06 08	07 24	08 36	09 44
35	03 41	04 18	04 47	06 23	07 35	08 43	09 48
30	03 59	04 33	05 00	06 36	07 45	08 50	09 51
20	04 29	04 58	05 22	06 58	08 02	09 02	09 58
N 10	04 51	05 18	05 41	07 17	08 17	09 12	10 03
0	05 10	05 36	05 59	07 34	08 31	09 21	10 08
S 10	05 27	05 53	06 16	07 52	08 44	09 31	10 13
20	05 43	06 11	06 35	08 11	08 59	09 41	10 18
30	06 00	06 30	06 56	08 32	09 15	09 52	10 24
35	06 09	06 40	07 08	08 45	09 25	09 59	10 28
40	06 18	06 52	07 23	08 59	09 36	10 06	10 32
45	06 28	07 06	07 39	09 16	09 49	10 15	10 36
S 50	06 40	07 22	08 00	09 37	10 04	10 25	10 42
52	06 45	07 29	08 10	09 47	10 12	10 30	10 44
54	06 51	07 37	08 21	09 58	10 20	10 35	10 47
56	06 57	07 46	08 34	10 10	10 29	10 41	10 50
58	07 04	07 57	08 48	10 25	10 39	10 47	10 53
S 60	07 11	08 08	09 06	10 42	10 50	10 54	10 57

Lat. °	Sunset h m	Twilight Civil h m	Twilight Naut. h m	Moonset 24 h m	Moonset 25 h m	Moonset 26 h m	Moonset 27 h m
N 72	□	□	□	□	□	00 36 / 23 48	23 15
N 70	□	□	□	□	01 16	00 06 / 23 35	23 11
68	□	□	□	□	00 19 / 23 44	23 23	23 07
66	□	□	□	00 28 / 23 45	23 27	23 14	23 03
64	22 32	////	////	23 20	23 12	23 06	23 00
62	21 54	////	////	23 00	23 00	22 59	22 58
60	21 28	23 13	////	22 44	22 50	22 54	22 56
N 58	21 07	22 23	////	22 30	22 41	22 48	22 54
56	20 51	21 53	////	22 18	22 33	22 44	22 52
54	20 36	21 31	23 17	22 07	22 26	22 39	22 50
52	20 24	21 13	22 31	21 58	22 19	22 35	22 49
50	20 13	20 58	22 03	21 49	22 13	22 32	22 48
45	19 51	20 28	21 18	21 31	22 01	22 24	22 45
N 40	19 33	20 06	20 47	21 17	21 50	22 18	22 42
35	19 18	19 47	20 24	21 04	21 41	22 12	22 40
30	19 05	19 32	20 06	20 53	21 33	22 07	22 38
20	18 43	19 07	19 37	20 34	21 19	21 59	22 35
N 10	18 24	18 47	19 14	20 17	21 07	21 51	22 32
0	18 06	18 29	18 55	20 02	20 55	21 44	22 29
S 10	17 49	18 12	18 38	19 46	20 44	21 37	22 26
20	17 30	17 54	18 22	19 29	20 31	21 29	22 23
30	17 09	17 35	18 05	19 09	20 17	21 20	22 20
35	16 57	17 25	17 57	18 58	20 08	21 15	22 18
40	16 43	17 13	17 47	18 44	19 59	21 09	22 15
45	16 26	17 00	17 37	18 29	19 47	21 02	22 12
S 50	16 05	16 44	17 25	18 09	19 33	20 53	22 09
52	15 55	16 36	17 20	18 00	19 27	20 49	22 08
54	15 44	16 28	17 14	17 49	19 19	20 45	22 06
56	15 31	16 19	17 08	17 37	19 11	20 40	22 04
58	15 17	16 09	17 01	17 23	19 02	20 35	22 02
S 60	14 59	15 57	16 54	17 07	18 51	20 29	22 00

Day	SUN Eqn. of Time 00ʰ m s	SUN Eqn. of Time 12ʰ m s	SUN Mer. Pass. h m	MOON Mer. Pass. Upper h m	MOON Mer. Pass. Lower h m	MOON Age d	MOON Phase
24	02 14	02 20	12 02	13 48	01 19	02	
25	02 27	02 33	12 03	14 43	02 16	03	
26	02 40	02 46	12 03	15 33	03 09	04	

	UT (GMT)	ARIES	VENUS −3.9		MARS +0.3		JUPITER −1.8		SATURN +0.2	
	d h	G.H.A. ° ′	G.H.A. ° ′	Dec. ° ′	G.H.A. ° ′	Dec. ° ′	G.H.A. ° ′	Dec. ° ′	G.H.A. ° ′	Dec. ° ′
	27 00	274 50.8	214 13.2	N19 00.3	256 19.8	N 5 38.4	164 52.4	N22 22.6	339 43.2	S21 19.9
	01	289 53.3	229 12.6	01.0	271 20.6	39.0	179 54.2	22.5	354 45.9	19.9
	02	304 55.7	244 12.0	01.6	286 21.4	39.7	194 56.1	22.4	9 48.5	20.0
	03	319 58.2	259 11.4	· · 02.3	301 22.3	· · 40.4	209 58.0	· · 22.3	24 51.2	· · 20.0
	04	335 00.6	274 10.8	02.9	316 23.1	41.0	224 59.9	22.3	39 53.8	20.0
	05	350 03.1	289 10.2	03.6	331 23.9	41.7	240 01.7	22.2	54 56.4	20.1
	06	5 05.6	304 09.6	N19 04.2	346 24.7	N 5 42.3	255 03.6	N22 22.1	69 59.1	S21 20.1
W	07	20 08.0	319 09.0	04.9	1 25.6	43.0	270 05.5	22.1	85 01.7	20.1
E	08	35 10.5	334 08.4	05.5	16 26.4	43.6	285 07.3	22.0	100 04.4	20.2
D	09	50 13.0	349 07.8	· · 06.2	31 27.2	· · 44.3	300 09.2	· · 21.9	115 07.0	· · 20.2
N	10	65 15.4	4 07.2	06.8	46 28.0	44.9	315 11.1	21.8	130 09.7	20.2
E	11	80 17.9	19 06.6	07.5	61 28.9	45.6	330 12.9	21.8	145 12.3	20.3
S	12	95 20.4	34 06.0	N19 08.1	76 29.7	N 5 46.2	345 14.8	N22 21.7	160 15.0	S21 20.3
D	13	110 22.8	49 05.4	08.7	91 30.5	46.9	0 16.7	21.6	175 17.6	20.3
A	14	125 25.3	64 04.8	09.4	106 31.3	47.5	15 18.5	21.5	190 20.2	20.3
Y	15	140 27.8	79 04.2	· · 10.0	121 32.2	· · 48.2	30 20.4	· · 21.5	205 22.9	· · 20.4
	16	155 30.2	94 03.6	10.7	136 33.0	48.8	45 22.3	21.4	220 25.5	20.4
	17	170 32.7	109 03.0	11.3	151 33.8	49.5	60 24.1	21.3	235 28.2	20.4
	18	185 35.1	124 02.4	N19 11.9	166 34.6	N 5 50.1	75 26.0	N22 21.3	250 30.8	S21 20.5
	19	200 37.6	139 01.8	12.6	181 35.5	50.8	90 27.9	21.2	265 33.5	20.5
	20	215 40.1	154 01.2	13.2	196 36.3	51.4	105 29.8	21.1	280 36.1	20.5
	21	230 42.5	169 00.6	· · 13.9	211 37.1	· · 52.1	120 31.6	· · 21.0	295 38.8	· · 20.6
	22	245 45.0	184 00.0	14.5	226 38.0	52.7	135 33.5	21.0	310 41.4	20.6
	23	260 47.5	198 59.4	15.1	241 38.8	53.4	150 35.4	20.9	325 44.0	20.6
	28 00	275 49.9	213 58.8	N19 15.8	256 39.6	N 5 54.1	165 37.2	N22 20.8	340 46.7	S21 20.7
	01	290 52.4	228 58.2	16.4	271 40.4	54.7	180 39.1	20.8	355 49.4	20.7
	02	305 54.9	243 57.6	17.0	286 41.3	55.4	195 41.0	20.7	10 52.0	20.7
	03	320 57.3	258 57.0	· · 17.7	301 42.1	· · 56.0	210 42.8	· · 20.6	25 54.6	· · 20.8
	04	335 59.8	273 56.4	18.3	316 42.9	56.7	225 44.7	20.5	40 57.3	20.8
	05	351 02.3	288 55.8	18.9	331 43.7	57.3	240 46.6	20.5	55 59.9	20.8
	06	6 04.7	303 55.2	N19 19.6	346 44.6	N 5 58.0	255 48.4	N22 20.4	71 02.6	S21 20.9
	07	21 07.2	318 54.6	20.2	1 45.4	58.6	270 50.3	20.3	86 05.2	20.9
T	08	36 09.6	333 54.0	20.8	16 46.2	59.3	285 52.2	20.2	101 07.9	20.9
H	09	51 12.1	348 53.4	· · 21.4	31 47.1	5 59.9	300 54.1	· · 20.2	116 10.5	· · 21.0
U	10	66 14.6	3 52.8	22.1	46 47.9	6 00.6	315 55.9	20.1	131 13.2	21.0
R	11	81 17.0	18 52.1	22.7	61 48.7	01.2	330 57.8	20.0	146 15.8	21.0
S	12	96 19.5	33 51.5	N19 23.3	76 49.6	N 6 01.9	345 59.7	N22 20.0	161 18.5	S21 21.1
D	13	111 22.0	48 50.9	23.9	91 50.4	02.5	1 01.5	19.9	176 21.1	21.1
A	14	126 24.4	63 50.3	24.6	106 51.2	03.2	16 03.4	19.8	191 23.8	21.1
Y	15	141 26.9	78 49.7	· · 25.2	121 52.1	· · 03.8	31 05.3	· · 19.7	206 26.4	· · 21.2
	16	156 29.4	93 49.1	25.8	136 52.9	04.5	46 07.1	19.7	221 29.0	21.2
	17	171 31.8	108 48.5	26.4	151 53.7	05.1	61 09.0	19.6	236 31.7	21.2
	18	186 34.3	123 47.9	N19 27.1	166 54.5	N 6 05.8	76 10.9	N22 19.5	251 34.3	S21 21.3
	19	201 36.7	138 47.3	27.7	181 55.4	06.4	91 12.7	19.4	266 37.0	21.3
	20	216 39.2	153 46.6	28.3	196 56.2	07.1	106 14.6	19.4	281 39.6	21.3
	21	231 41.7	168 46.0	· · 28.9	211 57.0	· · 07.7	121 16.5	· · 19.3	296 42.3	· · 21.4
	22	246 44.1	183 45.4	29.5	226 57.9	08.4	136 18.4	19.2	311 44.9	21.4
	23	261 46.6	198 44.8	30.1	241 58.7	09.0	151 20.2	19.1	326 47.6	21.4
	29 00	276 49.1	213 44.2	N19 30.8	256 59.5	N 6 09.7	166 22.1	N22 19.1	341 50.2	S21 21.5
	01	291 51.5	228 43.6	31.4	272 00.4	10.3	181 24.0	19.0	356 52.9	21.5
	02	306 54.0	243 42.9	32.0	287 01.2	10.9	196 25.8	18.9	11 55.5	21.5
	03	321 56.5	258 42.3	· · 32.6	302 02.0	· · 11.6	211 27.7	· · 18.9	26 58.2	· · 21.6
	04	336 58.9	273 41.7	33.2	317 02.8	12.2	226 29.6	18.8	42 00.8	21.6
	05	352 01.4	288 41.1	33.8	332 03.7	12.9	241 31.4	18.7	57 03.5	21.6
	06	7 03.9	303 40.5	N19 34.4	347 04.5	N 6 13.5	256 33.3	N22 18.6	72 06.1	S21 21.6
	07	22 06.3	318 39.9	35.0	2 05.3	14.2	271 35.2	18.6	87 08.8	21.7
	08	37 08.8	333 39.2	35.6	17 06.2	14.8	286 37.0	18.5	102 11.4	21.7
F	09	52 11.2	348 38.6	· · 36.3	32 07.0	· · 15.5	301 38.9	· · 18.4	117 14.1	· · 21.7
R	10	67 13.7	3 38.0	36.9	47 07.8	16.1	316 40.8	18.3	132 16.7	21.8
I	11	82 16.2	18 37.4	37.5	62 08.7	16.8	331 42.6	18.3	147 19.3	21.8
D	12	97 18.6	33 36.8	N19 38.1	77 09.5	N 6 17.4	346 44.5	N22 18.2	162 22.0	S21 21.8
A	13	112 21.1	48 36.1	38.7	92 10.3	18.1	1 46.4	18.1	177 24.6	21.9
Y	14	127 23.6	63 35.5	39.3	107 11.2	18.7	16 48.3	18.0	192 27.3	21.9
	15	142 26.0	78 34.9	· · 39.9	122 12.0	· · 19.3	31 50.1	· · 18.0	207 29.9	· · 21.9
	16	157 28.5	93 34.3	40.5	137 12.8	20.0	46 52.0	17.9	222 32.6	22.0
	17	172 31.0	108 33.7	41.1	152 13.6	20.6	61 53.9	17.8	237 35.2	22.0
	18	187 33.4	123 33.0	N19 41.7	167 14.5	N 6 21.3	76 55.7	N22 17.7	252 37.9	S21 22.0
	19	202 35.9	138 32.4	42.3	182 15.3	21.9	91 57.6	17.7	267 40.5	22.1
	20	217 38.4	153 31.8	42.9	197 16.1	22.6	106 59.5	17.6	282 43.2	22.1
	21	232 40.8	168 31.2	· · 43.5	212 17.0	· · 23.2	122 01.3	· · 17.5	297 45.8	· · 22.1
	22	247 43.3	183 30.5	44.1	227 17.8	23.9	137 03.2	17.4	312 48.5	22.2
	23	262 45.7	198 29.9	44.7	242 18.6	24.5	152 05.1	17.4	327 51.1	22.2
	Mer. Pass.	h m 5 35.8	v −0.6	d 0.6	v 0.8	d 0.6	v 1.9	d 0.1	v 2.6	d 0.0

STARS

Name	S.H.A. ° ′	Dec. ° ′
Acamar	315 31.6	S40 20.2
Achernar	335 39.5	S57 16.7
Acrux	173 28.9	S63 03.2
Adhara	255 26.5	S28 57.5
Aldebaran	291 09.5	N16 29.5
Alioth	166 35.4	N56 00.9
Alkaid	153 12.1	N49 21.8
Al Na'ir	28 04.8	S47 00.2
Alnilam	276 04.2	S 1 12.3
Alphard	218 13.2	S 8 37.1
Alphecca	126 25.2	N26 44.8
Alpheratz	358 01.4	N29 02.2
Altair	62 24.7	N 8 50.5
Ankaa	353 32.5	S42 21.1
Antares	112 47.1	S26 24.9
Arcturus	146 11.2	N19 13.9
Atria	108 04.0	S69 00.9
Avior	234 25.8	S59 28.8
Bellatrix	278 50.8	N 6 20.6
Betelgeuse	271 20.3	N 7 24.5
Canopus	264 04.3	S52 41.3
Capella	281 00.4	N45 59.4
Deneb	49 42.9	N45 14.6
Denebola	182 51.2	N14 37.5
Diphda	349 13.1	S18 02.1
Dubhe	194 12.6	N61 48.4
Elnath	278 34.8	N28 36.1
Eltanin	90 53.6	N51 29.3
Enif	34 03.8	N 9 49.9
Fomalhaut	15 42.7	S29 40.1
Gacrux	172 20.4	S57 04.0
Gienah	176 10.1	S17 29.5
Hadar	149 12.4	S60 20.0
Hamal	328 20.4	N23 25.1
Kaus Aust.	84 06.2	S34 23.5
Kochab	137 18.1	N74 11.8
Markab	13 55.4	N15 09.2
Menkar	314 33.3	N 4 03.3
Menkent	148 27.8	S36 19.7
Miaplacidus	221 44.3	S69 40.9
Mirfak	309 05.5	N49 49.6
Nunki	76 19.2	S26 18.6
Peacock	53 45.6	S56 45.8
Pollux	243 49.1	N28 03.1
Procyon	245 18.0	N 5 15.1
Rasalhague	96 22.1	N12 33.9
Regulus	208 02.0	N12 00.9
Rigel	281 28.9	S 8 12.6
Rigil Kent.	140 15.1	S60 48.1
Sabik	102 32.0	S15 42.9
Schedar	350 00.5	N56 29.0
Shaula	96 44.9	S37 06.0
Sirius	258 49.2	S16 42.1
Spica	158 49.3	S11 06.9
Suhail	223 05.6	S43 23.8
Vega	80 50.2	N38 46.4
Zuben'ubi	137 24.3	S16 00.3

	S.H.A. ° ′	Mer. Pass. h m
Venus	298 08.9	9 44
Mars	340 49.7	6 53
Jupiter	249 47.3	12 56
Saturn	64 56.8	1 17

UT (GMT) d	h	SUN G.H.A. ° ′	SUN Dec. ° ′	MOON G.H.A. ° ′	MOON *v* ′	MOON Dec. ° ′	MOON *d* ′	MOON H.P. ′
27	00	179 16.8	N23 20.6	122 48.1	13.1	N 9 18.2	14.3	57.4
	01	194 16.7	20.5	137 20.2	13.1	9 03.9	14.3	57.4
	02	209 16.6	20.4	151 52.3	13.2	8 49.6	14.3	57.4
	03	224 16.5	. . 20.3	166 24.5	13.3	8 35.3	14.3	57.3
	04	239 16.3	20.2	180 56.8	13.4	8 21.0	14.4	57.3
	05	254 16.2	20.1	195 29.2	13.4	8 06.6	14.3	57.2
	06	269 16.1	N23 20.0	210 01.6	13.6	N 7 52.3	14.4	57.2
W	07	284 15.9	19.9	224 34.2	13.6	7 37.9	14.4	57.2
E	08	299 15.8	19.8	239 06.8	13.6	7 23.5	14.4	57.1
D	09	314 15.7	. . 19.7	253 39.4	13.8	7 09.1	14.4	57.1
N	10	329 15.5	19.6	268 12.2	13.8	6 54.7	14.5	57.1
E	11	344 15.4	19.5	282 45.0	13.9	6 40.2	14.4	57.0
S	12	359 15.3	N23 19.4	297 17.9	13.9	N 6 25.8	14.5	57.0
D	13	14 15.1	19.3	311 50.8	14.0	6 11.3	14.4	57.0
A	14	29 15.0	19.2	326 23.8	14.1	5 56.9	14.5	56.9
Y	15	44 14.9	. . 19.1	340 56.9	14.2	5 42.4	14.5	56.9
	16	59 14.7	19.0	355 30.1	14.2	5 27.9	14.5	56.8
	17	74 14.6	18.9	10 03.3	14.2	5 13.4	14.4	56.8
	18	89 14.5	N23 18.8	24 36.5	14.4	N 4 59.0	14.5	56.8
	19	104 14.4	18.7	39 09.9	14.4	4 44.5	14.5	56.7
	20	119 14.2	18.6	53 43.3	14.4	4 30.0	14.5	56.7
	21	134 14.1	. . 18.5	68 16.7	14.5	4 15.5	14.5	56.7
	22	149 14.0	18.4	82 50.2	14.6	4 01.0	14.5	56.6
	23	164 13.8	18.3	97 23.8	14.6	3 46.5	14.4	56.6
28	00	179 13.7	N23 18.2	111 57.4	14.7	N 3 32.1	14.5	56.6
	01	194 13.6	18.1	126 31.1	14.7	3 17.6	14.5	56.5
	02	209 13.4	18.0	141 04.8	14.7	3 03.1	14.5	56.5
	03	224 13.3	. . 17.9	155 38.5	14.9	2 48.6	14.4	56.5
	04	239 13.2	17.7	170 12.4	14.8	2 34.2	14.5	56.4
	05	254 13.1	17.6	184 46.2	14.9	2 19.7	14.4	56.4
	06	269 12.9	N23 17.5	199 20.1	15.0	N 2 05.3	14.4	56.3
	07	284 12.8	17.4	213 54.1	15.0	1 50.9	14.5	56.3
T	08	299 12.7	17.3	228 28.1	15.0	1 36.4	14.4	56.3
H	09	314 12.5	. . 17.2	243 02.1	15.1	1 22.0	14.4	56.2
U	10	329 12.4	17.1	257 36.2	15.1	1 07.6	14.4	56.2
R	11	344 12.3	16.9	272 10.3	15.2	0 53.2	14.3	56.2
S	12	359 12.2	N23 16.8	286 44.5	15.2	N 0 38.9	14.4	56.1
D	13	14 12.0	16.7	301 18.7	15.2	0 24.5	14.3	56.1
A	14	29 11.9	16.6	315 52.9	15.2	N 0 10.2	14.4	56.1
Y	15	44 11.8	. . 16.5	330 27.1	15.3	S 0 04.2	14.3	56.1
	16	59 11.7	16.3	345 01.4	15.4	0 18.5	14.3	56.0
	17	74 11.5	16.2	359 35.8	15.3	0 32.8	14.2	56.0
	18	89 11.4	N23 16.1	14 10.1	15.4	S 0 47.0	14.3	56.0
	19	104 11.3	16.0	28 44.5	15.4	1 01.3	14.2	55.9
	20	119 11.2	15.9	43 18.9	15.5	1 15.5	14.2	55.9
	21	134 11.0	. . 15.7	57 53.4	15.4	1 29.7	14.2	55.9
	22	149 10.9	15.6	72 27.8	15.5	1 43.9	14.2	55.8
	23	164 10.8	15.5	87 02.3	15.6	1 58.1	14.1	55.8
29	00	179 10.6	N23 15.4	101 36.9	15.5	S 2 12.2	14.1	55.8
	01	194 10.5	15.2	116 11.4	15.6	2 26.3	14.1	55.7
	02	209 10.4	15.1	130 46.0	15.5	2 40.4	14.1	55.7
	03	224 10.3	. . 15.0	145 20.5	15.6	2 54.5	14.0	55.7
	04	239 10.1	14.9	159 55.1	15.7	3 08.5	14.0	55.7
	05	254 10.0	14.7	174 29.8	15.6	3 22.5	14.0	55.6
	06	269 09.9	N23 14.6	189 04.4	15.6	S 3 36.5	14.0	55.6
	07	284 09.8	14.5	203 39.0	15.7	3 50.5	13.9	55.6
	08	299 09.6	14.3	218 13.7	15.7	4 04.4	13.9	55.5
F	09	314 09.5	. . 14.2	232 48.4	15.7	4 18.3	13.9	55.5
R	10	329 09.4	14.1	247 23.1	15.6	4 32.2	13.8	55.5
I	11	344 09.3	13.9	261 57.7	15.8	4 46.0	13.8	55.5
D	12	359 09.1	N23 13.8	276 32.5	15.7	S 4 59.8	13.8	55.4
A	13	14 09.0	13.7	291 07.2	15.7	5 13.6	13.7	55.4
Y	14	29 08.9	13.5	305 41.9	15.7	5 27.3	13.7	55.4
	15	44 08.8	. . 13.4	320 16.6	15.7	5 41.0	13.7	55.3
	16	59 08.6	13.3	334 51.3	15.8	5 54.7	13.6	55.3
	17	74 08.5	13.1	349 26.1	15.7	6 08.3	13.6	55.3
	18	89 08.4	N23 13.0	4 00.8	15.7	S 6 21.9	13.5	55.3
	19	104 08.2	12.8	18 35.5	15.8	6 35.4	13.6	55.2
	20	119 08.1	12.7	33 10.3	15.7	6 49.0	13.4	55.2
	21	134 08.0	. . 12.6	47 45.0	15.8	7 02.4	13.5	55.2
	22	149 07.9	12.4	62 19.8	15.7	7 15.9	13.4	55.2
	23	164 07.7	12.3	76 54.5	15.7	7 29.3	13.3	55.1
		S.D. 15.8	*d* 0.1	S.D.	15.5		15.3	15.1

Lat. °	Twilight Naut. h m	Twilight Civil h m	Sunrise h m	Moonrise 27 h m	Moonrise 28 h m	Moonrise 29 h m	Moonrise 30 h m
N 72	▭	▭	▭	08 34	10 40	12 41	14 46
N 70	▭	▭	▭	08 45	10 42	12 33	14 27
68	▭	▭	▭	08 54	10 43	12 27	14 12
66	▭	▭	▭	09 01	10 43	12 22	14 00
64	////	////	01 36	09 07	10 44	12 17	13 50
62	////	////	02 13	09 13	10 45	12 13	13 41
60	////	00 56	02 39	09 17	10 45	12 10	13 34
N 58	////	01 44	02 59	09 21	10 46	12 07	13 28
56	////	02 14	03 16	09 25	10 46	12 05	13 22
54	00 51	02 36	03 30	09 28	10 47	12 02	13 17
52	01 36	02 54	03 42	09 31	10 47	12 00	13 12
50	02 03	03 09	03 53	09 33	10 47	11 58	13 08
45	02 48	03 38	04 15	09 39	10 48	11 54	12 59
N 40	03 19	04 00	04 33	09 44	10 48	11 51	12 52
35	03 42	04 19	04 48	09 48	10 49	11 48	12 46
30	04 00	04 34	05 01	09 51	10 49	11 45	12 40
20	04 29	04 59	05 23	09 58	10 50	11 41	12 31
N 10	04 52	05 19	05 42	10 03	10 51	11 37	12 23
0	05 11	05 37	06 00	10 08	10 52	11 34	12 15
S 10	05 28	05 54	06 17	10 13	10 52	11 30	12 08
20	05 44	06 11	06 35	10 18	10 53	11 26	12 00
30	06 00	06 30	06 56	10 24	10 54	11 22	11 50
35	06 09	06 41	07 09	10 28	10 54	11 20	11 45
40	06 18	06 52	07 23	10 32	10 55	11 17	11 39
45	06 28	07 06	07 39	10 36	10 55	11 14	11 33
S 50	06 40	07 22	08 00	10 42	10 56	11 10	11 24
52	06 45	07 29	08 10	10 44	10 57	11 08	11 21
54	06 51	07 37	08 21	10 47	10 57	11 07	11 17
56	06 57	07 46	08 33	10 50	10 57	11 05	11 12
58	07 04	07 56	08 48	10 53	10 58	11 02	11 07
S 60	07 11	08 08	09 05	10 57	10 58	11 00	11 01

Lat. °	Sunset h m	Twilight Civil h m	Twilight Naut. h m	Moonset 27 h m	Moonset 28 h m	Moonset 29 h m	Moonset 30 h m
N 72	▭	▭	▭	23 15	22 46	22 16	21 40
N 70	▭	▭	▭	23 11	22 49	22 27	22 01
68	▭	▭	▭	23 07	22 51	22 36	22 18
66	▭	▭	▭	23 03	22 53	22 43	22 31
64	22 29	////	////	23 00	22 55	22 49	22 43
62	21 53	////	////	22 58	22 56	22 54	22 53
60	21 27	23 09	////	22 56	22 57	22 59	23 01
N 58	21 07	22 21	////	22 54	22 58	23 03	23 08
56	20 50	21 52	////	22 52	22 59	23 07	23 15
54	20 36	21 30	23 14	22 50	23 00	23 10	23 21
52	20 24	21 13	22 30	22 49	23 01	23 13	23 26
50	20 13	20 58	22 02	22 48	23 02	23 16	23 31
45	19 51	20 28	21 18	22 45	23 03	23 22	23 41
N 40	19 33	20 06	20 47	22 42	23 05	23 27	23 50
35	19 18	19 48	20 24	22 40	23 06	23 31	23 58
30	19 05	19 32	20 06	22 38	23 07	23 35	24 04
20	18 43	19 08	19 37	22 35	23 09	23 42	24 16
N 10	18 24	18 47	19 14	22 32	23 10	23 48	24 26
0	18 07	18 29	18 56	22 29	23 12	23 53	24 35
S 10	17 50	18 12	18 39	22 26	23 13	23 59	24 45
20	17 31	17 55	18 23	22 23	23 15	24 05	00 05
30	17 10	17 36	18 06	22 20	23 17	24 12	00 12
35	16 58	17 26	17 58	22 18	23 18	24 16	00 16
40	16 44	17 14	17 48	22 15	23 19	24 20	00 20
45	16 27	17 01	17 38	22 12	23 20	24 26	00 26
S 50	16 06	16 45	17 26	22 09	23 22	24 32	00 32
52	15 57	16 37	17 21	22 08	23 22	24 35	00 35
54	15 46	16 29	17 15	22 06	23 23	24 38	00 38
56	15 33	16 20	17 09	22 04	23 24	24 42	00 42
58	15 18	16 10	17 03	22 02	23 25	24 46	00 46
S 60	15 01	15 59	16 55	22 00	23 26	24 50	00 50

Day	SUN Eqn. of Time 00ʰ m s	SUN Eqn. of Time 12ʰ m s	SUN Mer. Pass. h m	MOON Mer. Pass. Upper h m	MOON Mer. Pass. Lower h m	MOON Age d	MOON Phase
27	02 52	02 59	12 03	16 19	03 56	05	
28	03 05	03 11	12 03	17 02	04 40	06	◐
29	03 17	03 23	12 03	17 43	05 23	07	

UT (GMT) d h	ARIES G.H.A. ° ′	VENUS −3.9 G.H.A. ° ′	VENUS Dec. ° ′	MARS +0.3 G.H.A. ° ′	MARS Dec. ° ′	JUPITER −1.8 G.H.A. ° ′	JUPITER Dec. ° ′	SATURN +0.1 G.H.A. ° ′	SATURN Dec. ° ′	STARS Name	S.H.A. ° ′	Dec. ° ′
30 00	277 48.2	213 29.3	N19 45.3	257 19.5	N 6 25.1	167 06.9	N22 17.3	342 53.8	S21 22.2	Acamar	315 31.5	S40 20.2
01	292 50.7	228 28.7	45.9	272 20.3	25.8	182 08.8	17.2	357 56.4	22.3	Achernar	335 39.5	S57 16.7
02	307 53.1	243 28.0	46.5	287 21.1	26.4	197 10.7	17.1	12 59.1	22.3	Acrux	173 28.9	S63 03.2
03	322 55.6	258 27.4	· · 47.0	302 22.0	· · 27.1	212 12.5	· · 17.1	28 01.7	· · 22.3	Adhara	255 26.5	S28 57.5
04	337 58.1	273 26.8	47.6	317 22.8	27.7	227 14.4	17.0	43 04.4	22.4	Aldebaran	291 09.5	N16 29.5
05	353 00.5	288 26.1	48.2	332 23.6	28.4	242 16.3	16.9	58 07.0	22.4			
06	8 03.0	303 25.5	N19 48.8	347 24.5	N 6 29.0	257 18.1	N22 16.8	73 09.7	S21 22.4	Alioth	166 35.5	N56 00.9
07	23 05.5	318 24.9	49.4	2 25.3	29.7	272 20.0	16.8	88 12.3	22.5	Alkaid	153 12.1	N49 21.8
S 08	38 07.9	333 24.3	50.0	17 26.1	30.3	287 21.9	16.7	103 15.0	22.5	Al Na'ir	28 04.8	S47 00.2
A 09	53 10.4	348 23.6	· · 50.6	32 27.0	· · 30.9	302 23.7	· · 16.6	118 17.6	· · 22.5	Alnilam	276 04.2	S 1 12.3
T 10	68 12.8	3 23.0	51.2	47 27.8	31.6	317 25.6	16.5	133 20.3	22.6	Alphard	218 13.3	S 8 37.1
U 11	83 15.3	18 22.4	51.8	62 28.6	32.2	332 27.5	16.5	148 22.9	22.6			
R 12	98 17.8	33 21.7	N19 52.3	77 29.5	N 6 32.9	347 29.4	N22 16.4	163 25.6	S21 22.6	Alphecca	126 25.3	N26 44.8
D 13	113 20.2	48 21.1	52.9	92 30.3	33.5	2 31.2	16.3	178 28.2	22.7	Alpheratz	358 01.4	N29 02.2
A 14	128 22.7	63 20.5	53.5	107 31.1	34.1	17 33.1	16.2	193 30.9	22.7	Altair	62 24.7	N 8 50.5
Y 15	143 25.2	78 19.8	· · 54.1	122 32.0	· · 34.8	32 35.0	· · 16.2	208 33.5	· · 22.7	Ankaa	353 32.5	S42 21.1
16	158 27.6	93 19.2	54.7	137 32.8	35.4	47 36.8	16.1	223 36.2	22.8	Antares	112 47.1	S26 24.9
17	173 30.1	108 18.6	55.2	152 33.6	36.1	62 38.7	16.0	238 38.8	22.8			
18	188 32.6	123 17.9	N19 55.8	167 34.5	N 6 36.7	77 40.6	N22 15.9	253 41.5	S21 22.8	Arcturus	146 11.2	N19 13.9
19	203 35.0	138 17.3	56.4	182 35.3	37.4	92 42.4	15.9	268 44.1	22.9	Atria	108 04.0	S69 00.9
20	218 37.5	153 16.7	57.0	197 36.1	38.0	107 44.3	15.8	283 46.8	22.9	Avior	234 25.8	S59 28.8
21	233 40.0	168 16.0	· · 57.6	212 37.0	· · 38.6	122 46.2	· · 15.7	298 49.4	· · 22.9	Bellatrix	278 50.8	N 6 20.6
22	248 42.4	183 15.4	58.1	227 37.8	39.3	137 48.0	15.6	313 52.1	23.0	Betelgeuse	271 20.3	N 7 24.5
23	263 44.9	198 14.8	58.7	242 38.6	39.9	152 49.9	15.6	328 54.7	23.0			
1 00	278 47.3	213 14.1	N19 59.3	257 39.5	N 6 40.6	167 51.8	N22 15.5	343 57.4	S21 23.0	Canopus	264 04.3	S52 41.3
01	293 49.8	228 13.5	19 59.9	272 40.3	41.2	182 53.6	15.4	359 00.0	23.1	Capella	281 00.4	N45 59.4
02	308 52.3	243 12.8	20 00.4	287 41.1	41.8	197 55.5	15.3	14 02.7	23.1	Deneb	49 42.9	N45 14.6
03	323 54.7	258 12.2	· · 01.0	302 42.0	· · 42.5	212 57.4	· · 15.3	29 05.3	· · 23.1	Denebola	182 51.2	N14 37.5
04	338 57.2	273 11.6	01.6	317 42.8	43.1	227 59.2	15.2	44 08.0	23.2	Diphda	349 13.1	S18 02.1
05	353 59.7	288 10.9	02.1	332 43.6	43.8	243 01.1	15.1	59 10.6	23.2			
06	9 02.1	303 10.3	N20 02.7	347 44.5	N 6 44.4	258 03.0	N22 15.0	74 13.3	S21 23.2	Dubhe	194 12.7	N61 48.4
07	24 04.6	318 09.6	03.3	2 45.3	45.0	273 04.8	15.0	89 15.9	23.3	Elnath	278 34.8	N28 36.1
08	39 07.1	333 09.0	03.8	17 46.1	45.7	288 06.7	14.9	104 18.6	23.3	Eltanin	90 53.6	N51 29.4
S 09	54 09.5	348 08.4	· · 04.4	32 47.0	· · 46.3	303 08.6	· · 14.8	119 21.2	· · 23.3	Enif	34 03.8	N 9 49.9
U 10	69 12.0	3 07.7	05.0	47 47.8	47.0	318 10.4	14.7	134 23.9	23.4	Fomalhaut	15 42.7	S29 40.1
N 11	84 14.5	18 07.1	05.5	62 48.6	47.6	333 12.3	14.7	149 26.5	23.4			
D 12	99 16.9	33 06.4	N20 06.1	77 49.5	N 6 48.2	348 14.2	N22 14.6	164 29.2	S21 23.4	Gacrux	172 20.4	S57 04.0
A 13	114 19.4	48 05.8	06.7	92 50.3	48.9	3 16.0	14.5	179 31.8	23.5	Gienah	176 10.1	S17 29.5
Y 14	129 21.8	63 05.2	07.2	107 51.1	49.5	18 17.9	14.4	194 34.5	23.5	Hadar	149 12.4	S60 20.0
15	144 24.3	78 04.5	· · 07.8	122 52.0	· · 50.1	33 19.8	· · 14.4	209 37.1	· · 23.5	Hamal	328 20.4	N23 25.1
16	159 26.8	93 03.9	08.4	137 52.8	50.8	48 21.6	14.3	224 39.8	23.6	Kaus Aust.	84 06.2	S34 23.5
17	174 29.2	108 03.2	08.9	152 53.6	51.4	63 23.5	14.2	239 42.4	23.6			
18	189 31.7	123 02.6	N20 09.5	167 54.5	N 6 52.1	78 25.4	N22 14.1	254 45.1	S21 23.6	Kochab	137 18.2	N74 11.8
19	204 34.2	138 01.9	10.0	182 55.3	52.7	93 27.3	14.1	269 47.7	23.7	Markab	13 55.4	N15 09.2
20	219 36.6	153 01.3	10.6	197 56.1	53.3	108 29.1	14.0	284 50.4	23.7	Menkar	314 33.3	N 4 03.3
21	234 39.1	168 00.6	· · 11.1	212 57.0	· · 54.0	123 31.0	· · 13.9	299 53.0	· · 23.7	Menkent	148 27.8	S36 19.7
22	249 41.6	183 00.0	11.7	227 57.8	54.6	138 32.9	13.8	314 55.7	23.8	Miaplacidus	221 44.4	S69 40.9
23	264 44.0	197 59.3	12.3	242 58.6	55.2	153 34.7	13.7	329 58.3	23.8			
2 00	279 46.5	212 58.7	N20 12.8	257 59.5	N 6 55.9	168 36.6	N22 13.7	345 01.0	S21 23.8	Mirfak	309 05.5	N49 49.6
01	294 48.9	227 58.0	13.4	273 00.3	56.5	183 38.5	13.6	0 03.6	23.9	Nunki	76 19.2	S26 18.6
02	309 51.4	242 57.4	13.9	288 01.2	57.2	198 40.3	13.5	15 06.3	23.9	Peacock	53 45.5	S56 45.8
03	324 53.9	257 56.7	· · 14.5	303 02.0	· · 57.8	213 42.2	· · 13.4	30 08.9	· · 23.9	Pollux	243 49.1	N28 03.1
04	339 56.3	272 56.1	15.0	318 02.8	58.4	228 44.1	13.4	45 11.6	24.0	Procyon	245 18.0	N 5 15.1
05	354 58.8	287 55.5	15.6	333 03.7	59.1	243 45.9	13.3	60 14.2	24.0			
06	10 01.3	302 54.8	N20 16.1	348 04.5	N 6 59.7	258 47.8	N22 13.2	75 16.9	S21 24.0	Rasalhague	96 22.1	N12 33.9
07	25 03.7	317 54.1	16.7	3 05.3	7 00.3	273 49.7	13.1	90 19.5	24.1	Regulus	208 02.0	N12 00.9
08	40 06.2	332 53.5	17.2	18 06.2	01.0	288 51.5	13.1	105 22.2	24.1	Rigel	281 28.9	S 8 12.6
M 09	55 08.7	347 52.8	· · 17.7	33 07.0	· · 01.6	303 53.4	· · 13.0	120 24.8	· · 24.1	Rigil Kent.	140 15.1	S60 48.1
O 10	70 11.1	2 52.2	18.3	48 07.8	02.2	318 55.3	12.9	135 27.5	24.2	Sabik	102 32.0	S15 42.9
N 11	85 13.6	17 51.5	18.8	63 08.7	02.9	333 57.1	12.8	150 30.1	24.2			
D 12	100 16.1	32 50.9	N20 19.4	78 09.5	N 7 03.5	348 59.0	N22 12.7	165 32.8	S21 24.2	Schedar	350 00.5	N56 29.0
A 13	115 18.5	47 50.2	19.9	93 10.4	04.1	4 00.9	12.7	180 35.5	24.3	Shaula	96 44.9	S37 06.0
Y 14	130 21.0	62 49.6	20.5	108 11.2	04.8	19 02.7	12.6	195 38.1	24.3	Sirius	258 49.2	S16 42.1
15	145 23.4	77 48.9	· · 21.0	123 12.0	· · 05.4	34 04.6	· · 12.5	210 40.8	· · 24.3	Spica	158 49.4	S11 06.9
16	160 25.9	92 48.3	21.5	138 12.9	06.0	49 06.5	12.4	225 43.4	24.4	Suhail	223 05.6	S43 23.8
17	175 28.4	107 47.6	22.1	153 13.7	06.7	64 08.3	12.4	240 46.1	24.4			
18	190 30.8	122 47.0	N20 22.6	168 14.5	N 7 07.3	79 10.2	N22 12.3	255 48.7	S21 24.4	Vega	80 50.2	N38 46.4
19	205 33.3	137 46.3	23.1	183 15.4	07.9	94 12.1	12.2	270 51.4	24.5	Zuben'ubi	137 24.3	S16 00.3
20	220 35.8	152 45.6	23.7	198 16.2	08.6	109 13.9	12.1	285 54.0	24.5		S.H.A. ° ′	Mer. Pass. h m
21	235 38.2	167 45.0	· · 24.2	213 17.1	· · 09.2	124 15.8	· · 12.1	300 56.7	· · 24.5			
22	250 40.7	182 44.3	24.8	228 17.9	09.8	139 17.7	12.0	315 59.3	24.6	Venus	294 26.8	9 47
23	265 43.2	197 43.7	25.3	243 18.7	10.5	154 19.5	11.9	331 02.0	24.6	Mars	338 52.1	6 49
Mer. Pass.	h m 5 24.0	*v* −0.6	*d* 0.6	*v* 0.8	*d* 0.6	*v* 1.9	*d* 0.1	*v* 2.7	*d* 0.0	Jupiter	249 04.4	12 47
										Saturn	65 10.0	1 04

UT (GMT) d	h	SUN G.H.A. ° ′	SUN Dec. ° ′	MOON G.H.A. ° ′	v ′	MOON Dec. ° ′	d ′	H.P. ′
30	00	179 07.6	N23 12.1	91 29.2	15.7	S 7 42.6	13.4	55.1
	01	194 07.5	12.0	106 03.9	15.8	7 56.0	13.2	55.1
	02	209 07.4	11.8	120 38.7	15.7	8 09.2	13.3	55.1
	03	224 07.2	. . 11.7	135 13.4	15.7	8 22.5	13.2	55.1
	04	239 07.1	11.6	149 48.1	15.7	8 35.7	13.1	55.0
	05	254 07.0	11.4	164 22.8	15.6	8 48.8	13.1	55.0
	06	269 06.9	N23 11.3	178 57.4	15.7	S 9 01.9	13.1	55.0
	07	284 06.7	11.1	193 32.1	15.7	9 15.0	13.0	55.0
S	08	299 06.6	11.0	208 06.8	15.6	9 28.0	12.9	54.9
A	09	314 06.5	. . 10.8	222 41.4	15.6	9 40.9	12.9	54.9
T	10	329 06.4	10.7	237 16.0	15.7	9 53.8	12.9	54.9
U	11	344 06.3	10.5	251 50.7	15.6	10 06.7	12.8	54.9
R	12	359 06.1	N23 10.4	266 25.3	15.5	S10 19.5	12.8	54.9
D	13	14 06.0	10.2	280 59.8	15.6	10 32.3	12.7	54.8
A	14	29 05.9	10.1	295 34.4	15.5	10 45.0	12.7	54.8
Y	15	44 05.8	. . 09.9	310 08.9	15.6	10 57.7	12.6	54.8
	16	59 05.6	09.7	324 43.5	15.5	11 10.3	12.6	54.8
	17	74 05.5	09.6	339 18.0	15.4	11 22.9	12.5	54.8
	18	89 05.4	N23 09.4	353 52.4	15.5	S11 35.4	12.4	54.7
	19	104 05.3	09.3	8 26.9	15.4	11 47.8	12.5	54.7
	20	119 05.1	09.1	23 01.3	15.4	12 00.3	12.3	54.7
	21	134 05.0	. . 09.0	37 35.7	15.4	12 12.6	12.3	54.7
	22	149 04.9	08.8	52 10.1	15.4	12 24.9	12.2	54.7
	23	164 04.8	08.6	66 44.5	15.3	12 37.1	12.2	54.6
1	00	179 04.6	N23 08.5	81 18.8	15.3	S12 49.3	12.2	54.6
	01	194 04.5	08.3	95 53.1	15.3	13 01.5	12.0	54.6
	02	209 04.4	08.2	110 27.4	15.2	13 13.5	12.0	54.6
	03	224 04.3	. . 08.0	125 01.6	15.2	13 25.5	12.0	54.6
	04	239 04.2	07.8	139 35.8	15.2	13 37.5	11.9	54.6
	05	254 04.0	07.7	154 10.0	15.1	13 49.4	11.8	54.5
	06	269 03.9	N23 07.5	168 44.1	15.1	S14 01.2	11.8	54.5
	07	284 03.8	07.4	183 18.2	15.1	14 13.0	11.7	54.5
	08	299 03.7	07.2	197 52.3	15.0	14 24.7	11.6	54.5
S	09	314 03.5	. . 07.0	212 26.3	15.1	14 36.3	11.6	54.5
U	10	329 03.4	06.9	227 00.4	14.9	14 47.9	11.5	54.5
N	11	344 03.3	06.7	241 34.3	14.9	14 59.4	11.5	54.5
D	12	359 03.2	N23 06.5	256 08.2	14.9	S15 10.9	11.4	54.4
A	13	14 03.1	06.3	270 42.1	14.9	15 22.3	11.3	54.4
Y	14	29 02.9	06.2	285 16.0	14.8	15 33.6	11.3	54.4
	15	44 02.8	. . 06.0	299 49.8	14.8	15 44.9	11.1	54.4
	16	59 02.7	05.8	314 23.6	14.7	15 56.0	11.2	54.4
	17	74 02.6	05.7	328 57.3	14.7	16 07.2	11.0	54.4
	18	89 02.5	N23 05.5	343 31.0	14.6	S16 18.2	11.0	54.4
	19	104 02.3	05.3	358 04.6	14.6	16 29.2	10.9	54.4
	20	119 02.2	05.1	12 38.2	14.6	16 40.1	10.9	54.3
	21	134 02.1	. . 05.0	27 11.8	14.5	16 51.0	10.7	54.3
	22	149 02.0	04.8	41 45.3	14.5	17 01.7	10.7	54.3
	23	164 01.9	04.6	56 18.8	14.4	17 12.4	10.7	54.3
2	00	179 01.7	N23 04.4	70 52.2	14.3	S17 23.1	10.5	54.3
	01	194 01.6	04.3	85 25.5	14.4	17 33.6	10.5	54.3
	02	209 01.5	04.1	99 58.9	14.2	17 44.1	10.4	54.3
	03	224 01.4	. . 03.9	114 32.1	14.3	17 54.5	10.3	54.3
	04	239 01.3	03.7	129 05.4	14.2	18 04.8	10.3	54.3
	05	254 01.1	03.6	143 38.6	14.1	18 15.1	10.1	54.2
	06	269 01.0	N23 03.4	158 11.7	14.1	S18 25.2	10.1	54.2
	07	284 00.9	03.2	172 44.8	14.0	18 35.3	10.1	54.2
	08	299 00.8	03.0	187 17.8	14.0	18 45.4	9.9	54.2
M	09	314 00.7	. . 02.8	201 50.8	13.9	18 55.3	9.9	54.2
O	10	329 00.5	02.6	216 23.7	13.9	19 05.2	9.7	54.2
N	11	344 00.4	02.5	230 56.6	13.8	19 14.9	9.7	54.2
D	12	359 00.3	N23 02.3	245 29.4	13.8	S19 24.6	9.6	54.2
A	13	14 00.2	02.1	260 02.2	13.7	19 34.2	9.6	54.2
Y	14	29 00.1	01.9	274 34.9	13.6	19 43.8	9.4	54.2
	15	44 00.0	. . 01.7	289 07.5	13.6	19 53.2	9.4	54.2
	16	58 59.8	01.5	303 40.1	13.6	20 02.6	9.3	54.2
	17	73 59.7	01.3	318 12.7	13.5	20 11.9	9.1	54.2
	18	88 59.6	N23 01.2	332 45.2	13.4	S20 21.0	9.2	54.2
	19	103 59.5	01.0	347 17.6	13.4	20 30.2	9.0	54.1
	20	118 59.4	00.8	1 50.0	13.3	20 39.2	8.9	54.1
	21	133 59.2	. . 00.6	16 22.3	13.3	20 48.1	8.8	54.1
	22	148 59.1	00.4	30 54.6	13.2	20 56.9	8.8	54.1
	23	163 59.0	00.2	45 26.8	13.2	21 05.7	8.7	54.1
		S.D. 15.8	d 0.2	S.D.	14.9		14.8	14.8

Lat. °	Twilight Naut. h m	Twilight Civil h m	Sunrise h m	Moonrise 30 h m	Moonrise 1 h m	Moonrise 2 h m	Moonrise 3 h m
N 72	□	□	□	14 46	17 21	■	■
N 70	□	□	□	14 27	16 34	■	■
68	□	□	□	14 12	16 04	18 20	■
66	////	////	00 15	14 00	15 42	17 34	20 18
64	////	////	01 40	13 50	15 25	17 05	18 54
62	////	////	02 16	13 41	15 10	16 42	18 17
60	////	01 02	02 42	13 34	14 58	16 24	17 51
N 58	////	01 48	03 02	13 28	14 48	16 10	17 31
56	////	02 17	03 18	13 22	14 39	15 57	17 14
54	00 57	02 38	03 32	13 17	14 31	15 46	17 00
52	01 39	02 56	03 44	13 12	14 24	15 36	16 47
50	02 06	03 10	03 55	13 08	14 18	15 28	16 36
45	02 50	03 40	04 17	12 59	14 04	15 09	16 14
N 40	03 20	04 02	04 35	12 52	13 53	14 54	15 56
35	03 43	04 20	04 49	12 46	13 44	14 42	15 40
30	04 02	04 35	05 02	12 40	13 35	14 31	15 27
20	04 30	05 00	05 24	12 31	13 21	14 13	15 05
N 10	04 53	05 20	05 43	12 23	13 09	13 56	14 46
0	05 11	05 38	06 00	12 15	12 58	13 41	14 28
S 10	05 28	05 55	06 17	12 08	12 46	13 27	14 10
20	05 44	06 12	06 36	12 00	12 34	13 11	13 51
30	06 00	06 30	06 57	11 50	12 20	12 53	13 29
35	06 09	06 41	07 09	11 45	12 12	12 42	13 16
40	06 18	06 52	07 23	11 39	12 03	12 30	13 02
45	06 28	07 06	07 39	11 33	11 53	12 16	12 44
S 50	06 40	07 21	08 00	11 24	11 40	11 59	12 23
52	06 45	07 29	08 09	11 21	11 35	11 51	12 13
54	06 51	07 37	08 20	11 17	11 28	11 43	12 02
56	06 57	07 46	08 33	11 12	11 21	11 33	11 49
58	07 03	07 56	08 47	11 07	11 13	11 21	11 34
S 60	07 11	08 07	09 04	11 01	11 04	11 08	11 16

Lat. °	Sunset h m	Twilight Civil h m	Twilight Naut. h m	Moonset 30 h m	Moonset 1 h m	Moonset 2 h m	Moonset 3 h m
N 72	□	□	□	21 40	20 35	■	■
N 70	□	□	□	22 01	21 23	■	■
68	□	□	□	22 18	21 54	21 10	■
66	23 43	////	////	22 31	22 18	21 57	20 51
64	22 26	////	////	22 43	22 36	22 28	22 16
62	21 50	////	////	22 53	22 51	22 51	22 53
60	21 25	23 03	////	23 01	23 04	23 10	23 19
N 58	21 05	22 19	////	23 08	23 15	23 25	23 40
56	20 49	21 50	////	23 15	23 25	23 38	23 57
54	20 35	21 29	23 08	23 21	23 33	23 50	24 12
52	20 23	21 11	22 27	23 26	23 41	24 00	00 00
50	20 13	20 57	22 01	23 31	23 48	24 09	00 09
45	19 50	20 28	21 17	23 41	24 03	00 03	00 29
N 40	19 33	20 05	20 47	23 50	24 15	00 15	00 44
35	19 18	19 48	20 24	23 58	24 26	00 26	00 58
30	19 05	19 33	20 06	24 04	00 04	00 35	01 09
20	18 43	19 08	19 37	24 16	00 16	00 51	01 30
N 10	18 25	18 48	19 15	24 26	00 26	01 05	01 47
0	18 07	18 30	18 56	24 35	00 35	01 18	02 04
S 10	17 50	18 13	18 39	24 45	00 45	01 32	02 20
20	17 32	17 56	18 23	00 05	00 55	01 46	02 38
30	17 11	17 37	18 07	00 12	01 07	02 02	02 58
35	16 59	17 27	17 59	00 16	01 14	02 12	03 10
40	16 45	17 15	17 49	00 20	01 22	02 23	03 24
45	16 28	17 02	17 39	00 26	01 31	02 36	03 40
S 50	16 08	16 46	17 28	00 32	01 42	02 51	04 01
52	15 58	16 39	17 23	00 35	01 47	02 59	04 10
54	15 48	16 31	17 17	00 38	01 53	03 07	04 21
56	15 35	16 22	17 11	00 42	01 59	03 16	04 34
58	15 21	16 12	17 05	00 46	02 06	03 27	04 48
S 60	15 04	16 01	16 57	00 50	02 14	03 39	05 06

Day	SUN Eqn. of Time 00h m s	SUN Eqn. of Time 12h m s	SUN Mer. Pass. h m	MOON Mer. Pass. Upper h m	MOON Mer. Pass. Lower h m	Age d	Phase
30	03 29	03 35	12 04	18 25	06 04	08	
1	03 41	03 47	12 04	19 08	06 46	09	◐
2	03 53	03 59	12 04	19 52	07 30	10	

	UT (GMT)	ARIES	VENUS −3.9		MARS +0.3		JUPITER −1.8		SATURN +0.1		STARS		
	d h	G.H.A. ° ′	G.H.A. ° ′	Dec. ° ′	G.H.A. ° ′	Dec. ° ′	G.H.A. ° ′	Dec. ° ′	G.H.A. ° ′	Dec. ° ′	Name	S.H.A. ° ′	Dec. ° ′
	3 00	280 45.6	212 43.0	N20 25.8	258 19.6	N 7 11.1	169 21.4	N22 11.8	346 04.6	S21 24.6	Acamar	315 31.5	S40 20.2
	01	295 48.1	227 42.4	26.3	273 20.4	11.7	184 23.3	11.7	1 07.3	24.7	Achernar	335 39.4	S57 16.7
	02	310 50.6	242 41.7	26.9	288 21.2	12.4	199 25.1	11.7	16 09.9	24.7	Acrux	173 29.0	S63 03.2
	03	325 53.0	257 41.0	·· 27.4	303 22.1	·· 13.0	214 27.0	·· 11.6	31 12.6	·· 24.7	Adhara	255 26.4	S28 57.4
	04	340 55.5	272 40.4	27.9	318 22.9	13.6	229 28.9	11.5	46 15.2	24.8	Aldebaran	291 09.4	N16 29.5
	05	355 57.9	287 39.7	28.5	333 23.8	14.3	244 30.7	11.4	61 17.9	24.8			
	06	11 00.4	302 39.1	N20 29.0	348 24.6	N 7 14.9	259 32.6	N22 11.4	76 20.5	S21 24.8	Alioth	166 35.5	N56 00.9
	07	26 02.9	317 38.4	29.5	3 25.4	15.5	274 34.5	11.3	91 23.2	24.9	Alkaid	153 12.1	N49 21.8
T	08	41 05.3	332 37.7	30.0	18 26.3	16.2	289 36.3	11.2	106 25.9	24.9	Al Na'ir	28 04.8	S47 00.2
U	09	56 07.8	347 37.1	·· 30.6	33 27.1	·· 16.8	304 38.2	·· 11.1	121 28.5	·· 24.9	Alnilam	276 04.1	S 1 12.3
E	10	71 10.3	2 36.4	31.1	48 28.0	17.4	319 40.1	11.0	136 31.2	25.0	Alphard	218 13.3	S 8 37.1
S	11	86 12.7	17 35.7	31.6	63 28.8	18.1	334 41.9	11.0	151 33.8	25.0			
D	12	101 15.2	32 35.1	N20 32.1	78 29.6	N 7 18.7	349 43.8	N22 10.9	166 36.5	S21 25.0	Alphecca	126 25.3	N26 44.8
A	13	116 17.7	47 34.4	32.6	93 30.5	19.3	4 45.7	10.8	181 39.1	25.1	Alpheratz	358 01.3	N29 02.2
Y	14	131 20.1	62 33.8	33.2	108 31.3	19.9	19 47.5	10.7	196 41.8	25.1	Altair	62 24.7	N 8 50.5
	15	146 22.6	77 33.1	·· 33.7	123 32.2	·· 20.6	34 49.4	·· 10.7	211 44.4	·· 25.1	Ankaa	353 32.4	S42 21.1
	16	161 25.1	92 32.4	34.2	138 33.0	21.2	49 51.3	10.6	226 47.1	25.2	Antares	112 47.1	S26 24.9
	17	176 27.5	107 31.8	34.7	153 33.8	21.8	64 53.1	10.5	241 49.7	25.2			
	18	191 30.0	122 31.1	N20 35.2	168 34.7	N 7 22.5	79 55.0	N22 10.4	256 52.4	S21 25.2	Arcturus	146 11.2	N19 13.9
	19	206 32.4	137 30.4	35.7	183 35.5	23.1	94 56.9	10.3	271 55.0	25.3	Atria	108 04.0	S69 00.9
	20	221 34.9	152 29.8	36.3	198 36.3	23.7	109 58.7	10.3	286 57.7	25.3	Avior	234 25.8	S59 28.8
	21	236 37.4	167 29.1	·· 36.8	213 37.2	·· 24.4	125 00.6	·· 10.2	302 00.3	·· 25.3	Bellatrix	278 50.8	N 6 20.6
	22	251 39.8	182 28.4	37.3	228 38.0	25.0	140 02.5	10.1	317 03.0	25.4	Betelgeuse	271 20.2	N 7 24.5
	23	266 42.3	197 27.8	37.8	243 38.9	25.6	155 04.3	10.0	332 05.7	25.4			
	4 00	281 44.8	212 27.1	N20 38.3	258 39.7	N 7 26.2	170 06.2	N22 10.0	347 08.3	S21 25.4	Canopus	264 04.3	S52 41.3
	01	296 47.2	227 26.4	38.8	273 40.5	26.9	185 08.1	09.9	2 11.0	25.5	Capella	281 00.4	N45 59.4
	02	311 49.7	242 25.7	39.3	288 41.4	27.5	200 09.9	09.8	17 13.6	25.5	Deneb	49 42.9	N45 14.7
	03	326 52.2	257 25.1	·· 39.8	303 42.2	·· 28.1	215 11.8	·· 09.7	32 16.3	·· 25.5	Denebola	182 51.2	N14 37.5
	04	341 54.6	272 24.4	40.3	318 43.1	28.8	230 13.7	09.6	47 18.9	25.6	Diphda	349 13.1	S18 02.1
	05	356 57.1	287 23.7	40.8	333 43.9	29.4	245 15.5	09.6	62 21.6	25.6			
	06	11 59.5	302 23.1	N20 41.3	348 44.8	N 7 30.0	260 17.4	N22 09.5	77 24.2	S21 25.6	Dubhe	194 12.7	N61 48.4
W	07	27 02.0	317 22.4	41.9	3 45.6	30.6	275 19.3	09.4	92 26.9	25.7	Elnath	278 34.7	N28 36.1
E	08	42 04.5	332 21.7	42.4	18 46.4	31.3	290 21.1	09.3	107 29.5	25.7	Eltanin	90 53.6	N51 29.4
D	09	57 06.9	347 21.0	·· 42.9	33 47.3	·· 31.9	305 23.0	·· 09.2	122 32.2	·· 25.7	Enif	34 03.8	N 9 49.9
N	10	72 09.4	2 20.4	43.4	48 48.1	32.5	320 24.9	09.2	137 34.8	25.8	Fomalhaut	15 42.6	S29 40.1
E	11	87 11.9	17 19.7	43.9	63 49.0	33.1	335 26.7	09.1	152 37.5	25.8			
S	12	102 14.3	32 19.0	N20 44.4	78 49.8	N 7 33.8	350 28.6	N22 09.0	167 40.2	S21 25.8	Gacrux	172 20.4	S57 04.0
D	13	117 16.8	47 18.4	44.9	93 50.6	34.4	5 30.5	08.9	182 42.8	25.9	Gienah	176 10.1	S17 29.5
A	14	132 19.3	62 17.7	45.4	108 51.5	35.0	20 32.3	08.9	197 45.5	25.9	Hadar	149 12.4	S60 20.0
Y	15	147 21.7	77 17.0	·· 45.8	123 52.3	·· 35.7	35 34.2	·· 08.8	212 48.1	·· 25.9	Hamal	328 20.4	N23 25.1
	16	162 24.2	92 16.3	46.3	138 53.2	36.3	50 36.1	08.7	227 50.8	26.0	Kaus Aust.	84 06.2	S34 23.5
	17	177 26.7	107 15.6	46.8	153 54.0	36.9	65 37.9	08.6	242 53.4	26.0			
	18	192 29.1	122 15.0	N20 47.3	168 54.8	N 7 37.5	80 39.8	N22 08.5	257 56.1	S21 26.0	Kochab	137 18.3	N74 11.8
	19	207 31.6	137 14.3	47.8	183 55.7	38.2	95 41.7	08.5	272 58.7	26.1	Markab	13 55.4	N15 09.3
	20	222 34.0	152 13.6	48.3	198 56.5	38.8	110 43.5	08.4	288 01.4	26.1	Menkar	314 33.2	N 4 03.3
	21	237 36.5	167 12.9	·· 48.8	213 57.4	·· 39.4	125 45.4	·· 08.3	303 04.0	·· 26.1	Menkent	148 27.9	S36 19.7
	22	252 39.0	182 12.3	49.3	228 58.2	40.0	140 47.3	08.2	318 06.7	26.2	Miaplacidus	221 44.4	S69 40.9
	23	267 41.4	197 11.6	49.8	243 59.1	40.7	155 49.1	08.1	333 09.4	26.2			
	5 00	282 43.9	212 10.9	N20 50.3	258 59.9	N 7 41.3	170 51.0	N22 08.1	348 12.0	S21 26.2	Mirfak	309 05.5	N49 49.6
	01	297 46.4	227 10.2	50.8	274 00.7	41.9	185 52.9	08.0	3 14.7	26.3	Nunki	76 19.2	S26 18.6
	02	312 48.8	242 09.5	51.2	289 01.6	42.5	200 54.7	07.9	18 17.3	26.3	Peacock	53 45.5	S56 45.9
	03	327 51.3	257 08.9	·· 51.7	304 02.4	·· 43.2	215 56.6	·· 07.8	33 20.0	·· 26.3	Pollux	243 49.1	N28 03.1
	04	342 53.8	272 08.2	52.2	319 03.3	43.8	230 58.5	07.7	48 22.6	26.4	Procyon	245 18.0	N 5 15.1
	05	357 56.2	287 07.5	52.7	334 04.1	44.4	246 00.3	07.7	63 25.3	26.4			
	06	12 58.7	302 06.8	N20 53.2	349 05.0	N 7 45.0	261 02.2	N22 07.6	78 27.9	S21 26.4	Rasalhague	96 22.1	N12 33.9
	07	28 01.2	317 06.1	53.7	4 05.8	45.6	276 04.1	07.5	93 30.6	26.5	Regulus	208 02.0	N12 00.9
T	08	43 03.6	332 05.5	54.1	19 06.6	46.3	291 05.9	07.4	108 33.3	26.5	Rigel	281 28.9	S 8 12.6
H	09	58 06.1	347 04.8	·· 54.6	34 07.5	·· 46.9	306 07.8	·· 07.3	123 35.9	·· 26.5	Rigil Kent.	140 15.1	S60 48.1
U	10	73 08.5	2 04.1	55.1	49 08.3	47.5	321 09.7	07.3	138 38.6	26.6	Sabik	102 32.0	S15 42.9
R	11	88 11.0	17 03.4	55.6	64 09.2	48.1	336 11.5	07.2	153 41.2	26.6			
S	12	103 13.5	32 02.7	N20 56.1	79 10.0	N 7 48.8	351 13.4	N22 07.1	168 43.9	S21 26.6	Schedar	350 00.4	N56 29.0
D	13	118 15.9	47 02.0	56.5	94 10.9	49.4	6 15.3	07.0	183 46.5	26.7	Shaula	96 44.9	S37 06.0
A	14	133 18.4	62 01.3	57.0	109 11.7	50.0	21 17.1	07.0	198 49.2	26.7	Sirius	258 49.2	S16 42.1
Y	15	148 20.9	77 00.7	·· 57.5	124 12.6	·· 50.6	36 19.0	·· 06.9	213 51.8	·· 26.7	Spica	158 49.4	S11 06.9
	16	163 23.3	92 00.0	57.9	139 13.4	51.3	51 20.9	06.8	228 54.5	26.8	Suhail	223 05.6	S43 23.8
	17	178 25.8	106 59.3	58.4	154 14.2	51.9	66 22.7	06.7	243 57.1	26.8			
	18	193 28.3	121 58.6	N20 58.9	169 15.1	N 7 52.5	81 24.6	N22 06.6	258 59.8	S21 26.8	Vega	80 50.2	N38 46.4
	19	208 30.7	136 57.9	59.4	184 15.9	53.1	96 26.5	06.6	274 02.5	26.9	Zuben'ubi	137 24.3	S16 00.3
	20	223 33.2	151 57.2	20 59.8	199 16.8	53.7	111 28.3	06.5	289 05.1	26.9			
	21	238 35.6	166 56.5	21 00.3	214 17.6	·· 54.4	126 30.2	·· 06.4	304 07.8	·· 26.9			
	22	253 38.1	181 55.9	00.8	229 18.5	55.0	141 32.1	06.3	319 10.4	27.0			
	23	268 40.6	196 55.2	01.2	244 19.3	55.6	156 33.9	06.2	334 13.1	27.0			
	Mer. Pass.	h m 5 12.2	v −0.7	d 0.5	v 0.8	d 0.6	v 1.9	d 0.1	v 2.7	d 0.0			

	S.H.A. ° ′	Mer. Pass. h m
Venus	290 42.3	9 51
Mars	336 54.9	6 45
Jupiter	248 21.4	12 38
Saturn	65 23.5	0 51

	UT (GMT) d h	SUN G.H.A. ° ′	SUN Dec. ° ′	MOON G.H.A. ° ′	v ′	MOON Dec. ° ′	d ′	H.P. ′
	3 00	178 58.9	N23 00.0	59 59.0	13.1	S21 14.4	8.5	54.1
	01	193 58.8	22 59.8	74 31.1	13.0	21 22.9	8.5	54.1
	02	208 58.7	59.6	89 03.1	13.0	21 31.4	8.4	54.1
	03	223 58.5	. . 59.4	103 35.1	13.0	21 39.8	8.3	54.1
	04	238 58.4	59.2	118 07.1	12.8	21 48.1	8.2	54.1
	05	253 58.3	59.0	132 38.9	12.8	21 56.3	8.1	54.1
	06	268 58.2	N22 58.8	147 10.7	12.8	S22 04.4	8.0	54.1
	07	283 58.1	58.6	161 42.5	12.7	22 12.4	7.9	54.1
T	08	298 58.0	58.4	176 14.2	12.6	22 20.3	7.8	54.1
U	09	313 57.9	. . 58.2	190 45.8	12.6	22 28.1	7.7	54.1
E	10	328 57.7	58.0	205 17.4	12.5	22 35.8	7.7	54.1
S	11	343 57.6	57.8	219 48.9	12.5	22 43.5	7.5	54.1
D	12	358 57.5	N22 57.6	234 20.4	12.4	S22 51.0	7.4	54.1
A	13	13 57.4	57.4	248 51.8	12.4	22 58.4	7.3	54.1
Y	14	28 57.3	57.2	263 23.2	12.3	23 05.7	7.2	54.1
	15	43 57.2	. . 57.0	277 54.5	12.2	23 12.9	7.1	54.1
	16	58 57.0	56.8	292 25.7	12.2	23 20.0	7.1	54.1
	17	73 56.9	56.6	306 56.9	12.1	23 27.1	6.9	54.1
	18	88 56.8	N22 56.4	321 28.0	12.0	S23 34.0	6.8	54.1
	19	103 56.7	56.2	335 59.0	12.0	23 40.8	6.7	54.1
	20	118 56.6	56.0	350 30.0	12.0	23 47.5	6.6	54.1
	21	133 56.5	. . 55.8	5 01.0	11.9	23 54.1	6.4	54.1
	22	148 56.4	55.6	19 31.9	11.8	24 00.5	6.4	54.1
	23	163 56.3	55.4	34 02.7	11.8	24 06.9	6.3	54.1
	4 00	178 56.1	N22 55.2	48 33.5	11.7	S24 13.2	6.2	54.1
	01	193 56.0	54.9	63 04.2	11.6	24 19.4	6.0	54.1
	02	208 55.9	54.7	77 34.8	11.6	24 25.4	6.0	54.1
	03	223 55.8	. . 54.5	92 05.4	11.6	24 31.4	5.8	54.1
	04	238 55.7	54.3	106 36.0	11.5	24 37.2	5.7	54.1
	05	253 55.6	54.1	121 06.5	11.4	24 42.9	5.6	54.1
	06	268 55.5	N22 53.9	135 36.9	11.4	S24 48.5	5.5	54.1
W	07	283 55.4	53.7	150 07.3	11.3	24 54.0	5.4	54.1
E	08	298 55.2	53.5	164 37.6	11.3	24 59.4	5.3	54.1
D	09	313 55.1	. . 53.2	179 07.9	11.2	25 04.7	5.1	54.1
N	10	328 55.0	53.0	193 38.1	11.2	25 09.8	5.1	54.1
E	11	343 54.9	52.8	208 08.3	11.1	25 14.9	4.9	54.1
S	12	358 54.8	N22 52.6	222 38.4	11.0	S25 19.8	4.8	54.1
D	13	13 54.7	52.4	237 08.4	11.1	25 24.6	4.7	54.1
A	14	28 54.6	52.2	251 38.5	10.9	25 29.3	4.5	54.2
Y	15	43 54.5	. . 51.9	266 08.4	10.9	25 33.8	4.5	54.2
	16	58 54.3	51.7	280 38.3	10.9	25 38.3	4.3	54.2
	17	73 54.2	51.5	295 08.2	10.8	25 42.6	4.2	54.2
	18	88 54.1	N22 51.3	309 38.0	10.8	S25 46.8	4.1	54.2
	19	103 54.0	51.0	324 07.8	10.7	25 50.9	4.0	54.2
	20	118 53.9	50.8	338 37.5	10.7	25 54.9	3.8	54.2
	21	133 53.8	. . 50.6	353 07.2	10.6	25 58.7	3.8	54.2
	22	148 53.7	50.4	7 36.8	10.6	26 02.5	3.6	54.2
	23	163 53.6	50.1	22 06.4	10.5	26 06.1	3.4	54.2
	5 00	178 53.5	N22 49.9	36 35.9	10.5	S26 09.5	3.4	54.2
	01	193 53.4	49.7	51 05.4	10.5	26 12.9	3.2	54.2
	02	208 53.2	49.5	65 34.9	10.4	26 16.1	3.1	54.2
	03	223 53.1	. . 49.2	80 04.3	10.4	26 19.2	3.0	54.2
	04	238 53.0	49.0	94 33.7	10.3	26 22.2	2.9	54.2
	05	253 52.9	48.8	109 03.0	10.3	26 25.1	2.7	54.2
	06	268 52.8	N22 48.5	123 32.3	10.3	S26 27.8	2.6	54.3
	07	283 52.7	48.3	138 01.6	10.2	26 30.4	2.5	54.3
T	08	298 52.6	48.1	152 30.8	10.2	26 32.9	2.3	54.3
H	09	313 52.5	. . 47.9	167 00.0	10.1	26 35.2	2.2	54.3
U	10	328 52.4	47.6	181 29.1	10.1	26 37.4	2.1	54.3
R	11	343 52.3	47.4	195 58.2	10.1	26 39.5	2.0	54.3
S	12	358 52.2	N22 47.1	210 27.3	10.0	S26 41.5	1.8	54.3
D	13	13 52.1	46.9	224 56.3	10.1	26 43.3	1.7	54.3
A	14	28 51.9	46.7	239 25.4	9.9	26 45.0	1.6	54.3
Y	15	43 51.8	. . 46.4	253 54.3	10.0	26 46.6	1.4	54.3
	16	58 51.7	46.2	268 23.3	9.9	26 48.0	1.3	54.3
	17	73 51.6	46.0	282 52.2	9.9	26 49.3	1.2	54.4
	18	88 51.5	N22 45.7	297 21.1	9.9	S26 50.5	1.0	54.4
	19	103 51.4	45.5	311 50.0	9.9	26 51.5	1.0	54.4
	20	118 51.3	45.2	326 18.9	9.8	26 52.5	0.7	54.4
	21	133 51.2	. . 45.0	340 47.7	9.8	26 53.2	0.7	54.4
	22	148 51.1	44.8	355 16.5	9.8	26 53.9	0.5	54.4
	23	163 51.0	44.5	9 45.3	9.7	26 54.4	0.4	54.4
		S.D. 15.8	d 0.2	S.D. 14.7		14.8		14.8

Lat. °	Twilight Naut. h m	Twilight Civil h m	Sunrise h m	Moonrise 3 h m	Moonrise 4 h m	Moonrise 5 h m	Moonrise 6 h m
N 72	□	□	□	■	■	■	■
N 70	□	□	□	■	■	■	■
68	□	□	□	■	■	■	■
66	////	////	00 39	20 18	■	■	■
64	////	////	01 46	18 54	■	■	■
62	////	////	02 20	18 17	19 51	21 10	21 50
60	////	01 10	02 45	17 51	19 14	20 23	21 08
N 58	////	01 52	03 05	17 31	18 47	19 53	20 40
56	////	02 20	03 21	17 14	18 27	19 30	20 18
54	01 04	02 41	03 34	17 00	18 09	19 11	20 00
52	01 44	02 58	03 46	16 47	17 55	18 55	19 45
50	02 09	03 13	03 57	16 36	17 42	18 41	19 31
45	02 53	03 42	04 19	16 14	17 16	18 13	19 04
N 40	03 22	04 04	04 36	15 56	16 55	17 51	18 42
35	03 45	04 21	04 51	15 40	16 38	17 33	18 24
30	04 03	04 36	05 04	15 27	16 23	17 18	18 09
20	04 31	05 01	05 25	15 05	15 58	16 51	17 43
N 10	04 54	05 21	05 44	14 46	15 36	16 28	17 20
0	05 12	05 38	06 01	14 28	15 16	16 07	16 59
S 10	05 29	05 55	06 18	14 10	14 56	15 46	16 38
20	05 44	06 12	06 36	13 51	14 35	15 23	16 15
30	06 00	06 30	06 56	13 29	14 10	14 57	15 49
35	06 09	06 40	07 08	13 16	13 56	14 42	15 34
40	06 18	06 52	07 22	13 02	13 39	14 24	15 16
45	06 28	07 05	07 39	12 44	13 19	14 02	14 54
S 50	06 39	07 21	07 59	12 23	12 54	13 35	14 26
52	06 44	07 28	08 08	12 13	12 42	13 21	14 13
54	06 50	07 36	08 19	12 02	12 28	13 06	13 57
56	06 56	07 44	08 31	11 49	12 12	12 48	13 39
58	07 02	07 54	08 45	11 34	11 54	12 26	13 17
S 60	07 09	08 05	09 02	11 16	11 30	11 58	12 47

Lat. °	Sunset h m	Twilight Civil h m	Twilight Naut. h m	Moonset 3 h m	Moonset 4 h m	Moonset 5 h m	Moonset 6 h m
N 72	□	□	□	■	■	■	■
N 70	□	□	□	■	■	■	■
68	□	□	□	■	■	■	■
66	23 24	////	////	20 51	■	■	■
64	22 21	////	////	22 16	■	■	■
62	21 47	////	////	22 53	23 01	23 28	24 37
60	21 23	22 56	////	23 19	23 39	24 16	00 16
N 58	21 03	22 15	////	23 40	24 05	00 05	00 46
56	20 47	21 48	////	23 57	24 26	00 26	01 09
54	20 34	21 27	23 02	24 12	00 12	00 44	01 28
52	20 22	21 10	22 24	00 00	00 25	00 58	01 44
50	20 12	20 55	21 59	00 09	00 36	01 11	01 57
45	19 50	20 27	21 15	00 29	01 00	01 38	02 25
N 40	19 32	20 05	20 46	00 44	01 18	01 59	02 47
35	19 18	19 47	20 24	00 58	01 34	02 17	03 06
30	19 05	19 32	20 05	01 09	01 48	02 32	03 21
20	18 44	19 08	19 37	01 30	02 12	02 58	03 48
N 10	18 25	18 48	19 15	01 47	02 32	03 20	04 11
0	18 08	18 30	18 57	02 04	02 51	03 41	04 32
S 10	17 51	18 14	18 40	02 20	03 10	04 01	04 53
20	17 33	17 57	18 24	02 38	03 31	04 24	05 16
30	17 12	17 39	18 08	02 58	03 54	04 50	05 43
35	17 00	17 28	18 00	03 10	04 08	05 05	05 58
40	16 47	17 17	17 51	03 24	04 24	05 23	06 16
45	16 30	17 04	17 41	03 40	04 44	05 44	06 38
S 50	16 10	16 48	17 30	04 01	05 08	06 11	07 06
52	16 01	16 41	17 25	04 10	05 20	06 24	07 19
54	15 50	16 33	17 19	04 21	05 33	06 39	07 35
56	15 38	16 24	17 13	04 34	05 49	06 57	07 53
58	15 24	16 15	17 07	04 48	06 08	07 19	08 16
S 60	15 07	16 03	17 00	05 06	06 31	07 47	08 45

Day	SUN Eqn. of Time 00^h m s	SUN Eqn. of Time 12^h m s	SUN Mer. Pass. h m	MOON Mer. Pass. Upper h m	MOON Mer. Pass. Lower h m	MOON Age d	MOON Phase
3	04 04	04 10	12 04	20 39	08 16	11	
4	04 15	04 21	12 04	21 28	09 04	12	◐
5	04 26	04 31	12 05	22 20	09 54	13	

UT (GMT) d	h		ARIES G.H.A. ° ′	VENUS −3.9 G.H.A. ° ′	VENUS Dec. ° ′	MARS +0.2 G.H.A. ° ′	MARS Dec. ° ′	JUPITER −1.8 G.H.A. ° ′	JUPITER Dec. ° ′	SATURN +0.1 G.H.A. ° ′	SATURN Dec. ° ′
6	00		283 43.0	211 54.5	N21 01.7	259 20.2	N 7 56.2	171 35.8	N22 06.2	349 15.7	S21 27.0
	01		298 45.5	226 53.8	02.2	274 21.0	56.8	186 37.7	06.1	4 18.4	27.1
	02		313 48.0	241 53.1	02.6	289 21.8	57.5	201 39.5	06.0	19 21.0	27.1
	03		328 50.4	256 52.4	· · 03.1	304 22.7	· · 58.1	216 41.4	· · 05.9	34 23.7	· · 27.1
	04		343 52.9	271 51.7	03.5	319 23.5	58.7	231 43.3	05.8	49 26.4	27.2
	05		358 55.4	286 51.0	04.0	334 24.4	59.3	246 45.1	05.8	64 29.0	27.2
	06		13 57.8	301 50.3	N21 04.5	349 25.2	N 7 59.9	261 47.0	N22 05.7	79 31.7	S21 27.2
	07		29 00.3	316 49.6	04.9	4 26.1	8 00.6	276 48.9	05.6	94 34.3	27.3
	08		44 02.8	331 48.9	05.4	19 26.9	01.2	291 50.7	05.5	109 37.0	27.3
	09	F	59 05.2	346 48.3	· · 05.8	34 27.8	· · 01.8	306 52.6	· · 05.4	124 39.6	· · 27.3
	10	R	74 07.7	1 47.6	06.3	49 28.6	02.4	321 54.5	05.3	139 42.3	27.4
	11	I	89 10.1	16 46.9	06.8	64 29.4	03.0	336 56.3	05.3	154 45.0	27.4
	12	D	104 12.6	31 46.2	N21 07.2	79 30.3	N 8 03.6	351 58.2	N22 05.2	169 47.6	S21 27.4
	13	A	119 15.1	46 45.5	07.7	94 31.1	04.3	7 00.1	05.1	184 50.3	27.5
	14	Y	134 17.5	61 44.8	08.1	109 32.0	04.9	22 01.9	05.0	199 52.9	27.5
	15		149 20.0	76 44.1	· · 08.6	124 32.8	· · 05.5	37 03.8	· · 04.9	214 55.6	· · 27.5
	16		164 22.5	91 43.4	09.0	139 33.7	06.1	52 05.7	04.9	229 58.2	27.6
	17		179 24.9	106 42.7	09.5	154 34.5	06.7	67 07.5	04.8	245 00.9	27.6
	18		194 27.4	121 42.0	N21 09.9	169 35.4	N 8 07.4	82 09.4	N22 04.7	260 03.5	S21 27.6
	19		209 29.9	136 41.3	10.4	184 36.2	08.0	97 11.3	04.6	275 06.2	27.7
	20		224 32.3	151 40.6	10.8	199 37.1	08.6	112 13.1	04.5	290 08.9	27.7
	21		239 34.8	166 39.9	· · 11.2	214 37.9	· · 09.2	127 15.0	· · 04.5	305 11.5	· · 27.7
	22		254 37.3	181 39.2	11.7	229 38.8	09.8	142 16.9	04.4	320 14.2	27.8
	23		269 39.7	196 38.5	12.1	244 39.6	10.4	157 18.7	04.3	335 16.8	27.8
7	00		284 42.2	211 37.8	N21 12.6	259 40.5	N 8 11.1	172 20.6	N22 04.2	350 19.5	S21 27.8
	01		299 44.6	226 37.1	13.0	274 41.3	11.7	187 22.5	04.1	5 22.1	27.9
	02		314 47.1	241 36.4	13.5	289 42.1	12.3	202 24.3	04.1	20 24.8	27.9
	03		329 49.6	256 35.7	· · 13.9	304 43.0	· · 12.9	217 26.2	· · 04.0	35 27.5	· · 27.9
	04		344 52.0	271 35.0	14.3	319 43.8	13.5	232 28.1	03.9	50 30.1	28.0
	05		359 54.5	286 34.3	14.8	334 44.7	14.1	247 29.9	03.8	65 32.8	28.0
	06		14 57.0	301 33.6	N21 15.2	349 45.5	N 8 14.7	262 31.8	N22 03.7	80 35.4	S21 28.0
	07		29 59.4	316 32.9	15.6	4 46.4	15.4	277 33.7	03.6	95 38.1	28.1
	08	S	45 01.9	331 32.2	16.1	19 47.2	16.0	292 35.5	03.6	110 40.7	28.1
	09	A	60 04.4	346 31.5	· · 16.5	34 48.1	· · 16.6	307 37.4	· · 03.5	125 43.4	· · 28.1
	10	T	75 06.8	1 30.8	17.0	49 48.9	17.2	322 39.3	03.4	140 46.1	28.2
	11	U	90 09.3	16 30.1	17.4	64 49.8	17.8	337 41.1	03.3	155 48.7	28.2
	12	R	105 11.7	31 29.4	N21 17.8	79 50.6	N 8 18.4	352 43.0	N22 03.2	170 51.4	S21 28.2
	13	D	120 14.2	46 28.7	18.2	94 51.5	19.0	7 44.9	03.2	185 54.0	28.3
	14	A	135 16.7	61 28.0	18.7	109 52.3	19.7	22 46.7	03.1	200 56.7	28.3
	15	Y	150 19.1	76 27.3	· · 19.1	124 53.2	· · 20.3	37 48.6	· · 03.0	215 59.3	· · 28.3
	16		165 21.6	91 26.6	19.5	139 54.0	20.9	52 50.5	02.9	231 02.0	28.4
	17		180 24.1	106 25.9	20.0	154 54.9	21.5	67 52.3	02.8	246 04.7	28.4
	18		195 26.5	121 25.1	N21 20.4	169 55.7	N 8 22.1	82 54.2	N22 02.8	261 07.3	S21 28.4
	19		210 29.0	136 24.4	20.8	184 56.6	22.7	97 56.1	02.7	276 10.0	28.5
	20		225 31.5	151 23.7	21.2	199 57.4	23.3	112 57.9	02.6	291 12.6	28.5
	21		240 33.9	166 23.0	· · 21.6	214 58.3	· · 23.9	127 59.8	· · 02.5	306 15.3	· · 28.5
	22		255 36.4	181 22.3	22.1	229 59.1	24.6	143 01.7	02.4	321 17.9	28.6
	23		270 38.9	196 21.6	22.5	245 00.0	25.2	158 03.5	02.3	336 20.6	28.6
8	00		285 41.3	211 20.9	N21 22.9	260 00.8	N 8 25.8	173 05.4	N22 02.3	351 23.3	S21 28.6
	01		300 43.8	226 20.2	23.3	275 01.7	26.4	188 07.3	02.2	6 25.9	28.7
	02		315 46.2	241 19.5	23.7	290 02.5	27.0	203 09.1	02.1	21 28.6	28.7
	03		330 48.7	256 18.8	· · 24.2	305 03.4	· · 27.6	218 11.0	· · 02.0	36 31.2	· · 28.7
	04		345 51.2	271 18.1	24.6	320 04.2	28.2	233 12.9	01.9	51 33.9	28.8
	05		0 53.6	286 17.3	25.0	335 05.1	28.8	248 14.7	01.9	66 36.5	28.8
	06		15 56.1	301 16.6	N21 25.4	350 05.9	N 8 29.4	263 16.6	N22 01.8	81 39.2	S21 28.8
	07		30 58.6	316 15.9	25.8	5 06.8	30.1	278 18.5	01.7	96 41.9	28.9
	08		46 01.0	331 15.2	26.2	20 07.6	30.7	293 20.3	01.6	111 44.5	28.9
	09	S	61 03.5	346 14.5	· · 26.6	35 08.5	· · 31.3	308 22.2	· · 01.5	126 47.2	· · 28.9
	10	U	76 06.0	1 13.8	27.0	50 09.3	31.9	323 24.1	01.4	141 49.8	29.0
	11	N	91 08.4	16 13.1	27.5	65 10.2	32.5	338 25.9	01.4	156 52.5	29.0
	12	D	106 10.9	31 12.4	N21 27.9	80 11.0	N 8 33.1	353 27.8	N22 01.3	171 55.1	S21 29.0
	13	A	121 13.4	46 11.6	28.3	95 11.9	33.7	8 29.7	01.2	186 57.8	29.1
	14	Y	136 15.8	61 10.9	28.7	110 12.7	34.3	23 31.5	01.1	202 00.5	29.1
	15		151 18.3	76 10.2	· · 29.1	125 13.6	· · 34.9	38 33.4	· · 01.0	217 03.1	· · 29.1
	16		166 20.7	91 09.5	29.5	140 14.4	35.5	53 35.3	00.9	232 05.8	29.2
	17		181 23.2	106 08.8	29.9	155 15.3	36.1	68 37.1	00.9	247 08.4	29.2
	18		196 25.7	121 08.1	N21 30.3	170 16.1	N 8 36.8	83 39.0	N22 00.8	262 11.1	S21 29.2
	19		211 28.1	136 07.4	30.7	185 17.0	37.4	98 40.9	00.7	277 13.8	29.3
	20		226 30.6	151 06.6	31.1	200 17.8	38.0	113 42.7	00.6	292 16.4	29.3
	21		241 33.1	166 05.9	· · 31.5	215 18.7	· · 38.6	128 44.6	· · 00.5	307 19.1	· · 29.3
	22		256 35.5	181 05.2	31.9	230 19.5	39.2	143 46.4	00.5	322 21.7	29.4
	23		271 38.0	196 04.5	32.3	245 20.4	39.8	158 48.3	00.4	337 24.4	29.4
Mer. Pass.			h m 5 00.4	v −0.7	d 0.4	v 0.8	d 0.6	v 1.9	d 0.1	v 2.7	d 0.0

STARS Name	S.H.A. ° ′	Dec. ° ′
Acamar	315 31.5	S40 20.2
Achernar	335 39.4	S57 16.7
Acrux	173 29.0	S63 03.2
Adhara	255 26.4	S28 57.4
Aldebaran	291 09.4	N16 29.5
Alioth	166 35.5	N56 00.9
Alkaid	153 12.1	N49 21.8
Al Na'ir	28 04.7	S47 00.2
Alnilam	276 04.1	S 1 12.3
Alphard	218 13.3	S 8 37.0
Alphecca	126 25.3	N26 44.8
Alpheratz	358 01.3	N29 02.3
Altair	62 24.7	N 8 50.6
Ankaa	353 32.4	S42 21.1
Antares	112 47.1	S26 24.9
Arcturus	146 11.2	N19 13.9
Atria	108 04.0	S69 00.9
Avior	234 25.8	S59 28.8
Bellatrix	278 50.8	N 6 20.6
Betelgeuse	271 20.2	N 7 24.5
Canopus	264 04.3	S52 41.3
Capella	281 00.3	N45 59.4
Deneb	49 42.9	N45 14.7
Denebola	182 51.2	N14 37.5
Diphda	349 13.0	S18 02.1
Dubhe	194 12.7	N61 48.3
Elnath	278 34.7	N28 36.1
Eltanin	90 53.6	N51 29.4
Enif	34 03.8	N 9 49.9
Fomalhaut	15 42.6	S29 40.1
Gacrux	172 20.4	S57 04.0
Gienah	176 10.1	S17 29.5
Hadar	149 12.4	S60 20.0
Hamal	328 20.4	N23 25.1
Kaus Aust.	84 06.2	S34 23.5
Kochab	137 18.3	N74 11.8
Markab	13 55.3	N15 09.3
Menkar	314 33.2	N 4 03.3
Menkent	148 27.9	S36 19.7
Miaplacidus	221 44.4	S69 40.9
Mirfak	309 05.5	N49 49.6
Nunki	76 19.2	S26 18.6
Peacock	53 45.5	S56 45.9
Pollux	243 49.0	N28 03.1
Procyon	245 18.0	N 5 15.1
Rasalhague	96 22.1	N12 34.0
Regulus	208 02.0	N12 00.9
Rigel	281 28.9	S 8 12.6
Rigil Kent.	140 15.1	S60 48.1
Sabik	102 32.0	S15 42.9
Schedar	350 00.4	N56 29.0
Shaula	96 44.9	S37 06.0
Sirius	258 49.2	S16 42.1
Spica	158 49.4	S11 06.9
Suhail	223 05.6	S43 23.7
Vega	80 50.2	N38 46.4
Zuben'ubi	137 24.3	S16 00.3
	S.H.A. ° ′	Mer. Pass. h m
Venus	286 55.6	9 54
Mars	334 58.3	6 41
Jupiter	247 38.4	12 29
Saturn	65 37.3	0 39

UT (GMT) d	h	SUN G.H.A.	SUN Dec.	MOON G.H.A.	MOON v	MOON Dec.	MOON d	MOON H.P.
d	h	° ′	° ′	° ′	′	° ′	′	′
6 FRIDAY	00	178 50.9	N22 44.3	24 14.0	9.8	S26 54.8	0.2	54.4
	01	193 50.8	44.0	38 42.8	9.7	26 55.0	0.1	54.4
	02	208 50.7	43.8	53 11.5	9.7	26 55.1	0.0	54.5
	03	223 50.6	. . 43.5	67 40.2	9.7	26 55.1	0.1	54.5
	04	238 50.5	43.3	82 08.9	9.7	26 55.0	0.3	54.5
	05	253 50.4	43.1	96 37.6	9.7	26 54.7	0.4	54.5
	06	268 50.3	N22 42.8	111 06.3	9.6	S26 54.3	0.6	54.5
	07	283 50.1	42.6	125 34.9	9.7	26 53.7	0.7	54.5
	08	298 50.0	42.3	140 03.6	9.6	26 53.0	0.8	54.5
	09	313 49.9	. . 42.1	154 32.2	9.6	26 52.2	1.0	54.5
	10	328 49.8	41.8	169 00.8	9.6	26 51.2	1.1	54.6
	11	343 49.7	41.6	183 29.4	9.6	26 50.1	1.2	54.6
	12	358 49.6	N22 41.3	197 58.0	9.7	S26 48.9	1.4	54.6
	13	13 49.5	41.1	212 26.7	9.6	26 47.5	1.5	54.6
	14	28 49.4	40.8	226 55.3	9.6	26 46.0	1.6	54.6
	15	43 49.3	. . 40.6	241 23.9	9.6	26 44.4	1.8	54.6
	16	58 49.2	40.3	255 52.5	9.6	26 42.6	1.9	54.6
	17	73 49.1	40.1	270 21.1	9.6	26 40.7	2.0	54.6
	18	88 49.0	N22 39.8	284 49.7	9.6	S26 38.7	2.2	54.7
	19	103 48.9	39.5	299 18.3	9.6	26 36.5	2.3	54.7
	20	118 48.8	39.3	313 46.9	9.6	26 34.2	2.5	54.7
	21	133 48.7	. . 39.0	328 15.5	9.6	26 31.7	2.6	54.7
	22	148 48.6	38.8	342 44.1	9.6	26 29.1	2.7	54.7
	23	163 48.5	38.5	357 12.7	9.7	26 26.4	2.8	54.7
7 SATURDAY	00	178 48.4	N22 38.3	11 41.4	9.6	S26 23.6	3.0	54.7
	01	193 48.3	38.0	26 10.0	9.7	26 20.6	3.1	54.8
	02	208 48.2	37.7	40 38.7	9.6	26 17.5	3.3	54.8
	03	223 48.1	. . 37.5	55 07.3	9.7	26 14.2	3.4	54.8
	04	238 48.0	37.2	69 36.0	9.7	26 10.8	3.5	54.8
	05	253 47.9	36.9	84 04.7	9.7	26 07.3	3.6	54.8
	06	268 47.8	N22 36.7	98 33.4	9.8	S26 03.7	3.8	54.8
	07	283 47.7	36.4	113 02.2	9.7	25 59.9	4.0	54.8
	08	298 47.6	36.2	127 30.9	9.8	25 55.9	4.0	54.9
	09	313 47.5	. . 35.9	141 59.7	9.7	25 51.9	4.2	54.9
	10	328 47.4	35.6	156 28.4	9.8	25 47.7	4.3	54.9
	11	343 47.3	35.4	170 57.2	9.9	25 43.4	4.5	54.9
	12	358 47.2	N22 35.1	185 26.1	9.8	S25 38.9	4.5	54.9
	13	13 47.1	34.8	199 54.9	9.9	25 34.4	4.7	54.9
	14	28 47.0	34.6	214 23.8	9.9	25 29.7	4.9	55.0
	15	43 46.9	. . 34.3	228 52.7	9.9	25 24.8	5.0	55.0
	16	58 46.8	34.0	243 21.6	9.9	25 19.8	5.1	55.0
	17	73 46.7	33.7	257 50.5	10.0	25 14.7	5.2	55.0
	18	88 46.6	N22 33.5	272 19.5	10.0	S25 09.5	5.3	55.0
	19	103 46.5	33.2	286 48.5	10.0	25 04.2	5.5	55.0
	20	118 46.4	32.9	301 17.5	10.1	24 58.7	5.7	55.1
	21	133 46.3	. . 32.7	315 46.6	10.1	24 53.0	5.7	55.1
	22	148 46.2	32.4	330 15.7	10.1	24 47.3	5.9	55.1
	23	163 46.1	32.1	344 44.8	10.1	24 41.4	6.0	55.1
8 SUNDAY	00	178 46.0	N22 31.8	359 13.9	10.2	S24 35.4	6.1	55.1
	01	193 45.9	31.6	13 43.1	10.3	24 29.3	6.2	55.1
	02	208 45.8	31.3	28 12.4	10.2	24 23.1	6.4	55.2
	03	223 45.7	. . 31.0	42 41.6	10.3	24 16.7	6.5	55.2
	04	238 45.6	30.7	57 10.9	10.3	24 10.2	6.6	55.2
	05	253 45.5	30.4	71 40.2	10.4	24 03.6	6.8	55.2
	06	268 45.4	N22 30.2	86 09.6	10.4	S23 56.8	6.8	55.2
	07	283 45.3	29.9	100 39.0	10.4	23 50.0	7.0	55.2
	08	298 45.2	29.6	115 08.4	10.5	23 43.0	7.1	55.3
	09	313 45.1	. . 29.3	129 37.9	10.5	23 35.9	7.3	55.3
	10	328 45.0	29.0	144 07.4	10.6	23 28.6	7.3	55.3
	11	343 44.9	28.8	158 37.0	10.6	23 21.3	7.5	55.3
	12	358 44.8	N22 28.5	173 06.6	10.6	S23 13.8	7.6	55.3
	13	13 44.7	28.2	187 36.2	10.7	23 06.2	7.7	55.3
	14	28 44.6	27.9	202 05.9	10.7	22 58.5	7.8	55.4
	15	43 44.5	. . 27.6	216 35.6	10.8	22 50.7	7.9	55.4
	16	58 44.5	27.3	231 05.4	10.8	22 42.8	8.1	55.4
	17	73 44.4	27.0	245 35.2	10.8	22 34.7	8.2	55.4
	18	88 44.3	N22 26.8	260 05.0	10.9	S22 26.5	8.2	55.4
	19	103 44.2	26.5	274 34.9	10.9	22 18.3	8.4	55.5
	20	118 44.1	26.2	289 04.8	11.0	22 09.9	8.6	55.5
	21	133 44.0	. . 25.9	303 34.8	11.1	22 01.3	8.6	55.5
	22	148 43.9	25.6	318 04.9	11.0	21 52.7	8.7	55.5
	23	163 43.8	25.3	332 34.9	11.1	21 44.0	8.9	55.5
		S.D. 15.8	*d* 0.3	S.D.	14.9	15.0		15.1

Lat.	Twilight Naut.	Twilight Civil	Sunrise	Moonrise 6	Moonrise 7	Moonrise 8	Moonrise 9
°	h m	h m	h m	h m	h m	h m	h m
N 72	□	□	□	■	■	■	■
N 70	□	□	□	■	■	■	23 43
68	□	□	□	■	■	■	{00 10 / 23 08}
66	////	////	00 56	■	■	23 06	22 42
64	////	////	01 53	■	22 46	22 31	22 22
62	////	////	02 25	21 50	22 02	22 05	22 06
60	////	01 19	02 49	21 08	21 33	21 45	21 52
N 58	////	01 58	03 08	20 40	21 10	21 28	21 40
56	////	02 24	03 24	20 18	20 52	21 14	21 30
54	01 12	02 45	03 37	20 00	20 36	21 02	21 21
52	01 48	03 01	03 49	19 45	20 23	20 51	21 13
50	02 13	03 16	03 59	19 31	20 11	20 41	21 05
45	02 55	03 44	04 21	19 04	19 46	20 21	20 50
N 40	03 25	04 05	04 38	18 42	19 27	20 04	20 37
35	03 47	04 23	04 52	18 24	19 10	19 50	20 25
30	04 05	04 38	05 05	18 09	18 56	19 38	20 16
20	04 33	05 02	05 26	17 43	18 32	19 17	19 59
N 10	04 54	05 21	05 44	17 20	18 11	18 59	19 44
0	05 13	05 39	06 01	16 59	17 51	18 42	19 30
S 10	05 29	05 55	06 18	16 38	17 31	18 24	19 16
20	05 45	06 12	06 36	16 15	17 10	18 06	19 02
30	06 00	06 30	06 56	15 49	16 45	17 44	18 44
35	06 09	06 40	07 08	15 34	16 31	17 32	18 34
40	06 18	06 51	07 22	15 16	16 14	17 17	18 23
45	06 27	07 04	07 38	14 54	15 54	17 00	18 09
S 50	06 38	07 19	07 57	14 26	15 29	16 39	17 53
52	06 43	07 27	08 07	14 13	15 16	16 28	17 45
54	06 49	07 34	08 17	13 57	15 02	16 17	17 36
56	06 54	07 43	08 29	13 39	14 46	16 03	17 26
58	07 01	07 52	08 43	13 17	14 26	15 48	17 15
S 60	07 08	08 03	08 59	12 47	14 01	15 29	17 02

Lat.	Sunset	Twilight Civil	Twilight Naut.	Moonset 6	Moonset 7	Moonset 8	Moonset 9
°	h m	h m	h m	h m	h m	h m	h m
N 72	□	□	□	■	■	■	■
N 70	□	□	□	■	■	■	■
68	□	□	□	■	■	■	01 51
66	23 09	////	////	■	■	■	02 54
64	22 15	////	////	■	■	01 28	03 28
62	21 43	////	////	24 37	00 37	02 12	03 53
60	21 19	22 49	////	00 16	01 18	02 41	04 13
N 58	21 01	22 10	////	00 46	01 46	03 03	04 29
56	20 45	21 44	////	01 09	02 08	03 21	04 42
54	20 32	21 24	22 55	01 28	02 26	03 37	04 54
52	20 20	21 08	22 20	01 44	02 41	03 50	05 04
50	20 10	20 53	21 56	01 57	02 55	04 01	05 14
45	19 49	20 25	21 14	02 25	03 22	04 25	05 33
N 40	19 32	20 04	20 45	02 47	03 43	04 44	05 49
35	19 17	19 46	20 23	03 06	04 01	05 00	06 02
30	19 05	19 32	20 05	03 21	04 16	05 14	06 13
20	18 44	19 08	19 37	03 48	04 41	05 37	06 33
N 10	18 25	18 48	19 15	04 11	05 04	05 57	06 50
0	18 09	18 31	18 57	04 32	05 24	06 15	07 05
S 10	17 52	18 14	18 41	04 53	05 45	06 34	07 21
20	17 34	17 58	18 25	05 16	06 07	06 54	07 37
30	17 14	17 40	18 10	05 43	06 32	07 16	07 56
35	17 02	17 30	18 01	05 58	06 47	07 30	08 07
40	16 48	17 19	17 52	06 16	07 04	07 45	08 20
45	16 32	17 06	17 43	06 38	07 25	08 03	08 35
S 50	16 13	16 50	17 32	07 06	07 51	08 25	08 52
52	16 03	16 43	17 27	07 19	08 03	08 36	09 01
54	15 53	16 36	17 21	07 35	08 17	08 48	09 10
56	15 41	16 27	17 16	07 53	08 34	09 02	09 21
58	15 27	16 18	17 09	08 16	08 54	09 18	09 33
S 60	15 11	16 07	17 02	08 45	09 19	09 37	09 47

Day	SUN Eqn. of Time 00 h	SUN Eqn. of Time 12 h	SUN Mer. Pass.	MOON Mer. Pass. Upper	MOON Mer. Pass. Lower	Age	Phase
	m s	m s	h m	h m	h m	d	
6	04 36	04 41	12 05	23 12	10 46	14	
7	04 46	04 51	12 05	24 03	11 37	15	○
8	04 56	05 00	12 05	00 03	12 29	16	

UT (GMT) d	h	ARIES G.H.A. ° ′	VENUS −3.9 G.H.A. ° ′	VENUS Dec. ° ′	MARS +0.2 G.H.A. ° ′	MARS Dec. ° ′	JUPITER −1.8 G.H.A. ° ′	JUPITER Dec. ° ′	SATURN +0.1 G.H.A. ° ′	SATURN Dec. ° ′
9	00	286 40.5	211 03.8	N21 32.7	260 21.2	N 8 40.4	173 50.2	N22 00.3	352 27.0	S21 29.4
	01	301 42.9	226 03.1	33.1	275 22.1	41.0	188 52.0	00.2	7 29.7	29.5
	02	316 45.4	241 02.3	33.5	290 22.9	41.6	203 53.9	00.1	22 32.4	29.5
	03	331 47.9	256 01.6	· · 33.9	305 23.8	· · 42.2	218 55.8	· · 00.0	37 35.0	· · 29.5
	04	346 50.3	271 00.9	34.2	320 24.6	42.8	233 57.6	22 00.0	52 37.7	29.6
	05	1 52.8	286 00.2	34.6	335 25.5	43.4	248 59.5	21 59.9	67 40.3	29.6
	06	16 55.2	300 59.5	N21 35.0	350 26.3	N 8 44.0	264 01.4	N21 59.8	82 43.0	S21 29.6
	07	31 57.7	315 58.7	35.4	5 27.2	44.6	279 03.2	59.7	97 45.6	29.7
	08	47 00.2	330 58.0	35.8	20 28.0	45.2	294 05.1	59.6	112 48.3	29.7
M	09	62 02.6	345 57.3	· · 36.2	35 28.9	· · 45.9	309 07.0	· · 59.5	127 51.0	· · 29.7
O	10	77 05.1	0 56.6	36.6	50 29.7	46.5	324 08.8	59.5	142 53.6	29.8
N	11	92 07.6	15 55.8	37.0	65 30.6	47.1	339 10.7	59.4	157 56.3	29.8
D	12	107 10.0	30 55.1	N21 37.3	80 31.4	N 8 47.7	354 12.6	N21 59.3	172 58.9	S21 29.8
A	13	122 12.5	45 54.4	37.7	95 32.3	48.3	9 14.4	59.2	188 01.6	29.9
Y	14	137 15.0	60 53.7	38.1	110 33.1	48.9	24 16.3	59.1	203 04.3	29.9
	15	152 17.4	75 52.9	· · 38.5	125 34.0	· · 49.5	39 18.2	· · 59.0	218 06.9	· · 29.9
	16	167 19.9	90 52.2	38.9	140 34.8	50.1	54 20.0	59.0	233 09.6	30.0
	17	182 22.3	105 51.5	39.2	155 35.7	50.7	69 21.9	58.9	248 12.2	30.0
	18	197 24.8	120 50.8	N21 39.6	170 36.5	N 8 51.3	84 23.8	N21 58.8	263 14.9	S21 30.0
	19	212 27.3	135 50.1	40.0	185 37.4	51.9	99 25.6	58.7	278 17.6	30.1
	20	227 29.7	150 49.3	40.4	200 38.3	52.5	114 27.5	58.6	293 20.2	30.1
	21	242 32.2	165 48.6	· · 40.7	215 39.1	· · 53.1	129 29.4	· · 58.5	308 22.9	· · 30.1
	22	257 34.7	180 47.9	41.1	230 40.0	53.7	144 31.2	58.5	323 25.5	30.2
	23	272 37.1	195 47.1	41.5	245 40.8	54.3	159 33.1	58.4	338 28.2	30.2
10	00	287 39.6	210 46.4	N21 41.9	260 41.7	N 8 54.9	174 35.0	N21 58.3	353 30.8	S21 30.2
	01	302 42.1	225 45.7	42.2	275 42.5	55.5	189 36.8	58.2	8 33.5	30.3
	02	317 44.5	240 45.0	42.6	290 43.4	56.1	204 38.7	58.1	23 36.2	30.3
	03	332 47.0	255 44.2	· · 43.0	305 44.2	· · 56.7	219 40.6	· · 58.0	38 38.8	· · 30.3
	04	347 49.5	270 43.5	43.3	320 45.1	57.3	234 42.4	58.0	53 41.5	30.4
	05	2 51.9	285 42.8	43.7	335 45.9	57.9	249 44.3	57.9	68 44.1	30.4
	06	17 54.4	300 42.0	N21 44.1	350 46.8	N 8 58.5	264 46.2	N21 57.8	83 46.8	S21 30.4
	07	32 56.8	315 41.3	44.4	5 47.6	59.1	279 48.0	57.7	98 49.5	30.5
T	08	47 59.3	330 40.6	44.8	20 48.5	8 59.7	294 49.9	57.6	113 52.1	30.5
U	09	63 01.8	345 39.9	· · 45.2	35 49.4	9 00.3	309 51.8	· · 57.5	128 54.8	· · 30.5
E	10	78 04.2	0 39.1	45.5	50 50.2	00.9	324 53.6	57.4	143 57.4	30.6
S	11	93 06.7	15 38.4	45.9	65 51.1	01.5	339 55.5	57.4	159 00.1	30.6
D	12	108 09.2	30 37.7	N21 46.2	80 51.9	N 9 02.1	354 57.4	N21 57.3	174 02.7	S21 30.6
A	13	123 11.6	45 36.9	46.6	95 52.8	02.7	9 59.2	57.2	189 05.4	30.7
Y	14	138 14.1	60 36.2	47.0	110 53.6	03.3	25 01.1	57.1	204 08.1	30.7
	15	153 16.6	75 35.5	· · 47.3	125 54.5	· · 03.9	40 03.0	· · 57.0	219 10.7	· · 30.7
	16	168 19.0	90 34.7	47.7	140 55.3	04.5	55 04.8	56.9	234 13.4	30.8
	17	183 21.5	105 34.0	48.0	155 56.2	05.1	70 06.7	56.9	249 16.0	30.8
	18	198 24.0	120 33.3	N21 48.4	170 57.0	N 9 05.7	85 08.6	N21 56.8	264 18.7	S21 30.8
	19	213 26.4	135 32.5	48.7	185 57.9	06.3	100 10.4	56.7	279 21.4	30.9
	20	228 28.9	150 31.8	49.1	200 58.8	06.9	115 12.3	56.6	294 24.0	30.9
	21	243 31.3	165 31.1	· · 49.4	215 59.6	· · 07.5	130 14.2	· · 56.5	309 26.7	· · 30.9
	22	258 33.8	180 30.3	49.8	231 00.5	08.1	145 16.0	56.4	324 29.3	31.0
	23	273 36.3	195 29.6	50.1	246 01.3	08.7	160 17.9	56.4	339 32.0	31.0
11	00	288 38.7	210 28.9	N21 50.5	261 02.2	N 9 09.3	175 19.8	N21 56.3	354 34.7	S21 31.0
	01	303 41.2	225 28.1	50.8	276 03.0	09.9	190 21.6	56.2	9 37.3	31.1
	02	318 43.7	240 27.4	51.2	291 03.9	10.5	205 23.5	56.1	24 40.0	31.1
	03	333 46.1	255 26.6	· · 51.5	306 04.7	· · 11.1	220 25.4	· · 56.0	39 42.6	· · 31.1
	04	348 48.6	270 25.9	51.9	321 05.6	11.7	235 27.2	55.9	54 45.3	31.2
	05	3 51.1	285 25.2	52.2	336 06.5	12.3	250 29.1	55.8	69 48.0	31.2
	06	18 53.5	300 24.4	N21 52.5	351 07.3	N 9 12.9	265 31.0	N21 55.8	84 50.6	S21 31.2
W	07	33 56.0	315 23.7	52.9	6 08.2	13.5	280 32.8	55.7	99 53.3	31.3
E	08	48 58.4	330 23.0	53.2	21 09.0	14.1	295 34.7	55.6	114 55.9	31.3
D	09	64 00.9	345 22.2	· · 53.6	36 09.9	· · 14.7	310 36.6	· · 55.5	129 58.6	· · 31.3
N	10	79 03.4	0 21.5	53.9	51 10.7	15.3	325 38.4	55.4	145 01.2	31.4
E	11	94 05.8	15 20.7	54.2	66 11.6	15.9	340 40.3	55.3	160 03.9	31.4
S	12	109 08.3	30 20.0	N21 54.6	81 12.5	N 9 16.5	355 42.2	N21 55.2	175 06.6	S21 31.4
D	13	124 10.8	45 19.3	54.9	96 13.3	17.1	10 44.0	55.2	190 09.2	31.5
A	14	139 13.2	60 18.5	55.2	111 14.2	17.7	25 45.9	55.1	205 11.9	31.5
Y	15	154 15.7	75 17.8	· · 55.6	126 15.0	· · 18.2	40 47.8	· · 55.0	220 14.5	· · 31.5
	16	169 18.2	90 17.0	55.9	141 15.9	18.8	55 49.6	54.9	235 17.2	31.6
	17	184 20.6	105 16.3	56.2	156 16.7	19.4	70 51.5	54.8	250 19.9	31.6
	18	199 23.1	120 15.6	N21 56.6	171 17.6	N 9 20.0	85 53.4	N21 54.7	265 22.5	S21 31.6
	19	214 25.6	135 14.8	56.9	186 18.5	20.6	100 55.2	54.7	280 25.2	31.7
	20	229 28.0	150 14.1	57.2	201 19.3	21.2	115 57.1	54.6	295 27.8	31.7
	21	244 30.5	165 13.3	· · 57.5	216 20.2	· · 21.8	130 59.0	· · 54.5	310 30.5	· · 31.7
	22	259 32.9	180 12.6	57.9	231 21.0	22.4	146 00.8	54.4	325 33.2	31.8
	23	274 35.4	195 11.8	58.2	246 21.9	23.0	161 02.7	54.3	340 35.8	31.8
Mer. Pass.		h m 4 48.6	*v* −0.7	*d* 0.4	*v* 0.9	*d* 0.6	*v* 1.9	*d* 0.1	*v* 2.7	*d* 0.0

STARS

Name	S.H.A. ° ′	Dec. ° ′
Acamar	315 31.5	S40 20.2
Achernar	335 39.3	S57 16.7
Acrux	173 29.0	S63 03.2
Adhara	255 26.4	S28 57.4
Aldebaran	291 09.4	N16 29.5
Alioth	166 35.5	N56 00.9
Alkaid	153 12.1	N49 21.8
Al Na'ir	28 04.7	S47 00.2
Alnilam	276 04.1	S 1 12.3
Alphard	218 13.3	S 8 37.0
Alphecca	126 25.3	N26 44.8
Alpheratz	358 01.3	N29 02.3
Altair	62 24.7	N 8 50.6
Ankaa	353 32.4	S42 21.1
Antares	112 47.1	S26 24.9
Arcturus	146 11.2	N19 13.9
Atria	108 04.0	S69 01.0
Avior	234 25.8	S59 28.8
Bellatrix	278 50.7	N 6 20.6
Betelgeuse	271 20.2	N 7 24.5
Canopus	264 04.3	S52 41.3
Capella	281 00.3	N45 59.4
Deneb	49 42.8	N45 14.7
Denebola	182 51.2	N14 37.5
Diphda	349 13.0	S18 02.1
Dubhe	194 12.7	N61 48.3
Elnath	278 34.7	N28 36.1
Eltanin	90 53.6	N51 29.4
Enif	34 03.7	N 9 49.9
Fomalhaut	15 42.6	S29 40.1
Gacrux	172 20.5	S57 04.0
Gienah	176 10.1	S17 29.5
Hadar	149 12.4	S60 20.0
Hamal	328 20.3	N23 25.1
Kaus Aust.	84 06.2	S34 23.5
Kochab	137 18.4	N74 11.8
Markab	13 55.3	N15 09.3
Menkar	314 33.2	N 4 03.3
Menkent	148 27.9	S36 19.7
Miaplacidus	221 44.4	S69 40.8
Mirfak	309 05.4	N49 49.6
Nunki	76 19.2	S26 18.6
Peacock	53 45.5	S56 45.9
Pollux	243 49.0	N28 03.1
Procyon	245 18.0	N 5 15.1
Rasalhague	96 22.1	N12 34.0
Regulus	208 02.0	N12 00.9
Rigel	281 28.9	S 8 12.6
Rigil Kent.	140 15.2	S60 48.1
Sabik	102 32.0	S15 42.9
Schedar	350 00.3	N56 29.0
Shaula	96 44.9	S37 06.0
Sirius	258 49.2	S16 42.1
Spica	158 49.4	S11 06.9
Suhail	223 05.6	S43 23.7
Vega	80 50.2	N38 46.5
Zuben'ubi	137 24.3	S16 00.3

	S.H.A. ° ′	Mer. Pass. h m
Venus	283 06.8	9 57
Mars	333 02.1	6 37
Jupiter	246 55.4	12 20
Saturn	65 51.2	0 26

UT (GMT) d	h	SUN G.H.A. ° ′	SUN Dec. ° ′	MOON G.H.A. ° ′	v ′	MOON Dec. ° ′	d ′	H.P. ′
9 MONDAY	00	178 43.7	N22 25.0	347 05.0	11.2	S21 35.1	8.9	55.6
	01	193 43.6	24.7	1 35.2	11.2	21 26.2	9.1	55.6
	02	208 43.5	24.4	16 05.4	11.3	21 17.1	9.2	55.6
	03	223 43.4	.. 24.1	30 35.7	11.3	21 07.9	9.2	55.6
	04	238 43.3	23.8	45 06.0	11.3	20 58.7	9.4	55.6
	05	253 43.2	23.5	59 36.3	11.4	20 49.3	9.5	55.6
	06	268 43.1	N22 23.3	74 06.7	11.4	S20 39.8	9.6	55.7
	07	283 43.0	23.0	88 37.1	11.5	20 30.2	9.7	55.7
	08	298 43.0	22.7	103 07.6	11.5	20 20.5	9.8	55.7
	09	313 42.9	.. 22.4	117 38.1	11.6	20 10.7	9.9	55.7
	10	328 42.8	22.1	132 08.7	11.6	20 00.8	10.1	55.7
	11	343 42.7	21.8	146 39.3	11.7	19 50.7	10.1	55.8
	12	358 42.6	N22 21.5	161 10.0	11.7	S19 40.6	10.2	55.8
	13	13 42.5	21.2	175 40.7	11.8	19 30.4	10.3	55.8
	14	28 42.4	20.9	190 11.5	11.8	19 20.1	10.4	55.8
	15	43 42.3	.. 20.6	204 42.3	11.8	19 09.7	10.5	55.8
	16	58 42.2	20.3	219 13.1	11.9	18 59.2	10.6	55.9
	17	73 42.1	20.0	233 44.0	12.0	18 48.6	10.7	55.9
	18	88 42.0	N22 19.7	248 15.0	12.0	S18 37.9	10.8	55.9
	19	103 41.9	19.3	262 46.0	12.0	18 27.1	10.9	55.9
	20	118 41.9	19.0	277 17.0	12.1	18 16.2	11.0	55.9
	21	133 41.8	.. 18.7	291 48.1	12.1	18 05.2	11.0	56.0
	22	148 41.7	18.4	306 19.2	12.2	17 54.2	11.2	56.0
	23	163 41.6	18.1	320 50.4	12.2	17 43.0	11.2	56.0
10 TUESDAY	00	178 41.5	N22 17.8	335 21.6	12.2	S17 31.8	11.4	56.0
	01	193 41.4	17.5	349 52.8	12.3	17 20.4	11.4	56.0
	02	208 41.3	17.2	4 24.1	12.4	17 09.0	11.5	56.1
	03	223 41.2	.. 16.9	18 55.5	12.4	16 57.5	11.6	56.1
	04	238 41.1	16.6	33 26.9	12.4	16 45.9	11.7	56.1
	05	253 41.0	16.3	47 58.3	12.5	16 34.2	11.8	56.1
	06	268 41.0	N22 16.0	62 29.8	12.5	S16 22.4	11.9	56.1
	07	283 40.9	15.6	77 01.3	12.5	16 10.5	11.9	56.2
	08	298 40.8	15.3	91 32.8	12.6	15 58.6	12.0	56.2
	09	313 40.7	.. 15.0	106 04.4	12.7	15 46.6	12.1	56.2
	10	328 40.6	14.7	120 36.1	12.7	15 34.5	12.2	56.2
	11	343 40.5	14.4	135 07.8	12.7	15 22.3	12.3	56.2
	12	358 40.4	N22 14.1	149 39.5	12.7	S15 10.0	12.3	56.3
	13	13 40.3	13.8	164 11.2	12.8	14 57.7	12.4	56.3
	14	28 40.3	13.4	178 43.0	12.9	14 45.3	12.5	56.3
	15	43 40.2	.. 13.1	193 14.9	12.8	14 32.8	12.6	56.3
	16	58 40.1	12.8	207 46.7	12.9	14 20.2	12.6	56.3
	17	73 40.0	12.5	222 18.6	13.0	14 07.6	12.7	56.4
	18	88 39.9	N22 12.2	236 50.6	13.0	S13 54.9	12.8	56.4
	19	103 39.8	11.8	251 22.6	13.0	13 42.1	12.8	56.4
	20	118 39.7	11.5	265 54.6	13.0	13 29.3	13.0	56.4
	21	133 39.7	.. 11.2	280 26.6	13.1	13 16.3	13.0	56.5
	22	148 39.6	10.9	294 58.7	13.1	13 03.3	13.0	56.5
	23	163 39.5	10.6	309 30.8	13.2	12 50.3	13.2	56.5
11 WEDNESDAY	00	178 39.4	N22 10.2	324 03.0	13.2	S12 37.1	13.1	56.5
	01	193 39.3	09.9	338 35.2	13.2	12 24.0	13.3	56.5
	02	208 39.2	09.6	353 07.4	13.2	12 10.7	13.3	56.6
	03	223 39.1	.. 09.3	7 39.6	13.3	11 57.4	13.4	56.6
	04	238 39.1	08.9	22 11.9	13.3	11 44.0	13.5	56.6
	05	253 39.0	08.6	36 44.2	13.3	11 30.5	13.5	56.6
	06	268 38.9	N22 08.3	51 16.5	13.3	S11 17.0	13.5	56.6
	07	283 38.8	07.9	65 48.8	13.4	11 03.5	13.7	56.7
	08	298 38.7	07.6	80 21.2	13.4	10 49.8	13.7	56.7
	09	313 38.6	.. 07.3	94 53.6	13.5	10 36.1	13.7	56.7
	10	328 38.6	07.0	109 26.1	13.4	10 22.4	13.8	56.7
	11	343 38.5	06.6	123 58.5	13.5	10 08.6	13.9	56.8
	12	358 38.4	N22 06.3	138 31.0	13.5	S 9 54.7	13.9	56.8
	13	13 38.3	06.0	153 03.5	13.5	9 40.8	13.9	56.8
	14	28 38.2	05.6	167 36.0	13.5	9 26.9	14.0	56.8
	15	43 38.1	.. 05.3	182 08.5	13.6	9 12.9	14.1	56.8
	16	58 38.1	05.0	196 41.1	13.5	8 58.8	14.1	56.9
	17	73 38.0	04.6	211 13.6	13.6	8 44.7	14.2	56.9
	18	88 37.9	N22 04.3	225 46.2	13.6	S 8 30.5	14.2	56.9
	19	103 37.8	04.0	240 18.8	13.7	8 16.3	14.2	56.9
	20	118 37.7	03.6	254 51.5	13.6	8 02.1	14.3	56.9
	21	133 37.6	.. 03.3	269 24.1	13.7	7 47.8	14.4	57.0
	22	148 37.6	02.9	283 56.8	13.6	7 33.4	14.4	57.0
	23	163 37.5	02.6	298 29.4	13.7	7 19.0	14.4	57.0
		S.D. 15.8	d 0.3	S.D. 15.2		15.3		15.5

Lat. °	Twilight Naut. h m	Twilight Civil h m	Sunrise h m	Moonrise 9 h m	Moonrise 10 h m	Moonrise 11 h m	Moonrise 12 h m
N 72	□	□	□	■	{00 44 / 23 22}	22 41	22 10
N 70	□	□	□	23 43	22 59	22 31	22 07
68	□	□	□	{00 10 / 23 08}	22 41	22 22	22 05
66	////	////	01 11	22 42	22 27	22 15	22 04
64	////	////	02 00	22 22	22 15	22 09	22 03
62	////	////	02 31	22 06	22 05	22 03	22 01
60	////	01 28	02 54	21 52	21 56	21 58	22 00
N 58	////	02 04	03 12	21 40	21 48	21 54	21 59
56	////	02 29	03 27	21 30	21 41	21 50	21 59
54	01 21	02 49	03 40	21 21	21 35	21 47	21 58
52	01 54	03 05	03 52	21 13	21 30	21 44	21 57
50	02 18	03 19	04 02	21 05	21 25	21 41	21 56
45	02 59	03 46	04 23	20 50	21 14	21 35	21 55
N 40	03 27	04 08	04 40	20 37	21 05	21 30	21 54
35	03 49	04 25	04 54	20 25	20 57	21 25	21 53
30	04 06	04 39	05 06	20 16	20 50	21 22	21 52
20	04 34	05 03	05 27	19 59	20 38	21 15	21 51
N 10	04 55	05 22	05 45	19 44	20 27	21 09	21 49
0	05 13	05 39	06 02	19 30	20 17	21 03	21 48
S 10	05 29	05 56	06 18	19 16	20 07	20 57	21 47
20	05 45	06 12	06 36	19 02	19 57	20 51	21 46
30	06 00	06 30	06 56	18 44	19 44	20 44	21 44
35	06 08	06 39	07 07	18 34	19 37	20 40	21 43
40	06 17	06 50	07 21	18 23	19 29	20 36	21 42
45	06 26	07 03	07 36	18 09	19 20	20 30	21 41
S 50	06 37	07 18	07 56	17 53	19 08	20 24	21 40
52	06 42	07 25	08 05	17 45	19 03	20 21	21 39
54	06 47	07 32	08 15	17 36	18 57	20 18	21 39
56	06 53	07 41	08 27	17 26	18 50	20 14	21 38
58	06 59	07 50	08 40	17 15	18 43	20 10	21 37
S 60	07 05	08 01	08 56	17 02	18 34	20 05	21 36

Lat. °	Sunset h m	Twilight Civil h m	Twilight Naut. h m	Moonset 9 h m	Moonset 10 h m	Moonset 11 h m	Moonset 12 h m
N 72	□	□	□	■	03 01	06 01	08 18
N 70	□	□	□	■	04 00	06 22	08 26
68	□	□	□	01 51	04 34	06 38	08 32
66	22 56	////	////	02 54	04 59	06 51	08 37
64	22 08	////	////	03 28	05 18	07 01	08 42
62	21 38	////	////	03 53	05 33	07 10	08 45
60	21 16	22 40	////	04 13	05 46	07 18	08 48
N 58	20 57	22 05	////	04 29	05 57	07 24	08 51
56	20 42	21 40	////	04 42	06 06	07 30	08 54
54	20 29	21 21	22 48	04 54	06 14	07 35	08 56
52	20 18	21 05	22 15	05 04	06 22	07 40	08 58
50	20 08	20 51	21 52	05 14	06 29	07 44	09 00
45	19 47	20 24	21 11	05 33	06 43	07 53	09 04
N 40	19 30	20 03	20 43	05 49	06 55	08 01	09 07
35	19 16	19 46	20 21	06 02	07 05	08 08	09 10
30	19 04	19 31	20 04	06 13	07 13	08 13	09 13
20	18 43	19 08	19 37	06 33	07 28	08 23	09 17
N 10	18 26	18 48	19 15	06 50	07 41	08 31	09 21
0	18 09	18 31	18 57	07 05	07 53	08 39	09 24
S 10	17 52	18 15	18 41	07 21	08 05	08 47	09 28
20	17 35	17 59	18 26	07 37	08 18	08 55	09 32
30	17 15	17 41	18 11	07 56	08 32	09 05	09 36
35	17 03	17 31	18 03	08 07	08 40	09 10	09 38
40	16 50	17 20	17 54	08 20	08 50	09 16	09 41
45	16 34	17 08	17 45	08 35	09 01	09 23	09 44
S 50	16 15	16 53	17 34	08 52	09 14	09 32	09 47
52	16 06	16 46	17 29	09 01	09 20	09 35	09 49
54	15 56	16 38	17 24	09 10	09 27	09 40	09 51
56	15 44	16 30	17 18	09 21	09 34	09 44	09 53
58	15 31	16 21	17 12	09 33	09 42	09 49	09 55
S 60	15 15	16 10	17 06	09 47	09 52	09 55	09 57

Day	SUN Eqn. of Time 00^h m s	SUN Eqn. of Time 12^h m s	SUN Mer. Pass. h m	MOON Mer. Pass. Upper h m	MOON Mer. Pass. Lower h m	Age d	Phase
9	05 05	05 09	12 05	00 53	13 18	17	○
10	05 14	05 18	12 05	01 42	14 05	18	
11	05 22	05 26	12 05	02 28	14 51	19	

UT (GMT) d h		ARIES G.H.A. ° ′	VENUS −3.9 G.H.A. ° ′	VENUS Dec. ° ′	MARS +0.2 G.H.A. ° ′	MARS Dec. ° ′	JUPITER −1.8 G.H.A. ° ′	JUPITER Dec. ° ′	SATURN +0.1 G.H.A. ° ′	SATURN Dec. ° ′
12 00		289 37.9	210 11.1	N21 58.5	261 22.7	N 9 23.6	176 04.6	N21 54.2	355 38.5	S21 31.8
01		304 40.3	225 10.3	58.8	276 23.6	24.2	191 06.4	54.1	10 41.1	31.9
02		319 42.8	240 09.6	59.2	291 24.5	24.8	206 08.3	54.1	25 43.8	31.9
03		334 45.3	255 08.9	· · 59.5	306 25.3	· · 25.4	221 10.2	· · 54.0	40 46.5	· · 31.9
04		349 47.7	270 08.1	21 59.8	321 26.2	26.0	236 12.0	53.9	55 49.1	32.0
05		4 50.2	285 07.4	22 00.1	336 27.0	26.6	251 13.9	53.8	70 51.8	32.0
06		19 52.7	300 06.6	N22 00.4	351 27.9	N 9 27.1	266 15.8	N21 53.7	85 54.4	S21 32.0
07		34 55.1	315 05.9	00.7	6 28.8	27.7	281 17.6	53.6	100 57.1	32.1
08	T	49 57.6	330 05.1	01.1	21 29.6	28.3	296 19.5	53.5	115 59.8	32.1
09	H	65 00.1	345 04.4	· · 01.4	36 30.5	· · 28.9	311 21.4	· · 53.5	131 02.4	· · 32.1
10	U	80 02.5	0 03.6	01.7	51 31.3	29.5	326 23.2	53.4	146 05.1	32.2
11	R	95 05.0	15 02.9	02.0	66 32.2	30.1	341 25.1	53.3	161 07.7	32.2
12	S	110 07.4	30 02.1	N22 02.3	81 33.0	N 9 30.7	356 27.0	N21 53.2	176 10.4	S21 32.2
13	D	125 09.9	45 01.4	02.6	96 33.9	31.3	11 28.8	53.1	191 13.1	32.3
14	A	140 12.4	60 00.6	02.9	111 34.8	31.9	26 30.7	53.0	206 15.7	32.3
15	Y	155 14.8	74 59.9	· · 03.2	126 35.6	· · 32.5	41 32.6	· · 52.9	221 18.4	· · 32.3
16		170 17.3	89 59.1	03.5	141 36.5	33.0	56 34.4	52.9	236 21.0	32.4
17		185 19.8	104 58.4	03.8	156 37.3	33.6	71 36.3	52.8	251 23.7	32.4
18		200 22.2	119 57.6	N22 04.1	171 38.2	N 9 34.2	86 38.2	N21 52.7	266 26.4	S21 32.4
19		215 24.7	134 56.9	04.4	186 39.1	34.8	101 40.0	52.6	281 29.0	32.5
20		230 27.2	149 56.1	04.7	201 39.9	35.4	116 41.9	52.5	296 31.7	32.5
21		245 29.6	164 55.4	· · 05.1	216 40.8	· · 36.0	131 43.8	· · 52.4	311 34.3	· · 32.5
22		260 32.1	179 54.6	05.4	231 41.6	36.6	146 45.6	52.3	326 37.0	32.6
23		275 34.5	194 53.9	05.6	246 42.5	37.2	161 47.5	52.3	341 39.7	32.6
13 00		290 37.0	209 53.1	N22 05.9	261 43.4	N 9 37.8	176 49.4	N21 52.2	356 42.3	S21 32.7
01		305 39.5	224 52.4	06.2	276 44.2	38.3	191 51.2	52.1	11 45.0	32.7
02		320 41.9	239 51.6	06.5	291 45.1	38.9	206 53.1	52.0	26 47.6	32.7
03		335 44.4	254 50.9	· · 06.8	306 45.9	· · 39.5	221 55.0	· · 51.9	41 50.3	· · 32.8
04		350 46.9	269 50.1	07.1	321 46.8	40.1	236 56.8	51.8	56 52.9	32.8
05		5 49.3	284 49.4	07.4	336 47.7	40.7	251 58.7	51.7	71 55.6	32.8
06		20 51.8	299 48.6	N22 07.7	351 48.5	N 9 41.3	267 00.6	N21 51.6	86 58.3	S21 32.9
07		35 54.3	314 47.9	08.0	6 49.4	41.9	282 02.4	51.6	102 00.9	32.9
08		50 56.7	329 47.1	08.3	21 50.3	42.5	297 04.3	51.5	117 03.6	32.9
09	F	65 59.2	344 46.4	· · 08.6	36 51.1	· · 43.0	312 06.2	· · 51.4	132 06.2	· · 33.0
10	R	81 01.7	359 45.6	08.9	51 52.0	43.6	327 08.0	51.3	147 08.9	33.0
11	I	96 04.1	14 44.8	09.2	66 52.8	44.2	342 09.9	51.2	162 11.6	33.0
12	D	111 06.6	29 44.1	N22 09.4	81 53.7	N 9 44.8	357 11.8	N21 51.1	177 14.2	S21 33.1
13	A	126 09.0	44 43.3	09.7	96 54.6	45.4	12 13.6	51.0	192 16.9	33.1
14	Y	141 11.5	59 42.6	10.0	111 55.4	46.0	27 15.5	51.0	207 19.5	33.1
15		156 14.0	74 41.8	· · 10.3	126 56.3	· · 46.6	42 17.4	· · 50.9	222 22.2	· · 33.2
16		171 16.4	89 41.1	10.6	141 57.1	47.1	57 19.2	50.8	237 24.9	33.2
17		186 18.9	104 40.3	10.9	156 58.0	47.7	72 21.1	50.7	252 27.5	33.2
18		201 21.4	119 39.5	N22 11.1	171 58.9	N 9 48.3	87 23.0	N21 50.6	267 30.2	S21 33.3
19		216 23.8	134 38.8	11.4	186 59.7	48.9	102 24.8	50.5	282 32.8	33.3
20		231 26.3	149 38.0	11.7	202 00.6	49.5	117 26.7	50.4	297 35.5	33.3
21		246 28.8	164 37.3	· · 12.0	217 01.5	· · 50.1	132 28.6	· · 50.3	312 38.2	· · 33.4
22		261 31.2	179 36.5	12.2	232 02.3	50.6	147 30.4	50.3	327 40.8	33.4
23		276 33.7	194 35.8	12.5	247 03.2	51.2	162 32.3	50.2	342 43.5	33.4
14 00		291 36.2	209 35.0	N22 12.8	262 04.0	N 9 51.8	177 34.2	N21 50.1	357 46.1	S21 33.5
01		306 38.6	224 34.2	13.1	277 04.9	52.4	192 36.0	50.0	12 48.8	33.5
02		321 41.1	239 33.5	13.3	292 05.8	53.0	207 37.9	49.9	27 51.5	33.5
03		336 43.5	254 32.7	· · 13.6	307 06.6	· · 53.6	222 39.8	· · 49.8	42 54.1	· · 33.6
04		351 46.0	269 32.0	13.9	322 07.5	54.1	237 41.6	49.7	57 56.8	33.6
05		6 48.5	284 31.2	14.1	337 08.4	54.7	252 43.5	49.6	72 59.4	33.6
06		21 50.9	299 30.4	N22 14.4	352 09.2	N 9 55.3	267 45.4	N21 49.6	88 02.1	S21 33.7
07		36 53.4	314 29.7	14.7	7 10.1	55.9	282 47.2	49.5	103 04.8	33.7
08	S	51 55.9	329 28.9	14.9	22 11.0	56.5	297 49.1	49.4	118 07.4	33.7
09	A	66 58.3	344 28.1	· · 15.2	37 11.8	· · 57.0	312 51.0	· · 49.3	133 10.1	· · 33.8
10	T	82 00.8	359 27.4	15.5	52 12.7	57.6	327 52.8	49.2	148 12.7	33.8
11	U	97 03.3	14 26.6	15.7	67 13.5	58.2	342 54.7	49.1	163 15.4	33.8
12	R	112 05.7	29 25.9	N22 16.0	82 14.4	N 9 58.8	357 56.6	N21 49.0	178 18.1	S21 33.9
13	D	127 08.2	44 25.1	16.2	97 15.3	59.4	12 58.4	48.9	193 20.7	33.9
14	A	142 10.6	59 24.3	16.5	112 16.1	9 59.9	28 00.3	48.9	208 23.4	33.9
15	Y	157 13.1	74 23.6	· · 16.7	127 17.0	10 00.5	43 02.2	· · 48.8	223 26.0	· · 34.0
16		172 15.6	89 22.8	17.0	142 17.9	01.1	58 04.0	48.7	238 28.7	34.0
17		187 18.0	104 22.0	17.3	157 18.7	01.7	73 05.9	48.6	253 31.4	34.0
18		202 20.5	119 21.3	N22 17.5	172 19.6	N10 02.3	88 07.8	N21 48.5	268 34.0	S21 34.1
19		217 23.0	134 20.5	17.8	187 20.5	02.8	103 09.6	48.4	283 36.7	34.1
20		232 25.4	149 19.7	18.0	202 21.3	03.4	118 11.5	48.3	298 39.3	34.1
21		247 27.9	164 19.0	· · 18.3	217 22.2	· · 04.0	133 13.4	· · 48.2	313 42.0	· · 34.2
22		262 30.4	179 18.2	18.5	232 23.1	04.6	148 15.2	48.2	328 44.7	34.2
23		277 32.8	194 17.5	18.8	247 23.9	05.2	163 17.1	48.1	343 47.3	34.2
Mer. Pass.		h m 4 36.8	v −0.8	d 0.3	v 0.9	d 0.6	v 1.9	d 0.1	v 2.7	d 0.0

STARS

Name	S.H.A. ° ′	Dec. ° ′
Acamar	315 31.4	S40 20.2
Achernar	335 39.3	S57 16.7
Acrux	173 29.0	S63 03.2
Adhara	255 26.4	S28 57.4
Aldebaran	291 09.4	N16 29.5
Alioth	166 35.5	N56 00.9
Alkaid	153 12.2	N49 21.8
Al Na'ir	28 04.7	S47 00.2
Alnilam	276 04.1	S 1 12.3
Alphard	218 13.3	S 8 37.0
Alphecca	126 25.3	N26 44.8
Alpheratz	358 01.3	N29 02.3
Altair	62 24.6	N 8 50.6
Ankaa	353 32.3	S42 21.1
Antares	112 47.1	S26 24.9
Arcturus	146 11.3	N19 13.9
Atria	108 04.0	S69 01.0
Avior	234 25.8	S59 28.8
Bellatrix	278 50.7	N 6 20.6
Betelgeuse	271 20.2	N 7 24.5
Canopus	264 04.3	S52 41.2
Capella	281 00.3	N45 59.4
Deneb	49 42.8	N45 14.7
Denebola	182 51.2	N14 37.5
Diphda	349 13.0	S18 02.1
Dubhe	194 12.7	N61 48.3
Elnath	278 34.7	N28 36.1
Eltanin	90 53.6	N51 29.4
Enif	34 03.7	N 9 49.9
Fomalhaut	15 42.6	S29 40.1
Gacrux	172 20.5	S57 04.0
Gienah	176 10.1	S17 29.5
Hadar	149 12.5	S60 20.0
Hamal	328 20.3	N23 25.1
Kaus Aust.	84 06.2	S34 23.5
Kochab	137 18.4	N74 11.8
Markab	13 55.3	N15 09.3
Menkar	314 33.2	N 4 03.3
Menkent	148 27.9	S36 19.7
Miaplacidus	221 44.4	S69 40.8
Mirfak	309 05.4	N49 49.6
Nunki	76 19.2	S26 18.6
Peacock	53 45.5	S56 45.9
Pollux	243 49.0	N28 03.1
Procyon	245 18.0	N 5 15.1
Rasalhague	96 22.1	N12 34.0
Regulus	208 02.0	N12 00.9
Rigel	281 28.9	S 8 12.5
Rigil Kent.	140 15.2	S60 48.1
Sabik	102 32.0	S15 42.9
Schedar	350 00.3	N56 29.0
Shaula	96 44.9	S37 06.0
Sirius	258 49.2	S16 42.0
Spica	158 49.4	S11 06.9
Suhail	223 05.6	S43 23.7
Vega	80 50.2	N38 46.5
Zuben'ubi	137 24.3	S16 00.3

	S.H.A. ° ′	Mer. Pass. h m
Venus	279 16.1	10 01
Mars	331 06.4	6 33
Jupiter	246 12.3	12 11
Saturn	66 05.3	0 13

UT (GMT) d h	SUN G.H.A. ° ′	SUN Dec. ° ′	MOON G.H.A. ° ′	v ′	MOON Dec. ° ′	d ′	H.P. ′
12 00 (THURSDAY)	178 37.4	N22 02.3	313 02.1	13.7	S 7 04.6	14.5	57.0
01	193 37.3	01.9	327 34.8	13.7	6 50.1	14.5	57.1
02	208 37.2	01.6	342 07.5	13.7	6 35.6	14.6	57.1
03	223 37.2	. . 01.2	356 40.2	13.7	6 21.0	14.6	57.1
04	238 37.1	00.9	11 12.9	13.7	6 06.4	14.6	57.1
05	253 37.0	00.6	25 45.6	13.7	5 51.8	14.7	57.1
06	268 36.9	N22 00.2	40 18.3	13.7	S 5 37.1	14.7	57.2
07	283 36.8	21 59.9	54 51.0	13.8	5 22.4	14.7	57.2
08	298 36.8	59.5	69 23.8	13.7	5 07.7	14.8	57.2
09	313 36.7	. . 59.2	83 56.5	13.7	4 52.9	14.8	57.2
10	328 36.6	58.8	98 29.2	13.8	4 38.1	14.8	57.3
11	343 36.5	58.5	113 02.0	13.7	4 23.3	14.9	57.3
12	358 36.4	N21 58.1	127 34.7	13.7	S 4 08.4	14.9	57.3
13	13 36.4	57.8	142 07.4	13.7	3 53.5	14.9	57.3
14	28 36.3	57.4	156 40.1	13.8	3 38.6	14.9	57.3
15	43 36.2	. . 57.1	171 12.9	13.7	3 23.7	15.0	57.4
16	58 36.1	56.7	185 45.6	13.7	3 08.7	15.0	57.4
17	73 36.1	56.4	200 18.3	13.7	2 53.7	15.0	57.4
18	88 36.0	N21 56.0	214 51.0	13.7	S 2 38.7	15.1	57.4
19	103 35.9	55.7	229 23.7	13.6	2 23.6	15.1	57.5
20	118 35.8	55.3	243 56.3	13.7	2 08.5	15.0	57.5
21	133 35.7	. . 55.0	258 29.0	13.7	1 53.5	15.2	57.5
22	148 35.7	54.6	273 01.7	13.6	1 38.3	15.1	57.5
23	163 35.6	54.3	287 34.3	13.6	1 23.2	15.1	57.5
13 00 (FRIDAY)	178 35.5	N21 53.9	302 06.9	13.6	S 1 08.1	15.2	57.6
01	193 35.4	53.6	316 39.5	13.6	0 52.9	15.2	57.6
02	208 35.4	53.2	331 12.1	13.6	0 37.7	15.1	57.6
03	223 35.3	. . 52.8	345 44.7	13.6	0 22.6	15.3	57.6
04	238 35.2	52.5	0 17.3	13.5	S 0 07.3	15.2	57.7
05	253 35.1	52.1	14 49.8	13.5	N 0 07.9	15.2	57.7
06	268 35.1	N21 51.8	29 22.3	13.5	N 0 23.1	15.2	57.7
07	283 35.0	51.4	43 54.8	13.5	0 38.3	15.3	57.7
08	298 34.9	51.0	58 27.3	13.4	0 53.6	15.2	57.8
09	313 34.8	. . 50.7	72 59.7	13.4	1 08.8	15.3	57.8
10	328 34.8	50.3	87 32.1	13.4	1 24.1	15.2	57.8
11	343 34.7	50.0	102 04.5	13.4	1 39.3	15.3	57.8
12	358 34.6	N21 49.6	116 36.9	13.3	N 1 54.6	15.2	57.8
13	13 34.5	49.2	131 09.2	13.3	2 09.8	15.3	57.9
14	28 34.5	48.9	145 41.5	13.2	2 25.1	15.3	57.9
15	43 34.4	. . 48.5	160 13.7	13.2	2 40.4	15.2	57.9
16	58 34.3	48.1	174 45.9	13.2	2 55.6	15.3	57.9
17	73 34.2	47.8	189 18.1	13.2	3 10.9	15.3	58.0
18	88 34.2	N21 47.4	203 50.3	13.1	N 3 26.2	15.2	58.0
19	103 34.1	47.0	218 22.4	13.1	3 41.4	15.3	58.0
20	118 34.0	46.7	232 54.5	13.0	3 56.7	15.2	58.0
21	133 34.0	. . 46.3	247 26.5	13.0	4 11.9	15.2	58.0
22	148 33.9	45.9	261 58.5	12.9	4 27.1	15.3	58.1
23	163 33.8	45.6	276 30.4	12.9	4 42.4	15.2	58.1
14 00 (SATURDAY)	178 33.7	N21 45.2	291 02.3	12.9	N 4 57.6	15.2	58.1
01	193 33.7	44.8	305 34.2	12.8	5 12.8	15.1	58.1
02	208 33.6	44.4	320 06.0	12.7	5 27.9	15.2	58.2
03	223 33.5	. . 44.1	334 37.7	12.7	5 43.1	15.2	58.2
04	238 33.4	43.7	349 09.4	12.7	5 58.3	15.1	58.2
05	253 33.4	43.3	3 41.1	12.6	6 13.4	15.1	58.2
06	268 33.3	N21 43.0	18 12.7	12.6	N 6 28.5	15.1	58.3
07	283 33.2	42.6	32 44.3	12.5	6 43.6	15.1	58.3
08	298 33.2	42.2	47 15.8	12.4	6 58.7	15.1	58.3
09	313 33.1	. . 41.8	61 47.2	12.4	7 13.8	15.0	58.3
10	328 33.0	41.4	76 18.6	12.3	7 28.8	15.0	58.3
11	343 33.0	41.1	90 49.9	12.3	7 43.8	15.0	58.4
12	358 32.9	N21 40.7	105 21.2	12.2	N 7 58.8	14.9	58.4
13	13 32.8	40.3	119 52.4	12.1	8 13.7	14.9	58.4
14	28 32.7	39.9	134 23.5	12.1	8 28.6	14.9	58.4
15	43 32.7	. . 39.5	148 54.6	12.0	8 43.5	14.9	58.5
16	58 32.6	39.2	163 25.6	12.0	8 58.4	14.8	58.5
17	73 32.5	38.8	177 56.6	11.8	9 13.2	14.8	58.5
18	88 32.5	N21 38.4	192 27.4	11.8	N 9 28.0	14.8	58.5
19	103 32.4	38.0	206 58.2	11.8	9 42.8	14.7	58.5
20	118 32.3	37.6	221 29.0	11.7	9 57.5	14.7	58.6
21	133 32.3	. . 37.3	235 59.7	11.5	10 12.2	14.6	58.6
22	148 32.2	36.9	250 30.2	11.6	10 26.8	14.6	58.6
23	163 32.1	36.5	265 00.8	11.4	10 41.4	14.5	58.6
	S.D. 15.8	d 0.4	S.D.	15.6	15.8		15.9

Lat. °	Twilight Naut. h m	Twilight Civil h m	Sunrise h m	Moonrise 12 h m	Moonrise 13 h m	Moonrise 14 h m	Moonrise 15 h m
N 72	□	□	□	22 10	21 39	21 04	20 09
N 70	□	□	□	22 07	21 45	21 19	20 44
68	□	□	□	22 05	21 49	21 32	21 09
66	////	////	01 25	22 04	21 53	21 42	21 28
64	////	////	02 09	22 03	21 57	21 51	21 44
62	////	00 27	02 37	22 01	22 00	21 58	21 57
60	////	01 37	02 59	22 00	22 02	22 05	22 09
N 58	////	02 10	03 17	21 59	22 05	22 11	22 19
56	00 25	02 34	03 31	21 59	22 07	22 16	22 27
54	01 29	02 53	03 44	21 58	22 09	22 20	22 35
52	02 00	03 09	03 55	21 57	22 10	22 25	22 42
50	02 22	03 22	04 05	21 56	22 12	22 28	22 48
45	03 02	03 49	04 25	21 55	22 15	22 37	23 02
N 40	03 30	04 10	04 42	21 54	22 18	22 44	23 13
35	03 51	04 27	04 56	21 53	22 21	22 50	23 23
30	04 08	04 41	05 08	21 52	22 23	22 55	23 32
20	04 35	05 04	05 28	21 51	22 27	23 05	23 46
N 10	04 56	05 23	05 46	21 49	22 30	23 13	24 00
0	05 14	05 40	06 02	21 48	22 34	23 21	24 12
S 10	05 30	05 56	06 18	21 47	22 37	23 29	24 24
20	05 44	06 12	06 35	21 46	22 41	23 38	24 38
30	05 59	06 29	06 55	21 44	22 45	23 48	24 53
35	06 07	06 39	07 06	21 43	22 47	23 53	25 02
40	06 16	06 49	07 19	21 42	22 50	24 00	00 00
45	06 25	07 02	07 35	21 41	22 53	24 08	00 08
S 50	06 35	07 16	07 54	21 40	22 57	24 17	00 17
52	06 40	07 23	08 02	21 39	22 59	24 21	00 21
54	06 45	07 30	08 12	21 39	23 01	24 26	00 26
56	06 50	07 38	08 24	21 38	23 03	24 31	00 31
58	06 56	07 47	08 37	21 37	23 06	24 37	00 37
S 60	07 03	07 58	08 52	21 36	23 08	24 44	00 44

Lat. °	Sunset h m	Twilight Civil h m	Twilight Naut. h m	Moonset 12 h m	Moonset 13 h m	Moonset 14 h m	Moonset 15 h m
N 72	□	□	□	08 18	10 28	12 43	15 22
N 70	□	□	□	08 26	10 26	12 30	14 49
68	□	□	□	08 32	10 24	12 20	14 26
66	22 43	////	////	08 37	10 23	12 11	14 08
64	22 00	////	////	08 42	10 22	12 04	13 53
62	21 32	23 34	////	08 45	10 21	11 58	13 41
60	21 11	22 31	////	08 48	10 20	11 53	13 31
N 58	20 54	21 59	////	08 51	10 19	11 49	13 22
56	20 39	21 36	23 37	08 54	10 18	11 45	13 15
54	20 27	21 17	22 40	08 56	10 18	11 41	13 08
52	20 16	21 02	22 10	08 58	10 17	11 38	13 02
50	20 06	20 48	21 48	09 00	10 17	11 35	12 56
45	19 45	20 22	21 09	09 04	10 15	11 28	12 44
N 40	19 29	20 01	20 41	09 07	10 15	11 23	12 34
35	19 15	19 44	20 20	09 10	10 14	11 19	12 26
30	19 03	19 30	20 03	09 13	10 13	11 15	12 19
20	18 43	19 07	19 36	09 17	10 12	11 08	12 06
N 10	18 26	18 48	19 15	09 21	10 11	11 02	11 55
0	18 09	18 32	18 57	09 24	10 10	10 56	11 45
S 10	17 53	18 16	18 42	09 28	10 09	10 50	11 35
20	17 36	18 00	18 27	09 32	10 07	10 44	11 24
30	17 17	17 43	18 12	09 36	10 06	10 38	11 12
35	17 05	17 33	18 04	09 38	10 05	10 34	11 04
40	16 52	17 22	17 56	09 41	10 05	10 29	10 56
45	16 37	17 10	17 47	09 44	10 04	10 24	10 47
S 50	16 18	16 56	17 36	09 47	10 02	10 18	10 36
52	16 09	16 49	17 32	09 49	10 02	10 15	10 31
54	15 59	16 42	17 27	09 51	10 01	10 12	10 25
56	15 48	16 33	17 21	09 53	10 01	10 09	10 19
58	15 35	16 24	17 15	09 55	10 00	10 05	10 12
S 60	15 20	16 14	17 09	09 57	09 59	10 01	10 04

Day	SUN Eqn. of Time 00ʰ m s	SUN Eqn. of Time 12ʰ m s	SUN Mer. Pass. h m	MOON Mer. Pass. Upper h m	MOON Mer. Pass. Lower h m	MOON Age d	MOON Phase
12	05 30	05 34	12 06	03 14	15 36	20	
13	05 38	05 41	12 06	03 59	16 22	21	◐
14	05 45	05 48	12 06	04 45	17 09	22	

UT (GMT)		ARIES	VENUS −3.9		MARS +0.2		JUPITER −1.8		SATURN +0.1	
		G.H.A.	G.H.A.	Dec.	G.H.A.	Dec.	G.H.A.	Dec.	G.H.A.	Dec.
d	h	° ′	° ′	° ′	° ′	° ′	° ′	° ′	° ′	° ′
15	00	292 35.3	209 16.7	N22 19.0	262 24.8	N10 05.7	178 19.0	N21 48.0	358 50.0	S21 34.3
	01	307 37.8	224 15.9	19.3	277 25.7	06.3	193 20.8	47.9	13 52.6	34.3
	02	322 40.2	239 15.2	19.5	292 26.5	06.9	208 22.7	47.8	28 55.3	34.3
	03	337 42.7	254 14.4	· · 19.7	307 27.4	· · 07.5	223 24.6	· · 47.7	43 58.0	· · 34.4
	04	352 45.1	269 13.6	20.0	322 28.3	08.0	238 26.4	47.6	59 00.6	34.4
	05	7 47.6	284 12.9	20.2	337 29.1	08.6	253 28.3	47.5	74 03.3	34.4
	06	22 50.1	299 12.1	N22 20.5	352 30.0	N10 09.2	268 30.2	N21 47.5	89 05.9	S21 34.4
	07	37 52.5	314 11.3	20.7	7 30.9	09.8	283 32.0	47.4	104 08.6	34.5
	08	52 55.0	329 10.5	21.0	22 31.7	10.4	298 33.9	47.3	119 11.3	34.5
S	09	67 57.5	344 09.8	· · 21.2	37 32.6	· · 10.9	313 35.8	· · 47.2	134 13.9	· · 34.5
U	10	82 59.9	359 09.0	21.4	52 33.5	11.5	328 37.6	47.1	149 16.6	34.6
N	11	98 02.4	14 08.2	21.7	67 34.3	12.1	343 39.5	47.0	164 19.2	34.6
D	12	113 04.9	29 07.5	N22 21.9	82 35.2	N10 12.7	358 41.4	N21 46.9	179 21.9	S21 34.6
A	13	128 07.3	44 06.7	22.1	97 36.1	13.2	13 43.2	46.8	194 24.6	34.7
Y	14	143 09.8	59 05.9	22.4	112 36.9	13.8	28 45.1	46.7	209 27.2	34.7
	15	158 12.3	74 05.2	· · 22.6	127 37.8	· · 14.4	43 47.0	· · 46.7	224 29.9	· · 34.7
	16	173 14.7	89 04.4	22.8	142 38.7	15.0	58 48.9	46.6	239 32.5	34.8
	17	188 17.2	104 03.6	23.1	157 39.5	15.5	73 50.7	46.5	254 35.2	34.8
	18	203 19.6	119 02.8	N22 23.3	172 40.4	N10 16.1	88 52.6	N21 46.4	269 37.9	S21 34.8
	19	218 22.1	134 02.1	23.5	187 41.3	16.7	103 54.5	46.3	284 40.5	34.9
	20	233 24.6	149 01.3	23.7	202 42.1	17.2	118 56.3	46.2	299 43.2	34.9
	21	248 27.0	164 00.5	· · 24.0	217 43.0	· · 17.8	133 58.2	· · 46.1	314 45.8	· · 34.9
	22	263 29.5	178 59.8	24.2	232 43.9	18.4	149 00.1	46.0	329 48.5	35.0
	23	278 32.0	193 59.0	24.4	247 44.7	19.0	164 01.9	46.0	344 51.2	35.0
16	00	293 34.4	208 58.2	N22 24.6	262 45.6	N10 19.5	179 03.8	N21 45.9	359 53.8	S21 35.0
	01	308 36.9	223 57.4	24.8	277 46.5	20.1	194 05.7	45.8	14 56.5	35.1
	02	323 39.4	238 56.7	25.1	292 47.3	20.7	209 07.5	45.7	29 59.1	35.1
	03	338 41.8	253 55.9	· · 25.3	307 48.2	· · 21.3	224 09.4	· · 45.6	45 01.8	· · 35.1
	04	353 44.3	268 55.1	25.5	322 49.1	21.8	239 11.3	45.5	60 04.5	35.2
	05	8 46.8	283 54.3	25.7	337 50.0	22.4	254 13.1	45.4	75 07.1	35.2
	06	23 49.2	298 53.6	N22 25.9	352 50.8	N10 23.0	269 15.0	N21 45.3	90 09.8	S21 35.2
	07	38 51.7	313 52.8	26.2	7 51.7	23.5	284 16.9	45.2	105 12.4	35.3
	08	53 54.1	328 52.0	26.4	22 52.6	24.1	299 18.7	45.2	120 15.1	35.3
M	09	68 56.6	343 51.2	· · 26.6	37 53.4	· · 24.7	314 20.6	· · 45.1	135 17.8	· · 35.3
O	10	83 59.1	358 50.5	26.8	52 54.3	25.3	329 22.5	45.0	150 20.4	35.4
N	11	99 01.5	13 49.7	27.0	67 55.2	25.8	344 24.3	44.9	165 23.1	35.4
D	12	114 04.0	28 48.9	N22 27.2	82 56.0	N10 26.4	359 26.2	N21 44.8	180 25.7	S21 35.4
A	13	129 06.5	43 48.1	27.4	97 56.9	27.0	14 28.1	44.7	195 28.4	35.5
Y	14	144 08.9	58 47.4	27.6	112 57.8	27.5	29 29.9	44.6	210 31.1	35.5
	15	159 11.4	73 46.6	· · 27.8	127 58.7	· · 28.1	44 31.8	· · 44.5	225 33.7	· · 35.5
	16	174 13.9	88 45.8	28.0	142 59.5	28.7	59 33.7	44.4	240 36.4	35.6
	17	189 16.3	103 45.0	28.2	158 00.4	29.2	74 35.5	44.3	255 39.0	35.6
	18	204 18.8	118 44.3	N22 28.4	173 01.3	N10 29.8	89 37.4	N21 44.3	270 41.7	S21 35.6
	19	219 21.2	133 43.5	28.6	188 02.1	30.4	104 39.3	44.2	285 44.4	35.7
	20	234 23.7	148 42.7	28.8	203 03.0	31.0	119 41.1	44.1	300 47.0	35.7
	21	249 26.2	163 41.9	· · 29.0	218 03.9	· · 31.5	134 43.0	· · 44.0	315 49.7	· · 35.7
	22	264 28.6	178 41.2	29.2	233 04.7	32.1	149 44.9	43.9	330 52.3	35.8
	23	279 31.1	193 40.4	29.4	248 05.6	32.7	164 46.8	43.8	345 55.0	35.8
17	00	294 33.6	208 39.6	N22 29.6	263 06.5	N10 33.2	179 48.6	N21 43.7	0 57.7	S21 35.8
	01	309 36.0	223 38.8	29.8	278 07.4	33.8	194 50.5	43.6	16 00.3	35.9
	02	324 38.5	238 38.0	30.0	293 08.2	34.4	209 52.4	43.5	31 03.0	35.9
	03	339 41.0	253 37.3	· · 30.2	308 09.1	· · 34.9	224 54.2	· · 43.5	46 05.6	· · 35.9
	04	354 43.4	268 36.5	30.4	323 10.0	35.5	239 56.1	43.4	61 08.3	36.0
	05	9 45.9	283 35.7	30.6	338 10.9	36.1	254 58.0	43.3	76 11.0	36.0
	06	24 48.4	298 34.9	N22 30.8	353 11.7	N10 36.6	269 59.8	N21 43.2	91 13.6	S21 36.0
	07	39 50.8	313 34.1	31.0	8 12.6	37.2	285 01.7	43.1	106 16.3	36.1
T	08	54 53.3	328 33.4	31.2	23 13.5	37.8	300 03.6	43.0	121 18.9	36.1
U	09	69 55.7	343 32.6	· · 31.3	38 14.3	· · 38.3	315 05.4	· · 42.9	136 21.6	· · 36.1
E	10	84 58.2	358 31.8	31.5	53 15.2	38.9	330 07.3	42.8	151 24.3	36.2
S	11	100 00.7	13 31.0	31.7	68 16.1	39.5	345 09.2	42.7	166 26.9	36.2
D	12	115 03.1	28 30.2	N22 31.9	83 17.0	N10 40.0	0 11.0	N21 42.6	181 29.6	S21 36.2
A	13	130 05.6	43 29.4	32.1	98 17.8	40.6	15 12.9	42.6	196 32.2	36.3
Y	14	145 08.1	58 28.7	32.3	113 18.7	41.1	30 14.8	42.5	211 34.9	36.3
	15	160 10.5	73 27.9	· · 32.4	128 19.6	· · 41.7	45 16.6	· · 42.4	226 37.6	· · 36.3
	16	175 13.0	88 27.1	32.6	143 20.5	42.3	60 18.5	42.3	241 40.2	36.4
	17	190 15.5	103 26.3	32.8	158 21.3	42.8	75 20.4	42.2	256 42.9	36.4
	18	205 17.9	118 25.5	N22 33.0	173 22.2	N10 43.4	90 22.2	N21 42.1	271 45.5	S21 36.4
	19	220 20.4	133 24.8	33.1	188 23.1	44.0	105 24.1	42.0	286 48.2	36.5
	20	235 22.9	148 24.0	33.3	203 24.0	44.5	120 26.0	41.9	301 50.9	36.5
	21	250 25.3	163 23.2	· · 33.5	218 24.8	· · 45.1	135 27.9	· · 41.8	316 53.5	· · 36.5
	22	265 27.8	178 22.4	33.7	233 25.7	45.7	150 29.7	41.7	331 56.2	36.6
	23	280 30.2	193 21.6	33.8	248 26.6	46.2	165 31.6	41.7	346 58.8	36.6
Mer. Pass.		h m 4 25.0	v −0.8	d 0.2	v 0.9	d 0.6	v 1.9	d 0.1	v 2.7	d 0.0

STARS		
Name	S.H.A.	Dec.
	° ′	° ′
Acamar	315 31.4	S40 20.2
Achernar	335 39.3	S57 16.6
Acrux	173 29.1	S63 03.2
Adhara	255 26.4	S28 57.4
Aldebaran	291 09.4	N16 29.6
Alioth	166 35.6	N56 00.9
Alkaid	153 12.2	N49 21.8
Al Na'ir	28 04.7	S47 00.2
Alnilam	276 04.1	S 1 12.3
Alphard	218 13.3	S 8 37.0
Alphecca	126 25.3	N26 44.8
Alpheratz	358 01.2	N29 02.3
Altair	62 24.6	N 8 50.6
Ankaa	353 32.3	S42 21.1
Antares	112 47.1	S26 24.9
Arcturus	146 11.3	N19 13.9
Atria	108 04.0	S69 01.0
Avior	234 25.8	S59 28.8
Bellatrix	278 50.7	N 6 20.6
Betelgeuse	271 20.2	N 7 24.5
Canopus	264 04.3	S52 41.2
Capella	281 00.3	N45 59.4
Deneb	49 42.8	N45 14.7
Denebola	182 51.2	N14 37.5
Diphda	349 13.0	S18 02.0
Dubhe	194 12.8	N61 48.3
Elnath	278 34.7	N28 36.1
Eltanin	90 53.6	N51 29.4
Enif	34 03.7	N 9 49.9
Fomalhaut	15 42.5	S29 40.1
Gacrux	172 20.5	S57 04.0
Gienah	176 10.1	S17 29.5
Hadar	149 12.5	S60 20.0
Hamal	328 20.3	N23 25.1
Kaus Aust.	84 06.2	S34 23.5
Kochab	137 18.5	N74 11.8
Markab	13 55.3	N15 09.3
Menkar	314 33.2	N 4 03.3
Menkent	148 27.9	S36 19.7
Miaplacidus	221 44.5	S69 40.8
Mirfak	309 05.4	N49 49.6
Nunki	76 19.2	S26 18.6
Peacock	53 45.4	S56 45.9
Pollux	243 49.0	N28 03.1
Procyon	245 18.0	N 5 15.1
Rasalhague	96 22.1	N12 34.0
Regulus	208 02.0	N12 00.9
Rigel	281 28.8	S 8 12.5
Rigil Kent.	140 15.2	S60 48.1
Sabik	102 32.0	S15 42.9
Schedar	350 00.3	N56 29.0
Shaula	96 44.9	S37 06.0
Sirius	258 49.2	S16 42.0
Spica	158 49.4	S11 06.9
Suhail	223 05.6	S43 23.7
Vega	80 50.2	N38 46.5
Zuben'ubi	137 24.4	S16 00.3

	S.H.A.	Mer. Pass.
	° ′	h m
Venus	275 23.8	10 05
Mars	329 11.2	6 29
Jupiter	245 29.4	12 02
Saturn	66 19.4	0 00

UT (GMT) d	h	SUN G.H.A. ° ′	SUN Dec. ° ′	MOON G.H.A. ° ′	v ′	MOON Dec. ° ′	d ′	H.P. ′
15	00	178 32.1	N21 36.1	279 31.2	11.4	N10 55.9	14.6	58.7
	01	193 32.0	35.7	294 01.6	11.3	11 10.5	14.4	58.7
	02	208 31.9	35.3	308 31.9	11.2	11 24.9	14.4	58.7
	03	223 31.9	. . 34.9	323 02.1	11.1	11 39.3	14.4	58.7
	04	238 31.8	34.5	337 32.2	11.1	11 53.7	14.3	58.7
	05	253 31.7	34.2	352 02.3	11.0	12 08.0	14.3	58.8
	06	268 31.7	N21 33.8	6 32.3	10.9	N12 22.3	14.2	58.8
	07	283 31.6	33.4	21 02.2	10.8	12 36.5	14.1	58.8
	08	298 31.5	33.0	35 32.0	10.7	12 50.6	14.1	58.8
S	09	313 31.5	. . 32.6	50 01.7	10.6	13 04.7	14.0	58.9
U	10	328 31.4	32.2	64 31.3	10.6	13 18.7	14.0	58.9
N	11	343 31.3	31.8	79 00.9	10.4	13 32.7	13.9	58.9
D	12	358 31.3	N21 31.4	93 30.3	10.4	N13 46.6	13.9	58.9
A	13	13 31.2	31.0	107 59.7	10.3	14 00.5	13.8	58.9
Y	14	28 31.2	30.6	122 29.0	10.2	14 14.3	13.7	59.0
	15	43 31.1	. . 30.2	136 58.2	10.1	14 28.0	13.6	59.0
	16	58 31.0	29.8	151 27.3	10.0	14 41.6	13.6	59.0
	17	73 31.0	29.4	165 56.3	9.9	14 55.2	13.5	59.0
	18	88 30.9	N21 29.0	180 25.2	9.8	N15 08.7	13.5	59.0
	19	103 30.8	28.6	194 54.0	9.7	15 22.2	13.3	59.1
	20	118 30.8	28.2	209 22.7	9.7	15 35.5	13.3	59.1
	21	133 30.7	. . 27.8	223 51.4	9.5	15 48.8	13.2	59.1
	22	148 30.6	27.4	238 19.9	9.4	16 02.0	13.1	59.1
	23	163 30.6	27.0	252 48.3	9.3	16 15.1	13.1	59.1
16	00	178 30.5	N21 26.6	267 16.6	9.3	N16 28.2	12.9	59.2
	01	193 30.5	26.2	281 44.9	9.1	16 41.1	12.9	59.2
	02	208 30.4	25.8	296 13.0	9.0	16 54.0	12.8	59.2
	03	223 30.3	. . 25.4	310 41.0	8.9	17 06.8	12.7	59.2
	04	238 30.3	25.0	325 08.9	8.8	17 19.5	12.6	59.2
	05	253 30.2	24.6	339 36.7	8.7	17 32.1	12.5	59.3
	06	268 30.2	N21 24.2	354 04.4	8.7	N17 44.6	12.4	59.3
	07	283 30.1	23.8	8 32.1	8.5	17 57.0	12.4	59.3
	08	298 30.0	23.4	22 59.6	8.4	18 09.4	12.2	59.3
M	09	313 30.0	. . 23.0	37 27.0	8.2	18 21.6	12.1	59.3
O	10	328 29.9	22.6	51 54.2	8.2	18 33.7	12.1	59.4
N	11	343 29.9	22.2	66 21.4	8.1	18 45.8	11.9	59.4
D	12	358 29.8	N21 21.8	80 48.5	8.0	N18 57.7	11.8	59.4
A	13	13 29.7	21.3	95 15.5	7.8	19 09.5	11.7	59.4
Y	14	28 29.7	20.9	109 42.3	7.8	19 21.2	11.6	59.4
	15	43 29.6	. . 20.5	124 09.1	7.6	19 32.8	11.5	59.5
	16	58 29.6	20.1	138 35.7	7.6	19 44.3	11.4	59.5
	17	73 29.5	19.7	153 02.3	7.4	19 55.7	11.3	59.5
	18	88 29.4	N21 19.3	167 28.7	7.3	N20 07.0	11.2	59.5
	19	103 29.4	18.9	181 55.0	7.2	20 18.2	11.0	59.5
	20	118 29.3	18.5	196 21.2	7.1	20 29.2	10.9	59.5
	21	133 29.3	. . 18.0	210 47.3	7.0	20 40.1	10.8	59.6
	22	148 29.2	17.6	225 13.3	6.9	20 50.9	10.7	59.6
	23	163 29.2	17.2	239 39.2	6.7	21 01.6	10.6	59.6
17	00	178 29.1	N21 16.8	254 04.9	6.7	N21 12.2	10.4	59.6
	01	193 29.0	16.4	268 30.6	6.6	21 22.6	10.3	59.6
	02	208 29.0	16.0	282 56.2	6.4	21 32.9	10.2	59.6
	03	223 28.9	. . 15.5	297 21.6	6.3	21 43.1	10.0	59.7
	04	238 28.9	15.1	311 46.9	6.3	21 53.1	9.9	59.7
	05	253 28.8	14.7	326 12.2	6.1	22 03.0	9.8	59.7
	06	268 28.8	N21 14.3	340 37.3	6.0	N22 12.8	9.6	59.7
	07	283 28.7	13.9	355 02.3	5.9	22 22.4	9.5	59.7
T	08	298 28.7	13.4	9 27.2	5.8	22 31.9	9.4	59.7
U	09	313 28.6	. . 13.0	23 52.0	5.7	22 41.3	9.2	59.8
E	10	328 28.5	12.6	38 16.7	5.6	22 50.5	9.0	59.8
S	11	343 28.5	12.2	52 41.3	5.4	22 59.5	9.0	59.8
D	12	358 28.4	N21 11.7	67 05.7	5.4	N23 08.5	8.7	59.8
A	13	13 28.4	11.3	81 30.1	5.3	23 17.2	8.7	59.8
Y	14	28 28.3	10.9	95 54.4	5.2	23 25.9	8.4	59.8
	15	43 28.3	. . 10.5	110 18.6	5.0	23 34.3	8.4	59.8
	16	58 28.2	10.0	124 42.6	5.0	23 42.7	8.1	59.9
	17	73 28.2	09.6	139 06.6	4.9	23 50.8	8.1	59.9
	18	88 28.1	N21 09.2	153 30.5	4.7	N23 58.9	7.8	59.9
	19	103 28.1	08.8	167 54.2	4.7	24 06.7	7.7	59.9
	20	118 28.0	08.3	182 17.9	4.6	24 14.4	7.5	59.9
	21	133 28.0	. . 07.9	196 41.5	4.5	24 21.9	7.4	59.9
	22	148 27.9	07.5	211 05.0	4.4	24 29.3	7.2	59.9
	23	163 27.9	07.0	225 28.4	4.3	24 36.5	7.1	59.9
		S.D. 15.8	d 0.4	S.D. 16.1		16.2		16.3

Lat. °	Twilight Naut. h m	Twilight Civil h m	Sunrise h m	Moonrise 15 h m	Moonrise 16 h m	Moonrise 17 h m	Moonrise 18 h m
N 72	▭	▭	▭	20 09	▭	▭	▭
N 70	▭	▭	▭	20 44	▭	▭	▭
68	▭	▭	▭	21 09	20 27	▭	▭
66	////	////	01 38	21 28	21 08	▭	▭
64	////	////	02 17	21 44	21 36	21 24	▭
62	////	00 54	02 44	21 57	21 58	22 03	22 20
60	////	01 47	03 05	22 09	22 16	22 30	23 00
N 58	////	02 17	03 22	22 19	22 31	22 51	23 28
56	00 50	02 40	03 36	22 27	22 44	23 09	23 50
54	01 38	02 58	03 48	22 35	22 55	23 24	24 08
52	02 06	03 13	03 59	22 42	23 05	23 37	24 23
50	02 28	03 26	04 08	22 48	23 14	23 48	24 37
45	03 06	03 52	04 28	23 02	23 33	24 12	00 12
N 40	03 33	04 12	04 44	23 13	23 48	24 32	00 32
35	03 53	04 29	04 58	23 23	24 02	00 02	00 48
30	04 10	04 43	05 09	23 32	24 13	00 13	01 02
20	04 37	05 05	05 29	23 46	24 33	00 33	01 26
N 10	04 57	05 24	05 46	24 00	00 00	00 50	01 47
0	05 14	05 40	06 02	24 12	00 12	01 07	02 06
S 10	05 30	05 56	06 18	24 24	00 24	01 23	02 26
20	05 44	06 11	06 35	24 38	00 38	01 41	02 47
30	05 59	06 28	06 54	24 53	00 53	02 02	03 12
35	06 06	06 38	07 05	25 02	01 02	02 14	03 27
40	06 15	06 48	07 18	00 00	01 13	02 28	03 43
45	06 23	07 00	07 33	00 08	01 25	02 45	04 04
S 50	06 33	07 14	07 51	00 17	01 40	03 05	04 30
52	06 38	07 20	08 00	00 21	01 47	03 15	04 42
54	06 43	07 28	08 09	00 26	01 55	03 27	04 56
56	06 48	07 35	08 20	00 31	02 04	03 39	05 13
58	06 53	07 44	08 33	00 37	02 14	03 54	05 33
S 60	07 00	07 54	08 47	00 44	02 25	04 12	05 59

Lat. °	Sunset h m	Twilight Civil h m	Twilight Naut. h m	Moonset 15 h m	Moonset 16 h m	Moonset 17 h m	Moonset 18 h m
N 72	▭	▭	▭	15 22	▭	▭	▭
N 70	▭	▭	▭	14 49	▭	▭	▭
68	▭	▭	▭	14 26	16 59	▭	▭
66	22 30	////	////	14 08	16 19	▭	▭
64	21 52	////	////	13 53	15 52	18 06	▭
62	21 26	23 11	////	13 41	15 31	17 28	19 21
60	21 06	22 22	////	13 31	15 15	17 01	18 41
N 58	20 49	21 53	////	13 22	15 00	16 41	18 14
56	20 35	21 31	23 16	13 15	14 48	16 23	17 52
54	20 23	21 13	22 31	13 08	14 38	16 09	17 34
52	20 13	20 58	22 04	13 02	14 29	15 56	17 19
50	20 03	20 45	21 43	12 56	14 20	15 45	17 06
45	19 43	20 19	21 06	12 44	14 03	15 22	16 39
N 40	19 27	19 59	20 39	12 34	13 48	15 04	16 18
35	19 14	19 43	20 18	12 26	13 36	14 48	16 00
30	19 02	19 29	20 02	12 19	13 26	14 35	15 45
20	18 43	19 07	19 35	12 06	13 08	14 12	15 19
N 10	18 25	18 48	19 15	11 55	12 52	13 53	14 57
0	18 10	18 32	18 58	11 45	12 37	13 35	14 36
S 10	17 54	18 16	18 42	11 35	12 23	13 17	14 16
20	17 37	18 01	18 28	11 24	12 08	12 57	13 53
30	17 18	17 44	18 13	11 12	11 50	12 35	13 28
35	17 07	17 35	18 06	11 04	11 40	12 22	13 13
40	16 54	17 24	17 58	10 56	11 28	12 07	12 55
45	16 40	17 12	17 49	10 47	11 14	11 49	12 34
S 50	16 21	16 58	17 39	10 36	10 58	11 27	12 08
52	16 13	16 52	17 35	10 31	10 50	11 17	11 55
54	16 03	16 45	17 30	10 25	10 42	11 05	11 40
56	15 52	16 37	17 25	10 19	10 32	10 52	11 23
58	15 40	16 28	17 19	10 12	10 21	10 36	11 03
S 60	15 25	16 19	17 13	10 04	10 09	10 18	10 37

Day	SUN Eqn. of Time 00ʰ m s	SUN Eqn. of Time 12ʰ m s	SUN Mer. Pass. h m	MOON Mer. Pass. Upper h m	MOON Mer. Pass. Lower h m	Age d	Phase
15	05 52	05 55	12 06	05 33	17 58	23	
16	05 58	06 01	12 06	06 25	18 52	24	◑
17	06 03	06 06	12 06	07 21	19 50	25	

	UT (GMT) d h	ARIES G.H.A. ° ′	VENUS −3.9 G.H.A. ° ′	VENUS Dec. ° ′	MARS +0.1 G.H.A. ° ′	MARS Dec. ° ′	JUPITER −1.8 G.H.A. ° ′	JUPITER Dec. ° ′	SATURN +0.1 G.H.A. ° ′	SATURN Dec. ° ′
	18 00	295 32.7	208 20.8	N22 34.0	263 27.5	N10 46.8	180 33.5	N21 41.6	2 01.5	S21 36.6
	01	310 35.2	223 20.1	34.2	278 28.3	47.3	195 35.3	41.5	17 04.2	36.7
	02	325 37.6	238 19.3	34.3	293 29.2	47.9	210 37.2	41.4	32 06.8	36.7
	03	340 40.1	253 18.5	· · 34.5	308 30.1	· · 48.5	225 39.1	· · 41.3	47 09.5	· · 36.7
	04	355 42.6	268 17.7	34.7	323 31.0	49.0	240 40.9	41.2	62 12.1	36.8
	05	10 45.0	283 16.9	34.8	338 31.8	49.6	255 42.8	41.1	77 14.8	36.8
	06	25 47.5	298 16.1	N22 35.0	353 32.7	N10 50.2	270 44.7	N21 41.0	92 17.5	S21 36.8
W	07	40 50.0	313 15.3	35.2	8 33.6	50.7	285 46.5	40.9	107 20.1	36.9
E	08	55 52.4	328 14.6	35.3	23 34.5	51.3	300 48.4	40.8	122 22.8	36.9
D	09	70 54.9	343 13.8	· · 35.5	38 35.3	· · 51.8	315 50.3	· · 40.7	137 25.4	· · 36.9
N	10	85 57.3	358 13.0	35.6	53 36.2	52.4	330 52.1	40.7	152 28.1	37.0
E	11	100 59.8	13 12.2	35.8	68 37.1	53.0	345 54.0	40.6	167 30.8	37.0
S	12	116 02.3	28 11.4	N22 36.0	83 38.0	N10 53.5	0 55.9	N21 40.5	182 33.4	S21 37.0
D	13	131 04.7	43 10.6	36.1	98 38.8	54.1	15 57.8	40.4	197 36.1	37.1
A	14	146 07.2	58 09.8	36.3	113 39.7	54.6	30 59.6	40.3	212 38.7	37.1
Y	15	161 09.7	73 09.0	· · 36.4	128 40.6	· · 55.2	46 01.5	· · 40.2	227 41.4	· · 37.1
	16	176 12.1	88 08.3	36.6	143 41.5	55.7	61 03.4	40.1	242 44.0	37.2
	17	191 14.6	103 07.5	36.7	158 42.3	56.3	76 05.2	40.0	257 46.7	37.2
	18	206 17.1	118 06.7	N22 36.9	173 43.2	N10 56.9	91 07.1	N21 39.9	272 49.4	S21 37.2
	19	221 19.5	133 05.9	37.0	188 44.1	57.4	106 09.0	39.8	287 52.0	37.3
	20	236 22.0	148 05.1	37.2	203 45.0	58.0	121 10.8	39.7	302 54.7	37.3
	21	251 24.5	163 04.3	· · 37.3	218 45.9	· · 58.5	136 12.7	· · 39.7	317 57.3	· · 37.3
	22	266 26.9	178 03.5	37.5	233 46.7	59.1	151 14.6	39.6	333 00.0	37.4
	23	281 29.4	193 02.7	37.6	248 47.6	10 59.7	166 16.4	39.5	348 02.7	37.4
	19 00	296 31.8	208 02.0	N22 37.7	263 48.5	N11 00.2	181 18.3	N21 39.4	3 05.3	S21 37.4
	01	311 34.3	223 01.2	37.9	278 49.4	00.8	196 20.2	39.3	18 08.0	37.5
	02	326 36.8	238 00.4	38.0	293 50.2	01.3	211 22.0	39.2	33 10.6	37.5
	03	341 39.2	252 59.6	· · 38.2	308 51.1	· · 01.9	226 23.9	· · 39.1	48 13.3	· · 37.5
	04	356 41.7	267 58.8	38.3	323 52.0	02.4	241 25.8	39.0	63 16.0	37.6
	05	11 44.2	282 58.0	38.4	338 52.9	03.0	256 27.7	38.9	78 18.6	37.6
	06	26 46.6	297 57.2	N22 38.6	353 53.8	N11 03.5	271 29.5	N21 38.8	93 21.3	S21 37.6
	07	41 49.1	312 56.4	38.7	8 54.6	04.1	286 31.4	38.7	108 23.9	37.7
T	08	56 51.6	327 55.6	38.9	23 55.5	04.7	301 33.3	38.7	123 26.6	37.7
H	09	71 54.0	342 54.8	· · 39.0	38 56.4	· · 05.2	316 35.1	· · 38.6	138 29.3	· · 37.7
U	10	86 56.5	357 54.0	39.1	53 57.3	05.8	331 37.0	38.5	153 31.9	37.7
R	11	101 59.0	12 53.3	39.2	68 58.2	06.3	346 38.9	38.4	168 34.6	37.8
S	12	117 01.4	27 52.5	N22 39.4	83 59.0	N11 06.9	1 40.7	N21 38.3	183 37.2	S21 37.8
D	13	132 03.9	42 51.7	39.5	98 59.9	07.4	16 42.6	38.2	198 39.9	37.8
A	14	147 06.3	57 50.9	39.6	114 00.8	08.0	31 44.5	38.1	213 42.6	37.9
Y	15	162 08.8	72 50.1	· · 39.8	129 01.7	· · 08.5	46 46.3	· · 38.0	228 45.2	· · 37.9
	16	177 11.3	87 49.3	39.9	144 02.6	09.1	61 48.2	37.9	243 47.9	37.9
	17	192 13.7	102 48.5	40.0	159 03.4	09.6	76 50.1	37.8	258 50.5	38.0
	18	207 16.2	117 47.7	N22 40.1	174 04.3	N11 10.2	91 52.0	N21 37.7	273 53.2	S21 38.0
	19	222 18.7	132 46.9	40.3	189 05.2	10.8	106 53.8	37.6	288 55.8	38.0
	20	237 21.1	147 46.1	40.4	204 06.1	11.3	121 55.7	37.6	303 58.5	38.1
	21	252 23.6	162 45.3	· · 40.5	219 07.0	· · 11.9	136 57.6	· · 37.5	319 01.2	· · 38.1
	22	267 26.1	177 44.5	40.6	234 07.8	12.4	151 59.4	37.4	334 03.8	38.1
	23	282 28.5	192 43.7	40.7	249 08.7	13.0	167 01.3	37.3	349 06.5	38.2
	20 00	297 31.0	207 43.0	N22 40.9	264 09.6	N11 13.5	182 03.2	N21 37.2	4 09.1	S21 38.2
	01	312 33.4	222 42.2	41.0	279 10.5	14.1	197 05.0	37.1	19 11.8	38.2
	02	327 35.9	237 41.4	41.1	294 11.4	14.6	212 06.9	37.0	34 14.5	38.3
	03	342 38.4	252 40.6	· · 41.2	309 12.3	· · 15.2	227 08.8	· · 36.9	49 17.1	· · 38.3
	04	357 40.8	267 39.8	41.3	324 13.1	15.7	242 10.7	36.8	64 19.8	38.3
	05	12 43.3	282 39.0	41.4	339 14.0	16.3	257 12.5	36.7	79 22.4	38.4
	06	27 45.8	297 38.2	N22 41.5	354 14.9	N11 16.8	272 14.4	N21 36.6	94 25.1	S21 38.4
	07	42 48.2	312 37.4	41.6	9 15.8	17.4	287 16.3	36.5	109 27.8	38.4
	08	57 50.7	327 36.6	41.8	24 16.7	17.9	302 18.1	36.4	124 30.4	38.5
F	09	72 53.2	342 35.8	· · 41.9	39 17.6	· · 18.5	317 20.0	· · 36.4	139 33.1	· · 38.5
R	10	87 55.6	357 35.0	42.0	54 18.4	19.0	332 21.9	36.3	154 35.7	38.5
I	11	102 58.1	12 34.2	42.1	69 19.3	19.6	347 23.7	36.2	169 38.4	38.6
D	12	118 00.6	27 33.4	N22 42.2	84 20.2	N11 20.1	2 25.6	N21 36.1	184 41.0	S21 38.6
A	13	133 03.0	42 32.6	42.3	99 21.1	20.7	17 27.5	36.0	199 43.7	38.6
Y	14	148 05.5	57 31.8	42.4	114 22.0	21.2	32 29.3	35.9	214 46.4	38.7
	15	163 07.9	72 31.0	· · 42.5	129 22.9	· · 21.8	47 31.2	· · 35.8	229 49.0	· · 38.7
	16	178 10.4	87 30.2	42.6	144 23.7	22.3	62 33.1	35.7	244 51.7	38.7
	17	193 12.9	102 29.4	42.7	159 24.6	22.9	77 35.0	35.6	259 54.3	38.8
	18	208 15.3	117 28.6	N22 42.8	174 25.5	N11 23.4	92 36.8	N21 35.5	274 57.0	S21 38.8
	19	223 17.8	132 27.8	42.9	189 26.4	24.0	107 38.7	35.4	289 59.7	38.8
	20	238 20.3	147 27.0	43.0	204 27.3	24.5	122 40.6	35.3	305 02.3	38.9
	21	253 22.7	162 26.2	· · 43.1	219 28.2	· · 25.0	137 42.4	· · 35.2	320 05.0	· · 38.9
	22	268 25.2	177 25.5	43.1	234 29.0	25.6	152 44.3	35.2	335 07.6	38.9
	23	283 27.7	192 24.7	43.2	249 29.9	26.1	167 46.2	35.1	350 10.3	39.0
	Mer. Pass.	h m 4 13.2	v −0.8	d 0.1	v 0.9	d 0.6	v 1.9	d 0.1	v 2.7	d 0.0

STARS

Name	S.H.A. ° ′	Dec. ° ′
Acamar	315 31.4	S40 20.2
Achernar	335 39.2	S57 16.6
Acrux	173 29.1	S63 03.2
Adhara	255 26.4	S28 57.4
Aldebaran	291 09.3	N16 29.6
Alioth	166 35.6	N56 00.9
Alkaid	153 12.2	N49 21.8
Al Na'ir	28 04.6	S47 00.2
Alnilam	276 04.1	S 1 12.3
Alphard	218 13.3	S 8 37.0
Alphecca	126 25.3	N26 44.8
Alpheratz	358 01.2	N29 02.3
Altair	62 24.6	N 8 50.6
Ankaa	353 32.3	S42 21.1
Antares	112 47.1	S26 24.9
Arcturus	146 11.3	N19 13.9
Atria	108 04.0	S69 01.0
Avior	234 25.8	S59 28.7
Bellatrix	278 50.7	N 6 20.6
Betelgeuse	271 20.2	N 7 24.5
Canopus	264 04.3	S52 41.2
Capella	281 00.2	N45 59.4
Deneb	49 42.8	N45 14.8
Denebola	182 51.2	N14 37.5
Diphda	349 12.9	S18 02.0
Dubhe	194 12.8	N61 48.3
Elnath	278 34.6	N28 36.1
Eltanin	90 53.6	N51 29.5
Enif	34 03.7	N 9 49.9
Fomalhaut	15 42.5	S29 40.1
Gacrux	172 20.5	S57 04.0
Gienah	176 10.1	S17 29.5
Hadar	149 12.5	S60 20.0
Hamal	328 20.3	N23 25.1
Kaus Aust.	84 06.1	S34 23.5
Kochab	137 18.5	N74 11.8
Markab	13 55.3	N15 09.3
Menkar	314 33.1	N 4 03.3
Menkent	148 27.9	S36 19.7
Miaplacidus	221 44.5	S69 40.8
Mirfak	309 05.3	N49 49.6
Nunki	76 19.2	S26 18.6
Peacock	53 45.4	S56 45.9
Pollux	243 49.0	N28 03.1
Procyon	245 18.0	N 5 15.1
Rasalhague	96 22.1	N12 34.0
Regulus	208 02.0	N12 00.9
Rigel	281 28.8	S 8 12.5
Rigil Kent.	140 15.2	S60 48.1
Sabik	102 32.0	S15 42.9
Schedar	350 00.2	N56 29.0
Shaula	96 44.9	S37 06.0
Sirius	258 49.2	S16 42.0
Spica	158 49.4	S11 06.9
Suhail	223 05.6	S43 23.7
Vega	80 50.2	N38 46.5
Zuben'ubi	137 24.4	S16 00.3

	S.H.A. ° ′	Mer. Pass. h m
Venus	271 30.1	10 08
Mars	327 16.6	6 24
Jupiter	244 46.5	11 53
Saturn	66 33.5	23 43

UT (GMT) d	h	SUN G.H.A. ° ′	SUN Dec. ° ′	MOON G.H.A. ° ′	v ′	MOON Dec. ° ′	d ′	H.P. ′
18 (Wednesday)	00	178 27.8	N21 06.6	239 51.7	4.2	N24 43.6	6.8	60.0
	01	193 27.8	06.2	254 14.9	4.1	24 50.4	6.8	60.0
	02	208 27.7	05.7	268 38.0	4.0	24 57.2	6.5	60.0
	03	223 27.7	. . 05.3	283 01.0	4.0	25 03.7	6.4	60.0
	04	238 27.6	04.9	297 24.0	3.8	25 10.1	6.2	60.0
	05	253 27.5	04.4	311 46.8	3.8	25 16.3	6.0	60.0
	06	268 27.5	N21 04.0	326 09.6	3.7	N25 22.3	5.8	60.0
	07	283 27.4	03.6	340 32.3	3.6	25 28.1	5.7	60.0
	08	298 27.4	03.1	354 54.9	3.6	25 33.8	5.5	60.0
	09	313 27.4	. . 02.7	9 17.5	3.4	25 39.3	5.3	60.0
	10	328 27.3	02.2	23 39.9	3.4	25 44.6	5.1	60.0
	11	343 27.3	01.8	38 02.3	3.4	25 49.7	5.0	60.1
	12	358 27.2	N21 01.4	52 24.7	3.2	N25 54.7	4.7	60.1
	13	13 27.2	00.9	66 46.9	3.2	25 59.4	4.6	60.1
	14	28 27.1	00.5	81 09.1	3.1	26 04.0	4.4	60.1
	15	43 27.1	21 00.0	95 31.2	3.1	26 08.4	4.2	60.1
	16	58 27.0	20 59.6	109 53.3	3.0	26 12.6	4.1	60.1
	17	73 27.0	59.2	124 15.3	3.0	26 16.7	3.8	60.1
	18	88 26.9	N20 58.7	138 37.3	2.9	N26 20.5	3.6	60.1
	19	103 26.9	58.3	152 59.2	2.8	26 24.1	3.5	60.1
	20	118 26.8	57.8	167 21.0	2.8	26 27.6	3.3	60.1
	21	133 26.8	. . 57.4	181 42.8	2.7	26 30.9	3.0	60.1
	22	148 26.7	56.9	196 04.5	2.7	26 33.9	2.9	60.1
	23	163 26.7	56.5	210 26.2	2.7	26 36.8	2.7	60.1
19 (Thursday)	00	178 26.6	N20 56.1	224 47.9	2.6	N26 39.5	2.5	60.1
	01	193 26.6	55.6	239 09.5	2.6	26 42.0	2.3	60.1
	02	208 26.5	55.2	253 31.1	2.6	26 44.3	2.1	60.1
	03	223 26.5	. . 54.7	267 52.7	2.5	26 46.4	1.9	60.1
	04	238 26.5	54.3	282 14.2	2.5	26 48.3	1.7	60.1
	05	253 26.4	53.8	296 35.7	2.5	26 50.0	1.5	60.2
	06	268 26.4	N20 53.4	310 57.2	2.4	N26 51.5	1.4	60.2
	07	283 26.3	52.9	325 18.6	2.4	26 52.9	1.1	60.2
	08	298 26.3	52.5	339 40.0	2.4	26 54.0	0.9	60.2
	09	313 26.2	. . 52.0	354 01.4	2.4	26 54.9	0.7	60.2
	10	328 26.2	51.5	8 22.8	2.4	26 55.6	0.5	60.2
	11	343 26.1	51.1	22 44.2	2.4	26 56.1	0.4	60.2
	12	358 26.1	N20 50.6	37 05.6	2.4	N26 56.5	0.1	60.2
	13	13 26.1	50.2	51 27.0	2.3	26 56.6	0.1	60.2
	14	28 26.0	49.7	65 48.3	2.4	26 56.5	0.2	60.2
	15	43 26.0	. . 49.3	80 09.7	2.4	26 56.3	0.5	60.2
	16	58 25.9	48.8	94 31.1	2.3	26 55.8	0.7	60.2
	17	73 25.9	48.4	108 52.4	2.4	26 55.1	0.8	60.2
	18	88 25.8	N20 47.9	123 13.8	2.4	N26 54.3	1.1	60.2
	19	103 25.8	47.4	137 35.2	2.4	26 53.2	1.2	60.1
	20	118 25.8	47.0	151 56.6	2.5	26 52.0	1.5	60.1
	21	133 25.7	. . 46.5	166 18.1	2.4	26 50.5	1.6	60.1
	22	148 25.7	46.1	180 39.5	2.5	26 48.9	1.9	60.1
	23	163 25.6	45.6	195 01.0	2.5	26 47.0	2.0	60.1
20 (Friday)	00	178 25.6	N20 45.1	209 22.5	2.6	N26 45.0	2.3	60.1
	01	193 25.6	44.7	223 44.1	2.5	26 42.7	2.4	60.1
	02	208 25.5	44.2	238 05.6	2.6	26 40.3	2.6	60.1
	03	223 25.5	. . 43.8	252 27.2	2.7	26 37.7	2.9	60.1
	04	238 25.4	43.3	266 48.9	2.7	26 34.8	3.0	60.1
	05	253 25.4	42.8	281 10.6	2.7	26 31.8	3.2	60.1
	06	268 25.4	N20 42.4	295 32.3	2.8	N26 28.6	3.4	60.1
	07	283 25.3	41.9	309 54.1	2.8	26 25.2	3.6	60.1
	08	298 25.3	41.4	324 15.9	2.9	26 21.6	3.8	60.1
	09	313 25.2	. . 41.0	338 37.8	2.9	26 17.8	4.0	60.1
	10	328 25.2	40.5	352 59.7	3.0	26 13.8	4.1	60.1
	11	343 25.2	40.0	7 21.7	3.0	26 09.7	4.4	60.1
	12	358 25.1	N20 39.6	21 43.7	3.1	N26 05.3	4.5	60.0
	13	13 25.1	39.1	36 05.8	3.2	26 00.8	4.7	60.0
	14	28 25.1	38.6	50 28.0	3.2	25 56.1	4.9	60.0
	15	43 25.0	. . 38.2	64 50.2	3.3	25 51.2	5.1	60.0
	16	58 25.0	37.7	79 12.5	3.4	25 46.1	5.3	60.0
	17	73 25.0	37.2	93 34.9	3.5	25 40.8	5.4	60.0
	18	88 24.9	N20 36.7	107 57.4	3.5	N25 35.4	5.7	60.0
	19	103 24.9	36.3	122 19.9	3.6	25 29.7	5.8	60.0
	20	118 24.8	35.8	136 42.5	3.7	25 23.9	6.0	60.0
	21	133 24.8	. . 35.3	151 05.2	3.7	25 17.9	6.1	59.9
	22	148 24.8	34.8	165 27.9	3.9	25 11.8	6.4	59.9
	23	163 24.7	34.4	179 50.8	3.9	25 05.4	6.5	59.9
		S.D. 15.8	*d* 0.5	S.D. 16.4		16.4		16.4

Lat. °	Twilight Naut. h m	Twilight Civil h m	Sunrise h m	Moonrise 18 h m	Moonrise 19 h m	Moonrise 20 h m	Moonrise 21 h m
N 72	▭	▭	▭	▭	▭	▭	▭
N 70	▭	▭	▭	▭	▭	▭	▭
68	////	////	00 42	▭	▭	▭	▭
66	////	////	01 51	▭	▭	▭	▭
64	////	////	02 26	▭	▭	▭	00 19
62	////	01 13	02 51	22 20	23 19	25 06	01 06
60	////	01 57	03 11	23 00	24 02	00 02	01 37
N 58	////	02 25	03 27	23 28	24 31	00 31	02 00
56	01 07	02 46	03 40	23 50	24 54	00 54	02 18
54	01 47	03 03	03 52	24 08	00 08	01 12	02 34
52	02 13	03 18	04 02	24 23	00 23	01 28	02 47
50	02 33	03 30	04 12	24 37	00 37	01 41	02 59
45	03 10	03 55	04 31	00 12	01 04	02 09	03 24
N 40	03 36	04 15	04 47	00 32	01 26	02 30	03 43
35	03 56	04 31	05 00	00 48	01 44	02 48	03 59
30	04 12	04 44	05 11	01 02	01 59	03 04	04 13
20	04 38	05 06	05 30	01 26	02 26	03 30	04 37
N 10	04 58	05 25	05 47	01 47	02 48	03 53	04 58
0	05 15	05 41	06 03	02 06	03 10	04 14	05 17
S 10	05 30	05 56	06 18	02 26	03 31	04 35	05 36
20	05 44	06 11	06 34	02 47	03 54	04 58	05 56
30	05 58	06 27	06 53	03 12	04 21	05 24	06 20
35	06 05	06 36	07 04	03 27	04 37	05 40	06 33
40	06 13	06 46	07 16	03 43	04 55	05 58	06 49
45	06 22	06 58	07 31	04 04	05 17	06 19	07 08
S 50	06 31	07 11	07 48	04 30	05 45	06 47	07 31
52	06 35	07 18	07 57	04 42	05 59	07 00	07 43
54	06 40	07 24	08 06	04 56	06 15	07 15	07 55
56	06 45	07 32	08 16	05 13	06 34	07 33	08 10
58	06 50	07 40	08 28	05 33	06 58	07 55	08 27
S 60	06 56	07 50	08 42	05 59	07 29	08 23	08 47

Lat. °	Sunset h m	Twilight Civil h m	Twilight Naut. h m	Moonset 18 h m	Moonset 19 h m	Moonset 20 h m	Moonset 21 h m
N 72	▭	▭	▭	▭	▭	▭	▭
N 70	▭	▭	▭	▭	▭	▭	▭
68	23 20	////	////	▭	▭	▭	23 11
66	22 18	////	////	▭	▭	▭	22 11
64	21 44	////	////	▭	▭	21 51	21 36
62	21 19	22 54	////	19 21	20 38	21 03	21 10
60	21 00	22 13	////	18 41	19 54	20 33	20 50
N 58	20 44	21 46	////	18 14	19 25	20 09	20 34
56	20 31	21 25	23 01	17 52	19 03	19 50	20 19
54	20 19	21 08	22 23	17 34	18 44	19 34	20 07
52	20 09	20 54	21 58	17 19	18 29	19 20	19 56
50	20 00	20 41	21 38	17 06	18 15	19 08	19 46
45	19 41	20 16	21 02	16 39	17 47	18 43	19 26
N 40	19 26	19 57	20 36	16 18	17 25	18 23	19 09
35	19 12	19 41	20 16	16 00	17 07	18 06	18 55
30	19 01	19 28	20 00	15 45	16 51	17 51	18 43
20	18 42	19 06	19 34	15 19	16 25	17 26	18 21
N 10	18 25	18 48	19 14	14 57	16 02	17 05	18 03
0	18 10	18 32	18 58	14 36	15 40	16 44	17 45
S 10	17 55	18 17	18 43	14 16	15 19	16 24	17 28
20	17 38	18 02	18 29	13 53	14 56	16 02	17 09
30	17 20	17 46	18 15	13 28	14 29	15 36	16 47
35	17 09	17 37	18 08	13 13	14 13	15 21	16 34
40	16 57	17 26	18 00	12 55	13 55	15 04	16 19
45	16 42	17 15	17 51	12 34	13 32	14 43	16 01
S 50	16 25	17 01	17 42	12 08	13 04	14 16	15 39
52	16 16	16 55	17 38	11 55	12 50	14 03	15 28
54	16 07	16 49	17 33	11 40	12 34	13 48	15 16
56	15 57	16 41	17 28	11 23	12 15	13 30	15 02
58	15 45	16 33	17 23	11 03	11 51	13 09	14 45
S 60	15 31	16 23	17 17	10 37	11 20	12 41	14 25

Day	SUN Eqn. of Time 00ʰ m s	SUN Eqn. of Time 12ʰ m s	SUN Mer. Pass. h m	MOON Mer. Pass. Upper h m	MOON Mer. Pass. Lower h m	Age d	Phase
18	06 09	06 11	12 06	08 21	20 53	26	
19	06 13	06 16	12 06	09 25	21 57	27	
20	06 18	06 19	12 06	10 29	23 01	28	

UT (GMT) d	h	ARIES G.H.A.	VENUS −3.9 G.H.A.	VENUS Dec.	MARS +0.1 G.H.A.	MARS Dec.	JUPITER −1.8 G.H.A.	JUPITER Dec.	SATURN +0.1 G.H.A.	SATURN Dec.	STARS Name	S.H.A.	Dec.
		° ′	° ′	° ′	° ′	° ′	° ′	° ′	° ′	° ′		° ′	° ′
21	00	298 30.1	207 23.9	N22 43.3	264 30.8	N11 26.7	182 48.1	N21 35.0	5 12.9	S21 39.0	Acamar	315 31.4	S40 20.1
	01	313 32.6	222 23.1	43.4	279 31.7	27.2	197 49.9	34.9	20 15.6	39.0	Achernar	335 39.2	S57 16.6
	02	328 35.1	237 22.3	43.5	294 32.6	27.8	212 51.8	34.8	35 18.3	39.1	Acrux	173 29.1	S63 03.2
	03	343 37.5	252 21.5	· · 43.6	309 33.5	· · 28.3	227 53.7	· · 34.7	50 20.9	· · 39.1	Adhara	255 26.4	S28 57.4
	04	358 40.0	267 20.7	43.7	324 34.4	28.9	242 55.5	34.6	65 23.6	39.1	Aldebaran	291 09.3	N16 29.6
	05	13 42.4	282 19.9	43.8	339 35.2	29.4	257 57.4	34.5	80 26.2	39.1			
	06	28 44.9	297 19.1	N22 43.8	354 36.1	N11 30.0	272 59.3	N21 34.4	95 28.9	S21 39.2	Alioth	166 35.6	N56 00.8
	07	43 47.4	312 18.3	43.9	9 37.0	30.5	288 01.1	34.3	110 31.6	39.2	Alkaid	153 12.2	N49 21.8
S	08	58 49.8	327 17.5	44.0	24 37.9	31.0	303 03.0	34.2	125 34.2	39.2	Al Na'ir	28 04.6	S47 00.2
A	09	73 52.3	342 16.7	· · 44.1	39 38.8	· · 31.6	318 04.9	· · 34.1	140 36.9	· · 39.3	Alnilam	276 04.0	S 1 12.3
T	10	88 54.8	357 15.9	44.2	54 39.7	32.1	333 06.8	34.0	155 39.5	39.3	Alphard	218 13.2	S 8 37.0
U	11	103 57.2	12 15.1	44.3	69 40.6	32.7	348 08.6	33.9	170 42.2	39.3			
R	12	118 59.7	27 14.3	N22 44.3	84 41.4	N11 33.2	3 10.5	N21 33.9	185 44.8	S21 39.4	Alphecca	126 25.3	N26 44.8
D	13	134 02.2	42 13.5	44.4	99 42.3	33.8	18 12.4	33.8	200 47.5	39.4	Alpheratz	358 01.2	N29 02.3
A	14	149 04.6	57 12.7	44.5	114 43.2	34.3	33 14.2	33.7	215 50.2	39.4	Altair	62 24.6	N 8 50.6
Y	15	164 07.1	72 11.9	· · 44.6	129 44.1	· · 34.8	48 16.1	· · 33.6	230 52.8	· · 39.5	Ankaa	353 32.3	S42 21.1
	16	179 09.6	87 11.1	44.6	144 45.0	35.4	63 18.0	33.5	245 55.5	39.5	Antares	112 47.1	S26 24.9
	17	194 12.0	102 10.3	44.7	159 45.9	35.9	78 19.8	33.4	260 58.1	39.5			
	18	209 14.5	117 09.5	N22 44.8	174 46.8	N11 36.5	93 21.7	N21 33.3	276 00.8	S21 39.6	Arcturus	146 11.3	N19 13.9
	19	224 16.9	132 08.7	44.8	189 47.7	37.0	108 23.6	33.2	291 03.4	39.6	Atria	108 04.1	S69 01.0
	20	239 19.4	147 07.9	44.9	204 48.6	37.6	123 25.5	33.1	306 06.1	39.6	Avior	234 25.8	S59 28.7
	21	254 21.9	162 07.1	· · 45.0	219 49.4	· · 38.1	138 27.3	· · 33.0	321 08.8	· · 39.7	Bellatrix	278 50.7	N 6 20.6
	22	269 24.3	177 06.3	45.0	234 50.3	38.6	153 29.2	32.9	336 11.4	39.7	Betelgeuse	271 20.1	N 7 24.5
	23	284 26.8	192 05.5	45.1	249 51.2	39.2	168 31.1	32.8	351 14.1	39.7			
22	00	299 29.3	207 04.7	N22 45.2	264 52.1	N11 39.7	183 32.9	N21 32.7	6 16.7	S21 39.8	Canopus	264 04.3	S52 41.2
	01	314 31.7	222 03.9	45.2	279 53.0	40.3	198 34.8	32.6	21 19.4	39.8	Capella	281 00.2	N45 59.4
	02	329 34.2	237 03.1	45.3	294 53.9	40.8	213 36.7	32.5	36 22.1	39.8	Deneb	49 42.8	N45 14.8
	03	344 36.7	252 02.3	· · 45.3	309 54.8	· · 41.3	228 38.6	· · 32.5	51 24.7	· · 39.9	Denebola	182 51.2	N14 37.5
	04	359 39.1	267 01.5	45.4	324 55.7	41.9	243 40.4	32.4	66 27.4	39.9	Diphda	349 12.9	S18 02.0
	05	14 41.6	282 00.7	45.5	339 56.6	42.4	258 42.3	32.3	81 30.0	39.9			
	06	29 44.0	296 59.9	N22 45.5	354 57.4	N11 43.0	273 44.2	N21 32.2	96 32.7	S21 40.0	Dubhe	194 12.8	N61 48.3
	07	44 46.5	311 59.1	45.6	9 58.3	43.5	288 46.0	32.1	111 35.3	40.0	Elnath	278 34.6	N28 36.1
	08	59 49.0	326 58.3	45.6	24 59.2	44.0	303 47.9	32.0	126 38.0	40.0	Eltanin	90 53.6	N51 29.5
S	09	74 51.4	341 57.5	· · 45.7	40 00.1	· · 44.6	318 49.8	· · 31.9	141 40.7	· · 40.1	Enif	34 03.7	N 9 50.0
U	10	89 53.9	356 56.7	45.7	55 01.0	45.1	333 51.7	31.8	156 43.3	40.1	Fomalhaut	15 42.5	S29 40.1
N	11	104 56.4	11 55.8	45.8	70 01.9	45.7	348 53.5	31.7	171 46.0	40.1			
D	12	119 58.8	26 55.0	N22 45.8	85 02.8	N11 46.2	3 55.4	N21 31.6	186 48.6	S21 40.1	Gacrux	172 20.5	S57 04.0
A	13	135 01.3	41 54.2	45.9	100 03.7	46.7	18 57.3	31.5	201 51.3	40.2	Gienah	176 10.2	S17 29.5
Y	14	150 03.8	56 53.4	45.9	115 04.6	47.3	33 59.1	31.4	216 53.9	40.2	Hadar	149 12.5	S60 20.1
	15	165 06.2	71 52.6	· · 46.0	130 05.5	· · 47.8	49 01.0	· · 31.3	231 56.6	· · 40.2	Hamal	328 20.2	N23 25.1
	16	180 08.7	86 51.8	46.0	145 06.4	48.3	64 02.9	31.2	246 59.3	40.3	Kaus Aust.	84 06.1	S34 23.5
	17	195 11.2	101 51.0	46.1	160 07.2	48.9	79 04.8	31.1	262 01.9	40.3			
	18	210 13.6	116 50.2	N22 46.1	175 08.1	N11 49.4	94 06.6	N21 31.0	277 04.6	S21 40.3	Kochab	137 18.6	N74 11.8
	19	225 16.1	131 49.4	46.2	190 09.0	50.0	109 08.5	31.0	292 07.2	40.4	Markab	13 55.2	N15 09.3
	20	240 18.5	146 48.6	46.2	205 09.9	50.5	124 10.4	30.9	307 09.9	40.4	Menkar	314 33.1	N 4 03.4
	21	255 21.0	161 47.8	· · 46.2	220 10.8	· · 51.0	139 12.2	· · 30.8	322 12.5	· · 40.4	Menkent	148 27.9	S36 19.7
	22	270 23.5	176 47.0	46.3	235 11.7	51.6	154 14.1	30.7	337 15.2	40.5	Miaplacidus	221 44.5	S69 40.8
	23	285 25.9	191 46.2	46.3	250 12.6	52.1	169 16.0	30.6	352 17.9	40.5			
23	00	300 28.4	206 45.4	N22 46.4	265 13.5	N11 52.6	184 17.9	N21 30.5	7 20.5	S21 40.5	Mirfak	309 05.3	N49 49.6
	01	315 30.9	221 44.6	46.4	280 14.4	53.2	199 19.7	30.4	22 23.2	40.6	Nunki	76 19.2	S26 18.6
	02	330 33.3	236 43.8	46.4	295 15.3	53.7	214 21.6	30.3	37 25.8	40.6	Peacock	53 45.4	S56 45.9
	03	345 35.8	251 43.0	· · 46.5	310 16.2	· · 54.2	229 23.5	· · 30.2	52 28.5	· · 40.6	Pollux	243 49.0	N28 03.1
	04	0 38.3	266 42.2	46.5	325 17.1	54.8	244 25.3	30.1	67 31.1	40.7	Procyon	245 18.0	N 5 15.1
	05	15 40.7	281 41.4	46.5	340 18.0	55.3	259 27.2	30.0	82 33.8	40.7			
	06	30 43.2	296 40.6	N22 46.6	355 18.9	N11 55.8	274 29.1	N21 29.9	97 36.5	S21 40.7	Rasalhague	96 22.1	N12 34.0
	07	45 45.7	311 39.8	46.6	10 19.7	56.4	289 31.0	29.8	112 39.1	40.8	Regulus	208 02.0	N12 00.9
	08	60 48.1	326 39.0	46.6	25 20.6	56.9	304 32.8	29.7	127 41.8	40.8	Rigel	281 28.8	S 8 12.5
M	09	75 50.6	341 38.2	· · 46.6	40 21.5	· · 57.4	319 34.7	· · 29.6	142 44.4	· · 40.8	Rigil Kent.	140 15.2	S60 48.1
O	10	90 53.0	356 37.4	46.7	55 22.4	58.0	334 36.6	29.5	157 47.1	40.9	Sabik	102 32.0	S15 42.9
N	11	105 55.5	11 36.6	46.7	70 23.3	58.5	349 38.4	29.4	172 49.7	40.9			
D	12	120 58.0	26 35.8	N22 46.7	85 24.2	N11 59.0	4 40.3	N21 29.4	187 52.4	S21 40.9	Schedar	350 00.2	N56 29.0
A	13	136 00.4	41 34.9	46.7	100 25.1	11 59.6	19 42.2	29.3	202 55.1	41.0	Shaula	96 44.9	S37 06.0
Y	14	151 02.9	56 34.1	46.7	115 26.0	12 00.1	34 44.1	29.2	217 57.7	41.0	Sirius	258 49.2	S16 42.0
	15	166 05.4	71 33.3	· · 46.8	130 26.9	· · 00.6	49 45.9	· · 29.1	233 00.4	· · 41.0	Spica	158 49.4	S11 06.9
	16	181 07.8	86 32.5	46.8	145 27.8	01.2	64 47.8	29.0	248 03.0	41.0	Suhail	223 05.6	S43 23.7
	17	196 10.3	101 31.7	46.8	160 28.7	01.7	79 49.7	28.9	263 05.7	41.1			
	18	211 12.8	116 30.9	N22 46.8	175 29.6	N12 02.2	94 51.5	N21 28.8	278 08.3	S21 41.1	Vega	80 50.2	N38 46.5
	19	226 15.2	131 30.1	46.8	190 30.5	02.8	109 53.4	28.7	293 11.0	41.1	Zuben'ubi	137 24.4	S16 00.3
	20	241 17.7	146 29.3	46.9	205 31.4	03.3	124 55.3	28.6	308 13.6	41.2			
	21	256 20.1	161 28.5	· · 46.9	220 32.3	· · 03.8	139 57.2	· · 28.5	323 16.3	· · 41.2			
	22	271 22.6	176 27.7	46.9	235 33.2	04.3	154 59.0	28.4	338 19.0	41.2			
	23	286 25.1	191 26.9	46.9	250 34.1	04.9	170 00.9	28.3	353 21.6	41.3			
Mer. Pass.		h m 4 01.4	v −0.8	d 0.0	v 0.9	d 0.5	v 1.9	d 0.1	v 2.7	d 0.0			

	S.H.A. ° ′	Mer. Pass. h m
Venus	267 35.4	10 12
Mars	325 22.8	6 20
Jupiter	244 03.7	11 44
Saturn	66 47.5	23 31

1990 JULY 21, 22, 23 (SAT., SUN., MON.)

UT (GMT) d h	SUN G.H.A. ° ′	SUN Dec. ° ′	MOON G.H.A. ° ′	MOON v ′	MOON Dec. ° ′	MOON d ′	MOON H.P. ′
21 00 (SATURDAY)	178 24.7	N20 33.9	194 13.7	4.1	N24 58.9	6.6	59.9
01	193 24.7	33.4	208 36.8	4.1	24 52.3	6.9	59.9
02	208 24.6	32.9	222 59.9	4.2	24 45.4	7.0	59.9
03	223 24.6	. . 32.5	237 23.1	4.3	24 38.4	7.2	59.9
04	238 24.6	32.0	251 46.4	4.3	24 31.2	7.3	59.8
05	253 24.5	31.5	266 09.7	4.5	24 23.9	7.5	59.8
06	268 24.5	N20 31.0	280 33.2	4.6	N24 16.4	7.7	59.8
07	283 24.5	30.5	294 56.8	4.7	24 08.7	7.8	59.8
08	298 24.4	30.1	309 20.5	4.8	24 00.9	8.0	59.8
09	313 24.4	. . 29.6	323 44.3	4.9	23 52.9	8.2	59.8
10	328 24.4	29.1	338 08.2	4.9	23 44.7	8.3	59.7
11	343 24.3	28.6	352 32.1	5.1	23 36.4	8.4	59.7
12	358 24.3	N20 28.1	6 56.2	5.2	N23 28.0	8.6	59.7
13	13 24.3	27.6	21 20.4	5.3	23 19.4	8.8	59.7
14	28 24.2	27.2	35 44.7	5.4	23 10.6	8.9	59.7
15	43 24.2	. . 26.7	50 09.1	5.5	23 01.7	9.0	59.7
16	58 24.2	26.2	64 33.6	5.7	22 52.7	9.2	59.6
17	73 24.2	25.7	78 58.3	5.7	22 43.5	9.3	59.6
18	88 24.1	N20 25.2	93 23.0	5.8	N22 34.2	9.5	59.6
19	103 24.1	24.7	107 47.8	6.0	22 24.7	9.6	59.6
20	118 24.1	24.2	122 12.8	6.1	22 15.1	9.8	59.6
21	133 24.0	. . 23.8	136 37.9	6.1	22 05.3	9.8	59.5
22	148 24.0	23.3	151 03.0	6.3	21 55.5	10.0	59.5
23	163 24.0	22.8	165 28.3	6.5	N21 45.5	10.2	59.5
22 00 (SUNDAY)	178 23.9	N20 22.3	A Total Eclipse of the Sun occurs on this date. See page 5.				
01	193 23.9	21.8					
02	208 23.9	21.3					
03	223 23.9	. . 20.8					
04	238 23.8	20.3					
05	253 23.8	19.8					
06	268 23.8	N20 19.3	266 28.6	7.2	N20 31.8	11.0	59.3
07	283 23.8	18.8	280 54.8	7.4	20 20.8	11.1	59.3
08	298 23.7	18.3	295 21.2	7.4	20 09.7	11.2	59.3
09	313 23.7	. . 17.9	309 47.6	7.6	19 58.5	11.4	59.3
10	328 23.7	17.4	324 14.2	7.7	19 47.1	11.4	59.2
11	343 23.7	16.9	338 40.9	7.8	19 35.7	11.6	59.2
12	358 23.6	N20 16.4	353 07.7	7.9	N19 24.1	11.7	59.2
13	13 23.6	15.9	7 34.6	8.0	19 12.4	11.7	59.2
14	28 23.6	15.4	22 01.6	8.2	19 00.7	11.9	59.1
15	43 23.5	. . 14.9	36 28.8	8.2	18 48.8	12.0	59.1
16	58 23.5	14.4	50 56.0	8.4	18 36.8	12.0	59.1
17	73 23.5	13.9	65 23.4	8.5	18 24.8	12.2	59.1
18	88 23.5	N20 13.4	79 50.9	8.6	N18 12.6	12.2	59.0
19	103 23.5	12.9	94 18.5	8.7	18 00.4	12.4	59.0
20	118 23.4	12.4	108 46.2	8.9	17 48.0	12.4	59.0
21	133 23.4	. . 11.9	123 14.1	8.9	17 35.6	12.6	58.9
22	148 23.4	11.4	137 42.0	9.1	17 23.0	12.6	58.9
23	163 23.4	10.9	152 10.1	9.1	17 10.4	12.7	58.9
23 00 (MONDAY)	178 23.3	N20 10.3	166 38.2	9.3	N16 57.7	12.7	58.9
01	193 23.3	09.8	181 06.5	9.4	16 45.0	12.9	58.8
02	208 23.3	09.3	195 34.9	9.5	16 32.1	12.9	58.8
03	223 23.3	. . 08.8	210 03.4	9.6	16 19.2	13.1	58.8
04	238 23.2	08.3	224 32.0	9.8	16 06.1	13.1	58.7
05	253 23.2	07.8	239 00.8	9.8	15 53.0	13.1	58.7
06	268 23.2	N20 07.3	253 29.6	9.9	N15 39.9	13.2	58.7
07	283 23.2	06.8	267 58.5	10.1	15 26.7	13.4	58.6
08	298 23.2	06.3	282 27.6	10.2	15 13.3	13.3	58.6
09	313 23.1	. . 05.8	296 56.8	10.2	15 00.0	13.5	58.6
10	328 23.1	05.3	311 26.0	10.4	14 46.5	13.5	58.6
11	343 23.1	04.8	325 55.4	10.5	14 33.0	13.5	58.5
12	358 23.1	N20 04.2	340 24.9	10.5	N14 19.5	13.7	58.5
13	13 23.1	03.7	354 54.4	10.7	14 05.8	13.6	58.5
14	28 23.0	03.2	9 24.1	10.8	13 52.2	13.8	58.4
15	43 23.0	. . 02.7	23 53.9	10.9	13 38.4	13.8	58.4
16	58 23.0	02.2	38 23.8	10.9	13 24.6	13.8	58.4
17	73 23.0	01.7	52 53.7	11.1	13 10.8	13.9	58.3
18	88 23.0	N20 01.2	67 23.8	11.2	N12 56.9	14.0	58.3
19	103 23.0	00.7	81 54.0	11.2	12 42.9	14.0	58.3
20	118 22.9	20 00.1	96 24.2	11.4	12 28.9	14.0	58.2
21	133 22.9	19 59.6	110 54.6	11.5	12 14.9	14.1	58.2
22	148 22.9	59.1	125 25.1	11.5	12 00.8	14.2	58.2
23	163 22.9	58.6	139 55.6	11.7	11 46.6	14.1	58.1
	S.D. 15.8	*d* 0.5	S.D. 16.3		16.1		15.9

Lat. °	Twilight Naut. h m	Twilight Civil h m	Sunrise h m	Moonrise 21 h m	Moonrise 22 h m	Moonrise 23 h m	Moonrise 24 h m
N 72	□	□	□	□	□	02 45	05 41
N 70	□	□	□	□	□	03 32	05 58
68	////	////	01 11	□	01 06	04 02	06 12
66	////	////	02 04	□	02 06	04 24	06 23
64	////	////	02 35	00 19	02 39	04 42	06 32
62	////	01 29	02 59	01 06	03 04	04 56	06 39
60	////	02 07	03 17	01 37	03 23	05 08	06 46
N 58	////	02 32	03 32	02 00	03 39	05 18	06 52
56	01 22	02 52	03 45	02 18	03 53	05 27	06 57
54	01 56	03 09	03 57	02 34	04 04	05 35	07 01
52	02 20	03 23	04 07	02 47	04 15	05 42	07 06
50	02 39	03 35	04 15	02 59	04 24	05 48	07 09
45	03 14	03 59	04 34	03 24	04 43	06 02	07 17
N 40	03 39	04 18	04 49	03 43	04 59	06 13	07 24
35	03 58	04 33	05 02	03 59	05 12	06 23	07 30
30	04 14	04 46	05 13	04 13	05 23	06 31	07 35
20	04 39	05 08	05 32	04 37	05 43	06 45	07 43
N 10	04 59	05 25	05 48	04 58	06 00	06 57	07 51
0	05 15	05 41	06 03	05 17	06 15	07 09	07 58
S 10	05 30	05 55	06 18	05 36	06 31	07 21	08 05
20	05 43	06 10	06 34	05 56	06 48	07 33	08 13
30	05 57	06 26	06 52	06 20	07 07	07 47	08 21
35	06 04	06 35	07 02	06 33	07 18	07 55	08 26
40	06 11	06 44	07 14	06 49	07 31	08 04	08 32
45	06 19	06 56	07 28	07 08	07 45	08 14	08 38
S 50	06 29	07 09	07 45	07 31	08 04	08 27	08 46
52	06 33	07 15	07 53	07 43	08 12	08 33	08 49
54	06 37	07 21	08 02	07 55	08 22	08 40	08 53
56	06 41	07 28	08 12	08 10	08 32	08 47	08 57
58	06 47	07 36	08 23	08 27	08 44	08 55	09 02
S 60	06 52	07 45	08 37	08 47	08 59	09 04	09 07

Lat. °	Sunset h m	Twilight Civil h m	Twilight Naut. h m	Moonset 21 h m	Moonset 22 h m	Moonset 23 h m	Moonset 24 h m
N 72	□	□	□	□	23 30	22 19	21 41
N 70	□	□	□	□	22 41	21 59	21 32
68	22 54	////	////	23 11	22 10	21 44	21 25
66	22 06	////	////	22 11	21 46	21 31	21 20
64	21 35	////	////	21 36	21 27	21 21	21 14
62	21 12	22 39	////	21 10	21 12	21 11	21 10
60	20 54	22 04	////	20 50	20 59	21 03	21 06
N 58	20 39	21 38	////	20 34	20 48	20 57	21 03
56	20 26	21 19	22 47	20 19	20 38	20 50	21 00
54	20 15	21 03	22 14	20 07	20 29	20 45	20 57
52	20 05	20 49	21 51	19 56	20 21	20 40	20 54
50	19 57	20 37	21 33	19 46	20 14	20 35	20 52
45	19 38	20 13	20 58	19 26	19 59	20 25	20 47
N 40	19 23	19 55	20 33	19 09	19 46	20 17	20 43
35	19 11	19 39	20 14	18 55	19 35	20 10	20 39
30	19 00	19 26	19 58	18 43	19 26	20 03	20 36
20	18 41	19 05	19 33	18 21	19 10	19 52	20 30
N 10	18 25	18 47	19 14	18 03	18 55	19 42	20 25
0	18 10	18 32	18 58	17 45	18 41	19 33	20 20
S 10	17 55	18 17	18 43	17 28	18 28	19 24	20 15
20	17 39	18 03	18 30	17 09	18 13	19 13	20 10
30	17 21	17 47	18 16	16 47	17 56	19 02	20 04
35	17 11	17 38	18 09	16 34	17 46	18 55	20 01
40	16 59	17 29	18 02	16 19	17 34	18 47	19 57
45	16 45	17 18	17 54	16 01	17 21	18 38	19 52
S 50	16 28	17 05	17 45	15 39	17 04	18 27	19 46
52	16 20	16 59	17 41	15 28	16 56	18 22	19 44
54	16 11	16 52	17 37	15 16	16 47	18 17	19 41
56	16 01	16 45	17 32	15 02	16 37	18 10	19 38
58	15 50	16 37	17 27	14 45	16 26	18 03	19 34
S 60	15 37	16 28	17 21	14 25	16 13	17 55	19 30

Day	SUN Eqn. of Time 00ʰ m s	SUN Eqn. of Time 12ʰ m s	SUN Mer. Pass. h m	MOON Mer. Pass. Upper h m	MOON Mer. Pass. Lower h m	MOON Age d	MOON Phase
21	06 21	06 23	12 06	11 31	24 00	29	
22	06 24	06 25	12 06	12 29	00 00	00	●
23	06 27	06 28	12 06	13 21	00 55	01	

UT (GMT) d	h	ARIES G.H.A. ° ′	VENUS −3.9 G.H.A. ° ′	Dec. ° ′	MARS +0.1 G.H.A. ° ′	Dec. ° ′	JUPITER −1.8 G.H.A. ° ′	Dec. ° ′	SATURN +0.1 G.H.A. ° ′	Dec. ° ′
24	00	301 27.5	206 26.1	N22 46.9	265 35.0	N12 05.4	185 02.8	N21 28.2	8 24.3	S21 41.3
	01	316 30.0	221 25.3	46.9	280 35.9	05.9	200 04.7	28.1	23 26.9	41.3
	02	331 32.5	236 24.5	46.9	295 36.8	06.5	215 06.5	28.0	38 29.6	41.4
	03	346 34.9	251 23.7	· · 46.9	310 37.7	· · 07.0	230 08.4	· · 27.9	53 32.2	· · 41.4
	04	1 37.4	266 22.9	46.9	325 38.6	07.5	245 10.3	27.8	68 34.9	41.4
	05	16 39.9	281 22.0	46.9	340 39.5	08.0	260 12.1	27.7	83 37.6	41.5
	06	31 42.3	296 21.2	N22 46.9	355 40.4	N12 08.6	275 14.0	N21 27.6	98 40.2	S21 41.5
	07	46 44.8	311 20.4	46.9	10 41.3	09.1	290 15.9	27.5	113 42.9	41.5
T	08	61 47.3	326 19.6	46.9	25 42.2	09.6	305 17.8	27.5	128 45.5	41.6
U	09	76 49.7	341 18.8	· · 46.9	40 43.0	· · 10.2	320 19.6	· · 27.4	143 48.2	· · 41.6
E	10	91 52.2	356 18.0	46.9	55 43.9	10.7	335 21.5	27.3	158 50.8	41.6
S	11	106 54.6	11 17.2	46.9	70 44.8	11.2	350 23.4	27.2	173 53.5	41.7
D	12	121 57.1	26 16.4	N22 46.9	85 45.7	N12 11.7	5 25.3	N21 27.1	188 56.1	S21 41.7
A	13	136 59.6	41 15.6	46.9	100 46.6	12.3	20 27.1	27.0	203 58.8	41.7
Y	14	152 02.0	56 14.8	46.9	115 47.5	12.8	35 29.0	26.9	219 01.5	41.7
	15	167 04.5	71 14.0	· · 46.9	130 48.4	· · 13.3	50 30.9	· · 26.8	234 04.1	· · 41.8
	16	182 07.0	86 13.2	46.9	145 49.3	13.8	65 32.7	26.7	249 06.8	41.8
	17	197 09.4	101 12.4	46.9	160 50.2	14.4	80 34.6	26.6	264 09.4	41.8
	18	212 11.9	116 11.6	N22 46.9	175 51.1	N12 14.9	95 36.5	N21 26.5	279 12.1	S21 41.9
	19	227 14.4	131 10.7	46.9	190 52.0	15.4	110 38.4	26.4	294 14.7	41.9
	20	242 16.8	146 09.9	46.9	205 52.9	15.9	125 40.2	26.3	309 17.4	41.9
	21	257 19.3	161 09.1	· · 46.8	220 53.8	· · 16.5	140 42.1	· · 26.2	324 20.0	· · 42.0
	22	272 21.8	176 08.3	46.8	235 54.7	17.0	155 44.0	26.1	339 22.7	42.0
	23	287 24.2	191 07.5	46.8	250 55.6	17.5	170 45.9	26.0	354 25.4	42.0
25	00	302 26.7	206 06.7	N22 46.8	265 56.5	N12 18.0	185 47.7	N21 25.9	9 28.0	S21 42.1
	01	317 29.1	221 05.9	46.8	280 57.4	18.6	200 49.6	25.8	24 30.7	42.1
	02	332 31.6	236 05.1	46.8	295 58.3	19.1	215 51.5	25.7	39 33.3	42.1
	03	347 34.1	251 04.3	· · 46.7	310 59.2	· · 19.6	230 53.3	· · 25.6	54 36.0	· · 42.2
	04	2 36.5	266 03.5	46.7	326 00.1	20.1	245 55.2	25.5	69 38.6	42.2
	05	17 39.0	281 02.7	46.7	341 01.1	20.7	260 57.1	25.4	84 41.3	42.2
	06	32 41.5	296 01.9	N22 46.7	356 02.0	N12 21.2	275 59.0	N21 25.4	99 43.9	S21 42.3
W	07	47 43.9	311 01.0	46.6	11 02.9	21.7	291 00.8	25.3	114 46.6	42.3
E	08	62 46.4	326 00.2	46.6	26 03.8	22.2	306 02.7	25.2	129 49.2	42.3
D	09	77 48.9	340 59.4	· · 46.6	41 04.7	· · 22.7	321 04.6	· · 25.1	144 51.9	· · 42.3
N	10	92 51.3	355 58.6	46.6	56 05.6	23.3	336 06.5	25.0	159 54.6	42.4
E	11	107 53.8	10 57.8	46.5	71 06.5	23.8	351 08.3	24.9	174 57.2	42.4
S	12	122 56.2	25 57.0	N22 46.5	86 07.4	N12 24.3	6 10.2	N21 24.8	189 59.9	S21 42.4
D	13	137 58.7	40 56.2	46.5	101 08.3	24.8	21 12.1	24.7	205 02.5	42.5
A	14	153 01.2	55 55.4	46.4	116 09.2	25.4	36 14.0	24.6	220 05.2	42.5
Y	15	168 03.6	70 54.6	· · 46.4	131 10.1	· · 25.9	51 15.8	· · 24.5	235 07.8	· · 42.5
	16	183 06.1	85 53.8	46.4	146 11.0	26.4	66 17.7	24.4	250 10.5	42.6
	17	198 08.6	100 53.0	46.3	161 11.9	26.9	81 19.6	24.3	265 13.1	42.6
	18	213 11.0	115 52.1	N22 46.3	176 12.8	N12 27.4	96 21.4	N21 24.2	280 15.8	S21 42.6
	19	228 13.5	130 51.3	46.2	191 13.7	28.0	111 23.3	24.1	295 18.4	42.7
	20	243 16.0	145 50.5	46.2	206 14.6	28.5	126 25.2	24.0	310 21.1	42.7
	21	258 18.4	160 49.7	· · 46.2	221 15.5	· · 29.0	141 27.1	· · 23.9	325 23.8	· · 42.7
	22	273 20.9	175 48.9	46.1	236 16.4	29.5	156 28.9	23.8	340 26.4	42.8
	23	288 23.4	190 48.1	46.1	251 17.3	30.0	171 30.8	23.7	355 29.1	42.8
26	00	303 25.8	205 47.3	N22 46.0	266 18.2	N12 30.5	186 32.7	N21 23.6	10 31.7	S21 42.8
	01	318 28.3	220 46.5	46.0	281 19.1	31.1	201 34.6	23.5	25 34.4	42.9
	02	333 30.7	235 45.7	45.9	296 20.0	31.6	216 36.4	23.4	40 37.0	42.9
	03	348 33.2	250 44.9	· · 45.9	311 20.9	· · 32.1	231 38.3	· · 23.3	55 39.7	· · 42.9
	04	3 35.7	265 44.1	45.8	326 21.8	32.6	246 40.2	23.2	70 42.3	42.9
	05	18 38.1	280 43.2	45.8	341 22.7	33.1	261 42.1	23.1	85 45.0	43.0
	06	33 40.6	295 42.4	N22 45.7	356 23.7	N12 33.6	276 43.9	N21 23.0	100 47.6	S21 43.0
	07	48 43.1	310 41.6	45.7	11 24.6	34.2	291 45.8	22.9	115 50.3	43.0
T	08	63 45.5	325 40.8	45.6	26 25.5	34.7	306 47.7	22.9	130 53.0	43.1
H	09	78 48.0	340 40.0	· · 45.6	41 26.4	· · 35.2	321 49.6	· · 22.8	145 55.6	· · 43.1
U	10	93 50.5	355 39.2	45.5	56 27.3	35.7	336 51.4	22.7	160 58.3	43.1
R	11	108 52.9	10 38.4	45.5	71 28.2	36.2	351 53.3	22.6	176 00.9	43.2
S	12	123 55.4	25 37.6	N22 45.4	86 29.1	N12 36.7	6 55.2	N21 22.5	191 03.6	S21 43.2
D	13	138 57.9	40 36.8	45.4	101 30.0	37.3	21 57.1	22.4	206 06.2	43.2
A	14	154 00.3	55 36.0	45.3	116 30.9	37.8	36 58.9	22.3	221 08.9	43.3
Y	15	169 02.8	70 35.1	· · 45.2	131 31.8	· · 38.3	52 00.8	· · 22.2	236 11.5	· · 43.3
	16	184 05.2	85 34.3	45.2	146 32.7	38.8	67 02.7	22.1	251 14.2	43.3
	17	199 07.7	100 33.5	45.1	161 33.6	39.3	82 04.6	22.0	266 16.8	43.4
	18	214 10.2	115 32.7	N22 45.0	176 34.5	N12 39.8	97 06.4	N21 21.9	281 19.5	S21 43.4
	19	229 12.6	130 31.9	45.0	191 35.4	40.3	112 08.3	21.8	296 22.1	43.4
	20	244 15.1	145 31.1	44.9	206 36.4	40.9	127 10.2	21.7	311 24.8	43.4
	21	259 17.6	160 30.3	· · 44.8	221 37.3	· · 41.4	142 12.1	· · 21.6	326 27.4	· · 43.5
	22	274 20.0	175 29.5	44.8	236 38.2	41.9	157 13.9	21.5	341 30.1	43.5
	23	289 22.5	190 28.7	44.7	251 39.1	42.4	172 15.8	21.4	356 32.8	43.5
Mer. Pass.		h m 3 49.6	v −0.8	d 0.0	v 0.9	d 0.5	v 1.9	d 0.1	v 2.7	d 0.0

STARS

Name	S.H.A. ° ′	Dec. ° ′
Acamar	315 31.3	S40 20.1
Achernar	335 39.2	S57 16.6
Acrux	173 29.1	S63 03.2
Adhara	255 26.4	S28 57.4
Aldebaran	291 09.3	N16 29.6
Alioth	166 35.6	N56 00.8
Alkaid	153 12.2	N49 21.8
Al Na'ir	28 04.6	S47 00.2
Alnilam	276 04.0	S 1 12.3
Alphard	218 13.3	S 8 37.0
Alphecca	126 25.3	N26 44.8
Alpheratz	358 01.2	N29 02.3
Altair	62 24.6	N 8 50.6
Ankaa	353 32.2	S42 21.1
Antares	112 47.1	S26 24.9
Arcturus	146 11.3	N19 13.9
Atria	108 04.1	S69 01.0
Avior	234 25.8	S59 28.7
Bellatrix	278 50.7	N 6 20.7
Betelgeuse	271 20.1	N 7 24.5
Canopus	264 04.3	S52 41.2
Capella	281 00.2	N45 59.4
Deneb	49 42.8	N45 14.8
Denebola	182 51.3	N14 37.5
Diphda	349 12.9	S18 02.0
Dubhe	194 12.8	N61 48.3
Elnath	278 34.6	N28 36.1
Eltanin	90 53.6	N51 29.5
Enif	34 03.7	N 9 50.0
Fomalhaut	15 42.5	S29 40.1
Gacrux	172 20.6	S57 04.0
Gienah	176 10.2	S17 29.5
Hadar	149 12.5	S60 20.1
Hamal	328 20.2	N23 25.2
Kaus Aust.	84 06.1	S34 23.5
Kochab	137 18.6	N74 11.8
Markab	13 55.2	N15 09.3
Menkar	314 33.1	N 4 03.4
Menkent	148 27.9	S36 19.7
Miaplacidus	221 44.5	S69 40.8
Mirfak	309 05.3	N49 49.6
Nunki	76 19.2	S26 18.6
Peacock	53 45.4	S56 45.9
Pollux	243 49.0	N28 03.1
Procyon	245 18.0	N 5 15.1
Rasalhague	96 22.1	N12 34.0
Regulus	208 02.0	N12 00.9
Rigel	281 28.8	S 8 12.5
Rigil Kent.	140 15.3	S60 48.1
Sabik	102 32.0	S15 42.9
Schedar	350 00.2	N56 29.0
Shaula	96 44.9	S37 06.0
Sirius	258 49.1	S16 42.0
Spica	158 49.4	S11 06.9
Suhail	223 05.6	S43 23.7
Vega	80 50.2	N38 46.5
Zuben'ubi	137 24.4	S16 00.3

	S.H.A. ° ′	Mer. Pass. h m
Venus	263 40.0	10 16
Mars	323 29.9	6 16
Jupiter	243 21.0	11 35
Saturn	67 01.3	23 18

UT (GMT) d h		SUN G.H.A. ° ′	SUN Dec. ° ′	MOON G.H.A. ° ′	v ′	Dec. ° ′	d ′	H.P. ′
24	00	178 22.9	N19 58.1	154 26.3	11.7	N11 32.5	14.3	58.1
	01	193 22.9	57.5	168 57.0	11.8	11 18.2	14.2	58.1
	02	208 22.8	57.0	183 27.8	11.9	11 04.0	14.3	58.0
	03	223 22.8	. . 56.5	197 58.7	12.0	10 49.7	14.4	58.0
	04	238 22.8	56.0	212 29.7	12.1	10 35.3	14.3	58.0
	05	253 22.8	55.5	227 00.8	12.2	10 21.0	14.4	57.9
	06	268 22.8	N19 54.9	241 32.0	12.3	N10 06.6	14.5	57.9
	07	283 22.8	54.4	256 03.3	12.3	9 52.1	14.4	57.9
T	08	298 22.8	53.9	270 34.6	12.4	9 37.7	14.5	57.8
U	09	313 22.7	. . 53.4	285 06.0	12.5	9 23.2	14.6	57.8
E	10	328 22.7	52.9	299 37.5	12.6	9 08.6	14.5	57.8
S	11	343 22.7	52.3	314 09.1	12.7	8 54.1	14.6	57.7
D	12	358 22.7	N19 51.8	328 40.8	12.7	N 8 39.5	14.6	57.7
A	13	13 22.7	51.3	343 12.5	12.8	8 24.9	14.6	57.7
Y	14	28 22.7	50.8	357 44.3	12.9	8 10.3	14.6	57.6
	15	43 22.7	. . 50.2	12 16.2	13.0	7 55.7	14.7	57.6
	16	58 22.6	49.7	26 48.2	13.0	7 41.0	14.6	57.6
	17	73 22.6	49.2	41 20.2	13.2	7 26.4	14.7	57.5
	18	88 22.6	N19 48.6	55 52.4	13.1	N 7 11.7	14.7	57.5
	19	103 22.6	48.1	70 24.5	13.3	6 57.0	14.8	57.5
	20	118 22.6	47.6	84 56.8	13.3	6 42.2	14.7	57.4
	21	133 22.6	. . 47.1	99 29.1	13.4	6 27.5	14.7	57.4
	22	148 22.6	46.5	114 01.5	13.5	6 12.8	14.8	57.4
	23	163 22.6	46.0	128 34.0	13.5	5 58.0	14.7	57.3
25	00	178 22.6	N19 45.5	143 06.5	13.6	N 5 43.3	14.8	57.3
	01	193 22.5	44.9	157 39.1	13.6	5 28.5	14.8	57.3
	02	208 22.5	44.4	172 11.7	13.7	5 13.7	14.8	57.2
	03	223 22.5	. . 43.9	186 44.4	13.8	4 58.9	14.7	57.2
	04	238 22.5	43.3	201 17.2	13.8	4 44.2	14.8	57.2
	05	253 22.5	42.8	215 50.0	13.9	4 29.4	14.8	57.1
	06	268 22.5	N19 42.3	230 22.9	13.9	N 4 14.6	14.8	57.1
W	07	283 22.5	41.7	244 55.8	14.0	3 59.8	14.8	57.1
E	08	298 22.5	41.2	259 28.8	14.0	3 45.0	14.8	57.0
D	09	313 22.5	. . 40.6	274 01.8	14.1	3 30.2	14.7	57.0
N	10	328 22.5	40.1	288 34.9	14.2	3 15.5	14.8	57.0
E	11	343 22.5	39.6	303 08.1	14.2	3 00.7	14.8	56.9
S	12	358 22.5	N19 39.0	317 41.3	14.2	N 2 45.9	14.7	56.9
D	13	13 22.4	38.5	332 14.5	14.3	2 31.2	14.8	56.9
A	14	28 22.4	37.9	346 47.8	14.4	2 16.4	14.8	56.8
Y	15	43 22.4	. . 37.4	1 21.2	14.3	2 01.6	14.7	56.8
	16	58 22.4	36.9	15 54.5	14.5	1 46.9	14.7	56.8
	17	73 22.4	36.3	30 28.0	14.4	1 32.2	14.7	56.7
	18	88 22.4	N19 35.8	45 01.4	14.6	N 1 17.5	14.7	56.7
	19	103 22.4	35.2	59 35.0	14.5	1 02.8	14.7	56.7
	20	118 22.4	34.7	74 08.5	14.6	0 48.1	14.7	56.6
	21	133 22.4	. . 34.2	88 42.1	14.6	0 33.4	14.7	56.6
	22	148 22.4	33.6	103 15.7	14.7	0 18.7	14.6	56.6
	23	163 22.4	33.1	117 49.4	14.7	N 0 04.1	14.6	56.5
26	00	178 22.4	N19 32.5	132 23.1	14.7	S 0 10.5	14.6	56.5
	01	193 22.4	32.0	146 56.8	14.8	0 25.1	14.6	56.5
	02	208 22.4	31.4	161 30.6	14.8	0 39.7	14.6	56.4
	03	223 22.4	. . 30.9	176 04.4	14.8	0 54.3	14.5	56.4
	04	238 22.4	30.3	190 38.2	14.9	1 08.8	14.5	56.4
	05	253 22.4	29.8	205 12.1	14.9	1 23.3	14.5	56.3
	06	268 22.4	N19 29.2	219 46.0	14.9	S 1 37.8	14.5	56.3
	07	283 22.4	28.7	234 19.9	15.0	1 52.3	14.5	56.3
T	08	298 22.4	28.1	248 53.9	14.9	2 06.8	14.4	56.3
H	09	313 22.4	. . 27.6	263 27.8	15.0	2 21.2	14.4	56.2
U	10	328 22.4	27.0	278 01.8	15.0	2 35.6	14.4	56.2
R	11	343 22.4	26.5	292 35.8	15.1	2 50.0	14.3	56.2
S	12	358 22.4	N19 25.9	307 09.9	15.0	S 3 04.3	14.3	56.1
D	13	13 22.4	25.4	321 43.9	15.1	3 18.6	14.3	56.1
A	14	28 22.4	24.8	336 18.0	15.1	3 32.9	14.2	56.1
Y	15	43 22.4	. . 24.3	350 52.1	15.1	3 47.1	14.3	56.0
	16	58 22.4	23.7	5 26.2	15.1	4 01.4	14.2	56.0
	17	73 22.4	23.2	20 00.3	15.2	4 15.6	14.1	56.0
	18	88 22.4	N19 22.6	34 34.5	15.1	S 4 29.7	14.1	56.0
	19	103 22.4	22.0	49 08.6	15.2	4 43.8	14.1	55.9
	20	118 22.4	21.5	63 42.8	15.2	4 57.9	14.1	55.9
	21	133 22.4	. . 20.9	78 17.0	15.2	5 12.0	14.0	55.9
	22	148 22.4	20.4	92 51.2	15.2	5 26.0	13.9	55.8
	23	163 22.4	19.8	107 25.4	15.2	5 39.9	14.0	55.8
		S.D. 15.8	*d* 0.5	S.D.	15.7	15.5		15.3

Lat. °	Twilight Naut. h m	Twilight Civil h m	Sunrise h m	Moonrise 24 h m	Moonrise 25 h m	Moonrise 26 h m	Moonrise 27 h m
N 72	□	□	□	05 41	07 57	10 02	12 06
N 70	□	□	□	05 58	08 02	09 58	11 52
68	////	////	01 33	06 12	08 07	09 54	11 41
66	////	////	02 16	06 23	08 10	09 52	11 32
64	////	00 40	02 45	06 32	08 13	09 50	11 24
62	////	01 44	03 06	06 39	08 16	09 48	11 17
60	////	02 16	03 24	06 46	08 18	09 46	11 12
N 58	00 36	02 40	03 38	06 52	08 20	09 45	11 07
56	01 35	02 59	03 51	06 57	08 22	09 43	11 02
54	02 05	03 14	04 01	07 01	08 23	09 42	10 59
52	02 27	03 28	04 11	07 06	08 25	09 41	10 55
50	02 45	03 39	04 19	07 09	08 26	09 40	10 52
45	03 18	04 02	04 37	07 17	08 29	09 38	10 45
N 40	03 42	04 21	04 52	07 24	08 32	09 36	10 39
35	04 01	04 36	05 04	07 30	08 34	09 35	10 34
30	04 16	04 48	05 15	07 35	08 35	09 33	10 30
20	04 41	05 09	05 33	07 43	08 39	09 31	10 22
N 10	05 00	05 26	05 48	07 51	08 41	09 29	10 16
0	05 15	05 41	06 03	07 58	08 44	09 27	10 10
S 10	05 29	05 55	06 17	08 05	08 46	09 26	10 04
20	05 42	06 09	06 33	08 13	08 49	09 24	09 58
30	05 55	06 25	06 50	08 21	08 52	09 22	09 50
35	06 02	06 33	07 00	08 26	08 54	09 20	09 46
40	06 09	06 42	07 12	08 32	08 56	09 19	09 42
45	06 17	06 53	07 25	08 38	08 59	09 18	09 36
S 50	06 26	07 05	07 41	08 46	09 01	09 16	09 30
52	06 29	07 11	07 49	08 49	09 03	09 15	09 27
54	06 33	07 17	07 58	08 53	09 04	09 14	09 24
56	06 38	07 24	08 07	08 57	09 06	09 13	09 21
58	06 42	07 32	08 18	09 02	09 07	09 12	09 17
S 60	06 48	07 40	08 31	09 07	09 09	09 11	09 12

Lat. °	Sunset h m	Twilight Civil h m	Twilight Naut. h m	Moonset 24 h m	Moonset 25 h m	Moonset 26 h m	Moonset 27 h m
N 72	□	□	□	21 41	21 10	20 41	20 07
N 70	□	□	□	21 32	21 10	20 48	20 24
68	22 34	////	////	21 25	21 09	20 54	20 37
66	21 53	////	////	21 20	21 09	20 59	20 48
64	21 26	23 22	////	21 14	21 09	21 03	20 57
62	21 05	22 25	////	21 10	21 08	21 06	21 05
60	20 48	21 54	////	21 06	21 08	21 10	21 12
N 58	20 33	21 31	23 26	21 03	21 08	21 13	21 18
56	20 21	21 12	22 35	21 00	21 08	21 15	21 23
54	20 11	20 57	22 06	20 57	21 08	21 17	21 28
52	20 01	20 44	21 44	20 54	21 07	21 20	21 32
50	19 53	20 33	21 27	20 52	21 07	21 21	21 36
45	19 35	20 10	20 54	20 47	21 07	21 26	21 45
N 40	19 21	19 52	20 30	20 43	21 07	21 29	21 52
35	19 09	19 37	20 11	20 39	21 06	21 32	21 59
30	18 58	19 24	19 56	20 36	21 06	21 35	22 04
20	18 40	19 04	19 32	20 30	21 06	21 40	22 14
N 10	18 25	18 47	19 13	20 25	21 05	21 44	22 22
0	18 10	18 32	18 58	20 20	21 05	21 48	22 30
S 10	17 56	18 18	18 44	20 15	21 04	21 52	22 38
20	17 41	18 04	18 31	20 10	21 04	21 56	22 47
30	17 23	17 49	18 18	20 04	21 03	22 01	22 57
35	17 13	17 40	18 11	20 01	21 03	22 03	23 03
40	17 02	17 31	18 04	19 57	21 03	22 07	23 09
45	16 48	17 21	17 56	19 52	21 02	22 10	23 17
S 50	16 32	17 08	17 48	19 46	21 02	22 15	23 26
52	16 24	17 02	17 44	19 44	21 02	22 17	23 30
54	16 16	16 56	17 40	19 41	21 01	22 19	23 35
56	16 06	16 50	17 36	19 38	21 01	22 21	23 40
58	15 55	16 42	17 31	19 34	21 01	22 24	23 46
S 60	15 43	16 33	17 26	19 30	21 00	22 27	23 53

Day	SUN Eqn. of Time 00h m s	SUN Eqn. of Time 12h m s	SUN Mer. Pass. h m	MOON Mer. Pass. Upper h m	MOON Mer. Pass. Lower h m	Age d	Phase
24	06 28	06 29	12 06	14 09	01 46	02	
25	06 30	06 30	12 07	14 54	02 32	03	
26	06 30	06 31	12 07	15 38	03 16	04	

UT (GMT) d	h	ARIES G.H.A.	VENUS −3.9 G.H.A.	VENUS Dec.	MARS +0.0 G.H.A.	MARS Dec.	JUPITER −1.8 G.H.A.	JUPITER Dec.	SATURN +0.1 G.H.A.	SATURN Dec.	STARS Name	S.H.A.	Dec.
		° ′	° ′	° ′	° ′	° ′	° ′	° ′	° ′	° ′		° ′	° ′
27	00	304 25.0	205 27.9	N22 44.6	266 40.0	N12 42.9	187 17.7	N21 21.3	11 35.4	S21 43.6	Acamar	315 31.3	S40 20.1
	01	319 27.4	220 27.0	44.6	281 40.9	43.4	202 19.6	21.2	26 38.1	43.6	Achernar	335 39.1	S57 16.6
	02	334 29.9	235 26.2	44.5	296 41.8	43.9	217 21.4	21.1	41 40.7	43.6	Acrux	173 29.2	S63 03.2
	03	349 32.4	250 25.4	· · 44.4	311 42.7	· · 44.4	232 23.3	· · 21.0	56 43.4	· · 43.7	Adhara	255 26.4	S28 57.3
	04	4 34.8	265 24.6	44.3	326 43.6	45.0	247 25.2	20.9	71 46.0	43.7	Aldebaran	291 09.3	N16 29.6
	05	19 37.3	280 23.8	44.2	341 44.5	45.5	262 27.1	20.8	86 48.7	43.7			
	06	34 39.7	295 23.0	N22 44.2	356 45.5	N12 46.0	277 28.9	N21 20.7	101 51.3	S21 43.8	Alioth	166 35.6	N56 00.8
	07	49 42.2	310 22.2	44.1	11 46.4	46.5	292 30.8	20.6	116 54.0	43.8	Alkaid	153 12.2	N49 21.8
	08	64 44.7	325 21.4	44.0	26 47.3	47.0	307 32.7	20.5	131 56.6	43.8	Al Na'ir	28 04.6	S47 00.2
F	09	79 47.1	340 20.6	· · 43.9	41 48.2	· · 47.5	322 34.6	· · 20.4	146 59.3	· · 43.8	Alnilam	276 04.0	S 1 12.3
R	10	94 49.6	355 19.8	43.8	56 49.1	48.0	337 36.4	20.3	162 01.9	43.9	Alphard	218 13.3	S 8 37.0
I	11	109 52.1	10 18.9	43.8	71 50.0	48.5	352 38.3	20.2	177 04.6	43.9			
D	12	124 54.5	25 18.1	N22 43.7	86 50.9	N12 49.0	7 40.2	N21 20.1	192 07.2	S21 43.9	Alphecca	126 25.3	N26 44.8
A	13	139 57.0	40 17.3	43.6	101 51.8	49.5	22 42.1	20.0	207 09.9	44.0	Alpheratz	358 01.1	N29 02.3
Y	14	154 59.5	55 16.5	43.5	116 52.7	50.1	37 43.9	19.9	222 12.5	44.0	Altair	62 24.6	N 8 50.6
	15	170 01.9	70 15.7	· · 43.4	131 53.7	· · 50.6	52 45.8	· · 19.8	237 15.2	· · 44.0	Ankaa	353 32.2	S42 21.1
	16	185 04.4	85 14.9	43.3	146 54.6	51.1	67 47.7	19.7	252 17.8	44.1	Antares	112 47.1	S26 24.9
	17	200 06.8	100 14.1	43.2	161 55.5	51.6	82 49.6	19.6	267 20.5	44.1			
	18	215 09.3	115 13.3	N22 43.1	176 56.4	N12 52.1	97 51.4	N21 19.6	282 23.2	S21 44.1	Arcturus	146 11.3	N19 13.9
	19	230 11.8	130 12.5	43.0	191 57.3	52.6	112 53.3	19.5	297 25.8	44.2	Atria	108 04.1	S69 01.0
	20	245 14.2	145 11.6	43.0	206 58.2	53.1	127 55.2	19.4	312 28.5	44.2	Avior	234 25.8	S59 28.7
	21	260 16.7	160 10.8	· · 42.9	221 59.1	· · 53.6	142 57.1	· · 19.3	327 31.1	· · 44.2	Bellatrix	278 50.6	N 6 20.7
	22	275 19.2	175 10.0	42.8	237 00.0	54.1	157 58.9	19.2	342 33.8	44.3	Betelgeuse	271 20.1	N 7 24.5
	23	290 21.6	190 09.2	42.7	252 01.0	54.6	173 00.8	19.1	357 36.4	44.3			
28	00	305 24.1	205 08.4	N22 42.6	267 01.9	N12 55.1	188 02.7	N21 19.0	12 39.1	S21 44.3	Canopus	264 04.2	S52 41.2
	01	320 26.6	220 07.6	42.5	282 02.8	55.6	203 04.6	18.9	27 41.7	44.3	Capella	281 00.2	N45 59.4
	02	335 29.0	235 06.8	42.4	297 03.7	56.1	218 06.4	18.8	42 44.4	44.4	Deneb	49 42.8	N45 14.8
	03	350 31.5	250 06.0	· · 42.3	312 04.6	· · 56.7	233 08.3	· · 18.7	57 47.0	· · 44.4	Denebola	182 51.3	N14 37.5
	04	5 34.0	265 05.2	42.2	327 05.5	57.2	248 10.2	18.6	72 49.7	44.4	Diphda	349 12.9	S18 02.0
	05	20 36.4	280 04.4	42.1	342 06.4	57.7	263 12.1	18.5	87 52.3	44.5			
	06	35 38.9	295 03.5	N22 41.9	357 07.4	N12 58.2	278 13.9	N21 18.4	102 55.0	S21 44.5	Dubhe	194 12.8	N61 48.3
	07	50 41.3	310 02.7	41.8	12 08.3	58.7	293 15.8	18.3	117 57.6	44.5	Elnath	278 34.6	N28 36.1
S	08	65 43.8	325 01.9	41.7	27 09.2	59.2	308 17.7	18.2	133 00.3	44.6	Eltanin	90 53.7	N51 29.5
A	09	80 46.3	340 01.1	· · 41.6	42 10.1	12 59.7	323 19.6	· · 18.1	148 02.9	· · 44.6	Enif	34 03.6	N 9 50.0
T	10	95 48.7	355 00.3	41.5	57 11.0	13 00.2	338 21.5	18.0	163 05.6	44.6	Fomalhaut	15 42.4	S29 40.1
U	11	110 51.2	9 59.5	41.4	72 11.9	00.7	353 23.3	17.9	178 08.2	44.7			
R	12	125 53.7	24 58.7	N22 41.3	87 12.8	N13 01.2	8 25.2	N21 17.8	193 10.9	S21 44.7	Gacrux	172 20.6	S57 03.9
D	13	140 56.1	39 57.9	41.2	102 13.8	01.7	23 27.1	17.7	208 13.5	44.7	Gienah	176 10.2	S17 29.5
A	14	155 58.6	54 57.1	41.1	117 14.7	02.2	38 29.0	17.6	223 16.2	44.7	Hadar	149 12.6	S60 20.0
Y	15	171 01.1	69 56.3	· · 40.9	132 15.6	· · 02.7	53 30.8	· · 17.5	238 18.8	· · 44.8	Hamal	328 20.2	N23 25.2
	16	186 03.5	84 55.4	40.8	147 16.5	03.2	68 32.7	17.4	253 21.5	44.8	Kaus Aust.	84 06.1	S34 23.5
	17	201 06.0	99 54.6	40.7	162 17.4	03.7	83 34.6	17.3	268 24.1	44.8			
	18	216 08.5	114 53.8	N22 40.6	177 18.3	N13 04.2	98 36.5	N21 17.2	283 26.8	S21 44.9	Kochab	137 18.7	N74 11.8
	19	231 10.9	129 53.0	40.5	192 19.3	04.7	113 38.3	17.1	298 29.4	44.9	Markab	13 55.2	N15 09.4
	20	246 13.4	144 52.2	40.3	207 20.2	05.2	128 40.2	17.0	313 32.1	44.9	Menkar	314 33.1	N 4 03.4
	21	261 15.8	159 51.4	· · 40.2	222 21.1	· · 05.7	143 42.1	· · 16.9	328 34.7	· · 45.0	Menkent	148 27.9	S36 19.7
	22	276 18.3	174 50.6	40.1	237 22.0	06.2	158 44.0	16.8	343 37.4	45.0	Miaplacidus	221 44.5	S69 40.8
	23	291 20.8	189 49.8	40.0	252 22.9	06.7	173 45.8	16.7	358 40.0	45.0			
29	00	306 23.2	204 49.0	N22 39.8	267 23.9	N13 07.2	188 47.7	N21 16.6	13 42.7	S21 45.1	Mirfak	309 05.2	N49 49.6
	01	321 25.7	219 48.1	39.7	282 24.8	07.7	203 49.6	16.5	28 45.3	45.1	Nunki	76 19.2	S26 18.6
	02	336 28.2	234 47.3	39.6	297 25.7	08.2	218 51.5	16.4	43 48.0	45.1	Peacock	53 45.4	S56 45.9
	03	351 30.6	249 46.5	· · 39.5	312 26.6	· · 08.7	233 53.4	· · 16.3	58 50.6	· · 45.1	Pollux	243 49.0	N28 03.1
	04	6 33.1	264 45.7	39.3	327 27.5	09.2	248 55.2	16.2	73 53.3	45.2	Procyon	245 18.0	N 5 15.1
	05	21 35.6	279 44.9	39.2	342 28.4	09.7	263 57.1	16.1	88 55.9	45.2			
	06	36 38.0	294 44.1	N22 39.1	357 29.4	N13 10.2	278 59.0	N21 16.0	103 58.6	S21 45.2	Rasalhague	96 22.1	N12 34.0
	07	51 40.5	309 43.3	38.9	12 30.3	10.7	294 00.9	15.9	119 01.2	45.3	Regulus	208 02.0	N12 00.9
	08	66 42.9	324 42.5	38.8	27 31.2	11.2	309 02.7	15.8	134 03.9	45.3	Rigel	281 28.8	S 8 12.5
S	09	81 45.4	339 41.7	· · 38.7	42 32.1	· · 11.7	324 04.6	· · 15.7	149 06.5	· · 45.3	Rigil Kent.	140 15.3	S60 48.1
U	10	96 47.9	354 40.9	38.5	57 33.0	12.2	339 06.5	15.6	164 09.2	45.4	Sabik	102 32.0	S15 42.9
N	11	111 50.3	9 40.0	38.4	72 34.0	12.7	354 08.4	15.5	179 11.8	45.4			
D	12	126 52.8	24 39.2	N22 38.2	87 34.9	N13 13.2	9 10.3	N21 15.4	194 14.5	S21 45.4	Schedar	350 00.1	N56 29.0
A	13	141 55.3	39 38.4	38.1	102 35.8	13.7	24 12.1	15.3	209 17.1	45.4	Shaula	96 44.9	S37 06.0
Y	14	156 57.7	54 37.6	38.0	117 36.7	14.2	39 14.0	15.2	224 19.8	45.5	Sirius	258 49.1	S16 42.0
	15	172 00.2	69 36.8	· · 37.8	132 37.6	· · 14.7	54 15.9	· · 15.1	239 22.4	· · 45.5	Spica	158 49.4	S11 06.8
	16	187 02.7	84 36.0	37.7	147 38.6	15.2	69 17.8	15.0	254 25.1	45.5	Suhail	223 05.6	S43 23.7
	17	202 05.1	99 35.2	37.5	162 39.5	15.7	84 19.6	14.9	269 27.7	45.6			
	18	217 07.6	114 34.4	N22 37.4	177 40.4	N13 16.2	99 21.5	N21 14.8	284 30.4	S21 45.6	Vega	80 50.2	N38 46.5
	19	232 10.1	129 33.6	37.2	192 41.3	16.7	114 23.4	14.7	299 33.0	45.6	Zuben'ubi	137 24.4	S16 00.3
	20	247 12.5	144 32.8	37.1	207 42.3	17.2	129 25.3	14.6	314 35.7	45.7		S.H.A.	Mer. Pass.
	21	262 15.0	159 32.0	· · 36.9	222 43.2	· · 17.7	144 27.2	· · 14.5	329 38.3	· · 45.7		° ′	h m
	22	277 17.4	174 31.1	36.8	237 44.1	18.2	159 29.0	14.4	344 41.0	45.7	Venus	259 44.3	10 20
	23	292 19.9	189 30.3	36.6	252 45.0	18.7	174 30.9	14.3	359 43.6	45.8	Mars	321 37.8	6 11
Mer. Pass.		h m 3 37.8	v −0.8	d 0.1	v 0.9	d 0.5	v 1.9	d 0.1	v 2.7	d 0.0	Jupiter	242 38.6	11 26
											Saturn	67 15.0	23 05

UT (GMT) d h	SUN G.H.A. ° ′	SUN Dec. ° ′	MOON G.H.A. ° ′	v ′	Dec. ° ′	d ′	H.P. ′
27 00	178 22.4	N19 19.3	121 59.6	15.2	S 5 53.9	13.9	55.8
01	193 22.4	18.7	136 33.8	15.2	6 07.8	13.8	55.7
02	208 22.4	18.1	151 08.0	15.3	6 21.6	13.9	55.7
03	223 22.4	. . 17.6	165 42.3	15.2	6 35.5	13.7	55.7
04	238 22.4	17.0	180 16.5	15.2	6 49.2	13.8	55.7
05	253 22.4	16.5	194 50.7	15.3	7 03.0	13.7	55.6
06	268 22.4	N19 15.9	209 25.0	15.2	S 7 16.7	13.6	55.6
07	283 22.4	15.3	223 59.2	15.2	7 30.3	13.6	55.6
08	298 22.4	14.8	238 33.4	15.3	7 43.9	13.6	55.6
F 09	313 22.4	. . 14.2	253 07.7	15.2	7 57.5	13.5	55.5
R 10	328 22.4	13.6	267 41.9	15.2	8 11.0	13.5	55.5
I 11	343 22.4	13.1	282 16.1	15.3	8 24.5	13.4	55.5
D 12	358 22.4	N19 12.5	296 50.4	15.2	S 8 37.9	13.3	55.4
A 13	13 22.4	11.9	311 24.6	15.2	8 51.2	13.4	55.4
Y 14	28 22.4	11.4	325 58.8	15.2	9 04.6	13.2	55.4
15	43 22.5	. . 10.8	340 33.0	15.2	9 17.8	13.3	55.4
16	58 22.5	10.2	355 07.2	15.2	9 31.1	13.1	55.3
17	73 22.5	09.7	9 41.4	15.2	9 44.2	13.2	55.3
18	88 22.5	N19 09.1	24 15.6	15.1	S 9 57.4	13.0	55.3
19	103 22.5	08.5	38 49.7	15.2	10 10.4	13.1	55.3
20	118 22.5	08.0	53 23.9	15.1	10 23.5	12.9	55.2
21	133 22.5	. . 07.4	67 58.0	15.2	10 36.4	12.9	55.2
22	148 22.5	06.8	82 32.2	15.1	10 49.3	12.9	55.2
23	163 22.5	06.2	97 06.3	15.1	11 02.2	12.8	55.2
28 00	178 22.5	N19 05.7	111 40.4	15.1	S11 15.0	12.7	55.2
01	193 22.5	05.1	126 14.5	15.0	11 27.7	12.7	55.1
02	208 22.5	04.5	140 48.5	15.1	11 40.4	12.7	55.1
03	223 22.6	. . 04.0	155 22.6	15.0	11 53.1	12.5	55.1
04	238 22.6	03.4	169 56.6	15.0	12 05.6	12.5	55.1
05	253 22.6	02.8	184 30.6	15.0	12 18.1	12.5	55.0
06	268 22.6	N19 02.2	199 04.6	14.9	S12 30.6	12.4	55.0
07	283 22.6	01.7	213 38.5	15.0	12 43.0	12.3	55.0
S 08	298 22.6	01.1	228 12.5	14.9	12 55.3	12.3	55.0
A 09	313 22.6	19 00.5	242 46.4	14.9	13 07.6	12.2	55.0
T 10	328 22.6	18 59.9	257 20.3	14.8	13 19.8	12.2	54.9
U 11	343 22.6	59.3	271 54.1	14.9	13 32.0	12.0	54.9
R 12	358 22.7	N18 58.8	286 28.0	14.8	S13 44.0	12.1	54.9
D 13	13 22.7	58.2	301 01.8	14.8	13 56.1	11.9	54.9
A 14	28 22.7	57.6	315 35.6	14.7	14 08.0	11.9	54.9
Y 15	43 22.7	. . 57.0	330 09.3	14.8	14 19.9	11.8	54.8
16	58 22.7	56.4	344 43.1	14.6	14 31.7	11.8	54.8
17	73 22.7	55.9	359 16.7	14.7	14 43.5	11.7	54.8
18	88 22.7	N18 55.3	13 50.4	14.6	S14 55.2	11.6	54.8
19	103 22.7	54.7	28 24.0	14.6	15 06.8	11.5	54.8
20	118 22.8	54.1	42 57.6	14.6	15 18.3	11.5	54.7
21	133 22.8	. . 53.5	57 31.2	14.5	15 29.8	11.4	54.7
22	148 22.8	53.0	72 04.7	14.5	15 41.2	11.4	54.7
23	163 22.8	52.4	86 38.2	14.5	15 52.6	11.2	54.7
29 00	178 22.8	N18 51.8	101 11.7	14.4	S16 03.8	11.2	54.7
01	193 22.8	51.2	115 45.1	14.4	16 15.0	11.2	54.7
02	208 22.9	50.6	130 18.5	14.3	16 26.2	11.0	54.6
03	223 22.9	. . 50.0	144 51.8	14.3	16 37.2	11.0	54.6
04	238 22.9	49.4	159 25.1	14.3	16 48.2	10.9	54.6
05	253 22.9	48.8	173 58.4	14.2	16 59.1	10.8	54.6
06	268 22.9	N18 48.3	188 31.6	14.2	S17 09.9	10.8	54.6
07	283 22.9	47.7	203 04.8	14.2	17 20.7	10.6	54.6
08	298 23.0	47.1	217 38.0	14.1	17 31.3	10.6	54.6
S 09	313 23.0	. . 46.5	232 11.1	14.0	17 41.9	10.6	54.5
U 10	328 23.0	45.9	246 44.1	14.0	17 52.5	10.4	54.5
N 11	343 23.0	45.3	261 17.1	14.0	18 02.9	10.3	54.5
D 12	358 23.0	N18 44.7	275 50.1	13.9	S18 13.2	10.3	54.5
A 13	13 23.0	44.1	290 23.0	13.9	18 23.5	10.2	54.5
Y 14	28 23.1	43.5	304 55.9	13.9	18 33.7	10.1	54.5
15	43 23.1	. . 42.9	319 28.8	13.8	18 43.8	10.1	54.5
16	58 23.1	42.3	334 01.6	13.7	18 53.9	9.9	54.4
17	73 23.1	41.8	348 34.3	13.7	19 03.8	9.9	54.4
18	88 23.1	N18 41.2	3 07.0	13.7	S19 13.7	9.8	54.4
19	103 23.2	40.6	17 39.7	13.6	19 23.5	9.7	54.4
20	118 23.2	40.0	32 12.3	13.5	19 33.2	9.6	54.4
21	133 23.2	. . 39.4	46 44.8	13.6	19 42.8	9.5	54.4
22	148 23.2	38.8	61 17.4	13.4	19 52.3	9.5	54.4
23	163 23.3	38.2	75 49.8	13.4	20 01.8	9.3	54.4
	S.D. 15.8	*d* 0.6	S.D.	15.1	15.0		14.8

Lat. °	Twilight Naut. h m	Twilight Civil h m	Sunrise h m	Moonrise 27 h m	Moonrise 28 h m	Moonrise 29 h m	Moonrise 30 h m
N 72	▭	▭	▭	12 06	14 25	▬	▬
N 70	////	////	00 27	11 52	13 54	16 32	▬
68	////	////	01 51	11 41	13 31	15 35	▬
66	////	////	02 28	11 32	13 13	15 02	17 11
64	////	01 10	02 54	11 24	12 59	14 38	16 24
62	////	01 57	03 14	11 17	12 47	14 19	15 54
60	////	02 26	03 31	11 12	12 37	14 04	15 31
N 58	01 04	02 48	03 44	11 07	12 29	13 51	15 13
56	01 47	03 06	03 56	11 02	12 21	13 39	14 57
54	02 14	03 20	04 06	10 59	12 14	13 30	14 44
52	02 34	03 33	04 15	10 55	12 08	13 21	14 33
50	02 51	03 44	04 23	10 52	12 03	13 13	14 23
45	03 22	04 06	04 40	10 45	11 51	12 57	14 02
N 40	03 46	04 24	04 54	10 39	11 41	12 43	13 45
35	04 04	04 38	05 06	10 34	11 33	12 32	13 30
30	04 19	04 50	05 16	10 30	11 26	12 22	13 18
20	04 42	05 10	05 34	10 22	11 13	12 05	12 57
N 10	05 00	05 27	05 49	10 16	11 03	11 50	12 39
0	05 16	05 41	06 03	10 10	10 53	11 36	12 22
S 10	05 29	05 55	06 17	10 04	10 43	11 23	12 05
20	05 42	06 08	06 32	09 58	10 32	11 08	11 47
30	05 54	06 23	06 48	09 50	10 20	10 52	11 27
35	06 00	06 31	06 58	09 46	10 13	10 42	11 15
40	06 07	06 40	07 09	09 42	10 05	10 31	11 01
45	06 14	06 50	07 22	09 36	09 56	10 19	10 45
S 50	06 22	07 02	07 38	09 30	09 46	10 03	10 25
52	06 26	07 07	07 45	09 27	09 41	09 56	10 16
54	06 30	07 13	07 53	09 24	09 35	09 48	10 05
56	06 34	07 20	08 02	09 21	09 29	09 39	09 54
58	06 38	07 27	08 12	09 17	09 22	09 29	09 40
S 60	06 43	07 35	08 24	09 12	09 15	09 18	09 24

Lat. °	Sunset h m	Twilight Civil h m	Twilight Naut. h m	Moonset 27 h m	Moonset 28 h m	Moonset 29 h m	Moonset 30 h m
N 72	▭	▭	▭	20 07	19 18	▬	▬
N 70	23 25	////	////	20 24	19 52	18 45	▬
68	22 17	////	////	20 37	20 16	19 43	▬
66	21 41	////	////	20 48	20 35	20 18	19 44
64	21 16	22 56	////	20 57	20 50	20 43	20 32
62	20 57	22 12	////	21 05	21 03	21 02	21 03
60	20 41	21 44	////	21 12	21 14	21 19	21 26
N 58	20 27	21 23	23 03	21 18	21 24	21 32	21 45
56	20 16	21 06	22 23	21 23	21 32	21 44	22 01
54	20 06	20 51	21 57	21 28	21 40	21 55	22 14
52	19 57	20 39	21 37	21 32	21 47	22 04	22 26
50	19 49	20 28	21 21	21 36	21 53	22 12	22 37
45	19 32	20 06	20 50	21 45	22 06	22 30	22 59
N 40	19 18	19 49	20 27	21 52	22 17	22 45	23 17
35	19 06	19 35	20 09	21 59	22 26	22 57	23 32
30	18 56	19 22	19 54	22 04	22 35	23 08	23 45
20	18 39	19 03	19 31	22 14	22 49	23 26	24 07
N 10	18 24	18 46	19 12	22 22	23 02	23 43	24 27
0	18 10	18 32	18 57	22 30	23 13	23 58	24 45
S 10	17 56	18 18	18 44	22 38	23 25	24 13	00 13
20	17 42	18 05	18 32	22 47	23 38	24 30	00 30
30	17 25	17 50	18 19	22 57	23 53	24 49	00 49
35	17 15	17 42	18 13	23 03	24 01	00 01	01 00
40	17 04	17 33	18 06	23 09	24 11	00 11	01 13
45	16 52	17 23	17 59	23 17	24 23	00 23	01 28
S 50	16 36	17 12	17 51	23 26	24 37	00 37	01 47
52	16 29	17 06	17 48	23 30	24 43	00 43	01 56
54	16 21	17 00	17 44	23 35	24 50	00 50	02 06
56	16 11	16 54	17 40	23 40	24 59	00 59	02 17
58	16 01	16 47	17 36	23 46	25 08	01 08	02 30
S 60	15 49	16 39	17 31	23 53	25 18	01 18	02 45

Day	SUN Eqn. of Time 00 h m s	SUN Eqn. of Time 12 h m s	SUN Mer. Pass. h m	MOON Mer. Pass. Upper h m	MOON Mer. Pass. Lower h m	MOON Age d	MOON Phase
27	06 30	06 30	12 07	16 20	03 59	05	
28	06 30	06 29	12 06	17 03	04 41	06	◐
29	06 29	06 28	12 06	17 47	05 25	07	

UT (GMT)		ARIES	VENUS −3.9		MARS +0.0		JUPITER −1.8		SATURN +0.1		STARS		
		G.H.A.	G.H.A.	Dec.	G.H.A.	Dec.	G.H.A.	Dec.	G.H.A.	Dec.	Name	S.H.A.	Dec.
d	h	° ′	° ′	° ′	° ′	° ′	° ′	° ′	° ′	° ′		° ′	° ′
30	00	307 22.4	204 29.5	N22 36.5	267 45.9	N13 19.2	189 32.8	N21 14.2	14 46.3	S21 45.8	Acamar	315 31.3	S40 20.1
	01	322 24.8	219 28.7	36.3	282 46.9	19.7	204 34.7	14.1	29 48.9	45.8	Achernar	335 39.1	S57 16.6
	02	337 27.3	234 27.9	36.2	297 47.8	20.2	219 36.5	14.0	44 51.6	45.8	Acrux	173 29.2	S63 03.1
	03	352 29.8	249 27.1	· · 36.0	312 48.7	· · 20.6	234 38.4	· · 13.9	59 54.2	· · 45.9	Adhara	255 26.4	S28 57.3
	04	7 32.2	264 26.3	35.9	327 49.6	21.1	249 40.3	13.8	74 56.9	45.9	Aldebaran	291 09.3	N16 29.6
	05	22 34.7	279 25.5	35.7	342 50.6	21.6	264 42.2	13.7	89 59.5	45.9			
	06	37 37.2	294 24.7	N22 35.5	357 51.5	N13 22.1	279 44.1	N21 13.6	105 02.2	S21 46.0	Alioth	166 35.7	N56 00.8
	07	52 39.6	309 23.9	35.4	12 52.4	22.6	294 45.9	13.5	120 04.8	46.0	Alkaid	153 12.3	N49 21.8
	08	67 42.1	324 23.1	35.2	27 53.3	23.1	309 47.8	13.4	135 07.5	46.0	Al Na'ir	28 04.6	S47 00.2
M	09	82 44.6	339 22.2	· · 35.1	42 54.3	· · 23.6	324 49.7	· · 13.4	150 10.1	· · 46.1	Alnilam	276 04.0	S 1 12.3
O	10	97 47.0	354 21.4	34.9	57 55.2	24.1	339 51.6	13.3	165 12.8	46.1	Alphard	218 13.2	S 8 37.0
N	11	112 49.5	9 20.6	34.7	72 56.1	24.6	354 53.4	13.2	180 15.4	46.1			
D	12	127 51.9	24 19.8	N22 34.6	87 57.0	N13 25.1	9 55.3	N21 13.1	195 18.1	S21 46.1	Alphecca	126 25.3	N26 44.8
A	13	142 54.4	39 19.0	34.4	102 58.0	25.6	24 57.2	13.0	210 20.7	46.2	Alpheratz	358 01.1	N29 02.3
Y	14	157 56.9	54 18.2	34.2	117 58.9	26.1	39 59.1	12.9	225 23.4	46.2	Altair	62 24.6	N 8 50.6
	15	172 59.3	69 17.4	· · 34.0	132 59.8	· · 26.6	55 01.0	· · 12.8	240 26.0	· · 46.2	Ankaa	353 32.2	S42 21.1
	16	188 01.8	84 16.6	33.9	148 00.7	27.0	70 02.8	12.7	255 28.7	46.3	Antares	112 47.1	S26 24.9
	17	203 04.3	99 15.8	33.7	163 01.7	27.5	85 04.7	12.6	270 31.3	46.3			
	18	218 06.7	114 15.0	N22 33.5	178 02.6	N13 28.0	100 06.6	N21 12.5	285 34.0	S21 46.3	Arcturus	146 11.3	N19 13.9
	19	233 09.2	129 14.2	33.4	193 03.5	28.5	115 08.5	12.4	300 36.6	46.4	Atria	108 04.1	S69 01.0
	20	248 11.7	144 13.3	33.2	208 04.4	29.0	130 10.4	12.3	315 39.3	46.4	Avior	234 25.8	S59 28.7
	21	263 14.1	159 12.5	· · 33.0	223 05.4	· · 29.5	145 12.2	· · 12.2	330 41.9	· · 46.4	Bellatrix	278 50.6	N 6 20.7
	22	278 16.6	174 11.7	32.8	238 06.3	30.0	160 14.1	12.1	345 44.6	46.4	Betelgeuse	271 20.1	N 7 24.5
	23	293 19.0	189 10.9	32.6	253 07.2	30.5	175 16.0	12.0	0 47.2	46.5			
31	00	308 21.5	204 10.1	N22 32.5	268 08.1	N13 31.0	190 17.9	N21 11.9	15 49.8	S21 46.5	Canopus	264 04.2	S52 41.2
	01	323 24.0	219 09.3	32.3	283 09.1	31.5	205 19.8	11.8	30 52.5	46.5	Capella	281 00.1	N45 59.3
	02	338 26.4	234 08.5	32.1	298 10.0	31.9	220 21.6	11.7	45 55.1	46.6	Deneb	49 42.8	N45 14.8
	03	353 28.9	249 07.7	· · 31.9	313 10.9	· · 32.4	235 23.5	· · 11.6	60 57.8	· · 46.6	Denebola	182 51.3	N14 37.5
	04	8 31.4	264 06.9	31.7	328 11.9	32.9	250 25.4	11.5	76 00.4	46.6	Diphda	349 12.9	S18 02.0
	05	23 33.8	279 06.1	31.5	343 12.8	33.4	265 27.3	11.4	91 03.1	46.7			
	06	38 36.3	294 05.3	N22 31.4	358 13.7	N13 33.9	280 29.2	N21 11.3	106 05.7	S21 46.7	Dubhe	194 12.8	N61 48.3
	07	53 38.8	309 04.5	31.2	13 14.6	34.4	295 31.0	11.2	121 08.4	46.7	Elnath	278 34.6	N28 36.1
T	08	68 41.2	324 03.7	31.0	28 15.6	34.9	310 32.9	11.1	136 11.0	46.7	Eltanin	90 53.7	N51 29.5
U	09	83 43.7	339 02.8	· · 30.8	43 16.5	· · 35.4	325 34.8	· · 11.0	151 13.7	· · 46.8	Enif	34 03.6	N 9 50.0
E	10	98 46.2	354 02.0	30.6	58 17.4	35.8	340 36.7	10.9	166 16.3	46.8	Fomalhaut	15 42.4	S29 40.1
S	11	113 48.6	9 01.2	30.4	73 18.4	36.3	355 38.5	10.8	181 19.0	46.8			
D	12	128 51.1	24 00.4	N22 30.2	88 19.3	N13 36.8	10 40.4	N21 10.7	196 21.6	S21 46.9	Gacrux	172 20.6	S57 03.9
A	13	143 53.5	38 59.6	30.0	103 20.2	37.3	25 42.3	10.6	211 24.3	46.9	Gienah	176 10.2	S17 29.5
Y	14	158 56.0	53 58.8	29.8	118 21.2	37.8	40 44.2	10.5	226 26.9	46.9	Hadar	149 12.6	S60 20.0
	15	173 58.5	68 58.0	· · 29.6	133 22.1	· · 38.3	55 46.1	· · 10.4	241 29.6	· · 47.0	Hamal	328 20.2	N23 25.2
	16	189 00.9	83 57.2	29.4	148 23.0	38.8	70 47.9	10.3	256 32.2	47.0	Kaus Aust.	84 06.2	S34 23.5
	17	204 03.4	98 56.4	29.2	163 23.9	39.2	85 49.8	10.2	271 34.8	47.0			
	18	219 05.9	113 55.6	N22 29.0	178 24.9	N13 39.7	100 51.7	N21 10.1	286 37.5	S21 47.0	Kochab	137 18.8	N74 11.8
	19	234 08.3	128 54.8	28.8	193 25.8	40.2	115 53.6	10.0	301 40.1	47.1	Markab	13 55.2	N15 09.4
	20	249 10.8	143 54.0	28.6	208 26.7	40.7	130 55.5	09.9	316 42.8	47.1	Menkar	314 33.0	N 4 03.4
	21	264 13.3	158 53.2	· · 28.4	223 27.7	· · 41.2	145 57.3	· · 09.8	331 45.4	· · 47.1	Menkent	148 27.9	S36 19.7
	22	279 15.7	173 52.4	28.2	238 28.6	41.7	160 59.2	09.7	346 48.1	47.2	Miaplacidus	221 44.5	S69 40.7
	23	294 18.2	188 51.5	28.0	253 29.5	42.1	176 01.1	09.6	1 50.7	47.2			
1	00	309 20.7	203 50.7	N22 27.8	268 30.5	N13 42.6	191 03.0	N21 09.5	16 53.4	S21 47.2	Mirfak	309 05.2	N49 49.6
	01	324 23.1	218 49.9	27.6	283 31.4	43.1	206 04.9	09.4	31 56.0	47.3	Nunki	76 19.2	S26 18.6
	02	339 25.6	233 49.1	27.4	298 32.3	43.6	221 06.7	09.3	46 58.7	47.3	Peacock	53 45.4	S56 45.9
	03	354 28.0	248 48.3	· · 27.2	313 33.3	· · 44.1	236 08.6	· · 09.2	62 01.3	· · 47.3	Pollux	243 49.0	N28 03.1
	04	9 30.5	263 47.5	26.9	328 34.2	44.6	251 10.5	09.1	77 04.0	47.3	Procyon	245 17.9	N 5 15.1
	05	24 33.0	278 46.7	26.7	343 35.1	45.0	266 12.4	09.0	92 06.6	47.4			
	06	39 35.4	293 45.9	N22 26.5	358 36.1	N13 45.5	281 14.3	N21 08.9	107 09.2	S21 47.4	Rasalhague	96 22.1	N12 34.0
W	07	54 37.9	308 45.1	26.3	13 37.0	46.0	296 16.2	08.8	122 11.9	47.4	Regulus	208 02.0	N12 00.9
E	08	69 40.4	323 44.3	26.1	28 37.9	46.5	311 18.0	08.7	137 14.5	47.5	Rigel	281 28.7	S 8 12.5
D	09	84 42.8	338 43.5	· · 25.9	43 38.9	· · 47.0	326 19.9	· · 08.6	152 17.2	· · 47.5	Rigil Kent.	140 15.3	S60 48.1
N	10	99 45.3	353 42.7	25.7	58 39.8	47.4	341 21.8	08.5	167 19.8	47.5	Sabik	102 32.0	S15 42.9
E	11	114 47.8	8 41.9	25.4	73 40.7	47.9	356 23.7	08.4	182 22.5	47.5			
S	12	129 50.2	23 41.1	N22 25.2	88 41.7	N13 48.4	11 25.6	N21 08.3	197 25.1	S21 47.6	Schedar	350 00.1	N56 29.1
D	13	144 52.7	38 40.3	25.0	103 42.6	48.9	26 27.4	08.2	212 27.8	47.6	Shaula	96 44.9	S37 06.0
A	14	159 55.1	53 39.5	24.8	118 43.5	49.4	41 29.3	08.1	227 30.4	47.6	Sirius	258 49.1	S16 42.0
Y	15	174 57.6	68 38.7	· · 24.5	133 44.5	· · 49.8	56 31.2	· · 08.0	242 33.1	· · 47.7	Spica	158 49.4	S11 06.8
	16	190 00.1	83 37.9	24.3	148 45.4	50.3	71 33.1	07.9	257 35.7	47.7	Suhail	223 05.6	S43 23.6
	17	205 02.5	98 37.1	24.1	163 46.3	50.8	86 35.0	07.8	272 38.3	47.7			
	18	220 05.0	113 36.2	N22 23.9	178 47.3	N13 51.3	101 36.8	N21 07.7	287 41.0	S21 47.8	Vega	80 50.2	N38 46.6
	19	235 07.5	128 35.4	23.6	193 48.2	51.7	116 38.7	07.5	302 43.6	47.8	Zuben'ubi	137 24.4	S16 00.3
	20	250 09.9	143 34.6	23.4	208 49.2	52.2	131 40.6	07.4	317 46.3	47.8		S.H.A.	Mer. Pass.
	21	265 12.4	158 33.8	· · 23.2	223 50.1	· · 52.7	146 42.5	· · 07.3	332 48.9	· · 47.8		° ′	h m
	22	280 14.9	173 33.0	22.9	238 51.0	53.2	161 44.4	07.2	347 51.6	47.9	Venus	255 48.6	10 24
	23	295 17.3	188 32.2	22.7	253 52.0	53.7	176 46.3	07.1	2 54.2	47.9	Mars	319 46.6	6 07
		h m									Jupiter	241 56.4	11 17
Mer. Pass.		3 26.0	v −0.8	d 0.2	v 0.9	d 0.5	v 1.9	d 0.1	v 2.6	d 0.0	Saturn	67 28.3	22 53

UT (GMT) d	h	SUN G.H.A. ° ′	SUN Dec. ° ′	MOON G.H.A. ° ′	v ′	MOON Dec. ° ′	d ′	H.P. ′
30	00	178 23.3	N18 37.6	90 22.2	13.4	S20 11.1	9.3	54.4
	01	193 23.3	37.0	104 54.6	13.3	20 20.4	9.1	54.4
	02	208 23.3	36.4	119 26.9	13.3	20 29.5	9.1	54.3
	03	223 23.3	. . 35.8	133 59.2	13.2	20 38.6	9.0	54.3
	04	238 23.4	35.2	148 31.4	13.1	20 47.6	8.9	54.3
	05	253 23.4	34.6	163 03.5	13.1	20 56.5	8.8	54.3
	06	268 23.4	N18 34.0	177 35.6	13.1	S21 05.3	8.8	54.3
	07	283 23.4	33.4	192 07.7	13.0	21 14.1	8.6	54.3
	08	298 23.5	32.8	206 39.7	13.0	21 22.7	8.5	54.3
M	09	313 23.5	. . 32.2	221 11.7	12.9	21 31.2	8.5	54.3
O	10	328 23.5	31.6	235 43.6	12.8	21 39.7	8.3	54.3
N	11	343 23.5	31.0	250 15.4	12.8	21 48.0	8.2	54.3
D	12	358 23.6	N18 30.4	264 47.2	12.7	S21 56.2	8.2	54.3
A	13	13 23.6	29.8	279 18.9	12.7	22 04.4	8.0	54.3
Y	14	28 23.6	29.2	293 50.6	12.7	22 12.4	8.0	54.3
	15	43 23.6	. . 28.5	308 22.3	12.6	22 20.4	7.9	54.3
	16	58 23.7	27.9	322 53.9	12.5	22 28.3	7.7	54.2
	17	73 23.7	27.3	337 25.4	12.5	22 36.0	7.7	54.2
	18	88 23.7	N18 26.7	351 56.9	12.4	S22 43.7	7.5	54.2
	19	103 23.7	26.1	6 28.3	12.3	22 51.2	7.5	54.2
	20	118 23.8	25.5	20 59.6	12.3	22 58.7	7.3	54.2
	21	133 23.8	. . 24.9	35 30.9	12.3	23 06.0	7.3	54.2
	22	148 23.8	24.3	50 02.2	12.2	23 13.3	7.1	54.2
	23	163 23.9	23.7	64 33.4	12.2	23 20.4	7.1	54.2
31	00	178 23.9	N18 23.1	79 04.6	12.1	S23 27.5	6.9	54.2
	01	193 23.9	22.5	93 35.7	12.0	23 34.4	6.9	54.2
	02	208 23.9	21.8	108 06.7	12.0	23 41.3	6.7	54.2
	03	223 24.0	. . 21.2	122 37.7	11.9	23 48.0	6.6	54.2
	04	238 24.0	20.6	137 08.6	11.9	23 54.6	6.5	54.2
	05	253 24.0	20.0	151 39.5	11.8	24 01.1	6.4	54.2
	06	268 24.1	N18 19.4	166 10.3	11.8	S24 07.5	6.3	54.2
	07	283 24.1	18.8	180 41.1	11.7	24 13.8	6.2	54.2
T	08	298 24.1	18.2	195 11.8	11.7	24 20.0	6.1	54.2
U	09	313 24.2	. . 17.6	209 42.5	11.6	24 26.1	6.0	54.2
E	10	328 24.2	16.9	224 13.1	11.6	24 32.1	5.8	54.2
S	11	343 24.2	16.3	238 43.7	11.5	24 37.9	5.8	54.2
D	12	358 24.2	N18 15.7	253 14.2	11.4	S24 43.7	5.6	54.2
A	13	13 24.3	15.1	267 44.6	11.5	24 49.3	5.5	54.2
Y	14	28 24.3	14.5	282 15.1	11.3	24 54.8	5.4	54.2
	15	43 24.3	. . 13.8	296 45.4	11.3	25 00.2	5.3	54.2
	16	58 24.4	13.2	311 15.7	11.3	25 05.5	5.2	54.2
	17	73 24.4	12.6	325 46.0	11.2	25 10.7	5.0	54.2
	18	88 24.4	N18 12.0	340 16.2	11.1	S25 15.7	5.0	54.2
	19	103 24.5	11.4	354 46.3	11.1	25 20.7	4.8	54.2
	20	118 24.5	10.8	9 16.4	11.1	25 25.5	4.7	54.2
	21	133 24.5	. . 10.1	23 46.5	11.0	25 30.2	4.6	54.2
	22	148 24.6	09.5	38 16.5	11.0	25 34.8	4.5	54.2
	23	163 24.6	08.9	52 46.5	10.9	25 39.3	4.3	54.2
1	00	178 24.7	N18 08.3	67 16.4	10.9	S25 43.6	4.3	54.2
	01	193 24.7	07.6	81 46.3	10.8	25 47.9	4.1	54.3
	02	208 24.7	07.0	96 16.1	10.8	25 52.0	4.0	54.3
	03	223 24.8	. . 06.4	110 45.9	10.7	25 56.0	3.8	54.3
	04	238 24.8	05.8	125 15.6	10.7	25 59.8	3.8	54.3
	05	253 24.8	05.1	139 45.3	10.6	26 03.6	3.6	54.3
	06	268 24.9	N18 04.5	154 14.9	10.6	S26 07.2	3.5	54.3
W	07	283 24.9	03.9	168 44.5	10.6	26 10.7	3.4	54.3
E	08	298 24.9	03.3	183 14.1	10.5	26 14.1	3.3	54.3
D	09	313 25.0	. . 02.6	197 43.6	10.5	26 17.4	3.1	54.3
N	10	328 25.0	02.0	212 13.1	10.4	26 20.5	3.0	54.3
E	11	343 25.1	01.4	226 42.5	10.4	26 23.5	2.9	54.3
S	12	358 25.1	N18 00.7	241 11.9	10.4	S26 26.4	2.7	54.3
D	13	13 25.1	18 00.1	255 41.3	10.3	26 29.1	2.7	54.3
A	14	28 25.2	17 59.5	270 10.6	10.3	26 31.8	2.5	54.3
Y	15	43 25.2	. . 58.9	284 39.9	10.2	26 34.3	2.3	54.3
	16	58 25.2	58.2	299 09.1	10.2	26 36.6	2.3	54.3
	17	73 25.3	57.6	313 38.3	10.2	26 38.9	2.1	54.4
	18	88 25.3	N17 57.0	328 07.5	10.1	S26 41.0	2.0	54.4
	19	103 25.4	56.3	342 36.6	10.1	26 43.0	1.9	54.4
	20	118 25.4	55.7	357 05.7	10.1	26 44.9	1.7	54.4
	21	133 25.4	. . 55.1	11 34.8	10.1	26 46.6	1.6	54.4
	22	148 25.5	54.4	26 03.9	10.0	26 48.2	1.5	54.4
	23	163 25.5	53.8	40 32.9	10.0	26 49.7	1.3	54.4
		S.D. 15.8	*d* 0.6	S.D. 14.8		14.8		14.8

Lat. °	Twilight Naut. h m	Twilight Civil h m	Sunrise h m	Moonrise 30 h m	Moonrise 31 h m	Moonrise 1 h m	Moonrise 2 h m
N 72	□	□	□	■	■	■	■
N 70	////	////	01 14	■	■	■	■
68	////	////	02 08	■	■	■	■
66	////	////	02 40	17 11	■	■	■
64	////	01 31	03 04	16 24	18 27	■	■
62	////	02 10	03 22	15 54	17 29	18 57	19 53
60	////	02 36	03 37	15 31	16 56	18 12	19 07
N 58	01 23	02 56	03 50	15 13	16 32	17 42	18 37
56	01 58	03 12	04 01	14 57	16 12	17 20	18 14
54	02 22	03 26	04 11	14 44	15 56	17 01	17 55
52	02 41	03 38	04 20	14 33	15 42	16 46	17 39
50	02 57	03 48	04 27	14 23	15 30	16 32	17 26
45	03 27	04 10	04 44	14 02	15 05	16 05	16 58
N 40	03 49	04 27	04 57	13 45	14 45	15 43	16 36
35	04 07	04 40	05 08	13 30	14 29	15 25	16 18
30	04 21	04 52	05 18	13 18	14 14	15 09	16 02
20	04 44	05 11	05 35	12 57	13 50	14 43	15 35
N 10	05 01	05 27	05 49	12 39	13 29	14 21	15 12
0	05 16	05 41	06 03	12 22	13 10	14 00	14 51
S 10	05 29	05 54	06 16	12 05	12 50	13 39	14 30
20	05 41	06 07	06 30	11 47	12 30	13 16	14 07
30	05 52	06 21	06 46	11 27	12 06	12 51	13 41
35	05 58	06 29	06 56	11 15	11 52	12 35	13 25
40	06 05	06 37	07 06	11 01	11 36	12 18	13 07
45	06 11	06 47	07 18	10 45	11 17	11 57	12 45
S 50	06 19	06 58	07 33	10 25	10 53	11 30	12 17
52	06 22	07 03	07 40	10 16	10 42	11 17	12 03
54	06 25	07 09	07 48	10 05	10 29	11 02	11 48
56	06 29	07 15	07 57	09 54	10 14	10 44	11 29
58	06 33	07 21	08 06	09 40	09 56	10 23	11 07
S 60	06 38	07 29	08 18	09 24	09 35	09 56	10 37

Lat. °	Sunset h m	Twilight Civil h m	Twilight Naut. h m	Moonset 30 h m	Moonset 31 h m	Moonset 1 h m	Moonset 2 h m
N 72	□	□	□	■	■	■	■
N 70	22 50	////	////	■	■	■	■
68	22 00	////	////	■	■	■	■
66	21 29	////	////	19 44	■	■	■
64	21 07	22 36	////	20 32	20 10	■	■
62	20 49	22 00	////	21 03	21 08	21 25	22 17
60	20 34	21 34	////	21 26	21 41	22 10	23 03
N 58	20 21	21 15	22 45	21 45	22 06	22 40	23 33
56	20 10	20 59	22 12	22 01	22 26	23 02	23 55
54	20 01	20 45	21 48	22 14	22 42	23 21	24 14
52	19 52	20 34	21 30	22 26	22 56	23 37	24 30
50	19 45	20 23	21 14	22 37	23 09	23 50	24 43
45	19 28	20 02	20 45	22 59	23 34	24 18	00 18
N 40	19 15	19 46	20 23	23 17	23 55	24 40	00 40
35	19 04	19 32	20 06	23 32	24 12	00 12	00 58
30	18 54	19 20	19 51	23 45	24 27	00 27	01 14
20	18 38	19 01	19 29	24 07	00 07	00 52	01 40
N 10	18 23	18 45	19 11	24 27	00 27	01 13	02 03
0	18 10	18 32	18 57	24 45	00 45	01 34	02 24
S 10	17 57	18 19	18 44	00 13	01 03	01 54	02 46
20	17 43	18 06	18 32	00 30	01 23	02 16	03 09
30	17 27	17 52	18 21	00 49	01 45	02 41	03 35
35	17 18	17 44	18 15	01 00	01 59	02 56	03 51
40	17 07	17 36	18 09	01 13	02 14	03 13	04 09
45	16 55	17 26	18 02	01 28	02 32	03 34	04 31
S 50	16 40	17 15	17 55	01 47	02 55	04 00	04 58
52	16 33	17 10	17 51	01 56	03 06	04 13	05 12
54	16 25	17 05	17 48	02 06	03 19	04 28	05 28
56	16 17	16 59	17 44	02 17	03 34	04 45	05 46
58	16 07	16 52	17 40	02 30	03 51	05 06	06 09
S 60	15 56	16 44	17 36	02 45	04 11	05 33	06 39

Day	SUN Eqn. of Time 00^h m s	SUN Eqn. of Time 12^h m s	SUN Mer. Pass. h m	MOON Mer. Pass. Upper h m	MOON Mer. Pass. Lower h m	Age d	Phase
30	06 27	06 26	12 06	18 33	06 10	08	
31	06 25	06 23	12 06	19 22	06 57	09	◐
1	06 21	06 20	12 06	20 12	07 47	10	

UT (GMT)	ARIES	VENUS −3.9		MARS +0.0		JUPITER −1.8		SATURN +0.2		STARS		
d h	G.H.A.	G.H.A.	Dec.	G.H.A.	Dec.	G.H.A.	Dec.	G.H.A.	Dec.	Name	S.H.A.	Dec.
	° ′	° ′	° ′	° ′	° ′	° ′	° ′	° ′	° ′		° ′	° ′
2 00	310 19.8	203 31.4	N22 22.5	268 52.9	N13 54.1	191 48.1	N21 07.0	17 56.9	S21 47.9	Acamar	315 31.3	S40 20.1
01	325 22.3	218 30.6	22.2	283 53.8	54.6	206 50.0	06.9	32 59.5	48.0	Achernar	335 39.1	S57 16.6
02	340 24.7	233 29.8	22.0	298 54.8	55.1	221 51.9	06.8	48 02.1	48.0	Acrux	173 29.2	S63 03.1
03	355 27.2	248 29.0	· · 21.8	313 55.7	· · 55.6	236 53.8	· · 06.7	63 04.8	· · 48.0	Adhara	255 26.3	S28 57.3
04	10 29.6	263 28.2	21.5	328 56.6	56.0	251 55.7	06.6	78 07.4	48.0	Aldebaran	291 09.2	N16 29.6
05	25 32.1	278 27.4	21.3	343 57.6	56.5	266 57.5	06.5	93 10.1	48.1			
06	40 34.6	293 26.6	N22 21.0	358 58.5	N13 57.0	281 59.4	N21 06.4	108 12.7	S21 48.1	Alioth	166 35.7	N56 00.8
07	55 37.0	308 25.8	20.8	13 59.5	57.5	297 01.3	06.3	123 15.4	48.1	Alkaid	153 12.3	N49 21.8
T 08	70 39.5	323 25.0	20.6	29 00.4	57.9	312 03.2	06.2	138 18.0	48.2	Al Na'ir	28 04.5	S47 00.2
H 09	85 42.0	338 24.2	· · 20.3	44 01.3	· · 58.4	327 05.1	· · 06.1	153 20.7	· · 48.2	Alnilam	276 04.0	S 1 12.3
U 10	100 44.4	353 23.4	20.1	59 02.3	58.9	342 07.0	06.0	168 23.3	48.2	Alphard	218 13.2	S 8 37.0
R 11	115 46.9	8 22.6	19.8	74 03.2	59.4	357 08.8	05.9	183 25.9	48.3			
S 12	130 49.4	23 21.8	N22 19.6	89 04.2	N13 59.8	12 10.7	N21 05.8	198 28.6	S21 48.3	Alphecca	126 25.4	N26 44.9
D 13	145 51.8	38 21.0	19.3	104 05.1	14 00.3	27 12.6	05.7	213 31.2	48.3	Alpheratz	358 01.1	N29 02.4
A 14	160 54.3	53 20.2	19.1	119 06.0	00.8	42 14.5	05.6	228 33.9	48.3	Altair	62 24.6	N 8 50.6
Y 15	175 56.8	68 19.4	· · 18.8	134 07.0	· · 01.3	57 16.4	· · 05.5	243 36.5	· · 48.4	Ankaa	353 32.2	S42 21.1
16	190 59.2	83 18.6	18.6	149 07.9	01.7	72 18.2	05.4	258 39.2	48.4	Antares	112 47.1	S26 24.9
17	206 01.7	98 17.8	18.3	164 08.9	02.2	87 20.1	05.3	273 41.8	48.4			
18	221 04.1	113 17.0	N22 18.1	179 09.8	N14 02.7	102 22.0	N21 05.2	288 44.4	S21 48.5	Arcturus	146 11.3	N19 13.9
19	236 06.6	128 16.2	17.8	194 10.7	03.1	117 23.9	05.1	303 47.1	48.5	Atria	108 04.1	S69 01.0
20	251 09.1	143 15.4	17.5	209 11.7	03.6	132 25.8	05.0	318 49.7	48.5	Avior	234 25.8	S59 28.7
21	266 11.5	158 14.6	· · 17.3	224 12.6	· · 04.1	147 27.7	· · 04.9	333 52.4	· · 48.5	Bellatrix	278 50.6	N 6 20.7
22	281 14.0	173 13.8	17.0	239 13.6	04.6	162 29.5	04.8	348 55.0	48.6	Betelgeuse	271 20.1	N 7 24.5
23	296 16.5	188 13.0	16.8	254 14.5	05.0	177 31.4	04.7	3 57.7	48.6			
3 00	311 18.9	203 12.2	N22 16.5	269 15.4	N14 05.5	192 33.3	N21 04.6	19 00.3	S21 48.6	Canopus	264 04.2	S52 41.1
01	326 21.4	218 11.4	16.2	284 16.4	06.0	207 35.2	04.5	34 02.9	48.7	Capella	281 00.1	N45 59.3
02	341 23.9	233 10.6	16.0	299 17.3	06.4	222 37.1	04.4	49 05.6	48.7	Deneb	49 42.8	N45 14.8
03	356 26.3	248 09.8	· · 15.7	314 18.3	· · 06.9	237 39.0	· · 04.3	64 08.2	· · 48.7	Denebola	182 51.3	N14 37.5
04	11 28.8	263 09.0	15.4	329 19.2	07.4	252 40.8	04.2	79 10.9	48.7	Diphda	349 12.8	S18 02.0
05	26 31.3	278 08.2	15.2	344 20.2	07.9	267 42.7	04.1	94 13.5	48.8			
06	41 33.7	293 07.4	N22 14.9	359 21.1	N14 08.3	282 44.6	N21 04.0	109 16.2	S21 48.8	Dubhe	194 12.8	N61 48.3
07	56 36.2	308 06.6	14.6	14 22.1	08.8	297 46.5	03.9	124 18.8	48.8	Elnath	278 34.5	N28 36.1
08	71 38.6	323 05.8	14.4	29 23.0	09.3	312 48.4	03.8	139 21.4	48.9	Eltanin	90 53.7	N51 29.5
F 09	86 41.1	338 05.0	· · 14.1	44 23.9	· · 09.7	327 50.3	· · 03.7	154 24.1	· · 48.9	Enif	34 03.6	N 9 50.0
R 10	101 43.6	353 04.2	13.8	59 24.9	10.2	342 52.1	03.6	169 26.7	48.9	Fomalhaut	15 42.4	S29 40.1
I 11	116 46.0	8 03.4	13.5	74 25.8	10.7	357 54.0	03.5	184 29.4	49.0			
D 12	131 48.5	23 02.6	N22 13.3	89 26.8	N14 11.1	12 55.9	N21 03.4	199 32.0	S21 49.0	Gacrux	172 20.6	S57 03.9
A 13	146 51.0	38 01.8	13.0	104 27.7	11.6	27 57.8	03.3	214 34.6	49.0	Gienah	176 10.2	S17 29.5
Y 14	161 53.4	53 01.0	12.7	119 28.7	12.1	42 59.7	03.2	229 37.3	49.0	Hadar	149 12.6	S60 20.0
15	176 55.9	68 00.2	· · 12.4	134 29.6	· · 12.5	58 01.6	· · 03.1	244 39.9	· · 49.1	Hamal	328 20.1	N23 25.2
16	191 58.4	82 59.4	12.2	149 30.6	13.0	73 03.4	03.0	259 42.6	49.1	Kaus Aust.	84 06.1	S34 23.5
17	207 00.8	97 58.6	11.9	164 31.5	13.5	88 05.3	02.9	274 45.2	49.1			
18	222 03.3	112 57.8	N22 11.6	179 32.4	N14 13.9	103 07.2	N21 02.8	289 47.9	S21 49.2	Kochab	137 18.8	N74 11.8
19	237 05.7	127 57.0	11.3	194 33.4	14.4	118 09.1	02.7	304 50.5	49.2	Markab	13 55.2	N15 09.4
20	252 08.2	142 56.2	11.0	209 34.3	14.9	133 11.0	02.6	319 53.1	49.2	Menkar	314 33.0	N 4 03.4
21	267 10.7	157 55.4	· · 10.7	224 35.3	· · 15.3	148 12.9	· · 02.5	334 55.8	· · 49.2	Menkent	148 28.0	S36 19.7
22	282 13.1	172 54.6	10.5	239 36.2	15.8	163 14.7	02.4	349 58.4	49.3	Miaplacidus	221 44.5	S69 40.7
23	297 15.6	187 53.8	10.2	254 37.2	16.3	178 16.6	02.3	5 01.1	49.3			
4 00	312 18.1	202 53.0	N22 09.9	269 38.1	N14 16.7	193 18.5	N21 02.2	20 03.7	S21 49.3	Mirfak	309 05.1	N49 49.6
01	327 20.5	217 52.2	09.6	284 39.1	17.2	208 20.4	02.1	35 06.3	49.4	Nunki	76 19.2	S26 18.6
02	342 23.0	232 51.4	09.3	299 40.0	17.7	223 22.3	02.0	50 09.0	49.4	Peacock	53 45.4	S56 45.9
03	357 25.5	247 50.6	· · 09.0	314 41.0	· · 18.1	238 24.2	· · 01.9	65 11.6	· · 49.4	Pollux	243 49.0	N28 03.1
04	12 27.9	262 49.8	08.7	329 41.9	18.6	253 26.0	01.8	80 14.3	49.4	Procyon	245 17.9	N 5 15.1
05	27 30.4	277 49.0	08.4	344 42.9	19.1	268 27.9	01.7	95 16.9	49.5			
06	42 32.9	292 48.2	N22 08.1	359 43.8	N14 19.5	283 29.8	N21 01.6	110 19.5	S21 49.5	Rasalhague	96 22.1	N12 34.0
07	57 35.3	307 47.4	07.8	14 44.8	20.0	298 31.7	01.5	125 22.2	49.5	Regulus	208 02.0	N12 00.9
S 08	72 37.8	322 46.6	07.5	29 45.7	20.4	313 33.6	01.4	140 24.8	49.6	Rigel	281 28.7	S 8 12.5
A 09	87 40.2	337 45.8	· · 07.2	44 46.7	· · 20.9	328 35.5	· · 01.3	155 27.5	· · 49.6	Rigil Kent.	140 15.3	S60 48.1
T 10	102 42.7	352 45.0	06.9	59 47.6	21.4	343 37.4	01.2	170 30.1	49.6	Sabik	102 32.0	S15 42.9
U 11	117 45.2	7 44.2	06.6	74 48.6	21.8	358 39.2	01.1	185 32.7	49.6			
R 12	132 47.6	22 43.4	N22 06.3	89 49.5	N14 22.3	13 41.1	N21 01.0	200 35.4	S21 49.7	Schedar	350 00.1	N56 29.1
D 13	147 50.1	37 42.6	06.0	104 50.5	22.7	28 43.0	00.8	215 38.0	49.7	Shaula	96 44.9	S37 06.0
A 14	162 52.6	52 41.8	05.7	119 51.4	23.2	43 44.9	00.7	230 40.7	49.7	Sirius	258 49.1	S16 42.0
Y 15	177 55.0	67 41.0	· · 05.4	134 52.4	· · 23.7	58 46.8	· · 00.6	245 43.3	· · 49.8	Spica	158 49.4	S11 06.8
16	192 57.5	82 40.2	05.1	149 53.3	24.1	73 48.7	00.5	260 45.9	49.8	Suhail	223 05.6	S43 23.6
17	208 00.0	97 39.4	04.8	164 54.3	24.6	88 50.6	00.4	275 48.6	49.8			
18	223 02.4	112 38.6	N22 04.5	179 55.2	N14 25.1	103 52.4	N21 00.3	290 51.2	S21 49.8	Vega	80 50.2	N38 46.6
19	238 04.9	127 37.8	04.2	194 56.2	25.5	118 54.3	00.2	305 53.9	49.9	Zuben'ubi	137 24.4	S16 00.3
20	253 07.4	142 37.1	03.9	209 57.1	26.0	133 56.2	00.1	320 56.5	49.9		S.H.A.	Mer. Pass.
21	268 09.8	157 36.3	· · 03.6	224 58.1	· · 26.4	148 58.1	21 00.0	335 59.1	· · 49.9		° ′	h m
22	283 12.3	172 35.5	03.3	239 59.0	26.9	164 00.0	20 59.9	351 01.8	50.0	Venus	251 53.2	10 28
23	298 14.7	187 34.7	02.9	255 00.0	27.3	179 01.9	59.8	6 04.4	50.0	Mars	317 56.5	6 03
	h m									Jupiter	241 14.4	11 08
Mer. Pass.	3 14.2	*v* −0.8	*d* 0.3	*v* 0.9	*d* 0.5	*v* 1.9	*d* 0.1	*v* 2.6	*d* 0.0	Saturn	67 41.4	22 40

UT (GMT)		SUN G.H.A.	SUN Dec.	MOON G.H.A.	v	Dec.	d	H.P.
d	h	° ′	° ′	° ′	′	° ′	′	′
2	00	178 25.6	N17 53.2	55 01.9	9.9	S26 51.0	1.2	54.4
	01	193 25.6	52.5	69 30.8	10.0	26 52.2	1.1	54.4
	02	208 25.7	51.9	83 59.8	9.9	26 53.3	1.0	54.4
	03	223 25.7	. . 51.2	98 28.7	9.9	26 54.3	0.8	54.5
	04	238 25.7	50.6	112 57.6	9.8	26 55.1	0.7	54.5
	05	253 25.8	50.0	127 26.4	9.9	26 55.8	0.5	54.5
	06	268 25.8	N17 49.3	141 55.3	9.8	S26 56.3	0.4	54.5
	07	283 25.9	48.7	156 24.1	9.8	26 56.7	0.3	54.5
T	08	298 25.9	48.1	170 52.9	9.7	26 57.0	0.2	54.5
H	09	313 26.0	. . 47.4	185 21.6	9.8	26 57.2	0.0	54.5
U	10	328 26.0	46.8	199 50.4	9.7	26 57.2	0.1	54.5
R	11	343 26.0	46.1	214 19.1	9.7	26 57.1	0.3	54.6
S	12	358 26.1	N17 45.5	228 47.8	9.7	S26 56.8	0.4	54.6
D	13	13 26.1	44.9	243 16.5	9.7	26 56.4	0.5	54.6
A	14	28 26.2	44.2	257 45.2	9.7	26 55.9	0.6	54.6
Y	15	43 26.2	. . 43.6	272 13.9	9.6	26 55.3	0.8	54.6
	16	58 26.3	42.9	286 42.5	9.7	26 54.5	0.9	54.6
	17	73 26.3	42.3	301 11.2	9.6	26 53.6	1.1	54.6
	18	88 26.4	N17 41.6	315 39.8	9.7	S26 52.5	1.2	54.6
	19	103 26.4	41.0	330 08.5	9.6	26 51.3	1.3	54.7
	20	118 26.5	40.3	344 37.1	9.6	26 50.0	1.5	54.7
	21	133 26.5	. . 39.7	359 05.7	9.6	26 48.5	1.5	54.7
	22	148 26.5	39.1	13 34.3	9.6	26 47.0	1.8	54.7
	23	163 26.6	38.4	28 02.9	9.6	26 45.2	1.8	54.7
3	00	178 26.6	N17 37.8	42 31.5	9.6	S26 43.4	2.0	54.7
	01	193 26.7	37.1	57 00.1	9.6	26 41.4	2.2	54.8
	02	208 26.7	36.5	71 28.7	9.6	26 39.2	2.3	54.8
	03	223 26.8	. . 35.8	85 57.3	9.6	26 36.9	2.4	54.8
	04	238 26.8	35.2	100 25.9	9.6	26 34.5	2.5	54.8
	05	253 26.9	34.5	114 54.5	9.6	26 32.0	2.7	54.8
	06	268 26.9	N17 33.9	129 23.1	9.6	S26 29.3	2.8	54.8
	07	283 27.0	33.2	143 51.7	9.6	26 26.5	2.9	54.9
	08	298 27.0	32.6	158 20.3	9.6	26 23.6	3.1	54.9
F	09	313 27.1	. . 31.9	172 48.9	9.6	26 20.5	3.2	54.9
R	10	328 27.1	31.3	187 17.5	9.6	26 17.3	3.4	54.9
I	11	343 27.2	30.6	201 46.1	9.6	26 13.9	3.5	54.9
D	12	358 27.2	N17 30.0	216 14.7	9.7	S26 10.4	3.6	54.9
A	13	13 27.3	29.3	230 43.4	9.6	26 06.8	3.7	55.0
Y	14	28 27.3	28.6	245 12.0	9.7	26 03.1	3.9	55.0
	15	43 27.4	. . 28.0	259 40.7	9.7	25 59.2	4.0	55.0
	16	58 27.4	27.3	274 09.4	9.7	25 55.2	4.2	55.0
	17	73 27.5	26.7	288 38.1	9.7	25 51.0	4.3	55.0
	18	88 27.6	N17 26.0	303 06.8	9.7	S25 46.7	4.4	55.0
	19	103 27.6	25.4	317 35.5	9.8	25 42.3	4.6	55.1
	20	118 27.7	24.7	332 04.3	9.7	25 37.7	4.7	55.1
	21	133 27.7	. . 24.1	346 33.0	9.8	25 33.0	4.8	55.1
	22	148 27.8	23.4	1 01.8	9.8	25 28.2	4.9	55.1
	23	163 27.8	22.7	15 30.6	9.8	25 23.3	5.1	55.1
4	00	178 27.9	N17 22.1	29 59.4	9.9	S25 18.2	5.2	55.2
	01	193 27.9	21.4	44 28.3	9.8	25 13.0	5.4	55.2
	02	208 28.0	20.8	58 57.1	9.9	25 07.6	5.4	55.2
	03	223 28.0	. . 20.1	73 26.0	9.9	25 02.2	5.6	55.2
	04	238 28.1	19.4	87 54.9	10.0	24 56.6	5.8	55.2
	05	253 28.1	18.8	102 23.9	9.9	24 50.8	5.8	55.3
	06	268 28.2	N17 18.1	116 52.8	10.0	S24 45.0	6.0	55.3
	07	283 28.3	17.5	131 21.8	10.0	24 39.0	6.1	55.3
S	08	298 28.3	16.8	145 50.8	10.1	24 32.9	6.3	55.3
A	09	313 28.4	. . 16.1	160 19.9	10.0	24 26.6	6.4	55.3
T	10	328 28.4	15.5	174 48.9	10.1	24 20.2	6.5	55.4
U	11	343 28.5	14.8	189 18.0	10.2	24 13.7	6.6	55.4
R	12	358 28.5	N17 14.1	203 47.2	10.1	S24 07.1	6.7	55.4
D	13	13 28.6	13.5	218 16.3	10.2	24 00.4	6.9	55.4
A	14	28 28.7	12.8	232 45.5	10.3	23 53.5	7.0	55.4
Y	15	43 28.7	. . 12.1	247 14.8	10.2	23 46.5	7.1	55.5
	16	58 28.8	11.5	261 44.0	10.3	23 39.4	7.3	55.5
	17	73 28.8	10.8	276 13.3	10.4	23 32.1	7.4	55.5
	18	88 28.9	N17 10.1	290 42.7	10.3	S23 24.7	7.5	55.5
	19	103 29.0	09.5	305 12.0	10.4	23 17.2	7.6	55.5
	20	118 29.0	08.8	319 41.4	10.4	23 09.6	7.7	55.6
	21	133 29.1	. . 08.1	334 10.8	10.5	23 01.9	7.9	55.6
	22	148 29.1	07.5	348 40.3	10.5	22 54.0	8.0	55.6
	23	163 29.2	06.8	3 09.8	10.6	22 46.0	8.1	55.6
		S.D. 15.8	*d* 0.7	S.D. 14.9		15.0		15.1

Lat.	Twilight Naut.	Twilight Civil	Sunrise	Moonrise 2	Moonrise 3	Moonrise 4	Moonrise 5
°	h m	h m	h m	h m	h m	h m	h m
N 72	□	□	□	■	■	■	■
N 70	////	////	01 40	■	■	■	22 27
68	////	////	02 23	■	■	■	21 35
66	////	00 49	02 52	■	■	21 36	21 02
64	////	01 49	03 13	■	21 13	20 48	20 37
62	////	02 22	03 30	19 53	20 12	20 17	20 18
60	00 44	02 45	03 45	19 07	19 38	19 54	20 02
N 58	01 39	03 04	03 57	18 37	19 13	19 35	19 49
56	02 09	03 19	04 07	18 14	18 53	19 19	19 37
54	02 31	03 32	04 16	17 55	18 36	19 06	19 27
52	02 48	03 43	04 24	17 39	18 22	18 54	19 18
50	03 03	03 53	04 32	17 26	18 09	18 43	19 09
45	03 31	04 14	04 47	16 58	17 43	18 21	18 52
N 40	03 53	04 30	05 00	16 36	17 23	18 03	18 38
35	04 09	04 43	05 11	16 18	17 06	17 48	18 25
30	04 23	04 54	05 20	16 02	16 51	17 35	18 15
20	04 45	05 13	05 36	15 35	16 25	17 12	17 56
N 10	05 02	05 28	05 50	15 12	16 04	16 53	17 40
0	05 16	05 41	06 03	14 51	15 43	16 35	17 25
S 10	05 28	05 53	06 15	14 30	15 23	16 16	17 10
20	05 39	06 06	06 29	14 07	15 01	15 57	16 53
30	05 50	06 19	06 44	13 41	14 36	15 34	16 34
35	05 56	06 26	06 53	13 25	14 21	15 21	16 23
40	06 02	06 34	07 03	13 07	14 03	15 05	16 11
45	06 08	06 43	07 15	12 45	13 42	14 47	15 56
S 50	06 15	06 54	07 29	12 17	13 16	14 23	15 37
52	06 18	06 59	07 36	12 03	13 03	14 12	15 28
54	06 21	07 04	07 43	11 48	12 48	14 00	15 18
56	06 24	07 10	07 51	11 29	12 30	13 45	15 07
58	06 28	07 16	08 00	11 07	12 09	13 28	14 54
S 60	06 32	07 23	08 11	10 37	11 42	13 07	14 39

Lat.	Sunset	Twilight Civil	Twilight Naut.	Moonset 2	Moonset 3	Moonset 4	Moonset 5
°	h m	h m	h m	h m	h m	h m	h m
N 72	□	□	□	■	■	■	■
N 70	22 25	////	////	■	■	■	■
68	21 45	////	////	■	■	■	■
66	21 18	23 12	////	■	■	■	00 09
64	20 57	22 19	////	■	22 45	24 57	00 57
62	20 40	21 47	////	22 17	23 46	25 27	01 27
60	20 26	21 25	23 18	23 03	24 20	00 20	01 50
N 58	20 14	21 07	22 29	23 33	24 44	00 44	02 08
56	20 04	20 52	22 01	23 55	25 04	01 04	02 23
54	19 55	20 39	21 39	24 14	00 14	01 20	02 36
52	19 47	20 28	21 22	24 30	00 30	01 35	02 48
50	19 40	20 18	21 08	24 43	00 43	01 47	02 58
45	19 25	19 58	20 40	00 18	01 11	02 12	03 19
N 40	19 12	19 42	20 19	00 40	01 33	02 32	03 36
35	19 01	19 29	20 02	00 58	01 51	02 49	03 51
30	18 52	19 18	19 49	01 14	02 06	03 03	04 03
20	18 36	19 00	19 27	01 40	02 33	03 28	04 24
N 10	18 22	18 45	19 10	02 03	02 55	03 49	04 42
0	18 10	18 31	18 57	02 24	03 16	04 08	04 59
S 10	17 57	18 19	18 44	02 46	03 37	04 28	05 16
20	17 44	18 07	18 33	03 09	04 00	04 48	05 34
30	17 28	17 54	18 22	03 35	04 26	05 12	05 54
35	17 20	17 46	18 17	03 51	04 41	05 26	06 06
40	17 10	17 38	18 11	04 09	04 59	05 42	06 20
45	16 58	17 30	18 05	04 31	05 20	06 02	06 36
S 50	16 44	17 19	17 58	04 58	05 47	06 26	06 55
52	16 37	17 14	17 55	05 12	06 00	06 37	07 05
54	16 30	17 09	17 52	05 28	06 15	06 50	07 15
56	16 22	17 04	17 49	05 46	06 33	07 05	07 27
58	16 13	16 57	17 45	06 09	06 54	07 23	07 40
S 60	16 02	16 50	17 41	06 39	07 21	07 44	07 56

Day	SUN Eqn. of Time 00^h	SUN Eqn. of Time 12^h	SUN Mer. Pass.	MOON Mer. Pass. Upper	MOON Mer. Pass. Lower	Age	Phase
	m s	m s	h m	h m	h m	d	
2	06 18	06 16	12 06	21 04	08 38	11	
3	06 14	06 11	12 06	21 56	09 30	12	◐
4	06 09	06 06	12 06	22 47	10 21	13	

UT (GMT) d	h	ARIES G.H.A. ° ′	VENUS −3.9 G.H.A. ° ′	Dec. ° ′	MARS −0.1 G.H.A. ° ′	Dec. ° ′	JUPITER −1.8 G.H.A. ° ′	Dec. ° ′	SATURN +0.2 G.H.A. ° ′	Dec. ° ′	STARS Name	S.H.A. ° ′	Dec. ° ′
5	00	313 17.2	202 33.9	N22 02.6	270 00.9	N14 27.8	194 03.7	N20 59.7	21 07.1	S21 50.0	Acamar	315 31.2	S40 20.1
	01	328 19.7	217 33.1	02.3	285 01.9	28.3	209 05.6	59.6	36 09.7	50.0	Achernar	335 39.0	S57 16.6
	02	343 22.1	232 32.3	02.0	300 02.8	28.7	224 07.5	59.5	51 12.3	50.1	Acrux	173 29.2	S63 03.1
	03	358 24.6	247 31.5	·· 01.7	315 03.8	·· 29.2	239 09.4	·· 59.4	66 15.0	·· 50.1	Adhara	255 26.3	S28 57.3
	04	13 27.1	262 30.7	01.4	330 04.7	29.6	254 11.3	59.3	81 17.6	50.1	Aldebaran	291 09.2	N16 29.6
	05	28 29.5	277 29.9	01.0	345 05.7	30.1	269 13.2	59.2	96 20.2	50.2			
	06	43 32.0	292 29.1	N22 00.7	0 06.6	N14 30.6	284 15.1	N20 59.1	111 22.9	S21 50.2	Alioth	166 35.7	N56 00.8
	07	58 34.5	307 28.3	00.4	15 07.6	31.0	299 17.0	59.0	126 25.5	50.2	Alkaid	153 12.3	N49 21.8
	08	73 36.9	322 27.5	22 00.1	30 08.6	31.5	314 18.8	58.9	141 28.2	50.2	Al Na'ir	28 04.5	S47 00.2
S	09	88 39.4	337 26.7	21 59.7	45 09.5	·· 31.9	329 20.7	·· 58.8	156 30.8	·· 50.3	Alnilam	276 04.0	S 1 12.2
U	10	103 41.8	352 25.9	59.4	60 10.5	32.4	344 22.6	58.7	171 33.4	50.3	Alphard	218 13.2	S 8 37.0
N	11	118 44.3	7 25.2	59.1	75 11.4	32.8	359 24.5	58.6	186 36.1	50.3			
D	12	133 46.8	22 24.4	N21 58.8	90 12.4	N14 33.3	14 26.4	N20 58.5	201 38.7	S21 50.3	Alphecca	126 25.4	N26 44.9
A	13	148 49.2	37 23.6	58.4	105 13.3	33.7	29 28.3	58.4	216 41.3	50.4	Alpheratz	358 01.1	N29 02.4
Y	14	163 51.7	52 22.8	58.1	120 14.3	34.2	44 30.2	58.3	231 44.0	50.4	Altair	62 24.6	N 8 50.7
	15	178 54.2	67 22.0	·· 57.8	135 15.2	·· 34.7	59 32.0	·· 58.2	246 46.6	·· 50.4	Ankaa	353 32.1	S42 21.1
	16	193 56.6	82 21.2	57.4	150 16.2	35.1	74 33.9	58.1	261 49.3	50.5	Antares	112 47.1	S26 24.9
	17	208 59.1	97 20.4	57.1	165 17.2	35.6	89 35.8	58.0	276 51.9	50.5			
	18	224 01.6	112 19.6	N21 56.8	180 18.1	N14 36.0	104 37.7	N20 57.9	291 54.5	S21 50.5	Arcturus	146 11.3	N19 13.9
	19	239 04.0	127 18.8	56.4	195 19.1	36.5	119 39.6	57.8	306 57.2	50.5	Atria	108 04.2	S69 01.0
	20	254 06.5	142 18.0	56.1	210 20.0	36.9	134 41.5	57.7	321 59.8	50.6	Avior	234 25.8	S59 28.6
	21	269 09.0	157 17.2	·· 55.8	225 21.0	·· 37.4	149 43.4	·· 57.6	337 02.4	·· 50.6	Bellatrix	278 50.6	N 6 20.7
	22	284 11.4	172 16.5	55.4	240 21.9	37.8	164 45.2	57.5	352 05.1	50.6	Betelgeuse	271 20.1	N 7 24.5
	23	299 13.9	187 15.7	55.1	255 22.9	38.3	179 47.1	57.4	7 07.7	50.7			
6	00	314 16.3	202 14.9	N21 54.7	270 23.9	N14 38.7	194 49.0	N20 57.3	22 10.4	S21 50.7	Canopus	264 04.2	S52 41.1
	01	329 18.8	217 14.1	54.4	285 24.8	39.2	209 50.9	57.2	37 13.0	50.7	Capella	281 00.1	N45 59.3
	02	344 21.3	232 13.3	54.0	300 25.8	39.6	224 52.8	57.0	52 15.6	50.7	Deneb	49 42.8	N45 14.9
	03	359 23.7	247 12.5	·· 53.7	315 26.7	·· 40.1	239 54.7	·· 56.9	67 18.3	·· 50.8	Denebola	182 51.3	N14 37.5
	04	14 26.2	262 11.7	53.4	330 27.7	40.5	254 56.6	56.8	82 20.9	50.8	Diphda	349 12.8	S18 02.0
	05	29 28.7	277 10.9	53.0	345 28.7	41.0	269 58.5	56.7	97 23.5	50.8			
	06	44 31.1	292 10.1	N21 52.7	0 29.6	N14 41.4	285 00.3	N20 56.6	112 26.2	S21 50.9	Dubhe	194 12.8	N61 48.2
	07	59 33.6	307 09.3	52.3	15 30.6	41.9	300 02.2	56.5	127 28.8	50.9	Elnath	278 34.5	N28 36.1
	08	74 36.1	322 08.6	52.0	30 31.5	42.4	315 04.1	56.4	142 31.4	50.9	Eltanin	90 53.7	N51 29.5
M	09	89 38.5	337 07.8	·· 51.6	45 32.5	·· 42.8	330 06.0	·· 56.3	157 34.1	·· 50.9	Enif	34 03.6	N 9 50.0
O	10	104 41.0	352 07.0	51.3	60 33.5	43.3	345 07.9	56.2	172 36.7	51.0	Fomalhaut	15 42.4	S29 40.1
N	11	119 43.5	7 06.2	50.9	75 34.4	43.7	0 09.8	56.1	187 39.4	51.0			
D	12	134 45.9	22 05.4	N21 50.5	90 35.4	N14 44.1	15 11.7	N20 56.0	202 42.0	S21 51.0	Gacrux	172 20.6	S57 03.9
A	13	149 48.4	37 04.6	50.2	105 36.3	44.6	30 13.6	55.9	217 44.6	51.0	Gienah	176 10.2	S17 29.5
Y	14	164 50.8	52 03.8	49.8	120 37.3	45.0	45 15.4	55.8	232 47.3	51.1	Hadar	149 12.6	S60 20.0
	15	179 53.3	67 03.0	·· 49.5	135 38.3	·· 45.5	60 17.3	·· 55.7	247 49.9	·· 51.1	Hamal	328 20.1	N23 25.2
	16	194 55.8	82 02.3	49.1	150 39.2	45.9	75 19.2	55.6	262 52.5	51.1	Kaus Aust.	84 06.1	S34 23.5
	17	209 58.2	97 01.5	48.8	165 40.2	46.4	90 21.1	55.5	277 55.2	51.2			
	18	225 00.7	112 00.7	N21 48.4	180 41.2	N14 46.8	105 23.0	N20 55.4	292 57.8	S21 51.2	Kochab	137 18.9	N74 11.8
	19	240 03.2	126 59.9	48.0	195 42.1	47.3	120 24.9	55.3	308 00.4	51.2	Markab	13 55.1	N15 09.4
	20	255 05.6	141 59.1	47.7	210 43.1	47.7	135 26.8	55.2	323 03.1	51.2	Menkar	314 33.0	N 4 03.4
	21	270 08.1	156 58.3	·· 47.3	225 44.0	·· 48.2	150 28.7	·· 55.1	338 05.7	·· 51.3	Menkent	148 28.0	S36 19.7
	22	285 10.6	171 57.5	46.9	240 45.0	48.6	165 30.6	55.0	353 08.3	51.3	Miaplacidus	221 44.5	S69 40.7
	23	300 13.0	186 56.8	46.6	255 46.0	49.1	180 32.4	54.9	8 11.0	51.3			
7	00	315 15.5	201 56.0	N21 46.2	270 46.9	N14 49.5	195 34.3	N20 54.8	23 13.6	S21 51.4	Mirfak	309 05.1	N49 49.6
	01	330 17.9	216 55.2	45.8	285 47.9	50.0	210 36.2	54.7	38 16.2	51.4	Nunki	76 19.2	S26 18.6
	02	345 20.4	231 54.4	45.5	300 48.9	50.4	225 38.1	54.6	53 18.9	51.4	Peacock	53 45.3	S56 45.9
	03	0 22.9	246 53.6	·· 45.1	315 49.8	·· 50.9	240 40.0	·· 54.5	68 21.5	·· 51.4	Pollux	243 48.9	N28 03.0
	04	15 25.3	261 52.8	44.7	330 50.8	51.3	255 41.9	54.4	83 24.1	51.5	Procyon	245 17.9	N 5 15.1
	05	30 27.8	276 52.1	44.3	345 51.8	51.8	270 43.8	54.3	98 26.8	51.5			
	06	45 30.3	291 51.3	N21 44.0	0 52.7	N14 52.2	285 45.7	N20 54.2	113 29.4	S21 51.5	Rasalhague	96 22.1	N12 34.0
	07	60 32.7	306 50.5	43.6	15 53.7	52.6	300 47.5	54.0	128 32.0	51.5	Regulus	208 02.0	N12 00.9
T	08	75 35.2	321 49.7	43.2	30 54.7	53.1	315 49.4	53.9	143 34.7	51.6	Rigel	281 28.7	S 8 12.5
U	09	90 37.7	336 48.9	·· 42.8	45 55.6	·· 53.5	330 51.3	·· 53.8	158 37.3	·· 51.6	Rigil Kent.	140 15.4	S60 48.1
E	10	105 40.1	351 48.1	42.5	60 56.6	54.0	345 53.2	53.7	173 40.0	51.6	Sabik	102 32.0	S15 42.9
S	11	120 42.6	6 47.3	42.1	75 57.6	54.4	0 55.1	53.6	188 42.6	51.7			
D	12	135 45.1	21 46.6	N21 41.7	90 58.5	N14 54.9	15 57.0	N20 53.5	203 45.2	S21 51.7	Schedar	350 00.0	N56 29.1
A	13	150 47.5	36 45.8	41.3	105 59.5	55.3	30 58.9	53.4	218 47.9	51.7	Shaula	96 44.9	S37 06.0
Y	14	165 50.0	51 45.0	40.9	121 00.5	55.7	46 00.8	53.3	233 50.5	51.7	Sirius	258 49.1	S16 42.0
	15	180 52.4	66 44.2	·· 40.5	136 01.4	·· 56.2	61 02.7	·· 53.2	248 53.1	·· 51.8	Spica	158 49.4	S11 06.8
	16	195 54.9	81 43.4	40.2	151 02.4	56.6	76 04.6	53.1	263 55.8	51.8	Suhail	223 05.6	S43 23.6
	17	210 57.4	96 42.7	39.8	166 03.4	57.1	91 06.4	53.0	278 58.4	51.8			
	18	225 59.8	111 41.9	N21 39.4	181 04.3	N14 57.5	106 08.3	N20 52.9	294 01.0	S21 51.8	Vega	80 50.2	N38 46.6
	19	241 02.3	126 41.1	39.0	196 05.3	58.0	121 10.2	52.8	309 03.6	51.9	Zuben'ubi	137 24.4	S16 00.3
	20	256 04.8	141 40.3	38.6	211 06.3	58.4	136 12.1	52.7	324 06.3	51.9			
	21	271 07.2	156 39.5	·· 38.2	226 07.2	·· 58.8	151 14.0	·· 52.6	339 08.9	·· 51.9			
	22	286 09.7	171 38.8	37.8	241 08.2	59.3	166 15.9	52.5	354 11.5	52.0			
	23	301 12.2	186 38.0	37.4	256 09.2	59.7	181 17.8	52.4	9 14.2	52.0			
Mer. Pass.	h m	3 02.4	v −0.8	d 0.4	v 1.0	d 0.4	v 1.9	d 0.1	v 2.6	d 0.0			

	S.H.A. ° ′	Mer. Pass. h m
Venus	247 58.5	10 32
Mars	316 07.5	5 58
Jupiter	240 32.7	10 59
Saturn	67 54.0	22 27

Day	UT (GMT) d h	SUN G.H.A. ° ′	SUN Dec. ° ′	MOON G.H.A. ° ′	*v* ′	MOON Dec. ° ′	*d* ′	H.P. ′
	5 00	178 29.3	N17 06.1	17 39.4	10.6	S22 37.9	8.2	55.7
	01	193 29.3	05.4	32 09.0	10.6	22 29.7	8.3	55.7
	02	208 29.4	04.8	46 38.6	10.6	22 21.4	8.5	55.7
	03	223 29.4	. . 04.1	61 08.2	10.7	22 12.9	8.5	55.7
	04	238 29.5	03.4	75 37.9	10.8	22 04.4	8.7	55.7
	05	253 29.6	02.8	90 07.7	10.7	21 55.7	8.8	55.8
	06	268 29.6	N17 02.1	104 37.4	10.9	S21 46.9	8.9	55.8
	07	283 29.7	01.4	119 07.3	10.8	21 38.0	9.1	55.8
	08	298 29.7	00.7	133 37.1	10.9	21 28.9	9.1	55.8
S	09	313 29.8	17 00.1	148 07.0	10.9	21 19.8	9.3	55.9
U	10	328 29.9	16 59.4	162 36.9	11.0	21 10.5	9.3	55.9
N	11	343 29.9	58.7	177 06.9	11.0	21 01.2	9.5	55.9
D	12	358 30.0	N16 58.0	191 36.9	11.1	S20 51.7	9.6	55.9
A	13	13 30.1	57.4	206 07.0	11.1	20 42.1	9.7	55.9
Y	14	28 30.1	56.7	220 37.1	11.1	20 32.4	9.8	56.0
	15	43 30.2	. . 56.0	235 07.2	11.2	20 22.6	9.9	56.0
	16	58 30.3	55.3	249 37.4	11.2	20 12.7	10.0	56.0
	17	73 30.3	54.6	264 07.6	11.3	20 02.7	10.1	56.0
	18	88 30.4	N16 54.0	278 37.9	11.3	S19 52.6	10.3	56.1
	19	103 30.4	53.3	293 08.2	11.4	19 42.3	10.3	56.1
	20	118 30.5	52.6	307 38.6	11.4	19 32.0	10.4	56.1
	21	133 30.6	. . 51.9	322 09.0	11.4	19 21.6	10.6	56.1
	22	148 30.6	51.2	336 39.4	11.5	19 11.0	10.6	56.2
	23	163 30.7	50.6	351 09.9	11.5	19 00.4	10.7	56.2
	6 00	178 30.8	N16 49.9	5 40.4	11.6	S18 49.7	10.9	56.2
	01	193 30.8	49.2	20 11.0	11.6	18 38.8	10.9	56.2
	02	208 30.9	48.5	34 41.6	11.6	18 27.9	11.1	56.2
	03	223 31.0	. . 47.8	49 12.2	11.7	18 16.8	11.1	56.3
	04	238 31.0	47.1	63 42.9	11.7	18 05.7	11.2	56.3
	05	253 31.1	46.5	78 13.6	11.8	17 54.5	11.3	56.3
	06	268 31.2	N16 45.8	92 44.4	11.8	S17 43.2	11.4	56.3
	07	283 31.3	45.1	107 15.2	11.8	17 31.8	11.6	56.4
	08	298 31.3	44.4	121 46.0	11.9	17 20.2	11.6	56.4
M	09	313 31.4	. . 43.7	136 16.9	11.9	17 08.6	11.6	56.4
O	10	328 31.5	43.0	150 47.8	12.0	16 57.0	11.8	56.4
N	11	343 31.5	42.3	165 18.8	12.0	16 45.2	11.9	56.5
D	12	358 31.6	N16 41.7	179 49.8	12.0	S16 33.3	12.0	56.5
A	13	13 31.7	41.0	194 20.8	12.1	16 21.3	12.0	56.5
Y	14	28 31.7	40.3	208 51.9	12.1	16 09.3	12.1	56.5
	15	43 31.8	. . 39.6	223 23.0	12.2	15 57.2	12.3	56.5
	16	58 31.9	38.9	237 54.2	12.2	15 44.9	12.3	56.6
	17	73 32.0	38.2	252 25.4	12.2	15 32.6	12.3	56.6
	18	88 32.0	N16 37.5	266 56.6	12.3	S15 20.3	12.5	56.6
	19	103 32.1	36.8	281 27.9	12.3	15 07.8	12.6	56.6
	20	118 32.2	36.1	295 59.2	12.4	14 55.2	12.6	56.7
	21	133 32.2	. . 35.4	310 30.6	12.3	14 42.6	12.7	56.7
	22	148 32.3	34.8	325 01.9	12.5	14 29.9	12.8	56.7
	23	163 32.4	34.1	339 33.4	12.4	14 17.1	12.8	56.7
	7 00	178 32.5	N16 33.4	354 04.8	12.5	S14 04.3	13.0	56.8
	01	193 32.5	32.7	8 36.3	12.5	13 51.3	13.0	56.8
	02	208 32.6	32.0	23 07.8	12.5	13 38.3	13.1	56.8
	03	223 32.7	. . 31.3	37 39.3	12.6	13 25.2	13.2	56.8
	04	238 32.8	30.6	52 10.9	12.6	13 12.0	13.2	56.8
	05	253 32.8	29.9	66 42.5	12.7	12 58.8	13.3	56.9
	06	268 32.9	N16 29.2	81 14.2	12.6	S12 45.5	13.4	56.9
	07	283 33.0	28.5	95 45.8	12.8	12 32.1	13.4	56.9
T	08	298 33.0	27.8	110 17.6	12.7	12 18.7	13.5	56.9
U	09	313 33.1	. . 27.1	124 49.3	12.7	12 05.2	13.6	57.0
E	10	328 33.2	26.4	139 21.0	12.8	11 51.6	13.6	57.0
S	11	343 33.3	25.7	153 52.8	12.8	11 38.0	13.7	57.0
D	12	358 33.4	N16 25.0	168 24.6	12.9	S11 24.3	13.8	57.0
A	13	13 33.4	24.3	182 56.5	12.9	11 10.5	13.8	57.0
Y	14	28 33.5	23.6	197 28.4	12.8	10 56.7	13.9	57.1
	15	43 33.6	. . 22.9	212 00.2	13.0	10 42.8	14.0	57.1
	16	58 33.7	22.2	226 32.2	12.9	10 28.8	14.0	57.1
	17	73 33.7	21.5	241 04.1	13.0	10 14.8	14.1	57.1
	18	88 33.8	N16 20.8	255 36.1	12.9	S10 00.7	14.1	57.2
	19	103 33.9	20.1	270 08.0	13.0	9 46.6	14.2	57.2
	20	118 34.0	19.4	284 40.0	13.1	9 32.4	14.2	57.2
	21	133 34.0	. . 18.7	299 12.1	13.0	9 18.2	14.3	57.2
	22	148 34.1	18.0	313 44.1	13.1	9 03.9	14.3	57.2
	23	163 34.2	17.3	328 16.2	13.1	8 49.6	14.4	57.3
		S.D. 15.8	*d* 0.7	S.D. 15.2		15.4		15.5

Lat. °	Twilight Naut. h m	Twilight Civil h m	Sunrise h m	Moonrise 5 h m	Moonrise 6 h m	Moonrise 7 h m	Moonrise 8 h m
N 72	////	////	00 52	■	21 54	21 06	20 32
N 70	////	////	02 02	22 27	21 24	20 52	20 27
68	////	////	02 38	21 35	21 02	20 41	20 23
66	////	01 21	03 03	21 02	20 44	20 31	20 20
64	////	02 05	03 23	20 37	20 30	20 23	20 17
62	////	02 33	03 39	20 18	20 18	20 16	20 14
60	01 13	02 55	03 52	20 02	20 07	20 10	20 12
N 58	01 53	03 12	04 03	19 49	19 58	20 05	20 10
56	02 19	03 26	04 13	19 37	19 50	20 00	20 09
54	02 39	03 38	04 21	19 27	19 43	19 56	20 07
52	02 55	03 49	04 29	19 18	19 36	19 52	20 05
50	03 09	03 58	04 36	19 09	19 31	19 48	20 04
45	03 36	04 17	04 51	18 52	19 18	19 40	20 01
N 40	03 56	04 33	05 03	18 38	19 07	19 34	19 59
35	04 12	04 45	05 13	18 25	18 58	19 28	19 57
30	04 25	04 56	05 22	18 15	18 50	19 23	19 55
20	04 46	05 14	05 37	17 56	18 37	19 15	19 52
N 10	05 02	05 28	05 50	17 40	18 25	19 07	19 49
0	05 16	05 41	06 02	17 25	18 13	19 00	19 46
S 10	05 27	05 53	06 15	17 10	18 02	18 53	19 43
20	05 38	06 04	06 27	16 53	17 49	18 45	19 40
30	05 48	06 17	06 42	16 34	17 35	18 36	19 37
35	05 54	06 24	06 50	16 23	17 27	18 31	19 35
40	05 59	06 31	07 00	16 11	17 18	18 25	19 33
45	06 05	06 40	07 11	15 56	17 07	18 19	19 31
S 50	06 11	06 49	07 24	15 37	16 53	18 10	19 28
52	06 13	06 54	07 30	15 28	16 47	18 07	19 26
54	06 16	06 59	07 37	15 18	16 40	18 02	19 25
56	06 19	07 04	07 45	15 07	16 32	17 58	19 23
58	06 22	07 10	07 54	14 54	16 23	17 53	19 21
S 60	06 26	07 16	08 03	14 39	16 13	17 47	19 19

Lat. °	Sunset h m	Twilight Civil h m	Twilight Naut. h m	Moonset 5 h m	Moonset 6 h m	Moonset 7 h m	Moonset 8 h m
N 72	23 05	////	////	■	■	03 20	05 46
N 70	22 04	////	////	■	01 04	03 48	05 58
68	21 30	////	////	■	01 56	04 08	06 07
66	21 06	22 44	////	00 09	02 27	04 24	06 14
64	20 47	22 03	////	00 57	02 50	04 38	06 21
62	20 31	21 35	////	01 27	03 09	04 48	06 26
60	20 18	21 15	22 52	01 50	03 24	04 58	06 31
N 58	20 07	20 58	22 15	02 08	03 37	05 06	06 35
56	19 58	20 44	21 50	02 23	03 48	05 13	06 38
54	19 49	20 32	21 31	02 36	03 57	05 19	06 42
52	19 42	20 22	21 15	02 48	04 06	05 25	06 45
50	19 35	20 13	21 01	02 58	04 13	05 30	06 47
45	19 20	19 53	20 35	03 19	04 30	05 41	06 53
N 40	19 09	19 38	20 15	03 36	04 43	05 50	06 58
35	18 58	19 26	19 59	03 51	04 54	05 58	07 02
30	18 50	19 15	19 46	04 03	05 04	06 05	07 05
20	18 35	18 58	19 25	04 24	05 20	06 16	07 12
N 10	18 21	18 43	19 09	04 42	05 35	06 26	07 17
0	18 09	18 31	18 56	04 59	05 48	06 36	07 22
S 10	17 57	18 19	18 44	05 16	06 02	06 45	07 27
20	17 45	18 08	18 34	05 34	06 16	06 55	07 32
30	17 30	17 55	18 24	05 54	06 32	07 06	07 38
35	17 22	17 48	18 19	06 06	06 41	07 12	07 41
40	17 12	17 41	18 13	06 20	06 52	07 20	07 45
45	17 01	17 33	18 08	06 36	07 04	07 28	07 49
S 50	16 48	17 23	18 02	06 55	07 19	07 38	07 55
52	16 42	17 19	17 59	07 05	07 26	07 43	07 57
54	16 35	17 14	17 56	07 15	07 34	07 48	08 00
56	16 28	17 08	17 53	07 27	07 42	07 53	08 02
58	16 19	17 03	17 50	07 40	07 52	08 00	08 06
S 60	16 09	16 56	17 47	07 56	08 03	08 07	08 09

Day	SUN Eqn. of Time 00 h (m s)	SUN Eqn. of Time 12 h (m s)	SUN Mer. Pass. h m	MOON Mer. Pass. Upper h m	MOON Mer. Pass. Lower h m	MOON Age d	MOON Phase
5	06 03	06 00	12 06	23 37	11 12	14	○
6	05 57	05 54	12 06	24 24	12 01	15	
7	05 50	05 47	12 06	00 24	12 48	16	

UT (GMT)	ARIES	VENUS −3.9		MARS −0.1		JUPITER −1.8		SATURN +0.2		STARS		
d h	G.H.A. ° ′	G.H.A. ° ′	Dec. ° ′	G.H.A. ° ′	Dec. ° ′	G.H.A. ° ′	Dec. ° ′	G.H.A. ° ′	Dec. ° ′	Name	S.H.A. ° ′	Dec. ° ′
8 00	316 14.6	201 37.2	N21 37.0	271 10.1	N15 00.2	196 19.7	N20 52.3	24 16.8	S21 52.0	Acamar	315 31.2	S40 20.1
01	331 17.1	216 36.4	36.6	286 11.1	00.6	211 21.6	52.2	39 19.4	52.0	Achernar	335 39.0	S57 16.6
02	346 19.6	231 35.6	36.2	301 12.1	01.0	226 23.5	52.1	54 22.1	52.1	Acrux	173 29.2	S63 03.1
03	1 22.0	246 34.9	· · 35.8	316 13.1	· · 01.5	241 25.3	· · 52.0	69 24.7	· · 52.1	Adhara	255 26.3	S28 57.3
04	16 24.5	261 34.1	35.4	331 14.0	01.9	256 27.2	51.9	84 27.3	52.1	Aldebaran	291 09.2	N16 29.6
05	31 26.9	276 33.3	35.1	346 15.0	02.4	271 29.1	51.8	99 30.0	52.1			
06	46 29.4	291 32.5	N21 34.6	1 16.0	N15 02.8	286 31.0	N20 51.7	114 32.6	S21 52.2	Alioth	166 35.7	N56 00.8
W 07	61 31.9	306 31.7	34.2	16 16.9	03.2	301 32.9	51.6	129 35.2	52.2	Alkaid	153 12.3	N49 21.8
E 08	76 34.3	321 31.0	33.8	31 17.9	03.7	316 34.8	51.4	144 37.9	52.2	Al Na'ir	28 04.5	S47 00.2
D 09	91 36.8	336 30.2	· · 33.4	46 18.9	· · 04.1	331 36.7	· · 51.3	159 40.5	· · 52.3	Alnilam	276 03.9	S 1 12.2
N 10	106 39.3	351 29.4	33.0	61 19.9	04.5	346 38.6	51.2	174 43.1	52.3	Alphard	218 13.2	S 8 37.0
E 11	121 41.7	6 28.6	32.6	76 20.8	05.0	1 40.5	51.1	189 45.8	52.3			
S 12	136 44.2	21 27.8	N21 32.2	91 21.8	N15 05.4	16 42.4	N20 51.0	204 48.4	S21 52.3	Alphecca	126 25.4	N26 44.9
D 13	151 46.7	36 27.1	31.8	106 22.8	05.9	31 44.2	50.9	219 51.0	52.4	Alpheratz	358 01.1	N29 02.4
A 14	166 49.1	51 26.3	31.4	121 23.7	06.3	46 46.1	50.8	234 53.7	52.4	Altair	62 24.6	N 8 50.7
Y 15	181 51.6	66 25.5	· · 31.0	136 24.7	· · 06.7	61 48.0	· · 50.7	249 56.3	· · 52.4	Ankaa	353 32.1	S42 21.1
16	196 54.1	81 24.7	30.6	151 25.7	07.2	76 49.9	50.6	264 58.9	52.4	Antares	112 47.2	S26 24.9
17	211 56.5	96 24.0	30.2	166 26.7	07.6	91 51.8	50.5	280 01.5	52.5			
18	226 59.0	111 23.2	N21 29.8	181 27.6	N15 08.0	106 53.7	N20 50.4	295 04.2	S21 52.5	Arcturus	146 11.3	N19 13.9
19	242 01.4	126 22.4	29.3	196 28.6	08.5	121 55.6	50.3	310 06.8	52.5	Atria	108 04.2	S69 01.0
20	257 03.9	141 21.6	28.9	211 29.6	08.9	136 57.5	50.2	325 09.4	52.6	Avior	234 25.8	S59 28.6
21	272 06.4	156 20.9	· · 28.5	226 30.6	· · 09.3	151 59.4	· · 50.1	340 12.1	· · 52.6	Bellatrix	278 50.6	N 6 20.7
22	287 08.8	171 20.1	28.1	241 31.5	09.8	167 01.3	50.0	355 14.7	52.6	Betelgeuse	271 20.0	N 7 24.5
23	302 11.3	186 19.3	27.7	256 32.5	10.2	182 03.2	49.9	10 17.3	52.6			
9 00	317 13.8	201 18.5	N21 27.2	271 33.5	N15 10.6	197 05.1	N20 49.8	25 20.0	S21 52.7	Canopus	264 04.2	S52 41.1
01	332 16.2	216 17.8	26.8	286 34.5	11.1	212 06.9	49.7	40 22.6	52.7	Capella	281 00.0	N45 59.3
02	347 18.7	231 17.0	26.4	301 35.5	11.5	227 08.8	49.6	55 25.2	52.7	Deneb	49 42.8	N45 14.9
03	2 21.2	246 16.2	· · 26.0	316 36.4	· · 11.9	242 10.7	· · 49.5	70 27.8	· · 52.7	Denebola	182 51.3	N14 37.5
04	17 23.6	261 15.4	25.6	331 37.4	12.4	257 12.6	49.4	85 30.5	52.8	Diphda	349 12.8	S18 02.0
05	32 26.1	276 14.7	25.1	346 38.4	12.8	272 14.5	49.3	100 33.1	52.8			
06	47 28.5	291 13.9	N21 24.7	1 39.4	N15 13.2	287 16.4	N20 49.1	115 35.7	S21 52.8	Dubhe	194 12.8	N61 48.2
07	62 31.0	306 13.1	24.3	16 40.3	13.7	302 18.3	49.0	130 38.4	52.8	Elnath	278 34.5	N28 36.1
T 08	77 33.5	321 12.3	23.8	31 41.3	14.1	317 20.2	48.9	145 41.0	52.9	Eltanin	90 53.7	N51 29.5
H 09	92 35.9	336 11.6	· · 23.4	46 42.3	· · 14.5	332 22.1	· · 48.8	160 43.6	· · 52.9	Enif	34 03.6	N 9 50.0
U 10	107 38.4	351 10.8	23.0	61 43.3	15.0	347 24.0	48.7	175 46.3	52.9	Fomalhaut	15 42.4	S29 40.1
R 11	122 40.9	6 10.0	22.6	76 44.3	15.4	2 25.9	48.6	190 48.9	53.0			
S 12	137 43.3	21 09.3	N21 22.1	91 45.2	N15 15.8	17 27.8	N20 48.5	205 51.5	S21 53.0	Gacrux	172 20.6	S57 03.9
D 13	152 45.8	36 08.5	21.7	106 46.2	16.3	32 29.7	48.4	220 54.1	53.0	Gienah	176 10.2	S17 29.5
A 14	167 48.3	51 07.7	21.2	121 47.2	16.7	47 31.5	48.3	235 56.8	53.0	Hadar	149 12.7	S60 20.0
Y 15	182 50.7	66 06.9	· · 20.8	136 48.2	· · 17.1	62 33.4	· · 48.2	250 59.4	· · 53.1	Hamal	328 20.1	N23 25.2
16	197 53.2	81 06.2	20.4	151 49.2	17.6	77 35.3	48.1	266 02.0	53.1	Kaus Aust.	84 06.2	S34 23.5
17	212 55.7	96 05.4	19.9	166 50.1	18.0	92 37.2	48.0	281 04.7	53.1			
18	227 58.1	111 04.6	N21 19.5	181 51.1	N15 18.4	107 39.1	N20 47.9	296 07.3	S21 53.1	Kochab	137 18.9	N74 11.8
19	243 00.6	126 03.9	19.1	196 52.1	18.8	122 41.0	47.8	311 09.9	53.2	Markab	13 55.1	N15 09.4
20	258 03.0	141 03.1	18.6	211 53.1	19.3	137 42.9	47.7	326 12.5	53.2	Menkar	314 33.0	N 4 03.4
21	273 05.5	156 02.3	· · 18.2	226 54.1	· · 19.7	152 44.8	· · 47.6	341 15.2	· · 53.2	Menkent	148 28.0	S36 19.7
22	288 08.0	171 01.6	17.7	241 55.0	20.1	167 46.7	47.5	356 17.8	53.2	Miaplacidus	221 44.5	S69 40.7
23	303 10.4	186 00.8	17.3	256 56.0	20.6	182 48.6	47.4	11 20.4	53.3			
10 00	318 12.9	201 00.0	N21 16.8	271 57.0	N15 21.0	197 50.5	N20 47.3	26 23.1	S21 53.3	Mirfak	309 05.1	N49 49.7
01	333 15.4	215 59.3	16.4	286 58.0	21.4	212 52.4	47.2	41 25.7	53.3	Nunki	76 19.2	S26 18.6
02	348 17.8	230 58.5	15.9	301 59.0	21.8	227 54.3	47.0	56 28.3	53.4	Peacock	53 45.3	S56 46.0
03	3 20.3	245 57.7	· · 15.5	317 00.0	· · 22.3	242 56.2	· · 46.9	71 30.9	· · 53.4	Pollux	243 48.9	N28 03.0
04	18 22.8	260 56.9	15.0	332 00.9	22.7	257 58.0	46.8	86 33.6	53.4	Procyon	245 17.9	N 5 15.1
05	33 25.2	275 56.2	14.6	347 01.9	23.1	272 59.9	46.7	101 36.2	53.4			
06	48 27.7	290 55.4	N21 14.1	2 02.9	N15 23.5	288 01.8	N20 46.6	116 38.8	S21 53.5	Rasalhague	96 22.1	N12 34.0
07	63 30.2	305 54.6	13.7	17 03.9	24.0	303 03.7	46.5	131 41.4	53.5	Regulus	208 02.0	N12 00.9
08	78 32.6	320 53.9	13.2	32 04.9	24.4	318 05.6	46.4	146 44.1	53.5	Rigel	281 28.7	S 8 12.5
F 09	93 35.1	335 53.1	· · 12.8	47 05.9	· · 24.8	333 07.5	· · 46.3	161 46.7	· · 53.5	Rigil Kent.	140 15.4	S60 48.1
R 10	108 37.5	350 52.3	12.3	62 06.8	25.2	348 09.4	46.2	176 49.3	53.6	Sabik	102 32.0	S15 42.9
I 11	123 40.0	5 51.6	11.9	77 07.8	25.7	3 11.3	46.1	191 51.9	53.6			
D 12	138 42.5	20 50.8	N21 11.4	92 08.8	N15 26.1	18 13.2	N20 46.0	206 54.6	S21 53.6	Schedar	350 00.0	N56 29.1
A 13	153 44.9	35 50.1	10.9	107 09.8	26.5	33 15.1	45.9	221 57.2	53.6	Shaula	96 44.9	S37 06.0
Y 14	168 47.4	50 49.3	10.5	122 10.8	26.9	48 17.0	45.8	236 59.8	53.7	Sirius	258 49.1	S16 42.0
15	183 49.9	65 48.5	· · 10.0	137 11.8	· · 27.4	63 18.9	· · 45.7	252 02.5	· · 53.7	Spica	158 49.5	S11 06.8
16	198 52.3	80 47.8	09.6	152 12.8	27.8	78 20.8	45.6	267 05.1	53.7	Suhail	223 05.6	S43 23.6
17	213 54.8	95 47.0	09.1	167 13.8	28.2	93 22.7	45.5	282 07.7	53.7			
18	228 57.3	110 46.2	N21 08.6	182 14.7	N15 28.6	108 24.6	N20 45.4	297 10.3	S21 53.8	Vega	80 50.2	N38 46.6
19	243 59.7	125 45.5	08.2	197 15.7	29.1	123 26.5	45.3	312 13.0	53.8	Zuben'ubi	137 24.4	S16 00.3
20	259 02.2	140 44.7	07.7	212 16.7	29.5	138 28.4	45.2	327 15.6	53.8		S.H.A.	Mer. Pass.
21	274 04.6	155 43.9	· · 07.2	227 17.7	· · 29.9	153 30.2	· · 45.0	342 18.2	· · 53.9		° ′	h m
22	289 07.1	170 43.2	06.8	242 18.7	30.3	168 32.1	44.9	357 20.8	53.9	Venus	244 04.8	10 35
23	304 09.6	185 42.4	06.3	257 19.7	30.8	183 34.0	44.8	12 23.5	53.9	Mars	314 19.7	5 53
Mer. Pass.	h m 2 50.6	v −0.8	d 0.4	v 1.0	d 0.4	v 1.9	d 0.1	v 2.6	d 0.0	Jupiter	239 51.3	10 50
										Saturn	68 06.2	22 15

UT (GMT) d h	SUN G.H.A. ° ′	SUN Dec. ° ′	MOON G.H.A. ° ′	MOON v ′	MOON Dec. ° ′	MOON d ′	MOON H.P. ′
8 00 (Wednesday)	178 34.3	N16 16.6	342 48.3	13.1	S 8 35.2	14.5	57.3
01	193 34.4	15.9	357 20.4	13.1	8 20.7	14.5	57.3
02	208 34.4	15.2	11 52.5	13.1	8 06.2	14.5	57.3
03	223 34.5	. . 14.5	26 24.6	13.1	7 51.7	14.6	57.3
04	238 34.6	13.8	40 56.7	13.2	7 37.1	14.6	57.4
05	253 34.7	13.1	55 28.9	13.2	7 22.5	14.7	57.4
06	268 34.8	N16 12.4	70 01.1	13.2	S 7 07.8	14.7	57.4
07	283 34.8	11.6	84 33.3	13.1	6 53.1	14.7	57.4
08	298 34.9	10.9	99 05.4	13.2	6 38.4	14.8	57.5
09	313 35.0	. . 10.2	113 37.6	13.3	6 23.6	14.9	57.5
10	328 35.1	09.5	128 09.9	13.2	6 08.7	14.9	57.5
11	343 35.2	08.8	142 42.1	13.2	5 53.8	14.9	57.5
12	358 35.2	N16 08.1	157 14.3	13.2	S 5 38.9	14.9	57.5
13	13 35.3	07.4	171 46.5	13.3	5 24.0	15.0	57.6
14	28 35.4	06.7	186 18.8	13.2	5 09.0	15.0	57.6
15	43 35.5	. . 06.0	200 51.0	13.3	4 54.0	15.1	57.6
16	58 35.6	05.3	215 23.3	13.2	4 38.9	15.0	57.6
17	73 35.7	04.5	229 55.5	13.3	4 23.9	15.2	57.6
18	88 35.7	N16 03.8	244 27.8	13.2	S 4 08.7	15.1	57.7
19	103 35.8	03.1	259 00.0	13.2	3 53.6	15.2	57.7
20	118 35.9	02.4	273 32.2	13.3	3 38.4	15.1	57.7
21	133 36.0	. . 01.7	288 04.5	13.2	3 23.3	15.3	57.7
22	148 36.1	01.0	302 36.7	13.3	3 08.0	15.2	57.7
23	163 36.2	16 00.3	317 09.0	13.2	2 52.8	15.3	57.8
9 00 (Thursday)	178 36.3	N15 59.6	331 41.2	13.2	S 2 37.5	15.2	57.8
01	193 36.3	58.8	346 13.4	13.2	2 22.3	15.4	57.8
02	208 36.4	58.1	0 45.6	13.3	2 06.9	15.3	57.8
03	223 36.5	. . 57.4	15 17.9	13.2	1 51.6	15.3	57.8
04	238 36.6	56.7	29 50.1	13.1	1 36.3	15.4	57.9
05	253 36.7	56.0	44 22.2	13.2	1 20.9	15.3	57.9
06	268 36.8	N15 55.3	58 54.4	13.2	S 1 05.6	15.4	57.9
07	283 36.9	54.5	73 26.6	13.2	0 50.2	15.4	57.9
08	298 36.9	53.8	87 58.8	13.1	0 34.8	15.4	57.9
09	313 37.0	. . 53.1	102 30.9	13.1	0 19.4	15.5	57.9
10	328 37.1	52.4	117 03.0	13.1	S 0 03.9	15.4	58.0
11	343 37.2	51.7	131 35.1	13.1	N 0 11.5	15.4	58.0
12	358 37.3	N15 50.9	146 07.2	13.1	N 0 26.9	15.5	58.0
13	13 37.4	50.2	160 39.3	13.0	0 42.4	15.4	58.0
14	28 37.5	49.5	175 11.3	13.1	0 57.8	15.5	58.0
15	43 37.6	. . 48.8	189 43.4	13.0	1 13.3	15.4	58.1
16	58 37.6	48.0	204 15.4	12.9	1 28.7	15.5	58.1
17	73 37.7	47.3	218 47.3	13.0	1 44.2	15.5	58.1
18	88 37.8	N15 46.6	233 19.3	12.9	N 1 59.7	15.4	58.1
19	103 37.9	45.9	247 51.2	12.9	2 15.1	15.5	58.1
20	118 38.0	45.2	262 23.1	12.9	2 30.6	15.4	58.1
21	133 38.1	. . 44.4	276 55.0	12.9	2 46.0	15.5	58.2
22	148 38.2	43.7	291 26.9	12.8	3 01.5	15.4	58.2
23	163 38.3	43.0	305 58.7	12.8	3 16.9	15.4	58.2
10 00 (Friday)	178 38.4	N15 42.3	320 30.5	12.7	N 3 32.3	15.5	58.2
01	193 38.5	41.5	335 02.2	12.7	3 47.8	15.4	58.2
02	208 38.5	40.8	349 33.9	12.7	4 03.2	15.4	58.2
03	223 38.6	. . 40.1	4 05.6	12.7	4 18.6	15.4	58.3
04	238 38.7	39.3	18 37.3	12.6	4 34.0	15.3	58.3
05	253 38.8	38.6	33 08.9	12.5	4 49.3	15.4	58.3
06	268 38.9	N15 37.9	47 40.4	12.6	N 5 04.7	15.3	58.3
07	283 39.0	37.2	62 12.0	12.5	5 20.0	15.3	58.3
08	298 39.1	36.4	76 43.5	12.4	5 35.3	15.3	58.3
09	313 39.2	. . 35.7	91 14.9	12.4	5 50.6	15.3	58.4
10	328 39.3	35.0	105 46.3	12.4	6 05.9	15.3	58.4
11	343 39.4	34.2	120 17.7	12.3	6 21.2	15.2	58.4
12	358 39.5	N15 33.5	134 49.0	12.3	N 6 36.4	15.2	58.4
13	13 39.6	32.8	149 20.3	12.2	6 51.6	15.2	58.4
14	28 39.7	32.0	163 51.5	12.2	7 06.8	15.2	58.4
15	43 39.8	. . 31.3	178 22.7	12.1	7 22.0	15.1	58.5
16	58 39.9	30.6	192 53.8	12.1	7 37.1	15.1	58.5
17	73 39.9	29.8	207 24.9	12.0	7 52.2	15.0	58.5
18	88 40.0	N15 29.1	221 55.9	11.9	N 8 07.2	15.1	58.5
19	103 40.1	28.4	236 26.8	12.0	8 22.3	14.9	58.5
20	118 40.2	27.6	250 57.8	11.8	8 37.2	15.0	58.5
21	133 40.3	. . 26.9	265 28.6	11.8	8 52.2	14.9	58.5
22	148 40.4	26.2	279 59.4	11.8	9 07.1	14.9	58.6
23	163 40.5	25.4	294 30.2	11.6	9 22.0	14.8	58.6
	S.D. 15.8	*d* 0.7	S.D. 15.7		15.8		15.9

Lat.	Twilight Naut. h m	Twilight Civil h m	Sunrise h m	Moonrise 8 h m	Moonrise 9 h m	Moonrise 10 h m	Moonrise 11 h m
N 72	////	////	01 32	20 32	20 01	19 28	18 42
N 70	////	////	02 21	20 27	20 04	19 40	19 09
68	////	00 13	02 52	20 23	20 07	19 50	19 29
66	////	01 43	03 14	20 20	20 09	19 58	19 45
64	////	02 19	03 32	20 17	20 11	20 05	19 59
62	00 12	02 44	03 47	20 14	20 13	20 11	20 10
60	01 33	03 04	03 59	20 12	20 14	20 16	20 20
N 58	02 06	03 20	04 09	20 10	20 15	20 21	20 28
56	02 29	03 33	04 18	20 09	20 17	20 25	20 36
54	02 47	03 44	04 27	20 07	20 18	20 29	20 43
52	03 02	03 54	04 34	20 05	20 19	20 33	20 49
50	03 15	04 03	04 40	20 04	20 20	20 36	20 55
45	03 40	04 21	04 54	20 01	20 21	20 43	21 07
N 40	04 00	04 36	05 05	19 59	20 23	20 49	21 17
35	04 15	04 48	05 15	19 57	20 25	20 54	21 25
30	04 28	04 58	05 24	19 55	20 26	20 58	21 33
20	04 48	05 15	05 38	19 52	20 28	21 06	21 46
N 10	05 03	05 29	05 50	19 49	20 30	21 13	21 58
0	05 16	05 41	06 02	19 46	20 32	21 19	22 09
S 10	05 27	05 52	06 14	19 43	20 34	21 26	22 20
20	05 37	06 03	06 26	19 40	20 36	21 33	22 32
30	05 46	06 15	06 39	19 37	20 38	21 41	22 46
35	05 51	06 21	06 47	19 35	20 40	21 46	22 54
40	05 56	06 28	06 56	19 33	20 42	21 51	23 03
45	06 01	06 36	07 07	19 31	20 43	21 58	23 14
S 50	06 06	06 45	07 19	19 28	20 46	22 05	23 27
52	06 09	06 49	07 25	19 26	20 47	22 09	23 34
54	06 11	06 53	07 32	19 25	20 48	22 13	23 41
56	06 14	06 58	07 39	19 23	20 49	22 17	23 48
58	06 17	07 04	07 47	19 21	20 51	22 22	23 57
S 60	06 20	07 10	07 56	19 19	20 52	22 28	24 07

Lat.	Sunset h m	Twilight Civil h m	Twilight Naut. h m	Moonset 8 h m	Moonset 9 h m	Moonset 10 h m	Moonset 11 h m
N 72	22 30	////	////	05 46	07 59	10 13	12 42
N 70	21 45	////	////	05 58	08 00	10 04	12 17
68	21 16	23 27	////	06 07	08 01	09 56	11 59
66	20 54	22 22	////	06 14	08 02	09 50	11 45
64	20 37	21 48	////	06 21	08 02	09 45	11 33
62	20 22	21 24	00 00	06 26	08 03	09 41	11 23
60	20 10	21 05	22 33	06 31	08 03	09 37	11 14
N 58	20 00	20 49	22 02	06 35	08 04	09 34	11 06
56	19 51	20 36	21 39	06 38	08 04	09 31	11 00
54	19 43	20 25	21 22	06 42	08 04	09 28	10 54
52	19 36	20 15	21 07	06 45	08 04	09 26	10 49
50	19 30	20 07	20 54	06 47	08 05	09 23	10 44
45	19 16	19 49	20 29	06 53	08 05	09 19	10 34
N 40	19 05	19 34	20 10	06 58	08 06	09 15	10 25
35	18 55	19 23	19 55	07 02	08 06	09 11	10 18
30	18 47	19 13	19 43	07 05	08 06	09 08	10 12
20	18 33	18 56	19 23	07 12	08 07	09 03	10 01
N 10	18 20	18 42	19 08	07 17	08 07	08 59	09 51
0	18 09	18 30	18 55	07 22	08 08	08 54	09 43
S 10	17 58	18 19	18 45	07 27	08 08	08 50	09 34
20	17 46	18 08	18 35	07 32	08 09	08 45	09 24
30	17 32	17 57	18 25	07 38	08 09	08 40	09 14
35	17 24	17 51	18 21	07 41	08 09	08 37	09 07
40	17 15	17 44	18 16	07 45	08 09	08 34	09 01
45	17 05	17 36	18 11	07 49	08 10	08 30	08 52
S 50	16 52	17 27	18 05	07 55	08 10	08 26	08 43
52	16 47	17 23	18 03	07 57	08 10	08 24	08 38
54	16 40	17 18	18 01	08 00	08 10	08 21	08 34
56	16 33	17 14	17 58	08 02	08 11	08 19	08 28
58	16 25	17 08	17 55	08 06	08 11	08 16	08 22
S 60	16 16	17 02	17 52	08 09	08 11	08 13	08 15

Day	SUN Eqn. of Time 00h m s	SUN Eqn. of Time 12h m s	SUN Mer. Pass. h m	MOON Mer. Pass. Upper h m	MOON Mer. Pass. Lower h m	MOON Age d	MOON Phase
8	05 43	05 39	12 06	01 11	13 34	17	◐
9	05 35	05 31	12 06	01 57	14 20	18	
10	05 27	05 22	12 05	02 43	15 07	19	

UT (GMT) d h	ARIES G.H.A. ° ′	VENUS −3.9 G.H.A. ° ′	VENUS Dec. ° ′	MARS −0.1 G.H.A. ° ′	MARS Dec. ° ′	JUPITER −1.8 G.H.A. ° ′	JUPITER Dec. ° ′	SATURN +0.2 G.H.A. ° ′	SATURN Dec. ° ′	STARS Name	S.H.A. ° ′	Dec. ° ′
11 00	319 12.0	200 41.6	N21 05.8	272 20.7	N15 31.2	198 35.9	N20 44.7	27 26.1	S21 53.9	Acamar	315 31.2	S40 20.1
01	334 14.5	215 40.9	05.3	287 21.7	31.6	213 37.8	44.6	42 28.7	54.0	Achernar	335 39.0	S57 16.6
02	349 17.0	230 40.1	04.9	302 22.7	32.0	228 39.7	44.5	57 31.3	54.0	Acrux	173 29.3	S63 03.1
03	4 19.4	245 39.4	· · 04.4	317 23.6	· · 32.4	243 41.6	· · 44.4	72 34.0	· · 54.0	Adhara	255 26.3	S28 57.3
04	19 21.9	260 38.6	03.9	332 24.6	32.9	258 43.5	44.3	87 36.6	54.0	Aldebaran	291 09.2	N16 29.6
05	34 24.4	275 37.8	03.4	347 25.6	33.3	273 45.4	44.2	102 39.2	54.1			
06	49 26.8	290 37.1	N21 03.0	2 26.6	N15 33.7	288 47.3	N20 44.1	117 41.8	S21 54.1	Alioth	166 35.7	N56 00.8
07	64 29.3	305 36.3	02.5	17 27.6	34.1	303 49.2	44.0	132 44.5	54.1	Alkaid	153 12.3	N49 21.8
S 08	79 31.8	320 35.6	02.0	32 28.6	34.5	318 51.1	43.9	147 47.1	54.1	Al Na'ir	28 04.5	S47 00.2
A 09	94 34.2	335 34.8	· · 01.5	47 29.6	· · 35.0	333 53.0	· · 43.8	162 49.7	· · 54.2	Alnilam	276 03.9	S 1 12.2
T 10	109 36.7	350 34.0	01.0	62 30.6	35.4	348 54.9	43.7	177 52.3	54.2	Alphard	218 13.2	S 8 37.0
U 11	124 39.1	5 33.3	00.5	77 31.6	35.8	3 56.8	43.6	192 55.0	54.2			
R 12	139 41.6	20 32.5	N21 00.1	92 32.6	N15 36.2	18 58.7	N20 43.5	207 57.6	S21 54.2	Alphecca	126 25.4	N26 44.9
D 13	154 44.1	35 31.8	20 59.6	107 33.6	36.6	34 00.6	43.4	223 00.2	54.3	Alpheratz	358 01.0	N29 02.4
A 14	169 46.5	50 31.0	59.1	122 34.6	37.0	49 02.5	43.3	238 02.8	54.3	Altair	62 24.6	N 8 50.7
Y 15	184 49.0	65 30.2	· · 58.6	137 35.5	· · 37.5	64 04.4	· · 43.1	253 05.4	· · 54.3	Ankaa	353 32.1	S42 21.1
16	199 51.5	80 29.5	58.1	152 36.5	37.9	79 06.3	43.0	268 08.1	54.3	Antares	112 47.2	S26 24.9
17	214 53.9	95 28.7	57.6	167 37.5	38.3	94 08.2	42.9	283 10.7	54.4			
18	229 56.4	110 28.0	N20 57.1	182 38.5	N15 38.7	109 10.1	N20 42.8	298 13.3	S21 54.4	Arcturus	146 11.4	N19 13.9
19	244 58.9	125 27.2	56.6	197 39.5	39.1	124 12.0	42.7	313 15.9	54.4	Atria	108 04.2	S69 01.0
20	260 01.3	140 26.5	56.2	212 40.5	39.5	139 13.8	42.6	328 18.6	54.4	Avior	234 25.8	S59 28.6
21	275 03.8	155 25.7	· · 55.7	227 41.5	· · 40.0	154 15.7	· · 42.5	343 21.2	· · 54.5	Bellatrix	278 50.5	N 6 20.7
22	290 06.3	170 24.9	55.2	242 42.5	40.4	169 17.6	42.4	358 23.8	54.5	Betelgeuse	271 20.0	N 7 24.5
23	305 08.7	185 24.2	54.7	257 43.5	40.8	184 19.5	42.3	13 26.4	54.5			
12 00	320 11.2	200 23.4	N20 54.2	272 44.5	N15 41.2	199 21.4	N20 42.2	28 29.1	S21 54.6	Canopus	264 04.1	S52 41.1
01	335 13.6	215 22.7	53.7	287 45.5	41.6	214 23.3	42.1	43 31.7	54.6	Capella	281 00.0	N45 59.3
02	350 16.1	230 21.9	53.2	302 46.5	42.0	229 25.2	42.0	58 34.3	54.6	Deneb	49 42.8	N45 14.9
03	5 18.6	245 21.2	· · 52.7	317 47.5	· · 42.5	244 27.1	· · 41.9	73 36.9	· · 54.6	Denebola	182 51.3	N14 37.5
04	20 21.0	260 20.4	52.2	332 48.5	42.9	259 29.0	41.8	88 39.5	54.7	Diphda	349 12.8	S18 02.0
05	35 23.5	275 19.7	51.7	347 49.5	43.3	274 30.9	41.7	103 42.2	54.7			
06	50 26.0	290 18.9	N20 51.2	2 50.5	N15 43.7	289 32.8	N20 41.6	118 44.8	S21 54.7	Dubhe	194 12.8	N61 48.2
07	65 28.4	305 18.2	50.7	17 51.5	44.1	304 34.7	41.5	133 47.4	54.7	Elnath	278 34.5	N28 36.1
08	80 30.9	320 17.4	50.2	32 52.5	44.5	319 36.6	41.3	148 50.0	54.8	Eltanin	90 53.7	N51 29.5
S 09	95 33.4	335 16.6	· · 49.6	47 53.5	· · 44.9	334 38.5	· · 41.2	163 52.7	· · 54.8	Enif	34 03.6	N 9 50.0
U 10	110 35.8	350 15.9	49.1	62 54.5	45.4	349 40.4	41.1	178 55.3	54.8	Fomalhaut	15 42.4	S29 40.1
N 11	125 38.3	5 15.1	48.6	77 55.5	45.8	4 42.3	41.0	193 57.9	54.8			
D 12	140 40.7	20 14.4	N20 48.1	92 56.5	N15 46.2	19 44.2	N20 40.9	209 00.5	S21 54.9	Gacrux	172 20.7	S57 03.9
A 13	155 43.2	35 13.6	47.6	107 57.5	46.6	34 46.1	40.8	224 03.1	54.9	Gienah	176 10.2	S17 29.5
Y 14	170 45.7	50 12.9	47.1	122 58.5	47.0	49 48.0	40.7	239 05.8	54.9	Hadar	149 12.7	S60 20.0
15	185 48.1	65 12.1	· · 46.6	137 59.5	· · 47.4	64 49.9	· · 40.6	254 08.4	· · 54.9	Hamal	328 20.1	N23 25.2
16	200 50.6	80 11.4	46.1	153 00.5	47.8	79 51.8	40.5	269 11.0	55.0	Kaus Aust.	84 06.2	S34 23.5
17	215 53.1	95 10.6	45.6	168 01.5	48.2	94 53.7	40.4	284 13.6	55.0			
18	230 55.5	110 09.9	N20 45.0	183 02.5	N15 48.6	109 55.6	N20 40.3	299 16.2	S21 55.0	Kochab	137 19.0	N74 11.8
19	245 58.0	125 09.1	44.5	198 03.5	49.1	124 57.5	40.2	314 18.9	55.0	Markab	13 55.1	N15 09.4
20	261 00.5	140 08.4	44.0	213 04.5	49.5	139 59.4	40.1	329 21.5	55.1	Menkar	314 32.9	N 4 03.4
21	276 02.9	155 07.6	· · 43.5	228 05.5	· · 49.9	155 01.3	· · 40.0	344 24.1	· · 55.1	Menkent	148 28.0	S36 19.7
22	291 05.4	170 06.9	43.0	243 06.5	50.3	170 03.2	39.9	359 26.7	55.1	Miaplacidus	221 44.5	S69 40.7
23	306 07.9	185 06.1	42.4	258 07.5	50.7	185 05.1	39.8	14 29.3	55.1			
13 00	321 10.3	200 05.4	N20 41.9	273 08.5	N15 51.1	200 07.0	N20 39.6	29 32.0	S21 55.2	Mirfak	309 05.1	N49 49.7
01	336 12.8	215 04.6	41.4	288 09.5	51.5	215 08.9	39.5	44 34.6	55.2	Nunki	76 19.2	S26 18.6
02	351 15.2	230 03.9	40.9	303 10.5	51.9	230 10.8	39.4	59 37.2	55.2	Peacock	53 45.3	S56 46.0
03	6 17.7	245 03.1	· · 40.4	318 11.5	· · 52.3	245 12.7	· · 39.3	74 39.8	· · 55.2	Pollux	243 48.9	N28 03.0
04	21 20.2	260 02.4	39.8	333 12.5	52.7	260 14.6	39.2	89 42.4	55.3	Procyon	245 17.9	N 5 15.1
05	36 22.6	275 01.6	39.3	348 13.5	53.1	275 16.5	39.1	104 45.1	55.3			
06	51 25.1	290 00.9	N20 38.8	3 14.5	N15 53.6	290 18.4	N20 39.0	119 47.7	S21 55.3	Rasalhague	96 22.1	N12 34.0
07	66 27.6	305 00.1	38.2	18 15.5	54.0	305 20.3	38.9	134 50.3	55.3	Regulus	208 02.0	N12 00.9
08	81 30.0	319 59.4	37.7	33 16.5	54.4	320 22.2	38.8	149 52.9	55.4	Rigel	281 28.7	S 8 12.5
M 09	96 32.5	334 58.7	· · 37.2	48 17.5	· · 54.8	335 24.1	· · 38.7	164 55.5	· · 55.4	Rigil Kent.	140 15.4	S60 48.1
O 10	111 35.0	349 57.9	36.6	63 18.6	55.2	350 26.0	38.6	179 58.2	55.4	Sabik	102 32.0	S15 42.9
N 11	126 37.4	4 57.2	36.1	78 19.6	55.6	5 27.9	38.5	195 00.8	55.4			
D 12	141 39.9	19 56.4	N20 35.6	93 20.6	N15 56.0	20 29.8	N20 38.4	210 03.4	S21 55.5	Schedar	350 00.0	N56 29.1
A 13	156 42.4	34 55.7	35.0	108 21.6	56.4	35 31.7	38.3	225 06.0	55.5	Shaula	96 44.9	S37 06.0
Y 14	171 44.8	49 54.9	34.5	123 22.6	56.8	50 33.6	38.2	240 08.6	55.5	Sirius	258 49.1	S16 42.0
15	186 47.3	64 54.2	· · 34.0	138 23.6	· · 57.2	65 35.5	· · 38.0	255 11.3	· · 55.5	Spica	158 49.5	S11 06.8
16	201 49.7	79 53.4	33.4	153 24.6	57.6	80 37.4	37.9	270 13.9	55.6	Suhail	223 05.6	S43 23.6
17	216 52.2	94 52.7	32.9	168 25.6	58.0	95 39.3	37.8	285 16.5	55.6			
18	231 54.7	109 52.0	N20 32.3	183 26.6	N15 58.4	110 41.2	N20 37.7	300 19.1	S21 55.6	Vega	80 50.2	N38 46.6
19	246 57.1	124 51.2	31.8	198 27.6	58.8	125 43.1	37.6	315 21.7	55.6	Zuben'ubi	137 24.4	S16 00.3
20	261 59.6	139 50.5	31.3	213 28.6	59.2	140 45.0	37.5	330 24.3	55.7			
21	277 02.1	154 49.7	· · 30.7	228 29.6	15 59.6	155 46.9	· · 37.4	345 27.0	· · 55.7			
22	292 04.5	169 49.0	30.2	243 30.7	16 00.0	170 48.8	37.3	0 29.6	55.7			
23	307 07.0	184 48.2	29.6	258 31.7	00.4	185 50.7	37.2	15 32.2	55.7			
Mer. Pass.	h m 2 38.8	v −0.8	d 0.5	v 1.0	d 0.4	v 1.9	d 0.1	v 2.6	d 0.0			

	S.H.A. ° ′	Mer. Pass. h m
Venus	240 12.3	10 39
Mars	312 33.3	5 49
Jupiter	239 10.3	10 41
Saturn	68 17.9	22 02

UT (GMT) d	h	SUN G.H.A. ° ′	SUN Dec. ° ′	MOON G.H.A. ° ′	v ′	MOON Dec. ° ′	d ′	H.P. ′
11	00	178 40.6	N15 24.7	309 00.8	11.7	N 9 36.8	14.8	58.6
	01	193 40.7	24.0	323 31.5	11.5	9 51.6	14.8	58.6
	02	208 40.8	23.2	338 02.0	11.5	10 06.4	14.7	58.6
	03	223 40.9	. . 22.5	352 32.5	11.5	10 21.1	14.6	58.6
	04	238 41.0	21.8	7 03.0	11.4	10 35.7	14.7	58.6
	05	253 41.1	21.0	21 33.4	11.3	10 50.4	14.5	58.7
	06	268 41.2	N15 20.3	36 03.7	11.2	N11 04.9	14.5	58.7
	07	283 41.3	19.5	50 33.9	11.2	11 19.4	14.5	58.7
S	08	298 41.4	18.8	65 04.1	11.1	11 33.9	14.4	58.7
A	09	313 41.5	. . 18.1	79 34.2	11.0	11 48.3	14.3	58.7
T	10	328 41.6	17.3	94 04.2	11.0	12 02.6	14.3	58.7
U	11	343 41.7	16.6	108 34.2	10.9	12 16.9	14.3	58.7
R D	12	358 41.8	N15 15.8	123 04.1	10.8	N12 31.2	14.1	58.8
A	13	13 41.9	15.1	137 33.9	10.8	12 45.3	14.1	58.8
Y	14	28 42.0	14.4	152 03.7	10.7	12 59.4	14.1	58.8
	15	43 42.1	. . 13.6	166 33.4	10.6	13 13.5	14.0	58.8
	16	58 42.2	12.9	181 03.0	10.5	13 27.5	13.9	58.8
	17	73 42.3	12.1	195 32.5	10.4	13 41.4	13.8	58.8
	18	88 42.4	N15 11.4	210 01.9	10.4	N13 55.2	13.8	58.8
	19	103 42.5	10.6	224 31.3	10.3	14 09.0	13.7	58.8
	20	118 42.6	09.9	239 00.6	10.2	14 22.7	13.7	58.9
	21	133 42.7	. . 09.1	253 29.8	10.2	14 36.4	13.5	58.9
	22	148 42.8	08.4	267 59.0	10.0	14 49.9	13.5	58.9
	23	163 42.9	07.7	282 28.0	10.0	15 03.4	13.4	58.9
12	00	178 43.0	N15 06.9	296 57.0	9.9	N15 16.8	13.4	58.9
	01	193 43.1	06.2	311 25.9	9.8	15 30.2	13.2	58.9
	02	208 43.2	05.4	325 54.7	9.7	15 43.4	13.2	58.9
	03	223 43.3	. . 04.7	340 23.4	9.6	15 56.6	13.1	58.9
	04	238 43.4	03.9	354 52.0	9.6	16 09.7	13.0	58.9
	05	253 43.5	03.2	9 20.6	9.5	16 22.7	12.9	59.0
	06	268 43.6	N15 02.4	23 49.1	9.3	N16 35.6	12.8	59.0
	07	283 43.7	01.7	38 17.4	9.3	16 48.4	12.7	59.0
	08	298 43.8	00.9	52 45.7	9.2	17 01.1	12.7	59.0
S	09	313 43.9	15 00.2	67 13.9	9.1	17 13.8	12.5	59.0
U	10	328 44.1	14 59.4	81 42.0	9.1	17 26.3	12.5	59.0
N	11	343 44.2	58.7	96 10.1	8.9	17 38.8	12.4	59.0
D	12	358 44.3	N14 57.9	110 38.0	8.8	N17 51.2	12.2	59.0
A	13	13 44.4	57.2	125 05.8	8.8	18 03.4	12.2	59.0
Y	14	28 44.5	56.4	139 33.6	8.6	18 15.6	12.1	59.0
	15	43 44.6	. . 55.7	154 01.2	8.6	18 27.7	11.9	59.1
	16	58 44.7	54.9	168 28.8	8.5	18 39.6	11.9	59.1
	17	73 44.8	54.2	182 56.3	8.4	18 51.5	11.7	59.1
	18	88 44.9	N14 53.4	197 23.7	8.3	N19 03.2	11.7	59.1
	19	103 45.0	52.6	211 51.0	8.2	19 14.9	11.5	59.1
	20	118 45.1	51.9	226 18.2	8.1	19 26.4	11.4	59.1
	21	133 45.2	. . 51.1	240 45.3	8.0	19 37.8	11.3	59.1
	22	148 45.3	50.4	255 12.3	7.9	19 49.1	11.2	59.1
	23	163 45.4	49.6	269 39.2	7.8	20 00.3	11.1	59.1
13	00	178 45.5	N14 48.9	284 06.0	7.7	N20 11.4	11.0	59.1
	01	193 45.7	48.1	298 32.7	7.7	20 22.4	10.8	59.2
	02	208 45.8	47.4	312 59.4	7.5	20 33.2	10.8	59.2
	03	223 45.9	. . 46.6	327 25.9	7.5	20 44.0	10.6	59.2
	04	238 46.0	45.8	341 52.4	7.3	20 54.6	10.5	59.2
	05	253 46.1	45.1	356 18.7	7.3	21 05.1	10.3	59.2
	06	268 46.2	N14 44.3	10 45.0	7.1	N21 15.4	10.2	59.2
	07	283 46.3	43.6	25 11.1	7.1	21 25.6	10.1	59.2
	08	298 46.4	42.8	39 37.2	7.0	21 35.7	10.0	59.2
M	09	313 46.5	. . 42.0	54 03.2	6.9	21 45.7	9.9	59.2
O	10	328 46.6	41.3	68 29.1	6.8	21 55.6	9.7	59.2
N	11	343 46.7	40.5	82 54.9	6.7	22 05.3	9.5	59.2
D	12	358 46.9	N14 39.8	97 20.6	6.6	N22 14.8	9.5	59.2
A	13	13 47.0	39.0	111 46.2	6.5	22 24.3	9.3	59.2
Y	14	28 47.1	38.2	126 11.7	6.4	22 33.6	9.1	59.3
	15	43 47.2	. . 37.5	140 37.1	6.4	22 42.7	9.1	59.3
	16	58 47.3	36.7	155 02.5	6.2	22 51.8	8.8	59.3
	17	73 47.4	35.9	169 27.7	6.2	23 00.6	8.8	59.3
	18	88 47.5	N14 35.2	183 52.9	6.0	N23 09.4	8.6	59.3
	19	103 47.6	34.4	198 17.9	6.0	23 18.0	8.4	59.3
	20	118 47.8	33.7	212 42.9	5.9	23 26.4	8.3	59.3
	21	133 47.9	. . 32.9	227 07.8	5.8	23 34.7	8.2	59.3
	22	148 48.0	32.1	241 32.6	5.7	23 42.9	8.0	59.3
	23	163 48.1	31.4	255 57.3	5.7	23 50.9	7.8	59.3
		S.D. 15.8	*d* 0.8	S.D.	16.0	16.1		16.1

Lat. °	Twilight Naut. h m	Twilight Civil h m	Sunrise h m	Moonrise 11 h m	Moonrise 12 h m	Moonrise 13 h m	Moonrise 14 h m
N 72	////	////	01 59	18 42	▭	▭	▭
N 70	////	////	02 38	19 09	18 09	▭	▭
68	////	01 13	03 05	19 29	18 57	▭	▭
66	////	02 02	03 25	19 45	19 28	18 52	▭
64	////	02 33	03 42	19 59	19 52	19 42	19 14
62	01 05	02 55	03 55	20 10	20 10	20 13	20 24
60	01 50	03 13	04 06	20 20	20 26	20 37	21 00
N 58	02 18	03 27	04 16	20 28	20 39	20 56	21 25
56	02 38	03 40	04 24	20 36	20 51	21 12	21 46
54	02 55	03 50	04 32	20 43	21 01	21 26	22 03
52	03 09	04 00	04 39	20 49	21 10	21 38	22 18
50	03 21	04 08	04 45	20 55	21 18	21 48	22 31
45	03 45	04 25	04 58	21 07	21 35	22 11	22 57
N 40	04 03	04 39	05 08	21 17	21 49	22 29	23 18
35	04 18	04 50	05 17	21 25	22 02	22 44	23 36
30	04 30	05 00	05 25	21 33	22 12	22 58	23 51
20	04 49	05 16	05 39	21 46	22 31	23 21	24 17
N 10	05 03	05 29	05 51	21 58	22 47	23 40	24 39
0	05 15	05 40	06 02	22 09	23 02	23 59	25 00
S 10	05 26	05 51	06 12	22 20	23 17	24 18	00 18
20	05 35	06 01	06 24	22 32	23 34	24 38	00 38
30	05 44	06 12	06 37	22 46	23 53	25 02	01 02
35	05 48	06 18	06 44	22 54	24 04	00 04	01 16
40	05 52	06 24	06 53	23 03	24 17	00 17	01 32
45	05 57	06 32	07 02	23 14	24 33	00 33	01 51
S 50	06 02	06 40	07 14	23 27	24 52	00 52	02 15
52	06 04	06 44	07 20	23 34	25 01	01 01	02 27
54	06 06	06 48	07 26	23 41	25 11	01 11	02 40
56	06 08	06 52	07 32	23 48	25 22	01 22	02 56
58	06 11	06 57	07 40	23 57	25 35	01 35	03 14
S 60	06 13	07 03	07 48	24 07	00 07	01 51	03 37

Lat. °	Sunset h m	Twilight Civil h m	Twilight Naut. h m	Moonset 11 h m	Moonset 12 h m	Moonset 13 h m	Moonset 14 h m
N 72	22 04	////	////	12 42	▭	▭	▭
N 70	21 27	////	////	12 17	15 06	▭	▭
68	21 02	22 48	////	11 59	14 20	▭	▭
66	20 42	22 03	////	11 45	13 50	16 23	▭
64	20 26	21 34	////	11 33	13 28	15 34	18 07
62	20 13	21 12	22 57	11 23	13 10	15 03	16 57
60	20 02	20 55	22 16	11 14	12 55	14 40	16 22
N 58	19 53	20 41	21 49	11 06	12 43	14 22	15 56
56	19 44	20 29	21 29	11 00	12 32	14 06	15 36
54	19 37	20 18	21 13	10 54	12 23	13 53	15 19
52	19 30	20 09	20 59	10 49	12 15	13 41	15 05
50	19 24	20 01	20 47	10 44	12 07	13 31	14 52
45	19 12	19 44	20 24	10 34	11 51	13 10	14 26
N 40	19 01	19 30	20 06	10 25	11 38	12 53	14 06
35	18 52	19 19	19 52	10 18	11 27	12 38	13 49
30	18 44	19 10	19 40	10 12	11 18	12 26	13 34
20	18 31	18 54	19 21	10 01	11 01	12 04	13 09
N 10	18 19	18 41	19 07	09 51	10 47	11 46	12 48
0	18 08	18 30	18 55	09 43	10 34	11 29	12 28
S 10	17 58	18 19	18 45	09 34	10 21	11 12	12 08
20	17 46	18 09	18 35	09 24	10 06	10 53	11 46
30	17 34	17 58	18 27	09 14	09 50	10 33	11 22
35	17 26	17 53	18 23	09 07	09 41	10 20	11 07
40	17 18	17 46	18 18	09 01	09 31	10 06	10 50
45	17 08	17 39	18 14	08 52	09 18	09 50	10 30
S 50	16 57	17 31	18 09	08 43	09 03	09 30	10 05
52	16 51	17 27	18 07	08 38	08 56	09 20	09 53
54	16 45	17 23	18 05	08 34	08 49	09 09	09 39
56	16 39	17 19	18 03	08 28	08 40	08 57	09 24
58	16 31	17 14	18 01	08 22	08 30	08 43	09 05
S 60	16 23	17 08	17 58	08 15	08 19	08 27	08 41

Day	SUN Eqn. of Time 00ʰ m s	SUN Eqn. of Time 12ʰ m s	SUN Mer. Pass. h m	MOON Mer. Pass. Upper h m	MOON Mer. Pass. Lower h m	MOON Age d	MOON Phase
11	05 18	05 13	12 05	03 31	15 56	20	◑
12	05 08	05 03	12 05	04 21	16 48	21	
13	04 58	04 53	12 05	05 15	17 44	22	

UT (GMT) d h	ARIES G.H.A. ° ′	VENUS −3.9 G.H.A. ° ′	Dec. ° ′	MARS −0.2 G.H.A. ° ′	Dec. ° ′	JUPITER −1.8 G.H.A. ° ′	Dec. ° ′	SATURN +0.2 G.H.A. ° ′	Dec. ° ′
14 00	322 09.5	199 47.5	N20 29.1	273 32.7	N16 00.8	200 52.6	N20 37.1	30 34.8	S21 55.8
01	337 11.9	214 46.8	28.5	288 33.7	01.2	215 54.5	37.0	45 37.4	55.8
02	352 14.4	229 46.0	28.0	303 34.7	01.6	230 56.4	36.9	60 40.0	55.8
03	7 16.9	244 45.3	· · 27.4	318 35.7	· · 02.0	245 58.3	· · 36.8	75 42.7	· · 55.8
04	22 19.3	259 44.5	26.9	333 36.7	02.5	261 00.2	36.7	90 45.3	55.9
05	37 21.8	274 43.8	26.3	348 37.7	02.9	276 02.1	36.6	105 47.9	55.9
06	52 24.2	289 43.1	N20 25.8	3 38.7	N16 03.3	291 04.0	N20 36.4	120 50.5	S21 55.9
07	67 26.7	304 42.3	25.2	18 39.8	03.7	306 05.9	36.3	135 53.1	55.9
T 08	82 29.2	319 41.6	24.7	33 40.8	04.1	321 07.8	36.2	150 55.7	56.0
U 09	97 31.6	334 40.8	· · 24.1	48 41.8	· · 04.5	336 09.7	· · 36.1	165 58.4	· · 56.0
E 10	112 34.1	349 40.1	23.6	63 42.8	04.9	351 11.6	36.0	181 01.0	56.0
S 11	127 36.6	4 39.4	23.0	78 43.8	05.3	6 13.5	35.9	196 03.6	56.0
D 12	142 39.0	19 38.6	N20 22.4	93 44.8	N16 05.7	21 15.4	N20 35.8	211 06.2	S21 56.1
A 13	157 41.5	34 37.9	21.9	108 45.8	06.1	36 17.3	35.7	226 08.8	56.1
Y 14	172 44.0	49 37.2	21.3	123 46.9	06.5	51 19.2	35.6	241 11.4	56.1
15	187 46.4	64 36.4	· · 20.8	138 47.9	· · 06.9	66 21.1	· · 35.5	256 14.1	· · 56.1
16	202 48.9	79 35.7	20.2	153 48.9	07.3	81 23.0	35.4	271 16.7	56.2
17	217 51.3	94 34.9	19.6	168 49.9	07.6	96 24.9	35.3	286 19.3	56.2
18	232 53.8	109 34.2	N20 19.1	183 50.9	N16 08.0	111 26.8	N20 35.2	301 21.9	S21 56.2
19	247 56.3	124 33.5	18.5	198 51.9	08.4	126 28.7	35.1	316 24.5	56.2
20	262 58.7	139 32.7	17.9	213 53.0	08.8	141 30.6	35.0	331 27.1	56.3
21	278 01.2	154 32.0	· · 17.4	228 54.0	· · 09.2	156 32.5	· · 34.8	346 29.8	· · 56.3
22	293 03.7	169 31.3	16.8	243 55.0	09.6	171 34.4	34.7	1 32.4	56.3
23	308 06.1	184 30.5	16.2	258 56.0	10.0	186 36.3	34.6	16 35.0	56.3
15 00	323 08.6	199 29.8	N20 15.6	273 57.0	N16 10.4	201 38.2	N20 34.5	31 37.6	S21 56.4
01	338 11.1	214 29.1	15.1	288 58.1	10.8	216 40.1	34.4	46 40.2	56.4
02	353 13.5	229 28.3	14.5	303 59.1	11.2	231 42.0	34.3	61 42.8	56.4
03	8 16.0	244 27.6	· · 13.9	319 00.1	· · 11.6	246 43.9	· · 34.2	76 45.4	· · 56.4
04	23 18.5	259 26.9	13.4	334 01.1	12.0	261 45.8	34.1	91 48.1	56.4
05	38 20.9	274 26.1	12.8	349 02.1	12.4	276 47.7	34.0	106 50.7	56.5
06	53 23.4	289 25.4	N20 12.2	4 03.2	N16 12.8	291 49.6	N20 33.9	121 53.3	S21 56.5
W 07	68 25.8	304 24.7	11.6	19 04.2	13.2	306 51.5	33.8	136 55.9	56.5
E 08	83 28.3	319 23.9	11.0	34 05.2	13.6	321 53.4	33.7	151 58.5	56.5
D 09	98 30.8	334 23.2	· · 10.5	49 06.2	· · 14.0	336 55.3	· · 33.6	167 01.1	· · 56.6
N 10	113 33.2	349 22.5	09.9	64 07.2	14.4	351 57.2	33.4	182 03.7	56.6
E 11	128 35.7	4 21.8	09.3	79 08.3	14.8	6 59.1	33.3	197 06.3	56.6
S 12	143 38.2	19 21.0	N20 08.7	94 09.3	N16 15.2	22 01.0	N20 33.2	212 09.0	S21 56.6
D 13	158 40.6	34 20.3	08.1	109 10.3	15.6	37 02.9	33.1	227 11.6	56.7
A 14	173 43.1	49 19.6	07.5	124 11.3	16.0	52 04.8	33.0	242 14.2	56.7
Y 15	188 45.6	64 18.8	· · 07.0	139 12.4	· · 16.3	67 06.7	· · 32.9	257 16.8	· · 56.7
16	203 48.0	79 18.1	06.4	154 13.4	16.7	82 08.6	32.8	272 19.4	56.7
17	218 50.5	94 17.4	05.8	169 14.4	17.1	97 10.6	32.7	287 22.0	56.8
18	233 53.0	109 16.7	N20 05.2	184 15.4	N16 17.5	112 12.5	N20 32.6	302 24.6	S21 56.8
19	248 55.4	124 15.9	04.6	199 16.5	17.9	127 14.4	32.5	317 27.2	56.8
20	263 57.9	139 15.2	04.0	214 17.5	18.3	142 16.3	32.4	332 29.9	56.8
21	279 00.3	154 14.5	· · 03.4	229 18.5	· · 18.7	157 18.2	· · 32.3	347 32.5	· · 56.9
22	294 02.8	169 13.7	02.8	244 19.5	19.1	172 20.1	32.2	2 35.1	56.9
23	309 05.3	184 13.0	02.2	259 20.6	19.5	187 22.0	32.1	17 37.7	56.9
16 00	324 07.7	199 12.3	N20 01.6	274 21.6	N16 19.9	202 23.9	N20 31.9	32 40.3	S21 56.9
01	339 10.2	214 11.6	01.0	289 22.6	20.3	217 25.8	31.8	47 42.9	57.0
02	354 12.7	229 10.8	20 00.4	304 23.6	20.7	232 27.7	31.7	62 45.5	57.0
03	9 15.1	244 10.1	19 59.8	319 24.7	· · 21.0	247 29.6	· · 31.6	77 48.1	· · 57.0
04	24 17.6	259 09.4	59.2	334 25.7	21.4	262 31.5	31.5	92 50.8	57.0
05	39 20.1	274 08.7	58.6	349 26.7	21.8	277 33.4	31.4	107 53.4	57.0
06	54 22.5	289 07.9	N19 58.0	4 27.8	N16 22.2	292 35.3	N20 31.3	122 56.0	S21 57.1
07	69 25.0	304 07.2	57.4	19 28.8	22.6	307 37.2	31.2	137 58.6	57.1
T 08	84 27.4	319 06.5	56.8	34 29.8	23.0	322 39.1	31.1	153 01.2	57.1
H 09	99 29.9	334 05.8	· · 56.2	49 30.8	· · 23.4	337 41.0	· · 31.0	168 03.8	· · 57.1
U 10	114 32.4	349 05.1	55.6	64 31.9	23.8	352 42.9	30.9	183 06.4	57.2
R 11	129 34.8	4 04.3	55.0	79 32.9	24.1	7 44.8	30.8	198 09.0	57.2
S 12	144 37.3	19 03.6	N19 54.4	94 33.9	N16 24.5	22 46.7	N20 30.7	213 11.6	S21 57.2
D 13	159 39.8	34 02.9	53.8	109 35.0	24.9	37 48.6	30.5	228 14.2	57.2
A 14	174 42.2	49 02.2	53.2	124 36.0	25.3	52 50.5	30.4	243 16.9	57.3
Y 15	189 44.7	64 01.4	· · 52.6	139 37.0	· · 25.7	67 52.5	· · 30.3	258 19.5	· · 57.3
16	204 47.2	79 00.7	52.0	154 38.1	26.1	82 54.4	30.2	273 22.1	57.3
17	219 49.6	94 00.0	51.4	169 39.1	26.5	97 56.3	30.1	288 24.7	57.3
18	234 52.1	108 59.3	N19 50.7	184 40.1	N16 26.9	112 58.2	N20 30.0	303 27.3	S21 57.4
19	249 54.6	123 58.6	50.1	199 41.2	27.2	128 00.1	29.9	318 29.9	57.4
20	264 57.0	138 57.8	49.5	214 42.2	27.6	143 02.0	29.8	333 32.5	57.4
21	279 59.5	153 57.1	· · 48.9	229 43.2	· · 28.0	158 03.9	· · 29.7	348 35.1	· · 57.4
22	295 01.9	168 56.4	48.3	244 44.3	28.4	173 05.8	29.6	3 37.7	57.5
23	310 04.4	183 55.7	47.7	259 45.3	28.8	188 07.7	29.5	18 40.3	57.5
Mer. Pass.	h m 2 27.0	*v* −0.7	*d* 0.6	*v* 1.0	*d* 0.4	*v* 1.9	*d* 0.1	*v* 2.6	*d* 0.0

STARS

Name	S.H.A. ° ′	Dec. ° ′
Acamar	315 31.1	S40 20.1
Achernar	335 38.9	S57 16.6
Acrux	173 29.3	S63 03.1
Adhara	255 26.3	S28 57.3
Aldebaran	291 09.1	N16 29.6
Alioth	166 35.7	N56 00.8
Alkaid	153 12.4	N49 21.8
Al Na'ir	28 04.5	S47 00.2
Alnilam	276 03.9	S 1 12.2
Alphard	218 13.2	S 8 37.0
Alphecca	126 25.4	N26 44.9
Alpheratz	358 01.0	N29 02.4
Altair	62 24.6	N 8 50.7
Ankaa	353 32.1	S42 21.1
Antares	112 47.2	S26 24.9
Arcturus	146 11.4	N19 13.9
Atria	108 04.3	S69 01.0
Avior	234 25.8	S59 28.6
Bellatrix	278 50.5	N 6 20.7
Betelgeuse	271 20.0	N 7 24.5
Canopus	264 04.1	S52 41.1
Capella	281 00.0	N45 59.3
Deneb	49 42.8	N45 14.9
Denebola	182 51.3	N14 37.5
Diphda	349 12.7	S18 02.0
Dubhe	194 12.9	N61 48.2
Elnath	278 34.4	N28 36.1
Eltanin	90 53.8	N51 29.6
Enif	34 03.6	N 9 50.0
Fomalhaut	15 42.4	S29 40.1
Gacrux	172 20.7	S57 03.9
Gienah	176 10.2	S17 29.5
Hadar	149 12.7	S60 20.0
Hamal	328 20.0	N23 25.2
Kaus Aust.	84 06.2	S34 23.5
Kochab	137 19.0	N74 11.8
Markab	13 55.1	N15 09.4
Menkar	314 32.9	N 4 03.4
Menkent	148 28.0	S36 19.7
Miaplacidus	221 44.5	S69 40.7
Mirfak	309 05.0	N49 49.7
Nunki	76 19.2	S26 18.6
Peacock	53 45.3	S56 46.0
Pollux	243 48.9	N28 03.0
Procyon	245 17.9	N 5 15.1
Rasalhague	96 22.1	N12 34.0
Regulus	208 02.0	N12 00.9
Rigel	281 28.6	S 8 12.5
Rigil Kent.	140 15.4	S60 48.1
Sabik	102 32.0	S15 42.9
Schedar	349 59.9	N56 29.1
Shaula	96 44.9	S37 06.0
Sirius	258 49.0	S16 42.0
Spica	158 49.5	S11 06.8
Suhail	223 05.6	S43 23.6
Vega	80 50.2	N38 46.6
Zuben'ubi	137 24.4	S16 00.3

	S.H.A. ° ′	Mer. Pass. h m
Venus	236 21.2	10 43
Mars	310 48.4	5 44
Jupiter	238 29.6	10 32
Saturn	68 29.0	21 50

UT (GMT) d	h	SUN G.H.A. ° ′	SUN Dec. ° ′	MOON G.H.A. ° ′	v ′	MOON Dec. ° ′	d ′	H.P. ′
14	00	178 48.2	N14 30.6	270 22.0	5.5	N23 58.7	7.7	59.3
	01	193 48.3	29.8	284 46.5	5.5	24 06.4	7.5	59.3
	02	208 48.4	29.1	299 11.0	5.4	24 13.9	7.4	59.3
	03	223 48.6	.. 28.3	313 35.4	5.3	24 21.3	7.3	59.3
	04	238 48.7	27.5	327 59.7	5.2	24 28.6	7.0	59.3
	05	253 48.8	26.8	342 23.9	5.2	24 35.6	6.9	59.3
	06	268 48.9	N14 26.0	356 48.1	5.1	N24 42.5	6.8	59.3
	07	283 49.0	25.2	11 12.2	5.0	24 49.3	6.5	59.3
T	08	298 49.1	24.4	25 36.2	4.9	24 55.8	6.5	59.4
U	09	313 49.2	.. 23.7	40 00.1	4.8	25 02.3	6.2	59.4
E	10	328 49.4	22.9	54 23.9	4.8	25 08.5	6.1	59.4
S	11	343 49.5	22.1	68 47.7	4.7	25 14.6	5.9	59.4
D	12	358 49.6	N14 21.4	83 11.4	4.7	N25 20.5	5.8	59.4
A	13	13 49.7	20.6	97 35.1	4.6	25 26.3	5.6	59.4
Y	14	28 49.8	19.8	111 58.7	4.5	25 31.9	5.4	59.4
	15	43 49.9	.. 19.1	126 22.2	4.4	25 37.3	5.2	59.4
	16	58 50.1	18.3	140 45.6	4.4	25 42.5	5.1	59.4
	17	73 50.2	17.5	155 09.0	4.3	25 47.6	4.9	59.4
	18	88 50.3	N14 16.7	169 32.3	4.3	N25 52.5	4.7	59.4
	19	103 50.4	16.0	183 55.6	4.2	25 57.2	4.5	59.4
	20	118 50.5	15.2	198 18.8	4.2	26 01.7	4.4	59.4
	21	133 50.6	.. 14.4	212 42.0	4.1	26 06.1	4.2	59.4
	22	148 50.8	13.6	227 05.1	4.0	26 10.3	4.0	59.4
	23	163 50.9	12.9	241 28.1	4.0	26 14.3	3.8	59.4
15	00	178 51.0	N14 12.1	255 51.1	4.0	N26 18.1	3.7	59.4
	01	193 51.1	11.3	270 14.1	3.9	26 21.8	3.5	59.4
	02	208 51.2	10.5	284 37.0	3.9	26 25.3	3.3	59.4
	03	223 51.4	.. 09.8	298 59.9	3.8	26 28.6	3.1	59.4
	04	238 51.5	09.0	313 22.7	3.8	26 31.7	2.9	59.4
	05	253 51.6	08.2	327 45.5	3.8	26 34.6	2.7	59.4
	06	268 51.7	N14 07.4	342 08.3	3.7	N26 37.3	2.6	59.4
W	07	283 51.8	06.6	356 31.0	3.7	26 39.9	2.4	59.4
E	08	298 52.0	05.9	10 53.7	3.6	26 42.3	2.2	59.4
D	09	313 52.1	.. 05.1	25 16.3	3.7	26 44.5	2.0	59.4
N	10	328 52.2	04.3	39 39.0	3.6	26 46.5	1.8	59.4
E	11	343 52.3	03.5	54 01.6	3.6	26 48.3	1.6	59.4
S	12	358 52.5	N14 02.7	68 24.2	3.6	N26 49.9	1.5	59.4
D	13	13 52.6	02.0	82 46.8	3.5	26 51.4	1.2	59.4
A	14	28 52.7	01.2	97 09.3	3.5	26 52.6	1.1	59.4
Y	15	43 52.8	14 00.4	111 31.8	3.6	26 53.7	0.9	59.4
	16	58 52.9	13 59.6	125 54.4	3.5	26 54.6	0.7	59.4
	17	73 53.1	58.8	140 16.9	3.5	26 55.3	0.5	59.4
	18	88 53.2	N13 58.1	154 39.4	3.5	N26 55.8	0.4	59.4
	19	103 53.3	57.3	169 01.9	3.5	26 56.2	0.1	59.4
	20	118 53.4	56.5	183 24.4	3.5	26 56.3	0.1	59.4
	21	133 53.6	.. 55.7	197 46.9	3.5	26 56.2	0.2	59.4
	22	148 53.7	54.9	212 09.4	3.5	26 56.0	0.4	59.4
	23	163 53.8	54.1	226 31.9	3.5	26 55.6	0.6	59.4
16	00	178 53.9	N13 53.3	240 54.4	3.5	N26 55.0	0.8	59.4
	01	193 54.1	52.6	255 16.9	3.6	26 54.2	1.0	59.4
	02	208 54.2	51.8	269 39.5	3.5	26 53.2	1.2	59.4
	03	223 54.3	.. 51.0	284 02.0	3.6	26 52.0	1.3	59.4
	04	238 54.4	50.2	298 24.6	3.6	26 50.7	1.6	59.4
	05	253 54.6	49.4	312 47.2	3.6	26 49.1	1.7	59.4
	06	268 54.7	N13 48.6	327 09.8	3.6	N26 47.4	1.9	59.4
	07	283 54.8	47.8	341 32.4	3.7	26 45.5	2.1	59.4
T	08	298 54.9	47.1	355 55.1	3.7	26 43.4	2.3	59.4
H	09	313 55.1	.. 46.3	10 17.8	3.7	26 41.1	2.5	59.4
U	10	328 55.2	45.5	24 40.5	3.7	26 38.6	2.6	59.4
R	11	343 55.3	44.7	39 03.2	3.8	26 36.0	2.9	59.4
S	12	358 55.5	N13 43.9	53 26.0	3.8	N26 33.1	3.0	59.3
D	13	13 55.6	43.1	67 48.8	3.9	26 30.1	3.2	59.3
A	14	28 55.7	42.3	82 11.7	3.9	26 26.9	3.4	59.3
Y	15	43 55.8	.. 41.5	96 34.6	3.9	26 23.5	3.6	59.3
	16	58 56.0	40.7	110 57.5	4.0	26 19.9	3.7	59.3
	17	73 56.1	39.9	125 20.5	4.1	26 16.2	3.9	59.3
	18	88 56.2	N13 39.2	139 43.6	4.1	N26 12.3	4.1	59.3
	19	103 56.3	38.4	154 06.7	4.1	26 08.2	4.3	59.3
	20	118 56.5	37.6	168 29.8	4.2	26 03.9	4.5	59.3
	21	133 56.6	.. 36.8	182 53.0	4.3	25 59.4	4.6	59.3
	22	148 56.7	36.0	197 16.3	4.3	25 54.8	4.8	59.3
	23	163 56.9	35.2	211 39.6	4.4	25 50.0	5.0	59.3
		S.D. 15.8	d 0.8	S.D. 16.2		16.2		16.2

Lat. °	Twilight Naut. h m	Twilight Civil h m	Sunrise h m	Moonrise 14 h m	Moonrise 15 h m	Moonrise 16 h m	Moonrise 17 h m
N 72	////	////	02 22	□	□	□	□
N 70	////	////	02 55	□	□	□	□
68	////	01 41	03 18	□	□	□	□
66	////	02 19	03 36	□	□	□	23 03
64	////	02 46	03 51	19 14	□	21 19	23 55
62	01 30	03 06	04 03	20 24	21 02	22 33	24 26
60	02 04	03 22	04 13	21 00	21 47	23 08	24 50
N 58	02 29	03 35	04 22	21 25	22 17	23 34	25 08
56	02 48	03 47	04 30	21 46	22 39	23 55	25 24
54	03 03	03 56	04 37	22 03	22 58	24 12	00 12
52	03 16	04 05	04 43	22 18	23 14	24 26	00 26
50	03 27	04 13	04 49	22 31	23 27	24 39	00 39
45	03 50	04 29	05 01	22 57	23 55	25 05	01 05
N 40	04 07	04 42	05 11	23 18	24 17	00 17	01 25
35	04 21	04 53	05 20	23 36	24 35	00 35	01 42
30	04 32	05 02	05 27	23 51	24 51	00 51	01 57
20	04 50	05 17	05 40	24 17	00 17	01 18	02 22
N 10	05 04	05 29	05 51	24 39	00 39	01 41	02 44
0	05 15	05 40	06 01	25 00	01 00	02 02	03 04
S 10	05 25	05 50	06 11	00 18	01 21	02 24	03 24
20	05 33	05 59	06 22	00 38	01 43	02 47	03 45
30	05 41	06 09	06 34	01 02	02 09	03 13	04 10
35	05 45	06 15	06 41	01 16	02 25	03 29	04 25
40	05 49	06 21	06 49	01 32	02 43	03 47	04 42
45	05 53	06 27	06 58	01 51	03 05	04 09	05 02
S 50	05 57	06 35	07 09	02 15	03 33	04 38	05 27
52	05 59	06 38	07 14	02 27	03 46	04 51	05 39
54	06 00	06 42	07 19	02 40	04 02	05 07	05 53
56	06 02	06 46	07 25	02 56	04 20	05 26	06 09
58	06 04	06 50	07 32	03 14	04 43	05 49	06 28
S 60	06 06	06 55	07 40	03 37	05 13	06 19	06 52

Lat. °	Sunset h m	Twilight Civil h m	Twilight Naut. h m	Moonset 14 h m	Moonset 15 h m	Moonset 16 h m	Moonset 17 h m
N 72	21 41	////	////	□	□	□	□
N 70	21 10	23 40	////	□	□	□	□
68	20 48	22 21	////	□	□	□	□
66	20 30	21 45	////	□	□	□	20 45
64	20 16	21 20	23 43	18 07	□	20 24	19 53
62	20 04	21 01	22 33	16 57	18 29	19 09	19 21
60	19 54	20 45	22 01	16 22	17 44	18 33	18 57
N 58	19 45	20 32	21 37	15 56	17 15	18 07	18 37
56	19 38	20 21	21 19	15 36	16 52	17 46	18 21
54	19 31	20 11	21 04	15 19	16 33	17 29	18 07
52	19 25	20 03	20 51	15 05	16 18	17 14	17 55
50	19 19	19 55	20 40	14 52	16 04	17 01	17 44
45	19 07	19 39	20 18	14 26	15 36	16 35	17 21
N 40	18 57	19 26	20 01	14 06	15 14	16 14	17 03
35	18 49	19 16	19 48	13 49	14 56	15 56	16 48
30	18 41	19 07	19 36	13 34	14 40	15 41	16 34
20	18 29	18 52	19 19	13 09	14 14	15 15	16 11
N 10	18 18	18 40	19 05	12 48	13 51	14 53	15 51
0	18 08	18 29	18 54	12 28	13 29	14 32	15 32
S 10	17 58	18 19	18 44	12 08	13 08	14 11	15 14
20	17 47	18 10	18 36	11 46	12 45	13 48	14 53
30	17 35	18 00	18 28	11 22	12 18	13 22	14 30
35	17 29	17 55	18 25	11 07	12 03	13 06	14 16
40	17 21	17 49	18 21	10 50	11 44	12 48	13 59
45	17 12	17 42	18 17	10 30	11 22	12 26	13 40
S 50	17 01	17 35	18 13	10 05	10 54	11 59	13 16
52	16 56	17 31	18 11	09 53	10 41	11 45	13 04
54	16 50	17 28	18 10	09 39	10 25	11 29	12 50
56	16 44	17 24	18 08	09 24	10 06	11 11	12 35
58	16 38	17 19	18 06	09 05	09 43	10 48	12 16
S 60	16 30	17 15	18 04	08 41	09 13	10 18	11 53

Day	SUN Eqn. of Time 00 h m s	SUN Eqn. of Time 12 h m s	SUN Mer. Pass. h m	MOON Mer. Pass. Upper h m	MOON Mer. Pass. Lower h m	MOON Age d	MOON Phase
14	04 47	04 42	12 05	06 13	18 44	23	
15	04 36	04 30	12 05	07 15	19 46	24	◐
16	04 25	04 18	12 04	08 17	20 48	25	

UT (GMT) d h	ARIES G.H.A. ° ′	VENUS −3.9 G.H.A. ° ′	VENUS Dec. ° ′	MARS −0.2 G.H.A. ° ′	MARS Dec. ° ′	JUPITER −1.8 G.H.A. ° ′	JUPITER Dec. ° ′	SATURN +0.2 G.H.A. ° ′	SATURN Dec. ° ′	STARS Name	S.H.A. ° ′	Dec. ° ′
17 00	325 06.9	198 55.0	N19 47.0	274 46.3	N16 29.2	203 09.6	N20 29.4	33 43.0	S21 57.5	Acamar	315 31.1	S40 20.1
01	340 09.3	213 54.3	46.4	289 47.4	29.5	218 11.5	29.3	48 45.6	57.5	Achernar	335 38.9	S57 16.6
02	355 11.8	228 53.5	45.8	304 48.4	29.9	233 13.4	29.1	63 48.2	57.5	Acrux	173 29.3	S63 03.1
03	10 14.3	243 52.8	· · 45.2	319 49.4	· · 30.3	248 15.3	· · 29.0	78 50.8	· · 57.6	Adhara	255 26.3	S28 57.3
04	25 16.7	258 52.1	44.5	334 50.5	30.7	263 17.2	28.9	93 53.4	57.6	Aldebaran	291 09.1	N16 29.6
05	40 19.2	273 51.4	43.9	349 51.5	31.1	278 19.1	28.8	108 56.0	57.6			
06	55 21.7	288 50.7	N19 43.3	4 52.5	N16 31.5	293 21.0	N20 28.7	123 58.6	S21 57.6	Alioth	166 35.8	N56 00.8
07	70 24.1	303 50.0	42.7	19 53.6	31.8	308 23.0	28.6	139 01.2	57.7	Alkaid	153 12.4	N49 21.8
08	85 26.6	318 49.2	42.0	34 54.6	32.2	323 24.9	28.5	154 03.8	57.7	Al Na'ir	28 04.5	S47 00.2
F 09	100 29.1	333 48.5	· · 41.4	49 55.7	· · 32.6	338 26.8	· · 28.4	169 06.4	· · 57.7	Alnilam	276 03.9	S 1 12.2
R 10	115 31.5	348 47.8	40.8	64 56.7	33.0	353 28.7	28.3	184 09.0	57.7	Alphard	218 13.2	S 8 37.0
I 11	130 34.0	3 47.1	40.2	79 57.7	33.4	8 30.6	28.2	199 11.6	57.8			
D 12	145 36.4	18 46.4	N19 39.5	94 58.8	N16 33.8	23 32.5	N20 28.1	214 14.2	S21 57.8	Alphecca	126 25.4	N26 44.9
A 13	160 38.9	33 45.7	38.9	109 59.8	34.1	38 34.4	28.0	229 16.9	57.8	Alpheratz	358 01.0	N29 02.4
Y 14	175 41.4	48 45.0	38.3	125 00.9	34.5	53 36.3	27.9	244 19.5	57.8	Altair	62 24.6	N 8 50.7
15	190 43.8	63 44.3	· · 37.6	140 01.9	· · 34.9	68 38.2	· · 27.7	259 22.1	· · 57.8	Ankaa	353 32.0	S42 21.1
16	205 46.3	78 43.5	37.0	155 02.9	35.3	83 40.1	27.6	274 24.7	57.9	Antares	112 47.2	S26 24.9
17	220 48.8	93 42.8	36.4	170 04.0	35.7	98 42.0	27.5	289 27.3	57.9			
18	235 51.2	108 42.1	N19 35.7	185 05.0	N16 36.0	113 43.9	N20 27.4	304 29.9	S21 57.9	Arcturus	146 11.4	N19 13.9
19	250 53.7	123 41.4	35.1	200 06.1	36.4	128 45.8	27.3	319 32.5	57.9	Atria	108 04.3	S69 01.1
20	265 56.2	138 40.7	34.4	215 07.1	36.8	143 47.7	27.2	334 35.1	58.0	Avior	234 25.8	S59 28.6
21	280 58.6	153 40.0	· · 33.8	230 08.1	· · 37.2	158 49.7	· · 27.1	349 37.7	· · 58.0	Bellatrix	278 50.5	N 6 20.7
22	296 01.1	168 39.3	33.2	245 09.2	37.5	173 51.6	27.0	4 40.3	58.0	Betelgeuse	271 20.0	N 7 24.5
23	311 03.5	183 38.6	32.5	260 10.2	37.9	188 53.5	26.9	19 42.9	58.0			
18 00	326 06.0	198 37.9	N19 31.9	275 11.3	N16 38.3	203 55.4	N20 26.8	34 45.5	S21 58.1	Canopus	264 04.1	S52 41.1
01	341 08.5	213 37.2	31.2	290 12.3	38.7	218 57.3	26.7	49 48.1	58.1	Capella	280 59.9	N45 59.3
02	356 10.9	228 36.4	30.6	305 13.4	39.1	233 59.2	26.6	64 50.7	58.1	Deneb	49 42.8	N45 14.9
03	11 13.4	243 35.7	· · 29.9	320 14.4	· · 39.4	249 01.1	· · 26.4	79 53.3	· · 58.1	Denebola	182 51.3	N14 37.5
04	26 15.9	258 35.0	29.3	335 15.5	39.8	264 03.0	26.3	94 55.9	58.1	Diphda	349 12.7	S18 02.0
05	41 18.3	273 34.3	28.6	350 16.5	40.2	279 04.9	26.2	109 58.5	58.2			
06	56 20.8	288 33.6	N19 28.0	5 17.5	N16 40.6	294 06.8	N20 26.1	125 01.2	S21 58.2	Dubhe	194 12.8	N61 48.2
07	71 23.3	303 32.9	27.3	20 18.6	40.9	309 08.7	26.0	140 03.8	58.2	Elnath	278 34.4	N28 36.1
S 08	86 25.7	318 32.2	26.7	35 19.6	41.3	324 10.7	25.9	155 06.4	58.2	Eltanin	90 53.8	N51 29.6
A 09	101 28.2	333 31.5	· · 26.0	50 20.7	· · 41.7	339 12.6	· · 25.8	170 09.0	· · 58.3	Enif	34 03.6	N 9 50.0
T 10	116 30.7	348 30.8	25.4	65 21.7	42.1	354 14.5	25.7	185 11.6	58.3	Fomalhaut	15 42.3	S29 40.1
U 11	131 33.1	3 30.1	24.7	80 22.8	42.4	9 16.4	25.6	200 14.2	58.3			
R 12	146 35.6	18 29.4	N19 24.1	95 23.8	N16 42.8	24 18.3	N20 25.5	215 16.8	S21 58.3	Gacrux	172 20.7	S57 03.9
D 13	161 38.0	33 28.7	23.4	110 24.9	43.2	39 20.2	25.4	230 19.4	58.4	Gienah	176 10.2	S17 29.5
A 14	176 40.5	48 28.0	22.8	125 25.9	43.6	54 22.1	25.3	245 22.0	58.4	Hadar	149 12.7	S60 20.0
Y 15	191 43.0	63 27.3	· · 22.1	140 27.0	· · 43.9	69 24.0	· · 25.1	260 24.6	· · 58.4	Hamal	328 20.0	N23 25.2
16	206 45.4	78 26.6	21.4	155 28.0	44.3	84 25.9	25.0	275 27.2	58.4	Kaus Aust.	84 06.2	S34 23.5
17	221 47.9	93 25.9	20.8	170 29.1	44.7	99 27.8	24.9	290 29.8	58.4			
18	236 50.4	108 25.2	N19 20.1	185 30.1	N16 45.1	114 29.7	N20 24.8	305 32.4	S21 58.5	Kochab	137 19.1	N74 11.8
19	251 52.8	123 24.5	19.5	200 31.2	45.4	129 31.7	24.7	320 35.0	58.5	Markab	13 55.1	N15 09.4
20	266 55.3	138 23.8	18.8	215 32.2	45.8	144 33.6	24.6	335 37.6	58.5	Menkar	314 32.9	N 4 03.4
21	281 57.8	153 23.1	· · 18.1	230 33.3	· · 46.2	159 35.5	· · 24.5	350 40.2	· · 58.5	Menkent	148 28.0	S36 19.7
22	297 00.2	168 22.3	17.5	245 34.3	46.5	174 37.4	24.4	5 42.8	58.6	Miaplacidus	221 44.5	S69 40.7
23	312 02.7	183 21.6	16.8	260 35.4	46.9	189 39.3	24.3	20 45.4	58.6			
19 00	327 05.2	198 20.9	N19 16.1	275 36.4	N16 47.3	204 41.2	N20 24.2	35 48.0	S21 58.6	Mirfak	309 05.0	N49 49.7
01	342 07.6	213 20.2	15.5	290 37.5	47.7	219 43.1	24.1	50 50.6	58.6	Nunki	76 19.2	S26 18.6
02	357 10.1	228 19.5	14.8	305 38.5	48.0	234 45.0	24.0	65 53.2	58.6	Peacock	53 45.3	S56 46.0
03	12 12.5	243 18.8	· · 14.1	320 39.6	· · 48.4	249 46.9	· · 23.8	80 55.8	· · 58.7	Pollux	243 48.9	N28 03.0
04	27 15.0	258 18.2	13.5	335 40.7	48.8	264 48.9	23.7	95 58.4	58.7	Procyon	245 17.9	N 5 15.1
05	42 17.5	273 17.5	12.8	350 41.7	49.1	279 50.8	23.6	111 01.0	58.7			
06	57 19.9	288 16.8	N19 12.1	5 42.8	N16 49.5	294 52.7	N20 23.5	126 03.6	S21 58.7	Rasalhague	96 22.1	N12 34.0
07	72 22.4	303 16.1	11.5	20 43.8	49.9	309 54.6	23.4	141 06.2	58.8	Regulus	208 02.0	N12 00.9
08	87 24.9	318 15.4	10.8	35 44.9	50.3	324 56.5	23.3	156 08.8	58.8	Rigel	281 28.6	S 8 12.5
S 09	102 27.3	333 14.7	· · 10.1	50 45.9	· · 50.6	339 58.4	· · 23.2	171 11.4	· · 58.8	Rigil Kent.	140 15.5	S60 48.1
U 10	117 29.8	348 14.0	09.4	65 47.0	51.0	355 00.3	23.1	186 14.0	58.8	Sabik	102 32.0	S15 42.9
N 11	132 32.3	3 13.3	08.8	80 48.0	51.4	10 02.2	23.0	201 16.6	58.8			
D 12	147 34.7	18 12.6	N19 08.1	95 49.1	N16 51.7	25 04.1	N20 22.9	216 19.2	S21 58.9	Schedar	349 59.9	N56 29.1
A 13	162 37.2	33 11.9	07.4	110 50.2	52.1	40 06.1	22.8	231 21.8	58.9	Shaula	96 44.9	S37 06.0
Y 14	177 39.7	48 11.2	06.7	125 51.2	52.5	55 08.0	22.7	246 24.4	58.9	Sirius	258 49.0	S16 41.9
15	192 42.1	63 10.5	· · 06.0	140 52.3	· · 52.8	70 09.9	· · 22.5	261 27.0	· · 58.9	Spica	158 49.5	S11 06.8
16	207 44.6	78 09.8	05.4	155 53.3	53.2	85 11.8	22.4	276 29.6	59.0	Suhail	223 05.6	S43 23.6
17	222 47.0	93 09.1	04.7	170 54.4	53.6	100 13.7	22.3	291 32.2	59.0			
18	237 49.5	108 08.4	N19 04.0	185 55.5	N16 53.9	115 15.6	N20 22.2	306 34.8	S21 59.0	Vega	80 50.2	N38 46.6
19	252 52.0	123 07.7	03.3	200 56.5	54.3	130 17.5	22.1	321 37.4	59.0	Zuben'ubi	137 24.5	S16 00.3
20	267 54.4	138 07.0	02.6	215 57.6	54.7	145 19.4	22.0	336 40.0	59.0			
21	282 56.9	153 06.3	· · 01.9	230 58.6	· · 55.0	160 21.3	· · 21.9	351 42.6	· · 59.1			
22	297 59.4	168 05.6	01.2	245 59.7	55.4	175 23.3	21.8	6 45.2	59.1			
23	313 01.8	183 04.9	00.6	261 00.8	55.8	190 25.2	21.7	21 47.8	59.1			
Mer. Pass.	h m 2 15.2	*v* −0.7	*d* 0.7	*v* 1.0	*d* 0.4	*v* 1.9	*d* 0.1	*v* 2.6	*d* 0.0			

	S.H.A. ° ′	Mer. Pass. h m
Venus	232 31.8	10 46
Mars	309 05.3	5 39
Jupiter	237 49.4	10 23
Saturn	68 39.5	21 37

UT (GMT) d	h	SUN G.H.A.	SUN Dec.	MOON G.H.A.	*v*	MOON Dec.	*d*	H.P.
		° ′	° ′	° ′	′	° ′	′	′
17 FRIDAY	00	178 57.0	N13 34.4	226 03.0	4.4	N25 45.0	5.1	59.3
	01	193 57.1	33.6	240 26.4	4.5	25 39.9	5.3	59.3
	02	208 57.3	32.8	254 49.9	4.6	25 34.6	5.5	59.3
	03	223 57.4	. . 32.0	269 13.5	4.7	25 29.1	5.7	59.2
	04	238 57.5	31.2	283 37.2	4.7	25 23.4	5.8	59.2
	05	253 57.6	30.4	298 00.9	4.8	25 17.6	6.0	59.2
	06	268 57.8	N13 29.6	312 24.7	4.8	N25 11.6	6.2	59.2
	07	283 57.9	28.8	326 48.5	5.0	25 05.4	6.3	59.2
	08	298 58.0	28.0	341 12.5	5.0	24 59.1	6.5	59.2
	09	313 58.2	. . 27.2	355 36.5	5.1	24 52.6	6.7	59.2
	10	328 58.3	26.4	10 00.6	5.1	24 45.9	6.8	59.2
	11	343 58.4	25.6	24 24.7	5.3	24 39.1	7.0	59.2
	12	358 58.6	N13 24.8	38 49.0	5.3	N24 32.1	7.1	59.2
	13	13 58.7	24.0	53 13.3	5.4	24 25.0	7.3	59.1
	14	28 58.8	23.2	67 37.7	5.5	24 17.7	7.4	59.1
	15	43 59.0	. . 22.4	82 02.2	5.6	24 10.3	7.6	59.1
	16	58 59.1	21.6	96 26.8	5.7	24 02.7	7.8	59.1
	17	73 59.2	20.8	110 51.5	5.7	23 54.9	7.9	59.1
	18	88 59.4	N13 20.0	125 16.2	5.9	N23 47.0	8.0	59.1
	19	103 59.5	19.2	139 41.1	5.9	23 39.0	8.2	59.1
	20	118 59.6	18.4	154 06.0	6.1	23 30.8	8.4	59.1
	21	133 59.8	. . 17.6	168 31.1	6.1	23 22.4	8.4	59.1
	22	148 59.9	16.8	182 56.2	6.2	23 14.0	8.7	59.0
	23	164 00.0	16.0	197 21.4	6.3	23 05.3	8.7	59.0
18 SATURDAY	00	179 00.2	N13 15.2	211 46.7	6.4	N22 56.6	9.0	59.0
	01	194 00.3	14.4	226 12.1	6.5	22 47.6	9.0	59.0
	02	209 00.5	13.6	240 37.6	6.6	22 38.6	9.2	59.0
	03	224 00.6	. . 12.8	255 03.2	6.7	22 29.4	9.3	59.0
	04	239 00.7	12.0	269 28.9	6.8	22 20.1	9.5	59.0
	05	254 00.9	11.2	283 54.7	6.9	22 10.6	9.6	58.9
	06	269 01.0	N13 10.4	298 20.6	7.0	N22 01.0	9.7	58.9
	07	284 01.1	09.6	312 46.6	7.1	21 51.3	9.9	58.9
	08	299 01.3	08.8	327 12.7	7.2	21 41.4	9.9	58.9
	09	314 01.4	. . 08.0	341 38.9	7.3	21 31.5	10.1	58.9
	10	329 01.5	07.2	356 05.2	7.4	21 21.4	10.3	58.9
	11	344 01.7	06.4	10 31.6	7.5	21 11.1	10.3	58.9
	12	359 01.8	N13 05.6	24 58.1	7.6	N21 00.8	10.5	58.8
	13	14 02.0	04.7	39 24.7	7.7	20 50.3	10.6	58.8
	14	29 02.1	03.9	53 51.4	7.8	20 39.7	10.7	58.8
	15	44 02.2	. . 03.1	68 18.2	7.9	20 29.0	10.8	58.8
	16	59 02.4	02.3	82 45.1	8.0	20 18.2	10.9	58.8
	17	74 02.5	01.5	97 12.1	8.1	20 07.3	11.1	58.8
	18	89 02.7	N13 00.7	111 39.2	8.2	N19 56.2	11.1	58.7
	19	104 02.8	12 59.9	126 06.4	8.3	19 45.1	11.3	58.7
	20	119 02.9	59.1	140 33.7	8.4	19 33.8	11.4	58.7
	21	134 03.1	. . 58.3	155 01.1	8.5	19 22.4	11.5	58.7
	22	149 03.2	57.5	169 28.6	8.6	19 10.9	11.5	58.7
	23	164 03.4	56.7	183 56.2	8.7	18 59.4	11.7	58.7
19 SUNDAY	00	179 03.5	N12 55.8	198 23.9	8.8	N18 47.7	11.8	58.6
	01	194 03.6	55.0	212 51.7	8.9	18 35.9	11.9	58.6
	02	209 03.8	54.2	227 19.6	9.0	18 24.0	12.0	58.6
	03	224 03.9	. . 53.4	241 47.6	9.2	18 12.0	12.0	58.6
	04	239 04.1	52.6	256 15.8	9.2	18 00.0	12.2	58.6
	05	254 04.2	51.8	270 44.0	9.3	17 47.8	12.2	58.5
	06	269 04.3	N12 51.0	285 12.3	9.4	N17 35.6	12.4	58.5
	07	284 04.5	50.1	299 40.7	9.5	17 23.2	12.4	58.5
	08	299 04.6	49.3	314 09.2	9.6	17 10.8	12.5	58.5
	09	314 04.8	. . 48.5	328 37.8	9.7	16 58.3	12.6	58.5
	10	329 04.9	47.7	343 06.5	9.8	16 45.7	12.7	58.4
	11	344 05.0	46.9	357 35.3	9.9	16 33.0	12.8	58.4
	12	359 05.2	N12 46.1	12 04.2	10.0	N16 20.2	12.8	58.4
	13	14 05.3	45.3	26 33.2	10.1	16 07.4	13.0	58.4
	14	29 05.5	44.4	41 02.3	10.2	15 54.4	13.0	58.4
	15	44 05.6	. . 43.6	55 31.5	10.3	15 41.4	13.0	58.3
	16	59 05.8	42.8	70 00.8	10.3	15 28.4	13.2	58.3
	17	74 05.9	42.0	84 30.1	10.5	15 15.2	13.2	58.3
	18	89 06.1	N12 41.2	98 59.6	10.6	N15 02.0	13.3	58.3
	19	104 06.2	40.3	113 29.2	10.6	14 48.7	13.3	58.2
	20	119 06.3	39.5	127 58.8	10.8	14 35.4	13.3	58.2
	21	134 06.5	. . 38.7	142 28.6	10.8	14 22.0	13.5	58.2
	22	149 06.6	37.9	156 58.4	10.9	14 08.5	13.6	58.2
	23	164 06.8	37.1	171 28.3	11.0	13 54.9	13.6	58.2
		S.D. 15.8	*d* 0.8	S.D. 16.1		16.0		15.9

Lat.	Twilight Naut.	Twilight Civil	Sunrise	Moonrise 17	Moonrise 18	Moonrise 19	Moonrise 20
°	h m	h m	h m	h m	h m	h m	h m
N 72	////	////	02 42	□	□	□	02 42
N 70	////	01 09	03 10	□	□	00 17	03 07
68	////	02 03	03 30	□	□	01 07	03 27
66	////	02 35	03 47	23 03	25 38	01 38	03 42
64	01 01	02 58	04 00	23 55	26 01	02 01	03 54
62	01 49	03 16	04 11	24 26	00 26	02 19	04 05
60	02 18	03 30	04 21	24 50	00 50	02 34	04 14
N 58	02 39	03 43	04 29	25 08	01 08	02 46	04 21
56	02 56	03 53	04 36	25 24	01 24	02 57	04 28
54	03 11	04 03	04 42	00 12	01 37	03 07	04 34
52	03 23	04 11	04 48	00 26	01 49	03 15	04 40
50	03 33	04 18	04 54	00 39	01 59	03 23	04 45
45	03 54	04 33	05 05	01 05	02 21	03 39	04 55
N 40	04 10	04 45	05 14	01 25	02 38	03 52	05 04
35	04 23	04 55	05 22	01 42	02 53	04 03	05 11
30	04 34	05 04	05 29	01 57	03 05	04 13	05 18
20	04 51	05 18	05 41	02 22	03 27	04 30	05 29
N 10	05 04	05 29	05 51	02 44	03 46	04 44	05 39
0	05 15	05 39	06 01	03 04	04 03	04 58	05 48
S 10	05 24	05 48	06 10	03 24	04 20	05 11	05 57
20	05 31	05 57	06 20	03 45	04 38	05 25	06 07
30	05 38	06 06	06 31	04 10	05 00	05 42	06 18
35	05 42	06 11	06 37	04 25	05 12	05 51	06 24
40	05 45	06 17	06 45	04 42	05 26	06 02	06 32
45	05 48	06 23	06 53	05 02	05 43	06 14	06 40
S 50	05 52	06 30	07 03	05 27	06 03	06 29	06 50
52	05 53	06 33	07 08	05 39	06 13	06 37	06 54
54	05 55	06 36	07 13	05 53	06 24	06 44	06 59
56	05 56	06 40	07 19	06 09	06 36	06 53	07 05
58	05 57	06 43	07 25	06 28	06 50	07 03	07 11
S 60	05 59	06 48	07 32	06 52	07 07	07 14	07 18

Lat.	Sunset	Twilight Civil	Twilight Naut.	Moonset 17	Moonset 18	Moonset 19	Moonset 20
°	h m	h m	h m	h m	h m	h m	h m
N 72	21 21	////	////	□	□	20 55	20 09
N 70	20 54	22 48	////	□	21 31	20 28	19 56
68	20 34	21 59	////	□	20 39	20 06	19 46
66	20 18	21 29	////	20 45	20 07	19 50	19 37
64	20 06	21 07	22 57	19 53	19 43	19 36	19 29
62	19 55	20 50	22 14	19 21	19 24	19 24	19 23
60	19 46	20 35	21 46	18 57	19 08	19 14	19 17
N 58	19 37	20 23	21 26	18 37	18 54	19 05	19 12
56	19 30	20 13	21 09	18 21	18 43	18 57	19 08
54	19 24	20 04	20 55	18 07	18 32	18 50	19 04
52	19 18	19 56	20 43	17 55	18 23	18 44	19 00
50	19 13	19 49	20 33	17 44	18 15	18 38	18 57
45	19 02	19 34	20 12	17 21	17 57	18 26	18 49
N 40	18 53	19 22	19 56	17 03	17 43	18 16	18 43
35	18 45	19 12	19 44	16 48	17 31	18 07	18 38
30	18 38	19 03	19 33	16 34	17 20	17 59	18 33
20	18 27	18 50	19 16	16 11	17 01	17 45	18 25
N 10	18 17	18 38	19 03	15 51	16 45	17 33	18 18
0	18 07	18 28	18 53	15 32	16 29	17 22	18 11
S 10	17 58	18 19	18 44	15 14	16 14	17 11	18 04
20	17 48	18 11	18 37	14 53	15 57	16 59	17 57
30	17 37	18 02	18 30	14 30	15 38	16 44	17 48
35	17 31	17 57	18 26	14 16	15 27	16 36	17 43
40	17 24	17 51	18 23	13 59	15 14	16 27	17 37
45	17 15	17 46	18 20	13 40	14 58	16 16	17 31
S 50	17 05	17 39	18 17	13 16	14 39	16 02	17 23
52	17 01	17 36	18 15	13 04	14 30	15 56	17 19
54	16 56	17 33	18 14	12 50	14 19	15 49	17 15
56	16 50	17 29	18 13	12 35	14 08	15 41	17 10
58	16 44	17 25	18 11	12 16	13 54	15 32	17 05
S 60	16 37	17 21	18 10	11 53	13 38	15 22	16 59

Day	SUN Eqn. of Time 00ʰ	SUN Eqn. of Time 12ʰ	SUN Mer. Pass.	MOON Mer. Pass. Upper	MOON Mer. Pass. Lower	Age	Phase
	m s	m s	h m	h m	h m	d	
17	04 12	04 06	12 04	09 18	21 48	26	●
18	04 00	03 53	12 04	10 16	22 44	27	
19	03 46	03 40	12 04	11 10	23 35	28	

Day	UT (GMT) d h	ARIES G.H.A. ° ′	VENUS −3.9 G.H.A. ° ′	VENUS Dec. ° ′	MARS −0.3 G.H.A. ° ′	MARS Dec. ° ′	JUPITER −1.8 G.H.A. ° ′	JUPITER Dec. ° ′	SATURN +0.3 G.H.A. ° ′	SATURN Dec. ° ′	STARS Name	S.H.A. ° ′	Dec. ° ′
	20 00	328 04.3	198 04.2	N18 59.9	276 01.8	N16 56.1	205 27.1	N20 21.6	36 50.4	S21 59.1	Acamar	315 31.1	S40 20.1
	01	343 06.8	213 03.6	59.2	291 02.9	56.5	220 29.0	21.5	51 53.0	59.2	Achernar	335 38.9	S57 16.6
	02	358 09.2	228 02.9	58.5	306 03.9	56.9	235 30.9	21.4	66 55.6	59.2	Acrux	173 29.3	S63 03.1
	03	13 11.7	243 02.2	·· 57.8	321 05.0	·· 57.2	250 32.8	·· 21.2	81 58.2	·· 59.2	Adhara	255 26.2	S28 57.3
	04	28 14.1	258 01.5	57.1	336 06.1	57.6	265 34.7	21.1	97 00.8	59.2	Aldebaran	291 09.1	N16 29.6
	05	43 16.6	273 00.8	56.4	351 07.1	58.0	280 36.7	21.0	112 03.4	59.2			
	06	58 19.1	288 00.1	N18 55.7	6 08.2	N16 58.3	295 38.6	N20 20.9	127 06.0	S21 59.3	Alioth	166 35.8	N56 00.8
	07	73 21.5	302 59.4	55.0	21 09.3	58.7	310 40.5	20.8	142 08.6	59.3	Alkaid	153 12.4	N49 21.7
	08	88 24.0	317 58.7	54.3	36 10.3	59.0	325 42.4	20.7	157 11.2	59.3	Al Na'ir	28 04.5	S47 00.3
MONDAY	09	103 26.5	332 58.0	·· 53.6	51 11.4	·· 59.4	340 44.3	·· 20.6	172 13.8	·· 59.3	Alnilam	276 03.9	S 1 12.2
	10	118 28.9	347 57.4	52.9	66 12.5	16 59.8	355 46.2	20.5	187 16.4	59.4	Alphard	218 13.2	S 8 37.0
	11	133 31.4	2 56.7	52.2	81 13.5	17 00.1	10 48.1	20.4	202 19.0	59.4			
	12	148 33.9	17 56.0	N18 51.5	96 14.6	N17 00.5	25 50.0	N20 20.3	217 21.6	S21 59.4	Alphecca	126 25.4	N26 44.9
	13	163 36.3	32 55.3	50.8	111 15.7	00.9	40 52.0	20.2	232 24.2	59.4	Alpheratz	358 01.0	N29 02.4
	14	178 38.8	47 54.6	50.1	126 16.7	01.2	55 53.9	20.0	247 26.8	59.4	Altair	62 24.6	N 8 50.7
	15	193 41.3	62 53.9	·· 49.4	141 17.8	·· 01.6	70 55.8	·· 19.9	262 29.4	·· 59.5	Ankaa	353 32.0	S42 21.1
	16	208 43.7	77 53.2	48.7	156 18.9	01.9	85 57.7	19.8	277 32.0	59.5	Antares	112 47.2	S26 24.9
	17	223 46.2	92 52.6	48.0	171 19.9	02.3	100 59.6	19.7	292 34.6	59.5			
	18	238 48.6	107 51.9	N18 47.3	186 21.0	N17 02.7	116 01.5	N20 19.6	307 37.2	S21 59.5	Arcturus	146 11.4	N19 13.9
	19	253 51.1	122 51.2	46.6	201 22.1	03.0	131 03.4	19.5	322 39.8	59.5	Atria	108 04.3	S69 01.1
	20	268 53.6	137 50.5	45.9	216 23.1	03.4	146 05.4	19.4	337 42.4	59.6	Avior	234 25.7	S59 28.6
	21	283 56.0	152 49.8	·· 45.2	231 24.2	·· 03.7	161 07.3	·· 19.3	352 45.0	·· 59.6	Bellatrix	278 50.5	N 6 20.7
	22	298 58.5	167 49.1	44.5	246 25.3	04.1	176 09.2	19.2	7 47.6	59.6	Betelgeuse	271 20.0	N 7 24.5
	23	314 01.0	182 48.5	43.8	261 26.3	04.5	191 11.1	19.1	22 50.2	59.6			
	21 00	329 03.4	197 47.8	N18 43.0	276 27.4	N17 04.8	206 13.0	N20 19.0	37 52.8	S21 59.7	Canopus	264 04.1	S52 41.1
	01	344 05.9	212 47.1	42.3	291 28.5	05.2	221 14.9	18.8	52 55.4	59.7	Capella	280 59.9	N45 59.3
	02	359 08.4	227 46.4	41.6	306 29.6	05.5	236 16.8	18.7	67 58.0	59.7	Deneb	49 42.8	N45 14.9
	03	14 10.8	242 45.7	·· 40.9	321 30.6	·· 05.9	251 18.8	·· 18.6	83 00.6	·· 59.7	Denebola	182 51.3	N14 37.5
	04	29 13.3	257 45.0	40.2	336 31.7	06.3	266 20.7	18.5	98 03.2	59.7	Diphda	349 12.7	S18 02.0
	05	44 15.8	272 44.4	39.5	351 32.8	06.6	281 22.6	18.4	113 05.8	59.8			
	06	59 18.2	287 43.7	N18 38.8	6 33.9	N17 07.0	296 24.5	N20 18.3	128 08.4	S21 59.8	Dubhe	194 12.8	N61 48.2
	07	74 20.7	302 43.0	38.0	21 34.9	07.3	311 26.4	18.2	143 11.0	59.8	Elnath	278 34.4	N28 36.1
TUESDAY	08	89 23.1	317 42.3	37.3	36 36.0	07.7	326 28.3	18.1	158 13.6	59.8	Eltanin	90 53.8	N51 29.6
	09	104 25.6	332 41.6	·· 36.6	51 37.1	·· 08.0	341 30.3	·· 18.0	173 16.2	·· 59.9	Enif	34 03.6	N 9 50.1
	10	119 28.1	347 41.0	35.9	66 38.2	08.4	356 32.2	17.9	188 18.8	59.9	Fomalhaut	15 42.3	S29 40.1
	11	134 30.5	2 40.3	35.2	81 39.2	08.8	11 34.1	17.8	203 21.3	59.9			
	12	149 33.0	17 39.6	N18 34.4	96 40.3	N17 09.1	26 36.0	N20 17.6	218 23.9	S21 59.9	Gacrux	172 20.7	S57 03.9
	13	164 35.5	32 38.9	33.7	111 41.4	09.5	41 37.9	17.5	233 26.5	21 59.9	Gienah	176 10.2	S17 29.5
	14	179 37.9	47 38.3	33.0	126 42.5	09.8	56 39.8	17.4	248 29.1	22 00.0	Hadar	149 12.7	S60 20.0
	15	194 40.4	62 37.6	·· 32.3	141 43.5	·· 10.2	71 41.8	·· 17.3	263 31.7	·· 00.0	Hamal	328 20.0	N23 25.2
	16	209 42.9	77 36.9	31.5	156 44.6	10.5	86 43.7	17.2	278 34.3	00.0	Kaus Aust.	84 06.2	S34 23.5
	17	224 45.3	92 36.2	30.8	171 45.7	10.9	101 45.6	17.1	293 36.9	00.0			
	18	239 47.8	107 35.6	N18 30.1	186 46.8	N17 11.3	116 47.5	N20 17.0	308 39.5	S22 00.0	Kochab	137 19.2	N74 11.8
	19	254 50.2	122 34.9	29.3	201 47.9	11.6	131 49.4	16.9	323 42.1	00.1	Markab	13 55.1	N15 09.4
	20	269 52.7	137 34.2	28.6	216 48.9	12.0	146 51.3	16.8	338 44.7	00.1	Menkar	314 32.9	N 4 03.4
	21	284 55.2	152 33.5	·· 27.9	231 50.0	·· 12.3	161 53.3	·· 16.7	353 47.3	·· 00.1	Menkent	148 28.0	S36 19.7
	22	299 57.6	167 32.9	27.2	246 51.1	12.7	176 55.2	16.6	8 49.9	00.1	Miaplacidus	221 44.5	S69 40.6
	23	315 00.1	182 32.2	26.4	261 52.2	13.0	191 57.1	16.4	23 52.5	00.1			
	22 00	330 02.6	197 31.5	N18 25.7	276 53.3	N17 13.4	206 59.0	N20 16.3	38 55.1	S22 00.2	Mirfak	309 04.9	N49 49.7
	01	345 05.0	212 30.8	25.0	291 54.3	13.7	222 00.9	16.2	53 57.7	00.2	Nunki	76 19.2	S26 18.6
	02	0 07.5	227 30.2	24.2	306 55.4	14.1	237 02.8	16.1	69 00.3	00.2	Peacock	53 45.3	S56 46.0
	03	15 10.0	242 29.5	·· 23.5	321 56.5	·· 14.4	252 04.8	·· 16.0	84 02.8	·· 00.2	Pollux	243 48.9	N28 03.0
	04	30 12.4	257 28.8	22.7	336 57.6	14.8	267 06.7	15.9	99 05.4	00.3	Procyon	245 17.8	N 5 15.1
	05	45 14.9	272 28.1	22.0	351 58.7	15.1	282 08.6	15.8	114 08.0	00.3			
	06	60 17.4	287 27.5	N18 21.3	6 59.7	N17 15.5	297 10.5	N20 15.7	129 10.6	S22 00.3	Rasalhague	96 22.1	N12 34.1
	07	75 19.8	302 26.8	20.5	22 00.8	15.8	312 12.4	15.6	144 13.2	00.3	Regulus	208 02.0	N12 00.9
	08	90 22.3	317 26.1	19.8	37 01.9	16.2	327 14.3	15.5	159 15.8	00.3	Rigel	281 28.6	S 8 12.4
	09	105 24.7	332 25.5	·· 19.0	52 03.0	·· 16.5	342 16.3	·· 15.4	174 18.4	·· 00.4	Rigil Kent.	140 15.5	S60 48.1
WEDNESDAY	10	120 27.2	347 24.8	18.3	67 04.1	16.9	357 18.2	15.2	189 21.0	00.4	Sabik	102 32.0	S15 42.9
	11	135 29.7	2 24.1	17.6	82 05.2	17.2	12 20.1	15.1	204 23.6	00.4			
	12	150 32.1	17 23.5	N18 16.8	97 06.3	N17 17.6	27 22.0	N20 15.0	219 26.2	S22 00.4	Schedar	349 59.9	N56 29.2
	13	165 34.6	32 22.8	16.1	112 07.3	17.9	42 23.9	14.9	234 28.8	00.4	Shaula	96 44.9	S37 06.0
	14	180 37.1	47 22.1	15.3	127 08.4	18.3	57 25.9	14.8	249 31.4	00.5	Sirius	258 49.0	S16 41.9
	15	195 39.5	62 21.5	·· 14.6	142 09.5	·· 18.6	72 27.8	·· 14.7	264 33.9	·· 00.5	Spica	158 49.5	S11 06.8
	16	210 42.0	77 20.8	13.8	157 10.6	19.0	87 29.7	14.6	279 36.5	00.5	Suhail	223 05.6	S43 23.6
	17	225 44.5	92 20.1	13.1	172 11.7	19.3	102 31.6	14.5	294 39.1	00.5			
	18	240 46.9	107 19.5	N18 12.3	187 12.8	N17 19.7	117 33.5	N20 14.4	309 41.7	S22 00.5	Vega	80 50.3	N38 46.6
	19	255 49.4	122 18.8	11.6	202 13.9	20.0	132 35.4	14.3	324 44.3	00.6	Zuben'ubi	137 24.5	S16 00.3
	20	270 51.9	137 18.1	10.8	217 15.0	20.4	147 37.4	14.2	339 46.9	00.6		S.H.A.	Mer. Pass.
	21	285 54.3	152 17.5	·· 10.1	232 16.1	·· 20.7	162 39.3	·· 14.0	354 49.5	·· 00.6		° ′	h m
	22	300 56.8	167 16.8	09.3	247 17.1	21.1	177 41.2	13.9	9 52.1	00.6	Venus	228 44.3	10 49
	23	315 59.2	182 16.1	08.6	262 18.2	21.4	192 43.1	13.8	24 54.7	00.6	Mars	307 24.0	5 34
		h m									Jupiter	237 09.6	10 14
	Mer. Pass.	2 03.4	v −0.7	d 0.7	v 1.1	d 0.4	v 1.9	d 0.1	v 2.6	d 0.0	Saturn	68 49.4	21 25

UT (GMT) d	h	SUN G.H.A.	SUN Dec.	MOON G.H.A.	v	MOON Dec.	d	H.P.
		° ′	° ′	° ′	′	° ′	′	′
20	00	179 06.9	N12 36.3	185 58.3	11.1	N13 41.3	13.7	58.1
	01	194 07.1	35.4	200 28.4	11.2	13 27.6	13.7	58.1
	02	209 07.2	34.6	214 58.6	11.3	13 13.9	13.8	58.1
	03	224 07.4	. . 33.8	229 28.9	11.4	13 00.1	13.8	58.1
	04	239 07.5	33.0	243 59.3	11.4	12 46.3	13.9	58.0
	05	254 07.7	32.1	258 29.7	11.5	12 32.4	13.9	58.0
	06	269 07.8	N12 31.3	273 00.2	11.6	N12 18.5	14.0	58.0
	07	284 07.9	30.5	287 30.8	11.7	12 04.5	14.0	58.0
	08	299 08.1	29.7	302 01.5	11.8	11 50.5	14.1	57.9
MONDAY	09	314 08.2	. . 28.9	316 32.3	11.9	11 36.4	14.2	57.9
	10	329 08.4	28.0	331 03.2	11.9	11 22.2	14.1	57.9
	11	344 08.5	27.2	345 34.1	12.0	11 08.1	14.3	57.9
	12	359 08.7	N12 26.4	0 05.1	12.1	N10 53.8	14.2	57.8
	13	14 08.8	25.6	14 36.2	12.1	10 39.6	14.3	57.8
	14	29 09.0	24.7	29 07.3	12.3	10 25.3	14.3	57.8
	15	44 09.1	. . 23.9	43 38.6	12.3	10 11.0	14.4	57.8
	16	59 09.3	23.1	58 09.9	12.4	9 56.6	14.4	57.7
	17	74 09.4	22.3	72 41.3	12.4	9 42.2	14.5	57.7
	18	89 09.6	N12 21.4	87 12.7	12.6	N 9 27.7	14.4	57.7
	19	104 09.7	20.6	101 44.3	12.6	9 13.3	14.5	57.7
	20	119 09.9	19.8	116 15.9	12.6	8 58.8	14.6	57.6
	21	134 10.0	. . 18.9	130 47.5	12.8	8 44.2	14.5	57.6
	22	149 10.2	18.1	145 19.3	12.8	8 29.7	14.6	57.6
	23	164 10.3	17.3	159 51.1	12.8	8 15.1	14.6	57.6
21	00	179 10.5	N12 16.5	174 22.9	13.0	N 8 00.5	14.7	57.5
	01	194 10.6	15.6	188 54.9	13.0	7 45.8	14.6	57.5
	02	209 10.8	14.8	203 26.9	13.0	7 31.2	14.7	57.5
	03	224 10.9	. . 14.0	217 58.9	13.2	7 16.5	14.7	57.5
	04	239 11.1	13.1	232 31.1	13.1	7 01.8	14.7	57.4
	05	254 11.2	12.3	247 03.2	13.3	6 47.1	14.7	57.4
	06	269 11.4	N12 11.5	261 35.5	13.3	N 6 32.4	14.8	57.4
	07	284 11.5	10.7	276 07.8	13.4	6 17.6	14.8	57.3
	08	299 11.7	09.8	290 40.2	13.4	6 02.8	14.7	57.3
TUESDAY	09	314 11.8	. . 09.0	305 12.6	13.4	5 48.1	14.8	57.3
	10	329 12.0	08.2	319 45.0	13.6	5 33.3	14.8	57.3
	11	344 12.1	07.3	334 17.6	13.5	5 18.5	14.8	57.2
	12	359 12.3	N12 06.5	348 50.1	13.7	N 5 03.7	14.8	57.2
	13	14 12.5	05.7	3 22.8	13.7	4 48.9	14.9	57.2
	14	29 12.6	04.8	17 55.5	13.7	4 34.0	14.8	57.2
	15	44 12.8	. . 04.0	32 28.2	13.8	4 19.2	14.8	57.1
	16	59 12.9	03.2	47 01.0	13.8	4 04.4	14.9	57.1
	17	74 13.1	02.3	61 33.8	13.9	3 49.5	14.8	57.1
	18	89 13.2	N12 01.5	76 06.7	13.9	N 3 34.7	14.8	57.0
	19	104 13.4	12 00.7	90 39.6	14.0	3 19.9	14.9	57.0
	20	119 13.5	11 59.8	105 12.6	14.0	3 05.0	14.8	57.0
	21	134 13.7	. . 59.0	119 45.6	14.0	2 50.2	14.8	57.0
	22	149 13.8	58.2	134 18.6	14.1	2 35.4	14.9	56.9
	23	164 14.0	57.3	148 51.7	14.2	2 20.5	14.8	56.9
22	00	179 14.1	N11 56.5	163 24.9	14.1	N 2 05.7	14.8	56.9
	01	194 14.3	55.6	177 58.0	14.3	1 50.9	14.8	56.8
	02	209 14.5	54.8	192 31.3	14.2	1 36.1	14.8	56.8
	03	224 14.6	. . 54.0	207 04.5	14.3	1 21.3	14.8	56.8
	04	239 14.8	53.1	221 37.8	14.3	1 06.5	14.8	56.8
	05	254 14.9	52.3	236 11.1	14.4	0 51.7	14.8	56.7
	06	269 15.1	N11 51.5	250 44.5	14.4	N 0 36.9	14.7	56.7
WEDNESDAY	07	284 15.2	50.6	265 17.9	14.4	0 22.2	14.8	56.7
	08	299 15.4	49.8	279 51.3	14.4	N 0 07.4	14.7	56.7
	09	314 15.6	. . 48.9	294 24.7	14.5	S 0 07.3	14.7	56.6
	10	329 15.7	48.1	308 58.2	14.5	0 22.0	14.7	56.6
	11	344 15.9	47.3	323 31.7	14.5	0 36.7	14.7	56.6
	12	359 16.0	N11 46.4	338 05.2	14.6	S 0 51.4	14.6	56.5
	13	14 16.2	45.6	352 38.8	14.6	1 06.0	14.7	56.5
	14	29 16.3	44.7	7 12.4	14.6	1 20.7	14.6	56.5
	15	44 16.5	. . 43.9	21 46.0	14.6	1 35.3	14.6	56.5
	16	59 16.7	43.1	36 19.6	14.7	1 49.9	14.6	56.4
	17	74 16.8	42.2	50 53.3	14.7	2 04.5	14.5	56.4
	18	89 17.0	N11 41.4	65 27.0	14.7	S 2 19.0	14.5	56.4
	19	104 17.1	40.5	80 00.7	14.7	2 33.5	14.5	56.4
	20	119 17.3	39.7	94 34.4	14.7	2 48.0	14.5	56.3
	21	134 17.5	. . 38.8	109 08.1	14.8	3 02.5	14.5	56.3
	22	149 17.6	38.0	123 41.9	14.7	3 17.0	14.4	56.3
	23	164 17.8	37.2	138 15.6	14.8	3 31.4	14.3	56.2
		S.D. 15.8	*d* 0.8	S.D. 15.8		15.6		15.4

Lat.	Twilight Naut.	Twilight Civil	Sunrise	Moonrise 20	Moonrise 21	Moonrise 22	Moonrise 23
°	h m	h m	h m	h m	h m	h m	h m
N 72	////	////	03 01	02 42	05 08	07 17	09 22
N 70	////	01 42	03 24	03 07	05 19	07 17	09 13
68	////	02 22	03 43	03 27	05 27	07 18	09 05
66	////	02 49	03 57	03 42	05 33	07 18	08 59
64	01 29	03 09	04 09	03 54	05 39	07 18	08 54
62	02 05	03 25	04 19	04 05	05 44	07 18	08 50
60	02 30	03 39	04 28	04 14	05 48	07 18	08 46
N 58	02 49	03 50	04 35	04 21	05 52	07 18	08 42
56	03 05	04 00	04 42	04 28	05 55	07 18	08 39
54	03 18	04 09	04 48	04 34	05 58	07 19	08 37
52	03 29	04 16	04 53	04 40	06 01	07 19	08 34
50	03 39	04 23	04 58	04 45	06 03	07 19	08 32
45	03 59	04 37	05 08	04 55	06 08	07 19	08 27
N 40	04 14	04 48	05 17	05 04	06 13	07 19	08 23
35	04 26	04 58	05 24	05 11	06 17	07 19	08 20
30	04 36	05 06	05 31	05 18	06 20	07 19	08 17
20	04 52	05 19	05 42	05 29	06 26	07 19	08 12
N 10	05 04	05 30	05 51	05 39	06 31	07 20	08 07
0	05 14	05 39	06 00	05 48	06 35	07 20	08 03
S 10	05 22	05 47	06 09	05 57	06 40	07 20	07 59
20	05 29	05 55	06 18	06 07	06 45	07 20	07 55
30	05 35	06 04	06 28	06 18	06 50	07 21	07 50
35	05 38	06 08	06 34	06 24	06 54	07 21	07 47
40	05 41	06 13	06 40	06 32	06 57	07 21	07 44
45	05 44	06 18	06 48	06 40	07 02	07 21	07 40
S 50	05 46	06 24	06 57	06 50	07 07	07 22	07 36
52	05 47	06 27	07 02	06 54	07 09	07 22	07 34
54	05 48	06 30	07 06	06 59	07 11	07 22	07 32
56	05 49	06 33	07 11	07 05	07 14	07 22	07 30
58	05 51	06 36	07 17	07 11	07 17	07 22	07 27
S 60	05 52	06 40	07 24	07 18	07 21	07 22	07 24

Lat.	Sunset	Twilight Civil	Twilight Naut.	Moonset 20	Moonset 21	Moonset 22	Moonset 23
°	h m	h m	h m	h m	h m	h m	h m
N 72	21 01	23 45	////	20 09	19 36	19 07	18 35
N 70	20 38	22 17	////	19 56	19 32	19 10	18 47
68	20 21	21 40	////	19 46	19 29	19 13	18 57
66	20 07	21 14	23 47	19 37	19 26	19 16	19 05
64	19 55	20 54	22 30	19 29	19 24	19 18	19 12
62	19 45	20 38	21 57	19 23	19 21	19 20	19 18
60	19 37	20 25	21 33	19 17	19 20	19 21	19 23
N 58	19 30	20 14	21 14	19 12	19 18	19 23	19 28
56	19 23	20 05	20 59	19 08	19 16	19 24	19 32
54	19 17	19 56	20 46	19 04	19 15	19 25	19 36
52	19 12	19 49	20 35	19 00	19 14	19 26	19 39
50	19 07	19 42	20 26	18 57	19 13	19 27	19 42
45	18 57	19 28	20 07	18 49	19 10	19 29	19 49
N 40	18 49	19 17	19 52	18 43	19 08	19 31	19 54
35	18 42	19 08	19 40	18 38	19 06	19 33	19 59
30	18 35	19 00	19 30	18 33	19 05	19 34	20 03
20	18 25	18 47	19 14	18 25	19 02	19 37	20 11
N 10	18 15	18 37	19 02	18 18	18 59	19 39	20 18
0	18 07	18 28	18 52	18 11	18 57	19 41	20 24
S 10	17 58	18 19	18 44	18 04	18 54	19 43	20 30
20	17 49	18 11	18 37	17 57	18 52	19 45	20 37
30	17 39	18 03	18 31	17 48	18 49	19 47	20 44
35	17 33	17 59	18 28	17 43	18 47	19 49	20 49
40	17 26	17 54	18 26	17 37	18 45	19 50	20 54
45	17 19	17 49	18 23	17 31	18 42	19 52	21 00
S 50	17 10	17 43	18 21	17 23	18 40	19 54	21 07
52	17 06	17 40	18 20	17 19	18 38	19 55	21 10
54	17 01	17 38	18 19	17 15	18 37	19 56	21 14
56	16 56	17 34	18 18	17 10	18 35	19 57	21 18
58	16 50	17 31	18 17	17 05	18 34	19 59	21 22
S 60	16 44	17 27	18 16	16 59	18 32	20 00	21 27

Day	SUN Eqn. of Time 00 h	SUN Eqn. of Time 12 h	SUN Mer. Pass.	MOON Mer. Pass. Upper	MOON Mer. Pass. Lower	Age	Phase
	m s	m s	h m	h m	h m	d	
20	03 33	03 26	12 03	12 00	24 23	29	●
21	03 18	03 11	12 03	12 46	00 23	01	
22	03 04	02 56	12 03	13 30	01 08	02	

UT (GMT) d h	ARIES G.H.A. ° ′	VENUS −3.9 G.H.A. ° ′	VENUS Dec. ° ′	MARS −0.3 G.H.A. ° ′	MARS Dec. ° ′	JUPITER −1.9 G.H.A. ° ′	JUPITER Dec. ° ′	SATURN +0.3 G.H.A. ° ′	SATURN Dec. ° ′
23 00	331 01.7	197 15.5	N18 07.8	277 19.3	N17 21.8	207 45.0	N20 13.7	39 57.3	S22 00.7
01	346 04.2	212 14.8	07.0	292 20.4	22.1	222 47.0	13.6	54 59.8	00.7
02	1 06.6	227 14.1	06.3	307 21.5	22.5	237 48.9	13.5	70 02.4	00.7
03	16 09.1	242 13.5	· · 05.5	322 22.6	· · 22.8	252 50.8	· · 13.4	85 05.0	· · 00.7
04	31 11.6	257 12.8	04.8	337 23.7	23.2	267 52.7	13.3	100 07.6	00.7
05	46 14.0	272 12.2	04.0	352 24.8	23.5	282 54.6	13.2	115 10.2	00.8
06	61 16.5	287 11.5	N18 03.3	7 25.9	N17 23.8	297 56.6	N20 13.1	130 12.8	S22 00.8
07	76 19.0	302 10.8	02.5	22 27.0	24.2	312 58.5	12.9	145 15.4	00.8
T 08	91 21.4	317 10.2	01.7	37 28.1	24.5	328 00.4	12.8	160 18.0	00.8
H 09	106 23.9	332 09.5	· · 01.0	52 29.2	· · 24.9	343 02.3	· · 12.7	175 20.6	· · 00.9
U 10	121 26.3	347 08.9	18 00.2	67 30.3	25.2	358 04.2	12.6	190 23.1	00.9
R 11	136 28.8	2 08.2	17 59.4	82 31.4	25.6	13 06.2	12.5	205 25.7	00.9
S 12	151 31.3	17 07.5	N17 58.7	97 32.5	N17 25.9	28 08.1	N20 12.4	220 28.3	S22 00.9
D 13	166 33.7	32 06.9	57.9	112 33.5	26.3	43 10.0	12.3	235 30.9	00.9
A 14	181 36.2	47 06.2	57.1	127 34.6	26.6	58 11.9	12.2	250 33.5	01.0
Y 15	196 38.7	62 05.6	· · 56.4	142 35.7	· · 26.9	73 13.8	· · 12.1	265 36.1	· · 01.0
16	211 41.1	77 04.9	55.6	157 36.8	27.3	88 15.8	12.0	280 38.7	01.0
17	226 43.6	92 04.2	54.8	172 37.9	27.6	103 17.7	11.9	295 41.3	01.0
18	241 46.1	107 03.6	N17 54.1	187 39.0	N17 28.0	118 19.6	N20 11.7	310 43.8	S22 01.0
19	256 48.5	122 02.9	53.3	202 40.1	28.3	133 21.5	11.6	325 46.4	01.1
20	271 51.0	137 02.3	52.5	217 41.2	28.7	148 23.5	11.5	340 49.0	01.1
21	286 53.5	152 01.6	· · 51.7	232 42.3	· · 29.0	163 25.4	· · 11.4	355 51.6	· · 01.1
22	301 55.9	167 01.0	51.0	247 43.4	29.3	178 27.3	11.3	10 54.2	01.1
23	316 58.4	182 00.3	50.2	262 44.5	29.7	193 29.2	11.2	25 56.8	01.1
24 00	332 00.8	196 59.7	N17 49.4	277 45.6	N17 30.0	208 31.1	N20 11.1	40 59.4	S22 01.2
01	347 03.3	211 59.0	48.6	292 46.7	30.4	223 33.1	11.0	56 02.0	01.2
02	2 05.8	226 58.4	47.8	307 47.8	30.7	238 35.0	10.9	71 04.5	01.2
03	17 08.2	241 57.7	· · 47.1	322 48.9	· · 31.0	253 36.9	· · 10.8	86 07.1	· · 01.2
04	32 10.7	256 57.1	46.3	337 50.1	31.4	268 38.8	10.6	101 09.7	01.2
05	47 13.2	271 56.4	45.5	352 51.2	31.7	283 40.7	10.5	116 12.3	01.3
06	62 15.6	286 55.7	N17 44.7	7 52.3	N17 32.1	298 42.7	N20 10.4	131 14.9	S22 01.3
07	77 18.1	301 55.1	43.9	22 53.4	32.4	313 44.6	10.3	146 17.5	01.3
08	92 20.6	316 54.4	43.2	37 54.5	32.7	328 46.5	10.2	161 20.1	01.3
F 09	107 23.0	331 53.8	· · 42.4	52 55.6	· · 33.1	343 48.4	· · 10.1	176 22.6	· · 01.3
R 10	122 25.5	346 53.1	41.6	67 56.7	33.4	358 50.4	10.0	191 25.2	01.4
I 11	137 28.0	1 52.5	40.8	82 57.8	33.8	13 52.3	09.9	206 27.8	01.4
D 12	152 30.4	16 51.8	N17 40.0	97 58.9	N17 34.1	28 54.2	N20 09.8	221 30.4	S22 01.4
A 13	167 32.9	31 51.2	39.2	113 00.0	34.4	43 56.1	09.7	236 33.0	01.4
Y 14	182 35.3	46 50.5	38.4	128 01.1	34.8	58 58.1	09.6	251 35.6	01.4
15	197 37.8	61 49.9	· · 37.6	143 02.2	· · 35.1	74 00.0	· · 09.4	266 38.1	· · 01.5
16	212 40.3	76 49.3	36.9	158 03.3	35.4	89 01.9	09.3	281 40.7	01.5
17	227 42.7	91 48.6	36.1	173 04.4	35.8	104 03.8	09.2	296 43.3	01.5
18	242 45.2	106 48.0	N17 35.3	188 05.5	N17 36.1	119 05.7	N20 09.1	311 45.9	S22 01.5
19	257 47.7	121 47.3	34.5	203 06.7	36.4	134 07.7	09.0	326 48.5	01.5
20	272 50.1	136 46.7	33.7	218 07.8	36.8	149 09.6	08.9	341 51.1	01.6
21	287 52.6	151 46.0	· · 32.9	233 08.9	· · 37.1	164 11.5	· · 08.8	356 53.6	· · 01.6
22	302 55.1	166 45.4	32.1	248 10.0	37.5	179 13.4	08.7	11 56.2	01.6
23	317 57.5	181 44.7	31.3	263 11.1	37.8	194 15.4	08.6	26 58.8	01.6
25 00	333 00.0	196 44.1	N17 30.5	278 12.2	N17 38.1	209 17.3	N20 08.5	42 01.4	S22 01.6
01	348 02.5	211 43.4	29.7	293 13.3	38.5	224 19.2	08.3	57 04.0	01.6
02	3 04.9	226 42.8	28.9	308 14.4	38.8	239 21.1	08.2	72 06.6	01.7
03	18 07.4	241 42.2	· · 28.1	323 15.6	· · 39.1	254 23.1	· · 08.1	87 09.1	· · 01.7
04	33 09.8	256 41.5	27.3	338 16.7	39.5	269 25.0	08.0	102 11.7	01.7
05	48 12.3	271 40.9	26.5	353 17.8	39.8	284 26.9	07.9	117 14.3	01.7
06	63 14.8	286 40.2	N17 25.7	8 18.9	N17 40.1	299 28.8	N20 07.8	132 16.9	S22 01.7
07	78 17.2	301 39.6	24.9	23 20.0	40.5	314 30.8	07.7	147 19.5	01.8
S 08	93 19.7	316 38.9	24.1	38 21.1	40.8	329 32.7	07.6	162 22.1	01.8
A 09	108 22.2	331 38.3	· · 23.3	53 22.2	· · 41.1	344 34.6	· · 07.5	177 24.6	· · 01.8
T 10	123 24.6	346 37.7	22.5	68 23.4	41.5	359 36.5	07.4	192 27.2	01.8
U 11	138 27.1	1 37.0	21.7	83 24.5	41.8	14 38.5	07.2	207 29.8	01.8
R 12	153 29.6	16 36.4	N17 20.9	98 25.6	N17 42.1	29 40.4	N20 07.1	222 32.4	S22 01.9
D 13	168 32.0	31 35.7	20.0	113 26.7	42.5	44 42.3	07.0	237 35.0	01.9
A 14	183 34.5	46 35.1	19.2	128 27.8	42.8	59 44.2	06.9	252 37.5	01.9
Y 15	198 36.9	61 34.5	· · 18.4	143 28.9	· · 43.1	74 46.2	· · 06.8	267 40.1	· · 01.9
16	213 39.4	76 33.8	17.6	158 30.1	43.4	89 48.1	06.7	282 42.7	01.9
17	228 41.9	91 33.2	16.8	173 31.2	43.8	104 50.0	06.6	297 45.3	02.0
18	243 44.3	106 32.6	N17 16.0	188 32.3	N17 44.1	119 51.9	N20 06.5	312 47.9	S22 02.0
19	258 46.8	121 31.9	15.2	203 33.4	44.4	134 53.9	06.4	327 50.4	02.0
20	273 49.3	136 31.3	14.4	218 34.6	44.8	149 55.8	06.3	342 53.0	02.0
21	288 51.7	151 30.6	· · 13.5	233 35.7	· · 45.1	164 57.7	· · 06.2	357 55.6	· · 02.0
22	303 54.2	166 30.0	12.7	248 36.8	45.4	179 59.7	06.0	12 58.2	02.1
23	318 56.7	181 29.4	11.9	263 37.9	45.8	195 01.6	05.9	28 00.8	02.1
Mer. Pass.	h m 1 51.6	v −0.6	d 0.8	v 1.1	d 0.3	v 1.9	d 0.1	v 2.6	d 0.0

STARS

Name	S.H.A. ° ′	Dec. ° ′
Acamar	315 31.1	S40 20.1
Achernar	335 38.8	S57 16.6
Acrux	173 29.3	S63 03.1
Adhara	255 26.2	S28 57.3
Aldebaran	291 09.1	N16 29.6
Alioth	166 35.8	N56 00.8
Alkaid	153 12.4	N49 21.7
Al Na'ir	28 04.5	S47 00.3
Alnilam	276 03.8	S 1 12.2
Alphard	218 13.2	S 8 37.0
Alphecca	126 25.4	N26 44.9
Alpheratz	358 01.0	N29 02.5
Altair	62 24.6	N 8 50.7
Ankaa	353 32.0	S42 21.1
Antares	112 47.2	S26 24.9
Arcturus	146 11.4	N19 13.9
Atria	108 04.4	S69 01.1
Avior	234 25.7	S59 28.6
Bellatrix	278 50.5	N 6 20.7
Betelgeuse	271 19.9	N 7 24.5
Canopus	264 04.0	S52 41.1
Capella	280 59.9	N45 59.3
Deneb	49 42.8	N45 14.9
Denebola	182 51.3	N14 37.5
Diphda	349 12.7	S18 02.0
Dubhe	194 12.9	N61 48.2
Elnath	278 34.4	N28 36.1
Eltanin	90 53.8	N51 29.6
Enif	34 03.6	N 9 50.1
Fomalhaut	15 42.3	S29 40.1
Gacrux	172 20.7	S57 03.9
Gienah	176 10.2	S17 29.4
Hadar	149 12.8	S60 20.0
Hamal	328 20.0	N23 25.2
Kaus Aust.	84 06.2	S34 23.5
Kochab	137 19.2	N74 11.8
Markab	13 55.1	N15 09.4
Menkar	314 32.9	N 4 03.4
Menkent	148 28.0	S36 19.7
Miaplacidus	221 44.5	S69 40.6
Mirfak	309 04.9	N49 49.7
Nunki	76 19.2	S26 18.6
Peacock	53 45.3	S56 46.0
Pollux	243 48.8	N28 03.0
Procyon	245 17.8	N 5 15.1
Rasalhague	96 22.2	N12 34.1
Regulus	208 02.0	N12 00.9
Rigel	281 28.6	S 8 12.4
Rigil Kent.	140 15.5	S60 48.1
Sabik	102 32.0	S15 42.9
Schedar	349 59.9	N56 29.2
Shaula	96 45.0	S37 06.0
Sirius	258 49.0	S16 41.9
Spica	158 49.5	S11 06.8
Suhail	223 05.6	S43 23.5
Vega	80 50.3	N38 46.6
Zuben'ubi	137 24.5	S16 00.3

	S.H.A. ° ′	Mer. Pass. h m
Venus	224 58.8	10 52
Mars	305 44.8	5 29
Jupiter	236 30.3	10 05
Saturn	68 58.5	21 12

UT (GMT) d	h	SUN G.H.A. ° ′	SUN Dec. ° ′	MOON G.H.A. ° ′	MOON *v* ′	MOON Dec. ° ′	MOON *d* ′	MOON H.P. ′
23 THURSDAY	00	179 17.9	N11 36.3	152 49.4	14.8	S 3 45.7	14.4	56.2
	01	194 18.1	35.5	167 23.2	14.8	4 00.1	14.3	56.2
	02	209 18.3	34.6	181 57.0	14.8	4 14.4	14.3	56.2
	03	224 18.4	. . 33.8	196 30.8	14.9	4 28.7	14.3	56.1
	04	239 18.6	32.9	211 04.7	14.8	4 43.0	14.2	56.1
	05	254 18.7	32.1	225 38.5	14.8	4 57.2	14.2	56.1
	06	269 18.9	N11 31.2	240 12.3	14.9	S 5 11.4	14.1	56.1
	07	284 19.1	30.4	254 46.2	14.9	5 25.5	14.1	56.0
	08	299 19.2	29.5	269 20.1	14.8	5 39.6	14.1	56.0
	09	314 19.4	. . 28.7	283 53.9	14.9	5 53.7	14.1	56.0
	10	329 19.5	27.9	298 27.8	14.9	6 07.8	14.0	55.9
	11	344 19.7	27.0	313 01.7	14.9	6 21.8	13.9	55.9
	12	359 19.9	N11 26.2	327 35.6	14.9	S 6 35.7	13.9	55.9
	13	14 20.0	25.3	342 09.5	14.8	6 49.6	13.9	55.9
	14	29 20.2	24.5	356 43.3	14.9	7 03.5	13.8	55.8
	15	44 20.4	. . 23.6	11 17.2	14.9	7 17.3	13.8	55.8
	16	59 20.5	22.8	25 51.1	14.9	7 31.1	13.8	55.8
	17	74 20.7	21.9	40 25.0	14.9	7 44.9	13.7	55.8
	18	89 20.8	N11 21.1	54 58.9	14.8	S 7 58.6	13.6	55.7
	19	104 21.0	20.2	69 32.7	14.9	8 12.2	13.6	55.7
	20	119 21.2	19.4	84 06.6	14.9	8 25.8	13.6	55.7
	21	134 21.3	. . 18.5	98 40.5	14.8	8 39.4	13.5	55.7
	22	149 21.5	17.7	113 14.3	14.9	8 52.9	13.4	55.6
	23	164 21.7	16.8	127 48.2	14.8	9 06.3	13.4	55.6
24 FRIDAY	00	179 21.8	N11 16.0	142 22.0	14.9	S 9 19.7	13.4	55.6
	01	194 22.0	15.1	156 55.9	14.8	9 33.1	13.3	55.6
	02	209 22.2	14.3	171 29.7	14.8	9 46.4	13.2	55.5
	03	224 22.3	. . 13.4	186 03.5	14.8	9 59.6	13.2	55.5
	04	239 22.5	12.5	200 37.3	14.8	10 12.8	13.2	55.5
	05	254 22.7	11.7	215 11.1	14.8	10 26.0	13.1	55.5
	06	269 22.8	N11 10.8	229 44.9	14.7	S10 39.1	13.0	55.4
	07	284 23.0	10.0	244 18.6	14.8	10 52.1	13.0	55.4
	08	299 23.2	09.1	258 52.4	14.7	11 05.1	12.9	55.4
	09	314 23.3	. . 08.3	273 26.1	14.7	11 18.0	12.8	55.4
	10	329 23.5	07.4	287 59.8	14.7	11 30.8	12.8	55.4
	11	344 23.7	06.6	302 33.5	14.7	11 43.6	12.8	55.3
	12	359 23.8	N11 05.7	317 07.2	14.7	S11 56.4	12.7	55.3
	13	14 24.0	04.9	331 40.9	14.6	12 09.1	12.6	55.3
	14	29 24.2	04.0	346 14.5	14.6	12 21.7	12.5	55.3
	15	44 24.3	. . 03.1	0 48.1	14.6	12 34.2	12.5	55.2
	16	59 24.5	02.3	15 21.7	14.6	12 46.7	12.5	55.2
	17	74 24.7	01.4	29 55.3	14.6	12 59.2	12.3	55.2
	18	89 24.8	N11 00.6	44 28.9	14.5	S13 11.5	12.3	55.2
	19	104 25.0	10 59.7	59 02.4	14.5	13 23.8	12.3	55.2
	20	119 25.2	58.9	73 35.9	14.5	13 36.1	12.1	55.1
	21	134 25.3	. . 58.0	88 09.4	14.4	13 48.2	12.1	55.1
	22	149 25.5	57.1	102 42.8	14.5	14 00.3	12.1	55.1
	23	164 25.7	56.3	117 16.3	14.4	14 12.4	12.0	55.1
25 SATURDAY	00	179 25.8	N10 55.4	131 49.7	14.3	S14 24.4	11.9	55.0
	01	194 26.0	54.6	146 23.0	14.4	14 36.3	11.8	55.0
	02	209 26.2	53.7	160 56.4	14.3	14 48.1	11.7	55.0
	03	224 26.3	. . 52.8	175 29.7	14.3	14 59.8	11.7	55.0
	04	239 26.5	52.0	190 03.0	14.2	15 11.5	11.6	55.0
	05	254 26.7	51.1	204 36.2	14.2	15 23.1	11.6	55.0
	06	269 26.9	N10 50.3	219 09.4	14.2	S15 34.7	11.5	54.9
	07	284 27.0	49.4	233 42.6	14.2	15 46.2	11.3	54.9
	08	299 27.2	48.5	248 15.8	14.1	15 57.5	11.4	54.9
	09	314 27.4	. . 47.7	262 48.9	14.1	16 08.9	11.2	54.9
	10	329 27.5	46.8	277 22.0	14.0	16 20.1	11.2	54.9
	11	344 27.7	46.0	291 55.0	14.1	16 31.3	11.1	54.8
	12	359 27.9	N10 45.1	306 28.1	13.9	S16 42.4	11.0	54.8
	13	14 28.1	44.2	321 01.0	14.0	16 53.4	10.9	54.8
	14	29 28.2	43.4	335 34.0	13.9	17 04.3	10.9	54.8
	15	44 28.4	. . 42.5	350 06.9	13.9	17 15.2	10.8	54.8
	16	59 28.6	41.6	4 39.8	13.8	17 26.0	10.7	54.8
	17	74 28.7	40.8	19 12.6	13.8	17 36.7	10.6	54.7
	18	89 28.9	N10 39.9	33 45.4	13.7	S17 47.3	10.5	54.7
	19	104 29.1	39.0	48 18.1	13.8	17 57.8	10.5	54.7
	20	119 29.3	38.2	62 50.9	13.6	18 08.3	10.3	54.7
	21	134 29.4	. . 37.3	77 23.5	13.7	18 18.6	10.3	54.7
	22	149 29.6	36.5	91 56.2	13.6	18 28.9	10.2	54.7
	23	164 29.8	35.6	106 28.8	13.5	18 39.1	10.1	54.6
		S.D. 15.8	*d* 0.9	S.D.	15.2		15.1	14.9

Lat. °	Twilight Naut. h m	Twilight Civil h m	Sunrise h m	Moonrise 23 h m	Moonrise 24 h m	Moonrise 25 h m	Moonrise 26 h m
N 72	////	01 10	03 18	09 22	11 33	14 31	■
N 70	////	02 06	03 38	09 13	11 11	13 27	■
68	////	02 39	03 54	09 05	10 54	12 52	15 25
66	01 01	03 02	04 07	08 59	10 41	12 27	14 25
64	01 51	03 20	04 18	08 54	10 30	12 08	13 51
62	02 20	03 35	04 27	08 50	10 20	11 52	13 26
60	02 42	03 47	04 35	08 46	10 12	11 39	13 07
N 58	02 59	03 58	04 42	08 42	10 05	11 28	12 51
56	03 13	04 07	04 48	08 39	09 59	11 18	12 37
54	03 25	04 15	04 53	08 37	09 54	11 10	12 26
52	03 36	04 21	04 58	08 34	09 49	11 02	12 15
50	03 45	04 28	05 02	08 32	09 44	10 56	12 06
45	04 03	04 41	05 12	08 27	09 35	10 41	11 47
N 40	04 17	04 51	05 20	08 23	09 27	10 29	11 32
35	04 29	05 00	05 26	08 20	09 20	10 19	11 18
30	04 38	05 08	05 32	08 17	09 14	10 10	11 07
20	04 53	05 20	05 42	08 12	09 04	09 55	10 48
N 10	05 05	05 30	05 51	08 07	08 55	09 42	10 31
0	05 14	05 38	05 59	08 03	08 46	09 30	10 15
S 10	05 21	05 46	06 07	07 59	08 38	09 18	10 00
20	05 27	05 53	06 15	07 55	08 29	09 05	09 43
30	05 32	06 00	06 25	07 50	08 19	08 51	09 24
35	05 35	06 04	06 30	07 47	08 14	08 42	09 13
40	05 37	06 09	06 36	07 44	08 07	08 33	09 01
45	05 39	06 13	06 43	07 40	08 00	08 21	08 46
S 50	05 41	06 18	06 51	07 36	07 51	08 08	08 28
52	05 42	06 21	06 55	07 34	07 47	08 02	08 20
54	05 42	06 23	07 00	07 32	07 43	07 55	08 10
56	05 43	06 26	07 04	07 30	07 38	07 47	08 00
58	05 43	06 29	07 09	07 27	07 32	07 39	07 48
S 60	05 44	06 32	07 15	07 24	07 26	07 29	07 34

Lat. °	Sunset h m	Twilight Civil h m	Twilight Naut. h m	Moonset 23 h m	Moonset 24 h m	Moonset 25 h m	Moonset 26 h m
N 72	20 43	22 42	////	18 35	17 56	16 31	■
N 70	20 23	21 52	////	18 47	18 20	17 36	■
68	20 08	21 21	////	18 57	18 38	18 13	17 15
66	19 55	20 59	22 53	19 05	18 53	18 39	18 16
64	19 45	20 42	22 09	19 12	19 06	18 59	18 50
62	19 36	20 27	21 41	19 18	19 16	19 15	19 16
60	19 28	20 15	21 20	19 23	19 26	19 29	19 36
N 58	19 22	20 05	21 03	19 28	19 34	19 41	19 52
56	19 16	19 57	20 49	19 32	19 41	19 51	20 06
54	19 10	19 49	20 38	19 36	19 47	20 01	20 18
52	19 06	19 42	20 28	19 39	19 53	20 09	20 29
50	19 01	19 36	20 19	19 42	19 58	20 16	20 39
45	18 52	19 23	20 01	19 49	20 09	20 32	20 59
N 40	18 44	19 13	19 47	19 54	20 19	20 45	21 15
35	18 38	19 04	19 35	19 59	20 27	20 56	21 29
30	18 32	18 57	19 26	20 03	20 34	21 06	21 42
20	18 22	18 45	19 11	20 11	20 46	21 23	22 02
N 10	18 14	18 35	19 00	20 18	20 57	21 38	22 21
0	18 06	18 27	18 51	20 24	21 07	21 52	22 38
S 10	17 58	18 19	18 44	20 30	21 17	22 06	22 55
20	17 50	18 12	18 38	20 37	21 28	22 20	23 13
30	17 40	18 05	18 33	20 44	21 41	22 38	23 34
35	17 35	18 01	18 30	20 49	21 48	22 48	23 47
40	17 29	17 57	18 28	20 54	21 57	22 59	24 01
45	17 22	17 52	18 26	21 00	22 07	23 13	24 18
S 50	17 14	17 47	18 25	21 07	22 19	23 30	24 40
52	17 10	17 45	18 24	21 10	22 24	23 38	24 50
54	17 06	17 42	18 24	21 14	22 30	23 46	25 01
56	17 02	17 40	18 23	21 18	22 37	23 56	25 14
58	16 56	17 37	18 23	21 22	22 45	24 08	00 08
S 60	16 51	17 34	18 22	21 27	22 54	24 21	00 21

Day	SUN Eqn. of Time 00h m s	SUN Eqn. of Time 12h m s	SUN Mer. Pass. h m	MOON Mer. Pass. Upper h m	MOON Mer. Pass. Lower h m	MOON Age d	MOON Phase
23	02 49	02 41	12 03	14 14	01 52	03	
24	02 33	02 25	12 02	14 57	02 35	04	
25	02 17	02 09	12 02	15 41	03 19	05	

UT (GMT)	ARIES G.H.A.	VENUS −3.9 G.H.A.	Dec.	MARS −0.3 G.H.A.	Dec.	JUPITER −1.9 G.H.A.	Dec.	SATURN +0.3 G.H.A.	Dec.	STARS Name	S.H.A.	Dec.
d h	° ′	° ′	° ′	° ′	° ′	° ′	° ′	° ′	° ′		° ′	° ′
26 00	333 59.1	196 28.7	N17 11.1	278 39.0	N17 46.1	210 03.5	N20 05.8	43 03.3	S22 02.1	Acamar	315 31.0	S40 20.1
01	349 01.6	211 28.1	10.3	293 40.2	46.4	225 05.4	05.7	58 05.9	02.1	Achernar	335 38.8	S57 16.6
02	4 04.1	226 27.5	09.5	308 41.3	46.7	240 07.4	05.6	73 08.5	02.1	Acrux	173 29.4	S63 03.1
03	19 06.5	241 26.8	· · 08.6	323 42.4	· · 47.1	255 09.3	· · 05.5	88 11.1	· · 02.1	Adhara	255 26.2	S28 57.2
04	34 09.0	256 26.2	07.8	338 43.5	47.4	270 11.2	05.4	103 13.7	02.2	Aldebaran	291 09.0	N16 29.6
05	49 11.4	271 25.6	07.0	353 44.7	47.7	285 13.1	05.3	118 16.2	02.2			
06	64 13.9	286 24.9	N17 06.2	8 45.8	N17 48.0	300 15.1	N20 05.2	133 18.8	S22 02.2	Alioth	166 35.8	N56 00.8
07	79 16.4	301 24.3	05.3	23 46.9	48.4	315 17.0	05.1	148 21.4	02.2	Alkaid	153 12.4	N49 21.7
08	94 18.8	316 23.7	04.5	38 48.0	48.7	330 18.9	04.9	163 24.0	02.2	Al Na'ir	28 04.5	S47 00.3
S 09	109 21.3	331 23.0	· · 03.7	53 49.2	· · 49.0	345 20.9	· · 04.8	178 26.5	· · 02.3	Alnilam	276 03.8	S 1 12.2
U 10	124 23.8	346 22.4	02.9	68 50.3	49.4	0 22.8	04.7	193 29.1	02.3	Alphard	218 13.2	S 8 37.0
N 11	139 26.2	1 21.8	02.0	83 51.4	49.7	15 24.7	04.6	208 31.7	02.3			
D 12	154 28.7	16 21.2	N17 01.2	98 52.6	N17 50.0	30 26.6	N20 04.5	223 34.3	S22 02.3	Alphecca	126 25.5	N26 44.9
A 13	169 31.2	31 20.5	17 00.4	113 53.7	50.3	45 28.6	04.4	238 36.9	02.3	Alpheratz	358 01.0	N29 02.5
Y 14	184 33.6	46 19.9	16 59.5	128 54.8	50.7	60 30.5	04.3	253 39.4	02.4	Altair	62 24.6	N 8 50.7
15	199 36.1	61 19.3	· · 58.7	143 55.9	· · 51.0	75 32.4	· · 04.2	268 42.0	· · 02.4	Ankaa	353 32.0	S42 21.1
16	214 38.6	76 18.6	57.9	158 57.1	51.3	90 34.3	04.1	283 44.6	02.4	Antares	112 47.2	S26 24.9
17	229 41.0	91 18.0	57.1	173 58.2	51.6	105 36.3	04.0	298 47.2	02.4			
18	244 43.5	106 17.4	N16 56.2	188 59.3	N17 52.0	120 38.2	N20 03.8	313 49.7	S22 02.4	Arcturus	146 11.4	N19 13.9
19	259 45.9	121 16.8	55.4	204 00.5	52.3	135 40.1	03.7	328 52.3	02.4	Atria	108 04.4	S69 01.1
20	274 48.4	136 16.1	54.5	219 01.6	52.6	150 42.1	03.6	343 54.9	02.5	Avior	234 25.7	S59 28.5
21	289 50.9	151 15.5	· · 53.7	234 02.7	· · 52.9	165 44.0	· · 03.5	358 57.5	· · 02.5	Bellatrix	278 50.4	N 6 20.7
22	304 53.3	166 14.9	52.9	249 03.9	53.2	180 45.9	03.4	14 00.0	02.5	Betelgeuse	271 19.9	N 7 24.5
23	319 55.8	181 14.3	52.0	264 05.0	53.6	195 47.9	03.3	29 02.6	02.5			
27 00	334 58.3	196 13.6	N16 51.2	279 06.1	N17 53.9	210 49.8	N20 03.2	44 05.2	S22 02.5	Canopus	264 04.0	S52 41.1
01	350 00.7	211 13.0	50.4	294 07.3	54.2	225 51.7	03.1	59 07.8	02.6	Capella	280 59.9	N45 59.3
02	5 03.2	226 12.4	49.5	309 08.4	54.5	240 53.6	03.0	74 10.4	02.6	Deneb	49 42.8	N45 15.0
03	20 05.7	241 11.8	· · 48.7	324 09.5	· · 54.9	255 55.6	· · 02.9	89 12.9	· · 02.6	Denebola	182 51.3	N14 37.5
04	35 08.1	256 11.1	47.8	339 10.7	55.2	270 57.5	02.7	104 15.5	02.6	Diphda	349 12.7	S18 02.0
05	50 10.6	271 10.5	47.0	354 11.8	55.5	285 59.4	02.6	119 18.1	02.6			
06	65 13.0	286 09.9	N16 46.2	9 13.0	N17 55.8	301 01.4	N20 02.5	134 20.7	S22 02.7	Dubhe	194 12.9	N61 48.1
07	80 15.5	301 09.3	45.3	24 14.1	56.1	316 03.3	02.4	149 23.2	02.7	Elnath	278 34.3	N28 36.1
08	95 18.0	316 08.6	44.5	39 15.2	56.5	331 05.2	02.3	164 25.8	02.7	Eltanin	90 53.8	N51 29.6
M 09	110 20.4	331 08.0	· · 43.6	54 16.4	· · 56.8	346 07.2	· · 02.2	179 28.4	· · 02.7	Enif	34 03.6	N 9 50.1
O 10	125 22.9	346 07.4	42.8	69 17.5	57.1	1 09.1	02.1	194 31.0	02.7	Fomalhaut	15 42.3	S29 40.1
N 11	140 25.4	1 06.8	41.9	84 18.6	57.4	16 11.0	02.0	209 33.5	02.7			
D 12	155 27.8	16 06.2	N16 41.1	99 19.8	N17 57.7	31 12.9	N20 01.9	224 36.1	S22 02.8	Gacrux	172 20.7	S57 03.9
A 13	170 30.3	31 05.5	40.2	114 20.9	58.1	46 14.9	01.8	239 38.7	02.8	Gienah	176 10.2	S17 29.4
Y 14	185 32.8	46 04.9	39.4	129 22.1	58.4	61 16.8	01.6	254 41.2	02.8	Hadar	149 12.8	S60 20.0
15	200 35.2	61 04.3	· · 38.5	144 23.2	· · 58.7	76 18.7	· · 01.5	269 43.8	· · 02.8	Hamal	328 19.9	N23 25.2
16	215 37.7	76 03.7	37.7	159 24.4	59.0	91 20.7	01.4	284 46.4	02.8	Kaus Aust.	84 06.2	S34 23.5
17	230 40.2	91 03.1	36.8	174 25.5	59.3	106 22.6	01.3	299 49.0	02.9			
18	245 42.6	106 02.5	N16 36.0	189 26.6	N17 59.7	121 24.5	N20 01.2	314 51.5	S22 02.9	Kochab	137 19.3	N74 11.8
19	260 45.1	121 01.8	35.1	204 27.8	18 00.0	136 26.5	01.1	329 54.1	02.9	Markab	13 55.1	N15 09.5
20	275 47.5	136 01.2	34.3	219 28.9	00.3	151 28.4	01.0	344 56.7	02.9	Menkar	314 32.8	N 4 03.4
21	290 50.0	151 00.6	· · 33.4	234 30.1	· · 00.6	166 30.3	· · 00.9	359 59.3	· · 02.9	Menkent	148 28.1	S36 19.7
22	305 52.5	166 00.0	32.5	249 31.2	00.9	181 32.3	00.8	15 01.8	02.9	Miaplacidus	221 44.5	S69 40.6
23	320 54.9	180 59.4	31.7	264 32.4	01.2	196 34.2	00.7	30 04.4	03.0			
28 00	335 57.4	195 58.8	N16 30.8	279 33.5	N18 01.6	211 36.1	N20 00.5	45 07.0	S22 03.0	Mirfak	309 04.9	N49 49.7
01	350 59.9	210 58.1	30.0	294 34.7	01.9	226 38.0	00.4	60 09.5	03.0	Nunki	76 19.2	S26 18.6
02	6 02.3	225 57.5	29.1	309 35.8	02.2	241 40.0	00.3	75 12.1	03.0	Peacock	53 45.4	S56 46.0
03	21 04.8	240 56.9	· · 28.3	324 36.9	· · 02.5	256 41.9	· · 00.2	90 14.7	· · 03.0	Pollux	243 48.8	N28 03.0
04	36 07.3	255 56.3	27.4	339 38.1	02.8	271 43.8	00.1	105 17.3	03.1	Procyon	245 17.8	N 5 15.1
05	51 09.7	270 55.7	26.5	354 39.2	03.1	286 45.8	20 00.0	120 19.8	03.1			
06	66 12.2	285 55.1	N16 25.7	9 40.4	N18 03.5	301 47.7	N19 59.9	135 22.4	S22 03.1	Rasalhague	96 22.2	N12 34.1
07	81 14.7	300 54.5	24.8	24 41.5	03.8	316 49.6	59.8	150 25.0	03.1	Regulus	208 02.0	N12 00.9
T 08	96 17.1	315 53.8	23.9	39 42.7	04.1	331 51.6	59.7	165 27.5	03.1	Rigel	281 28.6	S 8 12.4
U 09	111 19.6	330 53.2	· · 23.1	54 43.8	· · 04.4	346 53.5	· · 59.5	180 30.1	· · 03.1	Rigil Kent.	140 15.6	S60 48.1
E 10	126 22.0	345 52.6	22.2	69 45.0	04.7	1 55.4	59.4	195 32.7	03.2	Sabik	102 32.1	S15 42.9
S 11	141 24.5	0 52.0	21.3	84 46.1	05.0	16 57.4	59.3	210 35.3	03.2			
D 12	156 27.0	15 51.4	N16 20.5	99 47.3	N18 05.3	31 59.3	N19 59.2	225 37.8	S22 03.2	Schedar	349 59.8	N56 29.2
A 13	171 29.4	30 50.8	19.6	114 48.4	05.7	47 01.2	59.1	240 40.4	03.2	Shaula	96 45.0	S37 06.0
Y 14	186 31.9	45 50.2	18.7	129 49.6	06.0	62 03.2	59.0	255 43.0	03.2	Sirius	258 49.0	S16 41.9
15	201 34.4	60 49.6	· · 17.9	144 50.8	· · 06.3	77 05.1	· · 58.9	270 45.5	· · 03.2	Spica	158 49.5	S11 06.8
16	216 36.8	75 49.0	17.0	159 51.9	06.6	92 07.0	58.8	285 48.1	03.3	Suhail	223 05.5	S43 23.5
17	231 39.3	90 48.4	16.1	174 53.1	06.9	107 09.0	58.7	300 50.7	03.3			
18	246 41.8	105 47.8	N16 15.2	189 54.2	N18 07.2	122 10.9	N19 58.6	315 53.2	S22 03.3	Vega	80 50.3	N38 46.7
19	261 44.2	120 47.1	14.4	204 55.4	07.5	137 12.8	58.4	330 55.8	03.3	Zuben'ubi	137 24.5	S16 00.3
20	276 46.7	135 46.5	13.5	219 56.5	07.8	152 14.8	58.3	345 58.4	03.3			
21	291 49.1	150 45.9	· · 12.6	234 57.7	· · 08.2	167 16.7	· · 58.2	1 01.0	· · 03.4			
22	306 51.6	165 45.3	11.7	249 58.8	08.5	182 18.6	58.1	16 03.5	03.4			
23	321 54.1	180 44.7	10.9	265 00.0	08.8	197 20.6	58.0	31 06.1	03.4			
Mer. Pass.	h m 1 39.8	v −0.6	d 0.8	v 1.1	d 0.3	v 1.9	d 0.1	v 2.6	d 0.0			

	S.H.A.	Mer. Pass.
	° ′	h m
Venus	221 15.4	10 56
Mars	304 07.9	5 23
Jupiter	235 51.5	9 55
Saturn	69 06.9	21 00

UT (GMT) d h	SUN G.H.A. ° ′	SUN Dec. ° ′	MOON G.H.A. ° ′	v ′	MOON Dec. ° ′	d ′	H.P. ′
26 00	179 30.0	N10 34.7	121 01.3	13.5	S18 49.2	10.1	54.6
01	194 30.1	33.9	135 33.8	13.5	18 59.3	9.9	54.6
02	209 30.3	33.0	150 06.3	13.4	19 09.2	9.9	54.6
03	224 30.5	. . 32.1	164 38.7	13.4	19 19.1	9.7	54.6
04	239 30.6	31.3	179 11.1	13.3	19 28.8	9.7	54.6
05	254 30.8	30.4	193 43.4	13.3	19 38.5	9.6	54.6
06	269 31.0	N10 29.5	208 15.7	13.3	S19 48.1	9.5	54.5
07	284 31.2	28.6	222 48.0	13.2	19 57.6	9.4	54.5
08	299 31.3	27.8	237 20.2	13.2	20 07.0	9.3	54.5
S 09	314 31.5	. . 26.9	251 52.4	13.1	20 16.3	9.3	54.5
U 10	329 31.7	26.0	266 24.5	13.0	20 25.6	9.1	54.5
N 11	344 31.9	25.2	280 56.5	13.1	20 34.7	9.0	54.5
D 12	359 32.0	N10 24.3	295 28.6	12.9	S20 43.7	9.0	54.5
A 13	14 32.2	23.4	310 00.5	13.0	20 52.7	8.8	54.5
Y 14	29 32.4	22.6	324 32.5	12.9	21 01.5	8.8	54.4
15	44 32.6	. . 21.7	339 04.4	12.8	21 10.3	8.7	54.4
16	59 32.8	20.8	353 36.2	12.8	21 19.0	8.5	54.4
17	74 32.9	20.0	8 08.0	12.7	21 27.5	8.5	54.4
18	89 33.1	N10 19.1	22 39.7	12.7	S21 36.0	8.4	54.4
19	104 33.3	18.2	37 11.4	12.7	21 44.4	8.3	54.4
20	119 33.5	17.3	51 43.1	12.6	21 52.7	8.1	54.4
21	134 33.6	. . 16.5	66 14.7	12.6	22 00.8	8.1	54.4
22	149 33.8	15.6	80 46.3	12.5	22 08.9	8.0	54.4
23	164 34.0	14.7	95 17.8	12.4	22 16.9	7.9	54.4
27 00	179 34.2	N10 13.8	109 49.2	12.4	S22 24.8	7.7	54.4
01	194 34.3	13.0	124 20.6	12.4	22 32.5	7.7	54.3
02	209 34.5	12.1	138 52.0	12.3	22 40.2	7.6	54.3
03	224 34.7	. . 11.2	153 23.3	12.3	22 47.8	7.5	54.3
04	239 34.9	10.4	167 54.6	12.2	22 55.3	7.3	54.3
05	254 35.1	09.5	182 25.8	12.2	23 02.6	7.3	54.3
06	269 35.2	N10 08.6	196 57.0	12.1	S23 09.9	7.1	54.3
07	284 35.4	07.7	211 28.1	12.1	23 17.0	7.1	54.3
08	299 35.6	06.9	225 59.2	12.0	23 24.1	6.9	54.3
M 09	314 35.8	. . 06.0	240 30.2	12.0	23 31.0	6.9	54.3
O 10	329 36.0	05.1	255 01.2	12.0	23 37.9	6.7	54.3
N 11	344 36.1	04.2	269 32.2	11.8	23 44.6	6.6	54.3
D 12	359 36.3	N10 03.4	284 03.0	11.9	S23 51.2	6.5	54.3
A 13	14 36.5	02.5	298 33.9	11.8	23 57.7	6.4	54.3
Y 14	29 36.7	01.6	313 04.7	11.7	24 04.1	6.3	54.3
15	44 36.9	10 00.7	327 35.4	11.7	24 10.4	6.2	54.3
16	59 37.0	9 59.8	342 06.1	11.7	24 16.6	6.1	54.3
17	74 37.2	59.0	356 36.8	11.6	24 22.7	5.9	54.3
18	89 37.4	N 9 58.1	11 07.4	11.5	S24 28.6	5.9	54.3
19	104 37.6	57.2	25 37.9	11.6	24 34.5	5.7	54.3
20	119 37.8	56.3	40 08.5	11.4	24 40.2	5.6	54.3
21	134 37.9	. . 55.5	54 38.9	11.5	24 45.8	5.5	54.3
22	149 38.1	54.6	69 09.4	11.3	24 51.3	5.4	54.2
23	164 38.3	53.7	83 39.7	11.4	24 56.7	5.3	54.2
28 00	179 38.5	N 9 52.8	98 10.1	11.3	S25 02.0	5.2	54.2
01	194 38.7	51.9	112 40.4	11.2	25 07.2	5.0	54.2
02	209 38.8	51.1	127 10.6	11.2	25 12.2	4.9	54.2
03	224 39.0	. . 50.2	141 40.8	11.2	25 17.1	4.8	54.2
04	239 39.2	49.3	156 11.0	11.1	25 21.9	4.7	54.2
05	254 39.4	48.4	170 41.1	11.1	25 26.6	4.6	54.2
06	269 39.6	N 9 47.5	185 11.2	11.0	S25 31.2	4.5	54.2
07	284 39.8	46.7	199 41.2	11.0	25 35.7	4.3	54.2
T 08	299 39.9	45.8	214 11.2	10.9	25 40.0	4.2	54.3
U 09	314 40.1	. . 44.9	228 41.1	11.0	25 44.2	4.1	54.3
E 10	329 40.3	44.0	243 11.1	10.8	25 48.3	4.0	54.3
S 11	344 40.5	43.1	257 40.9	10.9	25 52.3	3.9	54.3
D 12	359 40.7	N 9 42.2	272 10.8	10.8	S25 56.2	3.7	54.3
A 13	14 40.9	41.4	286 40.6	10.7	25 59.9	3.6	54.3
Y 14	29 41.0	40.5	301 10.3	10.7	26 03.5	3.5	54.3
15	44 41.2	. . 39.6	315 40.0	10.7	26 07.0	3.4	54.3
16	59 41.4	38.7	330 09.7	10.7	26 10.4	3.2	54.3
17	74 41.6	37.8	344 39.4	10.6	26 13.6	3.1	54.3
18	89 41.8	N 9 36.9	359 09.0	10.5	S26 16.7	3.0	54.3
19	104 42.0	36.1	13 38.5	10.6	26 19.7	2.9	54.3
20	119 42.2	35.2	28 08.1	10.5	26 22.6	2.7	54.3
21	134 42.3	. . 34.3	42 37.6	10.5	26 25.3	2.7	54.3
22	149 42.5	33.4	57 07.1	10.4	26 28.0	2.5	54.3
23	164 42.7	32.5	71 36.5	10.4	26 30.5	2.3	54.3
	S.D. 15.9	*d* 0.9	S.D. 14.8		14.8		14.8

Lat. °	Twilight Naut. h m	Twilight Civil h m	Sunrise h m	Moonrise 26 h m	Moonrise 27 h m	Moonrise 28 h m	Moonrise 29 h m
N 72	////	01 46	03 34	■	■	■	■
N 70	////	02 27	03 52	■	■	■	■
68	////	02 55	04 06	15 25	■	■	■
66	01 32	03 15	04 17	14 25	■	■	■
64	02 09	03 31	04 27	13 51	15 43	■	■
62	02 34	03 44	04 35	13 26	15 02	16 34	17 45
60	02 53	03 55	04 42	13 07	14 34	15 54	16 58
N 58	03 08	04 05	04 48	12 51	14 12	15 27	16 28
56	03 21	04 13	04 54	12 37	13 54	15 05	16 05
54	03 32	04 20	04 59	12 26	13 39	14 47	15 46
52	03 42	04 27	05 03	12 15	13 26	14 33	15 30
50	03 50	04 33	05 07	12 06	13 15	14 19	15 16
45	04 07	04 45	05 16	11 47	12 52	13 53	14 49
N 40	04 21	04 54	05 23	11 32	12 33	13 32	14 27
35	04 31	05 03	05 29	11 18	12 17	13 14	14 08
30	04 40	05 09	05 34	11 07	12 04	12 59	13 53
20	04 54	05 21	05 43	10 48	11 41	12 34	13 26
N 10	05 05	05 30	05 51	10 31	11 21	12 12	13 03
0	05 13	05 37	05 58	10 15	11 02	11 51	12 42
S 10	05 20	05 44	06 05	10 00	10 44	11 31	12 21
20	05 25	05 51	06 13	09 43	10 24	11 09	11 58
30	05 29	05 57	06 21	09 24	10 02	10 44	11 32
35	05 31	06 01	06 26	09 13	09 49	10 29	11 16
40	05 33	06 04	06 32	09 01	09 34	10 12	10 58
45	05 34	06 08	06 38	08 46	09 16	09 52	10 36
S 50	05 35	06 13	06 45	08 28	08 54	09 26	10 09
52	05 35	06 15	06 49	08 20	08 43	09 14	09 56
54	05 36	06 17	06 53	08 10	08 31	09 00	09 40
56	05 36	06 19	06 57	08 00	08 18	08 43	09 22
58	05 36	06 21	07 01	07 48	08 02	08 24	09 00
S 60	05 36	06 24	07 07	07 34	07 43	07 59	08 31

Lat. °	Sunset h m	Twilight Civil h m	Twilight Naut. h m	Moonset 26 h m	Moonset 27 h m	Moonset 28 h m	Moonset 29 h m
N 72	20 25	22 08	////	■	■	■	■
N 70	20 08	21 30	////	■	■	■	■
68	19 54	21 04	23 38	17 15	■	■	■
66	19 43	20 45	22 24	18 16	■	■	■
64	19 34	20 29	21 50	18 50	18 37	■	■
62	19 26	20 16	21 26	19 16	19 19	19 29	20 04
60	19 19	20 06	21 07	19 36	19 47	20 09	20 51
N 58	19 13	19 56	20 52	19 52	20 09	20 37	21 21
56	19 08	19 48	20 40	20 06	20 27	20 59	21 44
54	19 03	19 41	20 29	20 18	20 43	21 16	22 03
52	18 59	19 35	20 20	20 29	20 56	21 32	22 19
50	18 55	19 29	20 11	20 39	21 07	21 45	22 33
45	18 47	19 17	19 55	20 59	21 32	22 12	23 01
N 40	18 40	19 08	19 42	21 15	21 51	22 33	23 23
35	18 34	19 00	19 31	21 29	22 07	22 51	23 41
30	18 29	18 53	19 22	21 42	22 21	23 06	23 56
20	18 20	18 42	19 09	22 02	22 45	23 32	24 23
N 10	18 12	18 33	18 58	22 21	23 06	23 55	24 46
0	18 05	18 26	18 50	22 38	23 26	24 16	00 16
S 10	17 58	18 19	18 44	22 55	23 45	24 37	00 37
20	17 50	18 13	18 39	23 13	24 06	00 06	00 59
30	17 42	18 06	18 34	23 34	24 31	00 31	01 25
35	17 37	18 03	18 32	23 47	24 45	00 45	01 41
40	17 32	17 59	18 31	24 01	00 01	01 01	01 59
45	17 26	17 56	18 30	24 18	00 18	01 21	02 20
S 50	17 18	17 51	18 29	24 40	00 40	01 46	02 47
52	17 15	17 49	18 29	24 50	00 50	01 59	03 01
54	17 11	17 47	18 28	25 01	01 01	02 12	03 16
56	17 07	17 45	18 28	25 14	01 14	02 29	03 34
58	17 03	17 43	18 28	00 08	01 30	02 48	03 57
S 60	16 58	17 40	18 29	00 21	01 48	03 12	04 25

Day	SUN Eqn. of Time 00^h m s	SUN Eqn. of Time 12^h m s	SUN Mer. Pass. h m	MOON Mer. Pass. Upper h m	MOON Mer. Pass. Lower h m	MOON Age d	MOON Phase
26	02 01	01 52	12 02	16 26	04 03	06	
27	01 44	01 35	12 02	17 14	04 50	07	◐
28	01 26	01 18	12 01	18 04	05 39	08	

UT (GMT) d h	ARIES G.H.A.	VENUS −3.9 G.H.A.	VENUS Dec.	MARS −0.4 G.H.A.	MARS Dec.	JUPITER −1.9 G.H.A.	JUPITER Dec.	SATURN +0.3 G.H.A.	SATURN Dec.	STARS Name	S.H.A.	Dec.
	° ′	° ′	° ′	° ′	° ′	° ′	° ′	° ′	° ′		° ′	° ′
29 00	336 56.5	195 44.1	N16 10.0	280 01.2	N18 09.1	212 22.5	N19 57.9	46 08.7	S22 03.4	Acamar	315 31.0	S40 20.1
01	351 59.0	210 43.5	09.1	295 02.3	09.4	227 24.5	57.8	61 11.2	03.4	Achernar	335 38.8	S57 16.6
02	7 01.5	225 42.9	08.2	310 03.5	09.7	242 26.4	57.7	76 13.8	03.4	Acrux	173 29.4	S63 03.0
03	22 03.9	240 42.3	· · 07.4	325 04.6	· · 10.0	257 28.3	· · 57.6	91 16.4	· · 03.5	Adhara	255 26.2	S28 57.2
04	37 06.4	255 41.7	06.5	340 05.8	10.3	272 30.3	57.5	106 18.9	03.5	Aldebaran	291 09.0	N16 29.6
05	52 08.9	270 41.1	05.6	355 06.9	10.6	287 32.2	57.3	121 21.5	03.5			
06	67 11.3	285 40.5	N16 04.7	10 08.1	N18 10.9	302 34.1	N19 57.2	136 24.1	S22 03.5	Alioth	166 35.8	N56 00.7
W 07	82 13.8	300 39.9	03.8	25 09.3	11.3	317 36.1	57.1	151 26.6	03.5	Alkaid	153 12.4	N49 21.7
E 08	97 16.3	315 39.3	02.9	40 10.4	11.6	332 38.0	57.0	166 29.2	03.5	Al Na'ir	28 04.5	S47 00.3
D 09	112 18.7	330 38.7	· · 02.1	55 11.6	· · 11.9	347 39.9	· · 56.9	181 31.8	· · 03.6	Alnilam	276 03.8	S 1 12.2
N 10	127 21.2	345 38.1	01.2	70 12.8	12.2	2 41.9	56.8	196 34.3	03.6	Alphard	218 13.2	S 8 37.0
E 11	142 23.6	0 37.5	16 00.3	85 13.9	12.5	17 43.8	56.7	211 36.9	03.6			
S 12	157 26.1	15 36.9	N15 59.4	100 15.1	N18 12.8	32 45.7	N19 56.6	226 39.5	S22 03.6	Alphecca	126 25.5	N26 44.9
D 13	172 28.6	30 36.3	58.5	115 16.2	13.1	47 47.7	56.5	241 42.0	03.6	Alpheratz	358 01.0	N29 02.5
A 14	187 31.0	45 35.7	57.6	130 17.4	13.4	62 49.6	56.4	256 44.6	03.6	Altair	62 24.6	N 8 50.7
Y 15	202 33.5	60 35.1	· · 56.7	145 18.6	· · 13.7	77 51.5	· · 56.2	271 47.2	· · 03.7	Ankaa	353 32.0	S42 21.1
16	217 36.0	75 34.5	55.9	160 19.7	14.0	92 53.5	56.1	286 49.7	03.7	Antares	112 47.2	S26 24.9
17	232 38.4	90 33.9	55.0	175 20.9	14.3	107 55.4	56.0	301 52.3	03.7			
18	247 40.9	105 33.3	N15 54.1	190 22.1	N18 14.6	122 57.4	N19 55.9	316 54.9	S22 03.7	Arcturus	146 11.4	N19 13.9
19	262 43.4	120 32.7	53.2	205 23.2	14.9	137 59.3	55.8	331 57.4	03.7	Atria	108 04.4	S69 01.1
20	277 45.8	135 32.1	52.3	220 24.4	15.3	153 01.2	55.7	347 00.0	03.7	Avior	234 25.7	S59 28.5
21	292 48.3	150 31.5	· · 51.4	235 25.6	· · 15.6	168 03.2	· · 55.6	2 02.6	· · 03.8	Bellatrix	278 50.4	N 6 20.7
22	307 50.8	165 30.9	50.5	250 26.8	15.9	183 05.1	55.5	17 05.1	03.8	Betelgeuse	271 19.9	N 7 24.5
23	322 53.2	180 30.3	49.6	265 27.9	16.2	198 07.0	55.4	32 07.7	03.8			
30 00	337 55.7	195 29.7	N15 48.7	280 29.1	N18 16.5	213 09.0	N19 55.3	47 10.3	S22 03.8	Canopus	264 04.0	S52 41.0
01	352 58.1	210 29.1	47.8	295 30.3	16.8	228 10.9	55.1	62 12.8	03.8	Capella	280 59.8	N45 59.3
02	8 00.6	225 28.5	46.9	310 31.4	17.1	243 12.9	55.0	77 15.4	03.9	Deneb	49 42.8	N45 15.0
03	23 03.1	240 27.9	· · 46.0	325 32.6	· · 17.4	258 14.8	· · 54.9	92 18.0	· · 03.9	Denebola	182 51.3	N14 37.5
04	38 05.5	255 27.3	45.1	340 33.8	17.7	273 16.7	54.8	107 20.5	03.9	Diphda	349 12.7	S18 02.0
05	53 08.0	270 26.7	44.2	355 34.9	18.0	288 18.7	54.7	122 23.1	03.9			
06	68 10.5	285 26.1	N15 43.3	10 36.1	N18 18.3	303 20.6	N19 54.6	137 25.6	S22 03.9	Dubhe	194 12.9	N61 48.1
07	83 12.9	300 25.6	42.4	25 37.3	18.6	318 22.5	54.5	152 28.2	03.9	Elnath	278 34.3	N28 36.1
T 08	98 15.4	315 25.0	41.5	40 38.5	18.9	333 24.5	54.4	167 30.8	04.0	Eltanin	90 53.9	N51 29.6
H 09	113 17.9	330 24.4	· · 40.6	55 39.6	· · 19.2	348 26.4	· · 54.3	182 33.3	· · 04.0	Enif	34 03.6	N 9 50.1
U 10	128 20.3	345 23.8	39.7	70 40.8	19.5	3 28.4	54.2	197 35.9	04.0	Fomalhaut	15 42.3	S29 40.1
R 11	143 22.8	0 23.2	38.8	85 42.0	19.8	18 30.3	54.0	212 38.5	04.0			
S 12	158 25.3	15 22.6	N15 37.9	100 43.2	N18 20.1	33 32.2	N19 53.9	227 41.0	S22 04.0	Gacrux	172 20.7	S57 03.8
D 13	173 27.7	30 22.0	37.0	115 44.3	20.4	48 34.2	53.8	242 43.6	04.0	Gienah	176 10.2	S17 29.4
A 14	188 30.2	45 21.4	36.1	130 45.5	20.7	63 36.1	53.7	257 46.1	04.1	Hadar	149 12.8	S60 20.0
Y 15	203 32.6	60 20.8	· · 35.2	145 46.7	· · 21.0	78 38.1	· · 53.6	272 48.7	· · 04.1	Hamal	328 19.9	N23 25.3
16	218 35.1	75 20.2	34.3	160 47.9	21.3	93 40.0	53.5	287 51.3	04.1	Kaus Aust.	84 06.2	S34 23.5
17	233 37.6	90 19.7	33.4	175 49.1	21.6	108 41.9	53.4	302 53.8	04.1			
18	248 40.0	105 19.1	N15 32.4	190 50.2	N18 21.9	123 43.9	N19 53.3	317 56.4	S22 04.1	Kochab	137 19.3	N74 11.8
19	263 42.5	120 18.5	31.5	205 51.4	22.2	138 45.8	53.2	332 59.0	04.1	Markab	13 55.1	N15 09.5
20	278 45.0	135 17.9	30.6	220 52.6	22.5	153 47.8	53.0	348 01.5	04.2	Menkar	314 32.8	N 4 03.4
21	293 47.4	150 17.3	· · 29.7	235 53.8	· · 22.8	168 49.7	· · 52.9	3 04.1	· · 04.2	Menkent	148 28.1	S36 19.7
22	308 49.9	165 16.7	28.8	250 55.0	23.1	183 51.6	52.8	18 06.6	04.2	Miaplacidus	221 44.5	S69 40.6
23	323 52.4	180 16.1	27.9	265 56.1	23.4	198 53.6	52.7	33 09.2	04.2			
31 00	338 54.8	195 15.5	N15 27.0	280 57.3	N18 23.7	213 55.5	N19 52.6	48 11.8	S22 04.2	Mirfak	309 04.8	N49 49.7
01	353 57.3	210 15.0	26.1	295 58.5	24.0	228 57.5	52.5	63 14.3	04.2	Nunki	76 19.2	S26 18.6
02	8 59.7	225 14.4	25.1	310 59.7	24.3	243 59.4	52.4	78 16.9	04.2	Peacock	53 45.4	S56 46.0
03	24 02.2	240 13.8	· · 24.2	326 00.9	· · 24.6	259 01.3	· · 52.3	93 19.4	· · 04.3	Pollux	243 48.8	N28 03.0
04	39 04.7	255 13.2	23.3	341 02.1	24.9	274 03.3	52.2	108 22.0	04.3	Procyon	245 17.8	N 5 15.1
05	54 07.1	270 12.6	22.4	356 03.2	25.2	289 05.2	52.1	123 24.6	04.3			
06	69 09.6	285 12.0	N15 21.5	11 04.4	N18 25.5	304 07.2	N19 51.9	138 27.1	S22 04.3	Rasalhague	96 22.2	N12 34.1
07	84 12.1	300 11.5	20.5	26 05.6	25.8	319 09.1	51.8	153 29.7	04.3	Regulus	208 01.9	N12 00.9
08	99 14.5	315 10.9	19.6	41 06.8	26.1	334 11.0	51.7	168 32.2	04.3	Rigel	281 28.5	S 8 12.4
F 09	114 17.0	330 10.3	· · 18.7	56 08.0	· · 26.4	349 13.0	· · 51.6	183 34.8	· · 04.4	Rigil Kent.	140 15.6	S60 48.1
R 10	129 19.5	345 09.7	17.8	71 09.2	26.7	4 14.9	51.5	198 37.4	04.4	Sabik	102 32.1	S15 42.9
I 11	144 21.9	0 09.1	16.9	86 10.4	27.0	19 16.9	51.4	213 39.9	04.4			
D 12	159 24.4	15 08.5	N15 15.9	101 11.6	N18 27.3	34 18.8	N19 51.3	228 42.5	S22 04.4	Schedar	349 59.8	N56 29.2
A 13	174 26.9	30 08.0	15.0	116 12.7	27.6	49 20.7	51.2	243 45.0	04.4	Shaula	96 45.0	S37 06.0
Y 14	189 29.3	45 07.4	14.1	131 13.9	27.9	64 22.7	51.1	258 47.6	04.4	Sirius	258 48.9	S16 41.9
15	204 31.8	60 06.8	· · 13.2	146 15.1	· · 28.2	79 24.6	· · 51.0	273 50.2	· · 04.5	Spica	158 49.5	S11 06.8
16	219 34.2	75 06.2	12.2	161 16.3	28.5	94 26.6	50.8	288 52.7	04.5	Suhail	223 05.5	S43 23.5
17	234 36.7	90 05.6	11.3	176 17.5	28.8	109 28.5	50.7	303 55.3	04.5			
18	249 39.2	105 05.1	N15 10.4	191 18.7	N18 29.1	124 30.5	N19 50.6	318 57.8	S22 04.5	Vega	80 50.3	N38 46.7
19	264 41.6	120 04.5	09.4	206 19.9	29.4	139 32.4	50.5	334 00.4	04.5	Zuben'ubi	137 24.5	S16 00.3
20	279 44.1	135 03.9	08.5	221 21.1	29.6	154 34.3	50.4	349 03.0	04.5			
21	294 46.6	150 03.3	· · 07.6	236 22.3	· · 29.9	169 36.3	· · 50.3	4 05.5	· · 04.6			
22	309 49.0	165 02.8	06.7	251 23.5	30.2	184 38.2	50.2	19 08.1	04.6			
23	324 51.5	180 02.2	05.7	266 24.7	30.5	199 40.2	50.1	34 10.6	04.6			
Mer. Pass.	h m 1 28.0	v −0.6	d 0.9	v 1.2	d 0.3	v 1.9	d 0.1	v 2.6	d 0.0			

	S.H.A.	Mer. Pass.
	° ′	h m
Venus	217 34.0	10 58
Mars	302 33.4	5 18
Jupiter	235 13.3	9 46
Saturn	69 14.6	20 48

UT (GMT) d h	SUN G.H.A.	SUN Dec.	MOON G.H.A.	*v*	MOON Dec.	*d*	H.P.
	° ′	° ′	° ′	′	° ′	′	′
29 (WEDNESDAY) 00	179 42.9	N 9 31.6	86 05.9	10.4	S26 32.8	2.3	54.3
01	194 43.1	30.7	100 35.3	10.4	26 35.1	2.1	54.3
02	209 43.3	29.9	115 04.7	10.3	26 37.2	2.0	54.3
03	224 43.5	. . 29.0	129 34.0	10.3	26 39.2	1.8	54.3
04	239 43.6	28.1	144 03.3	10.2	26 41.0	1.8	54.3
05	254 43.8	27.2	158 32.5	10.3	26 42.8	1.6	54.3
06	269 44.0	N 9 26.3	173 01.8	10.2	S26 44.4	1.4	54.4
07	284 44.2	25.4	187 31.0	10.2	26 45.8	1.4	54.4
08	299 44.4	24.5	202 00.2	10.1	26 47.2	1.2	54.4
09	314 44.6	. . 23.6	216 29.3	10.2	26 48.4	1.1	54.4
10	329 44.8	22.8	230 58.5	10.1	26 49.5	1.0	54.4
11	344 44.9	21.9	245 27.6	10.1	26 50.5	0.8	54.4
12	359 45.1	N 9 21.0	259 56.7	10.1	S26 51.3	0.7	54.4
13	14 45.3	20.1	274 25.8	10.0	26 52.0	0.6	54.4
14	29 45.5	19.2	288 54.8	10.1	26 52.6	0.4	54.4
15	44 45.7	. . 18.3	303 23.9	10.0	26 53.0	0.3	54.4
16	59 45.9	17.4	317 52.9	10.0	26 53.3	0.2	54.5
17	74 46.1	16.5	332 21.9	10.0	26 53.5	0.0	54.5
18	89 46.3	N 9 15.6	346 50.9	9.9	S26 53.5	0.1	54.5
19	104 46.5	14.7	1 19.8	10.0	26 53.4	0.2	54.5
20	119 46.6	13.9	15 48.8	9.9	26 53.2	0.3	54.5
21	134 46.8	. . 13.0	30 17.7	10.0	26 52.9	0.5	54.5
22	149 47.0	12.1	44 46.7	9.9	26 52.4	0.6	54.5
23	164 47.2	11.2	59 15.6	9.9	26 51.8	0.8	54.5
30 (THURSDAY) 00	179 47.4	N 9 10.3	73 44.5	9.9	S26 51.0	0.9	54.5
01	194 47.6	09.4	88 13.4	9.9	26 50.1	1.0	54.6
02	209 47.8	08.5	102 42.3	9.8	26 49.1	1.1	54.6
03	224 48.0	. . 07.6	117 11.1	9.9	26 48.0	1.3	54.6
04	239 48.2	06.7	131 40.0	9.9	26 46.7	1.4	54.6
05	254 48.4	05.8	146 08.9	9.8	26 45.3	1.6	54.6
06	269 48.5	N 9 04.9	160 37.7	9.9	S26 43.7	1.6	54.6
07	284 48.7	04.0	175 06.6	9.9	26 42.1	1.8	54.6
08	299 48.9	03.1	189 35.5	9.8	26 40.3	2.0	54.7
09	314 49.1	. . 02.2	204 04.3	9.8	26 38.3	2.1	54.7
10	329 49.3	01.4	218 33.1	9.9	26 36.2	2.2	54.7
11	344 49.5	9 00.5	233 02.0	9.8	26 34.0	2.3	54.7
12	359 49.7	N 8 59.6	247 30.8	9.9	S26 31.7	2.5	54.7
13	14 49.9	58.7	261 59.7	9.8	26 29.2	2.6	54.7
14	29 50.1	57.8	276 28.5	9.9	26 26.6	2.7	54.8
15	44 50.3	. . 56.9	290 57.4	9.9	26 23.9	2.9	54.8
16	59 50.5	56.0	305 26.3	9.8	26 21.0	3.0	54.8
17	74 50.6	55.1	319 55.1	9.9	26 18.0	3.1	54.8
18	89 50.8	N 8 54.2	334 24.0	9.9	S26 14.9	3.3	54.8
19	104 51.0	53.3	348 52.9	9.8	26 11.6	3.4	54.8
20	119 51.2	52.4	3 21.7	9.9	26 08.2	3.6	54.9
21	134 51.4	. . 51.5	17 50.6	9.9	26 04.6	3.6	54.9
22	149 51.6	50.6	32 19.5	9.9	26 01.0	3.8	54.9
23	164 51.8	49.7	46 48.4	10.0	25 57.2	3.9	54.9
31 (FRIDAY) 00	179 52.0	N 8 48.8	61 17.4	9.9	S25 53.3	4.1	54.9
01	194 52.2	47.9	75 46.3	9.9	25 49.2	4.2	55.0
02	209 52.4	47.0	90 15.2	10.0	25 45.0	4.3	55.0
03	224 52.6	. . 46.1	104 44.2	10.0	25 40.7	4.5	55.0
04	239 52.8	45.2	119 13.2	9.9	25 36.2	4.6	55.0
05	254 53.0	44.3	133 42.1	10.1	25 31.6	4.7	55.0
06	269 53.2	N 8 43.4	148 11.2	10.0	S25 26.9	4.8	55.1
07	284 53.3	42.5	162 40.2	10.0	25 22.1	5.0	55.1
08	299 53.5	41.6	177 09.2	10.1	25 17.1	5.1	55.1
09	314 53.7	. . 40.7	191 38.3	10.0	25 12.0	5.2	55.1
10	329 53.9	39.8	206 07.3	10.1	25 06.8	5.4	55.1
11	344 54.1	38.9	220 36.4	10.1	25 01.4	5.5	55.2
12	359 54.3	N 8 38.0	235 05.5	10.2	S24 55.9	5.6	55.2
13	14 54.5	37.1	249 34.7	10.1	24 50.3	5.8	55.2
14	29 54.7	36.2	264 03.8	10.2	24 44.5	5.8	55.2
15	44 54.9	. . 35.3	278 33.0	10.2	24 38.7	6.0	55.3
16	59 55.1	34.4	293 02.2	10.2	24 32.7	6.2	55.3
17	74 55.3	33.5	307 31.4	10.3	24 26.5	6.2	55.3
18	89 55.5	N 8 32.6	322 00.7	10.2	S24 20.3	6.4	55.3
19	104 55.7	31.7	336 29.9	10.3	24 13.9	6.5	55.4
20	119 55.9	30.8	350 59.2	10.4	24 07.4	6.7	55.4
21	134 56.1	. . 29.9	5 28.6	10.3	24 00.7	6.7	55.4
22	149 56.3	29.0	19 57.9	10.4	23 54.0	6.9	55.4
23	164 56.5	28.1	34 27.3	10.4	23 47.1	7.0	55.4
	S.D. 15.9	*d* 0.9	S.D. 14.8		14.9		15.0

Lat.	Twilight Naut.	Twilight Civil	Sunrise	Moonrise 29	Moonrise 30	Moonrise 31	Moonrise 1
°	h m	h m	h m	h m	h m	h m	h m
N 72	////	02 13	03 50	■	■	■	■
N 70	////	02 46	04 05	■	■	■	■
68	01 05	03 09	04 17	■	■	■	20 12
66	01 55	03 27	04 27	■	■	■	19 24
64	02 24	03 42	04 36	■	■	19 06	18 53
62	02 46	03 54	04 43	17 45	18 17	18 27	18 30
60	03 03	04 04	04 49	16 58	17 38	18 00	18 11
N 58	03 17	04 12	04 55	16 28	17 11	17 38	17 55
56	03 29	04 20	05 00	16 05	16 50	17 21	17 42
54	03 39	04 26	05 04	15 46	16 32	17 06	17 30
52	03 48	04 32	05 08	15 30	16 17	16 53	17 20
50	03 56	04 37	05 11	15 16	16 04	16 42	17 11
45	04 12	04 49	05 19	14 49	15 37	16 18	16 51
N 40	04 24	04 58	05 25	14 27	15 16	15 59	16 35
35	04 34	05 05	05 31	14 08	14 58	15 43	16 22
30	04 42	05 11	05 36	13 53	14 43	15 29	16 10
20	04 55	05 21	05 44	13 26	14 17	15 05	15 50
N 10	05 05	05 30	05 51	13 03	13 54	14 44	15 32
0	05 12	05 36	05 57	12 42	13 34	14 25	15 16
S 10	05 18	05 43	06 04	12 21	13 13	14 06	14 59
20	05 23	05 48	06 11	11 58	12 50	13 45	14 41
30	05 26	05 54	06 18	11 32	12 24	13 21	14 21
35	05 27	05 57	06 22	11 16	12 09	13 07	14 08
40	05 28	06 00	06 27	10 58	11 51	12 51	13 54
45	05 29	06 03	06 33	10 36	11 30	12 31	13 38
S 50	05 29	06 07	06 39	10 09	11 02	12 06	13 17
52	05 29	06 08	06 42	09 56	10 49	11 54	13 08
54	05 29	06 10	06 46	09 40	10 34	11 41	12 56
56	05 29	06 12	06 49	09 22	10 16	11 25	12 44
58	05 28	06 14	06 53	09 00	09 54	11 06	12 29
S 60	05 28	06 16	06 58	08 31	09 25	10 42	12 12

Lat.	Sunset	Twilight Civil	Twilight Naut.	Moonset 29	Moonset 30	Moonset 31	Moonset 1
°	h m	h m	h m	h m	h m	h m	h m
N 72	20 08	21 41	////	■	■	■	■
N 70	19 53	21 11	////	■	■	■	■
68	19 41	20 48	22 45	■	■	■	22 58
66	19 32	20 31	22 01	■	■	■	23 45
64	19 24	20 17	21 33	■	■	22 18	24 15
62	19 17	20 06	21 12	20 04	21 19	22 56	24 38
60	19 10	19 56	20 55	20 51	21 58	23 23	24 56
N 58	19 05	19 47	20 42	21 21	22 25	23 44	25 11
56	19 00	19 40	20 30	21 44	22 46	24 01	00 01
54	18 56	19 34	20 20	22 03	23 04	24 16	00 16
52	18 52	19 28	20 12	22 19	23 19	24 28	00 28
50	18 49	19 23	20 04	22 33	23 31	24 39	00 39
45	18 41	19 12	19 49	23 01	23 58	25 02	01 02
N 40	18 35	19 03	19 36	23 23	24 19	00 19	01 21
35	18 30	18 56	19 27	23 41	24 36	00 36	01 36
30	18 25	18 50	19 18	23 56	24 51	00 51	01 49
20	18 17	18 40	19 06	24 23	00 23	01 16	02 12
N 10	18 10	18 32	18 56	24 46	00 46	01 38	02 31
0	18 04	18 25	18 49	00 16	01 07	01 58	02 50
S 10	17 58	18 19	18 44	00 37	01 28	02 19	03 08
20	17 51	18 13	18 39	00 59	01 51	02 40	03 27
30	17 44	18 08	18 36	01 25	02 17	03 05	03 49
35	17 40	18 05	18 34	01 41	02 33	03 20	04 02
40	17 35	18 02	18 34	01 59	02 51	03 37	04 16
45	17 29	17 59	18 33	02 20	03 12	03 57	04 34
S 50	17 23	17 56	18 33	02 47	03 40	04 22	04 55
52	17 20	17 54	18 33	03 01	03 53	04 34	05 06
54	17 17	17 52	18 33	03 16	04 09	04 48	05 17
56	17 13	17 51	18 34	03 34	04 27	05 04	05 30
58	17 09	17 49	18 34	03 57	04 49	05 24	05 45
S 60	17 05	17 47	18 35	04 25	05 17	05 48	06 03

Day	SUN Eqn. of Time 00h	SUN Eqn. of Time 12h	SUN Mer. Pass.	MOON Mer. Pass. Upper	MOON Mer. Pass. Lower	Age	Phase
	m s	m s	h m	h m	h m	d	
29	01 09	01 00	12 01	18 54	06 29	09	
30	00 51	00 42	12 01	19 46	07 20	10	
31	00 32	00 23	12 00	20 37	08 12	11	

UT (GMT) d h	ARIES G.H.A. ° ′	VENUS −3.9 G.H.A. ° ′	Dec. ° ′	MARS −0.4 G.H.A. ° ′	Dec. ° ′	JUPITER −1.9 G.H.A. ° ′	Dec. ° ′	SATURN +0.3 G.H.A. ° ′	Dec. ° ′	STARS Name	S.H.A. ° ′	Dec. ° ′
1 00	339 54.0	195 01.6	N15 04.8	281 25.9	N18 30.8	214 42.1	N19 50.0	49 13.2	S22 04.6	Acamar	315 31.0	S40 20.1
01	354 56.4	210 01.0	03.9	296 27.1	31.1	229 44.1	49.9	64 15.7	04.6	Achernar	335 38.8	S57 16.6
02	9 58.9	225 00.5	02.9	311 28.2	31.4	244 46.0	49.7	79 18.3	04.6	Acrux	173 29.4	S63 03.0
03	25 01.4	239 59.9	· · 02.0	326 29.4	· · 31.7	259 47.9	· · 49.6	94 20.9	· · 04.7	Adhara	255 26.2	S28 57.2
04	40 03.8	254 59.3	01.1	341 30.6	32.0	274 49.9	49.5	109 23.4	04.7	Aldebaran	291 09.0	N16 29.6
05	55 06.3	269 58.7	15 00.1	356 31.8	32.3	289 51.8	49.4	124 26.0	04.7			
06	70 08.7	284 58.2	N14 59.2	11 33.0	N18 32.6	304 53.8	N19 49.3	139 28.5	S22 04.7	Alioth	166 35.8	N56 00.7
07	85 11.2	299 57.6	58.2	26 34.2	32.9	319 55.7	49.2	154 31.1	04.7	Alkaid	153 12.4	N49 21.7
S 08	100 13.7	314 57.0	57.3	41 35.4	33.2	334 57.7	49.1	169 33.6	04.7	Al Na'ir	28 04.4	S47 00.3
A 09	115 16.1	329 56.4	· · 56.4	56 36.6	· · 33.5	349 59.6	· · 49.0	184 36.2	· · 04.7	Alnilam	276 03.8	S 1 12.2
T 10	130 18.6	344 55.9	55.4	71 37.8	33.7	5 01.5	48.9	199 38.7	04.8	Alphard	218 13.2	S 8 37.0
U 11	145 21.1	359 55.3	54.5	86 39.0	34.0	20 03.5	48.7	214 41.3	04.8			
R 12	160 23.5	14 54.7	N14 53.5	101 40.2	N18 34.3	35 05.4	N19 48.6	229 43.9	S22 04.8	Alphecca	126 25.5	N26 44.9
D 13	175 26.0	29 54.2	52.6	116 41.4	34.6	50 07.4	48.5	244 46.4	04.8	Alpheratz	358 00.9	N29 02.5
A 14	190 28.5	44 53.6	51.7	131 42.6	34.9	65 09.3	48.4	259 49.0	04.8	Altair	62 24.6	N 8 50.7
Y 15	205 30.9	59 53.0	· · 50.7	146 43.8	· · 35.2	80 11.3	· · 48.3	274 51.5	· · 04.8	Ankaa	353 31.9	S42 21.1
16	220 33.4	74 52.4	49.8	161 45.1	35.5	95 13.2	48.2	289 54.1	04.9	Antares	112 47.2	S26 24.9
17	235 35.8	89 51.9	48.8	176 46.3	35.8	110 15.2	48.1	304 56.6	04.9			
18	250 38.3	104 51.3	N14 47.9	191 47.5	N18 36.1	125 17.1	N19 48.0	319 59.2	S22 04.9	Arcturus	146 11.4	N19 13.9
19	265 40.8	119 50.7	46.9	206 48.7	36.3	140 19.0	47.9	335 01.7	04.9	Atria	108 04.5	S69 01.1
20	280 43.2	134 50.2	46.0	221 49.9	36.6	155 21.0	47.8	350 04.3	04.9	Avior	234 25.7	S59 28.5
21	295 45.7	149 49.6	· · 45.0	236 51.1	· · 36.9	170 22.9	· · 47.6	5 06.8	· · 04.9	Bellatrix	278 50.4	N 6 20.7
22	310 48.2	164 49.0	44.1	251 52.3	37.2	185 24.9	47.5	20 09.4	04.9	Betelgeuse	271 19.9	N 7 24.5
23	325 50.6	179 48.5	43.1	266 53.5	37.5	200 26.8	47.4	35 12.0	05.0			
2 00	340 53.1	194 47.9	N14 42.2	281 54.7	N18 37.8	215 28.8	N19 47.3	50 14.5	S22 05.0	Canopus	264 04.0	S52 41.0
01	355 55.6	209 47.3	41.2	296 55.9	38.1	230 30.7	47.2	65 17.1	05.0	Capella	280 59.8	N45 59.3
02	10 58.0	224 46.8	40.3	311 57.1	38.4	245 32.7	47.1	80 19.6	05.0	Deneb	49 42.8	N45 15.0
03	26 00.5	239 46.2	· · 39.3	326 58.3	· · 38.6	260 34.6	· · 47.0	95 22.2	· · 05.0	Denebola	182 51.3	N14 37.5
04	41 03.0	254 45.6	38.4	341 59.5	38.9	275 36.6	46.9	110 24.7	05.0	Diphda	349 12.6	S18 02.0
05	56 05.4	269 45.1	37.4	357 00.8	39.2	290 38.5	46.8	125 27.3	05.1			
06	71 07.9	284 44.5	N14 36.5	12 02.0	N18 39.5	305 40.5	N19 46.7	140 29.8	S22 05.1	Dubhe	194 12.8	N61 48.1
07	86 10.3	299 43.9	35.5	27 03.2	39.8	320 42.4	46.5	155 32.4	05.1	Elnath	278 34.3	N28 36.1
08	101 12.8	314 43.4	34.6	42 04.4	40.1	335 44.3	46.4	170 34.9	05.1	Eltanin	90 53.9	N51 29.6
S 09	116 15.3	329 42.8	· · 33.6	57 05.6	· · 40.4	350 46.3	· · 46.3	185 37.5	· · 05.1	Enif	34 03.6	N 9 50.1
U 10	131 17.7	344 42.3	32.7	72 06.8	40.7	5 48.2	46.2	200 40.0	05.1	Fomalhaut	15 42.3	S29 40.1
N 11	146 20.2	359 41.7	31.7	87 08.0	40.9	20 50.2	46.1	215 42.6	05.1			
D 12	161 22.7	14 41.1	N14 30.7	102 09.2	N18 41.2	35 52.1	N19 46.0	230 45.1	S22 05.2	Gacrux	172 20.7	S57 03.8
A 13	176 25.1	29 40.6	29.8	117 10.5	41.5	50 54.1	45.9	245 47.7	05.2	Gienah	176 10.2	S17 29.4
Y 14	191 27.6	44 40.0	28.8	132 11.7	41.8	65 56.0	45.8	260 50.2	05.2	Hadar	149 12.8	S60 20.0
15	206 30.1	59 39.5	· · 27.9	147 12.9	· · 42.1	80 58.0	· · 45.7	275 52.8	· · 05.2	Hamal	328 19.9	N23 25.3
16	221 32.5	74 38.9	26.9	162 14.1	42.4	95 59.9	45.6	290 55.3	05.2	Kaus Aust.	84 06.2	S34 23.5
17	236 35.0	89 38.3	25.9	177 15.3	42.6	111 01.9	45.4	305 57.9	05.2			
18	251 37.5	104 37.8	N14 25.0	192 16.5	N18 42.9	126 03.8	N19 45.3	321 00.4	S22 05.2	Kochab	137 19.4	N74 11.8
19	266 39.9	119 37.2	24.0	207 17.8	43.2	141 05.8	45.2	336 03.0	05.3	Markab	13 55.0	N15 09.5
20	281 42.4	134 36.7	23.1	222 19.0	43.5	156 07.7	45.1	351 05.5	05.3	Menkar	314 32.8	N 4 03.5
21	296 44.8	149 36.1	· · 22.1	237 20.2	· · 43.8	171 09.7	· · 45.0	6 08.1	· · 05.3	Menkent	148 28.1	S36 19.6
22	311 47.3	164 35.5	21.1	252 21.4	44.1	186 11.6	44.9	21 10.6	05.3	Miaplacidus	221 44.4	S69 40.6
23	326 49.8	179 35.0	20.2	267 22.6	44.3	201 13.6	44.8	36 13.2	05.3			
3 00	341 52.2	194 34.4	N14 19.2	282 23.9	N18 44.6	216 15.5	N19 44.7	51 15.7	S22 05.3	Mirfak	309 04.8	N49 49.7
01	356 54.7	209 33.9	18.2	297 25.1	44.9	231 17.5	44.6	66 18.3	05.4	Nunki	76 19.2	S26 18.6
02	11 57.2	224 33.3	17.3	312 26.3	45.2	246 19.4	44.4	81 20.8	05.4	Peacock	53 45.4	S56 46.0
03	26 59.6	239 32.8	· · 16.3	327 27.5	· · 45.5	261 21.4	· · 44.3	96 23.4	· · 05.4	Pollux	243 48.8	N28 03.0
04	42 02.1	254 32.2	15.3	342 28.8	45.7	276 23.3	44.2	111 25.9	05.4	Procyon	245 17.8	N 5 15.1
05	57 04.6	269 31.6	14.3	357 30.0	46.0	291 25.3	44.1	126 28.5	05.4			
06	72 07.0	284 31.1	N14 13.4	12 31.2	N18 46.3	306 27.2	N19 44.0	141 31.0	S22 05.4	Rasalhague	96 22.2	N12 34.1
07	87 09.5	299 30.5	12.4	27 32.4	46.6	321 29.2	43.9	156 33.6	05.4	Regulus	208 01.9	N12 00.9
08	102 11.9	314 30.0	11.4	42 33.7	46.9	336 31.1	43.8	171 36.1	05.5	Rigel	281 28.5	S 8 12.4
M 09	117 14.4	329 29.4	· · 10.5	57 34.9	· · 47.1	351 33.1	· · 43.7	186 38.7	· · 05.5	Rigil Kent.	140 15.6	S60 48.1
O 10	132 16.9	344 28.9	09.5	72 36.1	47.4	6 35.0	43.6	201 41.2	05.5	Sabik	102 32.1	S15 42.9
N 11	147 19.3	359 28.3	08.5	87 37.3	47.7	21 37.0	43.5	216 43.8	05.5			
D 12	162 21.8	14 27.8	N14 07.5	102 38.6	N18 48.0	36 38.9	N19 43.3	231 46.3	S22 05.5	Schedar	349 59.8	N56 29.2
A 13	177 24.3	29 27.2	06.6	117 39.8	48.3	51 40.9	43.2	246 48.9	05.5	Shaula	96 45.0	S37 06.0
Y 14	192 26.7	44 26.7	05.6	132 41.0	48.5	66 42.8	43.1	261 51.4	05.5	Sirius	258 48.9	S16 41.9
15	207 29.2	59 26.1	· · 04.6	147 42.3	· · 48.8	81 44.8	· · 43.0	276 54.0	· · 05.6	Spica	158 49.5	S11 06.8
16	222 31.7	74 25.6	03.6	162 43.5	49.1	96 46.7	42.9	291 56.5	05.6	Suhail	223 05.5	S43 23.5
17	237 34.1	89 25.0	02.6	177 44.7	49.4	111 48.7	42.8	306 59.0	05.6			
18	252 36.6	104 24.5	N14 01.7	192 46.0	N18 49.7	126 50.6	N19 42.7	322 01.6	S22 05.6	Vega	80 50.3	N38 46.7
19	267 39.1	119 23.9	14 00.7	207 47.2	49.9	141 52.6	42.6	337 04.1	05.6	Zuben'ubi	137 24.5	S16 00.3
20	282 41.5	134 23.4	13 59.7	222 48.4	50.2	156 54.5	42.5	352 06.7	05.6			
21	297 44.0	149 22.8	· · 58.7	237 49.7	· · 50.5	171 56.5	· · 42.4	7 09.2	· · 05.6			
22	312 46.4	164 22.3	57.7	252 50.9	50.8	186 58.4	42.2	22 11.8	05.7			
23	327 48.9	179 21.7	56.8	267 52.1	51.0	202 00.4	42.1	37 14.3	05.7			
Mer. Pass.	h m 1 16.3	v −0.6	d 1.0	v 1.2	d 0.3	v 1.9	d 0.1	v 2.6	d 0.0			

	S.H.A. ° ′	Mer. Pass. h m
Venus	213 54.8	11 01
Mars	301 01.6	5 12
Jupiter	234 35.7	9 37
Saturn	69 21.4	20 36

UT (GMT) d	h	SUN G.H.A. ° ′	SUN Dec. ° ′	MOON G.H.A. ° ′	v ′	MOON Dec. ° ′	d ′	H.P. ′
1	00	179 56.7	N 8 27.2	48 56.7	10.4	S23 40.1	7.1	55.5
	01	194 56.9	26.3	63 26.1	10.5	23 33.0	7.3	55.5
	02	209 57.1	25.4	77 55.6	10.5	23 25.7	7.4	55.5
	03	224 57.3	24.5	92 25.1	10.5	23 18.3	7.5	55.5
	04	239 57.5	23.6	106 54.6	10.5	23 10.8	7.6	55.6
	05	254 57.7	22.7	121 24.1	10.6	23 03.2	7.7	55.6
	06	269 57.9	N 8 21.8	135 53.7	10.6	S22 55.5	7.9	55.6
	07	284 58.0	20.8	150 23.3	10.7	22 47.6	8.0	55.6
S	08	299 58.2	19.9	164 53.0	10.6	22 39.6	8.1	55.7
A	09	314 58.4	19.0	179 22.6	10.7	22 31.5	8.2	55.7
T	10	329 58.6	18.1	193 52.3	10.8	22 23.3	8.3	55.7
U	11	344 58.8	17.2	208 22.1	10.7	22 15.0	8.5	55.7
R	12	359 59.0	N 8 16.3	222 51.8	10.8	S22 06.5	8.5	55.8
D	13	14 59.2	15.4	237 21.6	10.8	21 58.0	8.7	55.8
A	14	29 59.4	14.5	251 51.4	10.9	21 49.3	8.8	55.8
Y	15	44 59.6	13.6	266 21.3	10.9	21 40.5	9.0	55.9
	16	59 59.8	12.7	280 51.2	10.9	21 31.5	9.0	55.9
	17	75 00.0	11.8	295 21.1	11.0	21 22.5	9.1	55.9
	18	90 00.2	N 8 10.9	309 51.1	11.0	S21 13.4	9.3	55.9
	19	105 00.4	10.0	324 21.1	11.0	21 04.1	9.4	56.0
	20	120 00.6	09.1	338 51.1	11.1	20 54.7	9.4	56.0
	21	135 00.8	08.2	353 21.2	11.1	20 45.3	9.6	56.0
	22	150 01.0	07.2	7 51.3	11.1	20 35.7	9.7	56.0
	23	165 01.2	06.3	22 21.4	11.2	20 26.0	9.9	56.1
2	00	180 01.4	N 8 05.4	36 51.6	11.2	S20 16.1	9.9	56.1
	01	195 01.6	04.5	51 21.8	11.2	20 06.2	10.0	56.1
	02	210 01.8	03.6	65 52.0	11.3	19 56.2	10.1	56.2
	03	225 02.0	02.7	80 22.3	11.3	19 46.1	10.3	56.2
	04	240 02.2	01.8	94 52.6	11.3	19 35.8	10.3	56.2
	05	255 02.4	00.9	109 22.9	11.4	19 25.5	10.5	56.2
	06	270 02.6	N 8 00.0	123 53.3	11.4	S19 15.0	10.6	56.3
	07	285 02.8	7 59.1	138 23.7	11.4	19 04.4	10.6	56.3
	08	300 03.0	58.1	152 54.1	11.5	18 53.8	10.8	56.3
S	09	315 03.2	57.2	167 24.6	11.5	18 43.0	10.9	56.4
U	10	330 03.4	56.3	181 55.1	11.5	18 32.1	10.9	56.4
N	11	345 03.6	55.4	196 25.6	11.6	18 21.2	11.1	56.4
D	12	0 03.8	N 7 54.5	210 56.2	11.6	S18 10.1	11.2	56.4
A	13	15 04.0	53.6	225 26.8	11.6	17 58.9	11.2	56.5
Y	14	30 04.2	52.7	239 57.4	11.7	17 47.7	11.4	56.5
	15	45 04.4	51.8	254 28.1	11.7	17 36.3	11.5	56.5
	16	60 04.6	50.8	268 58.8	11.7	17 24.8	11.5	56.6
	17	75 04.8	49.9	283 29.5	11.8	17 13.3	11.7	56.6
	18	90 05.0	N 7 49.0	298 00.3	11.8	S17 01.6	11.7	56.6
	19	105 05.2	48.1	312 31.1	11.8	16 49.9	11.9	56.6
	20	120 05.4	47.2	327 01.9	11.9	16 38.0	11.9	56.7
	21	135 05.6	46.3	341 32.8	11.8	16 26.1	12.0	56.7
	22	150 05.9	45.4	356 03.6	12.0	16 14.1	12.1	56.7
	23	165 06.1	44.5	10 34.6	11.9	16 02.0	12.2	56.8
3	00	180 06.3	N 7 43.5	25 05.5	12.0	S15 49.8	12.3	56.8
	01	195 06.5	42.6	39 36.5	12.0	15 37.5	12.4	56.8
	02	210 06.7	41.7	54 07.5	12.0	15 25.1	12.5	56.8
	03	225 06.9	40.8	68 38.5	12.1	15 12.6	12.5	56.9
	04	240 07.1	39.9	83 09.6	12.1	15 00.1	12.7	56.9
	05	255 07.3	39.0	97 40.7	12.1	14 47.4	12.7	56.9
	06	270 07.5	N 7 38.0	112 11.8	12.1	S14 34.7	12.8	57.0
	07	285 07.7	37.1	126 42.9	12.2	14 21.9	12.9	57.0
	08	300 07.9	36.2	141 14.1	12.2	14 09.0	13.0	57.0
M	09	315 08.1	35.3	155 45.3	12.2	13 56.0	13.0	57.0
O	10	330 08.3	34.4	170 16.5	12.3	13 43.0	13.1	57.1
N	11	345 08.5	33.5	184 47.8	12.3	13 29.9	13.3	57.1
D	12	0 08.7	N 7 32.5	199 19.1	12.3	S13 16.6	13.2	57.1
A	13	15 08.9	31.6	213 50.4	12.3	13 03.4	13.4	57.2
Y	14	30 09.1	30.7	228 21.7	12.3	12 50.0	13.4	57.2
	15	45 09.3	29.8	242 53.0	12.4	12 36.6	13.5	57.2
	16	60 09.5	28.9	257 24.4	12.4	12 23.1	13.6	57.2
	17	75 09.7	28.0	271 55.8	12.4	12 09.5	13.7	57.3
	18	90 09.9	N 7 27.0	286 27.2	12.4	S11 55.8	13.7	57.3
	19	105 10.1	26.1	300 58.6	12.4	11 42.1	13.8	57.3
	20	120 10.3	25.2	315 30.0	12.5	11 28.3	13.9	57.4
	21	135 10.5	24.3	330 01.5	12.5	11 14.4	13.9	57.4
	22	150 10.7	23.4	344 33.0	12.5	11 00.5	14.0	57.4
	23	165 11.0	22.4	359 04.5	12.5	10 46.5	14.0	57.4
		S.D. 15.9	d 0.9	S.D. 15.2		15.4		15.6

Lat. °	Twilight Naut. h m	Twilight Civil h m	Sunrise h m	Moonrise 1 h m	Moonrise 2 h m	Moonrise 3 h m	Moonrise 4 h m
N 72	////	02 36	04 05	■	20 40	19 36	18 58
N 70	////	03 03	04 18	■	19 55	19 16	18 49
68	01 37	03 23	04 29	20 12	19 25	19 01	18 43
66	02 14	03 39	04 37	19 24	19 03	18 49	18 37
64	02 39	03 52	04 45	18 53	18 45	18 38	18 32
62	02 58	04 02	04 51	18 30	18 30	18 29	18 28
60	03 13	04 11	04 56	18 11	18 17	18 21	18 24
N 58	03 26	04 19	05 01	17 55	18 06	18 14	18 21
56	03 37	04 26	05 05	17 42	17 57	18 08	18 18
54	03 46	04 32	05 09	17 30	17 49	18 03	18 15
52	03 54	04 37	05 13	17 20	17 41	17 58	18 12
50	04 01	04 42	05 16	17 11	17 34	17 53	18 10
45	04 16	04 52	05 23	16 51	17 19	17 43	18 05
N 40	04 27	05 01	05 28	16 35	17 07	17 35	18 01
35	04 37	05 07	05 33	16 22	16 57	17 28	17 58
30	04 44	05 13	05 37	16 10	16 48	17 22	17 54
20	04 56	05 22	05 45	15 50	16 32	17 11	17 49
N 10	05 05	05 30	05 51	15 32	16 18	17 02	17 44
0	05 11	05 36	05 56	15 16	16 05	16 53	17 40
S 10	05 16	05 41	06 02	14 59	15 52	16 44	17 35
20	05 20	05 46	06 08	14 41	15 38	16 34	17 30
30	05 23	05 50	06 15	14 21	15 21	16 23	17 25
35	05 24	05 53	06 18	14 08	15 12	16 16	17 21
40	05 24	05 55	06 22	13 54	15 01	16 09	17 18
45	05 24	05 58	06 27	13 38	14 48	16 00	17 13
S 50	05 23	06 01	06 33	13 17	14 33	15 50	17 08
52	05 23	06 02	06 36	13 08	14 25	15 45	17 06
54	05 22	06 03	06 39	12 56	14 17	15 40	17 03
56	05 21	06 04	06 42	12 44	14 08	15 34	17 00
58	05 20	06 06	06 45	12 29	13 57	15 27	16 57
S 60	05 19	06 07	06 49	12 12	13 45	15 20	16 54

Lat. °	Sunset h m	Twilight Civil h m	Twilight Naut. h m	Moonset 1 h m	Moonset 2 h m	Moonset 3 h m	Moonset 4 h m
N 72	19 51	21 18	////	■	■	00 15	03 00
N 70	19 39	20 52	23 22	■	■	00 58	03 17
68	19 28	20 33	22 15	22 58	25 27	01 27	03 30
66	19 20	20 18	21 41	23 45	25 48	01 48	03 41
64	19 13	20 05	21 17	24 15	00 15	02 05	03 50
62	19 07	19 55	20 59	24 38	00 38	02 18	03 58
60	19 02	19 46	20 44	24 56	00 56	02 30	04 04
N 58	18 57	19 39	20 31	25 11	01 11	02 40	04 10
56	18 53	19 32	20 21	00 01	01 23	02 49	04 15
54	18 49	19 26	20 12	00 16	01 34	02 56	04 20
52	18 46	19 21	20 04	00 28	01 44	03 03	04 24
50	18 43	19 16	19 57	00 39	01 53	03 09	04 27
45	18 36	19 06	19 42	01 02	02 11	03 23	04 35
N 40	18 31	18 58	19 31	01 21	02 26	03 34	04 42
35	18 26	18 52	19 22	01 36	02 39	03 43	04 47
30	18 22	18 46	19 15	01 49	02 50	03 51	04 52
20	18 15	18 37	19 03	02 12	03 08	04 05	05 01
N 10	18 09	18 30	18 55	02 31	03 24	04 17	05 08
0	18 03	18 24	18 48	02 50	03 39	04 28	05 15
S 10	17 58	18 19	18 43	03 08	03 54	04 39	05 22
20	17 52	18 14	18 40	03 27	04 10	04 51	05 29
30	17 45	18 09	18 37	03 49	04 28	05 04	05 37
35	17 42	18 07	18 37	04 02	04 39	05 12	05 42
40	17 38	18 05	18 36	04 16	04 50	05 20	05 47
45	17 33	18 02	18 36	04 34	05 04	05 30	05 53
S 50	17 27	18 00	18 37	04 55	05 21	05 42	06 00
52	17 25	17 59	18 38	05 06	05 29	05 48	06 04
54	17 22	17 58	18 38	05 17	05 38	05 54	06 07
56	17 19	17 56	18 39	05 30	05 48	06 01	06 11
58	17 15	17 55	18 40	05 45	05 59	06 09	06 15
S 60	17 11	17 54	18 42	06 03	06 12	06 17	06 20

Day	SUN Eqn. of Time 00 h (m s)	SUN Eqn. of Time 12 h (m s)	SUN Mer. Pass. (h m)	MOON Mer. Pass. Upper (h m)	MOON Mer. Pass. Lower (h m)	MOON Age (d)	MOON Phase
1	00 14	00 04	12 00	21 28	09 03	12	
2	00 05	00 15	12 00	22 16	09 52	13	
3	00 25	00 34	11 59	23 04	10 40	14	

UT (GMT)		ARIES	VENUS −3.9		MARS −0.5		JUPITER −1.9		SATURN +0.3		STARS		
d	h	G.H.A.	G.H.A.	Dec.	G.H.A.	Dec.	G.H.A.	Dec.	G.H.A.	Dec.	Name	S.H.A.	Dec.
		° ′	° ′	° ′	° ′	° ′	° ′	° ′	° ′	° ′		° ′	° ′
4	00	342 51.4	194 21.2	N13 55.8	282 53.4	N18 51.3	217 02.3	N19 42.0	52 16.9	S22 05.7	Acamar	315 31.0	S40 20.1
	01	357 53.8	209 20.6	54.8	297 54.6	51.6	232 04.3	41.9	67 19.4	05.7	Achernar	335 38.7	S57 16.7
	02	12 56.3	224 20.1	53.8	312 55.8	51.9	247 06.2	41.8	82 22.0	05.7	Acrux	173 29.4	S63 03.0
	03	27 58.8	239 19.5	· · 52.8	327 57.1	· · 52.1	262 08.2	· · 41.7	97 24.5	· · 05.7	Adhara	255 26.1	S28 57.2
	04	43 01.2	254 19.0	51.8	342 58.3	52.4	277 10.1	41.6	112 27.1	05.7	Aldebaran	291 09.0	N16 29.6
	05	58 03.7	269 18.4	50.9	357 59.5	52.7	292 12.1	41.5	127 29.6	05.8			
	06	73 06.2	284 17.9	N13 49.9	13 00.8	N18 53.0	307 14.0	N19 41.4	142 32.1	S22 05.8	Alioth	166 35.8	N56 00.7
	07	88 08.6	299 17.4	48.9	28 02.0	53.2	322 16.0	41.3	157 34.7	05.8	Alkaid	153 12.5	N49 21.7
T	08	103 11.1	314 16.8	47.9	43 03.3	53.5	337 17.9	41.1	172 37.2	05.8	Al Na'ir	28 04.4	S47 00.3
U	09	118 13.6	329 16.3	· · 46.9	58 04.5	· · 53.8	352 19.9	· · 41.0	187 39.8	· · 05.8	Alnilam	276 03.7	S 1 12.2
E	10	133 16.0	344 15.7	45.9	73 05.7	54.1	7 21.8	40.9	202 42.3	05.8	Alphard	218 13.2	S 8 36.9
S	11	148 18.5	359 15.2	44.9	88 07.0	54.3	22 23.8	40.8	217 44.9	05.8			
D	12	163 20.9	14 14.6	N13 43.9	103 08.2	N18 54.6	37 25.7	N19 40.7	232 47.4	S22 05.9	Alphecca	126 25.5	N26 44.9
A	13	178 23.4	29 14.1	42.9	118 09.5	54.9	52 27.7	40.6	247 49.9	05.9	Alpheratz	358 00.9	N29 02.5
Y	14	193 25.9	44 13.6	41.9	133 10.7	55.2	67 29.7	40.5	262 52.5	05.9	Altair	62 24.6	N 8 50.7
	15	208 28.3	59 13.0	· · 41.0	148 12.0	· · 55.4	82 31.6	· · 40.4	277 55.0	· · 05.9	Ankaa	353 31.9	S42 21.1
	16	223 30.8	74 12.5	40.0	163 13.2	55.7	97 33.6	40.3	292 57.6	05.9	Antares	112 47.3	S26 24.9
	17	238 33.3	89 11.9	39.0	178 14.5	56.0	112 35.5	40.2	308 00.1	05.9			
	18	253 35.7	104 11.4	N13 38.0	193 15.7	N18 56.2	127 37.5	N19 40.0	323 02.7	S22 05.9	Arcturus	146 11.4	N19 13.9
	19	268 38.2	119 10.9	37.0	208 16.9	56.5	142 39.4	39.9	338 05.2	05.9	Atria	108 04.5	S69 01.1
	20	283 40.7	134 10.3	36.0	223 18.2	56.8	157 41.4	39.8	353 07.7	06.0	Avior	234 25.6	S59 28.5
	21	298 43.1	149 09.8	· · 35.0	238 19.4	· · 57.1	172 43.3	· · 39.7	8 10.3	· · 06.0	Bellatrix	278 50.4	N 6 20.7
	22	313 45.6	164 09.2	34.0	253 20.7	57.3	187 45.3	39.6	23 12.8	06.0	Betelgeuse	271 19.9	N 7 24.5
	23	328 48.1	179 08.7	33.0	268 21.9	57.6	202 47.2	39.5	38 15.4	06.0			
5	00	343 50.5	194 08.2	N13 32.0	283 23.2	N18 57.9	217 49.2	N19 39.4	53 17.9	S22 06.0	Canopus	264 03.9	S52 41.0
	01	358 53.0	209 07.6	31.0	298 24.4	58.1	232 51.2	39.3	68 20.5	06.0	Capella	280 59.8	N45 59.3
	02	13 55.4	224 07.1	30.0	313 25.7	58.4	247 53.1	39.2	83 23.0	06.0	Deneb	49 42.8	N45 15.0
	03	28 57.9	239 06.5	· · 29.0	328 26.9	· · 58.7	262 55.1	· · 39.1	98 25.5	· · 06.1	Denebola	182 51.3	N14 37.5
	04	44 00.4	254 06.0	28.0	343 28.2	59.0	277 57.0	38.9	113 28.1	06.1	Diphda	349 12.6	S18 02.0
	05	59 02.8	269 05.5	27.0	358 29.4	59.2	292 59.0	38.8	128 30.6	06.1			
	06	74 05.3	284 04.9	N13 26.0	13 30.7	N18 59.5	308 00.9	N19 38.7	143 33.2	S22 06.1	Dubhe	194 12.8	N61 48.1
W	07	89 07.8	299 04.4	25.0	28 32.0	18 59.8	323 02.9	38.6	158 35.7	06.1	Elnath	278 34.3	N28 36.1
E	08	104 10.2	314 03.9	24.0	43 33.2	19 00.0	338 04.8	38.5	173 38.2	06.1	Eltanin	90 53.9	N51 29.6
D	09	119 12.7	329 03.3	· · 23.0	58 34.5	· · 00.3	353 06.8	· · 38.4	188 40.8	· · 06.1	Enif	34 03.6	N 9 50.1
N	10	134 15.2	344 02.8	22.0	73 35.7	00.6	8 08.8	38.3	203 43.3	06.2	Fomalhaut	15 42.3	S29 40.1
E	11	149 17.6	359 02.3	20.9	88 37.0	00.8	23 10.7	38.2	218 45.9	06.2			
S	12	164 20.1	14 01.7	N13 19.9	103 38.2	N19 01.1	38 12.7	N19 38.1	233 48.4	S22 06.2	Gacrux	172 20.8	S57 03.8
D	13	179 22.5	29 01.2	18.9	118 39.5	01.4	53 14.6	38.0	248 50.9	06.2	Gienah	176 10.2	S17 29.4
A	14	194 25.0	44 00.7	17.9	133 40.7	01.6	68 16.6	37.8	263 53.5	06.2	Hadar	149 12.9	S60 20.0
Y	15	209 27.5	59 00.1	· · 16.9	148 42.0	· · 01.9	83 18.5	· · 37.7	278 56.0	· · 06.2	Hamal	328 19.9	N23 25.3
	16	224 29.9	73 59.6	15.9	163 43.3	02.2	98 20.5	37.6	293 58.6	06.2	Kaus Aust.	84 06.2	S34 23.5
	17	239 32.4	88 59.1	14.9	178 44.5	02.4	113 22.4	37.5	309 01.1	06.2			
	18	254 34.9	103 58.5	N13 13.9	193 45.8	N19 02.7	128 24.4	N19 37.4	324 03.6	S22 06.3	Kochab	137 19.4	N74 11.8
	19	269 37.3	118 58.0	12.9	208 47.0	03.0	143 26.4	37.3	339 06.2	06.3	Markab	13 55.0	N15 09.5
	20	284 39.8	133 57.5	11.9	223 48.3	03.2	158 28.3	37.2	354 08.7	06.3	Menkar	314 32.8	N 4 03.5
	21	299 42.3	148 56.9	· · 10.8	238 49.6	· · 03.5	173 30.3	· · 37.1	9 11.2	· · 06.3	Menkent	148 28.1	S36 19.6
	22	314 44.7	163 56.4	09.8	253 50.8	03.8	188 32.2	37.0	24 13.8	06.3	Miaplacidus	221 44.4	S69 40.6
	23	329 47.2	178 55.9	08.8	268 52.1	04.0	203 34.2	36.9	39 16.3	06.3			
6	00	344 49.7	193 55.3	N13 07.8	283 53.4	N19 04.3	218 36.1	N19 36.7	54 18.9	S22 06.3	Mirfak	309 04.8	N49 49.7
	01	359 52.1	208 54.8	06.8	298 54.6	04.6	233 38.1	36.6	69 21.4	06.4	Nunki	76 19.2	S26 18.6
	02	14 54.6	223 54.3	05.8	313 55.9	04.8	248 40.1	36.5	84 23.9	06.4	Peacock	53 45.4	S56 46.0
	03	29 57.0	238 53.8	· · 04.8	328 57.2	· · 05.1	263 42.0	· · 36.4	99 26.5	· · 06.4	Pollux	243 48.8	N28 03.0
	04	44 59.5	253 53.2	03.7	343 58.4	05.4	278 44.0	36.3	114 29.0	06.4	Procyon	245 17.8	N 5 15.1
	05	60 02.0	268 52.7	02.7	358 59.7	05.6	293 45.9	36.2	129 31.5	06.4			
	06	75 04.4	283 52.2	N13 01.7	14 01.0	N19 05.9	308 47.9	N19 36.1	144 34.1	S22 06.4	Rasalhague	96 22.2	N12 34.1
	07	90 06.9	298 51.7	13 00.7	29 02.2	06.1	323 49.9	36.0	159 36.6	06.4	Regulus	208 01.9	N12 00.9
T	08	105 09.4	313 51.1	12 59.7	44 03.5	06.4	338 51.8	35.9	174 39.1	06.4	Rigel	281 28.5	S 8 12.4
H	09	120 11.8	328 50.6	· · 58.6	59 04.8	· · 06.7	353 53.8	· · 35.8	189 41.7	· · 06.5	Rigil Kent.	140 15.6	S60 48.1
U	10	135 14.3	343 50.1	57.6	74 06.0	06.9	8 55.7	35.6	204 44.2	06.5	Sabik	102 32.1	S15 42.9
R	11	150 16.8	358 49.6	56.6	89 07.3	07.2	23 57.7	35.5	219 46.8	06.5			
S	12	165 19.2	13 49.0	N12 55.6	104 08.6	N19 07.5	38 59.7	N19 35.4	234 49.3	S22 06.5	Schedar	349 59.8	N56 29.2
D	13	180 21.7	28 48.5	54.5	119 09.9	07.7	54 01.6	35.3	249 51.8	06.5	Shaula	96 45.0	S37 06.1
A	14	195 24.2	43 48.0	53.5	134 11.1	08.0	69 03.6	35.2	264 54.4	06.5	Sirius	258 48.9	S16 41.9
Y	15	210 26.6	58 47.5	· · 52.5	149 12.4	· · 08.2	84 05.5	· · 35.1	279 56.9	· · 06.5	Spica	158 49.5	S11 06.8
	16	225 29.1	73 46.9	51.5	164 13.7	08.5	99 07.5	35.0	294 59.4	06.5	Suhail	223 05.5	S43 23.5
	17	240 31.5	88 46.4	50.5	179 15.0	08.8	114 09.5	34.9	310 02.0	06.6			
	18	255 34.0	103 45.9	N12 49.4	194 16.2	N19 09.0	129 11.4	N19 34.8	325 04.5	S22 06.6	Vega	80 50.3	N38 46.7
	19	270 36.5	118 45.4	48.4	209 17.5	09.3	144 13.4	34.7	340 07.0	06.6	Zuben'ubi	137 24.5	S16 00.3
	20	285 38.9	133 44.8	47.4	224 18.8	09.6	159 15.3	34.5	355 09.6	06.6			
	21	300 41.4	148 44.3	· · 46.3	239 20.1	· · 09.8	174 17.3	· · 34.4	10 12.1	· · 06.6			
	22	315 43.9	163 43.8	45.3	254 21.3	10.1	189 19.3	34.3	25 14.6	06.6			
	23	330 46.3	178 43.3	44.3	269 22.6	10.3	204 21.2	34.2	40 17.2	06.6			
Mer. Pass.		h m 1 04.5	*v* −0.5	*d* 1.0	*v* 1.3	*d* 0.3	*v* 2.0	*d* 0.1	*v* 2.5	*d* 0.0			

	S.H.A.	Mer. Pass.
	° ′	h m
Venus	210 17.6	11 04
Mars	299 32.7	5 06
Jupiter	233 58.7	9 27
Saturn	69 27.4	20 23

UT (GMT) d	h	SUN G.H.A.	SUN Dec.	MOON G.H.A.	v	MOON Dec.	d	H.P.
		° ′	° ′	° ′	′	° ′	′	′
4	00	180 11.2	N 7 21.5	13 36.0	12.5	S10 32.5	14.2	57.5
	01	195 11.4	20.6	28 07.5	12.5	10 18.3	14.2	57.5
	02	210 11.6	19.7	42 39.0	12.6	10 04.1	14.2	57.5
	03	225 11.8	. . 18.8	57 10.6	12.6	9 49.9	14.3	57.6
	04	240 12.0	17.8	71 42.2	12.5	9 35.6	14.4	57.6
	05	255 12.2	16.9	86 13.7	12.6	9 21.2	14.4	57.6
	06	270 12.4	N 7 16.0	100 45.3	12.6	S 9 06.8	14.5	57.6
	07	285 12.6	15.1	115 16.9	12.7	8 52.3	14.6	57.7
T	08	300 12.8	14.2	129 48.6	12.6	8 37.7	14.6	57.7
U	09	315 13.0	. . 13.2	144 20.2	12.6	8 23.1	14.6	57.7
E	10	330 13.2	12.3	158 51.8	12.7	8 08.5	14.7	57.8
S	11	345 13.4	11.4	173 23.5	12.6	7 53.8	14.8	57.8
D	12	0 13.6	N 7 10.5	187 55.1	12.7	S 7 39.0	14.8	57.8
A	13	15 13.8	09.6	202 26.8	12.6	7 24.2	14.8	57.8
Y	14	30 14.0	08.6	216 58.4	12.7	7 09.4	14.9	57.9
	15	45 14.3	. . 07.7	231 30.1	12.7	6 54.5	15.0	57.9
	16	60 14.5	06.8	246 01.8	12.6	6 39.5	15.0	57.9
	17	75 14.7	05.9	260 33.4	12.7	6 24.5	15.0	57.9
	18	90 14.9	N 7 04.9	275 05.1	12.7	S 6 09.5	15.1	58.0
	19	105 15.1	04.0	289 36.8	12.7	5 54.4	15.1	58.0
	20	120 15.3	03.1	304 08.5	12.6	5 39.3	15.2	58.0
	21	135 15.5	. . 02.2	318 40.1	12.7	5 24.1	15.2	58.0
	22	150 15.7	01.2	333 11.8	12.7	5 08.9	15.3	58.1
	23	165 15.9	7 00.3	347 43.5	12.6	4 53.6	15.2	58.1
5	00	180 16.1	N 6 59.4	2 15.1	12.7	S 4 38.4	15.3	58.1
	01	195 16.3	58.5	16 46.8	12.6	4 23.1	15.4	58.1
	02	210 16.5	57.5	31 18.4	12.7	4 07.7	15.4	58.2
	03	225 16.7	. . 56.6	45 50.1	12.6	3 52.3	15.4	58.2
	04	240 17.0	55.7	60 21.7	12.7	3 36.9	15.4	58.2
	05	255 17.2	54.8	74 53.4	12.6	3 21.5	15.5	58.2
	06	270 17.4	N 6 53.8	89 25.0	12.6	S 3 06.0	15.5	58.3
W	07	285 17.6	52.9	103 56.6	12.6	2 50.5	15.5	58.3
E	08	300 17.8	52.0	118 28.2	12.6	2 35.0	15.6	58.3
D	09	315 18.0	. . 51.1	132 59.8	12.6	2 19.4	15.6	58.3
N	10	330 18.2	50.1	147 31.4	12.5	2 03.8	15.5	58.4
E	11	345 18.4	49.2	162 02.9	12.6	1 48.3	15.7	58.4
S	12	0 18.6	N 6 48.3	176 34.5	12.5	S 1 32.6	15.6	58.4
D	13	15 18.8	47.4	191 06.0	12.5	1 17.0	15.7	58.4
A	14	30 19.0	46.4	205 37.5	12.5	1 01.3	15.6	58.5
Y	15	45 19.3	. . 45.5	220 09.0	12.5	0 45.7	15.7	58.5
	16	60 19.5	44.6	234 40.5	12.4	0 30.0	15.7	58.5
	17	75 19.7	43.7	249 11.9	12.4	S 0 14.3	15.7	58.5
	18	90 19.9	N 6 42.7	263 43.3	12.4	N 0 01.4	15.7	58.5
	19	105 20.1	41.8	278 14.7	12.4	0 17.1	15.8	58.6
	20	120 20.3	40.9	292 46.1	12.4	0 32.9	15.7	58.6
	21	135 20.5	. . 39.9	307 17.5	12.3	0 48.6	15.8	58.6
	22	150 20.7	39.0	321 48.8	12.3	1 04.4	15.7	58.6
	23	165 20.9	38.1	336 20.1	12.3	1 20.1	15.8	58.7
6	00	180 21.1	N 6 37.2	350 51.4	12.2	N 1 35.9	15.7	58.7
	01	195 21.4	36.2	5 22.6	12.2	1 51.6	15.8	58.7
	02	210 21.6	35.3	19 53.8	12.2	2 07.4	15.8	58.7
	03	225 21.8	. . 34.4	34 25.0	12.2	2 23.2	15.7	58.7
	04	240 22.0	33.4	48 56.2	12.1	2 38.9	15.8	58.8
	05	255 22.2	32.5	63 27.3	12.1	2 54.7	15.7	58.8
	06	270 22.4	N 6 31.6	77 58.4	12.0	N 3 10.4	15.8	58.8
	07	285 22.6	30.6	92 29.4	12.1	3 26.2	15.7	58.8
T	08	300 22.8	29.7	107 00.5	11.9	3 41.9	15.7	58.8
H	09	315 23.0	. . 28.8	121 31.4	12.0	3 57.6	15.7	58.8
U	10	330 23.3	27.9	136 02.4	11.9	4 13.3	15.7	58.9
R	11	345 23.5	26.9	150 33.3	11.8	4 29.0	15.7	58.9
S	12	0 23.7	N 6 26.0	165 04.1	11.8	N 4 44.7	15.7	58.9
D	13	15 23.9	25.1	179 34.9	11.8	5 00.4	15.7	58.9
A	14	30 24.1	24.1	194 05.7	11.7	5 16.1	15.6	58.9
Y	15	45 24.3	. . 23.2	208 36.4	11.7	5 31.7	15.6	59.0
	16	60 24.5	22.3	223 07.1	11.7	5 47.3	15.6	59.0
	17	75 24.7	21.3	237 37.8	11.6	6 02.9	15.6	59.0
	18	90 25.0	N 6 20.4	252 08.4	11.5	N 6 18.5	15.5	59.0
	19	105 25.2	19.5	266 38.9	11.5	6 34.0	15.6	59.0
	20	120 25.4	18.5	281 09.4	11.4	6 49.6	15.4	59.0
	21	135 25.6	. . 17.6	295 39.8	11.4	7 05.0	15.5	59.1
	22	150 25.8	16.7	310 10.2	11.4	7 20.5	15.4	59.1
	23	165 26.0	15.7	324 40.6	11.3	7 35.9	15.4	59.1
		S.D. 15.9	d 0.9	S.D.	15.8	15.9		16.0

Lat.	Twilight Naut.	Twilight Civil	Sunrise	Moonrise 4	Moonrise 5	Moonrise 6	Moonrise 7
°	h m	h m	h m	h m	h m	h m	h m
N 72	////	02 56	04 19	18 58	18 26	17 54	17 14
N 70	01 13	03 19	04 30	18 49	18 26	18 03	17 35
68	02 01	03 36	04 40	18 43	18 26	18 09	17 50
66	02 31	03 50	04 47	18 37	18 26	18 15	18 03
64	02 52	04 02	04 53	18 32	18 26	18 20	18 14
62	03 09	04 11	04 59	18 28	18 26	18 25	18 24
60	03 23	04 19	05 03	18 24	18 26	18 29	18 32
N 58	03 34	04 26	05 08	18 21	18 26	18 32	18 39
56	03 44	04 32	05 11	18 18	18 26	18 35	18 45
54	03 53	04 38	05 15	18 15	18 26	18 38	18 51
52	04 00	04 43	05 18	18 12	18 26	18 40	18 56
50	04 07	04 47	05 20	18 10	18 26	18 43	19 01
45	04 20	04 56	05 26	18 05	18 26	18 48	19 11
N 40	04 31	05 04	05 31	18 01	18 26	18 52	19 20
35	04 39	05 10	05 35	17 58	18 26	18 56	19 27
30	04 46	05 15	05 39	17 54	18 26	18 59	19 34
20	04 57	05 23	05 45	17 49	18 26	19 05	19 45
N 10	05 05	05 29	05 51	17 44	18 26	19 10	19 55
0	05 11	05 35	05 55	17 40	18 27	19 14	20 05
S 10	05 15	05 39	06 00	17 35	18 27	19 19	20 14
20	05 18	05 43	06 05	17 30	18 27	19 25	20 24
30	05 19	05 47	06 11	17 25	18 27	19 31	20 36
35	05 20	05 49	06 14	17 21	18 27	19 34	20 43
40	05 19	05 51	06 18	17 18	18 27	19 38	20 51
45	05 19	05 52	06 22	17 13	18 27	19 43	21 00
S 50	05 17	05 54	06 27	17 08	18 28	19 49	21 12
52	05 16	05 55	06 29	17 06	18 28	19 51	21 17
54	05 15	05 56	06 31	17 03	18 28	19 54	21 23
56	05 14	05 57	06 34	17 00	18 28	19 57	21 29
58	05 12	05 58	06 37	16 57	18 28	20 01	21 37
S 60	05 11	05 59	06 40	16 54	18 28	20 05	21 45

Lat.	Sunset	Twilight Civil	Twilight Naut.	Moonset 4	Moonset 5	Moonset 6	Moonset 7
°	h m	h m	h m	h m	h m	h m	h m
N 72	19 35	20 56	////	03 00	05 19	07 34	09 58
N 70	19 24	20 35	22 34	03 17	05 24	07 29	09 40
68	19 16	20 18	21 50	03 30	05 28	07 24	09 27
66	19 08	20 04	21 23	03 41	05 31	07 21	09 16
64	19 02	19 53	21 02	03 50	05 34	07 18	09 06
62	18 57	19 44	20 46	03 58	05 36	07 16	08 58
60	18 52	19 36	20 32	04 04	05 38	07 14	08 52
N 58	18 48	19 30	20 21	04 10	05 40	07 12	08 46
56	18 45	19 24	20 12	04 15	05 42	07 10	08 40
54	18 42	19 18	20 03	04 20	05 43	07 08	08 36
52	18 39	19 14	19 56	04 24	05 45	07 07	08 32
50	18 36	19 09	19 50	04 27	05 46	07 06	08 28
45	18 30	19 00	19 36	04 35	05 49	07 03	08 20
N 40	18 26	18 53	19 26	04 42	05 51	07 01	08 13
35	18 22	18 47	19 18	04 47	05 53	06 59	08 07
30	18 18	18 42	19 11	04 52	05 54	06 57	08 02
20	18 12	18 34	19 00	05 01	05 57	06 54	07 53
N 10	18 07	18 28	18 53	05 08	06 00	06 52	07 45
0	18 02	18 23	18 47	05 15	06 02	06 49	07 38
S 10	17 57	18 18	18 43	05 22	06 04	06 47	07 31
20	17 52	18 15	18 40	05 29	06 06	06 44	07 23
30	17 47	18 11	18 39	05 37	06 09	06 41	07 14
35	17 44	18 09	18 39	05 42	06 11	06 39	07 09
40	17 40	18 08	18 39	05 47	06 12	06 37	07 04
45	17 36	18 06	18 40	05 53	06 14	06 35	06 57
S 50	17 32	18 04	18 41	06 00	06 16	06 32	06 49
52	17 29	18 03	18 42	06 04	06 17	06 31	06 46
54	17 27	18 03	18 44	06 07	06 19	06 30	06 42
56	17 25	18 02	18 45	06 11	06 20	06 28	06 38
58	17 22	18 01	18 46	06 15	06 21	06 27	06 33
S 60	17 18	18 00	18 48	06 20	06 23	06 25	06 27

Day	SUN Eqn. of Time 00 h	SUN Eqn. of Time 12 h	SUN Mer. Pass.	MOON Mer. Pass. Upper	MOON Mer. Pass. Lower	MOON Age	MOON Phase
	m s	m s	h m	h m	h m	d	
4	00 44	00 54	11 59	23 51	11 27	15	
5	01 04	01 14	11 59	24 38	12 14	16	○
6	01 24	01 34	11 58	00 38	13 02	17	

UT (GMT)	ARIES	VENUS −3.9		MARS −0.5		JUPITER −1.9		SATURN +0.4	
d h	G.H.A. ° ′	G.H.A. ° ′	Dec. ° ′	G.H.A. ° ′	Dec. ° ′	G.H.A. ° ′	Dec. ° ′	G.H.A. ° ′	Dec. ° ′
7 00	345 48.8	193 42.8	N12 43.3	284 23.9	N19 10.6	219 23.2	N19 34.1	55 19.7	S22 06.6
01	0 51.3	208 42.2	42.2	299 25.2	10.9	234 25.1	34.0	70 22.2	06.7
02	15 53.7	223 41.7	41.2	314 26.5	11.1	249 27.1	33.9	85 24.8	06.7
03	30 56.2	238 41.2	·· 40.2	329 27.7	·· 11.4	264 29.1	·· 33.8	100 27.3	·· 06.7
04	45 58.6	253 40.7	39.1	344 29.0	11.6	279 31.0	33.7	115 29.8	06.7
05	61 01.1	268 40.2	38.1	359 30.3	11.9	294 33.0	33.6	130 32.4	06.7
06	76 03.6	283 39.6	N12 37.1	14 31.6	N19 12.2	309 34.9	N19 33.5	145 34.9	S22 06.7
07	91 06.0	298 39.1	36.0	29 32.9	12.4	324 36.9	33.3	160 37.4	06.7
08	106 08.5	313 38.6	35.0	44 34.2	12.7	339 38.9	33.2	175 40.0	06.7
F 09	121 11.0	328 38.1	·· 34.0	59 35.4	·· 12.9	354 40.8	·· 33.1	190 42.5	·· 06.8
R 10	136 13.4	343 37.6	32.9	74 36.7	13.2	9 42.8	33.0	205 45.0	06.8
I 11	151 15.9	358 37.1	31.9	89 38.0	13.4	24 44.8	32.9	220 47.6	06.8
D 12	166 18.4	13 36.5	N12 30.8	104 39.3	N19 13.7	39 46.7	N19 32.8	235 50.1	S22 06.8
A 13	181 20.8	28 36.0	29.8	119 40.6	14.0	54 48.7	32.7	250 52.6	06.8
Y 14	196 23.3	43 35.5	28.8	134 41.9	14.2	69 50.6	32.6	265 55.2	06.8
15	211 25.8	58 35.0	·· 27.7	149 43.2	·· 14.5	84 52.6	·· 32.5	280 57.7	·· 06.8
16	226 28.2	73 34.5	26.7	164 44.5	14.7	99 54.6	32.4	296 00.2	06.8
17	241 30.7	88 34.0	25.6	179 45.7	15.0	114 56.5	32.2	311 02.7	06.9
18	256 33.1	103 33.5	N12 24.6	194 47.0	N19 15.2	129 58.5	N19 32.1	326 05.3	S22 06.9
19	271 35.6	118 32.9	23.6	209 48.3	15.5	145 00.5	32.0	341 07.8	06.9
20	286 38.1	133 32.4	22.5	224 49.6	15.7	160 02.4	31.9	356 10.3	06.9
21	301 40.5	148 31.9	·· 21.5	239 50.9	·· 16.0	175 04.4	·· 31.8	11 12.9	·· 06.9
22	316 43.0	163 31.4	20.4	254 52.2	16.3	190 06.4	31.7	26 15.4	06.9
23	331 45.5	178 30.9	19.4	269 53.5	16.5	205 08.3	31.6	41 17.9	06.9
8 00	346 47.9	193 30.4	N12 18.4	284 54.8	N19 16.8	220 10.3	N19 31.5	56 20.5	S22 06.9
01	1 50.4	208 29.9	17.3	299 56.1	17.0	235 12.2	31.4	71 23.0	07.0
02	16 52.9	223 29.4	16.3	314 57.4	17.3	250 14.2	31.3	86 25.5	07.0
03	31 55.3	238 28.8	·· 15.2	329 58.7	·· 17.5	265 16.2	·· 31.1	101 28.0	·· 07.0
04	46 57.8	253 28.3	14.2	345 00.0	17.8	280 18.1	31.0	116 30.6	07.0
05	62 00.3	268 27.8	13.1	0 01.3	18.0	295 20.1	30.9	131 33.1	07.0
06	77 02.7	283 27.3	N12 12.1	15 02.6	N19 18.3	310 22.1	N19 30.8	146 35.6	S22 07.0
07	92 05.2	298 26.8	11.0	30 03.9	18.5	325 24.0	30.7	161 38.1	07.0
S 08	107 07.6	313 26.3	10.0	45 05.2	18.8	340 26.0	30.6	176 40.7	07.0
A 09	122 10.1	328 25.8	·· 08.9	60 06.5	·· 19.0	355 28.0	·· 30.5	191 43.2	·· 07.0
T 10	137 12.6	343 25.3	07.9	75 07.8	19.3	10 29.9	30.4	206 45.7	07.1
U 11	152 15.0	358 24.8	06.8	90 09.1	19.5	25 31.9	30.3	221 48.3	07.1
R 12	167 17.5	13 24.3	N12 05.8	105 10.4	N19 19.8	40 33.9	N19 30.2	236 50.8	S22 07.1
D 13	182 20.0	28 23.8	04.7	120 11.7	20.1	55 35.8	30.1	251 53.3	07.1
A 14	197 22.4	43 23.3	03.7	135 13.0	20.3	70 37.8	29.9	266 55.8	07.1
Y 15	212 24.9	58 22.7	·· 02.6	150 14.3	·· 20.6	85 39.8	·· 29.8	281 58.4	·· 07.1
16	227 27.4	73 22.2	01.6	165 15.6	20.8	100 41.7	29.7	297 00.9	07.1
17	242 29.8	88 21.7	12 00.5	180 16.9	21.1	115 43.7	29.6	312 03.4	07.1
18	257 32.3	103 21.2	N11 59.4	195 18.2	N19 21.3	130 45.7	N19 29.5	327 05.9	S22 07.1
19	272 34.7	118 20.7	58.4	210 19.5	21.6	145 47.6	29.4	342 08.5	07.2
20	287 37.2	133 20.2	57.3	225 20.8	21.8	160 49.6	29.3	357 11.0	07.2
21	302 39.7	148 19.7	·· 56.3	240 22.1	·· 22.1	175 51.6	·· 29.2	12 13.5	·· 07.2
22	317 42.1	163 19.2	55.2	255 23.5	22.3	190 53.5	29.1	27 16.0	07.2
23	332 44.6	178 18.7	54.2	270 24.8	22.6	205 55.5	29.0	42 18.6	07.2
9 00	347 47.1	193 18.2	N11 53.1	285 26.1	N19 22.8	220 57.5	N19 28.9	57 21.1	S22 07.2
01	2 49.5	208 17.7	52.0	300 27.4	23.1	235 59.4	28.7	72 23.6	07.2
02	17 52.0	223 17.2	51.0	315 28.7	23.3	251 01.4	28.6	87 26.1	07.2
03	32 54.5	238 16.7	·· 49.9	330 30.0	·· 23.6	266 03.4	·· 28.5	102 28.7	·· 07.3
04	47 56.9	253 16.2	48.9	345 31.3	23.8	281 05.3	28.4	117 31.2	07.3
05	62 59.4	268 15.7	47.8	0 32.6	24.0	296 07.3	28.3	132 33.7	07.3
06	78 01.9	283 15.2	N11 46.7	15 34.0	N19 24.3	311 09.3	N19 28.2	147 36.2	S22 07.3
07	93 04.3	298 14.7	45.7	30 35.3	24.5	326 11.2	28.1	162 38.8	07.3
08	108 06.8	313 14.2	44.6	45 36.6	24.8	341 13.2	28.0	177 41.3	07.3
S 09	123 09.2	328 13.7	·· 43.5	60 37.9	·· 25.0	356 15.2	·· 27.9	192 43.8	·· 07.3
U 10	138 11.7	343 13.2	42.5	75 39.2	25.3	11 17.2	27.8	207 46.3	07.3
N 11	153 14.2	358 12.7	41.4	90 40.5	25.5	26 19.1	27.6	222 48.9	07.3
D 12	168 16.6	13 12.2	N11 40.4	105 41.9	N19 25.8	41 21.1	N19 27.5	237 51.4	S22 07.4
A 13	183 19.1	28 11.7	39.3	120 43.2	26.0	56 23.1	27.4	252 53.9	07.4
Y 14	198 21.6	43 11.2	38.2	135 44.5	26.3	71 25.0	27.3	267 56.4	07.4
15	213 24.0	58 10.7	·· 37.2	150 45.8	·· 26.5	86 27.0	·· 27.2	282 59.0	·· 07.4
16	228 26.5	73 10.2	36.1	165 47.1	26.8	101 29.0	27.1	298 01.5	07.4
17	243 29.0	88 09.7	35.0	180 48.5	27.0	116 30.9	27.0	313 04.0	07.4
18	258 31.4	103 09.2	N11 33.9	195 49.8	N19 27.3	131 32.9	N19 26.9	328 06.5	S22 07.4
19	273 33.9	118 08.7	32.9	210 51.1	27.5	146 34.9	26.8	343 09.0	07.4
20	288 36.4	133 08.2	31.8	225 52.4	27.7	161 36.8	26.7	358 11.6	07.4
21	303 38.8	148 07.7	·· 30.7	240 53.8	·· 28.0	176 38.8	·· 26.6	13 14.1	·· 07.5
22	318 41.3	163 07.2	29.7	255 55.1	28.2	191 40.8	26.4	28 16.6	07.5
23	333 43.7	178 06.7	28.6	270 56.4	28.5	206 42.8	26.3	43 19.1	07.5
Mer. Pass.	h m 0 52.7	v −0.5	d 1.1	v 1.3	d 0.3	v 2.0	d 0.1	v 2.5	d 0.0

STARS		
Name	S.H.A. ° ′	Dec. ° ′
Acamar	315 31.0	S40 20.1
Achernar	335 38.7	S57 16.7
Acrux	173 29.4	S63 03.0
Adhara	255 26.1	S28 57.2
Aldebaran	291 09.0	N16 29.6
Alioth	166 35.8	N56 00.7
Alkaid	153 12.5	N49 21.7
Al Na'ir	28 04.5	S47 00.3
Alnilam	276 03.7	S 1 12.2
Alphard	218 13.2	S 8 36.9
Alphecca	126 25.5	N26 44.9
Alpheratz	358 00.9	N29 02.5
Altair	62 24.7	N 8 50.7
Ankaa	353 31.9	S42 21.1
Antares	112 47.3	S26 24.9
Arcturus	146 11.4	N19 13.9
Atria	108 04.6	S69 01.1
Avior	234 25.6	S59 28.5
Bellatrix	278 50.3	N 6 20.7
Betelgeuse	271 19.8	N 7 24.5
Canopus	264 03.9	S52 41.0
Capella	280 59.7	N45 59.3
Deneb	49 42.8	N45 15.0
Denebola	182 51.3	N14 37.5
Diphda	349 12.6	S18 02.0
Dubhe	194 12.8	N61 48.1
Elnath	278 34.2	N28 36.1
Eltanin	90 53.9	N51 29.6
Enif	34 03.6	N 9 50.1
Fomalhaut	15 42.3	S29 40.1
Gacrux	172 20.8	S57 03.8
Gienah	176 10.2	S17 29.4
Hadar	149 12.9	S60 20.0
Hamal	328 19.9	N23 25.3
Kaus Aust.	84 06.3	S34 23.5
Kochab	137 19.5	N74 11.8
Markab	13 55.0	N15 09.5
Menkar	314 32.8	N 4 03.5
Menkent	148 28.1	S36 19.6
Miaplacidus	221 44.4	S69 40.6
Mirfak	309 04.8	N49 49.7
Nunki	76 19.2	S26 18.6
Peacock	53 45.4	S56 46.1
Pollux	243 48.7	N28 03.0
Procyon	245 17.7	N 5 15.1
Rasalhague	96 22.2	N12 34.1
Regulus	208 01.9	N12 00.9
Rigel	281 28.5	S 8 12.4
Rigil Kent.	140 15.6	S60 48.1
Sabik	102 32.1	S15 42.9
Schedar	349 59.8	N56 29.3
Shaula	96 45.0	S37 06.1
Sirius	258 48.9	S16 41.9
Spica	158 49.5	S11 06.8
Suhail	223 05.5	S43 23.5
Vega	80 50.4	N38 46.7
Zuben'ubi	137 24.5	S16 00.3

	S.H.A. ° ′	Mer. Pass. h m
Venus	206 42.4	11 06
Mars	298 06.9	5 00
Jupiter	233 22.4	9 18
Saturn	69 32.5	20 11

UT (GMT) d	h	SUN G.H.A. ° ′	SUN Dec. ° ′	MOON G.H.A. ° ′	v ′	MOON Dec. ° ′	d ′	H.P. ′
7	00	180 26.2	N 6 14.8	339 10.9	11.2	N 7 51.3	15.4	59.1
	01	195 26.4	13.9	353 41.1	11.2	8 06.7	15.3	59.1
	02	210 26.7	12.9	8 11.3	11.1	8 22.0	15.3	59.1
	03	225 26.9	.. 12.0	22 41.4	11.1	8 37.3	15.3	59.1
	04	240 27.1	11.1	37 11.5	11.0	8 52.6	15.2	59.2
	05	255 27.3	10.1	51 41.5	10.9	9 07.8	15.2	59.2
	06	270 27.5	N 6 09.2	66 11.4	10.9	N 9 23.0	15.1	59.2
	07	285 27.7	08.3	80 41.3	10.8	9 38.1	15.1	59.2
	08	300 27.9	07.3	95 11.1	10.8	9 53.2	15.0	59.2
F	09	315 28.1	.. 06.4	109 40.9	10.7	10 08.2	15.0	59.2
R	10	330 28.4	05.5	124 10.6	10.6	10 23.2	14.9	59.2
I	11	345 28.6	04.5	138 40.2	10.6	10 38.1	14.9	59.2
D	12	0 28.8	N 6 03.6	153 09.8	10.5	N10 53.0	14.9	59.3
A	13	15 29.0	02.7	167 39.3	10.5	11 07.9	14.7	59.3
Y	14	30 29.2	01.7	182 08.8	10.3	11 22.6	14.7	59.3
	15	45 29.4	6 00.8	196 38.1	10.3	11 37.3	14.7	59.3
	16	60 29.6	5 59.8	211 07.4	10.3	11 52.0	14.6	59.3
	17	75 29.9	58.9	225 36.7	10.1	12 06.6	14.5	59.3
	18	90 30.1	N 5 58.0	240 05.8	10.1	N12 21.1	14.5	59.3
	19	105 30.3	57.0	254 34.9	10.1	12 35.6	14.4	59.3
	20	120 30.5	56.1	269 04.0	9.9	12 50.0	14.3	59.3
	21	135 30.7	.. 55.2	283 32.9	9.9	13 04.3	14.3	59.4
	22	150 30.9	54.2	298 01.8	9.8	13 18.6	14.2	59.4
	23	165 31.1	53.3	312 30.6	9.7	13 32.8	14.1	59.4
8	00	180 31.4	N 5 52.4	326 59.3	9.7	N13 46.9	14.1	59.4
	01	195 31.6	51.4	341 28.0	9.6	14 01.0	14.0	59.4
	02	210 31.8	50.5	355 56.6	9.5	14 15.0	13.9	59.4
	03	225 32.0	.. 49.5	10 25.1	9.4	14 28.9	13.8	59.4
	04	240 32.2	48.6	24 53.5	9.3	14 42.7	13.7	59.4
	05	255 32.4	47.7	39 21.8	9.3	14 56.4	13.7	59.4
	06	270 32.6	N 5 46.7	53 50.1	9.2	N15 10.1	13.6	59.4
	07	285 32.9	45.8	68 18.3	9.1	15 23.7	13.5	59.4
S	08	300 33.1	44.8	82 46.4	9.0	15 37.2	13.4	59.4
A	09	315 33.3	.. 43.9	97 14.4	9.0	15 50.6	13.3	59.4
T	10	330 33.5	43.0	111 42.4	8.9	16 03.9	13.2	59.5
U	11	345 33.7	42.0	126 10.3	8.7	16 17.1	13.1	59.5
R	12	0 33.9	N 5 41.1	140 38.0	8.8	N16 30.2	13.0	59.5
D	13	15 34.2	40.1	155 05.8	8.6	16 43.2	13.0	59.5
A	14	30 34.4	39.2	169 33.4	8.5	16 56.2	12.8	59.5
Y	15	45 34.6	.. 38.3	184 00.9	8.5	17 09.0	12.8	59.5
	16	60 34.8	37.3	198 28.4	8.3	17 21.8	12.6	59.5
	17	75 35.0	36.4	212 55.7	8.3	17 34.4	12.5	59.5
	18	90 35.2	N 5 35.4	227 23.0	8.2	N17 46.9	12.5	59.5
	19	105 35.4	34.5	241 50.2	8.1	17 59.4	12.3	59.5
	20	120 35.7	33.6	256 17.3	8.1	18 11.7	12.2	59.5
	21	135 35.9	.. 32.6	270 44.4	7.9	18 23.9	12.1	59.5
	22	150 36.1	31.7	285 11.3	7.9	18 36.0	12.0	59.5
	23	165 36.3	30.7	299 38.2	7.8	18 48.0	11.9	59.5
9	00	180 36.5	N 5 29.8	314 05.0	7.7	N18 59.9	11.8	59.5
	01	195 36.7	28.9	328 31.7	7.6	19 11.7	11.6	59.5
	02	210 37.0	27.9	342 58.3	7.5	19 23.3	11.6	59.5
	03	225 37.2	.. 27.0	357 24.8	7.4	19 34.9	11.4	59.5
	04	240 37.4	26.0	11 51.2	7.4	19 46.3	11.3	59.5
	05	255 37.6	25.1	26 17.6	7.2	19 57.6	11.2	59.5
	06	270 37.8	N 5 24.1	40 43.8	7.2	N20 08.8	11.0	59.5
	07	285 38.0	23.2	55 10.0	7.1	20 19.8	11.0	59.5
	08	300 38.3	22.3	69 36.1	7.0	20 30.8	10.8	59.5
S	09	315 38.5	.. 21.3	84 02.1	7.0	20 41.6	10.6	59.5
U	10	330 38.7	20.4	98 28.1	6.8	20 52.2	10.6	59.5
N	11	345 38.9	19.4	112 53.9	6.8	21 02.8	10.4	59.5
D	12	0 39.1	N 5 18.5	127 19.7	6.6	N21 13.2	10.2	59.5
A	13	15 39.3	17.5	141 45.3	6.6	21 23.4	10.2	59.5
Y	14	30 39.6	16.6	156 10.9	6.6	21 33.6	10.0	59.5
	15	45 39.8	.. 15.7	170 36.5	6.4	21 43.6	9.9	59.5
	16	60 40.0	14.7	185 01.9	6.3	21 53.5	9.7	59.5
	17	75 40.2	13.8	199 27.2	6.3	22 03.2	9.6	59.5
	18	90 40.4	N 5 12.8	213 52.5	6.2	N22 12.8	9.4	59.5
	19	105 40.6	11.9	228 17.7	6.1	22 22.2	9.3	59.5
	20	120 40.9	10.9	242 42.8	6.0	22 31.5	9.2	59.5
	21	135 41.1	.. 10.0	257 07.8	6.0	22 40.7	9.0	59.5
	22	150 41.3	09.0	271 32.8	5.8	22 49.7	8.8	59.5
	23	165 41.5	08.1	285 57.6	5.8	22 58.5	8.7	59.5
		S.D. 15.9	*d* 0.9	S.D. 16.1		16.2		16.2

Lat. °	Twilight Naut. h m	Twilight Civil h m	Sunrise h m	Moonrise 7 h m	Moonrise 8 h m	Moonrise 9 h m	Moonrise 10 h m
N 72	00 26	03 15	04 33	17 14	15 57	▭	▭
N 70	01 45	03 34	04 43	17 35	16 51	▭	▭
68	02 21	03 49	04 50	17 50	17 24	16 15	▭
66	02 46	04 01	04 57	18 03	17 49	17 23	▭
64	03 05	04 11	05 02	18 14	18 08	18 00	17 45
62	03 20	04 20	05 07	18 24	18 24	18 26	18 34
60	03 32	04 27	05 11	18 32	18 37	18 47	19 05
N 58	03 42	04 33	05 14	18 39	18 49	19 04	19 29
56	03 51	04 39	05 17	18 45	18 59	19 18	19 48
54	03 59	04 44	05 20	18 51	19 08	19 31	20 04
52	04 06	04 48	05 23	18 56	19 16	19 42	20 18
50	04 12	04 52	05 25	19 01	19 23	19 52	20 30
45	04 24	05 00	05 30	19 11	19 39	20 12	20 56
N 40	04 34	05 06	05 34	19 20	19 51	20 29	21 16
35	04 42	05 12	05 37	19 27	20 03	20 44	21 33
30	04 48	05 16	05 41	19 34	20 12	20 56	21 47
20	04 58	05 24	05 46	19 45	20 29	21 18	22 12
N 10	05 05	05 29	05 50	19 55	20 44	21 37	22 34
0	05 10	05 34	05 54	20 05	20 58	21 54	22 54
S 10	05 13	05 37	05 59	20 14	21 12	22 12	23 15
20	05 15	05 41	06 03	20 24	21 27	22 31	23 36
30	05 16	05 43	06 07	20 36	21 44	22 53	24 02
35	05 15	05 45	06 10	20 43	21 54	23 06	24 17
40	05 15	05 46	06 13	20 51	22 06	23 22	24 34
45	05 13	05 47	06 16	21 00	22 20	23 40	24 56
S 50	05 11	05 48	06 20	21 12	22 37	24 02	00 02
52	05 09	05 48	06 22	21 17	22 45	24 13	00 13
54	05 08	05 49	06 24	21 23	22 54	24 25	00 25
56	05 06	05 49	06 26	21 29	23 04	24 40	00 40
58	05 04	05 50	06 29	21 37	23 16	24 56	00 56
S 60	05 02	05 50	06 31	21 45	23 30	25 17	01 17

Lat. °	Sunset h m	Twilight Civil h m	Twilight Naut. h m	Moonset 7 h m	Moonset 8 h m	Moonset 9 h m	Moonset 10 h m
N 72	19 19	20 36	23 04	09 58	13 06	▭	▭
N 70	19 10	20 18	22 03	09 40	12 14	▭	▭
68	19 03	20 03	21 29	09 27	11 42	14 48	▭
66	18 57	19 52	21 06	09 16	11 19	13 40	▭
64	18 52	19 42	20 48	09 06	11 01	13 05	15 23
62	18 47	19 34	20 33	08 58	10 46	12 39	14 34
60	18 43	19 27	20 21	08 52	10 34	12 19	14 04
N 58	18 40	19 21	20 11	08 46	10 23	12 03	13 40
56	18 37	19 15	20 02	08 40	10 14	11 49	13 22
54	18 34	19 11	19 55	08 36	10 06	11 37	13 06
52	18 32	19 06	19 48	08 32	09 58	11 27	12 52
50	18 30	19 03	19 42	08 28	09 52	11 17	12 41
45	18 25	18 55	19 30	08 20	09 38	10 58	12 16
N 40	18 21	18 48	19 21	08 13	09 27	10 42	11 57
35	18 17	18 43	19 13	08 07	09 17	10 29	11 40
30	18 14	18 39	19 07	08 02	09 08	10 17	11 26
20	18 09	18 32	18 57	07 53	08 54	09 57	11 02
N 10	18 05	18 26	18 51	07 45	08 41	09 40	10 42
0	18 01	18 22	18 46	07 38	08 29	09 24	10 22
S 10	17 57	18 18	18 43	07 31	08 18	09 08	10 03
20	17 53	18 15	18 41	07 23	08 05	08 51	09 43
30	17 49	18 13	18 40	07 14	07 51	08 32	09 19
35	17 46	18 11	18 41	07 09	07 43	08 21	09 05
40	17 43	18 10	18 42	07 04	07 33	08 08	08 49
45	17 40	18 09	18 43	06 57	07 22	07 53	08 30
S 50	17 36	18 08	18 46	06 49	07 09	07 34	08 07
52	17 34	18 08	18 47	06 46	07 03	07 25	07 56
54	17 32	18 08	18 49	06 42	06 56	07 16	07 43
56	17 30	18 07	18 51	06 38	06 49	07 05	07 28
58	17 28	18 07	18 53	06 33	06 41	06 52	07 11
S 60	17 25	18 07	18 55	06 27	06 31	06 38	06 50

Day	SUN Eqn. of Time 00ʰ m s	SUN Eqn. of Time 12ʰ m s	SUN Mer. Pass. h m	MOON Mer. Pass. Upper h m	MOON Mer. Pass. Lower h m	MOON Age d	MOON Phase
7	01 44	01 55	11 58	01 26	13 51	18	
8	02 05	02 15	11 58	02 17	14 43	19	◑
9	02 26	02 36	11 57	03 11	15 39	20	

UT (GMT) d	h	ARIES G.H.A.	VENUS −3.9 G.H.A.	VENUS Dec.	MARS −0.6 G.H.A.	MARS Dec.	JUPITER −1.9 G.H.A.	JUPITER Dec.	SATURN +0.4 G.H.A.	SATURN Dec.	STARS Name	S.H.A.	Dec.
		° ′	° ′	° ′	° ′	° ′	° ′	° ′	° ′	° ′		° ′	° ′
10	00	348 46.2	193 06.2	N11 27.5	285 57.7	N19 28.7	221 44.7	N19 26.2	58 21.7	S22 07.5	Acamar	315 30.9	S40 20.1
	01	3 48.7	208 05.7	26.4	300 59.1	29.0	236 46.7	26.1	73 24.2	07.5	Achernar	335 38.7	S57 16.7
	02	18 51.1	223 05.2	25.4	316 00.4	29.2	251 48.7	26.0	88 26.7	07.5	Acrux	173 29.4	S63 03.0
	03	33 53.6	238 04.7	· · 24.3	331 01.7	· · 29.5	266 50.6	· · 25.9	103 29.2	· · 07.5	Adhara	255 26.1	S28 57.2
	04	48 56.1	253 04.3	23.2	346 03.1	29.7	281 52.6	25.8	118 31.7	07.5	Aldebaran	291 08.9	N16 29.6
	05	63 58.5	268 03.8	22.2	1 04.4	29.9	296 54.6	25.7	133 34.3	07.5			
	06	79 01.0	283 03.3	N11 21.1	16 05.7	N19 30.2	311 56.6	N19 25.6	148 36.8	S22 07.5	Alioth	166 35.9	N56 00.7
	07	94 03.5	298 02.8	20.0	31 07.1	30.4	326 58.5	25.5	163 39.3	07.6	Alkaid	153 12.5	N49 21.7
	08	109 05.9	313 02.3	18.9	46 08.4	30.7	342 00.5	25.4	178 41.8	07.6	Al Na'ir	28 04.5	S47 00.3
M	09	124 08.4	328 01.8	· · 17.8	61 09.7	· · 30.9	357 02.5	· · 25.2	193 44.3	· · 07.6	Alnilam	276 03.7	S 1 12.2
O	10	139 10.9	343 01.3	16.8	76 11.1	31.1	12 04.4	25.1	208 46.8	07.6	Alphard	218 13.1	S 8 36.9
N	11	154 13.3	358 00.8	15.7	91 12.4	31.4	27 06.4	25.0	223 49.4	07.6			
D	12	169 15.8	13 00.3	N11 14.6	106 13.7	N19 31.6	42 08.4	N19 24.9	238 51.9	S22 07.6	Alphecca	126 25.5	N26 44.9
A	13	184 18.2	27 59.8	13.5	121 15.1	31.9	57 10.4	24.8	253 54.4	07.6	Alpheratz	358 00.9	N29 02.5
Y	14	199 20.7	42 59.3	12.5	136 16.4	32.1	72 12.3	24.7	268 56.9	07.6	Altair	62 24.7	N 8 50.7
	15	214 23.2	57 58.8	· · 11.4	151 17.7	· · 32.4	87 14.3	· · 24.6	283 59.4	· · 07.6	Ankaa	353 31.9	S42 21.1
	16	229 25.6	72 58.4	10.3	166 19.1	32.6	102 16.3	24.5	299 02.0	07.7	Antares	112 47.3	S26 24.9
	17	244 28.1	87 57.9	09.2	181 20.4	32.8	117 18.3	24.4	314 04.5	07.7			
	18	259 30.6	102 57.4	N11 08.1	196 21.8	N19 33.1	132 20.2	N19 24.3	329 07.0	S22 07.7	Arcturus	146 11.5	N19 13.9
	19	274 33.0	117 56.9	07.0	211 23.1	33.3	147 22.2	24.2	344 09.5	07.7	Atria	108 04.6	S69 01.1
	20	289 35.5	132 56.4	06.0	226 24.4	33.6	162 24.2	24.0	359 12.0	07.7	Avior	234 25.6	S59 28.5
	21	304 38.0	147 55.9	· · 04.9	241 25.8	· · 33.8	177 26.2	· · 23.9	14 14.5	· · 07.7	Bellatrix	278 50.3	N 6 20.7
	22	319 40.4	162 55.4	03.8	256 27.1	34.0	192 28.1	23.8	29 17.1	07.7	Betelgeuse	271 19.8	N 7 24.5
	23	334 42.9	177 54.9	02.7	271 28.5	34.3	207 30.1	23.7	44 19.6	07.7			
11	00	349 45.3	192 54.4	N11 01.6	286 29.8	N19 34.5	222 32.1	N19 23.6	59 22.1	S22 07.7	Canopus	264 03.9	S52 41.0
	01	4 47.8	207 54.0	11 00.5	301 31.2	34.7	237 34.1	23.5	74 24.6	07.7	Capella	280 59.7	N45 59.3
	02	19 50.3	222 53.5	10 59.4	316 32.5	35.0	252 36.0	23.4	89 27.1	07.8	Deneb	49 42.8	N45 15.0
	03	34 52.7	237 53.0	· · 58.4	331 33.8	· · 35.2	267 38.0	· · 23.3	104 29.6	· · 07.8	Denebola	182 51.3	N14 37.5
	04	49 55.2	252 52.5	57.3	346 35.2	35.5	282 40.0	23.2	119 32.2	07.8	Diphda	349 12.6	S18 02.0
	05	64 57.7	267 52.0	56.2	1 36.5	35.7	297 42.0	23.1	134 34.7	07.8			
	06	80 00.1	282 51.5	N10 55.1	16 37.9	N19 35.9	312 43.9	N19 23.0	149 37.2	S22 07.8	Dubhe	194 12.8	N61 48.1
	07	95 02.6	297 51.0	54.0	31 39.2	36.2	327 45.9	22.9	164 39.7	07.8	Elnath	278 34.2	N28 36.1
T	08	110 05.1	312 50.6	52.9	46 40.6	36.4	342 47.9	22.7	179 42.2	07.8	Eltanin	90 54.0	N51 29.6
U	09	125 07.5	327 50.1	· · 51.8	61 41.9	· · 36.7	357 49.9	· · 22.6	194 44.7	· · 07.8	Enif	34 03.6	N 9 50.1
E	10	140 10.0	342 49.6	50.7	76 43.3	36.9	12 51.8	22.5	209 47.3	07.8	Fomalhaut	15 42.3	S29 40.1
S	11	155 12.5	357 49.1	49.6	91 44.6	37.1	27 53.8	22.4	224 49.8	07.8			
D	12	170 14.9	12 48.6	N10 48.6	106 46.0	N19 37.4	42 55.8	N19 22.3	239 52.3	S22 07.9	Gacrux	172 20.8	S57 03.8
A	13	185 17.4	27 48.1	47.5	121 47.4	37.6	57 57.8	22.2	254 54.8	07.9	Gienah	176 10.2	S17 29.4
Y	14	200 19.8	42 47.7	46.4	136 48.7	37.8	72 59.7	22.1	269 57.3	07.9	Hadar	149 12.9	S60 20.0
	15	215 22.3	57 47.2	· · 45.3	151 50.1	· · 38.1	88 01.7	· · 22.0	284 59.8	· · 07.9	Hamal	328 19.8	N23 25.3
	16	230 24.8	72 46.7	44.2	166 51.4	38.3	103 03.7	21.9	300 02.3	07.9	Kaus Aust.	84 06.3	S34 23.5
	17	245 27.2	87 46.2	43.1	181 52.8	38.5	118 05.7	21.8	315 04.9	07.9			
	18	260 29.7	102 45.7	N10 42.0	196 54.1	N19 38.8	133 07.6	N19 21.7	330 07.4	S22 07.9	Kochab	137 19.5	N74 11.8
	19	275 32.2	117 45.3	40.9	211 55.5	39.0	148 09.6	21.5	345 09.9	07.9	Markab	13 55.0	N15 09.5
	20	290 34.6	132 44.8	39.8	226 56.8	39.2	163 11.6	21.4	0 12.4	07.9	Menkar	314 32.7	N 4 03.5
	21	305 37.1	147 44.3	· · 38.7	241 58.2	· · 39.5	178 13.6	· · 21.3	15 14.9	· · 07.9	Menkent	148 28.1	S36 19.6
	22	320 39.6	162 43.8	37.6	256 59.6	39.7	193 15.5	21.2	30 17.4	08.0	Miaplacidus	221 44.4	S69 40.5
	23	335 42.0	177 43.3	36.5	272 00.9	39.9	208 17.5	21.1	45 19.9	08.0			
12	00	350 44.5	192 42.9	N10 35.4	287 02.3	N19 40.2	223 19.5	N19 21.0	60 22.4	S22 08.0	Mirfak	309 04.7	N49 49.7
	01	5 47.0	207 42.4	34.3	302 03.7	40.4	238 21.5	20.9	75 25.0	08.0	Nunki	76 19.2	S26 18.6
	02	20 49.4	222 41.9	33.2	317 05.0	40.6	253 23.5	20.8	90 27.5	08.0	Peacock	53 45.4	S56 46.1
	03	35 51.9	237 41.4	· · 32.1	332 06.4	· · 40.9	268 25.4	· · 20.7	105 30.0	· · 08.0	Pollux	243 48.7	N28 03.0
	04	50 54.3	252 40.9	31.0	347 07.7	41.1	283 27.4	20.6	120 32.5	08.0	Procyon	245 17.7	N 5 15.1
	05	65 56.8	267 40.5	29.9	2 09.1	41.3	298 29.4	20.5	135 35.0	08.0			
	06	80 59.3	282 40.0	N10 28.8	17 10.5	N19 41.6	313 31.4	N19 20.4	150 37.5	S22 08.0	Rasalhague	96 22.2	N12 34.1
W	07	96 01.7	297 39.5	27.7	32 11.8	41.8	328 33.4	20.2	165 40.0	08.0	Regulus	208 01.9	N12 00.9
E	08	111 04.2	312 39.0	26.6	47 13.2	42.0	343 35.3	20.1	180 42.5	08.1	Rigel	281 28.4	S 8 12.4
D	09	126 06.7	327 38.6	· · 25.5	62 14.6	· · 42.3	358 37.3	· · 20.0	195 45.1	· · 08.1	Rigil Kent.	140 15.7	S60 48.1
N	10	141 09.1	342 38.1	24.4	77 16.0	42.5	13 39.3	19.9	210 47.6	08.1	Sabik	102 32.1	S15 42.9
E	11	156 11.6	357 37.6	23.3	92 17.3	42.7	28 41.3	19.8	225 50.1	08.1			
S	12	171 14.1	12 37.1	N10 22.2	107 18.7	N19 43.0	43 43.3	N19 19.7	240 52.6	S22 08.1	Schedar	349 59.7	N56 29.3
D	13	186 16.5	27 36.6	21.1	122 20.1	43.2	58 45.2	19.6	255 55.1	08.1	Shaula	96 45.0	S37 06.0
A	14	201 19.0	42 36.2	20.0	137 21.4	43.4	73 47.2	19.5	270 57.6	08.1	Sirius	258 48.9	S16 41.9
Y	15	216 21.4	57 35.7	· · 18.9	152 22.8	· · 43.7	88 49.2	· · 19.4	286 00.1	· · 08.1	Spica	158 49.5	S11 06.8
	16	231 23.9	72 35.2	17.8	167 24.2	43.9	103 51.2	19.3	301 02.6	08.1	Suhail	223 05.5	S43 23.5
	17	246 26.4	87 34.7	16.7	182 25.6	44.1	118 53.2	19.2	316 05.1	08.1			
	18	261 28.8	102 34.3	N10 15.6	197 26.9	N19 44.4	133 55.1	N19 19.1	331 07.6	S22 08.1	Vega	80 50.4	N38 46.7
	19	276 31.3	117 33.8	14.4	212 28.3	44.6	148 57.1	18.9	346 10.2	08.2	Zuben'ubi	137 24.5	S16 00.3
	20	291 33.8	132 33.3	13.3	227 29.7	44.8	163 59.1	18.8	1 12.7	08.2			
	21	306 36.2	147 32.9	· · 12.2	242 31.1	· · 45.0	179 01.1	· · 18.7	16 15.2	· · 08.2			
	22	321 38.7	162 32.4	11.1	257 32.4	45.3	194 03.1	18.6	31 17.7	08.2			
	23	336 41.2	177 31.9	10.0	272 33.8	45.5	209 05.0	18.5	46 20.2	08.2			
Mer. Pass.		h m 0 40.9	v −0.5	d 1.1	v 1.4	d 0.2	v 2.0	d 0.1	v 2.5	d 0.0			

	S.H.A.	Mer. Pass.
	° ′	h m
Venus	203 09.1	11 09
Mars	296 44.5	4 54
Jupiter	232 46.7	9 09
Saturn	69 36.8	19 59

UT (GMT)		SUN G.H.A.	SUN Dec.	MOON G.H.A.	v	MOON Dec.	d	H.P.
d	h	° ′	° ′	° ′	′	° ′	′	′
10	00	180 41.7	N 5 07.2	300 22.4	5.8	N23 07.2	8.6	59.5
	01	195 42.0	06.2	314 47.2	5.6	23 15.8	8.4	59.5
	02	210 42.2	05.3	329 11.8	5.6	23 24.2	8.3	59.5
	03	225 42.4	. . 04.3	343 36.4	5.5	23 32.5	8.1	59.5
	04	240 42.6	03.4	358 00.9	5.4	23 40.6	7.9	59.5
	05	255 42.8	02.4	12 25.3	5.4	23 48.5	7.8	59.5
	06	270 43.0	N 5 01.5	26 49.7	5.3	N23 56.3	7.6	59.5
	07	285 43.3	5 00.5	41 14.0	5.2	24 03.9	7.5	59.5
	08	300 43.5	4 59.6	55 38.2	5.1	24 11.4	7.3	59.5
MONDAY	09	315 43.7	. . 58.6	70 02.3	5.1	24 18.7	7.1	59.5
	10	330 43.9	57.7	84 26.4	5.1	24 25.8	7.0	59.5
	11	345 44.1	56.7	98 50.5	4.9	24 32.8	6.8	59.5
	12	0 44.4	N 4 55.8	113 14.4	4.9	N24 39.6	6.7	59.5
	13	15 44.6	54.9	127 38.3	4.9	24 46.3	6.5	59.5
	14	30 44.8	53.9	142 02.2	4.8	24 52.8	6.3	59.5
	15	45 45.0	. . 53.0	156 26.0	4.7	24 59.1	6.2	59.4
	16	60 45.2	52.0	170 49.7	4.7	25 05.3	5.9	59.4
	17	75 45.4	51.1	185 13.4	4.6	25 11.2	5.8	59.4
	18	90 45.7	N 4 50.1	199 37.0	4.5	N25 17.0	5.7	59.4
	19	105 45.9	49.2	214 00.5	4.6	25 22.7	5.5	59.4
	20	120 46.1	48.2	228 24.1	4.4	25 28.2	5.3	59.4
	21	135 46.3	. . 47.3	242 47.5	4.4	25 33.5	5.1	59.4
	22	150 46.5	46.3	257 10.9	4.4	25 38.6	4.9	59.4
	23	165 46.8	45.4	271 34.3	4.3	25 43.5	4.8	59.4
11	00	180 47.0	N 4 44.4	285 57.6	4.3	N25 48.3	4.6	59.4
	01	195 47.2	43.5	300 20.9	4.3	25 52.9	4.4	59.4
	02	210 47.4	42.5	314 44.2	4.2	25 57.3	4.3	59.4
	03	225 47.6	. . 41.6	329 07.4	4.2	26 01.6	4.0	59.4
	04	240 47.9	40.6	343 30.6	4.1	26 05.6	3.9	59.4
	05	255 48.1	39.7	357 53.7	4.1	26 09.5	3.7	59.4
	06	270 48.3	N 4 38.7	12 16.8	4.1	N26 13.2	3.5	59.3
	07	285 48.5	37.8	26 39.9	4.1	26 16.7	3.4	59.3
	08	300 48.7	36.8	41 03.0	4.0	26 20.1	3.1	59.3
	09	315 49.0	. . 35.9	55 26.0	4.0	26 23.2	3.0	59.3
TUESDAY	10	330 49.2	34.9	69 49.0	4.0	26 26.2	2.8	59.3
	11	345 49.4	34.0	84 12.0	3.9	26 29.0	2.6	59.3
	12	0 49.6	N 4 33.0	98 34.9	4.0	N26 31.6	2.5	59.3
	13	15 49.8	32.1	112 57.9	3.9	26 34.1	2.2	59.3
	14	30 50.1	31.1	127 20.8	3.9	26 36.3	2.1	59.3
	15	45 50.3	. . 30.2	141 43.7	4.0	26 38.4	1.9	59.3
	16	60 50.5	29.2	156 06.7	3.9	26 40.3	1.7	59.3
	17	75 50.7	28.3	170 29.6	3.9	26 42.0	1.5	59.3
	18	90 50.9	N 4 27.3	184 52.5	3.8	N26 43.5	1.4	59.2
	19	105 51.1	26.4	199 15.3	3.9	26 44.9	1.1	59.2
	20	120 51.4	25.4	213 38.2	3.9	26 46.0	1.0	59.2
	21	135 51.6	. . 24.5	228 01.1	3.9	26 47.0	0.8	59.2
	22	150 51.8	23.5	242 24.0	3.9	26 47.8	0.6	59.2
	23	165 52.0	22.6	256 46.9	3.9	26 48.4	0.4	59.2
12	00	180 52.2	N 4 21.6	271 09.8	3.9	N26 48.8	0.3	59.2
	01	195 52.5	20.7	285 32.7	4.0	26 49.1	0.0	59.2
	02	210 52.7	19.7	299 55.7	3.9	26 49.1	0.1	59.2
	03	225 52.9	. . 18.8	314 18.6	4.0	26 49.0	0.3	59.2
	04	240 53.1	17.8	328 41.6	3.9	26 48.7	0.5	59.1
	05	255 53.4	16.8	343 04.5	4.0	26 48.2	0.7	59.1
	06	270 53.6	N 4 15.9	357 27.5	4.1	N26 47.5	0.8	59.1
	07	285 53.8	14.9	11 50.6	4.0	26 46.7	1.1	59.1
	08	300 54.0	14.0	26 13.6	4.1	26 45.6	1.2	59.1
	09	315 54.2	. . 13.0	40 36.7	4.1	26 44.4	1.4	59.1
WEDNESDAY	10	330 54.5	12.1	54 59.8	4.1	26 43.0	1.6	59.1
	11	345 54.7	11.1	69 22.9	4.2	26 41.4	1.7	59.1
	12	0 54.9	N 4 10.2	83 46.1	4.2	N26 39.7	2.0	59.1
	13	15 55.1	09.2	98 09.3	4.2	26 37.7	2.1	59.0
	14	30 55.3	08.3	112 32.5	4.3	26 35.6	2.3	59.0
	15	45 55.6	. . 07.3	126 55.8	4.3	26 33.3	2.5	59.0
	16	60 55.8	06.4	141 19.1	4.4	26 30.8	2.6	59.0
	17	75 56.0	05.4	155 42.5	4.4	26 28.2	2.8	59.0
	18	90 56.2	N 4 04.4	170 05.9	4.4	N26 25.4	3.0	59.0
	19	105 56.4	03.5	184 29.3	4.6	26 22.4	3.2	59.0
	20	120 56.7	02.5	198 52.9	4.5	26 19.2	3.4	59.0
	21	135 56.9	. . 01.6	213 16.4	4.6	26 15.8	3.5	58.9
	22	150 57.1	4 00.6	227 40.0	4.7	26 12.3	3.7	58.9
	23	165 57.3	3 59.7	242 03.7	4.7	26 08.6	3.9	58.9
		S.D. 15.9	d 1.0	S.D. 16.2		16.2		16.1

Lat.	Twilight Naut.	Twilight Civil	Sunrise	Moonrise 10	Moonrise 11	Moonrise 12	Moonrise 13
°	h m	h m	h m	h m	h m	h m	h m
N 72	01 24	03 32	04 47	□	□	□	□
N 70	02 10	03 48	04 55	□	□	□	□
68	02 39	04 01	05 01	□	□	□	□
66	03 00	04 12	05 06	□	□	□	□
64	03 16	04 21	05 11	17 45	□	□	21 24
62	03 30	04 28	05 14	18 34	19 02	20 15	22 02
60	03 41	04 35	05 18	19 05	19 44	20 54	22 29
N 58	03 50	04 40	05 20	19 29	20 13	21 21	22 49
56	03 58	04 45	05 23	19 48	20 35	21 43	23 07
54	04 05	04 49	05 25	20 04	20 53	22 00	23 21
52	04 12	04 53	05 27	20 18	21 09	22 15	23 34
50	04 17	04 56	05 29	20 30	21 22	22 28	23 45
45	04 28	05 04	05 33	20 56	21 50	22 55	24 08
N 40	04 37	05 09	05 37	21 16	22 12	23 16	24 26
35	04 44	05 14	05 40	21 33	22 30	23 34	24 42
30	04 50	05 18	05 42	21 47	22 45	23 49	24 55
20	04 58	05 24	05 46	22 12	23 12	24 14	00 14
N 10	05 05	05 29	05 50	22 34	23 35	24 37	00 37
0	05 09	05 33	05 53	22 54	23 56	24 57	00 57
S 10	05 11	05 36	05 57	23 15	24 17	00 17	01 18
20	05 12	05 38	06 00	23 36	24 40	00 40	01 40
30	05 12	05 40	06 04	24 02	00 02	01 07	02 05
35	05 11	05 40	06 06	24 17	00 17	01 23	02 20
40	05 10	05 41	06 08	24 34	00 34	01 41	02 38
45	05 07	05 41	06 11	24 56	00 56	02 03	02 58
S 50	05 04	05 42	06 14	00 02	01 22	02 31	03 25
52	05 03	05 42	06 15	00 13	01 35	02 45	03 37
54	05 01	05 42	06 17	00 25	01 50	03 01	03 52
56	04 58	05 41	06 18	00 40	02 08	03 20	04 09
58	04 56	05 41	06 20	00 56	02 29	03 43	04 29
S 60	04 53	05 41	06 22	01 17	02 57	04 13	04 55

Lat.	Sunset	Twilight Civil	Twilight Naut.	Moonset 10	Moonset 11	Moonset 12	Moonset 13
°	h m	h m	h m	h m	h m	h m	h m
N 72	19 03	20 18	22 19	□	□	□	□
N 70	18 56	20 02	21 37	□	□	□	□
68	18 50	19 49	21 10	□	□	□	□
66	18 45	19 39	20 50	□	□	□	□
64	18 41	19 30	20 34	15 23	□	□	18 08
62	18 37	19 23	20 21	14 34	16 16	17 11	17 29
60	18 34	19 17	20 10	14 04	15 33	16 32	17 02
N 58	18 32	19 12	20 01	13 40	15 05	16 05	16 41
56	18 29	19 07	19 53	13 22	14 43	15 43	16 23
54	18 27	19 03	19 46	13 06	14 24	15 25	16 08
52	18 25	18 59	19 40	12 52	14 09	15 10	15 55
50	18 23	18 56	19 35	12 41	13 56	14 57	15 43
45	18 19	18 49	19 24	12 16	13 28	14 30	15 19
N 40	18 16	18 43	19 15	11 57	13 07	14 09	15 00
35	18 13	18 39	19 09	11 40	12 49	13 51	14 44
30	18 11	18 35	19 03	11 26	12 33	13 35	14 30
20	18 07	18 29	18 55	11 02	12 07	13 09	14 06
N 10	18 03	18 24	18 49	10 42	11 45	12 46	13 45
0	18 00	18 21	18 45	10 22	11 23	12 25	13 26
S 10	17 57	18 18	18 42	10 03	11 02	12 04	13 06
20	17 54	18 16	18 41	09 43	10 40	11 41	12 45
30	17 50	18 14	18 42	09 19	10 14	11 15	12 20
35	17 48	18 13	18 43	09 05	09 58	10 59	12 06
40	17 46	18 13	18 44	08 49	09 40	10 41	11 49
45	17 43	18 13	18 47	08 30	09 19	10 19	11 29
S 50	17 40	18 13	18 50	08 07	08 52	09 51	11 03
52	17 39	18 13	18 52	07 56	08 38	09 37	10 51
54	17 38	18 13	18 54	07 43	08 23	09 21	10 36
56	17 36	18 13	18 56	07 28	08 05	09 03	10 20
58	17 34	18 13	18 59	07 11	07 44	08 40	10 00
S 60	17 32	18 14	19 02	06 50	07 16	08 09	09 35

Day	SUN Eqn. of Time 00 h	SUN Eqn. of Time 12 h	SUN Mer. Pass.	MOON Mer. Pass. Upper	MOON Mer. Pass. Lower	Age	Phase
	m s	m s	h m	h m	h m	d	
10	02 47	02 57	11 57	04 08	16 38	21	
11	03 07	03 18	11 57	05 09	17 40	22	◑
12	03 29	03 39	11 56	06 11	18 41	23	

Day	UT (GMT) d h	ARIES G.H.A. ° ′	VENUS −3.9 G.H.A. ° ′	VENUS Dec. ° ′	MARS −0.6 G.H.A. ° ′	MARS Dec. ° ′	JUPITER −1.9 G.H.A. ° ′	JUPITER Dec. ° ′	SATURN +0.4 G.H.A. ° ′	SATURN Dec. ° ′
	13 00	351 43.6	192 31.4	N10 08.9	287 35.2	N19 45.7	224 07.0	N19 18.4	61 22.7	S22 08.2
	01	6 46.1	207 31.0	07.8	302 36.6	46.0	239 09.0	18.3	76 25.2	08.2
	02	21 48.6	222 30.5	06.7	317 38.0	46.2	254 11.0	18.2	91 27.7	08.2
	03	36 51.0	237 30.0	· · 05.6	332 39.3	· · 46.4	269 13.0	· · 18.1	106 30.2	· · 08.2
	04	51 53.5	252 29.6	04.5	347 40.7	46.6	284 14.9	18.0	121 32.7	08.2
	05	66 55.9	267 29.1	03.3	2 42.1	46.9	299 16.9	17.9	136 35.2	08.2
	06	81 58.4	282 28.6	N10 02.2	17 43.5	N19 47.1	314 18.9	N19 17.8	151 37.7	S22 08.3
	07	97 00.9	297 28.1	01.1	32 44.9	47.3	329 20.9	17.6	166 40.2	08.3
T	08	112 03.3	312 27.7	10 00.0	47 46.3	47.6	344 22.9	17.5	181 42.8	08.3
H	09	127 05.8	327 27.2	9 58.9	62 47.7	· · 47.8	359 24.9	· · 17.4	196 45.3	· · 08.3
U	10	142 08.3	342 26.7	57.8	77 49.0	48.0	14 26.8	17.3	211 47.8	08.3
R	11	157 10.7	357 26.3	56.7	92 50.4	48.2	29 28.8	17.2	226 50.3	08.3
S	12	172 13.2	12 25.8	N 9 55.5	107 51.8	N19 48.5	44 30.8	N19 17.1	241 52.8	S22 08.3
D	13	187 15.7	27 25.3	54.4	122 53.2	48.7	59 32.8	17.0	256 55.3	08.3
A	14	202 18.1	42 24.9	53.3	137 54.6	48.9	74 34.8	16.9	271 57.8	08.3
Y	15	217 20.6	57 24.4	· · 52.2	152 56.0	· · 49.1	89 36.8	· · 16.8	287 00.3	· · 08.3
	16	232 23.1	72 23.9	51.1	167 57.4	49.4	104 38.7	16.7	302 02.8	08.3
	17	247 25.5	87 23.5	49.9	182 58.8	49.6	119 40.7	16.6	317 05.3	08.4
	18	262 28.0	102 23.0	N 9 48.8	198 00.2	N19 49.8	134 42.7	N19 16.5	332 07.8	S22 08.4
	19	277 30.4	117 22.5	47.7	213 01.6	50.0	149 44.7	16.3	347 10.3	08.4
	20	292 32.9	132 22.1	46.6	228 03.0	50.3	164 46.7	16.2	2 12.8	08.4
	21	307 35.4	147 21.6	· · 45.5	243 04.4	· · 50.5	179 48.7	· · 16.1	17 15.3	· · 08.4
	22	322 37.8	162 21.1	44.3	258 05.8	50.7	194 50.6	16.0	32 17.8	08.4
	23	337 40.3	177 20.7	43.2	273 07.1	50.9	209 52.6	15.9	47 20.3	08.4
	14 00	352 42.8	192 20.2	N 9 42.1	288 08.5	N19 51.2	224 54.6	N19 15.8	62 22.8	S22 08.4
	01	7 45.2	207 19.7	41.0	303 09.9	51.4	239 56.6	15.7	77 25.3	08.4
	02	22 47.7	222 19.3	39.9	318 11.3	51.6	254 58.6	15.6	92 27.8	08.4
	03	37 50.2	237 18.8	· · 38.7	333 12.7	· · 51.8	270 00.6	· · 15.5	107 30.4	· · 08.4
	04	52 52.6	252 18.3	37.6	348 14.1	52.1	285 02.6	15.4	122 32.9	08.4
	05	67 55.1	267 17.9	36.5	3 15.6	52.3	300 04.5	15.3	137 35.4	08.5
	06	82 57.5	282 17.4	N 9 35.4	18 17.0	N19 52.5	315 06.5	N19 15.2	152 37.9	S22 08.5
	07	98 00.0	297 17.0	34.2	33 18.4	52.7	330 08.5	15.1	167 40.4	08.5
	08	113 02.5	312 16.5	33.1	48 19.8	52.9	345 10.5	14.9	182 42.9	08.5
F	09	128 04.9	327 16.0	· · 32.0	63 21.2	· · 53.2	0 12.5	· · 14.8	197 45.4	· · 08.5
R	10	143 07.4	342 15.6	30.9	78 22.6	53.4	15 14.5	14.7	212 47.9	08.5
I	11	158 09.9	357 15.1	29.7	93 24.0	53.6	30 16.5	14.6	227 50.4	08.5
D	12	173 12.3	12 14.6	N 9 28.6	108 25.4	N19 53.8	45 18.4	N19 14.5	242 52.9	S22 08.5
A	13	188 14.8	27 14.2	27.5	123 26.8	54.1	60 20.4	14.4	257 55.4	08.5
Y	14	203 17.3	42 13.7	26.3	138 28.2	54.3	75 22.4	14.3	272 57.9	08.5
	15	218 19.7	57 13.3	· · 25.2	153 29.6	· · 54.5	90 24.4	· · 14.2	288 00.4	· · 08.5
	16	233 22.2	72 12.8	24.1	168 31.0	54.7	105 26.4	14.1	303 02.9	08.5
	17	248 24.7	87 12.3	23.0	183 32.4	54.9	120 28.4	14.0	318 05.4	08.6
	18	263 27.1	102 11.9	N 9 21.8	198 33.9	N19 55.2	135 30.4	N19 13.9	333 07.9	S22 08.6
	19	278 29.6	117 11.4	20.7	213 35.3	55.4	150 32.4	13.8	348 10.4	08.6
	20	293 32.0	132 11.0	19.6	228 36.7	55.6	165 34.3	13.6	3 12.9	08.6
	21	308 34.5	147 10.5	· · 18.4	243 38.1	· · 55.8	180 36.3	· · 13.5	18 15.4	· · 08.6
	22	323 37.0	162 10.0	17.3	258 39.5	56.0	195 38.3	13.4	33 17.9	08.6
	23	338 39.4	177 09.6	16.2	273 40.9	56.3	210 40.3	13.3	48 20.4	08.6
	15 00	353 41.9	192 09.1	N 9 15.0	288 42.3	N19 56.5	225 42.3	N19 13.2	63 22.9	S22 08.6
	01	8 44.4	207 08.7	13.9	303 43.8	56.7	240 44.3	13.1	78 25.4	08.6
	02	23 46.8	222 08.2	12.8	318 45.2	56.9	255 46.3	13.0	93 27.9	08.6
	03	38 49.3	237 07.8	· · 11.6	333 46.6	· · 57.1	270 48.3	· · 12.9	108 30.4	· · 08.6
	04	53 51.8	252 07.3	10.5	348 48.0	57.4	285 50.3	12.8	123 32.9	08.6
	05	68 54.2	267 06.8	09.4	3 49.4	57.6	300 52.2	12.7	138 35.4	08.7
	06	83 56.7	282 06.4	N 9 08.2	18 50.9	N19 57.8	315 54.2	N19 12.6	153 37.9	S22 08.7
	07	98 59.2	297 05.9	07.1	33 52.3	58.0	330 56.2	12.5	168 40.4	08.7
S	08	114 01.6	312 05.5	06.0	48 53.7	58.2	345 58.2	12.4	183 42.9	08.7
A	09	129 04.1	327 05.0	· · 04.8	63 55.1	· · 58.4	1 00.2	· · 12.3	198 45.4	· · 08.7
T	10	144 06.5	342 04.6	03.7	78 56.6	58.7	16 02.2	12.1	213 47.9	08.7
U	11	159 09.0	357 04.1	02.5	93 58.0	58.9	31 04.2	12.0	228 50.4	08.7
R	12	174 11.5	12 03.7	N 9 01.4	108 59.4	N19 59.1	46 06.2	N19 11.9	243 52.9	S22 08.7
D	13	189 13.9	27 03.2	9 00.3	124 00.8	59.3	61 08.2	11.8	258 55.4	08.7
A	14	204 16.4	42 02.7	8 59.1	139 02.3	59.5	76 10.2	11.7	273 57.9	08.7
Y	15	219 18.9	57 02.3	· · 58.0	154 03.7	19 59.7	91 12.1	· · 11.6	289 00.4	· · 08.7
	16	234 21.3	72 01.8	56.8	169 05.1	20 00.0	106 14.1	11.5	304 02.9	08.7
	17	249 23.8	87 01.4	55.7	184 06.6	00.2	121 16.1	11.4	319 05.3	08.7
	18	264 26.3	102 00.9	N 8 54.6	199 08.0	N20 00.4	136 18.1	N19 11.3	334 07.8	S22 08.8
	19	279 28.7	117 00.5	53.4	214 09.4	00.6	151 20.1	11.2	349 10.3	08.8
	20	294 31.2	132 00.0	52.3	229 10.9	00.8	166 22.1	11.1	4 12.8	08.8
	21	309 33.7	146 59.6	· · 51.1	244 12.3	· · 01.0	181 24.1	· · 11.0	19 15.3	· · 08.8
	22	324 36.1	161 59.1	50.0	259 13.7	01.3	196 26.1	10.9	34 17.8	08.8
	23	339 38.6	176 58.7	48.8	274 15.2	01.5	211 28.1	10.7	49 20.3	08.8
	Mer. Pass.	h m 0 29.1	v −0.5	d 1.1	v 1.4	d 0.2	v 2.0	d 0.1	v 2.5	d 0.0

STARS

Name	S.H.A. ° ′	Dec. ° ′
Acamar	315 30.9	S40 20.1
Achernar	335 38.7	S57 16.7
Acrux	173 29.4	S63 03.0
Adhara	255 26.1	S28 57.2
Aldebaran	291 08.9	N16 29.6
Alioth	166 35.9	N56 00.7
Alkaid	153 12.5	N49 21.7
Al Na'ir	28 04.4	S47 00.3
Alnilam	276 03.7	S 1 12.2
Alphard	218 13.1	S 8 36.9
Alphecca	126 25.5	N26 44.8
Alpheratz	358 00.9	N29 02.5
Altair	62 24.7	N 8 50.7
Ankaa	353 31.9	S42 21.1
Antares	112 47.3	S26 24.9
Arcturus	146 11.5	N19 13.9
Atria	108 04.6	S69 01.1
Avior	234 25.6	S59 28.5
Bellatrix	278 50.3	N 6 20.7
Betelgeuse	271 19.8	N 7 24.5
Canopus	264 03.8	S52 41.0
Capella	280 59.7	N45 59.3
Deneb	49 42.9	N45 15.0
Denebola	182 51.3	N14 37.5
Diphda	349 12.6	S18 02.0
Dubhe	194 12.8	N61 48.0
Elnath	278 34.2	N28 36.1
Eltanin	90 54.0	N51 29.6
Enif	34 03.6	N 9 50.1
Fomalhaut	15 42.3	S29 40.1
Gacrux	172 20.8	S57 03.8
Gienah	176 10.2	S17 29.4
Hadar	149 12.9	S60 19.9
Hamal	328 19.8	N23 25.3
Kaus Aust.	84 06.3	S34 23.5
Kochab	137 19.6	N74 11.7
Markab	13 55.0	N15 09.5
Menkar	314 32.7	N 4 03.5
Menkent	148 28.1	S36 19.6
Miaplacidus	221 44.3	S69 40.5
Mirfak	309 04.7	N49 49.7
Nunki	76 19.3	S26 18.6
Peacock	53 45.4	S56 46.1
Pollux	243 48.7	N28 03.0
Procyon	245 17.7	N 5 15.1
Rasalhague	96 22.2	N12 34.1
Regulus	208 01.9	N12 00.8
Rigel	281 28.4	S 8 12.4
Rigil Kent.	140 15.7	S60 48.1
Sabik	102 32.1	S15 42.9
Schedar	349 59.7	N56 29.3
Shaula	96 45.0	S37 06.0
Sirius	258 48.8	S16 41.9
Spica	158 49.5	S11 06.8
Suhail	223 05.5	S43 23.5
Vega	80 50.4	N38 46.7
Zuben'ubi	137 24.5	S16 00.3

	S.H.A. ° ′	Mer. Pass. h m
Venus	199 37.4	11 11
Mars	295 25.8	4 47
Jupiter	232 11.8	8 59
Saturn	69 40.1	19 47

UT (GMT) d h	SUN G.H.A. ° ′	SUN Dec. ° ′	MOON G.H.A. ° ′	MOON v ′	MOON Dec. ° ′	MOON d ′	MOON H.P. ′
13 00	180 57.5	N 3 58.7	256 27.4	4.8	N26 04.7	4.0	58.9
01	195 57.8	57.8	270 51.2	4.9	26 00.7	4.2	58.9
02	210 58.0	56.8	285 15.1	4.9	25 56.5	4.4	58.9
03	225 58.2	. . 55.9	299 39.0	4.9	25 52.1	4.5	58.9
04	240 58.4	54.9	314 02.9	5.1	25 47.6	4.7	58.9
05	255 58.6	53.9	328 27.0	5.1	25 42.9	4.9	58.8
06	270 58.9	N 3 53.0	342 51.1	5.2	N25 38.0	5.0	58.8
07	285 59.1	52.0	357 15.3	5.2	25 33.0	5.2	58.8
T 08	300 59.3	51.1	11 39.5	5.3	25 27.8	5.4	58.8
H 09	315 59.5	. . 50.1	26 03.8	5.4	25 22.4	5.5	58.8
U 10	330 59.8	49.2	40 28.2	5.5	25 16.9	5.7	58.8
R 11	346 00.0	48.2	54 52.7	5.5	25 11.2	5.9	58.8
S 12	1 00.2	N 3 47.2	69 17.2	5.6	N25 05.3	6.0	58.7
D 13	16 00.4	46.3	83 41.8	5.7	24 59.3	6.1	58.7
A 14	31 00.6	45.3	98 06.5	5.8	24 53.2	6.3	58.7
Y 15	46 00.9	. . 44.4	112 31.3	5.9	24 46.9	6.5	58.7
16	61 01.1	43.4	126 56.2	5.9	24 40.4	6.6	58.7
17	76 01.3	42.5	141 21.1	6.0	24 33.8	6.8	58.7
18	91 01.5	N 3 41.5	155 46.1	6.1	N24 27.0	6.9	58.7
19	106 01.7	40.5	170 11.2	6.2	24 20.1	7.1	58.6
20	121 02.0	39.6	184 36.4	6.3	24 13.0	7.2	58.6
21	136 02.2	. . 38.6	199 01.7	6.4	24 05.8	7.4	58.6
22	151 02.4	37.7	213 27.1	6.4	23 58.4	7.5	58.6
23	166 02.6	36.7	227 52.5	6.6	23 50.9	7.6	58.6
14 00	181 02.9	N 3 35.8	242 18.1	6.6	N23 43.3	7.8	58.6
01	196 03.1	34.8	256 43.7	6.7	23 35.5	8.0	58.6
02	211 03.3	33.8	271 09.4	6.8	23 27.5	8.1	58.5
03	226 03.5	. . 32.9	285 35.2	6.9	23 19.4	8.2	58.5
04	241 03.7	31.9	300 01.1	7.0	23 11.2	8.3	58.5
05	256 04.0	31.0	314 27.1	7.1	23 02.9	8.5	58.5
06	271 04.2	N 3 30.0	328 53.2	7.2	N22 54.4	8.6	58.5
07	286 04.4	29.0	343 19.4	7.3	22 45.8	8.8	58.5
08	301 04.6	28.1	357 45.7	7.4	22 37.0	8.9	58.4
F 09	316 04.8	. . 27.1	12 12.1	7.4	22 28.1	9.0	58.4
R 10	331 05.1	26.2	26 38.5	7.6	22 19.1	9.1	58.4
I 11	346 05.3	25.2	41 05.1	7.6	22 10.0	9.3	58.4
D 12	1 05.5	N 3 24.2	55 31.7	7.8	N22 00.7	9.3	58.4
A 13	16 05.7	23.3	69 58.5	7.8	21 51.4	9.6	58.4
Y 14	31 06.0	22.3	84 25.3	8.0	21 41.8	9.6	58.4
15	46 06.2	. . 21.4	98 52.3	8.0	21 32.2	9.7	58.3
16	61 06.4	20.4	113 19.3	8.2	21 22.5	9.9	58.3
17	76 06.6	19.4	127 46.5	8.2	21 12.6	10.0	58.3
18	91 06.8	N 3 18.5	142 13.7	8.3	N21 02.6	10.1	58.3
19	106 07.1	17.5	156 41.0	8.4	20 52.5	10.2	58.3
20	121 07.3	16.6	171 08.4	8.6	20 42.3	10.4	58.3
21	136 07.5	. . 15.6	185 36.0	8.6	20 31.9	10.4	58.2
22	151 07.7	14.6	200 03.6	8.7	20 21.5	10.6	58.2
23	166 08.0	13.7	214 31.3	8.8	20 10.9	10.6	58.2
15 00	181 08.2	N 3 12.7	228 59.1	8.9	N20 00.3	10.8	58.2
01	196 08.4	11.8	243 27.0	9.0	19 49.5	10.8	58.2
02	211 08.6	10.8	257 55.0	9.1	19 38.7	11.0	58.2
03	226 08.8	. . 09.8	272 23.1	9.2	19 27.7	11.1	58.1
04	241 09.1	08.9	286 51.3	9.3	19 16.6	11.2	58.1
05	256 09.3	07.9	301 19.6	9.4	19 05.4	11.2	58.1
06	271 09.5	N 3 07.0	315 48.0	9.5	N18 54.2	11.4	58.1
07	286 09.7	06.0	330 16.5	9.5	18 42.8	11.5	58.1
S 08	301 10.0	05.0	344 45.0	9.7	18 31.3	11.5	58.0
A 09	316 10.2	. . 04.1	359 13.7	9.8	18 19.8	11.7	58.0
T 10	331 10.4	03.1	13 42.5	9.8	18 08.1	11.7	58.0
U 11	346 10.6	02.1	28 11.3	10.0	17 56.4	11.9	58.0
R 12	1 10.8	N 3 01.2	42 40.3	10.0	N17 44.5	11.9	58.0
D 13	16 11.1	3 00.2	57 09.3	10.1	17 32.6	12.0	58.0
A 14	31 11.3	2 59.3	71 38.4	10.3	17 20.6	12.1	57.9
Y 15	46 11.5	. . 58.3	86 07.7	10.3	17 08.5	12.1	57.9
16	61 11.7	57.3	100 37.0	10.4	16 56.4	12.3	57.9
17	76 12.0	56.4	115 06.4	10.5	16 44.1	12.3	57.9
18	91 12.2	N 2 55.4	129 35.9	10.6	N16 31.8	12.5	57.9
19	106 12.4	54.4	144 05.5	10.6	16 19.3	12.4	57.8
20	121 12.6	53.5	158 35.1	10.8	16 06.9	12.6	57.8
21	136 12.8	. . 52.5	173 04.9	10.8	15 54.3	12.7	57.8
22	151 13.1	51.6	187 34.7	11.0	15 41.6	12.7	57.8
23	166 13.3	50.6	202 04.7	11.0	15 28.9	12.8	57.8
	S.D. 15.9	*d* 1.0	S.D. 16.0		15.9		15.8

Lat. °	Twilight Naut. h m	Twilight Civil h m	Sunrise h m	Moonrise 13 h m	Moonrise 14 h m	Moonrise 15 h m	Moonrise 16 h m
N 72	01 56	03 48	05 01	☐	☐	23 47	26 26
N 70	02 31	04 02	05 07	☐	☐	☐	00 24
68	02 55	04 13	05 12	☐	22 19	24 50	00 50
66	03 13	04 22	05 16	☐	23 02	25 09	01 09
64	03 28	04 30	05 19	21 24	23 31	25 25	01 25
62	03 40	04 37	05 22	22 02	23 52	25 38	01 38
60	03 49	04 42	05 25	22 29	24 10	00 10	01 49
N 58	03 58	04 47	05 27	22 49	24 24	00 24	01 58
56	04 05	04 51	05 29	23 07	24 37	00 37	02 07
54	04 12	04 55	05 31	23 21	24 48	00 48	02 14
52	04 17	04 58	05 32	23 34	24 57	00 57	02 20
50	04 22	05 01	05 34	23 45	25 06	01 06	02 26
45	04 32	05 07	05 37	24 08	00 08	01 24	02 39
N 40	04 40	05 12	05 40	24 26	00 26	01 38	02 49
35	04 47	05 16	05 42	24 42	00 42	01 51	02 58
30	04 52	05 20	05 44	24 55	00 55	02 02	03 06
20	04 59	05 25	05 47	00 14	01 18	02 20	03 19
N 10	05 04	05 29	05 50	00 37	01 38	02 36	03 31
0	05 08	05 32	05 52	00 57	01 56	02 51	03 42
S 10	05 09	05 34	05 55	01 18	02 14	03 06	03 52
20	05 10	05 35	05 57	01 40	02 34	03 21	04 04
30	05 08	05 36	06 00	02 05	02 56	03 39	04 17
35	05 07	05 36	06 01	02 20	03 09	03 50	04 24
40	05 05	05 36	06 03	02 38	03 24	04 02	04 33
45	05 02	05 36	06 05	02 58	03 42	04 16	04 43
S 50	04 58	05 35	06 07	03 25	04 04	04 33	04 55
52	04 56	05 35	06 08	03 37	04 14	04 41	05 00
54	04 53	05 34	06 09	03 52	04 26	04 49	05 06
56	04 50	05 34	06 11	04 09	04 40	04 59	05 13
58	04 47	05 33	06 12	04 29	04 55	05 11	05 20
S 60	04 43	05 32	06 13	04 55	05 14	05 24	05 29

Lat. °	Sunset h m	Twilight Civil h m	Twilight Naut. h m	Moonset 13 h m	Moonset 14 h m	Moonset 15 h m	Moonset 16 h m
N 72	18 47	20 00	21 48	☐	☐	19 34	18 37
N 70	18 42	19 46	21 15	☐	☐	18 55	18 19
68	18 37	19 35	20 52	☐	19 11	18 28	18 05
66	18 34	19 26	20 35	☐	18 27	18 07	17 54
64	18 30	19 19	20 21	18 08	17 57	17 50	17 44
62	18 28	19 13	20 09	17 29	17 35	17 36	17 35
60	18 25	19 08	20 00	17 02	17 16	17 24	17 28
N 58	18 23	19 03	19 51	16 41	17 01	17 14	17 22
56	18 21	18 59	19 44	16 23	16 48	17 04	17 16
54	18 19	18 55	19 38	16 08	16 36	16 56	17 11
52	18 18	18 52	19 33	15 55	16 26	16 49	17 06
50	18 17	18 49	19 28	15 43	16 17	16 42	17 02
45	18 14	18 43	19 18	15 19	15 58	16 28	16 53
N 40	18 11	18 38	19 10	15 00	15 42	16 16	16 45
35	18 09	18 34	19 04	14 44	15 29	16 06	16 38
30	18 07	18 31	18 59	14 30	15 17	15 57	16 33
20	18 04	18 26	18 52	14 06	14 57	15 42	16 22
N 10	18 01	18 22	18 47	13 45	14 39	15 28	16 13
0	17 59	18 20	18 44	13 26	14 23	15 15	16 05
S 10	17 57	18 18	18 42	13 06	14 06	15 03	15 56
20	17 54	18 16	18 42	12 45	13 48	14 49	15 47
30	17 52	18 16	18 43	12 20	13 27	14 33	15 36
35	17 50	18 16	18 45	12 06	13 15	14 23	15 30
40	17 49	18 16	18 47	11 49	13 01	14 12	15 22
45	17 47	18 16	18 50	11 29	12 44	14 00	15 14
S 50	17 45	18 17	18 55	11 03	12 23	13 44	15 04
52	17 44	18 18	18 57	10 51	12 13	13 37	14 59
54	17 43	18 18	18 59	10 36	12 01	13 29	14 54
56	17 42	18 19	19 02	10 20	11 49	13 20	14 48
58	17 41	18 20	19 06	10 00	11 33	13 09	14 42
S 60	17 39	18 21	19 09	09 35	11 15	12 57	14 34

Day	SUN Eqn. of Time 00 h m s	SUN Eqn. of Time 12 h m s	SUN Mer. Pass. h m	MOON Mer. Pass. Upper h m	MOON Mer. Pass. Lower h m	MOON Age d	MOON Phase
13	03 50	04 00	11 56	07 11	19 41	24	
14	04 11	04 22	11 56	08 09	20 37	25	◐
15	04 32	04 43	11 55	09 03	21 29	26	

	UT (GMT)	ARIES	VENUS −3.9		MARS −0.7		JUPITER −1.9		SATURN +0.4	
	d h	G.H.A. ° ′	G.H.A. ° ′	Dec. ° ′	G.H.A. ° ′	Dec. ° ′	G.H.A. ° ′	Dec. ° ′	G.H.A. ° ′	Dec. ° ′
	16 00	354 41.0	191 58.2	N 8 47.7	289 16.6	N20 01.7	226 30.1	N19 10.6	64 22.8	S22 08.8
	01	9 43.5	206 57.8	46.6	304 18.0	01.9	241 32.1	10.5	79 25.3	08.8
	02	24 46.0	221 57.3	45.4	319 19.5	02.1	256 34.1	10.4	94 27.8	08.8
	03	39 48.4	236 56.9	· · 44.3	334 20.9	· · 02.3	271 36.0	· · 10.3	109 30.3	· · 08.8
	04	54 50.9	251 56.4	43.1	349 22.4	02.5	286 38.0	10.2	124 32.8	08.8
	05	69 53.4	266 56.0	42.0	4 23.8	02.7	301 40.0	10.1	139 35.3	08.8
	06	84 55.8	281 55.5	N 8 40.8	19 25.3	N20 03.0	316 42.0	N19 10.0	154 37.8	S22 08.8
	07	99 58.3	296 55.1	39.7	34 26.7	03.2	331 44.0	09.9	169 40.3	08.8
	08	115 00.8	311 54.6	38.5	49 28.1	03.4	346 46.0	09.8	184 42.8	08.9
S	09	130 03.2	326 54.2	· · 37.4	64 29.6	· · 03.6	1 48.0	· · 09.7	199 45.3	· · 08.9
U	10	145 05.7	341 53.7	36.2	79 31.0	03.8	16 50.0	09.6	214 47.8	08.9
N	11	160 08.1	356 53.3	35.1	94 32.5	04.0	31 52.0	09.5	229 50.3	08.9
D	12	175 10.6	11 52.8	N 8 33.9	109 33.9	N20 04.2	46 54.0	N19 09.4	244 52.8	S22 08.9
A	13	190 13.1	26 52.4	32.8	124 35.4	04.5	61 56.0	09.2	259 55.2	08.9
Y	14	205 15.5	41 51.9	31.6	139 36.8	04.7	76 58.0	09.1	274 57.7	08.9
	15	220 18.0	56 51.5	· · 30.5	154 38.3	· · 04.9	92 00.0	· · 09.0	290 00.2	· · 08.9
	16	235 20.5	71 51.0	29.3	169 39.7	05.1	107 02.0	08.9	305 02.7	08.9
	17	250 22.9	86 50.6	28.2	184 41.2	05.3	122 04.0	08.8	320 05.2	08.9
	18	265 25.4	101 50.1	N 8 27.0	199 42.6	N20 05.5	137 06.0	N19 08.7	335 07.7	S22 08.9
	19	280 27.9	116 49.7	25.9	214 44.1	05.7	152 08.0	08.6	350 10.2	08.9
	20	295 30.3	131 49.2	24.7	229 45.5	05.9	167 09.9	08.5	5 12.7	08.9
	21	310 32.8	146 48.8	· · 23.6	244 47.0	· · 06.1	182 11.9	· · 08.4	20 15.2	· · 08.9
	22	325 35.3	161 48.4	22.4	259 48.4	06.4	197 13.9	08.3	35 17.7	09.0
	23	340 37.7	176 47.9	21.3	274 49.9	06.6	212 15.9	08.2	50 20.2	09.0
	17 00	355 40.2	191 47.5	N 8 20.1	289 51.4	N20 06.8	227 17.9	N19 08.1	65 22.7	S22 09.0
	01	10 42.6	206 47.0	19.0	304 52.8	07.0	242 19.9	08.0	80 25.1	09.0
	02	25 45.1	221 46.6	17.8	319 54.3	07.2	257 21.9	07.9	95 27.6	09.0
	03	40 47.6	236 46.1	· · 16.7	334 55.7	· · 07.4	272 23.9	· · 07.8	110 30.1	· · 09.0
	04	55 50.0	251 45.7	15.5	349 57.2	07.6	287 25.9	07.6	125 32.6	09.0
	05	70 52.5	266 45.2	14.3	4 58.7	07.8	302 27.9	07.5	140 35.1	09.0
	06	85 55.0	281 44.8	N 8 13.2	20 00.1	N20 08.0	317 29.9	N19 07.4	155 37.6	S22 09.0
	07	100 57.4	296 44.4	12.0	35 01.6	08.2	332 31.9	07.3	170 40.1	09.0
	08	115 59.9	311 43.9	10.9	50 03.0	08.4	347 33.9	07.2	185 42.6	09.0
M	09	131 02.4	326 43.5	· · 09.7	65 04.5	· · 08.7	2 35.9	· · 07.1	200 45.1	· · 09.0
O	10	146 04.8	341 43.0	08.6	80 06.0	08.9	17 37.9	07.0	215 47.6	09.0
N	11	161 07.3	356 42.6	07.4	95 07.4	09.1	32 39.9	06.9	230 50.0	09.0
D	12	176 09.8	11 42.1	N 8 06.2	110 08.9	N20 09.3	47 41.9	N19 06.8	245 52.5	S22 09.0
A	13	191 12.2	26 41.7	05.1	125 10.4	09.5	62 43.9	06.7	260 55.0	09.1
Y	14	206 14.7	41 41.3	03.9	140 11.8	09.7	77 45.9	06.6	275 57.5	09.1
	15	221 17.1	56 40.8	· · 02.8	155 13.3	· · 09.9	92 47.9	· · 06.5	291 00.0	· · 09.1
	16	236 19.6	71 40.4	01.6	170 14.8	10.1	107 49.9	06.4	306 02.5	09.1
	17	251 22.1	86 39.9	8 00.4	185 16.3	10.3	122 51.9	06.3	321 05.0	09.1
	18	266 24.5	101 39.5	N 7 59.3	200 17.7	N20 10.5	137 53.9	N19 06.2	336 07.5	S22 09.1
	19	281 27.0	116 39.1	58.1	215 19.2	10.7	152 55.9	06.0	351 10.0	09.1
	20	296 29.5	131 38.6	56.9	230 20.7	10.9	167 57.9	05.9	6 12.4	09.1
	21	311 31.9	146 38.2	· · 55.8	245 22.2	· · 11.1	182 59.9	· · 05.8	21 14.9	· · 09.1
	22	326 34.4	161 37.7	54.6	260 23.6	11.3	198 01.9	05.7	36 17.4	09.1
	23	341 36.9	176 37.3	53.5	275 25.1	11.5	213 03.9	05.6	51 19.9	09.1
	18 00	356 39.3	191 36.9	N 7 52.3	290 26.6	N20 11.8	228 05.9	N19 05.5	66 22.4	S22 09.1
	01	11 41.8	206 36.4	51.1	305 28.1	12.0	243 07.9	05.4	81 24.9	09.1
	02	26 44.2	221 36.0	50.0	320 29.5	12.2	258 09.9	05.3	96 27.4	09.1
	03	41 46.7	236 35.5	· · 48.8	335 31.0	· · 12.4	273 11.9	· · 05.2	111 29.8	· · 09.1
	04	56 49.2	251 35.1	47.6	350 32.5	12.6	288 13.9	05.1	126 32.3	09.1
	05	71 51.6	266 34.7	46.5	5 34.0	12.8	303 15.9	05.0	141 34.8	09.2
	06	86 54.1	281 34.2	N 7 45.3	20 35.5	N20 13.0	318 17.9	N19 04.9	156 37.3	S22 09.2
	07	101 56.6	296 33.8	44.1	35 37.0	13.2	333 19.9	04.8	171 39.8	09.2
T	08	116 59.0	311 33.3	43.0	50 38.4	13.4	348 21.9	04.7	186 42.3	09.2
U	09	132 01.5	326 32.9	· · 41.8	65 39.9	· · 13.6	3 23.9	· · 04.6	201 44.8	· · 09.2
E	10	147 04.0	341 32.5	40.6	80 41.4	13.8	18 25.9	04.5	216 47.2	09.2
S	11	162 06.4	356 32.0	39.5	95 42.9	14.0	33 27.9	04.3	231 49.7	09.2
D	12	177 08.9	11 31.6	N 7 38.3	110 44.4	N20 14.2	48 29.9	N19 04.2	246 52.2	S22 09.2
A	13	192 11.4	26 31.2	37.1	125 45.9	14.4	63 31.9	04.1	261 54.7	09.2
Y	14	207 13.8	41 30.7	36.0	140 47.4	14.6	78 33.9	04.0	276 57.2	09.2
	15	222 16.3	56 30.3	· · 34.8	155 48.9	· · 14.8	93 35.9	· · 03.9	291 59.7	· · 09.2
	16	237 18.7	71 29.9	33.6	170 50.4	15.0	108 37.9	03.8	307 02.1	09.2
	17	252 21.2	86 29.4	32.5	185 51.9	15.2	123 39.9	03.7	322 04.6	09.2
	18	267 23.7	101 29.0	N 7 31.3	200 53.3	N20 15.4	138 41.9	N19 03.6	337 07.1	S22 09.2
	19	282 26.1	116 28.6	30.1	215 54.8	15.6	153 43.9	03.5	352 09.6	09.2
	20	297 28.6	131 28.1	28.9	230 56.3	15.8	168 45.9	03.4	7 12.1	09.2
	21	312 31.1	146 27.7	· · 27.8	245 57.8	· · 16.0	183 47.9	· · 03.3	22 14.6	· · 09.2
	22	327 33.5	161 27.2	26.6	260 59.3	16.2	198 49.9	03.2	37 17.0	09.3
	23	342 36.0	176 26.8	25.4	276 00.8	16.4	213 51.9	03.1	52 19.5	09.3
	Mer. Pass.	h m 0 17.3	v −0.4	d 1.2	v 1.5	d 0.2	v 2.0	d 0.1	v 2.5	d 0.0

STARS

Name	S.H.A. ° ′	Dec. ° ′
Acamar	315 30.9	S40 20.1
Achernar	335 38.6	S57 16.7
Acrux	173 29.4	S63 03.0
Adhara	255 26.1	S28 57.2
Aldebaran	291 08.9	N16 29.6
Alioth	166 35.9	N56 00.7
Alkaid	153 12.5	N49 21.7
Al Na'ir	28 04.4	S47 00.3
Alnilam	276 03.7	S 1 12.2
Alphard	218 13.1	S 8 36.9
Alphecca	126 25.6	N26 44.8
Alpheratz	358 00.9	N29 02.5
Altair	62 24.7	N 8 50.7
Ankaa	353 31.9	S42 21.1
Antares	112 47.3	S26 24.9
Arcturus	146 11.5	N19 13.9
Atria	108 04.7	S69 01.1
Avior	234 25.5	S59 28.5
Bellatrix	278 50.3	N 6 20.7
Betelgeuse	271 19.8	N 7 24.5
Canopus	264 03.8	S52 41.0
Capella	280 59.6	N45 59.3
Deneb	49 42.9	N45 15.1
Denebola	182 51.3	N14 37.5
Diphda	349 12.6	S18 02.0
Dubhe	194 12.8	N61 48.0
Elnath	278 34.2	N28 36.1
Eltanin	90 54.0	N51 29.6
Enif	34 03.6	N 9 50.1
Fomalhaut	15 42.3	S29 40.1
Gacrux	172 20.8	S57 03.8
Gienah	176 10.2	S17 29.4
Hadar	149 12.9	S60 19.9
Hamal	328 19.8	N23 25.3
Kaus Aust.	84 06.3	S34 23.5
Kochab	137 19.6	N74 11.7
Markab	13 55.0	N15 09.5
Menkar	314 32.7	N 4 03.5
Menkent	148 28.1	S36 19.6
Miaplacidus	221 44.3	S69 40.5
Mirfak	309 04.7	N49 49.7
Nunki	76 19.3	S26 18.6
Peacock	53 45.4	S56 46.1
Pollux	243 48.7	N28 03.0
Procyon	245 17.7	N 5 15.1
Rasalhague	96 22.3	N12 34.1
Regulus	208 01.9	N12 00.8
Rigel	281 28.4	S 8 12.4
Rigil Kent.	140 15.7	S60 48.0
Sabik	102 32.1	S15 42.9
Schedar	349 59.7	N56 29.3
Shaula	96 45.1	S37 06.1
Sirius	258 48.8	S16 41.9
Spica	158 49.5	S11 06.8
Suhail	223 05.4	S43 23.5
Vega	80 50.4	N38 46.7
Zuben'ubi	137 24.6	S16 00.3

	S.H.A. ° ′	Mer. Pass. h m
Venus	196 07.3	11 13
Mars	294 11.2	4 40
Jupiter	231 37.8	8 50
Saturn	69 42.5	19 35

UT (GMT) d h	SUN G.H.A. ° ′	SUN Dec. ° ′	MOON G.H.A. ° ′	v ′	Dec. ° ′	d ′	H.P. ′
16 00	181 13.5	N 2 49.6	216 34.7	11.1	N15 16.1	12.8	57.8
01	196 13.7	48.7	231 04.8	11.2	15 03.3	12.9	57.7
02	211 14.0	47.7	245 35.0	11.2	14 50.4	13.0	57.7
03	226 14.2	. . 46.7	260 05.2	11.4	14 37.4	13.1	57.7
04	241 14.4	45.8	274 35.6	11.4	14 24.3	13.1	57.7
05	256 14.6	44.8	289 06.0	11.5	14 11.2	13.2	57.7
06	271 14.8	N 2 43.8	303 36.5	11.6	N13 58.0	13.2	57.6
07	286 15.1	42.9	318 07.1	11.7	13 44.8	13.3	57.6
08	301 15.3	41.9	332 37.8	11.8	13 31.5	13.4	57.6
S 09	316 15.5	. . 41.0	347 08.6	11.8	13 18.1	13.4	57.6
U 10	331 15.7	40.0	1 39.4	11.9	13 04.7	13.5	57.6
N 11	346 16.0	39.0	16 10.3	12.0	12 51.2	13.5	57.5
D 12	1 16.2	N 2 38.1	30 41.3	12.0	N12 37.7	13.6	57.5
A 13	16 16.4	37.1	45 12.3	12.2	12 24.1	13.6	57.5
Y 14	31 16.6	36.1	59 43.5	12.2	12 10.5	13.7	57.5
15	46 16.8	. . 35.2	74 14.7	12.2	11 56.8	13.8	57.5
16	61 17.1	34.2	88 45.9	12.4	11 43.0	13.7	57.4
17	76 17.3	33.2	103 17.3	12.4	11 29.3	13.9	57.4
18	91 17.5	N 2 32.3	117 48.7	12.5	N11 15.4	13.8	57.4
19	106 17.7	31.3	132 20.2	12.6	11 01.6	13.9	57.4
20	121 18.0	30.3	146 51.8	12.6	10 47.7	14.0	57.4
21	136 18.2	. . 29.4	161 23.4	12.7	10 33.7	14.0	57.3
22	151 18.4	28.4	175 55.1	12.7	10 19.7	14.0	57.3
23	166 18.6	27.4	190 26.8	12.9	10 05.7	14.1	57.3
17 00	181 18.8	N 2 26.5	204 58.7	12.8	N 9 51.6	14.1	57.3
01	196 19.1	25.5	219 30.5	13.0	9 37.5	14.1	57.3
02	211 19.3	24.5	234 02.5	13.0	9 23.4	14.2	57.2
03	226 19.5	. . 23.6	248 34.5	13.1	9 09.2	14.2	57.2
04	241 19.7	22.6	263 06.6	13.1	8 55.0	14.3	57.2
05	256 20.0	21.6	277 38.7	13.2	8 40.7	14.2	57.2
06	271 20.2	N 2 20.7	292 10.9	13.3	N 8 26.5	14.3	57.1
07	286 20.4	19.7	306 43.2	13.3	8 12.2	14.4	57.1
08	301 20.6	18.8	321 15.5	13.3	7 57.8	14.3	57.1
M 09	316 20.8	. . 17.8	335 47.8	13.4	7 43.5	14.4	57.1
O 10	331 21.1	16.8	350 20.2	13.5	7 29.1	14.4	57.1
N 11	346 21.3	15.9	4 52.7	13.5	7 14.7	14.4	57.0
D 12	1 21.5	N 2 14.9	19 25.2	13.6	N 7 00.3	14.4	57.0
A 13	16 21.7	13.9	33 57.8	13.6	6 45.9	14.5	57.0
Y 14	31 22.0	13.0	48 30.4	13.7	6 31.4	14.5	57.0
15	46 22.2	. . 12.0	63 03.1	13.7	6 16.9	14.5	57.0
16	61 22.4	11.0	77 35.8	13.8	6 02.4	14.5	56.9
17	76 22.6	10.1	92 08.6	13.8	5 47.9	14.5	56.9
18	91 22.8	N 2 09.1	106 41.4	13.9	N 5 33.4	14.6	56.9
19	106 23.1	08.1	121 14.3	13.9	5 18.8	14.5	56.9
20	121 23.3	07.1	135 47.2	13.9	5 04.3	14.6	56.8
21	136 23.5	. . 06.2	150 20.1	14.0	4 49.7	14.6	56.8
22	151 23.7	05.2	164 53.1	14.1	4 35.1	14.6	56.8
23	166 24.0	04.2	179 26.2	14.0	4 20.5	14.6	56.8
18 00	181 24.2	N 2 03.3	193 59.2	14.1	N 4 05.9	14.6	56.8
01	196 24.4	02.3	208 32.3	14.2	3 51.3	14.6	56.7
02	211 24.6	01.3	223 05.5	14.2	3 36.7	14.6	56.7
03	226 24.8	2 00.4	237 38.7	14.2	3 22.1	14.6	56.7
04	241 25.1	1 59.4	252 11.9	14.3	3 07.5	14.6	56.7
05	256 25.3	58.4	266 45.2	14.3	2 52.9	14.6	56.7
06	271 25.5	N 1 57.5	281 18.5	14.3	N 2 38.3	14.6	56.6
07	286 25.7	56.5	295 51.8	14.4	2 23.7	14.7	56.6
T 08	301 26.0	55.5	310 25.2	14.4	2 09.0	14.6	56.6
U 09	316 26.2	. . 54.6	324 58.6	14.4	1 54.4	14.6	56.6
E 10	331 26.4	53.6	339 32.0	14.4	1 39.8	14.6	56.5
S 11	346 26.6	52.6	354 05.4	14.5	1 25.2	14.6	56.5
D 12	1 26.8	N 1 51.7	8 38.9	14.5	N 1 10.6	14.6	56.5
A 13	16 27.1	50.7	23 12.4	14.5	0 56.0	14.6	56.5
Y 14	31 27.3	49.7	37 45.9	14.6	0 41.4	14.6	56.5
15	46 27.5	. . 48.8	52 19.5	14.6	0 26.8	14.5	56.4
16	61 27.7	47.8	66 53.1	14.6	N 0 12.3	14.6	56.4
17	76 28.0	46.8	81 26.7	14.6	S 0 02.3	14.6	56.4
18	91 28.2	N 1 45.9	96 00.3	14.7	S 0 16.9	14.5	56.4
19	106 28.4	44.9	110 34.0	14.6	0 31.4	14.5	56.3
20	121 28.6	43.9	125 07.6	14.7	0 45.9	14.5	56.3
21	136 28.8	. . 42.9	139 41.3	14.7	1 00.4	14.5	56.3
22	151 29.1	42.0	154 15.0	14.7	1 14.9	14.5	56.3
23	166 29.3	41.0	168 48.7	14.8	1 29.4	14.4	56.3
	S.D. 15.9	d 1.0	S.D. 15.7		15.5		15.4

Lat. °	Twilight Naut. h m	Twilight Civil h m	Sunrise h m	Moonrise 16 h m	17 h m	18 h m	19 h m
N 72	02 21	04 04	05 15	26 26	02 26	04 37	06 41
N 70	02 49	04 15	05 19	00 24	02 41	04 41	06 36
68	03 10	04 25	05 22	00 50	02 53	04 45	06 32
66	03 26	04 33	05 25	01 09	03 02	04 47	06 29
64	03 38	04 39	05 28	01 25	03 10	04 50	06 26
62	03 49	04 45	05 30	01 38	03 17	04 52	06 23
60	03 58	04 49	05 32	01 49	03 23	04 54	06 21
N 58	04 05	04 54	05 33	01 58	03 29	04 55	06 19
56	04 12	04 57	05 35	02 07	03 33	04 57	06 18
54	04 18	05 00	05 36	02 14	03 37	04 58	06 16
52	04 23	05 03	05 37	02 20	03 41	04 59	06 15
50	04 27	05 06	05 38	02 26	03 44	05 00	06 13
45	04 36	05 11	05 41	02 39	03 52	05 02	06 11
N 40	04 43	05 15	05 42	02 49	03 58	05 04	06 09
35	04 49	05 19	05 44	02 58	04 03	05 06	06 07
30	04 53	05 21	05 45	03 06	04 08	05 07	06 05
20	05 00	05 26	05 48	03 19	04 16	05 10	06 02
N 10	05 04	05 29	05 50	03 31	04 23	05 12	06 00
0	05 07	05 31	05 51	03 42	04 29	05 14	05 57
S 10	05 08	05 32	05 53	03 52	04 35	05 16	05 55
20	05 07	05 33	05 55	04 04	04 42	05 18	05 53
30	05 05	05 32	05 56	04 17	04 50	05 21	05 50
35	05 03	05 32	05 57	04 24	04 54	05 22	05 48
40	05 00	05 31	05 58	04 33	05 00	05 24	05 47
45	04 56	05 30	05 59	04 43	05 05	05 26	05 45
S 50	04 51	05 29	06 01	04 55	05 12	05 28	05 42
52	04 48	05 28	06 01	05 00	05 15	05 29	05 41
54	04 46	05 27	06 02	05 06	05 19	05 30	05 40
56	04 42	05 26	06 03	05 13	05 23	05 31	05 39
58	04 38	05 24	06 03	05 20	05 27	05 32	05 37
S 60	04 34	05 23	06 04	05 29	05 32	05 34	05 36

Lat. °	Sunset h m	Twilight Civil h m	Twilight Naut. h m	Moonset 16 h m	17 h m	18 h m	19 h m
N 72	18 32	19 42	21 22	18 37	18 01	17 32	17 02
N 70	18 28	19 31	20 55	18 19	17 54	17 32	17 10
68	18 25	19 22	20 36	18 05	17 48	17 32	17 17
66	18 22	19 14	20 20	17 54	17 43	17 33	17 22
64	18 20	19 08	20 08	17 44	17 38	17 33	17 27
62	18 18	19 03	19 58	17 35	17 34	17 33	17 31
60	18 16	18 58	19 49	17 28	17 31	17 33	17 35
N 58	18 15	18 54	19 42	17 22	17 28	17 33	17 38
56	18 13	18 51	19 36	17 16	17 25	17 33	17 41
54	18 12	18 48	19 30	17 11	17 23	17 33	17 44
52	18 11	18 45	19 25	17 06	17 21	17 34	17 46
50	18 10	18 42	19 21	17 02	17 19	17 34	17 48
45	18 08	18 37	19 12	16 53	17 14	17 34	17 53
N 40	18 06	18 33	19 05	16 45	17 10	17 34	17 57
35	18 05	18 30	19 00	16 38	17 07	17 34	18 00
30	18 03	18 27	18 55	16 33	17 04	17 34	18 04
20	18 01	18 23	18 49	16 22	16 59	17 34	18 09
N 10	17 59	18 20	18 45	16 13	16 55	17 35	18 14
0	17 58	18 18	18 43	16 05	16 51	17 35	18 18
S 10	17 56	18 17	18 42	15 56	16 46	17 35	18 22
20	17 55	18 17	18 42	15 47	16 42	17 35	18 27
30	17 53	18 17	18 45	15 36	16 36	17 35	18 33
35	17 53	18 18	18 47	15 30	16 33	17 35	18 36
40	17 52	18 19	18 50	15 22	16 30	17 35	18 39
45	17 51	18 20	18 54	15 14	16 26	17 35	18 43
S 50	17 49	18 22	18 59	15 04	16 21	17 35	18 48
52	17 49	18 22	19 02	14 59	16 19	17 35	18 51
54	17 48	18 24	19 05	14 54	16 16	17 35	18 53
56	17 48	18 25	19 08	14 48	16 13	17 36	18 56
58	17 47	18 26	19 12	14 42	16 10	17 36	18 59
S 60	17 46	18 28	19 17	14 34	16 07	17 36	19 02

Day	SUN Eqn. of Time 00ʰ m s	SUN Eqn. of Time 12ʰ m s	SUN Mer. Pass. h m	MOON Mer. Pass. Upper h m	MOON Mer. Pass. Lower h m	Age d	Phase
16	04 54	05 04	11 55	09 53	22 17	27	
17	05 15	05 26	11 55	10 40	23 02	28	●
18	05 36	05 47	11 54	11 24	23 46	29	

	UT (GMT)	ARIES	VENUS −3.9		MARS −0.7		JUPITER −1.9		SATURN +0.4	
	d h	G.H.A. ° ′	G.H.A. ° ′	Dec. ° ′	G.H.A. ° ′	Dec. ° ′	G.H.A. ° ′	Dec. ° ′	G.H.A. ° ′	Dec. ° ′
	19 00	357 38.5	191 26.4	N 7 24.2	291 02.3	N20 16.6	228 53.9	N19 03.0	67 22.0	S22 09.3
	01	12 40.9	206 25.9	23.1	306 03.8	16.8	243 55.9	02.9	82 24.5	09.3
	02	27 43.4	221 25.5	21.9	321 05.3	17.0	258 57.9	02.8	97 27.0	09.3
	03	42 45.9	236 25.1	· · 20.7	336 06.8	· · 17.2	273 59.9	· · 02.7	112 29.5	· · 09.3
	04	57 48.3	251 24.6	19.6	351 08.3	17.4	289 02.0	02.5	127 31.9	09.3
	05	72 50.8	266 24.2	18.4	6 09.8	17.6	304 04.0	02.4	142 34.4	09.3
	06	87 53.2	281 23.8	N 7 17.2	21 11.3	N20 17.8	319 06.0	N19 02.3	157 36.9	S22 09.3
W	07	102 55.7	296 23.4	16.0	36 12.9	18.0	334 08.0	02.2	172 39.4	09.3
E	08	117 58.2	311 22.9	14.8	51 14.4	18.2	349 10.0	02.1	187 41.9	09.3
D	09	133 00.6	326 22.5	· · 13.7	66 15.9	· · 18.4	4 12.0	· · 02.0	202 44.3	· · 09.3
N	10	148 03.1	341 22.1	12.5	81 17.4	18.6	19 14.0	01.9	217 46.8	09.3
E	11	163 05.6	356 21.6	11.3	96 18.9	18.8	34 16.0	01.8	232 49.3	09.3
S	12	178 08.0	11 21.2	N 7 10.1	111 20.4	N20 19.0	49 18.0	N19 01.7	247 51.8	S22 09.3
D	13	193 10.5	26 20.8	09.0	126 21.9	19.2	64 20.0	01.6	262 54.3	09.3
A	14	208 13.0	41 20.3	07.8	141 23.4	19.4	79 22.0	01.5	277 56.7	09.3
Y	15	223 15.4	56 19.9	· · 06.6	156 24.9	· · 19.6	94 24.0	· · 01.4	292 59.2	· · 09.3
	16	238 17.9	71 19.5	05.4	171 26.4	19.8	109 26.0	01.3	308 01.7	09.4
	17	253 20.3	86 19.0	04.2	186 28.0	20.0	124 28.0	01.2	323 04.2	09.4
	18	268 22.8	101 18.6	N 7 03.1	201 29.5	N20 20.2	139 30.0	N19 01.1	338 06.7	S22 09.4
	19	283 25.3	116 18.2	01.9	216 31.0	20.4	154 32.0	01.0	353 09.1	09.4
	20	298 27.7	131 17.8	7 00.7	231 32.5	20.6	169 34.0	00.9	8 11.6	09.4
	21	313 30.2	146 17.3	6 59.5	246 34.0	· · 20.8	184 36.1	· · 00.8	23 14.1	· · 09.4
	22	328 32.7	161 16.9	58.3	261 35.6	21.0	199 38.1	00.6	38 16.6	09.4
	23	343 35.1	176 16.5	57.2	276 37.1	21.2	214 40.1	00.5	53 19.1	09.4
	20 00	358 37.6	191 16.0	N 6 56.0	291 38.6	N20 21.4	229 42.1	N19 00.4	68 21.5	S22 09.4
	01	13 40.1	206 15.6	54.8	306 40.1	21.6	244 44.1	00.3	83 24.0	09.4
	02	28 42.5	221 15.2	53.6	321 41.6	21.8	259 46.1	00.2	98 26.5	09.4
	03	43 45.0	236 14.8	· · 52.4	336 43.2	· · 22.0	274 48.1	· · 00.1	113 29.0	· · 09.4
	04	58 47.5	251 14.3	51.3	351 44.7	22.2	289 50.1	19 00.0	128 31.4	09.4
	05	73 49.9	266 13.9	50.1	6 46.2	22.4	304 52.1	18 59.9	143 33.9	09.4
	06	88 52.4	281 13.5	N 6 48.9	21 47.7	N20 22.6	319 54.1	N18 59.8	158 36.4	S22 09.4
	07	103 54.8	296 13.0	47.7	36 49.3	22.8	334 56.1	59.7	173 38.9	09.4
T	08	118 57.3	311 12.6	46.5	51 50.8	23.0	349 58.1	59.6	188 41.4	09.4
H	09	133 59.8	326 12.2	· · 45.3	66 52.3	· · 23.2	5 00.2	· · 59.5	203 43.8	· · 09.4
U	10	149 02.2	341 11.8	44.1	81 53.9	23.4	20 02.2	59.4	218 46.3	09.4
R	11	164 04.7	356 11.3	43.0	96 55.4	23.5	35 04.2	59.3	233 48.8	09.4
S	12	179 07.2	11 10.9	N 6 41.8	111 56.9	N20 23.7	50 06.2	N18 59.2	248 51.3	S22 09.5
D	13	194 09.6	26 10.5	40.6	126 58.5	23.9	65 08.2	59.1	263 53.7	09.5
A	14	209 12.1	41 10.1	39.4	142 00.0	24.1	80 10.2	59.0	278 56.2	09.5
Y	15	224 14.6	56 09.6	· · 38.2	157 01.5	· · 24.3	95 12.2	· · 58.9	293 58.7	· · 09.5
	16	239 17.0	71 09.2	37.0	172 03.1	24.5	110 14.2	58.8	309 01.2	09.5
	17	254 19.5	86 08.8	35.8	187 04.6	24.7	125 16.2	58.7	324 03.6	09.5
	18	269 22.0	101 08.4	N 6 34.7	202 06.1	N20 24.9	140 18.2	N18 58.5	339 06.1	S22 09.5
	19	284 24.4	116 07.9	33.5	217 07.7	25.1	155 20.3	58.4	354 08.6	09.5
	20	299 26.9	131 07.5	32.3	232 09.2	25.3	170 22.3	58.3	9 11.1	09.5
	21	314 29.3	146 07.1	· · 31.1	247 10.8	· · 25.5	185 24.3	· · 58.2	24 13.5	· · 09.5
	22	329 31.8	161 06.7	29.9	262 12.3	25.7	200 26.3	58.1	39 16.0	09.5
	23	344 34.3	176 06.2	28.7	277 13.8	25.9	215 28.3	58.0	54 18.5	09.5
	21 00	359 36.7	191 05.8	N 6 27.5	292 15.4	N20 26.1	230 30.3	N18 57.9	69 20.9	S22 09.5
	01	14 39.2	206 05.4	26.3	307 16.9	26.3	245 32.3	57.8	84 23.4	09.5
	02	29 41.7	221 05.0	25.1	322 18.5	26.4	260 34.3	57.7	99 25.9	09.5
	03	44 44.1	236 04.6	· · 23.9	337 20.0	· · 26.6	275 36.4	· · 57.6	114 28.4	· · 09.5
	04	59 46.6	251 04.1	22.8	352 21.6	26.8	290 38.4	57.5	129 30.8	09.5
	05	74 49.1	266 03.7	21.6	7 23.1	27.0	305 40.4	57.4	144 33.3	09.5
	06	89 51.5	281 03.3	N 6 20.4	22 24.7	N20 27.2	320 42.4	N18 57.3	159 35.8	S22 09.5
	07	104 54.0	296 02.9	19.2	37 26.2	27.4	335 44.4	57.2	174 38.3	09.5
	08	119 56.5	311 02.4	18.0	52 27.8	27.6	350 46.4	57.1	189 40.7	09.5
F	09	134 58.9	326 02.0	· · 16.8	67 29.3	· · 27.8	5 48.4	· · 57.0	204 43.2	· · 09.5
R	10	150 01.4	341 01.6	15.6	82 30.9	28.0	20 50.4	56.9	219 45.7	09.6
I	11	165 03.8	356 01.2	14.4	97 32.4	28.2	35 52.5	56.8	234 48.1	09.6
D	12	180 06.3	11 00.8	N 6 13.2	112 34.0	N20 28.4	50 54.5	N18 56.7	249 50.6	S22 09.6
A	13	195 08.8	26 00.3	12.0	127 35.5	28.5	65 56.5	56.6	264 53.1	09.6
Y	14	210 11.2	40 59.9	10.8	142 37.1	28.7	80 58.5	56.5	279 55.6	09.6
	15	225 13.7	55 59.5	· · 09.6	157 38.7	· · 28.9	96 00.5	· · 56.3	294 58.0	· · 09.6
	16	240 16.2	70 59.1	08.4	172 40.2	29.1	111 02.5	56.2	310 00.5	09.6
	17	255 18.6	85 58.7	07.2	187 41.8	29.3	126 04.5	56.1	325 03.0	09.6
	18	270 21.1	100 58.2	N 6 06.0	202 43.3	N20 29.5	141 06.6	N18 56.0	340 05.4	S22 09.6
	19	285 23.6	115 57.8	04.8	217 44.9	29.7	156 08.6	55.9	355 07.9	09.6
	20	300 26.0	130 57.4	03.6	232 46.5	29.9	171 10.6	55.8	10 10.4	09.6
	21	315 28.5	145 57.0	· · 02.5	247 48.0	· · 30.1	186 12.6	· · 55.7	25 12.9	· · 09.6
	22	330 30.9	160 56.6	01.3	262 49.6	30.3	201 14.6	55.6	40 15.3	09.6
	23	345 33.4	175 56.1	00.1	277 51.2	30.4	216 16.6	55.5	55 17.8	09.6
	Mer. Pass.	h m 0 05.5	v −0.4	d 1.2	v 1.5	d 0.2	v 2.0	d 0.1	v 2.5	d 0.0

STARS

Name	S.H.A. ° ′	Dec. ° ′
Acamar	315 30.9	S40 20.1
Achernar	335 38.6	S57 16.7
Acrux	173 29.4	S63 03.0
Adhara	255 26.0	S28 57.2
Aldebaran	291 08.9	N16 29.6
Alioth	166 35.9	N56 00.6
Alkaid	153 12.5	N49 21.6
Al Na'ir	28 04.5	S47 00.4
Alnilam	276 03.6	S 1 12.2
Alphard	218 13.1	S 8 36.9
Alphecca	126 25.6	N26 44.8
Alpheratz	358 00.9	N29 02.6
Altair	62 24.7	N 8 50.7
Ankaa	353 31.9	S42 21.1
Antares	112 47.3	S26 24.9
Arcturus	146 11.5	N19 13.9
Atria	108 04.7	S69 01.1
Avior	234 25.5	S59 28.5
Bellatrix	278 50.3	N 6 20.7
Betelgeuse	271 19.7	N 7 24.5
Canopus	264 03.8	S52 41.0
Capella	280 59.6	N45 59.3
Deneb	49 42.9	N45 15.1
Denebola	182 51.3	N14 37.5
Diphda	349 12.6	S18 02.0
Dubhe	194 12.8	N61 48.0
Elnath	278 34.1	N28 36.1
Eltanin	90 54.0	N51 29.6
Enif	34 03.6	N 9 50.1
Fomalhaut	15 42.3	S29 40.2
Gacrux	172 20.8	S57 03.8
Gienah	176 10.2	S17 29.4
Hadar	149 12.9	S60 19.9
Hamal	328 19.8	N23 25.3
Kaus Aust.	84 06.3	S34 23.5
Kochab	137 19.7	N74 11.7
Markab	13 55.0	N15 09.5
Menkar	314 32.7	N 4 03.5
Menkent	148 28.1	S36 19.6
Miaplacidus	221 44.3	S69 40.5
Mirfak	309 04.6	N49 49.8
Nunki	76 19.3	S26 18.6
Peacock	53 45.5	S56 46.1
Pollux	243 48.7	N28 03.0
Procyon	245 17.7	N 5 15.1
Rasalhague	96 22.3	N12 34.1
Regulus	208 01.9	N12 00.8
Rigel	281 28.4	S 8 12.4
Rigil Kent.	140 15.7	S60 48.0
Sabik	102 32.1	S15 42.9
Schedar	349 59.7	N56 29.3
Shaula	96 45.1	S37 06.1
Sirius	258 48.8	S16 41.9
Spica	158 49.5	S11 06.8
Suhail	223 05.4	S43 23.5
Vega	80 50.4	N38 46.7
Zuben'ubi	137 24.6	S16 00.3

	S.H.A. ° ′	Mer. Pass. h m
Venus	192 38.4	11 15
Mars	293 01.0	4 33
Jupiter	231 04.5	8 40
Saturn	69 43.9	19 23

UT (GMT) d	h	SUN G.H.A. ° ′	SUN Dec. ° ′	MOON G.H.A. ° ′	v ′	MOON Dec. ° ′	d ′	H.P. ′
19	00	181 29.5	N 1 40.0	183 22.5	14.7	S 1 43.8	14.5	56.2
	01	196 29.7	39.1	197 56.2	14.8	1 58.3	14.4	56.2
	02	211 29.9	38.1	212 30.0	14.8	2 12.7	14.4	56.2
	03	226 30.2	.. 37.1	227 03.8	14.8	2 27.1	14.4	56.2
	04	241 30.4	36.2	241 37.6	14.8	2 41.5	14.3	56.1
	05	256 30.6	35.2	256 11.4	14.8	2 55.8	14.3	56.1
	06	271 30.8	N 1 34.2	270 45.2	14.8	S 3 10.1	14.3	56.1
WEDNESDAY	07	286 31.1	33.2	285 19.0	14.9	3 24.4	14.3	56.1
	08	301 31.3	32.3	299 52.9	14.8	3 38.7	14.3	56.1
	09	316 31.5	.. 31.3	314 26.7	14.8	3 53.0	14.2	56.0
	10	331 31.7	30.3	329 00.5	14.9	4 07.2	14.2	56.0
	11	346 31.9	29.4	343 34.4	14.8	4 21.4	14.1	56.0
	12	1 32.2	N 1 28.4	358 08.2	14.9	S 4 35.5	14.2	56.0
	13	16 32.4	27.4	12 42.1	14.9	4 49.7	14.1	55.9
	14	31 32.6	26.5	27 16.0	14.8	5 03.8	14.0	55.9
	15	46 32.8	.. 25.5	41 49.8	14.9	5 17.8	14.1	55.9
	16	61 33.1	24.5	56 23.7	14.9	5 31.9	14.0	55.9
	17	76 33.3	23.5	70 57.6	14.8	5 45.9	13.9	55.9
	18	91 33.5	N 1 22.6	85 31.4	14.9	S 5 59.8	14.0	55.8
	19	106 33.7	21.6	100 05.3	14.9	6 13.8	13.9	55.8
	20	121 33.9	20.6	114 39.2	14.8	6 27.7	13.8	55.8
	21	136 34.2	.. 19.7	129 13.0	14.9	6 41.5	13.8	55.8
	22	151 34.4	18.7	143 46.9	14.8	6 55.3	13.8	55.8
	23	166 34.6	17.7	158 20.7	14.9	7 09.1	13.8	55.7
20	00	181 34.8	N 1 16.8	172 54.6	14.8	S 7 22.9	13.6	55.7
	01	196 35.0	15.8	187 28.4	14.8	7 36.5	13.7	55.7
	02	211 35.3	14.8	202 02.2	14.9	7 50.2	13.6	55.7
	03	226 35.5	.. 13.8	216 36.1	14.8	8 03.8	13.6	55.6
	04	241 35.7	12.9	231 09.9	14.8	8 17.4	13.5	55.6
	05	256 35.9	11.9	245 43.7	14.8	8 30.9	13.5	55.6
	06	271 36.1	N 1 10.9	260 17.5	14.7	S 8 44.4	13.4	55.6
	07	286 36.4	10.0	274 51.2	14.8	8 57.8	13.4	55.6
THURSDAY	08	301 36.6	09.0	289 25.0	14.8	9 11.2	13.3	55.5
	09	316 36.8	.. 08.0	303 58.8	14.7	9 24.5	13.3	55.5
	10	331 37.0	07.0	318 32.5	14.7	9 37.8	13.2	55.5
	11	346 37.3	06.1	333 06.2	14.7	9 51.0	13.2	55.5
	12	1 37.5	N 1 05.1	347 39.9	14.7	S10 04.2	13.1	55.5
	13	16 37.7	04.1	2 13.6	14.7	10 17.3	13.1	55.4
	14	31 37.9	03.2	16 47.3	14.7	10 30.4	13.0	55.4
	15	46 38.1	.. 02.2	31 21.0	14.6	10 43.4	12.9	55.4
	16	61 38.4	01.2	45 54.6	14.6	10 56.3	12.9	55.4
	17	76 38.6	1 00.2	60 28.2	14.6	11 09.2	12.9	55.4
	18	91 38.8	N 0 59.3	75 01.8	14.6	S11 22.1	12.8	55.3
	19	106 39.0	58.3	89 35.4	14.6	11 34.9	12.7	55.3
	20	121 39.2	57.3	104 09.0	14.5	11 47.6	12.7	55.3
	21	136 39.5	.. 56.4	118 42.5	14.5	12 00.3	12.6	55.3
	22	151 39.7	55.4	133 16.0	14.5	12 12.9	12.6	55.3
	23	166 39.9	54.4	147 49.5	14.4	12 25.5	12.5	55.2
21	00	181 40.1	N 0 53.4	162 22.9	14.5	S12 38.0	12.4	55.2
	01	196 40.3	52.5	176 56.4	14.4	12 50.4	12.4	55.2
	02	211 40.6	51.5	191 29.8	14.4	13 02.8	12.3	55.2
	03	226 40.8	.. 50.5	206 03.2	14.3	13 15.1	12.2	55.2
	04	241 41.0	49.5	220 36.5	14.4	13 27.3	12.2	55.1
	05	256 41.2	48.6	235 09.9	14.3	13 39.5	12.1	55.1
	06	271 41.4	N 0 47.6	249 43.2	14.2	S13 51.6	12.1	55.1
	07	286 41.7	46.6	264 16.4	14.3	14 03.7	11.9	55.1
	08	301 41.9	45.7	278 49.7	14.2	14 15.6	11.9	55.1
FRIDAY	09	316 42.1	.. 44.7	293 22.9	14.2	14 27.5	11.9	55.0
	10	331 42.3	43.7	307 56.1	14.1	14 39.4	11.7	55.0
	11	346 42.6	42.7	322 29.2	14.2	14 51.1	11.7	55.0
	12	1 42.8	N 0 41.8	337 02.4	14.0	S15 02.8	11.7	55.0
	13	16 43.0	40.8	351 35.4	14.1	15 14.5	11.5	55.0
	14	31 43.2	39.8	6 08.5	14.0	15 26.0	11.5	55.0
	15	46 43.4	.. 38.9	20 41.5	14.0	15 37.5	11.4	54.9
	16	61 43.7	37.9	35 14.5	14.0	15 48.9	11.3	54.9
	17	76 43.9	36.9	49 47.5	13.9	16 00.2	11.3	54.9
	18	91 44.1	N 0 35.9	64 20.4	13.9	S16 11.5	11.2	54.9
	19	106 44.3	35.0	78 53.3	13.8	16 22.7	11.1	54.9
	20	121 44.5	34.0	93 26.1	13.8	16 33.8	11.0	54.8
	21	136 44.8	.. 33.0	107 58.9	13.8	16 44.8	10.9	54.8
	22	151 45.0	32.0	122 31.7	13.7	16 55.7	10.9	54.8
	23	166 45.2	31.1	137 04.4	13.7	17 06.6	10.8	54.8
		S.D. 16.0	*d* 1.0	S.D.	15.2	15.1		15.0

Lat. °	Twilight Naut. h m	Twilight Civil h m	Sunrise h m	Moonrise 19 h m	Moonrise 20 h m	Moonrise 21 h m	Moonrise 22 h m
N 72	02 43	04 18	05 28	06 41	08 47	11 13	■
N 70	03 06	04 28	05 31	06 36	08 32	10 37	13 37
68	03 24	04 36	05 33	06 32	08 19	10 12	12 21
66	03 38	04 43	05 35	06 29	08 09	09 53	11 44
64	03 49	04 48	05 36	06 26	08 01	09 38	11 18
62	03 58	04 53	05 38	06 23	07 54	09 25	10 58
60	04 06	04 57	05 39	06 21	07 48	09 14	10 42
N 58	04 13	05 00	05 40	06 19	07 42	09 05	10 28
56	04 19	05 03	05 41	06 18	07 37	08 57	10 16
54	04 24	05 06	05 41	06 16	07 33	08 50	10 06
52	04 28	05 08	05 42	06 15	07 29	08 43	09 57
50	04 32	05 10	05 43	06 13	07 26	08 38	09 49
45	04 40	05 15	05 44	06 11	07 18	08 25	09 32
N 40	04 46	05 18	05 45	06 09	07 12	08 15	09 18
35	04 51	05 21	05 46	06 07	07 07	08 06	09 06
30	04 55	05 23	05 47	06 05	07 02	07 59	08 56
20	05 01	05 26	05 48	06 02	06 54	07 46	08 38
N 10	05 04	05 28	05 49	06 00	06 47	07 35	08 23
0	05 06	05 30	05 50	05 57	06 40	07 24	08 09
S 10	05 06	05 30	05 51	05 55	06 34	07 14	07 55
20	05 04	05 30	05 52	05 53	06 27	07 02	07 40
30	05 01	05 29	05 52	05 50	06 19	06 50	07 23
35	04 58	05 28	05 53	05 48	06 15	06 43	07 13
40	04 55	05 26	05 53	05 47	06 10	06 34	07 02
45	04 50	05 24	05 54	05 45	06 04	06 25	06 49
S 50	04 44	05 22	05 54	05 42	05 57	06 14	06 33
52	04 41	05 21	05 54	05 41	05 54	06 08	06 25
54	04 38	05 19	05 54	05 40	05 51	06 02	06 17
56	04 34	05 18	05 55	05 39	05 47	05 56	06 08
58	04 30	05 16	05 55	05 37	05 43	05 49	05 57
S 60	04 24	05 14	05 55	05 36	05 38	05 41	05 45

Lat. °	Sunset h m	Twilight Civil h m	Twilight Naut. h m	Moonset 19 h m	Moonset 20 h m	Moonset 21 h m	Moonset 22 h m
N 72	18 16	19 25	20 59	17 02	16 28	15 35	■
N 70	18 14	19 16	20 37	17 10	16 46	16 12	14 47
68	18 12	19 08	20 20	17 17	17 00	16 39	16 04
66	18 10	19 02	20 06	17 22	17 12	16 59	16 42
64	18 09	18 57	19 56	17 27	17 22	17 16	17 09
62	18 08	18 52	19 47	17 31	17 30	17 29	17 29
60	18 07	18 49	19 39	17 35	17 37	17 41	17 46
N 58	18 06	18 45	19 33	17 38	17 44	17 51	18 01
56	18 05	18 42	19 27	17 41	17 50	18 00	18 13
54	18 05	18 40	19 22	17 44	17 55	18 08	18 24
52	18 04	18 38	19 18	17 46	18 00	18 15	18 34
50	18 03	18 36	19 14	17 48	18 04	18 21	18 42
45	18 02	18 31	19 06	17 53	18 13	18 35	19 01
N 40	18 01	18 28	19 00	17 57	18 21	18 47	19 16
35	18 00	18 26	18 55	18 00	18 27	18 56	19 28
30	18 00	18 23	18 51	18 04	18 33	19 05	19 39
20	17 58	18 20	18 46	18 09	18 44	19 20	19 59
N 10	17 58	18 18	18 43	18 14	18 53	19 33	20 15
0	17 57	18 17	18 41	18 18	19 01	19 45	20 31
S 10	17 56	18 17	18 41	18 22	19 10	19 58	20 47
20	17 56	18 18	18 43	18 27	19 19	20 11	21 04
30	17 55	18 19	18 47	18 33	19 29	20 26	21 23
35	17 55	18 20	18 49	18 36	19 36	20 35	21 35
40	17 54	18 21	18 53	18 39	19 42	20 45	21 48
45	17 54	18 23	18 58	18 43	19 51	20 57	22 04
S 50	17 54	18 26	19 04	18 48	20 00	21 12	22 23
52	17 54	18 27	19 07	18 51	20 05	21 19	22 32
54	17 54	18 29	19 11	18 53	20 10	21 27	22 42
56	17 54	18 31	19 15	18 56	20 16	21 35	22 54
58	17 53	18 33	19 19	18 59	20 22	21 45	23 07
S 60	17 53	18 35	19 24	19 02	20 29	21 56	23 23

Day	SUN Eqn. of Time 00h m s	SUN Eqn. of Time 12h m s	SUN Mer. Pass. h m	MOON Mer. Pass. Upper h m	MOON Mer. Pass. Lower h m	MOON Age d	MOON Phase
19	05 58	06 08	11 54	12 08	24 29	00	●
20	06 19	06 29	11 54	12 51	00 29	01	
21	06 40	06 51	11 53	13 35	01 13	02	

UT (GMT) d h	ARIES G.H.A. ° ′	VENUS −3.9 G.H.A. ° ′	VENUS Dec. ° ′	MARS −0.8 G.H.A. ° ′	MARS Dec. ° ′	JUPITER −1.9 G.H.A. ° ′	JUPITER Dec. ° ′	SATURN +0.4 G.H.A. ° ′	SATURN Dec. ° ′
22 00 (SATURDAY)	0 35.9	190 55.7	N 5 58.9	292 52.7	N20 30.6	231 18.6	N18 55.4	70 20.3	S22 09.6
01	15 38.3	205 55.3	57.7	307 54.3	30.8	246 20.7	55.3	85 22.7	09.6
02	30 40.8	220 54.9	56.5	322 55.9	31.0	261 22.7	55.2	100 25.2	09.6
03	45 43.3	235 54.5	· · 55.3	337 57.4	· · 31.2	276 24.7	· · 55.1	115 27.7	· · 09.6
04	60 45.7	250 54.1	54.1	352 59.0	31.4	291 26.7	55.0	130 30.1	09.6
05	75 48.2	265 53.6	52.9	8 00.6	31.6	306 28.7	54.9	145 32.6	09.6
06	90 50.7	280 53.2	N 5 51.7	23 02.1	N20 31.8	321 30.7	N18 54.8	160 35.1	S22 09.6
07	105 53.1	295 52.8	50.5	38 03.7	31.9	336 32.8	54.7	175 37.5	09.6
08	120 55.6	310 52.4	49.3	53 05.3	32.1	351 34.8	54.6	190 40.0	09.6
09	135 58.1	325 52.0	· · 48.1	68 06.9	· · 32.3	6 36.8	· · 54.5	205 42.5	· · 09.6
10	151 00.5	340 51.5	46.9	83 08.4	32.5	21 38.8	54.4	220 44.9	09.6
11	166 03.0	355 51.1	45.7	98 10.0	32.7	36 40.8	54.3	235 47.4	09.6
12	181 05.4	10 50.7	N 5 44.5	113 11.6	N20 32.9	51 42.9	N18 54.2	250 49.9	S22 09.7
13	196 07.9	25 50.3	43.3	128 13.2	33.1	66 44.9	54.1	265 52.3	09.7
14	211 10.4	40 49.9	42.1	143 14.8	33.2	81 46.9	54.0	280 54.8	09.7
15	226 12.8	55 49.5	· · 40.9	158 16.3	· · 33.4	96 48.9	· · 53.8	295 57.3	· · 09.7
16	241 15.3	70 49.0	39.7	173 17.9	33.6	111 50.9	53.7	310 59.7	09.7
17	256 17.8	85 48.6	38.4	188 19.5	33.8	126 52.9	53.6	326 02.2	09.7
18	271 20.2	100 48.2	N 5 37.2	203 21.1	N20 34.0	141 55.0	N18 53.5	341 04.7	S22 09.7
19	286 22.7	115 47.8	36.0	218 22.7	34.2	156 57.0	53.4	356 07.1	09.7
20	301 25.2	130 47.4	34.8	233 24.3	34.4	171 59.0	53.3	11 09.6	09.7
21	316 27.6	145 47.0	· · 33.6	248 25.9	· · 34.5	187 01.0	· · 53.2	26 12.1	· · 09.7
22	331 30.1	160 46.6	32.4	263 27.4	34.7	202 03.0	53.1	41 14.5	09.7
23	346 32.6	175 46.1	31.2	278 29.0	34.9	217 05.1	53.0	56 17.0	09.7
23 00 (SUNDAY)	1 35.0	190 45.7	N 5 30.0	293 30.6	N20 35.1	232 07.1	N18 52.9	71 19.5	S22 09.7
01	16 37.5	205 45.3	28.8	308 32.2	35.3	247 09.1	52.8	86 21.9	09.7
02	31 39.9	220 44.9	27.6	323 33.8	35.5	262 11.1	52.7	101 24.4	09.7
03	46 42.4	235 44.5	· · 26.4	338 35.4	· · 35.6	277 13.1	· · 52.6	116 26.9	· · 09.7
04	61 44.9	250 44.1	25.2	353 37.0	35.8	292 15.2	52.5	131 29.3	09.7
05	76 47.3	265 43.7	24.0	8 38.6	36.0	307 17.2	52.4	146 31.8	09.7
06	91 49.8	280 43.2	N 5 22.8	23 40.2	N20 36.2	322 19.2	N18 52.3	161 34.2	S22 09.7
07	106 52.3	295 42.8	21.6	38 41.8	36.4	337 21.2	52.2	176 36.7	09.7
08	121 54.7	310 42.4	20.4	53 43.4	36.6	352 23.3	52.1	191 39.2	09.7
09	136 57.2	325 42.0	· · 19.2	68 45.0	· · 36.7	7 25.3	· · 52.0	206 41.6	· · 09.7
10	151 59.7	340 41.6	18.0	83 46.6	36.9	22 27.3	51.9	221 44.1	09.7
11	167 02.1	355 41.2	16.7	98 48.2	37.1	37 29.3	51.8	236 46.6	09.7
12	182 04.6	10 40.8	N 5 15.5	113 49.8	N20 37.3	52 31.3	N18 51.7	251 49.0	S22 09.7
13	197 07.0	25 40.4	14.3	128 51.4	37.5	67 33.4	51.6	266 51.5	09.7
14	212 09.5	40 39.9	13.1	143 53.0	37.7	82 35.4	51.5	281 54.0	09.7
15	227 12.0	55 39.5	· · 11.9	158 54.6	· · 37.8	97 37.4	· · 51.4	296 56.4	· · 09.7
16	242 14.4	70 39.1	10.7	173 56.2	38.0	112 39.4	51.3	311 58.9	09.7
17	257 16.9	85 38.7	09.5	188 57.8	38.2	127 41.5	51.2	327 01.3	09.7
18	272 19.4	100 38.3	N 5 08.3	203 59.4	N20 38.4	142 43.5	N18 51.1	342 03.8	S22 09.8
19	287 21.8	115 37.9	07.1	219 01.0	38.6	157 45.5	51.0	357 06.3	09.8
20	302 24.3	130 37.5	05.9	234 02.6	38.7	172 47.5	50.8	12 08.7	09.8
21	317 26.8	145 37.1	· · 04.7	249 04.2	· · 38.9	187 49.5	· · 50.7	27 11.2	· · 09.8
22	332 29.2	160 36.7	03.4	264 05.9	39.1	202 51.6	50.6	42 13.6	09.8
23	347 31.7	175 36.2	02.2	279 07.5	39.3	217 53.6	50.5	57 16.1	09.8
24 00 (MONDAY)	2 34.2	190 35.8	N 5 01.0	294 09.1	N20 39.5	232 55.6	N18 50.4	72 18.6	S22 09.8
01	17 36.6	205 35.4	4 59.8	309 10.7	39.6	247 57.6	50.3	87 21.0	09.8
02	32 39.1	220 35.0	58.6	324 12.3	39.8	262 59.7	50.2	102 23.5	09.8
03	47 41.5	235 34.6	· · 57.4	339 13.9	· · 40.0	278 01.7	· · 50.1	117 25.9	· · 09.8
04	62 44.0	250 34.2	56.2	354 15.6	40.2	293 03.7	50.0	132 28.4	09.8
05	77 46.5	265 33.8	55.0	9 17.2	40.4	308 05.7	49.9	147 30.9	09.8
06	92 48.9	280 33.4	N 4 53.7	24 18.8	N20 40.5	323 07.8	N18 49.8	162 33.3	S22 09.8
07	107 51.4	295 33.0	52.5	39 20.4	40.7	338 09.8	49.7	177 35.8	09.8
08	122 53.9	310 32.6	51.3	54 22.0	40.9	353 11.8	49.6	192 38.2	09.8
09	137 56.3	325 32.2	· · 50.1	69 23.7	· · 41.1	8 13.8	· · 49.5	207 40.7	· · 09.8
10	152 58.8	340 31.7	48.9	84 25.3	41.3	23 15.9	49.4	222 43.2	09.8
11	168 01.3	355 31.3	47.7	99 26.9	41.4	38 17.9	49.3	237 45.6	09.8
12	183 03.7	10 30.9	N 4 46.5	114 28.5	N20 41.6	53 19.9	N18 49.2	252 48.1	S22 09.8
13	198 06.2	25 30.5	45.2	129 30.2	41.8	68 22.0	49.1	267 50.5	09.8
14	213 08.7	40 30.1	44.0	144 31.8	42.0	83 24.0	49.0	282 53.0	09.8
15	228 11.1	55 29.7	· · 42.8	159 33.4	· · 42.2	98 26.0	· · 48.9	297 55.4	· · 09.8
16	243 13.6	70 29.3	41.6	174 35.1	42.3	113 28.0	48.8	312 57.9	09.8
17	258 16.0	85 28.9	40.4	189 36.7	42.5	128 30.1	48.7	328 00.4	09.8
18	273 18.5	100 28.5	N 4 39.2	204 38.3	N20 42.7	143 32.1	N18 48.6	343 02.8	S22 09.8
19	288 21.0	115 28.1	37.9	219 39.9	42.9	158 34.1	48.5	358 05.3	09.8
20	303 23.4	130 27.7	36.7	234 41.6	43.0	173 36.1	48.4	13 07.7	09.8
21	318 25.9	145 27.3	· · 35.5	249 43.2	· · 43.2	188 38.2	· · 48.3	28 10.2	· · 09.8
22	333 28.4	160 26.8	34.3	264 44.9	43.4	203 40.2	48.2	43 12.6	09.8
23	348 30.8	175 26.4	33.1	279 46.5	43.6	218 42.2	48.1	58 15.1	09.8
Mer. Pass. h m	23 49.8	*v* −0.4	*d* 1.2	*v* 1.6	*d* 0.2	*v* 2.0	*d* 0.1	*v* 2.5	*d* 0.0

STARS

Name	S.H.A. ° ′	Dec. ° ′
Acamar	315 30.8	S40 20.1
Achernar	335 38.6	S57 16.7
Acrux	173 29.4	S63 02.9
Adhara	255 26.0	S28 57.2
Aldebaran	291 08.8	N16 29.6
Alioth	166 35.9	N56 00.6
Alkaid	153 12.5	N49 21.6
Al Na'ir	28 04.5	S47 00.4
Alnilam	276 03.6	S 1 12.2
Alphard	218 13.1	S 8 36.9
Alphecca	126 25.6	N26 44.8
Alpheratz	358 00.9	N29 02.6
Altair	62 24.7	N 8 50.7
Ankaa	353 31.9	S42 21.2
Antares	112 47.3	S26 24.8
Arcturus	146 11.5	N19 13.9
Atria	108 04.7	S69 01.0
Avior	234 25.5	S59 28.5
Bellatrix	278 50.2	N 6 20.7
Betelgeuse	271 19.7	N 7 24.5
Canopus	264 03.8	S52 41.0
Capella	280 59.6	N45 59.3
Deneb	49 42.9	N45 15.1
Denebola	182 51.3	N14 37.5
Diphda	349 12.6	S18 02.0
Dubhe	194 12.8	N61 48.0
Elnath	278 34.1	N28 36.1
Eltanin	90 54.1	N51 29.6
Enif	34 03.6	N 9 50.1
Fomalhaut	15 42.3	S29 40.2
Gacrux	172 20.8	S57 03.7
Gienah	176 10.2	S17 29.4
Hadar	149 12.9	S60 19.9
Hamal	328 19.8	N23 25.3
Kaus Aust.	84 06.3	S34 23.5
Kochab	137 19.7	N74 11.7
Markab	13 55.0	N15 09.5
Menkar	314 32.7	N 4 03.5
Menkent	148 28.1	S36 19.6
Miaplacidus	221 44.2	S69 40.5
Mirfak	309 04.6	N49 49.8
Nunki	76 19.3	S26 18.6
Peacock	53 45.5	S56 46.1
Pollux	243 48.6	N28 03.0
Procyon	245 17.6	N 5 15.1
Rasalhague	96 22.3	N12 34.1
Regulus	208 01.9	N12 00.8
Rigel	281 28.4	S 8 12.4
Rigil Kent.	140 15.7	S60 48.0
Sabik	102 32.2	S15 42.9
Schedar	349 59.7	N56 29.3
Shaula	96 45.1	S37 06.0
Sirius	258 48.8	S16 41.9
Spica	158 49.5	S11 06.8
Suhail	223 05.4	S43 23.4
Vega	80 50.5	N38 46.7
Zuben'ubi	137 24.6	S16 00.3

	S.H.A. ° ′	Mer. Pass. h m
Venus	189 10.7	11 17
Mars	291 55.6	4 25
Jupiter	230 32.1	8 30
Saturn	69 44.4	19 12

UT (GMT) d h		SUN G.H.A. ° ′	SUN Dec. ° ′	MOON G.H.A. ° ′	*v* ′	MOON Dec. ° ′	*d* ′	H.P. ′
22 00		181 45.4	N 0 30.1	151 37.1	13.7	S17 17.4	10.7	54.8
01		196 45.6	29.1	166 09.8	13.6	17 28.1	10.6	54.8
02		211 45.9	28.2	180 42.4	13.6	17 38.7	10.6	54.8
03		226 46.1	. . 27.2	195 15.0	13.5	17 49.3	10.4	54.7
04		241 46.3	26.2	209 47.5	13.5	17 59.7	10.4	54.7
05		256 46.5	25.2	224 20.0	13.5	18 10.1	10.3	54.7
06		271 46.7	N 0 24.3	238 52.5	13.4	S18 20.4	10.2	54.7
07		286 47.0	23.3	253 24.9	13.4	18 30.6	10.1	54.7
08	S	301 47.2	22.3	267 57.3	13.3	18 40.7	10.1	54.7
09	A	316 47.4	. . 21.3	282 29.6	13.3	18 50.8	9.9	54.6
10	T	331 47.6	20.4	297 01.9	13.3	19 00.7	9.9	54.6
11	U	346 47.8	19.4	311 34.2	13.2	19 10.6	9.7	54.6
12	R	1 48.0	N 0 18.4	326 06.4	13.2	S19 20.3	9.7	54.6
13	D	16 48.3	17.4	340 38.6	13.1	19 30.0	9.6	54.6
14	A	31 48.5	16.5	355 10.7	13.1	19 39.6	9.5	54.6
15	Y	46 48.7	. . 15.5	9 42.8	13.1	19 49.1	9.4	54.6
16		61 48.9	14.5	24 14.9	13.0	19 58.5	9.3	54.5
17		76 49.1	13.6	38 46.9	12.9	20 07.8	9.3	54.5
18		91 49.4	N 0 12.6	53 18.8	12.9	S20 17.1	9.1	54.5
19		106 49.6	11.6	67 50.7	12.9	20 26.2	9.0	54.5
20		121 49.8	10.6	82 22.6	12.8	20 35.2	9.0	54.5
21		136 50.0	. . 09.7	96 54.4	12.8	20 44.2	8.8	54.5
22		151 50.2	08.7	111 26.2	12.8	20 53.0	8.8	54.5
23		166 50.5	07.7	125 58.0	12.7	21 01.8	8.6	54.5
23 00		181 50.7	N 0 06.7	140 29.7	12.6	S21 10.4	8.6	54.4
01		196 50.9	05.8	155 01.3	12.6	21 19.0	8.4	54.4
02		211 51.1	04.8	169 32.9	12.6	21 27.4	8.4	54.4
03		226 51.3	. . 03.8	184 04.5	12.5	21 35.8	8.2	54.4
04		241 51.6	02.8	198 36.0	12.5	21 44.0	8.2	54.4
05		256 51.8	01.9	213 07.5	12.4	21 52.2	8.1	54.4
06		271 52.0	N 0 00.9	227 38.9	12.4	S22 00.3	7.9	54.4
07		286 52.2	S 0 00.1	242 10.3	12.4	22 08.2	7.9	54.4
08		301 52.4	01.1	256 41.7	12.3	22 16.1	7.7	54.4
09	S	316 52.6	. . 02.0	271 13.0	12.2	22 23.8	7.7	54.4
10	U	331 52.9	03.0	285 44.2	12.3	22 31.5	7.5	54.3
11	N	346 53.1	04.0	300 15.5	12.1	22 39.0	7.5	54.3
12	D	1 53.3	S 0 05.0	314 46.6	12.2	S22 46.5	7.3	54.3
13	A	16 53.5	05.9	329 17.8	12.0	22 53.8	7.2	54.3
14	Y	31 53.7	06.9	343 48.8	12.1	23 01.0	7.1	54.3
15		46 54.0	. . 07.9	358 19.9	12.0	23 08.1	7.1	54.3
16		61 54.2	08.8	12 50.9	11.9	23 15.2	6.9	54.3
17		76 54.4	09.8	27 21.8	12.0	23 22.1	6.8	54.3
18		91 54.6	S 0 10.8	41 52.8	11.8	S23 28.9	6.7	54.3
19		106 54.8	11.8	56 23.6	11.9	23 35.6	6.5	54.3
20		121 55.0	12.7	70 54.5	11.7	23 42.1	6.5	54.3
21		136 55.3	. . 13.7	85 25.2	11.8	23 48.6	6.4	54.3
22		151 55.5	14.7	99 56.0	11.7	23 55.0	6.2	54.2
23		166 55.7	15.7	114 26.7	11.6	24 01.2	6.2	54.2
24 00		181 55.9	S 0 16.6	128 57.3	11.7	S24 07.4	6.0	54.2
01		196 56.1	17.6	143 28.0	11.5	24 13.4	5.9	54.2
02		211 56.4	18.6	157 58.5	11.6	24 19.3	5.8	54.2
03		226 56.6	. . 19.6	172 29.1	11.5	24 25.1	5.7	54.2
04		241 56.8	20.5	186 59.6	11.4	24 30.8	5.6	54.2
05		256 57.0	21.5	201 30.0	11.5	24 36.4	5.4	54.2
06		271 57.2	S 0 22.5	216 00.5	11.3	S24 41.8	5.4	54.2
07		286 57.4	23.5	230 30.8	11.4	24 47.2	5.2	54.2
08		301 57.7	24.4	245 01.2	11.3	24 52.4	5.1	54.2
09	M	316 57.9	. . 25.4	259 31.5	11.3	24 57.5	5.0	54.2
10	O	331 58.1	26.4	274 01.8	11.2	25 02.5	4.9	54.2
11	N	346 58.3	27.4	288 32.0	11.2	25 07.4	4.8	54.2
12	D	1 58.5	S 0 28.3	303 02.2	11.2	S25 12.2	4.6	54.2
13	A	16 58.7	29.3	317 32.4	11.1	25 16.8	4.6	54.2
14	Y	31 59.0	30.3	332 02.5	11.1	25 21.4	4.4	54.2
15		46 59.2	. . 31.3	346 32.6	11.0	25 25.8	4.3	54.2
16		61 59.4	32.2	1 02.6	11.0	25 30.1	4.1	54.2
17		76 59.6	33.2	15 32.6	11.0	25 34.2	4.1	54.2
18		91 59.8	S 0 34.2	30 02.6	11.0	S25 38.3	3.9	54.2
19		107 00.0	35.2	44 32.6	10.9	25 42.2	3.8	54.2
20		122 00.3	36.1	59 02.5	10.9	25 46.0	3.7	54.2
21		137 00.5	. . 37.1	73 32.4	10.9	25 49.7	3.6	54.2
22		152 00.7	38.1	88 02.3	10.8	25 53.3	3.4	54.2
23		167 00.9	39.0	102 32.1	10.8	25 56.7	3.3	54.2
		S.D. 16.0	*d* 1.0	S.D. 14.9		14.8		14.8

Lat. °	Twilight Naut. h m	Twilight Civil h m	Sunrise h m	Moonrise 22 h m	Moonrise 23 h m	Moonrise 24 h m	Moonrise 25 h m
N 72	03 02	04 33	05 42	■	■	■	■
N 70	03 22	04 41	05 43	13 37	■	■	■
68	03 37	04 47	05 43	12 21	■	■	■
66	03 49	04 53	05 44	11 44	13 58	■	■
64	03 59	04 57	05 45	11 18	13 05	15 07	■
62	04 07	05 01	05 45	10 58	12 33	14 06	15 27
60	04 14	05 04	05 46	10 42	12 09	13 32	14 44
N 58	04 20	05 07	05 46	10 28	11 50	13 08	14 15
56	04 25	05 09	05 46	10 16	11 34	12 48	13 52
54	04 29	05 11	05 47	10 06	11 21	12 32	13 34
52	04 33	05 13	05 47	09 57	11 09	12 18	13 19
50	04 37	05 15	05 47	09 49	10 59	12 05	13 05
45	04 44	05 18	05 48	09 32	10 37	11 40	12 38
N 40	04 49	05 21	05 48	09 18	10 20	11 20	12 16
35	04 54	05 23	05 48	09 06	10 05	11 03	11 58
30	04 57	05 25	05 49	08 56	09 53	10 49	11 43
20	05 01	05 27	05 49	08 38	09 31	10 24	11 17
N 10	05 04	05 28	05 49	08 23	09 13	10 03	10 55
0	05 05	05 29	05 49	08 09	08 55	09 44	10 34
S 10	05 04	05 28	05 49	07 55	08 38	09 24	10 13
20	05 01	05 27	05 49	07 40	08 20	09 03	09 51
30	04 57	05 25	05 49	07 23	07 59	08 39	09 25
35	04 54	05 23	05 49	07 13	07 47	08 25	09 10
40	04 50	05 21	05 48	07 02	07 33	08 09	08 52
45	04 44	05 19	05 48	06 49	07 16	07 50	08 31
S 50	04 37	05 15	05 47	06 33	06 56	07 26	08 04
52	04 34	05 14	05 47	06 25	06 46	07 14	07 51
54	04 30	05 12	05 47	06 17	06 36	07 01	07 36
56	04 26	05 10	05 47	06 08	06 23	06 46	07 19
58	04 20	05 07	05 46	05 57	06 09	06 28	06 58
S 60	04 15	05 04	05 46	05 45	05 53	06 06	06 31

Lat. °	Sunset h m	Twilight Civil h m	Twilight Naut. h m	Moonset 22 h m	Moonset 23 h m	Moonset 24 h m	Moonset 25 h m
N 72	18 01	19 09	20 38	■	■	■	■
N 70	18 00	19 01	20 19	14 47	■	■	■
68	17 59	18 55	20 05	16 04	■	■	■
66	17 59	18 50	19 53	16 42	16 05	■	■
64	17 58	18 46	19 44	17 09	16 59	16 38	■
62	17 58	18 42	19 36	17 29	17 32	17 40	18 03
60	17 58	18 39	19 29	17 46	17 56	18 14	18 47
N 58	17 58	18 37	19 23	18 01	18 15	18 39	19 16
56	17 57	18 34	19 18	18 13	18 32	18 59	19 38
54	17 57	18 32	19 14	18 24	18 46	19 15	19 56
52	17 57	18 30	19 10	18 34	18 58	19 30	20 12
50	17 57	18 29	19 07	18 42	19 08	19 42	20 25
45	17 56	18 26	19 00	19 01	19 31	20 08	20 53
N 40	17 56	18 23	18 55	19 16	19 49	20 29	21 15
35	17 56	18 21	18 51	19 28	20 04	20 46	21 33
30	17 56	18 20	18 47	19 39	20 18	21 00	21 48
20	17 56	18 18	18 43	19 59	20 40	21 26	22 14
N 10	17 56	18 17	18 41	20 15	21 00	21 47	22 37
0	17 56	18 16	18 40	20 31	21 19	22 08	22 58
S 10	17 56	18 17	18 41	20 47	21 37	22 28	23 19
20	17 56	18 18	18 44	21 04	21 57	22 50	23 42
30	17 57	18 21	18 48	21 23	22 20	23 15	24 08
35	17 57	18 22	18 52	21 35	22 33	23 30	24 23
40	17 57	18 24	18 56	21 48	22 49	23 47	24 41
45	17 58	18 27	19 02	22 04	23 08	24 08	00 08
S 50	17 58	18 31	19 09	22 23	23 31	24 35	00 35
52	17 59	18 32	19 12	22 32	23 42	24 47	00 47
54	17 59	18 34	19 16	22 42	23 55	25 02	01 02
56	17 59	18 37	19 21	22 54	24 10	00 10	01 19
58	18 00	18 39	19 26	23 07	24 28	00 28	01 40
S 60	18 00	18 42	19 32	23 23	24 49	00 49	02 07

Day	SUN Eqn. of Time 00 h m s	SUN Eqn. of Time 12 h m s	SUN Mer. Pass. h m	MOON Mer. Pass. Upper h m	MOON Mer. Pass. Lower h m	Age d	Phase
22	07 01	07 12	11 53	14 20	01 57	03	
23	07 22	07 33	11 52	15 07	02 43	04	
24	07 43	07 54	11 52	15 56	03 31	05	

	UT (GMT)	ARIES	VENUS −3.9		MARS −0.8		JUPITER −2.0		SATURN +0.5		STARS		
		G.H.A.	G.H.A.	Dec.	G.H.A.	Dec.	G.H.A.	Dec.	G.H.A.	Dec.	Name	S.H.A.	Dec.
	d h	° ′	° ′	° ′	° ′	° ′	° ′	° ′	° ′	° ′		° ′	° ′
	25 00	3 33.3	190 26.0	N 4 31.9	294 48.1	N20 43.7	233 44.3	N18 48.0	73 17.6	S22 09.8	Acamar	315 30.8	S40 20.1
	01	18 35.8	205 25.6	30.6	309 49.8	43.9	248 46.3	47.9	88 20.0	09.8	Achernar	335 38.6	S57 16.7
	02	33 38.2	220 25.2	29.4	324 51.4	44.1	263 48.3	47.8	103 22.5	09.8	Acrux	173 29.4	S63 02.9
	03	48 40.7	235 24.8	· · 28.2	339 53.1	· · 44.3	278 50.3	· · 47.7	118 24.9	· · 09.8	Adhara	255 26.0	S28 57.2
	04	63 43.1	250 24.4	27.0	354 54.7	44.5	293 52.4	47.6	133 27.4	09.8	Aldebaran	291 08.8	N16 29.6
	05	78 45.6	265 24.0	25.8	9 56.3	44.6	308 54.4	47.5	148 29.8	09.8			
	06	93 48.1	280 23.6	N 4 24.5	24 58.0	N20 44.8	323 56.4	N18 47.4	163 32.3	S22 09.8	Alioth	166 35.9	N56 00.6
	07	108 50.5	295 23.2	23.3	39 59.6	45.0	338 58.5	47.3	178 34.7	09.8	Alkaid	153 12.5	N49 21.6
T	08	123 53.0	310 22.8	22.1	55 01.3	45.2	354 00.5	47.2	193 37.2	09.8	Al Na'ir	28 04.5	S47 00.4
U	09	138 55.5	325 22.4	· · 20.9	70 02.9	· · 45.3	9 02.5	· · 47.1	208 39.6	· · 09.8	Alnilam	276 03.6	S 1 12.2
E	10	153 57.9	340 22.0	19.7	85 04.6	45.5	24 04.6	47.0	223 42.1	09.8	Alphard	218 13.1	S 8 36.9
S	11	169 00.4	355 21.6	18.4	100 06.2	45.7	39 06.6	46.9	238 44.6	09.9			
D	12	184 02.9	10 21.2	N 4 17.2	115 07.9	N20 45.9	54 08.6	N18 46.7	253 47.0	S22 09.9	Alphecca	126 25.6	N26 44.8
A	13	199 05.3	25 20.8	16.0	130 09.5	46.0	69 10.6	46.6	268 49.5	09.9	Alpheratz	358 00.9	N29 02.6
Y	14	214 07.8	40 20.4	14.8	145 11.2	46.2	84 12.7	46.5	283 51.9	09.9	Altair	62 24.7	N 8 50.7
	15	229 10.3	55 20.0	· · 13.6	160 12.8	· · 46.4	99 14.7	· · 46.4	298 54.4	· · 09.9	Ankaa	353 31.9	S42 21.2
	16	244 12.7	70 19.5	12.3	175 14.5	46.6	114 16.7	46.3	313 56.8	09.9	Antares	112 47.4	S26 24.8
	17	259 15.2	85 19.1	11.1	190 16.1	46.7	129 18.8	46.2	328 59.3	09.9			
	18	274 17.6	100 18.7	N 4 09.9	205 17.8	N20 46.9	144 20.8	N18 46.1	344 01.7	S22 09.9	Arcturus	146 11.5	N19 13.9
	19	289 20.1	115 18.3	08.7	220 19.5	47.1	159 22.8	46.0	359 04.2	09.9	Atria	108 04.8	S69 01.0
	20	304 22.6	130 17.9	07.5	235 21.1	47.2	174 24.9	45.9	14 06.6	09.9	Avior	234 25.5	S59 28.4
	21	319 25.0	145 17.5	· · 06.2	250 22.8	· · 47.4	189 26.9	· · 45.8	29 09.1	· · 09.9	Bellatrix	278 50.2	N 6 20.7
	22	334 27.5	160 17.1	05.0	265 24.4	47.6	204 28.9	45.7	44 11.5	09.9	Betelgeuse	271 19.7	N 7 24.5
	23	349 30.0	175 16.7	03.8	280 26.1	47.8	219 31.0	45.6	59 14.0	09.9			
	26 00	4 32.4	190 16.3	N 4 02.6	295 27.8	N20 47.9	234 33.0	N18 45.5	74 16.4	S22 09.9	Canopus	264 03.7	S52 41.0
	01	19 34.9	205 15.9	01.3	310 29.4	48.1	249 35.0	45.4	89 18.9	09.9	Capella	280 59.5	N45 59.4
	02	34 37.4	220 15.5	4 00.1	325 31.1	48.3	264 37.1	45.3	104 21.3	09.9	Deneb	49 42.9	N45 15.1
	03	49 39.8	235 15.1	3 58.9	340 32.8	· · 48.5	279 39.1	· · 45.2	119 23.8	· · 09.9	Denebola	182 51.3	N14 37.5
	04	64 42.3	250 14.7	57.7	355 34.4	48.6	294 41.1	45.1	134 26.2	09.9	Diphda	349 12.6	S18 02.0
	05	79 44.8	265 14.3	56.4	10 36.1	48.8	309 43.2	45.0	149 28.7	09.9			
	06	94 47.2	280 13.9	N 3 55.2	25 37.8	N20 49.0	324 45.2	N18 44.9	164 31.1	S22 09.9	Dubhe	194 12.8	N61 48.0
W	07	109 49.7	295 13.5	54.0	40 39.4	49.1	339 47.2	44.8	179 33.6	09.9	Elnath	278 34.1	N28 36.1
E	08	124 52.1	310 13.1	52.8	55 41.1	49.3	354 49.3	44.7	194 36.0	09.9	Eltanin	90 54.1	N51 29.6
D	09	139 54.6	325 12.7	· · 51.5	70 42.8	· · 49.5	9 51.3	· · 44.6	209 38.5	· · 09.9	Enif	34 03.6	N 9 50.1
N	10	154 57.1	340 12.3	50.3	85 44.5	49.7	24 53.3	44.5	224 40.9	09.9	Fomalhaut	15 42.3	S29 40.2
E	11	169 59.5	355 11.9	49.1	100 46.1	49.8	39 55.4	44.4	239 43.4	09.9			
S	12	185 02.0	10 11.5	N 3 47.9	115 47.8	N20 50.0	54 57.4	N18 44.3	254 45.8	S22 09.9	Gacrux	172 20.8	S57 03.7
D	13	200 04.5	25 11.1	46.6	130 49.5	50.2	69 59.4	44.2	269 48.3	09.9	Gienah	176 10.2	S17 29.4
A	14	215 06.9	40 10.7	45.4	145 51.2	50.3	85 01.5	44.1	284 50.7	09.9	Hadar	149 12.9	S60 19.9
Y	15	230 09.4	55 10.3	· · 44.2	160 52.9	· · 50.5	100 03.5	· · 44.0	299 53.2	· · 09.9	Hamal	328 19.8	N23 25.3
	16	245 11.9	70 09.9	43.0	175 54.5	50.7	115 05.6	43.9	314 55.6	09.9	Kaus Aust.	84 06.3	S34 23.5
	17	260 14.3	85 09.5	41.7	190 56.2	50.9	130 07.6	43.8	329 58.1	09.9			
	18	275 16.8	100 09.1	N 3 40.5	205 57.9	N20 51.0	145 09.6	N18 43.7	345 00.5	S22 09.9	Kochab	137 19.8	N74 11.7
	19	290 19.3	115 08.7	39.3	220 59.6	51.2	160 11.7	43.6	0 03.0	09.9	Markab	13 55.0	N15 09.5
	20	305 21.7	130 08.3	38.0	236 01.3	51.4	175 13.7	43.5	15 05.4	09.9	Menkar	314 32.6	N 4 03.5
	21	320 24.2	145 07.9	· · 36.8	251 03.0	· · 51.5	190 15.7	· · 43.4	30 07.9	· · 09.9	Menkent	148 28.1	S36 19.6
	22	335 26.6	160 07.5	35.6	266 04.6	51.7	205 17.8	43.3	45 10.3	09.9	Miaplacidus	221 44.2	S69 40.5
	23	350 29.1	175 07.1	34.4	281 06.3	51.9	220 19.8	43.2	60 12.8	09.9			
	27 00	5 31.6	190 06.7	N 3 33.1	296 08.0	N20 52.0	235 21.8	N18 43.1	75 15.2	S22 09.9	Mirfak	309 04.6	N49 49.8
	01	20 34.0	205 06.3	31.9	311 09.7	52.2	250 23.9	43.0	90 17.7	09.9	Nunki	76 19.3	S26 18.6
	02	35 36.5	220 05.9	30.7	326 11.4	52.4	265 25.9	42.9	105 20.1	09.9	Peacock	53 45.5	S56 46.1
	03	50 39.0	235 05.5	· · 29.4	341 13.1	· · 52.5	280 28.0	· · 42.8	120 22.6	· · 09.9	Pollux	243 48.6	N28 03.0
	04	65 41.4	250 05.1	28.2	356 14.8	52.7	295 30.0	42.7	135 25.0	09.9	Procyon	245 17.6	N 5 15.1
	05	80 43.9	265 04.7	27.0	11 16.5	52.9	310 32.0	42.6	150 27.5	09.9			
	06	95 46.4	280 04.3	N 3 25.8	26 18.2	N20 53.1	325 34.1	N18 42.5	165 29.9	S22 09.9	Rasalhague	96 22.3	N12 34.1
	07	110 48.8	295 03.9	24.5	41 19.9	53.2	340 36.1	42.4	180 32.3	09.9	Regulus	208 01.8	N12 00.8
T	08	125 51.3	310 03.5	23.3	56 21.6	53.4	355 38.2	42.3	195 34.8	09.9	Rigel	281 28.3	S 8 12.4
H	09	140 53.7	325 03.1	· · 22.1	71 23.3	· · 53.6	10 40.2	· · 42.2	210 37.2	· · 09.9	Rigil Kent.	140 15.7	S60 48.0
U	10	155 56.2	340 02.7	20.8	86 25.0	53.7	25 42.2	42.1	225 39.7	09.9	Sabik	102 32.2	S15 42.9
R	11	170 58.7	355 02.3	19.6	101 26.7	53.9	40 44.3	42.0	240 42.1	09.9			
S	12	186 01.1	10 01.9	N 3 18.4	116 28.4	N20 54.1	55 46.3	N18 41.9	255 44.6	S22 09.9	Schedar	349 59.7	N56 29.4
D	13	201 03.6	25 01.5	17.1	131 30.1	54.2	70 48.4	41.8	270 47.0	09.9	Shaula	96 45.1	S37 06.0
A	14	216 06.1	40 01.1	15.9	146 31.8	54.4	85 50.4	41.7	285 49.5	09.9	Sirius	258 48.7	S16 41.9
Y	15	231 08.5	55 00.7	· · 14.7	161 33.5	· · 54.6	100 52.4	· · 41.6	300 51.9	· · 09.9	Spica	158 49.5	S11 06.8
	16	246 11.0	70 00.3	13.4	176 35.2	54.7	115 54.5	41.5	315 54.3	09.9	Suhail	223 05.4	S43 23.4
	17	261 13.5	84 59.9	12.2	191 36.9	54.9	130 56.5	41.4	330 56.8	09.9			
	18	276 15.9	99 59.5	N 3 11.0	206 38.6	N20 55.1	145 58.6	N18 41.3	345 59.2	S22 09.9	Vega	80 50.5	N38 46.7
	19	291 18.4	114 59.1	09.7	221 40.3	55.2	161 00.6	41.2	1 01.7	09.9	Zuben'ubi	137 24.6	S16 00.3
	20	306 20.9	129 58.7	08.5	236 42.0	55.4	176 02.6	41.1	16 04.1	09.9			
	21	321 23.3	144 58.3	· · 07.3	251 43.7	· · 55.6	191 04.7	· · 41.0	31 06.6	· · 09.9			
	22	336 25.8	159 57.9	06.0	266 45.5	55.7	206 06.7	40.9	46 09.0	09.9			
	23	351 28.2	174 57.5	04.8	281 47.2	55.9	221 08.8	40.8	61 11.5	09.9			
	Mer. Pass.	h m 23 38.0	v −0.4	d 1.2	v 1.7	d 0.2	v 2.0	d 0.1	v 2.4	d 0.0			

	S.H.A.	Mer. Pass.
	° ′	h m
Venus	185 43.9	11 19
Mars	290 55.3	4 18
Jupiter	230 00.6	8 21
Saturn	69 44.0	19 00

UT (GMT) d	h	SUN G.H.A. ° ′	SUN Dec. ° ′	MOON G.H.A. ° ′	v ′	MOON Dec. ° ′	d ′	H.P. ′
25	00	182 01.1	S 0 40.0	117 01.9	10.8	S26 00.0	3.2	54.2
	01	197 01.3	41.0	131 31.7	10.7	26 03.2	3.1	54.2
	02	212 01.6	42.0	146 01.4	10.7	26 06.3	3.0	54.2
	03	227 01.8	. . 42.9	160 31.1	10.7	26 09.3	2.8	54.2
	04	242 02.0	43.9	175 00.8	10.7	26 12.1	2.7	54.2
	05	257 02.2	44.9	189 30.5	10.6	26 14.8	2.6	54.2
	06	272 02.4	S 0 45.9	204 00.1	10.6	S26 17.4	2.4	54.2
	07	287 02.6	46.8	218 29.7	10.6	26 19.8	2.4	54.2
T	08	302 02.9	47.8	232 59.3	10.6	26 22.2	2.2	54.2
U	09	317 03.1	. . 48.8	247 28.9	10.6	26 24.4	2.1	54.2
E	10	332 03.3	49.8	261 58.5	10.5	26 26.5	1.9	54.2
S	11	347 03.5	50.7	276 28.0	10.5	26 28.4	1.8	54.2
D	12	2 03.7	S 0 51.7	290 57.5	10.5	S26 30.2	1.7	54.2
A	13	17 03.9	52.7	305 27.0	10.4	26 31.9	1.6	54.2
Y	14	32 04.1	53.7	319 56.4	10.5	26 33.5	1.5	54.2
	15	47 04.4	. . 54.6	334 25.9	10.4	26 35.0	1.3	54.2
	16	62 04.6	55.6	348 55.3	10.4	26 36.3	1.2	54.2
	17	77 04.8	56.6	3 24.7	10.4	26 37.5	1.0	54.2
	18	92 05.0	S 0 57.6	17 54.1	10.4	S26 38.5	1.0	54.2
	19	107 05.2	58.5	32 23.5	10.3	26 39.5	0.8	54.2
	20	122 05.4	0 59.5	46 52.8	10.4	26 40.3	0.7	54.2
	21	137 05.7	1 00.5	61 22.2	10.3	26 41.0	0.5	54.2
	22	152 05.9	01.5	75 51.5	10.4	26 41.5	0.5	54.2
	23	167 06.1	02.4	90 20.9	10.3	26 42.0	0.3	54.3
26	00	182 06.3	S 1 03.4	104 50.2	10.3	S26 42.3	0.1	54.3
	01	197 06.5	04.4	119 19.5	10.3	26 42.4	0.1	54.3
	02	212 06.7	05.4	133 48.8	10.3	26 42.5	0.1	54.3
	03	227 06.9	. . 06.3	148 18.1	10.2	26 42.4	0.2	54.3
	04	242 07.2	07.3	162 47.3	10.3	26 42.2	0.3	54.3
	05	257 07.4	08.3	177 16.6	10.3	26 41.9	0.5	54.3
	06	272 07.6	S 1 09.2	191 45.9	10.2	S26 41.4	0.6	54.3
W	07	287 07.8	10.2	206 15.1	10.3	26 40.8	0.7	54.3
E	08	302 08.0	11.2	220 44.4	10.3	26 40.1	0.9	54.3
D	09	317 08.2	. . 12.2	235 13.7	10.2	26 39.2	1.0	54.3
N	10	332 08.4	13.1	249 42.9	10.3	26 38.2	1.1	54.4
E	11	347 08.7	14.1	264 12.2	10.2	26 37.1	1.3	54.4
S	12	2 08.9	S 1 15.1	278 41.4	10.2	S26 35.8	1.3	54.4
D	13	17 09.1	16.1	293 10.6	10.3	26 34.5	1.5	54.4
A	14	32 09.3	17.0	307 39.9	10.2	26 33.0	1.7	54.4
Y	15	47 09.5	. . 18.0	322 09.1	10.3	26 31.3	1.7	54.4
	16	62 09.7	19.0	336 38.4	10.2	26 29.6	1.9	54.4
	17	77 09.9	20.0	351 07.6	10.3	26 27.7	2.0	54.4
	18	92 10.2	S 1 20.9	5 36.9	10.3	S26 25.7	2.2	54.4
	19	107 10.4	21.9	20 06.2	10.2	26 23.5	2.3	54.5
	20	122 10.6	22.9	34 35.4	10.3	26 21.2	2.4	54.5
	21	137 10.8	. . 23.9	49 04.7	10.3	26 18.8	2.5	54.5
	22	152 11.0	24.8	63 34.0	10.3	26 16.3	2.7	54.5
	23	167 11.2	25.8	78 03.3	10.3	26 13.6	2.7	54.5
27	00	182 11.4	S 1 26.8	92 32.6	10.3	S26 10.9	3.0	54.5
	01	197 11.6	27.8	107 01.9	10.3	26 07.9	3.0	54.5
	02	212 11.9	28.7	121 31.2	10.3	26 04.9	3.2	54.6
	03	227 12.1	. . 29.7	136 00.5	10.4	26 01.7	3.3	54.6
	04	242 12.3	30.7	150 29.9	10.3	25 58.4	3.4	54.6
	05	257 12.5	31.6	164 59.2	10.4	25 55.0	3.6	54.6
	06	272 12.7	S 1 32.6	179 28.6	10.4	S25 51.4	3.7	54.6
	07	287 12.9	33.6	193 58.0	10.3	25 47.7	3.8	54.6
T	08	302 13.1	34.6	208 27.3	10.5	25 43.9	3.9	54.7
H	09	317 13.3	. . 35.5	222 56.8	10.4	25 40.0	4.1	54.7
U	10	332 13.6	36.5	237 26.2	10.4	25 35.9	4.2	54.7
R	11	347 13.8	37.5	251 55.6	10.5	25 31.7	4.3	54.7
S	12	2 14.0	S 1 38.5	266 25.1	10.4	S25 27.4	4.4	54.7
D	13	17 14.2	39.4	280 54.5	10.5	25 23.0	4.6	54.7
A	14	32 14.4	40.4	295 24.0	10.5	25 18.4	4.7	54.8
Y	15	47 14.6	. . 41.4	309 53.5	10.6	25 13.7	4.8	54.8
	16	62 14.8	42.4	324 23.1	10.5	25 08.9	5.0	54.8
	17	77 15.0	43.3	338 52.6	10.6	25 03.9	5.0	54.8
	18	92 15.3	S 1 44.3	353 22.2	10.6	S24 58.9	5.2	54.8
	19	107 15.5	45.3	7 51.8	10.6	24 53.7	5.3	54.9
	20	122 15.7	46.3	22 21.4	10.6	24 48.4	5.5	54.9
	21	137 15.9	. . 47.2	36 51.0	10.7	24 42.9	5.5	54.9
	22	152 16.1	48.2	51 20.7	10.7	24 37.4	5.7	54.9
	23	167 16.3	49.2	65 50.4	10.7	24 31.7	5.8	54.9
		S.D. 16.0	*d* 1.0	S.D. 14.8		14.8		14.9

Lat. °	Twilight Naut. h m	Twilight Civil h m	Sunrise h m	Moonrise 25 h m	26 h m	27 h m	28 h m
N 72	03 20	04 47	05 55	■	■	■	■
N 70	03 37	04 53	05 54	■	■	■	■
68	03 50	04 58	05 54	■	■	■	■
66	04 00	05 02	05 54	■	■	■	17 48
64	04 09	05 06	05 53	■	■	17 22	17 07
62	04 16	05 09	05 53	15 27	16 15	16 33	16 39
60	04 22	05 11	05 53	14 44	15 33	16 02	16 17
N 58	04 27	05 13	05 53	14 15	15 05	15 38	15 59
56	04 31	05 15	05 52	13 52	14 43	15 19	15 44
54	04 35	05 17	05 52	13 34	14 25	15 03	15 31
52	04 39	05 18	05 52	13 19	14 10	14 49	15 20
50	04 42	05 20	05 52	13 05	13 56	14 37	15 10
45	04 48	05 22	05 51	12 38	13 29	14 12	14 48
N 40	04 52	05 24	05 51	12 16	13 07	13 52	14 31
35	04 56	05 25	05 51	11 58	12 49	13 36	14 16
30	04 59	05 26	05 50	11 43	12 34	13 21	14 04
20	05 02	05 28	05 50	11 17	12 08	12 56	13 42
N 10	05 04	05 28	05 49	10 55	11 45	12 35	13 23
0	05 04	05 28	05 48	10 34	11 24	12 15	13 05
S 10	05 02	05 26	05 47	10 13	11 03	11 55	12 48
20	04 59	05 24	05 46	09 51	10 41	11 34	12 29
30	04 53	05 21	05 45	09 25	10 15	11 09	12 06
35	04 49	05 19	05 44	09 10	09 59	10 54	11 54
40	04 45	05 16	05 43	08 52	09 42	10 38	11 39
45	04 38	05 13	05 42	08 31	09 20	10 17	11 21
S 50	04 30	05 09	05 41	08 04	08 53	09 51	10 58
52	04 26	05 06	05 40	07 51	08 39	09 39	10 48
54	04 22	05 04	05 40	07 36	08 24	09 25	10 36
56	04 17	05 02	05 39	07 19	08 06	09 08	10 22
58	04 11	04 59	05 38	06 58	07 44	08 48	10 05
S 60	04 05	04 55	05 37	06 31	07 15	08 22	09 46

Lat. °	Sunset h m	Twilight Civil h m	Twilight Naut. h m	Moonset 25 h m	26 h m	27 h m	28 h m
N 72	17 46	18 53	20 18	■	■	■	■
N 70	17 46	18 47	20 03	■	■	■	■
68	17 47	18 42	19 50	■	■	■	■
66	17 47	18 38	19 40	■	■	■	20 59
64	17 48	18 35	19 32	■	■	19 40	21 39
62	17 48	18 32	19 25	18 03	19 01	20 29	22 06
60	17 49	18 30	19 19	18 47	19 43	21 00	22 28
N 58	17 49	18 28	19 14	19 16	20 11	21 23	22 45
56	17 49	18 26	19 10	19 38	20 33	21 41	22 59
54	17 50	18 25	19 06	19 56	20 51	21 57	23 12
52	17 50	18 23	19 03	20 12	21 06	22 11	23 23
50	17 50	18 22	19 00	20 25	21 19	22 22	23 32
45	17 51	18 20	18 54	20 53	21 46	22 47	23 53
N 40	17 51	18 18	18 50	21 15	22 08	23 06	24 09
35	17 52	18 17	18 46	21 33	22 25	23 22	24 23
30	17 52	18 16	18 44	21 48	22 40	23 36	24 35
20	17 53	18 15	18 40	22 14	23 06	24 00	00 00
N 10	17 54	18 15	18 39	22 37	23 28	24 21	00 21
0	17 55	18 15	18 39	22 58	23 49	24 40	00 40
S 10	17 56	18 17	18 41	23 19	24 10	00 10	00 58
20	17 57	18 19	18 44	23 42	24 32	00 32	01 19
30	17 58	18 22	18 50	24 08	00 08	00 57	01 42
35	17 59	18 24	18 54	24 23	00 23	01 12	01 55
40	18 00	18 27	18 59	24 41	00 41	01 29	02 11
45	18 01	18 31	19 05	00 08	01 03	01 50	02 30
S 50	18 03	18 35	19 14	00 35	01 30	02 16	02 53
52	18 04	18 38	19 18	00 47	01 44	02 29	03 04
54	18 04	18 40	19 22	01 02	01 59	02 44	03 16
56	18 05	18 43	19 27	01 19	02 17	03 00	03 31
58	18 06	18 46	19 33	01 40	02 39	03 21	03 47
S 60	18 07	18 49	19 40	02 07	03 08	03 46	04 08

Day	SUN Eqn. of Time 00ʰ m s	SUN Eqn. of Time 12ʰ m s	SUN Mer. Pass. h m	MOON Mer. Pass. Upper h m	MOON Mer. Pass. Lower h m	Age d	Phase
25	08 04	08 14	11 52	16 46	04 21	06	
26	08 25	08 35	11 51	17 37	05 11	07	◐
27	08 45	08 56	11 51	18 27	06 02	08	

UT (GMT) d	h	ARIES G.H.A. ° ′	VENUS −3.9 G.H.A. ° ′	VENUS Dec. ° ′	MARS −0.9 G.H.A. ° ′	MARS Dec. ° ′	JUPITER −2.0 G.H.A. ° ′	JUPITER Dec. ° ′	SATURN +0.5 G.H.A. ° ′	SATURN Dec. ° ′	STARS Name	S.H.A. ° ′	Dec. ° ′
28	00	6 30.7	189 57.1	N 3 03.6	296 48.9	N20 56.1	236 10.8	N18 40.7	76 13.9	S22 09.9	Acamar	315 30.8	S40 20.1
	01	21 33.2	204 56.7	02.3	311 50.6	56.2	251 12.8	40.6	91 16.3	09.9	Achernar	335 38.6	S57 16.7
	02	36 35.6	219 56.3	3 01.1	326 52.3	56.4	266 14.9	40.5	106 18.8	09.9	Acrux	173 29.4	S63 02.9
	03	51 38.1	234 55.9	2 59.9	341 54.0	· · 56.6	281 16.9	· · 40.4	121 21.2	· · 09.9	Adhara	255 26.0	S28 57.2
	04	66 40.6	249 55.5	58.6	356 55.8	56.7	296 19.0	40.3	136 23.7	09.9	Aldebaran	291 08.8	N16 29.6
	05	81 43.0	264 55.1	57.4	11 57.5	56.9	311 21.0	40.2	151 26.1	09.9			
	06	96 45.5	279 54.7	N 2 56.2	26 59.2	N20 57.0	326 23.1	N18 40.1	166 28.5	S22 09.9	Alioth	166 35.9	N56 00.6
	07	111 48.0	294 54.3	54.9	42 00.9	57.2	341 25.1	40.0	181 31.0	09.9	Alkaid	153 12.5	N49 21.6
	08	126 50.4	309 53.9	53.7	57 02.6	57.4	356 27.1	39.9	196 33.4	09.9	Al Na'ir	28 04.5	S47 00.4
F	09	141 52.9	324 53.5	· · 52.5	72 04.4	· · 57.5	11 29.2	· · 39.8	211 35.9	· · 09.9	Alnilam	276 03.6	S 1 12.2
R	10	156 55.4	339 53.1	51.2	87 06.1	57.7	26 31.2	39.7	226 38.3	09.9	Alphard	218 13.0	S 8 36.9
I	11	171 57.8	354 52.7	50.0	102 07.8	57.9	41 33.3	39.6	241 40.7	09.9			
D	12	187 00.3	9 52.3	N 2 48.8	117 09.6	N20 58.0	56 35.3	N18 39.5	256 43.2	S22 09.9	Alphecca	126 25.6	N26 44.8
A	13	202 02.7	24 51.9	47.5	132 11.3	58.2	71 37.4	39.4	271 45.6	09.9	Alpheratz	358 00.9	N29 02.6
Y	14	217 05.2	39 51.5	46.3	147 13.0	58.4	86 39.4	39.3	286 48.1	09.9	Altair	62 24.7	N 8 50.7
	15	232 07.7	54 51.1	· · 45.1	162 14.7	· · 58.5	101 41.5	· · 39.2	301 50.5	· · 09.9	Ankaa	353 31.9	S42 21.2
	16	247 10.1	69 50.7	43.8	177 16.5	58.7	116 43.5	39.1	316 52.9	09.9	Antares	112 47.4	S26 24.8
	17	262 12.6	84 50.4	42.6	192 18.2	58.8	131 45.5	39.0	331 55.4	09.9			
	18	277 15.1	99 50.0	N 2 41.4	207 19.9	N20 59.0	146 47.6	N18 38.9	346 57.8	S22 09.9	Arcturus	146 11.5	N19 13.9
	19	292 17.5	114 49.6	40.1	222 21.7	59.2	161 49.6	38.8	2 00.3	09.9	Atria	108 04.8	S69 01.0
	20	307 20.0	129 49.2	38.9	237 23.4	59.3	176 51.7	38.7	17 02.7	09.9	Avior	234 25.4	S59 28.4
	21	322 22.5	144 48.8	· · 37.6	252 25.2	· · 59.5	191 53.7	· · 38.6	32 05.1	· · 09.9	Bellatrix	278 50.2	N 6 20.7
	22	337 24.9	159 48.4	36.4	267 26.9	59.7	206 55.8	38.5	47 07.6	09.9	Betelgeuse	271 19.7	N 7 24.5
	23	352 27.4	174 48.0	35.2	282 28.6	20 59.8	221 57.8	38.4	62 10.0	09.9			
29	00	7 29.8	189 47.6	N 2 33.9	297 30.4	N21 00.0	236 59.9	N18 38.3	77 12.5	S22 09.9	Canopus	264 03.7	S52 41.0
	01	22 32.3	204 47.2	32.7	312 32.1	00.1	252 01.9	38.2	92 14.9	09.9	Capella	280 59.5	N45 59.4
	02	37 34.8	219 46.8	31.5	327 33.9	00.3	267 04.0	38.1	107 17.3	09.9	Deneb	49 42.9	N45 15.1
	03	52 37.2	234 46.4	· · 30.2	342 35.6	· · 00.5	282 06.0	· · 38.0	122 19.8	· · 09.9	Denebola	182 51.3	N14 37.5
	04	67 39.7	249 46.0	29.0	357 37.4	00.6	297 08.1	37.9	137 22.2	09.9	Diphda	349 12.6	S18 02.0
	05	82 42.2	264 45.6	27.7	12 39.1	00.8	312 10.1	37.8	152 24.6	09.9			
	06	97 44.6	279 45.2	N 2 26.5	27 40.9	N21 01.0	327 12.2	N18 37.7	167 27.1	S22 09.9	Dubhe	194 12.8	N61 48.0
	07	112 47.1	294 44.8	25.3	42 42.6	01.1	342 14.2	37.6	182 29.5	09.9	Elnath	278 34.1	N28 36.1
S	08	127 49.6	309 44.4	24.0	57 44.4	01.3	357 16.2	37.5	197 32.0	09.9	Eltanin	90 54.1	N51 29.6
A	09	142 52.0	324 44.0	· · 22.8	72 46.1	· · 01.4	12 18.3	· · 37.4	212 34.4	· · 09.9	Enif	34 03.6	N 9 50.1
T	10	157 54.5	339 43.6	21.5	87 47.9	01.6	27 20.3	37.3	227 36.8	09.9	Fomalhaut	15 42.3	S29 40.2
U	11	172 57.0	354 43.2	20.3	102 49.6	01.8	42 22.4	37.2	242 39.3	09.9			
R	12	187 59.4	9 42.8	N 2 19.1	117 51.4	N21 01.9	57 24.4	N18 37.1	257 41.7	S22 09.9	Gacrux	172 20.8	S57 03.7
D	13	203 01.9	24 42.4	17.8	132 53.1	02.1	72 26.5	37.0	272 44.1	09.9	Gienah	176 10.2	S17 29.4
A	14	218 04.3	39 42.1	16.6	147 54.9	02.2	87 28.5	36.9	287 46.6	09.9	Hadar	149 13.0	S60 19.9
Y	15	233 06.8	54 41.7	· · 15.3	162 56.6	· · 02.4	102 30.6	· · 36.8	302 49.0	· · 09.9	Hamal	328 19.7	N23 25.3
	16	248 09.3	69 41.3	14.1	177 58.4	02.6	117 32.6	36.7	317 51.4	09.9	Kaus Aust.	84 06.4	S34 23.5
	17	263 11.7	84 40.9	12.9	193 00.2	02.7	132 34.7	36.6	332 53.9	09.9			
	18	278 14.2	99 40.5	N 2 11.6	208 01.9	N21 02.9	147 36.7	N18 36.5	347 56.3	S22 09.9	Kochab	137 19.8	N74 11.7
	19	293 16.7	114 40.1	10.4	223 03.7	03.0	162 38.8	36.4	2 58.7	09.9	Markab	13 55.0	N15 09.5
	20	308 19.1	129 39.7	09.1	238 05.4	03.2	177 40.8	36.3	18 01.2	09.9	Menkar	314 32.6	N 4 03.5
	21	323 21.6	144 39.3	· · 07.9	253 07.2	· · 03.4	192 42.9	· · 36.2	33 03.6	· · 09.9	Menkent	148 28.1	S36 19.6
	22	338 24.1	159 38.9	06.7	268 09.0	03.5	207 44.9	36.1	48 06.1	09.9	Miaplacidus	221 44.2	S69 40.5
	23	353 26.5	174 38.5	05.4	283 10.7	03.7	222 47.0	36.0	63 08.5	09.9			
30	00	8 29.0	189 38.1	N 2 04.2	298 12.5	N21 03.8	237 49.0	N18 35.9	78 10.9	S22 09.9	Mirfak	309 04.5	N49 49.8
	01	23 31.5	204 37.7	02.9	313 14.3	04.0	252 51.1	35.8	93 13.4	09.9	Nunki	76 19.3	S26 18.6
	02	38 33.9	219 37.3	01.7	328 16.1	04.2	267 53.1	35.7	108 15.8	09.9	Peacock	53 45.5	S56 46.1
	03	53 36.4	234 36.9	2 00.5	343 17.8	· · 04.3	282 55.2	· · 35.6	123 18.2	· · 09.9	Pollux	243 48.6	N28 03.0
	04	68 38.8	249 36.5	1 59.2	358 19.6	04.5	297 57.3	35.5	138 20.7	09.9	Procyon	245 17.6	N 5 15.1
	05	83 41.3	264 36.1	58.0	13 21.4	04.6	312 59.3	35.4	153 23.1	09.9			
	06	98 43.8	279 35.7	N 1 56.7	28 23.2	N21 04.8	328 01.4	N18 35.3	168 25.5	S22 09.9	Rasalhague	96 22.3	N12 34.1
	07	113 46.2	294 35.4	55.5	43 24.9	04.9	343 03.4	35.2	183 27.9	09.9	Regulus	208 01.8	N12 00.8
	08	128 48.7	309 35.0	54.2	58 26.7	05.1	358 05.5	35.1	198 30.4	09.9	Rigel	281 28.3	S 8 12.4
S	09	143 51.2	324 34.6	· · 53.0	73 28.5	· · 05.3	13 07.5	· · 35.0	213 32.8	· · 09.9	Rigil Kent.	140 15.8	S60 48.0
U	10	158 53.6	339 34.2	51.8	88 30.3	05.4	28 09.6	34.9	228 35.2	09.9	Sabik	102 32.2	S15 42.9
N	11	173 56.1	354 33.8	50.5	103 32.0	05.6	43 11.6	34.8	243 37.7	09.9			
D	12	188 58.6	9 33.4	N 1 49.3	118 33.8	N21 05.7	58 13.7	N18 34.7	258 40.1	S22 09.9	Schedar	349 59.7	N56 29.4
A	13	204 01.0	24 33.0	48.0	133 35.6	05.9	73 15.7	34.6	273 42.5	09.9	Shaula	96 45.1	S37 06.0
Y	14	219 03.5	39 32.6	46.8	148 37.4	06.0	88 17.8	34.5	288 45.0	09.9	Sirius	258 48.7	S16 41.9
	15	234 06.0	54 32.2	· · 45.6	163 39.2	· · 06.2	103 19.8	· · 34.4	303 47.4	· · 09.9	Spica	158 49.5	S11 06.8
	16	249 08.4	69 31.8	44.3	178 41.0	06.4	118 21.9	34.3	318 49.8	09.9	Suhail	223 05.4	S43 23.4
	17	264 10.9	84 31.4	43.1	193 42.8	06.5	133 23.9	34.3	333 52.3	09.9			
	18	279 13.3	99 31.0	N 1 41.8	208 44.5	N21 06.7	148 26.0	N18 34.2	348 54.7	S22 09.9	Vega	80 50.5	N38 46.7
	19	294 15.8	114 30.6	40.6	223 46.3	06.8	163 28.1	34.1	3 57.1	09.9	Zuben'ubi	137 24.6	S16 00.3
	20	309 18.3	129 30.2	39.3	238 48.1	07.0	178 30.1	34.0	18 59.6	09.9			
	21	324 20.7	144 29.9	· · 38.1	253 49.9	· · 07.1	193 32.2	· · 33.9	34 02.0	· · 09.9			
	22	339 23.2	159 29.5	36.8	268 51.7	07.3	208 34.2	33.8	49 04.4	09.9			
	23	354 25.7	174 29.1	35.6	283 53.5	07.5	223 36.3	33.7	64 06.8	09.9			
Mer. Pass.		h m 23 26.2	v −0.4	d 1.2	v 1.8	d 0.2	v 2.0	d 0.1	v 2.4	d 0.0			

	S.H.A. ° ′	Mer. Pass. h m
Venus	182 17.7	11 21
Mars	290 00.5	4 09
Jupiter	229 30.0	8 11
Saturn	69 42.6	18 48

	UT (GMT)	SUN G.H.A.	SUN Dec.	MOON G.H.A.	*v*	MOON Dec.	*d*	H.P.
	d h	° ′	° ′	° ′	′	° ′	′	′
	28 00	182 16.5	S 1 50.1	80 20.1	10.7	S24 25.9	6.0	55.0
	01	197 16.7	51.1	94 49.8	10.8	24 19.9	6.0	55.0
	02	212 16.9	52.1	109 19.6	10.7	24 13.9	6.2	55.0
	03	227 17.2	. . 53.1	123 49.3	10.8	24 07.7	6.3	55.0
	04	242 17.4	54.0	138 19.1	10.9	24 01.4	6.4	55.1
	05	257 17.6	55.0	152 49.0	10.8	23 55.0	6.5	55.1
	06	272 17.8	S 1 56.0	167 18.8	10.9	S23 48.5	6.7	55.1
	07	287 18.0	57.0	181 48.7	10.9	23 41.8	6.8	55.1
	08	302 18.2	57.9	196 18.6	10.9	23 35.0	6.9	55.1
F	09	317 18.4	. . 58.9	210 48.5	11.0	23 28.1	7.0	55.2
R	10	332 18.6	1 59.9	225 18.5	11.0	23 21.1	7.1	55.2
I	11	347 18.8	2 00.8	239 48.5	11.0	23 14.0	7.3	55.2
D	12	2 19.0	S 2 01.8	254 18.5	11.1	S23 06.7	7.3	55.2
A	13	17 19.3	02.8	268 48.6	11.0	22 59.4	7.5	55.3
Y	14	32 19.5	03.8	283 18.6	11.1	22 51.9	7.6	55.3
	15	47 19.7	. . 04.7	297 48.7	11.2	22 44.3	7.7	55.3
	16	62 19.9	05.7	312 18.9	11.1	22 36.6	7.9	55.3
	17	77 20.1	06.7	326 49.0	11.2	22 28.7	7.9	55.4
	18	92 20.3	S 2 07.7	341 19.2	11.2	S22 20.8	8.1	55.4
	19	107 20.5	08.6	355 49.4	11.3	22 12.7	8.1	55.4
	20	122 20.7	09.6	10 19.7	11.3	22 04.6	8.3	55.5
	21	137 20.9	. . 10.6	24 50.0	11.3	21 56.3	8.4	55.5
	22	152 21.1	11.5	39 20.3	11.3	21 47.9	8.5	55.5
	23	167 21.4	12.5	53 50.6	11.4	21 39.4	8.7	55.5
	29 00	182 21.6	S 2 13.5	68 21.0	11.4	S21 30.7	8.7	55.6
	01	197 21.8	14.5	82 51.4	11.4	21 22.0	8.8	55.6
	02	212 22.0	15.4	97 21.8	11.5	21 13.2	9.0	55.6
	03	227 22.2	. . 16.4	111 52.3	11.4	21 04.2	9.1	55.6
	04	242 22.4	17.4	126 22.7	11.6	20 55.1	9.1	55.7
	05	257 22.6	18.4	140 53.3	11.5	20 46.0	9.3	55.7
	06	272 22.8	S 2 19.3	155 23.8	11.6	S20 36.7	9.4	55.7
	07	287 23.0	20.3	169 54.4	11.6	20 27.3	9.5	55.8
S	08	302 23.2	21.3	184 25.0	11.6	20 17.8	9.6	55.8
A	09	317 23.4	. . 22.2	198 55.6	11.7	20 08.2	9.7	55.8
T	10	332 23.6	23.2	213 26.3	11.7	19 58.5	9.8	55.9
U	11	347 23.9	24.2	227 57.0	11.7	19 48.7	10.0	55.9
R	12	2 24.1	S 2 25.2	242 27.7	11.8	S19 38.7	10.0	55.9
D	13	17 24.3	26.1	256 58.5	11.8	19 28.7	10.1	55.9
A	14	32 24.5	27.1	271 29.3	11.8	19 18.6	10.2	56.0
Y	15	47 24.7	. . 28.1	286 00.1	11.8	19 08.4	10.4	56.0
	16	62 24.9	29.0	300 30.9	11.9	18 58.0	10.4	56.0
	17	77 25.1	30.0	315 01.8	11.9	18 47.6	10.5	56.1
	18	92 25.3	S 2 31.0	329 32.7	11.9	S18 37.1	10.7	56.1
	19	107 25.5	32.0	344 03.6	12.0	18 26.4	10.7	56.1
	20	122 25.7	32.9	358 34.6	11.9	18 15.7	10.8	56.2
	21	137 25.9	. . 33.9	13 05.5	12.0	18 04.9	11.0	56.2
	22	152 26.1	34.9	27 36.5	12.1	17 53.9	11.0	56.2
	23	167 26.3	35.8	42 07.6	12.0	17 42.9	11.1	56.3
	30 00	182 26.6	S 2 36.8	56 38.6	12.1	S17 31.8	11.2	56.3
	01	197 26.8	37.8	71 09.7	12.1	17 20.6	11.4	56.3
	02	212 27.0	38.8	85 40.8	12.2	17 09.2	11.4	56.4
	03	227 27.2	. . 39.7	100 12.0	12.1	16 57.8	11.5	56.4
	04	242 27.4	40.7	114 43.1	12.2	16 46.3	11.6	56.4
	05	257 27.6	41.7	129 14.3	12.2	16 34.7	11.6	56.5
	06	272 27.8	S 2 42.6	143 45.5	12.2	S16 23.1	11.8	56.5
	07	287 28.0	43.6	158 16.7	12.3	16 11.3	11.9	56.5
	08	302 28.2	44.6	172 48.0	12.3	15 59.4	12.0	56.6
S	09	317 28.4	. . 45.5	187 19.3	12.3	15 47.4	12.0	56.6
U	10	332 28.6	46.5	201 50.6	12.3	15 35.4	12.1	56.6
N	11	347 28.8	47.5	216 21.9	12.3	15 23.3	12.3	56.7
D	12	2 29.0	S 2 48.5	230 53.2	12.4	S15 11.0	12.3	56.7
A	13	17 29.2	49.4	245 24.6	12.4	14 58.7	12.4	56.7
Y	14	32 29.4	50.4	259 56.0	12.4	14 46.3	12.5	56.8
	15	47 29.6	. . 51.4	274 27.4	12.4	14 33.8	12.5	56.8
	16	62 29.8	52.3	288 58.8	12.4	14 21.3	12.7	56.8
	17	77 30.0	53.3	303 30.2	12.5	14 08.6	12.7	56.9
	18	92 30.3	S 2 54.3	318 01.7	12.4	S13 55.9	12.8	56.9
	19	107 30.5	55.3	332 33.1	12.5	13 43.1	12.9	56.9
	20	122 30.7	56.2	347 04.6	12.5	13 30.2	13.0	57.0
	21	137 30.9	. . 57.2	1 36.1	12.6	13 17.2	13.0	57.0
	22	152 31.1	58.2	16 07.7	12.5	13 04.2	13.2	57.0
	23	167 31.3	59.1	30 39.2	12.5	12 51.0	13.2	57.1
		S.D. 16.0	*d* 1.0	S.D. 15.1		15.2		15.4

Lat.	Twilight Naut.	Twilight Civil	Sunrise	Moonrise 28	Moonrise 29	Moonrise 30	Moonrise 1
°	h m	h m	h m	h m	h m	h m	h m
N 72	03 37	05 01	06 08	■	■	18 09	17 25
N 70	03 51	05 05	06 06	■	18 34	17 42	17 12
68	04 02	05 09	06 05	■	17 50	17 22	17 02
66	04 11	05 12	06 03	17 48	17 21	17 05	16 53
64	04 18	05 15	06 02	17 07	16 58	16 52	16 46
62	04 24	05 17	06 01	16 39	16 40	16 40	16 40
60	04 29	05 18	06 00	16 17	16 25	16 31	16 34
N 58	04 34	05 20	05 59	15 59	16 13	16 22	16 29
56	04 38	05 21	05 58	15 44	16 01	16 14	16 25
54	04 41	05 22	05 58	15 31	15 52	16 08	16 21
52	04 44	05 23	05 57	15 20	15 43	16 01	16 17
50	04 46	05 24	05 56	15 10	15 35	15 56	16 14
45	04 52	05 26	05 55	14 48	15 18	15 44	16 07
N 40	04 55	05 27	05 54	14 31	15 04	15 34	16 01
35	04 58	05 28	05 53	14 16	14 53	15 25	15 55
30	05 00	05 28	05 52	14 04	14 42	15 18	15 51
20	05 03	05 28	05 50	13 42	14 25	15 05	15 43
N 10	05 03	05 28	05 49	13 23	14 09	14 53	15 36
0	05 02	05 26	05 47	13 05	13 54	14 42	15 29
S 10	05 00	05 24	05 45	12 48	13 40	14 31	15 22
20	04 56	05 22	05 44	12 29	13 24	14 20	15 15
30	04 49	05 17	05 41	12 06	13 06	14 06	15 07
35	04 45	05 15	05 40	11 54	12 55	13 58	15 02
40	04 39	05 11	05 38	11 39	12 43	13 49	14 57
45	04 32	05 07	05 36	11 21	12 29	13 39	14 51
S 50	04 23	05 02	05 34	10 58	12 11	13 26	14 43
52	04 19	04 59	05 33	10 48	12 02	13 20	14 40
54	04 14	04 57	05 32	10 36	11 53	13 14	14 36
56	04 08	04 53	05 31	10 22	11 42	13 06	14 32
58	04 02	04 50	05 29	10 05	11 30	12 58	14 27
S 60	03 54	04 46	05 28	09 46	11 16	12 48	14 21

Lat.	Sunset	Twilight Civil	Twilight Naut.	Moonset 28	Moonset 29	Moonset 30	Moonset 1
°	h m	h m	h m	h m	h m	h m	h m
N 72	17 30	18 37	20 00	■	■	■	00 03
N 70	17 32	18 33	19 47	■	21 56	24 28	00 28
68	17 34	18 30	19 36	■	22 39	24 46	00 46
66	17 36	18 27	19 28	20 59	23 07	25 01	01 01
64	17 37	18 24	19 21	21 39	23 28	25 14	01 14
62	17 39	18 23	19 15	22 06	23 45	25 24	01 24
60	17 40	18 21	19 10	22 28	24 00	00 00	01 32
N 58	17 41	18 19	19 05	22 45	24 12	00 12	01 40
56	17 41	18 18	19 02	22 59	24 22	00 22	01 47
54	17 42	18 17	18 59	23 12	24 31	00 31	01 53
52	17 43	18 16	18 56	23 23	24 39	00 39	01 58
50	17 44	18 16	18 53	23 32	24 46	00 46	02 03
45	17 45	18 14	18 48	23 53	25 02	01 02	02 13
N 40	17 46	18 13	18 45	24 09	00 09	01 15	02 22
35	17 47	18 13	18 42	24 23	00 23	01 25	02 29
30	17 48	18 12	18 40	24 35	00 35	01 35	02 35
20	17 50	18 12	18 38	00 00	00 55	01 51	02 46
N 10	17 52	18 13	18 37	00 21	01 13	02 04	02 56
0	17 54	18 14	18 38	00 40	01 29	02 17	03 05
S 10	17 55	18 17	18 41	00 58	01 45	02 30	03 13
20	17 58	18 20	18 45	01 19	02 03	02 44	03 23
30	18 00	18 24	18 52	01 42	02 22	02 59	03 33
35	18 01	18 27	18 57	01 55	02 34	03 08	03 39
40	18 03	18 30	19 02	02 11	02 47	03 18	03 46
45	18 05	18 35	19 09	02 30	03 02	03 30	03 54
S 50	18 08	18 40	19 19	02 53	03 21	03 44	04 03
52	18 09	18 43	19 23	03 04	03 30	03 51	04 08
54	18 10	18 46	19 28	03 16	03 40	03 58	04 13
56	18 11	18 49	19 34	03 31	03 51	04 06	04 18
58	18 13	18 53	19 41	03 47	04 04	04 16	04 24
S 60	18 15	18 57	19 49	04 08	04 19	04 26	04 30

Day	SUN Eqn. of Time 00 h	SUN Eqn. of Time 12 h	SUN Mer. Pass.	MOON Mer. Pass. Upper	MOON Mer. Pass. Lower	Age	Phase
	m s	m s	h m	h m	h m	d	
28	09 06	09 16	11 51	19 17	06 53	09	
29	09 26	09 36	11 50	20 06	07 42	10	◐
30	09 46	09 56	11 50	20 53	08 30	11	

UT (GMT) d	h		ARIES G.H.A. ° ′	VENUS −3.9 G.H.A. ° ′	VENUS Dec. ° ′	MARS −1.0 G.H.A. ° ′	MARS Dec. ° ′	JUPITER −2.0 G.H.A. ° ′	JUPITER Dec. ° ′	SATURN +0.5 G.H.A. ° ′	SATURN Dec. ° ′
1	00		9 28.1	189 28.7	N 1 34.4	298 55.3	N21 07.6	238 38.3	N18 33.6	79 09.3	S22 09.9
	01		24 30.6	204 28.3	33.1	313 57.1	07.8	253 40.4	33.5	94 11.7	09.9
	02		39 33.1	219 27.9	31.9	328 58.9	07.9	268 42.4	33.4	109 14.1	09.9
	03		54 35.5	234 27.5	· · 30.6	344 00.7	· · 08.1	283 44.5	· · 33.3	124 16.6	· · 09.9
	04		69 38.0	249 27.1	29.4	359 02.5	08.2	298 46.6	33.2	139 19.0	09.9
	05		84 40.4	264 26.7	28.1	14 04.3	08.4	313 48.6	33.1	154 21.4	09.9
	06		99 42.9	279 26.3	N 1 26.9	29 06.1	N21 08.5	328 50.7	N18 33.0	169 23.8	S22 09.9
	07		114 45.4	294 25.9	25.6	44 07.9	08.7	343 52.7	32.9	184 26.3	09.9
	08		129 47.8	309 25.5	24.4	59 09.7	08.9	358 54.8	32.8	199 28.7	09.9
	09	M	144 50.3	324 25.1	· · 23.2	74 11.5	· · 09.0	13 56.8	· · 32.7	214 31.1	· · 09.9
	10	O	159 52.8	339 24.8	21.9	89 13.3	09.2	28 58.9	32.6	229 33.6	09.9
	11	N	174 55.2	354 24.4	20.7	104 15.1	09.3	44 01.0	32.5	244 36.0	09.9
	12	D	189 57.7	9 24.0	N 1 19.4	119 17.0	N21 09.5	59 03.0	N18 32.4	259 38.4	S22 09.9
	13	A	205 00.2	24 23.6	18.2	134 18.8	09.6	74 05.1	32.3	274 40.8	09.9
	14	Y	220 02.6	39 23.2	16.9	149 20.6	09.8	89 07.1	32.2	289 43.3	09.9
	15		235 05.1	54 22.8	· · 15.7	164 22.4	· · 09.9	104 09.2	· · 32.1	304 45.7	· · 09.9
	16		250 07.6	69 22.4	14.4	179 24.2	10.1	119 11.3	32.0	319 48.1	09.9
	17		265 10.0	84 22.0	13.2	194 26.0	10.2	134 13.3	31.9	334 50.5	09.9
	18		280 12.5	99 21.6	N 1 11.9	209 27.8	N21 10.4	149 15.4	N18 31.8	349 53.0	S22 09.9
	19		295 14.9	114 21.2	10.7	224 29.7	10.5	164 17.4	31.7	4 55.4	09.9
	20		310 17.4	129 20.8	09.5	239 31.5	10.7	179 19.5	31.6	19 57.8	09.9
	21		325 19.9	144 20.4	· · 08.2	254 33.3	· · 10.9	194 21.6	· · 31.5	35 00.2	· · 09.9
	22		340 22.3	159 20.0	07.0	269 35.1	11.0	209 23.6	31.4	50 02.7	09.9
	23		355 24.8	174 19.7	05.7	284 36.9	11.2	224 25.7	31.3	65 05.1	09.9
2	00		10 27.3	189 19.3	N 1 04.5	299 38.8	N21 11.3	239 27.7	N18 31.2	80 07.5	S22 09.9
	01		25 29.7	204 18.9	03.2	314 40.6	11.5	254 29.8	31.1	95 09.9	09.9
	02		40 32.2	219 18.5	02.0	329 42.4	11.6	269 31.9	31.0	110 12.4	09.9
	03		55 34.7	234 18.1	· · 1 00.7	344 44.3	· · 11.8	284 33.9	· · 30.9	125 14.8	· · 09.9
	04		70 37.1	249 17.7	0 59.5	359 46.1	11.9	299 36.0	30.8	140 17.2	09.9
	05		85 39.6	264 17.3	58.2	14 47.9	12.1	314 38.0	30.8	155 19.6	09.9
	06		100 42.1	279 16.9	N 0 57.0	29 49.7	N21 12.2	329 40.1	N18 30.7	170 22.1	S22 09.9
	07		115 44.5	294 16.5	55.7	44 51.6	12.4	344 42.2	30.6	185 24.5	09.9
	08	T	130 47.0	309 16.1	54.5	59 53.4	12.5	359 44.2	30.5	200 26.9	09.9
	09	U	145 49.4	324 15.7	· · 53.2	74 55.2	· · 12.7	14 46.3	· · 30.4	215 29.3	· · 09.9
	10	E	160 51.9	339 15.4	52.0	89 57.1	12.8	29 48.4	30.3	230 31.8	09.9
	11	S	175 54.4	354 15.0	50.7	104 58.9	13.0	44 50.4	30.2	245 34.2	09.8
	12	D	190 56.8	9 14.6	N 0 49.5	120 00.8	N21 13.1	59 52.5	N18 30.1	260 36.6	S22 09.8
	13	A	205 59.3	24 14.2	48.2	135 02.6	13.3	74 54.5	30.0	275 39.0	09.8
	14	Y	221 01.8	39 13.8	47.0	150 04.4	13.4	89 56.6	29.9	290 41.4	09.8
	15		236 04.2	54 13.4	· · 45.8	165 06.3	· · 13.6	104 58.7	· · 29.8	305 43.9	· · 09.8
	16		251 06.7	69 13.0	44.5	180 08.1	13.7	120 00.7	29.7	320 46.3	09.8
	17		266 09.2	84 12.6	43.3	195 10.0	13.9	135 02.8	29.6	335 48.7	09.8
	18		281 11.6	99 12.2	N 0 42.0	210 11.8	N21 14.0	150 04.9	N18 29.5	350 51.1	S22 09.8
	19		296 14.1	114 11.8	40.8	225 13.7	14.2	165 06.9	29.4	5 53.6	09.8
	20		311 16.5	129 11.4	39.5	240 15.5	14.3	180 09.0	29.3	20 56.0	09.8
	21		326 19.0	144 11.0	· · 38.3	255 17.4	· · 14.5	195 11.1	· · 29.2	35 58.4	· · 09.8
	22		341 21.5	159 10.7	37.0	270 19.2	14.6	210 13.1	29.1	51 00.8	09.8
	23		356 23.9	174 10.3	35.8	285 21.1	14.8	225 15.2	29.0	66 03.2	09.8
3	00		11 26.4	189 09.9	N 0 34.5	300 22.9	N21 14.9	240 17.3	N18 28.9	81 05.7	S22 09.8
	01		26 28.9	204 09.5	33.3	315 24.8	15.1	255 19.3	28.8	96 08.1	09.8
	02		41 31.3	219 09.1	32.0	330 26.6	15.2	270 21.4	28.7	111 10.5	09.8
	03		56 33.8	234 08.7	· · 30.8	345 28.5	· · 15.4	285 23.5	· · 28.6	126 12.9	· · 09.8
	04		71 36.3	249 08.3	29.5	0 30.3	15.5	300 25.5	28.5	141 15.3	09.8
	05		86 38.7	264 07.9	28.3	15 32.2	15.7	315 27.6	28.4	156 17.8	09.8
	06		101 41.2	279 07.5	N 0 27.0	30 34.1	N21 15.8	330 29.7	N18 28.4	171 20.2	S22 09.8
	07	W	116 43.7	294 07.1	25.8	45 35.9	16.0	345 31.7	28.3	186 22.6	09.8
	08	E	131 46.1	309 06.7	24.5	60 37.8	16.1	0 33.8	28.2	201 25.0	09.8
	09	D	146 48.6	324 06.3	· · 23.3	75 39.7	· · 16.3	15 35.9	· · 28.1	216 27.4	· · 09.8
	10	N	161 51.0	339 06.0	22.0	90 41.5	16.4	30 37.9	28.0	231 29.9	09.8
	11	E	176 53.5	354 05.6	20.8	105 43.4	16.6	45 40.0	27.9	246 32.3	09.8
	12	S	191 56.0	9 05.2	N 0 19.5	120 45.3	N21 16.7	60 42.1	N18 27.8	261 34.7	S22 09.8
	13	D	206 58.4	24 04.8	18.3	135 47.1	16.9	75 44.1	27.7	276 37.1	09.8
	14	A	222 00.9	39 04.4	17.0	150 49.0	17.0	90 46.2	27.6	291 39.5	09.8
	15	Y	237 03.4	54 04.0	· · 15.8	165 50.9	· · 17.2	105 48.3	· · 27.5	306 41.9	· · 09.8
	16		252 05.8	69 03.6	14.5	180 52.7	17.3	120 50.3	27.4	321 44.4	09.8
	17		267 08.3	84 03.2	13.3	195 54.6	17.5	135 52.4	27.3	336 46.8	09.8
	18		282 10.8	99 02.8	N 0 12.0	210 56.5	N21 17.6	150 54.5	N18 27.2	351 49.2	S22 09.8
	19		297 13.2	114 02.4	10.8	225 58.4	17.8	165 56.5	27.1	6 51.6	09.8
	20		312 15.7	129 02.0	09.5	241 00.2	17.9	180 58.6	27.0	21 54.0	09.8
	21		327 18.2	144 01.6	· · 08.3	256 02.1	· · 18.1	196 00.7	· · 26.9	36 56.4	· · 09.8
	22		342 20.6	159 01.3	07.0	271 04.0	18.2	211 02.7	26.8	51 58.9	09.8
	23		357 23.1	174 00.9	05.8	286 05.9	18.3	226 04.8	26.7	67 01.3	09.8
Mer. Pass.			23 14.4 (h m)	v −0.4	d 1.2	v 1.8	d 0.2	v 2.1	d 0.1	v 2.4	d 0.0

STARS

Name	S.H.A. ° ′	Dec. ° ′
Acamar	315 30.8	S40 20.1
Achernar	335 38.6	S57 16.8
Acrux	173 29.4	S63 02.9
Adhara	255 25.9	S28 57.2
Aldebaran	291 08.8	N16 29.6
Alioth	166 35.9	N56 00.6
Alkaid	153 12.5	N49 21.6
Al Na'ir	28 04.5	S47 00.4
Alnilam	276 03.5	S 1 12.2
Alphard	218 13.0	S 8 36.9
Alphecca	126 25.6	N26 44.8
Alpheratz	358 00.9	N29 02.6
Altair	62 24.7	N 8 50.7
Ankaa	353 31.9	S42 21.2
Antares	112 47.4	S26 24.8
Arcturus	146 11.5	N19 13.9
Atria	108 04.8	S69 01.0
Avior	234 25.4	S59 28.4
Bellatrix	278 50.2	N 6 20.7
Betelgeuse	271 19.6	N 7 24.5
Canopus	264 03.7	S52 41.0
Capella	280 59.5	N45 59.4
Deneb	49 43.0	N45 15.1
Denebola	182 51.3	N14 37.5
Diphda	349 12.6	S18 02.0
Dubhe	194 12.7	N61 47.9
Elnath	278 34.0	N28 36.1
Eltanin	90 54.1	N51 29.6
Enif	34 03.6	N 9 50.1
Fomalhaut	15 42.3	S29 40.2
Gacrux	172 20.8	S57 03.7
Gienah	176 10.2	S17 29.4
Hadar	149 13.0	S60 19.9
Hamal	328 19.7	N23 25.3
Kaus Aust.	84 06.4	S34 23.5
Kochab	137 19.9	N74 11.7
Markab	13 55.0	N15 09.5
Menkar	314 32.6	N 4 03.5
Menkent	148 28.1	S36 19.6
Miaplacidus	221 44.1	S69 40.5
Mirfak	309 04.5	N49 49.8
Nunki	76 19.3	S26 18.6
Peacock	53 45.5	S56 46.1
Pollux	243 48.6	N28 03.0
Procyon	245 17.6	N 5 15.1
Rasalhague	96 22.3	N12 34.1
Regulus	208 01.8	N12 00.8
Rigel	281 28.3	S 8 12.4
Rigil Kent.	140 15.8	S60 48.0
Sabik	102 32.2	S15 42.9
Schedar	349 59.7	N56 29.4
Shaula	96 45.1	S37 06.0
Sirius	258 48.7	S16 41.9
Spica	158 49.5	S11 06.8
Suhail	223 05.3	S43 23.4
Vega	80 50.5	N38 46.7
Zuben'ubi	137 24.6	S16 00.3

	S.H.A. ° ′	Mer. Pass. h m
Venus	178 52.0	11 23
Mars	289 11.5	4 01
Jupiter	229 00.5	8 01
Saturn	69 40.3	18 36

UT (GMT) d	h	SUN G.H.A. ° ′	SUN Dec. ° ′	MOON G.H.A. ° ′	v ′	MOON Dec. ° ′	d ′	H.P. ′
1	00	182 31.5	S 3 00.1	45 10.7	12.6	S12 37.8	13.3	57.1
	01	197 31.7	01.1	59 42.3	12.6	12 24.5	13.3	57.1
	02	212 31.9	02.0	74 13.9	12.5	12 11.2	13.5	57.2
	03	227 32.1	. . 03.0	88 45.4	12.6	11 57.7	13.5	57.2
	04	242 32.3	04.0	103 17.0	12.6	11 44.2	13.6	57.2
	05	257 32.5	05.0	117 48.6	12.6	11 30.6	13.6	57.3
	06	272 32.7	S 3 05.9	132 20.2	12.7	S11 17.0	13.7	57.3
	07	287 32.9	06.9	146 51.9	12.6	11 03.3	13.8	57.4
	08	302 33.1	07.9	161 23.5	12.6	10 49.5	13.9	57.4
M	09	317 33.3	. . 08.8	175 55.1	12.7	10 35.6	13.9	57.4
O	10	332 33.5	09.8	190 26.8	12.6	10 21.7	14.0	57.5
N	11	347 33.7	10.8	204 58.4	12.7	10 07.7	14.1	57.5
D	12	2 33.9	S 3 11.7	219 30.1	12.6	S 9 53.6	14.1	57.5
A	13	17 34.1	12.7	234 01.7	12.7	9 39.5	14.2	57.6
Y	14	32 34.3	13.7	248 33.4	12.6	9 25.3	14.3	57.6
	15	47 34.5	. . 14.6	263 05.0	12.7	9 11.0	14.3	57.6
	16	62 34.7	15.6	277 36.7	12.6	8 56.7	14.4	57.7
	17	77 34.9	16.6	292 08.3	12.7	8 42.3	14.4	57.7
	18	92 35.1	S 3 17.5	306 40.0	12.6	S 8 27.9	14.5	57.7
	19	107 35.3	18.5	321 11.6	12.7	8 13.4	14.5	57.8
	20	122 35.5	19.5	335 43.3	12.7	7 58.9	14.7	57.8
	21	137 35.7	. . 20.5	350 15.0	12.6	7 44.2	14.6	57.8
	22	152 35.9	21.4	4 46.6	12.6	7 29.6	14.7	57.9
	23	167 36.1	22.4	19 18.2	12.7	7 14.9	14.8	57.9
2	00	182 36.3	S 3 23.4	33 49.9	12.6	S 7 00.1	14.8	58.0
	01	197 36.5	24.3	48 21.5	12.6	6 45.3	14.9	58.0
	02	212 36.7	25.3	62 53.1	12.6	6 30.4	14.9	58.0
	03	227 36.9	. . 26.3	77 24.7	12.6	6 15.5	15.0	58.1
	04	242 37.1	27.2	91 56.3	12.6	6 00.5	15.0	58.1
	05	257 37.3	28.2	106 27.9	12.6	5 45.5	15.1	58.1
	06	272 37.5	S 3 29.2	120 59.5	12.6	S 5 30.4	15.1	58.2
	07	287 37.7	30.1	135 31.1	12.5	5 15.3	15.2	58.2
T	08	302 37.9	31.1	150 02.6	12.6	5 00.1	15.2	58.2
U	09	317 38.1	. . 32.1	164 34.2	12.5	4 44.9	15.2	58.3
E	10	332 38.3	33.0	179 05.7	12.5	4 29.7	15.3	58.3
S	11	347 38.5	34.0	193 37.2	12.5	4 14.4	15.3	58.3
D	12	2 38.7	S 3 35.0	208 08.7	12.4	S 3 59.1	15.4	58.4
A	13	17 38.9	35.9	222 40.1	12.5	3 43.7	15.4	58.4
Y	14	32 39.1	36.9	237 11.6	12.4	3 28.3	15.4	58.4
	15	47 39.3	. . 37.9	251 43.0	12.4	3 12.9	15.5	58.5
	16	62 39.5	38.8	266 14.4	12.4	2 57.4	15.5	58.5
	17	77 39.7	39.8	280 45.8	12.4	2 41.9	15.5	58.5
	18	92 39.9	S 3 40.8	295 17.2	12.3	S 2 26.4	15.6	58.6
	19	107 40.1	41.7	309 48.5	12.3	2 10.8	15.6	58.6
	20	122 40.3	42.7	324 19.8	12.3	1 55.2	15.6	58.6
	21	137 40.5	. . 43.7	338 51.1	12.2	1 39.6	15.6	58.7
	22	152 40.7	44.6	353 22.3	12.3	1 24.0	15.7	58.7
	23	167 40.9	45.6	7 53.6	12.2	1 08.3	15.7	58.7
3	00	182 41.1	S 3 46.6	22 24.8	12.1	S 0 52.6	15.7	58.8
	01	197 41.3	47.5	36 55.9	12.1	0 36.9	15.7	58.8
	02	212 41.5	48.5	51 27.0	12.1	0 21.2	15.8	58.8
	03	227 41.7	. . 49.5	65 58.1	12.1	S 0 05.4	15.7	58.9
	04	242 41.9	50.4	80 29.2	12.0	N 0 10.3	15.8	58.9
	05	257 42.1	51.4	95 00.2	12.0	0 26.1	15.8	58.9
	06	272 42.3	S 3 52.4	109 31.2	12.0	N 0 41.9	15.8	59.0
W	07	287 42.5	53.3	124 02.2	11.9	0 57.7	15.9	59.0
E	08	302 42.7	54.3	138 33.1	11.8	1 13.6	15.8	59.0
D	09	317 42.9	. . 55.3	153 03.9	11.9	1 29.4	15.8	59.0
N	10	332 43.1	56.2	167 34.8	11.8	1 45.2	15.9	59.1
E	11	347 43.3	57.2	182 05.6	11.7	2 01.1	15.8	59.1
S	12	2 43.5	S 3 58.2	196 36.3	11.7	N 2 16.9	15.9	59.1
D	13	17 43.7	3 59.1	211 07.0	11.7	2 32.8	15.9	59.2
A	14	32 43.9	4 00.1	225 37.7	11.6	2 48.7	15.8	59.2
Y	15	47 44.1	. . 01.1	240 08.3	11.5	3 04.5	15.9	59.2
	16	62 44.3	02.0	254 38.8	11.5	3 20.4	15.9	59.2
	17	77 44.5	03.0	269 09.3	11.5	3 36.3	15.8	59.3
	18	92 44.7	S 4 04.0	283 39.8	11.4	N 3 52.1	15.9	59.3
	19	107 44.9	04.9	298 10.2	11.4	4 08.0	15.8	59.3
	20	122 45.1	05.9	312 40.6	11.3	4 23.8	15.8	59.4
	21	137 45.3	. . 06.9	327 10.9	11.2	4 39.6	15.9	59.4
	22	152 45.4	07.8	341 41.1	11.2	4 55.5	15.8	59.4
	23	167 45.6	08.8	356 11.3	11.2	5 11.3	15.8	59.4
		S.D. 16.0	*d* 1.0	S.D.	15.7	15.9		16.1

Lat. °	Twilight Naut. h m	Twilight Civil h m	Sunrise h m	Moonrise 1 h m	Moonrise 2 h m	Moonrise 3 h m	Moonrise 4 h m
N 72	03 53	05 15	06 22	17 25	16 52	16 22	15 47
N 70	04 04	05 17	06 18	17 12	16 49	16 26	16 01
68	04 14	05 20	06 15	17 02	16 45	16 29	16 12
66	04 21	05 22	06 13	16 53	16 43	16 33	16 22
64	04 27	05 23	06 11	16 46	16 41	16 35	16 30
62	04 32	05 25	06 09	16 40	16 39	16 37	16 37
60	04 37	05 26	06 07	16 34	16 37	16 40	16 43
N 58	04 41	05 26	06 06	16 29	16 35	16 41	16 48
56	04 44	05 27	06 04	16 25	16 34	16 43	16 53
54	04 47	05 28	06 03	16 21	16 33	16 44	16 57
52	04 49	05 28	06 02	16 17	16 31	16 46	17 01
50	04 51	05 29	06 01	16 14	16 30	16 47	17 05
45	04 55	05 29	05 59	16 07	16 28	16 50	17 13
N 40	04 58	05 30	05 57	16 01	16 26	16 52	17 19
35	05 01	05 30	05 55	15 55	16 25	16 54	17 25
30	05 02	05 30	05 54	15 51	16 23	16 56	17 30
20	05 03	05 29	05 51	15 43	16 20	16 59	17 39
N 10	05 03	05 28	05 49	15 36	16 18	17 01	17 47
0	05 01	05 25	05 46	15 29	16 16	17 04	17 54
S 10	04 58	05 23	05 44	15 22	16 14	17 07	18 02
20	04 53	05 19	05 41	15 15	16 12	17 10	18 10
30	04 46	05 14	05 38	15 07	16 09	17 13	18 19
35	04 40	05 10	05 36	15 02	16 08	17 15	18 24
40	04 34	05 06	05 33	14 57	16 06	17 17	18 31
45	04 26	05 01	05 31	14 51	16 04	17 20	18 38
S 50	04 16	04 55	05 28	14 43	16 02	17 23	18 47
52	04 11	04 52	05 26	14 40	16 01	17 24	18 51
54	04 06	04 49	05 25	14 36	16 00	17 26	18 55
56	03 59	04 45	05 23	14 32	15 58	17 28	19 00
58	03 52	04 41	05 21	14 27	15 57	17 29	19 06
S 60	03 44	04 36	05 19	14 21	15 55	17 32	19 12

Lat. °	Sunset h m	Twilight Civil h m	Twilight Naut. h m	Moonset 1 h m	Moonset 2 h m	Moonset 3 h m	Moonset 4 h m
N 72	17 15	18 22	19 43	00 03	02 27	04 42	07 02
N 70	17 19	18 19	19 32	00 28	02 37	04 42	06 51
68	17 22	18 17	19 23	00 46	02 45	04 41	06 42
66	17 24	18 15	19 15	01 01	02 51	04 41	06 35
64	17 27	18 14	19 10	01 14	02 57	04 41	06 28
62	17 29	18 13	19 05	01 24	03 02	04 41	06 23
60	17 31	18 12	19 00	01 32	03 06	04 41	06 18
N 58	17 32	18 11	18 57	01 40	03 09	04 40	06 14
56	17 34	18 10	18 54	01 47	03 13	04 40	06 11
54	17 35	18 10	18 51	01 53	03 16	04 40	06 08
52	17 36	18 09	18 49	01 58	03 18	04 40	06 05
50	17 37	18 09	18 47	02 03	03 21	04 40	06 02
45	17 39	18 09	18 43	02 13	03 26	04 40	05 57
N 40	17 41	18 08	18 40	02 22	03 30	04 40	05 52
35	17 43	18 08	18 38	02 29	03 34	04 40	05 48
30	17 45	18 09	18 36	02 35	03 37	04 39	05 44
20	17 48	18 10	18 35	02 46	03 42	04 39	05 38
N 10	17 50	18 11	18 36	02 56	03 47	04 39	05 33
0	17 53	18 13	18 37	03 05	03 51	04 39	05 28
S 10	17 55	18 16	18 41	03 13	03 56	04 38	05 23
20	17 58	18 20	18 46	03 23	04 00	04 38	05 17
30	18 02	18 26	18 54	03 33	04 06	04 38	05 11
35	18 04	18 29	18 59	03 39	04 09	04 38	05 08
40	18 06	18 33	19 05	03 46	04 12	04 37	05 04
45	18 09	18 38	19 14	03 54	04 16	04 37	04 59
S 50	18 12	18 45	19 24	04 03	04 20	04 37	04 54
52	18 14	18 48	19 29	04 08	04 23	04 37	04 51
54	18 15	18 51	19 35	04 13	04 25	04 36	04 48
56	18 17	18 55	19 41	04 18	04 27	04 36	04 46
58	18 19	18 59	19 49	04 24	04 30	04 36	04 42
S 60	18 22	19 04	19 57	04 30	04 33	04 36	04 39

Day	SUN Eqn. of Time 00ʰ m s	SUN Eqn. of Time 12ʰ m s	SUN Mer. Pass. h m	MOON Mer. Pass. Upper h m	MOON Mer. Pass. Lower h m	MOON Age d	MOON Phase
1	10 06	10 15	11 50	21 40	09 17	12	○
2	10 25	10 35	11 49	22 27	10 04	13	
3	10 44	10 54	11 49	23 16	10 51	14	

UT (GMT) d h		ARIES G.H.A. ° ′	VENUS −3.9 G.H.A. ° ′	VENUS Dec. ° ′	MARS −1.0 G.H.A. ° ′	MARS Dec. ° ′	JUPITER −2.0 G.H.A. ° ′	JUPITER Dec. ° ′	SATURN +0.5 G.H.A. ° ′	SATURN Dec. ° ′
4 00		12 25.5	189 00.5	N 0 04.5	301 07.8	N21 18.5	241 06.9	N18 26.6	82 03.7	S22 09.8
01		27 28.0	204 00.1	03.3	316 09.7	18.6	256 09.0	26.5	97 06.1	09.8
02		42 30.5	218 59.7	02.0	331 11.5	18.8	271 11.0	26.4	112 08.5	09.8
03		57 32.9	233 59.3	N 0 00.8	346 13.4	· · 18.9	286 13.1	· · 26.4	127 10.9	· · 09.8
04		72 35.4	248 58.9	S 0 00.5	1 15.3	19.1	301 15.2	26.3	142 13.4	09.7
05		87 37.9	263 58.5	01.7	16 17.2	19.2	316 17.2	26.2	157 15.8	09.7
06		102 40.3	278 58.1	S 0 03.0	31 19.1	N21 19.4	331 19.3	N18 26.1	172 18.2	S22 09.7
07		117 42.8	293 57.7	04.2	46 21.0	19.5	346 21.4	26.0	187 20.6	09.7
08	T	132 45.3	308 57.3	05.5	61 22.9	19.7	1 23.5	25.9	202 23.0	09.7
09	H	147 47.7	323 56.9	· · 06.7	76 24.8	· · 19.8	16 25.5	· · 25.8	217 25.4	· · 09.7
10	U	162 50.2	338 56.6	08.0	91 26.7	20.0	31 27.6	25.7	232 27.8	09.7
11	R	177 52.6	353 56.2	09.2	106 28.6	20.1	46 29.7	25.6	247 30.3	09.7
12	S	192 55.1	8 55.8	S 0 10.5	121 30.5	N21 20.2	61 31.8	N18 25.5	262 32.7	S22 09.7
13	D	207 57.6	23 55.4	11.7	136 32.4	20.4	76 33.8	25.4	277 35.1	09.7
14	A	223 00.0	38 55.0	13.0	151 34.3	20.5	91 35.9	25.3	292 37.5	09.7
15	Y	238 02.5	53 54.6	· · 14.2	166 36.2	· · 20.7	106 38.0	· · 25.2	307 39.9	· · 09.7
16		253 05.0	68 54.2	15.5	181 38.1	20.8	121 40.0	25.1	322 42.3	09.7
17		268 07.4	83 53.8	16.7	196 40.0	21.0	136 42.1	25.0	337 44.7	09.7
18		283 09.9	98 53.4	S 0 18.0	211 41.9	N21 21.1	151 44.2	N18 24.9	352 47.2	S22 09.7
19		298 12.4	113 53.0	19.2	226 43.8	21.3	166 46.3	24.8	7 49.6	09.7
20		313 14.8	128 52.6	20.5	241 45.7	21.4	181 48.3	24.7	22 52.0	09.7
21		328 17.3	143 52.2	· · 21.7	256 47.6	· · 21.6	196 50.4	· · 24.7	37 54.4	· · 09.7
22		343 19.8	158 51.8	23.0	271 49.5	21.7	211 52.5	24.6	52 56.8	09.7
23		358 22.2	173 51.4	24.2	286 51.4	21.8	226 54.6	24.5	67 59.2	09.7
5 00		13 24.7	188 51.1	S 0 25.5	301 53.3	N21 22.0	241 56.6	N18 24.4	83 01.6	S22 09.7
01		28 27.1	203 50.7	26.7	316 55.3	22.1	256 58.7	24.3	98 04.0	09.7
02		43 29.6	218 50.3	28.0	331 57.2	22.3	272 00.8	24.2	113 06.4	09.7
03		58 32.1	233 49.9	· · 29.2	346 59.1	· · 22.4	287 02.9	· · 24.1	128 08.9	· · 09.7
04		73 34.5	248 49.5	30.5	2 01.0	22.6	302 04.9	24.0	143 11.3	09.7
05		88 37.0	263 49.1	31.7	17 02.9	22.7	317 07.0	23.9	158 13.7	09.7
06		103 39.5	278 48.7	S 0 33.0	32 04.9	N21 22.8	332 09.1	N18 23.8	173 16.1	S22 09.7
07		118 41.9	293 48.3	34.2	47 06.8	23.0	347 11.2	23.7	188 18.5	09.7
08		133 44.4	308 47.9	35.5	62 08.7	23.1	2 13.3	23.6	203 20.9	09.7
09	F	148 46.9	323 47.5	· · 36.7	77 10.6	· · 23.3	17 15.3	· · 23.5	218 23.3	· · 09.7
10	R	163 49.3	338 47.1	38.0	92 12.6	23.4	32 17.4	23.4	233 25.7	09.7
11	I	178 51.8	353 46.7	39.2	107 14.5	23.6	47 19.5	23.3	248 28.1	09.6
12	D	193 54.3	8 46.3	S 0 40.5	122 16.4	N21 23.7	62 21.6	N18 23.3	263 30.5	S22 09.6
13	A	208 56.7	23 45.9	41.7	137 18.3	23.8	77 23.6	23.2	278 33.0	09.6
14	Y	223 59.2	38 45.5	43.0	152 20.3	24.0	92 25.7	23.1	293 35.4	09.6
15		239 01.6	53 45.2	· · 44.2	167 22.2	· · 24.1	107 27.8	· · 23.0	308 37.8	· · 09.6
16		254 04.1	68 44.8	45.5	182 24.1	24.3	122 29.9	22.9	323 40.2	09.6
17		269 06.6	83 44.4	46.8	197 26.1	24.4	137 32.0	22.8	338 42.6	09.6
18		284 09.0	98 44.0	S 0 48.0	212 28.0	N21 24.6	152 34.0	N18 22.7	353 45.0	S22 09.6
19		299 11.5	113 43.6	49.3	227 30.0	24.7	167 36.1	22.6	8 47.4	09.6
20		314 14.0	128 43.2	50.5	242 31.9	24.8	182 38.2	22.5	23 49.8	09.6
21		329 16.4	143 42.8	· · 51.8	257 33.8	· · 25.0	197 40.3	· · 22.4	38 52.2	· · 09.6
22		344 18.9	158 42.4	53.0	272 35.8	25.1	212 42.4	22.3	53 54.6	09.6
23		359 21.4	173 42.0	54.3	287 37.7	25.3	227 44.4	22.2	68 57.0	09.6
6 00		14 23.8	188 41.6	S 0 55.5	302 39.7	N21 25.4	242 46.5	N18 22.1	83 59.4	S22 09.6
01		29 26.3	203 41.2	56.8	317 41.6	25.6	257 48.6	22.0	99 01.9	09.6
02		44 28.8	218 40.8	58.0	332 43.5	25.7	272 50.7	21.9	114 04.3	09.6
03		59 31.2	233 40.4	0 59.3	347 45.5	· · 25.8	287 52.8	· · 21.8	129 06.7	· · 09.6
04		74 33.7	248 40.1	1 00.5	2 47.4	26.0	302 54.8	21.8	144 09.1	09.6
05		89 36.1	263 39.7	01.8	17 49.4	26.1	317 56.9	21.7	159 11.5	09.6
06		104 38.6	278 39.3	S 1 03.0	32 51.3	N21 26.3	332 59.0	N18 21.6	174 13.9	S22 09.6
07		119 41.1	293 38.9	04.3	47 53.3	26.4	348 01.1	21.5	189 16.3	09.6
08	S	134 43.5	308 38.5	05.5	62 55.3	26.5	3 03.2	21.4	204 18.7	09.6
09	A	149 46.0	323 38.1	· · 06.8	77 57.2	· · 26.7	18 05.2	· · 21.3	219 21.1	· · 09.6
10	T	164 48.5	338 37.7	08.1	92 59.2	26.8	33 07.3	21.2	234 23.5	09.5
11	U	179 50.9	353 37.3	09.3	108 01.1	27.0	48 09.4	21.1	249 25.9	09.5
12	R	194 53.4	8 36.9	S 1 10.6	123 03.1	N21 27.1	63 11.5	N18 21.0	264 28.3	S22 09.5
13	D	209 55.9	23 36.5	11.8	138 05.1	27.2	78 13.6	20.9	279 30.7	09.5
14	A	224 58.3	38 36.1	13.1	153 07.0	27.4	93 15.7	20.8	294 33.1	09.5
15	Y	240 00.8	53 35.7	· · 14.3	168 09.0	· · 27.5	108 17.7	· · 20.7	309 35.5	· · 09.5
16		255 03.2	68 35.3	15.6	183 10.9	27.6	123 19.8	20.6	324 37.9	09.5
17		270 05.7	83 34.9	16.8	198 12.9	27.8	138 21.9	20.6	339 40.3	09.5
18		285 08.2	98 34.5	S 1 18.1	213 14.9	N21 27.9	153 24.0	N18 20.5	354 42.7	S22 09.5
19		300 10.6	113 34.1	19.3	228 16.8	28.1	168 26.1	20.4	9 45.2	09.5
20		315 13.1	128 33.7	20.6	243 18.8	28.2	183 28.2	20.3	24 47.6	09.5
21		330 15.6	143 33.3	· · 21.8	258 20.8	· · 28.3	198 30.3	· · 20.2	39 50.0	· · 09.5
22		345 18.0	158 32.9	23.1	273 22.8	28.5	213 32.3	20.1	54 52.4	09.5
23		0 20.5	173 32.6	24.3	288 24.7	28.6	228 34.4	20.0	69 54.8	09.5
Mer. Pass.		h m 23 02.6	v −0.4	d 1.3	v 1.9	d 0.1	v 2.1	d 0.1	v 2.4	d 0.0

STARS

Name	S.H.A. ° ′	Dec. ° ′
Acamar	315 30.8	S40 20.2
Achernar	335 38.6	S57 16.8
Acrux	173 29.4	S63 02.9
Adhara	255 25.9	S28 57.2
Aldebaran	291 08.7	N16 29.6
Alioth	166 35.9	N56 00.6
Alkaid	153 12.6	N49 21.6
Al Na'ir	28 04.5	S47 00.4
Alnilam	276 03.5	S 1 12.2
Alphard	218 13.0	S 8 36.9
Alphecca	126 25.6	N26 44.8
Alpheratz	358 00.9	N29 02.6
Altair	62 24.8	N 8 50.7
Ankaa	353 31.9	S42 21.2
Antares	112 47.4	S26 24.8
Arcturus	146 11.5	N19 13.9
Atria	108 04.9	S69 01.0
Avior	234 25.4	S59 28.4
Bellatrix	278 50.1	N 6 20.7
Betelgeuse	271 19.6	N 7 24.5
Canopus	264 03.6	S52 41.0
Capella	280 59.5	N45 59.4
Deneb	49 43.0	N45 15.1
Denebola	182 51.3	N14 37.4
Diphda	349 12.6	S18 02.0
Dubhe	194 12.7	N61 47.9
Elnath	278 34.0	N28 36.1
Eltanin	90 54.2	N51 29.6
Enif	34 03.6	N 9 50.1
Fomalhaut	15 42.3	S29 40.2
Gacrux	172 20.8	S57 03.7
Gienah	176 10.2	S17 29.4
Hadar	149 13.0	S60 19.9
Hamal	328 19.7	N23 25.4
Kaus Aust.	84 06.4	S34 23.5
Kochab	137 19.9	N74 11.6
Markab	13 55.0	N15 09.6
Menkar	314 32.6	N 4 03.5
Menkent	148 28.2	S36 19.6
Miaplacidus	221 44.1	S69 40.5
Mirfak	309 04.5	N49 49.8
Nunki	76 19.4	S26 18.6
Peacock	53 45.6	S56 46.1
Pollux	243 48.5	N28 03.0
Procyon	245 17.6	N 5 15.1
Rasalhague	96 22.3	N12 34.1
Regulus	208 01.8	N12 00.8
Rigel	281 28.3	S 8 12.4
Rigil Kent.	140 15.8	S60 48.0
Sabik	102 32.2	S15 42.9
Schedar	349 59.7	N56 29.4
Shaula	96 45.2	S37 06.0
Sirius	258 48.7	S16 41.9
Spica	158 49.5	S11 06.8
Suhail	223 05.3	S43 23.4
Vega	80 50.5	N38 46.7
Zuben'ubi	137 24.6	S16 00.3

	S.H.A. ° ′	Mer. Pass. h m
Venus	175 26.4	11 25
Mars	288 28.7	3 52
Jupiter	228 32.0	7 51
Saturn	69 36.9	18 25

	UT (GMT)	SUN G.H.A.	SUN Dec.	MOON G.H.A.	v	MOON Dec.	d	H.P.
	d h	° ′	° ′	° ′	′	° ′	′	′
	4 00	182 45.8	S 4 09.8	10 41.5	11.0	N 5 27.1	15.8	59.5
	01	197 46.0	10.7	25 11.5	11.1	5 42.9	15.8	59.5
	02	212 46.2	11.7	39 41.6	10.9	5 58.7	15.7	59.5
	03	227 46.4	. . 12.7	54 11.5	10.9	6 14.4	15.7	59.5
	04	242 46.6	13.6	68 41.4	10.9	6 30.1	15.7	59.6
	05	257 46.8	14.6	83 11.3	10.8	6 45.8	15.7	59.6
	06	272 47.0	S 4 15.6	97 41.1	10.7	N 7 01.5	15.7	59.6
	07	287 47.2	16.5	112 10.8	10.6	7 17.2	15.6	59.6
T	08	302 47.4	17.5	126 40.4	10.6	7 32.8	15.6	59.7
H	09	317 47.6	. . 18.4	141 10.0	10.5	7 48.4	15.6	59.7
U	10	332 47.8	19.4	155 39.5	10.5	8 04.0	15.6	59.7
R	11	347 48.0	20.4	170 09.0	10.4	8 19.6	15.5	59.7
S	12	2 48.2	S 4 21.3	184 38.4	10.3	N 8 35.1	15.4	59.8
D	13	17 48.4	22.3	199 07.7	10.2	8 50.5	15.5	59.8
A	14	32 48.5	23.3	213 36.9	10.2	9 06.0	15.4	59.8
Y	15	47 48.7	. . 24.2	228 06.1	10.1	9 21.4	15.3	59.8
	16	62 48.9	25.2	242 35.2	10.0	9 36.7	15.3	59.8
	17	77 49.1	26.2	257 04.2	10.0	9 52.0	15.3	59.9
	18	92 49.3	S 4 27.1	271 33.2	9.8	N10 07.3	15.2	59.9
	19	107 49.5	28.1	286 02.0	9.8	10 22.5	15.2	59.9
	20	122 49.7	29.0	300 30.8	9.8	10 37.7	15.1	59.9
	21	137 49.9	. . 30.0	314 59.6	9.6	10 52.8	15.0	59.9
	22	152 50.1	31.0	329 28.2	9.6	11 07.8	15.1	60.0
	23	167 50.3	31.9	343 56.8	9.5	11 22.9	14.9	60.0
	5 00	182 50.5	S 4 32.9	358 25.3	9.4	N11 37.8	14.9	60.0
	01	197 50.6	33.9	12 53.7	9.3	11 52.7	14.8	60.0
	02	212 50.8	34.8	27 22.0	9.2	12 07.5	14.8	60.0
	03	227 51.0	. . 35.8	41 50.2	9.2	12 22.3	14.7	60.0
	04	242 51.2	36.8	56 18.4	9.1	12 37.0	14.7	60.1
	05	257 51.4	37.7	70 46.5	9.0	12 51.7	14.5	60.1
	06	272 51.6	S 4 38.7	85 14.5	8.9	N13 06.2	14.5	60.1
	07	287 51.8	39.6	99 42.4	8.8	13 20.7	14.5	60.1
	08	302 52.0	40.6	114 10.2	8.8	13 35.2	14.3	60.1
F	09	317 52.2	. . 41.6	128 38.0	8.6	13 49.5	14.3	60.1
R	10	332 52.4	42.5	143 05.6	8.6	14 03.8	14.2	60.1
I	11	347 52.5	43.5	157 33.2	8.4	14 18.0	14.1	60.2
D	12	2 52.7	S 4 44.5	172 00.6	8.4	N14 32.1	14.1	60.2
A	13	17 52.9	45.4	186 28.0	8.3	14 46.2	13.9	60.2
Y	14	32 53.1	46.4	200 55.3	8.2	15 00.1	13.9	60.2
	15	47 53.3	. . 47.3	215 22.5	8.2	15 14.0	13.8	60.2
	16	62 53.5	48.3	229 49.7	8.0	15 27.8	13.7	60.2
	17	77 53.7	49.3	244 16.7	7.9	15 41.5	13.6	60.2
	18	92 53.9	S 4 50.2	258 43.6	7.9	N15 55.1	13.5	60.2
	19	107 54.1	51.2	273 10.5	7.8	16 08.6	13.4	60.3
	20	122 54.2	52.2	287 37.3	7.6	16 22.0	13.4	60.3
	21	137 54.4	. . 53.1	302 03.9	7.6	16 35.4	13.2	60.3
	22	152 54.6	54.1	316 30.5	7.5	16 48.6	13.1	60.3
	23	167 54.8	55.0	330 57.0	7.4	17 01.7	13.0	60.3
	6 00	182 55.0	S 4 56.0	345 23.4	7.3	N17 14.7	12.9	60.3
	01	197 55.2	56.9	359 49.7	7.2	17 27.6	12.8	60.3
	02	212 55.4	57.9	14 15.9	7.1	17 40.4	12.7	60.3
	03	227 55.6	. . 58.9	28 42.0	7.0	17 53.1	12.6	60.3
	04	242 55.8	4 59.8	43 08.0	6.9	18 05.7	12.5	60.3
	05	257 55.9	5 00.8	57 33.9	6.9	18 18.2	12.3	60.3
	06	272 56.1	S 5 01.7	71 59.8	6.7	N18 30.5	12.3	60.3
	07	287 56.3	02.7	86 25.5	6.7	18 42.8	12.1	60.3
S	08	302 56.5	03.7	100 51.2	6.6	18 54.9	12.0	60.3
A	09	317 56.7	. . 04.6	115 16.8	6.4	19 06.9	11.9	60.3
T	10	332 56.9	05.6	129 42.2	6.4	19 18.8	11.7	60.4
U	11	347 57.0	06.5	144 07.6	6.3	19 30.5	11.7	60.4
R	12	2 57.2	S 5 07.5	158 32.9	6.2	N19 42.2	11.5	60.4
D	13	17 57.4	08.5	172 58.1	6.1	19 53.7	11.3	60.4
A	14	32 57.6	09.4	187 23.2	6.0	20 05.0	11.3	60.4
Y	15	47 57.8	. . 10.4	201 48.2	5.9	20 16.3	11.1	60.4
	16	62 58.0	11.3	216 13.1	5.9	20 27.4	10.9	60.4
	17	77 58.1	12.3	230 38.0	5.7	20 38.3	10.9	60.4
	18	92 58.3	S 5 13.3	245 02.7	5.7	N20 49.2	10.7	60.4
	19	107 58.5	14.2	259 27.4	5.6	20 59.9	10.5	60.4
	20	122 58.7	15.2	273 52.0	5.4	21 10.4	10.4	60.4
	21	137 58.9	. . 16.1	288 16.4	5.4	21 20.8	10.3	60.4
	22	152 59.1	17.1	302 40.8	5.4	21 31.1	10.1	60.4
	23	167 59.2	18.0	317 05.2	5.2	21 41.2	10.0	60.4
		S.D. 16.0	*d* 1.0	S.D. 16.3		16.4		16.4

Lat.	Twilight Naut.	Twilight Civil	Sunrise	Moonrise 4	5	6	7
°	h m	h m	h m	h m	h m	h m	h m
N 72	04 08	05 28	06 35	15 47	14 55	□	□
N 70	04 17	05 29	06 30	16 01	15 27	13 54	□
68	04 25	05 30	06 26	16 12	15 50	15 12	□
66	04 31	05 31	06 22	16 22	16 09	15 51	14 56
64	04 36	05 32	06 19	16 30	16 24	16 18	16 09
62	04 41	05 32	06 17	16 37	16 37	16 39	16 46
60	04 44	05 33	06 14	16 43	16 48	16 56	17 12
N 58	04 47	05 33	06 12	16 48	16 57	17 11	17 33
56	04 50	05 33	06 10	16 53	17 06	17 24	17 50
54	04 52	05 33	06 09	16 57	17 13	17 35	18 05
52	04 54	05 33	06 07	17 01	17 20	17 44	18 18
50	04 56	05 33	06 06	17 05	17 26	17 53	18 29
45	04 59	05 33	06 02	17 13	17 39	18 12	18 53
N 40	05 01	05 33	06 00	17 19	17 50	18 27	19 12
35	05 03	05 32	05 58	17 25	18 00	18 40	19 28
30	05 04	05 32	05 55	17 30	18 08	18 52	19 42
20	05 04	05 30	05 52	17 39	18 23	19 11	20 05
N 10	05 03	05 27	05 48	17 47	18 35	19 28	20 26
0	05 00	05 24	05 45	17 54	18 48	19 45	20 45
S 10	04 56	05 21	05 42	18 02	19 00	20 01	21 05
20	04 50	05 16	05 38	18 10	19 13	20 19	21 26
30	04 42	05 10	05 34	18 19	19 28	20 39	21 50
35	04 36	05 06	05 31	18 24	19 37	20 51	22 05
40	04 29	05 01	05 29	18 31	19 47	21 05	22 21
45	04 20	04 56	05 25	18 38	19 59	21 21	22 41
S 50	04 09	04 48	05 21	18 47	20 13	21 42	23 07
52	04 04	04 45	05 19	18 51	20 20	21 51	23 19
54	03 58	04 41	05 17	18 55	20 28	22 02	23 33
56	03 51	04 37	05 15	19 00	20 36	22 15	23 49
58	03 43	04 32	05 12	19 06	20 46	22 29	24 09
S 60	03 33	04 27	05 10	19 12	20 57	22 47	24 33

Lat.	Sunset	Twilight Civil	Twilight Naut.	Moonset 4	5	6	7
°	h m	h m	h m	h m	h m	h m	h m
N 72	16 59	18 07	19 26	07 02	09 44	□	□
N 70	17 05	18 05	19 17	06 51	09 14	12 45	□
68	17 09	18 05	19 10	06 42	08 53	11 28	□
66	17 13	18 04	19 04	06 35	08 36	10 51	13 51
64	17 16	18 03	18 59	06 28	08 22	10 25	12 38
62	17 19	18 03	18 55	06 23	08 11	10 04	12 02
60	17 22	18 03	18 51	06 18	08 01	09 48	11 37
N 58	17 24	18 03	18 48	06 14	07 52	09 34	11 16
56	17 26	18 03	18 46	06 11	07 45	09 23	11 00
54	17 27	18 03	18 44	06 08	07 39	09 12	10 45
52	17 29	18 03	18 42	06 05	07 33	09 03	10 33
50	17 31	18 03	18 40	06 02	07 27	08 55	10 22
45	17 34	18 03	18 37	05 57	07 16	08 38	09 59
N 40	17 37	18 04	18 35	05 52	07 07	08 24	09 41
35	17 39	18 04	18 33	05 48	06 59	08 12	09 26
30	17 41	18 05	18 33	05 44	06 51	08 01	09 13
20	17 45	18 07	18 32	05 38	06 39	07 44	08 51
N 10	17 48	18 09	18 34	05 33	06 29	07 28	08 31
0	17 52	18 12	18 37	05 28	06 19	07 14	08 13
S 10	17 55	18 16	18 41	05 23	06 09	07 00	07 55
20	17 59	18 21	18 47	05 17	05 59	06 45	07 36
30	18 03	18 28	18 56	05 11	05 47	06 27	07 14
35	18 06	18 32	19 02	05 08	05 40	06 17	07 01
40	18 09	18 36	19 09	05 04	05 33	06 06	06 46
45	18 13	18 42	19 18	04 59	05 24	05 53	06 29
S 50	18 17	18 50	19 29	04 54	05 13	05 36	06 07
52	18 19	18 53	19 35	04 51	05 08	05 29	05 57
54	18 21	18 57	19 41	04 48	05 02	05 20	05 45
56	18 23	19 01	19 48	04 46	04 56	05 11	05 32
58	18 26	19 06	19 56	04 42	04 50	05 00	05 17
S 60	18 29	19 12	20 06	04 39	04 42	04 48	04 59

Day	SUN Eqn. of Time 00h	SUN Eqn. of Time 12h	SUN Mer. Pass.	MOON Mer. Pass. Upper	MOON Mer. Pass. Lower	MOON Age	MOON Phase
	m s	m s	h m	h m	h m	d	
4	11 03	11 12	11 49	24 07	11 41	15	○
5	11 21	11 31	11 48	00 07	12 33	16	
6	11 40	11 49	11 48	01 01	13 29	17	

	UT (GMT) d h	ARIES G.H.A. ° ′	VENUS −3.9 G.H.A. ° ′	VENUS Dec. ° ′	MARS −1.1 G.H.A. ° ′	MARS Dec. ° ′	JUPITER −2.0 G.H.A. ° ′	JUPITER Dec. ° ′	SATURN +0.5 G.H.A. ° ′	SATURN Dec. ° ′
	7 00	15 23.0	188 32.2	S 1 25.6	303 26.7	N21 28.7	243 36.5	N18 19.9	84 57.2	S22 09.5
	01	30 25.4	203 31.8	26.8	318 28.7	28.9	258 38.6	19.8	99 59.6	09.5
	02	45 27.9	218 31.4	28.1	333 30.7	29.0	273 40.7	19.7	115 02.0	09.5
	03	60 30.4	233 31.0	· · 29.3	348 32.6	· · 29.2	288 42.8	· · 19.6	130 04.4	· · 09.5
	04	75 32.8	248 30.6	30.6	3 34.6	29.3	303 44.8	19.5	145 06.8	09.5
	05	90 35.3	263 30.2	31.8	18 36.6	29.4	318 46.9	19.4	160 09.2	09.5
	06	105 37.7	278 29.8	S 1 33.1	33 38.6	N21 29.6	333 49.0	N18 19.4	175 11.6	S22 09.5
	07	120 40.2	293 29.4	34.3	48 40.6	29.7	348 51.1	19.3	190 14.0	09.4
	08	135 42.7	308 29.0	35.6	63 42.6	29.8	3 53.2	19.2	205 16.4	09.4
S	09	150 45.1	323 28.6	· · 36.8	78 44.6	· · 30.0	18 55.3	· · 19.1	220 18.8	· · 09.4
U	10	165 47.6	338 28.2	38.1	93 46.5	30.1	33 57.4	19.0	235 21.2	09.4
N	11	180 50.1	353 27.8	39.3	108 48.5	30.2	48 59.5	18.9	250 23.6	09.4
D	12	195 52.5	8 27.4	S 1 40.6	123 50.5	N21 30.4	64 01.5	N18 18.8	265 26.0	S22 09.4
A	13	210 55.0	23 27.0	41.8	138 52.5	30.5	79 03.6	18.7	280 28.4	09.4
Y	14	225 57.5	38 26.6	43.1	153 54.5	30.7	94 05.7	18.6	295 30.8	09.4
	15	240 59.9	53 26.2	· · 44.4	168 56.5	· · 30.8	109 07.8	· · 18.5	310 33.2	· · 09.4
	16	256 02.4	68 25.8	45.6	183 58.5	30.9	124 09.9	18.4	325 35.6	09.4
	17	271 04.9	83 25.4	46.9	199 00.5	31.1	139 12.0	18.4	340 38.0	09.4
	18	286 07.3	98 25.0	S 1 48.1	214 02.5	N21 31.2	154 14.1	N18 18.3	355 40.4	S22 09.4
	19	301 09.8	113 24.6	49.4	229 04.5	31.3	169 16.2	18.2	10 42.8	09.4
	20	316 12.2	128 24.2	50.6	244 06.5	31.5	184 18.3	18.1	25 45.2	09.4
	21	331 14.7	143 23.8	· · 51.9	259 08.5	· · 31.6	199 20.3	· · 18.0	40 47.6	· · 09.4
	22	346 17.2	158 23.4	53.1	274 10.5	31.7	214 22.4	17.9	55 50.0	09.4
	23	1 19.6	173 23.0	54.4	289 12.5	31.9	229 24.5	17.8	70 52.4	09.4
	8 00	16 22.1	188 22.7	S 1 55.6	304 14.5	N21 32.0	244 26.6	N18 17.7	85 54.8	S22 09.4
	01	31 24.6	203 22.3	56.9	319 16.5	32.2	259 28.7	17.6	100 57.2	09.4
	02	46 27.0	218 21.9	58.1	334 18.5	32.3	274 30.8	17.5	115 59.6	09.3
	03	61 29.5	233 21.5	1 59.4	349 20.6	· · 32.4	289 32.9	· · 17.4	131 02.0	· · 09.3
	04	76 32.0	248 21.1	2 00.6	4 22.6	32.6	304 35.0	17.4	146 04.4	09.3
	05	91 34.4	263 20.7	01.9	19 24.6	32.7	319 37.1	17.3	161 06.8	09.3
	06	106 36.9	278 20.3	S 2 03.1	34 26.6	N21 32.8	334 39.2	N18 17.2	176 09.2	S22 09.3
	07	121 39.3	293 19.9	04.4	49 28.6	33.0	349 41.3	17.1	191 11.6	09.3
	08	136 41.8	308 19.5	05.6	64 30.6	33.1	4 43.3	17.0	206 14.0	09.3
M	09	151 44.3	323 19.1	· · 06.9	79 32.6	· · 33.2	19 45.4	· · 16.9	221 16.4	· · 09.3
O	10	166 46.7	338 18.7	08.1	94 34.7	33.4	34 47.5	16.8	236 18.8	09.3
N	11	181 49.2	353 18.3	09.4	109 36.7	33.5	49 49.6	16.7	251 21.2	09.3
D	12	196 51.7	8 17.9	S 2 10.6	124 38.7	N21 33.6	64 51.7	N18 16.6	266 23.6	S22 09.3
A	13	211 54.1	23 17.5	11.9	139 40.7	33.8	79 53.8	16.5	281 26.0	09.3
Y	14	226 56.6	38 17.1	13.1	154 42.8	33.9	94 55.9	16.4	296 28.4	09.3
	15	241 59.1	53 16.7	· · 14.4	169 44.8	· · 34.0	109 58.0	· · 16.4	311 30.7	· · 09.3
	16	257 01.5	68 16.3	15.6	184 46.8	34.2	125 00.1	16.3	326 33.1	09.3
	17	272 04.0	83 15.9	16.9	199 48.9	34.3	140 02.2	16.2	341 35.5	09.3
	18	287 06.5	98 15.5	S 2 18.1	214 50.9	N21 34.4	155 04.3	N18 16.1	356 37.9	S22 09.3
	19	302 08.9	113 15.1	19.4	229 52.9	34.6	170 06.4	16.0	11 40.3	09.2
	20	317 11.4	128 14.7	20.6	244 55.0	34.7	185 08.5	15.9	26 42.7	09.2
	21	332 13.8	143 14.3	· · 21.9	259 57.0	· · 34.8	200 10.6	· · 15.8	41 45.1	· · 09.2
	22	347 16.3	158 13.9	23.1	274 59.0	35.0	215 12.7	15.7	56 47.5	09.2
	23	2 18.8	173 13.5	24.4	290 01.1	35.1	230 14.8	15.6	71 49.9	09.2
	9 00	17 21.2	188 13.1	S 2 25.7	305 03.1	N21 35.2	245 16.9	N18 15.5	86 52.3	S22 09.2
	01	32 23.7	203 12.7	26.9	320 05.2	35.4	260 18.9	15.5	101 54.7	09.2
	02	47 26.2	218 12.3	28.2	335 07.2	35.5	275 21.0	15.4	116 57.1	09.2
	03	62 28.6	233 11.9	· · 29.4	350 09.2	· · 35.6	290 23.1	· · 15.3	131 59.5	· · 09.2
	04	77 31.1	248 11.5	30.7	5 11.3	35.8	305 25.2	15.2	147 01.9	09.2
	05	92 33.6	263 11.1	31.9	20 13.3	35.9	320 27.3	15.1	162 04.3	09.2
	06	107 36.0	278 10.7	S 2 33.2	35 15.4	N21 36.0	335 29.4	N18 15.0	177 06.7	S22 09.2
	07	122 38.5	293 10.3	34.4	50 17.4	36.2	350 31.5	14.9	192 09.1	09.2
T	08	137 41.0	308 09.9	35.7	65 19.5	36.3	5 33.6	14.8	207 11.5	09.2
U	09	152 43.4	323 09.5	· · 36.9	80 21.5	· · 36.4	20 35.7	· · 14.7	222 13.8	· · 09.2
E	10	167 45.9	338 09.1	38.2	95 23.6	36.6	35 37.8	14.7	237 16.2	09.2
S	11	182 48.3	353 08.7	39.4	110 25.6	36.7	50 39.9	14.6	252 18.6	09.1
D	12	197 50.8	8 08.3	S 2 40.7	125 27.7	N21 36.8	65 42.0	N18 14.5	267 21.0	S22 09.1
A	13	212 53.3	23 07.9	41.9	140 29.8	37.0	80 44.1	14.4	282 23.4	09.1
Y	14	227 55.7	38 07.5	43.2	155 31.8	37.1	95 46.2	14.3	297 25.8	09.1
	15	242 58.2	53 07.1	· · 44.4	170 33.9	· · 37.2	110 48.3	· · 14.2	312 28.2	· · 09.1
	16	258 00.7	68 06.7	45.7	185 35.9	37.4	125 50.4	14.1	327 30.6	09.1
	17	273 03.1	83 06.3	46.9	200 38.0	37.5	140 52.5	14.0	342 33.0	09.1
	18	288 05.6	98 05.9	S 2 48.2	215 40.1	N21 37.6	155 54.6	N18 13.9	357 35.4	S22 09.1
	19	303 08.1	113 05.5	49.4	230 42.1	37.8	170 56.7	13.9	12 37.8	09.1
	20	318 10.5	128 05.1	50.7	245 44.2	37.9	185 58.8	13.8	27 40.2	09.1
	21	333 13.0	143 04.7	· · 51.9	260 46.3	· · 38.0	201 00.9	· · 13.7	42 42.5	· · 09.1
	22	348 15.4	158 04.3	53.2	275 48.4	38.1	216 03.0	13.6	57 44.9	09.1
	23	3 17.9	173 03.9	54.4	290 50.4	38.3	231 05.1	13.5	72 47.3	09.1
	Mer. Pass. h m	22 50.8	v −0.4	d 1.3	v 2.0	d 0.1	v 2.1	d 0.1	v 2.4	d 0.0

STARS

Name	S.H.A. ° ′	Dec. ° ′
Acamar	315 30.8	S40 20.2
Achernar	335 38.6	S57 16.8
Acrux	173 29.4	S63 02.9
Adhara	255 25.9	S28 57.2
Aldebaran	291 08.7	N16 29.6
Alioth	166 35.9	N56 00.5
Alkaid	153 12.6	N49 21.6
Al Na'ir	28 04.5	S47 00.4
Alnilam	276 03.5	S 1 12.2
Alphard	218 13.0	S 8 36.9
Alphecca	126 25.6	N26 44.8
Alpheratz	358 00.9	N29 02.6
Altair	62 24.8	N 8 50.7
Ankaa	353 31.9	S42 21.2
Antares	112 47.4	S26 24.8
Arcturus	146 11.5	N19 13.8
Atria	108 04.9	S69 01.0
Avior	234 25.3	S59 28.4
Bellatrix	278 50.1	N 6 20.7
Betelgeuse	271 19.6	N 7 24.5
Canopus	264 03.6	S52 41.0
Capella	280 59.4	N45 59.4
Deneb	49 43.0	N45 15.1
Denebola	182 51.2	N14 37.4
Diphda	349 12.5	S18 02.0
Dubhe	194 12.7	N61 47.9
Elnath	278 34.0	N28 36.1
Eltanin	90 54.2	N51 29.6
Enif	34 03.6	N 9 50.1
Fomalhaut	15 42.3	S29 40.2
Gacrux	172 20.7	S57 03.7
Gienah	176 10.2	S17 29.4
Hadar	149 13.0	S60 19.9
Hamal	328 19.7	N23 25.4
Kaus Aust.	84 06.4	S34 23.5
Kochab	137 19.9	N74 11.6
Markab	13 55.0	N15 09.6
Menkar	314 32.6	N 4 03.5
Menkent	148 28.2	S36 19.6
Miaplacidus	221 44.0	S69 40.5
Mirfak	309 04.5	N49 49.8
Nunki	76 19.4	S26 18.6
Peacock	53 45.6	S56 46.1
Pollux	243 48.5	N28 03.0
Procyon	245 17.5	N 5 15.1
Rasalhague	96 22.4	N12 34.1
Regulus	208 01.8	N12 00.8
Rigel	281 28.2	S 8 12.4
Rigil Kent.	140 15.8	S60 48.0
Sabik	102 32.2	S15 42.9
Schedar	349 59.7	N56 29.4
Shaula	96 45.2	S37 06.0
Sirius	258 48.7	S16 41.9
Spica	158 49.5	S11 06.8
Suhail	223 05.3	S43 23.4
Vega	80 50.5	N38 46.7
Zuben'ubi	137 24.6	S16 00.3

	S.H.A. ° ′	Mer. Pass. h m
Venus	172 00.6	11 27
Mars	287 52.4	3 43
Jupiter	228 04.5	7 41
Saturn	69 32.7	18 13

UT (GMT) d	h	SUN G.H.A.	SUN Dec.	MOON G.H.A.	v	MOON Dec.	d	H.P.
		° ′	° ′	° ′	′	° ′	′	′
7	00	182 59.4	S 5 19.0	331 29.4	5.1	N21 51.2	9.8	60.4
	01	197 59.6	20.0	345 53.5	5.1	22 01.0	9.7	60.4
	02	212 59.8	20.9	0 17.6	5.0	22 10.7	9.5	60.4
	03	228 00.0	. . 21.9	14 41.6	4.9	22 20.2	9.4	60.4
	04	243 00.1	22.8	29 05.5	4.8	22 29.6	9.2	60.3
	05	258 00.3	23.8	43 29.3	4.8	22 38.8	9.1	60.3
	06	273 00.5	S 5 24.8	57 53.1	4.6	N22 47.9	8.9	60.3
	07	288 00.7	25.7	72 16.7	4.6	22 56.8	8.7	60.3
	08	303 00.9	26.7	86 40.3	4.6	23 05.5	8.6	60.3
S	09	318 01.0	. . 27.6	101 03.9	4.4	23 14.1	8.4	60.3
U	10	333 01.2	28.6	115 27.3	4.4	23 22.5	8.3	60.3
N	11	348 01.4	29.5	129 50.7	4.3	23 30.8	8.0	60.3
D	12	3 01.6	S 5 30.5	144 14.0	4.2	N23 38.8	8.0	60.3
A	13	18 01.8	31.4	158 37.2	4.2	23 46.8	7.7	60.3
Y	14	33 01.9	32.4	173 00.4	4.1	23 54.5	7.6	60.3
	15	48 02.1	. . 33.4	187 23.5	4.1	24 02.1	7.4	60.3
	16	63 02.3	34.3	201 46.6	3.9	24 09.5	7.2	60.3
	17	78 02.5	35.3	216 09.5	4.0	24 16.7	7.1	60.3
	18	93 02.7	S 5 36.2	230 32.5	3.8	N24 23.8	6.9	60.3
	19	108 02.8	37.2	244 55.3	3.8	24 30.7	6.7	60.2
	20	123 03.0	38.1	259 18.1	3.8	24 37.4	6.6	60.2
	21	138 03.2	. . 39.1	273 40.9	3.7	24 44.0	6.3	60.2
	22	153 03.4	40.0	288 03.6	3.6	24 50.3	6.2	60.2
	23	168 03.6	41.0	302 26.2	3.6	24 56.5	6.0	60.2
8	00	183 03.7	S 5 42.0	316 48.8	3.6	N25 02.5	5.8	60.2
	01	198 03.9	42.9	331 11.4	3.5	25 08.3	5.7	60.2
	02	213 04.1	43.9	345 33.9	3.5	25 14.0	5.4	60.2
	03	228 04.3	. . 44.8	359 56.4	3.4	25 19.4	5.3	60.2
	04	243 04.5	45.8	14 18.8	3.4	25 24.7	5.1	60.2
	05	258 04.6	46.7	28 41.2	3.3	25 29.8	4.9	60.1
	06	273 04.8	S 5 47.7	43 03.5	3.3	N25 34.7	4.7	60.1
	07	288 05.0	48.6	57 25.8	3.3	25 39.4	4.6	60.1
	08	303 05.2	49.6	71 48.1	3.3	25 44.0	4.3	60.1
M	09	318 05.3	. . 50.6	86 10.4	3.2	25 48.3	4.2	60.1
O	10	333 05.5	51.5	100 32.6	3.2	25 52.5	4.0	60.1
N	11	348 05.7	52.5	114 54.8	3.2	25 56.5	3.8	60.1
D	12	3 05.9	S 5 53.4	129 17.0	3.1	N26 00.3	3.6	60.0
A	13	18 06.0	54.4	143 39.1	3.2	26 03.9	3.4	60.0
Y	14	33 06.2	55.3	158 01.3	3.1	26 07.3	3.2	60.0
	15	48 06.4	. . 56.3	172 23.4	3.1	26 10.5	3.0	60.0
	16	63 06.6	57.2	186 45.5	3.1	26 13.5	2.9	60.0
	17	78 06.7	58.2	201 07.6	3.1	26 16.4	2.6	60.0
	18	93 06.9	S 5 59.1	215 29.7	3.1	N26 19.0	2.5	60.0
	19	108 07.1	6 00.1	229 51.8	3.1	26 21.5	2.3	59.9
	20	123 07.3	01.0	244 13.9	3.1	26 23.8	2.1	59.9
	21	138 07.5	. . 02.0	258 36.0	3.1	26 25.9	1.8	59.9
	22	153 07.6	02.9	272 58.1	3.1	26 27.7	1.8	59.9
	23	168 07.8	03.9	287 20.2	3.1	26 29.5	1.5	59.9
9	00	183 08.0	S 6 04.8	301 42.3	3.1	N26 31.0	1.3	59.9
	01	198 08.1	05.8	316 04.4	3.1	26 32.3	1.1	59.8
	02	213 08.3	06.7	330 26.5	3.1	26 33.4	1.0	59.8
	03	228 08.5	. . 07.7	344 48.6	3.2	26 34.4	0.7	59.8
	04	243 08.7	08.7	359 10.8	3.2	26 35.1	0.6	59.8
	05	258 08.8	09.6	13 33.0	3.2	26 35.7	0.3	59.8
	06	273 09.0	S 6 10.6	27 55.2	3.2	N26 36.0	0.2	59.7
	07	288 09.2	11.5	42 17.4	3.2	26 36.2	0.0	59.7
T	08	303 09.4	12.5	56 39.6	3.3	26 36.2	0.2	59.7
U	09	318 09.5	. . 13.4	71 01.9	3.3	26 36.0	0.4	59.7
E	10	333 09.7	14.4	85 24.2	3.3	26 35.6	0.5	59.7
S	11	348 09.9	15.3	99 46.5	3.4	26 35.1	0.8	59.6
D	12	3 10.0	S 6 16.3	114 08.9	3.4	N26 34.3	0.9	59.6
A	13	18 10.2	17.2	128 31.3	3.5	26 33.4	1.2	59.6
Y	14	33 10.4	18.2	142 53.8	3.5	26 32.2	1.3	59.6
	15	48 10.6	. . 19.1	157 16.3	3.5	26 30.9	1.5	59.6
	16	63 10.7	20.1	171 38.8	3.6	26 29.4	1.6	59.5
	17	78 10.9	21.0	186 01.4	3.7	26 27.8	1.9	59.5
	18	93 11.1	S 6 22.0	200 24.1	3.7	N26 25.9	2.1	59.5
	19	108 11.2	22.9	214 46.8	3.7	26 23.8	2.2	59.5
	20	123 11.4	23.9	229 09.5	3.8	26 21.6	2.4	59.5
	21	138 11.6	. . 24.8	243 32.3	3.9	26 19.2	2.6	59.4
	22	153 11.8	25.8	257 55.2	3.9	26 16.6	2.8	59.4
	23	168 11.9	26.7	272 18.1	4.0	26 13.8	2.9	59.4
		S.D. 16.0	d 1.0	S.D. 16.4		16.4		16.2

Lat.	Twilight Naut.	Twilight Civil	Sunrise	Moonrise 7	Moonrise 8	Moonrise 9	Moonrise 10
°	h m	h m	h m	h m	h m	h m	h m
N 72	04 22	05 41	06 49	□	□	□	□
N 70	04 30	05 41	06 42	□	□	□	□
68	04 36	05 41	06 37	□	□	□	□
66	04 41	05 41	06 32	14 56	□	□	□
64	04 45	05 40	06 28	16 09	□	□	19 01
62	04 49	05 40	06 24	16 46	17 07	18 06	19 45
60	04 52	05 40	06 21	17 12	17 45	18 46	20 15
N 58	04 54	05 39	06 19	17 33	18 11	19 13	20 37
56	04 56	05 39	06 16	17 50	18 32	19 35	20 55
54	04 58	05 39	06 14	18 05	18 50	19 53	21 11
52	04 59	05 38	06 12	18 18	19 05	20 08	21 24
50	05 00	05 38	06 10	18 29	19 18	20 21	21 35
45	05 03	05 37	06 06	18 53	19 45	20 48	21 59
N 40	05 04	05 36	06 03	19 12	20 06	21 09	22 19
35	05 05	05 35	06 00	19 28	20 24	21 27	22 35
30	05 06	05 33	05 57	19 42	20 39	21 42	22 48
20	05 05	05 31	05 53	20 05	21 05	22 08	23 12
N 10	05 03	05 27	05 48	20 26	21 27	22 30	23 32
0	04 59	05 24	05 44	20 45	21 48	22 51	23 51
S 10	04 55	05 19	05 40	21 05	22 09	23 12	24 10
20	04 48	05 13	05 36	21 26	22 32	23 34	24 30
30	04 38	05 06	05 30	21 50	22 58	24 00	00 00
35	04 32	05 02	05 27	22 05	23 14	24 15	00 15
40	04 24	04 56	05 24	22 21	23 32	24 33	00 33
45	04 14	04 50	05 20	22 41	23 54	24 54	00 54
S 50	04 02	04 42	05 15	23 07	24 21	00 21	01 21
52	03 56	04 38	05 12	23 19	24 35	00 35	01 34
54	03 49	04 34	05 10	23 33	24 51	00 51	01 49
56	03 42	04 29	05 07	23 49	25 09	01 09	02 06
58	03 33	04 23	05 04	24 09	00 09	01 32	02 27
S 60	03 22	04 17	05 00	24 33	00 33	02 01	02 54

Lat.	Sunset	Twilight Civil	Twilight Naut.	Moonset 7	Moonset 8	Moonset 9	Moonset 10
°	h m	h m	h m	h m	h m	h m	h m
N 72	16 44	17 52	19 10	□	□	□	□
N 70	16 51	17 52	19 03	□	□	□	□
68	16 57	17 52	18 57	□	□	□	□
66	17 02	17 53	18 52	13 51	□	□	□
64	17 06	17 53	18 48	12 38	□	□	16 19
62	17 09	17 54	18 45	12 02	13 53	15 06	15 34
60	17 13	17 54	18 42	11 37	13 15	14 26	15 04
N 58	17 15	17 55	18 40	11 16	12 49	13 58	14 42
56	17 18	17 55	18 38	11 00	12 28	13 37	14 23
54	17 20	17 55	18 36	10 45	12 10	13 19	14 07
52	17 22	17 56	18 35	10 33	11 56	13 04	13 54
50	17 24	17 56	18 34	10 22	11 43	12 50	13 42
45	17 28	17 58	18 32	09 59	11 16	12 23	13 17
N 40	17 32	17 59	18 30	09 41	10 55	12 02	12 57
35	17 35	18 00	18 29	09 26	10 38	11 44	12 41
30	17 38	18 01	18 29	09 13	10 23	11 28	12 26
20	17 42	18 04	18 30	08 51	09 58	11 02	12 02
N 10	17 47	18 08	18 32	08 31	09 36	10 40	11 40
0	17 51	18 12	18 36	08 13	09 15	10 18	11 20
S 10	17 55	18 16	18 41	07 55	08 55	09 57	11 00
20	18 00	18 22	18 48	07 36	08 33	09 35	10 39
30	18 05	18 29	18 58	07 14	08 08	09 08	10 13
35	18 08	18 34	19 04	07 01	07 53	08 53	09 59
40	18 12	18 40	19 12	06 46	07 35	08 34	09 41
45	18 16	18 46	19 22	06 29	07 15	08 13	09 21
S 50	18 22	18 55	19 35	06 07	06 49	07 45	08 54
52	18 24	18 59	19 41	05 57	06 36	07 31	08 42
54	18 27	19 03	19 48	05 45	06 22	07 16	08 27
56	18 29	19 08	19 56	05 32	06 05	06 57	08 10
58	18 33	19 14	20 05	05 17	05 45	06 34	07 49
S 60	18 36	19 20	20 15	04 59	05 20	06 05	07 23

Day	SUN Eqn. of Time 00 h	SUN Eqn. of Time 12 h	SUN Mer. Pass.	MOON Mer. Pass. Upper	MOON Mer. Pass. Lower	Age	Phase
	m s	m s	h m	h m	h m	d	
7	11 57	12 06	11 48	01 59	14 29	18	
8	12 15	12 23	11 48	03 00	15 32	19	
9	12 32	12 40	11 47	04 03	16 35	20	

	UT (GMT) d h	ARIES G.H.A. ° ′	VENUS −3.9 G.H.A. ° ′	Dec. ° ′	MARS −1.2 G.H.A. ° ′	Dec. ° ′	JUPITER −2.0 G.H.A. ° ′	Dec. ° ′	SATURN +0.5 G.H.A. ° ′	Dec. ° ′	STARS Name	S.H.A. ° ′	Dec. ° ′
	10 00	18 20.4	188 03.5	S 2 55.7	305 52.5	N21 38.4	246 07.2	N18 13.4	87 49.7	S22 09.1	Acamar	315 30.7	S40 20.2
	01	33 22.8	203 03.1	56.9	320 54.6	38.5	261 09.3	13.3	102 52.1	09.1	Achernar	335 38.5	S57 16.8
	02	48 25.3	218 02.7	58.2	335 56.7	38.7	276 11.4	13.2	117 54.5	09.1	Acrux	173 29.4	S63 02.9
	03	63 27.8	233 02.3	2 59.4	350 58.7	· · 38.8	291 13.5	· · 13.1	132 56.9	· · 09.0	Adhara	255 25.9	S28 57.2
	04	78 30.2	248 01.9	3 00.7	6 00.8	38.9	306 15.6	13.1	147 59.3	09.0	Aldebaran	291 08.7	N16 29.7
	05	93 32.7	263 01.5	01.9	21 02.9	39.1	321 17.7	13.0	163 01.7	09.0			
	06	108 35.2	278 01.1	S 3 03.2	36 05.0	N21 39.2	336 19.8	N18 12.9	178 04.0	S22 09.0	Alioth	166 35.9	N56 00.5
W	07	123 37.6	293 00.7	04.4	51 07.1	39.3	351 21.9	12.8	193 06.4	09.0	Alkaid	153 12.6	N49 21.5
E	08	138 40.1	308 00.3	05.7	66 09.1	39.4	6 24.0	12.7	208 08.8	09.0	Al Na'ir	28 04.5	S47 00.4
D	09	153 42.6	322 59.9	· · 06.9	81 11.2	· · 39.6	21 26.1	· · 12.6	223 11.2	· · 09.0	Alnilam	276 03.5	S 1 12.2
N	10	168 45.0	337 59.5	08.2	96 13.3	39.7	36 28.2	12.5	238 13.6	09.0	Alphard	218 13.0	S 8 36.9
E	11	183 47.5	352 59.1	09.4	111 15.4	39.8	51 30.3	12.4	253 16.0	09.0			
S	12	198 49.9	7 58.7	S 3 10.6	126 17.5	N21 40.0	66 32.4	N18 12.4	268 18.4	S22 09.0	Alphecca	126 25.6	N26 44.8
D	13	213 52.4	22 58.3	11.9	141 19.6	40.1	81 34.5	12.3	283 20.8	09.0	Alpheratz	358 00.9	N29 02.6
A	14	228 54.9	37 57.9	13.1	156 21.7	40.2	96 36.6	12.2	298 23.2	09.0	Altair	62 24.8	N 8 50.7
Y	15	243 57.3	52 57.5	· · 14.4	171 23.8	· · 40.4	111 38.7	· · 12.1	313 25.5	· · 09.0	Ankaa	353 31.9	S42 21.2
	16	258 59.8	67 57.1	15.6	186 25.9	40.5	126 40.9	12.0	328 27.9	09.0	Antares	112 47.4	S26 24.8
	17	274 02.3	82 56.7	16.9	201 28.0	40.6	141 43.0	11.9	343 30.3	08.9			
	18	289 04.7	97 56.3	S 3 18.1	216 30.1	N21 40.7	156 45.1	N18 11.8	358 32.7	S22 08.9	Arcturus	146 11.5	N19 13.8
	19	304 07.2	112 55.8	19.4	231 32.2	40.9	171 47.2	11.7	13 35.1	08.9	Atria	108 04.9	S69 01.0
	20	319 09.7	127 55.4	20.6	246 34.3	41.0	186 49.3	11.6	28 37.5	08.9	Avior	234 25.3	S59 28.4
	21	334 12.1	142 55.0	· · 21.9	261 36.4	· · 41.1	201 51.4	· · 11.6	43 39.9	· · 08.9	Bellatrix	278 50.1	N 6 20.7
	22	349 14.6	157 54.6	23.1	276 38.5	41.3	216 53.5	11.5	58 42.2	08.9	Betelgeuse	271 19.6	N 7 24.5
	23	4 17.1	172 54.2	24.4	291 40.6	41.4	231 55.6	11.4	73 44.6	08.9			
	11 00	19 19.5	187 53.8	S 3 25.6	306 42.7	N21 41.5	246 57.7	N18 11.3	88 47.0	S22 08.9	Canopus	264 03.6	S52 41.0
	01	34 22.0	202 53.4	26.9	321 44.8	41.6	261 59.8	11.2	103 49.4	08.9	Capella	280 59.4	N45 59.4
	02	49 24.4	217 53.0	28.1	336 46.9	41.8	277 01.9	11.1	118 51.8	08.9	Deneb	49 43.0	N45 15.1
	03	64 26.9	232 52.6	· · 29.4	351 49.1	· · 41.9	292 04.0	· · 11.0	133 54.2	· · 08.9	Denebola	182 51.2	N14 37.4
	04	79 29.4	247 52.2	30.6	6 51.2	42.0	307 06.1	10.9	148 56.6	08.9	Diphda	349 12.5	S18 02.0
	05	94 31.8	262 51.8	31.9	21 53.3	42.2	322 08.2	10.9	163 58.9	08.9			
	06	109 34.3	277 51.4	S 3 33.1	36 55.4	N21 42.3	337 10.3	N18 10.8	179 01.3	S22 08.9	Dubhe	194 12.7	N61 47.9
	07	124 36.8	292 51.0	34.4	51 57.5	42.4	352 12.4	10.7	194 03.7	08.8	Elnath	278 34.0	N28 36.1
T	08	139 39.2	307 50.6	35.6	66 59.6	42.5	7 14.6	10.6	209 06.1	08.8	Eltanin	90 54.2	N51 29.6
H	09	154 41.7	322 50.2	· · 36.9	82 01.8	· · 42.7	22 16.7	· · 10.5	224 08.5	· · 08.8	Enif	34 03.6	N 9 50.1
U	10	169 44.2	337 49.8	38.1	97 03.9	42.8	37 18.8	10.4	239 10.9	08.8	Fomalhaut	15 42.3	S29 40.2
R	11	184 46.6	352 49.4	39.3	112 06.0	42.9	52 20.9	10.3	254 13.2	08.8			
S	12	199 49.1	7 49.0	S 3 40.6	127 08.1	N21 43.0	67 23.0	N18 10.3	269 15.6	S22 08.8	Gacrux	172 20.7	S57 03.7
D	13	214 51.6	22 48.6	41.8	142 10.3	43.2	82 25.1	10.2	284 18.0	08.8	Gienah	176 10.2	S17 29.4
A	14	229 54.0	37 48.1	43.1	157 12.4	43.3	97 27.2	10.1	299 20.4	08.8	Hadar	149 13.0	S60 19.8
Y	15	244 56.5	52 47.7	· · 44.3	172 14.5	· · 43.4	112 29.3	· · 10.0	314 22.8	· · 08.8	Hamal	328 19.7	N23 25.4
	16	259 58.9	67 47.3	45.6	187 16.7	43.6	127 31.4	09.9	329 25.2	08.8	Kaus Aust.	84 06.4	S34 23.5
	17	275 01.4	82 46.9	46.8	202 18.8	43.7	142 33.5	09.8	344 27.5	08.8			
	18	290 03.9	97 46.5	S 3 48.1	217 20.9	N21 43.8	157 35.6	N18 09.7	359 29.9	S22 08.8	Kochab	137 20.0	N74 11.6
	19	305 06.3	112 46.1	49.3	232 23.1	43.9	172 37.8	09.6	14 32.3	08.8	Markab	13 55.0	N15 09.6
	20	320 08.8	127 45.7	50.6	247 25.2	44.1	187 39.9	09.6	29 34.7	08.8	Menkar	314 32.6	N 4 03.5
	21	335 11.3	142 45.3	· · 51.8	262 27.3	· · 44.2	202 42.0	· · 09.5	44 37.1	· · 08.7	Menkent	148 28.1	S36 19.6
	22	350 13.7	157 44.9	53.1	277 29.5	44.3	217 44.1	09.4	59 39.5	08.7	Miaplacidus	221 44.0	S69 40.4
	23	5 16.2	172 44.5	54.3	292 31.6	44.4	232 46.2	09.3	74 41.8	08.7			
	12 00	20 18.7	187 44.1	S 3 55.5	307 33.8	N21 44.6	247 48.3	N18 09.2	89 44.2	S22 08.7	Mirfak	309 04.4	N49 49.8
	01	35 21.1	202 43.7	56.8	322 35.9	44.7	262 50.4	09.1	104 46.6	08.7	Nunki	76 19.4	S26 18.6
	02	50 23.6	217 43.3	58.0	337 38.1	44.8	277 52.5	09.0	119 49.0	08.7	Peacock	53 45.6	S56 46.1
	03	65 26.0	232 42.8	3 59.3	352 40.2	· · 44.9	292 54.6	· · 09.0	134 51.4	· · 08.7	Pollux	243 48.5	N28 02.9
	04	80 28.5	247 42.4	4 00.5	7 42.4	45.1	307 56.8	08.9	149 53.7	08.7	Procyon	245 17.5	N 5 15.1
	05	95 31.0	262 42.0	01.8	22 44.5	45.2	322 58.9	08.8	164 56.1	08.7			
	06	110 33.4	277 41.6	S 4 03.0	37 46.7	N21 45.3	338 01.0	N18 08.7	179 58.5	S22 08.7	Rasalhague	96 22.4	N12 34.1
	07	125 35.9	292 41.2	04.3	52 48.8	45.4	353 03.1	08.6	195 00.9	08.7	Regulus	208 01.8	N12 00.8
	08	140 38.4	307 40.8	05.5	67 51.0	45.6	8 05.2	08.5	210 03.3	08.7	Rigel	281 28.2	S 8 12.4
F	09	155 40.8	322 40.4	· · 06.7	82 53.1	· · 45.7	23 07.3	· · 08.4	225 05.6	· · 08.6	Rigil Kent.	140 15.8	S60 48.0
R	10	170 43.3	337 40.0	08.0	97 55.3	45.8	38 09.4	08.4	240 08.0	08.6	Sabik	102 32.2	S15 42.9
I	11	185 45.8	352 39.6	09.2	112 57.4	45.9	53 11.6	08.3	255 10.4	08.6			
D	12	200 48.2	7 39.2	S 4 10.5	127 59.6	N21 46.1	68 13.7	N18 08.2	270 12.8	S22 08.6	Schedar	349 59.6	N56 29.4
A	13	215 50.7	22 38.7	11.7	143 01.8	46.2	83 15.8	08.1	285 15.2	08.6	Shaula	96 45.2	S37 06.0
Y	14	230 53.2	37 38.3	13.0	158 03.9	46.3	98 17.9	08.0	300 17.5	08.6	Sirius	258 48.6	S16 41.9
	15	245 55.6	52 37.9	· · 14.2	173 06.1	· · 46.4	113 20.0	· · 07.9	315 19.9	· · 08.6	Spica	158 49.5	S11 06.8
	16	260 58.1	67 37.5	15.5	188 08.3	46.6	128 22.1	07.8	330 22.3	08.6	Suhail	223 05.3	S43 23.4
	17	276 00.5	82 37.1	16.7	203 10.4	46.7	143 24.2	07.8	345 24.7	08.6			
	18	291 03.0	97 36.7	S 4 17.9	218 12.6	N21 46.8	158 26.4	N18 07.7	0 27.0	S22 08.6	Vega	80 50.6	N38 46.7
	19	306 05.5	112 36.3	19.2	233 14.8	46.9	173 28.5	07.6	15 29.4	08.6	Zuben'ubi	137 24.6	S16 00.3
	20	321 07.9	127 35.9	20.4	248 17.0	47.1	188 30.6	07.5	30 31.8	08.6			
	21	336 10.4	142 35.5	· · 21.7	263 19.1	· · 47.2	203 32.7	· · 07.4	45 34.2	· · 08.6			
	22	351 12.9	157 35.0	22.9	278 21.3	47.3	218 34.8	07.3	60 36.6	08.5			
	23	6 15.3	172 34.6	24.2	293 23.5	47.4	233 36.9	07.2	75 38.9	08.5			
	Mer. Pass.	h m 22 39.0	v −0.4	d 1.2	v 2.1	d 0.1	v 2.1	d 0.1	v 2.4	d 0.0			

	S.H.A. ° ′	Mer. Pass. h m
Venus	168 34.3	11 29
Mars	287 23.2	3 33
Jupiter	227 38.2	7 31
Saturn	69 27.5	18 02

	UT (GMT) d h	SUN G.H.A. ° ′	SUN Dec. ° ′	MOON G.H.A. ° ′	v ′	MOON Dec. ° ′	d ′	H.P. ′
	10 00	183 12.1	S 6 27.7	286 41.1	4.1	N26 10.9	3.1	59.4
	01	198 12.3	28.6	301 04.2	4.1	26 07.8	3.3	59.4
	02	213 12.4	29.6	315 27.3	4.2	26 04.5	3.5	59.3
	03	228 12.6	. . 30.5	329 50.5	4.2	26 01.0	3.6	59.3
	04	243 12.8	31.4	344 13.7	4.4	25 57.4	3.9	59.3
	05	258 12.9	32.4	358 37.1	4.4	25 53.5	4.0	59.3
	06	273 13.1	S 6 33.3	13 00.5	4.5	N25 49.5	4.1	59.2
W	07	288 13.3	34.3	27 24.0	4.5	25 45.4	4.4	59.2
E	08	303 13.4	35.2	41 47.5	4.7	25 41.0	4.5	59.2
D	09	318 13.6	. . 36.2	56 11.2	4.7	25 36.5	4.6	59.2
N	10	333 13.8	37.1	70 34.9	4.8	25 31.9	4.9	59.2
E	11	348 13.9	38.1	84 58.7	4.9	25 27.0	4.9	59.1
S	12	3 14.1	S 6 39.0	99 22.6	4.9	N25 22.1	5.2	59.1
D	13	18 14.3	40.0	113 46.5	5.1	25 16.9	5.3	59.1
A	14	33 14.4	40.9	128 10.6	5.1	25 11.6	5.5	59.1
Y	15	48 14.6	. . 41.9	142 34.7	5.3	25 06.1	5.7	59.0
	16	63 14.8	42.8	156 59.0	5.3	25 00.4	5.8	59.0
	17	78 14.9	43.8	171 23.3	5.4	24 54.6	5.9	59.0
	18	93 15.1	S 6 44.7	185 47.7	5.5	N24 48.7	6.1	59.0
	19	108 15.3	45.7	200 12.2	5.6	24 42.6	6.3	58.9
	20	123 15.4	46.6	214 36.8	5.7	24 36.3	6.4	58.9
	21	138 15.6	. . 47.5	229 01.5	5.8	24 29.9	6.6	58.9
	22	153 15.8	48.5	243 26.3	5.9	24 23.3	6.7	58.9
	23	168 15.9	49.4	257 51.2	6.0	24 16.6	6.9	58.8
	11 00	183 16.1	S 6 50.4	272 16.2	6.1	N24 09.7	7.0	58.8
	01	198 16.3	51.3	286 41.3	6.2	24 02.7	7.1	58.8
	02	213 16.4	52.3	301 06.5	6.3	23 55.6	7.3	58.8
	03	228 16.6	. . 53.2	315 31.8	6.4	23 48.3	7.5	58.7
	04	243 16.8	54.2	329 57.2	6.5	23 40.8	7.6	58.7
	05	258 16.9	55.1	344 22.7	6.5	23 33.2	7.7	58.7
	06	273 17.1	S 6 56.0	358 48.2	6.7	N23 25.5	7.8	58.7
	07	288 17.2	57.0	13 13.9	6.8	23 17.7	8.0	58.6
T	08	303 17.4	57.9	27 39.7	6.9	23 09.7	8.2	58.6
H	09	318 17.6	. . 58.9	42 05.6	7.1	23 01.5	8.2	58.6
U	10	333 17.7	6 59.8	56 31.7	7.1	22 53.3	8.4	58.6
R	11	348 17.9	7 00.8	70 57.8	7.2	22 44.9	8.5	58.6
S	12	3 18.1	S 7 01.7	85 24.0	7.3	N22 36.4	8.7	58.5
D	13	18 18.2	02.7	99 50.3	7.4	22 27.7	8.8	58.5
A	14	33 18.4	03.6	114 16.7	7.6	22 18.9	8.9	58.5
Y	15	48 18.5	. . 04.5	128 43.3	7.6	22 10.0	9.0	58.5
	16	63 18.7	05.5	143 09.9	7.7	22 01.0	9.1	58.4
	17	78 18.9	06.4	157 36.6	7.9	21 51.9	9.3	58.4
	18	93 19.0	S 7 07.4	172 03.5	8.0	N21 42.6	9.4	58.4
	19	108 19.2	08.3	186 30.5	8.0	21 33.2	9.5	58.4
	20	123 19.3	09.2	200 57.5	8.2	21 23.7	9.6	58.3
	21	138 19.5	. . 10.2	215 24.7	8.3	21 14.1	9.7	58.3
	22	153 19.7	11.1	229 52.0	8.3	21 04.4	9.9	58.3
	23	168 19.8	12.1	244 19.3	8.5	20 54.5	9.9	58.3
	12 00	183 20.0	S 7 13.0	258 46.8	8.6	N20 44.6	10.1	58.2
	01	198 20.1	14.0	273 14.4	8.7	20 34.5	10.2	58.2
	02	213 20.3	14.9	287 42.1	8.8	20 24.3	10.3	58.2
	03	228 20.5	. . 15.8	302 09.9	8.9	20 14.0	10.4	58.2
	04	243 20.6	16.8	316 37.8	9.1	20 03.6	10.4	58.1
	05	258 20.8	17.7	331 05.9	9.1	19 53.2	10.6	58.1
	06	273 20.9	S 7 18.7	345 34.0	9.2	N19 42.6	10.7	58.1
	07	288 21.1	19.6	0 02.2	9.3	19 31.9	10.8	58.1
	08	303 21.2	20.5	14 30.5	9.4	19 21.1	10.9	58.0
F	09	318 21.4	. . 21.5	28 58.9	9.6	19 10.2	11.0	58.0
R	10	333 21.6	22.4	43 27.5	9.6	18 59.2	11.0	58.0
I	11	348 21.7	23.4	57 56.1	9.7	18 48.2	11.2	58.0
D	12	3 21.9	S 7 24.3	72 24.8	9.9	N18 37.0	11.2	57.9
A	13	18 22.0	25.2	86 53.7	9.9	18 25.8	11.4	57.9
Y	14	33 22.2	26.2	101 22.6	10.1	18 14.4	11.4	57.9
	15	48 22.3	. . 27.1	115 51.7	10.1	18 03.0	11.5	57.9
	16	63 22.5	28.1	130 20.8	10.2	17 51.5	11.6	57.8
	17	78 22.6	29.0	144 50.0	10.4	17 39.9	11.7	57.8
	18	93 22.8	S 7 29.9	159 19.4	10.4	N17 28.2	11.8	57.8
	19	108 23.0	30.9	173 48.8	10.5	17 16.4	11.8	57.8
	20	123 23.1	31.8	188 18.3	10.6	17 04.6	12.0	57.7
	21	138 23.3	. . 32.7	202 47.9	10.7	16 52.6	12.0	57.7
	22	153 23.4	33.7	217 17.6	10.9	16 40.6	12.1	57.7
	23	168 23.6	34.6	231 47.5	10.9	16 28.5	12.1	57.7
		S.D. 16.0	d 0.9	S.D. 16.1		15.9		15.8

Lat. °	Twilight Naut. h m	Twilight Civil h m	Sunrise h m	Moonrise 10 h m	11 h m	12 h m	13 h m
N 72	04 36	05 55	07 03	□	□	20 57	23 54
N 70	04 42	05 53	06 55	□	□	21 51	24 14
68	04 47	05 51	06 48	□	19 35	22 24	24 29
66	04 51	05 50	06 42	□	20 36	22 47	24 41
64	04 54	05 49	06 37	19 01	21 10	23 06	24 51
62	04 57	05 48	06 32	19 45	21 35	23 20	25 00
60	04 59	05 47	06 29	20 15	21 54	23 33	25 07
N 58	05 00	05 46	06 25	20 37	22 10	23 44	25 13
56	05 02	05 45	06 22	20 55	22 24	23 53	25 19
54	05 03	05 44	06 20	21 11	22 36	24 01	00 01
52	05 04	05 43	06 17	21 24	22 46	24 09	00 09
50	05 05	05 43	06 15	21 35	22 55	24 15	00 15
45	05 07	05 41	06 10	21 59	23 15	24 29	00 29
N 40	05 07	05 39	06 06	22 19	23 30	24 41	00 41
35	05 08	05 37	06 02	22 35	23 43	24 51	00 51
30	05 07	05 35	05 59	22 48	23 55	24 59	00 59
20	05 06	05 31	05 53	23 12	24 14	00 14	01 14
N 10	05 03	05 27	05 48	23 32	24 31	00 31	01 27
0	04 59	05 23	05 44	23 51	24 47	00 47	01 39
S 10	04 53	05 17	05 39	24 10	00 10	01 03	01 51
20	04 45	05 11	05 33	24 30	00 30	01 20	02 03
30	04 34	05 03	05 27	00 00	00 54	01 39	02 18
35	04 27	04 58	05 23	00 15	01 07	01 50	02 26
40	04 19	04 52	05 19	00 33	01 23	02 03	02 35
45	04 08	04 44	05 14	00 54	01 41	02 18	02 47
S 50	03 55	04 35	05 08	01 21	02 05	02 36	03 00
52	03 48	04 31	05 06	01 34	02 16	02 45	03 06
54	03 41	04 26	05 03	01 49	02 28	02 54	03 13
56	03 32	04 21	04 59	02 06	02 42	03 05	03 20
58	03 23	04 14	04 56	02 27	02 59	03 17	03 29
S 60	03 11	04 07	04 51	02 54	03 19	03 32	03 38

Lat. °	Sunset h m	Twilight Civil h m	Twilight Naut. h m	Moonset 10 h m	11 h m	12 h m	13 h m
N 72	16 28	17 37	18 55	□	□	18 16	17 01
N 70	16 37	17 39	18 49	□	□	17 21	16 39
68	16 44	17 40	18 45	□	17 46	16 47	16 22
66	16 50	17 42	18 41	□	16 44	16 22	16 08
64	16 55	17 43	18 38	16 19	16 09	16 02	15 57
62	17 00	17 44	18 35	15 34	15 43	15 46	15 47
60	17 04	17 45	18 33	15 04	15 23	15 33	15 38
N 58	17 07	17 46	18 32	14 42	15 06	15 21	15 31
56	17 10	17 47	18 30	14 23	14 52	15 11	15 24
54	17 13	17 48	18 29	14 07	14 40	15 02	15 18
52	17 16	17 49	18 28	13 54	14 29	14 54	15 13
50	17 18	17 50	18 27	13 42	14 19	14 47	15 08
45	17 23	17 52	18 26	13 17	13 59	14 31	14 57
N 40	17 27	17 54	18 26	12 57	13 42	14 18	14 48
35	17 31	17 56	18 25	12 41	13 28	14 07	14 41
30	17 34	17 58	18 26	12 26	13 16	13 58	14 34
20	17 40	18 02	18 28	12 02	12 54	13 41	14 22
N 10	17 45	18 06	18 31	11 40	12 36	13 26	14 12
0	17 50	18 11	18 35	11 20	12 18	13 12	14 02
S 10	17 55	18 16	18 41	11 00	12 01	12 58	13 52
20	18 01	18 23	18 49	10 39	11 42	12 43	13 41
30	18 07	18 31	19 00	10 13	11 20	12 26	13 29
35	18 11	18 37	19 07	09 59	11 07	12 16	13 22
40	18 15	18 43	19 16	09 41	10 53	12 04	13 14
45	18 20	18 50	19 26	09 21	10 35	11 50	13 04
S 50	18 26	19 00	19 40	08 54	10 13	11 33	12 52
52	18 29	19 04	19 47	08 42	10 02	11 25	12 47
54	18 32	19 09	19 55	08 27	09 50	11 16	12 41
56	18 36	19 15	20 03	08 10	09 36	11 06	12 34
58	18 39	19 21	20 13	07 49	09 20	10 55	12 27
S 60	18 44	19 28	20 25	07 23	09 00	10 41	12 18

Day	SUN Eqn. of Time 00 h m s	SUN Eqn. of Time 12 h m s	SUN Mer. Pass. h m	MOON Mer. Pass. Upper h m	MOON Mer. Pass. Lower h m	Age d	Phase
10	12 48	12 56	11 47	05 06	17 36	21	◑
11	13 04	13 12	11 47	06 05	18 33	22	
12	13 20	13 27	11 47	07 00	19 26	23	

UT (GMT) d	h	ARIES G.H.A. ° ′	VENUS −3.9 G.H.A. ° ′	VENUS Dec. ° ′	MARS −1.2 G.H.A. ° ′	MARS Dec. ° ′	JUPITER −2.0 G.H.A. ° ′	JUPITER Dec. ° ′	SATURN +0.5 G.H.A. ° ′	SATURN Dec. ° ′
13	00	21 17.8	187 34.2	S 4 25.4	308 25.7	N21 47.6	248 39.1	N18 07.2	90 41.3	S22 08.5
	01	36 20.3	202 33.8	26.6	323 27.8	47.7	263 41.2	07.1	105 43.7	08.5
	02	51 22.7	217 33.4	27.9	338 30.0	47.8	278 43.3	07.0	120 46.1	08.5
	03	66 25.2	232 33.0	· · 29.1	353 32.2	· · 47.9	293 45.4	· · 06.9	135 48.4	· · 08.5
	04	81 27.7	247 32.6	30.4	8 34.4	48.0	308 47.5	06.8	150 50.8	08.5
	05	96 30.1	262 32.2	31.6	23 36.6	48.2	323 49.7	06.7	165 53.2	08.5
	06	111 32.6	277 31.7	S 4 32.8	38 38.8	N21 48.3	338 51.8	N18 06.7	180 55.6	S22 08.5
	07	126 35.0	292 31.3	34.1	53 41.0	48.4	353 53.9	06.6	195 57.9	08.5
S	08	141 37.5	307 30.9	35.3	68 43.2	48.5	8 56.0	06.5	211 00.3	08.5
A	09	156 40.0	322 30.5	· · 36.6	83 45.4	· · 48.7	23 58.1	· · 06.4	226 02.7	· · 08.5
T	10	171 42.4	337 30.1	37.8	98 47.5	48.8	39 00.2	06.3	241 05.1	08.4
U	11	186 44.9	352 29.7	39.1	113 49.7	48.9	54 02.4	06.2	256 07.4	08.4
R	12	201 47.4	7 29.3	S 4 40.3	128 51.9	N21 49.0	69 04.5	N18 06.1	271 09.8	S22 08.4
D	13	216 49.8	22 28.8	41.5	143 54.1	49.1	84 06.6	06.1	286 12.2	08.4
A	14	231 52.3	37 28.4	42.8	158 56.3	49.3	99 08.7	06.0	301 14.6	08.4
Y	15	246 54.8	52 28.0	· · 44.0	173 58.5	· · 49.4	114 10.8	· · 05.9	316 16.9	· · 08.4
	16	261 57.2	67 27.6	45.3	189 00.7	49.5	129 13.0	05.8	331 19.3	08.4
	17	276 59.7	82 27.2	46.5	204 03.0	49.6	144 15.1	05.7	346 21.7	08.4
	18	292 02.1	97 26.8	S 4 47.7	219 05.2	N21 49.8	159 17.2	N18 05.6	1 24.1	S22 08.4
	19	307 04.6	112 26.3	49.0	234 07.4	49.9	174 19.3	05.6	16 26.4	08.4
	20	322 07.1	127 25.9	50.2	249 09.6	50.0	189 21.5	05.5	31 28.8	08.4
	21	337 09.5	142 25.5	· · 51.5	264 11.8	· · 50.1	204 23.6	· · 05.4	46 31.2	· · 08.3
	22	352 12.0	157 25.1	52.7	279 14.0	50.2	219 25.7	05.3	61 33.6	08.3
	23	7 14.5	172 24.7	53.9	294 16.2	50.4	234 27.8	05.2	76 35.9	08.3
14	00	22 16.9	187 24.3	S 4 55.2	309 18.4	N21 50.5	249 29.9	N18 05.1	91 38.3	S22 08.3
	01	37 19.4	202 23.8	56.4	324 20.6	50.6	264 32.1	05.1	106 40.7	08.3
	02	52 21.9	217 23.4	57.6	339 22.9	50.7	279 34.2	05.0	121 43.1	08.3
	03	67 24.3	232 23.0	4 58.9	354 25.1	· · 50.8	294 36.3	· · 04.9	136 45.4	· · 08.3
	04	82 26.8	247 22.6	5 00.1	9 27.3	51.0	309 38.4	04.8	151 47.8	08.3
	05	97 29.3	262 22.2	01.4	24 29.5	51.1	324 40.6	04.7	166 50.2	08.3
	06	112 31.7	277 21.8	S 5 02.6	39 31.8	N21 51.2	339 42.7	N18 04.6	181 52.5	S22 08.3
	07	127 34.2	292 21.3	03.8	54 34.0	51.3	354 44.8	04.6	196 54.9	08.3
	08	142 36.6	307 20.9	05.1	69 36.2	51.4	9 46.9	04.5	211 57.3	08.2
S	09	157 39.1	322 20.5	· · 06.3	84 38.4	· · 51.6	24 49.1	· · 04.4	226 59.7	· · 08.2
U	10	172 41.6	337 20.1	07.5	99 40.7	51.7	39 51.2	04.3	242 02.0	08.2
N	11	187 44.0	352 19.7	08.8	114 42.9	51.8	54 53.3	04.2	257 04.4	08.2
D	12	202 46.5	7 19.2	S 5 10.0	129 45.1	N21 51.9	69 55.4	N18 04.1	272 06.8	S22 08.2
A	13	217 49.0	22 18.8	11.3	144 47.4	52.0	84 57.6	04.1	287 09.1	08.2
Y	14	232 51.4	37 18.4	12.5	159 49.6	52.2	99 59.7	04.0	302 11.5	08.2
	15	247 53.9	52 18.0	· · 13.7	174 51.9	· · 52.3	115 01.8	· · 03.9	317 13.9	· · 08.2
	16	262 56.4	67 17.6	15.0	189 54.1	52.4	130 03.9	03.8	332 16.2	08.2
	17	277 58.8	82 17.1	16.2	204 56.3	52.5	145 06.1	03.7	347 18.6	08.2
	18	293 01.3	97 16.7	S 5 17.4	219 58.6	N21 52.6	160 08.2	N18 03.6	2 21.0	S22 08.2
	19	308 03.8	112 16.3	18.7	235 00.8	52.8	175 10.3	03.6	17 23.4	08.1
	20	323 06.2	127 15.9	19.9	250 03.1	52.9	190 12.5	03.5	32 25.7	08.1
	21	338 08.7	142 15.5	· · 21.1	265 05.3	· · 53.0	205 14.6	· · 03.4	47 28.1	· · 08.1
	22	353 11.1	157 15.0	22.4	280 07.6	53.1	220 16.7	03.3	62 30.5	08.1
	23	8 13.6	172 14.6	23.6	295 09.8	53.2	235 18.8	03.2	77 32.8	08.1
15	00	23 16.1	187 14.2	S 5 24.8	310 12.1	N21 53.3	250 21.0	N18 03.1	92 35.2	S22 08.1
	01	38 18.5	202 13.8	26.1	325 14.3	53.5	265 23.1	03.1	107 37.6	08.1
	02	53 21.0	217 13.4	27.3	340 16.6	53.6	280 25.2	03.0	122 39.9	08.1
	03	68 23.5	232 12.9	· · 28.5	355 18.8	· · 53.7	295 27.4	· · 02.9	137 42.3	· · 08.1
	04	83 25.9	247 12.5	29.8	10 21.1	53.8	310 29.5	02.8	152 44.7	08.1
	05	98 28.4	262 12.1	31.0	25 23.4	53.9	325 31.6	02.7	167 47.0	08.1
	06	113 30.9	277 11.7	S 5 32.2	40 25.6	N21 54.1	340 33.7	N18 02.6	182 49.4	S22 08.0
	07	128 33.3	292 11.2	33.5	55 27.9	54.2	355 35.9	02.6	197 51.8	08.0
	08	143 35.8	307 10.8	34.7	70 30.1	54.3	10 38.0	02.5	212 54.1	08.0
M	09	158 38.3	322 10.4	· · 35.9	85 32.4	· · 54.4	25 40.1	· · 02.4	227 56.5	· · 08.0
O	10	173 40.7	337 10.0	37.2	100 34.7	54.5	40 42.3	02.3	242 58.9	08.0
N	11	188 43.2	352 09.5	38.4	115 37.0	54.6	55 44.4	02.2	258 01.2	08.0
D	12	203 45.6	7 09.1	S 5 39.6	130 39.2	N21 54.8	70 46.5	N18 02.2	273 03.6	S22 08.0
A	13	218 48.1	22 08.7	40.9	145 41.5	54.9	85 48.7	02.1	288 06.0	08.0
Y	14	233 50.6	37 08.3	42.1	160 43.8	55.0	100 50.8	02.0	303 08.3	08.0
	15	248 53.0	52 07.8	· · 43.3	175 46.0	· · 55.1	115 52.9	· · 01.9	318 10.7	· · 08.0
	16	263 55.5	67 07.4	44.6	190 48.3	55.2	130 55.1	01.8	333 13.1	07.9
	17	278 58.0	82 07.0	45.8	205 50.6	55.3	145 57.2	01.7	348 15.4	07.9
	18	294 00.4	97 06.6	S 5 47.0	220 52.9	N21 55.5	160 59.3	N18 01.7	3 17.8	S22 07.9
	19	309 02.9	112 06.1	48.3	235 55.2	55.6	176 01.5	01.6	18 20.2	07.9
	20	324 05.4	127 05.7	49.5	250 57.5	55.7	191 03.6	01.5	33 22.5	07.9
	21	339 07.8	142 05.3	· · 50.7	265 59.7	· · 55.8	206 05.7	· · 01.4	48 24.9	· · 07.9
	22	354 10.3	157 04.9	52.0	281 02.0	55.9	221 07.9	01.3	63 27.3	07.9
	23	9 12.7	172 04.4	53.2	296 04.3	56.0	236 10.0	01.3	78 29.6	07.9
Mer. Pass.		22 27.2 (h m)	v −0.4	d 1.2	v 2.2	d 0.1	v 2.1	d 0.1	v 2.4	d 0.0

STARS

Name	S.H.A. ° ′	Dec. ° ′
Acamar	315 30.7	S40 20.2
Achernar	335 38.5	S57 16.8
Acrux	173 29.3	S63 02.9
Adhara	255 25.8	S28 57.2
Aldebaran	291 08.7	N16 29.7
Alioth	166 35.9	N56 00.5
Alkaid	153 12.6	N49 21.5
Al Na'ir	28 04.5	S47 00.4
Alnilam	276 03.5	S 1 12.2
Alphard	218 12.9	S 8 37.0
Alphecca	126 25.6	N26 44.8
Alpheratz	358 00.9	N29 02.6
Altair	62 24.8	N 8 50.7
Ankaa	353 31.9	S42 21.2
Antares	112 47.4	S26 24.8
Arcturus	146 11.5	N19 13.8
Atria	108 05.0	S69 01.0
Avior	234 25.2	S59 28.4
Bellatrix	278 50.1	N 6 20.7
Betelgeuse	271 19.6	N 7 24.5
Canopus	264 03.5	S52 41.0
Capella	280 59.4	N45 59.4
Deneb	49 43.0	N45 15.1
Denebola	182 51.2	N14 37.4
Diphda	349 12.5	S18 02.0
Dubhe	194 12.6	N61 47.9
Elnath	278 33.9	N28 36.1
Eltanin	90 54.2	N51 29.6
Enif	34 03.6	N 9 50.1
Fomalhaut	15 42.3	S29 40.2
Gacrux	172 20.7	S57 03.7
Gienah	176 10.2	S17 29.4
Hadar	149 13.0	S60 19.8
Hamal	328 19.7	N23 25.4
Kaus Aust.	84 06.4	S34 23.5
Kochab	137 20.0	N74 11.6
Markab	13 55.0	N15 09.6
Menkar	314 32.5	N 4 03.5
Menkent	148 28.1	S36 19.5
Miaplacidus	221 44.0	S69 40.4
Mirfak	309 04.4	N49 49.8
Nunki	76 19.4	S26 18.6
Peacock	53 45.6	S56 46.1
Pollux	243 48.5	N28 02.9
Procyon	245 17.5	N 5 15.1
Rasalhague	96 22.4	N12 34.1
Regulus	208 01.7	N12 00.8
Rigel	281 28.2	S 8 12.4
Rigil Kent.	140 15.8	S60 47.9
Sabik	102 32.2	S15 42.9
Schedar	349 59.6	N56 29.5
Shaula	96 45.2	S37 06.0
Sirius	258 48.6	S16 41.9
Spica	158 49.5	S11 06.8
Suhail	223 05.2	S43 23.4
Vega	80 50.6	N38 46.7
Zuben'ubi	137 24.6	S16 00.3

	S.H.A. ° ′	Mer. Pass. h m
Venus	165 07.3	11 31
Mars	287 01.5	3 22
Jupiter	227 13.0	7 21
Saturn	69 21.4	17 51

UT (GMT) d	h	SUN G.H.A. ° ′	SUN Dec. ° ′	MOON G.H.A. ° ′	v ′	MOON Dec. ° ′	d ′	H.P. ′
13	00	183 23.7	S 7 35.6	246 17.4	11.0	N16 16.4	12.2	57.6
	01	198 23.9	36.5	260 47.4	11.1	16 04.2	12.3	57.6
	02	213 24.0	37.4	275 17.5	11.1	15 51.9	12.4	57.6
	03	228 24.2	· · 38.4	289 47.6	11.3	15 39.5	12.4	57.6
	04	243 24.3	39.3	304 17.9	11.4	15 27.1	12.5	57.5
	05	258 24.5	40.2	318 48.3	11.4	15 14.6	12.6	57.5
	06	273 24.6	S 7 41.2	333 18.7	11.5	N15 02.0	12.6	57.5
	07	288 24.8	42.1	347 49.2	11.7	14 49.4	12.7	57.5
SATURDAY	08	303 24.9	43.0	2 19.9	11.7	14 36.7	12.8	57.4
	09	318 25.1	· · 44.0	16 50.6	11.8	14 23.9	12.8	57.4
	10	333 25.2	44.9	31 21.4	11.8	14 11.1	12.9	57.4
	11	348 25.4	45.9	45 52.2	12.0	13 58.2	12.9	57.4
	12	3 25.5	S 7 46.8	60 23.2	12.0	N13 45.3	13.0	57.4
	13	18 25.7	47.7	74 54.2	12.2	13 32.3	13.1	57.3
	14	33 25.8	48.7	89 25.4	12.2	13 19.2	13.1	57.3
	15	48 26.0	· · 49.6	103 56.6	12.3	13 06.1	13.1	57.3
	16	63 26.1	50.5	118 27.9	12.3	12 53.0	13.3	57.3
	17	78 26.3	51.5	132 59.2	12.5	12 39.7	13.2	57.2
	18	93 26.4	S 7 52.4	147 30.7	12.5	N12 26.5	13.3	57.2
	19	108 26.6	53.3	162 02.2	12.5	12 13.2	13.4	57.2
	20	123 26.7	54.3	176 33.7	12.7	11 59.8	13.4	57.2
	21	138 26.9	· · 55.2	191 05.4	12.7	11 46.4	13.4	57.1
	22	153 27.0	56.1	205 37.1	12.8	11 33.0	13.5	57.1
	23	168 27.2	57.1	220 08.9	12.9	11 19.5	13.5	57.1
14	00	183 27.3	S 7 58.0	234 40.8	13.0	N11 06.0	13.6	57.1
	01	198 27.5	58.9	249 12.8	13.0	10 52.4	13.6	57.0
	02	213 27.6	7 59.9	263 44.8	13.1	10 38.8	13.7	57.0
	03	228 27.8	8 00.8	278 16.9	13.1	10 25.1	13.6	57.0
	04	243 27.9	01.7	292 49.0	13.2	10 11.5	13.8	57.0
	05	258 28.1	02.6	307 21.2	13.3	9 57.7	13.7	57.0
	06	273 28.2	S 8 03.6	321 53.5	13.3	N 9 44.0	13.8	56.9
	07	288 28.4	04.5	336 25.8	13.4	9 30.2	13.8	56.9
	08	303 28.5	05.4	350 58.2	13.5	9 16.4	13.9	56.9
SUNDAY	09	318 28.7	· · 06.4	5 30.7	13.5	9 02.5	13.9	56.9
	10	333 28.8	07.3	20 03.2	13.6	8 48.6	13.9	56.8
	11	348 28.9	08.2	34 35.8	13.7	8 34.7	13.9	56.8
	12	3 29.1	S 8 09.2	49 08.5	13.7	N 8 20.8	14.0	56.8
	13	18 29.2	10.1	63 41.2	13.7	8 06.8	14.0	56.8
	14	33 29.4	11.0	78 13.9	13.8	7 52.8	14.0	56.8
	15	48 29.5	· · 12.0	92 46.7	13.9	7 38.8	14.1	56.7
	16	63 29.7	12.9	107 19.6	13.9	7 24.7	14.0	56.7
	17	78 29.8	13.8	121 52.5	13.9	7 10.7	14.1	56.7
	18	93 29.9	S 8 14.7	136 25.4	14.1	N 6 56.6	14.1	56.7
	19	108 30.1	15.7	150 58.5	14.0	6 42.5	14.2	56.6
	20	123 30.2	16.6	165 31.5	14.1	6 28.3	14.1	56.6
	21	138 30.4	· · 17.5	180 04.6	14.2	6 14.2	14.2	56.6
	22	153 30.5	18.5	194 37.8	14.2	6 00.0	14.1	56.6
	23	168 30.7	19.4	209 11.0	14.2	5 45.9	14.2	56.6
15	00	183 30.8	S 8 20.3	223 44.2	14.3	N 5 31.7	14.2	56.5
	01	198 30.9	21.2	238 17.5	14.3	5 17.5	14.3	56.5
	02	213 31.1	22.2	252 50.8	14.4	5 03.2	14.2	56.5
	03	228 31.2	· · 23.1	267 24.2	14.4	4 49.0	14.2	56.5
	04	243 31.4	24.0	281 57.6	14.5	4 34.8	14.3	56.4
	05	258 31.5	24.9	296 31.1	14.5	4 20.5	14.2	56.4
	06	273 31.6	S 8 25.9	311 04.6	14.5	N 4 06.3	14.3	56.4
	07	288 31.8	26.8	325 38.1	14.6	3 52.0	14.3	56.4
	08	303 31.9	27.7	340 11.7	14.6	3 37.7	14.3	56.4
MONDAY	09	318 32.1	· · 28.7	354 45.3	14.6	3 23.4	14.2	56.3
	10	333 32.2	29.6	9 18.9	14.6	3 09.2	14.3	56.3
	11	348 32.3	30.5	23 52.5	14.7	2 54.9	14.3	56.3
	12	3 32.5	S 8 31.4	38 26.2	14.8	N 2 40.6	14.3	56.3
	13	18 32.6	32.4	53 00.0	14.7	2 26.3	14.3	56.3
	14	33 32.8	33.3	67 33.7	14.8	2 12.0	14.3	56.2
	15	48 32.9	· · 34.2	82 07.5	14.8	1 57.7	14.3	56.2
	16	63 33.0	35.1	96 41.3	14.8	1 43.4	14.2	56.2
	17	78 33.2	36.1	111 15.1	14.9	1 29.2	14.3	56.2
	18	93 33.3	S 8 37.0	125 49.0	14.9	N 1 14.9	14.3	56.1
	19	108 33.4	37.9	140 22.9	14.9	1 00.6	14.3	56.1
	20	123 33.6	38.8	154 56.8	14.9	0 46.3	14.2	56.1
	21	138 33.7	· · 39.8	169 30.7	15.0	0 32.1	14.3	56.1
	22	153 33.9	40.7	184 04.7	14.9	0 17.8	14.2	56.1
	23	168 34.0	41.6	198 38.6	15.0	0 03.6	14.3	56.0
		S.D. 16.1	*d* 0.9	S.D. 15.6		15.5		15.3

Lat. °	Twilight Naut. h m	Twilight Civil h m	Sunrise h m	Moonrise 13 h m	Moonrise 14 h m	Moonrise 15 h m	Moonrise 16 h m
N 72	04 49	06 08	07 18	23 54	26 08	02 08	04 10
N 70	04 54	06 05	07 07	24 14	00 14	02 15	04 08
68	04 57	06 02	06 59	24 29	00 29	02 21	04 07
66	05 00	06 00	06 52	24 41	00 41	02 26	04 06
64	05 03	05 57	06 46	24 51	00 51	02 30	04 05
62	05 04	05 56	06 41	25 00	01 00	02 33	04 04
60	05 06	05 54	06 36	25 07	01 07	02 36	04 03
N 58	05 07	05 52	06 32	25 13	01 13	02 39	04 02
56	05 08	05 51	06 28	25 19	01 19	02 42	04 02
54	05 09	05 50	06 25	00 01	01 24	02 44	04 01
52	05 09	05 48	06 22	00 09	01 29	02 46	04 01
50	05 10	05 47	06 20	00 15	01 33	02 47	04 00
45	05 10	05 44	06 14	00 29	01 42	02 51	03 59
N 40	05 10	05 42	06 09	00 41	01 49	02 55	03 58
35	05 10	05 39	06 05	00 51	01 55	02 57	03 58
30	05 09	05 37	06 01	00 59	02 01	03 00	03 57
20	05 07	05 32	05 54	01 14	02 10	03 04	03 56
N 10	05 03	05 27	05 48	01 27	02 19	03 08	03 55
0	04 58	05 22	05 43	01 39	02 26	03 11	03 54
S 10	04 51	05 16	05 37	01 51	02 34	03 15	03 54
20	04 42	05 08	05 31	02 03	02 42	03 18	03 53
30	04 31	04 59	05 23	02 18	02 52	03 23	03 52
35	04 23	04 53	05 19	02 26	02 57	03 25	03 51
40	04 14	04 47	05 14	02 35	03 03	03 28	03 51
45	04 02	04 39	05 09	02 47	03 10	03 31	03 50
S 50	03 48	04 28	05 02	03 00	03 19	03 35	03 49
52	03 40	04 24	04 59	03 06	03 22	03 36	03 49
54	03 32	04 18	04 55	03 13	03 27	03 38	03 49
56	03 23	04 12	04 52	03 20	03 31	03 40	03 48
58	03 12	04 06	04 47	03 29	03 36	03 42	03 48
S 60	03 00	03 58	04 43	03 38	03 42	03 45	03 47

Lat. °	Sunset h m	Twilight Civil h m	Twilight Naut. h m	Moonset 13 h m	Moonset 14 h m	Moonset 15 h m	Moonset 16 h m
N 72	16 12	17 22	18 40	17 01	16 23	15 53	15 25
N 70	16 23	17 26	18 36	16 39	16 13	15 51	15 30
68	16 32	17 28	18 33	16 22	16 04	15 49	15 35
66	16 39	17 31	18 30	16 08	15 57	15 48	15 38
64	16 45	17 33	18 28	15 57	15 51	15 46	15 41
62	16 50	17 35	18 26	15 47	15 46	15 45	15 44
60	16 55	17 37	18 25	15 38	15 42	15 44	15 46
N 58	16 59	17 39	18 24	15 31	15 38	15 43	15 49
56	17 03	17 40	18 23	15 24	15 34	15 43	15 51
54	17 06	17 42	18 22	15 18	15 31	15 42	15 52
52	17 09	17 43	18 22	15 13	15 28	15 41	15 54
50	17 12	17 44	18 21	15 08	15 25	15 41	15 55
45	17 18	17 47	18 21	14 57	15 19	15 39	15 58
N 40	17 23	17 50	18 21	14 48	15 14	15 38	16 01
35	17 27	17 52	18 22	14 41	15 10	15 37	16 03
30	17 31	17 55	18 23	14 34	15 06	15 36	16 05
20	17 38	18 00	18 25	14 22	15 00	15 35	16 09
N 10	17 44	18 05	18 29	14 12	14 54	15 33	16 12
0	17 49	18 10	18 35	14 02	14 48	15 32	16 15
S 10	17 55	18 17	18 41	13 52	14 42	15 31	16 18
20	18 02	18 24	18 50	13 41	14 36	15 29	16 21
30	18 09	18 33	19 02	13 29	14 29	15 27	16 24
35	18 13	18 39	19 10	13 22	14 25	15 27	16 26
40	18 18	18 46	19 19	13 14	14 21	15 25	16 29
45	18 24	18 55	19 31	13 04	14 15	15 24	16 31
S 50	18 31	19 05	19 46	12 52	14 09	15 23	16 35
52	18 34	19 10	19 53	12 47	14 06	15 22	16 36
54	18 38	19 15	20 02	12 41	14 02	15 21	16 38
56	18 42	19 21	20 11	12 34	13 59	15 20	16 40
58	18 46	19 28	20 22	12 27	13 55	15 19	16 42
S 60	18 51	19 36	20 35	12 18	13 50	15 18	16 44

Day	SUN Eqn. of Time 00ʰ m s	SUN Eqn. of Time 12ʰ m s	SUN Mer. Pass. h m	MOON Mer. Pass. Upper h m	MOON Mer. Pass. Lower h m	MOON Age d	MOON Phase
13	13 35	13 42	11 46	07 50	20 14	24	◐
14	13 49	13 56	11 46	08 37	21 00	25	
15	14 03	14 10	11 46	09 22	21 43	26	

UT (GMT) d	h	ARIES G.H.A.	VENUS −3.9 G.H.A.	VENUS Dec.	MARS −1.3 G.H.A.	MARS Dec.	JUPITER −2.1 G.H.A.	JUPITER Dec.	SATURN +0.5 G.H.A.	SATURN Dec.	STARS Name	S.H.A.	Dec.
		° ′	° ′	° ′	° ′	° ′	° ′	° ′	° ′	° ′		° ′	° ′
16	00	24 15.2	187 04.0	S 5 54.4	311 06.6	N21 56.2	251 12.1	N18 01.2	93 32.0	S22 07.9	Acamar	315 30.7	S40 20.2
	01	39 17.7	202 03.6	55.6	326 08.9	56.3	266 14.3	01.1	108 34.4	07.9	Achernar	335 38.5	S57 16.8
	02	54 20.1	217 03.1	56.9	341 11.2	56.4	281 16.4	01.0	123 36.7	07.8	Acrux	173 29.3	S63 02.8
	03	69 22.6	232 02.7	· · 58.1	356 13.5	· · 56.5	296 18.5	· · 00.9	138 39.1	· · 07.8	Adhara	255 25.8	S28 57.2
	04	84 25.1	247 02.3	5 59.3	11 15.8	56.6	311 20.7	00.9	153 41.4	07.8	Aldebaran	291 08.7	N16 29.7
	05	99 27.5	262 01.9	6 00.6	26 18.1	56.7	326 22.8	00.8	168 43.8	07.8			
	06	114 30.0	277 01.4	S 6 01.8	41 20.4	N21 56.8	341 24.9	N18 00.7	183 46.2	S22 07.8	Alioth	166 35.9	N56 00.5
	07	129 32.5	292 01.0	03.0	56 22.7	57.0	356 27.1	00.6	198 48.5	07.8	Alkaid	153 12.6	N49 21.5
T	08	144 34.9	307 00.6	04.3	71 25.0	57.1	11 29.2	00.5	213 50.9	07.8	Al Na'ir	28 04.6	S47 00.4
U	09	159 37.4	322 00.1	· · 05.5	86 27.3	· · 57.2	26 31.3	· · 00.5	228 53.3	· · 07.8	Alnilam	276 03.4	S 1 12.2
E	10	174 39.9	336 59.7	06.7	101 29.6	57.3	41 33.5	00.4	243 55.6	07.8	Alphard	218 12.9	S 8 37.0
S	11	189 42.3	351 59.3	07.9	116 31.9	57.4	56 35.6	00.3	258 58.0	07.8			
D	12	204 44.8	6 58.9	S 6 09.2	131 34.2	N21 57.5	71 37.8	N18 00.2	274 00.3	S22 07.7	Alphecca	126 25.7	N26 44.8
A	13	219 47.2	21 58.4	10.4	146 36.5	57.6	86 39.9	00.1	289 02.7	07.7	Alpheratz	358 00.9	N29 02.6
Y	14	234 49.7	36 58.0	11.6	161 38.8	57.8	101 42.0	00.0	304 05.1	07.7	Altair	62 24.8	N 8 50.7
	15	249 52.2	51 57.6	· · 12.8	176 41.1	· · 57.9	116 44.2	18 00.0	319 07.4	· · 07.7	Ankaa	353 31.9	S42 21.2
	16	264 54.6	66 57.1	14.1	191 43.5	58.0	131 46.3	17 59.9	334 09.8	07.7	Antares	112 47.4	S26 24.8
	17	279 57.1	81 56.7	15.3	206 45.8	58.1	146 48.4	59.8	349 12.2	07.7			
	18	294 59.6	96 56.3	S 6 16.5	221 48.1	N21 58.2	161 50.6	N17 59.7	4 14.5	S22 07.7	Arcturus	146 11.5	N19 13.8
	19	310 02.0	111 55.8	17.7	236 50.4	58.3	176 52.7	59.6	19 16.9	07.7	Atria	108 05.0	S69 01.0
	20	325 04.5	126 55.4	19.0	251 52.7	58.4	191 54.9	59.6	34 19.2	07.7	Avior	234 25.2	S59 28.4
	21	340 07.0	141 55.0	· · 20.2	266 55.1	· · 58.6	206 57.0	· · 59.5	49 21.6	· · 07.6	Bellatrix	278 50.1	N 6 20.7
	22	355 09.4	156 54.5	21.4	281 57.4	58.7	221 59.1	59.4	64 24.0	07.6	Betelgeuse	271 19.5	N 7 24.5
	23	10 11.9	171 54.1	22.6	296 59.7	58.8	237 01.3	59.3	79 26.3	07.6			
17	00	25 14.4	186 53.7	S 6 23.9	312 02.0	N21 58.9	252 03.4	N17 59.2	94 28.7	S22 07.6	Canopus	264 03.5	S52 41.0
	01	40 16.8	201 53.2	25.1	327 04.4	59.0	267 05.6	59.2	109 31.0	07.6	Capella	280 59.3	N45 59.4
	02	55 19.3	216 52.8	26.3	342 06.7	59.1	282 07.7	59.1	124 33.4	07.6	Deneb	49 43.0	N45 15.1
	03	70 21.7	231 52.4	· · 27.5	357 09.0	· · 59.2	297 09.8	· · 59.0	139 35.8	· · 07.6	Denebola	182 51.2	N14 37.4
	04	85 24.2	246 51.9	28.8	12 11.4	59.4	312 12.0	58.9	154 38.1	07.6	Diphda	349 12.5	S18 02.0
	05	100 26.7	261 51.5	30.0	27 13.7	59.5	327 14.1	58.9	169 40.5	07.6			
	06	115 29.1	276 51.1	S 6 31.2	42 16.0	N21 59.6	342 16.3	N17 58.8	184 42.8	S22 07.6	Dubhe	194 12.6	N61 47.9
W	07	130 31.6	291 50.6	32.4	57 18.4	59.7	357 18.4	58.7	199 45.2	07.5	Elnath	278 33.9	N28 36.1
E	08	145 34.1	306 50.2	33.7	72 20.7	59.8	12 20.6	58.6	214 47.6	07.5	Eltanin	90 54.3	N51 29.6
D	09	160 36.5	321 49.8	· · 34.9	87 23.1	21 59.9	27 22.7	· · 58.5	229 49.9	· · 07.5	Enif	34 03.7	N 9 50.1
N	10	175 39.0	336 49.3	36.1	102 25.4	22 00.0	42 24.8	58.5	244 52.3	07.5	Fomalhaut	15 42.3	S29 40.2
E	11	190 41.5	351 48.9	37.3	117 27.7	00.1	57 27.0	58.4	259 54.6	07.5			
S	12	205 43.9	6 48.5	S 6 38.6	132 30.1	N22 00.3	72 29.1	N17 58.3	274 57.0	S22 07.5	Gacrux	172 20.7	S57 03.6
D	13	220 46.4	21 48.0	39.8	147 32.4	00.4	87 31.3	58.2	289 59.3	07.5	Gienah	176 10.2	S17 29.4
A	14	235 48.8	36 47.6	41.0	162 34.8	00.5	102 33.4	58.1	305 01.7	07.5	Hadar	149 13.0	S60 19.8
Y	15	250 51.3	51 47.2	· · 42.2	177 37.1	· · 00.6	117 35.6	· · 58.1	320 04.1	· · 07.5	Hamal	328 19.7	N23 25.4
	16	265 53.8	66 46.7	43.4	192 39.5	00.7	132 37.7	58.0	335 06.4	07.4	Kaus Aust.	84 06.4	S34 23.5
	17	280 56.2	81 46.3	44.7	207 41.9	00.8	147 39.8	57.9	350 08.8	07.4			
	18	295 58.7	96 45.8	S 6 45.9	222 44.2	N22 00.9	162 42.0	N17 57.8	5 11.1	S22 07.4	Kochab	137 20.0	N74 11.6
	19	311 01.2	111 45.4	47.1	237 46.6	01.0	177 44.1	57.7	20 13.5	07.4	Markab	13 55.1	N15 09.6
	20	326 03.6	126 45.0	48.3	252 48.9	01.1	192 46.3	57.7	35 15.8	07.4	Menkar	314 32.5	N 4 03.5
	21	341 06.1	141 44.5	· · 49.5	267 51.3	· · 01.3	207 48.4	· · 57.6	50 18.2	· · 07.4	Menkent	148 28.1	S36 19.5
	22	356 08.6	156 44.1	50.8	282 53.7	01.4	222 50.6	57.5	65 20.6	07.4	Miaplacidus	221 43.9	S69 40.4
	23	11 11.0	171 43.7	52.0	297 56.0	01.5	237 52.7	57.4	80 22.9	07.4			
18	00	26 13.5	186 43.2	S 6 53.2	312 58.4	N22 01.6	252 54.9	N17 57.4	95 25.3	S22 07.4	Mirfak	309 04.4	N49 49.8
	01	41 16.0	201 42.8	54.4	328 00.8	01.7	267 57.0	57.3	110 27.6	07.3	Nunki	76 19.4	S26 18.6
	02	56 18.4	216 42.3	55.6	343 03.1	01.8	282 59.2	57.2	125 30.0	07.3	Peacock	53 45.6	S56 46.1
	03	71 20.9	231 41.9	· · 56.9	358 05.5	· · 01.9	298 01.3	· · 57.1	140 32.3	· · 07.3	Pollux	243 48.4	N28 02.9
	04	86 23.3	246 41.5	58.1	13 07.9	02.0	313 03.4	57.0	155 34.7	07.3	Procyon	245 17.5	N 5 15.1
	05	101 25.8	261 41.0	6 59.3	28 10.2	02.1	328 05.6	57.0	170 37.0	07.3			
	06	116 28.3	276 40.6	S 7 00.5	43 12.6	N22 02.3	343 07.7	N17 56.9	185 39.4	S22 07.3	Rasalhague	96 22.4	N12 34.1
	07	131 30.7	291 40.1	01.7	58 15.0	02.4	358 09.9	56.8	200 41.8	07.3	Regulus	208 01.7	N12 00.8
T	08	146 33.2	306 39.7	02.9	73 17.4	02.5	13 12.0	56.7	215 44.1	07.3	Rigel	281 28.2	S 8 12.4
H	09	161 35.7	321 39.3	· · 04.2	88 19.8	· · 02.6	28 14.2	· · 56.6	230 46.5	· · 07.3	Rigil Kent.	140 15.8	S60 47.9
U	10	176 38.1	336 38.8	05.4	103 22.1	02.7	43 16.3	56.6	245 48.8	07.2	Sabik	102 32.3	S15 42.9
R	11	191 40.6	351 38.4	06.6	118 24.5	02.8	58 18.5	56.5	260 51.2	07.2			
S	12	206 43.1	6 37.9	S 7 07.8	133 26.9	N22 02.9	73 20.6	N17 56.4	275 53.5	S22 07.2	Schedar	349 59.6	N56 29.5
D	13	221 45.5	21 37.5	09.0	148 29.3	03.0	88 22.8	56.3	290 55.9	07.2	Shaula	96 45.2	S37 06.0
A	14	236 48.0	36 37.0	10.2	163 31.7	03.1	103 24.9	56.3	305 58.2	07.2	Sirius	258 48.6	S16 41.9
Y	15	251 50.5	51 36.6	· · 11.4	178 34.1	· · 03.2	118 27.1	· · 56.2	321 00.6	· · 07.2	Spica	158 49.5	S11 06.8
	16	266 52.9	66 36.2	12.7	193 36.5	03.3	133 29.2	56.1	336 02.9	07.2	Suhail	223 05.2	S43 23.4
	17	281 55.4	81 35.7	13.9	208 38.9	03.5	148 31.4	56.0	351 05.3	07.2			
	18	296 57.8	96 35.3	S 7 15.1	223 41.3	N22 03.6	163 33.5	N17 56.0	6 07.6	S22 07.1	Vega	80 50.6	N38 46.7
	19	312 00.3	111 34.8	16.3	238 43.6	03.7	178 35.7	55.9	21 10.0	07.1	Zuben'ubi	137 24.6	S16 00.3
	20	327 02.8	126 34.4	17.5	253 46.0	03.8	193 37.8	55.8	36 12.3	07.1			
	21	342 05.2	141 33.9	· · 18.7	268 48.4	· · 03.9	208 40.0	· · 55.7	51 14.7	· · 07.1			
	22	357 07.7	156 33.5	19.9	283 50.8	04.0	223 42.1	55.6	66 17.1	07.1			
	23	12 10.2	171 33.1	21.2	298 53.3	04.1	238 44.3	55.6	81 19.4	07.1			
Mer. Pass.		h m 22 15.4	v −0.4	d 1.2	v 2.3	d 0.1	v 2.1	d 0.1	v 2.4	d 0.0			

	S.H.A.	Mer. Pass.
	° ′	h m
Venus	161 39.3	11 33
Mars	286 47.7	3 11
Jupiter	226 49.1	7 11
Saturn	69 14.3	17 39

UT (GMT) d	h	SUN G.H.A. ° ′	SUN Dec. ° ′	MOON G.H.A. ° ′	v ′	MOON Dec. ° ′	d ′	H.P. ′
16	00	183 34.1	S 8 42.5	213 12.6	15.0	S 0 10.7	14.2	56.0
	01	198 34.3	43.4	227 46.6	15.0	0 24.9	14.2	56.0
	02	213 34.4	44.4	242 20.6	15.1	0 39.1	14.2	56.0
	03	228 34.5	. . 45.3	256 54.7	15.0	0 53.3	14.2	56.0
	04	243 34.7	46.2	271 28.7	15.1	1 07.5	14.2	55.9
	05	258 34.8	47.1	286 02.8	15.1	1 21.7	14.2	55.9
	06	273 34.9	S 8 48.1	300 36.9	15.0	S 1 35.9	14.1	55.9
	07	288 35.1	49.0	315 10.9	15.1	1 50.0	14.1	55.9
T	08	303 35.2	49.9	329 45.0	15.2	2 04.1	14.2	55.9
U	09	318 35.3	. . 50.8	344 19.2	15.1	2 18.3	14.1	55.8
E	10	333 35.5	51.7	358 53.3	15.1	2 32.4	14.0	55.8
S	11	348 35.6	52.7	13 27.4	15.1	2 46.4	14.1	55.8
D	12	3 35.7	S 8 53.6	28 01.5	15.2	S 3 00.5	14.0	55.8
A	13	18 35.9	54.5	42 35.7	15.1	3 14.5	14.0	55.8
Y	14	33 36.0	55.4	57 09.8	15.2	3 28.5	14.0	55.7
	15	48 36.1	. . 56.3	71 44.0	15.1	3 42.5	14.0	55.7
	16	63 36.3	57.3	86 18.1	15.1	3 56.5	13.9	55.7
	17	78 36.4	58.2	100 52.2	15.2	4 10.4	13.9	55.7
	18	93 36.5	S 8 59.1	115 26.4	15.2	S 4 24.3	13.9	55.7
	19	108 36.7	9 00.0	130 00.6	15.1	4 38.2	13.8	55.7
	20	123 36.8	00.9	144 34.7	15.1	4 52.0	13.9	55.6
	21	138 36.9	. . 01.9	159 08.8	15.2	5 05.9	13.8	55.6
	22	153 37.0	02.8	173 43.0	15.1	5 19.7	13.7	55.6
	23	168 37.2	03.7	188 17.1	15.2	5 33.4	13.8	55.6
17	00	183 37.3	S 9 04.6	202 51.3	15.1	S 5 47.2	13.7	55.6
	01	198 37.4	05.5	217 25.4	15.1	6 00.9	13.6	55.5
	02	213 37.6	06.4	231 59.5	15.1	6 14.5	13.7	55.5
	03	228 37.7	. . 07.4	246 33.6	15.2	6 28.2	13.6	55.5
	04	243 37.8	08.3	261 07.8	15.1	6 41.8	13.5	55.5
	05	258 37.9	09.2	275 41.9	15.0	6 55.3	13.6	55.5
	06	273 38.1	S 9 10.1	290 15.9	15.1	S 7 08.9	13.5	55.4
W	07	288 38.2	11.0	304 50.0	15.1	7 22.4	13.4	55.4
E	08	303 38.3	11.9	319 24.1	15.0	7 35.8	13.4	55.4
D	09	318 38.5	. . 12.9	333 58.1	15.1	7 49.2	13.4	55.4
N	10	333 38.6	13.8	348 32.2	15.0	8 02.6	13.3	55.4
E	11	348 38.7	14.7	3 06.2	15.0	8 15.9	13.3	55.4
S	12	3 38.8	S 9 15.6	17 40.2	15.0	S 8 29.2	13.3	55.3
D	13	18 39.0	16.5	32 14.2	15.0	8 42.5	13.2	55.3
A	14	33 39.1	17.4	46 48.2	15.0	8 55.7	13.1	55.3
Y	15	48 39.2	. . 18.3	61 22.2	14.9	9 08.8	13.1	55.3
	16	63 39.3	19.3	75 56.1	15.0	9 21.9	13.1	55.3
	17	78 39.5	20.2	90 30.1	14.9	9 35.0	13.0	55.3
	18	93 39.6	S 9 21.1	105 04.0	14.8	S 9 48.0	13.0	55.2
	19	108 39.7	22.0	119 37.8	14.9	10 01.0	12.9	55.2
	20	123 39.8	22.9	134 11.7	14.9	10 13.9	12.9	55.2
	21	138 40.0	. . 23.8	148 45.6	14.8	10 26.8	12.8	55.2
	22	153 40.1	24.7	163 19.4	14.8	10 39.6	12.8	55.2
	23	168 40.2	25.6	177 53.2	14.7	10 52.4	12.7	55.1
18	00	183 40.3	S 9 26.6	192 26.9	14.8	S11 05.1	12.7	55.1
	01	198 40.5	27.5	207 00.7	14.7	11 17.8	12.6	55.1
	02	213 40.6	28.4	221 34.4	14.7	11 30.4	12.5	55.1
	03	228 40.7	. . 29.3	236 08.1	14.7	11 42.9	12.5	55.1
	04	243 40.8	30.2	250 41.8	14.6	11 55.4	12.5	55.1
	05	258 40.9	31.1	265 15.4	14.6	12 07.9	12.4	55.0
	06	273 41.1	S 9 32.0	279 49.0	14.6	S12 20.3	12.3	55.0
	07	288 41.2	32.9	294 22.6	14.6	12 32.6	12.3	55.0
T	08	303 41.3	33.8	308 56.2	14.5	12 44.9	12.2	55.0
H	09	318 41.4	. . 34.8	323 29.7	14.5	12 57.1	12.1	55.0
U	10	333 41.6	35.7	338 03.2	14.5	13 09.2	12.1	55.0
R	11	348 41.7	36.6	352 36.7	14.4	13 21.3	12.0	55.0
S	12	3 41.8	S 9 37.5	7 10.1	14.4	S13 33.3	12.0	54.9
D	13	18 41.9	38.4	21 43.5	14.4	13 45.3	11.9	54.9
A	14	33 42.0	39.3	36 16.9	14.3	13 57.2	11.8	54.9
Y	15	48 42.2	. . 40.2	50 50.2	14.3	14 09.0	11.8	54.9
	16	63 42.3	41.1	65 23.5	14.3	14 20.8	11.7	54.9
	17	78 42.4	42.0	79 56.8	14.2	14 32.5	11.6	54.9
	18	93 42.5	S 9 42.9	94 30.0	14.2	S14 44.1	11.6	54.8
	19	108 42.6	43.8	109 03.2	14.1	14 55.7	11.5	54.8
	20	123 42.7	44.7	123 36.3	14.2	15 07.2	11.4	54.8
	21	138 42.9	. . 45.7	138 09.5	14.0	15 18.6	11.4	54.8
	22	153 43.0	46.6	152 42.5	14.1	15 30.0	11.2	54.8
	23	168 43.1	47.5	167 15.6	14.0	15 41.2	11.3	54.8
		S.D. 16.1	*d* 0.9	S.D. 15.2		15.1		15.0

Lat. °	Twilight Naut. h m	Twilight Civil h m	Sunrise h m	Moonrise 16 h m	Moonrise 17 h m	Moonrise 18 h m	Moonrise 19 h m
N 72	05 03	06 21	07 33	04 10	06 12	08 25	■
N 70	05 06	06 16	07 20	04 08	06 01	07 59	10 20
68	05 08	06 12	07 10	04 07	05 52	07 40	09 39
66	05 10	06 09	07 02	04 06	05 44	07 25	09 12
64	05 11	06 06	06 55	04 05	05 38	07 13	08 51
62	05 12	06 03	06 49	04 04	05 33	07 03	08 34
60	05 13	06 01	06 43	04 03	05 28	06 54	08 20
N 58	05 13	05 59	06 39	04 02	05 24	06 46	08 08
56	05 14	05 57	06 35	04 02	05 21	06 39	07 58
54	05 14	05 55	06 31	04 01	05 17	06 33	07 49
52	05 14	05 53	06 28	04 01	05 14	06 28	07 41
50	05 14	05 52	06 25	04 00	05 12	06 23	07 34
45	05 14	05 48	06 18	03 59	05 06	06 12	07 19
N 40	05 13	05 45	06 12	03 58	05 01	06 04	07 06
35	05 12	05 42	06 07	03 58	04 57	05 56	06 56
30	05 11	05 39	06 03	03 57	04 54	05 50	06 46
20	05 07	05 33	05 55	03 56	04 47	05 39	06 31
N 10	05 03	05 27	05 49	03 55	04 42	05 29	06 17
0	04 57	05 21	05 42	03 54	04 37	05 20	06 04
S 10	04 49	05 14	05 36	03 54	04 32	05 11	05 51
20	04 40	05 06	05 28	03 53	04 27	05 01	05 38
30	04 27	04 56	05 20	03 52	04 21	04 51	05 23
35	04 19	04 49	05 15	03 51	04 17	04 45	05 14
40	04 09	04 42	05 10	03 51	04 14	04 38	05 04
45	03 56	04 33	05 04	03 50	04 09	04 29	04 52
S 50	03 40	04 22	04 56	03 49	04 04	04 20	04 38
52	03 33	04 17	04 52	03 49	04 02	04 15	04 31
54	03 24	04 11	04 48	03 49	03 59	04 10	04 24
56	03 14	04 04	04 44	03 48	03 56	04 05	04 16
58	03 02	03 57	04 39	03 48	03 53	03 59	04 07
S 60	02 48	03 48	04 34	03 47	03 49	03 52	03 56

Lat. °	Sunset h m	Twilight Civil h m	Twilight Naut. h m	Moonset 16 h m	Moonset 17 h m	Moonset 18 h m	Moonset 19 h m
N 72	15 57	17 08	18 26	15 25	14 54	14 13	■
N 70	16 09	17 13	18 23	15 30	15 08	14 40	13 53
68	16 19	17 17	18 21	15 35	15 19	15 01	14 35
66	16 28	17 20	18 19	15 38	15 28	15 17	15 03
64	16 35	17 23	18 18	15 41	15 36	15 31	15 25
62	16 41	17 26	18 17	15 44	15 43	15 42	15 43
60	16 46	17 29	18 17	15 46	15 49	15 52	15 57
N 58	16 51	17 31	18 16	15 49	15 54	16 01	16 10
56	16 55	17 33	18 16	15 51	15 59	16 09	16 21
54	16 59	17 35	18 16	15 52	16 03	16 15	16 31
52	17 02	17 37	18 16	15 54	16 07	16 22	16 39
50	17 06	17 38	18 16	15 55	16 10	16 27	16 47
45	17 12	17 42	18 16	15 58	16 18	16 39	17 03
N 40	17 18	17 45	18 17	16 01	16 24	16 49	17 17
35	17 23	17 49	18 18	16 03	16 30	16 58	17 29
30	17 27	17 52	18 19	16 05	16 35	17 05	17 39
20	17 35	17 57	18 23	16 09	16 43	17 19	17 56
N 10	17 42	18 03	18 28	16 12	16 50	17 30	18 12
0	17 49	18 10	18 34	16 15	16 58	17 41	18 26
S 10	17 55	18 17	18 42	16 18	17 05	17 52	18 40
20	18 03	18 25	18 51	16 21	17 12	18 04	18 56
30	18 11	18 36	19 05	16 24	17 21	18 17	19 14
35	18 16	18 42	19 13	16 26	17 26	18 25	19 24
40	18 22	18 50	19 23	16 29	17 31	18 34	19 36
45	18 28	18 59	19 36	16 31	17 38	18 44	19 50
S 50	18 36	19 10	19 52	16 35	17 46	18 57	20 08
52	18 40	19 16	20 00	16 36	17 50	19 03	20 16
54	18 44	19 22	20 09	16 38	17 54	19 10	20 25
56	18 48	19 28	20 19	16 40	17 58	19 17	20 36
58	18 53	19 36	20 31	16 42	18 03	19 25	20 48
S 60	18 59	19 45	20 46	16 44	18 09	19 35	21 02

Day	SUN Eqn. of Time 00 h m s	SUN Eqn. of Time 12 h m s	SUN Mer. Pass. h m	MOON Mer. Pass. Upper h m	MOON Mer. Pass. Lower h m	MOON Age d	MOON Phase
16	14 16	14 23	11 46	10 05	22 26	27	
17	14 29	14 35	11 45	10 47	23 09	28	●
18	14 41	14 47	11 45	11 30	23 53	29	

UT (GMT) d h	ARIES G.H.A. ° ′	VENUS −3.9 G.H.A. ° ′	Dec. ° ′	MARS −1.4 G.H.A. ° ′	Dec. ° ′	JUPITER −2.1 G.H.A. ° ′	Dec. ° ′	SATURN +0.5 G.H.A. ° ′	Dec. ° ′	STARS Name	S.H.A. ° ′	Dec. ° ′
19 00	27 12.6	186 32.6	S 7 22.4	313 55.7	N22 04.2	253 46.4	N17 55.5	96 21.8	S22 07.1	Acamar	315 30.7	S40 20.2
01	42 15.1	201 32.2	23.6	328 58.1	04.3	268 48.6	55.4	111 24.1	07.1	Achernar	335 38.5	S57 16.8
02	57 17.6	216 31.7	24.8	344 00.5	04.4	283 50.7	55.3	126 26.5	07.1	Acrux	173 29.3	S63 02.8
03	72 20.0	231 31.3	· · 26.0	359 02.9	· · 04.5	298 52.9	· · 55.3	141 28.8	· · 07.0	Adhara	255 25.8	S28 57.2
04	87 22.5	246 30.8	27.2	14 05.3	04.7	313 55.1	55.2	156 31.2	07.0	Aldebaran	291 08.6	N16 29.7
05	102 25.0	261 30.4	28.4	29 07.7	04.8	328 57.2	55.1	171 33.5	07.0			
06	117 27.4	276 29.9	S 7 29.6	44 10.1	N22 04.9	343 59.4	N17 55.0	186 35.9	S22 07.0	Alioth	166 35.9	N56 00.5
07	132 29.9	291 29.5	30.9	59 12.5	05.0	359 01.5	55.0	201 38.2	07.0	Alkaid	153 12.6	N49 21.5
08	147 32.3	306 29.0	32.1	74 15.0	05.1	14 03.7	54.9	216 40.6	07.0	Al Na'ir	28 04.6	S47 00.4
F 09	162 34.8	321 28.6	· · 33.3	89 17.4	· · 05.2	29 05.8	· · 54.8	231 42.9	· · 07.0	Alnilam	276 03.4	S 1 12.2
R 10	177 37.3	336 28.1	34.5	104 19.8	05.3	44 08.0	54.7	246 45.3	07.0	Alphard	218 12.9	S 8 37.0
I 11	192 39.7	351 27.7	35.7	119 22.2	05.4	59 10.1	54.6	261 47.6	06.9			
D 12	207 42.2	6 27.2	S 7 36.9	134 24.6	N22 05.5	74 12.3	N17 54.6	276 50.0	S22 06.9	Alphecca	126 25.7	N26 44.8
A 13	222 44.7	21 26.8	38.1	149 27.1	05.6	89 14.4	54.5	291 52.3	06.9	Alpheratz	358 00.9	N29 02.6
Y 14	237 47.1	36 26.3	39.3	164 29.5	05.7	104 16.6	54.4	306 54.7	06.9	Altair	62 24.8	N 8 50.7
15	252 49.6	51 25.9	· · 40.5	179 31.9	· · 05.8	119 18.8	· · 54.3	321 57.0	· · 06.9	Ankaa	353 31.9	S42 21.3
16	267 52.1	66 25.4	41.7	194 34.4	05.9	134 20.9	54.3	336 59.4	06.9	Antares	112 47.4	S26 24.8
17	282 54.5	81 25.0	42.9	209 36.8	06.0	149 23.1	54.2	352 01.7	06.9			
18	297 57.0	96 24.5	S 7 44.2	224 39.2	N22 06.2	164 25.2	N17 54.1	7 04.1	S22 06.9	Arcturus	146 11.5	N19 13.8
19	312 59.4	111 24.1	45.4	239 41.7	06.3	179 27.4	54.0	22 06.4	06.8	Atria	108 05.0	S69 01.0
20	328 01.9	126 23.6	46.6	254 44.1	06.4	194 29.5	54.0	37 08.8	06.8	Avior	234 25.2	S59 28.4
21	343 04.4	141 23.2	· · 47.8	269 46.5	· · 06.5	209 31.7	· · 53.9	52 11.1	· · 06.8	Bellatrix	278 50.0	N 6 20.7
22	358 06.8	156 22.7	49.0	284 49.0	06.6	224 33.9	53.8	67 13.5	06.8	Betelgeuse	271 19.5	N 7 24.5
23	13 09.3	171 22.3	50.2	299 51.4	06.7	239 36.0	53.7	82 15.8	06.8			
20 00	28 11.8	186 21.8	S 7 51.4	314 53.9	N22 06.8	254 38.2	N17 53.7	97 18.1	S22 06.8	Canopus	264 03.5	S52 41.0
01	43 14.2	201 21.4	52.6	329 56.3	06.9	269 40.3	53.6	112 20.5	06.8	Capella	280 59.3	N45 59.4
02	58 16.7	216 20.9	53.8	344 58.8	07.0	284 42.5	53.5	127 22.8	06.8	Deneb	49 43.1	N45 15.1
03	73 19.2	231 20.5	· · 55.0	0 01.2	· · 07.1	299 44.6	· · 53.4	142 25.2	· · 06.7	Denebola	182 51.2	N14 37.4
04	88 21.6	246 20.0	56.2	15 03.7	07.2	314 46.8	53.4	157 27.5	06.7	Diphda	349 12.5	S18 02.0
05	103 24.1	261 19.6	57.4	30 06.1	07.3	329 49.0	53.3	172 29.9	06.7			
06	118 26.6	276 19.1	S 7 58.6	45 08.6	N22 07.4	344 51.1	N17 53.2	187 32.2	S22 06.7	Dubhe	194 12.6	N61 47.8
07	133 29.0	291 18.7	7 59.8	60 11.0	07.5	359 53.3	53.1	202 34.6	06.7	Elnath	278 33.9	N28 36.1
S 08	148 31.5	306 18.2	8 01.0	75 13.5	07.6	14 55.4	53.1	217 36.9	06.7	Eltanin	90 54.3	N51 29.6
A 09	163 33.9	321 17.8	· · 02.2	90 15.9	· · 07.7	29 57.6	· · 53.0	232 39.3	· · 06.7	Enif	34 03.7	N 9 50.1
T 10	178 36.4	336 17.3	03.4	105 18.4	07.8	44 59.8	52.9	247 41.6	06.7	Fomalhaut	15 42.3	S29 40.2
U 11	193 38.9	351 16.8	04.6	120 20.9	07.9	60 01.9	52.8	262 44.0	06.6			
R 12	208 41.3	6 16.4	S 8 05.8	135 23.3	N22 08.1	75 04.1	N17 52.8	277 46.3	S22 06.6	Gacrux	172 20.7	S57 03.6
D 13	223 43.8	21 15.9	07.0	150 25.8	08.2	90 06.2	52.7	292 48.6	06.6	Gienah	176 10.2	S17 29.4
A 14	238 46.3	36 15.5	08.2	165 28.3	08.3	105 08.4	52.6	307 51.0	06.6	Hadar	149 13.0	S60 19.8
Y 15	253 48.7	51 15.0	· · 09.4	180 30.7	· · 08.4	120 10.6	· · 52.5	322 53.3	· · 06.6	Hamal	328 19.7	N23 25.4
16	268 51.2	66 14.6	10.6	195 33.2	08.5	135 12.7	52.5	337 55.7	06.6	Kaus Aust.	84 06.5	S34 23.5
17	283 53.7	81 14.1	11.8	210 35.7	08.6	150 14.9	52.4	352 58.0	06.6			
18	298 56.1	96 13.7	S 8 13.0	225 38.1	N22 08.7	165 17.1	N17 52.3	8 00.4	S22 06.6	Kochab	137 20.0	N74 11.6
19	313 58.6	111 13.2	14.2	240 40.6	08.8	180 19.2	52.2	23 02.7	06.5	Markab	13 55.1	N15 09.6
20	329 01.1	126 12.7	15.4	255 43.1	08.9	195 21.4	52.2	38 05.1	06.5	Menkar	314 32.5	N 4 03.5
21	344 03.5	141 12.3	· · 16.6	270 45.6	· · 09.0	210 23.6	· · 52.1	53 07.4	· · 06.5	Menkent	148 28.1	S36 19.5
22	359 06.0	156 11.8	17.8	285 48.1	09.1	225 25.7	52.0	68 09.8	06.5	Miaplacidus	221 43.9	S69 40.4
23	14 08.4	171 11.4	19.0	300 50.5	09.2	240 27.9	51.9	83 12.1	06.5			
21 00	29 10.9	186 10.9	S 8 20.2	315 53.0	N22 09.3	255 30.0	N17 51.9	98 14.4	S22 06.5	Mirfak	309 04.4	N49 49.9
01	44 13.4	201 10.4	21.4	330 55.5	09.4	270 32.2	51.8	113 16.8	06.5	Nunki	76 19.4	S26 18.6
02	59 15.8	216 10.0	22.6	345 58.0	09.5	285 34.4	51.7	128 19.1	06.5	Peacock	53 45.7	S56 46.1
03	74 18.3	231 09.5	· · 23.8	1 00.5	· · 09.6	300 36.5	· · 51.6	143 21.5	· · 06.4	Pollux	243 48.4	N28 02.9
04	89 20.8	246 09.1	25.0	16 03.0	09.7	315 38.7	51.6	158 23.8	06.4	Procyon	245 17.4	N 5 15.1
05	104 23.2	261 08.6	26.2	31 05.5	09.8	330 40.9	51.5	173 26.2	06.4			
06	119 25.7	276 08.1	S 8 27.4	46 08.0	N22 09.9	345 43.0	N17 51.4	188 28.5	S22 06.4	Rasalhague	96 22.4	N12 34.1
07	134 28.2	291 07.7	28.6	61 10.5	10.0	0 45.2	51.4	203 30.8	06.4	Regulus	208 01.7	N12 00.8
08	149 30.6	306 07.2	29.8	76 13.0	10.1	15 47.4	51.3	218 33.2	06.4	Rigel	281 28.2	S 8 12.5
S 09	164 33.1	321 06.8	· · 31.0	91 15.5	· · 10.2	30 49.5	· · 51.2	233 35.5	· · 06.4	Rigil Kent.	140 15.8	S60 47.9
U 10	179 35.5	336 06.3	32.2	106 18.0	10.3	45 51.7	51.1	248 37.9	06.3	Sabik	102 32.3	S15 42.9
N 11	194 38.0	351 05.8	33.4	121 20.5	10.4	60 53.9	51.1	263 40.2	06.3			
D 12	209 40.5	6 05.4	S 8 34.6	136 23.0	N22 10.5	75 56.0	N17 51.0	278 42.5	S22 06.3	Schedar	349 59.6	N56 29.5
A 13	224 42.9	21 04.9	35.8	151 25.5	10.6	90 58.2	50.9	293 44.9	06.3	Shaula	96 45.2	S37 06.0
Y 14	239 45.4	36 04.4	37.0	166 28.0	10.7	106 00.4	50.8	308 47.2	06.3	Sirius	258 48.6	S16 41.9
15	254 47.9	51 04.0	· · 38.2	181 30.5	· · 10.8	121 02.5	· · 50.8	323 49.6	· · 06.3	Spica	158 49.5	S11 06.8
16	269 50.3	66 03.5	39.4	196 33.0	10.9	136 04.7	50.7	338 51.9	06.3	Suhail	223 05.2	S43 23.4
17	284 52.8	81 03.1	40.6	211 35.5	11.0	151 06.9	50.6	353 54.3	06.3			
18	299 55.3	96 02.6	S 8 41.8	226 38.0	N22 11.2	166 09.0	N17 50.5	8 56.6	S22 06.2	Vega	80 50.6	N38 46.7
19	314 57.7	111 02.1	43.0	241 40.5	11.3	181 11.2	50.5	23 58.9	06.2	Zuben'ubi	137 24.6	S16 00.3
20	330 00.2	126 01.7	44.1	256 43.0	11.4	196 13.4	50.4	39 01.3	06.2			
21	345 02.7	141 01.2	· · 45.3	271 45.6	· · 11.5	211 15.6	· · 50.3	54 03.6	· · 06.2			
22	0 05.1	156 00.7	46.5	286 48.1	11.6	226 17.7	50.3	69 06.0	06.2			
23	15 07.6	171 00.3	47.7	301 50.6	11.7	241 19.9	50.2	84 08.3	06.2			
Mer. Pass. h m	22 03.6	v −0.5	d 1.2	v 2.5	d 0.1	v 2.2	d 0.1	v 2.3	d 0.0			

	S.H.A. ° ′	Mer. Pass. h m
Venus	158 10.1	11 35
Mars	286 42.1	3 00
Jupiter	226 26.4	7 00
Saturn	69 06.4	17 28

UT (GMT) d	h	SUN G.H.A.	SUN Dec.	MOON G.H.A.	v	MOON Dec.	d	H.P.
		° ′	° ′	° ′	′	° ′	′	′
19 FRIDAY	00	183 43.2	S 9 48.4	181 48.6	14.0	S15 52.5	11.1	54.8
	01	198 43.3	49.3	196 21.6	13.9	16 03.6	11.1	54.7
	02	213 43.4	50.2	210 54.5	13.9	16 14.7	11.0	54.7
	03	228 43.6	. . 51.1	225 27.4	13.8	16 25.7	10.9	54.7
	04	243 43.7	52.0	240 00.2	13.8	16 36.6	10.8	54.7
	05	258 43.8	52.9	254 33.0	13.8	16 47.4	10.8	54.7
	06	273 43.9	S 9 53.8	269 05.8	13.7	S16 58.2	10.7	54.7
	07	288 44.0	54.7	283 38.5	13.7	17 08.9	10.6	54.7
	08	303 44.1	55.6	298 11.2	13.7	17 19.5	10.5	54.6
	09	318 44.3	. . 56.5	312 43.9	13.6	17 30.0	10.4	54.6
	10	333 44.4	57.4	327 16.5	13.5	17 40.4	10.4	54.6
	11	348 44.5	58.3	341 49.0	13.5	17 50.8	10.3	54.6
	12	3 44.6	S 9 59.2	356 21.5	13.5	S18 01.1	10.2	54.6
	13	18 44.7	10 00.1	10 54.0	13.5	18 11.3	10.1	54.6
	14	33 44.8	01.0	25 26.5	13.3	18 21.4	10.0	54.6
	15	48 44.9	. . 01.9	39 58.8	13.4	18 31.4	10.0	54.5
	16	63 45.1	02.8	54 31.2	13.3	18 41.4	9.9	54.5
	17	78 45.2	03.7	69 03.5	13.2	18 51.3	9.7	54.5
	18	93 45.3	S10 04.6	83 35.7	13.3	S19 01.0	9.7	54.5
	19	108 45.4	05.5	98 08.0	13.1	19 10.7	9.6	54.5
	20	123 45.5	06.4	112 40.1	13.2	19 20.3	9.5	54.5
	21	138 45.6	. . 07.3	127 12.3	13.0	19 29.8	9.5	54.5
	22	153 45.7	08.2	141 44.3	13.1	19 39.3	9.3	54.5
	23	168 45.8	09.1	156 16.4	13.0	19 48.6	9.2	54.4
20 SATURDAY	00	183 45.9	S10 10.0	170 48.4	12.9	S19 57.8	9.2	54.4
	01	198 46.1	10.9	185 20.3	12.9	20 07.0	9.0	54.4
	02	213 46.2	11.8	199 52.2	12.8	20 16.0	9.0	54.4
	03	228 46.3	. . 12.7	214 24.0	12.9	20 25.0	8.9	54.4
	04	243 46.4	13.6	228 55.9	12.7	20 33.9	8.8	54.4
	05	258 46.5	14.5	243 27.6	12.7	20 42.7	8.6	54.4
	06	273 46.6	S10 15.4	257 59.3	12.7	S20 51.3	8.6	54.4
	07	288 46.7	16.3	272 31.0	12.6	20 59.9	8.5	54.4
	08	303 46.8	17.2	287 02.6	12.6	21 08.4	8.4	54.3
	09	318 46.9	. . 18.1	301 34.2	12.6	21 16.8	8.3	54.3
	10	333 47.0	19.0	316 05.8	12.5	21 25.1	8.2	54.3
	11	348 47.1	19.9	330 37.3	12.4	21 33.3	8.1	54.3
	12	3 47.2	S10 20.8	345 08.7	12.4	S21 41.4	8.0	54.3
	13	18 47.4	21.7	359 40.1	12.4	21 49.4	7.9	54.3
	14	33 47.5	22.6	14 11.5	12.3	21 57.3	7.8	54.3
	15	48 47.6	. . 23.5	28 42.8	12.3	22 05.1	7.7	54.3
	16	63 47.7	24.4	43 14.1	12.2	22 12.8	7.6	54.3
	17	78 47.8	25.3	57 45.3	12.2	22 20.4	7.5	54.3
	18	93 47.9	S10 26.2	72 16.5	12.1	S22 27.9	7.3	54.3
	19	108 48.0	27.1	86 47.6	12.1	22 35.2	7.3	54.2
	20	123 48.1	28.0	101 18.7	12.0	22 42.5	7.2	54.2
	21	138 48.2	. . 28.9	115 49.7	12.1	22 49.7	7.1	54.2
	22	153 48.3	29.8	130 20.8	11.9	22 56.8	6.9	54.2
	23	168 48.4	30.7	144 51.7	11.9	23 03.7	6.9	54.2
21 SUNDAY	00	183 48.5	S10 31.6	159 22.6	11.9	S23 10.6	6.7	54.2
	01	198 48.6	32.5	173 53.5	11.9	23 17.3	6.6	54.2
	02	213 48.7	33.4	188 24.4	11.8	23 23.9	6.6	54.2
	03	228 48.8	. . 34.3	202 55.2	11.7	23 30.5	6.4	54.2
	04	243 48.9	35.1	217 25.9	11.7	23 36.9	6.3	54.2
	05	258 49.0	36.0	231 56.6	11.7	23 43.2	6.2	54.2
	06	273 49.1	S10 36.9	246 27.3	11.7	S23 49.4	6.1	54.2
	07	288 49.2	37.8	260 58.0	11.6	23 55.5	6.0	54.1
	08	303 49.3	38.7	275 28.6	11.5	24 01.5	5.8	54.1
	09	318 49.4	. . 39.6	289 59.1	11.5	24 07.3	5.8	54.1
	10	333 49.5	40.5	304 29.6	11.5	24 13.1	5.6	54.1
	11	348 49.6	41.4	319 00.1	11.5	24 18.7	5.5	54.1
	12	3 49.7	S10 42.3	333 30.6	11.4	S24 24.2	5.4	54.1
	13	18 49.8	43.2	348 01.0	11.4	24 29.6	5.3	54.1
	14	33 49.9	44.1	2 31.4	11.3	24 34.9	5.2	54.1
	15	48 50.0	. . 44.9	17 01.7	11.3	24 40.1	5.1	54.1
	16	63 50.1	45.8	31 32.0	11.3	24 45.2	4.9	54.1
	17	78 50.2	46.7	46 02.3	11.2	24 50.1	4.8	54.1
	18	93 50.3	S10 47.6	60 32.5	11.2	S24 54.9	4.8	54.1
	19	108 50.4	48.5	75 02.7	11.2	24 59.7	4.6	54.1
	20	123 50.5	49.4	89 32.9	11.1	25 04.3	4.4	54.1
	21	138 50.6	. . 50.3	104 03.0	11.1	25 08.7	4.4	54.1
	22	153 50.7	51.2	118 33.1	11.1	25 13.1	4.2	54.1
	23	168 50.8	52.1	133 03.2	11.0	25 17.3	4.1	54.1
		S.D. 16.1	d 0.9	S.D. 14.9		14.8		14.7

Lat.	Twilight Naut.	Twilight Civil	Sunrise	Moonrise 19	20	21	22
°	h m	h m	h m	h m	h m	h m	h m
N 72	05 16	06 34	07 48	■	■	■	■
N 70	05 17	06 28	07 33	10 20	■	■	■
68	05 18	06 23	07 22	09 39	12 33	■	■
66	05 19	06 18	07 12	09 12	11 11	■	■
64	05 19	06 15	07 04	08 51	10 34	12 24	■
62	05 20	06 11	06 57	08 34	10 07	11 41	13 06
60	05 20	06 08	06 51	08 20	09 47	11 12	12 28
N 58	05 20	06 05	06 46	08 08	09 31	10 50	12 01
56	05 20	06 03	06 41	07 58	09 17	10 32	11 40
54	05 19	06 01	06 37	07 49	09 04	10 17	11 22
52	05 19	05 58	06 33	07 41	08 54	10 04	11 07
50	05 19	05 56	06 29	07 34	08 44	09 52	10 54
45	05 18	05 52	06 22	07 19	08 24	09 28	10 28
N 40	05 16	05 48	06 15	07 06	08 08	09 09	10 07
35	05 15	05 44	06 10	06 56	07 55	08 53	09 50
30	05 13	05 41	06 05	06 46	07 43	08 40	09 35
20	05 08	05 34	05 56	06 31	07 23	08 16	09 09
N 10	05 03	05 27	05 49	06 17	07 06	07 56	08 47
0	04 56	05 21	05 42	06 04	06 50	07 38	08 27
S 10	04 48	05 13	05 34	05 51	06 34	07 19	08 07
20	04 37	05 04	05 26	05 38	06 17	06 59	07 45
30	04 23	04 52	05 17	05 23	05 58	06 37	07 20
35	04 15	04 46	05 12	05 14	05 46	06 23	07 05
40	04 04	04 37	05 06	05 04	05 33	06 08	06 48
45	03 50	04 28	04 58	04 52	05 18	05 50	06 28
S 50	03 33	04 15	04 50	04 38	05 00	05 27	06 02
52	03 25	04 10	04 46	04 31	04 51	05 16	05 50
54	03 15	04 03	04 41	04 24	04 41	05 04	05 36
56	03 04	03 56	04 36	04 16	04 30	04 50	05 19
58	02 51	03 48	04 31	04 07	04 18	04 34	05 00
S 60	02 36	03 38	04 25	03 56	04 03	04 15	04 35

Lat.	Sunset	Twilight Civil	Twilight Naut.	Moonset 19	20	21	22
°	h m	h m	h m	h m	h m	h m	h m
N 72	15 40	16 54	18 12	■	■	■	■
N 70	15 55	17 00	18 11	13 53	■	■	■
68	16 07	17 05	18 10	14 35	13 18	■	■
66	16 16	17 10	18 09	15 03	14 40	■	■
64	16 25	17 14	18 09	15 25	15 18	15 08	■
62	16 32	17 17	18 09	15 43	15 45	15 52	16 09
60	16 38	17 20	18 09	15 57	16 06	16 21	16 48
N 58	16 43	17 23	18 09	16 10	16 23	16 43	17 15
56	16 48	17 26	18 09	16 21	16 38	17 02	17 36
54	16 52	17 28	18 09	16 31	16 50	17 17	17 54
52	16 56	17 30	18 10	16 39	17 01	17 30	18 09
50	17 00	17 32	18 10	16 47	17 11	17 42	18 22
45	17 07	17 37	18 11	17 03	17 32	18 07	18 49
N 40	17 14	17 41	18 13	17 17	17 49	18 26	19 10
35	17 19	17 45	18 14	17 29	18 03	18 43	19 28
30	17 24	17 49	18 16	17 39	18 16	18 57	19 43
20	17 33	17 55	18 21	17 56	18 37	19 21	20 08
N 10	17 41	18 02	18 27	18 12	18 55	19 42	20 31
0	17 48	18 09	18 34	18 26	19 13	20 01	20 51
S 10	17 56	18 17	18 42	18 40	19 30	20 21	21 12
20	18 04	18 26	18 53	18 56	19 49	20 42	21 34
30	18 13	18 38	19 07	19 14	20 11	21 06	22 00
35	18 19	18 45	19 16	19 24	20 23	21 21	22 15
40	18 25	18 53	19 27	19 36	20 38	21 37	22 33
45	18 32	19 03	19 40	19 50	20 55	21 57	22 54
S 50	18 41	19 15	19 58	20 08	21 17	22 23	23 21
52	18 45	19 21	20 07	20 16	21 28	22 35	23 34
54	18 50	19 28	20 16	20 25	21 39	22 49	23 49
56	18 55	19 35	20 28	20 36	21 53	23 05	24 07
58	19 00	19 44	20 41	20 48	22 09	23 24	24 28
S 60	19 07	19 53	20 57	21 02	22 28	23 49	24 56

Day	SUN Eqn. of Time 00 h	SUN Eqn. of Time 12 h	SUN Mer. Pass.	MOON Mer. Pass. Upper	MOON Mer. Pass. Lower	Age	Phase
	m s	m s	h m	h m	h m	d	
19	14 53	14 58	11 45	12 15	24 38	01	
20	15 04	15 09	11 45	13 01	00 38	02	●
21	15 14	15 19	11 45	13 50	01 25	03	

UT (GMT) d	h	ARIES G.H.A. ° ′	VENUS −3.9 G.H.A. ° ′	VENUS Dec. ° ′	MARS −1.4 G.H.A. ° ′	MARS Dec. ° ′	JUPITER −2.1 G.H.A. ° ′	JUPITER Dec. ° ′	SATURN +0.6 G.H.A. ° ′	SATURN Dec. ° ′
22	00	30 10.0	185 59.8	S 8 48.9	316 53.1	N22 11.8	256 22.1	N17 50.1	99 10.6	S22 06.2
	01	45 12.5	200 59.3	50.1	331 55.7	11.9	271 24.2	50.0	114 13.0	06.1
	02	60 15.0	215 58.9	51.3	346 58.2	12.0	286 26.4	50.0	129 15.3	06.1
	03	75 17.4	230 58.4	· · 52.5	2 00.7	· · 12.1	301 28.6	· · 49.9	144 17.6	· · 06.1
	04	90 19.9	245 57.9	53.7	17 03.2	12.2	316 30.7	49.8	159 20.0	06.1
	05	105 22.4	260 57.5	54.9	32 05.8	12.3	331 32.9	49.7	174 22.3	06.1
	06	120 24.8	275 57.0	S 8 56.0	47 08.3	N22 12.4	346 35.1	N17 49.7	189 24.7	S22 06.1
	07	135 27.3	290 56.5	57.2	62 10.8	12.5	1 37.3	49.6	204 27.0	06.1
	08	150 29.8	305 56.0	58.4	77 13.4	12.6	16 39.4	49.5	219 29.3	06.1
M	09	165 32.2	320 55.6	8 59.6	92 15.9	· · 12.7	31 41.6	· · 49.5	234 31.7	· · 06.0
O	10	180 34.7	335 55.1	9 00.8	107 18.5	12.8	46 43.8	49.4	249 34.0	06.0
N	11	195 37.2	350 54.6	02.0	122 21.0	12.9	61 46.0	49.3	264 36.4	06.0
D	12	210 39.6	5 54.2	S 9 03.2	137 23.5	N22 13.0	76 48.1	N17 49.2	279 38.7	S22 06.0
A	13	225 42.1	20 53.7	04.4	152 26.1	13.1	91 50.3	49.2	294 41.0	06.0
Y	14	240 44.5	35 53.2	05.5	167 28.6	13.2	106 52.5	49.1	309 43.4	06.0
	15	255 47.0	50 52.8	· · 06.7	182 31.2	· · 13.3	121 54.7	· · 49.0	324 45.7	· · 06.0
	16	270 49.5	65 52.3	07.9	197 33.7	13.4	136 56.8	49.0	339 48.0	05.9
	17	285 51.9	80 51.8	09.1	212 36.3	13.5	151 59.0	48.9	354 50.4	05.9
	18	300 54.4	95 51.3	S 9 10.3	227 38.8	N22 13.6	167 01.2	N17 48.8	9 52.7	S22 05.9
	19	315 56.9	110 50.9	11.5	242 41.4	13.7	182 03.3	48.7	24 55.0	05.9
	20	330 59.3	125 50.4	12.6	257 43.9	13.8	197 05.5	48.7	39 57.4	05.9
	21	346 01.8	140 49.9	· · 13.8	272 46.5	· · 13.9	212 07.7	· · 48.6	54 59.7	· · 05.9
	22	1 04.3	155 49.4	15.0	287 49.1	14.0	227 09.9	48.5	70 02.1	05.9
	23	16 06.7	170 49.0	16.2	302 51.6	14.1	242 12.1	48.5	85 04.4	05.8
23	00	31 09.2	185 48.5	S 9 17.4	317 54.2	N22 14.2	257 14.2	N17 48.4	100 06.7	S22 05.8
	01	46 11.6	200 48.0	18.6	332 56.8	14.3	272 16.4	48.3	115 09.1	05.8
	02	61 14.1	215 47.5	19.7	347 59.3	14.4	287 18.6	48.3	130 11.4	05.8
	03	76 16.6	230 47.1	· · 20.9	3 01.9	· · 14.5	302 20.8	· · 48.2	145 13.7	· · 05.8
	04	91 19.0	245 46.6	22.1	18 04.5	14.6	317 22.9	48.1	160 16.1	05.8
	05	106 21.5	260 46.1	23.3	33 07.0	14.6	332 25.1	48.0	175 18.4	05.8
	06	121 24.0	275 45.6	S 9 24.5	48 09.6	N22 14.7	347 27.3	N17 48.0	190 20.7	S22 05.7
	07	136 26.4	290 45.2	25.6	63 12.2	14.8	2 29.5	47.9	205 23.1	05.7
T	08	151 28.9	305 44.7	26.8	78 14.8	14.9	17 31.7	47.8	220 25.4	05.7
U	09	166 31.4	320 44.2	· · 28.0	93 17.3	· · 15.0	32 33.8	· · 47.8	235 27.7	· · 05.7
E	10	181 33.8	335 43.7	29.2	108 19.9	15.1	47 36.0	47.7	250 30.1	05.7
S	11	196 36.3	350 43.3	30.4	123 22.5	15.2	62 38.2	47.6	265 32.4	05.7
D	12	211 38.8	5 42.8	S 9 31.5	138 25.1	N22 15.3	77 40.4	N17 47.5	280 34.7	S22 05.7
A	13	226 41.2	20 42.3	32.7	153 27.7	15.4	92 42.6	47.5	295 37.1	05.6
Y	14	241 43.7	35 41.8	33.9	168 30.3	15.5	107 44.7	47.4	310 39.4	05.6
	15	256 46.1	50 41.3	· · 35.1	183 32.8	· · 15.6	122 46.9	· · 47.3	325 41.7	· · 05.6
	16	271 48.6	65 40.9	36.2	198 35.4	15.7	137 49.1	47.3	340 44.1	05.6
	17	286 51.1	80 40.4	37.4	213 38.0	15.8	152 51.3	47.2	355 46.4	05.6
	18	301 53.5	95 39.9	S 9 38.6	228 40.6	N22 15.9	167 53.5	N17 47.1	10 48.7	S22 05.6
	19	316 56.0	110 39.4	39.8	243 43.2	16.0	182 55.6	47.1	25 51.1	05.6
	20	331 58.5	125 38.9	40.9	258 45.8	16.1	197 57.8	47.0	40 53.4	05.5
	21	347 00.9	140 38.5	· · 42.1	273 48.4	· · 16.2	213 00.0	· · 46.9	55 55.7	· · 05.5
	22	2 03.4	155 38.0	43.3	288 51.0	16.3	228 02.2	46.8	70 58.1	05.5
	23	17 05.9	170 37.5	44.5	303 53.6	16.4	243 04.4	46.8	86 00.4	05.5
24	00	32 08.3	185 37.0	S 9 45.6	318 56.2	N22 16.5	258 06.6	N17 46.7	101 02.7	S22 05.5
	01	47 10.8	200 36.5	46.8	333 58.8	16.6	273 08.7	46.6	116 05.1	05.5
	02	62 13.3	215 36.0	48.0	349 01.4	16.7	288 10.9	46.6	131 07.4	05.5
	03	77 15.7	230 35.6	· · 49.2	4 04.0	· · 16.8	303 13.1	· · 46.5	146 09.7	· · 05.4
	04	92 18.2	245 35.1	50.3	19 06.6	16.9	318 15.3	46.4	161 12.0	05.4
	05	107 20.6	260 34.6	51.5	34 09.3	17.0	333 17.5	46.4	176 14.4	05.4
	06	122 23.1	275 34.1	S 9 52.7	49 11.9	N22 17.1	348 19.7	N17 46.3	191 16.7	S22 05.4
W	07	137 25.6	290 33.6	53.8	64 14.5	17.2	3 21.8	46.2	206 19.0	05.4
E	08	152 28.0	305 33.1	55.0	79 17.1	17.3	18 24.0	46.2	221 21.4	05.4
D	09	167 30.5	320 32.7	· · 56.2	94 19.7	· · 17.4	33 26.2	· · 46.1	236 23.7	· · 05.3
N	10	182 33.0	335 32.2	57.3	109 22.3	17.5	48 28.4	46.0	251 26.0	05.3
E	11	197 35.4	350 31.7	58.5	124 25.0	17.5	63 30.6	46.0	266 28.4	05.3
S	12	212 37.9	5 31.2	S 9 59.7	139 27.6	N22 17.6	78 32.8	N17 45.9	281 30.7	S22 05.3
D	13	227 40.4	20 30.7	10 00.9	154 30.2	17.7	93 35.0	45.8	296 33.0	05.3
A	14	242 42.8	35 30.2	02.0	169 32.8	17.8	108 37.1	45.7	311 35.3	05.3
Y	15	257 45.3	50 29.7	· · 03.2	184 35.5	· · 17.9	123 39.3	· · 45.7	326 37.7	· · 05.3
	16	272 47.8	65 29.2	04.4	199 38.1	18.0	138 41.5	45.6	341 40.0	05.2
	17	287 50.2	80 28.8	05.5	214 40.7	18.1	153 43.7	45.5	356 42.3	05.2
	18	302 52.7	95 28.3	S10 06.7	229 43.4	N22 18.2	168 45.9	N17 45.5	11 44.7	S22 05.2
	19	317 55.1	110 27.8	07.9	244 46.0	18.3	183 48.1	45.4	26 47.0	05.2
	20	332 57.6	125 27.3	09.0	259 48.6	18.4	198 50.3	45.3	41 49.3	05.2
	21	348 00.1	140 26.8	· · 10.2	274 51.3	· · 18.5	213 52.5	· · 45.3	56 51.6	· · 05.2
	22	3 02.5	155 26.3	11.3	289 53.9	18.6	228 54.6	45.2	71 54.0	05.2
	23	18 05.0	170 25.8	12.5	304 56.6	18.7	243 56.8	45.1	86 56.3	05.1
Mer. Pass.		21h 51.8m	v −0.5	d 1.2	v 2.6	d 0.1	v 2.2	d 0.1	v 2.3	d 0.0

STARS

Name	S.H.A. ° ′	Dec. ° ′
Acamar	315 30.7	S40 20.2
Achernar	335 38.5	S57 16.9
Acrux	173 29.3	S63 02.8
Adhara	255 25.8	S28 57.2
Aldebaran	291 08.6	N16 29.7
Alioth	166 35.8	N56 00.5
Alkaid	153 12.6	N49 21.5
Al Na'ir	28 04.6	S47 00.4
Alnilam	276 03.4	S 1 12.2
Alphard	218 12.9	S 8 37.0
Alphecca	126 25.7	N26 44.8
Alpheratz	358 00.9	N29 02.7
Altair	62 24.8	N 8 50.7
Ankaa	353 31.9	S42 21.3
Antares	112 47.4	S26 24.8
Arcturus	146 11.5	N19 13.8
Atria	108 05.0	S69 01.0
Avior	234 25.1	S59 28.4
Bellatrix	278 50.0	N 6 20.7
Betelgeuse	271 19.5	N 7 24.5
Canopus	264 03.5	S52 41.0
Capella	280 59.3	N45 59.4
Deneb	49 43.1	N45 15.1
Denebola	182 51.2	N14 37.4
Diphda	349 12.5	S18 02.0
Dubhe	194 12.6	N61 47.8
Elnath	278 33.9	N28 36.1
Eltanin	90 54.3	N51 29.6
Enif	34 03.7	N 9 50.1
Fomalhaut	15 42.3	S29 40.2
Gacrux	172 20.7	S57 03.6
Gienah	176 10.1	S17 29.4
Hadar	149 13.0	S60 19.8
Hamal	328 19.7	N23 25.4
Kaus Aust.	84 06.5	S34 23.5
Kochab	137 20.1	N74 11.5
Markab	13 55.1	N15 09.6
Menkar	314 32.5	N 4 03.5
Menkent	148 28.1	S36 19.5
Miaplacidus	221 43.8	S69 40.4
Mirfak	309 04.4	N49 49.9
Nunki	76 19.4	S26 18.6
Peacock	53 45.7	S56 46.1
Pollux	243 48.4	N28 02.9
Procyon	245 17.4	N 5 15.1
Rasalhague	96 22.4	N12 34.0
Regulus	208 01.7	N12 00.8
Rigel	281 28.1	S 8 12.5
Rigil Kent.	140 15.8	S60 47.9
Sabik	102 32.3	S15 42.9
Schedar	349 59.6	N56 29.5
Shaula	96 45.2	S37 06.0
Sirius	258 48.5	S16 41.9
Spica	158 49.5	S11 06.8
Suhail	223 05.2	S43 23.4
Vega	80 50.6	N38 46.7
Zuben'ubi	137 24.6	S16 00.3

	S.H.A. ° ′	Mer. Pass. h m
Venus	154 39.3	11 37
Mars	286 45.0	2 48
Jupiter	226 05.0	6 50
Saturn	68 57.5	17 17

UT (GMT) d h	SUN G.H.A. ° ′	SUN Dec. ° ′	MOON G.H.A. ° ′	v ′	Dec. ° ′	d ′	H.P. ′
22 00 (MONDAY)	183 50.9	S10 52.9	147 33.2	11.0	S25 21.4	4.0	54.1
01	198 51.0	53.8	162 03.2	11.0	25 25.4	3.9	54.1
02	213 51.1	54.7	176 33.2	11.0	25 29.3	3.8	54.1
03	228 51.2	.. 55.6	191 03.2	10.9	25 33.1	3.6	54.1
04	243 51.3	56.5	205 33.1	10.9	25 36.7	3.5	54.0
05	258 51.4	57.4	220 03.0	10.9	25 40.2	3.4	54.0
06	273 51.5	S10 58.3	234 32.9	10.8	S25 43.6	3.3	54.0
07	288 51.6	10 59.1	249 02.7	10.9	25 46.9	3.2	54.0
08	303 51.7	11 00.0	263 32.6	10.8	25 50.1	3.0	54.0
09	318 51.8	.. 00.9	278 02.4	10.8	25 53.1	2.9	54.0
10	333 51.9	01.8	292 32.2	10.7	25 56.0	2.8	54.0
11	348 52.0	02.7	307 01.9	10.8	25 58.8	2.6	54.0
12	3 52.1	S11 03.6	321 31.7	10.7	S26 01.4	2.6	54.0
13	18 52.2	04.4	336 01.4	10.7	26 04.0	2.4	54.0
14	33 52.3	05.3	350 31.1	10.7	26 06.4	2.3	54.0
15	48 52.4	.. 06.2	5 00.8	10.6	26 08.7	2.1	54.0
16	63 52.4	07.1	19 30.4	10.7	26 10.8	2.1	54.0
17	78 52.5	08.0	34 00.1	10.6	26 12.9	1.9	54.0
18	93 52.6	S11 08.9	48 29.7	10.6	S26 14.8	1.8	54.0
19	108 52.7	09.7	62 59.3	10.6	26 16.6	1.7	54.0
20	123 52.8	10.6	77 28.9	10.6	26 18.3	1.5	54.0
21	138 52.9	.. 11.5	91 58.5	10.6	26 19.8	1.4	54.0
22	153 53.0	12.4	106 28.1	10.6	26 21.2	1.3	54.0
23	168 53.1	13.3	120 57.7	10.5	26 22.5	1.2	54.0
23 00 (TUESDAY)	183 53.2	S11 14.1	135 27.2	10.6	S26 23.7	1.0	54.0
01	198 53.3	15.0	149 56.8	10.5	26 24.7	0.9	54.0
02	213 53.4	15.9	164 26.3	10.5	26 25.6	0.8	54.0
03	228 53.4	.. 16.8	178 55.8	10.6	26 26.4	0.7	54.0
04	243 53.5	17.7	193 25.4	10.5	26 27.1	0.5	54.0
05	258 53.6	18.5	207 54.9	10.5	26 27.6	0.4	54.1
06	273 53.7	S11 19.4	222 24.4	10.5	S26 28.0	0.3	54.1
07	288 53.8	20.3	236 53.9	10.5	26 28.3	0.1	54.1
08	303 53.9	21.2	251 23.4	10.5	26 28.4	0.1	54.1
09	318 54.0	.. 22.0	265 52.9	10.5	26 28.5	0.1	54.1
10	333 54.1	22.9	280 22.4	10.5	26 28.4	0.3	54.1
11	348 54.2	23.8	294 51.9	10.5	26 28.1	0.3	54.1
12	3 54.2	S11 24.7	309 21.4	10.5	S26 27.8	0.5	54.1
13	18 54.3	25.6	323 50.9	10.5	26 27.3	0.6	54.1
14	33 54.4	26.4	338 20.4	10.5	26 26.7	0.7	54.1
15	48 54.5	.. 27.3	352 49.9	10.5	26 26.0	0.9	54.1
16	63 54.6	28.2	7 19.4	10.5	26 25.1	1.0	54.1
17	78 54.7	29.1	21 48.9	10.5	26 24.1	1.1	54.1
18	93 54.8	S11 29.9	36 18.4	10.5	S26 23.0	1.2	54.1
19	108 54.8	30.8	50 47.9	10.5	26 21.8	1.4	54.1
20	123 54.9	31.7	65 17.4	10.6	26 20.4	1.4	54.1
21	138 55.0	.. 32.6	79 47.0	10.5	26 19.0	1.7	54.1
22	153 55.1	33.4	94 16.5	10.6	26 17.3	1.7	54.1
23	168 55.2	34.3	108 46.1	10.5	26 15.6	1.9	54.1
24 00 (WEDNESDAY)	183 55.3	S11 35.2	123 15.6	10.6	S26 13.7	2.0	54.2
01	198 55.3	36.0	137 45.2	10.6	26 11.7	2.1	54.2
02	213 55.4	36.9	152 14.8	10.6	26 09.6	2.2	54.2
03	228 55.5	.. 37.8	166 44.4	10.6	26 07.4	2.4	54.2
04	243 55.6	38.7	181 14.0	10.6	26 05.0	2.5	54.2
05	258 55.7	39.5	195 43.6	10.7	26 02.5	2.6	54.2
06	273 55.8	S11 40.4	210 13.3	10.6	S25 59.9	2.7	54.2
07	288 55.8	41.3	224 42.9	10.7	25 57.2	2.9	54.2
08	303 55.9	42.1	239 12.6	10.7	25 54.3	3.0	54.2
09	318 56.0	.. 43.0	253 42.3	10.7	25 51.3	3.1	54.2
10	333 56.1	43.9	268 12.0	10.8	25 48.2	3.2	54.2
11	348 56.2	44.8	282 41.8	10.7	25 45.0	3.4	54.3
12	3 56.2	S11 45.6	297 11.5	10.8	S25 41.6	3.5	54.3
13	18 56.3	46.5	311 41.3	10.8	25 38.1	3.6	54.3
14	33 56.4	47.4	326 11.1	10.8	25 34.5	3.7	54.3
15	48 56.5	.. 48.2	340 40.9	10.8	25 30.8	3.8	54.3
16	63 56.6	49.1	355 10.7	10.9	25 27.0	4.0	54.3
17	78 56.6	50.0	9 40.6	10.8	25 23.0	4.1	54.3
18	93 56.7	S11 50.8	24 10.4	10.9	S25 18.9	4.2	54.3
19	108 56.8	51.7	38 40.3	11.0	25 14.7	4.3	54.4
20	123 56.9	52.6	53 10.3	10.9	25 10.4	4.5	54.4
21	138 56.9	.. 53.4	67 40.2	11.0	25 05.9	4.6	54.4
22	153 57.0	54.3	82 10.2	11.0	25 01.3	4.7	54.4
23	168 57.1	55.2	96 40.2	11.0	24 56.6	4.8	54.4
	S.D. 16.1	d 0.9	S.D. 14.7		14.7		14.8

Lat. °	Twilight Naut. h m	Twilight Civil h m	Sunrise h m	Moonrise 22 h m	Moonrise 23 h m	Moonrise 24 h m	Moonrise 25 h m
N 72	05 28	06 48	08 03	▬	▬	▬	▬
N 70	05 28	06 40	07 47	▬	▬	▬	▬
68	05 28	06 33	07 33	▬	▬	▬	▬
66	05 28	06 28	07 22	▬	▬	▬	16 12
64	05 28	06 23	07 13	▬	▬	15 34	15 18
62	05 27	06 19	07 05	13 06	14 06	14 34	14 45
60	05 27	06 15	06 58	12 28	13 25	14 01	14 20
N 58	05 26	06 12	06 53	12 01	12 57	13 36	14 01
56	05 25	06 09	06 47	11 40	12 35	13 16	13 45
54	05 25	06 06	06 42	11 22	12 17	13 00	13 31
52	05 24	06 04	06 38	11 07	12 02	12 45	13 19
50	05 23	06 01	06 34	10 54	11 49	12 33	13 08
45	05 22	05 56	06 26	10 28	11 21	12 07	12 45
N 40	05 19	05 51	06 19	10 07	11 00	11 47	12 27
35	05 17	05 47	06 12	09 50	10 42	11 30	12 12
30	05 15	05 43	06 07	09 35	10 27	11 15	11 58
20	05 09	05 35	05 58	09 09	10 01	10 50	11 36
N 10	05 03	05 28	05 49	08 47	09 38	10 28	11 16
0	04 55	05 20	05 41	08 27	09 17	10 08	10 58
S 10	04 46	05 11	05 33	08 07	08 57	09 48	10 39
20	04 35	05 01	05 24	07 45	08 34	09 26	10 19
30	04 20	04 49	05 14	07 20	08 08	09 01	09 56
35	04 10	04 42	05 08	07 05	07 53	08 46	09 43
40	03 59	04 33	05 01	06 48	07 35	08 29	09 27
45	03 45	04 22	04 53	06 28	07 14	08 08	09 08
S 50	03 26	04 09	04 44	06 02	06 47	07 42	08 45
52	03 17	04 03	04 39	05 50	06 34	07 29	08 33
54	03 07	03 56	04 35	05 36	06 19	07 14	08 21
56	02 55	03 48	04 29	05 19	06 01	06 57	08 06
58	02 41	03 39	04 23	05 00	05 40	06 37	07 48
S 60	02 23	03 29	04 16	04 35	05 12	06 11	07 27

Lat. °	Sunset h m	Twilight Civil h m	Twilight Naut. h m	Moonset 22 h m	Moonset 23 h m	Moonset 24 h m	Moonset 25 h m
N 72	15 24	16 39	17 58	▬	▬	▬	▬
N 70	15 41	16 47	17 58	▬	▬	▬	▬
68	15 54	16 54	17 59	▬	▬	▬	▬
66	16 05	17 00	17 59	▬	▬	▬	18 16
64	16 14	17 04	18 00	▬	▬	17 12	19 10
62	16 22	17 09	18 00	16 09	16 54	18 11	19 43
60	16 29	17 12	18 01	16 48	17 35	18 44	20 06
N 58	16 35	17 16	18 02	17 15	18 03	19 09	20 25
56	16 41	17 19	18 02	17 36	18 25	19 28	20 41
54	16 45	17 22	18 03	17 54	18 43	19 44	20 55
52	16 50	17 24	18 04	18 09	18 58	19 58	21 07
50	16 54	17 27	18 04	18 22	19 12	20 11	21 17
45	17 02	17 32	18 07	18 49	19 39	20 36	21 39
N 40	17 10	17 37	18 09	19 10	20 00	20 56	21 56
35	17 16	17 42	18 11	19 28	20 18	21 13	22 11
30	17 21	17 46	18 14	19 43	20 33	21 27	22 24
20	17 31	17 53	18 19	20 08	20 59	21 51	22 45
N 10	17 40	18 01	18 26	20 31	21 21	22 12	23 04
0	17 48	18 09	18 33	20 51	21 42	22 32	23 21
S 10	17 56	18 18	18 43	21 12	22 03	22 51	23 38
20	18 05	18 28	18 54	21 34	22 25	23 12	23 57
30	18 15	18 40	19 09	22 00	22 50	23 36	24 18
35	18 21	18 48	19 19	22 15	23 05	23 50	24 30
40	18 28	18 57	19 31	22 33	23 23	24 06	00 06
45	18 36	19 07	19 45	22 54	23 44	24 26	00 26
S 50	18 46	19 21	20 04	23 21	24 10	00 10	00 50
52	18 51	19 27	20 13	23 34	24 23	00 23	01 01
54	18 56	19 34	20 24	23 49	24 38	00 38	01 15
56	19 01	19 43	20 36	24 07	00 07	00 55	01 30
58	19 07	19 52	20 51	24 28	00 28	01 16	01 48
S 60	19 14	20 02	21 09	24 56	00 56	01 42	02 09

Day	SUN Eqn. of Time 00ʰ m s	SUN Eqn. of Time 12ʰ m s	SUN Mer. Pass. h m	MOON Mer. Pass. Upper h m	MOON Mer. Pass. Lower h m	Age d	Phase
22	15 24	15 28	11 45	14 39	02 14	04	
23	15 33	15 37	11 44	15 30	03 04	05	◑
24	15 41	15 45	11 44	16 20	03 55	06	

UT (GMT)	ARIES	VENUS −3.9		MARS −1.5		JUPITER −2.1		SATURN +0.6		STARS		
d h	G.H.A. ° ′	G.H.A. ° ′	Dec. ° ′	G.H.A. ° ′	Dec. ° ′	G.H.A. ° ′	Dec. ° ′	G.H.A. ° ′	Dec. ° ′	Name	S.H.A. ° ′	Dec. ° ′
25 00	33 07.5	185 25.3	S10 13.7	319 59.2	N22 18.8	258 59.0	N17 45.1	101 58.6	S22 05.1	Acamar	315 30.7	S40 20.2
01	48 09.9	200 24.8	14.8	335 01.8	18.9	274 01.2	45.0	117 01.0	05.1	Achernar	335 38.5	S57 16.9
02	63 12.4	215 24.3	16.0	350 04.5	19.0	289 03.4	44.9	132 03.3	05.1	Acrux	173 29.3	S63 02.8
03	78 14.9	230 23.8	·· 17.2	5 07.1	·· 19.1	304 05.6	·· 44.9	147 05.6	·· 05.1	Adhara	255 25.7	S28 57.2
04	93 17.3	245 23.4	18.3	20 09.8	19.1	319 07.8	44.8	162 07.9	05.1	Aldebaran	291 08.6	N16 29.7
05	108 19.8	260 22.9	19.5	35 12.4	19.2	334 10.0	44.7	177 10.3	05.0			
06	123 22.2	275 22.4	S10 20.6	50 15.1	N22 19.3	349 12.2	N17 44.7	192 12.6	S22 05.0	Alioth	166 35.8	N56 00.4
07	138 24.7	290 21.9	21.8	65 17.7	19.4	4 14.4	44.6	207 14.9	05.0	Alkaid	153 12.6	N49 21.5
T 08	153 27.2	305 21.4	23.0	80 20.4	19.5	19 16.5	44.5	222 17.2	05.0	Al Na'ir	28 04.6	S47 00.4
H 09	168 29.6	320 20.9	·· 24.1	95 23.1	·· 19.6	34 18.7	·· 44.5	237 19.6	·· 05.0	Alnilam	276 03.4	S 1 12.2
U 10	183 32.1	335 20.4	25.3	110 25.7	19.7	49 20.9	44.4	252 21.9	05.0	Alphard	218 12.9	S 8 37.0
R 11	198 34.6	350 19.9	26.4	125 28.4	19.8	64 23.1	44.3	267 24.2	05.0			
S 12	213 37.0	5 19.4	S10 27.6	140 31.0	N22 19.9	79 25.3	N17 44.3	282 26.5	S22 04.9	Alphecca	126 25.7	N26 44.7
D 13	228 39.5	20 18.9	28.8	155 33.7	20.0	94 27.5	44.2	297 28.9	04.9	Alpheratz	358 00.9	N29 02.7
A 14	243 42.0	35 18.4	29.9	170 36.4	20.1	109 29.7	44.1	312 31.2	04.9	Altair	62 24.8	N 8 50.7
Y 15	258 44.4	50 17.9	·· 31.1	185 39.1	·· 20.2	124 31.9	·· 44.1	327 33.5	·· 04.9	Ankaa	353 31.9	S42 21.3
16	273 46.9	65 17.4	32.2	200 41.7	20.3	139 34.1	44.0	342 35.8	04.9	Antares	112 47.4	S26 24.8
17	288 49.4	80 16.9	33.4	215 44.4	20.3	154 36.3	43.9	357 38.2	04.9			
18	303 51.8	95 16.4	S10 34.5	230 47.1	N22 20.4	169 38.5	N17 43.9	12 40.5	S22 04.8	Arcturus	146 11.5	N19 13.8
19	318 54.3	110 15.9	35.7	245 49.7	20.5	184 40.7	43.8	27 42.8	04.8	Atria	108 05.1	S69 01.0
20	333 56.7	125 15.4	36.9	260 52.4	20.6	199 42.9	43.7	42 45.1	04.8	Avior	234 25.1	S59 28.4
21	348 59.2	140 14.9	·· 38.0	275 55.1	·· 20.7	214 45.1	·· 43.7	57 47.5	·· 04.8	Bellatrix	278 50.0	N 6 20.7
22	4 01.7	155 14.4	39.2	290 57.8	20.8	229 47.3	43.6	72 49.8	04.8	Betelgeuse	271 19.5	N 7 24.5
23	19 04.1	170 13.9	40.3	306 00.5	20.9	244 49.5	43.5	87 52.1	04.8			
26 00	34 06.6	185 13.4	S10 41.5	321 03.1	N22 21.0	259 51.6	N17 43.5	102 54.4	S22 04.7	Canopus	264 03.4	S52 41.1
01	49 09.1	200 12.9	42.6	336 05.8	21.1	274 53.8	43.4	117 56.8	04.7	Capella	280 59.2	N45 59.4
02	64 11.5	215 12.4	43.8	351 08.5	21.2	289 56.0	43.3	132 59.1	04.7	Deneb	49 43.1	N45 15.1
03	79 14.0	230 11.9	·· 44.9	6 11.2	·· 21.3	304 58.2	·· 43.3	148 01.4	·· 04.7	Denebola	182 51.2	N14 37.4
04	94 16.5	245 11.4	46.1	21 13.9	21.3	320 00.4	43.2	163 03.7	04.7	Diphda	349 12.5	S18 02.0
05	109 18.9	260 10.9	47.2	36 16.6	21.4	335 02.6	43.1	178 06.1	04.7			
06	124 21.4	275 10.4	S10 48.4	51 19.3	N22 21.5	350 04.8	N17 43.1	193 08.4	S22 04.6	Dubhe	194 12.5	N61 47.8
07	139 23.9	290 09.9	49.5	66 22.0	21.6	5 07.0	43.0	208 10.7	04.6	Elnath	278 33.8	N28 36.1
08	154 26.3	305 09.4	50.7	81 24.7	21.7	20 09.2	42.9	223 13.0	04.6	Eltanin	90 54.3	N51 29.6
F 09	169 28.8	320 08.9	·· 51.8	96 27.4	·· 21.8	35 11.4	·· 42.9	238 15.3	·· 04.6	Enif	34 03.7	N 9 50.1
R 10	184 31.2	335 08.4	53.0	111 30.1	21.9	50 13.6	42.8	253 17.7	04.6	Fomalhaut	15 42.3	S29 40.2
I 11	199 33.7	350 07.9	54.1	126 32.8	22.0	65 15.8	42.7	268 20.0	04.6			
D 12	214 36.2	5 07.4	S10 55.3	141 35.5	N22 22.1	80 18.0	N17 42.7	283 22.3	S22 04.6	Gacrux	172 20.6	S57 03.6
A 13	229 38.6	20 06.9	56.4	156 38.2	22.2	95 20.2	42.6	298 24.6	04.5	Gienah	176 10.1	S17 29.4
Y 14	244 41.1	35 06.4	57.6	171 40.9	22.2	110 22.4	42.5	313 26.9	04.5	Hadar	149 12.9	S60 19.8
15	259 43.6	50 05.9	·· 58.7	186 43.6	·· 22.3	125 24.6	·· 42.5	328 29.3	·· 04.5	Hamal	328 19.6	N23 25.4
16	274 46.0	65 05.4	10 59.9	201 46.3	22.4	140 26.8	42.4	343 31.6	04.5	Kaus Aust.	84 06.5	S34 23.5
17	289 48.5	80 04.9	11 01.0	216 49.0	22.5	155 29.0	42.4	358 33.9	04.5			
18	304 51.0	95 04.4	S11 02.2	231 51.7	N22 22.6	170 31.2	N17 42.3	13 36.2	S22 04.5	Kochab	137 20.1	N74 11.5
19	319 53.4	110 03.9	03.3	246 54.4	22.7	185 33.4	42.2	28 38.6	04.4	Markab	13 55.1	N15 09.6
20	334 55.9	125 03.3	04.5	261 57.2	22.8	200 35.6	42.2	43 40.9	04.4	Menkar	314 32.5	N 4 03.5
21	349 58.3	140 02.8	·· 05.6	276 59.9	·· 22.9	215 37.8	·· 42.1	58 43.2	·· 04.4	Menkent	148 28.1	S36 19.5
22	5 00.8	155 02.3	06.7	292 02.6	23.0	230 40.0	42.0	73 45.5	04.4	Miaplacidus	221 43.8	S69 40.4
23	20 03.3	170 01.8	07.9	307 05.3	23.0	245 42.2	42.0	88 47.8	04.4			
27 00	35 05.7	185 01.3	S11 09.0	322 08.0	N22 23.1	260 44.4	N17 41.9	103 50.2	S22 04.4	Mirfak	309 04.3	N49 49.9
01	50 08.2	200 00.8	10.2	337 10.8	23.2	275 46.6	41.8	118 52.5	04.3	Nunki	76 19.4	S26 18.6
02	65 10.7	215 00.3	11.3	352 13.5	23.3	290 48.8	41.8	133 54.8	04.3	Peacock	53 45.7	S56 46.1
03	80 13.1	229 59.8	·· 12.5	7 16.2	·· 23.4	305 51.0	·· 41.7	148 57.1	·· 04.3	Pollux	243 48.4	N28 02.9
04	95 15.6	244 59.3	13.6	22 19.0	23.5	320 53.2	41.6	163 59.4	04.3	Procyon	245 17.4	N 5 15.1
05	110 18.1	259 58.8	14.7	37 21.7	23.6	335 55.4	41.6	179 01.7	04.3			
06	125 20.5	274 58.2	S11 15.9	52 24.4	N22 23.7	350 57.6	N17 41.5	194 04.1	S22 04.3	Rasalhague	96 22.4	N12 34.0
07	140 23.0	289 57.7	17.0	67 27.2	23.7	5 59.9	41.5	209 06.4	04.2	Regulus	208 01.7	N12 00.8
S 08	155 25.5	304 57.2	18.2	82 29.9	23.8	21 02.1	41.4	224 08.7	04.2	Rigel	281 28.1	S 8 12.5
A 09	170 27.9	319 56.7	·· 19.3	97 32.6	·· 23.9	36 04.3	·· 41.3	239 11.0	·· 04.2	Rigil Kent.	140 15.8	S60 47.9
T 10	185 30.4	334 56.2	20.4	112 35.4	24.0	51 06.5	41.3	254 13.3	04.2	Sabik	102 32.3	S15 42.9
U 11	200 32.8	349 55.7	21.6	127 38.1	24.1	66 08.7	41.2	269 15.7	04.2			
R 12	215 35.3	4 55.2	S11 22.7	142 40.9	N22 24.2	81 10.9	N17 41.1	284 18.0	S22 04.2	Schedar	349 59.6	N56 29.5
D 13	230 37.8	19 54.7	23.8	157 43.6	24.3	96 13.1	41.1	299 20.3	04.1	Shaula	96 45.2	S37 06.0
A 14	245 40.2	34 54.1	25.0	172 46.4	24.4	111 15.3	41.0	314 22.6	04.1	Sirius	258 48.5	S16 41.9
Y 15	260 42.7	49 53.6	·· 26.1	187 49.1	·· 24.4	126 17.5	·· 40.9	329 24.9	·· 04.1	Spica	158 49.5	S11 06.8
16	275 45.2	64 53.1	27.3	202 51.9	24.5	141 19.7	40.9	344 27.2	04.1	Suhail	223 05.1	S43 23.4
17	290 47.6	79 52.6	28.4	217 54.6	24.6	156 21.9	40.8	359 29.6	04.1			
18	305 50.1	94 52.1	S11 29.5	232 57.4	N22 24.7	171 24.1	N17 40.8	14 31.9	S22 04.1	Vega	80 50.7	N38 46.7
19	320 52.6	109 51.6	30.7	248 00.1	24.8	186 26.3	40.7	29 34.2	04.0	Zuben'ubi	137 24.6	S16 00.3
20	335 55.0	124 51.0	31.8	263 02.9	24.9	201 28.5	40.6	44 36.5	04.0			
21	350 57.5	139 50.5	·· 32.9	278 05.6	·· 25.0	216 30.7	·· 40.6	59 38.8	·· 04.0			
22	6 00.0	154 50.0	34.1	293 08.4	25.0	231 32.9	40.5	74 41.1	04.0			
23	21 02.4	169 49.5	35.2	308 11.1	25.1	246 35.2	40.4	89 43.5	04.0			
Mer. Pass.	h m 21 40.0	v −0.5	d 1.1	v 2.7	d 0.1	v 2.2	d 0.1	v 2.3	d 0.0			

	S.H.A. ° ′	Mer. Pass. h m
Venus	151 06.8	11 39
Mars	286 56.5	2 35
Jupiter	225 45.0	6 40
Saturn	68 47.8	17 06

UT (GMT) d h	SUN G.H.A. ° ′	SUN Dec. ° ′	MOON G.H.A. ° ′	v ′	Dec. ° ′	d ′	H.P. ′
25 00	183 57.2	S11 56.0	111 10.2	11.1	S24 51.8	4.9	54.4
01	198 57.3	56.9	125 40.3	11.1	24 46.9	5.1	54.4
02	213 57.3	57.8	140 10.4	11.1	24 41.8	5.1	54.5
03	228 57.4	. . 58.6	154 40.5	11.1	24 36.7	5.3	54.5
04	243 57.5	11 59.5	169 10.6	11.2	24 31.4	5.4	54.5
05	258 57.6	12 00.4	183 40.8	11.2	24 26.0	5.5	54.5
06	273 57.6	S12 01.2	198 11.0	11.2	S24 20.5	5.7	54.5
07	288 57.7	02.1	212 41.2	11.3	24 14.8	5.7	54.5
THURSDAY 08	303 57.8	02.9	227 11.5	11.3	24 09.1	5.9	54.6
09	318 57.9	. . 03.8	241 41.8	11.3	24 03.2	6.0	54.6
10	333 57.9	04.7	256 12.1	11.3	23 57.2	6.1	54.6
11	348 58.0	05.5	270 42.4	11.4	23 51.1	6.2	54.6
12	3 58.1	S12 06.4	285 12.8	11.4	S23 44.9	6.3	54.6
13	18 58.1	07.3	299 43.2	11.5	23 38.6	6.5	54.6
14	33 58.2	08.1	314 13.7	11.5	23 32.1	6.5	54.7
15	48 58.3	. . 09.0	328 44.2	11.5	23 25.6	6.7	54.7
16	63 58.4	09.8	343 14.7	11.5	23 18.9	6.8	54.7
17	78 58.4	10.7	357 45.2	11.6	23 12.1	6.9	54.7
18	93 58.5	S12 11.6	12 15.8	11.6	S23 05.2	7.0	54.7
19	108 58.6	12.4	26 46.4	11.6	22 58.2	7.1	54.8
20	123 58.6	13.3	41 17.0	11.7	22 51.1	7.2	54.8
21	138 58.7	. . 14.1	55 47.7	11.7	22 43.9	7.4	54.8
22	153 58.8	15.0	70 18.4	11.8	22 36.5	7.4	54.8
23	168 58.9	15.9	84 49.2	11.8	22 29.1	7.6	54.8
26 00	183 58.9	S12 16.7	99 20.0	11.8	S22 21.5	7.7	54.9
01	198 59.0	17.6	113 50.8	11.8	22 13.8	7.7	54.9
02	213 59.1	18.4	128 21.6	11.9	22 06.1	7.9	54.9
03	228 59.1	. . 19.3	142 52.5	11.9	21 58.2	8.0	54.9
04	243 59.2	20.1	157 23.4	11.9	21 50.2	8.1	54.9
05	258 59.3	21.0	171 54.3	12.0	21 42.1	8.2	55.0
06	273 59.3	S12 21.9	186 25.3	12.0	S21 33.9	8.3	55.0
07	288 59.4	22.7	200 56.3	12.1	21 25.6	8.4	55.0
08	303 59.5	23.6	215 27.4	12.1	21 17.2	8.5	55.0
FRIDAY 09	318 59.5	. . 24.4	229 58.5	12.1	21 08.7	8.6	55.1
10	333 59.6	25.3	244 29.6	12.1	21 00.1	8.8	55.1
11	348 59.7	26.1	259 00.7	12.2	20 51.3	8.8	55.1
12	3 59.7	S12 27.0	273 31.9	12.2	S20 42.5	8.9	55.1
13	18 59.8	27.8	288 03.1	12.3	20 33.6	9.0	55.2
14	33 59.9	28.7	302 34.4	12.3	20 24.6	9.2	55.2
15	48 59.9	. . 29.5	317 05.7	12.3	20 15.4	9.2	55.2
16	64 00.0	30.4	331 37.0	12.3	20 06.2	9.3	55.2
17	79 00.1	31.2	346 08.3	12.4	19 56.9	9.4	55.3
18	94 00.1	S12 32.1	0 39.7	12.4	S19 47.5	9.6	55.3
19	109 00.2	32.9	15 11.1	12.4	19 37.9	9.6	55.3
20	124 00.2	33.8	29 42.5	12.5	19 28.3	9.7	55.3
21	139 00.3	. . 34.6	44 14.0	12.5	19 18.6	9.8	55.4
22	154 00.4	35.5	58 45.5	12.6	19 08.8	9.9	55.4
23	169 00.4	36.3	73 17.1	12.5	18 58.9	10.1	55.4
27 00	184 00.5	S12 37.2	87 48.6	12.6	S18 48.8	10.1	55.5
01	199 00.6	38.0	102 20.2	12.6	18 38.7	10.2	55.5
02	214 00.6	38.9	116 51.8	12.7	18 28.5	10.2	55.5
03	229 00.7	. . 39.7	131 23.5	12.7	18 18.3	10.4	55.5
04	244 00.7	40.6	145 55.2	12.7	18 07.9	10.5	55.6
05	259 00.8	41.4	160 26.9	12.7	17 57.4	10.6	55.6
06	274 00.9	S12 42.3	174 58.6	12.8	S17 46.8	10.6	55.6
07	289 00.9	43.1	189 30.4	12.8	17 36.2	10.8	55.7
SATURDAY 08	304 01.0	44.0	204 02.2	12.8	17 25.4	10.8	55.7
09	319 01.0	. . 44.8	218 34.0	12.9	17 14.6	11.0	55.7
10	334 01.1	45.7	233 05.9	12.8	17 03.6	11.0	55.8
11	349 01.1	46.5	247 37.7	12.9	16 52.6	11.1	55.8
12	4 01.2	S12 47.4	262 09.6	12.9	S16 41.5	11.2	55.8
13	19 01.3	48.2	276 41.5	13.0	16 30.3	11.3	55.8
14	34 01.3	49.1	291 13.5	13.0	16 19.0	11.3	55.9
15	49 01.4	. . 49.9	305 45.5	13.0	16 07.7	11.5	55.9
16	64 01.4	50.7	320 17.5	13.0	15 56.2	11.5	55.9
17	79 01.5	51.6	334 49.5	13.0	15 44.7	11.6	56.0
18	94 01.5	S12 52.4	349 21.5	13.1	S15 33.1	11.8	56.0
19	109 01.6	53.3	3 53.6	13.0	15 21.3	11.7	56.0
20	124 01.7	54.1	18 25.6	13.1	15 09.6	11.9	56.1
21	139 01.7	. . 55.0	32 57.7	13.2	14 57.7	12.0	56.1
22	154 01.8	55.8	47 29.9	13.1	14 45.7	12.0	56.1
23	169 01.8	56.6	62 02.0	13.1	14 33.7	12.1	56.2
	S.D. 16.1	*d* 0.9	S.D. 14.9		15.0		15.2

Lat. °	Twilight Naut. h m	Twilight Civil h m	Sunrise h m	Moonrise 25 h m	26 h m	27 h m	28 h m
N 72	05 41	07 01	08 20	■	■	16 45	15 52
N 70	05 39	06 51	08 00	■	17 40	16 08	15 34
68	05 38	06 44	07 45	■	16 16	15 41	15 20
66	05 37	06 37	07 33	16 12	15 37	15 20	15 08
64	05 36	06 32	07 22	15 18	15 10	15 04	14 58
62	05 35	06 27	07 14	14 45	14 49	14 50	14 50
60	05 33	06 22	07 06	14 20	14 32	14 38	14 43
N 58	05 32	06 18	06 59	14 01	14 17	14 28	14 36
56	05 31	06 15	06 54	13 45	14 05	14 19	14 30
54	05 30	06 12	06 48	13 31	13 54	14 11	14 25
52	05 29	06 09	06 44	13 19	13 44	14 04	14 20
50	05 28	06 06	06 39	13 08	13 35	13 58	14 16
45	05 25	06 00	06 30	12 45	13 17	13 44	14 07
N 40	05 22	05 54	06 22	12 27	13 02	13 32	13 59
35	05 20	05 49	06 15	12 12	12 49	13 22	13 53
30	05 17	05 45	06 09	11 58	12 38	13 13	13 47
20	05 10	05 36	05 59	11 36	12 18	12 58	13 36
N 10	05 03	05 28	05 49	11 16	12 02	12 45	13 27
0	04 55	05 19	05 41	10 58	11 46	12 33	13 19
S 10	04 45	05 10	05 32	10 39	11 30	12 20	13 10
20	04 33	04 59	05 22	10 19	11 13	12 07	13 01
30	04 17	04 46	05 11	09 56	10 53	11 52	12 51
35	04 06	04 38	05 05	09 43	10 42	11 43	12 45
40	03 54	04 29	04 57	09 27	10 29	11 33	12 38
45	03 39	04 17	04 49	09 08	10 13	11 20	12 30
S 50	03 19	04 03	04 38	08 45	09 54	11 06	12 20
52	03 09	03 56	04 33	08 33	09 44	10 59	12 15
54	02 58	03 49	04 28	08 21	09 34	10 51	12 10
56	02 45	03 40	04 22	08 06	09 22	10 43	12 05
58	02 29	03 30	04 15	07 48	09 09	10 33	11 58
S 60	02 10	03 19	04 08	07 27	08 53	10 22	11 51

Lat. °	Sunset h m	Twilight Civil h m	Twilight Naut. h m	Moonset 25 h m	26 h m	27 h m	28 h m
N 72	15 07	16 25	17 45	■	■	21 05	23 35
N 70	15 26	16 35	17 47	■	18 31	21 41	23 51
68	15 42	16 43	17 48	■	19 54	22 06	24 03
66	15 54	16 50	17 50	18 16	20 31	22 25	24 13
64	16 04	16 55	17 51	19 10	20 58	22 41	24 21
62	16 13	17 00	17 52	19 43	21 18	22 53	24 28
60	16 21	17 05	17 53	20 06	21 35	23 04	24 34
N 58	16 28	17 09	17 55	20 25	21 48	23 13	24 40
56	16 34	17 12	17 56	20 41	22 00	23 22	24 44
54	16 39	17 16	17 57	20 55	22 10	23 29	24 49
52	16 44	17 19	17 58	21 07	22 20	23 35	24 52
50	16 48	17 21	17 59	21 17	22 28	23 41	24 56
45	16 58	17 28	18 02	21 39	22 45	23 53	25 03
N 40	17 06	17 33	18 05	21 56	22 59	24 04	00 04
35	17 12	17 38	18 08	22 11	23 11	24 12	00 12
30	17 18	17 43	18 11	22 24	23 21	24 20	00 20
20	17 29	17 52	18 18	22 45	23 39	24 33	00 33
N 10	17 38	18 00	18 25	23 04	23 54	24 44	00 44
0	17 47	18 09	18 33	23 21	24 09	00 09	00 55
S 10	17 56	18 18	18 43	23 38	24 23	00 23	01 05
20	18 06	18 29	18 56	23 57	24 38	00 38	01 17
30	18 17	18 42	19 12	24 18	00 18	00 55	01 29
35	18 24	18 51	19 22	24 30	00 30	01 05	01 36
40	18 32	19 00	19 35	00 06	00 44	01 16	01 45
45	18 40	19 12	19 50	00 26	01 00	01 29	01 54
S 50	18 51	19 26	20 11	00 50	01 21	01 45	02 06
52	18 56	19 33	20 21	01 01	01 31	01 53	02 11
54	19 01	19 41	20 32	01 15	01 41	02 01	02 17
56	19 08	19 50	20 45	01 30	01 54	02 11	02 23
58	19 14	20 00	21 02	01 48	02 08	02 21	02 30
S 60	19 22	20 12	21 21	02 09	02 24	02 33	02 38

Day	SUN Eqn. of Time 00ʰ m s	12ʰ m s	Mer. Pass. h m	MOON Mer. Pass. Upper h m	Lower h m	Age d	Phase
25	15 49	15 52	11 44	17 09	04 45	07	◐
26	15 56	15 59	11 44	17 57	05 33	08	
27	16 02	16 05	11 44	18 44	06 21	09	

UT (GMT)		ARIES	VENUS −3.9		MARS −1.6		JUPITER −2.1		SATURN +0.6		STARS		
d	h	G.H.A. ° ′	G.H.A. ° ′	Dec. ° ′	G.H.A. ° ′	Dec. ° ′	G.H.A. ° ′	Dec. ° ′	G.H.A. ° ′	Dec. ° ′	Name	S.H.A. ° ′	Dec. ° ′
28	00	36 04.9	184 49.0	S11 36.3	323 13.9	N22 25.2	261 37.4	N17 40.4	104 45.8	S22 04.0	Acamar	315 30.7	S40 20.2
	01	51 07.3	199 48.4	37.5	338 16.7	25.3	276 39.6	40.3	119 48.1	03.9	Achernar	335 38.5	S57 16.9
	02	66 09.8	214 47.9	38.6	353 19.4	25.4	291 41.8	40.3	134 50.4	03.9	Acrux	173 29.2	S63 02.8
	03	81 12.3	229 47.4	· · 39.7	8 22.2	· · 25.5	306 44.0	· · 40.2	149 52.7	· · 03.9	Adhara	255 25.7	S28 57.2
	04	96 14.7	244 46.9	40.8	23 25.0	25.6	321 46.2	40.1	164 55.0	03.9	Aldebaran	291 08.6	N16 29.7
	05	111 17.2	259 46.4	42.0	38 27.8	25.6	336 48.4	40.1	179 57.3	03.9			
	06	126 19.7	274 45.8	S11 43.1	53 30.5	N22 25.7	351 50.6	N17 40.0	194 59.7	S22 03.8	Alioth	166 35.8	N56 00.4
	07	141 22.1	289 45.3	44.2	68 33.3	25.8	6 52.8	39.9	210 02.0	03.8	Alkaid	153 12.5	N49 21.4
	08	156 24.6	304 44.8	45.4	83 36.1	25.9	21 55.0	39.9	225 04.3	03.8	Al Na'ir	28 04.6	S47 00.5
S	09	171 27.1	319 44.3	· · 46.5	98 38.9	· · 26.0	36 57.3	· · 39.8	240 06.6	· · 03.8	Alnilam	276 03.4	S 1 12.2
U	10	186 29.5	334 43.8	47.6	113 41.6	26.1	51 59.5	39.8	255 08.9	03.8	Alphard	218 12.8	S 8 37.0
N	11	201 32.0	349 43.2	48.7	128 44.4	26.1	67 01.7	39.7	270 11.2	03.8			
D	12	216 34.5	4 42.7	S11 49.9	143 47.2	N22 26.2	82 03.9	N17 39.6	285 13.5	S22 03.7	Alphecca	126 25.7	N26 44.7
A	13	231 36.9	19 42.2	51.0	158 50.0	26.3	97 06.1	39.6	300 15.9	03.7	Alpheratz	358 00.9	N29 02.7
Y	14	246 39.4	34 41.7	52.1	173 52.8	26.4	112 08.3	39.5	315 18.2	03.7	Altair	62 24.8	N 8 50.7
	15	261 41.8	49 41.1	· · 53.2	188 55.6	· · 26.5	127 10.5	· · 39.4	330 20.5	· · 03.7	Ankaa	353 31.9	S42 21.3
	16	276 44.3	64 40.6	54.4	203 58.4	26.6	142 12.7	39.4	345 22.8	03.7	Antares	112 47.4	S26 24.8
	17	291 46.8	79 40.1	55.5	219 01.1	26.6	157 15.0	39.3	0 25.1	03.7			
	18	306 49.2	94 39.6	S11 56.6	234 03.9	N22 26.7	172 17.2	N17 39.3	15 27.4	S22 03.6	Arcturus	146 11.5	N19 13.8
	19	321 51.7	109 39.0	57.7	249 06.7	26.8	187 19.4	39.2	30 29.7	03.6	Atria	108 05.1	S69 00.9
	20	336 54.2	124 38.5	11 58.9	264 09.5	26.9	202 21.6	39.1	45 32.1	03.6	Avior	234 25.1	S59 28.4
	21	351 56.6	139 38.0	12 00.0	279 12.3	· · 27.0	217 23.8	· · 39.1	60 34.4	· · 03.6	Bellatrix	278 50.0	N 6 20.7
	22	6 59.1	154 37.4	01.1	294 15.1	27.1	232 26.0	39.0	75 36.7	03.6	Betelgeuse	271 19.5	N 7 24.5
	23	22 01.6	169 36.9	02.2	309 17.9	27.1	247 28.2	39.0	90 39.0	03.6			
29	00	37 04.0	184 36.4	S12 03.3	324 20.7	N22 27.2	262 30.5	N17 38.9	105 41.3	S22 03.5	Canopus	264 03.4	S52 41.1
	01	52 06.5	199 35.9	04.5	339 23.5	27.3	277 32.7	38.8	120 43.6	03.5	Capella	280 59.2	N45 59.4
	02	67 08.9	214 35.3	05.6	354 26.3	27.4	292 34.9	38.8	135 45.9	03.5	Deneb	49 43.1	N45 15.1
	03	82 11.4	229 34.8	· · 06.7	9 29.2	· · 27.5	307 37.1	· · 38.7	150 48.2	· · 03.5	Denebola	182 51.1	N14 37.4
	04	97 13.9	244 34.3	07.8	24 32.0	27.6	322 39.3	38.7	165 50.5	03.5	Diphda	349 12.5	S18 02.1
	05	112 16.3	259 33.7	08.9	39 34.8	27.6	337 41.5	38.6	180 52.9	03.4			
	06	127 18.8	274 33.2	S12 10.1	54 37.6	N22 27.7	352 43.8	N17 38.5	195 55.2	S22 03.4	Dubhe	194 12.5	N61 47.8
	07	142 21.3	289 32.7	11.2	69 40.4	27.8	7 46.0	38.5	210 57.5	03.4	Elnath	278 33.8	N28 36.1
	08	157 23.7	304 32.1	12.3	84 43.2	27.9	22 48.2	38.4	225 59.8	03.4	Eltanin	90 54.4	N51 29.6
M	09	172 26.2	319 31.6	· · 13.4	99 46.0	· · 28.0	37 50.4	· · 38.4	241 02.1	· · 03.4	Enif	34 03.7	N 9 50.1
O	10	187 28.7	334 31.1	14.5	114 48.9	28.0	52 52.6	38.3	256 04.4	03.4	Fomalhaut	15 42.3	S29 40.2
N	11	202 31.1	349 30.5	15.6	129 51.7	28.1	67 54.9	38.2	271 06.7	03.3			
D	12	217 33.6	4 30.0	S12 16.7	144 54.5	N22 28.2	82 57.1	N17 38.2	286 09.0	S22 03.3	Gacrux	172 20.6	S57 03.6
A	13	232 36.1	19 29.5	17.9	159 57.3	28.3	97 59.3	38.1	301 11.3	03.3	Gienah	176 10.1	S17 29.4
Y	14	247 38.5	34 28.9	19.0	175 00.2	28.4	113 01.5	38.1	316 13.6	03.3	Hadar	149 12.9	S60 19.8
	15	262 41.0	49 28.4	· · 20.1	190 03.0	· · 28.4	128 03.7	· · 38.0	331 16.0	· · 03.3	Hamal	328 19.6	N23 25.4
	16	277 43.4	64 27.9	21.2	205 05.8	28.5	143 05.9	37.9	346 18.3	03.2	Kaus Aust.	84 06.5	S34 23.5
	17	292 45.9	79 27.3	22.3	220 08.6	28.6	158 08.2	37.9	1 20.6	03.2			
	18	307 48.4	94 26.8	S12 23.4	235 11.5	N22 28.7	173 10.4	N17 37.8	16 22.9	S22 03.2	Kochab	137 20.1	N74 11.5
	19	322 50.8	109 26.3	24.5	250 14.3	28.8	188 12.6	37.8	31 25.2	03.2	Markab	13 55.1	N15 09.6
	20	337 53.3	124 25.7	25.6	265 17.1	28.8	203 14.8	37.7	46 27.5	03.2	Menkar	314 32.5	N 4 03.5
	21	352 55.8	139 25.2	· · 26.7	280 20.0	· · 28.9	218 17.1	· · 37.6	61 29.8	· · 03.2	Menkent	148 28.1	S36 19.5
	22	7 58.2	154 24.6	27.9	295 22.8	29.0	233 19.3	37.6	76 32.1	03.1	Miaplacidus	221 43.7	S69 40.4
	23	23 00.7	169 24.1	29.0	310 25.7	29.1	248 21.5	37.5	91 34.4	03.1			
30	00	38 03.2	184 23.6	S12 30.1	325 28.5	N22 29.2	263 23.7	N17 37.5	106 36.7	S22 03.1	Mirfak	309 04.3	N49 49.9
	01	53 05.6	199 23.0	31.2	340 31.3	29.2	278 25.9	37.4	121 39.0	03.1	Nunki	76 19.5	S26 18.6
	02	68 08.1	214 22.5	32.3	355 34.2	29.3	293 28.2	37.3	136 41.4	03.1	Peacock	53 45.7	S56 46.1
	03	83 10.6	229 21.9	· · 33.4	10 37.0	· · 29.4	308 30.4	· · 37.3	151 43.7	· · 03.0	Pollux	243 48.3	N28 02.9
	04	98 13.0	244 21.4	34.5	25 39.9	29.5	323 32.6	37.2	166 46.0	03.0	Procyon	245 17.4	N 5 15.1
	05	113 15.5	259 20.9	35.6	40 42.7	29.6	338 34.8	37.2	181 48.3	03.0			
	06	128 17.9	274 20.3	S12 36.7	55 45.6	N22 29.6	353 37.1	N17 37.1	196 50.6	S22 03.0	Rasalhague	96 22.4	N12 34.0
	07	143 20.4	289 19.8	37.8	70 48.4	29.7	8 39.3	37.0	211 52.9	03.0	Regulus	208 01.6	N12 00.7
T	08	158 22.9	304 19.2	38.9	85 51.3	29.8	23 41.5	37.0	226 55.2	03.0	Rigel	281 28.1	S 8 12.5
U	09	173 25.3	319 18.7	· · 40.0	100 54.2	· · 29.9	38 43.7	· · 36.9	241 57.5	· · 02.9	Rigil Kent.	140 15.8	S60 47.9
E	10	188 27.8	334 18.2	41.1	115 57.0	29.9	53 46.0	36.9	256 59.8	02.9	Sabik	102 32.3	S15 42.9
S	11	203 30.3	349 17.6	42.2	130 59.9	30.0	68 48.2	36.8	272 02.1	02.9			
D	12	218 32.7	4 17.1	S12 43.3	146 02.7	N22 30.1	83 50.4	N17 36.8	287 04.4	S22 02.9	Schedar	349 59.7	N56 29.5
A	13	233 35.2	19 16.5	44.4	161 05.6	30.2	98 52.6	36.7	302 06.7	02.9	Shaula	96 45.3	S37 06.0
Y	14	248 37.7	34 16.0	45.5	176 08.5	30.2	113 54.9	36.6	317 09.0	02.8	Sirius	258 48.5	S16 42.0
	15	263 40.1	49 15.4	· · 46.6	191 11.3	· · 30.3	128 57.1	· · 36.6	332 11.3	· · 02.8	Spica	158 49.5	S11 06.8
	16	278 42.6	64 14.9	47.7	206 14.2	30.4	143 59.3	36.5	347 13.6	02.8	Suhail	223 05.1	S43 23.4
	17	293 45.0	79 14.3	48.8	221 17.1	30.5	159 01.5	36.5	2 15.9	02.8			
	18	308 47.5	94 13.8	S12 49.9	236 20.0	N22 30.6	174 03.8	N17 36.4	17 18.3	S22 02.8	Vega	80 50.7	N38 46.7
	19	323 50.0	109 13.2	51.0	251 22.8	30.6	189 06.0	36.4	32 20.6	02.8	Zuben'ubi	137 24.6	S16 00.3
	20	338 52.4	124 12.7	52.1	266 25.7	30.7	204 08.2	36.3	47 22.9	02.7			
	21	353 54.9	139 12.1	· · 53.2	281 28.6	· · 30.8	219 10.4	· · 36.2	62 25.2	· · 02.7			
	22	8 57.4	154 11.6	54.3	296 31.5	30.9	234 12.7	36.2	77 27.5	02.7			
	23	23 59.8	169 11.0	55.4	311 34.3	30.9	249 14.9	36.1	92 29.8	02.7			
Mer. Pass.		h m 21 28.2	*v* −0.5	*d* 1.1	*v* 2.8	*d* 0.1	*v* 2.2	*d* 0.1	*v* 2.3	*d* 0.0			

	S.H.A. ° ′	Mer. Pass. h m
Venus	147 32.4	11 42
Mars	287 16.7	2 22
Jupiter	225 26.4	6 29
Saturn	68 37.3	16 55

UT (GMT) d h	SUN G.H.A. ° ′	SUN Dec. ° ′	MOON G.H.A. ° ′	v ′	MOON Dec. ° ′	d ′	H.P. ′
28 00 SUNDAY	184 01.9	S12 57.5	76 34.1	13.2	S14 21.6	12.2	56.2
01	199 01.9	58.3	91 06.3	13.2	14 09.4	12.3	56.2
02	214 02.0	12 59.2	105 38.5	13.2	13 57.1	12.3	56.3
03	229 02.0	13 00.0	120 10.7	13.2	13 44.8	12.4	56.3
04	244 02.1	· 00.9	134 42.9	13.2	13 32.4	12.5	56.3
05	259 02.1	01.7	149 15.1	13.3	13 19.9	12.6	56.4
06	274 02.2	S13 02.5	163 47.4	13.2	S13 07.3	12.7	56.4
07	289 02.2	03.4	178 19.6	13.3	12 54.6	12.7	56.5
08	304 02.3	04.2	192 51.9	13.3	12 41.9	12.8	56.5
09	319 02.4	.. 05.0	207 24.2	13.3	12 29.1	12.9	56.5
10	334 02.4	05.9	221 56.5	13.3	12 16.2	12.9	56.6
11	349 02.5	06.7	236 28.8	13.3	12 03.3	13.0	56.6
12	4 02.5	S13 07.6	251 01.1	13.3	S11 50.3	13.1	56.6
13	19 02.6	08.4	265 33.4	13.3	11 37.2	13.2	56.7
14	34 02.6	09.2	280 05.7	13.3	11 24.0	13.2	56.7
15	49 02.7	.. 10.1	294 38.0	13.4	11 10.8	13.3	56.7
16	64 02.7	10.9	309 10.4	13.3	10 57.5	13.3	56.8
17	79 02.7	11.7	323 42.7	13.4	10 44.2	13.5	56.8
18	94 02.8	S13 12.6	338 15.1	13.3	S10 30.7	13.5	56.9
19	109 02.8	13.4	352 47.4	13.3	10 17.2	13.5	56.9
20	124 02.9	14.2	7 19.7	13.4	10 03.7	13.6	56.9
21	139 02.9	.. 15.1	21 52.1	13.3	9 50.1	13.7	57.0
22	154 03.0	15.9	36 24.4	13.4	9 36.4	13.8	57.0
23	169 03.0	16.7	50 56.8	13.3	9 22.6	13.8	57.0
29 00 MONDAY	184 03.1	S13 17.6	65 29.1	13.3	S 9 08.8	13.8	57.1
01	199 03.1	18.4	80 01.4	13.4	8 55.0	14.0	57.1
02	214 03.2	19.2	94 33.8	13.3	8 41.0	14.0	57.2
03	229 03.2	.. 20.1	109 06.1	13.3	8 27.0	14.0	57.2
04	244 03.3	20.9	123 38.4	13.3	8 13.0	14.1	57.2
05	259 03.3	21.7	138 10.7	13.3	7 58.9	14.2	57.3
06	274 03.4	S13 22.6	152 43.0	13.3	S 7 44.7	14.2	57.3
07	289 03.4	23.4	167 15.3	13.3	7 30.5	14.2	57.3
08	304 03.4	24.2	181 47.6	13.3	7 16.3	14.4	57.4
09	319 03.5	.. 25.1	196 19.9	13.3	7 01.9	14.3	57.4
10	334 03.5	25.9	210 52.2	13.2	6 47.6	14.5	57.5
11	349 03.6	26.7	225 24.4	13.2	6 33.1	14.4	57.5
12	4 03.6	S13 27.5	239 56.6	13.3	S 6 18.7	14.6	57.5
13	19 03.7	28.4	254 28.9	13.2	6 04.1	14.5	57.6
14	34 03.7	29.2	269 01.1	13.1	5 49.6	14.7	57.6
15	49 03.7	.. 30.0	283 33.2	13.2	5 34.9	14.6	57.7
16	64 03.8	30.9	298 05.4	13.2	5 20.3	14.7	57.7
17	79 03.8	31.7	312 37.6	13.1	5 05.6	14.8	57.7
18	94 03.9	S13 32.5	327 09.7	13.1	S 4 50.8	14.8	57.8
19	109 03.9	33.3	341 41.8	13.1	4 36.0	14.9	57.8
20	124 03.9	34.2	356 13.9	13.0	4 21.1	14.8	57.9
21	139 04.0	.. 35.0	10 45.9	13.0	4 06.3	15.0	57.9
22	154 04.0	35.8	25 17.9	13.0	3 51.3	14.9	57.9
23	169 04.1	36.6	39 49.9	13.0	3 36.4	15.1	58.0
30 00 TUESDAY	184 04.1	S13 37.5	54 21.9	13.0	S 3 21.3	15.0	58.0
01	199 04.1	38.3	68 53.9	12.9	3 06.3	15.1	58.1
02	214 04.2	39.1	83 25.8	12.9	2 51.2	15.1	58.1
03	229 04.2	.. 39.9	97 57.7	12.8	2 36.1	15.1	58.1
04	244 04.2	40.7	112 29.5	12.8	2 21.0	15.2	58.2
05	259 04.3	41.6	127 01.3	12.8	2 05.8	15.2	58.2
06	274 04.3	S13 42.4	141 33.1	12.8	S 1 50.6	15.3	58.3
07	289 04.4	43.2	156 04.9	12.7	1 35.3	15.3	58.3
08	304 04.4	44.0	170 36.6	12.6	1 20.0	15.3	58.3
09	319 04.4	.. 44.9	185 08.2	12.7	1 04.7	15.3	58.4
10	334 04.5	45.7	199 39.9	12.6	0 49.4	15.4	58.4
11	349 04.5	46.5	214 11.5	12.5	0 34.0	15.3	58.5
12	4 04.5	S13 47.3	228 43.0	12.5	S 0 18.7	15.4	58.5
13	19 04.6	48.1	243 14.5	12.5	S 0 03.3	15.5	58.5
14	34 04.6	49.0	257 46.0	12.4	N 0 12.2	15.4	58.6
15	49 04.6	.. 49.8	272 17.4	12.4	0 27.6	15.5	58.6
16	64 04.7	50.6	286 48.8	12.3	0 43.1	15.5	58.7
17	79 04.7	51.4	301 20.1	12.3	0 58.6	15.5	58.7
18	94 04.7	S13 52.2	315 51.4	12.2	N 1 14.1	15.5	58.7
19	109 04.8	53.0	330 22.6	12.2	1 29.6	15.5	58.8
20	124 04.8	53.9	344 53.8	12.1	1 45.1	15.6	58.8
21	139 04.8	.. 54.7	359 24.9	12.0	2 00.7	15.5	58.9
22	154 04.9	55.5	13 55.9	12.1	2 16.2	15.6	58.9
23	169 04.9	56.3	28 27.0	11.9	2 31.8	15.6	58.9
	S.D. 16.1	d 0.8	S.D. 15.4		15.7		15.9

Lat. °	Twilight Naut. h m	Twilight Civil h m	Sunrise h m	Moonrise 28 h m	Moonrise 29 h m	Moonrise 30 h m	Moonrise 31 h m
N 72	05 53	07 14	08 37	15 52	15 17	14 47	14 16
N 70	05 50	07 03	08 14	15 34	15 10	14 48	14 25
68	05 48	06 54	07 57	15 20	15 03	14 48	14 32
66	05 46	06 47	07 43	15 08	14 58	14 48	14 38
64	05 44	06 40	07 32	14 58	14 53	14 48	14 44
62	05 42	06 34	07 22	14 50	14 49	14 49	14 48
60	05 40	06 29	07 14	14 43	14 46	14 49	14 52
N 58	05 39	06 25	07 06	14 36	14 43	14 49	14 56
56	05 37	06 21	07 00	14 30	14 40	14 49	14 59
54	05 35	06 17	06 54	14 25	14 37	14 49	15 02
52	05 34	06 14	06 49	14 20	14 35	14 49	15 04
50	05 32	06 10	06 44	14 16	14 33	14 49	15 07
45	05 29	06 03	06 34	14 07	14 29	14 50	15 12
N 40	05 26	05 57	06 25	13 59	14 25	14 50	15 16
35	05 22	05 52	06 18	13 53	14 21	14 50	15 20
30	05 19	05 47	06 11	13 47	14 18	14 50	15 23
20	05 11	05 37	06 00	13 36	14 13	14 51	15 29
N 10	05 03	05 28	05 50	13 27	14 09	14 51	15 35
0	04 54	05 19	05 40	13 19	14 05	14 51	15 40
S 10	04 44	05 09	05 31	13 10	14 00	14 51	15 45
20	04 31	04 57	05 20	13 01	13 56	14 52	15 50
30	04 14	04 43	05 08	12 51	13 51	14 52	15 56
35	04 03	04 35	05 01	12 45	13 48	14 53	16 00
40	03 50	04 24	04 53	12 38	13 44	14 53	16 04
45	03 33	04 12	04 44	12 30	13 40	14 53	16 09
S 50	03 12	03 57	04 32	12 20	13 36	14 54	16 15
52	03 01	03 50	04 27	12 15	13 33	14 54	16 18
54	02 49	03 41	04 21	12 10	13 31	14 54	16 21
56	02 35	03 32	04 15	12 05	13 28	14 54	16 24
58	02 18	03 21	04 07	11 58	13 25	14 55	16 28
S 60	01 56	03 09	03 59	11 51	13 22	14 55	16 32

Lat. °	Sunset h m	Twilight Civil h m	Twilight Naut. h m	Moonset 28 h m	Moonset 29 h m	Moonset 30 h m	Moonset 31 h m
N 72	14 49	16 11	17 33	23 35	25 48	01 48	04 02
N 70	15 12	16 23	17 35	23 51	25 53	01 53	03 56
68	15 29	16 32	17 38	24 03	00 03	01 56	03 52
66	15 43	16 40	17 40	24 13	00 13	01 59	03 48
64	15 55	16 46	17 42	24 21	00 21	02 02	03 45
62	16 04	16 52	17 44	24 28	00 28	02 04	03 42
60	16 13	16 57	17 46	24 34	00 34	02 06	03 40
N 58	16 20	17 02	17 48	24 40	00 40	02 07	03 38
56	16 27	17 06	17 50	24 44	00 44	02 09	03 36
54	16 33	17 10	17 51	24 49	00 49	02 10	03 35
52	16 38	17 13	17 53	24 52	00 52	02 11	03 33
50	16 43	17 16	17 54	24 56	00 56	02 12	03 32
45	16 53	17 23	17 58	25 03	01 03	02 15	03 29
N 40	17 02	17 30	18 01	00 04	01 09	02 17	03 26
35	17 09	17 35	18 05	00 12	01 15	02 18	03 24
30	17 16	17 40	18 09	00 20	01 19	02 20	03 22
20	17 27	17 50	18 16	00 33	01 27	02 22	03 19
N 10	17 37	17 59	18 24	00 44	01 34	02 25	03 16
0	17 47	18 08	18 33	00 55	01 41	02 27	03 14
S 10	17 57	18 19	18 44	01 05	01 47	02 29	03 11
20	18 08	18 30	18 57	01 17	01 54	02 31	03 08
30	18 20	18 45	19 15	01 29	02 01	02 33	03 05
35	18 27	18 54	19 26	01 36	02 06	02 34	03 03
40	18 35	19 04	19 39	01 45	02 11	02 36	03 01
45	18 45	19 16	19 56	01 54	02 16	02 37	02 59
S 50	18 56	19 32	20 17	02 06	02 23	02 39	02 56
52	19 02	19 39	20 28	02 11	02 26	02 40	02 55
54	19 07	19 48	20 40	02 17	02 30	02 41	02 53
56	19 14	19 57	20 55	02 23	02 33	02 43	02 52
58	19 22	20 08	21 13	02 30	02 38	02 44	02 50
S 60	19 30	20 21	21 35	02 38	02 42	02 45	02 48

Day	SUN Eqn. of Time 00h m s	SUN Eqn. of Time 12h m s	SUN Mer. Pass. h m	MOON Mer. Pass. Upper h m	MOON Mer. Pass. Lower h m	MOON Age d	MOON Phase
28	16 07	16 10	11 44	19 30	07 07	10	
29	16 12	16 14	11 44	20 16	07 53	11	
30	16 16	16 18	11 44	21 02	08 39	12	

	UT (GMT) d	h	ARIES G.H.A. ° ′	VENUS −3.9 G.H.A. ° ′	Dec. ° ′	MARS −1.6 G.H.A. ° ′	Dec. ° ′	JUPITER −2.1 G.H.A. ° ′	Dec. ° ′	SATURN +0.6 G.H.A. ° ′	Dec. ° ′
	31	00	39 02.3	184 10.5	S12 56.5	326 37.2	N22 31.0	264 17.1	N17 36.1	107 32.1	S22 02.7
		01	54 04.8	199 09.9	57.6	341 40.1	31.1	279 19.4	36.0	122 34.4	02.6
		02	69 07.2	214 09.4	58.7	356 43.0	31.2	294 21.6	36.0	137 36.7	02.6
		03	84 09.7	229 08.8	12 59.8	11 45.9	· · 31.2	309 23.8	· · 35.9	152 39.0	· · 02.6
		04	99 12.2	244 08.3	13 00.9	26 48.8	31.3	324 26.1	35.8	167 41.3	02.6
		05	114 14.6	259 07.7	02.0	41 51.7	31.4	339 28.3	35.8	182 43.6	02.6
		06	129 17.1	274 07.2	S13 03.1	56 54.5	N22 31.5	354 30.5	N17 35.7	197 45.9	S22 02.5
W		07	144 19.5	289 06.6	04.2	71 57.4	31.5	9 32.7	35.7	212 48.2	02.5
E		08	159 22.0	304 06.1	05.2	87 00.3	31.6	24 35.0	35.6	227 50.5	02.5
D		09	174 24.5	319 05.5	· · 06.3	102 03.2	· · 31.7	39 37.2	· · 35.6	242 52.8	· · 02.5
N		10	189 26.9	334 05.0	07.4	117 06.1	31.8	54 39.4	35.5	257 55.1	02.5
E		11	204 29.4	349 04.4	08.5	132 09.0	31.8	69 41.7	35.4	272 57.4	02.4
S		12	219 31.9	4 03.9	S13 09.6	147 11.9	N22 31.9	84 43.9	N17 35.4	287 59.7	S22 02.4
D		13	234 34.3	19 03.3	10.7	162 14.8	32.0	99 46.1	35.3	303 02.0	02.4
A		14	249 36.8	34 02.8	11.8	177 17.7	32.1	114 48.4	35.3	318 04.3	02.4
Y		15	264 39.3	49 02.2	· · 12.9	192 20.6	· · 32.1	129 50.6	· · 35.2	333 06.6	· · 02.4
		16	279 41.7	64 01.6	13.9	207 23.6	32.2	144 52.8	35.2	348 08.9	02.4
		17	294 44.2	79 01.1	15.0	222 26.5	32.3	159 55.1	35.1	3 11.2	02.3
		18	309 46.7	94 00.5	S13 16.1	237 29.4	N22 32.4	174 57.3	N17 35.0	18 13.5	S22 02.3
		19	324 49.1	109 00.0	17.2	252 32.3	32.4	189 59.5	35.0	33 15.8	02.3
		20	339 51.6	123 59.4	18.3	267 35.2	32.5	205 01.8	34.9	48 18.1	02.3
		21	354 54.0	138 58.9	· · 19.4	282 38.1	· · 32.6	220 04.0	· · 34.9	63 20.4	· · 02.3
		22	9 56.5	153 58.3	20.5	297 41.0	32.6	235 06.2	34.8	78 22.7	02.2
		23	24 59.0	168 57.7	21.5	312 44.0	32.7	250 08.5	34.8	93 25.0	02.2
	1	00	40 01.4	183 57.2	S13 22.6	327 46.9	N22 32.8	265 10.7	N17 34.7	108 27.3	S22 02.2
		01	55 03.9	198 56.6	23.7	342 49.8	32.9	280 13.0	34.7	123 29.6	02.2
		02	70 06.4	213 56.0	24.8	357 52.7	32.9	295 15.2	34.6	138 31.9	02.2
		03	85 08.8	228 55.5	· · 25.9	12 55.6	· · 33.0	310 17.4	· · 34.5	153 34.2	· · 02.1
		04	100 11.3	243 54.9	26.9	27 58.6	33.1	325 19.7	34.5	168 36.5	02.1
		05	115 13.8	258 54.4	28.0	43 01.5	33.1	340 21.9	34.4	183 38.8	02.1
		06	130 16.2	273 53.8	S13 29.1	58 04.4	N22 33.2	355 24.1	N17 34.4	198 41.1	S22 02.1
		07	145 18.7	288 53.2	30.2	73 07.4	33.3	10 26.4	34.3	213 43.4	02.1
T		08	160 21.1	303 52.7	31.3	88 10.3	33.4	25 28.6	34.3	228 45.7	02.0
H		09	175 23.6	318 52.1	· · 32.3	103 13.2	· · 33.4	40 30.9	· · 34.2	243 48.0	· · 02.0
U		10	190 26.1	333 51.5	33.4	118 16.2	33.5	55 33.1	34.2	258 50.3	02.0
R		11	205 28.5	348 51.0	34.5	133 19.1	33.6	70 35.3	34.1	273 52.6	02.0
S		12	220 31.0	3 50.4	S13 35.6	148 22.1	N22 33.6	85 37.6	N17 34.1	288 54.9	S22 02.0
D		13	235 33.5	18 49.8	36.6	163 25.0	33.7	100 39.8	34.0	303 57.2	01.9
A		14	250 35.9	33 49.3	37.7	178 27.9	33.8	115 42.0	33.9	318 59.5	01.9
Y		15	265 38.4	48 48.7	· · 38.8	193 30.9	· · 33.9	130 44.3	· · 33.9	334 01.8	· · 01.9
		16	280 40.9	63 48.1	39.8	208 33.8	33.9	145 46.5	33.8	349 04.1	01.9
		17	295 43.3	78 47.6	40.9	223 36.8	34.0	160 48.8	33.8	4 06.4	01.9
		18	310 45.8	93 47.0	S13 42.0	238 39.7	N22 34.1	175 51.0	N17 33.7	19 08.7	S22 01.8
		19	325 48.3	108 46.4	43.1	253 42.7	34.1	190 53.3	33.7	34 11.0	01.8
		20	340 50.7	123 45.9	44.1	268 45.6	34.2	205 55.5	33.6	49 13.3	01.8
		21	355 53.2	138 45.3	· · 45.2	283 48.6	· · 34.3	220 57.7	· · 33.6	64 15.6	· · 01.8
		22	10 55.6	153 44.7	46.3	298 51.5	34.3	236 00.0	33.5	79 17.9	01.8
		23	25 58.1	168 44.2	47.3	313 54.5	34.4	251 02.2	33.5	94 20.2	01.7
	2	00	41 00.6	183 43.6	S13 48.4	328 57.5	N22 34.5	266 04.5	N17 33.4	109 22.5	S22 01.7
		01	56 03.0	198 43.0	49.5	344 00.4	34.5	281 06.7	33.4	124 24.8	01.7
		02	71 05.5	213 42.4	50.5	359 03.4	34.6	296 09.0	33.3	139 27.1	01.7
		03	86 08.0	228 41.9	· · 51.6	14 06.4	· · 34.7	311 11.2	· · 33.2	154 29.4	· · 01.7
		04	101 10.4	243 41.3	52.7	29 09.3	34.7	326 13.4	33.2	169 31.7	01.6
		05	116 12.9	258 40.7	53.7	44 12.3	34.8	341 15.7	33.1	184 34.0	01.6
		06	131 15.4	273 40.1	S13 54.8	59 15.3	N22 34.9	356 17.9	N17 33.1	199 36.3	S22 01.6
		07	146 17.8	288 39.6	55.9	74 18.2	34.9	11 20.2	33.0	214 38.6	01.6
		08	161 20.3	303 39.0	56.9	89 21.2	35.0	26 22.4	33.0	229 40.9	01.6
F		09	176 22.8	318 38.4	· · 58.0	104 24.2	· · 35.1	41 24.7	· · 32.9	244 43.2	· · 01.5
R		10	191 25.2	333 37.8	13 59.1	119 27.1	35.1	56 26.9	32.9	259 45.5	01.5
I		11	206 27.7	348 37.3	14 00.1	134 30.1	35.2	71 29.2	32.8	274 47.8	01.5
D		12	221 30.1	3 36.7	S14 01.2	149 33.1	N22 35.3	86 31.4	N17 32.8	289 50.1	S22 01.5
A		13	236 32.6	18 36.1	02.2	164 36.1	35.3	101 33.6	32.7	304 52.3	01.5
Y		14	251 35.1	33 35.5	03.3	179 39.1	35.4	116 35.9	32.7	319 54.6	01.4
		15	266 37.5	48 34.9	· · 04.4	194 42.0	· · 35.5	131 38.1	· · 32.6	334 56.9	· · 01.4
		16	281 40.0	63 34.4	05.4	209 45.0	35.5	146 40.4	32.6	349 59.2	01.4
		17	296 42.5	78 33.8	06.5	224 48.0	35.6	161 42.6	32.5	5 01.5	01.4
		18	311 44.9	93 33.2	S14 07.5	239 51.0	N22 35.7	176 44.9	N17 32.5	20 03.8	S22 01.4
		19	326 47.4	108 32.6	08.6	254 54.0	35.7	191 47.1	32.4	35 06.1	01.3
		20	341 49.9	123 32.0	09.6	269 57.0	35.8	206 49.4	32.4	50 08.4	01.3
		21	356 52.3	138 31.5	· · 10.7	285 00.0	· · 35.9	221 51.6	· · 32.3	65 10.7	· · 01.3
		22	11 54.8	153 30.9	11.7	300 03.0	35.9	236 53.9	32.3	80 13.0	01.3
		23	26 57.3	168 30.3	12.8	315 06.0	36.0	251 56.1	32.2	95 15.3	01.3
	Mer. Pass.		h m 21 16.4	v −0.6	d 1.1	v 2.9	d 0.1	v 2.2	d 0.1	v 2.3	d 0.0

STARS

Name	S.H.A. ° ′	Dec. ° ′
Acamar	315 30.7	S40 20.3
Achernar	335 38.5	S57 16.9
Acrux	173 29.2	S63 02.8
Adhara	255 25.7	S28 57.3
Aldebaran	291 08.6	N16 29.7
Alioth	166 35.8	N56 00.4
Alkaid	153 12.5	N49 21.4
Al Na'ir	28 04.6	S47 00.5
Alnilam	276 03.3	S 1 12.2
Alphard	218 12.8	S 8 37.0
Alphecca	126 25.7	N26 44.7
Alpheratz	358 00.9	N29 02.7
Altair	62 24.9	N 8 50.7
Ankaa	353 31.9	S42 21.3
Antares	112 47.4	S26 24.8
Arcturus	146 11.5	N19 13.8
Atria	108 05.1	S69 00.9
Avior	234 25.0	S59 28.4
Bellatrix	278 50.0	N 6 20.7
Betelgeuse	271 19.4	N 7 24.5
Canopus	264 03.4	S52 41.1
Capella	280 59.2	N45 59.4
Deneb	49 43.1	N45 15.1
Denebola	182 51.1	N14 37.4
Diphda	349 12.5	S18 02.1
Dubhe	194 12.5	N61 47.8
Elnath	278 33.8	N28 36.1
Eltanin	90 54.4	N51 29.6
Enif	34 03.7	N 9 50.1
Fomalhaut	15 42.4	S29 40.2
Gacrux	172 20.6	S57 03.6
Gienah	176 10.1	S17 29.4
Hadar	149 12.9	S60 19.8
Hamal	328 19.6	N23 25.4
Kaus Aust.	84 06.5	S34 23.5
Kochab	137 20.1	N74 11.5
Markab	13 55.1	N15 09.6
Menkar	314 32.5	N 4 03.5
Menkent	148 28.1	S36 19.5
Miaplacidus	221 43.7	S69 40.4
Mirfak	309 04.3	N49 49.9
Nunki	76 19.5	S26 18.6
Peacock	53 45.8	S56 46.1
Pollux	243 48.3	N28 02.9
Procyon	245 17.4	N 5 15.1
Rasalhague	96 22.4	N12 34.0
Regulus	208 01.6	N12 00.7
Rigel	281 28.1	S 8 12.5
Rigil Kent.	140 15.8	S60 47.9
Sabik	102 32.3	S15 42.9
Schedar	349 59.7	N56 29.5
Shaula	96 45.3	S37 06.0
Sirius	258 48.5	S16 42.0
Spica	158 49.5	S11 06.8
Suhail	223 05.1	S43 23.4
Vega	80 50.7	N38 46.7
Zuben'ubi	137 24.6	S16 00.3

	S.H.A. ° ′	Mer. Pass. h m
Venus	143 55.7	11 45
Mars	287 45.4	2 08
Jupiter	225 09.3	6 18
Saturn	68 25.9	16 44

	UT (GMT) d h	SUN G.H.A.	SUN Dec.	MOON G.H.A.	MOON v	MOON Dec.	MOON d	MOON H.P.
		° ′	° ′	° ′	′	° ′	′	′
	31 00	184 04.9	S13 57.1	42 57.9	11.9	N 2 47.4	15.5	59.0
	01	199 05.0	57.9	57 28.8	11.8	3 02.9	15.6	59.0
	02	214 05.0	58.8	71 59.6	11.8	3 18.5	15.6	59.1
	03	229 05.0	13 59.6	86 30.4	11.7	3 34.1	15.6	59.1
	04	244 05.0	14 00.4	101 01.1	11.7	3 49.7	15.6	59.1
	05	259 05.1	01.2	115 31.8	11.6	4 05.3	15.6	59.2
	06	274 05.1	S14 02.0	130 02.4	11.5	N 4 20.9	15.6	59.2
W	07	289 05.1	02.8	144 32.9	11.4	4 36.5	15.6	59.2
E	08	304 05.2	03.6	159 03.3	11.4	4 52.1	15.6	59.3
D	09	319 05.2	. . 04.4	173 33.7	11.4	5 07.7	15.6	59.3
N	10	334 05.2	05.2	188 04.1	11.2	5 23.3	15.5	59.4
E	11	349 05.2	06.1	202 34.3	11.2	5 38.8	15.6	59.4
S	12	4 05.3	S14 06.9	217 04.5	11.1	N 5 54.4	15.5	59.4
D	13	19 05.3	07.7	231 34.6	11.0	6 09.9	15.6	59.5
A	14	34 05.3	08.5	246 04.6	11.0	6 25.5	15.5	59.5
Y	15	49 05.3	. . 09.3	260 34.6	10.9	6 41.0	15.5	59.5
	16	64 05.4	10.1	275 04.5	10.8	6 56.5	15.5	59.6
	17	79 05.4	10.9	289 34.3	10.7	7 12.0	15.5	59.6
	18	94 05.4	S14 11.7	304 04.0	10.6	N 7 27.5	15.4	59.6
	19	109 05.4	12.5	318 33.6	10.6	7 42.9	15.4	59.7
	20	124 05.5	13.3	333 03.2	10.5	7 58.3	15.4	59.7
	21	139 05.5	. . 14.1	347 32.7	10.4	8 13.7	15.4	59.7
	22	154 05.5	15.0	2 02.1	10.3	8 29.1	15.4	59.8
	23	169 05.5	15.8	16 31.4	10.2	8 44.5	15.3	59.8
	1 00	184 05.6	S14 16.6	31 00.6	10.2	N 8 59.8	15.3	59.8
	01	199 05.6	17.4	45 29.8	10.1	9 15.1	15.2	59.9
	02	214 05.6	18.2	59 58.9	9.9	9 30.3	15.2	59.9
	03	229 05.6	. . 19.0	74 27.8	9.9	9 45.5	15.2	59.9
	04	244 05.6	19.8	88 56.7	9.8	10 00.7	15.1	60.0
	05	259 05.7	20.6	103 25.5	9.7	10 15.8	15.1	60.0
	06	274 05.7	S14 21.4	117 54.2	9.6	N10 30.9	15.1	60.0
	07	289 05.7	22.2	132 22.8	9.5	10 46.0	15.0	60.1
T	08	304 05.7	23.0	146 51.3	9.4	11 01.0	14.9	60.1
H	09	319 05.7	. . 23.8	161 19.7	9.4	11 15.9	14.9	60.1
U	10	334 05.8	24.6	175 48.1	9.2	11 30.8	14.9	60.2
R	11	349 05.8	25.4	190 16.3	9.1	11 45.7	14.8	60.2
S	12	4 05.8	S14 26.2	204 44.4	9.1	N12 00.5	14.7	60.2
D	13	19 05.8	27.0	219 12.5	8.9	12 15.2	14.7	60.3
A	14	34 05.8	27.8	233 40.4	8.8	12 29.9	14.7	60.3
Y	15	49 05.8	. . 28.6	248 08.2	8.8	12 44.6	14.5	60.3
	16	64 05.9	29.4	262 36.0	8.6	12 59.1	14.5	60.3
	17	79 05.9	30.2	277 03.6	8.5	13 13.6	14.5	60.4
	18	94 05.9	S14 31.0	291 31.1	8.5	N13 28.1	14.3	60.4
	19	109 05.9	31.8	305 58.6	8.3	13 42.4	14.4	60.4
	20	124 05.9	32.6	320 25.9	8.2	13 56.8	14.2	60.4
	21	139 05.9	. . 33.4	334 53.1	8.1	14 11.0	14.1	60.5
	22	154 06.0	34.2	349 20.2	8.0	14 25.1	14.1	60.5
	23	169 06.0	35.0	3 47.2	7.9	14 39.2	14.0	60.5
	2 00	184 06.0	S14 35.8	18 14.1	7.8	N14 53.2	13.9	60.5
	01	199 06.0	36.6	32 40.9	7.7	15 07.1	13.9	60.6
	02	214 06.0	37.4	47 07.6	7.6	15 21.0	13.7	60.6
	03	229 06.0	. . 38.2	61 34.2	7.4	15 34.7	13.7	60.6
	04	244 06.0	39.0	76 00.6	7.4	15 48.4	13.6	60.6
	05	259 06.0	39.7	90 27.0	7.3	16 02.0	13.5	60.7
	06	274 06.1	S14 40.5	104 53.3	7.1	N16 15.5	13.4	60.7
	07	289 06.1	41.3	119 19.4	7.0	16 28.9	13.3	60.7
	08	304 06.1	42.1	133 45.4	7.0	16 42.2	13.2	60.7
F	09	319 06.1	. . 42.9	148 11.4	6.8	16 55.4	13.1	60.7
R	10	334 06.1	43.7	162 37.2	6.7	17 08.5	13.0	60.8
I	11	349 06.1	44.5	177 02.9	6.6	17 21.5	12.9	60.8
D	12	4 06.1	S14 45.3	191 28.5	6.4	N17 34.4	12.8	60.8
A	13	19 06.1	46.1	205 53.9	6.4	17 47.2	12.6	60.8
Y	14	34 06.1	46.9	220 19.3	6.3	17 59.8	12.6	60.8
	15	49 06.1	. . 47.7	234 44.6	6.1	18 12.4	12.5	60.9
	16	64 06.2	48.5	249 09.7	6.0	18 24.9	12.3	60.9
	17	79 06.2	49.2	263 34.7	6.0	18 37.2	12.2	60.9
	18	94 06.2	S14 50.0	277 59.7	5.8	N18 49.4	12.1	60.9
	19	109 06.2	50.8	292 24.5	5.7	19 01.5	12.0	60.9
	20	124 06.2	51.6	306 49.2	5.6	19 13.5	11.9	60.9
	21	139 06.2	. . 52.4	321 13.8	5.5	19 25.4	11.7	61.0
	22	154 06.2	53.2	335 38.3	5.3	19 37.1	11.6	61.0
	23	169 06.2	54.0	350 02.6	5.3	19 48.7	11.5	61.0
		S.D. 16.1	d 0.8	S.D. 16.2		16.4		16.6

Lat.	Twilight Naut.	Twilight Civil	Sunrise	Moonrise 31	Moonrise 1	Moonrise 2	Moonrise 3
°	h m	h m	h m	h m	h m	h m	h m
N 72	06 05	07 28	08 55	14 16	13 37	12 13	□
N 70	06 01	07 15	08 29	14 25	13 58	13 13	□
68	05 58	07 05	08 10	14 32	14 14	13 48	12 17
66	05 54	06 56	07 54	14 38	14 28	14 14	13 49
64	05 52	06 48	07 41	14 44	14 39	14 34	14 28
62	05 49	06 42	07 31	14 48	14 48	14 50	14 55
60	05 47	06 36	07 21	14 52	14 57	15 04	15 17
N 58	05 45	06 31	07 13	14 56	15 04	15 16	15 34
56	05 43	06 27	07 06	14 59	15 10	15 26	15 49
54	05 41	06 23	07 00	15 02	15 16	15 35	16 02
52	05 39	06 19	06 54	15 04	15 22	15 43	16 13
50	05 37	06 15	06 49	15 07	15 26	15 51	16 23
45	05 33	06 07	06 38	15 12	15 37	16 07	16 45
N 40	05 29	06 01	06 29	15 16	15 46	16 20	17 02
35	05 25	05 55	06 21	15 20	15 53	16 31	17 17
30	05 21	05 49	06 14	15 23	16 00	16 41	17 29
20	05 13	05 39	06 01	15 29	16 11	16 58	17 51
N 10	05 04	05 29	05 50	15 35	16 22	17 13	18 10
0	04 54	05 19	05 40	15 40	16 31	17 27	18 28
S 10	04 43	05 08	05 30	15 45	16 41	17 42	18 46
20	04 29	04 56	05 19	15 50	16 52	17 57	19 06
30	04 10	04 40	05 06	15 56	17 04	18 15	19 28
35	03 59	04 31	04 58	16 00	17 11	18 25	19 42
40	03 45	04 20	04 49	16 04	17 19	18 37	19 57
45	03 28	04 07	04 39	16 09	17 29	18 52	20 15
S 50	03 05	03 51	04 27	16 15	17 40	19 09	20 39
52	02 54	03 43	04 21	16 18	17 46	19 18	20 50
54	02 41	03 34	04 15	16 21	17 52	19 27	21 02
56	02 25	03 24	04 08	16 24	17 58	19 37	21 17
58	02 06	03 13	04 00	16 28	18 06	19 49	21 34
S 60	01 42	02 59	03 51	16 32	18 14	20 03	21 55

Lat.	Sunset	Twilight Civil	Twilight Naut.	Moonset 31	Moonset 1	Moonset 2	Moonset 3
°	h m	h m	h m	h m	h m	h m	h m
N 72	14 31	15 58	17 20	04 02	06 28	09 47	□
N 70	14 57	16 11	17 25	03 56	06 10	08 49	□
68	15 16	16 21	17 28	03 52	05 55	08 16	11 49
66	15 32	16 30	17 31	03 48	05 44	07 51	10 20
64	15 45	16 38	17 34	03 45	05 34	07 33	09 42
62	15 56	16 44	17 37	03 42	05 26	07 17	09 16
60	16 05	16 50	17 39	03 40	05 19	07 05	08 55
N 58	16 13	16 55	17 42	03 38	05 13	06 54	08 38
56	16 20	17 00	17 44	03 36	05 08	06 44	08 24
54	16 26	17 04	17 46	03 35	05 03	06 36	08 12
52	16 32	17 08	17 48	03 33	04 59	06 29	08 01
50	16 37	17 11	17 49	03 32	04 55	06 22	07 51
45	16 49	17 19	17 54	03 29	04 46	06 08	07 31
N 40	16 58	17 26	17 58	03 26	04 39	05 56	07 15
35	17 06	17 32	18 02	03 24	04 33	05 46	07 01
30	17 13	17 38	18 06	03 22	04 28	05 37	06 50
20	17 26	17 48	18 14	03 19	04 19	05 22	06 29
N 10	17 37	17 58	18 23	03 16	04 11	05 09	06 12
0	17 47	18 08	18 33	03 14	04 04	04 57	05 56
S 10	17 58	18 19	18 45	03 11	03 56	04 45	05 40
20	18 09	18 32	18 59	03 08	03 48	04 33	05 22
30	18 22	18 47	19 17	03 05	03 40	04 18	05 02
35	18 30	18 57	19 29	03 03	03 34	04 10	04 51
40	18 38	19 08	19 43	03 01	03 29	04 00	04 38
45	18 49	19 21	20 01	02 59	03 22	03 49	04 22
S 50	19 01	19 38	20 24	02 56	03 14	03 36	04 03
52	19 07	19 46	20 35	02 55	03 10	03 29	03 54
54	19 14	19 55	20 49	02 53	03 06	03 22	03 44
56	19 21	20 05	21 05	02 52	03 02	03 15	03 33
58	19 29	20 17	21 24	02 50	02 57	03 06	03 20
S 60	19 38	20 30	21 50	02 48	02 51	02 57	03 05

Day	SUN Eqn. of Time 00ʰ	SUN Eqn. of Time 12ʰ	SUN Mer. Pass.	MOON Mer. Pass. Upper	MOON Mer. Pass. Lower	MOON Age	MOON Phase
	m s	m s	h m	h m	h m	d	
31	16 20	16 21	11 44	21 52	09 27	13	
1	16 22	16 23	11 44	22 44	10 17	14	○
2	16 24	16 24	11 44	23 41	11 12	15	

	UT (GMT)	ARIES	VENUS −3.9		MARS −1.7		JUPITER −2.2		SATURN +0.6		STARS		
	d h	G.H.A. ° ′	G.H.A. ° ′	Dec. ° ′	G.H.A. ° ′	Dec. ° ′	G.H.A. ° ′	Dec. ° ′	G.H.A. ° ′	Dec. ° ′	Name	S.H.A. ° ′	Dec. ° ′
	3 00	41 59.7	183 29.7	S14 13.9	330 09.0	N22 36.1	266 58.4	N17 32.1	110 17.6	S22 01.2	Acamar	315 30.7	S40 20.3
	01	57 02.2	198 29.1	14.9	345 12.0	36.1	282 00.6	32.1	125 19.9	01.2	Achernar	335 38.5	S57 16.9
	02	72 04.6	213 28.5	16.0	0 15.0	36.2	297 02.9	32.0	140 22.2	01.2	Acrux	173 29.2	S63 02.8
	03	87 07.1	228 28.0	· · 17.0	15 18.0	· · 36.3	312 05.1	· · 32.0	155 24.5	· · 01.2	Adhara	255 25.7	S28 57.3
	04	102 09.6	243 27.4	18.1	30 21.0	36.3	327 07.4	31.9	170 26.8	01.2	Aldebaran	291 08.6	N16 29.6
	05	117 12.0	258 26.8	19.1	45 24.0	36.4	342 09.6	31.9	185 29.0	01.1			
	06	132 14.5	273 26.2	S14 20.2	60 27.0	N22 36.5	357 11.9	N17 31.8	200 31.3	S22 01.1	Alioth	166 35.8	N56 00.4
	07	147 17.0	288 25.6	21.2	75 30.0	36.5	12 14.1	31.8	215 33.6	01.1	Alkaid	153 12.5	N49 21.4
S	08	162 19.4	303 25.0	22.3	90 33.0	36.6	27 16.4	31.7	230 35.9	01.1	Al Na'ir	28 04.7	S47 00.5
A	09	177 21.9	318 24.4	· · 23.3	105 36.0	· · 36.6	42 18.6	· · 31.7	245 38.2	· · 01.0	Alnilam	276 03.3	S 1 12.2
T	10	192 24.4	333 23.9	24.4	120 39.0	36.7	57 20.9	31.6	260 40.5	01.0	Alphard	218 12.8	S 8 37.0
U	11	207 26.8	348 23.3	25.4	135 42.0	36.8	72 23.1	31.6	275 42.8	01.0			
R	12	222 29.3	3 22.7	S14 26.4	150 45.1	N22 36.8	87 25.4	N17 31.5	290 45.1	S22 01.0	Alphecca	126 25.7	N26 44.7
D	13	237 31.7	18 22.1	27.5	165 48.1	36.9	102 27.7	31.5	305 47.4	01.0	Alpheratz	358 00.9	N29 02.7
A	14	252 34.2	33 21.5	28.5	180 51.1	37.0	117 29.9	31.4	320 49.7	00.9	Altair	62 24.9	N 8 50.7
Y	15	267 36.7	48 20.9	· · 29.6	195 54.1	· · 37.0	132 32.2	· · 31.4	335 52.0	· · 00.9	Ankaa	353 31.9	S42 21.3
	16	282 39.1	63 20.3	30.6	210 57.1	37.1	147 34.4	31.3	350 54.3	00.9	Antares	112 47.4	S26 24.8
	17	297 41.6	78 19.7	31.7	226 00.2	37.1	162 36.7	31.3	5 56.5	00.9			
	18	312 44.1	93 19.1	S14 32.7	241 03.2	N22 37.2	177 38.9	N17 31.2	20 58.8	S22 00.9	Arcturus	146 11.5	N19 13.7
	19	327 46.5	108 18.5	33.7	256 06.2	37.3	192 41.2	31.2	36 01.1	00.8	Atria	108 05.1	S69 00.9
	20	342 49.0	123 18.0	34.8	271 09.3	37.3	207 43.4	31.1	51 03.4	00.8	Avior	234 25.0	S59 28.4
	21	357 51.5	138 17.4	· · 35.8	286 12.3	· · 37.4	222 45.7	· · 31.1	66 05.7	· · 00.8	Bellatrix	278 49.9	N 6 20.7
	22	12 53.9	153 16.8	36.9	301 15.3	37.4	237 47.9	31.0	81 08.0	00.8	Betelgeuse	271 19.4	N 7 24.5
	23	27 56.4	168 16.2	37.9	316 18.3	37.5	252 50.2	31.0	96 10.3	00.8			
	4 00	42 58.9	183 15.6	S14 38.9	331 21.4	N22 37.6	267 52.5	N17 30.9	111 12.6	S22 00.7	Canopus	264 03.3	S52 41.1
	01	58 01.3	198 15.0	40.0	346 24.4	37.6	282 54.7	30.9	126 14.9	00.7	Capella	280 59.2	N45 59.4
	02	73 03.8	213 14.4	41.0	1 27.5	37.7	297 57.0	30.8	141 17.2	00.7	Deneb	49 43.2	N45 15.1
	03	88 06.2	228 13.8	· · 42.1	16 30.5	· · 37.7	312 59.2	· · 30.8	156 19.4	· · 00.7	Denebola	182 51.1	N14 37.4
	04	103 08.7	243 13.2	43.1	31 33.5	37.8	328 01.5	30.7	171 21.7	00.6	Diphda	349 12.5	S18 02.1
	05	118 11.2	258 12.6	44.1	46 36.6	37.9	343 03.7	30.7	186 24.0	00.6			
	06	133 13.6	273 12.0	S14 45.2	61 39.6	N22 37.9	358 06.0	N17 30.6	201 26.3	S22 00.6	Dubhe	194 12.4	N61 47.8
	07	148 16.1	288 11.4	46.2	76 42.7	38.0	13 08.3	30.6	216 28.6	00.6	Elnath	278 33.8	N28 36.1
	08	163 18.6	303 10.8	47.2	91 45.7	38.0	28 10.5	30.5	231 30.9	00.6	Eltanin	90 54.4	N51 29.5
S	09	178 21.0	318 10.2	· · 48.3	106 48.8	· · 38.1	43 12.8	· · 30.5	246 33.2	· · 00.5	Enif	34 03.7	N 9 50.1
U	10	193 23.5	333 09.6	49.3	121 51.8	38.2	58 15.0	30.4	261 35.5	00.5	Fomalhaut	15 42.4	S29 40.3
N	11	208 26.0	348 09.0	50.3	136 54.9	38.2	73 17.3	30.4	276 37.7	00.5			
D	12	223 28.4	3 08.4	S14 51.4	151 57.9	N22 38.3	88 19.6	N17 30.3	291 40.0	S22 00.5	Gacrux	172 20.6	S57 03.6
A	13	238 30.9	18 07.8	52.4	167 01.0	38.3	103 21.8	30.3	306 42.3	00.5	Gienah	176 10.1	S17 29.4
Y	14	253 33.4	33 07.2	53.4	182 04.0	38.4	118 24.1	30.2	321 44.6	00.4	Hadar	149 12.9	S60 19.7
	15	268 35.8	48 06.6	· · 54.4	197 07.1	· · 38.5	133 26.3	· · 30.2	336 46.9	· · 00.4	Hamal	328 19.6	N23 25.4
	16	283 38.3	63 06.0	55.5	212 10.2	38.5	148 28.6	30.1	351 49.2	00.4	Kaus Aust.	84 06.5	S34 23.5
	17	298 40.7	78 05.4	56.5	227 13.2	38.6	163 30.9	30.1	6 51.5	00.4			
	18	313 43.2	93 04.8	S14 57.5	242 16.3	N22 38.6	178 33.1	N17 30.1	21 53.8	S22 00.3	Kochab	137 20.1	N74 11.5
	19	328 45.7	108 04.2	58.6	257 19.3	38.7	193 35.4	30.0	36 56.0	00.3	Markab	13 55.1	N15 09.6
	20	343 48.1	123 03.6	14 59.6	272 22.4	38.7	208 37.7	30.0	51 58.3	00.3	Menkar	314 32.5	N 4 03.5
	21	358 50.6	138 03.0	15 00.6	287 25.5	· · 38.8	223 39.9	· · 29.9	67 00.6	· · 00.3	Menkent	148 28.1	S36 19.5
	22	13 53.1	153 02.4	01.6	302 28.6	38.9	238 42.2	29.9	82 02.9	00.3	Miaplacidus	221 43.6	S69 40.4
	23	28 55.5	168 01.8	02.6	317 31.6	38.9	253 44.4	29.8	97 05.2	00.2			
	5 00	43 58.0	183 01.2	S15 03.7	332 34.7	N22 39.0	268 46.7	N17 29.8	112 07.5	S22 00.2	Mirfak	309 04.3	N49 49.9
	01	59 00.5	198 00.5	04.7	347 37.8	39.0	283 49.0	29.7	127 09.8	00.2	Nunki	76 19.5	S26 18.6
	02	74 02.9	212 59.9	05.7	2 40.8	39.1	298 51.2	29.7	142 12.0	00.2	Peacock	53 45.8	S56 46.1
	03	89 05.4	227 59.3	· · 06.7	17 43.9	· · 39.1	313 53.5	· · 29.6	157 14.3	· · 00.1	Pollux	243 48.3	N28 02.9
	04	104 07.8	242 58.7	07.8	32 47.0	39.2	328 55.8	29.6	172 16.6	00.1	Procyon	245 17.3	N 5 15.0
	05	119 10.3	257 58.1	08.8	47 50.1	39.2	343 58.0	29.5	187 18.9	00.1			
	06	134 12.8	272 57.5	S15 09.8	62 53.2	N22 39.3	359 00.3	N17 29.5	202 21.2	S22 00.1	Rasalhague	96 22.4	N12 34.0
	07	149 15.2	287 56.9	10.8	77 56.2	39.4	14 02.6	29.4	217 23.5	00.1	Regulus	208 01.6	N12 00.7
	08	164 17.7	302 56.3	11.8	92 59.3	39.4	29 04.8	29.4	232 25.8	00.0	Rigel	281 28.1	S 8 12.5
M	09	179 20.2	317 55.7	· · 12.8	108 02.4	· · 39.5	44 07.1	· · 29.3	247 28.0	· · 00.0	Rigil Kent.	140 15.8	S60 47.9
O	10	194 22.6	332 55.1	13.9	123 05.5	39.5	59 09.4	29.3	262 30.3	00.0	Sabik	102 32.3	S15 42.9
N	11	209 25.1	347 54.4	14.9	138 08.6	39.6	74 11.6	29.2	277 32.6	00.0			
D	12	224 27.6	2 53.8	S15 15.9	153 11.7	N22 39.6	89 13.9	N17 29.2	292 34.9	S22 00.0	Schedar	349 59.7	N56 29.5
A	13	239 30.0	17 53.2	16.9	168 14.8	39.7	104 16.2	29.2	307 37.2	21 59.9	Shaula	96 45.3	S37 06.0
Y	14	254 32.5	32 52.6	17.9	183 17.9	39.7	119 18.4	29.1	322 39.5	59.9	Sirius	258 48.5	S16 42.0
	15	269 35.0	47 52.0	· · 18.9	198 21.0	· · 39.8	134 20.7	· · 29.1	337 41.7	· · 59.9	Spica	158 49.5	S11 06.8
	16	284 37.4	62 51.4	19.9	213 24.1	39.8	149 23.0	29.0	352 44.0	59.9	Suhail	223 05.0	S43 23.4
	17	299 39.9	77 50.8	21.0	228 27.2	39.9	164 25.2	29.0	7 46.3	59.8			
	18	314 42.3	92 50.1	S15 22.0	243 30.3	N22 40.0	179 27.5	N17 28.9	22 48.6	S21 59.8	Vega	80 50.7	N38 46.7
	19	329 44.8	107 49.5	23.0	258 33.4	40.0	194 29.8	28.9	37 50.9	59.8	Zuben'ubi	137 24.6	S16 00.3
	20	344 47.3	122 48.9	24.0	273 36.5	40.1	209 32.1	28.8	52 53.2	59.8		S.H.A.	Mer. Pass.
	21	359 49.7	137 48.3	· · 25.0	288 39.6	· · 40.1	224 34.3	· · 28.8	67 55.4	· · 59.8		° ′	h m
	22	14 52.2	152 47.7	26.0	303 42.7	40.2	239 36.6	28.7	82 57.7	59.7	Venus	140 16.7	11 47
	23	29 54.7	167 47.1	27.0	318 45.8	40.2	254 38.9	28.7	98 00.0	59.7	Mars	288 22.5	1 54
		h m									Jupiter	224 53.6	6 08
	Mer. Pass.	21 04.6	v −0.6	d 1.0	v 3.1	d 0.1	v 2.3	d 0.0	v 2.3	d 0.0	Saturn	68 13.7	16 33

UT (GMT) d h		SUN G.H.A. ° ′	SUN Dec. ° ′	MOON G.H.A. ° ′	v ′	MOON Dec. ° ′	d ′	H.P. ′
3 00		184 06.2	S14 54.8	4 26.9	5.2	N20 00.2	11.3	61.0
01		199 06.2	55.5	18 51.1	5.0	20 11.5	11.2	61.0
02		214 06.2	56.3	33 15.1	5.0	20 22.7	11.1	61.0
03		229 06.2	.. 57.1	47 39.1	4.8	20 33.8	10.9	61.0
04		244 06.2	57.9	62 02.9	4.7	20 44.7	10.8	61.0
05		259 06.2	58.7	76 26.6	4.7	20 55.5	10.7	61.1
06		274 06.2	S14 59.5	90 50.3	4.5	N21 06.2	10.5	61.1
07		289 06.2	15 00.2	105 13.8	4.4	21 16.7	10.3	61.1
08	S	304 06.2	01.0	119 37.2	4.3	21 27.0	10.2	61.1
09	A	319 06.2	.. 01.8	134 00.5	4.2	21 37.2	10.1	61.1
10	T	334 06.2	02.6	148 23.7	4.1	21 47.3	9.9	61.1
11	U	349 06.2	03.4	162 46.8	4.1	21 57.2	9.7	61.1
12	R	4 06.2	S15 04.2	177 09.9	3.9	N22 06.9	9.6	61.1
13	D	19 06.2	04.9	191 32.8	3.8	22 16.5	9.5	61.1
14	A	34 06.2	05.7	205 55.6	3.7	22 26.0	9.2	61.1
15	Y	49 06.2	.. 06.5	220 18.3	3.7	22 35.2	9.1	61.1
16		64 06.2	07.3	234 41.0	3.5	22 44.3	9.0	61.1
17		79 06.2	08.1	249 03.5	3.5	22 53.3	8.8	61.1
18		94 06.2	S15 08.8	263 26.0	3.3	N23 02.1	8.6	61.1
19		109 06.2	09.6	277 48.3	3.3	23 10.7	8.4	61.1
20		124 06.2	10.4	292 10.6	3.2	23 19.1	8.3	61.1
21		139 06.2	.. 11.2	306 32.8	3.1	23 27.4	8.1	61.1
22		154 06.2	11.9	320 54.9	3.0	23 35.5	7.9	61.1
23		169 06.2	12.7	335 16.9	3.0	23 43.4	7.7	61.1
4 00		184 06.2	S15 13.5	349 38.9	2.8	N23 51.1	7.6	61.1
01		199 06.2	14.3	4 00.7	2.8	23 58.7	7.4	61.1
02		214 06.2	15.0	18 22.5	2.8	24 06.1	7.2	61.1
03		229 06.2	.. 15.8	32 44.3	2.6	24 13.3	7.0	61.1
04		244 06.2	16.6	47 05.9	2.6	24 20.3	6.9	61.1
05		259 06.2	17.4	61 27.5	2.5	24 27.2	6.6	61.1
06		274 06.2	S15 18.1	75 49.0	2.4	N24 33.8	6.5	61.1
07		289 06.2	18.9	90 10.4	2.4	24 40.3	6.3	61.1
08		304 06.2	19.7	104 31.8	2.4	24 46.6	6.1	61.1
09	S	319 06.2	.. 20.5	118 53.2	2.2	24 52.7	5.9	61.1
10	U	334 06.2	21.2	133 14.4	2.2	24 58.6	5.7	61.1
11	N	349 06.2	22.0	147 35.6	2.2	25 04.3	5.5	61.1
12	D	4 06.2	S15 22.8	161 56.8	2.1	N25 09.8	5.3	61.1
13	A	19 06.2	23.5	176 17.9	2.1	25 15.1	5.1	61.1
14	Y	34 06.2	24.3	190 39.0	2.0	25 20.2	5.0	61.1
15		49 06.1	.. 25.1	205 00.0	1.9	25 25.2	4.7	61.1
16		64 06.1	25.8	219 20.9	2.0	25 29.9	4.6	61.1
17		79 06.1	26.6	233 41.9	1.9	25 34.5	4.3	61.1
18		94 06.1	S15 27.4	248 02.8	1.8	N25 38.8	4.2	61.0
19		109 06.1	28.1	262 23.6	1.9	25 43.0	3.9	61.0
20		124 06.1	28.9	276 44.5	1.8	25 46.9	3.8	61.0
21		139 06.1	.. 29.7	291 05.3	1.8	25 50.7	3.5	61.0
22		154 06.1	30.4	305 26.1	1.7	25 54.2	3.4	61.0
23		169 06.1	31.2	319 46.8	1.8	25 57.6	3.1	61.0
5 00		184 06.1	S15 32.0	334 07.6	1.7	N26 00.7	3.0	61.0
01		199 06.0	32.7	348 28.3	1.7	26 03.7	2.7	61.0
02		214 06.0	33.5	2 49.0	1.7	26 06.4	2.5	61.0
03		229 06.0	.. 34.3	17 09.7	1.7	26 08.9	2.4	60.9
04		244 06.0	35.0	31 30.4	1.7	26 11.3	2.1	60.9
05		259 06.0	35.8	45 51.1	1.7	26 13.4	2.0	60.9
06		274 06.0	S15 36.6	60 11.8	1.7	N26 15.4	1.7	60.9
07		289 06.0	37.3	74 32.5	1.7	26 17.1	1.5	60.9
08		304 05.9	38.1	88 53.2	1.7	26 18.6	1.3	60.9
09	M	319 05.9	.. 38.8	103 13.9	1.7	26 19.9	1.2	60.8
10	O	334 05.9	39.6	117 34.6	1.8	26 21.1	0.9	60.8
11	N	349 05.9	40.4	131 55.4	1.7	26 22.0	0.7	60.8
12	D	4 05.9	S15 41.1	146 16.1	1.8	N26 22.7	0.5	60.8
13	A	19 05.9	41.9	160 36.9	1.8	26 23.2	0.3	60.8
14	Y	34 05.8	42.6	174 57.7	1.8	26 23.5	0.2	60.8
15		49 05.8	.. 43.4	189 18.5	1.9	26 23.7	0.1	60.7
16		64 05.8	44.2	203 39.4	1.8	26 23.6	0.3	60.7
17		79 05.8	44.9	218 00.2	2.0	26 23.3	0.5	60.7
18		94 05.8	S15 45.7	232 21.2	1.9	N26 22.8	0.7	60.7
19		109 05.8	46.4	246 42.1	2.0	26 22.1	0.9	60.7
20		124 05.7	47.2	261 03.1	2.1	26 21.2	1.1	60.6
21		139 05.7	.. 47.9	275 24.2	2.1	26 20.1	1.3	60.6
22		154 05.7	48.7	289 45.3	2.1	26 18.8	1.4	60.6
23		169 05.7	49.5	304 06.4	2.2	26 17.4	1.7	60.6
		S.D. 16.2	*d* 0.8	S.D. 16.7		16.6		16.6

Lat. °	Twilight Naut. h m	Twilight Civil h m	Sunrise h m	Moonrise 3 h m	Moonrise 4 h m	Moonrise 5 h m	Moonrise 6 h m
N 72	06 17	07 42	09 14	□	□	□	□
N 70	06 12	07 27	08 44	□	□	□	□
68	06 07	07 15	08 22	12 17	□	□	□
66	06 03	07 05	08 05	13 49	□	□	□
64	05 59	06 57	07 51	14 28	14 20	□	16 30
62	05 56	06 50	07 39	14 55	15 10	15 54	17 23
60	05 53	06 43	07 29	15 17	15 42	16 33	17 55
N 58	05 51	06 38	07 20	15 34	16 06	17 00	18 19
56	05 48	06 33	07 13	15 49	16 25	17 22	18 39
54	05 46	06 28	07 06	16 02	16 42	17 39	18 55
52	05 44	06 24	07 00	16 13	16 56	17 54	19 09
50	05 41	06 20	06 54	16 23	17 08	18 07	19 21
45	05 36	06 11	06 42	16 45	17 33	18 34	19 46
N 40	05 32	06 04	06 32	17 02	17 54	18 56	20 06
35	05 27	05 57	06 23	17 17	18 11	19 14	20 22
30	05 23	05 51	06 16	17 29	18 25	19 29	20 37
20	05 14	05 40	06 03	17 51	18 50	19 55	21 01
N 10	05 04	05 29	05 51	18 10	19 12	20 17	21 22
0	04 54	05 19	05 40	18 28	19 33	20 38	21 42
S 10	04 42	05 07	05 29	18 46	19 53	20 59	22 01
20	04 27	04 54	05 17	19 06	20 15	21 22	22 22
30	04 08	04 38	05 03	19 28	20 41	21 48	22 46
35	03 55	04 28	04 55	19 42	20 56	22 03	23 01
40	03 41	04 17	04 46	19 57	21 13	22 21	23 17
45	03 22	04 03	04 35	20 15	21 34	22 42	23 36
S 50	02 58	03 45	04 22	20 39	22 01	23 10	24 01
52	02 46	03 37	04 16	20 50	22 14	23 23	24 12
54	02 32	03 27	04 09	21 02	22 29	23 38	24 26
56	02 15	03 17	04 01	21 17	22 47	23 56	24 41
58	01 54	03 04	03 53	21 34	23 08	24 18	00 18
S 60	01 25	02 49	03 43	21 55	23 36	24 45	00 45

Lat. °	Sunset h m	Twilight Civil h m	Twilight Naut. h m	Moonset 3 h m	Moonset 4 h m	Moonset 5 h m	Moonset 6 h m
N 72	14 11	15 44	17 09	□	□	□	□
N 70	14 42	15 59	17 14	□	□	□	□
68	15 04	16 11	17 19	11 49	□	□	□
66	15 21	16 21	17 23	10 20	□	□	□
64	15 35	16 29	17 26	09 42	12 04	□	14 28
62	15 47	16 37	17 30	09 16	11 14	12 48	13 34
60	15 57	16 43	17 33	08 55	10 42	12 09	13 01
N 58	16 06	16 49	17 36	08 38	10 19	11 42	12 37
56	16 14	16 54	17 38	08 24	10 00	11 20	12 17
54	16 21	16 58	17 41	08 12	09 44	11 03	12 01
52	16 27	17 03	17 43	08 01	09 30	10 48	11 47
50	16 32	17 07	17 45	07 51	09 18	10 35	11 34
45	16 45	17 15	17 50	07 31	08 53	10 08	11 09
N 40	16 55	17 23	17 55	07 15	08 34	09 46	10 48
35	17 03	17 30	18 00	07 01	08 17	09 28	10 31
30	17 11	17 36	18 04	06 50	08 03	09 13	10 16
20	17 24	17 47	18 13	06 29	07 39	08 47	09 51
N 10	17 36	17 58	18 23	06 12	07 18	08 25	09 29
0	17 47	18 08	18 33	05 56	06 58	08 04	09 09
S 10	17 58	18 20	18 46	05 40	06 39	07 43	08 48
20	18 10	18 34	19 01	05 22	06 18	07 20	08 26
30	18 24	18 50	19 20	05 02	05 54	06 54	08 01
35	18 33	19 00	19 32	04 51	05 40	06 39	07 45
40	18 42	19 11	19 47	04 38	05 24	06 21	07 28
45	18 53	19 26	20 06	04 22	05 05	06 00	07 07
S 50	19 06	19 43	20 31	04 03	04 41	05 33	06 40
52	19 13	19 52	20 43	03 54	04 29	05 19	06 27
54	19 20	20 01	20 57	03 44	04 16	05 04	06 12
56	19 27	20 12	21 15	03 33	04 01	04 46	05 54
58	19 36	20 25	21 37	03 20	03 44	04 25	05 32
S 60	19 46	20 40	22 07	03 05	03 22	03 57	05 05

Day	SUN Eqn. of Time 00ʰ m s	SUN Eqn. of Time 12ʰ m s	SUN Mer. Pass. h m	MOON Mer. Pass. Upper h m	MOON Mer. Pass. Lower h m	MOON Age d	MOON Phase
3	16 25	16 25	11 44	24 43	12 12	16	○
4	16 25	16 25	11 44	00 43	13 15	17	
5	16 24	16 24	11 44	01 48	14 21	18	

UT (GMT)	ARIES	VENUS −3.9		MARS −1.7		JUPITER −2.2		SATURN +0.6	
d h	G.H.A.	G.H.A.	Dec.	G.H.A.	Dec.	G.H.A.	Dec.	G.H.A.	Dec.
	° ′	° ′	° ′	° ′	° ′	° ′	° ′	° ′	° ′
6 00	44 57.1	182 46.4	S15 28.0	333 48.9	N22 40.3	269 41.1	N17 28.6	113 02.3	S21 59.7
01	59 59.6	197 45.8	29.0	348 52.0	40.3	284 43.4	28.6	128 04.6	59.7
02	75 02.1	212 45.2	30.0	3 55.1	40.4	299 45.7	28.6	143 06.9	59.6
03	90 04.5	227 44.6	· · 31.0	18 58.2	· · 40.4	314 47.9	· · 28.5	158 09.1	· · 59.6
04	105 07.0	242 44.0	32.0	34 01.3	40.5	329 50.2	28.5	173 11.4	59.6
05	120 09.5	257 43.3	33.0	49 04.4	40.5	344 52.5	28.4	188 13.7	59.6
06	135 11.9	272 42.7	S15 34.0	64 07.6	N22 40.6	359 54.8	N17 28.4	203 16.0	S21 59.5
07	150 14.4	287 42.1	35.0	79 10.7	40.6	14 57.0	28.3	218 18.3	59.5
T 08	165 16.8	302 41.5	36.0	94 13.8	40.7	29 59.3	28.3	233 20.5	59.5
U 09	180 19.3	317 40.8	· · 37.0	109 16.9	· · 40.7	45 01.6	· · 28.2	248 22.8	· · 59.5
E 10	195 21.8	332 40.2	38.0	124 20.0	40.8	60 03.9	28.2	263 25.1	59.5
S 11	210 24.2	347 39.6	39.0	139 23.2	40.8	75 06.1	28.1	278 27.4	59.4
D 12	225 26.7	2 39.0	S15 40.0	154 26.3	N22 40.9	90 08.4	N17 28.1	293 29.7	S21 59.4
A 13	240 29.2	17 38.3	41.0	169 29.4	40.9	105 10.7	28.1	308 32.0	59.4
Y 14	255 31.6	32 37.7	42.0	184 32.6	41.0	120 13.0	28.0	323 34.2	59.4
15	270 34.1	47 37.1	· · 43.0	199 35.7	· · 41.0	135 15.2	· · 28.0	338 36.5	· · 59.3
16	285 36.6	62 36.5	44.0	214 38.8	41.1	150 17.5	27.9	353 38.8	59.3
17	300 39.0	77 35.8	45.0	229 42.0	41.1	165 19.8	27.9	8 41.1	59.3
18	315 41.5	92 35.2	S15 46.0	244 45.1	N22 41.2	180 22.1	N17 27.8	23 43.4	S21 59.3
19	330 44.0	107 34.6	47.0	259 48.2	41.2	195 24.3	27.8	38 45.6	59.3
20	345 46.4	122 34.0	48.0	274 51.4	41.3	210 26.6	27.7	53 47.9	59.2
21	0 48.9	137 33.3	· · 49.0	289 54.5	· · 41.3	225 28.9	· · 27.7	68 50.2	· · 59.2
22	15 51.3	152 32.7	50.0	304 57.6	41.4	240 31.2	27.7	83 52.5	59.2
23	30 53.8	167 32.1	51.0	320 00.8	41.4	255 33.5	27.6	98 54.7	59.2
7 00	45 56.3	182 31.4	S15 52.0	335 03.9	N22 41.5	270 35.7	N17 27.6	113 57.0	S21 59.1
01	60 58.7	197 30.8	53.0	350 07.1	41.5	285 38.0	27.5	128 59.3	59.1
02	76 01.2	212 30.2	53.9	5 10.2	41.5	300 40.3	27.5	144 01.6	59.1
03	91 03.7	227 29.5	· · 54.9	20 13.4	· · 41.6	315 42.6	· · 27.4	159 03.9	· · 59.1
04	106 06.1	242 28.9	55.9	35 16.5	41.6	330 44.8	27.4	174 06.1	59.0
05	121 08.6	257 28.3	56.9	50 19.7	41.7	345 47.1	27.4	189 08.4	59.0
06	136 11.1	272 27.6	S15 57.9	65 22.8	N22 41.7	0 49.4	N17 27.3	204 10.7	S21 59.0
W 07	151 13.5	287 27.0	58.9	80 26.0	41.8	15 51.7	27.3	219 13.0	59.0
E 08	166 16.0	302 26.4	15 59.9	95 29.1	41.8	30 54.0	27.2	234 15.3	59.0
D 09	181 18.4	317 25.7	16 00.8	110 32.3	· · 41.9	45 56.3	· · 27.2	249 17.5	· · 58.9
N 10	196 20.9	332 25.1	01.8	125 35.4	41.9	60 58.5	27.1	264 19.8	58.9
E 11	211 23.4	347 24.5	02.8	140 38.6	42.0	76 00.8	27.1	279 22.1	58.9
S 12	226 25.8	2 23.8	S16 03.8	155 41.8	N22 42.0	91 03.1	N17 27.1	294 24.4	S21 58.9
D 13	241 28.3	17 23.2	04.8	170 44.9	42.0	106 05.4	27.0	309 26.6	58.8
A 14	256 30.8	32 22.5	05.7	185 48.1	42.1	121 07.7	27.0	324 28.9	58.8
Y 15	271 33.2	47 21.9	· · 06.7	200 51.3	· · 42.1	136 09.9	· · 26.9	339 31.2	· · 58.8
16	286 35.7	62 21.3	07.7	215 54.4	42.2	151 12.2	26.9	354 33.5	58.8
17	301 38.2	77 20.6	08.7	230 57.6	42.2	166 14.5	26.8	9 35.7	58.7
18	316 40.6	92 20.0	S16 09.7	246 00.8	N22 42.3	181 16.8	N17 26.8	24 38.0	S21 58.7
19	331 43.1	107 19.3	10.6	261 03.9	42.3	196 19.1	26.8	39 40.3	58.7
20	346 45.6	122 18.7	11.6	276 07.1	42.4	211 21.4	26.7	54 42.6	58.7
21	1 48.0	137 18.1	· · 12.6	291 10.3	· · 42.4	226 23.6	· · 26.7	69 44.9	· · 58.7
22	16 50.5	152 17.4	13.6	306 13.5	42.4	241 25.9	26.6	84 47.1	58.6
23	31 52.9	167 16.8	14.5	321 16.6	42.5	256 28.2	26.6	99 49.4	58.6
8 00	46 55.4	182 16.1	S16 15.5	336 19.8	N22 42.5	271 30.5	N17 26.5	114 51.7	S21 58.6
01	61 57.9	197 15.5	16.5	351 23.0	42.6	286 32.8	26.5	129 54.0	58.6
02	77 00.3	212 14.8	17.4	6 26.2	42.6	301 35.1	26.5	144 56.2	58.5
03	92 02.8	227 14.2	· · 18.4	21 29.4	· · 42.7	316 37.4	· · 26.4	159 58.5	· · 58.5
04	107 05.3	242 13.6	19.4	36 32.5	42.7	331 39.6	26.4	175 00.8	58.5
05	122 07.7	257 12.9	20.4	51 35.7	42.7	346 41.9	26.3	190 03.1	58.5
06	137 10.2	272 12.3	S16 21.3	66 38.9	N22 42.8	1 44.2	N17 26.3	205 05.3	S21 58.4
07	152 12.7	287 11.6	22.3	81 42.1	42.8	16 46.5	26.3	220 07.6	58.4
T 08	167 15.1	302 11.0	23.3	96 45.3	42.9	31 48.8	26.2	235 09.9	58.4
H 09	182 17.6	317 10.3	· · 24.2	111 48.5	· · 42.9	46 51.1	· · 26.2	250 12.1	· · 58.4
U 10	197 20.1	332 09.7	25.2	126 51.7	42.9	61 53.4	26.1	265 14.4	58.3
R 11	212 22.5	347 09.0	26.2	141 54.9	43.0	76 55.7	26.1	280 16.7	58.3
S 12	227 25.0	2 08.4	S16 27.1	156 58.1	N22 43.0	91 58.0	N17 26.1	295 19.0	S21 58.3
D 13	242 27.4	17 07.7	28.1	172 01.3	43.1	107 00.2	26.0	310 21.2	58.3
A 14	257 29.9	32 07.1	29.0	187 04.4	43.1	122 02.5	26.0	325 23.5	58.2
Y 15	272 32.4	47 06.4	· · 30.0	202 07.6	· · 43.1	137 04.8	· · 25.9	340 25.8	· · 58.2
16	287 34.8	62 05.8	31.0	217 10.8	43.2	152 07.1	25.9	355 28.1	58.2
17	302 37.3	77 05.1	31.9	232 14.1	43.2	167 09.4	25.9	10 30.3	58.2
18	317 39.8	92 04.5	S16 32.9	247 17.3	N22 43.3	182 11.7	N17 25.8	25 32.6	S21 58.2
19	332 42.2	107 03.8	33.8	262 20.5	43.3	197 14.0	25.8	40 34.9	58.1
20	347 44.7	122 03.2	34.8	277 23.7	43.3	212 16.3	25.7	55 37.2	58.1
21	2 47.2	137 02.5	· · 35.8	292 26.9	· · 43.4	227 18.6	· · 25.7	70 39.4	· · 58.1
22	17 49.6	152 01.8	36.7	307 30.1	43.4	242 20.9	25.7	85 41.7	58.1
23	32 52.1	167 01.2	37.7	322 33.3	43.4	257 23.2	25.6	100 44.0	58.0
Mer. Pass.	h m 20 52.8	v −0.6	d 1.0	v 3.2	d 0.0	v 2.3	d 0.0	v 2.3	d 0.0

STARS

Name	S.H.A.	Dec.
	° ′	° ′
Acamar	315 30.7	S40 20.3
Achernar	335 38.5	S57 16.9
Acrux	173 29.1	S63 02.8
Adhara	255 25.7	S28 57.3
Aldebaran	291 08.5	N16 29.7
Alioth	166 35.8	N56 00.4
Alkaid	153 12.5	N49 21.4
Al Na'ir	28 04.7	S47 00.5
Alnilam	276 03.3	S 1 12.2
Alphard	218 12.8	S 8 37.0
Alphecca	126 25.7	N26 44.7
Alpheratz	358 00.9	N29 02.7
Altair	62 24.9	N 8 50.7
Ankaa	353 31.9	S42 21.3
Antares	112 47.4	S26 24.8
Arcturus	146 11.5	N19 13.7
Atria	108 05.1	S69 00.9
Avior	234 24.9	S59 28.5
Bellatrix	278 49.9	N 6 20.7
Betelgeuse	271 19.4	N 7 24.5
Canopus	264 03.3	S52 41.1
Capella	280 59.1	N45 59.4
Deneb	49 43.2	N45 15.1
Denebola	182 51.1	N14 37.3
Diphda	349 12.5	S18 02.1
Dubhe	194 12.4	N61 47.7
Elnath	278 33.7	N28 36.1
Eltanin	90 54.4	N51 29.5
Enif	34 03.7	N 9 50.1
Fomalhaut	15 42.4	S29 40.3
Gacrux	172 20.5	S57 03.6
Gienah	176 10.1	S17 29.4
Hadar	149 12.9	S60 19.7
Hamal	328 19.6	N23 25.4
Kaus Aust.	84 06.5	S34 23.5
Kochab	137 20.1	N74 11.5
Markab	13 55.1	N15 09.6
Menkar	314 32.5	N 4 03.5
Menkent	148 28.1	S36 19.5
Miaplacidus	221 43.5	S69 40.4
Mirfak	309 04.3	N49 49.9
Nunki	76 19.5	S26 18.6
Peacock	53 45.8	S56 46.1
Pollux	243 48.2	N28 02.9
Procyon	245 17.3	N 5 15.0
Rasalhague	96 22.4	N12 34.0
Regulus	208 01.6	N12 00.7
Rigel	281 28.1	S 8 12.5
Rigil Kent.	140 15.8	S60 47.8
Sabik	102 32.3	S15 42.9
Schedar	349 59.7	N56 29.6
Shaula	96 45.3	S37 06.0
Sirius	258 48.4	S16 42.0
Spica	158 49.5	S11 06.8
Suhail	223 05.0	S43 23.4
Vega	80 50.7	N38 46.7
Zuben'ubi	137 24.6	S16 00.3

	S.H.A.	Mer. Pass.
	° ′	h m
Venus	136 35.2	11 50
Mars	289 07.7	1 39
Jupiter	224 39.5	5 57
Saturn	68 00.8	16 22

UT (GMT) d	h	SUN G.H.A. ° ′	SUN Dec. ° ′	MOON G.H.A. ° ′	v ′	MOON Dec. ° ′	d ′	H.P. ′
6	00	184 05.7	S15 50.2	318 27.6	2.3	N26 15.7	1.9	60.5
	01	199 05.6	51.0	332 48.9	2.3	26 13.8	2.1	60.5
	02	214 05.6	51.7	347 10.2	2.3	26 11.7	2.2	60.5
	03	229 05.6	. . 52.5	1 31.5	2.5	26 09.5	2.5	60.5
	04	244 05.6	53.2	15 53.0	2.5	26 07.0	2.6	60.4
	05	259 05.6	54.0	30 14.5	2.5	26 04.4	2.8	60.4
	06	274 05.5	S15 54.7	44 36.0	2.7	N26 01.6	3.1	60.4
	07	289 05.5	55.5	58 57.7	2.7	25 58.5	3.2	60.4
T	08	304 05.5	56.2	73 19.4	2.8	25 55.3	3.4	60.3
U	09	319 05.5	. . 57.0	87 41.2	2.9	25 51.9	3.5	60.3
E	10	334 05.4	57.7	102 03.1	2.9	25 48.4	3.8	60.3
S	11	349 05.4	58.5	116 25.0	3.0	25 44.6	4.0	60.3
D	12	4 05.4	S15 59.2	130 47.0	3.2	N25 40.6	4.1	60.2
A	13	19 05.4	16 00.0	145 09.2	3.2	25 36.5	4.3	60.2
Y	14	34 05.3	00.7	159 31.4	3.3	25 32.2	4.5	60.2
	15	49 05.3	. . 01.5	173 53.7	3.3	25 27.7	4.7	60.2
	16	64 05.3	02.2	188 16.0	3.5	25 23.0	4.8	60.1
	17	79 05.3	03.0	202 38.5	3.6	25 18.2	5.0	60.1
	18	94 05.2	S16 03.7	217 01.1	3.6	N25 13.2	5.2	60.1
	19	109 05.2	04.5	231 23.7	3.8	25 08.0	5.4	60.0
	20	124 05.2	05.2	245 46.5	3.9	25 02.6	5.5	60.0
	21	139 05.1	. . 05.9	260 09.4	3.9	24 57.1	5.7	60.0
	22	154 05.1	06.7	274 32.3	4.1	24 51.4	5.9	60.0
	23	169 05.1	07.4	288 55.4	4.2	24 45.5	6.0	59.9
7	00	184 05.1	S16 08.2	303 18.6	4.3	N24 39.5	6.2	59.9
	01	199 05.0	08.9	317 41.9	4.4	24 33.3	6.4	59.9
	02	214 05.0	09.7	332 05.3	4.5	24 26.9	6.5	59.8
	03	229 05.0	. . 10.4	346 28.8	4.6	24 20.4	6.7	59.8
	04	244 04.9	11.1	0 52.4	4.7	24 13.7	6.8	59.8
	05	259 04.9	11.9	15 16.1	4.8	24 06.9	7.0	59.7
	06	274 04.9	S16 12.6	29 39.9	5.0	N23 59.9	7.1	59.7
W	07	289 04.8	13.4	44 03.9	5.0	23 52.8	7.3	59.7
E	08	304 04.8	14.1	58 27.9	5.2	23 45.5	7.5	59.6
D	09	319 04.8	. . 14.8	72 52.1	5.3	23 38.0	7.6	59.6
N	10	334 04.7	15.6	87 16.4	5.4	23 30.4	7.7	59.6
E	11	349 04.7	16.3	101 40.8	5.5	23 22.7	7.9	59.6
S	12	4 04.7	S16 17.1	116 05.3	5.7	N23 14.8	8.0	59.5
D	13	19 04.6	17.8	130 30.0	5.7	23 06.8	8.2	59.5
A	14	34 04.6	18.5	144 54.7	5.9	22 58.6	8.3	59.5
Y	15	49 04.6	. . 19.3	159 19.6	6.0	22 50.3	8.4	59.4
	16	64 04.5	20.0	173 44.6	6.2	22 41.9	8.6	59.4
	17	79 04.5	20.7	188 09.8	6.2	22 33.3	8.7	59.4
	18	94 04.5	S16 21.5	202 35.0	6.4	N22 24.6	8.8	59.3
	19	109 04.4	22.2	217 00.4	6.5	22 15.8	9.0	59.3
	20	124 04.4	22.9	231 25.9	6.6	22 06.8	9.1	59.3
	21	139 04.4	. . 23.7	245 51.5	6.7	21 57.7	9.2	59.2
	22	154 04.3	24.4	260 17.2	6.9	21 48.5	9.4	59.2
	23	169 04.3	25.1	274 43.1	7.0	21 39.1	9.4	59.2
8	00	184 04.2	S16 25.9	289 09.1	7.1	N21 29.7	9.6	59.1
	01	199 04.2	26.6	303 35.2	7.2	21 20.1	9.7	59.1
	02	214 04.2	27.3	318 01.4	7.3	21 10.4	9.9	59.1
	03	229 04.1	. . 28.1	332 27.7	7.5	21 00.5	9.9	59.0
	04	244 04.1	28.8	346 54.2	7.6	20 50.6	10.1	59.0
	05	259 04.0	29.5	1 20.8	7.7	20 40.5	10.1	59.0
	06	274 04.0	S16 30.3	15 47.5	7.9	N20 30.4	10.3	58.9
	07	289 04.0	31.0	30 14.4	7.9	20 20.1	10.4	58.9
T	08	304 03.9	31.7	44 41.3	8.1	20 09.7	10.5	58.9
H	09	319 03.9	. . 32.4	59 08.4	8.2	19 59.2	10.6	58.8
U	10	334 03.8	33.2	73 35.6	8.3	19 48.6	10.6	58.8
R	11	349 03.8	33.9	88 02.9	8.5	19 38.0	10.8	58.7
S	12	4 03.8	S16 34.6	102 30.4	8.5	N19 27.2	10.9	58.7
D	13	19 03.7	35.3	116 57.9	8.7	19 16.3	11.0	58.7
A	14	34 03.7	36.1	131 25.6	8.8	19 05.3	11.1	58.6
Y	15	49 03.6	. . 36.8	145 53.4	9.0	18 54.2	11.2	58.6
	16	64 03.6	37.5	160 21.4	9.0	18 43.0	11.3	58.6
	17	79 03.5	38.2	174 49.4	9.1	18 31.7	11.3	58.5
	18	94 03.5	S16 39.0	189 17.5	9.3	N18 20.4	11.5	58.5
	19	109 03.4	39.7	203 45.8	9.4	18 08.9	11.5	58.5
	20	124 03.4	40.4	218 14.2	9.5	17 57.4	11.6	58.4
	21	139 03.3	. . 41.1	232 42.7	9.6	17 45.8	11.7	58.4
	22	154 03.3	41.9	247 11.3	9.8	17 34.1	11.8	58.4
	23	169 03.3	42.6	261 40.1	9.8	17 22.3	11.9	58.3
		S.D. 16.2	d 0.7	S.D. 16.4		16.2		16.0

Lat. °	Twilight Naut. h m	Twilight Civil h m	Sunrise h m	Moonrise 6 h m	Moonrise 7 h m	Moonrise 8 h m	Moonrise 9 h m
N 72	06 29	07 55	09 36	▭	▭	▭	21 26
N 70	06 22	07 39	09 00	▭	▭	19 14	21 50
68	06 16	07 25	08 35	▭	▭	19 56	22 08
66	06 11	07 14	08 16	▭	18 03	20 24	22 23
64	06 07	07 05	08 01	16 30	18 45	20 46	22 35
62	06 03	06 57	07 48	17 23	19 14	21 03	22 45
60	06 00	06 50	07 37	17 55	19 36	21 17	22 53
N 58	05 57	06 44	07 27	18 19	19 53	21 29	23 01
56	05 54	06 38	07 19	18 39	20 08	21 39	23 07
54	05 51	06 33	07 12	18 55	20 21	21 48	23 13
52	05 48	06 29	07 05	19 09	20 32	21 56	23 18
50	05 46	06 25	06 59	19 21	20 42	22 04	23 23
45	05 40	06 15	06 46	19 46	21 03	22 19	23 33
N 40	05 35	06 07	06 36	20 06	21 19	22 32	23 42
35	05 30	06 00	06 26	20 22	21 33	22 43	23 49
30	05 25	05 53	06 18	20 37	21 46	22 52	23 55
20	05 15	05 41	06 04	21 01	22 06	23 08	24 06
N 10	05 05	05 30	05 52	21 22	22 24	23 22	24 16
0	04 54	05 19	05 40	21 42	22 41	23 35	24 24
S 10	04 41	05 06	05 28	22 01	22 58	23 48	24 33
20	04 25	04 52	05 16	22 22	23 16	24 02	00 02
30	04 05	04 35	05 01	22 46	23 36	24 18	00 18
35	03 52	04 25	04 52	23 01	23 48	24 27	00 27
40	03 37	04 13	04 43	23 17	24 02	00 02	00 37
45	03 17	03 58	04 31	23 36	24 18	00 18	00 49
S 50	02 52	03 40	04 17	24 01	00 01	00 37	01 04
52	02 39	03 31	04 10	24 12	00 12	00 47	01 11
54	02 23	03 21	04 03	24 26	00 26	00 57	01 18
56	02 05	03 09	03 55	24 41	00 41	01 09	01 27
58	01 41	02 56	03 46	00 18	00 59	01 22	01 36
S 60	01 07	02 39	03 35	00 45	01 21	01 38	01 47

Lat. °	Sunset h m	Twilight Civil h m	Twilight Naut. h m	Moonset 6 h m	Moonset 7 h m	Moonset 8 h m	Moonset 9 h m
N 72	13 50	15 30	16 57	▭	▭	▭	15 24
N 70	14 26	15 47	17 04	▭	▭	15 49	14 58
68	14 51	16 01	17 10	▭	▭	15 05	14 37
66	15 10	16 12	17 15	▭	15 02	14 36	14 21
64	15 26	16 21	17 19	14 28	14 19	14 13	14 08
62	15 39	16 29	17 23	13 34	13 49	13 55	13 57
60	15 50	16 36	17 27	13 01	13 27	13 40	13 47
N 58	15 59	16 43	17 30	12 37	13 09	13 27	13 39
56	16 08	16 48	17 33	12 17	12 53	13 16	13 31
54	16 15	16 53	17 36	12 01	12 40	13 06	13 24
52	16 22	16 58	17 38	11 47	12 28	12 57	13 18
50	16 28	17 02	17 41	11 34	12 18	12 49	13 13
45	16 41	17 12	17 47	11 09	11 56	12 32	13 01
N 40	16 51	17 20	17 52	10 48	11 39	12 19	12 51
35	17 01	17 27	17 57	10 31	11 24	12 07	12 42
30	17 09	17 34	18 02	10 16	11 11	11 56	12 35
20	17 23	17 46	18 12	09 51	10 48	11 38	12 22
N 10	17 35	17 57	18 22	09 29	10 29	11 22	12 10
0	17 47	18 09	18 34	09 09	10 11	11 07	11 59
S 10	17 59	18 21	18 47	08 48	09 52	10 52	11 48
20	18 12	18 35	19 03	08 26	09 33	10 36	11 36
30	18 27	18 52	19 23	08 01	09 10	10 18	11 23
35	18 36	19 03	19 36	07 45	08 56	10 07	11 15
40	18 45	19 15	19 52	07 28	08 40	09 54	11 06
45	18 57	19 30	20 11	07 07	08 22	09 39	10 55
S 50	19 11	19 49	20 37	06 40	07 58	09 21	10 42
52	19 18	19 58	20 51	06 27	07 47	09 12	10 36
54	19 26	20 08	21 06	06 12	07 34	09 02	10 29
56	19 34	20 20	21 26	05 54	07 19	08 51	10 21
58	19 43	20 34	21 50	05 32	07 02	08 38	10 13
S 60	19 54	20 50	22 26	05 05	06 40	08 23	10 03

Day	SUN Eqn. of Time 00^h m s	SUN Eqn. of Time 12^h m s	SUN Mer. Pass. h m	MOON Mer. Pass. Upper h m	MOON Mer. Pass. Lower h m	MOON Age d	MOON Phase
6	16 23	16 22	11 44	02 54	15 25	19	◑
7	16 20	16 19	11 44	03 56	16 26	20	
8	16 17	16 15	11 44	04 54	17 21	21	

	UT (GMT)	ARIES	VENUS −3.9		MARS −1.8		JUPITER −2.2		SATURN +0.6		STARS		
	d h	G.H.A.	G.H.A.	Dec.	G.H.A.	Dec.	G.H.A.	Dec.	G.H.A.	Dec.	Name	S.H.A.	Dec.
		° ′	° ′	° ′	° ′	° ′	° ′	° ′	° ′	° ′		° ′	° ′
	9 00	47 54.5	182 00.5	S16 38.6	337 36.5	N22 43.5	272 25.5	N17 25.6	115 46.2	S21 58.0	Acamar	315 30.6	S40 20.3
	01	62 57.0	196 59.9	39.6	352 39.7	43.5	287 27.7	25.5	130 48.5	58.0	Achernar	335 38.5	S57 16.9
	02	77 59.5	211 59.2	40.5	7 42.9	43.6	302 30.0	25.5	145 50.8	58.0	Acrux	173 29.1	S63 02.8
	03	93 01.9	226 58.6	· · 41.5	22 46.1	· · 43.6	317 32.3	· · 25.5	160 53.1	· · 57.9	Adhara	255 25.6	S28 57.3
	04	108 04.4	241 57.9	42.4	37 49.4	43.6	332 34.6	25.4	175 55.3	57.9	Aldebaran	291 08.5	N16 29.7
	05	123 06.9	256 57.2	43.4	52 52.6	43.7	347 36.9	25.4	190 57.6	57.9			
	06	138 09.3	271 56.6	S16 44.3	67 55.8	N22 43.7	2 39.2	N17 25.3	205 59.9	S21 57.9	Alioth	166 35.7	N56 00.3
	07	153 11.8	286 55.9	45.3	82 59.0	43.7	17 41.5	25.3	221 02.1	57.8	Alkaid	153 12.5	N49 21.4
	08	168 14.3	301 55.3	46.2	98 02.2	43.8	32 43.8	25.3	236 04.4	57.8	Al Na'ir	28 04.7	S47 00.5
F	09	183 16.7	316 54.6	· · 47.2	113 05.5	· · 43.8	47 46.1	· · 25.2	251 06.7	· · 57.8	Alnilam	276 03.3	S 1 12.3
R	10	198 19.2	331 53.9	48.1	128 08.7	43.9	62 48.4	25.2	266 09.0	57.8	Alphard	218 12.7	S 8 37.0
I	11	213 21.7	346 53.3	49.1	143 11.9	43.9	77 50.7	25.1	281 11.2	57.7			
D	12	228 24.1	1 52.6	S16 50.0	158 15.1	N22 43.9	92 53.0	N17 25.1	296 13.5	S21 57.7	Alphecca	126 25.7	N26 44.7
A	13	243 26.6	16 52.0	51.0	173 18.4	44.0	107 55.3	25.1	311 15.8	57.7	Alpheratz	358 00.9	N29 02.7
Y	14	258 29.0	31 51.3	51.9	188 21.6	44.0	122 57.6	25.0	326 18.0	57.7	Altair	62 24.9	N 8 50.7
	15	273 31.5	46 50.6	· · 52.9	203 24.8	· · 44.0	137 59.9	· · 25.0	341 20.3	· · 57.6	Ankaa	353 31.9	S42 21.3
	16	288 34.0	61 50.0	53.8	218 28.1	44.1	153 02.2	25.0	356 22.6	57.6	Antares	112 47.4	S26 24.8
	17	303 36.4	76 49.3	54.7	233 31.3	44.1	168 04.5	24.9	11 24.8	57.6			
	18	318 38.9	91 48.6	S16 55.7	248 34.5	N22 44.1	183 06.8	N17 24.9	26 27.1	S21 57.6	Arcturus	146 11.5	N19 13.7
	19	333 41.4	106 48.0	56.6	263 37.8	44.2	198 09.1	24.8	41 29.4	57.5	Atria	108 05.1	S69 00.9
	20	348 43.8	121 47.3	57.6	278 41.0	44.2	213 11.4	24.8	56 31.7	57.5	Avior	234 24.9	S59 28.5
	21	3 46.3	136 46.6	· · 58.5	293 44.3	· · 44.2	228 13.7	· · 24.8	71 33.9	· · 57.5	Bellatrix	278 49.9	N 6 20.7
	22	18 48.8	151 46.0	16 59.4	308 47.5	44.3	243 16.0	24.7	86 36.2	57.5	Betelgeuse	271 19.4	N 7 24.5
	23	33 51.2	166 45.3	17 00.4	323 50.7	44.3	258 18.3	24.7	101 38.5	57.4			
	10 00	48 53.7	181 44.6	S17 01.3	338 54.0	N22 44.3	273 20.6	N17 24.6	116 40.7	S21 57.4	Canopus	264 03.3	S52 41.1
	01	63 56.2	196 44.0	02.2	353 57.2	44.4	288 22.9	24.6	131 43.0	57.4	Capella	280 59.1	N45 59.4
	02	78 58.6	211 43.3	03.2	9 00.5	44.4	303 25.2	24.6	146 45.3	57.4	Deneb	49 43.2	N45 15.1
	03	94 01.1	226 42.6	· · 04.1	24 03.7	· · 44.4	318 27.5	· · 24.5	161 47.5	· · 57.3	Denebola	182 51.1	N14 37.3
	04	109 03.5	241 41.9	05.0	39 07.0	44.5	333 29.8	24.5	176 49.8	57.3	Diphda	349 12.5	S18 02.1
	05	124 06.0	256 41.3	06.0	54 10.2	44.5	348 32.1	24.5	191 52.1	57.3			
	06	139 08.5	271 40.6	S17 06.9	69 13.5	N22 44.5	3 34.4	N17 24.4	206 54.3	S21 57.3	Dubhe	194 12.4	N61 47.7
	07	154 10.9	286 39.9	07.8	84 16.7	44.5	18 36.7	24.4	221 56.6	57.2	Elnath	278 33.7	N28 36.1
S	08	169 13.4	301 39.3	08.8	99 20.0	44.6	33 39.0	24.4	236 58.9	57.2	Eltanin	90 54.4	N51 29.5
A	09	184 15.9	316 38.6	· · 09.7	114 23.2	· · 44.6	48 41.3	· · 24.3	252 01.1	· · 57.2	Enif	34 03.7	N 9 50.1
T	10	199 18.3	331 37.9	10.6	129 26.5	44.6	63 43.6	24.3	267 03.4	57.2	Fomalhaut	15 42.4	S29 40.3
U	11	214 20.8	346 37.2	11.6	144 29.7	44.7	78 45.9	24.2	282 05.7	57.1			
R	12	229 23.3	1 36.6	S17 12.5	159 33.0	N22 44.7	93 48.2	N17 24.2	297 07.9	S21 57.1	Gacrux	172 20.5	S57 03.6
D	13	244 25.7	16 35.9	13.4	174 36.3	44.7	108 50.5	24.2	312 10.2	57.1	Gienah	176 10.0	S17 29.4
A	14	259 28.2	31 35.2	14.3	189 39.5	44.8	123 52.8	24.1	327 12.5	57.1	Hadar	149 12.9	S60 19.7
Y	15	274 30.7	46 34.5	· · 15.3	204 42.8	· · 44.8	138 55.1	· · 24.1	342 14.7	· · 57.0	Hamal	328 19.6	N23 25.4
	16	289 33.1	61 33.9	16.2	219 46.1	44.8	153 57.4	24.1	357 17.0	57.0	Kaus Aust.	84 06.5	S34 23.5
	17	304 35.6	76 33.2	17.1	234 49.3	44.8	168 59.7	24.0	12 19.3	57.0			
	18	319 38.0	91 32.5	S17 18.0	249 52.6	N22 44.9	184 02.0	N17 24.0	27 21.5	S21 57.0	Kochab	137 20.1	N74 11.4
	19	334 40.5	106 31.8	19.0	264 55.9	44.9	199 04.3	24.0	42 23.8	56.9	Markab	13 55.1	N15 09.6
	20	349 43.0	121 31.1	19.9	279 59.1	44.9	214 06.7	23.9	57 26.1	56.9	Menkar	314 32.5	N 4 03.5
	21	4 45.4	136 30.5	· · 20.8	295 02.4	· · 45.0	229 09.0	· · 23.9	72 28.3	· · 56.9	Menkent	148 28.1	S36 19.5
	22	19 47.9	151 29.8	21.7	310 05.7	45.0	244 11.3	23.8	87 30.6	56.9	Miaplacidus	221 43.5	S69 40.4
	23	34 50.4	166 29.1	22.6	325 08.9	45.0	259 13.6	23.8	102 32.9	56.8			
	11 00	49 52.8	181 28.4	S17 23.5	340 12.2	N22 45.0	274 15.9	N17 23.8	117 35.1	S21 56.8	Mirfak	309 04.3	N49 49.9
	01	64 55.3	196 27.7	24.5	355 15.5	45.1	289 18.2	23.7	132 37.4	56.8	Nunki	76 19.5	S26 18.6
	02	79 57.8	211 27.0	25.4	10 18.8	45.1	304 20.5	23.7	147 39.7	56.8	Peacock	53 45.8	S56 46.1
	03	95 00.2	226 26.4	· · 26.3	25 22.0	· · 45.1	319 22.8	· · 23.7	162 41.9	· · 56.7	Pollux	243 48.2	N28 02.9
	04	110 02.7	241 25.7	27.2	40 25.3	45.1	334 25.1	23.6	177 44.2	56.7	Procyon	245 17.3	N 5 15.0
	05	125 05.1	256 25.0	28.1	55 28.6	45.2	349 27.4	23.6	192 46.5	56.7			
	06	140 07.6	271 24.3	S17 29.0	70 31.9	N22 45.2	4 29.7	N17 23.6	207 48.7	S21 56.7	Rasalhague	96 22.5	N12 34.0
	07	155 10.1	286 23.6	29.9	85 35.2	45.2	19 32.0	23.5	222 51.0	56.6	Regulus	208 01.5	N12 00.7
	08	170 12.5	301 22.9	30.9	100 38.4	45.3	34 34.4	23.5	237 53.3	56.6	Rigel	281 28.0	S 8 12.5
S	09	185 15.0	316 22.3	· · 31.8	115 41.7	· · 45.3	49 36.7	· · 23.5	252 55.5	· · 56.6	Rigil Kent.	140 15.7	S60 47.8
U	10	200 17.5	331 21.6	32.7	130 45.0	45.3	64 39.0	23.4	267 57.8	56.6	Sabik	102 32.3	S15 42.9
N	11	215 19.9	346 20.9	33.6	145 48.3	45.3	79 41.3	23.4	283 00.0	56.5			
D	12	230 22.4	1 20.2	S17 34.5	160 51.6	N22 45.4	94 43.6	N17 23.4	298 02.3	S21 56.5	Schedar	349 59.7	N56 29.6
A	13	245 24.9	16 19.5	35.4	175 54.9	45.4	109 45.9	23.3	313 04.6	56.5	Shaula	96 45.3	S37 06.0
Y	14	260 27.3	31 18.8	36.3	190 58.2	45.4	124 48.2	23.3	328 06.8	56.5	Sirius	258 48.4	S16 42.0
	15	275 29.8	46 18.1	· · 37.2	206 01.5	· · 45.4	139 50.5	· · 23.3	343 09.1	· · 56.4	Spica	158 49.4	S11 06.8
	16	290 32.3	61 17.4	38.1	221 04.8	45.5	154 52.9	23.2	358 11.4	56.4	Suhail	223 05.0	S43 23.4
	17	305 34.7	76 16.7	39.0	236 08.1	45.5	169 55.2	23.2	13 13.6	56.4			
	18	320 37.2	91 16.1	S17 39.9	251 11.4	N22 45.5	184 57.5	N17 23.2	28 15.9	S21 56.4	Vega	80 50.7	N38 46.6
	19	335 39.6	106 15.4	40.8	266 14.7	45.5	199 59.8	23.1	43 18.1	56.3	Zuben'ubi	137 24.6	S16 00.3
	20	350 42.1	121 14.7	41.7	281 17.9	45.5	215 02.1	23.1	58 20.4	56.3		S.H.A.	Mer. Pass.
	21	5 44.6	136 14.0	· · 42.6	296 21.2	· · 45.6	230 04.4	· · 23.1	73 22.7	· · 56.3		° ′	h m
	22	20 47.0	151 13.3	43.5	311 24.6	45.6	245 06.7	23.0	88 24.9	56.3	Venus	132 50.9	11 54
	23	35 49.5	166 12.6	44.4	326 27.9	45.6	260 09.1	23.0	103 27.2	56.2	Mars	290 00.3	1 24
		h m									Jupiter	224 26.9	5 46
	Mer. Pass.	20 41.0	*v* −0.7	*d* 0.9	*v* 3.3	*d* 0.0	*v* 2.3	*d* 0.0	*v* 2.3	*d* 0.0	Saturn	67 47.0	16 11

UT (GMT) d h	SUN G.H.A. ° ′	SUN Dec. ° ′	MOON G.H.A. ° ′	v ′	MOON Dec. ° ′	d ′	H.P. ′
9 00	184 03.2	S16 43.3	276 08.9	10.0	N17 10.4	11.9	58.3
01	199 03.2	44.0	290 37.9	10.0	16 58.5	12.0	58.3
02	214 03.1	44.7	305 06.9	10.2	16 46.5	12.1	58.2
03	229 03.1	. . 45.5	319 36.1	10.3	16 34.4	12.2	58.2
04	244 03.0	46.2	334 05.4	10.4	16 22.2	12.2	58.2
05	259 03.0	46.9	348 34.8	10.5	16 10.0	12.4	58.1
06	274 02.9	S16 47.6	3 04.3	10.6	N15 57.6	12.3	58.1
07	289 02.9	48.3	17 33.9	10.7	15 45.3	12.5	58.1
08	304 02.8	49.0	32 03.6	10.8	15 32.8	12.5	58.0
F 09	319 02.8	. . 49.8	46 33.4	10.9	15 20.3	12.6	58.0
R 10	334 02.7	50.5	61 03.3	11.1	15 07.7	12.6	58.0
I 11	349 02.7	51.2	75 33.4	11.1	14 55.1	12.7	57.9
D 12	4 02.6	S16 51.9	90 03.5	11.2	N14 42.4	12.8	57.9
A 13	19 02.6	52.6	104 33.7	11.3	14 29.6	12.8	57.9
Y 14	34 02.5	53.3	119 04.0	11.5	14 16.8	12.9	57.8
15	49 02.5	. . 54.0	133 34.5	11.5	14 03.9	12.9	57.8
16	64 02.4	54.8	148 05.0	11.6	13 51.0	13.0	57.8
17	79 02.3	55.5	162 35.6	11.7	13 38.0	13.0	57.7
18	94 02.3	S16 56.2	177 06.3	11.8	N13 25.0	13.1	57.7
19	109 02.2	56.9	191 37.1	11.9	13 11.9	13.2	57.7
20	124 02.2	57.6	206 08.0	12.0	12 58.7	13.1	57.6
21	139 02.1	. . 58.3	220 39.0	12.1	12 45.6	13.3	57.6
22	154 02.1	59.0	235 10.1	12.1	12 32.3	13.3	57.6
23	169 02.0	16 59.7	249 41.2	12.3	12 19.0	13.3	57.5
10 00	184 02.0	S17 00.4	264 12.5	12.3	N12 05.7	13.3	57.5
01	199 01.9	01.1	278 43.8	12.4	11 52.4	13.4	57.5
02	214 01.8	01.9	293 15.2	12.6	11 39.0	13.5	57.4
03	229 01.8	. . 02.6	307 46.8	12.5	11 25.5	13.5	57.4
04	244 01.7	03.3	322 18.3	12.7	11 12.0	13.5	57.4
05	259 01.7	04.0	336 50.0	12.8	10 58.5	13.6	57.3
06	274 01.6	S17 04.7	351 21.8	12.8	N10 44.9	13.6	57.3
07	289 01.6	05.4	5 53.6	12.9	10 31.3	13.6	57.3
S 08	304 01.5	06.1	20 25.5	13.0	10 17.7	13.7	57.2
A 09	319 01.4	. . 06.8	34 57.5	13.1	10 04.0	13.7	57.2
T 10	334 01.4	07.5	49 29.6	13.1	9 50.3	13.7	57.2
U 11	349 01.3	08.2	64 01.7	13.2	9 36.6	13.7	57.2
R 12	4 01.3	S17 08.9	78 33.9	13.3	N 9 22.9	13.8	57.1
D 13	19 01.2	09.6	93 06.2	13.4	9 09.1	13.8	57.1
A 14	34 01.1	10.3	107 38.6	13.4	8 55.3	13.9	57.1
Y 15	49 01.1	. . 11.0	122 11.0	13.5	8 41.4	13.8	57.0
16	64 01.0	11.7	136 43.5	13.5	8 27.6	13.9	57.0
17	79 01.0	12.4	151 16.0	13.7	8 13.7	13.9	57.0
18	94 00.9	S17 13.1	165 48.7	13.7	N 7 59.8	14.0	56.9
19	109 00.8	13.8	180 21.4	13.7	7 45.8	13.9	56.9
20	124 00.8	14.5	194 54.1	13.8	7 31.9	14.0	56.9
21	139 00.7	. . 15.2	209 26.9	13.9	7 17.9	14.0	56.8
22	154 00.6	15.9	223 59.8	13.9	7 03.9	14.0	56.8
23	169 00.6	16.6	238 32.7	14.0	6 49.9	14.0	56.8
11 00	184 00.5	S17 17.3	253 05.7	14.1	N 6 35.9	14.0	56.8
01	199 00.4	18.0	267 38.8	14.1	6 21.9	14.1	56.7
02	214 00.4	18.7	282 11.9	14.1	6 07.8	14.0	56.7
03	229 00.3	. . 19.4	296 45.0	14.2	5 53.8	14.1	56.7
04	244 00.2	20.1	311 18.2	14.3	5 39.7	14.1	56.6
05	259 00.2	20.8	325 51.5	14.3	5 25.6	14.1	56.6
06	274 00.1	S17 21.5	340 24.8	14.4	N 5 11.5	14.1	56.6
07	289 00.0	22.1	354 58.2	14.4	4 57.4	14.1	56.6
08	304 00.0	22.8	9 31.6	14.5	4 43.3	14.1	56.5
S 09	318 59.9	. . 23.5	24 05.1	14.5	4 29.2	14.1	56.5
U 10	333 59.8	24.2	38 38.6	14.5	4 15.1	14.1	56.5
N 11	348 59.8	24.9	53 12.1	14.6	4 01.0	14.2	56.4
D 12	3 59.7	S17 25.6	67 45.7	14.6	N 3 46.8	14.1	56.4
A 13	18 59.6	26.3	82 19.3	14.7	3 32.7	14.1	56.4
Y 14	33 59.5	27.0	96 53.0	14.7	3 18.6	14.1	56.4
15	48 59.5	. . 27.7	111 26.7	14.8	3 04.5	14.2	56.3
16	63 59.4	28.4	126 00.5	14.8	2 50.3	14.1	56.3
17	78 59.3	29.0	140 34.3	14.8	2 36.2	14.1	56.3
18	93 59.3	S17 29.7	155 08.1	14.9	N 2 22.1	14.2	56.3
19	108 59.2	30.4	169 42.0	14.9	2 07.9	14.1	56.2
20	123 59.1	31.1	184 15.9	14.9	1 53.8	14.1	56.2
21	138 59.0	. . 31.8	198 49.8	14.9	1 39.7	14.1	56.2
22	153 59.0	32.5	213 23.7	15.0	1 25.6	14.1	56.1
23	168 58.9	33.2	227 57.7	15.0	1 11.5	14.1	56.1
	S.D. 16.2	*d* 0.7	S.D. 15.8		15.6		15.4

Lat. °	Twilight Naut. h m	Twilight Civil h m	Sunrise h m	Moonrise 9 h m	Moonrise 10 h m	Moonrise 11 h m	Moonrise 12 h m
N 72	06 40	08 09	10 00	21 26	23 45	25 48	01 48
N 70	06 32	07 51	09 17	21 50	23 55	25 48	01 48
68	06 25	07 36	08 49	22 08	24 03	00 03	01 49
66	06 20	07 24	08 27	22 23	24 09	00 09	01 49
64	06 15	07 13	08 10	22 35	24 15	00 15	01 50
62	06 10	07 05	07 56	22 45	24 20	00 20	01 50
60	06 06	06 57	07 45	22 53	24 24	00 24	01 50
N 58	06 03	06 50	07 34	23 01	24 27	00 27	01 51
56	05 59	06 44	07 25	23 07	24 31	00 31	01 51
54	05 56	06 39	07 18	23 13	24 34	00 34	01 51
52	05 53	06 34	07 10	23 18	24 36	00 36	01 51
50	05 50	06 29	07 04	23 23	24 39	00 39	01 51
45	05 44	06 19	06 50	23 33	24 44	00 44	01 52
N 40	05 38	06 10	06 39	23 42	24 48	00 48	01 52
35	05 32	06 03	06 29	23 49	24 52	00 52	01 52
30	05 27	05 56	06 21	23 55	24 55	00 55	01 52
20	05 16	05 43	06 06	24 06	00 06	01 01	01 53
N 10	05 06	05 31	05 53	24 16	00 16	01 06	01 53
0	04 54	05 19	05 40	24 24	00 24	01 10	01 54
S 10	04 40	05 06	05 28	24 33	00 33	01 15	01 54
20	04 24	04 51	05 14	00 02	00 43	01 20	01 54
30	04 02	04 33	04 59	00 18	00 53	01 25	01 55
35	03 49	04 22	04 50	00 27	01 00	01 28	01 55
40	03 33	04 10	04 39	00 37	01 07	01 32	01 55
45	03 12	03 54	04 27	00 49	01 15	01 36	01 56
S 50	02 45	03 34	04 12	01 04	01 24	01 41	01 56
52	02 31	03 25	04 05	01 11	01 29	01 43	01 57
54	02 15	03 14	03 57	01 18	01 34	01 46	01 57
56	01 54	03 02	03 49	01 27	01 39	01 49	01 57
58	01 27	02 47	03 39	01 36	01 45	01 52	01 57
S 60	00 45	02 30	03 27	01 47	01 52	01 55	01 58

Lat. °	Sunset h m	Twilight Civil h m	Twilight Naut. h m	Moonset 9 h m	Moonset 10 h m	Moonset 11 h m	Moonset 12 h m
N 72	13 27	15 17	16 46	15 24	14 42	14 12	13 44
N 70	14 10	15 36	16 54	14 58	14 29	14 08	13 47
68	14 38	15 51	17 01	14 37	14 19	14 04	13 50
66	15 00	16 03	17 07	14 21	14 11	14 01	13 52
64	15 17	16 13	17 12	14 08	14 03	13 59	13 54
62	15 31	16 22	17 17	13 57	13 57	13 56	13 56
60	15 42	16 30	17 21	13 47	13 51	13 55	13 57
N 58	15 53	16 37	17 24	13 39	13 47	13 53	13 58
56	16 02	16 43	17 28	13 31	13 42	13 51	13 59
54	16 10	16 48	17 31	13 24	13 38	13 50	14 00
52	16 17	16 53	17 34	13 18	13 35	13 49	14 01
50	16 23	16 58	17 37	13 13	13 31	13 47	14 02
45	16 37	17 08	17 43	13 01	13 24	13 45	14 04
N 40	16 48	17 17	17 49	12 51	13 18	13 43	14 06
35	16 58	17 25	17 55	12 42	13 13	13 41	14 07
30	17 07	17 32	18 01	12 35	13 09	13 39	14 08
20	17 22	17 45	18 11	12 22	13 00	13 36	14 10
N 10	17 35	17 57	18 22	12 10	12 53	13 34	14 12
0	17 47	18 09	18 34	11 59	12 47	13 31	14 14
S 10	18 00	18 22	18 48	11 48	12 40	13 29	14 16
20	18 14	18 37	19 05	11 36	12 33	13 26	14 17
30	18 29	18 55	19 26	11 23	12 24	13 23	14 20
35	18 38	19 06	19 39	11 15	12 19	13 21	14 21
40	18 49	19 19	19 56	11 06	12 14	13 19	14 22
45	19 01	19 35	20 17	10 55	12 07	13 17	14 24
S 50	19 17	19 55	20 44	10 42	11 59	13 14	14 26
52	19 24	20 04	20 59	10 36	11 56	13 12	14 26
54	19 32	20 15	21 16	10 29	11 52	13 11	14 27
56	19 41	20 28	21 37	10 21	11 47	13 09	14 28
58	19 51	20 43	22 05	10 13	11 42	13 07	14 30
S 60	20 02	21 01	22 52	10 03	11 37	13 05	14 31

Day	SUN Eqn. of Time 00h m s	SUN Eqn. of Time 12h m s	SUN Mer. Pass. h m	MOON Mer. Pass. Upper h m	MOON Mer. Pass. Lower h m	Age d	Phase
9	16 13	16 11	11 44	05 47	18 12	22	◑
10	16 08	16 05	11 44	06 36	18 59	23	
11	16 02	15 59	11 44	07 21	19 42	24	

UT (GMT) d h	ARIES G.H.A. ° ′	VENUS −3.9 G.H.A. ° ′	Dec. ° ′	MARS −1.9 G.H.A. ° ′	Dec. ° ′	JUPITER −2.2 G.H.A. ° ′	Dec. ° ′	SATURN +0.6 G.H.A. ° ′	Dec. ° ′	STARS Name	S.H.A. ° ′	Dec. ° ′
12 (MONDAY) 00	50 52.0	181 11.9	S17 45.3	341 31.2	N22 45.6	275 11.4	N17 23.0	118 29.5	S21 56.2	Acamar	315 30.6	S40 20.3
01	65 54.4	196 11.2	46.2	356 34.5	45.7	290 13.7	22.9	133 31.7	56.2	Achernar	335 38.6	S57 17.0
02	80 56.9	211 10.5	47.1	11 37.8	45.7	305 16.0	22.9	148 34.0	56.2	Acrux	173 29.1	S63 02.8
03	95 59.4	226 09.8	·· 48.0	26 41.1	·· 45.7	320 18.3	·· 22.9	163 36.2	·· 56.1	Adhara	255 25.6	S28 57.3
04	111 01.8	241 09.1	48.9	41 44.4	45.7	335 20.6	22.8	178 38.5	56.1	Aldebaran	291 08.5	N16 29.7
05	126 04.3	256 08.4	49.8	56 47.7	45.7	350 23.0	22.8	193 40.8	56.1			
06	141 06.8	271 07.7	S17 50.7	71 51.0	N22 45.8	5 25.3	N17 22.8	208 43.0	S21 56.1	Alioth	166 35.7	N56 00.3
07	156 09.2	286 07.0	51.6	86 54.3	45.8	20 27.6	22.7	223 45.3	56.0	Alkaid	153 12.5	N49 21.4
08	171 11.7	301 06.3	52.5	101 57.6	45.8	35 29.9	22.7	238 47.5	56.0	Al Na'ir	28 04.7	S47 00.5
09	186 14.1	316 05.6	·· 53.4	117 00.9	·· 45.8	50 32.2	·· 22.7	253 49.8	·· 56.0	Alnilam	276 03.3	S 1 12.3
10	201 16.6	331 04.9	54.3	132 04.3	45.8	65 34.5	22.6	268 52.1	55.9	Alphard	218 12.7	S 8 37.0
11	216 19.1	346 04.2	55.1	147 07.6	45.9	80 36.9	22.6	283 54.3	55.9			
12	231 21.5	1 03.5	S17 56.0	162 10.9	N22 45.9	95 39.2	N17 22.6	298 56.6	S21 55.9	Alphecca	126 25.7	N26 44.7
13	246 24.0	16 02.8	56.9	177 14.2	45.9	110 41.5	22.5	313 58.9	55.9	Alpheratz	358 00.9	N29 02.7
14	261 26.5	31 02.1	57.8	192 17.5	45.9	125 43.8	22.5	329 01.1	55.8	Altair	62 24.9	N 8 50.7
15	276 28.9	46 01.4	·· 58.7	207 20.8	·· 45.9	140 46.1	·· 22.5	344 03.4	·· 55.8	Ankaa	353 31.9	S42 21.3
16	291 31.4	61 00.7	17 59.6	222 24.2	46.0	155 48.5	22.4	359 05.6	55.8	Antares	112 47.4	S26 24.8
17	306 33.9	76 00.0	18 00.5	237 27.5	46.0	170 50.8	22.4	14 07.9	55.8			
18	321 36.3	90 59.3	S18 01.3	252 30.8	N22 46.0	185 53.1	N17 22.4	29 10.2	S21 55.7	Arcturus	146 11.5	N19 13.7
19	336 38.8	105 58.6	02.2	267 34.1	46.0	200 55.4	22.3	44 12.4	55.7	Atria	108 05.1	S69 00.9
20	351 41.2	120 57.9	03.1	282 37.5	46.0	215 57.7	22.3	59 14.7	55.7	Avior	234 24.9	S59 28.5
21	6 43.7	135 57.2	·· 04.0	297 40.8	·· 46.0	231 00.1	·· 22.3	74 16.9	·· 55.7	Bellatrix	278 49.9	N 6 20.7
22	21 46.2	150 56.5	04.9	312 44.1	46.1	246 02.4	22.2	89 19.2	55.6	Betelgeuse	271 19.4	N 7 24.5
23	36 48.6	165 55.8	05.7	327 47.5	46.1	261 04.7	22.2	104 21.4	55.6			
13 (TUESDAY) 00	51 51.1	180 55.1	S18 06.6	342 50.8	N22 46.1	276 07.0	N17 22.2	119 23.7	S21 55.6	Canopus	264 03.3	S52 41.1
01	66 53.6	195 54.4	07.5	357 54.1	46.1	291 09.4	22.1	134 26.0	55.6	Capella	280 59.1	N45 59.4
02	81 56.0	210 53.7	08.4	12 57.4	46.1	306 11.7	22.1	149 28.2	55.5	Deneb	49 43.2	N45 15.1
03	96 58.5	225 52.9	·· 09.3	28 00.8	·· 46.1	321 14.0	·· 22.1	164 30.5	·· 55.5	Denebola	182 51.1	N14 37.3
04	112 01.0	240 52.2	10.1	43 04.1	46.2	336 16.3	22.1	179 32.7	55.5	Diphda	349 12.6	S18 02.1
05	127 03.4	255 51.5	11.0	58 07.5	46.2	351 18.7	22.0	194 35.0	55.4			
06	142 05.9	270 50.8	S18 11.9	73 10.8	N22 46.2	6 21.0	N17 22.0	209 37.3	S21 55.4	Dubhe	194 12.3	N61 47.7
07	157 08.4	285 50.1	12.7	88 14.1	46.2	21 23.3	22.0	224 39.5	55.4	Elnath	278 33.7	N28 36.1
08	172 10.8	300 49.4	13.6	103 17.5	46.2	36 25.6	21.9	239 41.8	55.4	Eltanin	90 54.4	N51 29.5
09	187 13.3	315 48.7	·· 14.5	118 20.8	·· 46.2	51 28.0	·· 21.9	254 44.0	·· 55.3	Enif	34 03.7	N 9 50.1
10	202 15.7	330 48.0	15.4	133 24.2	46.2	66 30.3	21.9	269 46.3	55.3	Fomalhaut	15 42.4	S29 40.3
11	217 18.2	345 47.3	16.2	148 27.5	46.3	81 32.6	21.8	284 48.5	55.3			
12	232 20.7	0 46.5	S18 17.1	163 30.8	N22 46.3	96 34.9	N17 21.8	299 50.8	S21 55.3	Gacrux	172 20.5	S57 03.6
13	247 23.1	15 45.8	18.0	178 34.2	46.3	111 37.3	21.8	314 53.1	55.2	Gienah	176 10.0	S17 29.4
14	262 25.6	30 45.1	18.8	193 37.5	46.3	126 39.6	21.8	329 55.3	55.2	Hadar	149 12.9	S60 19.7
15	277 28.1	45 44.4	·· 19.7	208 40.9	·· 46.3	141 41.9	·· 21.7	344 57.6	·· 55.2	Hamal	328 19.6	N23 25.4
16	292 30.5	60 43.7	20.6	223 44.2	46.3	156 44.3	21.7	359 59.8	55.2	Kaus Aust.	84 06.5	S34 23.5
17	307 33.0	75 43.0	21.4	238 47.6	46.3	171 46.6	21.7	15 02.1	55.1			
18	322 35.5	90 42.2	S18 22.3	253 50.9	N22 46.4	186 48.9	N17 21.6	30 04.3	S21 55.1	Kochab	137 20.1	N74 11.4
19	337 37.9	105 41.5	23.1	268 54.3	46.4	201 51.2	21.6	45 06.6	55.1	Markab	13 55.1	N15 09.6
20	352 40.4	120 40.8	24.0	283 57.6	46.4	216 53.6	21.6	60 08.8	55.0	Menkar	314 32.5	N 4 03.5
21	7 42.9	135 40.1	·· 24.9	299 01.0	·· 46.4	231 55.9	·· 21.5	75 11.1	·· 55.0	Menkent	148 28.1	S36 19.5
22	22 45.3	150 39.4	25.7	314 04.3	46.4	246 58.2	21.5	90 13.4	55.0	Miaplacidus	221 43.4	S69 40.4
23	37 47.8	165 38.6	26.6	329 07.7	46.4	262 00.6	21.5	105 15.6	55.0			
14 (WEDNESDAY) 00	52 50.2	180 37.9	S18 27.4	344 11.1	N22 46.4	277 02.9	N17 21.5	120 17.9	S21 54.9	Mirfak	309 04.3	N49 49.9
01	67 52.7	195 37.2	28.3	359 14.4	46.4	292 05.2	21.4	135 20.1	54.9	Nunki	76 19.5	S26 18.6
02	82 55.2	210 36.5	29.2	14 17.8	46.4	307 07.6	21.4	150 22.4	54.9	Peacock	53 45.9	S56 46.1
03	97 57.6	225 35.8	·· 30.0	29 21.1	·· 46.5	322 09.9	·· 21.4	165 24.6	·· 54.9	Pollux	243 48.2	N28 02.9
04	113 00.1	240 35.0	30.9	44 24.5	46.5	337 12.2	21.3	180 26.9	54.8	Procyon	245 17.3	N 5 15.0
05	128 02.6	255 34.3	31.7	59 27.8	46.5	352 14.6	21.3	195 29.1	54.8			
06	143 05.0	270 33.6	S18 32.6	74 31.2	N22 46.5	7 16.9	N17 21.3	210 31.4	S21 54.8	Rasalhague	96 22.5	N12 34.0
07	158 07.5	285 32.9	33.4	89 34.6	46.5	22 19.2	21.3	225 33.7	54.7	Regulus	208 01.5	N12 00.7
08	173 10.0	300 32.1	34.3	104 37.9	46.5	37 21.6	21.2	240 35.9	54.7	Rigel	281 28.0	S 8 12.5
09	188 12.4	315 31.4	·· 35.1	119 41.3	·· 46.5	52 23.9	·· 21.2	255 38.2	·· 54.7	Rigil Kent.	140 15.7	S60 47.8
10	203 14.9	330 30.7	36.0	134 44.7	46.5	67 26.2	21.2	270 40.4	54.7	Sabik	102 32.3	S15 42.9
11	218 17.4	345 30.0	36.8	149 48.0	46.5	82 28.6	21.1	285 42.7	54.6			
12	233 19.8	0 29.2	S18 37.7	164 51.4	N22 46.5	97 30.9	N17 21.1	300 44.9	S21 54.6	Schedar	349 59.7	N56 29.6
13	248 22.3	15 28.5	38.5	179 54.8	46.6	112 33.2	21.1	315 47.2	54.6	Shaula	96 45.3	S37 06.0
14	263 24.7	30 27.8	39.4	194 58.2	46.6	127 35.6	21.1	330 49.4	54.6	Sirius	258 48.4	S16 42.0
15	278 27.2	45 27.1	·· 40.2	210 01.5	·· 46.6	142 37.9	·· 21.0	345 51.7	·· 54.5	Spica	158 49.4	S11 06.8
16	293 29.7	60 26.3	41.0	225 04.9	46.6	157 40.2	21.0	0 53.9	54.5	Suhail	223 05.0	S43 23.4
17	308 32.1	75 25.6	41.9	240 08.3	46.6	172 42.6	21.0	15 56.2	54.5			
18	323 34.6	90 24.9	S18 42.7	255 11.6	N22 46.6	187 44.9	N17 21.0	30 58.4	S21 54.4	Vega	80 50.7	N38 46.6
19	338 37.1	105 24.1	43.6	270 15.0	46.6	202 47.2	20.9	46 00.7	54.4	Zuben'ubi	137 24.6	S16 00.3
20	353 39.5	120 23.4	44.4	285 18.4	46.6	217 49.6	20.9	61 03.0	54.4		S.H.A.	Mer. Pass.
21	8 42.0	135 22.7	·· 45.2	300 21.8	·· 46.6	232 51.9	·· 20.9	76 05.2	·· 54.4		° ′	h m
22	23 44.5	150 21.9	46.1	315 25.2	46.6	247 54.3	20.8	91 07.5	54.3	Venus	129 04.0	11 57
23	38 46.9	165 21.2	46.9	330 28.5	46.6	262 56.6	20.8	106 09.7	54.3	Mars	290 59.7	1 08
										Jupiter	224 15.9	5 35
Mer. Pass. h m	20 29.2	v −0.7	d 0.9	v 3.3	d 0.0	v 2.3	d 0.0	v 2.3	d 0.0	Saturn	67 32.6	16 00

UT (GMT) d	h	SUN G.H.A. ° ′	SUN Dec. ° ′	MOON G.H.A. ° ′	v ′	MOON Dec. ° ′	d ′	H.P. ′
12	00	183 58.8	S17 33.8	242 31.7	15.1	N 0 57.4	14.1	56.1
	01	198 58.8	34.5	257 05.8	15.1	0 43.3	14.1	56.1
	02	213 58.7	35.2	271 39.9	15.1	0 29.2	14.1	56.0
	03	228 58.6	.. 35.9	286 14.0	15.1	0 15.1	14.1	56.0
	04	243 58.5	36.6	300 48.1	15.1	N 0 01.0	14.0	56.0
	05	258 58.4	37.3	315 22.2	15.2	S 0 13.0	14.0	56.0
	06	273 58.4	S17 37.9	329 56.4	15.2	S 0 27.0	14.1	55.9
	07	288 58.3	38.6	344 30.6	15.2	0 41.1	14.0	55.9
	08	303 58.2	39.3	359 04.8	15.2	0 55.1	14.0	55.9
M	09	318 58.1	.. 40.0	13 39.0	15.3	1 09.1	14.0	55.9
O	10	333 58.1	40.7	28 13.3	15.2	1 23.1	13.9	55.8
N	11	348 58.0	41.3	42 47.5	15.3	1 37.0	14.0	55.8
D	12	3 57.9	S17 42.0	57 21.8	15.3	S 1 51.0	13.9	55.8
A	13	18 57.8	42.7	71 56.1	15.3	2 04.9	13.9	55.8
Y	14	33 57.7	43.4	86 30.4	15.3	2 18.8	13.9	55.7
	15	48 57.7	.. 44.0	101 04.7	15.3	2 32.7	13.9	55.7
	16	63 57.6	44.7	115 39.0	15.4	2 46.6	13.8	55.7
	17	78 57.5	45.4	130 13.4	15.3	3 00.4	13.8	55.7
	18	93 57.4	S17 46.1	144 47.7	15.4	S 3 14.2	13.8	55.7
	19	108 57.3	46.7	159 22.1	15.3	3 28.0	13.8	55.6
	20	123 57.3	47.4	173 56.4	15.4	3 41.8	13.8	55.6
	21	138 57.2	.. 48.1	188 30.8	15.3	3 55.6	13.7	55.6
	22	153 57.1	48.8	203 05.1	15.4	4 09.3	13.7	55.6
	23	168 57.0	49.4	217 39.5	15.4	4 23.0	13.7	55.5
13	00	183 56.9	S17 50.1	232 13.9	15.4	S 4 36.7	13.6	55.5
	01	198 56.8	50.8	246 48.3	15.3	4 50.3	13.6	55.5
	02	213 56.8	51.4	261 22.6	15.4	5 03.9	13.6	55.5
	03	228 56.7	.. 52.1	275 57.0	15.4	5 17.5	13.6	55.5
	04	243 56.6	52.8	290 31.4	15.4	5 31.1	13.5	55.4
	05	258 56.5	53.4	305 05.8	15.3	5 44.6	13.5	55.4
	06	273 56.4	S17 54.1	319 40.1	15.4	S 5 58.1	13.4	55.4
	07	288 56.3	54.8	334 14.5	15.3	6 11.5	13.4	55.4
T	08	303 56.3	55.4	348 48.8	15.4	6 24.9	13.4	55.4
U	09	318 56.2	.. 56.1	3 23.2	15.3	6 38.3	13.4	55.3
E	10	333 56.1	56.8	17 57.5	15.4	6 51.7	13.3	55.3
S	11	348 56.0	57.4	32 31.9	15.3	7 05.0	13.3	55.3
D	12	3 55.9	S17 58.1	47 06.2	15.3	S 7 18.3	13.2	55.3
A	13	18 55.8	58.8	61 40.5	15.3	7 31.5	13.2	55.3
Y	14	33 55.7	17 59.4	76 14.8	15.3	7 44.7	13.2	55.2
	15	48 55.6	18 00.1	90 49.1	15.3	7 57.9	13.1	55.2
	16	63 55.6	00.8	105 23.4	15.3	8 11.0	13.1	55.2
	17	78 55.5	01.4	119 57.7	15.2	8 24.1	13.0	55.2
	18	93 55.4	S18 02.1	134 31.9	15.2	S 8 37.1	13.0	55.2
	19	108 55.3	02.7	149 06.1	15.3	8 50.1	13.0	55.1
	20	123 55.2	03.4	163 40.4	15.2	9 03.1	12.9	55.1
	21	138 55.1	.. 04.1	178 14.6	15.2	9 16.0	12.9	55.1
	22	153 55.0	04.7	192 48.8	15.1	9 28.9	12.8	55.1
	23	168 54.9	05.4	207 22.9	15.2	9 41.7	12.8	55.1
14	00	183 54.8	S18 06.0	221 57.1	15.1	S 9 54.5	12.7	55.0
	01	198 54.7	06.7	236 31.2	15.1	10 07.2	12.7	55.0
	02	213 54.6	07.4	251 05.3	15.1	10 19.9	12.6	55.0
	03	228 54.5	.. 08.0	265 39.4	15.0	10 32.5	12.6	55.0
	04	243 54.5	08.7	280 13.4	15.0	10 45.1	12.5	55.0
	05	258 54.4	09.3	294 47.4	15.0	10 57.6	12.5	55.0
	06	273 54.3	S18 10.0	309 21.4	15.0	S11 10.1	12.5	54.9
W	07	288 54.2	10.6	323 55.4	15.0	11 22.6	12.3	54.9
E	08	303 54.1	11.3	338 29.4	14.9	11 34.9	12.4	54.9
D	09	318 54.0	.. 11.9	353 03.3	14.9	11 47.3	12.2	54.9
N	10	333 53.9	12.6	7 37.2	14.9	11 59.5	12.2	54.9
E	11	348 53.8	13.2	22 11.1	14.8	12 11.7	12.2	54.9
S	12	3 53.7	S18 13.9	36 44.9	14.8	S12 23.9	12.1	54.8
D	13	18 53.6	14.5	51 18.7	14.8	12 36.0	12.1	54.8
A	14	33 53.5	15.2	65 52.5	14.8	12 48.1	11.9	54.8
Y	15	48 53.4	.. 15.8	80 26.3	14.7	13 00.0	12.0	54.8
	16	63 53.3	16.5	95 00.0	14.7	13 12.0	11.8	54.8
	17	78 53.2	17.1	109 33.7	14.6	13 23.8	11.9	54.8
	18	93 53.1	S18 17.8	124 07.3	14.6	S13 35.7	11.7	54.8
	19	108 53.0	18.4	138 40.9	14.6	13 47.4	11.7	54.7
	20	123 52.9	19.1	153 14.5	14.5	13 59.1	11.6	54.7
	21	138 52.8	.. 19.7	167 48.0	14.6	14 10.7	11.6	54.7
	22	153 52.7	20.4	182 21.6	14.4	14 22.3	11.5	54.7
	23	168 52.6	21.0	196 55.0	14.5	14 33.8	11.4	54.7
		S.D. 16.2	d 0.7	S.D. 15.2		15.1		14.9

Lat. °	Twilight Naut. h m	Twilight Civil h m	Sunrise h m	Moonrise 12 h m	Moonrise 13 h m	Moonrise 14 h m	Moonrise 15 h m
N 72	06 51	08 23	10 30	01 48	03 48	05 53	08 30
N 70	06 42	08 03	09 35	01 48	03 39	05 33	07 41
68	06 34	07 46	09 02	01 49	03 33	05 18	07 11
66	06 28	07 33	08 39	01 49	03 27	05 05	06 48
64	06 22	07 22	08 20	01 50	03 22	04 55	06 30
62	06 17	07 12	08 05	01 50	03 18	04 46	06 16
60	06 12	07 04	07 52	01 50	03 15	04 39	06 04
N 58	06 08	06 56	07 41	01 51	03 12	04 32	05 54
56	06 04	06 50	07 32	01 51	03 09	04 27	05 44
54	06 01	06 44	07 23	01 51	03 07	04 21	05 37
52	05 58	06 39	07 16	01 51	03 04	04 17	05 29
50	05 55	06 34	07 09	01 51	03 02	04 13	05 23
45	05 47	06 23	06 54	01 52	02 58	04 04	05 09
N 40	05 41	06 14	06 42	01 52	02 54	03 56	04 58
35	05 35	06 05	06 32	01 52	02 51	03 50	04 48
30	05 29	05 58	06 23	01 52	02 49	03 44	04 40
20	05 18	05 44	06 07	01 53	02 44	03 35	04 26
N 10	05 06	05 32	05 54	01 53	02 40	03 26	04 13
0	04 54	05 19	05 41	01 54	02 36	03 18	04 02
S 10	04 39	05 05	05 28	01 54	02 32	03 11	03 50
20	04 22	04 50	05 13	01 54	02 28	03 02	03 38
30	04 00	04 31	04 57	01 55	02 24	02 53	03 24
35	03 46	04 20	04 48	01 55	02 21	02 48	03 16
40	03 29	04 06	04 37	01 55	02 18	02 42	03 07
45	03 08	03 50	04 24	01 56	02 15	02 35	02 56
S 50	02 39	03 29	04 08	01 56	02 11	02 26	02 44
52	02 24	03 19	04 00	01 57	02 09	02 23	02 38
54	02 06	03 08	03 52	01 57	02 07	02 18	02 31
56	01 43	02 55	03 43	01 57	02 05	02 14	02 24
58	01 12	02 39	03 32	01 57	02 03	02 09	02 16
S 60	00 09	02 20	03 20	01 58	02 00	02 03	02 07

Lat. °	Sunset h m	Twilight Civil h m	Twilight Naut. h m	Moonset 12 h m	Moonset 13 h m	Moonset 14 h m	Moonset 15 h m
N 72	12 58	15 04	16 36	13 44	13 16	12 40	11 35
N 70	13 53	15 25	16 45	13 47	13 26	13 02	12 25
68	14 25	15 41	16 53	13 50	13 35	13 19	12 57
66	14 49	15 55	17 00	13 52	13 43	13 33	13 21
64	15 08	16 06	17 06	13 54	13 49	13 44	13 39
62	15 23	16 16	17 11	13 56	13 55	13 54	13 55
60	15 36	16 24	17 15	13 57	14 00	14 03	14 08
N 58	15 47	16 31	17 19	13 58	14 04	14 10	14 19
56	15 56	16 38	17 23	13 59	14 08	14 17	14 29
54	16 05	16 44	17 27	14 00	14 11	14 23	14 37
52	16 12	16 49	17 30	14 01	14 14	14 28	14 45
50	16 19	16 54	17 33	14 02	14 17	14 33	14 52
45	16 34	17 05	17 41	14 04	14 23	14 44	15 07
N 40	16 46	*17 15	17 47	14 06	14 29	14 53	15 20
35	16 56	17 23	17 53	14 07	14 33	15 01	15 30
30	17 05	17 30	17 59	14 08	14 37	15 07	15 40
20	17 21	17 44	18 11	14 10	14 44	15 19	15 56
N 10	17 35	17 57	18 22	14 12	14 50	15 29	16 10
0	17 48	18 10	18 35	14 14	14 56	15 39	16 23
S 10	18 01	18 23	18 49	14 16	15 02	15 49	16 36
20	18 15	18 39	19 07	14 17	15 08	15 59	16 51
30	18 32	18 58	19 29	14 20	15 15	16 11	17 07
35	18 41	19 09	19 43	14 21	15 19	16 18	17 17
40	18 53	19 23	20 00	14 22	15 24	16 26	17 28
45	19 06	19 39	20 22	14 24	15 30	16 35	17 41
S 50	19 22	20 00	20 52	14 26	15 36	16 46	17 57
52	19 29	20 11	21 07	14 26	15 39	16 52	18 04
54	19 38	20 22	21 25	14 27	15 43	16 57	18 12
56	19 47	20 36	21 49	14 28	15 46	17 04	18 22
58	19 58	20 52	22 21	14 30	15 50	17 11	18 32
S 60	20 10	21 11	////	14 31	15 55	17 19	18 45

Day	SUN Eqn. of Time 00ʰ m s	SUN Eqn. of Time 12ʰ m s	SUN Mer. Pass. h m	MOON Mer. Pass. Upper h m	MOON Mer. Pass. Lower h m	Age d	Phase
12	15 55	15 52	11 44	08 04	20 25	25	
13	15 48	15 44	11 44	08 46	21 07	26	
14	15 39	15 35	11 44	09 29	21 50	27	

UT (GMT)	ARIES	VENUS −3.9		MARS −1.9		JUPITER −2.2		SATURN +0.6		STARS		
	G.H.A.	G.H.A.	Dec.	G.H.A.	Dec.	G.H.A.	Dec.	G.H.A.	Dec.	Name	S.H.A.	Dec.
d h	° ′	° ′	° ′	° ′	° ′	° ′	° ′	° ′	° ′		° ′	° ′
15 00	53 49.4	180 20.5	S18 47.8	345 31.9	N22 46.6	277 58.9	N17 20.8	121 12.0	S21 54.3	Acamar	315 30.6	S40 20.3
01	68 51.8	195 19.7	48.6	0 35.3	46.6	293 01.3	20.8	136 14.2	54.3	Achernar	335 38.6	S57 17.0
02	83 54.3	210 19.0	49.4	15 38.7	46.6	308 03.6	20.7	151 16.5	54.2	Acrux	173 29.1	S63 02.7
03	98 56.8	225 18.3	· · 50.3	30 42.1	· · 46.6	323 05.9	· · 20.7	166 18.7	· · 54.2	Adhara	255 25.6	S28 57.3
04	113 59.2	240 17.5	51.1	45 45.4	46.6	338 08.3	20.7	181 21.0	54.2	Aldebaran	291 08.5	N16 29.6
05	129 01.7	255 16.8	51.9	60 48.8	46.7	353 10.6	20.7	196 23.2	54.1			
06	144 04.2	270 16.1	S18 52.8	75 52.2	N22 46.7	8 13.0	N17 20.6	211 25.5	S21 54.1	Alioth	166 35.7	N56 00.3
07	159 06.6	285 15.3	53.6	90 55.6	46.7	23 15.3	20.6	226 27.7	54.1	Alkaid	153 12.5	N49 21.3
T 08	174 09.1	300 14.6	54.4	105 59.0	46.7	38 17.7	20.6	241 30.0	54.1	Al Na'ir	28 04.7	S47 00.5
H 09	189 11.6	315 13.9	· · 55.2	121 02.4	· · 46.7	53 20.0	· · 20.6	256 32.2	· · 54.0	Alnilam	276 03.3	S 1 12.3
U 10	204 14.0	330 13.1	56.1	136 05.8	46.7	68 22.3	20.5	271 34.5	54.0	Alphard	218 12.7	S 8 37.0
R 11	219 16.5	345 12.4	56.9	151 09.2	46.7	83 24.7	20.5	286 36.7	54.0			
S 12	234 19.0	0 11.6	S18 57.7	166 12.6	N22 46.7	98 27.0	N17 20.5	301 39.0	S21 53.9	Alphecca	126 25.7	N26 44.7
D 13	249 21.4	15 10.9	58.5	181 15.9	46.7	113 29.4	20.5	316 41.2	53.9	Alpheratz	358 00.9	N29 02.7
A 14	264 23.9	30 10.2	18 59.4	196 19.3	46.7	128 31.7	20.4	331 43.5	53.9	Altair	62 24.9	N 8 50.7
Y 15	279 26.3	45 09.4	19 00.2	211 22.7	· · 46.7	143 34.0	· · 20.4	346 45.7	· · 53.9	Ankaa	353 31.9	S42 21.4
16	294 28.8	60 08.7	01.0	226 26.1	46.7	158 36.4	20.4	1 48.0	53.8	Antares	112 47.4	S26 24.8
17	309 31.3	75 07.9	01.8	241 29.5	46.7	173 38.7	20.4	16 50.2	53.8			
18	324 33.7	90 07.2	S19 02.7	256 32.9	N22 46.7	188 41.1	N17 20.3	31 52.5	S21 53.8	Arcturus	146 11.4	N19 13.7
19	339 36.2	105 06.5	03.5	271 36.3	46.7	203 43.4	20.3	46 54.7	53.8	Atria	108 05.1	S69 00.9
20	354 38.7	120 05.7	04.3	286 39.7	46.7	218 45.8	20.3	61 57.0	53.7	Avior	234 24.8	S59 28.5
21	9 41.1	135 05.0	· · 05.1	301 43.1	· · 46.7	233 48.1	· · 20.3	76 59.2	· · 53.7	Bellatrix	278 49.9	N 6 20.7
22	24 43.6	150 04.2	05.9	316 46.5	46.7	248 50.5	20.2	92 01.5	53.7	Betelgeuse	271 19.3	N 7 24.5
23	39 46.1	165 03.5	06.7	331 49.9	46.7	263 52.8	20.2	107 03.7	53.6			
16 00	54 48.5	180 02.7	S19 07.6	346 53.3	N22 46.7	278 55.2	N17 20.2	122 06.0	S21 53.6	Canopus	264 03.2	S52 41.1
01	69 51.0	195 02.0	08.4	1 56.7	46.7	293 57.5	20.2	137 08.2	53.6	Capella	280 59.1	N45 59.4
02	84 53.5	210 01.2	09.2	17 00.1	46.7	308 59.8	20.1	152 10.5	53.6	Deneb	49 43.2	N45 15.1
03	99 55.9	225 00.5	· · 10.0	32 03.5	· · 46.7	324 02.2	· · 20.1	167 12.7	· · 53.5	Denebola	182 51.0	N14 37.3
04	114 58.4	239 59.7	10.8	47 06.9	46.7	339 04.5	20.1	182 15.0	53.5	Diphda	349 12.6	S18 02.1
05	130 00.8	254 59.0	11.6	62 10.3	46.7	354 06.9	20.1	197 17.2	53.5			
06	145 03.3	269 58.2	S19 12.4	77 13.8	N22 46.7	9 09.2	N17 20.0	212 19.5	S21 53.4	Dubhe	194 12.3	N61 47.7
07	160 05.8	284 57.5	13.2	92 17.2	46.7	24 11.6	20.0	227 21.7	53.4	Elnath	278 33.7	N28 36.1
08	175 08.2	299 56.7	14.0	107 20.6	46.7	39 13.9	20.0	242 24.0	53.4	Eltanin	90 54.5	N51 29.5
F 09	190 10.7	314 56.0	· · 14.8	122 24.0	· · 46.7	54 16.3	· · 20.0	257 26.2	· · 53.4	Enif	34 03.8	N 9 50.1
R 10	205 13.2	329 55.2	15.7	137 27.4	46.7	69 18.6	19.9	272 28.5	53.3	Fomalhaut	15 42.4	S29 40.3
I 11	220 15.6	344 54.5	16.5	152 30.8	46.7	84 21.0	19.9	287 30.7	53.3			
D 12	235 18.1	359 53.7	S19 17.3	167 34.2	N22 46.7	99 23.3	N17 19.9	302 33.0	S21 53.3	Gacrux	172 20.5	S57 03.6
A 13	250 20.6	14 53.0	18.1	182 37.6	46.7	114 25.7	19.9	317 35.2	53.2	Gienah	176 10.0	S17 29.4
Y 14	265 23.0	29 52.2	18.9	197 41.0	46.7	129 28.0	19.8	332 37.5	53.2	Hadar	149 12.8	S60 19.7
15	280 25.5	44 51.5	· · 19.7	212 44.5	· · 46.7	144 30.4	· · 19.8	347 39.7	· · 53.2	Hamal	328 19.6	N23 25.4
16	295 27.9	59 50.7	20.5	227 47.9	46.7	159 32.7	19.8	2 41.9	53.2	Kaus Aust.	84 06.5	S34 23.5
17	310 30.4	74 50.0	21.3	242 51.3	46.7	174 35.1	19.8	17 44.2	53.1			
18	325 32.9	89 49.2	S19 22.1	257 54.7	N22 46.7	189 37.4	N17 19.8	32 46.4	S21 53.1	Kochab	137 20.1	N74 11.4
19	340 35.3	104 48.5	22.9	272 58.1	46.7	204 39.8	19.7	47 48.7	53.1	Markab	13 55.1	N15 09.6
20	355 37.8	119 47.7	23.7	288 01.6	46.6	219 42.2	19.7	62 50.9	53.0	Menkar	314 32.4	N 4 03.5
21	10 40.3	134 46.9	· · 24.5	303 05.0	· · 46.6	234 44.5	· · 19.7	77 53.2	· · 53.0	Menkent	148 28.0	S36 19.5
22	25 42.7	149 46.2	25.2	318 08.4	46.6	249 46.9	19.7	92 55.4	53.0	Miaplacidus	221 43.4	S69 40.4
23	40 45.2	164 45.4	26.0	333 11.8	46.6	264 49.2	19.6	107 57.7	53.0			
17 00	55 47.7	179 44.7	S19 26.8	348 15.2	N22 46.6	279 51.6	N17 19.6	122 59.9	S21 52.9	Mirfak	309 04.2	N49 50.0
01	70 50.1	194 43.9	27.6	3 18.7	46.6	294 53.9	19.6	138 02.2	52.9	Nunki	76 19.5	S26 18.6
02	85 52.6	209 43.1	28.4	18 22.1	46.6	309 56.3	19.6	153 04.4	52.9	Peacock	53 45.9	S56 46.1
03	100 55.1	224 42.4	· · 29.2	33 25.5	· · 46.6	324 58.6	· · 19.6	168 06.7	· · 52.8	Pollux	243 48.2	N28 02.9
04	115 57.5	239 41.6	30.0	48 28.9	46.6	340 01.0	19.5	183 08.9	52.8	Procyon	245 17.2	N 5 15.0
05	131 00.0	254 40.9	30.8	63 32.4	46.6	355 03.3	19.5	198 11.1	52.8			
06	146 02.4	269 40.1	S19 31.6	78 35.8	N22 46.6	10 05.7	N17 19.5	213 13.4	S21 52.8	Rasalhague	96 22.5	N12 34.0
07	161 04.9	284 39.3	32.4	93 39.2	46.6	25 08.1	19.5	228 15.6	52.7	Regulus	208 01.5	N12 00.7
S 08	176 07.4	299 38.6	33.1	108 42.6	46.6	40 10.4	19.4	243 17.9	52.7	Rigel	281 28.0	S 8 12.5
A 09	191 09.8	314 37.8	· · 33.9	123 46.1	· · 46.6	55 12.8	· · 19.4	258 20.1	· · 52.7	Rigil Kent.	140 15.7	S60 47.8
T 10	206 12.3	329 37.1	34.7	138 49.5	46.6	70 15.1	19.4	273 22.4	52.6	Sabik	102 32.3	S15 42.9
U 11	221 14.8	344 36.3	35.5	153 52.9	46.6	85 17.5	19.4	288 24.6	52.6			
R 12	236 17.2	359 35.5	S19 36.3	168 56.4	N22 46.5	100 19.8	N17 19.4	303 26.9	S21 52.6	Schedar	349 59.7	N56 29.6
D 13	251 19.7	14 34.8	37.0	183 59.8	46.5	115 22.2	19.3	318 29.1	52.6	Shaula	96 45.3	S37 06.0
A 14	266 22.2	29 34.0	37.8	199 03.2	46.5	130 24.6	19.3	333 31.4	52.5	Sirius	258 48.4	S16 42.0
Y 15	281 24.6	44 33.2	· · 38.6	214 06.7	· · 46.5	145 26.9	· · 19.3	348 33.6	· · 52.5	Spica	158 49.4	S11 06.8
16	296 27.1	59 32.5	39.4	229 10.1	46.5	160 29.3	19.3	3 35.8	52.5	Suhail	223 04.9	S43 23.5
17	311 29.6	74 31.7	40.2	244 13.5	46.5	175 31.6	19.3	18 38.1	52.4			
18	326 32.0	89 30.9	S19 40.9	259 17.0	N22 46.5	190 34.0	N17 19.2	33 40.3	S21 52.4	Vega	80 50.8	N38 46.6
19	341 34.5	104 30.2	41.7	274 20.4	46.5	205 36.4	19.2	48 42.6	52.4	Zuben'ubi	137 24.6	S16 00.3
20	356 36.9	119 29.4	42.5	289 23.8	46.5	220 38.7	19.2	63 44.8	52.3			
21	11 39.4	134 28.6	· · 43.3	304 27.3	· · 46.5	235 41.1	· · 19.2	78 47.1	· · 52.3			
22	26 41.9	149 27.8	44.0	319 30.7	46.4	250 43.4	19.2	93 49.3	52.3			
23	41 44.3	164 27.1	44.8	334 34.2	46.4	265 45.8	19.1	108 51.5	52.3			
Mer. Pass.	h m 20 17.4	*v* −0.8	*d* 0.8	*v* 3.4	*d* 0.0	*v* 2.4	*d* 0.0	*v* 2.2	*d* 0.0			

	S.H.A.	Mer. Pass.
	° ′	h m
Venus	125 14.2	12 00
Mars	292 04.8	0 52
Jupiter	224 06.6	5 23
Saturn	67 17.5	15 49

UT (GMT) d	h	SUN G.H.A. ° ′	SUN Dec. ° ′	MOON G.H.A. ° ′	*v* ′	MOON Dec. ° ′	*d* ′	H.P. ′
15 THURSDAY	00	183 52.5	S18 21.7	211 28.5	14.4	S14 45.2	11.4	54.7
	01	198 52.4	22.3	226 01.9	14.3	14 56.6	11.2	54.6
	02	213 52.3	23.0	240 35.2	14.3	15 07.8	11.3	54.6
	03	228 52.2	.. 23.6	255 08.5	14.3	15 19.1	11.1	54.6
	04	243 52.1	24.2	269 41.8	14.3	15 30.2	11.1	54.6
	05	258 52.0	24.9	284 15.1	14.2	15 41.3	11.1	54.6
	06	273 51.9	S18 25.5	298 48.3	14.1	S15 52.4	10.9	54.6
	07	288 51.8	26.2	313 21.4	14.1	16 03.3	10.9	54.6
	08	303 51.7	26.8	327 54.5	14.1	16 14.2	10.8	54.6
	09	318 51.6	.. 27.4	342 27.6	14.1	16 25.0	10.7	54.5
	10	333 51.5	28.1	357 00.7	13.9	16 35.7	10.7	54.5
	11	348 51.4	28.7	11 33.6	14.0	16 46.4	10.6	54.5
	12	3 51.3	S18 29.4	26 06.6	13.9	S16 57.0	10.5	54.5
	13	18 51.2	30.0	40 39.5	13.9	17 07.5	10.4	54.5
	14	33 51.1	30.6	55 12.4	13.8	17 17.9	10.4	54.5
	15	48 50.9	.. 31.3	69 45.2	13.8	17 28.3	10.3	54.5
	16	63 50.8	31.9	84 18.0	13.7	17 38.6	10.2	54.5
	17	78 50.7	32.5	98 50.7	13.7	17 48.8	10.1	54.4
	18	93 50.6	S18 33.2	113 23.4	13.6	S17 58.9	10.0	54.4
	19	108 50.5	33.8	127 56.0	13.6	18 08.9	10.0	54.4
	20	123 50.4	34.4	142 28.6	13.5	18 18.9	9.9	54.4
	21	138 50.3	.. 35.1	157 01.1	13.5	18 28.8	9.8	54.4
	22	153 50.2	35.7	171 33.6	13.5	18 38.6	9.7	54.4
	23	168 50.1	36.3	186 06.1	13.4	18 48.3	9.6	54.4
16 FRIDAY	00	183 50.0	S18 37.0	200 38.5	13.3	S18 57.9	9.5	54.4
	01	198 49.9	37.6	215 10.8	13.4	19 07.4	9.5	54.3
	02	213 49.8	38.2	229 43.2	13.2	19 16.9	9.4	54.3
	03	228 49.6	.. 38.9	244 15.4	13.2	19 26.3	9.3	54.3
	04	243 49.5	39.5	258 47.6	13.2	19 35.6	9.2	54.3
	05	258 49.4	40.1	273 19.8	13.1	19 44.8	9.1	54.3
	06	273 49.3	S18 40.8	287 51.9	13.1	S19 53.9	9.0	54.3
	07	288 49.2	41.4	302 24.0	13.0	20 02.9	8.9	54.3
	08	303 49.1	42.0	316 56.0	13.0	20 11.8	8.9	54.3
	09	318 49.0	.. 42.6	331 28.0	12.9	20 20.7	8.7	54.3
	10	333 48.9	43.3	345 59.9	12.9	20 29.4	8.7	54.3
	11	348 48.7	43.9	0 31.8	12.8	20 38.1	8.5	54.2
	12	3 48.6	S18 44.5	15 03.6	12.8	S20 46.6	8.5	54.2
	13	18 48.5	45.1	29 35.4	12.7	20 55.1	8.4	54.2
	14	33 48.4	45.8	44 07.1	12.7	21 03.5	8.3	54.2
	15	48 48.3	.. 46.4	58 38.8	12.7	21 11.8	8.1	54.2
	16	63 48.2	47.0	73 10.5	12.6	21 19.9	8.1	54.2
	17	78 48.1	47.6	87 42.1	12.5	21 28.0	8.0	54.2
	18	93 47.9	S18 48.2	102 13.6	12.5	S21 36.0	7.9	54.2
	19	108 47.8	48.9	116 45.1	12.4	21 43.9	7.8	54.2
	20	123 47.7	49.5	131 16.5	12.4	21 51.7	7.7	54.2
	21	138 47.6	.. 50.1	145 47.9	12.4	21 59.4	7.6	54.2
	22	153 47.5	50.7	160 19.3	12.3	22 07.0	7.5	54.2
	23	168 47.3	51.3	174 50.6	12.3	22 14.5	7.4	54.1
17 SATURDAY	00	183 47.2	S18 52.0	189 21.9	12.2	S22 21.9	7.3	54.1
	01	198 47.1	52.6	203 53.1	12.1	22 29.2	7.1	54.1
	02	213 47.0	53.2	218 24.2	12.1	22 36.3	7.1	54.1
	03	228 46.9	.. 53.8	232 55.3	12.1	22 43.4	7.0	54.1
	04	243 46.8	54.4	247 26.4	12.0	22 50.4	6.9	54.1
	05	258 46.6	55.0	261 57.4	12.0	22 57.3	6.7	54.1
	06	273 46.5	S18 55.6	276 28.4	12.0	S23 04.0	6.7	54.1
	07	288 46.4	56.3	290 59.4	11.9	23 10.7	6.6	54.1
	08	303 46.3	56.9	305 30.3	11.8	23 17.3	6.4	54.1
	09	318 46.1	.. 57.5	320 01.1	11.8	23 23.7	6.3	54.1
	10	333 46.0	58.1	334 31.9	11.8	23 30.0	6.3	54.1
	11	348 45.9	58.7	349 02.7	11.7	23 36.3	6.1	54.1
	12	3 45.8	S18 59.3	3 33.4	11.7	S23 42.4	6.0	54.1
	13	18 45.7	18 59.9	18 04.1	11.6	23 48.4	5.9	54.1
	14	33 45.5	19 00.5	32 34.7	11.6	23 54.3	5.8	54.0
	15	48 45.4	.. 01.1	47 05.3	11.6	24 00.1	5.7	54.0
	16	63 45.3	01.8	61 35.9	11.5	24 05.8	5.5	54.0
	17	78 45.2	02.4	76 06.4	11.4	24 11.3	5.5	54.0
	18	93 45.0	S19 03.0	90 36.8	11.5	S24 16.8	5.3	54.0
	19	108 44.9	03.6	105 07.3	11.4	24 22.1	5.3	54.0
	20	123 44.8	04.2	119 37.7	11.3	24 27.4	5.1	54.0
	21	138 44.7	.. 04.8	134 08.0	11.4	24 32.5	5.0	54.0
	22	153 44.5	05.4	148 38.4	11.2	24 37.5	4.9	54.0
	23	168 44.4	06.0	163 08.6	11.3	24 42.4	4.7	54.0
		S.D. 16.2	*d* 0.6	S.D. 14.8		14.8		14.7

Lat. °	Twilight Naut. h m	Twilight Civil h m	Sunrise h m	Moonrise 15 h m	Moonrise 16 h m	Moonrise 17 h m	Moonrise 18 h m
N 72	07 02	08 38	11 20	08 30	▬	▬	▬
N 70	06 52	08 14	09 54	07 41	▬	▬	▬
68	06 43	07 56	09 16	07 11	09 26	▬	▬
66	06 36	07 42	08 50	06 48	08 40	11 06	▬
64	06 29	07 30	08 30	06 30	08 10	09 56	11 54
62	06 24	07 19	08 13	06 16	07 48	09 20	10 48
60	06 18	07 10	08 00	06 04	07 30	08 55	10 14
N 58	06 14	07 03	07 48	05 54	07 15	08 35	09 49
56	06 10	06 56	07 38	05 44	07 02	08 18	09 29
54	06 06	06 49	07 29	05 37	06 51	08 04	09 12
52	06 02	06 43	07 21	05 29	06 42	07 52	08 58
50	05 59	06 38	07 14	05 23	06 33	07 41	08 45
45	05 51	06 27	06 59	05 09	06 15	07 19	08 20
N 40	05 44	06 17	06 46	04 58	06 00	07 01	08 00
35	05 38	06 08	06 35	04 48	05 47	06 46	07 43
30	05 31	06 00	06 26	04 40	05 36	06 33	07 28
20	05 19	05 46	06 09	04 26	05 18	06 11	07 03
N 10	05 07	05 33	05 55	04 13	05 02	05 51	06 42
0	04 54	05 19	05 41	04 02	04 47	05 34	06 22
S 10	04 39	05 05	05 27	03 50	04 32	05 16	06 03
20	04 21	04 49	05 13	03 38	04 16	04 57	05 42
30	03 58	04 29	04 56	03 24	03 58	04 35	05 17
35	03 44	04 18	04 46	03 16	03 47	04 23	05 03
40	03 26	04 03	04 34	03 07	03 35	04 08	04 47
45	03 03	03 46	04 20	02 56	03 21	03 51	04 27
S 50	02 33	03 25	04 04	02 44	03 04	03 30	04 03
52	02 17	03 14	03 56	02 38	02 56	03 20	03 51
54	01 57	03 02	03 47	02 31	02 47	03 08	03 37
56	01 32	02 48	03 37	02 24	02 37	02 56	03 22
58	00 55	02 31	03 26	02 16	02 26	02 41	03 03
S 60	////	02 10	03 13	02 07	02 13	02 23	02 41

Lat. °	Sunset h m	Twilight Civil h m	Twilight Naut. h m	Moonset 15 h m	Moonset 16 h m	Moonset 17 h m	Moonset 18 h m
N 72	12 09	14 51	16 26	11 35	▬	▬	▬
N 70	13 34	15 14	16 37	12 25	▬	▬	▬
68	14 12	15 32	16 45	12 57	12 16	▬	▬
66	14 39	15 47	16 53	13 21	13 03	12 16	▬
64	14 59	15 59	16 59	13 39	13 34	13 26	13 11
62	15 15	16 09	17 05	13 55	13 57	14 02	14 17
60	15 29	16 18	17 10	14 08	14 15	14 28	14 51
N 58	15 41	16 26	17 15	14 19	14 31	14 49	15 17
56	15 51	16 33	17 19	14 29	14 44	15 06	15 37
54	16 00	16 40	17 23	14 37	14 56	15 20	15 54
52	16 08	16 45	17 27	14 45	15 06	15 33	16 08
50	16 15	16 51	17 30	14 52	15 15	15 44	16 21
45	16 31	17 02	17 38	15 07	15 34	16 07	16 47
N 40	16 43	17 12	17 45	15 20	15 50	16 26	17 07
35	16 54	17 21	17 52	15 30	16 03	16 41	17 24
30	17 04	17 29	17 58	15 40	16 15	16 55	17 39
20	17 20	17 43	18 10	15 56	16 35	17 18	18 05
N 10	17 35	17 57	18 22	16 10	16 53	17 38	18 26
0	17 48	18 10	18 36	16 23	17 09	17 57	18 47
S 10	18 02	18 24	18 51	16 36	17 26	18 16	19 07
20	18 17	18 41	19 09	16 51	17 43	18 36	19 29
30	18 34	19 00	19 32	17 07	18 04	19 00	19 54
35	18 44	19 13	19 47	17 17	18 16	19 13	20 09
40	18 56	19 27	20 05	17 28	18 29	19 29	20 26
45	19 10	19 44	20 27	17 41	18 46	19 49	20 47
S 50	19 27	20 06	20 59	17 57	19 06	20 13	21 13
52	19 35	20 17	21 15	18 04	19 16	20 24	21 26
54	19 44	20 29	21 35	18 12	19 27	20 37	21 41
56	19 54	20 44	22 01	18 22	19 39	20 53	21 58
58	20 05	21 01	22 41	18 32	19 53	21 11	22 19
S 60	20 18	21 22	////	18 45	20 10	21 33	22 45

Day	SUN Eqn. of Time 00ʰ m s	SUN Eqn. of Time 12ʰ m s	SUN Mer. Pass. h m	MOON Mer. Pass. Upper h m	MOON Mer. Pass. Lower h m	MOON Age d	Phase
15	15 30	15 25	11 45	10 12	22 35	28	
16	15 20	15 15	11 45	10 58	23 21	29	●
17	15 09	15 03	11 45	11 45	24 10	00	

UT (GMT) d h	ARIES G.H.A.	VENUS −3.9 G.H.A.	Dec.	MARS −1.9 G.H.A.	Dec.	JUPITER −2.3 G.H.A.	Dec.	SATURN +0.6 G.H.A.	Dec.	STARS Name	S.H.A.	Dec.
	° ′	° ′	° ′	° ′	° ′	° ′	° ′	° ′	° ′		° ′	° ′
18 00	56 46.8	179 26.3	S19 45.6	349 37.6	N22 46.4	280 48.2	N17 19.1	123 53.8	S21 52.2	Acamar	315 30.6	S40 20.3
01	71 49.3	194 25.5	46.3	4 41.0	46.4	295 50.5	19.1	138 56.0	52.2	Achernar	335 38.6	S57 17.0
02	86 51.7	209 24.8	47.1	19 44.5	46.4	310 52.9	19.1	153 58.3	52.2	Acrux	173 29.0	S63 02.7
03	101 54.2	224 24.0	47.9	34 47.9	46.4	325 55.3	19.1	169 00.5	52.1	Adhara	255 25.6	S28 57.3
04	116 56.7	239 23.2	48.6	49 51.4	46.4	340 57.6	19.0	184 02.8	52.1	Aldebaran	291 08.5	N16 29.6
05	131 59.1	254 22.4	49.4	64 54.8	46.4	356 00.0	19.0	199 05.0	52.1			
06	147 01.6	269 21.7	S19 50.2	79 58.2	N22 46.4	11 02.3	N17 19.0	214 07.2	S21 52.1	Alioth	166 35.7	N56 00.3
07	162 04.1	284 20.9	50.9	95 01.7	46.3	26 04.7	19.0	229 09.5	52.0	Alkaid	153 12.5	N49 21.3
08	177 06.5	299 20.1	51.7	110 05.1	46.3	41 07.1	19.0	244 11.7	52.0	Al Na'ir	28 04.7	S47 00.5
S 09	192 09.0	314 19.3	52.5	125 08.6	46.3	56 09.4	18.9	259 14.0	52.0	Alnilam	276 03.2	S 1 12.3
U 10	207 11.4	329 18.6	53.2	140 12.0	46.3	71 11.8	18.9	274 16.2	51.9	Alphard	218 12.7	S 8 37.0
N 11	222 13.9	344 17.8	54.0	155 15.5	46.3	86 14.2	18.9	289 18.5	51.9			
D 12	237 16.4	359 17.0	S19 54.7	170 18.9	N22 46.3	101 16.5	N17 18.9	304 20.7	S21 51.9	Alphecca	126 25.7	N26 44.6
A 13	252 18.8	14 16.2	55.5	185 22.4	46.3	116 18.9	18.9	319 22.9	51.8	Alpheratz	358 00.9	N29 02.7
Y 14	267 21.3	29 15.5	56.2	200 25.8	46.2	131 21.3	18.8	334 25.2	51.8	Altair	62 24.9	N 8 50.7
15	282 23.8	44 14.7	57.0	215 29.3	46.2	146 23.6	18.8	349 27.4	51.8	Ankaa	353 31.9	S42 21.4
16	297 26.2	59 13.9	57.8	230 32.7	46.2	161 26.0	18.8	4 29.7	51.8	Antares	112 47.4	S26 24.8
17	312 28.7	74 13.1	58.5	245 36.2	46.2	176 28.4	18.8	19 31.9	51.7			
18	327 31.2	89 12.3	S19 59.3	260 39.6	N22 46.2	191 30.7	N17 18.8	34 34.1	S21 51.7	Arcturus	146 11.4	N19 13.7
19	342 33.6	104 11.6	20 00.0	275 43.1	46.2	206 33.1	18.8	49 36.4	51.7	Atria	108 05.1	S69 00.9
20	357 36.1	119 10.8	00.8	290 46.5	46.2	221 35.5	18.7	64 38.6	51.6	Avior	234 24.8	S59 28.5
21	12 38.5	134 10.0	01.5	305 50.0	46.1	236 37.8	18.7	79 40.9	51.6	Bellatrix	278 49.9	N 6 20.7
22	27 41.0	149 09.2	02.3	320 53.4	46.1	251 40.2	18.7	94 43.1	51.6	Betelgeuse	271 19.3	N 7 24.5
23	42 43.5	164 08.4	03.0	335 56.9	46.1	266 42.6	18.7	109 45.3	51.6			
19 00	57 45.9	179 07.6	S20 03.8	351 00.3	N22 46.1	281 45.0	N17 18.7	124 47.6	S21 51.5	Canopus	264 03.2	S52 41.2
01	72 48.4	194 06.9	04.5	6 03.8	46.1	296 47.3	18.6	139 49.8	51.5	Capella	280 59.0	N45 59.4
02	87 50.9	209 06.1	05.2	21 07.3	46.1	311 49.7	18.6	154 52.1	51.5	Deneb	49 43.3	N45 15.1
03	102 53.3	224 05.3	06.0	36 10.7	46.0	326 52.1	18.6	169 54.3	51.4	Denebola	182 51.0	N14 37.3
04	117 55.8	239 04.5	06.7	51 14.2	46.0	341 54.4	18.6	184 56.5	51.4	Diphda	349 12.6	S18 02.1
05	132 58.3	254 03.7	07.5	66 17.6	46.0	356 56.8	18.6	199 58.8	51.4			
06	148 00.7	269 02.9	S20 08.2	81 21.1	N22 46.0	11 59.2	N17 18.6	215 01.0	S21 51.3	Dubhe	194 12.3	N61 47.7
07	163 03.2	284 02.1	09.0	96 24.5	46.0	27 01.6	18.5	230 03.3	51.3	Elnath	278 33.7	N28 36.1
08	178 05.7	299 01.3	09.7	111 28.0	46.0	42 03.9	18.5	245 05.5	51.3	Eltanin	90 54.5	N51 29.5
M 09	193 08.1	314 00.6	10.4	126 31.5	45.9	57 06.3	18.5	260 07.7	51.3	Enif	34 03.8	N 9 50.1
O 10	208 10.6	328 59.8	11.2	141 34.9	45.9	72 08.7	18.5	275 10.0	51.2	Fomalhaut	15 42.4	S29 40.3
N 11	223 13.0	343 59.0	11.9	156 38.4	45.9	87 11.0	18.5	290 12.2	51.2			
D 12	238 15.5	358 58.2	S20 12.6	171 41.8	N22 45.9	102 13.4	N17 18.5	305 14.5	S21 51.2	Gacrux	172 20.4	S57 03.6
A 13	253 18.0	13 57.4	13.4	186 45.3	45.9	117 15.8	18.4	320 16.7	51.1	Gienah	176 10.0	S17 29.4
Y 14	268 20.4	28 56.6	14.1	201 48.8	45.8	132 18.2	18.4	335 18.9	51.1	Hadar	149 12.8	S60 19.7
15	283 22.9	43 55.8	14.8	216 52.2	45.8	147 20.5	18.4	350 21.2	51.1	Hamal	328 19.6	N23 25.4
16	298 25.4	58 55.0	15.6	231 55.7	45.8	162 22.9	18.4	5 23.4	51.0	Kaus Aust.	84 06.5	S34 23.5
17	313 27.8	73 54.2	16.3	246 59.2	45.8	177 25.3	18.4	20 25.6	51.0			
18	328 30.3	88 53.4	S20 17.0	262 02.6	N22 45.8	192 27.7	N17 18.4	35 27.9	S21 51.0	Kochab	137 20.1	N74 11.4
19	343 32.8	103 52.6	17.8	277 06.1	45.7	207 30.1	18.3	50 30.1	50.9	Markab	13 55.1	N15 09.6
20	358 35.2	118 51.9	18.5	292 09.6	45.7	222 32.4	18.3	65 32.4	50.9	Menkar	314 32.4	N 4 03.5
21	13 37.7	133 51.1	19.2	307 13.0	45.7	237 34.8	18.3	80 34.6	50.9	Menkent	148 28.0	S36 19.5
22	28 40.2	148 50.3	19.9	322 16.5	45.7	252 37.2	18.3	95 36.8	50.9	Miaplacidus	221 43.3	S69 40.5
23	43 42.6	163 49.5	20.7	337 20.0	45.7	267 39.6	18.3	110 39.1	50.8			
20 00	58 45.1	178 48.7	S20 21.4	352 23.4	N22 45.6	282 41.9	N17 18.3	125 41.3	S21 50.8	Mirfak	309 04.2	N49 50.0
01	73 47.5	193 47.9	22.1	7 26.9	45.6	297 44.3	18.2	140 43.5	50.8	Nunki	76 19.5	S26 18.6
02	88 50.0	208 47.1	22.8	22 30.4	45.6	312 46.7	18.2	155 45.8	50.7	Peacock	53 45.9	S56 46.1
03	103 52.5	223 46.3	23.5	37 33.8	45.6	327 49.1	18.2	170 48.0	50.7	Pollux	243 48.1	N28 02.9
04	118 54.9	238 45.5	24.3	52 37.3	45.5	342 51.5	18.2	185 50.3	50.7	Procyon	245 17.2	N 5 15.0
05	133 57.4	253 44.7	25.0	67 40.8	45.5	357 53.8	18.2	200 52.5	50.6			
06	148 59.9	268 43.9	S20 25.7	82 44.3	N22 45.5	12 56.2	N17 18.2	215 54.7	S21 50.6	Rasalhague	96 22.5	N12 34.0
07	164 02.3	283 43.1	26.4	97 47.7	45.5	27 58.6	18.2	230 57.0	50.6	Regulus	208 01.5	N12 00.7
T 08	179 04.8	298 42.3	27.1	112 51.2	45.5	43 01.0	18.1	245 59.2	50.6	Rigel	281 28.0	S 8 12.5
U 09	194 07.3	313 41.5	27.8	127 54.7	45.4	58 03.4	18.1	261 01.4	50.5	Rigil Kent.	140 15.7	S60 47.8
E 10	209 09.7	328 40.7	28.6	142 58.1	45.4	73 05.7	18.1	276 03.7	50.5	Sabik	102 32.3	S15 42.9
S 11	224 12.2	343 39.9	29.3	158 01.6	45.4	88 08.1	18.1	291 05.9	50.5			
D 12	239 14.6	358 39.1	S20 30.0	173 05.1	N22 45.4	103 10.5	N17 18.1	306 08.1	S21 50.4	Schedar	349 59.7	N56 29.6
A 13	254 17.1	13 38.3	30.7	188 08.6	45.3	118 12.9	18.1	321 10.4	50.4	Shaula	96 45.3	S37 06.0
Y 14	269 19.6	28 37.5	31.4	203 12.0	45.3	133 15.3	18.1	336 12.6	50.4	Sirius	258 48.4	S16 42.0
15	284 22.0	43 36.7	32.1	218 15.5	45.3	148 17.6	18.0	351 14.9	50.3	Spica	158 49.4	S11 06.8
16	299 24.5	58 35.9	32.8	233 19.0	45.3	163 20.0	18.0	6 17.1	50.3	Suhail	223 04.9	S43 23.5
17	314 27.0	73 35.1	33.5	248 22.5	45.2	178 22.4	18.0	21 19.3	50.3			
18	329 29.4	88 34.3	S20 34.2	263 25.9	N22 45.2	193 24.8	N17 18.0	36 21.6	S21 50.2	Vega	80 50.8	N38 46.6
19	344 31.9	103 33.5	34.9	278 29.4	45.2	208 27.2	18.0	51 23.8	50.2	Zuben'ubi	137 24.5	S16 00.3
20	359 34.4	118 32.6	35.6	293 32.9	45.2	223 29.6	18.0	66 26.0	50.2			
21	14 36.8	133 31.8	36.3	308 36.4	45.1	238 32.0	18.0	81 28.3	50.2			
22	29 39.3	148 31.0	37.0	323 39.8	45.1	253 34.3	17.9	96 30.5	50.1			
23	44 41.8	163 30.2	37.7	338 43.3	45.1	268 36.7	17.9	111 32.7	50.1			
Mer. Pass.	20 05.6 (h m)	v −0.8	d 0.7	v 3.5	d 0.0	v 2.4	d 0.0	v 2.2	d 0.0			

	S.H.A.	Mer. Pass.
	° ′	h m
Venus	121 21.7	12 04
Mars	293 14.4	0 36
Jupiter	223 59.0	5 12
Saturn	67 01.6	15 38

UT (GMT) d	h	SUN G.H.A. ° ′	SUN Dec. ° ′	MOON G.H.A. ° ′	v ′	MOON Dec. ° ′	d ′	H.P. ′
18	00	183 44.3	S19 06.6	177 38.9	11.2	S24 47.1	4.7	54.0
	01	198 44.1	07.2	192 09.1	11.2	24 51.8	4.5	54.0
	02	213 44.0	07.8	206 39.3	11.1	24 56.3	4.4	54.0
	03	228 43.9	.. 08.4	221 09.4	11.1	25 00.7	4.3	54.0
	04	243 43.8	09.0	235 39.5	11.1	25 05.0	4.2	54.0
	05	258 43.6	09.6	250 09.6	11.1	25 09.2	4.1	54.0
	06	273 43.5	S19 10.2	264 39.7	11.0	S25 13.3	3.9	54.0
	07	288 43.4	10.8	279 09.7	11.0	25 17.2	3.8	54.0
	08	303 43.2	11.4	293 39.7	10.9	25 21.0	3.7	54.0
S	09	318 43.1	.. 12.0	308 09.6	11.0	25 24.7	3.6	54.0
U	10	333 43.0	12.6	322 39.6	10.9	25 28.3	3.5	54.0
N	11	348 42.9	13.2	337 09.5	10.8	25 31.8	3.3	54.0
D	12	3 42.7	S19 13.8	351 39.3	10.9	S25 35.1	3.2	54.0
A	13	18 42.6	14.4	6 09.2	10.8	25 38.3	3.1	54.0
Y	14	33 42.5	15.0	20 39.0	10.8	25 41.4	3.0	54.0
	15	48 42.3	.. 15.6	35 08.8	10.8	25 44.4	2.9	53.9
	16	63 42.2	16.2	49 38.6	10.8	25 47.3	2.7	53.9
	17	78 42.1	16.8	64 08.4	10.7	25 50.0	2.6	53.9
	18	93 41.9	S19 17.4	78 38.1	10.7	S25 52.6	2.5	53.9
	19	108 41.8	17.9	93 07.8	10.7	25 55.1	2.4	53.9
	20	123 41.7	18.5	107 37.5	10.7	25 57.5	2.2	53.9
	21	138 41.5	.. 19.1	122 07.2	10.6	25 59.7	2.1	53.9
	22	153 41.4	19.7	136 36.8	10.7	26 01.8	2.0	53.9
	23	168 41.3	20.3	151 06.5	10.6	26 03.8	1.9	53.9
19	00	183 41.1	S19 20.9	165 36.1	10.6	S26 05.7	1.7	53.9
	01	198 41.0	21.5	180 05.7	10.6	26 07.4	1.6	53.9
	02	213 40.8	22.1	194 35.3	10.6	26 09.0	1.5	53.9
	03	228 40.7	.. 22.7	209 04.9	10.6	26 10.5	1.4	53.9
	04	243 40.6	23.2	223 34.5	10.6	26 11.9	1.2	53.9
	05	258 40.4	23.8	238 04.1	10.5	26 13.1	1.2	53.9
	06	273 40.3	S19 24.4	252 33.6	10.6	S26 14.3	1.0	53.9
	07	288 40.2	25.0	267 03.2	10.5	26 15.3	0.8	53.9
	08	303 40.0	25.6	281 32.7	10.5	26 16.1	0.8	53.9
M	09	318 39.9	.. 26.2	296 02.2	10.6	26 16.9	0.6	53.9
O	10	333 39.7	26.8	310 31.8	10.5	26 17.5	0.5	53.9
N	11	348 39.6	27.3	325 01.3	10.5	26 18.0	0.3	53.9
D	12	3 39.5	S19 27.9	339 30.8	10.5	S26 18.3	0.3	53.9
A	13	18 39.3	28.5	354 00.3	10.5	26 18.6	0.1	53.9
Y	14	33 39.2	29.1	8 29.8	10.5	26 18.7	0.0	53.9
	15	48 39.0	.. 29.7	22 59.3	10.6	26 18.7	0.2	54.0
	16	63 38.9	30.2	37 28.9	10.5	26 18.5	0.2	54.0
	17	78 38.8	30.8	51 58.4	10.5	26 18.3	0.4	54.0
	18	93 38.6	S19 31.4	66 27.9	10.5	S26 17.9	0.5	54.0
	19	108 38.5	32.0	80 57.4	10.5	26 17.4	0.7	54.0
	20	123 38.3	32.6	95 26.9	10.6	26 16.7	0.8	54.0
	21	138 38.2	.. 33.1	109 56.5	10.5	26 15.9	0.8	54.0
	22	153 38.0	33.7	124 26.0	10.6	26 15.1	1.1	54.0
	23	168 37.9	34.3	138 55.6	10.5	26 14.0	1.1	54.0
20	00	183 37.8	S19 34.9	153 25.1	10.6	S26 12.9	1.3	54.0
	01	198 37.6	35.4	167 54.7	10.6	26 11.6	1.4	54.0
	02	213 37.5	36.0	182 24.3	10.5	26 10.2	1.5	54.0
	03	228 37.3	.. 36.6	196 53.8	10.6	26 08.7	1.6	54.0
	04	243 37.2	37.1	211 23.4	10.7	26 07.1	1.8	54.0
	05	258 37.0	37.7	225 53.1	10.6	26 05.3	1.9	54.0
	06	273 36.9	S19 38.3	240 22.7	10.6	S26 03.4	2.0	54.0
	07	288 36.7	38.9	254 52.3	10.7	26 01.4	2.2	54.0
T	08	303 36.6	39.4	269 22.0	10.6	25 59.2	2.2	54.0
U	09	318 36.4	.. 40.0	283 51.6	10.7	25 57.0	2.4	54.0
E	10	333 36.3	40.6	298 21.3	10.7	25 54.6	2.5	54.0
S	11	348 36.1	41.1	312 51.0	10.8	25 52.1	2.7	54.0
D	12	3 36.0	S19 41.7	327 20.8	10.7	S25 49.4	2.7	54.0
A	13	18 35.8	42.3	341 50.5	10.8	25 46.7	2.9	54.0
Y	14	33 35.7	42.8	356 20.3	10.8	25 43.8	3.0	54.0
	15	48 35.5	.. 43.4	10 50.1	10.8	25 40.8	3.1	54.1
	16	63 35.4	44.0	25 19.9	10.8	25 37.7	3.3	54.1
	17	78 35.2	44.5	39 49.7	10.9	25 34.4	3.4	54.1
	18	93 35.1	S19 45.1	54 19.6	10.9	S25 31.0	3.5	54.1
	19	108 34.9	45.6	68 49.5	10.9	25 27.5	3.6	54.1
	20	123 34.8	46.2	83 19.4	11.0	25 23.9	3.7	54.1
	21	138 34.6	.. 46.8	97 49.4	10.9	25 20.2	3.8	54.1
	22	153 34.5	47.3	112 19.3	11.0	25 16.4	4.0	54.1
	23	168 34.3	47.9	126 49.3	11.1	25 12.4	4.1	54.1
		S.D. 16.2	*d* 0.6	S.D. 14.7		14.7		14.7

Lat.	Twilight Naut. h m	Twilight Civil h m	Sunrise h m	Moonrise 18 h m	Moonrise 19 h m	Moonrise 20 h m	Moonrise 21 h m
N 72	07 13	08 52	■	■	■	■	■
N 70	07 01	08 26	10 16	■	■	■	■
68	06 51	08 06	09 31	■	■	■	■
66	06 43	07 51	09 01	■	■	■	14 55
64	06 36	07 37	08 39	11 54	■	13 46	13 28
62	06 30	07 26	08 22	10 48	11 58	12 35	12 51
60	06 24	07 17	08 07	10 14	11 18	12 00	12 24
N 58	06 19	07 08	07 55	09 49	10 50	11 34	12 03
56	06 15	07 01	07 44	09 29	10 28	11 14	11 46
54	06 11	06 54	07 35	09 12	10 11	10 57	11 31
52	06 07	06 48	07 26	08 58	09 55	10 42	11 19
50	06 03	06 43	07 19	08 45	09 42	10 30	11 07
45	05 55	06 30	07 03	08 20	09 15	10 04	10 44
N 40	05 47	06 20	06 49	08 00	08 54	09 43	10 25
35	05 40	06 11	06 38	07 43	08 36	09 26	10 09
30	05 34	06 03	06 28	07 28	08 21	09 11	09 56
20	05 21	05 48	06 11	07 03	07 55	08 45	09 32
N 10	05 08	05 34	05 56	06 42	07 33	08 23	09 12
0	04 54	05 20	05 42	06 22	07 13	08 03	08 53
S 10	04 39	05 05	05 27	06 03	06 52	07 43	08 34
20	04 20	04 48	05 12	05 42	06 30	07 21	08 13
30	03 56	04 28	04 54	05 17	06 04	06 55	07 50
35	03 41	04 16	04 44	05 03	05 49	06 40	07 36
40	03 23	04 01	04 32	04 47	05 32	06 23	07 20
45	02 59	03 43	04 18	04 27	05 11	06 02	07 00
S 50	02 27	03 20	04 00	04 03	04 44	05 36	06 36
52	02 10	03 09	03 52	03 51	04 31	05 23	06 24
54	01 49	02 56	03 42	03 37	04 17	05 08	06 11
56	01 20	02 41	03 32	03 22	03 59	04 51	05 56
58	00 33	02 23	03 20	03 03	03 38	04 30	05 37
S 60	////	02 01	03 06	02 41	03 12	04 04	05 15

Lat.	Sunset h m	Twilight Civil h m	Twilight Naut. h m	Moonset 18 h m	Moonset 19 h m	Moonset 20 h m	Moonset 21 h m
N 72	■	14 38	16 17	■	■	■	■
N 70	13 14	15 04	16 29	■	■	■	■
68	13 59	15 23	16 38	■	■	■	■
66	14 29	15 39	16 47	■	■	■	15 23
64	14 51	15 52	16 54	13 11	■	14 48	16 49
62	15 08	16 04	17 00	14 17	14 52	15 59	17 26
60	15 23	16 13	17 06	14 51	15 32	16 34	17 52
N 58	15 35	16 22	17 11	15 17	16 00	17 00	18 13
56	15 46	16 29	17 15	15 37	16 21	17 20	18 30
54	15 56	16 36	17 20	15 54	16 39	17 37	18 44
52	16 04	16 42	17 24	16 08	16 54	17 51	18 56
50	16 12	16 48	17 27	16 21	17 07	18 03	19 07
45	16 28	17 00	17 36	16 47	17 34	18 29	19 30
N 40	16 41	17 10	17 43	17 07	17 55	18 50	19 48
35	16 52	17 20	17 50	17 24	18 13	19 07	20 03
30	17 02	17 28	17 57	17 39	18 28	19 21	20 17
20	17 20	17 43	18 10	18 05	18 54	19 46	20 39
N 10	17 35	17 57	18 23	18 26	19 16	20 07	20 58
0	17 49	18 11	18 36	18 47	19 37	20 27	21 16
S 10	18 03	18 26	18 52	19 07	19 58	20 47	21 34
20	18 19	18 43	19 11	19 29	20 20	21 08	21 53
30	18 37	19 03	19 35	19 54	20 45	21 33	22 15
35	18 47	19 16	19 50	20 09	21 01	21 47	22 28
40	19 00	19 31	20 09	20 26	21 18	22 04	22 43
45	19 14	19 49	20 33	20 47	21 39	22 23	23 00
S 50	19 32	20 12	21 06	21 13	22 06	22 48	23 22
52	19 40	20 23	21 23	21 26	22 19	23 00	23 32
54	19 49	20 36	21 45	21 41	22 33	23 14	23 43
56	20 00	20 51	22 14	21 58	22 51	23 29	23 56
58	20 12	21 10	23 06	22 19	23 12	23 48	24 11
S 60	20 26	21 33	////	22 45	23 38	24 11	00 11

Day	SUN Eqn. of Time 00 h (m s)	SUN Eqn. of Time 12 h (m s)	SUN Mer. Pass. (h m)	MOON Mer. Pass. Upper (h m)	MOON Mer. Pass. Lower (h m)	Age (d)	Phase
18	14 57	14 51	11 45	12 35	00 10	01	●
19	14 45	14 38	11 45	13 25	01 00	02	
20	14 31	14 24	11 46	14 15	01 50	03	

UT (GMT) d	h	ARIES G.H.A.	VENUS −3.9 G.H.A.	VENUS Dec.	MARS −2.0 G.H.A.	MARS Dec.	JUPITER −2.3 G.H.A.	JUPITER Dec.	SATURN +0.6 G.H.A.	SATURN Dec.	STARS Name	S.H.A.	Dec.
		° ′	° ′	° ′	° ′	° ′	° ′	° ′	° ′	° ′		° ′	° ′
21	00	59 44.2	178 29.4	S20 38.4	353 46.8	N22 45.0	283 39.1	N17 17.9	126 35.0	S21 50.1	Acamar	315 30.6	S40 20.4
	01	74 46.7	193 28.6	39.1	8 50.3	45.0	298 41.5	17.9	141 37.2	50.0	Achernar	335 38.6	S57 17.0
	02	89 49.1	208 27.8	39.8	23 53.8	45.0	313 43.9	17.9	156 39.4	50.0	Acrux	173 29.0	S63 02.7
	03	104 51.6	223 27.0	· · 40.5	38 57.2	· · 45.0	328 46.3	· · 17.9	171 41.7	· · 50.0	Adhara	255 25.5	S28 57.3
	04	119 54.1	238 26.2	41.2	54 00.7	44.9	343 48.7	17.9	186 43.9	49.9	Aldebaran	291 08.5	N16 29.6
	05	134 56.5	253 25.4	41.9	69 04.2	44.9	358 51.0	17.9	201 46.1	49.9			
	06	149 59.0	268 24.6	S20 42.6	84 07.7	N22 44.9	13 53.4	N17 17.8	216 48.4	S21 49.9	Alioth	166 35.7	N56 00.3
W	07	165 01.5	283 23.7	43.3	99 11.2	44.8	28 55.8	17.8	231 50.6	49.8	Alkaid	153 12.5	N49 21.3
E	08	180 03.9	298 22.9	44.0	114 14.6	44.8	43 58.2	17.8	246 52.8	49.8	Al Na'ir	28 04.7	S47 00.5
D	09	195 06.4	313 22.1	· · 44.7	129 18.1	· · 44.8	59 00.6	· · 17.8	261 55.1	· · 49.8	Alnilam	276 03.2	S 1 12.3
N	10	210 08.9	328 21.3	45.4	144 21.6	44.8	74 03.0	17.8	276 57.3	49.7	Alphard	218 12.7	S 8 37.0
E	11	225 11.3	343 20.5	46.0	159 25.1	44.7	89 05.4	17.8	291 59.5	49.7			
S	12	240 13.8	358 19.7	S20 46.7	174 28.6	N22 44.7	104 07.8	N17 17.8	307 01.8	S21 49.7	Alphecca	126 25.7	N26 44.6
D	13	255 16.3	13 18.9	47.4	189 32.1	44.7	119 10.2	17.8	322 04.0	49.7	Alpheratz	358 00.9	N29 02.7
A	14	270 18.7	28 18.0	48.1	204 35.5	44.6	134 12.6	17.7	337 06.2	49.6	Altair	62 24.9	N 8 50.7
Y	15	285 21.2	43 17.2	· · 48.8	219 39.0	· · 44.6	149 14.9	· · 17.7	352 08.5	· · 49.6	Ankaa	353 31.9	S42 21.4
	16	300 23.6	58 16.4	49.5	234 42.5	44.6	164 17.3	17.7	7 10.7	49.6	Antares	112 47.4	S26 24.8
	17	315 26.1	73 15.6	50.1	249 46.0	44.5	179 19.7	17.7	22 12.9	49.5			
	18	330 28.6	88 14.8	S20 50.8	264 49.5	N22 44.5	194 22.1	N17 17.7	37 15.2	S21 49.5	Arcturus	146 11.4	N19 13.7
	19	345 31.0	103 14.0	51.5	279 53.0	44.5	209 24.5	17.7	52 17.4	49.5	Atria	108 05.1	S69 00.8
	20	0 33.5	118 13.1	52.2	294 56.5	44.5	224 26.9	17.7	67 19.6	49.4	Avior	234 24.8	S59 28.5
	21	15 36.0	133 12.3	· · 52.9	309 59.9	· · 44.4	239 29.3	· · 17.7	82 21.9	· · 49.4	Bellatrix	278 49.8	N 6 20.7
	22	30 38.4	148 11.5	53.5	325 03.4	44.4	254 31.7	17.7	97 24.1	49.4	Betelgeuse	271 19.3	N 7 24.5
	23	45 40.9	163 10.7	54.2	340 06.9	44.4	269 34.1	17.6	112 26.3	49.3			
22	00	60 43.4	178 09.9	S20 54.9	355 10.4	N22 44.3	284 36.5	N17 17.6	127 28.5	S21 49.3	Canopus	264 03.2	S52 41.2
	01	75 45.8	193 09.0	55.6	10 13.9	44.3	299 38.9	17.6	142 30.8	49.3	Capella	280 59.0	N45 59.4
	02	90 48.3	208 08.2	56.2	25 17.4	44.3	314 41.3	17.6	157 33.0	49.2	Deneb	49 43.3	N45 15.1
	03	105 50.8	223 07.4	· · 56.9	40 20.9	· · 44.2	329 43.7	· · 17.6	172 35.2	· · 49.2	Denebola	182 51.0	N14 37.3
	04	120 53.2	238 06.6	57.6	55 24.4	44.2	344 46.1	17.6	187 37.5	49.2	Diphda	349 12.6	S18 02.1
	05	135 55.7	253 05.8	58.2	70 27.8	44.2	359 48.5	17.6	202 39.7	49.1			
	06	150 58.1	268 04.9	S20 58.9	85 31.3	N22 44.1	14 50.8	N17 17.6	217 41.9	S21 49.1	Dubhe	194 12.2	N61 47.7
	07	166 00.6	283 04.1	20 59.6	100 34.8	44.1	29 53.2	17.6	232 44.2	49.1	Elnath	278 33.7	N28 36.1
T	08	181 03.1	298 03.3	21 00.2	115 38.3	44.1	44 55.6	17.6	247 46.4	49.1	Eltanin	90 54.5	N51 29.5
H	09	196 05.5	313 02.5	· · 00.9	130 41.8	· · 44.0	59 58.0	· · 17.5	262 48.6	· · 49.0	Enif	34 03.8	N 9 50.1
U	10	211 08.0	328 01.6	01.6	145 45.3	44.0	75 00.4	17.5	277 50.9	49.0	Fomalhaut	15 42.4	S29 40.3
R	11	226 10.5	343 00.8	02.2	160 48.8	44.0	90 02.8	17.5	292 53.1	49.0			
S	12	241 12.9	358 00.0	S21 02.9	175 52.3	N22 43.9	105 05.2	N17 17.5	307 55.3	S21 48.9	Gacrux	172 20.4	S57 03.6
D	13	256 15.4	12 59.2	03.6	190 55.8	43.9	120 07.6	17.5	322 57.5	48.9	Gienah	176 10.0	S17 29.4
A	14	271 17.9	27 58.3	04.2	205 59.2	43.9	135 10.0	17.5	337 59.8	48.9	Hadar	149 12.8	S60 19.7
Y	15	286 20.3	42 57.5	· · 04.9	221 02.7	· · 43.8	150 12.4	· · 17.5	353 02.0	· · 48.8	Hamal	328 19.6	N23 25.4
	16	301 22.8	57 56.7	05.5	236 06.2	43.8	165 14.8	17.5	8 04.2	48.8	Kaus Aust.	84 06.5	S34 23.5
	17	316 25.2	72 55.9	06.2	251 09.7	43.7	180 17.2	17.5	23 06.5	48.8			
	18	331 27.7	87 55.0	S21 06.8	266 13.2	N22 43.7	195 19.6	N17 17.5	38 08.7	S21 48.7	Kochab	137 20.1	N74 11.4
	19	346 30.2	102 54.2	07.5	281 16.7	43.7	210 22.0	17.4	53 10.9	48.7	Markab	13 55.1	N15 09.6
	20	1 32.6	117 53.4	08.2	296 20.2	43.6	225 24.4	17.4	68 13.1	48.7	Menkar	314 32.4	N 4 03.5
	21	16 35.1	132 52.5	· · 08.8	311 23.7	· · 43.6	240 26.8	· · 17.4	83 15.4	· · 48.6	Menkent	148 28.0	S36 19.5
	22	31 37.6	147 51.7	09.5	326 27.2	43.6	255 29.2	17.4	98 17.6	48.6	Miaplacidus	221 43.3	S69 40.5
	23	46 40.0	162 50.9	10.1	341 30.7	43.5	270 31.6	17.4	113 19.8	48.6			
23	00	61 42.5	177 50.0	S21 10.8	356 34.2	N22 43.5	285 34.0	N17 17.4	128 22.1	S21 48.5	Mirfak	309 04.2	N49 50.0
	01	76 45.0	192 49.2	11.4	11 37.7	43.5	300 36.4	17.4	143 24.3	48.5	Nunki	76 19.5	S26 18.6
	02	91 47.4	207 48.4	12.0	26 41.2	43.4	315 38.8	17.4	158 26.5	48.5	Peacock	53 45.9	S56 46.1
	03	106 49.9	222 47.5	· · 12.7	41 44.6	· · 43.4	330 41.2	· · 17.4	173 28.7	· · 48.4	Pollux	243 48.1	N28 02.9
	04	121 52.4	237 46.7	13.3	56 48.1	43.3	345 43.6	17.4	188 31.0	48.4	Procyon	245 17.2	N 5 15.0
	05	136 54.8	252 45.9	14.0	71 51.6	43.3	0 46.1	17.4	203 33.2	48.4			
	06	151 57.3	267 45.0	S21 14.6	86 55.1	N22 43.3	15 48.5	N17 17.4	218 35.4	S21 48.3	Rasalhague	96 22.5	N12 34.0
	07	166 59.7	282 44.2	15.3	101 58.6	43.2	30 50.9	17.3	233 37.7	48.3	Regulus	208 01.5	N12 00.7
	08	182 02.2	297 43.4	15.9	117 02.1	43.2	45 53.3	17.3	248 39.9	48.3	Rigel	281 28.0	S 8 12.5
F	09	197 04.7	312 42.5	· · 16.5	132 05.6	· · 43.1	60 55.7	· · 17.3	263 42.1	· · 48.3	Rigil Kent.	140 15.7	S60 47.8
R	10	212 07.1	327 41.7	17.2	147 09.1	43.1	75 58.1	17.3	278 44.3	48.2	Sabik	102 32.3	S15 42.9
I	11	227 09.6	342 40.9	17.8	162 12.6	43.1	91 00.5	17.3	293 46.6	48.2			
D	12	242 12.1	357 40.0	S21 18.5	177 16.1	N22 43.0	106 02.9	N17 17.3	308 48.8	S21 48.2	Schedar	349 59.7	N56 29.6
A	13	257 14.5	12 39.2	19.1	192 19.6	43.0	121 05.3	17.3	323 51.0	48.1	Shaula	96 45.3	S37 06.0
Y	14	272 17.0	27 38.3	19.7	207 23.1	42.9	136 07.7	17.3	338 53.3	48.1	Sirius	258 48.3	S16 42.0
	15	287 19.5	42 37.5	· · 20.4	222 26.6	· · 42.9	151 10.1	· · 17.3	353 55.5	· · 48.1	Spica	158 49.4	S11 06.8
	16	302 21.9	57 36.7	21.0	237 30.1	42.9	166 12.5	17.3	8 57.7	48.0	Suhail	223 04.9	S43 23.5
	17	317 24.4	72 35.8	21.6	252 33.6	42.8	181 14.9	17.3	23 59.9	48.0			
	18	332 26.9	87 35.0	S21 22.3	267 37.1	N22 42.8	196 17.3	N17 17.3	39 02.2	S21 48.0	Vega	80 50.8	N38 46.6
	19	347 29.3	102 34.1	22.9	282 40.6	42.7	211 19.7	17.3	54 04.4	47.9	Zuben'ubi	137 24.5	S16 00.3
	20	2 31.8	117 33.3	23.5	297 44.1	42.7	226 22.2	17.3	69 06.6	47.9			
	21	17 34.2	132 32.5	· · 24.1	312 47.6	· · 42.7	241 24.6	· · 17.2	84 08.8	· · 47.9			
	22	32 36.7	147 31.6	24.8	327 51.0	42.6	256 27.0	17.2	99 11.1	47.8			
	23	47 39.2	162 30.8	25.4	342 54.5	42.6	271 29.4	17.2	114 13.3	47.8			
Mer. Pass.		h m 19 53.8	v −0.8	d 0.7	v 3.5	d 0.0	v 2.4	d 0.0	v 2.2	d 0.0			

	S.H.A.	Mer. Pass.
	° ′	h m
Venus	117 26.5	12 08
Mars	294 27.0	0 19
Jupiter	223 53.1	5 01
Saturn	66 45.2	15 28

UT (GMT) d h		SUN G.H.A. ° ′	SUN Dec. ° ′	MOON G.H.A. ° ′	v ′	MOON Dec. ° ′	d ′	H.P. ′
21 00		183 34.2	S19 48.5	141 19.4	11.0	S25 08.3	4.2	54.1
01		198 34.0	49.0	155 49.4	11.1	25 04.1	4.3	54.1
02		213 33.9	49.6	170 19.5	11.1	24 59.8	4.5	54.1
03		228 33.7	. . 50.1	184 49.6	11.2	24 55.3	4.6	54.1
04		243 33.6	50.7	199 19.8	11.1	24 50.7	4.6	54.2
05		258 33.4	51.2	213 49.9	11.3	24 46.1	4.8	54.2
06		273 33.3	S19 51.8	228 20.2	11.2	S24 41.3	4.9	54.2
07	W	288 33.1	52.3	242 50.4	11.3	24 36.4	5.1	54.2
08	E	303 32.9	52.9	257 20.7	11.3	24 31.3	5.1	54.2
09	D	318 32.8	. . 53.5	271 51.0	11.4	24 26.2	5.3	54.2
10	N	333 32.6	54.0	286 21.4	11.3	24 20.9	5.3	54.2
11	E	348 32.5	54.6	300 51.7	11.5	24 15.6	5.5	54.2
12	S	3 32.3	S19 55.1	315 22.2	11.4	S24 10.1	5.6	54.2
13	D	18 32.2	55.7	329 52.6	11.5	24 04.5	5.8	54.2
14	A	33 32.0	56.2	344 23.1	11.5	23 58.7	5.8	54.3
15	Y	48 31.9	. . 56.8	358 53.6	11.6	23 52.9	5.9	54.3
16		63 31.7	57.3	13 24.2	11.6	23 47.0	6.1	54.3
17		78 31.5	57.9	27 54.8	11.7	23 40.9	6.1	54.3
18		93 31.4	S19 58.4	42 25.5	11.7	S23 34.8	6.3	54.3
19		108 31.2	59.0	56 56.2	11.7	23 28.5	6.4	54.3
20		123 31.1	19 59.5	71 26.9	11.7	23 22.1	6.5	54.3
21		138 30.9	20 00.1	85 57.6	11.8	23 15.6	6.6	54.3
22		153 30.7	00.6	100 28.4	11.9	23 09.0	6.7	54.4
23		168 30.6	01.1	114 59.3	11.9	23 02.3	6.8	54.4
22 00		183 30.4	S20 01.7	129 30.2	11.9	S22 55.5	6.9	54.4
01		198 30.3	02.2	144 01.1	11.9	22 48.6	7.0	54.4
02		213 30.1	02.8	158 32.0	12.0	22 41.6	7.2	54.4
03		228 29.9	. . 03.3	173 03.0	12.1	22 34.4	7.2	54.4
04		243 29.8	03.9	187 34.1	12.1	22 27.2	7.4	54.4
05		258 29.6	04.4	202 05.2	12.1	22 19.8	7.4	54.5
06		273 29.4	S20 04.9	216 36.3	12.2	S22 12.4	7.6	54.5
07		288 29.3	05.5	231 07.5	12.2	22 04.8	7.6	54.5
08	T	303 29.1	06.0	245 38.7	12.2	21 57.2	7.8	54.5
09	H	318 29.0	. . 06.6	260 09.9	12.3	21 49.4	7.8	54.5
10	U	333 28.8	07.1	274 41.2	12.3	21 41.6	8.0	54.5
11	R	348 28.6	07.6	289 12.5	12.4	21 33.6	8.1	54.6
12	S	3 28.5	S20 08.2	303 43.9	12.4	S21 25.5	8.1	54.6
13	D	18 28.3	08.7	318 15.3	12.5	21 17.4	8.3	54.6
14	A	33 28.1	09.2	332 46.8	12.5	21 09.1	8.4	54.6
15	Y	48 28.0	. . 09.8	347 18.3	12.5	21 00.7	8.4	54.6
16		63 27.8	10.3	1 49.8	12.6	20 52.3	8.6	54.6
17		78 27.6	10.8	16 21.4	12.6	20 43.7	8.6	54.7
18		93 27.5	S20 11.4	30 53.0	12.7	S20 35.1	8.8	54.7
19		108 27.3	11.9	45 24.7	12.7	20 26.3	8.8	54.7
20		123 27.1	12.4	59 56.4	12.7	20 17.5	9.0	54.7
21		138 27.0	. . 13.0	74 28.1	12.8	20 08.5	9.0	54.7
22		153 26.8	13.5	88 59.9	12.8	19 59.5	9.1	54.7
23		168 26.6	14.0	103 31.7	12.9	19 50.4	9.2	54.8
23 00		183 26.5	S20 14.6	118 03.6	12.9	S19 41.2	9.4	54.8
01		198 26.3	15.1	132 35.5	12.9	19 31.8	9.4	54.8
02		213 26.1	15.6	147 07.4	13.0	19 22.4	9.5	54.8
03		228 25.9	. . 16.1	161 39.4	13.0	19 12.9	9.5	54.8
04		243 25.8	16.7	176 11.4	13.1	19 03.4	9.7	54.9
05		258 25.6	17.2	190 43.5	13.1	18 53.7	9.8	54.9
06		273 25.4	S20 17.7	205 15.6	13.1	S18 43.9	9.8	54.9
07		288 25.3	18.2	219 47.7	13.2	18 34.1	10.0	54.9
08		303 25.1	18.8	234 19.9	13.2	18 24.1	10.0	55.0
09	F	318 24.9	. . 19.3	248 52.1	13.2	18 14.1	10.1	55.0
10	R	333 24.7	19.8	263 24.3	13.3	18 04.0	10.2	55.0
11	I	348 24.6	20.3	277 56.6	13.3	17 53.8	10.3	55.0
12	D	3 24.4	S20 20.9	292 28.9	13.4	S17 43.5	10.4	55.0
13	A	18 24.2	21.4	307 01.3	13.3	17 33.1	10.4	55.1
14	Y	33 24.1	21.9	321 33.6	13.4	17 22.7	10.6	55.1
15		48 23.9	. . 22.4	336 06.0	13.5	17 12.1	10.6	55.1
16		63 23.7	22.9	350 38.5	13.5	17 01.5	10.7	55.1
17		78 23.5	23.5	5 11.0	13.5	16 50.8	10.8	55.2
18		93 23.4	S20 24.0	19 43.5	13.5	S16 40.0	10.9	55.2
19		108 23.2	24.5	34 16.0	13.6	16 29.1	10.9	55.2
20		123 23.0	25.0	48 48.6	13.6	16 18.2	11.0	55.2
21		138 22.8	. . 25.5	63 21.2	13.7	16 07.2	11.1	55.3
22		153 22.6	26.0	77 53.9	13.6	15 56.1	11.2	55.3
23		168 22.5	26.6	92 26.5	13.7	15 44.9	11.3	55.3
		S.D. 16.2	*d* 0.5	S.D. 14.8		14.9		15.0

Lat. °	Twilight Naut. h m	Twilight Civil h m	Sunrise h m	Moonrise 21 h m	Moonrise 22 h m	Moonrise 23 h m	Moonrise 24 h m
N 72	07 23	09 06	▬	▬	▬	15 27	14 16
N 70	07 10	08 38	10 42	▬	▬	14 32	13 54
68	06 59	08 16	09 46	▬	14 43	13 59	13 36
66	06 50	07 59	09 13	14 55	13 52	13 34	13 22
64	06 43	07 45	08 49	13 28	13 21	13 15	13 10
62	06 36	07 33	08 30	12 51	12 57	12 59	13 00
60	06 30	07 23	08 14	12 24	12 38	12 46	12 51
N 58	06 25	07 14	08 01	12 03	12 22	12 34	12 43
56	06 20	07 06	07 50	11 46	12 08	12 24	12 36
54	06 15	06 59	07 40	11 31	11 57	12 15	12 30
52	06 11	06 53	07 31	11 19	11 46	12 08	12 25
50	06 07	06 47	07 23	11 07	11 37	12 00	12 20
45	05 58	06 34	07 07	10 44	11 17	11 45	12 09
N 40	05 50	06 23	06 53	10 25	11 01	11 32	12 00
35	05 43	06 14	06 41	10 09	10 48	11 21	11 52
30	05 36	06 05	06 31	09 56	10 36	11 12	11 45
20	05 22	05 49	06 13	09 32	10 15	10 56	11 33
N 10	05 09	05 35	05 57	09 12	09 58	10 41	11 23
0	04 55	05 20	05 42	08 53	09 41	10 28	11 13
S 10	04 39	05 05	05 28	08 34	09 24	10 14	11 03
20	04 20	04 48	05 12	08 13	09 06	10 00	10 52
30	03 55	04 27	04 53	07 50	08 46	09 43	10 40
35	03 39	04 14	04 42	07 36	08 34	09 33	10 33
40	03 20	03 59	04 30	07 20	08 20	09 22	10 25
45	02 55	03 40	04 15	07 00	08 03	09 09	10 15
S 50	02 21	03 16	03 57	06 36	07 43	08 52	10 04
52	02 03	03 04	03 48	06 24	07 33	08 45	09 59
54	01 40	02 51	03 38	06 11	07 22	08 36	09 53
56	01 08	02 35	03 27	05 56	07 09	08 27	09 46
58	////	02 16	03 15	05 37	06 54	08 16	09 39
S 60	////	01 51	03 00	05 15	06 37	08 03	09 30

Lat. °	Sunset h m	Twilight Civil h m	Twilight Naut. h m	Moonset 21 h m	Moonset 22 h m	Moonset 23 h m	Moonset 24 h m
N 72	▬	14 25	16 08	▬	▬	18 10	20 55
N 70	12 49	14 54	16 21	▬	▬	19 03	21 16
68	13 46	15 15	16 32	▬	17 15	19 36	21 32
66	14 19	15 32	16 41	15 23	18 05	19 59	21 45
64	14 43	15 46	16 49	16 49	18 36	20 17	21 55
62	15 02	15 58	16 55	17 26	18 59	20 32	22 04
60	15 17	16 08	17 02	17 52	19 17	20 45	22 12
N 58	15 30	16 17	17 07	18 13	19 33	20 55	22 18
56	15 42	16 25	17 12	18 30	19 46	21 04	22 24
54	15 52	16 32	17 16	18 44	19 57	21 13	22 30
52	16 00	16 39	17 21	18 56	20 07	21 20	22 34
50	16 08	16 45	17 25	19 07	20 16	21 27	22 39
45	16 25	16 58	17 34	19 30	20 34	21 41	22 48
N 40	16 39	17 09	17 42	19 48	20 49	21 52	22 55
35	16 51	17 18	17 49	20 03	21 02	22 02	23 02
30	17 01	17 27	17 56	20 17	21 13	22 10	23 08
20	17 19	17 43	18 10	20 39	21 32	22 25	23 18
N 10	17 35	17 57	18 23	20 58	21 48	22 38	23 26
0	17 50	18 12	18 37	21 16	22 04	22 49	23 34
S 10	18 05	18 27	18 54	21 34	22 19	23 01	23 42
20	18 21	18 45	19 13	21 53	22 35	23 14	23 50
30	18 39	19 06	19 38	22 15	22 53	23 28	24 00
35	18 50	19 19	19 54	22 28	23 04	23 36	24 05
40	19 03	19 34	20 13	22 43	23 16	23 45	24 11
45	19 18	19 53	20 38	23 00	23 30	23 56	24 18
S 50	19 36	20 17	21 13	23 22	23 48	24 09	00 09
52	19 45	20 29	21 31	23 32	23 56	24 15	00 15
54	19 55	20 43	21 55	23 43	24 05	00 05	00 22
56	20 06	20 59	22 28	23 56	24 15	00 15	00 29
58	20 19	21 19	////	24 11	00 11	00 27	00 37
S 60	20 34	21 44	////	00 11	00 29	00 40	00 47

Day	SUN Eqn. of Time 00ʰ m s	SUN Eqn. of Time 12ʰ m s	SUN Mer. Pass. h m	MOON Mer. Pass. Upper h m	MOON Mer. Pass. Lower h m	Age d	Phase
21	14 17	14 10	11 46	15 05	02 40	04	
22	14 02	13 54	11 46	15 52	03 29	05	◐
23	13 46	13 38	11 46	16 39	04 16	06	

UT (GMT) d h	ARIES G.H.A. ° ′	VENUS −3.9 G.H.A. ° ′	Dec. ° ′	MARS −2.0 G.H.A. ° ′	Dec. ° ′	JUPITER −2.3 G.H.A. ° ′	Dec. ° ′	SATURN +0.6 G.H.A. ° ′	Dec. ° ′	STARS Name	S.H.A. ° ′	Dec. ° ′
24 00	62 41.6	177 29.9	S21 26.0	357 58.0	N22 42.5	286 31.8	N17 17.2	129 15.5	S21 47.8	Acamar	315 30.6	S40 20.4
01	77 44.1	192 29.1	26.6	13 01.5	42.5	301 34.2	17.2	144 17.7	47.7	Achernar	335 38.6	S57 17.0
02	92 46.6	207 28.2	27.3	28 05.0	42.5	316 36.6	17.2	159 20.0	47.7	Acrux	173 28.9	S63 02.7
03	107 49.0	222 27.4	· · 27.9	43 08.5	· · 42.4	331 39.0	· · 17.2	174 22.2	· · 47.7	Adhara	255 25.5	S28 57.4
04	122 51.5	237 26.6	28.5	58 12.0	42.4	346 41.4	17.2	189 24.4	47.6	Aldebaran	291 08.5	N16 29.6
05	137 54.0	252 25.7	29.1	73 15.5	42.3	1 43.8	17.2	204 26.6	47.6			
06	152 56.4	267 24.9	S21 29.7	88 19.0	N22 42.3	16 46.3	N17 17.2	219 28.9	S21 47.6	Alioth	166 35.6	N56 00.3
07	167 58.9	282 24.0	30.3	103 22.5	42.2	31 48.7	17.2	234 31.1	47.5	Alkaid	153 12.4	N49 21.3
S 08	183 01.3	297 23.2	31.0	118 26.0	42.2	46 51.1	17.2	249 33.3	47.5	Al Na'ir	28 04.8	S47 00.5
A 09	198 03.8	312 22.3	· · 31.6	133 29.5	· · 42.1	61 53.5	· · 17.2	264 35.5	· · 47.5	Alnilam	276 03.2	S 1 12.3
T 10	213 06.3	327 21.5	32.2	148 33.0	42.1	76 55.9	17.2	279 37.8	47.4	Alphard	218 12.6	S 8 37.0
U 11	228 08.7	342 20.6	32.8	163 36.5	42.1	91 58.3	17.2	294 40.0	47.4			
R 12	243 11.2	357 19.8	S21 33.4	178 40.0	N22 42.0	107 00.7	N17 17.2	309 42.2	S21 47.4	Alphecca	126 25.6	N26 44.6
D 13	258 13.7	12 18.9	34.0	193 43.5	42.0	122 03.2	17.2	324 44.4	47.3	Alpheratz	358 00.9	N29 02.7
A 14	273 16.1	27 18.1	34.6	208 47.0	41.9	137 05.6	17.2	339 46.7	47.3	Altair	62 24.9	N 8 50.7
Y 15	288 18.6	42 17.2	· · 35.2	223 50.5	· · 41.9	152 08.0	· · 17.1	354 48.9	· · 47.3	Ankaa	353 32.0	S42 21.4
16	303 21.1	57 16.4	35.8	238 54.0	41.8	167 10.4	17.1	9 51.1	47.2	Antares	112 47.4	S26 24.8
17	318 23.5	72 15.5	36.4	253 57.5	41.8	182 12.8	17.1	24 53.3	47.2			
18	333 26.0	87 14.7	S21 37.0	269 01.0	N22 41.7	197 15.2	N17 17.1	39 55.6	S21 47.2	Arcturus	146 11.4	N19 13.7
19	348 28.5	102 13.8	37.6	284 04.5	41.7	212 17.6	17.1	54 57.8	47.1	Atria	108 05.1	S69 00.8
20	3 30.9	117 13.0	38.2	299 08.0	41.7	227 20.1	17.1	70 00.0	47.1	Avior	234 24.7	S59 28.5
21	18 33.4	132 12.1	· · 38.9	314 11.5	· · 41.6	242 22.5	· · 17.1	85 02.2	· · 47.1	Bellatrix	278 49.8	N 6 20.7
22	33 35.8	147 11.3	39.4	329 15.0	41.6	257 24.9	17.1	100 04.5	47.0	Betelgeuse	271 19.3	N 7 24.5
23	48 38.3	162 10.4	40.0	344 18.5	41.5	272 27.3	17.1	115 06.7	47.0			
25 00	63 40.8	177 09.6	S21 40.6	359 22.0	N22 41.5	287 29.7	N17 17.1	130 08.9	S21 47.0	Canopus	264 03.2	S52 41.2
01	78 43.2	192 08.7	41.2	14 25.5	41.4	302 32.2	17.1	145 11.1	46.9	Capella	280 59.0	N45 59.4
02	93 45.7	207 07.8	41.8	29 29.0	41.4	317 34.6	17.1	160 13.3	46.9	Deneb	49 43.3	N45 15.1
03	108 48.2	222 07.0	· · 42.4	44 32.5	· · 41.3	332 37.0	· · 17.1	175 15.6	· · 46.9	Denebola	182 51.0	N14 37.3
04	123 50.6	237 06.1	43.0	59 36.0	41.3	347 39.4	17.1	190 17.8	46.8	Diphda	349 12.6	S18 02.1
05	138 53.1	252 05.3	43.6	74 39.4	41.2	2 41.8	17.1	205 20.0	46.8			
06	153 55.6	267 04.4	S21 44.2	89 42.9	N22 41.2	17 44.3	N17 17.1	220 22.2	S21 46.8	Dubhe	194 12.2	N61 47.7
07	168 58.0	282 03.6	44.8	104 46.4	41.1	32 46.7	17.1	235 24.5	46.7	Elnath	278 33.6	N28 36.1
08	184 00.5	297 02.7	45.4	119 49.9	41.1	47 49.1	17.1	250 26.7	46.7	Eltanin	90 54.5	N51 29.5
S 09	199 03.0	312 01.8	· · 46.0	134 53.4	· · 41.0	62 51.5	· · 17.1	265 28.9	· · 46.7	Enif	34 03.8	N 9 50.1
U 10	214 05.4	327 01.0	46.6	149 56.9	41.0	77 53.9	17.1	280 31.1	46.6	Fomalhaut	15 42.4	S29 40.3
N 11	229 07.9	342 00.1	47.1	165 00.4	40.9	92 56.4	17.1	295 33.3	46.6			
D 12	244 10.3	356 59.3	S21 47.7	180 03.9	N22 40.9	107 58.8	N17 17.1	310 35.6	S21 46.6	Gacrux	172 20.4	S57 03.6
A 13	259 12.8	11 58.4	48.3	195 07.4	40.8	123 01.2	17.1	325 37.8	46.5	Gienah	176 09.9	S17 29.4
Y 14	274 15.3	26 57.5	48.9	210 10.9	40.8	138 03.6	17.1	340 40.0	46.5	Hadar	149 12.7	S60 19.7
15	289 17.7	41 56.7	· · 49.5	225 14.4	· · 40.7	153 06.1	· · 17.1	355 42.2	· · 46.5	Hamal	328 19.6	N23 25.4
16	304 20.2	56 55.8	50.1	240 17.9	40.7	168 08.5	17.1	10 44.5	46.4	Kaus Aust.	84 06.6	S34 23.5
17	319 22.7	71 55.0	50.6	255 21.4	40.6	183 10.9	17.1	25 46.7	46.4			
18	334 25.1	86 54.1	S21 51.2	270 24.9	N22 40.6	198 13.3	N17 17.1	40 48.9	S21 46.4	Kochab	137 20.1	N74 11.3
19	349 27.6	101 53.2	51.8	285 28.4	40.5	213 15.8	17.1	55 51.1	46.3	Markab	13 55.1	N15 09.6
20	4 30.1	116 52.4	52.4	300 31.9	40.5	228 18.2	17.1	70 53.3	46.3	Menkar	314 32.4	N 4 03.5
21	19 32.5	131 51.5	· · 52.9	315 35.4	· · 40.4	243 20.6	· · 17.1	85 55.6	· · 46.3	Menkent	148 28.0	S36 19.5
22	34 35.0	146 50.6	53.5	330 38.9	40.4	258 23.0	17.1	100 57.8	46.2	Miaplacidus	221 43.2	S69 40.5
23	49 37.4	161 49.8	54.1	345 42.4	40.3	273 25.5	17.1	116 00.0	46.2			
26 00	64 39.9	176 48.9	S21 54.7	0 45.9	N22 40.3	288 27.9	N17 17.0	131 02.2	S21 46.2	Mirfak	309 04.2	N49 50.0
01	79 42.4	191 48.0	55.2	15 49.4	40.2	303 30.3	17.0	146 04.4	46.1	Nunki	76 19.5	S26 18.6
02	94 44.8	206 47.2	55.8	30 52.9	40.2	318 32.7	17.0	161 06.7	46.1	Peacock	53 45.9	S56 46.1
03	109 47.3	221 46.3	· · 56.4	45 56.4	· · 40.1	333 35.2	· · 17.0	176 08.9	· · 46.1	Pollux	243 48.1	N28 02.9
04	124 49.8	236 45.4	56.9	60 59.9	40.1	348 37.6	17.0	191 11.1	46.0	Procyon	245 17.2	N 5 15.0
05	139 52.2	251 44.6	57.5	76 03.4	40.0	3 40.0	17.0	206 13.3	46.0			
06	154 54.7	266 43.7	S21 58.1	91 06.9	N22 40.0	18 42.4	N17 17.0	221 15.5	S21 46.0	Rasalhague	96 22.5	N12 34.0
07	169 57.2	281 42.8	58.6	106 10.3	39.9	33 44.9	17.0	236 17.8	45.9	Regulus	208 01.4	N12 00.7
08	184 59.6	296 42.0	59.2	121 13.8	39.9	48 47.3	17.0	251 20.0	45.9	Rigel	281 28.0	S 8 12.5
M 09	200 02.1	311 41.1	21 59.7	136 17.3	· · 39.8	63 49.7	· · 17.0	266 22.2	· · 45.9	Rigil Kent.	140 15.6	S60 47.8
O 10	215 04.6	326 40.2	22 00.3	151 20.8	39.8	78 52.2	17.0	281 24.4	45.8	Sabik	102 32.3	S15 42.9
N 11	230 07.0	341 39.4	00.9	166 24.3	39.7	93 54.6	17.0	296 26.6	45.8			
D 12	245 09.5	356 38.5	S22 01.4	181 27.8	N22 39.7	108 57.0	N17 17.0	311 28.9	S21 45.8	Schedar	349 59.7	N56 29.6
A 13	260 11.9	11 37.6	02.0	196 31.3	39.6	123 59.5	17.0	326 31.1	45.7	Shaula	96 45.3	S37 06.0
Y 14	275 14.4	26 36.8	02.5	211 34.8	39.6	139 01.9	17.0	341 33.3	45.7	Sirius	258 48.3	S16 42.0
15	290 16.9	41 35.9	· · 03.1	226 38.3	· · 39.5	154 04.3	· · 17.0	356 35.5	· · 45.7	Spica	158 49.4	S11 06.8
16	305 19.3	56 35.0	03.6	241 41.8	39.5	169 06.8	17.0	11 37.7	45.6	Suhail	223 04.8	S43 23.5
17	320 21.8	71 34.1	04.2	256 45.3	39.4	184 09.2	17.0	26 39.9	45.6			
18	335 24.3	86 33.3	S22 04.7	271 48.8	N22 39.3	199 11.6	N17 17.0	41 42.2	S21 45.6	Vega	80 50.8	N38 46.6
19	350 26.7	101 32.4	05.3	286 52.3	39.3	214 14.1	17.0	56 44.4	45.5	Zuben'ubi	137 24.5	S16 00.3
20	5 29.2	116 31.5	05.8	301 55.8	39.2	229 16.5	17.0	71 46.6	45.5		S.H.A. ° ′	Mer. Pass. h m
21	20 31.7	131 30.6	· · 06.4	316 59.3	· · 39.2	244 18.9	· · 17.0	86 48.8	· · 45.5			
22	35 34.1	146 29.8	06.9	332 02.8	39.1	259 21.4	17.0	101 51.0	45.4	Venus	113 28.8	12 12
23	50 36.6	161 28.9	07.5	347 06.2	39.1	274 23.8	17.0	116 53.3	45.4	Mars	295 41.2	0 03
	h m									Jupiter	223 49.0	4 49
Mer. Pass.	19 42.0	v −0.9	d 0.6	v 3.5	d 0.0	v 2.4	d 0.0	v 2.2	d 0.0	Saturn	66 28.1	15 17

	UT (GMT)	SUN G.H.A.	SUN Dec.	MOON G.H.A.	v	MOON Dec.	d	H.P.
	d h	° ′	° ′	° ′	′	° ′	′	′
	24 00	183 22.3	S20 27.1	106 59.2	13.8	S15 33.6	11.3	55.3
	01	198 22.1	27.6	121 32.0	13.7	15 22.3	11.4	55.4
	02	213 21.9	28.1	136 04.7	13.8	15 10.9	11.5	55.4
	03	228 21.8	· · 28.6	150 37.5	13.8	14 59.4	11.6	55.4
	04	243 21.6	29.1	165 10.3	13.9	14 47.8	11.6	55.4
	05	258 21.4	29.6	179 43.2	13.8	14 36.2	11.7	55.5
	06	273 21.2	S20 30.1	194 16.0	13.9	S14 24.5	11.8	55.5
	07	288 21.0	30.6	208 48.9	13.9	14 12.7	11.8	55.5
SATURDAY	08	303 20.9	31.1	223 21.8	13.9	14 00.9	11.9	55.5
	09	318 20.7	· · 31.7	237 54.7	14.0	13 49.0	12.0	55.6
	10	333 20.5	32.2	252 27.7	14.0	13 37.0	12.1	55.6
	11	348 20.3	32.7	267 00.7	14.0	13 24.9	12.1	55.6
	12	3 20.1	S20 33.2	281 33.7	14.0	S13 12.8	12.2	55.7
	13	18 20.0	33.7	296 06.7	14.0	13 00.6	12.3	55.7
	14	33 19.8	34.2	310 39.7	14.1	12 48.3	12.3	55.7
	15	48 19.6	· · 34.7	325 12.8	14.0	12 36.0	12.4	55.7
	16	63 19.4	35.2	339 45.8	14.1	12 23.6	12.5	55.8
	17	78 19.2	35.7	354 18.9	14.1	12 11.1	12.5	55.8
	18	93 19.1	S20 36.2	8 52.0	14.1	S11 58.6	12.6	55.8
	19	108 18.9	36.7	23 25.1	14.2	11 46.0	12.7	55.9
	20	123 18.7	37.2	37 58.3	14.1	11 33.3	12.7	55.9
	21	138 18.5	· · 37.7	52 31.4	14.1	11 20.6	12.8	55.9
	22	153 18.3	38.2	67 04.5	14.2	11 07.8	12.8	56.0
	23	168 18.1	38.7	81 37.7	14.2	10 55.0	13.0	56.0
	25 00	183 17.9	S20 39.2	96 10.9	14.2	S10 42.0	12.9	56.0
	01	198 17.8	39.7	110 44.1	14.2	10 29.1	13.0	56.1
	02	213 17.6	40.2	125 17.3	14.2	10 16.1	13.1	56.1
	03	228 17.4	· · 40.7	139 50.5	14.2	10 03.0	13.2	56.1
	04	243 17.2	41.2	154 23.7	14.2	9 49.8	13.2	56.1
	05	258 17.0	41.7	168 56.9	14.2	9 36.6	13.2	56.2
	06	273 16.8	S20 42.2	183 30.1	14.2	S 9 23.4	13.3	56.2
	07	288 16.6	42.7	198 03.3	14.2	9 10.1	13.4	56.2
	08	303 16.5	43.1	212 36.5	14.3	8 56.7	13.4	56.3
SUNDAY	09	318 16.3	· · 43.6	227 09.8	14.2	8 43.3	13.5	56.3
	10	333 16.1	44.1	241 43.0	14.2	8 29.8	13.5	56.3
	11	348 15.9	44.6	256 16.2	14.2	8 16.3	13.6	56.4
	12	3 15.7	S20 45.1	270 49.4	14.2	S 8 02.7	13.6	56.4
	13	18 15.5	45.6	285 22.6	14.3	7 49.1	13.7	56.4
	14	33 15.3	46.1	299 55.9	14.2	7 35.4	13.7	56.5
	15	48 15.1	· · 46.6	314 29.1	14.2	7 21.7	13.8	56.5
	16	63 14.9	47.1	329 02.3	14.2	7 07.9	13.8	56.6
	17	78 14.8	47.5	343 35.5	14.2	6 54.1	13.9	56.6
	18	93 14.6	S20 48.0	358 08.7	14.1	S 6 40.2	13.9	56.6
	19	108 14.4	48.5	12 41.8	14.2	6 26.3	14.0	56.7
	20	123 14.2	49.0	27 15.0	14.2	6 12.3	14.0	56.7
	21	138 14.0	· · 49.5	41 48.2	14.1	5 58.3	14.0	56.7
	22	153 13.8	50.0	56 21.3	14.2	5 44.3	14.1	56.8
	23	168 13.6	50.4	70 54.5	14.1	5 30.2	14.1	56.8
	26 00	183 13.4	S20 50.9	85 27.6	14.1	S 5 16.1	14.2	56.8
	01	198 13.2	51.4	100 00.7	14.1	5 01.9	14.2	56.9
	02	213 13.0	51.9	114 33.8	14.0	4 47.7	14.3	56.9
	03	228 12.8	· · 52.4	129 06.8	14.1	4 33.4	14.3	56.9
	04	243 12.6	52.8	143 39.9	14.0	4 19.1	14.3	57.0
	05	258 12.4	53.3	158 12.9	14.0	4 04.8	14.4	57.0
	06	273 12.2	S20 53.8	172 45.9	14.0	S 3 50.4	14.4	57.1
	07	288 12.1	54.3	187 18.9	13.9	3 36.0	14.4	57.1
	08	303 11.9	54.8	201 51.8	14.0	3 21.6	14.5	57.1
MONDAY	09	318 11.7	· · 55.2	216 24.8	13.9	3 07.1	14.5	57.2
	10	333 11.5	55.7	230 57.7	13.8	2 52.6	14.6	57.2
	11	348 11.3	56.2	245 30.5	13.9	2 38.0	14.5	57.3
	12	3 11.1	S20 56.7	260 03.4	13.8	S 2 23.5	14.6	57.3
	13	18 10.9	57.1	274 36.2	13.8	2 08.9	14.7	57.3
	14	33 10.7	57.6	289 09.0	13.8	1 54.2	14.6	57.4
	15	48 10.5	· · 58.1	303 41.8	13.7	1 39.6	14.7	57.4
	16	63 10.3	58.5	318 14.5	13.7	1 24.9	14.7	57.4
	17	78 10.1	59.0	332 47.2	13.6	1 10.2	14.8	57.5
	18	93 09.9	S20 59.5	347 19.8	13.6	S 0 55.4	14.7	57.5
	19	108 09.7	20 59.9	1 52.4	13.6	0 40.7	14.8	57.6
	20	123 09.5	21 00.4	16 25.0	13.5	0 25.9	14.9	57.6
	21	138 09.3	· · 00.9	30 57.5	13.5	S 0 11.0	14.8	57.6
	22	153 09.1	01.3	45 30.0	13.5	N 0 03.8	14.8	57.7
	23	168 08.9	01.8	60 02.5	13.4	0 18.6	14.9	57.7
		S.D. 16.2	*d* 0.5	S.D. 15.2		15.4		15.6

Lat.	Twilight Naut.	Twilight Civil	Sunrise	Moonrise 24	Moonrise 25	Moonrise 26	Moonrise 27
°	h m	h m	h m	h m	h m	h m	h m
N 72	07 32	09 21	■	14 16	13 39	13 10	12 41
N 70	07 18	08 49	11 25	13 54	13 28	13 07	12 46
68	07 07	08 25	10 01	13 36	13 19	13 04	12 50
66	06 57	08 07	09 24	13 22	13 11	13 02	12 53
64	06 49	07 52	08 58	13 10	13 05	13 00	12 56
62	06 42	07 40	08 38	13 00	12 59	12 59	12 58
60	06 35	07 29	08 21	12 51	12 54	12 58	13 01
N 58	06 30	07 20	08 08	12 43	12 50	12 56	13 03
56	06 24	07 11	07 56	12 36	12 46	12 55	13 04
54	06 20	07 04	07 45	12 30	12 43	12 54	13 06
52	06 15	06 57	07 36	12 25	12 40	12 53	13 07
50	06 11	06 51	07 28	12 20	12 37	12 53	13 09
45	06 01	06 38	07 10	12 09	12 30	12 51	13 12
N 40	05 53	06 26	06 56	12 00	12 25	12 49	13 14
35	05 45	06 16	06 44	11 52	12 20	12 48	13 16
30	05 38	06 07	06 33	11 45	12 16	12 47	13 18
20	05 24	05 51	06 15	11 33	12 09	12 45	13 22
N 10	05 10	05 36	05 59	11 23	12 03	12 43	13 24
0	04 55	05 21	05 43	11 13	11 57	12 42	13 27
S 10	04 39	05 05	05 28	11 03	11 51	12 40	13 30
20	04 19	04 47	05 11	10 52	11 45	12 38	13 33
30	03 54	04 26	04 52	10 40	11 38	12 36	13 37
35	03 37	04 12	04 41	10 33	11 33	12 35	13 39
40	03 17	03 57	04 28	10 25	11 29	12 34	13 41
45	02 52	03 37	04 13	10 15	11 23	12 32	13 44
S 50	02 16	03 13	03 54	10 04	11 17	12 31	13 47
52	01 57	03 00	03 45	09 59	11 13	12 30	13 49
54	01 32	02 46	03 34	09 53	11 10	12 29	13 51
56	00 55	02 29	03 23	09 46	11 06	12 28	13 53
58	////	02 09	03 10	09 39	11 02	12 27	13 55
S 60	////	01 42	02 54	09 30	10 57	12 26	13 57

Lat.	Sunset	Twilight Civil	Twilight Naut.	Moonset 24	Moonset 25	Moonset 26	Moonset 27
°	h m	h m	h m	h m	h m	h m	h m
N 72	■	14 12	16 00	20 55	23 06	25 13	01 13
N 70	12 08	14 44	16 15	21 16	23 15	25 12	01 12
68	13 32	15 08	16 26	21 32	23 21	25 11	01 11
66	14 09	15 26	16 36	21 45	23 27	25 10	01 10
64	14 35	15 41	16 44	21 55	23 32	25 10	01 10
62	14 55	15 53	16 51	22 04	23 36	25 09	01 09
60	15 12	16 04	16 58	22 12	23 39	25 09	01 09
N 58	15 26	16 14	17 04	22 18	23 42	25 08	01 08
56	15 38	16 22	17 09	22 24	23 45	25 08	01 08
54	15 48	16 29	17 14	22 30	23 48	25 07	01 07
52	15 57	16 36	17 18	22 34	23 50	25 07	01 07
50	16 06	16 42	17 23	22 39	23 52	25 07	01 07
45	16 23	16 56	17 32	22 48	23 56	25 06	01 06
N 40	16 38	17 07	17 41	22 55	24 00	00 00	01 06
35	16 50	17 17	17 48	23 02	24 03	00 03	01 05
30	17 01	17 26	17 56	23 08	24 06	00 06	01 05
20	17 19	17 43	18 10	23 18	24 10	00 10	01 04
N 10	17 35	17 58	18 24	23 26	24 14	00 14	01 04
0	17 51	18 13	18 38	23 34	24 18	00 18	01 03
S 10	18 06	18 29	18 55	23 42	24 22	00 22	01 02
20	18 23	18 47	19 15	23 50	24 26	00 26	01 02
30	18 42	19 09	19 41	24 00	00 00	00 30	01 01
35	18 53	19 22	19 57	24 05	00 05	00 33	01 01
40	19 06	19 38	20 17	24 11	00 11	00 36	01 00
45	19 22	19 57	20 43	24 18	00 18	00 39	01 00
S 50	19 41	20 22	21 19	00 09	00 27	00 43	00 59
52	19 50	20 35	21 39	00 15	00 31	00 45	00 58
54	20 00	20 49	22 05	00 22	00 35	00 47	00 58
56	20 12	21 06	22 44	00 29	00 40	00 49	00 58
58	20 26	21 27	////	00 37	00 45	00 51	00 57
S 60	20 42	21 55	////	00 47	00 51	00 54	00 57

Day	SUN Eqn. of Time 00 h	SUN Eqn. of Time 12 h	SUN Mer. Pass.	MOON Mer. Pass. Upper	MOON Mer. Pass. Lower	Age	Phase
	m s	m s	h m	h m	h m	d	
24	13 30	13 21	11 47	17 23	05 01	07	
25	13 12	13 03	11 47	18 08	05 46	08	◐
26	12 54	12 45	11 47	18 52	06 30	09	

UT (GMT) d h	ARIES G.H.A. ° ′	VENUS −3.9 G.H.A. ° ′	VENUS Dec. ° ′	MARS −2.0 G.H.A. ° ′	MARS Dec. ° ′	JUPITER −2.3 G.H.A. ° ′	JUPITER Dec. ° ′	SATURN +0.6 G.H.A. ° ′	SATURN Dec. ° ′
27 00	65 39.1	176 28.0	S22 08.0	2 09.7	N22 39.0	289 26.2	N17 17.0	131 55.5	S21 45.4
01	80 41.5	191 27.1	08.6	17 13.2	39.0	304 28.7	17.0	146 57.7	45.3
02	95 44.0	206 26.3	09.1	32 16.7	38.9	319 31.1	17.0	161 59.9	45.3
03	110 46.4	221 25.4	· · 09.6	47 20.2	· · 38.8	334 33.5	· · 17.0	177 02.1	· · 45.2
04	125 48.9	236 24.5	10.2	62 23.7	38.8	349 36.0	17.0	192 04.3	45.2
05	140 51.4	251 23.6	10.7	77 27.2	38.7	4 38.4	17.0	207 06.6	45.2
06	155 53.8	266 22.8	S22 11.3	92 30.7	N22 38.7	19 40.8	N17 17.1	222 08.8	S21 45.1
07	170 56.3	281 21.9	11.8	107 34.2	38.6	34 43.3	17.1	237 11.0	45.1
T 08	185 58.8	296 21.0	12.3	122 37.7	38.6	49 45.7	17.1	252 13.2	45.1
U 09	201 01.2	311 20.1	· · 12.9	137 41.2	· · 38.5	64 48.2	· · 17.1	267 15.4	· · 45.0
E 10	216 03.7	326 19.2	13.4	152 44.6	38.5	79 50.6	17.1	282 17.6	45.0
S 11	231 06.2	341 18.4	13.9	167 48.1	38.4	94 53.0	17.1	297 19.9	45.0
D 12	246 08.6	356 17.5	S22 14.5	182 51.6	N22 38.3	109 55.5	N17 17.1	312 22.1	S21 44.9
A 13	261 11.1	11 16.6	15.0	197 55.1	38.3	124 57.9	17.1	327 24.3	44.9
Y 14	276 13.6	26 15.7	15.5	212 58.6	38.2	140 00.3	17.1	342 26.5	44.9
15	291 16.0	41 14.8	· · 16.0	228 02.1	· · 38.2	155 02.8	· · 17.1	357 28.7	· · 44.8
16	306 18.5	56 13.9	16.6	243 05.6	38.1	170 05.2	17.1	12 30.9	44.8
17	321 20.9	71 13.1	17.1	258 09.1	38.1	185 07.7	17.1	27 33.2	44.8
18	336 23.4	86 12.2	S22 17.6	273 12.6	N22 38.0	200 10.1	N17 17.1	42 35.4	S21 44.7
19	351 25.9	101 11.3	18.1	288 16.0	37.9	215 12.6	17.1	57 37.6	44.7
20	6 28.3	116 10.4	18.7	303 19.5	37.9	230 15.0	17.1	72 39.8	44.7
21	21 30.8	131 09.5	· · 19.2	318 23.0	· · 37.8	245 17.4	· · 17.1	87 42.0	· · 44.6
22	36 33.3	146 08.6	19.7	333 26.5	37.8	260 19.9	17.1	102 44.2	44.6
23	51 35.7	161 07.8	20.2	348 30.0	37.7	275 22.3	17.1	117 46.5	44.6
28 00	66 38.2	176 06.9	S22 20.7	3 33.5	N22 37.6	290 24.8	N17 17.1	132 48.7	S21 44.5
01	81 40.7	191 06.0	21.2	18 37.0	37.6	305 27.2	17.1	147 50.9	44.5
02	96 43.1	206 05.1	21.8	33 40.4	37.5	320 29.6	17.1	162 53.1	44.5
03	111 45.6	221 04.2	· · 22.3	48 43.9	· · 37.5	335 32.1	· · 17.1	177 55.3	· · 44.4
04	126 48.0	236 03.3	22.8	63 47.4	37.4	350 34.5	17.1	192 57.5	44.4
05	141 50.5	251 02.4	23.3	78 50.9	37.3	5 37.0	17.1	207 59.7	44.3
06	156 53.0	266 01.6	S22 23.8	93 54.4	N22 37.3	20 39.4	N17 17.1	223 02.0	S21 44.3
W 07	171 55.4	281 00.7	24.3	108 57.9	37.2	35 41.9	17.1	238 04.2	44.3
E 08	186 57.9	295 59.8	24.8	124 01.3	37.2	50 44.3	17.1	253 06.4	44.2
D 09	202 00.4	310 58.9	· · 25.3	139 04.8	· · 37.1	65 46.8	· · 17.1	268 08.6	· · 44.2
N 10	217 02.8	325 58.0	25.8	154 08.3	37.0	80 49.2	17.1	283 10.8	44.2
E 11	232 05.3	340 57.1	26.3	169 11.8	37.0	95 51.7	17.1	298 13.0	44.1
S 12	247 07.8	355 56.2	S22 26.8	184 15.3	N22 36.9	110 54.1	N17 17.1	313 15.2	S21 44.1
D 13	262 10.2	10 55.3	27.3	199 18.8	36.9	125 56.6	17.1	328 17.5	44.1
A 14	277 12.7	25 54.4	27.8	214 22.2	36.8	140 59.0	17.2	343 19.7	44.0
Y 15	292 15.2	40 53.5	· · 28.3	229 25.7	· · 36.7	156 01.4	· · 17.2	358 21.9	· · 44.0
16	307 17.6	55 52.6	28.8	244 29.2	36.7	171 03.9	17.2	13 24.1	44.0
17	322 20.1	70 51.8	29.3	259 32.7	36.6	186 06.3	17.2	28 26.3	43.9
18	337 22.5	85 50.9	S22 29.8	274 36.2	N22 36.6	201 08.8	N17 17.2	43 28.5	S21 43.9
19	352 25.0	100 50.0	30.3	289 39.6	36.5	216 11.2	17.2	58 30.7	43.9
20	7 27.5	115 49.1	30.8	304 43.1	36.4	231 13.7	17.2	73 32.9	43.8
21	22 29.9	130 48.2	· · 31.3	319 46.6	· · 36.4	246 16.1	· · 17.2	88 35.2	· · 43.8
22	37 32.4	145 47.3	31.8	334 50.1	36.3	261 18.6	17.2	103 37.4	43.7
23	52 34.9	160 46.4	32.3	349 53.6	36.2	276 21.0	17.2	118 39.6	43.7
29 00	67 37.3	175 45.5	S22 32.8	4 57.0	N22 36.2	291 23.5	N17 17.2	133 41.8	S21 43.7
01	82 39.8	190 44.6	33.3	20 00.5	36.1	306 25.9	17.2	148 44.0	43.6
02	97 42.3	205 43.7	33.8	35 04.0	36.1	321 28.4	17.2	163 46.2	43.6
03	112 44.7	220 42.8	· · 34.2	50 07.5	· · 36.0	336 30.9	· · 17.2	178 48.4	· · 43.6
04	127 47.2	235 41.9	34.7	65 10.9	35.9	351 33.3	17.2	193 50.6	43.5
05	142 49.7	250 41.0	35.2	80 14.4	35.9	6 35.8	17.2	208 52.9	43.5
06	157 52.1	265 40.1	S22 35.7	95 17.9	N22 35.8	21 38.2	N17 17.2	223 55.1	S21 43.5
07	172 54.6	280 39.2	36.2	110 21.4	35.7	36 40.7	17.2	238 57.3	43.4
T 08	187 57.0	295 38.3	36.7	125 24.8	35.7	51 43.1	17.3	253 59.5	43.4
H 09	202 59.5	310 37.4	· · 37.1	140 28.3	· · 35.6	66 45.6	· · 17.3	269 01.7	· · 43.4
U 10	218 02.0	325 36.5	37.6	155 31.8	35.5	81 48.0	17.3	284 03.9	43.3
R 11	233 04.4	340 35.6	38.1	170 35.3	35.5	96 50.5	17.3	299 06.1	43.3
S 12	248 06.9	355 34.7	S22 38.6	185 38.7	N22 35.4	111 52.9	N17 17.3	314 08.3	S21 43.3
D 13	263 09.4	10 33.8	39.0	200 42.2	35.4	126 55.4	17.3	329 10.6	43.2
A 14	278 11.8	25 32.9	39.5	215 45.7	35.3	141 57.9	17.3	344 12.8	43.2
Y 15	293 14.3	40 32.0	· · 40.0	230 49.2	· · 35.2	157 00.3	· · 17.3	359 15.0	· · 43.1
16	308 16.8	55 31.1	40.5	245 52.6	35.2	172 02.8	17.3	14 17.2	43.1
17	323 19.2	70 30.2	40.9	260 56.1	35.1	187 05.2	17.3	29 19.4	43.1
18	338 21.7	85 29.3	S22 41.4	275 59.6	N22 35.0	202 07.7	N17 17.3	44 21.6	S21 43.0
19	353 24.1	100 28.4	41.9	291 03.0	35.0	217 10.1	17.3	59 23.8	43.0
20	8 26.6	115 27.5	42.3	306 06.5	34.9	232 12.6	17.3	74 26.0	43.0
21	23 29.1	130 26.6	· · 42.8	321 10.0	· · 34.8	247 15.1	· · 17.3	89 28.2	· · 42.9
22	38 31.5	145 25.7	43.2	336 13.4	34.8	262 17.5	17.4	104 30.5	42.9
23	53 34.0	160 24.8	43.7	351 16.9	34.7	277 20.0	17.4	119 32.7	42.9
Mer. Pass. (h m)	19 30.2	v −0.9	d 0.5	v 3.5	d 0.1	v 2.4	d 0.0	v 2.2	d 0.0

STARS

Name	S.H.A. ° ′	Dec. ° ′
Acamar	315 30.6	S40 20.4
Achernar	335 38.6	S57 17.0
Acrux	173 28.9	S63 02.7
Adhara	255 25.5	S28 57.4
Aldebaran	291 08.5	N16 29.6
Alioth	166 35.6	N56 00.2
Alkaid	153 12.4	N49 21.3
Al Na'ir	28 04.8	S47 00.5
Alnilam	276 03.2	S 1 12.3
Alphard	218 12.6	S 8 37.1
Alphecca	126 25.6	N26 44.6
Alpheratz	358 00.9	N29 02.7
Altair	62 24.9	N 8 50.7
Ankaa	353 32.0	S42 21.4
Antares	112 47.4	S26 24.8
Arcturus	146 11.4	N19 13.6
Atria	108 05.1	S69 00.8
Avior	234 24.7	S59 28.5
Bellatrix	278 49.8	N 6 20.7
Betelgeuse	271 19.3	N 7 24.5
Canopus	264 03.2	S52 41.2
Capella	280 59.0	N45 59.5
Deneb	49 43.3	N45 15.1
Denebola	182 50.9	N14 37.3
Diphda	349 12.6	S18 02.1
Dubhe	194 12.1	N61 47.7
Elnath	278 33.6	N28 36.1
Eltanin	90 54.5	N51 29.4
Enif	34 03.8	N 9 50.1
Fomalhaut	15 42.4	S29 40.3
Gacrux	172 20.3	S57 03.6
Gienah	176 09.9	S17 29.4
Hadar	149 12.7	S60 19.7
Hamal	328 19.6	N23 25.4
Kaus Aust.	84 06.6	S34 23.5
Kochab	137 20.1	N74 11.3
Markab	13 55.2	N15 09.6
Menkar	314 32.4	N 4 03.4
Menkent	148 28.0	S36 19.5
Miaplacidus	221 43.2	S69 40.5
Mirfak	309 04.2	N49 50.0
Nunki	76 19.5	S26 18.6
Peacock	53 45.9	S56 46.1
Pollux	243 48.1	N28 02.9
Procyon	245 17.2	N 5 15.0
Rasalhague	96 22.5	N12 34.0
Regulus	208 01.4	N12 00.7
Rigel	281 28.0	S 8 12.5
Rigil Kent.	140 15.6	S60 47.8
Sabik	102 32.3	S15 42.9
Schedar	349 59.8	N56 29.6
Shaula	96 45.3	S37 06.0
Sirius	258 48.3	S16 42.1
Spica	158 49.3	S11 06.9
Suhail	223 04.8	S43 23.5
Vega	80 50.8	N38 46.6
Zuben'ubi	137 24.5	S16 00.3

	S.H.A. ° ′	Mer. Pass. h m
Venus	109 28.7	12 16
Mars	296 55.3	23 40
Jupiter	223 46.6	4 38
Saturn	66 10.5	15 07

UT (GMT) d	h	SUN G.H.A. ° ′	SUN Dec. ° ′	MOON G.H.A. ° ′	*v* ′	MOON Dec. ° ′	*d* ′	H.P. ′
27	00	183 08.7	S21 02.3	74 34.9	13.3	N 0 33.5	14.9	57.8
	01	198 08.5	02.7	89 07.2	13.3	0 48.4	14.9	57.8
	02	213 08.3	03.2	103 39.5	13.3	1 03.3	15.0	57.8
	03	228 08.1	. . 03.7	118 11.8	13.2	1 18.3	14.9	57.9
	04	243 07.9	04.1	132 44.0	13.1	1 33.2	15.0	57.9
	05	258 07.7	04.6	147 16.1	13.2	1 48.2	14.9	58.0
	06	273 07.5	S21 05.1	161 48.3	13.0	N 2 03.1	15.0	58.0
	07	288 07.3	05.5	176 20.3	13.0	2 18.1	15.0	58.0
T	08	303 07.1	06.0	190 52.3	13.0	2 33.1	15.0	58.1
U	09	318 06.9	. . 06.4	205 24.3	12.8	2 48.1	15.0	58.1
E	10	333 06.7	06.9	219 56.1	12.9	3 03.1	15.0	58.2
S	11	348 06.5	07.3	234 28.0	12.7	3 18.1	15.1	58.2
D	12	3 06.3	S21 07.8	248 59.7	12.7	N 3 33.2	15.0	58.2
A	13	18 06.1	08.3	263 31.4	12.7	3 48.2	15.0	58.3
Y	14	33 05.9	08.7	278 03.1	12.6	4 03.2	15.1	58.3
	15	48 05.7	. . 09.2	292 34.7	12.5	4 18.3	15.0	58.4
	16	63 05.4	09.6	307 06.2	12.4	4 33.3	15.0	58.4
	17	78 05.2	10.1	321 37.6	12.4	4 48.3	15.1	58.4
	18	93 05.0	S21 10.5	336 09.0	12.3	N 5 03.4	15.0	58.5
	19	108 04.8	11.0	350 40.3	12.3	5 18.4	15.0	58.5
	20	123 04.6	11.4	5 11.6	12.1	5 33.4	15.1	58.6
	21	138 04.4	. . 11.9	19 42.7	12.1	5 48.5	15.0	58.6
	22	153 04.2	12.3	34 13.8	12.0	6 03.5	15.0	58.7
	23	168 04.0	12.8	48 44.8	12.0	6 18.5	15.0	58.7
28	00	183 03.8	S21 13.2	63 15.8	11.8	N 6 33.5	15.0	58.7
	01	198 03.6	13.7	77 46.6	11.8	6 48.5	14.9	58.8
	02	213 03.4	14.1	92 17.4	11.7	7 03.4	15.0	58.8
	03	228 03.2	. . 14.6	106 48.1	11.6	7 18.4	14.9	58.9
	04	243 03.0	15.0	121 18.7	11.6	7 33.3	14.9	58.9
	05	258 02.8	15.5	135 49.3	11.4	7 48.2	15.0	58.9
	06	273 02.5	S21 15.9	150 19.7	11.4	N 8 03.2	14.8	59.0
W	07	288 02.3	16.4	164 50.1	11.3	8 18.0	14.9	59.0
E	08	303 02.1	16.8	179 20.4	11.2	8 32.9	14.8	59.1
D	09	318 01.9	. . 17.2	193 50.6	11.1	8 47.7	14.9	59.1
N	10	333 01.7	17.7	208 20.7	11.0	9 02.6	14.8	59.1
E	11	348 01.5	18.1	222 50.7	10.9	9 17.4	14.7	59.2
S	12	3 01.3	S21 18.6	237 20.6	10.9	N 9 32.1	14.7	59.2
D	13	18 01.1	19.0	251 50.5	10.7	9 46.8	14.7	59.3
A	14	33 00.9	19.4	266 20.2	10.6	10 01.5	14.7	59.3
Y	15	48 00.6	. . 19.9	280 49.8	10.6	10 16.2	14.6	59.3
	16	63 00.4	20.3	295 19.4	10.4	10 30.8	14.6	59.4
	17	78 00.2	20.8	309 48.8	10.4	10 45.4	14.6	59.4
	18	93 00.0	S21 21.2	324 18.2	10.2	N11 00.0	14.5	59.5
	19	107 59.8	21.6	338 47.4	10.2	11 14.5	14.5	59.5
	20	122 59.6	22.1	353 16.6	10.0	11 29.0	14.4	59.5
	21	137 59.4	. . 22.5	7 45.6	9.9	11 43.4	14.4	59.6
	22	152 59.2	22.9	22 14.5	9.9	11 57.8	14.4	59.6
	23	167 58.9	23.4	36 43.4	9.7	12 12.2	14.2	59.6
29	00	182 58.7	S21 23.8	51 12.1	9.6	N12 26.4	14.3	59.7
	01	197 58.5	24.2	65 40.7	9.5	12 40.7	14.2	59.7
	02	212 58.3	24.6	80 09.2	9.4	12 54.9	14.1	59.8
	03	227 58.1	. . 25.1	94 37.6	9.3	13 09.0	14.1	59.8
	04	242 57.9	25.5	109 05.9	9.2	13 23.1	14.0	59.8
	05	257 57.6	25.9	123 34.1	9.0	13 37.1	13.9	59.9
	06	272 57.4	S21 26.4	138 02.1	9.0	N13 51.0	13.9	59.9
	07	287 57.2	26.8	152 30.1	8.8	14 04.9	13.9	59.9
T	08	302 57.0	27.2	166 57.9	8.7	14 18.8	13.7	60.0
H	09	317 56.8	. . 27.6	181 25.6	8.6	14 32.5	13.7	60.0
U	10	332 56.6	28.1	195 53.2	8.5	14 46.2	13.7	60.1
R	11	347 56.3	28.5	210 20.7	8.4	14 59.9	13.5	60.1
S	12	2 56.1	S21 28.9	224 48.1	8.2	N15 13.4	13.5	60.1
D	13	17 55.9	29.3	239 15.3	8.2	15 26.9	13.4	60.2
A	14	32 55.7	29.8	253 42.5	8.0	15 40.3	13.3	60.2
Y	15	47 55.5	. . 30.2	268 09.5	7.9	15 53.6	13.2	60.2
	16	62 55.2	30.6	282 36.4	7.7	16 06.8	13.2	60.3
	17	77 55.0	31.0	297 03.1	7.7	16 20.0	13.1	60.3
	18	92 54.8	S21 31.4	311 29.8	7.5	N16 33.1	13.0	60.3
	19	107 54.6	31.9	325 56.3	7.4	16 46.1	12.8	60.4
	20	122 54.4	32.3	340 22.7	7.3	16 58.9	12.9	60.4
	21	137 54.1	. . 32.7	354 49.0	7.1	17 11.8	12.7	60.4
	22	152 53.9	33.1	9 15.1	7.1	17 24.5	12.6	60.5
	23	167 53.7	33.5	23 41.2	6.9	17 37.1	12.5	60.5
		S.D. 16.2	*d* 0.4	S.D.	15.9	16.1		16.4

Lat. °	Twilight Naut. h m	Twilight Civil h m	Sunrise h m	Moonrise 27 h m	Moonrise 28 h m	Moonrise 29 h m	Moonrise 30 h m
N 72	07 42	09 35	■	12 41	12 08	11 19	□
N 70	07 27	09 00	■	12 46	12 22	11 50	10 30
68	07 14	08 35	10 17	12 50	12 34	12 14	11 39
66	07 04	08 15	09 35	12 53	12 43	12 32	12 16
64	06 55	07 59	09 07	12 56	12 51	12 47	12 42
62	06 47	07 46	08 45	12 58	12 58	12 59	13 03
60	06 41	07 35	08 28	13 01	13 04	13 10	13 20
N 58	06 34	07 25	08 14	13 03	13 10	13 20	13 34
56	06 29	07 16	08 01	13 04	13 15	13 28	13 47
54	06 24	07 09	07 50	13 06	13 19	13 35	13 57
52	06 19	07 02	07 41	13 07	13 23	13 42	14 07
50	06 15	06 55	07 32	13 09	13 27	13 48	14 16
45	06 05	06 41	07 14	13 12	13 34	14 01	14 34
N 40	05 56	06 29	06 59	13 14	13 41	14 12	14 49
35	05 48	06 19	06 47	13 16	13 47	14 21	15 02
30	05 40	06 10	06 36	13 18	13 52	14 29	15 13
20	05 26	05 53	06 17	13 22	14 01	14 44	15 33
N 10	05 11	05 37	06 00	13 24	14 08	14 56	15 50
0	04 56	05 22	05 44	13 27	14 16	15 08	16 06
S 10	04 39	05 06	05 28	13 30	14 23	15 20	16 22
20	04 19	04 47	05 11	13 33	14 31	15 33	16 40
30	03 53	04 25	04 52	13 37	14 41	15 48	17 00
35	03 36	04 11	04 40	13 39	14 46	15 57	17 12
40	03 15	03 55	04 27	13 41	14 52	16 07	17 25
45	02 49	03 35	04 11	13 44	14 59	16 19	17 42
S 50	02 11	03 09	03 51	13 47	15 08	16 33	18 02
52	01 51	02 56	03 42	13 49	15 12	16 40	18 11
54	01 23	02 42	03 31	13 51	15 16	16 47	18 22
56	00 39	02 24	03 19	13 53	15 21	16 56	18 35
58	////	02 02	03 05	13 55	15 27	17 05	18 49
S 60	////	01 33	02 49	13 57	15 33	17 17	19 06

Lat. °	Sunset h m	Twilight Civil h m	Twilight Naut. h m	Moonset 27 h m	Moonset 28 h m	Moonset 29 h m	Moonset 30 h m
N 72	■	14 00	15 53	01 13	03 26	06 02	□
N 70	■	14 35	16 08	01 12	03 15	05 33	08 51
68	13 18	15 01	16 21	01 11	03 06	05 12	07 44
66	14 00	15 20	16 31	01 10	02 58	04 55	07 08
64	14 28	15 36	16 40	01 10	02 52	04 42	06 43
62	14 50	15 49	16 48	01 09	02 46	04 31	06 23
60	15 07	16 00	16 55	01 09	02 42	04 21	06 07
N 58	15 22	16 10	17 01	01 08	02 38	04 13	05 53
56	15 34	16 19	17 06	01 08	02 34	04 05	05 42
54	15 45	16 27	17 12	01 07	02 31	03 59	05 32
52	15 55	16 34	17 16	01 07	02 28	03 53	05 23
50	16 03	16 40	17 21	01 07	02 25	03 48	05 15
45	16 21	16 54	17 31	01 06	02 19	03 36	04 58
N 40	16 36	17 06	17 40	01 06	02 15	03 27	04 44
35	16 49	17 17	17 48	01 05	02 10	03 19	04 32
30	17 00	17 26	17 55	01 05	02 07	03 12	04 22
20	17 19	17 43	18 10	01 04	02 01	03 00	04 04
N 10	17 36	17 58	18 24	01 04	01 55	02 50	03 49
0	17 52	18 14	18 40	01 03	01 50	02 40	03 35
S 10	18 07	18 30	18 57	01 02	01 45	02 30	03 21
20	18 25	18 49	19 17	01 02	01 39	02 20	03 06
30	18 44	19 11	19 44	01 01	01 33	02 08	02 49
35	18 56	19 25	20 01	01 01	01 30	02 02	02 39
40	19 10	19 41	20 21	01 00	01 26	01 54	02 28
45	19 26	20 01	20 48	01 00	01 21	01 45	02 14
S 50	19 46	20 27	21 26	00 59	01 15	01 35	01 58
52	19 55	20 40	21 47	00 58	01 13	01 30	01 51
54	20 06	20 55	22 15	00 58	01 10	01 24	01 43
56	20 18	21 13	23 02	00 58	01 07	01 18	01 33
58	20 32	21 36	////	00 57	01 04	01 12	01 23
S 60	20 49	22 06	////	00 57	01 00	01 04	01 11

Day	SUN Eqn. of Time 00h m s	SUN Eqn. of Time 12h m s	SUN Mer. Pass. h m	MOON Mer. Pass. Upper h m	MOON Mer. Pass. Lower h m	MOON Age d	MOON Phase
27	12 35	12 25	11 48	19 39	07 15	10	◐
28	12 16	12 06	11 48	20 28	08 03	11	
29	11 55	11 45	11 48	21 22	08 54	12	

UT (GMT) d h	ARIES G.H.A. ° ′	VENUS −3.9 G.H.A. ° ′	VENUS Dec. ° ′	MARS −1.9 G.H.A. ° ′	MARS Dec. ° ′	JUPITER −2.3 G.H.A. ° ′	JUPITER Dec. ° ′	SATURN +0.6 G.H.A. ° ′	SATURN Dec. ° ′
30 00	68 36.5	175 23.9	S22 44.2	6 20.4	N22 34.6	292 22.4	N17 17.4	134 34.9	S21 42.8
01	83 38.9	190 23.0	44.6	21 23.8	34.6	307 24.9	17.4	149 37.1	42.8
02	98 41.4	205 22.1	45.1	36 27.3	34.5	322 27.4	17.4	164 39.3	42.7
03	113 43.9	220 21.2	· · 45.5	51 30.8	· · 34.4	337 29.8	· · 17.4	179 41.5	· · 42.7
04	128 46.3	235 20.3	46.0	66 34.2	34.4	352 32.3	17.4	194 43.7	42.7
05	143 48.8	250 19.4	46.5	81 37.7	34.3	7 34.7	17.4	209 45.9	42.6
06	158 51.3	265 18.5	S22 46.9	96 41.2	N22 34.2	22 37.2	N17 17.4	224 48.1	S21 42.6
07	173 53.7	280 17.5	47.4	111 44.6	34.2	37 39.7	17.4	239 50.3	42.6
08	188 56.2	295 16.6	47.8	126 48.1	34.1	52 42.1	17.4	254 52.5	42.5
F 09	203 58.6	310 15.7	· · 48.3	141 51.6	· · 34.0	67 44.6	· · 17.4	269 54.8	· · 42.5
R 10	219 01.1	325 14.8	48.7	156 55.0	34.0	82 47.0	17.5	284 57.0	42.5
I 11	234 03.6	340 13.9	49.2	171 58.5	33.9	97 49.5	17.5	299 59.2	42.4
D 12	249 06.0	355 13.0	S22 49.6	187 01.9	N22 33.8	112 52.0	N17 17.5	315 01.4	S21 42.4
A 13	264 08.5	10 12.1	50.1	202 05.4	33.8	127 54.4	17.5	330 03.6	42.4
Y 14	279 11.0	25 11.2	50.5	217 08.9	33.7	142 56.9	17.5	345 05.8	42.3
15	294 13.4	40 10.3	· · 50.9	232 12.3	· · 33.6	157 59.4	· · 17.5	0 08.0	· · 42.3
16	309 15.9	55 09.4	51.4	247 15.8	33.6	173 01.8	17.5	15 10.2	42.2
17	324 18.4	70 08.5	51.8	262 19.2	33.5	188 04.3	17.5	30 12.4	42.2
18	339 20.8	85 07.5	S22 52.3	277 22.7	N22 33.4	203 06.8	N17 17.5	45 14.6	S21 42.2
19	354 23.3	100 06.6	52.7	292 26.2	33.4	218 09.2	17.5	60 16.8	42.1
20	9 25.8	115 05.7	53.1	307 29.6	33.3	233 11.7	17.5	75 19.1	42.1
21	24 28.2	130 04.8	· · 53.6	322 33.1	· · 33.2	248 14.2	· · 17.6	90 21.3	· · 42.1
22	39 30.7	145 03.9	54.0	337 36.5	33.2	263 16.6	17.6	105 23.5	42.0
23	54 33.1	160 03.0	54.4	352 40.0	33.1	278 19.1	17.6	120 25.7	42.0
1 00	69 35.6	175 02.1	S22 54.9	7 43.4	N22 33.0	293 21.6	N17 17.6	135 27.9	S21 42.0
01	84 38.1	190 01.2	55.3	22 46.9	33.0	308 24.0	17.6	150 30.1	41.9
02	99 40.5	205 00.2	55.7	37 50.3	32.9	323 26.5	17.6	165 32.3	41.9
03	114 43.0	219 59.3	· · 56.2	52 53.8	· · 32.8	338 29.0	· · 17.6	180 34.5	· · 41.8
04	129 45.5	234 58.4	56.6	67 57.2	32.8	353 31.4	17.6	195 36.7	41.8
05	144 47.9	249 57.5	57.0	83 00.7	32.7	8 33.9	17.6	210 38.9	41.8
06	159 50.4	264 56.6	S22 57.5	98 04.2	N22 32.6	23 36.4	N17 17.7	225 41.1	S21 41.7
07	174 52.9	279 55.7	57.9	113 07.6	32.5	38 38.8	17.7	240 43.3	41.7
S 08	189 55.3	294 54.7	58.3	128 11.1	32.5	53 41.3	17.7	255 45.5	41.7
A 09	204 57.8	309 53.8	· · 58.7	143 14.5	· · 32.4	68 43.8	· · 17.7	270 47.8	· · 41.6
T 10	220 00.3	324 52.9	59.1	158 18.0	32.3	83 46.3	17.7	285 50.0	41.6
U 11	235 02.7	339 52.0	22 59.6	173 21.4	32.3	98 48.7	17.7	300 52.2	41.6
R 12	250 05.2	354 51.1	S23 00.0	188 24.8	N22 32.2	113 51.2	N17 17.7	315 54.4	S21 41.5
D 13	265 07.6	9 50.2	00.4	203 28.3	32.1	128 53.7	17.7	330 56.6	41.5
A 14	280 10.1	24 49.2	00.8	218 31.7	32.1	143 56.1	17.7	345 58.8	41.4
Y 15	295 12.6	39 48.3	· · 01.2	233 35.2	· · 32.0	158 58.6	· · 17.8	1 01.0	· · 41.4
16	310 15.0	54 47.4	01.6	248 38.6	31.9	174 01.1	17.8	16 03.2	41.4
17	325 17.5	69 46.5	02.1	263 42.1	31.8	189 03.6	17.8	31 05.4	41.3
18	340 20.0	84 45.6	S23 02.5	278 45.5	N22 31.8	204 06.0	N17 17.8	46 07.6	S21 41.3
19	355 22.4	99 44.6	02.9	293 49.0	31.7	219 08.5	17.8	61 09.8	41.3
20	10 24.9	114 43.7	03.3	308 52.4	31.6	234 11.0	17.8	76 12.0	41.2
21	25 27.4	129 42.8	· · 03.7	323 55.8	· · 31.6	249 13.5	· · 17.8	91 14.2	· · 41.2
22	40 29.8	144 41.9	04.1	338 59.3	31.5	264 15.9	17.8	106 16.4	41.1
23	55 32.3	159 41.0	04.5	354 02.7	31.4	279 18.4	17.9	121 18.6	41.1
2 00	70 34.7	174 40.0	S23 04.9	9 06.2	N22 31.3	294 20.9	N17 17.9	136 20.8	S21 41.1
01	85 37.2	189 39.1	05.3	24 09.6	31.3	309 23.4	17.9	151 23.0	41.0
02	100 39.7	204 38.2	05.7	39 13.0	31.2	324 25.8	17.9	166 25.3	41.0
03	115 42.1	219 37.3	· · 06.1	54 16.5	· · 31.1	339 28.3	· · 17.9	181 27.5	· · 41.0
04	130 44.6	234 36.3	06.5	69 19.9	31.1	354 30.8	17.9	196 29.7	40.9
05	145 47.1	249 35.4	06.9	84 23.4	31.0	9 33.3	17.9	211 31.9	40.9
06	160 49.5	264 34.5	S23 07.3	99 26.8	N22 30.9	24 35.8	N17 17.9	226 34.1	S21 40.8
07	175 52.0	279 33.6	07.7	114 30.2	30.8	39 38.2	18.0	241 36.3	40.8
08	190 54.5	294 32.7	08.1	129 33.7	30.8	54 40.7	18.0	256 38.5	40.8
S 09	205 56.9	309 31.7	· · 08.5	144 37.1	· · 30.7	69 43.2	· · 18.0	271 40.7	· · 40.7
U 10	220 59.4	324 30.8	08.9	159 40.5	30.6	84 45.7	18.0	286 42.9	40.7
N 11	236 01.9	339 29.9	09.3	174 44.0	30.6	99 48.2	18.0	301 45.1	40.7
D 12	251 04.3	354 29.0	S23 09.7	189 47.4	N22 30.5	114 50.6	N17 18.0	316 47.3	S21 40.6
A 13	266 06.8	9 28.0	10.0	204 50.8	30.4	129 53.1	18.0	331 49.5	40.6
Y 14	281 09.2	24 27.1	10.4	219 54.3	30.3	144 55.6	18.1	346 51.7	40.6
15	296 11.7	39 26.2	· · 10.8	234 57.7	· · 30.3	159 58.1	· · 18.1	1 53.9	· · 40.5
16	311 14.2	54 25.2	11.2	250 01.1	30.2	175 00.6	18.1	16 56.1	40.5
17	326 16.6	69 24.3	11.6	265 04.6	30.1	190 03.0	18.1	31 58.3	40.4
18	341 19.1	84 23.4	S23 12.0	280 08.0	N22 30.1	205 05.5	N17 18.1	47 00.5	S21 40.4
19	356 21.6	99 22.5	12.3	295 11.4	30.0	220 08.0	18.1	62 02.7	40.4
20	11 24.0	114 21.5	12.7	310 14.8	29.9	235 10.5	18.1	77 04.9	40.3
21	26 26.5	129 20.6	· · 13.1	325 18.3	· · 29.8	250 13.0	· · 18.2	92 07.1	· · 40.3
22	41 29.0	144 19.7	13.5	340 21.7	29.8	265 15.5	18.2	107 09.3	40.3
23	56 31.4	159 18.7	13.9	355 25.1	29.7	280 17.9	18.2	122 11.5	40.2
Mer. Pass. h m	19 18.5	v −0.9	d 0.4	v 3.4	d 0.1	v 2.5	d 0.0	v 2.2	d 0.0

STARS

Name	S.H.A. ° ′	Dec. ° ′
Acamar	315 30.7	S40 20.4
Achernar	335 38.6	S57 17.0
Acrux	173 28.8	S63 02.7
Adhara	255 25.5	S28 57.4
Aldebaran	291 08.4	N16 29.6
Alioth	166 35.6	N56 00.2
Alkaid	153 12.4	N49 21.2
Al Na'ir	28 04.8	S47 00.5
Alnilam	276 03.2	S 1 12.3
Alphard	218 12.6	S 8 37.1
Alphecca	126 25.6	N26 44.6
Alpheratz	358 00.9	N29 02.7
Altair	62 24.9	N 8 50.7
Ankaa	353 32.0	S42 21.4
Antares	112 47.4	S26 24.8
Arcturus	146 11.4	N19 13.6
Atria	108 05.1	S69 00.8
Avior	234 24.7	S59 28.5
Bellatrix	278 49.8	N 6 20.6
Betelgeuse	271 19.3	N 7 24.5
Canopus	264 03.1	S52 41.2
Capella	280 59.0	N45 59.5
Deneb	49 43.3	N45 15.1
Denebola	182 50.9	N14 37.2
Diphda	349 12.6	S18 02.1
Dubhe	194 12.1	N61 47.7
Elnath	278 33.6	N28 36.1
Eltanin	90 54.5	N51 29.4
Enif	34 03.8	N 9 50.1
Fomalhaut	15 42.5	S29 40.3
Gacrux	172 20.3	S57 03.6
Gienah	176 09.9	S17 29.4
Hadar	149 12.7	S60 19.7
Hamal	328 19.6	N23 25.4
Kaus Aust.	84 06.6	S34 23.5
Kochab	137 20.1	N74 11.3
Markab	13 55.2	N15 09.6
Menkar	314 32.4	N 4 03.4
Menkent	148 28.0	S36 19.5
Miaplacidus	221 43.1	S69 40.5
Mirfak	309 04.2	N49 50.0
Nunki	76 19.5	S26 18.6
Peacock	53 46.0	S56 46.1
Pollux	243 48.0	N28 02.9
Procyon	245 17.1	N 5 15.0
Rasalhague	96 22.5	N12 34.0
Regulus	208 01.4	N12 00.6
Rigel	281 28.0	S 8 12.6
Rigil Kent.	140 15.6	S60 47.8
Sabik	102 32.3	S15 42.9
Schedar	349 59.8	N56 29.6
Shaula	96 45.3	S37 06.0
Sirius	258 48.3	S16 42.1
Spica	158 49.3	S11 06.9
Suhail	223 04.8	S43 23.5
Vega	80 50.8	N38 46.6
Zuben'ubi	137 24.5	S16 00.3

	S.H.A. ° ′	Mer. Pass. h m
Venus	105 26.5	12 21
Mars	298 07.8	23 24
Jupiter	223 46.0	4 26
Saturn	65 52.3	14 56

Day	UT (GMT) h	SUN G.H.A. ° ′	SUN Dec. ° ′	MOON G.H.A. ° ′	v ′	MOON Dec. ° ′	d ′	H.P. ′
30 FRIDAY	00	182 53.5	S21 33.9	38 07.1	6.7	N17 49.6	12.4	60.5
	01	197 53.3	34.4	52 32.8	6.7	18 02.0	12.3	60.6
	02	212 53.0	34.8	66 58.5	6.5	18 14.3	12.2	60.6
	03	227 52.8	. . 35.2	81 24.0	6.4	18 26.5	12.1	60.6
	04	242 52.6	35.6	95 49.4	6.3	18 38.6	12.0	60.6
	05	257 52.4	36.0	110 14.7	6.1	18 50.6	11.9	60.7
	06	272 52.1	S21 36.4	124 39.8	6.0	N19 02.5	11.8	60.7
	07	287 51.9	36.8	139 04.8	5.9	19 14.3	11.6	60.7
	08	302 51.7	37.2	153 29.7	5.8	19 25.9	11.5	60.8
	09	317 51.5	. . 37.6	167 54.5	5.6	19 37.4	11.5	60.8
	10	332 51.2	38.0	182 19.1	5.5	19 48.9	11.2	60.8
	11	347 51.0	38.5	196 43.6	5.4	20 00.1	11.2	60.8
	12	2 50.8	S21 38.9	211 08.0	5.3	N20 11.3	11.0	60.9
	13	17 50.6	39.3	225 32.3	5.1	20 22.3	10.9	60.9
	14	32 50.3	39.7	239 56.4	5.0	20 33.2	10.8	60.9
	15	47 50.1	. . 40.1	254 20.4	4.9	20 44.0	10.7	60.9
	16	62 49.9	40.5	268 44.3	4.8	20 54.7	10.5	61.0
	17	77 49.7	40.9	283 08.1	4.6	21 05.2	10.3	61.0
	18	92 49.4	S21 41.3	297 31.7	4.5	N21 15.5	10.3	61.0
	19	107 49.2	41.7	311 55.2	4.4	21 25.8	10.0	61.0
	20	122 49.0	42.1	326 18.6	4.3	21 35.8	10.0	61.1
	21	137 48.8	. . 42.5	340 41.9	4.1	21 45.8	9.8	61.1
	22	152 48.5	42.9	355 05.0	4.1	21 55.6	9.6	61.1
	23	167 48.3	43.3	9 28.1	3.9	22 05.2	9.5	61.1
1 SATURDAY	00	182 48.1	S21 43.7	23 51.0	3.8	N22 14.7	9.3	61.1
	01	197 47.8	44.1	38 13.8	3.7	22 24.0	9.2	61.2
	02	212 47.6	44.5	52 36.5	3.6	22 33.2	9.0	61.2
	03	227 47.4	. . 44.9	66 59.1	3.4	22 42.2	8.9	61.2
	04	242 47.1	45.3	81 21.5	3.4	22 51.1	8.7	61.2
	05	257 46.9	45.7	95 43.9	3.2	22 59.8	8.5	61.2
	06	272 46.7	S21 46.0	110 06.1	3.1	N23 08.3	8.4	61.3
	07	287 46.5	46.4	124 28.2	3.0	23 16.7	8.2	61.3
	08	302 46.2	46.8	138 50.2	3.0	23 24.9	8.1	61.3
	09	317 46.0	. . 47.2	153 12.2	2.8	23 33.0	7.8	61.3
	10	332 45.8	47.6	167 34.0	2.7	23 40.8	7.7	61.3
	11	347 45.5	48.0	181 55.7	2.6	23 48.5	7.5	61.3
	12	2 45.3	S21 48.4	196 17.3	2.5	N23 56.0	7.4	61.3
	13	17 45.1	48.8	210 38.8	2.4	24 03.4	7.1	61.4
	14	32 44.8	49.2	225 00.2	2.3	24 10.5	7.0	61.4
	15	47 44.6	. . 49.6	239 21.5	2.3	24 17.5	6.8	61.4
	16	62 44.4	49.9	253 42.8	2.1	24 24.3	6.6	61.4
	17	77 44.1	50.3	268 03.9	2.1	24 30.9	6.4	61.4
	18	92 43.9	S21 50.7	282 25.0	1.9	N24 37.3	6.2	61.4
	19	107 43.7	51.1	296 45.9	1.9	24 43.5	6.1	61.4
	20	122 43.4	51.5	311 06.8	1.8	24 49.6	5.9	61.4
	21	137 43.2	. . 51.9	325 27.6	1.7	24 55.5	5.6	61.4
	22	152 43.0	52.2	339 48.3	1.7	25 01.1	5.5	61.5
	23	167 42.7	52.6	354 09.0	1.6	25 06.6	5.3	61.5
2 SUNDAY	00	182 42.5	S21 53.0	8 29.6	1.5	N25 11.9	5.0	61.5
	01	197 42.3	53.4	22 50.1	1.5	25 16.9	4.9	61.5
	02	212 42.0	53.8	37 10.6	1.3	25 21.8	4.7	61.5
	03	227 41.8	. . 54.1	51 30.9	1.4	25 26.5	4.5	61.5
	04	242 41.5	54.5	65 51.3	1.2	25 31.0	4.3	61.5
	05	257 41.3	54.9	80 11.5	1.2	25 35.3	4.1	61.5
	06	272 41.1	S21 55.3	94 31.7	1.2	N25 39.4	3.8	61.5
	07	287 40.8	55.6	108 51.9	1.1	25 43.2	3.7	61.5
	08	302 40.6	56.0	123 12.0	1.1	25 46.9	3.5	61.5
	09	317 40.4	. . 56.4	137 32.1	1.0	25 50.4	3.2	61.5
	10	332 40.1	56.8	151 52.1	1.0	25 53.6	3.1	61.5
	11	347 39.9	57.1	166 12.1	1.0	25 56.7	2.9	61.5
	12	2 39.6	S21 57.5	180 32.1	0.9	N25 59.6	2.6	61.5
	13	17 39.4	57.9	194 52.0	0.9	26 02.2	2.4	61.5
	14	32 39.2	58.2	209 11.9	0.8	26 04.6	2.3	61.5
	15	47 38.9	. . 58.6	223 31.7	0.9	26 06.9	2.0	61.5
	16	62 38.7	59.0	237 51.6	0.8	26 08.9	1.8	61.5
	17	77 38.4	59.4	252 11.4	0.8	26 10.7	1.6	61.5
	18	92 38.2	S21 59.7	266 31.2	0.8	N26 12.3	1.4	61.5
	19	107 38.0	22 00.1	280 51.0	0.8	26 13.7	1.2	61.5
	20	122 37.7	00.5	295 10.8	0.8	26 14.9	0.9	61.5
	21	137 37.5	. . 00.8	309 30.6	0.8	26 15.8	0.8	61.5
	22	152 37.2	01.2	323 50.4	0.8	26 16.6	0.5	61.5
	23	167 37.0	01.5	338 10.2	0.8	26 17.1	0.4	61.5
		S.D. 16.2	d 0.4	S.D.	16.6	16.7		16.8

Lat. °	Twilight Naut. h m	Twilight Civil h m	Sunrise h m	Moonrise 30 h m	Moonrise 1 h m	Moonrise 2 h m	Moonrise 3 h m
N 72	07 50	09 49	■	□	□	□	□
N 70	07 34	09 10	■	10 30	□	□	□
68	07 21	08 43	10 35	11 39	□	□	□
66	07 10	08 22	09 46	12 16	11 32	□	□
64	07 01	08 06	09 15	12 42	12 37	12 27	13 33
62	06 53	07 52	08 53	13 03	13 12	13 39	14 48
60	06 45	07 40	08 34	13 20	13 38	14 15	15 24
N 58	06 39	07 30	08 19	13 34	13 58	14 41	15 50
56	06 33	07 21	08 06	13 47	14 15	15 02	16 11
54	06 28	07 13	07 55	13 57	14 30	15 19	16 28
52	06 23	07 06	07 45	14 07	14 42	15 33	16 43
50	06 18	06 59	07 36	14 16	14 54	15 46	16 55
45	06 08	06 44	07 18	14 34	15 17	16 13	17 22
N 40	05 59	06 32	07 02	14 49	15 36	16 34	17 42
35	05 50	06 22	06 49	15 02	15 52	16 51	18 00
30	05 42	06 12	06 38	15 13	16 06	17 07	18 15
20	05 28	05 55	06 18	15 33	16 29	17 32	18 40
N 10	05 13	05 39	06 01	15 50	16 50	17 55	19 02
0	04 57	05 23	05 45	16 06	17 09	18 15	19 22
S 10	04 40	05 06	05 29	16 22	17 28	18 36	19 43
20	04 19	04 47	05 12	16 40	17 49	18 59	20 05
30	03 52	04 24	04 51	17 00	18 13	19 25	20 30
35	03 35	04 10	04 39	17 12	18 28	19 40	20 45
40	03 14	03 54	04 26	17 25	18 44	19 58	21 02
45	02 46	03 33	04 09	17 42	19 04	20 20	21 22
S 50	02 07	03 07	03 49	18 02	19 29	20 47	21 48
52	01 45	02 53	03 39	18 11	19 41	21 00	22 01
54	01 15	02 38	03 28	18 22	19 55	21 16	22 15
56	00 19	02 19	03 16	18 35	20 11	21 34	22 32
58	////	01 56	03 01	18 49	20 31	21 56	22 52
S 60	////	01 24	02 44	19 06	20 55	22 24	23 16

Lat. °	Sunset h m	Twilight Civil h m	Twilight Naut. h m	Moonset 30 h m	Moonset 1 h m	Moonset 2 h m	Moonset 3 h m
N 72	■	13 48	15 47	□	□	□	□
N 70	■	14 27	16 03	08 51	□	□	□
68	13 03	14 54	16 16	07 44	□	□	□
66	13 51	15 15	16 27	07 08	10 00	□	□
64	14 22	15 32	16 37	06 43	08 56	11 25	12 40
62	14 45	15 45	16 45	06 23	08 22	10 13	11 25
60	15 03	15 57	16 52	06 07	07 56	09 37	10 49
N 58	15 18	16 08	16 59	05 53	07 37	09 11	10 22
56	15 31	16 17	17 04	05 42	07 20	08 51	10 02
54	15 42	16 25	17 10	05 32	07 06	08 34	09 44
52	15 52	16 32	17 15	05 23	06 54	08 19	09 30
50	16 01	16 39	17 19	05 15	06 43	08 07	09 17
45	16 20	16 53	17 30	04 58	06 21	07 40	08 50
N 40	16 35	17 05	17 39	04 44	06 03	07 20	08 29
35	16 48	17 16	17 47	04 32	05 48	07 02	08 12
30	17 00	17 26	17 55	04 22	05 35	06 48	07 56
20	17 19	17 43	18 10	04 04	05 12	06 22	07 31
N 10	17 37	17 59	18 25	03 49	04 53	06 01	07 08
0	17 53	18 15	18 41	03 35	04 35	05 40	06 47
S 10	18 09	18 32	18 58	03 21	04 17	05 20	06 26
20	18 27	18 51	19 20	03 06	03 58	04 58	06 04
30	18 47	19 14	19 47	02 49	03 37	04 33	05 38
35	18 59	19 28	20 04	02 39	03 24	04 18	05 23
40	19 13	19 45	20 25	02 28	03 09	04 01	05 05
45	19 29	20 05	20 53	02 14	02 52	03 41	04 43
S 50	19 50	20 32	21 32	01 58	02 30	03 15	04 16
52	20 00	20 46	21 55	01 51	02 20	03 02	04 02
54	20 11	21 01	22 25	01 43	02 09	02 48	03 47
56	20 23	21 20	23 29	01 33	01 56	02 32	03 29
58	20 38	21 44	////	01 23	01 41	02 12	03 07
S 60	20 55	22 17	////	01 11	01 23	01 47	02 39

Day	SUN Eqn. of Time 00 h m s	SUN Eqn. of Time 12 h m s	SUN Mer. Pass. h m	MOON Mer. Pass. Upper h m	MOON Mer. Pass. Lower h m	MOON Age d	MOON Phase
30	11 34	11 24	11 49	22 21	09 50	13	
1	11 13	11 02	11 49	23 24	10 52	14	○
2	10 50	10 39	11 49	24 31	11 58	15	

UT (GMT)	ARIES	VENUS −3.9		MARS −1.9		JUPITER −2.4		SATURN +0.6		STARS		
d h	G.H.A.	G.H.A.	Dec.	G.H.A.	Dec.	G.H.A.	Dec.	G.H.A.	Dec.	Name	S.H.A.	Dec.
	° ′	° ′	° ′	° ′	° ′	° ′	° ′	° ′	° ′		° ′	° ′
3 00	71 33.9	174 17.8	S23 14.2	10 28.5	N22 29.6	295 20.4	N17 18.2	137 13.7	S21 40.2	Acamar	315 30.7	S40 20.4
01	86 36.4	189 16.9	14.6	25 32.0	29.5	310 22.9	18.2	152 15.9	40.1	Achernar	335 38.7	S57 17.0
02	101 38.8	204 16.0	15.0	40 35.4	29.5	325 25.4	18.2	167 18.1	40.1	Acrux	173 28.8	S63 02.7
03	116 41.3	219 15.0	· · 15.4	55 38.8	· · 29.4	340 27.9	· · 18.3	182 20.3	· · 40.1	Adhara	255 25.5	S28 57.4
04	131 43.7	234 14.1	15.7	70 42.2	29.3	355 30.4	18.3	197 22.6	40.0	Aldebaran	291 08.4	N16 29.6
05	146 46.2	249 13.2	16.1	85 45.6	29.3	10 32.8	18.3	212 24.8	40.0			
06	161 48.7	264 12.2	S23 16.5	100 49.1	N22 29.2	25 35.3	N17 18.3	227 27.0	S21 40.0	Alioth	166 35.5	N56 00.2
07	176 51.1	279 11.3	16.8	115 52.5	29.1	40 37.8	18.3	242 29.2	39.9	Alkaid	153 12.4	N49 21.2
08	191 53.6	294 10.4	17.2	130 55.9	29.0	55 40.3	18.3	257 31.4	39.9	Al Na'ir	28 04.8	S47 00.5
MONDAY 09	206 56.1	309 09.4	· · 17.6	145 59.3	· · 29.0	70 42.8	· · 18.3	272 33.6	· · 39.8	Alnilam	276 03.2	S 1 12.3
10	221 58.5	324 08.5	17.9	161 02.7	28.9	85 45.3	18.4	287 35.8	39.8	Alphard	218 12.6	S 8 37.1
11	237 01.0	339 07.6	18.3	176 06.1	28.8	100 47.8	18.4	302 38.0	39.8			
12	252 03.5	354 06.6	S23 18.6	191 09.6	N22 28.7	115 50.3	N17 18.4	317 40.2	S21 39.7	Alphecca	126 25.6	N26 44.6
13	267 05.9	9 05.7	19.0	206 13.0	28.7	130 52.8	18.4	332 42.4	39.7	Alpheratz	358 00.9	N29 02.7
14	282 08.4	24 04.8	19.4	221 16.4	28.6	145 55.2	18.4	347 44.6	39.6	Altair	62 24.9	N 8 50.7
15	297 10.8	39 03.8	· · 19.7	236 19.8	· · 28.5	160 57.7	· · 18.4	2 46.8	· · 39.6	Ankaa	353 32.0	S42 21.4
16	312 13.3	54 02.9	20.1	251 23.2	28.4	176 00.2	18.5	17 49.0	39.6	Antares	112 47.4	S26 24.8
17	327 15.8	69 02.0	20.4	266 26.6	28.4	191 02.7	18.5	32 51.2	39.5			
18	342 18.2	84 01.0	S23 20.8	281 30.0	N22 28.3	206 05.2	N17 18.5	47 53.4	S21 39.5	Arcturus	146 11.4	N19 13.6
19	357 20.7	99 00.1	21.1	296 33.4	28.2	221 07.7	18.5	62 55.6	39.5	Atria	108 05.1	S69 00.8
20	12 23.2	113 59.2	21.5	311 36.9	28.1	236 10.2	18.5	77 57.8	39.4	Avior	234 24.6	S59 28.6
21	27 25.6	128 58.2	· · 21.8	326 40.3	· · 28.1	251 12.7	· · 18.5	93 00.0	· · 39.4	Bellatrix	278 49.8	N 6 20.6
22	42 28.1	143 57.3	22.2	341 43.7	28.0	266 15.2	18.6	108 02.2	39.3	Betelgeuse	271 19.2	N 7 24.5
23	57 30.6	158 56.3	22.5	356 47.1	27.9	281 17.7	18.6	123 04.4	39.3			
4 00	72 33.0	173 55.4	S23 22.9	11 50.5	N22 27.8	296 20.2	N17 18.6	138 06.6	S21 39.3	Canopus	264 03.1	S52 41.2
01	87 35.5	188 54.5	23.2	26 53.9	27.8	311 22.6	18.6	153 08.8	39.2	Capella	280 58.9	N45 59.5
02	102 38.0	203 53.5	23.6	41 57.3	27.7	326 25.1	18.6	168 11.0	39.2	Deneb	49 43.3	N45 15.1
03	117 40.4	218 52.6	· · 23.9	57 00.7	· · 27.6	341 27.6	· · 18.7	183 13.2	· · 39.2	Denebola	182 50.9	N14 37.2
04	132 42.9	233 51.7	24.2	72 04.1	27.5	356 30.1	18.7	198 15.4	39.1	Diphda	349 12.6	S18 02.1
05	147 45.3	248 50.7	24.6	87 07.5	27.5	11 32.6	18.7	213 17.6	39.1			
06	162 47.8	263 49.8	S23 24.9	102 10.9	N22 27.4	26 35.1	N17 18.7	228 19.8	S21 39.0	Dubhe	194 12.0	N61 47.6
07	177 50.3	278 48.8	25.2	117 14.3	27.3	41 37.6	18.7	243 22.0	39.0	Elnath	278 33.6	N28 36.1
TUESDAY 08	192 52.7	293 47.9	25.6	132 17.7	27.2	56 40.1	18.7	258 24.2	39.0	Eltanin	90 54.5	N51 29.4
09	207 55.2	308 47.0	· · 25.9	147 21.1	· · 27.2	71 42.6	· · 18.8	273 26.4	· · 38.9	Enif	34 03.8	N 9 50.1
10	222 57.7	323 46.0	26.3	162 24.5	27.1	86 45.1	18.8	288 28.6	38.9	Fomalhaut	15 42.5	S29 40.3
11	238 00.1	338 45.1	26.6	177 27.9	27.0	101 47.6	18.8	303 30.8	38.8			
12	253 02.6	353 44.1	S23 26.9	192 31.3	N22 26.9	116 50.1	N17 18.8	318 33.0	S21 38.8	Gacrux	172 20.2	S57 03.6
13	268 05.1	8 43.2	27.2	207 34.7	26.9	131 52.6	18.8	333 35.2	38.8	Gienah	176 09.9	S17 29.5
14	283 07.5	23 42.3	27.6	222 38.1	26.8	146 55.1	18.9	348 37.4	38.7	Hadar	149 12.6	S60 19.7
15	298 10.0	38 41.3	· · 27.9	237 41.5	· · 26.7	161 57.6	· · 18.9	3 39.6	· · 38.7	Hamal	328 19.6	N23 25.4
16	313 12.5	53 40.4	28.2	252 44.9	26.6	177 00.1	18.9	18 41.8	38.7	Kaus Aust.	84 06.5	S34 23.5
17	328 14.9	68 39.4	28.5	267 48.2	26.6	192 02.6	18.9	33 44.0	38.6			
18	343 17.4	83 38.5	S23 28.9	282 51.6	N22 26.5	207 05.1	N17 18.9	48 46.2	S21 38.6	Kochab	137 20.0	N74 11.3
19	358 19.8	98 37.6	29.2	297 55.0	26.4	222 07.6	19.0	63 48.4	38.5	Markab	13 55.2	N15 09.6
20	13 22.3	113 36.6	29.5	312 58.4	26.3	237 10.1	19.0	78 50.6	38.5	Menkar	314 32.4	N 4 03.4
21	28 24.8	128 35.7	· · 29.8	328 01.8	· · 26.3	252 12.6	· · 19.0	93 52.8	· · 38.5	Menkent	148 27.9	S36 19.5
22	43 27.2	143 34.7	30.2	343 05.2	26.2	267 15.1	19.0	108 55.0	38.4	Miaplacidus	221 43.1	S69 40.5
23	58 29.7	158 33.8	30.5	358 08.6	26.1	282 17.6	19.0	123 57.2	38.4			
5 00	73 32.2	173 32.8	S23 30.8	13 12.0	N22 26.0	297 20.1	N17 19.1	138 59.4	S21 38.3	Mirfak	309 04.2	N49 50.0
01	88 34.6	188 31.9	31.1	28 15.3	25.9	312 22.6	19.1	154 01.6	38.3	Nunki	76 19.5	S26 18.6
02	103 37.1	203 31.0	31.4	43 18.7	25.9	327 25.1	19.1	169 03.8	38.3	Peacock	53 46.0	S56 46.1
03	118 39.6	218 30.0	· · 31.7	58 22.1	· · 25.8	342 27.6	· · 19.1	184 06.0	· · 38.2	Pollux	243 48.0	N28 02.9
04	133 42.0	233 29.1	32.0	73 25.5	25.7	357 30.1	19.1	199 08.2	38.2	Procyon	245 17.1	N 5 15.0
05	148 44.5	248 28.1	32.3	88 28.9	25.6	12 32.6	19.2	214 10.4	38.2			
06	163 47.0	263 27.2	S23 32.7	103 32.3	N22 25.6	27 35.1	N17 19.2	229 12.6	S21 38.1	Rasalhague	96 22.5	N12 33.9
WEDNESDAY 07	178 49.4	278 26.2	33.0	118 35.6	25.5	42 37.6	19.2	244 14.8	38.1	Regulus	208 01.4	N12 00.6
08	193 51.9	293 25.3	33.3	133 39.0	25.4	57 40.1	19.2	259 17.0	38.0	Rigel	281 27.9	S 8 12.6
09	208 54.3	308 24.3	· · 33.6	148 42.4	· · 25.3	72 42.6	· · 19.2	274 19.2	· · 38.0	Rigil Kent.	140 15.5	S60 47.8
10	223 56.8	323 23.4	33.9	163 45.8	25.3	87 45.1	19.3	289 21.4	38.0	Sabik	102 32.3	S15 42.9
11	238 59.3	338 22.4	34.2	178 49.1	25.2	102 47.6	19.3	304 23.6	37.9			
12	254 01.7	353 21.5	S23 34.5	193 52.5	N22 25.1	117 50.1	N17 19.3	319 25.8	S21 37.9	Schedar	349 59.8	N56 29.6
13	269 04.2	8 20.5	34.8	208 55.9	25.0	132 52.6	19.3	334 27.9	37.8	Shaula	96 45.3	S37 06.0
14	284 06.7	23 19.6	35.1	223 59.3	25.0	147 55.1	19.3	349 30.1	37.8	Sirius	258 48.3	S16 42.1
15	299 09.1	38 18.7	· · 35.4	239 02.6	· · 24.9	162 57.6	· · 19.4	4 32.3	· · 37.8	Spica	158 49.3	S11 06.9
16	314 11.6	53 17.7	35.7	254 06.0	24.8	178 00.1	19.4	19 34.5	37.7	Suhail	223 04.7	S43 23.5
17	329 14.1	68 16.8	36.0	269 09.4	24.7	193 02.6	19.4	34 36.7	37.7			
18	344 16.5	83 15.8	S23 36.3	284 12.7	N22 24.6	208 05.2	N17 19.4	49 38.9	S21 37.7	Vega	80 50.8	N38 46.6
19	359 19.0	98 14.9	36.5	299 16.1	24.6	223 07.7	19.4	64 41.1	37.6	Zuben'ubi	137 24.5	S16 00.3
20	14 21.4	113 13.9	36.8	314 19.5	24.5	238 10.2	19.5	79 43.3	37.6		S.H.A.	Mer. Pass.
21	29 23.9	128 13.0	· · 37.1	329 22.8	· · 24.4	253 12.7	· · 19.5	94 45.5	· · 37.5		° ′	h m
22	44 26.4	143 12.0	37.4	344 26.2	24.3	268 15.2	19.5	109 47.7	37.5	Venus	101 22.4	12 25
23	59 28.8	158 11.1	37.7	359 29.6	24.3	283 17.7	19.5	124 49.9	37.5	Mars	299 17.5	23 07
Mer. Pass.	h m 19 06.7	*v* −0.9	*d* 0.3	*v* 3.4	*d* 0.1	*v* 2.5	*d* 0.0	*v* 2.2	*d* 0.0	Jupiter	223 47.1	4 14
										Saturn	65 33.6	14 45

UT (GMT) d	h	SUN G.H.A. ° ′	SUN Dec. ° ′	MOON G.H.A. ° ′	v ′	Dec. ° ′	d ′	H.P. ′
3 MONDAY	00	182 36.8	S22 01.9	352 30.0	0.8	N26 17.5	0.1	61.5
	01	197 36.5	02.3	6 49.8	0.8	26 17.6	0.1	61.4
	02	212 36.3	02.6	21 09.6	0.8	26 17.5	0.3	61.4
	03	227 36.0	. . 03.0	35 29.4	0.9	26 17.2	0.5	61.4
	04	242 35.8	03.4	49 49.3	0.9	26 16.7	0.7	61.4
	05	257 35.5	03.7	64 09.2	0.9	26 16.0	1.0	61.4
	06	272 35.3	S22 04.1	78 29.1	0.9	N26 15.0	1.1	61.4
	07	287 35.1	04.4	92 49.0	1.0	26 13.9	1.3	61.4
	08	302 34.8	04.8	107 09.0	1.0	26 12.6	1.6	61.4
	09	317 34.6	. . 05.1	121 29.0	1.0	26 11.0	1.8	61.4
	10	332 34.3	05.5	135 49.0	1.1	26 09.2	1.9	61.3
	11	347 34.1	05.8	150 09.1	1.1	26 07.3	2.2	61.3
	12	2 33.8	S22 06.2	164 29.2	1.2	N26 05.1	2.4	61.3
	13	17 33.6	06.6	178 49.4	1.3	26 02.7	2.5	61.3
	14	32 33.3	06.9	193 09.7	1.2	26 00.2	2.8	61.3
	15	47 33.1	. . 07.3	207 29.9	1.4	25 57.4	3.0	61.3
	16	62 32.8	07.6	221 50.3	1.4	25 54.4	3.2	61.2
	17	77 32.6	08.0	236 10.7	1.5	25 51.2	3.4	61.2
	18	92 32.4	S22 08.3	250 31.2	1.5	N25 47.8	3.6	61.2
	19	107 32.1	08.7	264 51.7	1.6	25 44.2	3.7	61.2
	20	122 31.9	09.0	279 12.3	1.7	25 40.5	4.0	61.2
	21	137 31.6	. . 09.4	293 33.0	1.8	25 36.5	4.2	61.2
	22	152 31.4	09.7	307 53.8	1.8	25 32.3	4.4	61.1
	23	167 31.1	10.0	322 14.6	2.0	25 27.9	4.5	61.1
4 TUESDAY	00	182 30.9	S22 10.4	336 35.6	2.0	N25 23.4	4.8	61.1
	01	197 30.6	10.7	350 56.6	2.1	25 18.6	4.9	61.1
	02	212 30.4	11.1	5 17.7	2.2	25 13.7	5.1	61.1
	03	227 30.1	. . 11.4	19 38.9	2.3	25 08.6	5.3	61.0
	04	242 29.9	11.8	34 00.2	2.3	25 03.3	5.5	61.0
	05	257 29.6	12.1	48 21.5	2.5	24 57.8	5.7	61.0
	06	272 29.4	S22 12.4	62 43.0	2.6	N24 52.1	5.9	61.0
	07	287 29.1	12.8	77 04.6	2.6	24 46.2	6.0	60.9
	08	302 28.9	13.1	91 26.2	2.8	24 40.2	6.2	60.9
	09	317 28.6	. . 13.5	105 48.0	2.9	24 34.0	6.4	60.9
	10	332 28.4	13.8	120 09.9	3.0	24 27.6	6.6	60.9
	11	347 28.1	14.1	134 31.9	3.1	24 21.0	6.8	60.8
	12	2 27.9	S22 14.5	148 54.0	3.2	N24 14.2	6.9	60.8
	13	17 27.6	14.8	163 16.2	3.3	24 07.3	7.1	60.8
	14	32 27.4	15.1	177 38.5	3.4	24 00.2	7.2	60.7
	15	47 27.1	. . 15.5	192 00.9	3.6	23 53.0	7.4	60.7
	16	62 26.9	15.8	206 23.5	3.6	23 45.6	7.6	60.7
	17	77 26.6	16.1	220 46.1	3.8	23 38.0	7.7	60.7
	18	92 26.4	S22 16.5	235 08.9	3.9	N23 30.3	7.9	60.6
	19	107 26.1	16.8	249 31.8	4.0	23 22.4	8.1	60.6
	20	122 25.9	17.1	263 54.8	4.2	23 14.3	8.2	60.6
	21	137 25.6	. . 17.5	278 18.0	4.2	23 06.1	8.4	60.5
	22	152 25.3	17.8	292 41.2	4.4	22 57.7	8.5	60.5
	23	167 25.1	18.1	307 04.6	4.6	22 49.2	8.6	60.5
5 WEDNESDAY	00	182 24.8	S22 18.4	321 28.2	4.6	N22 40.6	8.9	60.5
	01	197 24.6	18.8	335 51.8	4.8	22 31.7	8.9	60.4
	02	212 24.3	19.1	350 15.6	4.9	22 22.8	9.1	60.4
	03	227 24.1	. . 19.4	4 39.5	5.0	22 13.7	9.3	60.4
	04	242 23.8	19.7	19 03.5	5.1	22 04.4	9.3	60.3
	05	257 23.6	20.1	33 27.6	5.3	21 55.1	9.5	60.3
	06	272 23.3	S22 20.4	47 51.9	5.4	N21 45.6	9.7	60.3
	07	287 23.0	20.7	62 16.3	5.6	21 35.9	9.8	60.2
	08	302 22.8	21.0	76 40.9	5.7	21 26.1	9.9	60.2
	09	317 22.5	. . 21.3	91 05.6	5.8	21 16.2	10.0	60.2
	10	332 22.3	21.7	105 30.4	5.9	21 06.2	10.2	60.1
	11	347 22.0	22.0	119 55.3	6.1	20 56.0	10.3	60.1
	12	2 21.8	S22 22.3	134 20.4	6.2	N20 45.7	10.4	60.1
	13	17 21.5	22.6	148 45.6	6.3	20 35.3	10.5	60.0
	14	32 21.3	22.9	163 10.9	6.5	20 24.8	10.7	60.0
	15	47 21.0	. . 23.3	177 36.4	6.6	20 14.1	10.7	59.9
	16	62 20.7	23.6	192 02.0	6.7	20 03.4	10.9	59.9
	17	77 20.5	23.9	206 27.7	6.9	19 52.5	11.0	59.9
	18	92 20.2	S22 24.2	220 53.6	6.9	N19 41.5	11.1	59.8
	19	107 20.0	24.5	235 19.5	7.2	19 30.4	11.2	59.8
	20	122 19.7	24.8	249 45.7	7.2	19 19.2	11.3	59.8
	21	137 19.4	. . 25.1	264 11.9	7.4	19 07.9	11.4	59.7
	22	152 19.2	25.4	278 38.3	7.5	18 56.5	11.5	59.7
	23	167 18.9	25.8	293 04.8	7.7	18 45.0	11.6	59.6
		S.D. 16.3	*d* 0.3	S.D. 16.7		16.6		16.4

Lat. °	Twilight Naut. h m	Twilight Civil h m	Sunrise h m	Moonrise 3 h m	Moonrise 4 h m	Moonrise 5 h m	Moonrise 6 h m
N 72	07 58	10 03	■	□	□	□	18 38
N 70	07 41	09 20	■	□	□	□	19 11
68	07 27	08 51	10 54	□	□	17 05	19 35
66	07 16	08 29	09 56	□	14 47	17 44	19 53
64	07 06	08 12	09 23	13 33	16 00	18 11	20 08
62	06 57	07 57	08 59	14 48	16 36	18 31	20 20
60	06 50	07 45	08 40	15 24	17 02	18 48	20 30
N 58	06 43	07 35	08 25	15 50	17 23	19 02	20 39
56	06 37	07 25	08 11	16 11	17 39	19 14	20 47
54	06 32	07 17	08 00	16 28	17 54	19 25	20 54
52	06 26	07 09	07 49	16 43	18 06	19 34	21 00
50	06 22	07 03	07 40	16 55	18 17	19 42	21 06
45	06 11	06 48	07 21	17 22	18 40	20 00	21 18
N 40	06 01	06 35	07 05	17 42	18 58	20 14	21 28
35	05 53	06 24	06 52	18 00	19 13	20 26	21 36
30	05 45	06 14	06 40	18 15	19 26	20 37	21 44
20	05 29	05 57	06 20	18 40	19 49	20 55	21 56
N 10	05 14	05 40	06 03	19 02	20 08	21 10	22 08
0	04 58	05 24	05 46	19 22	20 26	21 25	22 18
S 10	04 40	05 07	05 30	19 43	20 44	21 39	22 28
20	04 19	04 48	05 12	20 05	21 03	21 55	22 39
30	03 51	04 24	04 51	20 30	21 26	22 12	22 52
35	03 34	04 10	04 39	20 45	21 39	22 23	22 59
40	03 12	03 53	04 25	21 02	21 53	22 34	23 07
45	02 44	03 32	04 08	21 22	22 11	22 48	23 16
S 50	02 03	03 04	03 47	21 48	22 33	23 04	23 28
52	01 40	02 51	03 37	22 01	22 43	23 12	23 33
54	01 08	02 34	03 26	22 15	22 55	23 21	23 39
56	////	02 15	03 13	22 32	23 08	23 30	23 45
58	////	01 50	02 58	22 52	23 23	23 41	23 52
S 60	////	01 15	02 40	23 16	23 41	23 54	24 00

Lat. °	Sunset h m	Twilight Civil h m	Twilight Naut. h m	Moonset 3 h m	Moonset 4 h m	Moonset 5 h m	Moonset 6 h m
N 72	■	13 37	15 41	□	□	□	13 56
N 70	■	14 20	15 59	□	□	□	13 21
68	12 46	14 49	16 12	□	□	13 32	12 55
66	13 43	15 11	16 24	□	13 43	12 52	12 35
64	14 16	15 28	16 34	12 40	12 29	12 24	12 19
62	14 41	15 42	16 42	11 25	11 53	12 02	12 06
60	15 00	15 55	16 50	10 49	11 26	11 45	11 55
N 58	15 15	16 05	16 57	10 22	11 06	11 30	11 45
56	15 29	16 15	17 03	10 02	10 48	11 17	11 36
54	15 40	16 23	17 08	09 44	10 34	11 06	11 28
52	15 51	16 31	17 14	09 30	10 21	10 56	11 21
50	16 00	16 37	17 18	09 17	10 10	10 47	11 15
45	16 19	16 52	17 29	08 50	09 46	10 28	11 01
N 40	16 35	17 05	17 39	08 29	09 27	10 13	10 50
35	16 48	17 16	17 47	08 12	09 11	10 00	10 40
30	17 00	17 26	17 55	07 56	08 57	09 48	10 31
20	17 20	17 44	18 11	07 31	08 33	09 28	10 16
N 10	17 37	18 00	18 26	07 08	08 13	09 11	10 03
0	17 54	18 16	18 42	06 47	07 53	08 55	09 51
S 10	18 10	18 33	19 00	06 26	07 34	08 38	09 38
20	18 28	18 53	19 22	06 04	07 13	08 21	09 25
30	18 49	19 16	19 49	05 38	06 48	08 00	09 09
35	19 02	19 31	20 07	05 23	06 34	07 48	09 00
40	19 16	19 48	20 29	05 05	06 17	07 34	08 50
45	19 33	20 09	20 57	04 43	05 57	07 17	08 37
S 50	19 54	20 37	21 38	04 16	05 32	06 57	08 22
52	20 04	20 51	22 02	04 02	05 20	06 47	08 15
54	20 15	21 07	22 35	03 47	05 06	06 36	08 07
56	20 28	21 27	////	03 29	04 49	06 23	07 59
58	20 43	21 52	////	03 07	04 30	06 09	07 48
S 60	21 02	22 28	////	02 39	04 05	05 51	07 37

Day	SUN Eqn. of Time 00 h m s	SUN Eqn. of Time 12 h m s	SUN Mer. Pass. h m	MOON Mer. Pass. Upper h m	MOON Mer. Pass. Lower h m	MOON Age d	MOON Phase
3	10 28	10 16	11 50	00 31	13 05	16	
4	10 04	09 52	11 50	01 38	14 10	17	◑
5	09 40	09 28	11 51	02 41	15 10	18	

UT (GMT) d	h	ARIES G.H.A. ° ′	VENUS −3.9 G.H.A. ° ′	VENUS Dec. ° ′	MARS −1.8 G.H.A. ° ′	MARS Dec. ° ′	JUPITER −2.4 G.H.A. ° ′	JUPITER Dec. ° ′	SATURN +0.6 G.H.A. ° ′	SATURN Dec. ° ′	STARS Name	S.H.A. ° ′	Dec. ° ′
6	00	74 31.3	173 10.1	S23 38.0	14 32.9	N22 24.2	298 20.2	N17 19.6	139 52.1	S21 37.4	Acamar	315 30.7	S40 20.4
	01	89 33.8	188 09.2	38.3	29 36.3	24.1	313 22.7	19.6	154 54.3	37.4	Achernar	335 38.7	S57 17.1
	02	104 36.2	203 08.2	38.6	44 39.7	24.0	328 25.2	19.6	169 56.5	37.3	Acrux	173 28.8	S63 02.7
	03	119 38.7	218 07.3	· · 38.8	59 43.0	· · 24.0	343 27.7	· · 19.6	184 58.7	· · 37.3	Adhara	255 25.5	S28 57.4
	04	134 41.2	233 06.3	39.1	74 46.4	23.9	358 30.2	19.6	200 00.9	37.3	Aldebaran	291 08.4	N16 29.6
	05	149 43.6	248 05.4	39.4	89 49.7	23.8	13 32.8	19.7	215 03.1	37.2			
	06	164 46.1	263 04.4	S23 39.7	104 53.1	N22 23.7	28 35.3	N17 19.7	230 05.3	S21 37.2	Alioth	166 35.5	N56 00.2
	07	179 48.6	278 03.5	40.0	119 56.5	23.6	43 37.8	19.7	245 07.5	37.1	Alkaid	153 12.3	N49 21.2
T	08	194 51.0	293 02.5	40.2	134 59.8	23.6	58 40.3	19.7	260 09.7	37.1	Al Na'ir	28 04.8	S47 00.5
H	09	209 53.5	308 01.5	· · 40.5	150 03.2	· · 23.5	73 42.8	· · 19.8	275 11.9	· · 37.1	Alnilam	276 03.1	S 1 12.3
U	10	224 55.9	323 00.6	40.8	165 06.5	23.4	88 45.3	19.8	290 14.1	37.0	Alphard	218 12.5	S 8 37.1
R	11	239 58.4	337 59.6	41.1	180 09.9	23.3	103 47.8	19.8	305 16.3	37.0			
S	12	255 00.9	352 58.7	S23 41.3	195 13.2	N22 23.3	118 50.3	N17 19.8	320 18.5	S21 36.9	Alphecca	126 25.6	N26 44.5
D	13	270 03.3	7 57.7	41.6	210 16.6	23.2	133 52.9	19.9	335 20.7	36.9	Alpheratz	358 01.0	N29 02.7
A	14	285 05.8	22 56.8	41.9	225 19.9	23.1	148 55.4	19.9	350 22.9	36.9	Altair	62 24.9	N 8 50.7
Y	15	300 08.3	37 55.8	· · 42.1	240 23.3	· · 23.0	163 57.9	· · 19.9	5 25.0	· · 36.8	Ankaa	353 32.0	S42 21.4
	16	315 10.7	52 54.9	42.4	255 26.6	22.9	179 00.4	19.9	20 27.2	36.8	Antares	112 47.4	S26 24.8
	17	330 13.2	67 53.9	42.7	270 30.0	22.9	194 02.9	20.0	35 29.4	36.7			
	18	345 15.7	82 53.0	S23 42.9	285 33.3	N22 22.8	209 05.4	N17 20.0	50 31.6	S21 36.7	Arcturus	146 11.3	N19 13.6
	19	0 18.1	97 52.0	43.2	300 36.7	22.7	224 07.9	20.0	65 33.8	36.7	Atria	108 05.1	S69 00.8
	20	15 20.6	112 51.1	43.4	315 40.0	22.6	239 10.5	20.0	80 36.0	36.6	Avior	234 24.6	S59 28.6
	21	30 23.1	127 50.1	· · 43.7	330 43.3	· · 22.6	254 13.0	· · 20.0	95 38.2	· · 36.6	Bellatrix	278 49.8	N 6 20.6
	22	45 25.5	142 49.1	44.0	345 46.7	22.5	269 15.5	20.1	110 40.4	36.6	Betelgeuse	271 19.2	N 7 24.5
	23	60 28.0	157 48.2	44.2	0 50.0	22.4	284 18.0	20.1	125 42.6	36.5			
7	00	75 30.4	172 47.2	S23 44.5	15 53.4	N22 22.3	299 20.5	N17 20.1	140 44.8	S21 36.5	Canopus	264 03.1	S52 41.3
	01	90 32.9	187 46.3	44.7	30 56.7	22.3	314 23.0	20.1	155 47.0	36.4	Capella	280 58.9	N45 59.5
	02	105 35.4	202 45.3	45.0	46 00.0	22.2	329 25.6	20.2	170 49.2	36.4	Deneb	49 43.3	N45 15.1
	03	120 37.8	217 44.4	· · 45.2	61 03.4	· · 22.1	344 28.1	· · 20.2	185 51.4	· · 36.4	Denebola	182 50.9	N14 37.2
	04	135 40.3	232 43.4	45.5	76 06.7	22.0	359 30.6	20.2	200 53.6	36.3	Diphda	349 12.6	S18 02.1
	05	150 42.8	247 42.5	45.7	91 10.1	21.9	14 33.1	20.2	215 55.8	36.3			
	06	165 45.2	262 41.5	S23 46.0	106 13.4	N22 21.9	29 35.6	N17 20.3	230 58.0	S21 36.2	Dubhe	194 12.0	N61 47.6
	07	180 47.7	277 40.5	46.2	121 16.7	21.8	44 38.2	20.3	246 00.2	36.2	Elnath	278 33.6	N28 36.1
	08	195 50.2	292 39.6	46.5	136 20.1	21.7	59 40.7	20.3	261 02.4	36.2	Eltanin	90 54.5	N51 29.4
F	09	210 52.6	307 38.6	· · 46.7	151 23.4	· · 21.6	74 43.2	· · 20.3	276 04.5	· · 36.1	Enif	34 03.8	N 9 50.1
R	10	225 55.1	322 37.7	47.0	166 26.7	21.6	89 45.7	20.4	291 06.7	36.1	Fomalhaut	15 42.5	S29 40.3
I	11	240 57.6	337 36.7	47.2	181 30.0	21.5	104 48.2	20.4	306 08.9	36.0			
D	12	256 00.0	352 35.8	S23 47.5	196 33.4	N22 21.4	119 50.8	N17 20.4	321 11.1	S21 36.0	Gacrux	172 20.2	S57 03.6
A	13	271 02.5	7 34.8	47.7	211 36.7	21.3	134 53.3	20.5	336 13.3	36.0	Gienah	176 09.8	S17 29.5
Y	14	286 04.9	22 33.8	47.9	226 40.0	21.2	149 55.8	20.5	351 15.5	35.9	Hadar	149 12.6	S60 19.7
	15	301 07.4	37 32.9	· · 48.2	241 43.3	· · 21.2	164 58.3	· · 20.5	6 17.7	· · 35.9	Hamal	328 19.6	N23 25.4
	16	316 09.9	52 31.9	48.4	256 46.7	21.1	180 00.9	20.5	21 19.9	35.8	Kaus Aust.	84 06.5	S34 23.5
	17	331 12.3	67 31.0	48.6	271 50.0	21.0	195 03.4	20.6	36 22.1	35.8			
	18	346 14.8	82 30.0	S23 48.9	286 53.3	N22 20.9	210 05.9	N17 20.6	51 24.3	S21 35.8	Kochab	137 20.0	N74 11.3
	19	1 17.3	97 29.0	49.1	301 56.6	20.9	225 08.4	20.6	66 26.5	35.7	Markab	13 55.2	N15 09.6
	20	16 19.7	112 28.1	49.3	317 00.0	20.8	240 10.9	20.6	81 28.7	35.7	Menkar	314 32.4	N 4 03.4
	21	31 22.2	127 27.1	· · 49.6	332 03.3	· · 20.7	255 13.5	· · 20.7	96 30.9	· · 35.6	Menkent	148 27.9	S36 19.5
	22	46 24.7	142 26.2	49.8	347 06.6	20.6	270 16.0	20.7	111 33.1	35.6	Miaplacidus	221 43.0	S69 40.5
	23	61 27.1	157 25.2	50.0	2 09.9	20.5	285 18.5	20.7	126 35.2	35.6			
8	00	76 29.6	172 24.2	S23 50.2	17 13.2	N22 20.5	300 21.0	N17 20.7	141 37.4	S21 35.5	Mirfak	309 04.2	N49 50.0
	01	91 32.0	187 23.3	50.5	32 16.5	20.4	315 23.6	20.8	156 39.6	35.5	Nunki	76 19.5	S26 18.6
	02	106 34.5	202 22.3	50.7	47 19.8	20.3	330 26.1	20.8	171 41.8	35.4	Peacock	53 46.0	S56 46.1
	03	121 37.0	217 21.4	· · 50.9	62 23.2	· · 20.2	345 28.6	· · 20.8	186 44.0	· · 35.4	Pollux	243 48.0	N28 02.9
	04	136 39.4	232 20.4	51.1	77 26.5	20.2	0 31.2	20.9	201 46.2	35.4	Procyon	245 17.1	N 5 15.0
	05	151 41.9	247 19.4	51.3	92 29.8	20.1	15 33.7	20.9	216 48.4	35.3			
	06	166 44.4	262 18.5	S23 51.6	107 33.1	N22 20.0	30 36.2	N17 20.9	231 50.6	S21 35.3	Rasalhague	96 22.4	N12 33.9
	07	181 46.8	277 17.5	51.8	122 36.4	19.9	45 38.7	20.9	246 52.8	35.2	Regulus	208 01.3	N12 00.6
S	08	196 49.3	292 16.5	52.0	137 39.7	19.8	60 41.3	21.0	261 55.0	35.2	Rigel	281 27.9	S 8 12.6
A	09	211 51.8	307 15.6	· · 52.2	152 43.0	· · 19.8	75 43.8	· · 21.0	276 57.2	· · 35.2	Rigil Kent.	140 15.5	S60 47.8
T	10	226 54.2	322 14.6	52.4	167 46.3	19.7	90 46.3	21.0	291 59.4	35.1	Sabik	102 32.3	S15 42.9
U	11	241 56.7	337 13.7	52.6	182 49.6	19.6	105 48.9	21.0	307 01.5	35.1			
R	12	256 59.2	352 12.7	S23 52.8	197 52.9	N22 19.5	120 51.4	N17 21.1	322 03.7	S21 35.0	Schedar	349 59.8	N56 29.7
D	13	272 01.6	7 11.7	53.1	212 56.2	19.5	135 53.9	21.1	337 05.9	35.0	Shaula	96 45.3	S37 05.9
A	14	287 04.1	22 10.8	53.3	227 59.5	19.4	150 56.4	21.1	352 08.1	35.0	Sirius	258 48.2	S16 42.1
Y	15	302 06.5	37 09.8	· · 53.5	243 02.8	· · 19.3	165 59.0	· · 21.2	7 10.3	· · 34.9	Spica	158 49.3	S11 06.9
	16	317 09.0	52 08.8	53.7	258 06.1	19.2	181 01.5	21.2	22 12.5	34.9	Suhail	223 04.7	S43 23.5
	17	332 11.5	67 07.9	53.9	273 09.4	19.1	196 04.0	21.2	37 14.7	34.8			
	18	347 13.9	82 06.9	S23 54.1	288 12.7	N22 19.1	211 06.6	N17 21.2	52 16.9	S21 34.8	Vega	80 50.8	N38 46.5
	19	2 16.4	97 05.9	54.3	303 16.0	19.0	226 09.1	21.3	67 19.1	34.8	Zuben'ubi	137 24.4	S16 00.3
	20	17 18.9	112 05.0	54.5	318 19.3	18.9	241 11.6	21.3	82 21.3	34.7		S.H.A.	Mer. Pass.
	21	32 21.3	127 04.0	· · 54.7	333 22.6	· · 18.8	256 14.2	· · 21.3	97 23.5	· · 34.7		° ′	h m
	22	47 23.8	142 03.1	54.9	348 25.9	18.8	271 16.7	21.4	112 25.6	34.6	Venus	97 16.8	12 30
	23	62 26.3	157 02.1	55.1	3 29.2	18.7	286 19.2	21.4	127 27.8	34.6	Mars	300 22.9	22 51
		h m									Jupiter	223 50.1	4 02
Mer. Pass.		18 54.9	v −1.0	d 0.2	v 3.3	d 0.1	v 2.5	d 0.0	v 2.2	d 0.0	Saturn	65 14.4	14 35

UT (GMT) d	h	SUN G.H.A. ° ′	SUN Dec. ° ′	MOON G.H.A. ° ′	*v* ′	MOON Dec. ° ′	*d* ′	H.P. ′
6	00	182 18.7	S22 26.1	307 31.5	7.7	N18 33.4	11.8	59.6
	01	197 18.4	26.4	321 58.2	8.0	18 21.6	11.8	59.6
	02	212 18.1	26.7	336 25.2	8.0	18 09.8	11.9	59.5
	03	227 17.9	. . 27.0	350 52.2	8.1	17 57.9	11.9	59.5
	04	242 17.6	27.3	5 19.3	8.3	17 46.0	12.1	59.5
	05	257 17.4	27.6	19 46.6	8.4	17 33.9	12.2	59.4
	06	272 17.1	S22 27.9	34 14.0	8.6	N17 21.7	12.2	59.4
	07	287 16.8	28.2	48 41.6	8.7	17 09.5	12.4	59.3
T	08	302 16.6	28.5	63 09.3	8.7	16 57.1	12.4	59.3
H	09	317 16.3	. . 28.8	77 37.0	9.0	16 44.7	12.5	59.3
U	10	332 16.0	29.1	92 05.0	9.0	16 32.2	12.5	59.2
R	11	347 15.8	29.4	106 33.0	9.2	16 19.7	12.7	59.2
S	12	2 15.5	S22 29.7	121 01.2	9.2	N16 07.0	12.7	59.1
D	13	17 15.3	30.0	135 29.4	9.4	15 54.3	12.8	59.1
A	14	32 15.0	30.3	149 57.8	9.6	15 41.5	12.8	59.1
Y	15	47 14.7	. . 30.6	164 26.4	9.6	15 28.7	12.9	59.0
	16	62 14.5	30.9	178 55.0	9.7	15 15.8	13.0	59.0
	17	77 14.2	31.2	193 23.7	9.9	15 02.8	13.1	58.9
	18	92 13.9	S22 31.5	207 52.6	10.0	N14 49.7	13.1	58.9
	19	107 13.7	31.8	222 21.6	10.1	14 36.6	13.2	58.9
	20	122 13.4	32.1	236 50.7	10.2	14 23.4	13.2	58.8
	21	137 13.1	. . 32.4	251 19.9	10.4	14 10.2	13.3	58.8
	22	152 12.9	32.7	265 49.3	10.4	13 56.9	13.4	58.7
	23	167 12.6	33.0	280 18.7	10.5	13 43.5	13.4	58.7
7	00	182 12.3	S22 33.2	294 48.2	10.7	N13 30.1	13.4	58.7
	01	197 12.1	33.5	309 17.9	10.8	13 16.7	13.5	58.6
	02	212 11.8	33.8	323 47.7	10.8	13 03.2	13.6	58.6
	03	227 11.5	. . 34.1	338 17.5	11.0	12 49.6	13.6	58.5
	04	242 11.3	34.4	352 47.5	11.1	12 36.0	13.6	58.5
	05	257 11.0	34.7	7 17.6	11.2	12 22.4	13.7	58.5
	06	272 10.7	S22 35.0	21 47.8	11.2	N12 08.7	13.8	58.4
	07	287 10.5	35.3	36 18.0	11.4	11 54.9	13.7	58.4
	08	302 10.2	35.5	50 48.4	11.5	11 41.2	13.8	58.3
F	09	317 09.9	. . 35.8	65 18.9	11.6	11 27.4	13.9	58.3
R	10	332 09.7	36.1	79 49.5	11.7	11 13.5	13.9	58.3
I	11	347 09.4	36.4	94 20.2	11.7	10 59.6	13.9	58.2
D	12	2 09.1	S22 36.7	108 50.9	11.9	N10 45.7	14.0	58.2
A	13	17 08.9	36.9	123 21.8	12.0	10 31.7	14.0	58.1
Y	14	32 08.6	37.2	137 52.8	12.0	10 17.7	14.0	58.1
	15	47 08.3	. . 37.5	152 23.8	12.1	10 03.7	14.0	58.1
	16	62 08.1	37.8	166 54.9	12.3	9 49.7	14.1	58.0
	17	77 07.8	38.1	181 26.2	12.3	9 35.6	14.1	58.0
	18	92 07.5	S22 38.3	195 57.5	12.4	N 9 21.5	14.2	57.9
	19	107 07.3	38.6	210 28.9	12.5	9 07.3	14.1	57.9
	20	122 07.0	38.9	225 00.4	12.5	8 53.2	14.2	57.9
	21	137 06.7	. . 39.2	239 31.9	12.7	8 39.0	14.2	57.8
	22	152 06.4	39.4	254 03.6	12.7	8 24.8	14.2	57.8
	23	167 06.2	39.7	268 35.3	12.8	8 10.6	14.3	57.8
8	00	182 05.9	S22 40.0	283 07.1	12.9	N 7 56.3	14.2	57.7
	01	197 05.6	40.3	297 39.0	13.0	7 42.1	14.3	57.7
	02	212 05.4	40.5	312 11.0	13.0	7 27.8	14.3	57.6
	03	227 05.1	. . 40.8	326 43.0	13.1	7 13.5	14.3	57.6
	04	242 04.8	41.1	341 15.1	13.2	6 59.2	14.3	57.6
	05	257 04.5	41.3	355 47.3	13.3	6 44.9	14.3	57.5
	06	272 04.3	S22 41.6	10 19.6	13.3	N 6 30.6	14.4	57.5
	07	287 04.0	41.9	24 51.9	13.4	6 16.2	14.3	57.4
S	08	302 03.7	42.1	39 24.3	13.5	6 01.9	14.4	57.4
A	09	317 03.5	. . 42.4	53 56.8	13.5	5 47.5	14.3	57.4
T	10	332 03.2	42.7	68 29.3	13.6	5 33.2	14.4	57.3
U	11	347 02.9	42.9	83 01.9	13.7	5 18.8	14.4	57.3
R	12	2 02.6	S22 43.2	97 34.6	13.7	N 5 04.4	14.3	57.3
D	13	17 02.4	43.5	112 07.3	13.8	4 50.1	14.4	57.2
A	14	32 02.1	43.7	126 40.1	13.8	4 35.7	14.4	57.2
Y	15	47 01.8	. . 44.0	141 12.9	13.9	4 21.3	14.4	57.1
	16	62 01.5	44.2	155 45.8	14.0	4 06.9	14.3	57.1
	17	77 01.3	44.5	170 18.8	14.0	3 52.6	14.4	57.1
	18	92 01.0	S22 44.7	184 51.8	14.0	N 3 38.2	14.4	57.0
	19	107 00.7	45.0	199 24.8	14.1	3 23.8	14.4	57.0
	20	122 00.4	45.3	213 57.9	14.2	3 09.4	14.3	57.0
	21	137 00.2	. . 45.5	228 31.1	14.2	2 55.1	14.4	56.9
	22	151 59.9	45.8	243 04.3	14.3	2 40.7	14.3	56.9
	23	166 59.6	46.0	257 37.6	14.3	2 26.4	14.4	56.9
		S.D. 16.3	*d* 0.3	S.D.	16.1		15.9	15.6

Lat. °	Twilight Naut. h m	Twilight Civil h m	Sunrise h m	Moonrise 6 h m	Moonrise 7 h m	Moonrise 8 h m	Moonrise 9 h m
N 72	08 05	10 16	■	18 38	21 13	23 23	25 24
N 70	07 47	09 29	■	19 11	21 27	23 26	25 19
68	07 33	08 58	11 17	19 35	21 38	23 29	25 14
66	07 21	08 35	10 06	19 53	21 47	23 31	25 10
64	07 11	08 17	09 31	20 08	21 54	23 33	25 07
62	07 02	08 02	09 05	20 20	22 00	23 34	25 04
60	06 54	07 50	08 46	20 30	22 06	23 36	25 02
N 58	06 47	07 39	08 29	20 39	22 11	23 37	25 00
56	06 41	07 29	08 16	20 47	22 15	23 38	24 58
54	06 35	07 21	08 04	20 54	22 19	23 39	24 56
52	06 30	07 13	07 53	21 00	22 22	23 40	24 54
50	06 25	07 06	07 44	21 06	22 25	23 41	24 53
45	06 14	06 51	07 24	21 18	22 32	23 42	24 50
N 40	06 04	06 38	07 08	21 28	22 38	23 44	24 47
35	05 55	06 26	06 54	21 36	22 42	23 45	24 45
30	05 47	06 16	06 43	21 44	22 47	23 46	24 43
20	05 31	05 58	06 22	21 56	22 54	23 48	24 40
N 10	05 16	05 42	06 04	22 08	23 00	23 50	24 37
0	04 59	05 25	05 48	22 18	23 06	23 52	24 35
S 10	04 41	05 08	05 31	22 28	23 12	23 53	24 32
20	04 19	04 48	05 13	22 39	23 19	23 55	24 29
30	03 51	04 24	04 51	22 52	23 26	23 57	24 26
35	03 33	04 10	04 39	22 59	23 30	23 58	24 25
40	03 11	03 52	04 25	23 07	23 35	23 59	24 23
45	02 42	03 31	04 07	23 16	23 40	24 01	00 01
S 50	02 00	03 03	03 46	23 28	23 46	24 03	00 03
52	01 36	02 48	03 36	23 33	23 49	24 03	00 03
54	01 00	02 32	03 24	23 39	23 53	24 04	00 04
56	////	02 11	03 11	23 45	23 56	24 05	00 05
58	////	01 45	02 55	23 52	24 00	00 00	00 06
S 60	////	01 07	02 36	24 00	00 00	00 05	00 08

Lat. °	Sunset h m	Twilight Civil h m	Twilight Naut. h m	Moonset 6 h m	Moonset 7 h m	Moonset 8 h m	Moonset 9 h m
N 72	■	13 26	15 37	13 56	13 04	12 31	12 03
N 70	■	14 14	15 55	13 21	12 48	12 24	12 04
68	12 26	14 44	16 09	12 55	12 35	12 19	12 05
66	13 36	15 07	16 21	12 35	12 24	12 14	12 05
64	14 12	15 25	16 32	12 19	12 15	12 10	12 06
62	14 37	15 40	16 41	12 06	12 07	12 07	12 06
60	14 57	15 53	16 48	11 55	12 00	12 04	12 07
N 58	15 13	16 04	16 55	11 45	11 54	12 01	12 07
56	15 27	16 13	17 02	11 36	11 49	11 59	12 08
54	15 39	16 22	17 08	11 28	11 44	11 57	12 08
52	15 49	16 30	17 13	11 21	11 40	11 55	12 08
50	15 59	16 37	17 18	11 15	11 36	11 53	12 09
45	16 18	16 52	17 29	11 01	11 27	11 49	12 09
N 40	16 35	17 05	17 39	10 50	11 20	11 46	12 10
35	16 48	17 16	17 48	10 40	11 14	11 43	12 10
30	17 00	17 26	17 56	10 31	11 08	11 40	12 11
20	17 20	17 44	18 12	10 16	10 58	11 36	12 11
N 10	17 38	18 01	18 27	10 03	10 50	11 32	12 12
0	17 55	18 18	18 44	09 51	10 41	11 28	12 12
S 10	18 12	18 35	19 02	09 38	10 33	11 24	12 13
20	18 30	18 55	19 24	09 25	10 24	11 20	12 13
30	18 52	19 19	19 52	09 09	10 14	11 16	12 14
35	19 04	19 33	20 10	09 00	10 08	11 13	12 14
40	19 19	19 51	20 32	08 50	10 02	11 10	12 15
45	19 36	20 13	21 01	08 37	09 54	11 06	12 15
S 50	19 57	20 41	21 44	08 22	09 44	11 02	12 16
52	20 08	20 55	22 08	08 15	09 40	11 00	12 16
54	20 19	21 12	22 45	08 07	09 35	10 57	12 16
56	20 33	21 32	////	07 59	09 29	10 55	12 16
58	20 48	21 59	////	07 48	09 23	10 52	12 17
S 60	21 07	22 39	////	07 37	09 16	10 49	12 17

Day	SUN Eqn. of Time 00ʰ m s	SUN Eqn. of Time 12ʰ m s	SUN Mer. Pass. h m	MOON Mer. Pass. Upper h m	MOON Mer. Pass. Lower h m	MOON Age d	MOON Phase
6	09 15	09 03	11 51	03 38	16 04	19	
7	08 50	08 37	11 51	04 30	16 54	20	◐
8	08 24	08 11	11 52	05 17	17 40	21	

K

UT (GMT)	ARIES	VENUS −3.9		MARS −1.7		JUPITER −2.4		SATURN +0.6		STARS		
	G.H.A.	G.H.A.	Dec.	G.H.A.	Dec.	G.H.A.	Dec.	G.H.A.	Dec.	Name	S.H.A.	Dec.
d h	° ′	° ′	° ′	° ′	° ′	° ′	° ′	° ′	° ′		° ′	° ′
9 00	77 28.7	172 01.1	S23 55.3	18 32.5	N22 18.6	301 21.8	N17 21.4	142 30.0	S21 34.5	Acamar	315 30.7	S40 20.4
01	92 31.2	187 00.2	55.5	33 35.7	18.5	316 24.3	21.4	157 32.2	34.5	Achernar	335 38.7	S57 17.1
02	107 33.7	201 59.2	55.7	48 39.0	18.5	331 26.8	21.5	172 34.4	34.5	Acrux	173 28.7	S63 02.7
03	122 36.1	216 58.2	· · 55.8	63 42.3	· · 18.4	346 29.4	· · 21.5	187 36.6	· · 34.4	Adhara	255 25.4	S28 57.4
04	137 38.6	231 57.3	56.0	78 45.6	18.3	1 31.9	21.5	202 38.8	34.4	Aldebaran	291 08.4	N16 29.6
05	152 41.0	246 56.3	56.2	93 48.9	18.2	16 34.4	21.6	217 41.0	34.3			
06	167 43.5	261 55.3	S23 56.4	108 52.2	N22 18.1	31 37.0	N17 21.6	232 43.2	S21 34.3	Alioth	166 35.5	N56 00.2
07	182 46.0	276 54.4	56.6	123 55.4	18.1	46 39.5	21.6	247 45.4	34.3	Alkaid	153 12.3	N49 21.2
08	197 48.4	291 53.4	56.8	138 58.7	18.0	61 42.1	21.7	262 47.5	34.2	Al Na'ir	28 04.8	S47 00.5
S 09	212 50.9	306 52.4	· · 57.0	154 02.0	· · 17.9	76 44.6	· · 21.7	277 49.7	· · 34.2	Alnilam	276 03.1	S 1 12.3
U 10	227 53.4	321 51.5	57.2	169 05.3	17.8	91 47.1	21.7	292 51.9	34.1	Alphard	218 12.5	S 8 37.1
N 11	242 55.8	336 50.5	57.3	184 08.6	17.8	106 49.7	21.7	307 54.1	34.1			
D 12	257 58.3	351 49.5	S23 57.5	199 11.8	N22 17.7	121 52.2	N17 21.8	322 56.3	S21 34.1	Alphecca	126 25.6	N26 44.5
A 13	273 00.8	6 48.6	57.7	214 15.1	17.6	136 54.7	21.8	337 58.5	34.0	Alpheratz	358 01.0	N29 02.7
Y 14	288 03.2	21 47.6	57.9	229 18.4	17.5	151 57.3	21.8	353 00.7	34.0	Altair	62 25.0	N 8 50.7
15	303 05.7	36 46.6	· · 58.0	244 21.6	· · 17.5	166 59.8	· · 21.9	8 02.9	· · 33.9	Ankaa	353 32.0	S42 21.4
16	318 08.1	51 45.7	58.2	259 24.9	17.4	182 02.4	21.9	23 05.1	33.9	Antares	112 47.4	S26 24.8
17	333 10.6	66 44.7	58.4	274 28.2	17.3	197 04.9	21.9	38 07.2	33.9			
18	348 13.1	81 43.7	S23 58.6	289 31.5	N22 17.2	212 07.4	N17 22.0	53 09.4	S21 33.8	Arcturus	146 11.3	N19 13.6
19	3 15.5	96 42.8	58.7	304 34.7	17.1	227 10.0	22.0	68 11.6	33.8	Atria	108 05.0	S69 00.8
20	18 18.0	111 41.8	58.9	319 38.0	17.1	242 12.5	22.0	83 13.8	33.7	Avior	234 24.6	S59 28.6
21	33 20.5	126 40.8	· · 59.1	334 41.2	· · 17.0	257 15.1	· · 22.1	98 16.0	· · 33.7	Bellatrix	278 49.8	N 6 20.6
22	48 22.9	141 39.9	59.2	349 44.5	16.9	272 17.6	22.1	113 18.2	33.6	Betelgeuse	271 19.2	N 7 24.4
23	63 25.4	156 38.9	59.4	4 47.8	16.8	287 20.1	22.1	128 20.4	33.6			
10 00	78 27.9	171 37.9	S23 59.6	19 51.0	N22 16.8	302 22.7	N17 22.2	143 22.6	S21 33.6	Canopus	264 03.1	S52 41.3
01	93 30.3	186 36.9	59.7	34 54.3	16.7	317 25.2	22.2	158 24.7	33.5	Capella	280 58.9	N45 59.5
02	108 32.8	201 36.0	23 59.9	49 57.6	16.6	332 27.8	22.2	173 26.9	33.5	Deneb	49 43.4	N45 15.1
03	123 35.3	216 35.0	24 00.1	65 00.8	· · 16.5	347 30.3	· · 22.2	188 29.1	· · 33.4	Denebola	182 50.8	N14 37.2
04	138 37.7	231 34.0	00.2	80 04.1	16.5	2 32.9	22.3	203 31.3	33.4	Diphda	349 12.6	S18 02.1
05	153 40.2	246 33.1	00.4	95 07.3	16.4	17 35.4	22.3	218 33.5	33.4			
06	168 42.6	261 32.1	S24 00.5	110 10.6	N22 16.3	32 37.9	N17 22.3	233 35.7	S21 33.3	Dubhe	194 11.9	N61 47.6
07	183 45.1	276 31.1	00.7	125 13.8	16.2	47 40.5	22.4	248 37.9	33.3	Elnath	278 33.6	N28 36.1
08	198 47.6	291 30.2	00.8	140 17.1	16.1	62 43.0	22.4	263 40.1	33.2	Eltanin	90 54.5	N51 29.4
M 09	213 50.0	306 29.2	· · 01.0	155 20.3	· · 16.1	77 45.6	· · 22.4	278 42.3	· · 33.2	Enif	34 03.8	N 9 50.1
O 10	228 52.5	321 28.2	01.1	170 23.6	16.0	92 48.1	22.5	293 44.4	33.2	Fomalhaut	15 42.5	S29 40.3
N 11	243 55.0	336 27.2	01.3	185 26.8	15.9	107 50.7	22.5	308 46.6	33.1			
D 12	258 57.4	351 26.3	S24 01.4	200 30.1	N22 15.8	122 53.2	N17 22.5	323 48.8	S21 33.1	Gacrux	172 20.2	S57 03.6
A 13	273 59.9	6 25.3	01.6	215 33.3	15.8	137 55.8	22.6	338 51.0	33.0	Gienah	176 09.8	S17 29.5
Y 14	289 02.4	21 24.3	01.7	230 36.6	15.7	152 58.3	22.6	353 53.2	33.0	Hadar	149 12.6	S60 19.7
15	304 04.8	36 23.4	· · 01.9	245 39.8	· · 15.6	168 00.9	· · 22.6	8 55.4	· · 32.9	Hamal	328 19.6	N23 25.4
16	319 07.3	51 22.4	02.0	260 43.0	15.5	183 03.4	22.7	23 57.6	32.9	Kaus Aust.	84 06.5	S34 23.5
17	334 09.8	66 21.4	02.2	275 46.3	15.5	198 06.0	22.7	38 59.7	32.9			
18	349 12.2	81 20.4	S24 02.3	290 49.5	N22 15.4	213 08.5	N17 22.7	54 01.9	S21 32.8	Kochab	137 20.0	N74 11.2
19	4 14.7	96 19.5	02.4	305 52.8	15.3	228 11.0	22.8	69 04.1	32.8	Markab	13 55.2	N15 09.6
20	19 17.1	111 18.5	02.6	320 56.0	15.2	243 13.6	22.8	84 06.3	32.7	Menkar	314 32.4	N 4 03.4
21	34 19.6	126 17.5	· · 02.7	335 59.2	· · 15.2	258 16.1	· · 22.8	99 08.5	· · 32.7	Menkent	148 27.9	S36 19.5
22	49 22.1	141 16.6	02.9	351 02.5	15.1	273 18.7	22.9	114 10.7	32.7	Miaplacidus	221 43.0	S69 40.5
23	64 24.5	156 15.6	03.0	6 05.7	15.0	288 21.2	22.9	129 12.9	32.6			
11 00	79 27.0	171 14.6	S24 03.1	21 08.9	N22 14.9	303 23.8	N17 22.9	144 15.1	S21 32.6	Mirfak	309 04.2	N49 50.0
01	94 29.5	186 13.6	03.3	36 12.2	14.9	318 26.3	23.0	159 17.2	32.5	Nunki	76 19.5	S26 18.6
02	109 31.9	201 12.7	03.4	51 15.4	14.8	333 28.9	23.0	174 19.4	32.5	Peacock	53 46.0	S56 46.1
03	124 34.4	216 11.7	· · 03.5	66 18.6	· · 14.7	348 31.5	· · 23.0	189 21.6	· · 32.5	Pollux	243 48.0	N28 02.9
04	139 36.9	231 10.7	03.6	81 21.8	14.6	3 34.0	23.1	204 23.8	32.4	Procyon	245 17.1	N 5 15.0
05	154 39.3	246 09.8	03.8	96 25.1	14.6	18 36.6	23.1	219 26.0	32.4			
06	169 41.8	261 08.8	S24 03.9	111 28.3	N22 14.5	33 39.1	N17 23.1	234 28.2	S21 32.3	Rasalhague	96 22.4	N12 33.9
07	184 44.3	276 07.8	04.0	126 31.5	14.4	48 41.7	23.2	249 30.4	32.3	Regulus	208 01.3	N12 00.6
T 08	199 46.7	291 06.8	04.1	141 34.7	14.3	63 44.2	23.2	264 32.5	32.2	Rigel	281 27.9	S 8 12.6
U 09	214 49.2	306 05.9	· · 04.3	156 38.0	· · 14.3	78 46.8	· · 23.3	279 34.7	· · 32.2	Rigil Kent.	140 15.5	S60 47.7
E 10	229 51.6	321 04.9	04.4	171 41.2	14.2	93 49.3	23.3	294 36.9	32.2	Sabik	102 32.3	S15 42.9
S 11	244 54.1	336 03.9	04.5	186 44.4	14.1	108 51.9	23.3	309 39.1	32.1			
D 12	259 56.6	351 02.9	S24 04.6	201 47.6	N22 14.0	123 54.4	N17 23.4	324 41.3	S21 32.1	Schedar	349 59.8	N56 29.7
A 13	274 59.0	6 02.0	04.7	216 50.8	14.0	138 57.0	23.4	339 43.5	32.0	Shaula	96 45.3	S37 05.9
Y 14	290 01.5	21 01.0	04.9	231 54.0	13.9	153 59.5	23.4	354 45.7	32.0	Sirius	258 48.2	S16 42.1
15	305 04.0	36 00.0	· · 05.0	246 57.3	· · 13.8	169 02.1	· · 23.5	9 47.8	· · 31.9	Spica	158 49.3	S11 06.9
16	320 06.4	50 59.1	05.1	262 00.5	13.7	184 04.6	23.5	24 50.0	31.9	Suhail	223 04.7	S43 23.5
17	335 08.9	65 58.1	05.2	277 03.7	13.7	199 07.2	23.5	39 52.2	31.9			
18	350 11.4	80 57.1	S24 05.3	292 06.9	N22 13.6	214 09.8	N17 23.6	54 54.4	S21 31.8	Vega	80 50.8	N38 46.5
19	5 13.8	95 56.1	05.4	307 10.1	13.5	229 12.3	23.6	69 56.6	31.8	Zuben'ubi	137 24.4	S16 00.3
20	20 16.3	110 55.2	05.5	322 13.3	13.4	244 14.9	23.6	84 58.8	31.7		S.H.A.	Mer. Pass.
21	35 18.7	125 54.2	· · 05.6	337 16.5	· · 13.4	259 17.4	· · 23.7	100 00.9	· · 31.7		° ′	h m
22	50 21.2	140 53.2	05.7	352 19.7	13.3	274 20.0	23.7	115 03.1	31.7	Venus	93 10.1	12 34
23	65 23.7	155 52.2	05.8	7 22.9	13.2	289 22.5	23.7	130 05.3	31.6	Mars	301 23.2	22 36
	h m									Jupiter	223 54.8	3 50
Mer. Pass.	18 43.1	v −1.0	d 0.1	v 3.2	d 0.1	v 2.5	d 0.0	v 2.2	d 0.0	Saturn	64 54.7	14 24

UT (GMT) d	h	SUN G.H.A. ° ′	SUN Dec. ° ′	MOON G.H.A. ° ′	v ′	MOON Dec. ° ′	d ′	H.P. ′
9 SUNDAY	00	181 59.3	S22 46.3	272 10.9	14.3	N 2 12.0	14.3	56.8
	01	196 59.1	46.5	286 44.2	14.5	1 57.7	14.4	56.8
	02	211 58.8	46.8	301 17.7	14.4	1 43.3	14.3	56.7
	03	226 58.5	. . 47.0	315 51.1	14.5	1 29.0	14.3	56.7
	04	241 58.2	47.3	330 24.6	14.5	1 14.7	14.3	56.7
	05	256 58.0	47.5	344 58.1	14.6	1 00.4	14.3	56.6
	06	271 57.7	S22 47.8	359 31.7	14.6	N 0 46.1	14.2	56.6
	07	286 57.4	48.0	14 05.3	14.6	0 31.9	14.3	56.6
	08	301 57.1	48.3	28 38.9	14.7	0 17.6	14.2	56.5
	09	316 56.8	. . 48.5	43 12.6	14.7	N 0 03.4	14.2	56.5
	10	331 56.6	48.8	57 46.3	14.8	S 0 10.8	14.2	56.5
	11	346 56.3	49.0	72 20.1	14.7	0 25.0	14.2	56.4
	12	1 56.0	S22 49.3	86 53.8	14.8	S 0 39.2	14.2	56.4
	13	16 55.7	49.5	101 27.6	14.9	0 53.4	14.1	56.4
	14	31 55.4	49.7	116 01.5	14.8	1 07.5	14.2	56.3
	15	46 55.2	. . 50.0	130 35.3	14.9	1 21.7	14.1	56.3
	16	61 54.9	50.2	145 09.2	15.0	1 35.8	14.0	56.3
	17	76 54.6	50.5	159 43.2	14.9	1 49.8	14.1	56.2
	18	91 54.3	S22 50.7	174 17.1	15.0	S 2 03.9	14.0	56.2
	19	106 54.0	50.9	188 51.1	15.0	2 17.9	14.0	56.2
	20	121 53.8	51.2	203 25.1	15.0	2 31.9	14.0	56.1
	21	136 53.5	. . 51.4	217 59.1	15.0	2 45.9	14.0	56.1
	22	151 53.2	51.7	232 33.1	15.0	2 59.9	13.9	56.1
	23	166 52.9	51.9	247 07.1	15.1	3 13.8	13.9	56.0
10 MONDAY	00	181 52.6	S22 52.1	261 41.2	15.1	S 3 27.7	13.9	56.0
	01	196 52.4	52.4	276 15.3	15.1	3 41.6	13.8	56.0
	02	211 52.1	52.6	290 49.4	15.1	3 55.4	13.8	56.0
	03	226 51.8	. . 52.8	305 23.5	15.1	4 09.2	13.8	55.9
	04	241 51.5	53.1	319 57.6	15.2	4 23.0	13.7	55.9
	05	256 51.2	53.3	334 31.8	15.1	4 36.7	13.8	55.9
	06	271 51.0	S22 53.5	349 05.9	15.1	S 4 50.5	13.6	55.8
	07	286 50.7	53.8	3 40.0	15.2	5 04.1	13.7	55.8
	08	301 50.4	54.0	18 14.2	15.2	5 17.8	13.6	55.8
	09	316 50.1	. . 54.2	32 48.4	15.2	5 31.4	13.6	55.8
	10	331 49.8	54.4	47 22.6	15.1	5 45.0	13.5	55.7
	11	346 49.5	54.7	61 56.7	15.2	5 58.5	13.5	55.7
	12	1 49.3	S22 54.9	76 30.9	15.2	S 6 12.0	13.5	55.7
	13	16 49.0	55.1	91 05.1	15.2	6 25.5	13.4	55.6
	14	31 48.7	55.3	105 39.3	15.2	6 38.9	13.4	55.6
	15	46 48.4	. . 55.6	120 13.5	15.2	6 52.3	13.3	55.6
	16	61 48.1	55.8	134 47.7	15.2	7 05.6	13.3	55.6
	17	76 47.8	56.0	149 21.9	15.2	7 18.9	13.3	55.5
	18	91 47.6	S22 56.2	163 56.1	15.1	S 7 32.2	13.2	55.5
	19	106 47.3	56.4	178 30.2	15.2	7 45.4	13.2	55.5
	20	121 47.0	56.7	193 04.4	15.2	7 58.6	13.1	55.5
	21	136 46.7	. . 56.9	207 38.6	15.2	8 11.7	13.1	55.4
	22	151 46.4	57.1	222 12.8	15.1	8 24.8	13.1	55.4
	23	166 46.1	57.3	236 46.9	15.2	8 37.9	13.0	55.4
11 TUESDAY	00	181 45.9	S22 57.5	251 21.1	15.1	S 8 50.9	12.9	55.4
	01	196 45.6	57.7	265 55.2	15.1	9 03.8	12.9	55.3
	02	211 45.3	58.0	280 29.3	15.1	9 16.7	12.9	55.3
	03	226 45.0	. . 58.2	295 03.4	15.2	9 29.6	12.8	55.3
	04	241 44.7	58.4	309 37.6	15.0	9 42.4	12.8	55.3
	05	256 44.4	58.6	324 11.6	15.1	9 55.2	12.7	55.2
	06	271 44.1	S22 58.8	338 45.7	15.1	S10 07.9	12.6	55.2
	07	286 43.8	59.0	353 19.8	15.0	10 20.5	12.6	55.2
	08	301 43.6	59.2	7 53.8	15.1	10 33.1	12.6	55.2
	09	316 43.3	. . 59.4	22 27.9	15.0	10 45.7	12.5	55.1
	10	331 43.0	59.6	37 01.9	15.0	10 58.2	12.4	55.1
	11	346 42.7	22 59.9	51 35.9	14.9	11 10.6	12.4	55.1
	12	1 42.4	S23 00.1	66 09.8	15.0	S11 23.0	12.4	55.1
	13	16 42.1	00.3	80 43.8	14.9	11 35.4	12.3	55.0
	14	31 41.8	00.5	95 17.7	14.9	11 47.7	12.2	55.0
	15	46 41.5	. . 00.7	109 51.6	14.9	11 59.9	12.2	55.0
	16	61 41.3	00.9	124 25.5	14.9	12 12.1	12.1	55.0
	17	76 41.0	01.1	138 59.4	14.8	12 24.2	12.0	55.0
	18	91 40.7	S23 01.3	153 33.2	14.8	S12 36.2	12.0	54.9
	19	106 40.4	01.5	168 07.0	14.8	12 48.2	12.0	54.9
	20	121 40.1	01.7	182 40.8	14.8	13 00.2	11.8	54.9
	21	136 39.8	. . 01.9	197 14.6	14.7	13 12.0	11.9	54.9
	22	151 39.5	02.1	211 48.3	14.7	13 23.9	11.7	54.9
	23	166 39.2	02.3	226 22.0	14.7	13 35.6	11.7	54.8
		S.D. 16.3	*d* 0.2	S.D. 15.4		15.2		15.0

Lat. °	Twilight Naut. h m	Twilight Civil h m	Sunrise h m	Moonrise 9 h m	Moonrise 10 h m	Moonrise 11 h m	Moonrise 12 h m
N 72	08 12	10 29	■	25 24	01 24	03 27	05 49
N 70	07 53	09 37	■	25 19	01 19	03 11	05 13
68	07 38	09 05	■	25 14	01 14	02 59	04 48
66	07 25	08 41	10 15	25 10	01 10	02 48	04 29
64	07 15	08 22	09 37	25 07	01 07	02 40	04 14
62	07 06	08 07	09 11	25 04	01 04	02 32	04 01
60	06 58	07 54	08 50	25 02	01 02	02 26	03 51
N 58	06 51	07 43	08 34	25 00	01 00	02 21	03 41
56	06 44	07 33	08 20	24 58	00 58	02 16	03 33
54	06 38	07 24	08 07	24 56	00 56	02 11	03 26
52	06 33	07 16	07 57	24 54	00 54	02 07	03 20
50	06 28	07 09	07 47	24 53	00 53	02 04	03 14
45	06 16	06 53	07 27	24 50	00 50	01 56	03 02
N 40	06 06	06 40	07 11	24 47	00 47	01 50	02 51
35	05 57	06 29	06 57	24 45	00 45	01 44	02 43
30	05 49	06 19	06 45	24 43	00 43	01 39	02 35
20	05 33	06 00	06 24	24 40	00 40	01 31	02 22
N 10	05 17	05 43	06 06	24 37	00 37	01 24	02 11
0	05 00	05 27	05 49	24 35	00 35	01 17	02 00
S 10	04 42	05 09	05 32	24 32	00 32	01 11	01 50
20	04 20	04 49	05 13	24 29	00 29	01 04	01 39
30	03 51	04 25	04 52	24 26	00 26	00 56	01 26
35	03 33	04 10	04 39	24 25	00 25	00 51	01 19
40	03 11	03 52	04 25	24 23	00 23	00 46	01 11
45	02 41	03 30	04 07	00 01	00 20	00 40	01 01
S 50	01 58	03 01	03 45	00 03	00 18	00 33	00 50
52	01 32	02 47	03 35	00 03	00 16	00 30	00 44
54	00 54	02 30	03 23	00 04	00 15	00 26	00 38
56	////	02 09	03 09	00 05	00 14	00 22	00 32
58	////	01 41	02 53	00 06	00 12	00 18	00 25
S 60	////	00 59	02 34	00 08	00 10	00 13	00 17

Lat. °	Sunset h m	Twilight Civil h m	Twilight Naut. h m	Moonset 9 h m	Moonset 10 h m	Moonset 11 h m	Moonset 12 h m
N 72	■	13 16	15 33	12 03	11 35	11 02	10 12
N 70	■	14 08	15 52	12 04	11 43	11 20	10 49
68	■	14 41	16 07	12 05	11 50	11 35	11 15
66	13 30	15 04	16 20	12 05	11 56	11 47	11 36
64	14 08	15 23	16 30	12 06	12 01	11 57	11 52
62	14 34	15 38	16 39	12 06	12 06	12 05	12 06
60	14 55	15 51	16 47	12 07	12 10	12 13	12 17
N 58	15 11	16 03	16 55	12 07	12 13	12 19	12 27
56	15 26	16 12	17 01	12 08	12 16	12 25	12 36
54	15 38	16 21	17 07	12 08	12 19	12 31	12 44
52	15 49	16 29	17 13	12 08	12 21	12 35	12 51
50	15 58	16 36	17 18	12 09	12 24	12 40	12 57
45	16 18	16 52	17 29	12 09	12 29	12 49	13 11
N 40	16 35	17 05	17 39	12 10	12 33	12 57	13 23
35	16 48	17 17	17 48	12 10	12 37	13 04	13 32
30	17 01	17 27	17 57	12 11	12 40	13 10	13 41
20	17 21	17 45	18 13	12 11	12 45	13 20	13 56
N 10	17 39	18 02	18 28	12 12	12 50	13 29	14 09
0	17 56	18 19	18 45	12 12	12 55	13 38	14 21
S 10	18 14	18 37	19 04	12 13	13 00	13 46	14 34
20	18 32	18 57	19 26	12 13	13 05	13 56	14 47
30	18 54	19 21	19 54	12 14	13 10	14 06	15 02
35	19 06	19 36	20 12	12 14	13 14	14 12	15 11
40	19 21	19 54	20 35	12 15	13 17	14 19	15 21
45	19 39	20 16	21 05	12 15	13 22	14 28	15 33
S 50	20 01	20 45	21 48	12 16	13 27	14 38	15 48
52	20 11	20 59	22 14	12 16	13 30	14 42	15 54
54	20 23	21 16	22 54	12 16	13 32	14 47	16 02
56	20 37	21 38	////	12 16	13 35	14 53	16 10
58	20 53	22 05	////	12 17	13 38	14 59	16 20
S 60	21 12	22 48	////	12 17	13 42	15 06	16 31

Day	SUN Eqn. of Time 00 h m s	SUN Eqn. of Time 12 h m s	SUN Mer. Pass. h m	MOON Mer. Pass. Upper h m	MOON Mer. Pass. Lower h m	MOON Age d	MOON Phase
9	07 58	07 45	11 52	06 02	18 24	22	
10	07 31	07 18	11 53	06 45	19 06	23	◐
11	07 04	06 50	11 53	07 27	19 49	24	

1990 DECEMBER 12, 13, 14 (WED., THURS., FRI.)

UT (GMT) d h	ARIES G.H.A.	VENUS −3.9 G.H.A.	VENUS Dec.	MARS −1.6 G.H.A.	MARS Dec.	JUPITER −2.4 G.H.A.	JUPITER Dec.	SATURN +0.6 G.H.A.	SATURN Dec.
	° ′	° ′	° ′	° ′	° ′	° ′	° ′	° ′	° ′
12 00	80 26.1	170 51.3	S24 05.9	22 26.1	N22 13.1	304 25.1	N17 23.8	145 07.5	S21 31.6
01	95 28.6	185 50.3	06.0	37 29.3	13.1	319 27.7	23.8	160 09.7	31.5
02	110 31.1	200 49.3	06.1	52 32.5	13.0	334 30.2	23.9	175 11.9	31.5
03	125 33.5	215 48.3	· · 06.2	67 35.7	· · 12.9	349 32.8	· · 23.9	190 14.1	· · 31.4
04	140 36.0	230 47.4	06.3	82 38.9	12.9	4 35.3	23.9	205 16.2	31.4
05	155 38.5	245 46.4	06.4	97 42.1	12.8	19 37.9	24.0	220 18.4	31.4
06	170 40.9	260 45.4	S24 06.5	112 45.3	N22 12.7	34 40.5	N17 24.0	235 20.6	S21 31.3
W 07	185 43.4	275 44.4	06.6	127 48.5	12.6	49 43.0	24.0	250 22.8	31.3
E 08	200 45.9	290 43.5	06.7	142 51.7	12.6	64 45.6	24.1	265 25.0	31.2
D 09	215 48.3	305 42.5	· · 06.8	157 54.9	· · 12.5	79 48.1	· · 24.1	280 27.2	· · 31.2
N 10	230 50.8	320 41.5	06.9	172 58.1	12.4	94 50.7	24.2	295 29.3	31.1
E 11	245 53.2	335 40.5	07.0	188 01.2	12.3	109 53.3	24.2	310 31.5	31.1
S 12	260 55.7	350 39.6	S24 07.1	203 04.4	N22 12.3	124 55.8	N17 24.2	325 33.7	S21 31.1
D 13	275 58.2	5 38.6	07.2	218 07.6	12.2	139 58.4	24.3	340 35.9	31.0
A 14	291 00.6	20 37.6	07.2	233 10.8	12.1	155 01.0	24.3	355 38.1	31.0
Y 15	306 03.1	35 36.6	· · 07.3	248 14.0	· · 12.1	170 03.5	· · 24.3	10 40.3	· · 30.9
16	321 05.6	50 35.7	07.4	263 17.2	12.0	185 06.1	24.4	25 42.4	30.9
17	336 08.0	65 34.7	07.5	278 20.3	11.9	200 08.7	24.4	40 44.6	30.9
18	351 10.5	80 33.7	S24 07.6	293 23.5	N22 11.8	215 11.2	N17 24.5	55 46.8	S21 30.8
19	6 13.0	95 32.7	07.6	308 26.7	11.8	230 13.8	24.5	70 49.0	30.8
20	21 15.4	110 31.7	07.7	323 29.9	11.7	245 16.3	24.5	85 51.2	30.7
21	36 17.9	125 30.8	· · 07.8	338 33.0	· · 11.6	260 18.9	· · 24.6	100 53.4	· · 30.7
22	51 20.4	140 29.8	07.9	353 36.2	11.5	275 21.5	24.6	115 55.5	30.6
23	66 22.8	155 28.8	07.9	8 39.4	11.5	290 24.0	24.6	130 57.7	30.6
13 00	81 25.3	170 27.8	S24 08.0	23 42.6	N22 11.4	305 26.6	N17 24.7	145 59.9	S21 30.6
01	96 27.7	185 26.9	08.1	38 45.7	11.3	320 29.2	24.7	161 02.1	30.5
02	111 30.2	200 25.9	08.2	53 48.9	11.3	335 31.7	24.8	176 04.3	30.5
03	126 32.7	215 24.9	· · 08.2	68 52.1	· · 11.2	350 34.3	· · 24.8	191 06.4	· · 30.4
04	141 35.1	230 23.9	08.3	83 55.2	11.1	5 36.9	24.8	206 08.6	30.4
05	156 37.6	245 23.0	08.4	98 58.4	11.0	20 39.5	24.9	221 10.8	30.3
06	171 40.1	260 22.0	S24 08.4	114 01.5	N22 11.0	35 42.0	N17 24.9	236 13.0	S21 30.3
07	186 42.5	275 21.0	08.5	129 04.7	10.9	50 44.6	25.0	251 15.2	30.3
T 08	201 45.0	290 20.0	08.5	144 07.9	10.8	65 47.2	25.0	266 17.4	30.2
H 09	216 47.5	305 19.1	· · 08.6	159 11.0	· · 10.8	80 49.7	· · 25.0	281 19.5	· · 30.2
U 10	231 49.9	320 18.1	08.7	174 14.2	10.7	95 52.3	25.1	296 21.7	30.1
R 11	246 52.4	335 17.1	08.7	189 17.3	10.6	110 54.9	25.1	311 23.9	30.1
S 12	261 54.8	350 16.1	S24 08.8	204 20.5	N22 10.6	125 57.4	N17 25.2	326 26.1	S21 30.0
D 13	276 57.3	5 15.1	08.8	219 23.6	10.5	141 00.0	25.2	341 28.3	30.0
A 14	291 59.8	20 14.2	08.9	234 26.8	10.4	156 02.6	25.2	356 30.4	30.0
Y 15	307 02.2	35 13.2	· · 08.9	249 29.9	· · 10.3	171 05.2	· · 25.3	11 32.6	· · 29.9
16	322 04.7	50 12.2	09.0	264 33.1	10.3	186 07.7	25.3	26 34.8	29.9
17	337 07.2	65 11.2	09.0	279 36.2	10.2	201 10.3	25.4	41 37.0	29.8
18	352 09.6	80 10.3	S24 09.1	294 39.4	N22 10.1	216 12.9	N17 25.4	56 39.2	S21 29.8
19	7 12.1	95 09.3	09.1	309 42.5	10.1	231 15.4	25.4	71 41.4	29.7
20	22 14.6	110 08.3	09.2	324 45.7	10.0	246 18.0	25.5	86 43.5	29.7
21	37 17.0	125 07.3	· · 09.2	339 48.8	· · 09.9	261 20.6	· · 25.5	101 45.7	· · 29.7
22	52 19.5	140 06.3	09.3	354 51.9	09.9	276 23.2	25.6	116 47.9	29.6
23	67 22.0	155 05.4	09.3	9 55.1	09.8	291 25.7	25.6	131 50.1	29.6
14 00	82 24.4	170 04.4	S24 09.3	24 58.2	N22 09.7	306 28.3	N17 25.6	146 52.3	S21 29.5
01	97 26.9	185 03.4	09.4	40 01.4	09.6	321 30.9	25.7	161 54.4	29.5
02	112 29.3	200 02.4	09.4	55 04.5	09.6	336 33.5	25.7	176 56.6	29.4
03	127 31.8	215 01.5	· · 09.5	70 07.6	· · 09.5	351 36.0	· · 25.8	191 58.8	· · 29.4
04	142 34.3	230 00.5	09.5	85 10.8	09.4	6 38.6	25.8	207 01.0	29.4
05	157 36.7	244 59.5	09.5	100 13.9	09.4	21 41.2	25.8	222 03.2	29.3
06	172 39.2	259 58.5	S24 09.6	115 17.0	N22 09.3	36 43.8	N17 25.9	237 05.3	S21 29.3
07	187 41.7	274 57.6	09.6	130 20.1	09.2	51 46.3	25.9	252 07.5	29.2
08	202 44.1	289 56.6	09.6	145 23.3	09.2	66 48.9	26.0	267 09.7	29.2
F 09	217 46.6	304 55.6	· · 09.6	160 26.4	· · 09.1	81 51.5	· · 26.0	282 11.9	· · 29.1
R 10	232 49.1	319 54.6	09.7	175 29.5	09.0	96 54.1	26.0	297 14.1	29.1
I 11	247 51.5	334 53.6	09.7	190 32.6	09.0	111 56.7	26.1	312 16.2	29.1
D 12	262 54.0	349 52.7	S24 09.7	205 35.8	N22 08.9	126 59.2	N17 26.1	327 18.4	S21 29.0
A 13	277 56.5	4 51.7	09.7	220 38.9	08.8	142 01.8	26.2	342 20.6	29.0
Y 14	292 58.9	19 50.7	09.8	235 42.0	08.8	157 04.4	26.2	357 22.8	28.9
15	308 01.4	34 49.7	· · 09.8	250 45.1	· · 08.7	172 07.0	· · 26.3	12 25.0	· · 28.9
16	323 03.8	49 48.8	09.8	265 48.2	08.6	187 09.6	26.3	27 27.1	28.8
17	338 06.3	64 47.8	09.8	280 51.3	08.6	202 12.1	26.3	42 29.3	28.8
18	353 08.8	79 46.8	S24 09.8	295 54.5	N22 08.5	217 14.7	N17 26.4	57 31.5	S21 28.7
19	8 11.2	94 45.8	09.9	310 57.6	08.4	232 17.3	26.4	72 33.7	28.7
20	23 13.7	109 44.8	09.9	326 00.7	08.3	247 19.9	26.5	87 35.9	28.7
21	38 16.2	124 43.9	· · 09.9	341 03.8	· · 08.3	262 22.5	· · 26.5	102 38.0	· · 28.6
22	53 18.6	139 42.9	09.9	356 06.9	08.2	277 25.0	26.6	117 40.2	28.6
23	68 21.1	154 41.9	09.9	11 10.0	08.1	292 27.6	26.6	132 42.4	28.5
Mer. Pass.	h m 18 31.3	v −1.0	d 0.1	v 3.2	d 0.1	v 2.6	d 0.0	v 2.2	d 0.0

STARS

Name	S.H.A. ° ′	Dec. ° ′
Acamar	315 30.7	S40 20.4
Achernar	335 38.7	S57 17.1
Acrux	173 28.7	S63 02.7
Adhara	255 25.4	S28 57.4
Aldebaran	291 08.4	N16 29.6
Alioth	166 35.4	N56 00.2
Alkaid	153 12.3	N49 21.2
Al Na'ir	28 04.9	S47 00.5
Alnilam	276 03.1	S 1 12.3
Alphard	218 12.5	S 8 37.1
Alphecca	126 25.6	N26 44.5
Alpheratz	358 01.0	N29 02.7
Altair	62 25.0	N 8 50.7
Ankaa	353 32.0	S42 21.4
Antares	112 47.4	S26 24.8
Arcturus	146 11.3	N19 13.6
Atria	108 05.0	S69 00.8
Avior	234 24.5	S59 28.6
Bellatrix	278 49.8	N 6 20.6
Betelgeuse	271 19.2	N 7 24.4
Canopus	264 03.1	S52 41.3
Capella	280 58.9	N45 59.5
Deneb	49 43.4	N45 15.1
Denebola	182 50.8	N14 37.2
Diphda	349 12.6	S18 02.2
Dubhe	194 11.9	N61 47.6
Elnath	278 33.6	N28 36.1
Eltanin	90 54.5	N51 29.4
Enif	34 03.8	N 9 50.1
Fomalhaut	15 42.5	S29 40.3
Gacrux	172 20.1	S57 03.6
Gienah	176 09.8	S17 29.5
Hadar	149 12.5	S60 19.7
Hamal	328 19.6	N23 25.4
Kaus Aust.	84 06.5	S34 23.5
Kochab	137 19.9	N74 11.2
Markab	13 55.2	N15 09.6
Menkar	314 32.4	N 4 03.4
Menkent	148 27.9	S36 19.5
Miaplacidus	221 42.9	S69 40.5
Mirfak	309 04.2	N49 50.0
Nunki	76 19.5	S26 18.6
Peacock	53 46.0	S56 46.1
Pollux	243 48.0	N28 02.9
Procyon	245 17.1	N 5 14.9
Rasalhague	96 22.4	N12 33.9
Regulus	208 01.3	N12 00.6
Rigel	281 27.9	S 8 12.6
Rigil Kent.	140 15.5	S60 47.7
Sabik	102 32.2	S15 42.9
Schedar	349 59.8	N56 29.7
Shaula	96 45.2	S37 05.9
Sirius	258 48.2	S16 42.1
Spica	158 49.2	S11 06.9
Suhail	223 04.7	S43 23.6
Vega	80 50.8	N38 46.5
Zuben'ubi	137 24.4	S16 00.3

	S.H.A. ° ′	Mer. Pass. h m
Venus	89 02.6	12 39
Mars	302 17.3	22 20
Jupiter	224 01.3	3 38
Saturn	64 34.6	14 14

UT (GMT) d h		SUN G.H.A. ° ′	SUN Dec. ° ′	MOON G.H.A. ° ′	v ′	Dec. ° ′	d ′	H.P. ′
12 00		181 38.9	S23 02.5	240 55.7	14.6	S13 47.3	11.6	54.8
01		196 38.7	02.7	255 29.3	14.6	13 58.9	11.6	54.8
02		211 38.4	02.9	270 02.9	14.6	14 10.5	11.5	54.8
03		226 38.1	. . 03.1	284 36.5	14.6	14 22.0	11.4	54.8
04		241 37.8	03.3	299 10.1	14.5	14 33.4	11.4	54.7
05		256 37.5	03.4	313 43.6	14.5	14 44.8	11.3	54.7
06		271 37.2	S23 03.6	328 17.1	14.4	S14 56.1	11.2	54.7
07	W	286 36.9	03.8	342 50.5	14.4	15 07.3	11.2	54.7
08	E	301 36.6	04.0	357 23.9	14.4	15 18.5	11.1	54.7
09	D	316 36.3	. . 04.2	11 57.3	14.3	15 29.6	11.0	54.7
10	N	331 36.0	04.4	26 30.6	14.3	15 40.6	11.0	54.6
11	E	346 35.8	04.6	41 03.9	14.3	15 51.6	10.9	54.6
12	S	1 35.5	S23 04.8	55 37.2	14.2	S16 02.5	10.8	54.6
13	D	16 35.2	05.0	70 10.4	14.2	16 13.3	10.7	54.6
14	A	31 34.9	05.1	84 43.6	14.2	16 24.0	10.7	54.6
15	Y	46 34.6	. . 05.3	99 16.8	14.1	16 34.7	10.6	54.6
16		61 34.3	05.5	113 49.9	14.0	16 45.3	10.5	54.5
17		76 34.0	05.7	128 22.9	14.1	16 55.8	10.4	54.5
18		91 33.7	S23 05.9	142 56.0	14.0	S17 06.2	10.4	54.5
19		106 33.4	06.1	157 29.0	13.9	17 16.6	10.3	54.5
20		121 33.1	06.2	172 01.9	13.9	17 26.9	10.2	54.5
21		136 32.8	. . 06.4	186 34.8	13.9	17 37.1	10.1	54.5
22		151 32.5	06.6	201 07.7	13.8	17 47.2	10.1	54.4
23		166 32.2	06.8	215 40.5	13.8	17 57.3	10.0	54.4
13 00		181 32.0	S23 07.0	230 13.3	13.7	S18 07.3	9.9	54.4
01		196 31.7	07.1	244 46.0	13.7	18 17.2	9.8	54.4
02		211 31.4	07.3	259 18.7	13.6	18 27.0	9.7	54.4
03		226 31.1	. . 07.5	273 51.3	13.6	18 36.7	9.7	54.4
04		241 30.8	07.7	288 23.9	13.6	18 46.4	9.6	54.4
05		256 30.5	07.8	302 56.5	13.5	18 56.0	9.4	54.4
06		271 30.2	S23 08.0	317 29.0	13.4	S19 05.4	9.4	54.3
07		286 29.9	08.2	332 01.4	13.4	19 14.8	9.4	54.3
08	T	301 29.6	08.4	346 33.8	13.4	19 24.2	9.2	54.3
09	H	316 29.3	. . 08.5	1 06.2	13.3	19 33.4	9.1	54.3
10	U	331 29.0	08.7	15 38.5	13.3	19 42.5	9.1	54.3
11	R	346 28.7	08.9	30 10.8	13.2	19 51.6	9.0	54.3
12	S	1 28.4	S23 09.0	44 43.0	13.2	S20 00.6	8.8	54.3
13	D	16 28.1	09.2	59 15.2	13.1	20 09.4	8.8	54.3
14	A	31 27.8	09.4	73 47.3	13.1	20 18.2	8.7	54.2
15	Y	46 27.5	. . 09.5	88 19.4	13.0	20 26.9	8.6	54.2
16		61 27.2	09.7	102 51.4	13.0	20 35.5	8.5	54.2
17		76 26.9	09.9	117 23.4	13.0	20 44.0	8.5	54.2
18		91 26.6	S23 10.0	131 55.4	12.9	S20 52.5	8.3	54.2
19		106 26.3	10.2	146 27.3	12.8	21 00.8	8.2	54.2
20		121 26.1	10.4	160 59.1	12.8	21 09.0	8.2	54.2
21		136 25.8	. . 10.5	175 30.9	12.7	21 17.2	8.0	54.2
22		151 25.5	10.7	190 02.6	12.7	21 25.2	8.0	54.2
23		166 25.2	10.8	204 34.3	12.7	21 33.2	7.8	54.2
14 00		181 24.9	S23 11.0	219 06.0	12.6	S21 41.0	7.8	54.2
01		196 24.6	11.2	233 37.6	12.5	21 48.8	7.7	54.1
02		211 24.3	11.3	248 09.1	12.5	21 56.5	7.5	54.1
03		226 24.0	. . 11.5	262 40.6	12.5	22 04.0	7.5	54.1
04		241 23.7	11.6	277 12.1	12.4	22 11.5	7.4	54.1
05		256 23.4	11.8	291 43.5	12.4	22 18.9	7.2	54.1
06		271 23.1	S23 11.9	306 14.9	12.3	S22 26.1	7.2	54.1
07		286 22.8	12.1	320 46.2	12.2	22 33.3	7.0	54.1
08		301 22.5	12.2	335 17.4	12.2	22 40.3	7.0	54.1
09	F	316 22.2	. . 12.4	349 48.6	12.2	22 47.3	6.9	54.1
10	R	331 21.9	12.5	4 19.8	12.1	22 54.2	6.7	54.1
11	I	346 21.6	12.7	18 50.9	12.1	23 00.9	6.7	54.1
12	D	1 21.3	S23 12.8	33 22.0	12.0	S23 07.6	6.5	54.1
13	A	16 21.0	13.0	47 53.0	12.0	23 14.1	6.4	54.1
14	Y	31 20.7	13.1	62 24.0	12.0	23 20.5	6.4	54.0
15		46 20.4	. . 13.3	76 55.0	11.8	23 26.9	6.2	54.0
16		61 20.1	13.4	91 25.8	11.9	23 33.1	6.1	54.0
17		76 19.8	13.6	105 56.7	11.8	23 39.2	6.0	54.0
18		91 19.5	S23 13.7	120 27.5	11.8	S23 45.2	5.9	54.0
19		106 19.2	13.9	134 58.3	11.7	23 51.1	5.8	54.0
20		121 18.9	14.0	149 29.0	11.6	23 56.9	5.7	54.0
21		136 18.6	. . 14.1	163 59.6	11.7	24 02.6	5.5	54.0
22		151 18.3	14.3	178 30.3	11.6	24 08.1	5.5	54.0
23		166 18.0	14.4	193 00.9	11.5	24 13.6	5.3	54.0
		S.D. 16.3	*d* 0.2	S.D. 14.9		14.8		14.7

Lat. °	Twilight Naut. h m	Twilight Civil h m	Sunrise h m	Moonrise 12 h m	13 h m	14 h m	15 h m
N 72	08 17	10 40	▬	05 49	▬	▬	▬
N 70	07 57	09 43	▬	05 13	08 00	▬	▬
68	07 42	09 10	▬	04 48	06 53	▬	▬
66	07 29	08 46	10 23	04 29	06 17	08 23	▬
64	07 18	08 26	09 43	04 14	05 52	07 35	09 26
62	07 09	08 11	09 16	04 01	05 32	07 04	08 34
60	07 01	07 57	08 55	03 51	05 16	06 41	08 02
N 58	06 54	07 46	08 37	03 41	05 02	06 23	07 38
56	06 47	07 36	08 23	03 33	04 51	06 07	07 19
54	06 41	07 27	08 11	03 26	04 41	05 54	07 03
52	06 35	07 19	08 00	03 20	04 32	05 43	06 50
50	06 30	07 12	07 50	03 14	04 24	05 32	06 38
45	06 19	06 56	07 30	03 02	04 07	05 11	06 13
N 40	06 09	06 43	07 13	02 51	03 53	04 54	05 53
35	05 59	06 31	06 59	02 43	03 41	04 40	05 37
30	05 51	06 20	06 47	02 35	03 31	04 27	05 23
20	05 34	06 02	06 26	02 22	03 14	04 06	04 59
N 10	05 18	05 45	06 08	02 11	02 59	03 48	04 38
0	05 02	05 28	05 50	02 00	02 44	03 31	04 19
S 10	04 43	05 10	05 33	01 50	02 31	03 14	04 00
20	04 21	04 50	05 14	01 39	02 16	02 56	03 39
30	03 52	04 25	04 53	01 26	01 59	02 35	03 16
35	03 34	04 10	04 40	01 19	01 49	02 23	03 02
40	03 11	03 52	04 25	01 11	01 38	02 09	02 46
45	02 41	03 30	04 07	01 01	01 25	01 53	02 27
S 50	01 56	03 01	03 45	00 50	01 09	01 33	02 03
52	01 30	02 46	03 34	00 44	01 02	01 23	01 52
54	00 48	02 28	03 22	00 38	00 53	01 13	01 39
56	////	02 07	03 08	00 32	00 44	01 01	01 24
58	////	01 38	02 52	00 25	00 34	00 47	01 07
S 60	////	00 53	02 32	00 17	00 22	00 31	00 46

Lat. °	Sunset h m	Twilight Civil h m	Twilight Naut. h m	Moonset 12 h m	13 h m	14 h m	15 h m
N 72	▬	13 08	15 31	10 12	▬	▬	▬
N 70	▬	14 04	15 50	10 49	09 35	▬	▬
68	▬	14 38	16 06	11 15	10 44	▬	▬
66	13 25	15 02	16 19	11 36	11 20	10 51	▬
64	14 05	15 22	16 29	11 52	11 47	11 40	11 30
62	14 32	15 37	16 39	12 06	12 07	12 11	12 22
60	14 53	15 51	16 47	12 17	12 24	12 35	12 54
N 58	15 11	16 02	16 54	12 27	12 38	12 54	13 18
56	15 25	16 12	17 01	12 36	12 50	13 10	13 38
54	15 37	16 21	17 07	12 44	13 01	13 23	13 54
52	15 48	16 29	17 13	12 51	13 10	13 35	14 08
50	15 58	16 36	17 18	12 57	13 19	13 46	14 20
45	16 19	16 52	17 29	13 11	13 37	14 08	14 45
N 40	16 35	17 06	17 40	13 23	13 52	14 26	15 05
35	16 49	17 17	17 49	13 32	14 04	14 41	15 22
30	17 01	17 28	17 57	13 41	14 15	14 54	15 37
20	17 22	17 46	18 14	13 56	14 34	15 16	16 01
N 10	17 41	18 03	18 30	14 09	14 51	15 35	16 23
0	17 58	18 20	18 47	14 21	15 07	15 54	16 43
S 10	18 15	18 38	19 05	14 34	15 22	16 12	17 03
20	18 34	18 59	19 28	14 47	15 39	16 31	17 24
30	18 56	19 23	19 56	15 02	15 58	16 54	17 49
35	19 09	19 38	20 15	15 11	16 09	17 07	18 04
40	19 24	19 56	20 38	15 21	16 22	17 23	18 21
45	19 41	20 19	21 08	15 33	16 38	17 41	18 41
S 50	20 04	20 48	21 52	15 48	16 57	18 04	19 07
52	20 14	21 03	22 19	15 54	17 06	18 15	19 19
54	20 26	21 20	23 02	16 02	17 16	18 28	19 34
56	20 40	21 42	////	16 10	17 28	18 42	19 50
58	20 57	22 11	////	16 20	17 41	18 59	20 10
S 60	21 17	22 57	////	16 31	17 56	19 20	20 36

Day	SUN Eqn. of Time 00ʰ m s	12ʰ m s	Mer. Pass. h m	MOON Mer. Pass. Upper h m	Lower h m	Age d	Phase
12	06 36	06 22	11 54	08 11	20 33	25	
13	06 08	05 54	11 54	08 55	21 19	26	◐
14	05 40	05 26	11 55	09 42	22 06	27	

	UT (GMT) d h	ARIES G.H.A. ° ′	VENUS −3.9 G.H.A. ° ′	VENUS Dec. ° ′	MARS −1.5 G.H.A. ° ′	MARS Dec. ° ′	JUPITER −2.4 G.H.A. ° ′	JUPITER Dec. ° ′	SATURN +0.6 G.H.A. ° ′	SATURN Dec. ° ′
	15 00	83 23.6	169 40.9	S24 09.9	26 13.1	N22 08.1	307 30.2	N17 26.6	147 44.6	S21 28.5
	01	98 26.0	184 40.0	09.9	41 16.2	08.0	322 32.8	26.7	162 46.8	28.4
	02	113 28.5	199 39.0	09.9	56 19.3	07.9	337 35.4	26.7	177 48.9	28.4
	03	128 31.0	214 38.0	· · 09.9	71 22.4	· · 07.9	352 38.0	· · 26.8	192 51.1	· · 28.4
	04	143 33.4	229 37.0	09.9	86 25.5	07.8	7 40.5	26.8	207 53.3	28.3
	05	158 35.9	244 36.0	09.9	101 28.6	07.8	22 43.1	26.9	222 55.5	28.3
	06	173 38.3	259 35.1	S24 09.9	116 31.7	N22 07.7	37 45.7	N17 26.9	237 57.7	S21 28.2
	07	188 40.8	274 34.1	09.9	131 34.8	07.6	52 48.3	26.9	252 59.8	28.2
S	08	203 43.3	289 33.1	09.9	146 37.9	07.6	67 50.9	27.0	268 02.0	28.1
A	09	218 45.7	304 32.1	· · 09.9	161 41.0	· · 07.5	82 53.5	· · 27.0	283 04.2	· · 28.1
T	10	233 48.2	319 31.1	09.9	176 44.1	07.4	97 56.1	27.1	298 06.4	28.1
U	11	248 50.7	334 30.2	09.9	191 47.2	07.4	112 58.6	27.1	313 08.5	28.0
R	12	263 53.1	349 29.2	S24 09.9	206 50.2	N22 07.3	128 01.2	N17 27.2	328 10.7	S21 28.0
D	13	278 55.6	4 28.2	09.9	221 53.3	07.2	143 03.8	27.2	343 12.9	27.9
A	14	293 58.1	19 27.2	09.9	236 56.4	07.2	158 06.4	27.3	358 15.1	27.9
Y	15	309 00.5	34 26.3	· · 09.9	251 59.5	· · 07.1	173 09.0	· · 27.3	13 17.3	· · 27.8
	16	324 03.0	49 25.3	09.9	267 02.6	07.0	188 11.6	27.3	28 19.4	27.8
	17	339 05.4	64 24.3	09.9	282 05.7	07.0	203 14.2	27.4	43 21.6	27.7
	18	354 07.9	79 23.3	S24 09.9	297 08.7	N22 06.9	218 16.8	N17 27.4	58 23.8	S21 27.7
	19	9 10.4	94 22.3	09.8	312 11.8	06.8	233 19.3	27.5	73 26.0	27.7
	20	24 12.8	109 21.4	09.8	327 14.9	06.8	248 21.9	27.5	88 28.1	27.6
	21	39 15.3	124 20.4	· · 09.8	342 18.0	· · 06.7	263 24.5	· · 27.6	103 30.3	· · 27.6
	22	54 17.8	139 19.4	09.8	357 21.0	06.6	278 27.1	27.6	118 32.5	27.5
	23	69 20.2	154 18.4	09.8	12 24.1	06.6	293 29.7	27.7	133 34.7	27.5
	16 00	84 22.7	169 17.5	S24 09.8	27 27.2	N22 06.5	308 32.3	N17 27.7	148 36.9	S21 27.4
	01	99 25.2	184 16.5	09.7	42 30.2	06.5	323 34.9	27.7	163 39.0	27.4
	02	114 27.6	199 15.5	09.7	57 33.3	06.4	338 37.5	27.8	178 41.2	27.4
	03	129 30.1	214 14.5	· · 09.7	72 36.4	· · 06.3	353 40.1	· · 27.8	193 43.4	· · 27.3
	04	144 32.6	229 13.5	09.7	87 39.4	06.3	8 42.7	27.9	208 45.6	27.3
	05	159 35.0	244 12.6	09.6	102 42.5	06.2	23 45.3	27.9	223 47.7	27.2
	06	174 37.5	259 11.6	S24 09.6	117 45.6	N22 06.1	38 47.8	N17 28.0	238 49.9	S21 27.2
	07	189 39.9	274 10.6	09.6	132 48.6	06.1	53 50.4	28.0	253 52.1	27.1
	08	204 42.4	289 09.6	09.5	147 51.7	06.0	68 53.0	28.1	268 54.3	27.1
S	09	219 44.9	304 08.7	· · 09.5	162 54.7	· · 06.0	83 55.6	· · 28.1	283 56.4	· · 27.0
U	10	234 47.3	319 07.7	09.5	177 57.8	05.9	98 58.2	28.2	298 58.6	27.0
N	11	249 49.8	334 06.7	09.4	193 00.8	05.8	114 00.8	28.2	314 00.8	27.0
D	12	264 52.3	349 05.7	S24 09.4	208 03.9	N22 05.8	129 03.4	N17 28.3	329 03.0	S21 26.9
A	13	279 54.7	4 04.8	09.3	223 06.9	05.7	144 06.0	28.3	344 05.2	26.9
Y	14	294 57.2	19 03.8	09.3	238 10.0	05.6	159 08.6	28.3	359 07.3	26.8
	15	309 59.7	34 02.8	· · 09.3	253 13.0	· · 05.6	174 11.2	· · 28.4	14 09.5	· · 26.8
	16	325 02.1	49 01.8	09.2	268 16.1	05.5	189 13.8	28.4	29 11.7	26.7
	17	340 04.6	64 00.8	09.2	283 19.1	05.5	204 16.4	28.5	44 13.9	26.7
	18	355 07.1	78 59.9	S24 09.1	298 22.2	N22 05.4	219 19.0	N17 28.5	59 16.0	S21 26.6
	19	10 09.5	93 58.9	09.1	313 25.2	05.3	234 21.6	28.6	74 18.2	26.6
	20	25 12.0	108 57.9	09.0	328 28.3	05.3	249 24.2	28.6	89 20.4	26.6
	21	40 14.4	123 56.9	· · 09.0	343 31.3	· · 05.2	264 26.8	· · 28.7	104 22.6	· · 26.5
	22	55 16.9	138 56.0	08.9	358 34.3	05.2	279 29.4	28.7	119 24.7	26.5
	23	70 19.4	153 55.0	08.9	13 37.4	05.1	294 32.0	28.8	134 26.9	26.4
	17 00	85 21.8	168 54.0	S24 08.8	28 40.4	N22 05.0	309 34.6	N17 28.8	149 29.1	S21 26.4
	01	100 24.3	183 53.0	08.8	43 43.4	05.0	324 37.2	28.9	164 31.3	26.3
	02	115 26.8	198 52.1	08.7	58 46.5	04.9	339 39.8	28.9	179 33.4	26.3
	03	130 29.2	213 51.1	· · 08.7	73 49.5	· · 04.9	354 42.4	· · 29.0	194 35.6	· · 26.2
	04	145 31.7	228 50.1	08.6	88 52.5	04.8	9 45.0	29.0	209 37.8	26.2
	05	160 34.2	243 49.1	08.5	103 55.6	04.7	24 47.6	29.1	224 40.0	26.2
	06	175 36.6	258 48.1	S24 08.5	118 58.6	N22 04.7	39 50.2	N17 29.1	239 42.1	S21 26.1
	07	190 39.1	273 47.2	08.4	134 01.6	04.6	54 52.8	29.2	254 44.3	26.1
	08	205 41.5	288 46.2	08.4	149 04.6	04.6	69 55.4	29.2	269 46.5	26.0
M	09	220 44.0	303 45.2	· · 08.3	164 07.6	· · 04.5	84 58.0	· · 29.2	284 48.7	· · 26.0
O	10	235 46.5	318 44.2	08.2	179 10.7	04.4	100 00.6	29.3	299 50.8	25.9
N	11	250 48.9	333 43.3	08.2	194 13.7	04.4	115 03.2	29.3	314 53.0	25.9
D	12	265 51.4	348 42.3	S24 08.1	209 16.7	N22 04.3	130 05.8	N17 29.4	329 55.2	S21 25.8
A	13	280 53.9	3 41.3	08.0	224 19.7	04.3	145 08.4	29.4	344 57.4	25.8
Y	14	295 56.3	18 40.3	08.0	239 22.7	04.2	160 11.0	29.5	359 59.5	25.8
	15	310 58.8	33 39.4	· · 07.9	254 25.7	· · 04.2	175 13.6	· · 29.5	15 01.7	· · 25.7
	16	326 01.3	48 38.4	07.8	269 28.8	04.1	190 16.2	29.6	30 03.9	25.7
	17	341 03.7	63 37.4	07.7	284 31.8	04.0	205 18.8	29.6	45 06.1	25.6
	18	356 06.2	78 36.4	S24 07.7	299 34.8	N22 04.0	220 21.4	N17 29.7	60 08.2	S21 25.6
	19	11 08.7	93 35.5	07.6	314 37.8	03.9	235 24.0	29.7	75 10.4	25.5
	20	26 11.1	108 34.5	07.5	329 40.8	03.9	250 26.6	29.8	90 12.6	25.5
	21	41 13.6	123 33.5	· · 07.4	344 43.8	· · 03.8	265 29.2	· · 29.8	105 14.8	· · 25.4
	22	56 16.0	138 32.5	07.3	359 46.8	03.8	280 31.8	29.9	120 16.9	25.4
	23	71 18.5	153 31.6	07.3	14 49.8	03.7	295 34.4	29.9	135 19.1	25.3
	Mer. Pass.	h m 18 19.5	v −1.0	d 0.0	v 3.1	d 0.1	v 2.6	d 0.0	v 2.2	d 0.0

STARS

Name	S.H.A. ° ′	Dec. ° ′
Acamar	315 30.7	S40 20.5
Achernar	335 38.7	S57 17.1
Acrux	173 28.6	S63 02.7
Adhara	255 25.4	S28 57.5
Aldebaran	291 08.4	N16 29.6
Alioth	166 35.4	N56 00.2
Alkaid	153 12.3	N49 21.2
Al Na'ir	28 04.9	S47 00.5
Alnilam	276 03.1	S 1 12.3
Alphard	218 12.5	S 8 37.1
Alphecca	126 25.6	N26 44.5
Alpheratz	358 01.0	N29 02.7
Altair	62 25.0	N 8 50.7
Ankaa	353 32.1	S42 21.4
Antares	112 47.3	S26 24.8
Arcturus	146 11.3	N19 13.6
Atria	108 05.0	S69 00.7
Avior	234 24.5	S59 28.6
Bellatrix	278 49.7	N 6 20.6
Betelgeuse	271 19.2	N 7 24.4
Canopus	264 03.1	S52 41.3
Capella	280 58.9	N45 59.5
Deneb	49 43.4	N45 15.1
Denebola	182 50.8	N14 37.2
Diphda	349 12.6	S18 02.2
Dubhe	194 11.9	N61 47.6
Elnath	278 33.5	N28 36.1
Eltanin	90 54.5	N51 29.3
Enif	34 03.8	N 9 50.1
Fomalhaut	15 42.5	S29 40.3
Gacrux	172 20.1	S57 03.6
Gienah	176 09.8	S17 29.5
Hadar	149 12.5	S60 19.6
Hamal	328 19.6	N23 25.4
Kaus Aust.	84 06.5	S34 23.5
Kochab	137 19.9	N74 11.2
Markab	13 55.2	N15 09.6
Menkar	314 32.4	N 4 03.4
Menkent	148 27.8	S36 19.5
Miaplacidus	221 42.9	S69 40.6
Mirfak	309 04.2	N49 50.0
Nunki	76 19.5	S26 18.6
Peacock	53 46.0	S56 46.1
Pollux	243 47.9	N28 02.9
Procyon	245 17.0	N 5 14.9
Rasalhague	96 22.4	N12 33.9
Regulus	208 01.3	N12 00.6
Rigel	281 27.9	S 8 12.6
Rigil Kent.	140 15.4	S60 47.7
Sabik	102 32.2	S15 42.9
Schedar	349 59.8	N56 29.7
Shaula	96 45.2	S37 05.9
Sirius	258 48.2	S16 42.1
Spica	158 49.2	S11 06.9
Suhail	223 04.6	S43 23.6
Vega	80 50.8	N38 46.5
Zuben'ubi	137 24.4	S16 00.3

	S.H.A. ° ′	Mer. Pass. h m
Venus	84 54.8	12 44
Mars	303 04.5	22 06
Jupiter	224 09.6	3 25
Saturn	64 14.2	14 04

UT (GMT) d h	SUN G.H.A. ° ′	SUN Dec. ° ′	MOON G.H.A. ° ′	v ′	MOON Dec. ° ′	d ′	H.P. ′
15 00	181 17.7	S23 14.6	207 31.4	11.5	S24 18.9	5.3	54.0
01	196 17.4	14.7	222 01.9	11.5	24 24.2	5.1	54.0
02	211 17.1	14.8	236 32.4	11.4	24 29.3	5.0	54.0
03	226 16.8	. . 15.0	251 02.8	11.4	24 34.3	4.9	54.0
04	241 16.5	15.1	265 33.2	11.3	24 39.2	4.8	54.0
05	256 16.2	15.2	280 03.5	11.3	24 44.0	4.7	54.0
06	271 15.9	S23 15.4	294 33.8	11.3	S24 48.7	4.5	54.0
07	286 15.6	15.5	309 04.1	11.2	24 53.2	4.4	54.0
S 08	301 15.3	15.6	323 34.3	11.2	24 57.6	4.4	54.0
A 09	316 15.0	. . 15.8	338 04.5	11.2	25 02.0	4.2	54.0
T 10	331 14.7	15.9	352 34.7	11.1	25 06.2	4.0	54.0
U 11	346 14.4	16.0	7 04.8	11.1	25 10.2	4.0	54.0
R 12	1 14.1	S23 16.2	21 34.9	11.0	S25 14.2	3.9	53.9
D 13	16 13.8	16.3	36 04.9	11.0	25 18.1	3.7	53.9
A 14	31 13.5	16.4	50 34.9	11.0	25 21.8	3.6	53.9
Y 15	46 13.2	. . 16.6	65 04.9	11.0	25 25.4	3.5	53.9
16	61 12.9	16.7	79 34.9	10.9	25 28.9	3.4	53.9
17	76 12.6	16.8	94 04.8	10.9	25 32.3	3.2	53.9
18	91 12.3	S23 16.9	108 34.7	10.9	S25 35.5	3.2	53.9
19	106 12.0	17.1	123 04.6	10.8	25 38.7	3.0	53.9
20	121 11.7	17.2	137 34.4	10.8	25 41.7	2.8	53.9
21	136 11.4	. . 17.3	152 04.2	10.8	25 44.5	2.8	53.9
22	151 11.1	17.4	166 34.0	10.8	25 47.3	2.7	53.9
23	166 10.8	17.5	181 03.8	10.7	25 50.0	2.5	53.9
16 00	181 10.5	S23 17.7	195 33.5	10.7	S25 52.5	2.4	53.9
01	196 10.2	17.8	210 03.2	10.7	25 54.9	2.3	53.9
02	211 09.9	17.9	224 32.9	10.7	25 57.2	2.1	53.9
03	226 09.6	. . 18.0	239 02.6	10.6	25 59.3	2.0	53.9
04	241 09.3	18.1	253 32.2	10.7	26 01.3	2.0	53.9
05	256 08.9	18.3	268 01.9	10.6	26 03.3	1.7	53.9
06	271 08.6	S23 18.4	282 31.5	10.6	S26 05.0	1.7	53.9
07	286 08.3	18.5	297 01.1	10.5	26 06.7	1.5	53.9
08	301 08.0	18.6	311 30.6	10.6	26 08.2	1.4	53.9
S 09	316 07.7	. . 18.7	326 00.2	10.5	26 09.6	1.3	53.9
U 10	331 07.4	18.8	340 29.7	10.6	26 10.9	1.2	53.9
N 11	346 07.1	18.9	354 59.3	10.5	26 12.1	1.0	53.9
D 12	1 06.8	S23 19.0	9 28.8	10.5	S26 13.1	0.9	53.9
A 13	16 06.5	19.2	23 58.3	10.5	26 14.0	0.8	53.9
Y 14	31 06.2	19.3	38 27.8	10.5	26 14.8	0.7	53.9
15	46 05.9	. . 19.4	52 57.3	10.5	26 15.5	0.5	53.9
16	61 05.6	19.5	67 26.8	10.4	26 16.0	0.4	53.9
17	76 05.3	19.6	81 56.2	10.5	26 16.4	0.3	53.9
18	91 05.0	S23 19.7	96 25.7	10.5	S26 16.7	0.1	53.9
19	106 04.7	19.8	110 55.2	10.4	26 16.8	0.1	53.9
20	121 04.4	19.9	125 24.6	10.5	26 16.9	0.1	54.0
21	136 04.1	. . 20.0	139 54.1	10.4	26 16.8	0.3	54.0
22	151 03.8	20.1	154 23.5	10.5	26 16.5	0.3	54.0
23	166 03.5	20.2	168 53.0	10.4	26 16.2	0.5	54.0
17 00	181 03.2	S23 20.3	183 22.4	10.5	S26 15.7	0.6	54.0
01	196 02.9	20.4	197 51.9	10.4	26 15.1	0.7	54.0
02	211 02.6	20.5	212 21.3	10.5	26 14.4	0.9	54.0
03	226 02.2	. . 20.6	226 50.8	10.5	26 13.5	1.0	54.0
04	241 01.9	20.7	241 20.3	10.4	26 12.5	1.1	54.0
05	256 01.6	20.8	255 49.7	10.5	26 11.4	1.2	54.0
06	271 01.3	S23 20.9	270 19.2	10.5	S26 10.2	1.4	54.0
07	286 01.0	21.0	284 48.7	10.5	26 08.8	1.4	54.0
08	301 00.7	21.1	299 18.2	10.5	26 07.4	1.6	54.0
M 09	316 00.4	. . 21.2	313 47.7	10.5	26 05.8	1.8	54.0
O 10	331 00.1	21.3	328 17.2	10.5	26 04.0	1.8	54.0
N 11	345 59.8	21.4	342 46.7	10.5	26 02.2	2.0	54.0
D 12	0 59.5	S23 21.5	357 16.2	10.6	S26 00.2	2.1	54.0
A 13	15 59.2	21.5	11 45.8	10.5	25 58.1	2.3	54.0
Y 14	30 58.9	21.6	26 15.3	10.6	25 55.8	2.3	54.0
15	45 58.6	. . 21.7	40 44.9	10.6	25 53.5	2.5	54.0
16	60 58.3	21.8	55 14.5	10.6	25 51.0	2.6	54.0
17	75 58.0	21.9	69 44.1	10.7	25 48.4	2.8	54.0
18	90 57.7	S23 22.0	84 13.8	10.6	S25 45.6	2.8	54.0
19	105 57.3	22.1	98 43.4	10.7	25 42.8	3.0	54.0
20	120 57.0	22.1	113 13.1	10.7	25 39.8	3.1	54.1
21	135 56.7	. . 22.2	127 42.8	10.7	25 36.7	3.2	54.1
22	150 56.4	22.3	142 12.5	10.7	25 33.5	3.4	54.1
23	165 56.1	22.4	156 42.2	10.8	25 30.1	3.4	54.1
	S.D. 16.3	d 0.1	S.D. 14.7		14.7		14.7

Lat. °	Twilight Naut. h m	Twilight Civil h m	Sunrise h m	Moonrise 15 h m	Moonrise 16 h m	Moonrise 17 h m	Moonrise 18 h m
N 72	08 21	10 49	■	■	■	■	■
N 70	08 01	09 49	■	■	■	■	■
68	07 46	09 14	■	■	■	■	■
66	07 33	08 49	10 29	■	■	■	■
64	07 22	08 30	09 47	09 26	■	■	11 41
62	07 12	08 14	09 19	08 34	09 50	10 38	10 58
60	07 04	08 00	08 58	08 02	09 11	10 00	10 29
N 58	06 56	07 49	08 41	07 38	08 44	09 33	10 07
56	06 50	07 39	08 26	07 19	08 23	09 12	09 49
54	06 43	07 30	08 13	07 03	08 05	08 55	09 33
52	06 38	07 21	08 02	06 50	07 50	08 40	09 20
50	06 33	07 14	07 53	06 38	07 37	08 27	09 08
45	06 21	06 58	07 32	06 13	07 10	08 01	08 44
N 40	06 11	06 45	07 15	05 53	06 49	07 40	08 24
35	06 01	06 33	07 01	05 37	06 32	07 22	08 08
30	05 53	06 22	06 49	05 23	06 17	07 07	07 54
20	05 36	06 04	06 28	04 59	05 51	06 42	07 30
N 10	05 20	05 46	06 09	04 38	05 29	06 20	07 09
0	05 03	05 29	05 52	04 19	05 09	05 59	06 49
S 10	04 44	05 11	05 34	04 00	04 48	05 39	06 30
20	04 22	04 51	05 15	03 39	04 26	05 16	06 09
30	03 53	04 26	04 53	03 16	04 01	04 51	05 45
35	03 34	04 11	04 41	03 02	03 46	04 36	05 30
40	03 11	03 53	04 26	02 46	03 29	04 18	05 14
45	02 41	03 30	04 08	02 27	03 08	03 57	04 54
S 50	01 56	03 01	03 45	02 03	02 42	03 31	04 29
52	01 28	02 46	03 34	01 52	02 29	03 18	04 17
54	00 44	02 28	03 22	01 39	02 15	03 03	04 03
56	////	02 06	03 08	01 24	01 58	02 45	03 47
58	////	01 37	02 51	01 07	01 38	02 24	03 28
S 60	////	00 48	02 31	00 46	01 12	01 57	03 04

Lat. °	Sunset h m	Twilight Civil h m	Twilight Naut. h m	Moonset 15 h m	Moonset 16 h m	Moonset 17 h m	Moonset 18 h m
N 72	■	13 02	15 30	■	■	■	■
N 70	■	14 02	15 50	■	■	■	■
68	■	14 37	16 05	■	■	■	■
66	13 22	15 02	16 18	■	■	■	■
64	14 04	15 21	16 29	11 30	■	■	14 28
62	14 32	15 37	16 39	12 22	12 50	13 48	15 11
60	14 53	15 51	16 47	12 54	13 29	14 25	15 40
N 58	15 10	16 02	16 55	13 18	13 56	14 52	16 02
56	15 25	16 12	17 01	13 38	14 18	15 12	16 20
54	15 38	16 21	17 08	13 54	14 35	15 30	16 35
52	15 49	16 30	17 13	14 08	14 50	15 44	16 48
50	15 58	16 37	17 18	14 20	15 04	15 57	16 59
45	16 19	16 53	17 30	14 45	15 30	16 23	17 23
N 40	16 36	17 06	17 40	15 05	15 52	16 44	17 42
35	16 50	17 18	17 50	15 22	16 09	17 01	17 58
30	17 02	17 29	17 59	15 37	16 24	17 16	18 11
20	17 23	17 47	18 15	16 01	16 50	17 42	18 35
N 10	17 42	18 05	18 31	16 23	17 12	18 03	18 55
0	17 59	18 22	18 48	16 43	17 33	18 23	19 13
S 10	18 17	18 40	19 07	17 03	17 54	18 44	19 32
20	18 36	19 00	19 29	17 24	18 16	19 05	19 51
30	18 58	19 25	19 58	17 49	18 41	19 30	20 14
35	19 11	19 40	20 17	18 04	18 57	19 45	20 28
40	19 26	19 58	20 40	18 21	19 14	20 02	20 43
45	19 44	20 21	21 11	18 41	19 35	20 22	21 01
S 50	20 06	20 51	21 56	19 07	20 02	20 47	21 24
52	20 17	21 06	22 23	19 19	20 15	21 00	21 34
54	20 29	21 24	23 09	19 34	20 30	21 14	21 46
56	20 43	21 46	////	19 50	20 47	21 30	22 00
58	21 00	22 15	////	20 10	21 08	21 50	22 16
S 60	21 20	23 04	////	20 36	21 35	22 14	22 36

Day	SUN Eqn. of Time 00h m s	SUN Eqn. of Time 12h m s	SUN Mer. Pass. h m	MOON Mer. Pass. Upper h m	MOON Mer. Pass. Lower h m	Age d	Phase
15	05 11	04 57	11 55	10 31	22 56	28	
16	04 42	04 28	11 56	11 21	23 46	29	●
17	04 13	03 59	11 56	12 11	24 36	00	

UT (GMT) d h	ARIES G.H.A. ° ′	VENUS −3.9 G.H.A. ° ′	VENUS Dec. ° ′	MARS −1.4 G.H.A. ° ′	MARS Dec. ° ′	JUPITER −2.5 G.H.A. ° ′	JUPITER Dec. ° ′	SATURN +0.6 G.H.A. ° ′	SATURN Dec. ° ′	STARS Name	S.H.A. ° ′	Dec. ° ′
18 00	86 21.0	168 30.6	S24 07.2	29 52.8	N22 03.6	310 37.0	N17 30.0	150 21.3	S21 25.3	Acamar	315 30.7	S40 20.5
01	101 23.4	183 29.6	07.1	44 55.8	03.6	325 39.6	30.0	165 23.5	25.3	Achernar	335 38.8	S57 17.1
02	116 25.9	198 28.6	07.0	59 58.8	03.5	340 42.2	30.1	180 25.6	25.2	Acrux	173 28.6	S63 02.7
03	131 28.4	213 27.7	· · 06.9	75 01.8	· · 03.5	355 44.9	· · 30.1	195 27.8	· · 25.2	Adhara	255 25.4	S28 57.5
04	146 30.8	228 26.7	06.8	90 04.8	03.4	10 47.5	30.2	210 30.0	25.1	Aldebaran	291 08.4	N16 29.6
05	161 33.3	243 25.7	06.7	105 07.8	03.4	25 50.1	30.2	225 32.2	25.1			
06	176 35.8	258 24.7	S24 06.6	120 10.7	N22 03.3	40 52.7	N17 30.3	240 34.3	S21 25.0	Alioth	166 35.4	N56 00.1
07	191 38.2	273 23.8	06.5	135 13.7	03.3	55 55.3	30.3	255 36.5	25.0	Alkaid	153 12.2	N49 21.2
T 08	206 40.7	288 22.8	06.4	150 16.7	03.2	70 57.9	30.4	270 38.7	24.9	Al Na'ir	28 04.9	S47 00.5
U 09	221 43.2	303 21.8	· · 06.3	165 19.7	· · 03.1	86 00.5	· · 30.4	285 40.9	· · 24.9	Alnilam	276 03.1	S 1 12.4
E 10	236 45.6	318 20.8	06.3	180 22.7	03.1	101 03.1	30.5	300 43.0	24.9	Alphard	218 12.4	S 8 37.1
S 11	251 48.1	333 19.9	06.2	195 25.7	03.0	116 05.7	30.5	315 45.2	24.8			
D 12	266 50.5	348 18.9	S24 06.1	210 28.7	N22 03.0	131 08.3	N17 30.6	330 47.4	S21 24.8	Alphecca	126 25.5	N26 44.5
A 13	281 53.0	3 17.9	06.0	225 31.6	02.9	146 10.9	30.6	345 49.6	24.7	Alpheratz	358 01.0	N29 02.7
Y 14	296 55.5	18 16.9	05.9	240 34.6	02.9	161 13.6	30.7	0 51.7	24.7	Altair	62 25.0	N 8 50.7
15	311 57.9	33 16.0	· · 05.7	255 37.6	· · 02.8	176 16.2	· · 30.7	15 53.9	· · 24.6	Ankaa	353 32.1	S42 21.4
16	327 00.4	48 15.0	05.6	270 40.6	02.8	191 18.8	30.8	30 56.1	24.6	Antares	112 47.3	S26 24.8
17	342 02.9	63 14.0	05.5	285 43.5	02.7	206 21.4	30.8	45 58.2	24.5			
18	357 05.3	78 13.0	S24 05.4	300 46.5	N22 02.7	221 24.0	N17 30.9	61 00.4	S21 24.5	Arcturus	146 11.3	N19 13.5
19	12 07.8	93 12.1	05.3	315 49.5	02.6	236 26.6	30.9	76 02.6	24.4	Atria	108 05.0	S69 00.7
20	27 10.3	108 11.1	05.2	330 52.4	02.6	251 29.2	31.0	91 04.8	24.4	Avior	234 24.5	S59 28.6
21	42 12.7	123 10.1	· · 05.1	345 55.4	· · 02.5	266 31.8	· · 31.0	106 06.9	· · 24.4	Bellatrix	278 49.7	N 6 20.6
22	57 15.2	138 09.2	05.0	0 58.4	02.5	281 34.5	31.1	121 09.1	24.3	Betelgeuse	271 19.2	N 7 24.4
23	72 17.7	153 08.2	04.9	16 01.3	02.4	296 37.1	31.1	136 11.3	24.3			
19 00	87 20.1	168 07.2	S24 04.8	31 04.3	N22 02.3	311 39.7	N17 31.2	151 13.5	S21 24.2	Canopus	264 03.1	S52 41.3
01	102 22.6	183 06.2	04.6	46 07.3	02.3	326 42.3	31.2	166 15.6	24.2	Capella	280 58.9	N45 59.5
02	117 25.0	198 05.3	04.5	61 10.2	02.2	341 44.9	31.3	181 17.8	24.1	Deneb	49 43.4	N45 15.1
03	132 27.5	213 04.3	· · 04.4	76 13.2	· · 02.2	356 47.5	· · 31.4	196 20.0	· · 24.1	Denebola	182 50.8	N14 37.2
04	147 30.0	228 03.3	04.3	91 16.1	02.1	11 50.1	31.4	211 22.1	24.0	Diphda	349 12.6	S18 02.2
05	162 32.4	243 02.4	04.2	106 19.1	02.1	26 52.8	31.5	226 24.3	24.0			
06	177 34.9	258 01.4	S24 04.0	121 22.1	N22 02.0	41 55.4	N17 31.5	241 26.5	S21 23.9	Dubhe	194 11.8	N61 47.6
W 07	192 37.4	273 00.4	03.9	136 25.0	02.0	56 58.0	31.6	256 28.7	23.9	Elnath	278 33.5	N28 36.1
E 08	207 39.8	287 59.4	03.8	151 28.0	01.9	72 00.6	31.6	271 30.8	23.9	Eltanin	90 54.5	N51 29.3
D 09	222 42.3	302 58.5	· · 03.7	166 30.9	· · 01.9	87 03.2	· · 31.7	286 33.0	· · 23.8	Enif	34 03.8	N 9 50.1
N 10	237 44.8	317 57.5	03.5	181 33.9	01.8	102 05.8	31.7	301 35.2	23.8	Fomalhaut	15 42.5	S29 40.3
E 11	252 47.2	332 56.5	03.4	196 36.8	01.8	117 08.5	31.8	316 37.4	23.7			
S 12	267 49.7	347 55.5	S24 03.3	211 39.7	N22 01.7	132 11.1	N17 31.8	331 39.5	S21 23.7	Gacrux	172 20.1	S57 03.6
D 13	282 52.1	2 54.6	03.1	226 42.7	01.7	147 13.7	31.9	346 41.7	23.6	Gienah	176 09.7	S17 29.5
A 14	297 54.6	17 53.6	03.0	241 45.6	01.6	162 16.3	31.9	1 43.9	23.6	Hadar	149 12.5	S60 19.6
Y 15	312 57.1	32 52.6	· · 02.9	256 48.6	· · 01.6	177 18.9	· · 32.0	16 46.0	· · 23.5	Hamal	328 19.6	N23 25.4
16	327 59.5	47 51.7	02.7	271 51.5	01.5	192 21.6	32.0	31 48.2	23.5	Kaus Aust.	84 06.5	S34 23.5
17	343 02.0	62 50.7	02.6	286 54.4	01.5	207 24.2	32.1	46 50.4	23.4			
18	358 04.5	77 49.7	S24 02.5	301 57.4	N22 01.4	222 26.8	N17 32.1	61 52.6	S21 23.4	Kochab	137 19.9	N74 11.2
19	13 06.9	92 48.8	02.3	317 00.3	01.4	237 29.4	32.2	76 54.7	23.4	Markab	13 55.2	N15 09.6
20	28 09.4	107 47.8	02.2	332 03.2	01.3	252 32.0	32.3	91 56.9	23.3	Menkar	314 32.4	N 4 03.4
21	43 11.9	122 46.8	· · 02.0	347 06.2	· · 01.3	267 34.7	· · 32.3	106 59.1	· · 23.3	Menkent	148 27.8	S36 19.5
22	58 14.3	137 45.8	01.9	2 09.1	01.2	282 37.3	32.4	122 01.2	23.2	Miaplacidus	221 42.9	S69 40.6
23	73 16.8	152 44.9	01.7	17 12.0	01.2	297 39.9	32.4	137 03.4	23.2			
20 00	88 19.3	167 43.9	S24 01.6	32 15.0	N22 01.1	312 42.5	N17 32.5	152 05.6	S21 23.1	Mirfak	309 04.2	N49 50.1
01	103 21.7	182 42.9	01.4	47 17.9	01.1	327 45.2	32.5	167 07.8	23.1	Nunki	76 19.5	S26 18.6
02	118 24.2	197 42.0	01.3	62 20.8	01.1	342 47.8	32.6	182 09.9	23.0	Peacock	53 46.0	S56 46.1
03	133 26.6	212 41.0	· · 01.1	77 23.7	· · 01.0	357 50.4	· · 32.6	197 12.1	· · 23.0	Pollux	243 47.9	N28 02.9
04	148 29.1	227 40.0	01.0	92 26.6	01.0	12 53.0	32.7	212 14.3	22.9	Procyon	245 17.0	N 5 14.9
05	163 31.6	242 39.1	00.8	107 29.6	00.9	27 55.6	32.7	227 16.4	22.9			
06	178 34.0	257 38.1	S24 00.7	122 32.5	N22 00.9	42 58.3	N17 32.8	242 18.6	S21 22.9	Rasalhague	96 22.4	N12 33.9
07	193 36.5	272 37.1	00.5	137 35.4	00.8	58 00.9	32.8	257 20.8	22.8	Regulus	208 01.2	N12 00.6
T 08	208 39.0	287 36.2	00.4	152 38.3	00.8	73 03.5	32.9	272 23.0	22.8	Rigel	281 27.9	S 8 12.6
H 09	223 41.4	302 35.2	· · 00.2	167 41.2	· · 00.7	88 06.1	· · 33.0	287 25.1	· · 22.7	Rigil Kent.	140 15.4	S60 47.7
U 10	238 43.9	317 34.2	24 00.1	182 44.1	00.7	103 08.8	33.0	302 27.3	22.7	Sabik	102 32.2	S15 42.9
R 11	253 46.4	332 33.2	23 59.9	197 47.0	00.6	118 11.4	33.1	317 29.5	22.6			
S 12	268 48.8	347 32.3	S23 59.7	212 50.0	N22 00.6	133 14.0	N17 33.1	332 31.6	S21 22.6	Schedar	349 59.9	N56 29.7
D 13	283 51.3	2 31.3	59.6	227 52.9	00.5	148 16.6	33.2	347 33.8	22.5	Shaula	96 45.2	S37 05.9
A 14	298 53.8	17 30.3	59.4	242 55.8	00.5	163 19.3	33.2	2 36.0	22.5	Sirius	258 48.2	S16 42.1
Y 15	313 56.2	32 29.4	· · 59.2	257 58.7	· · 00.5	178 21.9	· · 33.3	17 38.1	· · 22.4	Spica	158 49.2	S11 06.9
16	328 58.7	47 28.4	59.1	273 01.6	00.4	193 24.5	33.3	32 40.3	22.4	Suhail	223 04.6	S43 23.6
17	344 01.1	62 27.4	58.9	288 04.5	00.4	208 27.2	33.4	47 42.5	22.3			
18	359 03.6	77 26.5	S23 58.7	303 07.4	N22 00.3	223 29.8	N17 33.4	62 44.7	S21 22.3	Vega	80 50.8	N38 46.5
19	14 06.1	92 25.5	58.6	318 10.3	00.3	238 32.4	33.5	77 46.8	22.3	Zuben'ubi	137 24.4	S16 00.3
20	29 08.5	107 24.5	58.4	333 13.2	00.2	253 35.0	33.6	92 49.0	22.2			
21	44 11.0	122 23.6	· · 58.2	348 16.0	· · 00.2	268 37.7	· · 33.6	107 51.2	· · 22.2			
22	59 13.5	137 22.6	58.0	3 18.9	00.1	283 40.3	33.7	122 53.3	22.1			
23	74 15.9	152 21.6	57.9	18 21.8	00.1	298 42.9	33.7	137 55.5	22.1			
Mer. Pass. h m	18 07.7	v −1.0	d 0.1	v 2.9	d 0.0	v 2.6	d 0.1	v 2.2	d 0.0			

	S.H.A. ° ′	Mer. Pass. h m
Venus	80 47.1	12 48
Mars	303 44.2	21 51
Jupiter	224 19.6	3 13
Saturn	63 53.3	13 53

	UT (GMT)	SUN G.H.A.	SUN Dec.	MOON G.H.A.	v	MOON Dec.	d	H.P.
	d h	° ′	° ′	° ′	′	° ′	′	′
	18 00	180 55.8	S23 22.5	171 12.0	10.8	S25 26.7	3.6	54.1
	01	195 55.5	22.6	185 41.8	10.8	25 23.1	3.7	54.1
	02	210 55.2	22.6	200 11.6	10.8	25 19.4	3.9	54.1
	03	225 54.9	. . 22.7	214 41.4	10.9	25 15.5	3.9	54.1
	04	240 54.6	22.8	229 11.3	10.9	25 11.6	4.1	54.1
	05	255 54.3	22.9	243 41.2	10.9	25 07.5	4.2	54.1
	06	270 54.0	S23 22.9	258 11.1	11.0	S25 03.3	4.3	54.1
	07	285 53.7	23.0	272 41.1	11.0	24 59.0	4.4	54.1
T	08	300 53.4	23.1	287 11.1	11.0	24 54.6	4.6	54.1
U	09	315 53.0	. . 23.2	301 41.1	11.0	24 50.0	4.6	54.1
E	10	330 52.7	23.2	316 11.1	11.1	24 45.4	4.8	54.1
S	11	345 52.4	23.3	330 41.2	11.1	24 40.6	4.9	54.2
D	12	0 52.1	S23 23.4	345 11.3	11.2	S24 35.7	5.0	54.2
A	13	15 51.8	23.5	359 41.5	11.2	24 30.7	5.2	54.2
Y	14	30 51.5	23.5	14 11.7	11.2	24 25.5	5.2	54.2
	15	45 51.2	. . 23.6	28 41.9	11.3	24 20.3	5.4	54.2
	16	60 50.9	23.7	43 12.2	11.2	24 14.9	5.5	54.2
	17	75 50.6	23.7	57 42.4	11.4	24 09.4	5.5	54.2
	18	90 50.3	S23 23.8	72 12.8	11.4	S24 03.9	5.8	54.2
	19	105 50.0	23.9	86 43.2	11.4	23 58.1	5.8	54.2
	20	120 49.6	23.9	101 13.6	11.4	23 52.3	5.9	54.2
	21	135 49.3	. . 24.0	115 44.0	11.5	23 46.4	6.0	54.2
	22	150 49.0	24.1	130 14.5	11.5	23 40.4	6.2	54.3
	23	165 48.7	24.1	144 45.0	11.6	23 34.2	6.3	54.3
	19 00	180 48.4	S23 24.2	159 15.6	11.6	S23 27.9	6.3	54.3
	01	195 48.1	24.2	173 46.2	11.7	23 21.6	6.5	54.3
	02	210 47.8	24.3	188 16.9	11.7	23 15.1	6.6	54.3
	03	225 47.5	. . 24.4	202 47.6	11.7	23 08.5	6.7	54.3
	04	240 47.2	24.4	217 18.3	11.8	23 01.8	6.8	54.3
	05	255 46.9	24.5	231 49.1	11.8	22 55.0	7.0	54.3
	06	270 46.6	S23 24.5	246 19.9	11.9	S22 48.0	7.0	54.3
W	07	285 46.2	24.6	260 50.8	11.9	22 41.0	7.1	54.3
E	08	300 45.9	24.6	275 21.7	11.9	22 33.9	7.2	54.4
D	09	315 45.6	. . 24.7	289 52.6	12.0	22 26.7	7.4	54.4
N	10	330 45.3	24.8	304 23.6	12.1	22 19.3	7.4	54.4
E	11	345 45.0	24.8	318 54.7	12.0	22 11.9	7.6	54.4
S	12	0 44.7	S23 24.9	333 25.7	12.2	S22 04.3	7.6	54.4
D	13	15 44.4	24.9	347 56.9	12.2	21 56.7	7.8	54.4
A	14	30 44.1	25.0	2 28.1	12.2	21 48.9	7.8	54.4
Y	15	45 43.8	. . 25.0	16 59.3	12.2	21 41.1	8.0	54.4
	16	60 43.5	25.1	31 30.5	12.4	21 33.1	8.0	54.5
	17	75 43.2	25.1	46 01.9	12.3	21 25.1	8.2	54.5
	18	90 42.8	S23 25.2	60 33.2	12.4	S21 16.9	8.2	54.5
	19	105 42.5	25.2	75 04.6	12.5	21 08.7	8.4	54.5
	20	120 42.2	25.2	89 36.1	12.5	21 00.3	8.4	54.5
	21	135 41.9	. . 25.3	104 07.6	12.5	20 51.9	8.6	54.5
	22	150 41.6	25.3	118 39.1	12.6	20 43.3	8.6	54.5
	23	165 41.3	25.4	133 10.7	12.6	20 34.7	8.7	54.5
	20 00	180 41.0	S23 25.4	147 42.3	12.7	S20 26.0	8.9	54.6
	01	195 40.7	25.5	162 14.0	12.7	20 17.1	8.9	54.6
	02	210 40.4	25.5	176 45.7	12.8	20 08.2	9.0	54.6
	03	225 40.0	. . 25.5	191 17.5	12.8	19 59.2	9.1	54.6
	04	240 39.7	25.6	205 49.3	12.9	19 50.1	9.2	54.6
	05	255 39.4	25.6	220 21.2	12.9	19 40.9	9.3	54.6
	06	270 39.1	S23 25.7	234 53.1	12.9	S19 31.6	9.4	54.6
	07	285 38.8	25.7	249 25.0	13.0	19 22.2	9.4	54.7
T	08	300 38.5	25.7	263 57.0	13.1	19 12.8	9.6	54.7
H	09	315 38.2	. . 25.8	278 29.1	13.1	19 03.2	9.6	54.7
U	10	330 37.9	25.8	293 01.2	13.1	18 53.6	9.8	54.7
R	11	345 37.6	25.8	307 33.3	13.2	18 43.8	9.8	54.7
S	12	0 37.3	S23 25.9	322 05.5	13.2	S18 34.0	9.9	54.7
D	13	15 36.9	25.9	336 37.7	13.2	18 24.1	10.0	54.7
A	14	30 36.6	25.9	351 09.9	13.3	18 14.1	10.0	54.8
Y	15	45 36.3	. . 26.0	5 42.2	13.4	18 04.1	10.2	54.8
	16	60 36.0	26.0	20 14.6	13.4	17 53.9	10.2	54.8
	17	75 35.7	26.0	34 47.0	13.4	17 43.7	10.3	54.8
	18	90 35.4	S23 26.0	49 19.4	13.5	S17 33.4	10.4	54.8
	19	105 35.1	26.1	63 51.9	13.5	17 23.0	10.5	54.8
	20	120 34.8	26.1	78 24.4	13.5	17 12.5	10.6	54.9
	21	135 34.5	. . 26.1	92 56.9	13.6	17 01.9	10.6	54.9
	22	150 34.1	26.1	107 29.5	13.7	16 51.3	10.7	54.9
	23	165 33.8	26.2	122 02.2	13.7	16 40.6	10.8	54.9
		S.D. 16.3	d 0.1	S.D. 14.8		14.8		14.9

Lat.	Twilight Naut.	Twilight Civil	Sunrise	Moonrise 18	Moonrise 19	Moonrise 20	Moonrise 21
°	h m	h m	h m	h m	h m	h m	h m
N 72	08 24	10 55	▬	▬	▬	▬	12 41
N 70	08 04	09 53	▬	▬	▬	13 01	12 14
68	07 48	09 18	▬	▬	13 35	12 18	11 53
66	07 35	08 52	10 33	▬	12 11	11 49	11 36
64	07 24	08 33	09 51	11 41	11 33	11 27	11 22
62	07 14	08 16	09 22	10 58	11 06	11 09	11 10
60	07 06	08 03	09 01	10 29	10 45	10 55	11 00
N 58	06 58	07 51	08 43	10 07	10 28	10 42	10 52
56	06 52	07 41	08 28	09 49	10 14	10 31	10 44
54	06 45	07 32	08 16	09 33	10 01	10 21	10 37
52	06 40	07 24	08 05	09 20	09 50	10 13	10 31
50	06 35	07 16	07 55	09 08	09 40	10 05	10 25
45	06 23	07 00	07 34	08 44	09 19	09 48	10 13
N 40	06 12	06 46	07 17	08 24	09 02	09 35	10 03
35	06 03	06 35	07 03	08 08	08 48	09 23	09 54
30	05 54	06 24	06 50	07 54	08 36	09 13	09 47
20	05 38	06 05	06 29	07 30	08 14	08 55	09 33
N 10	05 22	05 48	06 11	07 09	07 56	08 40	09 22
0	05 04	05 31	05 53	06 49	07 38	08 25	09 11
S 10	04 45	05 13	05 36	06 30	07 21	08 11	09 00
20	04 23	04 52	05 17	06 09	07 02	07 55	08 48
30	03 54	04 27	04 55	05 45	06 40	07 37	08 34
35	03 35	04 12	04 42	05 30	06 28	07 27	08 26
40	03 12	03 54	04 27	05 14	06 13	07 15	08 17
45	02 41	03 31	04 09	04 54	05 56	07 01	08 07
S 50	01 56	03 01	03 46	04 29	05 34	06 43	07 54
52	01 28	02 46	03 35	04 17	05 24	06 35	07 48
54	00 41	02 28	03 23	04 03	05 12	06 26	07 41
56	////	02 06	03 09	03 47	04 58	06 15	07 34
58	////	01 36	02 52	03 28	04 43	06 03	07 26
S 60	////	00 46	02 31	03 04	04 24	05 49	07 16

Lat.	Sunset	Twilight Civil	Twilight Naut.	Moonset 18	Moonset 19	Moonset 20	Moonset 21
°	h m	h m	h m	h m	h m	h m	h m
N 72	▬	12 59	15 30	▬	▬	▬	18 24
N 70	▬	14 01	15 50	▬	▬	16 29	18 50
68	▬	14 36	16 06	▬	14 17	17 11	19 10
66	13 21	15 02	16 19	▬	15 40	17 39	19 25
64	14 03	15 21	16 30	14 28	16 17	18 00	19 38
62	14 32	15 38	16 40	15 11	16 43	18 17	19 48
60	14 53	15 51	16 48	15 40	17 04	18 31	19 57
N 58	15 11	16 03	16 56	16 02	17 20	18 42	20 05
56	15 26	16 13	17 02	16 20	17 35	18 53	20 12
54	15 38	16 22	17 08	16 35	17 47	19 02	20 18
52	15 49	16 30	17 14	16 48	17 57	19 10	20 23
50	15 59	16 38	17 19	16 59	18 07	19 17	20 28
45	16 20	16 54	17 31	17 23	18 27	19 32	20 39
N 40	16 37	17 08	17 42	17 42	18 43	19 45	20 48
35	16 51	17 19	17 51	17 58	18 56	19 56	20 55
30	17 04	17 30	18 00	18 11	19 08	20 05	21 02
20	17 25	17 49	18 16	18 35	19 28	20 21	21 13
N 10	17 43	18 06	18 33	18 55	19 45	20 35	21 23
0	18 01	18 23	18 50	19 13	20 01	20 47	21 32
S 10	18 18	18 41	19 09	19 32	20 17	21 00	21 41
20	18 37	19 02	19 31	19 51	20 34	21 14	21 51
30	18 59	19 27	20 00	20 14	20 54	21 29	22 01
35	19 12	19 42	20 19	20 28	21 05	21 38	22 08
40	19 28	20 00	20 42	20 43	21 18	21 48	22 15
45	19 46	20 23	21 13	21 01	21 33	22 00	22 23
S 50	20 08	20 53	21 58	21 24	21 52	22 14	22 33
52	20 19	21 08	22 26	21 34	22 00	22 21	22 37
54	20 31	21 26	23 13	21 46	22 10	22 28	22 42
56	20 46	21 48	////	22 00	22 21	22 36	22 48
58	21 02	22 18	////	22 16	22 34	22 45	22 54
S 60	21 23	23 09	////	22 36	22 48	22 56	23 01

Day	SUN Eqn. of Time 00ʰ	SUN Eqn. of Time 12ʰ	SUN Mer. Pass.	MOON Mer. Pass. Upper	MOON Mer. Pass. Lower	MOON Age	MOON Phase
	m s	m s	h m	h m	h m	d	
18	03 44	03 29	11 57	13 01	00 36	01	
19	03 14	02 59	11 57	13 50	01 26	02	●
20	02 45	02 30	11 58	14 36	02 13	03	

UT (GMT) d	h	ARIES G.H.A.	VENUS −3.9 G.H.A.	VENUS Dec.	MARS −1.3 G.H.A.	MARS Dec.	JUPITER −2.5 G.H.A.	JUPITER Dec.	SATURN +0.6 G.H.A.	SATURN Dec.	STARS Name	S.H.A.	Dec.
		° ′	° ′	° ′	° ′	° ′	° ′	° ′	° ′	° ′		° ′	° ′
21	00	89 18.4	167 20.7	S23 57.7	33 24.7	N22 00.1	313 45.6	N17 33.8	152 57.7	S21 22.0	Acamar	315 30.7	S40 20.5
	01	104 20.9	182 19.7	57.5	48 27.6	00.0	328 48.2	33.8	167 59.8	22.0	Achernar	335 38.8	S57 17.1
	02	119 23.3	197 18.7	57.3	63 30.5	22 00.0	343 50.8	33.9	183 02.0	21.9	Acrux	173 28.5	S63 02.8
	03	134 25.8	212 17.8	· · 57.1	78 33.4	21 59.9	358 53.4	· · 34.0	198 04.2	· · 21.9	Adhara	255 25.4	S28 57.5
	04	149 28.2	227 16.8	57.0	93 36.3	59.9	13 56.1	34.0	213 06.4	21.8	Aldebaran	291 08.4	N16 29.6
	05	164 30.7	242 15.9	56.8	108 39.1	59.8	28 58.7	34.1	228 08.5	21.8			
	06	179 33.2	257 14.9	S23 56.6	123 42.0	N21 59.8	44 01.3	N17 34.1	243 10.7	S21 21.7	Alioth	166 35.3	N56 00.1
	07	194 35.6	272 13.9	56.4	138 44.9	59.8	59 04.0	34.2	258 12.9	21.7	Alkaid	153 12.2	N49 21.1
	08	209 38.1	287 13.0	56.2	153 47.8	59.7	74 06.6	34.2	273 15.0	21.7	Al Na'ir	28 04.9	S47 00.5
F	09	224 40.6	302 12.0	· · 56.0	168 50.7	· · 59.7	89 09.2	· · 34.3	288 17.2	· · 21.6	Alnilam	276 03.1	S 1 12.4
R	10	239 43.0	317 11.0	55.8	183 53.5	59.6	104 11.9	34.3	303 19.4	21.6	Alphard	218 12.4	S 8 37.2
I	11	254 45.5	332 10.1	55.7	198 56.4	59.6	119 14.5	34.4	318 21.5	21.5			
D	12	269 48.0	347 09.1	S23 55.5	213 59.3	N21 59.6	134 17.1	N17 34.5	333 23.7	S21 21.5	Alphecca	126 25.5	N26 44.5
A	13	284 50.4	2 08.1	55.3	229 02.1	59.5	149 19.8	34.5	348 25.9	21.4	Alpheratz	358 01.0	N29 02.7
Y	14	299 52.9	17 07.2	55.1	244 05.0	59.5	164 22.4	34.6	3 28.0	21.4	Altair	62 25.0	N 8 50.7
	15	314 55.4	32 06.2	· · 54.9	259 07.9	· · 59.4	179 25.0	· · 34.6	18 30.2	· · 21.3	Ankaa	353 32.1	S42 21.4
	16	329 57.8	47 05.3	54.7	274 10.7	59.4	194 27.7	34.7	33 32.4	21.3	Antares	112 47.3	S26 24.8
	17	345 00.3	62 04.3	54.5	289 13.6	59.4	209 30.3	34.7	48 34.6	21.2			
	18	0 02.7	77 03.3	S23 54.3	304 16.5	N21 59.3	224 32.9	N17 34.8	63 36.7	S21 21.2	Arcturus	146 11.2	N19 13.5
	19	15 05.2	92 02.4	54.1	319 19.3	59.3	239 35.6	34.9	78 38.9	21.1	Atria	108 04.9	S69 00.7
	20	30 07.7	107 01.4	53.9	334 22.2	59.2	254 38.2	34.9	93 41.1	21.1	Avior	234 24.5	S59 28.6
	21	45 10.1	122 00.4	· · 53.7	349 25.0	· · 59.2	269 40.8	· · 35.0	108 43.2	· · 21.0	Bellatrix	278 49.7	N 6 20.6
	22	60 12.6	136 59.5	53.5	4 27.9	59.2	284 43.5	35.0	123 45.4	21.0	Betelgeuse	271 19.2	N 7 24.4
	23	75 15.1	151 58.5	53.3	19 30.7	59.1	299 46.1	35.1	138 47.6	21.0			
22	00	90 17.5	166 57.6	S23 53.0	34 33.6	N21 59.1	314 48.8	N17 35.1	153 49.7	S21 20.9	Canopus	264 03.1	S52 41.3
	01	105 20.0	181 56.6	52.8	49 36.4	59.0	329 51.4	35.2	168 51.9	20.9	Capella	280 58.9	N45 59.5
	02	120 22.5	196 55.6	52.6	64 39.3	59.0	344 54.0	35.3	183 54.1	20.8	Deneb	49 43.4	N45 15.0
	03	135 24.9	211 54.7	· · 52.4	79 42.1	· · 59.0	359 56.7	· · 35.3	198 56.2	· · 20.8	Denebola	182 50.7	N14 37.2
	04	150 27.4	226 53.7	52.2	94 45.0	58.9	14 59.3	35.4	213 58.4	20.7	Diphda	349 12.6	S18 02.2
	05	165 29.9	241 52.8	52.0	109 47.8	58.9	30 02.0	35.4	229 00.6	20.7			
	06	180 32.3	256 51.8	S23 51.8	124 50.7	N21 58.9	45 04.6	N17 35.5	244 02.7	S21 20.6	Dubhe	194 11.8	N61 47.6
	07	195 34.8	271 50.8	51.5	139 53.5	58.8	60 07.2	35.6	259 04.9	20.6	Elnath	278 33.5	N28 36.1
S	08	210 37.2	286 49.9	51.3	154 56.4	58.8	75 09.9	35.6	274 07.1	20.5	Eltanin	90 54.5	N51 29.3
A	09	225 39.7	301 48.9	· · 51.1	169 59.2	· · 58.7	90 12.5	· · 35.7	289 09.3	· · 20.5	Enif	34 03.9	N 9 50.1
T	10	240 42.2	316 48.0	50.9	185 02.0	58.7	105 15.1	35.7	304 11.4	20.4	Fomalhaut	15 42.5	S29 40.3
U	11	255 44.6	331 47.0	50.7	200 04.9	58.7	120 17.8	35.8	319 13.6	20.4			
R	12	270 47.1	346 46.0	S23 50.4	215 07.7	N21 58.6	135 20.4	N17 35.9	334 15.8	S21 20.3	Gacrux	172 20.0	S57 03.6
D	13	285 49.6	1 45.1	50.2	230 10.5	58.6	150 23.1	35.9	349 17.9	20.3	Gienah	176 09.7	S17 29.5
A	14	300 52.0	16 44.1	50.0	245 13.4	58.6	165 25.7	36.0	4 20.1	20.2	Hadar	149 12.4	S60 19.6
Y	15	315 54.5	31 43.2	· · 49.8	260 16.2	· · 58.5	180 28.4	· · 36.0	19 22.3	· · 20.2	Hamal	328 19.6	N23 25.4
	16	330 57.0	46 42.2	49.5	275 19.0	58.5	195 31.0	36.1	34 24.4	20.2	Kaus Aust.	84 06.5	S34 23.5
	17	345 59.4	61 41.2	49.3	290 21.8	58.5	210 33.6	36.1	49 26.6	20.1			
	18	1 01.9	76 40.3	S23 49.1	305 24.7	N21 58.4	225 36.3	N17 36.2	64 28.8	S21 20.1	Kochab	137 19.8	N74 11.2
	19	16 04.4	91 39.3	48.8	320 27.5	58.4	240 38.9	36.3	79 30.9	20.0	Markab	13 55.2	N15 09.6
	20	31 06.8	106 38.4	48.6	335 30.3	58.4	255 41.6	36.3	94 33.1	20.0	Menkar	314 32.4	N 4 03.4
	21	46 09.3	121 37.4	· · 48.4	350 33.1	· · 58.3	270 44.2	· · 36.4	109 35.3	· · 19.9	Menkent	148 27.8	S36 19.5
	22	61 11.7	136 36.5	48.1	5 35.9	58.3	285 46.9	36.4	124 37.4	19.9	Miaplacidus	221 42.8	S69 40.6
	23	76 14.2	151 35.5	47.9	20 38.8	58.3	300 49.5	36.5	139 39.6	19.8			
23	00	91 16.7	166 34.5	S23 47.7	35 41.6	N21 58.2	315 52.1	N17 36.6	154 41.8	S21 19.8	Mirfak	309 04.2	N49 50.1
	01	106 19.1	181 33.6	47.4	50 44.4	58.2	330 54.8	36.6	169 43.9	19.7	Nunki	76 19.5	S26 18.6
	02	121 21.6	196 32.6	47.2	65 47.2	58.2	345 57.4	36.7	184 46.1	19.7	Peacock	53 46.0	S56 46.0
	03	136 24.1	211 31.7	· · 46.9	80 50.0	· · 58.1	1 00.1	· · 36.7	199 48.3	· · 19.6	Pollux	243 47.9	N28 02.9
	04	151 26.5	226 30.7	46.7	95 52.8	58.1	16 02.7	36.8	214 50.4	19.6	Procyon	245 17.0	N 5 14.9
	05	166 29.0	241 29.8	46.4	110 55.6	58.1	31 05.4	36.9	229 52.6	19.5			
	06	181 31.5	256 28.8	S23 46.2	125 58.4	N21 58.0	46 08.0	N17 36.9	244 54.8	S21 19.5	Rasalhague	96 22.4	N12 33.9
	07	196 33.9	271 27.9	46.0	141 01.2	58.0	61 10.7	37.0	259 56.9	19.4	Regulus	208 01.2	N12 00.6
	08	211 36.4	286 26.9	45.7	156 04.0	58.0	76 13.3	37.0	274 59.1	19.4	Rigel	281 27.9	S 8 12.6
S	09	226 38.8	301 26.0	· · 45.5	171 06.8	· · 57.9	91 16.0	· · 37.1	290 01.3	· · 19.4	Rigil Kent.	140 15.3	S60 47.7
U	10	241 41.3	316 25.0	45.2	186 09.6	57.9	106 18.6	37.2	305 03.4	19.3	Sabik	102 32.2	S15 42.9
N	11	256 43.8	331 24.0	44.9	201 12.4	57.9	121 21.3	37.2	320 05.6	19.3			
D	12	271 46.2	346 23.1	S23 44.7	216 15.2	N21 57.8	136 23.9	N17 37.3	335 07.8	S21 19.2	Schedar	349 59.9	N56 29.7
A	13	286 48.7	1 22.1	44.4	231 18.0	57.8	151 26.6	37.4	350 09.9	19.2	Shaula	96 45.2	S37 05.9
Y	14	301 51.2	16 21.2	44.2	246 20.8	57.8	166 29.2	37.4	5 12.1	19.1	Sirius	258 48.2	S16 42.2
	15	316 53.6	31 20.2	· · 43.9	261 23.6	· · 57.7	181 31.9	· · 37.5	20 14.3	· · 19.1	Spica	158 49.2	S11 06.9
	16	331 56.1	46 19.3	43.7	276 26.4	57.7	196 34.5	37.5	35 16.4	19.0	Suhail	223 04.6	S43 23.6
	17	346 58.6	61 18.3	43.4	291 29.2	57.7	211 37.2	37.6	50 18.6	19.0			
	18	2 01.0	76 17.4	S23 43.1	306 32.0	N21 57.7	226 39.8	N17 37.7	65 20.8	S21 18.9	Vega	80 50.8	N38 46.5
	19	17 03.5	91 16.4	42.9	321 34.8	57.6	241 42.5	37.7	80 22.9	18.9	Zuben'ubi	137 24.3	S16 00.3
	20	32 06.0	106 15.5	42.6	336 37.5	57.6	256 45.1	37.8	95 25.1	18.8		S.H.A.	Mer. Pass.
	21	47 08.4	121 14.5	· · 42.3	351 40.3	· · 57.6	271 47.8	· · 37.8	110 27.3	· · 18.8		° ′	h m
	22	62 10.9	136 13.6	42.1	6 43.1	57.5	286 50.4	37.9	125 29.4	18.7	Venus	76 40.0	12 53
	23	77 13.3	151 12.6	41.8	21 45.9	57.5	301 53.1	38.0	140 31.6	18.7	Mars	304 16.1	21 38
Mer. Pass.		h m 17 55.9	*v* −1.0	*d* 0.2	*v* 2.8	*d* 0.0	*v* 2.6	*d* 0.1	*v* 2.2	*d* 0.0	Jupiter	224 31.2	3 00
											Saturn	63 32.2	13 43

	UT (GMT) d h	SUN G.H.A.	SUN Dec.	MOON G.H.A.	v	MOON Dec.	d	H.P.
		° ′	° ′	° ′	′	° ′	′	′
	21 00	180 33.5	S23 26.2	136 34.9	13.7	S16 29.8	10.9	54.9
	01	195 33.2	26.2	151 07.6	13.7	16 18.9	10.9	55.0
	02	210 32.9	26.2	165 40.3	13.8	16 08.0	11.0	55.0
	03	225 32.6	. . 26.3	180 13.1	13.8	15 57.0	11.1	55.0
	04	240 32.3	26.3	194 45.9	13.9	15 45.9	11.2	55.0
	05	255 32.0	26.3	209 18.8	13.9	15 34.7	11.2	55.0
	06	270 31.7	S23 26.3	223 51.7	13.9	S15 23.5	11.3	55.0
	07	285 31.3	26.3	238 24.6	14.0	15 12.2	11.4	55.1
	08	300 31.0	26.3	252 57.6	14.0	15 00.8	11.5	55.1
FRIDAY	09	315 30.7	. . 26.4	267 30.6	14.1	14 49.3	11.5	55.1
	10	330 30.4	26.4	282 03.7	14.0	14 37.8	11.6	55.1
	11	345 30.1	26.4	296 36.7	14.1	14 26.2	11.6	55.1
	12	0 29.8	S23 26.4	311 09.8	14.2	S14 14.6	11.7	55.2
	13	15 29.5	26.4	325 43.0	14.2	14 02.9	11.8	55.2
	14	30 29.2	26.4	340 16.2	14.2	13 51.1	11.9	55.2
	15	45 28.9	. . 26.4	354 49.4	14.2	13 39.2	11.9	55.2
	16	60 28.5	26.4	9 22.6	14.3	13 27.3	12.0	55.2
	17	75 28.2	26.4	23 55.9	14.2	13 15.3	12.0	55.3
	18	90 27.9	S23 26.5	38 29.1	14.4	S13 03.3	12.2	55.3
	19	105 27.6	26.5	53 02.5	14.3	12 51.1	12.1	55.3
	20	120 27.3	26.5	67 35.8	14.4	12 39.0	12.3	55.3
	21	135 27.0	. . 26.5	82 09.2	14.4	12 26.7	12.3	55.3
	22	150 26.7	26.5	96 42.6	14.4	12 14.4	12.3	55.4
	23	165 26.4	26.5	111 16.0	14.5	12 02.1	12.4	55.4
	22 00	180 26.0	S23 26.5	125 49.5	14.4	S11 49.7	12.5	55.4
	01	195 25.7	26.5	140 22.9	14.5	11 37.2	12.5	55.4
	02	210 25.4	26.5	154 56.4	14.5	11 24.7	12.6	55.5
	03	225 25.1	. . 26.5	169 29.9	14.6	11 12.1	12.7	55.5
	04	240 24.8	26.5	184 03.5	14.5	10 59.4	12.7	55.5
	05	255 24.5	26.5	198 37.0	14.6	10 46.7	12.7	55.5
	06	270 24.2	S23 26.5	213 10.6	14.6	S10 34.0	12.8	55.5
	07	285 23.9	26.5	227 44.2	14.6	10 21.2	12.9	55.6
SATURDAY	08	300 23.6	26.5	242 17.8	14.6	10 08.3	12.9	55.6
	09	315 23.2	. . 26.5	256 51.4	14.7	9 55.4	12.9	55.6
	10	330 22.9	26.5	271 25.1	14.6	9 42.5	13.0	55.6
	11	345 22.6	26.5	285 58.7	14.7	9 29.5	13.1	55.7
	12	0 22.3	S23 26.5	300 32.4	14.7	S 9 16.4	13.1	55.7
	13	15 22.0	26.4	315 06.1	14.7	9 03.3	13.2	55.7
	14	30 21.7	26.4	329 39.8	14.7	8 50.1	13.2	55.7
	15	45 21.4	. . 26.4	344 13.5	14.7	8 36.9	13.2	55.8
	16	60 21.1	26.4	358 47.2	14.8	8 23.7	13.3	55.8
	17	75 20.7	26.4	13 21.0	14.7	8 10.4	13.4	55.8
	18	90 20.4	S23 26.4	27 54.7	14.7	S 7 57.0	13.3	55.8
	19	105 20.1	26.4	42 28.4	14.8	7 43.7	13.5	55.9
	20	120 19.8	26.4	57 02.2	14.7	7 30.2	13.4	55.9
	21	135 19.5	. . 26.4	71 35.9	14.8	7 16.8	13.6	55.9
	22	150 19.2	26.3	86 09.7	14.8	7 03.2	13.5	55.9
	23	165 18.9	26.3	100 43.5	14.7	6 49.7	13.6	56.0
	23 00	180 18.6	S23 26.3	115 17.2	14.8	S 6 36.1	13.6	56.0
	01	195 18.3	26.3	129 51.0	14.7	6 22.5	13.7	56.0
	02	210 17.9	26.3	144 24.7	14.8	6 08.8	13.7	56.0
	03	225 17.6	. . 26.3	158 58.5	14.8	5 55.1	13.8	56.1
	04	240 17.3	26.2	173 32.3	14.7	5 41.3	13.8	56.1
	05	255 17.0	26.2	188 06.0	14.8	5 27.5	13.8	56.1
	06	270 16.7	S23 26.2	202 39.8	14.7	S 5 13.7	13.8	56.2
	07	285 16.4	26.2	217 13.5	14.8	4 59.9	13.9	56.2
	08	300 16.1	26.1	231 47.3	14.7	4 46.0	13.9	56.2
SUNDAY	09	315 15.8	. . 26.1	246 21.0	14.7	4 32.1	14.0	56.2
	10	330 15.4	26.1	260 54.7	14.8	4 18.1	14.0	56.3
	11	345 15.1	26.1	275 28.5	14.7	4 04.1	14.0	56.3
	12	0 14.8	S23 26.0	290 02.2	14.7	S 3 50.1	14.0	56.3
	13	15 14.5	26.0	304 35.9	14.6	3 36.1	14.1	56.4
	14	30 14.2	26.0	319 09.5	14.7	3 22.0	14.1	56.4
	15	45 13.9	. . 26.0	333 43.2	14.7	3 07.9	14.1	56.4
	16	60 13.6	25.9	348 16.9	14.6	2 53.8	14.2	56.4
	17	75 13.3	25.9	2 50.5	14.6	2 39.6	14.2	56.5
	18	90 13.0	S23 25.9	17 24.1	14.6	S 2 25.4	14.2	56.5
	19	105 12.6	25.8	31 57.7	14.6	2 11.2	14.2	56.5
	20	120 12.3	25.8	46 31.3	14.5	1 57.0	14.2	56.6
	21	135 12.0	. . 25.8	61 04.8	14.6	1 42.8	14.3	56.6
	22	150 11.7	25.7	75 38.4	14.5	1 28.5	14.3	56.6
	23	165 11.4	25.7	90 11.9	14.5	1 14.2	14.3	56.7
		S.D. 16.3	d 0.0	S.D.	15.0		15.2	15.3

Lat.	Twilight Naut.	Twilight Civil	Sunrise	Moonrise 21	22	23	24
°	h m	h m	h m	h m	h m	h m	h m
N 72	08 26	10 58	▬	12 41	12 00	11 30	11 02
N 70	08 06	09 55	▬	12 14	11 46	11 24	11 04
68	07 50	09 20	▬	11 53	11 35	11 20	11 06
66	07 37	08 54	10 35	11 36	11 25	11 16	11 07
64	07 26	08 34	09 53	11 22	11 17	11 13	11 08
62	07 16	08 18	09 24	11 10	11 10	11 10	11 09
60	07 08	08 05	09 02	11 00	11 04	11 07	11 10
N 58	07 00	07 53	08 45	10 52	10 59	11 05	11 11
56	06 53	07 43	08 30	10 44	10 54	11 03	11 12
54	06 47	07 33	08 17	10 37	10 50	11 01	11 12
52	06 41	07 25	08 06	10 31	10 46	11 00	11 13
50	06 36	07 18	07 56	10 25	10 43	10 58	11 14
45	06 24	07 02	07 36	10 13	10 35	10 55	11 15
N 40	06 14	06 48	07 19	10 03	10 28	10 52	11 16
35	06 05	06 36	07 04	09 54	10 23	10 50	11 17
30	05 56	06 26	06 52	09 47	10 18	10 48	11 18
20	05 39	06 07	06 31	09 33	10 09	10 44	11 19
N 10	05 23	05 49	06 12	09 22	10 02	10 41	11 20
0	05 06	05 32	05 55	09 11	09 55	10 38	11 22
S 10	04 47	05 14	05 37	09 00	09 47	10 35	11 23
20	04 24	04 54	05 18	08 48	09 40	10 32	11 24
30	03 55	04 29	04 56	08 34	09 31	10 28	11 26
35	03 36	04 13	04 43	08 26	09 26	10 26	11 27
40	03 13	03 55	04 28	08 17	09 20	10 23	11 28
45	02 43	03 32	04 10	08 07	09 13	10 21	11 29
S 50	01 57	03 03	03 47	07 54	09 05	10 17	11 31
52	01 29	02 47	03 36	07 48	09 02	10 16	11 31
54	00 41	02 29	03 24	07 41	08 57	10 14	11 32
56	////	02 07	03 10	07 34	08 53	10 12	11 33
58	////	01 37	02 53	07 26	08 48	10 10	11 34
S 60	////	00 45	02 32	07 16	08 42	10 08	11 35

Lat.	Sunset	Twilight Civil	Twilight Naut.	Moonset 21	22	23	24
°	h m	h m	h m	h m	h m	h m	h m
N 72	▬	12 59	15 31	18 24	20 38	22 41	24 46
N 70	▬	14 02	15 51	18 50	20 49	22 43	24 39
68	▬	14 37	16 07	19 10	20 59	22 45	24 33
66	13 22	15 03	16 20	19 25	21 06	22 46	24 28
64	14 04	15 23	16 31	19 38	21 13	22 47	24 24
62	14 33	15 39	16 41	19 48	21 18	22 48	24 21
60	14 55	15 52	16 49	19 57	21 23	22 49	24 17
N 58	15 12	16 04	16 57	20 05	21 27	22 50	24 15
56	15 27	16 14	17 04	20 12	21 31	22 51	24 12
54	15 40	16 24	17 10	20 18	21 34	22 51	24 10
52	15 51	16 32	17 16	20 23	21 37	22 52	24 08
50	16 01	16 39	17 21	20 28	21 40	22 52	24 07
45	16 21	16 55	17 33	20 39	21 46	22 53	24 03
N 40	16 38	17 09	17 43	20 48	21 51	22 54	24 00
35	16 53	17 21	17 52	20 55	21 55	22 55	23 57
30	17 05	17 31	18 01	21 02	21 58	22 56	23 54
20	17 26	17 50	18 18	21 13	22 05	22 57	23 50
N 10	17 45	18 08	18 34	21 23	22 10	22 58	23 47
0	18 02	18 25	18 51	21 32	22 15	22 59	23 43
S 10	18 20	18 43	19 10	21 41	22 20	23 00	23 40
20	18 39	19 03	19 33	21 51	22 26	23 01	23 36
30	19 01	19 28	20 02	22 01	22 32	23 02	23 32
35	19 14	19 44	20 21	22 08	22 35	23 02	23 29
40	19 29	20 02	20 44	22 15	22 39	23 03	23 27
45	19 47	20 25	21 14	22 23	22 44	23 04	23 24
S 50	20 10	20 54	22 00	22 33	22 49	23 04	23 20
52	20 21	21 10	22 28	22 37	22 52	23 05	23 18
54	20 33	21 28	23 15	22 42	22 54	23 05	23 16
56	20 47	21 50	////	22 48	22 57	23 06	23 14
58	21 04	22 20	////	22 54	23 00	23 06	23 12
S 60	21 25	23 11	////	23 01	23 04	23 07	23 10

Day	SUN Eqn. of Time 00 h	SUN Eqn. of Time 12 h	SUN Mer. Pass.	MOON Mer. Pass. Upper	MOON Mer. Pass. Lower	MOON Age	MOON Phase
	m s	m s	h m	h m	h m	d	
21	02 15	02 00	11 58	15 21	02 59	04	
22	01 45	01 30	11 59	16 05	03 43	05	◐
23	01 15	01 00	11 59	16 48	04 27	06	

UT (GMT) d h	ARIES G.H.A. ° ′	VENUS −3.9 G.H.A. ° ′	Dec. ° ′	MARS −1.2 G.H.A. ° ′	Dec. ° ′	JUPITER −2.5 G.H.A. ° ′	Dec. ° ′	SATURN +0.6 G.H.A. ° ′	Dec. ° ′
24 00	92 15.8	166 11.7	S23 41.5	36 48.7	N21 57.5	316 55.7	N17 38.0	155 33.8	S21 18.6
01	107 18.3	181 10.7	41.3	51 51.4	57.5	331 58.4	38.1	170 35.9	18.6
02	122 20.7	196 09.8	41.0	66 54.2	57.4	347 01.0	38.2	185 38.1	18.5
03	137 23.2	211 08.8	· · 40.7	81 57.0	· · 57.4	2 03.7	· · 38.2	200 40.3	· · 18.5
04	152 25.7	226 07.9	40.5	96 59.8	57.4	17 06.3	38.3	215 42.4	18.5
05	167 28.1	241 06.9	40.2	112 02.5	57.3	32 09.0	38.3	230 44.6	18.4
06	182 30.6	256 06.0	S23 39.9	127 05.3	N21 57.3	47 11.6	N17 38.4	245 46.8	S21 18.4
07	197 33.1	271 05.0	39.6	142 08.1	57.3	62 14.3	38.5	260 48.9	18.3
08	212 35.5	286 04.1	39.3	157 10.8	57.3	77 16.9	38.5	275 51.1	18.3
M 09	227 38.0	301 03.1	· · 39.1	172 13.6	· · 57.2	92 19.6	· · 38.6	290 53.3	· · 18.2
O 10	242 40.5	316 02.2	38.8	187 16.4	57.2	107 22.2	38.6	305 55.4	18.2
N 11	257 42.9	331 01.2	38.5	202 19.1	57.2	122 24.9	38.7	320 57.6	18.1
D 12	272 45.4	346 00.3	S23 38.2	217 21.9	N21 57.2	137 27.6	N17 38.8	335 59.7	S21 18.1
A 13	287 47.8	0 59.3	37.9	232 24.6	57.1	152 30.2	38.8	351 01.9	18.0
Y 14	302 50.3	15 58.4	37.6	247 27.4	57.1	167 32.9	38.9	6 04.1	18.0
15	317 52.8	30 57.4	· · 37.3	262 30.1	· · 57.1	182 35.5	· · 39.0	21 06.2	· · 17.9
16	332 55.2	45 56.5	37.1	277 32.9	57.1	197 38.2	39.0	36 08.4	17.9
17	347 57.7	60 55.5	36.8	292 35.6	57.0	212 40.8	39.1	51 10.6	17.8
18	3 00.2	75 54.6	S23 36.5	307 38.4	N21 57.0	227 43.5	N17 39.2	66 12.7	S21 17.8
19	18 02.6	90 53.7	36.2	322 41.1	57.0	242 46.2	39.2	81 14.9	17.7
20	33 05.1	105 52.7	35.9	337 43.9	57.0	257 48.8	39.3	96 17.1	17.7
21	48 07.6	120 51.8	· · 35.6	352 46.6	· · 56.9	272 51.5	· · 39.3	111 19.2	· · 17.6
22	63 10.0	135 50.8	35.3	7 49.4	56.9	287 54.1	39.4	126 21.4	17.6
23	78 12.5	150 49.9	35.0	22 52.1	56.9	302 56.8	39.5	141 23.6	17.5
25 00	93 15.0	165 48.9	S23 34.7	37 54.9	N21 56.9	317 59.5	N17 39.5	156 25.7	S21 17.5
01	108 17.4	180 48.0	34.4	52 57.6	56.9	333 02.1	39.6	171 27.9	17.4
02	123 19.9	195 47.0	34.1	68 00.3	56.8	348 04.8	39.7	186 30.1	17.4
03	138 22.3	210 46.1	· · 33.8	83 03.1	· · 56.8	3 07.4	· · 39.7	201 32.2	· · 17.4
04	153 24.8	225 45.2	33.5	98 05.8	56.8	18 10.1	39.8	216 34.4	17.3
05	168 27.3	240 44.2	33.2	113 08.5	56.8	33 12.8	39.9	231 36.6	17.3
06	183 29.7	255 43.3	S23 32.9	128 11.3	N21 56.7	48 15.4	N17 39.9	246 38.7	S21 17.2
07	198 32.2	270 42.3	32.6	143 14.0	56.7	63 18.1	40.0	261 40.9	17.2
T 08	213 34.7	285 41.4	32.2	158 16.7	56.7	78 20.7	40.0	276 43.0	17.1
U 09	228 37.1	300 40.5	· · 31.9	173 19.5	· · 56.7	93 23.4	· · 40.1	291 45.2	· · 17.1
E 10	243 39.6	315 39.5	31.6	188 22.2	56.7	108 26.1	40.2	306 47.4	17.0
S 11	258 42.1	330 38.6	31.3	203 24.9	56.6	123 28.7	40.2	321 49.5	17.0
D 12	273 44.5	345 37.6	S23 31.0	218 27.6	N21 56.6	138 31.4	N17 40.3	336 51.7	S21 16.9
A 13	288 47.0	0 36.7	30.7	233 30.3	56.6	153 34.0	40.4	351 53.9	16.9
Y 14	303 49.4	15 35.7	30.4	248 33.1	56.6	168 36.7	40.4	6 56.0	16.8
15	318 51.9	30 34.8	· · 30.0	263 35.8	· · 56.6	183 39.4	· · 40.5	21 58.2	· · 16.8
16	333 54.4	45 33.9	29.7	278 38.5	56.5	198 42.0	40.6	37 00.4	16.7
17	348 56.8	60 32.9	29.4	293 41.2	56.5	213 44.7	40.6	52 02.5	16.7
18	3 59.3	75 32.0	S23 29.1	308 43.9	N21 56.5	228 47.4	N17 40.7	67 04.7	S21 16.6
19	19 01.8	90 31.1	28.8	323 46.6	56.5	243 50.0	40.8	82 06.9	16.6
20	34 04.2	105 30.1	28.4	338 49.3	56.5	258 52.7	40.8	97 09.0	16.5
21	49 06.7	120 29.2	· · 28.1	353 52.1	· · 56.5	273 55.4	· · 40.9	112 11.2	· · 16.5
22	64 09.2	135 28.2	27.8	8 54.8	56.4	288 58.0	41.0	127 13.3	16.4
23	79 11.6	150 27.3	27.4	23 57.5	56.4	304 00.7	41.0	142 15.5	16.4
26 00	94 14.1	165 26.4	S23 27.1	39 00.2	N21 56.4	319 03.4	N17 41.1	157 17.7	S21 16.3
01	109 16.6	180 25.4	26.8	54 02.9	56.4	334 06.0	41.2	172 19.8	16.3
02	124 19.0	195 24.5	26.5	69 05.6	56.4	349 08.7	41.2	187 22.0	16.2
03	139 21.5	210 23.6	· · 26.1	84 08.3	· · 56.3	4 11.4	· · 41.3	202 24.2	· · 16.2
04	154 23.9	225 22.6	25.8	99 11.0	56.3	19 14.0	41.4	217 26.3	16.1
05	169 26.4	240 21.7	25.5	114 13.7	56.3	34 16.7	41.4	232 28.5	16.1
06	184 28.9	255 20.8	S23 25.1	129 16.4	N21 56.3	49 19.4	N17 41.5	247 30.7	S21 16.0
W 07	199 31.3	270 19.8	24.8	144 19.1	56.3	64 22.0	41.6	262 32.8	16.0
E 08	214 33.8	285 18.9	24.4	159 21.7	56.3	79 24.7	41.6	277 35.0	16.0
D 09	229 36.3	300 17.9	· · 24.1	174 24.4	· · 56.3	94 27.4	· · 41.7	292 37.1	· · 15.9
N 10	244 38.7	315 17.0	23.8	189 27.1	56.2	109 30.0	41.7	307 39.3	15.9
E 11	259 41.2	330 16.1	23.4	204 29.8	56.2	124 32.7	41.8	322 41.5	15.8
S 12	274 43.7	345 15.1	S23 23.1	219 32.5	N21 56.2	139 35.4	N17 41.9	337 43.6	S21 15.8
D 13	289 46.1	0 14.2	22.7	234 35.2	56.2	154 38.1	41.9	352 45.8	15.7
A 14	304 48.6	15 13.3	22.4	249 37.9	56.2	169 40.7	42.0	7 48.0	15.7
Y 15	319 51.1	30 12.3	· · 22.0	264 40.5	· · 56.2	184 43.4	· · 42.1	22 50.1	· · 15.6
16	334 53.5	45 11.4	21.7	279 43.2	56.2	199 46.1	42.1	37 52.3	15.6
17	349 56.0	60 10.5	21.3	294 45.9	56.1	214 48.7	42.2	52 54.4	15.5
18	4 58.4	75 09.6	S23 21.0	309 48.6	N21 56.1	229 51.4	N17 42.3	67 56.6	S21 15.5
19	20 00.9	90 08.6	20.6	324 51.2	56.1	244 54.1	42.4	82 58.8	15.4
20	35 03.4	105 07.7	20.3	339 53.9	56.1	259 56.8	42.4	98 00.9	15.4
21	50 05.8	120 06.8	· · 19.9	354 56.6	· · 56.1	274 59.4	· · 42.5	113 03.1	· · 15.3
22	65 08.3	135 05.8	19.5	9 59.3	56.1	290 02.1	42.6	128 05.3	15.3
23	80 10.8	150 04.9	19.2	25 01.9	56.1	305 04.8	42.6	143 07.4	15.2
Mer. Pass. (h m)	17 44.1	*v* −0.9	*d* 0.3	*v* 2.7	*d* 0.0	*v* 2.7	*d* 0.1	*v* 2.2	*d* 0.0

STARS

Name	S.H.A. ° ′	Dec. ° ′
Acamar	315 30.7	S40 20.5
Achernar	335 38.8	S57 17.1
Acrux	173 28.5	S63 02.8
Adhara	255 25.4	S28 57.5
Aldebaran	291 08.4	N16 29.6
Alioth	166 35.3	N56 00.1
Alkaid	153 12.2	N49 21.1
Al Na'ir	28 04.9	S47 00.5
Alnilam	276 03.1	S 1 12.4
Alphard	218 12.4	S 8 37.2
Alphecca	126 25.5	N26 44.5
Alpheratz	358 01.0	N29 02.7
Altair	62 25.0	N 8 50.6
Ankaa	353 32.1	S42 21.4
Antares	112 47.3	S26 24.8
Arcturus	146 11.2	N19 13.5
Atria	108 04.9	S69 00.7
Avior	234 24.4	S59 28.7
Bellatrix	278 49.7	N 6 20.6
Betelgeuse	271 19.2	N 7 24.4
Canopus	264 03.0	S52 41.4
Capella	280 58.9	N45 59.5
Deneb	49 43.4	N45 15.0
Denebola	182 50.7	N14 37.2
Diphda	349 12.7	S18 02.2
Dubhe	194 11.7	N61 47.6
Elnath	278 33.5	N28 36.1
Eltanin	90 54.5	N51 29.3
Enif	34 03.9	N 9 50.1
Fomalhaut	15 42.5	S29 40.3
Gacrux	172 20.0	S57 03.6
Gienah	176 09.7	S17 29.5
Hadar	149 12.4	S60 19.6
Hamal	328 19.6	N23 25.4
Kaus Aust.	84 06.5	S34 23.5
Kochab	137 19.8	N74 11.2
Markab	13 55.2	N15 09.6
Menkar	314 32.4	N 4 03.4
Menkent	148 27.7	S36 19.5
Miaplacidus	221 42.8	S69 40.6
Mirfak	309 04.2	N49 50.1
Nunki	76 19.5	S26 18.6
Peacock	53 46.0	S56 46.0
Pollux	243 47.9	N28 02.9
Procyon	245 17.0	N 5 14.9
Rasalhague	96 22.4	N12 33.9
Regulus	208 01.2	N12 00.6
Rigel	281 27.9	S 8 12.6
Rigil Kent.	140 15.3	S60 47.7
Sabik	102 32.2	S15 42.9
Schedar	349 59.9	N56 29.7
Shaula	96 45.2	S37 05.9
Sirius	258 48.2	S16 42.2
Spica	158 49.1	S11 06.9
Suhail	223 04.6	S43 23.6
Vega	80 50.8	N38 46.5
Zuben'ubi	137 24.3	S16 00.3

	S.H.A. ° ′	Mer. Pass. h m
Venus	72 34.0	12 58
Mars	304 39.9	21 24
Jupiter	224 44.5	2 48
Saturn	63 10.8	13 32

UT (GMT) d	h	SUN G.H.A. ° ′	SUN Dec. ° ′	MOON G.H.A. ° ′	v ′	MOON Dec. ° ′	d ′	H.P. ′
24 MONDAY	00	180 11.1	S23 25.7	104 45.4	14.4	S 0 59.9	14.4	56.7
	01	195 10.8	25.6	119 18.8	14.4	0 45.5	14.3	56.7
	02	210 10.5	25.6	133 52.2	14.4	0 31.2	14.4	56.7
	03	225 10.2	. . 25.6	148 25.6	14.4	0 16.8	14.4	56.8
	04	240 09.8	25.5	162 59.0	14.4	S 0 02.4	14.4	56.8
	05	255 09.5	25.5	177 32.4	14.3	N 0 12.0	14.4	56.8
	06	270 09.2	S23 25.4	192 05.7	14.2	N 0 26.4	14.4	56.9
	07	285 08.9	25.4	206 38.9	14.3	0 40.8	14.5	56.9
	08	300 08.6	25.3	221 12.2	14.2	0 55.3	14.4	56.9
	09	315 08.3	. . 25.3	235 45.4	14.2	1 09.7	14.5	57.0
	10	330 08.0	25.3	250 18.6	14.1	1 24.2	14.5	57.0
	11	345 07.7	25.2	264 51.7	14.1	1 38.7	14.5	57.0
	12	0 07.4	S23 25.2	279 24.8	14.0	N 1 53.2	14.4	57.1
	13	15 07.0	25.1	293 57.8	14.0	2 07.6	14.6	57.1
	14	30 06.7	25.1	308 30.8	14.0	2 22.2	14.5	57.1
	15	45 06.4	. . 25.0	323 03.8	13.9	2 36.7	14.5	57.2
	16	60 06.1	25.0	337 36.7	13.9	2 51.2	14.5	57.2
	17	75 05.8	24.9	352 09.6	13.8	3 05.7	14.5	57.2
	18	90 05.5	S23 24.9	6 42.4	13.8	N 3 20.2	14.5	57.3
	19	105 05.2	24.8	21 15.2	13.7	3 34.7	14.5	57.3
	20	120 04.9	24.8	35 47.9	13.6	3 49.2	14.6	57.3
	21	135 04.6	. . 24.7	50 20.5	13.7	4 03.8	14.5	57.4
	22	150 04.2	24.7	64 53.2	13.5	4 18.3	14.5	57.4
	23	165 03.9	24.6	79 25.7	13.5	4 32.8	14.5	57.4
25 TUESDAY	00	180 03.6	S23 24.5	93 58.2	13.5	N 4 47.3	14.5	57.5
	01	195 03.3	24.5	108 30.7	13.4	5 01.8	14.5	57.5
	02	210 03.0	24.4	123 03.1	13.3	5 16.3	14.5	57.5
	03	225 02.7	. . 24.4	137 35.4	13.3	5 30.8	14.5	57.6
	04	240 02.4	24.3	152 07.7	13.2	5 45.3	14.5	57.6
	05	255 02.1	24.3	166 39.9	13.1	5 59.8	14.5	57.6
	06	270 01.8	S23 24.2	181 12.0	13.1	N 6 14.3	14.4	57.7
	07	285 01.4	24.1	195 44.1	13.0	6 28.7	14.5	57.7
	08	300 01.1	24.1	210 16.1	13.0	6 43.2	14.4	57.7
	09	315 00.8	. . 24.0	224 48.1	12.9	6 57.6	14.4	57.8
	10	330 00.5	23.9	239 20.0	12.8	7 12.0	14.4	57.8
	11	345 00.2	23.9	253 51.8	12.7	7 26.4	14.4	57.9
	12	0 00.0	S23 23.8	268 23.5	12.7	N 7 40.8	14.4	57.9
	13	14 59.6	23.7	282 55.2	12.6	7 55.2	14.3	57.9
	14	29 59.3	23.7	297 26.8	12.5	8 09.5	14.4	58.0
	15	44 59.0	. . 23.6	311 58.3	12.4	8 23.9	14.3	58.0
	16	59 58.7	23.5	326 29.7	12.4	8 38.2	14.2	58.0
	17	74 58.3	23.5	341 01.1	12.3	8 52.4	14.3	58.1
	18	89 58.0	S23 23.4	355 32.4	12.2	N 9 06.7	14.2	58.1
	19	104 57.7	23.3	10 03.6	12.1	9 20.9	14.2	58.1
	20	119 57.4	23.3	24 34.7	12.0	9 35.1	14.2	58.2
	21	134 57.1	. . 23.2	39 05.7	12.0	9 49.3	14.1	58.2
	22	149 56.8	23.1	53 36.7	11.8	10 03.4	14.1	58.2
	23	164 56.5	23.0	68 07.5	11.8	10 17.5	14.1	58.3
26 WEDNESDAY	00	179 56.2	S23 23.0	82 38.3	11.7	N10 31.6	14.1	58.3
	01	194 55.9	22.9	97 09.0	11.6	10 45.7	14.0	58.4
	02	209 55.6	22.8	111 39.6	11.5	10 59.7	13.9	58.4
	03	224 55.2	. . 22.7	126 10.1	11.4	11 13.6	13.9	58.4
	04	239 54.9	22.7	140 40.5	11.3	11 27.5	13.9	58.5
	05	254 54.6	22.6	155 10.8	11.3	11 41.4	13.9	58.5
	06	269 54.3	S23 22.5	169 41.1	11.1	N11 55.3	13.8	58.5
	07	284 54.0	22.4	184 11.2	11.0	12 09.1	13.7	58.6
	08	299 53.7	22.3	198 41.2	11.0	12 22.8	13.7	58.6
	09	314 53.4	. . 22.2	213 11.2	10.8	12 36.5	13.7	58.6
	10	329 53.1	22.2	227 41.0	10.7	12 50.2	13.6	58.7
	11	344 52.8	22.1	242 10.7	10.7	13 03.8	13.6	58.7
	12	359 52.5	S23 22.0	256 40.4	10.5	N13 17.4	13.5	58.8
	13	14 52.2	21.9	271 09.9	10.4	13 30.9	13.4	58.8
	14	29 51.8	21.8	285 39.3	10.3	13 44.3	13.4	58.8
	15	44 51.5	. . 21.7	300 08.6	10.2	13 57.7	13.4	58.9
	16	59 51.2	21.6	314 37.8	10.2	14 11.1	13.2	58.9
	17	74 50.9	21.6	329 07.0	9.9	14 24.3	13.2	58.9
	18	89 50.6	S23 21.5	343 35.9	9.9	N14 37.5	13.2	59.0
	19	104 50.3	21.4	358 04.8	9.8	14 50.7	13.1	59.0
	20	119 50.0	21.3	12 33.6	9.7	15 03.8	13.0	59.0
	21	134 49.7	. . 21.2	27 02.3	9.5	15 16.8	13.0	59.1
	22	149 49.4	21.1	41 30.8	9.5	15 29.8	12.8	59.1
	23	164 49.1	21.0	55 59.3	9.3	15 42.6	12.8	59.2
		S.D. 16.3	*d* 0.1	S.D.	15.5	15.8		16.0

Lat. °	Twilight Naut. h m	Twilight Civil h m	Sunrise h m	Moonrise 24 h m	Moonrise 25 h m	Moonrise 26 h m	Moonrise 27 h m
N 72	08 27	10 58	▬	11 02	10 32	09 54	08 31
N 70	08 07	09 55	▬	11 04	10 42	10 16	09 33
68	07 51	09 20	▬	11 06	10 51	10 33	10 09
66	07 38	08 55	10 36	11 07	10 58	10 47	10 34
64	07 27	08 35	09 53	11 08	11 04	10 59	10 55
62	07 17	08 19	09 25	11 09	11 09	11 09	11 11
60	07 09	08 06	09 03	11 10	11 13	11 18	11 25
N 58	07 01	07 54	08 46	11 11	11 17	11 25	11 37
56	06 55	07 44	08 31	11 12	11 21	11 32	11 47
54	06 48	07 35	08 19	11 12	11 24	11 38	11 56
52	06 43	07 27	08 07	11 13	11 27	11 44	12 05
50	06 37	07 19	07 58	11 14	11 30	11 49	12 12
45	06 26	07 03	07 37	11 15	11 36	12 00	12 28
N 40	06 15	06 49	07 20	11 16	11 41	12 09	12 41
35	06 06	06 38	07 06	11 17	11 45	12 16	12 53
30	05 57	06 27	06 53	11 18	11 49	12 23	13 02
20	05 41	06 08	06 32	11 19	11 56	12 35	13 20
N 10	05 24	05 51	06 14	11 20	12 02	12 46	13 35
0	05 07	05 34	05 56	11 22	12 07	12 56	13 49
S 10	04 48	05 16	05 39	11 23	12 13	13 06	14 03
20	04 26	04 55	05 20	11 24	12 19	13 17	14 18
30	03 57	04 30	04 58	11 26	12 26	13 29	14 36
35	03 38	04 15	04 45	11 27	12 30	13 36	14 47
40	03 15	03 57	04 30	11 28	12 35	13 45	14 59
45	02 44	03 34	04 12	11 29	12 40	13 55	15 13
S 50	01 59	03 04	03 49	11 31	12 47	14 06	15 30
52	01 31	02 49	03 38	11 31	12 50	14 12	15 39
54	00 44	02 31	03 26	11 32	12 53	14 18	15 48
56	////	02 09	03 12	11 33	12 57	14 25	15 58
58	////	01 39	02 55	11 34	13 01	14 33	16 10
S 60	////	00 48	02 34	11 35	13 06	14 42	16 24

Lat. °	Sunset h m	Twilight Civil h m	Twilight Naut. h m	Moonset 24 h m	Moonset 25 h m	Moonset 26 h m	Moonset 27 h m
N 72	▬	13 03	15 33	24 46	00 46	03 04	06 15
N 70	▬	14 05	15 53	24 39	00 39	02 44	05 15
68	▬	14 40	16 09	24 33	00 33	02 29	04 41
66	13 25	15 05	16 22	24 28	00 28	02 16	04 16
64	14 07	15 25	16 33	24 24	00 24	02 06	03 57
62	14 35	15 41	16 43	24 21	00 21	01 58	03 42
60	14 57	15 54	16 51	24 17	00 17	01 50	03 29
N 58	15 14	16 06	16 59	24 15	00 15	01 44	03 18
56	15 29	16 16	17 05	24 12	00 12	01 38	03 08
54	15 42	16 25	17 12	24 10	00 10	01 33	03 00
52	15 53	16 34	17 17	24 08	00 08	01 28	02 52
50	16 02	16 41	17 23	24 07	00 07	01 24	02 46
45	16 23	16 57	17 34	24 03	00 03	01 15	02 31
N 40	16 40	17 11	17 45	24 00	00 00	01 08	02 19
35	16 54	17 22	17 54	23 57	25 01	01 01	02 09
30	17 07	17 33	18 03	23 54	24 56	00 56	02 01
20	17 28	17 52	18 19	23 50	24 46	00 46	01 46
N 10	17 46	18 09	18 36	23 47	24 38	00 38	01 33
0	18 04	18 26	18 53	23 43	24 30	00 30	01 20
S 10	18 21	18 44	19 11	23 40	24 22	00 22	01 08
20	18 40	19 05	19 34	23 36	24 14	00 14	00 55
30	19 02	19 30	20 03	23 32	24 04	00 04	00 41
35	19 15	19 45	20 22	23 29	23 59	24 32	00 32
40	19 30	20 03	20 45	23 27	23 53	24 22	00 22
45	19 48	20 26	21 16	23 24	23 46	24 11	00 11
S 50	20 11	20 56	22 01	23 20	23 37	23 58	24 24
52	20 22	21 11	22 29	23 18	23 33	23 51	24 15
54	20 34	21 29	23 15	23 16	23 29	23 44	24 05
56	20 48	21 51	////	23 14	23 24	23 37	23 54
58	21 05	22 21	////	23 12	23 19	23 28	23 41
S 60	21 25	23 11	////	23 10	23 13	23 18	23 27

Day	SUN Eqn. of Time 00^h m s	SUN Eqn. of Time 12^h m s	SUN Mer. Pass. h m	MOON Mer. Pass. Upper h m	MOON Mer. Pass. Lower h m	Age d	Phase
24	00 45	00 30	11 59	17 32	05 10	07	
25	00 15	00 00	12 00	18 18	05 55	08	◐
26	00 15	00 30	12 00	19 08	06 43	09	

	UT (GMT) d h	ARIES G.H.A. ° ′	VENUS −3.9 G.H.A. ° ′	VENUS Dec. ° ′	MARS −1.1 G.H.A. ° ′	MARS Dec. ° ′	JUPITER −2.5 G.H.A. ° ′	JUPITER Dec. ° ′	SATURN +0.6 G.H.A. ° ′	SATURN Dec. ° ′	STARS Name	S.H.A. ° ′	Dec. ° ′
	27 00	95 13.2	165 04.0	S23 18.8	40 04.6	N21 56.0	320 07.4	N17 42.7	158 09.6	S21 15.2	Acamar	315 30.7	S40 20.5
	01	110 15.7	180 03.0	18.5	55 07.3	56.0	335 10.1	42.8	173 11.7	15.1	Achernar	335 38.8	S57 17.1
	02	125 18.2	195 02.1	18.1	70 09.9	56.0	350 12.8	42.8	188 13.9	15.1	Acrux	173 28.4	S63 02.8
	03	140 20.6	210 01.2	· · 17.7	85 12.6	· · 56.0	5 15.5	· · 42.9	203 16.1	· · 15.0	Adhara	255 25.4	S28 57.5
	04	155 23.1	225 00.3	17.4	100 15.2	56.0	20 18.1	43.0	218 18.2	15.0	Aldebaran	291 08.4	N16 29.6
	05	170 25.5	239 59.3	17.0	115 17.9	56.0	35 20.8	43.0	233 20.4	14.9			
	06	185 28.0	254 58.4	S23 16.6	130 20.6	N21 56.0	50 23.5	N17 43.1	248 22.6	S21 14.9	Alioth	166 35.3	N56 00.1
	07	200 30.5	269 57.5	16.3	145 23.2	56.0	65 26.2	43.2	263 24.7	14.8	Alkaid	153 12.2	N49 21.1
T	08	215 32.9	284 56.6	15.9	160 25.9	56.0	80 28.8	43.2	278 26.9	14.8	Al Na'ir	28 04.9	S47 00.5
H	09	230 35.4	299 55.6	· · 15.5	175 28.5	· · 56.0	95 31.5	· · 43.3	293 29.0	· · 14.7	Alnilam	276 03.1	S 1 12.4
U	10	245 37.9	314 54.7	15.2	190 31.2	55.9	110 34.2	43.4	308 31.2	14.7	Alphard	218 12.4	S 8 37.2
R	11	260 40.3	329 53.8	14.8	205 33.8	55.9	125 36.9	43.4	323 33.4	14.6			
S	12	275 42.8	344 52.8	S23 14.4	220 36.5	N21 55.9	140 39.5	N17 43.5	338 35.5	S21 14.6	Alphecca	126 25.5	N26 44.5
D	13	290 45.3	359 51.9	14.0	235 39.1	55.9	155 42.2	43.6	353 37.7	14.5	Alpheratz	358 01.0	N29 02.7
A	14	305 47.7	14 51.0	13.7	250 41.8	55.9	170 44.9	43.6	8 39.9	14.5	Altair	62 25.0	N 8 50.6
Y	15	320 50.2	29 50.1	· · 13.3	265 44.4	· · 55.9	185 47.6	· · 43.7	23 42.0	· · 14.4	Ankaa	353 32.1	S42 21.4
	16	335 52.7	44 49.2	12.9	280 47.1	55.9	200 50.3	43.8	38 44.2	14.4	Antares	112 47.3	S26 24.8
	17	350 55.1	59 48.2	12.5	295 49.7	55.9	215 52.9	43.8	53 46.3	14.3			
	18	5 57.6	74 47.3	S23 12.1	310 52.3	N21 55.9	230 55.6	N17 43.9	68 48.5	S21 14.3	Arcturus	146 11.2	N19 13.5
	19	21 00.0	89 46.4	11.8	325 55.0	55.9	245 58.3	44.0	83 50.7	14.2	Atria	108 04.9	S69 00.7
	20	36 02.5	104 45.5	11.4	340 57.6	55.9	261 01.0	44.1	98 52.8	14.2	Avior	234 24.4	S59 28.7
	21	51 05.0	119 44.5	· · 11.0	356 00.2	· · 55.9	276 03.7	· · 44.1	113 55.0	· · 14.1	Bellatrix	278 49.7	N 6 20.6
	22	66 07.4	134 43.6	10.6	11 02.9	55.8	291 06.3	44.2	128 57.1	14.1	Betelgeuse	271 19.2	N 7 24.4
	23	81 09.9	149 42.7	10.2	26 05.5	55.8	306 09.0	44.3	143 59.3	14.0			
	28 00	96 12.4	164 41.8	S23 09.8	41 08.1	N21 55.8	321 11.7	N17 44.3	159 01.5	S21 14.0	Canopus	264 03.0	S52 41.4
	01	111 14.8	179 40.9	09.4	56 10.8	55.8	336 14.4	44.4	174 03.6	13.9	Capella	280 58.9	N45 59.5
	02	126 17.3	194 39.9	09.0	71 13.4	55.8	351 17.1	44.5	189 05.8	13.9	Deneb	49 43.4	N45 15.0
	03	141 19.8	209 39.0	· · 08.6	86 16.0	· · 55.8	6 19.7	· · 44.5	204 08.0	· · 13.8	Denebola	182 50.7	N14 37.1
	04	156 22.2	224 38.1	08.3	101 18.6	55.8	21 22.4	44.6	219 10.1	13.8	Diphda	349 12.7	S18 02.2
	05	171 24.7	239 37.2	07.9	116 21.3	55.8	36 25.1	44.7	234 12.3	13.7			
	06	186 27.2	254 36.3	S23 07.5	131 23.9	N21 55.8	51 27.8	N17 44.7	249 14.4	S21 13.7	Dubhe	194 11.7	N61 47.6
	07	201 29.6	269 35.3	07.1	146 26.5	55.8	66 30.5	44.8	264 16.6	13.7	Elnath	278 33.5	N28 36.1
	08	216 32.1	284 34.4	06.7	161 29.1	55.8	81 33.1	44.9	279 18.8	13.6	Eltanin	90 54.5	N51 29.3
F	09	231 34.5	299 33.5	· · 06.3	176 31.7	· · 55.8	96 35.8	· · 45.0	294 20.9	· · 13.6	Enif	34 03.9	N 9 50.1
R	10	246 37.0	314 32.6	05.9	191 34.4	55.8	111 38.5	45.0	309 23.1	13.5	Fomalhaut	15 42.5	S29 40.3
I	11	261 39.5	329 31.7	05.5	206 37.0	55.8	126 41.2	45.1	324 25.2	13.5			
D	12	276 41.9	344 30.7	S23 05.1	221 39.6	N21 55.8	141 43.9	N17 45.2	339 27.4	S21 13.4	Gacrux	172 19.9	S57 03.6
A	13	291 44.4	359 29.8	04.6	236 42.2	55.8	156 46.6	45.2	354 29.6	13.4	Gienah	176 09.7	S17 29.5
Y	14	306 46.9	14 28.9	04.2	251 44.8	55.8	171 49.2	45.3	9 31.7	13.3	Hadar	149 12.3	S60 19.6
	15	321 49.3	29 28.0	· · 03.8	266 47.4	· · 55.8	186 51.9	· · 45.4	24 33.9	· · 13.3	Hamal	328 19.7	N23 25.4
	16	336 51.8	44 27.1	03.4	281 50.0	55.8	201 54.6	45.4	39 36.1	13.2	Kaus Aust.	84 06.5	S34 23.4
	17	351 54.3	59 26.2	03.0	296 52.6	55.8	216 57.3	45.5	54 38.2	13.2			
	18	6 56.7	74 25.3	S23 02.6	311 55.2	N21 55.8	232 00.0	N17 45.6	69 40.4	S21 13.1	Kochab	137 19.7	N74 11.2
	19	21 59.2	89 24.3	02.2	326 57.8	55.8	247 02.7	45.7	84 42.5	13.1	Markab	13 55.2	N15 09.5
	20	37 01.7	104 23.4	01.8	342 00.4	55.8	262 05.4	45.7	99 44.7	13.0	Menkar	314 32.4	N 4 03.4
	21	52 04.1	119 22.5	· · 01.4	357 03.0	· · 55.8	277 08.0	· · 45.8	114 46.9	· · 13.0	Menkent	148 27.7	S36 19.5
	22	67 06.6	134 21.6	00.9	12 05.6	55.8	292 10.7	45.9	129 49.0	12.9	Miaplacidus	221 42.7	S69 40.6
	23	82 09.0	149 20.7	00.5	27 08.2	55.8	307 13.4	45.9	144 51.2	12.9			
	29 00	97 11.5	164 19.8	S23 00.1	42 10.8	N21 55.8	322 16.1	N17 46.0	159 53.3	S21 12.8	Mirfak	309 04.2	N49 50.1
	01	112 14.0	179 18.9	22 59.7	57 13.4	55.8	337 18.8	46.1	174 55.5	12.8	Nunki	76 19.5	S26 18.6
	02	127 16.4	194 18.0	59.3	72 16.0	55.8	352 21.5	46.2	189 57.7	12.7	Peacock	53 46.0	S56 46.0
	03	142 18.9	209 17.0	· · 58.8	87 18.6	· · 55.8	7 24.2	· · 46.2	204 59.8	· · 12.7	Pollux	243 47.9	N28 02.9
	04	157 21.4	224 16.1	58.4	102 21.2	55.8	22 26.9	46.3	220 02.0	12.6	Procyon	245 17.0	N 5 14.9
	05	172 23.8	239 15.2	58.0	117 23.8	55.8	37 29.5	46.4	235 04.1	12.6			
	06	187 26.3	254 14.3	S22 57.6	132 26.3	N21 55.8	52 32.2	N17 46.4	250 06.3	S21 12.5	Rasalhague	96 22.4	N12 33.9
	07	202 28.8	269 13.4	57.1	147 28.9	55.8	67 34.9	46.5	265 08.5	12.5	Regulus	208 01.2	N12 00.6
S	08	217 31.2	284 12.5	56.7	162 31.5	55.8	82 37.6	46.6	280 10.6	12.4	Rigel	281 27.9	S 8 12.6
A	09	232 33.7	299 11.6	· · 56.3	177 34.1	· · 55.8	97 40.3	· · 46.7	295 12.8	· · 12.4	Rigil Kent.	140 15.3	S60 47.7
T	10	247 36.1	314 10.7	55.9	192 36.7	55.8	112 43.0	46.7	310 14.9	12.3	Sabik	102 32.2	S15 42.9
U	11	262 38.6	329 09.8	55.4	207 39.2	55.8	127 45.7	46.8	325 17.1	12.3			
R	12	277 41.1	344 08.9	S22 55.0	222 41.8	N21 55.8	142 48.4	N17 46.9	340 19.3	S21 12.2	Schedar	349 59.9	N56 29.7
D	13	292 43.5	359 07.9	54.6	237 44.4	55.8	157 51.1	46.9	355 21.4	12.2	Shaula	96 45.2	S37 05.9
A	14	307 46.0	14 07.0	54.1	252 47.0	55.8	172 53.8	47.0	10 23.6	12.1	Sirius	258 48.2	S16 42.2
Y	15	322 48.5	29 06.1	· · 53.7	267 49.5	· · 55.8	187 56.4	· · 47.1	25 25.7	· · 12.1	Spica	158 49.1	S11 06.9
	16	337 50.9	44 05.2	53.2	282 52.1	55.8	202 59.1	47.2	40 27.9	12.0	Suhail	223 04.6	S43 23.6
	17	352 53.4	59 04.3	52.8	297 54.7	55.8	218 01.8	47.2	55 30.1	12.0			
	18	7 55.9	74 03.4	S22 52.4	312 57.2	N21 55.8	233 04.5	N17 47.3	70 32.2	S21 11.9	Vega	80 50.8	N38 46.4
	19	22 58.3	89 02.5	51.9	327 59.8	55.8	248 07.2	47.4	85 34.4	11.9	Zuben'ubi	137 24.3	S16 00.3
	20	38 00.8	104 01.6	51.5	343 02.4	55.8	263 09.9	47.4	100 36.5	11.8			
	21	53 03.3	119 00.7	· · 51.0	358 04.9	· · 55.8	278 12.6	· · 47.5	115 38.7	· · 11.8			
	22	68 05.7	133 59.8	50.6	13 07.5	55.8	293 15.3	47.6	130 40.9	11.7			
	23	83 08.2	148 58.9	50.1	28 10.1	55.8	308 18.0	47.7	145 43.0	11.7			
	Mer. Pass.	h m 17 32.3	v −0.9	d 0.4	v 2.6	d 0.0	v 2.7	d 0.1	v 2.2	d 0.0			

	S.H.A. ° ′	Mer. Pass. h m
Venus	68 29.4	13 02
Mars	304 55.8	21 12
Jupiter	224 59.3	2 35
Saturn	62 49.1	13 22

UT (GMT) d	h	SUN G.H.A. ° ′	SUN Dec. ° ′	MOON G.H.A. ° ′	v ′	MOON Dec. ° ′	d ′	H.P. ′
27	00	179 48.8	S23 20.9	70 27.6	9.2	N15 55.4	12.8	59.2
	01	194 48.5	20.8	84 55.8	9.1	16 08.2	12.6	59.2
	02	209 48.1	20.7	99 23.9	8.9	16 20.8	12.6	59.3
	03	224 47.8	.. 20.6	113 51.8	8.9	16 33.4	12.5	59.3
	04	239 47.5	20.5	128 19.7	8.7	16 45.9	12.5	59.3
	05	254 47.2	20.4	142 47.4	8.7	16 58.4	12.3	59.4
	06	269 46.9	S23 20.3	157 15.1	8.4	N17 10.7	12.2	59.4
	07	284 46.6	20.2	171 42.5	8.4	17 22.9	12.2	59.4
THURSDAY	08	299 46.3	20.1	186 09.9	8.3	17 35.1	12.1	59.5
	09	314 46.0	.. 20.0	200 37.2	8.1	17 47.2	12.0	59.5
	10	329 45.7	19.9	215 04.3	8.0	17 59.2	11.9	59.5
	11	344 45.4	19.8	229 31.3	7.9	18 11.1	11.8	59.6
	12	359 45.1	S23 19.7	243 58.2	7.7	N18 22.9	11.7	59.6
	13	14 44.8	19.6	258 24.9	7.7	18 34.6	11.6	59.6
	14	29 44.5	19.5	272 51.6	7.5	18 46.2	11.5	59.7
	15	44 44.1	.. 19.4	287 18.1	7.4	18 57.7	11.4	59.7
	16	59 43.8	19.3	301 44.5	7.2	19 09.1	11.3	59.7
	17	74 43.5	19.2	316 10.7	7.2	19 20.4	11.2	59.8
	18	89 43.2	S23 19.1	330 36.9	7.0	N19 31.6	11.1	59.8
	19	104 42.9	18.9	345 02.9	6.8	19 42.7	11.0	59.8
	20	119 42.6	18.8	359 28.7	6.8	19 53.7	10.8	59.9
	21	134 42.3	.. 18.7	13 54.5	6.6	20 04.5	10.8	59.9
	22	149 42.0	18.6	28 20.1	6.5	20 15.3	10.6	59.9
	23	164 41.7	18.5	42 45.6	6.4	20 25.9	10.5	60.0
28	00	179 41.4	S23 18.4	57 11.0	6.2	N20 36.4	10.4	60.0
	01	194 41.1	18.3	71 36.2	6.1	20 46.8	10.3	60.0
	02	209 40.8	18.2	86 01.3	6.0	20 57.1	10.1	60.1
	03	224 40.5	.. 18.0	100 26.3	5.9	21 07.2	10.0	60.1
	04	239 40.2	17.9	114 51.2	5.7	21 17.2	9.9	60.1
	05	254 39.9	17.8	129 15.9	5.6	21 27.1	9.8	60.2
	06	269 39.5	S23 17.7	143 40.5	5.5	N21 36.9	9.6	60.2
	07	284 39.2	17.6	158 05.0	5.4	21 46.5	9.5	60.2
	08	299 38.9	17.4	172 29.4	5.2	21 56.0	9.3	60.2
FRIDAY	09	314 38.6	.. 17.3	186 53.6	5.1	22 05.3	9.3	60.3
	10	329 38.3	17.2	201 17.7	5.0	22 14.6	9.0	60.3
	11	344 38.0	17.1	215 41.7	4.9	22 23.6	9.0	60.3
	12	359 37.7	S23 16.9	230 05.6	4.7	N22 32.6	8.7	60.4
	13	14 37.4	16.8	244 29.3	4.6	22 41.3	8.7	60.4
	14	29 37.1	16.7	258 52.9	4.5	22 50.0	8.5	60.4
	15	44 36.8	.. 16.6	273 16.4	4.4	22 58.5	8.3	60.4
	16	59 36.5	16.4	287 39.8	4.3	23 06.8	8.2	60.5
	17	74 36.2	16.3	302 03.1	4.1	23 15.0	8.0	60.5
	18	89 35.9	S23 16.2	316 26.2	4.1	N23 23.0	7.9	60.5
	19	104 35.6	16.1	330 49.3	3.9	23 30.9	7.7	60.6
	20	119 35.3	15.9	345 12.2	3.8	23 38.6	7.6	60.6
	21	134 35.0	.. 15.8	359 35.0	3.7	23 46.2	7.4	60.6
	22	149 34.7	15.7	13 57.7	3.5	23 53.6	7.2	60.6
	23	164 34.4	15.5	28 20.2	3.5	24 00.8	7.0	60.7
29	00	179 34.1	S23 15.4	42 42.7	3.4	N24 07.8	6.9	60.7
	01	194 33.8	15.3	57 05.1	3.2	24 14.7	6.8	60.7
	02	209 33.4	15.1	71 27.3	3.2	24 21.5	6.5	60.7
	03	224 33.1	.. 15.0	85 49.5	3.0	24 28.0	6.4	60.7
	04	239 32.8	14.9	100 11.5	3.0	24 34.4	6.2	60.8
	05	254 32.5	14.7	114 33.5	2.8	24 40.6	6.0	60.8
	06	269 32.2	S23 14.6	128 55.3	2.8	N24 46.6	5.9	60.8
	07	284 31.9	14.4	143 17.1	2.6	24 52.5	5.6	60.8
SATURDAY	08	299 31.6	14.3	157 38.7	2.6	24 58.1	5.5	60.9
	09	314 31.3	.. 14.2	172 00.3	2.5	25 03.6	5.3	60.9
	10	329 31.0	14.0	186 21.8	2.4	25 08.9	5.1	60.9
	11	344 30.7	13.9	200 43.2	2.3	25 14.0	5.0	60.9
	12	359 30.4	S23 13.7	215 04.5	2.2	N25 19.0	4.7	60.9
	13	14 30.1	13.6	229 25.7	2.1	25 23.7	4.6	61.0
	14	29 29.8	13.4	243 46.8	2.1	25 28.3	4.3	61.0
	15	44 29.5	.. 13.3	258 07.9	2.0	25 32.6	4.2	61.0
	16	59 29.2	13.1	272 28.9	1.9	25 36.8	4.0	61.0
	17	74 28.9	13.0	286 49.8	1.8	25 40.8	3.7	61.0
	18	89 28.6	S23 12.8	301 10.6	1.8	N25 44.5	3.6	61.0
	19	104 28.3	12.7	315 31.4	1.7	25 48.1	3.4	61.1
	20	119 28.0	12.5	329 52.1	1.6	25 51.5	3.2	61.1
	21	134 27.7	.. 12.4	344 12.7	1.6	25 54.7	3.0	61.1
	22	149 27.4	12.2	358 33.3	1.5	25 57.7	2.8	61.1
	23	164 27.1	12.1	12 53.8	1.5	26 00.5	2.6	61.1
		S.D. 16.3	d 0.1	S.D. 16.2		16.4		16.6

Lat.	Twilight Naut. h m	Twilight Civil h m	Sunrise h m	Moonrise 27 h m	Moonrise 28 h m	Moonrise 29 h m	Moonrise 30 h m
N 72	08 27	10 53	■	08 31	□	□	□
N 70	08 07	09 54	■	09 33	□	□	□
68	07 51	09 20	■	10 09	08 54	□	□
66	07 38	08 55	10 34	10 34	10 12	□	□
64	07 27	08 36	09 53	10 55	10 50	10 43	□
62	07 18	08 20	09 25	11 11	11 17	11 31	12 14
60	07 10	08 06	09 04	11 25	11 38	12 02	12 53
N 58	07 02	07 55	08 46	11 37	11 55	12 26	13 20
56	06 55	07 44	08 32	11 47	12 10	12 45	13 41
54	06 49	07 35	08 19	11 56	12 22	13 01	13 58
52	06 44	07 27	08 08	12 05	12 33	13 15	14 13
50	06 38	07 20	07 58	12 12	12 43	13 27	14 27
45	06 27	07 04	07 38	12 28	13 04	13 52	14 53
N 40	06 16	06 50	07 21	12 41	13 22	14 12	15 15
35	06 07	06 39	07 07	12 53	13 36	14 29	15 32
30	05 58	06 28	06 55	13 02	13 49	14 44	15 48
20	05 42	06 10	06 34	13 20	14 10	15 09	16 14
N 10	05 26	05 52	06 15	13 35	14 29	15 30	16 36
0	05 09	05 35	05 58	13 49	14 47	15 50	16 57
S 10	04 50	05 17	05 40	14 03	15 05	16 11	17 18
20	04 28	04 57	05 21	14 18	15 24	16 33	17 40
30	03 59	04 32	04 59	14 36	15 47	16 58	18 06
35	03 40	04 17	04 46	14 47	16 00	17 13	18 22
40	03 17	03 59	04 31	14 59	16 15	17 30	18 39
45	02 47	03 36	04 14	15 13	16 33	17 51	19 01
S 50	02 02	03 07	03 51	15 30	16 56	18 18	19 28
52	01 34	02 52	03 40	15 39	17 07	18 31	19 41
54	00 49	02 34	03 28	15 48	17 19	18 46	19 56
56	////	02 12	03 14	15 58	17 34	19 03	20 14
58	////	01 42	02 57	16 10	17 51	19 24	20 36
S 60	////	00 54	02 37	16 24	18 11	19 51	21 03

Lat.	Sunset h m	Twilight Civil h m	Twilight Naut. h m	Moonset 27 h m	Moonset 28 h m	Moonset 29 h m	Moonset 30 h m
N 72	■	13 10	15 37	06 15	□	□	□
N 70	■	14 09	15 56	05 15	□	□	□
68	■	14 43	16 12	04 41	07 54	□	□
66	13 29	15 08	16 25	04 16	06 37	□	□
64	14 10	15 28	16 36	03 57	06 00	08 16	□
62	14 38	15 43	16 45	03 42	05 34	07 28	09 04
60	14 59	15 57	16 54	03 29	05 14	06 58	08 26
N 58	15 17	16 08	17 01	03 18	04 57	06 35	07 59
56	15 31	16 19	17 08	03 08	04 43	06 16	07 37
54	15 44	16 28	17 14	03 00	04 31	06 00	07 20
52	15 55	16 36	17 19	02 52	04 20	05 47	07 05
50	16 05	16 43	17 25	02 46	04 11	05 35	06 52
45	16 25	16 59	17 36	02 31	03 51	05 11	06 25
N 40	16 42	17 13	17 47	02 19	03 35	04 51	06 04
35	16 56	17 24	17 56	02 09	03 21	04 35	05 46
30	17 08	17 35	18 05	02 01	03 09	04 21	05 31
20	17 29	17 53	18 21	01 46	02 49	03 57	05 05
N 10	17 48	18 11	18 37	01 33	02 32	03 36	04 43
0	18 05	18 28	18 54	01 20	02 16	03 17	04 22
S 10	18 23	18 46	19 13	01 08	02 00	02 57	04 01
20	18 42	19 06	19 35	00 55	01 43	02 37	03 39
30	19 03	19 31	20 04	00 41	01 23	02 13	03 13
35	19 16	19 46	20 23	00 32	01 11	01 59	02 57
40	19 31	20 04	20 46	00 22	00 58	01 43	02 40
45	19 49	20 27	21 16	00 11	00 43	01 24	02 18
S 50	20 12	20 56	22 01	24 24	00 24	01 00	01 51
52	20 22	21 11	22 28	24 15	00 15	00 49	01 38
54	20 35	21 29	23 12	24 05	00 05	00 36	01 23
56	20 49	21 51	////	23 54	24 21	00 21	01 06
58	21 05	22 20	////	23 41	24 04	00 04	00 44
S 60	21 25	23 07	////	23 27	23 43	24 17	00 17

Day	SUN Eqn. of Time 00h m s	SUN Eqn. of Time 12h m s	SUN Mer. Pass. h m	MOON Mer. Pass. Upper h m	MOON Mer. Pass. Lower h m	MOON Age d	MOON Phase
27	00 44	00 59	12 01	20 02	07 34	10	
28	01 14	01 29	12 01	21 02	08 31	11	◐
29	01 43	01 58	12 02	22 06	09 33	12	

	UT (GMT) d h	ARIES G.H.A. ° ′	VENUS −3.9 G.H.A. ° ′	Dec. ° ′	MARS −1.0 G.H.A. ° ′	Dec. ° ′	JUPITER −2.5 G.H.A. ° ′	Dec. ° ′	SATURN +0.6 G.H.A. ° ′	Dec. ° ′	STARS Name	S.H.A. ° ′	Dec. ° ′
30	00	98 10.6	163 58.0	S22 49.7	43 12.6	N21 55.8	323 20.7	N17 47.7	160 45.2	S21 11.6	Acamar	315 30.7	S40 20.5
	01	113 13.1	178 57.1	49.2	58 15.2	55.8	338 23.4	47.8	175 47.3	11.6	Achernar	335 38.8	S57 17.1
	02	128 15.6	193 56.2	48.8	73 17.7	55.8	353 26.1	47.9	190 49.5	11.5	Acrux	173 28.4	S63 02.8
	03	143 18.0	208 55.3	· · 48.3	88 20.3	· · 55.8	8 28.8	· · 48.0	205 51.7	· · 11.5	Adhara	255 25.4	S28 57.5
	04	158 20.5	223 54.4	47.9	103 22.8	55.8	23 31.5	48.0	220 53.8	11.4	Aldebaran	291 08.4	N16 29.6
	05	173 23.0	238 53.5	47.4	118 25.4	55.8	38 34.1	48.1	235 56.0	11.4			
	06	188 25.4	253 52.6	S22 47.0	133 27.9	N21 55.8	53 36.8	N17 48.2	250 58.1	S21 11.3	Alioth	166 35.2	N56 00.1
	07	203 27.9	268 51.7	46.5	148 30.5	55.9	68 39.5	48.2	266 00.3	11.3	Alkaid	153 12.1	N49 21.1
	08	218 30.4	283 50.8	46.1	163 33.0	55.9	83 42.2	48.3	281 02.5	11.2	Al Na'ir	28 04.9	S47 00.5
S	09	233 32.8	298 49.9	· · 45.6	178 35.6	· · 55.9	98 44.9	· · 48.4	296 04.6	· · 11.2	Alnilam	276 03.1	S 1 12.4
U	10	248 35.3	313 49.0	45.2	193 38.1	55.9	113 47.6	48.5	311 06.8	11.1	Alphard	218 12.4	S 8 37.2
N	11	263 37.8	328 48.1	44.7	208 40.7	55.9	128 50.3	48.5	326 08.9	11.1			
D	12	278 40.2	343 47.2	S22 44.2	223 43.2	N21 55.9	143 53.0	N17 48.6	341 11.1	S21 11.0	Alphecca	126 25.5	N26 44.4
A	13	293 42.7	358 46.3	43.8	238 45.7	55.9	158 55.7	48.7	356 13.2	11.0	Alpheratz	358 01.0	N29 02.7
Y	14	308 45.1	13 45.4	43.3	253 48.3	55.9	173 58.4	48.8	11 15.4	10.9	Altair	62 25.0	N 8 50.6
	15	323 47.6	28 44.5	· · 42.8	268 50.8	· · 55.9	189 01.1	· · 48.8	26 17.6	· · 10.9	Ankaa	353 32.1	S42 21.4
	16	338 50.1	43 43.6	42.4	283 53.4	55.9	204 03.8	48.9	41 19.7	10.8	Antares	112 47.2	S26 24.8
	17	353 52.5	58 42.7	41.9	298 55.9	55.9	219 06.5	49.0	56 21.9	10.8			
	18	8 55.0	73 41.8	S22 41.4	313 58.4	N21 55.9	234 09.2	N17 49.1	71 24.0	S21 10.7	Arcturus	146 11.2	N19 13.5
	19	23 57.5	88 40.9	41.0	329 01.0	56.0	249 11.9	49.1	86 26.2	10.7	Atria	108 04.8	S69 00.7
	20	38 59.9	103 40.0	40.5	344 03.5	56.0	264 14.6	49.2	101 28.4	10.6	Avior	234 24.4	S59 28.7
	21	54 02.4	118 39.1	· · 40.0	359 06.0	· · 56.0	279 17.3	· · 49.3	116 30.5	· · 10.6	Bellatrix	278 49.7	N 6 20.6
	22	69 04.9	133 38.2	39.5	14 08.5	56.0	294 20.0	49.4	131 32.7	10.5	Betelgeuse	271 19.1	N 7 24.4
	23	84 07.3	148 37.3	39.1	29 11.1	56.0	309 22.7	49.4	146 34.8	10.5			
31	00	99 09.8	163 36.4	S22 38.6	44 13.6	N21 56.0	324 25.4	N17 49.5	161 37.0	S21 10.4	Canopus	264 03.0	S52 41.4
	01	114 12.2	178 35.5	38.1	59 16.1	56.0	339 28.1	49.6	176 39.2	10.4	Capella	280 58.9	N45 59.5
	02	129 14.7	193 34.7	37.6	74 18.6	56.0	354 30.8	49.6	191 41.3	10.3	Deneb	49 43.4	N45 15.0
	03	144 17.2	208 33.8	· · 37.2	89 21.1	· · 56.0	9 33.5	· · 49.7	206 43.5	· · 10.3	Denebola	182 50.7	N14 37.1
	04	159 19.6	223 32.9	36.7	104 23.7	56.0	24 36.2	49.8	221 45.6	10.2	Diphda	349 12.7	S18 02.2
	05	174 22.1	238 32.0	36.2	119 26.2	56.1	39 38.9	49.9	236 47.8	10.2			
	06	189 24.6	253 31.1	S22 35.7	134 28.7	N21 56.1	54 41.6	N17 49.9	251 49.9	S21 10.1	Dubhe	194 11.6	N61 47.6
	07	204 27.0	268 30.2	35.2	149 31.2	56.1	69 44.3	50.0	266 52.1	10.1	Elnath	278 33.5	N28 36.1
	08	219 29.5	283 29.3	34.7	164 33.7	56.1	84 47.0	50.1	281 54.3	10.0	Eltanin	90 54.5	N51 29.3
M	09	234 32.0	298 28.4	· · 34.2	179 36.2	· · 56.1	99 49.7	· · 50.2	296 56.4	· · 10.0	Enif	34 03.9	N 9 50.1
O	10	249 34.4	313 27.5	33.8	194 38.7	56.1	114 52.4	50.2	311 58.6	09.9	Fomalhaut	15 42.5	S29 40.3
N	11	264 36.9	328 26.6	33.3	209 41.2	56.1	129 55.1	50.3	327 00.7	09.9			
D	12	279 39.4	343 25.8	S22 32.8	224 43.7	N21 56.1	144 57.8	N17 50.4	342 02.9	S21 09.8	Gacrux	172 19.9	S57 03.6
A	13	294 41.8	358 24.9	32.3	239 46.3	56.2	160 00.5	50.5	357 05.1	09.8	Gienah	176 09.6	S17 29.5
Y	14	309 44.3	13 24.0	31.8	254 48.8	56.2	175 03.2	50.5	12 07.2	09.7	Hadar	149 12.3	S60 19.6
	15	324 46.7	28 23.1	· · 31.3	269 51.3	· · 56.2	190 05.9	· · 50.6	27 09.4	· · 09.7	Hamal	328 19.7	N23 25.4
	16	339 49.2	43 22.2	30.8	284 53.8	56.2	205 08.6	50.7	42 11.5	09.6	Kaus Aust.	84 06.5	S34 23.4
	17	354 51.7	58 21.3	30.3	299 56.3	56.2	220 11.3	50.8	57 13.7	09.6			
	18	9 54.1	73 20.4	S22 29.8	314 58.8	N21 56.2	235 14.1	N17 50.8	72 15.8	S21 09.5	Kochab	137 19.7	N74 11.1
	19	24 56.6	88 19.5	29.3	330 01.2	56.3	250 16.8	50.9	87 18.0	09.4	Markab	13 55.2	N15 09.5
	20	39 59.1	103 18.7	28.8	345 03.7	56.3	265 19.5	51.0	102 20.2	09.4	Menkar	314 32.4	N 4 03.4
	21	55 01.5	118 17.8	· · 28.3	0 06.2	· · 56.3	280 22.2	· · 51.1	117 22.3	· · 09.3	Menkent	148 27.7	S36 19.5
	22	70 04.0	133 16.9	27.8	15 08.7	56.3	295 24.9	51.1	132 24.5	09.3	Miaplacidus	221 42.7	S69 40.6
	23	85 06.5	148 16.0	27.3	30 11.2	56.3	310 27.6	51.2	147 26.6	09.2			
1	00	100 08.9	163 15.1	S22 26.8	45 13.7	N21 56.3	325 30.3	N17 51.3	162 28.8	S21 09.2	Mirfak	309 04.2	N49 50.1
	01	115 11.4	178 14.2	26.3	60 16.2	56.3	340 33.0	51.4	177 31.0	09.1	Nunki	76 19.5	S26 18.6
	02	130 13.9	193 13.4	25.8	75 18.7	56.4	355 35.7	51.5	192 33.1	09.1	Peacock	53 46.0	S56 46.0
	03	145 16.3	208 12.5	· · 25.3	90 21.2	· · 56.4	10 38.4	· · 51.5	207 35.3	· · 09.0	Pollux	243 47.8	N28 02.9
	04	160 18.8	223 11.6	24.8	105 23.6	56.4	25 41.1	51.6	222 37.4	09.0	Procyon	245 17.0	N 5 14.9
	05	175 21.2	238 10.7	24.3	120 26.1	56.4	40 43.8	51.7	237 39.6	08.9			
	06	190 23.7	253 09.8	S22 23.7	135 28.6	N21 56.4	55 46.5	N17 51.8	252 41.7	S21 08.9	Rasalhague	96 22.4	N12 33.9
	07	205 26.2	268 09.0	23.2	150 31.1	56.5	70 49.2	51.8	267 43.9	08.8	Regulus	208 01.1	N12 00.5
T	08	220 28.6	283 08.1	22.7	165 33.6	56.5	85 51.9	51.9	282 46.1	08.8	Rigel	281 27.9	S 8 12.7
U	09	235 31.1	298 07.2	· · 22.2	180 36.0	· · 56.5	100 54.7	· · 52.0	297 48.2	· · 08.7	Rigil Kent.	140 15.2	S60 47.7
E	10	250 33.6	313 06.3	21.7	195 38.5	56.5	115 57.4	52.1	312 50.4	08.7	Sabik	102 32.2	S15 42.9
S	11	265 36.0	328 05.4	21.2	210 41.0	56.5	131 00.1	52.1	327 52.5	08.6			
D	12	280 38.5	343 04.6	S22 20.7	225 43.5	N21 56.5	146 02.8	N17 52.2	342 54.7	S21 08.6	Schedar	349 59.9	N56 29.7
A	13	295 41.0	358 03.7	20.1	240 45.9	56.6	161 05.5	52.3	357 56.8	08.5	Shaula	96 45.2	S37 05.9
Y	14	310 43.4	13 02.8	19.6	255 48.4	56.6	176 08.2	52.4	12 59.0	08.5	Sirius	258 48.2	S16 42.2
	15	325 45.9	28 01.9	· · 19.1	270 50.9	· · 56.6	191 10.9	· · 52.4	28 01.2	· · 08.4	Spica	158 49.1	S11 06.9
	16	340 48.4	43 01.1	18.6	285 53.3	56.6	206 13.6	52.5	43 03.3	08.4	Suhail	223 04.5	S43 23.7
	17	355 50.8	58 00.2	18.0	300 55.8	56.6	221 16.3	52.6	58 05.5	08.3			
	18	10 53.3	72 59.3	S22 17.5	315 58.2	N21 56.7	236 19.0	N17 52.7	73 07.6	S21 08.3	Vega	80 50.8	N38 46.4
	19	25 55.7	87 58.4	17.0	331 00.7	56.7	251 21.8	52.8	88 09.8	08.2	Zuben'ubi	137 24.3	S16 00.3
	20	40 58.2	102 57.6	16.5	346 03.2	56.7	266 24.5	52.8	103 11.9	08.2		S.H.A.	Mer. Pass.
	21	56 00.7	117 56.7	· · 15.9	1 05.6	· · 56.7	281 27.2	· · 52.9	118 14.1	· · 08.1		° ′	h m
	22	71 03.1	132 55.8	15.4	16 08.1	56.7	296 29.9	53.0	133 16.3	08.1	Venus	64 26.7	13 06
	23	86 05.6	147 54.9	14.9	31 10.5	56.8	311 32.6	53.1	148 18.4	08.0	Mars	305 03.8	21 00
	Mer. Pass.	h m 17 20.5	v −0.9	d 0.5	v 2.5	d 0.0	v 2.7	d 0.1	v 2.2	d 0.1	Jupiter	225 15.6	2 22
											Saturn	62 27.2	13 12

	UT (GMT)	SUN G.H.A.	SUN Dec.	MOON G.H.A.	v	MOON Dec.	d	H.P.
	d h	° ′	° ′	° ′	′	° ′	′	′
	30 00	179 26.8	S23 11.9	27 14.3	1.4	N26 03.1	2.4	61.1
	01	194 26.5	11.8	41 34.7	1.4	26 05.5	2.2	61.1
	02	209 26.2	11.6	55 55.1	1.4	26 07.7	2.0	61.2
	03	224 25.9	.. 11.5	70 15.5	1.2	26 09.7	1.8	61.2
	04	239 25.6	11.3	84 35.7	1.3	26 11.5	1.5	61.2
	05	254 25.3	11.2	98 56.0	1.2	26 13.0	1.4	61.2
	06	269 25.0	S23 11.0	113 16.2	1.2	N26 14.4	1.2	61.2
	07	284 24.7	10.8	127 36.4	1.2	26 15.6	0.9	61.2
	08	299 24.4	10.7	141 56.6	1.1	26 16.5	0.8	61.2
SUNDAY	09	314 24.1	.. 10.5	156 16.7	1.1	26 17.3	0.6	61.2
	10	329 23.8	10.4	170 36.8	1.1	26 17.9	0.3	61.2
	11	344 23.5	10.2	184 56.9	1.1	26 18.2	0.1	61.2
	12	359 23.2	S23 10.0	199 17.0	1.1	N26 18.3	0.0	61.3
	13	14 22.9	09.9	213 37.1	1.0	26 18.3	0.3	61.3
	14	29 22.6	09.7	227 57.1	1.1	26 18.0	0.5	61.3
	15	44 22.3	.. 09.5	242 17.2	1.0	26 17.5	0.7	61.3
	16	59 22.0	09.4	256 37.2	1.1	26 16.8	0.9	61.3
	17	74 21.7	09.2	270 57.3	1.1	26 15.9	1.1	61.3
	18	89 21.4	S23 09.0	285 17.4	1.0	N26 14.8	1.4	61.3
	19	104 21.1	08.9	299 37.4	1.1	26 13.4	1.5	61.3
	20	119 20.8	08.7	313 57.5	1.1	26 11.9	1.7	61.3
	21	134 20.5	.. 08.5	328 17.6	1.1	26 10.2	2.0	61.3
	22	149 20.2	08.4	342 37.7	1.2	26 08.2	2.1	61.3
	23	164 19.9	08.2	356 57.9	1.1	26 06.1	2.4	61.3
	31 00	179 19.6	S23 08.0	11 18.0	1.2	N26 03.7	2.5	61.3
	01	194 19.3	07.8	25 38.2	1.3	26 01.2	2.8	61.3
	02	209 19.0	07.7	39 58.5	1.2	25 58.4	3.0	61.3
	03	224 18.7	.. 07.5	54 18.7	1.3	25 55.4	3.1	61.3
	04	239 18.4	07.3	68 39.0	1.4	25 52.3	3.4	61.3
	05	254 18.1	07.1	82 59.4	1.3	25 48.9	3.6	61.3
	06	269 17.8	S23 07.0	97 19.7	1.5	N25 45.3	3.8	61.3
	07	284 17.5	06.8	111 40.2	1.5	25 41.5	4.0	61.3
	08	299 17.2	06.6	126 00.7	1.5	25 37.5	4.1	61.3
MONDAY	09	314 16.9	.. 06.4	140 21.2	1.6	25 33.4	4.4	61.3
	10	329 16.6	06.2	154 41.8	1.6	25 29.0	4.6	61.3
	11	344 16.3	06.1	169 02.4	1.8	25 24.4	4.8	61.3
	12	359 16.0	S23 05.9	183 23.2	1.7	N25 19.6	4.9	61.2
	13	14 15.7	05.7	197 43.9	1.9	25 14.7	5.2	61.2
	14	29 15.4	05.5	212 04.8	1.9	25 09.5	5.3	61.2
	15	44 15.1	.. 05.3	226 25.7	2.0	25 04.2	5.6	61.2
	16	59 14.8	05.1	240 46.7	2.1	24 58.6	5.7	61.2
	17	74 14.5	05.0	255 07.8	2.1	24 52.9	5.9	61.2
	18	89 14.2	S23 04.8	269 28.9	2.2	N24 47.0	6.1	61.2
	19	104 13.9	04.6	283 50.1	2.3	24 40.9	6.3	61.2
	20	119 13.6	04.4	298 11.4	2.4	24 34.6	6.5	61.2
	21	134 13.3	.. 04.2	312 32.8	2.5	24 28.1	6.7	61.2
	22	149 13.0	04.0	326 54.3	2.6	24 21.4	6.8	61.2
	23	164 12.7	03.8	341 15.9	2.7	24 14.6	7.0	61.1
	1 00	179 12.4	S23 03.6	355 37.6	2.7	N24 07.6	7.2	61.1
	01	194 12.1	03.4	9 59.3	2.9	24 00.4	7.4	61.1
	02	209 11.8	03.2	24 21.2	2.9	23 53.0	7.5	61.1
	03	224 11.5	.. 03.1	38 43.1	3.1	23 45.5	7.7	61.1
	04	239 11.2	02.9	53 05.2	3.1	23 37.8	7.9	61.1
	05	254 11.0	02.7	67 27.3	3.3	23 29.9	8.1	61.0
	06	269 10.7	S23 02.5	81 49.6	3.4	N23 21.8	8.2	61.0
	07	284 10.4	02.3	96 12.0	3.4	23 13.6	8.4	61.0
	08	299 10.1	02.1	110 34.4	3.6	23 05.2	8.5	61.0
TUESDAY	09	314 09.8	.. 01.9	124 57.0	3.7	22 56.7	8.7	61.0
	10	329 09.5	01.7	139 19.7	3.8	22 48.0	8.9	61.0
	11	344 09.2	01.5	153 42.5	3.9	22 39.1	9.0	60.9
	12	359 08.9	S23 01.3	168 05.4	4.0	N22 30.1	9.2	60.9
	13	14 08.6	01.1	182 28.4	4.2	22 20.9	9.3	60.9
	14	29 08.3	00.9	196 51.6	4.2	22 11.6	9.5	60.9
	15	44 08.0	.. 00.7	211 14.8	4.4	22 02.1	9.6	60.9
	16	59 07.7	00.5	225 38.2	4.5	21 52.5	9.8	60.8
	17	74 07.4	00.3	240 01.7	4.6	21 42.7	9.9	60.8
	18	89 07.1	S23 00.0	254 25.3	4.7	N21 32.8	10.1	60.8
	19	104 06.8	22 59.8	268 49.0	4.9	21 22.7	10.2	60.8
	20	119 06.5	59.6	283 12.9	5.0	21 12.5	10.3	60.7
	21	134 06.2	.. 59.4	297 36.9	5.1	21 02.2	10.5	60.7
	22	149 06.0	59.2	312 01.0	5.2	20 51.7	10.6	60.7
	23	164 05.7	59.0	326 25.2	5.3	20 41.1	10.7	60.7
		S.D. 16.3	d 0.2	S.D. 16.7		16.7		16.6

Lat.	Twilight Naut.	Twilight Civil	Sunrise	Moonrise 30	Moonrise 31	Moonrise 1	Moonrise 2
°	h m	h m	h m	h m	h m	h m	h m
N 72	08 25	10 47	■	□	□	□	14 49
N 70	08 06	09 51	■	□	□	□	16 00
68	07 51	09 18	■	□	□	□	16 37
66	07 38	08 54	10 30	□	□	14 35	17 03
64	07 27	08 35	09 51	□	12 54	15 15	17 22
62	07 18	08 19	09 24	12 14	13 46	15 42	17 38
60	07 10	08 06	09 03	12 53	14 18	16 04	17 52
N 58	07 02	07 55	08 46	13 20	14 41	16 21	18 03
56	06 56	07 45	08 32	13 41	15 01	16 35	18 13
54	06 50	07 36	08 19	13 58	15 17	16 48	18 21
52	06 44	07 28	08 08	14 13	15 30	16 59	18 29
50	06 39	07 20	07 59	14 27	15 43	17 08	18 36
45	06 27	07 05	07 38	14 53	16 07	17 29	18 51
N 40	06 17	06 51	07 22	15 15	16 27	17 45	19 03
35	06 08	06 40	07 08	15 32	16 44	17 59	19 13
30	05 59	06 29	06 56	15 48	16 58	18 11	19 22
20	05 43	06 11	06 35	16 14	17 22	18 31	19 37
N 10	05 27	05 54	06 16	16 36	17 43	18 49	19 51
0	05 11	05 37	05 59	16 57	18 03	19 06	20 03
S 10	04 52	05 19	05 42	17 18	18 22	19 22	20 16
20	04 29	04 59	05 23	17 40	18 43	19 40	20 29
30	04 01	04 34	05 01	18 06	19 07	20 00	20 44
35	03 42	04 19	04 49	18 22	19 22	20 11	20 53
40	03 20	04 01	04 34	18 39	19 38	20 25	21 03
45	02 49	03 39	04 16	19 01	19 57	20 41	21 14
S 50	02 05	03 10	03 54	19 28	20 21	21 00	21 28
52	01 39	02 55	03 43	19 41	20 33	21 09	21 34
54	00 56	02 37	03 31	19 56	20 46	21 19	21 41
56	////	02 16	03 17	20 14	21 01	21 31	21 49
58	////	01 47	03 01	20 36	21 19	21 44	21 58
S 60	////	01 02	02 41	21 03	21 41	21 59	22 08

Lat.	Sunset	Twilight Civil	Twilight Naut.	Moonset 30	Moonset 31	Moonset 1	Moonset 2
°	h m	h m	h m	h m	h m	h m	h m
N 72	■	13 20	15 41	□	□	□	13 11
N 70	■	14 15	16 00	□	□	□	11 58
68	■	14 48	16 16	□	□	□	11 20
66	13 36	15 12	16 28	□	□	11 18	10 53
64	14 15	15 31	16 39	□	10 44	10 37	10 32
62	14 42	15 47	16 48	09 04	09 52	10 09	10 15
60	15 03	16 00	16 57	08 26	09 20	09 47	10 01
N 58	15 20	16 11	17 04	07 59	08 56	09 29	09 49
56	15 34	16 21	17 10	07 37	08 36	09 14	09 38
54	15 47	16 30	17 16	07 20	08 20	09 01	09 29
52	15 58	16 38	17 22	07 05	08 06	08 50	09 20
50	16 07	16 46	17 27	06 52	07 54	08 40	09 13
45	16 28	17 01	17 39	06 25	07 28	08 18	08 56
N 40	16 44	17 15	17 49	06 04	07 08	08 01	08 43
35	16 58	17 26	17 58	05 46	06 51	07 46	08 31
30	17 10	17 37	18 06	05 31	06 36	07 33	08 21
20	17 31	17 55	18 23	05 05	06 11	07 11	08 04
N 10	17 49	18 12	18 39	04 43	05 49	06 51	07 48
0	18 07	18 29	18 55	04 22	05 29	06 33	07 34
S 10	18 24	18 47	19 14	04 01	05 08	06 15	07 19
20	18 43	19 07	19 36	03 39	04 46	05 55	07 03
30	19 04	19 32	20 05	03 13	04 20	05 33	06 45
35	19 17	19 47	20 23	02 57	04 05	05 19	06 35
40	19 32	20 05	20 46	02 40	03 48	05 04	06 22
45	19 50	20 27	21 16	02 18	03 26	04 45	06 08
S 50	20 12	20 56	22 00	01 51	03 00	04 22	05 50
52	20 22	21 11	22 26	01 38	02 47	04 11	05 41
54	20 34	21 28	23 07	01 23	02 31	03 58	05 32
56	20 48	21 49	////	01 06	02 14	03 43	05 21
58	21 05	22 18	////	00 44	01 52	03 26	05 09
S 60	21 24	23 02	////	00 17	01 25	03 04	04 54

Day	SUN Eqn. of Time 00ʰ	SUN Eqn. of Time 12ʰ	SUN Mer. Pass.	MOON Mer. Pass. Upper	MOON Mer. Pass. Lower	Age	Phase
	m s	m s	h m	h m	h m	d	
30	02 12	02 27	12 02	23 13	10 39	13	○
31	02 41	02 55	12 03	24 18	11 46	14	
1	03 10	03 24	12 03	00 18	12 50	15	

L

EXPLANATION

PRINCIPLE AND ARRANGEMENT

1. *Object.* The object of this Almanac is to provide, in a convenient form, the data required for the practice of astronomical navigation at sea.

2. *Principle.* The main contents of the Almanac consist of data from which the *Greenwich Hour Angle* (G.H.A.) and the *Declination* (Dec.) of all the bodies used for navigation can be obtained for any instant of *Universal Time* (UT), or *Greenwich Mean Time* (G.M.T.). The *Local Hour Angle* (L.H.A.) can then be obtained by means of the formula:

$$\text{L.H.A.} = \text{G.H.A.} \begin{matrix} -\text{ west} \\ +\text{ east} \end{matrix} \text{ longitude}$$

The remaining data consist of: times of rising and setting of the Sun and Moon, and times of twilight; miscellaneous calendarial and planning data and auxiliary tables, including a list of Standard Times; corrections to be applied to observed altitude.

For the Sun, Moon, and planets the G.H.A. and Dec. are tabulated directly for each hour of UT throughout the year. For the stars the *Sidereal Hour Angle* (S.H.A.) is given, and the G.H.A. is obtained from:

$$\text{G.H.A. Star} = \text{G.H.A. Aries} + \text{S.H.A. Star}$$

The S.H.A. and Dec. of the stars change slowly and may be regarded as constant over periods of several days. G.H.A. Aries, or the Greenwich Hour Angle of the first point of Aries (the Vernal Equinox), is tabulated for each hour. Permanent tables give the appropriate increments and corrections to the tabulated hourly values of G.H.A. and Dec. for the minutes and seconds of UT.

The six-volume series of *Sight Reduction Tables for Marine Navigation* (published in U.S.A. as Pub. No. 229 and in U.K. as N.P. 401) has been designed for the solution of the navigational triangle and is intended for use with *The Nautical Almanac*.

Two alternative procedures for sight reduction are described on pages 277–318. The first requires the use of programmable electronic calculators or personal computers, while the second uses a set of concise tables that is given on pages 286–317.

The tabular accuracy is 0′·1 throughout. The time argument on the daily pages of this Almanac is 12^h + the Greenwich Hour Angle of the mean sun and is here denoted by UT, although it is also known as G.M.T. This scale may differ from the broadcast time signals (UTC) by an amount which, if ignored, will introduce an error of up to 0′·2 in longitude determined from astronomical observations. (The difference arises because the time argument depends on the variable rate of rotation of the Earth while the broadcast time signals are now based on an atomic time-scale.) Step adjustments of exactly one second are made to the time signals as required (normally at 24^h on December 31 and June 30) so that the difference between the time signals and UT, as used in this Almanac, may not exceed $0^s{\cdot}9$. Those who require to reduce observations to a precision of better than 1^s must therefore obtain the correction (DUT1) to the time signals from coding in the signal, or from other sources; the required time is given by UT1 = UTC + DUT1 to a precision of $0^s{\cdot}1$. Alternatively, the longitude, when determined from astronomical observations, may be corrected by the corresponding amount shown in the following table:

Correction to time signals	Correction to longitude
$-0^s{\cdot}9$ to $-0^s{\cdot}7$	0′·2 to east
$-0^s{\cdot}6$ to $-0^s{\cdot}3$	0′·1 to east
$-0^s{\cdot}2$ to $+0^s{\cdot}2$	no correction
$+0^s{\cdot}3$ to $+0^s{\cdot}6$	0′·1 to west
$+0^s{\cdot}7$ to $+0^s{\cdot}9$	0′·2 to west

3. *Lay-out.* The ephemeral data for three days are presented on an opening of two pages: the left-hand page contains the data for the planets and stars; the right-hand page contains the data for the Sun and Moon, together with times of twilight, sunrise, sunset, moonrise and moonset.

The remaining contents are arranged as follows: for ease of reference the altitude-correction tables are given on pages A2, A3, A4, xxxiv and xxxv; calendar, Moon's phases, eclipses, and planets notes (i.e. data of general interest) precede the main tabulations. The Explanation is followed by information on standard times, star charts and list of star positions, sight reduction procedures and concise sight reduction tables, tables of increments and corrections and other auxiliary tables that are frequently used.

MAIN DATA

4. *Daily pages.* The daily pages give the G.H.A. of Aries, the G.H.A. and Dec. of the Sun, Moon, and the four navigational planets, for each hour of UT. For the Moon, values of v and d are also tabulated for each hour to facilitate the correction of G.H.A. and Dec. to intermediate times; v and d for the Sun and planets change so slowly that they are given, at the foot of the appropriate columns, once only on the page; v is zero for Aries and negligible for the Sun, and is omitted. The S.H.A. and Dec. of the 57 selected stars, arranged in alphabetical order of proper name, are also given.

5. *Stars.* The S.H.A. and Dec. of 173 stars, including the 57 selected stars, are tabulated for each month on pages 268–273; no interpolation is required and the data can be used in precisely the same way as those for the selected stars on the daily pages. The stars are arranged in order of S.H.A.

The list of 173 includes all stars down to magnitude 3·0, together with a few fainter ones to fill the larger gaps. The 57 selected stars have been chosen from amongst these on account of brightness and distribution in the sky; they will suffice for the majority of observations.

The 57 selected stars are known by their proper names, but they are also numbered in descending order of S.H.A. In the list of 173 stars, the constellation names are always given on the left-hand page; on the facing page proper names are given where well-known names exist. Numbers for the selected stars are given in both columns.

An index to the selected stars, containing lists in both alphabetical and numerical order, is given on page xxxiii and is also reprinted on the bookmark.

6. *Increments and corrections.* The tables printed on tinted paper (pages ii–xxxi) at the back of the Almanac provide the increments and corrections for minutes and seconds to be applied to the hourly values of G.H.A. and Dec. They consist of sixty tables, one for each minute, separated into two parts: increments to G.H.A. for Sun and planets, Aries, and Moon for every minute and second; and, for each minute, corrections to be applied to G.H.A. and Dec. corresponding to the values of v and d given on the daily pages.

The increments are based on the following adopted hourly rates of increase of the G.H.A.: Sun and planets, 15° precisely; Aries, 15° 02′·46; Moon, 14° 19′·0. The values of v on the daily pages are the excesses of the actual hourly motions over the adopted values; they are generally positive, except for Venus. The tabulated hourly values of the Sun's G.H.A. have been adjusted to reduce to a minimum the error caused by treating v as negligible. The values of d on the daily pages are the hourly differences of the Dec. For the Moon, the true values of v and d are given for each hour; otherwise mean values are given for the three days on the page.

7. *Method of entry.* The UT of an observation is expressed as a day and hour, followed by a number of minutes and seconds. The tabular values of G.H.A. and Dec., and, where necessary, the corresponding values of v and d, are taken directly from the daily pages for the day and hour of UT; this hour is always *before* the time of observation. S.H.A. and Dec. of the selected stars are also taken from the daily pages.

The table of Increments and Corrections for the minute of UT is then selected. For the G.H.A., the increment for minutes and seconds is taken from the appropriate column opposite the seconds of UT; the v-correction is taken from the second part of the same table opposite the value of v as given on the daily pages. Both increment and v-correction are to be added to the G.H.A., except for Venus when v is prefixed by a minus sign and the v-correction is to be subtracted. For the Dec. there is no increment, but a d-correction is applied in the same way as the v-correction; d is given without sign on the daily pages and the sign of the correction is to be supplied by inspection of the Dec. column. In many cases the correction may be applied mentally.

8. *Examples.* (a) Sun and Moon. Required the G.H.A. and Dec. of the Sun and Moon on 1990 May 4 at $15^h\ 47^m\ 13^s$ UT.

		SUN			MOON			
		G.H.A.	Dec.	d	G.H.A.	v	Dec.	d
		° ′	° ′	′	° ′	′	° ′	′
Daily page, May $4^d\ 15^h$		45 48·6	N.16 00·5	0·7	280 46·1	15·9	N.2 42·0	14·0
Increments for	$47^m\ 13^s$	11 48·3			11 16·0			
v or d corrections for	47^m		+0·6		+12·6		−11·1	
Sum for	May $4^d\ 15^h\ 47^m\ 13^s$	57 36·9	N.16 01·1		292 14·7		N.2 30·9	

(b) Planets. Required the L.H.A. and Dec. of (i) Venus on 1990 May 4 at $10^h\ 57^m\ 28^s$ UT in longitude W.77° 15′; (ii) Jupiter on 1990 May 4 at $7^h\ 48^m\ 51^s$ UT in longitude E.167° 25′.

		VENUS					JUPITER			
		G.H.A.	v	Dec.	d		G.H.A.	v	Dec.	d
		° ′	′	° ′	′		° ′	′	° ′	′
Daily page, May 4^d	(10^h)	11 13·9	−0·2	S.1 07·5	1·0	(7^h)	228 43·8	2·0	N.23 21·4	0·0
Increments (planets)	($57^m\ 28^s$)	14 22·0				($48^m\ 51^s$)	12 12·8			
v or d corrections	(57^m)	−0·2		−1·0		(48^m)	+1·6		0·0	
Sum = G.H.A. and Dec.		25 35·7		S.1 06·5			240 58·2		N.23 21·4	
Longitude	(west)	−77 15·0				(east)	+167 25·0			
Multiples of 360°		+360					−360			
L.H.A. planet		308 20·7					48 23·2			

(c) Stars. Required the G.H.A. and Dec. of (i) *Antares* on 1990 May 4 at $6^h\ 30^m\ 45^s$ UT; (ii) *Spica* on 1990 May 4 at $21^h\ 07^m\ 13^s$ UT.

		Antares			*Spica*	
		G.H.A.	Dec.		G.H.A.	Dec.
		° ′	° ′		° ′	° ′
Daily page (S.H.A. and Dec.)		112 47·3	S.26 24·8		158 49·3	S.11 06·9
Daily page (G.H.A. Aries)	(6^h)	311 52·1		(21^h)	177 29·0	
Increments (Aries)	($30^m\ 45^s$)	7 42·5		($7^m\ 13^s$)	1 48·5	
Sum = G.H.A. star		432 21·9			338 06·8	
Multiples of 360°		−360				
G.H.A. star		72 21·9			338 06·8	

9. *Polaris* (*Pole Star*) *tables.* The tables on pages 274–276 provide means by which the latitude can be deduced from an observed altitude of *Polaris*, and they also give its azimuth; their use is explained and illustrated on those pages. They are based on the following formula:

$$\text{Latitude} - Ho = -p \cos h + \tfrac{1}{2}p \sin p \sin^2 h \tan (\text{latitude})$$

where Ho = Apparent altitude (corrected for refraction)

p = polar distance of *Polaris* = 90° − Dec.

h = local hour angle of *Polaris* = L.H.A. Aries + S.H.A.

a_0, which is a function of L.H.A. Aries only, is the value of both terms of the above formula calculated for mean values of the S.H.A. (324° 35′) and Dec. (N. 89° 13′·5) of *Polaris*, for a mean latitude of 50°, and adjusted by the addition of a constant (58′·8).

a_1, which is a function of L.H.A. Aries and latitude, is the excess of the value of the second term over its mean value for latitude 50°, increased by a constant (0′·6) to make it always positive. a_2, which is a function of L.H.A. Aries and date, is the correction to the first term for the variation of *Polaris* from its adopted mean position; it is increased by a constant (0′·6) to make it positive. The sum of the added constants is 1°, so that:

$$\text{Latitude} = \text{Apparent altitude (corrected for refraction)} - 1^\circ + a_0 + a_1 + a_2$$

RISING AND SETTING PHENOMENA

10. *General.* On the right-hand daily pages are given the times of sunrise and sunset, of the beginning and end of civil and nautical twilights, and of moonrise and moonset for a range of latitudes from N. 72° to S. 60°. These times, which are given to the nearest minute, are strictly the UT of the phenomena on the Greenwich meridian; they are given for every day for moonrise and moonset, but only for the middle day of the three on each page for the solar phenomena.

They are approximately the Local Mean Times (L.M.T.) of the corresponding phenomena on other meridians; they can be formally interpolated if desired. The UT of a phenomenon is obtained from the L.M.T. by:

$$\text{UT} = \text{L.M.T.} \begin{smallmatrix} +\text{west} \\ -\text{east} \end{smallmatrix} \text{longitude}$$

in which the longitude must first be converted to time by the table on page i or otherwise.

Interpolation for latitude can be done mentally or with the aid of Table I on page xxxii.

The following symbols are used to indicate the conditions under which, in high latitudes, some of the phenomena do not occur:

□ Sun or Moon remains continuously above the horizon;

■ Sun or Moon remains continuously below the horizon;

//// twilight lasts all night.

Basis of the tabulations. At sunrise and sunset 16′ is allowed for semi-diameter and 34′ for horizontal refraction, so that at the times given the Sun's upper limb is on the visible horizon; all times refer to phenomena as seen from sea level with a clear horizon.

At the times given for the beginning and end of twilight, the Sun's zenith distance is 96° for civil, and 102° for nautical twilight. The degree of illumination at the times given for civil twilight (in good conditions and in the absence of other illumination) is such that the brightest stars are visible and the horizon is clearly defined. At the times given for nautical twilight the horizon is in general not visible, and it is too dark for observation with a marine sextant.

Times corresponding to other depressions of the Sun may be obtained by interpolation or, for depressions of more than 12°, less reliably, by extrapolation; times so obtained will be subject to considerable uncertainty near extreme conditions.

At moonrise and moonset allowance is made for semi-diameter, parallax, and refraction (34′), so that at the times given the Moon's upper limb is on the visible horizon as seen from sea level.

11. *Sunrise, sunset, twilight.* The tabulated times may be regarded, without serious error, as the L.M.T. of the phenomena on any of the three days on the page and in any longitude. Precise times may normally be obtained by interpolating the tabular values for latitude and to the correct day and longitude, the latter being expressed as a fraction of a day by dividing it by 360°, positive for west and negative for east longitudes. In the extreme conditions near □, ■ or //// interpolation may not be possible in one direction, but accurate times are of little value in these circumstances.

Examples. Required the UT of (a) the beginning of morning twilights and sunrise on 1990 January 22 for latitude S. 48° 55′, longitude E. 75° 18′; (b) sunset and the end of evening twilights on 1990 January 24 for latitude N. 67° 10′, longitude W. 168° 05′.

	(a)	Twilight Nautical	Twilight Civil	Sunrise	(b)	Sunset	Twilight Civil	Twilight Nautical
		d h m	d h m	d h m		d h m	d h m	d h m
From p. 25 L.M.T. for Lat.	S.45°	22 03 25	22 04 09	22 04 43	N.66°	24 14 56	24 16 07	24 17 14
Corr. to (p. xxxii, Table I)	S.48° 55′	−27	−20	−12	N.67° 10′	−17	−9	−6
Long. (p. i)	E.75° 18′	−5 01	−5 01	−5 01	W.168° 05′	+11 12	+11 12	+11 12
UT		21 21 57	21 22 48	21 23 30		25 01 51	25 03 10	25 04 20

The L.M.T. are strictly for January 23 (middle date on page) and 0° longitude; for more precise times it is necessary to interpolate, but rounding errors may accumulate to about 2^m:

(a) to January $22^d - 75°/360° =$ Jan. $21^d{\cdot}8$, i.e. $\frac{1}{3}(1{\cdot}2) = 0{\cdot}4$ backwards towards the data for the same latitude interpolated similarly from page 23; the corrections are -2^m to nautical twilight, -2^m to civil twilight and -3^m to sunrise.

(b) to January $24^d + 168°/360° =$ Jan. $24^d{\cdot}5$, i.e. $\frac{1}{3}(1{\cdot}5) = 0{\cdot}5$ forwards towards the data for the same latitude interpolated similarly from page 27; the corrections are $+8^m$ to sunset, $+4^m$ to civil twilight, and $+6^m$ to nautical twilight.

12. *Moonrise, moonset.* Precise times of moonrise and moonset are rarely needed; a glance at the tables will generally give sufficient indication of whether the Moon is available for observation and of the hours of rising and setting. If needed, precise times may be obtained as follows. Interpolate for latitude, using Table I on page xxxii, on the day wanted and also on the preceding day in east longitudes or the following day in west longitudes; take the difference between these times and interpolate for longitude by applying to the time for the day wanted the correction from Table II on page xxxii, so that the resulting time is between the two times used. In extreme conditions near ☐ or ■ interpolation for latitude or longitude may be possible only in one direction; accurate times are of little value in these circumstances.

To facilitate this interpolation the times of moonrise and moonset are given for four days on each page; where no phenomenon occurs during a particular day (as happens once a month) the time of the phenomenon on the following day, increased by 24^h, is given; extra care must be taken when interpolating between two values, when one of those values exceeds 24^h. In practice it suffices to use the daily difference between the times for the nearest tabular latitude, and generally, to enter Table II with the nearest tabular arguments as in the examples below.

Examples. Required the UT of moonrise and moonset in latitude S.47° 10′, longitudes E.124° 00′ and W.78° 31′ on 1990 January 14.

	Longitude E.124° 00′ Moonrise	Longitude E.124° 00′ Moonset	Longitude W.78° 31′ Moonrise	Longitude W.78° 31′ Moonset
	d h m	d h m	d h m	d h m
L.M.T. for Lat. S.45°	14 21 31	14 08 05	14 21 31	14 08 05
Lat. correction (p. xxxii, Table I)	+02	−04	+02	−04
Long. correction (p. xxxii, Table II)	−07	−23	+04	+16
Correct L.M.T.	14 21 26	14 07 38	14 21 37	14 08 17
Longitude (p. i)	−8 16	−8 16	+5 14	+5 14
UT	14 13 10	13 23 22	15 02 51	14 13 31

ALTITUDE CORRECTION TABLES

13. *General.* In general two corrections are given for application to altitudes observed with a marine sextant; additional corrections are required for Venus and Mars and also for very low altitudes.

Tables of the correction for dip of the horizon, due to height of eye above sea level, are given on pages A2 and xxxiv. Strictly this correction should be applied first and subtracted from the sextant altitude to give apparent altitude, which is the correct argument for the other tables.

Separate tables are given of the second correction for the Sun, for stars and planets (on pages A2 and A3), and for the Moon (on pages xxxiv and xxxv). For the Sun, values are given for both lower and upper limbs, for two periods of the year. The star tables are used for the planets, but additional corrections for parallax (page A2) are required for Venus and Mars. The Moon tables are in two parts: the main correction is a function of apparent altitude only and is tabulated for the lower limb (30′ must be subtracted to obtain the correction for the upper limb); the other, which is given for both lower and upper limbs, depends also on the horizontal parallax, which has to be taken from the daily pages.

An additional correction, given on page A4, is required for the change in the refraction, due to variations of pressure and temperature from the adopted standard conditions; it may generally be ignored for altitudes greater than 10°, except possibly in extreme conditions. The correction tables for the Sun, stars, and planets are in two parts; only those for altitudes greater than 10° are reprinted on the bookmark.

14. *Critical tables.* Some of the altitude correction tables are arranged as critical tables. In these an interval of apparent altitude (or height of eye) corresponds to a single value of the correction; no interpolation is required. At a "critical" entry the upper of the two possible values of the correction is to be taken. For example, in the table of dip, a correction of −4′·1 corresponds to all values of the height of eye from 5·3 to 5·5 metres (17·5 to 18·3 feet) inclusive.

15. *Examples.* The following examples illustrate the use of the altitude correction tables; the sextant altitudes given are assumed to be taken on 1990 May 4 with a marine sextant at height 5·4 metres (18 feet), temperature −3°C and pressure 982 mb, the Moon sights being taken at about 10^h UT.

	SUN lower limb	SUN upper limb	MOON lower limb	MOON upper limb	VENUS	*Polaris*
	° ′	° ′	° ′	° ′	° ′	° ′
Sextant altitude	21 19·7	3 20·2	33 27·6	26 06·7	4 32·6	49 36·5
Dip, height 5·4 metres (18 feet)	−4·1	−4·1	−4·1	−4·1	−4·1	−4·1
Main correction	+13·6	−29·4	+57·4	+60·5	−10·8	−0·8
−30′ for upper limb (Moon)	—	—	—	−30·0	—	—
L, U correction for Moon	—	—	+2·5	+2·3	—	—
Additional correction for Venus	—	—	—	—	+0·2	—
Additional refraction correction	−0·1	−0·3	0·0	−0·1	−0·3	0·0
Corrected sextant altitude	21 29·1	2 46·4	34 23·4	26 35·3	4 17·6	49 31·6

The main corrections have been taken out with apparent altitude (sextant altitude corrected for dip) as argument, interpolating where possible. These refinements are rarely necessary.

16. *Composition of the Corrections.* The table for the dip of the sea horizon is based on the formula:

$$\text{Correction for dip} = -1'\cdot76\sqrt{(\text{height of eye in metres})} = -0'\cdot97\sqrt{(\text{height of eye in feet})}$$

The correction table for the Sun includes the effects of semi-diameter, parallax and mean refraction.

The correction tables for the stars and planets allow for the effect of mean refraction. The additional corrections for Venus and Mars allow for parallax. Alternatively, the correction for parallax may be calculated from $p \cos H$, where p is the parallax and H is the altitude. In 1990 the values for p are:

	Jan. 1		Feb. 8		Feb. 23		Mar. 18		May 7		Dec. 31
Venus		0′·5		0′·4		0′·3		0′·2		0′·1	

	Jan. 1		Aug. 9		Oct. 21		Dec. 17		Dec. 31
Mars		0′·1		0′·2		0′·3		0′·2	

The phase correction for Venus has been incorporated in the tabulations for G.H.A. and Dec., and no correction for phase is required.

The correction table for the Moon includes the effect of semi-diameter, parallax, augmentation and mean refraction.

Mean refraction is calculated for a temperature of 10°C (50°F) and a pressure of 1010 mb (29·83 inches).

17. *Bubble sextant observations.* When observing with a bubble sextant no correction is necessary for dip, semi-diameter, or augmentation. The altitude corrections for the stars and planets on page A2 and on the bookmark should be used for the Sun as well as for the stars and planets; for the Moon it is easiest to take the mean of the corrections for lower and upper limbs and subtract 15′ from the altitude; the correction for dip must not be applied.

AUXILIARY AND PLANNING DATA

18. *Sun and Moon.* On the daily pages are given: the semi-diameters and the times of meridian passage of both Sun and Moon over the Greenwich meridian; the equation of time; the horizontal parallax and the age of the Moon, together with a symbol indicating the phase. For the Moon, the semi-diameters for each of the three days are given at the foot of the column; for the Sun a single value is sufficient. Table II on page xxxii may be used for interpolating the time of the Moon's meridian passage for longitude. The equation of time is given, without sign, for 00^h and 12^h UT on each day. To obtain apparent time, apply the equation of time to mean time with a *positive* sign when G.H.A. Sun at 00^h UT *exceeds* 180°, or at 12^h *exceeds* 0°, corresponding to a meridian passage of the Sun *before* 12^h UT; *otherwise* apply with a *negative* sign. The times of the phases of the Moon are given in UT on page 4.

19. *Planets.* The magnitudes of the planets are given immediately following their names in the headings on the daily pages; also given, for the middle day of the three on the page, are their S.H.A. at 00^h UT and their times of meridian passage.

The planet notes and diagram on pages 8 and 9 provide descriptive information as to the suitability of the planets for observation during the year, and of their positions and movements.

20. *Stars.* The time of meridian passage of the first point of Aries over the Greenwich meridian is given on the daily pages, for the middle day of the three on the page, to $0^m·1$. The interval between successive meridian passages is $23^h\ 56^m·1$ (24^h less $3^m·9$) so that times for intermediate days and other meridians can readily be derived. If a precise time is required it may be obtained by finding the UT at which L.H.A. Aries is zero.

The meridian passage of a star occurs when its L.H.A. is zero, that is when L.H.A. Aries + S.H.A. = 360°. An approximate time can be obtained from the planet diagram on page 9.

The star charts on pages 266 and 267 are intended to assist identification. They show the relative positions of the stars in the sky as seen from the Earth and include all 173 stars used in the Almanac, together with a few others to complete the main constellation configurations. The local meridian at any time may be located on the chart by means of its S.H.A. which is 360° − L.H.A. Aries, or west longitude − G.H.A. Aries.

21. *Star globe.* To set a star globe on which is printed a scale of L.H.A. Aries, first set the globe for latitude and then rotate about the polar axis until the scale under the edge of the meridian circle reads L.H.A. Aries.

To mark the positions of the Sun, Moon, and planets on the star globe, take the difference G.H.A. Aries − G.H.A. body and use this along the L.H.A. Aries scale, in conjunction with the declination, to plot the position. G.H.A. Aries − G.H.A. body is most conveniently found by taking the difference when the G.H.A. of the body is small (less than 15°), which happens once a day.

22. *Calendar.* On page 4 are given lists of ecclesiastical festivals, and of the principal anniversaries and holidays in the United Kingdom and the United States of America. The calendar on page 5 includes the day of the year as well as the day of the week.

Brief particulars are given, at the foot of page 5, of the solar and lunar eclipses occurring during the year; the times given are in UT. The principal features of the more important solar eclipses are shown on the maps on pages 6 and 7.

23. *Standard times.* The lists on pages 262–265 give the standard times used in most countries. In general no attempt is made to give details of the beginning and end of summer time, since they are liable to frequent changes at short notice. For the latest information consult Admiralty List of Radio Signals Volume 5 (NP 285) corrected by Section VI of the weekly edition of Admiralty Notices to Mariners.

The Date or Calendar Line is an arbitrary line, on either side of which the date differs by one day; when crossing this line on a westerly course, the date must be advanced one day; when crossing it on an easterly course, the date must be put back one day. The line is a modification of the line of the 180th meridian, and is drawn so as to include, as far as possible, islands of any one group, etc., on the same side of the line. It may be traced by starting at the South Pole and joining up to the following positions:

Lat.	S. 51°·0	S. 45°·0	S. 15°·0	S. 5°·0	N. 48°·0	N. 53°·0	N. 65°·5
Long.	180°·0	W. 172°·5	W. 172°·5	180°·0	180°·0	E. 170°·0	W. 169°·0

thence through the middle of the Diomede Islands to Lat. N.68°·0, Long. W.169°·0, passing east of Ostrov Vrangelya (Wrangel Island) to Lat. N.75°·0, Long. 180°·0, and thence to the North Pole.

ACCURACY

24. *Main data.* The quantities tabulated in this Almanac are generally correct to the nearest 0′·1; the exception is the Sun's G.H.A. which is deliberately adjusted by up to 0′·15 to reduce the error due to ignoring the *v*-correction. The G.H.A. and Dec. at intermediate times cannot be obtained to this precision, since at least two quantities must be added; moreover, the *v*- and *d*-corrections are based on mean values of *v* and *d* and are taken from tables for the whole minute only. The largest error that can occur in the G.H.A. or Dec. of any body other than the Sun or Moon is less than 0′·2; it may reach 0′·25 for the G.H.A. of the Sun and 0′·3 for that of the Moon.

In practice it may be expected that only one third of the values of G.H.A. and Dec. taken out will have errors larger than 0′·05 and less than one tenth will have errors larger than 0′·1.

25. *Altitude corrections.* The errors in the altitude corrections are nominally of the same order as those in G.H.A. and Dec., as they result from the addition of several quantities each correctly rounded off to 0′·1. But the actual values of the dip and of the refraction at low altitudes may, in extreme atmospheric conditions, differ considerably from the mean values used in the tables.

USE OF THIS ALMANAC IN 1991

This Almanac may be used for the Sun and stars in 1991 in the following manner.

For the Sun, take out the G.H.A. and Dec. for the same date but for a time $5^h\ 48^m\ 00^s$ *earlier* than the UT of observation; *add* 87° 00′ to the G.H.A. so obtained. The error, mainly due to planetary perturbations of the Earth, is unlikely to exceed 0′·4.

For the stars, calculate the G.H.A. and Dec. for the same date and the same time, but *subtract* 15′·1 from the G.H.A. so found. The error, due to incomplete correction for precession and nutation, is unlikely to exceed 0′·4. If preferred, the same result can be obtained by using a time $5^h\ 48^m\ 00^s$ earlier, or $18^h\ 12^m\ 00^s$ later, than the UT of observation (as for the Sun) and adding 86° 59′·2 to the G.H.A. (or adding 87° as for the Sun and subtracting 0′·8, for precession, from the S.H.A. of the star).

The Almanac cannot be so used for the Moon or planets.

LIST I—PLACES FAST ON UTC (mainly those EAST OF GREENWICH)

The times given below should be } *added* to UTC to give Standard Time. / *subtracted* from Standard Time to give UTC.

Place	h	m
Admiralty Islands	10	
Afghanistan	04	30
Albania*	01	
Algeria	01	
Amirante Islands	04	
Andaman Islands	05	30
Angola	01	
Annobon Island	01	
Australia		
Australian Capital Territory*	10	
New South Wales[1]*	10	
Northern Territory	09	30
Queensland	10	
South Australia*	09	30
Tasmania*	10	
Victoria*	10	
Western Australia*	08	
Austria*	01	
Bahrain	03	
Balearic Islands*	01	
Banaba	11	30
Bangladesh	06	
Belgium*	01	
Benin (Dahomey)	01	
Botswana, Republic of	02	
Brunei	08	
Bulgaria*	02	
Burma	06	30
Burundi	02	
Cameroon Republic	01	
Caroline Islands, west of long. E. 135°	09	
long. E. 135° to E. 150°	10	
long. E. 150° to E. 160°	11	
east of long. E. 160°	12	
Central African Republic	01	
Chad	01	
Chagos Archipelago[2]	05	
Chatham Islands	12	45
China*	08	
Christmas Island, Indian Ocean	07	
Cocos Keeling Islands	06	30
Comoro Islands (Comoros)	03	
Congo Republic	01	
Corsica*	01	
Crete*	02	
Cyprus, Ercan*	02	
Larnaca*	02	
Czechoslovakia*	01	
Denmark*	01	

Place	h	m
Djibouti	03	
Egypt, Arab Republic of	02	
Equatorial Guinea, Republic of	01	
Estonia	03	
Ethiopia	03	
Fernando Póo	01	
Fiji	12	
Finland*	02	
France*	01	
Friendly Islands	13	
Gabon	01	
Germany, East*	01	
West[3]*	01	
Gibraltar*	01	
Greece*	02	
Guam	10	
Holland (The Netherlands)*	01	
Hong Kong	08	
Hungary*	01	
India	05	30
Indonesia, Republic of		
Bali, Bangka, Billiton, Java, Madura, Sumatra	07	
Flores, Kalimantan, Lombok, Sulawesi, Sumba, Sumbawa, Timor	08	
Aru, Irian Jaya, Kai, Moluccas, Tanimbar	09	
Iran	03	30
Iraq*	03	
Israel*	02	
Italy*	01	
Japan	09	
Jordan*	02	
Kamchatka Peninsula	12	
Kampuchea, Democratic	07	
Kenya	03	
Kiribati Republic[4]	12	
Korea, North	09	
Republic of (South)	09	
Kuril Islands	11	
Kuwait	03	
Laccadive Islands	05	30
Laos	07	
Latvia	03	
Lebanon*	02	

* Summer time may be kept in these countries.
[1] Except Broken Hill Area which keeps 09^{h} 30^{m}.
[2] Except Diego Garcia which keeps 06^{h}.
[3] Including West Berlin.
[4] Except Banaba which keeps 11^{h} 30^{m}.

LIST I—(*continued*)

	h	m
Lesotho	02	
Libya*	01	
Liechtenstein	01	
Lord Howe Island*	10	30
Luxembourg*	01	
Macao	08	
Madagascar, Democratic Republic of	03	
Malawi	02	
Malaysia		
Malaya, Sabah, Sarawak	08	
Maldives, Republic of The	05	
Malta*	01	
Mariana Islands	10	
Marshall Islands[1]	12	
Mauritius	04	
Monaco*	01	
Mongolia	08	
Mozambique	02	
Namibia (South West Africa)	02	
Nauru	12	
Netherlands, The*	01	
New Caledonia	11	
New Zealand*	12	
Nicobar Islands	05	30
Niger	01	
Nigeria, Republic of	01	
Norfolk Island	11	30
Norway*	01	
Novaya Zemlya	03	
Okinawa	09	
Oman	04	
Pakistan	05	
Papua New Guinea	10	
Pescadores Islands	08	
Philippine Republic	08	
Poland*	01	
Réunion	04	
Romania*	02	
Rwanda	02	
Ryukyu Islands	09	
Sakhalin	11	
Santa Cruz Islands	11	
Sardinia*	01	
Saudi Arabia	03	
Schouten Islands	09	
Seychelles	04	
Sicily*	01	
Singapore	08	
Socotra	03	

	h	m
Solomon Islands	11	
Somalia Republic	03	
South Africa, Republic of	02	
South West Africa (Namibia)	02	
Spain*	01	
Spanish Possessions in North Africa (Ceuta, Melilla)*	01	
Spitsbergen (Svalbard)	01	
Sri Lanka	05	30
Sudan, Republic of	02	
Swaziland	02	
Sweden*	01	
Switzerland*	01	
Syria (Syrian Arab Republic)*	02	
Taiwan*	08	
Tanzania	03	
Thailand	07	
Tonga	13	
Truk	10	
Tunisia*	01	
Turkey*	02	
Tuvalu	12	
Uganda	03	
Union of Soviet Socialist Republics[2]*		
Zone 1 Amderma, Arkhangelsk, Kiev, Leningrad, Moscow, Odessa	03	
Zone 2 Baku, Tbilsi, Volgograd	04	
Zone 3 Ashkabad, Novvy Port, Sverdlovsk	05	
Zone 4 Alma-Ata, Omsk, Tashkent	06	
Zone 5 Krasnoyarsk, Novosibirsk	07	
Zone 6 Irkutsk	08	
Zone 7 Tiksi, Yakutsk	09	
Zone 8 Khabarovsk, Okhotsk, Vladivostok	10	
Zone 9 Magadan, Sakhalin I.	11	
Zone 10 Anadyr, Petropaviovsk	12	
United Arab Emirates	04	
Vanuatu, Republic of*	11	
Vietnam, Socialist Republic of	07	
Wrangell Island	12	
Yemen	03	
Yugoslavia*	01	
Zaire		
Kinshasa, Mbandaka	01	
Haut-Zaire, Kasai, Kivu, Shaba	02	
Zambia, Republic of	02	
Zimbabwe	02	

* Summer time may be kept in these countries.

[1] Except the islands of Kwajalein and Eniwetok which keep time 24^h slow on that of the rest of the islands.

[2] The boundaries between the zones are irregular; listed are towns in each zone.

LIST II—PLACES NORMALLY KEEPING UTC

Ascension Island	Ghana	Ireland, Northern[1]	Mauritania	Senegal
Bourkina-Faso	Great Britain[1]	Irish Republic*	Morocco	Sierra Leone
Canary Islands*	Guinea Bissau	Ivory Coast	Portugal*	Tangier
Channel Islands[1]	Guinea Republic	Liberia	Principe	Togo Republic
Faeroes*, The	Iceland	Madeira*	St. Helena	Tristan da Cunha
Gambia	Ifni	Mali	São Tomé	

* Summer time may be kept in these countries.

[1] Summer time, one hour in advance of UTC, is kept from March 25^{d} 01^{h} to October 28^{d} 01^{h} UTC, subject to confirmation.

LIST III—PLACES SLOW ON UTC (WEST OF GREENWICH)

The times given below should be } *subtracted* from UTC to give Standard Time. / *added* to Standard Time to give UTC.

	h	m
Argentina	03	
Austral Islands[1]	10	
Azores*	01	
Bahamas*	05	
Barbados	04	
Belize	06	
Bermuda*	04	
Bolivia	04	
Brazil, eastern[2]*	03	
Territory of Acre*	05	
western*	04	
British Antarctic Territory[3]	03	
Canada		
Alberta*	07	
British Columbia*	08	
Labrador*	04	
Manitoba*	06	
New Brunswick*	04	
Newfoundland*	03	30
Northwest Territories*		
east of long. W. 68°	04	
long. W. 68° to W. 85°	05	
long. W. 85° to W. 102°	06	
west of long. W. 102°	07	
Nova Scotia*	04	
Ontario*, east of long. W. 90°	05	
west of long. W. 90°	06	
Prince Edward Island*	04	
Quebec*, east of long. W. 63°	04	
west of long. W. 63°	05	
Saskatchewan*		
east of long. W. 106°	06	
west of long. W. 106°	07	
Yukon*	08	

	h
Cape Verde Islands	01
Cayman Islands	05
Chile*	04
Christmas Island, Pacific Ocean	10
Colombia	05
Cook Islands*	10
Costa Rica	06
Cuba*	05
Curaçao Island	04
Dominican Republic	04
Easter Island (I. de Pascua)*	06
Ecuador	05
Falkland Islands[4]	04
Fanning Island	10
Fernando de Noronha Island*	02
French Guiana	03
Galápagos Islands	06
Greenland[5], Scoresby Sound*	01
Angmagssalik and west coast*	03
Thule area	04
Grenada	04
Guadeloupe	04
Guatemala	06
Guyana, Republic of	03
Haiti*	05
Honduras	06
Jamaica	05
Jan Mayen Island	01
Johnston Island	10

* Summer time may be kept in these countries.

[1] This is the legal standard time, but local mean time is generally used.

[2] Including all the coast and Brasilia.

[3] Except South Georgia which keeps 02^{h}.

[4] Except Port Stanley which may keep summer time.

[5] Danmarkshavn and Mesters Vig keep UTC.

LIST III—(*continued*)

	h	m
Juan Fernandez Islands	04	
Leeward Islands	04	
Marquesas Islands	09	30
Martinique	04	
Mexico[1]	06	
Midway Islands	11	
Miquelon	03	
Nicaragua	06	
Niue	11	
Panama, Republic of	05	
Paraguay*	04	
Peru*	05	
Puerto Rico	04	
St. Pierre and Miquelon*	03	
Salvador, El	06	
Samoa	11	
Society Islands	10	
South Georgia	02	
Surinam	03	
Tobago	04	
Trindade Island, South Atlantic*	02	
Trinidad	04	
Tuamotu Archipelago	10	
Tubuai Islands	10	
Turks and Caicos Islands*	05	
United States of America		
Alabama[2]	06	
Alaska[2], east of W. 169° 30′	09	
Aleutian Islands, west of W. 169° 30′	10	
Arizona	07	
Arkansas[2]	06	
California[2]	08	
Colorado[2]	07	
Connecticut[2]	05	
Delaware[2]	05	
District of Columbia[2]	05	
Florida[2, 3]	05	
Georgia[2]	05	
Hawaii	10	
Idaho[2, 3]	07	
United States of America (*continued*)		
Illinois[2]	06	
Indiana[3]	05	
Iowa[2]	06	
Kansas[2, 3]	06	
Kentucky[2], eastern part	05	
western part	06	
Louisiana[2]	06	
Maine[2]	05	
Maryland[2]	05	
Massachusetts[2]	05	
Michigan[2, 3]	05	
Minnesota[2]	06	
Mississippi[2]	06	
Missouri[2]	06	
Montana[2]	07	
Nebraska[2, 3]	06	
Nevada[2]	08	
New Hampshire[2]	05	
New Jersey[2]	05	
New Mexico[2]	07	
New York[2]	05	
North Carolina[2]	05	
North Dakota[2, 3]	06	
Ohio[2]	05	
Oklahoma[2]	06	
Oregon[2, 3]	08	
Pennsylvania[2]	05	
Rhode Island[2]	05	
South Carolina[2]	05	
South Dakota[2], eastern part	06	
western part	07	
Tennessee[2, 3]	06	
Texas[2, 3]	06	
Utah[2]	07	
Vermont[2]	05	
Virginia[2]	05	
Washington, D.C.[2]	05	
Washington[2]	08	
West Virginia[2]	05	
Wisconsin[2]	06	
Wyoming[2]	07	
Uruguay*	03	
Venezuela	04	
Virgin Islands	04	
Windward Islands	04	

* Summer time may be kept in these countries.

[1] Except the states of Sonora, Sinaloa, Nayarit and the Southern District of Lower California which keep 07^{h}, and the Northern District of Lower California which keeps 08^{h}*.

[2] Summer (daylight-saving) time, one hour fast on the time given, is kept in these states from the first Sunday in April to the last Sunday in October, changing at $02^{h}\ 00^{m}$ local clock time.

[3] This applies to the greater portion of the state.

NORTHERN STARS

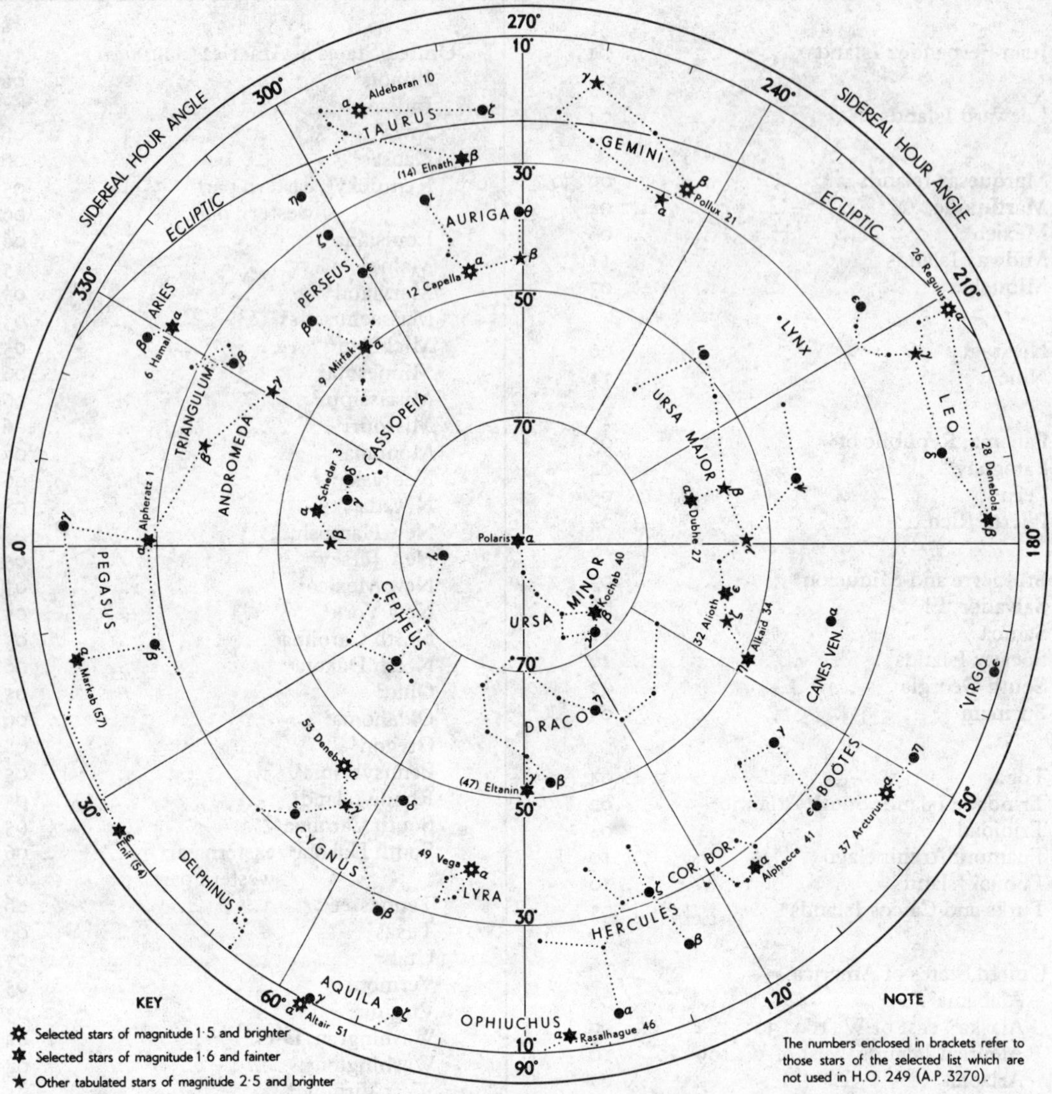

KEY

- Selected stars of magnitude 1·5 and brighter
- Selected stars of magnitude 1·6 and fainter
- Other tabulated stars of magnitude 2·5 and brighter
- Other tabulated stars of magnitude 2·6 and fainter
- Untabulated stars

NOTE

The numbers enclosed in brackets refer to those stars of the selected list which are not used in H.O. 249 (A.P. 3270).

EQUATORIAL STARS (S.H.A. 0° to 180°)

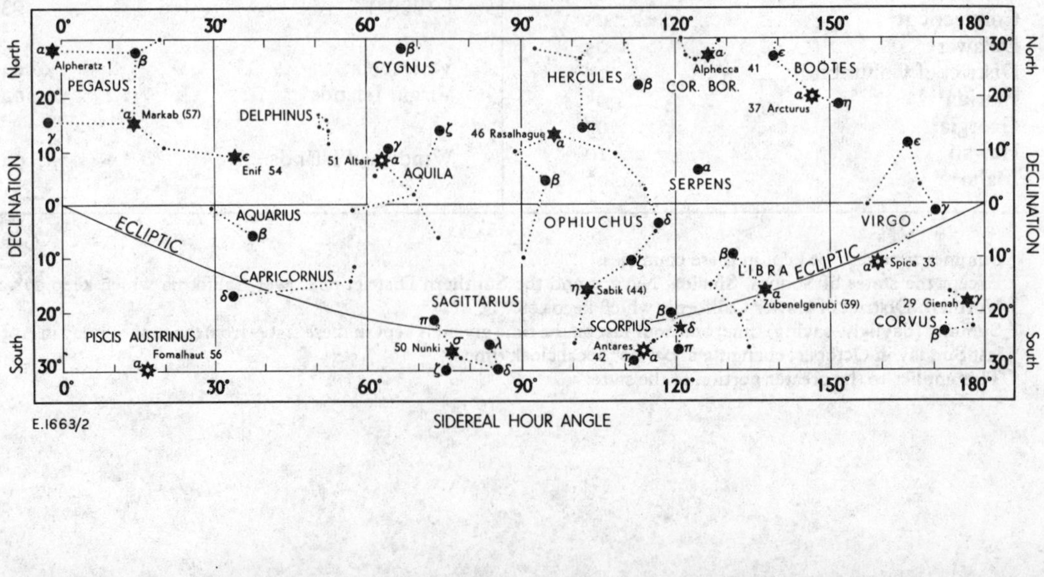

E.1663/2

SOUTHERN STARS

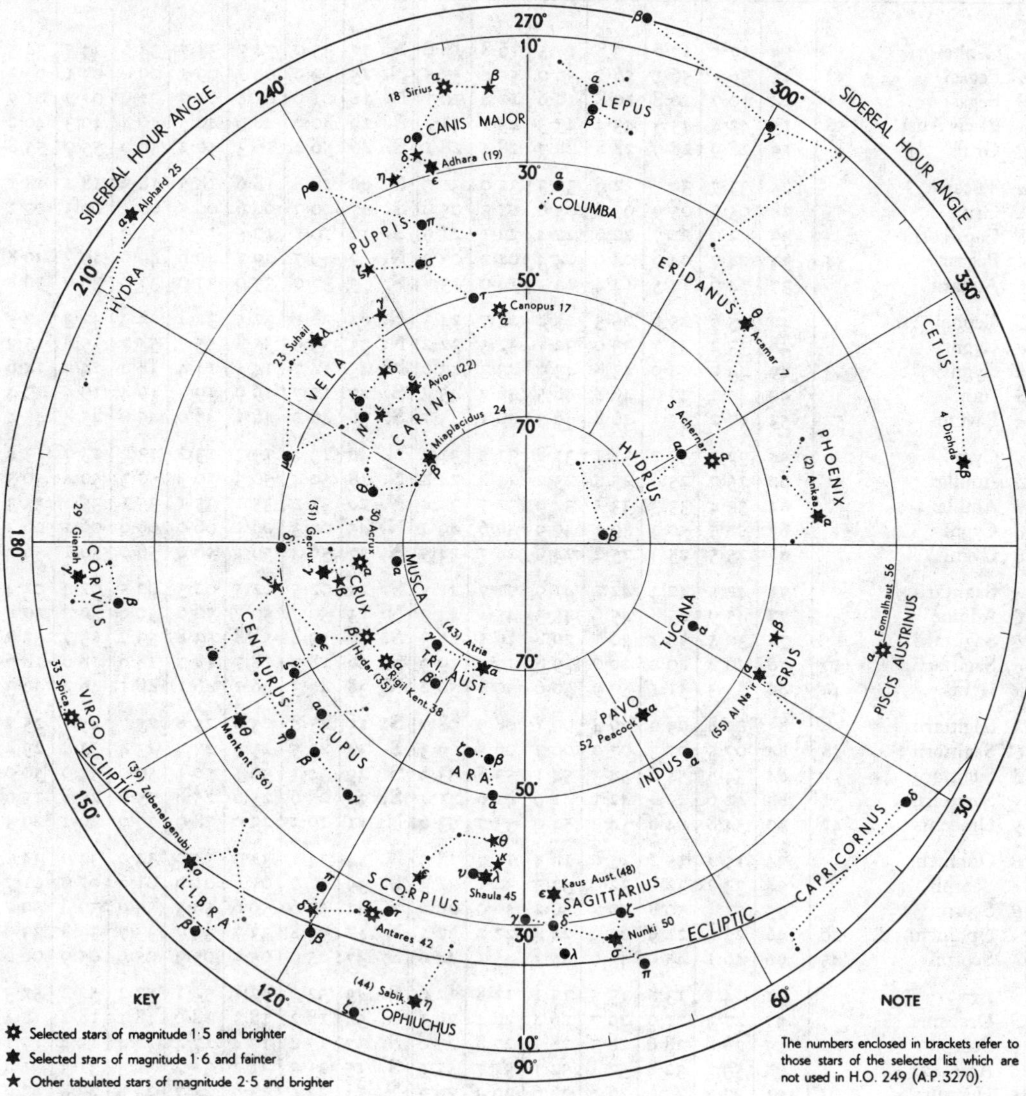

KEY

- Selected stars of magnitude 1·5 and brighter
- Selected stars of magnitude 1·6 and fainter
- Other tabulated stars of magnitude 2·5 and brighter
- Other tabulated stars of magnitude 2·6 and fainter
- Untabulated stars

NOTE

The numbers enclosed in brackets refer to those stars of the selected list which are not used in H.O. 249 (A.P. 3270).

EQUATORIAL STARS (S.H.A. 180° to 360°)

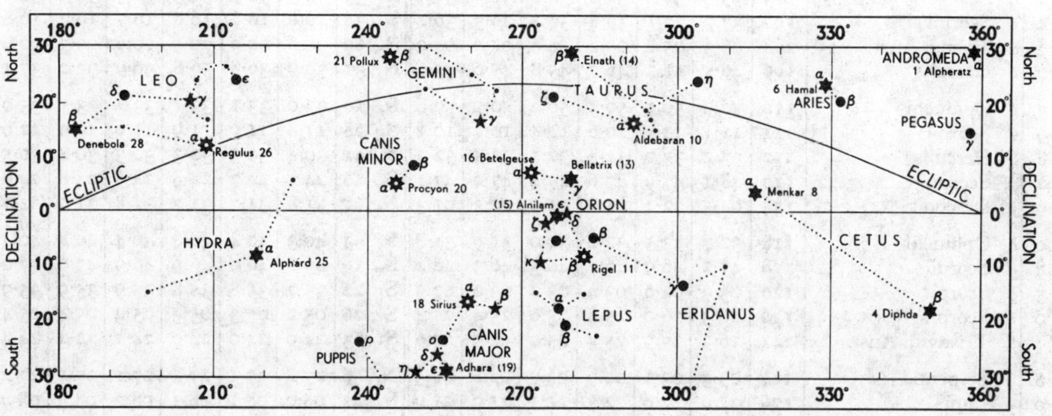

E.1663/1

SIDEREAL HOUR ANGLE

Mag.	Name and Number		S.H.A.							Declination						
				JAN.	FEB.	MAR.	APR.	MAY	JUNE		JAN.	FEB.	MAR.	APR.	MAY	JUNE
			°	′	′	′	′	′	′	°	′	′	′	′	′	′
3·4	γ Cephei		**5**	17·1	17·6	17·8	17·5	16·8	16·0	**N. 77**	35·0	34·9	34·7	34·6	34·5	34·5
2·6	α Pegasi	57	**13**	56·1	56·1	56·1	56·0	55·8	55·5	**N. 15**	09·2	09·1	09·1	09·0	09·1	09·2
2·6	β Pegasi		**14**	10·7	10·8	10·8	10·6	10·4	10·1	**N. 28**	01·9	01·8	01·7	01·6	01·7	01·7
1·3	α Piscis Aust.	56	**15**	43·4	43·5	43·4	43·3	43·1	42·8	**S. 29**	40·6	40·6	40·5	40·4	40·3	40·2
2·2	β Gruis		**19**	28·9	28·9	28·8	28·7	28·4	28·1	**S. 46**	56·4	56·3	56·2	56·0	55·9	55·8
2·9	α Tucanæ		**25**	32·7	32·7	32·6	32·3	32·0	31·5	**S. 60**	18·8	18·6	18·5	18·3	18·2	18·1
2·2	α Gruis	55	**28**	05·9	05·9	05·8	05·6	05·3	05·0	**S. 47**	00·7	00·6	00·5	00·4	00·3	00·2
3·0	δ Capricorni		**33**	22·7	22·7	22·6	22·4	22·1	21·9	**S. 16**	10·5	10·5	10·4	10·3	10·3	10·2
2·5	ε Pegasi	54	**34**	04·7	04·6	04·6	04·4	04·2	03·9	**N. 9**	49·7	49·7	49·6	49·6	49·7	49·8
3·1	β Aquarii		**37**	14·6	14·5	14·4	14·2	14·0	13·8	**S. 5**	37·0	37·0	37·0	37·0	36·9	36·8
2·6	α Cephei		**40**	25·6	25·6	25·5	25·1	24·7	24·3	**N. 62**	32·7	32·5	32·4	32·3	32·3	32·5
2·6	ε Cygni		**48**	33·2	33·1	33·0	32·7	32·5	32·2	**N. 33**	55·9	55·8	55·7	55·7	55·8	55·9
1·3	α Cygni	53	**49**	44·0	44·0	43·8	43·6	43·3	43·0	**N. 45**	14·7	14·5	14·4	14·4	14·4	14·6
3·2	α Indi		**50**	47·1	47·0	46·8	46·5	46·2	45·8	**S. 47**	19·7	19·6	19·5	19·4	19·4	19·4
2·1	α Pavonis	52	**53**	47·2	47·1	46·8	46·5	46·1	45·7	**S. 56**	46·2	46·1	46·0	45·9	45·8	45·8
2·3	γ Cygni		**54**	32·3	32·2	32·1	31·8	31·5	31·3	**N. 40**	13·4	13·3	13·2	13·2	13·2	13·4
0·9	α Aquilæ	51	**62**	25·7	25·6	25·4	25·2	25·0	24·8	**N. 8**	50·4	50·3	50·3	50·3	50·4	50·5
2·8	γ Aquilæ		**63**	33·4	33·3	33·1	32·9	32·7	32·4	**N. 10**	35·2	35·1	35·1	35·1	35·2	35·3
3·0	δ Cygni		**63**	50·5	50·3	50·1	49·9	49·6	49·4	**N. 45**	06·3	06·1	06·0	06·0	06·1	06·2
3·2	β Cygni		**67**	25·5	25·3	25·2	24·9	24·7	24·5	**N. 27**	56·2	56·1	56·0	56·0	56·1	56·2
3·0	π Sagittarii		**72**	42·5	42·4	42·2	41·9	41·7	41·5	**S. 21**	02·5	02·5	02·5	02·5	02·4	02·4
3·0	ζ Aquilæ		**73**	45·9	45·8	45·6	45·3	45·1	44·9	**N. 13**	50·7	50·7	50·6	50·6	50·7	50·8
2·7	ζ Sagittarii		**74**	30·5	30·3	30·1	29·8	29·5	29·3	**S. 29**	53·8	53·8	53·8	53·7	53·7	53·7
2·1	σ Sagittarii	50	**76**	20·4	20·2	20·0	19·8	19·5	19·3	**S. 26**	18·7	18·7	18·7	18·6	18·6	18·6
0·1	α Lyræ	49	**80**	51·3	51·1	50·9	50·6	50·4	50·2	**N. 38**	46·3	46·1	46·1	46·1	46·2	46·3
2·9	λ Sagittarii		**83**	09·8	09·6	09·4	09·1	08·9	08·7	**S. 25**	25·8	25·8	25·8	25·7	25·7	25·7
2·0	ε Sagittarii	48	**84**	07·5	07·3	07·0	06·7	06·5	06·3	**S. 34**	23·5	23·5	23·4	23·4	23·4	23·4
2·8	δ Sagittarii		**84**	54·8	54·6	54·3	54·1	53·8	53·6	**S. 29**	50·1	50·1	50·1	50·0	50·0	50·0
3·1	γ Sagittarii		**88**	42·6	42·4	42·1	41·9	41·6	41·4	**S. 30**	25·6	25·6	25·6	25·6	25·6	25·6
2·4	γ Draconis	47	**90**	54·8	54·6	54·3	54·0	53·7	53·6	**N. 51**	29·1	29·0	28·9	29·0	29·1	29·3
2·9	β Ophiuchi		**94**	15·4	15·2	15·0	14·8	14·6	14·5	**N. 4**	34·1	34·0	34·0	34·0	34·0	34·1
2·5	κ Scorpii		**94**	33·2	32·9	32·6	32·3	32·1	31·9	**S. 39**	01·6	01·6	01·6	01·6	01·6	01·7
2·0	θ Scorpii		**95**	51·1	50·8	50·5	50·2	50·0	49·8	**S. 42**	59·6	59·6	59·5	59·6	59·6	59·7
2·1	α Ophiuchi	46	**96**	23·0	22·9	22·6	22·4	22·2	22·1	**N. 12**	33·8	33·7	33·7	33·7	33·8	33·9
1·7	λ Scorpii	45	**96**	46·1	45·9	45·6	45·3	45·1	44·9	**S. 37**	05·9	05·9	05·9	05·9	05·9	06·0
3·0	α Aræ		**97**	14·1	13·8	13·5	13·1	12·8	12·6	**S. 49**	52·2	52·1	52·1	52·2	52·2	52·3
3·0	β Draconis		**97**	27·3	27·0	26·7	26·4	26·2	26·1	**N. 52**	18·2	18·1	18·0	18·1	18·2	18·4
2·8	υ Scorpii		**97**	28·8	28·6	28·3	28·0	27·8	27·6	**S. 37**	17·4	17·4	17·4	17·4	17·4	17·5
2·8	β Aræ		**98**	53·2	52·8	52·4	52·1	51·7	51·5	**S. 55**	31·3	31·2	31·2	31·3	31·3	31·4
Var.‡	α Herculis		**101**	27·2	27·0	26·8	26·6	26·4	26·3	**N. 14**	23·8	23·8	23·7	23·8	23·8	23·9
2·6	η Ophiuchi	44	**102**	33·0	32·8	32·5	32·3	32·1	32·0	**S. 15**	42·9	43·0	43·0	43·0	43·0	43·0
3·1	ζ Aræ		**105**	33·3	32·9	32·6	32·2	31·9	31·7	**S. 55**	58·5	58·5	58·5	58·5	58·6	58·7
2·4	ε Scorpii		**107**	37·3	37·1	36·8	36·5	36·3	36·2	**S. 34**	16·6	16·6	16·6	16·7	16·7	16·8
1·9	α Triang. Aust.	43	**108**	06·3	05·8	05·2	04·6	04·2	04·0	**S. 69**	00·6	00·5	00·5	00·6	00·7	00·9
3·0	ζ Herculis		**109**	46·5	46·2	46·0	45·8	45·6	45·6	**N. 31**	36·9	36·8	36·8	36·9	37·0	37·1
2·7	ζ Ophiuchi		**110**	50·9	50·7	50·5	50·2	50·1	50·0	**S. 10**	33·0	33·1	33·1	33·1	33·1	33·0
2·9	τ Scorpii		**111**	11·1	10·9	10·6	10·4	10·2	10·1	**S. 28**	11·8	11·9	11·9	11·9	12·0	12·0
2·8	β Herculis		**112**	33·2	33·0	32·8	32·5	32·4	32·3	**N. 21**	30·4	30·3	30·3	30·3	30·4	30·5
1·2	α Scorpii	42	**112**	48·1	47·9	47·6	47·4	47·2	47·1	**S. 26**	24·7	24·7	24·8	24·8	24·8	24·9
2·9	η Draconis		**114**	02·5	02·2	01·8	01·5	01·3	01·3	**N. 61**	31·8	31·7	31·7	31·8	31·9	32·1
3·0	δ Ophiuchi		**116**	32·7	32·5	32·2	32·0	31·9	31·8	**S. 3**	40·3	40·4	40·4	40·4	40·4	40·4
2·8	β Scorpii		**118**	47·2	46·9	46·7	46·5	46·3	46·2	**S. 19**	46·8	46·9	46·9	46·9	47·0	47·0
2·5	δ Scorpii		**120**	03·9	03·6	03·4	03·2	03·0	02·9	**S. 22**	35·7	35·8	35·8	35·9	35·9	35·9
3·0	π Scorpii		**120**	26·3	26·0	25·8	25·6	25·4	25·4	**S. 26**	05·2	05·3	05·3	05·4	05·4	05·4
3·0	β Trianguli Aust.		**121**	26·3	25·9	25·4	25·0	24·7	24·6	**S. 63**	24·0	24·0	24·0	24·1	24·2	24·4
2·8	α Serpentis		**124**	03·3	03·1	02·9	02·7	02·6	02·5	**N. 6**	27·2	27·1	27·1	27·1	27·1	27·2
3·0	γ Lupi		**126**	22·9	22·6	22·3	22·1	21·9	21·9	**S. 41**	08·0	08·1	08·1	08·2	08·3	08·4
2·3	α Coronæ Bor.	41	**126**	26·0	25·8	25·5	25·4	25·3	25·2	**N. 26**	44·6	44·5	44·5	44·5	44·6	44·7

‡ 3·0—3·7

Mag.	Name and Number		S.H.A.							Declination						
				JULY	AUG.	SEPT.	OCT.	NOV.	DEC.		JULY	AUG.	SEPT.	OCT.	NOV.	DEC.
			°	′	′	′	′	′	′	°	′	′	′	′	′	′
3·4	γ Cephei		**5**	15·3	14·7	14·4	14·5	14·9	15·5	**N. 77**	34·6	34·7	34·9	35·1	35·3	35·3
2·6	*Markab*	57	**13**	55·3	55·1	55·0	55·0	55·1	55·2	**N. 15**	09·3	09·4	09·5	09·6	09·6	09·6
2·6	*Scheat*		**14**	09·9	09·7	09·6	09·7	09·8	09·9	**N. 28**	01·9	02·0	02·1	02·2	02·3	02·3
1·3	*Fomalhaut*	56	**15**	42·5	42·4	42·3	42·3	42·4	42·5	**S. 29**	40·1	40·1	40·1	40·2	40·3	40·3
2·2	β Gruis		**19**	27·8	27·5	27·5	27·5	27·7	27·8	**S. 46**	55·8	55·8	55·9	56·0	56·1	56·1
2·9	α Tucanæ		**25**	31·2	30·9	30·9	31·0	31·2	31·5	**S. 60**	18·2	18·2	18·3	18·5	18·5	18·5
2·2	*Al Na'ir*	55	**28**	04·7	04·5	04·4	04·5	04·7	04·9	**S. 47**	00·2	00·2	00·3	00·4	00·5	00·5
3·0	δ Capricorni		**33**	21·7	21·5	21·5	21·6	21·7	21·8	**S. 16**	10·1	10·1	10·1	10·1	10·1	10·1
2·5	*Enif*	54	**34**	03·7	03·6	03·6	03·6	03·8	03·8	**N. 9**	49·9	50·0	50·1	50·1	50·1	50·1
3·1	β Aquarii		**37**	13·6	13·5	13·4	13·5	13·6	13·7	**S. 5**	36·7	36·6	36·6	36·6	36·6	36·7
2·6	*Alderamin*		**40**	24·1	24·0	24·1	24·3	24·7	25·0	**N. 62**	32·6	32·8	33·0	33·1	33·2	33·1
2·6	ε Cygni		**48**	32·1	32·0	32·1	32·2	32·4	32·5	**N. 33**	56·0	56·2	56·3	56·4	56·4	56·3
1·3	*Deneb*	53	**49**	42·8	42·8	42·9	43·0	43·2	43·4	**N. 45**	14·7	14·9	15·0	15·1	15·1	15·1
3·2	α Indi		**50**	45·6	45·5	45·5	45·7	45·9	46·0	**S. 47**	19·4	19·5	19·5	19·6	19·6	19·6
2·1	*Peacock*	52	**53**	45·4	45·3	45·4	45·6	45·9	46·0	**S. 56**	45·9	46·0	46·1	46·1	46·1	46·1
2·3	γ Cygni		**54**	31·1	31·1	31·2	31·4	31·5	31·7	**N. 40**	13·5	13·7	13·8	13·9	13·9	13·8
0·9	*Altair*	51	**62**	24·6	24·6	24·7	24·8	24·9	25·0	**N. 8**	50·6	50·7	50·7	50·7	50·7	50·7
2·8	γ Aquilæ		**63**	32·3	32·3	32·4	32·5	32·6	32·7	**N. 10**	35·4	35·5	35·5	35·6	35·5	35·5
3·0	δ Cygni		**63**	49·2	49·3	49·4	49·6	49·8	49·9	**N. 45**	06·4	06·6	06·7	06·7	06·7	06·6
3·2	*Albireo*		**67**	24·4	24·4	24·5	24·6	24·8	24·8	**N. 27**	56·4	56·5	56·6	56·6	56·6	56·5
3·0	π Sagittarii		**72**	41·4	41·3	41·4	41·5	41·7	41·7	**S. 21**	02·4	02·4	02·4	02·4	02·4	02·4
3·0	ζ Aquilæ		**73**	44·8	44·8	44·9	45·1	45·2	45·2	**N. 13**	50·9	51·0	51·1	51·1	51·1	51·0
2·7	ζ Sagittarii		**74**	29·2	29·2	29·3	29·4	29·5	29·5	**S. 29**	53·7	53·7	53·7	53·8	53·7	53·7
2·1	*Nunki*	50	**76**	19·2	19·2	19·3	19·4	19·5	19·5	**S. 26**	18·6	18·6	18·6	18·6	18·6	18·6
0·1	*Vega*	49	**80**	50·2	50·2	50·4	50·6	50·7	50·8	**N. 38**	46·5	46·6	46·7	46·7	46·6	46·5
2·9	λ Sagittarii		**83**	08·6	08·6	08·7	08·8	08·9	08·9	**S. 25**	25·7	25·7	25·7	25·7	25·7	25·7
2·0	*Kaus Australis*	48	**84**	06·2	06·2	06·3	06·4	06·5	06·5	**S. 34**	23·5	23·5	23·5	23·5	23·5	23·5
2·8	δ Sagittarii		**84**	53·5	53·5	53·6	53·8	53·9	53·9	**S. 29**	50·1	50·1	50·1	50·1	50·1	50·0
3·1	γ Sagittarii		**88**	41·4	41·4	41·5	41·6	41·7	41·7	**S. 30**	25·6	25·6	25·6	25·6	25·6	25·6
2·4	*Eltanin*	47	**90**	53·6	53·8	54·0	54·2	54·4	54·5	**N. 51**	29·4	29·6	29·6	29·6	29·5	29·4
2·9	β Ophiuchi		**94**	14·4	14·5	14·6	14·7	14·8	14·8	**N. 4**	34·2	34·3	34·3	34·3	34·2	34·2
2·5	κ Scorpii		**94**	31·8	31·9	32·0	32·2	32·3	32·2	**S. 39**	01·7	01·7	01·8	01·7	01·7	01·6
2·0	θ Scorpii		**95**	49·7	49·8	49·9	50·1	50·2	50·2	**S. 42**	59·7	59·8	59·8	59·8	59·7	59·6
2·1	*Rasalhague*	46	**96**	22·1	22·1	22·2	22·4	22·5	22·4	**N. 12**	34·0	34·0	34·1	34·1	34·0	33·9
1·7	*Shaula*	45	**96**	44·9	44·9	45·1	45·2	45·3	45·2	**S. 37**	06·0	06·0	06·1	06·0	06·0	05·9
3·0	α Aræ		**97**	12·6	12·7	12·8	13·0	13·1	13·1	**S. 49**	52·4	52·4	52·4	52·4	52·3	52·3
3·0	β Draconis		**97**	26·1	26·3	26·6	26·8	27·0	27·0	**N. 52**	18·5	18·7	18·7	18·7	18·6	18·4
2·8	υ Scorpii		**97**	27·6	27·6	27·7	27·9	28·0	27·9	**S. 37**	17·5	17·5	17·5	17·5	17·5	17·4
2·8	β Aræ		**98**	51·5	51·6	51·8	52·0	52·1	52·1	**S. 55**	31·5	31·6	31·6	31·6	31·5	31·4
Var.‡	α Herculis		**101**	26·3	26·3	26·5	26·6	26·7	26·6	**N. 14**	24·0	24·1	24·1	24·1	24·0	23·9
2·6	*Sabik*	44	**102**	32·0	32·0	32·1	32·2	32·3	32·2	**S. 15**	42·9	42·9	42·9	42·9	42·9	42·9
3·1	ζ Aræ		**105**	31·7	31·8	32·0	32·2	32·3	32·2	**S. 55**	58·8	58·9	58·9	58·8	58·7	58·6
2·4	ε Scorpii		**107**	36·2	36·3	36·4	36·5	36·6	36·5	**S. 34**	16·8	16·8	16·8	16·8	16·7	16·7
1·9	*Atria*	43	**108**	04·0	04·3	04·6	05·0	05·1	05·0	**S. 69**	01·0	01·0	01·1	01·0	00·9	00·7
3·0	ζ Herculis		**109**	45·6	45·7	45·8	46·0	46·1	46·0	**N. 31**	37·2	37·3	37·3	37·3	37·2	37·0
2·7	ζ Ophiuchi		**110**	50·0	50·0	50·1	50·3	50·3	50·2	**S. 10**	33·0	33·0	33·0	33·0	33·0	33·0
2·9	τ Scorpii		**111**	10·1	10·2	10·3	10·4	10·4	10·4	**S. 28**	12·0	12·0	12·0	12·0	11·9	11·9
2·8	β Herculis		**112**	32·4	32·4	32·6	32·7	32·8	32·7	**N. 21**	30·6	30·7	30·7	30·6	30·5	30·4
1·2	*Antares*	42	**112**	47·1	47·2	47·3	47·4	47·4	47·3	**S. 26**	24·9	24·9	24·9	24·8	24·8	24·8
2·9	η Draconis		**114**	01·5	01·7	02·1	02·4	02·6	02·6	**N. 61**	32·2	32·3	32·3	32·2	32·1	31·9
3·0	δ Ophiuchi		**116**	31·8	31·9	32·0	32·1	32·1	32·0	**S. 3**	40·3	40·3	40·3	40·3	40·3	40·4
2·8	β Scorpii		**118**	46·3	46·3	46·5	46·5	46·6	46·5	**S. 19**	47·0	46·9	46·9	46·9	46·9	46·9
2·5	*Dschubba*		**120**	03·0	03·0	03·2	03·2	03·3	03·1	**S. 22**	35·9	35·9	35·9	35·8	35·8	35·8
3·0	π Scorpii		**120**	25·4	25·5	25·6	25·7	25·7	25·6	**S. 26**	05·4	05·4	05·4	05·4	05·3	05·3
3·0	β Trianguli Aust.		**121**	24·7	25·0	25·2	25·5	25·5	25·3	**S. 63**	24·5	24·5	24·5	24·4	24·3	24·2
2·8	α Serpentis		**124**	02·6	02·7	02·8	02·9	02·9	02·8	**N. 6**	27·3	27·3	27·3	27·3	27·2	27·1
3·0	γ Lupi		**126**	21·9	22·0	22·2	22·3	22·3	22·1	**S. 41**	08·4	08·4	08·4	08·3	08·2	08·2
2·3	*Alphecca*	41	**126**	25·3	25·4	25·5	25·6	25·7	25·6	**N. 26**	44·8	44·9	44·8	44·8	44·7	44·5

‡ 3·0—3·7

Mag.	Name and Number			S.H.A.							Declination						
					JAN.	FEB.	MAR.	APR.	MAY	JUNE		JAN.	FEB.	MAR.	APR.	MAY	JUNE
				°	′	′	′	′	′	′	°	′	′	′	′	′	′
3·1	γ	Ursæ Minoris		**129**	49·2	48·7	48·2	47·8	47·7	47·9	**N. 71**	51·7	51·7	51·7	51·8	52·0	52·1
3·1	γ	Trianguli Aust.		**130**	30·7	30·1	29·6	29·2	28·9	28·9	**S. 68**	38·5	38·5	38·6	38·7	38·9	39·0
2·7	β	Libræ		**130**	52·9	52·7	52·5	52·3	52·2	52·1	**S. 9**	20·9	21·0	21·1	21·1	21·1	21·1
2·8	β	Lupi		**135**	31·9	31·5	31·3	31·1	30·9	30·9	**S. 43**	05·6	05·7	05·8	05·9	06·0	06·0
2·2	β	Ursæ Minoris	40	**137**	19·3	18·6	18·1	17·7	17·7	18·0	**N. 74**	11·3	11·3	11·3	11·5	11·6	11·8
2·9	α	Libræ	39	**137**	25·0	24·8	24·6	24·4	24·3	24·3	**S. 16**	00·2	00·2	00·3	00·3	00·4	00·4
2·6	ϵ	Bootis		**138**	51·6	51·4	51·2	51·0	51·0	51·0	**N. 27**	06·6	06·5	06·5	06·6	06·7	06·8
2·9	α	Lupi		**139**	41·0	40·7	40·4	40·2	40·1	40·1	**S. 47**	20·7	20·8	20·9	21·0	21·1	21·2
0·1	α	Centauri	38	**140**	16·2	15·7	15·4	15·1	15·0	15·0	**S. 60**	47·5	47·6	47·7	47·8	48·0	48·1
2·6	η	Centauri		**141**	16·9	16·6	16·3	16·1	16·0	16·0	**S. 42**	06·8	06·9	07·0	07·1	07·2	07·3
3·0	γ	Bootis		**142**	04·7	04·5	04·2	04·1	04·0	04·1	**N. 38**	20·7	20·6	20·7	20·8	20·9	21·0
0·2	α	Bootis	37	**146**	11·8	11·5	11·3	11·2	11·2	11·2	**N. 19**	13·7	13·7	13·7	13·7	13·8	13·9
2·3	θ	Centauri	36	**148**	28·5	28·2	28·0	27·8	27·8	27·8	**S. 36**	19·3	19·3	19·5	19·6	19·6	19·7
0·9	β	Centauri	35	**149**	13·3	12·8	12·5	12·3	12·2	12·3	**S. 60**	19·4	19·5	19·6	19·7	19·9	20·0
3·1	ζ	Centauri		**151**	16·2	15·9	15·6	15·5	15·4	15·5	**S. 47**	14·3	14·4	14·5	14·6	14·8	14·8
2·8	η	Bootis		**151**	26·7	26·4	26·3	26·1	26·1	26·1	**N. 18**	26·6	26·5	26·5	26·5	26·6	26·7
1·9	η	Ursæ Majoris	34	**153**	12·5	12·2	12·0	11·9	11·9	12·0	**N. 49**	21·4	21·3	21·4	21·5	21·6	21·7
2·6	ϵ	Centauri		**155**	11·1	10·8	10·5	10·4	10·3	10·4	**S. 53**	24·8	24·9	25·1	25·2	25·4	25·4
1·2	α	Virginis	33	**158**	49·8	49·6	49·4	49·3	49·3	49·3	**S. 11**	06·7	06·8	06·8	06·9	06·9	06·9
2·2	ζ	Ursæ Majoris		**159**	06·8	06·5	06·2	06·1	06·2	06·3	**N. 54**	58·2	58·2	58·3	58·4	58·5	58·6
2·9	ι	Centauri		**159**	59·3	59·1	58·9	58·8	58·7	58·8	**S. 36**	39·6	39·7	39·8	39·9	40·0	40·0
3·0	ϵ	Virginis		**164**	34·5	34·3	34·2	34·1	34·1	34·1	**N. 11**	00·5	00·5	00·4	00·5	00·5	00·6
2·9	α	Canum Venat.		**166**	06·2	06·0	05·8	05·7	05·8	05·9	**N. 38**	22·0	21·9	22·0	22·1	22·2	22·3
1·7	ϵ	Ursæ Majoris	32	**166**	35·7	35·4	35·1	35·1	35·2	35·3	**N. 56**	00·4	00·4	00·5	00·6	00·8	00·8
1·5	β	Crucis		**168**	12·8	12·5	12·2	12·1	12·2	12·3	**S. 59**	37·9	38·0	38·2	38·4	38·5	38·6
2·9	γ	Virginis		**169**	42·4	42·2	42·1	42·0	42·0	42·1	**S. 1**	23·8	23·9	24·0	24·0	24·0	23·9
2·4	γ	Centauri		**169**	45·3	45·1	44·9	44·8	44·8	44·9	**S. 48**	54·2	54·3	54·5	54·6	54·7	54·8
2·9	α	Muscæ		**170**	51·1	50·6	50·4	50·3	50·4	50·6	**S. 69**	04·7	04·8	05·0	05·1	05·3	05·4
2·8	β	Corvi		**171**	31·8	31·6	31·5	31·4	31·4	31·5	**S. 23**	20·5	20·6	20·7	20·8	20·9	20·9
1·6	γ	Crucis	31	**172**	20·7	20·3	20·1	20·1	20·1	20·3	**S. 57**	03·3	03·4	03·6	03·8	03·9	04·0
1·1	α	Crucis	30	**173**	29·1	28·8	28·6	28·5	28·6	28·8	**S. 63**	02·5	02·6	02·8	03·0	03·1	03·2
2·8	γ	Corvi	29	**176**	10·3	10·1	10·0	10·0	10·0	10·1	**S. 17**	29·2	29·4	29·5	29·5	29·5	29·5
2·9	δ	Centauri		**178**	02·2	01·9	01·7	01·7	01·8	01·9	**S. 50**	39·9	40·0	40·2	40·4	40·5	40·5
2·5	γ	Ursæ Majoris		**181**	39·8	39·5	39·3	39·4	39·5	39·7	**N. 53**	44·6	44·7	44·8	44·9	45·0	45·1
2·2	β	Leonis	28	**182**	51·3	51·1	51·1	51·0	51·1	51·2	**N. 14**	37·5	37·4	37·4	37·4	37·5	37·5
2·6	δ	Leonis		**191**	35·9	35·7	35·6	35·6	35·7	35·8	**N. 20**	34·5	34·5	34·5	34·5	34·6	34·6
3·2	ψ	Ursæ Majoris		**192**	42·8	42·6	42·5	42·6	42·7	42·8	**N. 44**	32·9	32·9	33·0	33·1	33·2	33·2
2·0	α	Ursæ Majoris	27	**194**	12·3	12·1	12·0	12·1	12·3	12·5	**N. 61**	48·0	48·0	48·2	48·3	48·4	48·4
2·4	β	Ursæ Majoris		**194**	40·6	40·3	40·2	40·3	40·5	40·7	**N. 56**	25·8	25·9	26·0	26·1	26·2	26·2
2·8	μ	Velorum		**198**	24·5	24·3	24·3	24·4	24·5	24·7	**S. 49**	21·9	22·1	22·3	22·4	22·5	22·5
3·0	θ	Carinæ		**199**	20·6	20·3	20·3	20·4	20·7	21·0	**S. 64**	20·4	20·5	20·7	20·9	21·0	21·0
2·3	γ	Leonis		**205**	08·1	08·0	07·9	08·0	08·1	08·2	**N. 19**	53·4	53·4	53·4	53·4	53·4	53·5
1·3	α	Leonis	26	**208**	01·9	01·7	01·7	01·8	01·9	01·9	**N. 12**	00·8	00·8	00·8	00·8	00·8	00·9
3·1	ϵ	Leonis		**213**	40·1	40·0	40·0	40·1	40·2	40·3	**N. 23**	49·1	49·1	49·1	49·2	49·2	49·2
3.0	*N*	Velorum		**217**	15·7	15·6	15·7	15·9	16·1	16·3	**S. 56**	59·3	59·5	59·7	59·8	59·8	59·8
2·2	α	Hydræ	25	**218**	13·1	13·0	13·0	13·1	13·2	13·2	**S. 8**	36·9	37·0	37·1	37·1	37·1	37·1
2·6	κ	Velorum		**219**	32·4	32·3	32·4	32·6	32·8	33·0	**S. 54**	58·0	58·2	58·3	58·4	58·5	58·4
2·2	ι	Carinæ		**220**	47·1	47·0	47·1	47·3	47·6	47·9	**S. 59**	13·9	14·1	14·2	14·4	14·4	14·4
1·8	β	Carinæ	24	**221**	42·8	42·8	43·0	43·3	43·8	44·2	**S. 69**	40·4	40·6	40·8	40·9	41·0	40·9
2·2	λ	Velorum	23	**223**	05·1	05·0	05·1	05·2	05·4	05·5	**S. 43**	23·5	23·6	23·8	23·9	23·9	23·8
3·1	ι	Ursæ Majoris		**225**	21·2	21·1	21·2	21·3	21·5	21·6	**N. 48**	04·8	04·8	04·9	05·0	05·0	05·0
2·0	δ	Velorum		**228**	53·0	53·0	53·1	53·3	53·6	53·8	**S. 54**	40·2	40·4	40·5	40·6	40·6	40·6
1·7	ϵ	Carinæ	22	**234**	24·7	24·7	24·9	25·2	25·5	25·7	**S. 59**	28·6	28·7	28·9	29·0	29·0	28·9
1·9	γ	Velorum		**237**	41·1	41·1	41·2	41·4	41·6	41·7	**S. 47**	18·4	18·5	18·7	18·7	18·7	18·6
2·9	ρ	Puppis		**238**	12·7	12·7	12·8	12·9	13·0	13·1	**S. 24**	16·5	16·6	16·7	16·7	16·7	16·6
2·3	ζ	Puppis		**239**	11·0	11·0	11·1	11·2	11·4	11·5	**S. 39**	58·5	58·6	58·7	58·8	58·8	58·7
1·2	β	Geminorum	21	**243**	48·7	48·7	48·8	48·9	49·0	49·1	**N. 28**	03·1	03·1	03·1	03·1	03·1	03·1
0·5	α	Canis Minoris	20	**245**	17·7	17·7	17·8	17·9	18·0	18·0	**N. 5**	15·1	15·0	15·0	15·0	15·0	15·0

Mag.	Name and Number		S.H.A.	JULY	AUG.	SEPT.	OCT.	NOV.	DEC.	Declination	JULY	AUG.	SEPT.	OCT.	NOV.	DEC.
			°	′	′	′	′	′	′	°	′	′	′	′	′	′
3·1	γ Ursæ Minoris		**129**	48·2	48·8	49·3	49·7	49·9	49·7	**N. 71**	52·2	52·3	52·2	52·1	51·9	51·7
3·1	γ Trianguli Aust.		**130**	29·1	29·4	29·7	30·0	30·0	29·7	**S. 68**	39·1	39·1	39·1	39·0	38·8	38·7
2·7	β Libræ		**130**	52·2	52·3	52·4	52·4	52·4	52·3	**S. 9**	21·0	21·0	21·0	21·0	21·0	21·1
2·8	β Lupi		**135**	31·0	31·1	31·2	31·3	31·3	31·1	**S. 43**	06·1	06·1	06·0	06·0	05·9	05·8
2·2	*Kochab*	40	**137**	18·4	19·0	19·6	20·0	20·1	19·9	**N. 74**	11·8	11·8	11·7	11·6	11·4	11·2
2·9	*Zubenelgenubi*	39	**137**	24·4	24·4	24·5	24·6	24·6	24·4	**S. 16**	00·3	00·3	00·3	00·3	00·3	00·3
2·6	ε Bootis		**138**	51·0	51·2	51·3	51·4	51·3	51·2	**N. 27**	06·9	06·9	06·9	06·8	06·7	06·5
2·9	α Lupi		**139**	40·2	40·3	40·5	40·6	40·5	40·3	**S. 47**	21·2	21·2	21·1	21·1	21·0	20·9
0·1	*Rigil Kent.*	38	**140**	15·2	15·4	15·7	15·8	15·7	15·4	**S. 60**	48·1	48·1	48·0	47·9	47·8	47·7
2·6	η Centauri		**141**	16·1	16·2	16·4	16·4	16·4	16·2	**S. 42**	07·3	07·3	07·2	07·2	07·1	07·0
3·0	γ Bootis		**142**	04·2	04·3	04·5	04·6	04·5	04·4	**N. 38**	21·1	21·1	21·0	20·9	20·8	20·6
0·2	*Arcturus*	37	**146**	11·3	11·4	11·5	11·5	11·5	11·3	**N. 19**	13·9	13·9	13·9	13·8	13·7	13·6
2·3	*Menkent*	36	**148**	27·9	28·0	28·1	28·1	28·1	27·8	**S. 36**	19·7	19·7	19·6	19·5	19·5	19·5
0·9	*Hadar*	35	**149**	12·5	12·7	12·9	13·0	12·8	12·5	**S. 60**	20·0	20·0	19·9	19·8	19·7	19·7
3·1	ζ Centauri		**151**	15·6	15·7	15·8	15·9	15·8	15·5	**S. 47**	14·9	14·8	14·7	14·7	14·6	14·5
2·8	η Bootis		**151**	26·2	26·3	26·4	26·4	26·4	26·2	**N. 18**	26·7	26·7	26·7	26·6	26·5	26·4
1·9	*Alkaid*	34	**153**	12·2	12·4	12·5	12·6	12·5	12·3	**N. 49**	21·8	21·8	21·7	21·5	21·3	21·2
2·6	ε Centauri		**155**	10·5	10·7	10·9	10·9	10·8	10·5	**S. 53**	25·5	25·4	25·3	25·2	25·1	25·1
1·2	*Spica*	33	**158**	49·4	49·5	49·5	49·5	49·4	49·2	**S. 11**	06·9	06·8	06·8	06·8	06·8	06·9
2·2	*Mizar*		**159**	06·5	06·7	06·9	06·9	06·8	06·6	**N. 54**	58·7	58·6	58·5	58·3	58·2	58·0
2·9	ι Centauri		**159**	58·9	59·0	59·1	59·1	59·0	58·7	**S. 36**	40.0	40.0	39·9	39·8	39·8	39·8
3·0	ε Virginis		**164**	34·2	34·3	34·3	34·3	34·2	34·0	**N. 11**	00·6	00·6	00·6	00·5	00·4	00·3
2·9	*Cor Caroli*		**166**	06·0	06·1	06·2	06·2	06·1	05·8	**N. 38**	22·3	22·3	22·2	22·0	21·9	21·7
1·7	*Alioth*	32	**166**	35·5	35·7	35·9	35·9	35·7	35·4	**N. 56**	00·9	00·8	00·7	00·5	00·3	00·2
1·5	*Mimosa*		**168**	12·5	12·8	12·9	12·9	12·6	12·2	**S. 59**	38·6	38·5	38·4	38·3	38·2	38·2
2·9	γ Virginis		**169**	42·2	42·2	42·3	42·2	42·1	41·9	**S. 1**	23·9	23·9	23·9	23·9	24·0	24·1
2·4	*Muhlifain*		**169**	45·1	45·2	45·3	45·3	45·1	44·8	**S. 48**	54·8	54·7	54·6	54·5	54·4	54·4
2·9	α Muscæ		**170**	51·0	51·3	51·5	51·5	51·1	50·6	**S. 69**	05·4	05·3	05·2	05·1	05·0	04·9
2·8	β Corvi		**171**	31·6	31·6	31·7	31·6	31·5	31·2	**S. 23**	20·9	20·8	20·7	20·7	20·7	20·8
1·6	*Gacrux*	31	**172**	20·5	20·7	20·8	20·7	20·5	20·1	**S. 57**	04·0	03·9	03·8	03·7	03·6	03·6
1·1	*Acrux*	30	**173**	29·0	29·3	29·4	29·3	29·1	28·6	**S. 63**	03·2	03·1	03·0	02·8	02·8	02·7
2·8	*Gienah*	29	**176**	10·1	10·2	10·2	10·2	10·0	09·8	**S. 17**	29·5	29·5	29·4	29·4	29·4	29·5
2·9	δ Centauri		**178**	02·1	02·2	02·3	02·2	02·0	01·6	**S. 50**	40·5	40·4	40·3	40·2	40·1	40·1
2·5	*Phecda*		**181**	39·8	40·0	40·0	39·9	39·7	39·4	**N. 53**	45·0	44·9	44·8	44·6	44·5	44·3
2·2	*Denebola*	28	**182**	51·2	51·3	51·3	51·2	51·0	50·8	**N. 14**	37·5	37·5	37·5	37·4	37·3	37·2
2·6	δ Leonis		**191**	35·8	35·9	35·8	35·7	35·5	35·3	**N. 20**	34·6	34·6	34·5	34·4	34·3	34·2
3·2	ψ Ursæ Majoris		**192**	42·9	43·0	43·0	42·8	42·6	42·3	**N. 44**	33·2	33·1	33·0	32·8	32·7	32·6
2·0	*Dubhe*	27	**194**	12·7	12·9	12·8	12·6	12·3	11·9	**N. 61**	48·3	48·2	48·0	47·9	47·7	47·6
2·4	*Merak*		**194**	40·8	40·9	40·9	40·7	40·4	40·1	**N. 56**	26·2	26·1	25·9	25·8	25·6	25·5
2·8	μ Velorum		**198**	24·8	24·9	24·9	24·7	24·4	24·1	**S. 49**	22·4	22·3	22·2	22·1	22·1	22·1
3·0	θ Carinæ		**199**	21·3	21·4	21·4	21·2	20·8	20·3	**S. 64**	20·9	20·8	20·7	20·6	20·5	20·6
2·3	*Algeiba*		**205**	08·2	08·2	08·1	08·0	07·8	07·5	**N. 19**	53·5	53·4	53·4	53·3	53·2	53·1
1·3	*Regulus*	26	**208**	02·0	02·0	01·9	01·7	01·5	01·3	**N. 12**	00·9	00·9	00·8	00·8	00·7	00·6
3·1	ε Leonis		**213**	40·3	40·3	40·2	40·0	39·7	39·5	**N. 23**	49·2	49·1	49·1	49·0	48·9	48·8
3·0	*N* Velorum		**217**	16·5	16·5	16·4	16·1	15·8	15·4	**S. 56**	59·7	59·5	59·4	59·3	59·3	59·4
2·2	*Alphard*	25	**218**	13·3	13·2	13·1	12·9	12·7	12·5	**S. 8**	37·0	37·0	36·9	37·0	37·0	37·1
2·6	κ Velorum		**219**	33·2	33·2	33·0	32·8	32·4	32·1	**S. 54**	58·3	58·2	58·0	58·0	58·0	58·1
2·2	ι Carinæ		**220**	48·0	48·0	47·9	47·6	47·2	46·9	**S. 59**	14·2	14·1	14·0	13·9	13·9	14·0
1·8	*Miaplacidus*	24	**221**	44·5	44·5	44·3	44·0	43·4	42·9	**S. 69**	40·8	40·7	40·5	40·4	40·4	40·5
2·2	*Suhail*	23	**223**	05·6	05·6	05·4	05·2	04·9	04·7	**S. 43**	23·7	23·6	23·5	23·4	23·4	23·6
3·1	ι Ursæ Majoris		**225**	21·7	21·6	21·4	21·1	20·8	20·5	**N. 48**	04·9	04·8	04·7	04·6	04·5	04·4
2·0	δ Velorum		**228**	53·9	53·8	53·7	53·4	53·0	52·7	**S. 54**	40·5	40·3	40·2	40·1	40·2	40·3
1·7	*Avior*	22	**234**	25·8	25·8	25·6	25·2	24·9	24·5	**S. 59**	28·8	28·6	28·5	28·4	28·5	28·6
1·9	γ Velorum		**237**	41·8	41·7	41·5	41·3	41·0	40·7	**S. 47**	18·5	18·4	18·2	18·2	18·3	18·4
2·9	ρ Puppis		**238**	13·1	13·0	12·8	12·6	12·4	12·2	**S. 24**	16·5	16·4	16·4	16·4	16·4	16·6
2·3	ζ Puppis		**239**	11·5	11·5	11·3	11·0	10·8	10·5	**S. 39**	58·5	58·4	58·3	58·3	58·3	58·5
1·2	*Pollux*	21	**243**	49·0	48·9	48·7	48·4	48·2	47·9	**N. 28**	03·1	03·0	03·0	02·9	02·9	02·9
0·5	*Procyon*	20	**245**	18·0	17·9	17·7	17·5	17·3	17·0	**N. 5**	15·1	15·1	15·1	15·1	15·0	14·9

Mag.	Name and Number			S.H.A.							Declination						
					JAN.	FEB.	MAR.	APR.	MAY	JUNE		JAN.	FEB.	MAR.	APR.	MAY	JUNE
				°	′	′	′	′	′	′	°	′	′	′	′	′	′
1·6	α	Geminorum		**246**	29·9	29·8	29·9	30·1	30·2	30·2	N. **31**	54·7	54·7	54·7	54·8	54·7	54·7
3·3	σ	Puppis		**247**	45·7	45·8	45·9	46·1	46·3	46·4	S. **43**	16·8	17·0	17·1	17·1	17·1	17·0
3·1	β	Canis Minoris		**248**	20·3	20·3	20·4	20·5	20·6	20·6	N. **8**	18·6	18·6	18·6	18·6	18·6	18·6
2·4	η	Canis Majoris		**249**	04·0	04·0	04·1	04·3	04·4	04·5	S. **29**	17·0	17·1	17·2	17·2	17·2	17·1
2·7	π	Puppis		**250**	47·6	47·6	47·8	48·0	48·1	48·2	S. **37**	04·7	04·9	05·0	05·0	04·9	04·8
2·0	δ	Canis Majoris		**252**	59·7	59·7	59·8	60·0	60·1	60·2	S. **26**	22·6	22·7	22·8	22·8	22·8	22·7
3·1	ο	Canis Majoris		**254**	20·4	20·4	20·5	20·7	20·8	20·8	S. **23**	49·1	49·2	49·3	49·3	49·2	49·1
1·6	ε	Canis Majoris	19	**255**	26·0	26·0	26·1	26·3	26·4	26·5	S. **28**	57·5	57·6	57·7	57·7	57·6	57·5
2·8	τ	Puppis		**257**	34·1	34·2	34·4	34·6	34·8	34·9	S. **50**	36·2	36·3	36·4	36·4	36·3	36·2
−1·6	α	Canis Majoris	18	**258**	48·8	48·9	49·0	49·1	49·2	49·3	S. **16**	42·1	42·2	42·3	42·3	42·2	42·1
1·9	γ	Geminorum		**260**	42·4	42·4	42·5	42·6	42·7	42·7	N. **16**	24·6	24·6	24·6	24·6	24·6	24·6
−0·9	α	Carinæ	17	**264**	03·4	03·6	03·8	04·1	04·3	04·4	S. **52**	41·4	41·6	41·6	41·6	41·5	41·4
2·0	β	Canis Majoris		**264**	25·6	25·6	25·8	25·9	26·0	26·0	S. **17**	57·0	57·1	57·2	57·2	57·1	57·0
2·7	θ	Aurigæ		**270**	13·7	13·8	13·9	14·1	14·1	14·1	N. **37**	12·9	12·9	12·9	12·9	12·9	12·8
2·1	β	Aurigæ		**270**	17·3	17·4	17·5	17·7	17·8	17·8	N. **44**	57·0	57·1	57·1	57·1	57·0	56·9
Var.‡	α	Orionis	16	**271**	20·0	20·0	20·2	20·3	20·3	20·3	N. **7**	24·4	24·4	24·4	24·4	24·4	24·4
2·2	κ	Orionis		**273**	10·3	10·3	10·4	10·6	10·6	10·6	S. **9**	40·3	40·4	40·4	40·4	40·4	40·3
1·9	ζ	Orionis		**274**	55·7	55·7	55·8	56·0	56·0	56·0	S. **1**	56·8	56·8	56·9	56·9	56·8	56·7
2·8	α	Columbæ		**275**	10·2	10·3	10·4	10·6	10·7	10·7	S. **34**	04·8	04·9	04·9	04·9	04·8	04·7
3·0	ζ	Tauri		**275**	43·7	43·8	43·9	44·0	44·1	44·0	N. **21**	08·3	08·3	08·3	08·3	08·3	08·3
1·8	ε	Orionis	15	**276**	03·9	04·0	04·1	04·2	04·2	04·2	S. **1**	12·4	12·5	12·5	12·5	12·4	12·4
2·9	ι	Orionis		**276**	15·3	15·4	15·5	15·6	15·7	15·7	S. **5**	54·9	55·0	55·0	55·0	54·9	54·9
2·7	α	Leporis		**276**	55·2	55·2	55·4	55·5	55·6	55·6	S. **17**	49·7	49·8	49·8	49·8	49·7	49·6
2·5	δ	Orionis		**277**	07·1	07·1	07·2	07·4	07·4	07·4	S. **0**	18·3	18·3	18·4	18·4	18·3	18·3
3·0	β	Leporis		**278**	02·2	02·3	02·5	02·6	02·7	02·7	S. **20**	46·0	46·1	46·1	46·1	46·0	45·9
1·8	β	Tauri	14	**278**	34·5	34·6	34·7	34·8	34·9	34·8	N. **28**	36·1	36·2	36·1	36·1	36·1	36·1
1·7	γ	Orionis	13	**278**	50·6	50·6	50·7	50·9	50·9	50·9	N. **6**	20·6	20·5	20·5	20·5	20·5	20·6
0·2	α	Aurigæ	12	**281**	00·1	00·2	00·3	00·5	00·5	00·5	N. **45**	59·5	59·6	59·6	59·6	59·5	59·4
0·3	β	Orionis	11	**281**	28·7	28·7	28·8	29·0	29·0	29·0	S. **8**	12·7	12·8	12·8	12·8	12·7	12·6
2·9	β	Eridani		**283**	09·1	09·2	09·3	09·5	09·5	09·5	S. **5**	05·9	05·9	05·9	05·9	05·9	05·8
2·9	ι	Aurigæ		**285**	54·3	54·4	54·5	54·7	54·7	54·6	N. **33**	09·3	09·3	09·3	09·2	09·2	09·2
1·1	α	Tauri	10	**291**	09·3	09·4	09·5	09·6	09·6	09·5	N. **16**	29·5	29·5	29·5	29·5	29·5	29·5
3·2	γ	Eridani		**300**	36·1	36·2	36·4	36·5	36·5	36·4	S. **13**	32·2	32·2	32·2	32·2	32·1	32·0
3·0	ε	Persei		**300**	41·8	41·9	42·1	42·2	42·2	42·0	N. **39**	59·2	59·2	59·2	59·1	59·1	59·0
2·9	ζ	Persei		**301**	37·0	37·1	37·2	37·3	37·3	37·2	N. **31**	51·5	51·5	51·5	51·4	51·4	51·4
3·0	η	Tauri		**303**	16·2	16·3	16·5	16·5	16·5	16·4	N. **24**	04·7	04·7	04·7	04·6	04·6	04·6
1·9	α	Persei	9	**309**	05·4	05·6	05·8	05·9	05·9	05·7	N. **49**	49·9	49·9	49·9	49·8	49·7	49·6
Var.§	β	Persei		**313**	06·9	07·0	07·2	07·2	07·2	07·0	N. **40**	55·4	55·4	55·3	55·2	55·2	55·1
2·8	α	Ceti	8	**314**	33·3	33·4	33·5	33·6	33·5	33·4	N. **4**	03·2	03·1	03·1	03·1	03·2	03·3
3·1	θ	Eridani	7	**315**	31·4	31·5	31·7	31·8	31·8	31·7	S. **40**	20·8	20·8	20·7	20·6	20·5	20·3
2·1	α	Ursæ Minoris		**324**	38·9	49·8	58·5	62·9	59·9	51·8	N. **89**	13·6	13·6	13·6	13·4	13·3	13·2
3·1	β	Trianguli		**327**	45·5	45·7	45·8	45·8	45·7	45·5	N. **34**	56·7	56·7	56·6	56·5	56·5	56·5
2·2	α	Arietis	6	**328**	20·6	20·7	20·8	20·8	20·7	20·5	N. **23**	25·1	25·1	25·1	25·0	25·0	25·1
2·2	γ	Andromedæ		**329**	10·5	10·7	10·8	10·8	10·7	10·5	N. **42**	17·3	17·2	17·1	17·1	17·0	17·0
3·0	α	Hydri		**330**	22·8	23·1	23·3	23·4	23·3	23·1	S. **61**	37·3	37·2	37·1	37·0	36·8	36·6
2·7	β	Arietis		**331**	28·5	28·6	28·7	28·7	28·6	28·4	N. **20**	45·8	45·7	45·7	45·7	45·7	45·7
0·6	α	Eridani	5	**335**	39·5	39·7	39·9	40·0	39·9	39·6	S. **57**	17·4	17·4	17·3	17·1	16·9	16·8
2·8	δ	Cassiopeiæ		**338**	42·6	42·8	43·0	43·0	42·8	42·4	N. **60**	11·4	11·4	11·3	11·1	11·0	11·0
2·4	β	Andromedæ		**342**	42·3	42·4	42·5	42·5	42·3	42·1	N. **35**	34·3	34·3	34·2	34·1	34·1	34·1
Var.‖	γ	Cassiopeiæ		**345**	58·5	58·8	58·9	58·9	58·6	58·3	N. **60**	40·2	40·1	40·0	39·8	39·8	39·7
2·2	β	Ceti	4	**349**	13·5	13·6	13·6	13·6	13·4	13·2	S. **18**	02·5	02·5	02·5	02·4	02·3	02·1
2·5	α	Cassiopeiæ	3	**350**	01·0	01·2	01·3	01·2	01·0	00·7	N. **56**	29·3	29·2	29·1	29·0	28·9	28·9
2·4	α	Phœnicis	2	**353**	32·9	33·1	33·1	33·1	32·9	32·6	S. **42**	21·8	21·7	21·6	21·5	21·3	21·2
2·9	β	Hydri		**353**	41·2	41·7	42·0	41·9	41·5	40·8	S. **77**	18·9	18·7	18·6	18·4	18·2	18·1
2·9	γ	Pegasi		**356**	49·1	49·2	49·2	49·1	49·0	48·7	N. **15**	07·8	07·8	07·7	07·7	07·7	07·8
2·4	β	Cassiopeiæ		**357**	50·6	50·8	50·8	50·7	50·5	50·1	N. **59**	06·0	05·9	05·8	05·7	05·6	05·6
2·2	α	Andromedæ	1	**358**	01·9	02·0	02·0	02·0	01·8	01·5	N. **29**	02·3	02·2	02·2	02·1	02·1	02·2

‡ 0·1—1·2 § 2·3—3·5 ‖ Irregular variable; 1987 mag. 2·0

Mag.	Name and Number		S.H.A.							Declination						
				JULY	AUG.	SEPT.	OCT.	NOV.	DEC.		JULY	AUG.	SEPT.	OCT.	NOV.	DEC.
			°	′	′	′	′	′	′	°	′	′	′	′	′	′
1·6	*Castor*		**246**	30·2	30·0	29·8	29·5	29·3	29·0	**N. 31**	54·7	54·6	54·6	54·5	54·5	54·5
3·3	σ Puppis		**247**	46·4	46·3	46·1	45·8	45·5	45·3	**S. 43**	16·8	16·7	16·6	16·6	16·7	16·8
3·1	β Canis Minoris		**248**	20·5	20·4	20·2	20·0	19·8	19·6	**N. 8**	18·6	18·7	18·7	18·6	18·6	18·5
2·4	η Canis Majoris		**249**	04·4	04·3	04·1	03·9	03·6	03·4	**S. 29**	17·0	16·8	16·8	16·8	16·8	17·0
2·7	π Puppis		**250**	48·2	48·0	47·8	47·6	47·3	47·1	**S. 37**	04·7	04·6	04·5	04·5	04·6	04·7
2·0	*Wezen*		**252**	60·1	60·0	59·8	59·6	59·3	59·1	**S. 26**	22·6	22·4	22·4	22·4	22·5	22·6
3·1	ο Canis Majoris		**254**	20·8	20·6	20·4	20·2	20·0	19·8	**S. 23**	49·0	48·9	48·9	48·9	48·9	49·1
1·6	*Adhara*	19	**255**	26·4	26·3	26·1	25·8	25·6	25·4	**S. 28**	57·4	57·3	57·2	57·2	57·3	57·4
2·8	τ Puppis		**257**	34·9	34·8	34·5	34·2	33·9	33·7	**S. 50**	36·1	35·9	35·8	35·8	35·9	36·1
−1·6	*Sirius*	18	**258**	49·2	49·0	48·8	48·6	48·4	48·2	**S. 16**	42·0	42·0	41·9	41·9	42·0	42·1
1·9	*Alhena*		**260**	42·6	42·4	42·2	42·0	41·7	41·6	**N. 16**	24·6	24·6	24·6	24·6	24·5	24·5
−0·9	*Canopus*	17	**264**	04·3	04·1	03·8	03·5	03·3	03·1	**S. 52**	41·2	41·1	41·0	41·0	41·1	41·3
2·0	*Mirzam*		**264**	25·9	25·8	25·5	25·3	25·1	24·9	**S. 17**	56·9	56·8	56·7	56·8	56·8	57·0
2·7	θ Aurigæ		**270**	14·0	13·7	13·4	13·2	12·9	12·7	**N. 37**	12·8	12·8	12·8	12·8	12·8	12·8
2·1	*Menkalinan*		**270**	17·6	17·4	17·0	16·7	16·4	16·2	**N. 44**	56·9	56·8	56·8	56·8	56·8	56·9
Var.‡	*Betelgeuse*	16	**271**	20·2	20·0	19·8	19·6	19·3	19·2	**N. 7**	24·5	24·5	24·5	24·5	24·5	24·4
2·2	κ Orionis		**273**	10·5	10·3	10·1	09·9	09·7	09·5	**S. 9**	40·2	40·1	40·1	40·1	40·2	40·3
1·9	*Alnitak*		**274**	55·9	55·7	55·5	55·2	55·1	54·9	**S. 1**	56·7	56·6	56·6	56·6	56·6	56·7
2·8	*Phact*		**275**	10·6	10·4	10·2	09·9	09·7	09·6	**S. 34**	04·5	04·4	04·3	04·4	04·5	04·6
3·0	ζ Tauri		**275**	43·9	43·7	43·4	43·2	43·0	42·8	**N. 21**	08·3	08·3	08·4	08·4	08·4	08·3
1·8	*Alnilam*	15	**276**	04·1	03·9	03·7	03·5	03·3	03·1	**S. 1**	12·3	12·2	12·2	12·2	12·3	12·3
2·9	ι Orionis		**276**	15·6	15·4	15·1	14·9	14·7	14·6	**S. 5**	54·8	54·7	54·7	54·7	54·7	54·8
2·7	α Leporis		**276**	55·4	55·3	55·0	54·8	54·6	54·5	**S. 17**	49·5	49·4	49·4	49·4	49·5	49·6
2·5	δ Orionis		**277**	07·2	07·0	06·8	06·6	06·4	06·3	**S. 0**	18·2	18·1	18·1	18·1	18·1	18·2
3·0	β Leporis		**278**	02·5	02·3	02·1	01·9	01·7	01·6	**S. 20**	45·8	45·7	45·6	45·7	45·8	45·9
1·8	*Elnath*	14	**278**	34·7	34·4	34·2	33·9	33·7	33·6	**N. 28**	36·1	36·1	36·1	36·1	36·1	36·1
1·7	*Bellatrix*	13	**278**	50·7	50·5	50·3	50·1	49·9	49·7	**N. 6**	20·6	20·7	20·7	20·7	20·7	20·6
0·2	*Capella*	12	**280**	60·3	60·0	59·7	59·3	59·1	58·9	**N. 45**	59·4	59·3	59·3	59·4	59·4	59·5
0·3	*Rigel*	11	**281**	28·8	28·6	28·4	28·2	28·0	27·9	**S. 8**	12·5	12·5	12·4	12·4	12·5	12·6
2·9	β Eridani		**283**	09·3	09·1	08·9	08·7	08·5	08·4	**S. 5**	05·7	05·6	05·6	05·6	05·7	05·8
2·9	ι Aurigæ		**285**	54·4	54·2	53·9	53·6	53·4	53·3	**N. 33**	09·2	09·2	09·2	09·2	09·2	09·3
1·1	*Aldebaran*	10	**291**	09·4	09·1	08·9	08·7	08·5	08·4	**N. 16**	29·6	29·6	29·6	29·7	29·6	29·6
3·2	γ Eridani		**300**	36·2	36·0	35·7	35·6	35·4	35·4	**S. 13**	31·9	31·8	31·7	31·8	31·8	31·9
3·0	ε Persei		**300**	41·8	41·5	41·2	40·9	40·8	40·7	**N. 39**	59·0	59·0	59·1	59·2	59·2	59·3
2·9	ζ Persei		**301**	37·0	36·7	36·4	36·2	36·0	36·0	**N. 31**	51·4	51·4	51·5	51·5	51·6	51·6
3·0	*Alcyone*		**303**	16·2	15·9	15·7	15·5	15·3	15·2	**N. 24**	04·6	04·7	04·8	04·8	04·8	04·8
1·9	*Mirfak*	9	**309**	05·4	05·0	04·7	04·4	04·3	04·2	**N. 49**	49·6	49·7	49·7	49·8	49·9	50·0
Var.§	*Algol*		**313**	06·7	06·4	06·1	05·9	05·8	05·7	**N. 40**	55·2	55·2	55·3	55·4	55·5	55·5
2·8	*Menkar*	8	**314**	33·2	32·9	32·7	32·5	32·4	32·4	**N. 4**	03·3	03·4	03·5	03·5	03·5	03·4
3·1	*Acamar*	7	**315**	31·4	31·2	30·9	30·7	30·6	30·7	**S. 40**	20·2	20·1	20·1	20·2	20·3	20·5
2·1	*Polaris*		**324**	39·9	26·9	15·8	08·6	06·3	10·6	**N. 89**	13·1	13·2	13·3	13·5	13·6	13·8
3·1	β Trianguli		**327**	45·2	44·9	44·7	44·5	44·5	44·5	**N. 34**	56·6	56·6	56·7	56·8	56·9	57·0
2·2	*Hamal*	6	**328**	20·3	20·0	19·8	19·7	19·6	19·6	**N. 23**	25·1	25·2	25·3	25·4	25·4	25·4
2·2	*Almak*		**329**	10·2	09·9	09·6	09·4	09·4	09·4	**N. 42**	17·0	17·1	17·2	17·3	17·4	17·5
3·0	α Hydri		**330**	22·7	22·3	22·0	21·8	21·9	22·0	**S. 61**	36·5	36·5	36·5	36·7	36·8	36·9
2·7	*Sheratan*		**331**	28·1	27·9	27·6	27·5	27·5	27·5	**N. 20**	45·8	45·9	46·0	46·0	46·1	46·1
0·6	*Achernar*	5	**335**	39·3	38·9	38·7	38·5	38·6	38·7	**S. 57**	16·6	16·6	16·7	16·8	17·0	17·1
2·8	*Ruchbah*		**338**	42·0	41·6	41·3	41·1	41·1	41·2	**N. 60**	11·0	11·1	11·3	11·5	11·6	11·7
2·4	*Mirach*		**342**	41·8	41·5	41·3	41·2	41·2	41·3	**N. 35**	34·2	34·3	34·4	34·5	34·6	34·7
Var.‖	γ Cassiopeiæ		**345**	57·9	57·5	57·2	57·1	57·1	57·3	**N. 60**	39·8	39·9	40·1	40·2	40·4	40·5
2·2	*Diphda*	4	**349**	13·0	12·8	12·6	12·5	12·6	12·6	**S. 18**	02·1	02·0	02·0	02·0	02·1	02·2
2·5	*Schedar*	3	**349**	60·3	60·0	59·7	59·6	59·7	59·8	**N. 56**	29·0	29·1	29·3	29·5	29·6	29·7
2·4	*Ankaa*	2	**353**	32·3	32·1	31·9	31·9	31·9	32·0	**S. 42**	21·1	21·1	21·1	21·2	21·3	21·4
2·9	β Hydri		**353**	40·0	39·3	38·9	38·8	39·2	39·8	**S. 77**	18·0	18·1	18·2	18·3	18·5	18·5
2·9	*Algenib*		**356**	48·5	48·3	48·1	48·1	48·1	48·2	**N. 15**	07·9	08·0	08·1	08·2	08·2	08·2
2·4	*Caph*		**357**	49·7	49·4	49·2	49·1	49·2	49·4	**N. 59**	05·7	05·9	06·0	06·2	06·3	06·4
2·2	*Alpheratz*	1	**358**	01·3	01·0	00·9	00·9	00·9	01·0	**N. 29**	02·3	02·4	02·5	02·6	02·7	02·7

‡0·1—1·2 §2·3—3·5 ‖ Irregular variable; 1987 mag. 2·0

POLARIS (POLE STAR) TABLES, 1990

FOR DETERMINING LATITUDE FROM SEXTANT ALTITUDE AND FOR AZIMUTH

L.H.A. ARIES	0°–9°	10°–19°	20°–29°	30°–39°	40°–49°	50°–59°	60°–69°	70°–79°	80°–89°	90°–99°	100°–109°	110°–119°
	a_0	a_0	a_0	a_0	a_0	a_0	a_0	a_0	a_0	a_0	a_0	a_0
°	° ′	° ′	° ′	° ′	° ′	° ′	° ′	° ′	° ′	° ′	° ′	° ′
0	0 21·0	0 16·9	0 14·0	0 12·5	0 12·5	0 13·8	0 16·6	0 20·6	0 25·9	0 32·1	0 39·1	0 46·8
1	20·6	16·5	13·8	12·4	12·5	14·0	16·9	21·1	26·4	32·8	39·9	47·6
2	20·1	16·2	13·6	12·4	12·6	14·3	17·3	21·6	27·0	33·5	40·6	48·4
3	19·7	15·9	13·4	12·3	12·7	14·5	17·7	22·1	27·6	34·1	41·4	49·2
4	19·2	15·6	13·2	12·3	12·8	14·8	18·1	22·6	28·2	34·8	42·1	50·0
5	0 18·8	0 15·3	0 13·1	0 12·3	0 13·0	0 15·0	0 18·5	0 23·1	0 28·9	0 35·5	0 42·9	0 50·8
6	18·4	15·0	12·9	12·3	13·1	15·3	18·9	23·6	29·5	36·2	43·7	51·6
7	18·0	14·7	12·8	12·3	13·3	15·6	19·3	24·2	30·1	37·0	44·4	52·4
8	17·6	14·5	12·7	12·3	13·4	15·9	19·7	24·7	30·8	37·7	45·2	53·2
9	17·2	14·2	12·6	12·4	13·6	16·2	20·2	25·3	31·4	38·4	46·0	54·0
10	0 16·9	0 14·0	0 12·5	0 12·5	0 13·8	0 16·6	0 20·6	0 25·9	0 32·1	0 39·1	0 46·8	0 54·8
Lat.	a_1	a_1	a_1	a_1	a_1	a_1	a_1	a_1	a_1	a_1	a_1	a_1
°	′	′	′	′	′	′	′	′	′	′	′	′
0	0·5	0·6	0·6	0·6	0·6	0·6	0·5	0·4	0·4	0·3	0·3	0·2
10	·5	·6	·6	·6	·6	·6	·5	·5	·4	·4	·3	·3
20	·5	·6	·6	·6	·6	·6	·5	·5	·4	·4	·4	·3
30	·6	·6	·6	·6	·6	·6	·6	·5	·5	·5	·4	·4
40	0·6	0·6	0·6	0·6	0·6	0·6	0·6	0·6	0·5	0·5	0·5	0·5
45	·6	·6	·6	·6	·6	·6	·6	·6	·6	·6	·5	·5
50	·6	·6	·6	·6	·6	·6	·6	·6	·6	·6	·6	·6
55	·6	·6	·6	·6	·6	·6	·6	·6	·6	·7	·7	·7
60	·6	·6	·6	·6	·6	·6	·6	·7	·7	·7	·7	·8
62	0·7	0·6	0·6	0·6	0·6	0·6	0·7	0·7	0·7	0·8	0·8	0·8
64	·7	·6	·6	·6	·6	·6	·7	·7	·8	·8	·8	·9
66	·7	·6	·6	·6	·6	·6	·7	·7	·8	·8	0·9	0·9
68	0·7	0·6	0·6	0·6	0·6	0·6	0·7	0·8	0·8	0·9	1·0	1·0
Month	a_2	a_2	a_2	a_2	a_2	a_2	a_2	a_2	a_2	a_2	a_2	a_2
	′	′	′	′	′	′	′	′	′	′	′	′
Jan.	0·7	0·7	0·7	0·7	0·7	0·7	0·7	0·7	0·7	0·7	0·7	0·7
Feb.	·6	·7	·7	·7	·8	·8	·8	·8	·8	·8	·8	·8
Mar.	·5	·5	·6	·6	·7	·8	·8	·8	·9	·9	·9	·9
Apr.	0·3	0·4	0·4	0·5	0·6	0·6	0·7	0·8	0·8	0·9	0·9	0·9
May	·2	·3	·3	·4	·4	·5	·6	·6	·7	·8	·8	·9
June	·2	·2	·2	·3	·3	·4	·4	·5	·6	·6	·7	·8
July	0·2	0·2	0·2	0·2	0·2	0·3	0·3	0·4	0·4	0·5	0·5	0·6
Aug.	·4	·3	·3	·3	·3	·3	·3	·3	·3	·3	·4	·4
Sept.	·5	·5	·4	·4	·3	·3	·3	·3	·3	·3	·3	·3
Oct.	0·7	0·7	0·6	0·6	0·5	0·4	0·4	0·3	0·3	0·3	0·2	0·2
Nov.	0·9	0·9	0·8	·7	·7	·6	·5	·5	·4	·3	·3	·2
Dec.	1·0	1·0	1·0	0·9	0·8	0·8	0·7	0·6	0·5	0·5	0·4	0·3
Lat.						AZIMUTH						
°	°	°	°	°	°	°	°	°	°	°	°	°
0	0·4	0·3	0·1	0·0	359·9	359·7	359·6	359·5	359·4	359·3	359·3	359·2
20	0·4	0·3	0·1	0·0	359·9	359·7	359·6	359·5	359·4	359·3	359·2	359·2
40	0·5	0·4	0·2	0·0	359·8	359·7	359·5	359·3	359·2	359·1	359·0	359·0
50	0·6	0·4	0·2	0·0	359·8	359·6	359·4	359·2	359·1	359·0	358·9	358·8
55	0·7	0·5	0·2	0·0	359·8	359·5	359·3	359·1	359·0	358·8	358·7	358·7
60	0·8	0·6	0·3	0·0	359·7	359·5	359·2	359·0	358·8	358·6	358·5	358·5
65	1·0	0·7	0·3	0·0	359·7	359·4	359·1	358·8	358·6	358·4	358·3	358·2

$$\text{Latitude} = \text{Apparent altitude (corrected for refraction)} - 1^\circ + a_0 + a_1 + a_2$$

The table is entered with L.H.A. Aries to determine the column to be used; each column refers to a range of 10°. a_0 is taken, with mental interpolation, from the upper table with the units of L.H.A. Aries in degrees as argument; a_1, a_2 are taken, without interpolation, from the second and third tables with arguments latitude and month respectively. a_0, a_1, a_2 are always positive. The final table gives the azimuth of *Polaris*.

POLARIS (POLE STAR) TABLES, 1990

FOR DETERMINING LATITUDE FROM SEXTANT ALTITUDE AND FOR AZIMUTH

L.H.A. ARIES	120°– 129°	130°– 139°	140°– 149°	150°– 159°	160°– 169°	170°– 179°	180°– 189°	190°– 199°	200°– 209°	210°– 219°	220°– 229°	230°– 239°
	a_0	a_0	a_0	a_0	a_0	a_0	a_0	a_0	a_0	a_0	a_0	a_0
°	° ′	° ′	° ′	° ′	° ′	° ′	° ′	° ′	° ′	° ′	° ′	° ′
0	0 54·8	1 02·9	1 10·9	1 18·5	1 25·4	1 31·6	1 36·8	1 40·9	1 43·7	1 45·1	1 45·2	1 43·8
1	55·6	03·7	11·6	19·2	26·1	32·2	37·3	41·2	43·9	45·2	45·1	43·6
2	56·4	04·5	12·4	19·9	26·8	32·8	37·7	41·5	44·1	45·2	45·0	43·4
3	57·2	05·3	13·2	20·6	27·4	33·3	38·2	41·8	44·2	45·3	44·9	43·2
4	58·0	06·1	14·0	21·3	28·0	33·8	38·6	42·1	44·4	45·3	44·8	42·9
5	0 58·8	1 06·9	1 14·7	1 22·0	1 28·7	1 34·4	1 39·0	1 42·4	1 44·5	1 45·3	1 44·7	1 42·7
6	0 59·6	07·7	15·5	22·7	29·3	34·9	39·4	42·7	44·7	45·3	44·5	42·4
7	1 00·5	08·5	16·2	23·4	29·9	35·4	39·8	43·0	44·8	45·3	44·4	42·1
8	01·3	09·3	17·0	24·1	30·5	35·9	40·2	43·2	44·9	45·3	44·2	41·8
9	02·1	10·1	17·7	24·8	31·1	36·4	40·5	43·4	45·0	45·2	44·0	41·5
10	1 02·9	1 10·9	1 18·5	1 25·4	1 31·6	1 36·8	1 40·9	1 43·7	1 45·1	1 45·2	1 43·8	1 41·1
Lat.	a_1	a_1	a_1	a_1	a_1	a_1	a_1	a_1	a_1	a_1	a_1	a_1
°	′	′	′	′	′	′	′	′	′	′	′	′
0	0·2	0·2	0·3	0·3	0·4	0·4	0·5	0·6	0·6	0·6	0·6	0·6
10	·3	·3	·3	·4	·4	·5	·5	·6	·6	·6	·6	·6
20	·3	·3	·4	·4	·4	·5	·5	·6	·6	·6	·6	·6
30	·4	·4	·4	·5	·5	·5	·6	·6	·6	·6	·6	·6
40	0·5	0·5	0·5	0·5	0·5	0·6	0·6	0·6	0·6	0·6	0·6	0·6
45	·5	·5	·5	·6	·6	·6	·6	·6	·6	·6	·6	·6
50	·6	·6	·6	·6	·6	·6	·6	·6	·6	·6	·6	·6
55	·7	·7	·7	·7	·6	·6	·6	·6	·6	·6	·6	·6
60	·8	·8	·8	·7	·7	·7	·6	·6	·6	·6	·6	·6
62	0·8	0·8	0·8	0·8	0·7	0·7	0·7	0·6	0·6	0·6	0·6	0·6
64	·9	·9	·8	·8	·8	·7	·7	·6	·6	·6	·6	·6
66	0·9	0·9	0·9	·9	·8	·7	·7	·6	·6	·6	·6	·6
68	1·0	1·0	1·0	0·9	0·8	0·8	0·7	0·6	0·6	0·6	0·6	0·6
Month	a_2	a_2	a_2	a_2	a_2	a_2	a_2	a_2	a_2	a_2	a_2	a_2
	′	′	′	′	′	′	′	′	′	′	′	′
Jan.	0·7	0·6	0·6	0·6	0·6	0·5	0·5	0·5	0·5	0·5	0·5	0·5
Feb.	·8	·8	·7	·7	·7	·6	·6	·5	·5	·5	·4	·4
Mar.	0·9	0·9	0·9	0·9	·8	·8	·7	·7	·6	·6	·5	·4
Apr.	1·0	1·0	1·0	1·0	0·9	0·9	0·9	0·8	0·8	0·7	0·6	0·6
May	0·9	1·0	1·0	1·0	1·0	1·0	1·0	0·9	0·9	·8	·8	·7
June	·8	0·9	0·9	1·0	1·0	1·0	1·0	1·0	1·0	0·9	0·9	·8
July	0·7	0·7	0·8	0·8	0·9	0·9	1·0	1·0	1·0	1·0	1·0	0·9
Aug.	·5	·5	·6	·7	·7	·8	0·8	0·9	0·9	0·9	0·9	·9
Sept.	·3	·4	·4	·5	·5	·6	·7	·7	·8	·8	·9	·9
Oct.	0·2	0·3	0·3	0·3	0·4	0·4	0·5	0·5	0·6	0·6	0·7	0·8
Nov.	·2	·2	·2	·2	·2	·2	·3	·3	·4	·5	·5	·6
Dec.	0·3	0·2	0·2	0·2	0·2	0·2	0·2	0·2	0·2	0·3	0·4	0·4
Lat.	AZIMUTH											
°	°	°	°	°	°	°	°	°	°	°	°	°
0	359·2	359·2	359·3	359·3	359·4	359·5	359·6	359·7	359·9	0·0	0·1	0·3
20	359·2	359·2	359·2	359·3	359·4	359·5	359·6	359·7	359·9	0·0	0·1	0·3
40	359·0	359·0	359·1	359·1	359·2	359·3	359·5	359·7	359·8	0·0	0·2	0·3
50	358·8	358·8	358·9	359·0	359·1	359·2	359·4	359·6	359·8	0·0	0·2	0·4
55	358·6	358·7	358·7	358·8	359·0	359·1	359·3	359·5	359·8	0·0	0·2	0·4
60	358·4	358·5	358·6	358·7	358·8	359·0	359·2	359·5	359·7	0·0	0·3	0·5
65	358·2	358·2	358·3	358·4	358·6	358·8	359·1	359·4	359·7	0·0	0·3	0·6

ILLUSTRATION

On 1990 April 21 at $23^h\ 18^m\ 56^s$ UT in longitude W. 37° 14′ the apparent altitude (corrected for refraction), *Ho*, of *Polaris* was 49° 31′·6.

From the daily pages:	° ′		° ′
G.H.A. Aries (23^h)	194 45·2	*Ho*	49 31·6
Increment ($18^m\ 56^s$)	4 44·8	a_0 (argument 162° 16′)	1 27·0
Longitude (west)	−37 14	a_1 (lat. 50° approx.)	0·6
		a_2 (April)	0·9
L.H.A. Aries	162 16	Sum − 1° = Lat. =	50 00·1

POLARIS (POLE STAR) TABLES, 1990

FOR DETERMINING LATITUDE FROM SEXTANT ALTITUDE AND FOR AZIMUTH

L.H.A. ARIES	240°–249°	250°–259°	260°–269°	270°–279°	280°–289°	290°–299°	300°–309°	310°–319°	320°–329°	330°–339°	340°–349°	350°–359°
	a_0	a_0	a_0	a_0	a_0	a_0	a_0	a_0	a_0	a_0	a_0	a_0
°	° ′	° ′	° ′	° ′	° ′	° ′	° ′	° ′	° ′	° ′	° ′	° ′
0	1 41·1	1 37·2	1 32·1	1 26·0	1 19·1	1 11·5	1 03·6	0 55·5	0 47·4	0 39·8	0 32·7	0 26·3
1	40·8	36·7	31·5	25·3	18·3	10·7	02·8	54·6	46·7	39·0	32·0	25·8
2	40·5	36·3	31·0	24·7	17·6	09·9	01·9	53·8	45·9	38·3	31·3	25·2
3	40·1	35·8	30·4	24·0	16·9	09·2	01·1	53·0	45·1	37·6	30·7	24·6
4	39·7	35·3	29·8	23·3	16·1	08·4	1 00·3	52·2	44·3	36·8	30·0	24·1
5	1 39·3	1 34·8	1 29·2	1 22·6	1 15·4	1 07·6	0 59·5	0 51·4	0 43·5	0 36·1	0 29·4	0 23·6
6	38·9	34·3	28·5	21·9	14·6	06·8	58·7	50·6	42·8	35·4	28·8	23·0
7	38·5	33·7	27·9	21·2	13·8	06·0	57·9	49·8	42·0	34·7	28·1	22·5
8	38·1	33·2	27·3	20·5	13·1	05·2	57·1	49·0	41·3	34·0	27·5	22·0
9	37·7	32·7	26·6	19·8	12·3	04·4	56·3	48·2	40·5	33·3	26·9	21·5
10	1 37·2	1 32·1	1 26·0	1 19·1	1 11·5	1 03·6	0 55·5	0 47·4	0 39·8	0 32·7	0 26·3	0 21·0
Lat.	a_1	a_1	a_1	a_1	a_1	a_1	a_1	a_1	a_1	a_1	a_1	a_1
°	′	′	′	′	′	′	′	′	′	′	′	′
0	0·5	0·4	0·4	0·3	0·3	0·2	0·2	0·2	0·3	0·3	0·4	0·4
10	·5	·5	·4	·4	·3	·3	·3	·3	·3	·4	·4	·5
20	·5	·5	·4	·4	·4	·3	·3	·3	·4	·4	·4	·5
30	·6	·5	·5	·5	·4	·4	·4	·4	·4	·5	·5	·5
40	0·6	0·6	0·5	0·5	0·5	0·5	0·5	0·5	0·5	0·5	0·5	0·6
45	·6	·6	·6	·6	·5	·5	·5	·5	·5	·6	·6	·6
50	·6	·6	·6	·6	·6	·6	·6	·6	·6	·6	·6	·6
55	·6	·6	·6	·7	·7	·7	·7	·7	·7	·7	·6	·6
60	·6	·7	·7	·7	·7	·8	·8	·8	·8	·7	·7	·7
62	0·7	0·7	0·7	0·8	0·8	0·8	0·8	0·8	0·8	0·8	0·7	0·7
64	·7	·7	·8	·8	·8	·9	·9	·9	·8	·8	·8	·7
66	·7	·7	·8	·8	0·9	0·9	0·9	0·9	0·9	·9	·8	·7
68	0·7	0·8	0·8	0·9	1·0	1·0	1·0	1·0	1·0	0·9	0·8	0·8
Month	a_2	a_2	a_2	a_2	a_2	a_2	a_2	a_2	a_2	a_2	a_2	a_2
	′	′	′	′	′	′	′	′	′	′	′	′
Jan.	0·5	0·5	0·5	0·5	0·5	0·5	0·5	0·6	0·6	0·6	0·6	0·7
Feb.	·4	·4	·4	·4	·4	·4	·4	·4	·5	·5	·5	·6
Mar.	·4	·4	·3	·3	·3	·3	·3	·3	·3	·3	·4	·4
Apr.	0·5	0·4	0·4	0·3	0·3	0·3	0·2	0·2	0·2	0·2	0·3	0·3
May	·6	·6	·5	·4	·4	·3	·3	·2	·2	·2	·2	·2
June	·8	·7	·6	·6	·5	·4	·4	·3	·3	·2	·2	·2
July	0·9	0·8	0·8	0·7	0·7	0·6	0·5	0·5	0·4	0·4	0·3	0·3
Aug.	·9	·9	·9	·9	·8	·8	·7	·7	·6	·5	·5	·4
Sept.	·9	·9	·9	·9	0·9	0·9	0·9	·8	·8	·7	·7	·6
Oct.	0·8	0·9	0·9	0·9	1·0	1·0	1·0	0·9	0·9	0·9	0·8	0·8
Nov.	·7	·7	·8	·9	0·9	1·0	1·0	1·0	1·0	1·0	1·0	1·0
Dec.	0·5	0·6	0·7	0·7	0·8	0·9	0·9	1·0	1·0	1·0	1·0	1·0
Lat.	AZIMUTH											
°	°	°	°	°	°	°	°	°	°	°	°	°
0	0·4	0·5	0·6	0·7	0·7	0·8	0·8	0·8	0·7	0·7	0·6	0·5
20	0·4	0·5	0·6	0·7	0·8	0·8	0·8	0·8	0·8	0·7	0·6	0·5
40	0·5	0·6	0·8	0·9	0·9	1·0	1·0	1·0	1·0	0·9	0·8	0·7
50	0·6	0·8	0·9	1·0	1·1	1·2	1·2	1·2	1·1	1·1	0·9	0·8
55	0·7	0·8	1·0	1·2	1·3	1·3	1·4	1·3	1·3	1·2	1·1	0·9
60	0·7	1·0	1·2	1·3	1·4	1·5	1·5	1·5	1·5	1·4	1·2	1·0
65	0·9	1·1	1·4	1·6	1·7	1·8	1·8	1·8	1·7	1·6	1·4	1·2

$$\text{Latitude} = \text{Apparent altitude (corrected for refraction)} - 1° + a_0 + a_1 + a_2$$

The table is entered with L.H.A. Aries to determine the column to be used; each column refers to a range of 10°. a_0 is taken, with mental interpolation, from the upper table with the units of L.H.A. Aries in degrees as argument; a_1, a_2 are taken, without interpolation, from the second and third tables with arguments latitude and month respectively. a_0, a_1, a_2 are always positive. The final table gives the azimuth of *Polaris*.

SIGHT REDUCTION PROCEDURES

METHODS AND FORMULAE FOR DIRECT COMPUTATION

1. *Introduction.* Formulae and method are provided for use with an electronic calculator or microcomputer for the determination of position at sea from altitudes observed with a marine sextant. The calculator must have trigonometric functions, and preferably it should be programmable and retain the contents of its memory when switched off. The formulae have been expressed in algebraic notation and it is assumed that the user will be able to translate them into the code or language used by the calculator. The astronomical data, such as the *GHA* and *Dec* of a body, are assumed to be taken from the main tabular pages of the current *Nautical Almanac* and entered into the calculator for interpolation. All subsequent calculations for the sight reduction are then made with the calculator. The estimated longitude and latitude at the time of observation are entered into the calculator to determine the calculated altitude and azimuth. The calculator may also be used to reduce the sextant altitudes to observed altitudes by applying the corrections for dip, refraction, parallax and semi-diameter. Each observation provides an intercept and an azimuth that may be used to plot a position line on a chart. Several position lines are required to determine a fix. A method is given for calculating a fix from several observations by direct calculation using a programmable calculator. The method, which is based on least squares, has the advantage that further observations may be included in the solution and doubtful observations may be removed from the solution.

2. *Notation.*

GHA = Greenwich hour angle. The range of *GHA* is from 0° to 360° starting at 0° on the Greenwich meridian increasing to the west, back to 360° on the Greenwich meridian.

SHA = sidereal hour angle. The range is 0° to 360°.

Dec = declination. The sign convention for declination is north is positive, south is negative. The range is from −90° at the south celestial pole to +90° at the north celestial pole.

Long = longitude. The sign convention is east is positive, west is negative. The range is −180° to +180°.

Lat = latitude. The sign convention is north is positive, south is negative. The range is from −90° to +90°.

LHA = *GHA* + *Long* = local hour angle. The *LHA* increases to the west from 0° on the local meridian to 360°.

H_C = calculated altitude. Above the horizon is positive, below the horizon is negative. The range is from −90° in the nadir to +90° in the zenith.

H_S = sextant altitude.

H = apparent altitude = sextant altitude corrected for instrumental error and dip.

H_O = observed altitude = apparent altitude corrected for refraction and, in appropriate cases, corrected for parallax and semi-diameter.

Z = true azimuth. Z is measured from true north through east, south, west and back to north. The range is from 0° to 360°.

I = sextant index error.

D = dip of horizon.

R = atmospheric refraction.

HP = horizontal parallax of the Sun, Moon, Venus or Mars.

PA = parallax in altitude of the Sun, Moon, Venus or Mars.

S = semi-diameter of the Sun or Moon.
p = intercept = $H_O - H_C$. Towards is positive, away is negative.
T = course or track, measured as for azimuth from the north.
V = speed in knots.

3. *Entering Basic Data.* When entering into the calculator quantities such as *GHA*, which in the *Nautical Almanac* are given in degrees and minutes, convert them to degrees and decimals of a degree by dividing the minutes by 60 and adding to the degrees; for example, if $GHA = 123^\circ\ 45'\!.6$, enter the two numbers 123 and 45·6 into the memory and set $GHA = 123 + 45{\cdot}6/60 = 123^\circ\!.7600$. Although four decimal places of a degree are sufficient, it is assumed in the examples that full precision is maintained inside the calculator.

Most calculators have a special key for converting degrees, minutes and seconds to degrees and decimals. With programmable calculators it is often possible to write a subroutine that does the conversion automatically. For quantities like *Dec* which has a minus sign for southern declination, change the sign from plus to minus after the value has been converted to degrees and decimals, *e.g.* $Dec = \mathrm{S}\,0^\circ\ 12'\!.3 = \mathrm{S}\,0^\circ\!.2050 = -0^\circ\!.2050$. Other quantities which require conversion are semi-diameter, horizontal parallax, longitude and latitude.

4. *Interpolation of GHA and Dec.* The *GHA* and *Dec* of the Sun, Moon and planets are interpolated to the time of observation with a calculator as follows: If the universal time is $a^h\ b^m\ c^s$, form the interpolation factor $x = b/60 + c/3600$. Enter the tabular value GHA_0 for the preceeding hour (a) and the tabular value GHA_1 for the following hour ($a + 1$) then the interpolated value *GHA* is given by

$$GHA = GHA_0 + x(GHA_1 - GHA_0)$$

If the *GHA* passes through 360° between tabular values add 360° to GHA_1 before interpolation. If the interpolated value exceeds 360°, subtract 360° from *GHA*.

Similarly for declination, enter the tabular value Dec_0 for the preceeding hour (a) and the tabular value Dec_1 for the following hour ($a + 1$), then the interpolated value *Dec* is given by

$$Dec = Dec_0 + x(Dec_1 - Dec_0)$$

5. *Example.* (a) Find the *GHA* and *Dec* of the Sun on 1990 October 6 at $15^h\ 47^m\ 13^s$ UT.

The interpolation factor $x = 47/60 + 13/3600 = 0^h\!.7869$

page 195 15^h $GHA_0 = 47^\circ\ 57'\!.8 = 47^\circ\!.9633$

16^h $GHA_1 = 62^\circ\ 58'\!.0 = 62^\circ\!.9667$

$15^h\!.7869$ $GHA = 47{\cdot}9633 + 0{\cdot}7869(62{\cdot}9667 - 47{\cdot}9633) = 59^\circ\!.7701$

15^h $Dec_0 = \mathrm{S}\,5^\circ\ 10'\!.4 = -5^\circ\!.1733$

16^h $Dec_1 = \mathrm{S}\,5^\circ\ 11'\!.3 = -5^\circ\!.1883$

$15^h\!.7869$ $Dec = -5{\cdot}1733 + 0{\cdot}7869(-5{\cdot}1883 + 5{\cdot}1733) = -5^\circ\!.1851$

GHA Aries is interpolated in the same way as *GHA* of a body. For a star the *SHA* and *Dec* are taken from the tabular page and do not require interpolation, then

$$GHA = GHA \text{ Aries} + SHA$$

where *GHA* Aries is interpolated to the time of observation.

(b) Find the *GHA* and *Dec* of *Vega* on 1990 October 6 at $22^h\ 47^m\ 13^s$ UT.

The interpolation factor $x = 0^h\!.7869$ as in the previous example

page 194 $\quad 22^h$ *GHA* $\text{Aries}_0 = 345°\ 18'\!.0 = 345°\!.3000$

$$23^h\ GHA\ \text{Aries}_1 = 0°\ 20'\!.5 = 360°\!.3417 \quad (360° \text{ added})$$

$$22^h\!.7869\ GHA\ \text{Aries} = 345{\cdot}3000 + 0{\cdot}7869(360{\cdot}3417 - 345{\cdot}3000) = 357°\!.1370$$

$$SHA = 80°\ 50'\!.5 = 80°\!.8417$$

$$GHA = GHA\ \text{Aries} + SHA = 77°\!.9786 \quad (\text{multiple of } 360° \text{ removed})$$

$$Dec = \text{N}\,38°\ 46'\!.7 = +38°\!.7783$$

6. *The calculated altitude and azimuth.* The calculated altitude H_C and true azimuth Z are determined from the *GHA* and *Dec* interpolated to the time of observation and from the *Long* and *Lat* estimated at the time of observation as follows:

Step 1. Calculate the local hour angle

$$LHA = GHA + Long$$

Add or subtract multiples of 360° to set *LHA* in the range 0° to 360°.

Step 2. Calculate S, C and the altitude H_C from

$$S = \sin Dec$$
$$C = \cos Dec \cos LHA$$
$$H_C = \sin^{-1}(S \sin Lat + C \cos Lat)$$

where $\sin^{-1}$ is the inverse function of sine.

Step 3. Calculate X and A from

$$X = (S \cos Lat - C \sin Lat)/ \cos H_C$$
$$\text{If } X > +1 \quad \text{set} \quad X = +1$$
$$\text{If } X < -1 \quad \text{set} \quad X = -1$$
$$A = \cos^{-1} X$$

where $\cos^{-1}$ is the inverse function of cosine.

Step 4. Determine the azimuth Z

$$\text{If } LHA > 180° \quad \text{then} \quad Z = A$$
$$\text{Otherwise} \quad Z = 360° - A$$

7. *Example.* Find the calculated altitude H_C and azimuth Z when

$$GHA = 53° \quad Dec = \text{S}\,15° \quad Lat = \text{N}\,32° \quad Long = \text{W}\,16°$$

For the calculation

$$GHA = 53°\!.0000 \quad Dec = -15°\!.0000 \quad Lat = +32°\!.0000 \quad Long = -16°\!.0000$$

Step 1. $\quad LHA = 53{\cdot}0000 - 16{\cdot}0000 = 37{\cdot}0000$

Step 2. $\quad S = -0{\cdot}2588$

$$C = +0{\cdot}9659 \times 0{\cdot}7986 = 0{\cdot}7714$$
$$\sin H_C = -0{\cdot}2588 \times 0{\cdot}5299 + 0{\cdot}7714 \times 0{\cdot}8480 = 0{\cdot}5171$$
$$H_C = 31°\!.1346$$

Step 3. $X = (-0{\cdot}2588 \times 0{\cdot}8480 - 0{\cdot}7714 \times 0{\cdot}5299)/0{\cdot}8560 = -0{\cdot}7340$

$A = 137^\circ\!.2239$

Step 4. Since $LHA \leq 180^\circ$ then $Z = 360^\circ - A = 222^\circ\!.7761$

8. ***Reduction from sextant altitude to observed altitude.*** The sextant altitude H_S is corrected for both dip and index error to produce the apparent altitude. The observed altitude H_O is calculated by applying a correction for refraction. For the Sun, Moon, Venus and Mars a correction for parallax is also applied to H, and for the Sun and Moon a further correction for semi-diameter is required. The corrections are calculated as follows:

Step 1. Calculate dip

$$D = 0^\circ\!.0293\sqrt{h}$$

where h is the height of eye above the horizon in metres.

Step 2. Calculate apparent altitude

$$H = H_S + I - D$$

where I is the sextant index error.

Step 3. Calculate refraction (R) at a standard temperature of 10° Celsius (C) and pressure of 1010 millibars (mb)

$$R_O = 0^\circ\!.0167/\tan(H + 7{\cdot}31/(H + 4{\cdot}4))$$

If the temperature T° C and pressure P mb are known calculate the refraction from

$$R = fR_O \quad \text{where} \quad f = 0{\cdot}28P/(T + 273)$$

otherwise set $R = R_O$

Step 4. Calculate the parallax in altitude (PA) from the horizontal parallax (HP) and the apparent altitude (H) for the Sun, Moon, Venus and Mars as follows:

$$PA = HP \cos H$$

For the Sun $HP = 0^\circ\!.0024$. This correction is very small and could be ignored.

For the Moon HP is taken for the nearest hour from the main tabular page and converted to degrees.

For Venus and Mars the HP is taken from the critical table at the bottom of page 259 and converted to degrees.

For the navigational stars and the remaining planets, Jupiter and Saturn set $PA = 0$.

If an error of 0'.2 is significant the expression for the parallax in altitude for the Moon should include a small correction OB for the oblateness of the Earth as follows:

$$PA = HP \cos H + OB$$

where $OB = -0^\circ\!.0032 \sin^2 Lat \cos H + 0^\circ\!.0032 \sin(2Lat) \cos Z \sin H$

At mid-latitudes and for altitudes of the Moon below 60° a simple approximation to OB is

$$OB = -0^\circ\!.0017 \cos H$$

Step 5. Calculate the semi-diameter for the Sun and Moon as follows:

Sun: S is taken from the main tabular page and converted to degrees.

Moon: $S = 0^\circ\!.2724 HP$ where HP is taken for the nearest hour from the main tabular page and converted to degrees.

Step 6. Calculate the observed altitude

$$H_O = H - R + PA \pm S$$

where the plus sign is used if the lower limb of the Sun or Moon was observed and the minus sign if the upper limb was observed.

9. *Example.* The following example illustrates how to use a calculator to reduce the sextant altitude (H_S) to observed altitude (H_O); the sextant altitudes given are assumed to be taken on 1990 May 4 with a marine sextant, zero index error, at height 5·4 m, temperature −3° C and pressure 982 mb, the Moon sights are assumed to be taken at 10ʰ UT.

Body limb	Sun lower	Sun upper	Moon lower	Moon upper	Venus –	*Polaris* –
Sextant altitude:						
H_S	21·3283	3·3367	33·4600	26·1117	4·5433	49·6083
Step 1. Dip:						
$D = 0{\cdot}0293\sqrt{h}$	0·0681	0·0681	0·0681	0·0681	0·0681	0·0681
Step 2. Apparent altitude:						
$H = H_S + I - D$	21·2602	3·2686	33·3919	26·0436	4·4752	49·5402
Step 3. Refraction:						
R_0	0·0423	0·2262	0·0251	0·0338	0·1801	0·0142
f	1·0184	1·0184	1·0184	1·0184	1·0184	1·0184
$R = fR_0$	0·0431	0·2304	0·0256	0·0344	0·1834	0·0144
Step 4. Parallax:			(55′·5)	(55′·5)	(0′·2)	
HP	0·0024	0·0024	0·9250	0·9250	0·0033	–
Parallax in altitude:						
$PA = HP \cos H$	0·0022	0·0024	0·7723	0·8311	0·0033	–
Step 5. Semi-diameter:						
Sun : $S = 15{\cdot}9/60$	0·2650	0·2650	–	–	–	–
Moon : $S = 0{\cdot}2724HP$	–	–	0·2520	0·2520	–	–
Step 6. Observed altitude:						
$H_O = H - R + PA \pm S$	21·4844	2·7756	34·3906	26·5883	4·2952	49·5258

Note that for the Moon the correction for the oblateness of the Earth of about $-0^\circ\!.0017 \cos H$, which equals $-0^\circ\!.0014$ for the lower limb and $-0^\circ\!.0015$ for the upper limb, has been ignored in the above calculation.

10. ***Position from intercept and azimuth using a chart.*** An estimate is made of the position at the adopted time of fix. The position at the time of observation is then calculated by dead reckoning from the time of fix. For example if the course (track) T and the speed V (in knots) of the observer are constant then *Long* and *Lat* at the time of observation are calculated from

$$Long = L_F + t\,(V/60)\sin T/\cos B_F$$
$$Lat = B_F + t\,(V/60)\cos T$$

where L_F and B_F are the estimated longitude and latitude at the time of fix and t is the time interval in hours from the time of fix to the time of observation, t is positive if the time of observation is after the time of fix and negative if it was before.

The position line of an observation is plotted on a chart using the intercept

$$p = H_O - H_C$$

and azimuth Z with origin at the calculated position (*Long, Lat*) at the time of observation, where H_C and Z are calculated using the method in section 6, page 279. Starting from this calculated position a line is drawn on the chart along the direction of the azimuth to the body. Convert p to nautical miles by multiplying by 60. The position line is drawn at right angles to the azimuth line, distance p from (*Long, Lat*) towards the body if p is positive and distance p away from the body if p is negative. Provided there are no gross errors the navigator should be somewhere on or near the position line at the time of observation. Two or more position lines are required to determine a fix.

11. *Position from intercept and azimuth using a calculator.* The position of the fix may be calculated from two or more sextant observations as follows.

If p_1, Z_1, are the intercept and azimuth of the first observation, p_2, Z_2, of the second observation and so on, form the summations

$$A = \cos^2 Z_1 + \cos^2 Z_2 + \cdots$$
$$B = \cos Z_1 \sin Z_1 + \cos Z_2 \sin Z_2 + \cdots$$
$$C = \sin^2 Z_1 + \sin^2 Z_2 + \cdots$$
$$D = p_1 \cos Z_1 + p_2 \cos Z_2 + \cdots$$
$$E = p_1 \sin Z_1 + p_2 \sin Z_2 + \cdots$$

where the number of terms in each summation is equal to the number of observations.

With $G = AC - B^2$, an improved estimate of the position at the time of fix (L_I, B_I) is given by

$$L_I = L_F + (AE - BD)/(G\cos B_F), \qquad B_I = B_F + (CD - BE)/G$$

Calculate the distance d between the initial estimated position (L_F, B_F) at the time of fix and the improved estimated position (L_I, B_I) in nautical miles from

$$d = 60\sqrt{((L_I - L_F)^2\cos^2 B_F + (B_I - B_F)^2)}$$

If d exceeds about 20 nautical miles set $L_F = L_I$, $B_F = B_I$ and repeat the calculation until d, the distance between the position at the previous estimate and the improved estimate, is less than about 20 nautical miles.

12. *Example of direct computation.* Using the method described above, calculate the position of a ship on 1990 July 4 at $21^h\,00^m\,00^s$ UT from the marine sextant observations of the three stars *Regulus* (No. 26) at $20^h\,39^m\,23^s$ UT, *Antares* (No. 42) at $20^h\,45^m\,47^s$ UT and *Kochab* (No. 40) at $21^h\,10^m\,34^s$ UT, where the observed altitudes of the three stars corrected for the effects of refraction, dip and instrumental error, are 27°0033, 26°0928 and 47°4322 respectively. The ship was travelling at a constant speed of 20 knots on a course of 325° during the period of observation, and the position of the ship at the time of fix $21^h\,00^m\,00^s$ UT is only known to the nearest whole degree W 15°, N 32°.

Intermediate values for the first iteration are shown in the table. *GHA* Aries was interpolated from the nearest tabular values on page 132. For the first iteration set $L_F = -15^\circ\!.0000$, $B_F = +32^\circ\!.0000$ at the time of fix at $21^h\ 00^m\ 00^s$ UT.

First Iteration

Body	*Regulus*	*Antares*	*Kochab*
No.	26	42	40
time of observation	$20^h\ 39^m\ 23^s$	$20^h\ 45^m\ 47^s$	$21^h\ 10^m\ 34^s$
H_O	27·0033	26·0928	47·4322
interpolation factor	0·6564	0·7631	0·1761
GHA Aries	232·4398	234·0443	240·2573
SHA (page 132)	208·0333	112·7850	137·3050
GHA	80·4732	346·8293	17·5623
Dec (page 132)	+12·0150	−26·4150	+74·1967
t	−0·3436	−0·2369	+0·1761
Long	−14·9225	−14·9466	−15·0397
Lat	+31·9062	+31·9353	+32·0481
Z	267·6048	152·0465	358·9769
H_C	26·9802	25·7870	47·8323
p	+0·0231	+0·3058	−0·4001

$$A = 1{\cdot}7817 \quad B = -0{\cdot}3902 \quad C = 1{\cdot}2183 \quad D = -0{\cdot}6711 \quad E = 0{\cdot}1274 \quad G = 2{\cdot}0184$$
$$(AE - BD)/(G\cos B_F) = -0{\cdot}0204, \qquad (CD - BE)/G = -0{\cdot}3805$$

An improved estimate of the position at the time of fix is

$$L_I = L_F - 0{\cdot}0204 = -15{\cdot}0204 \quad \text{and} \quad B_I = B_F - 0{\cdot}3805 = +31{\cdot}6195$$

Since the distance between the previous estimated position and the improved estimate $d = 22{\cdot}9$ nautical miles set $L_F = -15{\cdot}0204$, and $B_F = +31{\cdot}6195$ and repeat the calculation. The table shows the intermediate values of the calculation for the second iteration. In each iteration the quantities H_O, *GHA*, *Dec* and t do not change.

Second Iteration

Body	*Regulus*	*Antares*	*Kochab*
No.	26	42	40
Long	−14·9432	−14·9672	−15·0599
Lat	+31·5257	+31·5548	+31·6676
Z	267·7872	151·9412	358·9924
H_C	27·0130	26·1147	47·4522
p	−0·0098	−0·0219	−0·0200

$$A = 1{\cdot}7799 \quad B = -0{\cdot}3941 \quad C = 1{\cdot}2201 \quad D = -0{\cdot}0003 \quad E = -0{\cdot}0002 \quad G = 2{\cdot}0163$$
$$(AE - BD)/(G\cos B_F) = -0{\cdot}0003, \qquad (CD - BE)/G = -0{\cdot}0002$$

An improved estimate of the position at the time of fix is

$$L_I = L_F - 0{\cdot}0003 = -15{\cdot}0206 \quad \text{and} \quad B_I = B_F - 0{\cdot}0002 = +31{\cdot}6193$$

The distance between the previous estimated position and the improved estimated position $d = 0{\cdot}02$ nautical miles is so small that a third iteration would produce a negligible improvement to the estimate of the position.

USE OF CONCISE SIGHT REDUCTION TABLES

1. *Introduction.* The concise sight reduction tables given on pages 286 to 317 are intended for use when neither more extensive tables nor electronic computing aids are available. These "NAO sight reduction tables" provide for the reduction of the local hour angle and declination of a celestial object to azimuth and altitude, referred to an assumed position on the Earth, for use in the intercept method of celestial navigation which is now standard practice.

2. *Form of tables.* Entries in the reduction table are at a fixed interval of one degree for all latitudes and hour angles. A compact arrangement results from division of the navigational triangle into two right spherical triangles, so that the table has to be entered twice. Assumed latitude and local hour angle are the arguments for the first entry. The reduction table responds with the intermediate arguments A, B, and Z_1, where A is used as one of the arguments for the second entry to the table, B has to be incremented by the declination to produce the quantity F, and Z_1 is a component of the azimuth angle. The reduction table is then reentered with A and F and yields H, P, and Z_2 where H is the altitude, P is the complement of the parallactic angle, and Z_2 is the second component of the azimuth angle. It is usually necessary to adjust the tabular altitude for the fractional parts of the intermediate entering arguments to derive computed altitude, and an auxiliary table is provided for the purpose. Rules governing signs of the quantities which must be added or subtracted are given in the instructions and summarized on each tabular page. Azimuth angle is the sum of two components and is converted to true azimuth by familiar rules, repeated at the bottom of the tabular pages.

Tabular altitude and intermediate quantities are given to the nearest minute of arc, although errors of 2′ in computed altitude may accrue during adjustment for the minutes parts of entering arguments. Components of azimuth angle are stated to 0°1; for derived true azimuth, only whole degrees are warranted. Since objects near the zenith are difficult to observe with a marine sextant, they should be avoided; altitudes greater than about 80° are not suited to reduction by this method.

In many circumstances the accuracy provided by these tables is sufficient. However, to maintain the full accuracy (0′1) of the ephemeral data in the almanac throughout their reduction to altitude and azimuth, more extensive tables or a calculator should be used.

3. *Use of Tables.*

Step 1. Determine the Greenwich hour angle (*GHA*) and Declination (*Dec*) of the body from the almanac. Select an assumed latitude (*Lat*) of integral degrees nearest to the estimated latitude. Choose an assumed longitude nearest to the estimated longitude such that the local hour angle

$$LHA = GHA \begin{matrix} -\text{ west} \\ +\text{ east} \end{matrix} \text{ longitude}$$

has integral degrees.

Step 2. Enter the reduction table with *Lat* and *LHA* as arguments. Record the quantities A, B and Z_1. Apply the rules for the sign of B and Z_1: B is minus if $90° < LHA < 270°$: Z_1 has the same sign as B. Set $A°$ = nearest whole degree of A and A' = minutes part of A. This step may be repeated for all reductions before leaving the latitude opening of the table.

Step 3. Record the declination *Dec*. Apply the rules for the sign of *Dec*: *Dec* is minus if the name of *Dec* (*i.e.* N or S) is contrary to latitude. Add B and *Dec* algebraically to produce F. If F is negative, the object is below the horizon (in sight reduction, this can occur when the objects are close to the horizon). Regard F as positive until step 7. Set $F°$ = nearest whole degree of F and F' = minutes part of F.

Step 4. Enter the reduction table a second time with A° and F° as arguments and record H, P, and Z_2. Set P° = nearest whole degree of P and $Z_2{}^\circ$ = nearest whole degree of Z_2.

Step 5. Enter the Auxiliary table with F' and P° as arguments to obtain $corr_1$ to H for F'. Apply the rule for the sign of $corr_1$: $corr_1$ is minus if $F < 90^\circ$ and $F' > 29'$ or if $F > 90^\circ$ and $F' < 30'$, otherwise $corr_1$ is positive.

Step 6. Enter the auxiliary table with A' and $Z_2{}^\circ$ as arguments to obtain $corr_2$ to H for A'. Apply the rule for the sign of $corr_2$: $corr_2$ is minus if $A' < 30'$, otherwise $corr_2$ is positive.

Step 7. Calculate the computed altitude H_C as the sum of H, $corr_1$ and $corr_2$. Apply the rule for the sign of H_C: H_C is minus if F is minus.

Step 8. Apply the rule for the sign of Z_2: Z_2 is minus if $F > 90^\circ$. If F is minus, replace Z_2 by $180^\circ - Z_2$. Set the azimuth angle Z equal to the algebraic sum of Z_1 and Z_2 and ignore the resulting sign. Obtain the true azimuth Z_n from the rules

For N latitude, if	$LHA > 180^\circ$	$Z_n = Z$
if	$LHA < 180^\circ$	$Z_n = 360^\circ - Z$
For S latitude, if	$LHA > 180^\circ$	$Z_n = 180^\circ - Z$
if	$LHA < 180^\circ$	$Z_n = 180^\circ + Z$

Observed altitude H_O is compared with H_C to obtain the altitude difference, which, with Z_n, is used to plot the position line.

4. *Example.* (a) Required the altitude and azimuth of *Schedar* on 1990 February 5 at UT $6^h\ 26^m$ from the estimated position 5° east, 53° north.

1. Assumed latitude	$Lat =$ 53° N		
From the almanac	$GHA =$ 221° 40′		
Assumed longitude	5° 20′ E		
Local hour angle	$LHA =$ 227		
2. Reduction table, 1st entry			
$(Lat, LHA) = (53, 227)$	$A =$ 26 07	$A^\circ = 26$, $A' = 7$	
	$B = -27$ 12	$Z_1 = -49{\cdot}4$,	$90^\circ < LHA < 270^\circ$
3. From the almanac	$Dec = +56$ 29		*Lat* and *Dec* same
Sum = $B + Dec$	$F = +29$ 17	$F^\circ = 29$, $F' = 17$	
4. Reduction table, 2nd entry			
$(A^\circ, F^\circ) = (26, 29)$	$H =$ 25 50	$P^\circ = 61$	
		$Z_2 = 76{\cdot}3$	
5. Auxiliary table, 1st entry			
$(F', P^\circ) = (17, 61)$	$corr_1 =$ +15		$F < 90^\circ, F' < 29'$
Sum	26 05		
6. Auxiliary table, 2nd entry			
$(A', Z_2{}^\circ) = (7, 76)$	$corr_2 =$ −2		$A' < 30'$
7. Sum = computed altitude	$H_C = +26^\circ\ 03'$		$F > 0^\circ$
8. Azimuth, first component	$Z_1 = -49{\cdot}4$		same sign as B
second component	$Z_2 = +76{\cdot}3$		$F < 90^\circ, F > 0^\circ$
Sum = azimuth angle	$Z =$ 26·9		
True azimuth	$Z_n =$ 27°		N *Lat*, $LHA > 180^\circ$

N

continued on page 318

SIGHT REDUCTION TABLE

B: (–) for 90°< LHA < 270°
Dec: (–) for Lat. contrary name

Z_1: same sign as B
Z_2: (–) for F > 90°

Lat. / A		0°			1°			2°			3°			4°			5°			Lat. / A	
LHA / F		A / H	B / P	Z_1 / Z_2	A / H	B / P	Z_1 / Z_2	A / H	B / P	Z_1 / Z_2	A / H	B / P	Z_1 / Z_2	A / H	B / P	Z_1 / Z_2	A / H	B / P	Z_1 / Z_2	LHA	
°	°	° ′	° ′	°	° ′	° ′	°	° ′	° ′	°	° ′	° ′	°	° ′	° ′	°	° ′	° ′	°	°	°
0	180	0 00	90 00	90.0	0 00	89 00	90.0	0 00	88 00	90.0	0 00	87 00	90.0	0 00	86 00	90.0	0 00	85 00	90.0	180	360
1	179	1 00	90 00	90.0	1 00	89 00	90.0	1 00	88 00	90.0	1 00	87 00	89.9	1 00	86 00	89.9	1 00	85 00	89.9	181	359
2	178	2 00	90 00	90.0	2 00	89 00	90.0	2 00	88 00	89.9	2 00	87 00	89.9	2 00	86 00	89.9	2 00	85 00	89.8	182	358
3	177	3 00	90 00	90.0	3 00	89 00	89.9	3 00	88 00	89.9	3 00	87 00	89.8	3 00	86 00	89.8	2 59	85 00	89.7	183	357
4	176	4 00	90 00	90.0	4 00	89 00	89.9	4 00	88 00	89.9	4 00	87 00	89.8	3 59	85 59	89.7	3 59	84 59	89.7	184	356
5	175	5 00	90 00	90.0	5 00	89 00	89.9	5 00	88 00	89.8	5 00	86 59	89.7	4 59	85 59	89.7	4 59	84 59	89.6	185	355
6	174	6 00	90 00	90.0	6 00	89 00	89.9	6 00	87 59	89.8	6 00	86 59	89.7	5 59	85 59	89.6	5 59	84 58	89.5	186	354
7	173	7 00	90 00	90.0	7 00	89 00	89.9	7 00	87 59	89.8	6 59	86 59	89.6	6 59	85 58	89.5	6 58	84 58	89.4	187	353
8	172	8 00	90 00	90.0	8 00	88 59	89.9	8 00	87 59	89.7	7 59	86 58	89.6	7 59	85 58	89.4	7 58	84 57	89.3	188	352
9	171	9 00	90 00	90.0	9 00	88 59	89.8	9 00	87 59	89.7	8 59	86 58	89.5	8 59	85 57	89.4	8 58	84 56	89.2	189	351
10	170	10 00	90 00	90.0	10 00	88 59	89.8	10 00	87 58	89.6	9 59	86 57	89.5	9 59	85 56	89.3	9 58	84 55	89.1	190	350
11	169	11 00	90 00	90.0	11 00	88 59	89.8	11 00	87 58	89.6	10 59	86 57	89.4	10 58	85 56	89.2	10 57	84 54	89.0	191	349
12	168	12 00	90 00	90.0	12 00	88 59	89.8	12 00	87 57	89.6	11 59	86 56	89.4	11 58	85 55	89.2	11 57	84 53	88.9	192	348
13	167	13 00	90 00	90.0	13 00	88 58	89.8	13 00	87 57	89.5	12 59	86 55	89.3	12 58	85 54	89.1	12 57	84 52	88.8	193	347
14	166	14 00	90 00	90.0	14 00	88 58	89.8	13 59	87 56	89.5	13 59	86 54	89.3	13 58	85 53	89.0	13 57	84 51	88.8	194	346
15	165	15 00	90 00	90.0	15 00	88 58	89.7	14 59	87 56	89.5	14 59	86 54	89.2	14 58	85 52	88.9	14 56	84 49	88.7	195	345
16	164	16 00	90 00	90.0	16 00	88 58	89.7	15 59	87 55	89.4	15 59	86 53	89.1	15 58	85 50	88.9	15 56	84 48	88.6	196	344
17	163	17 00	90 00	90.0	17 00	88 57	89.7	16 59	87 55	89.4	16 59	86 52	89.1	16 57	85 49	88.8	16 56	84 46	88.5	197	343
18	162	18 00	90 00	90.0	18 00	88 57	89.7	17 59	87 54	89.4	17 58	86 51	89.0	17 57	85 48	88.7	17 56	84 45	88.4	198	342
19	161	19 00	90 00	90.0	19 00	88 57	89.7	18 59	87 53	89.3	18 58	86 50	89.0	18 57	85 46	88.6	18 55	84 43	88.3	199	341
20	160	20 00	90 00	90.0	20 00	88 56	89.6	19 59	87 52	89.3	19 58	86 48	88.9	19 57	85 45	88.5	19 55	84 41	88.2	200	340
21	159	21 00	90 00	90.0	21 00	88 56	89.6	20 59	87 51	89.2	20 58	86 47	88.8	20 57	85 43	88.5	20 55	84 39	88.1	201	339
22	158	22 00	90 00	90.0	22 00	88 55	89.6	21 59	87 51	89.2	21 58	86 46	88.8	21 57	85 41	88.4	21 55	84 37	88.0	202	338
23	157	23 00	90 00	90.0	23 00	88 55	89.6	22 59	87 50	89.2	22 58	86 44	88.7	22 56	85 39	88.3	22 54	84 34	87.9	203	337
24	156	24 00	90 00	90.0	24 00	88 54	89.6	23 59	87 49	89.1	23 58	86 43	88.7	23 56	85 37	88.2	23 54	84 32	87.8	204	336
25	155	25 00	90 00	90.0	25 00	88 54	89.5	24 59	87 48	89.1	24 58	86 41	88.6	24 56	85 35	88.1	24 54	84 29	87.7	205	335
26	154	26 00	90 00	90.0	26 00	88 53	89.5	25 59	87 46	89.0	25 58	86 40	88.5	25 56	85 33	88.1	25 54	84 26	87.6	206	334
27	153	27 00	90 00	90.0	27 00	88 53	89.5	26 59	87 45	89.0	26 58	86 38	88.5	26 56	85 31	88.0	26 53	84 24	87.5	207	333
28	152	28 00	90 00	90.0	28 00	88 52	89.5	27 59	87 44	88.9	27 57	86 36	88.4	27 56	85 28	87.9	27 53	84 20	87.3	208	332
29	151	29 00	90 00	90.0	29 00	88 51	89.4	28 59	87 43	88.9	28 57	86 34	88.3	28 55	85 26	87.8	28 53	84 17	87.2	209	331
30	150	30 00	90 00	90.0	30 00	88 51	89.4	29 59	87 41	88.8	29 57	86 32	88.3	29 55	85 23	87.7	29 52	84 14	87.1	210	330
31	149	31 00	90 00	90.0	31 00	88 50	89.4	30 59	87 40	88.8	30 57	86 30	88.2	30 55	85 20	87.6	30 52	84 10	87.0	211	329
32	148	32 00	90 00	90.0	32 00	88 49	89.4	31 59	87 39	88.8	31 57	86 28	88.1	31 55	85 17	87.5	31 52	84 07	86.9	212	328
33	147	33 00	90 00	90.0	33 00	88 48	89.4	32 59	87 37	88.7	32 57	86 25	88.1	32 55	85 14	87.4	32 52	84 03	86.8	213	327
34	146	34 00	90 00	90.0	34 00	88 48	89.3	33 59	87 35	88.7	33 57	86 23	88.0	33 54	85 11	87.3	33 51	83 59	86.6	214	326
35	145	35 00	90 00	90.0	35 00	88 47	89.3	34 59	87 34	88.6	34 57	86 20	87.9	34 54	85 07	87.2	34 51	83 54	86.5	215	325
36	144	36 00	90 00	90.0	36 00	88 46	89.3	35 58	87 32	88.5	35 57	86 18	87.8	35 54	85 04	87.1	35 51	83 50	86.4	216	324
37	143	37 00	90 00	90.0	37 00	88 45	89.2	36 58	87 30	88.5	36 56	86 15	87.7	36 54	85 00	87.0	36 50	83 45	86.2	217	323
38	142	38 00	90 00	90.0	38 00	88 44	89.2	37 58	87 28	88.4	37 56	86 12	87.7	37 53	84 56	86.9	37 50	83 40	86.1	218	322
39	141	39 00	90 00	90.0	39 00	88 43	89.2	38 58	87 26	88.4	38 56	86 09	87.6	38 53	84 52	86.8	38 49	83 35	86.0	219	321
40	140	40 00	90 00	90.0	40 00	88 42	89.2	39 58	87 23	88.3	39 56	86 05	87.5	39 53	84 47	86.7	39 49	83 29	85.8	220	320
41	139	41 00	90 00	90.0	41 00	88 40	89.1	40 58	87 21	88.3	40 56	86 02	87.4	40 53	84 42	86.5	40 49	83 23	85.7	221	319
42	138	42 00	90 00	90.0	42 00	88 39	89.1	41 58	87 19	88.2	41 56	85 58	87.3	41 52	84 37	86.4	41 48	83 17	85.5	222	318
43	137	43 00	90 00	90.0	43 00	88 38	89.1	42 58	87 16	88.1	42 56	85 54	87.2	42 52	84 32	86.3	42 48	83 11	85.4	223	317
44	136	44 00	90 00	90.0	43 59	88 37	89.0	43 58	87 13	88.1	43 55	85 50	87.1	43 52	84 27	86.1	43 47	83 04	85.2	224	316
45	135	45 00	90 00	90.0	44 59	88 35	89.0	44 58	87 10	88.0	44 55	85 46	87.0	44 52	84 21	86.0	44 47	82 57	85.0	225	315

Lat. / A		0°			1°			2°			3°			4°			5°			Lat. / A	
LHA / F		A / H	B / P	Z_1 / Z_2	A / H	B / P	Z_1 / Z_2	A / H	B / P	Z_1 / Z_2	A / H	B / P	Z_1 / Z_2	A / H	B / P	Z_1 / Z_2	A / H	B / P	Z_1 / Z_2	LHA	
°	°	° ′	° ′	°	° ′	° ′	°	° ′	° ′	°	° ′	° ′	°	° ′	° ′	°	° ′	° ′	°	°	°
45	135	45 00	90 00	90.0	44 59	88 35	89.0	44 58	87 10	88.0	44 55	85 46	87.0	44 52	84 21	86.0	44 47	82 57	85.0	225	315
46	134	46 00	90 00	90.0	45 59	88 34	89.0	45 58	87 07	87.9	45 55	85 41	86.9	45 51	84 15	85.9	45 46	82 49	84.8	226	314
47	133	47 00	90 00	90.0	46 59	88 32	88.9	46 58	87 04	87.9	46 55	85 36	86.8	46 51	84 09	85.7	46 46	82 41	84.7	227	313
48	132	48 00	90 00	90.0	47 59	88 30	88.9	47 58	87 01	87.8	47 55	85 31	86.7	47 51	84 02	85.6	47 46	82 33	84.5	228	312
49	131	49 00	90 00	90.0	48 59	88 29	88.8	48 58	86 57	87.7	48 55	85 26	86.6	48 50	83 55	85.4	48 45	82 24	84.3	229	311
50	130	50 00	90 00	90.0	49 59	88 27	88.8	49 58	86 53	87.6	49 54	85 20	86.4	49 50	83 47	85.2	49 44	82 15	84.1	230	310
51	129	51 00	90 00	90.0	50 59	88 25	88.8	50 57	86 49	87.5	50 54	85 14	86.3	50 50	83 40	85.1	50 44	82 05	83.9	231	309
52	128	52 00	90 00	90.0	51 59	88 23	88.7	51 57	86 45	87.4	51 54	85 08	86.2	51 49	83 31	84.9	51 43	81 55	83.6	232	308
53	127	53 00	90 00	90.0	52 59	88 20	88.7	52 57	86 41	87.3	52 54	85 01	86.0	52 49	83 22	84.7	52 43	81 44	83.4	233	307
54	126	54 00	90 00	90.0	53 59	88 18	88.6	53 57	86 36	87.2	53 54	84 54	85.9	53 49	83 13	84.5	53 42	81 32	83.2	234	306
55	125	55 00	90 00	90.0	54 59	88 15	88.6	54 57	86 31	87.1	54 53	84 47	85.7	54 48	83 03	84.3	54 41	81 20	82.9	235	305
56	124	56 00	90 00	90.0	55 59	88 13	88.5	55 57	86 26	87.0	55 53	84 39	85.6	55 48	82 52	84.1	55 41	81 06	82.6	236	304
57	123	57 00	90 00	90.0	56 59	88 10	88.5	56 57	86 20	86.9	56 53	84 30	85.4	56 47	82 41	83.9	56 40	80 52	82.4	237	303
58	122	58 00	90 00	90.0	57 59	88 07	88.4	57 57	86 14	86.8	57 52	84 21	85.2	57 47	82 29	83.6	57 39	80 38	82.1	238	302
59	121	59 00	90 00	90.0	58 59	88 04	88.3	58 57	86 07	86.7	58 52	84 11	85.0	58 46	82 16	83.4	58 38	80 22	81.7	239	301
60	120	60 00	90 00	90.0	59 59	88 00	88.3	59 56	86 00	86.5	59 52	84 01	84.8	59 46	82 02	83.1	59 37	80 04	81.4	240	300
61	119	61 00	90 00	90.0	60 59	87 56	88.2	60 56	85 53	86.4	60 52	83 50	84.6	60 45	81 48	82.8	60 37	79 46	81.1	241	299
62	118	62 00	90 00	90.0	61 59	87 52	88.1	61 56	85 45	86.2	61 51	83 38	84.4	61 44	81 32	82.5	61 36	79 27	80.7	242	298
63	117	63 00	90 00	90.0	62 59	87 48	88.0	62 56	85 36	86.1	62 51	83 25	84.1	62 44	81 15	82.2	62 35	79 06	80.3	243	297
64	116	64 00	90 00	90.0	63 59	87 43	88.0	63 56	85 27	85.9	63 50	83 11	83.9	63 43	80 56	81.9	63 33	78 43	79.9	244	296
65	115	65 00	90 00	90.0	64 59	87 38	87.9	64 56	85 17	85.7	64 50	82 56	83.6	64 42	80 36	81.5	64 32	78 18	79.4	245	295
66	114	66 00	90 00	90.0	65 59	87 33	87.8	65 55	85 06	85.5	65 49	82 39	83.3	65 41	80 15	81.1	65 31	77 52	78.9	246	294
67	113	67 00	90 00	90.0	66 59	87 26	87.6	66 55	84 54	85.3	66 49	82 22	83.0	66 40	79 51	80.7	66 29	77 23	78.4	247	293
68	112	68 00	90 00	90.0	67 59	87 20	87.5	67 55	84 40	85.1	67 48	82 02	82.6	67 39	79 26	80.2	67 28	76 51	77.8	248	292
69	111	69 00	90 00	90.0	68 59	87 13	87.4	68 55	84 26	84.8	68 48	81 41	82.2	68 38	78 57	79.7	68 26	76 17	77.2	249	291
70	110	70 00	90 00	90.0	69 59	87 05	87.3	69 54	84 10	84.5	69 47	81 17	81.8	69 37	78 27	79.2	69 25	75 39	76.5	250	290
71	109	71 00	90 00	90.0	70 58	86 56	87.1	70 54	83 53	84.2	70 46	80 51	81.4	70 36	77 53	78.5	70 23	74 57	75.8	251	289
72	108	72 00	90 00	90.0	71 58	86 46	86.9	71 54	83 33	83.9	71 46	80 22	80.8	71 35	77 15	77.9	71 20	74 12	75.0	252	288
73	107	73 00	90 00	90.0	72 58	86 35	86.7	72 53	83 11	83.5	72 45	79 50	80.3	72 33	76 33	77.1	72 18	73 20	74.1	253	287
74	106	74 00	90 00	90.0	73 58	86 22	86.5	73 53	82 47	83.1	73 44	79 14	79.7	73 31	75 46	76.3	73 15	72 23	73.1	254	286
75	105	75 00	90 00	90.0	74 58	86 08	86.3	74 52	82 19	82.6	74 43	78 33	78.9	74 29	74 53	75.4	74 12	71 19	72.0	255	285
76	104	76 00	90 00	90.0	75 58	85 52	86.0	75 52	81 47	82.0	75 41	77 47	78.1	75 27	73 53	74.4	75 09	70 07	70.7	256	284
77	103	77 00	90 00	90.0	76 58	85 34	85.7	76 51	81 11	81.4	76 40	76 53	77.2	76 25	72 44	73.2	76 05	68 45	69.3	257	283
78	102	78 00	90 00	90.0	77 58	85 12	85.3	77 50	80 28	80.7	77 38	75 51	76.2	77 22	71 25	71.8	77 01	67 11	67.7	258	282
79	101	79 00	90 00	90.0	78 57	84 46	84.9	78 49	79 38	79.8	78 36	74 38	74.9	78 18	69 52	70.3	77 56	65 22	65.8	259	281
80	100	80 00	90 00	90.0	79 57	84 16	84.3	79 48	78 38	78.8	79 34	73 12	73.5	79 14	68 04	68.4	78 50	63 16	63.7	260	280
81	99	81 00	90 00	90.0	80 57	83 38	83.7	80 47	77 25	77.6	80 31	71 29	71.7	80 09	65 55	66.2	79 43	60 47	61.2	261	279
82	98	82 00	90 00	90.0	81 56	82 51	82.9	81 45	75 55	76.1	81 28	69 22	69.6	81 04	63 19	63.6	80 34	57 51	58.2	262	278
83	97	83 00	90 00	90.0	82 56	81 51	81.9	82 43	74 01	74.1	82 23	66 44	66.9	81 57	60 09	60.4	81 24	54 20	54.6	263	277
84	96	84 00	90 00	90.0	83 55	80 31	80.6	83 41	71 32	71.6	83 18	63 22	63.5	82 48	56 13	56.4	82 12	50 04	50.3	264	276
85	95	85 00	90 00	90.0	84 54	78 40	78.7	84 37	68 10	68.3	84 10	58 59	59.1	83 36	51 16	51.4	82 56	44 53	45.1	265	275
86	94	86 00	90 00	90.0	85 53	75 57	76.0	85 32	63 24	63.5	85 00	53 05	53.2	84 21	44 56	45.1	83 36	38 34	38.7	266	274
87	93	87 00	90 00	90.0	86 50	71 33	71.6	86 24	56 17	56.3	85 45	44 58	45.0	85 00	36 49	36.9	84 10	30 53	31.0	267	273
88	92	88 00	90 00	90.0	87 46	63 26	63.4	87 10	44 59	45.0	86 24	33 40	33.7	85 32	26 31	26.6	84 37	21 45	21.8	268	272
89	91	89 00	90 00	90.0	88 35	45 00	45.0	87 46	26 33	26.6	86 50	18 25	18.4	85 53	14 01	14.0	84 54	11 17	11.3	269	271
90	90	90 00	0 00	0.0	89 00	0 00	0.0	88 00	0 00	0.0	87 00	0 00	0.0	86 00	0 00	0.0	85 00	0 00	0.0	270	270

N. Lat.: for LHA > 180°… $Z_n = Z$
for LHA < 180°… $Z_n = 360° - Z$

S. Lat.: for LHA > 180°… $Z_n = 180° - Z$
for LHA < 180°… $Z_n = 180° + Z$

SIGHT REDUCTION TABLE

B: (–) for 90° < LHA < 270°
Dec: (–) for Lat. contrary name

Z_1 : same sign as B
Z_2 : (–) for F > 90°

Lat. / A		6°			7°			8°			9°			10°			11°			Lat. / A	
LHA / F		A / H	B / P	Z_1 / Z_2	A / H	B / P	Z_1 / Z_2	A / H	B / P	Z_1 / Z_2	A / H	B / P	Z_1 / Z_2	A / H	B / P	Z_1 / Z_2	A / H	B / P	Z_1 / Z_2	LHA	
°	°	° ′	° ′	°	° ′	° ′	°	° ′	° ′	°	° ′	° ′	°	° ′	° ′	°	° ′	° ′	°	°	°
0	180	0 00	84 00	90.0	0 00	83 00	90.0	0 00	82 00	90.0	0 00	81 00	90.0	0 00	80 00	90.0	0 00	79 00	90.0	180	360
1	179	1 00	84 00	89.9	1 00	83 00	89.9	0 59	82 00	89.9	0 59	81 00	89.8	0 59	80 00	89.8	0 59	79 00	89.8	181	359
2	178	1 59	84 00	89.8	1 59	83 00	89.8	1 59	82 00	89.7	1 59	81 00	89.7	1 58	80 00	89.7	1 58	79 00	89.6	182	358
3	177	2 59	84 00	89.7	2 59	82 59	89.6	2 58	81 59	89.6	2 58	80 59	89.5	2 57	79 59	89.5	2 57	78 59	89.4	183	357
4	176	3 59	83 59	89.6	3 58	82 59	89.5	3 58	81 59	89.4	3 57	80 59	89.4	3 56	79 59	89.3	3 56	78 58	89.2	184	356
5	175	4 58	83 59	89.5	4 58	82 58	89.4	4 57	81 58	89.3	4 56	80 58	89.2	4 55	79 58	89.1	4 54	78 58	89.0	185	355
6	174	5 58	83 58	89.4	5 57	82 58	89.3	5 56	81 57	89.2	5 56	80 57	89.1	5 55	79 57	89.0	5 53	78 56	88.9	186	354
7	173	6 58	83 57	89.3	6 57	82 57	89.1	6 56	81 56	89.0	6 55	80 56	88.9	6 54	79 56	88.8	6 52	78 55	88.7	187	353
8	172	7 57	83 56	89.2	7 56	82 56	89.0	7 55	81 55	88.9	7 54	80 55	88.7	7 53	79 54	88.6	7 51	78 54	88.5	188	352
9	171	8 57	83 56	89.1	8 56	82 55	88.9	8 55	81 54	88.7	8 53	80 53	88.6	8 52	79 53	88.4	8 50	78 52	88.3	189	351
10	170	9 57	83 54	88.9	9 55	82 54	88.8	9 54	81 53	88.6	9 53	80 52	88.4	9 51	79 51	88.2	9 49	78 50	88.1	190	350
11	169	10 56	83 53	88.8	10 55	82 52	88.6	10 53	81 51	88.5	10 52	80 50	88.3	10 50	79 49	88.1	10 48	78 48	87.9	191	349
12	168	11 56	83 52	88.7	11 55	82 51	88.5	11 53	81 49	88.3	11 51	80 48	88.1	11 49	79 47	87.9	11 47	78 46	87.7	192	348
13	167	12 56	83 51	88.6	12 54	82 49	88.4	12 52	81 48	88.2	12 50	80 46	87.9	12 48	79 45	87.7	12 45	78 43	87.5	193	347
14	166	13 55	83 49	88.5	13 54	82 47	88.3	13 52	81 46	88.0	13 49	80 44	87.8	13 47	79 42	87.5	13 44	78 40	87.3	194	346
15	165	14 55	83 47	88.4	14 53	82 45	88.1	14 51	81 43	87.9	14 49	80 41	87.6	14 46	79 39	87.3	14 43	78 37	87.1	195	345
16	164	15 55	83 46	88.3	15 53	82 43	88.0	15 50	81 41	87.7	15 48	80 39	87.4	15 45	79 36	87.1	15 42	78 34	86.9	196	344
17	163	16 54	83 44	88.2	16 52	82 41	87.9	16 50	81 38	87.6	16 47	80 36	87.3	16 44	79 33	87.0	16 41	78 31	86.7	197	343
18	162	17 54	83 42	88.1	17 52	82 39	87.7	17 49	81 36	87.4	17 46	80 33	87.1	17 43	79 30	86.8	17 39	78 27	86.5	198	342
19	161	18 54	83 39	87.9	18 51	82 36	87.6	18 48	81 33	87.3	18 45	80 29	86.9	18 42	79 26	86.6	18 38	78 23	86.2	199	341
20	160	19 53	83 37	87.8	19 51	82 33	87.5	19 48	81 30	87.1	19 45	80 26	86.7	19 41	79 22	86.4	19 37	78 19	86.0	200	340
21	159	20 53	83 35	87.7	20 50	82 30	87.3	20 47	81 26	86.9	20 44	80 22	86.6	20 40	79 18	86.2	20 36	78 14	85.8	201	339
22	158	21 52	83 32	87.6	21 50	82 27	87.2	21 46	81 23	86.8	21 43	80 18	86.4	21 39	79 14	86.0	21 35	78 10	85.6	202	338
23	157	22 52	83 29	87.5	22 49	82 24	87.0	22 46	81 19	86.6	22 42	80 14	86.2	22 38	79 09	85.8	22 33	78 05	85.4	203	337
24	156	23 52	83 26	87.3	23 49	82 21	86.9	23 45	81 15	86.5	23 41	80 10	86.0	23 37	79 05	85.6	23 32	77 59	85.1	204	336
25	155	24 51	83 23	87.2	24 48	82 17	86.7	24 44	81 11	86.3	24 40	80 05	85.8	24 36	78 59	85.4	24 31	77 54	84.9	205	335
26	154	25 51	83 20	87.1	25 48	82 13	86.6	25 44	81 07	86.1	25 39	80 00	85.6	25 35	78 54	85.2	25 29	77 48	84.7	206	334
27	153	26 50	83 16	87.0	26 47	82 09	86.4	26 43	81 02	85.9	26 38	79 55	85.4	26 33	78 48	84.9	26 28	77 42	84.4	207	333
28	152	27 50	83 13	86.8	27 46	82 05	86.3	27 42	80 57	85.8	27 38	79 50	85.2	27 32	78 42	84.7	27 27	77 35	84.2	208	332
29	151	28 50	83 09	86.7	28 46	82 01	86.1	28 41	80 52	85.6	28 37	79 44	85.0	28 31	78 36	84.5	28 25	77 28	84.0	209	331
30	150	29 49	83 05	86.5	29 45	81 56	86.0	29 41	80 47	85.4	29 36	79 38	84.8	29 30	78 29	84.3	29 24	77 21	83.7	210	330
31	149	30 49	83 01	86.4	30 45	81 51	85.8	30 40	80 41	85.2	30 35	79 32	84.6	30 29	78 23	84.0	30 22	77 13	83.5	211	329
32	148	31 48	82 56	86.3	31 44	81 46	85.6	31 39	80 35	85.0	31 34	79 25	84.4	31 27	78 15	83.8	31 21	77 05	83.2	212	328
33	147	32 48	82 51	86.1	32 43	81 40	85.5	32 38	80 29	84.8	32 33	79 18	84.2	32 26	78 08	83.6	32 19	76 57	82.9	213	327
34	146	33 47	82 46	86.0	33 43	81 35	85.3	33 37	80 23	84.6	33 32	79 11	84.0	33 25	78 00	83.3	33 18	76 48	82.7	214	326
35	145	34 47	82 41	85.8	34 42	81 29	85.1	34 37	80 16	84.4	34 30	79 03	83.7	34 24	77 51	83.1	34 16	76 39	82.4	215	325
36	144	35 46	82 36	85.7	35 41	81 22	84.9	35 36	80 09	84.2	35 29	78 55	83.5	35 22	77 42	82.8	35 14	76 29	82.1	216	324
37	143	36 46	82 30	85.5	36 41	81 16	84.8	36 35	80 01	84.0	36 28	78 47	83.3	36 21	77 33	82.5	36 13	76 19	81.8	217	323
38	142	37 45	82 24	85.3	37 40	81 09	84.6	37 34	79 53	83.8	37 27	78 38	83.0	37 19	77 23	82.3	37 11	76 09	81.5	218	322
39	141	38 45	82 18	85.2	38 39	81 01	84.4	38 33	79 45	83.6	38 26	78 29	82.8	38 18	77 13	82.0	38 09	75 57	81.2	219	321
40	140	39 44	82 11	85.0	39 39	80 54	84.2	39 32	79 36	83.3	39 25	78 19	82.5	39 16	77 02	81.7	39 07	75 46	80.9	220	320
41	139	40 44	82 04	84.8	40 38	80 46	84.0	40 31	79 27	83.1	40 23	78 09	82.3	40 15	76 51	81.4	40 05	75 33	80.6	221	319
42	138	41 43	81 57	84.6	41 37	80 37	83.7	41 30	79 17	82.9	41 22	77 58	82.0	41 13	76 39	81.1	41 04	75 21	80.3	222	318
43	137	42 42	81 49	84.4	42 36	80 28	83.5	42 29	79 07	82.6	42 21	77 47	81.7	42 12	76 27	80.8	42 02	75 07	79.9	223	317
44	136	43 42	81 41	84.2	43 35	80 19	83.3	43 28	78 57	82.3	43 19	77 35	81.4	43 10	76 14	80.5	43 00	74 53	79.6	224	316
45	135	44 41	81 33	84.0	44 34	80 09	83.1	44 27	78 46	82.1	44 18	77 22	81.1	44 08	76 00	80.1	43 57	74 38	79.2	225	315

Lat. / A		6°			7°			8°			9°			10°			11°			Lat. / A	
LHA / F		A / H	B / P	Z_1 / Z_2	A / H	B / P	Z_1 / Z_2	A / H	B / P	Z_1 / Z_2	A / H	B / P	Z_1 / Z_2	A / H	B / P	Z_1 / Z_2	A / H	B / P	Z_1 / Z_2	LHA	
°	°	° ′	° ′	°	° ′	° ′	°	° ′	° ′	°	° ′	° ′	°	° ′	° ′	°	° ′	° ′	°	°	°
45	135	44 41	81 33	84.0	44 34	80 09	83.1	44 27	78 46	82.1	44 18	77 22	81.1	44 08	76 00	80.1	43 57	74 38	79.2	225	315
46	134	45 41	81 24	83.8	45 34	79 59	82.8	45 26	78 34	81.8	45 16	77 09	80.8	45 06	75 45	79.8	44 55	74 22	78.8	226	314
47	133	46 40	81 14	83.6	46 33	79 48	82.6	46 24	78 21	81.5	46 15	76 56	80.5	46 04	75 30	79.5	45 53	74 05	78.4	227	313
48	132	47 39	81 04	83.4	47 32	79 36	82.3	47 23	78 08	81.2	47 13	76 41	80.1	47 03	75 14	79.1	46 51	73 48	78.0	228	312
49	131	48 38	80 54	83.1	48 31	79 24	82.0	48 22	77 55	80.9	48 12	76 26	79.8	48 01	74 57	78.7	47 48	73 30	77.6	229	311
50	130	49 38	80 43	82.9	49 30	79 11	81.7	49 20	77 40	80.6	49 10	76 09	79.4	48 58	74 40	78.3	48 46	73 10	77.2	230	310
51	129	50 37	80 31	82.6	50 29	78 58	81.4	50 19	77 25	80.2	50 08	75 52	79.1	49 56	74 21	77.9	49 43	72 50	76.7	231	309
52	128	51 36	80 19	82.4	51 27	78 43	81.1	51 18	77 08	79.9	51 06	75 34	78.7	50 54	74 01	77.5	50 40	72 29	76.3	232	308
53	127	52 35	80 06	82.1	52 26	78 28	80.8	52 16	76 51	79.5	52 04	75 15	78.3	51 52	73 40	77.0	51 37	72 06	75.8	233	307
54	126	53 34	79 52	81.8	53 25	78 12	80.5	53 14	76 33	79.2	53 02	74 55	77.8	52 49	73 18	76.6	52 35	71 42	75.3	234	306
55	125	54 33	79 37	81.5	54 24	77 55	80.1	54 13	76 14	78.8	54 00	74 34	77.4	53 47	72 55	76.1	53 31	71 17	74.8	235	305
56	124	55 32	79 21	81.2	55 22	77 37	79.8	55 11	75 54	78.3	54 58	74 11	76.9	54 44	72 30	75.6	54 28	70 50	74.2	236	304
57	123	56 31	79 05	80.9	56 21	77 18	79.4	56 09	75 32	77.9	55 56	73 47	76.5	55 41	72 04	75.0	55 25	70 22	73.6	237	303
58	122	57 30	78 47	80.5	57 19	76 57	79.0	57 07	75 09	77.4	56 53	73 22	75.9	56 38	71 36	74.5	56 21	69 51	73.0	238	302
59	121	58 29	78 28	80.1	58 18	76 35	78.5	58 05	74 44	77.0	57 51	72 54	75.4	57 35	71 06	73.9	57 17	69 19	72.4	239	301
60	120	59 28	78 08	79.7	59 16	76 12	78.1	59 03	74 18	76.4	58 48	72 25	74.8	58 32	70 34	73.3	58 13	68 45	71.7	240	300
61	119	60 26	77 46	79.3	60 14	75 47	77.6	60 01	73 50	75.9	59 45	71 54	74.2	59 28	70 01	72.6	59 09	68 09	71.0	241	299
62	118	61 25	77 23	78.9	61 12	75 21	77.1	60 58	73 20	75.3	60 42	71 21	73.6	60 24	69 25	71.9	60 05	67 30	70.3	242	298
63	117	62 23	76 58	78.4	62 10	74 52	76.5	61 56	72 48	74.7	61 39	70 46	72.9	61 20	68 46	71.2	61 00	66 49	69.5	243	297
64	116	63 22	76 31	77.9	63 08	74 21	76.0	62 53	72 13	74.1	62 35	70 08	72.2	62 16	68 05	70.4	61 55	66 05	68.6	244	296
65	115	64 20	76 02	77.4	64 06	73 48	75.4	63 50	71 36	73.4	63 32	69 27	71.5	63 12	67 21	69.6	62 50	65 18	67.7	245	295
66	114	65 18	75 31	76.8	65 03	73 12	74.7	64 47	70 56	72.6	64 28	68 43	70.6	64 07	66 34	68.7	63 44	64 27	66.8	246	294
67	113	66 16	74 57	76.2	66 01	72 33	74.0	65 43	70 13	71.8	65 23	67 56	69.8	65 02	65 43	67.8	64 38	63 33	65.8	247	293
68	112	67 14	74 20	75.5	66 58	71 51	73.2	66 40	69 26	71.0	66 19	67 05	68.8	65 56	64 48	66.7	65 32	62 35	64.7	248	292
69	111	68 12	73 39	74.8	67 55	71 05	72.4	67 36	68 35	70.1	67 14	66 09	67.8	66 50	63 48	65.7	66 25	61 31	63.6	249	291
70	110	69 09	72 55	74.0	68 51	70 15	71.5	68 31	67 40	69.1	68 09	65 09	66.7	67 44	62 44	64.5	67 17	60 23	62.3	250	290
71	109	70 07	72 06	73.1	69 48	69 20	70.5	69 27	66 39	68.0	69 03	64 03	65.6	68 37	61 34	63.2	68 09	59 10	61.0	251	289
72	108	71 03	71 13	72.2	70 44	68 20	69.4	70 21	65 33	66.8	69 57	62 52	64.3	69 29	60 17	61.9	69 00	57 50	59.6	252	288
73	107	72 00	70 14	71.1	71 39	67 13	68.3	71 16	64 20	65.5	70 50	61 33	62.9	70 21	58 54	60.4	69 50	56 23	58.0	253	287
74	106	72 56	69 08	70.0	72 34	65 59	67.0	72 09	62 59	64.1	71 42	60 07	61.4	71 12	57 24	58.8	70 40	54 48	56.4	254	286
75	105	73 52	67 54	68.7	73 29	64 37	65.5	73 03	61 30	62.6	72 34	58 32	59.7	72 02	55 44	57.1	71 28	53 06	54.5	255	285
76	104	74 48	66 31	67.3	74 23	63 05	64.0	73 55	59 51	60.8	73 24	56 47	57.9	72 51	53 55	55.1	72 16	51 13	52.6	256	284
77	103	75 42	64 57	65.6	75 16	61 22	62.2	74 46	58 00	58.9	74 14	54 51	55.9	73 39	51 55	53.1	73 02	49 10	50.4	257	283
78	102	76 36	63 11	63.8	76 08	59 26	60.2	75 37	55 57	56.8	75 02	52 42	53.6	74 26	49 42	50.8	73 47	46 56	48.1	258	282
79	101	77 29	61 09	61.7	76 59	57 14	57.9	76 26	53 38	54.4	75 49	50 18	51.2	75 11	47 16	48.2	74 30	44 28	45.5	259	281
80	100	78 21	58 49	59.3	77 49	54 44	55.3	77 13	51 01	51.7	76 35	47 38	48.4	75 54	44 34	45.4	75 11	41 47	42.7	260	280
81	99	79 12	56 06	56.6	78 37	51 52	52.4	77 59	48 04	48.7	77 18	44 39	45.4	76 35	41 35	42.4	75 49	38 50	39.7	261	279
82	98	80 01	52 56	53.4	79 23	48 35	49.1	78 42	44 43	45.3	77 59	41 18	41.9	77 13	38 17	39.0	76 26	35 36	36.4	262	278
83	97	80 47	49 13	49.6	80 07	44 47	45.2	79 23	40 56	41.4	78 37	37 35	38.1	77 49	34 39	35.3	76 59	32 05	32.8	263	277
84	96	81 31	44 51	45.2	80 47	40 24	40.8	80 01	36 38	37.1	79 12	33 25	33.9	78 21	30 40	31.2	77 29	28 16	28.8	264	276
85	95	82 12	39 40	39.9	81 24	35 22	35.7	80 34	31 48	32.2	79 43	28 49	29.2	78 50	26 18	26.7	77 56	24 09	24.6	265	275
86	94	82 48	33 34	33.8	81 57	29 36	29.8	81 04	26 24	26.7	80 09	23 46	24.1	79 14	21 35	21.9	78 18	19 44	20.1	266	274
87	93	83 18	26 28	26.6	82 23	23 05	23.3	81 28	20 25	20.6	80 31	18 17	18.5	79 34	16 32	16.8	78 36	15 04	15.4	267	273
88	92	83 41	18 22	18.5	82 43	15 52	16.0	81 45	13 57	14.1	80 47	12 26	12.6	79 48	11 12	11.4	78 49	10 11	10.4	268	272
89	91	83 55	9 26	9.5	82 56	8 05	8.2	81 56	7 05	7.1	80 57	6 17	6.4	79 57	5 39	5.7	78 57	5 08	5.2	269	271
90	90	84 00	0 00	0.0	83 00	0 00	0.0	82 00	0 00	0.0	81 00	0 00	0.0	80 00	0 00	0.0	79 00	0 00	0.0	270	270

N. Lat.: for LHA > 180°… $Z_n = Z$
for LHA < 180°… $Z_n = 360° - Z$

S. Lat.: for LHA > 180°… $Z_n = 180° - Z$
for LHA < 180°… $Z_n = 180° + Z$

SIGHT REDUCTION TABLE

B: (–) for 90°< LHA < 270°
Dec: (–) for Lat. contrary name

Z_1 : same sign as B
Z_2 : (–) for F > 90°

Lat. / A		12°			13°			14°			15°			16°			17°			Lat. / A	
LHA / F		A / H	B / P	Z_1 / Z_2	A / H	B / P	Z_1 / Z_2	A / H	B / P	Z_1 / Z_2	A / H	B / P	Z_1 / Z_2	A / H	B / P	Z_1 / Z_2	A / H	B / P	Z_1 / Z_2	LHA	
°	°	° ′	° ′	°	° ′	° ′	°	° ′	° ′	°	° ′	° ′	°	° ′	° ′	°	° ′	° ′	°	°	°
0	180	0 00	78 00	90.0	0 00	77 00	90.0	0 00	76 00	90.0	0 00	75 00	90.0	0 00	74 00	90.0	0 00	73 00	90.0	180	360
1	179	0 59	78 00	89.8	0 58	77 00	89.8	0 58	76 00	89.8	0 58	75 00	89.7	0 58	74 00	89.7	0 57	73 00	89.7	181	359
2	178	1 57	78 00	89.6	1 57	77 00	89.5	1 56	76 00	89.5	1 56	74 59	89.5	1 55	73 59	89.4	1 55	72 59	89.4	182	358
3	177	2 56	77 59	89.4	2 55	76 59	89.3	2 55	75 59	89.3	2 54	74 59	89.2	2 53	73 59	89.2	2 52	72 59	89.1	183	357
4	176	3 55	77 58	89.2	3 54	76 58	89.1	3 53	75 58	89.0	3 52	74 58	89.0	3 51	73 58	88.9	3 49	72 58	88.8	184	356
5	175	4 53	77 57	89.0	4 52	76 57	88.9	4 51	75 57	88.8	4 50	74 57	88.7	4 48	73 57	88.6	4 47	72 56	88.5	185	355
6	174	5 52	77 56	88.7	5 51	76 56	88.6	5 49	75 56	88.5	5 48	74 55	88.4	5 46	73 55	88.3	5 44	72 55	88.2	186	354
7	173	6 51	77 55	88.5	6 49	76 54	88.4	6 47	75 54	88.3	6 46	74 54	88.2	6 44	73 53	88.1	6 42	72 53	87.9	187	353
8	172	7 49	77 53	88.3	7 48	76 53	88.2	7 46	75 52	88.1	7 44	74 52	87.9	7 41	73 51	87.8	7 39	72 51	87.6	188	352
9	171	8 48	77 51	88.1	8 46	76 51	88.0	8 44	75 50	87.8	8 41	74 49	87.7	8 39	73 49	87.5	8 36	72 48	87.3	189	351
10	170	9 47	77 49	87.9	9 44	76 48	87.7	9 42	75 48	87.6	9 39	74 47	87.4	9 37	73 46	87.2	9 34	72 45	87.0	190	350
11	169	10 45	77 47	87.7	10 43	76 46	87.5	10 40	75 45	87.3	10 37	74 44	87.1	10 34	73 43	86.9	10 31	72 42	86.7	191	349
12	168	11 44	77 44	87.5	11 41	76 43	87.3	11 38	75 42	87.1	11 35	74 41	86.9	11 32	73 40	86.6	11 28	72 39	86.4	192	348
13	167	12 43	77 42	87.3	12 40	76 40	87.0	12 36	75 39	86.8	12 33	74 37	86.6	12 29	73 36	86.4	12 25	72 35	86.1	193	347
14	166	13 41	77 39	87.0	13 38	76 37	86.8	13 35	75 35	86.5	13 31	74 34	86.3	13 27	73 32	86.1	13 23	72 31	85.8	194	346
15	165	14 40	77 35	86.8	14 36	76 33	86.6	14 33	75 32	86.3	14 29	74 30	86.0	14 24	73 28	85.8	14 20	72 26	85.5	195	345
16	164	15 38	77 32	86.6	15 35	76 30	86.3	15 31	75 28	86.0	15 26	74 25	85.8	15 22	73 23	85.5	15 17	72 21	85.2	196	344
17	163	16 37	77 28	86.4	16 33	76 26	86.1	16 29	75 23	85.8	16 24	74 21	85.5	16 19	73 19	85.2	16 14	72 16	84.9	197	343
18	162	17 36	77 24	86.1	17 31	76 21	85.8	17 27	75 19	85.5	17 22	74 16	85.2	17 17	73 13	84.9	17 11	72 11	84.6	198	342
19	161	18 34	77 20	85.9	18 30	76 17	85.6	18 25	75 14	85.2	18 20	74 11	84.9	18 14	73 08	84.6	18 08	72 05	84.3	199	341
20	160	19 33	77 15	85.7	19 28	76 12	85.3	19 23	75 08	85.0	19 17	74 05	84.6	19 12	73 02	84.3	19 05	71 59	83.9	200	340
21	159	20 31	77 10	85.4	20 26	76 07	85.1	20 21	75 03	84.7	20 15	73 59	84.3	20 09	72 56	84.0	20 03	71 52	83.6	201	339
22	158	21 30	77 05	85.2	21 24	76 01	84.8	21 19	74 57	84.4	21 13	73 53	84.0	21 06	72 49	83.6	21 00	71 45	83.3	202	338
23	157	22 28	77 00	85.0	22 23	75 55	84.5	22 17	74 51	84.1	22 10	73 46	83.7	22 04	72 42	83.3	21 56	71 38	82.9	203	337
24	156	23 27	76 54	84.7	23 21	75 49	84.3	23 15	74 44	83.9	23 08	73 39	83.4	23 01	72 34	83.0	22 53	71 30	82.6	204	336
25	155	24 25	76 48	84.5	24 19	75 43	84.0	24 13	74 37	83.6	24 06	73 32	83.1	23 58	72 27	82.7	23 50	71 22	82.2	205	335
26	154	25 23	76 42	84.2	25 17	75 36	83.7	25 10	74 30	83.3	25 03	73 24	82.8	24 55	72 18	82.3	24 47	71 13	81.9	206	334
27	153	26 22	76 35	84.0	26 15	75 28	83.5	26 08	74 22	83.0	26 01	73 16	82.5	25 52	72 10	82.0	25 44	71 04	81.5	207	333
28	152	27 20	76 28	83.7	27 13	75 21	83.2	27 06	74 14	82.7	26 58	73 07	82.2	26 50	72 00	81.7	26 41	70 54	81.2	208	332
29	151	28 18	76 20	83.4	28 11	75 13	82.9	28 04	74 05	82.4	27 55	72 58	81.8	27 47	71 51	81.3	27 37	70 44	80.8	209	331
30	150	29 17	76 13	83.2	29 09	75 04	82.6	29 01	73 56	82.0	28 53	72 48	81.5	28 44	71 41	81.0	28 34	70 33	80.4	210	330
31	149	30 15	76 04	82.9	30 07	74 56	82.3	29 59	73 47	81.7	29 50	72 38	81.2	29 41	71 30	80.6	29 30	70 22	80.0	211	329
32	148	31 13	75 56	82.6	31 05	74 46	82.0	30 57	73 37	81.4	30 47	72 28	80.8	30 37	71 19	80.2	30 27	70 11	79.6	212	328
33	147	32 11	75 47	82.3	32 03	74 37	81.7	31 54	73 27	81.1	31 44	72 17	80.5	31 34	71 07	79.9	31 23	69 58	79.2	213	327
34	146	33 10	75 37	82.0	33 01	74 26	81.4	32 52	73 16	80.7	32 42	72 05	80.1	32 31	70 55	79.5	32 20	69 45	78.8	214	326
35	145	34 08	75 27	81.7	33 59	74 16	81.0	33 49	73 04	80.4	33 39	71 53	79.7	33 28	70 42	79.1	33 16	69 32	78.4	215	325
36	144	35 06	75 17	81.4	34 56	74 04	80.7	34 46	72 52	80.0	34 36	71 40	79.4	34 24	70 29	78.7	34 12	69 18	78.0	216	324
37	143	36 04	75 06	81.1	35 54	73 53	80.4	35 44	72 40	79.7	35 33	71 27	79.0	35 21	70 15	78.3	35 08	69 03	77.6	217	323
38	142	37 02	74 54	80.8	36 52	73 40	80.0	36 41	72 27	79.3	36 29	71 13	78.6	36 17	70 00	77.8	36 04	68 48	77.1	218	322
39	141	38 00	74 42	80.4	37 49	73 27	79.7	37 38	72 13	78.9	37 26	70 59	78.2	37 13	69 45	77.4	37 00	68 32	76.7	219	321
40	140	38 57	74 30	80.1	38 47	73 14	79.3	38 35	71 58	78.5	38 23	70 43	77.7	38 10	69 29	77.0	37 56	68 15	76.2	220	320
41	139	39 55	74 16	79.8	39 44	72 59	78.9	39 32	71 43	78.1	39 19	70 27	77.3	39 06	69 12	76.5	38 51	67 57	75.7	221	319
42	138	40 53	74 02	79.4	40 41	72 45	78.5	40 29	71 27	77.7	40 16	70 10	76.9	40 02	68 54	76.1	39 47	67 38	75.3	222	318
43	137	41 51	73 48	79.0	41 39	72 29	78.2	41 26	71 11	77.3	41 12	69 53	76.4	40 58	68 35	75.6	40 42	67 19	74.7	223	317
44	136	42 48	73 32	78.6	42 36	72 12	77.7	42 23	70 53	76.9	42 09	69 34	76.0	41 54	68 16	75.1	41 38	66 58	74.2	224	316
45	135	43 46	73 16	78.3	43 33	71 55	77.3	43 19	70 35	76.4	43 05	69 15	75.5	42 49	67 56	74.6	42 33	66 37	73.7	225	315

Lat. / A		12°			13°			14°			15°			16°			17°			Lat. / A	
LHA / F		A / H	B / P	Z_1 / Z_2	A / H	B / P	Z_1 / Z_2	A / H	B / P	Z_1 / Z_2	A / H	B / P	Z_1 / Z_2	A / H	B / P	Z_1 / Z_2	A / H	B / P	Z_1 / Z_2	LHA	
°	°	° ′	° ′	°	° ′	° ′	°	° ′	° ′	°	° ′	° ′	°	° ′	° ′	°	° ′	° ′	°	°	°
45	135	43 46	73 16	78.3	43 33	71 55	77.3	43 19	70 35	76.4	43 05	69 15	75.5	42 49	67 56	74.6	42 33	66 37	73.7	225	315
46	134	44 43	72 59	77.8	44 30	71 37	76.9	44 16	70 15	75.9	44 01	68 54	75.0	43 45	67 34	74.1	43 28	66 15	73.2	226	314
47	133	45 40	72 41	77.4	45 27	71 18	76.4	45 12	69 55	75.5	44 57	68 33	74.5	44 40	67 12	73.5	44 23	65 51	72.6	227	313
48	132	46 38	72 23	77.0	46 24	70 58	76.0	46 09	69 34	75.0	45 53	68 11	74.0	45 35	66 48	73.0	45 17	65 27	72.0	228	312
49	131	47 35	72 03	76.5	47 20	70 37	75.5	47 05	69 11	74.4	46 48	67 47	73.4	46 30	66 23	72.4	46 12	65 01	71.4	229	311
50	130	48 32	71 42	76.1	48 17	70 15	75.0	48 01	68 48	73.9	47 44	67 22	72.9	47 25	65 58	71.8	47 06	64 34	70.8	230	310
51	129	49 29	71 20	75.6	49 13	69 51	74.5	48 57	68 23	73.4	48 39	66 56	72.3	48 20	65 30	71.2	48 00	64 05	70.1	231	309
52	128	50 25	70 57	75.1	50 09	69 27	73.9	49 52	67 57	72.8	49 34	66 29	71.7	49 15	65 02	70.6	48 54	63 35	69.5	232	308
53	127	51 22	70 33	74.6	51 06	69 01	73.4	50 48	67 30	72.2	50 29	66 00	71.0	50 09	64 31	69.9	49 48	63 04	68.8	233	307
54	126	52 19	70 07	74.0	52 02	68 33	72.8	51 43	67 01	71.6	51 24	65 30	70.4	51 03	64 00	69.2	50 41	62 31	68.1	234	306
55	125	53 15	69 40	73.5	52 57	68 04	72.2	52 38	66 30	70.9	52 18	64 58	69.7	51 57	63 26	68.5	51 34	61 56	67.3	235	305
56	124	54 11	69 11	72.9	53 53	67 34	71.6	53 33	65 58	70.3	53 12	64 24	69.0	52 50	62 51	67.8	52 27	61 20	66.6	236	304
57	123	55 07	68 41	72.2	54 48	67 02	70.9	54 28	65 24	69.6	54 06	63 48	68.3	53 43	62 14	67.0	53 19	60 42	65.8	237	303
58	122	56 03	68 09	71.6	55 43	66 28	70.2	55 22	64 48	68.8	55 00	63 11	67.5	54 36	61 35	66.2	54 12	60 01	64.9	238	302
59	121	56 59	67 34	70.9	56 38	65 51	69.5	56 16	64 10	68.1	55 53	62 31	66.7	55 29	60 54	65.4	55 03	59 18	64.1	239	301
60	120	57 54	66 58	70.2	57 33	65 13	68.7	57 10	63 30	67.3	56 46	61 49	65.9	56 21	60 10	64.5	55 55	58 33	63.1	240	300
61	119	58 49	66 20	69.4	58 27	64 32	67.9	58 04	62 47	66.4	57 39	61 04	65.0	57 13	59 24	63.6	56 46	57 46	62.2	241	299
62	118	59 44	65 38	68.6	59 21	63 49	67.1	58 57	62 02	65.5	58 31	60 17	64.0	58 05	58 35	62.6	57 36	56 56	61.2	242	298
63	117	60 38	64 55	67.8	60 15	63 03	66.2	59 50	61 13	64.6	59 23	59 27	63.1	58 55	57 43	61.6	58 26	56 03	60.2	243	297
64	116	61 32	64 08	66.9	61 08	62 14	65.2	60 42	60 22	63.6	60 15	58 34	62.0	59 46	56 49	60.5	59 16	55 06	59.1	244	296
65	115	62 26	63 18	66.0	62 01	61 21	64.2	61 34	59 28	62.6	61 06	57 37	61.0	60 36	55 51	59.4	60 05	54 07	57.9	245	295
66	114	63 20	62 25	65.0	62 53	60 25	63.2	62 26	58 30	61.5	61 56	56 37	59.8	61 25	54 49	58.2	60 53	53 04	56.7	246	294
67	113	64 13	61 27	63.9	63 45	59 25	62.1	63 16	57 27	60.3	62 46	55 34	58.6	62 14	53 44	57.0	61 41	51 57	55.4	247	293
68	112	65 05	60 26	62.8	64 37	58 21	60.9	64 07	56 21	59.1	63 35	54 25	57.4	63 02	52 34	55.7	62 27	50 47	54.1	248	292
69	111	65 57	59 20	61.6	65 27	57 13	59.6	64 56	55 10	57.8	64 23	53 13	56.0	63 49	51 20	54.3	63 14	49 32	52.7	249	291
70	110	66 48	58 08	60.3	66 18	55 59	58.3	65 45	53 55	56.4	65 11	51 55	54.6	64 36	50 01	52.9	63 59	48 12	51.2	250	290
71	109	67 39	56 52	58.9	67 07	54 40	56.8	66 33	52 33	54.9	65 58	50 33	53.1	65 21	48 38	51.3	64 43	46 48	49.7	251	289
72	108	68 29	55 29	57.4	67 55	53 14	55.3	67 20	51 06	53.3	66 44	49 04	51.5	66 06	47 08	49.7	65 26	45 18	48.0	252	288
73	107	69 18	53 59	55.8	68 43	51 42	53.7	68 07	49 33	51.6	67 29	47 30	49.8	66 49	45 33	48.0	66 08	43 43	46.3	253	287
74	106	70 06	52 22	54.1	69 30	50 03	51.9	68 52	47 52	49.8	68 12	45 49	47.9	67 31	43 52	46.1	66 49	42 02	44.4	254	286
75	105	70 53	50 36	52.2	70 15	48 16	50.0	69 36	46 04	47.9	68 55	44 00	46.0	68 12	42 04	44.2	67 29	40 15	42.5	255	285
76	104	71 38	48 42	50.2	70 59	46 20	47.9	70 18	44 08	45.9	69 36	42 05	43.9	68 52	40 09	42.1	68 07	38 21	40.5	256	284
77	103	72 23	46 37	48.0	71 42	44 15	45.7	70 59	42 03	43.7	70 15	40 01	41.7	69 30	38 07	39.9	68 43	36 21	38.3	257	283
78	102	73 06	44 22	45.6	72 23	42 00	43.4	71 38	39 49	41.3	70 53	37 49	39.4	70 06	35 57	37.6	69 18	34 13	36.0	258	282
79	101	73 47	41 55	43.1	73 02	39 34	40.8	72 16	37 26	38.8	71 28	35 27	36.9	70 40	33 38	35.2	69 50	31 58	33.6	259	281
80	100	74 26	39 15	40.3	73 39	36 57	38.1	72 51	34 51	36.1	72 02	32 57	34.3	71 12	31 12	32.6	70 21	29 36	31.1	260	280
81	99	75 02	36 21	37.3	74 14	34 07	35.1	73 24	32 06	33.2	72 34	30 17	31.5	71 42	28 37	29.9	70 50	27 06	28.4	261	279
82	98	75 37	33 13	34.1	74 46	31 05	32.0	73 55	29 10	30.2	73 03	27 27	28.5	72 09	25 53	27.0	71 16	24 29	25.7	262	278
83	97	76 08	29 50	30.6	75 16	27 50	28.6	74 23	26 03	26.9	73 29	24 27	25.4	72 34	23 02	24.0	71 39	21 44	22.8	263	277
84	96	76 36	26 11	26.8	75 42	24 22	25.0	74 48	22 45	23.5	73 52	21 19	22.1	72 56	20 02	20.9	72 00	18 53	19.8	264	276
85	95	77 01	22 18	22.8	76 05	20 41	21.3	75 09	19 16	19.9	74 12	18 01	18.7	73 15	16 54	17.6	72 18	15 55	16.7	265	275
86	94	77 22	18 10	18.6	76 25	16 49	17.3	75 27	15 38	16.1	74 29	14 36	15.1	73 31	13 40	14.2	72 33	12 51	13.5	266	274
87	93	77 38	13 50	14.1	76 40	12 46	13.1	75 41	11 51	12.2	74 43	11 03	11.4	73 44	10 21	10.8	72 45	9 43	10.2	267	273
88	92	77 50	9 19	9.5	76 51	8 36	8.8	75 52	7 58	8.2	74 52	7 25	7.7	73 53	6 56	7.2	72 53	6 31	6.8	268	272
89	91	77 58	4 42	4.8	76 58	4 19	4.4	75 58	4 00	4.1	74 58	3 44	3.9	73 58	3 29	3.6	72 58	3 16	3.4	269	271
90	90	78 00	0 00	0.0	77 00	0 00	0.0	76 00	0 00	0.0	75 00	0 00	0.0	74 00	0 00	0.0	73 00	0 00	0.0	270	270

N. Lat.: for LHA > 180°... $Z_n = Z$
for LHA < 180°... $Z_n = 360° - Z$

S. Lat.: for LHA > 180°... $Z_n = 180° - Z$
for LHA < 180°... $Z_n = 180° + Z$

SIGHT REDUCTION TABLE

B: (–) for 90°< LHA < 270°
Dec: (–) for Lat. contrary name

Z_1 : same sign as B
Z_2 : (–) for F > 90°

Lat. / A		18°			19°			20°			21°			22°			23°			Lat. / A	
LHA / F		A / H	B / P	Z_1/Z_2	A / H	B / P	Z_1/Z_2	A / H	B / P	Z_1/Z_2	A / H	B / P	Z_1/Z_2	A / H	B / P	Z_1/Z_2	A / H	B / P	Z_1/Z_2	LHA	
°	°	° ′	° ′	°	° ′	° ′	°	° ′	° ′	°	° ′	° ′	°	° ′	° ′	°	° ′	° ′	°	°	°
0	180	0 00	72 00	90.0	0 00	71 00	90.0	0 00	70 00	90.0	0 00	69 00	90.0	0 00	68 00	90.0	0 00	67 00	90.0	180	360
1	179	0 57	72 00	89.7	0 57	71 00	89.7	0 56	70 00	89.7	0 56	69 00	89.6	0 56	68 00	89.6	0 55	67 00	89.6	181	359
2	178	1 54	71 59	89.4	1 53	70 59	89.3	1 53	69 59	89.3	1 52	68 59	89.3	1 51	67 59	89.3	1 50	66 59	89.2	182	358
3	177	2 51	71 59	89.1	2 50	70 59	89.0	2 49	69 58	89.0	2 48	68 58	88.9	2 47	67 58	88.9	2 46	66 58	88.8	183	357
4	176	3 48	71 58	88.8	3 47	70 57	88.7	3 46	69 57	88.6	3 44	68 57	88.6	3 42	67 57	88.5	3 41	66 57	88.4	184	356
5	175	4 45	71 56	88.5	4 44	70 56	88.4	4 42	69 56	88.3	4 40	68 56	88.2	4 38	67 55	88.1	4 36	66 55	88.0	185	355
6	174	5 42	71 54	88.1	5 40	70 54	88.0	5 38	69 54	87.9	5 36	68 54	87.8	5 34	67 53	87.7	5 31	66 53	87.6	186	354
7	173	6 39	71 52	87.8	6 37	70 52	87.7	6 35	69 52	87.6	6 32	68 51	87.5	6 29	67 51	87.4	6 26	66 51	87.3	187	353
8	172	7 36	71 50	87.5	7 34	70 50	87.4	7 31	69 49	87.2	7 28	68 49	87.1	7 25	67 48	87.0	7 22	66 48	86.9	188	352
9	171	8 33	71 47	87.2	8 30	70 47	87.0	8 27	69 46	86.9	8 24	68 46	86.8	8 20	67 45	86.6	8 17	66 45	86.5	189	351
10	170	9 30	71 44	86.9	9 27	70 44	86.7	9 23	69 43	86.5	9 20	68 42	86.4	9 16	67 42	86.2	9 12	66 41	86.1	190	350
11	169	10 27	71 41	86.6	10 24	70 40	86.4	10 20	69 39	86.2	10 16	68 39	86.0	10 11	67 38	85.8	10 07	66 37	85.7	191	349
12	168	11 24	71 37	86.2	11 20	70 36	86.0	11 16	69 35	85.8	11 12	68 34	85.6	11 07	67 33	85.4	11 02	66 32	85.3	192	348
13	167	12 21	71 33	85.9	12 17	70 32	85.7	12 12	69 31	85.5	12 07	68 30	85.3	12 02	67 29	85.1	11 57	66 28	84.8	193	347
14	166	13 18	71 29	85.6	13 13	70 28	85.4	13 08	69 26	85.1	13 03	68 25	84.9	12 58	67 24	84.7	12 52	66 22	84.4	194	346
15	165	14 15	71 24	85.3	14 10	70 23	85.0	14 05	69 21	84.8	13 59	68 20	84.5	13 53	67 18	84.3	13 47	66 17	84.0	195	345
16	164	15 12	71 19	84.9	15 06	70 18	84.7	15 01	69 16	84.4	14 55	68 14	84.1	14 48	67 12	83.9	14 42	66 10	83.6	196	344
17	163	16 09	71 14	84.6	16 03	70 12	84.3	15 57	69 10	84.0	15 50	68 08	83.7	15 44	67 06	83.5	15 37	66 04	83.2	197	343
18	162	17 05	71 08	84.3	16 59	70 06	84.0	16 53	69 03	83.7	16 46	68 01	83.4	16 39	66 59	83.1	16 32	65 57	82.8	198	342
19	161	18 02	71 02	83.9	17 56	69 59	83.6	17 49	68 57	83.3	17 42	67 54	83.0	17 34	66 52	82.7	17 26	65 49	82.3	199	341
20	160	18 59	70 56	83.6	18 52	69 53	83.2	18 45	68 50	82.9	18 37	67 47	82.6	18 29	66 44	82.2	18 21	65 41	81.9	200	340
21	159	19 56	70 49	83.2	19 48	69 45	82.9	19 41	68 42	82.5	19 33	67 39	82.2	19 24	66 36	81.8	19 16	65 33	81.5	201	339
22	158	20 52	70 41	82.9	20 45.	69 38	82.5	20 37	68 34	82.1	20 28	67 31	81.8	20 19	66 27	81.4	20 10	65 24	81.0	202	338
23	157	21 49	70 33	82.5	21 41	69 29	82.1	21 32	68 26	81.7	21 24	67 22	81.4	21 14	66 18	81.0	21 05	65 15	80.6	203	337
24	156	22 45	70 25	82.2	22 37	69 21	81.8	22 28	68 17	81.3	22 19	67 12	80.9	22 09	66 09	80.5	21 59	65 05	80.1	204	336
25	155	23 42	70 17	81.8	23 33	69 12	81.4	23 24	68 07	80.9	23 14	67 03	80.5	23 04	65 58	80.1	22 54	64 54	79.7	205	335
26	154	24 38	70 07	81.4	24 29	69 02	81.0	24 20	67 57	80.5	24 09	66 52	80.1	23 59	65 48	79.6	23 48	64 43	79.2	206	334
27	153	25 35	69 58	81.1	25 25	68 52	80.6	25 15	67 47	80.1	25 05	66 42	79.7	24 54	65 36	79.2	24 42	64 32	78.7	207	333
28	152	26 31	69 48	80.7	26 21	68 42	80.2	26 11	67 36	79.7	26 00	66 30	79.2	25 48	65 25	78.7	25 36	64 19	78.3	208	332
29	151	27 27	69 37	80.3	27 17	68 31	79.8	27 06	67 24	79.3	26 55	66 18	78.8	26 43	65 12	78.3	26 30	64 07	77.8	209	331
30	150	28 24	69 26	79.9	28 13	68 19	79.4	28 01	67 12	78.8	27 50	66 06	78.3	27 37	64 59	77.8	27 24	63 53	77.3	210	330
31	149	29 20	69 14	79.5	29 09	68 07	78.9	28 57	67 00	78.4	28 44	65 53	77.8	28 31	64 46	77.3	28 18	63 39	76.8	211	329
32	148	30 16	69 02	79.1	30 04	67 54	78.5	29 52	66 46	77.9	29 39	65 39	77.4	29 26	64 32	76.8	29 12	63 25	76.3	212	328
33	147	31 12	68 49	78.7	31 00	67 41	78.1	30 47	66 32	77.5	30 34	65 24	76.9	30 20	64 17	76.3	30 05	63 09	75.8	213	327
34	146	32 08	68 36	78.2	31 55	67 27	77.6	31 42	66 18	77.0	31 28	65 09	76.4	31 14	64 01	75.8	30 59	62 53	75.2	214	326
35	145	33 04	68 22	77.8	32 51	67 12	77.2	32 37	66 03	76.5	32 23	64 54	75.9	32 08	63 45	75.3	31 52	62 36	74.7	215	325
36	144	33 59	68 07	77.3	33 46	66 57	76.7	33 32	65 47	76.0	33 17	64 37	75.4	33 01	63 28	74.8	32 45	62 19	74.2	216	324
37	143	34 55	67 52	76.9	34 41	66 41	76.2	34 26	65 30	75.5	34 11	64 20	74.9	33 55	63 10	74.2	33 38	62 01	73.6	217	323
38	142	35 50	67 36	76.4	35 36	66 24	75.7	35 21	65 13	75.0	35 05	64 02	74.4	34 48	62 51	73.7	34 31	61 41	73.0	218	322
39	141	36 46	67 19	76.0	36 31	66 06	75.2	36 15	64 54	74.5	35 59	63 43	73.8	35 42	62 32	73.1	35 24	61 21	72.4	219	321
40	140	37 41	67 01	75.5	37 26	65 48	74.7	37 10	64 35	74.0	36 53	63 23	73.3	36 35	62 12	72.6	36 17	61 01	71.8	220	320
41	139	38 36	66 42	75.0	38 20	65 29	74.2	38 04	64 15	73.4	37 46	63 02	72.7	37 28	61 50	72.0	37 09	60 39	71.2	221	319
42	138	39 31	66 23	74.5	39 15	65 08	73.7	38 58	63 54	72.9	38 40	62 41	72.1	38 21	61 28	71.4	38 01	60 16	70.6	222	318
43	137	40 26	66 03	73.9	40 09	64 47	73.1	39 51	63 33	72.3	39 33	62 18	71.5	39 13	61 05	70.7	38 53	59 52	70.0	223	317
44	136	41 21	65 42	73.4	41 03	64 25	72.5	40 45	63 10	71.7	40 26	61 55	70.9	40 06	60 41	70.1	39 45	59 27	69.3	224	316
45	135	42 16	65 19	72.8	41 57	64 02	72.0	41 38	62 46	71.1	41 19	61 30	70.3	40 58	60 15	69.5	40 37	59 01	68.7	225	315

Lat. / A		18°			19°			20°			21°			22°			23°			Lat. / A	
LHA / F		A / H	B / P	Z_1 / Z_2	A / H	B / P	Z_1 / Z_2	A / H	B / P	Z_1 / Z_2	A / H	B / P	Z_1 / Z_2	A / H	B / P	Z_1 / Z_2	A / H	B / P	Z_1 / Z_2	LHA	
°	°	° ′	° ′	°	° ′	° ′	°	° ′	° ′	°	° ′	° ′	°	° ′	° ′	°	° ′	° ′	°	°	°
45	135	42 16	65 19	72.8	41 57	64 02	72.0	41 38	62 46	71.1	41 19	61 30	70.3	40 58	60 15	69.5	40 37	59 01	68.7	225	315
46	134	43 10	64 56	72.3	42 51	63 38	71.4	42 32	62 21	70.5	42 11	61 05	69.6	41 50	59 49	68.8	41 28	58 34	68.0	226	314
47	133	44 04	64 32	71.7	43 45	63 13	70.8	43 25	61 55	69.9	43 04	60 38	69.0	42 42	59 21	68.1	42 19	58 06	67.3	227	313
48	132	44 58	64 06	71.1	44 38	62 46	70.1	44 18	61 27	69.2	43 56	60 09	68.3	43 33	58 53	67.4	43 10	57 37	66.5	228	312
49	131	45 52	63 39	70.4	45 32	62 18	69.5	45 10	60 59	68.5	44 48	59 40	67.6	44 24	58 22	66.7	44 00	57 06	65.8	229	311
50	130	46 46	63 11	69.8	46 25	61 49	68.8	46 03	60 29	67.8	45 39	59 09	66.9	45 15	57 51	65.9	44 50	56 34	65.0	230	310
51	129	47 39	62 42	69.1	47 17	61 19	68.1	46 55	59 57	67.1	46 31	58 37	66.1	46 06	57 18	65.2	45 40	56 00	64.2	231	309
52	128	48 33	62 11	68.4	48 10	60 47	67.4	47 46	59 25	66.4	47 22	58 03	65.4	46 56	56 44	64.4	46 30	55 25	63.4	232	308
53	127	49 25	61 38	67.7	49 02	60 13	66.6	48 38	58 50	65.6	48 13	57 28	64.6	47 46	56 07	63.6	47 19	54 48	62.6	233	307
54	126	50 18	61 04	67.0	49 54	59 38	65.9	49 29	58 14	64.8	49 03	56 51	63.7	48 36	55 30	62.7	48 08	54 10	61.7	234	306
55	125	51 10	60 28	66.2	50 46	59 01	65.1	50 20	57 36	64.0	49 53	56 12	62.9	49 25	54 50	61.9	48 56	53 30	60.8	235	305
56	124	52 03	59 50	65.4	51 37	58 23	64.2	51 10	56 56	63.1	50 43	55 32	62.0	50 14	54 09	61.0	49 44	52 48	59.9	236	304
57	123	52 54	59 11	64.6	52 28	57 42	63.4	52 00	56 15	62.2	51 32	54 49	61.1	51 02	53 26	60.0	50 32	52 04	59.0	237	303
58	122	53 46	58 29	63.7	53 18	56 59	62.5	52 50	55 31	61.3	52 21	54 05	60.2	51 50	52 41	59.1	51 19	51 18	58.0	238	302
59	121	54 37	57 45	62.8	54 08	56 14	61.5	53 39	54 45	60.4	53 09	53 18	59.2	52 38	51 53	58.1	52 06	50 30	57.0	239	301
60	120	55 27	56 59	61.8	54 58	55 27	60.6	54 28	53 57	59.4	53 57	52 29	58.2	53 25	51 04	57.0	52 52	49 40	55.9	240	300
61	119	56 17	56 10	60.9	55 47	54 37	59.6	55 16	53 06	58.3	54 44	51 38	57.1	54 11	50 12	55.9	53 37	48 48	54.8	241	299
62	118	57 07	55 19	59.8	56 36	53 45	58.5	56 04	52 13	57.2	55 31	50 44	56.0	54 57	49 17	54.8	54 22	47 53	53.7	242	298
63	117	57 56	54 25	58.8	57 24	52 49	57.4	56 51	51 17	56.1	56 17	49 47	54.9	55 42	48 20	53.7	55 06	46 55	52.5	243	297
64	116	58 44	53 27	57.6	58 12	51 51	56.3	57 38	50 18	55.0	57 03	48 48	53.7	56 27	47 20	52.5	55 50	45 55	51.3	244	296
65	115	59 32	52 27	56.5	58 58	50 50	55.1	58 23	49 16	53.7	57 47	47 45	52.5	57 10	46 17	51.2	56 32	44 52	50.0	245	295
66	114	60 19	51 23	55.2	59 45	49 45	53.8	59 09	48 11	52.5	58 32	46 39	51.2	57 53	45 11	49.9	57 14	43 47	48.7	246	294
67	113	61 06	50 15	53.9	60 30	48 37	52.5	59 53	47 02	51.1	59 15	45 30	49.8	58 36	44 02	48.6	57 55	42 38	47.4	247	293
68	112	61 52	49 04	52.6	61 15	47 25	51.1	60 36	45 50	49.8	59 57	44 18	48.4	59 17	42 50	47.2	58 36	41 26	46.0	248	292
69	111	62 37	47 48	51.2	61 58	46 09	49.7	61 19	44 33	48.3	60 39	43 02	47.0	59 57	41 34	45.7	59 15	40 10	44.5	249	291
70	110	63 21	46 28	49.7	62 41	44 48	48.2	62 01	43 13	46.8	61 19	41 42	45.4	60 36	40 15	44.2	59 53	38 52	43.0	250	290
71	109	64 04	45 03	48.1	63 23	43 24	46.6	62 41	41 49	45.2	61 58	40 18	43.9	61 15	38 52	42.6	60 30	37 29	41.4	251	289
72	108	64 45	43 34	46.4	64 04	41 54	44.9	63 21	40 20	43.5	62 37	38 50	42.2	61 52	37 25	40.9	61 06	36 03	39.7	252	288
73	107	65 26	41 59	44.7	64 43	40 20	43.2	63 59	38 46	41.8	63 14	37 18	40.5	62 27	35 53	39.2	61 41	34 34	38.0	253	287
74	106	66 06	40 19	42.9	65 21	38 41	41.4	64 36	37 08	40.0	63 49	35 41	38.7	63 02	34 18	37.4	62 14	33 00	36.3	254	286
75	105	66 44	38 32	40.9	65 58	36 56	39.5	65 11	35 25	38.1	64 23	33 59	36.8	63 35	32 39	35.6	62 46	31 22	34.4	255	285
76	104	67 20	36 40	38.9	66 33	35 05	37.4	65 45	33 37	36.1	64 56	32 13	34.8	64 07	30 55	33.6	63 16	29 41	32.5	256	284
77	103	67 55	34 42	36.8	67 07	33 09	35.3	66 18	31 43	34.0	65 27	30 22	32.8	64 37	29 06	31.6	63 45	27 55	30.6	257	283
78	102	68 29	32 37	34.5	67 39	31 07	33.1	66 48	29 44	31.9	65 57	28 26	30.7	65 05	27 14	29.6	64 13	26 06	28.5	258	282
79	101	69 00	30 25	32.2	68 09	29 00	30.8	67 17	27 40	29.6	66 25	26 26	28.5	65 32	25 17	27.4	64 38	24 12	26.4	259	281
80	100	69 29	28 07	29.7	68 37	26 46	28.4	67 44	25 30	27.3	66 50	24 20	26.2	65 56	23 15	25.2	65 02	22 15	24.3	260	280
81	99	69 57	25 43	27.1	69 03	24 26	25.9	68 09	23 15	24.8	67 14	22 10	23.8	66 19	21 10	22.9	65 23	20 14	22.1	261	279
82	98	70 21	23 11	24.5	69 27	22 00	23.3	68 31	20 56	22.3	67 36	19 56	21.4	66 40	19 00	20.6	65 43	18 09	19.8	262	278
83	97	70 44	20 34	21.7	69 48	19 29	20.7	68 51	18 31	19.7	67 55	17 37	18.9	66 58	16 47	18.1	66 01	16 01	17.4	263	277
84	96	71 03	17 50	18.8	70 07	16 53	17.9	69 09	16 01	17.1	68 12	15 14	16.3	67 14	14 30	15.7	66 16	13 50	15.1	264	276
85	95	71 20	15 01	15.8	70 23	14 12	15.0	69 25	13 28	14.3	68 26	12 48	13.7	67 28	12 10	13.1	66 29	11 36	12.6	265	275
86	94	71 35	12 07	12.8	70 36	11 27	12.1	69 37	10 51	11.6	68 38	10 18	11.0	67 39	9 48	10.6	66 40	9 20	10.1	266	274
87	93	71 46	9 09	9.6	70 46	8 39	9.1	69 47	8 11	8.7	68 48	7 46	8.3	67 48	7 23	8.0	66 49	7 02	7.6	267	273
88	92	71 54	6 08	6.4	70 54	5 47	6.1	69 54	5 29	5.8	68 55	5 12	5.6	67 55	4 56	5.3	66 55	4 42	5.1	268	272
89	91	71 58	3 04	3.2	70 58	2 54	3.1	69 59	2 45	2.9	68 59	2 36	2.8	67 59	2 28	2.7	66 59	2 21	2.6	269	271
90	90	72 00	0 00	0.0	71 00	0 00	0.0	70 00	0 00	0.0	69 00	0 00	0.0	68 00	0 00	0.0	67 00	0 00	0.0	270	270

N. Lat.: for LHA > 180°... $Z_n = Z$
for LHA < 180°... $Z_n = 360° - Z$

S. Lat.: for LHA > 180°... $Z_n = 180° - Z$
for LHA < 180°... $Z_n = 180° + Z$

SIGHT REDUCTION TABLE

B: (–) for 90°< LHA < 270°
Dec: (–) for Lat. contrary name

Z_1 : same sign as B
Z_2 : (–) for F > 90°

Lat. / A		24°			25°			26°			27°			28°			29°			Lat. / A	
LHA / F		A / H	B / P	Z_1/Z_2	A / H	B / P	Z_1/Z_2	A / H	B / P	Z_1/Z_2	A / H	B / P	Z_1/Z_2	A / H	B / P	Z_1/Z_2	A / H	B / P	Z_1/Z_2	LHA	
°	°	° ′	° ′	°	° ′	° ′	°	° ′	° ′	°	° ′	° ′	°	° ′	° ′	°	° ′	° ′	°	°	°
0	180	0 00	66 00	90.0	0 00	65 00	90.0	0 00	64 00	90.0	0 00	63 00	90.0	0 00	62 00	90.0	0 00	61 00	90.0	180	360
1	179	0 55	66 00	89.6	0 54	65 00	89.6	0 54	64 00	89.6	0 53	63 00	89.5	0 53	62 00	89.5	0 52	61 00	89.5	181	359
2	178	1 50	65 59	89.2	1 49	64 59	89.2	1 48	63 59	89.1	1 47	62 59	89.1	1 46	61 59	89.1	1 45	60 59	89.0	182	358
3	177	2 44	65 58	88.8	2 43	64 58	88.7	2 42	63 58	88.7	2 40	62 58	88.6	2 39	61 58	88.6	2 37	60 58	88.5	183	357
4	176	3 39	65 57	88.4	3 37	64 57	88.3	3 36	63 57	88.2	3 34	62 57	88.2	3 32	61 57	88.1	3 30	60 56	88.1	184	356
5	175	4 34	65 55	88.0	4 32	64 55	87.9	4 30	63 55	87.8	4 27	62 55	87.7	4 25	61 55	87.6	4 22	60 54	87.6	185	355
6	174	5 29	65 53	87.6	5 26	64 53	87.5	5 23	63 53	87.4	5 21	62 52	87.3	5 18	61 52	87.2	5 15	60 52	87.1	186	354
7	173	6 24	65 50	87.1	6 20	64 50	87.0	6 17	63 50	86.9	6 14	62 50	86.8	6 11	61 49	86.7	6 07	60 49	86.6	187	353
8	172	7 18	65 47	86.7	7 15	64 47	86.6	7 11	63 47	86.5	7 07	62 46	86.3	7 04	61 46	86.2	6 59	60 46	86.1	188	352
9	171	8 13	65 44	86.3	8 09	64 44	86.2	8 05	63 43	86.0	8 01	62 43	85.9	7 56	61 42	85.7	7 52	60 42	85.6	189	351
10	170	9 08	65 40	85.9	9 03	64 40	85.7	8 59	63 39	85.6	8 54	62 39	85.4	8 49	61 38	85.3	8 44	60 38	85.1	190	350
11	169	10 02	65 36	85.5	9 57	64 35	85.3	9 52	63 35	85.1	9 47	62 34	85.0	9 42	61 33	84.8	9 36	60 33	84.6	191	349
12	168	10 57	65 32	85.1	10 52	64 31	84.9	10 46	63 30	84.7	10 41	62 29	84.5	10 35	61 28	84.3	10 29	60 28	84.1	192	348
13	167	11 52	65 27	84.6	11 46	64 26	84.4	11 40	63 25	84.2	11 34	62 24	84.0	11 27	61 23	83.8	11 21	60 22	83.6	193	347
14	166	12 46	65 21	84.2	12 40	64 20	84.0	12 34	63 19	83.8	12 27	62 18	83.5	12 20	61 17	83.3	12 13	60 16	83.1	194	346
15	165	13 41	65 15	83.8	13 34	64 14	83.5	13 27	63 13	83.3	13 20	62 11	83.1	13 13	61 10	82.8	13 05	60 09	82.6	195	345
16	164	14 35	65 09	83.3	14 28	64 07	83.1	14 21	63 06	82.8	14 13	62 04	82.6	14 05	61 03	82.3	13 57	60 02	82.1	196	344
17	163	15 29	65 02	82.9	15 22	64 00	82.6	15 14	62 59	82.4	15 06	61 57	82.1	14 58	60 56	81.8	14 49	59 54	81.6	197	343
18	162	16 24	64 55	82.5	16 16	63 53	82.2	16 08	62 51	81.9	15 59	61 49	81.6	15 50	60 47	81.3	15 41	59 46	81.0	198	342
19	161	17 18	64 47	82.0	17 10	63 45	81.7	17 01	62 43	81.4	16 52	61 41	81.1	16 42	60 39	80.8	16 33	59 37	80.5	199	341
20	160	18 12	64 39	81.6	18 03	63 36	81.3	17 54	62 34	80.9	17 45	61 32	80.6	17 35	60 30	80.3	17 24	59 28	80.0	200	340
21	159	19 07	64 30	81.1	18 57	63 28	80.8	18 47	62 25	80.4	18 37	61 23	80.1	18 27	60 20	79.8	18 16	59 18	79.5	201	339
22	158	20 01	64 21	80.7	19 51	63 18	80.3	19 41	62 15	80.0	19 30	61 13	79.6	19 19	60 10	79.3	19 08	59 08	78.9	202	338
23	157	20 55	64 11	80.2	20 44	63 08	79.8	20 34	62 05	79.5	20 22	61 02	79.1	20 11	59 59	78.7	19 59	58 57	78.4	203	337
24	156	21 49	64 01	79.7	21 38	62 58	79.3	21 27	61 54	79.0	21 15	60 51	78.6	21 03	59 48	78.2	20 50	58 45	77.8	204	336
25	155	22 43	63 50	79.3	22 31	62 46	78.9	22 19	61 43	78.4	22 07	60 39	78.0	21 55	59 36	77.7	21 42	58 33	77.3	205	335
26	154	23 36	63 39	78.8	23 25	62 35	78.4	23 12	61 31	77.9	22 59	60 27	77.5	22 46	59 24	77.1	22 33	58 20	76.7	206	334
27	153	24 30	63 27	78.3	24 18	62 22	77.8	24 05	61 18	77.4	23 52	60 14	77.0	23 38	59 10	76.5	23 24	58 07	76.1	207	333
28	152	25 24	63 14	77.8	25 11	62 10	77.3	24 57	61 05	76.9	24 44	60 01	76.4	24 29	58 57	76.0	24 15	57 53	75.5	208	332
29	151	26 17	63 01	77.3	26 04	61 56	76.8	25 50	60 51	76.3	25 36	59 47	75.9	25 21	58 42	75.4	25 05	57 38	75.0	209	331
30	150	27 11	62 48	76.8	26 57	61 42	76.3	26 42	60 37	75.8	26 27	59 32	75.3	26 12	58 27	74.8	25 56	57 23	74.4	210	330
31	149	28 04	62 33	76.3	27 50	61 27	75.8	27 35	60 22	75.2	27 19	59 16	74.7	27 03	58 11	74.2	26 46	57 07	73.8	211	329
32	148	28 57	62 18	75.7	28 42	61 12	75.2	28 27	60 06	74.7	28 10	59 00	74.2	27 54	57 55	73.7	27 37	56 50	73.1	212	328
33	147	29 50	62 02	75.2	29 35	60 56	74.7	29 19	59 49	74.1	29 02	58 43	73.6	28 45	57 38	73.0	28 27	56 32	72.5	213	327
34	146	30 43	61 46	74.7	30 27	60 39	74.1	30 10	59 32	73.5	29 53	58 26	73.0	29 35	57 20	72.4	29 17	56 14	71.9	214	326
35	145	31 36	61 28	74.1	31 19	60 21	73.5	31 02	59 14	72.9	30 44	58 07	72.4	30 26	57 01	71.8	30 07	55 55	71.2	215	325
36	144	32 29	61 10	73.5	32 11	60 02	72.9	31 53	58 55	72.3	31 35	57 48	71.7	31 16	56 41	71.2	30 56	55 35	70.6	216	324
37	143	33 21	60 52	73.0	33 03	59 43	72.3	32 45	58 35	71.7	32 26	57 28	71.1	32 06	56 21	70.5	31 46	55 14	69.9	217	323
38	142	34 13	60 32	72.4	33 55	59 23	71.7	33 36	58 15	71.1	33 16	57 07	70.5	32 56	55 59	69.9	32 35	54 53	69.3	218	322
39	141	35 06	60 11	71.8	34 47	59 02	71.1	34 27	57 53	70.5	34 06	56 45	69.8	33 45	55 37	69.2	33 24	54 30	68.6	219	321
40	140	35 58	59 50	71.2	35 38	58 40	70.5	35 17	57 31	69.8	34 56	56 22	69.1	34 35	55 14	68.5	34 12	54 07	67.9	220	320
41	139	36 49	59 28	70.5	36 29	58 17	69.8	36 08	57 08	69.1	35 46	55 59	68.5	35 24	54 50	67.8	35 01	53 42	67.1	221	319
42	138	37 41	59 04	69.9	37 20	57 54	69.2	36 58	56 43	68.5	36 36	55 34	67.8	36 13	54 25	67.1	35 49	53 17	66.4	222	318
43	137	38 32	58 40	69.2	38 11	57 29	68.5	37 48	56 18	67.8	37 25	55 08	67.1	37 02	53 59	66.4	36 37	52 50	65.7	223	317
44	136	39 23	58 15	68.6	39 01	57 03	67.8	38 38	55 52	67.1	38 14	54 41	66.3	37 50	53 32	65.6	37 25	52 23	64.9	224	316
45	135	40 14	57 48	67.9	39 51	56 36	67.1	39 28	55 24	66.3	39 03	54 13	65.6	38 38	53 04	64.9	38 12	51 54	64.1	225	315

Lat. / A		24°			25°			26°			27°			28°			29°			Lat. / A	
LHA / F		A / H	B / P	Z_1 / Z_2	A / H	B / P	Z_1 / Z_2	A / H	B / P	Z_1 / Z_2	A / H	B / P	Z_1 / Z_2	A / H	B / P	Z_1 / Z_2	A / H	B / P	Z_1 / Z_2	LHA	
°	°	° ′	° ′	°	° ′	° ′	°	° ′	° ′	°	° ′	° ′	°	° ′	° ′	°	° ′	° ′	°	°	°
45	135	40 14	57 48	67.9	39 51	56 36	67.1	39 28	55 24	66.3	39 03	54 13	65.6	38 38	53 04	64.9	38 12	51 54	64.1	225	315
46	134	41 05	57 21	67.2	40 41	56 08	66.4	40 17	54 56	65.6	39 52	53 44	64.8	39 26	52 34	64.1	38 59	51 25	63.3	226	314
47	133	41 55	56 52	66.4	41 31	55 38	65.6	41 06	54 26	64.8	40 40	53 14	64.0	40 13	52 04	63.3	39 46	50 54	62.5	227	313
48	132	42 45	56 22	65.7	42 20	55 08	64.9	41 54	53 55	64.0	41 28	52 43	63.2	41 00	51 32	62.5	40 32	50 22	61.7	228	312
49	131	43 35	55 50	64.9	43 09	54 36	64.1	42 43	53 22	63.2	42 15	52 10	62.4	41 47	50 59	61.6	41 18	49 48	60.9	229	311
50	130	44 25	55 17	64.1	43 58	54 02	63.3	43 31	52 49	62.4	43 03	51 36	61.6	42 34	50 24	60.8	42 04	49 14	60.0	230	310
51	129	45 14	54 43	63.3	44 47	53 28	62.4	44 18	52 13	61.6	43 49	51 00	60.7	43 20	49 48	59.9	42 49	48 38	59.1	231	309
52	128	46 03	54 08	62.5	45 35	52 52	61.6	45 06	51 37	60.7	44 36	50 23	59.8	44 05	49 11	59.0	43 34	48 00	58.2	232	308
53	127	46 51	53 30	61.6	46 22	52 14	60.7	45 52	50 59	59.8	45 22	49 45	58.9	44 51	48 32	58.1	44 18	47 21	57.2	233	307
54	126	47 39	52 51	60.8	47 09	51 34	59.8	46 39	50 19	58.9	46 07	49 05	58.0	45 35	47 52	57.1	45 02	46 41	56.3	234	306
55	125	48 27	52 11	59.8	47 56	50 53	58.9	47 25	49 37	58.0	46 53	48 23	57.0	46 19	47 10	56.2	45 46	45 59	55.3	235	305
56	124	49 14	51 28	58.9	48 43	50 11	57.9	48 10	48 54	57.0	47 37	47 40	56.1	47 03	46 27	55.2	46 29	45 15	54.3	236	304
57	123	50 01	50 44	57.9	49 28	49 26	56.9	48 55	48 09	56.0	48 21	46 54	55.0	47 46	45 41	54.1	47 11	44 30	53.3	237	303
58	122	50 47	49 58	56.9	50 14	48 39	55.9	49 40	47 22	54.9	49 05	46 07	54.0	48 29	44 54	53.1	47 53	43 43	52.2	238	302
59	121	51 33	49 09	55.9	50 58	47 51	54.9	50 23	46 34	53.9	49 48	45 18	52.9	49 11	44 05	52.0	48 34	42 54	51.1	239	301
60	120	52 18	48 19	54.8	51 43	47 00	53.8	51 07	45 43	52.8	50 30	44 28	51.8	49 53	43 14	50.9	49 14	42 03	50.0	240	300
61	119	53 02	47 26	53.7	52 26	46 07	52.7	51 49	44 50	51.7	51 12	43 35	50.7	50 33	42 22	49.7	49 54	41 10	48.8	241	299
62	118	53 46	46 31	52.6	53 09	45 12	51.5	52 31	43 54	50.5	51 53	42 39	49.5	51 13	41 27	48.6	50 33	40 16	47.6	242	298
63	117	54 29	45 33	51.4	53 51	44 14	50.3	53 13	42 57	49.3	52 33	41 42	48.3	51 53	40 30	47.3	51 12	39 19	46.4	243	297
64	116	55 12	44 33	50.2	54 33	43 14	49.1	53 53	41 57	48.1	53 13	40 42	47.1	52 31	39 30	46.1	51 49	38 20	45.2	244	296
65	115	55 53	43 30	48.9	55 13	42 11	47.8	54 33	40 55	46.8	53 51	39 40	45.8	53 09	38 29	44.8	52 26	37 19	43.9	245	295
66	114	56 34	42 25	47.6	55 53	41 06	46.5	55 12	39 50	45.4	54 29	38 36	44.4	53 46	37 25	43.5	53 02	36 16	42.6	246	294
67	113	57 14	41 16	46.2	56 32	39 58	45.1	55 50	38 42	44.1	55 06	37 29	43.1	54 22	36 19	42.1	53 37	35 11	41.2	247	293
68	112	57 53	40 05	44.8	57 10	38 47	43.7	56 27	37 32	42.7	55 42	36 19	41.7	54 57	35 10	40.7	54 11	34 03	39.8	248	292
69	111	58 32	38 50	43.3	57 47	37 33	42.2	57 03	36 18	41.2	56 17	35 07	40.2	55 31	33 59	39.3	54 44	32 53	38.4	249	291
70	110	59 09	37 32	41.8	58 23	36 16	40.7	57 38	35 02	39.7	56 51	33 52	38.7	56 04	32 45	37.8	55 16	31 41	36.9	250	290
71	109	59 45	36 11	40.2	58 58	34 55	39.2	58 12	33 43	38.1	57 24	32 35	37.2	56 36	31 29	36.3	55 47	30 26	35.4	251	289
72	108	60 19	34 46	38.6	59 32	33 32	37.6	58 44	32 21	36.5	57 56	31 14	35.6	57 07	30 10	34.7	56 17	29 08	33.8	252	288
73	107	60 53	33 18	36.9	60 05	32 05	35.9	59 16	30 56	34.9	58 26	29 51	34.0	57 36	28 48	33.1	56 46	27 49	32.2	253	287
74	106	61 25	31 46	35.2	60 36	30 35	34.2	59 46	29 28	33.2	58 55	28 25	32.3	58 05	27 24	31.4	57 13	26 26	30.6	254	286
75	105	61 56	30 10	33.4	61 06	29 02	32.4	60 15	27 57	31.4	59 23	26 56	30.5	58 31	25 57	29.7	57 39	25 02	28.9	255	285
76	104	62 26	28 31	31.5	61 34	27 25	30.5	60 42	26 23	29.6	59 50	25 24	28.8	58 57	24 28	28.0	58 04	23 35	27.2	256	284
77	103	62 53	26 48	29.6	62 01	25 45	28.6	61 08	24 46	27.8	60 15	23 49	27.0	59 21	22 56	26.2	58 27	22 05	25.5	257	283
78	102	63 20	25 02	27.6	62 26	24 02	26.7	61 32	23 05	25.9	60 38	22 12	25.1	59 44	21 21	24.4	58 49	20 34	23.7	258	282
79	101	63 44	23 12	25.5	62 50	22 15	24.7	61 55	21 22	23.9	61 00	20 32	23.2	60 05	19 44	22.5	59 09	19 00	21.8	259	281
80	100	64 07	21 18	23.4	63 12	20 25	22.6	62 16	19 36	21.9	61 20	18 49	21.2	60 24	18 05	20.6	59 28	17 24	20.0	260	280
81	99	64 28	19 22	21.3	63 32	18 33	20.5	62 35	17 47	19.9	61 39	17 04	19.2	60 42	16 24	18.6	59 45	15 46	18.1	261	279
82	98	64 47	17 22	19.1	63 50	16 37	18.4	62 53	15 56	17.8	61 56	15 17	17.2	60 58	14 40	16.7	60 01	14 06	16.2	262	278
83	97	65 03	15 18	16.8	64 06	14 39	16.2	63 08	14 02	15.6	62 10	13 27	15.1	61 12	12 55	14.7	60 14	12 24	14.2	263	277
84	96	65 18	13 13	14.5	64 20	12 38	14.0	63 22	12 06	13.5	62 23	11 36	13.0	61 25	11 07	12.6	60 26	10 41	12.2	264	276
85	95	65 31	11 05	12.1	64 32	10 35	11.7	63 33	10 08	11.3	62 35	9 42	10.9	61 36	9 19	10.6	60 37	8 56	10.2	265	275
86	94	65 41	8 54	9.8	64 42	8 30	9.4	63 43	8 08	9.1	62 44	7 48	8.8	61 44	7 28	8.5	60 45	7 10	8.2	266	274
87	93	65 49	6 42	7.3	64 50	6 24	7.1	63 50	6 07	6.8	62 51	5 52	6.6	61 51	5 37	6.4	60 52	5 24	6.2	267	273
88	92	65 55	4 29	4.9	64 56	4 17	4.7	63 56	4 06	4.6	62 56	3 55	4.4	61 56	3 45	4.3	60 56	3 36	4.1	268	272
89	91	65 59	2 15	2.5	64 59	2 09	2.4	63 59	2 03	2.3	62 59	1 58	2.2	61 59	1 53	2.1	60 59	1 48	2.1	269	271
90	90	66 00	0 00	0.0	65 00	0 00	0.0	64 00	0 00	0.0	63 00	0 00	0.0	62 00	0 00	0.0	61 00	0 00	0.0	270	270

N. Lat.: for LHA > 180°... $Z_n = Z$
for LHA < 180°... $Z_n = 360° - Z$

S. Lat.: for LHA > 180°... $Z_n = 180° - Z$
for LHA < 180°... $Z_n = 180° + Z$

SIGHT REDUCTION TABLE

B: (–) for 90°< LHA < 270°
Dec: (–) for Lat. contrary name

Z_1 : same sign as B
Z_2 : (–) for F > 90°

Lat. / A		30°			31°			32°			33°			34°			35°			Lat. / A	
LHA / F		A / H	B / P	Z_1 / Z_2	A / H	B / P	Z_1 / Z_2	A / H	B / P	Z_1 / Z_2	A / H	B / P	Z_1 / Z_2	A / H	B / P	Z_1 / Z_2	A / H	B / P	Z_1 / Z_2	LHA	
°	°	° ′	° ′	°	° ′	° ′	°	° ′	° ′	°	° ′	° ′	°	° ′	° ′	°	° ′	° ′	°	°	°
0	180	0 00	60 00	90.0	0 00	59 00	90.0	0 00	58 00	90.0	0 00	57 00	90.0	0 00	56 00	90.0	0 00	55 00	90.0	180	360
1	179	0 52	60 00	89.5	0 51	59 00	89.5	0 51	58 00	89.5	0 50	57 00	89.5	0 50	56 00	89.4	0 49	55 00	89.4	181	359
2	178	1 44	59 59	89.0	1 43	58 59	89.0	1 42	57 59	88.9	1 41	56 59	88.9	1 39	55 59	88.9	1 38	54 59	88.9	182	358
3	177	2 36	59 58	88.5	2 34	58 58	88.5	2 33	57 58	88.4	2 31	56 58	88.4	2 29	55 58	88.3	2 27	54 58	88.3	183	357
4	176	3 28	59 56	88.0	3 26	58 56	87.9	3 23	57 56	87.9	3 21	56 56	87.8	3 19	55 56	87.8	3 17	54 56	87.7	184	356
5	175	4 20	59 54	87.5	4 17	58 54	87.4	4 14	57 54	87.3	4 12	56 54	87.3	4 09	55 54	87.2	4 06	54 54	87.1	185	355
6	174	5 12	59 52	87.0	5 08	58 52	86.9	5 05	57 52	86.8	5 02	56 51	86.7	4 58	55 51	86.6	4 55	54 51	86.6	186	354
7	173	6 04	59 49	86.5	6 00	58 49	86.4	5 56	57 48	86.3	5 52	56 48	86.2	5 48	55 48	86.1	5 44	54 48	86.0	187	353
8	172	6 55	59 45	86.0	6 51	58 45	85.9	6 47	57 45	85.7	6 42	56 45	85.6	6 38	55 44	85.5	6 33	54 44	85.4	188	352
9	171	7 47	59 42	85.5	7 42	58 41	85.3	7 37	57 41	85.2	7 32	56 40	85.1	7 27	55 40	84.9	7 22	54 40	84.8	189	351
10	170	8 39	59 37	85.0	8 34	58 37	84.8	8 28	57 36	84.7	8 22	56 36	84.5	8 17	55 36	84.4	8 11	54 35	84.2	190	350
11	169	9 31	59 32	84.4	9 25	58 32	84.3	9 19	57 31	84.1	9 13	56 31	84.0	9 06	55 30	83.8	9 00	54 30	83.6	191	349
12	168	10 22	59 27	83.9	10 16	58 26	83.8	10 09	57 26	83.6	10 03	56 25	83.4	9 56	55 25	83.2	9 48	54 24	83.0	192	348
13	167	11 14	59 21	83.4	11 07	58 20	83.2	11 00	57 20	83.0	10 52	56 19	82.8	10 45	55 18	82.6	10 37	54 18	82.5	193	347
14	166	12 06	59 15	82.9	11 58	58 14	82.7	11 50	57 13	82.5	11 42	56 12	82.3	11 34	55 12	82.1	11 26	54 11	81.9	194	346
15	165	12 57	59 08	82.4	12 49	58 07	82.1	12 41	57 06	81.9	12 32	56 05	81.7	12 23	55 04	81.5	12 14	54 04	81.3	195	345
16	164	13 49	59 01	81.8	13 40	57 59	81.6	13 31	56 58	81.4	13 22	55 57	81.1	13 13	54 57	80.9	13 03	53 56	80.7	196	344
17	163	14 40	58 53	81.3	14 31	57 51	81.1	14 21	56 50	80.8	14 12	55 49	80.5	14 02	54 48	80.3	13 51	53 47	80.1	197	343
18	162	15 31	58 44	80.8	15 22	57 43	80.5	15 12	56 42	80.2	15 01	55 40	80.0	14 51	54 39	79.7	14 40	53 38	79.4	198	342
19	161	16 23	58 35	80.2	16 12	57 34	79.9	16 02	56 32	79.7	15 51	55 31	79.4	15 40	54 30	79.1	15 28	53 29	78.8	199	341
20	160	17 14	58 26	79.7	17 03	57 24	79.4	16 52	56 23	79.1	16 40	55 21	78.8	16 28	54 20	78.5	16 16	53 19	78.2	200	340
21	159	18 05	58 16	79.1	17 53	57 14	78.8	17 42	56 12	78.5	17 29	55 11	78.2	17 17	54 09	77.9	17 04	53 08	77.6	201	339
22	158	18 56	58 05	78.6	18 44	57 03	78.2	18 31	56 01	77.9	18 19	55 00	77.6	18 06	53 58	77.3	17 52	52 56	77.0	202	338
23	157	19 47	57 54	78.0	19 34	56 52	77.7	19 21	55 50	77.3	19 08	54 48	77.0	18 54	53 46	76.6	18 40	52 44	76.3	203	337
24	156	20 37	57 42	77.4	20 24	56 40	77.1	20 11	55 38	76.7	19 57	54 36	76.4	19 42	53 34	76.0	19 28	52 32	75.7	204	336
25	155	21 28	57 30	76.9	21 14	56 27	76.5	21 00	55 25	76.1	20 46	54 23	75.7	20 31	53 21	75.4	20 15	52 19	75.0	205	335
26	154	22 19	57 17	76.3	22 04	56 14	75.9	21 49	55 12	75.5	21 34	54 09	75.1	21 19	53 07	74.7	21 03	52 05	74.4	206	334
27	153	23 09	57 03	75.7	22 54	56 00	75.3	22 39	54 57	74.9	22 23	53 55	74.5	22 07	52 52	74.1	21 50	51 50	73.7	207	333
28	152	23 59	56 49	75.1	23 44	55 46	74.7	23 28	54 43	74.3	23 11	53 40	73.8	22 54	52 37	73.4	22 37	51 35	73.0	208	332
29	151	24 50	56 34	74.5	24 33	55 31	74.1	24 17	54 27	73.6	23 59	53 24	73.2	23 42	52 22	72.8	23 24	51 19	72.4	209	331
30	150	25 40	56 19	73.9	25 23	55 15	73.4	25 05	54 11	73.0	24 48	53 08	72.5	24 29	52 05	72.1	24 11	51 03	71.7	210	330
31	149	26 29	56 02	73.3	26 12	54 58	72.8	25 54	53 54	72.3	25 35	52 51	71.9	25 17	51 48	71.4	24 57	50 45	71.0	211	329
32	148	27 19	55 45	72.6	27 01	54 41	72.2	26 42	53 37	71.7	26 23	52 33	71.2	26 04	51 30	70.7	25 44	50 27	70.3	212	328
33	147	28 09	55 27	72.0	27 50	54 23	71.5	27 31	53 19	71.0	27 11	52 15	70.5	26 50	51 12	70.0	26 30	50 08	69.6	213	327
34	146	28 58	55 09	71.4	28 38	54 04	70.8	28 19	53 00	70.3	27 58	51 56	69.8	27 37	50 52	69.3	27 16	49 49	68.8	214	326
35	145	29 47	54 49	70.7	29 27	53 44	70.2	29 06	52 40	69.6	28 45	51 36	69.1	28 24	50 32	68.6	28 01	49 29	68.1	215	325
36	144	30 36	54 29	70.0	30 15	53 24	69.5	29 54	52 19	68.9	29 32	51 15	68.4	29 10	50 11	67.9	28 47	49 07	67.4	216	324
37	143	31 25	54 08	69.4	31 03	53 03	68.8	30 41	51 58	68.2	30 19	50 53	67.7	29 56	49 49	67.2	29 32	48 45	66.6	217	323
38	142	32 13	53 46	68.7	31 51	52 40	68.1	31 28	51 35	67.5	31 05	50 30	66.9	30 41	49 26	66.4	30 17	48 23	65.9	218	322
39	141	33 02	53 23	68.0	32 39	52 17	67.4	32 15	51 12	66.8	31 51	50 07	66.2	31 27	49 03	65.6	31 02	47 59	65.1	219	321
40	140	33 50	53 00	67.2	33 26	51 53	66.6	33 02	50 48	66.0	32 37	49 43	65.4	32 12	48 38	64.9	31 46	47 34	64.3	220	320
41	139	34 37	52 35	66.5	34 13	51 29	65.9	33 48	50 23	65.3	33 23	49 17	64.7	32 57	48 13	64.1	32 30	47 09	63.5	221	319
42	138	35 25	52 09	65.8	35 00	51 03	65.1	34 34	49 56	64.5	34 08	48 51	63.9	33 42	47 46	63.3	33 14	46 42	62.7	222	318
43	137	36 12	51 43	65.0	35 46	50 36	64.3	35 20	49 29	63.7	34 53	48 24	63.1	34 26	47 19	62.5	33 58	46 15	61.9	223	317
44	136	36 59	51 15	64.2	36 33	50 08	63.6	36 06	49 01	62.9	35 38	47 55	62.3	35 10	46 51	61.6	34 41	45 46	61.0	224	316
45	135	37 46	50 46	63.4	37 19	49 39	62.7	36 51	48 32	62.1	36 22	47 26	61.4	35 53	46 21	60.8	35 24	45 17	60.2	225	315

Lat. / A		30°			31°			32°			33°			34°			35°			Lat. / A	
LHA / F		A / H	B / P	Z_1 / Z_2	A / H	B / P	Z_1 / Z_2	A / H	B / P	Z_1 / Z_2	A / H	B / P	Z_1 / Z_2	A / H	B / P	Z_1 / Z_2	A / H	B / P	Z_1 / Z_2	LHA	
°	°	° ′	° ′	°	° ′	° ′	°	° ′	° ′	°	° ′	° ′	°	° ′	° ′	°	° ′	° ′	°	°	°
45	135	37 46	50 46	63.4	37 19	49 39	62.7	36 51	48 32	62.1	36 22	47 26	61.4	35 53	46 21	60.8	35 24	45 17	60.2	225	315
46	134	38 32	50 16	62.6	38 04	49 08	61.9	37 36	48 02	61.2	37 06	46 56	60.6	36 37	45 51	59.9	36 06	44 46	59.3	226	314
47	133	39 18	49 45	61.8	38 49	48 37	61.1	38 20	47 30	60.4	37 50	46 24	59.7	37 19	45 19	59.1	36 48	44 15	58.4	227	313
48	132	40 04	49 13	61.0	39 34	48 05	60.2	39 04	46 58	59.5	38 33	45 51	58.8	38 02	44 46	58.2	37 30	43 42	57.5	228	312
49	131	40 49	48 39	60.1	40 19	47 31	59.4	39 48	46 24	58.6	39 16	45 18	57.9	38 44	44 12	57.2	38 11	43 08	56.6	229	311
50	130	41 34	48 04	59.2	41 03	46 56	58.5	40 31	45 49	57.7	39 59	44 42	57.0	39 26	43 37	56.3	38 52	42 33	55.6	230	310
51	129	42 18	47 28	58.3	41 46	46 20	57.5	41 14	45 12	56.8	40 41	44 06	56.1	40 07	43 01	55.4	39 32	41 57	54.7	231	309
52	128	43 02	46 50	57.4	42 29	45 42	56.6	41 56	44 34	55.9	41 22	43 28	55.1	40 47	42 23	54.4	40 12	41 19	53.7	232	308
53	127	43 46	46 11	56.4	43 12	45 03	55.6	42 38	43 55	54.9	42 03	42 49	54.1	41 28	41 44	53.4	40 52	40 41	52.7	233	307
54	126	44 29	45 31	55.5	43 54	44 22	54.7	43 19	43 15	53.9	42 44	42 09	53.1	42 07	41 04	52.4	41 30	40 01	51.7	234	306
55	125	45 11	44 49	54.5	44 36	43 40	53.7	44 00	42 33	52.9	43 24	41 27	52.1	42 46	40 23	51.4	42 09	39 19	50.7	235	305
56	124	45 53	44 05	53.5	45 17	42 57	52.6	44 40	41 50	51.8	44 03	40 44	51.1	43 25	39 40	50.3	42 46	38 37	49.6	236	304
57	123	46 35	43 20	52.4	45 58	42 11	51.6	45 20	41 05	50.8	44 42	39 59	50.0	44 03	38 55	49.3	43 24	37 53	48.5	237	303
58	122	47 16	42 33	51.3	46 38	41 25	50.5	45 59	40 18	49.7	45 20	39 13	48.9	44 40	38 09	48.2	44 00	37 07	47.5	238	302
59	121	47 56	41 44	50.2	47 17	40 36	49.4	46 38	39 30	48.6	45 58	38 25	47.8	45 17	37 22	47.1	44 36	36 20	46.3	239	301
60	120	48 35	40 54	49.1	47 56	39 46	48.3	47 16	38 40	47.5	46 35	37 36	46.7	45 53	36 33	45.9	45 11	35 32	45.2	240	300
61	119	49 14	40 01	47.9	48 34	38 54	47.1	47 53	37 48	46.3	47 11	36 45	45.5	46 29	35 42	44.7	45 46	34 42	44.0	241	299
62	118	49 53	39 07	46.8	49 11	38 00	45.9	48 29	36 55	45.1	47 46	35 52	44.3	47 03	34 50	43.6	46 19	33 50	42.8	242	298
63	117	50 30	38 11	45.5	49 48	37 04	44.7	49 05	36 00	43.9	48 21	34 57	43.1	47 37	33 57	42.3	46 53	32 57	41.6	243	297
64	116	51 07	37 13	44.3	50 23	36 07	43.4	49 40	35 03	42.6	48 55	34 01	41.8	48 10	33 01	41.1	47 25	32 03	40.4	244	296
65	115	51 43	36 12	43.0	50 58	35 07	42.2	50 14	34 04	41.3	49 28	33 03	40.6	48 43	32 04	39.8	47 56	31 07	39.1	245	295
66	114	52 18	35 10	41.7	51 33	34 06	40.8	50 47	33 04	40.0	50 01	32 04	39.3	49 14	31 05	38.5	48 27	30 09	37.8	246	294
67	113	52 52	34 05	40.3	52 06	33 02	39.5	51 19	32 01	38.7	50 32	31 02	37.9	49 44	30 05	37.2	48 56	29 10	36.5	247	293
68	112	53 25	32 59	38.9	52 38	31 56	38.1	51 50	30 57	37.3	51 02	29 59	36.6	50 14	29 03	35.8	49 25	28 09	35.2	248	292
69	111	53 57	31 50	37.5	53 09	30 49	36.7	52 21	29 50	35.9	51 32	28 53	35.2	50 43	27 59	34.5	49 53	27 06	33.8	249	291
70	110	54 28	30 39	36.1	53 39	29 39	35.2	52 50	28 42	34.5	52 00	27 46	33.8	51 10	26 53	33.1	50 20	26 02	32.4	250	290
71	109	54 58	29 25	34.6	54 08	28 27	33.8	53 18	27 31	33.0	52 28	26 38	32.3	51 37	25 46	31.6	50 46	24 56	31.0	251	289
72	108	55 27	28 09	33.0	54 37	27 13	32.2	53 46	26 19	31.5	52 54	25 27	30.8	52 03	24 37	30.2	51 10	23 49	29.5	252	288
73	107	55 55	26 51	31.4	55 03	25 57	30.7	54 12	25 04	30.0	53 19	24 14	29.3	52 27	23 26	28.7	51 34	22 40	28.1	253	287
74	106	56 21	25 31	29.8	55 29	24 39	29.1	54 36	23 48	28.4	53 43	23 00	27.8	52 50	22 14	27.1	51 57	21 29	26.6	254	286
75	105	56 46	24 09	28.2	55 53	23 18	27.5	55 00	22 30	26.8	54 06	21 44	26.2	53 12	21 00	25.6	52 18	20 17	25.0	255	285
76	104	57 10	22 44	26.5	56 16	21 56	25.8	55 22	21 10	25.2	54 28	20 26	24.6	53 33	19 44	24.0	52 38	19 04	23.5	256	284
77	103	57 33	21 17	24.8	56 38	20 31	24.1	55 43	19 48	23.5	54 48	19 06	23.0	53 53	18 27	22.4	52 57	17 49	21.9	257	283
78	102	57 54	19 48	23.0	56 59	19 05	22.4	56 03	18 24	21.9	55 07	17 45	21.3	54 11	17 08	20.8	53 15	16 32	20.3	258	282
79	101	58 13	18 17	21.2	57 17	17 37	20.7	56 21	16 59	20.1	55 25	16 22	19.6	54 28	15 48	19.2	53 31	15 15	18.7	259	281
80	100	58 32	16 44	19.4	57 35	16 07	18.9	56 38	15 32	18.4	55 41	14 58	17.9	54 44	14 26	17.5	53 47	13 56	17.1	260	280
81	99	58 48	15 10	17.6	57 51	14 36	17.1	56 53	14 03	16.6	55 56	13 33	16.2	54 58	13 03	15.8	54 00	12 36	15.4	261	279
82	98	59 03	13 33	15.7	58 05	13 02	15.3	57 07	12 33	14.9	56 09	12 06	14.5	55 11	11 40	14.1	54 13	11 14	13.8	262	278
83	97	59 16	11 55	13.8	58 18	11 28	13.4	57 19	11 02	13.0	56 21	10 38	12.7	55 22	10 14	12.4	54 24	9 52	12.1	263	277
84	96	59 28	10 16	11.9	58 29	9 52	11.5	57 30	9 30	11.2	56 31	9 09	10.9	55 32	8 49	10.6	54 33	8 29	10.4	264	276
85	95	59 37	8 35	9.9	58 38	8 15	9.6	57 39	7 56	9.4	56 40	7 39	9.1	55 41	7 22	8.9	54 41	7 06	8.7	265	275
86	94	59 46	6 53	8.0	58 46	6 37	7.7	57 47	6 22	7.5	56 47	6 08	7.3	55 48	5 54	7.1	54 48	5 41	7.0	266	274
87	93	59 52	5 11	6.0	58 52	4 59	5.8	57 52	4 47	5.6	56 53	4 36	5.5	55 53	4 26	5.4	54 53	4 16	5.2	267	273
88	92	59 56	3 28	4.0	58 57	3 19	3.9	57 57	3 12	3.8	56 57	3 05	3.7	55 57	2 58	3.6	54 57	2 51	3.5	268	272
89	91	59 59	1 44	2.0	58 59	1 40	1.9	57 59	1 36	1.9	56 59	1 32	1.8	55 59	1 29	1.8	54 59	1 26	1.7	269	271
90	90	60 00	0 00	0.0	59 00	0 00	0.0	58 00	0 00	0.0	57 00	0 00	0.0	56 00	0 00	0.0	55 00	0 00	0.0	270	270

N. Lat.: for LHA > 180°… $Z_n = Z$
for LHA < 180°… $Z_n = 360° - Z$

S. Lat.: for LHA > 180°… $Z_n = 180° - Z$
for LHA < 180°… $Z_n = 180° + Z$

SIGHT REDUCTION TABLE

B: (–) for 90°< LHA < 270°
Dec: (–) for Lat. contrary name

Z_1 : same sign as B
Z_2 : (–) for F > 90°

Lat. / A		36°			37°			38°			39°			40°			41°			Lat. / A	
LHA / F		A / H	B / P	Z_1 / Z_2	A / H	B / P	Z_1 / Z_2	A / H	B / P	Z_1 / Z_2	A / H	B / P	Z_1 / Z_2	A / H	B / P	Z_1 / Z_2	A / H	B / P	Z_1 / Z_2	LHA	
°	°	° ′	° ′	°	° ′	° ′	°	° ′	° ′	°	° ′	° ′	°	° ′	° ′	°	° ′	° ′	°	°	°
0	180	0 00	54 00	90.0	0 00	53 00	90.0	0 00	52 00	90.0	0 00	51 00	90.0	0 00	50 00	90.0	0 00	49 00	90.0	180	360
1	179	0 49	54 00	89.4	0 48	53 00	89.4	0 47	52 00	89.4	0 47	51 00	89.4	0 46	50 00	89.4	0 45	49 00	89.3	181	359
2	178	1 37	53 59	88.8	1 36	52 59	88.8	1 35	51 59	88.8	1 33	50 59	88.7	1 32	49 59	88.7	1 31	48 59	88.7	182	358
3	177	2 26	53 58	88.2	2 24	52 58	88.2	2 22	51 58	88.2	2 20	50 58	88.1	2 18	49 58	88.1	2 16	48 58	88.0	183	357
4	176	3 14	53 56	87.6	3 12	52 56	87.6	3 09	51 56	87.5	3 06	50 56	87.5	3 04	49 56	87.4	3 01	48 56	87.4	184	356
5	175	4 03	53 54	87.1	3 59	52 54	87.0	3 56	51 54	86.9	3 53	50 54	86.8	3 50	49 54	86.8	3 46	48 54	86.7	185	355
6	174	4 51	53 51	86.5	4 47	52 51	86.4	4 43	51 51	86.3	4 40	50 51	86.2	4 36	49 51	86.1	4 31	48 51	86.1	186	354
7	173	5 39	53 48	85.9	5 35	52 48	85.8	5 31	51 48	85.7	5 26	50 47	85.6	5 21	49 47	85.5	5 17	48 47	85.4	187	353
8	172	6 28	53 44	85.3	6 23	52 44	85.2	6 18	51 44	85.1	6 13	50 44	84.9	6 07	49 43	84.8	6 02	48 43	84.7	188	352
9	171	7 16	53 40	84.7	7 11	52 39	84.6	7 05	51 39	84.4	6 59	50 39	84.3	6 53	49 39	84.2	6 47	48 39	84.1	189	351
10	170	8 05	53 35	84.1	7 58	52 35	83.9	7 52	51 34	83.8	7 45	50 34	83.7	7 39	49 34	83.5	7 32	48 34	83.4	190	350
11	169	8 53	53 30	83.5	8 46	52 29	83.3	8 39	51 29	83.2	8 32	50 29	83.0	8 24	49 29	82.9	8 17	48 28	82.7	191	349
12	168	9 41	53 24	82.9	9 33	52 23	82.7	9 26	51 23	82.5	9 18	50 23	82.4	9 10	49 23	82.2	9 02	48 22	82.1	192	348
13	167	10 29	53 17	82.3	10 21	52 17	82.1	10 13	51 17	81.9	10 04	50 16	81.7	9 55	49 16	81.6	9 46	48 16	81.4	193	347
14	166	11 17	53 10	81.7	11 08	52 10	81.5	10 59	51 10	81.3	10 50	50 09	81.1	10 41	49 09	80.9	10 31	48 09	80.7	194	346
15	165	12 05	53 03	81.0	11 56	52 02	80.8	11 46	51 02	80.6	11 36	50 02	80.4	11 26	49 01	80.2	11 16	48 01	80.0	195	345
16	164	12 53	52 55	80.4	12 43	51 54	80.2	12 33	50 54	80.0	12 22	49 53	79.8	12 11	48 53	79.6	12 00	47 53	79.3	196	344
17	163	13 41	52 46	79.8	13 30	51 46	79.6	13 19	50 45	79.3	13 08	49 45	79.1	12 57	48 44	78.9	12 45	47 44	78.7	197	343
18	162	14 29	52 37	79.2	14 17	51 37	78.9	14 06	50 36	78.7	13 54	49 35	78.4	13 42	48 35	78.2	13 29	47 34	78.0	198	342
19	161	15 16	52 28	78.6	15 04	51 27	78.3	14 52	50 26	78.0	14 39	49 25	77.8	14 27	48 25	77.5	14 13	47 24	77.3	199	341
20	160	16 04	52 17	77.9	15 51	51 16	77.6	15 38	50 16	77.4	15 25	49 15	77.1	15 11	48 14	76.8	14 58	47 14	76.6	200	340
21	159	16 51	52 07	77.3	16 38	51 05	77.0	16 24	50 05	76.7	16 10	49 04	76.4	15 56	48 03	76.1	15 42	47 03	75.9	201	339
22	158	17 39	51 55	76.6	17 24	50 54	76.3	17 10	49 53	76.0	16 56	48 52	75.7	16 41	47 51	75.4	16 25	46 51	75.2	202	338
23	157	18 26	51 43	76.0	18 11	50 42	75.7	17 56	49 41	75.4	17 41	48 40	75.0	17 25	47 39	74.7	17 09	46 38	74.4	203	337
24	156	19 13	51 30	75.3	18 57	50 29	75.0	18 42	49 28	74.7	18 26	48 27	74.3	18 09	47 26	74.0	17 53	46 25	73.7	204	336
25	155	20 00	51 17	74.7	19 44	50 15	74.3	19 27	49 14	74.0	19 10	48 13	73.6	18 53	47 12	73.3	18 36	46 12	73.0	205	335
26	154	20 46	51 03	74.0	20 30	50 01	73.6	20 13	49 00	73.3	19 55	47 59	72.9	19 37	46 58	72.6	19 19	45 57	72.3	206	334
27	153	21 33	50 48	73.3	21 15	49 47	73.0	20 58	48 45	72.6	20 40	47 44	72.2	20 21	46 43	71.9	20 02	45 42	71.5	207	333
28	152	22 19	50 33	72.6	22 01	49 31	72.3	21 43	48 30	71.9	21 24	47 28	71.5	21 05	46 28	71.1	20 45	45 27	70.8	208	332
29	151	23 06	50 17	72.0	22 47	49 15	71.6	22 28	48 14	71.2	22 08	47 12	70.8	21 48	46 11	70.4	21 28	45 11	70.0	209	331
30	150	23 52	50 00	71.3	23 32	48 58	70.8	23 12	47 57	70.4	22 52	46 55	70.0	22 31	45 54	69.6	22 10	44 54	69.3	210	330
31	149	24 37	49 43	70.5	24 17	48 41	70.1	23 57	47 39	69.7	23 36	46 38	69.3	23 14	45 37	68.9	22 52	44 36	68.5	211	329
32	148	25 23	49 25	69.8	25 02	48 23	69.4	24 41	47 21	69.0	24 19	46 19	68.5	23 57	45 18	68.1	23 34	44 17	67.7	212	328
33	147	26 09	49 06	69.1	25 47	48 04	68.7	25 25	47 02	68.2	25 02	46 00	67.8	24 40	44 59	67.3	24 16	43 58	66.9	213	327
34	146	26 54	48 46	68.4	26 32	47 44	67.9	26 09	46 42	67.4	25 45	45 40	67.0	25 22	44 39	66.6	24 58	43 39	66.1	214	326
35	145	27 39	48 26	67.6	27 16	47 23	67.1	26 52	46 21	66.7	26 28	45 20	66.2	26 04	44 19	65.8	25 39	43 18	65.3	215	325
36	144	28 24	48 04	66.9	28 00	47 02	66.4	27 36	46 00	65.9	27 11	44 58	65.4	26 46	43 57	65.0	26 20	42 57	64.5	216	324
37	143	29 08	47 42	66.1	28 44	46 40	65.6	28 19	45 38	65.1	27 53	44 36	64.6	27 27	43 35	64.2	27 01	42 34	63.7	217	323
38	142	29 52	47 19	65.3	29 27	46 17	64.8	29 01	45 15	64.3	28 35	44 13	63.8	28 08	43 12	63.3	27 41	42 12	62.9	218	322
39	141	30 36	46 56	64.5	30 10	45 53	64.0	29 44	44 51	63.5	29 17	43 49	63.0	28 49	42 48	62.5	28 21	41 48	62.0	219	321
40	140	31 20	46 31	63.7	30 53	45 28	63.2	30 26	44 26	62.7	29 58	43 25	62.2	29 30	42 24	61.7	29 01	41 23	61.2	220	320
41	139	32 03	46 05	62.9	31 36	45 03	62.4	31 08	44 01	61.8	30 39	42 59	61.3	30 10	41 58	60.8	29 41	40 58	60.3	221	319
42	138	32 46	45 39	62.1	32 18	44 36	61.5	31 49	43 34	61.0	31 20	42 33	60.5	30 50	41 32	59.9	30 20	40 32	59.4	222	318
43	137	33 29	45 11	61.3	33 00	44 09	60.7	32 30	43 07	60.1	32 00	42 05	59.6	31 30	41 05	59.1	30 59	40 04	58.5	223	317
44	136	34 12	44 43	60.4	33 42	43 40	59.8	33 11	42 38	59.3	32 40	41 37	58.7	32 09	40 36	58.2	31 37	39 36	57.6	224	316
45	135	34 54	44 13	59.6	34 23	43 11	59.0	33 52	42 09	58.4	33 20	41 08	57.8	32 48	40 07	57.3	32 15	39 08	56.7	225	315

Lat. / A		36°			37°			38°			39°			40°			41°			Lat. / A	
LHA / F		A / H	B / P	Z_1 / Z_2	A / H	B / P	Z_1 / Z_2	A / H	B / P	Z_1 / Z_2	A / H	B / P	Z_1 / Z_2	A / H	B / P	Z_1 / Z_2	A / H	B / P	Z_1 / Z_2	LHA	
°	°	° ′	° ′	°	° ′	° ′	°	° ′	° ′	°	° ′	° ′	°	° ′	° ′	°	° ′	° ′	°	°	°
45	135	34 54	44 13	59.6	34 23	43 11	59.0	33 52	42 09	58.4	33 20	41 08	57.8	32 48	40 07	57.3	32 15	39 08	56.7	225	315
46	134	35 35	43 43	58.7	35 04	42 40	58.1	34 32	41 38	57.5	33 59	40 37	56.9	33 26	39 37	56.4	32 53	38 38	55.8	226	314
47	133	36 17	43 11	57.8	35 44	42 09	57.2	35 12	41 07	56.6	34 38	40 06	56.0	34 04	39 06	55.4	33 30	38 07	54.9	227	313
48	132	36 57	42 39	56.9	36 24	41 36	56.2	35 51	40 35	55.6	35 17	39 34	55.0	34 42	38 34	54.5	34 07	37 35	53.9	228	312
49	131	37 38	42 05	55.9	37 04	41 03	55.3	36 30	40 01	54.7	35 55	39 01	54.1	35 19	38 01	53.5	34 43	37 03	53.0	229	311
50	130	38 18	41 30	55.0	37 43	40 28	54.4	37 08	39 27	53.7	36 32	38 27	53.1	35 56	37 27	52.5	35 19	36 29	52.0	230	310
51	129	38 57	40 54	54.0	38 22	39 52	53.4	37 46	38 51	52.8	37 09	37 51	52.1	36 32	36 52	51.6	35 55	35 54	51.0	231	309
52	128	39 36	40 17	53.0	39 00	39 15	52.4	38 23	38 14	51.8	37 46	37 15	51.1	37 08	36 16	50.6	36 30	35 18	50.0	232	308
53	127	40 15	39 38	52.0	39 38	38 37	51.4	39 00	37 36	50.8	38 22	36 37	50.1	37 43	35 39	49.5	37 04	34 42	49.0	233	307
54	126	40 53	38 58	51.0	40 15	37 57	50.4	39 36	36 57	49.7	38 57	35 58	49.1	38 18	35 01	48.5	37 38	34 04	47.9	234	306
55	125	41 30	38 17	50.0	40 52	37 17	49.3	40 12	36 17	48.7	39 32	35 19	48.1	38 52	34 21	47.4	38 11	33 25	46.9	235	305
56	124	42 07	37 35	48.9	41 28	36 35	48.3	40 47	35 36	47.6	40 07	34 38	47.0	39 26	33 41	46.4	38 44	32 45	45.8	236	304
57	123	42 44	36 51	47.9	42 03	35 51	47.2	41 22	34 53	46.5	40 41	33 55	45.9	39 59	32 59	45.3	39 16	32 04	44.7	237	303
58	122	43 19	36 06	46.8	42 38	35 07	46.1	41 56	34 09	45.4	41 14	33 12	44.8	40 31	32 16	44.2	39 48	31 22	43.6	238	302
59	121	43 54	35 20	45.6	43 12	34 21	45.0	42 29	33 24	44.3	41 46	32 27	43.7	41 03	31 32	43.1	40 19	30 39	42.5	239	301
60	120	44 29	34 32	44.5	43 46	33 34	43.8	43 02	32 37	43.2	42 18	31 42	42.5	41 34	30 47	41.9	40 49	29 54	41.3	240	300
61	119	45 02	33 43	43.3	44 18	32 45	42.6	43 34	31 49	42.0	42 49	30 55	41.4	42 04	30 01	40.8	41 18	29 09	40.2	241	299
62	118	45 35	32 52	42.1	44 51	31 55	41.5	44 05	31 00	40.8	43 20	30 06	40.2	42 34	29 14	39.6	41 47	28 22	39.0	242	298
63	117	46 07	32 00	40.9	45 22	31 04	40.3	44 36	30 10	39.6	43 49	29 17	39.0	43 03	28 25	38.4	42 15	27 35	37.8	243	297
64	116	46 39	31 06	39.7	45 52	30 11	39.0	45 06	29 18	38.4	44 18	28 26	37.8	43 31	27 35	37.2	42 43	26 46	36.6	244	296
65	115	47 09	30 11	38.4	46 22	29 17	37.8	45 35	28 25	37.1	44 47	27 34	36.5	43 58	26 44	36.0	43 09	25 56	35.4	245	295
66	114	47 39	29 14	37.1	46 51	28 21	36.5	46 03	27 30	35.9	45 14	26 40	35.3	44 25	25 52	34.7	43 35	25 04	34.2	246	294
67	113	48 08	28 16	35.8	47 19	27 24	35.2	46 30	26 34	34.6	45 40	25 45	34.0	44 50	24 58	33.4	44 00	24 12	32.9	247	293
68	112	48 36	27 17	34.5	47 46	26 26	33.9	46 56	25 37	33.3	46 06	24 50	32.7	45 15	24 03	32.2	44 24	23 19	31.6	248	292
69	111	49 03	26 15	33.1	48 13	25 26	32.5	47 22	24 38	31.9	46 31	23 52	31.4	45 39	23 08	30.8	44 48	22 24	30.3	249	291
70	110	49 29	25 13	31.8	48 38	24 25	31.2	47 46	23 39	30.6	46 55	22 54	30.0	46 03	22 11	29.5	45 10	21 29	29.0	250	290
71	109	49 54	24 08	30.4	49 02	23 22	29.8	48 10	22 37	29.2	47 17	21 54	28.7	46 25	21 12	28.2	45 32	20 32	27.7	251	289
72	108	50 18	23 02	28.9	49 25	22 18	28.4	48 33	21 35	27.8	47 39	20 53	27.3	46 46	20 13	26.8	45 52	19 34	26.3	252	288
73	107	50 41	21 55	27.5	49 48	21 12	26.9	48 54	20 31	26.4	48 00	19 51	25.9	47 06	19 13	25.4	46 12	18 35	25.0	253	287
74	106	51 03	20 47	26.0	50 09	20 06	25.5	49 15	19 26	25.0	48 20	18 48	24.5	47 25	18 11	24.0	46 30	17 36	23.6	254	286
75	105	51 24	19 36	24.5	50 29	18 57	24.0	49 34	18 20	23.5	48 39	17 43	23.1	47 44	17 09	22.6	46 48	16 35	22.2	255	285
76	104	51 43	18 25	23.0	50 48	17 48	22.5	49 52	17 12	22.0	48 57	16 38	21.6	48 01	16 05	21.2	47 05	15 33	20.8	256	284
77	103	52 02	17 12	21.4	51 06	16 37	21.0	50 09	16 04	20.6	49 13	15 31	20.1	48 17	15 00	19.8	47 20	14 31	19.4	257	283
78	102	52 19	15 58	19.9	51 22	15 25	19.5	50 25	14 54	19.0	49 29	14 24	18.7	48 32	13 55	18.3	47 35	13 27	18.0	258	282
79	101	52 35	14 43	18.3	51 37	14 13	17.9	50 40	13 43	17.5	49 43	13 16	17.2	48 46	12 49	16.8	47 48	12 23	16.5	259	281
80	100	52 49	13 27	16.7	51 52	12 59	16.3	50 54	12 32	16.0	49 56	12 06	15.7	48 58	11 42	15.3	48 01	11 18	15.0	260	280
81	99	53 02	12 09	15.1	52 04	11 44	14.7	51 06	11 19	14.4	50 08	10 56	14.1	49 10	10 34	13.8	48 12	10 12	13.6	261	279
82	98	53 14	10 51	13.4	52 16	10 28	13.1	51 18	10 06	12.9	50 19	9 45	12.6	49 20	9 25	12.3	48 22	9 06	12.1	262	278
83	97	53 25	9 31	11.8	52 26	9 11	11.5	51 27	8 52	11.3	50 29	8 34	11.0	49 30	8 16	10.8	48 31	7 59	10.6	263	277
84	96	53 34	8 11	10.1	52 35	7 54	9.9	51 36	7 37	9.7	50 37	7 21	9.5	49 38	7 06	9.3	48 38	6 51	9.1	264	276
85	95	53 42	6 50	8.5	52 43	6 36	8.3	51 43	6 22	8.1	50 44	6 09	7.9	49 44	5 56	7.8	48 45	5 44	7.6	265	275
86	94	53 49	5 29	6.8	52 49	5 17	6.6	51 49	5 06	6.5	50 50	4 55	6.3	49 50	4 45	6.2	48 50	4 35	6.1	266	274
87	93	53 54	4 07	5.1	52 54	3 58	5.0	51 54	3 50	4.9	50 54	3 42	4.8	49 54	3 34	4.7	48 55	3 27	4.6	267	273
88	92	53 57	2 45	3.4	52 57	2 39	3.3	51 57	2 33	3.2	50 57	2 28	3.2	49 58	2 23	3.1	48 58	2 18	3.0	268	272
89	91	53 59	1 23	1.7	52 59	1 20	1.7	51 59	1 17	1.6	50 59	1 14	1.6	49 59	1 11	1.6	48 59	1 09	1.5	269	271
90	90	54 00	0 00	0.0	53 00	0 00	0.0	52 00	0 00	0.0	51 00	0 00	0.0	50 00	0 00	0.0	49 00	0 00	0.0	270	270

N. Lat.: for LHA > 180°... $Z_n = Z$
for LHA < 180°... $Z_n = 360° - Z$

S. Lat.: for LHA > 180°... $Z_n = 180° - Z$
for LHA < 180°... $Z_n = 180° + Z$

SIGHT REDUCTION TABLE

B: (–) for 90°< LHA < 270°
Dec: (–) for Lat. contrary name

Z_1 : same sign as B
Z_2 : (–) for F > 90°

Lat. / A		42°			43°			44°			45°			46°			47°			Lat. / A	
LHA / F		A / H	B / P	Z_1 / Z_2	A / H	B / P	Z_1 / Z_2	A / H	B / P	Z_1 / Z_2	A / H	B / P	Z_1 / Z_2	A / H	B / P	Z_1 / Z_2	A / H	B / P	Z_1 / Z_2	LHA	
°	°	° ′	° ′	°	° ′	° ′	°	° ′	° ′	°	° ′	° ′	°	° ′	° ′	°	° ′	° ′	°	°	°
0	180	0 00	48 00	90.0	0 00	47 00	90.0	0 00	46 00	90.0	0 00	45 00	90.0	0 00	44 00	90.0	0 00	43 00	90.0	180	360
1	179	0 45	48 00	89.3	0 44	47 00	89.3	0 43	46 00	89.3	0 42	45 00	89.3	0 42	44 00	89.3	0 41	43 00	89.3	181	359
2	178	1 29	47 59	88.7	1 28	46 59	88.6	1 26	45 59	88.6	1 25	44 59	88.6	1 23	43 59	88.6	1 22	42 59	88.5	182	358
3	177	2 14	47 58	88.0	2 12	46 58	88.0	2 09	45 58	87.9	2 07	44 58	87.9	2 05	43 58	87.8	2 03	42 58	87.8	183	357
4	176	2 58	47 56	87.3	2 55	46 56	87.3	2 53	45 56	87.2	2 50	44 56	87.2	2 47	43 56	87.1	2 44	42 56	87.1	184	356
5	175	3 43	47 53	86.6	3 39	46 53	86.6	3 36	45 53	86.5	3 32	44 53	86.5	3 28	43 53	86.4	3 24	42 53	86.3	185	355
6	174	4 27	47 51	86.0	4 23	46 51	85.9	4 19	45 51	85.8	4 14	44 51	85.7	4 10	43 51	85.7	4 05	42 51	85.6	186	354
7	173	5 12	47 47	85.3	5 07	46 47	85.2	5 02	45 47	85.1	4 57	44 47	85.0	4 51	43 47	85.0	4 46	42 47	84.9	187	353
8	172	5 56	47 43	84.6	5 51	46 43	84.5	5 45	45 43	84.4	5 39	44 43	84.3	5 33	43 43	84.2	5 27	42 43	84.1	188	352
9	171	6 41	47 39	84.0	6 34	46 39	83.8	6 28	45 39	83.7	6 21	44 39	83.6	6 14	43 39	83.5	6 07	42 39	83.4	189	351
10	170	7 25	47 34	83.3	7 18	46 34	83.1	7 11	45 34	83.0	7 03	44 34	82.9	6 56	43 34	82.8	6 48	42 34	82.7	190	350
11	169	8 09	47 28	82.6	8 01	46 28	82.4	7 53	45 28	82.3	7 45	44 28	82.2	7 37	43 28	82.0	7 29	42 28	81.9	191	349
12	168	8 53	47 22	81.9	8 45	46 22	81.8	8 36	45 22	81.6	8 27	44 22	81.5	8 18	43 22	81.3	8 09	42 22	81.2	192	348
13	167	9 37	47 16	81.2	9 28	46 15	81.1	9 19	45 15	80.9	9 09	44 15	80.7	8 59	43 15	80.6	8 49	42 16	80.4	193	347
14	166	10 21	47 08	80.5	10 11	46 08	80.3	10 01	45 08	80.2	9 51	44 08	80.0	9 40	43 08	79.8	9 30	42 08	79.7	194	346
15	165	11 05	47 01	79.8	10 55	46 00	79.6	10 44	45 00	79.5	10 33	44 00	79.3	10 21	43 00	79.1	10 10	42 01	78.9	195	345
16	164	11 49	46 52	79.1	11 38	45 52	78.9	11 26	44 52	78.7	11 14	43 52	78.5	11 02	42 52	78.3	10 50	41 52	78.2	196	344
17	163	12 33	46 43	78.4	12 21	45 43	78.2	12 08	44 43	78.0	11 56	43 43	77.8	11 43	42 43	77.6	11 30	41 44	77.4	197	343
18	162	13 17	46 34	77.7	13 04	45 34	77.5	12 51	44 34	77.3	12 37	43 34	77.1	12 24	42 34	76.8	12 10	41 34	76.6	198	342
19	161	14 00	46 24	77.0	13 46	45 24	76.8	13 33	44 24	76.5	13 19	43 24	76.3	13 04	42 24	76.1	12 50	41 24	75.9	199	341
20	160	14 43	46 13	76.3	14 29	45 13	76.1	14 15	44 13	75.8	14 00	43 13	75.6	13 45	42 13	75.3	13 29	41 14	75.1	200	340
21	159	15 27	46 02	75.6	15 12	45 02	75.3	14 56	44 02	75.1	14 41	43 02	74.8	14 25	42 02	74.6	14 09	41 03	74.3	201	339
22	158	16 10	45 50	74.9	15 54	44 50	74.6	15 38	43 50	74.3	15 22	42 50	74.1	15 05	41 50	73.8	14 48	40 51	73.5	202	338
23	157	16 53	45 38	74.1	16 36	44 38	73.9	16 19	43 38	73.6	16 02	42 38	73.3	15 45	41 38	73.0	15 27	40 39	72.8	203	337
24	156	17 36	45 25	73.4	17 18	44 25	73.1	17 01	43 25	72.8	16 43	42 25	72.5	16 25	41 25	72.2	16 06	40 26	72.0	204	336
25	155	18 18	45 11	72.7	18 00	44 11	72.4	17 42	43 11	72.1	17 23	42 11	71.8	17 04	41 12	71.5	16 45	40 12	71.2	205	335
26	154	19 01	44 57	71.9	18 42	43 57	71.6	18 23	42 57	71.3	18 03	41 57	71.0	17 44	40 57	70.7	17 24	39 58	70.4	206	334
27	153	19 43	44 42	71.2	19 24	43 42	70.8	19 04	42 42	70.5	18 43	41 42	70.2	18 23	40 43	69.9	18 02	39 43	69.6	207	333
28	152	20 25	44 26	70.4	20 05	43 26	70.1	19 44	42 26	69.7	19 23	41 27	69.4	19 02	40 27	69.1	18 40	39 28	68.8	208	332
29	151	21 07	44 10	69.6	20 46	43 10	69.3	20 25	42 10	68.9	20 03	41 10	68.6	19 41	40 11	68.3	19 18	39 12	67.9	209	331
30	150	21 49	43 53	68.9	21 27	42 53	68.5	21 05	41 53	68.1	20 42	40 54	67.8	20 19	39 54	67.4	19 56	38 55	67.1	210	330
31	149	22 30	43 35	68.1	22 08	42 35	67.7	21 45	41 36	67.3	21 21	40 36	67.0	20 58	39 37	66.6	20 34	38 38	66.3	211	329
32	148	23 11	43 17	67.3	22 48	42 17	66.9	22 24	41 17	66.5	22 00	40 18	66.2	21 36	39 19	65.8	21 11	38 20	65.4	212	328
33	147	23 53	42 58	66.5	23 28	41 58	66.1	23 04	40 58	65.7	22 39	39 59	65.3	22 14	39 00	65.0	21 48	38 02	64.6	213	327
34	146	24 33	42 38	65.7	24 08	41 38	65.3	23 43	40 39	64.9	23 17	39 40	64.5	22 51	38 41	64.1	22 25	37 42	63.7	214	326
35	145	25 14	42 18	64.9	24 48	41 18	64.5	24 22	40 18	64.1	23 56	39 19	63.7	23 29	38 21	63.3	23 02	37 23	62.9	215	325
36	144	25 54	41 56	64.1	25 28	40 57	63.6	25 01	39 57	63.2	24 34	38 58	62.8	24 06	38 00	62.4	23 38	37 02	62.0	216	324
37	143	26 34	41 34	63.2	26 07	40 35	62.8	25 39	39 35	62.4	25 11	38 37	61.9	24 43	37 38	61.5	24 14	36 41	61.1	217	323
38	142	27 14	41 11	62.4	26 46	40 12	61.9	26 17	39 13	61.5	25 48	38 14	61.1	25 19	37 16	60.7	24 50	36 19	60.3	218	322
39	141	27 53	40 48	61.5	27 24	39 48	61.1	26 55	38 50	60.6	26 25	37 51	60.2	25 55	36 53	59.8	25 25	35 56	59.4	219	321
40	140	28 32	40 23	60.7	28 02	39 24	60.2	27 32	38 25	59.8	27 02	37 27	59.3	26 31	36 30	58.9	26 00	35 32	58.5	220	320
41	139	29 11	39 58	59.8	28 40	38 59	59.3	28 10	38 01	58.9	27 38	37 03	58.4	27 07	36 05	58.0	26 35	35 08	57.6	221	319
42	138	29 49	39 32	58.9	29 18	38 33	58.4	28 46	37 35	58.0	28 14	36 37	57.5	27 42	35 40	57.1	27 09	34 43	56.6	222	318
43	137	30 27	39 05	58.0	29 55	38 06	57.5	29 23	37 08	57.1	28 50	36 11	56.6	28 17	35 14	56.1	27 43	34 18	55.7	223	317
44	136	31 05	38 37	57.1	30 32	37 39	56.6	29 59	36 41	56.1	29 25	35 44	55.7	28 51	34 47	55.2	28 17	33 51	54.8	224	316
45	135	31 42	38 09	56.2	31 08	37 10	55.7	30 34	36 13	55.2	30 00	35 16	54.7	29 25	34 20	54.3	28 50	33 24	53.8	225	315

Lat. / A		42°			43°			44°			45°			46°			47°			Lat. / A	
LHA	F	A / H	B / P	Z1 / Z2	A / H	B / P	Z1 / Z2	A / H	B / P	Z1 / Z2	A / H	B / P	Z1 / Z2	A / H	B / P	Z1 / Z2	A / H	B / P	Z1 / Z2	LHA	
°	°	° ′	° ′	°	° ′	° ′	°	° ′	° ′	°	° ′	° ′	°	° ′	° ′	°	° ′	° ′	°	°	°
45	135	31 42	38 09	56.2	31 08	37 10	55.7	30 34	36 13	55.2	30 00	35 16	54.7	29 25	34 20	54.3	28 50	33 24	53.8	225	315
46	134	32 19	37 39	55.3	31 45	36 41	54.8	31 10	35 44	54.3	30 34	34 47	53.8	29 59	33 51	53.3	29 23	32 56	52.9	226	314
47	133	32 55	37 08	54.3	32 20	36 11	53.8	31 45	35 14	53.3	31 08	34 18	52.8	30 32	33 22	52.4	29 55	32 27	51.9	227	313
48	132	33 31	36 37	53.4	32 55	35 40	52.9	32 19	34 43	52.3	31 42	33 47	51.9	31 05	32 52	51.4	30 27	31 58	50.9	228	312
49	131	34 07	36 05	52.4	33 30	35 08	51.9	32 53	34 11	51.4	32 15	33 16	50.9	31 37	32 21	50.4	30 59	31 27	49.9	229	311
50	130	34 42	35 31	51.4	34 04	34 35	50.9	33 26	33 39	50.4	32 48	32 44	49.9	32 09	31 50	49.4	31 30	30 56	48.9	230	310
51	129	35 17	34 57	50.4	34 38	34 01	49.9	33 59	33 05	49.4	33 20	32 11	48.9	32 40	31 17	48.4	32 00	30 24	47.9	231	309
52	128	35 51	34 22	49.4	35 12	33 26	48.9	34 32	32 31	48.4	33 52	31 37	47.9	33 11	30 44	47.4	32 30	29 52	46.9	232	308
53	127	36 24	33 45	48.4	35 44	32 50	47.9	35 04	31 56	47.3	34 23	31 02	46.8	33 42	30 10	46.3	33 00	29 18	45.9	233	307
54	126	36 57	33 08	47.4	36 17	32 13	46.8	35 35	31 20	46.3	34 54	30 27	45.8	34 12	29 35	45.3	33 29	28 44	44.8	234	306
55	125	37 30	32 30	46.3	36 48	31 36	45.8	36 06	30 43	45.2	35 24	29 50	44.7	34 41	28 59	44.2	33 58	28 08	43.8	235	305
56	124	38 02	31 51	45.2	37 19	30 57	44.7	36 37	30 04	44.2	35 53	29 13	43.6	35 10	28 22	43.2	34 26	27 32	42.7	236	304
57	123	38 33	31 10	44.1	37 50	30 17	43.6	37 06	29 25	43.1	36 22	28 34	42.6	35 38	27 45	42.1	34 53	26 56	41.6	237	303
58	122	39 04	30 29	43.0	38 20	29 36	42.5	37 36	28 45	42.0	36 51	27 55	41.5	36 06	27 06	41.0	35 20	26 18	40.5	238	302
59	121	39 34	29 46	41.9	38 49	28 55	41.4	38 04	28 04	40.9	37 19	27 15	40.4	36 33	26 27	39.9	35 46	25 39	39.4	239	301
60	120	40 04	29 03	40.8	39 18	28 12	40.2	38 32	27 22	39.7	37 46	26 34	39.2	36 59	25 46	38.8	36 12	25 00	38.3	240	300
61	119	40 32	28 18	39.6	39 46	27 28	39.1	38 59	26 39	38.6	38 12	25 52	38.1	37 25	25 05	37.6	36 37	24 20	37.2	241	299
62	118	41 00	27 32	38.5	40 13	26 43	37.9	39 26	25 56	37.4	38 38	25 09	36.9	37 50	24 23	36.5	37 02	23 39	36.0	242	298
63	117	41 28	26 45	37.3	40 40	25 58	36.8	39 52	25 11	36.3	39 03	24 25	35.8	38 14	23 40	35.3	37 25	22 57	34.9	243	297
64	116	41 54	25 58	36.1	41 06	25 11	35.6	40 17	24 25	35.1	39 28	23 40	34.6	38 38	22 57	34.1	37 48	22 14	33.7	244	296
65	115	42 20	25 09	34.9	41 31	24 23	34.4	40 41	23 38	33.9	39 51	22 55	33.4	39 01	22 12	33.0	38 11	21 31	32.5	245	295
66	114	42 45	24 19	33.6	41 55	23 34	33.1	41 05	22 50	32.7	40 14	22 08	32.2	39 23	21 27	31.8	38 32	20 46	31.3	246	294
67	113	43 10	23 28	32.4	42 19	22 44	31.9	41 28	22 02	31.4	40 37	21 21	31.0	39 45	20 40	30.5	38 53	20 01	30.1	247	293
68	112	43 33	22 35	31.1	42 42	21 53	30.6	41 50	21 12	30.2	40 58	20 32	29.7	40 06	19 53	29.3	39 13	19 15	28.9	248	292
69	111	43 56	21 42	29.8	43 04	21 01	29.4	42 11	20 22	28.9	41 19	19 43	28.5	40 26	19 05	28.1	39 33	18 29	27.7	249	291
70	110	44 18	20 48	28.5	43 25	20 08	28.1	42 32	19 30	27.7	41 38	18 53	27.2	40 45	18 17	26.8	39 51	17 41	26.5	250	290
71	109	44 38	19 53	27.2	43 45	19 15	26.8	42 51	18 38	26.4	41 57	18 02	26.0	41 03	17 27	25.6	40 09	16 53	25.2	251	289
72	108	44 58	18 57	25.9	44 04	18 20	25.5	43 10	17 45	25.1	42 16	17 10	24.7	41 21	16 37	24.3	40 26	16 05	24.0	252	288
73	107	45 17	17 59	24.6	44 23	17 24	24.1	43 28	16 51	23.8	42 33	16 18	23.4	41 38	15 46	23.0	40 42	15 15	22.7	253	287
74	106	45 35	17 01	23.2	44 40	16 28	22.8	43 45	15 56	22.4	42 49	15 25	22.1	41 54	14 54	21.7	40 58	14 25	21.4	254	286
75	105	45 53	16 02	21.8	44 57	15 31	21.4	44 01	15 00	21.1	43 05	14 31	20.8	42 09	14 02	20.4	41 12	13 34	20.1	255	285
76	104	46 09	15 02	20.4	45 12	14 33	20.1	44 16	14 04	19.7	43 19	13 36	19.4	42 23	13 09	19.1	41 26	12 43	18.8	256	284
77	103	46 24	14 02	19.0	45 27	13 34	18.7	44 30	13 07	18.4	43 33	12 41	18.1	42 36	12 15	17.8	41 39	11 51	17.5	257	283
78	102	46 38	13 00	17.6	45 40	12 34	17.3	44 43	12 09	17.0	43 46	11 45	16.7	42 48	11 21	16.5	41 51	10 58	16.2	258	282
79	101	46 51	11 58	16.2	45 53	11 34	15.9	44 55	11 11	15.6	43 57	10 48	15.4	43 00	10 26	15.1	42 02	10 05	14.9	259	281
80	100	47 03	10 55	14.8	46 04	10 33	14.5	45 06	10 12	14.2	44 08	9 51	14.0	43 10	9 31	13.8	42 12	9 12	13.6	260	280
81	99	47 13	9 51	13.3	46 15	9 31	13.1	45 16	9 12	12.8	44 18	8 53	12.6	43 19	8 35	12.4	42 21	8 18	12.2	261	279
82	98	47 23	8 47	11.9	46 24	8 29	11.6	45 26	8 12	11.4	44 27	7 55	11.2	43 28	7 39	11.1	42 29	7 24	10.9	262	278
83	97	47 32	7 42	10.4	46 33	7 27	10.2	45 34	7 12	10.0	44 34	6 57	9.9	43 35	6 43	9.7	42 36	6 29	9.5	263	277
84	96	47 39	6 37	8.9	46 40	6 24	8.8	45 41	6 11	8.6	44 41	5 58	8.5	43 42	5 46	8.3	42 42	5 34	8.2	264	276
85	95	47 46	5 32	7.4	46 46	5 20	7.3	45 46	5 09	7.2	44 47	4 59	7.1	43 47	4 49	6.9	42 48	4 39	6.8	265	275
86	94	47 51	4 26	6.0	46 51	4 17	5.9	45 51	4 08	5.7	44 52	3 59	5.6	43 52	3 51	5.6	42 52	3 43	5.5	266	274
87	93	47 55	3 20	4.5	46 55	3 13	4.4	45 55	3 06	4.3	44 55	3 00	4.2	43 55	2 54	4.2	42 56	2 48	4.1	267	273
88	92	47 58	2 13	3.0	46 58	2 09	2.9	45 58	2 04	2.9	44 58	2 00	2.8	43 58	1 56	2.8	42 58	1 52	2.7	268	272
89	91	47 59	1 07	1.5	46 59	1 04	1.5	45 59	1 02	1.4	44 59	1 00	1.4	43 59	0 58	1.4	43 00	0 56	1.4	269	271
90	90	48 00	0 00	0.0	47 00	0 00	0.0	46 00	0 00	0.0	45 00	0 00	0.0	44 00	0 00	0.0	43 00	0 00	0.0	270	270

N. Lat.: for LHA > 180°... $Z_n = Z$
for LHA < 180°... $Z_n = 360° - Z$

S. Lat.: for LHA > 180°... $Z_n = 180° - Z$
for LHA < 180°... $Z_n = 180° + Z$

B: (–) for 90°< LHA < 270°
Dec: (–) for Lat. contrary name

SIGHT REDUCTION TABLE

Z_1 : same sign as B
Z_2 : (–) for F > 90°

Lat. / A		48°			49°			50°			51°			52°			53°			Lat. / A	
LHA / F		A / H	B / P	Z_1 / Z_2	A / H	B / P	Z_1 / Z_2	A / H	B / P	Z_1 / Z_2	A / H	B / P	Z_1 / Z_2	A / H	B / P	Z_1 / Z_2	A / H	B / P	Z_1 / Z_2	LHA	
°	°	° ′	° ′	°	° ′	° ′	°	° ′	° ′	°	° ′	° ′	°	° ′	° ′	°	° ′	° ′	°	°	°
0	180	0 00	42 00	90.0	0 00	41 00	90.0	0 00	40 00	90.0	0 00	39 00	90.0	0 00	38 00	90.0	0 00	37 00	90.0	180	360
1	179	0 40	42 00	89.3	0 39	41 00	89.2	0 39	40 00	89.2	0 38	39 00	89.2	0 37	38 00	89.2	0 36	37 00	89.2	181	359
2	178	1 20	41 59	88.5	1 19	40 59	88.5	1 17	39 59	88.5	1 16	38 59	88.4	1 14	37 59	88.4	1 12	36 59	88.4	182	358
3	177	2 00	41 58	87.8	1 58	40 58	87.7	1 56	39 58	87.7	1 53	38 58	87.7	1 51	37 58	87.6	1 48	36 58	87.6	183	357
4	176	2 41	41 56	87.0	2 37	40 56	87.0	2 34	39 56	86.9	2 31	38 56	86.9	2 28	37 56	86.8	2 24	36 56	86.8	184	356
5	175	3 21	41 53	86.3	3 17	40 54	86.2	3 13	39 54	86.2	3 09	38 54	86.1	3 05	37 54	86.1	3 00	36 54	86.0	185	355
6	174	4 01	41 51	85.5	3 56	40 51	85.5	3 51	39 51	85.4	3 46	38 51	85.3	3 41	37 51	85.3	3 36	36 51	85.2	186	354
7	173	4 41	41 47	84.8	4 35	40 47	84.7	4 30	39 47	84.6	4 24	38 47	84.5	4 18	37 48	84.5	4 12	36 48	84.4	187	353
8	172	5 21	41 43	84.0	5 14	40 43	83.9	5 08	39 43	83.9	5 01	38 44	83.8	4 55	37 44	83.7	4 48	36 44	83.6	188	352
9	171	6 01	41 39	83.3	5 53	40 39	83.2	5 46	39 39	83.1	5 39	38 39	83.0	5 32	37 39	82.9	5 24	36 40	82.8	189	351
10	170	6 40	41 34	82.5	6 32	40 34	82.4	6 25	39 34	82.3	6 16	38 34	82.2	6 08	37 35	82.1	6 00	36 35	82.0	190	350
11	169	7 20	41 28	81.8	7 11	40 28	81.7	7 03	39 29	81.5	6 54	38 29	81.4	6 45	37 29	81.3	6 36	36 29	81.2	191	349
12	168	8 00	41 22	81.0	7 50	40 22	80.9	7 41	39 23	80.8	7 31	38 23	80.6	7 21	37 23	80.5	7 11	36 24	80.4	192	348
13	167	8 39	41 16	80.3	8 29	40 16	80.1	8 19	39 16	80.0	8 08	38 16	79.8	7 58	37 17	79.7	7 47	36 17	79.6	193	347
14	166	9 19	41 09	79.5	9 08	40 09	79.3	8 57	39 09	79.2	8 45	38 09	79.0	8 34	37 10	78.9	8 22	36 10	78.7	194	346
15	165	9 58	41 01	78.7	9 47	40 01	78.6	9 35	39 02	78.4	9 22	38 02	78.2	9 10	37 02	78.1	8 58	36 03	77.9	195	345
16	164	10 38	40 53	78.0	10 25	39 53	77.8	10 12	38 53	77.6	9 59	37 54	77.4	9 46	36 54	77.3	9 33	35 55	77.1	196	344
17	163	11 17	40 44	77.2	11 04	39 44	77.0	10 50	38 45	76.8	10 36	37 45	76.6	10 22	36 46	76.5	10 08	35 47	76.3	197	343
18	162	11 56	40 34	76.4	11 42	39 35	76.2	11 27	38 35	76.0	11 13	37 36	75.8	10 58	36 37	75.6	10 43	35 38	75.5	198	342
19	161	12 35	40 25	75.6	12 20	39 25	75.4	12 05	38 26	75.2	11 49	37 26	75.0	11 34	36 27	74.8	11 18	35 28	74.6	199	341
20	160	13 14	40 14	74.9	12 58	39 15	74.6	12 42	38 15	74.4	12 26	37 16	74.2	12 09	36 17	74.0	11 53	35 18	73.8	200	340
21	159	13 52	40 03	74.1	13 36	39 04	73.8	13 19	38 04	73.6	13 02	37 05	73.4	12 45	36 06	73.2	12 27	35 08	73.0	201	339
22	158	14 31	39 51	73.3	14 14	38 52	73.0	13 56	37 53	72.8	13 38	36 54	72.6	13 20	35 55	72.3	13 02	34 56	72.1	202	338
23	157	15 09	39 39	72.5	14 51	38 40	72.2	14 33	37 41	72.0	14 14	36 42	71.7	13 55	35 43	71.5	13 36	34 45	71.3	203	337
24	156	15 48	39 26	71.7	15 29	38 27	71.4	15 09	37 28	71.2	14 50	36 30	70.9	14 30	35 31	70.7	14 10	34 33	70.4	204	336
25	155	16 26	39 13	70.9	16 06	38 14	70.6	15 46	37 15	70.3	15 25	36 17	70.1	15 05	35 18	69.8	14 44	34 20	69.6	205	335
26	154	17 03	38 59	70.1	16 43	38 00	69.8	16 22	37 01	69.5	16 01	36 03	69.2	15 39	35 05	69.0	15 18	34 07	68.7	206	334
27	153	17 41	38 44	69.3	17 20	37 46	69.0	16 58	36 47	68.7	16 36	35 49	68.4	16 14	34 51	68.1	15 51	33 53	67.9	207	333
28	152	18 19	38 29	68.4	17 56	37 30	68.1	17 34	36 32	67.8	17 11	35 34	67.5	16 48	34 36	67.3	16 25	33 38	67.0	208	332
29	151	18 56	38 13	67.6	18 33	37 15	67.3	18 09	36 16	67.0	17 46	35 18	66.7	17 22	34 21	66.4	16 58	33 23	66.1	209	331
30	150	19 33	37 57	66.8	19 09	36 58	66.5	18 45	36 00	66.1	18 20	35 03	65.8	17 56	34 05	65.5	17 31	33 08	65.2	210	330
31	149	20 10	37 40	65.9	19 45	36 41	65.6	19 20	35 44	65.3	18 55	34 46	65.0	18 29	33 49	64.7	18 03	32 52	64.4	211	329
32	148	20 46	37 22	65.1	20 21	36 24	64.8	19 55	35 26	64.4	19 29	34 29	64.1	19 02	33 32	63.8	18 36	32 35	63.5	212	328
33	147	21 22	37 03	64.2	20 56	36 06	63.9	20 30	35 08	63.6	20 03	34 11	63.2	19 35	33 14	62.9	19 08	32 18	62.6	213	327
34	146	21 58	36 44	63.4	21 31	35 47	63.0	21 04	34 49	62.7	20 36	33 53	62.3	20 08	32 56	62.0	19 40	32 00	61.7	214	326
35	145	22 34	36 25	62.5	22 06	35 27	62.1	21 38	34 30	61.8	21 10	33 33	61.4	20 41	32 37	61.1	20 12	31 41	60.8	215	325
36	144	23 10	36 04	61.6	22 41	35 07	61.3	22 12	34 10	60.9	21 43	33 14	60.5	21 13	32 18	60.2	20 43	31 22	59.9	216	324
37	143	23 45	35 43	60.8	23 15	34 46	60.4	22 45	33 50	60.0	22 15	32 54	59.6	21 45	31 58	59.3	21 14	31 02	59.0	217	323
38	142	24 20	35 21	59.9	23 49	34 25	59.5	23 19	33 28	59.1	22 48	32 33	58.7	22 16	31 37	58.4	21 45	30 42	58.0	218	322
39	141	24 54	34 59	59.0	24 23	34 02	58.6	23 52	33 07	58.2	23 20	32 11	57.8	22 48	31 16	57.5	22 15	30 21	57.1	219	321
40	140	25 28	34 36	58.1	24 57	33 40	57.7	24 24	32 44	57.3	23 52	31 49	56.9	23 19	30 54	56.5	22 45	30 00	56.2	220	320
41	139	26 02	34 12	57.1	25 30	33 16	56.7	24 57	32 21	56.3	24 23	31 26	56.0	23 49	30 32	55.6	23 15	29 38	55.2	221	319
42	138	26 36	33 47	56.2	26 02	32 52	55.8	25 28	31 57	55.4	24 54	31 02	55.0	24 20	30 08	54.6	23 45	29 15	54.3	222	318
43	137	27 09	33 22	55.3	26 35	32 27	54.9	26 00	31 32	54.5	25 25	30 38	54.1	24 50	29 45	53.7	24 14	28 52	53.3	223	317
44	136	27 42	32 56	54.3	27 07	32 01	53.9	26 31	31 07	53.5	25 55	30 13	53.1	25 19	29 20	52.7	24 43	28 28	52.4	224	316
45	135	28 14	32 29	53.4	27 38	31 35	53.0	27 02	30 41	52.5	26 25	29 48	52.1	25 48	28 55	51.8	25 11	28 03	51.4	225	315

Lat. / A		48°			49°			50°			51°			52°			53°			Lat. / A	
LHA / F		A / H	B / P	Z_1 / Z_2	A / H	B / P	Z_1 / Z_2	A / H	B / P	Z_1 / Z_2	A / H	B / P	Z_1 / Z_2	A / H	B / P	Z_1 / Z_2	A / H	B / P	Z_1 / Z_2	LHA	
°	°	° ′	° ′	°	° ′	° ′	°	° ′	° ′	°	° ′	° ′	°	° ′	° ′	°	° ′	° ′	°	°	°
45	135	28 14	32 29	53.4	27 38	31 35	53.0	27 02	30 41	52.5	26 25	29 48	52.1	25 48	28 55	51.8	25 11	28 03	51.4	225	315
46	134	28 46	32 01	52.4	28 10	31 08	52.0	27 32	30 14	51.6	26 55	29 22	51.2	26 17	28 29	50.8	25 39	27 38	50.4	226	314
47	133	29 18	31 33	51.4	28 40	30 40	51.0	28 02	29 47	50.6	27 24	28 55	50.2	26 46	28 03	49.8	26 07	27 12	49.4	227	313
48	132	29 49	31 04	50.5	29 11	30 11	50.0	28 32	29 19	49.6	27 53	28 27	49.2	27 14	27 36	48.8	26 34	26 46	48.4	228	312
49	131	30 20	30 34	49.5	29 41	29 42	49.0	29 01	28 50	48.6	28 21	27 59	48.2	27 41	27 08	47.8	27 01	26 18	47.4	229	311
50	130	30 50	30 04	48.5	30 10	29 12	48.0	29 30	28 20	47.6	28 49	27 30	47.2	28 08	26 40	46.8	27 27	25 51	46.4	230	310
51	129	31 20	29 32	47.5	30 39	28 41	47.0	29 58	27 50	46.6	29 17	27 00	46.2	28 35	26 11	45.8	27 53	25 22	45.4	231	309
52	128	31 49	29 00	46.4	31 08	28 09	46.0	30 26	27 19	45.6	29 44	26 30	45.2	29 01	25 41	44.8	28 19	24 53	44.4	232	308
53	127	32 18	28 27	45.4	31 36	27 37	45.0	30 53	26 48	44.5	30 10	25 59	44.1	29 27	25 11	43.7	28 44	24 24	43.3	233	307
54	126	32 46	27 53	44.4	32 03	27 04	43.9	31 20	26 15	43.5	30 36	25 27	43.1	29 52	24 40	42.7	29 08	23 53	42.3	234	306
55	125	33 14	27 19	43.3	32 30	26 30	42.9	31 46	25 42	42.4	31 02	24 55	42.0	30 17	24 08	41.6	29 32	23 23	41.2	235	305
56	124	33 42	26 44	42.2	32 57	25 55	41.8	32 12	25 08	41.4	31 27	24 22	41.0	30 41	23 36	40.6	29 56	22 51	40.2	236	304
57	123	34 08	26 07	41.1	33 23	25 20	40.7	32 37	24 34	40.3	31 51	23 48	39.9	31 05	23 03	39.5	30 19	22 19	39.1	237	303
58	122	34 34	25 30	40.1	33 48	24 44	39.6	33 02	23 58	39.2	32 15	23 14	38.8	31 28	22 29	38.4	30 41	21 46	38.0	238	302
59	121	35 00	24 53	39.0	34 13	24 07	38.5	33 26	23 22	38.1	32 39	22 38	37.7	31 51	21 55	37.3	31 03	21 13	37.0	239	301
60	120	35 25	24 14	37.8	34 37	23 30	37.4	33 50	22 46	37.0	33 02	22 03	36.6	32 13	21 20	36.2	31 25	20 39	35.9	240	300
61	119	35 49	23 35	36.7	35 01	22 51	36.3	34 12	22 08	35.9	33 24	21 26	35.5	32 35	20 45	35.1	31 46	20 04	34.8	241	299
62	118	36 13	22 55	35.6	35 24	22 12	35.2	34 35	21 30	34.8	33 45	20 49	34.4	32 56	20 09	34.0	32 06	19 29	33.7	242	298
63	117	36 36	22 14	34.4	35 46	21 32	34.0	34 56	20 51	33.6	34 06	20 11	33.3	33 16	19 32	32.9	32 26	18 53	32.5	243	297
64	116	36 58	21 32	33.3	36 08	20 52	32.9	35 17	20 12	32.5	34 27	19 33	32.1	33 36	18 54	31.8	32 45	18 17	31.4	244	296
65	115	37 20	20 50	32.1	36 29	20 10	31.7	35 38	19 32	31.3	34 47	18 54	31.0	33 55	18 16	30.6	33 03	17 40	30.3	245	295
66	114	37 41	20 07	30.9	36 49	19 28	30.5	35 58	18 51	30.2	35 06	18 14	29.8	34 13	17 38	29.5	33 21	17 02	29.1	246	294
67	113	38 01	19 23	29.7	37 09	18 46	29.4	36 17	18 09	29.0	35 24	17 33	28.6	34 31	16 59	28.3	33 38	16 24	28.0	247	293
68	112	38 21	18 38	28.5	37 28	18 02	28.2	36 35	17 27	27.8	35 42	16 53	27.5	34 48	16 19	27.1	33 55	15 46	26.8	248	292
69	111	38 40	17 53	27.3	37 46	17 18	27.0	36 53	16 44	26.6	35 59	16 11	26.3	35 05	15 38	26.0	34 11	15 07	25.7	249	291
70	110	38 58	17 07	26.1	38 04	16 33	25.7	37 10	16 01	25.4	36 15	15 29	25.1	35 21	14 58	24.8	34 26	14 27	24.5	250	290
71	109	39 15	16 20	24.9	38 20	15 48	24.5	37 26	15 17	24.2	36 31	14 46	23.9	35 36	14 16	23.6	34 41	13 47	23.3	251	289
72	108	39 31	15 33	23.6	38 36	15 02	23.3	37 41	14 32	23.0	36 46	14 03	22.7	35 50	13 34	22.4	34 55	13 07	22.1	252	288
73	107	39 47	14 45	22.4	38 51	14 16	22.1	37 56	13 47	21.8	37 00	13 19	21.5	36 04	12 52	21.2	35 08	12 25	20.9	253	287
74	106	40 02	13 56	21.1	39 06	13 28	20.8	38 10	13 01	20.5	37 13	12 35	20.3	36 17	12 09	20.0	35 21	11 44	19.8	254	286
75	105	40 16	13 07	19.8	39 19	12 41	19.5	38 23	12 15	19.3	37 26	11 50	19.0	36 29	11 26	18.8	35 33	11 02	18.5	255	285
76	104	40 29	12 17	18.5	39 32	11 53	18.3	38 35	11 28	18.0	37 38	11 05	17.8	36 41	10 42	17.6	35 44	10 20	17.3	256	284
77	103	40 41	11 27	17.3	39 44	11 04	17.0	38 47	10 41	16.8	37 49	10 19	16.5	36 52	9 58	16.3	35 54	9 37	16.1	257	283
78	102	40 53	10 36	16.0	39 55	10 15	15.7	38 57	9 54	15.5	38 00	9 33	15.3	37 02	9 14	15.1	36 04	8 54	14.9	258	282
79	101	41 04	9 45	14.7	40 05	9 25	14.4	39 07	9 06	14.2	38 09	8 47	14.0	37 11	8 29	13.9	36 13	8 11	13.7	259	281
80	100	41 13	8 53	13.3	40 15	8 35	13.2	39 16	8 17	13.0	38 18	8 00	12.8	37 19	7 44	12.6	36 21	7 27	12.5	260	280
81	99	41 22	8 01	12.0	40 23	7 45	11.9	39 25	7 29	11.7	38 26	7 13	11.5	37 27	6 58	11.4	36 28	6 43	11.2	261	279
82	98	41 30	7 09	10.7	40 31	6 54	10.5	39 32	6 40	10.4	38 33	6 26	10.3	37 34	6 12	10.1	36 35	5 59	10.0	262	278
83	97	41 37	6 16	9.4	40 38	6 03	9.2	39 39	5 50	9.1	38 39	5 38	9.0	37 40	5 26	8.9	36 41	5 15	8.7	263	277
84	96	41 43	5 23	8.1	40 44	5 12	7.9	39 44	5 01	7.8	38 45	4 50	7.7	37 45	4 40	7.6	36 46	4 30	7.5	264	276
85	95	41 48	4 29	6.7	40 49	4 20	6.6	39 49	4 11	6.5	38 49	4 02	6.4	37 50	3 54	6.3	36 50	3 45	6.3	265	275
86	94	41 52	3 36	5.4	40 53	3 28	5.3	39 53	3 21	5.2	38 53	3 14	5.1	37 53	3 07	5.1	36 54	3 01	5.0	266	274
87	93	41 56	2 42	4.0	40 56	2 36	4.0	39 56	2 31	3.9	38 56	2 26	3.9	37 56	2 20	3.8	36 56	2 16	3.8	267	273
88	92	41 58	1 48	2.7	40 58	1 44	2.6	39 58	1 41	2.6	38 58	1 37	2.6	37 58	1 34	2.5	36 58	1 30	2.5	268	272
89	91	42 00	0 54	1.3	41 00	0 52	1.3	40 00	0 50	1.3	39 00	0 49	1.3	38 00	0 47	1.3	37 00	0 45	1.3	269	271
90	90	42 00	0 00	0.0	41 00	0 00	0.0	40 00	0 00	0.0	39 00	0 00	0.0	38 00	0 00	0.0	37 00	0 00	0.0	270	270

N. Lat.: for LHA > 180°... $Z_n = Z$
for LHA < 180°... $Z_n = 360° - Z$

S. Lat.: for LHA > 180°... $Z_n = 180° - Z$
for LHA < 180°... $Z_n = 180° + Z$

SIGHT REDUCTION TABLE

B: (–) for 90°< LHA < 270°
Dec: (–) for Lat. contrary name

Z_1 : same sign as B
Z_2 : (–) for F > 90°

Lat. / A		54°			55°			56°			57°			58°			59°			Lat. / A	
LHA / F		A / H	B / P	Z_1 / Z_2	A / H	B / P	Z_1 / Z_2	A / H	B / P	Z_1 / Z_2	A / H	B / P	Z_1 / Z_2	A / H	B / P	Z_1 / Z_2	A / H	B / P	Z_1 / Z_2	LHA	
°	°	° ′	° ′	°	° ′	° ′	°	° ′	° ′	°	° ′	° ′	°	° ′	° ′	°	° ′	° ′	°	°	°
0	180	0 00	36 00	90.0	0 00	35 00	90.0	0 00	34 00	90.0	0 00	33 00	90.0	0 00	32 00	90.0	0 00	31 00	90.0	180	360
1	179	0 35	36 00	89.2	0 34	35 00	89.2	0 34	34 00	89.2	0 33	33 00	89.2	0 32	32 00	89.2	0 31	31 00	89.1	181	359
2	178	1 11	35 59	88.4	1 09	34 59	88.4	1 07	33 59	88.3	1 05	32 59	88.3	1 04	31 59	88.3	1 02	30 59	88.3	182	358
3	177	1 46	35 58	87.6	1 43	34 58	87.5	1 41	33 58	87.5	1 38	32 58	87.5	1 35	31 58	87.5	1 33	30 58	87.4	183	357
4	176	2 21	35 56	86.8	2 18	34 56	86.7	2 14	33 56	86.7	2 11	32 56	86.6	2 07	31 56	86.6	2 04	30 56	86.6	184	356
5	175	2 56	35 54	86.0	2 52	34 54	85.9	2 48	33 54	85.9	2 43	32 54	85.8	2 39	31 54	85.8	2 34	30 54	85.7	185	355
6	174	3 31	35 51	85.1	3 26	34 51	85.1	3 21	33 51	85.0	3 16	32 51	85.0	3 11	31 52	84.9	3 05	30 52	84.9	186	354
7	173	4 06	35 48	84.3	4 00	34 48	84.3	3 54	33 48	84.2	3 48	32 48	84.1	3 42	31 48	84.1	3 36	30 49	84.0	187	353
8	172	4 42	35 44	83.5	4 35	34 44	83.4	4 28	33 44	83.4	4 21	32 45	83.3	4 14	31 45	83.2	4 07	30 45	83.1	188	352
9	171	5 17	35 40	82.7	5 09	34 40	82.6	5 01	33 40	82.5	4 53	32 41	82.4	4 45	31 41	82.3	4 37	30 41	82.3	189	351
10	170	5 51	35 35	81.9	5 43	34 35	81.8	5 34	33 36	81.7	5 26	32 36	81.6	5 17	31 36	81.5	5 08	30 37	81.4	190	350
11	169	6 26	35 30	81.1	6 17	34 30	81.0	6 08	33 31	80.8	5 58	32 31	80.7	5 48	31 31	80.6	5 38	30 32	80.5	191	349
12	168	7 01	35 24	80.2	6 51	34 24	80.1	6 41	33 25	80.0	6 30	32 25	79.9	6 20	31 26	79.8	6 09	30 27	79.7	192	348
13	167	7 36	35 18	79.4	7 25	34 18	79.3	7 14	33 19	79.2	7 02	32 19	79.0	6 51	31 20	78.9	6 39	30 21	78.8	193	347
14	166	8 11	35 11	78.6	7 59	34 12	78.5	7 46	33 12	78.3	7 34	32 13	78.2	7 22	31 14	78.1	7 09	30 15	77.9	194	346
15	165	8 45	35 04	77.8	8 32	34 04	77.6	8 19	33 05	77.5	8 06	32 06	77.3	7 53	31 07	77.2	7 40	30 08	77.1	195	345
16	164	9 19	34 56	76.9	9 06	33 57	76.8	8 52	32 58	76.6	8 38	31 58	76.5	8 24	31 00	76.3	8 10	30 01	76.2	196	344
17	163	9 54	34 47	76.1	9 39	33 48	75.9	9 25	32 49	75.8	9 10	31 50	75.6	8 55	30 52	75.5	8 40	29 53	75.3	197	343
18	162	10 28	34 39	75.3	10 13	33 40	75.1	9 57	32 41	74.9	9 41	31 42	74.8	9 25	30 43	74.6	9 09	29 45	74.4	198	342
19	161	11 02	34 29	74.4	10 46	33 30	74.2	10 29	32 32	74.1	10 13	31 33	73.9	9 56	30 35	73.7	9 39	29 36	73.6	199	341
20	160	11 36	34 19	73.6	11 19	33 21	73.4	11 02	32 22	73.2	10 44	31 24	73.0	10 27	30 25	72.8	10 09	29 27	72.7	200	340
21	159	12 10	34 09	72.7	11 52	33 10	72.5	11 34	32 12	72.3	11 15	31 14	72.2	10 57	30 15	72.0	10 38	29 17	71.8	201	339
22	158	12 43	33 58	71.9	12 24	33 00	71.7	12 06	32 01	71.5	11 46	31 03	71.3	11 27	30 05	71.1	11 07	29 07	70.9	202	338
23	157	13 17	33 46	71.0	12 57	32 48	70.8	12 37	31 50	70.6	12 17	30 52	70.4	11 57	29 54	70.2	11 37	28 57	70.0	203	337
24	156	13 50	33 34	70.2	13 29	32 36	70.0	13 09	31 38	69.7	12 48	30 41	69.5	12 27	29 43	69.3	12 06	28 46	69.1	204	336
25	155	14 23	33 22	69.3	14 02	32 24	69.1	13 40	31 26	68.9	13 18	30 29	68.6	12 56	29 31	68.4	12 34	28 34	68.2	205	335
26	154	14 56	33 09	68.5	14 34	32 11	68.2	14 11	31 14	68.0	13 49	30 16	67.8	13 26	29 19	67.5	13 03	28 22	67.3	206	334
27	153	15 29	32 55	67.6	15 06	31 58	67.3	14 42	31 00	67.1	14 19	30 03	66.9	13 55	29 06	66.6	13 31	28 10	66.4	207	333
28	152	16 01	32 41	66.7	15 37	31 44	66.5	15 13	30 47	66.2	14 49	29 50	66.0	14 24	28 53	65.7	14 00	27 57	65.5	208	332
29	151	16 33	32 26	65.8	16 09	31 29	65.6	15 44	30 32	65.3	15 19	29 36	65.1	14 53	28 39	64.8	14 28	27 43	64.6	209	331
30	150	17 05	32 11	65.0	16 40	31 14	64.7	16 14	30 17	64.4	15 48	29 21	64.2	15 22	28 25	63.9	14 55	27 29	63.7	210	330
31	149	17 37	31 55	64.1	17 11	30 58	63.8	16 44	30 02	63.5	16 17	29 06	63.3	15 50	28 10	63.0	15 23	27 15	62.7	211	329
32	148	18 09	31 38	63.2	17 42	30 42	62.9	17 14	29 46	62.6	16 47	28 51	62.3	16 19	27 55	62.1	15 50	27 00	61.8	212	328
33	147	18 40	31 21	62.3	18 12	30 25	62.0	17 44	29 30	61.7	17 15	28 34	61.4	16 47	27 39	61.2	16 17	26 45	60.9	213	327
34	146	19 11	31 04	61.4	18 42	30 08	61.1	18 13	29 13	60.8	17 44	28 18	60.5	17 14	27 23	60.2	16 44	26 29	60.0	214	326
35	145	19 42	30 46	60.5	19 12	29 50	60.2	18 42	28 55	59.9	18 12	28 01	59.6	17 42	27 06	59.3	17 11	26 12	59.0	215	325
36	144	20 13	30 27	59.6	19 42	29 32	59.2	19 11	28 37	58.9	18 40	27 43	58.6	18 09	26 49	58.4	17 37	25 55	58.1	216	324
37	143	20 43	30 07	58.6	20 12	29 13	58.3	19 40	28 19	58.0	19 08	27 25	57.7	18 36	26 31	57.4	18 03	25 38	57.1	217	323
38	142	21 13	29 48	57.7	20 41	28 53	57.4	20 08	27 59	57.1	19 35	27 06	56.8	19 02	26 13	56.5	18 29	25 20	56.2	218	322
39	141	21 43	29 27	56.8	21 10	28 33	56.4	20 36	27 40	56.1	20 03	26 47	55.8	19 29	25 54	55.5	18 55	25 02	55.2	219	321
40	140	22 12	29 06	55.8	21 38	28 13	55.5	21 04	27 20	55.2	20 30	26 27	54.9	19 55	25 35	54.6	19 20	24 43	54.3	220	320
41	139	22 41	28 44	54.9	22 06	27 51	54.5	21 31	26 59	54.2	20 56	26 07	53.9	20 21	25 15	53.6	19 45	24 24	53.3	221	319
42	138	23 10	28 22	53.9	22 34	27 29	53.6	21 58	26 37	53.3	21 22	25 46	52.9	20 46	24 55	52.6	20 10	24 04	52.3	222	318
43	137	23 38	27 59	53.0	23 02	27 07	52.6	22 25	26 15	52.3	21 48	25 24	52.0	21 11	24 34	51.7	20 34	23 43	51.4	223	317
44	136	24 06	27 36	52.0	23 29	26 44	51.7	22 51	25 53	51.3	22 14	25 02	51.0	21 36	24 12	50.7	20 58	23 23	50.4	224	316
45	135	24 34	27 11	51.0	23 56	26 20	50.7	23 17	25 30	50.3	22 39	24 40	50.0	22 00	23 50	49.7	21 21	23 01	49.4	225	315

Lat. / A		54°			55°			56°			57°			58°			59°			Lat. / A	
LHA / F		A / H	B / P	Z_1 / Z_2	A / H	B / P	Z_1 / Z_2	A / H	B / P	Z_1 / Z_2	A / H	B / P	Z_1 / Z_2	A / H	B / P	Z_1 / Z_2	A / H	B / P	Z_1 / Z_2	LHA	
°	°	° ′	° ′	°	° ′	° ′	°	° ′	° ′	°	° ′	° ′	°	° ′	° ′	°	° ′	° ′	°	°	°
45	135	24 34	27 11	51.0	23 56	26 20	50.7	23 17	25 30	50.3	22 39	24 40	50.0	22 00	23 50	49.7	21 21	23 01	49.4	225	315
46	134	25 01	26 47	50.0	24 22	25 56	49.7	23 43	25 06	49.4	23 04	24 17	49.0	22 24	23 28	48.7	21 45	22 39	48.4	226	314
47	133	25 28	26 22	49.1	24 48	25 32	48.7	24 08	24 42	48.4	23 28	23 53	48.0	22 48	23 05	47.7	22 08	22 17	47.4	227	313
48	132	25 54	25 56	48.1	25 14	25 06	47.7	24 33	24 17	47.4	23 53	23 29	47.0	23 11	22 41	46.7	22 30	21 54	46.4	228	312
49	131	26 20	25 29	47.1	25 39	24 40	46.7	24 58	23 52	46.4	24 16	23 05	46.0	23 34	22 17	45.7	22 52	21 31	45.4	229	311
50	130	26 46	25 02	46.0	26 04	24 14	45.7	25 22	23 26	45.3	24 40	22 39	45.0	23 57	21 53	44.7	23 14	21 07	44.4	230	310
51	129	27 11	24 34	45.0	26 28	23 47	44.7	25 45	23 00	44.3	25 02	22 14	44.0	24 19	21 28	43.7	23 36	20 43	43.4	231	309
52	128	27 36	24 06	44.0	26 52	23 19	43.6	26 09	22 33	43.3	25 25	21 48	43.0	24 41	21 03	42.7	23 57	20 18	42.3	232	308
53	127	28 00	23 37	43.0	27 16	22 51	42.6	26 32	22 06	42.3	25 47	21 21	41.9	25 02	20 37	41.6	24 17	19 53	41.3	233	307
54	126	28 24	23 07	41.9	27 39	22 22	41.6	26 54	21 38	41.2	26 09	20 54	40.9	25 23	20 10	40.6	24 37	19 27	40.3	234	306
55	125	28 47	22 37	40.9	28 01	21 53	40.5	27 16	21 09	40.2	26 30	20 26	39.9	25 44	19 43	39.5	24 57	19 01	39.2	235	305
56	124	29 10	22 07	39.8	28 24	21 23	39.5	27 37	20 40	39.1	26 50	19 57	38.8	26 04	19 16	38.5	25 17	18 34	38.2	236	304
57	123	29 32	21 35	38.8	28 45	20 52	38.4	27 58	20 10	38.1	27 11	19 29	37.8	26 23	18 48	37.4	25 35	18 07	37.1	237	303
58	122	29 54	21 03	37.7	29 06	20 21	37.3	28 19	19 40	37.0	27 31	18 59	36.7	26 42	18 19	36.4	25 54	17 40	36.1	238	302
59	121	30 15	20 31	36.6	29 27	19 50	36.3	28 38	19 09	35.9	27 50	18 30	35.6	27 01	17 50	35.3	26 12	17 12	35.0	239	301
60	120	30 36	19 58	35.5	29 47	19 18	35.2	28 58	18 38	34.9	28 09	17 59	34.5	27 19	17 21	34.2	26 29	16 43	34.0	240	300
61	119	30 56	19 24	34.4	30 07	18 45	34.1	29 17	18 06	33.8	28 27	17 29	33.5	27 37	16 51	33.2	26 46	16 14	32.9	241	299
62	118	31 16	18 50	33.3	30 26	18 12	33.0	29 35	17 34	32.7	28 45	16 57	32.4	27 54	16 21	32.1	27 03	15 45	31.8	242	298
63	117	31 35	18 15	32.2	30 44	17 38	31.9	29 53	17 02	31.6	29 02	16 26	31.3	28 10	15 50	31.0	27 19	15 15	30.7	243	297
64	116	31 53	17 40	31.1	31 02	17 04	30.8	30 10	16 28	30.5	29 19	15 53	30.2	28 27	15 19	29.9	27 35	14 45	29.6	244	296
65	115	32 11	17 04	30.0	31 19	16 29	29.7	30 27	15 55	29.4	29 35	15 21	29.1	28 42	14 48	28.8	27 50	14 15	28.5	245	295
66	114	32 29	16 28	28.8	31 36	15 54	28.5	30 43	15 20	28.2	29 50	14 48	28.0	28 57	14 16	27.7	28 04	13 44	27.4	246	294
67	113	32 45	15 51	27.7	31 52	15 18	27.4	30 59	14 46	27.1	30 05	14 14	26.8	29 12	13 43	26.6	28 18	13 13	26.3	247	293
68	112	33 01	15 14	26.5	32 08	14 42	26.3	31 14	14 11	26.0	30 20	13 40	25.7	29 26	13 10	25.5	28 31	12 41	25.2	248	292
69	111	33 17	14 36	25.4	32 23	14 05	25.1	31 28	13 35	24.8	30 34	13 06	24.6	29 39	12 37	24.4	28 44	12 09	24.1	249	291
70	110	33 32	13 57	24.2	32 37	13 28	24.0	31 42	12 59	23.7	30 47	12 31	23.5	29 52	12 04	23.2	28 57	11 37	23.0	250	290
71	109	33 46	13 18	23.1	32 51	12 51	22.8	31 55	12 23	22.6	31 00	11 56	22.3	30 04	11 30	22.1	29 09	11 04	21.9	251	289
72	108	33 59	12 39	21.9	33 04	12 13	21.6	32 08	11 46	21.4	31 12	11 21	21.2	30 16	10 56	21.0	29 20	10 31	20.8	252	288
73	107	34 12	12 00	20.7	33 16	11 34	20.5	32 20	11 09	20.2	31 23	10 45	20.0	30 27	10 21	19.8	29 30	9 58	19.6	253	287
74	106	34 24	11 19	19.5	33 28	10 55	19.3	32 31	10 32	19.1	31 34	10 09	18.9	30 37	9 46	18.7	29 41	9 24	18.5	254	286
75	105	34 36	10 39	18.3	33 39	10 16	18.1	32 42	9 54	17.9	31 44	9 32	17.7	30 47	9 11	17.5	29 50	8 50	17.4	255	285
76	104	34 46	9 58	17.1	33 49	9 37	16.9	32 52	9 16	16.7	31 54	8 56	16.6	30 57	8 36	16.4	29 59	8 16	16.2	256	284
77	103	34 56	9 17	15.9	33 59	8 57	15.7	33 01	8 38	15.6	32 03	8 19	15.4	31 05	8 00	15.2	30 07	7 42	15.1	257	283
78	102	35 06	8 35	14.7	34 08	8 17	14.5	33 10	7 59	14.4	32 11	7 41	14.2	31 13	7 24	14.1	30 15	7 07	13.9	258	282
79	101	35 14	7 54	13.5	34 16	7 37	13.3	33 18	7 20	13.2	32 19	7 04	13.0	31 21	6 48	12.9	30 22	6 32	12.8	259	281
80	100	35 22	7 11	12.3	34 24	6 56	12.1	33 25	6 41	12.0	32 26	6 26	11.9	31 27	6 12	11.7	30 29	5 57	11.6	260	280
81	99	35 29	6 29	11.1	34 30	6 15	10.9	33 32	6 01	10.8	32 33	5 48	10.7	31 34	5 35	10.6	30 35	5 22	10.5	261	279
82	98	35 36	5 46	9.9	34 37	5 34	9.7	33 37	5 22	9.6	32 38	5 10	9.5	31 39	4 58	9.4	30 40	4 47	9.3	262	278
83	97	35 41	5 04	8.6	34 42	4 53	8.5	33 43	4 42	8.4	32 43	4 32	8.3	31 44	4 21	8.2	30 45	4 11	8.2	263	277
84	96	35 46	4 21	7.4	34 47	4 11	7.3	33 47	4 02	7.2	32 48	3 53	7.1	31 48	3 44	7.1	30 49	3 36	7.0	264	276
85	95	35 51	3 37	6.2	34 51	3 30	6.1	33 51	3 22	6.0	32 52	3 14	6.0	31 52	3 07	5.9	30 52	3 00	5.8	265	275
86	94	35 54	2 54	4.9	34 54	2 48	4.9	33 54	2 42	4.8	32 55	2 36	4.8	31 55	2 30	4.7	30 55	2 24	4.7	266	274
87	93	35 57	2 11	3.7	34 57	2 06	3.7	33 57	2 01	3.6	32 57	1 57	3.6	31 57	1 52	3.5	30 57	1 48	3.5	267	273
88	92	35 58	1 27	2.5	34 59	1 24	2.4	33 59	1 21	2.4	32 59	1 18	2.4	31 59	1 15	2.4	30 59	1 12	2.3	268	272
89	91	36 00	0 44	1.2	35 00	0 42	1.2	34 00	0 40	1.2	33 00	0 39	1.2	32 00	0 37	1.2	31 00	0 36	1.2	269	271
90	90	36 00	0 00	0.0	35 00	0 00	0.0	34 00	0 00	0.0	33 00	0 00	0.0	32 00	0 00	0.0	31 00	0 00	0.0	270	270

N. Lat.: for LHA > 180°… $Z_n = Z$
for LHA < 180°… $Z_n = 360° - Z$

S. Lat.: for LHA > 180°… $Z_n = 180° - Z$
for LHA < 180°… $Z_n = 180° + Z$

SIGHT REDUCTION TABLE

B: (–) for 90° < LHA < 270°
Dec: (–) for Lat. contrary name

Z_1 : same sign as B
Z_2 : (–) for F > 90°

Lat. / A		60°			61°			62°			63°			64°			65°			Lat. / A	
LHA / F		A / H	B / P	Z_1 / Z_2	A / H	B / P	Z_1 / Z_2	A / H	B / P	Z_1 / Z_2	A / H	B / P	Z_1 / Z_2	A / H	B / P	Z_1 / Z_2	A / H	B / P	Z_1 / Z_2	LHA	
°	°	° ′	° ′	°	° ′	° ′	°	° ′	° ′	°	° ′	° ′	°	° ′	° ′	°	° ′	° ′	°	°	°
0	180	0 00	30 00	90.0	0 00	29 00	90.0	0 00	28 00	90.0	0 00	27 00	90.0	0 00	26 00	90.0	0 00	25 00	90.0	180	360
1	179	0 30	30 00	89.1	0 29	29 00	89.1	0 28	28 00	89.1	0 27	27 00	89.1	0 26	26 00	89.1	0 25	25 00	89.1	181	359
2	178	1 00	29 59	88.3	0 58	28 59	88.3	0 56	27 59	88.2	0 54	26 59	88.2	0 53	25 59	88.2	0 51	24 59	88.2	182	358
3	177	1 30	29 58	87.4	1 27	28 58	87.4	1 24	27 58	87.4	1 22	26 58	87.3	1 19	25 58	87.3	1 16	24 58	87.3	183	357
4	176	2 00	29 56	86.5	1 56	28 56	86.5	1 53	27 57	86.5	1 49	26 57	86.4	1 45	25 57	86.4	1 41	24 57	86.4	184	356
5	175	2 30	29 54	85.7	2 25	28 54	85.6	2 21	27 55	85.6	2 16	26 55	85.5	2 11	25 55	85.5	2 07	24 55	85.5	185	355
6	174	3 00	29 52	84.8	2 54	28 52	84.7	2 49	27 52	84.7	2 43	26 52	84.6	2 38	25 53	84.6	2 32	24 53	84.6	186	354
7	173	3 30	29 49	83.9	3 23	28 49	83.9	3 17	27 49	83.8	3 10	26 50	83.8	3 04	25 50	83.7	2 57	24 50	83.7	187	353
8	172	3 59	29 45	83.1	3 52	28 46	83.0	3 45	27 46	82.9	3 37	26 46	82.9	3 30	25 47	82.8	3 22	24 47	82.7	188	352
9	171	4 29	29 42	82.2	4 21	28 42	82.1	4 13	27 42	82.0	4 04	26 43	82.0	3 56	25 43	81.9	3 47	24 44	81.8	189	351
10	170	4 59	29 37	81.3	4 50	28 38	81.2	4 41	27 38	81.2	4 31	26 39	81.1	4 22	25 39	81.0	4 13	24 40	80.9	190	350
11	169	5 28	29 33	80.4	5 18	28 33	80.4	5 08	27 34	80.3	4 58	26 34	80.2	4 48	25 35	80.1	4 38	24 36	80.0	191	349
12	168	5 58	29 27	79.6	5 47	28 28	79.5	5 36	27 29	79.4	5 25	26 29	79.3	5 14	25 30	79.2	5 02	24 31	79.1	192	348
13	167	6 27	29 22	78.7	6 16	28 22	78.6	6 04	27 23	78.5	5 52	26 24	78.4	5 40	25 25	78.3	5 27	24 26	78.2	193	347
14	166	6 57	29 15	77.8	6 44	28 16	77.7	6 31	27 17	77.6	6 18	26 18	77.5	6 05	25 20	77.4	5 52	24 21	77.3	194	346
15	165	7 26	29 09	76.9	7 13	28 10	76.8	6 59	27 11	76.7	6 45	26 12	76.6	6 31	25 14	76.5	6 17	24 15	76.4	195	345
16	164	7 55	29 02	76.1	7 41	28 03	75.9	7 26	27 04	75.8	7 11	26 06	75.7	6 56	25 07	75.5	6 41	24 09	75.4	196	344
17	163	8 24	28 54	75.2	8 09	27 56	75.0	7 53	26 57	74.9	7 38	25 59	74.8	7 22	25 00	74.6	7 06	24 02	74.5	197	343
18	162	8 53	28 46	74.3	8 37	27 48	74.1	8 20	26 50	74.0	8 04	25 51	73.9	7 47	24 53	73.7	7 30	23 55	73.6	198	342
19	161	9 22	28 38	73.4	9 05	27 40	73.2	8 48	26 41	73.1	8 30	25 43	72.9	8 12	24 45	72.8	7 55	23 48	72.7	199	341
20	160	9 51	28 29	72.5	9 33	27 31	72.3	9 14	26 33	72.2	8 56	25 35	72.0	8 37	24 37	71.9	8 19	23 40	71.7	200	340
21	159	10 19	28 19	71.6	10 00	27 22	71.4	9 41	26 24	71.3	9 22	25 26	71.1	9 02	24 29	71.0	8 43	23 32	70.8	201	339
22	158	10 48	28 10	70.7	10 28	27 12	70.5	10 08	26 15	70.4	9 48	25 17	70.2	9 27	24 20	70.0	9 07	23 23	69.9	202	338
23	157	11 16	27 59	69.8	10 55	27 02	69.6	10 34	26 05	69.5	10 13	25 08	69.3	9 52	24 11	69.1	9 30	23 14	69.0	203	337
24	156	11 44	27 49	68.9	11 22	26 51	68.7	11 00	25 54	68.5	10 38	24 58	68.4	10 16	24 01	68.2	9 54	23 04	68.0	204	336
25	155	12 12	27 37	68.0	11 49	26 40	67.8	11 27	25 44	67.6	11 04	24 47	67.4	10 41	23 51	67.3	10 17	22 55	67.1	205	335
26	154	12 40	27 26	67.1	12 16	26 29	66.9	11 53	25 33	66.7	11 29	24 36	66.5	11 05	23 40	66.3	10 41	22 44	66.2	206	334
27	153	13 07	27 13	66.2	12 43	26 17	66.0	12 18	25 21	65.8	11 54	24 25	65.6	11 29	23 29	65.4	11 04	22 34	65.2	207	333
28	152	13 35	27 01	65.3	13 09	26 05	65.1	12 44	25 09	64.9	12 18	24 13	64.7	11 53	23 18	64.5	11 27	22 23	64.3	208	332
29	151	14 02	26 48	64.4	13 36	25 52	64.1	13 09	24 56	63.9	12 43	24 01	63.7	12 16	23 06	63.5	11 49	22 11	63.3	209	331
30	150	14 29	26 34	63.4	14 02	25 39	63.2	13 35	24 43	63.0	13 07	23 49	62.8	12 40	22 54	62.6	12 12	21 59	62.4	210	330
31	149	14 55	26 20	62.5	14 28	25 25	62.3	14 00	24 30	62.1	13 31	23 36	61.8	13 03	22 41	61.6	12 34	21 47	61.4	211	329
32	148	15 22	26 05	61.6	14 53	25 11	61.3	14 24	24 16	61.1	13 55	23 22	60.9	13 26	22 28	60.7	12 56	21 35	60.5	212	328
33	147	15 48	25 50	60.6	15 19	24 56	60.4	14 49	24 02	60.2	14 19	23 08	59.9	13 49	22 15	59.7	13 18	21 22	59.5	213	327
34	146	16 14	25 35	59.7	15 44	24 41	59.5	15 13	23 47	59.2	14 42	22 54	59.0	14 11	22 01	58.8	13 40	21 08	58.6	214	326
35	145	16 40	25 19	58.8	16 09	24 25	58.5	15 37	23 32	58.3	15 06	22 39	58.0	14 34	21 47	57.8	14 02	20 54	57.6	215	325
36	144	17 05	25 02	57.8	16 33	24 09	57.6	16 01	23 17	57.3	15 29	22 24	57.1	14 56	21 32	56.9	14 23	20 40	56.6	216	324
37	143	17 31	24 45	56.9	16 58	23 53	56.6	16 25	23 00	56.4	15 51	22 09	56.1	15 18	21 17	55.9	14 44	20 26	55.7	217	323
38	142	17 56	24 28	55.9	17 22	23 36	55.7	16 48	22 44	55.4	16 14	21 53	55.2	15 39	21 01	54.9	15 05	20 11	54.7	218	322
39	141	18 20	24 10	55.0	17 46	23 18	54.7	17 11	22 27	54.4	16 36	21 36	54.2	16 01	20 46	54.0	15 25	19 55	53.7	219	321
40	140	18 45	23 52	54.0	18 09	23 00	53.7	17 34	22 10	53.5	16 58	21 19	53.2	16 22	20 29	53.0	15 46	19 39	52.7	220	320
41	139	19 09	23 33	53.0	18 33	22 42	52.8	17 56	21 52	52.5	17 20	21 02	52.2	16 43	20 13	52.0	16 06	19 23	51.8	221	319
42	138	19 33	23 13	52.1	18 56	22 23	51.8	18 19	21 34	51.5	17 41	20 44	51.3	17 03	19 55	51.0	16 26	19 07	50.8	222	318
43	137	19 56	22 54	51.1	19 18	22 04	50.8	18 40	21 15	50.5	18 02	20 26	50.3	17 24	19 38	50.0	16 45	18 50	49.8	223	317
44	136	20 19	22 33	50.1	19 41	21 44	49.8	19 02	20 56	49.5	18 23	20 08	49.3	17 44	19 20	49.0	17 04	18 33	48.8	224	316
45	135	20 42	22 12	49.1	20 03	21 24	48.8	19 23	20 36	48.6	18 43	19 49	48.3	18 03	19 02	48.1	17 23	18 15	47.8	225	315

Lat. / A		60°			61°			62°			63°			64°			65°			Lat. / A	
LHA / F		A / H	B / P	Z_1 / Z_2	A / H	B / P	Z_1 / Z_2	A / H	B / P	Z_1 / Z_2	A / H	B / P	Z_1 / Z_2	A / H	B / P	Z_1 / Z_2	A / H	B / P	Z_1 / Z_2	LHA	
°	°	° ′	° ′	°	° ′	° ′	°	° ′	° ′	°	° ′	° ′	°	° ′	° ′	°	° ′	° ′	°	°	°
45	135	20 42	22 12	49.1	20 03	21 24	48.8	19 23	20 36	48.6	18 43	19 49	48.3	18 03	19 02	48.1	17 23	18 15	47.8	225	315
46	134	21 05	21 51	48.1	20 25	21 04	47.8	19 44	20 16	47.6	19 04	19 29	47.3	18 23	18 43	47.1	17 42	17 57	46.8	226	314
47	133	21 27	21 30	47.1	20 46	20 43	46.8	20 05	19 56	46.6	19 24	19 10	46.3	18 42	18 24	46.1	18 00	17 39	45.8	227	313
48	132	21 49	21 07	46.1	21 07	20 21	45.8	20 25	19 35	45.6	19 43	18 50	45.3	19 01	18 04	45.1	18 18	17 20	44.8	228	312
49	131	22 10	20 45	45.1	21 28	19 59	44.8	20 45	19 14	44.6	20 02	18 29	44.3	19 19	17 45	44.0	18 36	17 01	43.8	229	311
50	130	22 31	20 22	44.1	21 48	19 37	43.8	21 05	18 52	43.5	20 21	18 08	43.3	19 37	17 24	43.0	18 53	16 41	42.8	230	310
51	129	22 52	19 58	43.1	22 08	19 14	42.8	21 24	18 30	42.5	20 40	17 47	42.3	19 55	17 04	42.0	19 10	16 21	41.8	231	309
52	128	23 12	19 34	42.1	22 28	18 51	41.8	21 43	18 08	41.5	20 58	17 25	41.2	20 13	16 43	41.0	19 27	16 01	40.8	232	308
53	127	23 32	19 10	41.0	22 47	18 27	40.7	22 01	17 45	40.5	21 15	17 03	40.2	20 30	16 21	40.0	19 44	15 41	39.7	233	307
54	126	23 52	18 45	40.0	23 06	18 03	39.7	22 19	17 21	39.4	21 33	16 40	39.2	20 46	16 00	39.0	20 00	15 20	38.7	234	306
55	125	24 11	18 19	39.0	23 24	17 38	38.7	22 37	16 58	38.4	21 50	16 17	38.2	21 03	15 38	37.9	20 15	14 58	37.7	235	305
56	124	24 29	17 54	37.9	23 42	17 13	37.6	22 54	16 34	37.4	22 07	15 54	37.1	21 19	15 15	36.9	20 31	14 37	36.7	236	304
57	123	24 48	17 27	36.9	23 59	16 48	36.6	23 11	16 09	36.3	22 23	15 31	36.1	21 34	14 53	35.8	20 46	14 15	35.6	237	303
58	122	25 05	17 01	35.8	24 17	16 22	35.5	23 28	15 44	35.3	22 39	15 07	35.0	21 49	14 29	34.8	21 00	13 53	34.6	238	302
59	121	25 23	16 34	34.8	24 33	15 56	34.5	23 44	15 19	34.2	22 54	14 42	34.0	22 04	14 06	33.8	21 14	13 30	33.5	239	301
60	120	25 40	16 06	33.7	24 50	15 29	33.4	23 59	14 53	33.2	23 09	14 18	32.9	22 19	13 42	32.7	21 28	13 07	32.5	240	300
61	119	25 56	15 38	32.6	25 05	15 03	32.4	24 15	14 27	32.1	23 24	13 53	31.9	22 33	13 18	31.7	21 42	12 44	31.5	241	299
62	118	26 12	15 10	31.5	25 21	14 35	31.3	24 29	14 01	31.1	23 38	13 27	30.8	22 46	12 54	30.6	21 55	12 21	30.4	242	298
63	117	26 27	14 41	30.5	25 36	14 08	30.2	24 44	13 34	30.0	23 52	13 01	29.8	22 59	12 29	29.5	22 07	11 57	29.3	243	297
64	116	26 42	14 12	29.4	25 50	13 39	29.1	24 57	13 07	28.9	24 05	12 35	28.7	23 12	12 04	28.5	22 19	11 33	28.3	244	296
65	115	26 57	13 43	28.3	26 04	13 11	28.1	25 11	12 40	27.8	24 18	12 09	27.6	23 25	11 39	27.4	22 31	11 09	27.2	245	295
66	114	27 11	13 13	27.2	26 17	12 42	27.0	25 24	12 12	26.8	24 30	11 43	26.6	23 36	11 13	26.4	22 43	10 44	26.2	246	294
67	113	27 24	12 43	26.1	26 30	12 13	25.9	25 36	11 44	25.7	24 42	11 16	25.5	23 48	10 47	25.3	22 54	10 20	25.1	247	293
68	112	27 37	12 12	25.0	26 43	11 44	24.8	25 48	11 16	24.6	24 54	10 48	24.4	23 59	10 21	24.2	23 04	9 55	24.0	248	292
69	111	27 50	11 41	23.9	26 55	11 14	23.7	26 00	10 47	23.5	25 05	10 21	23.3	24 09	9 55	23.1	23 14	9 29	23.0	249	291
70	110	28 01	11 10	22.8	27 06	10 44	22.6	26 11	10 18	22.4	25 15	9 53	22.2	24 20	9 28	22.0	23 24	9 04	21.9	250	290
71	109	28 13	10 39	21.7	27 17	10 14	21.5	26 21	9 49	21.3	25 25	9 25	21.1	24 29	9 01	21.0	23 33	8 38	20.8	251	289
72	108	28 24	10 07	20.6	27 27	9 43	20.4	26 31	9 20	20.2	25 35	8 57	20.0	24 38	8 34	19.9	23 42	8 12	19.7	252	288
73	107	28 34	9 35	19.4	27 37	9 12	19.3	26 41	8 50	19.1	25 44	8 28	18.9	24 47	8 07	18.8	23 50	7 46	18.6	253	287
74	106	28 44	9 03	18.3	27 47	8 41	18.2	26 50	8 20	18.0	25 52	8 00	17.8	24 55	7 39	17.7	23 58	7 19	17.6	254	286
75	105	28 53	8 30	17.2	27 55	8 10	17.0	26 58	7 50	16.9	26 01	7 31	16.7	25 03	7 12	16.6	24 06	6 53	16.5	255	285
76	104	29 01	7 57	16.1	28 04	7 38	15.9	27 06	7 20	15.8	26 08	7 02	15.6	25 10	6 44	15.5	24 13	6 26	15.4	256	284
77	103	29 09	7 24	14.9	28 11	7 06	14.8	27 13	6 49	14.7	26 15	6 32	14.5	25 17	6 16	14.4	24 19	5 59	14.3	257	283
78	102	29 17	6 51	13.8	28 18	6 34	13.7	27 20	6 19	13.5	26 22	6 03	13.4	25 23	5 47	13.3	24 25	5 32	13.2	258	282
79	101	29 24	6 17	12.7	28 25	6 02	12.5	27 27	5 48	12.4	26 28	5 33	12.3	25 29	5 19	12.2	24 31	5 05	12.1	259	281
80	100	29 30	5 44	11.5	28 31	5 30	11.4	27 32	5 17	11.3	26 33	5 03	11.2	25 35	4 50	11.1	24 36	4 38	11.0	260	280
81	99	29 36	5 10	10.4	28 37	4 57	10.3	27 38	4 45	10.2	26 38	4 33	10.1	25 39	4 22	10.0	24 40	4 10	9.9	261	279
82	98	29 41	4 36	9.2	28 41	4 25	9.1	27 42	4 14	9.0	26 43	4 03	9.0	25 44	3 53	8.9	24 44	3 43	8.8	262	278
83	97	29 45	4 01	8.1	28 46	3 52	8.0	27 46	3 42	7.9	26 47	3 33	7.8	25 48	3 24	7.8	24 48	3 15	7.7	263	277
84	96	29 49	3 27	6.9	28 50	3 19	6.9	27 50	3 11	6.8	26 50	3 03	6.7	25 51	2 55	6.7	24 51	2 47	6.6	264	276
85	95	29 52	2 53	5.8	28 53	2 46	5.7	27 53	2 39	5.7	26 53	2 33	5.6	25 54	2 26	5.6	24 54	2 20	5.5	265	275
86	94	29 55	2 18	4.6	28 55	2 13	4.6	27 56	2 07	4.5	26 56	2 02	4.5	25 56	1 57	4.4	24 56	1 52	4.4	266	274
87	93	29 57	1 44	3.5	28 57	1 40	3.4	27 57	1 36	3.4	26 58	1 32	3.4	25 58	1 28	3.3	24 58	1 24	3.3	267	273
88	92	29 59	1 09	2.3	28 59	1 06	2.3	27 59	1 04	2.3	26 59	1 01	2.2	25 59	0 59	2.2	24 59	0 56	2.2	268	272
89	91	30 00	0 35	1.2	29 00	0 33	1.1	28 00	0 32	1.1	27 00	0 31	1.1	26 00	0 29	1.1	25 00	0 28	1.1	269	271
90	90	30 00	0 00	0.0	29 00	0 00	0.0	28 00	0 00	0.0	27 00	0 00	0.0	26 00	0 00	0.0	25 00	0 00	0.0	270	270

N. Lat.: for LHA > 180°… $Z_n = Z$
for LHA < 180°… $Z_n = 360° - Z$

S. Lat.: for LHA > 180°… $Z_n = 180° - Z$
for LHA < 180°… $Z_n = 180° + Z$

SIGHT REDUCTION TABLE

B: (–) for 90°< LHA < 270°
Dec: (–) for Lat. contrary name

Z_1 : same sign as B
Z_2 : (–) for F > 90°

Lat. / A		66°			67°			68°			69°			70°			71°			Lat. / A	
LHA / F		A / H	B / P	Z_1 / Z_2	A / H	B / P	Z_1 / Z_2	A / H	B / P	Z_1 / Z_2	A / H	B / P	Z_1 / Z_2	A / H	B / P	Z_1 / Z_2	A / H	B / P	Z_1 / Z_2	LHA	
°	°	° ′	° ′	°	° ′	° ′	°	° ′	° ′	°	° ′	° ′	°	° ′	° ′	°	° ′	° ′	°	°	°
0	180	0 00	24 00	90.0	0 00	23 00	90.0	0 00	22 00	90.0	0 00	21 00	90.0	0 00	20 00	90.0	0 00	19 00	90.0	180	360
1	179	0 24	24 00	89.1	0 23	23 00	89.1	0 22	22 00	89.1	0 22	21 00	89.1	0 21	20 00	89.1	0 20	19 00	89.1	181	359
2	178	0 49	23 59	88.2	0 47	22 59	88.2	0 45	21 59	88.1	0 43	20 59	88.1	0 41	19 59	88.1	0 39	18 59	88.1	182	358
3	177	1 13	23 58	87.3	1 10	22 58	87.2	1 07	21 58	87.2	1 04	20 58	87.2	1 02	19 58	87.2	0 59	18 59	87.2	183	357
4	176	1 38	23 57	86.3	1 34	22 57	86.3	1 30	21 57	86.3	1 26	20 57	86.3	1 22	19 57	86.2	1 18	18 57	86.2	184	356
5	175	2 02	23 55	85.4	1 57	22 55	85.4	1 52	21 55	85.4	1 47	20 56	85.3	1 42	19 56	85.3	1 38	18 56	85.3	185	355
6	174	2 26	23 53	84.5	2 20	22 53	84.5	2 15	21 53	84.4	2 09	20 54	84.4	2 03	19 54	84.4	1 57	18 54	84.3	186	354
7	173	2 50	23 50	83.6	2 44	22 51	83.6	2 37	21 51	83.5	2 30	20 51	83.5	2 23	19 52	83.4	2 16	18 52	83.4	187	353
8	172	3 15	23 48	82.7	3 07	22 48	82.6	2 59	21 48	82.6	2 52	20 49	82.5	2 44	19 49	82.5	2 36	18 50	82.4	188	352
9	171	3 39	23 44	81.8	3 30	22 45	81.7	3 22	21 45	81.6	3 13	20 46	81.6	3 04	19 46	81.5	2 55	18 47	81.5	189	351
10	170	4 03	23 41	80.8	3 53	22 41	80.8	3 44	21 42	80.7	3 34	20 42	80.7	3 24	19 43	80.6	3 14	18 44	80.5	190	350
11	169	4 27	23 36	79.9	4 17	22 37	79.9	4 06	21 38	79.8	3 55	20 39	79.7	3 45	19 40	79.6	3 34	18 41	79.6	191	349
12	168	4 51	23 32	79.0	4 40	22 33	78.9	4 28	21 34	78.9	4 16	20 35	78.8	4 05	19 36	78.7	3 53	18 37	78.6	192	348
13	167	5 15	23 27	78.1	5 03	22 28	78.0	4 50	21 29	77.9	4 37	20 30	77.8	4 25	19 32	77.8	4 12	18 33	77.7	193	347
14	166	5 39	23 22	77.2	5 25	22 23	77.1	5 12	21 24	77.0	4 58	20 26	76.9	4 45	19 27	76.8	4 31	18 28	76.7	194	346
15	165	6 03	23 16	76.2	5 48	22 18	76.1	5 34	21 19	76.0	5 19	20 21	76.0	5 05	19 22	75.9	4 50	18 24	75.8	195	345
16	164	6 26	23 10	75.3	6 11	22 12	75.2	5 56	21 13	75.1	5 40	20 15	75.0	5 25	19 17	74.9	5 09	18 19	74.8	196	344
17	163	6 50	23 04	74.4	6 34	22 06	74.3	6 17	21 08	74.2	6 01	20 09	74.1	5 44	19 11	74.0	5 28	18 14	73.9	197	343
18	162	7 13	22 57	73.5	6 56	21 59	73.3	6 39	21 01	73.2	6 21	20 03	73.1	6 04	19 06	73.0	5 46	18 08	72.9	198	342
19	161	7 37	22 50	72.5	7 19	21 52	72.4	7 00	20 54	72.3	6 42	19 57	72.2	6 24	18 59	72.1	6 05	18 02	72.0	199	341
20	160	8 00	22 42	71.6	7 41	21 45	71.5	7 22	20 47	71.4	7 02	19 50	71.2	6 43	18 53	71.1	6 24	17 56	71.0	200	340
21	159	8 23	22 34	70.7	8 03	21 37	70.5	7 43	20 40	70.4	7 23	19 43	70.3	7 02	18 46	70.2	6 42	17 49	70.1	201	339
22	158	8 46	22 26	69.7	8 25	21 29	69.6	8 04	20 32	69.5	7 43	19 35	69.3	7 22	18 39	69.2	7 00	17 42	69.1	202	338
23	157	9 09	22 17	68.8	8 47	21 21	68.7	8 25	20 24	68.5	8 03	19 28	68.4	7 41	18 31	68.3	7 19	17 35	68.1	203	337
24	156	9 31	22 08	67.9	9 09	21 12	67.7	8 46	20 16	67.6	8 23	19 19	67.4	8 00	18 24	67.3	7 37	17 28	67.2	204	336
25	155	9 54	21 58	66.9	9 30	21 03	66.8	9 07	20 07	66.6	8 43	19 11	66.5	8 19	18 15	66.3	7 55	17 20	66.2	205	335
26	154	10 16	21 49	66.0	9 52	20 53	65.8	9 27	19 57	65.7	9 02	19 02	65.5	8 37	18 07	65.4	8 12	17 12	65.2	206	334
27	153	10 38	21 38	65.0	10 13	20 43	64.9	9 48	19 48	64.7	9 22	18 53	64.6	8 56	17 58	64.4	8 30	17 03	64.3	207	333
28	152	11 00	21 28	64.1	10 34	20 33	63.9	10 08	19 38	63.8	9 41	18 43	63.6	9 14	17 49	63.5	8 48	16 55	63.3	208	332
29	151	11 22	21 17	63.1	10 55	20 22	63.0	10 28	19 28	62.8	10 00	18 34	62.6	9 33	17 39	62.5	9 05	16 46	62.3	209	331
30	150	11 44	21 05	62.2	11 16	20 11	62.0	10 48	19 17	61.8	10 19	18 23	61.7	9 51	17 30	61.5	9 22	16 36	61.4	210	330
31	149	12 06	20 53	61.2	11 37	20 00	61.1	11 07	19 06	60.9	10 38	18 13	60.7	10 09	17 20	60.5	9 39	16 27	60.4	211	329
32	148	12 27	20 41	60.3	11 57	19 48	60.1	11 27	18 55	59.9	10 57	18 02	59.7	10 27	17 09	59.6	9 56	16 17	59.4	212	328
33	147	12 48	20 29	59.3	12 17	19 36	59.1	11 46	18 43	58.9	11 15	17 51	58.8	10 44	16 58	58.6	10 13	16 06	58.4	213	327
34	146	13 09	20 16	58.4	12 37	19 23	58.2	12 06	18 31	58.0	11 34	17 39	57.8	11 02	16 47	57.6	10 29	15 56	57.5	214	326
35	145	13 29	20 02	57.4	12 57	19 10	57.2	12 24	18 19	57.0	11 52	17 27	56.8	11 19	16 36	56.7	10 46	15 45	56.5	215	325
36	144	13 50	19 49	56.4	13 17	18 57	56.2	12 43	18 06	56.0	12 10	17 15	55.9	11 36	16 24	55.7	11 02	15 34	55.5	216	324
37	143	14 10	19 34	55.5	13 36	18 44	55.3	13 02	17 53	55.1	12 27	17 03	54.9	11 53	16 12	54.7	11 18	15 23	54.5	217	323
38	142	14 30	19 20	54.5	13 55	18 30	54.3	13 20	17 40	54.1	12 45	16 50	53.9	12 09	16 00	53.7	11 34	15 11	53.5	218	322
39	141	14 50	19 05	53.5	14 14	18 15	53.3	13 38	17 26	53.1	13 02	16 37	52.9	12 26	15 48	52.7	11 49	14 59	52.6	219	321
40	140	15 09	18 50	52.5	14 33	18 01	52.3	13 56	17 12	52.1	13 19	16 23	51.9	12 42	15 35	51.7	12 05	14 47	51.6	220	320
41	139	15 29	18 34	51.5	14 51	17 46	51.3	14 14	16 57	51.1	13 36	16 09	50.9	12 58	15 22	50.8	12 20	14 34	50.6	221	319
42	138	15 48	18 18	50.6	15 09	17 30	50.3	14 31	16 43	50.1	13 52	15 55	49.9	13 14	15 08	49.8	12 35	14 21	49.6	222	318
43	137	16 06	18 02	49.6	15 27	17 15	49.4	14 48	16 28	49.2	14 09	15 41	49.0	13 29	14 54	48.8	12 50	14 08	48.6	223	317
44	136	16 25	17 46	48.6	15 45	16 59	48.4	15 05	16 12	48.2	14 25	15 26	48.0	13 45	14 40	47.8	13 04	13 55	47.6	224	316
45	135	16 43	17 29	47.6	16 02	16 42	47.4	15 22	15 57	47.2	14 41	15 11	47.0	14 00	14 26	46.8	13 19	13 41	46.6	225	315

Lat. / A		66°			67°			68°			69°			70°			71°			Lat. / A	
LHA / F		A / H	B / P	Z_1 / Z_2	A / H	B / P	Z_1 / Z_2	A / H	B / P	Z_1 / Z_2	A / H	B / P	Z_1 / Z_2	A / H	B / P	Z_1 / Z_2	A / H	B / P	Z_1 / Z_2	LHA	
°	°	° ′	° ′	°	° ′	° ′	°	° ′	° ′	°	° ′	° ′	°	° ′	° ′	°	° ′	° ′	°	°	°
45	135	16 43	17 29	47.6	16 02	16 42	47.4	15 22	15 57	47.2	14 41	15 11	47.0	14 00	14 26	46.8	13 19	13 41	46.6	225	315
46	134	17 01	17 11	46.6	16 19	16 26	46.4	15 38	15 41	46.2	14 56	14 56	46.0	14 15	14 11	45.8	13 33	13 27	45.6	226	314
47	133	17 18	16 53	45.6	16 36	16 09	45.4	15 54	15 24	45.2	15 12	14 40	45.0	14 29	13 56	44.8	13 46	13 13	44.6	227	313
48	132	17 36	16 35	44.6	16 53	15 51	44.4	16 10	15 08	44.2	15 27	14 24	44.0	14 43	13 41	43.8	14 00	12 58	43.6	228	312
49	131	17 53	16 17	43.6	17 09	15 34	43.4	16 25	14 51	43.2	15 42	14 08	43.0	14 58	13 26	42.8	14 13	12 44	42.6	229	311
50	130	18 09	15 58	42.6	17 25	15 16	42.4	16 41	14 33	42.1	15 56	13 52	41.9	15 11	13 10	41.8	14 27	12 29	41.6	230	310
51	129	18 26	15 39	41.6	17 41	14 57	41.3	16 56	14 16	41.1	16 10	13 35	40.9	15 25	12 54	40.8	14 39	12 14	40.6	231	309
52	128	18 42	15 20	40.5	17 56	14 39	40.3	17 10	13 58	40.1	16 24	13 18	39.9	15 38	12 38	39.7	14 52	11 58	39.6	232	308
53	127	18 57	15 00	39.5	18 11	14 20	39.3	17 24	13 40	39.1	16 38	13 00	38.9	15 51	12 21	38.7	15 04	11 42	38.6	233	307
54	126	19 13	14 40	38.5	18 26	14 01	38.3	17 39	13 22	38.1	16 51	12 43	37.9	16 04	12 05	37.7	15 16	11 26	37.5	234	306
55	125	19 28	14 20	37.5	18 40	13 41	37.3	17 52	13 03	37.1	17 04	12 25	36.9	16 16	11 48	36.7	15 28	11 10	36.5	235	305
56	124	19 42	13 59	36.4	18 54	13 21	36.2	18 06	12 44	36.0	17 17	12 07	35.8	16 28	11 30	35.7	15 40	10 54	35.5	236	304
57	123	19 57	13 38	35.4	19 08	13 01	35.2	18 19	12 25	35.0	17 29	11 49	34.8	16 40	11 13	34.6	15 51	10 37	34.5	237	303
58	122	20 11	13 17	34.4	19 21	12 41	34.2	18 31	12 05	34.0	17 42	11 30	33.8	16 52	10 55	33.6	16 02	10 20	33.5	238	302
59	121	20 24	12 55	33.3	19 34	12 20	33.1	18 44	11 45	32.9	17 53	11 11	32.8	17 03	10 37	32.6	16 12	10 03	32.4	239	301
60	120	20 37	12 33	32.3	19 47	11 59	32.1	18 56	11 25	31.9	18 05	10 52	31.7	17 14	10 19	31.6	16 23	9 46	31.4	240	300
61	119	20 50	12 11	31.2	19 59	11 38	31.1	19 08	11 05	30.9	18 16	10 33	30.7	17 24	10 00	30.5	16 33	9 29	30.4	241	299
62	118	21 03	11 48	30.2	20 11	11 16	30.0	19 19	10 44	29.8	18 27	10 13	29.7	17 35	9 42	29.5	16 42	9 11	29.4	242	298
63	117	21 15	11 26	29.2	20 22	10 54	29.0	19 30	10 24	28.8	18 37	9 53	28.6	17 45	9 23	28.5	16 52	8 53	28.3	243	297
64	116	21 27	11 03	28.1	20 34	10 32	27.9	19 41	10 03	27.7	18 47	9 33	27.6	17 54	9 04	27.4	17 01	8 35	27.3	244	296
65	115	21 38	10 39	27.0	20 44	10 10	26.9	19 51	9 41	26.7	18 57	9 13	26.5	18 03	8 45	26.4	17 10	8 17	26.3	245	295
66	114	21 49	10 16	26.0	20 55	9 48	25.8	20 01	9 20	25.7	19 07	8 52	25.5	18 12	8 25	25.4	17 18	7 58	25.2	246	294
67	113	21 59	9 52	24.9	21 05	9 25	24.8	20 10	8 58	24.6	19 16	8 32	24.5	18 21	8 06	24.3	17 26	7 40	24.2	247	293
68	112	22 09	9 28	23.9	21 14	9 02	23.7	20 19	8 36	23.5	19 24	8 11	23.4	18 29	7 46	23.3	17 34	7 21	23.1	248	292
69	111	22 19	9 04	22.8	21 24	8 39	22.6	20 28	8 14	22.5	19 33	7 50	22.4	18 37	7 26	22.2	17 42	7 02	22.1	249	291
70	110	22 28	8 40	21.7	21 32	8 16	21.6	20 37	7 52	21.4	19 41	7 29	21.3	18 45	7 06	21.2	17 49	6 43	21.1	250	290
71	109	22 37	8 15	20.7	21 41	7 52	20.5	20 45	7 30	20.4	19 48	7 07	20.2	18 52	6 45	20.1	17 56	6 24	20.0	251	289
72	108	22 45	7 50	19.6	21 49	7 28	19.4	20 52	7 07	19.3	19 56	6 46	19.2	18 59	6 25	19.1	18 02	6 04	19.0	252	288
73	107	22 53	7 25	18.5	21 56	7 04	18.4	21 00	6 44	18.2	20 03	6 24	18.1	19 05	6 04	18.0	18 08	5 45	17.9	253	287
74	106	23 01	7 00	17.4	22 04	6 40	17.3	21 06	6 21	17.2	20 09	6 02	17.1	19 12	5 44	17.0	18 14	5 25	16.9	254	286
75	105	23 08	6 34	16.3	22 10	6 16	16.2	21 13	5 58	16.1	20 15	5 40	16.0	19 17	5 23	15.9	18 20	5 06	15.8	255	285
76	104	23 15	6 09	15.3	22 17	5 52	15.2	21 19	5 35	15.1	20 21	5 18	15.0	19 23	5 02	14.9	18 25	4 46	14.8	256	284
77	103	23 21	5 43	14.2	22 23	5 27	14.1	21 24	5 12	14.0	20 26	4 56	13.9	19 28	4 41	13.8	18 30	4 26	13.7	257	283
78	102	23 27	5 17	13.1	22 28	5 03	13.0	21 30	4 48	12.9	20 31	4 34	12.8	19 33	4 20	12.7	18 34	4 06	12.7	258	282
79	101	23 32	4 51	12.0	22 33	4 38	11.9	21 35	4 24	11.8	20 36	4 11	11.8	19 37	3 58	11.7	18 38	3 46	11.6	259	281
80	100	23 37	4 25	10.9	22 38	4 13	10.8	21 39	4 01	10.8	20 40	3 49	10.7	19 41	3 37	10.6	18 42	3 25	10.6	260	280
81	99	23 41	3 59	9.8	22 42	3 48	9.8	21 43	3 37	9.7	20 44	3 26	9.6	19 45	3 16	9.6	18 45	3 05	9.5	261	279
82	98	23 45	3 33	8.7	22 46	3 23	8.7	21 46	3 13	8.6	20 47	3 03	8.6	19 48	2 54	8.5	18 48	2 45	8.5	262	278
83	97	23 49	3 06	7.7	22 49	2 58	7.6	21 50	2 49	7.5	20 50	2 41	7.5	19 51	2 32	7.4	18 51	2 24	7.4	263	277
84	96	23 52	2 40	6.6	22 52	2 32	6.5	21 52	2 25	6.5	20 53	2 18	6.4	19 53	2 11	6.4	18 54	2 04	6.3	264	276
85	95	23 54	2 13	5.5	22 54	2 07	5.4	21 55	2 01	5.4	20 55	1 55	5.4	19 55	1 49	5.3	18 55	1 43	5.3	265	275
86	94	23 56	1 47	4.4	22 56	1 42	4.3	21 57	1 37	4.3	20 57	1 32	4.3	19 57	1 27	4.3	18 57	1 23	4.2	266	274
87	93	23 58	1 20	3.3	22 58	1 16	3.3	21 58	1 13	3.2	20 58	1 09	3.2	19 58	1 05	3.2	18 58	1 02	3.2	267	273
88	92	23 59	0 53	2.2	22 59	0 51	2.2	21 59	0 48	2.2	20 59	0 46	2.1	19 59	0 44	2.1	18 59	0 41	2.1	268	272
89	91	24 00	0 27	1.1	23 00	0 25	1.1	22 00	0 24	1.1	21 00	0 23	1.1	20 00	0 22	1.1	19 00	0 21	1.1	269	271
90	90	24 00	0 00	0.0	23 00	0 00	0.0	22 00	0 00	0.0	21 00	0 00	0.0	20 00	0 00	0.0	19 00	0 00	0.0	270	270

N. Lat.: for LHA > 180°... $Z_n = Z$
for LHA < 180°... $Z_n = 360° - Z$

S. Lat.: for LHA > 180°... $Z_n = 180° - Z$
for LHA < 180°... $Z_n = 180° + Z$

SIGHT REDUCTION TABLE

B: (–) for 90° < LHA < 270°
Dec: (–) for Lat. contrary name

Z_1 : same sign as B
Z_2 : (–) for F > 90°

Lat. / A		72°			73°			74°			75°			76°			77°			Lat. / A	
LHA / F		A / H	B / P	Z_1 / Z_2	A / H	B / P	Z_1 / Z_2	A / H	B / P	Z_1 / Z_2	A / H	B / P	Z_1 / Z_2	A / H	B / P	Z_1 / Z_2	A / H	B / P	Z_1 / Z_2	LHA	
°	°	° ′	° ′	°	° ′	° ′	°	° ′	° ′	°	° ′	° ′	°	° ′	° ′	°	° ′	° ′	°	°	°
0	180	0 00	18 00	90.0	0 00	17 00	90.0	0 00	16 00	90.0	0 00	15 00	90.0	0 00	14 00	90.0	0 00	13 00	90.0	180	360
1	179	0 19	18 00	89.0	0 18	17 00	89.0	0 17	16 00	89.0	0 16	15 00	89.0	0 15	14 00	89.0	0 13	13 00	89.0	181	359
2	178	0 37	17 59	88.1	0 35	16 59	88.1	0 33	15 59	88.1	0 31	14 59	88.1	0 29	14 00	88.1	0 27	13 00	88.1	182	358
3	177	0 56	17 59	87.1	0 53	16 59	87.1	0 50	15 59	87.1	0 47	14 59	87.1	0 44	13 59	87.1	0 40	12 59	87.1	183	357
4	176	1 14	17 58	86.2	1 10	16 58	86.2	1 06	15 58	86.2	1 02	14 58	86.1	0 58	13 58	86.1	0 54	12 58	86.1	184	356
5	175	1 33	17 56	85.2	1 28	16 56	85.2	1 23	15 57	85.2	1 18	14 57	85.2	1 12	13 57	85.1	1 07	12 57	85.1	185	355
6	174	1 51	17 54	84.3	1 45	16 55	84.3	1 39	15 55	84.2	1 33	14 55	84.2	1 27	13 56	84.2	1 21	12 56	84.2	186	354
7	173	2 09	17 52	83.3	2 03	16 53	83.3	1 56	15 53	83.3	1 48	14 54	83.2	1 41	13 54	83.2	1 34	12 54	83.2	187	353
8	172	2 28	17 50	82.4	2 20	16 51	82.3	2 12	15 51	82.3	2 04	14 52	82.3	1 56	13 52	82.2	1 48	12 53	82.2	188	352
9	171	2 46	17 48	81.4	2 37	16 48	81.4	2 28	15 49	81.3	2 19	14 49	81.3	2 10	13 50	81.3	2 01	12 51	81.2	189	351
10	170	3 05	17 45	80.5	2 55	16 45	80.4	2 45	15 46	80.4	2 35	14 47	80.3	2 24	13 48	80.3	2 14	12 49	80.3	190	350
11	169	3 23	17 41	79.5	3 12	16 42	79.5	3 01	15 43	79.4	2 50	14 44	79.4	2 39	13 45	79.3	2 28	12 46	79.3	191	349
12	168	3 41	17 38	78.6	3 29	16 39	78.5	3 17	15 40	78.5	3 05	14 41	78.4	2 53	13 42	78.3	2 41	12 44	78.3	192	348
13	167	3 59	17 34	77.6	3 46	16 35	77.5	3 33	15 37	77.5	3 20	14 38	77.4	3 07	13 39	77.4	2 54	12 41	77.3	193	347
14	166	4 17	17 30	76.7	4 03	16 31	76.6	3 49	15 33	76.5	3 35	14 34	76.5	3 21	13 36	76.4	3 07	12 38	76.3	194	346
15	165	4 35	17 25	75.7	4 20	16 27	75.6	4 05	15 29	75.6	3 50	14 31	75.5	3 35	13 32	75.4	3 20	12 34	75.4	195	345
16	164	4 53	17 21	74.7	4 37	16 23	74.7	4 21	15 25	74.6	4 05	14 27	74.5	3 49	13 29	74.5	3 33	12 31	74.4	196	344
17	163	5 11	17 16	73.8	4 54	16 18	73.7	4 37	15 20	73.6	4 20	14 22	73.5	4 03	13 25	73.5	3 46	12 27	73.4	197	343
18	162	5 29	17 10	72.8	5 11	16 13	72.7	4 53	15 15	72.7	4 35	14 18	72.6	4 17	13 20	72.5	3 59	12 23	72.4	198	342
19	161	5 46	17 05	71.9	5 28	16 07	71.8	5 09	15 10	71.7	4 50	14 13	71.6	4 31	13 16	71.5	4 12	12 19	71.5	199	341
20	160	6 04	16 59	70.9	5 44	16 02	70.8	5 25	15 05	70.7	5 05	14 08	70.6	4 45	13 11	70.5	4 25	12 14	70.5	200	340
21	159	6 21	16 52	69.9	6 01	15 56	69.8	5 40	14 59	69.7	5 19	14 03	69.7	4 58	13 06	69.6	4 37	12 10	69.5	201	339
22	158	6 39	16 46	69.0	6 17	15 50	68.9	5 56	14 53	68.8	5 34	13 57	68.7	5 12	13 01	68.6	4 50	12 05	68.5	202	338
23	157	6 56	16 39	68.0	6 34	15 43	67.9	6 11	14 47	67.8	5 48	13 51	67.7	5 25	12 56	67.6	5 03	12 00	67.5	203	337
24	156	7 13	16 32	67.1	6 50	15 36	66.9	6 26	14 41	66.8	6 03	13 45	66.7	5 39	12 50	66.6	5 15	11 55	66.5	204	336
25	155	7 30	16 25	66.1	7 06	15 29	66.0	6 41	14 34	65.9	6 17	13 39	65.8	5 52	12 44	65.7	5 27	11 49	65.6	205	335
26	154	7 47	16 17	65.1	7 22	15 22	65.0	6 56	14 27	64.9	6 31	13 32	64.8	6 05	12 38	64.7	5 40	11 43	64.6	206	334
27	153	8 04	16 09	64.1	7 38	15 14	64.0	7 11	14 20	63.9	6 45	13 26	63.8	6 18	12 32	63.7	5 52	11 37	63.6	207	333
28	152	8 20	16 00	63.2	7 53	15 06	63.0	7 26	14 12	62.9	6 59	13 19	62.8	6 31	12 25	62.7	6 04	11 31	62.6	208	332
29	151	8 37	15 52	62.2	8 09	14 58	62.1	7 41	14 05	61.9	7 13	13 11	61.8	6 44	12 18	61.7	6 16	11 25	61.6	209	331
30	150	8 53	15 43	61.2	8 24	14 50	61.1	7 55	13 57	61.0	7 26	13 04	60.9	6 57	12 11	60.7	6 27	11 18	60.6	210	330
31	149	9 09	15 34	60.3	8 40	14 41	60.1	8 10	13 49	60.0	7 40	12 56	59.9	7 09	12 04	59.8	6 39	11 12	59.7	211	329
32	148	9 25	15 24	59.3	8 55	14 32	59.1	8 24	13 40	59.0	7 53	12 48	58.9	7 22	11 56	58.8	6 51	11 05	58.7	212	328
33	147	9 41	15 15	58.3	9 10	14 23	58.2	8 38	13 31	58.0	8 06	12 40	57.9	7 34	11 49	57.8	7 02	10 57	57.7	213	327
34	146	9 57	15 05	57.3	9 25	14 13	57.2	8 52	13 22	57.0	8 19	12 31	56.9	7 46	11 41	56.8	7 14	10 50	56.7	214	326
35	145	10 13	14 54	56.3	9 39	14 04	56.2	9 06	13 13	56.1	8 32	12 23	55.9	7 59	11 33	55.8	7 25	10 43	55.7	215	325
36	144	10 28	14 44	55.4	9 54	13 54	55.2	9 19	13 04	55.1	8 45	12 14	54.9	8 11	11 24	54.8	7 36	10 35	54.7	216	324
37	143	10 43	14 33	54.4	10 08	13 43	54.2	9 33	12 54	54.1	8 58	12 05	53.9	8 22	11 16	53.8	7 47	10 27	53.7	217	323
38	142	10 58	14 22	53.4	10 22	13 33	53.2	9 46	12 44	53.1	9 10	11 55	53.0	8 34	11 07	52.8	7 58	10 19	52.7	218	322
39	141	11 13	14 10	52.4	10 36	13 22	52.2	9 59	12 34	52.1	9 22	11 46	52.0	8 45	10 58	51.8	8 08	10 10	51.7	219	321
40	140	11 27	13 59	51.4	10 50	13 11	51.3	10 12	12 23	51.1	9 35	11 36	51.0	8 57	10 49	50.8	8 19	10 02	50.7	220	320
41	139	11 42	13 47	50.4	11 04	13 00	50.3	10 25	12 13	50.1	9 47	11 26	50.0	9 08	10 39	49.9	8 29	9 53	49.7	221	319
42	138	11 56	13 34	49.4	11 17	12 48	49.3	10 38	12 02	49.1	9 58	11 16	49.0	9 19	10 30	48.9	8 39	9 44	48.7	222	318
43	137	12 10	13 22	48.4	11 30	12 36	48.3	10 50	11 51	48.1	10 10	11 05	48.0	9 30	10 20	47.9	8 49	9 35	47.7	223	317
44	136	12 24	13 09	47.4	11 43	12 24	47.3	11 02	11 39	47.1	10 21	10 55	47.0	9 40	10 10	46.9	8 59	9 26	46.7	224	316
45	135	12 37	12 56	46.4	11 56	12 12	46.3	11 14	11 28	46.1	10 33	10 44	46.0	9 51	10 00	45.9	9 09	9 16	45.7	225	315

Lat. / A		72°			73°			74°			75°			76°			77°			Lat. / A	
LHA / F		A / H	B / P	Z_1 / Z_2	A / H	B / P	Z_1 / Z_2	A / H	B / P	Z_1 / Z_2	A / H	B / P	Z_1 / Z_2	A / H	B / P	Z_1 / Z_2	A / H	B / P	Z_1 / Z_2	LHA	
°	°	° ′	° ′	°	° ′	° ′	°	° ′	° ′	°	° ′	° ′	°	° ′	° ′	°	° ′	° ′	°	°	°
45	135	12 37	12 56	46.4	11 56	12 12	46.3	11 14	11 28	46.1	10 33	10 44	46.0	9 51	10 00	45.9	9 09	9 16	45.7	225	315
46	134	12 51	12 43	45.4	12 08	11 59	45.3	11 26	11 16	45.1	10 44	10 33	45.0	10 01	9 50	44.9	9 19	9 07	44.7	226	314
47	133	13 04	12 30	44.4	12 21	11 47	44.3	11 38	11 04	44.1	10 55	10 21	44.0	10 11	9 39	43.9	9 28	8 57	43.7	227	313
48	132	13 17	12 16	43.4	12 33	11 34	43.3	11 49	10 52	43.1	11 05	10 10	43.0	10 21	9 28	42.9	9 37	8 47	42.7	228	312
49	131	13 29	12 02	42.4	12 45	11 21	42.3	12 00	10 39	42.1	11 16	9 58	42.0	10 31	9 17	41.9	9 46	8 37	41.7	229	311
50	130	13 42	11 48	41.4	12 57	11 07	41.3	12 11	10 27	41.1	11 26	9 46	41.0	10 41	9 06	40.9	9 55	8 26	40.7	230	310
51	129	13 54	11 33	40.4	13 08	10 53	40.3	12 22	10 14	40.1	11 36	9 34	40.0	10 50	8 55	39.8	10 04	8 16	39.7	231	309
52	128	14 06	11 19	39.4	13 19	10 40	39.2	12 33	10 01	39.1	11 46	9 22	39.0	10 59	8 44	38.8	10 13	8 05	38.7	232	308
53	127	14 17	11 04	38.4	13 30	10 26	38.2	12 43	9 47	38.1	11 56	9 10	38.0	11 08	8 32	37.8	10 21	7 55	37.7	233	307
54	126	14 29	10 49	37.4	13 41	10 11	37.2	12 53	9 34	37.1	12 05	8 57	36.9	11 17	8 20	36.8	10 29	7 44	36.7	234	306
55	125	14 40	10 33	36.4	13 51	9 57	36.2	13 03	9 20	36.1	12 14	8 44	35.9	11 26	8 08	35.8	10 37	7 33	35.7	235	305
56	124	14 51	10 18	35.3	14 02	9 42	35.2	13 13	9 07	35.1	12 23	8 31	34.9	11 34	7 56	34.8	10 45	7 21	34.7	236	304
57	123	15 01	10 02	34.3	14 12	9 27	34.2	13 22	8 53	34.0	12 32	8 18	33.9	11 42	7 44	33.8	10 52	7 10	33.7	237	303
58	122	15 12	9 46	33.3	14 21	9 12	33.2	13 31	8 38	33.0	12 41	8 05	32.9	11 50	7 32	32.8	11 00	6 59	32.7	238	302
59	121	15 22	9 30	32.3	14 31	8 57	32.1	13 40	8 24	32.0	12 49	7 51	31.9	11 58	7 19	31.8	11 07	6 47	31.7	239	301
60	120	15 31	9 14	31.3	14 40	8 41	31.1	13 49	8 10	31.0	12 57	7 38	30.9	12 06	7 06	30.8	11 14	6 35	30.6	240	300
61	119	15 41	8 57	30.2	14 49	8 26	30.1	13 57	7 55	30.0	13 05	7 24	29.8	12 13	6 54	29.7	11 21	6 23	29.6	241	299
62	118	15 50	8 40	29.2	14 58	8 10	29.1	14 05	7 40	28.9	13 13	7 10	28.8	12 20	6 41	28.7	11 27	6 11	28.6	242	298
63	117	15 59	8 23	28.2	15 06	7 54	28.0	14 13	7 25	27.9	13 20	6 56	27.8	12 27	6 27	27.7	11 34	5 59	27.6	243	297
64	116	16 08	8 06	27.2	15 14	7 38	27.0	14 21	7 10	26.9	13 27	6 42	26.8	12 34	6 14	26.7	11 40	5 47	26.6	244	296
65	115	16 16	7 49	26.1	15 22	7 22	26.0	14 28	6 55	25.9	13 34	6 28	25.8	12 40	6 01	25.7	11 46	5 34	25.6	245	295
66	114	16 24	7 32	25.1	15 29	7 05	25.0	14 35	6 39	24.9	13 41	6 13	24.7	12 46	5 47	24.6	11 52	5 22	24.6	246	294
67	113	16 32	7 14	24.1	15 37	6 49	23.9	14 42	6 24	23.8	13 47	5 59	23.7	12 52	5 34	23.6	11 57	5 09	23.5	247	293
68	112	16 39	6 56	23.0	15 44	6 32	22.9	14 48	6 08	22.8	13 53	5 44	22.7	12 58	5 20	22.6	12 02	4 57	22.5	248	292
69	111	16 46	6 39	22.0	15 50	6 15	21.9	14 55	5 52	21.8	13 59	5 29	21.7	13 03	5 06	21.6	12 07	4 44	21.5	249	291
70	110	16 53	6 20	20.9	15 57	5 58	20.8	15 01	5 36	20.7	14 05	5 14	20.6	13 08	4 52	20.6	12 12	4 31	20.5	250	290
71	109	16 59	6 02	19.9	16 03	5 41	19.8	15 06	5 20	19.7	14 10	4 59	19.6	13 13	4 38	19.5	12 17	4 18	19.5	251	289
72	108	17 05	5 44	18.9	16 09	5 24	18.8	15 12	5 04	18.7	14 15	4 44	18.6	13 18	4 24	18.5	12 21	4 05	18.4	252	288
73	107	17 11	5 26	17.8	16 14	5 06	17.7	15 17	4 48	17.6	14 20	4 29	17.6	13 23	4 10	17.5	12 25	3 52	17.4	253	287
74	106	17 17	5 07	16.8	16 19	4 49	16.7	15 22	4 31	16.6	14 24	4 13	16.5	13 27	3 56	16.5	12 29	3 38	16.4	254	286
75	105	17 22	4 48	15.7	16 24	4 31	15.7	15 26	4 15	15.6	14 29	3 58	15.5	13 31	3 42	15.4	12 33	3 25	15.4	255	285
76	104	17 27	4 30	14.7	16 29	4 14	14.6	15 31	3 58	14.5	14 33	3 43	14.5	13 35	3 27	14.4	12 36	3 12	14.4	256	284
77	103	17 31	4 11	13.6	16 33	3 56	13.6	15 35	3 41	13.5	14 36	3 27	13.4	13 38	3 13	13.4	12 40	2 58	13.3	257	283
78	102	17 36	3 52	12.6	16 37	3 38	12.5	15 38	3 25	12.5	14 40	3 11	12.4	13 41	2 58	12.4	12 43	2 45	12.3	258	282
79	101	17 39	3 33	11.6	16 41	3 20	11.5	15 42	3 08	11.4	14 43	2 56	11.4	13 44	2 43	11.3	12 45	2 31	11.3	259	281
80	100	17 43	3 14	10.5	16 44	3 02	10.4	15 45	2 51	10.4	14 46	2 40	10.3	13 47	2 29	10.3	12 48	2 18	10.3	260	280
81	99	17 46	2 55	9.5	16 47	2 44	9.4	15 48	2 34	9.4	14 49	2 24	9.3	13 49	2 14	9.3	12 50	2 04	9.2	261	279
82	98	17 49	2 35	8.4	16 50	2 26	8.4	15 50	2 17	8.3	14 51	2 08	8.3	13 52	1 59	8.2	12 52	1 50	8.2	262	278
83	97	17 52	2 16	7.4	16 52	2 08	7.3	15 53	2 00	7.3	14 53	1 52	7.2	13 54	1 44	7.2	12 54	1 37	7.2	263	277
84	96	17 54	1 57	6.3	16 54	1 50	6.3	15 55	1 43	6.2	14 55	1 36	6.2	13 55	1 30	6.2	12 56	1 23	6.2	264	276
85	95	17 56	1 37	5.3	16 56	1 32	5.2	15 56	1 26	5.2	14 56	1 20	5.2	13 57	1 15	5.2	12 57	1 09	5.1	265	275
86	94	17 57	1 18	4.2	16 57	1 13	4.2	15 58	1 09	4.2	14 58	1 04	4.1	13 58	1 00	4.1	12 58	0 55	4.1	266	274
87	93	17 58	0 58	3.2	16 59	0 55	3.1	15 59	0 52	3.1	14 59	0 48	3.1	13 59	0 45	3.1	12 59	0 42	3.1	267	273
88	92	17 59	0 39	2.1	16 59	0 37	2.1	15 59	0 34	2.1	14 59	0 32	2.1	13 59	0 30	2.1	13 00	0 28	2.1	268	272
89	91	18 00	0 19	1.1	17 00	0 18	1.0	16 00	0 17	1.0	15 00	0 16	1.0	14 00	0 15	1.0	13 00	0 14	1.0	269	271
90	90	18 00	0 00	0.0	17 00	0 00	0.0	16 00	0 00	0.0	15 00	0 00	0.0	14 00	0 00	0.0	13 00	0 00	0.0	270	270

N. Lat.: for LHA > 180°... $Z_n = Z$
for LHA < 180°... $Z_n = 360° - Z$

S. Lat.: for LHA > 180°... $Z_n = 180° - Z$
for LHA < 180°... $Z_n = 180° + Z$

SIGHT REDUCTION TABLE

B: (–) for 90°< LHA < 270°
Dec: (–) for Lat. contrary name

Z_1 : same sign as B
Z_2 : (–) for F > 90°

Lat. / A		78°			79°			80°			81°			82°			83°			Lat. / A	
LHA / F		A / H	B / P	Z_1 / Z_2	A / H	B / P	Z_1 / Z_2	A / H	B / P	Z_1 / Z_2	A / H	B / P	Z_1 / Z_2	A / H	B / P	Z_1 / Z_2	A / H	B / P	Z_1 / Z_2	LHA	
°	°	° ′	° ′	°	° ′	° ′	°	° ′	° ′	°	° ′	° ′	°	° ′	° ′	°	° ′	° ′	°	°	°
0	180	0 00	12 00	90.0	0 00	11 00	90.0	0 00	10 00	90.0	0 00	9 00	90.0	0 00	8 00	90.0	0 00	7 00	90.0	180	360
1	179	0 12	12 00	89.0	0 11	11 00	89.0	0 10	10 00	89.0	0 09	9 00	89.0	0 08	8 00	89.0	0 07	7 00	89.0	181	359
2	178	0 25	12 00	88.0	0 23	11 00	88.0	0 21	10 00	88.0	0 19	9 00	88.0	0 17	8 00	88.0	0 15	7 00	88.0	182	358
3	177	0 37	11 59	87.1	0 34	10 59	87.1	0 31	9 59	87.0	0 28	8 59	87.0	0 25	7 59	87.0	0 22	6 59	87.0	183	357
4	176	0 50	11 58	86.1	0 46	10 58	86.1	0 42	9 59	86.1	0 38	8 59	86.0	0 33	7 59	86.0	0 29	6 59	86.0	184	356
5	175	1 02	11 57	85.1	0 57	10 58	85.1	0 52	9 58	85.1	0 47	8 58	85.1	0 42	7 58	85.0	0 37	6 58	85.0	185	355
6	174	1 15	11 56	84.1	1 09	10 56	84.1	1 02	9 57	84.1	0 56	8 57	84.1	0 50	7 57	84.1	0 44	6 58	84.0	186	354
7	173	1 27	11 55	83.2	1 20	10 55	83.1	1 13	9 56	83.1	1 06	8 56	83.1	0 58	7 56	83.1	0 51	6 57	83.1	187	353
8	172	1 39	11 53	82.2	1 31	10 54	82.1	1 23	9 54	82.1	1 15	8 55	82.1	1 07	7 55	82.1	0 58	6 56	82.1	188	352
9	171	1 52	11 51	81.2	1 43	10 52	81.2	1 33	9 53	81.1	1 24	8 53	81.1	1 15	7 54	81.1	1 06	6 55	81.1	189	351
10	170	2 04	11 49	80.2	1 54	10 50	80.2	1 44	9 51	80.1	1 33	8 52	80.1	1 23	7 53	80.1	1 13	6 54	80.1	190	350
11	169	2 16	11 47	79.2	2 05	10 48	79.2	1 54	9 49	79.2	1 43	8 50	79.1	1 31	7 51	79.1	1 20	6 52	79.1	191	349
12	168	2 29	11 45	78.3	2 16	10 46	78.2	2 04	9 47	78.2	1 52	8 48	78.1	1 39	7 50	78.1	1 27	6 51	78.1	192	348
13	167	2 41	11 42	77.3	2 28	10 43	77.2	2 14	9 45	77.2	2 01	8 46	77.2	1 48	7 48	77.1	1 34	6 49	77.1	193	347
14	166	2 53	11 39	76.3	2 39	10 41	76.2	2 24	9 43	76.2	2 10	8 44	76.2	1 56	7 46	76.1	1 41	6 48	76.1	194	346
15	165	3 05	11 36	75.3	2 50	10 38	75.3	2 35	9 40	75.2	2 19	8 42	75.2	2 04	7 44	75.1	1 48	6 46	75.1	195	345
16	164	3 17	11 33	74.3	3 01	10 35	74.3	2 45	9 37	74.2	2 28	8 39	74.2	2 12	7 42	74.1	1 56	6 44	74.1	196	344
17	163	3 29	11 29	73.4	3 12	10 32	73.3	2 55	9 34	73.2	2 37	8 37	73.2	2 20	7 39	73.2	2 03	6 42	73.1	197	343
18	162	3 41	11 26	72.4	3 23	10 28	72.3	3 05	9 31	72.3	2 46	8 34	72.2	2 28	7 37	72.2	2 09	6 40	72.1	198	342
19	161	3 53	11 22	71.4	3 34	10 25	71.3	3 14	9 28	71.3	2 55	8 31	71.2	2 36	7 34	71.2	2 16	6 37	71.1	199	341
20	160	4 05	11 18	70.4	3 45	10 21	70.3	3 24	9 24	70.3	3 04	8 28	70.2	2 44	7 31	70.2	2 23	6 35	70.1	200	340
21	159	4 16	11 13	69.4	3 55	10 17	69.4	3 34	9 21	69.3	3 13	8 25	69.2	2 52	7 28	69.2	2 30	6 32	69.1	201	339
22	158	4 28	11 09	68.4	4 06	10 13	68.4	3 44	9 17	68.3	3 22	8 21	68.2	2 59	7 25	68.2	2 37	6 30	68.1	202	338
23	157	4 40	11 04	67.5	4 17	10 09	67.4	3 53	9 13	67.3	3 30	8 18	67.3	3 07	7 22	67.2	2 44	6 27	67.2	203	337
24	156	4 51	10 59	66.5	4 27	10 04	66.4	4 03	9 09	66.3	3 39	8 14	66.3	3 15	7 19	66.2	2 50	6 24	66.2	204	336
25	155	5 02	10 54	65.5	4 38	9 59	65.4	4 13	9 05	65.3	3 47	8 10	65.3	3 22	7 16	65.2	2 57	6 21	65.2	205	335
26	154	5 14	10 49	64.5	4 48	9 55	64.4	4 22	9 00	64.3	3 56	8 06	64.3	3 30	7 12	64.2	3 04	6 18	64.2	206	334
27	153	5 25	10 43	63.5	4 58	9 50	63.4	4 31	8 56	63.4	4 04	8 02	63.3	3 37	7 08	63.2	3 10	6 15	63.2	207	333
28	152	5 36	10 38	62.5	5 08	9 44	62.4	4 41	8 51	62.4	4 13	7 58	62.3	3 45	7 04	62.2	3 17	6 11	62.2	208	332
29	151	5 47	10 32	61.5	5 18	9 39	61.4	4 50	8 46	61.4	4 21	7 53	61.3	3 52	7 00	61.2	3 23	6 08	61.2	209	331
30	150	5 58	10 26	60.5	5 28	9 33	60.5	4 59	8 41	60.4	4 29	7 49	60.3	3 59	6 56	60.2	3 30	6 04	60.2	210	330
31	149	6 09	10 20	59.6	5 38	9 28	59.5	5 08	8 36	59.4	4 37	7 44	59.3	4 07	6 52	59.2	3 36	6 00	59.2	211	329
32	148	6 20	10 13	58.6	5 48	9 22	58.5	5 17	8 30	58.4	4 45	7 39	58.3	4 14	6 48	58.3	3 42	5 57	58.2	212	328
33	147	6 30	10 06	57.6	5 58	9 16	57.5	5 26	8 25	57.4	4 53	7 34	57.3	4 21	6 43	57.3	3 48	5 53	57.2	213	327
34	146	6 41	10 00	56.6	6 08	9 09	56.5	5 34	8 19	56.4	5 01	7 29	56.3	4 28	6 39	56.3	3 54	5 49	56.2	214	326
35	145	6 51	9 53	55.6	6 17	9 03	55.5	5 43	8 13	55.4	5 09	7 24	55.3	4 35	6 34	55.3	4 00	5 45	55.2	215	325
36	144	7 01	9 45	54.6	6 26	8 56	54.5	5 51	8 07	54.4	5 17	7 18	54.3	4 42	6 29	54.3	4 06	5 40	54.2	216	324
37	143	7 11	9 38	53.6	6 36	8 49	53.5	6 00	8 01	53.4	5 24	7 13	53.3	4 48	6 24	53.3	4 12	5 36	53.2	217	323
38	142	7 21	9 31	52.6	6 45	8 43	52.5	6 08	7 55	52.4	5 32	7 07	52.3	4 55	6 19	52.3	4 18	5 32	52.2	218	322
39	141	7 31	9 23	51.6	6 54	8 35	51.5	6 16	7 48	51.4	5 39	7 01	51.3	5 01	6 14	51.3	4 24	5 27	51.2	219	321
40	140	7 41	9 15	50.6	7 03	8 28	50.5	6 25	7 42	50.4	5 46	6 55	50.3	5 08	6 09	50.3	4 30	5 22	50.2	220	320
41	139	7 50	9 07	49.6	7 11	8 21	49.5	6 32	7 35	49.4	5 53	6 49	49.4	5 14	6 03	49.3	4 35	5 18	49.2	221	319
42	138	8 00	8 59	48.6	7 20	8 13	48.5	6 40	7 28	48.4	6 01	6 43	48.4	5 21	5 58	48.3	4 41	5 13	48.2	222	318
43	137	8 09	8 50	47.6	7 29	8 05	47.5	6 48	7 21	47.4	6 07	6 36	47.4	5 27	5 52	47.3	4 46	5 08	47.2	223	317
44	136	8 18	8 42	46.6	7 37	7 58	46.5	6 56	7 14	46.4	6 14	6 30	46.4	5 33	5 46	46.3	4 51	5 03	46.2	224	316
45	135	8 27	8 33	45.6	7 45	7 50	45.5	7 03	7 06	45.4	6 21	6 23	45.4	5 39	5 41	45.3	4 57	4 58	45.2	225	315

Lat. / A		78°			79°			80°			81°			82°			83°			Lat. / A	
LHA / F		A / H	B / P	Z_1 / Z_2	A / H	B / P	Z_1 / Z_2	A / H	B / P	Z_1 / Z_2	A / H	B / P	Z_1 / Z_2	A / H	B / P	Z_1 / Z_2	A / H	B / P	Z_1 / Z_2	LHA	
°	°	° ′	° ′	°	° ′	° ′	°	° ′	° ′	°	° ′	° ′	°	° ′	° ′	°	° ′	° ′	°	°	°
45	135	8 27	8 33	45.6	7 45	7 50	45.5	7 03	7 06	45.4	6 21	6 23	45.4	5 39	5 41	45.3	4 57	4 58	45.2	225	315
46	134	8 36	8 24	44.6	7 53	7 41	44.5	7 11	6 59	44.4	6 28	6 17	44.4	5 45	5 35	44.3	5 02	4 53	44.2	226	314
47	133	8 45	8 15	43.6	8 01	7 33	43.5	7 18	6 51	43.4	6 34	6 10	43.4	5 51	5 29	43.3	5 07	4 47	43.2	227	313
48	132	8 53	8 06	42.6	8 09	7 25	42.5	7 25	6 44	42.4	6 41	6 03	42.4	5 56	5 22	42.3	5 12	4 42	42.2	228	312
49	131	9 02	7 56	41.6	8 17	7 16	41.5	7 32	6 36	41.4	6 47	5 56	41.4	6 02	5 16	41.3	5 17	4 36	41.2	229	311
50	130	9 10	7 47	40.6	8 24	7 07	40.5	7 39	6 28	40.4	6 53	5 49	40.3	6 07	5 10	40.3	5 21	4 31	40.2	230	310
51	129	9 18	7 37	39.6	8 32	6 58	39.5	7 45	6 20	39.4	6 59	5 42	39.3	6 13	5 03	39.3	5 26	4 25	39.2	231	309
52	128	9 26	7 27	38.6	8 39	6 49	38.5	7 52	6 12	38.4	7 05	5 34	38.3	6 18	4 57	38.3	5 31	4 19	38.2	232	308
53	127	9 33	7 17	37.6	8 46	6 40	37.5	7 58	6 03	37.4	7 11	5 27	37.3	6 23	4 50	37.3	5 35	4 14	37.2	233	307
54	126	9 41	7 07	36.6	8 53	6 31	36.5	8 05	5 55	36.4	7 16	5 19	36.3	6 28	4 43	36.3	5 39	4 08	36.2	234	306
55	125	9 48	6 57	35.6	9 00	6 22	35.5	8 11	5 47	35.4	7 22	5 11	35.3	6 33	4 37	35.3	5 44	4 02	35.2	235	305
56	124	9 56	6 47	34.6	9 06	6 12	34.5	8 17	5 38	34.4	7 27	5 04	34.3	6 38	4 30	34.3	5 48	3 56	34.2	236	304
57	123	10 03	6 36	33.6	9 13	6 03	33.5	8 22	5 29	33.4	7 32	4 56	33.3	6 42	4 23	33.3	5 52	3 50	33.2	237	303
58	122	10 09	6 26	32.6	9 19	5 53	32.5	8 28	5 20	32.4	7 37	4 48	32.3	6 47	4 16	32.3	5 56	3 43	32.2	238	302
59	121	10 16	6 15	31.6	9 25	5 43	31.5	8 34	5 11	31.4	7 42	4 40	31.3	6 51	4 08	31.2	6 00	3 37	31.2	239	301
60	120	10 22	6 04	30.6	9 31	5 33	30.5	8 39	5 02	30.4	7 47	4 32	30.3	6 55	4 01	30.2	6 04	3 31	30.2	240	300
61	119	10 29	5 53	29.5	9 36	5 23	29.5	8 44	4 53	29.4	7 52	4 23	29.3	6 59	3 54	29.2	6 07	3 24	29.2	241	299
62	118	10 35	5 42	28.5	9 42	5 13	28.4	8 49	4 44	28.4	7 56	4 15	28.3	7 04	3 46	28.2	6 11	3 18	28.2	242	298
63	117	10 41	5 31	27.5	9 47	5 03	27.4	8 54	4 35	27.4	8 01	4 07	27.3	7 07	3 39	27.2	6 14	3 11	27.2	243	297
64	116	10 46	5 19	26.5	9 52	4 52	26.4	8 59	4 25	26.3	8 05	3 58	26.3	7 11	3 32	26.2	6 17	3 05	26.2	244	296
65	115	10 52	5 08	25.5	9 57	4 42	25.4	9 03	4 16	25.3	8 09	3 50	25.3	7 15	3 24	25.2	6 20	2 58	25.2	245	295
66	114	10 57	4 56	24.5	10 02	4 31	24.4	9 08	4 06	24.3	8 13	3 41	24.3	7 18	3 16	24.2	6 24	2 52	24.2	246	294
67	113	11 02	4 45	23.5	10 07	4 21	23.4	9 12	3 56	23.3	8 17	3 32	23.3	7 22	3 09	23.2	6 26	2 45	23.2	247	293
68	112	11 07	4 33	22.4	10 11	4 10	22.4	9 16	3 47	22.3	8 20	3 24	22.2	7 25	3 01	22.2	6 29	2 38	22.1	248	292
69	111	11 12	4 21	21.4	10 16	3 59	21.4	9 20	3 37	21.3	8 24	3 15	21.2	7 28	2 53	21.2	6 32	2 31	21.1	249	291
70	110	11 16	4 09	20.4	10 20	3 48	20.3	9 23	3 27	20.3	8 27	3 06	20.2	7 31	2 45	20.2	6 35	2 24	20.1	250	290
71	109	11 20	3 58	19.4	10 24	3 37	19.3	9 27	3 17	19.3	8 30	2 57	19.2	7 34	2 37	19.2	6 37	2 17	19.1	251	289
72	108	11 24	3 45	18.4	10 27	3 26	18.3	9 30	3 07	18.3	8 33	2 48	18.2	7 36	2 29	18.2	6 39	2 10	18.1	252	288
73	107	11 28	3 33	17.4	10 31	3 15	17.3	9 34	2 57	17.2	8 36	2 39	17.2	7 39	2 21	17.2	6 42	2 03	17.1	253	287
74	106	11 32	3 21	16.3	10 34	3 04	16.3	9 37	2 47	16.2	8 39	2 30	16.2	7 41	2 13	16.1	6 44	1 56	16.1	254	286
75	105	11 35	3 09	15.3	10 37	2 53	15.3	9 39	2 37	15.2	8 41	2 21	15.2	7 44	2 05	15.1	6 46	1 49	15.1	255	285
76	104	11 38	2 57	14.3	10 40	2 42	14.3	9 42	2 27	14.2	8 44	2 12	14.2	7 46	1 57	14.1	6 47	1 42	14.1	256	284
77	103	11 41	2 44	13.3	10 43	2 30	13.2	9 44	2 16	13.2	8 46	2 02	13.2	7 48	1 49	13.1	6 49	1 35	13.1	257	283
78	102	11 44	2 32	12.3	10 45	2 19	12.2	9 47	2 06	12.2	8 48	1 53	12.1	7 49	1 40	12.1	6 51	1 28	12.1	258	282
79	101	11 47	2 19	11.2	10 48	2 07	11.2	9 49	1 56	11.2	8 50	1 44	11.1	7 51	1 32	11.1	6 52	1 21	11.1	259	281
80	100	11 49	2 07	10.2	10 50	1 56	10.2	9 51	1 45	10.2	8 52	1 35	10.1	7 53	1 24	10.1	6 54	1 13	10.1	260	280
81	99	11 51	1 54	9.2	10 52	1 45	9.2	9 53	1 35	9.1	8 53	1 25	9.1	7 54	1 16	9.1	6 55	1 06	9.1	261	279
82	98	11 53	1 42	8.2	10 53	1 33	8.1	9 54	1 24	8.1	8 55	1 16	8.1	7 55	1 07	8.1	6 56	0 59	8.1	262	278
83	97	11 55	1 29	7.2	10 55	1 21	7.1	9 55	1 14	7.1	8 56	1 06	7.1	7 56	0 59	7.1	6 57	0 51	7.1	263	277
84	96	11 56	1 16	6.1	10 56	1 10	6.1	9 57	1 03	6.1	8 57	0 57	6.1	7 57	0 50	6.1	6 58	0 44	6.0	264	276
85	95	11 57	1 04	5.1	10 57	0 58	5.1	9 58	0 53	5.1	8 58	0 47	5.1	7 58	0 42	5.0	6 58	0 37	5.0	265	275
86	94	11 58	0 51	4.1	10 58	0 47	4.1	9 59	0 42	4.1	8 59	0 38	4.0	7 59	0 34	4.0	6 59	0 29	4.0	266	274
87	93	11 59	0 38	3.1	10 59	0 35	3.1	9 59	0 32	3.0	8 59	0 28	3.0	7 59	0 25	3.0	6 59	0 22	3.0	267	273
88	92	12 00	0 26	2.0	11 00	0 23	2.0	10 00	0 21	2.0	9 00	0 19	2.0	8 00	0 17	2.0	7 00	0 15	2.0	268	272
89	91	12 00	0 13	1.0	11 00	0 12	1.0	10 00	0 11	1.0	9 00	0 10	1.0	8 00	0 08	1.0	7 00	0 07	1.0	269	271
90	90	12 00	0 00	0.0	11 00	0 00	0.0	10 00	0 00	0.0	9 00	0 00	0.0	8 00	0 00	0.0	7 00	0 00	0.0	270	270

N. Lat.: for LHA > 180°... $Z_n = Z$
for LHA < 180°... $Z_n = 360° - Z$

S. Lat.: for LHA > 180°... $Z_n = 180° - Z$
for LHA < 180°... $Z_n = 180° + Z$

SIGHT REDUCTION TABLE

B: (–) for 90°< LHA < 270°
Dec: (–) for Lat. contrary name

Z_1 : same sign as B
Z_2 : (–) for F > 90°

Lat. / A		84°			85°			86°			87°			88°			89°			Lat. / A	
LHA / F		A / H	B / P	Z_1 / Z_2	A / H	B / P	Z_1 / Z_2	A / H	B / P	Z_1 / Z_2	A / H	B / P	Z_1 / Z_2	A / H	B / P	Z_1 / Z_2	A / H	B / P	Z_1 / Z_2	LHA	
°	°	° ′	° ′	°	° ′	° ′	°	° ′	° ′	°	° ′	° ′	°	° ′	° ′	°	° ′	° ′	°	°	°
0	180	0 00	6 00	90.0	0 00	5 00	90.0	0 00	4 00	90.0	0 00	3 00	90.0	0 00	2 00	90.0	0 00	1 00	90.0	180	360
1	179	0 06	6 00	89.0	0 05	5 00	89.0	0 04	4 00	89.0	0 03	3 00	89.0	0 02	2 00	89.0	0 01	1 00	89.0	181	359
2	178	0 13	6 00	88.0	0 10	5 00	88.0	0 08	4 00	88.0	0 06	3 00	88.0	0 04	2 00	88.0	0 02	1 00	88.0	182	358
3	177	0 19	6 00	87.0	0 16	5 00	87.0	0 13	4 00	87.0	0 09	3 00	87.0	0 06	2 00	87.0	0 03	1 00	87.0	183	357
4	176	0 25	5 59	86.0	0 21	4 59	86.0	0 17	3 59	86.0	0 13	3 00	86.0	0 08	2 00	86.0	0 04	1 00	86.0	184	356
5	175	0 31	5 59	85.0	0 26	4 59	85.0	0 21	3 59	85.0	0 16	2 59	85.0	0 10	2 00	85.0	0 05	1 00	85.0	185	355
6	174	0 38	5 58	84.0	0 31	4 58	84.0	0 25	3 59	84.0	0 19	2 59	84.0	0 13	1 59	84.0	0 06	1 00	84.0	186	354
7	173	0 44	5 57	83.0	0 37	4 58	83.0	0 29	3 58	83.0	0 22	2 59	83.0	0 15	1 59	83.0	0 07	1 00	83.0	187	353
8	172	0 50	5 57	82.0	0 42	4 57	82.0	0 33	3 58	82.0	0 25	2 58	82.0	0 17	1 59	82.0	0 08	0 59	82.0	188	352
9	171	0 56	5 56	81.0	0 47	4 56	81.0	0 38	3 57	81.0	0 28	2 58	81.0	0 19	1 59	81.0	0 09	0 59	81.0	189	351
10	170	1 02	5 55	80.1	0 52	4 55	80.0	0 42	3 56	80.0	0 31	2 57	80.0	0 21	1 58	80.0	0 10	0 59	80.0	190	350
11	169	1 09	5 53	79.1	0 57	4 55	79.0	0 46	3 56	79.0	0 34	2 57	79.0	0 23	1 58	79.0	0 11	0 59	79.0	191	349
12	168	1 15	5 52	78.1	1 02	4 53	78.0	0 50	3 55	78.0	0 37	2 56	78.0	0 25	1 57	78.0	0 12	0 59	78.0	192	348
13	167	1 21	5 51	77.1	1 07	4 52	77.0	0 54	3 54	77.0	0 40	2 55	77.0	0 27	1 57	77.0	0 13	0 58	77.0	193	347
14	166	1 27	5 49	76.1	1 12	4 51	76.1	0 58	3 53	76.0	0 44	2 55	76.0	0 29	1 56	76.0	0 15	0 58	76.0	194	346
15	165	1 33	5 48	75.1	1 18	4 50	75.1	1 02	3 52	75.0	0 47	2 54	75.0	0 31	1 56	75.0	0 16	0 58	75.0	195	345
16	164	1 39	5 46	74.1	1 23	4 48	74.1	1 06	3 51	74.0	0 50	2 53	74.0	0 33	1 55	74.0	0 17	0 58	74.0	196	344
17	163	1 45	5 44	73.1	1 28	4 47	73.1	1 10	3 50	73.0	0 53	2 52	73.0	0 35	1 55	73.0	0 18	0 57	73.0	197	343
18	162	1 51	5 43	72.1	1 33	4 45	72.1	1 14	3 48	72.0	0 56	2 51	72.0	0 37	1 54	72.0	0 19	0 57	72.0	198	342
19	161	1 57	5 41	71.1	1 38	4 44	71.1	1 18	3 47	71.0	0 59	2 50	71.0	0 39	1 53	71.0	0 20	0 57	71.0	199	341
20	160	2 03	5 38	70.1	1 42	4 42	70.1	1 22	3 46	70.0	1 02	2 49	70.0	0 41	1 53	70.0	0 21	0 56	70.0	200	340
21	159	2 09	5 36	69.1	1 47	4 40	69.1	1 26	3 44	69.0	1 04	2 48	69.0	0 43	1 52	69.0	0 22	0 56	69.0	201	339
22	158	2 15	5 34	68.1	1 52	4 38	68.1	1 30	3 43	68.0	1 07	2 47	68.0	0 45	1 51	68.0	0 22	0 56	68.0	202	338
23	157	2 20	5 32	67.1	1 57	4 36	67.1	1 34	3 41	67.1	1 10	2 46	67.0	0 47	1 50	67.0	0 23	0 55	67.0	203	337
24	156	2 26	5 29	66.1	2 02	4 34	66.1	1 38	3 39	66.1	1 13	2 44	66.0	0 49	1 50	66.0	0 24	0 55	66.0	204	336
25	155	2 32	5 26	65.1	2 07	4 32	65.1	1 41	3 38	65.1	1 16	2 43	65.0	0 51	1 49	65.0	0 25	0 54	65.0	205	335
26	154	2 38	5 24	64.1	2 11	4 30	64.1	1 45	3 36	64.1	1 19	2 42	64.0	0 53	1 48	64.0	0 26	0 54	64.0	206	334
27	153	2 43	5 21	63.1	2 16	4 27	63.1	1 49	3 34	63.1	1 22	2 40	63.0	0 54	1 47	63.0	0 27	0 53	63.0	207	333
28	152	2 49	5 18	62.1	2 21	4 25	62.1	1 53	3 32	62.1	1 24	2 39	62.0	0 56	1 46	62.0	0 28	0 53	62.0	208	332
29	151	2 54	5 15	61.1	2 25	4 23	61.1	1 56	3 30	61.1	1 27	2 37	61.0	0 58	1 45	61.0	0 29	0 52	61.0	209	331
30	150	3 00	5 12	60.1	2 30	4 20	60.1	2 00	3 28	60.1	1 30	2 36	60.0	1 00	1 44	60.0	0 30	0 52	60.0	210	330
31	149	3 05	5 09	59.1	2 34	4 17	59.1	2 04	3 26	59.1	1 33	2 34	59.0	1 02	1 43	59.0	0 31	0 51	59.0	211	329
32	148	3 11	5 06	58.1	2 39	4 15	58.1	2 07	3 24	58.1	1 35	2 33	58.0	1 04	1 42	58.0	0 32	0 51	58.0	212	328
33	147	3 16	5 02	57.1	2 43	4 12	57.1	2 11	3 21	57.1	1 38	2 31	57.0	1 05	1 41	57.0	0 33	0 50	57.0	213	327
34	146	3 21	4 59	56.1	2 48	4 09	56.1	2 14	3 19	56.1	1 41	2 29	56.0	1 07	1 39	56.0	0 34	0 50	56.0	214	326
35	145	3 26	4 55	55.1	2 52	4 06	55.1	2 18	3 17	55.1	1 43	2 27	55.0	1 09	1 38	55.0	0 34	0 49	55.0	215	325
36	144	3 31	4 52	54.1	2 56	4 03	54.1	2 21	3 14	54.1	1 46	2 26	54.0	1 11	1 37	54.0	0 35	0 49	54.0	216	324
37	143	3 36	4 48	53.2	3 00	4 00	53.1	2 24	3 12	53.1	1 48	2 24	53.0	1 12	1 36	53.0	0 36	0 48	53.0	217	323
38	142	3 41	4 44	52.2	3 05	3 57	52.1	2 28	3 09	52.1	1 51	2 22	52.0	1 14	1 35	52.0	0 37	0 47	52.0	218	322
39	141	3 46	4 40	51.2	3 09	3 53	51.1	2 31	3 07	51.1	1 53	2 20	51.0	1 16	1 33	51.0	0 38	0 47	51.0	219	321
40	140	3 51	4 36	50.2	3 13	3 50	50.1	2 34	3 04	50.1	1 56	2 18	50.0	1 17	1 32	50.0	0 39	0 46	50.0	220	320
41	139	3 56	4 32	49.2	3 17	3 47	49.1	2 37	3 01	49.1	1 58	2 16	49.0	1 19	1 31	49.0	0 39	0 45	49.0	221	319
42	138	4 01	4 28	48.2	3 21	3 43	48.1	2 41	2 58	48.1	2 00	2 14	48.0	1 20	1 29	48.0	0 40	0 45	48.0	222	318
43	137	4 05	4 24	47.2	3 24	3 40	47.1	2 44	2 56	47.1	2 03	2 12	47.0	1 22	1 28	47.0	0 41	0 44	47.0	223	317
44	136	4 10	4 19	46.2	3 28	3 36	46.1	2 47	2 53	46.1	2 05	2 10	46.0	1 23	1 26	46.0	0 42	0 43	46.0	224	316
45	135	4 14	4 15	45.2	3 32	3 32	45.1	2 50	2 50	45.1	2 07	2 07	45.0	1 25	1 25	45.0	0 42	0 42	45.0	225	315

Lat. / A		84°			85°			86°			87°			88°			89°			Lat. / A	
LHA / F		A / H	B / P	Z_1 / Z_2	A / H	B / P	Z_1 / Z_2	A / H	B / P	Z_1 / Z_2	A / H	B / P	Z_1 / Z_2	A / H	B / P	Z_1 / Z_2	A / H	B / P	Z_1 / Z_2	LHA	
°	°	° ′	° ′	°	° ′	° ′	°	° ′	° ′	°	° ′	° ′	°	° ′	° ′	°	° ′	° ′	°	°	°
45	135	4 14	4 15	45.2	3 32	3 32	45.1	2 50	2 50	45.1	2 07	2 07	45.0	1 25	1 25	45.0	0 42	0 42	45.0	225	315
46	134	4 19	4 11	44.2	3 36	3 29	44.1	2 53	2 47	44.1	2 09	2 05	44.0	1 26	1 23	44.0	0 43	0 42	44.0	226	314
47	133	4 23	4 06	43.2	3 39	3 25	43.1	2 55	2 44	43.1	2 12	2 03	43.0	1 28	1 22	43.0	0 44	0 41	43.0	227	313
48	132	4 27	4 01	42.2	3 43	3 21	42.1	2 58	2 41	42.1	2 14	2 01	42.0	1 29	1 20	42.0	0 45	0 40	42.0	228	312
49	131	4 31	3 57	41.2	3 46	3 17	41.1	3 01	2 38	41.1	2 16	1 58	41.0	1 31	1 19	41.0	0 45	0 39	41.0	229	311
50	130	4 36	3 52	40.2	3 50	3 13	40.1	3 04	2 34	40.1	2 18	1 56	40.0	1 32	1 17	40.0	0 46	0 39	40.0	230	310
51	129	4 40	3 47	39.2	3 53	3 09	39.1	3 06	2 31	39.1	2 20	1 53	39.0	1 33	1 16	39.0	0 47	0 38	39.0	231	309
52	128	4 43	3 42	38.2	3 56	3 05	38.1	3 09	2 28	38.1	2 22	1 51	38.0	1 35	1 14	38.0	0 47	0 37	38.0	232	308
53	127	4 47	3 37	37.2	3 59	3 01	37.1	3 12	2 25	37.1	2 24	1 48	37.0	1 36	1 12	37.0	0 48	0 36	37.0	233	307
54	126	4 51	3 32	36.1	4 03	2 57	36.1	3 14	2 21	36.1	2 26	1 46	36.0	1 37	1 11	36.0	0 49	0 35	36.0	234	306
55	125	4 55	3 27	35.1	4 06	2 52	35.1	3 17	2 18	35.1	2 27	1 43	35.0	1 38	1 09	35.0	0 49	0 34	35.0	235	305
56	124	4 58	3 22	34.1	4 09	2 48	34.1	3 19	2 14	34.1	2 29	1 41	34.0	1 39	1 07	34.0	0 50	0 34	34.0	236	304
57	123	5 02	3 17	33.1	4 12	2 44	33.1	3 21	2 11	33.1	2 31	1 38	33.0	1 41	1 05	33.0	0 50	0 33	33.0	237	303
58	122	5 05	3 11	32.1	4 14	2 39	32.1	3 23	2 07	32.1	2 33	1 35	32.0	1 42	1 04	32.0	0 51	0 32	32.0	238	302
59	121	5 08	3 06	31.1	4 17	2 35	31.1	3 26	2 04	31.1	2 34	1 33	31.0	1 43	1 02	31.0	0 51	0 31	31.0	239	301
60	120	5 12	3 00	30.1	4 20	2 30	30.1	3 28	2 00	30.1	2 36	1 30	30.0	1 44	1 00	30.0	0 52	0 30	30.0	240	300
61	119	5 15	2 55	29.1	4 22	2 26	29.1	3 30	1 56	29.1	2 37	1 27	29.0	1 45	0 58	29.0	0 52	0 29	29.0	241	299
62	118	5 18	2 49	28.1	4 25	2 21	28.1	3 32	1 53	28.1	2 39	1 25	28.0	1 46	0 56	28.0	0 53	0 28	28.0	242	298
63	117	5 21	2 44	27.1	4 27	2 16	27.1	3 34	1 49	27.1	2 40	1 22	27.0	1 47	0 54	27.0	0 53	0 27	27.0	243	297
64	116	5 23	2 38	26.1	4 30	2 12	26.1	3 36	1 45	26.1	2 42	1 19	26.0	1 48	0 53	26.0	0 54	0 26	26.0	244	296
65	115	5 26	2 33	25.1	4 32	2 07	25.1	3 37	1 42	25.1	2 43	1 16	25.0	1 49	0 51	25.0	0 54	0 25	25.0	245	295
66	114	5 29	2 27	24.1	4 34	2 02	24.1	3 39	1 38	24.1	2 44	1 13	24.0	1 50	0 49	24.0	0 55	0 24	24.0	246	294
67	113	5 31	2 21	23.1	4 36	1 57	23.1	3 41	1 34	23.1	2 46	1 10	23.0	1 50	0 47	23.0	0 55	0 23	23.0	247	293
68	112	5 34	2 15	22.1	4 38	1 53	22.1	3 42	1 30	22.0	2 47	1 07	22.0	1 51	0 45	22.0	0 56	0 22	22.0	248	292
69	111	5 36	2 09	21.1	4 40	1 48	21.1	3 44	1 26	21.0	2 48	1 05	21.0	1 52	0 43	21.0	0 56	0 22	21.0	249	291
70	110	5 38	2 04	20.1	4 42	1 43	20.1	3 46	1 22	20.0	2 49	1 02	20.0	1 53	0 41	20.0	0 56	0 21	20.0	250	290
71	109	5 40	1 58	19.1	4 44	1 38	19.1	3 47	1 18	19.0	2 50	0 59	19.0	1 53	0 39	19.0	0 57	0 20	19.0	251	289
72	108	5 42	1 52	18.1	4 45	1 33	18.1	3 48	1 14	18.0	2 51	0 56	18.0	1 54	0 37	18.0	0 57	0 19	18.0	252	288
73	107	5 44	1 46	17.1	4 47	1 28	17.1	3 49	1 10	17.0	2 52	0 53	17.0	1 55	0 35	17.0	0 57	0 18	17.0	253	287
74	106	5 46	1 40	16.1	4 48	1 23	16.1	3 51	1 06	16.0	2 53	0 50	16.0	1 55	0 33	16.0	0 58	0 17	16.0	254	286
75	105	5 48	1 33	15.1	4 50	1 18	15.1	3 52	1 02	15.0	2 54	0 47	15.0	1 56	0 31	15.0	0 58	0 16	15.0	255	285
76	104	5 49	1 27	14.1	4 51	1 13	14.1	3 53	0 58	14.0	2 55	0 44	14.0	1 56	0 29	14.0	0 58	0 15	14.0	256	284
77	103	5 51	1 21	13.1	4 52	1 08	13.0	3 54	0 54	13.0	2 55	0 41	13.0	1 57	0 27	13.0	0 58	0 13	13.0	257	283
78	102	5 52	1 15	12.1	4 53	1 03	12.0	3 55	0 50	12.0	2 56	0 37	12.0	1 57	0 25	12.0	0 59	0 12	12.0	258	282
79	101	5 53	1 09	11.1	4 54	0 57	11.0	3 56	0 46	11.0	2 57	0 34	11.0	1 58	0 23	11.0	0 59	0 11	11.0	259	281
80	100	5 55	1 03	10.1	4 55	0 52	10.0	3 56	0 42	10.0	2 57	0 31	10.0	1 58	0 21	10.0	0 59	0 10	10.0	260	280
81	99	5 56	0 57	9.0	4 56	0 47	9.0	3 57	0 38	9.0	2 58	0 28	9.0	1 59	0 19	9.0	0 59	0 09	9.0	261	279
82	98	5 56	0 50	8.0	4 57	0 42	8.0	3 58	0 33	8.0	2 58	0 25	8.0	1 59	0 17	8.0	0 59	0 08	8.0	262	278
83	97	5 57	0 44	7.0	4 58	0 37	7.0	3 58	0 29	7.0	2 59	0 22	7.0	1 59	0 15	7.0	1 00	0 07	7.0	263	277
84	96	5 58	0 38	6.0	4 58	0 31	6.0	3 59	0 25	6.0	2 59	0 19	6.0	1 59	0 13	6.0	1 00	0 06	6.0	264	276
85	95	5 59	0 31	5.0	4 59	0 26	5.0	3 59	0 21	5.0	2 59	0 16	5.0	2 00	0 10	5.0	1 00	0 05	5.0	265	275
86	94	5 59	0 25	4.0	4 59	0 21	4.0	3 59	0 17	4.0	3 00	0 13	4.0	2 00	0 08	4.0	1 00	0 04	4.0	266	274
87	93	6 00	0 19	3.0	5 00	0 16	3.0	4 00	0 13	3.0	3 00	0 09	3.0	2 00	0 06	3.0	1 00	0 03	3.0	267	273
88	92	6 00	0 13	2.0	5 00	0 10	2.0	4 00	0 08	2.0	3 00	0 06	2.0	2 00	0 04	2.0	1 00	0 02	2.0	268	272
89	91	6 00	0 06	1.0	5 00	0 05	1.0	4 00	0 04	1.0	3 00	0 03	1.0	2 00	0 02	1.0	1 00	0 01	1.0	269	271
90	90	6 00	0 00	0.0	5 00	0 00	0.0	4 00	0 00	0.0	3 00	0 00	0.0	2 00	0 00	0.0	1 00	0 00	0.0	270	270

N. Lat.: for LHA > 180°… $Z_n = Z$
for LHA < 180°… $Z_n = 360° - Z$

S. Lat.: for LHA > 180°… $Z_n = 180° - Z$
for LHA < 180°… $Z_n = 180° + Z$

AUXILIARY TABLE

F < 90° and F′ > 29′ : (−) corr.
F > 90° and F′ < 30′ : (−) corr.

A′ < 30′ : (−) corr.

F′ / A′	1′	2′	3′	4′	5′	6′	7′	8′	9′	10′	11′	12′	13′	14′	15′	16′	17′	18′	19′	20′	21′	22′	23′	24′	25′	26′	27′	28′	29′	30′	F′ / A′
	59	58	57	56	55	54	53	52	51	50	49	48	47	46	45	44	43	42	41	40	39	38	37	36	35	34	33	32	31	30	
P °	′	′	′	′	′	′	′	′	′	′	′	′	′	′	′	′	′	′	′	′	′	′	′	′	′	′	′	′	′	′	Z_2 °
1	0	0	0	0	0	0	0	0	0	0	0	0	0	0	0	0	0	0	0	0	0	0	0	0	0	0	0	0	1	1	89
2	0	0	0	0	0	0	0	0	0	0	0	0	0	0	1	1	1	1	1	1	1	1	1	1	1	1	1	1	1	1	88
3	0	0	0	0	0	0	0	0	0	1	1	1	1	1	1	1	1	1	1	1	1	1	1	1	1	1	1	1	2	2	87
4	0	0	0	0	0	0	0	1	1	1	1	1	1	1	1	1	1	1	1	1	1	2	2	2	2	2	2	2	2	2	86
5	0	0	0	0	0	1	1	1	1	1	1	1	1	1	1	1	1	2	2	2	2	2	2	2	2	2	2	2	3	3	85
6	0	0	0	0	1	1	1	1	1	1	1	1	1	1	2	2	2	2	2	2	2	2	2	3	3	3	3	3	3	3	84
7	0	0	0	0	1	1	1	1	1	1	1	1	2	2	2	2	2	2	2	2	3	3	3	3	3	3	3	3	4	4	83
8	0	0	0	1	1	1	1	1	1	1	2	2	2	2	2	2	2	3	3	3	3	3	3	3	3	4	4	4	4	4	82
9	0	0	0	1	1	1	1	1	1	2	2	2	2	2	2	3	3	3	3	3	3	3	4	4	4	4	4	4	5	5	81
10	0	0	1	1	1	1	1	1	2	2	2	2	2	2	3	3	3	3	3	3	4	4	4	4	4	5	5	5	5	5	80
11	0	0	1	1	1	1	1	2	2	2	2	2	2	3	3	3	3	3	4	4	4	4	4	5	5	5	5	5	6	6	79
12	0	0	1	1	1	1	1	2	2	2	2	2	3	3	3	3	4	4	4	4	4	5	5	5	5	5	6	6	6	6	78
13	0	0	1	1	1	1	2	2	2	2	2	3	3	3	3	4	4	4	4	4	5	5	5	5	6	6	6	6	7	7	77
14	0	0	1	1	1	1	2	2	2	2	3	3	3	3	4	4	4	4	5	5	5	5	6	6	6	6	7	7	7	7	76
15	0	1	1	1	1	2	2	2	2	3	3	3	3	4	4	4	4	5	5	5	5	6	6	6	6	7	7	7	8	8	75
16	0	1	1	1	1	2	2	2	2	3	3	3	4	4	4	4	5	5	5	6	6	6	6	7	7	7	7	8	8	8	74
17	0	1	1	1	1	2	2	2	3	3	3	4	4	4	4	5	5	5	6	6	6	6	7	7	7	8	8	8	8	9	73
18	0	1	1	1	2	2	2	2	3	3	3	4	4	4	5	5	5	6	6	6	6	7	7	7	8	8	8	9	9	9	72
19	0	1	1	1	2	2	2	3	3	3	4	4	4	5	5	5	6	6	6	7	7	7	7	8	8	8	9	9	9	10	71
20	0	1	1	1	2	2	2	3	3	3	4	4	4	5	5	5	6	6	6	7	7	8	8	8	9	9	9	10	10	10	70
21	0	1	1	1	2	2	3	3	3	4	4	4	5	5	5	6	6	6	7	7	8	8	8	9	9	9	10	10	10	11	69
22	0	1	1	1	2	2	3	3	3	4	4	4	5	5	6	6	6	7	7	7	8	8	9	9	9	10	10	10	11	11	68
23	0	1	1	2	2	2	3	3	4	4	4	5	5	5	6	6	7	7	7	8	8	9	9	9	10	10	11	11	11	12	67
24	0	1	1	2	2	2	3	3	4	4	4	5	5	6	6	7	7	7	8	8	9	9	9	10	10	11	11	11	12	12	66
25	0	1	1	2	2	3	3	3	4	4	5	5	5	6	6	7	7	8	8	8	9	9	10	10	11	11	11	12	12	13	65
26	0	1	1	2	2	3	3	4	4	4	5	5	6	6	7	7	7	8	8	9	9	10	10	11	11	11	12	12	13	13	64
27	0	1	1	2	2	3	3	4	4	5	5	5	6	6	7	7	8	8	9	9	10	10	10	11	11	12	12	13	13	14	63
28	0	1	1	2	2	3	3	4	4	5	5	6	6	7	7	8	8	8	9	9	10	10	11	11	12	12	13	13	14	14	62
29	0	1	1	2	2	3	3	4	4	5	5	6	6	7	7	8	8	9	9	10	10	11	11	12	12	13	13	14	14	15	61
30	0	1	1	2	2	3	3	4	4	5	5	6	6	7	7	8	8	9	9	10	10	11	11	12	12	13	13	14	14	15	60
31	1	1	2	2	3	3	4	4	5	5	6	6	7	7	8	8	9	9	10	10	11	11	12	12	13	13	14	14	15	15	59
32	1	1	2	2	3	3	4	4	5	5	6	6	7	7	8	8	9	10	10	11	11	12	12	13	13	14	14	15	15	16	58
33	1	1	2	2	3	3	4	4	5	5	6	7	7	8	8	9	9	10	10	11	11	12	13	13	14	14	15	15	16	16	57
34	1	1	2	2	3	3	4	4	5	6	6	7	7	8	8	9	10	10	11	11	12	12	13	13	14	15	15	16	16	17	56
35	1	1	2	2	3	3	4	5	5	6	6	7	7	8	9	9	10	10	11	11	12	13	13	14	14	15	15	16	17	17	55
36	1	1	2	2	3	4	4	5	5	6	6	7	8	8	9	9	10	11	11	12	12	13	14	14	15	15	16	16	17	18	54
37	1	1	2	2	3	4	4	5	5	6	7	7	8	8	9	10	10	11	11	12	13	13	14	14	15	16	16	17	17	18	53
38	1	1	2	2	3	4	4	5	6	6	7	7	8	9	9	10	10	11	12	12	13	14	14	15	15	16	17	17	18	18	52
39	1	1	2	3	3	4	4	5	6	6	7	8	8	9	9	10	11	11	12	13	13	14	14	15	16	16	17	18	18	19	51
40	1	1	2	3	3	4	4	5	6	6	7	8	8	9	10	10	11	12	12	13	13	14	15	15	16	17	17	18	19	19	50

F′ / A′	1′ 59	2′ 58	3′ 57	4′ 56	5′ 55	6′ 54	7′ 53	8′ 52	9′ 51	10′ 50	11′ 49	12′ 48	13′ 47	14′ 46	15′ 45	16′ 44	17′ 43	18′ 42	19′ 41	20′ 40	21′ 39	22′ 38	23′ 37	24′ 36	25′ 35	26′ 34	27′ 33	28′ 32	29′ 31	30′ 30	F′ / A′
P °	′	′	′	′	′	′	′	′	′	′	′	′	′	′	′	′	′	′	′	′	′	′	′	′	′	′	′	′	′	′	Z_2 °
41	1	1	2	3	3	4	5	5	6	7	7	8	9	9	10	10	11	12	12	13	14	14	15	16	16	17	18	18	19	20	49
42	1	1	2	3	3	4	5	5	6	7	7	8	9	9	10	11	11	12	13	13	14	15	15	16	17	17	18	19	19	20	48
43	1	1	2	3	3	4	5	5	6	7	8	8	9	10	10	11	12	12	13	14	14	15	16	16	17	18	18	19	20	20	47
44	1	1	2	3	3	4	5	6	6	7	8	8	9	10	10	11	12	13	13	14	15	15	16	17	17	18	19	19	20	21	46
45	1	1	2	3	4	4	5	6	6	7	8	8	9	10	11	11	12	13	13	14	15	16	16	17	18	18	19	20	21	21	45
46	1	1	2	3	4	4	5	6	6	7	8	9	9	10	11	12	12	13	14	14	15	16	17	17	18	19	19	20	21	22	44
47	1	1	2	3	4	4	5	6	7	7	8	9	10	10	11	12	12	13	14	15	15	16	17	18	18	19	20	20	21	22	43
48	1	1	2	3	4	4	5	6	7	7	8	9	10	10	11	12	13	13	14	15	16	16	17	18	19	19	20	21	22	22	42
49	1	2	2	3	4	5	5	6	7	8	8	9	10	11	11	12	13	14	14	15	16	17	17	18	19	20	20	21	22	23	41
50	1	2	2	3	4	5	5	6	7	8	8	9	10	11	11	12	13	14	15	15	16	17	18	18	19	20	21	21	22	23	40
51	1	2	2	3	4	5	5	6	7	8	9	9	10	11	12	12	13	14	15	16	16	17	18	19	19	20	21	22	23	23	39
52	1	2	2	3	4	5	6	6	7	8	9	9	10	11	12	13	13	14	15	16	17	17	18	19	20	20	21	22	23	24	38
53	1	2	2	3	4	5	6	6	7	8	9	10	10	11	12	13	14	14	15	16	17	18	18	19	20	21	22	22	23	24	37
54	1	2	2	3	4	5	6	6	7	8	9	10	11	11	12	13	14	15	15	16	17	18	19	19	20	21	22	23	23	24	36
55	1	2	2	3	4	5	6	7	7	8	9	10	11	11	12	13	14	15	16	16	17	18	19	20	20	21	22	23	24	25	35
56	1	2	2	3	4	5	6	7	7	8	9	10	11	12	12	13	14	15	16	17	17	18	19	20	21	22	22	23	24	25	34
57	1	2	3	3	4	5	6	7	8	8	9	10	11	12	13	13	14	15	16	17	18	18	19	20	21	22	23	23	24	25	33
58	1	2	3	3	4	5	6	7	8	8	9	10	11	12	13	14	14	15	16	17	18	19	20	20	21	22	23	24	25	25	32
59	1	2	3	3	4	5	6	7	8	9	9	10	11	12	13	14	15	15	16	17	18	19	20	21	21	22	23	24	25	26	31
60	1	2	3	3	4	5	6	7	8	9	10	10	11	12	13	14	15	16	16	17	18	19	20	21	22	23	23	24	25	26	30
61	1	2	3	3	4	5	6	7	8	9	10	10	11	12	13	14	15	16	17	17	18	19	20	21	22	23	24	24	25	26	29
62	1	2	3	4	4	5	6	7	8	9	10	11	11	12	13	14	15	16	17	18	19	19	20	21	22	23	24	25	26	26	28
63	1	2	3	4	4	5	6	7	8	9	10	11	12	12	13	14	15	16	17	18	19	20	20	21	22	23	24	25	26	27	27
64	1	2	3	4	4	5	6	7	8	9	10	11	12	13	13	14	15	16	17	18	19	20	21	22	22	23	24	25	26	27	26
65	1	2	3	4	5	5	6	7	8	9	10	11	12	13	14	15	15	16	17	18	19	20	21	22	23	24	24	25	26	27	25
66	1	2	3	4	5	5	6	7	8	9	10	11	12	13	14	15	16	16	17	18	19	20	21	22	23	24	25	26	26	27	24
67	1	2	3	4	5	6	6	7	8	9	10	11	12	13	14	15	16	17	17	18	19	20	21	22	23	24	25	26	27	28	23
68	1	2	3	4	5	6	6	7	8	9	10	11	12	13	14	15	16	17	18	19	19	20	21	22	23	24	25	26	27	28	22
69	1	2	3	4	5	6	7	7	8	9	10	11	12	13	14	15	16	17	18	19	20	21	21	22	23	24	25	26	27	28	21
70	1	2	3	4	5	6	7	8	8	9	10	11	12	13	14	15	16	17	18	19	20	21	22	23	23	24	25	26	27	28	20
71	1	2	3	4	5	6	7	8	9	9	10	11	12	13	14	15	16	17	18	19	20	21	22	23	24	25	26	26	27	28	19
72	1	2	3	4	5	6	7	8	9	10	10	11	12	13	14	15	16	17	18	19	20	21	22	23	24	25	26	27	28	29	18
73	1	2	3	4	5	6	7	8	9	10	11	11	12	13	14	15	16	17	18	19	20	21	22	23	24	25	26	27	28	29	17
74	1	2	3	4	5	6	7	8	9	10	11	12	12	13	14	15	16	17	18	19	20	21	22	23	24	25	26	27	28	29	16
75	1	2	3	4	5	6	7	8	9	10	11	12	13	14	14	15	16	17	18	19	20	21	22	23	24	25	26	27	28	29	15
76	1	2	3	4	5	6	7	8	9	10	11	12	13	14	15	16	16	17	18	19	20	21	22	23	24	25	26	27	28	29	14
77	1	2	3	4	5	6	7	8	9	10	11	12	13	14	15	16	17	18	19	19	20	21	22	23	24	25	26	27	28	29	13
78	1	2	3	4	5	6	7	8	9	10	11	12	13	14	15	16	17	18	19	20	21	22	22	23	24	25	26	27	28	29	12
79	1	2	3	4	5	6	7	8	9	10	11	12	13	14	15	16	17	18	19	20	21	22	23	24	25	26	27	27	28	29	11
80	1	2	3	4	5	6	7	8	9	10	11	12	13	14	15	16	17	18	19	20	21	22	23	24	25	26	27	28	29	30	10

For P > 80°, use 80°.

For Z_2 < 10°, use 10°.

USE OF CONCISE SIGHT REDUCTION TABLES (continued)

4. *Example.* (b) Required the altitude and azimuth of *Vega* on 1990 July 29 at UT $4^h\ 51^m$ from the estimated position 152° west, 15° south.

1. Assumed latitude	$Lat =$ 15° S		
From the almanac	$GHA =$ 100° 10′		
Assumed longitude	152° 10′ W		
Local hour angle	$LHA =$ 308		
2. Reduction table, 1st entry			
$(Lat, LHA) = (15, 308)$	$A =$ 49 34	$A° = 50$, $A' = 34$	
	$B = +66$ 29	$Z_1 = +71{\cdot}7$,	$LHA > 270°$
3. From the almanac	$Dec = -38$ 46		*Lat* and *Dec* contrary
Sum = $B + Dec$	$F = +27$ 43	$F° = 28$, $F' = 43$	
4. Reduction table, 2nd entry			
$(A°, F°) = (50, 28)$	$H =$ 17 34	$P° = 37$	
		$Z_2 = 67{\cdot}8$	
5. Auxiliary table, 1st entry			
$(F', P°) = (43, 37)$	$corr_1 =$ −10		$F < 90°$, $F' > 29'$
Sum	17 24		
6. Auxiliary table, 2nd entry			
$(A', Z_2°) = (34, 68)$	$corr_2 =$ +10		$A' > 30'$
7. Sum = computed altitude	$H_C = +17°\ 34'$		$F > 0°$
8. Azimuth, first component	$Z_1 = +71{\cdot}7$		same sign as B
second component	$Z_2 = +67{\cdot}8$		$F < 90°, F > 0°$
Sum = azimuth angle	$Z = 139{\cdot}5$		
True azimuth	$Z_n =$ 40°		S *Lat*, $LHA > 180°$

CONVERSION OF ARC TO TIME

0°–59°		60°–119°		120°–179°		180°–239°		240°–299°		300°–359°			0′·00	0′·25	0′·50	0′·75
°	h m	°	h m	°	h m	°	h m	°	h m	°	h m	′	m s	m s	m s	m s
0	0 00	**60**	4 00	**120**	8 00	**180**	12 00	**240**	16 00	**300**	20 00	**0**	0 00	0 01	0 02	0 03
1	0 04	**61**	4 04	**121**	8 04	**181**	12 04	**241**	16 04	**301**	20 04	**1**	0 04	0 05	0 06	0 07
2	0 08	**62**	4 08	**122**	8 08	**182**	12 08	**242**	16 08	**302**	20 08	**2**	0 08	0 09	0 10	0 11
3	0 12	**63**	4 12	**123**	8 12	**183**	12 12	**243**	16 12	**303**	20 12	**3**	0 12	0 13	0 14	0 15
4	0 16	**64**	4 16	**124**	8 16	**184**	12 16	**244**	16 16	**304**	20 16	**4**	0 16	0 17	0 18	0 19
5	0 20	**65**	4 20	**125**	8 20	**185**	12 20	**245**	16 20	**305**	20 20	**5**	0 20	0 21	0 22	0 23
6	0 24	**66**	4 24	**126**	8 24	**186**	12 24	**246**	16 24	**306**	20 24	**6**	0 24	0 25	0 26	0 27
7	0 28	**67**	4 28	**127**	8 28	**187**	12 28	**247**	16 28	**307**	20 28	**7**	0 28	0 29	0 30	0 31
8	0 32	**68**	4 32	**128**	8 32	**188**	12 32	**248**	16 32	**308**	20 32	**8**	0 32	0 33	0 34	0 35
9	0 36	**69**	4 36	**129**	8 36	**189**	12 36	**249**	16 36	**309**	20 36	**9**	0 36	0 37	0 38	0 39
10	0 40	**70**	4 40	**130**	8 40	**190**	12 40	**250**	16 40	**310**	20 40	**10**	0 40	0 41	0 42	0 43
11	0 44	**71**	4 44	**131**	8 44	**191**	12 44	**251**	16 44	**311**	20 44	**11**	0 44	0 45	0 46	0 47
12	0 48	**72**	4 48	**132**	8 48	**192**	12 48	**252**	16 48	**312**	20 48	**12**	0 48	0 49	0 50	0 51
13	0 52	**73**	4 52	**133**	8 52	**193**	12 52	**253**	16 52	**313**	20 52	**13**	0 52	0 53	0 54	0 55
14	0 56	**74**	4 56	**134**	8 56	**194**	12 56	**254**	16 56	**314**	20 56	**14**	0 56	0 57	0 58	0 59
15	1 00	**75**	5 00	**135**	9 00	**195**	13 00	**255**	17 00	**315**	21 00	**15**	1 00	1 01	1 02	1 03
16	1 04	**76**	5 04	**136**	9 04	**196**	13 04	**256**	17 04	**316**	21 04	**16**	1 04	1 05	1 06	1 07
17	1 08	**77**	5 08	**137**	9 08	**197**	13 08	**257**	17 08	**317**	21 08	**17**	1 08	1 09	1 10	1 11
18	1 12	**78**	5 12	**138**	9 12	**198**	13 12	**258**	17 12	**318**	21 12	**18**	1 12	1 13	1 14	1 15
19	1 16	**79**	5 16	**139**	9 16	**199**	13 16	**259**	17 16	**319**	21 16	**19**	1 16	1 17	1 18	1 19
20	1 20	**80**	5 20	**140**	9 20	**200**	13 20	**260**	17 20	**320**	21 20	**20**	1 20	1 21	1 22	1 23
21	1 24	**81**	5 24	**141**	9 24	**201**	13 24	**261**	17 24	**321**	21 24	**21**	1 24	1 25	1 26	1 27
22	1 28	**82**	5 28	**142**	9 28	**202**	13 28	**262**	17 28	**322**	21 28	**22**	1 28	1 29	1 30	1 31
23	1 32	**83**	5 32	**143**	9 32	**203**	13 32	**263**	17 32	**323**	21 32	**23**	1 32	1 33	1 34	1 35
24	1 36	**84**	5 36	**144**	9 36	**204**	13 36	**264**	17 36	**324**	21 36	**24**	1 36	1 37	1 38	1 39
25	1 40	**85**	5 40	**145**	9 40	**205**	13 40	**265**	17 40	**325**	21 40	**25**	1 40	1 41	1 42	1 43
26	1 44	**86**	5 44	**146**	9 44	**206**	13 44	**266**	17 44	**326**	21 44	**26**	1 44	1 45	1 46	1 47
27	1 48	**87**	5 48	**147**	9 48	**207**	13 48	**267**	17 48	**327**	21 48	**27**	1 48	1 49	1 50	1 51
28	1 52	**88**	5 52	**148**	9 52	**208**	13 52	**268**	17 52	**328**	21 52	**28**	1 52	1 53	1 54	1 55
29	1 56	**89**	5 56	**149**	9 56	**209**	13 56	**269**	17 56	**329**	21 56	**29**	1 56	1 57	1 58	1 59
30	2 00	**90**	6 00	**150**	10 00	**210**	14 00	**270**	18 00	**330**	22 00	**30**	2 00	2 01	2 02	2 03
31	2 04	**91**	6 04	**151**	10 04	**211**	14 04	**271**	18 04	**331**	22 04	**31**	2 04	2 05	2 06	2 07
32	2 08	**92**	6 08	**152**	10 08	**212**	14 08	**272**	18 08	**332**	22 08	**32**	2 08	2 09	2 10	2 11
33	2 12	**93**	6 12	**153**	10 12	**213**	14 12	**273**	18 12	**333**	22 12	**33**	2 12	2 13	2 14	2 15
34	2 16	**94**	6 16	**154**	10 16	**214**	14 16	**274**	18 16	**334**	22 16	**34**	2 16	2 17	2 18	2 19
35	2 20	**95**	6 20	**155**	10 20	**215**	14 20	**275**	18 20	**335**	22 20	**35**	2 20	2 21	2 22	2 23
36	2 24	**96**	6 24	**156**	10 24	**216**	14 24	**276**	18 24	**336**	22 24	**36**	2 24	2 25	2 26	2 27
37	2 28	**97**	6 28	**157**	10 28	**217**	14 28	**277**	18 28	**337**	22 28	**37**	2 28	2 29	2 30	2 31
38	2 32	**98**	6 32	**158**	10 32	**218**	14 32	**278**	18 32	**338**	22 32	**38**	2 32	2 33	2 34	2 35
39	2 36	**99**	6 36	**159**	10 36	**219**	14 36	**279**	18 36	**339**	22 36	**39**	2 36	2 37	2 38	2 39
40	2 40	**100**	6 40	**160**	10 40	**220**	14 40	**280**	18 40	**340**	22 40	**40**	2 40	2 41	2 42	2 43
41	2 44	**101**	6 44	**161**	10 44	**221**	14 44	**281**	18 44	**341**	22 44	**41**	2 44	2 45	2 46	2 47
42	2 48	**102**	6 48	**162**	10 48	**222**	14 48	**282**	18 48	**342**	22 48	**42**	2 48	2 49	2 50	2 51
43	2 52	**103**	6 52	**163**	10 52	**223**	14 52	**283**	18 52	**343**	22 52	**43**	2 52	2 53	2 54	2 55
44	2 56	**104**	6 56	**164**	10 56	**224**	14 56	**284**	18 56	**344**	22 56	**44**	2 56	2 57	2 58	2 59
45	3 00	**105**	7 00	**165**	11 00	**225**	15 00	**285**	19 00	**345**	23 00	**45**	3 00	3 01	3 02	3 03
46	3 04	**106**	7 04	**166**	11 04	**226**	15 04	**286**	19 04	**346**	23 04	**46**	3 04	3 05	3 06	3 07
47	3 08	**107**	7 08	**167**	11 08	**227**	15 08	**287**	19 08	**347**	23 08	**47**	3 08	3 09	3 10	3 11
48	3 12	**108**	7 12	**168**	11 12	**228**	15 12	**288**	19 12	**348**	23 12	**48**	3 12	3 13	3 14	3 15
49	3 16	**109**	7 16	**169**	11 16	**229**	15 16	**289**	19 16	**349**	23 16	**49**	3 16	3 17	3 18	3 19
50	3 20	**110**	7 20	**170**	11 20	**230**	15 20	**290**	19 20	**350**	23 20	**50**	3 20	3 21	3 22	3 23
51	3 24	**111**	7 24	**171**	11 24	**231**	15 24	**291**	19 24	**351**	23 24	**51**	3 24	3 25	3 26	3 27
52	3 28	**112**	7 28	**172**	11 28	**232**	15 28	**292**	19 28	**352**	23 28	**52**	3 28	3 29	3 30	3 31
53	3 32	**113**	7 32	**173**	11 32	**233**	15 32	**293**	19 32	**353**	23 32	**53**	3 32	3 33	3 34	3 35
54	3 36	**114**	7 36	**174**	11 36	**234**	15 36	**294**	19 36	**354**	23 36	**54**	3 36	3 37	3 38	3 39
55	3 40	**115**	7 40	**175**	11 40	**235**	15 40	**295**	19 40	**355**	23 40	**55**	3 40	3 41	3 42	3 43
56	3 44	**116**	7 44	**176**	11 44	**236**	15 44	**296**	19 44	**356**	23 44	**56**	3 44	3 45	3 46	3 47
57	3 48	**117**	7 48	**177**	11 48	**237**	15 48	**297**	19 48	**357**	23 48	**57**	3 48	3 49	3 50	3 51
58	3 52	**118**	7 52	**178**	11 52	**238**	15 52	**298**	19 52	**358**	23 52	**58**	3 52	3 53	3 54	3 55
59	3 56	**119**	7 56	**179**	11 56	**239**	15 56	**299**	19 56	**359**	23 56	**59**	3 56	3 57	3 58	3 59

The above table is for converting expressions in arc to their equivalent in time; its main use in this Almanac is for the conversion of longitude for application to L.M.T. (*added* if *west*, *subtracted* if *east*) to give UT or vice versa, particularly in the case of sunrise, sunset, etc.

0^m	SUN PLANETS	ARIES	MOON	v or d	Corr^n	v or d	Corr^n	v or d	Corr^n
s	° ′	° ′	° ′	′	′	′	′	′	′
00	0 00·0	0 00·0	0 00·0	0·0	0·0	6·0	0·1	12·0	0·1
01	0 00·3	0 00·3	0 00·2	0·1	0·0	6·1	0·1	12·1	0·1
02	0 00·5	0 00·5	0 00·5	0·2	0·0	6·2	0·1	12·2	0·1
03	0 00·8	0 00·8	0 00·7	0·3	0·0	6·3	0·1	12·3	0·1
04	0 01·0	0 01·0	0 01·0	0·4	0·0	6·4	0·1	12·4	0·1
05	0 01·3	0 01·3	0 01·2	0·5	0·0	6·5	0·1	12·5	0·1
06	0 01·5	0 01·5	0 01·4	0·6	0·0	6·6	0·1	12·6	0·1
07	0 01·8	0 01·8	0 01·7	0·7	0·0	6·7	0·1	12·7	0·1
08	0 02·0	0 02·0	0 01·9	0·8	0·0	6·8	0·1	12·8	0·1
09	0 02·3	0 02·3	0 02·1	0·9	0·0	6·9	0·1	12·9	0·1
10	0 02·5	0 02·5	0 02·4	1·0	0·0	7·0	0·1	13·0	0·1
11	0 02·8	0 02·8	0 02·6	1·1	0·0	7·1	0·1	13·1	0·1
12	0 03·0	0 03·0	0 02·9	1·2	0·0	7·2	0·1	13·2	0·1
13	0 03·3	0 03·3	0 03·1	1·3	0·0	7·3	0·1	13·3	0·1
14	0 03·5	0 03·5	0 03·3	1·4	0·0	7·4	0·1	13·4	0·1
15	0 03·8	0 03·8	0 03·6	1·5	0·0	7·5	0·1	13·5	0·1
16	0 04·0	0 04·0	0 03·8	1·6	0·0	7·6	0·1	13·6	0·1
17	0 04·3	0 04·3	0 04·1	1·7	0·0	7·7	0·1	13·7	0·1
18	0 04·5	0 04·5	0 04·3	1·8	0·0	7·8	0·1	13·8	0·1
19	0 04·8	0 04·8	0 04·5	1·9	0·0	7·9	0·1	13·9	0·1
20	0 05·0	0 05·0	0 04·8	2·0	0·0	8·0	0·1	14·0	0·1
21	0 05·3	0 05·3	0 05·0	2·1	0·0	8·1	0·1	14·1	0·1
22	0 05·5	0 05·5	0 05·2	2·2	0·0	8·2	0·1	14·2	0·1
23	0 05·8	0 05·8	0 05·5	2·3	0·0	8·3	0·1	14·3	0·1
24	0 06·0	0 06·0	0 05·7	2·4	0·0	8·4	0·1	14·4	0·1
25	0 06·3	0 06·3	0 06·0	2·5	0·0	8·5	0·1	14·5	0·1
26	0 06·5	0 06·5	0 06·2	2·6	0·0	8·6	0·1	14·6	0·1
27	0 06·8	0 06·8	0 06·4	2·7	0·0	8·7	0·1	14·7	0·1
28	0 07·0	0 07·0	0 06·7	2·8	0·0	8·8	0·1	14·8	0·1
29	0 07·3	0 07·3	0 06·9	2·9	0·0	8·9	0·1	14·9	0·1
30	0 07·5	0 07·5	0 07·2	3·0	0·0	9·0	0·1	15·0	0·1
31	0 07·8	0 07·8	0 07·4	3·1	0·0	9·1	0·1	15·1	0·1
32	0 08·0	0 08·0	0 07·6	3·2	0·0	9·2	0·1	15·2	0·1
33	0 08·3	0 08·3	0 07·9	3·3	0·0	9·3	0·1	15·3	0·1
34	0 08·5	0 08·5	0 08·1	3·4	0·0	9·4	0·1	15·4	0·1
35	0 08·8	0 08·8	0 08·4	3·5	0·0	9·5	0·1	15·5	0·1
36	0 09·0	0 09·0	0 08·6	3·6	0·0	9·6	0·1	15·6	0·1
37	0 09·3	0 09·3	0 08·8	3·7	0·0	9·7	0·1	15·7	0·1
38	0 09·5	0 09·5	0 09·1	3·8	0·0	9·8	0·1	15·8	0·1
39	0 09·8	0 09·8	0 09·3	3·9	0·0	9·9	0·1	15·9	0·1
40	0 10·0	0 10·0	0 09·5	4·0	0·0	10·0	0·1	16·0	0·1
41	0 10·3	0 10·3	0 09·8	4·1	0·0	10·1	0·1	16·1	0·1
42	0 10·5	0 10·5	0 10·0	4·2	0·0	10·2	0·1	16·2	0·1
43	0 10·8	0 10·8	0 10·3	4·3	0·0	10·3	0·1	16·3	0·1
44	0 11·0	0 11·0	0 10·5	4·4	0·0	10·4	0·1	16·4	0·1
45	0 11·3	0 11·3	0 10·7	4·5	0·0	10·5	0·1	16·5	0·1
46	0 11·5	0 11·5	0 11·0	4·6	0·0	10·6	0·1	16·6	0·1
47	0 11·8	0 11·8	0 11·2	4·7	0·0	10·7	0·1	16·7	0·1
48	0 12·0	0 12·0	0 11·5	4·8	0·0	10·8	0·1	16·8	0·1
49	0 12·3	0 12·3	0 11·7	4·9	0·0	10·9	0·1	16·9	0·1
50	0 12·5	0 12·5	0 11·9	5·0	0·0	11·0	0·1	17·0	0·1
51	0 12·8	0 12·8	0 12·2	5·1	0·0	11·1	0·1	17·1	0·1
52	0 13·0	0 13·0	0 12·4	5·2	0·0	11·2	0·1	17·2	0·1
53	0 13·3	0 13·3	0 12·6	5·3	0·0	11·3	0·1	17·3	0·1
54	0 13·5	0 13·5	0 12·9	5·4	0·0	11·4	0·1	17·4	0·1
55	0 13·8	0 13·8	0 13·1	5·5	0·0	11·5	0·1	17·5	0·1
56	0 14·0	0 14·0	0 13·4	5·6	0·0	11·6	0·1	17·6	0·1
57	0 14·3	0 14·3	0 13·6	5·7	0·0	11·7	0·1	17·7	0·1
58	0 14·5	0 14·5	0 13·8	5·8	0·0	11·8	0·1	17·8	0·1
59	0 14·8	0 14·8	0 14·1	5·9	0·0	11·9	0·1	17·9	0·1
60	0 15·0	0 15·0	0 14·3	6·0	0·1	12·0	0·1	18·0	0·2

1^m	SUN PLANETS	ARIES	MOON	v or d	Corr^n	v or d	Corr^n	v or d	Corr^n
s	° ′	° ′	° ′	′	′	′	′	′	′
00	0 15·0	0 15·0	0 14·3	0·0	0·0	6·0	0·2	12·0	0·3
01	0 15·3	0 15·3	0 14·6	0·1	0·0	6·1	0·2	12·1	0·3
02	0 15·5	0 15·5	0 14·8	0·2	0·0	6·2	0·2	12·2	0·3
03	0 15·8	0 15·8	0 15·0	0·3	0·0	6·3	0·2	12·3	0·3
04	0 16·0	0 16·0	0 15·3	0·4	0·0	6·4	0·2	12·4	0·3
05	0 16·3	0 16·3	0 15·5	0·5	0·0	6·5	0·2	12·5	0·3
06	0 16·5	0 16·5	0 15·7	0·6	0·0	6·6	0·2	12·6	0·3
07	0 16·8	0 16·8	0 16·0	0·7	0·0	6·7	0·2	12·7	0·3
08	0 17·0	0 17·0	0 16·2	0·8	0·0	6·8	0·2	12·8	0·3
09	0 17·3	0 17·3	0 16·5	0·9	0·0	6·9	0·2	12·9	0·3
10	0 17·5	0 17·5	0 16·7	1·0	0·0	7·0	0·2	13·0	0·3
11	0 17·8	0 17·8	0 16·9	1·1	0·0	7·1	0·2	13·1	0·3
12	0 18·0	0 18·0	0 17·2	1·2	0·0	7·2	0·2	13·2	0·3
13	0 18·3	0 18·3	0 17·4	1·3	0·0	7·3	0·2	13·3	0·3
14	0 18·5	0 18·6	0 17·7	1·4	0·0	7·4	0·2	13·4	0·3
15	0 18·8	0 18·8	0 17·9	1·5	0·0	7·5	0·2	13·5	0·3
16	0 19·0	0 19·1	0 18·1	1·6	0·0	7·6	0·2	13·6	0·3
17	0 19·3	0 19·3	0 18·4	1·7	0·0	7·7	0·2	13·7	0·3
18	0 19·5	0 19·6	0 18·6	1·8	0·0	7·8	0·2	13·8	0·3
19	0 19·8	0 19·8	0 18·9	1·9	0·0	7·9	0·2	13·9	0·3
20	0 20·0	0 20·1	0 19·1	2·0	0·1	8·0	0·2	14·0	0·4
21	0 20·3	0 20·3	0 19·3	2·1	0·1	8·1	0·2	14·1	0·4
22	0 20·5	0 20·6	0 19·6	2·2	0·1	8·2	0·2	14·2	0·4
23	0 20·8	0 20·8	0 19·8	2·3	0·1	8·3	0·2	14·3	0·4
24	0 21·0	0 21·1	0 20·0	2·4	0·1	8·4	0·2	14·4	0·4
25	0 21·3	0 21·3	0 20·3	2·5	0·1	8·5	0·2	14·5	0·4
26	0 21·5	0 21·6	0 20·5	2·6	0·1	8·6	0·2	14·6	0·4
27	0 21·8	0 21·8	0 20·8	2·7	0·1	8·7	0·2	14·7	0·4
28	0 22·0	0 22·1	0 21·0	2·8	0·1	8·8	0·2	14·8	0·4
29	0 22·3	0 22·3	0 21·2	2·9	0·1	8·9	0·2	14·9	0·4
30	0 22·5	0 22·6	0 21·5	3·0	0·1	9·0	0·2	15·0	0·4
31	0 22·8	0 22·8	0 21·7	3·1	0·1	9·1	0·2	15·1	0·4
32	0 23·0	0 23·1	0 22·0	3·2	0·1	9·2	0·2	15·2	0·4
33	0 23·3	0 23·3	0 22·2	3·3	0·1	9·3	0·2	15·3	0·4
34	0 23·5	0 23·6	0 22·4	3·4	0·1	9·4	0·2	15·4	0·4
35	0 23·8	0 23·8	0 22·7	3·5	0·1	9·5	0·2	15·5	0·4
36	0 24·0	0 24·1	0 22·9	3·6	0·1	9·6	0·2	15·6	0·4
37	0 24·3	0 24·3	0 23·1	3·7	0·1	9·7	0·2	15·7	0·4
38	0 24·5	0 24·6	0 23·4	3·8	0·1	9·8	0·2	15·8	0·4
39	0 24·8	0 24·8	0 23·6	3·9	0·1	9·9	0·2	15·9	0·4
40	0 25·0	0 25·1	0 23·9	4·0	0·1	10·0	0·3	16·0	0·4
41	0 25·3	0 25·3	0 24·1	4·1	0·1	10·1	0·3	16·1	0·4
42	0 25·5	0 25·6	0 24·3	4·2	0·1	10·2	0·3	16·2	0·4
43	0 25·8	0 25·8	0 24·6	4·3	0·1	10·3	0·3	16·3	0·4
44	0 26·0	0 26·1	0 24·8	4·4	0·1	10·4	0·3	16·4	0·4
45	0 26·3	0 26·3	0 25·1	4·5	0·1	10·5	0·3	16·5	0·4
46	0 26·5	0 26·6	0 25·3	4·6	0·1	10·6	0·3	16·6	0·4
47	0 26·8	0 26·8	0 25·5	4·7	0·1	10·7	0·3	16·7	0·4
48	0 27·0	0 27·1	0 25·8	4·8	0·1	10·8	0·3	16·8	0·4
49	0 27·3	0 27·3	0 26·0	4·9	0·1	10·9	0·3	16·9	0·4
50	0 27·5	0 27·6	0 26·2	5·0	0·1	11·0	0·3	17·0	0·4
51	0 27·8	0 27·8	0 26·5	5·1	0·1	11·1	0·3	17·1	0·4
52	0 28·0	0 28·1	0 26·7	5·2	0·1	11·2	0·3	17·2	0·4
53	0 28·3	0 28·3	0 27·0	5·3	0·1	11·3	0·3	17·3	0·4
54	0 28·5	0 28·6	0 27·2	5·4	0·1	11·4	0·3	17·4	0·4
55	0 28·8	0 28·8	0 27·4	5·5	0·1	11·5	0·3	17·5	0·4
56	0 29·0	0 29·1	0 27·7	5·6	0·1	11·6	0·3	17·6	0·4
57	0 29·3	0 29·3	0 27·9	5·7	0·1	11·7	0·3	17·7	0·4
58	0 29·5	0 29·6	0 28·2	5·8	0·1	11·8	0·3	17·8	0·4
59	0 29·8	0 29·8	0 28·4	5·9	0·1	11·9	0·3	17·9	0·4
60	0 30·0	0 30·1	0 28·6	6·0	0·2	12·0	0·3	18·0	0·5

m 2	SUN PLANETS	ARIES	MOON	v or d	Corrⁿ	v or d	Corrⁿ	v or d	Corrⁿ
s	° ′	° ′	° ′	′	′	′	′	′	′
00	0 30·0	0 30·1	0 28·6	0·0	0·0	6·0	0·3	12·0	0·5
01	0 30·3	0 30·3	0 28·9	0·1	0·0	6·1	0·3	12·1	0·5
02	0 30·5	0 30·6	0 29·1	0·2	0·0	6·2	0·3	12·2	0·5
03	0 30·8	0 30·8	0 29·3	0·3	0·0	6·3	0·3	12·3	0·5
04	0 31·0	0 31·1	0 29·6	0·4	0·0	6·4	0·3	12·4	0·5
05	0 31·3	0 31·3	0 29·8	0·5	0·0	6·5	0·3	12·5	0·5
06	0 31·5	0 31·6	0 30·1	0·6	0·0	6·6	0·3	12·6	0·5
07	0 31·8	0 31·8	0 30·3	0·7	0·0	6·7	0·3	12·7	0·5
08	0 32·0	0 32·1	0 30·5	0·8	0·0	6·8	0·3	12·8	0·5
09	0 32·3	0 32·3	0 30·8	0·9	0·0	6·9	0·3	12·9	0·5
10	0 32·5	0 32·6	0 31·0	1·0	0·0	7·0	0·3	13·0	0·5
11	0 32·8	0 32·8	0 31·3	1·1	0·0	7·1	0·3	13·1	0·5
12	0 33·0	0 33·1	0 31·5	1·2	0·1	7·2	0·3	13·2	0·6
13	0 33·3	0 33·3	0 31·7	1·3	0·1	7·3	0·3	13·3	0·6
14	0 33·5	0 33·6	0 32·0	1·4	0·1	7·4	0·3	13·4	0·6
15	0 33·8	0 33·8	0 32·2	1·5	0·1	7·5	0·3	13·5	0·6
16	0 34·0	0 34·1	0 32·5	1·6	0·1	7·6	0·3	13·6	0·6
17	0 34·3	0 34·3	0 32·7	1·7	0·1	7·7	0·3	13·7	0·6
18	0 34·5	0 34·6	0 32·9	1·8	0·1	7·8	0·3	13·8	0·6
19	0 34·8	0 34·8	0 33·2	1·9	0·1	7·9	0·3	13·9	0·6
20	0 35·0	0 35·1	0 33·4	2·0	0·1	8·0	0·3	14·0	0·6
21	0 35·3	0 35·3	0 33·6	2·1	0·1	8·1	0·3	14·1	0·6
22	0 35·5	0 35·6	0 33·9	2·2	0·1	8·2	0·3	14·2	0·6
23	0 35·8	0 35·8	0 34·1	2·3	0·1	8·3	0·3	14·3	0·6
24	0 36·0	0 36·1	0 34·4	2·4	0·1	8·4	0·4	14·4	0·6
25	0 36·3	0 36·3	0 34·6	2·5	0·1	8·5	0·4	14·5	0·6
26	0 36·5	0 36·6	0 34·8	2·6	0·1	8·6	0·4	14·6	0·6
27	0 36·8	0 36·9	0 35·1	2·7	0·1	8·7	0·4	14·7	0·6
28	0 37·0	0 37·1	0 35·3	2·8	0·1	8·8	0·4	14·8	0·6
29	0 37·3	0 37·4	0 35·6	2·9	0·1	8·9	0·4	14·9	0·6
30	0 37·5	0 37·6	0 35·8	3·0	0·1	9·0	0·4	15·0	0·6
31	0 37·8	0 37·9	0 36·0	3·1	0·1	9·1	0·4	15·1	0·6
32	0 38·0	0 38·1	0 36·3	3·2	0·1	9·2	0·4	15·2	0·6
33	0 38·3	0 38·4	0 36·5	3·3	0·1	9·3	0·4	15·3	0·6
34	0 38·5	0 38·6	0 36·7	3·4	0·1	9·4	0·4	15·4	0·6
35	0 38·8	0 38·9	0 37·0	3·5	0·1	9·5	0·4	15·5	0·6
36	0 39·0	0 39·1	0 37·2	3·6	0·2	9·6	0·4	15·6	0·7
37	0 39·3	0 39·4	0 37·5	3·7	0·2	9·7	0·4	15·7	0·7
38	0 39·5	0 39·6	0 37·7	3·8	0·2	9·8	0·4	15·8	0·7
39	0 39·8	0 39·9	0 37·9	3·9	0·2	9·9	0·4	15·9	0·7
40	0 40·0	0 40·1	0 38·2	4·0	0·2	10·0	0·4	16·0	0·7
41	0 40·3	0 40·4	0 38·4	4·1	0·2	10·1	0·4	16·1	0·7
42	0 40·5	0 40·6	0 38·7	4·2	0·2	10·2	0·4	16·2	0·7
43	0 40·8	0 40·9	0 38·9	4·3	0·2	10·3	0·4	16·3	0·7
44	0 41·0	0 41·1	0 39·1	4·4	0·2	10·4	0·4	16·4	0·7
45	0 41·3	0 41·4	0 39·4	4·5	0·2	10·5	0·4	16·5	0·7
46	0 41·5	0 41·6	0 39·6	4·6	0·2	10·6	0·4	16·6	0·7
47	0 41·8	0 41·9	0 39·8	4·7	0·2	10·7	0·4	16·7	0·7
48	0 42·0	0 42·1	0 40·1	4·8	0·2	10·8	0·5	16·8	0·7
49	0 42·3	0 42·4	0 40·3	4·9	0·2	10·9	0·5	16·9	0·7
50	0 42·5	0 42·6	0 40·6	5·0	0·2	11·0	0·5	17·0	0·7
51	0 42·8	0 42·9	0 40·8	5·1	0·2	11·1	0·5	17·1	0·7
52	0 43·0	0 43·1	0 41·0	5·2	0·2	11·2	0·5	17·2	0·7
53	0 43·3	0 43·4	0 41·3	5·3	0·2	11·3	0·5	17·3	0·7
54	0 43·5	0 43·6	0 41·5	5·4	0·2	11·4	0·5	17·4	0·7
55	0 43·8	0 43·9	0 41·8	5·5	0·2	11·5	0·5	17·5	0·7
56	0 44·0	0 44·1	0 42·0	5·6	0·2	11·6	0·5	17·6	0·7
57	0 44·3	0 44·4	0 42·2	5·7	0·2	11·7	0·5	17·7	0·7
58	0 44·5	0 44·6	0 42·5	5·8	0·2	11·8	0·5	17·8	0·7
59	0 44·8	0 44·9	0 42·7	5·9	0·2	11·9	0·5	17·9	0·7
60	0 45·0	0 45·1	0 43·0	6·0	0·3	12·0	0·5	18·0	0·8

m 3	SUN PLANETS	ARIES	MOON	v or d	Corrⁿ	v or d	Corrⁿ	v or d	Corrⁿ
s	° ′	° ′	° ′	′	′	′	′	′	′
00	0 45·0	0 45·1	0 43·0	0·0	0·0	6·0	0·4	12·0	0·7
01	0 45·3	0 45·4	0 43·2	0·1	0·0	6·1	0·4	12·1	0·7
02	0 45·5	0 45·6	0 43·4	0·2	0·0	6·2	0·4	12·2	0·7
03	0 45·8	0 45·9	0 43·7	0·3	0·0	6·3	0·4	12·3	0·7
04	0 46·0	0 46·1	0 43·9	0·4	0·0	6·4	0·4	12·4	0·7
05	0 46·3	0 46·4	0 44·1	0·5	0·0	6·5	0·4	12·5	0·7
06	0 46·5	0 46·6	0 44·4	0·6	0·0	6·6	0·4	12·6	0·7
07	0 46·8	0 46·9	0 44·6	0·7	0·0	6·7	0·4	12·7	0·7
08	0 47·0	0 47·1	0 44·9	0·8	0·0	6·8	0·4	12·8	0·7
09	0 47·3	0 47·4	0 45·1	0·9	0·1	6·9	0·4	12·9	0·8
10	0 47·5	0 47·6	0 45·3	1·0	0·1	7·0	0·4	13·0	0·8
11	0 47·8	0 47·9	0 45·6	1·1	0·1	7·1	0·4	13·1	0·8
12	0 48·0	0 48·1	0 45·8	1·2	0·1	7·2	0·4	13·2	0·8
13	0 48·3	0 48·4	0 46·1	1·3	0·1	7·3	0·4	13·3	0·8
14	0 48·5	0 48·6	0 46·3	1·4	0·1	7·4	0·4	13·4	0·8
15	0 48·8	0 48·9	0 46·5	1·5	0·1	7·5	0·4	13·5	0·8
16	0 49·0	0 49·1	0 46·8	1·6	0·1	7·6	0·4	13·6	0·8
17	0 49·3	0 49·4	0 47·0	1·7	0·1	7·7	0·4	13·7	0·8
18	0 49·5	0 49·6	0 47·2	1·8	0·1	7·8	0·5	13·8	0·8
19	0 49·8	0 49·9	0 47·5	1·9	0·1	7·9	0·5	13·9	0·8
20	0 50·0	0 50·1	0 47·7	2·0	0·1	8·0	0·5	14·0	0·8
21	0 50·3	0 50·4	0 48·0	2·1	0·1	8·1	0·5	14·1	0·8
22	0 50·5	0 50·6	0 48·2	2·2	0·1	8·2	0·5	14·2	0·8
23	0 50·8	0 50·9	0 48·4	2·3	0·1	8·3	0·5	14·3	0·8
24	0 51·0	0 51·1	0 48·7	2·4	0·1	8·4	0·5	14·4	0·8
25	0 51·3	0 51·4	0 48·9	2·5	0·1	8·5	0·5	14·5	0·8
26	0 51·5	0 51·6	0 49·2	2·6	0·2	8·6	0·5	14·6	0·9
27	0 51·8	0 51·9	0 49·4	2·7	0·2	8·7	0·5	14·7	0·9
28	0 52·0	0 52·1	0 49·6	2·8	0·2	8·8	0·5	14·8	0·9
29	0 52·3	0 52·4	0 49·9	2·9	0·2	8·9	0·5	14·9	0·9
30	0 52·5	0 52·6	0 50·1	3·0	0·2	9·0	0·5	15·0	0·9
31	0 52·8	0 52·9	0 50·3	3·1	0·2	9·1	0·5	15·1	0·9
32	0 53·0	0 53·1	0 50·6	3·2	0·2	9·2	0·5	15·2	0·9
33	0 53·3	0 53·4	0 50·8	3·3	0·2	9·3	0·5	15·3	0·9
34	0 53·5	0 53·6	0 51·1	3·4	0·2	9·4	0·5	15·4	0·9
35	0 53·8	0 53·9	0 51·3	3·5	0·2	9·5	0·6	15·5	0·9
36	0 54·0	0 54·1	0 51·5	3·6	0·2	9·6	0·6	15·6	0·9
37	0 54·3	0 54·4	0 51·8	3·7	0·2	9·7	0·6	15·7	0·9
38	0 54·5	0 54·6	0 52·0	3·8	0·2	9·8	0·6	15·8	0·9
39	0 54·8	0 54·9	0 52·3	3·9	0·2	9·9	0·6	15·9	0·9
40	0 55·0	0 55·2	0 52·5	4·0	0·2	10·0	0·6	16·0	0·9
41	0 55·3	0 55·4	0 52·7	4·1	0·2	10·1	0·6	16·1	0·9
42	0 55·5	0 55·7	0 53·0	4·2	0·2	10·2	0·6	16·2	0·9
43	0 55·8	0 55·9	0 53·2	4·3	0·3	10·3	0·6	16·3	1·0
44	0 56·0	0 56·2	0 53·4	4·4	0·3	10·4	0·6	16·4	1·0
45	0 56·3	0 56·4	0 53·7	4·5	0·3	10·5	0·6	16·5	1·0
46	0 56·5	0 56·7	0 53·9	4·6	0·3	10·6	0·6	16·6	1·0
47	0 56·8	0 56·9	0 54·2	4·7	0·3	10·7	0·6	16·7	1·0
48	0 57·0	0 57·2	0 54·4	4·8	0·3	10·8	0·6	16·8	1·0
49	0 57·3	0 57·4	0 54·6	4·9	0·3	10·9	0·6	16·9	1·0
50	0 57·5	0 57·7	0 54·9	5·0	0·3	11·0	0·6	17·0	1·0
51	0 57·8	0 57·9	0 55·1	5·1	0·3	11·1	0·6	17·1	1·0
52	0 58·0	0 58·2	0 55·4	5·2	0·3	11·2	0·7	17·2	1·0
53	0 58·3	0 58·4	0 55·6	5·3	0·3	11·3	0·7	17·3	1·0
54	0 58·5	0 58·7	0 55·8	5·4	0·3	11·4	0·7	17·4	1·0
55	0 58·8	0 58·9	0 56·1	5·5	0·3	11·5	0·7	17·5	1·0
56	0 59·0	0 59·2	0 56·3	5·6	0·3	11·6	0·7	17·6	1·0
57	0 59·3	0 59·4	0 56·6	5·7	0·3	11·7	0·7	17·7	1·0
58	0 59·5	0 59·7	0 56·8	5·8	0·3	11·8	0·7	17·8	1·0
59	0 59·8	0 59·9	0 57·0	5·9	0·3	11·9	0·7	17·9	1·0
60	1 00·0	1 00·2	0 57·3	6·0	0·4	12·0	0·7	18·0	1·1

4m s	SUN PLANETS ° ′	ARIES ° ′	MOON ° ′	v or d ′	Corrn ′	v or d ′	Corrn ′	v or d ′	Corrn ′
00	1 00·0	1 00·2	0 57·3	0·0	0·0	6·0	0·5	12·0	0·9
01	1 00·3	1 00·4	0 57·5	0·1	0·0	6·1	0·5	12·1	0·9
02	1 00·5	1 00·7	0 57·7	0·2	0·0	6·2	0·5	12·2	0·9
03	1 00·8	1 00·9	0 58·0	0·3	0·0	6·3	0·5	12·3	0·9
04	1 01·0	1 01·2	0 58·2	0·4	0·0	6·4	0·5	12·4	0·9
05	1 01·3	1 01·4	0 58·5	0·5	0·0	6·5	0·5	12·5	0·9
06	1 01·5	1 01·7	0 58·7	0·6	0·0	6·6	0·5	12·6	0·9
07	1 01·8	1 01·9	0 58·9	0·7	0·1	6·7	0·5	12·7	1·0
08	1 02·0	1 02·2	0 59·2	0·8	0·1	6·8	0·5	12·8	1·0
09	1 02·3	1 02·4	0 59·4	0·9	0·1	6·9	0·5	12·9	1·0
10	1 02·5	1 02·7	0 59·7	1·0	0·1	7·0	0·5	13·0	1·0
11	1 02·8	1 02·9	0 59·9	1·1	0·1	7·1	0·5	13·1	1·0
12	1 03·0	1 03·2	1 00·1	1·2	0·1	7·2	0·5	13·2	1·0
13	1 03·3	1 03·4	1 00·4	1·3	0·1	7·3	0·5	13·3	1·0
14	1 03·5	1 03·7	1 00·6	1·4	0·1	7·4	0·6	13·4	1·0
15	1 03·8	1 03·9	1 00·8	1·5	0·1	7·5	0·6	13·5	1·0
16	1 04·0	1 04·2	1 01·1	1·6	0·1	7·6	0·6	13·6	1·0
17	1 04·3	1 04·4	1 01·3	1·7	0·1	7·7	0·6	13·7	1·0
18	1 04·5	1 04·7	1 01·6	1·8	0·1	7·8	0·6	13·8	1·0
19	1 04·8	1 04·9	1 01·8	1·9	0·1	7·9	0·6	13·9	1·0
20	1 05·0	1 05·2	1 02·0	2·0	0·2	8·0	0·6	14·0	1·1
21	1 05·3	1 05·4	1 02·3	2·1	0·2	8·1	0·6	14·1	1·1
22	1 05·5	1 05·7	1 02·5	2·2	0·2	8·2	0·6	14·2	1·1
23	1 05·8	1 05·9	1 02·8	2·3	0·2	8·3	0·6	14·3	1·1
24	1 06·0	1 06·2	1 03·0	2·4	0·2	8·4	0·6	14·4	1·1
25	1 06·3	1 06·4	1 03·2	2·5	0·2	8·5	0·6	14·5	1·1
26	1 06·5	1 06·7	1 03·5	2·6	0·2	8·6	0·6	14·6	1·1
27	1 06·8	1 06·9	1 03·7	2·7	0·2	8·7	0·7	14·7	1·1
28	1 07·0	1 07·2	1 03·9	2·8	0·2	8·8	0·7	14·8	1·1
29	1 07·3	1 07·4	1 04·2	2·9	0·2	8·9	0·7	14·9	1·1
30	1 07·5	1 07·7	1 04·4	3·0	0·2	9·0	0·7	15·0	1·1
31	1 07·8	1 07·9	1 04·7	3·1	0·2	9·1	0·7	15·1	1·1
32	1 08·0	1 08·2	1 04·9	3·2	0·2	9·2	0·7	15·2	1·1
33	1 08·3	1 08·4	1 05·1	3·3	0·2	9·3	0·7	15·3	1·1
34	1 08·5	1 08·7	1 05·4	3·4	0·3	9·4	0·7	15·4	1·2
35	1 08·8	1 08·9	1 05·6	3·5	0·3	9·5	0·7	15·5	1·2
36	1 09·0	1 09·2	1 05·9	3·6	0·3	9·6	0·7	15·6	1·2
37	1 09·3	1 09·4	1 06·1	3·7	0·3	9·7	0·7	15·7	1·2
38	1 09·5	1 09·7	1 06·3	3·8	0·3	9·8	0·7	15·8	1·2
39	1 09·8	1 09·9	1 06·6	3·9	0·3	9·9	0·7	15·9	1·2
40	1 10·0	1 10·2	1 06·8	4·0	0·3	10·0	0·8	16·0	1·2
41	1 10·3	1 10·4	1 07·0	4·1	0·3	10·1	0·8	16·1	1·2
42	1 10·5	1 10·7	1 07·3	4·2	0·3	10·2	0·8	16·2	1·2
43	1 10·8	1 10·9	1 07·5	4·3	0·3	10·3	0·8	16·3	1·2
44	1 11·0	1 11·2	1 07·8	4·4	0·3	10·4	0·8	16·4	1·2
45	1 11·3	1 11·4	1 08·0	4·5	0·3	10·5	0·8	16·5	1·2
46	1 11·5	1 11·7	1 08·2	4·6	0·3	10·6	0·8	16·6	1·2
47	1 11·8	1 11·9	1 08·5	4·7	0·4	10·7	0·8	16·7	1·3
48	1 12·0	1 12·2	1 08·7	4·8	0·4	10·8	0·8	16·8	1·3
49	1 12·3	1 12·4	1 09·0	4·9	0·4	10·9	0·8	16·9	1·3
50	1 12·5	1 12·7	1 09·2	5·0	0·4	11·0	0·8	17·0	1·3
51	1 12·8	1 12·9	1 09·4	5·1	0·4	11·1	0·8	17·1	1·3
52	1 13·0	1 13·2	1 09·7	5·2	0·4	11·2	0·8	17·2	1·3
53	1 13·3	1 13·5	1 09·9	5·3	0·4	11·3	0·8	17·3	1·3
54	1 13·5	1 13·7	1 10·2	5·4	0·4	11·4	0·9	17·4	1·3
55	1 13·8	1 14·0	1 10·4	5·5	0·4	11·5	0·9	17·5	1·3
56	1 14·0	1 14·2	1 10·6	5·6	0·4	11·6	0·9	17·6	1·3
57	1 14·3	1 14·5	1 10·9	5·7	0·4	11·7	0·9	17·7	1·3
58	1 14·5	1 14·7	1 11·1	5·8	0·4	11·8	0·9	17·8	1·3
59	1 14·8	1 15·0	1 11·3	5·9	0·4	11·9	0·9	17·9	1·3
60	1 15·0	1 15·2	1 11·6	6·0	0·5	12·0	0·9	18·0	1·4

5m s	SUN PLANETS ° ′	ARIES ° ′	MOON ° ′	v or d ′	Corrn ′	v or d ′	Corrn ′	v or d ′	Corrn ′
00	1 15·0	1 15·2	1 11·6	0·0	0·0	6·0	0·6	12·0	1·1
01	1 15·3	1 15·5	1 11·8	0·1	0·0	6·1	0·6	12·1	1·1
02	1 15·5	1 15·7	1 12·1	0·2	0·0	6·2	0·6	12·2	1·1
03	1 15·8	1 16·0	1 12·3	0·3	0·0	6·3	0·6	12·3	1·1
04	1 16·0	1 16·2	1 12·5	0·4	0·0	6·4	0·6	12·4	1·1
05	1 16·3	1 16·5	1 12·8	0·5	0·0	6·5	0·6	12·5	1·1
06	1 16·5	1 16·7	1 13·0	0·6	0·1	6·6	0·6	12·6	1·2
07	1 16·8	1 17·0	1 13·3	0·7	0·1	6·7	0·6	12·7	1·2
08	1 17·0	1 17·2	1 13·5	0·8	0·1	6·8	0·6	12·8	1·2
09	1 17·3	1 17·5	1 13·7	0·9	0·1	6·9	0·6	12·9	1·2
10	1 17·5	1 17·7	1 14·0	1·0	0·1	7·0	0·6	13·0	1·2
11	1 17·8	1 18·0	1 14·2	1·1	0·1	7·1	0·7	13·1	1·2
12	1 18·0	1 18·2	1 14·4	1·2	0·1	7·2	0·7	13·2	1·2
13	1 18·3	1 18·5	1 14·7	1·3	0·1	7·3	0·7	13·3	1·2
14	1 18·5	1 18·7	1 14·9	1·4	0·1	7·4	0·7	13·4	1·2
15	1 18·8	1 19·0	1 15·2	1·5	0·1	7·5	0·7	13·5	1·2
16	1 19·0	1 19·2	1 15·4	1·6	0·1	7·6	0·7	13·6	1·2
17	1 19·3	1 19·5	1 15·6	1·7	0·2	7·7	0·7	13·7	1·3
18	1 19·5	1 19·7	1 15·9	1·8	0·2	7·8	0·7	13·8	1·3
19	1 19·8	1 20·0	1 16·1	1·9	0·2	7·9	0·7	13·9	1·3
20	1 20·0	1 20·2	1 16·4	2·0	0·2	8·0	0·7	14·0	1·3
21	1 20·3	1 20·5	1 16·6	2·1	0·2	8·1	0·7	14·1	1·3
22	1 20·5	1 20·7	1 16·8	2·2	0·2	8·2	0·8	14·2	1·3
23	1 20·8	1 21·0	1 17·1	2·3	0·2	8·3	0·8	14·3	1·3
24	1 21·0	1 21·2	1 17·3	2·4	0·2	8·4	0·8	14·4	1·3
25	1 21·3	1 21·5	1 17·5	2·5	0·2	8·5	0·8	14·5	1·3
26	1 21·5	1 21·7	1 17·8	2·6	0·2	8·6	0·8	14·6	1·3
27	1 21·8	1 22·0	1 18·0	2·7	0·2	8·7	0·8	14·7	1·3
28	1 22·0	1 22·2	1 18·3	2·8	0·3	8·8	0·8	14·8	1·4
29	1 22·3	1 22·5	1 18·5	2·9	0·3	8·9	0·8	14·9	1·4
30	1 22·5	1 22·7	1 18·7	3·0	0·3	9·0	0·8	15·0	1·4
31	1 22·8	1 23·0	1 19·0	3·1	0·3	9·1	0·8	15·1	1·4
32	1 23·0	1 23·2	1 19·2	3·2	0·3	9·2	0·8	15·2	1·4
33	1 23·3	1 23·5	1 19·5	3·3	0·3	9·3	0·9	15·3	1·4
34	1 23·5	1 23·7	1 19·7	3·4	0·3	9·4	0·9	15·4	1·4
35	1 23·8	1 24·0	1 19·9	3·5	0·3	9·5	0·9	15·5	1·4
36	1 24·0	1 24·2	1 20·2	3·6	0·3	9·6	0·9	15·6	1·4
37	1 24·3	1 24·5	1 20·4	3·7	0·3	9·7	0·9	15·7	1·4
38	1 24·5	1 24·7	1 20·7	3·8	0·3	9·8	0·9	15·8	1·4
39	1 24·8	1 25·0	1 20·9	3·9	0·4	9·9	0·9	15·9	1·5
40	1 25·0	1 25·2	1 21·1	4·0	0·4	10·0	0·9	16·0	1·5
41	1 25·3	1 25·5	1 21·4	4·1	0·4	10·1	0·9	16·1	1·5
42	1 25·5	1 25·7	1 21·6	4·2	0·4	10·2	0·9	16·2	1·5
43	1 25·8	1 26·0	1 21·8	4·3	0·4	10·3	0·9	16·3	1·5
44	1 26·0	1 26·2	1 22·1	4·4	0·4	10·4	1·0	16·4	1·5
45	1 26·3	1 26·5	1 22·3	4·5	0·4	10·5	1·0	16·5	1·5
46	1 26·5	1 26·7	1 22·6	4·6	0·4	10·6	1·0	16·6	1·5
47	1 26·8	1 27·0	1 22·8	4·7	0·4	10·7	1·0	16·7	1·5
48	1 27·0	1 27·2	1 23·0	4·8	0·4	10·8	1·0	16·8	1·5
49	1 27·3	1 27·5	1 23·3	4·9	0·4	10·9	1·0	16·9	1·5
50	1 27·5	1 27·7	1 23·5	5·0	0·5	11·0	1·0	17·0	1·6
51	1 27·8	1 28·0	1 23·8	5·1	0·5	11·1	1·0	17·1	1·6
52	1 28·0	1 28·2	1 24·0	5·2	0·5	11·2	1·0	17·2	1·6
53	1 28·3	1 28·5	1 24·2	5·3	0·5	11·3	1·0	17·3	1·6
54	1 28·5	1 28·7	1 24·5	5·4	0·5	11·4	1·0	17·4	1·6
55	1 28·8	1 29·0	1 24·7	5·5	0·5	11·5	1·1	17·5	1·6
56	1 29·0	1 29·2	1 24·9	5·6	0·5	11·6	1·1	17·6	1·6
57	1 29·3	1 29·5	1 25·2	5·7	0·5	11·7	1·1	17·7	1·6
58	1 29·5	1 29·7	1 25·4	5·8	0·5	11·8	1·1	17·8	1·6
59	1 29·8	1 30·0	1 25·7	5·9	0·5	11·9	1·1	17·9	1·6
60	1 30·0	1 30·2	1 25·9	6·0	0·6	12·0	1·1	18·0	1·7

6^m	SUN PLANETS	ARIES	MOON	v or d	Corr^n	v or d	Corr^n	v or d	Corr^n
s	° ′	° ′	° ′	′	′	′	′	′	′
00	1 30·0	1 30·2	1 25·9	0·0	0·0	6·0	0·7	12·0	1·3
01	1 30·3	1 30·5	1 26·1	0·1	0·0	6·1	0·7	12·1	1·3
02	1 30·5	1 30·7	1 26·4	0·2	0·0	6·2	0·7	12·2	1·3
03	1 30·8	1 31·0	1 26·6	0·3	0·0	6·3	0·7	12·3	1·3
04	1 31·0	1 31·2	1 26·9	0·4	0·0	6·4	0·7	12·4	1·3
05	1 31·3	1 31·5	1 27·1	0·5	0·1	6·5	0·7	12·5	1·4
06	1 31·5	1 31·8	1 27·3	0·6	0·1	6·6	0·7	12·6	1·4
07	1 31·8	1 32·0	1 27·6	0·7	0·1	6·7	0·7	12·7	1·4
08	1 32·0	1 32·3	1 27·8	0·8	0·1	6·8	0·7	12·8	1·4
09	1 32·3	1 32·5	1 28·0	0·9	0·1	6·9	0·7	12·9	1·4
10	1 32·5	1 32·8	1 28·3	1·0	0·1	7·0	0·8	13·0	1·4
11	1 32·8	1 33·0	1 28·5	1·1	0·1	7·1	0·8	13·1	1·4
12	1 33·0	1 33·3	1 28·8	1·2	0·1	7·2	0·8	13·2	1·4
13	1 33·3	1 33·5	1 29·0	1·3	0·1	7·3	0·8	13·3	1·4
14	1 33·5	1 33·8	1 29·2	1·4	0·2	7·4	0·8	13·4	1·5
15	1 33·8	1 34·0	1 29·5	1·5	0·2	7·5	0·8	13·5	1·5
16	1 34·0	1 34·3	1 29·7	1·6	0·2	7·6	0·8	13·6	1·5
17	1 34·3	1 34·5	1 30·0	1·7	0·2	7·7	0·8	13·7	1·5
18	1 34·5	1 34·8	1 30·2	1·8	0·2	7·8	0·8	13·8	1·5
19	1 34·8	1 35·0	1 30·4	1·9	0·2	7·9	0·9	13·9	1·5
20	1 35·0	1 35·3	1 30·7	2·0	0·2	8·0	0·9	14·0	1·5
21	1 35·3	1 35·5	1 30·9	2·1	0·2	8·1	0·9	14·1	1·5
22	1 35·5	1 35·8	1 31·1	2·2	0·2	8·2	0·9	14·2	1·5
23	1 35·8	1 36·0	1 31·4	2·3	0·2	8·3	0·9	14·3	1·5
24	1 36·0	1 36·3	1 31·6	2·4	0·3	8·4	0·9	14·4	1·6
25	1 36·3	1 36·5	1 31·9	2·5	0·3	8·5	0·9	14·5	1·6
26	1 36·5	1 36·8	1 32·1	2·6	0·3	8·6	0·9	14·6	1·6
27	1 36·8	1 37·0	1 32·3	2·7	0·3	8·7	0·9	14·7	1·6
28	1 37·0	1 37·3	1 32·6	2·8	0·3	8·8	1·0	14·8	1·6
29	1 37·3	1 37·5	1 32·8	2·9	0·3	8·9	1·0	14·9	1·6
30	1 37·5	1 37·8	1 33·1	3·0	0·3	9·0	1·0	15·0	1·6
31	1 37·8	1 38·0	1 33·3	3·1	0·3	9·1	1·0	15·1	1·6
32	1 38·0	1 38·3	1 33·5	3·2	0·3	9·2	1·0	15·2	1·6
33	1 38·3	1 38·5	1 33·8	3·3	0·4	9·3	1·0	15·3	1·7
34	1 38·5	1 38·8	1 34·0	3·4	0·4	9·4	1·0	15·4	1·7
35	1 38·8	1 39·0	1 34·3	3·5	0·4	9·5	1·0	15·5	1·7
36	1 39·0	1 39·3	1 34·5	3·6	0·4	9·6	1·0	15·6	1·7
37	1 39·3	1 39·5	1 34·7	3·7	0·4	9·7	1·1	15·7	1·7
38	1 39·5	1 39·8	1 35·0	3·8	0·4	9·8	1·1	15·8	1·7
39	1 39·8	1 40·0	1 35·2	3·9	0·4	9·9	1·1	15·9	1·7
40	1 40·0	1 40·3	1 35·4	4·0	0·4	10·0	1·1	16·0	1·7
41	1 40·3	1 40·5	1 35·7	4·1	0·4	10·1	1·1	16·1	1·7
42	1 40·5	1 40·8	1 35·9	4·2	0·5	10·2	1·1	16·2	1·8
43	1 40·8	1 41·0	1 36·2	4·3	0·5	10·3	1·1	16·3	1·8
44	1 41·0	1 41·3	1 36·4	4·4	0·5	10·4	1·1	16·4	1·8
45	1 41·3	1 41·5	1 36·6	4·5	0·5	10·5	1·1	16·5	1·8
46	1 41·5	1 41·8	1 36·9	4·6	0·5	10·6	1·1	16·6	1·8
47	1 41·8	1 42·0	1 37·1	4·7	0·5	10·7	1·2	16·7	1·8
48	1 42·0	1 42·3	1 37·4	4·8	0·5	10·8	1·2	16·8	1·8
49	1 42·3	1 42·5	1 37·6	4·9	0·5	10·9	1·2	16·9	1·8
50	1 42·5	1 42·8	1 37·8	5·0	0·5	11·0	1·2	17·0	1·8
51	1 42·8	1 43·0	1 38·1	5·1	0·6	11·1	1·2	17·1	1·9
52	1 43·0	1 43·3	1 38·3	5·2	0·6	11·2	1·2	17·2	1·9
53	1 43·3	1 43·5	1 38·5	5·3	0·6	11·3	1·2	17·3	1·9
54	1 43·5	1 43·8	1 38·8	5·4	0·6	11·4	1·2	17·4	1·9
55	1 43·8	1 44·0	1 39·0	5·5	0·6	11·5	1·2	17·5	1·9
56	1 44·0	1 44·3	1 39·3	5·6	0·6	11·6	1·3	17·6	1·9
57	1 44·3	1 44·5	1 39·5	5·7	0·6	11·7	1·3	17·7	1·9
58	1 44·5	1 44·8	1 39·7	5·8	0·6	11·8	1·3	17·8	1·9
59	1 44·8	1 45·0	1 40·0	5·9	0·6	11·9	1·3	17·9	1·9
60	1 45·0	1 45·3	1 40·2	6·0	0·7	12·0	1·3	18·0	2·0

7^m	SUN PLANETS	ARIES	MOON	v or d	Corr^n	v or d	Corr^n	v or d	Corr^n
s	° ′	° ′	° ′	′	′	′	′	′	′
00	1 45·0	1 45·3	1 40·2	0·0	0·0	6·0	0·8	12·0	1·5
01	1 45·3	1 45·5	1 40·5	0·1	0·0	6·1	0·8	12·1	1·5
02	1 45·5	1 45·8	1 40·7	0·2	0·0	6·2	0·8	12·2	1·5
03	1 45·8	1 46·0	1 40·9	0·3	0·0	6·3	0·8	12·3	1·5
04	1 46·0	1 46·3	1 41·2	0·4	0·1	6·4	0·8	12·4	1·6
05	1 46·3	1 46·5	1 41·4	0·5	0·1	6·5	0·8	12·5	1·6
06	1 46·5	1 46·8	1 41·6	0·6	0·1	6·6	0·8	12·6	1·6
07	1 46·8	1 47·0	1 41·9	0·7	0·1	6·7	0·8	12·7	1·6
08	1 47·0	1 47·3	1 42·1	0·8	0·1	6·8	0·9	12·8	1·6
09	1 47·3	1 47·5	1 42·4	0·9	0·1	6·9	0·9	12·9	1·6
10	1 47·5	1 47·8	1 42·6	1·0	0·1	7·0	0·9	13·0	1·6
11	1 47·8	1 48·0	1 42·8	1·1	0·1	7·1	0·9	13·1	1·6
12	1 48·0	1 48·3	1 43·1	1·2	0·2	7·2	0·9	13·2	1·7
13	1 48·3	1 48·5	1 43·3	1·3	0·2	7·3	0·9	13·3	1·7
14	1 48·5	1 48·8	1 43·6	1·4	0·2	7·4	0·9	13·4	1·7
15	1 48·8	1 49·0	1 43·8	1·5	0·2	7·5	0·9	13·5	1·7
16	1 49·0	1 49·3	1 44·0	1·6	0·2	7·6	1·0	13·6	1·7
17	1 49·3	1 49·5	1 44·3	1·7	0·2	7·7	1·0	13·7	1·7
18	1 49·5	1 49·8	1 44·5	1·8	0·2	7·8	1·0	13·8	1·7
19	1 49·8	1 50·1	1 44·8	1·9	0·2	7·9	1·0	13·9	1·7
20	1 50·0	1 50·3	1 45·0	2·0	0·3	8·0	1·0	14·0	1·8
21	1 50·3	1 50·6	1 45·2	2·1	0·3	8·1	1·0	14·1	1·8
22	1 50·5	1 50·8	1 45·5	2·2	0·3	8·2	1·0	14·2	1·8
23	1 50·8	1 51·1	1 45·7	2·3	0·3	8·3	1·0	14·3	1·8
24	1 51·0	1 51·3	1 45·9	2·4	0·3	8·4	1·1	14·4	1·8
25	1 51·3	1 51·6	1 46·2	2·5	0·3	8·5	1·1	14·5	1·8
26	1 51·5	1 51·8	1 46·4	2·6	0·3	8·6	1·1	14·6	1·8
27	1 51·8	1 52·1	1 46·7	2·7	0·3	8·7	1·1	14·7	1·8
28	1 52·0	1 52·3	1 46·9	2·8	0·4	8·8	1·1	14·8	1·9
29	1 52·3	1 52·6	1 47·1	2·9	0·4	8·9	1·1	14·9	1·9
30	1 52·5	1 52·8	1 47·4	3·0	0·4	9·0	1·1	15·0	1·9
31	1 52·8	1 53·1	1 47·6	3·1	0·4	9·1	1·1	15·1	1·9
32	1 53·0	1 53·3	1 47·9	3·2	0·4	9·2	1·2	15·2	1·9
33	1 53·3	1 53·6	1 48·1	3·3	0·4	9·3	1·2	15·3	1·9
34	1 53·5	1 53·8	1 48·3	3·4	0·4	9·4	1·2	15·4	1·9
35	1 53·8	1 54·1	1 48·6	3·5	0·4	9·5	1·2	15·5	1·9
36	1 54·0	1 54·3	1 48·8	3·6	0·5	9·6	1·2	15·6	2·0
37	1 54·3	1 54·6	1 49·0	3·7	0·5	9·7	1·2	15·7	2·0
38	1 54·5	1 54·8	1 49·3	3·8	0·5	9·8	1·2	15·8	2·0
39	1 54·8	1 55·1	1 49·5	3·9	0·5	9·9	1·2	15·9	2·0
40	1 55·0	1 55·3	1 49·8	4·0	0·5	10·0	1·3	16·0	2·0
41	1 55·3	1 55·6	1 50·0	4·1	0·5	10·1	1·3	16·1	2·0
42	1 55·5	1 55·8	1 50·2	4·2	0·5	10·2	1·3	16·2	2·0
43	1 55·8	1 56·1	1 50·5	4·3	0·5	10·3	1·3	16·3	2·0
44	1 56·0	1 56·3	1 50·7	4·4	0·6	10·4	1·3	16·4	2·1
45	1 56·3	1 56·6	1 51·0	4·5	0·6	10·5	1·3	16·5	2·1
46	1 56·5	1 56·8	1 51·2	4·6	0·6	10·6	1·3	16·6	2·1
47	1 56·8	1 57·1	1 51·4	4·7	0·6	10·7	1·3	16·7	2·1
48	1 57·0	1 57·3	1 51·7	4·8	0·6	10·8	1·4	16·8	2·1
49	1 57·3	1 57·6	1 51·9	4·9	0·6	10·9	1·4	16·9	2·1
50	1 57·5	1 57·8	1 52·1	5·0	0·6	11·0	1·4	17·0	2·1
51	1 57·8	1 58·1	1 52·4	5·1	0·6	11·1	1·4	17·1	2·1
52	1 58·0	1 58·3	1 52·6	5·2	0·7	11·2	1·4	17·2	2·2
53	1 58·3	1 58·6	1 52·9	5·3	0·7	11·3	1·4	17·3	2·2
54	1 58·5	1 58·8	1 53·1	5·4	0·7	11·4	1·4	17·4	2·2
55	1 58·8	1 59·1	1 53·3	5·5	0·7	11·5	1·4	17·5	2·2
56	1 59·0	1 59·3	1 53·6	5·6	0·7	11·6	1·5	17·6	2·2
57	1 59·3	1 59·6	1 53·8	5·7	0·7	11·7	1·5	17·7	2·2
58	1 59·5	1 59·8	1 54·1	5·8	0·7	11·8	1·5	17·8	2·2
59	1 59·8	2 00·1	1 54·3	5·9	0·7	11·9	1·5	17·9	2·2
60	2 00·0	2 00·3	1 54·5	6·0	0·8	12·0	1·5	18·0	2·3

8 m	SUN PLANETS	ARIES	MOON	v or d	Corrⁿ	v or d	Corrⁿ	v or d	Corrⁿ
s	° ′	° ′	° ′	′	′	′	′	′	′
00	2 00·0	2 00·3	1 54·5	0·0	0·0	6·0	0·9	12·0	1·7
01	2 00·3	2 00·6	1 54·8	0·1	0·0	6·1	0·9	12·1	1·7
02	2 00·5	2 00·8	1 55·0	0·2	0·0	6·2	0·9	12·2	1·7
03	2 00·8	2 01·1	1 55·2	0·3	0·0	6·3	0·9	12·3	1·7
04	2 01·0	2 01·3	1 55·5	0·4	0·1	6·4	0·9	12·4	1·8
05	2 01·3	2 01·6	1 55·7	0·5	0·1	6·5	0·9	12·5	1·8
06	2 01·5	2 01·8	1 56·0	0·6	0·1	6·6	0·9	12·6	1·8
07	2 01·8	2 02·1	1 56·2	0·7	0·1	6·7	0·9	12·7	1·8
08	2 02·0	2 02·3	1 56·4	0·8	0·1	6·8	1·0	12·8	1·8
09	2 02·3	2 02·6	1 56·7	0·9	0·1	6·9	1·0	12·9	1·8
10	2 02·5	2 02·8	1 56·9	1·0	0·1	7·0	1·0	13·0	1·8
11	2 02·8	2 03·1	1 57·2	1·1	0·2	7·1	1·0	13·1	1·9
12	2 03·0	2 03·3	1 57·4	1·2	0·2	7·2	1·0	13·2	1·9
13	2 03·3	2 03·6	1 57·6	1·3	0·2	7·3	1·0	13·3	1·9
14	2 03·5	2 03·8	1 57·9	1·4	0·2	7·4	1·0	13·4	1·9
15	2 03·8	2 04·1	1 58·1	1·5	0·2	7·5	1·1	13·5	1·9
16	2 04·0	2 04·3	1 58·4	1·6	0·2	7·6	1·1	13·6	1·9
17	2 04·3	2 04·6	1 58·6	1·7	0·2	7·7	1·1	13·7	1·9
18	2 04·5	2 04·8	1 58·8	1·8	0·3	7·8	1·1	13·8	2·0
19	2 04·8	2 05·1	1 59·1	1·9	0·3	7·9	1·1	13·9	2·0
20	2 05·0	2 05·3	1 59·3	2·0	0·3	8·0	1·1	14·0	2·0
21	2 05·3	2 05·6	1 59·5	2·1	0·3	8·1	1·1	14·1	2·0
22	2 05·5	2 05·8	1 59·8	2·2	0·3	8·2	1·2	14·2	2·0
23	2 05·8	2 06·1	2 00·0	2·3	0·3	8·3	1·2	14·3	2·0
24	2 06·0	2 06·3	2 00·3	2·4	0·3	8·4	1·2	14·4	2·0
25	2 06·3	2 06·6	2 00·5	2·5	0·4	8·5	1·2	14·5	2·1
26	2 06·5	2 06·8	2 00·7	2·6	0·4	8·6	1·2	14·6	2·1
27	2 06·8	2 07·1	2 01·0	2·7	0·4	8·7	1·2	14·7	2·1
28	2 07·0	2 07·3	2 01·2	2·8	0·4	8·8	1·2	14·8	2·1
29	2 07·3	2 07·6	2 01·5	2·9	0·4	8·9	1·3	14·9	2·1
30	2 07·5	2 07·8	2 01·7	3·0	0·4	9·0	1·3	15·0	2·1
31	2 07·8	2 08·1	2 01·9	3·1	0·4	9·1	1·3	15·1	2·1
32	2 08·0	2 08·4	2 02·2	3·2	0·5	9·2	1·3	15·2	2·2
33	2 08·3	2 08·6	2 02·4	3·3	0·5	9·3	1·3	15·3	2·2
34	2 08·5	2 08·9	2 02·6	3·4	0·5	9·4	1·3	15·4	2·2
35	2 08·8	2 09·1	2 02·9	3·5	0·5	9·5	1·3	15·5	2·2
36	2 09·0	2 09·4	2 03·1	3·6	0·5	9·6	1·4	15·6	2·2
37	2 09·3	2 09·6	2 03·4	3·7	0·5	9·7	1·4	15·7	2·2
38	2 09·5	2 09·9	2 03·6	3·8	0·5	9·8	1·4	15·8	2·2
39	2 09·8	2 10·1	2 03·8	3·9	0·6	9·9	1·4	15·9	2·3
40	2 10·0	2 10·4	2 04·1	4·0	0·6	10·0	1·4	16·0	2·3
41	2 10·3	2 10·6	2 04·3	4·1	0·6	10·1	1·4	16·1	2·3
42	2 10·5	2 10·9	2 04·6	4·2	0·6	10·2	1·4	16·2	2·3
43	2 10·8	2 11·1	2 04·8	4·3	0·6	10·3	1·5	16·3	2·3
44	2 11·0	2 11·4	2 05·0	4·4	0·6	10·4	1·5	16·4	2·3
45	2 11·3	2 11·6	2 05·3	4·5	0·6	10·5	1·5	16·5	2·3
46	2 11·5	2 11·9	2 05·5	4·6	0·7	10·6	1·5	16·6	2·4
47	2 11·8	2 12·1	2 05·7	4·7	0·7	10·7	1·5	16·7	2·4
48	2 12·0	2 12·4	2 06·0	4·8	0·7	10·8	1·5	16·8	2·4
49	2 12·3	2 12·6	2 06·2	4·9	0·7	10·9	1·5	16·9	2·4
50	2 12·5	2 12·9	2 06·5	5·0	0·7	11·0	1·6	17·0	2·4
51	2 12·8	2 13·1	2 06·7	5·1	0·7	11·1	1·6	17·1	2·4
52	2 13·0	2 13·4	2 06·9	5·2	0·7	11·2	1·6	17·2	2·4
53	2 13·3	2 13·6	2 07·2	5·3	0·8	11·3	1·6	17·3	2·5
54	2 13·5	2 13·9	2 07·4	5·4	0·8	11·4	1·6	17·4	2·5
55	2 13·8	2 14·1	2 07·7	5·5	0·8	11·5	1·6	17·5	2·5
56	2 14·0	2 14·4	2 07·9	5·6	0·8	11·6	1·6	17·6	2·5
57	2 14·3	2 14·6	2 08·1	5·7	0·8	11·7	1·7	17·7	2·5
58	2 14·5	2 14·9	2 08·4	5·8	0·8	11·8	1·7	17·8	2·5
59	2 14·8	2 15·1	2 08·6	5·9	0·8	11·9	1·7	17·9	2·5
60	2 15·0	2 15·4	2 08·9	6·0	0·9	12·0	1·7	18·0	2·6

9 m	SUN PLANETS	ARIES	MOON	v or d	Corrⁿ	v or d	Corrⁿ	v or d	Corrⁿ
s	° ′	° ′	° ′	′	′	′	′	′	′
00	2 15·0	2 15·4	2 08·9	0·0	0·0	6·0	1·0	12·0	1·9
01	2 15·3	2 15·6	2 09·1	0·1	0·0	6·1	1·0	12·1	1·9
02	2 15·5	2 15·9	2 09·3	0·2	0·0	6·2	1·0	12·2	1·9
03	2 15·8	2 16·1	2 09·6	0·3	0·0	6·3	1·0	12·3	1·9
04	2 16·0	2 16·4	2 09·8	0·4	0·1	6·4	1·0	12·4	2·0
05	2 16·3	2 16·6	2 10·0	0·5	0·1	6·5	1·0	12·5	2·0
06	2 16·5	2 16·9	2 10·3	0·6	0·1	6·6	1·0	12·6	2·0
07	2 16·8	2 17·1	2 10·5	0·7	0·1	6·7	1·1	12·7	2·0
08	2 17·0	2 17·4	2 10·8	0·8	0·1	6·8	1·1	12·8	2·0
09	2 17·3	2 17·6	2 11·0	0·9	0·1	6·9	1·1	12·9	2·0
10	2 17·5	2 17·9	2 11·2	1·0	0·2	7·0	1·1	13·0	2·1
11	2 17·8	2 18·1	2 11·5	1·1	0·2	7·1	1·1	13·1	2·1
12	2 18·0	2 18·4	2 11·7	1·2	0·2	7·2	1·1	13·2	2·1
13	2 18·3	2 18·6	2 12·0	1·3	0·2	7·3	1·2	13·3	2·1
14	2 18·5	2 18·9	2 12·2	1·4	0·2	7·4	1·2	13·4	2·1
15	2 18·8	2 19·1	2 12·4	1·5	0·2	7·5	1·2	13·5	2·1
16	2 19·0	2 19·4	2 12·7	1·6	0·3	7·6	1·2	13·6	2·2
17	2 19·3	2 19·6	2 12·9	1·7	0·3	7·7	1·2	13·7	2·2
18	2 19·5	2 19·9	2 13·1	1·8	0·3	7·8	1·2	13·8	2·2
19	2 19·8	2 20·1	2 13·4	1·9	0·3	7·9	1·3	13·9	2·2
20	2 20·0	2 20·4	2 13·6	2·0	0·3	8·0	1·3	14·0	2·2
21	2 20·3	2 20·6	2 13·9	2·1	0·3	8·1	1·3	14·1	2·2
22	2 20·5	2 20·9	2 14·1	2·2	0·3	8·2	1·3	14·2	2·2
23	2 20·8	2 21·1	2 14·3	2·3	0·4	8·3	1·3	14·3	2·3
24	2 21·0	2 21·4	2 14·6	2·4	0·4	8·4	1·3	14·4	2·3
25	2 21·3	2 21·6	2 14·8	2·5	0·4	8·5	1·3	14·5	2·3
26	2 21·5	2 21·9	2 15·1	2·6	0·4	8·6	1·4	14·6	2·3
27	2 21·8	2 22·1	2 15·3	2·7	0·4	8·7	1·4	14·7	2·3
28	2 22·0	2 22·4	2 15·5	2·8	0·4	8·8	1·4	14·8	2·3
29	2 22·3	2 22·6	2 15·8	2·9	0·5	8·9	1·4	14·9	2·4
30	2 22·5	2 22·9	2 16·0	3·0	0·5	9·0	1·4	15·0	2·4
31	2 22·8	2 23·1	2 16·2	3·1	0·5	9·1	1·4	15·1	2·4
32	2 23·0	2 23·4	2 16·5	3·2	0·5	9·2	1·5	15·2	2·4
33	2 23·3	2 23·6	2 16·7	3·3	0·5	9·3	1·5	15·3	2·4
34	2 23·5	2 23·9	2 17·0	3·4	0·5	9·4	1·5	15·4	2·4
35	2 23·8	2 24·1	2 17·2	3·5	0·6	9·5	1·5	15·5	2·5
36	2 24·0	2 24·4	2 17·4	3·6	0·6	9·6	1·5	15·6	2·5
37	2 24·3	2 24·6	2 17·7	3·7	0·6	9·7	1·5	15·7	2·5
38	2 24·5	2 24·9	2 17·9	3·8	0·6	9·8	1·6	15·8	2·5
39	2 24·8	2 25·1	2 18·2	3·9	0·6	9·9	1·6	15·9	2·5
40	2 25·0	2 25·4	2 18·4	4·0	0·6	10·0	1·6	16·0	2·5
41	2 25·3	2 25·6	2 18·6	4·1	0·6	10·1	1·6	16·1	2·5
42	2 25·5	2 25·9	2 18·9	4·2	0·7	10·2	1·6	16·2	2·6
43	2 25·8	2 26·1	2 19·1	4·3	0·7	10·3	1·6	16·3	2·6
44	2 26·0	2 26·4	2 19·3	4·4	0·7	10·4	1·6	16·4	2·6
45	2 26·3	2 26·7	2 19·6	4·5	0·7	10·5	1·7	16·5	2·6
46	2 26·5	2 26·9	2 19·8	4·6	0·7	10·6	1·7	16·6	2·6
47	2 26·8	2 27·2	2 20·1	4·7	0·7	10·7	1·7	16·7	2·6
48	2 27·0	2 27·4	2 20·3	4·8	0·8	10·8	1·7	16·8	2·7
49	2 27·3	2 27·7	2 20·5	4·9	0·8	10·9	1·7	16·9	2·7
50	2 27·5	2 27·9	2 20·8	5·0	0·8	11·0	1·7	17·0	2·7
51	2 27·8	2 28·2	2 21·0	5·1	0·8	11·1	1·8	17·1	2·7
52	2 28·0	2 28·4	2 21·3	5·2	0·8	11·2	1·8	17·2	2·7
53	2 28·3	2 28·7	2 21·5	5·3	0·8	11·3	1·8	17·3	2·7
54	2 28·5	2 28·9	2 21·7	5·4	0·9	11·4	1·8	17·4	2·8
55	2 28·8	2 29·2	2 22·0	5·5	0·9	11·5	1·8	17·5	2·8
56	2 29·0	2 29·4	2 22·2	5·6	0·9	11·6	1·8	17·6	2·8
57	2 29·3	2 29·7	2 22·5	5·7	0·9	11·7	1·9	17·7	2·8
58	2 29·5	2 29·9	2 22·7	5·8	0·9	11·8	1·9	17·8	2·8
59	2 29·8	2 30·2	2 22·9	5·9	0·9	11·9	1·9	17·9	2·8
60	2 30·0	2 30·4	2 23·2	6·0	1·0	12·0	1·9	18·0	2·9

10^m	SUN PLANETS	ARIES	MOON	*v* or *d*	Corr^n	*v* or *d*	Corr^n	*v* or *d*	Corr^n
s	° ′	° ′	° ′	′	′	′	′	′	′
00	2 30·0	2 30·4	2 23·2	0·0	0·0	6·0	1·1	12·0	2·1
01	2 30·3	2 30·7	2 23·4	0·1	0·0	6·1	1·1	12·1	2·1
02	2 30·5	2 30·9	2 23·6	0·2	0·0	6·2	1·1	12·2	2·1
03	2 30·8	2 31·2	2 23·9	0·3	0·1	6·3	1·1	12·3	2·2
04	2 31·0	2 31·4	2 24·1	0·4	0·1	6·4	1·1	12·4	2·2
05	2 31·3	2 31·7	2 24·4	0·5	0·1	6·5	1·1	12·5	2·2
06	2 31·5	2 31·9	2 24·6	0·6	0·1	6·6	1·2	12·6	2·2
07	2 31·8	2 32·2	2 24·8	0·7	0·1	6·7	1·2	12·7	2·2
08	2 32·0	2 32·4	2 25·1	0·8	0·1	6·8	1·2	12·8	2·2
09	2 32·3	2 32·7	2 25·3	0·9	0·2	6·9	1·2	12·9	2·3
10	2 32·5	2 32·9	2 25·6	1·0	0·2	7·0	1·2	13·0	2·3
11	2 32·8	2 33·2	2 25·8	1·1	0·2	7·1	1·2	13·1	2·3
12	2 33·0	2 33·4	2 26·0	1·2	0·2	7·2	1·3	13·2	2·3
13	2 33·3	2 33·7	2 26·3	1·3	0·2	7·3	1·3	13·3	2·3
14	2 33·5	2 33·9	2 26·5	1·4	0·2	7·4	1·3	13·4	2·3
15	2 33·8	2 34·2	2 26·7	1·5	0·3	7·5	1·3	13·5	2·4
16	2 34·0	2 34·4	2 27·0	1·6	0·3	7·6	1·3	13·6	2·4
17	2 34·3	2 34·7	2 27·2	1·7	0·3	7·7	1·3	13·7	2·4
18	2 34·5	2 34·9	2 27·5	1·8	0·3	7·8	1·4	13·8	2·4
19	2 34·8	2 35·2	2 27·7	1·9	0·3	7·9	1·4	13·9	2·4
20	2 35·0	2 35·4	2 27·9	2·0	0·4	8·0	1·4	14·0	2·5
21	2 35·3	2 35·7	2 28·2	2·1	0·4	8·1	1·4	14·1	2·5
22	2 35·5	2 35·9	2 28·4	2·2	0·4	8·2	1·4	14·2	2·5
23	2 35·8	2 36·2	2 28·7	2·3	0·4	8·3	1·5	14·3	2·5
24	2 36·0	2 36·4	2 28·9	2·4	0·4	8·4	1·5	14·4	2·5
25	2 36·3	2 36·7	2 29·1	2·5	0·4	8·5	1·5	14·5	2·5
26	2 36·5	2 36·9	2 29·4	2·6	0·5	8·6	1·5	14·6	2·6
27	2 36·8	2 37·2	2 29·6	2·7	0·5	8·7	1·5	14·7	2·6
28	2 37·0	2 37·4	2 29·8	2·8	0·5	8·8	1·5	14·8	2·6
29	2 37·3	2 37·7	2 30·1	2·9	0·5	8·9	1·6	14·9	2·6
30	2 37·5	2 37·9	2 30·3	3·0	0·5	9·0	1·6	15·0	2·6
31	2 37·8	2 38·2	2 30·6	3·1	0·5	9·1	1·6	15·1	2·6
32	2 38·0	2 38·4	2 30·8	3·2	0·6	9·2	1·6	15·2	2·7
33	2 38·3	2 38·7	2 31·0	3·3	0·6	9·3	1·6	15·3	2·7
34	2 38·5	2 38·9	2 31·3	3·4	0·6	9·4	1·6	15·4	2·7
35	2 38·8	2 39·2	2 31·5	3·5	0·6	9·5	1·7	15·5	2·7
36	2 39·0	2 39·4	2 31·8	3·6	0·6	9·6	1·7	15·6	2·7
37	2 39·3	2 39·7	2 32·0	3·7	0·6	9·7	1·7	15·7	2·7
38	2 39·5	2 39·9	2 32·2	3·8	0·7	9·8	1·7	15·8	2·8
39	2 39·8	2 40·2	2 32·5	3·9	0·7	9·9	1·7	15·9	2·8
40	2 40·0	2 40·4	2 32·7	4·0	0·7	10·0	1·8	16·0	2·8
41	2 40·3	2 40·7	2 32·9	4·1	0·7	10·1	1·8	16·1	2·8
42	2 40·5	2 40·9	2 33·2	4·2	0·7	10·2	1·8	16·2	2·8
43	2 40·8	2 41·2	2 33·4	4·3	0·8	10·3	1·8	16·3	2·9
44	2 41·0	2 41·4	2 33·7	4·4	0·8	10·4	1·8	16·4	2·9
45	2 41·3	2 41·7	2 33·9	4·5	0·8	10·5	1·8	16·5	2·9
46	2 41·5	2 41·9	2 34·1	4·6	0·8	10·6	1·9	16·6	2·9
47	2 41·8	2 42·2	2 34·4	4·7	0·8	10·7	1·9	16·7	2·9
48	2 42·0	2 42·4	2 34·6	4·8	0·8	10·8	1·9	16·8	2·9
49	2 42·3	2 42·7	2 34·9	4·9	0·9	10·9	1·9	16·9	3·0
50	2 42·5	2 42·9	2 35·1	5·0	0·9	11·0	1·9	17·0	3·0
51	2 42·8	2 43·2	2 35·3	5·1	0·9	11·1	1·9	17·1	3·0
52	2 43·0	2 43·4	2 35·6	5·2	0·9	11·2	2·0	17·2	3·0
53	2 43·3	2 43·7	2 35·8	5·3	0·9	11·3	2·0	17·3	3·0
54	2 43·5	2 43·9	2 36·1	5·4	0·9	11·4	2·0	17·4	3·0
55	2 43·8	2 44·2	2 36·3	5·5	1·0	11·5	2·0	17·5	3·1
56	2 44·0	2 44·4	2 36·5	5·6	1·0	11·6	2·0	17·6	3·1
57	2 44·3	2 44·7	2 36·8	5·7	1·0	11·7	2·0	17·7	3·1
58	2 44·5	2 45·0	2 37·0	5·8	1·0	11·8	2·1	17·8	3·1
59	2 44·8	2 45·2	2 37·2	5·9	1·0	11·9	2·1	17·9	3·1
60	2 45·0	2 45·5	2 37·5	6·0	1·1	12·0	2·1	18·0	3·2

11^m	SUN PLANETS	ARIES	MOON	*v* or *d*	Corr^n	*v* or *d*	Corr^n	*v* or *d*	Corr^n
s	° ′	° ′	° ′	′	′	′	′	′	′
00	2 45·0	2 45·5	2 37·5	0·0	0·0	6·0	1·2	12·0	2·3
01	2 45·3	2 45·7	2 37·7	0·1	0·0	6·1	1·2	12·1	2·3
02	2 45·5	2 46·0	2 38·0	0·2	0·0	6·2	1·2	12·2	2·3
03	2 45·8	2 46·2	2 38·2	0·3	0·1	6·3	1·2	12·3	2·4
04	2 46·0	2 46·5	2 38·4	0·4	0·1	6·4	1·2	12·4	2·4
05	2 46·3	2 46·7	2 38·7	0·5	0·1	6·5	1·2	12·5	2·4
06	2 46·5	2 47·0	2 38·9	0·6	0·1	6·6	1·3	12·6	2·4
07	2 46·8	2 47·2	2 39·2	0·7	0·1	6·7	1·3	12·7	2·4
08	2 47·0	2 47·5	2 39·4	0·8	0·2	6·8	1·3	12·8	2·5
09	2 47·3	2 47·7	2 39·6	0·9	0·2	6·9	1·3	12·9	2·5
10	2 47·5	2 48·0	2 39·9	1·0	0·2	7·0	1·3	13·0	2·5
11	2 47·8	2 48·2	2 40·1	1·1	0·2	7·1	1·4	13·1	2·5
12	2 48·0	2 48·5	2 40·3	1·2	0·2	7·2	1·4	13·2	2·5
13	2 48·3	2 48·7	2 40·6	1·3	0·2	7·3	1·4	13·3	2·5
14	2 48·5	2 49·0	2 40·8	1·4	0·3	7·4	1·4	13·4	2·6
15	2 48·8	2 49·2	2 41·1	1·5	0·3	7·5	1·4	13·5	2·6
16	2 49·0	2 49·5	2 41·3	1·6	0·3	7·6	1·5	13·6	2·6
17	2 49·3	2 49·7	2 41·5	1·7	0·3	7·7	1·5	13·7	2·6
18	2 49·5	2 50·0	2 41·8	1·8	0·3	7·8	1·5	13·8	2·6
19	2 49·8	2 50·2	2 42·0	1·9	0·4	7·9	1·5	13·9	2·7
20	2 50·0	2 50·5	2 42·3	2·0	0·4	8·0	1·5	14·0	2·7
21	2 50·3	2 50·7	2 42·5	2·1	0·4	8·1	1·6	14·1	2·7
22	2 50·5	2 51·0	2 42·7	2·2	0·4	8·2	1·6	14·2	2·7
23	2 50·8	2 51·2	2 43·0	2·3	0·4	8·3	1·6	14·3	2·7
24	2 51·0	2 51·5	2 43·2	2·4	0·5	8·4	1·6	14·4	2·8
25	2 51·3	2 51·7	2 43·4	2·5	0·5	8·5	1·6	14·5	2·8
26	2 51·5	2 52·0	2 43·7	2·6	0·5	8·6	1·6	14·6	2·8
27	2 51·8	2 52·2	2 43·9	2·7	0·5	8·7	1·7	14·7	2·8
28	2 52·0	2 52·5	2 44·2	2·8	0·5	8·8	1·7	14·8	2·8
29	2 52·3	2 52·7	2 44·4	2·9	0·6	8·9	1·7	14·9	2·9
30	2 52·5	2 53·0	2 44·6	3·0	0·6	9·0	1·7	15·0	2·9
31	2 52·8	2 53·2	2 44·9	3·1	0·6	9·1	1·7	15·1	2·9
32	2 53·0	2 53·5	2 45·1	3·2	0·6	9·2	1·8	15·2	2·9
33	2 53·3	2 53·7	2 45·4	3·3	0·6	9·3	1·8	15·3	2·9
34	2 53·5	2 54·0	2 45·6	3·4	0·7	9·4	1·8	15·4	3·0
35	2 53·8	2 54·2	2 45·8	3·5	0·7	9·5	1·8	15·5	3·0
36	2 54·0	2 54·5	2 46·1	3·6	0·7	9·6	1·8	15·6	3·0
37	2 54·3	2 54·7	2 46·3	3·7	0·7	9·7	1·9	15·7	3·0
38	2 54·5	2 55·0	2 46·6	3·8	0·7	9·8	1·9	15·8	3·0
39	2 54·8	2 55·2	2 46·8	3·9	0·7	9·9	1·9	15·9	3·0
40	2 55·0	2 55·5	2 47·0	4·0	0·8	10·0	1·9	16·0	3·1
41	2 55·3	2 55·7	2 47·3	4·1	0·8	10·1	1·9	16·1	3·1
42	2 55·5	2 56·0	2 47·5	4·2	0·8	10·2	2·0	16·2	3·1
43	2 55·8	2 56·2	2 47·7	4·3	0·8	10·3	2·0	16·3	3·1
44	2 56·0	2 56·5	2 48·0	4·4	0·8	10·4	2·0	16·4	3·1
45	2 56·3	2 56·7	2 48·2	4·5	0·9	10·5	2·0	16·5	3·2
46	2 56·5	2 57·0	2 48·5	4·6	0·9	10·6	2·0	16·6	3·2
47	2 56·8	2 57·2	2 48·7	4·7	0·9	10·7	2·1	16·7	3·2
48	2 57·0	2 57·5	2 48·9	4·8	0·9	10·8	2·1	16·8	3·2
49	2 57·3	2 57·7	2 49·2	4·9	0·9	10·9	2·1	16·9	3·2
50	2 57·5	2 58·0	2 49·4	5·0	1·0	11·0	2·1	17·0	3·3
51	2 57·8	2 58·2	2 49·7	5·1	1·0	11·1	2·1	17·1	3·3
52	2 58·0	2 58·5	2 49·9	5·2	1·0	11·2	2·1	17·2	3·3
53	2 58·3	2 58·7	2 50·1	5·3	1·0	11·3	2·2	17·3	3·3
54	2 58·5	2 59·0	2 50·4	5·4	1·0	11·4	2·2	17·4	3·3
55	2 58·8	2 59·2	2 50·6	5·5	1·1	11·5	2·2	17·5	3·4
56	2 59·0	2 59·5	2 50·8	5·6	1·1	11·6	2·2	17·6	3·4
57	2 59·3	2 59·7	2 51·1	5·7	1·1	11·7	2·2	17·7	3·4
58	2 59·5	3 00·0	2 51·3	5·8	1·1	11·8	2·3	17·8	3·4
59	2 59·8	3 00·2	2 51·6	5·9	1·1	11·9	2·3	17·9	3·4
60	3 00·0	3 00·5	2 51·8	6·0	1·2	12·0	2·3	18·0	3·5

12m	SUN PLANETS	ARIES	MOON	v or d	Corrn	v or d	Corrn	v or d	Corrn
s	° ′	° ′	° ′	′	′	′	′	′	′
00	3 00·0	3 00·5	2 51·8	0·0	0·0	6·0	1·3	12·0	2·5
01	3 00·3	3 00·7	2 52·0	0·1	0·0	6·1	1·3	12·1	2·5
02	3 00·5	3 01·0	2 52·3	0·2	0·0	6·2	1·3	12·2	2·5
03	3 00·8	3 01·2	2 52·5	0·3	0·1	6·3	1·3	12·3	2·6
04	3 01·0	3 01·5	2 52·8	0·4	0·1	6·4	1·3	12·4	2·6
05	3 01·3	3 01·7	2 53·0	0·5	0·1	6·5	1·4	12·5	2·6
06	3 01·5	3 02·0	2 53·2	0·6	0·1	6·6	1·4	12·6	2·6
07	3 01·8	3 02·2	2 53·5	0·7	0·1	6·7	1·4	12·7	2·6
08	3 02·0	3 02·5	2 53·7	0·8	0·2	6·8	1·4	12·8	2·7
09	3 02·3	3 02·7	2 53·9	0·9	0·2	6·9	1·4	12·9	2·7
10	3 02·5	3 03·0	2 54·2	1·0	0·2	7·0	1·5	13·0	2·7
11	3 02·8	3 03·3	2 54·4	1·1	0·2	7·1	1·5	13·1	2·7
12	3 03·0	3 03·5	2 54·7	1·2	0·3	7·2	1·5	13·2	2·8
13	3 03·3	3 03·8	2 54·9	1·3	0·3	7·3	1·5	13·3	2·8
14	3 03·5	3 04·0	2 55·1	1·4	0·3	7·4	1·5	13·4	2·8
15	3 03·8	3 04·3	2 55·4	1·5	0·3	7·5	1·6	13·5	2·8
16	3 04·0	3 04·5	2 55·6	1·6	0·3	7·6	1·6	13·6	2·8
17	3 04·3	3 04·8	2 55·9	1·7	0·4	7·7	1·6	13·7	2·9
18	3 04·5	3 05·0	2 56·1	1·8	0·4	7·8	1·6	13·8	2·9
19	3 04·8	3 05·3	2 56·3	1·9	0·4	7·9	1·6	13·9	2·9
20	3 05·0	3 05·5	2 56·6	2·0	0·4	8·0	1·7	14·0	2·9
21	3 05·3	3 05·8	2 56·8	2·1	0·4	8·1	1·7	14·1	2·9
22	3 05·5	3 06·0	2 57·0	2·2	0·5	8·2	1·7	14·2	3·0
23	3 05·8	3 06·3	2 57·3	2·3	0·5	8·3	1·7	14·3	3·0
24	3 06·0	3 06·5	2 57·5	2·4	0·5	8·4	1·8	14·4	3·0
25	3 06·3	3 06·8	2 57·8	2·5	0·5	8·5	1·8	14·5	3·0
26	3 06·5	3 07·0	2 58·0	2·6	0·5	8·6	1·8	14·6	3·0
27	3 06·8	3 07·3	2 58·2	2·7	0·6	8·7	1·8	14·7	3·1
28	3 07·0	3 07·5	2 58·5	2·8	0·6	8·8	1·8	14·8	3·1
29	3 07·3	3 07·8	2 58·7	2·9	0·6	8·9	1·9	14·9	3·1
30	3 07·5	3 08·0	2 59·0	3·0	0·6	9·0	1·9	15·0	3·1
31	3 07·8	3 08·3	2 59·2	3·1	0·6	9·1	1·9	15·1	3·1
32	3 08·0	3 08·5	2 59·4	3·2	0·7	9·2	1·9	15·2	3·2
33	3 08·3	3 08·8	2 59·7	3·3	0·7	9·3	1·9	15·3	3·2
34	3 08·5	3 09·0	2 59·9	3·4	0·7	9·4	2·0	15·4	3·2
35	3 08·8	3 09·3	3 00·2	3·5	0·7	9·5	2·0	15·5	3·2
36	3 09·0	3 09·5	3 00·4	3·6	0·8	9·6	2·0	15·6	3·3
37	3 09·3	3 09·8	3 00·6	3·7	0·8	9·7	2·0	15·7	3·3
38	3 09·5	3 10·0	3 00·9	3·8	0·8	9·8	2·0	15·8	3·3
39	3 09·8	3 10·3	3 01·1	3·9	0·8	9·9	2·1	15·9	3·3
40	3 10·0	3 10·5	3 01·3	4·0	0·8	10·0	2·1	16·0	3·3
41	3 10·3	3 10·8	3 01·6	4·1	0·9	10·1	2·1	16·1	3·4
42	3 10·5	3 11·0	3 01·8	4·2	0·9	10·2	2·1	16·2	3·4
43	3 10·8	3 11·3	3 02·1	4·3	0·9	10·3	2·1	16·3	3·4
44	3 11·0	3 11·5	3 02·3	4·4	0·9	10·4	2·2	16·4	3·4
45	3 11·3	3 11·8	3 02·5	4·5	0·9	10·5	2·2	16·5	3·4
46	3 11·5	3 12·0	3 02·8	4·6	1·0	10·6	2·2	16·6	3·5
47	3 11·8	3 12·3	3 03·0	4·7	1·0	10·7	2·2	16·7	3·5
48	3 12·0	3 12·5	3 03·3	4·8	1·0	10·8	2·3	16·8	3·5
49	3 12·3	3 12·8	3 03·5	4·9	1·0	10·9	2·3	16·9	3·5
50	3 12·5	3 13·0	3 03·7	5·0	1·0	11·0	2·3	17·0	3·5
51	3 12·8	3 13·3	3 04·0	5·1	1·1	11·1	2·3	17·1	3·6
52	3 13·0	3 13·5	3 04·2	5·2	1·1	11·2	2·3	17·2	3·6
53	3 13·3	3 13·8	3 04·4	5·3	1·1	11·3	2·4	17·3	3·6
54	3 13·5	3 14·0	3 04·7	5·4	1·1	11·4	2·4	17·4	3·6
55	3 13·8	3 14·3	3 04·9	5·5	1·1	11·5	2·4	17·5	3·6
56	3 14·0	3 14·5	3 05·2	5·6	1·2	11·6	2·4	17·6	3·7
57	3 14·3	3 14·8	3 05·4	5·7	1·2	11·7	2·4	17·7	3·7
58	3 14·5	3 15·0	3 05·6	5·8	1·2	11·8	2·5	17·8	3·7
59	3 14·8	3 15·3	3 05·9	5·9	1·2	11·9	2·5	17·9	3·7
60	3 15·0	3 15·5	3 06·1	6·0	1·3	12·0	2·5	18·0	3·8

13m	SUN PLANETS	ARIES	MOON	v or d	Corrn	v or d	Corrn	v or d	Corrn
s	° ′	° ′	° ′	′	′	′	′	′	′
00	3 15·0	3 15·5	3 06·1	0·0	0·0	6·0	1·4	12·0	2·7
01	3 15·3	3 15·8	3 06·4	0·1	0·0	6·1	1·4	12·1	2·7
02	3 15·5	3 16·0	3 06·6	0·2	0·0	6·2	1·4	12·2	2·7
03	3 15·8	3 16·3	3 06·8	0·3	0·1	6·3	1·4	12·3	2·8
04	3 16·0	3 16·5	3 07·1	0·4	0·1	6·4	1·4	12·4	2·8
05	3 16·3	3 16·8	3 07·3	0·5	0·1	6·5	1·5	12·5	2·8
06	3 16·5	3 17·0	3 07·5	0·6	0·1	6·6	1·5	12·6	2·8
07	3 16·8	3 17·3	3 07·8	0·7	0·2	6·7	1·5	12·7	2·9
08	3 17·0	3 17·5	3 08·0	0·8	0·2	6·8	1·5	12·8	2·9
09	3 17·3	3 17·8	3 08·3	0·9	0·2	6·9	1·6	12·9	2·9
10	3 17·5	3 18·0	3 08·5	1·0	0·2	7·0	1·6	13·0	2·9
11	3 17·8	3 18·3	3 08·7	1·1	0·2	7·1	1·6	13·1	2·9
12	3 18·0	3 18·5	3 09·0	1·2	0·3	7·2	1·6	13·2	3·0
13	3 18·3	3 18·8	3 09·2	1·3	0·3	7·3	1·6	13·3	3·0
14	3 18·5	3 19·0	3 09·5	1·4	0·3	7·4	1·7	13·4	3·0
15	3 18·8	3 19·3	3 09·7	1·5	0·3	7·5	1·7	13·5	3·0
16	3 19·0	3 19·5	3 09·9	1·6	0·4	7·6	1·7	13·6	3·1
17	3 19·3	3 19·8	3 10·2	1·7	0·4	7·7	1·7	13·7	3·1
18	3 19·5	3 20·0	3 10·4	1·8	0·4	7·8	1·8	13·8	3·1
19	3 19·8	3 20·3	3 10·7	1·9	0·4	7·9	1·8	13·9	3·1
20	3 20·0	3 20·5	3 10·9	2·0	0·5	8·0	1·8	14·0	3·2
21	3 20·3	3 20·8	3 11·1	2·1	0·5	8·1	1·8	14·1	3·2
22	3 20·5	3 21·0	3 11·4	2·2	0·5	8·2	1·8	14·2	3·2
23	3 20·8	3 21·3	3 11·6	2·3	0·5	8·3	1·9	14·3	3·2
24	3 21·0	3 21·6	3 11·8	2·4	0·5	8·4	1·9	14·4	3·2
25	3 21·3	3 21·8	3 12·1	2·5	0·6	8·5	1·9	14·5	3·3
26	3 21·5	3 22·1	3 12·3	2·6	0·6	8·6	1·9	14·6	3·3
27	3 21·8	3 22·3	3 12·6	2·7	0·6	8·7	2·0	14·7	3·3
28	3 22·0	3 22·6	3 12·8	2·8	0·6	8·8	2·0	14·8	3·3
29	3 22·3	3 22·8	3 13·0	2·9	0·7	8·9	2·0	14·9	3·4
30	3 22·5	3 23·1	3 13·3	3·0	0·7	9·0	2·0	15·0	3·4
31	3 22·8	3 23·3	3 13·5	3·1	0·7	9·1	2·0	15·1	3·4
32	3 23·0	3 23·6	3 13·8	3·2	0·7	9·2	2·1	15·2	3·4
33	3 23·3	3 23·8	3 14·0	3·3	0·7	9·3	2·1	15·3	3·4
34	3 23·5	3 24·1	3 14·2	3·4	0·8	9·4	2·1	15·4	3·5
35	3 23·8	3 24·3	3 14·5	3·5	0·8	9·5	2·1	15·5	3·5
36	3 24·0	3 24·6	3 14·7	3·6	0·8	9·6	2·2	15·6	3·5
37	3 24·3	3 24·8	3 14·9	3·7	0·8	9·7	2·2	15·7	3·5
38	3 24·5	3 25·1	3 15·2	3·8	0·9	9·8	2·2	15·8	3·6
39	3 24·8	3 25·3	3 15·4	3·9	0·9	9·9	2·2	15·9	3·6
40	3 25·0	3 25·6	3 15·7	4·0	0·9	10·0	2·3	16·0	3·6
41	3 25·3	3 25·8	3 15·9	4·1	0·9	10·1	2·3	16·1	3·6
42	3 25·5	3 26·1	3 16·1	4·2	0·9	10·2	2·3	16·2	3·6
43	3 25·8	3 26·3	3 16·4	4·3	1·0	10·3	2·3	16·3	3·7
44	3 26·0	3 26·6	3 16·6	4·4	1·0	10·4	2·3	16·4	3·7
45	3 26·3	3 26·8	3 16·9	4·5	1·0	10·5	2·4	16·5	3·7
46	3 26·5	3 27·1	3 17·1	4·6	1·0	10·6	2·4	16·6	3·7
47	3 26·8	3 27·3	3 17·3	4·7	1·1	10·7	2·4	16·7	3·8
48	3 27·0	3 27·6	3 17·6	4·8	1·1	10·8	2·4	16·8	3·8
49	3 27·3	3 27·8	3 17·8	4·9	1·1	10·9	2·5	16·9	3·8
50	3 27·5	3 28·1	3 18·0	5·0	1·1	11·0	2·5	17·0	3·8
51	3 27·8	3 28·3	3 18·3	5·1	1·1	11·1	2·5	17·1	3·8
52	3 28·0	3 28·6	3 18·5	5·2	1·2	11·2	2·5	17·2	3·9
53	3 28·3	3 28·8	3 18·8	5·3	1·2	11·3	2·5	17·3	3·9
54	3 28·5	3 29·1	3 19·0	5·4	1·2	11·4	2·6	17·4	3·9
55	3 28·8	3 29·3	3 19·2	5·5	1·2	11·5	2·6	17·5	3·9
56	3 29·0	3 29·6	3 19·5	5·6	1·3	11·6	2·6	17·6	4·0
57	3 29·3	3 29·8	3 19·7	5·7	1·3	11·7	2·6	17·7	4·0
58	3 29·5	3 30·1	3 20·0	5·8	1·3	11·8	2·7	17·8	4·0
59	3 29·8	3 30·3	3 20·2	5·9	1·3	11·9	2·7	17·9	4·0
60	3 30·0	3 30·6	3 20·4	6·0	1·4	12·0	2·7	18·0	4·1

14m	SUN PLANETS	ARIES	MOON	v or d	Corrn	v or d	Corrn	v or d	Corrn
s	° ′	° ′	° ′	′	′	′	′	′	′
00	3 30·0	3 30·6	3 20·4	0·0	0·0	6·0	1·5	12·0	2·9
01	3 30·3	3 30·8	3 20·7	0·1	0·0	6·1	1·5	12·1	2·9
02	3 30·5	3 31·1	3 20·9	0·2	0·0	6·2	1·5	12·2	2·9
03	3 30·8	3 31·3	3 21·1	0·3	0·1	6·3	1·5	12·3	3·0
04	3 31·0	3 31·6	3 21·4	0·4	0·1	6·4	1·5	12·4	3·0
05	3 31·3	3 31·8	3 21·6	0·5	0·1	6·5	1·6	12·5	3·0
06	3 31·5	3 32·1	3 21·9	0·6	0·1	6·6	1·6	12·6	3·0
07	3 31·8	3 32·3	3 22·1	0·7	0·2	6·7	1·6	12·7	3·1
08	3 32·0	3 32·6	3 22·3	0·8	0·2	6·8	1·6	12·8	3·1
09	3 32·3	3 32·8	3 22·6	0·9	0·2	6·9	1·7	12·9	3·1
10	3 32·5	3 33·1	3 22·8	1·0	0·2	7·0	1·7	13·0	3·1
11	3 32·8	3 33·3	3 23·1	1·1	0·3	7·1	1·7	13·1	3·2
12	3 33·0	3 33·6	3 23·3	1·2	0·3	7·2	1·7	13·2	3·2
13	3 33·3	3 33·8	3 23·5	1·3	0·3	7·3	1·8	13·3	3·2
14	3 33·5	3 34·1	3 23·8	1·4	0·3	7·4	1·8	13·4	3·2
15	3 33·8	3 34·3	3 24·0	1·5	0·4	7·5	1·8	13·5	3·3
16	3 34·0	3 34·6	3 24·3	1·6	0·4	7·6	1·8	13·6	3·3
17	3 34·3	3 34·8	3 24·5	1·7	0·4	7·7	1·9	13·7	3·3
18	3 34·5	3 35·1	3 24·7	1·8	0·4	7·8	1·9	13·8	3·3
19	3 34·8	3 35·3	3 25·0	1·9	0·5	7·9	1·9	13·9	3·4
20	3 35·0	3 35·6	3 25·2	2·0	0·5	8·0	1·9	14·0	3·4
21	3 35·3	3 35·8	3 25·4	2·1	0·5	8·1	2·0	14·1	3·4
22	3 35·5	3 36·1	3 25·7	2·2	0·5	8·2	2·0	14·2	3·4
23	3 35·8	3 36·3	3 25·9	2·3	0·6	8·3	2·0	14·3	3·5
24	3 36·0	3 36·6	3 26·2	2·4	0·6	8·4	2·0	14·4	3·5
25	3 36·3	3 36·8	3 26·4	2·5	0·6	8·5	2·1	14·5	3·5
26	3 36·5	3 37·1	3 26·6	2·6	0·6	8·6	2·1	14·6	3·5
27	3 36·8	3 37·3	3 26·9	2·7	0·7	8·7	2·1	14·7	3·6
28	3 37·0	3 37·6	3 27·1	2·8	0·7	8·8	2·1	14·8	3·6
29	3 37·3	3 37·8	3 27·4	2·9	0·7	8·9	2·2	14·9	3·6
30	3 37·5	3 38·1	3 27·6	3·0	0·7	9·0	2·2	15·0	3·6
31	3 37·8	3 38·3	3 27·8	3·1	0·7	9·1	2·2	15·1	3·6
32	3 38·0	3 38·6	3 28·1	3·2	0·8	9·2	2·2	15·2	3·7
33	3 38·3	3 38·8	3 28·3	3·3	0·8	9·3	2·2	15·3	3·7
34	3 38·5	3 39·1	3 28·5	3·4	0·8	9·4	2·3	15·4	3·7
35	3 38·8	3 39·3	3 28·8	3·5	0·8	9·5	2·3	15·5	3·7
36	3 39·0	3 39·6	3 29·0	3·6	0·9	9·6	2·3	15·6	3·8
37	3 39·3	3 39·9	3 29·3	3·7	0·9	9·7	2·3	15·7	3·8
38	3 39·5	3 40·1	3 29·5	3·8	0·9	9·8	2·4	15·8	3·8
39	3 39·8	3 40·4	3 29·7	3·9	0·9	9·9	2·4	15·9	3·8
40	3 40·0	3 40·6	3 30·0	4·0	1·0	10·0	2·4	16·0	3·9
41	3 40·3	3 40·9	3 30·2	4·1	1·0	10·1	2·4	16·1	3·9
42	3 40·5	3 41·1	3 30·5	4·2	1·0	10·2	2·5	16·2	3·9
43	3 40·8	3 41·4	3 30·7	4·3	1·0	10·3	2·5	16·3	3·9
44	3 41·0	3 41·6	3 30·9	4·4	1·1	10·4	2·5	16·4	4·0
45	3 41·3	3 41·9	3 31·2	4·5	1·1	10·5	2·5	16·5	4·0
46	3 41·5	3 42·1	3 31·4	4·6	1·1	10·6	2·6	16·6	4·0
47	3 41·8	3 42·4	3 31·6	4·7	1·1	10·7	2·6	16·7	4·0
48	3 42·0	3 42·6	3 31·9	4·8	1·2	10·8	2·6	16·8	4·1
49	3 42·3	3 42·9	3 32·1	4·9	1·2	10·9	2·6	16·9	4·1
50	3 42·5	3 43·1	3 32·4	5·0	1·2	11·0	2·7	17·0	4·1
51	3 42·8	3 43·4	3 32·6	5·1	1·2	11·1	2·7	17·1	4·1
52	3 43·0	3 43·6	3 32·8	5·2	1·3	11·2	2·7	17·2	4·2
53	3 43·3	3 43·9	3 33·1	5·3	1·3	11·3	2·7	17·3	4·2
54	3 43·5	3 44·1	3 33·3	5·4	1·3	11·4	2·8	17·4	4·2
55	3 43·8	3 44·4	3 33·6	5·5	1·3	11·5	2·8	17·5	4·2
56	3 44·0	3 44·6	3 33·8	5·6	1·4	11·6	2·8	17·6	4·3
57	3 44·3	3 44·9	3 34·0	5·7	1·4	11·7	2·8	17·7	4·3
58	3 44·5	3 45·1	3 34·3	5·8	1·4	11·8	2·9	17·8	4·3
59	3 44·8	3 45·4	3 34·5	5·9	1·4	11·9	2·9	17·9	4·3
60	3 45·0	3 45·6	3 34·8	6·0	1·5	12·0	2·9	18·0	4·4

15m	SUN PLANETS	ARIES	MOON	v or d	Corrn	v or d	Corrn	v or d	Corrn
s	° ′	° ′	° ′	′	′	′	′	′	′
00	3 45·0	3 45·6	3 34·8	0·0	0·0	6·0	1·6	12·0	3·1
01	3 45·3	3 45·9	3 35·0	0·1	0·0	6·1	1·6	12·1	3·1
02	3 45·5	3 46·1	3 35·2	0·2	0·1	6·2	1·6	12·2	3·2
03	3 45·8	3 46·4	3 35·5	0·3	0·1	6·3	1·6	12·3	3·2
04	3 46·0	3 46·6	3 35·7	0·4	0·1	6·4	1·7	12·4	3·2
05	3 46·3	3 46·9	3 35·9	0·5	0·1	6·5	1·7	12·5	3·2
06	3 46·5	3 47·1	3 36·2	0·6	0·2	6·6	1·7	12·6	3·3
07	3 46·8	3 47·4	3 36·4	0·7	0·2	6·7	1·7	12·7	3·3
08	3 47·0	3 47·6	3 36·7	0·8	0·2	6·8	1·8	12·8	3·3
09	3 47·3	3 47·9	3 36·9	0·9	0·2	6·9	1·8	12·9	3·3
10	3 47·5	3 48·1	3 37·1	1·0	0·3	7·0	1·8	13·0	3·4
11	3 47·8	3 48·4	3 37·4	1·1	0·3	7·1	1·8	13·1	3·4
12	3 48·0	3 48·6	3 37·6	1·2	0·3	7·2	1·9	13·2	3·4
13	3 48·3	3 48·9	3 37·9	1·3	0·3	7·3	1·9	13·3	3·4
14	3 48·5	3 49·1	3 38·1	1·4	0·4	7·4	1·9	13·4	3·5
15	3 48·8	3 49·4	3 38·3	1·5	0·4	7·5	1·9	13·5	3·5
16	3 49·0	3 49·6	3 38·6	1·6	0·4	7·6	2·0	13·6	3·5
17	3 49·3	3 49·9	3 38·8	1·7	0·4	7·7	2·0	13·7	3·5
18	3 49·5	3 50·1	3 39·0	1·8	0·5	7·8	2·0	13·8	3·6
19	3 49·8	3 50·4	3 39·3	1·9	0·5	7·9	2·0	13·9	3·6
20	3 50·0	3 50·6	3 39·5	2·0	0·5	8·0	2·1	14·0	3·6
21	3 50·3	3 50·9	3 39·8	2·1	0·5	8·1	2·1	14·1	3·6
22	3 50·5	3 51·1	3 40·0	2·2	0·6	8·2	2·1	14·2	3·7
23	3 50·8	3 51·4	3 40·2	2·3	0·6	8·3	2·1	14·3	3·7
24	3 51·0	3 51·6	3 40·5	2·4	0·6	8·4	2·2	14·4	3·7
25	3 51·3	3 51·9	3 40·7	2·5	0·6	8·5	2·2	14·5	3·7
26	3 51·5	3 52·1	3 41·0	2·6	0·7	8·6	2·2	14·6	3·8
27	3 51·8	3 52·4	3 41·2	2·7	0·7	8·7	2·2	14·7	3·8
28	3 52·0	3 52·6	3 41·4	2·8	0·7	8·8	2·3	14·8	3·8
29	3 52·3	3 52·9	3 41·7	2·9	0·7	8·9	2·3	14·9	3·8
30	3 52·5	3 53·1	3 41·9	3·0	0·8	9·0	2·3	15·0	3·9
31	3 52·8	3 53·4	3 42·1	3·1	0·8	9·1	2·4	15·1	3·9
32	3 53·0	3 53·6	3 42·4	3·2	0·8	9·2	2·4	15·2	3·9
33	3 53·3	3 53·9	3 42·6	3·3	0·9	9·3	2·4	15·3	4·0
34	3 53·5	3 54·1	3 42·9	3·4	0·9	9·4	2·4	15·4	4·0
35	3 53·8	3 54·4	3 43·1	3·5	0·9	9·5	2·5	15·5	4·0
36	3 54·0	3 54·6	3 43·3	3·6	0·9	9·6	2·5	15·6	4·0
37	3 54·3	3 54·9	3 43·6	3·7	1·0	9·7	2·5	15·7	4·1
38	3 54·5	3 55·1	3 43·8	3·8	1·0	9·8	2·5	15·8	4·1
39	3 54·8	3 55·4	3 44·1	3·9	1·0	9·9	2·6	15·9	4·1
40	3 55·0	3 55·6	3 44·3	4·0	1·0	10·0	2·6	16·0	4·1
41	3 55·3	3 55·9	3 44·5	4·1	1·1	10·1	2·6	16·1	4·2
42	3 55·5	3 56·1	3 44·8	4·2	1·1	10·2	2·6	16·2	4·2
43	3 55·8	3 56·4	3 45·0	4·3	1·1	10·3	2·7	16·3	4·2
44	3 56·0	3 56·6	3 45·2	4·4	1·1	10·4	2·7	16·4	4·2
45	3 56·3	3 56·9	3 45·5	4·5	1·2	10·5	2·7	16·5	4·3
46	3 56·5	3 57·1	3 45·7	4·6	1·2	10·6	2·7	16·6	4·3
47	3 56·8	3 57·4	3 46·0	4·7	1·2	10·7	2·8	16·7	4·3
48	3 57·0	3 57·6	3 46·2	4·8	1·2	10·8	2·8	16·8	4·3
49	3 57·3	3 57·9	3 46·4	4·9	1·3	10·9	2·8	16·9	4·4
50	3 57·5	3 58·2	3 46·7	5·0	1·3	11·0	2·8	17·0	4·4
51	3 57·8	3 58·4	3 46·9	5·1	1·3	11·1	2·9	17·1	4·4
52	3 58·0	3 58·7	3 47·2	5·2	1·3	11·2	2·9	17·2	4·4
53	3 58·3	3 58·9	3 47·4	5·3	1·4	11·3	2·9	17·3	4·5
54	3 58·5	3 59·2	3 47·6	5·4	1·4	11·4	2·9	17·4	4·5
55	3 58·8	3 59·4	3 47·9	5·5	1·4	11·5	3·0	17·5	4·5
56	3 59·0	3 59·7	3 48·1	5·6	1·4	11·6	3·0	17·6	4·5
57	3 59·3	3 59·9	3 48·4	5·7	1·5	11·7	3·0	17·7	4·6
58	3 59·5	4 00·2	3 48·6	5·8	1·5	11·8	3·0	17·8	4·6
59	3 59·8	4 00·4	3 48·8	5·9	1·5	11·9	3·1	17·9	4·6
60	4 00·0	4 00·7	3 49·1	6·0	1·6	12·0	3·1	18·0	4·7

16m s	SUN PLANETS ° ′	ARIES ° ′	MOON ° ′	v or d ′	Corrn ′	v or d ′	Corrn ′	v or d ′	Corrn ′
00	4 00·0	4 00·7	3 49·1	0·0	0·0	6·0	1·7	12·0	3·3
01	4 00·3	4 00·9	3 49·3	0·1	0·0	6·1	1·7	12·1	3·3
02	4 00·5	4 01·2	3 49·5	0·2	0·1	6·2	1·7	12·2	3·4
03	4 00·8	4 01·4	3 49·8	0·3	0·1	6·3	1·7	12·3	3·4
04	4 01·0	4 01·7	3 50·0	0·4	0·1	6·4	1·8	12·4	3·4
05	4 01·3	4 01·9	3 50·3	0·5	0·1	6·5	1·8	12·5	3·4
06	4 01·5	4 02·2	3 50·5	0·6	0·2	6·6	1·8	12·6	3·5
07	4 01·8	4 02·4	3 50·7	0·7	0·2	6·7	1·8	12·7	3·5
08	4 02·0	4 02·7	3 51·0	0·8	0·2	6·8	1·9	12·8	3·5
09	4 02·3	4 02·9	3 51·2	0·9	0·2	6·9	1·9	12·9	3·5
10	4 02·5	4 03·2	3 51·5	1·0	0·3	7·0	1·9	13·0	3·6
11	4 02·8	4 03·4	3 51·7	1·1	0·3	7·1	2·0	13·1	3·6
12	4 03·0	4 03·7	3 51·9	1·2	0·3	7·2	2·0	13·2	3·6
13	4 03·3	4 03·9	3 52·2	1·3	0·4	7·3	2·0	13·3	3·7
14	4 03·5	4 04·2	3 52·4	1·4	0·4	7·4	2·0	13·4	3·7
15	4 03·8	4 04·4	3 52·6	1·5	0·4	7·5	2·1	13·5	3·7
16	4 04·0	4 04·7	3 52·9	1·6	0·4	7·6	2·1	13·6	3·7
17	4 04·3	4 04·9	3 53·1	1·7	0·5	7·7	2·1	13·7	3·8
18	4 04·5	4 05·2	3 53·4	1·8	0·5	7·8	2·1	13·8	3·8
19	4 04·8	4 05·4	3 53·6	1·9	0·5	7·9	2·2	13·9	3·8
20	4 05·0	4 05·7	3 53·8	2·0	0·6	8·0	2·2	14·0	3·9
21	4 05·3	4 05·9	3 54·1	2·1	0·6	8·1	2·2	14·1	3·9
22	4 05·5	4 06·2	3 54·3	2·2	0·6	8·2	2·3	14·2	3·9
23	4 05·8	4 06·4	3 54·6	2·3	0·6	8·3	2·3	14·3	3·9
24	4 06·0	4 06·7	3 54·8	2·4	0·7	8·4	2·3	14·4	4·0
25	4 06·3	4 06·9	3 55·0	2·5	0·7	8·5	2·3	14·5	4·0
26	4 06·5	4 07·2	3 55·3	2·6	0·7	8·6	2·4	14·6	4·0
27	4 06·8	4 07·4	3 55·5	2·7	0·7	8·7	2·4	14·7	4·0
28	4 07·0	4 07·7	3 55·7	2·8	0·8	8·8	2·4	14·8	4·1
29	4 07·3	4 07·9	3 56·0	2·9	0·8	8·9	2·4	14·9	4·1
30	4 07·5	4 08·2	3 56·2	3·0	0·8	9·0	2·5	15·0	4·1
31	4 07·8	4 08·4	3 56·5	3·1	0·9	9·1	2·5	15·1	4·2
32	4 08·0	4 08·7	3 56·7	3·2	0·9	9·2	2·5	15·2	4·2
33	4 08·3	4 08·9	3 56·9	3·3	0·9	9·3	2·6	15·3	4·2
34	4 08·5	4 09·2	3 57·2	3·4	0·9	9·4	2·6	15·4	4·2
35	4 08·8	4 09·4	3 57·4	3·5	1·0	9·5	2·6	15·5	4·3
36	4 09·0	4 09·7	3 57·7	3·6	1·0	9·6	2·6	15·6	4·3
37	4 09·3	4 09·9	3 57·9	3·7	1·0	9·7	2·7	15·7	4·3
38	4 09·5	4 10·2	3 58·1	3·8	1·0	9·8	2·7	15·8	4·3
39	4 09·8	4 10·4	3 58·4	3·9	1·1	9·9	2·7	15·9	4·4
40	4 10·0	4 10·7	3 58·6	4·0	1·1	10·0	2·8	16·0	4·4
41	4 10·3	4 10·9	3 58·8	4·1	1·1	10·1	2·8	16·1	4·4
42	4 10·5	4 11·2	3 59·1	4·2	1·2	10·2	2·8	16·2	4·5
43	4 10·8	4 11·4	3 59·3	4·3	1·2	10·3	2·8	16·3	4·5
44	4 11·0	4 11·7	3 59·6	4·4	1·2	10·4	2·9	16·4	4·5
45	4 11·3	4 11·9	3 59·8	4·5	1·2	10·5	2·9	16·5	4·5
46	4 11·5	4 12·2	4 00·0	4·6	1·3	10·6	2·9	16·6	4·6
47	4 11·8	4 12·4	4 00·3	4·7	1·3	10·7	2·9	16·7	4·6
48	4 12·0	4 12·7	4 00·5	4·8	1·3	10·8	3·0	16·8	4·6
49	4 12·3	4 12·9	4 00·8	4·9	1·3	10·9	3·0	16·9	4·6
50	4 12·5	4 13·2	4 01·0	5·0	1·4	11·0	3·0	17·0	4·7
51	4 12·8	4 13·4	4 01·2	5·1	1·4	11·1	3·1	17·1	4·7
52	4 13·0	4 13·7	4 01·5	5·2	1·4	11·2	3·1	17·2	4·7
53	4 13·3	4 13·9	4 01·7	5·3	1·5	11·3	3·1	17·3	4·8
54	4 13·5	4 14·2	4 02·0	5·4	1·5	11·4	3·1	17·4	4·8
55	4 13·8	4 14·4	4 02·2	5·5	1·5	11·5	3·2	17·5	4·8
56	4 14·0	4 14·7	4 02·4	5·6	1·5	11·6	3·2	17·6	4·8
57	4 14·3	4 14·9	4 02·7	5·7	1·6	11·7	3·2	17·7	4·9
58	4 14·5	4 15·2	4 02·9	5·8	1·6	11·8	3·2	17·8	4·9
59	4 14·8	4 15·4	4 03·1	5·9	1·6	11·9	3·3	17·9	4·9
60	4 15·0	4 15·7	4 03·4	6·0	1·7	12·0	3·3	18·0	5·0

17m s	SUN PLANETS ° ′	ARIES ° ′	MOON ° ′	v or d ′	Corrn ′	v or d ′	Corrn ′	v or d ′	Corrn ′
00	4 15·0	4 15·7	4 03·4	0·0	0·0	6·0	1·8	12·0	3·5
01	4 15·3	4 15·9	4 03·6	0·1	0·0	6·1	1·8	12·1	3·5
02	4 15·5	4 16·2	4 03·9	0·2	0·1	6·2	1·8	12·2	3·6
03	4 15·8	4 16·5	4 04·1	0·3	0·1	6·3	1·8	12·3	3·6
04	4 16·0	4 16·7	4 04·3	0·4	0·1	6·4	1·9	12·4	3·6
05	4 16·3	4 17·0	4 04·6	0·5	0·1	6·5	1·9	12·5	3·6
06	4 16·5	4 17·2	4 04·8	0·6	0·2	6·6	1·9	12·6	3·7
07	4 16·8	4 17·5	4 05·1	0·7	0·2	6·7	2·0	12·7	3·7
08	4 17·0	4 17·7	4 05·3	0·8	0·2	6·8	2·0	12·8	3·7
09	4 17·3	4 18·0	4 05·5	0·9	0·3	6·9	2·0	12·9	3·8
10	4 17·5	4 18·2	4 05·8	1·0	0·3	7·0	2·0	13·0	3·8
11	4 17·8	4 18·5	4 06·0	1·1	0·3	7·1	2·1	13·1	3·8
12	4 18·0	4 18·7	4 06·2	1·2	0·4	7·2	2·1	13·2	3·9
13	4 18·3	4 19·0	4 06·5	1·3	0·4	7·3	2·1	13·3	3·9
14	4 18·5	4 19·2	4 06·7	1·4	0·4	7·4	2·2	13·4	3·9
15	4 18·8	4 19·5	4 07·0	1·5	0·4	7·5	2·2	13·5	3·9
16	4 19·0	4 19·7	4 07·2	1·6	0·5	7·6	2·2	13·6	4·0
17	4 19·3	4 20·0	4 07·4	1·7	0·5	7·7	2·2	13·7	4·0
18	4 19·5	4 20·2	4 07·7	1·8	0·5	7·8	2·3	13·8	4·0
19	4 19·8	4 20·5	4 07·9	1·9	0·6	7·9	2·3	13·9	4·1
20	4 20·0	4 20·7	4 08·2	2·0	0·6	8·0	2·3	14·0	4·1
21	4 20·3	4 21·0	4 08·4	2·1	0·6	8·1	2·4	14·1	4·1
22	4 20·5	4 21·2	4 08·6	2·2	0·6	8·2	2·4	14·2	4·1
23	4 20·8	4 21·5	4 08·9	2·3	0·7	8·3	2·4	14·3	4·2
24	4 21·0	4 21·7	4 09·1	2·4	0·7	8·4	2·5	14·4	4·2
25	4 21·3	4 22·0	4 09·3	2·5	0·7	8·5	2·5	14·5	4·2
26	4 21·5	4 22·2	4 09·6	2·6	0·8	8·6	2·5	14·6	4·3
27	4 21·8	4 22·5	4 09·8	2·7	0·8	8·7	2·5	14·7	4·3
28	4 22·0	4 22·7	4 10·1	2·8	0·8	8·8	2·6	14·8	4·3
29	4 22·3	4 23·0	4 10·3	2·9	0·8	8·9	2·6	14·9	4·3
30	4 22·5	4 23·2	4 10·5	3·0	0·9	9·0	2·6	15·0	4·4
31	4 22·8	4 23·5	4 10·8	3·1	0·9	9·1	2·7	15·1	4·4
32	4 23·0	4 23·7	4 11·0	3·2	0·9	9·2	2·7	15·2	4·4
33	4 23·3	4 24·0	4 11·3	3·3	1·0	9·3	2·7	15·3	4·5
34	4 23·5	4 24·2	4 11·5	3·4	1·0	9·4	2·7	15·4	4·5
35	4 23·8	4 24·5	4 11·7	3·5	1·0	9·5	2·8	15·5	4·5
36	4 24·0	4 24·7	4 12·0	3·6	1·1	9·6	2·8	15·6	4·6
37	4 24·3	4 25·0	4 12·2	3·7	1·1	9·7	2·8	15·7	4·6
38	4 24·5	4 25·2	4 12·5	3·8	1·1	9·8	2·9	15·8	4·6
39	4 24·8	4 25·5	4 12·7	3·9	1·1	9·9	2·9	15·9	4·6
40	4 25·0	4 25·7	4 12·9	4·0	1·2	10·0	2·9	16·0	4·7
41	4 25·3	4 26·0	4 13·2	4·1	1·2	10·1	2·9	16·1	4·7
42	4 25·5	4 26·2	4 13·4	4·2	1·2	10·2	3·0	16·2	4·7
43	4 25·8	4 26·5	4 13·6	4·3	1·3	10·3	3·0	16·3	4·8
44	4 26·0	4 26·7	4 13·9	4·4	1·3	10·4	3·0	16·4	4·8
45	4 26·3	4 27·0	4 14·1	4·5	1·3	10·5	3·1	16·5	4·8
46	4 26·5	4 27·2	4 14·4	4·6	1·3	10·6	3·1	16·6	4·8
47	4 26·8	4 27·5	4 14·6	4·7	1·4	10·7	3·1	16·7	4·9
48	4 27·0	4 27·7	4 14·8	4·8	1·4	10·8	3·2	16·8	4·9
49	4 27·3	4 28·0	4 15·1	4·9	1·4	10·9	3·2	16·9	4·9
50	4 27·5	4 28·2	4 15·3	5·0	1·5	11·0	3·2	17·0	5·0
51	4 27·8	4 28·5	4 15·6	5·1	1·5	11·1	3·2	17·1	5·0
52	4 28·0	4 28·7	4 15·8	5·2	1·5	11·2	3·3	17·2	5·0
53	4 28·3	4 29·0	4 16·0	5·3	1·5	11·3	3·3	17·3	5·0
54	4 28·5	4 29·2	4 16·3	5·4	1·6	11·4	3·3	17·4	5·1
55	4 28·8	4 29·5	4 16·5	5·5	1·6	11·5	3·4	17·5	5·1
56	4 29·0	4 29·7	4 16·7	5·6	1·6	11·6	3·4	17·6	5·1
57	4 29·3	4 30·0	4 17·0	5·7	1·7	11·7	3·4	17·7	5·2
58	4 29·5	4 30·2	4 17·2	5·8	1·7	11·8	3·4	17·8	5·2
59	4 29·8	4 30·5	4 17·5	5·9	1·7	11·9	3·5	17·9	5·2
60	4 30·0	4 30·7	4 17·7	6·0	1·8	12·0	3·5	18·0	5·3

18^{m}	SUN PLANETS	ARIES	MOON	v or d	Corr^{n}	v or d	Corr^{n}	v or d	Corr^{n}
s	° ′	° ′	° ′	′	′	′	′	′	′
00	4 30·0	4 30·7	4 17·7	0·0	0·0	6·0	1·9	12·0	3·7
01	4 30·3	4 31·0	4 17·9	0·1	0·0	6·1	1·9	12·1	3·7
02	4 30·5	4 31·2	4 18·2	0·2	0·1	6·2	1·9	12·2	3·8
03	4 30·8	4 31·5	4 18·4	0·3	0·1	6·3	1·9	12·3	3·8
04	4 31·0	4 31·7	4 18·7	0·4	0·1	6·4	2·0	12·4	3·8
05	4 31·3	4 32·0	4 18·9	0·5	0·2	6·5	2·0	12·5	3·9
06	4 31·5	4 32·2	4 19·1	0·6	0·2	6·6	2·0	12·6	3·9
07	4 31·8	4 32·5	4 19·4	0·7	0·2	6·7	2·1	12·7	3·9
08	4 32·0	4 32·7	4 19·6	0·8	0·2	6·8	2·1	12·8	3·9
09	4 32·3	4 33·0	4 19·8	0·9	0·3	6·9	2·1	12·9	4·0
10	4 32·5	4 33·2	4 20·1	1·0	0·3	7·0	2·2	13·0	4·0
11	4 32·8	4 33·5	4 20·3	1·1	0·3	7·1	2·2	13·1	4·0
12	4 33·0	4 33·7	4 20·6	1·2	0·4	7·2	2·2	13·2	4·1
13	4 33·3	4 34·0	4 20·8	1·3	0·4	7·3	2·3	13·3	4·1
14	4 33·5	4 34·2	4 21·0	1·4	0·4	7·4	2·3	13·4	4·1
15	4 33·8	4 34·5	4 21·3	1·5	0·5	7·5	2·3	13·5	4·2
16	4 34·0	4 34·8	4 21·5	1·6	0·5	7·6	2·3	13·6	4·2
17	4 34·3	4 35·0	4 21·8	1·7	0·5	7·7	2·4	13·7	4·2
18	4 34·5	4 35·3	4 22·0	1·8	0·6	7·8	2·4	13·8	4·3
19	4 34·8	4 35·5	4 22·2	1·9	0·6	7·9	2·4	13·9	4·3
20	4 35·0	4 35·8	4 22·5	2·0	0·6	8·0	2·5	14·0	4·3
21	4 35·3	4 36·0	4 22·7	2·1	0·6	8·1	2·5	14·1	4·3
22	4 35·5	4 36·3	4 22·9	2·2	0·7	8·2	2·5	14·2	4·4
23	4 35·8	4 36·5	4 23·2	2·3	0·7	8·3	2·6	14·3	4·4
24	4 36·0	4 36·8	4 23·4	2·4	0·7	8·4	2·6	14·4	4·4
25	4 36·3	4 37·0	4 23·7	2·5	0·8	8·5	2·6	14·5	4·5
26	4 36·5	4 37·3	4 23·9	2·6	0·8	8·6	2·7	14·6	4·5
27	4 36·8	4 37·5	4 24·1	2·7	0·8	8·7	2·7	14·7	4·5
28	4 37·0	4 37·8	4 24·4	2·8	0·9	8·8	2·7	14·8	4·6
29	4 37·3	4 38·0	4 24·6	2·9	0·9	8·9	2·7	14·9	4·6
30	4 37·5	4 38·3	4 24·9	3·0	0·9	9·0	2·8	15·0	4·6
31	4 37·8	4 38·5	4 25·1	3·1	1·0	9·1	2·8	15·1	4·7
32	4 38·0	4 38·8	4 25·3	3·2	1·0	9·2	2·8	15·2	4·7
33	4 38·3	4 39·0	4 25·6	3·3	1·0	9·3	2·9	15·3	4·7
34	4 38·5	4 39·3	4 25·8	3·4	1·0	9·4	2·9	15·4	4·7
35	4 38·8	4 39·5	4 26·1	3·5	1·1	9·5	2·9	15·5	4·8
36	4 39·0	4 39·8	4 26·3	3·6	1·1	9·6	3·0	15·6	4·8
37	4 39·3	4 40·0	4 26·5	3·7	1·1	9·7	3·0	15·7	4·8
38	4 39·5	4 40·3	4 26·8	3·8	1·2	9·8	3·0	15·8	4·9
39	4 39·8	4 40·5	4 27·0	3·9	1·2	9·9	3·1	15·9	4·9
40	4 40·0	4 40·8	4 27·2	4·0	1·2	10·0	3·1	16·0	4·9
41	4 40·3	4 41·0	4 27·5	4·1	1·3	10·1	3·1	16·1	5·0
42	4 40·5	4 41·3	4 27·7	4·2	1·3	10·2	3·1	16·2	5·0
43	4 40·8	4 41·5	4 28·0	4·3	1·3	10·3	3·2	16·3	5·0
44	4 41·0	4 41·8	4 28·2	4·4	1·4	10·4	3·2	16·4	5·1
45	4 41·3	4 42·0	4 28·4	4·5	1·4	10·5	3·2	16·5	5·1
46	4 41·5	4 42·3	4 28·7	4·6	1·4	10·6	3·3	16·6	5·1
47	4 41·8	4 42·5	4 28·9	4·7	1·4	10·7	3·3	16·7	5·1
48	4 42·0	4 42·8	4 29·2	4·8	1·5	10·8	3·3	16·8	5·2
49	4 42·3	4 43·0	4 29·4	4·9	1·5	10·9	3·4	16·9	5·2
50	4 42·5	4 43·3	4 29·6	5·0	1·5	11·0	3·4	17·0	5·2
51	4 42·8	4 43·5	4 29·9	5·1	1·6	11·1	3·4	17·1	5·3
52	4 43·0	4 43·8	4 30·1	5·2	1·6	11·2	3·5	17·2	5·3
53	4 43·3	4 44·0	4 30·3	5·3	1·6	11·3	3·5	17·3	5·3
54	4 43·5	4 44·3	4 30·6	5·4	1·7	11·4	3·5	17·4	5·4
55	4 43·8	4 44·5	4 30·8	5·5	1·7	11·5	3·5	17·5	5·4
56	4 44·0	4 44·8	4 31·1	5·6	1·7	11·6	3·6	17·6	5·4
57	4 44·3	4 45·0	4 31·3	5·7	1·8	11·7	3·6	17·7	5·5
58	4 44·5	4 45·3	4 31·5	5·8	1·8	11·8	3·6	17·8	5·5
59	4 44·8	4 45·5	4 31·8	5·9	1·8	11·9	3·7	17·9	5·5
60	4 45·0	4 45·8	4 32·0	6·0	1·9	12·0	3·7	18·0	5·6

19^{m}	SUN PLANETS	ARIES	MOON	v or d	Corr^{n}	v or d	Corr^{n}	v or d	Corr^{n}
s	° ′	° ′	° ′	′	′	′	′	′	′
00	4 45·0	4 45·8	4 32·0	0·0	0·0	6·0	2·0	12·0	3·9
01	4 45·3	4 46·0	4 32·3	0·1	0·0	6·1	2·0	12·1	3·9
02	4 45·5	4 46·3	4 32·5	0·2	0·1	6·2	2·0	12·2	4·0
03	4 45·8	4 46·5	4 32·7	0·3	0·1	6·3	2·0	12·3	4·0
04	4 46·0	4 46·8	4 33·0	0·4	0·1	6·4	2·1	12·4	4·0
05	4 46·3	4 47·0	4 33·2	0·5	0·2	6·5	2·1	12·5	4·1
06	4 46·5	4 47·3	4 33·4	0·6	0·2	6·6	2·1	12·6	4·1
07	4 46·8	4 47·5	4 33·7	0·7	0·2	6·7	2·2	12·7	4·1
08	4 47·0	4 47·8	4 33·9	0·8	0·3	6·8	2·2	12·8	4·2
09	4 47·3	4 48·0	4 34·2	0·9	0·3	6·9	2·2	12·9	4·2
10	4 47·5	4 48·3	4 34·4	1·0	0·3	7·0	2·3	13·0	4·2
11	4 47·8	4 48·5	4 34·6	1·1	0·4	7·1	2·3	13·1	4·3
12	4 48·0	4 48·8	4 34·9	1·2	0·4	7·2	2·3	13·2	4·3
13	4 48·3	4 49·0	4 35·1	1·3	0·4	7·3	2·4	13·3	4·3
14	4 48·5	4 49·3	4 35·4	1·4	0·5	7·4	2·4	13·4	4·4
15	4 48·8	4 49·5	4 35·6	1·5	0·5	7·5	2·4	13·5	4·4
16	4 49·0	4 49·8	4 35·8	1·6	0·5	7·6	2·5	13·6	4·4
17	4 49·3	4 50·0	4 36·1	1·7	0·6	7·7	2·5	13·7	4·5
18	4 49·5	4 50·3	4 36·3	1·8	0·6	7·8	2·5	13·8	4·5
19	4 49·8	4 50·5	4 36·6	1·9	0·6	7·9	2·6	13·9	4·5
20	4 50·0	4 50·8	4 36·8	2·0	0·7	8·0	2·6	14·0	4·6
21	4 50·3	4 51·0	4 37·0	2·1	0·7	8·1	2·6	14·1	4·6
22	4 50·5	4 51·3	4 37·3	2·2	0·7	8·2	2·7	14·2	4·6
23	4 50·8	4 51·5	4 37·5	2·3	0·7	8·3	2·7	14·3	4·6
24	4 51·0	4 51·8	4 37·7	2·4	0·8	8·4	2·7	14·4	4·7
25	4 51·3	4 52·0	4 38·0	2·5	0·8	8·5	2·8	14·5	4·7
26	4 51·5	4 52·3	4 38·2	2·6	0·8	8·6	2·8	14·6	4·7
27	4 51·8	4 52·5	4 38·5	2·7	0·9	8·7	2·8	14·7	4·8
28	4 52·0	4 52·8	4 38·7	2·8	0·9	8·8	2·9	14·8	4·8
29	4 52·3	4 53·1	4 38·9	2·9	0·9	8·9	2·9	14·9	4·8
30	4 52·5	4 53·3	4 39·2	3·0	1·0	9·0	2·9	15·0	4·9
31	4 52·8	4 53·6	4 39·4	3·1	1·0	9·1	3·0	15·1	4·9
32	4 53·0	4 53·8	4 39·7	3·2	1·0	9·2	3·0	15·2	4·9
33	4 53·3	4 54·1	4 39·9	3·3	1·1	9·3	3·0	15·3	5·0
34	4 53·5	4 54·3	4 40·1	3·4	1·1	9·4	3·1	15·4	5·0
35	4 53·8	4 54·6	4 40·4	3·5	1·1	9·5	3·1	15·5	5·0
36	4 54·0	4 54·8	4 40·6	3·6	1·2	9·6	3·1	15·6	5·1
37	4 54·3	4 55·1	4 40·8	3·7	1·2	9·7	3·2	15·7	5·1
38	4 54·5	4 55·3	4 41·1	3·8	1·2	9·8	3·2	15·8	5·1
39	4 54·8	4 55·6	4 41·3	3·9	1·3	9·9	3·2	15·9	5·2
40	4 55·0	4 55·8	4 41·6	4·0	1·3	10·0	3·3	16·0	5·2
41	4 55·3	4 56·1	4 41·8	4·1	1·3	10·1	3·3	16·1	5·2
42	4 55·5	4 56·3	4 42·0	4·2	1·4	10·2	3·3	16·2	5·3
43	4 55·8	4 56·6	4 42·3	4·3	1·4	10·3	3·3	16·3	5·3
44	4 56·0	4 56·8	4 42·5	4·4	1·4	10·4	3·4	16·4	5·3
45	4 56·3	4 57·1	4 42·8	4·5	1·5	10·5	3·4	16·5	5·4
46	4 56·5	4 57·3	4 43·0	4·6	1·5	10·6	3·4	16·6	5·4
47	4 56·8	4 57·6	4 43·2	4·7	1·5	10·7	3·5	16·7	5·4
48	4 57·0	4 57·8	4 43·5	4·8	1·6	10·8	3·5	16·8	5·5
49	4 57·3	4 58·1	4 43·7	4·9	1·6	10·9	3·5	16·9	5·5
50	4 57·5	4 58·3	4 43·9	5·0	1·6	11·0	3·6	17·0	5·5
51	4 57·8	4 58·6	4 44·2	5·1	1·7	11·1	3·6	17·1	5·6
52	4 58·0	4 58·8	4 44·4	5·2	1·7	11·2	3·6	17·2	5·6
53	4 58·3	4 59·1	4 44·7	5·3	1·7	11·3	3·7	17·3	5·6
54	4 58·5	4 59·3	4 44·9	5·4	1·8	11·4	3·7	17·4	5·7
55	4 58·8	4 59·6	4 45·1	5·5	1·8	11·5	3·7	17·5	5·7
56	4 59·0	4 59·8	4 45·4	5·6	1·8	11·6	3·8	17·6	5·7
57	4 59·3	5 00·1	4 45·6	5·7	1·9	11·7	3·8	17·7	5·8
58	4 59·5	5 00·3	4 45·9	5·8	1·9	11·8	3·8	17·8	5·8
59	4 59·8	5 00·6	4 46·1	5·9	1·9	11·9	3·9	17·9	5·8
60	5 00·0	5 00·8	4 46·3	6·0	2·0	12·0	3·9	18·0	5·9

20m	SUN PLANETS	ARIES	MOON	v or d	Corrn	v or d	Corrn	v or d	Corrn
s	° ′	° ′	° ′	′	′	′	′	′	′
00	5 00·0	5 00·8	4 46·3	0·0	0·0	6·0	2·1	12·0	4·1
01	5 00·3	5 01·1	4 46·6	0·1	0·0	6·1	2·1	12·1	4·1
02	5 00·5	5 01·3	4 46·8	0·2	0·1	6·2	2·1	12·2	4·2
03	5 00·8	5 01·6	4 47·0	0·3	0·1	6·3	2·2	12·3	4·2
04	5 01·0	5 01·8	4 47·3	0·4	0·1	6·4	2·2	12·4	4·2
05	5 01·3	5 02·1	4 47·5	0·5	0·2	6·5	2·2	12·5	4·3
06	5 01·5	5 02·3	4 47·8	0·6	0·2	6·6	2·3	12·6	4·3
07	5 01·8	5 02·6	4 48·0	0·7	0·2	6·7	2·3	12·7	4·3
08	5 02·0	5 02·8	4 48·2	0·8	0·3	6·8	2·3	12·8	4·4
09	5 02·3	5 03·1	4 48·5	0·9	0·3	6·9	2·4	12·9	4·4
10	5 02·5	5 03·3	4 48·7	1·0	0·3	7·0	2·4	13·0	4·4
11	5 02·8	5 03·6	4 49·0	1·1	0·4	7·1	2·4	13·1	4·5
12	5 03·0	5 03·8	4 49·2	1·2	0·4	7·2	2·5	13·2	4·5
13	5 03·3	5 04·1	4 49·4	1·3	0·4	7·3	2·5	13·3	4·5
14	5 03·5	5 04·3	4 49·7	1·4	0·5	7·4	2·5	13·4	4·6
15	5 03·8	5 04·6	4 49·9	1·5	0·5	7·5	2·6	13·5	4·6
16	5 04·0	5 04·8	4 50·2	1·6	0·5	7·6	2·6	13·6	4·6
17	5 04·3	5 05·1	4 50·4	1·7	0·6	7·7	2·6	13·7	4·7
18	5 04·5	5 05·3	4 50·6	1·8	0·6	7·8	2·7	13·8	4·7
19	5 04·8	5 05·6	4 50·9	1·9	0·6	7·9	2·7	13·9	4·7
20	5 05·0	5 05·8	4 51·1	2·0	0·7	8·0	2·7	14·0	4·8
21	5 05·3	5 06·1	4 51·3	2·1	0·7	8·1	2·8	14·1	4·8
22	5 05·5	5 06·3	4 51·6	2·2	0·8	8·2	2·8	14·2	4·9
23	5 05·8	5 06·6	4 51·8	2·3	0·8	8·3	2·8	14·3	4·9
24	5 06·0	5 06·8	4 52·1	2·4	0·8	8·4	2·9	14·4	4·9
25	5 06·3	5 07·1	4 52·3	2·5	0·9	8·5	2·9	14·5	5·0
26	5 06·5	5 07·3	4 52·5	2·6	0·9	8·6	2·9	14·6	5·0
27	5 06·8	5 07·6	4 52·8	2·7	0·9	8·7	3·0	14·7	5·0
28	5 07·0	5 07·8	4 53·0	2·8	1·0	8·8	3·0	14·8	5·1
29	5 07·3	5 08·1	4 53·3	2·9	1·0	8·9	3·0	14·9	5·1
30	5 07·5	5 08·3	4 53·5	3·0	1·0	9·0	3·1	15·0	5·1
31	5 07·8	5 08·6	4 53·7	3·1	1·1	9·1	3·1	15·1	5·2
32	5 08·0	5 08·8	4 54·0	3·2	1·1	9·2	3·1	15·2	5·2
33	5 08·3	5 09·1	4 54·2	3·3	1·1	9·3	3·2	15·3	5·2
34	5 08·5	5 09·3	4 54·4	3·4	1·2	9·4	3·2	15·4	5·3
35	5 08·8	5 09·6	4 54·7	3·5	1·2	9·5	3·2	15·5	5·3
36	5 09·0	5 09·8	4 54·9	3·6	1·2	9·6	3·3	15·6	5·3
37	5 09·3	5 10·1	4 55·2	3·7	1·3	9·7	3·3	15·7	5·4
38	5 09·5	5 10·3	4 55·4	3·8	1·3	9·8	3·3	15·8	5·4
39	5 09·8	5 10·6	4 55·6	3·9	1·3	9·9	3·4	15·9	5·4
40	5 10·0	5 10·8	4 55·9	4·0	1·4	10·0	3·4	16·0	5·5
41	5 10·3	5 11·1	4 56·1	4·1	1·4	10·1	3·5	16·1	5·5
42	5 10·5	5 11·4	4 56·4	4·2	1·4	10·2	3·5	16·2	5·5
43	5 10·8	5 11·6	4 56·6	4·3	1·5	10·3	3·5	16·3	5·6
44	5 11·0	5 11·9	4 56·8	4·4	1·5	10·4	3·6	16·4	5·6
45	5 11·3	5 12·1	4 57·1	4·5	1·5	10·5	3·6	16·5	5·6
46	5 11·5	5 12·4	4 57·3	4·6	1·6	10·6	3·6	16·6	5·7
47	5 11·8	5 12·6	4 57·5	4·7	1·6	10·7	3·7	16·7	5·7
48	5 12·0	5 12·9	4 57·8	4·8	1·6	10·8	3·7	16·8	5·7
49	5 12·3	5 13·1	4 58·0	4·9	1·7	10·9	3·7	16·9	5·8
50	5 12·5	5 13·4	4 58·3	5·0	1·7	11·0	3·8	17·0	5·8
51	5 12·8	5 13·6	4 58·5	5·1	1·7	11·1	3·8	17·1	5·8
52	5 13·0	5 13·9	4 58·7	5·2	1·8	11·2	3·8	17·2	5·9
53	5 13·3	5 14·1	4 59·0	5·3	1·8	11·3	3·9	17·3	5·9
54	5 13·5	5 14·4	4 59·2	5·4	1·8	11·4	3·9	17·4	5·9
55	5 13·8	5 14·6	4 59·5	5·5	1·9	11·5	3·9	17·5	6·0
56	5 14·0	5 14·9	4 59·7	5·6	1·9	11·6	4·0	17·6	6·0
57	5 14·3	5 15·1	4 59·9	5·7	1·9	11·7	4·0	17·7	6·0
58	5 14·5	5 15·4	5 00·2	5·8	2·0	11·8	4·0	17·8	6·1
59	5 14·8	5 15·6	5 00·4	5·9	2·0	11·9	4·1	17·9	6·1
60	5 15·0	5 15·9	5 00·7	6·0	2·1	12·0	4·1	18·0	6·2

21m	SUN PLANETS	ARIES	MOON	v or d	Corrn	v or d	Corrn	v or d	Corrn
s	° ′	° ′	° ′	′	′	′	′	′	′
00	5 15·0	5 15·9	5 00·7	0·0	0·0	6·0	2·2	12·0	4·3
01	5 15·3	5 16·1	5 00·9	0·1	0·0	6·1	2·2	12·1	4·3
02	5 15·5	5 16·4	5 01·1	0·2	0·1	6·2	2·2	12·2	4·4
03	5 15·8	5 16·6	5 01·4	0·3	0·1	6·3	2·3	12·3	4·4
04	5 16·0	5 16·9	5 01·6	0·4	0·1	6·4	2·3	12·4	4·4
05	5 16·3	5 17·1	5 01·8	0·5	0·2	6·5	2·3	12·5	4·5
06	5 16·5	5 17·4	5 02·1	0·6	0·2	6·6	2·4	12·6	4·5
07	5 16·8	5 17·6	5 02·3	0·7	0·3	6·7	2·4	12·7	4·6
08	5 17·0	5 17·9	5 02·6	0·8	0·3	6·8	2·4	12·8	4·6
09	5 17·3	5 18·1	5 02·8	0·9	0·3	6·9	2·5	12·9	4·6
10	5 17·5	5 18·4	5 03·0	1·0	0·4	7·0	2·5	13·0	4·7
11	5 17·8	5 18·6	5 03·3	1·1	0·4	7·1	2·5	13·1	4·7
12	5 18·0	5 18·9	5 03·5	1·2	0·4	7·2	2·6	13·2	4·7
13	5 18·3	5 19·1	5 03·8	1·3	0·5	7·3	2·6	13·3	4·8
14	5 18·5	5 19·4	5 04·0	1·4	0·5	7·4	2·7	13·4	4·8
15	5 18·8	5 19·6	5 04·2	1·5	0·5	7·5	2·7	13·5	4·8
16	5 19·0	5 19·9	5 04·5	1·6	0·6	7·6	2·7	13·6	4·9
17	5 19·3	5 20·1	5 04·7	1·7	0·6	7·7	2·8	13·7	4·9
18	5 19·5	5 20·4	5 04·9	1·8	0·6	7·8	2·8	13·8	4·9
19	5 19·8	5 20·6	5 05·2	1·9	0·7	7·9	2·8	13·9	5·0
20	5 20·0	5 20·9	5 05·4	2·0	0·7	8·0	2·9	14·0	5·0
21	5 20·3	5 21·1	5 05·7	2·1	0·8	8·1	2·9	14·1	5·1
22	5 20·5	5 21·4	5 05·9	2·2	0·8	8·2	2·9	14·2	5·1
23	5 20·8	5 21·6	5 06·1	2·3	0·8	8·3	3·0	14·3	5·1
24	5 21·0	5 21·9	5 06·4	2·4	0·9	8·4	3·0	14·4	5·2
25	5 21·3	5 22·1	5 06·6	2·5	0·9	8·5	3·0	14·5	5·2
26	5 21·5	5 22·4	5 06·9	2·6	0·9	8·6	3·1	14·6	5·2
27	5 21·8	5 22·6	5 07·1	2·7	1·0	8·7	3·1	14·7	5·3
28	5 22·0	5 22·9	5 07·3	2·8	1·0	8·8	3·2	14·8	5·3
29	5 22·3	5 23·1	5 07·6	2·9	1·0	8·9	3·2	14·9	5·3
30	5 22·5	5 23·4	5 07·8	3·0	1·1	9·0	3·2	15·0	5·4
31	5 22·8	5 23·6	5 08·0	3·1	1·1	9·1	3·3	15·1	5·4
32	5 23·0	5 23·9	5 08·3	3·2	1·1	9·2	3·3	15·2	5·4
33	5 23·3	5 24·1	5 08·5	3·3	1·2	9·3	3·3	15·3	5·5
34	5 23·5	5 24·4	5 08·8	3·4	1·2	9·4	3·4	15·4	5·5
35	5 23·8	5 24·6	5 09·0	3·5	1·3	9·5	3·4	15·5	5·6
36	5 24·0	5 24·9	5 09·2	3·6	1·3	9·6	3·4	15·6	5·6
37	5 24·3	5 25·1	5 09·5	3·7	1·3	9·7	3·5	15·7	5·6
38	5 24·5	5 25·4	5 09·7	3·8	1·4	9·8	3·5	15·8	5·7
39	5 24·8	5 25·6	5 10·0	3·9	1·4	9·9	3·5	15·9	5·7
40	5 25·0	5 25·9	5 10·2	4·0	1·4	10·0	3·6	16·0	5·7
41	5 25·3	5 26·1	5 10·4	4·1	1·5	10·1	3·6	16·1	5·8
42	5 25·5	5 26·4	5 10·7	4·2	1·5	10·2	3·7	16·2	5·8
43	5 25·8	5 26·6	5 10·9	4·3	1·5	10·3	3·7	16·3	5·8
44	5 26·0	5 26·9	5 11·1	4·4	1·6	10·4	3·7	16·4	5·9
45	5 26·3	5 27·1	5 11·4	4·5	1·6	10·5	3·8	16·5	5·9
46	5 26·5	5 27·4	5 11·6	4·6	1·6	10·6	3·8	16·6	5·9
47	5 26·8	5 27·6	5 11·9	4·7	1·7	10·7	3·8	16·7	6·0
48	5 27·0	5 27·9	5 12·1	4·8	1·7	10·8	3·9	16·8	6·0
49	5 27·3	5 28·1	5 12·3	4·9	1·8	10·9	3·9	16·9	6·1
50	5 27·5	5 28·4	5 12·6	5·0	1·8	11·0	3·9	17·0	6·1
51	5 27·8	5 28·6	5 12·8	5·1	1·8	11·1	4·0	17·1	6·1
52	5 28·0	5 28·9	5 13·1	5·2	1·9	11·2	4·0	17·2	6·2
53	5 28·3	5 29·1	5 13·3	5·3	1·9	11·3	4·0	17·3	6·2
54	5 28·5	5 29·4	5 13·5	5·4	1·9	11·4	4·1	17·4	6·2
55	5 28·8	5 29·7	5 13·8	5·5	2·0	11·5	4·1	17·5	6·3
56	5 29·0	5 29·9	5 14·0	5·6	2·0	11·6	4·2	17·6	6·3
57	5 29·3	5 30·2	5 14·3	5·7	2·0	11·7	4·2	17·7	6·3
58	5 29·5	5 30·4	5 14·5	5·8	2·1	11·8	4·2	17·8	6·4
59	5 29·8	5 30·7	5 14·7	5·9	2·1	11·9	4·3	17·9	6·4
60	5 30·0	5 30·9	5 15·0	6·0	2·2	12·0	4·3	18·0	6·5

22m	SUN PLANETS	ARIES	MOON	v or d	Corrn	v or d	Corrn	v or d	Corrn
s	° ′	° ′	° ′	′	′	′	′	′	′
00	5 30·0	5 30·9	5 15·0	0·0	0·0	6·0	2·3	12·0	4·5
01	5 30·3	5 31·2	5 15·2	0·1	0·0	6·1	2·3	12·1	4·5
02	5 30·5	5 31·4	5 15·4	0·2	0·1	6·2	2·3	12·2	4·6
03	5 30·8	5 31·7	5 15·7	0·3	0·1	6·3	2·4	12·3	4·6
04	5 31·0	5 31·9	5 15·9	0·4	0·2	6·4	2·4	12·4	4·7
05	5 31·3	5 32·2	5 16·2	0·5	0·2	6·5	2·4	12·5	4·7
06	5 31·5	5 32·4	5 16·4	0·6	0·2	6·6	2·5	12·6	4·7
07	5 31·8	5 32·7	5 16·6	0·7	0·3	6·7	2·5	12·7	4·8
08	5 32·0	5 32·9	5 16·9	0·8	0·3	6·8	2·6	12·8	4·8
09	5 32·3	5 33·2	5 17·1	0·9	0·3	6·9	2·6	12·9	4·8
10	5 32·5	5 33·4	5 17·4	1·0	0·4	7·0	2·6	13·0	4·9
11	5 32·8	5 33·7	5 17·6	1·1	0·4	7·1	2·7	13·1	4·9
12	5 33·0	5 33·9	5 17·8	1·2	0·5	7·2	2·7	13·2	5·0
13	5 33·3	5 34·2	5 18·1	1·3	0·5	7·3	2·7	13·3	5·0
14	5 33·5	5 34·4	5 18·3	1·4	0·5	7·4	2·8	13·4	5·0
15	5 33·8	5 34·7	5 18·5	1·5	0·6	7·5	2·8	13·5	5·1
16	5 34·0	5 34·9	5 18·8	1·6	0·6	7·6	2·9	13·6	5·1
17	5 34·3	5 35·2	5 19·0	1·7	0·6	7·7	2·9	13·7	5·1
18	5 34·5	5 35·4	5 19·3	1·8	0·7	7·8	2·9	13·8	5·2
19	5 34·8	5 35·7	5 19·5	1·9	0·7	7·9	3·0	13·9	5·2
20	5 35·0	5 35·9	5 19·7	2·0	0·8	8·0	3·0	14·0	5·3
21	5 35·3	5 36·2	5 20·0	2·1	0·8	8·1	3·0	14·1	5·3
22	5 35·5	5 36·4	5 20·2	2·2	0·8	8·2	3·1	14·2	5·3
23	5 35·8	5 36·7	5 20·5	2·3	0·9	8·3	3·1	14·3	5·4
24	5 36·0	5 36·9	5 20·7	2·4	0·9	8·4	3·2	14·4	5·4
25	5 36·3	5 37·2	5 20·9	2·5	0·9	8·5	3·2	14·5	5·4
26	5 36·5	5 37·4	5 21·2	2·6	1·0	8·6	3·2	14·6	5·5
27	5 36·8	5 37·7	5 21·4	2·7	1·0	8·7	3·3	14·7	5·5
28	5 37·0	5 37·9	5 21·6	2·8	1·1	8·8	3·3	14·8	5·6
29	5 37·3	5 38·2	5 21·9	2·9	1·1	8·9	3·3	14·9	5·6
30	5 37·5	5 38·4	5 22·1	3·0	1·1	9·0	3·4	15·0	5·6
31	5 37·8	5 38·7	5 22·4	3·1	1·2	9·1	3·4	15·1	5·7
32	5 38·0	5 38·9	5 22·6	3·2	1·2	9·2	3·5	15·2	5·7
33	5 38·3	5 39·2	5 22·8	3·3	1·2	9·3	3·5	15·3	5·7
34	5 38·5	5 39·4	5 23·1	3·4	1·3	9·4	3·5	15·4	5·8
35	5 38·8	5 39·7	5 23·3	3·5	1·3	9·5	3·6	15·5	5·8
36	5 39·0	5 39·9	5 23·6	3·6	1·4	9·6	3·6	15·6	5·9
37	5 39·3	5 40·2	5 23·8	3·7	1·4	9·7	3·6	15·7	5·9
38	5 39·5	5 40·4	5 24·0	3·8	1·4	9·8	3·7	15·8	5·9
39	5 39·8	5 40·7	5 24·3	3·9	1·5	9·9	3·7	15·9	6·0
40	5 40·0	5 40·9	5 24·5	4·0	1·5	10·0	3·8	16·0	6·0
41	5 40·3	5 41·2	5 24·7	4·1	1·5	10·1	3·8	16·1	6·0
42	5 40·5	5 41·4	5 25·0	4·2	1·6	10·2	3·8	16·2	6·1
43	5 40·8	5 41·7	5 25·2	4·3	1·6	10·3	3·9	16·3	6·1
44	5 41·0	5 41·9	5 25·5	4·4	1·7	10·4	3·9	16·4	6·2
45	5 41·3	5 42·2	5 25·7	4·5	1·7	10·5	3·9	16·5	6·2
46	5 41·5	5 42·4	5 25·9	4·6	1·7	10·6	4·0	16·6	6·2
47	5 41·8	5 42·7	5 26·2	4·7	1·8	10·7	4·0	16·7	6·3
48	5 42·0	5 42·9	5 26·4	4·8	1·8	10·8	4·1	16·8	6·3
49	5 42·3	5 43·2	5 26·7	4·9	1·8	10·9	4·1	16·9	6·3
50	5 42·5	5 43·4	5 26·9	5·0	1·9	11·0	4·1	17·0	6·4
51	5 42·8	5 43·7	5 27·1	5·1	1·9	11·1	4·2	17·1	6·4
52	5 43·0	5 43·9	5 27·4	5·2	2·0	11·2	4·2	17·2	6·5
53	5 43·3	5 44·2	5 27·6	5·3	2·0	11·3	4·2	17·3	6·5
54	5 43·5	5 44·4	5 27·9	5·4	2·0	11·4	4·3	17·4	6·5
55	5 43·8	5 44·7	5 28·1	5·5	2·1	11·5	4·3	17·5	6·6
56	5 44·0	5 44·9	5 28·3	5·6	2·1	11·6	4·4	17·6	6·6
57	5 44·3	5 45·2	5 28·6	5·7	2·1	11·7	4·4	17·7	6·6
58	5 44·5	5 45·4	5 28·8	5·8	2·2	11·8	4·4	17·8	6·7
59	5 44·8	5 45·7	5 29·0	5·9	2·2	11·9	4·5	17·9	6·7
60	5 45·0	5 45·9	5 29·3	6·0	2·3	12·0	4·5	18·0	6·8

23m	SUN PLANETS	ARIES	MOON	v or d	Corrn	v or d	Corrn	v or d	Corrn
s	° ′	° ′	° ′	′	′	′	′	′	′
00	5 45·0	5 45·9	5 29·3	0·0	0·0	6·0	2·4	12·0	4·7
01	5 45·3	5 46·2	5 29·5	0·1	0·0	6·1	2·4	12·1	4·7
02	5 45·5	5 46·4	5 29·8	0·2	0·1	6·2	2·4	12·2	4·8
03	5 45·8	5 46·7	5 30·0	0·3	0·1	6·3	2·5	12·3	4·8
04	5 46·0	5 46·9	5 30·2	0·4	0·2	6·4	2·5	12·4	4·9
05	5 46·3	5 47·2	5 30·5	0·5	0·2	6·5	2·5	12·5	4·9
06	5 46·5	5 47·4	5 30·7	0·6	0·2	6·6	2·6	12·6	4·9
07	5 46·8	5 47·7	5 31·0	0·7	0·3	6·7	2·6	12·7	5·0
08	5 47·0	5 48·0	5 31·2	0·8	0·3	6·8	2·7	12·8	5·0
09	5 47·3	5 48·2	5 31·4	0·9	0·4	6·9	2·7	12·9	5·1
10	5 47·5	5 48·5	5 31·7	1·0	0·4	7·0	2·7	13·0	5·1
11	5 47·8	5 48·7	5 31·9	1·1	0·4	7·1	2·8	13·1	5·1
12	5 48·0	5 49·0	5 32·1	1·2	0·5	7·2	2·8	13·2	5·2
13	5 48·3	5 49·2	5 32·4	1·3	0·5	7·3	2·9	13·3	5·2
14	5 48·5	5 49·5	5 32·6	1·4	0·5	7·4	2·9	13·4	5·2
15	5 48·8	5 49·7	5 32·9	1·5	0·6	7·5	2·9	13·5	5·3
16	5 49·0	5 50·0	5 33·1	1·6	0·6	7·6	3·0	13·6	5·3
17	5 49·3	5 50·2	5 33·3	1·7	0·7	7·7	3·0	13·7	5·4
18	5 49·5	5 50·5	5 33·6	1·8	0·7	7·8	3·1	13·8	5·4
19	5 49·8	5 50·7	5 33·8	1·9	0·7	7·9	3·1	13·9	5·4
20	5 50·0	5 51·0	5 34·1	2·0	0·8	8·0	3·1	14·0	5·5
21	5 50·3	5 51·2	5 34·3	2·1	0·8	8·1	3·2	14·1	5·5
22	5 50·5	5 51·5	5 34·5	2·2	0·9	8·2	3·2	14·2	5·6
23	5 50·8	5 51·7	5 34·8	2·3	0·9	8·3	3·3	14·3	5·6
24	5 51·0	5 52·0	5 35·0	2·4	0·9	8·4	3·3	14·4	5·6
25	5 51·3	5 52·2	5 35·2	2·5	1·0	8·5	3·3	14·5	5·7
26	5 51·5	5 52·5	5 35·5	2·6	1·0	8·6	3·4	14·6	5·7
27	5 51·8	5 52·7	5 35·7	2·7	1·1	8·7	3·4	14·7	5·8
28	5 52·0	5 53·0	5 36·0	2·8	1·1	8·8	3·4	14·8	5·8
29	5 52·3	5 53·2	5 36·2	2·9	1·1	8·9	3·5	14·9	5·8
30	5 52·5	5 53·5	5 36·4	3·0	1·2	9·0	3·5	15·0	5·9
31	5 52·8	5 53·7	5 36·7	3·1	1·2	9·1	3·6	15·1	5·9
32	5 53·0	5 54·0	5 36·9	3·2	1·3	9·2	3·6	15·2	6·0
33	5 53·3	5 54·2	5 37·2	3·3	1·3	9·3	3·6	15·3	6·0
34	5 53·5	5 54·5	5 37·4	3·4	1·3	9·4	3·7	15·4	6·0
35	5 53·8	5 54·7	5 37·6	3·5	1·4	9·5	3·7	15·5	6·1
36	5 54·0	5 55·0	5 37·9	3·6	1·4	9·6	3·8	15·6	6·1
37	5 54·3	5 55·2	5 38·1	3·7	1·4	9·7	3·8	15·7	6·1
38	5 54·5	5 55·5	5 38·4	3·8	1·5	9·8	3·8	15·8	6·2
39	5 54·8	5 55·7	5 38·6	3·9	1·5	9·9	3·9	15·9	6·2
40	5 55·0	5 56·0	5 38·8	4·0	1·6	10·0	3·9	16·0	6·3
41	5 55·3	5 56·2	5 39·1	4·1	1·6	10·1	4·0	16·1	6·3
42	5 55·5	5 56·5	5 39·3	4·2	1·6	10·2	4·0	16·2	6·3
43	5 55·8	5 56·7	5 39·5	4·3	1·7	10·3	4·0	16·3	6·4
44	5 56·0	5 57·0	5 39·8	4·4	1·7	10·4	4·1	16·4	6·4
45	5 56·3	5 57·2	5 40·0	4·5	1·8	10·5	4·1	16·5	6·5
46	5 56·5	5 57·5	5 40·3	4·6	1·8	10·6	4·2	16·6	6·5
47	5 56·8	5 57·7	5 40·5	4·7	1·8	10·7	4·2	16·7	6·5
48	5 57·0	5 58·0	5 40·7	4·8	1·9	10·8	4·2	16·8	6·6
49	5 57·3	5 58·2	5 41·0	4·9	1·9	10·9	4·3	16·9	6·6
50	5 57·5	5 58·5	5 41·2	5·0	2·0	11·0	4·3	17·0	6·7
51	5 57·8	5 58·7	5 41·5	5·1	2·0	11·1	4·3	17·1	6·7
52	5 58·0	5 59·0	5 41·7	5·2	2·0	11·2	4·4	17·2	6·7
53	5 58·3	5 59·2	5 41·9	5·3	2·1	11·3	4·4	17·3	6·8
54	5 58·5	5 59·5	5 42·2	5·4	2·1	11·4	4·5	17·4	6·8
55	5 58·8	5 59·7	5 42·4	5·5	2·2	11·5	4·5	17·5	6·9
56	5 59·0	6 00·0	5 42·6	5·6	2·2	11·6	4·5	17·6	6·9
57	5 59·3	6 00·2	5 42·9	5·7	2·2	11·7	4·6	17·7	6·9
58	5 59·5	6 00·5	5 43·1	5·8	2·3	11·8	4·6	17·8	7·0
59	5 59·8	6 00·7	5 43·4	5·9	2·3	11·9	4·7	17·9	7·0
60	6 00·0	6 01·0	5 43·6	6·0	2·4	12·0	4·7	18·0	7·1

24^m s	SUN PLANETS ° ′	ARIES ° ′	MOON ° ′	v or d ′	Corr^n ′	v or d ′	Corr^n ′	v or d ′	Corr^n ′
00	6 00·0	6 01·0	5 43·6	0·0	0·0	6·0	2·5	12·0	4·9
01	6 00·3	6 01·2	5 43·8	0·1	0·0	6·1	2·5	12·1	4·9
02	6 00·5	6 01·5	5 44·1	0·2	0·1	6·2	2·5	12·2	5·0
03	6 00·8	6 01·7	5 44·3	0·3	0·1	6·3	2·6	12·3	5·0
04	6 01·0	6 02·0	5 44·6	0·4	0·2	6·4	2·6	12·4	5·1
05	6 01·3	6 02·2	5 44·8	0·5	0·2	6·5	2·7	12·5	5·1
06	6 01·5	6 02·5	5 45·0	0·6	0·2	6·6	2·7	12·6	5·1
07	6 01·8	6 02·7	5 45·3	0·7	0·3	6·7	2·7	12·7	5·2
08	6 02·0	6 03·0	5 45·5	0·8	0·3	6·8	2·8	12·8	5·2
09	6 02·3	6 03·2	5 45·7	0·9	0·4	6·9	2·8	12·9	5·3
10	6 02·5	6 03·5	5 46·0	1·0	0·4	7·0	2·9	13·0	5·3
11	6 02·8	6 03·7	5 46·2	1·1	0·4	7·1	2·9	13·1	5·3
12	6 03·0	6 04·0	5 46·5	1·2	0·5	7·2	2·9	13·2	5·4
13	6 03·3	6 04·2	5 46·7	1·3	0·5	7·3	3·0	13·3	5·4
14	6 03·5	6 04·5	5 46·9	1·4	0·6	7·4	3·0	13·4	5·5
15	6 03·8	6 04·7	5 47·2	1·5	0·6	7·5	3·1	13·5	5·5
16	6 04·0	6 05·0	5 47·4	1·6	0·7	7·6	3·1	13·6	5·6
17	6 04·3	6 05·2	5 47·7	1·7	0·7	7·7	3·1	13·7	5·6
18	6 04·5	6 05·5	5 47·9	1·8	0·7	7·8	3·2	13·8	5·6
19	6 04·8	6 05·7	5 48·1	1·9	0·8	7·9	3·2	13·9	5·7
20	6 05·0	6 06·0	5 48·4	2·0	0·8	8·0	3·3	14·0	5·7
21	6 05·3	6 06·3	5 48·6	2·1	0·9	8·1	3·3	14·1	5·8
22	6 05·5	6 06·5	5 48·8	2·2	0·9	8·2	3·3	14·2	5·8
23	6 05·8	6 06·8	5 49·1	2·3	0·9	8·3	3·4	14·3	5·8
24	6 06·0	6 07·0	5 49·3	2·4	1·0	8·4	3·4	14·4	5·9
25	6 06·3	6 07·3	5 49·6	2·5	1·0	8·5	3·5	14·5	5·9
26	6 06·5	6 07·5	5 49·8	2·6	1·1	8·6	3·5	14·6	6·0
27	6 06·8	6 07·8	5 50·0	2·7	1·1	8·7	3·6	14·7	6·0
28	6 07·0	6 08·0	5 50·3	2·8	1·1	8·8	3·6	14·8	6·0
29	6 07·3	6 08·3	5 50·5	2·9	1·2	8·9	3·6	14·9	6·1
30	6 07·5	6 08·5	5 50·8	3·0	1·2	9·0	3·7	15·0	6·1
31	6 07·8	6 08·8	5 51·0	3·1	1·3	9·1	3·7	15·1	6·2
32	6 08·0	6 09·0	5 51·2	3·2	1·3	9·2	3·8	15·2	6·2
33	6 08·3	6 09·3	5 51·5	3·3	1·3	9·3	3·8	15·3	6·2
34	6 08·5	6 09·5	5 51·7	3·4	1·4	9·4	3·8	15·4	6·3
35	6 08·8	6 09·8	5 52·0	3·5	1·4	9·5	3·9	15·5	6·3
36	6 09·0	6 10·0	5 52·2	3·6	1·5	9·6	3·9	15·6	6·4
37	6 09·3	6 10·3	5 52·4	3·7	1·5	9·7	4·0	15·7	6·4
38	6 09·5	6 10·5	5 52·7	3·8	1·6	9·8	4·0	15·8	6·5
39	6 09·8	6 10·8	5 52·9	3·9	1·6	9·9	4·0	15·9	6·5
40	6 10·0	6 11·0	5 53·1	4·0	1·6	10·0	4·1	16·0	6·5
41	6 10·3	6 11·3	5 53·4	4·1	1·7	10·1	4·1	16·1	6·6
42	6 10·5	6 11·5	5 53·6	4·2	1·7	10·2	4·2	16·2	6·6
43	6 10·8	6 11·8	5 53·9	4·3	1·8	10·3	4·2	16·3	6·7
44	6 11·0	6 12·0	5 54·1	4·4	1·8	10·4	4·2	16·4	6·7
45	6 11·3	6 12·3	5 54·3	4·5	1·8	10·5	4·3	16·5	6·7
46	6 11·5	6 12·5	5 54·6	4·6	1·9	10·6	4·3	16·6	6·8
47	6 11·8	6 12·8	5 54·8	4·7	1·9	10·7	4·4	16·7	6·8
48	6 12·0	6 13·0	5 55·1	4·8	2·0	10·8	4·4	16·8	6·9
49	6 12·3	6 13·3	5 55·3	4·9	2·0	10·9	4·5	16·9	6·9
50	6 12·5	6 13·5	5 55·5	5·0	2·0	11·0	4·5	17·0	6·9
51	6 12·8	6 13·8	5 55·8	5·1	2·1	11·1	4·5	17·1	7·0
52	6 13·0	6 14·0	5 56·0	5·2	2·1	11·2	4·6	17·2	7·0
53	6 13·3	6 14·3	5 56·2	5·3	2·2	11·3	4·6	17·3	7·1
54	6 13·5	6 14·5	5 56·5	5·4	2·2	11·4	4·7	17·4	7·1
55	6 13·8	6 14·8	5 56·7	5·5	2·2	11·5	4·7	17·5	7·1
56	6 14·0	6 15·0	5 57·0	5·6	2·3	11·6	4·7	17·6	7·2
57	6 14·3	6 15·3	5 57·2	5·7	2·3	11·7	4·8	17·7	7·2
58	6 14·5	6 15·5	5 57·4	5·8	2·4	11·8	4·8	17·8	7·3
59	6 14·8	6 15·8	5 57·7	5·9	2·4	11·9	4·9	17·9	7·3
60	6 15·0	6 16·0	5 57·9	6·0	2·5	12·0	4·9	18·0	7·4

25^m s	SUN PLANETS ° ′	ARIES ° ′	MOON ° ′	v or d ′	Corr^n ′	v or d ′	Corr^n ′	v or d ′	Corr^n ′
00	6 15·0	6 16·0	5 57·9	0·0	0·0	6·0	2·6	12·0	5·1
01	6 15·3	6 16·3	5 58·2	0·1	0·0	6·1	2·6	12·1	5·1
02	6 15·5	6 16·5	5 58·4	0·2	0·1	6·2	2·6	12·2	5·2
03	6 15·8	6 16·8	5 58·6	0·3	0·1	6·3	2·7	12·3	5·2
04	6 16·0	6 17·0	5 58·9	0·4	0·2	6·4	2·7	12·4	5·3
05	6 16·3	6 17·3	5 59·1	0·5	0·2	6·5	2·8	12·5	5·3
06	6 16·5	6 17·5	5 59·3	0·6	0·3	6·6	2·8	12·6	5·4
07	6 16·8	6 17·8	5 59·6	0·7	0·3	6·7	2·8	12·7	5·4
08	6 17·0	6 18·0	5 59·8	0·8	0·3	6·8	2·9	12·8	5·4
09	6 17·3	6 18·3	6 00·1	0·9	0·4	6·9	2·9	12·9	5·5
10	6 17·5	6 18·5	6 00·3	1·0	0·4	7·0	3·0	13·0	5·5
11	6 17·8	6 18·8	6 00·5	1·1	0·5	7·1	3·0	13·1	5·6
12	6 18·0	6 19·0	6 00·8	1·2	0·5	7·2	3·1	13·2	5·6
13	6 18·3	6 19·3	6 01·0	1·3	0·6	7·3	3·1	13·3	5·7
14	6 18·5	6 19·5	6 01·3	1·4	0·6	7·4	3·1	13·4	5·7
15	6 18·8	6 19·8	6 01·5	1·5	0·6	7·5	3·2	13·5	5·7
16	6 19·0	6 20·0	6 01·7	1·6	0·7	7·6	3·2	13·6	5·8
17	6 19·3	6 20·3	6 02·0	1·7	0·7	7·7	3·3	13·7	5·8
18	6 19·5	6 20·5	6 02·2	1·8	0·8	7·8	3·3	13·8	5·9
19	6 19·8	6 20·8	6 02·5	1·9	0·8	7·9	3·4	13·9	5·9
20	6 20·0	6 21·0	6 02·7	2·0	0·9	8·0	3·4	14·0	6·0
21	6 20·3	6 21·3	6 02·9	2·1	0·9	8·1	3·4	14·1	6·0
22	6 20·5	6 21·5	6 03·2	2·2	0·9	8·2	3·5	14·2	6·0
23	6 20·8	6 21·8	6 03·4	2·3	1·0	8·3	3·5	14·3	6·1
24	6 21·0	6 22·0	6 03·6	2·4	1·0	8·4	3·6	14·4	6·1
25	6 21·3	6 22·3	6 03·9	2·5	1·1	8·5	3·6	14·5	6·2
26	6 21·5	6 22·5	6 04·1	2·6	1·1	8·6	3·7	14·6	6·2
27	6 21·8	6 22·8	6 04·4	2·7	1·1	8·7	3·7	14·7	6·2
28	6 22·0	6 23·0	6 04·6	2·8	1·2	8·8	3·7	14·8	6·3
29	6 22·3	6 23·3	6 04·8	2·9	1·2	8·9	3·8	14·9	6·3
30	6 22·5	6 23·5	6 05·1	3·0	1·3	9·0	3·8	15·0	6·4
31	6 22·8	6 23·8	6 05·3	3·1	1·3	9·1	3·9	15·1	6·4
32	6 23·0	6 24·0	6 05·6	3·2	1·4	9·2	3·9	15·2	6·5
33	6 23·3	6 24·3	6 05·8	3·3	1·4	9·3	4·0	15·3	6·5
34	6 23·5	6 24·5	6 06·0	3·4	1·4	9·4	4·0	15·4	6·5
35	6 23·8	6 24·8	6 06·3	3·5	1·5	9·5	4·0	15·5	6·6
36	6 24·0	6 25·1	6 06·5	3·6	1·5	9·6	4·1	15·6	6·6
37	6 24·3	6 25·3	6 06·7	3·7	1·6	9·7	4·1	15·7	6·7
38	6 24·5	6 25·6	6 07·0	3·8	1·6	9·8	4·2	15·8	6·7
39	6 24·8	6 25·8	6 07·2	3·9	1·7	9·9	4·2	15·9	6·8
40	6 25·0	6 26·1	6 07·5	4·0	1·7	10·0	4·3	16·0	6·8
41	6 25·3	6 26·3	6 07·7	4·1	1·7	10·1	4·3	16·1	6·8
42	6 25·5	6 26·6	6 07·9	4·2	1·8	10·2	4·3	16·2	6·9
43	6 25·8	6 26·8	6 08·2	4·3	1·8	10·3	4·4	16·3	6·9
44	6 26·0	6 27·1	6 08·4	4·4	1·9	10·4	4·4	16·4	7·0
45	6 26·3	6 27·3	6 08·7	4·5	1·9	10·5	4·5	16·5	7·0
46	6 26·5	6 27·6	6 08·9	4·6	2·0	10·6	4·5	16·6	7·1
47	6 26·8	6 27·8	6 09·1	4·7	2·0	10·7	4·5	16·7	7·1
48	6 27·0	6 28·1	6 09·4	4·8	2·0	10·8	4·6	16·8	7·1
49	6 27·3	6 28·3	6 09·6	4·9	2·1	10·9	4·6	16·9	7·2
50	6 27·5	6 28·6	6 09·8	5·0	2·1	11·0	4·7	17·0	7·2
51	6 27·8	6 28·8	6 10·1	5·1	2·2	11·1	4·7	17·1	7·3
52	6 28·0	6 29·1	6 10·3	5·2	2·2	11·2	4·8	17·2	7·3
53	6 28·3	6 29·3	6 10·6	5·3	2·3	11·3	4·8	17·3	7·4
54	6 28·5	6 29·6	6 10·8	5·4	2·3	11·4	4·8	17·4	7·4
55	6 28·8	6 29·8	6 11·0	5·5	2·3	11·5	4·9	17·5	7·4
56	6 29·0	6 30·1	6 11·3	5·6	2·4	11·6	4·9	17·6	7·5
57	6 29·3	6 30·3	6 11·5	5·7	2·4	11·7	5·0	17·7	7·5
58	6 29·5	6 30·6	6 11·8	5·8	2·5	11·8	5·0	17·8	7·6
59	6 29·8	6 30·8	6 12·0	5·9	2·5	11·9	5·1	17·9	7·6
60	6 30·0	6 31·1	6 12·2	6·0	2·6	12·0	5·1	18·0	7·7

26ᵐ s	SUN PLANETS ° ′	ARIES ° ′	MOON ° ′	v or d ′	Corrⁿ ′	v or d ′	Corrⁿ ′	v or d ′	Corrⁿ ′
00	6 30·0	6 31·1	6 12·2	0·0	0·0	6·0	2·7	12·0	5·3
01	6 30·3	6 31·3	6 12·5	0·1	0·0	6·1	2·7	12·1	5·3
02	6 30·5	6 31·6	6 12·7	0·2	0·1	6·2	2·7	12·2	5·4
03	6 30·8	6 31·8	6 12·9	0·3	0·1	6·3	2·8	12·3	5·4
04	6 31·0	6 32·1	6 13·2	0·4	0·2	6·4	2·8	12·4	5·5
05	6 31·3	6 32·3	6 13·4	0·5	0·2	6·5	2·9	12·5	5·5
06	6 31·5	6 32·6	6 13·7	0·6	0·3	6·6	2·9	12·6	5·6
07	6 31·8	6 32·8	6 13·9	0·7	0·3	6·7	3·0	12·7	5·6
08	6 32·0	6 33·1	6 14·1	0·8	0·4	6·8	3·0	12·8	5·7
09	6 32·3	6 33·3	6 14·4	0·9	0·4	6·9	3·0	12·9	5·7
10	6 32·5	6 33·6	6 14·6	1·0	0·4	7·0	3·1	13·0	5·7
11	6 32·8	6 33·8	6 14·9	1·1	0·5	7·1	3·1	13·1	5·8
12	6 33·0	6 34·1	6 15·1	1·2	0·5	7·2	3·2	13·2	5·8
13	6 33·3	6 34·3	6 15·3	1·3	0·6	7·3	3·2	13·3	5·9
14	6 33·5	6 34·6	6 15·6	1·4	0·6	7·4	3·3	13·4	5·9
15	6 33·8	6 34·8	6 15·8	1·5	0·7	7·5	3·3	13·5	6·0
16	6 34·0	6 35·1	6 16·1	1·6	0·7	7·6	3·4	13·6	6·0
17	6 34·3	6 35·3	6 16·3	1·7	0·8	7·7	3·4	13·7	6·1
18	6 34·5	6 35·6	6 16·5	1·8	0·8	7·8	3·4	13·8	6·1
19	6 34·8	6 35·8	6 16·8	1·9	0·8	7·9	3·5	13·9	6·1
20	6 35·0	6 36·1	6 17·0	2·0	0·9	8·0	3·5	14·0	6·2
21	6 35·3	6 36·3	6 17·2	2·1	0·9	8·1	3·6	14·1	6·2
22	6 35·5	6 36·6	6 17·5	2·2	1·0	8·2	3·6	14·2	6·3
23	6 35·8	6 36·8	6 17·7	2·3	1·0	8·3	3·7	14·3	6·3
24	6 36·0	6 37·1	6 18·0	2·4	1·1	8·4	3·7	14·4	6·4
25	6 36·3	6 37·3	6 18·2	2·5	1·1	8·5	3·8	14·5	6·4
26	6 36·5	6 37·6	6 18·4	2·6	1·1	8·6	3·8	14·6	6·4
27	6 36·8	6 37·8	6 18·7	2·7	1·2	8·7	3·8	14·7	6·5
28	6 37·0	6 38·1	6 18·9	2·8	1·2	8·8	3·9	14·8	6·5
29	6 37·3	6 38·3	6 19·2	2·9	1·3	8·9	3·9	14·9	6·6
30	6 37·5	6 38·6	6 19·4	3·0	1·3	9·0	4·0	15·0	6·6
31	6 37·8	6 38·8	6 19·6	3·1	1·4	9·1	4·0	15·1	6·7
32	6 38·0	6 39·1	6 19·9	3·2	1·4	9·2	4·1	15·2	6·7
33	6 38·3	6 39·3	6 20·1	3·3	1·5	9·3	4·1	15·3	6·8
34	6 38·5	6 39·6	6 20·3	3·4	1·5	9·4	4·2	15·4	6·8
35	6 38·8	6 39·8	6 20·6	3·5	1·5	9·5	4·2	15·5	6·8
36	6 39·0	6 40·1	6 20·8	3·6	1·6	9·6	4·2	15·6	6·9
37	6 39·3	6 40·3	6 21·1	3·7	1·6	9·7	4·3	15·7	6·9
38	6 39·5	6 40·6	6 21·3	3·8	1·7	9·8	4·3	15·8	7·0
39	6 39·8	6 40·8	6 21·5	3·9	1·7	9·9	4·4	15·9	7·0
40	6 40·0	6 41·1	6 21·8	4·0	1·8	10·0	4·4	16·0	7·1
41	6 40·3	6 41·3	6 22·0	4·1	1·8	10·1	4·5	16·1	7·1
42	6 40·5	6 41·6	6 22·3	4·2	1·9	10·2	4·5	16·2	7·2
43	6 40·8	6 41·8	6 22·5	4·3	1·9	10·3	4·5	16·3	7·2
44	6 41·0	6 42·1	6 22·7	4·4	1·9	10·4	4·6	16·4	7·2
45	6 41·3	6 42·3	6 23·0	4·5	2·0	10·5	4·6	16·5	7·3
46	6 41·5	6 42·6	6 23·2	4·6	2·0	10·6	4·7	16·6	7·3
47	6 41·8	6 42·8	6 23·4	4·7	2·1	10·7	4·7	16·7	7·4
48	6 42·0	6 43·1	6 23·7	4·8	2·1	10·8	4·8	16·8	7·4
49	6 42·3	6 43·4	6 23·9	4·9	2·2	10·9	4·8	16·9	7·5
50	6 42·5	6 43·6	6 24·2	5·0	2·2	11·0	4·9	17·0	7·5
51	6 42·8	6 43·9	6 24·4	5·1	2·3	11·1	4·9	17·1	7·6
52	6 43·0	6 44·1	6 24·6	5·2	2·3	11·2	4·9	17·2	7·6
53	6 43·3	6 44·4	6 24·9	5·3	2·3	11·3	5·0	17·3	7·6
54	6 43·5	6 44·6	6 25·1	5·4	2·4	11·4	5·0	17·4	7·7
55	6 43·8	6 44·9	6 25·4	5·5	2·4	11·5	5·1	17·5	7·7
56	6 44·0	6 45·1	6 25·6	5·6	2·5	11·6	5·1	17·6	7·8
57	6 44·3	6 45·4	6 25·8	5·7	2·5	11·7	5·2	17·7	7·8
58	6 44·5	6 45·6	6 26·1	5·8	2·6	11·8	5·2	17·8	7·9
59	6 44·8	6 45·9	6 26·3	5·9	2·6	11·9	5·3	17·9	7·9
60	6 45·0	6 46·1	6 26·6	6·0	2·7	12·0	5·3	18·0	8·0

27ᵐ s	SUN PLANETS ° ′	ARIES ° ′	MOON ° ′	v or d ′	Corrⁿ ′	v or d ′	Corrⁿ ′	v or d ′	Corrⁿ ′
00	6 45·0	6 46·1	6 26·6	0·0	0·0	6·0	2·8	12·0	5·5
01	6 45·3	6 46·4	6 26·8	0·1	0·0	6·1	2·8	12·1	5·5
02	6 45·5	6 46·6	6 27·0	0·2	0·1	6·2	2·8	12·2	5·6
03	6 45·8	6 46·9	6 27·3	0·3	0·1	6·3	2·9	12·3	5·6
04	6 46·0	6 47·1	6 27·5	0·4	0·2	6·4	2·9	12·4	5·7
05	6 46·3	6 47·4	6 27·7	0·5	0·2	6·5	3·0	12·5	5·7
06	6 46·5	6 47·6	6 28·0	0·6	0·3	6·6	3·0	12·6	5·8
07	6 46·8	6 47·9	6 28·2	0·7	0·3	6·7	3·1	12·7	5·8
08	6 47·0	6 48·1	6 28·5	0·8	0·4	6·8	3·1	12·8	5·9
09	6 47·3	6 48·4	6 28·7	0·9	0·4	6·9	3·2	12·9	5·9
10	6 47·5	6 48·6	6 28·9	1·0	0·5	7·0	3·2	13·0	6·0
11	6 47·8	6 48·9	6 29·2	1·1	0·5	7·1	3·3	13·1	6·0
12	6 48·0	6 49·1	6 29·4	1·2	0·6	7·2	3·3	13·2	6·1
13	6 48·3	6 49·4	6 29·7	1·3	0·6	7·3	3·3	13·3	6·1
14	6 48·5	6 49·6	6 29·9	1·4	0·6	7·4	3·4	13·4	6·1
15	6 48·8	6 49·9	6 30·1	1·5	0·7	7·5	3·4	13·5	6·2
16	6 49·0	6 50·1	6 30·4	1·6	0·7	7·6	3·5	13·6	6·2
17	6 49·3	6 50·4	6 30·6	1·7	0·8	7·7	3·5	13·7	6·3
18	6 49·5	6 50·6	6 30·8	1·8	0·8	7·8	3·6	13·8	6·3
19	6 49·8	6 50·9	6 31·1	1·9	0·9	7·9	3·6	13·9	6·4
20	6 50·0	6 51·1	6 31·3	2·0	0·9	8·0	3·7	14·0	6·4
21	6 50·3	6 51·4	6 31·6	2·1	1·0	8·1	3·7	14·1	6·5
22	6 50·5	6 51·6	6 31·8	2·2	1·0	8·2	3·8	14·2	6·5
23	6 50·8	6 51·9	6 32·0	2·3	1·1	8·3	3·8	14·3	6·6
24	6 51·0	6 52·1	6 32·3	2·4	1·1	8·4	3·9	14·4	6·6
25	6 51·3	6 52·4	6 32·5	2·5	1·1	8·5	3·9	14·5	6·6
26	6 51·5	6 52·6	6 32·8	2·6	1·2	8·6	3·9	14·6	6·7
27	6 51·8	6 52·9	6 33·0	2·7	1·2	8·7	4·0	14·7	6·7
28	6 52·0	6 53·1	6 33·2	2·8	1·3	8·8	4·0	14·8	6·8
29	6 52·3	6 53·4	6 33·5	2·9	1·3	8·9	4·1	14·9	6·8
30	6 52·5	6 53·6	6 33·7	3·0	1·4	9·0	4·1	15·0	6·9
31	6 52·8	6 53·9	6 33·9	3·1	1·4	9·1	4·2	15·1	6·9
32	6 53·0	6 54·1	6 34·2	3·2	1·5	9·2	4·2	15·2	7·0
33	6 53·3	6 54·4	6 34·4	3·3	1·5	9·3	4·3	15·3	7·0
34	6 53·5	6 54·6	6 34·7	3·4	1·6	9·4	4·3	15·4	7·1
35	6 53·8	6 54·9	6 34·9	3·5	1·6	9·5	4·4	15·5	7·1
36	6 54·0	6 55·1	6 35·1	3·6	1·7	9·6	4·4	15·6	7·2
37	6 54·3	6 55·4	6 35·4	3·7	1·7	9·7	4·4	15·7	7·2
38	6 54·5	6 55·6	6 35·6	3·8	1·7	9·8	4·5	15·8	7·2
39	6 54·8	6 55·9	6 35·9	3·9	1·8	9·9	4·5	15·9	7·3
40	6 55·0	6 56·1	6 36·1	4·0	1·8	10·0	4·6	16·0	7·3
41	6 55·3	6 56·4	6 36·3	4·1	1·9	10·1	4·6	16·1	7·4
42	6 55·5	6 56·6	6 36·6	4·2	1·9	10·2	4·7	16·2	7·4
43	6 55·8	6 56·9	6 36·8	4·3	2·0	10·3	4·7	16·3	7·5
44	6 56·0	6 57·1	6 37·0	4·4	2·0	10·4	4·8	16·4	7·5
45	6 56·3	6 57·4	6 37·3	4·5	2·1	10·5	4·8	16·5	7·6
46	6 56·5	6 57·6	6 37·5	4·6	2·1	10·6	4·9	16·6	7·6
47	6 56·8	6 57·9	6 37·8	4·7	2·2	10·7	4·9	16·7	7·7
48	6 57·0	6 58·1	6 38·0	4·8	2·2	10·8	5·0	16·8	7·7
49	6 57·3	6 58·4	6 38·2	4·9	2·2	10·9	5·0	16·9	7·7
50	6 57·5	6 58·6	6 38·5	5·0	2·3	11·0	5·0	17·0	7·8
51	6 57·8	6 58·9	6 38·7	5·1	2·3	11·1	5·1	17·1	7·8
52	6 58·0	6 59·1	6 39·0	5·2	2·4	11·2	5·1	17·2	7·9
53	6 58·3	6 59·4	6 39·2	5·3	2·4	11·3	5·2	17·3	7·9
54	6 58·5	6 59·6	6 39·4	5·4	2·5	11·4	5·2	17·4	8·0
55	6 58·8	6 59·9	6 39·7	5·5	2·5	11·5	5·3	17·5	8·0
56	6 59·0	7 00·1	6 39·9	5·6	2·6	11·6	5·3	17·6	8·1
57	6 59·3	7 00·4	6 40·2	5·7	2·6	11·7	5·4	17·7	8·1
58	6 59·5	7 00·6	6 40·4	5·8	2·7	11·8	5·4	17·8	8·2
59	6 59·8	7 00·9	6 40·6	5·9	2·7	11·9	5·5	17·9	8·2
60	7 00·0	7 01·1	6 40·9	6·0	2·8	12·0	5·5	18·0	8·3

28m s	SUN PLANETS ° ′	ARIES ° ′	MOON ° ′	v or d ′	Corrⁿ ′	v or d ′	Corrⁿ ′	v or d ′	Corrⁿ ′
00	7 00·0	7 01·1	6 40·9	0·0	0·0	6·0	2·9	12·0	5·7
01	7 00·3	7 01·4	6 41·1	0·1	0·0	6·1	2·9	12·1	5·7
02	7 00·5	7 01·7	6 41·3	0·2	0·1	6·2	2·9	12·2	5·8
03	7 00·8	7 01·9	6 41·6	0·3	0·1	6·3	3·0	12·3	5·8
04	7 01·0	7 02·2	6 41·8	0·4	0·2	6·4	3·0	12·4	5·9
05	7 01·3	7 02·4	6 42·1	0·5	0·2	6·5	3·1	12·5	5·9
06	7 01·5	7 02·7	6 42·3	0·6	0·3	6·6	3·1	12·6	6·0
07	7 01·8	7 02·9	6 42·5	0·7	0·3	6·7	3·2	12·7	6·0
08	7 02·0	7 03·2	6 42·8	0·8	0·4	6·8	3·2	12·8	6·1
09	7 02·3	7 03·4	6 43·0	0·9	0·4	6·9	3·3	12·9	6·1
10	7 02·5	7 03·7	6 43·3	1·0	0·5	7·0	3·3	13·0	6·2
11	7 02·8	7 03·9	6 43·5	1·1	0·5	7·1	3·4	13·1	6·2
12	7 03·0	7 04·2	6 43·7	1·2	0·6	7·2	3·4	13·2	6·3
13	7 03·3	7 04·4	6 44·0	1·3	0·6	7·3	3·5	13·3	6·3
14	7 03·5	7 04·7	6 44·2	1·4	0·7	7·4	3·5	13·4	6·4
15	7 03·8	7 04·9	6 44·4	1·5	0·7	7·5	3·6	13·5	6·4
16	7 04·0	7 05·2	6 44·7	1·6	0·8	7·6	3·6	13·6	6·5
17	7 04·3	7 05·4	6 44·9	1·7	0·8	7·7	3·7	13·7	6·5
18	7 04·5	7 05·7	6 45·2	1·8	0·9	7·8	3·7	13·8	6·6
19	7 04·8	7 05·9	6 45·4	1·9	0·9	7·9	3·8	13·9	6·6
20	7 05·0	7 06·2	6 45·6	2·0	1·0	8·0	3·8	14·0	6·7
21	7 05·3	7 06·4	6 45·9	2·1	1·0	8·1	3·8	14·1	6·7
22	7 05·5	7 06·7	6 46·1	2·2	1·0	8·2	3·9	14·2	6·7
23	7 05·8	7 06·9	6 46·4	2·3	1·1	8·3	3·9	14·3	6·8
24	7 06·0	7 07·2	6 46·6	2·4	1·1	8·4	4·0	14·4	6·8
25	7 06·3	7 07·4	6 46·8	2·5	1·2	8·5	4·0	14·5	6·9
26	7 06·5	7 07·7	6 47·1	2·6	1·2	8·6	4·1	14·6	6·9
27	7 06·8	7 07·9	6 47·3	2·7	1·3	8·7	4·1	14·7	7·0
28	7 07·0	7 08·2	6 47·5	2·8	1·3	8·8	4·2	14·8	7·0
29	7 07·3	7 08·4	6 47·8	2·9	1·4	8·9	4·2	14·9	7·1
30	7 07·5	7 08·7	6 48·0	3·0	1·4	9·0	4·3	15·0	7·1
31	7 07·8	7 08·9	6 48·3	3·1	1·5	9·1	4·3	15·1	7·2
32	7 08·0	7 09·2	6 48·5	3·2	1·5	9·2	4·4	15·2	7·2
33	7 08·3	7 09·4	6 48·7	3·3	1·6	9·3	4·4	15·3	7·3
34	7 08·5	7 09·7	6 49·0	3·4	1·6	9·4	4·5	15·4	7·3
35	7 08·8	7 09·9	6 49·2	3·5	1·7	9·5	4·5	15·5	7·4
36	7 09·0	7 10·2	6 49·5	3·6	1·7	9·6	4·6	15·6	7·4
37	7 09·3	7 10·4	6 49·7	3·7	1·8	9·7	4·6	15·7	7·5
38	7 09·5	7 10·7	6 49·9	3·8	1·8	9·8	4·7	15·8	7·5
39	7 09·8	7 10·9	6 50·2	3·9	1·9	9·9	4·7	15·9	7·6
40	7 10·0	7 11·2	6 50·4	4·0	1·9	10·0	4·8	16·0	7·6
41	7 10·3	7 11·4	6 50·6	4·1	1·9	10·1	4·8	16·1	7·6
42	7 10·5	7 11·7	6 50·9	4·2	2·0	10·2	4·8	16·2	7·7
43	7 10·8	7 11·9	6 51·1	4·3	2·0	10·3	4·9	16·3	7·7
44	7 11·0	7 12·2	6 51·4	4·4	2·1	10·4	4·9	16·4	7·8
45	7 11·3	7 12·4	6 51·6	4·5	2·1	10·5	5·0	16·5	7·8
46	7 11·5	7 12·7	6 51·8	4·6	2·2	10·6	5·0	16·6	7·9
47	7 11·8	7 12·9	6 52·1	4·7	2·2	10·7	5·1	16·7	7·9
48	7 12·0	7 13·2	6 52·3	4·8	2·3	10·8	5·1	16·8	8·0
49	7 12·3	7 13·4	6 52·6	4·9	2·3	10·9	5·2	16·9	8·0
50	7 12·5	7 13·7	6 52·8	5·0	2·4	11·0	5·2	17·0	8·1
51	7 12·8	7 13·9	6 53·0	5·1	2·4	11·1	5·3	17·1	8·1
52	7 13·0	7 14·2	6 53·3	5·2	2·5	11·2	5·3	17·2	8·2
53	7 13·3	7 14·4	6 53·5	5·3	2·5	11·3	5·4	17·3	8·2
54	7 13·5	7 14·7	6 53·8	5·4	2·6	11·4	5·4	17·4	8·3
55	7 13·8	7 14·9	6 54·0	5·5	2·6	11·5	5·5	17·5	8·3
56	7 14·0	7 15·2	6 54·2	5·6	2·7	11·6	5·5	17·6	8·4
57	7 14·3	7 15·4	6 54·5	5·7	2·7	11·7	5·6	17·7	8·4
58	7 14·5	7 15·7	6 54·7	5·8	2·8	11·8	5·6	17·8	8·5
59	7 14·8	7 15·9	6 54·9	5·9	2·8	11·9	5·7	17·9	8·5
60	7 15·0	7 16·2	6 55·2	6·0	2·9	12·0	5·7	18·0	8·6

29m s	SUN PLANETS ° ′	ARIES ° ′	MOON ° ′	v or d ′	Corrⁿ ′	v or d ′	Corrⁿ ′	v or d ′	Corrⁿ ′
00	7 15·0	7 16·2	6 55·2	0·0	0·0	6·0	3·0	12·0	5·9
01	7 15·3	7 16·4	6 55·4	0·1	0·0	6·1	3·0	12·1	5·9
02	7 15·5	7 16·7	6 55·7	0·2	0·1	6·2	3·0	12·2	6·0
03	7 15·8	7 16·9	6 55·9	0·3	0·1	6·3	3·1	12·3	6·0
04	7 16·0	7 17·2	6 56·1	0·4	0·2	6·4	3·1	12·4	6·1
05	7 16·3	7 17·4	6 56·4	0·5	0·2	6·5	3·2	12·5	6·1
06	7 16·5	7 17·7	6 56·6	0·6	0·3	6·6	3·2	12·6	6·2
07	7 16·8	7 17·9	6 56·9	0·7	0·3	6·7	3·3	12·7	6·2
08	7 17·0	7 18·2	6 57·1	0·8	0·4	6·8	3·3	12·8	6·3
09	7 17·3	7 18·4	6 57·3	0·9	0·4	6·9	3·4	12·9	6·3
10	7 17·5	7 18·7	6 57·6	1·0	0·5	7·0	3·4	13·0	6·4
11	7 17·8	7 18·9	6 57·8	1·1	0·5	7·1	3·5	13·1	6·4
12	7 18·0	7 19·2	6 58·0	1·2	0·6	7·2	3·5	13·2	6·5
13	7 18·3	7 19·4	6 58·3	1·3	0·6	7·3	3·6	13·3	6·5
14	7 18·5	7 19·7	6 58·5	1·4	0·7	7·4	3·6	13·4	6·6
15	7 18·8	7 20·0	6 58·8	1·5	0·7	7·5	3·7	13·5	6·6
16	7 19·0	7 20·2	6 59·0	1·6	0·8	7·6	3·7	13·6	6·7
17	7 19·3	7 20·5	6 59·2	1·7	0·8	7·7	3·8	13·7	6·7
18	7 19·5	7 20·7	6 59·5	1·8	0·9	7·8	3·8	13·8	6·8
19	7 19·8	7 21·0	6 59·7	1·9	0·9	7·9	3·9	13·9	6·8
20	7 20·0	7 21·2	7 00·0	2·0	1·0	8·0	3·9	14·0	6·9
21	7 20·3	7 21·5	7 00·2	2·1	1·0	8·1	4·0	14·1	6·9
22	7 20·5	7 21·7	7 00·4	2·2	1·1	8·2	4·0	14·2	7·0
23	7 20·8	7 22·0	7 00·7	2·3	1·1	8·3	4·1	14·3	7·0
24	7 21·0	7 22·2	7 00·9	2·4	1·2	8·4	4·1	14·4	7·1
25	7 21·3	7 22·5	7 01·1	2·5	1·2	8·5	4·2	14·5	7·1
26	7 21·5	7 22·7	7 01·4	2·6	1·3	8·6	4·2	14·6	7·2
27	7 21·8	7 23·0	7 01·6	2·7	1·3	8·7	4·3	14·7	7·2
28	7 22·0	7 23·2	7 01·9	2·8	1·4	8·8	4·3	14·8	7·3
29	7 22·3	7 23·5	7 02·1	2·9	1·4	8·9	4·4	14·9	7·3
30	7 22·5	7 23·7	7 02·3	3·0	1·5	9·0	4·4	15·0	7·4
31	7 22·8	7 24·0	7 02·6	3·1	1·5	9·1	4·5	15·1	7·4
32	7 23·0	7 24·2	7 02·8	3·2	1·6	9·2	4·5	15·2	7·5
33	7 23·3	7 24·5	7 03·1	3·3	1·6	9·3	4·6	15·3	7·5
34	7 23·5	7 24·7	7 03·3	3·4	1·7	9·4	4·6	15·4	7·6
35	7 23·8	7 25·0	7 03·5	3·5	1·7	9·5	4·7	15·5	7·6
36	7 24·0	7 25·2	7 03·8	3·6	1·8	9·6	4·7	15·6	7·7
37	7 24·3	7 25·5	7 04·0	3·7	1·8	9·7	4·8	15·7	7·7
38	7 24·5	7 25·7	7 04·3	3·8	1·9	9·8	4·8	15·8	7·8
39	7 24·8	7 26·0	7 04·5	3·9	1·9	9·9	4·9	15·9	7·8
40	7 25·0	7 26·2	7 04·7	4·0	2·0	10·0	4·9	16·0	7·9
41	7 25·3	7 26·5	7 05·0	4·1	2·0	10·1	5·0	16·1	7·9
42	7 25·5	7 26·7	7 05·2	4·2	2·1	10·2	5·0	16·2	8·0
43	7 25·8	7 27·0	7 05·4	4·3	2·1	10·3	5·1	16·3	8·0
44	7 26·0	7 27·2	7 05·7	4·4	2·2	10·4	5·1	16·4	8·1
45	7 26·3	7 27·5	7 05·9	4·5	2·2	10·5	5·2	16·5	8·1
46	7 26·5	7 27·7	7 06·2	4·6	2·3	10·6	5·2	16·6	8·2
47	7 26·8	7 28·0	7 06·4	4·7	2·3	10·7	5·3	16·7	8·2
48	7 27·0	7 28·2	7 06·6	4·8	2·4	10·8	5·3	16·8	8·3
49	7 27·3	7 28·5	7 06·9	4·9	2·4	10·9	5·4	16·9	8·3
50	7 27·5	7 28·7	7 07·1	5·0	2·5	11·0	5·4	17·0	8·4
51	7 27·8	7 29·0	7 07·4	5·1	2·5	11·1	5·5	17·1	8·4
52	7 28·0	7 29·2	7 07·6	5·2	2·6	11·2	5·5	17·2	8·5
53	7 28·3	7 29·5	7 07·8	5·3	2·6	11·3	5·6	17·3	8·5
54	7 28·5	7 29·7	7 08·1	5·4	2·7	11·4	5·6	17·4	8·6
55	7 28·8	7 30·0	7 08·3	5·5	2·7	11·5	5·7	17·5	8·6
56	7 29·0	7 30·2	7 08·5	5·6	2·8	11·6	5·7	17·6	8·7
57	7 29·3	7 30·5	7 08·8	5·7	2·8	11·7	5·8	17·7	8·7
58	7 29·5	7 30·7	7 09·0	5·8	2·9	11·8	5·8	17·8	8·8
59	7 29·8	7 31·0	7 09·3	5·9	2·9	11·9	5·9	17·9	8·8
60	7 30·0	7 31·2	7 09·5	6·0	3·0	12·0	5·9	18·0	8·9

30m	SUN PLANETS	ARIES	MOON	v or d	Corrⁿ	v or d	Corrⁿ	v or d	Corrⁿ
s	° ′	° ′	° ′	′	′	′	′	′	′
00	7 30·0	7 31·2	7 09·5	0·0	0·0	6·0	3·1	12·0	6·1
01	7 30·3	7 31·5	7 09·7	0·1	0·1	6·1	3·1	12·1	6·2
02	7 30·5	7 31·7	7 10·0	0·2	0·1	6·2	3·2	12·2	6·2
03	7 30·8	7 32·0	7 10·2	0·3	0·2	6·3	3·2	12·3	6·3
04	7 31·0	7 32·2	7 10·5	0·4	0·2	6·4	3·3	12·4	6·3
05	7 31·3	7 32·5	7 10·7	0·5	0·3	6·5	3·3	12·5	6·4
06	7 31·5	7 32·7	7 10·9	0·6	0·3	6·6	3·4	12·6	6·4
07	7 31·8	7 33·0	7 11·2	0·7	0·4	6·7	3·4	12·7	6·5
08	7 32·0	7 33·2	7 11·4	0·8	0·4	6·8	3·5	12·8	6·5
09	7 32·3	7 33·5	7 11·6	0·9	0·5	6·9	3·5	12·9	6·6
10	7 32·5	7 33·7	7 11·9	1·0	0·5	7·0	3·6	13·0	6·6
11	7 32·8	7 34·0	7 12·1	1·1	0·6	7·1	3·6	13·1	6·7
12	7 33·0	7 34·2	7 12·4	1·2	0·6	7·2	3·7	13·2	6·7
13	7 33·3	7 34·5	7 12·6	1·3	0·7	7·3	3·7	13·3	6·8
14	7 33·5	7 34·7	7 12·8	1·4	0·7	7·4	3·8	13·4	6·8
15	7 33·8	7 35·0	7 13·1	1·5	0·8	7·5	3·8	13·5	6·9
16	7 34·0	7 35·2	7 13·3	1·6	0·8	7·6	3·9	13·6	6·9
17	7 34·3	7 35·5	7 13·6	1·7	0·9	7·7	3·9	13·7	7·0
18	7 34·5	7 35·7	7 13·8	1·8	0·9	7·8	4·0	13·8	7·0
19	7 34·8	7 36·0	7 14·0	1·9	1·0	7·9	4·0	13·9	7·1
20	7 35·0	7 36·2	7 14·3	2·0	1·0	8·0	4·1	14·0	7·1
21	7 35·3	7 36·5	7 14·5	2·1	1·1	8·1	4·1	14·1	7·2
22	7 35·5	7 36·7	7 14·7	2·2	1·1	8·2	4·2	14·2	7·2
23	7 35·8	7 37·0	7 15·0	2·3	1·2	8·3	4·2	14·3	7·3
24	7 36·0	7 37·2	7 15·2	2·4	1·2	8·4	4·3	14·4	7·3
25	7 36·3	7 37·5	7 15·5	2·5	1·3	8·5	4·3	14·5	7·4
26	7 36·5	7 37·7	7 15·7	2·6	1·3	8·6	4·4	14·6	7·4
27	7 36·8	7 38·0	7 15·9	2·7	1·4	8·7	4·4	14·7	7·5
28	7 37·0	7 38·3	7 16·2	2·8	1·4	8·8	4·5	14·8	7·5
29	7 37·3	7 38·5	7 16·4	2·9	1·5	8·9	4·5	14·9	7·6
30	7 37·5	7 38·8	7 16·7	3·0	1·5	9·0	4·6	15·0	7·6
31	7 37·8	7 39·0	7 16·9	3·1	1·6	9·1	4·6	15·1	7·7
32	7 38·0	7 39·3	7 17·1	3·2	1·6	9·2	4·7	15·2	7·7
33	7 38·3	7 39·5	7 17·4	3·3	1·7	9·3	4·7	15·3	7·8
34	7 38·5	7 39·8	7 17·6	3·4	1·7	9·4	4·8	15·4	7·8
35	7 38·8	7 40·0	7 17·9	3·5	1·8	9·5	4·8	15·5	7·9
36	7 39·0	7 40·3	7 18·1	3·6	1·8	9·6	4·9	15·6	7·9
37	7 39·3	7 40·5	7 18·3	3·7	1·9	9·7	4·9	15·7	8·0
38	7 39·5	7 40·8	7 18·6	3·8	1·9	9·8	5·0	15·8	8·0
39	7 39·8	7 41·0	7 18·8	3·9	2·0	9·9	5·0	15·9	8·1
40	7 40·0	7 41·3	7 19·0	4·0	2·0	10·0	5·1	16·0	8·1
41	7 40·3	7 41·5	7 19·3	4·1	2·1	10·1	5·1	16·1	8·2
42	7 40·5	7 41·8	7 19·5	4·2	2·1	10·2	5·2	16·2	8·2
43	7 40·8	7 42·0	7 19·8	4·3	2·2	10·3	5·2	16·3	8·3
44	7 41·0	7 42·3	7 20·0	4·4	2·2	10·4	5·3	16·4	8·3
45	7 41·3	7 42·5	7 20·2	4·5	2·3	10·5	5·3	16·5	8·4
46	7 41·5	7 42·8	7 20·5	4·6	2·3	10·6	5·4	16·6	8·4
47	7 41·8	7 43·0	7 20·7	4·7	2·4	10·7	5·4	16·7	8·5
48	7 42·0	7 43·3	7 21·0	4·8	2·4	10·8	5·5	16·8	8·5
49	7 42·3	7 43·5	7 21·2	4·9	2·5	10·9	5·5	16·9	8·6
50	7 42·5	7 43·8	7 21·4	5·0	2·5	11·0	5·6	17·0	8·6
51	7 42·8	7 44·0	7 21·7	5·1	2·6	11·1	5·6	17·1	8·7
52	7 43·0	7 44·3	7 21·9	5·2	2·6	11·2	5·7	17·2	8·7
53	7 43·3	7 44·5	7 22·1	5·3	2·7	11·3	5·7	17·3	8·8
54	7 43·5	7 44·8	7 22·4	5·4	2·7	11·4	5·8	17·4	8·8
55	7 43·8	7 45·0	7 22·6	5·5	2·8	11·5	5·8	17·5	8·9
56	7 44·0	7 45·3	7 22·9	5·6	2·8	11·6	5·9	17·6	8·9
57	7 44·3	7 45·5	7 23·1	5·7	2·9	11·7	5·9	17·7	9·0
58	7 44·5	7 45·8	7 23·3	5·8	2·9	11·8	6·0	17·8	9·0
59	7 44·8	7 46·0	7 23·6	5·9	3·0	11·9	6·0	17·9	9·1
60	7 45·0	7 46·3	7 23·8	6·0	3·1	12·0	6·1	18·0	9·2

31m	SUN PLANETS	ARIES	MOON	v or d	Corrⁿ	v or d	Corrⁿ	v or d	Corrⁿ
s	° ′	° ′	° ′	′	′	′	′	′	′
00	7 45·0	7 46·3	7 23·8	0·0	0·0	6·0	3·2	12·0	6·3
01	7 45·3	7 46·5	7 24·1	0·1	0·1	6·1	3·2	12·1	6·4
02	7 45·5	7 46·8	7 24·3	0·2	0·1	6·2	3·3	12·2	6·4
03	7 45·8	7 47·0	7 24·5	0·3	0·2	6·3	3·3	12·3	6·5
04	7 46·0	7 47·3	7 24·8	0·4	0·2	6·4	3·4	12·4	6·5
05	7 46·3	7 47·5	7 25·0	0·5	0·3	6·5	3·4	12·5	6·6
06	7 46·5	7 47·8	7 25·2	0·6	0·3	6·6	3·5	12·6	6·6
07	7 46·8	7 48·0	7 25·5	0·7	0·4	6·7	3·5	12·7	6·7
08	7 47·0	7 48·3	7 25·7	0·8	0·4	6·8	3·6	12·8	6·7
09	7 47·3	7 48·5	7 26·0	0·9	0·5	6·9	3·6	12·9	6·8
10	7 47·5	7 48·8	7 26·2	1·0	0·5	7·0	3·7	13·0	6·8
11	7 47·8	7 49·0	7 26·4	1·1	0·6	7·1	3·7	13·1	6·9
12	7 48·0	7 49·3	7 26·7	1·2	0·6	7·2	3·8	13·2	6·9
13	7 48·3	7 49·5	7 26·9	1·3	0·7	7·3	3·8	13·3	7·0
14	7 48·5	7 49·8	7 27·2	1·4	0·7	7·4	3·9	13·4	7·0
15	7 48·8	7 50·0	7 27·4	1·5	0·8	7·5	3·9	13·5	7·1
16	7 49·0	7 50·3	7 27·6	1·6	0·8	7·6	4·0	13·6	7·1
17	7 49·3	7 50·5	7 27·9	1·7	0·9	7·7	4·0	13·7	7·2
18	7 49·5	7 50·8	7 28·1	1·8	0·9	7·8	4·1	13·8	7·2
19	7 49·8	7 51·0	7 28·4	1·9	1·0	7·9	4·1	13·9	7·3
20	7 50·0	7 51·3	7 28·6	2·0	1·1	8·0	4·2	14·0	7·4
21	7 50·3	7 51·5	7 28·8	2·1	1·1	8·1	4·3	14·1	7·4
22	7 50·5	7 51·8	7 29·1	2·2	1·2	8·2	4·3	14·2	7·5
23	7 50·8	7 52·0	7 29·3	2·3	1·2	8·3	4·4	14·3	7·5
24	7 51·0	7 52·3	7 29·5	2·4	1·3	8·4	4·4	14·4	7·6
25	7 51·3	7 52·5	7 29·8	2·5	1·3	8·5	4·5	14·5	7·6
26	7 51·5	7 52·8	7 30·0	2·6	1·4	8·6	4·5	14·6	7·7
27	7 51·8	7 53·0	7 30·3	2·7	1·4	8·7	4·6	14·7	7·7
28	7 52·0	7 53·3	7 30·5	2·8	1·5	8·8	4·6	14·8	7·8
29	7 52·3	7 53·5	7 30·7	2·9	1·5	8·9	4·7	14·9	7·8
30	7 52·5	7 53·8	7 31·0	3·0	1·6	9·0	4·7	15·0	7·9
31	7 52·8	7 54·0	7 31·2	3·1	1·6	9·1	4·8	15·1	7·9
32	7 53·0	7 54·3	7 31·5	3·2	1·7	9·2	4·8	15·2	8·0
33	7 53·3	7 54·5	7 31·7	3·3	1·7	9·3	4·9	15·3	8·0
34	7 53·5	7 54·8	7 31·9	3·4	1·8	9·4	4·9	15·4	8·1
35	7 53·8	7 55·0	7 32·2	3·5	1·8	9·5	5·0	15·5	8·1
36	7 54·0	7 55·3	7 32·4	3·6	1·9	9·6	5·0	15·6	8·2
37	7 54·3	7 55·5	7 32·6	3·7	1·9	9·7	5·1	15·7	8·2
38	7 54·5	7 55·8	7 32·9	3·8	2·0	9·8	5·1	15·8	8·3
39	7 54·8	7 56·0	7 33·1	3·9	2·0	9·9	5·2	15·9	8·3
40	7 55·0	7 56·3	7 33·4	4·0	2·1	10·0	5·3	16·0	8·4
41	7 55·3	7 56·6	7 33·6	4·1	2·2	10·1	5·3	16·1	8·5
42	7 55·5	7 56·8	7 33·8	4·2	2·2	10·2	5·4	16·2	8·5
43	7 55·8	7 57·1	7 34·1	4·3	2·3	10·3	5·4	16·3	8·6
44	7 56·0	7 57·3	7 34·3	4·4	2·3	10·4	5·5	16·4	8·6
45	7 56·3	7 57·6	7 34·6	4·5	2·4	10·5	5·5	16·5	8·7
46	7 56·5	7 57·8	7 34·8	4·6	2·4	10·6	5·6	16·6	8·7
47	7 56·8	7 58·1	7 35·0	4·7	2·5	10·7	5·6	16·7	8·8
48	7 57·0	7 58·3	7 35·3	4·8	2·5	10·8	5·7	16·8	8·8
49	7 57·3	7 58·6	7 35·5	4·9	2·6	10·9	5·7	16·9	8·9
50	7 57·5	7 58·8	7 35·7	5·0	2·6	11·0	5·8	17·0	8·9
51	7 57·8	7 59·1	7 36·0	5·1	2·7	11·1	5·8	17·1	9·0
52	7 58·0	7 59·3	7 36·2	5·2	2·7	11·2	5·9	17·2	9·0
53	7 58·3	7 59·6	7 36·5	5·3	2·8	11·3	5·9	17·3	9·1
54	7 58·5	7 59·8	7 36·7	5·4	2·8	11·4	6·0	17·4	9·1
55	7 58·8	8 00·1	7 36·9	5·5	2·9	11·5	6·0	17·5	9·2
56	7 59·0	8 00·3	7 37·2	5·6	2·9	11·6	6·1	17·6	9·2
57	7 59·3	8 00·6	7 37·4	5·7	3·0	11·7	6·1	17·7	9·3
58	7 59·5	8 00·8	7 37·7	5·8	3·0	11·8	6·2	17·8	9·3
59	7 59·8	8 01·1	7 37·9	5·9	3·1	11·9	6·2	17·9	9·4
60	8 00·0	8 01·3	7 38·1	6·0	3·2	12·0	6·3	18·0	9·5

32m	SUN PLANETS	ARIES	MOON	v or d	Corrn	v or d	Corrn	v or d	Corrn
s	° ′	° ′	° ′	′	′	′	′	′	′
00	8 00·0	8 01·3	7 38·1	0·0	0·0	6·0	3·3	12·0	6·5
01	8 00·3	8 01·6	7 38·4	0·1	0·1	6·1	3·3	12·1	6·6
02	8 00·5	8 01·8	7 38·6	0·2	0·1	6·2	3·4	12·2	6·6
03	8 00·8	8 02·1	7 38·8	0·3	0·2	6·3	3·4	12·3	6·7
04	8 01·0	8 02·3	7 39·1	0·4	0·2	6·4	3·5	12·4	6·7
05	8 01·3	8 02·6	7 39·3	0·5	0·3	6·5	3·5	12·5	6·8
06	8 01·5	8 02·8	7 39·6	0·6	0·3	6·6	3·6	12·6	6·8
07	8 01·8	8 03·1	7 39·8	0·7	0·4	6·7	3·6	12·7	6·9
08	8 02·0	8 03·3	7 40·0	0·8	0·4	6·8	3·7	12·8	6·9
09	8 02·3	8 03·6	7 40·3	0·9	0·5	6·9	3·7	12·9	7·0
10	8 02·5	8 03·8	7 40·5	1·0	0·5	7·0	3·8	13·0	7·0
11	8 02·8	8 04·1	7 40·8	1·1	0·6	7·1	3·8	13·1	7·1
12	8 03·0	8 04·3	7 41·0	1·2	0·7	7·2	3·9	13·2	7·2
13	8 03·3	8 04·6	7 41·2	1·3	0·7	7·3	4·0	13·3	7·2
14	8 03·5	8 04·8	7 41·5	1·4	0·8	7·4	4·0	13·4	7·3
15	8 03·8	8 05·1	7 41·7	1·5	0·8	7·5	4·1	13·5	7·3
16	8 04·0	8 05·3	7 42·0	1·6	0·9	7·6	4·1	13·6	7·4
17	8 04·3	8 05·6	7 42·2	1·7	0·9	7·7	4·2	13·7	7·4
18	8 04·5	8 05·8	7 42·4	1·8	1·0	7·8	4·2	13·8	7·5
19	8 04·8	8 06·1	7 42·7	1·9	1·0	7·9	4·3	13·9	7·5
20	8 05·0	8 06·3	7 42·9	2·0	1·1	8·0	4·3	14·0	7·6
21	8 05·3	8 06·6	7 43·1	2·1	1·1	8·1	4·4	14·1	7·6
22	8 05·5	8 06·8	7 43·4	2·2	1·2	8·2	4·4	14·2	7·7
23	8 05·8	8 07·1	7 43·6	2·3	1·2	8·3	4·5	14·3	7·7
24	8 06·0	8 07·3	7 43·9	2·4	1·3	8·4	4·6	14·4	7·8
25	8 06·3	8 07·6	7 44·1	2·5	1·4	8·5	4·6	14·5	7·9
26	8 06·5	8 07·8	7 44·3	2·6	1·4	8·6	4·7	14·6	7·9
27	8 06·8	8 08·1	7 44·6	2·7	1·5	8·7	4·7	14·7	8·0
28	8 07·0	8 08·3	7 44·8	2·8	1·5	8·8	4·8	14·8	8·0
29	8 07·3	8 08·6	7 45·1	2·9	1·6	8·9	4·8	14·9	8·1
30	8 07·5	8 08·8	7 45·3	3·0	1·6	9·0	4·9	15·0	8·1
31	8 07·8	8 09·1	7 45·5	3·1	1·7	9·1	4·9	15·1	8·2
32	8 08·0	8 09·3	7 45·8	3·2	1·7	9·2	5·0	15·2	8·2
33	8 08·3	8 09·6	7 46·0	3·3	1·8	9·3	5·0	15·3	8·3
34	8 08·5	8 09·8	7 46·2	3·4	1·8	9·4	5·1	15·4	8·3
35	8 08·8	8 10·1	7 46·5	3·5	1·9	9·5	5·1	15·5	8·4
36	8 09·0	8 10·3	7 46·7	3·6	2·0	9·6	5·2	15·6	8·5
37	8 09·3	8 10·6	7 47·0	3·7	2·0	9·7	5·3	15·7	8·5
38	8 09·5	8 10·8	7 47·2	3·8	2·1	9·8	5·3	15·8	8·6
39	8 09·8	8 11·1	7 47·4	3·9	2·1	9·9	5·4	15·9	8·6
40	8 10·0	8 11·3	7 47·7	4·0	2·2	10·0	5·4	16·0	8·7
41	8 10·3	8 11·6	7 47·9	4·1	2·2	10·1	5·5	16·1	8·7
42	8 10·5	8 11·8	7 48·2	4·2	2·3	10·2	5·5	16·2	8·8
43	8 10·8	8 12·1	7 48·4	4·3	2·3	10·3	5·6	16·3	8·8
44	8 11·0	8 12·3	7 48·6	4·4	2·4	10·4	5·6	16·4	8·9
45	8 11·3	8 12·6	7 48·9	4·5	2·4	10·5	5·7	16·5	8·9
46	8 11·5	8 12·8	7 49·1	4·6	2·5	10·6	5·7	16·6	9·0
47	8 11·8	8 13·1	7 49·3	4·7	2·5	10·7	5·8	16·7	9·0
48	8 12·0	8 13·3	7 49·6	4·8	2·6	10·8	5·9	16·8	9·1
49	8 12·3	8 13·6	7 49·8	4·9	2·7	10·9	5·9	16·9	9·2
50	8 12·5	8 13·8	7 50·1	5·0	2·7	11·0	6·0	17·0	9·2
51	8 12·8	8 14·1	7 50·3	5·1	2·8	11·1	6·0	17·1	9·3
52	8 13·0	8 14·3	7 50·5	5·2	2·8	11·2	6·1	17·2	9·3
53	8 13·3	8 14·6	7 50·8	5·3	2·9	11·3	6·1	17·3	9·4
54	8 13·5	8 14·9	7 51·0	5·4	2·9	11·4	6·2	17·4	9·4
55	8 13·8	8 15·1	7 51·3	5·5	3·0	11·5	6·2	17·5	9·5
56	8 14·0	8 15·4	7 51·5	5·6	3·0	11·6	6·3	17·6	9·5
57	8 14·3	8 15·6	7 51·7	5·7	3·1	11·7	6·3	17·7	9·6
58	8 14·5	8 15·9	7 52·0	5·8	3·1	11·8	6·4	17·8	9·6
59	8 14·8	8 16·1	7 52·2	5·9	3·2	11·9	6·4	17·9	9·7
60	8 15·0	8 16·4	7 52·5	6·0	3·3	12·0	6·5	18·0	9·8

33m	SUN PLANETS	ARIES	MOON	v or d	Corrn	v or d	Corrn	v or d	Corrn
s	° ′	° ′	° ′	′	′	′	′	′	′
00	8 15·0	8 16·4	7 52·5	0·0	0·0	6·0	3·4	12·0	6·7
01	8 15·3	8 16·6	7 52·7	0·1	0·1	6·1	3·4	12·1	6·8
02	8 15·5	8 16·9	7 52·9	0·2	0·1	6·2	3·5	12·2	6·8
03	8 15·8	8 17·1	7 53·2	0·3	0·2	6·3	3·5	12·3	6·9
04	8 16·0	8 17·4	7 53·4	0·4	0·2	6·4	3·6	12·4	6·9
05	8 16·3	8 17·6	7 53·6	0·5	0·3	6·5	3·6	12·5	7·0
06	8 16·5	8 17·9	7 53·9	0·6	0·3	6·6	3·7	12·6	7·0
07	8 16·8	8 18·1	7 54·1	0·7	0·4	6·7	3·7	12·7	7·1
08	8 17·0	8 18·4	7 54·4	0·8	0·4	6·8	3·8	12·8	7·1
09	8 17·3	8 18·6	7 54·6	0·9	0·5	6·9	3·9	12·9	7·2
10	8 17·5	8 18·9	7 54·8	1·0	0·6	7·0	3·9	13·0	7·3
11	8 17·8	8 19·1	7 55·1	1·1	0·6	7·1	4·0	13·1	7·3
12	8 18·0	8 19·4	7 55·3	1·2	0·7	7·2	4·0	13·2	7·4
13	8 18·3	8 19·6	7 55·6	1·3	0·7	7·3	4·1	13·3	7·4
14	8 18·5	8 19·9	7 55·8	1·4	0·8	7·4	4·1	13·4	7·5
15	8 18·8	8 20·1	7 56·0	1·5	0·8	7·5	4·2	13·5	7·5
16	8 19·0	8 20·4	7 56·3	1·6	0·9	7·6	4·2	13·6	7·6
17	8 19·3	8 20·6	7 56·5	1·7	0·9	7·7	4·3	13·7	7·6
18	8 19·5	8 20·9	7 56·7	1·8	1·0	7·8	4·4	13·8	7·7
19	8 19·8	8 21·1	7 57·0	1·9	1·1	7·9	4·4	13·9	7·8
20	8 20·0	8 21·4	7 57·2	2·0	1·1	8·0	4·5	14·0	7·8
21	8 20·3	8 21·6	7 57·5	2·1	1·2	8·1	4·5	14·1	7·9
22	8 20·5	8 21·9	7 57·7	2·2	1·2	8·2	4·6	14·2	7·9
23	8 20·8	8 22·1	7 57·9	2·3	1·3	8·3	4·6	14·3	8·0
24	8 21·0	8 22·4	7 58·2	2·4	1·3	8·4	4·7	14·4	8·0
25	8 21·3	8 22·6	7 58·4	2·5	1·4	8·5	4·7	14·5	8·1
26	8 21·5	8 22·9	7 58·7	2·6	1·5	8·6	4·8	14·6	8·2
27	8 21·8	8 23·1	7 58·9	2·7	1·5	8·7	4·9	14·7	8·2
28	8 22·0	8 23·4	7 59·1	2·8	1·6	8·8	4·9	14·8	8·3
29	8 22·3	8 23·6	7 59·4	2·9	1·6	8·9	5·0	14·9	8·3
30	8 22·5	8 23·9	7 59·6	3·0	1·7	9·0	5·0	15·0	8·4
31	8 22·8	8 24·1	7 59·8	3·1	1·7	9·1	5·1	15·1	8·4
32	8 23·0	8 24·4	8 00·1	3·2	1·8	9·2	5·1	15·2	8·5
33	8 23·3	8 24·6	8 00·3	3·3	1·8	9·3	5·2	15·3	8·5
34	8 23·5	8 24·9	8 00·6	3·4	1·9	9·4	5·2	15·4	8·6
35	8 23·8	8 25·1	8 00·8	3·5	2·0	9·5	5·3	15·5	8·7
36	8 24·0	8 25·4	8 01·0	3·6	2·0	9·6	5·4	15·6	8·7
37	8 24·3	8 25·6	8 01·3	3·7	2·1	9·7	5·4	15·7	8·8
38	8 24·5	8 25·9	8 01·5	3·8	2·1	9·8	5·5	15·8	8·8
39	8 24·8	8 26·1	8 01·8	3·9	2·2	9·9	5·5	15·9	8·9
40	8 25·0	8 26·4	8 02·0	4·0	2·2	10·0	5·6	16·0	8·9
41	8 25·3	8 26·6	8 02·2	4·1	2·3	10·1	5·6	16·1	9·0
42	8 25·5	8 26·9	8 02·5	4·2	2·3	10·2	5·7	16·2	9·0
43	8 25·8	8 27·1	8 02·7	4·3	2·4	10·3	5·8	16·3	9·1
44	8 26·0	8 27·4	8 02·9	4·4	2·5	10·4	5·8	16·4	9·2
45	8 26·3	8 27·6	8 03·2	4·5	2·5	10·5	5·9	16·5	9·2
46	8 26·5	8 27·9	8 03·4	4·6	2·6	10·6	5·9	16·6	9·3
47	8 26·8	8 28·1	8 03·7	4·7	2·6	10·7	6·0	16·7	9·3
48	8 27·0	8 28·4	8 03·9	4·8	2·7	10·8	6·0	16·8	9·4
49	8 27·3	8 28·6	8 04·1	4·9	2·7	10·9	6·1	16·9	9·4
50	8 27·5	8 28·9	8 04·4	5·0	2·8	11·0	6·1	17·0	9·5
51	8 27·8	8 29·1	8 04·6	5·1	2·8	11·1	6·2	17·1	9·5
52	8 28·0	8 29·4	8 04·9	5·2	2·9	11·2	6·3	17·2	9·6
53	8 28·3	8 29·6	8 05·1	5·3	3·0	11·3	6·3	17·3	9·7
54	8 28·5	8 29·9	8 05·3	5·4	3·0	11·4	6·4	17·4	9·7
55	8 28·8	8 30·1	8 05·6	5·5	3·1	11·5	6·4	17·5	9·8
56	8 29·0	8 30·4	8 05·8	5·6	3·1	11·6	6·5	17·6	9·8
57	8 29·3	8 30·6	8 06·1	5·7	3·2	11·7	6·5	17·7	9·9
58	8 29·5	8 30·9	8 06·3	5·8	3·2	11·8	6·6	17·8	9·9
59	8 29·8	8 31·1	8 06·5	5·9	3·3	11·9	6·6	17·9	10·0
60	8 30·0	8 31·4	8 06·8	6·0	3·4	12·0	6·7	18·0	10·1

34ᵐ	SUN PLANETS	ARIES	MOON	v or d	Corrⁿ	v or d	Corrⁿ	v or d	Corrⁿ
s	° ′	° ′	° ′	′	′	′	′	′	′
00	8 30·0	8 31·4	8 06·8	0·0	0·0	6·0	3·5	12·0	6·9
01	8 30·3	8 31·6	8 07·0	0·1	0·1	6·1	3·5	12·1	7·0
02	8 30·5	8 31·9	8 07·2	0·2	0·1	6·2	3·6	12·2	7·0
03	8 30·8	8 32·1	8 07·5	0·3	0·2	6·3	3·6	12·3	7·1
04	8 31·0	8 32·4	8 07·7	0·4	0·2	6·4	3·7	12·4	7·1
05	8 31·3	8 32·6	8 08·0	0·5	0·3	6·5	3·7	12·5	7·2
06	8 31·5	8 32·9	8 08·2	0·6	0·3	6·6	3·8	12·6	7·2
07	8 31·8	8 33·2	8 08·4	0·7	0·4	6·7	3·9	12·7	7·3
08	8 32·0	8 33·4	8 08·7	0·8	0·5	6·8	3·9	12·8	7·4
09	8 32·3	8 33·7	8 08·9	0·9	0·5	6·9	4·0	12·9	7·4
10	8 32·5	8 33·9	8 09·2	1·0	0·6	7·0	4·0	13·0	7·5
11	8 32·8	8 34·2	8 09·4	1·1	0·6	7·1	4·1	13·1	7·5
12	8 33·0	8 34·4	8 09·6	1·2	0·7	7·2	4·1	13·2	7·6
13	8 33·3	8 34·7	8 09·9	1·3	0·7	7·3	4·2	13·3	7·6
14	8 33·5	8 34·9	8 10·1	1·4	0·8	7·4	4·3	13·4	7·7
15	8 33·8	8 35·2	8 10·3	1·5	0·9	7·5	4·3	13·5	7·8
16	8 34·0	8 35·4	8 10·6	1·6	0·9	7·6	4·4	13·6	7·8
17	8 34·3	8 35·7	8 10·8	1·7	1·0	7·7	4·4	13·7	7·9
18	8 34·5	8 35·9	8 11·1	1·8	1·0	7·8	4·5	13·8	7·9
19	8 34·8	8 36·2	8 11·3	1·9	1·1	7·9	4·5	13·9	8·0
20	8 35·0	8 36·4	8 11·5	2·0	1·2	8·0	4·6	14·0	8·1
21	8 35·3	8 36·7	8 11·8	2·1	1·2	8·1	4·7	14·1	8·1
22	8 35·5	8 36·9	8 12·0	2·2	1·3	8·2	4·7	14·2	8·2
23	8 35·8	8 37·2	8 12·3	2·3	1·3	8·3	4·8	14·3	8·2
24	8 36·0	8 37·4	8 12·5	2·4	1·4	8·4	4·8	14·4	8·3
25	8 36·3	8 37·7	8 12·7	2·5	1·4	8·5	4·9	14·5	8·3
26	8 36·5	8 37·9	8 13·0	2·6	1·5	8·6	4·9	14·6	8·4
27	8 36·8	8 38·2	8 13·2	2·7	1·6	8·7	5·0	14·7	8·5
28	8 37·0	8 38·4	8 13·4	2·8	1·6	8·8	5·1	14·8	8·5
29	8 37·3	8 38·7	8 13·7	2·9	1·7	8·9	5·1	14·9	8·6
30	8 37·5	8 38·9	8 13·9	3·0	1·7	9·0	5·2	15·0	8·6
31	8 37·8	8 39·2	8 14·2	3·1	1·8	9·1	5·2	15·1	8·7
32	8 38·0	8 39·4	8 14·4	3·2	1·8	9·2	5·3	15·2	8·7
33	8 38·3	8 39·7	8 14·6	3·3	1·9	9·3	5·3	15·3	8·8
34	8 38·5	8 39·9	8 14·9	3·4	2·0	9·4	5·4	15·4	8·9
35	8 38·8	8 40·2	8 15·1	3·5	2·0	9·5	5·5	15·5	8·9
36	8 39·0	8 40·4	8 15·4	3·6	2·1	9·6	5·5	15·6	9·0
37	8 39·3	8 40·7	8 15·6	3·7	2·1	9·7	5·6	15·7	9·0
38	8 39·5	8 40·9	8 15·8	3·8	2·2	9·8	5·6	15·8	9·1
39	8 39·8	8 41·2	8 16·1	3·9	2·2	9·9	5·7	15·9	9·1
40	8 40·0	8 41·4	8 16·3	4·0	2·3	10·0	5·8	16·0	9·2
41	8 40·3	8 41·7	8 16·5	4·1	2·4	10·1	5·8	16·1	9 3
42	8 40·5	8 41·9	8 16·8	4·2	2·4	10·2	5·9	16·2	9·3
43	8 40·8	8 42·2	8 17·0	4·3	2·5	10·3	5·9	16·3	9·4
44	8 41·0	8 42·4	8 17·3	4·4	2·5	10·4	6·0	16·4	9·4
45	8 41·3	8 42·7	8 17·5	4·5	2·6	10·5	6·0	16·5	9·5
46	8 41·5	8 42·9	8 17·7	4·6	2·6	10·6	6·1	16·6	9·5
47	8 41·8	8 43·2	8 18·0	4·7	2·7	10·7	6·2	16·7	9·6
48	8 42·0	8 43·4	8 18·2	4·8	2·8	10·8	6·2	16·8	9·7
49	8 42·3	8 43·7	8 18·5	4·9	2·8	10·9	6·3	16·9	9·7
50	8 42·5	8 43·9	8 18·7	5·0	2·9	11·0	6·3	17·0	9·8
51	8 42·8	8 44·2	8 18·9	5·1	2·9	11·1	6·4	17·1	9·8
52	8 43·0	8 44·4	8 19·2	5·2	3·0	11·2	6·4	17·2	9·9
53	8 43·3	8 44·7	8 19·4	5·3	3·0	11·3	6·5	17·3	9·9
54	8 43·5	8 44·9	8 19·7	5·4	3·1	11·4	6·6	17·4	10·0
55	8 43·8	8 45·2	8 19·9	5·5	3·2	11·5	6·6	17·5	10·1
56	8 44·0	8 45·4	8 20·1	5·6	3·2	11·6	6·7	17·6	10·1
57	8 44·3	8 45·7	8 20·4	5·7	3·3	11·7	6·7	17·7	10·2
58	8 44·5	8 45·9	8 20·6	5·8	3·3	11·8	6·8	17·8	10·2
59	8 44·8	8 46·2	8 20·8	5·9	3·4	11·9	6·8	17·9	10·3
60	8 45·0	8 46·4	8 21·1	6·0	3·5	12·0	6·9	18·0	10·4

35ᵐ	SUN PLANETS	ARIES	MOON	v or d	Corrⁿ	v or d	Corrⁿ	v or d	Corrⁿ
s	° ′	° ′	° ′	′	′	′	′	′	′
00	8 45·0	8 46·4	8 21·1	0·0	0·0	6·0	3·6	12·0	7·1
01	8 45·3	8 46·7	8 21·3	0·1	0·1	6·1	3·6	12·1	7·2
02	8 45·5	8 46·9	8 21·6	0·2	0·1	6·2	3·7	12·2	7·2
03	8 45·8	8 47·2	8 21·8	0·3	0·2	6·3	3·7	12·3	7·3
04	8 46·0	8 47·4	8 22·0	0·4	0·2	6·4	3·8	12·4	7·3
05	8 46·3	8 47·7	8 22·3	0·5	0·3	6·5	3·8	12·5	7·4
06	8 46·5	8 47·9	8 22·5	0·6	0·4	6·6	3·9	12·6	7·5
07	8 46·8	8 48·2	8 22·8	0·7	0·4	6·7	4·0	12·7	7·5
08	8 47·0	8 48·4	8 23·0	0·8	0·5	6·8	4·0	12·8	7·6
09	8 47·3	8 48·7	8 23·2	0·9	0·5	6·9	4·1	12·9	7·6
10	8 47·5	8 48·9	8 23·5	1·0	0·6	7·0	4·1	13·0	7·7
11	8 47·8	8 49·2	8 23·7	1·1	0·7	7·1	4·2	13·1	7·8
12	8 48·0	8 49·4	8 23·9	1·2	0·7	7·2	4·3	13·2	7·8
13	8 48·3	8 49·7	8 24·2	1·3	0·8	7·3	4·3	13·3	7·9
14	8 48·5	8 49·9	8 24·4	1·4	0·8	7·4	4·4	13·4	7·9
15	8 48·8	8 50·2	8 24·7	1·5	0·9	7·5	4·4	13·5	8·0
16	8 49·0	8 50·4	8 24·9	1·6	0·9	7·6	4·5	13·6	8·0
17	8 49·3	8 50·7	8 25·1	1·7	1·0	7·7	4·6	13·7	8·1
18	8 49·5	8 50·9	8 25·4	1·8	1·1	7·8	4·6	13·8	8·2
19	8 49·8	8 51·2	8 25·6	1·9	1·1	7·9	4·7	13·9	8·2
20	8 50·0	8 51·5	8 25·9	2·0	1·2	8·0	4·7	14·0	8·3
21	8 50·3	8 51·7	8 26·1	2·1	1·2	8·1	4·8	14·1	8·3
22	8 50·5	8 52·0	8 26·3	2·2	1·3	8·2	4·9	14·2	8·4
23	8 50·8	8 52·2	8 26·6	2·3	1·4	8·3	4·9	14·3	8·5
24	8 51·0	8 52·5	8 26·8	2·4	1·4	8·4	5·0	14·4	8·5
25	8 51·3	8 52·7	8 27·0	2·5	1·5	8·5	5·0	14·5	8·6
26	8 51·5	8 53·0	8 27·3	2·6	1·5	8·6	5·1	14·6	8·6
27	8 51·8	8 53·2	8 27·5	2·7	1·6	8·7	5·1	14·7	8·7
28	8 52·0	8 53·5	8 27·8	2·8	1·7	8·8	5·2	14·8	8·8
29	8 52·3	8 53·7	8 28·0	2·9	1·7	8·9	5·3	14·9	8·8
30	8 52·5	8 54·0	8 28·2	3·0	1·8	9·0	5·3	15·0	8·9
31	8 52·8	8 54·2	8 28·5	3·1	1·8	9·1	5·4	15·1	8·9
32	8 53·0	8 54·5	8 28·7	3·2	1·9	9·2	5·4	15·2	9·0
33	8 53·3	8 54·7	8 29·0	3·3	2·0	9·3	5·5	15·3	9·1
34	8 53·5	8 55·0	8 29·2	3·4	2·0	9·4	5·6	15·4	9·1
35	8 53·8	8 55·2	8 29·4	3·5	2·1	9·5	5·6	15·5	9·2
36	8 54·0	8 55·5	8 29·7	3·6	2·1	9·6	5·7	15·6	9·2
37	8 54·3	8 55·7	8 29·9	3·7	2·2	9·7	5·7	15·7	9·3
38	8 54·5	8 56·0	8 30·2	3·8	2·2	9·8	5·8	15·8	9·3
39	8 54·8	8 56·2	8 30·4	3·9	2·3	9·9	5·9	15·9	9·4
40	8 55·0	8 56·5	8 30·6	4·0	2·4	10·0	5·9	16·0	9·5
41	8 55·3	8 56·7	8 30·9	4·1	2·4	10·1	6·0	16·1	9·5
42	8 55·5	8 57·0	8 31·1	4·2	2·5	10·2	6·0	16·2	9·6
43	8 55·8	8 57·2	8 31·3	4·3	2·5	10·3	6·1	16·3	9·6
44	8 56·0	8 57·5	8 31·6	4·4	2·6	10·4	6·2	16·4	9·7
45	8 56·3	8 57·7	8 31·8	4·5	2·7	10·5	6·2	16·5	9·8
46	8 56·5	8 58·0	8 32·1	4·6	2·7	10·6	6·3	16·6	9·8
47	8 56·8	8 58·2	8 32·3	4·7	2·8	10·7	6·3	16·7	9·9
48	8 57·0	8 58·5	8 32·5	4·8	2·8	10·8	6·4	16·8	9·9
49	8 57·3	8 58·7	8 32·8	4·9	2·9	10·9	6·4	16·9	10·0
50	8 57·5	8 59·0	8 33·0	5·0	3·0	11·0	6·5	17·0	10·1
51	8 57·8	8 59·2	8 33·3	5·1	3·0	11·1	6·6	17·1	10·1
52	8 58·0	8 59·5	8 33·5	5·2	3·1	11·2	6·6	17·2	10·2
53	8 58·3	8 59·7	8 33·7	5·3	3·1	11·3	6·7	17·3	10·2
54	8 58·5	9 00·0	8 34·0	5·4	3·2	11·4	6·7	17·4	10·3
55	8 58·8	9 00·2	8 34·2	5·5	3·3	11·5	6·8	17·5	10·4
56	8 59·0	9 00·5	8 34·4	5·6	3·3	11·6	6·9	17·6	10·4
57	8 59·3	9 00·7	8 34·7	5·7	3·4	11·7	6·9	17·7	10·5
58	8 59·5	9 01·0	8 34·9	5·8	3·4	11·8	7·0	17·8	10·5
59	8 59·8	9 01·2	8 35·2	5·9	3·5	11·9	7·0	17·9	10·6
60	9 00·0	9 01·5	8 35·4	6·0	3·6	12·0	7·1	18·0	10·7

36m	SUN PLANETS	ARIES	MOON	v or d	Corrⁿ	v or d	Corrⁿ	v or d	Corrⁿ
s	° ′	° ′	° ′	′	′	′	′	′	′
00	9 00·0	9 01·5	8 35·4	0·0	0·0	6·0	3·7	12·0	7·3
01	9 00·3	9 01·7	8 35·6	0·1	0·1	6·1	3·7	12·1	7·4
02	9 00·5	9 02·0	8 35·9	0·2	0·1	6·2	3·8	12·2	7·4
03	9 00·8	9 02·2	8 36·1	0·3	0·2	6·3	3·8	12·3	7·5
04	9 01·0	9 02·5	8 36·4	0·4	0·2	6·4	3·9	12·4	7·5
05	9 01·3	9 02·7	8 36·6	0·5	0·3	6·5	4·0	12·5	7·6
06	9 01·5	9 03·0	8 36·8	0·6	0·4	6·6	4·0	12·6	7·7
07	9 01·8	9 03·2	8 37·1	0·7	0·4	6·7	4·1	12·7	7·7
08	9 02·0	9 03·5	8 37·3	0·8	0·5	6·8	4·1	12·8	7·8
09	9 02·3	9 03·7	8 37·5	0·9	0·5	6·9	4·2	12·9	7·8
10	9 02·5	9 04·0	8 37·8	1·0	0·6	7·0	4·3	13·0	7·9
11	9 02·8	9 04·2	8 38·0	1·1	0·7	7·1	4·3	13·1	8·0
12	9 03·0	9 04·5	8 38·3	1·2	0·7	7·2	4·4	13·2	8·0
13	9 03·3	9 04·7	8 38·5	1·3	0·8	7·3	4·4	13·3	8·1
14	9 03·5	9 05·0	8 38·7	1·4	0·9	7·4	4·5	13·4	8·2
15	9 03·8	9 05·2	8 39·0	1·5	0·9	7·5	4·6	13·5	8·2
16	9 04·0	9 05·5	8 39·2	1·6	1·0	7·6	4·6	13·6	8·3
17	9 04·3	9 05·7	8 39·5	1·7	1·0	7·7	4·7	13·7	8·3
18	9 04·5	9 06·0	8 39·7	1·8	1·1	7·8	4·7	13·8	8·4
19	9 04·8	9 06·2	8 39·9	1·9	1·2	7·9	4·8	13·9	8·5
20	9 05·0	9 06·5	8 40·2	2·0	1·2	8·0	4·9	14·0	8·5
21	9 05·3	9 06·7	8 40·4	2·1	1·3	8·1	4·9	14·1	8·6
22	9 05·5	9 07·0	8 40·6	2·2	1·3	8·2	5·0	14·2	8·6
23	9 05·8	9 07·2	8 40·9	2·3	1·4	8·3	5·0	14·3	8·7
24	9 06·0	9 07·5	8 41·1	2·4	1·5	8·4	5·1	14·4	8·8
25	9 06·3	9 07·7	8 41·4	2·5	1·5	8·5	5·2	14·5	8·8
26	9 06·5	9 08·0	8 41·6	2·6	1·6	8·6	5·2	14·6	8·9
27	9 06·8	9 08·2	8 41·8	2·7	1·6	8·7	5·3	14·7	8·9
28	9 07·0	9 08·5	8 42·1	2·8	1·7	8·8	5·4	14·8	9·0
29	9 07·3	9 08·7	8 42·3	2·9	1·8	8·9	5·4	14·9	9·1
30	9 07·5	9 09·0	8 42·6	3·0	1·8	9·0	5·5	15·0	9·1
31	9 07·8	9 09·2	8 42·8	3·1	1·9	9·1	5·5	15·1	9·2
32	9 08·0	9 09·5	8 43·0	3·2	1·9	9·2	5·6	15·2	9·2
33	9 08·3	9 09·8	8 43·3	3·3	2·0	9·3	5·7	15·3	9·3
34	9 08·5	9 10·0	8 43·5	3·4	2·1	9·4	5·7	15·4	9·4
35	9 08·8	9 10·3	8 43·8	3·5	2·1	9·5	5·8	15·5	9·4
36	9 09·0	9 10·5	8 44·0	3·6	2·2	9·6	5·8	15·6	9·5
37	9 09·3	9 10·8	8 44·2	3·7	2·3	9·7	5·9	15·7	9·6
38	9 09·5	9 11·0	8 44·5	3·8	2·3	9·8	6·0	15·8	9·6
39	9 09·8	9 11·3	8 44·7	3·9	2·4	9·9	6·0	15·9	9·7
40	9 10·0	9 11·5	8 44·9	4·0	2·4	10·0	6·1	16·0	9·7
41	9 10·3	9 11·8	8 45·2	4·1	2·5	10·1	6·1	16·1	9·8
42	9 10·5	9 12·0	8 45·4	4·2	2·6	10·2	6·2	16·2	9·9
43	9 10·8	9 12·3	8 45·7	4·3	2·6	10·3	6·3	16·3	9·9
44	9 11·0	9 12·5	8 45·9	4·4	2·7	10·4	6·3	16·4	10·0
45	9 11·3	9 12·8	8 46·1	4·5	2·7	10·5	6·4	16·5	10·0
46	9 11·5	9 13·0	8 46·4	4·6	2·8	10·6	6·4	16·6	10·1
47	9 11·8	9 13·3	8 46·6	4·7	2·9	10·7	6·5	16·7	10·2
48	9 12·0	9 13·5	8 46·9	4·8	2·9	10·8	6·6	16·8	10·2
49	9 12·3	9 13·8	8 47·1	4·9	3·0	10·9	6·6	16·9	10·3
50	9 12·5	9 14·0	8 47·3	5·0	3·0	11·0	6·7	17·0	10·3
51	9 12·8	9 14·3	8 47·6	5·1	3·1	11·1	6·8	17·1	10·4
52	9 13·0	9 14·5	8 47·8	5·2	3·2	11·2	6·8	17·2	10·5
53	9 13·3	9 14·8	8 48·0	5·3	3·2	11·3	6·9	17·3	10·5
54	9 13·5	9 15·0	8 48·3	5·4	3·3	11·4	6·9	17·4	10·6
55	9 13·8	9 15·3	8 48·5	5·5	3·3	11·5	7·0	17·5	10·6
56	9 14·0	9 15·5	8 48·8	5·6	3·4	11·6	7·1	17·6	10·7
57	9 14·3	9 15·8	8 49·0	5·7	3·5	11·7	7·1	17·7	10·8
58	9 14·5	9 16·0	8 49·2	5·8	3·5	11·8	7·2	17·8	10·8
59	9 14·8	9 16·3	8 49·5	5·9	3·6	11·9	7·2	17·9	10·9
60	9 15·0	9 16·5	8 49·7	6·0	3·7	12·0	7·3	18·0	11·0

37m	SUN PLANETS	ARIES	MOON	v or d	Corrⁿ	v or d	Corrⁿ	v or d	Corrⁿ
s	° ′	° ′	° ′	′	′	′	′	′	′
00	9 15·0	9 16·5	8 49·7	0·0	0·0	6·0	3·8	12·0	7·5
01	9 15·3	9 16·8	8 50·0	0·1	0·1	6·1	3·8	12·1	7·6
02	9 15·5	9 17·0	8 50·2	0·2	0·1	6·2	3·9	12·2	7·6
03	9 15·8	9 17·3	8 50·4	0·3	0·2	6·3	3·9	12·3	7·7
04	9 16·0	9 17·5	8 50·7	0·4	0·3	6·4	4·0	12·4	7·8
05	9 16·3	9 17·8	8 50·9	0·5	0·3	6·5	4·1	12·5	7·8
06	9 16·5	9 18·0	8 51·1	0·6	0·4	6·6	4·1	12·6	7·9
07	9 16·8	9 18·3	8 51·4	0·7	0·4	6·7	4·2	12·7	7·9
08	9 17·0	9 18·5	8 51·6	0·8	0·5	6·8	4·3	12·8	8·0
09	9 17·3	9 18·8	8 51·9	0·9	0·6	6·9	4·3	12·9	8·1
10	9 17·5	9 19·0	8 52·1	1·0	0·6	7·0	4·4	13·0	8·1
11	9 17·8	9 19·3	8 52·3	1·1	0·7	7·1	4·4	13·1	8·2
12	9 18·0	9 19·5	8 52·6	1·2	0·8	7·2	4·5	13·2	8·3
13	9 18·3	9 19·8	8 52·8	1·3	0·8	7·3	4·6	13·3	8·3
14	9 18·5	9 20·0	8 53·1	1·4	0·9	7·4	4·6	13·4	8·4
15	9 18·8	9 20·3	8 53·3	1·5	0·9	7·5	4·7	13·5	8·4
16	9 19·0	9 20·5	8 53·5	1·6	1·0	7·6	4·8	13·6	8·5
17	9 19·3	9 20·8	8 53·8	1·7	1·1	7·7	4·8	13·7	8·6
18	9 19·5	9 21·0	8 54·0	1·8	1·1	7·8	4·9	13·8	8·6
19	9 19·8	9 21·3	8 54·3	1·9	1·2	7·9	4·9	13·9	8·7
20	9 20·0	9 21·5	8 54·5	2·0	1·3	8·0	5·0	14·0	8·8
21	9 20·3	9 21·8	8 54·7	2·1	1·3	8·1	5·1	14·1	8·8
22	9 20·5	9 22·0	8 55·0	2·2	1·4	8·2	5·1	14·2	8·9
23	9 20·8	9 22·3	8 55·2	2·3	1·4	8·3	5·2	14·3	8·9
24	9 21·0	9 22·5	8 55·4	2·4	1·5	8·4	5·3	14·4	9·0
25	9 21·3	9 22·8	8 55·7	2·5	1·6	8·5	5·3	14·5	9·1
26	9 21·5	9 23·0	8 55·9	2·6	1·6	8·6	5·4	14·6	9·1
27	9 21·8	9 23·3	8 56·2	2·7	1·7	8·7	5·4	14·7	9·2
28	9 22·0	9 23·5	8 56·4	2·8	1·8	8·8	5·5	14·8	9·3
29	9 22·3	9 23·8	8 56·6	2·9	1·8	8·9	5·6	14·9	9·3
30	9 22·5	9 24·0	8 56·9	3·0	1·9	9·0	5·6	15·0	9·4
31	9 22·8	9 24·3	8 57·1	3·1	1·9	9·1	5·7	15·1	9·4
32	9 23·0	9 24·5	8 57·4	3·2	2·0	9·2	5·8	15·2	9·5
33	9 23·3	9 24·8	8 57·6	3·3	2·1	9·3	5·8	15·3	9·6
34	9 23·5	9 25·0	8 57·8	3·4	2·1	9·4	5·9	15·4	9·6
35	9 23·8	9 25·3	8 58·1	3·5	2·2	9·5	5·9	15·5	9·7
36	9 24·0	9 25·5	8 58·3	3·6	2·3	9·6	6·0	15·6	9·8
37	9 24·3	9 25·8	8 58·5	3·7	2·3	9·7	6·1	15·7	9·8
38	9 24·5	9 26·0	8 58·8	3·8	2·4	9·8	6·1	15·8	9·9
39	9 24·8	9 26·3	8 59·0	3·9	2·4	9·9	6·2	15·9	9·9
40	9 25·0	9 26·5	8 59·3	4·0	2·5	10·0	6·3	16·0	10·0
41	9 25·3	9 26·8	8 59·5	4·1	2·6	10·1	6·3	16·1	10·1
42	9 25·5	9 27·0	8 59·7	4·2	2·6	10·2	6·4	16·2	10·1
43	9 25·8	9 27·3	9 00·0	4·3	2·7	10·3	6·4	16·3	10·2
44	9 26·0	9 27·5	9 00·2	4·4	2·8	10·4	6·5	16·4	10·3
45	9 26·3	9 27·8	9 00·5	4·5	2·8	10·5	6·6	16·5	10·3
46	9 26·5	9 28·1	9 00·7	4·6	2·9	10·6	6·6	16·6	10·4
47	9 26·8	9 28·3	9 00·9	4·7	2·9	10·7	6·7	16·7	10·4
48	9 27·0	9 28·6	9 01·2	4·8	3·0	10·8	6·8	16·8	10·5
49	9 27·3	9 28·8	9 01·4	4·9	3·1	10·9	6·8	16·9	10·6
50	9 27·5	9 29·1	9 01·6	5·0	3·1	11·0	6·9	17·0	10·6
51	9 27·8	9 29·3	9 01·9	5·1	3·2	11·1	6·9	17·1	10·7
52	9 28·0	9 29·6	9 02·1	5·2	3·3	11·2	7·0	17·2	10·8
53	9 28·3	9 29·8	9 02·4	5·3	3·3	11·3	7·1	17·3	10·8
54	9 28·5	9 30·1	9 02·6	5·4	3·4	11·4	7·1	17·4	10·9
55	9 28·8	9 30·3	9 02·8	5·5	3·4	11·5	7·2	17·5	10·9
56	9 29·0	9 30·6	9 03·1	5·6	3·5	11·6	7·3	17·6	11·0
57	9 29·3	9 30·8	9 03·3	5·7	3·6	11·7	7·3	17·7	11·1
58	9 29·5	9 31·1	9 03·6	5·8	3·6	11·8	7·4	17·8	11·1
59	9 29·8	9 31·3	9 03·8	5·9	3·7	11·9	7·4	17·9	11·2
60	9 30·0	9 31·6	9 04·0	6·0	3·8	12·0	7·5	18·0	11·3

38^m	SUN PLANETS	ARIES	MOON	v or d	Corr^n	v or d	Corr^n	v or d	Corr^n
s	° ′	° ′	° ′	′	′	′	′	′	′
00	9 30·0	9 31·6	9 04·0	0·0	0·0	6·0	3·9	12·0	7·7
01	9 30·3	9 31·8	9 04·3	0·1	0·1	6·1	3·9	12·1	7·8
02	9 30·5	9 32·1	9 04·5	0·2	0·1	6·2	4·0	12·2	7·8
03	9 30·8	9 32·3	9 04·7	0·3	0·2	6·3	4·0	12·3	7·9
04	9 31·0	9 32·6	9 05·0	0·4	0·3	6·4	4·1	12·4	8·0
05	9 31·3	9 32·8	9 05·2	0·5	0·3	6·5	4·2	12·5	8·0
06	9 31·5	9 33·1	9 05·5	0·6	0·4	6·6	4·2	12·6	8·1
07	9 31·8	9 33·3	9 05·7	0·7	0·4	6·7	4·3	12·7	8·1
08	9 32·0	9 33·6	9 05·9	0·8	0·5	6·8	4·4	12·8	8·2
09	9 32·3	9 33·8	9 06·2	0·9	0·6	6·9	4·4	12·9	8·3
10	9 32·5	9 34·1	9 06·4	1·0	0·6	7·0	4·5	13·0	8·3
11	9 32·8	9 34·3	9 06·7	1·1	0·7	7·1	4·6	13·1	8·4
12	9 33·0	9 34·6	9 06·9	1·2	0·8	7·2	4·6	13·2	8·5
13	9 33·3	9 34·8	9 07·1	1·3	0·8	7·3	4·7	13·3	8·5
14	9 33·5	9 35·1	9 07·4	1·4	0·9	7·4	4·7	13·4	8·6
15	9 33·8	9 35·3	9 07·6	1·5	1·0	7·5	4·8	13·5	8·7
16	9 34·0	9 35·6	9 07·9	1·6	1·0	7·6	4·9	13·6	8·7
17	9 34·3	9 35·8	9 08·1	1·7	1·1	7·7	4·9	13·7	8·8
18	9 34·5	9 36·1	9 08·3	1·8	1·2	7·8	5·0	13·8	8·9
19	9 34·8	9 36·3	9 08·6	1·9	1·2	7·9	5·1	13·9	8·9
20	9 35·0	9 36·6	9 08·8	2·0	1·3	8·0	5·1	14·0	9·0
21	9 35·3	9 36·8	9 09·0	2·1	1·3	8·1	5·2	14·1	9·0
22	9 35·5	9 37·1	9 09·3	2·2	1·4	8·2	5·3	14·2	9·1
23	9 35·8	9 37·3	9 09·5	2·3	1·5	8·3	5·3	14·3	9·2
24	9 36·0	9 37·6	9 09·8	2·4	1·5	8·4	5·4	14·4	9·2
25	9 36·3	9 37·8	9 10·0	2·5	1·6	8·5	5·5	14·5	9·3
26	9 36·5	9 38·1	9 10·2	2·6	1·7	8·6	5·5	14·6	9·4
27	9 36·8	9 38·3	9 10·5	2·7	1·7	8·7	5·6	14·7	9·4
28	9 37·0	9 38·6	9 10·7	2·8	1·8	8·8	5·6	14·8	9·5
29	9 37·3	9 38·8	9 11·0	2·9	1·9	8·9	5·7	14·9	9·6
30	9 37·5	9 39·1	9 11·2	3·0	1·9	9·0	5·8	15·0	9·6
31	9 37·8	9 39·3	9 11·4	3·1	2·0	9·1	5·8	15·1	9·7
32	9 38·0	9 39·6	9 11·7	3·2	2·1	9·2	5·9	15·2	9·8
33	9 38·3	9 39·8	9 11·9	3·3	2·1	9·3	6·0	15·3	9·8
34	9 38·5	9 40·1	9 12·1	3·4	2·2	9·4	6·0	15·4	9·9
35	9 38·8	9 40·3	9 12·4	3·5	2·2	9·5	6·1	15·5	9·9
36	9 39·0	9 40·6	9 12·6	3·6	2·3	9·6	6·2	15·6	10·0
37	9 39·3	9 40·8	9 12·9	3·7	2·4	9·7	6·2	15·7	10·1
38	9 39·5	9 41·1	9 13·1	3·8	2·4	9·8	6·3	15·8	10·1
39	9 39·8	9 41·3	9 13·3	3·9	2·5	9·9	6·4	15·9	10·2
40	9 40·0	9 41·6	9 13·6	4·0	2·6	10·0	6·4	16·0	10·3
41	9 40·3	9 41·8	9 13·8	4·1	2·6	10·1	6·5	16·1	10·3
42	9 40·5	9 42·1	9 14·1	4·2	2·7	10·2	6·5	16·2	10·4
43	9 40·8	9 42·3	9 14·3	4·3	2·8	10·3	6·6	16·3	10·5
44	9 41·0	9 42·6	9 14·5	4·4	2·8	10·4	6·7	16·4	10·5
45	9 41·3	9 42·8	9 14·8	4·5	2·9	10·5	6·7	16·5	10·6
46	9 41·5	9 43·1	9 15·0	4·6	3·0	10·6	6·8	16·6	10·7
47	9 41·8	9 43·3	9 15·2	4·7	3·0	10·7	6·9	16·7	10·7
48	9 42·0	9 43·6	9 15·5	4·8	3·1	10·8	6·9	16·8	10·8
49	9 42·3	9 43·8	9 15·7	4·9	3·1	10·9	7·0	16·9	10·8
50	9 42·5	9 44·1	9 16·0	5·0	3·2	11·0	7·1	17·0	10·9
51	9 42·8	9 44·3	9 16·2	5·1	3·3	11·1	7·1	17·1	11·0
52	9 43·0	9 44·6	9 16·4	5·2	3·3	11·2	7·2	17·2	11·0
53	9 43·3	9 44·8	9 16·7	5·3	3·4	11·3	7·3	17·3	11·1
54	9 43·5	9 45·1	9 16·9	5·4	3·5	11·4	7·3	17·4	11·2
55	9 43·8	9 45·3	9 17·2	5·5	3·5	11·5	7·4	17·5	11·2
56	9 44·0	9 45·6	9 17·4	5·6	3·6	11·6	7·4	17·6	11·3
57	9 44·3	9 45·8	9 17·6	5·7	3·7	11·7	7·5	17·7	11·4
58	9 44·5	9 46·1	9 17·9	5·8	3·7	11·8	7·6	17·8	11·4
59	9 44·8	9 46·4	9 18·1	5·9	3·8	11·9	7·6	17·9	11·5
60	9 45·0	9 46·6	9 18·4	6·0	3·9	12·0	7·7	18·0	11·6

39^m	SUN PLANETS	ARIES	MOON	v or d	Corr^n	v or d	Corr^n	v or d	Corr^n
s	° ′	° ′	° ′	′	′	′	′	′	′
00	9 45·0	9 46·6	9 18·4	0·0	0·0	6·0	4·0	12·0	7·9
01	9 45·3	9 46·9	9 18·6	0·1	0·1	6·1	4·0	12·1	8·0
02	9 45·5	9 47·1	9 18·8	0·2	0·1	6·2	4·1	12·2	8·0
03	9 45·8	9 47·4	9 19·1	0·3	0·2	6·3	4·1	12·3	8·1
04	9 46·0	9 47·6	9 19·3	0·4	0·3	6·4	4·2	12·4	8·2
05	9 46·3	9 47·9	9 19·5	0·5	0·3	6·5	4·3	12·5	8·2
06	9 46·5	9 48·1	9 19·8	0·6	0·4	6·6	4·3	12·6	8·3
07	9 46·8	9 48·4	9 20·0	0·7	0·5	6·7	4·4	12·7	8·4
08	9 47·0	9 48·6	9 20·3	0·8	0·5	6·8	4·5	12·8	8·4
09	9 47·3	9 48·9	9 20·5	0·9	0·6	6·9	4·5	12·9	8·5
10	9 47·5	9 49·1	9 20·7	1·0	0·7	7·0	4·6	13·0	8·6
11	9 47·8	9 49·4	9 21·0	1·1	0·7	7·1	4·7	13·1	8·6
12	9 48·0	9 49·6	9 21·2	1·2	0·8	7·2	4·7	13·2	8·7
13	9 48·3	9 49·9	9 21·5	1·3	0·9	7·3	4·8	13·3	8·8
14	9 48·5	9 50·1	9 21·7	1·4	0·9	7·4	4·9	13·4	8·8
15	9 48·8	9 50·4	9 21·9	1·5	1·0	7·5	4·9	13·5	8·9
16	9 49·0	9 50·6	9 22·2	1·6	1·1	7·6	5·0	13·6	9·0
17	9 49·3	9 50·9	9 22·4	1·7	1·1	7·7	5·1	13·7	9·0
18	9 49·5	9 51·1	9 22·6	1·8	1·2	7·8	5·1	13·8	9·1
19	9 49·8	9 51·4	9 22·9	1·9	1·3	7·9	5·2	13·9	9·2
20	9 50·0	9 51·6	9 23·1	2·0	1·3	8·0	5·3	14·0	9·2
21	9 50·3	9 51·9	9 23·4	2·1	1·4	8·1	5·3	14·1	9·3
22	9 50·5	9 52·1	9 23·6	2·2	1·4	8·2	5·4	14·2	9·3
23	9 50·8	9 52·4	9 23·8	2·3	1·5	8·3	5·5	14·3	9·4
24	9 51·0	9 52·6	9 24·1	2·4	1·6	8·4	5·5	14·4	9·5
25	9 51·3	9 52·9	9 24·3	2·5	1·6	8·5	5·6	14·5	9·5
26	9 51·5	9 53·1	9 24·6	2·6	1·7	8·6	5·7	14·6	9·6
27	9 51·8	9 53·4	9 24·8	2·7	1·8	8·7	5·7	14·7	9·7
28	9 52·0	9 53·6	9 25·0	2·8	1·8	8·8	5·8	14·8	9·7
29	9 52·3	9 53·9	9 25·3	2·9	1·9	8·9	5·9	14·9	9·8
30	9 52·5	9 54·1	9 25·5	3·0	2·0	9·0	5·9	15·0	9·9
31	9 52·8	9 54·4	9 25·7	3·1	2·0	9·1	6·0	15·1	9·9
32	9 53·0	9 54·6	9 26·0	3·2	2·1	9·2	6·1	15·2	10·0
33	9 53·3	9 54·9	9 26·2	3·3	2·2	9·3	6·1	15·3	10·1
34	9 53·5	9 55·1	9 26·5	3·4	2·2	9·4	6·2	15·4	10·1
35	9 53·8	9 55·4	9 26·7	3·5	2·3	9·5	6·3	15·5	10·2
36	9 54·0	9 55·6	9 26·9	3·6	2·4	9·6	6·3	15·6	10·3
37	9 54·3	9 55·9	9 27·2	3·7	2·4	9·7	6·4	15·7	10·3
38	9 54·5	9 56·1	9 27·4	3·8	2·5	9·8	6·5	15·8	10·4
39	9 54·8	9 56·4	9 27·7	3·9	2·6	9·9	6·5	15·9	10·5
40	9 55·0	9 56·6	9 27·9	4·0	2·6	10·0	6·6	16·0	10·5
41	9 55·3	9 56·9	9 28·1	4·1	2·7	10·1	6·6	16·1	10·6
42	9 55·5	9 57·1	9 28·4	4·2	2·8	10·2	6·7	16·2	10·7
43	9 55·8	9 57·4	9 28·6	4·3	2·8	10·3	6·8	16·3	10·7
44	9 56·0	9 57·6	9 28·8	4·4	2·9	10·4	6·8	16·4	10·8
45	9 56·3	9 57·9	9 29·1	4·5	3·0	10·5	6·9	16·5	10·9
46	9 56·5	9 58·1	9 29·3	4·6	3·0	10·6	7·0	16·6	10·9
47	9 56·8	9 58·4	9 29·6	4·7	3·1	10·7	7·0	16·7	11·0
48	9 57·0	9 58·6	9 29·8	4·8	3·2	10·8	7·1	16·8	11·1
49	9 57·3	9 58·9	9 30·0	4·9	3·2	10·9	7·2	16·9	11·1
50	9 57·5	9 59·1	9 30·3	5·0	3·3	11·0	7·2	17·0	11·2
51	9 57·8	9 59·4	9 30·5	5·1	3·4	11·1	7·3	17·1	11·3
52	9 58·0	9 59·6	9 30·8	5·2	3·4	11·2	7·4	17·2	11·3
53	9 58·3	9 59·9	9 31·0	5·3	3·5	11·3	7·4	17·3	11·4
54	9 58·5	10 00·1	9 31·2	5·4	3·6	11·4	7·5	17·4	11·5
55	9 58·8	10 00·4	9 31·5	5·5	3·6	11·5	7·6	17·5	11·5
56	9 59·0	10 00·6	9 31·7	5·6	3·7	11·6	7·6	17·6	11·6
57	9 59·3	10 00·9	9 32·0	5·7	3·8	11·7	7·7	17·7	11·7
58	9 59·5	10 01·1	9 32·2	5·8	3·8	11·8	7·8	17·8	11·7
59	9 59·8	10 01·4	9 32·4	5·9	3·9	11·9	7·8	17·9	11·8
60	10 00·0	10 01·6	9 32·7	6·0	4·0	12·0	7·9	18·0	11·9

40^m	SUN PLANETS	ARIES	MOON	v or d	Corr^n	v or d	Corr^n	v or d	Corr^n
s	° ′	° ′	° ′	′	′	′	′	′	′
00	10 00·0	10 01·6	9 32·7	0·0	0·0	6·0	4·1	12·0	8·1
01	10 00·3	10 01·9	9 32·9	0·1	0·1	6·1	4·1	12·1	8·2
02	10 00·5	10 02·1	9 33·1	0·2	0·1	6·2	4·2	12·2	8·2
03	10 00·8	10 02·4	9 33·4	0·3	0·2	6·3	4·3	12·3	8·3
04	10 01·0	10 02·6	9 33·6	0·4	0·3	6·4	4·3	12·4	8·4
05	10 01·3	10 02·9	9 33·9	0·5	0·3	6·5	4·4	12·5	8·4
06	10 01·5	10 03·1	9 34·1	0·6	0·4	6·6	4·5	12·6	8·5
07	10 01·8	10 03·4	9 34·3	0·7	0·5	6·7	4·5	12·7	8·6
08	10 02·0	10 03·6	9 34·6	0·8	0·5	6·8	4·6	12·8	8·6
09	10 02·3	10 03·9	9 34·8	0·9	0·6	6·9	4·7	12·9	8·7
10	10 02·5	10 04·1	9 35·1	1·0	0·7	7·0	4·7	13·0	8·8
11	10 02·8	10 04·4	9 35·3	1·1	0·7	7·1	4·8	13·1	8·8
12	10 03·0	10 04·7	9 35·5	1·2	0·8	7·2	4·9	13·2	8·9
13	10 03·3	10 04·9	9 35·8	1·3	0·9	7·3	4·9	13·3	9·0
14	10 03·5	10 05·2	9 36·0	1·4	0·9	7·4	5·0	13·4	9·0
15	10 03·8	10 05·4	9 36·2	1·5	1·0	7·5	5·1	13·5	9·1
16	10 04·0	10 05·7	9 36·5	1·6	1·1	7·6	5·1	13·6	9·2
17	10 04·3	10 05·9	9 36·7	1·7	1·1	7·7	5·2	13·7	9·2
18	10 04·5	10 06·2	9 37·0	1·8	1·2	7·8	5·3	13·8	9·3
19	10 04·8	10 06·4	9 37·2	1·9	1·3	7·9	5·3	13·9	9·4
20	10 05·0	10 06·7	9 37·4	2·0	1·4	8·0	5·4	14·0	9·5
21	10 05·3	10 06·9	9 37·7	2·1	1·4	8·1	5·5	14·1	9·5
22	10 05·5	10 07·2	9 37·9	2·2	1·5	8·2	5·5	14·2	9·6
23	10 05·8	10 07·4	9 38·2	2·3	1·6	8·3	5·6	14·3	9·7
24	10 06·0	10 07·7	9 38·4	2·4	1·6	8·4	5·7	14·4	9·7
25	10 06·3	10 07·9	9 38·6	2·5	1·7	8·5	5·7	14·5	9·8
26	10 06·5	10 08·2	9 38·9	2·6	1·8	8·6	5·8	14·6	9·9
27	10 06·8	10 08·4	9 39·1	2·7	1·8	8·7	5·9	14·7	9·9
28	10 07·0	10 08·7	9 39·3	2·8	1·9	8·8	5·9	14·8	10·0
29	10 07·3	10 08·9	9 39·6	2·9	2·0	8·9	6·0	14·9	10·1
30	10 07·5	10 09·2	9 39·8	3·0	2·0	9·0	6·1	15·0	10·1
31	10 07·8	10 09·4	9 40·1	3·1	2·1	9·1	6·1	15·1	10·2
32	10 08·0	10 09·7	9 40·3	3·2	2·2	9·2	6·2	15·2	10·3
33	10 08·3	10 09·9	9 40·5	3·3	2·2	9·3	6·3	15·3	10·3
34	10 08·5	10 10·2	9 40·8	3·4	2·3	9·4	6·3	15·4	10·4
35	10 08·8	10 10·4	9 41·0	3·5	2·4	9·5	6·4	15·5	10·5
36	10 09·0	10 10·7	9 41·3	3·6	2·4	9·6	6·5	15·6	10·5
37	10 09·3	10 10·9	9 41·5	3·7	2·5	9·7	6·5	15·7	10·6
38	10 09·5	10 11·2	9 41·7	3·8	2·6	9·8	6·6	15·8	10·7
39	10 09·8	10 11·4	9 42·0	3·9	2·6	9·9	6·7	15·9	10·7
40	10 10·0	10 11·7	9 42·2	4·0	2·7	10·0	6·8	16·0	10·8
41	10 10·3	10 11·9	9 42·4	4·1	2·8	10·1	6·8	16·1	10·9
42	10 10·5	10 12·2	9 42·7	4·2	2·8	10·2	6·9	16·2	10·9
43	10 10·8	10 12·4	9 42·9	4·3	2·9	10·3	7·0	16·3	11·0
44	10 11·0	10 12·7	9 43·2	4·4	3·0	10·4	7·0	16·4	11·1
45	10 11·3	10 12·9	9 43·4	4·5	3·0	10·5	7·1	16·5	11·1
46	10 11·5	10 13·2	9 43·6	4·6	3·1	10·6	7·2	16·6	11·2
47	10 11·8	10 13·4	9 43·9	4·7	3·2	10·7	7·2	16·7	11·3
48	10 12·0	10 13·7	9 44·1	4·8	3·2	10·8	7·3	16·8	11·3
49	10 12·3	10 13·9	9 44·4	4·9	3·3	10·9	7·4	16·9	11·4
50	10 12·5	10 14·2	9 44·6	5·0	3·4	11·0	7·4	17·0	11·5
51	10 12·8	10 14·4	9 44·8	5·1	3·4	11·1	7·5	17·1	11·5
52	10 13·0	10 14·7	9 45·1	5·2	3·5	11·2	7·6	17·2	11·6
53	10 13·3	10 14·9	9 45·3	5·3	3·6	11·3	7·6	17·3	11·7
54	10 13·5	10 15·2	9 45·6	5·4	3·6	11·4	7·7	17·4	11·7
55	10 13·8	10 15·4	9 45·8	5·5	3·7	11·5	7·8	17·5	11·8
56	10 14·0	10 15·7	9 46·0	5·6	3·8	11·6	7·8	17·6	11·9
57	10 14·3	10 15·9	9 46·3	5·7	3·8	11·7	7·9	17·7	11·9
58	10 14·5	10 16·2	9 46·5	5·8	3·9	11·8	8·0	17·8	12·0
59	10 14·8	10 16·4	9 46·7	5·9	4·0	11·9	8·0	17·9	12·1
60	10 15·0	10 16·7	9 47·0	6·0	4·1	12·0	8·1	18·0	12·2

41^m	SUN PLANETS	ARIES	MOON	v or d	Corr^n	v or d	Corr^n	v or d	Corr^n
s	° ′	° ′	° ′	′	′	′	′	′	′
00	10 15·0	10 16·7	9 47·0	0·0	0·0	6·0	4·2	12·0	8·3
01	10 15·3	10 16·9	9 47·2	0·1	0·1	6·1	4·2	12·1	8·4
02	10 15·5	10 17·2	9 47·5	0·2	0·1	6·2	4·3	12·2	8·4
03	10 15·8	10 17·4	9 47·7	0·3	0·2	6·3	4·4	12·3	8·5
04	10 16·0	10 17·7	9 47·9	0·4	0·3	6·4	4·4	12·4	8·6
05	10 16·3	10 17·9	9 48·2	0·5	0·3	6·5	4·5	12·5	8·6
06	10 16·5	10 18·2	9 48·4	0·6	0·4	6·6	4·6	12·6	8·7
07	10 16·8	10 18·4	9 48·7	0·7	0·5	6·7	4·6	12·7	8·8
08	10 17·0	10 18·7	9 48·9	0·8	0·6	6·8	4·7	12·8	8·9
09	10 17·3	10 18·9	9 49·1	0·9	0·6	6·9	4·8	12·9	8·9
10	10 17·5	10 19·2	9 49·4	1·0	0·7	7·0	4·8	13·0	9·0
11	10 17·8	10 19·4	9 49·6	1·1	0·8	7·1	4·9	13·1	9·1
12	10 18·0	10 19·7	9 49·8	1·2	0·8	7·2	5·0	13·2	9·1
13	10 18·3	10 19·9	9 50·1	1·3	0·9	7·3	5·0	13·3	9·2
14	10 18·5	10 20·2	9 50·3	1·4	1·0	7·4	5·1	13·4	9·3
15	10 18·8	10 20·4	9 50·6	1·5	1·0	7·5	5·2	13·5	9·3
16	10 19·0	10 20·7	9 50·8	1·6	1·1	7·6	5·3	13·6	9·4
17	10 19·3	10 20·9	9 51·0	1·7	1·2	7·7	5·3	13·7	9·5
18	10 19·5	10 21·2	9 51·3	1·8	1·2	7·8	5·4	13·8	9·5
19	10 19·8	10 21·4	9 51·5	1·9	1·3	7·9	5·5	13·9	9·6
20	10 20·0	10 21·7	9 51·8	2·0	1·4	8·0	5·5	14·0	9·7
21	10 20·3	10 21·9	9 52·0	2·1	1·5	8·1	5·6	14·1	9·8
22	10 20·5	10 22·2	9 52·2	2·2	1·5	8·2	5·7	14·2	9·8
23	10 20·8	10 22·4	9 52·5	2·3	1·6	8·3	5·7	14·3	9·9
24	10 21·0	10 22·7	9 52·7	2·4	1·7	8·4	5·8	14·4	10·0
25	10 21·3	10 23·0	9 52·9	2·5	1·7	8·5	5·9	14·5	10·0
26	10 21·5	10 23·2	9 53·2	2·6	1·8	8·6	5·9	14·6	10·1
27	10 21·8	10 23·5	9 53·4	2·7	1·9	8·7	6·0	14·7	10·2
28	10 22·0	10 23·7	9 53·7	2·8	1·9	8·8	6·1	14·8	10·2
29	10 22·3	10 24·0	9 53·9	2·9	2·0	8·9	6·2	14·9	10·3
30	10 22·5	10 24·2	9 54·1	3·0	2·1	9·0	6·2	15·0	10·4
31	10 22·8	10 24·5	9 54·4	3·1	2·1	9·1	6·3	15·1	10·4
32	10 23·0	10 24·7	9 54·6	3·2	2·2	9·2	6·4	15·2	10·5
33	10 23·3	10 25·0	9 54·9	3·3	2·3	9·3	6·4	15·3	10·6
34	10 23·5	10 25·2	9 55·1	3·4	2·4	9·4	6·5	15·4	10·7
35	10 23·8	10 25·5	9 55·3	3·5	2·4	9·5	6·6	15·5	10·7
36	10 24·0	10 25·7	9 55·6	3·6	2·5	9·6	6·6	15·6	10·8
37	10 24·3	10 26·0	9 55·8	3·7	2·6	9·7	6·7	15·7	10·9
38	10 24·5	10 26·2	9 56·1	3·8	2·6	9·8	6·8	15·8	10·9
39	10 24·8	10 26·5	9 56·3	3·9	2·7	9·9	6·8	15·9	11·0
40	10 25·0	10 26·7	9 56·5	4·0	2·8	10·0	6·9	16·0	11·1
41	10 25·3	10 27·0	9 56·8	4·1	2·8	10·1	7·0	16·1	11·1
42	10 25·5	10 27·2	9 57·0	4·2	2·9	10·2	7·1	16·2	11·2
43	10 25·8	10 27·5	9 57·2	4·3	3·0	10·3	7·1	16·3	11·3
44	10 26·0	10 27·7	9 57·5	4·4	3·0	10·4	7·2	16·4	11·3
45	10 26·3	10 28·0	9 57·7	4·5	3·1	10·5	7·3	16·5	11·4
46	10 26·5	10 28·2	9 58·0	4·6	3·2	10·6	7·3	16·6	11·5
47	10 26·8	10 28·5	9 58·2	4·7	3·3	10·7	7·4	16·7	11·6
48	10 27·0	10 28·7	9 58·4	4·8	3·3	10·8	7·5	16·8	11·6
49	10 27·3	10 29·0	9 58·7	4·9	3·4	10·9	7·5	16·9	11·7
50	10 27·5	10 29·2	9 58·9	5·0	3·5	11·0	7·6	17·0	11·8
51	10 27·8	10 29·5	9 59·2	5·1	3·5	11·1	7·7	17·1	11·8
52	10 28·0	10 29·7	9 59·4	5·2	3·6	11·2	7·7	17·2	11·9
53	10 28·3	10 30·0	9 59·6	5·3	3·7	11·3	7·8	17·3	12·0
54	10 28·5	10 30·2	9 59·9	5·4	3·7	11·4	7·9	17·4	12·0
55	10 28·8	10 30·5	10 00·1	5·5	3·8	11·5	8·0	17·5	12·1
56	10 29·0	10 30·7	10 00·3	5·6	3·9	11·6	8·0	17·6	12·2
57	10 29·3	10 31·0	10 00·6	5·7	3·9	11·7	8·1	17·7	12·2
58	10 29·5	10 31·2	10 00·8	5·8	4·0	11·8	8·2	17·8	12·3
59	10 29·8	10 31·5	10 01·1	5·9	4·1	11·9	8·2	17·9	12·4
60	10 30·0	10 31·7	10 01·3	6·0	4·2	12·0	8·3	18·0	12·5

42ᵐ	SUN PLANETS	ARIES	MOON	v or d	Corrⁿ	v or d	Corrⁿ	v or d	Corrⁿ
s	° ′	° ′	° ′	′	′	′	′	′	′
00	10 30·0	10 31·7	10 01·3	0·0	0·0	6·0	4·3	12·0	8·5
01	10 30·3	10 32·0	10 01·5	0·1	0·1	6·1	4·3	12·1	8·6
02	10 30·5	10 32·2	10 01·8	0·2	0·1	6·2	4·4	12·2	8·6
03	10 30·8	10 32·5	10 02·0	0·3	0·2	6·3	4·5	12·3	8·7
04	10 31·0	10 32·7	10 02·3	0·4	0·3	6·4	4·5	12·4	8·8
05	10 31·3	10 33·0	10 02·5	0·5	0·4	6·5	4·6	12·5	8·9
06	10 31·5	10 33·2	10 02·7	0·6	0·4	6·6	4·7	12·6	8·9
07	10 31·8	10 33·5	10 03·0	0·7	0·5	6·7	4·7	12·7	9·0
08	10 32·0	10 33·7	10 03·2	0·8	0·6	6·8	4·8	12·8	9·1
09	10 32·3	10 34·0	10 03·4	0·9	0·6	6·9	4·9	12·9	9·1
10	10 32·5	10 34·2	10 03·7	1·0	0·7	7·0	5·0	13·0	9·2
11	10 32·8	10 34·5	10 03·9	1·1	0·8	7·1	5·0	13·1	9·3
12	10 33·0	10 34·7	10 04·2	1·2	0·9	7·2	5·1	13·2	9·4
13	10 33·3	10 35·0	10 04·4	1·3	0·9	7·3	5·2	13·3	9·4
14	10 33·5	10 35·2	10 04·6	1·4	1·0	7·4	5·2	13·4	9·5
15	10 33·8	10 35·5	10 04·9	1·5	1·1	7·5	5·3	13·5	9·6
16	10 34·0	10 35·7	10 05·1	1·6	1·1	7·6	5·4	13·6	9·6
17	10 34·3	10 36·0	10 05·4	1·7	1·2	7·7	5·5	13·7	9·7
18	10 34·5	10 36·2	10 05·6	1·8	1·3	7·8	5·5	13·8	9·8
19	10 34·8	10 36·5	10 05·8	1·9	1·3	7·9	5·6	13·9	9·8
20	10 35·0	10 36·7	10 06·1	2·0	1·4	8·0	5·7	14·0	9·9
21	10 35·3	10 37·0	10 06·3	2·1	1·5	8·1	5·7	14·1	10·0
22	10 35·5	10 37·2	10 06·5	2·2	1·6	8·2	5·8	14·2	10·1
23	10 35·8	10 37·5	10 06·8	2·3	1·6	8·3	5·9	14·3	10·1
24	10 36·0	10 37·7	10 07·0	2·4	1·7	8·4	6·0	14·4	10·2
25	10 36·3	10 38·0	10 07·3	2·5	1·8	8·5	6·0	14·5	10·3
26	10 36·5	10 38·2	10 07·5	2·6	1·8	8·6	6·1	14·6	10·3
27	10 36·8	10 38·5	10 07·7	2·7	1·9	8·7	6·2	14·7	10·4
28	10 37·0	10 38·7	10 08·0	2·8	2·0	8·8	6·2	14·8	10·5
29	10 37·3	10 39·0	10 08·2	2·9	2·1	8·9	6·3	14·9	10·6
30	10 37·5	10 39·2	10 08·5	3·0	2·1	9·0	6·4	15·0	10·6
31	10 37·8	10 39·5	10 08·7	3·1	2·2	9·1	6·4	15·1	10·7
32	10 38·0	10 39·7	10 08·9	3·2	2·3	9·2	6·5	15·2	10·8
33	10 38·3	10 40·0	10 09·2	3·3	2·3	9·3	6·6	15·3	10·8
34	10 38·5	10 40·2	10 09·4	3·4	2·4	9·4	6·7	15·4	10·9
35	10 38·8	10 40·5	10 09·7	3·5	2·5	9·5	6·7	15·5	11·0
36	10 39·0	10 40·7	10 09·9	3·6	2·6	9·6	6·8	15·6	11·1
37	10 39·3	10 41·0	10 10·1	3·7	2·6	9·7	6·9	15·7	11·1
38	10 39·5	10 41·3	10 10·4	3·8	2·7	9·8	6·9	15·8	11·2
39	10 39·8	10 41·5	10 10·6	3·9	2·8	9·9	7·0	15·9	11·3
40	10 40·0	10 41·8	10 10·8	4·0	2·8	10·0	7·1	16·0	11·3
41	10 40·3	10 42·0	10 11·1	4·1	2·9	10·1	7·2	16·1	11·4
42	10 40·5	10 42·3	10 11·3	4·2	3·0	10·2	7·2	16·2	11·5
43	10 40·8	10 42·5	10 11·6	4·3	3·0	10·3	7·3	16·3	11·5
44	10 41·0	10 42·8	10 11·8	4·4	3·1	10·4	7·4	16·4	11·6
45	10 41·3	10 43·0	10 12·0	4·5	3·2	10·5	7·4	16·5	11·7
46	10 41·5	10 43·3	10 12·3	4·6	3·3	10·6	7·5	16·6	11·8
47	10 41·8	10 43·5	10 12·5	4·7	3·3	10·7	7·6	16·7	11·8
48	10 42·0	10 43·8	10 12·8	4·8	3·4	10·8	7·7	16·8	11·9
49	10 42·3	10 44·0	10 13·0	4·9	3·5	10·9	7·7	16·9	12·0
50	10 42·5	10 44·3	10 13·2	5·0	3·5	11·0	7·8	17·0	12·0
51	10 42·8	10 44·5	10 13·5	5·1	3·6	11·1	7·9	17·1	12·1
52	10 43·0	10 44·8	10 13·7	5·2	3·7	11·2	7·9	17·2	12·2
53	10 43·3	10 45·0	10 13·9	5·3	3·8	11·3	8·0	17·3	12·3
54	10 43·5	10 45·3	10 14·2	5·4	3·8	11·4	8·1	17·4	12·3
55	10 43·8	10 45·5	10 14·4	5·5	3·9	11·5	8·1	17·5	12·4
56	10 44·0	10 45·8	10 14·7	5·6	4·0	11·6	8·2	17·6	12·5
57	10 44·3	10 46·0	10 14·9	5·7	4·0	11·7	8·3	17·7	12·5
58	10 44·5	10 46·3	10 15·1	5·8	4·1	11·8	8·4	17·8	12·6
59	10 44·8	10 46·5	10 15·4	5·9	4·2	11·9	8·4	17·9	12·7
60	10 45·0	10 46·8	10 15·6	6·0	4·3	12·0	8·5	18·0	12·8

43ᵐ	SUN PLANETS	ARIES	MOON	v or d	Corrⁿ	v or d	Corrⁿ	v or d	Corrⁿ
s	° ′	° ′	° ′	′	′	′	′	′	′
00	10 45·0	10 46·8	10 15·6	0·0	0·0	6·0	4·4	12·0	8·7
01	10 45·3	10 47·0	10 15·9	0·1	0·1	6·1	4·4	12·1	8·8
02	10 45·5	10 47·3	10 16·1	0·2	0·1	6·2	4·5	12·2	8·8
03	10 45·8	10 47·5	10 16·3	0·3	0·2	6·3	4·6	12·3	8·9
04	10 46·0	10 47·8	10 16·6	0·4	0·3	6·4	4·6	12·4	9·0
05	10 46·3	10 48·0	10 16·8	0·5	0·4	6·5	4·7	12·5	9·1
06	10 46·5	10 48·3	10 17·0	0·6	0·4	6·6	4·8	12·6	9·1
07	10 46·8	10 48·5	10 17·3	0·7	0·5	6·7	4·9	12·7	9·2
08	10 47·0	10 48·8	10 17·5	0·8	0·6	6·8	4·9	12·8	9·3
09	10 47·3	10 49·0	10 17·8	0·9	0·7	6·9	5·0	12·9	9·4
10	10 47·5	10 49·3	10 18·0	1·0	0·7	7·0	5·1	13·0	9·4
11	10 47·8	10 49·5	10 18·2	1·1	0·8	7·1	5·1	13·1	9·5
12	10 48·0	10 49·8	10 18·5	1·2	0·9	7·2	5·2	13·2	9·6
13	10 48·3	10 50·0	10 18·7	1·3	0·9	7·3	5·3	13·3	9·6
14	10 48·5	10 50·3	10 19·0	1·4	1·0	7·4	5·4	13·4	9·7
15	10 48·8	10 50·5	10 19·2	1·5	1·1	7·5	5·4	13·5	9·8
16	10 49·0	10 50·8	10 19·4	1·6	1·2	7·6	5·5	13·6	9·9
17	10 49·3	10 51·0	10 19·7	1·7	1·2	7·7	5·6	13·7	9·9
18	10 49·5	10 51·3	10 19·9	1·8	1·3	7·8	5·7	13·8	10·0
19	10 49·8	10 51·5	10 20·2	1·9	1·4	7·9	5·7	13·9	10·1
20	10 50·0	10 51·8	10 20·4	2·0	1·5	8·0	5·8	14·0	10·2
21	10 50·3	10 52·0	10 20·6	2·1	1·5	8·1	5·9	14·1	10·2
22	10 50·5	10 52·3	10 20·9	2·2	1·6	8·2	5·9	14·2	10·3
23	10 50·8	10 52·5	10 21·1	2·3	1·7	8·3	6·0	14·3	10·4
24	10 51·0	10 52·8	10 21·3	2·4	1·7	8·4	6·1	14·4	10·4
25	10 51·3	10 53·0	10 21·6	2·5	1·8	8·5	6·2	14·5	10·5
26	10 51·5	10 53·3	10 21·8	2·6	1·9	8·6	6·2	14·6	10·6
27	10 51·8	10 53·5	10 22·1	2·7	2·0	8·7	6·3	14·7	10·7
28	10 52·0	10 53·8	10 22·3	2·8	2·0	8·8	6·4	14·8	10·7
29	10 52·3	10 54·0	10 22·5	2·9	2·1	8·9	6·5	14·9	10·8
30	10 52·5	10 54·3	10 22·8	3·0	2·2	9·0	6·5	15·0	10·9
31	10 52·8	10 54·5	10 23·0	3·1	2·2	9·1	6·6	15·1	10·9
32	10 53·0	10 54·8	10 23·3	3·2	2·3	9·2	6·7	15·2	11·0
33	10 53·3	10 55·0	10 23·5	3·3	2·4	9·3	6·7	15·3	11·1
34	10 53·5	10 55·3	10 23·7	3·4	2·5	9·4	6·8	15·4	11·2
35	10 53·8	10 55·5	10 24·0	3·5	2·5	9·5	6·9	15·5	11·2
36	10 54·0	10 55·8	10 24·2	3·6	2·6	9·6	7·0	15·6	11·3
37	10 54·3	10 56·0	10 24·4	3·7	2·7	9·7	7·0	15·7	11·4
38	10 54·5	10 56·3	10 24·7	3·8	2·8	9·8	7·1	15·8	11·5
39	10 54·8	10 56·5	10 24·9	3·9	2·8	9·9	7·2	15·9	11·5
40	10 55·0	10 56·8	10 25·2	4·0	2·9	10·0	7·3	16·0	11·6
41	10 55·3	10 57·0	10 25·4	4·1	3·0	10·1	7·3	16·1	11·7
42	10 55·5	10 57·3	10 25·6	4·2	3·0	10·2	7·4	16·2	11·7
43	10 55·8	10 57·5	10 25·9	4·3	3·1	10·3	7·5	16·3	11·8
44	10 56·0	10 57·8	10 26·1	4·4	3·2	10·4	7·5	16·4	11·9
45	10 56·3	10 58·0	10 26·4	4·5	3·3	10·5	7·6	16·5	12·0
46	10 56·5	10 58·3	10 26·6	4·6	3·3	10·6	7·7	16·6	12·0
47	10 56·8	10 58·5	10 26·8	4·7	3·4	10·7	7·8	16·7	12·1
48	10 57·0	10 58·8	10 27·1	4·8	3·5	10·8	7·8	16·8	12·2
49	10 57·3	10 59·0	10 27·3	4·9	3·6	10·9	7·9	16·9	12·3
50	10 57·5	10 59·3	10 27·5	5·0	3·6	11·0	8·0	17·0	12·3
51	10 57·8	10 59·6	10 27·8	5·1	3·7	11·1	8·0	17·1	12·4
52	10 58·0	10 59·8	10 28·0	5·2	3·8	11·2	8·1	17·2	12·5
53	10 58·3	11 00·1	10 28·3	5·3	3·8	11·3	8·2	17·3	12·5
54	10 58·5	11 00·3	10 28·5	5·4	3·9	11·4	8·3	17·4	12·6
55	10 58·8	11 00·6	10 28·7	5·5	4·0	11·5	8·3	17·5	12·7
56	10 59·0	11 00·8	10 29·0	5·6	4·1	11·6	8·4	17·6	12·8
57	10 59·3	11 01·1	10 29·2	5·7	4·1	11·7	8·5	17·7	12·8
58	10 59·5	11 01·3	10 29·5	5·8	4·2	11·8	8·6	17·8	12·9
59	10 59·8	11 01·6	10 29·7	5·9	4·3	11·9	8·6	17·9	13·0
60	11 00·0	11 01·8	10 29·9	6·0	4·4	12·0	8·7	18·0	13·1

44^m	SUN PLANETS	ARIES	MOON	v or d	Corr^n	v or d	Corr^n	v or d	Corr^n
s	° ′	° ′	° ′	′	′	′	′	′	′
00	11 00·0	11 01·8	10 29·9	0·0	0·0	6·0	4·5	12·0	8·9
01	11 00·3	11 02·1	10 30·2	0·1	0·1	6·1	4·5	12·1	9·0
02	11 00·5	11 02·3	10 30·4	0·2	0·1	6·2	4·6	12·2	9·0
03	11 00·8	11 02·6	10 30·6	0·3	0·2	6·3	4·7	12·3	9·1
04	11 01·0	11 02·8	10 30·9	0·4	0·3	6·4	4·7	12·4	9·2
05	11 01·3	11 03·1	10 31·1	0·5	0·4	6·5	4·8	12·5	9·3
06	11 01·5	11 03·3	10 31·4	0·6	0·4	6·6	4·9	12·6	9·3
07	11 01·8	11 03·6	10 31·6	0·7	0·5	6·7	5·0	12·7	9·4
08	11 02·0	11 03·8	10 31·8	0·8	0·6	6·8	5·0	12·8	9·5
09	11 02·3	11 04·1	10 32·1	0·9	0·7	6·9	5·1	12·9	9·6
10	11 02·5	11 04·3	10 32·3	1·0	0·7	7·0	5·2	13·0	9·6
11	11 02·8	11 04·6	10 32·6	1·1	0·8	7·1	5·3	13·1	9·7
12	11 03·0	11 04·8	10 32·8	1·2	0·9	7·2	5·3	13·2	9·8
13	11 03·3	11 05·1	10 33·0	1·3	1·0	7·3	5·4	13·3	9·9
14	11 03·5	11 05·3	10 33·3	1·4	1·0	7·4	5·5	13·4	9·9
15	11 03·8	11 05·6	10 33·5	1·5	1·1	7·5	5·6	13·5	10·0
16	11 04·0	11 05·8	10 33·8	1·6	1·2	7·6	5·6	13·6	10·1
17	11 04·3	11 06·1	10 34·0	1·7	1·3	7·7	5·7	13·7	10·2
18	11 04·5	11 06·3	10 34·2	1·8	1·3	7·8	5·8	13·8	10·2
19	11 04·8	11 06·6	10 34·5	1·9	1·4	7·9	5·9	13·9	10·3
20	11 05·0	11 06·8	10 34·7	2·0	1·5	8·0	5·9	14·0	10·4
21	11 05·3	11 07·1	10 34·9	2·1	1·6	8·1	6·0	14·1	10·5
22	11 05·5	11 07·3	10 35·2	2·2	1·6	8·2	6·1	14·2	10·5
23	11 05·8	11 07·6	10 35·4	2·3	1·7	8·3	6·2	14·3	10·6
24	11 06·0	11 07·8	10 35·7	2·4	1·8	8·4	6·2	14·4	10·7
25	11 06·3	11 08·1	10 35·9	2·5	1·9	8·5	6·3	14·5	10·8
26	11 06·5	11 08·3	10 36·1	2·6	1·9	8·6	6·4	14·6	10·8
27	11 06·8	11 08·6	10 36·4	2·7	2·0	8·7	6·5	14·7	10·9
28	11 07·0	11 08·8	10 36·6	2·8	2·1	8·8	6·5	14·8	11·0
29	11 07·3	11 09·1	10 36·9	2·9	2·2	8·9	6·6	14·9	11·1
30	11 07·5	11 09·3	10 37·1	3·0	2·2	9·0	6·7	15·0	11·1
31	11 07·8	11 09·6	10 37·3	3·1	2·3	9·1	6·7	15·1	11·2
32	11 08·0	11 09·8	10 37·6	3·2	2·4	9·2	6·8	15·2	11·3
33	11 08·3	11 10·1	10 37·8	3·3	2·4	9·3	6·9	15·3	11·3
34	11 08·5	11 10·3	10 38·0	3·4	2·5	9·4	7·0	15·4	11·4
35	11 08·8	11 10·6	10 38·3	3·5	2·6	9·5	7·0	15·5	11·5
36	11 09·0	11 10·8	10 38·5	3·6	2·7	9·6	7·1	15·6	11·6
37	11 09·3	11 11·1	10 38·8	3·7	2·7	9·7	7·2	15·7	11·6
38	11 09·5	11 11·3	10 39·0	3·8	2·8	9·8	7·3	15·8	11·7
39	11 09·8	11 11·6	10 39·2	3·9	2·9	9·9	7·3	15·9	11·8
40	11 10·0	11 11·8	10 39·5	4·0	3·0	10·0	7·4	16·0	11·9
41	11 10·3	11 12·1	10 39·7	4·1	3·0	10·1	7·5	16·1	11·9
42	11 10·5	11 12·3	10 40·0	4·2	3·1	10·2	7·6	16·2	12·0
43	11 10·8	11 12·6	10 40·2	4·3	3·2	10·3	7·6	16·3	12·1
44	11 11·0	11 12·8	10 40·4	4·4	3·3	10·4	7·7	16·4	12·2
45	11 11·3	11 13·1	10 40·7	4·5	3·3	10·5	7·8	16·5	12·2
46	11 11·5	11 13·3	10 40·9	4·6	3·4	10·6	7·9	16·6	12·3
47	11 11·8	11 13·6	10 41·1	4·7	3·5	10·7	7·9	16·7	12·4
48	11 12·0	11 13·8	10 41·4	4·8	3·6	10·8	8·0	16·8	12·5
49	11 12·3	11 14·1	10 41·6	4·9	3·6	10·9	8·1	16·9	12·5
50	11 12·5	11 14·3	10 41·9	5·0	3·7	11·0	8·2	17·0	12·6
51	11 12·8	11 14·6	10 42·1	5·1	3·8	11·1	8·2	17·1	12·7
52	11 13·0	11 14·8	10 42·3	5·2	3·9	11·2	8·3	17·2	12·8
53	11 13·3	11 15·1	10 42·6	5·3	3·9	11·3	8·4	17·3	12·8
54	11 13·5	11 15·3	10 42·8	5·4	4·0	11·4	8·5	17·4	12·9
55	11 13·8	11 15·6	10 43·1	5·5	4·1	11·5	8·5	17·5	13·0
56	11 14·0	11 15·8	10 43·3	5·6	4·2	11·6	8·6	17·6	13·1
57	11 14·3	11 16·1	10 43·5	5·7	4·2	11·7	8·7	17·7	13·1
58	11 14·5	11 16·3	10 43·8	5·8	4·3	11·8	8·8	17·8	13·2
59	11 14·8	11 16·6	10 44·0	5·9	4·4	11·9	8·8	17·9	13·3
60	11 15·0	11 16·8	10 44·3	6·0	4·5	12·0	8·9	18·0	13·4

45^m	SUN PLANETS	ARIES	MOON	v or d	Corr^n	v or d	Corr^n	v or d	Corr^n
s	° ′	° ′	° ′	′	′	′	′	′	′
00	11 15·0	11 16·8	10 44·3	0·0	0·0	6·0	4·6	12·0	9·1
01	11 15·3	11 17·1	10 44·5	0·1	0·1	6·1	4·6	12·1	9·2
02	11 15·5	11 17·3	10 44·7	0·2	0·2	6·2	4·7	12·2	9·3
03	11 15·8	11 17·6	10 45·0	0·3	0·2	6·3	4·8	12·3	9·3
04	11 16·0	11 17·9	10 45·2	0·4	0·3	6·4	4·9	12·4	9·4
05	11 16·3	11 18·1	10 45·4	0·5	0·4	6·5	4·9	12·5	9·5
06	11 16·5	11 18·4	10 45·7	0·6	0·5	6·6	5·0	12·6	9·6
07	11 16·8	11 18·6	10 45·9	0·7	0·5	6·7	5·1	12·7	9·6
08	11 17·0	11 18·9	10 46·2	0·8	0·6	6·8	5·2	12·8	9·7
09	11 17·3	11 19·1	10 46·4	0·9	0·7	6·9	5·2	12·9	9·8
10	11 17·5	11 19·4	10 46·6	1·0	0·8	7·0	5·3	13·0	9·9
11	11 17·8	11 19·6	10 46·9	1·1	0·8	7·1	5·4	13·1	9·9
12	11 18·0	11 19·9	10 47·1	1·2	0·9	7·2	5·5	13·2	10·0
13	11 18·3	11 20·1	10 47·4	1·3	1·0	7·3	5·5	13·3	10·1
14	11 18·5	11 20·4	10 47·6	1·4	1·1	7·4	5·6	13·4	10·2
15	11 18·8	11 20·6	10 47·8	1·5	1·1	7·5	5·7	13·5	10·2
16	11 19·0	11 20·9	10 48·1	1·6	1·2	7·6	5·8	13·6	10·3
17	11 19·3	11 21·1	10 48·3	1·7	1·3	7·7	5·8	13·7	10·4
18	11 19·5	11 21·4	10 48·5	1·8	1·4	7·8	5·9	13·8	10·5
19	11 19·8	11 21·6	10 48·8	1·9	1·4	7·9	6·0	13·9	10·5
20	11 20·0	11 21·9	10 49·0	2·0	1·5	8·0	6·1	14·0	10·6
21	11 20·3	11 22·1	10 49·3	2·1	1·6	8·1	6·1	14·1	10·7
22	11 20·5	11 22·4	10 49·5	2·2	1·7	8·2	6·2	14·2	10·8
23	11 20·8	11 22·6	10 49·7	2·3	1·7	8·3	6·3	14·3	10·8
24	11 21·0	11 22·9	10 50·0	2·4	1·8	8·4	6·4	14·4	10·9
25	11 21·3	11 23·1	10 50·2	2·5	1·9	8·5	6·4	14·5	11·0
26	11 21·5	11 23·4	10 50·5	2·6	2·0	8·6	6·5	14·6	11·1
27	11 21·8	11 23·6	10 50·7	2·7	2·0	8·7	6·6	14·7	11·1
28	11 22·0	11 23·9	10 50·9	2·8	2·1	8·8	6·7	14·8	11·2
29	11 22·3	11 24·1	10 51·2	2·9	2·2	8·9	6·7	14·9	11·3
30	11 22·5	11 24·4	10 51·4	3·0	2·3	9·0	6·8	15·0	11·4
31	11 22·8	11 24·6	10 51·6	3·1	2·4	9·1	6·9	15·1	11·5
32	11 23·0	11 24·9	10 51·9	3·2	2·4	9·2	7·0	15·2	11·5
33	11 23·3	11 25·1	10 52·1	3·3	2·5	9·3	7·1	15·3	11·6
34	11 23·5	11 25·4	10 52·4	3·4	2·6	9·4	7·1	15·4	11·7
35	11 23·8	11 25·6	10 52·6	3·5	2·7	9·5	7·2	15·5	11·8
36	11 24·0	11 25·9	10 52·8	3·6	2·7	9·6	7·3	15·6	11·8
37	11 24·3	11 26·1	10 53·1	3·7	2·8	9·7	7·4	15·7	11·9
38	11 24·5	11 26·4	10 53·3	3·8	2·9	9·8	7·4	15·8	12·0
39	11 24·8	11 26·6	10 53·6	3·9	3·0	9·9	7·5	15·9	12·1
40	11 25·0	11 26·9	10 53·8	4·0	3·0	10·0	7·6	16·0	12·1
41	11 25·3	11 27·1	10 54·0	4·1	3·1	10·1	7·7	16·1	12·2
42	11 25·5	11 27·4	10 54·3	4·2	3·2	10·2	7·7	16·2	12·3
43	11 25·8	11 27·6	10 54·5	4·3	3·3	10·3	7·8	16·3	12·4
44	11 26·0	11 27·9	10 54·7	4·4	3·3	10·4	7·9	16·4	12·4
45	11 26·3	11 28·1	10 55·0	4·5	3·4	10·5	8·0	16·5	12·5
46	11 26·5	11 28·4	10 55·2	4·6	3·5	10·6	8·0	16·6	12·6
47	11 26·8	11 28·6	10 55·5	4·7	3·6	10·7	8·1	16·7	12·7
48	11 27·0	11 28·9	10 55·7	4·8	3·6	10·8	8·2	16·8	12·7
49	11 27·3	11 29·1	10 55·9	4·9	3·7	10·9	8·3	16·9	12·8
50	11 27·5	11 29·4	10 56·2	5·0	3·8	11·0	8·3	17·0	12·9
51	11 27·8	11 29·6	10 56·4	5·1	3·9	11·1	8·4	17·1	13·0
52	11 28·0	11 29·9	10 56·7	5·2	3·9	11·2	8·5	17·2	13·0
53	11 28·3	11 30·1	10 56·9	5·3	4·0	11·3	8·6	17·3	13·1
54	11 28·5	11 30·4	10 57·1	5·4	4·1	11·4	8·6	17·4	13·2
55	11 28·8	11 30·6	10 57·4	5·5	4·2	11·5	8·7	17·5	13·3
56	11 29·0	11 30·9	10 57·6	5·6	4·2	11·6	8·8	17·6	13·3
57	11 29·3	11 31·1	10 57·9	5·7	4·3	11·7	8·9	17·7	13·4
58	11 29·5	11 31·4	10 58·1	5·8	4·4	11·8	8·9	17·8	13·5
59	11 29·8	11 31·6	10 58·3	5·9	4·5	11·9	9·0	17·9	13·6
60	11 30·0	11 31·9	10 58·6	6·0	4·6	12·0	9·1	18·0	13·7

46ᵐ	SUN PLANETS	ARIES	MOON	v or d	Corrⁿ	v or d	Corrⁿ	v or d	Corrⁿ
s	° ′	° ′	° ′	′	′	′	′	′	′
00	11 30·0	11 31·9	10 58·6	0·0	0·0	6·0	4·7	12·0	9·3
01	11 30·3	11 32·1	10 58·8	0·1	0·1	6·1	4·7	12·1	9·4
02	11 30·5	11 32·4	10 59·0	0·2	0·2	6·2	4·8	12·2	9·5
03	11 30·8	11 32·6	10 59·3	0·3	0·2	6·3	4·9	12·3	9·5
04	11 31·0	11 32·9	10 59·5	0·4	0·3	6·4	5·0	12·4	9·6
05	11 31·3	11 33·1	10 59·8	0·5	0·4	6·5	5·0	12·5	9·7
06	11 31·5	11 33·4	11 00·0	0·6	0·5	6·6	5·1	12·6	9·8
07	11 31·8	11 33·6	11 00·2	0·7	0·5	6·7	5·2	12·7	9·8
08	11 32·0	11 33·9	11 00·5	0·8	0·6	6·8	5·3	12·8	9·9
09	11 32·3	11 34·1	11 00·7	0·9	0·7	6·9	5·3	12·9	10·0
10	11 32·5	11 34·4	11 01·0	1·0	0·8	7·0	5·4	13·0	10·1
11	11 32·8	11 34·6	11 01·2	1·1	0·9	7·1	5·5	13·1	10·2
12	11 33·0	11 34·9	11 01·4	1·2	0·9	7·2	5·6	13·2	10·2
13	11 33·3	11 35·1	11 01·7	1·3	1·0	7·3	5·7	13·3	10·3
14	11 33·5	11 35·4	11 01·9	1·4	1·1	7·4	5·7	13·4	10·4
15	11 33·8	11 35·6	11 02·1	1·5	1·2	7·5	5·8	13·5	10·5
16	11 34·0	11 35·9	11 02·4	1·6	1·2	7·6	5·9	13·6	10·5
17	11 34·3	11 36·2	11 02·6	1·7	1·3	7·7	6·0	13·7	10·6
18	11 34·5	11 36·4	11 02·9	1·8	1·4	7·8	6·0	13·8	10·7
19	11 34·8	11 36·7	11 03·1	1·9	1·5	7·9	6·1	13·9	10·8
20	11 35·0	11 36·9	11 03·3	2·0	1·6	8·0	6·2	14·0	10·9
21	11 35·3	11 37·2	11 03·6	2·1	1·6	8·1	6·3	14·1	10·9
22	11 35·5	11 37·4	11 03·8	2·2	1·7	8·2	6·4	14·2	11·0
23	11 35·8	11 37·7	11 04·1	2·3	1·8	8·3	6·4	14·3	11·1
24	11 36·0	11 37·9	11 04·3	2·4	1·9	8·4	6·5	14·4	11·2
25	11 36·3	11 38·2	11 04·5	2·5	1·9	8·5	6·6	14·5	11·2
26	11 36·5	11 38·4	11 04·8	2·6	2·0	8·6	6·7	14·6	11·3
27	11 36·8	11 38·7	11 05·0	2·7	2·1	8·7	6·7	14·7	11·4
28	11 37·0	11 38·9	11 05·2	2·8	2·2	8·8	6·8	14·8	11·5
29	11 37·3	11 39·2	11 05·5	2·9	2·2	8·9	6·9	14·9	11·5
30	11 37·5	11 39·4	11 05·7	3·0	2·3	9·0	7·0	15·0	11·6
31	11 37·8	11 39·7	11 06·0	3·1	2·4	9·1	7·1	15·1	11·7
32	11 38·0	11 39·9	11 06·2	3·2	2·5	9·2	7·1	15·2	11·8
33	11 38·3	11 40·2	11 06·4	3·3	2·6	9·3	7·2	15·3	11·9
34	11 38·5	11 40·4	11 06·7	3·4	2·6	9·4	7·3	15·4	11·9
35	11 38·8	11 40·7	11 06·9	3·5	2·7	9·5	7·4	15·5	12·0
36	11 39·0	11 40·9	11 07·2	3·6	2·8	9·6	7·4	15·6	12·1
37	11 39·3	11 41·2	11 07·4	3·7	2·9	9·7	7·5	15·7	12·2
38	11 39·5	11 41·4	11 07·6	3·8	2·9	9·8	7·6	15·8	12·2
39	11 39·8	11 41·7	11 07·9	3·9	3·0	9·9	7·7	15·9	12·3
40	11 40·0	11 41·9	11 08·1	4·0	3·1	10·0	7·8	16·0	12·4
41	11 40·3	11 42·2	11 08·3	4·1	3·2	10·1	7·8	16·1	12·5
42	11 40·5	11 42·4	11 08·6	4·2	3·3	10·2	7·9	16·2	12·6
43	11 40·8	11 42·7	11 08·8	4·3	3·3	10·3	8·0	16·3	12·6
44	11 41·0	11 42·9	11 09·1	4·4	3·4	10·4	8·1	16·4	12·7
45	11 41·3	11 43·2	11 09·3	4·5	3·5	10·5	8·1	16·5	12·8
46	11 41·5	11 43·4	11 09·5	4·6	3·6	10·6	8·2	16·6	12·9
47	11 41·8	11 43·7	11 09·8	4·7	3·6	10·7	8·3	16·7	12·9
48	11 42·0	11 43·9	11 10·0	4·8	3·7	10·8	8·4	16·8	13·0
49	11 42·3	11 44·2	11 10·3	4·9	3·8	10·9	8·4	16·9	13·1
50	11 42·5	11 44·4	11 10·5	5·0	3·9	11·0	8·5	17·0	13·2
51	11 42·8	11 44·7	11 10·7	5·1	4·0	11·1	8·6	17·1	13·3
52	11 43·0	11 44·9	11 11·0	5·2	4·0	11·2	8·7	17·2	13·3
53	11 43·3	11 45·2	11 11·2	5·3	4·1	11·3	8·8	17·3	13·4
54	11 43·5	11 45·4	11 11·5	5·4	4·2	11·4	8·8	17·4	13·5
55	11 43·8	11 45·7	11 11·7	5·5	4·3	11·5	8·9	17·5	13·6
56	11 44·0	11 45·9	11 11·9	5·6	4·3	11·6	9·0	17·6	13·6
57	11 44·3	11 46·2	11 12·2	5·7	4·4	11·7	9·1	17·7	13·7
58	11 44·5	11 46·4	11 12·4	5·8	4·5	11·8	9·1	17·8	13·8
59	11 44·8	11 46·7	11 12·6	5·9	4·6	11·9	9·2	17·9	13·9
60	11 45·0	11 46·9	11 12·9	6·0	4·7	12·0	9·3	18·0	14·0

47ᵐ	SUN PLANETS	ARIES	MOON	v or d	Corrⁿ	v or d	Corrⁿ	v or d	Corrⁿ
s	° ′	° ′	° ′	′	′	′	′	′	′
00	11 45·0	11 46·9	11 12·9	0·0	0·0	6·0	4·8	12·0	9·5
01	11 45·3	11 47·2	11 13·1	0·1	0·1	6·1	4·8	12·1	9·6
02	11 45·5	11 47·4	11 13·4	0·2	0·2	6·2	4·9	12·2	9·7
03	11 45·8	11 47·7	11 13·6	0·3	0·2	6·3	5·0	12·3	9·7
04	11 46·0	11 47·9	11 13·8	0·4	0·3	6·4	5·1	12·4	9·8
05	11 46·3	11 48·2	11 14·1	0·5	0·4	6·5	5·1	12·5	9·9
06	11 46·5	11 48·4	11 14·3	0·6	0·5	6·6	5·2	12·6	10·0
07	11 46·8	11 48·7	11 14·6	0·7	0·6	6·7	5·3	12·7	10·1
08	11 47·0	11 48·9	11 14·8	0·8	0·6	6·8	5·4	12·8	10·1
09	11 47·3	11 49·2	11 15·0	0·9	0·7	6·9	5·5	12·9	10·2
10	11 47·5	11 49·4	11 15·3	1·0	0·8	7·0	5·5	13·0	10·3
11	11 47·8	11 49·7	11 15·5	1·1	0·9	7·1	5·6	13·1	10·4
12	11 48·0	11 49·9	11 15·7	1·2	1·0	7·2	5·7	13·2	10·5
13	11 48·3	11 50·2	11 16·0	1·3	1·0	7·3	5·8	13·3	10·5
14	11 48·5	11 50·4	11 16·2	1·4	1·1	7·4	5·9	13·4	10·6
15	11 48·8	11 50·7	11 16·5	1·5	1·2	7·5	5·9	13·5	10·7
16	11 49·0	11 50·9	11 16·7	1·6	1·3	7·6	6·0	13·6	10·8
17	11 49·3	11 51·2	11 16·9	1·7	1·3	7·7	6·1	13·7	10·8
18	11 49·5	11 51·4	11 17·2	1·8	1·4	7·8	6·2	13·8	10·9
19	11 49·8	11 51·7	11 17·4	1·9	1·5	7·9	6·3	13·9	11·0
20	11 50·0	11 51·9	11 17·7	2·0	1·6	8·0	6·3	14·0	11·1
21	11 50·3	11 52·2	11 17·9	2·1	1·7	8·1	6·4	14·1	11·2
22	11 50·5	11 52·4	11 18·1	2·2	1·7	8·2	6·5	14·2	11·2
23	11 50·8	11 52·7	11 18·4	2·3	1·8	8·3	6·6	14·3	11·3
24	11 51·0	11 52·9	11 18·6	2·4	1·9	8·4	6·7	14·4	11·4
25	11 51·3	11 53·2	11 18·8	2·5	2·0	8·5	6·7	14·5	11·5
26	11 51·5	11 53·4	11 19·1	2·6	2·1	8·6	6·8	14·6	11·6
27	11 51·8	11 53·7	11 19·3	2·7	2·1	8·7	6·9	14·7	11·6
28	11 52·0	11 53·9	11 19·6	2·8	2·2	8·8	7·0	14·8	11·7
29	11 52·3	11 54·2	11 19·8	2·9	2·3	8·9	7·0	14·9	11·8
30	11 52·5	11 54·5	11 20·0	3·0	2·4	9·0	7·1	15·0	11·9
31	11 52·8	11 54·7	11 20·3	3·1	2·5	9·1	7·2	15·1	12·0
32	11 53·0	11 55·0	11 20·5	3·2	2·5	9·2	7·3	15·2	12·0
33	11 53·3	11 55·2	11 20·8	3·3	2·6	9·3	7·4	15·3	12·1
34	11 53·5	11 55·5	11 21·0	3·4	2·7	9·4	7·4	15·4	12·2
35	11 53·8	11 55·7	11 21·2	3·5	2·8	9·5	7·5	15·5	12·3
36	11 54·0	11 56·0	11 21·5	3·6	2·9	9·6	7·6	15·6	12·4
37	11 54·3	11 56·2	11 21·7	3·7	2·9	9·7	7·7	15·7	12·4
38	11 54·5	11 56·5	11 22·0	3·8	3·0	9·8	7·8	15·8	12·5
39	11 54·8	11 56·7	11 22·2	3·9	3·1	9·9	7·8	15·9	12·6
40	11 55·0	11 57·0	11 22·4	4·0	3·2	10·0	7·9	16·0	12·7
41	11 55·3	11 57·2	11 22·7	4·1	3·2	10·1	8·0	16·1	12·7
42	11 55·5	11 57·5	11 22·9	4·2	3·3	10·2	8·1	16·2	12·8
43	11 55·8	11 57·7	11 23·1	4·3	3·4	10·3	8·2	16·3	12·9
44	11 56·0	11 58·0	11 23·4	4·4	3·5	10·4	8·2	16·4	13·0
45	11 56·3	11 58·2	11 23·6	4·5	3·6	10·5	8·3	16·5	13·1
46	11 56·5	11 58·5	11 23·9	4·6	3·6	10·6	8·4	16·6	13·1
47	11 56·8	11 58·7	11 24·1	4·7	3·7	10·7	8·5	16·7	13·2
48	11 57·0	11 59·0	11 24·3	4·8	3·8	10·8	8·6	16·8	13·3
49	11 57·3	11 59·2	11 24·6	4·9	3·9	10·9	8·6	16·9	13·4
50	11 57·5	11 59·5	11 24·8	5·0	4·0	11·0	8·7	17·0	13·5
51	11 57·8	11 59·7	11 25·1	5·1	4·0	11·1	8·8	17·1	13·5
52	11 58·0	12 00·0	11 25·3	5·2	4·1	11·2	8·9	17·2	13·6
53	11 58·3	12 00·2	11 25·5	5·3	4·2	11·3	8·9	17·3	13·7
54	11 58·5	12 00·5	11 25·8	5·4	4·3	11·4	9·0	17·4	13·8
55	11 58·8	12 00·7	11 26·0	5·5	4·4	11·5	9·1	17·5	13·9
56	11 59·0	12 01·0	11 26·2	5·6	4·4	11·6	9·2	17·6	13·9
57	11 59·3	12 01·2	11 26·5	5·7	4·5	11·7	9·3	17·7	14·0
58	11 59·5	12 01·5	11 26·7	5·8	4·6	11·8	9·3	17·8	14·1
59	11 59·8	12 01·7	11 27·0	5·9	4·7	11·9	9·4	17·9	14·2
60	12 00·0	12 02·0	11 27·2	6·0	4·8	12·0	9·5	18·0	14·3

48m	SUN PLANETS	ARIES	MOON	v or d	Corrn	v or d	Corrn	v or d	Corrn
s	° ′	° ′	° ′	′	′	′	′	′	′
00	12 00·0	12 02·0	11 27·2	0·0	0·0	6·0	4·9	12·0	9·7
01	12 00·3	12 02·2	11 27·4	0·1	0·1	6·1	4·9	12·1	9·8
02	12 00·5	12 02·5	11 27·7	0·2	0·2	6·2	5·0	12·2	9·9
03	12 00·8	12 02·7	11 27·9	0·3	0·2	6·3	5·1	12·3	9·9
04	12 01·0	12 03·0	11 28·2	0·4	0·3	6·4	5·2	12·4	10·0
05	12 01·3	12 03·2	11 28·4	0·5	0·4	6·5	5·3	12·5	10·1
06	12 01·5	12 03·5	11 28·6	0·6	0·5	6·6	5·3	12·6	10·2
07	12 01·8	12 03·7	11 28·9	0·7	0·6	6·7	5·4	12·7	10·3
08	12 02·0	12 04·0	11 29·1	0·8	0·6	6·8	5·5	12·8	10·3
09	12 02·3	12 04·2	11 29·3	0·9	0·7	6·9	5·6	12·9	10·4
10	12 02·5	12 04·5	11 29·6	1·0	0·8	7·0	5·7	13·0	10·5
11	12 02·8	12 04·7	11 29·8	1·1	0·9	7·1	5·7	13·1	10·6
12	12 03·0	12 05·0	11 30·1	1·2	1·0	7·2	5·8	13·2	10·7
13	12 03·3	12 05·2	11 30·3	1·3	1·1	7·3	5·9	13·3	10·8
14	12 03·5	12 05·5	11 30·5	1·4	1·1	7·4	6·0	13·4	10·8
15	12 03·8	12 05·7	11 30·8	1·5	1·2	7·5	6·1	13·5	10·9
16	12 04·0	12 06·0	11 31·0	1·6	1·3	7·6	6·1	13·6	11·0
17	12 04·3	12 06·2	11 31·3	1·7	1·4	7·7	6·2	13·7	11·1
18	12 04·5	12 06·5	11 31·5	1·8	1·5	7·8	6·3	13·8	11·2
19	12 04·8	12 06·7	11 31·7	1·9	1·5	7·9	6·4	13·9	11·2
20	12 05·0	12 07·0	11 32·0	2·0	1·6	8·0	6·5	14·0	11·3
21	12 05·3	12 07·2	11 32·2	2·1	1·7	8·1	6·5	14·1	11·4
22	12 05·5	12 07·5	11 32·4	2·2	1·8	8·2	6·6	14·2	11·5
23	12 05·8	12 07·7	11 32·7	2·3	1·9	8·3	6·7	14·3	11·6
24	12 06·0	12 08·0	11 32·9	2·4	1·9	8·4	6·8	14·4	11·6
25	12 06·3	12 08·2	11 33·2	2·5	2·0	8·5	6·9	14·5	11·7
26	12 06·5	12 08·5	11 33·4	2·6	2·1	8·6	7·0	14·6	11·8
27	12 06·8	12 08·7	11 33·6	2·7	2·2	8·7	7·0	14·7	11·9
28	12 07·0	12 09·0	11 33·9	2·8	2·3	8·8	7·1	14·8	12·0
29	12 07·3	12 09·2	11 34·1	2·9	2·3	8·9	7·2	14·9	12·0
30	12 07·5	12 09·5	11 34·4	3·0	2·4	9·0	7·3	15·0	12·1
31	12 07·8	12 09·7	11 34·6	3·1	2·5	9·1	7·4	15·1	12·2
32	12 08·0	12 10·0	11 34·8	3·2	2·6	9·2	7·4	15·2	12·3
33	12 08·3	12 10·2	11 35·1	3·3	2·7	9·3	7·5	15·3	12·4
34	12 08·5	12 10·5	11 35·3	3·4	2·7	9·4	7·6	15·4	12·4
35	12 08·8	12 10·7	11 35·6	3·5	2·8	9·5	7·7	15·5	12·5
36	12 09·0	12 11·0	11 35·8	3·6	2·9	9·6	7·8	15·6	12·6
37	12 09·3	12 11·2	11 36·0	3·7	3·0	9·7	7·8	15·7	12·7
38	12 09·5	12 11·5	11 36·3	3·8	3·1	9·8	7·9	15·8	12·8
39	12 09·8	12 11·7	11 36·5	3·9	3·2	9·9	8·0	15·9	12·9
40	12 10·0	12 12·0	11 36·7	4·0	3·2	10·0	8·1	16·0	12·9
41	12 10·3	12 12·2	11 37·0	4·1	3·3	10·1	8·2	16·1	13·0
42	12 10·5	12 12·5	11 37·2	4·2	3·4	10·2	8·2	16·2	13·1
43	12 10·8	12 12·8	11 37·5	4·3	3·5	10·3	8·3	16·3	13·2
44	12 11·0	12 13·0	11 37·7	4·4	3·6	10·4	8·4	16·4	13·3
45	12 11·3	12 13·3	11 37·9	4·5	3·6	10·5	8·5	16·5	13·3
46	12 11·5	12 13·5	11 38·2	4·6	3·7	10·6	8·6	16·6	13·4
47	12 11·8	12 13·8	11 38·4	4·7	3·8	10·7	8·6	16·7	13·5
48	12 12·0	12 14·0	11 38·7	4·8	3·9	10·8	8·7	16·8	13·6
49	12 12·3	12 14·3	11 38·9	4·9	4·0	10·9	8·8	16·9	13·7
50	12 12·5	12 14·5	11 39·1	5·0	4·0	11·0	8·9	17·0	13·7
51	12 12·8	12 14·8	11 39·4	5·1	4·1	11·1	9·0	17·1	13·8
52	12 13·0	12 15·0	11 39·6	5·2	4·2	11·2	9·1	17·2	13·9
53	12 13·3	12 15·3	11 39·8	5·3	4·3	11·3	9·1	17·3	14·0
54	12 13·5	12 15·5	11 40·1	5·4	4·4	11·4	9·2	17·4	14·1
55	12 13·8	12 15·8	11 40·3	5·5	4·4	11·5	9·3	17·5	14·1
56	12 14·0	12 16·0	11 40·6	5·6	4·5	11·6	9·4	17·6	14·2
57	12 14·3	12 16·3	11 40·8	5·7	4·6	11·7	9·5	17·7	14·3
58	12 14·5	12 16·5	11 41·0	5·8	4·7	11·8	9·5	17·8	14·4
59	12 14·8	12 16·8	11 41·3	5·9	4·8	11·9	9·6	17·9	14·5
60	12 15·0	12 17·0	11 41·5	6·0	4·9	12·0	9·7	18·0	14·6

49m	SUN PLANETS	ARIES	MOON	v or d	Corrn	v or d	Corrn	v or d	Corrn
s	° ′	° ′	° ′	′	′	′	′	′	′
00	12 15·0	12 17·0	11 41·5	0·0	0·0	6·0	5·0	12·0	9·9
01	12 15·3	12 17·3	11 41·8	0·1	0·1	6·1	5·0	12·1	10·0
02	12 15·5	12 17·5	11 42·0	0·2	0·2	6·2	5·1	12·2	10·1
03	12 15·8	12 17·8	11 42·2	0·3	0·2	6·3	5·2	12·3	10·1
04	12 16·0	12 18·0	11 42·5	0·4	0·3	6·4	5·3	12·4	10·2
05	12 16·3	12 18·3	11 42·7	0·5	0·4	6·5	5·4	12·5	10·3
06	12 16·5	12 18·5	11 42·9	0·6	0·5	6·6	5·4	12·6	10·4
07	12 16·8	12 18·8	11 43·2	0·7	0·6	6·7	5·5	12·7	10·5
08	12 17·0	12 19·0	11 43·4	0·8	0·7	6·8	5·6	12·8	10·6
09	12 17·3	12 19·3	11 43·7	0·9	0·7	6·9	5·7	12·9	10·6
10	12 17·5	12 19·5	11 43·9	1·0	0·8	7·0	5·8	13·0	10·7
11	12 17·8	12 19·8	11 44·1	1·1	0·9	7·1	5·9	13·1	10·8
12	12 18·0	12 20·0	11 44·4	1·2	1·0	7·2	5·9	13·2	10·9
13	12 18·3	12 20·3	11 44·6	1·3	1·1	7·3	6·0	13·3	11·0
14	12 18·5	12 20·5	11 44·9	1·4	1·2	7·4	6·1	13·4	11·1
15	12 18·8	12 20·8	11 45·1	1·5	1·2	7·5	6·2	13·5	11·1
16	12 19·0	12 21·0	11 45·3	1·6	1·3	7·6	6·3	13·6	11·2
17	12 19·3	12 21·3	11 45·6	1·7	1·4	7·7	6·4	13·7	11·3
18	12 19·5	12 21·5	11 45·8	1·8	1·5	7·8	6·4	13·8	11·4
19	12 19·8	12 21·8	11 46·1	1·9	1·6	7·9	6·5	13·9	11·5
20	12 20·0	12 22·0	11 46·3	2·0	1·7	8·0	6·6	14·0	11·6
21	12 20·3	12 22·3	11 46·5	2·1	1·7	8·1	6·7	14·1	11·6
22	12 20·5	12 22·5	11 46·8	2·2	1·8	8·2	6·8	14·2	11·7
23	12 20·8	12 22·8	11 47·0	2·3	1·9	8·3	6·8	14·3	11·8
24	12 21·0	12 23·0	11 47·2	2·4	2·0	8·4	6·9	14·4	11·9
25	12 21·3	12 23·3	11 47·5	2·5	2·1	8·5	7·0	14·5	12·0
26	12 21·5	12 23·5	11 47·7	2·6	2·1	8·6	7·1	14·6	12·0
27	12 21·8	12 23·8	11 48·0	2·7	2·2	8·7	7·2	14·7	12·1
28	12 22·0	12 24·0	11 48·2	2·8	2·3	8·8	7·3	14·8	12·2
29	12 22·3	12 24·3	11 48·4	2·9	2·4	8·9	7·3	14·9	12·3
30	12 22·5	12 24·5	11 48·7	3·0	2·5	9·0	7·4	15·0	12·4
31	12 22·8	12 24·8	11 48·9	3·1	2·6	9·1	7·5	15·1	12·5
32	12 23·0	12 25·0	11 49·2	3·2	2·6	9·2	7·6	15·2	12·5
33	12 23·3	12 25·3	11 49·4	3·3	2·7	9·3	7·7	15·3	12·6
34	12 23·5	12 25·5	11 49·6	3·4	2·8	9·4	7·8	15·4	12·7
35	12 23·8	12 25·8	11 49·9	3·5	2·9	9·5	7·8	15·5	12·8
36	12 24·0	12 26·0	11 50·1	3·6	3·0	9·6	7·9	15·6	12·9
37	12 24·3	12 26·3	11 50·3	3·7	3·1	9·7	8·0	15·7	13·0
38	12 24·5	12 26·5	11 50·6	3·8	3·1	9·8	8·1	15·8	13·0
39	12 24·8	12 26·8	11 50·8	3·9	3·2	9·9	8·2	15·9	13·1
40	12 25·0	12 27·0	11 51·1	4·0	3·3	10·0	8·3	16·0	13·2
41	12 25·3	12 27·3	11 51·3	4·1	3·4	10·1	8·3	16·1	13·3
42	12 25·5	12 27·5	11 51·5	4·2	3·5	10·2	8·4	16·2	13·4
43	12 25·8	12 27·8	11 51·8	4·3	3·5	10·3	8·5	16·3	13·4
44	12 26·0	12 28·0	11 52·0	4·4	3·6	10·4	8·6	16·4	13·5
45	12 26·3	12 28·3	11 52·3	4·5	3·7	10·5	8·7	16·5	13·6
46	12 26·5	12 28·5	11 52·5	4·6	3·8	10·6	8·7	16·6	13·7
47	12 26·8	12 28·8	11 52·7	4·7	3·9	10·7	8·8	16·7	13·8
48	12 27·0	12 29·0	11 53·0	4·8	4·0	10·8	8·9	16·8	13·9
49	12 27·3	12 29·3	11 53·2	4·9	4·0	10·9	9·0	16·9	13·9
50	12 27·5	12 29·5	11 53·4	5·0	4·1	11·0	9·1	17·0	14·0
51	12 27·8	12 29·8	11 53·7	5·1	4·2	11·1	9·2	17·1	14·1
52	12 28·0	12 30·0	11 53·9	5·2	4·3	11·2	9·2	17·2	14·2
53	12 28·3	12 30·3	11 54·2	5·3	4·4	11·3	9·3	17·3	14·3
54	12 28·5	12 30·5	11 54·4	5·4	4·5	11·4	9·4	17·4	14·4
55	12 28·8	12 30·8	11 54·6	5·5	4·5	11·5	9·5	17·5	14·4
56	12 29·0	12 31·1	11 54·9	5·6	4·6	11·6	9·6	17·6	14·5
57	12 29·3	12 31·3	11 55·1	5·7	4·7	11·7	9·7	17·7	14·6
58	12 29·5	12 31·6	11 55·4	5·8	4·8	11·8	9·7	17·8	14·7
59	12 29·8	12 31·8	11 55·6	5·9	4·9	11·9	9·8	17·9	14·8
60	12 30·0	12 32·1	11 55·8	6·0	5·0	12·0	9·9	18·0	14·9

50m	SUN PLANETS	ARIES	MOON	v or d	Corrⁿ	v or d	Corrⁿ	v or d	Corrⁿ
s	° ′	° ′	° ′	′	′	′	′	′	′
00	12 30·0	12 32·1	11 55·8	0·0	0·0	6·0	5·1	12·0	10·1
01	12 30·3	12 32·3	11 56·1	0·1	0·1	6·1	5·1	12·1	10·2
02	12 30·5	12 32·6	11 56·3	0·2	0·2	6·2	5·2	12·2	10·3
03	12 30·8	12 32·8	11 56·5	0·3	0·3	6·3	5·3	12·3	10·4
04	12 31·0	12 33·1	11 56·8	0·4	0·3	6·4	5·4	12·4	10·4
05	12 31 3	12 33·3	11 57·0	0·5	0·4	6·5	5·5	12·5	10·5
06	12 31·5	12 33·6	11 57·3	0·6	0·5	6·6	5·6	12·6	10·6
07	12 31·8	12 33·8	11 57·5	0·7	0·6	6·7	5·6	12·7	10·7
08	12 32·0	12 34·1	11 57·7	0·8	0·7	6·8	5·7	12·8	10·8
09	12 32·3	12 34·3	11 58·0	0·9	0·8	6·9	5·8	12·9	10·9
10	12 32·5	12 34·6	11 58·2	1·0	0·8	7·0	5·9	13·0	10·9
11	12 32·8	12 34·8	11 58·5	1·1	0·9	7·1	6·0	13·1	11·0
12	12 33·0	12 35·1	11 58·7	1·2	1·0	7·2	6·1	13·2	11·1
13	12 33·3	12 35·3	11 58·9	1·3	1·1	7·3	6·1	13·3	11·2
14	12 33·5	12 35·6	11 59·2	1·4	1·2	7·4	6·2	13·4	11·3
15	12 33·8	12 35·8	11 59·4	1·5	1·3	7·5	6·3	13·5	11·4
16	12 34·0	12 36·1	11 59·7	1·6	1·3	7·6	6·4	13·6	11·4
17	12 34·3	12 36·3	11 59·9	1·7	1·4	7·7	6·5	13·7	11·5
18	12 34·5	12 36·6	12 00·1	1·8	1·5	7·8	6·6	13·8	11·6
19	12 34·8	12 36·8	12 00·4	1·9	1·6	7·9	6·6	13·9	11·7
20	12 35·0	12 37·1	12 00·6	2·0	1·7	8·0	6·7	14·0	11·8
21	12 35·3	12 37·3	12 00·8	2·1	1·8	8·1	6·8	14·1	11·9
22	12 35·5	12 37·6	12 01·1	2·2	1·9	8·2	6·9	14·2	12·0
23	12 35·8	12 37·8	12 01·3	2·3	1·9	8·3	7·0	14·3	12·0
24	12 36·0	12 38·1	12 01·6	2·4	2·0	8·4	7·1	14·4	12·1
25	12 36·3	12 38·3	12 01·8	2·5	2·1	8·5	7·2	14·5	12·2
26	12 36·5	12 38·6	12 02·0	2·6	2·2	8·6	7·2	14·6	12·3
27	12 36·8	12 38·8	12 02·3	2·7	2·3	8·7	7·3	14·7	12·4
28	12 37·0	12 39·1	12 02·5	2·8	2·4	8·8	7·4	14·8	12·5
29	12 37·3	12 39·3	12 02·8	2·9	2·4	8·9	7·5	14·9	12·5
30	12 37·5	12 39·6	12 03·0	3·0	2·5	9·0	7·6	15·0	12·6
31	12 37·8	12 39·8	12 03·2	3·1	2·6	9·1	7·7	15·1	12·7
32	12 38·0	12 40·1	12 03·5	3·2	2·7	9·2	7·7	15·2	12·8
33	12 38·3	12 40·3	12 03·7	3·3	2·8	9·3	7·8	15·3	12·9
34	12 38·5	12 40·6	12 03·9	3·4	2·9	9·4	7·9	15·4	13·0
35	12 38·8	12 40·8	12 04·2	3·5	2·9	9·5	8·0	15·5	13·0
36	12 39·0	12 41·1	12 04·4	3·6	3·0	9·6	8·1	15·6	13·1
37	12 39·3	12 41·3	12 04·7	3·7	3·1	9·7	8·2	15·7	13·2
38	12 39·5	12 41·6	12 04·9	3·8	3·2	9·8	8·2	15·8	13·3
39	12 39·8	12 41·8	12 05·1	3·9	3·3	9·9	8·3	15·9	13·4
40	12 40·0	12 42·1	12 05·4	4·0	3·4	10·0	8·4	16·0	13·5
41	12 40·3	12 42·3	12 05·6	4·1	3·5	10·1	8·5	16·1	13·6
42	12 40·5	12 42·6	12 05·9	4·2	3·5	10·2	8·6	16·2	13·6
43	12 40·8	12 42·8	12 06·1	4·3	3·6	10·3	8·7	16·3	13·7
44	12 41·0	12 43·1	12 06·3	4·4	3·7	10·4	8·8	16·4	13·8
45	12 41·3	12 43·3	12 06·6	4·5	3·8	10·5	8·8	16·5	13·9
46	12 41·5	12 43·6	12 06·8	4·6	3·9	10·6	8·9	16·6	14·0
47	12 41·8	12 43·8	12 07·0	4·7	4·0	10·7	9·0	16·7	14·1
48	12 42·0	12 44·1	12 07·3	4·8	4·0	10·8	9·1	16·8	14·1
49	12 42·3	12 44·3	12 07·5	4·9	4·1	10·9	9·2	16·9	14·2
50	12 42·5	12 44·6	12 07·8	5·0	4·2	11·0	9·3	17·0	14·3
51	12 42·8	12 44·8	12 08·0	5·1	4·3	11·1	9·3	17·1	14·4
52	12 43·0	12 45·1	12 08·2	5·2	4·4	11·2	9·4	17·2	14·5
53	12 43·3	12 45·3	12 08·5	5·3	4·5	11·3	9·5	17·3	14·6
54	12 43·5	12 45·6	12 08·7	5·4	4·5	11·4	9·6	17·4	14·6
55	12 43·8	12 45·8	12 09·0	5·5	4·6	11·5	9·7	17·5	14·7
56	12 44·0	12 46·1	12 09·2	5·6	4·7	11·6	9·8	17·6	14·8
57	12 44·3	12 46·3	12 09·4	5·7	4·8	11·7	9·8	17·7	14·9
58	12 44·5	12 46·6	12 09·7	5·8	4·9	11·8	9·9	17·8	15·0
59	12 44·8	12 46·8	12 09·9	5·9	5·0	11·9	10·0	17·9	15·1
60	12 45·0	12 47·1	12 10·2	6·0	5·1	12·0	10·1	18·0	15·2

51m	SUN PLANETS	ARIES	MOON	v or d	Corrⁿ	v or d	Corrⁿ	v or d	Corrⁿ
s	° ′	° ′	° ′	′	′	′	′	′	′
00	12 45·0	12 47·1	12 10·2	0·0	0·0	6·0	5·2	12·0	10·3
01	12 45·3	12 47·3	12 10·4	0·1	0·1	6·1	5·2	12·1	10·4
02	12 45·5	12 47·6	12 10·6	0·2	0·2	6·2	5·3	12·2	10·5
03	12 45·8	12 47·8	12 10·9	0·3	0·3	6·3	5·4	12·3	10·6
04	12 46·0	12 48·1	12 11·1	0·4	0·3	6·4	5·5	12·4	10·6
05	12 46·3	12 48·3	12 11·3	0·5	0·4	6·5	5·6	12·5	10·7
06	12 46·5	12 48·6	12 11·6	0·6	0·5	6·6	5·7	12·6	10·8
07	12 46·8	12 48·8	12 11·8	0·7	0·6	6·7	5·8	12·7	10·9
08	12 47·0	12 49·1	12 12·1	0·8	0·7	6·8	5·8	12·8	11·0
09	12 47·3	12 49·4	12 12·3	0·9	0·8	6·9	5·9	12·9	11·1
10	12 47·5	12 49·6	12 12·5	1·0	0·9	7·0	6·0	13·0	11·2
11	12 47·8	12 49·9	12 12·8	1·1	0·9	7·1	6·1	13·1	11·2
12	12 48·0	12 50·1	12 13·0	1·2	1·0	7·2	6·2	13·2	11·3
13	12 48·3	12 50·4	12 13·3	1·3	1·1	7·3	6·3	13·3	11·4
14	12 48·5	12 50·6	12 13·5	1·4	1·2	7·4	6·4	13·4	11·5
15	12 48·8	12 50·9	12 13·7	1·5	1·3	7·5	6·4	13·5	11·6
16	12 49·0	12 51·1	12 14·0	1·6	1·4	7·6	6·5	13·6	11·7
17	12 49·3	12 51·4	12 14·2	1·7	1·5	7·7	6·6	13·7	11·8
18	12 49·5	12 51·6	12 14·4	1·8	1·5	7·8	6·7	13·8	11·8
19	12 49·8	12 51·9	12 14·7	1·9	1·6	7·9	6·8	13·9	11·9
20	12 50·0	12 52·1	12 14·9	2·0	1·7	8·0	6·9	14·0	12·0
21	12 50·3	12 52·4	12 15·2	2·1	1·8	8·1	7·0	14·1	12·1
22	12 50·5	12 52·6	12 15·4	2·2	1·9	8·2	7·0	14·2	12·2
23	12 50·8	12 52·9	12 15·6	2·3	2·0	8·3	7·1	14·3	12·3
24	12 51·0	12 53·1	12 15·9	2·4	2·1	8·4	7·2	14·4	12·4
25	12 51·3	12 53·4	12 16·1	2·5	2·1	8·5	7·3	14·5	12·4
26	12 51·5	12 53·6	12 16·4	2·6	2·2	8·6	7·4	14·6	12·5
27	12 51·8	12 53·9	12 16·6	2·7	2·3	8·7	7·5	14·7	12·6
28	12 52·0	12 54·1	12 16·8	2·8	2·4	8·8	7·6	14·8	12·7
29	12 52·3	12 54·4	12 17·1	2·9	2·5	8·9	7·6	14·9	12·8
30	12 52·5	12 54·6	12 17·3	3·0	2·6	9·0	7·7	15·0	12·9
31	12 52·8	12 54·9	12 17·5	3·1	2·7	9·1	7·8	15·1	13·0
32	12 53·0	12 55·1	12 17·8	3·2	2·7	9·2	7·9	15·2	13·0
33	12 53·3	12 55·4	12 18·0	3·3	2·8	9·3	8·0	15·3	13·1
34	12 53·5	12 55·6	12 18·3	3·4	2·9	9·4	8·1	15·4	13·2
35	12 53·8	12 55·9	12 18·5	3·5	3·0	9·5	8·2	15·5	13·3
36	12 54·0	12 56·1	12 18·7	3·6	3·1	9·6	8·2	15·6	13·4
37	12 54·3	12 56·4	12 19·0	3·7	3·2	9·7	8·3	15·7	13·5
38	12 54·5	12 56·6	12 19·2	3·8	3·3	9·8	8·4	15·8	13·6
39	12 54·8	12 56·9	12 19·5	3·9	3·3	9·9	8·5	15·9	13·6
40	12 55·0	12 57·1	12 19·7	4·0	3·4	10·0	8·6	16·0	13·7
41	12 55·3	12 57·4	12 19·9	4·1	3·5	10·1	8·7	16·1	13·8
42	12 55·5	12 57·6	12 20·2	4·2	3·6	10·2	8·8	16·2	13·9
43	12 55·8	12 57·9	12 20·4	4·3	3·7	10·3	8·8	16·3	14·0
44	12 56·0	12 58·1	12 20·6	4·4	3·8	10·4	8·9	16·4	14·1
45	12 56·3	12 58·4	12 20·9	4·5	3·9	10·5	9·0	16·5	14·2
46	12 56·5	12 58·6	12 21·1	4·6	3·9	10·6	9·1	16·6	14·2
47	12 56·8	12 58·9	12 21·4	4·7	4·0	10·7	9·2	16·7	14·3
48	12 57·0	12 59·1	12 21·6	4·8	4·1	10·8	9·3	16·8	14·4
49	12 57·3	12 59·4	12 21·8	4·9	4·2	10·9	9·4	16·9	14·5
50	12 57·5	12 59·6	12 22·1	5·0	4·3	11·0	9·4	17·0	14·6
51	12 57·8	12 59·9	12 22·3	5·1	4·4	11·1	9·5	17·1	14·7
52	12 58·0	13 00·1	12 22·6	5·2	4·5	11·2	9·6	17·2	14·8
53	12 58·3	13 00·4	12 22·8	5·3	4·5	11·3	9·7	17·3	14·8
54	12 58·5	13 00·6	12 23·0	5·4	4·6	11·4	9·8	17·4	14·9
55	12 58·8	13 00·9	12 23·3	5·5	4·7	11·5	9·9	17·5	15·0
56	12 59·0	13 01·1	12 23·5	5·6	4·8	11·6	10·0	17·6	15·1
57	12 59·3	13 01·4	12 23·8	5·7	4·9	11·7	10·0	17·7	15·2
58	12 59·5	13 01·6	12 24·0	5·8	5·0	11·8	10·1	17·8	15·3
59	12 59·8	13 01·9	12 24·2	5·9	5·1	11·9	10·2	17·9	15·4
60	13 00·0	13 02·1	12 24·5	6·0	5·2	12·0	10·3	18·0	15·5

52^m	SUN PLANETS	ARIES	MOON	v or d	Corr^n	v or d	Corr^n	v or d	Corr^n
s	° ′	° ′	° ′	′	′	′	′	′	′
00	13 00·0	13 02·1	12 24·5	0·0	0·0	6·0	5·3	12·0	10·5
01	13 00·3	13 02·4	12 24·7	0·1	0·1	6·1	5·3	12·1	10·6
02	13 00·5	13 02·6	12 24·9	0·2	0·2	6·2	5·4	12·2	10·7
03	13 00·8	13 02·9	12 25·2	0·3	0·3	6·3	5·5	12·3	10·8
04	13 01·0	13 03·1	12 25·4	0·4	0·4	6·4	5·6	12·4	10·9
05	13 01·3	13 03·4	12 25·7	0·5	0·4	6·5	5·7	12·5	10·9
06	13 01·5	13 03·6	12 25·9	0·6	0·5	6·6	5·8	12·6	11·0
07	13 01·8	13 03·9	12 26·1	0·7	0·6	6·7	5·9	12·7	11·1
08	13 02·0	13 04·1	12 26·4	0·8	0·7	6·8	6·0	12·8	11·2
09	13 02·3	13 04·4	12 26·6	0·9	0·8	6·9	6·0	12·9	11·3
10	13 02·5	13 04·6	12 26·9	1·0	0·9	7·0	6·1	13·0	11·4
11	13 02·8	13 04·9	12 27·1	1·1	1·0	7·1	6·2	13·1	11·5
12	13 03·0	13 05·1	12 27·3	1·2	1·1	7·2	6·3	13·2	11·6
13	13 03·3	13 05·4	12 27·6	1·3	1·1	7·3	6·4	13·3	11·6
14	13 03·5	13 05·6	12 27·8	1·4	1·2	7·4	6·5	13·4	11·7
15	13 03·8	13 05·9	12 28·0	1·5	1·3	7·5	6·6	13·5	11·8
16	13 04·0	13 06·1	12 28·3	1·6	1·4	7·6	6·7	13·6	11·9
17	13 04·3	13 06·4	12 28·5	1·7	1·5	7·7	6·7	13·7	12·0
18	13 04·5	13 06·6	12 28·8	1·8	1·6	7·8	6·8	13·8	12·1
19	13 04·8	13 06·9	12 29·0	1·9	1·7	7·9	6·9	13·9	12·2
20	13 05·0	13 07·1	12 29·2	2·0	1·8	8·0	7·0	14·0	12·3
21	13 05·3	13 07·4	12 29·5	2·1	1·8	8·1	7·1	14·1	12·3
22	13 05·5	13 07·7	12 29·7	2·2	1·9	8·2	7·2	14·2	12·4
23	13 05·8	13 07·9	12 30·0	2·3	2·0	8·3	7·3	14·3	12·5
24	13 06·0	13 08·2	12 30·2	2·4	2·1	8·4	7·4	14·4	12·6
25	13 06·3	13 08·4	12 30·4	2·5	2·2	8·5	7·4	14·5	12·7
26	13 06·5	13 08·7	12 30·7	2·6	2·3	8·6	7·5	14·6	12·8
27	13 06·8	13 08·9	12 30·9	2·7	2·4	8·7	7·6	14·7	12·9
28	13 07·0	13 09·2	12 31·1	2·8	2·5	8·8	7·7	14·8	13·0
29	13 07·3	13 09·4	12 31·4	2·9	2·5	8·9	7·8	14·9	13·0
30	13 07·5	13 09·7	12 31·6	3·0	2·6	9·0	7·9	15·0	13·1
31	13 07·8	13 09·9	12 31·9	3·1	2·7	9·1	8·0	15·1	13·2
32	13 08·0	13 10·2	12 32·1	3·2	2·8	9·2	8·1	15·2	13·3
33	13 08·3	13 10·4	12 32·3	3·3	2·9	9·3	8·1	15·3	13·4
34	13 08·5	13 10·7	12 32·6	3·4	3·0	9·4	8·2	15·4	13·5
35	13 08·8	13 10·9	12 32·8	3·5	3·1	9·5	8·3	15·5	13·6
36	13 09·0	13 11·2	12 33·1	3·6	3·2	9·6	8·4	15·6	13·7
37	13 09·3	13 11·4	12 33·3	3·7	3·2	9·7	8·5	15·7	13·7
38	13 09·5	13 11·7	12 33·5	3·8	3·3	9·8	8·6	15·8	13·8
39	13 09·8	13 11·9	12 33·8	3·9	3·4	9·9	8·7	15·9	13·9
40	13 10·0	13 12·2	12 34·0	4·0	3·5	10·0	8·8	16·0	14·0
41	13 10·3	13 12·4	12 34·2	4·1	3·6	10·1	8·8	16·1	14·1
42	13 10·5	13 12·7	12 34·5	4·2	3·7	10·2	8·9	16·2	14·2
43	13 10·8	13 12·9	12 34·7	4·3	3·8	10·3	9·0	16·3	14·3
44	13 11·0	13 13·2	12 35·0	4·4	3·9	10·4	9·1	16·4	14·4
45	13 11·3	13 13·4	12 35·2	4·5	3·9	10·5	9·2	16·5	14·4
46	13 11·5	13 13·7	12 35·4	4·6	4·0	10·6	9·3	16·6	14·5
47	13 11·8	13 13·9	12 35·7	4·7	4·1	10·7	9·4	16·7	14·6
48	13 12·0	13 14·2	12 35·9	4·8	4·2	10·8	9·5	16·8	14·7
49	13 12·3	13 14·4	12 36·2	4·9	4·3	10·9	9·5	16·9	14·8
50	13 12·5	13 14·7	12 36·4	5·0	4·4	11·0	9·6	17·0	14·9
51	13 12·8	13 14·9	12 36·6	5·1	4·5	11·1	9·7	17·1	15·0
52	13 13·0	13 15·2	12 36·9	5·2	4·6	11·2	9·8	17·2	15·1
53	13 13·3	13 15·4	12 37·1	5·3	4·6	11·3	9·9	17·3	15·1
54	13 13·5	13 15·7	12 37·4	5·4	4·7	11·4	10·0	17·4	15·2
55	13 13·8	13 15·9	12 37·6	5·5	4·8	11·5	10·1	17·5	15·3
56	13 14·0	13 16·2	12 37·8	5·6	4·9	11·6	10·2	17·6	15·4
57	13 14·3	13 16·4	12 38·1	5·7	5·0	11·7	10·2	17·7	15·5
58	13 14·5	13 16·7	12 38·3	5·8	5·1	11·8	10·3	17·8	15·6
59	13 14·8	13 16·9	12 38·5	5·9	5·2	11·9	10·4	17·9	15·7
60	13 15·0	13 17·2	12 38·8	6·0	5·3	12·0	10·5	18·0	15·8

53^m	SUN PLANETS	ARIES	MOON	v or d	Corr^n	v or d	Corr^n	v or d	Corr^n
s	° ′	° ′	° ′	′	′	′	′	′	′
00	13 15·0	13 17·2	12 38·8	0·0	0·0	6·0	5·4	12·0	10·7
01	13 15·3	13 17·4	12 39·0	0·1	0·1	6·1	5·4	12·1	10·8
02	13 15·5	13 17·7	12 39·3	0·2	0·2	6·2	5·5	12·2	10·9
03	13 15·8	13 17·9	12 39·5	0·3	0·3	6·3	5·6	12·3	11·0
04	13 16·0	13 18·2	12 39·7	0·4	0·4	6·4	5·7	12·4	11·1
05	13 16·3	13 18·4	12 40·0	0·5	0·4	6·5	5·8	12·5	11·1
06	13 16·5	13 18·7	12 40·2	0·6	0·5	6·6	5·9	12·6	11·2
07	13 16·8	13 18·9	12 40·5	0·7	0·6	6·7	6·0	12·7	11·3
08	13 17·0	13 19·2	12 40·7	0·8	0·7	6·8	6·1	12·8	11·4
09	13 17·3	13 19·4	12 40·9	0·9	0·8	6·9	6·2	12·9	11·5
10	13 17·5	13 19·7	12 41·2	1·0	0·9	7·0	6·2	13·0	11·6
11	13 17·8	13 19·9	12 41·4	1·1	1·0	7·1	6·3	13·1	11·7
12	13 18·0	13 20·2	12 41·6	1·2	1·1	7·2	6·4	13·2	11·8
13	13 18·3	13 20·4	12 41·9	1·3	1·2	7·3	6·5	13·3	11·9
14	13 18·5	13 20·7	12 42·1	1·4	1·2	7·4	6·6	13·4	11·9
15	13 18·8	13 20·9	12 42·4	1·5	1·3	7·5	6·7	13·5	12·0
16	13 19·0	13 21·2	12 42·6	1·6	1·4	7·6	6·8	13·6	12·1
17	13 19·3	13 21·4	12 42·8	1·7	1·5	7·7	6·9	13·7	12·2
18	13 19·5	13 21·7	12 43·1	1·8	1·6	7·8	7·0	13·8	12·3
19	13 19·8	13 21·9	12 43·3	1·9	1·7	7·9	7·0	13·9	12·4
20	13 20·0	13 22·2	12 43·6	2·0	1·8	8·0	7·1	14·0	12·5
21	13 20·3	13 22·4	12 43·8	2·1	1·9	8·1	7·2	14·1	12·6
22	13 20·5	13 22·7	12 44·0	2·2	2·0	8·2	7·3	14·2	12·7
23	13 20·8	13 22·9	12 44·3	2·3	2·1	8·3	7·4	14·3	12·8
24	13 21·0	13 23·2	12 44·5	2·4	2·1	8·4	7·5	14·4	12·8
25	13 21·3	13 23·4	12 44·7	2·5	2·2	8·5	7·6	14·5	12·9
26	13 21·5	13 23·7	12 45·0	2·6	2·3	8·6	7·7	14·6	13·0
27	13 21·8	13 23·9	12 45·2	2·7	2·4	8·7	7·8	14·7	13·1
28	13 22·0	13 24·2	12 45·5	2·8	2·5	8·8	7·8	14·8	13·2
29	13 22·3	13 24·4	12 45·7	2·9	2·6	8·9	7·9	14·9	13·3
30	13 22·5	13 24·7	12 45·9	3·0	2·7	9·0	8·0	15·0	13·4
31	13 22·8	13 24·9	12 46·2	3·1	2·8	9·1	8·1	15·1	13·5
32	13 23·0	13 25·2	12 46·4	3·2	2·9	9·2	8·2	15·2	13·6
33	13 23·3	13 25·4	12 46·7	3·3	2·9	9·3	8·3	15·3	13·6
34	13 23·5	13 25·7	12 46·9	3·4	3·0	9·4	8·4	15·4	13·7
35	13 23·8	13 26·0	12 47·1	3·5	3·1	9·5	8·5	15·5	13·8
36	13 24·0	13 26·2	12 47·4	3·6	3·2	9·6	8·6	15·6	13·9
37	13 24·3	13 26·5	12 47·6	3·7	3·3	9·7	8·6	15·7	14·0
38	13 24·5	13 26·7	12 47·9	3·8	3·4	9·8	8·7	15·8	14·1
39	13 24·8	13 27·0	12 48·1	3·9	3·5	9·9	8·8	15·9	14·2
40	13 25·0	13 27·2	12 48·3	4·0	3·6	10·0	8·9	16·0	14·3
41	13 25·3	13 27·5	12 48·6	4·1	3·7	10·1	9·0	16·1	14·4
42	13 25·5	13 27·7	12 48·8	4·2	3·7	10·2	9·1	16·2	14·4
43	13 25·8	13 28·0	12 49·0	4·3	3·8	10·3	9·2	16·3	14·5
44	13 26·0	13 28·2	12 49·3	4·4	3·9	10·4	9·3	16·4	14·6
45	13 26·3	13 28·5	12 49·5	4·5	4·0	10·5	9·4	16·5	14·7
46	13 26·5	13 28·7	12 49·8	4·6	4·1	10·6	9·5	16·6	14·8
47	13 26·8	13 29·0	12 50·0	4·7	4·2	10·7	9·5	16·7	14·9
48	13 27·0	13 29·2	12 50·2	4·8	4·3	10·8	9·6	16·8	15·0
49	13 27·3	13 29·5	12 50·5	4·9	4·4	10·9	9·7	16·9	15·1
50	13 27·5	13 29·7	12 50·7	5·0	4·5	11·0	9·8	17·0	15·2
51	13 27·8	13 30·0	12 51·0	5·1	4·5	11·1	9·9	17·1	15·2
52	13 28·0	13 30·2	12 51·2	5·2	4·6	11·2	10·0	17·2	15·3
53	13 28·3	13 30·5	12 51·4	5·3	4·7	11·3	10·1	17·3	15·4
54	13 28·5	13 30·7	12 51·7	5·4	4·8	11·4	10·2	17·4	15·5
55	13 28·8	13 31·0	12 51·9	5·5	4·9	11·5	10·3	17·5	15·6
56	13 29·0	13 31·2	12 52·1	5·6	5·0	11·6	10·3	17·6	15·7
57	13 29·3	13 31·5	12 52·4	5·7	5·1	11·7	10·4	17·7	15·8
58	13 29·5	13 31·7	12 52·6	5·8	5·2	11·8	10·5	17·8	15·9
59	13 29·8	13 32·0	12 52·9	5·9	5·3	11·9	10·6	17·9	16·0
60	13 30·0	13 32·2	12 53·1	6·0	5·4	12·0	10·7	18·0	16·1

54^m	SUN PLANETS	ARIES	MOON	v or d	Corr^n	v or d	Corr^n	v or d	Corr^n
s	° ′	° ′	° ′	′	′	′	′	′	′
00	13 30·0	13 32·2	12 53·1	0·0	0·0	6·0	5·5	12·0	10·9
01	13 30·3	13 32·5	12 53·3	0·1	0·1	6·1	5·5	12·1	11·0
02	13 30·5	13 32·7	12 53·6	0·2	0·2	6·2	5·6	12·2	11·1
03	13 30·8	13 33·0	12 53·8	0·3	0·3	6·3	5·7	12·3	11·2
04	13 31·0	13 33·2	12 54·1	0·4	0·4	6·4	5·8	12·4	11·3
05	13 31·3	13 33·5	12 54·3	0·5	0·5	6·5	5·9	12·5	11·4
06	13 31·5	13 33·7	12 54·5	0·6	0·5	6·6	6·0	12·6	11·4
07	13 31·8	13 34·0	12 54·8	0·7	0·6	6·7	6·1	12·7	11·5
08	13 32·0	13 34·2	12 55·0	0·8	0·7	6·8	6·2	12·8	11·6
09	13 32·3	13 34·5	12 55·2	0·9	0·8	6·9	6·3	12·9	11·7
10	13 32·5	13 34·7	12 55·5	1·0	0·9	7·0	6·4	13·0	11·8
11	13 32·8	13 35·0	12 55·7	1·1	1·0	7·1	6·4	13·1	11·9
12	13 33·0	13 35·2	12 56·0	1·2	1·1	7·2	6·5	13·2	12·0
13	13 33·3	13 35·5	12 56·2	1·3	1·2	7·3	6·6	13·3	12·1
14	13 33·5	13 35·7	12 56·4	1·4	1·3	7·4	6·7	13·4	12·2
15	13 33·8	13 36·0	12 56·7	1·5	1·4	7·5	6·8	13·5	12·3
16	13 34·0	13 36·2	12 56·9	1·6	1·5	7·6	6·9	13·6	12·4
17	13 34·3	13 36·5	12 57·2	1·7	1·5	7·7	7·0	13·7	12·4
18	13 34·5	13 36·7	12 57·4	1·8	1·6	7·8	7·1	13·8	12·5
19	13 34·8	13 37·0	12 57·6	1·9	1·7	7·9	7·2	13·9	12·6
20	13 35·0	13 37·2	12 57·9	2·0	1·8	8·0	7·3	14·0	12·7
21	13 35·3	13 37·5	12 58·1	2·1	1·9	8·1	7·4	14·1	12·8
22	13 35·5	13 37·7	12 58·3	2·2	2·0	8·2	7·4	14·2	12·9
23	13 35·8	13 38·0	12 58·6	2·3	2·1	8·3	7·5	14·3	13·0
24	13 36·0	13 38·2	12 58·8	2·4	2·2	8·4	7·6	14·4	13·1
25	13 36·3	13 38·5	12 59·1	2·5	2·3	8·5	7·7	14·5	13·2
26	13 36·5	13 38·7	12 59·3	2·6	2·4	8·6	7·8	14·6	13·3
27	13 36·8	13 39·0	12 59·5	2·7	2·5	8·7	7·9	14·7	13·4
28	13 37·0	13 39·2	12 59·8	2·8	2·5	8·8	8·0	14·8	13·4
29	13 37·3	13 39·5	13 00·0	2·9	2·6	8·9	8·1	14·9	13·5
30	13 37·5	13 39·7	13 00·3	3·0	2·7	9·0	8·2	15·0	13·6
31	13 37·8	13 40·0	13 00·5	3·1	2·8	9·1	8·3	15·1	13·7
32	13 38·0	13 40·2	13 00·7	3·2	2·9	9·2	8·4	15·2	13·8
33	13 38·3	13 40·5	13 01·0	3·3	3·0	9·3	8·4	15·3	13·9
34	13 38·5	13 40·7	13 01·2	3·4	3·1	9·4	8·5	15·4	14·0
35	13 38·8	13 41·0	13 01·5	3·5	3·2	9·5	8·6	15·5	14·1
36	13 39·0	13 41·2	13 01·7	3·6	3·3	9·6	8·7	15·6	14·2
37	13 39·3	13 41·5	13 01·9	3·7	3·4	9·7	8·8	15·7	14·3
38	13 39·5	13 41·7	13 02·2	3·8	3·5	9·8	8·9	15·8	14·4
39	13 39·8	13 42·0	13 02·4	3·9	3·5	9·9	9·0	15·9	14·4
40	13 40·0	13 42·2	13 02·6	4·0	3·6	10·0	9·1	16·0	14·5
41	13 40·3	13 42·5	13 02·9	4·1	3·7	10·1	9·2	16·1	14·6
42	13 40·5	13 42·7	13 03·1	4·2	3·8	10·2	9·3	16·2	14·7
43	13 40·8	13 43·0	13 03·4	4·3	3·9	10·3	9·4	16·3	14·8
44	13 41·0	13 43·2	13 03·6	4·4	4·0	10·4	9·4	16·4	14·9
45	13 41·3	13 43·5	13 03·8	4·5	4·1	10·5	9·5	16·5	15·0
46	13 41·5	13 43·7	13 04·1	4·6	4·2	10·6	9·6	16·6	15·1
47	13 41·8	13 44·0	13 04·3	4·7	4·3	10·7	9·7	16·7	15·2
48	13 42·0	13 44·3	13 04·6	4·8	4·4	10·8	9·8	16·8	15·3
49	13 42·3	13 44·5	13 04·8	4·9	4·5	10·9	9·9	16·9	15·4
50	13 42·5	13 44·8	13 05·0	5·0	4·5	11·0	10·0	17·0	15·4
51	13 42·8	13 45·0	13 05·3	5·1	4·6	11·1	10·1	17·1	15·5
52	13 43·0	13 45·3	13 05·5	5·2	4·7	11·2	10·2	17·2	15·6
53	13 43·3	13 45·5	13 05·7	5·3	4·8	11·3	10·3	17·3	15·7
54	13 43·5	13 45·8	13 06·0	5·4	4·9	11·4	10·4	17·4	15·8
55	13 43·8	13 46·0	13 06·2	5·5	5·0	11·5	10·4	17·5	15·9
56	13 44·0	13 46·3	13 06·5	5·6	5·1	11·6	10·5	17·6	16·0
57	13 44·3	13 46·5	13 06·7	5·7	5·2	11·7	10·6	17·7	16·1
58	13 44·5	13 46·8	13 06·9	5·8	5·3	11·8	10·7	17·8	16·2
59	13 44·8	13 47·0	13 07·2	5·9	5·4	11·9	10·8	17·9	16·3
60	13 45·0	13 47·3	13 07·4	6·0	5·5	12·0	10·9	18·0	16·4

55^m	SUN PLANETS	ARIES	MOON	v or d	Corr^n	v or d	Corr^n	v or d	Corr^n
s	° ′	° ′	° ′	′	′	′	′	′	′
00	13 45·0	13 47·3	13 07·4	0·0	0·0	6·0	5·6	12·0	11·1
01	13 45·3	13 47·5	13 07·7	0·1	0·1	6·1	5·6	12·1	11·2
02	13 45·5	13 47·8	13 07·9	0·2	0·2	6·2	5·7	12·2	11·3
03	13 45·8	13 48·0	13 08·1	0·3	0·3	6·3	5·8	12·3	11·4
04	13 46·0	13 48·3	13 08·4	0·4	0·4	6·4	5·9	12·4	11·5
05	13 46·3	13 48·5	13 08·6	0·5	0·5	6·5	6·0	12·5	11·6
06	13 46·5	13 48·8	13 08·8	0·6	0·6	6·6	6·1	12·6	11·7
07	13 46·8	13 49·0	13 09·1	0·7	0·6	6·7	6·2	12·7	11·7
08	13 47·0	13 49·3	13 09·3	0·8	0·7	6·8	6·3	12·8	11·8
09	13 47·3	13 49·5	13 09·6	0·9	0·8	6·9	6·4	12·9	11·9
10	13 47·5	13 49·8	13 09·8	1·0	0·9	7·0	6·5	13·0	12·0
11	13 47·8	13 50·0	13 10·0	1·1	1·0	7·1	6·6	13·1	12·1
12	13 48·0	13 50·3	13 10·3	1·2	1·1	7·2	6·7	13·2	12·2
13	13 48·3	13 50·5	13 10·5	1·3	1·2	7·3	6·8	13·3	12·3
14	13 48·5	13 50·8	13 10·8	1·4	1·3	7·4	6·8	13·4	12·4
15	13 48·8	13 51·0	13 11·0	1·5	1·4	7·5	6·9	13·5	12·5
16	13 49·0	13 51·3	13 11·2	1·6	1·5	7·6	7·0	13·6	12·6
17	13 49·3	13 51·5	13 11·5	1·7	1·6	7·7	7·1	13·7	12·7
18	13 49·5	13 51·8	13 11·7	1·8	1·7	7·8	7·2	13·8	12·8
19	13 49·8	13 52·0	13 12·0	1·9	1·8	7·9	7·3	13·9	12·9
20	13 50·0	13 52·3	13 12·2	2·0	1·9	8·0	7·4	14·0	13·0
21	13 50·3	13 52·5	13 12·4	2·1	1·9	8·1	7·5	14·1	13·0
22	13 50·5	13 52·8	13 12·7	2·2	2·0	8·2	7·6	14·2	13·1
23	13 50·8	13 53·0	13 12·9	2·3	2·1	8·3	7·7	14·3	13·2
24	13 51·0	13 53·3	13 13·1	2·4	2·2	8·4	7·8	14·4	13·3
25	13 51·3	13 53·5	13 13·4	2·5	2·3	8·5	7·9	14·5	13·4
26	13 51·5	13 53·8	13 13·6	2·6	2·4	8·6	8·0	14·6	13·5
27	13 51·8	13 54·0	13 13·9	2·7	2·5	8·7	8·0	14·7	13·6
28	13 52·0	13 54·3	13 14·1	2·8	2·6	8·8	8·1	14·8	13·7
29	13 52·3	13 54·5	13 14·3	2·9	2·7	8·9	8·2	14·9	13·8
30	13 52·5	13 54·8	13 14·6	3·0	2·8	9·0	8·3	15·0	13·9
31	13 52·8	13 55·0	13 14·8	3·1	2·9	9·1	8·4	15·1	14·0
32	13 53·0	13 55·3	13 15·1	3·2	3·0	9·2	8·5	15·2	14·1
33	13 53·3	13 55·5	13 15·3	3·3	3·1	9·3	8·6	15·3	14·2
34	13 53·5	13 55·8	13 15·5	3·4	3·1	9·4	8·7	15·4	14·2
35	13 53·8	13 56·0	13 15·8	3·5	3·2	9·5	8·8	15·5	14·3
36	13 54·0	13 56·3	13 16·0	3·6	3·3	9·6	8·9	15·6	14·4
37	13 54·3	13 56·5	13 16·2	3·7	3·4	9·7	9·0	15·7	14·5
38	13 54·5	13 56·8	13 16·5	3·8	3·5	9·8	9·1	15·8	14·6
39	13 54·8	13 57·0	13 16·7	3·9	3·6	9·9	9·2	15·9	14·7
40	13 55·0	13 57·3	13 17·0	4·0	3·7	10·0	9·3	16·0	14·8
41	13 55·3	13 57·5	13 17·2	4·1	3·8	10·1	9·3	16·1	14·9
42	13 55·5	13 57·8	13 17·4	4·2	3·9	10·2	9·4	16·2	15·0
43	13 55·8	13 58·0	13 17·7	4·3	4·0	10·3	9·5	16·3	15·1
44	13 56·0	13 58·3	13 17·9	4·4	4·1	10·4	9·6	16·4	15·2
45	13 56·3	13 58·5	13 18·2	4·5	4·2	10·5	9·7	16·5	15·3
46	13 56·5	13 58·8	13 18·4	4·6	4·3	10·6	9·8	16·6	15·4
47	13 56·8	13 59·0	13 18·6	4·7	4·3	10·7	9·9	16·7	15·4
48	13 57·0	13 59·3	13 18·9	4·8	4·4	10·8	10·0	16·8	15·5
49	13 57·3	13 59·5	13 19·1	4·9	4·5	10·9	10·1	16·9	15·6
50	13 57·5	13 59·8	13 19·3	5·0	4·6	11·0	10·2	17·0	15·7
51	13 57·8	14 00·0	13 19·6	5·1	4·7	11·1	10·3	17·1	15·8
52	13 58·0	14 00·3	13 19·8	5·2	4·8	11·2	10·4	17·2	15·9
53	13 58·3	14 00·5	13 20·1	5·3	4·9	11·3	10·5	17·3	16·0
54	13 58·5	14 00·8	13 20·3	5·4	5·0	11·4	10·5	17·4	16·1
55	13 58·8	14 01·0	13 20·5	5·5	5·1	11·5	10·6	17·5	16·2
56	13 59·0	14 01·3	13 20·8	5·6	5·2	11·6	10·7	17·6	16·3
57	13 59·3	14 01·5	13 21·0	5·7	5·3	11·7	10·8	17·7	16·4
58	13 59·5	14 01·8	13 21·3	5·8	5·4	11·8	10·9	17·8	16·5
59	13 59·8	14 02·0	13 21·5	5·9	5·5	11·9	11·0	17·9	16·6
60	14 00·0	14 02·3	13 21·7	6·0	5·6	12·0	11·1	18·0	16·7

56ᵐ	SUN PLANETS	ARIES	MOON	v or d	Corrⁿ	v or d	Corrⁿ	v or d	Corrⁿ
s	° ′	° ′	° ′	′	′	′	′	′	′
00	14 00·0	14 02·3	13 21·7	0·0	0·0	6·0	5·7	12·0	11·3
01	14 00·3	14 02·6	13 22·0	0·1	0·1	6·1	5·7	12·1	11·4
02	14 00·5	14 02·8	13 22·2	0·2	0·2	6·2	5·8	12·2	11·5
03	14 00·8	14 03·1	13 22·4	0·3	0·3	6·3	5·9	12·3	11·6
04	14 01·0	14 03·3	13 22·7	0·4	0·4	6·4	6·0	12·4	11·7
05	14 01·3	14 03·6	13 22·9	0·5	0·5	6·5	6·1	12·5	11·8
06	14 01·5	14 03·8	13 23·2	0·6	0·6	6·6	6·2	12·6	11·9
07	14 01·8	14 04·1	13 23·4	0·7	0·7	6·7	6·3	12·7	12·0
08	14 02·0	14 04·3	13 23·6	0·8	0·8	6·8	6·4	12·8	12·1
09	14 02·3	14 04·6	13 23·9	0·9	0·8	6·9	6·5	12·9	12·1
10	14 02·5	14 04·8	13 24·1	1·0	0·9	7·0	6·6	13·0	12·2
11	14 02·8	14 05·1	13 24·4	1·1	1·0	7·1	6·7	13·1	12·3
12	14 03·0	14 05·3	13 24·6	1·2	1·1	7·2	6·8	13·2	12·4
13	14 03·3	14 05·6	13 24·8	1·3	1·2	7·3	6·9	13·3	12·5
14	14 03·5	14 05·8	13 25·1	1·4	1·3	7·4	7·0	13·4	12·6
15	14 03·8	14 06·1	13 25·3	1·5	1·4	7·5	7·1	13·5	12·7
16	14 04·0	14 06·3	13 25·6	1·6	1·5	7·6	7·2	13·6	12·8
17	14 04·3	14 06·6	13 25·8	1·7	1·6	7·7	7·3	13·7	12·9
18	14 04·5	14 06·8	13 26·0	1·8	1·7	7·8	7·3	13·8	13·0
19	14 04·8	14 07·1	13 26·3	1·9	1·8	7·9	7·4	13·9	13·1
20	14 05·0	14 07·3	13 26·5	2·0	1·9	8·0	7·5	14·0	13·2
21	14 05·3	14 07·6	13 26·7	2·1	2·0	8·1	7·6	14·1	13·3
22	14 05·5	14 07·8	13 27·0	2·2	2·1	8·2	7·7	14·2	13·4
23	14 05·8	14 08·1	13 27·2	2·3	2·2	8·3	7·8	14·3	13·5
24	14 06·0	14 08·3	13 27·5	2·4	2·3	8·4	7·9	14·4	13·6
25	14 06·3	14 08·6	13 27·7	2·5	2·4	8·5	8·0	14·5	13·7
26	14 06·5	14 08·8	13 27·9	2·6	2·4	8·6	8·1	14·6	13·7
27	14 06·8	14 09·1	13 28·2	2·7	2·5	8·7	8·2	14·7	13·8
28	14 07·0	14 09·3	13 28·4	2·8	2·6	8·8	8·3	14·8	13·9
29	14 07·3	14 09·6	13 28·7	2·9	2·7	8·9	8·4	14·9	14·0
30	14 07·5	14 09·8	13 28·9	3·0	2·8	9·0	8·5	15·0	14·1
31	14 07·8	14 10·1	13 29·1	3·1	2·9	9·1	8·6	15·1	14·2
32	14 08·0	14 10·3	13 29·4	3·2	3·0	9·2	8·7	15·2	14·3
33	14 08·3	14 10·6	13 29·6	3·3	3·1	9·3	8·8	15·3	14·4
34	14 08·5	14 10·8	13 29·8	3·4	3·2	9·4	8·9	15·4	14·5
35	14 08·8	14 11·1	13 30·1	3·5	3·3	9·5	8·9	15·5	14·6
36	14 09·0	14 11·3	13 30·3	3·6	3·4	9·6	9·0	15·6	14·7
37	14 09·3	14 11·6	13 30·6	3·7	3·5	9·7	9·1	15·7	14·8
38	14 09·5	14 11·8	13 30·8	3·8	3·6	9·8	9·2	15·8	14·9
39	14 09·8	14 12·1	13 31·0	3·9	3·7	9·9	9·3	15·9	15·0
40	14 10·0	14 12·3	13 31·3	4·0	3·8	10·0	9·4	16·0	15·1
41	14 10·3	14 12·6	13 31·5	4·1	3·9	10·1	9·5	16·1	15·2
42	14 10·5	14 12·8	13 31·8	4·2	4·0	10·2	9·6	16·2	15·3
43	14 10·8	14 13·1	13 32·0	4·3	4·0	10·3	9·7	16·3	15·3
44	14 11·0	14 13·3	13 32·2	4·4	4·1	10·4	9·8	16·4	15·4
45	14 11·3	14 13·6	13 32·5	4·5	4·2	10·5	9·9	16·5	15·5
46	14 11·5	14 13·8	13 32·7	4·6	4·3	10·6	10·0	16·6	15·6
47	14 11·8	14 14·1	13 32·9	4·7	4·4	10·7	10·1	16·7	15·7
48	14 12·0	14 14·3	13 33·2	4·8	4·5	10·8	10·2	16·8	15·8
49	14 12·3	14 14·6	13 33·4	4·9	4·6	10·9	10·3	16·9	15·9
50	14 12·5	14 14·8	13 33·7	5·0	4·7	11·0	10·4	17·0	16·0
51	14 12·8	14 15·1	13 33·9	5·1	4·8	11·1	10·5	17·1	16·1
52	14 13·0	14 15·3	13 34·1	5·2	4·9	11·2	10·5	17·2	16·2
53	14 13·3	14 15·6	13 34·4	5·3	5·0	11·3	10·6	17·3	16·3
54	14 13·5	14 15·8	13 34·6	5·4	5·1	11·4	10·7	17·4	16·4
55	14 13·8	14 16·1	13 34·9	5·5	5·2	11·5	10·8	17·5	16·5
56	14 14·0	14 16·3	13 35·1	5·6	5·3	11·6	10·9	17·6	16·6
57	14 14·3	14 16·6	13 35·3	5·7	5·4	11·7	11·0	17·7	16·7
58	14 14·5	14 16·8	13 35·6	5·8	5·5	11·8	11·1	17·8	16·8
59	14 14·8	14 17·1	13 35·8	5·9	5·6	11·9	11·2	17·9	16·9
60	14 15·0	14 17·3	13 36·1	6·0	5·7	12·0	11·3	18·0	17·0

57ᵐ	SUN PLANETS	ARIES	MOON	v or d	Corrⁿ	v or d	Corrⁿ	v or d	Corrⁿ
s	° ′	° ′	° ′	′	′	′	′	′	′
00	14 15·0	14 17·3	13 36·1	0·0	0·0	6·0	5·8	12·0	11·5
01	14 15·3	14 17·6	13 36·3	0·1	0·1	6·1	5·8	12·1	11·6
02	14 15·5	14 17·8	13 36·5	0·2	0·2	6·2	5·9	12·2	11·7
03	14 15·8	14 18·1	13 36·8	0·3	0·3	6·3	6·0	12·3	11·8
04	14 16·0	14 18·3	13 37·0	0·4	0·4	6·4	6·1	12·4	11·9
05	14 16·3	14 18·6	13 37·2	0·5	0·5	6·5	6·2	12·5	12·0
06	14 16·5	14 18·8	13 37·5	0·6	0·6	6·6	6·3	12·6	12·1
07	14 16·8	14 19·1	13 37·7	0·7	0·7	6·7	6·4	12·7	12·2
08	14 17·0	14 19·3	13 38·0	0·8	0·8	6·8	6·5	12·8	12·3
09	14 17·3	14 19·6	13 38·2	0·9	0·9	6·9	6·6	12·9	12·4
10	14 17·5	14 19·8	13 38·4	1·0	1·0	7·0	6·7	13·0	12·5
11	14 17·8	14 20·1	13 38·7	1·1	1·1	7·1	6·8	13·1	12·6
12	14 18·0	14 20·3	13 38·9	1·2	1·2	7·2	6·9	13·2	12·7
13	14 18·3	14 20·6	13 39·2	1·3	1·2	7·3	7·0	13·3	12·7
14	14 18·5	14 20·9	13 39·4	1·4	1·3	7·4	7·1	13·4	12·8
15	14 18·8	14 21·1	13 39·6	1·5	1·4	7·5	7·2	13·5	12·9
16	14 19·0	14 21·4	13 39·9	1·6	1·5	7·6	7·3	13·6	13·0
17	14 19·3	14 21·6	13 40·1	1·7	1·6	7·7	7·4	13·7	13·1
18	14 19·5	14 21·9	13 40·3	1·8	1·7	7·8	7·5	13·8	13·2
19	14 19·8	14 22·1	13 40·6	1·9	1·8	7·9	7·6	13·9	13·3
20	14 20·0	14 22·4	13 40·8	2·0	1·9	8·0	7·7	14·0	13·4
21	14 20·3	14 22·6	13 41·1	2·1	2·0	8·1	7·8	14·1	13·5
22	14 20·5	14 22·9	13 41·3	2·2	2·1	8·2	7·9	14·2	13·6
23	14 20·8	14 23·1	13 41·5	2·3	2·2	8·3	8·0	14·3	13·7
24	14 21·0	14 23·4	13 41·8	2·4	2·3	8·4	8·1	14·4	13·8
25	14 21·3	14 23·6	13 42·0	2·5	2·4	8·5	8·1	14·5	13·9
26	14 21·5	14 23·9	13 42·3	2·6	2·5	8·6	8·2	14·6	14·0
27	14 21·8	14 24·1	13 42·5	2·7	2·6	8·7	8·3	14·7	14·1
28	14 22·0	14 24·4	13 42·7	2·8	2·7	8·8	8·4	14·8	14·2
29	14 22·3	14 24·6	13 43·0	2·9	2·8	8·9	8·5	14·9	14·3
30	14 22·5	14 24·9	13 43·2	3·0	2·9	9·0	8·6	15·0	14·4
31	14 22·8	14 25·1	13 43·4	3·1	3·0	9·1	8·7	15·1	14·5
32	14 23·0	14 25·4	13 43·7	3·2	3·1	9·2	8·8	15·2	14·6
33	14 23·3	14 25·6	13 43·9	3·3	3·2	9·3	8·9	15·3	14·7
34	14 23·5	14 25·9	13 44·2	3·4	3·3	9·4	9·0	15·4	14·8
35	14 23·8	14 26·1	13 44·4	3·5	3·4	9·5	9·1	15·5	14·9
36	14 24·0	14 26·4	13 44·6	3·6	3·5	9·6	9·2	15·6	15·0
37	14 24·3	14 26·6	13 44·9	3·7	3·5	9·7	9·3	15·7	15·0
38	14 24·5	14 26·9	13 45·1	3·8	3·6	9·8	9·4	15·8	15·1
39	14 24·8	14 27·1	13 45·4	3·9	3·7	9·9	9·5	15·9	15·2
40	14 25·0	14 27·4	13 45·6	4·0	3·8	10·0	9·6	16·0	15·3
41	14 25·3	14 27·6	13 45·8	4·1	3·9	10·1	9·7	16·1	15·4
42	14 25·5	14 27·9	13 46·1	4·2	4·0	10·2	9·8	16·2	15·5
43	14 25·8	14 28·1	13 46·3	4·3	4·1	10·3	9·9	16·3	15·6
44	14 26·0	14 28·4	13 46·5	4·4	4·2	10·4	10·0	16·4	15·7
45	14 26·3	14 28·6	13 46·8	4·5	4·3	10·5	10·1	16·5	15·8
46	14 26·5	14 28·9	13 47·0	4·6	4·4	10·6	10·2	16·6	15·9
47	14 26·8	14 29·1	13 47·3	4·7	4·5	10·7	10·3	16·7	16·0
48	14 27·0	14 29·4	13 47·5	4·8	4·6	10·8	10·4	16·8	16·1
49	14 27·3	14 29·6	13 47·7	4·9	4·7	10·9	10·4	16·9	16·2
50	14 27·5	14 29·9	13 48·0	5·0	4·8	11·0	10·5	17·0	16·3
51	14 27·8	14 30·1	13 48·2	5·1	4·9	11·1	10·6	17·1	16·4
52	14 28·0	14 30·4	13 48·5	5·2	5·0	11·2	10·7	17·2	16·5
53	14 28·3	14 30·6	13 48·7	5·3	5·1	11·3	10·8	17·3	16·6
54	14 28·5	14 30·9	13 48·9	5·4	5·2	11·4	10·9	17·4	16·7
55	14 28·8	14 31·1	13 49·2	5·5	5·3	11·5	11·0	17·5	16·8
56	14 29·0	14 31·4	13 49·4	5·6	5·4	11·6	11·1	17·6	16·9
57	14 29·3	14 31·6	13 49·7	5·7	5·5	11·7	11·2	17·7	17·0
58	14 29·5	14 31·9	13 49·9	5·8	5·6	11·8	11·3	17·8	17·1
59	14 29·8	14 32·1	13 50·1	5·9	5·7	11·9	11·4	17·9	17·2
60	14 30·0	14 32·4	13 50·4	6·0	5·8	12·0	11·5	18·0	17·3

58m	SUN PLANETS	ARIES	MOON	v or d	Corrn	v or d	Corrn	v or d	Corrn
s	° ′	° ′	° ′	′	′	′	′	′	′
00	14 30·0	14 32·4	13 50·4	0·0	0·0	6·0	5·9	12·0	11·7
01	14 30·3	14 32·6	13 50·6	0·1	0·1	6·1	5·9	12·1	11·8
02	14 30·5	14 32·9	13 50·8	0·2	0·2	6·2	6·0	12·2	11·9
03	14 30·8	14 33·1	13 51·1	0·3	0·3	6·3	6·1	12·3	12·0
04	14 31·0	14 33·4	13 51·3	0·4	0·4	6·4	6·2	12·4	12·1
05	14 31·3	14 33·6	13 51·6	0·5	0·5	6·5	6·3	12·5	12·2
06	14 31·5	14 33·9	13 51·8	0·6	0·6	6·6	6·4	12·6	12·3
07	14 31·8	14 34·1	13 52·0	0·7	0·7	6·7	6·5	12·7	12·4
08	14 32·0	14 34·4	13 52·3	0·8	0·8	6·8	6·6	12·8	12·5
09	14 32·3	14 34·6	13 52·5	0·9	0·9	6·9	6·7	12·9	12·6
10	14 32·5	14 34·9	13 52·8	1·0	1·0	7·0	6·8	13·0	12·7
11	14 32·8	14 35·1	13 53·0	1·1	1·1	7·1	6·9	13·1	12·8
12	14 33·0	14 35·4	13 53·2	1·2	1·2	7·2	7·0	13·2	12·9
13	14 33·3	14 35·6	13 53·5	1·3	1·3	7·3	7·1	13·3	13·0
14	14 33·5	14 35·9	13 53·7	1·4	1·4	7·4	7·2	13·4	13·1
15	14 33·8	14 36·1	13 53·9	1·5	1·5	7·5	7·3	13·5	13·2
16	14 34·0	14 36·4	13 54·2	1·6	1·6	7·6	7·4	13·6	13·3
17	14 34·3	14 36·6	13 54·4	1·7	1·7	7·7	7·5	13·7	13·4
18	14 34·5	14 36·9	13 54·7	1·8	1·8	7·8	7·6	13·8	13·5
19	14 34·8	14 37·1	13 54·9	1·9	1·9	7·9	7·7	13·9	13·6
20	14 35·0	14 37·4	13 55·1	2·0	2·0	8·0	7·8	14·0	13·7
21	14 35·3	14 37·6	13 55·4	2·1	2·0	8·1	7·9	14·1	13·7
22	14 35·5	14 37·9	13 55·6	2·2	2·1	8·2	8·0	14·2	13·8
23	14 35·8	14 38·1	13 55·9	2·3	2·2	8·3	8·1	14·3	13·9
24	14 36·0	14 38·4	13 56·1	2·4	2·3	8·4	8·2	14·4	14·0
25	14 36·3	14 38·6	13 56·3	2·5	2·4	8·5	8·3	14·5	14·1
26	14 36·5	14 38·9	13 56·6	2·6	2·5	8·6	8·4	14·6	14·2
27	14 36·8	14 39·2	13 56·8	2·7	2·6	8·7	8·5	14·7	14·3
28	14 37·0	14 39·4	13 57·0	2·8	2·7	8·8	8·6	14·8	14·4
29	14 37·3	14 39·7	13 57·3	2·9	2·8	8·9	8·7	14·9	14·5
30	14 37·5	14 39·9	13 57·5	3·0	2·9	9·0	8·8	15·0	14·6
31	14 37·8	14 40·2	13 57·8	3·1	3·0	9·1	8·9	15·1	14·7
32	14 38·0	14 40·4	13 58·0	3·2	3·1	9·2	9·0	15·2	14·8
33	14 38·3	14 40·7	13 58·2	3·3	3·2	9·3	9·1	15·3	14·9
34	14 38·5	14 40·9	13 58·5	3·4	3·3	9·4	9·2	15·4	15·0
35	14 38·8	14 41·2	13 58·7	3·5	3·4	9·5	9·3	15·5	15·1
36	14 39·0	14 41·4	13 59·0	3·6	3·5	9·6	9·4	15·6	15·2
37	14 39·3	14 41·7	13 59·2	3·7	3·6	9·7	9·5	15·7	15·3
38	14 39·5	14 41·9	13 59·4	3·8	3·7	9·8	9·6	15·8	15·4
39	14 39·8	14 42·2	13 59·7	3·9	3·8	9·9	9·7	15·9	15·5
40	14 40·0	14 42·4	13 59·9	4·0	3·9	10·0	9·8	16·0	15·6
41	14 40·3	14 42·7	14 00·1	4·1	4·0	10·1	9·8	16·1	15·7
42	14 40·5	14 42·9	14 00·4	4·2	4·1	10·2	9·9	16·2	15·8
43	14 40·8	14 43·2	14 00·6	4·3	4·2	10·3	10·0	16·3	15·9
44	14 41·0	14 43·4	14 00·9	4·4	4·3	10·4	10·1	16·4	16·0
45	14 41·3	14 43·7	14 01·1	4·5	4·4	10·5	10·2	16·5	16·1
46	14 41·5	14 43·9	14 01·3	4·6	4·5	10·6	10·3	16·6	16·2
47	14 41·8	14 44·2	14 01·6	4·7	4·6	10·7	10·4	16·7	16·3
48	14 42·0	14 44·4	14 01·8	4·8	4·7	10·8	10·5	16·8	16·4
49	14 42·3	14 44·7	14 02·1	4·9	4·8	10·9	10·6	16·9	16·5
50	14 42·5	14 44·9	14 02·3	5·0	4·9	11·0	10·7	17·0	16·6
51	14 42·8	14 45·2	14 02·5	5·1	5·0	11·1	10·8	17·1	16·7
52	14 43·0	14 45·4	14 02·8	5·2	5·1	11·2	10·9	17·2	16·8
53	14 43·3	14 45·7	14 03·0	5·3	5·2	11·3	11·0	17·3	16·9
54	14 43·5	14 45·9	14 03·3	5·4	5·3	11·4	11·1	17·4	17·0
55	14 43·8	14 46·2	14 03·5	5·5	5·4	11·5	11·2	17·5	17·1
56	14 44·0	14 46·4	14 03·7	5·6	5·5	11·6	11·3	17·6	17·2
57	14 44·3	14 46·7	14 04·0	5·7	5·6	11·7	11·4	17·7	17·3
58	14 44·5	14 46·9	14 04·2	5·8	5·7	11·8	11·5	17·8	17·4
59	14 44·8	14 47·2	14 04·4	5·9	5·8	11·9	11·6	17·9	17·5
60	14 45·0	14 47·4	14 04·7	6·0	5·9	12·0	11·7	18·0	17·6

59m	SUN PLANETS	ARIES	MOON	v or d	Corrn	v or d	Corrn	v or d	Corrn
s	° ′	° ′	° ′	′	′	′	′	′	′
00	14 45·0	14 47·4	14 04·7	0·0	0·0	6·0	6·0	12·0	11·9
01	14 45·3	14 47·7	14 04·9	0·1	0·1	6·1	6·0	12·1	12·0
02	14 45·5	14 47·9	14 05·2	0·2	0·2	6·2	6·1	12·2	12·1
03	14 45·8	14 48·2	14 05·4	0·3	0·3	6·3	6·2	12·3	12·2
04	14 46·0	14 48·4	14 05·6	0·4	0·4	6·4	6·3	12·4	12·3
05	14 46·3	14 48·7	14 05·9	0·5	0·5	6·5	6·4	12·5	12·4
06	14 46·5	14 48·9	14 06·1	0·6	0·6	6·6	6·5	12·6	12·5
07	14 46·8	14 49·2	14 06·4	0·7	0·7	6·7	6·6	12·7	12·6
08	14 47·0	14 49·4	14 06·6	0·8	0·8	6·8	6·7	12·8	12·7
09	14 47·3	14 49·7	14 06·8	0·9	0·9	6·9	6·8	12·9	12·8
10	14 47·5	14 49·9	14 07·1	1·0	1·0	7·0	6·9	13·0	12·9
11	14 47·8	14 50·2	14 07·3	1·1	1·1	7·1	7·0	13·1	13·0
12	14 48·0	14 50·4	14 07·5	1·2	1·2	7·2	7·1	13·2	13·1
13	14 48·3	14 50·7	14 07·8	1·3	1·3	7·3	7·2	13·3	13·2
14	14 48·5	14 50·9	14 08·0	1·4	1·4	7·4	7·3	13·4	13·3
15	14 48·8	14 51·2	14 08·3	1·5	1·5	7·5	7·4	13·5	13·4
16	14 49·0	14 51·4	14 08·5	1·6	1·6	7·6	7·5	13·6	13·5
17	14 49·3	14 51·7	14 08·7	1·7	1·7	7·7	7·6	13·7	13·6
18	14 49·5	14 51·9	14 09·0	1·8	1·8	7·8	7·7	13·8	13·7
19	14 49·8	14 52·2	14 09·2	1·9	1·9	7·9	7·8	13·9	13·8
20	14 50·0	14 52·4	14 09·5	2·0	2·0	8·0	7·9	14·0	13·9
21	14 50·3	14 52·7	14 09·7	2·1	2·1	8·1	8·0	14·1	14·0
22	14 50·5	14 52·9	14 09·9	2·2	2·2	8·2	8·1	14·2	14·1
23	14 50·8	14 53·2	14 10·2	2·3	2·3	8·3	8·2	14·3	14·2
24	14 51·0	14 53·4	14 10·4	2·4	2·4	8·4	8·3	14·4	14·3
25	14 51·3	14 53·7	14 10·6	2·5	2·5	8·5	8·4	14·5	14·4
26	14 51·5	14 53·9	14 10·9	2·6	2·6	8·6	8·5	14·6	14·5
27	14 51·8	14 54·2	14 11·1	2·7	2·7	8·7	8·6	14·7	14·6
28	14 52·0	14 54·4	14 11·4	2·8	2·8	8·8	8·7	14·8	14·7
29	14 52·3	14 54·7	14 11·6	2·9	2·9	8·9	8·8	14·9	14·8
30	14 52·5	14 54·9	14 11·8	3·0	3·0	9·0	8·9	15·0	14·9
31	14 52·8	14 55·2	14 12·1	3·1	3·1	9·1	9·0	15·1	15·0
32	14 53·0	14 55·4	14 12·3	3·2	3·2	9·2	9·1	15·2	15·1
33	14 53·3	14 55·7	14 12·6	3·3	3·3	9·3	9·2	15·3	15·2
34	14 53·5	14 55·9	14 12·8	3·4	3·4	9·4	9·3	15·4	15·3
35	14 53·8	14 56·2	14 13·0	3·5	3·5	9·5	9·4	15·5	15·4
36	14 54·0	14 56·4	14 13·3	3·6	3·6	9·6	9·5	15·6	15·5
37	14 54·3	14 56·7	14 13·5	3·7	3·7	9·7	9·6	15·7	15·6
38	14 54·5	14 56·9	14 13·8	3·8	3·8	9·8	9·7	15·8	15·7
39	14 54·8	14 57·2	14 14·0	3·9	3·9	9·9	9·8	15·9	15·8
40	14 55·0	14 57·5	14 14·2	4·0	4·0	10·0	9·9	16·0	15·9
41	14 55·3	14 57·7	14 14·5	4·1	4·1	10·1	10·0	16·1	16·0
42	14 55·5	14 58·0	14 14·7	4·2	4·2	10·2	10·1	16·2	16·1
43	14 55·8	14 58·2	14 14·9	4·3	4·3	10·3	10·2	16·3	16·2
44	14 56·0	14 58·5	14 15·2	4·4	4·4	10·4	10·3	16·4	16·3
45	14 56·3	14 58·7	14 15·4	4·5	4·5	10·5	10·4	16·5	16·4
46	14 56·5	14 59·0	14 15·7	4·6	4·6	10·6	10·5	16·6	16·5
47	14 56·8	14 59·2	14 15·9	4·7	4·7	10·7	10·6	16·7	16·6
48	14 57·0	14 59·5	14 16·1	4·8	4·8	10·8	10·7	16·8	16·7
49	14 57·3	14 59·7	14 16·4	4·9	4·9	10·9	10·8	16·9	16·8
50	14 57·5	15 00·0	14 16·6	5·0	5·0	11·0	10·9	17·0	16·9
51	14 57·8	15 00·2	14 16·9	5·1	5·1	11·1	11·0	17·1	17·0
52	14 58·0	15 00·5	14 17·1	5·2	5·2	11·2	11·1	17·2	17·1
53	14 58·3	15 00·7	14 17·3	5·3	5·3	11·3	11·2	17·3	17·2
54	14 58·5	15 01·0	14 17·6	5·4	5·4	11·4	11·3	17·4	17·3
55	14 58·8	15 01·2	14 17·8	5·5	5·5	11·5	11·4	17·5	17·4
56	14 59·0	15 01·5	14 18·0	5·6	5·6	11·6	11·5	17·6	17·5
57	14 59·3	15 01·7	14 18·3	5·7	5·7	11·7	11·6	17·7	17·6
58	14 59·5	15 02·0	14 18·5	5·8	5·8	11·8	11·7	17·8	17·7
59	14 59·8	15 02·2	14 18·8	5·9	5·9	11·9	11·8	17·9	17·8
60	15 00·0	15 02·5	14 19·0	6·0	6·0	12·0	11·9	18·0	17·9

TABLES FOR INTERPOLATING SUNRISE, MOONRISE, ETC.

TABLE I—FOR LATITUDE

Tabular Interval 10°	5°	2°	Difference between the times for consecutive latitudes 5m	10m	15m	20m	25m	30m	35m	40m	45m	50m	55m	60m	1h 05m	1h 10m	1h 15m	1h 20m
° ′	° ′	° ′	m	m	m	m	m	m	m	m	m	m	m	m	h m	h m	h m	h m
0 30	0 15	0 06	0	0	1	1	1	1	1	2	2	2	2	2	0 02	0 02	0 02	0 02
1 00	0 30	0 12	0	1	1	2	2	3	3	3	4	4	4	5	05	05	05	05
1 30	0 45	0 18	1	1	2	3	3	4	4	5	5	6	7	7	07	07	07	07
2 00	1 00	0 24	1	2	3	4	5	5	6	7	7	8	9	10	10	10	10	10
2 30	1 15	0 30	1	2	4	5	6	7	8	9	9	10	11	12	12	13	13	13
3 00	1 30	0 36	1	3	4	6	7	8	9	10	11	12	13	14	0 15	0 15	0 16	0 16
3 30	1 45	0 42	2	3	5	7	8	10	11	12	13	14	16	17	18	18	19	19
4 00	2 00	0 48	2	4	6	8	9	11	13	14	15	16	18	19	20	21	22	22
4 30	2 15	0 54	2	4	7	9	11	13	15	16	18	19	21	22	23	24	25	26
5 00	2 30	1 00	2	5	7	10	12	14	16	18	20	22	23	25	26	27	28	29
5 30	2 45	1 06	3	5	8	11	13	16	18	20	22	24	26	28	0 29	0 30	0 31	0 32
6 00	3 00	1 12	3	6	9	12	14	17	20	22	24	26	29	31	32	33	34	36
6 30	3 15	1 18	3	6	10	13	16	19	22	24	26	29	31	34	36	37	38	40
7 00	3 30	1 24	3	7	10	14	17	20	23	26	29	31	34	37	39	41	42	44
7 30	3 45	1 30	4	7	11	15	18	22	25	28	31	34	37	40	43	44	46	48
8 00	4 00	1 36	4	8	12	16	20	23	27	30	34	37	41	44	0 47	0 48	0 51	0 53
8 30	4 15	1 42	4	8	13	17	21	25	29	33	36	40	44	48	0 51	0 53	0 56	0 58
9 00	4 30	1 48	4	9	13	18	22	27	31	35	39	43	47	52	0 55	0 58	1 01	1 04
9 30	4 45	1 54	5	9	14	19	24	28	33	38	42	47	51	56	1 00	1 04	1 08	1 12
10 00	5 00	2 00	5	10	15	20	25	30	35	40	45	50	55	60	1 05	1 10	1 15	1 20

Table I is for interpolating the L.M.T. of sunrise, twilight, moonrise, etc., for latitude. It is to be entered, in the appropriate column on the left, with the difference between true latitude and the nearest tabular latitude which is *less* than the true latitude; and with the argument at the top which is the nearest value of the difference between the times for the tabular latitude and the next higher one; the correction so obtained is applied to the time for the tabular latitude; the sign of the correction can be seen by inspection. It is to be noted that the interpolation is not linear, so that when using this table it is essential to take out the tabular phenomenon for the latitude *less* than the true latitude.

TABLE II—FOR LONGITUDE

Long. East or West	Difference between the times for given date and preceding date (for east longitude) or for given date and following date (for west longitude) 10m	20m	30m	40m	50m	60m	1h + 10m	1h + 20m	1h + 30m	1h + 40m	1h + 50m	1h + 60m	2h 10m	2h 20m	2h 30m	2h 40m	2h 50m	3h 00m
°	m	m	m	m	m	m	m	m	m	m	m	m	h m	h m	h m	h m	h m	h m
0	0	0	0	0	0	0	0	0	0	0	0	0	0 00	0 00	0 00	0 00	0 00	0 00
10	0	1	1	1	1	2	2	2	2	3	3	3	04	04	04	04	05	05
20	1	1	2	2	3	3	4	4	5	6	6	7	07	08	08	09	09	10
30	1	2	2	3	4	5	6	7	7	8	9	10	11	12	12	13	14	15
40	1	2	3	4	6	7	8	9	10	11	12	13	14	16	17	18	19	20
50	1	3	4	6	7	8	10	11	12	14	15	17	0 18	0 19	0 21	0 22	0 24	0 25
60	2	3	5	7	8	10	12	13	15	17	18	20	22	23	25	27	28	30
70	2	4	6	8	10	12	14	16	17	19	21	23	25	27	29	31	33	35
80	2	4	7	9	11	13	16	18	20	22	24	27	29	31	33	36	38	40
90	2	5	7	10	12	15	17	20	22	25	27	30	32	35	37	40	42	45
100	3	6	8	11	14	17	19	22	25	28	31	33	0 36	0 39	0 42	0 44	0 47	0 50
110	3	6	9	12	15	18	21	24	27	31	34	37	40	43	46	49	0 52	0 55
120	3	7	10	13	17	20	23	27	30	33	37	40	43	47	50	53	0 57	1 00
130	4	7	11	14	18	22	25	29	32	36	40	43	47	51	54	0 58	1 01	1 05
140	4	8	12	16	19	23	27	31	35	39	43	47	51	54	0 58	1 02	1 06	1 10
150	4	8	13	17	21	25	29	33	38	42	46	50	0 54	0 58	1 03	1 07	1 11	1 15
160	4	9	13	18	22	27	31	36	40	44	49	53	0 58	1 02	1 07	1 11	1 16	1 20
170	5	9	14	19	24	28	33	38	42	47	52	57	1 01	1 06	1 11	1 16	1 20	1 25
180	5	10	15	20	25	30	35	40	45	50	55	60	1 05	1 10	1 15	1 20	1 25	1 30

Table II is for interpolating the L.M.T. of moonrise, moonset and the Moon's meridian passage for longitude. It is entered with longitude and with the difference between the times for the given date and for the preceding date (in east longitudes) or following date (in west longitudes). The correction is normally *added* for west longitudes and *subtracted* for east longitudes, but if, as occasionally happens, the times become earlier each day instead of later, the signs of the corrections must be reversed.

INDEX TO SELECTED STARS, 1990

Name	No.	Mag.	S.H.A.	Dec.
			°	°
Acamar	**7**	3·1	316	S. 40
Achernar	**5**	0·6	336	S. 57
Acrux	**30**	1·1	173	S. 63
Adhara	**19**	1·6	255	S. 29
Aldebaran	**10**	1·1	291	N. 16
Alioth	**32**	1·7	167	N. 56
Alkaid	**34**	1·9	153	N. 49
Al Na'ir	**55**	2·2	28	S. 47
Alnilam	**15**	1·8	276	S. 1
Alphard	**25**	2·2	218	S. 9
Alphecca	**41**	2·3	126	N. 27
Alpheratz	**1**	2·2	358	N. 29
Altair	**51**	0·9	62	N. 9
Ankaa	**2**	2·4	354	S. 42
Antares	**42**	1·2	113	S. 26
Arcturus	**37**	0·2	146	N. 19
Atria	**43**	1·9	108	S. 69
Avior	**22**	1·7	234	S. 59
Bellatrix	**13**	1·7	279	N. 6
Betelgeuse	**16**	Var.*	271	N. 7
Canopus	**17**	−0·9	264	S. 53
Capella	**12**	0·2	281	N. 46
Deneb	**53**	1·3	50	N. 45
Denebola	**28**	2·2	183	N. 15
Diphda	**4**	2·2	349	S. 18
Dubhe	**27**	2·0	194	N. 62
Elnath	**14**	1·8	279	N. 29
Eltanin	**47**	2·4	91	N. 51
Enif	**54**	2·5	34	N. 10
Fomalhaut	**56**	1·3	16	S. 30
Gacrux	**31**	1·6	172	S. 57
Gienah	**29**	2·8	176	S. 17
Hadar	**35**	0·9	149	S. 60
Hamal	**6**	2·2	328	N. 23
Kaus Australis	**48**	2·0	84	S. 34
Kochab	**40**	2·2	137	N. 74
Markab	**57**	2·6	14	N. 15
Menkar	**8**	2·8	315	N. 4
Menkent	**36**	2·3	148	S. 36
Miaplacidus	**24**	1·8	222	S. 70
Mirfak	**9**	1·9	309	N. 50
Nunki	**50**	2·1	76	S. 26
Peacock	**52**	2·1	54	S. 57
Pollux	**21**	1·2	244	N. 28
Procyon	**20**	0·5	245	N. 5
Rasalhague	**46**	2·1	96	N. 13
Regulus	**26**	1·3	208	N. 12
Rigel	**11**	0·3	281	S. 8
Rigil Kentaurus	**38**	0·1	140	S. 61
Sabik	**44**	2·6	103	S. 16
Schedar	**3**	2·5	350	N. 56
Shaula	**45**	1·7	97	S. 37
Sirius	**18**	−1·6	259	S. 17
Spica	**33**	1·2	159	S. 11
Suhail	**23**	2·2	223	S. 43
Vega	**49**	0·1	81	N. 39
Zubenelgenubi	**39**	2·9	137	S. 16

No.	Name	Mag.	S.H.A.	Dec.
			°	°
1	*Alpheratz*	2·2	358	N. 29
2	*Ankaa*	2·4	354	S. 42
3	*Schedar*	2·5	350	N. 56
4	*Diphda*	2·2	349	S. 18
5	*Achernar*	0·6	336	S. 57
6	*Hamal*	2·2	328	N. 23
7	*Acamar*	3·1	316	S. 40
8	*Menkar*	2·8	315	N. 4
9	*Mirfak*	1·9	309	N. 50
10	*Aldebaran*	1·1	291	N. 16
11	*Rigel*	0·3	281	S. 8
12	*Capella*	0·2	281	N. 46
13	*Bellatrix*	1·7	279	N. 6
14	*Elnath*	1·8	279	N. 29
15	*Alnilam*	1·8	276	S. 1
16	*Betelgeuse*	Var.*	271	N. 7
17	*Canopus*	−0·9	264	S. 53
18	*Sirius*	−1·6	259	S. 17
19	*Adhara*	1·6	255	S. 29
20	*Procyon*	0·5	245	N. 5
21	*Pollux*	1·2	244	N. 28
22	*Avior*	1·7	234	S. 59
23	*Suhail*	2·2	223	S. 43
24	*Miaplacidus*	1·8	222	S. 70
25	*Alphard*	2·2	218	S. 9
26	*Regulus*	1·3	208	N. 12
27	*Dubhe*	2·0	194	N. 62
28	*Denebola*	2·2	183	N. 15
29	*Gienah*	2·8	176	S. 17
30	*Acrux*	1·1	173	S. 63
31	*Gacrux*	1·6	172	S. 57
32	*Alioth*	1·7	167	N. 56
33	*Spica*	1·2	159	S. 11
34	*Alkaid*	1·9	153	N. 49
35	*Hadar*	0·9	149	S. 60
36	*Menkent*	2·3	148	S. 36
37	*Arcturus*	0·2	146	N. 19
38	*Rigil Kentaurus*	0·1	140	S. 61
39	*Zubenelgenubi*	2·9	137	S. 16
40	*Kochab*	2·2	137	N. 74
41	*Alphecca*	2·3	126	N. 27
42	*Antares*	1·2	113	S. 26
43	*Atria*	1·9	108	S. 69
44	*Sabik*	2·6	103	S. 16
45	*Shaula*	1·7	97	S. 37
46	*Rasalhague*	2·1	96	N. 13
47	*Eltanin*	2·4	91	N. 51
48	*Kaus Australis*	2·0	84	S. 34
49	*Vega*	0·1	81	N. 39
50	*Nunki*	2·1	76	S. 26
51	*Altair*	0·9	62	N. 9
52	*Peacock*	2·1	54	S. 57
53	*Deneb*	1·3	50	N. 45
54	*Enif*	2·5	34	N. 10
55	*Al Na'ir*	2·2	28	S. 47
56	*Fomalhaut*	1·3	16	S. 30
57	*Markab*	2·6	14	N. 15

* 0·1—1·2

ALTITUDE CORRECTION TABLES 0°–35°—MOON

App. Alt.	0°–4° Corrⁿ	5°–9° Corrⁿ	10°–14° Corrⁿ	15°–19° Corrⁿ	20°–24° Corrⁿ	25°–29° Corrⁿ	30°–34° Corrⁿ	App. Alt.
′	° ′	° ′	° ′	° ′	° ′	° ′	° ′	′
00	0 33.8	5 58.2	10 62.1	15 62.8	20 62.2	25 60.8	30 58.9	00
10	35.9	58.5	62.2	62.8	62.1	60.8	58.8	10
20	37.8	58.7	62.2	62.8	62.1	60.7	58.8	20
30	39.6	58.9	62.3	62.8	62.1	60.7	58.7	30
40	41.2	59.1	62.3	62.8	62.0	60.6	58.6	40
50	42.6	59.3	62.4	62.7	62.0	60.6	58.5	50
00	1 44.0	6 59.5	11 62.4	16 62.7	21 62.0	26 60.5	31 58.5	00
10	45.2	59.7	62.4	62.7	61.9	60.4	58.4	10
20	46.3	59.9	62.5	62.7	61.9	60.4	58.3	20
30	47.3	60.0	62.5	62.7	61.9	60.3	58.2	30
40	48.3	60.2	62.5	62.7	61.8	60.3	58.2	40
50	49.2	60.3	62.6	62.7	61.8	60.2	58.1	50
00	2 50.0	7 60.5	12 62.6	17 62.7	22 61.7	27 60.1	32 58.0	00
10	50.8	60.6	62.6	62.6	61.7	60.1	57.9	10
20	51.4	60.7	62.6	62.6	61.6	60.0	57.8	20
30	52.1	60.9	62.7	62.6	61.6	59.9	57.8	30
40	52.7	61.0	62.7	62.6	61.5	59.9	57.7	40
50	53.3	61.1	62.7	62.6	61.5	59.8	57.6	50
00	3 53.8	8 61.2	13 62.7	18 62.5	23 61.5	28 59.7	33 57.5	00
10	54.3	61.3	62.7	62.5	61.4	59.7	57.4	10
20	54.8	61.4	62.7	62.5	61.4	59.6	57.4	20
30	55.2	61.5	62.8	62.5	61.3	59.6	57.3	30
40	55.6	61.6	62.8	62.4	61.3	59.5	57.2	40
50	56.0	61.6	62.8	62.4	61.2	59.4	57.1	50
00	4 56.4	9 61.7	14 62.8	19 62.4	24 61.2	29 59.3	34 57.0	00
10	56.7	61.8	62.8	62.3	61.1	59.3	56.9	10
20	57.1	61.9	62.8	62.3	61.1	59.2	56.9	20
30	57.4	61.9	62.8	62.3	61.0	59.1	56.8	30
40	57.7	62.0	62.8	62.2	60.9	59.1	56.7	40
50	57.9	62.1	62.8	62.2	60.9	59.0	56.6	50
H.P.	**L U**	**L U**	**L U**	**L U**	**L U**	**L U**	**L U**	**H.P.**
′	′ ′	′ ′	′ ′	′ ′	′ ′	′ ′	′ ′	′
54.0	0.3 0.9	0.3 0.9	0.4 1.0	0.5 1.1	0.6 1.2	0.7 1.3	0.9 1.5	54.0
54.3	0.7 1.1	0.7 1.2	0.7 1.2	0.8 1.3	0.9 1.4	1.1 1.5	1.2 1.7	54.3
54.6	1.1 1.4	1.1 1.4	1.1 1.4	1.2 1.5	1.3 1.6	1.4 1.7	1.5 1.8	54.6
54.9	1.4 1.6	1.5 1.6	1.5 1.6	1.6 1.7	1.6 1.8	1.8 1.9	1.9 2.0	54.9
55.2	1.8 1.8	1.8 1.8	1.9 1.9	1.9 1.9	2.0 2.0	2.1 2.1	2.2 2.2	55.2
55.5	2.2 2.0	2.2 2.0	2.3 2.1	2.3 2.1	2.4 2.2	2.4 2.3	2.5 2.4	55.5
55.8	2.6 2.2	2.6 2.2	2.6 2.3	2.7 2.3	2.7 2.4	2.8 2.4	2.9 2.5	55.8
56.1	3.0 2.4	3.0 2.5	3.0 2.5	3.0 2.5	3.1 2.6	3.1 2.6	3.2 2.7	56.1
56.4	3.4 2.7	3.4 2.7	3.4 2.7	3.4 2.7	3.4 2.8	3.5 2.8	3.5 2.9	56.4
56.7	3.7 2.9	3.7 2.9	3.8 2.9	3.8 2.9	3.8 3.0	3.8 3.0	3.9 3.0	56.7
57.0	4.1 3.1	4.1 3.1	4.1 3.1	4.1 3.1	4.2 3.1	4.2 3.2	4.2 3.2	57.0
57.3	4.5 3.3	4.5 3.3	4.5 3.3	4.5 3.3	4.5 3.3	4.5 3.4	4.6 3.4	57.3
57.6	4.9 3.5	4.9 3.5	4.9 3.5	4.9 3.5	4.9 3.5	4.9 3.5	4.9 3.6	57.6
57.9	5.3 3.8	5.3 3.8	5.2 3.8	5.2 3.7	5.2 3.7	5.2 3.7	5.2 3.7	57.9
58.2	5.6 4.0	5.6 4.0	5.6 4.0	5.6 4.0	5.6 3.9	5.6 3.9	5.6 3.9	58.2
58.5	6.0 4.2	6.0 4.2	6.0 4.2	6.0 4.2	6.0 4.1	5.9 4.1	5.9 4.1	58.5
58.8	6.4 4.4	6.4 4.4	6.4 4.4	6.3 4.4	6.3 4.3	6.3 4.3	6.2 4.2	58.8
59.1	6.8 4.6	6.8 4.6	6.7 4.6	6.7 4.6	6.7 4.5	6.6 4.5	6.6 4.4	59.1
59.4	7.2 4.8	7.1 4.8	7.1 4.8	7.1 4.8	7.0 4.7	7.0 4.7	6.9 4.6	59.4
59.7	7.5 5.1	7.5 5.0	7.5 5.0	7.5 5.0	7.4 4.9	7.3 4.8	7.2 4.7	59.7
60.0	7.9 5.3	7.9 5.3	7.9 5.2	7.8 5.2	7.8 5.1	7.7 5.0	7.6 4.9	60.0
60.3	8.3 5.5	8.3 5.5	8.2 5.4	8.2 5.4	8.1 5.3	8.0 5.2	7.9 5.1	60.3
60.6	8.7 5.7	8.7 5.7	8.6 5.7	8.6 5.6	8.5 5.5	8.4 5.4	8.2 5.3	60.6
60.9	9.1 5.9	9.0 5.9	9.0 5.9	8.9 5.8	8.8 5.7	8.7 5.6	8.6 5.4	60.9
61.2	9.5 6.2	9.4 6.1	9.4 6.1	9.3 6.0	9.2 5.9	9.1 5.8	8.9 5.6	61.2
61.5	9.8 6.4	9.8 6.3	9.7 6.3	9.7 6.2	9.5 6.1	9.4 5.9	9.2 5.8	61.5

DIP

Ht. of Eye	Corrⁿ	Ht. of Eye	Ht. of Eye	Corrⁿ	Ht. of Eye
m		ft.	m		ft.
2.4		8.0	9.5		31.5
	−2.8			−5.5	
2.6		8.6	9.9		32.7
	−2.9			−5.6	
2.8		9.2	10.3		33.9
	−3.0			−5.7	
3.0		9.8	10.6		35.1
	−3.1			−5.8	
3.2		10.5	11.0		36.3
	−3.2			−5.9	
3.4		11.2	11.4		37.6
	−3.3			−6.0	
3.6		11.9	11.8		38.9
	−3.4			−6.1	
3.8		12.6	12.2		40.1
	−3.5			−6.2	
4.0		13.3	12.6		41.5
	−3.6			−6.3	
4.3		14.1	13.0		42.8
	−3.7			−6.4	
4.5		14.9	13.4		44.2
	−3.8			−6.5	
4.7		15.7	13.8		45.5
	−3.9			−6.6	
5.0		16.5	14.2		46.9
	−4.0			−6.7	
5.2		17.4	14.7		48.4
	−4.1			−6.8	
5.5		18.3	15.1		49.8
	−4.2			−6.9	
5.8		19.1	15.5		51.3
	−4.3			−7.0	
6.1		20.1	16.0		52.8
	−4.4			−7.1	
6.3		21.0	16.5		54.3
	−4.5			−7.2	
6.6		22.0	16.9		55.8
	−4.6			−7.3	
6.9		22.9	17.4		57.4
	−4.7			−7.4	
7.2		23.9	17.9		58.9
	−4.8			−7.5	
7.5		24.9	18.4		60.5
	−4.9			−7.6	
7.9		26.0	18.8		62.1
	−5.0			−7.7	
8.2		27.1	19.3		63.8
	−5.1			−7.8	
8.5		28.1	19.8		65.4
	−5.2			−7.9	
8.8		29.2	20.4		67.1
	−5.3			−8.0	
9.2		30.4	20.9		68.8
	−5.4			−8.1	
9.5		31.5	21.4		70.5

MOON CORRECTION TABLE

The correction is in two parts; the first correction is taken from the upper part of the table with argument apparent altitude, and the second from the lower part, with argument H.P., in the same column as that from which the first correction was taken. Separate corrections are given in the lower part for lower (L) and upper (U) limbs. All corrections are to be **added** to apparent altitude, *but 30′ is to be subtracted from the altitude of the upper limb.*

For corrections for pressure and temperature see page A4.

For bubble sextant observations ignore dip, take the mean of upper and lower limb corrections and subtract 15′ from the altitude.

App. Alt. = Apparent altitude = Sextant altitude corrected for index error and dip.

ALTITUDE CORRECTION TABLES 35°-90°—MOON

App. Alt.	35°–39° Corrⁿ	40°–44° Corrⁿ	45°–49° Corrⁿ	50°–54° Corrⁿ	55°–59° Corrⁿ	60°–64° Corrⁿ	65°–69° Corrⁿ	70°–74° Corrⁿ	75°–79° Corrⁿ	80°–84° Corrⁿ	85°–89° Corrⁿ	App. Alt.
′	° ′	° ′	° ′	° ′	° ′	° ′	° ′	° ′	° ′	° ′	° ′	′
00	35 56·5	40 53·7	45 50·5	50 46·9	55 43·1	60 38·9	65 34·6	70 30·1	75 25·3	80 20·5	85 15·6	00
10	56·4	53·6	50·4	46·8	42·9	38·8	34·4	29·9	25·2	20·4	15·5	10
20	56·3	53·5	50·2	46·7	42·8	38·7	34·3	29·7	25·0	20·2	15·3	20
30	56·2	53·4	50·1	46·5	42·7	38·5	34·1	29·6	24·9	20·0	15·1	30
40	56·2	53·3	50·0	46·4	42·5	38·4	34·0	29·4	24·7	19·9	15·0	40
50	56·1	53·2	49·9	46·3	42·4	38·2	33·8	29·3	24·5	19·7	14·8	50
00	36 56·0	41 53·1	46 49·8	51 46·2	56 42·3	61 38·1	66 33·7	71 29·1	76 24·4	81 19·6	86 14·6	00
10	55·9	53·0	49·7	46·0	42·1	37·9	33·5	29·0	24·2	19·4	14·5	10
20	55·8	52·8	49·5	45·9	42·0	37·8	33·4	28·8	24·1	19·2	14·3	20
30	55·7	52·7	49·4	45·8	41·8	37·7	33·2	28·7	23·9	19·1	14·1	30
40	55·6	52·6	49·3	45·7	41·7	37·5	33·1	28·5	23·8	18·9	14·0	40
50	55·5	52·5	49·2	45·5	41·6	37·4	32·9	28·3	23·6	18·7	13·8	50
00	37 55·4	42 52·4	47 49·1	52 45·4	57 41·4	62 37·2	67 32·8	72 28·2	77 23·4	82 18·6	87 13·7	00
10	55·3	52·3	49·0	45·3	41·3	37·1	32·6	28·0	23·3	18·4	13·5	10
20	55·2	52·2	48·8	45·2	41·2	36·9	32·5	27·9	23·1	18·2	13·3	20
30	55·1	52·1	48·7	45·0	41·0	36·8	32·3	27·7	22·9	18·1	13·2	30
40	55·0	52·0	48·6	44·9	40·9	36·6	32·2	27·6	22·8	17·9	13·0	40
50	55·0	51·9	48·5	44·8	40·8	36·5	32·0	27·4	22·6	17·8	12·8	50
00	38 54·9	43 51·8	48 48·4	53 44·6	58 40·6	63 36·4	68 31·9	73 27·2	78 22·5	83 17·6	88 12·7	00
10	54·8	51·7	48·2	44·5	40·5	36·2	31·7	27·1	22·3	17·4	12·5	10
20	54·7	51·6	48·1	44·4	40·3	36·1	31·6	26·9	22·1	17·3	12·3	20
30	54·6	51·5	48·0	44·2	40·2	35·9	31·4	26·8	22·0	17·1	12·2	30
40	54·5	51·4	47·9	44·1	40·1	35·8	31·3	26·6	21·8	16·9	12·0	40
50	54·4	51·2	47·8	44·0	39·9	35·6	31·1	26·5	21·7	16·8	11·8	50
00	39 54·3	44 51·1	49 47·6	54 43·9	59 39·8	64 35·5	69 31·0	74 26·3	79 21·5	84 16·6	89 11·7	00
10	54·2	51·0	47·5	43·7	39·6	35·3	30·8	26·1	21·3	16·5	11·5	10
20	54·1	50·9	47·4	43·6	39·5	35·2	30·7	26·0	21·2	16·3	11·4	20
30	54·0	50·8	47·3	43·5	39·4	35·0	30·5	25·8	21·0	16·1	11·2	30
40	53·9	50·7	47·2	43·3	39·2	34·9	30·4	25·7	20·9	16·0	11·0	40
50	53·8	50·6	47·0	43·2	39·1	34·7	30·2	25·5	20·7	15·8	10·9	50

H.P.	L	U	L	U	L	U	L	U	L	U	L	U	L	U	L	U	L	U	L	U	L	U	H.P.
′	′	′	′	′	′	′	′	′	′	′	′	′	′	′	′	′	′	′	′	′	′	′	′
54·0	1·1	1·7	1·3	1·9	1·5	2·1	1·7	2·4	2·0	2·6	2·3	2·9	2·6	3·2	2·9	3·5	3·2	3·8	3·5	4·1	3·8	4·5	54·0
54·3	1·4	1·8	1·6	2·0	1·8	2·2	2·0	2·5	2·3	2·7	2·5	3·0	2·8	3·2	3·0	3·5	3·3	3·8	3·6	4·1	3·9	4·4	54·3
54·6	1·7	2·0	1·9	2·2	2·1	2·4	2·3	2·6	2·5	2·8	2·7	3·0	3·0	3·3	3·2	3·5	3·5	3·8	3·7	4·1	4·0	4·3	54·6
54·9	2·0	2·2	2·2	2·3	2·3	2·5	2·5	2·7	2·7	2·9	2·9	3·1	3·2	3·3	3·4	3·5	3·6	3·8	3·9	4·0	4·1	4·3	54·9
55·2	2·3	2·3	2·5	2·4	2·6	2·6	2·8	2·8	3·0	2·9	3·2	3·1	3·4	3·3	3·6	3·5	3·8	3·7	4·0	4·0	4·2	4·2	55·2
55·5	2·7	2·5	2·8	2·6	2·9	2·7	3·1	2·9	3·2	3·0	3·4	3·2	3·6	3·4	3·7	3·5	3·9	3·7	4·1	3·9	4·3	4·1	55·5
55·8	3·0	2·6	3·1	2·7	3·2	2·8	3·3	3·0	3·5	3·1	3·6	3·3	3·8	3·4	3·9	3·6	4·1	3·7	4·2	3·9	4·4	4·0	55·8
56·1	3·3	2·8	3·4	2·9	3·5	3·0	3·6	3·1	3·7	3·2	3·8	3·3	4·0	3·4	4·1	3·6	4·2	3·7	4·4	3·8	4·5	4·0	56·1
56·4	3·6	2·9	3·7	3·0	3·8	3·1	3·9	3·2	3·9	3·3	4·0	3·4	4·1	3·5	4·3	3·6	4·4	3·7	4·5	3·8	4·6	3·9	56·4
56·7	3·9	3·1	4·0	3·1	4·1	3·2	4·1	3·3	4·2	3·3	4·3	3·4	4·3	3·5	4·4	3·6	4·5	3·7	4·6	3·8	4·7	3·8	56·7
57·0	4·3	3·2	4·3	3·3	4·3	3·3	4·4	3·4	4·4	3·4	4·5	3·5	4·5	3·5	4·6	3·6	4·7	3·6	4·7	3·7	4·8	3·8	57·0
57·3	4·6	3·4	4·6	3·4	4·6	3·4	4·6	3·5	4·7	3·5	4·7	3·5	4·7	3·6	4·8	3·6	4·8	3·6	4·8	3·7	4·9	3·7	57·3
57·6	4·9	3·6	4·9	3·6	4·9	3·6	4·9	3·6	4·9	3·6	4·9	3·6	4·9	3·6	4·9	3·6	5·0	3·6	5·0	3·6	5·0	3·6	57·6
57·9	5·2	3·7	5·2	3·7	5·2	3·7	5·2	3·7	5·2	3·7	5·1	3·6	5·1	3·6	5·1	3·6	5·1	3·6	5·1	3·6	5·1	3·6	57·9
58·2	5·5	3·9	5·5	3·8	5·5	3·8	5·4	3·8	5·4	3·7	5·4	3·7	5·3	3·7	5·3	3·6	5·2	3·6	5·2	3·5	5·2	3·5	58·2
58·5	5·9	4·0	5·8	4·0	5·8	3·9	5·7	3·9	5·6	3·8	5·6	3·8	5·5	3·7	5·5	3·6	5·4	3·6	5·3	3·5	5·3	3·4	58·5
58·8	6·2	4·2	6·1	4·1	6·0	4·1	6·0	4·0	5·9	3·9	5·8	3·8	5·7	3·7	5·6	3·6	5·5	3·5	5·4	3·5	5·3	3·4	58·8
59·1	6·5	4·3	6·4	4·3	6·3	4·2	6·2	4·1	6·1	4·0	6·0	3·9	5·9	3·8	5·8	3·6	5·7	3·5	5·6	3·4	5·4	3·3	59·1
59·4	6·8	4·5	6·7	4·4	6·6	4·3	6·5	4·2	6·4	4·1	6·2	3·9	6·1	3·8	6·0	3·7	5·8	3·5	5·7	3·4	5·5	3·2	59·4
59·7	7·1	4·6	7·0	4·5	6·9	4·4	6·8	4·3	6·6	4·1	6·5	4·0	6·3	3·8	6·2	3·7	6·0	3·5	5·8	3·3	5·6	3·2	59·7
60·0	7·5	4·8	7·3	4·7	7·2	4·5	7·0	4·4	6·9	4·2	6·7	4·0	6·5	3·9	6·3	3·7	6·1	3·5	5·9	3·3	5·7	3·1	60·0
60·3	7·8	5·0	7·6	4·8	7·5	4·7	7·3	4·5	7·1	4·3	6·9	4·1	6·7	3·9	6·5	3·7	6·3	3·5	6·0	3·2	5·8	3·0	60·3
60·6	8·1	5·1	7·9	5·0	7·7	4·8	7·6	4·6	7·3	4·4	7·1	4·2	6·9	3·9	6·7	3·7	6·4	3·4	6·2	3·2	5·9	2·9	60·6
60·9	8·4	5·3	8·2	5·1	8·0	4·9	7·8	4·7	7·6	4·5	7·3	4·2	7·1	4·0	6·8	3·7	6·6	3·4	6·3	3·2	6·0	2·9	60·9
61·2	8·7	5·4	8·5	5·2	8·3	5·0	8·1	4·8	7·8	4·5	7·6	4·3	7·3	4·0	7·0	3·7	6·7	3·4	6·4	3·1	6·1	2·8	61·2
61·5	9·1	5·6	8·8	5·4	8·6	5·1	8·3	4·9	8·1	4·6	7·8	4·3	7·5	4·0	7·2	3·7	6·9	3·4	6·5	3·1	6·2	2·7	61·5

LIST OF CONTENTS